Colección Támesis
SERIE B: TEXTOS, 52

ÍNDICE ONOMÁSTICO, TOPONÍMICO Y BIBLIOGRÁFICO DE LAS *CARTAS DE JESUITAS, 1634–1648*
Tomo I

La exactitud y la precisión de las noticias recogidas por los Jesuitas en estas cartas han sido elogiadas por historiadores de la talla de Gregorio Marañón y Pascual de Gayangos. Hace 16 años Crosby compiló este *Índice* para su propia utilidad al anotar una serie de 28 cartas desconocidas de Quevedo, redactadas en la cárcel. Decidió publicarlo al darse cuenta de que podría ser de gran utilidad a otros investigadores, ya que les ofrecía acceso fidedigno y comprensivo a las 3.451 páginas de los siete tomos impresos de la correspondencia de los Jesuitas españoles, que comprende un período importantísimo en la historia de Europa.

El *Índice onomástico, toponímico y bibliográfico* abarca el texto completo de los siete tomos y todo el aparato crítico de su editor, Pascual de Gayangos (siete prólogos, todas las notas a pie de página y otras 450 notas extensas al final del tomo VII). Todas las fichas de personas importantes llevan notas extensas sobre sus carreras.

JAMES O. CROSBY es profesor emérito en la Florida International University.

Tamesis

Founding Editor
J. E. Varey

General Editor
Stephen M. Hart

Editors
Charles Davis
Alan Deyermond

Advisory Board
Rolena Adorno
John Beverley
Efraín Kristal
Jo Labanyi
Alison Sinclair
Isabel Torres
Julian Weiss

JAMES O. CROSBY

ÍNDICE ONOMÁSTICO, TOPONÍMICO Y BIBLIOGRÁFICO DE LAS *CARTAS DE JESUITAS, 1634–1648*

Tomo I

TAMESIS

© James O. Crosby 2009

All Rights Reserved. Except as permitted under current legislation
no part of this work may be photocopied, stored in a retrieval system,
published, performed in public, adapted, broadcast,
transmitted, recorded or reproduced in any form or by any means,
without the prior permission of the copyright owner

The right of James O. Crosby to be identified as
the author of this work has been asserted in accordance with
sections 77 and 78 of the Copyright, Designs and Patents Act 1988

First published 2009 by Tamesis, Woodbridge

ISBN 978–1–85566–197–4
ISBN of two-volume set 978–1–85566–183–7

Tamesis is an imprint of Boydell & Brewer Ltd
PO Box 9, Woodbridge, Suffolk IP12 3DF, UK
and of Boydell & Brewer Inc.
668 Mt Hope Avenue, Rochester, NY 14620, USA
website: www.boydellandbrewer.com

El autor y la Editorial están en deuda con el Programa para la Cooperación
Cultural entre el Ministerio de Cultura de España y las Universidades de los
Estados Unidos por su ayuda en la financiación de los gastos de
la producción de estos dos tomos.

The author and publishers are indebted to the Program for Cultural Cooperation
between Spain's Ministry of Culture and the United States' Universities for
assistance with the production costs of these two volumes

A CIP catalogue record for this book is available
from the British Library

This publication is printed on acid-free paper
from camera-ready copy supplied by James O. Crosby

Printed in Great Britain by
CPI Antony Rowe Ltd, Chippenham and Eastbourne

ÍNDICE GENERAL

Tomo I

Prólogo	vii
Nota bibliográfica y textual	x
Cronología del contenido de cada tomo	x
Lista de abreviaturas	xi
Índice onomástico y toponímico de las *Cartas de jesuitas* y de las notas de Pascual de Gayangos	1–354

Tomo II

Índice onomástico y toponímico, continuado	355–610
Bibliografía de las obras impresas y manuscritas citadas en las *Cartas de jesuitas* y en las notas de Pascual de Gayangos	611
Índice alfabético de los títulos de las obras anónimas	675
"Relaciones" anónimas y otras del género narrativo	677
Lista de libros citados y de consulta	681

In loving memory of my brother,
John O'Hea Crosby (1926–2002),
Founder and General Director of
the Santa Fe Opera (1957–2000)

James O'Hea Crosby

PRÓLOGO

> Retirado en la paz de estos desiertos
> con pocos pero doctos libros juntos,
> vivo en conversación con los difuntos
> y escucho con mis ojos a los muertos.
> (Quevedo, *El Parnaso español*)

Hace dieciséis años, con motivo de la preparación de una edición de veintiocho cartas desconocidas de Quevedo (*Nuevas cartas de la última prisión de Quevedo*), confeccioné para mi uso un índice onomástico, toponímico y bibliográfico de las conocidas *Cartas de jesuitas*. Éstas ocupan hoy 3.451 páginas de una edición de siete tomos publicada a la mitad del siglo XIX. Iluminan una época importante en la historia de España, pues los años de 1634 a 1648 abarcan las victorias de Nördlingen y Fuenterrabía y el desastre de Rocroi, la última etapa de la guerra de los treinta años y las confrontaciones militares con Francia en tres frentes (Flandes, el Piamonte y Rosellón), la rebelión de Cataluña, la independencia de Portugal, la conspiración del duque de Medina Sidonia para sublevar Andalucía, la dimisión del conde-duque de Olivares (tras 23 años de privanza), las ruidosas y crueles prisiones de Francisco de Quevedo y de los duques de Aerschot, de Híjar y de Medina Sidonia, y la rebelión del virreinato de Nápoles.

En comparación con las "relaciones" e historias coetáneas, estas cartas contienen noticias de casi todo el imperio español, y fueron redactadas casi inmediatamente a los acontecimientos de referencia, por personas tan perspicaces y tan bien informadas como eran los jesuitas, que "tuvieron...influencia suprema en la corte de España y en los negocios de Estado", tanto que "estuvieron en manos de la Orden gran parte de los resortes del gobierno" (Dr. Gregorio Marañón, *El Conde-Duque de Olivares*, capítulo XIV, pp. 182-183). El corresponsal principal era el padre Sebastián González, residente en la corte y muy bien relacionado, que como dice Pascual de Gayangos, se expresa "siempre en términos moderados, sin pasión ni odio de ninguna especie;...escribe siempre con visible cautela, y rara vez aventura noticia de que no tenga completa seguridad" (v. las *Cartas*, tomo XIII, prólogo, p. viii). En nuestra época dijo Marañón que el P. González era "agudo, exacto en la información, poco apasionado", y que sus cartas eran las mejores, ya que "denotan serenidad y buenas fuentes, lo que les da a veces un valor decisivo en medio del atolondramiento con que entonces se escribía y se creía todo;...son documentos inapreciables para el conocimiento íntimo de la época" (*El Conde-Duque*, cap. XIV, p. 192).

Como botón de muestra del valor histórico de estas cartas, sirva la figura de Jerónimo de Villanueva, Secretario del despacho que de 1630 a 1643 comunicaba personalmente con el rey Felipe IV y era "el que mayor poder tenía en la monarquía después de Olivares" (John H. Elliott, *The Count-Duke of Olivares*, pp. 421-422; José Antonio Escudero, *Los secretarios de Estado y de Despacho,* t. I, p. 244). En 1952 dijo el Dr. Marañón que era Villanueva "personaje a la verdad extraño; valdría la pena dedicarle alguna vez la biografía que ahora no sería oportuna" (p. 205). Las *Cartas de Jesuitas* nos brindan 63 comentarios coetáneos sobre los hitos sucesivos de la carrera del mismo, en cuya ficha cito un archivo extenso y sin estudiar de sus antepasados y descendientes, que acabo de donar a la Biblioteca Universitaria de Zaragoza.

La conservación de la valiosa correspondencia de los Jesuitas se debe en primer lugar al padre Rafael Pereira, S.J., procurador de la provincia de Andalucía y visitador de la de Sevilla, que residía en el Convento de San Hermenegildo de dicha ciudad, donde recibió y archivó las cartas con sumo cuidado, y las enriqueció con numerosos apuntes y sumarios de los eventos de cada año y los monarcas reinantes, nombramientos, visitadores y traslaciones.

Pasados dos siglos, sus dotes de investigador y archivero admiraban a Pascual de Gayangos, distinguido investigador, académico de la Historia y editor de la colección, por "la escrupulosa exactitud con que están consignados el año y hasta el día y hora de sucesos a veces poco importantes" (t. XIV, p. vi). Colocaba el padre Pereira sendos sumarios al principio de cada legajo de cartas, y luego encargaba la encuadernación, de manera que notas y cartas quedaban "cosidas" en los "tomos" del Padre colector (t. XIII, p. vi; t. XIV, p. vi).

Sin embargo, debió haber sido dificilísimo para Gayangos la mera tarea de presentar las cartas por orden cronológico, pues a causa de la confiscación de los bienes de los jesuitas en 1768, los fiscales habían dejado a los legajos y su contenido "confusamente barajados" (t. XIX, p. vi).

El presente índice onomástico y toponímico abarca la materia completa de los siete tomos, es decir, el texto de todas las cartas y el aparato crítico de

Gayangos (los siete prólogos, las notas a pie de página y otras 450 al final). La Bibliografía registra unos 560 impresos y manuscritos que citan Gayangos y los jesuitas. En las fichas de los individuos de cierto renombre consigno por orden cronológico resúmenes de los sucesivos episodios más importantes de sus carreras, ilustrados con datos de otras fuentes históricas y genealógicas, a manera de bosquejos biográficos. Sobre las contradicciones entre una y otra autoridad en materia genealógica, nos advierte sabiamente Gayangos que, "errores de esta clase ocasionados por la semejanza del título son frecuentes en...escritores de linajes", y en cuanto a la materia histórica, asevera que las "contradicciones de este género son muy frecuentes en una correspondencia de esta especie" (XIX, pp. 429 nota 475, y 431 nota 497).

Al profesor Eloy Merino le agradezco la muy valiosa ayuda que me prestó de 1992 hasta 1998, a lo largo de las diversas etapas de la elaboración de los índices, así como las técnicas de ordenadores que me enseñó.

A Julia M. Molina le debo la gran ayuda que me prestó en la reorganización y las contrarreferencias del Índice y de la Bibliografía, amén de la revisión de las fichas.

También agradezco a mi hijo, Laurence A. Crosby, ingeniero diseñador de ordenadores, quien hacia 1994 tradujo los 56 archivos de ordenador al lenguaje de ASCII y montó automáticamente la alfabetización inicial de las fichas. Ahora acaba de traducir todos los originales de los fotolitos de Nota Bene III (DOS) a Nota Bene V (Windows), y luego a Microsoft Word, para que encajen en la maquinaria coetánea de las imprentas sin perder el formato tipográfico de los fotolitos. Su ayuda a lo largo de quince años me resultó imprescindible.

Department of Modern Languages
Florida International University
Miami, FL, 33199, EE.UU.
18 de agosto de 2009

NOTA BIBLIOGRÁFICA Y TEXTUAL

El presente índice se hizo sobre la edición impresa de las cartas de jesuitas, titulada *Cartas de algunos padres de la Compañía de Jesús sobre los sucesos de la monarquía entre los años de 1634 y 1648*, y publicada en el *Memorial Histórico Español* (Madrid: Real Academia de la Historia, 1861-1863), tomos XIII-XIX, de 548, 501, 502, 509, 510, 509 y 632 páginas respectivamente. De dicha edición hay ejemplares en las bibliotecas nacionales de España, Francia, Inglaterra y los EE.UU., amén de otros en bibliotecas universitarias (las de los EE.UU. se consignan en los 754 tomos del *National Union Catalogue, Pre-1956 Imprints* [Washington, D.C.], s.v. *Cartas...*; v. a continuación la Lista de libros citados y de consulta).

Cada tomo contiene un prólogo firmado por P[ascual] de G[ayangos], distinguido investigador y bibliógrafo, quien explica el contenido de las cartas y algunas de las circunstancias históricas de los acontecimientos mencionados. Al principio de cada carta se consigna el número del tomo manuscrito o del legajo en el que se encuentra en la biblioteca de la Real Academia de la Historia en Madrid, y el número del folio.

CRONOLOGÍA DEL CONTENIDO DE CADA TOMO
[Van entre corchetes los números de página]

Tomo XIII (I de las *Cartas*)...años 1634 [pp. 1-119], 1635 [120-350] y 1636 [351-548]

XIV (II)............del año 1637 [1-278] hasta el 17 de agosto, 1638 [279-501]

XV (III)............del 19 de agosto, 1638 [1-160] y de 1639 [161-380], al 22 de sept., 1640 [381-502]

XVI (IV) ....del 27 de sept., 1640 [1-115] y de 1641 [116-214] y de 1642 [215-488], al 31 de enero, 1643 [489-509]

XVII (V) ....del 1 de feb., 1643 [1-409], al 31 de dic., 1644 [410-510]

XVIII (VI)........del 3 de enero, 1645 [1-214] y de 1646 [215-454], al 4 de junio, 1647 [455-509]

El t. XIX contiene lo que sigue (no lo que dice la portada):

Las últimas cartas de la colección: ......del 11 de junio, 1647 [1-147] al 8 de dic., 1648 [148-228]

Apéndice de cartas del P. Sebastián González y otros: .... del 15 de junio, 1640 [231-242] y de 1641 [243-245], al 30 de dic., 1642 [246-372]

Adiciones y correcciones (las 450 notas) ......[373-465]

Índice alfabético (sus enormes deficiencias no son de Gayangos).[467-632]

LISTA DE ABREVIATURAS

a - autor de una carta (se antepone al número de página de la carta)
BL - British Library. *General Catalogue* (v. la Lista de libros citados)
BNM - Biblioteca Nacional de Madrid (v. la p. 609: www.bne.es)
BNP - Bibliothèque Nationale de Paris. *Catalogue général...*
c. - circa
C. de J. - Compañía de Jesús
comp. - compárese
d - destinatario de una carta (se antepone al número de página)
Dicc. Aut. - *Diccionario de autoridades* de la Real Academia Española
DNB - *Dictionary of National Biography* (v. la Lista de libros citados)
ej - ejemplar, ejemplares
FIU – Library of Florida International University (Miami, EE.UU.)
fr. - francés
h. - hacia
H. - Hermano (de una orden religiosa)
HSA - Hispanic Society of America (New York City)
lic. - licenciado
m. - muerte; muerto; murió
Mr. - monsieur
NUC - *National Union Catalogue* (v. la Lista de libros citados)
n. - nacido
¶ - párrafo
P. - Padre
prov. - provincia
q.v. - "quod videas" ("véase lo que se acaba de citar")
s. - siglo
S.A. - Su Alteza
S.E. - Su Excelencia
S.J. - Sociedad de Jesús
S.M. - Su Majestad (el Rey de España)
SS.MM. - Sus Majestades
s.v. - "sub voce" ("fichado bajo la palabra que sigue")
UM - Library of the University of Miami (Florida, EE.UU.)
var: - variantes ortográficas
Por "Consejo Real", entiéndase "Consejo de Castilla" (v. Fayard, *Los miembros...*, pp. 5-12); "Cámara" o "Cámara de Castilla" se refiere a un órgano anejo al Consejo y en cierto modo privilegiado (Fayard, pp. 8 y 22).

ÍNDICE ONOMÁSTICO Y TOPONÍMICO
DE LAS
CARTAS DE ALGUNOS PADRES DE LA COMPAÑÍA DE JESÚS
Y DE LAS NOTAS DE PASCUAL DE GAYANGOS

A

El asterisco (*) que llevan algunas fichas señala el nombre del autor de una obra impresa o manuscrita cuya ficha consta también en el lugar correspondiente de la Bibliografía de obras impresas y manuscritas. Cada nombre de dicha Bibliografía consta también en el presente Índice onomástico. Sin embargo, las citas de tomo y página en las fichas de la Bibliografía no se repiten en las del Índice onomástico.

Aachen (v. Aquisgrán)
Aarchot, duque de (véase Aerschot, duque de)
Abadía, estancia de la (pertenecía a los duques de Alba; allí m. el V Duque, q.v.), XV, 176
Abaiga, Juan de (sargento), XIV, 471
Abarca, Fulano (caballero de Santiago), XVIII, 337
Abarca, Isidro, XIX, 194 (desafió al Almirante de Aragón; pelearon, quedó preso el Almirante, y huyó Abarca [el Almirante era Felipe de Cardona, VI marqués de Guadaleste, q.v.])
Abarca de Bolea y Castro, Martín (v. Torres, I marqués de)
Abarca de Bolea y Fernández de Heredia, Luis (véase Torres, II marqués de)
Abarca Maldonado, Diego de (caballero de Santiago; contador mayor de la Cruzada), XVI, 238 (1641: mató en un duelo a Luis Trejo, q.v.); XVII, 405; XIX, 395 nota 237, 423 n. 404

Abbeville (a 80 km. al sur de Boulogne), XV, 6; XVII, xvi
Abello, Juan Antonio (alumno de la Univ. de Salamanca), XVIII, 79
Abenas (v. Avesnes)
Abendaño (v. Avendaño, P.)
Abero (v. Aveiro, duque de)
Abestrat, obispo de (v. Halberstadt)
Abrantes, duque de (Alfonso de Alencastro, comendador mayor de la Orden de Santiago en Portugal, del Consejo de Guerra y sumiller de Corps del Príncipe Baltasar Carlos), XIX, 314 (general de las galeras de España)
Abrantes, Álvaro de (oficial portugués), XVI, 110
Abroñigal, arroyo de (cerca de Madrid), XIII, 530; XIV, 265; XVI, 23 (var: Brañigal)
Abruzzi (comarca del centro de Italia al este de Roma, frente al mar Adriático; la capital es Aquila), XVI, 484; XVIII, 285; XIX, 87 (var: Abruzo)
Abstenio, Carlos (capellán), XVI, 131-132
Acacio (oficial español en Barcelona), XVI, 258 (m. en 1642) (var: Acassio)
Acacio, H. Juan, S.J., XVII, d246-247 nota 1
*Academia de la Historia, Real (Madrid), XIII, v; XVII, xvi, xix; XVIII, vi; XIX, vi
Acapulco (México), XVII, 43
Acassio (v. Acacio)
Aceite, postigo del (Sevilla), XVII, 177
Aceña, el (río o arroyo a unos 6 kilómetros al oeste de Badajoz), XVII, 274-275

Acevedo, Antonio de (capitán), XIX, 245 (en 1641 descubrió y derrotó la rebelión portuguesa en Cartagena de Indias) (var: Franca)

Acevedo, Diego de (testigo), XVIII, xxvii

Acevedo, Enrique de (caballero portugués de Braga), XIII, 375 (entró en la Compañía)

Acevedo, Fulano (puede ser Gaspar de Acevedo, q.v.), XIII, 269; XIX, 377 nota 279

Acevedo, Gaspar de (maestre de Campo en Italia; pariente cercano del VI conde de Monterrey, virrey de Nápoles), XIII, 269 (m. 1635), 279 (su tercio); XIX, 377 nota 279

Acevedo y Fonseca, Juana (v. Fuentes, condesa de)

Acevedo y Zúñiga, Manuel de (v. Monterrey, VI conde de)

Acosta (asentista), XVIII, 165

Acosta, XV, xii (en una sátira, tenido por "amigo" del "conde de Salvatierra")

Acosta, P. Diego de, S.J., XVIII, 187

Acosta, Luis de (capitán), XVII, 128 (herido en Rocroi, q.v.)

Acosta, P. Paulo de, S.J., XVI, 156

Acrópoli, marqués de (v. Agrópoli)

Acuapendente (a 60 kilómetros al sudoeste de Perugia), XVI, 488

*Acuña, P. Cristóbal de, S.J., XVI, 57, 335

Acuña, Lope de (conde de Assentar, caballero de la Orden de Cristo, y del Consejo de Hacienda), XIX, 402 nota 329 (fugitivo de Portugal en 1641)

Acuña, P. Nuño de, S.J., XVIII, 258, 264

Acuña, Pedro de (caballero de Toro), XIII, 436

Acuña, Pedro de (hijo de Lope de Acuña), XIX, 402 nota 329 (fugitivo de Portugal en 1641)

Acuña, Romualdo de (capitán en Catelet, q.v.), XVI, 412

Acuña y Sotomayor, Diego Sarmiento (conde de Gondomar; gobernador de Bayona en Galicia; m. 1628), XIX, 429 nota 477

Ada, la (*sic;* v. Adda, río)

*Adam de la Parra, lic. Juan (fiscal de la Inquisición de Murcia, y luego de la de Toledo con asistencia en la corte; protegido del Conde-Duque de Olivares; abogado de los Reales Consejos; poco simpático; impopular por su antisemitismo [J. Elliott, "Nueva luz...", 178]; Quevedo le despreció [Crosby, *Nuevas cartas...*, índice]; preso en León por Olivares en 1642)

– XV, 78; XVIII, 169 (sátira); XIX, 360 ("cierto inquisidor de Toledo con asistencia en Madrid;...llevado a León preso")

Adames [*sic*] Vela, Juan (capitán en Catelet), XVI, 399

Adán, XVII, 177 (cita satírica)

Adán Borgita, Jorge (natural de Bohemia y conde de Martínez), XVIII, xxiii

Adán de la Parra, Juan (v. Adam de la Parra, Juan)

Adda (río de la Valtellina, q.v., que desemboca en el lado oriental de lago de Como, en el extremo N, junto a la villa de Colico), XIII, 423, 471 (variante: Ada)

Adel (v. Servien, conde de)

Adlante (v. Atalante)

Admezclita (v. Amezqueta)

Adrada, marqués de la (v. Ladrada)

Adriático, mar, XV, 8; XIX, 80

Aduero (rey persa, siglo VI a.C.; v. Amán, su privado), XVIII, 131

Adviento (intervalo de fiesta religiosa antes de la de la Natividad), XVI, 466

*Aedo y Gallart, Diego de (v. *Haedo y Gallart, Diego de)

Aerópoli (v. Agrópoli)

Aerschoot, duque de (v. Aerschot, duque de)

Aerschot (lugar pequeño sin fortificaciones sobre el río Demer, a 40 km. al sudeste de Amberes)

– XIII, 215, 268 (1635: tomado por el mariscal francés Châtillon, y recobrado por el III duque de Lerma, Francisco Gómez de Sandoval Rojas)

– XIV, 165 (1637: "Quemóse Aerschot por desgracia")

XIX, 120 (1647: perdido antes de este año, en el que fue recobrado por el Archiduque Leopoldo) (var: Ariscoth)

Aerschot, V duque de (Philippe-Charles d'Arenberg, n. en 1587 en Barbizon de Flandes, y m. en 1640 en Madrid, preso desde 1637; príncipe-conde d'Arenberg, duque de Aerschot desde 1616 [fecha de la muerte de su padre]; descendiente por su madre de la poderosa y rica familia de Croy [gobernadores y príncipes de Flandes]; a partir de 1596 entró en la carrera militar bajo Ambrosio Espínola, q.v.; general en Flandes, subió rapidamente y en 1629 negociaba con la infanta Isabel Clara Eugenia, archiduquesa y gobernadora de Flandes; el Duque era grande de España, de la Llave dorada, del Toisón de Oro y de la Cámara del Rey; en 1633 fue a Madrid, enviado por la Infanta para negociar en su nombre la renovación de cierta licencia con el Rey; en Madrid primero le recibieron bien Olivares y el Rey, pero luego en 1634 aquél se dio cuenta de ciertos rumores de una conspiración contra España, y el Rey le arrestó y le encarceló; murió en la cárcel en 1640 [según J. H. Elliott, *The Count-Duke*, 463 y 469-472, la Infanta quería alejar al Duque de Flandes para evitar una colaboración política-militar con los holandeses contra los intereses de España; del relato sumamente detallado de la interrogación del Rey al Duque, XIII, 276-278, se desprende que el Rey y el Conde-Duque temían una conspiración contra los intereses de España])

- XIII, 38-39 (**1634**: "Aquí no hay otra cosa ahora sino la prisión del duque de Aerschot, cuyas circunstancias hacen muy grave el caso"; según Francisco Vilches, testigo coetáneo, sin poder explicar la prisión: "El tiempo lo descubrirá"), 39-41 (según Diego de Meneses, testigo coetáneo: "Anteayer servía cuando le prendieron; envióle aquí la señora Infanta [Isabel Clara Eugenia, q.v., gobernadora de Flandes] para acabar de ajustar las treguas de Flandes; es el mayor señor de aquellos estados, y poderoso mucho en ellos... Es grande de España, de la llave dorada y del Toisón, y de rentas muy poderosas;... flamenco emparentado con lo mejor de Flandes"), 53 y 57 (se le muda a la prisión de Pinto, y luego le vuelven a Madrid), 117-118 (le toman la confesión), 156 (**1635**: "se está en su prisión"; le llegó la noticia de la muerte de su madre), 276 ("preso con guardas en la calle de la Reina, en la casa del marqués de Puerto-Seguro, que llaman de las Siete chimeneas, aunque con licencia que le puedan comunicar los que quieran"), 276-278 (relato del historiador Matías de Novoa, sumamente detallado, como por un testigo personal de la interrogación del Rey al Duque [Novoa, *Historia*, LXIX, 358-363])
- XIV, 99 (**1637**: preso), 258 (llegó a Madrid la duquesa de Aerschot, q.v.)
- XV, 484 (**1640**: m., esperando la libertad)
- XIX, 383 nota 521, 409 nota 377 (var: Aarschot; Aerschoot; Arichot; Arischot; Arischote; Ariscort; Ariscote; Ariscoth; Arischot; Arischote; Arschot; Harscot)

Aerschot, príncipe de (Philippe-François, 1625-1674; hijo del anterior que en 1640 heredó los títulos de su padre; en 1646 recibió el Toisón de oro)

- XIV, 165 (**1637**: llegó a Madrid con su madre), 258, 356
- XVI, 6 (**1640**) 381 (**1642**), 382 (se casa), 469
- XVII, 426 (**1644**: murió un hermano suyo, el príncipe de Chimay), 461 (nombrado capitán de la guardia alemana, que era la de las cuchillas, "el oficio de más importancia que S.M. da")
- XVIII, 461 (**1647**: por un encuentro con un alcalde de la corte sobre haberle prendido una carabina a un joven, se ha desterrado a Philippe-François, duque de Aerschot)

- XIX, 63 (**1647**), 178 (**1648:** capitán de la guardia alemana), 250 (**1642**), 252 (su casamiento con Magdalena Francisca Luisa Esperanza de Borja y Doria, hija de Francisco de Borja, VIII duque de Gandía, y sobrina del cardenal Gaspar de Borja y Velasco), 261 (capitán de caballos), 300, 344 (su casamiento; la nota debe de citar el t. VII [XIX], no el IV), 403 n 349, 409 n 377

Aerschot, duquesa de, XIV, 165 (**1637:** está en Génova rumbo a Madrid), 209 (llegó a Barcelona), 258 (llegó a Madrid con su hijo; v. al pie de página un texto extenso de las "Noticias de Madrid"), 296-297 (**1638:** la Duquesa tiene licencia para ver al Duque dos veces por semana), 356 (pidió que se diera a su marido la villa por cárcel; negado); XV, d374 (**1639:** carta de Inglaterra); XVI, 6 (**1640:** a la m. del Duque, se manda que no salgan de Madrid ni la Duquesa ni sus hijos)

Aerschot, mademoiselle (hija del Duque), XVII, 426 (1644: a su abuela materna, madame Berlaimont, no se le permitió casarla)

Afán de Ribera y Enríquez, Fernando (v. Alcalá, duque de)

Affaitati, hijo de (estudiante cremonés en un colegio de Jesuitas), XVIII, 365

Afilo Marino (v. Filomarino, capitán Andrés de)

África, XIII, 402; XV, v, 86, 88, 216, 425, 501; XVI, 198; XVII, 191; XIX, 64, 393 n 501, 422 n 369

Agamon (var. errónea de Egmont, q.v.)

Agan (región de la Alsacia), XIII, 451

Agen (a 136 km. al sureste de Burdeos), XIII, 315

Ager (a 25 km. al norte de Balaguer), XVIII, 25, 29, 30

Agonizantes, Padres (v. Padres Agonizantes)

Agosto, Nuestra Señora de (v. Nuestra Señora de Agosto, día festivo)

Agra (villa de Flandes que el Emperador quiso fortificar), XIII, 30

Agramont, duque de (militar de Navarra), XIV, 135

Agramonte, Mr. de (v. Aigremont)

Agramonte, Felipe de (maestre de Campo de Navarra), XVIII, 440

Agramonte, Pedro de (v. Agramunt)

*Agramunt, Pedro (secretario de los Conselleres de *Barcelona), XVI, a44-47 (firma una carta al Rey), 259

Agraz, Alonso de (fiscal), XVII, 414

Ágreda (a 52 km. al este de Soria), XVI, 299

Agria (v. Eger)

Agrópoli, marqués de (concedido en 1617 a Jorge de Mendoza y Aragón, en Nápoles; hermano del marqués de Villamayor, q.v. [J. de Atienza, *Nobiliario*, 788a]), XVIII, 398; XIX, 450 n 398 (var: Acrópoli; Aerópoli)

Aguado, P. Francisco, S.J. (confesor del conde-duque de Olivares, 1633-1643; en 1643, provincial en la Com- pañía [sin precisar], vicerrector del colegio de Madrid y "predicador del Rey''; persona de autoridad en la corte; m. 1654), XIII, viii, 156, 167; XIV, 79, 103, 105, 106, 127, 490; XV, 110, 197, 333, 413; XVI, 51, 385; XVII, 17, 172, 187, 432-433; XVIII, 239, 240, 264, 372, 416

Aguado, Pedro (corregidor de Casares y asistente en Marchena), XV, 331

Aguado, P. Rafael, S.J., XIII, 12 (líder de un grupo de Jesuitas en una entrevista con el Rey; v. Jesús, Compañía de: papeles contrarios)

Aguayo, P., S.J., XVIII, 180

Agüero, Francisco de ("hombre de resolución"; maestre de Campo y especialista en fortificaciones, defendió a Villanueva del Fresno con Francisco Geldre, q.v.), XVII, 310, 329, 385 (var: Quero)

Agüero Bracamonte, Francisco (auditor general del ejército de Extremadura), XVIII, 393

Aguiar, Rodrigo de (maestre-sala de la condesa de Olivares), XIII, 407-410

Águila, castillo de (Roma), XV, 261 n 2 (el príncipe Sanz, q.v., fue detenido y conducido "al castillo del Águila, desde donde embarcado en una falúa fue llevado a Nápoles")

Águila (villa del antiguo reino de Nápoles; v. Áquila)

Águila, marqués de (Juan Francisco de Silva y Ribera, hijo mayor del marqués de Montemayor, q.v., y casado con María de Toledo [hermana del conde de Cantillana, q.v.])

- XIX, 380-381, nota 397 [por error, 398]: Resumen: en noviembre de 1635 hubo un ruidoso lance en un salón de Palacio, durante la representación de una comedia y en presencia de los Reyes, entre el marqués de Águila y Juan de Herrera, que comprometió a numerosos nobles a quienes castigó severamente el Rey. Véanse XIII, 397-398 y 415; XIV, 34-35 (los carteles de desafío), 156 (el castigo del hermano del conde de Sástago), 188 (el lugar del desafío), 193 (el desafío tendrá lugar en Astolf, uno de los cantones de Suiza); XIX, 409-410 nota 377 (sobre el conde de Cantillana, suegro del Marqués)

Águila, marquesa de (v. el marqués de Águila)

Águila, Antonio del, XIII, 535 (preso por traición)

Aguilar [de la Frontera] (a 49 km. al S de Córdoba), XVIII, 352

Aguilar, VII conde de (Felipe Ramírez de Arellano, casado con Luisa Manrique de Lara), XIX, 414 nota 101

Aguilar, VIII conde de (Juan Ramírez de Arellano, II marqués de la Hinojosa, marqués de San Germán [XIX, ix], grande de España, señor de los Cameros, casado con Ana María de Mendoza y Alvarado, marquesa de la Hinojosa [q.v., hija de Juan de Mendoza, marqués de la Hinojosa y de San Germán, y de su mujer, María de Alvarado y Velasco, q.v.]; a la m. de Juan de Mendoza en 1628, heredó los estados María de Alvarado y Velasco; a la m. de ésta en 1635 [XIII, 243], los heredó su yerno, el VIII conde de Aguilar [XIII, 243; XIX, 414 nota 101], por casamiento con Ana María de Mendoza, hija de Ana María de Alvarado; el VIII conde de Aguilar y marqués de San Germán, y por casamiento el II marqués de la Hinojosa, son una misma persona, pero muchas veces nombrada indistintamente en las *Cartas de jesuitas* [v. los comentarios de Pascual de Gayangos, en el tomo XIX, ix y 414 nota 101 (dos explicaciones explícitas), y el tomo XVII, 101, 111, 118]; m. en junio de 1643)

- XIII, 6 (**1634**: cañas), 415 (**1636**: pretendiente a la plaza vacante de capitán de la guardia [XIX, 381 nota 398]), 526 (acompaña a Marie de Soissons, princesa de Cariñán)
- XIV, 214 (**1637**), 217, 308 (**1638**: participa en la corrida de un jabalí), 336 (disfrazado en un entremés)
- XV, 38 (**1638**: su regimiento), 55, 86 (juego de cañas), 256-258 (**1639**: pendencia en Madrid), 389 y 398 (**1640**: el Rey le hizo grande)
- XVI, 9, 199 (**1641**), 206 ("en Tarragona iba limpiando todo aquel campo de los enemigos que había en él", al mando de un ejército en Cataluña: campañas y victorias contra los franceses, de diciembre de 1641, hasta su muerte en junio de 1643), 207 (sus tropas "degollaron grande cantidad de franceses"), 211, 213 (mucho pillaje de sus tropas en Cataluña y Aragón [véase especialmente la ficha de "Zaragoza, representación de la ciudad"), 221 (**1642**: bienquisto por los habitantes del campo de Tarragona, que le entregaron muchos pueblos), 235 (más victorias), 239, 254 ("victoria insigne"), 256, 258, 261-262, 265 (supo por carta la m. de su mujer; v. Hinojosa, marquesa de la), 270, 274, 278, 287-288, 298 ("buenos sucesos"), 318, 323, 350 (en Tarragona con un ejército muy grande), 353, 371, 420 ("cada día se cuentan maravillas" del mismo conde de Aguilar), 422, 424, 429, 479 (en octubre de 1642, nombrado maestre de Campo general)

– XVII, 10 (**1643:** derrotó a los franceses en Barbastro), 81, 101 (gobernador de Tarragona), 111 (9 de junio: "queda sacramentado y muy de peligro"), 118-119 (16 de junio: "está ya sin calentura"), 132-133 (23 de junio de 1643: noticia de su m. en Tortosa: "la enfermedad le volvió y le acabó")
– XIX, 248 (**1642**), 259, 281 (tomó a Tamarit y a la Torre de Ambar, "con lo cual puede correr leguas hacia Barcelona"), 291-292, 304, 330 (ha ganado Lérida, grande victoria), 381 nota 398

Aguilar, IX conde de, llamado el "condesito" (Juan Domingo Ramírez de Arellano y Mendoza, n. en 1635 y m. en 1668; hijo y heredero del anterior; conde de Villamor; caballero de Santiago y capitán general de la caballería del ejército de Galicia; no se trata del marqués de Aguilar [q.v.], ya que también éste se nombra en la lista de invitados a una misma comida en 1647, y era ya adulto), XIX, 73-74

Aguilar (o Águilas), conde de (militar francés), XVIII, 3

Aguilar, VII condesa de (Luisa Manrique de Lara), XIX, 414 nota 101

Aguilar, marqués de (de las seis citas de tal "marqués", las dos primeras le confunden con el VIII conde de Aguilar [XIII, 243 y XVI 420]; otras tres sí se refieren a un marqués [XVI, 170, XIX, 73-74 y 165]; y una es imprecisa [XVI, 364])

Aguilar (era maestro de Universidad), XVIII, 5 (v. Aguilar de San Agustín)

Aguilar, P., XV, 387

Aguilar, Luis de (homónimo del que sigue; "General... de flota" que murió en 1638), XV, 17 y 57 (v. la ficha de Rubín de Celis, Diego)

Aguilar, Luis de (homónimo del anterior; en 1639 era "almirante..."), XV, 173

Aguilar, Fr. Luis de (general de los Jerónimos; hermano del marqués de Aguilar), XVI, 364

Aguilar, Dr. Pulido de (sancionado por el prior de San Pedro Mártir a no curar en tres conventos de Toledo, por haber comentado que el Santo Oficio había mandado quemar papeles injuriosos contra la Compañía; v. la Inquisicion: Toledo), XIII, 78-79

Aguilar de San Agustín, maestro (Universidad de Salamanca), XVIII, 18 (v. Aguilar)

Aguilar y Cayas, Pedro de (sobrino [de 15 años] del general Luis del Villar y Manuel, comendador de Vadillo), XV, 74

*Aguilar y Prado, Jacinto de (natural de Granada, vecino de Pamplona; poeta y soldado)

Águilas, conde de (v. Aguilar, conde de, "francés")

Aguirre, conde de (valenciano; casó con Magdalena de Moncada, q.v.), XIII, 484

Aguirre, marquesa de, XIII, 541

Aguirre, Luis de (caballero de Málaga), XV, 334; XIX, 407 nota 377

*Aguirre, Fr. Miguel de

Agusta (v. Augsburg)

Agustín, Pedro (estudiante andaluz, huido de Salamanca a causa de una guerrilla entre andaluces y vizcaínos en la universidad), XIII, 340, 343

Agustín, San (v. San Agustín)

Agustinas, Convento de las, XIII, 153; XVI, 521

Agustinas recoletas (o descalzas), Orden de las, XIII, 154, 177, 179; XVI, 521

Agustinos, los, XIII, 11

Agustinos recoletos, Orden de los, XIII, 243, 543

*Agustinos recoletos, un fraile de los

Ahtzfel (v. Hatzfeldt, Melchor)

*Ahumada, Juan de (de Andalucía; maestro de Juan de Austria [se le quitó el puesto]; salió de la Compañía para socorrer a su madre; le atribuyeron el *Nicandro*, y confesó y fue delatado a la Inquisición; pero luego "coligen no es el autor" [sobre la junta de investigación criminal y el proceso, véase la ficha del *Nicandro*]), XVII, 99-100, 105, 151, 157

Ahumada (v. Almada, Fulano de)

ÍNDICE ONOMÁSTICO

Aigremont, Mr. de (príncipe francés; gobernador de Bayona), XIII, 525; XV, 63, 125 (var: Agramonte)

Ailsbury, conde de (v. Carde, Lord)

Aire (plaza fuerte de Flandes a 25 km. al SE de St. Omer), XV, 387; XVI, 87, 175-176, 182, 200, 220-222, 266, 387; XIX, 270 (var: Ayre; Eras; Hera; Here; Heri)

Ais, Gil de (v. Aix, Gil de)

Aisne, Departamento de (en Picardie, NE de Francia), XVI, 392; XIX, 461 nota 262

Aix (villas de Francia), XIX, 394 nota 192 (Aix-Noulette, a 15 kilómetros de Béthune [en Flandes]; Aix-les-Bains, a 12 kilómetros al este de Lyons; y Aix-en-Othe-Villemaur, a 41 kilómetros de Sens [al oeste de Troyes], más Aix la Chapelle [v. Aquisgrán] y también la villa de Aix-en-Provence) (var: Ayx; Haes; Hais)

Aix, Gil de (alemán; coronel de un tercio de los de Martín de Aragón), XIII, 473, 500-501 (v. en Italia, Borgo de San Donnino, y el río Taro); XIV, 29, 162 (ganó Niza de la Palla), 166 (tomó seis pueblos en el Piamonte), 236; XVI, 193; XVII, 353 ("buen soldado y experimentado"); XIX, 394 nota 192 (var: por Gil, Xil; por Aix, Ais; As; Ays; Ayx; Haes; Hais)

Aix-en-Provence (a 25 km. al norte de Marseille), XIX, 394 nota 192

Aix-la-Chapelle (v. Aquisgrán)

Al, Nuestra Dama de (v. Hal)

Ala (pueblo que debe de estar cerca de Cheb, q.v.), XV, 240

Ala (v. Halle)

Alaejos (pueblo a 26 km. al O de Medina del Campo), XIII, 55

Alagón (pueblo a 28 km. al NO de Zaragoza, cerca del Ebro, q.v.), XVII, 12

Alagón, Blasco de (v. Villasor)

Alagón, Enrique de (v. Fuenclara)

Alagón, Inés de (madre de Álvaro de Córdoba, a quien el Rey quería casar con la VI condesa de Alcaudete, q.v.), XIII, 275 (var: Alonso de Córdoba)

Alagón Pimentel de Espés y Luna, Enrique de (v. Sástago, VIII conde de)

Alameda, el (calle de Madrid), XVIII, 23

Alameda, la (barrio de Sevilla), XVI, 247

Alameda, castillo de la (prisión a 16 kilómetros al noreste de Madrid), XIII, 38, 41, 276, 278; XIV, 380, 384; XVI, 174; XVII, 359; XIX, 153, 381 nota 398 (var: Alameda de Barajas

Alameda, marqués de la (según Julio de Atienza, 789b, título concedido en 1630 a Antonio Zapata y Suárez de Mendoza, caballero de Santiago; premiado en un juego de sortija en honor de la duquesa de Chevreuse), XIV, 322

Alançon, Mr. de (gobernador de Barcelona en marzo de 1642), XVI, 303

Alandroal (a 30 km. al oeste de Olivenza, q.v.), XVIII, 377 (var: Androal)

Alanquer, marqués de (v. Alemquer)

Alanquises, príncipe de (le dan el Consejo colateral de Nápoles), XVIII, 465

Alarache (ciudad de Marruecos; v. Larache)

Alarcón (a 60 km. al norte de Albacete), XIV, 51

Alarcón, Pozuelo de (a 4 km. al oeste de Madrid), XVII, 115, 116

Alarcón (oficial español en Badajoz), XVII, 319

*Alarcón, P. Diego de, S.J. (n. Albacete; complutense; del Colegio Imperial de Madrid; m. 1634), XIII, a16, 17, 106

Alarcón, Francisco de (1589-1669; obispo de Ciudad Rodrigo [1640-1646], de Salamanca [1646-1648], y de Pamplona [1648-1657]; Pius Gams, 63, 66 y 68), XVIII, 329; XIX, 445 nota 329

Alarcón, Francisco de (del Consejo de la Inquisición, 1638), XV, 78

[Alarcón, Francisco de] (licenciado, de una clase social media, más baja que la de la mayoría de los consejeros ["no tenía el Don": Janine Fayard, 308-309 y 500]; fue abogado de la Chancillería de Granada durante 22 años y luego oidor de la misma; magistrado en el Consejo de Castilla y consejero en 1626 [Janine Fayard, *Los miembros...*, pp. 60, 500 y

508; la cita de la p. 59 se refiere a otra persona: Francisco Antonio de Alarcón, q.v.])

Alarcón, Francisco Antonio de (nació en Castilla la Nueva, hijo de Luis de Alarcón, consejero de Hacienda [Fayard, 90]; Francisco era caballero de Santiago [Fayard, 508], y de los Consejos de Castilla en 1628 [Fayard, 86, nota 6], de Estado, de la Cámara, de la Cruzada y de la Inquisición; en 1643 presidente interino del de Hacienda, y "en propiedad" a partir de 1644 [XVII, 462 y 470; Fayard, 126]; m. 1647 [XIX, 141])

– XIII, 38 (**1634:** en una junta sobre el duque de Aerschot), 92 (nombrado a la Cámara de Castilla)
– XIV, 12 (**1637:** de la junta sobre el papel sellado), 46 (uno de los tres oidores de sellos de la sala privativa del Consejo de Castilla), 185 (uno de los de la junta del mismo Consejo para remediar los alborotos populares de Portugal), 263, 268, 282-283, 287-288 y 293 (**1637-1638:** asiste en Badajoz a una junta del Consejo de Estado sobre Portugal), 306 ("Partió ya...No se oye ahora novedad considerable en lo de Portugal"), 367 ("Mañana entrará en la corte")
– XV, 68 y 80 (**1638:** en una misión a Guipúzcoa "a reformar aquel ejército", con Diego de Riaño y Gamboa y Nicolás Cid, personas de confianza del Rey)
– XVI, 80 (**1640:** misión a Cataluña con el marqués de Povar, q.v.), 432 (**1642:** firmó con otros consejeros de Castilla una consulta sobre la baja de la moneda)
– XVII, 5 (**1643:** uno de los tres consejeros de la Cámara que consultó el Rey en secreto), 11 (se reforman los consejos), 26-27 (el Rey mandó al Inquisidor General reunir doce personas, entre ellas Alarcón, para evaluar la administración de los tributos), 30 (el Rey manda a Alarcón averiguar el nombramiento del fiscal de Valladolid), 37

(posiblemente presidente de Órdenes), 64 (el marqués de Leganés está preso en Ocaña: "Ayer salió un decreto de S.M. en que hace juez absoluto, como si fuera su misma persona, a don Francisco Antonio de Alarcón, en orden a la visita de Leganés", es decir, "a tomar su confesión" [98]), 66 y 78 (uno de los cuatro en la Junta de Conciencia, que se reune en su casa), 96-97, 100 (**mayo, 1643:** "gobernador del Consejo de Hacienda...en el ínterin"), 105-109 (**junio, 1643:** el Rey nombró una junta con Alarcón y otras cuatro personas para juzgar lo del *Nicandro, q.v., y aconsejarle sobre la presencia de Olivares en Loeches; "se resolvió que convendría alejarle de la corte, con lo que se atajaban muchos daños"; Alarcón y Luis de Haro se entrevistaron con Olivares en Loeches, y éste aceptó la "real voluntad", y decidió marcharse para Toro), 114, 403-404 (a Alarcón "le envió Su Majestad un decreto muy honorífico"), d411-412 (**1644:** el Rey mandó un decreto a Francisco Antonio de Alarcón, presidente del Consejo de Hacienda, en el que le pidió que volviera el cargo al IV marqués de Loriana, q.v., "cuya propiedad se le conservó cuando fue a Portugal"; v. XIX, 424-425 nota 411), 414, 437 (uno de los jueces para los capítulos del marqués de Leganés, q.v.), 462 y 470 (**1644:** el I marqués de la Puebla y IV de Loriana, q.v., presidente del Consejo de Hacienda, pasa al del Estado, por lo cual Alarcón es ya presidente de el de Hacienda "en propiedad", promoción que vaca sus plazas del Consejo de Castilla, de la Cámara, "de Cruzada, Inquisición y otras muchas comisiones"; afirma el P. Sebastián González que "creo estimará en más lo que tenía que lo que le han dado;... Menos tendrá en [el] Consejo de Hacienda y más pesadumbres, porque hoy es dificilísimo la provisión del dinero"; en efecto, Francisco Antonio de Alarcón gobernó el Consejo de Hacien-

da hasta su muerte en el año de 1647 [v. los tomos XVII, 462 y 470 y XIX, 449 nota 390])
- XVIII, 94 (**1645:** por orden de Su Majestad, Francisco Antonio de Alarcón y Diego Riaño estaban visitando a Rodrigo Jurado, fiscal de Hacienda, como jueces de su causa, y él ha firmado un memorial con acusaciones terribles contra los dos; v. XIX, 434-435 nota 94), 134 nota 1 (dieron a Alarcón por recusado, pero no probó bien a Riaño), 241 (**1646:** "a los alcaldes de corte desterrados se les ha mandado pagar sus gajes, como si estuvieran sirviendo, lo cual deben a...Alarcón, el cual hizo consulta a S.M."), 270 (Alarcón, Riaño, el Inquisidor General [Diego de Arce Reinoso] y el presidente de Castilla [Juan Chumacero], señalados por jueces de los que han sido virreyes de Nápoles [v. las notas al tomo XVIII en la ficha del VI conde de Monterrey]), 461 (**1647:** "en puntos de derecho...muchas veces le envía a llamar S.M. para consultarle")
- XIX, 189, 368 (**1642:** la causa del duque de Medina Sidonia "está remitida al Consejo de Castilla, y dicen hace oficio de fiscal D. Francisco Antonio de Alarcón; es persona entera y de toda satisfacción"), 444 nota 328, 449 nota 390
- Gayangos confunde a Francisco Antonio de Alarcón con Francisco de Alarcón: cita a "Francisco de Alarcón" en XIX, 435 nota 94, de acuerdo con Garma y Salcedo, IV, 463 (véase a continuación la ficha de Garma y Salcedo en la Bibliografía), como "visitador...de Nápoles", "gobernador del Consejo de Hacienda por ausencia del conde de Castrillo en 1644" y que "murió en 1647" (desde 1643 Francisco Antonio de Alarcón era gobernador del Consejo de Hacienda "en el ínterin que el I marqués de la Puebla de Ovando [IV marqués de Loriana, q.v.] está detenido en Portugal" [p. 100], y en 1644, de vuelta el marqués, el Rey le pidió a Alarcón "volver el cargo" al marqués [texto del decreto real: XVII, 411-412]). Dice Gayangos que el conde de Castrillo era presidente de Hacienda de 1643 hasta 1651 (XIX, 444 nota 328). Al contrario, lo tenía el I marqués de la Puebla de Ovando, "en propiedad" de 1634 hasta 1644 (XIII, 108 y XVII, 411-412; v. la ficha del marqués). En 1644, pasados cuatro meses de su vuelta de Portugal, quedó vacante una plaza en el Consejo del Estado: el marqués pasó a dicho Consejo y el Rey nombró a Francisco Antonio de Alarcón presidente de Hacienda "en propiedad" (XVII, 462 y 470). Finalmente, quien m. en 1647 fue Francisco Antonio de Alarcón XIX, 141). En los textos de las *Cartas de jesuitas* no se menciona al "Francisco de Alarcón" de la nota de Gayangos (XIX, 435 nota 94).

Alarcón, Gabriel de (secretario del Consejo de Indias), XV, 467; XVII, 117

Alarcón, P. Gil de, S.J., XIX, a247

Alarcón, Pedro de (alcalde del crimen en la ciudad de Valladolid), XV, 364; XVIII, 336-337

Alas y Pumariño, Fernando de las (caballero de la Corte), XVI, a18, 25, a35 (var: Piemarino)

Álava (prov.), XIV, 454; XV, 27; XVII, 38

Alba (en el Monferrato, a 55 km. al sudoeste de Turín), XIII, 270 (su contorno); XIV, 163, 236; XV, 231, 354 (1639: la toma de Alba por los españoles cierra el río Ticino, lo cual impide el socorro de Casale por el ejército francés); XVIII, 134; XIX, 17

Alba, calle de (en Madrid), XVIII, 208

Alba [de Tormes] (a 25 km. al sudeste de Salamanca), XIII, 15 (el coadjutor del arcediano, preso por haber entrado en un convento de monjas), 25, 50 (el castigo del coadjutor)

Alba, toda la casa de, XIII, 79 (desterrada de la corte por su relación con Fadrique de Toledo, q.v.)

Alba, conde de (error por el V duque), XIV, 274 n 1

[Alba, condesa de], (v. Alba de Liste, condesa de),

Alba, III duque de (Fernando Álvarez de Toledo, 1508-1582; grande de España de primera clase; general de Carlos V y Felipe II; famoso por sus excesos en los Países Bajos), XV, 176 n 1; XVI, 126, 332 (v. *Roca, conde de la)

Alba, IV duque de (Diego Álvarez de Toledo, grande de España de primera clase), XV, 176 n 1

Alba, V duque de (Antonio Álvarez de Toledo y Beaumont; n.1555, m.1639; grande de España de primera clase, marqués de Coria, condestable de Navarra y mayordomo mayor del Rey hasta octubre de 1634)

- XIII, 7, 38, 40 (**1634:** mayordomo mayor del Rey, pero no se nombra; v. Crosby, *Índice de apellidos, títulos y oficios...*), 79, 105-110 (desterrado por lo de Fadrique de Toledo, q.v.), 243 n 1 (m. su nieta)
- XIV, 266 (**1637**), 274 (por error, "conde"), 275, 462
- XV, 176 y 176 n 1, 180 (**1639:** vivía en la casa de Luis de Peralta, q.v.)
- XIX, ix; 441 n 243

Alba, VI duque de (Fernando Álvarez de Toledo y Beaumont; grande de España de primera clase; casó con Antonia Enríquez de Ribera, hija de Fernando Enríquez de Ribera, II marqués de Villanueva del Río, q.v.; su hijo era el duque de Huéscar, q.v.),

- XVI, 200 (**1641:** nombrado capitán-general de la frontera de Portugal), 355 (**1642:** sus soldados derrotan a unos portugueses en Valverde), 337 y la nota 1 (un bastón de la India, "claveteado de plata", "después vino a manos del [VI] Duque [de Alba]"), 356 y la n 1 (el maestre de Campo, Telles de Meneses, huyó de la refriega con tanta prisa que dejó su bastón, el cual ahora "vino a manos del [VI] Duque [de Alba]"), a360-361 ("Hase degollado mucha gente y hecho presa considerable de ganados"), 363, 369 (algunas tropas entraron en Portugal y saquearon once lugares), 371 (en mayo, llegó a Aranjuez para hablar con el Rey, y luego se marchó), 383, 391, a447-448 (en agosto, carta del Duque al Conde-Duque que empieza: "Señor mío: Hame maravillado mucho el modo de correspondencia que V.E. ha tomado conmigo..."; v. la nota a la p. 448)
- XVII, 192-193 (**1643:** el Duque avisa que el de Braganza viene hacia Ciudad Rodrigo con un ejército)
- XVIII, 175 (**1645:** nombrado virrey de Sicilia), 183-184 (en Ocaña conversó con Luis de Haro, q.v.), 242 (**1646:** entró en Madrid camino a Sicilia, agradecido por el virreinato), 475 (**1647:** llega a Madrid, quejoso del virreinato de Sicilia), 485 (se le manda volver a Sicilia), 488
- XIX, ix, 22, 62, 70 (**1647:** renuncia al virreinato de Sicilia), 248 (**1642:** el Duque quemó Valverde [del Fresno, q.v.], y saqueó otros nueve lugares), 252, 289, 310, a311 (sus tropas han quemado lugares portugueses y pillado gran cantidad de ganado), 349, 459 n 134

[Alba, duquesa de], (v. Alba de Liste, condesa de)

[Alba de Iste] (error: v. Alba de Liste)

Alba de Liste, III conde de (Diego Enríquez y Enríquez, casado primero con Aldonza Leonor de Toledo, y luego con Catalina de Toledo Pimentel; era el abuelo de Pedro Enríquez de Acevedo [II conde de Fuentes de Val de Opero, q.v.]), tomo XVII, p. ix (var: Diego Henríquez de Guzmán)

Alba de Liste, VIII conde de (Luis Enrique Enríquez y Mejía, caballero de Calatrava y VIII Conde desde 1618; gentilhombre de la Cámara; militar [Portugal y Flandes]), XV, 78 (**1638:** pretendiente para el gobierno de Orán), 169; XVI, 179, n 1 (**1641:** por descuido ocasionó la rendición a los portugueses de cinco compañías de infantería española); XVII, 120 (**1643**: de la Cámara del Príncipe); XIX, 313, 388 n 169, 415 n 120 (var: Fadrique Enríquez de Guzmán)

Alba de Liste, [VIII] condesa de, XIII, 541 (1636: m.)

– [IX] condesa de, XV, 194 y 241 (1639: sendos encuentros con alguaciles "insolentes")

[Alba de Liste, duquesa de] (título equivocado: v. Alba de Liste, condesa de)

Alba Sarre (villa del Rosellón, q.v., en el área de Salsas, q.v.), XVII, 488 (allí topó Felipe de Silva con 150 caballos franceses: "huyeron los enemigos en desorden")

Albacete (a 136 km. al SO de Valencia y 74 al oeste de Almansa), XIII, 19

Albaicín (barrio alto de Granada), XIX, 187

Albania, XIV, 86

Albania, bajá de, XIV, 86

Albania, príncipe de, XIV, 146

Albatera, conde de (concedido a Gaspar de Rocafull y Boil en 1628 [Julio de Atienza, 791a]), XVIII, 209 (1645: regente del Consejo de Aragón de capa y espada)

Albelda (iglesia en Logroño), XV, 75

Albergati[-Ludovisi, Niccolò] (nació en 1608, y murió en 1687; cardenal en 1645; primo del cardenal Ludovico Ludovisi y pariente del príncipe Niccolò Ludovisi, q.v. [quien le declaró hermano suyo a condición de que agregara a su apellido Albergati el de Ludovisi]; pariente del Papa Gregorio XV; arcipreste de la catedral de Bologna en 1635; en 1649, legado en Milán de la reina de España, Ana de Austria; vicedecano del Sagrado Colegio de Cardenales; véanse Miranda, *Cardinals...*, y Gaetano Moroni, *Indice...*), XVIII, 65

Alberguería de Argañán, castillo de (a 27 km. al SO de Ciudad Rodrigo), XVII, 228

Alberos, molinos de (junto a las murallas de Bragança), XVII, 399

Alberstadt o Alberstat (v. Halberstadt)

Albert (villa situada a orillas del río Ancre, a 28 km. al NE de Amiens; antiguamente se llamaba Ancre, pero desde 1619, Albert, en honor de su dueño, Charles Albert, duque de Luynes, q.v.), XIII, 317, 493; XIV, 398, 402; XIX, 377 n 317 (var: Albret; Ancre)

Albert, Carlos d' (v. Luynes, duque de)

Albert, Felipe (señor de Aullas, villa de Rosellón), XVI, 71, 75

Albert, Honoré (v. Chaulnes, duque de)

Alberto (hijo del embajador de Inglaterra), XIII, 326, 327 (asistió a unas de las conversaciones del embajador con la madre Luisa)

Alberto (hijo de Carlos Coloma, q.v.) XIV, 260

Alberto de Austria (v. Albrecht von Austria)

Albi (v. Alby)

Albis, río (así llamó Tolomeo al río Elbe, q.v.)

Albornoz (fuerte cerca de el de Fuentes, q.v., que se halla en la orilla oriental del lago di Lecco, al norte de la ciudad de Lecco), XIII, 423

Albornoz, P., S.J., XIII, 81

Albornoz, militar y sobrino español del cardenal español que sigue, XIII, 299, 302 (m. 1635 en una refriega en Valencia del Po)

Albornoz, Alonso de (otro sobrino de uno de los dos cardenales que siguen), XVI, 461 (1642: Roma)

Albornoz, cardenal Gaetano (italiano, y en las *Cartas* constan tres veces el nombre y el apellido, pero sin documentar en los repertorios consultados), XIV, 112-113 y 120 (1637: el duque de Saboya le convidó a comer con los cardenales Aldobrandini y Pío di Saboya)

Albornoz, cardenal [Gil Carrillo de] (n. 1579, m. 1649; entre 1617 y 1627, interventor de las Cancillerías de Valladolid y Granada, capitán general de Navarra, del Consejo General de la Inquisición, archidecano de Écija y Burgos; arzobispo de Taranto [1630], car-

denal desde 1627, y desde 1632 representante de España en el Colegio de Cardenales en Roma [miembro de la "facción española": v. Montalto, cardenal]; gobernador del Milanesado, 1635-1646; del Consejo de Estado en 1638; en dicho año se habla por error de su m. [XV, 58]; m. 1649 en Roma [v. Salvador Miranda, *Cardinals...*, y Lorenzo Cardella, *Memorie storiche d' cardinali...*, VI, 273-274])
– XIII, 197 (**1635**), 203, 224, 314 y 332 (va en persona a socorrer a Valenza del Po), 403 (**1636**)
– XV, (**1638**), 130, 159, 261 (**1639**), 424 (**1640**: hace instancia por la presidencia de Castilla)
– XVI, 458 y 459 (**1642**: con los cardenales españoles de la Cueva y Montalto, q.v.), 462-463 ("los cardenales nacionales")
– XVII, 200 (**1643**), 466 (**1644**)
– XVIII, 246 (dos citas: **1646**: sale de Roma con los cardenales españoles de la Cueva, Matías [error por Martos], Sesé y Montalto, q.v.)
– XIX, 332 (**1642**: sale de Roma con los cardenales españoles de la Cueva y Montalto, q.v.)
Albornoz y Montalto, cardenal (error por los cardenales Albornoz y Montalto: v. XVI, 463)
Albrecht [von Austria] (1559-1621; cardenal [1577], archiduque de Austria; hijo del emperador Maximilino II y hermano de los emperadores Rodolfo II y Matías; virrey de Portugal, **1585-1595;** renunció el cardenalato y se casó en 1598 con Isabel Clara Eugenia, hermana de Felipe III, q.v.; con ella, gobernador de los Países Bajos, **1598-1621**), XIII, 8; XVII, xi, xviii; XIX, 345 (v. los estudios de Golo Mann, *Wallenstein,* y C. V. Wedgwood, *The Thirty Years War*)
Albret, César Phoebus d' (creado mariscal de Francia en 1653; m. 1676), XIII, 234-235 (**1635**: general francés en el Piamonte que derrotó al ejército del marqués de Santa Cruz y degolló a todos) (var: La Brit; Labret; Labrit)
Albufera; Albugera; Albuheda (v. Albuhera)
Albuhera (hoy, La Albuera, villa a 24 km. al sudeste de Badajoz), XVII, 239 (**1643**: los portugueses la tomaron, "con que le corta el paso a Badajoz"), 241 (en esta página y otras cuatro se citan Albuhera junto con Almedral, q.v., como "la yema de Extremadura"; v. también Valverde de Leganés) (var: Albufera, Albugera, Albuheda, Albuhera, Albujeda, Albujera)
Alburquerque (a 42 km. al N de Badajoz), XVI, 267, 269; XVII, 283, 351, 468, 509; XVIII, 189, 341, 376, 410, 413; XIX, 428 nota 473
Alburquerque, armada de (sin documentar en los repertorios consultados), XIII, 308 (1635: "echó a fondo los bajeles de Holanda")
Alburquerque, VII duque de (Francisco Fernández de la Cueva, grande de España de primera clase, de los Consejos de Estado y Guerra; virrey de Cataluña, 1616-1619; embajador de España en Roma en **1623**; virrey de Sicilia en **1627**; gobernador del Consejo de Italia brevemente en **1636** y presidente de el de Aragón; Presidente sustituto del Vice-canciller en el Gobierno de Cataluña, **1632-1637**; murió en **1637**; v. Ángel San Vicente y J. Crosby, "Datos...", 182), XIII, 26, 139, 308, 396, 457, 459 (1636: el marqués de Cuéllar es su heredero); XIV, 157
Alburquerque, VIII duque de (Francisco Fernández de la Cueva [y Córdoba], grande de España de primera clase; casado en 1645 con Juana de Almendáriz, heredera del estado del marqués de Cadereita [v. XVIII, 13-14, 28])
– XIV, 274 (v. XVI, xiv-xv), 462
– XV, 20 (**1638**: su victoria en Fuenterrabía), 30, 37, 78 (al Duque "se ha dado la encomienda del marqués de las Navas y la llave capona [honoraria de gentilhombre de Cámara del Rey, sin ejer-

cicio]), 174 (**1639**: nombrado cabo de la Orden de Santiago), 192, 293, 297, 326 (ofrece al Rey "ir a donde le mandare")
— XVI, xiv (el relato del desafío que el de Alburquerque tuvo con el de Elboeuf, q.v., por causa de la célebre Madame de Chevreuse, q.v.), 211 (**1641**: se casará con Juana de Velasco), 392 (**1642**: al mando de un tercio en Flandes, peleó con el de Piamonte [¿o Tomás o Mauricio de Saboya, francófilos militares los dos en esta época?] y "deshízole completamente"); 401, 403, 406, 408 y 412 (sobre el papel destacado del Duque en el asalto y rendición de La Bassée, q.v., dirigido por Francisco de Melo, conde de Assumar, en junio de 1642)
— XVII, 38 (**1643**: tendrá el gobierno de la caballería del estado de Milán), 406 (llega de Flandes con la noticia de la victoria de los imperiales sobre los franceses y vaimareses, "que ha sido de las más insignes"), 94-95 (general de la caballería de Flandes), 144, 163 (Francisco de Melo, conde de Assumar, "puso algunos por cabos principales que no tenían la experiencia ni la inteligencia que los oficios requerían, como al de Alburquerque por general de la caballería"), 389 (el duque de Alburquerque pierde su puesto y se va para España), 426 (**1644**: "pasó a España por Francia,...acompañóle toda la corte en coches hasta la salida"), 435 (el de Alburquerque se quedará en España), 478-479 (en Berbejal, a 92 kilómetros al NO de Zaragoza, el Rey "juró...de gentilhombre de la Cámara al conde de Tarazona,... dejando esta calidad al duque" [de Albuquerque])
— XIX, 74 (**1647**), 265-266 (**1642**: pelea "con la espada en la mano"), 288 (asalto a Cambresi)
Alburquerque, un hijo del duque de, XIX, 313 (en una ceremonia)
Alburquerque, VII duquesa viuda de (Ana Enríquez de Mendoza), XV, 26, 179, 185; XVII, 29; XIX, 288

Alburquerque, VIII duquesa de (se casó en 1645), XVIII, 13-14
Alburquerque, Antonio de (militar implicado en la causa contra Carlos Padilla, q.v.), XIX, 227
*Alburquerque Coello, Duarte de (marqués del Basto y conde de Pernambuco), XIV, 303 (**1638**: participó en la guerra contra los holandeses en el Brasil)
Alburquerque Coello, Matías de (comandante portugués), XV, 46; XVI, 158; XVII, 283; XVIII, 396, 425
Alby, barón de (casado con Hipólita de Aragón, q.v.), XVIII, 311-312 nota 1 (por la nota de Gayangos se deduce que su mujer le era infiel)
Alcalá, III duque de (Fernando Afán de Ribera y Enríquez, virrey de Cataluña, 1619-1622; de Nápoles, 1629-1632; de Sicilia, 1634-1635; y finalmente gobernador de Milán de 1636 a 1637; m. 1637)
— XIII, xiv (1637: su hijo ilegítimo, Fernando), 34 (**1634**: m. en Italia el marqués de Tarifa, su primogénito), 90 y 183 (**1635**) y 293 (va a Nápoles [camino a Sicilia donde era virrey en 1634 y 1635]), 253, 349 (tiene ya licencia para venir a España), 375 (**1636**: quedará en Italia para ir después a Alemania de plenipotenciario), 399 y 405 y 408 y 410 (1636: gobernador de Milán)
— XIV, 10, 111 (m. en Vilac, villa cerca de Colonia, en abril de **1637**), 132
— XVI, 44; XIX, xiii
Alcalá, duquesa de (María Enríquez de Ribera), XIV, 130, 237 (su viaje a Roma)
Alcalá de Guadaira (a 14 kilómetros al sudeste de la ciudad de Sevilla), XIX, 218
Alcalá [de Henares], XIII, 41, 113, 115, 156, 165, a169, 171, 181-183, 208, 231, 239, 267, 349, 361; XIV, 1, 3, 4, 44-45, 260, 342, 431, XV, 62, 193, 237; XVI, 20, 88-89, 133, 248, 342, 344, 357, XVII, 97, 146, 284, 286, 387-388; XVIII, 19, 39, 48, 109, 173-175,

189, 207, 371, 428; XIX, 367-368, 422 nota 369
- calle de, y camino real de (Madrid), XIV, 274, nota 1 (dos citas); XV, 68; XVI, 394
- puerta de (Madrid), XIII, 541; XIV, 206, 263
- Universidad de: Colegio mayor, XVI, 89; XVIII, 48; Colegio de Jesuitas, XIII, 171 y XVIII, 174; Rector de la Universidad, XIV, 320

Alcalá del Río (pueblo pequeño a 11 kilómetros al noroeste de Sevilla), XIX, 218

Alcaldes, Sala de los (de la corte), XIII, 243; XVIII, 503; XIX, 318, 362

Alcántara (pueblo a 55 kilómetros al NO de Cáceres), XVII, 317, 494; XVIII, 119, 139, 172, 418, 423, 425; XIX, 166, 167, 169, 175 y en la p. 402 la nota 336

Alcántara, Orden de, XIII, 118, 382; XV, 174; XVI, 18, 201, 336

Alcántara, caballeros de la Orden de:
  Aragón, Antonio de XVIII, 397
  Cardona, Felipe de [IV marqués de Guadaleste], XIX, 433 nota 19
  Castro, Pedro Fernández de (v. Fernández de Castro, Pedro)
  Cueva [y Benavides, Alonso de la], XIV, 120
  Dávila-Guzmán, Francisco, XIII, 108
  Díaz de Vivar, Sandoval Hurtado de Mendoza la Vega y Luna, Rodrigo, XIII, 368
  Feloaga, Francisco de, XVIII, 90
  Fernández de Castro, Pedro (n. 1576, m. 1622) (véase: Lemos, VII conde de)
  Fernández de Velasco y Tovar, Luis, XVI, 240
  Herrera y Sotomayor, Jacinto de XIII, 486
  La Cerda, Antonio Juan Luis de, XV, 178
  Manrique de Lara y Manrique de Lara, Íñigo, XVI, 123
  Mejía de Contreras, Álvarez de Paz, Pedro, XIV, 40 nota 2 [le confunde con su padre, Pedro Mejía de Tovar y Velázquez, caballero de Santiago]
  Morales y Barnuevo, Juan de XIII, 349
  Pacheco y Toledo, Juan XV, 78
  Pimentel, Claudio XV, 78
  Pimentel y Enríquez de Guzmán, Enrique XIV, 434
  Ponce de León, Luis XIV, 7
  Rojas, Rodrigo de, XVI, 400
  Tello de Portugal, Francisco, XVI, 219
  Villanueva, Jerónimo, comendador de Santibañez en la Orden de Alcántara, XIX, 452 nota 464
  (sin nombrar), XVII, 498 (v. también la ficha de la Orden de Alcántara en Crosby, *Índice de apellidos, títulos y oficios...*)

Alcántara, maestrazgo de, XIII, 486

Alcántara, Valencia de (v. Valencia de Alcántara)

Alcantarilla, señor de (pueblo a 8 kilómetros al oeste de Murcia), XVII, 405

Alcañices (lugar a 60 km. al noroeste de Zamora y a 4 kilómetros de la frontera de Portugal; las dos ciudades gobernadas por un solo gobernador), XVI, 173; XVII, 396, 398 y 402-403; XVIII, 328 (var: Alcañiz, q.v.)
- "plaza de armas" (a 105 km. al SE de Zaragoza), XVII, 479 (var: Alcañiz, q.v.)
- baronía de (v. Almansa, casa de), XVII, 115
- encomienda de (la poseía Enrique, marqués de Mairena), XVIII, 328 (no sé si se trata de este pueblo de Zamora, q.v., o de otro de Zaragoza, q.v.)

Alcañices, VI marqués de (Álvaro Enríquez de Almansa y Borja, Álvarez de Toledo y Vega, biznieto de San Francisco de Borja, casado con Inés de Guzmán Acevedo y Zúñiga, hermana del conde-duque de Olivares; caballero de Santiago en 1600, conde de Almansa, montero mayor de Felipe IV, gobernador de las galeras de Nápoles y general de la caballería de aquel reino; Grande de España de primera clase en 1640 [XV, 388-90]; nació en 1587 y

murió poco después de diciembre de 1642)
- XIII, 7 (**1634**: cuadrillas en el Retiro), 476 (**1636**: le han mandado servir a Nápoles)
- XIV, 255 (**1637**: ha cogido seis galeras de Biserta), 307 (**1638**: se le darán las galeras de Nápoles), 457 (le darán las galeras de Melchor de Borja)
- XV, 94 ("llegó a Génova con tres galeras y orden de que estuviesen al suyo los cabos de las de Nápoles y Sicilia"), 388-390 (**1639**: participó en la victoria contra 40 navíos ingleses en el Canal de la Mancha; datos sobre la marquesa de Alcañices)
- XVI, 352 (**1642**: sátira en verso)
- XVII, 115 (**1643**: m. sin hijos, y le sucedió su sobrino, el conde de Oropesa; noticias de la actuación de la viuda, a quien Oropesa ofreció su casa [p. 109]); XIX, 328 y 369 (**1642**: vino el marqués a Valencia, muy enfermo), 414-415 nota 110 y 465 nota 369

Alcañices, VII marqués de (Juan Enríquez de Almansa y Borja, I marqués de Oropesa en Indias; en 1634 se casó con la hija de Francisco Fernández de la Cueva, VII duque de Alburquerque [XIII, 26]; heredó el marquesado y la grandeza a la m. del VI marqués, su tío), XVII, 108-109, 115, 141; XIX, 414-415 nota 110 (a veces los corresponsales se refieren a él por el título de Oropesa [en Indias], q.v.)

Alcañices, VI marquesa de (Inés de Guzmán, Acevedo y Zúñiga, hermana del Conde-Duque), XIII, 274, 296; XV, 487; XVI, 184, 242, 352 (sátira); XVII, iii, 111, 115 y la nota 1, 141; XVIII, 365; XIX, 130 (sátira), 414-415 nota 110, 465 nota 369

Alcañiz ("plaza de armas" a 105 km. al SE de Zaragoza), XVI, 17, 35, 37; XIX, 281 (var: Alcañices, q.v.)

Alcañiz (junto con Liste, q.v., "partido colateral" para la defensa de Galicia; se refiere al Alcañiz que se halla a 60 km. al NO de Zamora y a 4 km. de la frontera de Portugal), XVII, 194 (var: Alcañices, q.v.)

Alcaraz (a 72 km. al SO de Albacete), XVI, 88, 257; XVIII, 499, 500

Alcaudete, estado de (a 44 km. al SO de Jaén), XIII, 275; XVII, 34; XVIII, 506

Alcaudete, VI condesa de (María Ana Pimentel y Córdoba, sobrina del P. Francisco Pimentel, q.v.; marquesa de Viana, dama de la reina Isabel; intentó casarse con ella Álvaro de Córdoba, q.v.; casada con el VII conde de Oropesa, q.v.; era condesa de Alcaudete, no marquesa), XIII, 275, 309 (**1635**: parece que se casará con el conde de Oropesa), 417 (**1636**: las capitulaciones, "cosa lucidísima"); XIX, 382 nota 417 (datos)

Alcázar [de San Juan] (a 140 km. al NE de Ciudad Real), XVIII, 135

Alcázar (de Sevilla), XIX, 217

Alcázar, Real (Madrid), XIII, 8

Alcázar, Juan Antonio del (sevillano "bien quisto y estimado"; del hábito de Calatrava; "nieto del hermano del P. Luis del Alcázar"), XVI, 6; XVII, 69-70 nota 1 (**1643**: m. desgraciada)

Alcázar, P. Luis del (1554-1613; profesor de teología), XVII, 70

Alcíbar (villa de Guipúzcoa, cerca de Rentería), XIV, 460 y 461 (v. Rentería) (var: Alzíbar)

*Alcoba Bañuelos, lic. Pedro de (presbítero de Málaga)

Alcobendas (a 13 km. al N de Madrid), XVIII, 299

Alcocer, Bernardino de, S.J., XIII, a184

Alcolea de Cinca (cerca del río Cinca, a 22 kilómetros al sur de la villa de Monzón), XVI, 178, 421 (por error: Alcodea)

Alconchel (a 45 km. al sur de Badajoz), XVI, 202; XVII, 265, 288, 290, 299, 313; XVII, 288-289, 290-293, 299, 311, 368, 453; XIX, 419 nota 292

Alconchel, marqués de (Fernando de Meneses y Padilla, a quien concedió Felipe IV este título en 1632; hermano de Fr. Jorge de Meneses, q.v.), XVII, 288-

289, 292-293, 299; XIX, 149, 419-420 n 292

Alcorcón (a 11 km. al SO de Madrid), XVIII, 474

Alcover (a 18 km. al N de Tarragona), XVI, 211, 213

Alcuéllar, conde de (v. Guzmán, Enrique Felípez de)

Aldana (canónigo), XVIII, 399 (1646: m. en Toledo)

Aldana, Fernando de (de la Orden de San Juan [de Jerusalén], q.v.; embajador de Malta), XVII, 232; XIX, 419 n 232, 449 n 392

Aldea de Aprende (v. Aldeia da Ponte)

Aldea del Obispo (v. Aldeia do Bispo)

Aldea Gallega (pueblo portugués en la región de Elvas y Olivenza), XVIII, 203 (se dice que el duque de Braganza ha llegado a dicho pueblo)

Aldeabella (en la región de Aldeia da Ponte, q.v.), XVI, 361 (saqueado y quemado con otros pueblos por los portugueses; v. la lista en esta página)

Aldehuela la Bóveda (a 34 km. al SE de Salamanca), XIII, 93

Aldeia do Bispo (a 25 km. al E de Sabugal), XVI, 361 (saqueado y quemado con otros pueblos por los portugueses) (var: Aldea del Obispo)

Aldeia da Ponte (frontera de Portugal; a 25 km. al NE de Sabugal y 38 km. al NO de Hoyos), XVI, 361 (1642: saqeado y quemado por los portugueses junto con otros pueblos; v. la lista en XVI, 361) (var: Aldea de Aprende)

Aldemburgo (v. Alterburgo)

Alderete, P., S.J. (1594-1657; maestro universitario), XV, 335; XVIII, 162

Alderinguen (v. Aldringen)

Aldershot (el autor emplea este nombre como si fuera un apellido o un título, pero aparte del nombre de una villa al SO de Londres, no consta como apellido o título en los repertorios consultados), XVI, 187 (var: Alderostes; Alderscot)

Aldobrandini, Elena (casada con Luis Caraffa, IV príncipe de Stigliano; madre de Ana Carafa y Aldobrandini [esposa del duque de Medina de las Torres, q.v.]), XIII, 459

[Aldobrandini, cardenal Giovanni] (n. 1525, m. 1573; era tío de Olimpia Aldobrandini, q.v.; y hermano del papa Clemente VIII, q.v.; interventor de la Sagrada Rota Romana)

[Aldobrandini, cardenal Ippolito, *seniore*] (1536-1605; v. el Papa Clemente VIII, y Aldobrandini, Olimpia)

Aldobrandini, cardenal (por las fechas, probablemente Ippolito *iuniore*: nació en 1596 y murió en julio de 1638; hermano de Olimpia Aldobrandini, q.v.), XIV, 110 (**1637**: dijo una misa), 112, 119 (**1637**: a éste y a los cardenales Pío [di Saboya] y Gaetano Albornoz, q.v., convidó a comer el duque de Saboya, e hicieron fiesta), 237 (tuvo una audiencia con el Papa), 378 (abril de **1638**: el Papa quiere que el cardenal venda algunos lugares que tiene en Roma) (var: Aldobradino; Aldrobandino)

Aldobrandini [o Maidalchini], Olimpia (1623-1681; hija de Gianfrancesco Aldobrandini, príncipe de Rossano, y Olimpia di Pietro; hermana de los cardenales Ippolito Aldobrandini, *iuniore* [1596-1638] y Silvestro Aldobrandini [1587-1612], sobrina del cardenal Pietro Aldobrandini [1571-1621] y sobrina nieta del Papa Clemente VIII [Ippolito Aldobrandini, *seniore*, q.v.], y del cardenal Giovanni Aldobrandini, q.v.; en 1649, debido a un enfrentamiento con una dama tan rica y poderosa en Roma como Olimpia, cayó en desgracia el cardenal Domenico Cecchini, q.v.)

– XVIII, 246-248 (en febrero de 1646 Olimpia, casada todavía con su primer marido, estaba entre la nobleza que en Frascati y también en Roma recibió al IV duque de Arcos, q.v., nuevo virrey de Nápoles, quien repartió entre sus huéspedes magníficas joyas; a diferencia de lo que se dice en la p. 246, Olimpia nunca fue "cuñada" de Inocencio X), 468, párrafo 1 (1647: Olimpia era "descendiente del nepote Aldobrandini, y tiene su casa", nepote del papa Inocencio X, y había heredado el título de "princesa de Rossano, q.v.", y era "feudataria de S.M." y "la más rica señora de Italia", viuda que "tiene de su primer matrimonio tres hijos" de un marido que "era nepote de Gregorio XV [1554-1623] y tenía la casa Ludovicia"). Dicho Papa era Alessandro Ludovisi, de una familia patricia e hijo del conde Pompeo Ludovisi; fue elegido Papa en 1621 y m. en 1623. Parece que hubo un error en la información a disposición del autor de la carta, fechada en 1647, pues el primer marido de Olimpia era Paolo, príncipe Borghese y de Sulmona (1624-1646), sobrino nieto del Papa Paulo V (Camillo Borghese, 1552-1621); se casaron en 1638. Con referencia a su segundo marido, se dice en la primera línea del párrafo que era "nepote del Papa" [es decir, de Inocencio X, Giambattista Pamphili, 1574-1655, Papa desde 1644], y también "cardenal" y que "renunció el capelo" (XVIII, 468, párrafo 1). Coinciden estos datos tan solo con Camillo Francesco Maria Pamphili (1622-1666), sobrino de dicho Papa y hecho cardenal en el primer consistorio de Inocencio X (1644), con varias dispensaciones como si hubiera recibido las órdenes sagradas, pero quien pasados tres años renunció al cardenalato y el 10 de febrero de 1647 se casó con Olimpia Aldobrandini, princesa de Rossano y viuda del príncipe Borghese, quien había muerto el 24 de junio del año anterior (v. la p. 322 así como también las citas de Aldobrandini y Pamphili en el estudio de S. Miranda; v. la "Lista de libros..."). Pamphili tenía un palacio en la Via Lata (var: Aldobrandino)

[Aldobrandini, Pietro] (1571-1621; cardenal y tío de Olimpia Aldobrandini, q.v.; arzobispo de Ravenna, abogado consistorial, secretario del Estado y gobernador de Fermo y de Ferrara)

[Aldobrandini, Silvestro] (nació en 1587 y murió en 1612; cardenal y hermano de Olimpia Aldobrandini, q.v., y del cardenal Ippolito Aldobrandini, *iuniore*, q.v.; caballero de la Orden de Malta; capitán general de la guardia del Papa; castellano de Ancona y de Sant Angelo, castillo de Roma [v. Salvador Miranda, *Cardinals...*])

Aldres (villa de la provincia de Roussillon, fundada por Carlos V, como Salsas, q.v.), XV, 308

Aldringen, cardenal (sin documentar en los repertorios consultados), XVII, 497 (pretendiente al papado) (var: Aldringer; Altringher)

Aldringen, conde [Johann de] (1588-1634; mariscal de Campo de la Liga Católica; señor de Roschitz [1625]; en Italia tomó Mantua [1629]; en el SO de Alemania con el duque de Feria, q.v. [1633]; comisario general en el ejército de Wallenstein, q.v.; sirvió al Emperador Fernando II en Baviera, y fue uno de los que por su orden tramaron el asesinato del capitán general Wallenstein [1634; véase Friedland, duque de, y Golo Mann, *Wallenstein*, 841]; pocos meses después, m. de un mosquetazo al huir de una batalla [v. Duque de Estrada, *Comentarios*, p. 403, y Golo Mann, p. 71])

– XIII, 24 (después del asesinato, el ejército de Johann de Aldringen echó al enemigo de Baviera), 34 (var: Alderinguen; Aldringer; Aldringuen; Altringer; Altringher)

Aldrobandino (v. Aldobrandini)
Alejandría (Egipto), XIII, 145 (sátira)
Alejandría o Alejandrino (v. Alessandría de la Palla [Piamonte])
Alejandro, don (no consta el apellido; era inquisidor en Madrid en el año de 1638), XV, 26
Alejandro [el Magno, 356-323 a.C.], tomo XVIII, p. xix y p. 58
Alejandro VII, papa (v. Papas, los)
Alemán, P. Francisco de, S.J., XIII, 103; XVI, 246; XVIII, 5

*Alemán, Mateo (n. Sevilla, 1547; autor de diversos libros; en 1608 pasó a México; v. la ficha de Alfarache, Guzmán de [se trata de una sátira del protagonista de la novela picaresca de Mateo Alemán, y de Pedro Varez de Castro, impresor de la primera edición del *Guzmán de Alfarache*]; v. la Bibliografía, s.v. Alemán, Mateo)

Alemania, XIII, vii, ix, 10-11, 24, 28, 32, 34, 35, 39, 44, 56, 86, 93, 103, 106, 109, 140-141, 146, 147-148, 166, 173, 176, 187-188, 194-195, 198, 201, 212, 216-217, 222, 224, 227-228, 230, 234-235, 237, 241, 246-247, 250, 251-252, 254-255, 257, 263-264, 269, 279, 290, 297, 303, 305, 312-313, 316, 331, 334, 337, 345-347, 354, 370-271, 375, 383-384, 398-399, 403-404, 406, a412, 430, 441-442, 447, 451-452, 456, 461-464, 473, 488, 502, 527, 543-544
- XIV, v, 2, 10, 13, 14-15, 17-18, 20, 31-34, 38, 40, 55-56, 66, 70, 81, 84, 86-88, 90, 96-97, 101-102, 111, 113, 138, 145-145, 153, 156, 160-161, 165-166, 168, 171, 182, 202, 208, 262, 271, 276-78, 288, 290, 307, 322, 323-324, 331, 335, 338-339, 341, 344, 351, 353-354, 360, 363-364, 374, 379, 382, 387, 398-99, 406-409, 410-411, 414-417, 434, 436, 443, 477-478, 486
- XV, 15, 67, 94-97, 108, 116, 126-129, 158, 164-167, 171, 173, 180, 184, 186, 198, 203-204, 213, 218-219, 220, 222, 232, 234, 240, 249, 264-265, 270, 273, 277, 279, 286, 299, 302-304, 309-310, 340, 352-352, 360, 362, 368, 371, 379, 382, 384, 404, 409, 421, 435-436, 454, 460-463, 478-479, 488
- XVI, vii, 31, 60, 64, 67, 77, 87, 90, 93-94, 109, 125-126, 150, 176-177, 183, 194, 200, 220, 266, 279, 304, 310, 341, 398, 464, 482
- XVII, viii, 131, 149, 180-182, 183, 222-223, 229, 248, 262, 284, 308, 315-316, a324, 326, 335, 354, 373, 383-384, 388, 390, 408, 419, 425, 427, 436, 439, 442, 445, 448-449, 472, 477, 484, y 502
- XVIII, xiii, xxii, xxiii, xxviii, 1, 6, 14, 39, 58, 64, 69, 84, 95, 140, 156, 163, 166, 178, 216, 235, 240, 249, 250, 252, 258, 261, 281, 289, 294, 299, 302, 324, 328, 373, 385, 392, 394, 463, 469, 472, 485, 490, 497
- XIX, 4, 9, 14, 56, 67, 71, 78, 80-81, 88, 89, 140, 144, 193-194, 203-206, 250, 278, 292, 303, 334, 340, 343, 355, 363, 365, 379 nota 381, 385 nota 288, 423 nota 407, 429 nota 477 (v. también Germania)
- Dieta de, XIII, 522
- embajada de, XVII, 451

Alemania, embajadores de, en España
- XIII, 342 (**1635**: comenta las malas relaciones entre Alemania y Francia), 437 (**1636**), 534
- XIV, 16 (**1637**: Francia fracasó en su plan de que los turcos le declarasen la guerra al Emperador), 20, 39 (los alemanes han recuperado plazas de Francia), 41, 51, 60, 138, 322 (juez de la sortija), 474 (**1638**: la victoria de Amberes)
- XV, 6, 91 (Carlos de Austria, q.v., visita la corte de Madrid), 108 (la m. de Saxe-Weimar, q.v., general de las fuerzas de Francia en Alemania), 258 (**1639**: el embajador quiere que el capitán de la guardia tudesca sea alemán), 376, 432 (**1640**: noticia de Francia de la libertad del hermano del Rey de Polonia), 444 (banquete del Conde-Duque para generales y diplomáticos)
- XVI, 185 (**1641**), 301-302 (**1642**), 427, 476 (llegó de Zaragoza), 498 (**1643**: la dimisión del conde-duque de Olivares)
- XVIII, xvii, 137 (**1645**: el día que pasó el féretro del Conde-Duque por las calles de Madrid, camino a Loeches, "cayó un rayo en una torre de la casa del embajador,...y quemó un pedazo [de] ella"), 197, 445 (**1646**: los alemanes vencieron a los franceses y los suecos)
- XIX, 68 (**1647**: las fiestas en Madrid y en Alemania sobre las capitulaciones de la Reina y el Rey), 73 (el papel del embajador), 300 (**1642**), 449 nota 392

(**1644:** el marqués de Grana, Francesco Carreto, embajador del Emperador de Alemania; v. también Crosby, "*Índice de apellidos, títulos y oficios...*")

Alemania, embajadores de España en
- XIII, 280 (**1635:** Francisco de Melo [el conde de Assumar], "embajador de Alemania" [léase "de España en Alemania", y v. XVI, 398, la penúltima línea de la nota 1, y XVII, 374, **1643:** "el conde de Peñaranda va por embajador extraordinario de Alemania", es decir, "a Alemania"]); XIII, 302 y 312 (**1635:** Gaspar de Tebes Tello de Guzmán; v. Fuente del Torno, I marqués de)
- XIV, 271 (**1637:** Antonio Dávila y Zúñiga, III marqués de Mirabel: embajador extraordinario en Alemania)
- XVII, 374 (**1643:** v. supra)
- XIX, 385 nota 288 (**antes de 1644:** Íñigo Vélez de Guevara, V conde de Oñate, q.v.), 442 nota 250 (**antes de 1665:** Francisco de Moura y Cortereal, III marqués de Castel-Rodrigo, "embajador en Alemania"), 449 nota 389 (**antes de 1646:** Sancho de Monroy, marqués de Castañeda, "embajador en... Alemania")

Alemania, emperador de (v. Emperador)
– Liga protestante de, XIV, xii
– Sacro Imperio de, XIV, 20; XV, 367; XVI, 398; XIX, 205
– Consejo, XVIII, 280
– Corte, XV, 238
– Dieta, XVII, 180
– secretaría de, XIX, 180
– y Polonia, embajador en el Vaticano, XIX, 333

Alemanias, Imperio de las, XIX, 205

Alemtejo (v. Alentejo)

*Alemquer, marqués de (portugués; virrey de Portugal circa 1605-1620; despojado de su cargo de consejero de Portugal a instancias del duque de Villahermosa) (var: Alanquer; sobre el título español, v. Alenquer)

Alencaster, Luis de (v. Alencastre)

Alencastre, Jorge de (v. Terras-Novas, III duque de)

Alencastre, Luis de (general de artillería), XIV, 94; XV, 345; XVII, 38 (var: Alencaster)

Alencastre, Cárdenas y Manrique de Lara, María Guadalupe (v. Maqueda, VII duquesa de)

Alencastro, Alfonso de (v. Abrantes, duque de)

Alençon, Mr. d' (gobernador francés de Barcelona), XVI, 303

Alenquer, marqués de (v. Híjar, duque de; sobre el título, v. Alemquer)

Alentejo (antigua provincia de Portugal, al sur del Tajo, colindante con Andalucía y Extremadura, dividida hoy en el Alto [distritos de Évora y Portalegre] y el Baixo [distritos de Beja y parte del de Setúbal], XVI, 149 y XVIII, 311 (v: Alemtejo)

Alepo (en el s. XVII, centro comercial del NO de Siria), XVIII, 366

Alessandría (v. la ficha siguiente)

Alessandria de la Palla (a 77 km. al SE de Torino), XIII, 202-205, 233-236, 266, 270, 291, 425, 471-472, 501; XIV, 228, 389; XV, 88, 92, 128, 235, 292; XVIII, 386 (var: Alejandría; Alejandrino)

Alfaques, [Puerto de] los (bahía en la delta del río Ebro que da acceso al puerto de San Carlos de la Rápita), XV, 18, 375; XVI, 17, 136, 354, 372; XVII, 495; XVIII, 401; XIX, 2

*Alfarache, Guzmán de (sátira del protagonista de la novela de Mateo Alemán, q.v.), XVI, 196, 237

Alfaro (cura de la parroquia de San Ginés, Madrid), XVIII, 175

Alfaro, P. Diego de, S.J. (de la misión en Paraguay), XIX, 239 (m. en 1639)

Alfarrás (a 26 km. al N de Lérida, a orillas del río Noguera, q.v.; sobre el viaje de Felipe IV a Aragón en 1644, v. la ficha de Sástago), XVII, 479 (var: Alferraz)

Alfay, Tomás (impresor de Zaragoza, 1636-1641; de Madrid, 1648-1650; y de Alcalá de Henares en 1650), XVI, 355

Alfelt (v. Hatzfeldt, Melchor)

Alferbergue, plaza de (¿cerca de Leipzig?), XIV, 10

Alferraz (v. Alfarrás)

Alfonso Henríquez (primer rey de Portugal, en 1139), XVI, 96

Alforja (villa a 145 km. al SO de Barcelona), XVIII, 3

Algaba, II marqués de (Luis de Guzmán, IV marqués de Hardales y V conde de Teba, hijo de Francisco de Guzmán y Manrique, I marqués de Algaba, y de su mujer Brianda de Guzmán y de la Vega, IV condesa de Teba y III marquesa de Ardales), XIX, 410 nota 468 (var: Algava)

Algaba, III marqués de (Pedro Andrés de Guzmán, V marqués de Ardales, VI conde de Teba, alférez mayor de la ciudad de Sevilla, hijo del anterior; casó en 1620 con Juana Enríquez de Córdoba, que sigue), XVI, 349 nota 1, a468 (sátira del conde de Monterrey); XVII, 329 (en Zafra); XIX, 410 nota 468, 420 nota 329 (var: Algava; marqués de la Algaba)

Algaba, III marquesa de la (Juana Enríquez de Córdoba, hija de los marqueses de Priego), XIX, 410 nota 468 (var: Algava)

Algaba, P. Fernando de, S.J., corresponsal del P. Juan Bautista de Algaba (XV, a484) y del P. Pereira (XVI, xiii, a34; XVIII, a287) (var: Algava)

Algaba, P. Juan Bautista de, S.J. (lector en la ciudad de Sevilla), XV, d329-331, d484; XVIII, 352 (var: Algava)

Algarbe o Algarbes (v. Algarve)

Algarrobilla (v. La Garrovilla)

Algarve (antigua provincia en el extremo sur de Portugal, hoy el distrito de Faro), XIV, 257, 266, 283-284, 319; XV, 262; XVI, 148, 161; XVIII, 189, 311

Algava, Fernando de o Juan Bautista de o el marqués de (v. Algaba)

Algeciras, XIX, 129

Alghero (puerto de la costa occidental de Cerdeña), XVIII, 244 (var. catalana: Alguer)

Alhendín (villa a 11 km. al S de Granada), XV, 226 (unos jesuitas viajeros rezaron laudes en la iglesia)

Alhondiga (v. Sevilla)

Alicante, XVI, 385, 394; XVII, 452; XVIII, 16, 35, 131, 164, 207, 220, 234, 242, 330, 372, 385, 388, 485; XIX, 121, 173-174 (peste en Alicante)

Aliencurt, conde de (v. Harcourt)

Alís, castel de (v. Lérida)

Aliste, conde de (v. Alba de Liste)

Aljarde, conde de (v. Argyle)

Alma, Col del (¿prov. de Tarragona?), XVI, 39

Almachar (villa a 72 km. al SO de Granada), XV, 330

Almada, Antonio de, XVI, 112 (1640: de los primeros aliados del duque de Braganza, y nombrado embajador de Portugal a Inglaterra); XVII, 121 (1643: embajador de Portugal que está en Holanda)

Almada, Fulano de (hijo del anterior; general portugués), XVII, 111 (1643: de los primeros aliados del duque de Braganza; preso en una entrada en Extremadura, cerca de Badajoz), 120-121, 155 y 171 y 390 (canjeado por el marqués de la Puebla); XIX, 424 nota 411 (var: Ahumada; Eumada; Halmada; Humada)

Almagro (a 23 km. al SE de Ciudad Real), XIII, 123; XVII, 451

Almaguer, P. Andrés, S.J., XV, 226, 228, 482

Almanera, marquesado de, XIX, 152

Almansa, marquesa de (v. Almazán)

Almansa, casa de (es la baronía de Alcañices, q.v.), XVII, 115

*Almansa y Mendoza, Andrés de (para Pascual de Gayangos, el primer autor de las "gacetas periódicas", de 1621 a 1626)

Almarza, marquesa de (v. Almazán)

Almarza, hermano Pedro de, S.J., XIII, 232, 233

Almazán (a 35 km. al SO de Soria), XVIII, 268

Almazán, IV marqués de (Lope de Moscoso Ossorio y Mendoza, llamado "el mozo", hijo del VII conde de Altamira, q.v. ["el viejo" era su abuelo y homónimo, el VI conde de Altamira, q.v.]; el IV marqués fue VIII conde de Monteagudo, gentilhombre de la Cámara de Felipe IV, comendador de la Hinojosa en la Orden de Santiago y Grande de España de primera clase; se casó con Juana de Córdoba y Rojas [hija del VI duque de Sessa, q.v.], y fueron padres de Gaspar Moscoso-Ossorio y de Lope Moscoso-Ossorio, q.v.; murió el marqués en el año de 1636 [XIII, 452]), XIII, 7, 241, 398; XIX, 441-442, nota 244 (var: Almansa; Lope Hurtado de Mendoza)

Almazán, V marqués de (Lope de Moscoso-Ossorio, hijo del anterior; IX conde de Monteagudo) XVIII, 243-244 (1646: capitán de la guardia en las galeras de Sicilia [al mando del IV duque de Arcos]; m. 1646 en un combate), XIX, 348, 441-442 nota 244 (algunos de los datos son contradictorios)

Almazán, III marquesa de (Antonia de Mendoza, VII condesa de Monteagudo; casada con el VII conde de Altamira, q.v.; madre de Lope Moscoso-Ossorio, IV marqués de Almazán, q.v.), XIX, 442 nota 244

Almazán, IV marquesa de (Juana de Córdoba y Rojas; v. la ficha del IV marqués de Almazán), XVI, 235 y XIX, 348 (1642: se casan ella y sus dos hijos; algunos de los datos son contradictorios)

Almazán, P., S.J. (embajador en Venecia y Francia), XV, 418

Almedral (villa a 36 km. al S de Badajoz; en las páginas siguientes que llevan el signo de más [+], se citan Almedral y Albuheda, q.v.; v. también Valverde de Leganés), XVII, 241+ (**1643**: los portugueses tomaron ésta y la Albuheda, "que es la yema de Extremadura"), 245+, 264+, 278+, 287, 292, 312, 368+ (var: Almendral)

Almeida (a 35 km. al NO de Ciudad Rodrigo), XVII, 494

Almeida, Cid de (v. Cid de Almeida)

Almeida, Gabriel de (secretario de la Junta de Portugal), XVII, 192

Almeida, Jerónimo de (oficial en Nápoles), XVIII, 458; XIX, 108

Almeida, Miguel de (caballero portugués), XVI, 108

Almenara (a 35 km. al N de Valencia), XVI, 229

Almenara, marqués de (Íñigo Hurtado de Mendoza), XIV, 308 (montería con el Rey); XV, 257 (pendencia en la Red de San Luis de Madrid), 294 y 297 (pendencia)

Almenara, marquesa de (cuñada de Ana de Silva), XVII, 439-40

Almendáriz, Juana de (hija del marqués de Cadereita; se casó con Francisco Fernández de la Cueva, VIII duque de Alburquerque), XV, 262; XVIII, 13

Almendral (v. Almedral)

Almendralejo (villa a 29 km. al S de Mérida; de la Orden de Santiago; su comendador era el I marqués de Flores Dávila, q.v.)

Almería, XV, 247, 395; XVI, 22
– obispado de, XIV, 129
– obispo de, XIV, 343 (1638-1640: Fr. José de la Cerda, de la orden de San Benito); XVIII, 343 (1646-1651: Luis de Venegas de Figueroa; m. 1651)

Almeyda (v. Almeida)

Almezchita o Almezcleta (v. Amezqueta)

Almiranta, la, XIII, 272 (**1635**: la de una armada real de España en el Canal de la Mancha); XIV, 123 (**1637**: la de otra armada en dicho Canal); XV, 50 (**1638**: la de otra armada fue quemada por los franceses); XVI, 425 (**1642**: en la costa de Cataluña se quemaron la Almiranta española y la Capitana francesa)

Almirantazgo de Aragón (v. Aragón, Almirantazgo de)
– de Nápoles (una de las cárceles de la ciudad), XIX, 61 (durante el tumulto en 1647 el pueblo sacó muchísimos presos)

– [de los países Septentrionales] (compañía de mercaderes flamencos en Sevilla, creada por el rey Felipe IV en 1624), XV, 78
Almirante de Aragón (v. Aragón, Almirante de)
Almirante de Castilla (v. Castilla, Almirantazgo de, y Almirante de)
Almirante de Francia (v. Francia, Almirante de)
Almonacid (Almonacid de la Sierra, a 55 km. al SO de Zaragoza; Almonacid de la Cuba, a 50 km. al S de Zaragoza), XVIII, 432
Almosnino, Rabbí Moisés (v. Moisés)
Almudena, Nuestra Señora de la (v. Nuestra Señora de la Almudena)
Alojamientos en España de los cabos y capitanes del ejército (v. en primer lugar la ficha de "Soldados de los tercios españoles", y especialmente el "Memorial al Rey de la ciudad de Zaragoza", q.v.)
Alonso, don (de Valladolid), XIII, 364 (el agua llegó hasta su puerta en una inundación)
Alonso, hermano, XIV, 52 (el padre Rafael Pereira enviaba chocolate a sus corresponsales en el centro y el norte de España, pero los corresponsales disfrazaban en sus cartas cualquier referencia al contenido, como en este caso: "el regalo que trujo el cajón del hermano Alonso"; véase Pereira, padre Rafael, S.J.)
Alonso Botijón, Andrés (natural de Béjar), XV, 145 (trompetero en los toros del Retiro)
Alonso de Santo Tomás, Fr. (v. Santo Tomás, Fr. Alonso)
Alosa Rodarte, Antonio (secretario del Rey), XVI, a4, d448-449 nota 1; XVII, 13
Alp (aclara Gayangos que es nombre genérico que se aplicaba a los Pirineos; v. Alpes)
Alpechín, conde-duque de (sátira de Olivares; el alpechín es una especie de líquido oscuro y fétido que producen las aceitunas antes de la molienda), XVIII, 166
Alpes, los, XIII, 506-507 (se refiere a los Pirineos mediante el nombre genérico de Alp; v. la nota y comentario de Gayangos)
Alpes, los (de Italia, que hoy se llaman los Apeninos), XIII, 18; XVI, 488
Alpes, los (de Suiza), XVIII, 252 (los franceses pasan los Alpes para "irse juntando allí [en Italia] para la primavera")
Alsacia (provincia situada en el extremo oriental de Francia, entre el Rhin y los Vosgos; su capital es Strasbourg y su ciudad principal Mulhouse), XIII, 10, 31, 65, 230, 234, 362, 383, 425, 431, 451, 494, 530, 532
– XIV, 39, 134, 225, 281, 354, 394, 406, 409, 500
– XV, 15, 172, 187, 197-198, 211, 213, 217-219, 234, 253, 257, 362, 384, 404, 415
– XVI, 48, 193, 360, 370, 407
– XVII, 130, 163, 248-249, 353, 383, 408, 420, 426-427, 454, 472
– XVIII, 57, 68, 317
– XIX, 263-264, 274, 462 nota 263
Altabas (en los arrabales de Zaragoza), XVII, 12; XIX, 299
Altamira, VI conde de (Lope de Moscoso Ossorio, llamado "el viejo" ["el mozo" era su nieto y homónimo, el IV marqués de Almazán, q.v.]; padre [no hermano] del VII conde), XIX, 387 nota 76, 441-442 nota 244 (parece que algunos de los datos son contradictorios)
Altamira, VII conde de (Gaspar de Moscoso-Ossorio y Sandoval, casado con Antonia de Mendoza, III marquesa de Almazán y VII condesa de Monteagudo; padre de Lope de Moscoso-Ossorio "el mozo" [IV marqués de Almazán, q.v.])
– XIV, 206 (**1636**: en Galicia como maestre de Campo)
– XV, 193 y 237 y 240-241 (**1639**: el Conde intenta persuadir a su hermano, el cardenal Baltasar Moscoso y Sando-

val, que acepte una misión a Roma), 423
- XVII, 410 y 431 (**1644-1645:** otros intentos de persuadirle que acepte el arzobispado de Toledo)
- XVIII, 226 (**1646:** la provisión al arzobispado de Toledo), 229, 452 (el V conde de Altamira salió a recibir al general de la Orden de Santo Domingo)
- XIX, 7, 425 nota 431, 442 nota 244

Altamirano, Diego de (fiscal del Consejo de Hacienda; m. 1642), XIV, 258; XV, 77
- XVI, 234 (**1642:** fiscal del Consejo de Castilla), 235, 284 y 314 (m. "con poca hacienda mas con grande reputación de letrado y santo"; "le pidieron siete mil ducados de plata, y dijo no los tenía; que le apretó mucho el Presidente y después el Conde[-Duque de Olivares], y este último aprieto debió de ser tal que desde allí se fue a su casa, donde le dio un tabardillo de que murió, malográndose uno de los mejores sujetos de este tiempo. A éste digo yo no le mató esto")

Altamirano, Fernando (alcalde de Granada), XVIII, 300-301

Altamirano, Juan (catedrático), XVIII, 9

Altdorf (villa de Suiza a 30 km. al SE de Lucerna; capital de uno de los cantones suizos de los católicos [v. la ficha de Herrera, Juan de, XIV, 193-194]), XIV, 83, 193-194 (var: Altorf; Astolf)

Altenburg (antiguo gran ducado de Alemania y ciudad del mismo nombre en la provincia de Turingia, q.v.), XIV, 11, 226 (variantes: Aldemburgo; Alemburgo; Alterburgo; Oldenburgo)

Altringer (v. Aldringen, cardenal, y Aldringen, general)

Alvarado, Casa de, XV, 389 nota 3

Alvarado, P., XIX, 141 (su pleito)

Alvarado y Velasco, María de (v. Hinojosa, marquesa de la [la madre], y Aguilar, VIII conde de)

Alvarellos (a 6 kilómetros al oeste de Verín, en la provincia de Orense), XVIII, 160

Álvarez, Antonio (impresor de Antequera en 1641), XVI, 386

Álvarez, Antonio (impresor de Lisboa de 1585 hasta 1654), XV, 235; XVI, 47, 336

Álvarez, H. Antonio, XVI, 473 (m. en Pamplona)

Álvarez, P. Antonio, S.J., XV, 255, 386; XVI, 47, 336, 472

Álvarez, H. Francisco, S.J., XVII, a280

Álvarez, Juan (alférez), XIV, 466, 472 (m. en Breda)

Álvarez de Toledo, Diego (v. Alba, IV duque de)

Álvarez de Toledo, Fernando (v. Alba, III duque de)

Álvarez de Toledo y Beaumont, Antonio (v. Alba, V duque de)

Álvarez de Toledo y Beaumont, Fernando (v. Alba, VI duque de)

Álvarez de Toledo y Heredia, Antonio (v. Cedillo, conde de)

Álvarez de Toledo y Portugal, Duarte Fernando (v. Oropesa, VII conde de)

Álvarez de Toledo y Portugal, Fernando (v. Oropesa, VI conde de)

Álvarez Ossorio, Pedro (v. Astorga, VIII marqués de)

*Álvarez y Baena, José Antonio (historiador de Madrid)

Álvaro, P., XVI, 312 (enfermo)

Alvear, Mateo de (sargento mayor), XVII, 140

*Alvia de Castro, Fernando (autor de tratados histórico-políticos; caballero de Calatrava; capitán de navíos; veedor general de España en Lisboa; preso por los rebeldes en 1640), XVI, 124

Alvis (así llamó Tolomeo al río Elbe, q.v.)

Alzívar (v. Alcíbar)

Allariz (a 15 km. al sur de Orense), XVII, 266

Allay (general francés), XVI, 397 (1642: su ejército estaba cerca de Vimy, q.v., y a espaldas del de Francisco de Melo, q.v.)

Amadeo (v. Saboya, Amadeo de)

Amadeo I, Víctor (v. Saboya, duque de)

Amadís, monseñor (prelado de la asignatura en Roma), XIII, 238
Amalfi, príncipe de (padre de Artemisia Doria), XIX, 445 nota 330 (variante: Melfi)
Amán (privado del rey persa Aduero, siglo VI a.C.; le cita Francisco Morovelli de Puebla en un libro sobre los privados), XVIII, 131 [v. también Mardoqueo, ministro del rey Jerjes, siglo V a.C.]
Amassa, H. Paulo de, XIV, a58 nota 1
Amassi, río (v. Ems)
*Amat (v. [Torres] Amat, [Félix])
Amaya, P. Alonso de, S.J. (corresponsal del P. Pereira en Valladolid, de 1640 a abril de 1642; en Soria, como prior del colegio, de mayo, 1642 a 1643)
– XV, vii, a443, a481, a488
– XVI, xiii, a198, a216, a232, a233 nota 2, d281, d296-297, a298, a306, a316, d387, d395, d420, d428, d431, a439, a465
– XVII, viii, a97, a191, a217, a228 nota 2, a297; XIX, d292 (Madrid)
Amazonas, río de las, XVI, 58, 77, 320-321 (var: río Marañón)
Ámbar, Torre de (v. el Torre de Ámbar)
Amberes, XIII, 23, 110, 122, 140, 210, 212, 216, 315, 317-318, 409, 440, 477
– XIV, 96-97, 175-176, 180, 183, 240, 243, 315, 339, 428, 444-448, 450, 457, 460, 462, 464, 467-468, 472, 474, 479, 481-483, 486
– XV, 14, 72, 122, 135, 250, 300, 304, 467
– XVI, 56, 176, 339
– XVII, xxii, xxiv, 430, 477, 485
– XIX, 195, 453 nota 469 (variantes: Ambers; Antuerpia; Antwerpen; Antwerpiae; Anvers)
– castellano de, XIII, 461; XIV, 145; XIX, 82
– castillo de, XIII, 170, 361, 402; XIV, 99
– iglesia mayor, XIII, 141,
– país de, XIV, 179
Ambers (v. Amberes)
Amboise (a 23 km. al este de Tours), XIV, 442 (var: Ambuesa)
Ambruzea, Diego de, XV, 104 (m. en Madrid)
Ambuesa, Torre de (v. Amboise)
Amburgo (v. Hamburgo)
Amel, Luis (coronel; v. Flix), XVIII, 153
América, XV, v; XIX, viii
América hispánica (su gobernación en 1640), XVI, 57
Amesquita, Francisco de (capitán de caballos en la frontera de Portugal cerca de Elvas, q.v.), XVIII, 204 (1640) (v. Amezqueta)
Amezqueta, Pedro (del Consejo de Castilla; caballero de Calatrava y alcalde de Casa y Corte; en 1642, presidente de la sala de alcaldes; "era terrible en dar tormento, pues varias veces había hecho perecer a los reos en él" [Ramón Ezquerra Abadía, *La conspiración del duque de Híjar*, p. 302]; en 1648, presidió cruelísimamente el largo tormento del IV duque de Híjar, q.v., queriendo matarle), XIV, 4, 45, 299; XVII, 78, 199; XVIII, 4, 9, 17, 18, 33, 75, 76, 90, 460, 503; XIX, 191, 192 (su relator, Francisco de Valencia) 195, 225, a226 (1648: sentencia del duque de Híjar, q.v.; Amezqueta presidió el tribunal que le juzgó]), 319, 358, 362 (var: Admezclita; Almezchita; Almezcleta; Almezclita; Amesquita; Amezcleta; Amezquita)
Amiens (a 110 kilómetros al norte de Versailles), XIII, 317, 334, 492, 518, 531-532, 544; XIV, 2; XV, 6; XVI, 48, 54; XVII, xvi; XIX, 11, 377 nota 317 (var. erróneas: Orbans; Orliens)
Amigant, Micer José (preso por los conspiradores catalanes), XVIII, 266
Amor de Dios, Hospital del (Sevilla), XIX, 218 nota 1
Amposta (a 16 km. al SE de Tortosa), XVI, 58, 428; XVII, 19, 223; XVIII, 152, 159, 197, 395
Amposta, Castellón de (a 16 km. al SE de Tortosa, en la delta del Ebro), XVII, 87
Ampudia, conde de (Lerma, III duque de)
Ampudia, mayorazgo de, XVII, 159 (en el pleito sobre el estado del duque de

Lerma, el tribunal adjudicó el mayorazgo de Ampudia, Cea y Lerma al duque del Infantado)

Ampurdán (llanura vinícola rica, desde Figueras hasta Llansá, a 20 kilómetros al noreste), XVI, 1, 214, 228; XVII, 223

Ampurias, Castellón de (a 10 kilómetros al este de la ciudad de Figueras), XVII, 199

Ampurias, ruinas de (a 33 km. al NE de Gerona, cerca de la costa), XV, 374, 478

Ampurias, conde de, XIII, 103 (llega a Gibraltar)

Amstelodami (v. Amsterdam)

Amsterdam, XIII, 148, 247; XIV, 177, 376; XV, 333; XVII, 365

Amur (v. Namur)

Ana de Austria (v. Francia, reina de)

Ana, Santa (v. Santa Ana)

Anadíe, Pedro de (sargento del regimiento del conde de Aguilar), XIV, 215 (herido en la Leucata)

Anao (v. Hainault)

Anasi (villa sobre el mar Báltico en la región de la ciudad de Mecklenburg), XIV, 226 (como Hesse no tiene socorro, podrán caer las ciudades sobre el Báltico; v. Stettin)

Anault (v. Hainault)

Anaya, P., XVI, a233

Anaya, N. de (del Consejo de Guerra), XIII, 120

Anciniega, Miguel (sargento mayor en la Puebla de Sanabria), XVII, 398

Anciondo, Antonio de (capitán de un navío español), XIV, a122

Ancre (villa cerca de Amiens, que hoy se llama Albert, q.v.)

Ancre, marqués de (Concino Concini, florentino, privado codicioso y ambicioso de la reina Marie de Medici), XIX, 422 nota 406[a] (asesinado por orden de Luis XIII en 1617)

Ancurt (v. Harcourt)

Andalucía, XIII, 37, 60, 402, 486, 537
– XIV, 40, 62, 107, 137, 152, 255, 308, 311, 327, 356, 479, 492

– XV, 55, 183, 185, 189, 208, 210, 240, 264, 287, 398, 417, 435, 442, 442, 465, 477
– XVI, xv, 51-54, 56, 77, 88, 160-163, 170, 199, 235, 304, 326
– XVII, 25, 31, 99, 107, 108, 150, 198, 231, 255, 368
– XVIII, 52, 58, 168, 175, 181, 221, 308, 393, 396, 400, 433, 445
– XIX, 21, 27, 201, 205, 211, 309

Andalucía, rey de (pretensión del duque de Medina Sidonia, q.v., aliándose con el nuevo rey Juan IV de Portugal), XVI, 161-163 nota 1, 189

Andalucía, título de, XVI, d326-334

Andosilla Varastegui, Dr. Marcial de (navarro), XVI, 109 (los portugueses intentaron sobornarle)

Andrada, Francisco de (caballero portugués), XVII, 403

Andrade, P., XIII, a171, a232

Andrade, P. Alejandro de, S.J., XIII, a170

Andrade, Andrés de (alumno de la Universidad de Salamanca), XVIII, 78

Andrade, Fernando de (arzobispo de Palermo; homónimo parcial de Fernando Andrade y Sotomayor, q.v.), XIX, 152 (**1648:** le han ofrecido el obispado de Jaén)

*Andrade Leytão, Dr. Francisco de (del Consejo del rey Juan IV y su oidor en palacio; embajador extraordinario de Portugal en Holanda) (var: Laiton; Leyton)

Andrade y Sotomayor, Fernando de (nació en Villagarcía [Galicia]; m. 1655; arcediano de Carrión, canónigo de Palencia; procurador general de las iglesias de Castilla; encargado de los negocios de España en Roma [hacia 1610-1616]; virrey de Navarra en 1636; gran amigo del VII conde de Lemos, q.v.; según Pius Gams, arzobispo de Burgos [1632-1640], luego obispo de Sigüenza [1640-1645] y arzobispo de Santiago de Compostela [1645-1655])
– XV, 76, 381 (en 1640 se dijo que el de Burgos [Andrade y Sotomayor] era uno de los dos favoritos a la Presidencia del

Consejo de Castilla, vacante a la m. del arzobispo de Granada, q.v.; el otro era Manso y Zúñiga, q.v.), 433 nota 2
- XVII, 445 ("el obispo de Sigüenza va a Santiago")
- XIX, 152 (homónimo parcial: Fulano de Andrade), 386, 392 (en la nota 433, por "Fulano de Andrade", léase, "Fernando de Andrade y Sotomayor") (véase también Pardo, *El conde de Lemos*, pp. 135-136, y Crosby, *Nuevas cartas...*, carta 103, nota 2, p. 340, y la bibliografía citada)

Andrés, P., XVII, 217; XVIII, d448-451
Andrés, H., XIII, 76 (quema de papeles de la Compañía)
Andrés, Pedro (Pere Andreu o Perandrés, al parecer nombre de un bandido valenciano), XVII, 408, 462
Andrés y Uztarroz, Juan Francisco (cronista de Aragón), XVIII, 406
Andreu, Pere (v. Andrés, Pedro)
Andrinópoli (ciudad de la Turquía europea, en Tracia), XVIII, 319
Androal (v. Alandroal)
Anduasín, lic. Miguel de (en Madrid), XV, 33
Andújar (a 70 km. al E de Córdoba), XIII, 45; XIX, 247
Anen, castillo de (Piamonte) XIII, 501-502 (lo tenía el duque de Saboya, pero Bernardo Guasco y José de Mompahom, gobernador de Alejandría, lo tomaron) (¿posible variante: Annone, q.v.?)
Anferst (v. Hatzfeldt, Melchor)
Ángel, San (v. Sant Angelo, castillo de...)
Ángeles, esquina de los (en Nápoles), XIX, 44
Ángeles, Nuestra Señora de los (v. Nuestra Señora de los Ángeles)
Ángeles, Puebla de los (v. Puebla...)
Angélica (casa de campo de Juan de Espina, quien lo legó al Rey), XVI, 493
Angelis, Antonio (consejero de la gobernación de Nápoles), XIX, 97
Angelo, castillo de Sant (v. Sant Angelo)
Angelo, Miguel, XIV, 223 (ejecutado: pronosticó la m. del Papa)

Angelo de Malsa, Thomas, XIX, 32 (v. Amalfi, Tomás Aniello)
Angennes, Carlos d' (conde de Fargis y embajador de Francia en la corte española en 1618; preso por Richelieu), XIII, 146
Angherola, conde de (gobernador de Borgo San Donnino, q.v.), XIII, 401
Angola, XVI, 271, 276
Angoulême (a 113 km. al sur de Poitiers), XIX, 412 nota 6 (var: Angulema)
Angra (capital de Terceira, en las islas Azores [v. Terceiras, las]), XVI, 449, 454
Anguien o Anguin, duque de (v. Enghien, duque de)
Angulo (v. Aniello)
Angulo, Alonso de (sargento mayor), XVIII, 410
Angulo, Francisco de (del hábito de los caballeros de la Orden de Santiago), XIV, 203
Angustias, Nuestra Señora de las (v. Nuestra Señora de las Angustias)
Anholt, barón de (teniente del conde de Embden), XIII, 291 (1635: tomó el castillo de Schenk, q.v.); 369 (murió en él) (var: Anhodt; Anolht; Anolt)
Aniello de Amalfi, Tomás (n. 1620, m. 1647; pescadero; jefe de la rebelión de Nápoles contra España en 1647; v. Nápoles, tumultos), XIII, vii
- XIX, 25 (pocos días antes del 12 de julio, 1647, el pueblo, fiel al Rey y Virrey, aborrecía a la nobleza), 32-33, 34-35 (el 16 de julio, el pueblo cortó la cabeza a Aniello y a una docena de sus íntimos), 37, 41, 43-44, 46, 49-54, 53, 59, 60, 76, 92, 95, 101, 103-114, 116, 134, 138-139 (var: Angelo; Angulo; Aniello; Aniello; Anillo; Anilo; llamado Masaniello o Masiniello)
Ánima, iglesia del (Roma), XIV, 110, 112
Ánimas, batalla de las (en el Rosellón), XV, 222 nota 1 (1639: el maestre de Campo fue Pedro Mejía de Contreras, Álvarez de Paz, II conde de Molina de Herrera, q.v.)
Anisy, D' (gobernador de Lens), XVI, 397 (sentenciado a la m. y la infamia)

Anjien o Anjieri, conde o duque de (v. Enghien)
Anjou, duque de (hermano de Luis XIII de Francia), XVII, 131, 136
[Anjou, duque de] (error por Enghien, q.v.)
Annes, Genaro (gobernador del Torreón del Carmen, en Nápoles), XIX, 181, 182
Annone (villa de Saboya en la ribera norte del río Tanaro, entre el pueblo de Felizzano, q.v., y la ciudad de Asti, q.v.), XIII, 479; XIV, 28; XV, 88, 92, 239 (var: Anon; ¿Anen, q.v.?)
Anolht (v. Anholt)
Anon (v. Annone)
Anónimos (los autores o destinatarios de cartas)
- XIII, 167-9, 235-7, 239-42, 242-5, 261-2, 262-4, 303-4, 308-10, 316-8, 328-9, 364-5, 470-4, 479-82
- XIV, 130-3, 187-8, 209-13, 265-7, 292-4, 295-7, 366-7, 382-5, 398-9, 413-6, 416-17, 422-24, 428-30, 432-35, 443-4, 446-7, 456-7, 460-74
- XV, 16-18, 18-19, 51 nota 1, 63 nota 1, 68-9, 73-6, 77-8, 81-2, 83-4, 88-9, 92-5, 94-6, 102-4, 111-2, 123-6, 157-8, 159-60, 165, 166-67, 177-78, 178-80, 186-89, 191-14, 203-4, 207-09, 210-12, 220-1, 231-2, 232-3, 239-41, 241-3, 246-8, 257-61, 261-3, 262 nota 1, 264, 269-71, 273-5, 289-91, 295-8, 298-9, 300, 303-5, 307-9, 309-14, 321-4, 324-6, 327-8, 366-8, 379-80, 381-4, 398-9, 447-53, 468-9
- XVI, 5-6, 14-6, 21-2, 22-3, 27-8, 28-9, 30-32, 35-37, 38, 48-50, 50-51, 54-55, 56, 80-1, 82-3, 104-6, 131-2, 156-9, 160-1, 165-7, 180-2, 186, 187-8, 190-1, 201-4, 233-34, 234-36, 236-37, 238-40, 240-4, 255-60, 268-69, 271-72, 272-3, 274-5, 293-96, 304-05, 312-16, 334-5, 339-42, 366-67, 369-70, 382-83, 387-388, 440-441, 449-455, 460-462, 464-465, 474-476, 476-478, 485-488 (sumario)
- XVII, 6-9, 12-13, 37-38, 44-51, 85-86, 105-109, 114-116, 135, 136-139, 140-142, 143-145, 156-157, 173-175, 199-203, 203-204, 206-207, 220-221, 221-223, 223, 237-238, 239, 256-262, 274-275, 286-287, 293-4, 298-300, 324-8, 350-1, 364-6, 366-9, 369, 379, 419-25, 425-9, 478-9, 480, 487-8, 495, 494-8, 508, 508-9
- XVIII, 40-1, 150-1, 190-5, 243-8, 280 nota, 319, 341-2, 347, 354-5, 361, 361-2, 366-8, 376-7, 395-7, 400-1, 405-6, 408, 409-13, 418, 414, 423, 434-44, 464
- XIX, 22-3, 28-35, 39-46, 47-55, 55-9, 60-2, 72-6, 85-117, 134-40, 157-60, 191-8, 284-6, 349-52
Anrico, Balduino (comandante que buscaba una flota), XV, 45
Anseáticas, ciudades (v. Hanseáticas, ciudades)
Ansfel; Ansfeld; Ansfeldt; Ansfelf; Ansfelt; Asfel; Asfeldt; Atzfels; Hansfelt; Hasfelt; Hatzfeld (v. Hatzfeldt, Melchor)
Ansidinia (en la costa de Umbria cerca de Orbetello), XVIII, 381
Antequera (a 51 km. al norte de Málaga), XIII, 162, 164, 527, 535; XV, 1, 2, 3, 386; XVI, 290; XVIII, 148
Antequera, un padre de los de, XV, a1
Antibes (a 18 km. al sudoeste de Niza), XIII, 297
Antigua, Nuestra Señora de la (v. Nuestra Señora de la Antigua)
Antón Martín (plazuela conocida en Madrid), XVIII, 457
Antona (sátira), XVI, 261
Antonia (hija del VII duque de Medinaceli), XV, 72; XVII, 159
Antonio (1531-1595; nieto del rey Manuel I de Portugal; gran prior de Ocrato; pretendiente al trono portugués en 1580), XV, 60; XVII, ix
Antonio (mandó una armada en 1640), XV, 411
Antonio (hermano de J. Pellicer y Tovar, que militó en la guerra de Cataluña), XVI, xiii
Antonio (hijo de la duquesa de Cardona; v. Aragón, Antonio de)

Antonio, P. (confesor del IX Almirante de Castilla, q.v.), XIII, 157
Antonio, Fr. (v. Sotomayor, Fr. Antonio de)
Antonio [Barberini] (v. Barberini, Antonio)
Antonio, Jusepe (poeta), XVII, 499
Antonio, Marco (83-30 a.c.), XIV, 192 (por traidor), 304 (por amante)
*Antonio, Nicolás (1617-1684; bibliógrafo español; caballero de Santiago; agente general del rey de España en Roma; procurador general de la Curia romana)
Antrim, conde de (católico irlandés, lugarteniente de general de los irlandeses al servicio del Rey; casado con la duquesa de Buckingham), XVI, 84; XIX, 10
Antuerpia o Antwerpiae (v. Amberes)
Anunciada, la (iglesia de Nápoles), XIX, 77 ("Todo cuanto se saqueó, se llevó a [Nuestra Señora de] la Anunciada" [v. la ficha a continuación])
Anunciada, Nuestra Señora de la (véase a continuación: Nuestra Señora de la Anunciada)
Anvers (v. Amberes)
Anvers, Lorenço de (impresor de Lisboa, o de Lisboa y Amsterdam, de 1641 a 1677), XVI, 138 (var: Lourenço)
Añover, conde de (Luis Lasso de la Vega, primogénito del I conde de los Arcos, q.v.; m. en vida de su padre; se había casado con María Pacheco y Aragón, q.v.), XVII, 475; XIX, 428-429 n 475, 432-433 n 16
Añover, II conde de (Pedro Lasso de la Vega y Figueroa, hijo del I conde de Añover; más tarde, II conde de los Arcos, q.v.), XIV, 19; XIX, 428 n 475, 432 nota 16
Añover, condesa de (Inés María Dávila, Guzmán y Saavedra, hija menor del I marqués de la Puebla de Ovando y Loriana, q.v.; casada con el II conde de los Arcos, q.v.), XVII, 475; XIX, 428-429 n 475 (datos correctos, salvo las líneas 4-9 de la p. 429)
Aosburc (v. Augusta [Baviera])
Apenino, el (Italia), XIII, 270
Apolo (mitología), XV, 135-136, 137, 138, 141, 153
Aponte, P. Marcelo de, S.J., XIII, a274, 366, 522; XVII, 27
Apostólica, Santa Sede (la Iglesia), XIII, 20, 68; XVIII, 57; XIX, 280
Apousa, Diego de (capitán de navío), XIV, 245
Aprende, Aldea de (v. Aldeia do Ponte)
Apri (villa del N de Alemania), XV, 253
Apsel (villa al E del Lago Constanza, que está en la frontera NE de Suiza y S de Alemania), XVI, 48
Aqueronte (en la mitología, río que separaba al trasmundo del mundo de los vivos), XV, 152
Aquila (a 90 km. al NE de Roma y 67 km. al O de Pescara; a lo largo del siglo XVII formaba parte del reino de Nápoles bajo el dominio de España), XVI, 462 y XIX, 332 (1642: el marqués de los Vélez, embajador de Felipe IV en Roma, se marchó a Aquila después de haber sido atacado en la calle [v. las fichas del marqués de los Vélez, especialmente las correspondientes al año de 1642])
Aquila, obispo del (sobre el dominio español de esta villa, v. la ficha anterior), XIV, 11 (por la paz universal, la Reina de España regaló a Nuestra Señora del Oreto una riquísima vestidura bordada en Aquila)
Aquino Enchaya, César María de (ministro relacionado con la Hacienda de Nápoles; su casa fue saqueada en 1647), XIX, 61, 105-106
Aquisgrán (Aquis Granum o Aquae Granae; en alemán, Aachen; en francés, Aix-la-Chapelle; ciudad de Alemania occidental, en Renania [provincia de Nordrhein-Westfalen], a 40 kilómetros al noreste de Liège y 60 km. al sudoeste de Colonia), XIV, 403 (**1638**: Picolomini metió en ella un presidio imperial); XVI, 341; XIX, 394 nota 192 (var: Ais; Aix; Aquis Granum; Aquis Granae; Ayx; Haes; Hais)

Aquitania (antiguo ducado del sudoeste de Francia), XIX, 301
Arabaeca, marqués de (v. Carranza y Medina, Ambrosio)
Arabia, XV, 143
Arac, cardenal (v. Harrach, cardenal)
Araceli, iglesia de (en Roma), XIV, 240
Aracena, Sierra de (pueblo a 78 km. al O de Sevilla, provincia de Huelva), XVI, 317
Aracena, marqués de (v. Guzmán, Enrique Felípez de)
Arach (villa turca que los moscovitas querían sitiar), XVIII, 318
Aragò (v. Aragón)
Aragón, XIII, viii, 22, 42, 139, 157, 202, 275, 279, 397
– XIV, vi, 65, 131, 133, 197, 264, 345, 413
– XV, 77, 80, 103, 121, 178, 192, 222, 251, 319, 387, 401, 441, 445, 467, 476, 478, 479
– XVI, vii, xiii, 2, 4, 12, 17, 24-25, 27, 30-31, 36, 46, 49, 53, 64, 67, 75, 80, 87, 94, 97, 163, 183, 188, 195, 204-205, 209-210, 231, 235, 241, 258, 262, 270, 273, 278-279, 288, 289, 292, 297, 299-300, 318, 324, 333, 342, 346, 349, 357, 390-391, 394, 419, 422, 429, 437, 444, 468, 497, 498
– XVII, 7, 9-10, 101, 154-155, 162, 174, 180, 200, 210, 263, 309, 316, 344, 380, 387, 389, 434, 441, 467
– XVIII, 19, 22, 31, 41, 58, 93, 133, 146, 150, 152, 158-159, 175, 187, 189, 197, 230, 252, 259, 262, 297, 309, 313, 326-327, 330, 343, 347, 373, 378, 389, 408, 426-427, 474, 487, 492
– XIX, vii, ix, 14, 123, 194, 197, 205, 226, 257-258, 261, 272, 281-283, 298-299, 314, 316-317, 328, 356, 404 nota 377, 451 nota 427
– almirantazgo de (v. por orden cronológico, Cardona, Cristóbal de; su hija la marquesa de Guadaleste y Jamaica; su esposo, Francisco de Mendoza [murió en 1623]; y Felipe de Cardona, VI marqués de Guadaleste, q.v.), XIX, 398 nota 237, 433 nota 19

– Colegio de doña María de, XIII, 434 (su rector: Fr. Juan de San Agustín)
– Consejo de, XIII, 243; XIV, 13; XV, 290, 383 (presidencia); XVI, 7 y 10-11 (sobre Cataluña); XVII, 64, 413, 462 (el marqués de la Puebla, presidente); XVIII, 209, 304, 427-428; XIX, 451 nota 427, 452 nota 464
– Consejo de: consejero y secretario de la parte de Cataluña (v. Lanuza, Miguel Bautista)
– Consejo de: consejeros en 1645 (véanse las fichas del t. XIX, 438 nota 175): Martín Bayetola y Cavanillas; Juan Magarola; Cristóbal Crespi de Valdaura; Vicente Hortigas; Clemente Mensa, secretario de la parte de Cerdeña; Pedro Navarro, teniente de protonotario; Francisco Vico, decano del mismo Consejo; Bernardo Pons; el protonotario [Agustín] de Villanueva [hermano de Jerónimo y homónimo de su padre]; Miguel Castellos, fiscal; José de Villanueva, secretario de la parte de Valencia; y Miguel Baptista de Lanuza, secretario de la parte de Cataluña (en octubre de 1645 el Rey hizo consejero a Juan Villafranca, y en 1628 había hecho regente "de capa y espada" al conde de Albatera, q.v.: XVIII, 209)
– cortes de (v. Cortes de Aragón)
– Doña María de (camposanto en Madrid), XIII, 94; XIV, 41
– Almirante de (v. Aragón: almirantazgo de)
– gobernador de (en 1644), XIX, d430 nota 486
– Justicia de (no sé si en 1642 lo era Agustín de Villanueva y Díez, q.v., o su hermano Juan, q.v.), XIX, 123 [**1647**], 316 [**1642**], 452 [**1642**: nota sobre XVIII, 464], XIX, 462-463 [nota sobre XIX, 316]
– moradores de, XVII, a360-364
– protonotario de (v. Villanueva, Jerónimo de)
– [rey de] (v. Híjar, IV duque de: acusado de querer alzarse rey de Aragón)
– sargento de, XIX, a314-317

- vice-canciller de, XV, 424; XIX, 123
- virrey de, XIII, 13 (en **1634**, el hermano del VII duque de Villahermosa); XV, 73 (en **1638**, el marqués de los Vélez, q.v.); 434 (en **1640**, el duque de Nochera, q.v.); (en **junio y julio, 1640,** el V duque de Cardona, q.v.); XVI, 393 (en **1642**, el V marqués de Tabara, q.v., y quizá el VI duque de Cardona, q.v. [XIX, 398 nota 237, 405 nota 377], o el cardenal Trivulcio, q.v. [XIX, 294, 347, 355]); XIX, 132 (en **1647**, Francisco de Melo, q.v.)
- [y Cataluña], rey Jaime de (1208-1276; conquistó las Baleares, Valencia y Murcia), XVI, 419

Aragón, Ana de (casada con Íñigo López de Mendoza, marqués de Mondéjar; fines del s. XVI), XIX, 398 nota 237

Aragón, Ana de (heredera del VI duque de Villahermosa, q.v., y casada con Carlos de Borja y Aragón; v. Villahermosa, VII duque de), XIX, 445 nota 329

Aragón, Ana Francisca de (v. Arcos, duquesa de)

Aragón, Antonio de (n. 1615, m. 1650; hijo del VI duque de Cardona; véase Cardona, VI duquesa viuda de; rector de la Universidad de Salamanca en 1635; caballero de la Orden de Alcántara; en 1642, general de las galeras de Valencia; participó en la campaña de Lérida en 1644; del Consejo de Órdenes y del Consejo Supremo de la Inquisición; hecho cardenal en 1647)
- XVI, xv, 49 (**1640**: preso por los catalanes en Barcelona hasta 1641), 52 (parte con su hermano Pedro de Aragón para Barcelona), 55 y 80 (del Consejo de Órdenes e Inquisidor general), d62-76, 205, 209 y 212 (**1641**: consejero de Estado y consultado en un capelo), 219-220 (**1642**: el Rey le manda a Cataluña), 354 (toma las órdenes)
- XVIII, 397 (**1646**: recusó al protonotario Jerónimo de Villanueva, q.v.)

Aragón, Diego de (v. Terranova, IV duque de)

Aragón, [Fulano] (capitán del ejército en Puebla de Sanabria), XVII, 302, 303

Aragón, Hipólita de (baronesa de Albi; no vivía con su marido; de gran nobleza y hermosura; "sobre todas estas prendas personales, se murmuraba por muy distraída y poco atenta al honor, culpándola las gentes de algunas fragilidades" [nota de Gayangos]; dio motivo a toda la conspiracion de Cataluña; ocasionó muchas muertes, destierros y castigos; en 1646, presa y acusada por promotora de la rebelión de Cataluña; castigada con el destierro), XVIII, 311-312

Aragón, Isabel de Urgel y (véase Pedro III)

Aragón, Jerónimo de (hermano del IV duque de Terranova, q.v.; maestre de Campo en Flandes; en la frontera de Portugal), XV, 267, 374; XVII, 397 (1643)

Aragón, Juan de (hijo del duque de Villahermosa; militar), XIV, 53

Aragón, P. Juan de, S.J., XIX, 277

Aragón, Martín de (hijo natural del conde de Luna; militar en Nápoles en 1620, y de 1636 hasta 1639, general de la caballería de Milán y de la artillería en el Piamonte; "el mejor soldado que tenía el de Leganés" [XV, 219, nota 1]; "caballero merecedor de cualquier puesto" [XIII, 473; véase Fernández de Bethencourt, *Historia genealógica y heráldica...*, III, 508])
- XIII, 373 y 384 (**1636**: con Juan de Garay, derrotaron la caballería del duque de Saboya; Aragón fue herido), 455 (herido otra vez), 464 (teniente de caballería en otra victoria), 499-501 (general de la artillería, ganó el castillo de Fontane y tuvo éxito en Placentino; v. Aix, Gil de, y el río Taro), 515, 519
- XIV, 92 (**1637**: salió con éxito del Placentino), 159 y 162-163 (Aragón gobernaba una de las tres partes del ejército de Leganés, q.v., y ganó Castiolo), 200-201, 210, 219, 239, 242-243 (se dice que retiró de las Langas "con alguna pérdida"), 341 (**1638**), 345, 366

– XV, 109-110 (**1638**: general de la caballería de Milán), 189 y 210 (**1639**: m. de un mosquetazo cuando reconocía un castillo en las Langas), 217 (el mosquetazo le alcanzó cuando iba a reconocer la plaza de Salicetto en el Piamonte), 223, 231
[Aragón, Pascual de] (referencia errónea a Pedro, q.v.), XVI, 419
Aragón, Pedro de (véase Povar, marqués de)
Aragón, Pedro V de (v. Pedro III)
Aragón, Vicente de (cuarto hijo del VI duque de Cardona; 1620-1676; rector de la Universidad de Salamanca; colegial del Colegio Mayor de San Bartolomé; véase Cardona, duquesa viuda de), XIII, 319 (dejó el cargo de rector de la Universidad de Salamanca para ser pretendiente del Colegio viejo); XIV, a185-187; XVI, xv, 198, 205, 209, 257, 419; XVIII, 243 y XIX, 7 (1647: renunció a los hábitos eclesiásticos para "ser soldado" en Nápoles, "un entretenimiento de hijo de grande")
Aragón Folch de Cardona y Fernández de Córdoba, Luis Ramón de (v. Cardona, VII duque de)
Aragón Moncada y de la Cerda, Luis de (v. Montalto, VII duque de)
Aragón y Borja, Carlos de (v. Villahermosa, VII duque de)
Aragón y Borja (o Borja y Aragón), Fernando de (v. Villahermosa, los VIII y IX duques de)
Aragón y Borja, Francisco de (v. Borja, Francisco de, hijo del VII duque de Villahermosa y príncipe de Esquilache, q.v.)
Aragón y Borja, Juan de (hijo del VII duque de Villahermosa; v. Borja y Aragón, Juan de)
Aragón-Luna y Córdoba, Luis Guillén de (v. Montalto, cardenal)
Aragoneses, hospital de los (en Madrid), XVIII, 175, 238
Arahal, El (a 54 km. al SE de Sevilla), XVIII, 124 (variante moderna: El Aranal)

Aramayona, conde de (hijo del duque de Ciudad Real, q.v.), XIV, 201
Aramburu, P. Bernardo de, S.J., XVII, 205, 207
Aran, Val d' (al norte de Viella [en los Pirineos]), XVI, 272; XVII, 75, 272, 417
Arana, Francisco de (carmelita descalzo, natural de Santo Domingo de la Calzada e hijo de padres honrados; se metió a ladrón de caminos y valentón; le ajusticiaron), XIII, 124
*Arana de Varflora, [Fermín] (seudónimo de Fernando Díaz de Valderrama)
Aranal, El (v. Arahal, El)
Aranda, casa [nobiliaria] de, XV, 265
Aranda, conde de (Antonio Jiménez de Urrea, aragonés), XV, 389 nota 3 y 390 (1640: le hicieron grande de España); XVIII, 427 (1646: le concedieron el toisón de oro y un virreinato en España); XIX, 450-451 nota 427
Aranda y Vega, Gabriel (administrador del Hospital de la Sangre de Sevilla), XVI, 159
Arangon (error por Aragón)
Aranjuez, XIII, 40, 52, 352, 382, 517; XIV, 90, 103, 111, 127, 395, 399; XV, 79; XVI, 342, 357, 361, 364, 370, 371, 373; XVIII, 182, 208, 453, 490, 490
Aranjuez, gobernador de (v. Contreras, Sebastián de)
Aranzana, capitán Juan de, XIV, 215 (m. en el sitio de Locata)
Arañón, Alberto de (capitán de la guardia del Rey), XIX, 299
Araucano, la guerra con el (Chile), XVIII, 10-12
Araujo, P. Maestro (dominico; catedrático de Salamanca y más tarde obispo de Segovia [1648-1663; m. 1663]), XIII, 267 (catedrático de prima); XVII, 389; XIX, 124, 458 nota 124 ¶1 al fin
Aravaca (a 8 km. al NO de Madrid), XVII, 116
Arbeca (a 28 km. al SE de Lérida), XVIII, 419
Arbizu, P. Miguel de, S.J. (procurador de Castilla en Roma), XIX, d322-323, 328

Arbois (error por Artois, q.v.)
Arca (villa fortificada del Monferrato, q.v.), XIV, 307
Arce, Bernabé de (sargento), XIV, 469
Arce, Juan de (maestre de Campo), XV, 450; XVI, 5, 8, 25, 26, XVII, 81
Arce, P. Martín de, S.J., XIII, 296
Arce, Pedro de (caballero de Santiago, comendador de Auñón y Berlinches en la Orden de Calatrava, secretario de la reina Isabel y del Consejo de Estado, notario de los reinos ante quien la reina otorgó su testamento, montero de Espinosa), XIII, 338; XVI, 379 (sátira: trompeta en el ejército); XVIII, 225 (jubilado); XIX, 406 nota 377 ¶2
Arce Reinoso, Dr. Diego de (regente de Sevilla; luego obispo de Tuy, 1636-1638), de Ávila (1638-1640), y de Plasencia (1641-1653; véase Pius Gams); Inquisidor General (1643-1665); del Consejo de Castilla, del del Estado y del de la Inquisición; uno de los albaceas de la reina Isabel en 1644, para quien cantó la misa de cuerpo presente en la Capilla real; no aceptó la presidencia de Castilla, que le ofreció el Rey); m. 1665; v. el libro de J. M. Giraldo)
– XV, 326 (**1639**: obispo de Ávila); 433 (**1641**: obispo de Plasencia [corregido parcialmente en XIX, 392 nota 433; véanse los datos de Pius Gams al principio de la presente ficha])
– XVII, 37 (**1643**: Inquisidor), 110 ("hombre muy docto y recto"; el Rey echó a Sotomayor, q.v.), 122 (el Rey quiso investigar "cosas...de mucha importancia", es decir, el protonotario Jerónimo Villanueva, q.v., y las monjas del convento de San Plácido, q.v.), 143, 172, 174 (le encargan las causas de San Plácido y la de la madre Luisa de Carrión, q.v.), 235, 355
– XVIII, 253 (**1646**), 270, 398 (quiere visitar su obispado)
– XIX, 443 nota 270
Arcedo, Sr., XIII, d26 (recibirá unas cartas del P. Andrés Mendo)

Arceniaga, Miguel (sargento mayor en Galicia), XVI, 168; XVII, 398
Arco, Gaspar del (secretario de Estado y Guerra del IV duque de Arcos [virrey de Nápoles]), XIX, 23-26 (v. 55 nota 1), 55, 83
Arcos, los (castillo a unos 40 km. al S de Badajoz), XVII, 278
Arcos, secretario del IV duque de, q.v., XIX, a23-26 (1647)
Arcos, I conde de los (Pedro Lasso de la Vega; m. 1637), XIV, 19; XIX, 428-429 nota 475; 432 nota 16
Arcos, II conde de los (Pedro Lasso de la Vega y Figueroa
– XIV, 19 (1637: antes de heredar el título de conde de Arcos de su padre en este año, era el II conde de Añover, q.v. [XIX, 432 nota 16; 429 nota 475]
– XVII, 475 (1644: casó con Inés María Dávila Guzmán y Saavedra, hija menor del I marqués de Puebla de Ovando y de Loriana, q.v. [XIX, 428-429 nota 475, nota correcta, salvo las líneas 4-9 de la p. 429], y 432 nota 16)
– XVIII, 16 (1645: el Rey le hizo de su Cámara con entrada mas no con ejercicio)
Arcos, IV duque de (Rodrigo Ponce de León y Cabrera, hijo de Luis Ponce de León y nieto de Rodrigo Ponce de León, III duque [Madoz, *Diccionario*, II, 484a], cuñado de Luis de Haro, q.v.; grande de España de primera clase; se casó con Ana Francisca de Aragón, q.v.; a la frontera de Portugal [1641]; "caballero de cuyas prendas son grandes nuestras esperanzas" [XVI, 270]; mayordomo mayor de Felipe IV [1643]; virrey de Nápoles [en 1645]; m. 1658)
– XIII, 103 (**1634**: a Gibraltar para fortificarlo), 254
– XVI, 170, 224 (**1642**: m. su hijo, el marqués de Zahara, q.v.), 255 y 270 y 445 (**1642-1644**: virrey de Valencia)
– XVII, 7 (**1643**), 157 ("envió y entró socorro en Orán"), 235 (mayordomo mayor del Rey en Madrid), 279, 435

ÍNDICE ONOMÁSTICO 33

(1644: será virrey de Nápoles, y el Almirante de Castilla será mayordomo mayor del Rey)
- XVIII, 8 (**1645**), 21-22 (se va a Nápoles), 37, 45-46, 131, 148-164 (se va por fin a Nápoles), 188 y 197 (de viaje), 209, 217 (**1646**), 230 y 239 (en Mahón), 243-244 (llega a Civitavieja), 246-248 (se refiere a las fiestas en Roma para el Virrey y su séquito; véase en la ficha de Olimpia Aldobrandini, la referencia a estas páginas)
- XVIII, 257 (**1646**: el duque de Arcos va a reemplazar en el mando al Almirante, Juan Alfonso Enríquez de Cabrera, q.v., virrey de Nápoles), 336, 341, a348-351 (carta del IV duque de Arcos al Rey sobre las galeras de Nápoles), 382, 421, 434 y 466 (**1646-1647**: el duque de Arcos con la armada de Nápoles intenta socorrer los puertos de la Toscana)
- XIX, 23 (**1647**: el Duque intentó calmar a la gente de Nápoles, pero sin éxito), 25, 28 (el pueblo se amotinó por una gabela impuesta por el Virrey, IV duque de Arcos), a36-38 (carta de la Duquesa sobre el tumulto), 41 (el Duque quitó las gabelas), 43-44 (Tomás Anielo envió comida al castillo, para el Virrey y los soldados), 46-48 (Aniello manda que toda la ciudad se arme), 51, 54-56 ("la gente plebeya ha perdido el miedo y el respeto al Virrey"), 59-60 (Aniello es ejecutado publicamente), 80, 82 (relaciones de los tumultos de Nápoles), 83, 85, 87 (la gente aclamó al Duque como "padre de la Patria": véanse 101, 107, 109 y 111-116), 112 (Masaniello es asesinado), 135, 138, 183 (**1648**: el VIII Conde de Oñate, "el Mozo", q.v., reemplazó al IV duque de Arcos como virrey de Nápoles), 355 (**1642**), 375 nota 110, 441 nota 243 (sobre la familia del IV duque de Arcos), 458 nota 82 (relaciones de los tumultos de Nápoles)

Arcos, V duque de (Francisco Ponce de León; segundo hijo del IV duque de Arcos; antes de heredar el título, era marqués de Zahara; se casó en 1654 con Juana de Toledo, hija del V duque de Alba), XVIII, 243, 245; XIX, 441 nota 243

Arcos, VI duque de (Manuel Ponce de León, tercer hijo del IV duque de Arcos; heredó el título de su hermano Francisco), XVIII, 243-244; XIX, 441 nota 243, 457 nota 73

Arcos, IV duquesa de (Ana Francisca de Aragón, hija del V duque de Cardona, q.v.; hermana de Vicente de Aragón, q.v.), XVIII, 243; XIX, a36-38, 39, 41, 57, 441 nota 243

Arcos, Francisco de (capitán; comportamiento violento), XIX, 317-318

Arcour, Arcurt, o Arcut, conde de (véase Harcourt, conde de)

Archiduque (v. Leopoldo Guillermo)

Archiduquesa, la (v. Cecilia Renata)

Archiduquesa, la (v. Claudia)

Archiduquesa, la (hermana del emperador Fernando III, q.v.)

Archiduquesa, la (viuda del Archiduque Leopoldo, hermano del emperador Fernando II), XIII, 140 (1635: Viena estaba ya por la Archiduquesa)

Archipiélago, islas del (se refiere a las de Creta y Grecia), XIX, 8

Ardales, marqués de (v. Algaba, III marqués de)

Árdena (manda una compañía de caballos en Barcelona), XVI, 64

Árdena, José de (cuñado o hermano de doña Hipólita de Aragón, aragonesa que no vivía con su marido, y líder de la conspiración y entrega de Barcelona), XVIII, 311 nota 1

Ardennes (división de la provincia de Champagne-Ardennes en el noreste de Francia [Champagne se halla entre las Ardennes, Argonne y Langres; Ardennes ocupa el extremo sur de Bélgica y una área pequeña de Francia alrededor de Charleville-Mézières]), XV, 300

Ardicone, Angelo, XIX, 110, 112 (1647: uno de los seis asesinos de Tomás Aniello, q.v.; v. Cataneo, César, y la ficha que sigue)

Ardicone, Salvatore (hermano de Angelo, q.v., a quien ayudó), XIX, 110
Ardínez, P. José de, S.J. (del Colegio de Granada), XV, 225, 228 (acompañó a otros padres en un viaje de Granada a Motril), 230
Ardres (a 16 kilómetros al sudeste de Calais), XIV, 483; XIX, 461 nota 262
Arellano, Carlos de (caballerizo de la duquesa de Mantua), XIII, 111
Arellano, Inés María de, XIV, 459; XV, 189 (1639: se casó con Jaime de Cárdenas, marqués de Belmonte), XIX, 73
Arellano, J. R. (v. San Germán, marqués de)
Arellano, Pedro (almirante permanente de una flota de 30 naos para socorrer al Rosellón), XVI, 270 (el almirante interino era Sancho de Urdanivia, q.v.)
Arembergh, príncipe de (v. Aerschot, duque de)
Arenal, puerta del (Sevilla), XVI, 250
Arenales, conde de, XVIII, 127 (enfermedad: sátira); XIX, 216
Arenas de San Pedro (villa de la provincia de Ávila, a 46 kilómetros al NO de Talavera de la Reina), XIV, 383 (allí hizo el conde de Monterrey una junta grande, "en el que no guardó la orden del Rey, pues no llamó a ella al duque de Tursis,..."), XIV, 383-384
*Arenas, Pedro de (contador; v. en la Bibliografía la ficha de los *Prodigios del año pasado de 1641*)
Arenberg, padre Charles d' (1593-1669; hermano del V duque de Aerschot y padre capuchino desde el año de 1616; muy distinguido en su Orden: guardián, provincial y comisario general de Flandes), XIII, 156 (noticia de que murió en abril, 1635, en Zaragoza [sic]); XIII, 240 (noticia de que llegó a Madrid el 27 de agosto, 1635 [sic])
Arenberg, Philippe-Charles d' (v. Aerschot, V duque de)
Arévalo (a 50 km. al norte de Ávila), XIV, 7
Arévalo, Francisco, XIX, 184 (inicia los disturbios en Granada)

Arezzo (v. Arrezzo)
Arganda (a 28 km. al sudeste de Madrid), XIV, 51
Argel, XIII, 304, 311 (bajeles turcos); XIV, 164 (saquearon dos pueblos del Genovesado), 167 (cautivaron quinientas personas de la costa de Valencia), 380; XV, 8, 50-51 (la jornada a Argel que perdió Carlos V), 340, 425; XVI, 55, 287; XVII, 150, 196
Argelès (dos pueblos situados a 20 kilómetros al sudeste de Perpigñán), XVI, 216, 256
Argenson, Monsieur de (René Voyer d'Argenson), XVI, 259; XVII, 7, 21-22, 180, 209, 263 (gobernador francés de Barcelona, de enero, 1641 a septiembre, 1643)
Argenteau (fuerte importante a 12 km. al N de Lièje [Bélgica], sobre el río Maas, q.v.), XIII, 83; XIV, 393 (var: Argentea; Argentina)
Argentina (error por Argenteau)
Argenzon, Mr. de (v. Argenson)
Argon, Pedro de (error: Aragón; v. Povar, marqués de)
Argonautas, los (en la mitología, héroes griegos que fueron en busca del vellocino de oro), XV, 268
Argote de Molina, Gonzalo (1548-1596; autor de la *Nobleza del Andalucía* [Sevilla, 1588], y del *Discurso sobre la poesía castellana* [1575]), XIII, 58 (trasladó mal una inscripción de una piedra antigua de Baeza)
Argyll, VIII conde y I marqués de (Archibald Campbell; 1598-1661; general de los parlamentarios escoceses en la guerra civil y opositor de Carlos I de Inglaterra; era el sujeto más poderoso de Escocia y gozaba de un poder casi real), XVI, 180, 187 (el Parlamento de Londres decidió matarle junto con otros escoceses); XVIII, 177 (se decía que era la "cabeza de los parlamentarios de Escocia") (var: Arguile; Arguyle; Aljarde; Ataide)
Arias, P. Álvaro, S.J. (asistente en Roma), XVI, 120, a129-130; XIX, 247

Arias, P. Antonio de, S.J., XIX, 247 (se dice que vuelve de Roma a Jaén)
*Arias, Francisco (capitán militar)
Arias, P. Ignacio, S.J., XV, 226
Arias de Saavedra, Fernando (v. Castellar, IV conde de)
Arias Sotelo, Antonio (antes de 1640, maestre de Campo de un tercio de infantería; general de la artillería del tercio de Milán), XIII, 473; XV, 189, 234, 235, 235 nota 1 (tomó el castillo de Cencho; v. *San Martín y Corvera, Rodrigo de)
Arias Templado, Dr. Pablo (oidor del Consejo de Indias y de la Cámara del mismo Consejo [el Rey le favorece]), XVII, 474; XVIII, 430 (m.) (var: Temprado)
Arias Zapata, Cristóbal (poeta), XVII, 500
Arichot, duque de (v. Aerschot, V duque de)
*Ariosto, Ludovico (n. Reggio, 1474; m. 1553)
Ariscort, Ariscote, Arischot o Arischote (v. Aerschot, V duque de)
Ariscoth (v. Aerschot, lugar de Flandes)
Arismétricos (v. Aritméticos)
Aritméticos, dos (quemados por homosexuales), XIII, 541
Ariza, marqués de (Jaime de Palafox, padre de Juan de Palafox y Mendoza, q.v.; Comendador de Fradel en la Orden de Santiago; en 1646, mayordomo del Rey con gajes), XIV, 167; XV, 200; XVIII, 427; XIX, 451 nota 427 (var: Hariza)
Arjona (a 14 kilómetros al sur de Andújar [Jaén]), XIII, 89
– alcázar y castillo de, XIII, 114
– Santos de (reliquias), XIII, 114
Arle, Monsieur d' (sobrino de Luis XIII), XIII, 494
Arlen (a 28 km. al NO de Luxembourg), XVII, 222 (en francés: Arlon)
*Armacano, Alejandro Patricio (pseudónimo de Cornelio Jansenio, q.v.)
Armada real, XIII, 271; XVIII, 401, 458; XIX, 55

Armagh, arzobispo de, y primado de Irlanda (ciudad a 55 kilómetros al sudoeste de Belfast, Irlanda del Norte), XVII, 259
Armand de Richelieu (v. Richelieu)
Armas, calle de las (en la ciudad de Salamanca), XVIII, 79
Armenda, P. Juan de, S.J., XVIII, 217
Armendáriz, Juana de (enferma en el Retiro), XV, 262
Armengol, Fr. (mercedario), XVIII, 37
Armenta, P. Álvaro de, S.J., XVI, a196
Armenta, P. Juan de, S.J. (rector del colegio de Málaga), XVII, 71-73 (1643: sobre la intervención de la Inquisición en la preparación de un sermón del P. Armenta); XVIII, a217-221 y 243 nota 2 (1646: relación de su viaje a Roma en el séquito del IV duque de Arcos, q.v.), a490-493 (1647: carta sobre Juan de Austria y el "marquesito" de Quintana, q.v.); XIX, 455 nota 492
Armentières (a 12 km. al NO de Lille), XVIII, 140 nota 1 (los españoles lo perdieron en 1645), 181, 508; XIX, 2, 10, 17, 23, 62, 66 (var: Armentier)
Armijo (racionero), XVI, 252 (m.)
Armisenda (v. Hermisende)
Armona, José (corregidor de Madrid), XIII, xviii
Armunias, conde de las, XVIII, 174 (m., lo cual ha causado inquietud)
Arnaim (v. Arnheim)
Arnedo (pueblo a 50 km. de Logroño), XVIII, 170 (sátira)
Arnedo, Juan de (oidor del Consejo de Hacienda; pasa al Consejo de Castilla), XIX, 150
Arnen (v. Arnheim)
Arnerique (puede ser Mastrique o Maestricht, q.v. [una conjetura de Gayangos]), XIV, 241
Arnesto Fúcar, Juan (v. Fúcar, conde Juan Arnesto)
Arnheim, Hans Georg von (1583-1641; general sajón y protestante que en la guerra de los Treinta Años sirvió primero al Rey de Suecia, luego a Albrecht Wallenstein, q.v., y al Empera-

dor; de 1631 a 1634 estuvo al mando de las tropas del elector de Sajonia, contra el Emperador), XIII, 24 (1634); XIV, 227 (1637: preso por los suecos, pero librado luego por los de Dinamarca) (var: Arnim)

Arnhem (ciudad sobre el Rhin, a 15 km. al norte de Nijmegen), XIII, 299; XIV, 417 (var: Arnaim; Arnen; Arnheim; Arnim; Harnes)

Arnim (v. Arnheim y Arnhem)

Aroche (a 110 kilómetros al oeste de Sevilla, provincia de Huelva), XVI, 316, 360

Arpaia, Francisco (electo del pueblo de Nápoles), XIX, 98, 101, 103, 105 (var: Francisco Antonio de Arpaya [XIX, 98 nota 3: v. Tarsia, p. 58)]

Arpajon (v. Arpojou)

Arpaya, Francisco Antonio de (v. Arpaia, Francisco)

Arpojou, barón de (mariscal de Francia), XVI, 217 (var: ¿Arpajon?)

Arquimedes (matemático y físico griego, 287-212 a.C.), XVII, 463

Arschot, duque de (v. Aerschot, V duque de)

Artal de Alagón y Pimentel y Espés y Luna, Enrique (v. Sástago, VIII conde de)

Arteche, Enrique (alférez), XIV, 216 (herido en el sitio de la Locata)

Artes (v. Annes, Genaro)

Arteaga, Bartolomé (gobernador de la artillería frente a Portugal), XVI, 337

Artieda, P., S.J., XVI, 324

Artois, condado o país de (Flandes, frente a Picardie; su capital era Arrás, q.v.; hoy, Département de Pas de Calais, Francia), XIII, 261, 308, 317, 518; XIV, 225, 234, 457; XV, 18, 274, 276, 291, 402; XVI, 339, 392, 395; XVII, xii, xvii

Artues (v. Artois)

Arzacollar, conde de (v. Felípez de Guzmán, Enrique de)

Arze (v. Arce)

Arzobispo e Inquisidor General (v. Sotomayor, Antonio de)

Arras (capital de Artois, prov. de Flandes; 25 km. al sudoeste de Douai; "plaza muy grande y muy fuerte" [XV, 462]), XVII, x; XVIII, xxiv
– XIII, 518 (**1636**: posesión española)
– XIV, 438-439 (**1639**: los franceses no lograron tomarla)
– XV, 328 (**1639**: los franceses tienen cercado a Arras), 346-347, 462-463 (**1640**: el Cardenal-Infante iba a socorrer Arras), 469 (sin éxito), 476 y 478-479 y 485 nota 1 (se perdió Arras el 10 de agosto, 1640)
– XVI, 6 (**1640**), 17 y 19 y 21-22 (el Cardenal-Infante tiene sitiados a los franceses en Arras [v. XIX, 393 nota 21]), 30-31 (el ejército francés que ganó Arras se ha deshecho), 48, 54-55, 95 (a los flamencos de Arras no les gusta tener por vecino al Francés), 127 (**1641**), 292 (**1642**: se dice que los de Arras se amotinaron con-tra los franceses), 296-297 y 304 ("es ya nuestra"), 310 ("lo que se dijo de Arras ha sido fábula sembrada de franceses"), 339, 341, 351 (sitio continuado por Francisco de Melo, conde de Assumar), 364, 388, 399, 401, 410 (Melo se mantiene en el área de Arras)
– XIX, 62 (**1647**: el coronel Beck tomó a Lins, cerca de Arras), 65-66 (el Archiduque Leopoldo saqueó el país de Arras y tomó a Landresi), 71 ("tenía bloqueada a Arras"), 249 (**1642**), 254-255 (**1642**: Melo se mantiene en el área de Arras) (var: Atrebati)

Arras, Ramón de (capitán), XIV, 214

Arrecife (v. Recife)

Arrendamientos, Reales (v. Palavesino, doctor y abogado)

Arres (error por Annes, G., q.v.)

Arrezzo (a 86 km. al SE de Florencia, sobre el río Arno), XVI, 487-488

Arriaga, Padre Gabriel de, S.J., XVII, a12

Arriaga, P. Reverendísimo, S.J., XIII, vi, a412, a413

Arriola, Asensio de (m. en un desastre naval en 1638; v. la ficha de Rubín de Celis, Diego, y XV, 15, 17 y 57)

*Arroy, Besian (historiador de Francia)
Arroyo, la boba de (sátira), XV, 139
As, Gil de (v. Aix, Gil de)
Asassi, Antonio de (v. Isassé, Antonio de)
Ascaray (secretario español, preso en Lisboa), XVI, 97
Ascensión, día de la, XVI, 390
Ascensión, madre Luisa de la (v. Luisa de la Ascensión)
Ascensión, sor Luisa de la (v. Luisa de la Ascensión)
Ascón, castillo de (a unos 50 kilómetros de Tortosa), XVI, 260 (var: Ascó)
Asculi, V príncipe de (Antonio Luis de Leiva, marqués de Atela), XIX, 399 nota 237
Asculi, princesa de (Ana Florencia de la Cerda, esposa del V príncipe, q.v.), XVI, 238; XIX, 399 nota 237
Asensio, Francisco (sargento), XIV, 467
Asensio, Juan (capitán), XIII, 356
Asfel; Asfeldt; Asfelt (v. Hatzfelt, Melchor)
Asia (continente), XV, v; XIX, viii
Asia (v. Hesse)
Asistente, P., XVII, 391; XVIII, 80
Aspa (v. Aspelt)
Aspe, Martín de (secretario de Estado del Infante-Cardenal), XIII, 367, 370, 440, 450
Aspelt (a 12 km. al sur de Luxembourg), XV, 61 (var: Aspa)
Asperilla (secretario de los Consejos de la Cámara y de la Justicia), XV, 76, 255 (m. en 1639; secretarías vacantes)
Ásperos, montes (para el ejército español en Italia, se refiere a los que separan a Génova de Piacenza), XIII, 424
Aspro, Rocca del (v. Rocca del Aspro)
Aspur (v. Habsburg)
Asse o Asses o Assia (v. Hesse)
Assumar, conde de (título de Francisco de Melo)
Aste (v. Asti)
Asti (a 30 km. al O de Alessandria de la Palla, q.v.), XIII, 423, 472; XIV, 24, 205, 228, 239, 350, 485, 497; XIX, 21
Asti, condado de (Monferrato), XIV, 166, 187; XVI, 190 (var: Aste)

Asti, Villanova de (véase Vilanova de Asti)
Astillano o Astiniano, princesa de (v. Stigliano)
Astiria (Inquisidor de Zaragoza), XIII, 366 (nombrado Inquisidor del Tribunal de la Suprema)
Astolf (v. Altdorf)
Aston, Mr. de [Sir Walter] (v. Inglaterra, embajador en España)
Aston, Albert (hijo de Sir Walter, a quien acompaña), XIII, 326-327
Astor, Juan Luis (canciller del Toisón de Oro), XIII, 243 (m. 1635)
Astorga, VIII marqueses de (Pedro Álvarez de Ossorio y Ossorio, grande de España de primera clase, y Blanca Manrique y Aragón, padres del IX marqués y de Costanza Ossorio, su hermana, q.v.), XIX, 438 nota 147
Astorga, IX marqués de (Álvaro Pérez Ossorio, grande de España de primera clase; murió en abril, 1636, sin sucesión [véase XIII, 397]; heredó este título Costanza Ossorio [q.v.], hermana del IX marqués; se había casado con el III marqués de Velada y de San Román [Antonio Sancho-Dávila y Toledo, que heredó el título de X marqués consorte de Astorga: v. XIII, 397], [XVIII, 147, 158; XIX, 408-409 nota 377, y 438 nota 147]; variante: Pedro Álvarez Ossorio)
[Astorga, IX marqués de (Álvaro Pérez Ossorio, hijo del conde de Castro)], XIX, 584 (ficha del Índice que tengo por equivocada porque las citas de XVII, 249 y XVIII, 80 no la justifican; v. las de Astorga, IX marqués de, y Velada, III marqués de)
Astorga, X marqués consorte de (Antonio Sancho Dávila, III marqués de Velada, que se casó con Costanza Ossorio), XIX, 408 nota 377
¿Astorga, X marqués de? (sin identificar en los repertorios consultados; el IX marqués había m., y las fichas no concuerdan con la carrera del III marqués de Velada y X marqués consorte de As-

torga y su mujer, Costanza Ossorio, q.v.)
- XV, 82 (oct., 1638: se casa en Madrid), 258 (mayo, 1639: iba a casarse con Lorenza de Sotomayor)
- XVII, 249 (sept., 1643: "el marqués de Astorga está acabando")
- XVIII, 79 (1645: sobre su correspondencia), d80 (mayo, 1645: carta sobre la guerra en Cataluña, escrita al marqués de Astorga)
Astorga, obispo de (v. Ataíde, Antonio)
Astrigonia (v. Estrigonia)
Asturias, XV, 134, 425, 434, 442
Asuero (error por Aduero, q.v.)
Asumar (v. Melo, Francisco de, conde de Assumar)
Asunción, Colegio de la, XVI, 272
Asunción, día de la, XVII, 136; XVIII, 385
Asunción, Nuestra Señora de la (v. Nuestra Señora de la Asunción)
Ataíde, conde de (v. Argyle)
Ataíde, António de (v. Castro[-Daire], I conde de)
Ataíde, António de (clérigo portugués; homónimo del conde de Castro-Daire, q.v.), XVIII, 26 (1645: el autor de la carta afirma que "El domingo se consagró en las Descalzas don António de Ataíde, electo obispo de Lamego por obispo de Astorga". Era "electo" porque el Papa no le había confirmado, ya que después de la muerte del obispo Miguel de Portugal en 1644, "el bispado de Lamego... esteve vago durante cerca de um quarto de século, porque os Pontifices não confirmavam os que eram nomeados por dono Joao IV" [*Grande enciclopédia*, y Pius Gams, 102b]. Con respecto al obispado de Astorga, por error el autor de esta carta confunde António de Ataíde, el clérigo portugés, con Bernardo de Ataíde, el hijo de su homónimo (el conde de Castro-Daire, q.v.), que fue obispo de Portalegre entre 1638 y 1645 y luego de Astorga de 1645 hasta 1654 (Pius Gams, 97b y 108a).

[Ataíde, Bernardo], hijo de Antonio de Ataíde, el conde de Castro-Daire, q.v. (posiblemente obispo de Portalegre antes de 1645: Gams, 108a), XVI, 208; XVIII, 26
Ataíde, Fulano de (hijo del conde de Castro[-Daire], hermano del obispo de Portalegre; canónigo de Toledo), XVI, 208
Atlante, César (calificativo dado a Felipe IV en un poema laudatario), XVII, 90 (var: Adlante)
Atarazana (arsenal de Barcelona), XVI, 8; XVII, 179; XIX, 97 (v. Tarazana, la)
Atayde, Antonio de (v. Ataíde, Antonio de)
Atela, marqués de (v. Asculi, V príncipe de)
Atienza, Diego de (inquisidor de la Suprema y capellán de las monjas de la Encarnación), XIII, 366; XIV, 390, 398 (m. 1638)
Atocha (v. Nuestra Señora de Atocha, en Madrid)
- calle de (Madrid), XVII, 202
- colegio de, XIII, 167, 218
- convento de, XIX, 177
- los frailes de, XIV, 66
- Nuestra Señora de (v. Nuestra Señora de Atocha)
- príncipe de, XV, 414
- prior de, XIII, 156
- Virgen de (v. Nuestra Señora de Atocha)
Atrebati (v. Arrás)
Atzfels (v. Hatzfelt, Melchor)
Aubernia (v. Auvergne)
Aubespine, Carlos de l' (v. Châteauneuf, Sieur de)
Aubigny, Mr. d' (gobernador francés de Illa, en Cataluña), XVI, 25
Auch (capital de Gascuña en el s. XVII; sede arzobispal), XIII, 405
Auchy (pueblo de Alsacia cerca de Breisach, q.v.), XV, 127 (var: Auxi; Auxei)
*Auchy, barón de (Carlos Bodniers, francés; embajador en Polonia antes de 1635; hasta 1636, gobernador de Beaufame [Flandes]; gentilhombre de la boca del Rey y mayordomo del Cardenal-

Infante; desde 1636, asistente del marqués de Leganés en el consejo en Milán; autor de varias obras en castellano), XIV, 170, 429 (var: Auxi; Auxei; Bonniers; Usi; Ussi)

Audiencia, la, XVII, 196 (La Coruña); XIX, 161 (Granada), 337 (México)

Audiencia Real, XVII, 377 (la de Sevilla); XVIII, 448 (de México); XIX, xiv (y de Barcelona)

Augsburg (capital de Suabia, q.v.; a 60 kilómetros al noroeste de Munich; en los siglos XV-XVII, ciudad de sumo poder y riqueza mercantil y bancaria), XIII, 140 y 166 (**1635:** tomada por el Emperador), 149, 234, 255, 312; XIV, 278, 393; XV, 213, 217; XVIII, 445 (**1646:** tomada por el Emperador); XIX, 9 (**1647:** queda neutral) (var: Agusta; Aosburc; Augusta; Augusta Vindelicorum; y Espurg)

Augusta Vangiorum (Worms), XIII, 149

Augusta Vindelicorum (Augsburg, q.v., ciudad de Suabia)

*Augustinos (v. Agustinos)

Augusto-dunum (v. Autona)

Aujou, duque de (error por Anjou, duque de)

Áulico, Consejo (del emperador de Austria), XIII, 399, 516

Aullas (pueblo cerca de Perpignan), XVI, 75

Auquien (v. Enghien)

Ausburg, Ausburgo (v. Augusta)

Ausona o Ausonna (v. Autun)

Austria, XIV, 121, 278, 332, 335; XV, 75, 166, 232, 377, 497; XVI, 54, 243; XVII, 248, 248; XVIII, 68; XIX, 4

Austria, casa de, XIII, 29, 38, 185, 188, 235, 252, 255, 257, 268, 333, 384, 388
- XIV, xii, 14, 20, 71, 85, 90, 93, 100, 108, 112, 113, 145, 167, 180, 373, 375
- XV, 198, 286, 323, 340;
- XVI, 66; XVII, 502;
- XVIII, xxiii, 166, 251
- XIX, 279, 280, 307

Austria, Albrecht von (v. Albrecht [von Austria])

- Archiduque de (hermano del Emperador; v. Leopoldo)
- Ana de (v. Francia, reina; esposa de Luis XIII)
- Baltasar Carlos de (primogénito de Felipe IV; v. Príncipe)
- Carlos de (hijo natural del archiduque Maximiliano Ernesto; hermano del emperador Fernando II; tío de Fernando III y del Archiduque Leopoldo), XIII, 356-357, 360; XIV, 408-409; XV, 91-92; XVI, xiii; XIX, 387-388 nota 92 (var. errónea: Stustna)
- Cecilia Renata, archiduquesa de (hermana del Emperador Fernando III y del Archiduque Leopoldo Guillermo), XIV, 161, 187, 218 (**1637:** se casa con el rey de Polonia; le acompañan en el viaje su hermano el Archiduque y la Archiduquesa Claudia)
- Claudia, archiduquesa de, XIV, 218, 239 (reside en Innsbruck), 304 (su agente, el padre Pagani); XV, 218 (su agente regresa a Alemania después de negociar)
- Fernando de (v. el Infante-Cardenal, hermano de Felipe IV)
- Fernando III de (v. Fernando III, emperador de Austria)
- Francisco Fernando de (supuesto hijo natural de Felipe IV), XIII, 338-339 nota 1 (se decía que su ayo había sido Juan de Isassi, q.v., y que en 1634 m. a la edad de ocho años en Eibar o Isasi; los errores de esta nota se corrigen en la de XIV, 7-8, nota 1) (var: XVI, xii, notas 1-2: Francisco Fernando Isidro de Austria)
- Leopoldo Guillermo de (v. Leopoldo Guillermo, Archiduque de Austria)
- Juan de (hijo ilegítimo de Carlos V; víctor de Lepanto; abuelo de Margarita de Austria, q.v.), XV, 84; XIX, a180-184, 387 nota 84
- Juan [José] de (v. Juan [José] de Austria)
- Juana de (hija de Juan de Austria [hijo natural de Carlos V]), XIX, 387 nota 84

- Margarita de (1584-1611; reina de España, esposa de Felipe III; madre de Felipe IV), XV, 91
- Margarita Branciforte de (v. Butera, princesa de)
- Margarita de la Cruz, sor (hija de Felipe IV y Mariana de Austria; v. a continuación la ficha de: Margarita de la Cruz)
- María de (hija de Felipe III y hermana de Felipe IV), XIII, 324 nota 1 (iba a casarse con Carlos I, príncipe de Gales, pero el casamiento no se efectuó); en 1629 se casó con Fernando, rey de Hungría [q.v.] e hijo del emperador de Alemania; su marido, Fernando III, heredó en 1637 el título de Emperador y ella el de Emperatriz, q.v.)
- María de (hija ilegítima del Infante-Cardenal; entró en en Convento de las Descalzas Reales de Madrid), XVI, 198 nota 2
- María Ana de (v. Mariana de Austria)
- María Eugenia de (hija de Felipe IV), XVIII, 324 nota 1 (la hija del Rey m. en 1627 [John H. Elliott, *The Count-Duke*, 309]; la "Emperatriz" citada en la carta, que m. en 1646, era María de Austria, q.v., hermana de Felipe IV, que se casó con el Emperador Fernando III en 1629)
- María Teresa de (hija de Felipe IV; 1638-1683)
- Mariana de Austria (1634-1696; hija del Emperador Fernando III, q.v., y la Emperatriz María de Austria, q.v.; Mariana se casó con Felipe IV en **1649** [v. XIX, 382 nota 429]; era regente de España entre 1665 y 1677 por la minoría de edad de su hijo Carlos II)
- XVII, 203 (1643); XVIII, 373
- XIX, 31, 50, 68 (**1647**: capitulaciones de su boda), 80 (señalados los que van a Alemania a buscarla), 149, 190, 193 (se despacha correo a París para pasaportes de la Reina y del rey de Hungría, su hermano, para venir de Alemania a España) (variante: María Ana de Austria)

- Mariana Antonia Dominica Jacinta de (hija de Felipe IV), XIII, 540 (m. joven, en 1636)

Auto de Fe (1627), XIX, xiii
Autun (a 74 kilómetros al este de Nevers), XIII, 483 (var: Ausona; Autona)
Auvergne (antigua provincia del sur de Francia; su ciudad principal es Clermont-Ferrand; véanse Lorena, casa de, y la villa de Mercoeur), XVII, 382; XIX, 420 (var: Aubernia)
Auxerre (ciudad del NE de Francia), XVI, xiii (var. en una lista de erratas: Auxerrois; Auxevrois)
Auxi o Auxei (v. Auchy)
*Ávalos, Alonso de (v. Dávalos, Alonso)
Avalos, XV, xii (sátira)
Avaux, conde d' (plenipotenciario francés en el Congreso de Münster), XVII, 135
Aveiro (65 km. al S de Oporto), XVI, 94
Aveiro, duque de (ministro español), XIV, 284 (var: Abero; Aveyro)
Aveiro, duquesa de, XIV, 270; XVI, 92 (var: Abero; Aveyro)
Avellaneda, Aldonza de (hija del conde de Miranda; elegida priora del convento de la Encarnación en 1638), XIV, 407
Avellaneda, Gallo de (maestre de Campo de un tercio), XVIII, 200
Avellaneda y Haro, García de (v. Castrillo, conde de)
Avello, Juan Antonio (v. Abello)
Avenas (v. Abenas)
Avendaño, Francisco de (capitán de una compañía), XVI, 54; XVII, 68
Avendaño, Padre (de Santo Domingo), XVII, 442 (le imponen penitencia) (var: Abendaño)
Aversa (a 19 km. al norte de Nápoles), XIX, 139
Avesnes (a 45 km. al sudoeste de Valenciennes), XIV, 178, 200, 312; XVI, 400; XVII, 125, 130 (var: Abenas)
Aveyro (v. Aveiro)
Aviego (Aragón), XVII, 362 (v. Alojamientos de los soldados, y Soldados de los tercios)

Avignon (villa a 120 km. al noroeste de Marseille), XVIII, 64,360 (var: Aviñón)
Avignon, condado de, XIII, 544
Ávila, XIII, 47, 107, 263, 341, 434, 439, 479; XV, 364; XVI, 217, 219; XVII, 102; XVIII, 421; XIX, 70, 228
– obispo de (v. Arce Reinoso, Diego de)
Ávila, marqués de Flores de (v. Flores Dávila)
Ávila, H., S.J., XIX, 231
Ávila, P. Rector del colegio de, XIII, 479
Ávila, Alfonso de (v. Ávila, Alonso de)
Ávila, Alonso de (maestre de Campo en Flandes), XV, 408; XVI, 399-404, 408, 412; XIX, 265-266 (var: Alfonso de Ávila)
*Ávila, Antonio de (autor de una relación sobre la princesa de Carignán, q.v.)
Ávila, Diego de (hermano del IV marqués de las Navas, q.v.), XIV, 477 (1638: maestre de Campo aventajado con el Almirante de Castilla, q.v., que va para Flandes y Alemania)
Ávila, Francisco (criado del conde de Fuentes), XVII, xix
Ávila, Gaspar de (poeta), XVII, 499
Ávila, Juan de, XV, ix (destinatario de una carta)
Ávila, Luis de (procurador de Pedro de Silva, q.v.), XIX, 227
Ávila, Pedro de (hermano del IV marqués de las Navas)
– XIV, 319-320 (1638: le han hecho merced del Consejo de Guerra); 365 (al mando de la caballería de Perpiñán); 434 (a Barcelona con el maestre de Campo general Jerónimo Roo; del Consejo de Guerra), 494 (el **8 de agosto de 1638** m. el IV marqués de las Navas; "herédale su hermano [Pedro], que está en la guerra de Vizcaya"; su carrera subsiguiente se ha fichado bajo Navas, V marqués de las) (var: Dávila)
*Ávila y Sotomayor, Fernando de (autor español)
Avilafuente (feudo del conde de Monterrey, "a tres leguas más allá de Salamanca"), XVIII, 265

Avilafuente, marqueses de (Pedro Luis de Zúñiga), XIII, 7
Ávilas, los (Señores de Naval Morcuende, q.v.), XVI, 292
*Avilés, P. Pedro de, S.J. (en Sevilla, provincial de la Compañía en Andalucía; rector del Colegio de San Hermenegildo de Sevilla, q.v.), XIII, vi, a181 nota 1; XVII, d70-75, 246; XVIII, 52, 110, d221, 258, 264, 473; XIX, 215
Avís, maestre de la Orden de (véase Pedro III)
Aya (plaza fuerte del Monferrato), XIV, 162-163, 166 (var: Aych; Hay)
Aya (v. Haya, La)
Aya, la (v. Saint Germain en Laye)
Ayala, III conde de (Fernando de Ayala y Toledo; sobrino del conde de Monterrey y heredero de su casa; I marqués de Tarazona por casamiento con Isabel de Zúñiga y Fonseca, hija de Baltasar de Zúñiga y I marquesa de Tarazona, q.v.; su hija, Inés Francisca de Zúñiga, era VII condesa de Monterrey, q.v., y casó con Juan Domingo de Haro, q.v. [XIV, 350; XIX, 460 nota 155])
– XIV, 238 (**1637**: gobernador de Génova)
– XVI, 172 (**1641**: con su ausencia de Monforte cesará la expulsión rigurosa de los portugueses leales a Portugal), 183, 200 (le sucede el marqués de Valparaíso [q.v., que se tenía por "afrenta de este siglo"])
– XVII, 116 (**1643**: no consiguió una merced)
– XIX, 125-126 (**1647**: junto con otros nobles lleva el cuerpo de la condesa-duquesa de Olivares a Loeches; antes de morir la Condesa se capitularon el hijo del marqués de Mairena [hijo adoptivo del Conde-Duque] con la segunda hija del de Tarazona)
Ayala, P., S.J., XV, 114
Ayala, Bernardino de [padre] (v. Villalba, I conde de [padre])
Ayala, Bernardino de [hijo] (v. Villalba, II conde de [hijo])

Ayala, Fernando de (v. Tarazona, marqués de)
Ayala, Lorenzo de (capitán), XIV, 213 (m. en la Leucata, q.v.)
Ayala, Pedro de (capitán), XIII, 356 (m. 1635)
Ayala, Vela de (desafío), XIII, 546
Ayala y Guzmán, Bernardino de (v. Villalba, I conde de)
*Ayala y Manrique, Juan Francisco de (historiador de Madrid a fines del siglo XVII)
Ayala y Toledo, Fernando de (v. Ayala, III conde de)
Ayamonte (a 60 km. al O de Huelva, a orillas de la desembocadura del Guadiana, frente a Portugal), XIV, 265, 283, 309-311; XVI, 161, 265, 381, 440; XVII, 244, 248,
Ayamonte, VI marqués de (Francisco Manuel Silvestre de Guzmán; murió en 1648)
- XIII, 7 (**1634:** en una cuadrilla en Madrid)
- XIV, 265-266 (**1637:** junta en Ayamonte sobre el viaje de Felipe IV a Portugal)
- XV, 251 (**1639:** intentó casarse con la condesa de Sástago)
- XVI, xv-xvi (acusado de complicidad con el duque de Medina Sidonia en el proyecto de sublevar Andalucía), 162 (**1641:** encarcelado en Montánchez), 172 (interrogatorio), 232-233 (**1642:** sufrió tormento en la cárcel), 278 (orden para que entrara un médico para curarle), 313 (el duque de Híjar va a gobernar las armas de Ayamonte) y 440 (el Rey le quita sus ciudades y su lugar de Ayamonte), 475, 495 (**1643:** le quitan 4.000 ducados de gastos de diligencias)
- XVI, 475 ("va de espacio" su prisión), 498 (sentenciado a m.)
- XVII, 441 (**1644:** le interrogan)
- XVIII, 40, 61 (**1645:** le llevan de la prisión de Santorcaz, q.v. [v. XIX, 218, y Salinas, Enrique de], al alcázar de Segovia [véase XIX, 218]), 141, 267 (1646: se vio su pleito en consejo pleno), 452 (sentencia no publicada), 457-458 (**1647:** condenado "a degollar y a confiscación de bienes sin lugar a súplica")
- XIX, 195, 218-223 (**1648:** Diego de *Colmenares, historiador de Segovia, redactó esta relación detallada de la ejecución del Marqués en la cárcel pública de Segovia, a cargo del alcalde de corte Diego de Villaueta, q.v.), 219 (la justicia llevó al marqués del alcázar a la cárcel), 225, 228 (entre las variantes del nombre y de los apellidos del Marqués, me parece que la versión contemporánea más auténtica se halla en la relación citada anteriormente en este párrafo, de Diego de Colmenares [XIX, pp. 218-223], que reza, Francisco Manuel Silvestre de Guzmán [XIX, p. 219]. Otras versiones son: Francisco de Zúñiga y Guzmán [Julio de Atienza, *Nobiliario,* p. 806a: versión del título concedido en 1521 al primer Marqués]; Francisco Antonio de Guzmán [véase John H. Elliott, *The Count-Duke,* índice]; Antonio de Guzmán y Zúñiga; y Francisco de Guzmán)
Ayaya [sic], condado de (Vascongadas; niega una leva real), XV, 470
Aybal, Rodrigo de (v. Aguiar, Rodrigo)
Aybar, Gaspar de, XVI, a457
Ayeh (v. Aya [Monferrato])
Ayerbe, Juan de (capitán), XIII, 356
Aygua (Alsacia), XV, 217 (variante: Aguas)
Aymaya, Pedro de (caballero de Barcelona), XVII, 180
Aynar, Jerónimo (maestre de Campo), XVIII, 384; XIX, 448 nota 384
*Ayora Valmisoto, Fernando de (pseudónimo de Fernando del Ávila y Sotomayor, q.v.)
Ayre (v. Aire [Flandes])
Ays, Gil de (v. Aix, Gil de)
Aytona (a 15 km. al E de Fraga), XV, 450; XVII, 88
Aytona, III marqués de (Francisco de Moncada, grande de España, conde de

Ossona y virrey de Aragón; murió en 1635)
- XIII, 23 (**1634**: gobernador universal de Flandes), 56, 65, 83 (toma Argenteau, q.v., por asalto, fuerte importante sobre el río Meuse, q.v.), 86 (ciertas operaciones militares), 142-143 (**1635**: se dice que los enemigos prendieron al gobernador), 183, 248 y 262 y 270 y 308 (m. "de tabardillo, del cansancio de la toma del fuerte...con harta gloria del mundo"), 278, 290

Aytona, IV marqués de (Guillén Ramón de Moncada, hijo del III marqués; señor de Estadilla, q.v.; enemigo de Olivares; casado con Ana de Silva, hija del marqués de Orani)
- XIII, 270 (**1635**: mercedes del Rey por la m. de su padre: hacerlo grande, la llave del Príncipe, camarista del Rey y la compensación de todas las deudas del padre en Flandes), 484 (**1636**: ha llegado a San Sebastián [parece que vuelve a España])
- XIV, 57-58 (**1637**: pelea con espadas en el Retiro entre Aytona y el marqués de Cuéllar), 308 (**1638**: en el Pardo, uno de los nobles con los que Felipe IV corrió un jabalí), 322-323 (sortija a caballo en el Retiro; Aytona llevó un premio), 336 (en el Retiro tuvo un papel en un entremés), 366
- XV, 251 (**1639**: parece que intentaba casarse con la condesa viuda de Sástago; Aytona y el VI marqués del Carpio, Luis de Haro, q.v., pretenden la capitanía de la guardia tudesca), 258 (ganaron sendas capitanías de Castilla), 265, 389 (**1640**) y 398 (Aytona hecho grande de España), 448
- XVI, 382 (se casará con Ana de Silva, q.v., hija del II marqués de Orani, q.v.), 421, 476, 497 (**1643**), 498
- XVII, 413 (**1644**: la boda con Ana de Silva, q.v.), 434 (se casa su hermana Catalina, q.v.), 439-440 (su boda), 441, 452
- XVIII, 45 (**1645**: gobernador y capitán general de la provincia de Galicia), 86-87 y 156 (se marcha para Galicia), 261 (**1646**), 266 (el conde de Harcourt, gobernador francés de Cataluña, apropió el título y los terrenos de Aytona [en las fichas de Harcourt, v. XVIII, 266 y otras citadas allí], 332 y 341 (Aytona va por ínterin a la guerra de Extremadura), 447 (en Galicia, con dos fragatillas tomó dos navíos holandeses), 457 (**1647**: le mandan se venga a Madrid, para recibir las armas; "Allí lo ha hecho muy bien... Ha sido siete años capitán de caballos en Flandes y se ha hallado acá en otras ocasiones", ya que fue general en Cataluña, se casó en Madrid, fue gobernador y capitán general en Galicia y sirvió en el ejército de Extremadura), 466 (en Galicia tomó otros dos navíos holandeses), 470 (va por general a Cataluña), 505 (desde Zaragoza manda soldados a Lérida)
- XIX, 1 (**1647**: para fines de junio tendrá junto su ejército), a12 ("todos los lugares alrededor de Barcelona se levantaron contra los franceses y el gobierno que tenían"), d13 (el príncipe de Condé [q.v.] retira la artillería que tenía, dejando las trincheras), 22 (levantó Condé el sitio de Lérida), 27 (Aytona ha ido de Zaragoza a Sariñena, donde están acuartelados los soldados), 131, nota (a falta de una carta, sigue el relato de otra de la p. 142: el de Aytona mandó a su auditor y proveedor del ejército [v. Torre, Antonio de la] que diese pan a unas monjas, y éste dijo que hacía falta una orden del Rey, lo cual repitió varias veces. Aytona le prendió, y los dos escribieron al Rey. Antes de recibir la respuesta, Aytona le mandó degollar), 132 (a Aytona le quitan las armas de Cataluña y "llévanle preso a Calatrava" [sobre esta frase, v. la ficha de Calatrava, Campo de]), 132-133 (Francisco de Melo es ya virrey de Aragón y Cataluña y general de las armas de Cataluña), 140 (Aytona, preso en Burgos), 142-143 (véase el resumen anterior), 153 (**1648**: le han traído al castillo de la

Alameda [prisión a 16 kilómetros al NE de Madrid]; "está muy de peligro de unas calenturas"), 351 (**1642**), a352-356 (carta de Aytona a Olivares: relato de la batalla contra los franceses en las Horcas, q.v. [llano junto a la ciudad de Lérida]; Aytona luchó en la compañía del II marqués de Mortara, q.v.), 334

Aytona, hija del [¿III? ¿IV?] marqués de ("dama de palacio y muy bizarra", se casó con Francisco López de Zúñiga, VIII duque de Béjar y marqués de Gibraleón), XIII, 270, 527 (v. 484, nota 3)

Aytona, hermana del IV marqués de (v. Moncada, Catalina de, y Moncada, Magdalena de)

Aytona, IV marqués de: su secretario, XIX, 349

Ayx (v. Aix)

Ayx, Gil de (v. Aix, Gil de)

Azacán, Juan, XVI, 261 (sátira)

Azarcollar, conde de (v. Felípez de Guzmán, Enrique)

Azarene ("importante plaza" entre la región de Morea y el ducado de Mecklenburgo, q.v.; tomado por el general Mansfeld), XIV, 377

Azevedo (v. Acevedo)

Azlor, Juan (v. Azlor, Martín de)

Azlor, Martín de (gobernador de Monzón), XVI, 391, 417, 427; XVII, 75; XVIII, 208; XIX, 258 (var: Juan)

Aznar, Jerónimo de (comandante de Orbetello [entre Livorno y Roma]: relación de un sitio), XVIII, 380-384

Azores, islas de las (v. Terceiras, las)

Aztigarraga, la barca de (Guipúzcoa), XIV, 461

Azumar, conde de (v. Melo, Francisco de, conde de Assumar)

B

Babia, Lombo de (loma al sur de Puebla de Sanabria), XVII, 301, 396

Babilonia, XIV, 377, 382; XV, 185, 203, 205, 223, 304, 309

Bac (fuerte "muy importante" en Flandes, cerca de Saint Omer, q.v.), XIV, 495-496 (1638: lo tomaron los españoles: véase Manicau, mariscal de Campo de Francia)

Baçal (pueblo a 5 km. al norte de Bragança), XVII, 399

Bacares, marqués de (v. Puebla, Puebla de Llerena y Puebla del Maestre, VI conde de)

*Backer, Padres Agustín de y Alois de (historiadores de la Compañía de Jesús)

Bacon, P. Juan, S.J., XVIII, a177, a180

Badajoz, XIII, xvii, 448
– XIV, 263, 268, 282-284, 293, 306, 309, 319, 343
– XVI, 22, 66, 77, 91, 101, 120, 123, 128, 157, 158, 170, 179, 184, 185, 189, 192-193, 201, 204, 219, 266-267, 269, 273, 281-282, 291, 293, 296, 310, 319, 362-363, 365, 381; XVII, 38, 111, 120, 121, 152, 155, 170, 191-192, 204, 227, 234, 238-239, 241, 242-244, 246, 248
– XVII (sitio de la ciudad por los portugueses), 249, 252, 254, 255, 260, 261, 264, 265, 273, 274, 275, 276, 278, 279, 283, 289, 290, 291, 293, 297, 299, 300, 310, 311, 323, 330, 333, 350, 351, 367, 368, 369, 386, 414, 436, 437, 441, 444, 453, 457, 458, 462, 467, 468, 471, 485, 493, 508
– XVIII, xv, xviii, xxvii, xxvii, 8, 20, 26, 28, 45, 63, 67, 91, 93, 97, 101, 139, 148, 172, 185, 189-191, 193, 195-196, 199, 200, 202, 205, 208, 212, 270-271, 297, 329, 332-333, 341-342, 364, 374, 377, 388, 392-393, 393, 397, 398, 400, 401, 409, 424-425, 432, 445, 447, 466, 469, 496-497, 504
– XIX, 2, 11, 27, 81, 124, 127, 140, 152, 154, 166-168, 169, 175, 178, 197, 217, 252, 256, 280, 283, 289, 310, 417 nota 191, 419 nota 246, 456 nota 506[b], 459 nota 134

aBadajoz, XVIII, 292, 354, 376, 395, 408, 413, 417, 423

Badajoz, gobernador español y capitán general de las armas de (v. Fuensaldaña, el conde de), XVIII, 394
– obispo de (v. Manrique, Ángel)
– proveedor general de, XVIII, a392-393

ÍNDICE ONOMÁSTICO

– rector [del Colegio de Jesuitas de Badajoz], XVIII, a409, a424-425; XIX, a27, a167-169

Badajoz, conde de (merced del [VIII duque de Braganza, ya el rey Juan IV de Portugal], para quien quería que fuera gobernador de las armas de Badajoz), XVIII, 393-394

Badalona (ciudad a 10 km. al noreste de Barcelona, en la costa), XIII, 111

Baden (error por Baden-Baden)

Baden-Baden (a 45 kilómetros al noreste de Strasbourg y 74 km. al oeste de Stuttgart), XVIII, 64 (var. errónea: Baden)

Badillo, P., S.J. (lector de medianos), XIII, 320 (agonizando)

Bado (v. Vado)

Baena (villa a 60 km. al sur de Córdoba), XIII, 243

*Baena (v. Álvarez y Baena, José Antonio

Baena (error por Ureña, conde de, título del duque de Osuna, q.v.)

Baena y Soma, duque de (v. Sessa, duque de)

Baetulo (v. Badalona)

Baeza (ciudad a 57 km. al noreste de Jaén), XIII, 26, 26, 45, 47, 58, 89, 348; XV, 70

– Iglesia mayor de Baeza, XIII, 26

Baeza, Padre, S.J. (vice-provincial de Castilla, residente en el Colegio de San Ambrosio de Valladolid, q.v.; va a Roma con el Padre Provincial y otros jesuitas españoles), XV, 133, 156-157; XVIII, 75

Baeza Manrique de Lara, Juan de (v. Castromonte, marqués de)

Baeza Manrique de Lara, Luis Francisco de (véase Castromonte, marqués de)

Bagos, conde de (v. Vagos)

Bahamas, el canal de las (en el Nuevo Mundo, canal de sur al norte, entre la costa de la Florida al oeste y las islas Bahamas al este), XV, 45, 48, 303; XVI, 283

Bahía (puerto del golfo de Pozzuoli [Nápoles]), XIII, 280

Bahía de San Salvador (en la costa del Brasil, entre Río de Janeiro y Recife), XIV, 134, 455; XVI, 59

– gobernador de, XV, 8-9, 12

– recuperado por Fadrique de Toledo, XV, 45

Baides, marqués de (concedido en 1621 a Diego López de Zúñiga y Velasco, caballero de Santiago [Julio de Atienza, 807b]), XVIII, a10-a13 (carta sobre la guerra con el Araucano y la población de la ciudad de Valdivia) (var: Baydes)

Bailén, conde de (procesado en un auto de fe), XVIII, xxiii

Bailío de Lora, el (comendador mayor de la orden de Malta), XVII, 233-234

Bailo véneto, el (ministro veneciano), XVIII, 318

Báimar (capital de Weimar, q.v.)

Báimar, duque de (v. Weimar)

Bajá [de Eger], el, q.v., XVII, 465 (ciudad de Hungría a orillas del río del mismo nombre; estaba en poder de los turcos)

Balaguer (a 27 km. al noreste de Lérida)

– XVI, 88, 200, 262, 368, 371, 480

– XVII, 262, 263, 316, 335, 342, 444, 451, 480, 484

– XVIII, 22, 66, 73, 92, 93, 100, 101, 139, 142, 145, 147, 150, 151, 151, 152, 153, 164, 172, 174 y 181 y 185 (sitiada por los franceses), 186 (rendida), 188, 206, 278, 297, 304, 441, 442, 446

– XIX, x, 11, 20, 248, 346

Balaguer, Coll de (montaña a 43 km. al S de Tarragona, en la costa con paso estrecho), XVI, 95, 198, 3430

Balán (sátira: Balaam, profeta, vino a Israel en una burra que le habló y le increpó), XVI, 290

Balán, conde (sátira de Olivares; v. la ficha anterior), XVI, 328

Balançon, barón de (v. Valançon)

Balbases, I marqués de los (Ambrosio Spínola; título concedido en el año de 1621; general del ejército de Flandes; tomó Breda en 1625; conquistador de Ostende; gobernador de Milán en 1630; murió el 25 de sept. de 1630), XIV, 64 (Carlos Stratta le regaló una casa riquísima en el Prado alto de Madrid), 463 nota 3; XV, 259, 311; XVII, xxiv; XIX, xiii, 86, 348, 389 nota 311, 413 nota 82 (variante: marqués de Spínola o Espínola)

Balbases, II marqués de los (Felipe Spínola-Doria, hijo mayor del primer marqués, q.v.)
— XIII, 91 (**1634:** en Rotenburg [a 40 km. al E de Bremen]), y probablemente en Flandes (v. XIV, 314), 205 (no se tomó Casal del Monferrato en tiempos del I marqués), 293 (general de la caballería de Milán, y en **1635**, virrey de Barcelona), 301, 306, 400 (**1636:** en la campaña en Valdetaro, pueblo sobre el río Taro, entre Parma y Cremona), 513 (sitió al Casal del Monferrato)
— XIV, 288 (**1638:** v. 350), 314 (maestre de Campo en Milán, y después virrey de Sicilia), 339 (castellano de Milán), 350 (en Génova, "gran junta" de comandantes españoles, entre ellos el marqués)
— XV, 243 y 254 (**1639:** ha llegado a Barcelona con una galera), 259 (llegó a Madrid; fue "bien recibido"), 311 ("bien recibido"), 314 y 327 (va como general a Cataluña, camino a Sicilia, como virrey), 339-442 (y 350, 368 y 381: en el sitio de Salses), 391-394 (**1640:** se rindió Salses), 417 (vino el marqués a Barcelona, y vuelve a Génova porque los paisanos matan a los soldados españoles), 431-432 (se le manda venir a la corte [v. Santa Coloma, virrey, XV, 431]), 434 (no acepta pasar al virreinato de Cataluña), 439, 444 (banquete en el Retiro)

— XVI, 123-124 (**1641:** en una junta sobre Pedro la Mota, q.v.)
— XVII, 210, 391 (**1643:** viene de Génova a Madrid),
— XIX, 289 (**1642:** ataca al Casal del Monferrato), 464 nota 355 (noticias sobre Salses en una gaceta), 389

Balbastro (v. Barbastro)
Balboa, Alonso Martín de (v. Martín de Balboa, Alonso de)
Balboa, Antonio, XVII, 32 (ayuda al duque de Fernandina contra el Protonotario Jerónimo de Villanueva)
*[Balboa] Mogrovejo, Juan de (v. Mogrovejo, Juan de [Balboa])
Balcárcel o Balcásar o Balcázar (véase Valcázar)
Baldestain (v. Wallenstein)
Balgathd (Pomerania, región dividida entre Alemania y Polonia a lo largo del litoral del mar Báltico), XV, 95 (sitiada por los suecos)
Baligny, Mr. de (gobernador de Cambrai), XVII, xii, xvii, xviii
Balinsona (v. Valenciennes)
Balmes (villa del estado del marqués de Aytona, q.v.), XV, 450
Balnekilla (v. Ballehill)
Balsaín (v. Valsaín)
Balsain y Frisland, duque de (v. Wallenstein, Albrecht, duque de Friedland)
Balsamo [sic], Bartolomé (gobernador de la nueva imposición de la sal en Nápoles), XIX, 99
Baltasar (v. Valcázar)
Baltasar, príncipe (v. Príncipe, el)
Baltasar, P. (v. Gracián, Jerónimo Baltasar)
*Baltasar Carlos (v. Príncipe, el)
Balthasarico, [Fulano] (se dice que en el año de 1610 fue heredero del conde de Fuentes), XVII, xix
Báltico, mar, XIII, 198; XIV, 55, 226, 331, 338, 341
Baltolina, la (v. Valtellina, la)
Ballata, La (v. La Ballata)
Ballecas (v. Vallecas)

Ballehill, castillo de (en Irlanda), XVII, 259 (los católicos lo tomaron) (var: Balnekilla; Ballinakill)

Ballinakill (v. Ballehill)

Ballingen (a 19 km. de Rottweil, Alemania), XVII, 421 (fracasó el plan de los franceses de socorrer a Rottweil)

Bamba (rey de la antigüedad), XIV, 138 (en un día de fiesta en Madrid un hombre se acercó al Rey y le atribuyó haber creado un gobierno peor que el de Bamba)

Bamberg (ciudad a 60 km. al norte de Nürnberg), XV, 492

– arzobispo de (nombrado plenipotenciario para las paces de Augusta), XIII, 399

Bamberger, Gaspar (coronel imperial), XIII, 143-144 (var: Bamberg)

Bana (v. Louvain, fuerte de la)

Bandembure (v. Brandemburg)

Banholo, conde de (v. Bañolo)

Bani, [Nicola], cardenal y arzobispo de Ragusi (v. Gaetano Moroni, *Indice*), XIV, 221 (en 1637, "por la soberbia colonesa [sic], bien aborrecida de todos"), 229-230 (visitas), 234

Banibana, Nuestra Señora de (v. Nuestra Señora de Banibana)

Bannier, [Juan-Gustavson] (primo del rey Gustavo Adolfo; general sueco ["el principal de todos"]; luchó en Alemania contra el Emperador, q.v.)

– XIV, 10 (**1637**: Luxemburg juró fidelidad a Bannier), 162 (tomó el castillo de Hemerstein, q.v.), 182 (casi todo su ejército deshecho, tiene que retirarse a la Pomerania, "lo último de Alemania"), 218 y 226 (halló los pasos de la Pomerania cerrados)

– XV, 220 (**1639**: ocupó Westfalia y Turingia), 242 y 249 y 253 (noticias falsas de su m.), 263 y 274 y 279 (victorias contra el Emperador), 286 y 300 (derrotado cerca de Praga), 339, 352 (derrotado en Bohemia), 439 (**1640**), 454 (recoge sus ejércitos; sufre nuevas derrotas), 455 y 489 (noticias falsas), 491 (perdió a su mujer; su ejército sufrió hambre y sed; noticia falsa de la m. del general Schlang), 492 (ya son más poderosos los ejércitos del Emperador), 494 (huyen sus soldados por la penuria de víveres), 497 (Bannier y Saxe-Weimar envían un soldado para pedir treguas [el Archiduque le "desechará"]), 498

– XVI, 31 (**1640**), 126 (**1641**: noticia falsa de su prisión), 130 (pierde su mejor ejército, y es hecho prisionero junto con el general Schlang, q.v., "la primera cabeza" después de Bannier; quedan pocos soldados), 135 ("la rota de los suecos es cierto"; pasan los soldados al Emperador) (var: Paner; Panier; Panir; Vanier; Wanier)

Banzán, conde de (v. Rantzau)

Bañades, Manuel (almirante de una armada), XIX, 65 (var: Bañuelos)

Baño, mesón del (en la carretera de Segovia a Sevilla), XIV, 43

Bañolo, conde de (general italiano al servicio de Felipe IV en Brasil [por error se dice que el Conde era Luis Borallo Becerra: XV, 303])

– XIV, 134 (**1637**: se retiró a una fuerte cerca de La Bahía), 287 y 303 (**1638**: degolló a gran cantidad de holandeses y quemó sus edificios e ingenios)

– XV, 10 (**1638**), 13, 17 (el Conde defendió con gran éxito a San Salvador contra los holandeses) (var: Banholo; Bañuelo; Buñola)

*Baños de Velasco, Juan (biógrafo de los Papas)

Bañuelo, conde de (v. Bañolo)

Bañuelos, Manuel (v. Bañades)

Bañuelos, Manuel de (en 1646, oficial del ejército español en Cataluña), XVIII, 439

Bañuelos, Micaela (casada con Álvaro de Torres, q.v.), XIII, 118

Bapaume (a 20 km. al sur de Arras [Flandes]), XVI, 175, 395, 400 (var: Bapama; Bapamen; Bapon; Beaupaume)

Baptista (v. Bautista)

Bar-le-Duc (provincia de Meuse; a 46 kilómetros al este de Vitry), XIII, 392

Baradas, Francisco de (valido del rey Luis XIII de Francia), XIX, 412 nota 6

Barahona Martínez, Juan de (testigo), XVIII, xxvii

Barajas (a 15 kilómetros al noreste de Madrid), XIII, 41, 165, 171; XIV, 263, 264, 267, 273; XVI, 342, 357, 380

– Alameda de (v. Alameda, castillo de la)

[Barajas, I conde de] (Francisco Zapata de Cisneros; padre del cardenal Antonio Zapata y Cisneros, q.v., quien renunció sus derechos de primogénito a favor de su hermano menor, Diego Zapata, q.v., para entrar en el clero)

Barajas, II conde de (Diego Zapata, n. 1565, m. 1643; hijo de Francisco Zapata, q.v.; mayordomo mayor interino y también vitalicio del rey Felipe IV: XVII, 315)

– XIII, 97 (**1634**: referencia de un impostor)

– XVI, 380 (**1642**: sátira; tenía 77 años; sus hijos eran Antonio [el primogénito y luego III conde de Barajas, q.v.], Francisco Zapata, q.v., y Pedro Zapata, q.v.)

– XVII, 474 (**1644**: su hijo Francisco Zapata, q.v.)

– XIX, 132 (**1647**: su hijo Francisco, q.v.), 407 nota 377, 409 la misma nota 377 (hipótesis errónea, ya que "Zapatilla", q.v., fue Francisco Zapata, hijo de Gabriel Zapata, hermano del I conde de Barajas)

[Barajas, III conde de] (Antonio Zapata, de quien no hablan las cartas; una ficha del índice, XIX, 631, cita tres páginas que se refieren a su padre, el II conde: XVI, 380 [error por 381]; XVII, 315; y XIX, 409 nota 377)

Baranvon, marqués de (véase Bravançon)

Barba, Pedro (del ejército que en 1643 asoló el área de la ciudad de Bragança), XVII, 402-403, 403

Barbançon (v. Brabançon)

Bárbaro, capitán (de Nápoles), XIX, 91 (interviene en los tumultos)

Barbas de Blanqueta (alcalde de Benavente), XVI, 173

Barbastro (a 70 km. al NO de Lérida; sobre el viaje de Felipe IV a Aragón en 1644, v. la ficha de Sástago), XIV, 264; XVI, 210, 393, 418-419; XVII, 10, 156, 322, 450, 475, 478; XVIII, 164, 428; XIX, 271

– obispo de (v. Chueca, Diego)

[Barberini, Antonio, *seniore*] (n. 1569, m. 1646; hermano del papa Urbano VIII, q.v., tío del cardenal Antonio Barberini, *iuniore*, q.v., tercer cardenal de la familia en 1624; desde el año de 1629, secretario de la Suprema Inquisición Romana y desde 1633 Bibliotecario de la Iglesia Romana y Vicario general de Roma; llevó una vida tranquila y privada, y me parece que en las cartas de los Jesuitas no hay ninguna referencia a él, sino a su homónimo)

Barberini, [Antonio, *iuniore*] (1607-1671; hecho cardenal en 1627; sobrino del papa Urbano VIII, q.v., y del cardenal Antonio Barberini, *seniore*; hermano menor del cardenal Francesco, q.v., y de Taddeo, q.v.; encargado por el Papa de llevar a cabo con Taddeo las operaciones militares de la Guerra de Castro, q.v.)

– XIII, 34 (**1634**: los embajadores de España se reunieron con el Papa y con Barberini), 257 (**1635**: partidario de Francia)

– XIV, 69-70 y 121-122 (**1637**: incidente durante las Carnestolendas entre las carrozas del príncipe Landgraf [¿uno de "los embajadores del Emperador"?] y de la familia del Cardenal), 219-220 (Luis XIII le declara "protector de Francia" en el Vaticano), 224 (el Sacro Colegio quiere en-

tenderse con el Papa directamente y no a través "del señor cardenal Barberino"), 230 (en el cónclave, "cabo de la facción francesa"), 240 (tiene varias visitas), 243 (se trata de su madre, Costanza), 373-375 (**1638**: el Papa le concede el oficio de protector de Francia; los cardenales de Saboya y los de los Medicis pierden "la autoridad de la casa de Austria")
- XVI, 288 (**1642**: el cardenal Antonio Barberino envía secretario asistente al Rey de Francia), XVI, 458 ("a caballo como capitán general" por el episodio callejero del marqués de los Vélez)
- XVII, 165 (**1643**: huyó a Ferrara "a uña de caballo"), a442-443 (**1644**), 444, 466 ("muy a pique de ser preso" en un encuentro militar entre los venecianos y los del Papa; logró escapar a caballo), 503-504 (por la elección del nuevo Papa [Inocencio X, q.v.], el rey Luis XIV quita al cardenal Antonio el oficio de "Protector" de Francia, y pide que el Papa le quite la legacía de Bolonia al cardenal Francisco y la de Urbino a Antonio [las habían recibido de su tío, Urbano VIII])
- XVIII, 1-2 (**1645**: manifiesto de Antonio Barberini contra Francia por "mostrarse sentida con él por la elección del [nuevo] Pontífice"), 2 (Francisco y Antonio dejan sus legacías), 7 (pidió Antonio el favor de España), 45 (el cardenal Valencini se fue a Francia para acomodar las desazones con Antonio; le mandaron volver a Roma), 207 (Antonio ha desaparecido de Roma), 222 (**1646**: intentó refugiarse en varias ciudades del norte de Italia, pero le rechazaron), 252 (los ministros del Papa averiguan los excesos de Antonio y los Barberini), 288 (en el norte de Italia Antonio ha embarcado en una armada grande de Francia rumbo "a algún punto de Tortona o del Papa"), 295 ("no se da entero crédito" de la noticia de que en Francia han hecho a Antonio general de la gente que había de ir a Italia), 322
- XIX, 151 (**1648**: vuelve a Roma "por la posta para estar más cerca, por si hay vacante"), 155 (Luis XIV le hizo "gobernador de todas las plazas" francesas en Italia) (var: Barberino)

[Barberini,] Taddeo (sobrino de Urbano VIII, hermano de Antonio Barberini, *iuniore*, duque de Palestrina, prefecto de Roma y general del ejército del Papa; encargado de las operaciones militares durante la Guerra de Castro, q.v.), XV, 353 (el Papa procura hacer duque de Urbino, q.v., al hijo de Taddeo)
- XV, 353
- XVI, 200 (**1641**: con tropas papales en Ferrara), 485
- XVII, 504 (**1644**: compite por el puesto de caudatario del nuevo papa Inocencio X)
- XVIII, 223 (**1646**: pro-francés; le sugieren quitar de su casa las armas de Francia), 304 (se embarca con el príncipe Tomás de Saboya, q.v., quizá para atacar a una isla de los españoles) (var: Tadeo)

Barberini, Costanza (madre de Antonio *iuniore* y Francesco), XIV, 243 (var: Constanza Barberino)

Barberini, cardenal Francesco (n. 1597, m. 1679; hermano de Antonio Barberini, *iuniore*, q.v., y de Taddeo Barberini; príncipe de Palestrina y prefecto de Roma; nepote de Urbano VIII, del cardenal Antonio Barberini, *seniore*, q.v., y del cardenal Lorenzo Magalotti, q.v.; doctor en *utroque iure* y car- denal en 1623; legado *a latere* en Francia sobre la Valtelina y la disputa con España [1625]; legado *a latere* en España sobre asuntos franceses [1626]; encargado de toda la política exterior del Vaticano [1628], incluso lo del Monferrato y la Guerra de los Treinta Años; propuso una liga

de los estados italianos [1633]; fomentó la Guerra de Castro, q.v., llevada a cabo por sus hermanos [desastrosa para el Vaticano, derrotado en la batalla de Lagoscuro en 1644]; por las malversaciones de los Barberini, en 1646 tuvo que huir a Francia con sus hermanos Taddeo y Antonio *iuniore*, donde les protegió el cardenal Mazarino, q.v.)
- XIV, 220 (**1637**: maltrató de palabra al mariscal de Coure, pasando los terminos de "su acostumbrada flema y modestia" en los negocios, tanto que el Rey de Francia pidió otro diplomático), 230, 231 ("se halla muy enojado de la venida del señor cardenal Borja"), 240, 243
- XVI, 131 (**1641**: cuando Monsieur D'Estreés, mariscal de Francia y embajador en Roma, propuso una persona para cardenal [de acuerdo con una larga tradición entre las naciones europeas y los papas], Francesco le dijo que el Papa "había resuelto nombrar en adelante al que quisiese", lo cual dio lugar a una larga negociación)
- XVII, 503 (**1643**: el nuevo papa, Inocencio X, q.v., pide que Francesco explique 80 memoriales de quejas contra él y sus hermanos), 504 (Francia pide que el nuevo Papa quite a los Barberini las legacías que el Papa anterior les había dado)
- XVIII, 2 (**1645**: Francesco y Antonio hicieron dejación de sus legacías ["Con esto se irá vistiendo el nuevo nepote"]), 222 (**1646**: a Francesco le habían embargado 50.000 ducados de renta en varias ciudades), 276 (Francia le "ha dado" el arzobispado de Burdeos, q.v.; parece que no lo aceptó: v. Burdeos, arzobispado), 358 (el Papa y la familia de los Barberini nombran una junta para juzgar los cargos que se les imputan)
- XIX, 154 y 158 (**1648**: no se atrevía a volver a Roma, de manera que paró en Génova), 160 (por fin volvió a Roma; tuvo benigna audiencia con el Papa) (var: Francisco Barberino)

Barberini, los [cardenales] (sobrinos y nepotes de Urbano VIII)
- XIV, 224 (**1637**: el II marqués de Castel-Rodrigo, embajador de España en el Vaticano, "se conforma, dicen, en negociar con los Barberinos, y no ver al Papa" [v. también las pp. 221-223]), 231 (el tratamiento en el Vaticano; pretenden que los españoles recurran a ellos), 240, (1637: egoísmo político y megalomanía; tenían enemigos grandes y numerosos, pero nunca procuraban suavizar los odios), 378 (**1638**: disgustos mutuos con el duque de Parma)
- XVII, 504 (**1644**: Francia pide al Papa que les quite todas sus legacías en toda la península del país de Italia)
- XVIII, 2 (**1645**: dejan las legacías), 252 (**1646**: los ministros del Papa Inocencio averiguan los excesos de la familia de los Barberini), 276 (se dice que los Barberini habían prestado tres millones al Rey de Francia para las guerras; v. Castro, guerra de), 305 (el Papa no quiere devolverles sus estados y rentas [v. XVIII, 222]), 358 (negocian los cargos con el Papa)
- XIX, 8 (**1647**: el Papa les concede su "total reintegración"), 84 (var: Barberinos)

Barberini, los hermanos, XVI, 466; XVIII, 2

Barberini, los [no siempre queda claro si se refiere a dos cardenales o a toda la casa; los temas son como casi siempre el poder político-eclesiástico y el dinero],XVI, 131 (**1641**); XVII, 147 (**1643**), 154, 165 (**1643**: los italianos les odian y quieren cogerlos); XVIII, 223 (**1646**), 251 y 276 (apoyan a Francia con armas y dinero), 281, 304; XIX, 86-87 (**1647**: empeñados con el rey de Francia), 356 (**1642**: los nepotes), 446 nota 335

ÍNDICE ONOMÁSTICO

(las guerras de los nepotes del papa Urbano VIII con la liga italiana)

Barbón, Juan (capitán en la toma de La Bassée, q.v.), XVI, 407, 412-413

*Barbosa Machado, Diõgo (bibliógrafo portugués)

Barcarrota (49 km. al sur de Badajoz y 25 km. al noroeste de la villa de Jerez de los Caballeros), XVI, 156, 158, a159, 267; XVII, 265, 294, 328-329, 351, 485

Barcarrota del Río, marqués de (v. Villanueva del Fresno [y Barcarrota], VII marqués de [Cristóbal Portocarrero y Ossorio, conde de Montijo y marqués de Barcarrota del Río])

Barcelona, XIII, 22, 23, 62, 91, 109, 109, 118, 157, 176, 244, 255, 256, 266, 280, 310, 366, 382, 406, 407, 460, 464, 464, 510, 545
- XIV, 34, 42, 83, 133, 166, 209, 211, 237, 266, 304, 325, 330, 345, 364, 397, 399, 406, 411, 412, 417, 429, 434, 480
- XV, 18, 62, 72, 73, 75, 122, 186, 208, 210, 213, 223, 251, 254, 259, 295, 309, 315, 362, 366, 399, 408, 415, 417, 432, 446, 447, 448, 468, 477, 485
- XVI, 3, 6, 7, 8, 13, 15, 21, 23, 27, 29, 35, 37, 39, 44, 45, 47, 50, 52, 55, 56, 62, 64, 65, 76, 79, 81, 82, 95, 119, 121, 122, 140, 141, 142
- XVI, 144, 147, 148, 149, 150, 152, 155, 156, 194, 199, 199, 205, 207, 214, 220, 229, 256, 258, 259, 262, 265, 273, 283, 287, 287, 288, 293, 297, 298, 303, 310, 313, 318, 320, 325, 355, 383, 423, 424, 425, 426, 457, 480, 506
- XVII, xix, 7, 10, 21, 44, 111, 118, 119, 120, 144, 155, 156, 166, 169, 174, 179, 180, 189, 209, 223, 262, 263, 282, 282, 295, 316, 335, 336, 351, 355, 430, 437, 475, 476, 506
- XVIII, 3, 15, 43, 44, 62, 74, 74, 92, 118, 119, 144, 154, 167, 186, 206, 262, 266, 266, 277, 279, 311, 332, 343, 477, 504
- XIX, xi-xiv, 1, 2, 11, 12, 13, 17, 20, 23, 27, 175, 259, 261, 272, 281, 285, 287, 290, 291, 292, 293, 298, 302, 304, 327, 328, 330, 346, 347, 350, 401 nota 320, 440 nota 230[a], 440 nota 230[b], 444 nota 312, 453 nota 469

*Barcelona, Conselleres y Consejo de ciento de la ciudad de Barcelona [Proclamación...], XVI, a44 hasta 47, y 66
- cortes de, XIX, xi
- diputación de, XV, 387
- conde de, XVI, 381; XVIII, 477; XIX, xiii (la solemne entrada del XXVIII conde de Barcelona)
- gobernador de, XVII, 467; XIX, 11, 12, 443 nota 290
- obispo de (Garci Gil Manrique; elegido lugarteniente del virrey de Cataluña en 1640, a la m. del Virrey, el V duque de Cardona, q.v.), XVI, 49
- virrey de, XIII, 274, 293; XIV, 307; XV, 210; XVI, 64, 213

*Barclay, John (autor católico inglés, sobre religión y política; s. XVII)

Barclayo, P. Tomás, S.J. ("procurador de Inglaterra"), XIV, 136

*Barclayos, los (así se llamaban los libros escritos por John Barclay, q.v.)

Bardello (v. Bourdon)

Bardenne, conde de (v. Brienne, conde de [Enrique Augusto de Lomenie])

Bardone, Mr. de (gobernador de La Bassée, q.v.), XVI, 409 (var. errónea: Cardone)

Bare, de la (general francés en la batalla de Rocroi, q.v.), XVII, 125 (1643)

Barfuse, conde de (traicionó al Emperador y a un conjurado suyo), XIII, 427; XIV, 99, 100, 101

Bari, ducado de (en la costa del Adriático, entre Foggia al norte y Brindisi al sur), XIX, 356

Bari, Mr. de (v. Du Barry)

Barinas, tabaco de (se refiere a una ciudad de Venezuela donde se cultivaba el tabaco, en el estado de Zamora, junto al río Santo Domingo, a unos 400 kms. al sudoeste de Caracas y 120 al sudeste del lago de Maracaibo), XIII, 167 ("cómpreme seis libras...en hoja"); XIX, 255 (var: Bariñas)

Barlaimont, P., S.J. (flamenco; confesor de Andrés Cantelmo, q.v.; murió en 1645), XVIII, 164 (var: Barlamon; Barlano; Barlemon; apellido distinto de el de Berlaimont, q.v.)

Barlovento, islas de (las Antillas Menores [Granada, San Vicente, las Granaditas y Santa Lucía]), XVIII, 482

Barnuevo, Padre Rodrigo de (procurador general de los Jesuitas en Roma), XVIII, xxviii

Baroni Peretti Montalto, Andrea (v. [Peretti Montalto, Andrea Baroni], y Montalto, Andrea Baroni Peretti)

Bartolina (v. Valtellina)

Bartolomé, Juan, XIV, 214 (alférez; murió en 1637 en el sitio de la Leucata)

Barrabás, Fulano (v. Meneses, Francisco de)

Barrameda, Sanlúcar de (v. Sanlúcar de Barrameda)

Barrancos (a 36 km. al oeste de Fregenal de la Sierra, en la frontera con Portugal), XVI, 158

Barreda, Juan de (capitán; m. en el año de 1637 en el sitio de la Locata), XIV, 214

Barreda, Pedro de la, XIII, 547 (duelo de su hijo); XIX, 195 (como el alcalde de corte más antiguo, encargado en 1648 de la prisión en Madrid del IV duque de Híjar, q.v.; quizá fue el que en el año de 1627 era alcalde de los caballeros e hijosdalgo de Madrid, casado con Mariana de Aguirre y Santa Cruz)

Barreda, Rafael de (hijo del anterior), XIII, 547 (m. en un duelo)

Barrera (teniente alcalde), XIV, 257

*Barrera y Leirado, Cayetano Alberto de la (bibliógrafo del teatro español)

Barrero, Matías (soldado español en el asedio de Breda en 1638), XIV, 469

Barreto, padre Ricardo, S.J., XVII, a341

Barri, Mr. de (v. Du Barry)

Barril, Francisco (napolitano; su casa fue saqueada en 1647), XIX, 24, 99

Barrio y Angulo, Catalina (impresora de Madrid, del año 1637 hasta 1647), XV, 72; XVI, 296, 369

Barrionuevo, P., S.J., XIV, 268; XV, a408-9n1

Barrionuevo, García de (v. Cusano, marqués de)

Barrois (antigua provincia que formaba parte de la Lorena), XIII, 392

Barroso (Alturas de Barroso, a 50 km. al SO de Verín [sin camino directo]), XVII, 280, 338

Barroso de Ribera, Baltasar (v. Malpica, III marqués de)

Barry, Mr. du (v. Du Barry)

Barxas, Ponte (a 6 km. al este de Melgaço en el río Miño), XIX, 324 y 325 (v. Monterrey [plan portugués...]) (var: Puente de las Barcas)

Bas, país de (v. Waes, país de)

Basá, Torre de (v. Torre de Basá)

Basco, capitán (m. su alférez en el asedio de La Bassée), XVI, 403

Basé; Basi; Basea (v. Bassée, La)

Basignano (¿entre Valenza y Castelnuovo?), XIII, 270

Basile, Feliche (napolitano rico; su casa fue saqueada en el motín de 1647), XIX, 24, 97

Basile, Juan Andrea (arrendador de la sal en Nápoles), XIX, 99

Basilea (v. Basle)

Basili, Feliche (v. Basile)

Basilia (v. Basle)

Basimper (v. Bassompierre)

Basle (a 105 km. al sur de Strasbourg, a orillas del Rhin, en el noroeste de Suiza, donde confina con Francia y el extremo SO de Alemania), XIV, 376; XV, 177 (var: Basel; Basilea)

Bassé; Bassea; Basseé (v. Bassée, La)

Bassée, La (a 24 km. al SO de Lille; el gobernador de La Bassée fue M. de Bourdon, q.v.)
- XVI, 396-415 (**1642:** relación del asedio y rendición por Francisco de Melo, conde de Assumar, q.v.)
- (**1642:** antes y después del asedio): XVI, 340, 387-388 ["ganóse"], 392, 395, 397; XIX, 249-250, 253-254, 263, 270, 273 y 275 (la victoria), 343
- XIX, 81 y 194 (**1647:** tomada por los franceses) (var: Base; Basea; Bassé; Basseé; Basi; Lauasete)
aBassée, La, XVI, 396
Bassompierre, Francisco (n. 1579 y m. 1646; era barón de Bassompierre; mariscal de Francia; embajador en España, Inglaterra y Suiza; preso en la Bastilla por Richelieu de 1631 hasta 1643), XVII, 6 (**1643:** le sueltan), 47 (recibido por el Rey); XIX, 412 nota 6 (var: Basimper; Basun Pierre)
Bastelio, padre Daniel, S.J. (confesor del archiduque Leopoldo), XV, a488-493, a495-498
Bastida (v. Bastilla, La)
Bastida, Mateo de la (impresor de Madrid, 1663-1679), XVI, 440 nota 1 (en 1668 publicó el *Quijote* y lo dedicó a Catalina Teresa Isidora de Loyola, q.v., esposa de Juan de Santellices y Guevara, q.v.)
Bastilla, la (castillo y prisión en París), XIII, 146, 297, 357, 389; XIV, 267; XV, 416; XVII, 6; XIX, 423 nota 406
Basto, conde del (v. Obasto, conde de)
Basto, marqués del (v. Alburquerque Coello, Duarte de)
Basun Pierre (v. Bassompierre)
Bata, la (Aragón), XVII, 362 (v. Alojamientos de los soldados, y Soldados de los tercios)
Batavia (isla formada donde antiguamente el Rhin se dividía en el río Waal, que pasa al oeste por Nijmegen, y el Rhin o Neder-Rhin, que pasa por Arnhem; la isla dista de 15 a 20 kilómetros al este de cada ciudad;

v. Baedeker, *Belgium and Holland*, p. 436, y v. a continuación Schenk [castillo en dicha isla]), XIII, 249, 340
Batea (a 15 kilómetros al noroeste de Gandesa y 45 al noreste de Alcañiz), XVII, 19
Batres, Alfonso o Alonso de (poeta de la corte), XIV, 40; XVII, 500
*Baudoin, J. (traductor de las obras de Cornelio Jansenio, q.v.)
Bautista, padre Cristóbal, S.J., XIX, 245
Bautista, María (v. María Bautista)
Bautista de Algava, Juan (v. Algaba, Juan Bautista)
Bautista Lanuza, Miguel (v. Lanuza, Miguel Bautista)
Bautorpio, padre Tomás, S.J., XIV, d152
Bavía (autor de Pontifical), XVII, ix
Baviera (ducado alemán católico cuya capital era Munich; su ejército ayudaba al Emperador), XIII, 18, 24, 149, 441; XIV, 384, 393 (sátira); XV, 310, 454, 492-493; XVI, 341; XVII, 420; XVIII, 58, 156-157; XIX, 434 nota 69
Baviera, una villa de (v. Franquantal)
Baviera, elector-duque de (Maximiliano I (c. 1574-1651; duque desde el año de 1597), de la dinastía de los Wittelsbach; hermano del príncipe arzobispo de Colonia, cuñado del Emperador; líder de la Liga católica contra franceses y suecos, y general de su ejército; aliado con el Emperador y los españoles)
- XIII, 10 (**1634:** el duque de Feria le va a socorrer), 149 (**1635:** se apodera del río de Augusta), 190 y 194 y 228 y 230 y 260 (se casa con la hija del Emperador), 234, 303 (los imperiales toman a Mannheim), 337 (su mujer está embarazada), 442 (**1636,** 535, 543 (nació su hijo)
- XIV, 10 (**1637:** el embajador inglés pide el Palatinado al Emperador para el sobrino del Rey), 32 (la Dieta y el

Emperador le confirman su herencia del Palatinado superior y su voto electoral), 55-56 (las levas), 71 (el manifiesto irrita al de Baviera), 236 (el Duque envía caballos e infantes al general Bera [sic]), 278, 406
- XV, 103, 116 (**1638:** le nace otro hijo), 165 (**1639:** vacila sobre el socorro de Brisac), 166 (manda prender al general Götz, q.v.), 218, 339 (su ejército aprieta a la plaza de Ockembila), 379 (victoria sobre Duque de Longueville [Enrique de Orleans]), 401 (**1640:** los de Lieja tienen problemas con el arzobispo de Colonia, hermano del Duque), 403
- XVI, 135 (**1641:** problemas entre el Duque y Piccolomini), 342
- XVII, 94 (**1643:** hizo grandes daños a los franceses y weimareses), 353 (cerca a Ecknau en la región de Alsacia), 503 **1644:** el Emperador llama a los generales y a la liga católica que corre a cuenta del Duque)
- XVIII, 1 (**1645**), 69 y 93 y 95 (el Duque y Weerdt derrotan a los franceses cerca del Rhin), 140 y 173-174 (gran batalla entre los franceses y los del Duque, con gran número de muertos por ambas partes), 182, 252 (**1646**), 317 (en Münster quedó para el de Baviera el Palatinado superior), 489 (el Duque y su hermano se declaran neutrales con franceses y suecos)
- XIX, 9 (**1647:** treguas y acuerdos entre el Duque y los franceses), 10 (pone en libertad a los generales suecos Rosa y Smidberg), 62 y 81 (se arrepiente de haberse declarado neutral con Francia), 132 (los suecos no cumplen los acuerdos de neutralidad, y el Duque les toma cuatro plazas), 206 (**1648:** crítica de Carlos Padilla), 278 (**1642:** va con sus tropas a Colonia para ayudar a su hermano), 303 y 307

Baya, castillo de (v. Gaeta)
Bayard, caballero, XIX, 463 nota 354 (v. Terrail, Pierre)

Baydes, marqués de (v. Baides)
Bayetola y Cavanillas, Matías de (aragonés; de los consejos de la Orden de la Cruzada [1646] y de Aragón, y vice-canciller de éste; Regente del gobierno de Cataluña desde el año de 1630), XVII, 64, 484 (uno de los que suscribe el perdón general de Felipe IV a Cataluña en 1644); XVIII, 427-428; XIX, 438 nota 175 (var: Vaietola)
Bayly (v. Burley)
Baymar (v. Weimar)
Baynete, conde de (caballerizo mayor de la princesa Margarita, q.v.; preso en Lisboa en 1641), XVI, 123
Bayona (Bayonne, en el extremo SO de Francia), XIII, 16, 249, 525, 525, 537; XIV, 57, 110, 135, 196, 443, 450, 452, 459; XV, 76, 102, 125, 208, 215, 264, 287, 440; XVI, 38; XVII, 135, 498; XIX, 370
Bayona, gobernador de (v. San Simón)
Bayona, marqués de (Jerónimo de Pimentel, hijo del VIII conde de Benavente [Juan Alonso Pimentel, q.v.]; casó con María Eugenia de Bazán y Benavides, q.v.; general de las galeras de Sicilia en 1646; se fue a Italia con el duque de Arcos, q.v.), XVIII, 244 [v. 243], 469; XIX, 453 nota 469 (var: Bayena)
Bayona, marquesa de (María Eugenia de Bazán y Benavides, hija de los marqueses de Santa Cruz, q.v.), XIV, 322-323; XV, 22; XVII, 154; XIX, 453 nota 469
Bayona, marquesa de: su yerno (v. Villasor, marqués de)
Bayona, marqueses de, XIX, 416 nota 154
Bayona en Galicia (a 20 km. al SO de Vigo), XIX, 429 nota 477 (su gobernador era Diego Sarmiento de Acuña y Sotomayor, conde de Gondomar, q.v.)
Bayone [sic], Mr. de (gobernador de La Bassée, q.v.), XVI, 409-410 nota 2 (pero v. Bourdon)

Bazal (a 5 km. al noreste de Braganza), XVII, 399 (var: Baçal)
Bazán, Álvaro, IV del nombre (v. Santa Cruz, I marqués de)
Bazán, Francisco (corregidor de Madrid en 1642), XVII, 124
Bazán y Benavides, Álvaro, V del nombre (v. Viso, II marqués del, hijo del marqués de Santa Cruz)
Bazán y Benavides, Brianda de (v. Santistéban, VII condesa de)
Bazán y Benavides, María Eugenia de (v. Bayona, marquesa de)
Bazzolo (villa a 38 km. al este de Cremona), XIX, 145 (var: Bezolo)
Bazzolo, San Martín de (fuerte que da acceso a la villa), XIX, 146
Beamonte, P. Diego de (v. Viamonte)
Beamonte (v. Beaumont)
Bearne (prov. del SO de Francia, en los Pirineos), XVII, xii
Bearne, tercio de, XVI, 272;
Bearne, príncipe de (futuro Enrique IV de Francia), XVII, x
Beatia (antiguo nombre de Baeza, q.v.)
Beaufame, gobernador de (Flandes; v. Auchy, barón de)
Beaufort, duque de (Francisco de Vendôme, segundo hijo del duque de Vendôme, q.v.; preso en Blois por orden del cardenal Mazarin), XVII, 326 (por error, "conde de Beuforte"); XIX, 412 nota 6, 420 nota 326
Beaufort, Monsieur (lugarteniente de maestre de Campo del regimiento de La Mothe, q.v.), XIX, 463 nota 324 (1642: m. en la derrota de los franceses en las Horcas, q.v.)
Beaumont, François (¿capitán de caballería?), XVI, 380; XVII, 486; XIX, 408 nota 377, 430 nota 486 (var: Beamonte; Francés)
Beaumont, Tomás de (hijo del capitán anterior; capitán de caballería en Cataluña), XVII, 486 (1644: m. junto a la ciudad de Lérida; v. también XIX, 408 nota 377 y 430 nota 486) (var: Beamonte)
Beaupaume (v. Bapaume)

Beauvais, obispo de (Agustín de Potier), XIX, 420 nota 326
Becerra, P., S.J., XVIII, 162 (en Madrid)
Becerra y Coronel, Gaspar (sacerdote en Cuzco), XVIII, axxix-xxxiii
Beche, el (v. Beck, barón de)
Bechune (v. Béthune)
Beck, Juan, barón de (1588-1648; de Luxemburg; general alemán del ejército del Infante-Cardenal en Flandes)
– XVI, xiii, 182 (**1641**: general de unas tropas alemanas sirviendo al Cardenal-Infante; interroga a un espía), 310 (**1642**: gobernador de Luxemburg), 392 (maestre de Campo general de "nuestras" armas), 400 y 405 (en Flandes a cargo de un ejército de 5.000 hombres), 407, 409-410 (se marchó hacia Cambrai), 412 hasta 414 (en la victoria de Châtelet con Francisco de Melo, Beck la ganó "en los mayores riesgos")
– XVII, 113-114 (**1643**: la derrota de Rocroi), 126-127 (Beck aporta sus tropas a las de los españoles), 148-149 (Beck aporta las tropas alemanas a otras de Francisco de Melo para entrar en Francia y tomar Cambresí y Landresí, 153 (Thionville, plaza de Luxemburg, está a cargo de Beck), 162-163, 283-284 (Beck, ya gobernador de Luxemburg por Felipe IV, ha derrotado a los franceses)
– XVIII, 209 (**1645**), 281 (**1646**: gobernador de las armas en Alemania), 357 (los franceses sitiaron a Coutray, y Beck les derrotó), 363 (al mando del ejército que combatirá a los holandeses)
– XIX, 62 (**1647**: atacó y tomó Lens, villa de Flandes), 194 (**1648**: preso por los franceses en La Bassée), 195 (tomó la ciudad de Vergas, pero cuando acometió al príncipe de Condé y éste huyó, el Archiduque ayudó a Condé y derrotaron los dos a Beck, quien muy malherido [arrojóse furioso en medio de los franceses y] es

hecho prisionero, y murió [en A-rras]), 255 (**1642:** en Luxemburg), 263 (Melo lo llama a Lens), 264-266 (la batalla de Lens), 265, 266, 274 (Melo le ordena ir a Châtelet), 275 (empieza el ataque en Châtelet), 303 (var: Bec; Beche; Becq; Beque; Bequer; Dequer [XVI, xiii]; Veque)

Becq (v. Beck)

Bedmar, I marqués de (v. Cueva y Benavides, Alonso de la)

Bedmar, II marqués de (v. Cueva y Benavides, Gaspar de la)

Bedmar, marquesa de, XIX, 173 (m. en 1648, muy pobre)

Begeben (v. Vigevano)

Begoña, la (era una nao de 500 toneladas), XIII, 468

Behea (villa de Holanda), XIII, 247

Beija (villa portuguesa, "cerca de Ciudad Rodrigo"), XIX, 260

Beimar (v. Weimar)

Beira (provincia que abarca las ciudades de Coimbra, Guarda y Aveiro), XVI, 336

Béjar (a 56 km. al N de Plasencia), XV, 145

Béjar, VII duque de (Alonso Diego López de Zúñiga y Sotomayor, 1577-1636; heredó el título en 1601; conde de Benalcázar y Bañares, marqués de Gibraleón, vizconde de la Puebla de Alcocer, Grande de España; en 1605 Cervantes le dedicó la primera parte del *Quijote*)
– XIII, xiii, 528 (**1636:** m.)
– XIX, 450 nota 397 (a su muerte, su primogénito heredó el título, y su segundo hijo, Juan Manuel Manrique de Zúñiga, obtuvo un mayorazgo con el título de marqués de Valero; está equivocada la noticia de que en 1646 estaba capitulado para casarse con la segunda hija del Condestable de Castilla [en la ficha del VIII duque, v. la cita de XVIII, 244, apoyada por las dudas del P. Sebastián González, autor fidedigno de la carta de XVIII, 397-398])

Béjar, VIII duque de (Francisco Diego López de Zúñiga, n. 1621; marqués de Gibraleón, Grande de España)
– XIV, 284 (**1638:** general de uno de dos ejércitos que entraron en Portugal, lo cual movió al P. Juan de Chaves, tutor del Duque, a meterse como lugarteniente de dicho ejército)
– XV, 326 (**1639:** le dan la caballería de Perpiñán)
– XVIII, 244 (**1646:** Manuel, hijo del IV duque de Arcos, se refiere "al [VIII] duque de Béjar y a mi hermana la duquesa", como una pareja casada en un viaje por mar, al igual que una nota de Gayangos sobre los hijos del IV duque de Arcos: "Doña Victoria [Ponce de León, hija menor del IV duque de Arcos], que casó con el [VIII] duque de Béjar": XIX, 441, nota 243; está equivocada la noticia contradictoria de XIX, 450, nota 397)
– XIX, 73 (**1647:** su traje en palacio)

Bejeben (v. Vigevano)

Belalcázar (100 km. al NO de Córdoba), XIX, 191

Belarmino, cardenal [Roberto, S.J.] (nació en 1542, m. en 1621; distinguido autor de diversos tratados sobre la religión católica; v. Salvador Miranda), XV, ix (Gayangos menciona una impugnación de sus doctrinas)

Belarte, Juan (capitán), XVI, 406 (m. en el sitio de La Bassée)

Belchite, conde de, XVIII, 427 (recibe la encomienda mayor de Montalbán)

Belén (Israel), XV, 149, 152, 194; XVI, 111, 139

Belenglise, Mme. de, XV, 105 (v. Waloue, Mme. de)

Belfort (maestre de Campo francés), XIV, 495 (v. Manicau, mariscal de Campo)

Bélgica, XIII, 344; XVI, 411; XVII, xxiv, 130; XIX, 461 nota 262

Belilla (pueblo en la ribera del río Ebro, q.v., muy cerca de Zaragoza), XVII, 12

Belín, conde de (gobernador de París y de Ham [a 6 kilómetros al sudeste de Amiens]), XVII, xv, xvi

Belisla (en el Canal de la Mancha), XV, 326

Belmonte (a 106 km. al NO de Albacete y 50 km. al NE de Alcázar de San Juan), XVI, 386

Belmonte, rector de (v. Viamonte, Diego de, S.J.)

Belmonte, marqués de (Bernardo Antonio de Sandoval, primogénito del duque de Uceda), XIII, 7 (1634: participa en un juego de cañas)

Belmonte de la Vega Real, marqués de (v. Maqueda, V duque de)

Belniol, castillo de (cerca de Tarragona), XVI, 262

Belo, Puerto (v. Portovelo)

Belona (v. Bellona)

Belona, la (puerto cerca de Constantinopla), XVIII, 64, 318, 319

Belpuche (v. Bellpuig)

Beltrán, P., S.J., XIX, 247

Beltrán de Guevara, Íñigo (identificación errónea del padre del conde de Villamediana; v. Oñate, V conde de, y XVII, 505 nota 1)

Belva, la (distrito de Holanda, invadido por los españoles), XIII, 247, 260, 289, 392

Belveder (palacio y jardín en Frascati, q.v.), XVIII, 248 (los duques de Arcos los visitaron)

Belvis, Francisco de (capitán militar), XIII, 356 (murió en 1636) (var: Valvis)

Belvis y Mancera, II marquesa de (Francisca Toledo y Ossorio), XIX, 429 nota 477

Bell Lloch (ciudad a 13 kilómetros al este de Lérida), XVIII, 419 (var: Belloc)

Bellona (diosa romana de la guerra), XIV, 463

Bellpuig (ciudad a 10 kilómetros al oeste de Tárrega, en la provincia de Lérida), XVIII, 417, 418, 419, 435; XIX, 11, 13, 330 (var: Belpuche)

Benabarre (a 70 km. al norte de Lérida; antigua capital del condado de Ribagorza), XVI, 204 (var: Bonavarre)

Benamargosa (a 12 km. al NO de Vélez-Málaga), XVII, 219

Benasque (v. Venasque)

Benavente (a 70 km. al sur de León), XVI, 167-168, 173; XVII, 193, 301

– prior de, XVIII, 429

– casa de, XV, 251 (1639: "la condesa de Villaverde trata de casar su hijo mayor con el primogénito de la casa de Benavente" [*sic;* se refiere a Antonio Alonso Pimentel de Herrera Zúñiga, primogénito del X conde de Benavente, q.v.])

Benavente, VIII conde de (Juan Alonso Pimentel; heredó el título en 1576 y murió en 1621; grande de España de primera clase; virrey de Nápoles de 1603 hasta 1610; presidente del Consejo de Italia de 1610 hasta 1621, cuando murió; tuvo dos hijos de su primer matrimonio, Antonio Alonso Pimentel [IX conde, que sigue], y María Pimentel, y de su segundo matrimonio con Mencía de Zúñiga y Requesens tuvo entre otros a los cinco que mencionan los jesuitas: Francisco Pimentel, S.J., Jerónimo, Manuel, Pedro Pimentel de Requesens, S.J., y Rodrigo), XIII, xii (carta de Andrés de Almansa y Mendoza sobre su m. en 1621); XV, 22 (sus hijos)

[Benavente, IX conde de (Antonio Alonso Pimentel Vigil de Quiñones y Herrera; heredó el título de conde de Benavente en 1621 y a la m. de su madre, el de VII conde de Luna; grande de España de primera clase; m. Antonio Alonso en 1633)]

Benavente, X conde de (Juan Francisco Alfonso Pimentel y Ponce de León; heredó el título en 1633 y m. en 1652; grande de España de primera clase; casó dos veces: primero con su prima hermana, Mencía de Zúñiga y Requesens [alias María Fajardo]; caballero del Toisón de Oro; y en 1648

en segundas nupcias con Antonia de Mendoza, de quien no tuvo sucesión [XIX, 165, y García Carraffa, LXXII, 15]; antes de 1652 su primogénito era el VIII conde de Luna [v. XIII, 342 nota 1, y XIV, 285; se llamaba Antonio Alonso Pimentel de Herrera Zúñiga, y en las *Cartas de Jesuitas*, "conde de Luna", q.v.; v. García Carraffa, LXXII, 15-16])
- XIII, 64 (**1634**), 71, 97, 154 (**1635**: recibe a la madre Luisa de Carrión), 193, 341, 342 (su hijo, el conde de Luna), d523 (**1636**)
- XIV, 284 (**1639**: en Valladolid espera a la heredera del duque de Terranova, su prometida), 285 (su hijo, el conde de Luna)
- XV, 320 (muy enfermo)
- XVI, 76 (**1640**: en la jornada del Rey, en Valladolid), 200 (**1641**: los distritos suyos cerca de Portugal pasan al gobierno del VI duque de Alba), 316 (**1642**: le quitan el gobierno de la frontera con Portugal), 421 (su hijo el conde de Luna sirve a S.M. con una compañía de 800 soldados de los estados de su padre), 427 (no ha salido de Madrid la compañía del conde de Luna [la mayor de todas] ni la de su hermano Rodrigo Pimentel)
- XVII, 100 (**1643**: se queja del papel en defensa del Conde-Du-que)
- XIX, 73, 74, 165 (1648: a la m. de su primera mujer, Mencía de Zúñiga y Requesens, llamada por algunos María o Mencía Fajardo, se casó con Antonia de Mendoza, q.v.), 408 nota 377 (su hijo primogénito, Antonio Alonso Pimentel, conde de Luna, q.v. [hubo otros condes de Luna en Aragón])

*Benavente, condes de, XVI, 200 (v. arriba, Benavente, conde de)

*[Benavente, Francisco de] (error por Luis Quiñones de Benavente)

*Benavente y Benavides, Cristóbal de (hermano de Juan de Benavides, q.v. [el que fue maestre de Campo en Galicia]; sobrino del P. Almazán; conde de Fontanar en 1645; miembro de la sala de gobierno; embajador en Venecia; de su cargo en Francia le echaron a raíz de la prisión del arzobispo de Tréveris por el Emperador y la declaración de guerra de Francia)
- XIII, 199 (**1635**: embajador en Francia), a265 (en Flandes), 275 (designado embajador en Inglaterra), 370 (**1636**: en la audiencia en que los diputados holandeses piden la paz), 509 (gobernador de Cambrai; delata intrigas en pro de Francia)
- XIV, 22 (**1637**)
- XV, 418 (**1640**: en la defensa de Fuenterrabía), 434 (del consejo de Guerra)
- XVI, 345 (**1642**: asiste a la Reina Isabel de Borbón en el gobierno de Madrid a lo largo de la ausencia del Rey)
- XVII, 148 (**1643**: (mayordomo mayor y ayo de Juan de Austria; conde de Fontanar)
- XIX, 383 nota 509

Benavides, P., S.J., XV, 443 (Gaspar Suárez de Toledo pide al Padre Pereira noticias sobre el Padre Benavides)

Benavides, Antonio de (hijo del VII conde de Santisteban y hermano del VIII conde, q.v.; colegial de Cuenca [XIX, 456 nota 506(b), v. el último párrafo])
- XIV, 353 (**1638**: nombrado camarero y limosnero del Cardenal-Infante en Flandes)
- XV, 178 (**1639**)
- XVII, 129 (**1643**: sumiller de cortina y capellán mayor; acompaña el féretro del Infante-Cardenal de Flandes a España)

Benavides, Francisco de (marqués de Javalquinto), XIII, 459 (1636: m., y dejó una hija concertada en matrimonio con el marqués de Cuéllar, heredero del VII duque de Alburquerque [éste m. el 18 de julio de 1637])

Benavides, Juan de (caballero de Santiago y en 1626 general de la flota española en las costas de La Habana, donde la perdió por impericia o por cobardía [los holandeses echaron a pique o apresaron los más de los galeones])
- XIII, 48-49 nota 1, y 53 y XV, 50 (**1634**: preso desde 1626, le degollaron en Sevilla)

Benavides, Juan de (hermano de Cristóbal de Benavente y Benavides, q.v.)
- XIII, 199 (**1635**: veedor general del ejército de Flandes)
- XVII, 193 (**1643**: maestre de Campo de Galicia), 270 (gobernador del ejército de Monterrey y de Puebla de Sanabria), 302-303, (en las montañas de Galicia, frente a Portugal: encuentros militares con los portugueses), 305 (refriega en Paramón, q.v.), 336, 337 (saqueó nueve lugares de los portugueses), 396, 398-400 (v. sus sobrinos Manuel de Benavides y Pedro de Benavides)
- XIX, 324 (**1642**: socorrió a Monterrey en Galicia; v. Monterrey [plan portugués...])

Benavides, Luis de (IV marqués de Frómista, casado con Ana Carrillo de Toledo, I marquesa propietaria de Caracena; padre de el que sigue)
- XIII, 7 (**1634**: juego de cañas en Madrid), 290 (**1635**: en Flandes con Francisco Gómez de Sandoval, III duque de Lerma, nieto del valido de Felipe III)
- XVI, 238 (**1642**: sátira de lo mucho que porfía), 379 (**1642**: sátira: "por mucho que el francés porfíe, no le vencerá")
- XVIII, 20 (**1645**: cita explícita de su m. en enero de dicho año)
- XIX, 397 nota 237, 405 nota 377 [la fecha de 1668 es la de la m. del hijo, q.v., no la del padre, q.v.] (var: Frómesta; Frósmista)

Benavides, Luis de (hijo del anterior y V marqués; v. Benavides y Carrillo de Toledo, Luis de)

Benavides, Manuel de (sobrino del gobernador Juan de Benavides, q.v.)
- XVII, 397 (1643: jefe de compañía de arcabucería: ciertos encuentros militares con los portugueses frente a la Puebla de Sanabria), 398, 400

Benavides, Mendo de (obispo de Segovia, 1633-1641, y de Murcia [anteriormente esta sede se llamaba Cartagena], 1641-1644; m. en 1644; v. Gams)
- XV, 433 (1640: obispo de Murcia); 443 ("fue presidente [de la Chancillería] de Granada")

Benavides, Pedro de (sobrino de Juan de Benavides, que era el maestre de campo de Galicia, q.v.)
- XVII, 397 (1643: jefe de una compañía de arcabucería: encuentros militares con los portugueses frente a la Puebla de Sanabria), 398, 400

Benavides, Teresa, XIX, 432 nota 14 (supuesta mujer del conde de Haro, Íñigo Melchor Fernández de Velasco, noveno condestable de Castilla)

Benavides y Carrillo de Toledo, Luis (hijo del IV marqués, Luis de Benavides, q.v.; XIX, 442-443 nota 262: "V marqués de Frómista [a la m. de su padre, q.v., en 1645], II de Caracena, conde de Pinto, trece de la Orden de Santiago, gentilhombre de Cámara de Felipe IV, consejero de Estado, gobernador y capitán general del estado de Milán y de los estados de Flandes; m. en 1668 en Madrid" [nota de Pascual de Gayangos, quien cita directamente al *Memorial por la casa de Benavides*, de Diego Vincencio de Vidania; v. a continuación la Bibliografía])
- XVIII, 262 (1646: uno de los tres cabos españoles principales contra los franceses)

Benavides y de la Cueva, Diego (v. Santisteban del Puerto, VIII conde de)
Benavides y de la Cueva, Francisco de (v. Santisteban, VII conde de)
Benazuza, conde de (v. Fuente del Torno, I marqués de la)
Bendino (lugar del norte de Italia), XVII, 201
Benevento (a 33 km. al NE de Nápoles), XIII, 403
Benibet, marqués de (oficial francés; se pasa a los españoles), XIII, 496, 497
Benitos, los (convento del barrio de Triana, inundado por el Guadalquivir), XVI, 249
Benivet, Mr. de (francés incorporado al ejército español), XIII, 495
Bensfedt (v. Rhinsfeldt)
Bent (cerca de Namur [Flandes]), XIII, 356
Bent, Mr. de (delegado francés a las paces de Münster), XVII, 131
Bentun (v. Béthune)
Bera (general del imperio en Italia; al parecer, deletreo defectuoso), XIV, 236 (el elector-duque de Baviera le envió tropas)
Berbegal (a 16 km. al sudoeste de Barbastro y 46 km. al sudeste de Huesca), XVII, 475, 478-480 (Berbegal no está "próximo" a Zaragoza, sino a 105 km. al NE; sobre el viaje de Felipe IV a Aragón en 1644, v. la ficha de Sástago) (var: Berbejal)
Berben (fuerte cerca de Leipzig), XIV, 10-11
Berbería (antigua denominación genérica de la parte de África a lo largo de las costas del Mediterráneo), XIII, 353; XVIII, 491
Berbin (v. Vervins)
Bercebú, XIII, 126-131, 134-135
Berchem (ciudad periférica de Amberes, al E), XIV, 179 (var: Bergue)
Berdún, obispo de (v. Verdun)
Berdún, Juan Antonio (impresor de Pamplona, 1641-1642), XVI, 59
*Bere, Cornelio de (pintor flamenco)

Berfuse o Berfust o Berfuze (v. Werfuze)
Berg (a 8 km. al oeste de Karlsruhe), XIX, 9
Bergamasco (cerca de Brescia, q.v.) XIII, 470; XVI, 14
Berganza (v. Braganza)
Berganza, fuerte de (en la ribera oriental del Guadiana, junto al puente de Olivenza, q.v., a 25 km. al sur de Badajoz), XVIII, 201 (var: Bragança; Braganza)
Berganza, Estefanía de (mujer del V marqués de Villena, Juan Fernández Pacheco; hija del VIII duque de Braganza, q.v.), XVI, 508
Berganza, Juan de (v. Braganza, VIII duque de)
Bergas, conde Enrique de (v. Vergas, conde Enrique de)
Bergas, Enrique de, príncipe de Epinay, XIII, 44 (1634: preso en Flandes); XIV, 99 (1637: conjurado con otros contra Felipe IV) (var: Epinoy; Espinay; Pinoy; Spinoy)
Bergas, Francisco (excluído del perdón general publicado en Cataluña, por su responsabilidad en la m. del conde de Santa Coloma), XVII, 482
Bergas (v. Bergues)
Bergasopsen o Bergemopzon (v. Bergen-op-Zoom)
Bergen (país cerca de Colonia), XVI, 279
Bergen (ciudad principal de la isla de Rügen, a 95 km. al NE de Rostock, Alemania), XIV, 226 (variante: Borgase)
Bergen o Berghen (v. Mons)
Bergen-op-Zoom (32 km. al N de Amberes, en la provincia llamada Brabante Septentrional), XVI, 56; XIV, 179, 180; XV, 16; XVII, 353 (var: Bergasopsen; Bergemopzon; Berghonopsicon)
Bergerac (a 85 km. al E de Bordeaux), XIV, 159
Berghonopsicon (v. Bergen-op-Zoom)
Bergue (v. Berchem)

Bergues ("pueblo abierto", a 7 km. al sudeste de Dunquerque, pero no en la costa)
- XIV, 469 (**1638:** su gobernador era el coronel Morgan); XVIII, 388
- XIX, 193, 195 (**1648:** la tomó el general Beck) (var: Bergas; Vergas; posiblemente Vergas San Vincenty)

Bergues, Enrique de (flamenco; conjurado contra España con el conde de Werfuse, q.v.; en 1637 huyó a Holanda), XIV, 99 (var: Bergas)

Bergues, Francisco (v. Bergas)

Beristain, coronel (del ejército alemán en Bruselas, en 1595), XVII, xii

Berlaimont, madame de (abuela materna de mademoiselle de Aerschot, q.v. [la hija del Duque], a quien quiso casar), XVII, 426 (apellido distinto de el de Barlaimont, q.v.)

Bermuda, isla de la, XIV, 247, 283

Bermúdez, Martín, XVIII, 427 (aragonés; recibe el título de marqués)

Bermudo, P., S.J., XIII, 169, 170

Bernardino (oidor mandado a Cartagena de Indias), XVI, 469

Bernardino, P. Fr., XVI, 10

Bernardo [del Carpio], XIV, 463 (sátira)

Bernardo, P., S.J., XVI, 293

Berne, Mr. de (delegado francés a las paces de Münster), XVII, 131

*Berni y Catalá, Josef (autor de un nobiliario de Castilla)

Berós, Luis (v. Verós)

Berotannu (lugar en Perú), XVI, 330

Bert (v. Weerdt, Juan de)

Bert, Juan de, o el conde Juan de (v. Weerdt, Juan de)

Berte (villa del ducado de Parma), XIV, 30

Berth, conde Juan de (v. Weerdt, Juan de)

Bertier, barón de (v. Butier)

Bertin-Ber (v. Württemberg)

Berva (plaza de Saboya, "fuerte y de grande importancia", en el área de Chivasso, Crescentino, Ivrea y Casal; tomada por asalto), XIV, 205; XV, 189, 236, 237, 238, 239; XIX, 462 nota 263 (var: Berrua; Verrua)

Berva, conde de (maestre de Campo del duque de Saboya), XIII, 472 (1636: pierde un brazo); XIV, 205 (1637: m. envenenado junto al duque de Saboya en un convite dado por el duque de Crequi, general del rey de Francia en Italia) (var: Berrua; Verrua)

Bervins (v. Vervins)

Berrio, P., S.J., XVIII, 226

Berrio, Francisco de, XIX, d191

Berrio, Luis de (capitán), XIII, 356 (preso en la derrota de Bent, q.v.)

Berrua (v. Berva)

Besançon (a 94 km. al este de Dijon; ciudad del condado de Borgoña, independiente hasta 1648 por concesión del emperador Federico I), XIII, 451; XIV, 172, 182, 184, 281; XV, 202, 204, 220 (var: Bessançon; Bisançon; Bisanzon)
- arzobispo de, XIII, 484 (**1636:** de nombre Ricardo, autor de una carta al príncipe de Condé), 507 (gobernador del condado de Borgoña; m. a los 90 años), 513 (merced de Felipe IV)
- obispo de (v. el anterior)

Besu (v. Vesoul)

Betanzos, Juan de (proveedor de la Hacienda Real del rey de Portugal), XVI, 453

Bethlen Gabor (1580-1629; príncipe de Transilvania de 1613 hasta 1629; rey de Hungría hasta 1621, cuando por el tratado de Nikolsburg renunció el título real en favor del emperador Fernando II [q.v.], quedándose en calidad de príncipe del Imperio Alemán, 1621-1629; aliado con los protestantes; v. también Hungría, rey de), XVIII, 51 (se refiere al rey de Hungría antes de 1621, cuando m. el papa Paulo V); XIX, 462 nota 263 (var. en húngaro: Bethlen Gábor; en las cartas: Betlem Gabor)

Béthune (a 32 km. al sudoeste de Lille), XVIII, 140 nota 1, 181 (los españoles lo perdieron en 1645); XIX, 2, 62

(var: Bechune; Bentun; Béthune; Betun)

Béthune, Maximiliano de (duque de Sully, privado y ministro del rey Enrique IV de Francia; mariscal de Francia en 1634; m. en 1641 a los 81 años), XIII, 511 (**1636:** preso por Luis XIII por haberle dicho que "corría el reino grande riesgo con las imposiciones") (var: Suli)

Betis, ciudad de (de Baetulo, nombre antiguo de Badalona, q.v.)

Betulonense, XIII, 111 nota 1 (ciudadano de Baetulo; para Pascual de Gayangos, "ciudad de la Taraconense que los anticuarios reducen comunmente a Badalona" [ciudad a 10 kilómetros al NE de Barcelona, en el litoral])

Betun o Betuna (v. Béthune)

Bett, Juan Francisco (v. Lede, marqués de)

Beuforte, conde de (v. Beaufort, duque de)

Beumor, marqués de (francés), XIII, 532 (entregó sus estados y acudió a la protección del Cardenal-Infante)

Beymar (v. Weimar)

Bezerra y Coronel, Gaspar (v. Becerra y Coronel, Gaspar)

Béziers (puerto francés del Mediterráneo, a 30 km. al noreste de Narbonne y 60 km. al sudoeste de Montpellier), XVI, 422, 429 (var: Biziers; Visiere)

Bezolo (v. Bozzolo)

Bezolo, San Martín de (v. Bozzolo, San Martín de)

Biain, P., S.J., XIII, 157

Bibarrambla, Zacatín de (en esta calle de Granada se hallaban los edificios de la Alcaicería o lonja de comercio, hoy desaparecidos), XIX, 185

Bibbiena (a 26 km. al norte de Arezzo, q.v.), XVI, 488 (var: Bibiene)

Biblioteca Nacional de Madrid, XIII, xix; XIV, 34; XV, 311, 372, 460; XVI, 49, 86

Bichi, Rochi (uno de los candidatos en la elección del Papa en 1644; la transcripción me parece defectuosa), XVII, 497

Biella (villa del Piamonte, a 43 km. al noreste de Chivasso), XV, 239 (fortificada por el príncipe Tomás) (var: Viela)

Bienvenida (villa a 25 km. al sudeste de Zafra, q.v., y 46 km. al noreste de Fregenal de la Sierra; de la Orden de los caballeros Santiago; su comendador era el I marqués de Flores Dávila, q.v.)

Biguinote, Juan (secretario del Almirantazgo de Castilla), XIV, a425-428

Bilbao, XIII, 57 y 81 (1634: revueltas contra el tributo de la sal), 231, 437; XIV, 135, 136, 136, 454; XV, 55, 101, 170, 233, 440; XVII, 148; XVIII, 18

aBilbao, XV, 79, 81, 174, 175, 243, 245, 276, 379, 470, 471, 472

Bilbao (capital de Vizcaya), XV, vi, xi (*Colegio de Jesuitas)

Bilbao, Juan de (caballero), XIII, 476

Bilches, P. Juan de, S.J., XVI, a264

Bilua (entre las villas de Saint Omer y Douai), XVIII, 180

*Birago, G. B. (historiador italiano; estudió las revoluciones)

Bisançon o Bisanzon (v. Besançon)

Biserta o Biserte (v. Bizerte)

Bisiers (v. Béziers)

Bisiniano, príncipe de (Tiberio Caraffa), XIX, 91

Bittero (error por Butera, q.v.)

Bizerte (puerto en la Mediterráneo, a unos 60 kilómetros al noroeste de Tunis), XIII, 307; XIV, 164, 229, 255; XV, 8; XVI, 55; XVII, 152; XVIII, 330, 361 (var: Biserta; Biserte; Bizerta)

Bizerte, galeras de, XIX, 172 (su general)

Blackenburgh (v. Blankenberghe)

Blaie (v. Blois)

Blanco (coronel del ejército del conde de la Fera), XIII, 357

Blanes (a 61 km. al NE de Barcelona), XVI, 303, 323

Blankenberghe (puerto a 18 km. al noreste de Ostende), XIV, 179-180; XIX, 84 (var: Blackenburgh; Blanquen; Blanquenburgue; Bononbergen)

Blas, Juan Gómez de (v. Gómez de Blas, Juan)

Blaya (v. Blois)

Blemig, barón de, XIX, 275 (m. en la batalla de Catelet, q.v.)

Blens (pueblo de Alemania en la provincia de Nordrhein-Westfalen, cerca de la frontera de Bélgica y Luxembourg), XIV, 379

Bles ("junto a La Rochelle"; no lo hallo, ni puede ser Brest [Gayangos], por distar 450 kilómetros), XVIII, 489

Blesis, Mr. de (v. Plessis Besançon)

Blettes, Mr. de (al mando de los escoceses en el ejército francés), XVII, 425 (preso en la batalla de Tuttlingen)

Blockers-dyke (se refiere al dique de Blokker, villa a 40 km. al norte de Amsterdam), XIV, 176 (var: Blocquersdaic)

Blois (a 60 km. al sudoeste de Orleáns), XIV, 33 (var: Blaie; Blaya)
– castillo de San Venancio de, XVII, 326

Bluiso, P. Juan, S.J., XV, 214

Bobadilla, P., S.J., XV, 345, 361, 363; XVI, d302

Bobadilla, P. Diego de, S.J. (procurador general de las islas Filipinas), XVI, a275

Bobadilla, Juana de (hermana o prima del IV conde de Chinchón, q.v.), XVI, 238; XIX, 397 nota 237

Boca-Chica (aldea pequeña a la entrada del puerto de Cartagena de Indias), XVIII, 480-481

Bocanegra, Cristóbal (maestre de Campo), XVI, 111

*Bocángel, Gabriel de (poeta), XVII, 499

Boccapianola, Francesco (duque de Ripacandida; militar en la Valtellina y hermano del que sigue), XIX, 446 nota 335

Boccapianola, Lucio (marqués de Brindis; maestre de Campo de un tercio en la Valtellina; hermano del anterior; m. 1637), XIII, 499; XIV, 93; XIX, 446 nota 335

Bocquoy, conde de (general de la caballería y gobernador del país de Hainault), XVI, 404 (acudió a La Bassée con diez compañías de caballos); XVIII, 403 (tomó la plaza de Menin) (var: Boquie; Bucquoy; Buquey; Buxoy; por error, Duquey)

Bodniers, Carlos (v. Auchy, barón de)

Boduquin, Carlos (criado del Conde-Duque), XIV, viii

Bogotá (Colombia; v. Santa Fe de Bogotá)

Boguera (cerca de Alessandria de la Palla, q.v.), XIII, 291, 372

Bohan (v. Bohain-en-Vermandois)

Bohain, castillo de (v. la ficha que sigue)

Bohain-en-Vermandois (a 85 km. al este de Amiens y 20 km. al noreste de San Quintín), XIII, 491; XIV, 178 (var: Bohan; Buchain; Buchan)

Bohemia (en términos generales ocupaba en el s. XVII el área de la presente república Checa, y formaba parte del Imperio austro-húngaro), XIII, 149; XIV, 478; XV, 107, 126, 240, 297, 305, 352, 368, 371, 379, 384, 403, 488, 490, 496; XVI, 464; XVII, 308, 324, 372, 472; XVIII, 58
– príncipe de, XIII, 4
– rey de, XIII, 32; XVIII, 324

Bohorques, Fulano de (conquistador; alegó que en lo superior del Amazonas descubrió un monte de oro, relato del cual se burlaba el corresponsal jesuita), XVI, 58

Boil, P. (mercedario y predicador del Rey), XIII, 168 (**1635**); XVII, 412 (**1644**: acompañó al Rey en un viaje); XVIII, 237 (**1646**), 255 (partió de Madrid, a causa de la Inquisición); XIX, 151 (**1648**: predicó en el entie-

rro del general de La Merced, Salmerón), 153 (enfermo de gravedad)
Boirke (v. Burke)
Bois-David, Mr. de (oficial francés, preso en Tuttlingen, q.v.), XVII, 424
Bolaños de Calatrava (a 5 km. al sudoeste de Almagro y 28 km. al sudeste de Ciudad Real; su Comendador era el II marqués de Celada, q.v., de la Orden de Calatrava, q.v.)
Bolaños, Alejo, XVIII, 300 (padrino de los alcaldes en su absolución ante el arzobispo de Granada)
Bolatieras, señor de (ayudante de Campo de los franceses; m. en 1642 en la batalla de las Horcas, q.v.), XIX, 463 nota 354
Bolduque (apellido francés: Bois-le-Duc; v. Hertogenbosch, 'S)
Bolea, comendador de (de la Orden de Calatrava, y muy probablemente en La Mancha; v. Celada, II marqués de)
Bolea, José de (poeta), XVII, 499, nota 1
Bolívar, Baltasar (impresor de Granada, 1652-1670), XIX, 441 nota 243
Bolívar, Baltasar (impresor de Granada con Francisco Sánchez, 1645-1661)
Boloa [sic], José de (poeta), XVII, 500 nota 1
Bologna, XIII, 304; XIV, 161; XVI, 214, 477, 483, 485, 486; XVII, 153, 444, 504; XVIII, viii; XIX, 356 (var: Bolonia; Boloña)
Bolonia (v. Bologna y Boulogne)
Bolonin, conde de (militar italiano y vasallo de Felipe IV; tomó a Castagnola, q.v.), XIV, 28
Boloña (v. Bologna, Bouillon y Boulogne)
Bolonnais o Boloñés (v. Boulogne)
Bolsena (en la orilla NE del Lago di Bolsena, a 60 km. al SO de Perugia), XVI, 488 (var: Bolzena)
Bolzena (v. Bolsena)
Bollo, El (92 km. al este de Orense), XVII, 337
Bollonés (v. Boulogne)

Bome, isla (v. Bommler Waardt)
Bommel (a 30 km. al S de Utrecht, en la isla que sigue), XIV, 195 (var: Zaltbommel)
Bommler Waardt (isla formada por los ríos Waal y Maas, a 30 km. al sur de Utrecht), XIV, 195
Bonal, Diego (fue de la Compañía; vivía en la portería del colegio de Salamanca), XIII, 321 (al m., legó 8.000 ducados a la Compañía)
Bonavarre (v. Benabarre)
Bonavoglia, Andrea (abogado del gremio de los panaderos de Nápoles), XIX, 99 (1647: en el motín)
Boncompagni, cardenal [Francesco] (n. 1592, m.1641; sobrino nieto del papa Gregorio XV, sobrino de los cardenales Filippo Boncompagni y Francesco Sforza di Santa Fiore; tío del cardenal Girolamo Boncompagni; abad de varios monasterios; legado en Perugia y Umbria; obispo de Fano), XIV, 371 (arzobispo de Nápoles; heredó 30.000 escudos del papa Urbano VIII "para que haga limosnas en Nápoles") (var: Buen Compaño; Buoncompagni)
Bondicomagus (nombre alternativo de Industria, q.v.), XV, 292
Bongarçon, Jacques (v. Bongarsius, Jacobus)
*Bongarsius, Jacobus (historiador de Francia)
*Bonifaz, Gaspar (caballero de Santiago; gobernador de Aranjuez; espía mayor del Rey, "oficio de mucha confianza"; "gran toreador y muy gran cortesano" [motejado de "Matatoros"; véanse sus libros]; m. en 1639: XV, 255-256)
— XIII, 7 (**1634:** juego de cañas en Madrid)
— XIV, 38 (**1637:** se corrieron lanzas), 170 (apresa a Mr. Rochas, embajador de la Reina madre francesa), 297 (preso el secretario de la embajada francesa en su casa de Madrid), 329 (**1638:** se corrieron toros)

Bonifaz, Gaspar (homónimo del anterior y oficial en Flandes), XIX, 266 (**1642**: al parecer en las tropas del duque de Alburquerque)
[Bonifaz, Luis] (tengo por acertada la conjetura de Gayangos de que aquí se alude a Luis Trejo, q.v.), XV, 257
Bonifaz, P. Luis de, S.J. (provincial de México), XVI, a436
*Bonilla, Alonso de (natural de Baeza; poeta), XV, 110-111
Bonillon, duque de (v. Bouillon)
Bonniers, Carlos (v. Auchy, barón de)
Bononbergen (v. Blankenberghe)
Bopaim (¿ciudad de Moravia?), XVIII, 68
Boquie, conde (v. Bocquoy)
Boramion, marqués de (v. Bravançon)
Borba (a 47 km. al oeste de Badajoz), XIV, 190; XVIII, 191, 195
Borbillon, duque de (v. Bouillon)
Borbón, casa de, XIV, 349
Borbón, Carlos de, XIII, 451 (1636: su hijo, el duque de Soissons); XV, 299 (1639: sus dos hijas, Ana Genoveva de Bourbon-Condé, o quizá Madame de Longueville, y María, la princesa de Cariñán)
Borbón, Isabel de (esposa de Felipe IV; m. 1644), XIII, 296; XVII, 499; XIX, 382 nota 417, 391 nota 387, 445 nota 328, 451 nota 427, 455 nota 492
Borbón, Luis de (duque de Soissons, hijo de Carlos de Borbón, de la casa de Condé), XIII, 451 (1636: marcha a oponérsele al Infante-Cardenal)
Borbón, María de (v. Carignan, princesa de)
Borbón, Mariana Enriqueta de (hija del rey Enrique IV y María de Médicis; esposa de Carlos I Estuardo y reina de Inglaterra), XIV, 321
Borbón, regimiento de, XIX, 266
Borbón (sin identificar), XVI, 483
Borbonés, villa del (así se llamaba a Moulins), XV, 404
Borburgh (v. Bourbourg)
Bordeaux (al sudoeste de Francia: véase Burdeos)

Bordazar, Jaime de (impresor de Valencia 1668-1707), XIX, 422 nota 369 (var: Borduzar)
Borey, Miguel de (sargento mayor de tercio), XV, 34 (1638: en Fuenterrabía), 36, 38
Borgase (v. Bergen, Rügen)
Borgería (v. Borgoña)
Borghese, Camillo (v. Papas: Paolo V)
Borghese, Paolo, príncipe, y también de Sulmona (sobrino nieto del Papa Paulo V [Camillo Borghese, 1552-1621]; en 1638 se casó con Olimpia Aldobrandini, q.v., princesa de Rossano), XIV, 119 (**1637**); XVIII, 322 (**1646**: murió poco después de abril de dicho año), 468 (v. Aldobrandini, Olimpia) (var: Burgesio; Burjesio)
Borgia, Beato Francisco de (inscripción en latín que la Compañía mandó hacer para la vigilia del Beato Francisco), XVI, 20
Borgita, Jorge Adán (v. Martínez, conde de)
Borgo de San Donnino (lugar principal del valle de río Taro, q.v., a 18 km. al noroeste de Parma; "Borgo" quiere decir, centro habitado; desde Firenzuola [d'Arda], q.v., Martín de Aragón envió a Gil de Aix con 400 caballos para tomar a la villa de Borgo de San Donnino), XIII, 500 [para más datos, véase Valdetaro]; var: Burgo de San Domin; Burgo de Valdetaro)
Borgo Vercelli (a 7 km. al NE de Vercelli [Monferrato])
Borgoña: el condado y el ducado. En 1477 la casa de los Habsburgos de Austria heredó una serie de tierras a lo largo de la frontera entre Francia y Alemania, desde Calais y Amberes en el norte hasta Ginebra y Lyon en el sur. En 1516 heredó estas tierras el emperador austríaco Carlos V de España, dando lugar a un siglo y medio de guerras contra los franceses y los protestantes alemanes. En las cartas de los Jesuitas, las noticias de los terrenos del norte y del centro se en-

tienden fácilmente porque se refieren a las ciudades. En cambio, las referencias al sur se basan en dos segmentos político-militares que ya no existen, y cuyas fronteras se cambiaban frecuentemente: el oriental, que se llamaba el condado de Borgoña (comté de Bourgogne), y el occidental, el ducado de Borgoña (duché de Bourgogne), situación que dio lugar a ciertas confusiones en las cartas.

Referencias a Borgoña en general, sin distinguir entre el condado y el ducado:
– XIII, 31, 241, 243 nota 1, 451, 483
– XIV, 135, 218, 241, 407, 410, 417, 486, 498, 500 y 501 ("nuestra Borgoña")
– XV, 95, 211, 224, 239, 249, 270, 274, 304, 310, 338, 352
– XVI, 54, 398
– XVII, xii, xvii, 126, 238
– XVIII, 437, 441, 472 (var: Borgeria)

Borgoña, condado de: Franche-Comté o Franco-Condado, antigua comarca relativamente autónoma bajo los españoles; su capital era Dôle; los historiadores españoles la llaman Condado o Contéa [XIII, 446 nota 2]); el Condado tenía la forma de un óvulo: el extremo N abarcaba las villas de Vesoul, Belfort, Héricourt y Montbéliard; el oriental confinaba casi con la frontera occidental de Suiza y abarcaba San Hipólito y Pontarlier; el extremo S llegó a Saint Claudeo, Chatea y Villars, pero no a Ginebra ni a Bourg-en-Bresse; y la frontera occidental confinaba con la del Ducado, y abarcaba Dôle pero no llegaba al río Saone; Besançon se hallaba en el centro del óvulo.
– XIII, 446 (**1636:** el ejército de Francia ha entrado en este condado, y lleva por general al príncipe de Condé, q.v.; v. especialmente las fichas del tomo XIII), 456, 460-461 (acude en su socorro el marqués de San Martín), 479 (los franceses atacan a Dôle, ciudad que aguarda el socorro del Infante-Cardenal), 482 y la nota 1, y 494 y 504 (el príncipe de Condé sitia a Dôle), 505 (el duque de Lorena socorre a Dôle), 506-507, 513-514 (el rey Felipe IV otorga al Condado 400.000 ducados y otros beneficios)
– XIV, 31-32 (**1637:** el general Gallas entró en el Ducado y derrotó a los franceses), 32 (los Fúcares tenían "su gente alojada entre el Condado y el Ducado de Borgoña", 44 (Felipe IV envió mercedes a los del Condado), 49 (en Vesoul, "plaza de importancia", Gallas derrotó a los franceses), 56, 72 ("el condado de Borgoña...es nuestro"; "confinando el ducado de Borgoña con el Condado"), 98 (el Rey de Francia "sentido de las invasiones que los del Condado de Borgoña habían hecho en el Ducado,... tomó resolución de destruir el Condado...con buen ejército"; se da la batalla, en la cual los franceses quedaron derrotados), 108-109 (gran victoria para los nuestros del Condado al derrotar a los franceses en el Ducado), 148, 151 (para prevenir un ataque, los del condado de Borgoña entran en Francia "del último lugar del Condado, que es Saint Omer", quemando y talando [por la distancia, o no es Saint Omer o no es Borgoña]), 172 y 182 y 184 (los franceses sitiaron a Besançon "en el condado de Borgoña", y Juan de Weerdt les derrotó), 196 (los franceses intentaron tomar a San Hipólito, "villa fuerte" en el Condado a 20 km. al NE de Besançon, pero les derrotaron los de la tierra), 200 ("todos los franceses están fuera del Condado"), 224 ([en el Condado] el duque de Longueville derrotó al de Lorena y al marqués de San Martín), 225 (Savelli y Picolomini entrarán "en la Borgoña y Ducea [el Ducado de Borgoña] y asediarán sus plazas"; el duque de Longueville llevó el botín de la Contea [el

ÍNDICE ONOMÁSTICO

Condado] a Dijon en la Ducea [el Ducado]), 277 (el de Lorena tomó dos plazas del Ducado al rey de Francia), 278 (Felipe IV ha hecho mercedes a los borgoñones del Condado), 281
- (**1638**: "Los del condado de Borgoña intentaron tomar en el Ducado una plaza...; se retiraron a Besançon"), 325 (los franceses querían entretener con mañas a los del Condado), 341 y 478 y 484 ("Los croatas del Condado...llevando por cabos al duque de Lorena y al marqués de San Martín, gobernador de aquel estado,...se han metido por el Ducado talando y quemando..."), 497 (cuando el duque de Longueville intentó pasar a Italia cerca del Condado, el de Lorena y los del Condado le desbarataron)
- XV, 15 (**1638**: los franceses han quemado dos pueblos en el Condado), 126 (si no se desaloja al general Weimar, "se pierde de contado el Condado") y 168 y 198 (**1639**: si no se acaba de socorrer a Breisach", se pierde "el paso del socorro de Italia y del condado de Borgoña"; a cambio de la concesión de Alsacia a Weimar, Francia le pide que le ayude a conquistar el Condado), 202 y 204 (el de Weimar sitia a Besançon, "ciudad imperial en el Condado), 213, 217 (el coronel Rosa, del Emperador, rompió en el Condado la vanguardia de Weimar"), 218 ("los nuestros del Condado habían hecho un fuerte real entre el Alsacia y el Condado,...para estorbar no les impidan el socorro de Alemania"), 220 (Weimar sitiaba en Borgoña un castillo,...entre Besançon y Vesoul), 236 (la rendición de Valdeosta [noroeste de Italia] es de "grande importancia", a jornada y media del Condado de Borgoña), 253 (los borgoñones derrotaron a Weimar, y en una dieta los cantones [de Suiza] resolvieron favorecer a Borgoña), 354 (el duque de Lorena quie-

re convenirse con el francés), 437 nota 1
- XVI, 7 (**1640**); XVII, xxii y las notas (**1634:** el conde de Fontana era gobernador del Franco-Condado, o sea, el Condado de Borgoña); XIX, 362 (**1642:** los del Condado entraron en Francia, y perdieron 800 hombres)

Borgoña, ducado de (los historiadores españoles lo llamaban Ducea [v. XV, 225 nota 4: "del francés 'duché'"]; durante la época de las *Cartas de Jesuitas*, el Ducado fue ocupado por los franceses; tenía una forma geográfica muy irregular: en el extremo N abarcaba Auxerre, Ile-en-Champagne y Bar-sur-Seine; el límite oriental abarcaba el río importante Saone y Chalon-sur-Saone; el extremo S abarcaba Cluny y Macon; el occidental Montceau, Le Creusot y Chateau Chinon; la capital era Dijon)
- XIII, 512 (**1636:** el rey de Hungría [Fernando, primogénito del Emperador Fernando II: v. la ficha de "Hungría, rey de"] entra en el ducado y toma cuatro plazas), 513 (el duque de Lorena, q.v., tiene ocupada la mayor parte del ducado), 532 ("el duque de Lorena ha cogido en el ducado de Borgoña... [las ciudades de] Casin, Soissons, Verdun, y Pantolí sobre la Somme" [por error, ya que son lugares en Picardie o el Argonne]; "el coronel La Brei... tiene [Bourg-en-]Bresse" [pero queda muy lejos del río Oise]), 544 (en el ducado de Borgoña el duque de Lorena derrotó al cardenal Valeta)
- XIV, 32 (**1637:** "los Fúcares juntaron la gente que tenían alojada entre el Cond ado y Ducado", 72 (Gallas debe de alojar su gente en el Ducado, entre el enemigo, o sea los franceses, y no en el Condado entre los españoles), 76 (el conde Busolin, borgoñón y vasallo de Felipe IV, ha entrado "en el ducado de Borgoña, contra franceses", 98 y 109 ("los franceses

quedaron rotos"), 225 (se dice que entrarán los españoles "en Borgoña y Ducea"), 277 (el duque de Lorena "pasó al ducado de Borgoña"), 278 (en el Condado reparte un agente las mercedes de Felipe IV), 341 (**1638:** "cuatrocientos croatas están en el condado de Borgoña, y...han hecho entrada en el ducado de Borgoña, talando y quemando..."), 457 ("el duque de Lorena entró...en el ducado de Borgoña, arrasando y quemando...")
– XIX, 171 (**1648:** el príncipe de Conté regresó a la sede de "su gobierno, que es el ducado de Borgoña")

Borgoña, salinas de, XIII, 514 (concedidas al señor de Lavernia)

Borja, Ana de (princesa de Esquilache; mujer de Francisco de Borja, príncipe de Esquilache, q.v.), XVII, 413 (1644: recibe los sacramentos, sin esperanzas de que sobreviva), 434, 440 (m. y se entierró sin acompañamiento ninguno)

Borja, Baltasar (error por Melchor Centellas de Borja, q.v.), XIX, 440 nota 224

Borja, Carlos de (v. Gandía, VII duque de)

Borja, Fernando de (hijo mayor del VII duque de Villahermosa, quien heredó el título en 1647 como VIII duque, q.v.), XV, 178-179 (**1639:** hermano del príncipe de Esquilache; asiste a la Princesa de Mantua, q.v., en Portugal ["lleva lindo entretenimiento por paladión de la gobernadora de Portugal"]); XIX, 300 (**1642:** "llevaba el mejor puesto", en unos desfiles en Zaragoza, "que debe de ser el decano")

Borja, Francisco de, XVII, 410 (1645 [fecha corregida]: participaron en la procesión fúnebre del cardenal Gaspar de Borja y Velasco "los dos Franciscos de Borja, eclesiásticos"; no he logrado identificarlos, a no ser que sean el príncipe de Esquilache, q.v. a continuación ["sacerdote de epístola"], y el "arzobispo de las Charcas" [v. la ficha que sigue])

Borja, Fr. Francisco de (nombrado arzobispo de las Charcas [Real Audiencia creada en 1563, dependiente del virreinato del Perú; extendía su jurisdicción sobre Bolivia y posteriormente sobre el río de La Plata]), XIII, 139 (1635: le dan este arzobispado)

Borja, Francisco de (hijo del VII duque de Villahermosa y príncipe de Esquilache, q.v., como explica Gayangos, XIX, 448 nota 363)

Borja, Francisco de (v. Lombay, marqués de, primogénito del VIII duque de Gandía, y también la ficha del IX duque de Gandía)

Borja, Francisco de (v. Gandía, VIII duque de; n. hacia 1580)

"Borja, Gaspar de, hijo del [IX] duque de Gandía," XVIII, 173 (**1645:** le dan "el arcedianato de Talavera" [noticia que para el P. González, "no subsiste"]; XIX, 439-440, nota 216 (**1646:** nota de Gayangos, que dice por error que "debió haber dos hermanos del mismo nombre"; Gaspar de Borja y Velasco fue cardenal y tío del IX duque [consignados los dos a continuación], y Gaspar de Borja, hijo del IX duque)

Borja, Melchor de (v. Borja y Velasco, Melchor Centellas)

Borja, Rodrigo de (gobernador de Vinaroz), XVIII, a349

Borja, San Francisco (v. San Francisco de Borja, y Borgia, Beato Francisco de [inscripción en latín])

Borja, Teresa de (hermana del conde de Grajal; mujer de Fernando de Tejada, gobernador de las armas de Ciudad Rodrigo), XVIII, 389 (1646: m.)

Borja, Tomás de, XV, 66 (1638: Gayangos sospecha que se trata de Melchor, un hermano del cardenal Borja: vuelve a las galeras de Nápoles) XVII, 446 (1644: gobernará Sicilia en el ínterin, mientras el Almirante se ausenta; es general de las galeras de Nápoles)

Borja Aragón y Gurrea, Fernando de (v. Villahermosa, VIII duque de)

Borja y Aragón, Carlos de (v. Villahermosa, VII duque de)

Borja y Aragón, Fernando de (v. Villahermosa, IX duque de)

Borja y Aragón, Juan de (hijo de Carlos de Borja y Aragón, VII duque de Villahermosa)
- XIII, 7 (**1634**), 252 (**1635**: con el marqués de Leganés hacia Milán), 455 (**1636**: herido en una batalla con los franceses en el Milanesado); 473 (herido en la batalla de Tornavento)
- XIV, 53 (**1637**: militar en Parma y el Piamonte); XV, 420 (**1640**: a Flandes con puesto)
- XVII, 130 (**1643**: general de caballería), 325 (preso por los holandeses, y rescatado), 353 (su rescate)
- XVIII, 433 (**1646**: socorre Vanloo de Flandes), 465, 533; XIX, 82 (**1647**: el Archiduque pide se le haga castellano de Amberes), 266 (**1642**: batalla de Châtelet)

Borja [y Velasco,] cardenal [Gaspar de] (n. 1580, m. 1645; hijo de Francisco de Borja, VII duque de Gandía, y Juana Velasco [XIX, 407 nota 377, 439 nota 216]; hermano del VIII duque [XIX, 445 nota 330], y de Melchor Centellas de Borja y Velasco [q.v., más XV, 66 y XVIII, 223-224; v. Crosby, *Nuevas cartas...*, índice]; embajador de España al Vaticano [1616-1619 y 1631-1645]; virrey de Nápoles en 1620; arzobispo de Sevilla desde 1632; su crítica del Papa en el consistorio secreto de 1632, y su carácter duro y poco diplomático, dio lugar a la oposición prolongada de los Barberini, y en 1636 tuvo que marcharse de Italia [v. S. Miranda]; en 1637 presidente del Consejo de Aragón [Elliott, *The Revolt of the Catalans*, 567], y más tarde, de el de Italia; presidente del gobierno de Cataluña [1637]; durante la ausencia del Rey, gobernó el reino con la reina Isabel de Borbón; nombrado arzobispo de Toledo y primado de España [lo rechazó Urbano VIII, pero se efectuó en 1645 con Inocencio X]; v. Salvador Miranda, *Cardinals...*)
- XIII, 188 (**1635**: sale de Roma y pasa a Nápoles antes de que el Papa pudiera obligarle con censura a que regrese a su arzobispado), 253 (**1635**: cuando el Virrey no pudo sosegar un motín de la plebe de Nápoles, lo hizo Borja, "no sin riesgo"), 337 y 343 y 346 (el Papa le ordena que salga de Nápoles, y vaya a Roma o a Sevilla, bajo pena de privarlo del capelo), 351 (**1636**), 361 y 363 (recibido en Madrid por el Rey y la nobleza), 438 (**1636**: el Rey le da 20.000 ducados de renta en pensiones), 439 ("voz corre" que le hacen gobernador del arzobispado de Toledo), 448, 517 (salió de Madrid para Aranjuez y Sevilla), 521
- XIV, 25-26 (**1637**: entró en Madrid "de rebozo"; recibido con gran ceremonia por el Rey y la nobleza), 91 y 102 (caso de salir el Rey a campaña, gobernará el Reino con la Reina y el presidente de Castilla), 110, 132 y 133 (el Rey le llamó a Madrid; encerrado largo rato con el Conde-Duque), 157 (Presidente del Consejo de Aragón, Presidente sustituto del vicecanciller en el Gobierno de Cataluña, y Presidente interino del Consejo de Indias [Rodríguez Villa, *La corte...*, p. 197; Elliott, *The Revolt of the Catalans*, Apéndice), 185 (por fin irá con el cardenal Moscoso y el de Spínola a Roma), 231 (en Roma le reciben con hostilidad varios cardenales del cónclave que elige el Papa), 417 (**1638**), 431 (el Papa le excomulga "porque no reside" [en Sevilla])
- XV, 25, 26, 93 (en su casa de Madrid se realiza una junta de nobles, para decidir sobre asuntos de Nápoles y

Sicilia), 160, 185 (**1639**: se dice que irá con otros a Inglaterra por la hija del Rey inglés), 310, 383 (**1640**: Presidente del Consejo Supremo de Aragón), 423 (le han ofrecido el cargo de Presidente de Castilla)
- XVI, 123 (**1641**: en una junta para interrogar a Pedro de la Mota Sarmiento, mayordomo de la infanta Margarita), 210, 230 (**1642**), 255, 280, 345 (asiste a la Reina como gobernadora del reino en ausencia del Rey, junto a otros tres notables), 380 (en una sátira sobre su edad) 382 (regalos que ofrece el Cardenal a su sobrina para el casamiento con el duque de Aerschot, q.v.), 475 (no habiéndosele dado Toledo, pide ir a Roma), 489-490 (**1643**: el Rey le nombra arzobispo de Toledo y el Nuncio le advierte que antes de aceptarlo, conviene ajustarlo con Roma)
- XVII, 8 (en la junta de cuatro notables que gobierna la monarquía con el Rey), 33, 76, 83, 166 ([por error se lee:] el Papa dispensa a Borja y pasa las bulas de lo de Toledo), 210-211 (el Papa no pasa las bulas de Toledo a Borja; "se entiende se funda en los disgustos antiguos de la protesta" [v. la de Borja en 1632-1636, y XIII, 188]), 235 (el Rey propone entonces a otros para el puesto del arzobispado de Toledo), 394, 410 (**1644**: noticia de su m.; pero la carta lleva la fecha errónea de 1644, que debe leerse, 1645: v. XIX, 439, nota 216, y XVIII, 216)
- XVIII, 21 (**1645**: enfermo), 81, 88, 99, 103, 104, 128 (el Conde-Duque le nombra testamentario), 216 (2 de enero, 1646: noticia de su m., ocurrida el 28 de dic., 1645; deja casi toda su fortuna a un sobrino [v. XIX, 439-440 nota 216: Gayangos corrige el error en la fecha de la carta que lleva la noticia de la m. del Cardenal: debe de ser 1645, y no 1644; v. XVII, 410]), 223 (**1646**: el Rey embarga sus bienes), 330 (litigio por su herencia)
- XIX, 252 (**1642**), 344, 407 nota 377 (en **1645** el cardenal era presidente en ausencia del Consejo de Aragón, porque se hallaba en Sevilla), 439 nota 216 (**1645**: m. 28 de dic.), 440

Borja y Velasco, Melchor Centellas de (hijo del VII duque de Gandía, q.v.; hermano del VIII duque, q.v., y también del Cardenal Gaspar de Borja y Velasco [q.v., más XV, 66 y XVIII, 223-224]; del Consejo de Estado; militar desde la primera década del siglo; general de las galeras de España, Nápoles y Sicilia; v. Crosby, *Nuevas cartas...*, índice)
- XIV, 110 (**1637**: le aguardan en Italia con las galeras y naos de Nápoles), 133, 228 (la república de Génova le manda embajadores para pedirle restitución de los bajeles), 229, 237 (se queda con las galeras a la vista de Génova), 307, 413 (**1638**: el Rey le manda que restituya a Génova todo lo que iba en los bajeles holandeses), 457 (le hacen maestre de Campo general de Portugal)
- XV, 62 (el Rey le ordena asista al duque de Módena, de visita en Madrid), 66 (se le vuelven a dar las galeras de Nápoles), 69, 94 (parte con el duque de Módena, para hacerse cargo de sus galeras de Nápoles), 238 (**1639**), 417 (**1640**)
- XVI, 199 (**1641**)
- XVII, 307 (**1643**), 446 (**1644**: gobernará Sicilia en ausencia del almirante)
- XVIII, 46 (**1645**: general de las galeras de España), 67 (no se quiere arriesgar en la campaña de Cataluña), 87, 88, 173 (preso está en Odón [ciudad de la provincia de Teruel])
- XVIII, 88 y 89 (**1645**: le quitan todas las galeras de España y le envían a Denia, preso), 146 (lo traen preso al castillo de Pinto, a cinco leguas de Madrid), 173, 224 (**1646**: antes de

morir, el cardenal Gaspar de Borja, su hermano, le ruega al Rey que mire con benignidad el caso de Melchor), 253 (le sentencian a varias penas), 469 (**1647**); XIX, 426 nota 445, 438 nota 146, 440 nota 224

Borjas [escudos de los], XVII, 434 (1644: en honras por la m. de Ana de Borja, princesa de Esquilache)

Borjas, las (localidad cerca de Lérida), XVII, 167, 168

Bormio, condado de (en la Valtelina, q.v.), XIII, 197 (v. Chiavenna), 223, 334

Borne, plaza del (en Barcelona), XV, 485; XIX, xiii

Bornos, conde de (Diego Ramírez de Haro), XVIII, 259 (juez de concurso de esgrima)

Borrallo (escribano), XIV, 192

Borrallo, Luis (conde de Bañolo), XIV, 303 (mandaba las tropas españolas en Brasil)

Borrallo Becerra, Luis (oficial portugués, conde de Bañolo), XIV, 287 (1638: llega a Brasil con socorro de carabelas, para combatir a los holandeses), 303, 334

Borraps, Domingo de (pedía prestado dinero con pretexto de socorrer a los soldados), XVII, 362

Borromeo, cardenal [Federico] (nació en 1564 y murió en 1631; primo del cardenal San Carlos Borromeo y su sucesor como arzobispo de Milán en 1585; fundador de la Biblioteca Ambrosiana en 1609), XVII, xix (asistió al conde de Fuentes en el lecho de la m. en 1610)

Bosnia, bajá de (gobernador otomano de la región central del oeste de Yugoslavia), XVIII, 387

Bossu, conde de (al servicio de los españoles en Flandes), XVII, xiv-xv

Botera, príncipe de (v. Butera, príncipe de)

Botija, sacristán (en una fiesta), XV, 150

Bouillon (pueblo a 13 km. al noreste de Sedan [Francia]), XIX, 461 nota 262

Bouillon, duque de (Henri de la Tour d'Auvergne; n. en 1555, m. en 1623; conocido por vizconde de Turenne hasta 1591, cuando se casó con Charlotte de la Marck, duquesa de Bouillon; padre de Federico-Mauricio de la Tour d'Auvergne [v. la ficha que sigue] y del vizconde de Turenne, q.v.; mariscal de Francia en 1591 y líder de los protestantes; su ejército fue derrotado por el conde de Fuentes en 1595, cerca de Doullens, q.v.), XVII, xii-xvi; XIX, 377 nota 317

Bouillon, duque de (Federico-Mauricio de la Tour d'Auvergne, n. 1605, m. 1652; hijo del duque Henri [v. la ficha anterior], a quien a la edad de diecisiete años le sucedió al título de duque de Bouillon; general protestante que sirvió en Holanda y desde 1635 en Francia como mariscal de Campo; hermano mayor de Henri de la Tour d'Auvergne, 1611-1675: v. Turenne, vizconde de)
– XV, 14 (**1638**: degolló a los tres jesuitas que le convirtieron al catolicismo), 16, 459
– XVI, 135-136 (**1641**: rebelde a Richelieu, en Sedan [provincia de Ardennes]), 288 (**1642**: general de las armas francesas en Italia), 401, 475
– XIX, 20 (**1647**: se dice vendrá como gobernador de Cataluña), 78, 200, 305, 306 (**1642**: su prisión), 345 (var: Bonillon; Borbillon; Bovillon)

Boulogne[-sur-Mer], (ciudad a 28 km. al SO de Calais, en el distrito de Pas-de-Calais), XIV, 448

Boulogne, condado de (en la provincia de Picardie, el distrito o territorio de Boulogne), XIV, 15, 154, 475, 477; XIX, 263, 273, 343 (var: Bolonia; Bolonnais; Boloña; Boloñés, el; Bollonés; Borgoña)

Bourbon-Condé, Ana Genoveva de (v. Longueville, duquesa de)

Bourbon-Condé, Carlos de (príncipe de sangre real de Francia), XIX, 377 nota 317

Bourbon-Condé, Enrique II de (véase Condé, príncipe de)

Bourbon-Condé, Luis de (véase Soissons, conde de)

Bourbón-Condé, Luis II de (véase Enghien, duque de)

Bourbourg (a 18 km. al sudoeste de Dunkerque y 25 km. al E de Calais), XVIII, 140 (los españoles lo perdieron), 156, 179 (var: Borburgh; Burbuk)

*Bourdielle, Pierre de (véase Brantôme, señor y abad de)

Bourdon, Mr. de (gobernador de La Bassée, q.v.; pero v. también Bayone [sic], Mr., y Cardone, Mr.), XVI, 404, 409-410 nota 2 (var: Bardello; Pardello)

Bourg-en-Bresse (villa a 75 km. al O de Ginebra y 60 km. al NE de Lyons), XIII, 532 (puede ser que la tomó el coronel La Brei, pero no en el área del río Oise [al norte de París]) (var: Bresia; Bresse)

Bourgogne (v. Borgoña)

Bournonville, duque de, y conde de Enin, XIII, 509 (**1636:** huye a Francia durante el mandato del marqués de Santa Cruz en Flandes; se le condena en Flandes por traidor y se le confiscan sus bienes); XIV, 99 (**1637:** se le menciona como partícipe de una conjuración junto a otros nobles) (var: Bernavila; Hénin)

Bouthillier, Claude Le (véase Le Bouthillier)

Bouthillier, Leon Le (véase Chavigny, duque de)

Bovillon, duque de (v. Borbillon)

Bóveda [de Toro], La (a 19 km. al S de Toro, q.v.), XIII, 93

Boxel, general N. (maestre de Campo general en Cataluña), XVI, 218

Bozzolo (villa a 38 kilómetros al este de Cremona), XIX, 145 (variante: Bezolo)

Bozzolo, San Martín de (fuerte que da acceso a la villa), XIX, 146 (var: Bezolo)

Brabançon, príncipe de (militar francés), XIII, 28 (**1634:** duelo en Flandes), 44 (preso en Flandes por traición a España), 53 ("preso por sospechoso en la conjuración de Flandes" contra Felipe IV), 278 (**1635:** preso por lo del duque de Aerschot y del marqués de Aytona, q.v.); XIV, 99 (**1637:** "preso en el castillo de Amberes") (var: Barbançon; Barbancon)

Brabante (antiguo ducado; sus ciudades principales eran Amberes, Bruselas y Lovaina), XIII, 257, 395, 477; XIV, 154, 195, 448, 474; XV, 105, 367; XVIII, 249-250

Brabante (provincia de Bélgica; su capital, Bruselas), XVIII, 179 (en el siglo XVII Brujas no era su "cabeza") (var: Brabantia)

Brabante, canciller de, XVI, 87 (depositó el cuerpo del Cardenal-Infante en el ataúd)

Brabante, duque de (título al que aspiraba el duque de Orange), XVIII, 392

Brabante Septentrional (así se denominaba la parte norte de la provincia, en Holanda), XV, 16

Brabo, Lorenzo (sargento), XIV, 215

Bracamonte, García de (error por Gaspar de Bracamonte: véase Peñaranda, conde de)

Bracciano, duque de, XIX, 159 (convidado por los cardenales en Roma) (var: Brachano)

Bradamante (heroína del *Orlando furioso* de Ariosto; símbolo de la mujer bella y guerrera), XIV, 316

Braga (a 50 km. al NE de Oporto), XIII, 375; XV, 243; XVI, 111, 113; XVII, 272

Braga, arzobispo de (Sebastián de Matos de Noronha; vino de Elvas en 1636, y gobernó el arzobispado hasta 1641; durante la rebelión de Portugal, en dic. de 1640, detenido en Lisboa; intervino en la capitulación del castillo de Lisboa), XIV, 185 (**1637**); XV, 193 (**1639**: a los arzobispos y obispos, detenidos en Madrid, les dan licencia para volver a sus iglesias [por error se lee, "el obispo de Braga"]); XVI, 83 (**1640**: "le tienen cercado"), 108 y 110 (nombrado gobernador del reino con el de Lisboa hasta la llegada del futuro Rey)

Braga, deán de (hermano del secretario Adrián Sarasa y del obispo de Leiria), XVI, 106

Braga, obispo de [por error, XV, 193]

Braganza (v. Berganza)

Braganza (a 112 km. al NO de Zamora y 42 km. al S de Puebla de Sanabria), XVI, 168 (**1641**), 169, 309 (**1642**); XVII, 196 (**1643**), 272, 301, 303, 305-306, 336, 337, 398 (camino real de la ciudad), 395 (pide refuerzos para no caer en manos de los españoles), 399, 400 (jurisdicción de Berganza), 402 (quema de ocho de sus lugares); XVIII, 201 (**1645**: intento de conquistar su fuerte); XIX, 326 (**1642**: véase Monterrey [plan portugués...]) (var: Berganza; Verganza)

Braganza, río de, XVII, 307

Braganza, ducado de, XVI, 420 (**1642**: conceden el ducado de Braganza a Francisco de Melo, conde de Assumar, q.v., a quien el Rey ha hecho grande de España) (var: Bragança)

Braganza, [VIII] duque de (de 1640 a 1656, rey de Portugal como Juan IV)
– XIII, 88 (**1634**: le envían a Milán), 90 (se excusa de ir), 94 (le multan y citan a corte por negación), 119, 155 (**1635**: resentimiento en Lisboa por el tratamiento que da la duquesa de Mantua, gobernadora de Portugal, a los nobles portugueses y al mismo Duque), 179
– XIV, 283-284 (**1638**: en junta de notables en Badajoz)
– XV, vii, 163 (**1639**: edicto en materia eclesiástica), 179 (capitán general de Flandes), 453 (**1640**: llega con 8.000 hombres a la raya de Castilla)
– XVI, vii, xv, xvi, 82 (**1640**), 83 (aviso sobre el levantamiento y coronación del Duque en Lisboa), 91, 92 (se levantan muchos pueblos en Portugal, aclamándolo como monarca; la participación de su mujer en la conjura), 94, 96, 100, 101 (se confirma su elección y coronación como rey de Portugal), 102 (envía emisarios a las tropas portuguesas en Cataluña), 103, 104, 106, 107, 111 (entra en Lisboa con gran acompañamiento de nobles e hidalgos), 112, 113, 114 (**1640**: la coronación), 122-123 (**1641**), 137, d138-156, 141, 144, 159, 161, 169, 179 (la retirada de la armada de holandeses y franceses, por el frío del invierno, le ha afectado tanto que se dice se ha enfermado), 189, 193-194 (reclama de sus súbditos tributo de un vintém por semana), 202 (su desafío no efectuado con el Duque de Medina Sidonia), 208, 263 (**1642**: descontento con su gobierno en Portugal), 266, 276, 295, 312, 313 (Francia le insta a entrar en Castilla y le ayuda), 329, 363 (reportan que está flaco y se ha vuelto cruel), 383 (bando para expulsar a los castellanos), 384, 386, 423, 427, 430, 449 (se le aclama en la ciudad de Agra), 453, 460, 508
– XVII, 36 (**1643**), 111, 152, 186, 190, 191, 192 (aviso de que viene hacia Ciudad Rodrigo con tropas), 227 (se dice que le ha nacido un hijo, en medio de grandes solemnidades), 245, 275, 276, 283, 313, 340, 341, 351 (el Duque acuerda con la caballería extranjera el pago en cebada para los caballos y la retención del pillaje, en lugar del sueldo), 396, 398, 441 (**1644**) 445, 448, 460
– XVIII, 42 (**1645**: sobre la actitud del Papa ante el embajador del Duque, y su legitimidad como rey de Portugal), 43, 82, 93, 119 (insistencia del francés por la entrada del Duque en Castilla), 138 (el Papa llena tres pla-

zas obispales vacantes en Portugal), 139 (sobre la preparación para tomar Badajoz por sopresa), 148 (en Villaviciosa con tropas), 154, 166, 185 (los estados rebeldes holandeses no darán ayuda al Duque), 189, 203, 292 (**1646**), 294 (en Münster se acuerda que en Alemania no se admitirán sus embajadores), 305 (el Papa acepta recibir los embajadores suyos), 311 (celebra unas Cortes y les pide dinero para su ejército), 377, 393 (va hacia Estremoz con nobles y soldados), 397 (a su embajador en Francia el parlamento le insta a obrar este año, so pena de perder la ayuda francesa), 461 (**1647**: conferencia con el colector y auditor del Papa)
- XIX, 2 (**1647**), 21, 193 (**1648**), 196, 197, 227, 243 (**1641**), 244, 279 (**1642**), 280 (una junta papal determina que es tirano y Rey intruso, y que los embajadores no habían de admitirse), 326, 330 (var: Berganza)

Braganza, duques de, XIV, 270

Braganza, duquesa de, XVII, 340

Braganza, VIII duquesa de (Luisa María Francisca de Guzmán, hija del VIII duque de Medina Sidonia, hermana del IX duque y prima del Conde-Duque de Olivares; casó con Juan de Braganza, VIII duque de Braganza; reina de Portugal), XVI, 101

Braganza, rey, XVIII, 190 (Juan IV de Portugal; véase Braganza, VIII duque de)

Brancaccio, conde de (coronel del regimiento de franceses en el ejército del de Parma), XVI, 487 (var: Brancacho)

Brancaccio, Carlos (m. en el tumulto de Nápoles como caudillo de la plebe; conocido como "Marco Antonio"; descendiente de Lelio y Tiberio, servidores de Carlos V, Felipe II y Felipe III), XIX, 138 (variante: Brancacho)

*Brancaccio, Fray Lelio (militar que mandó el tercio viejo de Nápoles hasta 1642; oficial italiano y caballero de Malta), XIII, 282, 288; XIX, 138, 462 n 263 (var: Brancacho)

[Brancaccio, Marco Antonio] (v. Brancaccio, Carlos)

Brancaccio, Tiberio (hecho gobernador de Sabioneta), XIV, 92; XIX, 138

Branciforte, Fabricio de (v. Butera, príncipe de)

Branciforte de Austria, Margarita (v. Butera, princesa de)

Brandenburg (antiguo estado que abarcaba el centro de Alemania y Prussia; la capital del mismo era Potsdam), XIV, 392; XV, 338, 368, 454 (var: Bandembure; Brandeubur; Brandembergo)

Brandenburg (ciudad que se halla a 60 km. al oeste de Berlín), XIV, 7, 241

- comisionados de (a la Dieta [Maguncia]), XIII, 535 (1636)

- duque de, XIX, 9 (1647: le sucederá al elector y marqués de Brandenburg, q.v.)

Brandenburg, elector de (Federico Guillermo, marqués de Brandenburg; n. en 1620 y m. en 1688; era tío de María Leonor de Brandenburg, q.v., viuda del rey Gustavo Adolfo; cabeza de los calvinistas y elector del Imperio, se opuso al Emperador en la elección)

- XIII, 140 (**1635**: paces con el Emperador, q.v., y el duque de Sajonia, q.v.), 150 (noticia falsa de su m.), 194, 255, 312, 442 (**1636**)

- XIV, 145 (**1637**: "trata de hacerse católico con veras; ...sería de grande importancia,... que es grande señor"), 159 (el Emperador y los electores de Sajonia y Brandenburg están a punto de firmar las paces con Suecia), 226-227 (la ciudad de Stettin, q.v., se ha entregado a Brandenburg)

- XV, 166 (**1639**: quiere casar a su hijo, q.v., con la heredera viuda de Suecia, su prima), 338-339

- XVIII, 58 (**1645**), 317 (**1646**: sus pretensiones)

- XIX, 9 (**1647**: sucederá al duque de Brandenburg, q.v.) (variante: Brandemburg)
Brandenburg, hijo del marqués de, q.v., XV, 166, 177
Brandenburg, María Leonor de (viuda de Gustavo Adolfo, rey de Suecia, y también sobrina de Federico Guillermo, elector de Brandenburg en 1635, q.v.), XIII, 150 (**1635**: murió); XV, 166
Branfuisc (v. Brunswick)
*Brantôme, señor y abad de (Pierre de Bourdielle, 1539-1614)
Braña (v. Brenha)
Brañigal, arroyo de (v. Abroñigal)
*Brantôme, Pierre de Bourdielle, señor y abad de (1540-1614)
Bras (fraile dominico en una sátira), XVI, 261
Brasil, XIII, 79, 80, 106, 265, 345, 462
- XIV, v, 130, 134, 234, 240, 272, 283, 287, 303, 304, 362, 366, 368, 384, 395, 415, 417, 439, 484
- XV, 12, 17, 46, 120, 124, 130, 184, 208, 222, 240, 246, 266, 267, 313, 360, 373, 374, 426, 429, 477
- XVI, 94, 99, 112, 116, 151, 174, 196, 370
- XVII, 185, 196, 416, 430, 444
- XVIII, 250, 282, 466
- XIX, 127, 201, 238, 241, 242, 243
Brasil, imperio del, XIX, 244
- capitán general del, XIV, 42
- virrey del (por la fecha de 1643, parece referirse a Jorge Mascareñas, conde de Montalbán), XVII, 150
Brasuic (v. Brunswick)
Braunau am Inn (ciudad de Austria, a 120 km. al E de München), XV, 107 (var.: Braum)
Bravançon, marqués de (manda un tercio en Flandes), XIV, 184, 464, 467 (variantes: Baranvon; Bravançon; por error, Boramion)
Bravo (cuando llega a Burgos el cuerpo del Cardenal-Infante, se coloca en un túmulo debajo del crucero de la catedral, y "predica Bravo"), XVII, 123

Bravo (relator del Consejo de Castilla), XV, 313 (mató a un marido)
Bravo, Lozano (sargento), XIV, 215 (del regimiento del duque de Pastrana; herido en Leocata)
Bravo, Luis (v. Bravo de Acuña, Luis)
Bravo de Acuña, Luis (virrey de Navarra), XIII, 8 (1634: m.)
[Bravo] de Hoyos, Juan, XV, 17 y 57 (m. en un desastre naval; v. la ficha de Rubín de Celis, Diego)
Bravo [de Laguna, Pedro], XVIII, 421; agustino e inquisidor de Sevilla, c. 1634 (v. el *Índice biográfico de España...*, ficha 135, núm. 41, y Matute y Gaviria, Justino, *Hijos de Sevilla...*)
Bravo de Seyes, Mario (capitán de caballos), XVII, 273
Bray-sur-Somme (a 33 km. al este de Amiens), XIII, 480, 492 (var: Bray; Brey)
Brazo, Fuerte (v. "Fuerte Brazo")
Brecé, mariscal de (v. Maillé-Brezé)
Breda (a 48 km. al noreste de Amberes y 40 km. al SE de Rotterdam; en 1625 la tomó el marqués Ambrosio Espínola con los tercios españoles; la perdieron en el año de 1637 [XIV, 463 nota 1], y en 1638 la socorrieron [463-474]), XIV, 464 (**1638**: las referencias a las puertas de Amberes, Bolduque y Xenique se refieren a los muros defensivos de Breda); XV, 274, 409, 458; XVI, 56; XVII, 131
Bredelfurt (fortaleza en Hesse), XIV, 235 (derribada por el general imperial Götz, q.v.)
Breisach (en la frontera entre Francia y Alemania, al S de Alsacia; a 13 km. al este de Colmar y 10 km. de Neuf-Brisach, en la orilla francesa del río Rhin), XIV, 394; XV, 87 y 89 (**1638**: los de Lorena han socorrido a Breisach), 90, 93 (los imperiales han socorrido a Breisach), 97, 116 (dic. de 1638: combate junto a Breisach en que m. Juan Felipe, Conde-Palatino del Rhin [v. XV, 171]), 126, 127, 158-159, 164 (**1639**), 165, 166, 168,

171 (enero, 1639: el Conde-Palatino Juan Felipe con su ejército de seis mil soldados, "totalmente desbaratado" [v. XV,116]), 172, 173, 177, 180, 187, 197, 198, 202, 204, 218, 224, 234, 242, 255, 339, 360, 367, 368, 384 (**1640**); XVII, 408, 423, 495; XIX, 203 (var: Brisac; Brissac; Brisach)

Breisach, presidio de, XV, 250

Brema (fuerte en el N de Italia cerca de la Valtellina, ocupado por los franceses), XIII, 271

Brema (¿quizá Bremen?), arzobispo de (hijo del rey de Dinamarca), XVII, 324 (se casa con la hermana del lansgrave de Hesse)

Bremen (a 110 km. al SE de Hamburg; era ciudad imperial independiente y con puerto), XVII, xxi

Bremi (en el área de Lomellina [SO de Milán], sobre el Po [XIV, 383, 385] y al S de Mortara, q.v. [XV, 128]), XIV, 337, 383, 385, 386 [entró en Bremi el de Leganés], 394 [lo rindió Leganés]; XV, 128 (var: Bren)

Bren (v. Bremi)

Brenha (a 45 km. al oeste de Coimbra), XVI, 112 (var: Braña)

Breña, Maestro (religioso), XIX, 64

Brescia (a 80 km. al E de Milán y 40 km. al O de Verona), XIII, 470

Bresé, Bresec, Bresi (v. Maillé-Brezé)

Bressa (v. Brescia)

Bresse (v. Bourg-en-Bresse)

Brest (puerto en el extremo O de Bretagne, q.v.), XV, 324 (v. Bles)

Brestaw (v. Bristol)

Bret, Juan de (v. Weerdt)

Bretagne (antigua prov. en el extremo NO de Francia), XV, 308; XVII, 326; XIX, 268 (var: Bretaña)

Bretagne, gobierno de, XVII, 164 (var: Bretaña)

Bretaña, Gran (v. Inglaterra)

Bretaña, reyes de la Gran (v. Inglaterra)

Brethfort (ciudad de Holanda en el extremo oeste de Westfalia, al este de las ciudades de Nijmegen y Enschede), XVI, 176

Bretier, barón de (v. Butier)

Brezé (v. Maillé-Brezé)

Brial, coronel (coronel de infantería francés), XVII, 424 (preso en la batalla de Rottweil)

Brice, mariscal (v. Maillé-Brezé)

Briege (pueblo de Aragón), XVII, 362 (v. Alojamientos)

Brienne, conde de (Enrique Augusto de Loménie, 1595-1666; hijo de Antoine de Loménie, señor de la Ville-aux-Clercs, de familia condal francesa; presidente del Estado general en el año 1614, embajador en Inglaterra [1624], secretario del Estado [1615-1638] y secretario de relaciones extranjeras)

– XIX, 415, nota 131 (plenipotenciario a las paces de Münster) (las fuentes consultadas no mencionan al título de "conde de Bardenne") (por error: Bardenne)

Brin (v. Brno)

Brindis, marqués de (v. Boccapianola, Lucio)

Briñoli, Julio (el marqués de Gropoli), XIX, 449 nota 392 (embajador de Génova en Madrid)

Brisac o Brissac (v. Breisach y también Neuf-Brisach)

Bristol (al SO de Inglaterra, capital de Gloucestershire), XVII, 256, 257, 327; XVIII, 177 (var.: Bristaw; Bristow)

Brit, La (Cesar Phoebus d'Albret, mariscal de Francia en 1653), XIII, 234 (var: Labret; Labrit; por error, Lagrit)

Brito, Gregorio de (portugués; gobernador de Lérida durante el sitio de los franceses en 1646; de su brillante defensa dijo un testigo jesuita: "A su valor se debe la conservación de ella... Hubiérase perdido sin duda esta plaza a no ser Brito tan grande capitán", XIX, 15; v. también Jiménez Catalán, *Don Gregorio de Brito*)

– XVIII, 277-278 (**1646**: su gran astucia), a314, 315, 342 (respuesta airada al general Harcourt), 343, 347 (ataca a Harcourt, causándole muchas bajas), a361, d372, 389 (preocupado por el socorro que no llega, pues dentro de la plaza la situación está empeorando), 399 (sale de Lérida y ataca otra vez a Harcourt, causándole muchas bajas), 419 (éste le ofrece mejores condiciones), 420 (Brito las rechaza), 426, 435 (llega el socorro), 443 (la victoria), 445 (en la primera línea de esta página el P. González dice que adjunta a la carta del 6 de diciembre una relación de la victoria de Lérida; en la nota 1 de la p. 434 nos advierte Gayangos que se trata de la carta que ocupa las pp. 434-444, y su autor era el P. García. También dice el P. González en la segunda línea de la p. 445 que mandará "otra, más ajustada", su autor el P. Baltasar Gracián y Morales, S.J.; ésta falta en el tomo, pero Gayangos nos ha dado una descripción bibliográfica de ella [p. 445, nota 1; v. la "Lista de libros citados..."], 460 (**1647**: a Brito le dan una encomienda y que siga como gobernador), 488 (pide 14.000 ducados para hacer "inexpugnable" la ciudad), 499 (tiene tres mil trescientos soldados y víveres para un año), 502 (otra salida victoriosa contra los franceses), 504-505 (salida contra el príncipe de Condé)

– XIX, 1 (**1647**: Condé ataca con violencia; Brito hace otra salida), 4 (otra salida: 600 franceses degollados), 12 (retirada parcial de Condé), a12-13, a13, 14-16 (carta del padre Juan José Sancho, q.v., sobre el sitio), 15, 132 (maestre de Campo general de Cataluña), 149 (**1648**: se dice que el nuevo gobernador de Lérida es Diego Caballero)

Brito, sargento Manuel de, XIV, 214

Briz de Trujillo, Juan Domingo (prior de Nuestra Señora del Pilar en Zaragoza), XVIII, 489 (1647: obispo de Jaca; m. 1648); XIX, 454 nota 489

Brno (a 190 km. al sudeste de Praga), XVIII, 174, 178 (var: Brin; Bruna; Brunn)

Broñigal (arroyo en Madrid), XIV, 274

Brouc (v. la ficha siguiente)

Brouch (regimiento de caballería en Alemania al mando de Juan Vivero, q.v.), XVII, 420 (var: Brouc)

Broyro (cerca de Piacenza [Parma]), XIII, 385

Brozas (a 40 km. al noroeste de Cáceres), XVIII, 364, 374

Brozas, las (v. la ficha anterior)

Bruchera de Castaño (v. Castaño, Bruchera de)

Bruchier, Antonio (nació en Brisac), XVII, 495 (dice que en París se lamentaba de la grande pérdida que recibió Francia en el sitio de Gravelingas)

Bruja de Alcalá, historia de la, XIII, 169 (1635: un hermano jesuita relata su ataque), 180, 208, 232 (la inventaron dos de la Orden)

Brujas (a 85 km. al NO de Bruselas y 63 km. al NE de Dunquerque), XIV, 179; XV, 304, 328, 453; XVI, 183; XVIII, 179, 180, 185 (var: Brugge)

Brujas, gobernador de (Andrea Cantelmo, q.v.), XVI, 397

Brun, Enrique, XVIII, 11 (corsario holandés)

Bruna (v. Brno)

Brunantes, Fabino (1646: maestre de Campo), XVIII, 341

Brunn (v. Brno)

Brunswick (ducado que se llamaba Braunschweig, en el centro de Alemania; su capital, Braunschweig; v. Hannover y Lüneburg), XIV, 393 y XVI, 341 (sátiras); (var: Branfuisc; Bransvic; Brasuic; Brunsvic; Brunswic)

Brunswick, Augusto, duque de (en 1635 heredó la rama segunda de Brunswick-Wolfenbüttel; murió en 1666; la otra rama era de Lüneburg,

q.v., y las dos ramas eran protestantes, rebeldes contra el Emperador), XVI, 87, 177
Brusa (entre los estados papales y el reino de Nápoles), XVI, 278
Bruselas, XIII, 45, 116, 121, 140, 141, 143, 146, 150, 172, 174, 212, 215, 216, 222, 223, 228, 229, 238, 261, 277, 278, 374, 416, 486, 540
– XIV, 97, 180, 225, 240, 260, 328, 344, 361, 423, 428, 442, 480, 482, 486, 496
– XV, 14, 58, 87, 95, 105, 105, 125, 242, 354, 385, 403
– XVI, 49, 175, 182, 310, 396, 401
– XVII, 114, 128, 129, 198, 202, 419, 425, 426, 427, 428
– XVIII, 209, 334, 388, 392
– XIX, 174
aBruselas, XIV, 122, 444, 447; XVI, 128, 339, 464, 465; XVII, 113
Bucceto (plaza de importancia en el Parmesado), XIII, 519
Buchain o Buchan (v. Bohain-en-Vermandois)
Buckingham, duquesa de [viuda del I duque, George Villiers; murió él en 1628], XVI, 84 (1640: la viuda se había casado en 1635 con el conde de Antrim [Randal MacDonnell, 1609-1682, católico irlandés de Ulster que se había rebelado contra el rey Carlos I])
Bucquoi, conde de (Karl Albert Bonaventura, 1607-1663; general imperial de la caballería alemana; caballero de la Orden del Toisón de Oro [*Neue Deutsche Biographie*, II, 712b])
– XIII, 195 (**1635**: rescata al príncipe Tomás), 356
– XVI, 400, 404 (**1642**: gobernador del país de Nassau)
– XVII, 125, 163; XVIII, 403 (**1646**: toma Menin); XIX, 263, 265, 274 (var: Bucquey; Bucquoy; Buquey)
Buda, bajá de (gobernador de la Hungría otomana), XVIII, 318
Budes, Juan Bautista (véase Guebriant, conde de)

Buen Compano (v. Boncompagni, cardenal Francesco)
Buen Consejo, Nuestra Señora del (v. Nuestra Señora del Buen Consejo)
Buen Retiro, el (v. Retiro, Buen)
Buen Suceso, Nuestra Señora del (v. Nuestra Señora del Buen Suceso)
Buen Suceso, Virgen del (v. Virgen del Buen Suceso)
Buena Boya (v. Buenas Bodas)
Buena Esperanza, Cabo de (extremo S de Sudáfrica), XIX, 236
Buena-memoria, César ("notario sin privilegio"), XIV, 370 (sátira)
Buena Vista (lugar del puerto de Lisboa; allí en 1640 volaron los marineros dos galeras españolas), XVI, 97
Buenache, castillo de (servía de prisión en la sierra de Valdemeca, a 15 km. al NE de Cuenca [v. las fichas de Calatrava, castillos de, y Cárceles]), XIV, 13
Buenache, Sr. de, XVIII, 291 (v. Palacios, marqués de, y Ruiz de Alarcón)
Buenas Bodas (a 50 km. al sur de Talavera de la Reina), XV, 145 (var: Buena Boya)
Buendía (a unos 80 km. al E de Madrid), XIX, 82
Bueno, Pastor, XV, 255 (1639: encargado de una congregación dominica de Salamanca)
Buenos Aires, XVI, 117
Buf, el (v. Elboeuf)
Buitrón, Diego de (alcalde de Fuenterrabía y capitán en el ejército español victorioso), XIV, a487-489; XV, 108, 158 (1638: le otorga el Rey un hábito de Santiago y le hace teniente vitalicio de los alcaldes de Fuenterrabía); XIX, 245 (var: Butrón)
Bulder (coronel en el ejército del rey de Hungría), XIII, 451 (**1636**: trae un ejército de polacos a unirse al Rey), 533 (**1636**: trae regimientos de alemanes para reunirse con el Rey [esta página lleva una nota errónea numerada 1, que identifica a Bulder con el irlandés Butler, q.v., que murió dos

años antes, en 1634, y fue uno de los asesinos de Wallenstein, q.v.])

Bullon, duque de (v. Bouillon, duque de)

Buñola, conde de (v. Bañolo)

Buoncompagni (v. Boncompagni, cardenal Francesco)

Buquey, conde de (v. Bucquoi)

Burbuk (v. Bourbourg)

Burdeos (Bordeaux), XIII, 317, 331, 334; XIV, 315, 429, 452; XV, 50, 188, 204; XVI, 53, 128, 155, 232;

Burdeos (se alborota contra el rey de Francia por los tributos), XIII, 230, 315, 331, 426; XV, 325; XVII, 495

Burdeos, arzobispado de, XVIII, 276 (**1646:** Francia "ha dado" el arzobispado de Burdeos al cardenal Francesco Barberini, q.v.; parece que Francesco no lo aceptó: en 1647 Esconbleau era todavía arzobispo [XIX, 99; v. la ficha que sigue], y a partir de 1648 Francesco limitó sus actividades [v. Salvador Miranda, *Cardinals...: Biographical Dictionary*])

Burdeos, arzobispo de (Esconbleau de Sourdis, Henri d'; manda la armada de Francia)

- XV, 49 (**1638:** al mando de 33 bajeles), 63 (huye de Fuenterrabía), 75 nota 1, 267 (**1639:** a la vista de La Coruña con 80 navíos de guerra), 269 (cañonea La Coruña), 271, 274, a280 (desafía a Lope de Hoces, q.v.), a283-284, a284 nota 1, d285, 286, 324 (en Marsella), 423 (**1640**)
- XVI, 53 (alusión [v. la nota 2]), 55 (su armada piratea en Levante), 77, 128 (alusión), 149 (**1641:** impide socorros castellanos a Cataluña), 155 (expresa amistad por Portugal), 232 (**1642:** alusión), 272 (vuelve con su armada al conflicto de Cataluña), 390 (se retira su armada), 423 (a la vista de Barcelona) 425 ("de la mar sobre Barcelona", una batalla entre la armada francesa y la española)
- XIX, 99 (**1647:** ya gobernaba la armada de Francia el arzobispo de Burdeos) (var: Escoubleau; "el de Burdeos")

Burdeos, gobernador de (v. Epernon, duque de [Jean Louis de Nogaret de la Valette, 1554-1642; gobernador de la Guyana y de Burdeos])

Burdeos, obispo de (v. Burdeos, arzobispo de)

Bureo, ministros del (tribunal de los mayordomos de la Casa Real [v. el *Dicc. de autoridades*]), XIII, 458 nota 1; XIX, 178

Burgesio, príncipe (v. Borghese)

Burguillos (villa en Extremadura a 25 km. al sudoeste de Zafra), XVII, 330

Burgo (v. Borgo San Donnino)

Burgo, el (barrio-jurisdicción de Roma), XVIII, 323

Burgo, Miguel (v. Mecklenburg)

Burgo de Osma (a 54 km. al SO de Soria y 44 km. al E de Aranda de Duero; Soria, q.v., era la capital de su provincia, y Burgo de Osma la sede del obispo; las dos ciudades eran rivales), XIII, 112 (**1634:** "hurto cuantiosísimo en la iglesia mayor" por un "carmelito descalzo, sacerdote expulso")

Burgo de Osma, obispo de

- XIII, 347 (**1635:** Martín Carrillo [de Alderete], q.v., nombrado obispo)
- XVII, 319 nota 1 (**1643:** el "obispo de Soria" mencionado por Pellicer en sus *Avisos*, III, 95, y citado por Pascual de Gayangos, se refiere a Antonio I. Valdés, obispo de Burgo de Osma de 1642 a 1654: Gams, 57a)
- XVIII, 429 (**1646:** Valdés dijo una de las tres misas pontificales en las honras del príncipe Baltasar Carlos) (v. la ficha de las honras del Príncipe)

Burgo del Valdetaro, el (v. Valdetaro, el Burgo del)

Burgo, Guillermo del, XVI, 267 (1642: maestre de Campo de Mérida y gobernador interino), 337 (del hábito de Santiago)

Burgos, XIII, 49, 92, 277; XIV, 13, 129, 270, 402, 408, 408, 430, 451;

XV, 114, 116, 165, 192, 259, 262, 443; XVI, 22, 160, 399; XVII, 11, 124, 321, 358, 431; XVIII, 254, 270, 350, 488; XIX, 3, 21, 124, 140
– castillo, XIV, 5; XV, 395
– catedral destruida por un huracán, XIX, 314 (temblor de la tierra), 323, 323
– iglesia mayor, XIX, 323
– Monasterio de las Huelgas de (a 1 km. y medio al oeste de Burgos), XIII, 243, 350; XVIII, 209
– rector de, XIX, a322-323
aBurgos, XVII, 123
Burgos, arzobispo de:
– XIII, 173 (**1635**: se ha visto en el cielo un milagro antes de llegar la madre Luisa [de la Ascensión], q.v., a Valladolid; el arzobispo de Burgos [Fernando Andrade y Sotomayor] afirma que lo vio)
– XIV, 34 (**1637**: el de Burgos [Fernando Andrade y Sotomayor] es virrey y capitán general de Navarra en un ínterin), 339 (**1638**: pasó a Santiago [se quedó en Burgos])
– XV, 73, 76 (**1638**: al titular de Burgos le dan el de Santiago [se quedó en Burgos]), 326 (**1639**: el de Burgos [Fernando Andrade y Sotomayor] pasó a Sigüenza en 1640), 381 (**1640**: posible sucesor del presidente de Castilla [no lo fue]), 433
– XVIII, 209 (**1645**: el nuevo arzobispo de Burgos [Francisco Manso y Zúñiga] dio un "gran presente" a la hija del Infante Fernando en las Huelgas)
– XIX, 152 (**1648**: murió quien había sido arzobispo de México, de nombre Juan Manso [noticia parcialmente equivocada: según Pius Gams, *Series*, el arzobispo Francisco Manso y Zúñiga estuvo en México hasta 1636, cuando se trasladó a Murcia, y luego en 1641 a Burgos, donde murió en 1655])
Burguillos [del Cerro] (a 60 km. al sudeste de Badajoz), XVII, 330
Burjesio, príncipe (v. Borghese)

Burke, [John] (general de provincia de las fuerzas irlandesas en los condados de Sligo y de Connaught, contra las del rey Carlos I de Inglaterra [v. Bennett, *The Civil Wars...*, pp. 118 y 251]), XVII, 260
Burley [o Burleigh, John], (capitán en la marina inglesa del rey Carlos I; posteriormente fue ejecutado en 1648 por orden del parlamento [v. DNB]; no era conde, ni "manda principalmente...los parlamentarios"), XVIII, 177 (var. errónea: Bayly [el DNB no registra nadie de este apellido en el s. XVII])
Burón, XIX, 245 (m. en Cartagena de Indias)
Busea (villa del Piamonte), XV, 246
Busolin, conde (caballero borgoñón), XIV, 76 (1637: hace entrada con su tercio en el ducado de Borgoña)
Bustamante (capitán; asesinó al capitán Lara por murmurar sobre el "mujeril ánimo" del "Conde"), XVII, 246
Bustamante, conde de (al mando de una compañía en la Leucata, q.v.), XIV, 217
Bustamante, Cristóbal de (capitán español de caballería), XVIII, 412
Bustamante, Francisco de (jefe de la compañía del Conde-Duque; herido en la Leucata), XIV, 217
Butera, princesa propietaria de (Margarita Branciforte de Austria, hija de Fabricio Branciforte, príncipe de Butera, y de Juana de Austria, hija de don Juan de Austria [hijo ilegítimo de Carlos V]; princesa heredera de Butera, que se casó con Federico Colonna, a quien se solía llamar príncipe de Butera, q.v.), XV, 84; XIX, 387 nota 84
Butera, príncipe de (Federico Colonna, n. 1601, m. en el cerco de Tarragona, el 25 de setiembre, 1641; hijo de Felipe Colonna [q.v.] y hermano de Marco Antonio IV, q.v.; en 1619 casó con Margarita Branciforte de Austria, princesa heredera de Butera,

q.v.; Federico era príncipe de Baliano, Grande de España, del Toisón de Oro y del Consejo de Estado; condestable de Nápoles, virrey de Valencia [1640-1641] y virrey y capitán general de Cataluña [1640-1641]; v. José Sanabre, *La acción de Francia en Cataluña,* pp. 154, 157 y 161; Luis Vilar y Pascual, *Diccionario histórico...,* t. I, p. 295; Josef Pellicer y Tovar confunde el nombre de Federico y los ducados, pero nada más, con los de su hermano Marco Antonio IV: *Avisos,* II, 140-141)
- XIV, 9 (**1637:** levantó dos compañías de caballería)
- XV, 84 (**1638:** besó la mano al Rey)
- XVI, 128 nota 1 (**1641:** al mando de las tropas españolas contra Portugal; nombrado virrey de Cataluña), 447 (**1642:** comentario del duque de Alba sobre la carrera del de Butera)
- XIX, 387 nota 84 (se confunde a Felipe con su hijo Federico, y al otro hijo, Marco Antonio, con su hermano Federico), 431 nota 504 (var: Bittero; Botera; por error, Fadrique)

Butier, barón de ("oficial borgoñón... llamado Dionisio o Diego; comisario general de la caballería de Borgoña [en Cataluña en 1646]; en el sitio de Flix sirvió a las órdenes del marqués de Mortara" [XIX, 452 nota 442]; v. Francisco de Orozco, *Conquista de Cataluña,* pp. 11-12; y Jiménez Catalán, *Don Gregorio de Brito,* p. 33); XVIII, 437 y 441-442 (**1646:** su actuación en el sitio de Lérida) (var: Bertier; Bretier; Putier)

Butler, conde y coronel Walter (1600-1634; irlandés, oficial de gran valor del ejército imperial desde el año de 1631; muy querido del capitán general Wallenstein, pero en 1634 al declarar el Emperador que Wallenstein era un traidor, conjuró Butler con el teniente coronel John Gordon y el comandante Walter Leslie para asesinarle, lo cual llevaron a cabo el 25 de febrero; posteriormente el Emperador le distinguió con toda clase de honores y riquezas; v. DNB, III, 538-541), XIII, 533 nota 1 (por error, confunde al coronel Bulder, q.v. [activo en 1636], con Butler, quien m. en 1634)

Butron (v. Buitron, Diego de)

Buxoy, conde de (v. Bocquoy)

Buzacarino, Juan Baptista, XIX, 99 (negóse a dar pólvora a la turba en Nápoles; le quemaron la ropa)

C

Cabalario (villa de Francia junto a la frontera de Italia, al oeste de Génova), XVI, 155

Caballero (véase Caballero de Illescas, Diego)

Caballero, Carlos, XIX, 115 (1647: mata a un hombre y provoca algunos nuevos desórdenes en Nápoles)

Caballero, H., XIX, 65

Caballero, P. Juan, S.J., XVIII, a302 nota 1; XIX, 65

Caballero de Gracia (calle de Madrid paralela a la Gran Vía y separada de ella por una manzana; se extiende de la Gran Vía en el este, hasta la calle de la Montera en el oeste [v. Juan Antonio Cabezas, *Madrid,* p.102 y los mapas frente a las pp. 80 y 96]), XIII, 291

Caballero de Illescas, Diego (de Medina del Campo; tanto el P. Sebastián González como Francisco de Quevedo conocían bien la carrera de Caballero y le admiraban [v. Crosby, *Nuevas cartas...,* pp. 331 nota 25..26, y 339 nota 20..23])
- XV, 35 y 37 (**1634:** en este año, maestre de Campo en Fuenterrabía), 311 **1635:** dio ocasión en Perpiñán a que se pelearan catalanes y castellanos; mató cincuenta)
- XVI, 9 nota 1 (los estragos de sus tercios y de otros "es dolor indecible, pues saquearon los pueblos,... quemando lo que no podían llevarse,...

que murieron muchos infelices de la ejecución de sus iras" [representación de la ciudad de Zaragoza en un memorial a Felipe IV en **1639**; v. también las fichas de Alojamientos así como de Zaragoza], 444-445 (**1642**: gobernador de Rosas; derrota a una tropa de franceses en una "muy reñida batalla"), a468
- XVII, 144 (**1643**: socorre a Cadaqués), 199-200 (caballero de Santiago y gobernador de armas de Rosas; derrota de los franceses), 386 (el socorro de Cadaqués)
- XVIII, 61 (**1645**: sale de Rosas), 62, 66, 72 (pide socorro al Rey), 73, 80, 85, 87 (se pierde Rosas; pero v. Láinez, Diego), 88 (Caballero de Illescas, acusado de no defender la ciudad), 89 (preso en Tortosa), 130 (le traen preso a la cárcel de Corte), 138 (llega a Madrid), 148 (de su causa no se habla bien en el Consejo), d236 (**1646**), 254, 268
- XIX, 72 (**1647**: en la nota 1 a pie de página, por "pág. 139" del tomo VI, léase "138"), 149 (**1648**: gobernador de Lérida), 165-166 (se dice que m. en un desafío, pero no es cierto)

Cabanillas, Andrés (caballero valenciano), XIX, 430 nota 486 (m. en Lérida)

Cabanillas, García, XVI, 122 (m. en el asalto de Monjuich)

Cabas (provincia de Valencia; hoy abandonada), XVII, 360, 362

Cabernara (v. Carbonara, cabo de)

Cabeza, Alonso de la (oidor), XVI, 221 (1642: m.)

Cabeza, Juan (amigo de los jesuitas), XIV, 190

Cabeza, maestro Fr. Luis de (v. Cabrera, maestro Fr. Luis de)

Cabezaseca, castillo de (en el sur de Portugal; tomado por los portugueses al proclamar Rey al duque de Braganza), XVI, 111

Cabezón (pueblo a 11 km. al noreste de Valladolid), XIII, 154; XIV, 458

Cabildo, casas de (Granada), XIX, 186

Cabo de Monte (v. Capodimonte)

Cabo Verde, islas de (antigua colonia portuguesa en la costa occidental de África, a 780 km. al oeste de Dakar), XIX, 231 (relato detallado de un viaje por mar de Portugal a Río de Janeiro)

Cabra (pueblo a 50 km. al sudeste de Córdoba), XVIII, 353

Cabra, Col de (v. Coll de Cabra)

Cabra, IX conde de (hijo del VI duque de Sesa, q.v., a quien como primogénito le pertenecía el condado; futuro VII duque, q.v. [título heredado en nov. de 1642]; casado con la hermana de Rodrigo Pimentel), XIII, 52; XVI, 486 (1642: capitán de una compañía de corazas en Italia); XIX, 453-454 nota 485

Cabra, X conde de (hijo del VII duque de Sessa; v. la ficha anterior y la del VII duque), XVIII, 352 (1646); XIX, 216 (1648), 407 nota 377

Cabral (v. Cabral, Domingo)

Cabral, P. Francisco (jesuita portugués), XVI, 451, 454

Cabral, Domingo, XIX, 201-202 (portugués; recibido por Carlos de Padilla, q.v.; levantado su destierro y enviado por Padilla a Sevilla para hacer diligencias de crédito; m. en la cárcel: confesó el delito de lesa majestad), 207, 225, 227

Cabrera, P. (criollo), XVI, 286

Cabrera, Alonso de (presidente del Consejo de las Órdenes), XVII, 412

Cabrera, Alonso de (capitán de caballos en la frontera de Portugal, cerca de Elvas), XVIII, 204, 292, 410

Cabrera, Claudio Antonio de (seudónimo de Diego de Saavedra Fajardo, q.v.)

*Cabrera, P. Cristóbal, S.J. (rector del Colegio de San Pablo de Granada; v. Jesús, Compañía de: Colegio), XIV, 137 nota 1; XVI, d442

Cabrera, maestro Fray Luis de (de la Orden de San Austín, q.v.), XIII, 156

(1635: uno de los nombrados para ver la causa de la madre Luisa de Carrión), 267 (vocal de la junta que examina las proposiciones de la madre Luisa); XIX, 377 nota 267 (var. errónea: Cabeza)

Cabrera, Luis Enríquez de (v. Castilla, VIII Almirante de)

*Cabrera de Córdoba, Luis (historiador de la corte de España)

Cáceres (Extremadura), XVIII, 393

Cacho, Matías (capitán), XVIII, 438

Cachupín, P. Francisco, S.J. (rector en Logroño), XV, 83, 156, 476

Cadalso [de los Vidrios] (villa a 66 km. al oeste de Madrid), XV, 58 (aquí m. la marquesa de Villena)

Cadaqués (a 32 km. al este de Figueras, en la costa), XIII, 266; XVI, 29 (1640: tomada por los catalanes), 36 (su puerto), 155, 228 (1642: se cree que fue tomada); XVII, 144 (1643: tomada por Diego Caballero de Illescas, q.v.), 386, 391 (el conde de Linares a su defensa), 409

Cadatany (según Gayangos, de letra difícil), XVIII, 175 (mal contento del premio de sus servicios al gobierno)

Cadereita, marqués de (Lope Díaz de Armendáriz, virrey de Méjico; v. el *Índice biográfico de España, Portugal e Iberoamérica*)

– XIII, 89 (**1634:** penado con multa), 145 (**1635:** virrey de Méjico), 146 (la multa rebajada), 185

– XIV, 323.329 (**1638:**opuesto al casamiento de su hija)

– XV, 97 (enfermo en Méjico; envian sustituto), 124

– XVIII, 13 (**1645:** según el referido *Índice*, se casó su hija, Juana de Almendáriz, con Francisco Fernández de la Cueva, VIII duque de Alburquerque, q.v.)

Cádiz, XIII, 32, 38, 85, 105, 431, 466, 466, 470; XIV, 133, 193, 244, 260, 267, 475, 489; XV, 43, 92, 98, 188, 222, 270, 303, 313, 315, 395, 438; XVI, 76, 110, 161, 270, 283, 299, 300, 344, 345, 347, 348, 349, 370, 371, 373, 385, 424; XVII, 213, 214; XVIII, 483, 491; XIX, 202, 203, 226

aCádiz, XIII, 103, 104, 234, 235; XV, 335, 336; XVI, 43, 44, 60, 61; XVII, 204, 205, 206, 207, 340, 341, 349, 350; XVIII, 479, 484

Cádiz: "Malas nuevas" en 1641 ("una armada de navíos franceses y holandeses... dio vista a Cádiz, e intentó quemar nuestra flota, que se estaba aparejando para la Nueva España"), XVI, 160 y la nota 1

– colegio de, XIII, 47

– gobernador de, XV, 425; XVI, 370

Caetano de Aragón (error por Gaetano de Aragón, q.v.)

Cahorra (v. Calahorra)

Cagliari (ciudad del sur de Cerdeña), XIV, 131; XVI, 459; XVII, 282 (su seminario); XVIII, 218, 327, 332, 345 (var.: Caller)

Caillove, Jacques (impresor de Rouen en 1638), XIV, vii

Caimo (regente de Milán en el Consejo de Italia), XVIII, 478

Caivano, duque de (título que se refiere a una villa a 15 km. de Nápoles; era secretario de Nápoles), XIX, 24 (le queman su casa), 99 (variante: Caybano)

Calabazanos, convento de (a 10 kilómetros al sudeste de Palencia), XIII, 159

Calabor (a 20 km. al sur de la Puebla de Sanabria), XVII, 398, 402

Calabria (región del extremo sudoeste de la península de Italia), XIII, 466; XIV, 376, 406 (antiguamente se dividía en Citerior y Ulterior), 431; XVIII, 96

Calabrita, duque de (Oracio Tuttavila, hijo del duque de San Germano), XIX, 447 nota 348

Calahorra (a 60 km. al SO de Pamplona), XV, 27; XVIII, 469; XIX, 386 nota 76

Calahorra, obispo de (1643-1647, Juan Piñeiro Ossorio), XVII, 284; XVIII, 468; XIX, 123 (uno de los tres jueces nombrados para revisar la causa del Protonotario Jerónimo de Villanueva, q.v.), 452 nota 464

Calais (puerto del noreste de Francia, entre Boulogne y Dunquerque), XIII, 273, 544 (por error, Gales); XIV, 122, 144, 155, 176, 448; XV, 221, 333, 347, 372; XVI, 340; XIX, 288, 343 (var: Calés; Calez; Gales)
– paso de, XV, 308
– gobernador de, XIV, 150

Calanda (villa a 100 km. al sudeste de Zaragoza), XV, 445

Calatayud (a 60 km. al sudoeste de Zaragoza), XVII, 380; XVIII, 428; XIX, 281, 283

aCalatayud, XVII, 294, 295

Calatayud, Francisco (teatino), XIV, 28, 40 y 66 (1637: juez en ciertos certámenes literarios), 247 (vocal de una junta sobre un fraile carmelita alquimista)

Calatrava, Cabo de [la Orden de], XV, 174 (el VI conde de Fuensalida, q.v., Pedro López de Ayala y Zúñiga, grande de España)

Calatrava, Campo de, XIV, 293 ("del Campo de Calatrava van marchando [a Badajoz] cinco mil hombres, valientes manchegos." Se refiere a las levas de soldados en una región de La Mancha limitada al norte por Daimiel y Malagón, al este por Bolaños de Calatrava, Pozuelo de Calatrava, Moral de Calatrava y La Calzada de C., y al oeste por Argamasilla de C., Los Pozuelos de C., Alcolea de C. y Corral de Calatrava [variante: Corral de Caracuel, q.v.])

Calatrava, Orden de (de carácter militar y religioso, fundada en 1158 por el rey Sancho III de Castilla para defender las ciudades en la Reconquista; en el citado Campo de Calatrava construyó la Orden muchos castillos que datan del s. XII, actividad que se refleja todavía en la onmomástica de los pueblos; se coronó la Orden con la victoria de las Navas de Tolosa en 1212)
– XIII, 118 (su actividad militar en el s. XVII)
– XIX, 126 (Víboras, q.v., encomienda de la Orden, provincia de Jaén, "con cuarenta años de supervivencias"), 261 (1642: asiste al Rey una compañía de caballos de la Orden de Calatrava)

Calatrava, caballeros de la Orden de:
Alcázar, Juan Antonio del XVII, 69-70 nota 1
Ayala y Guzmán, Bernardino de (I conde de Villalba) XIV, 322
Barrionuevo, García de, q.v. (hijo segundo del marqués de Cuzano) XIV, 320 nota 1 y 326
Carvajal, Miguel de (marqués de Jódar) XVIII, 190
Castrillo, II conde de: un hijo suyo, XVIII, 434
Clemente de la Torre y Verná, Antonio XVII, 124 y la nota 1
Cortizos, [Fulano de] XVIII, 338
Enríquez y Mejía, Luis Enrique XV, 78
Fernández de Córdoba, Alonso XIX, 376 nota 199
Gómez de Sandoval, Diego (hijo segundo del cardenal-duque de Lerma; comendador mayor de la Orden de Calatrava, q.v.) XIX, 190
Hierro, Dr. Agustín del XIX, 226
Hurtado de Mendoza y Navarra, Juan XIV, 43
Ibáñez, Mateo XIV, 405
Ladrón de Guevara, Pedro Vélez (v. Vélez Ladrón de Guevara, Pedro)
Latorre y Verná, Antonio Clemente XIII, 124
López de Ayala y Zúñiga, Pedro, VI conde de Fuensalida XV, 174
Mascarenhas, Jerónimo XVI, 106
Mendoza, Antonio de XIII, 448
Mendoza, Diego de XVII, 404
Mendoza, Íñigo de XVII, 413

Pacheco, Juan (hijo mayor del marqués de Cerralbo) XIII, 61
Paz, Luis de XIX, 161
Pizarro y Manrique de Lara, Juan XIII, 7
Ponce de León, Luis XV, 74 nota 1
Sancho-Dávila y Toledo, Antonio, XIV, 493
Tello, Alonso XIII, 128 nota 1
Vélez de Guevara, Íñigo ("el mozo", VIII conde de Oñate) XIX, 385 nota 288
Vélez Ladrón de Guevara, Pedro (IV conde de Oñate) XIX, 376 nota 193
Villanueva, Jerónimo de (el Protonotario de 1620 a 1643) XIII, 41
Vivanco, Fulano de XVIII, 338
– Caballero del hábito de Calatrava, sin nombre XVIII, 224
– El día de San Jerónimo (30 de setiembre) participaron los caballeros de las Órdenes militares en la bendición de los estandartes en la iglesia de Nuestra Señora de Atocha, XVI, 18
– V. también Crosby, *Índice de apellidos, títulos y oficios...*
Calatrava, castillos de la Orden de (pasados cuatro siglos, el gobierno de Felipe IV utilizaba algunos de los castillos viejos como cárceles en pueblos relativamente lejos de los centros grandes, y especialmente para los presos nobles [véanse las fichas de los castillos de Buenache, Coca, Montánchez, Pinto y Santorcaz, y las de "Cárceles" y de "Calatrava, fortaleza de", y también Crosby, *Nuevas cartas...*, p. 245, nota 9..12]. Así me parece que se explica la frase, "llévanle preso a Calatrava", con aplicación al IV marqués de Aytona), XIX, 132
Calatrava, fortaleza de [la Orden de] (v. la ficha de "Calatrava, castillos de la Orden de"), XVIII, 338 (el Rey mandó que a dos presos por haber reñido en el Prado, les llevaran a "la fortaleza de Calatrava")

Calatrava, P., S.J., XIII, 233
Calder, Ramón (v. Caldes y Ferrán)
Calderón (v. Calderón de la Barca, Pedro)
Calderón, Bernardo (impresor de México, 1631-1642), XV, 125
Calderón, Francisco (año de 1637: capitán), XIV, 215
Calderón, José (cabo del marqués de Mortara), XVIII, 92 (preso en Llorens)
Calderón, Rodrigo (marqués de Siete Iglesias; preso en Santorcaz y ahorcado en 1621), XVI, 430, 432 y XIX, 295 (palabras del duque de Nochera al morir); XVI, 493 (el cuchillo y la venda, posteriormente propiedad de Juan de Espina)
Calderón de Hoces, Pedro (testigo), XVIII, xxvii
*Calderón de la Barca, Pedro (1600-1681; dramaturgo; caballero de Santiago; sacerdote en 1651)
Calderón, Tomás de Ibio (v. Ibio Calderón, Tomás de)
Calderona, la (María Calderón; comedianta madrileña y amante de Felipe IV; madre de Juan José de Austria, q.v.), XVI, 300, 306, 314, 378
Calders, Ramón (v. Caldes y Ferrán)
Caldes [de Malabella], baños de (a 72 km. de Barcelona), XVII, 351
Caldes, conseller de, XVI, 74-75 (en 1640 entró en Barcelona "mal aplaudido")
Caldes y Ferrán, Ramón (gobernador de Cataluña de septiembre a octubre de 1640; murió en 1643; véanse John H. Elliott, *The Revolt of the Catalans*, 569, y Josef Pellicer y Tovar, *Avisos*, tomo XXXIII, página 111), XVI, 62, 71 (variantes: Calder; Calders)
Calés (v. Calais)
Calíope (musa de la poesía épica), XV, 142, 154
Caloó ("plaza fortificada" de Flandes, sobre el río Escalda, q.v., que servía para defender a Amberes), XIV, 444,

448, 457, 478, 479, 482, 485; XVII, xxiii
- (su dique, "con el cual se defiende Flandes [y Amberes] de la mar"), XIV, 171; XV, 60 (var: Calloo; Caló; hoy en Bélgica, Kallo)

Calvario, el (sitio cerca de Elvas, en Portugal, a 18 km. al oeste de Badajoz), XVII, 509

Calvino, [Juan] (1509-1564), XIV, 393 (sátira: "desterrado del Imperio")

Calvo, Carlos [el] (Carlos II, rey de Francia [823-877], hijo de Ludovico Pío, q.v., y nieto de Carlomagno; en el año de 843 recibió el reino de Francia), XVI, 66 [véase Ludovico Pío])

Calzada, conde de la (v. Chaves y Mendoza, Juan de)

Calzada, Santo Domingo de la (v. Santo Domingo de la Calzada)

Calle Real [de San Luis] (Madrid), XIII, 68

Calle, Juan de la (v. La Calle, Juan de)

Callejas, Alonso (capitán), XIV, 214

Caller (villa de Cerdeña), XVIII, 218
- (v. Cagliari y su seminario en Cerdeña)

Calloo (v. Caloó)

Camachio (villa de Italia), XIX, 84 (Francia pide al Papa que se restituya Camachio a Módena)

Camacho, Fabián, XVIII, d199

Camacho, P. Juan, S.J. (estaba a cargo de los envíos y la correspondencia; persona muy puntual: XIV, 167-168 [**1637**], 258, 309 [**1638**], 328, 391; XV, 123, 186 [**1639**], 200; XVII, d77 [**1643**]; XVIII, 291 [**1646**])
- XIII, 109, 111 (**1634:** llegó a Madrid, camino a las Indias), 522 (**1636:** llegó a Madrid), 538
- XIV, 9 (**1637**), a52 nota 1, a70 (carta de Roma, con noticias de las guerras de Italia y Alemania)
- XV, 119 (**1638**)
- XVII, viii, a204-205 (**1643:** carta de Cádiz con noticias militares y políticas)
- XVIII, 77 (**1645:** "Hermano Camacho"), a214 (carta de Córdoba),

Camaldolese (orden religiosa rigurosa, fundada en 1012 por San Romualdo en el monasterio de Camaldoli, a 10 km. al norte de Bibbiena y a 45 km. al este de Firenze [Karl Baedeker, *Northern Italy*, 482]; más tarde se fundaron otros dos: uno en Tusculum, a 2 km. al sudeste de Frascati, q.v., y el otro a 4,5 km. al oesnoroeste de Nápoles, entre los pueblos de Pianura y Soccavo]), XVI, 432 (var: Camándula)

Cámara, casa de la (al oeste de Milán; el general francés Crequi se apoderó de ella y de Luna, Puzol y Castaño; el último se halla a 12 km. al sudeste de Oleggio, y a 55 km. al noroeste de Milán; no he localizado los otros tres), XIII, 470 (1636)

Cámara de Castilla, y Consejo de la Cámara (v. Castilla, Cámara de)

Cámara Regia [de Nápoles], XIX, 105 (1647: la gente rebelde quemó las casas de varios oficiales)

Cámara, P. (franciscano; predicador del Rey), XVII, 461

Cámara [y Murga], Cristóbal de la (obispo de las islas Canarias de 1627 a 1635; y de Salamanca, 1635-1641; m. 1641), XVI, 29; XIX, 393 nota 29

Cámara, P. Francisco Antonio, S.J., XVIII, a308, a314, a326, a331, a339, a345

Camarasa, puente de (sobre el río Segre, a 11 km. al norte de Balaguer), XVIII, 92 (los franceses lo cruzan en el año de 1645)

Camarasa, III marqués de (Diego Sarmiento de los Cobos y Luna, duque de Sabiote y grande de España; hijo de Francisco de los Cobos Sarmiento y Luna y nieto de Francisco de los Cobos [secretario de Carlos V]; m. sin sucesión entre **1643** y **1646**), XIV, 202 (**1637:** m. sin sucesión el conde de Ricla, su hijo y único heredero); XV, 389 y 398 (**1640:** en una lista de grandes); XVII, 197 y XVIII, 266 (**1643** y **1646**: la herencia); XIX, 391 nota 389

Camarena [la Vieja], I marqués de (v. Castejón y Fonseca, Diego de y José de)

Camargo, Antonio (oidor de la Cancillería de Granada), XV, 228

Camargo, Jerónimo (fiscal del Consejo de Indias), XVIII, 91

Camargo, Sebastián de (procurador del duque de Híjar), XIX, 226

Camas (pueblo a 6 km. al noroeste de Sevilla, en una cuesta), XVI, 246, 250

Camasa, P. Francisco Antonio (confesor del marqués de Leganés y catedrático de asuntos militares en un colegio de Jesuitas; autor de muchas cartas que cita textualmente el Padre González; v. XVIII, 370 y XIX, vii, nota 1)
- XIII, 33 (**1634**: parte con el marqués de Leganés hacia Alemania), 35, 101, 140, 183 (**1635**: instruye al Rey en las artes militares), 268 (con el marqués de Leganés hacia Italia), 293 (parte), a422 (**1636**: sobre Italia), a425, a519, a520 (sobre el privado de Parma)
- XIV, a28 (**1637**), [a]90, a91-95 y [a]162 (sus cartas de Italia)
- XVI, a353-354 (**1642**), a354-355 (sus cartas de Valencia)
- XVII, a19-21 (**1643**), a21-23 (desde Maella), [a]29
- XVIII, a196 (**1645**: desde Badajoz), a206 (desde Telena, aldea a 6 km. al oeste de Badajoz), a288 (**1646**: desde Italia), a289, a297 (desde Zaragoza), a308-310, a314-316, a326-328, a331, a332, a339-a341, a341-342, a344, a345-346 (siete cartas con noticias de Cataluña, Italia y Navarra), 355 (enfermo con calenturas), 370 (en carta del 19 de julio de 1645, noticia de la m. del Padre Camasa, en Zaragoza)
- XIX, a281 (**1642**) y a329-330 (sobre Aragón y Cataluña), a346, 360 (preso por los franceses; y luego liberado), a361 (desde Zaragoza) (var: Camassa)

Cambe, [La] (a 25 km. al este de Bayeux de Francia), XVI, 400, 408

Cambrai (a 50 kilómetros al sur de Lille),
- XIII, 188, 330, 491, 496, 509
- XIV, vii, 154, 178, 315, 339, 437, 438
- XV, 212 (**1639**: "el señor [Cardenal]-Infante tomó a Cambrai"), 221 (el tiempo contrario le obligó retirarse), 268, 409
- XVI, 339 (**1642**: "el frío y las lluvias...dañaron no poco a los intentos" de sitiarlo), 396, 410, 414
- XVII, xii-xiii, xvii, 129 (**1643**), 135, 149 (**1643**: Melo y el general Beck tomaron a Cambrai), 435
- XVIII, 303 (**1646**)
- XIX, 269, 270, 278 (**1642**: Melo quiso sitiar a Cambrai), 288 (se ha enviado al duque de Alburquerque a tomar a Cambrai) (var: Cambia; Cambray; Cambresi)
- castillo de, XIV, 153 (**1637**: el cardenal de la Valeta "arasó el castillo de Cambresi"); XIX, 267
- país de, XIII, 294
- sitio de, XVII, xvii
- arzobispo de (también obispo de Lieja), XVII, xi
- ciudadanos de, XVII, xviii
- gobernador de (Luis de Vivero, conde de Fuensaldaña, q.v.), XIII,124; XIV, 154, 364, 319, 436
- obispo de, XIII, 509

Cambray (v. Cambrai)

Cambresi, país de (región francesa alrededor de Cambrai, q.v.), XIV, 319; XVI, 422
- (v. Cateau-Cambresis, Le)

Cambrils (región y villa de la provincia de Tarragona, al sur de la ciudad de Tarragona), XVI, 146, 200, 206, 371; XIX, 248 (var: Cambriles)

Cameros, señor de los (el marqués de Hinojosa), XV, 389

Cameros, señorío de los (prov. de Logroño), XV, 390
Cameros, P. Francisco de los, S.J. (rector del colegio de Cádiz), XIII, 86; XVI, a44 [sobre el duque de Maqueda, v. XVI, 60 y XIX, 393 nota 43], 60 y la nota 1 [v. XVI, 43]
Camiña, duque de (Pedro Portocarrero, VIII conde de Medellín, q.v.; casado con María Beatriz de Meneses, marquesa de Villareal y heredera del ducado)
— XVI, 210 (**1641**: para compensarla por la m. de su padre, su madre y su hermano por orden del rey de Portugal, le concedió Felipe IV este título al marido de la Duquesa [v. XVI, 94, XVIII, 93 y Villareal, marqués de, y Medellín, VIII conde de])
Caminha (puerto de Portugal en el río Minho), XV, 288
Caminha, duque de (Gastón Coutinho, nombrado duque por el rey Juan IV de Portugal; gobernador del ejército portugués que iba a atacar el área "por do el Miño divide a Galicia de Portugal", pero se retiró), XIII, xvii; XVI, 105 (**1640**: se entierra el cadáver de Miguel de Vasconcelos, asesinado por unos portugueses), 112 ("uno de los promovedores de la traición" contra España), 266 (**1642**: gobernador portugués de las fronteras de Galicia); XIX, 325-326 (**1642**: v. Monterrey [plan portugués...])
Camirano, conde de (hijo del marqués de Villa; teniente en Savoia y el Piamonte), XIX, 8
Campagna, marqués de (v. Mónaco, príncipe de)
*Campanella, P. Tomás (nació en 1568 en Stillo [Calabria], q.v.; dominico, enemigo de España y protegido de Richelieu; autor de un libro prohibido contra Felipe II)
Campania (región del sur de Italia bañada al O por el mar Tirreno; su capital es Nápoles; incluye Sorrento, Pompeya, Salerno y Paestum), XIX, 183
Campaña (v. Champagne)
Campaña, la (v. Campania)
Campaña, P. [Juan Bautista de] (general de los franciscanos y desde 1641 hasta 1653 obispo de Tortosa [Gams, 83a; según el P. González, m. en 1646: XVIII, 385]), XIX, 248 (1642: para defender la ciudad contra los franceses, el obispo "formó un tercio...con [el que] ocupó parte de la muralla")
Campeche (ciudad del estado mexicano fronterizo con Guatemala), XIV, 244
Campefort, Jean de (1605-1661; compositor de la corte de Francia), XVII, 50 (1643)
Campeggi, Lorenzo (1574-1639; nuncio ordinario del Papa en Madrid, que sucedió a Cesare Monti en 1633, hasta 1638; obispo de Senogallia; m. agosto, 1639 (v. *Dizionario Biografico...*, tomo 44, p. 31). A continuación constan las fichas que llevan el nombre de Campeggi; para las que no lo llevan, pero que pertenecen a sus años en España, v. la ficha de "Nuncios".
— XV, 307, 310, 315-316 (m. en 1639)
— XVI, 134 (v. Pellicer, I, 54, 57 y 60)
— XIX, 389-390 nota 316 (m. "de sentimiento porque un clérigo y familiar suyo...le robó la cifra de que se servía para escribir a Luis XIII de Francia") (var. de Campeggi: Coqui)
Campieza (en el camino real de Braganza, cerca de la frontera), XVII, 398
Campillo, Martín, XV, 145 (participa en una fiesta solemne del Rey), 146, 155
Campo, casa de (parque de Madrid), XVIII, 23, 72, 137; XIX, 118
Campo, Cruz del (cercanías de Sevilla), XVI, 246
Campo, P., S.J., XVII, 220
Campo, Antonio del, S.J., XVII, a286

Campo, Jerónimo del (consejero de Indias), XIX, 132

Campo, Luis del (gobernador del castillo de Lisboa; se rinde a los rebeldes), XVI, 110 (1640: gobernador y teniente de maestre de Campo general), 111 (preso en su domicilio)

Campofrío, Juan Roco (obispo de Zamora, 1625-1627; de Badajoz, 1627-1632; y de Coria, 1632-1635; m. 1635), XIII, 276

Campo-Lattaro, marqués de (caballero napolitano; probablemente del Toisón de Oro), XIII, 34 (1634: levanta 4.000 hombres para el estado de Milán) (var: Campo Laterra)

Campo Maior (en Portugal, a 18 km. al NO de Badajoz y 20 km. al NE de Elvas), XVI, 192, 267, 282, 293, 296, 362; XVII, 351; XVIII, 97, 199, 350, 417, 504; XIX, 167 (var: Campo Mayor; Campomayor)

Campo Manicau, mariscal de (francés), XIV, 495

Campo Máximo (así firmó Francisco de Melo una carta redactada "en la frontera de Francia con las espaldas a nuestro país"), XIX, 276

Campo Mayor (v. Campo Maior)

Campo Real (parque de Lisboa), XVI, 207

Campo-Redondo, Antonio, XIV, 87 (**1637**: presidente del Consejo de Hacienda)

– XV, 199 (**1639**: gobernador del Consejo de Hacienda), 298; XVI, 380, 432 (**1642**: firma una consulta sobre la moneda)

– XVII, 5 (**1643**: del Consejo de la Cámara); XIX, 129 (**1647**: recibe cláusulas del testamento de Olivares), 444 nota 328 (sucesor de García de Avellaneda y Haro en la presidencia del Consejo de Hacienda en **1651**)

Campo Remoto, castillo de (en el ducado de Parma; lo tomó Martín de Aragón, q.v.), XIII, 500

Campo-Rey, marqués de (error por Campo-Tejar; v. Granada, Pedro de)

Campos (a 22 km. al oeste de Murcia), XVII, 301

Campos, Tierra de (llanuras del norte de la prov. de Valladolid y al sudoeste de Palencia), XVII, 255

Campos, Juan de, XV, 418 (almirante de la flota de España que iba al Nuevo Mundo en 1640)

Campos, Juan (capitán), XIV, 213 (m. en Leucate)

Campo-Tejar, marqués de (v. Granada, Pedro de)

Camprodó (v. Camprodón)

Camprodón (a 60 km. al sudoeste de Perpignán, en Cataluña), XVI, 235

Campuzano, José de (teniente), XIV, 217 (herido en Leucate)

Canal, el (de la Florida), XIV, 246

Canaria Mayor, la (navío de Holanda), XV, 262

Canarias, Islas, XIV, 244; XV, 192, 262; XVIII, 188

– adelantado de (véase Leiva, Antonio de)

– obispo de (v. Cámara y Murga, Cristóbal de la)

Canciller, Gran (de Suecia), XIV, 227

Canciller mayor (v. Castrofuerte, marqués de)

Canche, río (del norte de Francia, en la región de Artois; desemboca en el Canal de la Mancha), XV, 308

Candale, duque de (Enrique Nogaret de la Valette, hijo primogénito de Jean Louis Nogaret de la Valette, duque de Epernon, q.v.; militar; murió en 1639)

– XIV, 225 (**1637**: esperado en Doullens); XV, 125 (**1638**: hacia Venecia como capitán general de la república), 210, 211

– XIX, 388 nota 210 (**1639**: se desconocen las circunstancias de su m. en Casale del Monferrato), 421 nota 352 (m. joven) (var: Candala; Candalle)

Candela, Nuestra Señora de la (véase Nuestra Señora de la Candela)

Candelaria, día de la (fiesta de la presentación de Jesús al Templo y de la

purificación de María [2 de febrero]), XIX, 158
Candía, isla de (así se llamaba a Creta), XIII, 185, 351; XIV, 375; XVIII, 63, 133, 158, 163, 172, 267, 430, 498; XIX, 8, 402 nota 320
Candiotti (noble veneciano, de la familia Carlegi), XVIII, 313 (1646: preso con Vizzemano, Premacino y Mameri [y otro sin nombrar], y acusados por el Sultán otomano de tener inteligencias secretas con Venecia; fueron descuartizados cruelísimamente)
Cane, castillo de (a 80 kilómetros al oeste de Génova, por Alba), XIV, 163
Canea (puerto de la isla de Creta, q.v.), XVIII, 163, 172, 267, 430
Canencia, Jerónimo (secretario de la Cámara [del Consejo de Castilla, q.v.], y de la Contaduría Mayor de Cuentas; casó con Juana González Trujeque [Puerta Rosell, *Platería*, p. 486]), XVI, 379; XIX, 406 nota 377 (de la Orden de Santiago) (var: Canencias)
Canet (a 10 km. al este de Perpiñán, sobre la costa), XV, 270, 275, 291, 312, 314, 318; XVI, 36 (tomada por los franceses), 63, 205, 217, 256, 263 (parlamentada), 265 (febrero del año de 1642: "rendido Canet"), 279 (marzo del mismo año: "no se le rindió Canet"), 419; XIX, 259 (var: Canete; Cañete)
Cangas de Tineo (a 77 kilómetros al O de Oviedo), XV, 380 (allí se enterró en 1640 a Fernando Valdés y Llano, q.v., arzobispo de Granada y Presidente del Consejo de Castilla)
Cano, P. Alonso, S.J. (provincial de Valladolid), XIII, 341, 343 (**1635**: visitador en Toledo); XIV, 316, 402; XVI, a29 (**1640**: sobre el centenario de la C. de J.); XVII, 97 (**1643**: m. en mayo); XIX, 5
Canoa, Punta de la (cerca del lugar de Canoa en Venezuela, entre Barcelona y Santa Bárbara), XIX, 244

Canosa, conde de (v. Mónaco, príncipe de)
*Cánovas del Castillo, Antonio (1828-1897; distinguido político; promovió la restauración de 1874; jefe del partido conservador; seis veces presidente del Consejo de Ministros; académico de la Historia), XIX, 458 nota 82 (v. la ficha de Hizco de Quincoces, Pedro)
Canox, Andrés (capitán), XIII, 282 (var: Canoz; Carroz)
Cansino, Jacobo ("judío de nación y profesión"; "residente en la corte, ejerciendo el cargo de intérprete de lenguas orientales"; traductor de un tratado extenso sobre Constantinopla [de Moisés ben Baruch, almosnino, q.v.])
– XVIII, 420 (preso porque dicen que "había inconvenientes grandes en el demasiado trato que tenía" con "algunos de la nación", es decir, con algunos judíos; véase la ficha de "Nación")
Cantabria, XV, 247, 324, 472, 473, 474; XVI, 36, 52, 55, 349; XVII, 38, 38; XVIII, 16; XIX, 316
Cantarranas (cerca de Valladolid), XIII, 145 (citada en versos satíricos que parecen aludir a la *Pragmática de tratamientos y cortesías*, de 1586), 190
Cantarranas, a la boca de (río cerca de Sevilla), XVI, 249
Cantecroix, condesa de (Beatriz de Cusance, viuda de Eugenio Leopoldo d'Oiselet, príncipe de Cantecroix), XV, 220 (1639: "con quien tiene sus amores el de Lorena"), 242, 295, 325, 354, 485 (1640: se casó con Carlos IV, duque de Lorena); XIX, 390 nota 354
Cantelmo, Andrés (napolitano; nació en 1598, hijo de Fabricio Cantelmo, duque de Popoli; como militar "se distinguió sobremanera", y "adquirió fama de valiente soldado y prudente capitán"; sirvió sucesivamente en

Milán, la Valtelina, Austria, Alemania, Flandes y Hungría; XIX, 461-462 nota 263)
- XIV, 217 (**1637:** gobernador de Luxemburgo), 446 (**1638:** en la batalla de Amberes), 451, 459
- XVI, 86 (**1640:** uno de los seis gobernadores interinos de Flandes a la m. del Cardenal-Infante, ya que éste le había nombrado en su testamento en "sexto lugar", "por contentar las naciones", o sea, los judíos: v. la ficha de "Naciones, las"), 340 (**1642:** general de artillería), 397 (gobernador de Brujas), 398, 407, 410 (general de artillería)
- XVII, xxiii (del Consejo de Guerra de Flandes en 1638, y de la Junta de gobierno de Flandes en 1641), 260 (**1643:** general de "un trozo" del ejército español), 95 (campaña contra Holanda), 130, 325, 427, 448 (**1644:** maestre de Campo general en Cataluña), 461 (en Vizcaya, de general de artillería), 465, 467 (enfermo)
- XVIII, 8 (**1645:** se dice que irá de gobernador de Galicia), 30, 80 (enfrente a los franceses en Lérida), 91, 92, 97, 98, 132 (con Felipe de Silva contra los franceses), 133, 142 (socorre a Lérida), 143 (entra en Lérida), 146 (perdió Llorens, q.v., pero "continuó su camino sin estorbo"), 151, 152, 154 (por sus victorias, el Rey le da la llave dorada de los gentilhombres de la Cámara con ejercicio, y una plaza en el consejo de Guerra), 158 (le hacen sucesor del virreinato de Navarra, más otras mercedes), 164 (enfermo)
- XIX, 263 (**1642:** mandado a Flandes), 461-462 nota 263 (datos biográficos)

Cantelmo, Fabricio (duque de Popoli), XIX, 461 nota 263 (padre de Andrés Cantelmo)

Cantelmo, Jacome (oficial napolitano), XIV, 467-468 (1638: m. asesinado en el sitio de Breda)

Canterbury, arzobispo de (primado de Inglaterra), XV, 171 (var: Cantorberi)

Cantiloco (clérigo romano), XIII, 516

Cantillana (a 15 km. al noreste de Sevilla), XVII, 368 nota 1 (versos sobre los ataques a España y el incendio del palacio que el conde de Cantillana tenía en dicha ciudad)

Cantillana, [II] conde de (Juan Luis Vicentelo de Leca y Álvarez de Toledo; excelente rejoneador; el título fue concedido a su padre en 1611 [v. Julio de Atienza, *Nobiliario español*, 826a])
- XIII, 7, 398 y 435 (**1636:** "fue padrino del célebre desafío en Palacio, y fue desterrado a Orán por 10 años" [v. una larga nota de Gayangos, XIX, 380-381 nota 397 (por error, 398): primero, en **1635,** preso en Montánchez]; "Debió sin embargo obtener su indulto", ya que figura de nuevo, como se ve a continuación [XIX, 410 nota 377])
- XIV, 34 (**1637:** suegro del marqués de Águila, q.v.), 188, 193
- XV, 466 (**1640:** presenta una copa de oro a Olivares)
- XVI, 40, 373 (**1642:** se ofrece a costear el viaje de unos nobles a Madrid), 381, 477 (le citan como marqués; cásase con la condesa de Eril)
- XVII, 368 (incendio de su palacio en Cantillana, q.v.); XVIII, 78
- XIX, 300 (**1642:** en la entrada real a Zaragoza), 337, 356 (boda con la de Eril)

Canvia (v. Cambe)

Cañamero, Fr. (dominico), XIII, 15-16 (1634: tenía en su poder libros contra la Compañía de Jesús), 32 (por error: Cañavero)

Cañas (v. Manso y Zúñiga, F.)

Cañas, juegos de (en el Retiro), XIII, 6, 417; XIV, 17, 62, 64, 218

Cañas, Juan de, XVII, 128 (herido y prisionero en Rocroi)

Cañavero (error por Cañamero, q.v.)

Cañedo, marqués de, XIII, 410 (m. en 1636)

Cañete, IV marqués de (García Hurtado, virrey del Perú), XIX, 388 nota 210

Cañete, V marqués de (Juan Andrés Hurtado de Mendoza, hijo único de García, virrey del Perú; heredó el título antes de 1613), XIX, 388 nota 210

Cañete, VI marqués de (García Hurtado de Mendoza), XIII, 243 (1635: se halla el marqués de Cañete entre los pretendientes a los estados del conde de Osorno, que m. sin sucesión); XV, 210 y 219 (m. 1639); XIX, 388 nota 210

Cañete, VII marqués de (Gaspar o Juan Andrés Hurtado de Mendoza, casado con María de Cárdenas; antes del año de 1646 le sucedió su hija, Teresa Antonia de Mendoza y Cárdenas, como VIII marquesa de Cañete, q.v.), XIX, 388 nota 210 y 450 nota 415 (dos notas que a veces se contradicen)

Cañete, VIII marquesa de (Teresa Antonia de Mendoza y Cárdenas), XVIII, 415 (en 1646 tenía el título; casada con Fernando de Faro, q.v., conde de La Coruña y señor de Vimieiro), XVIII, 415; XIX, 388 nota 210, 450 nota 415

Cañete (v. Canet)

Caño, P. Alonso del, S.J (v. Cano, P. Alonso del)

Capano, Andrea, XIX, 99 (queman la casa de su suegro en Nápoles)

Capela o Capella (v. Capelle, La)

Capelle, La (a 63 km. al sudoeste de Valenciennes; tiene un castillo), XIII, 475 y 480 y 490-491 y 531 (**1636:** la toma el Cardenal-Infante), 495; XIV, 96 y 156 (**1637:** la tienen los españoles), 224-225, 208 (orden de ejecutar el gobernador), 255-256 y 269 y 312 (**1637:** tomada por los franceses; el Consejo de Guerra mandó degollar al gobernador español, Martín de Luna y Navia, y un coronel suyo, por mala defensa), 279 (**1638:** de los franceses) (var: Capela; Capella; Capilla; Chapela; Chapelle)

Capilla (v. Capelle, La)

Capilla real (Madrid), XIII, 8 (las honras de la infanta Isabel Clara Eugenia), 508 (el hijo de Valdés, músico de la Capilla), 546 (bautizo del príncipe Muza, q.v.); XIV, 104; XVI, 290-291, 432, 469; XVII, 4, 17, 65, 435; XVIII, 89, 90; XIX, 151, 297

Capitán, El Gran (v. Fernández de Córdoba, Gonzalo de)

Capitana, la (navío español), XV, 50 (1638: quemado por el arzobispo de Burdeos, quien manda la armada de Francia)

"Capitanes de las Otinas" (v. Otinas, Capitanes de las)

Capo di Monte (v. la ficha que sigue)

Capodimonte (a 85 km. al noreste de Roma), XIV, 378

Capponi, cardenal [Luigi] (1583-1659; cardenal [1608]; legado en Bologna [1614]; arzobispo de Ravenna [1621-1645]), XVIII, 320 (1646: intermediario entre el Almirante y el cardenal d'Este, q.v.) (var: Caponi)

Caprarola (a 50 km. al norte de Roma), XIV, 234, 378 (variante: Caprerola)

Capua (a 28 km. al norte de Nápoles), XIX, 176

Capuchino (apellido de Le Clerc, q.v.)

Capuchinos, los (Orden surgida en el s. XVI, de la separación de los Hermanos menores de los franciscanos conventuales), XIII, 365 (**1636:** los carmelitas los hospedan por las grandes inundaciones en Valladolid); XIV, 16 (**1637:** reciben a Felipe Ladrón de Guevara con un "Te Deum"); XV, 458 (los de Turín); XVII, 426 (**1644:** custodios del cuerpo del príncipe de Chimay)

Capuchinos, los (convento de esta Orden en Madrid), XVIII, 465 (**1647:** "Enterróse en los Capuchinos" al almirante de Castilla, q.v., convento que era patronazgo de su hermana la duquesa de Lerma)

Caquia, cardenal (1566-1637; genovés; sin documentar en los repertorios consultados), XIV, 240 (m.)

Carabajal (v. Carvajal)

Carabanchel, XVI, 96, 233, 235, 239, 498; XVII, 183; XVIII, 293, 298; XIX, 199, 200, 204, 343, 389 nota 266 (prisión del conde de Linares)

Caracas, XVII, 205

Caracava (v. Caravaca)

Caracciolo, Carlo Andrea (v. Torrecusa, marqués de)

Caracciolo, Carlo María (duque de San Giorgio o San Jorge, hijo del anterior), XV, 348 (**1639:** en Salsas), 392 (sale en defensa de su padre en un altercado con el conde de Santa Coloma); XVI, 9 (**1640:** sus tropas causan estragos en tierras de Zaragoza, q.v.), 121 (**1641:** m. en Montjuich a los 28 años); XIX, 461 nota 259 (sobre la carrera de su padre [véase Torrecusa, marqués de])

Caracciolo, Fernando (duque de Castel di Sangro), XIX, 42 (1647: escapa de la turba amotinada en Nápoles)

Caracciolo, Tomás (duque de Rocca Rainola), XIX, 446 nota 335 ¶1 (jefe militar activo hacia 1614)

Caracciolos, familia de los, XV, 27 (también marqueses de Torrechiuso), 52 (obtienen la grandeza de España)

Caracena, el de (v. Caracena, II marqués de)

Caracena, [II] marqués de (Luis Carrillo de Toledo; heredó el título por su madre, y fue también V marqués de Frómista, conde de Pinto, trece de la orden de Santiago y gentilhombre de la cámara de Felipe IV; murió en 1668)

– XIII, 93 (**1634:** en Flandes, un hijo suyo salió a desafío con un capitán enemigo, y le mató), 242 (**1635:** le acometen en una riña y queda malherido), 386 (**1636:** herido en el Parmesado, en un encuentro militar)

– XIV, 94 (**1637:** se reune con otros jefes de tercios en la Valtelina, contra los franceses)

– XV, 219 (**1639:** del Consejo de Guerra; va a Italia), 452 nota 2 (**1640:** herido en Italia en un encuentro)

– XVII, 38 (**1643:** le dan la caballería de Flandes), 389, 435 (**1644:** general de caballería en Flandes)

– XVIII, 262 (**1646:** dirige la lucha contra los franceses), 392 (por la enfermedad del duque de Lorena, asume el mando), 403 (él y Bucquoy toman Menin); XIX, 80 (**1647**), 83 (gobernador de Milán), 206 (**1648**), 209, 442 nota 262

Caracena, marquesa de (Ana Carrillo de Toledo, marquesa propietaria de Caracena, casada con Luis de Benavides, IV marqués de Frómista [q.v.] y conde de Pinto), XIX, 442 nota 262 (cedió su título a su hijo, Luis Carrillo de Toledo, II marqués, q.v.)

Carafa, casa de, XIX, 139 (de Nápoles; se declara fiel a España durante el motín de 1647)

Carafa (duque de Matalón, q.v.), XIX, 42, 50, 139 (var: Madalone)

Carafa, Antonio de (v. Stigliano, VI princesa de)

Carafa, César (capitán; m. en Leucate), XIV, 216; XIX, 91-92

Carafa, Fernando (padre de Francisco María Caraffa Castrioto y Gonzaga, q.v.), XIX, 447 nota 335

Carafa, José (napolitano y hermano del duque de Matalón; conspiraban con Tomás Aniello, q.v., quien lo sospechó y les mandó matar; el Duque escapó), XIX, 26 (**1647:** los amotinados en Nápoles le cortan la cabeza), 32, 42, 50 (Aniello dio la orden de matar a los dos hermanos), 104 (var: Pepo o Peppo Caraffa)

Carafa, Luis (v. Carafa Gonzaga, Ana, y v. Stigliano, IV princesa de)

Carafa, Manuel (hijo natural del duque de Nochera, q.v.; m. en 1644 en el sitio de Lérida), XIX, 430 nota 486

Carafa, Pepo (v. Caraffa, José)

Carafa, [Pier Luigi, *seniore*,] cardenal (n. 1581, m. 1655; napolitano; obispo de Tricarico [210 km. al sudeste de Nápoles y 105 km. al oeste de Taranto]; ocho parientes suyos habían sido cardenales), XVIII, 65 (1645: hecho cardenal por el Papa)

Carafa, Tiberio (príncipe de Bisiniano; maestre de Campo general del pueblo de Nápoles, se le ordena que aquiete a la plebe en los tumultos), XIX, 91-92, 95-96

Carafa, P. Vincencio, S.J. (napolitano; general de la Compañía en 1646, a los 60 años), XVIII, 105 ("muy noble está en predicamento de general, y más de santo", 210, 220 (uno de tres candidatos para general de la Compañía; v. el Padre Piccolomini y el P. Montmorency), 225, 256, 258, a285-286 (var: Garrafa)

Carafa Castrioto y Gonzaga, Francisco María (v. Nochera, duque de)

Carafa Gonzaga, Ana (princesa de Stigliano, duquesa de Mondragón; segunda mujer del primer duque de Medina de las Torres), XIX, 427 nota 468

Carafa y Aldobrandini, Ana (v. Stigliano, VI princesa de)

*Caramuel Lobkowitz, P. Juan (n. Madrid, 1603; de la Orden del Císter; profesor de Teología en Salamanca y Lovaina; vicario general del Císter en Inglaterra y en Praga; polígrafo; embajador de España ante el Emperador Fernando III y gran canciller de Bohemia; obispo de Rosas, Ypres, Köningretz y Campania; arzobispo de Otranto y Vigevano [Milán], donde m. en 1682) (var: Lockowitz)

Caracuel, Corral de (v. Corral de Caracuel)

Caravaca (a 77 km. al oeste de Murcia), XIV, 136; XVIII, 36, 467

Caravaca, Cruz de (lugar en Sevilla), XVI, 253 (después de las inundaciones salían muchas fuentes de agua clara desde esta Cruz a la Verde, q.v., en la feria)

Caravajal (v. Carvajal)

Carbonara, cabo de (a 40 km. al este de Cagliari, en el sur de la isla de Cerdeña), XVIII, 345 (var: Cabernara)

Carbonel (obrero mayor de Palacio), XIV, 336

Carbonel, P., S.J., XVII, 224, 226

Carcasona (v. Carcassonne)

Carcassonne (a 90 km. al sudeste de Toulouse), XVI, 368

Cárceles: sobre los presos nobles, véanse Aerschot, duque de (Philippe-Charles d' Arenberg); Ayamonte, VI marqués de (Francisco Manuel Silvestre de Guzmán); Aytona, IV marqués de (Guillén Ramón de Moncada); Cantillana, II conde de (Juan Luis Vicentelo de Leca y Álvarez de Toledo); Éboli, princesa de (Ana de Mendoza); Govea, marqués de (de apellido Silva); Híjar, IV duque de (Rodrigo de Silva Sarmiento); Infantado, VII duque de (Rodrigo Díaz de Vivar); Jiménez de Cisneros, Francisco (arzobispo de Toledo, cardenal y confesor y consejero de Isabel la Católica, regente de España), Medina Sidonia, IX duque de (Gaspar Pérez de Guzmán el Bueno); Montalvo, conde de (Juan de Castro y Castilla); Osuna, III duque de (Pedro Téllez Girón); Sástago, conde de (Enrique Artal de Alagón Pimentel); Siete-Iglesias, marqués de (Calderón, Rodrigo); Veraguas, VI duque de (Pedro Nuño Colón y de Portugal)

Cárceles de los presos nobles: v. Buenache; Burgos; "Calatrava"; Casa de las Siete Chimeneas; Castillo de Coca; Montánchez; Pinto; San Marcos de León; Santa Olalla; Santorcaz, q.v. (su torre alta servía de "castigo grande" para reos de calidad); alcázar de Segovia

Carcovisa (v. Cracovia)

Carde, Lord (inglés, en Escocia; hijo del conde de Heresborough), XVI,

180 (nota de Gayangos: "¿Heresborough o Ailsbury? no hallamos este título entre los pares del reino unido"; tampoco se halla ni en el DNB ni en el índice muy extenso de Clarendon, *The History,* q.v.) (var: Eresburgdi)

Cardenal (v. Fernando, Cardenal-Infante)

Cardenal, el (de la Inquisición, que se encargaba de la causa contra el Protonotario, Jerónimo de Villanueva), XIX, 7

Cardenal-Duque de Lerma (v. Lerma, Cardenal y I duque de)

Cardenal-Infante o Príncipe Cardenal (v. Fernando, Cardenal-Infante)

Cárdenas (del Consejo de Indias), XIII, 514 (jubilado)

Cárdenas, Alonso de (hermano del IV o V duque de Maqueda; embajador interino en Inglaterra desde 1638 y ordinario en 1642; v. el índice de Clarendon, *The History*), XV, 178, 431; XVI, 482 (sátira política de Inglaterra por los tres diplomáticos españoles; v. Velada, III marqués de, Antonio Sancho-Dávila y Toledo, embajador extraordinario, fichas de XVI, 431 y 482, más la Advertencia al fin, y Malvezzi y Alonso de Cárdenas, embajador ordinario)

Cárdenas, Ana María de (v. Maqueda, VI duquesa de)

Cárdenas, Diego de (capitán; 1638: m. en un desastre naval; v. la ficha de Rubín de Celis, Diego, y XV, 15, 17 y 57)

Cárdenas, Diego de, XVI, 110 (1640: maestre de Campo general en Portugal), 111 (preso en su domicilio), 121 (dicen que m.)

Cárdenas, Jaime de (así se solía llamar a Jaime Manuel Manrique de Cárdenas, V duque de Maqueda, q.v.)

Cárdenas, María de (v. Cañete, VIII marquesa de)

Cárdenas, Miguel de (alcalde de Casa y Corte), XV, 450

Cárdenas, Pedro de (caballero de Córdoba), XVI, 366

Cárdenas y Manrique de Lara, Jorge de (v. Maqueda, IV duque de)

Cárdenas y Valda, Diego (v. Puebla, Puebla de Llerena o Puebla del Maestre, VII conde de la)

Cárdenas y Valda, Lorenzo (v. Puebla, Puebla de Llerena o Puebla del Maestre, VI conde de la)

Cardeñosa, marqués de, XIV, 244 (1637: hacia Nueva España al mando de cuatro galeones), 267 (en La Habana)

Cardeñoso, P. Antonio, S.J., XVIII, a160-162 (1645: sobre la guerra en Portugal)

Carderera, Valentín (compañero de Gayangos y también coleccionista), XVII, xxiv

Cardon, Jacques (impresor de Lyon, 1633), XIII, 19

Cardona, VI duque de (Enrique Ramón Folch de Cardona, Aragón y Córdoba, 1588-1640; V duque de Segorbe; de una familia emparentada con la Casa Real de Aragón; virrey de Cataluña de 1630 a 1632, de 1633 a 1638 y del 12 de junio al 20 de julio, 1640, cuando m. [XV, 468 n. 1 y 478 n. 2])

– XIII, 183 (**1635:** pasa a Sicilia), 260, a261, 309, 368, d404 (**1636:** carta del duque de Tursi), 429, 481 (confirmado como virrey de Cataluña por otros tres años)

– XIV, 129, 130 (**1637:** escribe acerca de la isla de Santa Margarita), 166 (entra en Francia), 185, 188 (sobre Leucate), 210, 211, 248 (en el enfrentamiento de Leucate), 307 (**1638:** pide ser exonerado del virreinato de Barcelona), 324 (se retira a sus estados), 349

– XV, 449 (**1640:** a la muerte en junio del conde de Santa Coloma, virrey de Cataluña, el Rey nombró virreina a la duquesa de Cardona [v. XV, 478 nota 2]), 468 (se nombró virrey Enrique Ramón Folch de Cardona, VI duque

de Cardona), 374 y 464 (desahuciado en Ampurias), 478 (m. en julio en Perpignán; se nombró virrey a su hijo, Luis Raimundo Folch de Cardona, Aragón y Córdoba, VII duque de Cardona, q.v.)
- XIX, xii-xiv, 464 nota 355

Cardona, VII duque de (Luis Raimundo Folch de Cardona, Aragón y Córdoba, 1608-1670; VI duque de Segorbe, casado con María de Sandoval y Rojas, III duquesa de Lerma, biznieta y heredera, en parte, del Cardenal-Duque, q.v.; a la m. de su padre el 20 de julio, 1640, el Rey nombró virrey a Luis Raimundo)
- XIII, 368 (**1636:** el hijo del VI duque de Cardona pretende los estados del duque de Lerma, por estar casado con su hija)
- XIV, 133, a185-187 (de su hermano, Vicente de Aragón)
- XV, 468 (**1640**), 478 (le queman 30 pueblos en Ampurias por ser leal al Rey), 478 notas 1 y 2 (estas notas imponen a los dos títulos de Cardona y Segorbe ciertos números que no concuerdan con las otras fuentes)
- XVI, xii, 11 (en Perpiñán), 35 (manda prender al marqués de Cheri), 52 (los hijos del VI duque de Cardona, difunto, el marqués de Povar, Pedro de Aragón, y su hermano Antonio de Aragón, se marchan para Barcelona), d170 (**1641**) y d194 (cartas de Juan Idiáquez Isasi al VII duque de Cardona), d199 (carta de Pedro Juan de la Guardia al VII duque de Cardona), 205 ("fue marqués de Povar", por este tiempo ya VII duque de Cardona), d213, d214, d229 (**1642**), d258, d289
- XVII, 11 (**1643:** casado con María de Sandoval y Rojas, III duquesa de Lerma), 100 (con otros nobles que se quejan al Rey por el *"Nicandro", en defensa del Conde-Duque), 412 (**1644:** su sucesor es Alonso de Cabrera, q.v.), 505 (su tía, la condesa de Medellín)

- XIX, 249 nota 1: Luis Folch de Cardona, VII duque de Cardona, hijo de el que fue virrey de Cataluña

Cardona, duque de, como título francés: (cuando en marzo del año de 1642 los franceses tenían Narbona, q.v., y pretendían los estados de la nobleza española en Cataluña, dijeron que "el ducado de Cardona es ya del delfín de Francia" [XVI, 297]; según Gayangos, el gobernador francés, Enrique de Lorena Elbeuf, conde de Harcourt, concedió este título a Felipe de La Mothe-Houdancourt, q.v., general de las armas francesas en Cataluña), XVI, 297; XVIII, 41, nota 1 (en la ficha de Harcourt, v. XVIII, 266)

Cardona, VI duquesa de (Catalina Fernández de Córdoba y Figueroa, segunda esposa de Enrique Ramón Folch de Cardona, VI duque de Cardona y V de Segorbe; el Duque murió en julio de 1640, y ella en 1646)
- XV, 449 (**1640:** se le envía el nombramiento de virreina), 478 notas 1 y 2 (estas notas imponen a los dos títulos de Cardona y Segorbe números que no concuerdan con las otras fuentes)
- XVI, xv (es viuda del último virrey; lista de sus cuatro hijos), 15 (llamada a Barcelona), 27 (se le espera para entrar en Cataluña), a49 (capitulaciones en Francia); 50 nota 1 (**1641:** presa en Barcelona con sus hijos Pedro y Antonio), 52 (**1640**), 55 (asistida por sus hijos, el marqués de Povar, q.v., y Antonio de Córdoba, q.v.), a62-76 (carta a sus hijos Pedro y Antonio), 178 (**1641:** se negocia su libertad y la de sus hijos), 198, 205 (mercedes reales para sus hijos), 209, 219 (**1642:** su hijo, Antonio de Aragón), 234 (poderes amplios para gobernar), 257 (se le envía el testamento de María de Villaroel), 259 (su canje), 262 (gobernadora de las armas del ejército de Aragón), 273,

303 (en prisión Juanetín de Oria y sus hijos), 386 (publica un manifiesto en defensa de su hijo, el marqués de Povar), 419 (en Huesca con sus hijos Vicente y Pascual)
- XVII, 29 (**1643**: camarera de la condesa de Olivares), 156 (se pide el arzobispado para su hijo Antonio de Aragón); XVIII, 378 (**1646**: m.)

Cardona, familia de los de, XIX, 398 nota 237

Cardona, Alonso de (virrey de Mallorca), XVI, 170 (**1641**: sucedería al de Monterrey en el cargo de general); XVII, 157 (**1643**: superintendente de la casa de Juan de Austria); XIX, 82 (**1647**)

Cardona, Blanca de (casada con Carlos Ibarra, q.v.; madre de la marquesa de Taracena, q.v.), XVI, 300

Cardona, Cristóbal de (almirante de Aragón, título que heredó su hija María Ruiz Colón de Córdoba, marquesa de Guadaleste y Jamaica, que casó con Francisco de Mendoza, q.v., que fue almirante de Aragón y m. en 1623), XIX, 398 nota 237, 433 nota 19

Cardona, Felipe de, IV marqués de Guadaleste, caballero de Alcántara y embajador ordinario a Flandes; padre de el que sigue), XIX, 433 nota 19

Cardona, Francisco de (V marqués de Guadaleste e hijo del anterior), XIX, 433 nota 19

Cardona, Felipe de (VI marqués de Guadaleste, hijo del anterior; almirante de Aragón, título que heredó en 1623 de Francisco de Mendoza, q.v., y de su mujer, María Ruiz Colón de Córdoba, q.v., que m. sin sucesión)
- XVI, 238 (**1642**: "Prodigios": se burla del Almirante por pendenciero), 379 (memorial satírico)
- XVIII, 19 (**1645**: desterrado "por travesuras de mozos")
- XIX, 79 (**1647**: corrió toros en Madrid con éxito), 194 (**1648**: en un desafío; quedó preso), 398 nota 237, párrafo penúltimo (riñas y desafíos), 433 nota 19

Cardona, Jacques (v. Cardon, Jacques)

Cardona y Lerma (v. Cardona, VII duque de)

Cardona y Segorbe, casa de, XIII, 243

Cardona y Segorbe, V duquesa de (v. Cardona, V duquesa de)

Cardona y Segorbe, duques de, XIX, 140

Cardone, Mr. de (error por Bardone)

Cardoso, Jorge (sargento; herido en Leucate), XIV, 213

Carfañana, [valle de] la (v. Garfagnana, la)

Caribdis (v. "Entre Scila y...")

Carignán, dama de; ..., duquesa de; ..., Madama; ..., princesa de; ..., princesa María de (v. Cariñán, princesa de)

Cariñán, familia de, XIV, 335

Cariñán, princesa de (la condesa María de Soissons, hija de Carlos de Bourbon [conde de Soissons], y esposa del príncipe Tomás de Saboya),
- XIII, 407 (**1636**), 510, 517, 526, 530 (llega a Madrid; Antonio de Ávila, q.v., redactó una descripción de los fastuosos detalles de su entrada), 547 (se le propone deje a sus hijos en España), 548
- XIV, 2 (**1637**), 3, 19, 25, 36, 39 (el conde del Pozo, su intérprete), 41, 64, 98 (su cuñado, el duque de Longueville, herido de m.), 109, 141, 149 (m. y entierro de su hijo menor), 171 (el asunto de Mr. de Ronchas), 275, 285 (**1638**), 286 (excesos de sus criados en Madrid), 289 (rivalidad con la duquesa de Chevreuse, q.v.), 295, 296, 302, 308, 318, 319 (recibe un premio del Rey), 320 (intercede por la libertad del segundo hijo del marqués de Cuzano, q.v.), 322, 323, 324 (recibe un premio del Rey), 326 (pide perdón para un criado suyo que mató a un hijo del marqués de Cuzano), 329, 349, 350
- XV, 76 (madrina en el bautizo de la señora Infanta), 79, 159, 299 (**1639**:

su hermana era Mme. de Longueville, Ana Genoveva de Bourbon-Condé; y su padre, Carlos de Borbón, conde de Soissons), 386 (**1640**), 407
- XVI, 80 (se le da permiso para retirarse ante las acciones de su marido), 141 (**1641**: varias noticias sobre degüellos de nobles en Flandes), 185, 233 (**1642**: la alcanzan en Carabanchel, huyendo), 235 (desaparece de Madrid), 239 (intenta huir hacia Portugal)
- XVII, 97 (**1643**: se escribía con Mr. de La Motte en secreto), 183 (en Carabanchel), 478 (**1644**: permiso del Rey para viajar a Italia con su marido)
- XVIII, 101 (**1645**)
- XIX, 165 (**1648**: involucrada en el envenenamiento de la duquesa de Saboya y su hijo; v. Bourbon), 343 (**1642**), 357 (el conde Flaminio Virago de Vichi pide su ida de la corte)

Cariñano, marquesa de (v. Cariñán, princesa de)

Cariñazo (v. Cariñán, princesa de)

Cariñena (a 138 km. al sudoeste de Zaragoza), XVII, 480; XVIII, 188

Carintia (zona histórica del ducado de Baviera; v. Stiria), XVIII, 68 (var: Carinthia)

Carlegi (noble veneciana; v. Candiotti), XVIII, 313 (ejecutado)

Carlomagno, XVI, 66

Carlos (el infante, hermano de Felipe IV), XIII, 91 (m. 1632), 163

Carlos I (v. Inglaterra, rey de)

Carlos II (v. Inglaterra, rey de)

Carlos II (1661-1700; hijo de Felipe IV; rey de España desde 1665 a 1700, pero durante su minoría bajo la tutela de su madre, Mariana de Austria), XIII, xviii; XVIII, 259; XIX, 373 nota 7, 434 nota 26, 452 nota 464

Carlos III (1716-1788, quinto hijo de Felipe V; rey de España de 1759 a 1788), XVIII, vi

Carlos IV, duque de Lorena, n.1604, m.1675; duque de Bar (v. Lorena, duque de)

Carlos V (n. 1500, m. 1558; rey de España, 1516-1556; emperador de Alemania 1519-1556)
- XIII, 166 (**1635**: se menciona a Bernardo Weimar de Sajonia [v. Saxe-Weimar] como el "descendiente del desposeído por Carlos V"), 297 (Antibes, "puerto conocido por haber entrado por él en Francia el emperador Carlos V" [la antigua Antipolis, plaza fuerte marítima francesa a 17 km. al O de Niza, en la costa del Mediterráneo, su puerto protegido por una escollera de 472 metros])
- XIV, 116 (**1641**)
- XV, 50 (**1638**: frente a un desastre, recordó el autor anónimo que cuando Carlos V perdió a jornada de Argel, le dijo "un gran cortesano y entendido cabo: 'Los que no se exponen a nada, no les sucede nada'", 270 (**1639**), 308 (sobre Hesdin y Salses), 323 (m. Bernardo Weimar)
- XIX, 25, 32 (**1647**: la población de Nápoles pide los privilegios de Carlos V), 42, 49, 50, 54, 60, 96 (el privilegio de Carlos V entregado a la plebe), 99, 101 (su privilegio remitido al Carmen), 138, 206

Carlos, príncipe Juan (v. Medici, Giancarlo de')

Carlos de Austria (n. en 1615; hijo natural de Maximiliano I [el elector-duque de Baviera, q.v., y hermano del emperador Fernando II, q.v., y del Archiduque Leopoldo, q.v.]; primo del emperador Fernando III, quien le reconoció; Felipe IV le recibió, pero en secreto)
- XIII, 356-357 (**1636**: preso con el conde de la Fera en Flandes en 1635; gracias a Carlos, escaparon; nota errónea: su padre no fue el emperador Maximiliano [p. 357])
- XIV, 408-409 (**1638**: en Madrid)

– XV, 91 y XIX, 387-388 nota 92 (descripciones en Madrid de sus muchas prendas)
Carlos Ludovico o Carlos Luis, el Palatino (véase la ficha del Palatino [del Rhin, conde-] Carlos Luis)
Carlos Manuel I (v. Saboya, duque de)
Carlos Manuel II (véase Saboya, duque niño de)
Carlos Pablo (asentista), XV, 271
Carmagnola (a 25 km. al sur de Turín), XIV, 350; XV, 159 (la cuñada del duque de Saboya metió una guarnición francesa en esta villa) (var: Carmaño; Carmañola)
Carmail, conde de (preso por orden de Richelieu), XIX, 412 nota 6
Carmaño (probablemente Carmagnola, q.v.)
Carmañola, la (v. Carmagnola)
Carmelitas, las, XIII, 365 (1636: afectadas por las inundaciones de Valladolid)
Carmelitas, los, XIII, 112, 365 (1636: afectados por las inundaciones de Valladolid); XVIII, 271
Carmelitas, provincial de los, XVII, 432 (1644: en una junta de los superiores de las órdenes religiosas)
*Carmelitas descalzos, Orden de (concordia de paz con los Jesuitas)
Carmelitas descalzos, Padres, XIII, 54 (entierran a un ahorcado)
Carmelo, el (v. Carmen, el)
Carmen, calle del (Madrid), XVII, 323; XVIII, 311
Carmen, claustro del (Nápoles), XIX, 112
Carmen, convento del, XVIII, 341 (Lérida); XIX, 37 y 97 (Nápoles), 248 (Tortosa)
Carmen, el (Orden religiosa de los carmelitas), XIII, 16; XIV, 101; XVI, 281, 290; XVII, 223; XIX, 95, 101, 104, 106, 114
Carmen, iglesia del (Nápoles), XIX, 113
Carmen, Madre de Dios del (templo en Nápoles), XIX, 39

Carmen, monjas del, XVIII, 239 (tienen nuevo templo en Madrid, patrocinado por la Reina)
Carmen, Nuestra Señora del (Nápoles), XIX, 35, 36, 51, 111
Carmen, los Padres del, XVI, 137 (los de Madrid en una procesión)
Carmen, Torreón del (en Nápoles), XIX, 181
Carmen, Virgen del (en Nápoles), XIX, 91, 110
Carmona (a 30 km. al noreste de Sevilla), XIII, 48, 428; XVI, 465; XIX, 218, 368
– caños de (canales en Sevilla), XVI, 248
– convento de (de recoletas agustinas en Carmona), XIII, 177, 179
– Iglesia Mayor, XIII, 428
– puerta de (Sevilla), XVI, 248
aCarmona, XVIII, 124, 125
Carmona, N. (confidente del Rey en Barcelona), XVI, 383
Carne, puerta de la (Sevilla), XVI, 248
Carnero (v. Carnero, Antonio, primera ficha)
Carnero, Sr. (v. Carnero, Antonio, primera ficha)
[Carnero, Antonio (hijo de Alonso Carnero), y Antonio Carnero (su homónimo y el sobrino de Alonso Carnero), y Antonio Carnero (hijo de Alonso y hermano del primer Antonio). Alonso fue contador del ejército de Flandes en 1584-1587 y 1589-1595; casó con Anne Trogner, flamenca, y en 1586 en Bruselas nació su hijo **Antonio Carnero** [I]. Éste empezó su carrera de secretario en Flandes (hablaba perfectamente francés), y en 1621 Baltasar de Zúñiga le llamó a Madrid, y a la m. de éste en 1622, Carnero pasó a servir de secretario al Conde-Duque (a cuyo padre había servido el padre de Carnero). A lo largo de la carrera del Conde-Duque llegó a ser secretario personal y de suma confianza (Elliott, *The Count-Duke*, p. 67). El primer Anto-

nio Carnero tuvo un hermano homónimo, **Antonio Carnero** [II], que sirvió a la corona en diversos puestos en Italia y posteriormente fue nombrado secretario del Consejo de Italia y ayuda de Cámara de Felipe IV (J.H.Elliott, p. 67). **Antonio Carnero** [III], sobrino de Alonso, fue oficial financiero en la casa de Enrique de Guzmán, II conde de Olivares y padre del Conde-Duque. En 1584 pasó a Flandes donde fue contador del ejército; más tarde pasó a servir a la monarquía en España y en Milán, y hacia 1639 volvió a Bruselas para publicar una *Historia de las guerras civiles...de Flandes* (v. J. Elliott, *The Count-Duke...,* p. 67)].

Carnero, Antonio [I], (hijo de Alonso Carnero y secretario del Conde-Duque)

- XIV, 3 (1637: para satisfacer una queja de la princesa de Cariñán, acudió "el secretario Carnero, que sabe hablar la lengua francesa"), 171 ("por medio del secretario Carnero", el Conde-Duque mandó siempre al embajador de la Reina Madre, Marie d' Medici, copias de su correspondencia con ella), 286 (**1638:** en una calle un mozo mató de un pistolazo al hijo del marqués de Cusano, y "estando el secretario Carnero...en una ventana,...oyó y vio cuanto pasaba"
- XV, 305 (**1639:** "El secretario Carnero escribe al Gobierno que han cogido los franceses a Salsas, y que a Galaso, q.v., mataron los suecos [noticia errónea: murió en 1647]"), 441-442 (**1640:** "el secretario Carnero llevó un decreto de S.M. al [VII] Condestable [de Castilla, Bernardino Fernández de Velasco, q.v.], en que le manda vaya a gobernar las cuatro villas con título de general de la gente de Castilla, y aunque se excusó, le replicó el secretario y obedeció como una oveja. Reparaba en no tener con qué salir, pero se le advirtió que S.M. se lo mandaría dar, con que dijo estaba presto")
- XVI, 239 (**1642:** "La princesa de Cariñán...se volvió a huir camino de Portugal; partiéronse tras ella muchos ministros,...y llegó la cosa a que el chiquillo, su hijo, sacó la espada contra el secretario Carnero que de parte de S.M. la fue a sosegar..."), 240 (en una reunión en palacio "el secretario Antonio Carnero en pie leyó un papel que contenía lo que prometían el Conde-Duque..." y el Condestable de Castilla para que se celebrase el casamiento de sus hijos respectivos), 433 (**1642:** iba Carnero en el coche del Conde-Duque en un desfile en Molina de Aragón, y fue herido cuando un soldado tiró un arcabuzazo al Conde-Duque)
- XVII, 132 (había caído el Conde-Duque en enero, **1643**, y en junio ya despachaba el Rey con el secretario Rozas, q.v., y "han ordenado al Protonotario, al Sr. Carnero y al secretario Navarrete no acudan a ningún despacho"), 143 (julio de 1643: sobre la caída de Olivares, que está ya en Toro, "sin esperanzas de revivir... Sus criados todos padecen fortuna, unos presos y otros ahuyentados..."), 144 (la misma carta: "Los que verdaderamente caerán no se sabe... Lo que es el Protonotario, Carnero y otros, ya ni valen... Los dejarán en ese abatimiento"), 146 (el Rey de viaje: "lleva por secretario del despacho a Rozas... Con esto se han quedado el Protonotario, Carnero y Navarrete, que eran los que tenían el despacho, y los confidentes de S.E. el señor Conde-Duque")
- XVIII, 134 (en una parodia del arcabuzazo de Molina de Aragón [XVI, 433], se dice que el Conde-Duque se paseaba en un coche de fuego y llevaba a Carnero en el estribo), 169 (aparece en un testamento satírico del Conde-Duque)

Carnero, Antonio [II] (hijo de Alonso Carnero y consejero del Consejo de Italia)
- XV, 298 (1639: "Han hecho ayuda de Cámara a D. Antonio Carnero, hermano del secretario, que es caballerizo en Nápoles del duque de Medina de las Torres [virrey de Nápoles]")

[Carnero, Antonio, III] (sobrino de Alonso Carnero y contador del ejército de Flandes; me parece que falta éste en las cartas de los Jesuitas)

Carnero, Francisco, XVIII, 200 (maestre de Campo en Extremadura)

Carnero, P. Francisco, S.J. (era rector del colegio de Río de Janeiro), XIX, d239-240, 243

Carnestolendas, las, XV, 180; XIX, 399 nota 237

Carniola (zona histórica del ducado de Baviera; v. Stiria), XVIII, 68 (variantes: Carnolia; Carnualla)

*Caro, licenciado Rodrigo (1573-1647; arqueólogo y poeta)

Carp (lugar de Cataluña), XIV, 196

Carpiñano, duque de (v. Lanario y Aragón, Francisco)

Carpio, V marqués de (Diego López de Haro y Sotomayor; grande de España; esposo de Francisca de Guzmán, Acevedo y Zúñiga, hermana del Conde-Duque, q.v.; padre de Luis de Haro, q.v.; capitán de la guardia del Rey)
- XIII, 6, 258 (1635: su hermano, Baltasar de Haro), 482 (1636: capitán de la guardia española)
- XIV, 38, 300 (1638: con el P. Victoria), 308
- XV, 32 (su padre, Juan de Viscor), 290 (1639: su sobrino pretende el oficio de Patriarca de las Indias), 388 (1640: herencia de Olivares), 389 (grande de España, con condición), 398
- XVI, 381 (1641)
- XVII, 475 (1644: caballerizo mayor)
- XVIII, 134 (1645: camarero mayor del Rey), 138, 434 (1646: su sobrino, el hijo del II conde de Castrillo, García de Haro y Avellaneda, q.v.), 452
- XIX, 73, 130 (1647: el testamento del Conde-Duque), 178, 180, 300, 369 (1642: m. de la marquesa del Carpio, Francisca de Guzmán Acevedo) (v. López de Haro)

Carpio, VI marqués de (v. Haro, Luis de)

Carpio, VII marqués de (Gaspar de Haro y Guzmán, nació en 1629 y murió en 1687; virrey de Nápoles en 1663), XIX, 460 nota 155

Carpio, V marquesa del (Francisca Guzmán Acevedo y Zúñiga, hermana del Conde-Duque; casó con Diego López de Haro, V marqués del Carpio; madre de Luis de Haro, VI marqués, q.v.; m. 1642), XIV, 242; XIX, 369 (m.), 465 nota 369

Cartagena [de España], XIII, 467; XIV, 245, 313, 346, 380, 429; XV, 188, 236, 240, 242, 321, 322; XVI, 15, 124, 372, 390, 473; XVII, 186, 228, 229, 233, 317, 374, 391, 452; XVIII, 91, 491; XIX, 245, 246, 260, 317 (var: Cartagena de Levante)

Cartagena [de España], iglesia de, XIX, 386 n 76

- obispo de (v. Juan Vélez de Valdivieso)

Cartagena de Indias (Colombia, rebelión: relato de un intento de rebelar contra España en 1642 y apoderarse de la ciudad), XVI, 469-474 (el gobernador tenía "el principal papel de la comedia" [v. Castelmilhor, conde de, y Santa Catalina y la Media Luna, dos baluartes]); XVII, 186

Cartagena de Indias (Colombia, viaje por mar: "Salí de Cartagena, la vuelta de La Habana"), XVIII, 480, 481, pasando por el banco de la Serrana [lat. 14 norte y long. 80 oeste], la Víbora y los Jardines [sin identificar; probablemente bancos], la Isla de Pinos [al S de Pinar del Río y el Golfo de Batabanó] y Cabo de Corrientes [al oeste de dicha Isla]), 482

aCartagena de Indias (Colombia), XVI, a469; XIX, a243-244 (la rebelión de los portugueses en 1641), a246

Cartagena de Levante (v. Cartagena [de España])

Cartagena, [Fulano] (escribano; tiene los registros de Jerónimo Fernández, q.v.), XIV, 313

Cartago, XIV, 137; XV, 56

Cartajena (v. Cartagena)

Carteio (v. Cartago)

Cartuja, la (Cádiz), XVI, 43 (se reúnen aquí los duques de Maqueda, Medina y Ciudad-Real), 52, 247, 249 (inundada), 432; XIX, 295 (el duque de Nochera hace voto de ser religioso si se salva, y la Cartuja es uno de los lugares elegidos)

Cartuja (de Sevilla), XVI, 247

Carvajal, licenciado, XIII, 25

Carvajal, Álvaro (sargento mayor de tercio), XV, 267

Carvajal, Fernando (gentilhombre de boca del Infante-Cardenal), XVII, 129

Carvajal, Francisco de (rejoneador en las fiestas de 1634), XIII, 6

Carvajal, Gaspar de (gobernador de Fuenterrabía), XIII, 506 nota 2; XV, 373 (1639: se va a pique el buque en el que viajaba)

Carvajal-Manrique, Antonio (v. Jódar, II marqués de)

Carvajal-Manrique, María Francisca (v. Jódar, IV marquesa de)

Carvajal-Manrique, Miguel de (v. Jódar, III marqués de)

Carvallo, Álvaro de (caballero portugués), XVI, 344 (1642: huye a Portugal, pero es apresado)

Carvallo, Padre Juan, S.J., XVIII, a376, nota 1

Carraffa (v. Caraffa)

Carragosa (a 7 kilómetros al NO de Bragança), XVII, 400 (por error: Tarragosa)

Carranza (supuesta compañía militar de la guarnición del puerto de Maya en el Pirineo; v. González, Diego), XV, 306

Carranza, el escribano (metáfora de escribano "valentón y de la hoja"; v. la ficha anterior), XIII, 320-321

Carranza, Félix, XVI, a245 (de Salamanca)

Carranza, Fulano de, XVII, 148 (de Talavera; caballero de Santiago que recibió un título en julio de 1643; dice Gayangos que no ha hallado ningún caballero de este apellido que recibió un título en este año; v. Carranza y Medina, Ambrosio)

Carranza, Jerónimo (maestro de armas del siglo anterior, tan célebre que su nombre llegó a simbolizar todo valentón diestro [v. la ficha que sigue]; autor de varias obras sobre esgrima), XIII, 321

Carranza y Medina, Ambrosio (dice Gayangos que según Josef Berni y Catalá, p. 358, en 1652 Carranza y Medina, marqués de Arabaeca y Caballero de Santiago, fue creado conde de Uste y de Frías, títulos que faltan en Atienza), XVII, 148 nota 2

Carrascal y Fonseca, José (v. Renales)

Carrera de caballos, XIII, 124 (frente al Palacio Real)

*Carrera, Alonso Guillén de la (consejero de Castilla y de Aragón; responde al manifiesto de Francia), XIII, 304 (**1635**: fiscal de la inquisición de Murcia), 448 (**1636**: escribe un manifiesto); XVI, a7-14 (**1640**: texto del "Manifiesto"), 28 (papel sobre catalanes), 172 (**1641**: toma la confesión al duque de Medina Sidonia), 215, 216 (**1642**: enviado a Valladolid), 221 (m.)

Carrera de Arenas, Pedro (capitán), XV, 13 (1638: éste y un alférez llevaron noticias al gobernador de los holandeses en Pernambuco)

Carretería, la (avenida de Sevilla), XVII, 177

Carreto, marqués Alfonso, XIII, 503 (antiguo dueño del Finale, q.v., puerto en Génova, que Felipe II le compró)

Carretto, Francesco (v. Grana, marqués de)
Carrillo, P. (predicador del Rey), XIII, 157
Carrillo, Diego, XIV, 40 (lidia toros)
Carrillo, Fernando (gentilhombre de la Cámara de Juan de Austria), XIX, 175, 176 (1648: enviado por D. Juan de Austria para comunicar al Rey la ejecución de Fernando de Limonti, q.v.), 183
Carrillo, [Fulano de] (confidente del conde de Salvatierra), XV, xii (sátira)
Carrillo, Alférez Juan [sic] (teniente general de artillería en Extremadura), XVIII, 200
Carrillo [de Alderete], Martín (concuñado de Francisco de Quevedo Villegas [tío de sus sobrinos])
– XIII, 311 y 347 (obispo de Oviedo desde **1633** hasta **1636,** y de Burgo de Osma desde dicho año hasta **1642)**
– XV, 453 (**1640:** se le da la gobernación del arzobispado de Toledo)
– XVI, 197 (**1641:** dice la misa de réquiem por el Infante-Cardenal), 264 (**1642-1653:** arzobispo de Granada; m. en **1653**)
– XVIII, xi y xxi (del consejo de la Inquisición y del Consejo de Castilla)
Carrillo, Pedro (militar), XVII, 134 (**1643:** maestre de Campo en Galicia), 175 (en Monterrey), 176, 240; XVII, a266-273 (sobre la campaña de 1643), a280, a281, a336-340
Carrillo de Albornoz, Gil (v. Albornoz, Gil Carrillo de)
Carrillo de Toledo, Ana (v. Caracena, I marquesa de)
Carrillo de Toledo, Luis (v. Caracena, I marqués de)
Carrión, infantes de, XIV, 35
Carrión, Luisa de, o la madre Luisa de, o la monja de (v. Luisa de la Ascensión)
Carrión [de los Condes] (a 70 km. al N de Valladolid), XIII, 118, 122, 147, 151, 153, 157, 161, 173, 207, 324; XIV, 48
– convento de, XIII, 165
– monasterio de, XIII, 155
*Carroza, Dr. Joseph (letrado catalán) (var: Carroça)
Carroz (v. Canox, Andrés)
Casa, la, XIII, 335 (el centro jesuita de Salamanca); XIX, 143 (el de Madrid)
Casa de las siete chimeneas (así llamaban a la casa del marqués de Puerto-Seguro en Madrid), XIII, 276 (aquí estuvo preso el V duque de Aerschot, q.v.)
Casa Profesa (v. Jesús, Compañía de: Casa profesa en Madrid)
Casa Real [española], XIII, 498
Casa y Corte, alcalde de, XVI, 172 (1641: Enrique de Salinas, q.v.); XVII, 348 (visita: Juan de Góngora); XVIII, 397 (Antonio de Miranda: detiene al conde de Linares)
Casal o Casale (v. Casale del Monferrato)
Casal, el, o ciudadela de (v. Casale del Monferrato)
Casale de Monferrato ("por otro nombre, Il Casale di San Evasio" [XV, 292 nota 2]; a 68 km. al SO de Milán y 60 al E de Turín; antigua capital del ducado de Monferrato; v. a continuación en la Bibliografía la *Noticia histórica del Casal...*)
– XIII, 204-245, 256, 333, 339, 351, 453, 513
– XIV, 93, 228, 341, 386, 387, 394, 404, 405, 409, 431-432, 441, 486
– XV, viii, 67, 121, 125, 189, 199, 207, 208, 211, 215, 238-239, 254, 274, 292, 292 nota 2, 312, 315, 323, 354, 400, 415, 421, 450-452 (derrota de Leganés en el mismo), 456, 457, 460
– XVI, 190, 288; XVII, 102
– XVIII, 299; XIX, 17, 56, 63, 68, 203, 283, 289 (sitiado por el duque Tomás de Saboya), 306, 388 nota 210 (var: Bondicomagus; Casal; Casale di San Evasio; Industria)

Casale di San Evasio (v. Casale del Monferrato)
Casales (lugares en los que se alojaban la gente en Nápoles), XIX, 93, 96, 100
Casalmaggiore (a 60 km. al NO de Módena), XIX, 145, 146 (var: Casalmayor)
Casalmayor (v. la variante de la ficha anterior)
Casanate (español; víctima de la rebelión de Nápoles de 1647), XIX, 61
Casanate (regente del Consejo de Aragón), XIX, 77
Casanate, Dr. [Luis de] (natural de Tarazona; abogado fiscal y patrimonial del Consejo de Aragón [San Vicente y Crosby, "Datos...", 185]), XIII, 243
Casar [de Xenique] (por Breda, Holanda), XIV, 465
Casares (pueblo a 11 km. al O de Estepona y 11 km. al SE de Gaucín, en la Sierra Bermeja), XV, 330, 331
aCasares, XV, 329
Casarubios (v. la ficha siguiente)
Casarrubios [del Monte] (a 40 km. al SO de Madrid), XIII, 91; XIV, 283; XVII, 390
Casaus, Francisco de (juez conservador en la causa contra el H. Andrés de Villar), XVIII, 110
Cascaes (v. la ficha siguiente)
Cascais (puerto a 20 km. al oeste de Lisboa), XIII, 464; XVI, 111
Casimiro, P.; Casimiro, duque de; y Casimiro, Juan (v. Juan II Casimiro, rey de Polonia)
Casin (puede ser que esté esta villa sobre el río Soma, pero no en el ducado de Borgoña), XIII, 532
Casovia (Transilvania), XVII, 464, 465
Caspe (a 77 km. al SE de Zaragoza; sobre el viaje de Felipe IV a Aragón en 1644, v. la ficha de Sástago), XV, 430; XVII, 19; XVIII, 360; XIX, 298
Caspe, Dr., XVIII, a405 (1646: uno de los médicos que asistió al príncipe Baltasar Carlos, muy enfermo; firmó una declaración)

Cassio (Gaio Cassio Longino, asesino de César en Roma), XIX, 211
Castagnola (a 2 km. al E de Lugano), XIV, 29 (variantes: Castañola; Castañolla)
Castañeda, conde de (error por el marqués de Castañeda)
Castañeda, marqués de (Sancho de Monroy, señor de la casa de Luzón; del Consejo de Estado, caballero de Santiago, gentilhombre de la Cámara de Felipe IV, embajador en Francia y Alemania, veedor general de tropas en Portugal y de las galeras de España, nombrado vocal de la junta para calificar el *Nicandro [papel político]; creado marqués en 1645; m. 1646), XIII, 29 (**1634**)
– XVI, 108 (**1640**: miembro del consejo formado por el levantamiento de Lisboa; por error, "conde": v. XIX, 448-449 nota 389); 300 (**1642**: del Consejo de Estado), 303 (jura como consejero de Estado), 344 (preside el Consejo de Juan de Austria)
– XVII, 8 (**1643**: de una junta del Rey), 105, 437 (**1644**: uno de los jueces de capa y espada en el caso del marqués de Leganés)
– XVIII, viii, x, 200 (**1645**), 202, 203, 374 (**1646**), 385 (oleado), 389 (m.; por error, "conde"; v. XIX, 448-449 nota 389), 392 (un embajador polaco en Alemania tuvo muchos encuentros con el marqués de Castañeda)
– XIX, 414 nota 105, 446 nota 335, 448-449 nota 389
Castañeda, Antonio de, XV, 484 (preso)
Castaño (v. la ficha siguiente)
Castaño, Bruchera de (me parece que se trata de una "brughiera", o terreno llano sin cultivar, cerca del pueblo de Castaño [hoy, Castaño Primo], a 12 km. al SE de Oleggio, q.v. ["por mira a Oleggio"]), XIII, 470, 471
Castañola o Castañolla (v. Castagnola)
Castejón, Gil de (colegial del Viejo), XVIII, 76 (vitoreado en Salamanca)

Castejón y Fonseca, Diego de (obispo de Lugo, **1633-1636** [Gams, 47a])
- XIII, 157 y 453 (**1635**: gobernador del arzobispado de Madrid, y de Toledo en **1640**)
- XV, 452 y XIX, 392 nota 452 (**1640-1643**: presidente del Consejo de Castilla, y desde **1643** obispo de Tarazona)
- XVI, 120, 380
- XIX, 392 nota 452 (corrección: m. en **1655**; v. XV, 380); 392 nota 452 (dice Gayangos que fue I marqués de Camarena, lo cual se explica en la nota que sigue)

Castejón y Fonseca, José de (sobrino del anterior; I marqués de Camarena [la Vieja]), XIX, 261, 335 (**1642**: concesión del título de marqués [de Camarena la Vieja, título que había pertenecido a la familia Sandoval por gracia de Felipe III en 1606]). [En XIX, 335 nota 1, Gayangos dice Caracena, error que corrige en XIX, 463 nota 335; según Julio de Atienza, *Nobiliario,* 822a, el título de marqués de Camarena la Vieja fue concedido a Diego de Castejón el 30 de sept., **1642**, y el real despacho fue expedido a su sobrino José de Castejón el 20 de enero, **1643**].

Castel, conde de Monte (v. Monte-Castel)

Castel de Oro (Nápoles), XIV, 276

Castel di Sangro, duque de (Fernando Caracciolo), XIX, 42 (**1647**: escapa de la turba en Nápoles que quiere ajusticiarlo)

Castel Gandolfo (residencia veraniega de los Papas, junto al lago Albano, a 20 km. al SE de Roma), XIV, 220 (por error, Castel-Pandolfo)

Castel Milhor (v. Castelmilhor)

Castel Robio (cerca de Alessandria de la Palla, al E), XIII, 372

Castel-Rodrigo, palacio de (en la Trinidad del Monte, en Roma), XIV, 117

Castel-Rodrigo, plaza de (en Roma), XIV, 113

Castel-Rodrigo, I marqués de (v. Moura, Cristóbal)

Castel-Rodrigo, II marqués de [probablemente desde 1621] (v. Moura y Cortereal, Manuel de)

Castel-Rodrigo, III marqués de [desde 1652] (v. Moura y Cortereal, Francisco de)

Castel-Rodrigo, mayordomo del II marqués de, XVII, a125-126 (carta del mayordomo)

Castel-Rodrigo, obispo de (en Roma), XIV, 113

Castel San Pietro (a 20 km. al SE de Bologna), XVI, 486

Castelar, conde de (v. Castellar, conde de)

Castelmilhor, conde de (Juan Rodrígues de Vasconcelos y Sousa; traición urdida en Cartagena de Indias)
- XVI, 124 nota 2 (**1641**: escapa del puerto de Cartagena de Indias), 472 (**1642**: intenta saquear Cartagena de Indias, q.v.), 473
- XVII, 186 nota 1 (en **1641**, preso por los españoles y sentenciado a m.; en **1642** logró fugarse y volver a Lisboa; en **1643**: en la jornada de la isla de la Providencia, q.v.; v. también Santa Catalina, isla de)
- XVIII, 311 (**1646**: gobernador de armas en la provincia de Entre-Duero y Miño)
- XIX, 243-244 (**1641**: intentaba apoderarse de Cartagena de Indias y proclamar al de Braganza) (v. Castellar, conde de, y también Rodrigues de Vasconcellos)

Castelnovo (v. Castilnovo, castillo)

Castelví, Jorge, XV, 408 (**1640**: coronel del tercio de Cerdeña); XVI, 397, 399, 402, 404, 408, 412; XVII, 128 (**1643**: preso en Rocroi); XIX, 264

Castelvillani, conde de, XVI, 131 (su capellán era Carlos Abstenio), 132 (**1641**: problemas con el embajador de Roma en Cataro)

Castellá, Galcerán de (capitán), XIV, 214 (m.)

Castellanía (Cataluña), XVII, 20

Castellar, IV conde de (Fernando Arias de Saavedra, capitán), XIII, 356 nota 1 (preso por los franceses; tuvo dos hermanos militares, Gaspar de Saavedra, q.v., y José de Saavedra, q.v.) (var: Castelar)

Castellar, Gregorio del (castellano del castillo de Santa Cruz, del puerto de Cartagena de Indias), XIV, 245, 246; XVI, 124 nota 2 (1641: acusado de dejar escapar al conde de Castelmilhor, Juan Rodríguez de Vasconcelos y Sosa, q.v.; la acusación fiscal se halla en el ms. H75, folio 607, de la BNM [XVI, 124 nota 2])

Castelló de Farfaña (a 6 km. de Balaguer), XVII, 480 (var: Castellón de Farfalla)

Castellón del Lago (v. Castiglione)

Castellós, Miguel (fiscal y regente del Consejo de la Cruzada), XVIII, 428; XIX, 438 nota 175 (variante: Castellote)

Castiglione (en el lago Transimeno, a 28 km. al oeste de Perugia), XVI, 448 (var: Castellón del Lago)

Castilnovo (castillo cerca de Nápoles), XIII, 106, 425; XIV, 276; XVII, 468; XIX, 23, 24, 29, 31, 36, 41, 57 (1647: se refugian aquí la esposa del Virrey español [el IV duque de Arcos, q.v.] y sus hijos), 58, 59, 94, 95 (el Virrey tiene junta aquí), 98

Castilnuovo (v. Castilnovo, castillo)

Castilnovo, conde de (v. Mascarenhas, Pedro)

Castilla, XIII, 18, 94, 157, 199, 239, 244, 295, 378, 479, 537
- XIV, 18, 62, 127, 131, 141, 185, 188, 325, 351, 416, 494
- XV, 50, 56, 63, 72, 109, 161, 192, 243, 258, 264, 283, 402, 412, 423, 424, 441, 443, 452, 453, 464, 471, 472
- XVI, 11, 12, 15, 22, 59, 94, 102, 103, 108, 111, 111, 112, 113, 115, 120, 122, 124, 140, 141, 142, 144, 148, 149, 150, 151, 152, 154, 155, 157, 158, 159, 160, 162, 163, 170, 174, 200, 201, 203, 210, 229, 234, 259, 268, 289, 290, 299, 302, 303, 313, 327, 329, 336, 343, 346, 437, 450, 451, 452, 453, 454, 455, 498
- XVII, ix, 36, 112, 190, 191, 194, 196, 210, 211, 302, 313, 340, 365, 368, 385, 393, 397, 402
- XVIII, xix, xxxii, 26, 31, 42, 58, 116, 134, 138, 186, 187, 196, 209, 229, 230, 233, 249, 258, 270, 276, 285, 366, 378, 397, 408, 411, 411, 496
- XIX, xiii, 21, 120, 121, 202, 240, 252, 307, 316, 323, 335, 347, 348

Castilla, Cámara de ("sección en cierto modo privilegiada del Consejo [de Castilla]," y también parcialmente autónoma; véase Janine Fayard, *Los miembros del Consejo de Castilla...*, pp. 22-23)
- Cámara: **consejeros**: XIII, 92 (**1634**: Francisco Antonio de Alarcón), 437-438 (**1636**: con el presidente del Consejo de Castilla, q.v., despidieron las Cortes, que harán lo que pide la Cámara), 528 (**1636**: Juan de Chaves y Mendoza); (**1636**: Niccolò Ludovisi, duque de Fiano y virrey de Aragón y de Sardinia [v. S. Miranda, genealogía al pie de la ficha de Ludovico Ludovisi, hermano suyo]); XV, 179 (**1639**: el marqués de la Puebla), 199 (José González); XVI, 22 (**1640**: los obispos de Almería, electo de Badajoz, de Málaga, de Córdoba, y electos de Burgos y de Sigüenza); XVII, 5 (**1643**: el Rey llama para cierta consulta a Francisco Antonio de Alarcón, Antonio Ruiz de Contreras y Antonio de Campo Redondo; no a José González ni Juan de Ipeñarrieta ni Luis Gudiel), 374 (el conde de Peñaranda se marcha a Alemania por embajador), 404 (Francisco Antonio de Alarcón), 411-412 (**1644**: decreto Real), 442 (Luis Gudiel reemplaza al de Peñaranda para acompañar al Rey), 470 (vaca la plaza de Francisco Antonio de Alarcón), 475 (el már-

qués de la Puebla recibe dos llaves de la Cámara)
- Cámara: **oidores:** XIII, 92 (1634: m. Francisco de Tejada; sucedióle Francisco Antonio Alarcón), 528 (1636: Juan de Chaves y Mendoza, oidor de la Cámara y del Consejo de Castilla); XVIII, 6 (1643: Gaspar de Bracamonte; v. el Consejo de Castilla), 265 y XIX, 370 (1646: Antonio de Contreras; v. el Consejo de Castilla); XIX, 141 (1647: José González; v. los Consejos de Hacienda y de Castilla)
- Cámara: **secretario:** XV, 258 (1639: Sebastián de Contreras se retira a Tordesillas); XVI, 379 (1642: Jerónimo Canencia)
- Cámara: **varia:** XVI, 489 (1643: "se publicó el nombramiento que S.M. ha hecho en la Cámara, de arzobispo de Toledo en el señor cardenal [Gaspar de] Borja [y Velasco]," q.v.), d499-501 (recepción del "decreto de S.M. separando de su persona al Conde-Duque de Olivares..." [texto]); XVII, 1 (1643: Su Majestad habló a la Cámara sobre el referido decreto), 36 (decreto del Rey que en la Cámara se haga la votación pública, y no secreta por escrito); XIX, 189, 300

Castilla, Consejo de, XIII, 157, 218, 244, 278, 324, 380, 381, 448, 528, 529, 539
- XIV, 34, 46, 62, 89, 103, 138, 144, 185, 188, 261
- XV, 2, 71, 199, 282, 298, 313, 325, 412, 465
- XVI, 185, 174, 215, 216, 221, 223, 234, 284, 314, 367, 505
- XVII, 11, 25, 33, 34, 35, 36, 57, 66, 68, 78, 96, 105, 110, 110, 118, 133, 152, 197, 230, 280, 345, 374, 404, 442, 446, 470, 474, 475, 497
- XVIII, 4, 6, 7, 14, 38, 86, 94, 119, 130, 135, 137, 139, 158, 199, 212, 216, 224, 229, 233, 265, 291, 302, 330, 372, 398, 460, 479, 488, 502
- XIX, 2, 120, 126, 129, 141, 143, 150, 189, 318, 368, 370, 375 nota 110, 392 nota 452, 403 nota 349, 435 nota 94, 463 nota 335 (v. Juntas)

Castilla, Consejo de (sobre el Consejo y sus miembros, v. la documentación muy completa en el libro de Fayard)
- Consejo: **presidentes o gobernadores:**
- **abril, 1633** hasta **dic., 1639:** Fernando de Llano y Valdés, q.v., arzobispo de Granada (XV, 380 [m. dic., 1639: fecha correcta]), 381, 386; XIX, 392 nota 452 (m. 1643: error); XV, ix
- XIII, 9 (**1634:** según una gaceta, son candidatos: García de Haro y Avellaneda, q.v., y Juan de Chaves y Mendoza, q.v. [tiene que ser chisme: es indudable que Llano y Valdés era presidente de 1633 a 1639: Fayard, 234]), d324 ("Carta del corregidor de Valladolid para el señor presidente de Castilla, Juan Queipo de Llano" [el autor confunde el presidente, Fernando de Llano y Valdés, con su padre o su abuelo o su tío abuelo, homónimos los tres; v. Fayard, 233-236]), 437 (con la Cámara, se despiden las Cortes, como de costumbre)
- XIV, 62 (**1637:** queja de los alguaciles), 69, 91 (el gobierno de la Reina, caso de ausentarse el Rey), 103, 132 (el candidato: el cardenal Gaspar de Borja y Velasco, q.v. [chisme: "unos dicen..., otros..."), 136, 144 (representaciones al presidente sobre la peste en Málaga), 296
- XV, 168 (**1639**), d282 (billete del Conde-Duque), 380 (1639: m. Fernando de Llano y Valdés), 386-387 ("hace oficio Juan de Chaves y Mendoza, por ser el más antiguo"; por la cita de la p. 334, léase 380), 423 (el cardenal Borja, para gobernador)
- **enero, 1640** hasta **mayo, 1640** (XV, 386-387: Juan de Chaves y Mendoza, q.v. En enero de 1640 se dijo que los dos favoritos para la Presidencia del Consejo de Castilla eran el obispo de

Sigüenza, Fernando de Andrade y Sotomayor, q.v., y el de Cartagena, Francisco Manso y Zúñiga, q.v.; v. XV, 381)
- **junio, 1640** hasta **marzo, 1643** (Diego de Castejón y Fonseca, q.v. [XIX, 392 nota 452, 407 nota 377, 463 nota 335])
- XVI, 20 (**1640**), 86 (testamentario del Cardenal-Infante Fernando de Austria, q.v.), 243 (**1642**: visita de Enrique Felípez de Guzmán, q.v.), 292 (convocó a los superiores de las religiones), 345 (el cardenal Borja, q.v.), 380 (sátira)
- XVII, 5 (**1643**: posibles candidatos para la presidencia: el conde de Castrillo, Juan Chumacero y el obispo de Plasencia [Diego de Arce Reinoso, q.v.]), 33-34 (el Rey no quiere que continúe Castejón, y le ofrece el obispado de Tarazona), 57 (Castejón acepta por fin dicho obispado)
- **marzo, 1643** hasta **julio, 1648**, Juan Chumacero Carrillo y Sotomayor, q.v. [XIX, 189, sobre la sucesión en 1648, y 392 nota 452]); XVII, 57 (**1643**: parece cierto que se le nombrará presidente);
- **julio, 1648** hasta **dic., 1661**: Diego de Riaño y Gamboa, q.v.
- XVIII, 38, 468 (**1647**: recibe orden de despedir las Cortes, como de costumbre) XIX, 189 (**1648**: Chumacero ya no es presidente)
- XIX, 191-192 (el papel del Presidente en la prisión del duque de Híjar, q.v.), 226 (sobre el de Híjar, v. Consejo: consejeros), 261 (su sobrino, José de Castejón, q.v.)
- Consejo: **consejeros**: Antonio Chumacero (1632-1636: Fayard, 242); XIII, 218 (**1635**: Antonio de Contreras y José González), 381 (**1636**: Melchor de Teves); XIV, 185 (**1637**: sirven algunos en una Junta sobre Portugal, entre ellos Juan de Chaves y Mendoza y Francisco Antonio de Alarcón); XV, 71 (**1638**: algunos consejeros salen "para hacer gente"), 78 (Juan de Chaves y Mendoza), 465 (**1640**: Luis de Gudiel, q.v.; preside una junta); XVI, 172 (**1641**: Alonso de la Carrera), 215 (Juan de Larrea; Gregorio de Mendizábal), 216 (**1642**: Domingo de Ceballos; Pedro de la Riga), 223 (m. cinco consejeros en pocos días); XVII, 11 (**1643**: Pedro Pacheco, q.v.), 105 (junta del Rey para juzgar el *"Nicandro": Juan Chumacero, el conde de Oñate, el marqués de Castañeda, Francisco Antonio de Alarcón y Pedro Pacheco; v. XVII, 110, 118, 133, XIX, 414 nota 105 y la ficha de cada individuo), 345 (Pedro Pacheco salió a levantar gente en Toledo y su tierra; v. Crosby, *Nuevas cartas...*, p. 46), 374 (el conde de Peñaranda se marcha a Alemania), 404 (Francisco Antonio de Alarcón), 442 (**1644**: Luis Gudiel reemplaza al de Peñaranda para acompañar al Rey), 470 (vaca la plaza de Francisco Antonio de Alarcón); XVIII, 7, 86 y 135 (**1645**: Antonio Ronquillo), 14 (Juan Bautista de Larrea; el conde de Peñaranda; posiblemente Lorenzo Ramírez [oidor de Indias] y el fiscal Juan de Morales), 213 (Francisco de Robles de Villafañe), 216 (**1646**: Lorenzo Ramírez de Prado y Juan de Ipeñarrieta); XIX, 2 (**1647**: Francisco de Soler), 226 (**1648**: eran consejeros Pedro de Amezqueta, Bernardo de Ipeñarrieta, Martín de Larreátegui, Francisco de Robles Villafañe y Melchor de Valencia, que firmaron la sentencia del duque de Híjar), 399 nota 237 (Juan Federiqui; no se halla en los índices de Janine Fayard)
- Consejo: **fiscales**: XIII, 116 (**1634**: el fiscal asiste al inventario de bienes de Fadrique de Toledo), 244 (**1635**: Cristóbal de Moscoso); XVI, 215-216, 234 (Juan de Larrea [var: de la Rea]; Diego de Altamirano), 284 (m. Diego de Altamirano, "con poca ha-

cienda mas con grande reputación de letrado y santo"), 314 ("Apretóse mucho el donativo,... que a Diego de Altamirano...le pidieron 7.000 de plata, y dijo no los tenía; que le apretó mucho el Presidente y después el Conde[-Duque], y este último aprieto...le dio un tabardillo de que m., malográndose uno de los mejores sujetos de este tiempo"); XVII, 133 (acusación del fiscal contra el *"Nicandro"); XVIII, 6 (probablemente Juan de Morales; véase "oidor"), 213 (Juan de Morales), 229 (en 1646, [Pedro de] Velasco, q.v.), 233 (la Cámara propuso a Antonio de Lezama para fiscal del Consejo de Castilla, y el Rey lo rechazó)

– Consejo: **oidores**: XIII, 528 (**1636**: Juan de Chaves y Mendoza), 529, 539; XIV, 188 (**1637**: sobre cobrar dos millones de recargos), 261 (Pedro Marmolejo, se le manda desterrar a los noveleros y los amancebados); XV, 199 (**1639**: José González, oidor y de la Cámara, recibe el hábito de Santiago); XVI, 174 (**1641**), 185, 215 (**1642**: Diego Riaño de Gamboa); 221 y 223 (m. Sebastián Zambrana y Alonso de la Cabeza [sic; ¿será Carrera?]; XVII, 152 (**1643**: Gregorio de Mendizábal hizo una leva de gente en Córdoba, y se le escaparon), 230 (Pedro Girón), 446 (**1644**: Gregorio de Mendizábal: vigilará la observancia de las reformas de las comedias), 497 (Pedro de Tapia, oidor, q.v.); XVIII, 4 y 6 (**1645**: m. Juan Bautista de Larrea; se cree que se le dará la plaza al fiscal Juan de Morales; Gaspar de Bracamonte va de embajador de las paces a Alemania, y conserva sus gajes; v. la Cámara), 89, 103 (se prende a Francisco de Borja), 130 y 135 (Bartolomé Morquecho se marcha para Sanlúcar), 158 (Pedro de [la] Vega, muy enfermo), 199, 233 (Dr. Pareja), 265 (**1646**: Antonio de Contreras; véase la Cámara), 398 (Fernando Pizarro); XIX, 2 (en **1647**, [Pedro de] Velasco, q.v.), 141 (José González; v. Hacienda y la Cámara), 370 (Antonio de Contreras; véase el Consejo de Castilla)

– Consejo: **relator**: XV, 313 (un tal Bravo, que le mató un marido)

– Consejo: **secretario**: XIV, d422

– Consejo: **varia**: XIII, 38 (**1634**: junta sobre la prisión del duque de Aerschot); 40 (sobre el duque de Aerschot), 46 (relato de un preso francés), 139 (**1635**: las coronelías de algunos nobles), 157-160 (carta sobre la madre Luisa de la Ascensión), 200 (sobre un francés), 277-278 (reunión sobre el duque de Aerschot), 323 (queja sobre el tratamiento de los criados), 380-381 (**1636**: dos decretos reales que "causaron silencio y encogimiento" [véase Teves, Gaspar de]), 448 (la apelación en los tribunales; véase Juan de Castilla); XIV, 34 (**1637**: sobre un suceso de Pamplona y las quejas de los de Navarra), 46 (recibe el cargo de la Junta de Sellos, q.v.), 62 (recibe una queja de los alguaciles), 89 (los sermones del P. Agustín de Castro), 138 (el Rey perdona a un labrador); XV, 2 (**1638**: la parte ofendida de un asesinato pidió juez al Consejo de Castilla), 325 (**1639**: donación para mejorar el Retiro), 412 (**1640**: destierro de José Vázquez a Valencia, q.v.); XVI, 367 (**1642**); XVII, 35 (**1643**: S.M., por el Consejo, prohibe la venta de cualquier hábito), 36 (manda S.M. que la votación en el Consejo no sea secreta sino pública), 68 (los parientes del IX duque de Medina Sidonia piden gracia al Rey, con el apoyo del Consejo); 110 (el Rey señala tres jueces del Consejo para averiguar el "*Nicandro" [v. XVII, 105]), 196-197 (un "caballero de la Compañía", preso en Salamanca; los parientes le reclaman en el Consejo), 199 (secretario del presidente del Consejo), 280; XVIII,

38 (**1645:** se manda castigar a los amancebados), 71 (Luis del Castillo, q.v., preso, se queja al Consejo), 139 (avisos de la frontera con Portugal), 149 (la causa de Diego Caballero), 224 (**1646**), 302 (Pedro de Velasco, q.v., fiscal, se ha querellado contra los alcaldes de Granada, que salen hoy desterrados; v. p. 372), 330-331 (el [IX] duque de Gandía, q.v., apela al Consejo sobre la herencia de su tío, el cardenal Borja, q.v.), 372 (el Consejo llamó al arzobispo de Granada, q.v., "por haber ido contra el orden" [era Martín Carrillo, q.v.; sobre los alcaldes, v. la p. 302]), 479 (**1647:** en el Consejo, un acusado tenía "tantos valedores que le favorecieron que se ha detenido la causa"), 502-503 (Gregorio de Mendizábal)

Castilla, Cortes de, XVIII, 174, 209
– grandes de, XVI, d289-290
– guardia de, XV, 258 (de cuatro capitanes; v. Pastrana, IV duque de)
– nobleza de, XIX, 405 nota 377, 409 nota 377, 419 nota 292, 462 nota 264
– presidencia de (v. Castilla, Consejo de: presidentes)
– provincia, XIII, 434
– provincial de, XVIII, d366-367
– reino o reinos de, XIII, 74, 108

Castilla, adelantado de, XIII, 291 (1635: el duque de Lerma)
– almirantazgo de: secretario (v. Biguinote, Juan)
– Almirante de (1585), XVII, ix

Castilla, VIII Almirante de (Luis Enríquez de Cabrera, IV duque de Medina de Ríoseco), XIII, 367, nota 1 (nota correcta); XIX, 189 nota 1 (esta nota no se refiere al Consejo de la Cámara, sino al Almirante, citado en la última línea de la página; no se trata del VIII ni del IX Almirante, m. los dos antes de 1648, sino del X, Juan Gaspar Enríquez de Cabrera, q.v.)

Castilla, IX Almirante de (Juan Alfonso Enríquez de Cabrera y Colonna, 1597-1647, V duque de Medina de Ríoseco y grandeza de España de primera clase, conde de Melgar, Osona, Módica y Rueda; mayordomo mayor del Rey y gentilhombre de la Cámara; de los Consejos de Estado y Guerra, y virrey de Nápoles; casó con Luisa de Padilla Sandoval y Padilla, q.v. [XV, 20, 24, 32, 54; XIX, 427-428 nota 468, 454 nota 485; XIII, 368 nota 4, que resulta errónea: ella no era hija del duque de Cea])
– XIII, 7 (**1634:** cuadrillas en Madrid), 91 nota (el Almirante había sido privado del infante don Carlos, hermano de Felipe IV, m. en 1632), 106 (salió desterrado con otros cinco más, por no haber levantado las coronelías mandadas), 109 (volvió a Madrid a un pleito, pero le hicieron salir de la corte), 157 y 166 (**1635:** el P. Antonio de Herrera, q.v., viene el Sábado Santo a su oficio de confesor del Almirante), 225 (asesinato de Martín de Guevara, q.v., residente en la casa del Almirante), 361 (**1636:** "de parte de S.M.", salió a Alcalá a recibir al cardenal Borja), 368 nota 4 (me parece errónea), 375 (partirá pronto para visitar las fronteras de Francia), 427 (a Vizcaya a fortificar los puertos), 506 (queda por virrey de Navarra), 525 (entró con gente en Francia), 536 (gobernará el ejército con las órdenes de S.M.)
– XIV, 26 (**1637:** el Almirante salió a recibir al Cardenal Borja, con toda la corte), 39 (y 64, 292 [**1638**] y 300-301: en unas grandes fiestas el Rey llevó por maestre de Campo al Almirante y al duque de Híjar), 212 (pidió permiso al Rey "para ir con sus armas a hacer otra entrada" [en Francia]), 320 (**1638:** se excusó por virrey de Navarra y general de Guipúzcoa), 322 y 324 (sortija con premios en el Retiro), 335-336 (mojigangas y máscaras; el Almirante vestido de mujer), 362, 454 ("anoche partió el Al-

mirante,..."), 457 ("la determinación de S.M. es no sólo echarlos [a los franceses] de la provincia, pero de hacer nueva entrada en Francia,... El Almirante parte...por capitán general"), 458-459, 462, 477, 484 (el Almirante ha llegado a Fuenterrabía, q.v.), 494, 499 (los franceses defienden a Fuenterrabía)
- XV, 5-6 (**1638**), 7-8 (los franceses tuvieron que retirarse dos veces, y los españoles ganaron dos puestos), 17 (los españoles se acercan a las trincheras de los franceses), 18-19, 20-33 (carta detallada de Diego de Garay sobre la victoria de Fuenterrabía; sobre el Almirante, 20-22 y 27-33), 33-40 (*Relación del socorro* de Fuenterrabía, por Diego de Garay; sobre el Almirante, 34-35), 40, 42-43, 52 (el papel del Almirante en los preparativos del asedio), a54 (anuncia muy brevemente a su mujer la victoria y le dice que "yo me voy a cenar a Fuenterrabía"), a55-56 (la correspondencia y las mercedes que repartió el Almirante a sus oficiales y capitanes), 61, 68, 72-74 (se nombra al Almirante en los títulos de muchas relaciones), 76, 77 y 79-80 (mercedes), 84 y 97 (licencia para venir a Madrid), 102-103 (recibimiento y mercedes), 108-109 (entrada y recepción por los Reyes), 159 (se ha excusado de las mercedes; prefiere "servir a S.M. en la Cámara"), 175 (**1639**: se ha disgustado con el Conde-Duque y "se quiere retirar a Valladolid"), 178 (le aprietan para aceptar el virreinato de Valencia, y "está ya más blando", y pide el Consejo de Estado), 181-183 y 185-186 (mediante el Conde-Duque, el Rey ofrece tres grandes mercedes al Almirante, pero él no acepta sino una; luego el Rey ofrece cinco muy grandes mercedes al Conde-Duque, por lo de Fuenterrabía), 194, 219 (el Rey no quiso hacer al Almirante mayordomo mayor), 312 (se atrevió a decir a la Reina, "mejor se hizo en Fuenterrabía que en Salsas"), 398 (**1640**: se cree que han de obligar al Almirante a "ir a Valencia con el Consejo de Estado, que lo desea con ansia", 436, 451
- XVI, 95 (**1640**: hecho virrey de Sicilia), 478 (**1642**: enfermo; gobierna Sicilia el príncipe de Paternó)
- XVII, 172 (**1643**: dicen que será virrey de Nápoles), 315 y 373-374 (virrey de Nápoles, y quizá mayordomo mayor del Rey), 445 (**1644**: pasa de Sicilia a gobernar a Nápoles), 451 (en Nápoles), 457 y 471 (de Nápoles y de Sicilia se abastece a Cataluña), 462 y 468 (Liche, el duque de Medina de las Torres, dilata pasar los despachos de Nápoles al Almirante [v. XIX, 427])
- XVIII, 63 (**1645**: gobernador de Milán, para facilitar las asistencias de gente y dinero de Nápoles), 257-258 (**1646**: el IV duque de Arcos, q.v., está en Italia y pasa a Nápoles como virrey), 265 (el Rey ordena que se visite a los que fueron virreyes de Nápoles, y ordena que entretanto se vayan a sus estados), 285 (el Almirante hizo su entrada de campaña en Roma), 294 (el papel del Almirante en los negociaciones sobre un cardenalato para Torrecusa), 295, 298 (sobre los padres visitadores para las provincias), 299 y 319-323 (sobre las relaciones con los cardenales en los detalles de la entrada del Almirante en Roma), 336 (a punto de marcharse de Roma), 336 y 339 (su ida a Loreto, Venecia y Milán), 344 nota 1 (la "Relación de la solemne entrada del Almirante en Roma"), 372-373 (los pasajeros distinguidos que quieren ir con el Almirante en el viaje por mar), 398 (el Almirante ha aceptado traer la Princesa [de Cariñán] de Milán a España), 417 (en octubre llegaron a Denia), 462 (**1647**: mayordomo mayor del Rey; enfermo de retención de

orina, sin remedio; "causa grande lástima, porque es el caballero más bien quisto que se ha conocido en la corte años ha", 465-466 (m., "con grande sentimiento de todo el pueblo, de quien era muy estimado;" el Rey "visitóle en su enfermedad dos veces y amábale tiernamente"; le hizo grandes mercedes; enterróse en los Capuchinos, q.v., y el túmulo fue "grandemente ostentoso")
- XIX, 86 (**1642:** "los gastos forzosos del reino,...antes que saliese el Almirante", 309 (**1642**), 335, 427-428 nota 468

Castilla, X Almirante de (Juan Gaspar Enríquez de Cabrera, hijo del anterior, duque de Medina de Ríoseco y grandeza de España de primera clase; conde de Melgar, casado con Elvira de Toledo Ponce de León; en 1647 heredó los títulos de su padre [XVIII, 485])
- XIII, 98 (**1634:** capitulaciones con la hija segunda del duque de Lerma)
- XV, 76 (**1638:** llevó la Infanta al bautizo), 159
- XIX, 63 y 73 (**1647:** banquetes fastuosos), 75-76 ("tan mozo"), 118-119 (preso porque su cochero no hizo caso a otro), 124 y 128-129 (el Almirante resiste una resolución), 189 (**1648:** "Toreó el [X] Almirante de Castilla muy bien con el rejón" [la nota 1, sobre "Luis Enríquez de Cabrera", se refiere a "Luisico", la segunda palabra del último párrafo de esta página, y se colocó por error junto a la cita de un Consejo; "Luisico" era en 1648 el hijo del X Almirante, joven que se llamaba Luis Enríquez de Cabrera y Toledo (García Carraffa, XXXI, 61), el que "fue ayer a ver los toros" y a ver torear a su padre]), 190 (rejoneador), 454 nota 485

Castilla, VI Condestable de (Juan Fernández de Velasco y Guzmán, V duque de Frías, VII conde de Haro y III de Castilnovo, grande de España, Capitán general y gobernador de Milán en 1599, del Consejo de Estado y Presidente del de Italia; casó en segundas nupcias con Juana de Córdoba y Aragón; m. 1613 [Mogrobejo, Endika de, VI, 224]), XVII, xii, xviii

Castilla, VII condestable de (Bernardino Fernández de Velasco, VI duque de Frías, quien heredó en 1613 los títulos de su padre y era además Camarero mayor, Copero mayor, Cazador mayor y gentilhombre de la Cámara del Rey; virrey de Castilla, caballero de Santiago desde 1611 y comendador de Yeste, q.v. y de Taybilla, q.v., en dicha Orden; en 1624 casó con Isabel María de Guzmán, hija de los marqueses de Toral [m. en 1640], y en segundas nupcias con María Enríquez Sarmiento [v. Frías, duquesa de], hija de los condes de Ribadavia; murió el Condestable en 1652 [Mogrobejo, Endika de, VI, 225; Álvarez y Baena, José Antonio, I, 226-227])
- XIII, 7 (**1634:** cuadrillas), b444 (**16-36**), 482 (su mujer recibe la encomienda de Diego Pimentel, marqués de Gelves, q.v.)
- XV, xii (coplas satíricas), 192 (**1639**), 441 (**1640:** se le manda vaya a gobernar cuatro villas con el título de general de la gente de Castilla), 478 (m. de repente su esposa, Isabel María de Guzmán, q.v., hermana del duque de Medina de las Torres, q.v., e hija del I marqués de Toral, q.v.)
- XVI, 210 (**1641:** su hija, Juana de Velasco), 211 (perpetuo su oficio de Montero Mayor), 230 y 233 (**1642:** el matrimonio de su hija mayor, Juana de Velasco, con Enrique Felípez de Guzmán, hijo adoptivo del Conde-Duque), 231, 233, 236, 240, 241, 242, 290 (mencionado en versos en la corte), 306, 364, 381, 393 (en Fraga), 418, 421, 428 (ataca a los franceses que han ocupado el castillo de

Monzón), 447 (le obligan a dejar el puesto), 475
- XVII, xii, 2, 198 y 231 (**1643**: le ha hecho el Rey gobernador de Sanlúcar de Barrameda con título de virrey de la costa de Andalucía de tres en tres años), 452, 470
- XVIII, 8 (**1645**: "va por virrey de Valencia"), 14 (quiere apurar el casamiento de su primogénito, el conde de Haro, con la hija del marqués de Priego), 86 (virrey de Sicilia), 126, 128 (testamentario del Conde-Duque en Sanlúcar), 134 (m. su hija), 136, 148 (gobernador y capitán general del estado de Milán), 164, 197, 244 (**1646**), 276, 299 (en el Casal), 304, 312, 373, 386 (combate en Piamonte), 398, 457 (**1647**), 469 (su hijo segundo se casa con la hija mayor de la III marquesa de Jódar, q.v.), 471, 486
- XIX, ix, 8 (**1647**: toma Nizza de la Palla), 17, 21, 63 (para sitiar el Casal), 68, 70, 80 (le dan licencia para volver a España), 83, 85 (pide ayuda económica y gente), 88, a144-147 (carta al Rey desde Milán), 156 (**1648**: boda de su nieta), 165 (el marqués de Fresno, su hermano), 211, 252 [en este año volvió a Madrid] (**1642**), 259 (a socorrer el castillo de Monzón), 271, 408 nota 377 (en la sátira de referencia [XVI, 381, de 1642], no se trata de Íñigo, futuro VIII condestable, sino de Bernardino, VII condestable hasta su m. en 1652), 425 nota 438 (Bernardino era el VII condestable, no el VIII [Endika de Mogrobejo, VI, 225]), 432 nota 14, 453 nota 469

Castilla, VIII condestable de (Íñigo Melchor Fernández de Velasco, nacido c. de 1635; heredó los títulos de su padre en 1652, incluso el de VII duque de Frías, pero al no tener hijos varones, su título pasó a su sobrino, el hijo de Francisco Baltasar Fernández de Velasco y Tovar, quien en 1645 se casó con Josefa Fernández de Córdoba, hija del V marqués de Priego, q.v., y en segundas nupcias con María Teresa de Benavides Dávila y Corella; m. 1696 [Endika de Mogrobejo, VI, 225]), XIX, 408 nota 377 (v. la ficha correspondiente del VII condestable), 432 nota 14

Castilla, Infanta de, XVI, 123 (negociaciones sobre su retorno a España)

Castilla, padre, XIV, 158 (hermano de Juan de Castilla, q.v.)

Castilla, PP. de, XIII, 376

Castilla, rey de (el de España), XVI, 153; XVII, 276, 445

Castilla, reyes de, XIX, 3

Castilla, P. Diego, XVI, a167-173

Castilla, P. Francisco de, S.J., XIII, 274; XIV, 82, 158, 333, a334n1, 490; XVI, 20; XIX, 224 (acompaña al reo Carlos de Padilla)

Castilla, Juan de, XIII, 448 (hermano del P. Castilla, q.v.; paje de Felipe IV; corregidor de Madrid), 459; XIV, 158 nota (se casó con la viuda del II marqués de Lanzarote, q.v.)

Castilla y Aragón, rey de (Felipe IV) XVII, 481

Castilla y León, Gran Prior de, XVII, 287

Castilla la Nueva, XVI, 88

Castilla la Vieja, XIV, 206, 212; XV, 74, 344; XVI, 88, 333, 441; XVII, 38; XVIII, 123, 131, 141

Castilla la Vieja y Galicia, gobernador de (Enrique Pimentel), XIX, 391 nota 393

Castilleja (nombre de tres pueblos entre 3 y 28 km. de Sevilla), XVI, 250

Castillo, el, XIV, 341 (en el Finale Ligure, q.v.); XV, 150 (nombre de un grupo de cuatro danzadores, "por otro nombre, Destripaterrones", q.v.)

Castillo, gobernador del, XVI, 453 (se refiere al castillo de San Felipe, en Lisboa, rebautizado como de San Juan en 1642)

Castillo real (de Vincennes), XV, 75

Castillo, padre, S.J., XVI, 224; XVIII, 196

Castillo, Alonso de (bailío de Lora [q.v.] en la Orden de San Juan [de Jerusalén]) XV, 185 (misión en Inglaterra), 434 y 442 (1640: gobernador y capitán general de Asturias); XVII, 233 (véase XIX, 419 nota 232), 235 (1643: era mayordomo de la Reina); XIX, 149 (m. 1647)

Castillo, Francisco del (conde de Aguilar) XVI, 9; XIX, d12 (error por Francisco de Castro, q.v.)

Castillo, García de, XIV, 460 (en el desafío entre el duque del Infantado y Jaime de Cárdenas)

Castillo, Juan del (del Consejo de Hacienda), XIII, 514 (1636: m.)

Castillo, Luis del (secretario del IX duque de Medina Sidonia, q.v.; en 1645, preso en la torre de la Cárcel de la corte), XVIII, 40, 61, 71, 123, 141 (v. Crosby, *Nuevas cartas...*, carta 6, nota 11, p. 206)

Castillo nuevo, Sr. del (v. Aubespine, marqués Carlos de l')

Castillón, P., S.J., XVIII, 174

Castiolo (N de Italia), XIV, 163 (Martín de Aragón lo sitió, y se rindió)

Casto, licenciado Fernando del, XVI, a267 (desde Mérida), a283

Castres (a 65 km. al E de Toulouse), XVI, 239

*Castrillo, II conde de (García de Haro y Avellaneda, de los Consejos de Estado, Guerra y Castilla, y de la Cámara de éste; Presidente de los Consejos de Hacienda y de las Indias, y de la Cámara de éste; Felipe IV le encargó editar el relato honorífico de las honras y exequias de la reina Isabel de Borbón, quien murió el 6 de octubre de 1644; véase a continuación en la Bibliografía el libro titulado *Pompa funeral, honras y exequias...*, así como el excelente resumen biográfico de la profesora Janine Fayard, titulado *Los miembros del Consejo de Castilla (1621-1746)*, 144 (las cartas de los Jesuitas no siempre concuerdan con los documentos del Archivo Histórico Nacional)

– XIII, 6 (**1634**: presidente del Consejo de Indias), 9, 90 (enviado a Flandes), 277, 434

– XIV, 46 (**1637**: en Sevilla para pedir donativo), 167 (se opone a que Hoces viaje a Flandes), 412 (**1638**: le harían virrey de Sicilia), 429 (capitulaciones de boda de su heredera)

– XV, 116, 179 (**1639**: embajador en Roma), 180, 402, 434 (**1640**: mayordomo mayor del Rey; véase Elliott, *The Count-Duke,* 642, y Crosby, *Índice de apellidos, títulos y oficios...*), 467

– XVI, 57 (suplica al Rey no se vendan los oficios de las Indias), 81, 86, 89 (su hijo, Luis de Haro y Paz), 124 (**1641**), 238 (**1642**), 314, 364 (superintendente de la hacienda real), 378, 382, 432 (consultado sobre la baja de la moneda)

– XVII, 2 (**1643**), 5 (posible nuevo presidente de Castilla), 26, 27, 57, 80 (memorial sobre los ministros a los que el Rey ha reparado) 86, 120, 307, 387, 437 (**1644**: uno de los jueces de capa y espada en el caso de Leganés), 446 (presidente del consejo de Indias), 474 (del Consejo de la Cámara en Indias; el Rey le favorece), 499 (encargado del funeral de la reina Isabel)

– XVIII, 6 (**1645**: nombrado oidor en Filipinas), 16 (gobernador en ausencia del Rey), 67, 225 (**1646**), 231, 241, 271 (hecho grande personal y del Consejo de Estado), 291 (de la cámara del Rey), 343, 433 (sale a disponer la armada), 434 (dan a un hijo suyo el hábito de Calatrava), 439

– XIX, 132 (**1647**: nombran a un hijo suyo fiscal de Órdenes), 165 (su hija se casa con el marqués de Aguilar), 189 (**1648**: no acepta la presidencia de Castilla; prefirió la de las Indias), 310 (**1642**: presidente de Hacienda), 347, 393 nota 464, 399 nota 237, 405

ÍNDICE ONOMÁSTICO

nota 377, 425 nota 438, 431 nota 501, 435 nota 94, 444 nota 328, 451 nota 427

Castrillo, condesa de (Inés María de Haro y Avellaneda, hija del II conde; casó con Alonso Melchor Téllez Girón, Pacheco y Mendoza, hijo segundo de los condes de Montalbán; m. antes de su padre), XIX, 22, 425 nota 438

Castrillo, P., XVI, 224

Castrillo, presidente (véase Castrillo, II conde de)

Castro, ducado de [en Lazio, región central de Italia, que limita al oeste con el mar Tirreno, con Toscana al norte, y en el sur abarca Roma; la ciudad de Castro se hallaba en el valle del río Olpeta, al oeste del lago de Bolgena; el ducado pertenecía en parte al duque de Parma y Piacenza, Odoardo Farnese (pariente del cardenal Farnese, q.v.), y en parte a la Cámara apostólica, de la que era el feudo más importante por su extensión y su economía; la disputa entre el Papa y el Duque les llevó a las armas; en 1643, Venecia, Génova y los ducados de Florencia y Módena se aliaron con Odoardo, y en 1644, derrotado el ejército del Papa al mando del general Taddeo Barberini, q.v., el tratado de Roma devolvió al Duque los ducados de Castro y de Ronciglione (véanse las fichas de "Barberini, los cardenales", "Barberini, Antonio, *iuniore*", "Barberini, Francesco", "Barberini, Taddeo", "Módena, duque de", "Spada, cardenal Bernardino", y especialmente "Parma, duque de: Odoardo Farnese", así como Crosby, *Nuevas cartas*, núms. 12:4-14, 20:24-27 y 28:19-30 y las notas)]

- XIV, 378 (**1638**: van mal las negociaciones detalladas entre el duque de Parma y los Barberinis)
- XVI, 200 (**1641**: Taddeo Barberini, general de la Iglesia, q.v., tomó el ducado de Castro, y amenazó invadir el Parmesado), 214 (el Papa encaminó su ejército hacia Bolonia, feudo del duque de Parma), 466 (**1642**: el ejército del duque de Parma pasó cerca de Bolonia y por la Romaña, y está en tierras del gran duque de Florencia a cinco millas de Castro), 477 (se dice que el Duque tenía sitiada a Bolonia), 483 (Venecia, Florencia, Módena, Parma y Génova han hecho liga contra el Papa, con el de Parma por capitán general, que amenaza a Bolonia, muy agraviado porque el Papa le quitó el ducado de Castro y el palacio de los Farneses en Roma), 485-488 (relación de la campaña del duque de Parma por la Romaña)
- XVII, 153-154 (**1643**: los de la Liga presentan una demanda al Papa, y los Barberini se dan cuenta de sus errores)
- XVIII, 429 (**1646**: tropas papales en el ducado de Castro "para asegurarle de franceses")
- XIX, 356 (**1642**: el de Parma declara los agravios que le ha hecho el Papa) (var: Lacio; Edoardo Farnesio; Castro, condado de; estado de; principado de)

Castro, guerra de (v. la ficha anterior)

Castro, Almirante ("general de la escuadra de Galicia; convidado todos los días del [II duque] de Ciudad Real, q.v.), XVI, 61 (1640)

Castro, conde de (Francisco Domingo Ruiz de Castro, Andrade y Portugal, 1579-1637; hermano segundo del VII conde de Lemos. A la m. de éste sin sucesión en 1622, sucedió a sus títulos como VIII conde de Lemos, q.v.).

Castro, condesa de (española; m. 1643, sin hijo varón de su matrimonio actual), XVII, 197 (un hijo de otro matrimonio era marqués de Jódar, q.v., y heredó el estado del marqués de Caramasa)

Castro, Fray Agustín de, benedictino (nombre religioso del VIII conde de Lemos, q.v., que en 1629 entró en la

Orden de San Benito en Valladolid; m. en septiembre, 1637), XIV, 128-129 y la nota 2 (**1637**: perseguido largamente y con impertinencia por el general de su Orden, Fr. Alonso de San Víctor); XIX, 390 nota 320 y 414 nota 99 (identificación biográfica)

*Castro, P. Agustín de, S.J. (predicador del Rey)
- XIII, 120 (**1635**: predicó), 156, 168, 267, 274-275 (predicador del Rey), 304
- XIV, 88-89 (**1637**: disputa con el Padre Hernando de Salazar, S.J., predicador del Rey y confesor del Conde-Duque de Olivares, Gaspar de Guzmán), 91 (tiene que pedir perdón al Padre Salazar), 103 (posible destierro), 105-106 (desterrado: "se descuidó en el sermón del Concilio"), 490 (**1638**: predica)
- XV, a255
- XVI, 19 (**1640**), 281 (**1642**), 305, 308, 465
- XVII, 27 (**1643**: nombrado de la Junta de Conciencia), 66, 69, 412, 432 (**1644**: rector del Colegio de los Jesuitas), 435
- XVIII, d145-146 (**1645**), 210
- XIX, 223 (**1648**: encargado de Carlos de Padilla, q.v.), 224, 390 nota 320 (identificación)

Castro, Andrés de (general de la escuadra de Galicia en 1639), XV, 198, 358, 374, 419

Castro, P. Ángel de, XVI, 433

Castro, Antonio de (navega con Andrés de Castro, q.v.), XV, 419

Castro, Fr. Antonio de (abad de Irache), XIV, 129 (var: Yrache)

Castro, Bernardino de, XVI, 402 (capitán en Flandes); XVII, 128

Castro, Diego de (emisario de Luis de Haro, q.v.), XVIII, 182

Castro, Fernando de (consejero), XV, 78

Castro, Francisco de (caballero de Santiago; a los 22 años, enérgico maestre de Campo en Galicia, que gobernaba en ausencia del barón, habiendo sido dos años capitán en Flandes), XVII, 129 (caballerizo); XVIII, 155, 161 (maestre de Campo en Galicia y del hábito de Santiago), XIX, a12 (en este tomo se lee, creo que por error, Castillo, q.v.)

Castro, Juan de (herido y prisionero en Rocroi), XIV, 18; XVII, 210 (proveedor general del ejército en Zaragoza)

Castro, Nicolás de (catedrático de vísperas en Salamanca), XIV, 186

Castro, P. Pedro, S.J. (encargado de Carlos de Padilla, q.v., en su ejecución), XIX, 225

Castro[-Daire], I conde de (António de Ataíde, n. 1567, m. 1647; portugués, V conde de Castanheira; fiel al Rey Felipe IV; capitán de caballería, general de la armada de la costa, capitán general de las flotas de la India; mayordomo mayor de Felipe IV [J. Elliott, *The Count-Duke,* 260; Novoa, LXIX, 229; *Grande enciclopédia*; King's College Archives]; consejero de Portugal, presidente del Consejo de Aragón, embajador extraordinario al emperador Fernando II; preso en 1641 a la edad de 74 años, y absuelto (v. la ficha de XVI, 208)
- XIII, 116 (**1634**: con el conde de Oropesa, el marqués de Velada y otros, enterraron ellos a Fadrique de Toledo, que m. perseguido por Olivares, en la bóveda de una iglesia de los Jesuitas en Madrid)
- XIV, 257 (**1637**: "hace oficio de mayordomo mayor" del Rey), 275 (encargado de acomodar a Madame de Chevreuse en la corte)
- XV, 326 (**1639**: "le han hecho mayordomo mayor del Rey") 180: m. su hermana, Antonia de Mendoza, q.v., 464 (**1640**: consulta el Rey al Conde, como "mayordomo mayor", sobre un viaje real a Cataluña; v. Pellicer, *Avisos,* I, 145-146; se equivocó Gayan-

gos en su nota de XIX, 393 nota 464, porque no sabía que en un momento dado los miembros de la Casa Real tenían más de un mayordomo mayor [v. Crosby, *Índice de apellidos, títulos y oficios...: Mayordomos...*])
- XVI, 208 (**1641:** sobre sus hijos, v. Ataíde, Fulano de, y Ataíde, Bernardo de; el Conde fue preso a la edad de 74 años por no querer jurar fidelidad al duque de Braganza; absuelto)
- XVIII, 26 (sobre un homónimo del Conde, v. António de Ataíde, clérigo portugués)

Castro de Urdiales (puerto a 30 km. al noroeste de Bilbao), XV, 322, 327

Castro Fuerte, marqués de (v. Castrofuerte, marqués de)

Castro-Llano, conde de, XVII, 446 (hereda el principado de Sanz)

Castro Marim (en Portugal, a 45 km. al oeste de Huelva), XVI, 99 (var: Castromarín)

Castro-Monte, marqués de, XVIII, 26 (su hija se casa con el marqués de Mortara); XIX, 433 nota 26

Castro-Pereira, Fernando de (militar; primo hermano de Francisco de Melo; murió en la batalla de Châtelet, 1642), XIX, 264-265, 268 (coronel de la caballería alemana), 276 (var: Castro Pereyra, Fernando de)

Castro Urdiales (véase Castro de Urdiales)

Castro-Xeriz, conde de, XV, 389 (no es admitido a la dignidad del marquesado del Carpio)

Castro y Castilla, Juan de (v. Montalvo, conde de)

Castro y Portugal, Francisco de (v. Lemos, VIII conde de)

*Castro [y Rossi], Adolfo de (1823-1898; historiador y académico)

Castrofuerte, marqués de (Pedro Pacheco [y Chacón], general de la artillería de España; del Consejo de Estado; Canciller mayor en 1639; v. Atienza, *Nobiliario,* p. 842v), XIV, 127 (**1637:** socorre las islas de Honorato y Santa Margarita), 322 (**1638**), 323, 346 (del Consejo de Estado); XV, 157, 211 (**1639:** canciller mayor); XVI, 381 (sátira); XVII, 78 (**1643**), 292; XVIII, 171 (**1645**); XIX, 408 nota 377, 419 nota 292 (v. Pacheco)

Castromarín (v. Castro Marim)

Castromonte, marqués de (Luis Francisco de Baeza Manrique de Lara; su hija casó con Francisco de Orozco, hijo del I marqués de Mortara, q.v.; m. sin sucesión; v. el que sigue), XVIII, 26; XIX, 433 nota 26

Castromonte, marqués de (Juan de Baeza Manrique de Lara, hermano de Luis Francisco, de quien heredó los estados), XIX, 434 nota 26

Castronuevo, I conde de (Cristóbal de Porres Enríquez y Sotomayor, zamorano, I conde desde 1624, caballero de Alcántara, casado con Mariana de Mojica, q.v.), XV, 232 (**1639:** m., habiendo reconocido por nieto al hijo de Constanza de Orozco, q.v.)

Castronuevo, II conde de (José Enríquez de Porres y Mojica [o Porres Enríquez de Guzmán], I marqués de Quintana del Marco desde 1630 [título que pasó a los primogénitos de los condes de Castronuevo, q.v.; XIX, 455 nota 492 y Atienza, *Nobiliario,* 940a-b], casado con Constanza de Orozco y Rivero, q.v.; gentilhombre de Felipe IV), XVIII, 492 [datos corregidos en XIX, 454 nota 492]; XIX, 388 nota 232, 445 nota 333, 454-455 nota 492 (los datos sobre sus parientes y descendientes son contradictorios; parece que en la p. 455 Gayangos quiso corregir las otras citas; v. las personas allí nombradas y las fichas correspondientes del presente índice)

Castroverde, P. Martín de, S.J., XVIII, a32

Castulo (a 7 km. de Linares en la provincia de Jaén; antigua ciudad fenicia), XIII, 45

*[Catalanes rebeldes]. *Bocina pastoril*
Catalina (v. Moncada, Catalina de)
Catalina (hija menor del duque de Arcos, q.v.), XVIII, 243
Catalina (infanta de España; hija de Felipe II, casada con Carlos Manuel, duque de Saboya; madre de la duquesa de Mantua), XVI, ix, 67
Catalina (señora en cuya casa vivía un hermano jesuita), XIII, 169
Catalina, Santa (v. Santa Catalina)
Catalina, Sor, XVI, 173
Cataluña, XIII, 148, 157, 183, 467, 481
– XIV, 141, 157, 196, 249, 336, 349
– XV, 179, 186, 210, 239, 246, 246, 258, 259, 264, 275, 287, 291, 302, 308, 311, 313, 317, 322, 327, 333, 338, 374, 375, 382, 387, 387, 390, 392, 395, 424, 434, 438, 439, 442, 445, 447, 450, 463, 465, 467, 469, 476, 476, 479, 480, 485, 501
– XVI, 1, 3, 5, 6, 9, 11, 13, 15, 17, 18, 21, 21, 23, 24, 26, 27, 30, 30, 31, 35, 36, 38, 49, 50, 52, 53, 55, 61, 62, 63, 64, 65, 67, 67, 68, 70, 71, 72, 75, 76, 77, 78, 79, 79, 80, 81, 82, 87, 89, 92, 93, 95, 103, 109, 109, 110, 112, 113, 115, 119, 121, 122, 124, 128, 129, 136, 138, 139, 140, 141, 142, 143, 146, 147, 149, 151, 163, 170, 178, 183, 194, 196, 205, 206, 209, 210, 224, 231, 232, 233, 234, 236, 239, 254, 256, 259, 262, 263, 265, 270, 276, 278, 284, 286, 289, 291, 292, 293, 296, 297, 299, 309, 313, 315, 322, 327, 328, 329, 331, 333, 341, 342, 345, 349, 350, 355, 359, 364, 370, 376, 380, 382, 390, 391, 419, 422, 428, 429, 445, 456, 468, 478, 480, 482, 506
– XVII, 5, 6, 10, 10, 20, 36, 38, 102, 110, 120, 133, 154, 162, 179, 181, 189, 190, 209, 227, 227, 234, 263, 283, 315, 322, 342, 348, 349, 353, 368, 380, 383, 389, 415, 434, 437, 441, 442, 444, 446, 448, 451, 452, 457, 467, 481, 486, 487, 505
– XVIII, 2, 4, 8, 14, 15, 16, 25, 41, 41, 43, 44, 47, 57, 66, 67, 79, 84, 85, 91, 96, 97, 132, 139, 172, 185, 212, 230, 231, 234, 237, 252, 262, 266, 268, 270, 293, 311, 335, 339, 340, 349, 361, 364, 378, 402, 407, 416, 427, 453, 456, 457, 458, 470, 471, 476, 477, 488, 490, 497, 499, 508
– XIX, 5, 11, 12, 16, 18, 20, 63, 67, 68, 69, 71, 78, 84, 117, 122, 124, 132, 135, 149, 153, 175, 194, 217, 259, 262, 267, 276, 282, 284, 289, 291, 315, 319, 328, 345, 346, 355, 371
aCataluña, XVI, 7, 481
Cataluña, antagonismo contra los castellanos, XV 318 n 2 (una "pendencia" y una "batalla"), 446-447 (el asesinato de un Virrey)
– caballería de, XIX, 204
– campaña de, XIX, 405 nota 377
– campaña de 1642, XVII, 76, 86-88 (v. en la Bibliografía la *Defensa...de Leganés...*)
– corte de, XV, 411
– Cortes de Cataluña bajo el régimen francés (v. Cortes de Aragón bajo el enemigo francés)
– ejército de, XIII, 267
– guerra de, XIX, 433 n 26, 452 n 442
– principado de, XIV, 197, 212; XVI, xiii, 262; XVII, 457, 476, 481, 482, 483; XIX, xiv, 261
– separación de, XV, vii
– sucesos de, XVI, xv; XIX, 458 nota 134
– reino de, XIX, 298
– virreinato de, XIII, 429
– embajador de Portugal en, XVI, 112 (**1640**: Jorge de Melo)
– general de, XIX, 149 (Francisco de Melo)
– General de: Diputados, XVI, a1-3
– gobernador de, XV, 279 (el conde de Santa Coloma)
– regente de, XVII, 262
– rey de (v. Pedro III)
Cataluña, virreyes de (esta lista abarca nombramientos, con o sin efectuar, así como los comentarios de los corresponsales; las fechas son las de las cartas; no siempre cuadran con la lis-

ta de Elliott, *The Revolt of the Catalans*, p. 568)
- XIV, 324 (febrero, **1638:** el conde de Santa Coloma, hecho virrey; el de Cardona se retira a sus estados)
- XV, 215 (abril, **1639:** el de Santa Coloma, virrey, visita a Perpiñán), 254 (mayo: el Rey llama al duque de Módena para que sea virrey de Cataluña, pero él está ocupado en Italia), 449 (junio, **1640:** a la m. del conde de Santa Coloma, el Rey nombró virreina a la duquesa de Cardona [v. XV, 478 nota 2]), 464 (julio: el nuevo virrey, Enrique Ramón Folch de Cardona, VI duque de Cardona, estaba desahuciado de su enfermedad), 478 nota 1 (setiembre: se nombró virrey a su hijo, Luis Raimundo Folch de Cardona, Aragón y Córdoba, VII duque de Cardona
- XVI, 35 y 37 (oct: nombrado virrey el marqués de los Vélez), 128 (mayo, **1641:** Federico Colonna, príncipe de Butera, nombrado virrey en reemplazo de el de los Vélez), 184 (noviembre: "al de Leganés le mandan vaya a ser virrey y capitán general"), 194 y 213 nota 1 (diciembre: el VII duque de Cardona, hijo del último virrey de Cataluña), 213 (el duque de Maillé-Brezé, cuñado de Richelieu, jurado virrey de Cataluña), 303 (marzo, **1642:** el de Maillé-Brezé tomó posesión)

Cataluña, Pedro IV de (v. Pedro III)

Cataneo, César (1647: uno de los seis asesinos de Tomás Aniello, q.v., líder de la rebelión de Nápoles), XIX, 110, 112 (v. Ardicone, Angelo)

Catania, obispado de, XVIII, 395
- obispo de, XVIII, 463 ("al obispo de Monreale [han hecho]) de Catania")

Cataro (villa en el ducado de Parma), XVI, 132

Cateau-Cambrésis, Le (villa pequeña de Francia, a 24 km. al SE de Cambrai, q.v., en la región de Cambrési [antiguo fuerte de los obispos de Cambrai]; "no es cosa fuerte"), XIV, 178 (**1637**), 179 (tomada por los franceses); XVI, 422 (**1642:** Francisco de Melo se encaminaba a sitiarlo) (var: Cambresis; Château en Cambresi; Chateo en Cambresi)

Catecroix, condesa de (pretendida por el duque de Lorena), XV, 242 (fama de muy hermosa)

Catedral, la (de Jaén), XVIII, 226

Catelet, o Le Catelet (así se llamaba antiguamente en español, bien Châtelet, a orillas del río Sambre, a 25 km. al O de Namur y 10 al E de Charleroi, o bien Le Catelet, otro pueblo a 18 km. al S de Cambrai y 18 al N. de St. Quentin), XIII, 478, 480 (**1636:** villa fortificada, tomada por los españoles), 491, 496 (su gobierno dado a Gabriel de la Torre); XIV, 96, 455; XV, 59 (**1638:** sitiada por franceses), 60 (el príncipe Tomás y Picolomini hacia allí), XV, 77 (recobrada por los franceses), 79, 117; XVI, 392 (**1642:** la pierden los españoles), 396, 411 (victoria decisiva de Francisco de Melo); XIX, 262 (**1642**), 263, 269, 274, 292, 461 nota 262 (var: Jatelet; Jatelete; La Chapela; La Chapelle; Xatelet)

Catellón, Mr. de (v. Chatillón)

Catilina, [Lucio Sergio] (siglo I a.C.; noble, pero asesino sumamente cruel), XIV, 192 (var: Catilinas)

Católica, iglesia, XVI, 49; XVII, 220

Católica, liga, XIII, 198

*"Católica y Sacra Real Majestad" ("coplas...en contraposición de las famosas de don Francisco de Quevedo" [atribución dudosa si no incorrecta])

Católico, Fernando el (v. Fernando el Católico)

Católico, Rey (v. Fernando el Católico)

Caudebec (sobre el río Seine, a 28 km. al O de Rouen), XVII, x

Caumont, Jaques Nompar de (1558-1652; hereje calvinista; mariscal de Francia en 1622; marqués de La For-

ce, elevado a duque y par de Francia en 1635; su ejército confrontó a los españoles en el Piamonte; gobernador de Béarn)
- XIII, 142 (**1635:** duque de La Force, mariscal de Francia), 194 (se enfrenta al duque de Lorena), 230, 237 (el duque de Lorena lo derrota), 481 (**1636**), 492
- XV, 208 (**1639:** nombrado teniente por el Rey), 211 (herido en campaña), 387

*Caussin, P. Nicolás, S.J. (1583-1621; confesor del rey Luis XIII; desterrado por expresar consideraciones morales) (var: Causino; Causin)

Cavanillas, García, XVI, 121-122 nota 2 [p. 122] (v. Espatafora, los hermanos)

Cavesita, la (en la venta de Elvas los portugueses aguardaban la caballería), XVIII, 194

Caybano, duque de (v. Caivano)

Cayetano, Gregorio (error por Gaetano, q.v.)

Cayland de Saint Bonnet, Francisco de (v. Toyras, mariscal de)

Caza, La (navío), XIV, 175

Cazador, Martín (militar catalán; murió sobre Lérida), XIX, 430, v. la nota 486

Cazorla (a 66 km. al E de Jaén), XIX, 247

Cazorla, adelantamiento de ("en tiempos antiguos"), XV, 289

Cea (mayorazgo en León), XVII, 159 (1643: pleito del duque del Infantado)

Cea, estado de, XVII, 158 (lo gana el duque de Medinaceli)

Cea, [III] duque de (Francisco Gómez de Sandoval, Padilla y Acuña), XIII, 367, 368 (su hija, Luisa, casada con Juan Alfonso Enríquez de Cabrera) (v. Gómez de Sandoval)

Cebada, plaza o plazuela de la (Madrid), XVII, 416, 459; XIX, 196

Ceballos (v. Cevallos)

Ceballos, P., S.J., XIII, 207

Ceballos, Domingo (nombrado consejero real), XVI, 216

Cebrián (v. Guebriant)

Cecchini, cardenal [Domenico], (1598-1656; sobrino, capellán y datario del papa Gregorio XV [1621–1623]; abogado consistorial; interventor del camarlengo de la Iglesia, del palacio apostólico y del tribunal de la Rota Romana; cayó en desgracia debido a un enfrentamiento con Olimpia Aldobrandini, q.v., en 1649), XVIII, 65 ("romano; datario de Su Santidad"; hecho cardenal en 1645; datos todos ellos que coinciden con los de Domenico Cecchini, 1598-1656 [v. S. Miranda], y cuyo apellido coincide también con la fonética de la variante "Chechin"; el datario era el prelado que presidía y gobernaba la dataría, tribunal de la curia romana en donde se despachaban las provisiones de beneficios que no eran consistoriales) (var: Chechin)

Cecilia, cardenal de Santa (v. Santa Cecilia, cardenal de)

Cecilia, Pedro de Santa (v. Santa Cecilia, Pedro de)

Cecilia, Santa (v. Santa Cecilia, cardenal de)

Cecilia Renata, archiduquesa de Austria (v. Austria, Cecilia Renata, archiduquesa de)

Cedeira (médico de Santiago de Compostela), XV, 133

Cedillo, conde de (título cedido en 1624 a Antonio Álvarez de Toledo y Heredia, III señor de Cedillo), XIII, 243 (m. 1635)

Ceilán (la actual Sri Lanka), XV, 387; XVI, 127; XVII, 365

Celada, P., XIX, 224, 225

Celada, II marqués de (Alonso Gaspar Fernández de Córdoba, comendador de Bolea y más tarde de Bolaños de Calatrava, q.v., en dicha Orden; casó con Francisca de Portocarrero, VI marquesa de Villanueva del Fresno, q.v.; administrador general de uno de los ejércitos en Alemania; murió sin hijos, 1635), XIII, 185 (1635: en la toma de Valencia del Pó), 195, 199, 216 (embajador del Emperador), 223 (en la Valtelina), 293 (general de la caballería de Milán), 298, 301, 306, 314, 329, 333 (m. en Valencia del Pó), 368 (su testamento), 387, 461; XIX, 376 nota 199

Celada, II marquesa de (Francisca de Portocarrero, VI marquesa de Villanueva del Fresno por derecho propio, con quien intentó casarse en 1639 el marqués de Ayamonte), XV, 251

Celanda (v. Zeeland)

Celedón (religioso carmelita), XV, 364-365 (comportamiento escandaloso en Zamora; condenado a cuatro años de galeras de remo)

Celis, Diego de (procurador de Sevilla en las Cortes de 1635), XIII, 218, 219

Cena, bula de la, XVIII, 149

Cenchio (v. Cengio)

Cencho (v. Cengio)

Cenci, cardenal [Tiberio] (1580-1653; romano, camarlengo de honor del papa Clemente VIII; obispo de Jesi y gobernador de Loreto, Spoleto y Campagna), XVIII, 65 (hecho cardenal en 1645; v. S. Miranda)

Cenes (castillo de Rosellón; tomado por los franceses), XV, 321

Cenete, marquesado de, XVIII, 109

Cengio, fortaleza de (en el valle del río Bormida di Millesimo, entre Sale y Cairo, a 28 kilómetros al NO de Savona), XV, 235; XIX, 425 nota 435 (variantes: Cenchio; Cencho; Cencio; Chencho; Conchio; Il Cencho; Illencho)

Ceniceros (lugar ficticio), XV, 147

Ceniza, día de, XVII, 380

Cennamo, Fabricio (napolitano; presidente de la Regia Cámara), XIX, 24, 105 (le queman la casa)

Centellas (familia veneciana), XIX, 440 nota 224

Centellas, Magdalena Angelina (v. Oliva, V condesa de)

Centellas, Serafín (capitán de galeras), XIII, 283

Centellas de Borja, Melchor (v. Borja y Velasco, Melchor Centellas de)

Centenera, vizconde de (v. Taracena, I marqués de)

Centenera, vizcondesa de (v. Taracena, II marquesa de)

Centeno, escuadra de, XV, 188

Centeno y Ordoñez, Roque (capitán; general de la flota de España que iba al Nuevo Mundo en 1640), XIV, 342; XV, 418

Centésimo (comedia que con otra de Monserrate se representó en Valladolid), XV, 487 (v. las pp. 244-245, 328-329 y 470 [fiestas dramatizadas de Bilbao y de Guipúzcoa], así como la ficha del Teatro, obras de: representaciones)

Cento (a 30 km. al NE de Módena), XVI, 485 (cuartel de las armas eclesiásticas)

Centurión, Domingo (sobrino del marqués de Monasterio; contador principal del Consejo de Hacienda), XVI, 302 (1642)

Centurión, Sebastián (hijo del marqués de Estepa), XIII, 105 (herido)

Centurione, Ottavio (véase Monasterio, marqués de)

*Cepeda, lic. Fernando de (autor de una *Relación*)

Cepeda, P. Francisco de, S.J. (rector del colegio de Huete), XV, 255 (1639: procurador); XVIII, 20 (1645: viceprovincial), 195 (provincial) (var:Zepeda)

Cepeda, P. Hernando Jerónimo de (cartas al P. Pereyra), XIII, a144, nota 1 (1635), a145, a148, a185, a209, a214

Cerbellón, conde Juan de (v. Cervellón, conde Juan de)

Cerda, Fernando de la (del Consejo de Guerra, caballero de Santiago y gentilhombre de la boca), XIV, 265

(1637: consejero de Guerra); XV, 322 (1639: sobrestante en Laredo), 327

Cerda, Francisca de la (hija del II conde de la Puebla de Montalbán, q.v.; casada con Francisco Diego, VIII duque de Béjar, q.v.), XVII, 475; XIX, 429 nota 475

Cerda, Fr. José de la (de la orden de San Benito y abad del monasterio de San Vicente), XIV, 343 (obispo de Almería, 1638-1640, y de Badajoz, 1640-1644; m. 1644)

Cerda, Juan Luis de la (v. Medinaceli, VII duque de)

Cerda, Pedro Valle de la (del Consejo de Guerra; oidor del Consejo de Hacienda; se casa con la marquesa viuda de los Gelves, q.v.), XVIII, 134 (1645: multado, privado de oficios y desterrado de Madrid por diez años)

Cerdán, Juan, XVIII, 427 (1646: hecho marqués)

Cerdania, condado de (v. Cerdaña)

Cerdaña, condado de (entre el Rosellón al N y Cataluña al S; v. Pertús), XV, 220, 259, 270; XVI, 70; XVII, 481, 482, 483; XVIII, 25

Cerdaña, conde de, XIII, 489 (capitulaciones con la condesa de Eril) (var. errónea: Cerdeña)

Cerdeña, [isla de], XIII, 157 (**1635**)

– XIV, 71 (**1637**: invadida por franceses), 72, 74, 75, 93, 94 (rechazó a los franceses), 131, 164 (armada francesa, de Argel y de Biserta, "para dar otra vista a Cerdeña"), 325, 368

– XV, 66 nota 1 ("reino de Cerdeña"), 484 (**1640**: la armada francesa sobre la isla)

– XVI, 71 (su regencia, vacante), 205, 254 (**1642**: navíos holandeses), 390, 412 (los duques de Cerdeña), 444, 459

– XVII, 102, 154 (**1643**: el marqués de Villaceres viaja a Cataluña), 174, 282

– XVIII, 16 (**1645**), 131, 206, 217, 218, 244, 279 (**1646**: desembarco de franceses), 304, 328 (la armada de Nápoles en Caller), 332, 345 (la armada española parte de Cerdeña), 361, 382 (la armada española en Cerdeña), 399

– XIX, 152 (**1648**), 298 (v. también la ficha de Oristan) (var: Sardeña)

Cerdeña, conde de (v. Cerdaña, conde de)

Cerdeña, virrey de, XIV, 311, 312 y 314 (**1638**: el príncipe Doria, virrey de Cerdeña); XVII, 263, 388 (**1643**: el cardenal Tribulcio)

Cerfontaines (v. Fontana, conde de)

Cerna, Vallejo de la (personaje ficticio), XV, 146

Cerón, P. Juan (predica en Granada), XVIII, 376

*Cervantes, Miguel de (nació en 1547, y murió en 1616)

Cervellón, conde Juan de ("milanés, de los mayores soldados que tiene España" [XIV, 249], "grande soldado y vasallo de los mejores que el Rey tenía" [XIV, 349]; maestre de Campo general al mando de tropas españolas e italianas en la Valtelina en 1635, ayudó a expulsar a los franceses y fue herido tres veces)

– XIII, 176 (**1635**), 182, 197 (la Valtelina, libre y segura), 224, 347 (Cervellón con tres heridas), 423 (**1636**: nuevas refriegas en la Valtelina), 471 ("valentísimo caballero")

– XIV, 93 (**1637**: gobernador de las armas españolas en la Valtelina), 201 (maestro de Campo en Leucate), 209 (atacando a Leucate "por tres partes"), 211 (recogiendo gente), 249 (entra en Francia con el ejército); 339 y 349 (**1638**: murió en Perpiñán), 365 ("le hicieron un grandioso entierro"); XV, 75 (variante: Cerbellón)

Cervellón ("un conde de Cerdeña, de apellido Cervellón"), XIII, 489 (capitulado en 1636 en el Palacio de Madrid con la condesa de Eril, q.v.)

Cervera (a 55 km. al E de Lérida), XVI, 480; XVIII, 92, 416 (1646: tomada por el duque del Infantado), 419, 446 (el conde de Harcourt), 504; XIX, 20

(1647: los franceses se acuartelan aquí), 328
Cervera, XVI, 214 (1641: enviado, junto con Salas, como embajador a Portugal; regresa a Barcelona)
Cerrada, la Puerta (Madrid), XV, 378
Cerralbo, IV marqués de (Juan Antonio Pacheco-Ossorio, I conde de Villalobos desde 1638)
– XIII, 61 (**1634:** su hijo mayor, Juan Pacheco, q.v.), 429 (un hijo suyo "quebró con grande gala docena y medio de rejones")
– XIV, 38 nota 1 (**1637:** su hijo), 157 (su cuñado, el duque de Alburquerque, m. y deja poder para testarlo), 265 (del Consejo de Guerra en Mérida), 284 (**1638:** en la junta de grandes ministros de Badajoz), 322, 329 (su hijo), 342 (enviado a Flandes), 345 (mayordomo mayor del Infante-Cardenal), 347, 349, 353, 390 (enfermo en La Coruña), 399, 431, 442 (en Bruselas)
– XV, 178 (**1639:** embajador interino a Inglaterra con Alonso de Cárdenas), 395, 402 (**1640:** muy enfermo), 419 (m.), 420
– XVI, 338
César; Cesárea, la; Cesárea, Majestad; Cesárea, S.M.; Cesárea, su Majestad (se refieren al Emperador, q.v.)
César, duque de (v. Sessa, VI duque de)
*César, Cayo Julio (100-44 a.C.; emperador de Roma), XIX, 211 nota 1 (le mataron a puñaladas en el Senado de Roma)
César, Julio ("factor de los Fúcares; tenía la Cruzada y el papel sellado" ["la Cruzada" se refiere probablemente a la Bula de la Cruzada, q.v.]), XV, 362 (1639: m. de repente)
Cesarini, cardenal [Alessandro, *iuniore*] (1592-1644; sobrino nieto del cardenal Alessandro Cesarini, *seniore*; hecho cardenal en 1627; obispo de Viterbo), XIV, 229, 234 (1637: visita al Papa)

Cesena (a 40 km. al sudeste de Bologna), XVI, 487 (var: Cessena)
*Céspedes, Gonzalo de (v. Cespedes y Meneses, Gonzalo de)
*Céspedes, P. Valentín de, S.J. (distinguido poeta, comediógrafo y orador del Colegio Imperial de Madrid), XVI, 19 nota 2, 58
*Céspedes y Meneses, Gonzalo de (historiador, novelista y poeta; cronista del Rey)
Cessena (v. Cesena)
Ceuta, XV, 55; XVI, 210; XVII, 310, 350
Ceuta, general de (tercer hijo del conde de Linhares), XIV, 272 (los títulos que le concedieron)
Ceuta, gobernador de, XIII, 443
Ceva, castillo de (a 80 km. al S de Turín), XV, 296
Cevallos (v. Ceballos)
Cevallos, Juan de (napolitano; duque de Ostuni), XIX, 24 (**1647**), 61, 99 (queman su casa), 110 (var: Zavallos; Ostuna)
Cevallos, Pedro (sobrevivió una batalla naval), XIX, 287
Ceylan (v. Ceilán)
Ciampagna o Ciampaña (v. Champagne)
Ciarella, marquesa de (siciliana, casada con Antonio Manrique), XIV, 8
*Cibdareal, bachiller (*Centón Epistolario*)
Cibo, cardenal [Alderano] (1613-1700; hijo del príncipe y duque de Masa y de Carrara; mayordomo del Papa; posteriormente a 1650, obispo de Iesi, secretario de la Suprema Inquisición, vicedecano del Colegio de los Cardenales), XVIII, 64 (hecho cardenal en 1645; véase Salvador Miranda)
Ciboure (a 15 km. al sudoeste de Biarritz), XV, 76, 102 (var: Ciburu o Ciburú)
Cichen (NE de Francia), XVI, 409
Cicilia, Pedro de Santa (v. Santa Cecilia, Pedro de)

Cid, Nicolás, XIV, 95 y 256 (**1637**: veedor general del ejército de Italia [XIX, 405 nota 377]; negocia con los grisones sobre los franceses)
- XV, 68 (**1638**: consejero de Guerra; va con otros a Guipúzcoa para reformar el ejército)
- XVI, 124 (**1641**: de la junta que interroga a Pedro La Mota), 302 (**1642**: veedor del ejército real para reconocer los confines de Extremadura antes de la jornada de S.M.), 344 (asistirá a un consejo formado para don Juan de Austria en Extremadura), 379 (en un *Memorial* burlesco que se hace eco de los rumores de la corte y del descontento, se dice que Nicolás Cid sabe entrar en las plazas del enemigo)
- XVII, 486 (**1644**: el único hijo de Cid, m. en el sitio victorioso de Lérida)

Cid, el, XIV, 35 ("cosas del tiempo del Cid")

Cid de Almeida (jurista), XVI, 344; XVII, 192 (del Consejo español de Portugal); XVIII, 488 (al m. en 1647, era oidor del mismo Consejo, "hombre de grandes prendas y muy docto en derechos y aficionado a S.M.")

Cienfuegos, [Pedro Díaz de] (catedrático de Cánones en la Univerisdad de Valladolid; Juez mayor de Vizcaya en 1617; Inquisidor de Mallorca en 1620, y de Barcelona en 1624 y de Toledo en 1636), XV, 112 (presidió el tribunal que veía la causa contra el P. Juan Bautista Poza, q.v., quien citó uno por uno las deficiencias de los testigos, y se defendió tan elocuentemente que enfureció a Cienfuegos, y el Consejo Supremo recusó a éste por juez y restituyó al P. Juan Bautista Poza su cátedra y oficios)

Ciento, Consejo de los (Barcelona), XVII, 7; XVIII, 74, 277

Cifuentes, estado de (prov. de Guadalajara), XIX, 149

Cigales (a 11 km. de Valladolid), XIII, 154

Cignoni, Dr., XVI, 14

Cinache (v. Chivas)

Cinca (río que pasa por Monzón y Fraga, y desemboca en el Ebro; sobre el viaje de Felipe IV a Aragón en 1644, v. la ficha de Sástago), XVI, 393, 350, 428; XVII, 210, 457, 478; XVIII, 310, 314 (var: Zinca)

Cinq-Mars, marqués de (Henri Coiffier de Ruzé; valido de Luis XIII; degollado en 1642 por traición contra Richelieu), XVI, 474; XIX, 410-411 nota 474 (v. Cosfier de Rusé; San Marcos, marqués de)

Circe (mitología), XIII, 224

Ciria [sic], Obispo de, XVI, 433 (dijo la misa funeral del duque de Nochera, q.v.; no se halla Ciria como sede ni en Pius Gams, *Series*, ni en Guitarte Izquierdo, *Episcopologio*)

Cirilo, Fr., XIII, 54, 55

Cisneros, Francisco de (caballero de la Corte), XIV, 336

Cispay (apellido atribuido erroneamente al cardenal Peter Pázmány, q.v.)

Citerior (v. Calabria)

Ciudad de la Plebe (Città delle Pieve, a 35 km. al SO de Perugia), XVI, 488

Ciudad Real (a 160 km. al S de Madrid), XIII, 541; XIV, 6, 26; XV, 170 (1639: vienen 300 familias a poblarla); XVI, 270; XVII, 145, 151, 212

aCiudad Real, XVII, 143

Ciudad Real, I duque de (Alonso Idiáquez Butrón y Múgica, señor de las casas de sus apellidos, I conde de Aramayona desde 1606 y desde 1613 I duque de Ciudad Real; hijo del Juan de Idiáquez que fue ministro de Felipe II [XVI, 270 nota 4]; m. antes de 1632 [véase Elliott, *The Count-Duke*, 449]), XVII, p. xx, nota [3] (**1610**: general de la caballería de Milán y nombrado virrey de Navarra) (variante: "Città Reale en el reino de Nápoles": XVI, 270, nota 4)

ÍNDICE ONOMÁSTICO

Ciudad Real, II duque de (Juan [¿Alonso?] de Idiáquez, hijo del I duque y nieto del Juan que fue ministro de Felipe II [XVI, 270, nota 4]; en 1632, enviado por Olivares para pacificar a los vascos [Elliott, *The Count-Duke*, 449])
- XIII, 7, 57 (**1634:** prende a amotinados de Bilbao), 90 (le envían a México), 309 (**1635:** capitán general y gobernador de la provincia de Guizpúzcoa), 410 (**1636:** su yerno, el marqués de Loriano, m. en un accidente), 525
- XIV, 198 (**1637:** se enfrenta a franceses), 201 (herido), 216, 248 (sobre la tragedia de Leucate), 249-250 (**1637:** "teniente general de la caballería y gobernador de toda la que viniese a Cataluña, ...vizcaíno descendiente de los famosos Idiáquez, que dieron tanta satisfacción de sí en Flandes e Italia"), 252 (**1637:** sufrió cuatro heridas en Leucate), 265 (su secretario, Pedro Guerrero)
- XV, 290 (**1639:** al mando de algunos navíos en Vizcaya, prendió ocho navíos franceses), 425 (**1640:** gobernador y capitán general del Peñón y fronteras de África), 469 (su refriega con el IV duque de Maqueda, q.v.; mal herido), 475
- XVI, 43 (gobernador de Cádiz), 60 (se encuentra con el duque de Medina [Sidonia], intermediario de paz en la ocasión del desafío de duque de Ciudad Real con el IV duque de Maqueda), 61, 188 (**1641:** enfrenta a holandeses), 270-271 (**1642:** servía de gobernador de una flota de 30 naos para socorrer a Rosellón, y de 42 bajeles y otras galeras de "los Mediterráneos", 285, 300-301 (al mando de la escuadra del Mediterráneo), 370 (socorre las costas de Cataluña), 371 (sale de Cádiz con la armada), 372, 393 y 424
- XVII, 212 (**1643:** ataca la escuadra francesa)

- XIX, 217 (**1648:** su armada vuelve de Cataluña), 285-286 (**1642**), 290, 293-294, 298, 304, 315, 382 nota 410 (var. [XVI, 270 nota 4]: "en el reino de Nápoles": Città Reale)

Ciudad Rodrigo (a 90 km. al SO de Salamanca), XIII, 341; XV, 431; XVI, 336, 337, 360, 369, 371, 391; XVII, 192, 211, 214, 228, 320, 459, 494; XVIII, 9, 329, 389, 423, 424; XIX, 124, 260, 289, 310, 336, 349, 417 nota 191, 453 nota 468
- obispado de, XIX, 402 nota 336
- obispo de, XIX, 445 nota 329 (Francisco de Alarcón, 1640-1646: Gams, 66)

aCiudad Rodrigo, XVI, 335, 339, 448

Cividal (pueblo entre Cremona y Mantua), XIX, 145, 146

Città Reale (var. napolitana del título del II duque de Ciudad Real, q.v.: XVI, 270 nota 4)

Civitavecchia (a 60 km. al NO de Roma, en la costa), XIV, 130; XVI, 200 (1641); XVIII, 218 (1646), 244, 245 (enferma aquí el marqués de Zahara), 248, 257 (var: Civita-vequia; Civita-vieja)

Civitavieja (v. Civitavecchia)

Civitella (a 12 km. al SO de Arezzo, y 40 km. al NE de Siena; hoy se llama Bellegra), XVI, 488

Claira (villa de la región oriental de los Pirineos, a unos 8 km. al noroeste de Perpiñán en el distrito de Rivesaltes; "puerto fortísimo"), XV (**1639**), 270, 275 (tomada por los franceses), 314 (var: Clayré; Cleira; Clera)

Clancen Ochin, Juan (de Dunquerque), XVI, 97 (ahorcado por los portugueses; del apellido "Clancen" dice Gayangos que "No se lee bien")

Clara (supuesta madre de Francisco Fernando Isidro de Austria, supuesto hijo de Felipe IV; véase Charela, la [marquesa de Ciarella])

Clara Eugenia, Isabel (v. Isabel)

Claretti (secretario del duque de Saboya), XV, 166

Claris, Pablo (canónigo y diputado eclesiástico de Barcelona), XV, 446

Claros de Guzmán, Juan (marqués de Fuentes de Cazaza; general de los galeones de Dunquerque; hermano del duque de Medina Sidonia), XV, 382

Claudia, archiduquesa de Austria (v. Austria, Claudia, archiduquesa de

Claudio, un (premio en un relato satírico], XV, 155

Claver, P. Teodoro, S.J., XVIII, 385 (var: Clauer)

Clayré o Cleira o Clera (v. Claira)

Clémency (a 15 km. al oeste de Luxembourg [el río Meuse, q.v., está a 70 km. al oeste]), XIII, 371 (var: Clercanji)

*Clement, P. Claudio, S.J. (n. 1594 y m. 1642; maestro de retórica en Dôle, y de clásicos en los Estudios Reales de Madrid; XIX, 421-422 nota 369)

– (sus cartas), XIII, 3, 35, 61, a123, a124, a141, a142, a144, a150, a171, a195, a230, 245, a267, a292, a316, a345, a375

– XIV, v, a21, a148, a160, a168, a219, a280 nota 1, a475, a487, 501, a504

– XV, vii, a6, a16, a92, a375 nota 1, a377, 401, a404 nota 2, 436, a462, a475, a501

– XVI, a20

– XVII, 369 (se escapó del incendio del palacio de Cantillana, q.v., ciudad a 15 km. al NE de Sevilla)

– XIX, 421 nota 369

Clemente VIII (v. Papas, los)

Clemente, conde de San (v. San Clemente)

Clemente, monsieur de San (véase San Clemente)

Clemente de la Torre y Verná, Antonio (caballero de Calatrava; juez en un certamen de poesía, al parecer en Burgos), XVII, 124

Cleopatra, XIV, 304

Cler (v. Clery)

Clera (v. Claira)

Clercanji (v. Clémency)

Clery (pueblo con castillo cerca del río Somme, a 42 km. al E de Amiens y 5 al NO de Péronne), XIII, 496; XVII, xiii

Cleve (ciudad a 13 kilómetros al sudeste de Nijmegen y 5 kilómetros al sur del río Rhin y de la fuerte de Schenk, q.v.), XIII, 249, 289, 409, 410 (variantes: Cleves; hoy, en alemán: Kleve)

Cleves, país de (ducado histórico entre el Rhin y el río Meuse; la ciudad principal es Aix-la-Chapelle), XVII, 353

– XIX, 9 (el pleito entre el duque de Neoburgo y el marqués de Brandemburgo se le adjudica a éste último)

Clio (musa), XV, 142, 143, 148, 153, 157

Clou (v. Sant Clou)

Cobergas, Santiago de (iglesia inmediata a la Casa Real), XVII, 427

Coblenza (v. Koblenz)

Cobos, Francisco de los (I marqués de Camarasa; secretario de Carlos V), XIX, 391 nota 389

Cobos de la Cuesta, Gabriel, XIII, 356 (**1635:** m. cerca de Namur, combatiendo en Bent en el tercio de Alonso Ladrón)

Cobos de la Cueva, Fernando (gobernador del castillo de San Gian en Portugal), XVI, 112

Coca, castillo de (a 45 km. al NO de Segovia; allí estuvo preso el duque de Medina Sidonia "por su complicidad con el duque de Braganza" [Gayangos]), XVI, xv-xvi, 467-468; XVII, 8; XVIII, 141; XIX, 124

Cocentaina, condesa de (v. Concetaina)

Cochi, Lorenzo (secretario del Nuncio Apostólico Laurentio Campegi; preso por embustero), XV, 407 (s.v. "secretario del nuncio pasado"); XVI, 134 (var: Cogni; Coqui)

Codosera (a 17 km. al O de Alburquerque), XVIII, 376

*Coello, Annio o Antonio (variantes erróneas: v. Coello Arias, Juan)

*Coello Arias, Juan (dramaturgo)
Cofer, P. Melchorín (alemán a cargo de la secretaría de Alemania), XIX, 180 (preso en Roma; recogido en Tivoli, q.v.)
Cogni, Lorenzo (error por Cochi, q.v.)
aCogolludo (a 12 km. al N de Guadalajara), XVII, 158
Coiffier de Ruzé, Enrique (véase Cinq-Mars, marqués de)
Coigueux, presidente (uno de los "parciales y bandos" de Marie d' Medicis, al servicio de Felipe IV), XIV, 170
Coimbra (a 175 km. al N de Lisboa), XVIII, 161
Coinbles (v. Koblenz)
Coira (v. Coiro)
Coiro (en alemán, Chur; capital del Cantón de los grisones en Suiza; a 60 km. al N de Chiavenna [q.v.], a 70 al S del Lago Constanza, y a 210 al SO de Munich; sobre el río Plessur, a 2.5 km. de su confluencia con el Rhin del Norte)
– XIV, 95; XIX, 462 nota 263
Coislin, Marguerite Philippine de (duquesa de Puylaurens, sobrina del cardenal Richelieu), XIII, 390
Cojo (apodo de un capitán), XVIII, 289 (en Cataluña tomó prisioneros a 29 franceses)
Cojo de Grogtel (apodo de un teniente coronel mencionado frecuentemente en las relaciones; dice Gayangos que "de Grogtel" es muy difícil de leer), XVIII, 442 (el índice en el tomo XIX cita también la p. 446, pero no consta en éste ni "cojo" ni "teniente coronel")
Col de Cabra (v. Coll de Cabra)
Colan, Patricio (1645: capitán de caballos y de las guardas del marqués de Leganés, en la frontera de Portugal cerca de Elvas), XVIII, 204
Colateral (así se llamaba el Consejo del virreinato de Nápoles), XIX, 40, 44, 90, 96, 102, 110, 116
Colazo, P., S.J., XIII, 107

Colección de documentos inéditos para la historia de España
Colegio, el (en un escrito de ficción), XV, 153
Colegio, Sacro [de la Ciudad del Vaticano], XVIII, 320
Colegio de los Estudios Reales (v. Jesús, Compañía de)
Colegio en Madrid (v. Jesús, Compañía de: Colegio)
Colegio Imperial (v. Jesús, Compañía de: Colegio Imperial)
Colegio mayor (v. Alcalá de Henares, Universidad de, y también Salamanca, Univ. de)
Colegio viejo (v. Salamanca, Univ. de: Colegio mayor)
Colegno (cuartel fortificado en el Piamonte), XV, 460 y la nota 1 (1640: tomado por las armas españolas; véase en la Bibliografía la "Noticia de lo sucedido...") (var: Coleño)
Colibre (v. Collioure)
Colico (pueblo a 2 km. al S del río Adda, donde desemboca en el extremo N del lago di Como)
– XIV, 94 (en el terreno montañoso, donde estaban los franceses; v. Sasocerve) (var: Colito)
Coligny, Gaspard III de (v. Châtillon, duque y mariscal de)
Colindres (a 28 km. al E de Santander), XV, 327
Colirio para los ojos... (véase Espino, Juan del)
Colito (lugar en Flandes donde estaban los españoles), XIV, 94
Colmar (a 60 kilómetros al sur de Strasbourg en la Alsacia; ganado por los imperiales), XIII, 234, 383, 431; XIV, 225; XV, 90, 94, 97 (var: Colmara)
Colmenar de Oreja (villa de la provincia de Madrid, del partido judicial de Chinchón), XVII, 431
Colmenar [de Oreja], conde del (título concedido en 1625 a Bernardino de Velasco Rojas y Ayala [Julio de Atienza, *Nobiliario,* 847a]; v. la ficha

anterior), XIV, 217 (referencia a su alférez)
Colmenar Viejo (a 33 km. al N de Madrid), XVII, 155
*Colmenares, lic. Diego de (historiador de Segovia)
Cologne (v. Colonia)
Coloma, condestable, XVIII, 285
Coloma, Santa (v. Santa Coloma, conde de)
Coloma, virrey de Santa (v. Santa Coloma, conde de)
Coloma, Alberto (marqués de Platón; hijo segundo del I marqués de Espinar, Carlos Coloma; hermano del II marqués; se fue a Inglaterra en el galeón del embajador de España)
– XIV, 260; XV, 178 (**1639**: miembro de la embajada en Inglaterra)
*Coloma, Carlos (n. 1566; militar e historiador; I marqués del Espinar desde 1627; del Consejo de Estado; padre del anterior y del que sigue [sobre la identidad de Carlos Coloma y la de Carlos Colonna, v. XIX, 400 nota 293, y 420 nota 329])
– XIII, 182-183 nota 1 (**1635**), 203 (era castellano de la ciudad de Milán; maestre de Campo general de las armas en este estado), 299, 302, 328 (socorrió a Valencia del Po), 384, 440
– XIV, 39 (**1637**), 41, 60, 64, 83, 260 nota 1 (m.) (var: Colona; Espinal)
– XVII, xv-xvi (**1595**: al mando de una compañía de caballos en Flandes con el conde de Fuentes en la victoria de Dourlens; v. la descripción detallada en su libro, lib. VIII)
Coloma, Carlos (hijo primero del anterior; hermano de Alberto Coloma; q.v.; II marqués del Espinar desde 1637)
– XIII, 302 (**1635**: al mando de "un ejército de 10.000 infantes y 2.000 caballos"; padece mucha flema)
– XIV, 127 (**1637**: llamado a una junta para socorrer las islas de San Honorato y Santa Margarita), 260 (m. de

su padre; le darán una canongía en Toledo), 293
– XVII, 329 (**1643**: en Zafra con el VIII conde de Santisteban [capitán general de la frontera de Portugal])
– XIX, 400 nota 293 (**1642**: al mando de un tercio en Badajoz), 420 nota 329 (**1638**: elogio de su actuación en Fuenterrabía) (var: Colona; Espinal)
Coloma, Pedro (desde 1638, si no antes, secretario de uno de los Consejos, posiblemente el de Guerra [XV, d41; XVI, a286], y en 1645 pasó al Consejo de Estado y hasta 1648 se encargaba de la correspondencia con los representantes en el Congreso de Münster [XVIII, 225; J. Paz, *Catálogo...*, II, 787a, índice; Rodríguez Villa, *La corte...*, 140, 304 y 334])
– XIII, 467 (**1636**)
– XIV, 127 (**1637**: llamado a una junta para socorrer las islas de San Honorato y Santa Margarita)
– XV, d41
– XVI, a286
– XVIII, 225 (**1646**: le dan la secretaría del Consejo, que había sido de Pedro de Arce, q.v.)
Colón de Córdoba, María Ruiz (marquesa de Guadaleste y duquesa de Veraguas), XIX, 398 nota 237
Colón de Portugal, Álvaro Jacinto (v. Veraguas, V duque de)
Colón y de Portugal, Pedro Nuño (v. Veraguas, VI duque de)
Colona, condestable (v. Colonna, condestable)
Colona, Carlos (v. la variante correcta: Coloma, Carlos)
Colona, Girolamo (v. Colonna, Girolamo)
Colonia (ciudad a 25 km. al N de Bonn), XIII, 171, 262, 305, 442, 456, 535; XIV, 10, 66, 94, 111, 132, 195, 225, 340; XV, 123, 462; XVI, 30, 91, 279, 341, 342; XVII, 384, 485; XVIII, 58, 105, 209; XIX, 250, 254, 278, 305, 307, 343 (var: Cologne; Köln)

Colonia, arzobispado de, XIII, 31
Colonia, elector arzobispo de, XIII, 392 (**1636:** envía gente a Picolomini), 426, 442
- XIV, 159, 161 (**1637:** en sus manos el asunto del arzobispado de Tréveris), 380 (**1638:** le niegan obediencia), 419
- XVIII, 281 (**1646:** complot de los franceses para matarle), 489 (**1647:** con su hermano el duque de Baviera, declaran neutralidad con Francia y Suecia)
- XIX, 250, 303
Colonia, príncipe arzobispo de, XV, 401
Colonna, casa de, XIV, 9, 184 (el duque de Marsi, de esta casa); XIX, 387 nota 84 (v. Colonna, Felipe)
Colonna, Carlos (hijo del gran condestable de Nápoles, Felipe Colonna, q.v.; "grande de España y el mayor señor de Italia fuera de los potentados")
- XIII, 99 (**1634:** se enfrenta en la calle a Gregorio Cayetano y le mata) (sobre la identidad de Carlos Coloma y la de Carlos Colonna, v. XIX, 400 nota 293, y 420 nota 329)
[Colonna], Fabrizio (v. la ficha de "Fabrizios")
Colonna, Federico (1601-1641; hijo de Felipe Colonna, q.v.; v. Butera, príncipe de)
Colonna, Felipe (1585-1639; gran condestable de Nápoles, duque de Pagliano y Tagliacozo; padre de Federico, Carlos y de Marco Antonio Colonna IV)
- XIII, 252 (**1635:** visita al hermano de Richelieu en Roma)
- XIV, 70 y 122 (**1637:** el condestable de Nápoles, en Roma), 173, 221(opina sobre la salud del Papa), 230, 373 (opina sobre una bula papal)
Colonna, cardenal Girolamo (n. 1604 en Orsogna, arquidócesis de Chieti; m. 1666 en Finale Marina, cerca de Génova; doctor en "utroque iure" de la Univ. de Alcalá de Henares; viajó a Madrid en 1619-1621, acompañado por su amigo Jules Raymond Mazarin, futuro cardenal; hecho cardenal en el año de 1627; arzobispo de Bologna [1632]; embajador de España en el Vaticano; más tarde Felipe IV le nombró consejero de Estado y de Guerra en Madrid), XIV, 231 (**1637:** malestar con el cardenal Spínola); XVIII, 245 (**1646:** el corresponsal le caracteriza de "tan español") (var: Colona)
Colonna, Marco Antonio III (1535-1584; en 1571 mandó la flota pontificia en la victoria de Lepanto), XIV, 315 (en la lista de esta página, de los "Italianos meritorios de antaño", se refiere al presente individuo, no al homónimo de la ficha que sigue)
Colonna, Marco Antonio IV (c. 1620-1659; hijo de Felipe Colonna y hermano de Federico; a la m. de éste en 1641, heredó los títulos de duque de Pagliano, Borromeo, Tagliacozo y Corbara, príncipe de Butera y condestable de Nápoles; en la lista de "Italianos meritorios de antaño" [del t. XIV, p. 315] se refiere a su homónimo; v. la ficha anterior)
- XIV, 184 (**1637:** duque de Marsi; "tomó resolución de entrarse fraile carmelita")
- XVII, 504; XVIII, 285 (**1646:** el condestable Colona puede hacer venir "muchos vasallos suyos del Abruzzi [q.v.], que son diablos")
- XIX, 387 nota 84 (se confunde a Marco Antonio con su hermano Federico), 431 nota 504 [titulado "El duque..."] (le identifica)
[Colonna], Prospero (v. la ficha de "Prosperos")
Colonna, Victoria (marquesa de Villafranca), XIX, 375 nota 110 (su hijo, Fadrique de Toledo y Osorio)
Coloredo (el viejo, general del Imperio), XIII, 248, 383 (**1636:** entra en Francia por el país de Valois)

Coloredo, Juan (el mozo; coronel del Emperador), XIII, 142 (**1635:** entre los que mataron al mariscal francés de La Force)

Columera, P., XIX, 179

Coll de Cabra (dos montes a unas 20 km. al E de Montblanch y 38 al N de Tarragona, a 72 km. al SE de Barcelona), XVI, 212 (1641: la caballería española derrotó la guarnición francesa de Mr. la Mota) (var: Col)

*Collado, P. Diego de

Collart, Jaques (almirante de Dunquerque al servicio de Felipe IV)
– XIII, 393 (**marzo, 1636:** m. [noticia probablemente falsa ya que su nombre consta en noticias de los años 1636 y 1637 a continuación]), 519) (**octubre, 1636:** recién soltado de una prisión en Holanda, vino con seis galeones de guerra, y dos veces derrotó a dos grupos de navíos holandeses y franceses)
– XIV, 59 (**1637:** en tres meses sus navíos han tomado treinta y cinco navíos holandeses; merced del hábito de Santiago), 167 (murió en La Coruña)

[Collart, Jacques, hijo:] XVII, 185 y 196 (**1643:** el hijo de Jacques Collart desarboló y tomó dos navíos portugueses y los llevó a La Coruña)

Collás (teniente coronel francés), XVII, 424 (preso por los españoles)

Collazo, P. Antonio, S.J., XVIII, 187

Collazos de Mendoza, Diego de, XVIII, a182-184 (carta dirigida a un marqués)

Collioure (plaza fuerte a 27 km. al sur de Perpiñán, en la costa)
– XV, 312 (**1639:** los catalanes en ella), 318 (su gobernador era Antonio Semanat)
– XVI, 212 (**1641:** Torrecusa sale de ella), 309, 312 (**1642:** sitiada), 315, 318, 320, 323 (los franceses la ganan), 343 (rendida), 345 (se entrega), 368, 374, 393 (el marqués de Mortara se retira)

– XIX, 260, 293 (var: Colibre)

Combalet, Madame de (v. Vignerode)

Combalet (sobrina de Richelieu y viuda del secretario francés Mr. Combalet), XIV, 156 (Richelieu intentó casarla con el cardenal de la Valeta [500.000 escudos y dos títulos]; XV, 404 (pasados tres años, intentó desesperadamente casarla con Carlos Luis, conde-Palatino del Rhin, q.v.)

Comblens (v. Koblenz)

*[Comedia] de los Argonautas (v. Teatro, obras de: representaciones)

*Comedia del centésimo

*Comedia sacramental de la historia de Eneas (por el Padre Céspedes de Valentín, q.v.)

*Comedia sobre san Eustaquio (v. Pereira, Rafael)

*Comedias (v. la Bibliografía),

*Comedias, representaciones de (v. la Bibliografía)

*Comedias varias

Comenar [¿quizá Colmenar?], conde del, XIV, 217

Comenares (error por Colmenares, q.v.)

Comendur, el (v. Comodoro, navío del)

Comines (a 16 km. al norte de Lille, en la frontera de Bélgica con Francia; hay dos ciudades, una a cada lado de la frontera), XIX, 62

Como, Lago de (al norte de Milán), XIII, 197, 408

Comodoro, navío del (se refiere a un navío inglés "que traía por insignia el rabo del gallo"), XIV, 124 ("diome un cañonazo debajo del agua") (var: Comendur)

Compañía de Jesús (v. Jesús, Compañía de)

Comté, La Franche (v. Borgoña, condado de: Franche-Comté o Franco Condado)

Común, la casa del (en el parlamento inglés), XVI, 187

Conbalot, viuda de (v. Combalet)

Conboy mayor y capitán de los Estados ("Voz puramente francesa... En náutica se le llama al navío o navíos de guerra destinados a escoltar y guardar otros navíos" *[Diccionario de autoridades]*), XIV, 124 (1637: en un encuentro naval, el convoy de los Estados [rebeldes], q.v., "esperó a nuestra capitana")

Concentaina, conde de (v. Santisteban, VIII conde de)

Concentaina, condesa de (v. Santisteban, VIII condesa de: tercera mujer del Conde)

Concepción, día de Nuestra Señora de la (v. Nuestra Señora de la Concepción, día de)

Concepción, colegio de la (v. [Nuestra Señora de la] Concepción)

Concepción Jerónima, Convento de la (M), XV, 206 (las monjas recibieron de Fuenterrabía una imagen de Nuestra Señora); XVIII, 238 ("en una casa cerca...se labraba moneda falsa")

Conciencia, Junta de (v. Juntas)

Concilio, presidente del (junta real en España; el sermón se dirige al Rey), XIV, 104

Concordia de paz entre jesuitas y carmelitas calzados, XIII, 162

Concha, barra de la (banco de arena en el océano, a 14 km. de Santander), XV, 43

Condado, Franco, o Franco-Condado (véase Borgoña: el Franche-Comté o Franco-Condado)

Conde, Medina (pseudónimo de Cecilio García de la Leña, q.v.)

Condé, casa de (véase Borbón, Luis de, duque de Soissons, de esta misma casa)

Condé, princesa de, XVII, 131 (1643: gobernanta del Delfín, Luis XIV), 136 (su madrina) (véase Urbano Maillé-Brezé, duque de Brezé y par y mariscal de Francia, virrey de Cataluña)

Condé, [III] príncipe de (Enrique II de Bourbon-Condé, 1588-1647; padre del duque de Enghien, q.v. [XVIII, 471])

– XIII, 446 (**1636**: en el condado de Borgoña, q.v., que era feudo español), d482 (de la ciudad de Dôle, capital del condado de Borgoña), 494, 504 (sitia a Dôle), 505, 520, 530 (intenta entrar en Alsacia), 545

– XIV, 35, 81 (**1637**: rechaza el gobierno de París), 98, 224 (disgustado, se retira a sus tierras), 349, 443 (**1638**: en Bayona), 450, 453 (sitio de Fuenterrabía), 455, 458

– XV, 33 (pierde la batalla de Fuenterrabía), 34, 38, 39, 50, 54, 63, 73, 74, 76 (en Bayona), 108 (culpa a dos duques franceses del desastre de Fuenterrabía), 121 ("avaro y servil, forzó" a su hijo primogénito, el duque de Enghien, a casarse con la hija de uno de los pares de Francia y sobrina de Richelieu, q.v. [no la hermana, como dice el Padre Sebastián González: véase la *Nouvelle biographie*, tomo XI, columna 403, y a continuación en el mismo libro la ficha de Claire-Clémence Maillé-Brezé]), 208 (**1639**: general del ejército francés en España), 215, 272 (contra la ciudad de Salsas), 280, 289, 356 (vencido ante Salsas), 361, 368, 369, 370, 381 (**1640**: por fin se le rinde Salsas), 382, 416, 437, 443, 456

– XVII, 6, 46-47 (**1643**: el príncipe de Condé, con el cardenal Mazarino, al mando del reino en ausencia del Rey y la Reina), 121 (hubo problemas con Gastón, duque de Orleáns e hijo del rey Enrique IV de Francia), 136, 378 (en Thionville le apoya su primogénito, el duque de Enghien, q.v.), p. 502 (**1644**)

– XVIII, 387 (**1646**: su segundo hijo fue elegido coadjutor), 476 (**1647**: murió el príncipe de Condé, que se llamaba Enrique II, y su primogénito heredó el estado) [de aquí en adelante, v. las fichas del nuevo príncipe de Condé, Luis II, que antes se conocía como el duque de Enghien]

Condé, [IV] príncipe de (Luis II de Bourbon-Condé, nació en 1621 y murió en 1686 [antes se le conocía por el título de duque de Enghien, q.v.; apellidado "el Grande"]; [siguen las fichas a nombre del IV príncipe de Condé, título que en 1647 heredó de su padre; antes de 1647 se llamaba duque de Enghien, y bajo este título se hallan las fichas de esta misma época])
- XVIII, 476 (**1647**: hereda el estado de su padre), 477 (por sus éxitos en Italia, y por no querer tenerle en Francia [por su poder político], el cardenal Mazarino le ofrece el gobierno de Cataluña), 488, 504 (el nuevo príncipe sitia a Lérida), 505, 508
- XIX, 1 (ataca a Lérida), 2, 11, 12 (motines en Barcelona contra los franceses), 13 (m. José Margarit, gobernador de Barcelona y partidario de los franceses), 13 y 16 y 17 (levanta el sitio de Lérida), 20, 22, 69 (a raíz de las paces de Münster, hace un manifiesto), 71, 122, 170 (**1648**: lo llaman para que sofoque el alboroto en París, pero se fue con su gente "a su gobierno, que es el ducado de Borgoña"), 174 (general en Flandes al mando del ejército), 194 (derrota al barón Juan de Weerdt, q.v.), 195, 200 (encabezaría una liga en Francia), 284 (**1642**)

Conde del Real (v. Real, conde del)

*Conde-Duque (v. Olivares, conde-duque de)

*"Conde-Duque de Olivares" (sátira)

*Conde y Herrera, Cristóbal Medina (pseud. de Cecilio García de la Leña)

Condé[-sur-l'Escaut] (villa sobre el río, a 10 km. al NO de Valenciennes), XVI, 396

Condes-Palatinos del Rhin (v. Palatinos del Rhin, Condes)

Condes, Carrión de los (v. Carrión...)

Condestable de Castilla (v Castilla)

Condestable de Nápoles (v. Nápoles)

Condestable de Navarra (v. Navarra)

Confesor [de Felipe IV], P., XV, 321

Conflens (comarca en el Rosellón, q.v.), XVI, 228 n 1 (var: Flen)

Confluencia (v. Koblenz)

Congregación de los Jesuitas (v. Jesús, Comp. de: Congregación en Roma)

Congregación Sacra (v. Sacra Congregación)

Coninksmark (v. Königsmarck, Hans Christoph)

Coniven (¿en Alemania?), XIII, 149

Connacia, la (v. Connaught)

Connaught (región al extremo NO de Irlanda), XVII, 258, 260

Conquetes, los (posiblemente unas islas en el canal de la Mancha), XIV, 122

Conquista, marqués de la (título concedido en 1537 a Francisco de Pizarro; el real despacho extendido en 1631 a su bisnieto Juan Fernando Pizarro y Manrique de Lara, caballero de Calatrava [Atienza, 848a]; v. Pizarro de Orellana, Fernando), XIII, 7 (1634: en un juego de cañas)

Conquista de Cataluña (v. Mortara, II marqués de)

Consejo [en Nápoles se llamaba el Colateral, q.v.]

Consejo, el [en España pero sin precisar el nombre], XIII, 122 (**1635**: manda que un inquisidor visite a la madre Luisa), 254; XV, 157 (**1638**), 160, 263 (**1639**), 270, 283, 289, d309 (carta del Conde-Duque al Consejo), 402 (**1640**: el marqués de Cerralbo, candidato), 422 (el Consejo colateral); XVI, 201 (**1641**: lic. especial al duque del Infantado); XVIII, 9 (**1645**); XIX, 21 (1647: resolución sobre Juan de Palafox), 357 (**1642**: tributos de tierras en Milán)

- **de Aragón** (v. Aragón, Consejo de)
- **de Castilla** (v. Castilla, Consejo de y Castilla, Cámara de)
- **de la Cruzada: presidente (gobernador)**: XIX, 447-448 n 357 (**1621-1646**, Fr. Antonio de Sotomayor; le sirvieron por subdelegación Francisco de Manso y Zúñiga, Francisco de

Mendoza y Pedro Pacheco [XVII, 37: **1643**]); XVIII, 271 (abril, **1646:** se dice que su presidencia se la dan a Diego Riaño), 357 (julio, **1646:** se la han dado a Diego Riaño de Gamboa, "porque el buen viejo confesor que la tenía no está ya para negocios con su mucha edad")

– de la Cruzada: **consejero:** XVII, 470 (**1644:** Francisco Antonio de Alarcón); XIX, 396 n 237 (Juan de Chaves y Mendoza)

– de la Cruzada: **secretarios:** XVII, 319 (**1643:** Isidro López Caro); XIX, 127 (**1647:** Juan Bautista de Orbea)

– de la Cruzada: **varia:** XIII, 530 (**1636:** "los Fúcares que tienen la Cruzada"); XVI, 499-501 (**1643**); XVII, 178, 318

– **de Estado: consejeros:** antes de 1631: Flores Dávila, I marqués de, q.v.; después del año 1631: XIII, 20 (**1634:** edicto de Antonio de Sotomayor contra el papel de Roales), 165 (**1635:** el duque de Fernandina), 217 (Francisco de Melo), 440 (**1636:** Carlos Coloma)

– XIV, 296 (**1638:** reunión en Madrid de los consejeros de Estado, Guerra y Castilla)

– XV, 63 y 86 (el duque de Módena), 130 (tres cardenales, q.v.: Sandoval, Borja y Albornoz), 178 (**1639:** el Almirante pide plaza)

– XVI, 172 (**1641**), 300 (**1642:** el marqués de Castañeda y el duque de Maqueda)

– XVII, 79 (**1643:** Luis Jerónimo Fernández de Cabrera y Bobadilla), 414, 446 (juran el príncipe Tribulcio y el marqués de Este), 462 y 470 (**1644:** el I marqués de la Puebla y IV de Loriana, q.v.), 478

– XVIII, 42 (**1645:** sobre nombramiento papal de plazas para Portugal), 45 (en París, Valencini entrega cartas a un consejero), 104 (el conde de Chinchón en Zaragoza), 207 (el obispo de Valencia), 209 (Silva deja el oficio; contendientes), 271 (**1646:** Francisco de Melo)

– XIX, 375 nota 110 (v. Juntas: Obediencia)

– de Estado: **varia:** XIII, 35 (**1634:** el P. Camasa, por orden del Consejo, acompaña a Leganés a Alemania), 69 (otro edicto contra Roales y Espino), 124 (**1635:** la infanta en Portugal juntó Consejo de Estado), 251 (el nuncio habla a los del Consejo), 277-278 (se vota a favor de la prisión del duque de Aerschot, q.v.),

– XIV, 212 (**1637:** sobre Barcelona), 213 (sobre Perpiñán), 256 (el Rey ordena al Consejo que convide a los embajadores grisones), 263 (junta en Badajoz)

– XV, 76 (**1638:** el Consejo consulta al Rey sobre la alcaldía perpetua de Fuenterrabía para el Conde-Duque), 95, 238 (**1639:** el Consejo ordena que se restituya a los venecianos el trigo que les traían los navíos holandeses), 293 (S.M. ha hecho grande al marqués de Leganés), 345 (se descifran cartas para S.M. y el Consejo con detalles de la tregua que españoles y franceses firmaron en Turín), 398 (**1640**)

– XVI, 11, 12, 75 (la duquesa de Cardona sobre el gobierno civil de Barcelona), 134, 209 (**1641:** consulta para capelo a Antonio [de Aragón, hijo de la V duquesa viuda de Cardona, q.v.]), 321 (**1642:** juntas sobre el viaje del Rey a Cataluña), 398, 505 (**1643:** el Rey ante el Consejo sobre la retirada del Conde-Duque de Olivares

– XVII, xvi, 354, 387 (**1643:** en el viaje del Rey, quedan en Zaragoza los consejeros de Aragón, Estado y Guerra)

– XVIII, 344 (**1645**), 433 (**1646:** se proponen candidatas para matrimonio del Rey)

– XIX, 119 (**1647:** el capelo para el de Oñate), 127 (sobre el Virrey en Ná-

poles), 143, 171 (**1648:** sobre el tratamiento que se debe dar al primogénito del rey de Túnez que está en Madrid), 347 (**1642**), 427 nota 468
- **de Guerra: consejeros,** antes de 1631: Flores Dávila, I marqués de, q.v.; después de 1631: Antonio de la Cueva y Córdoba, q.v.; XIII, 120 (**1635:** N. de Anaya); XIV, vii (Juan Dávalos y Zambrana) (**1637:** 33-34 (Francisco de Irazaval), 72-73 (Juan de Castro y Castillo), 131 (Miguel Pérez de Egea), 212 (Diego López de Salcedo), 265 (Juan de Chaves), 319 (**1638:** Carlo Andrea Caracciolo), 384 (Juan de Garay); XV, 68 (Nicolás Cid), 118 (Francisco de Mejía), 219 (**1639:** II marqués de Caracena); 235 (Juan Vázquez Coronado), 237 y 415 (Juan de Garay), 263 (marqués Virgilio Malvezzi), 327 (Fernando de la Cerda), 434 (**1640:** Cristóbal de Benavente); XVI, 55 y 80 (marqués de Povar), 300 (**1642:** Pedro Valle de la Cerda); XVIII, 3-4 (**1645:** marqués de Toralto), 16 (Felipe de Silva), 154 (Andrés Cantelmo), 337 (**1646:** el conde de Montalvo), 401 [sin nombrar]; XIX, 335 (Francisco Díaz Pimienta)
- de Guerra: **fiscales:** XIV, 167 (Villavicencio: murió muy aprisa); XVI, 235 (**1642:** Francisco de Herreros); XVII, 212 (**1643**) [sin identificar]; XVIII, 91 (hasta **1645**, Jerónimo Camargo)
- de Guerra: **secretarios,** XV, 424 y XVII, 132 (**1643:** Antonio Ruiz de Contreras; luego Miguel de Salamanca), 335 (Fernando Ruiz de Contreras), 387 (Jerónimo de Lezama, q.v.); XVIII, 401 (**1646**) [sin nombrar]; XIX, 127 (**1647:** Juan Bautista de Orbea)
- de Guerra: **varia:** XIII, 277 (reunión sobre el duque de Aerschot), 539; XIV, 213; XV, 95, 280, 345; XVI, 238, 416, 495; XVII, 193-194, 343, 387; XVIII, 66, 211; XIX, 143, 318
- **de Hacienda: presidentes (gobernadores):** XIII, 9 (**1634:** Joseph González), 108 (el marqués de la Puebla, "en propiedad"), 277 (el marqués, en una reunión sobre la prisión del duque de Aerschot); XIV, 65, 87 (**1637:** Antonio Campo Redondo, presidente), 99 (el huido conde de "Berfuse", antiguo presidente de finanzas); XV, 199 (**1639:** Antonio Campo Redondo, gobernador del consejo); XVII, 390 (**1643:** regreso del marqués de la Puebla al puesto [de presidente]), 403 y 411 y 414 (volvió a la presidencia el IV marqués de Loriana y I marqués de la Puebla de Ovando), 462 (**1644:** Francisco Antonio de Alarcón, "en propiedad"), 470 (el marqués de la Puebla se despide de la presidencia); XVIII, 86 (**1645:** Dr. Francisco Ramos del Manzano, presidente del Consejo de Hacienda en Milán) XIX, 70 (**1647:** m. el marqués de Loriana, antiguo presidente), 132 (Juan de Góngora), 141 (José González; véase Castilla y la Cámara), 310 (**1642:** el II conde de Castrillo), 424 nota 411 (la gobernación del Consejo durante la cautividad del marqués de la Puebla en Portugal), 444 nota 328 (el II conde de Castrillo, q.v., de 1643 hasta 1651; Antonio Campo Redondo le reemplazó; durante las ausencias de éste y del marqués de la Puebla en Lisboa, gobernó el Presidente del Consejo de Hacienda, Francisco Antonio de Alarcón, hasta 1647 [v. XVII, 100, 411-412; XVIII, 391; y XIX, 424 nota 411 y 449 nota 390]; Joseph González de 1647 hasta 1660)
- de Hacienda: **consejeros:** XIII, 4 (**1634:** Antonio de Sarmiento, a Hungría), 338 (**1635:** nuevos nombramientos y jubilaciones), 514 (**1636:** m. Juan del Castillo); XVI, 215 (Juan de Larrea); XVII, 132 (**1643:** Miguel de Salamanca), 404 (por decreto Real, Francisco Antonio de Alarcón pa-

sa de Hacienda al Consejo de Castilla y su Cámara); XVIII, 337 (**1646:** el conde de Montalvo), 463 (**1647:** Diego Suárez, miembro); XIX, 406 nota 377 (**1645:** Pedro Valle de la Cerda); v. La Calle, Juan de; Larrea, J. B. de

- de Hacienda: **fiscales:** XVI, 234 (**1642:** Diego de Altamirano); XVII, 230 (**1643:** Rodrigo Jurado [v. XIX, 418 nota 230]); XVIII, 94 (**1645**; v. XIX, 434-435 nota 94), 216 (Juan de Valdés)
- de Hacienda: **oidores:** XVII, 469 (**1644:** Pedro Valle de la Cerda); v. *Pompa funeral...de Isabel de Borbón*, f. 45r (**1644:** Juan de La Calle); XVIII, 138 (**1645:** Pedro Valle de la Cerda), 229 (**1646:** [Pedro de] Velasco, q.v.), 233 (Dr. Pareja); XIX, 150 (**1648:** Juan de Arnedo; pasa al de Castilla)
- de Hacienda: **reforma:** XVII, 144 (**1643:** el Rey comisiona a Diego de Riaño el reformar el consejo), 146, 174, 198, 212 (Riaño a cargo de la reforma)
- de Hacienda: **secretaría:** XV, 255 (**1639:** la secretaría de Hacienda se da a Villareal, secretario del presidente), 298; XVIII, 146 (**1645:** m. el secretario Bartolomé de Legarda, "de muy aventajadas prendas,...mozo")
- de Hacienda: **receptor y contador mayor de rentas:** XVI, 390; XIX, 257 (**1642:** Manuel Cortizos, portugués)
- de Hacienda: **contador principal:** XVI, 302 (**1642:** Domingo Centurión, sobrino del marqués de Monasterio)
- de Hacienda: **varia:** XIII, 277 (**1635:** juzga en juntas al duque de Aerschot), 513 (**1636:** 400,000 ducados al condado de Borgoña); XV, 385 (**1640**); XVII, 355 (**1643:** el presidente de Hacienda), 404 y 411-412 (**1644:** Francisco Antonio de Alarcón), 469-470 (visitador); XVIII, 371 (**1646:** sobre los derechos del presidente)
- **de Indias: presidente (gobernador):** XIII, 277 (**1635:** el II conde de Castrillo, presidente, sobre el duque de Aerschot); XIV, 412 (el marqués de la Puebla sucede al conde de Castrillo en la presidencia de Indias); XIX, 189 (**1648**)
- de Indias: **consejeros:** XIII, 243 (**1635:** m. el conde de Humanes), 514 (**1636:** "han jubilado a Villaseñor y a Cárdenas"; XVIII, xxi (**1636:** Juan de Solorzano), 86 (**1645:** Jerónimo Quijada), 90 [sin nombre]; XIX, 132 (**antes de 1647:** Juan de Góngora; **1647:** Jerónimo del Campo), 379 nota 381 (sin fecha: Gaspar de Teves Tello de Guzmán)
- de Indias: **fiscales:** XIII, 244 (Cristóbal de Moscoso); XVIII, 90 [sin nombre], 91 (desde **1645**, Jerónimo Camargo); XIX, 132 (**antes de 1647:** Jerónimo del Campo; **1647:** Francisco Zapata, q.v., hijo del II conde de Barajas)
- de Indias: **oidores:** XIV, 167 (**1637:** Lope de Hoces); XV, 361 (entre las mercedes a la viuda de Hozes, "los emolumentos de oidor de Indias por sus días"), 424 (**1640:** Fernando de [Ruiz] Contreras); XVI, 95; XVII, 132 (**1643:** Antonio Ruiz de Contreras, q.v.), 414, 474 ([Pablo] Arias Templado), 493, 497 y XIX, 430 nota 497 (**1644:** m. el licenciado Mena); XVIII, 14 (**1645:** Lorenzo Ramírez), 233 y 460 (**1646 y 1647:** Pedro de Rivera y Antonio de Lezama), 430 (**1644:** m. Arias Templado), 496; XIX, 2 (**1647:** Francisco de Soler),
- de Indias: **secretarios:** XV, 424 y XVIII, xxi (**1636:** Fernando Ruiz de Contreras); XVII, 117 (**1643:** Gabriel de Alarcón)
- de Indias: **varia:** XVI, 57 (**1640:** el Rey manda que se vendan todos los oficios de Indias); XVII, 415 (**1644:** Toribio Gutiérrez de Bustamante de-

be 30.000 ducados al Consejo), 446, 474 (v. la ficha inicial del Consejo de la Cámara en Indias), 475; XIX, 438 nota 175, 444 nota 328
- **de la Cámara en Indias** (v. Janine Fayard, *Los miembros...,* p. 22, nota 88): XVII, 474 (**1644**: "los del Consejo Real de las Indias por dos veces propusieron a S.M. con grande instancia que no hubiera Consejo de Cámara en Indias")
- de la Cámara en Indias: **presidente**: XVII, 474-475 (**1644**: el II conde de Castrillo)
- de la Cámara en Indias: **consejeros**: XIX, 379 nota 381 (sin fecha: Gaspar de Teves Tello de Guzmán); XVII, 474-475 (**1644**: sobre la referida propuesta en 1644, el Rey llamó para cierta consulta al presidente, q.v., y a Pedro González de Mendoza, [Pablo Arias] Templado, y el Protonotario [Jerónimo de Villanueva, q.v.]; "los excluidos" eran "más antiguos" y "de prendas más aventajadas": Juan de Solorzano Pereira, Lorenzo Ramírez de Prado, Francisco Zapata [éste era el hijo del conde de Barajas; v. Pellicer, *Avisos,* III, 168);
- **de la Inquisición, y Supremo de ella** (v. Inquisición)
- **de Italia: presidente (gobernador)**: XIII, 90 (**1634**: el marqués de Puebla), 381 (**1636**: Gaspar de Teves de Guzmán, "presidente de Italia o vicepresidente"), 396 (**1636**: gobernador el duque de Alburquerque); XVIII, 7 (**1645**: Antonio Ronquillo, presidente de Milán), 86 (el doctor Ramos, presidente en Milán), 328 (**1646**: "el presidente de Hacienda entra a ser gobernador del Consejo de Italia y se queda con el oficio de consejero de Cámara")
- de Italia: **regentes (consejeros)**: XVII, 414 (**1644**: Alonso de Agraz, por el reino de Sicilia), 445 (Pedro de Neila pasa a Segovia), 478 (**1647**: Caimo, regente de Milán); XIX, 61 y 77 (regente Sofía); 77 (regente Casanate)
- de Italia: **secretarios**: XIII, 243 (**1635**: murió Matienzo); Elliott, *The Count-Duke,* p. 67 (Antonio Carnero, q.v., homónimo de su hermano el secretario del Conde-Duque)
- de Italia: **fiscal**: XVI, 314 (**1642**: m. José de Nápoles; Juan Morales, alcalde de Corte),
- de Italia: **varia**: XIX, 61, 77, 127
- **de Justicia: presidente (gobernador)**: XIV, 257 (**1637**: Juan de Chaves y Mendoza)
- de Justicia: **secretarios**: XV, 255 (Asperilla); XIX, 128 (**1647**: Juan de Otalora)
- de Justicia: **varia**: XVII, 68 (**1643**: los parientes del IX duque de Medina Sidonia piden gracia al Rey, con el apoyo del Consejo)
- **de Mesta**: XVIII, 181 (**1645**: piden los aragoneses que se suprima este consejo en Aragón)
- **de Órdenes: presidente (gobernador)**: XIII, 219, 528; XIV, 284 y XIX, 396 nota 237 (**1630-1638**: Juan de Chaves y Mendoza); XV, 78 (**1638**: que Chaves se abstenga de ir al Consejo, porque desde octubre el V conde de Oñate, q.v., tomó la presidencia); XVII, 37 (**1643**: Francisco Antonio de Alarcón), 412 (**1644**: se había ido Alonso de Cabrera del gobierno); XVIII, 39 (**1645-1650**: el marqués de Mirabel, presidente), 130 (S.M. reprende al presidente); v. Velada, III marqués de: presidente
- de Órdenes: **consejeros**: XVI, 55 (**1640**: Antonio de Córdoba); XVII, 203 (**1643**: Padre Mascareñas, hermano de Jerónimo Mascareñas), 475 (**1644**: Juan Chacón [Ponce de León]); XVIII, 119 (**1645**: Antonio de Luna), 216 (**1646**: Juan de Ipeñarrieta)
- de Órdenes: **oidores**: XV, 78 (**1638**: Claudio Pimentel, hijo del VIII conde de Benavente), 435 (**1640**: Juan

Chacón Ponce de León); XVIII, pp. 102-103 (**1645:** Francisco de Borja, hijo del duque de Villahermosa y príncipe de Esquilache; oidor de Órdenes, acusado en una causa), 119 y 130 (Antonio de Luna y Fulano Girón, oidores de Órdenes, defienden los dos su jurisdicción; pero manda el Rey que se detengan en Daroca), 460 (**1647:** Agustín del Hierro)
- de Órdenes: **fiscal:** XIX, 132 (**antes de 1647:** Francisco Zapata, hijo del II conde de Barajas)
- de Órdenes: **secretario:** XVIII, 225 (**hasta 1646:** Gregorio de Tapia; posteriormente, a un criado del conde de Castrillo)
- de Órdenes: **plaza:** XV, 78
- de Órdenes: XIII, 514 (**1636:** el Rey le manda identificar las encomiendas vacas); XIV, 13 (**1637:** los Consejos de Aragón y de Órdenes rehusan usar el papel sellado); XV, 174 (**1639:** el Rey manda a Órdenes enviar nombramientos de tres cabos para las tres Órdenes militares); XVI, 491 (**1643:** avisaron al secretario de Órdenes de parte de un ministro que buscara a cierto caballero); XVIII, 338 (**1646:** el Presidente y el Consejo suplican a S.M. les deje proseguir una causa)
- **Real:** así se tituló el único Consejo burocrático creado en 1385 (v. Janine Fayard, *Los miembros del Consejo de Castilla*, p. 5); en 1406 el Rey limitó el número de sus miembros a doce, elegidos todos en Castilla (v. p. 5); y en 1480 se tituló el "Consejo Real de Castilla" (p. 6). Los pocos restos de estos dos títulos en las cartas los he incorporado a las fichas del Consejo de Castilla, q.v.
- **Secreto:** XIV, 8; XV, 235 (**1639:** consejero: Juan Vázquez Coronado)

Consejo, Virgen del Buen, XVIII, 206

Consejos, los, XVI, 137; XIX, 69
- presidente de, XIX, 311
- Reales, XV, 83 (Juan Barclay, abogado de los Reales Consejos)

Conseller en cap (el conseller era "un capitán que es la cabeza de una ciudad" [XVII, 21]), XVII, 22; XIX, xiv

*Conselleres y Consejo de ciento de Barcelona (v. Barcelona)

Consellete, el (institución en Génova), XIX, 145

Consistorio, el, XIII, 389 (junta de poder francesa); XVI, 131 (junta religiosa en Roma)

Constancia (v. Konstanz)

Constantí (a 6 km. al NO de Tarragona), XVI, 212-213 (**1641:** quedaba por rendirse a los franceses), XVI, 284 (**1642**), 288 (tomada a los franceses por el marqués de la Hinojosa) (var: Constantina)

Constantinopla, XIII, 29, 56; XIV, 171, 242, 312, 375, 377; XV, 122, 128, 167, 173, 185, 223, 275; XVI, 468; XVIII, 75, 104, 313, 317, 318, 319, 365, 365, 366, 420; XIX, 8, 25, 179
- Nuestra Señora de (v. Nuestra Señora de Constantinopla)

Constanza (v. Konstanz [ciudad de Alemania])

Constanza, lago de (entre Suiza y Alemania), XVI, 48

Consuegra (a 100 km. al N de Madrid), XVII, 287

Contarino (embajador de Venecia en Suecia), XVIII, 319 (**1646:** obtiene él naves de guerra de la reina sueca para la guerra contra los turcos)

Conte y Fieso (v. Conti y Fiesco)

Conté o Contea o Contéa (v. Borgoña, condado de)

Conteni-Strasford ([sic]; el deletreo defectuoso impide la identificación; se refiere a un líder o un partido cuya parte tomó el conde de Essex, de apartarse del Rey), XVII, 257

Conti, príncipe de (hermano menor del príncipe de Condé), XIII, 451 (**1636:** entra en Borgoña)

Conti y Fiesco, Cristóbal (alférez reformado), XVI, 406 (variante: Conte y Fieso)

Contratación, casa de (v. Sevilla)

- la (institución), XV, 303 (el general Carlos Ibarra escribe al presidente de la Contratación dando cuenta de su viaje desde Veracruz); XVII, 69 (grave disputa entre Francisco de la Parra y Diego de Villegas, oficiales de Contratación); XIX, 217

Contray (v. Coutray)

Contreras (comisario general español en Flandes, en 1595), XVII, xv-xvi, nota 1 (mandó matar a sangre fría a un Almirante francés hecho prisionero)

Contreras (marino), XIX, 298 (murió en un enfrentamiento entre la armada francesa y la española entre Barcelona y Mallorca)

Contreras, secretario, XVII, 132 (era secretario de Guerra y le han hecho oídor de Indias; dan su secretaría a Miguel de Salamanca)

Contreras, Alonso (testigo en una información de nobleza y limpieza), XVIII, xxviii

Contreras, Antonio de (v. Ruiz de Contreras, Antonio de)

Contreras, Diego de (capitán del tercio de don Alonso Ladrón), XIII, 356 y 358 (m. en 1635 en la derrota que los franceses dieron a Tomás de Saboya cerca de Namur, y donde murieron más de 1.200 hombres)

Contreras, Fernando de (véase Ruiz de Contreras, Fernando)

Contreras, Fernando Luis de (error por Ruiz de Contreras, Fernando, q.v.)

Contreras, Francisco de (véase Ruiz de Contreras, Francisco)

Contreras, Gregorio de (oidor de Granada y el corregidor de Málaga), XV, 482 (manda prender a don Bernardo de Prados y éste se refugia en la torre de los Mártires)

Contreras, Jerónimo de (impresor de Lima en 1635), XVIII, xix (para Gayangos, son datos poco fidedignos)

Contreras, José (impresor de Lima en 1635), XIX, 435 nota 126

Contreras, Melchor de (hermano de Rodrigo de Contreras; canónigo de Córdoba), XVI, d423 (de su hermano Rodrigo, "de la mar"); XIX, a287

Contreras, Pablo de (capitán de navío), XIV, 246

Contreras, Rodrigo de ("de la mar sobre Barcelona"), XVI, a423 (1642: a su hermano Melchor)

Contreras, Sebastián de (gobernador de Aranjuez; secretario del Consejo de la Cámara), XIII, 243; XV, 258 (no m. en 1635)

Conttigton (v. Cottington)

Convaler, la (v. Comballet)

Convento de Diego Fecet (v. Fecet)

Convento de la Concepción Jerónima, XV, 206 (imagen de Nuestra Señora que trajo alguien de Fuenterrabía al Convento de la Concepción Jerónima en Madrid); XVIII, 238 ("en una casa cerca...se labraba moneda falsa")

Coqui, Lorenzo (v. Cochi, Lorenzo)

Corbalán, Antonio de (caballero de Ciudad Rodrigo; participó en la batalla del castillo de las Eljas, q.v.), XVI, 336, 337

Corbecourt (villa que estaba a 10 km. de [La] Cambe, Francia, q.v.), XV, 408 (var: Corbecur)

Corbie ("plaza fuerte y grande", a 15 km. al este de Amiens, sobre el río Somme, q.v.), XIII, 492, 493, 495-496, 518, 520, 531, 539, 540, 544; XIV, 234; XIX, 461 nota 262

Córcega, XIV, 342, 368; XVI, 446; XVIII, 218, 427

Corcobadonga (lugar ficticio: v. Presa, Juan de la)

Corchuela, la (monte y antigua fortaleza a 5,5 km. de Badajoz), XVIII, 410

Cordero, P., S.J., XVIII, 354

Córdoba, XIII, 34, 106, 164, 258; XIV, 260; XV, 123, 208, 478; XVI, 15, 18, 22, 70, 75, 162, 163, 170, 212; XVII, 40, 150, 152, 176; XVIII, 197, 352, 352, 390, 473; XIX, 75, 130, 213, 214, 216

Córdoba, Francisco de (casado con Juana, marquesa de Poza; padres de Francisca de Córdoba y Rojas, II marquesa de Leganés por casamiento, q.v.), XIX, 348

Córdoba, Gaspar (hijo del VII duque de Sessa, q.v. [no se llamaba Francisco]; m. 1664), XIX, 442 nota 244

Córdoba, Gonzalo [Fernández] de, príncipe de Maratea, tataranieto del Gran Capitán y hermano del VI duque de Sessa [Luis Fernández de Córdoba, 1582-1635] y de Fernando de Córdoba [abad de Rute] (García Carraffa, *Diccionario*, XXII, 17-18)

- XIII, 22 (rechaza ocupar el lugar del fallecido duque de Feria que le ofrece el Rey (v. J. Paz, *Catálogo...*, II, 42-58 y 792, y Quevedo, *Obras*, BAE XLVIII, 189-191); 139 (m. en Aragón en 1635 (v. Julián Paz, *Catálogo...*, II, 59-67 y 792: gobernador de Milán en 1629)

Córdoba, Gonzalo Fernández de (véase Fernández de Córdoba, Gonzalo)

Córdoba, Juan de, XVII, 34; XVIII, 506 (pleito contra la condesa de Oropesa por el estado de Alcaudete)

Córdoba, Juan Fernández de (capitán), XIV, 215

Córdoba, Juan Fernández de (v. Medina Sidonia, duquesa de)

Córdoba, Luis de (gobernador de las Islas Canarias), XV, 262, 456, 462

Córdoba, Luis Fernández de (tío de la duquesa de Arcos; general de galeras) XIX, d36-38; XVIII, 387

Córdoba, Nicolás de (capitán), XIV, 215

Córdoba, Aragón y Cardona, Luis Remón de (v. Cardona, VII duque de)

Córdoba y Cardona, Ana de (v. Medellín, V condesa de)

Córdoba y Rojas, Ana de (no era la segunda mujer del I marqués de Leganés: v. las fichas que siguen)

Córdoba y Rojas, Francisca de (v. Leganés, II marquesa de; no era la segunda mujer del I Marqués)

Córdoba y Rojas, Juana de (v. Leganés, I marquesa de: Juana fue la segunda mujer del Marqués)

Corebo (villa entre Módena y Milán), XIII, 303, 311

Corella y Mendoza, María de (condesa de la Puebla de Montalbán), XIX, a328-329

Corfú (isla griega en el mar Jónico, a la altura de Albania), XVIII, 318

Cori, Febran [sic], XIV, 232 [párrafo de expresión defectuosa]

Coria (a 110 kilómetros al norte de Badajoz), XIII, 439 (su gobierno); XVI, 356

Coria, marqués de (noble portugués), XVI, 338

Coria, obispo de (jurisdicción sobre partes de Badajoz, Cáceres y Salamanca), XIII, 276 y 347 y 349 (1635: en dicho año m. Juan Roco de Campofrío, obispo de Coria; "al de Palencia [Crístofer Guzmán y Santayo] le dan lo de Coria"; sin embargo, en 1638 a Roco de Campofrío le sucedió Antonio González de Acevedo, procedente de Almería, ya que el de Palencia no aceptó el obispado de Coria; v. Gams, 30a, 61b); XVII, 389 (1643: en dicho año m. Juan Queipo de Llanas, y en 1644 le sucedió Juan [por error, Pedro de] Urbina, comisario que fue de la Orden de San Francisco; v. Gams, 30a, 88b)

Cork (villa y provincia del SO de Irlanda), XIX, 10

Cornejo, maestro (catedrático de Salamanca), XIII, 267

*Corominas [y Güell, Juan] (del siglo XIX)

Corona, la, XIX, 269 (la de España)

Corona Real, XIII, 110 (restitución de bienes a la misma, ordenada a Fadrique de Toledo-Ossorio, q.v., VI marqués de Villanueva de Valdueza, preso por haber ofendido al Conde-Duque)

Coronado, Alonso, XV, 482-483 (preso por palabras con un alcalde)

Coronado, Juan (del ejército que va a la Valtelina, q.v.), XIV, 93
Coronado, Juan Vázquez de (cabo del ejército del marqués de Leganés), XV, 459
Coronel, P., S.J., XVI, 173
Coronel, Francisco (tío de Gaspar Becerra, q.v.), XVIII, xxix
Coronel, Gaspar (hijo de Juan Coronel), XVIII, xxvi
Coronel, Juan (padre de Gaspar Coronel), XVIII, xxvi
Coronela, compañía, XVI, 421 (una de las compañías de la coronelía del Príncipe)
Coronelía, la, XVI, 394 (compañías militares del príncipe heredero de España)
Corpas, Alonso de, XIV, 355 (vende un censo)
Corpus, el día de, XIII, 44; XIV, 143; XVIII, 89; XIX, 283, 428 nota 473
– procesión del, XIV, 140
Corso, el (la "Via del Corso" [de Roma]; es la avenida central de las tres que se originen en la Piazza del Popolo), XIV, 69, 70, 121, 122; XVI, 461; XIX, 331 (var: "Il Corso")
Cortat (cerca de La Rochelle), XIII, 491 (alborotos)
Corte, alcalde de, XIV, 4; XVII, 100
– alguacil de, XIV, 62
– cárcel de (Madrid), XVII, 459
– cuartel de la (v. Cuartel de la Corte)
– Hospital de la (Madrid), XVII, 65
– [española], la, XV, 15; XIX, vii
– Mayor (parece que así se llamaba el Cuartel de la Corte, q.v., en el Piamonte), XIII, 499 nota 1
Cortes de Aragón [1642], XIV, 157 (presidencia); XV, 411, 467; XVIII, 22, 175, 189, 252, 337; XIX, 438 nota 175
– (prórroga de), XVIII, 343, 347, 377-378, 389, 426-428 (concluye)
– (quejas contra los excesos de la soldadesca; véanse las fichas de Zaragoza: soldados), XVII, 360-364; XVIII, 181, 349-350

Cortes de Aragón bajo el "enemigo" francés, que en 1642 nombró Monzón "emporio de las cortes de Aragón, Valencia y Cataluña", XVI, 419
Cortes de Castilla,
– XIII, 33 (1634: el Rey les pide cuatro millones en plata), 59 (le conceden al Rey impuestos de venta y compra), 201 (1635: niegan al Rey los nueve millones pedidos), 218 (discusiones en las cortes sobre el pedido real), 437 (1636: disueltas; se hará proceso contra todos los procuradores)
– XV, 18 (agosto de 1638)
– XVIII, 209 (1645: "echadas" para enero), 254 (1646: el Rey presenta sus necesidades)
Cortes de Valencia, XVIII, 205 (1645: continúan, a pesar de la ausencia del Rey), 209 (concluyen en el otoño; el Rey concede cuatro títulos de conde), 293 (compra de votos al Rey para entrar en las cortes)
Cortes de Valencia bajo el régimen del enemigo francés (v. Cortes de Aragón bajo el régimen francés)
*Cortés, Juan Lucas (bibliógrafo e historiador)
Cortés, María (v. Terranova, duquesa de)
Cortés, Rodrigo de (capitán de caballos en la frontera de Portugal cerca de Elvas, q.v.), XVIII, 204
Cortesías, pragmática de las, XIII, 466, 466
Corticella (villa al NE de Bologna, a poca distancia), XVI, 486 (var: Cortisela)
Cortizos (caballero del hábito de Calatrava), XVIII, 338 (agresor en el Prado; preso y mandado a la fortaleza de Calatrava, q.v.)
Cortizos, Manuel (portugués rico, contador mayor de rentas y receptor del Consejo de Hacienda; escribano mayor del Reino), XIV, 39 (guarda de la ermita de San Bruno), 65 (merienda para festejar a los Reyes); XV, 231; XVI, 390 (le roban gran cantidad de

dinero; v. Josef Pellicer, *Avisos*, II, 268); XVIII, 165; XIX, 257

Coruña, conde de [sic] (Lorenzo Suárez de Mendoza), XVI, 211 (**1641**: virrey de Navarra); XVII, 120 (**1643**: de la Cámara del príncipe Baltasar Carlos); XVIII, 415; XIX, 355 (**1642**: mayordomo mayor de Juan de Austria, hijo del Rey), 415 (**1646**: m. sin sucesión)

Coruña, La (v. La Coruña)

Corvera (a 33 km. al norte de Valencia), XVII, 20

Corviéres, conde de (también barón de Vatteville y autor de una relación), XIX, 183

Corzana, vizconde de la (v. La Corzana)

*Corral, Gabriel de (s. XVII; traductor de dos obras de John Barclay, q.v.)

Corral, Rodrigo del (su hijo Francisco servirá en una armada que manda su primo el almirante Manuel Bañades, q.v.), XIX, 65

Corral de Almaguer (villa a 38 km. al SE de Ocaña y 22 km. al NO de Quintanar de la Orden; de la Orden de Santiago; su comendador era el I marqués de Flores Dávila, q.v. [Bethencourt, X, 318])

Corral de Caracuel (villa a 20 km. al SO de Ciudad Real; de la Orden de Calatrava, q.v.; v. su comendador, el I conde de Villalba), XIX, 462 nota 264 (var: Caraquel; Corral de Calatrava)

Correa, P., S.J., XIV, 356, 492

Corregidor, el, XIII, 106 (de Salamanca); XV, 2 (de Antequera); XIX, 83 (**1647**: el de Madrid, excomulgado por el cardenal)

Corregio (v. Corrozzo)

Correo de España, XIV, x (1638)

Corrozo (v. Corrozzo)

Corrozzo (feudo en Italia cerca de Chivasso [a 20 km. al noreste de Turín]), XV, 78 (**1638**: cuando el duque de Módena visita al Rey de España, éste le cede el referido feudo), 88 (relevado el Duque de pagar tributos al Emperador por este feudo), 317 (**1639**: lo toman los franceses); XVIII, xviii (su gobernador) (var: Corezzo; Corregio; Correzo)

Corridas de toros (v. Toros, corridas)

Corrientes, Cabo de (directamente al oeste de la Isla de Pinos [Cuba]), XIV, 246; XVIII, 481 (v. Cartagena de Indias)

Cosfier de Rusé, Henri (marqués de Cinq-Mars, favorito de Luis XIII), XVI, 474 (**1642**: degollado en Francia por atentar contra el cardenal Richelieu)

Cosmandel (ingeniero flamenco), XIX, 127

Cosme, P., S.J. (asiste al cardenal Zapata, que está agonizando en Barajas), XIII, 165

Coso, el (barrio de Madrid), XIX, 301 (el Rey lo recorre)

Cospiter (v. Peeters)

Costa, P., S.J. (amigo del P. Pereira), XV, 345, 361

Costa, presidente, XIV, 170 (**1637**: en su presencia en Madrid prenden al embajador de la Reina madre francesa, Monsieur Ronchas)

Costa, Jusepe de (oficial del ejército de Cataluña), XVI, 212

Costas de Garraf (véase Garraf, Costas de)

Costilla, Padre Diego, S.J., XVI, a167, 173

Cottington, Sir, XVII, 327 (**1643**: se pasa al servicio de Carlos I de Inglaterra)

Coure, marqués (mariscal; embajador de Francia en Roma)

– XIII, 533 (**1636**: queda de embajador al partir el hermano del cardenal Richelieu)

– XIV, 219 (**1637**: sus rozamientos con los Barberini en Roma), 220 (pide al Rey le suplante), 222 (los españoles en Roma lo tachan de impertinente), 232 (le pesa la posible paz de Saboya con los españoles), 375 (**1638**: hace

instancias al Papa para que elija un cardenal amigo de Francia)
- XV, 260 (**1639**: sus tratos secretos con el príncipe Sanz), 261

*Cousin, Victor (biógrafo)

Coutinho, Egas (v. Nunes, Egas)

Coutinho, Gastón (véase Caminha, duque de)

Coutray (ciudad de Flandes; sitiada por los franceses, a quienes les derrotó el general Beck, q.v.), XVIII, 357, 363, 379, 386, 388, 403 (por error: Contray)

Covaleda, P., S.J., XIX, 242

Covisos (sic; gente que vive cerca de Schmalkalden, q.v., villa de Hesse a 50 km. al SO de Erfurt), XV, 494 (de ellos, los imperiales "trujeron más de 200 cautivos")

Coxo (v. Cojo)

Cracovia (ciudad del sur de Polonia, al pie de los Cárpatos y junto al río Vístula; gran centro cultural), XIV, 430 nota 1; XVII, 325 (var: Carcovisa)

Craesbeeck, Pedro (impresor de Lisboa, 1597-1637), (v. *Alemán, Mateo)

Cranach (lugar de Alemania), XIII, 345 (var: Craznac)

Crebalcore, castillo de (cerca de Bolonia), XVI, 485 (cuartel de armas eclesiásticas)3

Crecentín (v. Crescentino)

Cremona (a 45 km. al noroeste de Parma), XIII, 251, 270, 501; XIX, 145, 198

Cremonés (tierras de Cremona, regadas por el canal del río Oglio, q.v.), XV, 340

Crequi, Carlos de (príncipe de Poix, duque de Crequi, par y mariscal de Francia, gobernador del Delfinado)
- XIII, 204 (**1635**: en campaña en el Monferrato), 280 (invaden él y el duque de Parma el estado de Milán), 302, 306 (frente a Valenza del Po, q.v., para atacarla), 314 (se retira de Valenza del Po con pérdidas, pero queda cerca de la ciudad), 332, 332 nota 1 (descripción bibliográfica de un plano coetáneo de Valencia del Po), 372 (**1636**: gobernador del Delfinado), 400, 403, 408 (se retira de Milán y el duque de Alcalá toma posesión de la ciudad), 421 (le mandan prender por orden del Rey, a instancias de Richelieu), 454, 455, 456, 470 (el duque de Saboya y el general Crequi, q.v., han ocupado el río Ticino, q.v., al oeste de Milán, han quitado el agua del canal de Naviglio Grande, q.v., y han ocupado la villa de Oleggio [q.v., a 33 km. al NO de Milán], amenazando así a los españoles en dicha ciudad), 471, 472 (su hijo m. en una batalla), 474, 533 (se le llama para defender a Lyon)
- XIV, 54 (**1637**: le quitan las armas de Italia y se las dan a un sobrino de Richelieu), 166 (vuelve a Italia pero con pocas tropas), 187, 205 (en un banquete suyo se envenenó al duque de Saboya, q.v.), 224, 239, 269, 369 (**1638**), 383 (el de Leganés sitió a Bremi, q.v., villa a orillas del Po en el estado de Milán, y derrotó a los franceses que intentaron socorrerlo), 385 (Leganés cercó a Bremi, donde m. Crequi), 386, 389, 394, 407 (el cardenal de La Valette le sustituirá en el mando)
- XIX, 423 nota 406, 446 nota 333 (var: Criqui; Chirichi; Querqui; Quiriqui; Quirque)

Crescentino (a 90 km. al SO de Milán), XV, 189, 238, 239, 310 (var: Crecentín; Cuescestín)

Crespi de Valdaura, Cristóbal (regente del Consejo de Aragón, clavero y asesor general de la Orden de Montesa), XVII, 484 (uno de los que suscribieron el Perdón General otorgado por el rey Felipe IV a Cataluña en el año de 1644); XVIII, 209; XIX, 438 nota 175 (var: Crespo)

Crespi de Valdaura (hermano del anterior; nombrado teniente-maestre de Montesa), XVIII, 209

*Crespo, P., S.J. (amigo del P. González y del P. Pereira, y autor de relaciones); XIII, x (criticado), 215; XIV, 74, 91 (intenta conseguir "una anua de lo sucedido este año"), 142; XV, 346, 361; XVII, 438, 463; XV, 432; XIX, 304

Creta (v. Candía)

Crevalcore: castillo de San Juan (a 20 km. al noreste de Módena), XVI, 485

Crèvecoeur (a 8 kilómetros al sur de Cambrai), XIX, 270 (Melo escribe al Rey desde aquí) (variante: Crevecourt)

Crillón, duque de (general francés de una familia originaria del Piamonte, cuyo apellido patronímico era Balbis, afrancesado en Balbe cuando se estableció en Avignón. Tomó el apellido Crillón de una tierra que pertenecía a su padre, Louis Balbis de Berton de Crillón), XIII, 359 (recibió el título de duque)

Crinelli (tenía un tercio), XIV, 93

Criqui, El (v. Crequi)

Crisóstomo (v. San Juan Crisóstomo, y Juan Crisóstomo, Fray)

Cristiandad, la, XVII, 28

Cristianísimo, rey (véase Luis XIII de Francia)

Cristián IV, rey de Dinamarca (1577-1648; hijo de Federico II; en 1625 cabeza de la liga protestante), XVIII, 38; XIX, 434 nota 38 (var: Cristiano; Cristiern; Christiano)

Cristina (1626-1689; reina de Suecia, 1632-1654), XIII, 150; XIV, 393; XV, 177, 427

Cristina de Francia (v. Saboya, duquesa de)

Cristo, XIII, 52, 55, 72, 153, 154, 160, 174, 175, 542; XIV, 89, 90, 103, 106; XV, 61, 154, 155, 201, 438; XVI, 94, 106, 107, 473; XVII, 36, 112, 208; XVIII, 299, 381, 400; XIX, 46, 161, 313

Cristo, Orden de, XIII, 155 (v. las Órdenes militares de España; para la de Cristo, Crosby, *Índice de apellidos...*)

– caballeros de, XV, 179 (el duque de Híjar, capitán de dichos caballeros)

– hábito de, XVII, 350 (el capitán Ferreira, en Tánger)

– la milicia de, XIV, 174 nota 1[a]

Cristo, Santo, XIII, 74 (fiestas), 134 (en un exorcismo); XVIII, 189 (fiestas); XIX, 312 (imagen en una capilla)

Cristo de la Fe, Santo, XIX, 313

Cristóbal, P., S.J., XIX, 217

Cristóbal, San (v. San Cristóbal)

Croacia, XV, 304, 497

Crochi (sacerdote carmelita), XIV, 101

Croi (v. Croy)

Cromwell, Oliver (1599-1658; dictador férreo de Gran Bretaña), XVII, 258

[Croquants], (palabra francesa: "paisanos mal contentos"), aquí deletreada mal ("eroquants", q.v., XIII, 426 nota 1), y aplicada por los nobles a los paisanos por "mal contentos" y rebeldes, [y por los paisanos a los nobles porque éstos querían "croquer", o sea "crujir", a aquéllos)]

Croque (apellido), XIV, 472 (capitán)

Crossy, de (teniente coronel francés), XVII, 425 (var: Orosy)

Croy (familia de Flandes, noble, poderosa y rica; v. Aerschot, V duque de, y Arenberg, P. Charles)

Croy, Mr. de (sumiller de cortina del Infante-Cardenal), XVII, 129

Croy de Peralta, Diego (v. Falces, marqués de)

Crucifijo de San Francisco, XIII, 52

Crucifijo de San Jerónimo, XIII, 32

Cruz, día de la, XVIII, 164

– honorario, XIII, 23 (de la C. de J.)

– hospital de la (Toledo), XIII, 439

– la (convento del partido judicial de Zafra), XVII, 312 (las monjas que salieron de Almedral se repartieron en este convento y otros dos [v. Santa Clara y Santa Marina])

– marqués de Santa (v. Santa Cruz)

– Santa (v. Santa Cruz)

Cruz, Fernando Maximiliano (consejero del Emperador), XIII, 399

Cruz, H., S.J., XIII, 65, 340

Cruz del Campo (Sevilla), XVI, 246
– del Coso (en Zaragoza), XVII, 12 (1643: inundada)
Cruzada, Bula de la (sobre ciertos derechos o privilegios), XIII, 59; XV, 362; XVIII, 163
– Consejo de la (v. Consejo de la Cruzada)
Cuadrado (una persona sin identificar), XVI, 472
Cuarenta Horas, fiesta de las (ceremonia solemne de origen italiano en el s. XVI; consiste en exponer el santísimo sacramento a lo largo de cuarenta horas), XVII, 29 (descripción de la ceremonia de Madrid en febrero de 1643 con la participación de la familia real)
Cuartel de la Corte ("aquella parte del campamento donde residía el general en jefe con su estado mayor"; hoy se le llama "Cuartel general": XIX, 383 nota 499), XIII, 499
[Cuartel general] (v. Cuartel de la Corte)
Cuasimodo, [domingo de] (el primer domingo después del de la Pascua de Resurrección), XVI, 118, 354; XVII, 151
Cuatro Villas (se trata de una hermandad de los cuatro puertos más importantes de Cantabria, amurallados todos y bajo una misma jurisdicción administrativa: Laredo, el más importante, a 50 km. al E de Santander, Castro Urdiales, a 31 km. al E de Laredo, el mismo Santander, y San Vicente de la Barquera, a 58 km. al O de Santander), XV, 327 (1639: su gobernador era Juan Rejón de Silva, q.v.)
Cuba, isla de, XV, 124; XVIII, 481
Cubillas, Francisco (capellán mayor del tercio de Juan de Benavides, gobernador de Monterrey y de la Puebla de Sanabria [Galicia]), XVII, 403
Cuchilla, La (la guardia alemana del Rey de España, q.v.), XIX, 409 nota 377

Cuéllar (jurado de Sevilla), XVI, 231
Cuéllar, marqués de, XIII, 459 (heredero del VII duque de Alburquerque, q.v.); XIV, 57-58 (duelo)
Cuéllar, P. Juan de, S.J., XIII, 264 (1635: m.)
Cuenca, XIII, 25, 97, 217, 231, 343; XIV, 353; XV, 387; XVI, 15, 133, 212, 346, 350, 357, 369, 373, 382, 390, 391, 395, 419, 420; XVII, 14, 229, 404, 408; XVIII, 100; XIX, 251, 257, 260, 261, 283, 367, 404 nota 377, 437 nota 137
aCuenca, XVII, 13, 16
– iglesia de, XVI, 364
– magistral de, XVII, 284
– obispo de (Enrique Pimentel, 1623-1653), XVII, 13, 16, 153 (por error, arzobispo), 235, 501; XVIII, 398; XIX, 119, 120, 123
Cuescentín (error por Crescentin, q.v.)
Cuesta, Pedro de la (impresor de Baeza, 1614-1639), XV, 70
Cueva, cardenal de la (v. Cueva y Benavides, Alonso de la)
Cueva, Antonio de la (comisario general del ejército español de Flandes), XVII, 130
Cueva, Cristóbal de, S.J. (v. San Hermenegildo, Colegio de), XVI, d247
Cueva, Diego de la (comandante en la frontera de Portugal), XVIII, 64
Cueva, Francisco de la (v. Alburquerque, VII duque de)
Cueva, Francisco de la (v. Alburquerque, VIII duque de, hijo y homónimo del VII duque)
Cueva, P. Lucas, S.J., XVI, a320-321 (enviado a la misión del "río Marañón o río de las Amazonas")
Cueva de Benavides, XVII, 367 (sátira; v. Santisteban, VIII conde de)
Cueva [y Benavides, Alonso de la] (n. 1572, m.1655; carrera militar y luego embajador a Venecia de 1606 a 1619; durante la conjuración de 1618; en 1610 caballero de Alcántara y I marqués de Bedmar [Julio de Atienza, *Nobiliario español,* 810b]; hecho car-

denal español en 1622, y renunció el marquesado; antes del año de 1629, embajador en Bruselas a la corte de la infanta Isabel Clara Eugenia, archiduquesa de Flandes; en dicho año, trasladado a Roma [véase Elliott, *The Count-Duke*, índice]; obispo de Palestrina y de Málaga; en 1646 el cardenal de la Cueva tenía "mucha edad": XVIII, 246; m. 1655; [v. S. Miranda y G. Moroni sobre el Cardenal; L. Cardella se equivocó])
- XIV, 120 (**1637**: participó en unas ceremonias en Roma)
- XVI, 458 (**1642**: con los cardenales españoles Albornoz y Montalto, q.v., asistió al marqués de los Vélez), 459 (suspensión de negocios por los cardenales españoles), 462-463 (ellos se marcharon de Roma)
- XVII, 200 (**1643**: su papel en los negocios diplomáticos de España en Roma), 315 (**1643**: sucede al oficio de asistente de Sevilla)
- XVIII, 19 (**1645**: carta a su hermano sobre la buena disposición del nuevo Papa hacia España), 246 (**1646**: salieron de Roma los cardenales españoles Albornoz, Martos (por error, Matías), Sesé y Montalto, q.v., pero "en San Pedro se quedó esperando...de la Cueva, por su mucha edad"), 464 (**1647**: defiende a la Compañía de Jesús)
- XIX, 123 (se pone de parte del Protonotario en su disputa con la Inquisición), 332-333 (**1642**: sale de Roma con los cardenales españoles Albornoz y Montalto, q.v.)

Cueva Enríquez de Ulloa, Baltasar de la (v. Malagón, marqués de)

Cueva y Córdoba, Antonio de la (v. Flores Dávila, II marquesa de)

Cueva y Silva, Leonor de (poetisa), XVII, 499

Cuevas, Andrés de las, XIII, 535 (preso por acusar a Antonio del Águila)

Cuevas, lic. Juan de, XVI, a213-214 (al duque de Cardona)

Cujia, P. Gaspar, S.J. (misionero al "río Marañón" [léase, Amazonas]), XVI, 320-321

Cumbres (provincia de Huelva, hacia la frontera con Portugal), XVII, 84

Cuneo, castillo de (a 80 km. al sur de Turín; tomado en 1639), XV, 296, 322

Cupido, XVI, 352 (en una sátira del conde de Fuentes, se habla de "hacer al Conde Cupido")

Cuque, el (localidad cerca de Calais; término españolizado), XIV, 122

Curaçao (isla del Caribe), XIII, 335

Curáticos, los (sociedad en Valladolid), XIII, 364 (**1636**: afectadas sus casas por las inundaciones)

Curios (se critica los "Curios, Catilinas y Marcos Antonios"), XIV, 192 (Curio se refiere probablemente a Curio Dentato, cónsul romano del s. III)

Curlandia (en la actual Estonia), XIII, 398 (el duque de Sajonia bate aquí a suecos y finlandeses); XIV, 227 (los daneses apresan cinco de sus naves)

Cusance, Beatriz de (v. Cantecroix, condesa de)

Cusano (v. Cuzano)

Cuspitor (v. Peeters)

Cuzano, marqués de (García de Barrionuevo, caballero de Santiago), XIII, 7 (1634: alférez mayor de Madrid); XIV (v. la ficha que sigue); XVII, 165, 166, 169 (1643: herido cerca de Lérida) (var: Cusano)

Cuzano, hijo segundo del marqués (del hábito de Calatrava; en una riña en 1638), XIV, 285 nota 1 y 286 nota 1, 295, 320 nota 1, 326 (var: Cusano)

Cuzano, la de, XIV, 446 (hermana de Sancho de Monroy, marqués de Castañeda, q.v., quien perdió el brazo izquierdo en la batalla de Caloó, q.v.)

Cuzco (Perú), XV, 393; XVIII, xviii, xxiii, xxxiii

aCuzco, XVIII, xi, xxix
- arzobispo de, XVIII, xxx
- obispo de (v. Vera y Becerra, Fernando de)

– presbítero de, XVIII, xix
Cyppay, XVII, 464 (apellido atribuido erroneamente al cardenal Peter Pázmány, q.v.)

Ch

Chabe (¿Olave o Chaves?), H., XIV, 287 (encargado de remitir un libro del P. González al P. Pereira)

Chabena, Riba de (v. Chiavenna)

Chabot, conde de (pariente del general Harcourt, q.v.; mariscal de Campo); XVIII, 310, 314, 340 (1646: m. sobre Garden, q.v.) (var: Chiabot; Sciabo; Xabot)

Chacar [sic], capitán Diego de (del tercio de Alonso Ladrón), XIII, 356, nota 1 (1635: m. en Bent [cerca de Namur])

Chaco, el (misión en Brasil), XIX, 240

Chacón del Padrón (expresión que indica que "váyase lo uno por lo otro"), XIII, 168-169 (var: Chacen del Pudón o Predón [por la mala letra del P. Pereira])

Chacón, Fr. Andrés (mercedario; primo del P. Juan Chacón, quien le pide chocolate de la flota cuando ésta llega a Sevilla), XIII, 207

Chacón, Antonio (visitador de Nápoles en 1647), XIX, 102

Chacón, P. Juan, S.J. (profesor del Colegio de San Ambrosio de Valladolid)
– XIII, vi, ix, a44 (**1634**), a49, a55, 61, 71, 72, a83-84 nota 1, a96, a98, a119, a125 (**1635**), a155, a162, a175, a190, a193, a207, a213, a222, a246, 319, a322, a336, a342, a347, 380 (**1636**), a381, 457, a523, 537 (informa sobre la m. de la Madre Luisa, q.v.)
– XIV, v, 11 (**1637**: informa sobre las desavenencias eclesiásticas en Valladolid), a21-22 nota 1, a62-63 nota 1, 128, 150, 316 (**1638**), a317, a395, 458
– XV, v (m. el 17 de sept., **1639**), vi, ix, a83, a115, a157, a182 (**1639**), a183, a266, a289 nota 1, a317, a320, 337 (m.), a365, 383 (**1640**), 435
– XVIII, 50; XIX, 390 nota 320

Chacón Ponce de León, Juan (visitador general de Nápoles; oidor del Consejo de Órdenes; pariente cercano del IV duque de Arcos, virrey de Nápoles)
– XV, 42 (**1638**), 43, 435 (**1640**: oidor del Consejo de Órdenes)
– XVI, 302 (**1642**)
– XVII, 475 (**1644**: consejero de Órdenes; se fue a Nápoles como visitador)
– XVIII, 37 (**1645**), d50 (de su sobrino, el P. Ignacio Rojo)
– XIX, 17 (**1647**), 33, 46, 61 y las notas 1 y 2 (no fue quemada su casa en Nápoles), 77, 94, 116 (asiste al Duque Virrey durante los tumultos), 151 (**1648**: se le ordena que salga de Nápoles, donde era visitador), 164 (llega a Madrid, enfermo), 171 (salió de Madrid) (var: Chacón y Ponce de León; Ponce de León y Chacón)

Chafariz del Rey (lugar del palacio real de Lisboa), XVI, 105

Chaia (v. Chiaia))

Chalaz, Juan Juaniz de (v. Mondoñedo, obispo de)

Chalons (probablemente Chalons-sur-Marne, a 135 km. al este de París), XIII, 347

Chamacero, Juan (error por Chumacero, q.v.)

Champagne (región de Francia al O de Lorena, q.v., que abarca las ciudades de Epernay, Rheims, Châlons-sur-Marne y Troyes; tiene frontera con Bélgica por el N), XIII, 512; XVI, 392; XVII, xiii-xiv, 130, 162 (var: Campaña; Ciampagna; Champaña; Iciampagna; Jampaña; Xampaña)

Chamucero, Juan (error por Chumacero, q.v.)

Chancillería (v. Valladolid [la otra estaba en Granada])

Chanteloube, P. (del séquito de la Reina Madre de Francia; en 1637 cayó del favor), XIV, 170

Chanviqui, Julián (error por Chavarri)

Chapela, o Chapelle, gobernador de La (v. Capelle, La)

Charbo en Cambresi (v. Cateau-Cambrésis, Le)

Charcas, arzobispado de los (real audiencia creada en 1563, dependiente del virreinato del Perú; hoy, Sucre), XIII, 139 (1635: lo han dado al Fr. Francisco de Borja); 1644: "electo arzobispo de los Charcas en el Perú" (*Pompa funeral* de la reina Isabel: v. Crosby, *Índice de apellidos, títulos y oficios...*).

Charela, La (marquesa de Ciarella, de Sicilia, que casó con Antonio Manrique [v. a continuación, Charela, marqués de], y con él tuvo un hijo, Alonso, que m. en Flandes en un desafío [XIII, 37]; ella tuvo una hija llamada La Charela, q.v., [XIV, 7-8 nota 1 y XVI, xii nota 1, notas que corrigen los errores de XIII, 338 nota 1])

Charela, La (hija de la anterior; hermana de Alonso Enríquez [q.v., hijo de La Charela (madre) y de su marido Antonio Manrique, marqués de Charela, q.v.]), XIII, 37 (m. su hermano en Flandes); XIV, 7-8 nota 1 (tuvo un hijo de quien se decía por error que su padre había sido el Rey [véase Francisco Fernando de Austria]; XIII, 338-339 nota 1 (nota incorrecta, corregida en el t. XIV, 7-8, nota 1)

Charela, marqués de (Antonio Manrique, q.v., que casó con la marquesa de Ciarella [llamada en España La Charela, q.v.]), XIV, 7-8 (nota que corrige la de XIII, 30 y 338-339)

Charente (departamento de la costa occidental de Francia; su capital era Angoulême), XV, 47 (var: Charenta)

Charlemont (ciudadela construida por Carlos V sobre una roca escarpada de 230 metros, al SO de Givet, q.v.), XIV, 97, 177 (var: Charlamonte; Charlemon)

Charnacé, Hercule, barón de (confidente de Richelieu; llevó a cabo misiones diplomáticas muy delicadas; embajador de Francia en Holanda en 1633 y en Suecia; mariscal de Campo en 1635; gobernador de Clermont en Argona), XIV, 469 y 473 (1638: el soldado español Matías Barrero le mató durante el sitio de Breda, q.v.)

Chatea (lugar en el Condado de Borgoña, al NE de Lyons, cerca de Villars, q.v.), XV, 274 (1639: tomado por los franceses)

Château en Cambresi (v. Cateau-Cambrésis)

Châteauneuf, Sieur de (Carlos de l'Aubespine, n. 1580, m. 1653, marqués de Châteauneuf, consejero de Estado, gobernador de Tourenne, custodio de los sellos de Francia, consejero del parlamento de París en 1603, embajador en Bruselas y Holanda en 1609; canciller de las Órdenes del Rey en 1621, embajador de Richelieu en Venecia, la Valtelina, los Grisones, Suiza e Inglaterra en 1620-1630; preso en 1633 por intrigas con la duquesa de Chevreuse; liberado a la m de Luis XIII en 1643; exiliado en 1648 por nuevas intrigas)

– XVII, 131 (según esta carta, Luis XIII nombró en su testamento a Châteauneuf como uno de los gobernadores del reino durante la minoría de su hijo, lo cual duda Gayangos [p. 131, nota 2], por las relaciones extensas de Châteauneuf con Richelieu) (var: Castillo nuevo)

"Châtelanía de Lila" (el distrito de Lille, gobernado por un "châtelain"), XVI, 388

Châtelet (v. Catelet, Le)

Chateo en Cambresi (v. Cateau-Cambrésis)

Châtillon sobre Nuevo ("lugar en los confines de Flandes"), XV, 270 ("así llamado porque lo hizo Carlos V, de-

rribando otro que se llamaba lugar viejo")
Châtillon, duque y mariscal de (Gaspard III de Coligny, llamado el mariscal de Coligny, 1584-1646; mariscal de Francia en 1622; indiferente a la Reforma; militar de gran valor y un gran estratego; participó en las victorias de Avien en 1635, de Damvillers en 1637 y de Arras en 1640; duque y par de Francia en 1643)
– XIII, 215 (**1635**), 223 (Luis XIII molesto con él), 315 (llamado por el Rey), 329 (le derrotan en Flandes), 448 (**1636**), 481 (leva hombres en París), 531
– XIV, 156 (**1637:** espera a Picolomini en la frontera), 438 (**1638:** fallan en su intento de tomar Arras), 439, 457 (arrasa Artois), 460, 481 (al mando del ejército francés que entra en Flandes), 492, 500
– XV, 14 (**1638**), 18, 274 (**1639**), 276, 290, 302 (se enfrenta a Picolomini), 485 **1640:** su ejército y los de Chaulnes y Meilleraie tomaron Arras)
– XVII, 49 (**1643:** Luis XIII, moribundo, le insta a convertirse al catolicismo)
– XVII, 427-428 (**1643:** su hijo, Gaspard IV, se batió en duelo con el de Guise, q.v.)
Chaulnes, duque de (Honoré d'Albert d'Ailly, señor de Caderet, n. 1581, m. 1649; mariscal de Francia y chevalier des Ordres del Rey en 1619; duque y par de Francia en 1621; en los sitios de Saint-Jean-d'Angély y de Montauban; al mando del ejército de Picardía en 1625, 1635 y 1636; teniente general de Picardía desde 1620 y gobernador en 1633; gobernador de Auvergne en 1643)
– XV, 485 nota 1 (**1640:** su ejército y los de Châtillon y de Meilleraie tomaron Arras)
Chaumont, distrito de (a unos 75 km. al sudoeste de Nancy), XV, 107
Chavarri, Juan de, XVI, 425

Chavarri, Julián (hermano del anterior), XVI, 425; XIX, 286-287 (se rinde su nao, la Santo Tomás, "sin disparar pieza") (var: Julián Chanviqui)
Chave [sic], H., XV, 249, 295 (a veces el P. González le encargó comunicar con el P. Pereira)
Chavena (v. Chiavenna)
Chaveni (Chavigni, conde de; véase Le Bouthillier)
Chaves (villa a 90 kilómetros al oeste de Bragança y 26 kilómetros al sur de Verín y Monterrey), XIV, 319; XVII, 134, 195, 240, 248, 266, 269, 270, 271, 272, 303-305, 336, 337, 368 (v. también Valverde), 396, 397; XIX, 325 (v. Monterrey [plan portugués...])
Chaves, gobernador de (portugués; se rindió a los españoles), XVIII, 161
Chaves, P., S.J. (portugués en Galicia; su hermano servía al conde de Benavente), XVI, 172-173
Chaves, Baltasar de (hijo de Juan de Chaves y Mendoza; conde de Santa Cruz de la Sierra en 1635), XIX, 396 nota 237
Chaves, Juan de (v. la ficha siguiente)
Chaves y Mendoza, Juan de (conde de la Calzada en 1630; gobernador del Consejo de Órdenes [1630-1638]; oidor del Consejo de Castilla y de el de la Cámara; oidor de la cancillería de Granada; alcalde de casa y corte; de los Consejos de la Cruzada y de Castilla; almirante de Nueva España y alcalde de Montanches)
– XIII, 9 (**1634:** entre los candidatos a la presidencia de Castilla), 345, 528 (**1636:** tutor de los hijos del duque de Béjar)
– XIV, 185 (**1637:** del Consejo de Castilla), 257 (acompaña al Rey como presidente de justicia), 263 (irá a Portugal con poderes amplios), 265 (consejero de guerra en Lérida), 282 y 283 (se marcha para Badajoz), 284 (presidente del consejo de Órdenes y tutor del duque de Béjar), 288

(1638), 306, 385 (vuelve de la guerra de Portugal)
- XV, 78 (**1638**: del Consejo de Castilla), 386-387 (**1640**: como "el más antiguo", nombrado
- presidente temporal de Castilla)
- XVI, 238 (sátira sobre la tarea de "visitar")
- XIX, 396 nota 237 (var: Juan de Chaves)

Chavigny, conde de (v. Le Bouthilier)

Chaya (v. Chiaia)

Cheb (ciudad de Checoslovaquia, a 155 km. al oeste de Praga; allí fue asesinado en 1634 el capitán general Wallenstein, q.v.), XV, 240 (var: Eger [que también se refiere a otra ciudad]; Egla; Egra)

Chechin, Monseñor (v. Cecchini, cardenal [Domenico])

Cheli de la Rene (v. Gieri de la Reina, marqués de)

Chelva, IX conde de (Jaime Ceferino Ladrón de Villanova; en 1599, hecho conde de Sinarcas), XIX, 105, 120-121

Chenamo, presidente (v. Cennamo)

Chenamo, Fabricio (v. Cennamo)

Chencho (fuerte en el Piamonte, q.v.), XVIII, 222 (var: Chencio)

Cherasco (villa a 15 km. al SO de Alba en el Piamonte, donde el río Stura desemboca en el Panaro), XV, 315 (1639: se dice que lo han tomado los franceses) (var: Querasco; Quirasco)

Chere (v. Chieri)

Chere o Cheri de la Reina, marqués de (v. Gieri de la Reina)

Chevreuse, duquesa de (Marie de Rouen-Montbazon, 1600-1679; hija del duque de Montbazon, q.v.; casada con Carlos d'Albert, duque de Luynes, q.v., el cual m. en 1622; casada en segundas nupcias con Claudio de Lorena, duque de Chevreuse; amiga de Ana de Austria [reina de Francia, q.v.] y de Françoise de Motteville [amiga de la reina], se opuso a Luis XIII y a Richelieu; exiliada repetidamente; recibida en Madrid con entusiasmo; v. el libro de V. Cousin y los *Mémoires* de Madame de Motteville, q.v.)
- XIV, vi-xii, xi-xii notas 1 y 2, 263-266 (**1637**: nota biográfica y una relación extensa sobre su venida a España), 267 (la visita el Conde-Duque), 273 (bien recibida en la corte), 275 (en audiencia con la reina de España), 289 (**1638**), 290, 301-302 (diferencias con la princesa de Carignán), 303, 308, 318, 316, 319, 320-324, 328-329 (la de Carignán se queja al Conde-Duque del agasajo que se hace a la Duquesa), 332 (su partida para Inglaterra), 335, 342, 349, 353, 399, 414 (su venida a España fue tramada por Richelieu), 442 (en Londres)
- XV, 77, 79, 95 (intriga en la corte inglesa), 178 (**1639**), 204
- XVI, xiv (desafío entre duques por su causa), 134 (**1641**: su correspondencia secreta), 401 nota 1 (**1642**: "el Rey [de Francia] le da grandes gajes")
- XVII, 131 (**1643**), 164 (vuelve a Francia a instancias de la Reina regente), 326, 427 (**1644**)
- XVIII, 83 (**1645**: retirada de París por orden del parlamento) (var: Chebrosa; Chembrosa; Chevreusa; Chevrosa; Chevroso; Chevruesa; Chumbrosa; Gebrosa; Mombasson; Rebioso)

Chiabena, Riba de (v. Chiavenna)

Chiabot, conde de (véase Chabot, conde de)

Chiaia, calle o pontel de (viaducto de Nápoles construido en 1634, por el cual la Strada Monte di Dio pasa del barrio de Pizzofalcone a las tierras altas bajo Sant'Elmo [Karl Baedeker, *Southern Italy and Sicily*, p. 49, cap. II, párrafo 2]), XIX, 44 ("está atrincherado con un tercio de guarnición"), 91 (allí se hallaba una de las casas de la gabela que el pueblo quiso arruinar), 102 (otra guarnición so-

bre el puente que mira a la Chiaia) (var: Chaia; Chaya)
Chiara, XIII, 339 (posible nombre de pila de la posible madre de un hijo de Felipe IV; v. XIV, 7-8, nota extensa)
Chiarela, marqués de (var : Chiarella) (v. Charela, marqués de)
Chiarenna (v. Chiavenna)
Chiavarri, Giovanni Luca (enviado de Génova), XIV, 228
Chiavenna (a orillas del río Mera, a 12 km. del extremo norte del lago de Como), XIII, 173, 182, 197 (**1635**: descripción detallada de la situación militar; v. Bormio, Riva de Chiavenna, Sondrio [var: Sendrio] y Tirano [var: Tiran]), 223, 423 (var: Chavena; Chiarenna; v. Riba, Riva de Chaveta o la Riba)
Chinchón, convento de, XIII, 449
Chidemont (pueblo cerca de St. Quentin), XVI, 396 (var: Judemon)
Chieri (villa a 10 km. al SE de Turín), XV, 396, 400, 457 (**1640**: el ejército de Leganés estaba en Chieri, y para socorrer a Turín, había que optar entre una ruta directa por las "montañas", y otra hacia el oeste por una llanura hasta Moncalieri, q.v., villa a 6 km. al S de la ciudad) (var: Chere; Chier; Chiers; Quier; Quiers)
Chilcot, marqués de (católico escocés), XIX, 10 (var: Chilcoti)
Chile, XV, 262; XVI, 474
– arzobispo de, XIV, 19
– provincia de, XIII, 419
Chimay (a 40 km. al NO de Mézières), XIV, 279, 383, 398, 403 (tomada por los franceses) (variantes: Simai; Simay)
Chimay, príncipe de (príncipe flamenco) XVII, 426 (1644: m.) (var: Simai; Simay)
China, XIV, 240; XV, 319; XVI, 41, 82; XVII, 365; XVIII, 300
– Rey de la, XVIII, 300
Chinchón (50 km. al SE de Madrid), XV, 386; XVIII, 402

Chinchón, IV conde de (Luis Jerónimo Fernández de Cabrera y Bobadilla, del Consejo de Estado; tesorero general del Consejo de Aragón en el año de 1615; propuesto para virrey de México; regidor de Madrid)
– XV, 393 (**1640**); XVI, 241 (**1642**: testigo de la dote de la hija del Condestable), 304 (capitán general de Andalucía)
– XVII, 27 (**1643**), 59 (con voto en la Junta de Conciencia), 79 (consejero de Estado), 155, 248 (de la junta particular de Guerra), 345, 387 (asistente del marqués de Torrecusa; gobernador con título de Virrey)
– XVIII, 99 (**1645**), 104, 224 (**1646**: regidor de Madrid), 402
– XIX, 128 (**1647**: propuesta para virrey de México), 156 (**1648**), 165 (se casa con la hija del marqués de Fresno), 217, 252 (**1642**)
Chiriboya, Francisco de, XVIII, 196 (**1645**: preso por la Inquisición), 373 (libre)
Chirinos, Fernando (comisario general de la caballería; derrotado por los catalanes rebeldes) XVI, 8, 121, 122 nota 2 (v. la ficha de los hermanos Espatafora)
Chiriqui, duque de, XIV, 239
Chirqui (v. Crequi)
Chivas (v. Chivasso)
Chivasso (a 20 km. al noreste de Turín; fortificado en la época), XV, 189, 234, 237, 239, 292, 296, 299, 310, 312, 317 (lo toman los franceses), 323; XVI, 127 (variantes: Cinache; Chivas)
Chive (v. Givet)
Chocolate (véanse las fichas del hermano Alonso, de los padres Chacón, Serra, y Rafael Pereira, y de T. Hurtado)
Chorno (sargento mayor), XIV, 464, 472
Christiano o Christiern (v. Cristián)
Christo (v. Cristo)

Christos, Raszela (tío del Emperador de Etiopía; en 1643, desterrado por católico), XVII, 365

Chueca, Diego (v. Teruel, obispo de)

Chumacero Carrillo y Sotomayor, Juan (1580-1660; conde de Guaro y caballero de Santiago; su familia era de Extremadura [Valencia de Alcántara]; colegial mayor de San Bartolomé de Salamanca; catedrático de Códigos en Salamanca hasta 1623; magistrado y fiscal de la Real Chancillería de Granada [1614], fiscal del Consejo de Órdenes [1621] y luego miembro en el año de 1622; consejero de Castilla [1626], y en 1631 de la Cámara de Castilla; consejero de la Inquisición en 1636; v. Janine Fayard, *Los miembros...*, 143, 270, y Crosby, *Nuevas cartas...*, 145-148, 302-305 y 474b)

- **1633-1643**: embajador de España en el Vaticano: XIII, 405 (**1636**), 529 (su plaza en la Inquisición)
- XIV, 113; XV, 409 (**1640**: comenta la terquedad del Papa), 428-429 (la sagacidad y astucia burlona con que contesta al Papa)
- XVI, 59; XVII, 2 (**1643**), 11, 26-28; autor con un obispo de un célebre *Memorial* al Papa sobre los derechos del rey de España (Fayard, 143)
- **marzo, 1643 - junio, 1648**: presidente del Consejo de Castilla, q.v. (Fayard, 242; Elliott, *The Count-Duke*, 655)
- XVII, 5 (**1643**: chisme sobre su posible nombramiento de presidente), 34 (el Rey negó su petición de no asisitir al Consejo de Castilla), 57 (más sobre dicho posible nombramiento), 59 (miembro de la Junta de Conciencia); su consulta al Rey del 3 de mayo facilitó mucho la libertad de Francisco de Quevedo tras tres años de encarcelación (Quevedo, *Obras [en prosa]*, BAE XLVIII, p. 676b; Crosby, *Nuevas cartas...*, 148 y 304 nota 116..118), 85 (tres "recuerdos" sucesivos de Chumacero al Rey sobre los cargos contra el marqués de Leganés), 99 (su investigación del licenciado Ahumada, supuesto autor del *"Nicandro", q.v.), 104-106 (sobre el *"Nicandro" y diversas comunicaciones con el Conde-Duque, y la junta para que se examine el asunto [XIX, 414 nota 105]), 199 (intenta quitar las despensas a los embajadores), 355 (será uno de los jueces en el caso del Conde-Duque), 437 (**1644**: uno de los seis jueces señalados para los capítulos de el de Leganés)
- XVIII, 16 (**1645**: será uno de los gobernadores en ausencia del Rey), 24 (interviene en una pelea de los criados del duque de Veraguas), 31 (su confesor, Fr. N. Monterol, franciscano italiano, preso por la Inquisición), 71 (manda que castiguen a una asesina), 89 (el corregidor y comisarios de una fiesta hicieron esperar excesivamente al Presidente y los oidores), 102-103 (el episodo del pistoletazo del lacayo del duque de Villahermosa; prende al oidor Francisco de Borja, hijo del Duque), 102-103, 130 (Francisco de Borja), 228 (**1646**: no quiso participar en una desavenencia del Nuncio con unas monjas y su abadesa), 270 (uno de los jueces señalados para los cargos del conde de Monterrey [v. XIX, 443 nota 270]), 391 (de la Junta de Obras y Bosques [XIX, 449 nota 390]), 422 (manda prender a un jurado y un procurador por una riña)
- XIX, 123 (**1647**: se le informa de una bula papal), 130, 189 (destituido en julio, 1648: Fayard, 143), 414 nota 105

Chumacero de Sotomayor, Antonio (hermano de Juan Chumacero Carrillo y Sotomayor; caballero de Alcántara y consejero de Castilla, 1632-1636; m. 1636; Fayard, 242)
- XIII, 528-529 (1636: le negaron una plaza en el consejo de la Inquisición;

"m. de pesadumbre"), 582 ("m. pobrísimo"; v. Fayard, pp. 227, 242 y 393)
Chumbrosa, duquesa de (v. Chevreuse)

D

D'Argenson, Mr. (v. Argenson, Mr. de)
D'Epernon (v. Epernon, duque de)
D'Eresburgdi, conde (v. Carde, Lord)
D'Espenan, Roger le Boussois (gobernador del Languedoc; defiende a Salses)
– XV, 289 (**1639**: el Rey manda que los regimientos del hijo del príncipe de Condé se unan con los de su padre o con los de Monsiur d'Espenan), 394 (**1640**: gober-nador de Salses, ciudad que se rinde a los españoles)
– XVI, 31 (**1640**: entra en Cataluña), 37 (fortifica a Lérida), 39, 52, 66 (envía a Richelieu dos libros titulados los dos: *Proclamación católica*, q.v.), 78 (se dice que los de Barcelona lo han matado), 272 (**1642**: muy malherido en Bearne), 289, 419 (le dan Canet)
– XIX, 464 nota 355 (**1640**: el rey Luis XIII le dio el gobierno de Leucate, q.v.)
D'Este, cardenal (v. Este, cardenal Rinaldo d')
D'Estreés (v. Estreés, François d' y Gabrielle d')
D'Ibio Calderón, T. (v. Ibio Calderón, T. d')
Dacherio, Andrea (napolitano; electo del pueblo), XIX, 97
Daimiel (a 53 km. al noreste de Ciudad Real), XIII, 123
Dalmacia, XV, 128, 129; XVIII, 64, 387; XIX, 8
Dama (v. Damme)
Damasceni Montalto, Alessandro Peretti (v. Peretti Damasceni Montalto, Alessandro, y Montalto, Alessandro Peretti Damasceni)
Damasco, arzobispo de (v. Sotomayor, Fr. Antonio de)
Damme (a 7 km. al NE de Brugge o Brujas, y 10 al SE de l'Ecluse, q.v.), XV, 304; XVII, xxii (var: Dama; Doma)
Dampierre (a 32 km. al SO de París en el valle de Chevreuse y la prov. de Touraine [var: Turena]; sitio del castillo-palacio de la duquesa de Chevreuse, q.v.), XIV, 11
Damvillers (plaza sitiada por los franceses, a 17 km. al sur de Montmedy y 17 km. al norte de Verdun), XIV, 259; XV, 205
Danela, María, XV, 139 (sátira)
Dantica o Dantzic (v. Danzig)
Danubio, el, XIII, 100; XIV, 43; XVII, 419, 421, 422 (en alemán: Donau)
Danvilers o Danvilliers (v. Damvillers)
Danzig (en la costa norte de Polonia), XIV, 234 (var: Gdansk)
Daphne, fábula de (representada en el Retiro), XIII, 459 (v. Teatro, obras de: representaciones)
Dardanelos, los (estrecho entre Turquía y Europa), XV, 275; XVIII, 318, 365, 385 (var: el Helesponto)
Darham, Milord Willonery de (v. Durham)
Darmstadt (distrito rural del estado de Hesse, q.v.), XV, 496 (var: Dormestadiana)
Daroca (a 77 km. al SO de Zaragoza), XV, 430, 441; XVIII, 43, 130; XIX, 298
Daros (v. Davaux)
Darpenan (cerca de Amiens), XVI, 54
Dauilers (v. Damvillers)
Dávalos, Alonso (militar en Flandes), XVII, xxii nota 1 (uno de los rehenes del cumplimiento de lo pactado en Roermond [Alemania] en 1604) (var: Ávalos)
Dávalos y Toledo, Diego (capitán español), XIII, 356 (m. 1635)
Dávalos y Zambrana, Juan (consejero de Guerra en Flandes), XIV, vii
Davaux, conde de, XVII, 135 (delegado de la junta de la Paz) (var: d'Avaux; Daros; Davos)

David (Biblia), XIII, 55
David, Mr. Bois (capitán de cuatro compañías de la guardia francesa; preso en la batalla de Tuttlingen), XVII, 424
Dávila, Antonio (v. Navas, IV marqués de las)
Dávila, P. Bartolomé, S.J., XV, 501
Dávila, Flores (v. Flores-Dávila)
Dávila, Lorenzo, XVI, 164 (entrega al Conde-Duque una carta del duque de Medina Sidonia)
Dávila, Pedro (v. Ávila, Pedro de, y Navas, V marqués de las)
Dávila Coello, Diego (I marqués de Navalmorcuende), XIX, 400, nota 292
Dávila Coello, Gonzalo (v. Navalmorcuende, Sr. de)
Dávila Corella, Antonia (v. Santisteban del Puerto, VIII condesa de: primera mujer del Conde)
Dávila Corella, Juana (v. Santisteban del Puerto, VIII condesa de: segunda mujer del Conde)
Dávila Guzmán, Diego (v. Loriana, II marqués de)
Dávila Guzmán, Francisco (v. Puebla de Ovando, I marqués de la)
Dávila Guzmán y Saavedra, Inés María (hija del I marqués de la Puebla de Ovando, q.v.)
Dávila Guzmán, Ulloa y Saavedra, Leonor María (hija mayor y heredera del I marques de la Puebla de Ovando; casó con el tercer hermano del VIII duque de Béjar), XIX, 428-429 nota 425 (var: Leonor Velázquez Dávila)
Dávila Ponce de León, Rodrigo (poeta), XVII, 499
Dávila y Bobadilla, Arias Gonzalo (v. Puñoenrostro, V conde de)
Dávila y Corella, Antonia, y Juana (véase Dávila Corella, Antonia, y Juana)
Dávila y Guzmán, Francisco de (v. Puebla de Ovando, I marqués de la)

*Dávila y Heredia, Andrés (señor de la Garena, capitán de caballos e ingeniero militar)
Dávila y Ossorio, Bernardino (segundo hijo del III marqués de Velada, q.v.; v. Salinas, I marqués de)
Dávila y Ossorio, Fernando (tercer hijo del III marqués de Velada, q.v.), XIX, 385 nota 322, 457 nota 75
Dávila y Zúñiga, Antonio (v. Miravel, III marqués de)
Davos, conde de (v. Davaux)
Daymiel (v. Daimiel)
*Daza, Fr. Domingo (dominico), XIII, 156 y 167 (predicador del Rey); XIV, 48 (fue provincial; biógrafo de la madre Luisa, q.v.); XVIII, 440
Daza (v. Deza)
De la Rocha, Diego (proveedor general de Felipe IV en Portugal), XVI, 111
Decu, Mr. (capitán borgoñón), XIV, 467
Dekembila (villa en el Palatinado), XV, 339 (var: Ockembila; Ockemburg)
Del Río, [Martín], S.J., XVII, 218
Delethania (error por "de Lithuania")
Delfín, el (primogénito de Luis XIII, soberano de Francia; n. 1638), XV, 71, 79, 108 (nombrado sucesor del rey Luis XIII); 221 (enfermo); XVI, 392 (desecho su regimiento de caballería en Châtelet), XVII, 46, 47, 136 (bautizado Luis)
Delfinado, el (región montañosa del SE de Francia, al O de los Alpes Cocios, que la separan del Piamonte, y al E de Ródano, que la separa de Languedoc y del Lyonesado; desde 1343, feudo del primogénito de los soberanos de Francia)
– XIII, 388 (**1636:** por faltar a su servicio, el Rey "tiene presa" toda la principal nobleza de esta región), 414 (25.000 hombres pasan a Italia con el cardenal de la Valeta, q.v.)
– XVII, xii
Delfinado, gobernador del (v. Crequi, Carlos de)

Demonio y endemoniados, XIII, 125-126, 169-170

Denia (puerto de Alicante, 140 km. al sur de Valencia), XIII, 368; XVI, 334, 383, 390; XVII, 223, 345, 360, 495, 497; XVIII, 88, 89, 209, 217, 417

Denia, mayorazgo y marquesado de, XIX, 378 nota 368 (pleito de los herederos)

Denis, Saint (v. Saint-Denis)

Dentici della Stella, Domenico (hijo de Francisco, q.v.; militar en las campañas de Italia), XIX, 447 nota 335

Dentici della Stella, Francisco (padre de Domenico, Lucio y Paulo, q.v.), XIX, 447 nota 335

Dentici della Stella, Lucio (hijo mayor de Francisco, q.v.; conde del Sacro Imperio Romano; en 1590 era alférez del tercio del marqués de Trevico, en el Piamonte), XIX, 447 nota 335

Dentici della Stella, Paulo (hijo segundo de Francisco, q.v.; general de la caballería en la frontera de Navarra), XIII, 546; XIV, 173 (destituido en 1637); XIX, 447 nota 335

Depeny, Mr. (v. Mr. Dupeny)

Desafío de franceses y españoles, XIII, 486

Desamparados, los (barrio de Madrid junto al cual vivía un "hombre muy rico"), XVIII, 47

Descalzas, capilla de las, XVIII, 90

Descalzas, conventos carmelitas:
- XIII, 8 (**1634**: en Madrid, las honras fúnebres de la infanta Isabel Clara Eugenia, gobernadora de Flandes), 66, 118; 148 (**1635**: a Lerma llevan a la monja Luisa de Carrión), 164
- XIV, 81 y 89 (**1637**: honras fúnebres del emperador de Alemania, Fernando II), 140, 149, 339 (**1638**: el capellán mayor, Francisco Zapata, arzobispo de México)
- XV, 197 (**1639**), 202
- XVI, 137 (**1641**: las Descalzas de Madrid), 198 (en dicho convento fue religiosa la hija del Infante-Cardenal, María de Austria), 505
- XVII, 12 (**1643**: el convento de Zaragoza destruido en parte por una inundación), 18 (en las Descalzas de Madrid el Rey les pide que oren por su nuevo privado, la Reina), 65, 101, 183 (se hospeda en el de Madrid la duquesa de Mantua), 237, 360
- XVIII, 26 (**1645**: en las Descalzas de Madrid se consagra el obispo de Astorga, Antonio de Atayde), 89, 465, 484
- XIX, 11, 141 (**1647**: en las Descalzas de Madrid enterraron a Francisco Antonio de Alarcón, q.v.)

Descalzas: franciscanas (de Valladolid), XIII, 365
- Reales de Madrid (v. Descalzas carmelitas, conventos de)
- recoletas agustinas (Valladolid), XIII, 326

Descalzo, Carmen (la Orden), XIII, 162; XV, 101

Descalzos: carmelitas de Toledo, XIII, 84
- franciscos (Madrid), XIX, 6
- mercedarios (Alcalá), XIV, 4
- mercedarios (Madrid), XIII, 448
- provincial de los, XVI, 448

D'Este (v. Este, d')

Destripaterrones (nombre despectivo de un grupo de cuatro danzadores; v. Castillo), XV, 150

Devereux, Walter (teniente coronel del regimiento del coronel Walter Butler, q.v.; fue el que mató en 1634 al capitán general Wallenstein, q.v.; v. el DNB, III, p. 540a y b, artículo sobre Walter Butler), XVIII, xx (var: Bro Devereux; Gualtero de Verox)

Dexmund (v. Dixmude)

Dextro, Flavio Lucio (véase Flavio Lucio)

Deza (sargento mayor del tercio de Zaragoza), XVIII, 440 (var: Daza)

Diablo, el (v. Demonio)

Diana (mitología), XIV, viii; XV, 144, 154

Dianiz (villa al oeste de Berlín, en el estado de Potsdam o en el de Magdeburgo), XIV, 241
– castillo de, XIV, 243
Días, P. Benito (v. Díaz, P. Benito)
Diatristain, conde coronel (v. Dietristein)
Díaz, Antonio (capitán de un navío en una batalla naval con los holandeses), XIV, 123, 125
Díaz, P. Benito, S.J. (m. en Tunja [ciudad del centro de Colombia, en la cordillera E de los Andes]), XVI, 473 (var: Días)
Díaz, Diego (v. Díaz de la Carrera, D.)
Díaz, H. Francisco, S.J., XIII, 65; XIV, 143
Díaz, P. Francisco, S.J., XV, 335; XIX, 236, 238, 241 (en Río de Janeiro), 243 (regresa a España)
Díaz, H. Gaspar, XV, 138-139, 140, 142-143 (sátiras)
Díaz, P. Hernando, S.J., XIII, 65
Díaz, Juan Valero (véase Valero Díaz, Juan)
Díaz, Fr. Lucas, S.J., XVIII, 473
Díaz de la Carrera, Diego (impresor de Madrid, 1634-1667), XIV, 303, 425; XV, 72-73, 124-125; XVI, 411; XVII, 124, 203, 499; XVIII, 324; XIX, 262 (var: Diego Díaz)
Díaz de la Carrera, Pedro (impresor de Madrid, 1634-1664), XV, 74
*Díaz de Meneses, P. Diego, S.J. (autor de tres cartas de esta colección: XIII, a30, a36, a41, 338 nota 1; XIV, 7 nota 1; v. la bibliografía) (var: Diego de Meneses)
Díaz de Valderrama, Fernando (v. Arana de Varflora, [Fermín], seudónimo suyo)
Díaz de Vivar, Sandoval, Hurtado de Mendoza de la Vega y Luna, Rodrigo (v. Infantado, VII duque de)
Díaz del Quintanal, Francisco (capitán de caballos del ejército del marqués de Leganés, q.v., en la frontera de Portugal cerca de Elvas, q.v.), XVIII, 204

*Díaz del Valle y de la Puerta, Lázaro (s. XVII; historiador y autor de un catálogo de capellanes mayores de los reyes de España; v. Patriarca [de las Indias Occidentales] y también la Bibliografía) (var: Valle y de la Puerta, Lázaro Díaz del)
Díaz Pimienta, Francisco (portugués; caballero de Santiago; general de los galeones; luego almirante de la armada del Océano)
– XIII, 431 (apresa un navío francés)
– XV, 267 (**1639:** tomó tres navíos holandeses)
– XVI, 470-472 y 474 nota 1 (**1642:** participó en un grupo que suspendió de su oficio al gobernador de Cartagena de Indias, q.v., y en el Caribe rindió la pequeña isla de Santa Catalina, q.v.)
– XVIII, 67 (**1645:** en Cataluña se aguarda a Pimienta con los navíos), 101 (tomó cuatro navíos holandeses cargados de mercancías), 267 (**1646:** se aguarda la armada de 36 navíos del general Pimienta), 332 y 345 (la armada salió de Mahón y luego de Cerdeña en busca de la francesa), 361-362 y 365 (peleó con la armada francesa entre Cerdeña e Italia, con pocos resultados), 367-368 (las disputas de los tres almirantes [Pimienta, Linares y Viso] hicieron perder dos ocasiones para derrotar del todo a los franceses), 383-384 (desastre en Orbitello), 397 (Linares, preso; Pimienta: relación a Felipe IV del desastre), 469 (**1647:** procesados, y se aguardan las sentencias de Borja, Linares, Santa Cruz, Bayona y Pimienta)
– XIX, 244 (**1641:** en el mar Caribe recuperó la isla pequeña de Santa Catalina, q.v., que habían ocupado los ingleses [se halla a 100 metros al norte de la isla de Providencia]), 335
Díaz Romero, Pedro (presidente de la Sala de alcaldes), XIII, 243 (m. en 1635)

Díaz Tanco, P. Francisco, S.J. (procurador general de Paraguay), XVI, a116-118
Dichtristein (v. Dietrichstein)
Diego Páez, plazuela de (o de Pedro; en Córdoba), XVI, 366-367 (la misma, nombrada de dos maneras)
Diest (villa a 50 km. al SE de Amberes, sobre el río Demer), XIII, 215 (tomado por los franceses), 267-268 (recobrado por el duque de Lerma; v. Aerschot, pueblo vecino), 490; XIV, 241 (var: Dieste; Diste)
Dieta, la (en Alemania, la asamblea de terratenientes)
- XIII, 430 (**1636:** tratará de la elección del Rey de Romanos), 441 (el Emperador se dirige a ella), 442, 452, 463 (demorada hasta el 1 de agosto), 475, 534, 535 (los asistentes y los ausentes)
- XIV, xii (en **1623** el elector palatino del Rhin perdió su voto en la Dieta), 14, 15 (**1637:** la expulsión de extranjeros de Alemania), 32, 33, 50, 51, 70 (m. el Emperador Fernando II, q.v., en una de las sesiones)
- XV, 180 (v. "Dinamarca, rey de"), 203
- XVI, 126 (**1641:** en Ratisbona), 177 (propicia al nuevo Emperador, Fernando III), 178
- XVII, 190 (**1643:** catalanes y portugueses mandan delegados), 408
- XVIII, 489 (**1647:** en Hungría)
- XIX, 198 (**1648:** Francia ajusta las paces)
Dietrichstein, cardenal [Franz Seraph von] (nació en Madrid, 1570, y murió en Brünn [Checoslovaquia], en 1636; hijo de Adam von Dietrichstein [diplomático austríaco] y pariente de los dos militares que siguen; hecho cardenal en 1599, era protector del Imperio alemán en el Vaticano y legado en Milán; obispo de Olomouc, príncipe del Imperio y en 1634 director del Consejo Imperial; sin embargo, a los treinta años se sentía extranjero en su país de Moravia, y buscó la compañía de españoles, italianos y de los Jesuitas en su Colegio de Olomouc [v. Josef Polisensky, *The Thirty Years War*, p. 64]; de 1620 hasta 1636, Gobernador general de Moravia, líder del régimen de los Habsburgos y representante del gobierno imperial; enemigo encarnado de los protestantes, su residencia era una plaza fuerte en Hukvaldy [a 70 km. al E de Olomouc, en la provincia de Moravia]; la residencia principal de su poderosa familia era el castillo de Mikulov [Nikolsburg, 50 km. al sur de Brno y 32 km. al oeste del río Morava (sic), en la frontera del sur de Moravia con Austria], donde en 1621 firmó Bethlen Gabor, príncipe de Transilvania y rey de Hungría, un tratado con el Emperador Fernando II de Alemania [prometió retirarse de Moravia y del valle del río Vág]; v. Polisensky, Josef, pp. 53, 71, 88, 121, 133, 152, 185, 187 y 201)
- XIV, 11 (**1636:** m.) (var: Diatristain; Dichtristein; Tristain)
Dietrichstein, conde coronel (militar en Alemania y sobrino del príncipe que sigue), XVIII, viii-ix, xvii, xxv
Dietrichstein, el príncipe Maximiliano (tío del anterior; general del Imperio; recibió el Toisón de Oro en 1634), XVIII, viii (m. 1655)
Dijon (a 310 km. al SE de París), XIV, 225 (var: Dijeon; Diqiun)
Din (villa de los Países Bajos), XV, 367
Dinamarca, XV, 94, 95, 209, 216, 220; XVI, 56, 90, 178, 330, 398; XVII, 465, 502; XIX, 9
- embajador de, XVI, 81, 85 (1640: en Madrid ofrece a S.M. navíos y marineros)
- embajador de Portugal en, XVI, 330 (**1642**)
Dinamarca, rey de (Cristián IV, 1577-1648; Rey de 1588 a 1648)

- XIII, 46, 53
- XIV, 227 (**1637**: sus navíos tomaron cinco de Suecia con botín y el general Arnheim, preso), 234 (sus navíos tomaron 18 holandeses), 382 (**1638**: "tenía gente de guerra en sus confines, con pretexto... Alemania es una Babilonia de nuevos monstruos, que continúan las inquietudes de ella"), 415 (acabada la rebelión del Palatino, hace paces con el Emperador)
- XV, 128, 180 (**1639**: ("En Alemania se había convocado dieta de los suecos, ciudades Hanseáticos y rey de Dinamarca..., donde se espera que se ha de componer...[el general Bernardo] Weimar con el Emperador;...por poco razonables que se le hicieran, le estaba mejor gozar de sus estados en Alemania que ser mozo del cardenal Richelieu", 203-204 ("Habiendo el Emperador pedido socorro a los círculos,...entre estas turbaciones está el rey de Dinamarca con 2.000 hombres en campaña para dar calor a los amigos")
- XVI, 90 (**1640**: pasando por Holanda el hijo de el de Dinamarca en socorro del Cardenal-Infante, le mataron con lo más de la caballería), 330 (**1642**: "Hemos hecho alianza con el de Dinamarca y tememos mucho que el embajador de Portugal nos haya ganado por la mano")
- XVII, 185 (**1643**: "tiene levantado un numeroso ejército;...veremos en qué para este ruido"), 324 ("el hijo del Rey ... se casa con la hermana del landzgrave [sic] de Hessia, y renuevan la liga con los protestantes de Alemania y el rey de Francia para recobrar el Palatinado"), 447, 484 (**1644**: derrota a los suecos y apresa a Gustavo, hermano del rey de Suecia)
- XVIII, 67 (**1645**: las paces entre los suecos y el de Dinamarca se desvanecieron, y continúa la guerra), 319 (**1646**: el Rey ayuda a los turcos contra los cosacos)
- XIX, 9 (**1647**: el Rey ha mandado un embajador a París a agradecer los beneficios en razón de la paz con Suecia)

Dinamarca, rey de: su hijo ilegítimo, XIII, 46-47 y 53 (**1634**: en Madrid, disfrazado de forastero)

Dine (villa portuguesa a unos 25 km. al SO de la Puebla de Sanabria, cerca de Vinhais), XVII, 304

Dinete, P., S.J. (confesor de Luis XIII), XVII, 47

Diocleciano, Gaio Valerio (c. 243-313; emperador romano; persiguió a los cristianos), XVIII, 54 (a una persona "tirana" se le compara con Diocleciano)

Dionís, San; Dionisio, San; Dionís, iglesia de San (v. Saint-Denis)

Dios, XIII, 8, 17, 20, 37, 38, 39, 41, 43, 44, 45, 46, 49, 50, 54, 55, 56, 66, 69, 89, 92, 96, 100, 104, 112, 113, 114, 121, 123, 125, 127, 128, 131, 134, 135, 137, 138, 145, 152, 153, 154, 158, 175, 194, 195, 196, 198, 201, 207, 209, 211, 214, 217, 220, 221, 222, 227, 231, 235, 242, 245, 246, 247, 248, 251, 256, 262, 289, 292, 303, 308, 310, 313, 313, 314, 315, 321, 335, 337, 346, 356, 357, 361, 363, 374, 378, 381, 388, 396, 404, 415, 428, 431, 437, 446, 447, 457, 457, 457, 473, 474, 475, 478, 491, 495, 507, 540, 540, 542, 545
- XIV, 38, 47, 52, 63, 71, 73, 82, 90, 94, 95, 98, 102, 104, 106, 125, 127, 127, 134, 137, 139, 145, 172, 176, 177, 180, 184, 189, 191, 192, 218, 219, 244, 247, 248, 251, 253, 261, 268, 273, 275, 277, 278, 279, 283, 285, 289, 294, 297, 304, 306, 317, 321, 393, 420, 421, 443
- XV, vi, 155, 156, 158, 158, 185, 307, 319, 327, 351, 356, 360, 375, 378, 384, 386, 387, 393, 412, 413, 427, 428, 434, 435, 437, 439, 443, 443, 448, 462, 465, 467, 469, 470, 486
- XVI, 2, 4, 17, 46, 49, 50, 58, 59, 61, 62, 67, 70, 73, 74, 77, 81, 84, 91,

102, 104, 117, 197, 208, 224, 230, 231, 236, 239, 248, 251, 260, 267, 275, 282, 283, 289, 292, 297, 299, 300, 316, 318, 320, 327, 328, 332, 334, 347, 354, 357, 359, 361, 363, 364, 376, 377, 378, 395, 411, 415, 418, 420, 428, 436, 450, 457, 465, 465, 469, 470, 484, 494, 500, 503, 507
- XVII, 2, 3, 13, 16, 17, 18, 21, 24, 27, 28, 36, 39, 40, 41, 42, 46, 64, 101, 102, 106, 117, 119, 122, 126, 127, 144, 146, 150, 152, 155, 158, 159, 163, 170, 171, 173, 175, 176, 180, 190, 202, 203, 206, 214, 216, 224, 225, 226, 229, 236, 241, 245, 247, 251, 252, 253, 254, 255, 271, 272, 274, 275, 276, 279, 280, 281, 287, 288, 290, 291, 297, 300, 308, 309, 317, 321, 322, 328, 331, 338, 339, 342, 348, 349, 356, 364, 366, 368, 369, 373, 378, 381, 414, 430, 431, 441, 445, 450, 455, 466, 467, 469, 473, 474, 485, 486, 487, 488, 490, 491, 493, 496, 498
- XVIII, xii-xiii, xv-xvi, xvii-xviii, xxi, xxiii-xxv, xxix-xxx, xxxii-xxxiii, 1, 3, 4, 8, 9, 12, 16, 17, 17, 18, 19, 20, 22, 31, 36, 41, 46, 48, 52, 54, 59, 62, 63, 64, 66, 67, 68, 77, 79, 85, 86, 87, 96, 105, 114, 122, 128, 132, 137, 139, 157, 161, 162, 164, 165, 173, 175, 176, 180, 182, 185, 189, 190, 197, 198, 199, 202, 205, 207, 208, 212, 214, 215, 216, 225, 231, 234, 242, 244, 250, 254, 259, 283, 287, 289, 291, 298, 299, 302, 311, 314, 316, 327, 332, 332, 345, 347, 349, 351, 354, 360, 361, 371, 372, 397, 400, 404, 405, 406, 407, 408, 409, 415, 416, 418, 419, 423, 424, 426, 430, 433, 436, 438, 445, 450, 451, 451, 455, 457, 460, 461, 463, 465, 470, 483, 484, 488, 489, 495, 497, 501
- XIX, 6, 15, 18, 25, 26, 29, 30, 38, 40, 45, 55, 57, 58, 59, 61, 62, 65, 67, 73, 124, 131, 140, 145, 153, 163, 164, 169, 171, 180, 183, 184, 185, 188, 205, 208, 209, 212, 220, 221, 222, 231, 233, 234, 235, 236, 237, 238, 239, 240, 241, 243, 246, 247, 257, 262, 268, 270, 276, 282, 286, 290, 292, 295, 305, 307, 314, 316, 318, 323, 329, 338, 338, 340, 344, 346, 360, 361, 366, 367, 369, 370

Dios, huerta de la Madre de (metáfora), XIX, 217

Dios, Madre de, XIII, 365 (institución religiosa en Valladolid); XVII, 218 (1643: acusada la C. de J. por Espino de deificarla)

Diputación catalana, la, XVI, 141, 143, 146, 149; XVII, 179 (manda enviado a París para dar pésame por la m. de Luis XIII)

Diqiun (v. Dijon)

Diste (v. Diest)

Dixmude (a 33 km. al este de Dunquerque), XIX, 120 (variante: Dexmund)

Dogliani, marqués (gobernador de Vercelli en el Piamonte), XIV, 485

Dôle (a 45 km. al SE de Dijon; capital del Franche-Comté o el condado de Borgoña, q.v.; plaza muy fuerte [XV, 204])
- XIII, 446, 461 (**1636:** su gobernador, el marqués de San Martín), 479 (sitiada por el príncipe de Condé; la tiene muy apretada), a482 (carta de la ciudad al príncipe de Condé, en respuesta a otra de éste), 488, 494 (se alza el sitio de los franceses), 498, 504 (detalles del sitio, que duró 80 días), 505, 506 (epidemia de peste en la ciudad), 508
- XIV, 98 (**1637:** batalla entre el duque de Longueville y el gobernador de la ciudad), 135, 217, 218)
- XV, 204 (var: Dola)

Dôle, colegio de, XV, 437 (su rector)

Dolstem (¿en el norte de Alemania?), XVIII, 179

Doma (v. Damme)

Domingo de Eguía (v. Eguía, Domingo de)

Domingo, Santo (v. Santo Domingo)

Dominica (Antillas Menores), XVIII, 480
*Dominico, fraile
Dominicos, padres, XIII, 54, 152; XIV, 356-360 (rivalidad y disputas públicas con los jesuitas en Pamplona y Gerona; v. Jesús, Compañía de)
Dominicos de Toro, convento de los, XIX, 436 nota 126
Domínguez, Fr. Juan (de la orden de San Agustín), XIII, 156
Domonte, Dr. Melchor (nombrado oidor en Filipinas), XVIII, 6
Doms, Berenguel (rescata al hijo del conde de Santa Coloma, q.v.), XV, 448
Donau (v. Danubio)
Donauwörth (villa a orillas del río Danubio, a unos 30 km. al NO de Ingolstat y otras 30 km. al sudoeste de Ratisbona [Regensburg]), XIII, 463; XIX, 9 (var: Donavert; Donvert)
Donchiel (regimiento de caballería en Alemania al mando de Juan Vivero, q.v.), XVII, 420
Dongarvan (v. Dungannon)
Donvert (v. Donauwörth)
Dordrecht (villa a 20 km. al sudeste de Rotterdam), XIV, 175 (variante: Dordrect)
Doria, cardenal [Giovanni] (1573-1642; hijo de los príncipes de Melfi; hecho cardenal en 1604; arzobispo titular de Tesalónica [Salónica] y obispo de Palermo en 1608; virrey interino de Sicilia cuatro veces entre 1610 y 1641)
– XV, 103 (1638: virrey interino de Sicilia, bajo Francisco de Melo, conde de Assumar, q.v.)
Doria, príncipe (v. Carlos Doria, duque de Tursi) 350
Doria, Artemisia (véase Gandía, duquesa de)
Doria, Carlos (v. Tursi, duque de)
Doria, Juanetín (hijo del duque de Tursi, q.v.; comandante de galeras)
– XIII, 284 (**1635**: a bordo de la capitana del duque de Tursi en la toma del fuerte de la isla de Sainte Marguerite, q.v., por el marqués de Santa Cruz, q.v.); 408 (**1636**: vino de Italia con tres galeras, y llegó a Madrid con "negocios de importancia"), 465
– XV, 417 (**1639**: "con las galeras de Génova pasa a Italia con gente")
– XVI, 209-210 (**1641**: tiene que recorrer las costas de Cataluña con ocho galeras, a las órdenes de Antonio de Aragón, q.v., hijo de la duquesa de Cardona, q.v.), 283 y 287 (**1642**: yendo con la capitana de Génova a un puerto español, sin guarda de gente, se levantaron los forzados y le llevaron preso al puerto de Barcelona, donde quedaba preso de los franceses), 303 (los franceses le llevaron a Francia), 310 (está en París, y se cree que "ha de costar buen dinero el rescate"), 323 (nota de Gayangos: "Fue preso el 7 de febrero con toda la gente de su galera [excepto los forzados], por haber ésta encallado en la Tordera, cerca de Blanes" [a 80 km. al noreste de Barcelona])
– XVII, 232 (**1643**: logró meter en Orán socorro de trigo y municiones [por error, en esta página se atribuye esta hazaña a su hermano Tomás, q.v., que no era comandante de galeras sino eclesiástico muy rico])
– XVIII, 469 (**1647**: le dan en gobierno las galeras de Nápoles)
– XIX, 7 (**1647**: "con dos galeras partió de Génova a Nápoles a tomar posesión de su oficio; le acompañaba el hijo del [VI] duque de Cana,...Vicente de Aragón," que renunció a los hábitos eclesiásticos "y quiere ser soldado: un entretenimiento de hijo de grande"), 46 (durante los tumultos de Nápoles, mandó el gobernador "a Juanetín Doria que soltase los forzados que hubiesen cumplido el tiempo, y pusiese en su lugar algunos bandidos"), 107 ("Al duque Juanetín Doria, general de las galeras, que había desembarcado para entrar en

Nápoles, las falúas de la plebe le cogieron, y con buenas razones les redujo a que le dejasen"), 137 ("Pretendieron después ganar la marina...; mas Juanetín Doria, gobernador de las galeras de Nápoles, les dio tales rociadas de artillería y mosquetería que los desalojó"), 184 (**1648:** en una carta a S.M. le dijo don Juan de Austria, "Atenderé a la convalescencia de la ciudad,...y en cuanto a las circunstancias del suceso, me remito a los despachos,...acordando a V.M. la fineza y valor con que ha procedido en estas ocasiones Juanetín Doria, imitando los servicios tan continuados de su casa, a quien se servirá V.M. de dar gracias," (var: de Oria)

Doria, María Francisca (v. Viso, marquesa del)

Doria, Nicolás, XIX, 8 (general de 11 galeras y 12 navíos; peleó cinco días con 7 navios franceses, echándolos el viento hacia la isla de Sicilia) (var: de Oria)

Doria, Tomás (hijo del duque de Tursi; "persona de grandes esperanzas y eclesiástico muy rico"), XVII, 232 (**1643:** hazaña naval: se confunde a Tomás con su hermano Juanetín, q.v., que era comandante de galeras), 450 (**1644:** murió), 452 (sus "vacantes..., que importarán 10.000 ducados de renta, las han dado a D. Juan de Austria," q.v.) (variante: de Oria).

Doria y Carreto, Victoria (hija del duque de Tursi), XVII, 438; XVIII, 264 (**1646:** boda con Melchor Pacheco, hijo y heredero del conde de Montalbán); XIX, 156 (**1648:** m. de tísica)

Dorias, los, XIX, 331 nota 1 (escribió el copista "los marqueses de Tursis", error que corrigió Gayangos: "los marqueses de Tassis", ya que los Dorias eran duques)

Dorlans o Dorliens o Dourlens (v. Doullens)

Dormestadiana (v. Darmstadt, distrito de Hesse)

Dornaus, Alejandro (capitán), XIX, 227

Dornellas de la Cámara, Francisco (portugués; capitán mayor de Lisboa; tomó posesión del castillo de S. Felipe en las Azores), XVI, 449, 452, 453, 454

Dorstonso (v. Tortensen)

Dos Hermanas (pueblo a 8 kilómetros al SO de Alcalá de Guadaira), XIII, 62, 65

Douai (a 30 km. al S de Lille y 35 km. al SE de Tournai), XVI, 222, 339, 396, 405; XVIII, 180 (var: Douay; Duay)

Doubs (antigua provincia francesa, hoy Franche-Comté, q.v.), XIII, 171

Doullens (plaza fuerte de Picardía, a 44 km. al N de Amiens; v. Bouillon, duque de), XIII, 330, 334 (la tomó el barón de Valançon, q.v.), 478, 518; XIV, 225; XVII, xii-xvii, xv-xvi (relato de la victoria del conde de Fuentes y los españoles cerca de Doullens sobre el duque de Bouillon, mariscal protestante, y André Villars-Brancas, almirante de Francia, q.v., en 1595), xxi; XIX, 377 nota 317 (errores: Orbans, Orleáns; variantes: Dorlans; Dorliens; Dourlens; Porlans)

Downs (rada de 13 por 9,7 km. cerca de la costa del condado de Kent, al SE de Inglaterra, protegida de todos los vientos menos el del sur; aquí en 1639 hubo una batalla entre los españoles y los holandeses), XV, 352 (1639: las citas se refieren a la batalla de las Dunas en la que el almirante holandés Maarten Tromp destruyó dos tercios de los buques de guerra que formaban parte de la escuadra española al mando de don Antonio de Oquendo), 356, 357, 359, 372, 374 (v. la ficha de Dunas)

Dozavo, impuesto del, XIII, 38 (1634), 61 (se introduce), 81-82 (nota extensa sobre este tributo), 88 (problemas), 95, 100, 103 (se quita)

Dragón, El ("bajel de guerra" holandesa), XIII, 271

ÍNDICE ONOMÁSTICO

Drake, Sir Francis (¿1540?-1596; corsario inglés), XVII, ix

Dringhen, castillo de (plaza de Flandes; en 1645 el duque de Orleáns lo tomó de los españoles), XVIII, 140 nota 1

Drop (almirante holandés), XIII, 273

Du Barry, Mr. (gobernador de Leucate desde 1636, a quien Luis XIII le quitó el puesto en 1640 por algunas sospechas, dándoselo a Mr. D'Espenan, q.v., quien había gobernado a Salses; v. la reacción del hijo de Du Barry, Mr. de Saintone), XIV, 197; XIX, 464 nota 355 (var: De Bari; De Barri; Du Barri)

Du Plessis de Richelieu, Alphonse Louis (v. a continuación, Duplessis de Richelieu, Alphonse Louis)

Du Val, François (v. Fontenay-Mareuil, marqués de)

Duarte, D. (infante de Portugal; preso en Milán) XVI, 150-151; XIX, 193, 215

Duay (v. Douai)

Dublín, XV, 172; XVI, 191

Ducea (v. Borgoña, ducado de)

Duende, el hijo del (militar), XVII, 408

Dueñas (a 28 km. al S de Valladolid), XIII, 153, 159

Dueñas de Salamanca, Don (personaje ficticio), XV, 146

Dueñas, los (una familia de Salamanca), XVII, 417

Dueñas, P. Quintana, S.J., XVII, 369

Duero, el (río de España que pasa por Valladolid y Zamora, y desemboca en el Atántico entre Porto y Vila Nova de Gaia]), XVII, 174

Dudlinghen (v. Tuttlingen)

Dulcar (lugar cerca de Granada), XV, 226, 229

Dumkerka (v. Dunquerque)

Dunas o las Dunas (v. Downs)

Dunas, puerto de las (v. Downs)

Dunas ("el rey de Inglaterra,...sin haber querido ser admitido por el que gobierna a Dunas"), XVI, 388 (se refiere a la guerra civil entre Carlos I Estuardo de Inglaterra y el Parlamento y a que la facción del príncipe de Orange era partidaria de socorrer al Rey)

Dunckerque (v. Dunkerque)

Dungannon (a 58 km. al O de Belfast, Irlanda), XVII, 259

Dunkerkeses, los (¿habitantes de Dunkerque?), XVI, 437

Dunkerque (puerto francés a 15 km. de Bélgica), XIII, 104, 122, 149, 235-6, 248, 262, 271, 273, 299, 313, 316, 330, 334, 336, 345, 394, 416
- XIV, 22, 23, 33, 59, 68, 72, 85, 86, 141, 148, 155, 201, 234, 240, 242, 257, 280, 290, 293, 379, 388, 410, 415, 423, 424, 431, 439, 454, 483
- XV, 50, 124, 130, 177, 179, 188, 203, 204, 234, 247, 252, 271, 275, 284, 297, 300, 311, 314, 318, 324, 333, 347, 354, 358, 359, 360, 372, 374, 382, 384, 397, 402, 403, 419, 420, 421, 436, 463
- XVI, 61, 97, 128, 136, 270, 276, 304, 312, 363, 368, 371-374, 385, 394, 406, 423, 424
- XVII, xxiii, 119, 172, 185, 202, 209, 225, 346, 383, 472, 476, 478, 485
- XVIII, 17, 84, 95, 133, 140, 145, 156, 179, 180, 209, 231, 232, 335, 392, 403, 415, 416, 497

XIX, 84, 175, 193, 288, 365 (var: Dumkerka; Dunkerk; Dunkerke; Dunkerken; Dunkerque; Dunquerque; Dunquerquen)

aDunkerque, XIII, 246, 249; XIV, 428 (var: Dunkuerque)

Dunkerque, almiranta de, XVII, 442
- almirante de, XIII, 393; XIV, 167
- almirante Collart de, XIV, 183
- armada de, XV, 202
- general de, XV, 380
- gobernador de, XV, 370; XIX, 254

Dupeny (secretario de la embajada de Francia; preso en las casas de la embajada; eleva un memorial al Rey), XIV, 297-298, 411 (var: Depeny)

Duplastre, Antonio (impresor de Madrid, 1638-1639), XV, 57, 118 (por error, Duplaste)

Duplessis de Richelieu, Alphonse Louis (n. 1582, m. 1653; hermano mayor del famoso ministro de Luis XIII, q.v.; en 1626 nombrado arzobispo de Aix-en-Provence y en 1628 de Lyon; en 1630, cardenal; Preceptor del Orden del Espíritu Santo, Provisor de la Sorbonne y en 1631 Gran Limosnero de Francia; m. en Lyon [v. Miranda, y G. Moroni: *Indice;* y Cardella, VI, 291-292; no fue obispo de Luçon])
- XIII, 293 (**1635:** renunció el obispado de Lyon para asistir en Roma), 405 (**1636:** embajador extraordinario en Roma), 533 (se va a Venecia en busca de dinero para el rey de Francia)
- XIV, 65 (**1637:** con el embajador de Francia, se volvió de Roma a París), 230 (no asiste al cónclave en Roma) (variante: Leon; Lione; Lusson; Luzon)

Duque, Gran (v. Florencia, gran duque de)

*Duque de Estrada, Diego (n. 1589, m. ¿1647?; fraile de los Hospitalarios de San Juan de Dios; general de la caballería de Cerdeña; autor)

Duque de Estrada, Francisco (capitán de arcabuceros) XIX, 265

*Duque de Estrada, Juan (caballero de Talavera de la Reina), XIX, 400 nota 292 (autor de un libro sobre el viaje de Felipe IV a Aragón en 1642)

Duque de Estrada, Juan Francisco, XV, 313 (asesinado en 1639 en Talavera de la Reina)

Duquey, conde de (error por Bocquoy)

Durán, Agustín (1793-1862; crítico literario y editor), XVIII, xiii, nota 2 (se refiere a un ms. que poseyó)

Durán, Fr. Juan (mercedario descalzo), XVI, a193

Durán de Torres (v. Torres)

Durandardo (persona ficticia), XIV, 463

Durando [sic], catedrático de [la Univ. de Valladolid], XV, 82 (m. Antonio Lerma, S.J., que ocupó esta cátedra)

*Durango Barrionuevo, Francisco (notario del Santo Oficio)

Durazzo (alférez reformado, natural de Tramonti), XV, 260-261 nota 2 (1639: relacionado con el príncipe Sanz, q.v.)

Durazzo, cardenal [Stefano], (1594-1667; genovés; hecho cardenal en 1633; arzobispo de Génova, 1635), XVI, 485 (1642: legado en Bolonia)

Düren (a 38 km. al sudoeste de Colonia, Alemania, y 28 km. al este de Aquisgran, q.v., en el país de Cleves, q.v.), XVI, 341; XVII, 353 (var: Duren)

Durham, Lord Willoughby of (general del Parlamento inglés), XVII, 258

Durlac, príncipe (cabo sueco; preso en Heubur, q.v.), XVI, 130

Durlach (marquesado alemán cerca de Tuttlingen, q.v.), XVII, 420 (var: Turlach)

Dusmant (confina con el ducado de Mecklenburg, en el norte de Alemania), XIV, 226

Dutlinguen o Duttlingen (v. Tuttlingen)

Dux, el (de Génova), XV, 99

Dybio (v. Ibio Calderón, Tomás de)

E

Ebatut, señor de (capitán francés del regimiento de Tonens; m. en la batalla de las Horcas, q.v.), XIX, 463 nota 354

Eboli, princesa de (Ana de Mendoza, casada con Ruy Gómez de Silva; padres de Rodrigo de Mendoza, duque de Pastrana), XVII, xii; XIX, 399 nota 237 (v. Santorcaz, castillo de)

Ébora (v. Évora)

Ebro, río, XVI, 21, 260, 343; XVII, 19, 37; XVIII, 239; XIX, 247
- las inundaciones de 1643: cerca de Zaragoza "hase llevado los lugares de Sobradiel, Monzalbarba, Utebol, Pradilla y Pina", y dañado a Juslibol, Tudela, Gallur, Alagón, Quinto, Osera y Belilla, llevándose en Zaragoza "parte de los conventos de las Descalzas, Diego Fecet, Santa Lucía,

Santo Domingo, Altabas, San Lázaro y Jesús", y todas las torres alrededor de éste hasta el río Gállego, y "por aquella ribera hacia la barca", XVII, 12

Écija (prov. de Sevilla), XIII, 62; XV, 56, 69, 71, 71, 74, 75, 110, 418, 423; XVIII, 127, 352; XIX, vii

Ecknau (v. Hagenau)

Eclesiástico, el estado, XIV, 441

Ecluse, l' (v. Esclusa, la)

Echalaz, Juan Juaniz de (obispo de Calahorra, 1648-1656; y anteriormente obispo de Mondoñedo, q.v.)

Echavarría, Francisco de (vecino de Elorrio; amigo del Padre Pereira), XV, 471

Echavarría, Sebastián de (capitán), XV, 43

Echave, H. Diego de, S.J., XVI, a469

Echere (cerca de Nizza de la Palla, q.v., la cual se halla a 30 km. al SO de Alessandria de la Palla), XV, 386

Echevarría, P., XV, 137 (en una sátira se refiere al zoquete que tiene el P. en el coro)

Edatue, Martín de (capitán), XV, 307

Edge-Hill (villa cerca de Oxford), XVII, 256; XIX, 366 (var: Edgilh)

Edimburgo (Escocia), XIV, 379

Edin (v. Hesdin)

Eduardo, D., XIII, 439 (el P. González le pidió llevar un tratado al P. Pereira)

Egea, Pérez de (v. Pérez de Egea, M.)

Eger (ciudad de Hungría, a orillas del río del mismo nombre; estaba en poder de los turcos), XVII, 464 (var: Agria; Erlau; Jager ["según se llama en lengua eslava"])

Eger (ciudad de Checoslovaquia; hoy, Cheb, q.v.) (var: Egla; Egra)

Egipto, XVII, 203; XIX, 417 nota 191

Egmont, conde de (probablemente descendido de dos militares franceses distinguidos del siglo XVI, padre e hijo; a éste le había mandado degollar el III duque de Alba antes de 1582 [XVI, 126 nota 1]), XIV, 99 (**1637**: en Flandes, el Conde era "uno de los conjurados contra S.M."); XVI, 126-127 (**1641**); XVII, 426 (**1644**: al príncipe de Grabe, hijo del conde de Egmont, le dan licencia para volver a Flandes) (var: Agamon; Egmon)

Egnao (v. Hagenau)

Egra (v. Eger)

Eguía, Domingo (como gobernador de Fuenterrabía, sucedió a Miguel Pérez de Egea, q.v., que murió de un mosquetazo francés el día 8 de agosto de 1638 [XV, 65-66 nota 1; dato comprobado en una carta del 17 de agosto, v. XIV, 499])

— XV, 39 (**1638**: "el gobernador Domingo de Eguía dice que a los 6 de éste [septiembre] estuvieron [los franceses] ya perdidos" [v. también 26 y 31], 55 ("Domingo de Eguía, gobernador" [carta del 14 de septiembre], en la cual se mencionan las muchas mercedes que dio el Rey a Domingo dc Eguía y otros oficiales), d64 y d65 (transcripciones de una carta de felicitación del Rey, que acusa recibo de una carta de Eguía del 7 de septiembre, y otra del Conde-Duque, las dos del 15 de septiembre y dirigidas personalmente a Domingo de Eguía), 65-66 nota 1 (Gayangos afirma que el gobernador fue Miguel Pérez de Egea, sin recordar que ya había muerto el 8 de agosto, como dice en la misma nota 1), 107 (en Madrid, donde "contra el parecer de algunos, defendió la plaza [de Fuenterrabía]"), 175 (**1639**: "tiene muchos enemigos, después de tan bizarra defensa"), 192 (el Rey le hizo merced del título de maese de Campo y del hábito de Santiago), 244 (hacia Bilbao con tropas)

— XVI, 9 (**1640**: sus tropas causan estragos en Zaragoza, q.v.), 278 (**1642**: gobernador de Fraga) (var: Guía)

Eibar (provincia de Guipúzcoa), XIII, 30; XVI, xii (var: Heybar)

Ejea (v. Pérez de Egea, Miguel)
Ejecución, Junta de (v. Juntas)
Ejnao (v. Hanao)
Elba (isla que se halla entre Córcega e Italia), XVIII, 345
Elba, río (v. Elbe)
Elbe, el (río que nace en Bohemia, pasa por Dresden, Torgau, q.v., Magdeburg y Hamburg, y desemboca en el mar del Norte), XIV, 7 (los suecos tomaron una plaza fuerte a orillas del Elbe en el estado de Brandenburg, q.v.), 148, 226, 235; XV, 436 (var: Albis; Alvis; así llamó Tolomeo al Elbe)
Elbas (v. Yelves)
Elboeuf, conde de (error por duque de; v. XVIII, 438 y XIX, 425 nota 438)
Elboeuf, duque de (Carlos II, 1596-1657; hijo de Carlos I, 1556-1605; y hermano del conde de Harcourt, q.v.; en 1619 se casó con Catherine-Henriette, hija natural del Rey Enrique IV y Gabrielle d'Estrées, por lo cual era cuñado del Rey; Richelieu le echó del gobierno de la región de Picardía; a diferencia de algunos historiadores, los textos citados a continuación muestran que los Jesuitas no confundieron este duque de Elboeuf con Carlos IV, duque de Lorena, q.v.)
– XV, 106 (**1638**: el Infante-Cardenal le exceptúa de la expulsión), 377 (**1639**: "el conde de Harcourt,...de la casa de Lorena, hermano del duque de Elboeuf")
– XVI, xiv (**sin fecha**: "Carlos de Lorena, duque de Elboeuf y cuñado del Rey de Francia por estar casado con hermana natural suya"), xiv-xv (desafío del duque de Alburquerque con Carlos Lorena, duque de Elboeuf); 49 [cita errónea]
– XVII, 6 (interpretación errónea de una errata, corregida en XIX, 411 nota 6), 138 (**1643**: "la Reina madre regente [de Francia, Marie d' Medicis] ha concedido la suya [gracia] a los duques de Guisa, de Elboeuf y de la Valeta, que presto volverán a la corte" [los había desterrado Richelieu, que ya m.]), 164 ("Los señores que en el tiempo de Richelieu estaban ausentes, han vuelto a Francia con su muerte. Pretenden se les vuelvan sus oficios antiguos, como el duque de Vandoma el gobierno de Bretaña, el de el Buf [Elboeuf], el de la guardia y así otros. Tiénese por dificultoso..."), 438 (**1644**: "[al tío del Rey de Francia] le han dado por sus tenientes al conde [sic] de Elboeuf,..." [corrección de XIX, 425 nota 438: "duque de Elboeuf"])
– XVIII, 74 (**1645**: "Voz ha corrido que Picolomini había entrado por la Picardía en Francia, y que había dado un gran rota al duque de Elbuf [Elboeuf], hermano del de [Harcourt], y le había m. 7.000 hombres") (var: el Buf; Elbaeuf; Elbuf)
Elceses (villa cerca de Schenck, q.v.), XIII, 359
Elche, III marqués de (v. Maqueda, IV duque de)
Elche, marquesa de (Ana María de Cárdenas, VI duquesa de Maqueda, q.v.)
Electo [del pueblo de la ciudad de Nápoles], el, XIX, 46 (1647: motín en Nápoles), 90, 91, 98, 102, 106, 112, 113, 115
Elector, el (en el Sacro Imperio Romano, los electores eran los príncipes alemanes que tenían el derecho de elegir al Emperador; a veces entraron en las luchas políticas [v. por ejemplo la ciudad de Tréveris])
Elges (fortaleza en la provincia de Beira, la que abarca Coimbra, Aveiro y Guarda), XVI, 336
Elías (patriarca), XIII, 175, 545
Éliche, marqués de (se refiere al duque de Medina de las Torres, q.v.) (var: Heliche; Liche)
Éliche, marquesa de (María de Guzmán, hija única del Conde-Duque de

Olivares, casada con el I duque de Medina de las Torres, q.v.), XIII, 241

Eliseda, marqués de la, XIX, 396 nota 237 (su hija, Ana Silva Mendoza y Cerda, tercera esposa del VIII conde de Santisteban del Puerto, Diego de Benavides)

Elizondo, Miguel de, XV, 271 (al mando de fragatas en La Coruña [para Gayangos, es error por Miguel de Horna, q.v.]) (var: Liçondo)

Eljas, castillo de las (a unos 55 km. al S de Ciudad Rodrigo y 20 km. al NO de Hoyos; se cita siempre con el pueblo muy cercano de Valverde del Fresno, q.v.), XVI, 335-336 (gobernado por la Orden de Alcántara); XIX, 248 (var: Erges)

Elmont, tierras de (cerca de Maastricht), XIV, 376 (las saquearon los franceses)

Elne (a 14 km. al sudeste de Perpignán; ciudad antiquísima de cuya colina se ve toda la llanura bellísima del Rosellón; en 1641 se rindió al ejército de Luis XIII), XVI, 206 (su castillo), 217, 228, 265 (var: Elna)

Elne, obispo de, XVI, 137 (1641: en una procesión en Madrid)

Elorrio (a 40 km. de Bilbao), XV, 471

Elvas (ciudad del distrito de Portalegre [Alentejo], a 17 km. al O de Badajoz y 10 km. del río Guadiana; obispado desde 1570, y desde 1642 el sitio más inexpugnable de Portugal)
- XVI, 157, 189, 193, 266, 270, 281, 282, 293, 293, 294, 295
- XVII, 204, 508, 509
- XVIII, 45, 189, 190, 192, 194, 196, 199, 203, 208, 292, 297, 354, 389, 393, 396, 400, 410, 413, 414, 417, 423, 504;
- XIX, 152, 178, 179, 283, 289, 417 nota 191 (var: en español, Yelves)

Emanuel, Carlos (duque de Savoia), XV, 292 (1639: posesión feudal que pertenecía al esposo de su nieta, María Gonzaga)

Emanuel de Savoia, Filiberto, XV, 308 (1639: tomó Hesdin, q.v., en 1553, destruyéndola)

Embajada (v. Alemania, Francia y Polonia)

Embajador, plaza del (Roma), XIV, 118

Embajadores de España en otros países (v. Alemania, Francia, Génova, Inglaterra, Polonia, Roma, Saboya, Venecia y Viena)

Embajadores de otros países en España: v. Alemania (y también Emperador), Dinamarca, Florencia, Francia, Génova, Inglaterra, Lorena, Lucca, Malta, Polonia, Portugal y Venecia (las dos fuentes principales que he consultado sobre estos embajadores son el texto de las *Cartas* y el índice de las honras de la reina Isabel, de 1644 [v. Crosby, *Índice de apellidos, títulos y oficios*...]; coincide con dicho índice la nota de Gayangos en XIX, 449 nota 392, titulada "El embajador..."; la fecha correcta de las honras es 1644, no 1646)

Embajadores de otros países en países fuera de España (v. Francia, Inglaterra, Polonia, Portugal, Saboya y Venecia)

Embite (cerca de Alcalá de Henares), XIV, 260 (var: Enbite)

Emden (en la desembocadura del río Ems, a 45 km. al NE de Groningen; "plaza de increíble mayor monta que el Esquenque", q.v.; cabeza de la Frisia oriental y el punto principal de los holandeses para la contratación del norte), XIII, 409-410 (tomada por los imperiales bajo el marqués de Grana)

Emden, conde de (gobernador de Luxemburgo; toma Tréveris), XIII, 174 (**1635**: gobernador de una plaza en Flandes, prende al arzobispo de Tréveris), 291 (su teniente general, el barón de Anholt, toma Schenck por asedio), 371 (**1636**: gobernador de Luxemburgo, toma Clémency a los franceses) (variante: Embden); XVII, xxii

Emmerich (ciudad sobre el Rhin, a 30 km. al sudeste de Arnhem), XIII, 262 (var: Emeric)

[Emilia], la (zona de Italia al N de Toscana y al S de Lombardia), XIII, 471 (¿por error, Eumelina?)

Emmanuel, Carlos (v. Emanuel)

Emperador del Sacro Imperio Romano, el (Rodolfo II, 1552-1612, emperador y rey de Bohemia y de Hungría, 1576-1612), XIII, 516 (el embajador del Emperador pide al Papa que se remita un juicio al Consejo Áulico del Emperador)

Emperador del Sacro Imperio Romano, el (Fernando II, 1578-1637; emperador desde 1619; rey de Bohemia y, de 1621 a 1626, de Hungría, q.v.; partidario de la Contrarreforma católica) (var: Emperador de Alemania; Rey de Romanos)

– XIII, 29 (**1634**: el complot del duque de Friedland, q.v.), 30 (envía orden de prenderlo; lo ajustician), 31 (el duque de Wallenstein y Friedland, q.v., rebelde al Emperador), 32, 34 (el Papa demora en enviarle socorros a Alemania), 36 (detalles del complot del duque de Friedland), 38, 44, 45, 62 (el Padre Rector de Viena, de la C. de J., viene a Madrid con negocios del Emperador), 63, 83 (Ratisbona caería en sus manos), 100, 118 (los estados rebeldes se conciertan con él), 119, 122 (**1635**: toma Heidelberg, corte del conde Palatino), 140 (Augusta se le entrega), 142, 146 (se le unen cuatro ciudades libres alemanas muy poderosas; paces con el duque de Sajonia), 147, 149 (doce mil cosacos suyos asolan y queman las tierras del Lanzgrave de Hesse), 166 (tregua con Sajonia por un mes), 171, 187 (Francia pregona la guerra contra el Emperador), 188 (el rey de Polonia, sobrino materno del Emperador), 190 (una de sus hijas casa con el duque de Baviera, de 61 años), 194, 217 (el marqués de Celada es embajador del Emperador), 227 (Weymar quiere componerse con él), 228 (el coronel Gratz fue degollado en Viena por rebelde), 229, 230 (Nuremberg se entrega a su hijo), 237 (Francfort y otras ciudades se le rinden), 238, 251, 255, 260, 265, 271, 312 (el marqués de Brandemburgo hace las paces con él), 315, 330 (el rey de Polonia intentó hacer las paces con el de Suecia), 331 (la mayoría de las ciudades de la liga hanseática se componen con el Emperador), 333, 337, 339, 342, 345 (el duque de Luxemburgo y el Lanzgrave de Hesse hacen las paces con el Emperador), 347 (los suecos hacen las paces con él), 350 (rechaza la oferta de paz de Francia), 370 (**1636**: prende al arzobispo de Tréveris), 372 (los cardenales en Roma se declaran por él), 374, 383, 384 (la Dieta en Regensburg), 391 (su embajador en Roma negocia con el francés), 392, 393 (el arzobispo de Tréveris toma de coadjutor al hijo del Emperador), 398 (11.000 hombres del Emperador marchan a socorrer al duque de Sajonia en Halle), 399 (sus plenipotenciarios para los tratados de paz), 406 (el socorro del Emperador permite al duque de Sajonia derrotar a los suecos en la Pomerania), 408 (disputa Parma con el Papa), 411 (el rey de España le envía dos millones con condición), 421 (enviado suyo en Inglaterra para el asunto del Palatinado), 422, 424 (el príncipe Doria toma Burgo, en Parma, y lo retiene en nombre del Emperador), 426, 427, 430, 434 (acuerdos sobre el Palatinado), 441, 442 (la elección del rey húngaro como Rey de Romanos), 451, 463 (la Dieta estancada en espera del arzobispo de Tréveris, que se niega a comparecer), 481 (los suecos tratan las paces con el Emperador y

el Lanzgrave), 488, 513, 516 (su embajador muestra al Papa un breve de Sixto V, sobre un precedente histórico de resolución de autoridades), 522, 526, 530, 534 (presenta propuestas en la Dieta), 535, 544
- XIV, 10 (**1637**: acuerdos sobre el Palatinado), 11, 13-15 (llegan a Madrid las primeras noticias de la m. del emperador Fernando II), 70 (llega a Madrid la noticia de que m. de una apoplejía; sobre la sucesión de su hijo, v. la ficha de "Hungría, rey de"), 71 (el Palatino declara nula la elección del nuevo Emperador), 81, 89 (honras del Emperador en el monasterio de las Descalzas Reales, con asistencia de los reyes de España), 90, 92; XIX, 426 nota 443

Emperador del Sacro Imperio Romano, el (Fernando III, 1608-1657; emperador desde 1637 [sobre la sucesión, v. la ficha de "Hungría, rey de"]; rey de Bohemia y, de 1626 a 1637, de Hungría, q.v.; firmó la paz de Westfalia en 1648 (var: emperador de Alemania; rey de Hungría; Rey de Romanos)
- XIV, 14, 16, 19 y 20 (**1637**: noticias de su elección y coronación como Emperador), 24 (la componenda de Parma con España), 26, 32, 36, 42, 50 (transilvanos, moscovitas y tártaros hacen las paces con él), 51, 55, 56, 60, 61, 71, 80, 82, 84, 86, 96, 100, 108 (el testamento de su padre), 109 (las honras se hacen en San Pedro, en Roma, con 26 cardenales), 110, 112, 113, 114 (fiestas en Roma por la elección del nuevo Rey de Romanos), 116, 118, 119, 121, 145 (se acuerda el matrimonio de su hermana con el rey polaco), 146, 159, 160 (sale de Viena para Praga, donde se tratarán asuntos del imperio con los electores), 161 (un italiano intenta asesinarle), 162, 168, 171 (Mr. de Ronchas [sic] pide al Conde-Duque cartas de recomendación para el Emperador), 187 (la archiduquesa Cecilia Renata va a Varsovia a casarse con el rey polaco), 208 (m. el Lanzgrave de Hesse sin sucesores; las tropas imperiales ocupan todo su estado), 218, 221 (el Papa, por satisfacer al Emperador, da capelo al arzobispo de Viena), 226, 227 (en Praga se dice que solicita la venida del elector de Sajonia y de el de Brandemburgo), 232, 236, 239 (en Viena se ratifica el matrimonio de su hermana con el rey de Polonia), 262, 271, 307 (**1638**: Suecia hace las paces con el Emperador), 324 (las ciudades hanseáticas se confederan con él), 331 (en Hesse, la antigua milicia del Lanzgrave se pasa al Emperador), 335, 338, 342, 344 (peligrará Flandes si el Emperador no socorre a los españoles), 351, 363, 364, 373, 374, 375, 376 y 377 (su hermano, el archiduque Guillermo Leopoldo, hecho obispo de Moravia), 380, 382 (se verifica la prisión de Weerdt y el duque de Sabelli, caudillos del Emperador), 388, 390 (Diego Saavedra, comisionado del Emperador, ajusta cuentas con los venecianos), 392, 393, 399, 407, 409 (un primo del Emperador, hijo bastardo de Maximiliano, en una aldea cerca de Madrid), 413 (la república de Génova y su pretensión al título de Serenísima), 414 (el Palatino del Rhin se apresta a entrar en Westfalia), 415 (la rebelión en Hungría por causa de la religión y los tributos), 424, 436, 443, 478 (prohíbe la libertad de conciencia en Bohemia)
- XV, 15 (**1638**: el duque de Weimar trata de hacer las paces con el Emperador), 71 (un general suyo mata al hijo del Palatino), 88, 91 (sobre el primo bastardo del Emperador, Carlos de Austria, que viene a Madrid), 94, 107 (acaba sus cortes en Bohemia y parte para Viena; en Braunau se entrevista con el rey de Polonia sobre los acuerdos de los dos), 126 (acci-

dente grave en un río), 127, 159, 166 (**1639**), 172, 173 (Picolomini irá a Viena a verlo), 180 (la Dieta en Alemania; las paces con Weimar; pide un millón de ducados a España), 187 (Sicilia le envía dinero), 198 (el embajador extraordinario suyo en Madrid solicita dinero), 203 (pide socorro a los príncipes libres del Imperio), 213 (se traslada a Ausburgo con la corte), 217, 218 (el duque de Baviera le da medio millón de florines), 220 (Wrangel se pasa a los suecos; las tropas del Rey danés se retiran), 222 (su embajador extraordinario se entrevista otra vez con el rey de España y con el Conde-Duque), 231 (el rey de España le ofrece 50.000 ducados mensuales por cuatro meses), 234, 242, 250, 253, 255, 274 (se teme Sajonia no sea neutral), 279 (Hungría y Polonia le envían miles de caballos), 286, 302, 304, 328 (el Emperador envía refuerzos al Infante-Cardenal), 338 (Sajonia y Brandemburgo se unen), 352 (dice que la suspensión de armas en Italia pudiera ser de gran perjuicio para Alemania), 360, 371 (sale en campaña el Archiduque, hermano del Emperador), 404 (**1640**), 421 (los suecos en Pomerania quieren llegar a un acuerdo con él), 454 (gran derrota de la liga franco-protestante), 462, 490, 492, 497

– XVI, 54 (**1640**), 87 (edicto de perdón a todos los rebeldes, con devolución limitada de bienes), 88, 91 (los holandeses quieren hacer las paces), 129, 130 (**1641**: el general Schlang, preso, y el Emperador pisa sus estandartes en público), 176 (se envía embajador al Cardenal-Infante), 177-78 (la Dieta de Alemania prohibe la neutralidad del Imperio), 222 (**1642**), 257, 279, 348, 370 (las paces con Holanda), 405, 427 (a sus instancias, en Roma se declara traidor al duque de Braganza), 437, 459 (alboroto en Roma con la partida de varios cardenales y el embajador del Emperador), 460 (la disputa en Roma entre el embajador español y el portugués), 463, 474 (recobra Silesia y Moravia), 498 (**1643**: recomienda al rey de España que aparte al Conde-Duque del gobierno)

– XVII, 18 (**1643**: sor Margarita, hermana del padre del Emperador), 23 (los electores del Imperio le piden que eche a todos los extranjeros), 135 (nombra presidente de la Junta de la Paz al duque Julio Enrique de Saxe-Lavenburgh), 180, 181 (la viuda del Lanzgrave de Hesse llega a varios acuerdos con el Emperador, 201 (los suecos están a las puertas de Viena), 248, 249 (los grisones le mandan embajadores), 308 (su ejército echa a los suecos de Bohemia y Moravia), 324 (renueva la tregua con el Sultán turco por ocho años), 353, 372 (los suecos intentan capturarlo en una emboscada), 373, 384, 391 (el príncipe de Orange, en Flandes, se inclina por la paz o por una tregua prolongada), 420 (**1644**: sobre la derrota de los franceses en Tuttlingen), 430 (trata de las paces con los suecos, lo que les daría libertad de conciencia), 448 (el Rey danés, neutral, se coliga con él), 465 (Francia insta a los turcos a que lo ataquen), 472 (se mandan embajadores al sultán), 477, 484, 503 (los franceses invaden a Flandes)

– XVIII, ix-x, xvi, xxv, 51 (**1645**), 58, 68 (fortificado en Viena; el archiduque Leopoldo es general de su ejército), 69, 84 (paces con Turquía y Transilvania), 163, 178 (los cosacos se le ofrecen para invadir el estado del príncipe Rácóczi [Transilvania]), 216 (**1646**: los suecos llegan a un acuerdo con él), 223, 232 (el rey de España le manda dinero), 235 (envía valido suyo a Münster), 250, 276, 280, 285, 290 (los turcos a tres leguas de Gray, q.v., patrimonio del Emperador), 302 (pide socorro a todos los príncipes cristianos contra los turcos, quienes entran en Hungría), 317 (paces próximas con Francia y Suecia), 324 (m. la emperatriz María, hija de Felipe IV), 335 (el privado del Emperador, Traumasfort, muy afecto a Francia), 344 (se casa el príncipe de España con la hija del Emperador), 348, 350 (anula los acuerdos de paz de su privado en la Dieta de Münster), 373, 447 (el rey de Hungría, q.v., hijo primogénito del Emperador, a punto de casarse con una infanta española), 460, 472 (**1647**: el Emperador y los suecos han firmado la paz), 489 (está en Hungría con la Dieta, que no logra concertar a católicos y protestantes en aquel reino)

— XIX, 4 (**1647**: se corona a su hijo rey de Hungría; los estados hereditarios de Alemania piden libertad de conciencia), 9, 69 (futura boda del rey de España con una de sus hijas), 72, 81, 102, 132 (el duque de Baviera hace las paces con el Emperador a condición de que Weerdt no esté a su servicio), 160 (**1648**: los turcos le piden paso por sus estados para invadir Italia), 198 (suecos y franceses concertados con el Emperador para la paz), 206, 254 (**1642**: acuerdo de paz con todos los rebeldes alemanes), 278 (los suecos sitian plaza para evitar que el Emperador acuda a Flandes con las tropas), 279-280 (se lamenta por recibir Roma embajadores de Portugal), 303 (envía a Picolomini con nuevas tropas), 340, 379 nota 381 (el II marqués de la Fuente, q.v., es gentilhombre de la cámara del Emperador), 384 nota 71, 399 nota 237, 449 notas 392[a] y 392[b] (algunas veces se le llamaba "César")

Emperador, embajador del, XIII, 265 (**1635**: en Madrid, sobre la paz que quieren los holandeses); XIV, 112 (**1637**: en Roma), 113, 115; XV, 26 (**1638**: en Madrid acompaña al Rey y al Conde-Duque) (v. también Alemania)

Emperatriz, la (María de Austria, infanta de España y hermana de Felipe IV y del Infante-Cardenal; en 1629 casó con Fernando, rey de Hungría [q.v.] e hijo del Emperador Fernando II [J. Elliott, *The Count-Duke*, 218, 369, 369, 375-398]

— XIV, 15 (**1637**: la coronación como reina de los Romanos con el título de Emperatriz); 172, 227 (gobierna Viena, pero con asistencia del archiduque Leopoldo Guillermo y el conde de Mechan), 416

— XV, 463; XVII, 183

— XVIII, 84 (**1645**: los suecos ante Viena, y ella huye a Graz), 91 (un padre jesuita para administrar su hacienda), 178, 324 (**1646**: m.), 327, 333 (las honras de la Emperatriz en Zaragoza), 343, 346 (en Madrid las honras por la Emperatriz), 347, 465

Ems (río en el NO de Alemania, que pasa por Meppen, Leer y Emden, y desemboca en el mar del Norte), XIV, 424, 443 (var: Amassi)

Enantes (v. Nantes)

Enao (v. Hainault)

Encarnación, [convento de la]: Ávila: XV, 364; Sevilla: XVI, 253; Valladolid: XIII, 177, 179

Encarnación, [convento de la] (fundado en Madrid en 1623 por Teresa de la Cerda, se halla en la calle del Pez, esquina a San Roque; en el s. XVII se conocía por el de la Encarnación y por el de San Plácido; éste es el nombre relacionado hoy con los escándalos del Conde-Duque y de Jerónimo de Villanueva, q.v., que era vecino del Convento; v. J.A. Cabezas, *Madrid*, p. 446; J. H. Elliott, *The Count-Duke*, índice, y Gregorio Marañón, *El Conde-Duque de Olivares*, índice)

— XIII, 41, 166, 168, 366, 435; 177

— XIV, 139, 140, 149; XV, 389, 390, 398

– XV, 201 (costaron las monjas un altar riquísimo), 451; XVI, 490, 505
– XVII, 101; XVIII, 233, 234
– XIX, 452 nota 464 (var: convento de San Plácido);
– a continuación van las referencias al convento por el nombre de San Plácido:
– XIV, 129; XV, 80 y 82 (la causa contra las monjas)
– XVII, 172 y 174 (empezó la causa el obispo Diego de Arce Reinoso, q.v.), 355 (nombramiento de los jueces), 394
– XVIII, 169 (sátira), 474 (la Suprema Inquisición mandó al Protonotario Villanueva "que no tratase nunca con las monjas de San Plácido"), 506 (la Inquisición encerró a un fraile benito, vicario, que hizo varios traslados de la recusación de Villanueva)
– XIX, 7 (salió Villanueva y prendieron al vicario de San Plácido)
Encarnación, día de la [25 de marzo], XVIII, 263 nota 1; XIX, 167
– monjas de la, XVIII, 419 (las monjas han hecho las honras funerarias al arzobispo de Zaragoza)
– priora de la, XIV, 389 (Mariana de San Joseph: m.); 407 (eligieron una nueva priora: Aldonza de Avellaneda, hija del conde de Miranda, "que fue la primera monja que entró en la Encarnación")
– real convento de la (v. Encarnación, [convento de la])
Enchefort (v. Henchefort)
Encinasola (a 23 km. al O de Fregenal de la Sierra), XVI, 362 (villa atacada por los portugueses)
– XVII, a83 ("harto trabajo y ruido ...nos han dado los portugueses"), 85, 239, 241, 313, 314
Encinillas, Marcos de (aposentador del Palacio Real que tenía en su casa a un enano del Príncipe, q.v.), XVII, 375 (var: Enzinillas)
Enclusa, Virgen de la (Madrid), XVII, 323

Endemoniada fingida (v. la *Relación de la Endemoniada fingida*,XIII,125)
Endemoniado (relato del suceso de uno en un colegio de la Compañía en Madrid), XIII, 169-170
Enfert (territorio de Alemania cerca de Lübeck, donde está la plaza de Essaux), XIV, 226
Enghien (a 10 km. al N de París; no es la villa a 18 km. al SO de Bruselas, sobre el río Dendre, con un castillo antiguo de los duques), XIII, 331 (como otras villas francesas, se amotina por los tributos para la guerra)
Enghien, duque de (Luis II de Bourbon-Condé, 1621-1686; hijo de Enrique II [III príncipe de Condé], a cuya m. en 1647 heredó su título, q.v.; capitán general del ejército de Francia; en 1643 gana la batalla de Rocroi, q.v., y en 1645 la de Nördlingen, q.v.), XVI, xiii; XVII, 221-222 [siguen las fichas a nombre del duque de Enghien, antes de que heredara de su padre el título de príncipe de Condé, q.v.]
– XV, 121 (**1638:** forzado por su padre [v. Condé, [III] príncipe de], se casa con la sobrina de Richelieu)
– XVI, xiii
– XVII, 221-222 (**1643**), 383 (intenta socorrer al ejército francés), 407 (la Reina le manda socorrer a Tuttlingen [v. XIX, 424 nota 407]), 420, 427 (intenta casarse), 454 (**1644:** en Alsacia), 467 (va a Barcelona como gobernador)
– XVIII, 140 (**1645:** general de las tropas francesas; v. XIX, 437 nota 140), 157 ("herido de m." en la Franconia; "hoy, si es vivo", príncipe de Condé por haber m. su padre [noticia anticipada y errónea de la m. de su padre; véase XVIII, 471]), 163 (está herido o quizá prisionero), 173-174, 178 (toma Wimpfen, sobre el Necker y va hasta la Franconia), 179, 252 (**1646:** le envían a Italia), 312, 403 (pretende la dignidad de almirante de Francia),

471 (**1647**: por la muerte de su padre, "hoy príncipe de Condé"; va a Italia como general) [de aquí en adelante, v. las fichas del nuevo [IV] príncipe de Condé, Luis II, antes duque de Enghien] (var: Anguien; Anjien; Anjieri; Auquien; Inghien; error antiguo: duque de Anjou)

Enin (v. Hénin)

Enkhuizen (ciudad costera de Holanda, a 45 km. al NE de Amsterdam), XV, 79 (var: Enkhuysen)

Enoc (Biblia), XIII, 175

Enrique, conde (gobernador de la Frisia), XIV, 464-465, 465, 472

Enrique, virrey (v. Cardona, VI duque de, y virrey de Cataluña)

Enrique II (duque de Montmorency), XIII, 504 (ejecutado por Richelieu; "se han levantado contra el Rey... muchos nobles y plebeyos")

Enrique II (rey de Francia, 1547-1559), XIII, 504 (error por Montmorency, q.v.); XV, 79 (Renty: lugar famoso por la batalla entre Carlos V y Enrique II); XVI, 222 (cuatro cañones suyos en la plaza fuerte de Aire, q.v.)

Enrique II de Bourbon-Condé (v. Condé, príncipe de)

Enrique III (rey de Francia, 1574-1589; m. asesinado; su valido fue Juan Luis Nogaret de la Valette, duque d'Epernon, q.v.), XV, 211; XIX, 421 nota 352

Enrique IV (rey de Navarra desde 1562, y de Francia desde 1589; m. asesinado en 1610)
- XIII, 493, 511 (**1636**: su privado, el duque de Sully, fue hecho mariscal de Francia por Luis XIII en 1634)
- XIV, 261 (**1637**: Cristina, viuda del duque de Saboya, hija de Enrique IV, hermana de Luis XIII), 321 (**1638**: la reina inglesa, María Enriqueta, hija de Enrique IV y Marie d'Médici, esposa de Carlos I), 387
- XV, 363 (**1639**: un hermano de Gabriela d'Estreès, favorita de este Rey)
- XVI, 66 (**1640**: privilegios suyos a Cataluña)
- XVII, xii, xvii-xviii, 131 (**1643**: referencia a su m.), 136 (Luis XIII m. el mismo día y a la misma hora que su padre Enrique IV)
- XIX, 312 (**1642**: la reina Isabel de España, [Isabel de Borbón, q.v.], primera mujer de Felipe IV e hija de Enrique IV de Francia y Marie d'Medici), 420 nota 326 ["la Reina"]

Enrique IV de Castilla (1454-1474), XIX, 457 nota 75

Enríquez, P. Fr. (mercenario), XVIII, 237-238

Enríquez, Alonso (hijo de La Charela, madre [q.v.] y de su marido Antonio Manrique [marqués de La Charela, q.v.]; tuvo una hermana que también se llamaba La Charela, hija [q.v.]), XIII, 37 (**1634**: descripción de su m. en un desafío en Flandes); XIV, 7-8 nota 1 (se corrigen las de XIII, 338 nota 1 y XVI, xii nota 1, así como la noticia equivocada de XIII, 30 sobre la supuesta m. de Alonso Enríquez, el Charelo, hijo del Rey)

Enríquez, P. Alonso, S.J., XVI, 312

Enríquez, Álvaro, "hijo del marqués de Oropesa [en Indias]" (v. Alcañices, VII marqués de, a quien los corresponsales se referían ya por este título, ya por aquél)

Enríquez, Bartolomé (capitán de caballos reformado), XVII, 273

Enríquez, Enrique (militar en Vizcaya), XVI, 21

Enríquez, Luis (v. Manrique, Luis)

Enríquez, María (véase Villa Umbrosa, condesa de)

Enríquez de Acevedo, Pedro (v. Fuentes de Val de Opero, II conde de)

Enríquez de Almansa y Borja, Álvaro (v. Alcañices, VI marqués de)

Enríquez de Almansa y Borja, Juan (v. Alcañices, VII marqués de)

Enríquez de Cabrera, Juan Alfonso (v. el IX almirante de Castilla)

Enríquez de Cabrera, Juan Gaspar (v. el X almirante de Castilla)

Enríquez de Cabrera, Luis de (v. el VIII almirante de Castilla)

[Enríquez de Cabrera y Toledo, Luis], hijo del X Almirante de Castilla, Juan Gaspar Enríquez de Cabrera; v. la ficha de "Luisico")

Enríquez de Córdoba, Juana (v. Algava, marquesa de la)

Enríquez de Guzmán, Alonso (v. Santo Tomás, Fr. Alonso de)

Enríquez de Guzmán, Fadrique (v. Alba de Liste, VIII conde de),

Enríquez de Guzmán, Pedro (v. Fuentes, I conde de)

Enríquez de Mendoza, Ana (v. Alburquerque, VII duquesa viuda de)

Enríquez de Porres, Fray Antonio (hijo del I conde de Castronuevo, q.v.; hermano del II Conde, q.v.; y tío del "marquesito de Quintana [del Marco]", q.v.; de la Orden de San Francisco, y obispo de Málaga de 1634 hasta su muerte en 1648 [Gams, 49b]). XVIII, 492; XIX, 455 nota 492

Enríquez de Porres, José (v. Castronuevo, II conde de)

Enríquez de Ribera, Fernando (v. Tarifa, VI marqués de)

Enríquez de Ribera, María (v. Montalto, VII duquesa de, y de Alcalá)

Enríquez de Torres, Fr. Antonio (error por Enríquez de Porres, Fr. Antonio, q.v.)

Enríquez Manrique, Fadrique (castellano de Milán)
- XIV, 81 (**1637**: embajador en Inspruch y general de unas tropas españolas; avisó a Madrid de la m. del Emperador), 216-217, 227
- XVI, 21 (**1640**), 48 (de campaña en la Alsacia), a126 (**1641**: prisión del general sueco Banier)
- XVIII, 486 (**1647**: castellano de Milán)

Enríquez Sarmiento y Mendoza, María (v. Frías, duquesa de)

Enríquez-Colonna, Felice (véase Lerma, duquesa de)

Entre-Duero y Miño, provincia de (Portugal), XVIII, 311

Epernon, duque de (Jean Louis de Nogaret de la Valette, "el viejo"; nacido en 1554 y muerto antes del día 12 de marzo, 1642 [XVI, 289]; ex-coronel de la infantería de Francia ["el puesto mayor de aquel reino"], gobernador de la Guyenne y de Burdeos; el valido del rey Enrique III de Francia, quien le hizo duque y par de Francia; dejó tres hijos: el primogénito fue Enrique de Nogaret de la Valette, duque de Candale, q.v., que m. en 1639; el segundo, Bernardo de Nogaret de la Valette, duque de la Valette, q.v.; a la m. de su padre en 1642 heredó el ducado de Epernon; y el tercero, Louis Nogaret de la Valette, cardenal arzobispo de Toulouse; véase XIX, 421 nota 352) (var: d'Epernon; Espernon)
- XIII, 315 (**1635**: "en Burdeos han derribado y quemado casas y forzado al mismo duque de Espernon, virrey, de retirarse"), 495 (**1636**: un hijo suyo encarcelado)
- XIV, 61 (**1637**: se declara por el duque de Orleáns, q.v., en contra del mal gobierno), 212, 315 (**1638**: a sus dos hijos, q.v., se les quita el gobierno de las armas)
- XV, 108, 121 (**sept., 1638**: "va muy decaída la casa del [duque] d' Epernon, que se halló también en lo de Fuenterrabía, siendo culpado en el mal suceso, porque no lo sea el [príncipe] de Condé"), 125 (Richelieu pretende prender a su hijo, duque de la Valette), 210 (**1639**: m. Enrique, primogénito de Jean Louis y duque de Candale, q.v.; v. XIX, 388 nota 210); XV, p. 210-211 y la nota 1
- XVI, 289 (**antes del 12 de marzo, 1642**: murió Jean Louis) (variantes: D'Epernon; D'Espernon; Espernon; Pernen; Pernon)

Epernon, duque de (Bernardo de Nogaret de la Valette, 1592-1661, hijo segundo de Jean Louis de Nogaret de la Valette; en 1622 y en vida de su padre, duque de la Valette, q.v.; a la m. de su padre en 1642, duque de Epernon y gobernador de Gascuña; al fin venció los rebeldes; v. XIII, 426 nota 1; XVII, 353; XIX, 421 nota 352)

Epinay, príncipe de (v. Bergas, Enrique de)

Eras (aldea en Albacete), XVI, 266

Erasso, Francisco de (v. Humanes, conde de)

Erasso, P. Luis de, S.J., XIV, a253 (1637), a255, a316 (1638), 317, a460; XV, vi, x-xi (las dos comedias del *Montserrat, q.v.), 55, a81, a101 nota 1 (el asunto de Juan del Espino, q.v.), a175 (1639), a236 nota 2 (sobre los soldados sardos), a245, 316, 320, a379, 439, a471 (1640), a472; XVI, xiii, a59, 439 (var: Herraso)

Erasso, Padre Martín, S.J., XIV, a321 nota 1

Erato (musa), XV, 142

Ercestria (v. Exeter)

Erenberstien ("plaza del Elector de Tréveris," q.v., inexpugnable por el sitio), XIV, 49 (v. Juan de Weerdt y el Infante-Cardenal)

Eresburgdi, conde de (v. Carde, Lord)

Erfordia o Erfurdt (v. Erfurt)

Erfurt (ciudad principal a 85 km. al SO de Leipzig, en Turingia, distrito de Gera), XV, 489, 491, 495

Erges (v. Eljas)

Ericeira, I conde de (Diõgo de Meneses, n. en Lisboa en 1553, m. en Madrid en 1635; del linaje ilustre de los Meneses, fue gentilhombre en la corte de Felipe IV de España, quien en 1622 le concedió su título, el cual heredó su sobrino-nieto Fernando de Meneses, q.v.), XIII, 155

Eriçon (v. Hérisson)

Eril, conde de (título concedido en 1599 a Felipe Eril y Orcáu, barón de Eril; en 1642 la hija del conde, viuda ya, se casó en Zaragoza con el conde de Cantillana), XVI, 477; XIX, 337 y 356

Eril, condesa de (catalana; hija del conde de Eril que fue dama de la Reina)
– XIII, 489 (**1636:** capitulaciones de su primer matrimonio con el conde de Cerdeña, cuyo apellido era Cervellón)

Eril, Jaime de (maestre de Campo de la diputación de Barcelona), XV, 387

Erlau (v. Eger)

Ernesto, archiduque (hijo del emperador Maximiliano), XVII, xi

Ernesto (v. Arnesto)

Eroquants ("hombres mal contentos"; para Gayangos, "villanos [villains]... por otro nombre *eroquants*"), XIII, 426, nota 1 (palabra francesa, error por "croquants", q.v.)

Ervas, Francisco de (era sacerdote de la villa de Zarza, q.v.), XVIII, xiv, xxvi

Escalante, conde de (v. a continuación)

Escalante, condesa de, XV, 290 (**1639:** casó con Felipe Ladrón de Guevara, q.v., hijo del IV conde de Oñate)
– XVI, 309 (**1642:** casada tres años; m. él en la campaña de Colibre, q.v.)

Escalda (fr. Escaut; hol. Schelde; río de Picardie que nace junto a Châtelet y pasa por Cambrai, Tournai y Ghent, q.v.), XIII, 477; XIV, 444, 448, 482; XVI, 411; XIX, 263-264, 266, 274-275, 461 nota 262 (var: Esquelda; Esquelde; Scalda; Scheldt; Skalda)

Escalona, duque de, grande de España de primera clase (v. Villena, VI marqués de [es la misma persona])

Escalona, XVI, 261 (sátira)

Escamilla, mayorazgo de (estado que pertenecía al marqués de Castromonte, q.v.), XIX, 434 nota 26

Escamilla, P., S.J., XVIII, 196

Escarba-Zorreras, Bartolomé de, "el manchego", XV, 101 (sátira)

Escarpa (río que pasa por Douai y Arras), XIX, 264, 274

Escarpe (quizá Granja de Escarpe, a 12 km. al S de Fraga), XVII, 88

Escasola, Julio César (factor de los Fúcares en Madrid), XIII, 530
Escaut, río (v. Escalda)
Escipiones, los (familia patricia romana, que contribuyó más que cualquier otra al engrandecimiento de Roma), XV, 55-56 nota 1 (el autor de estos versos compara a Domingo de Eguía, q.v., con los Escipiones) (var: Scipiones)
Esclavos (en una hacienda de Colombia), XVI, 473 (1642: a los 18 esclavos se agregarán otros ocho o diez, y "aquella hacienda será de importancia"; v. Matuna)
Esclusa, la (fr. L'Ecluse; belg. Sluis; pueblo a 18 km. al NE de Bruges), XIII, 491; XVII, xxii; XVIII, 140
Escobar, P., S.J., XVII, 216
*Escobar, Marina de (m. en Valladolid, 1633), XIII, 51 y la nota 1 ("el dicho de doña Marina"; "la costurera de Fuen-Saldaña"; biografías por el Fr. Luis de la Puente, S.J., q.v., y el P. Miguel de Oreña, q.v., su confesor y autor de una carta sobre su m.); 542 ("la santa doña Marina")
– XV, 148 ("maestra del buen hablar"; se compara su lenguaje con el de Clío, musa de la historia)
– XVI, 432 y XIX, 295 ("aquella santa doña Marina de Escobar")
Escocia, XIV, 379; XV, 126, 177, 187, 212, 242, 251, 253, 404; XVI, 84, 165, 167, 180, 181, 187, 188, 190, 482; XVII, 257, 258, 327, 353, 384, 455; XVIII, 177, 290, 471
– parlamento de, XIX, 10
– Presidente de los puritanos de, XVI, 191
Esconbleau de Sourdis, Henri d', XV, 284 (v. Burdeos, arzobispo de, y almirante de la armada de Francia)
Escorial, el, XIII, 113, 187, 540; XIV, 149, 206, 332; XV, 78, 81, 86, 348, 485; XVI, xii, 83, 174, 364, 503; XVII, 145, 157, 198, 210, 287, 375, 451; XVIII, 419, 461; XIX, 439 nota 209

Escornabou, castillo fuerte, XVIII, 278 (el gobernador de Tarragona lo tomó, y controla así los pueblos vecinos)
Escorza, Francisco de (capitán), XV, 42
Escot, conde (cabo de la gente del duque de Parma en 1636, y valido del Duque), XIII, 373, 520; XIX, 378 nota 373 (var: Escoto; Scotti)
Escota, Julio (v. Estote)
Escotio, P. Julio (apóstata en Venecia), XIX, 179
Escoto, conde (v. Escot)
Escribano, H. Antonio, S.J., XIX, 243, 245
Escrivia (en Italia, ¿afluente del Po?), XIII, 373
*Escudero, P. Cristóbal, S.J. (s. XVII; historiador)
Escurial, el (v. Escorial)
Escuro, lago (a un lado del Po, hacia Venecia), XVII, 352
Esdan, fuerte de (v. Sedán)
Esdin (v. Hesdin)
Esfondrato, marqués de (v. Sfrondato)
Esforcia (ciudad de Sajonia), XIV, 51 (amenazada por los suecos, concertó el saco en 400.000 florines)
Esforza, cardenal (v. Sforza, cardenal)
Esfrondato o Esfundata, marqués de (v. Sfrondato)
Esguazo (Badajoz, ¿río?), XVII, 479, XVIII, 412, 413
Esgueva (río de Castilla la Vieja), XIII, 364, 365; XVI, 215
Esguízaros, los (v. lo que sigue)
Esguízaros, tierra de (v. Suiza)
Eskenken o Eskenque (v. Schenk)
Eslaba, licenciado, XVI, a229
Eslota, Julio (v. Estote)
Esmalcadia (v. Schmalkalden)
Espada, cardenal (véase Spada, cardenal)
Espada, García de la, XVII, 203; XIX, 362
Espada, fray Manuel de la (de la orden Tercera; ajusticiado), XVII, 203; XIX, 362
España, XIII, x-xi, xiii, 9, 11, 29, 32, 34, 39, 48, 50, 57, 74, 78, 85, 86, 87,

88, 99, 100, 111, 125, 141, 145, 146, 166, 167, 172, 177, 187, 188, 191, 191, 196, 200, 224, 226, 231, 244, 244, 250, 251, 254, 255, 257, 258, 263, 269, 276, 279, 280, 282, 283, 284, 285, 286, 287, 288, 293, 304, 310, 311, 316, 324, 351, 366, 368, 372, 385, 403, 406, 415, 463, 463, 473, 482, 488, 495, 524, 527, 541, 547, 548
- XIV, v-vi, x-xii, 2, 13, 16, 20, 21, 32, 33, 53, 54, 61, 71, 76, 79, 80, 106, 106, 111, 112, 115, 118, 121, 128, 129, 149, 155, 171, 173, 173, 197, 204, 223, 228, 238, 247, 248, 248, 251, 252, 261, 262, 267, 271, 275, 276, 279, 281, 283, 288, 290, 292, 300, 303, 307, 314, 316, 318, 328, 330, 337, 350, 370, 371, 375, 376, 380, 381, 389, 392, 394, 400, 412, 423, 426, 430, 440, 443, 444, 446, 450, 462, 485
- XV, 10, 39, 46, 53, 60, 63, 68, 72, 74, 75, 92, 93, 98, 103, 105, 112, 124, 172, 179, 184, 185, 188, 192, 193, 198, 203, 207, 208, 209, 211, 213, 214, 215, 216, 218, 219, 233, 236, 237, 242, 252, 260, 261, 263, 280, 284, 293, 310, 344, 348, 367, 371, 373, 375, 382, 389, 393, 398, 410, 415, 418, 430, 435, 436, 439, 444, 452
- XVI, vii, 7, 25, 32, 51, 56, 59, 61, 66, 70, 72, 77, 78, 81, 85, 86, 87, 89, 90, 91, 91, 92, 93, 110, 129, 131, 133, 166, 196, 205, 207, 208, 209, 222, 224, 226, 230, 231, 238, 263, 275, 278, 287, 288, 291, 296, 328, 329, 330, 331, 332, 333, 335, 346, 348, 348, 351, 370, 375, 376, 378, 388, 436, 437, 462, 463, 471, 473, 474, 475, 478, 481, 484, 493, 496, 501, 508
- XVII, ix, xi-xii, xviii-xix, 2, 3, 9, 10, 37, 40, 97, 98, 128, 135, 149, 162, 164, 165, 182, 207, 213, 219, 225, 238, 247, 282, 299, 307, 315, 317, 354, 368, 370, 389, 426, 427, 428, 429, 444, 445, 465, 477, 500

- XVIII, viii-x, xii-xiv, xv, xviii, xx, xxii, xxx-xxxii, xxiv, 14, 19, 24, 35, 36, 44, 46, 58, 82, 83, 84, 105, 109, 118, 132, 146, 158, 163, 164, 165, 171, 172, 188, 197, 198, 217, 218, 223, 225, 240, 243, 246, 249, 250, 251, 258, 264, 276, 279, 280, 281, 303, 317, 324, 332, 335, 336, 366, 369, 382, 416, 427, 430, 448, 449, 456, 459, 466, 468, 469, 482, 483, 486, 497, 508
- XIX, viii, 5, 9, 21, 55, 65, 69, 76, 87, 87, 93, 98, 137, 159, 171, 176, 193, 198, 203, 203, 205, 206, 226, 242, 243, 250, 251, 255, 269, 288, 312, 314, 318, 323, 332, 333, 348, 355, 357, 371, 371, 376 nota 193, 377 nota 267, 386 nota 76, 389 nota 316, 393 nota 501, 411 nota 508, 422 nota 369, 435 nota 94, 442 nota 250[2], 449 nota 389, 463 nota 315, 464 nota 355

España, armas de, XIX, 459 nota 134
- casa real de, XVIII, xxiii
- corona de, XIII, vi; XIV, 228; XVI, vii, XIX, 280
- corte de, XIV, vi
- ejército de, XV, 73

España, embajadores de
- XIII, a199 (**1635:** en Venecia, el conde de la Roca, Juan Antonio de Vera y Figueroa), 260 (en Viena, compite con el duque de Neuburg por la hija del Emperador)
- XIV, 122 (**1637:** en Roma, toma partido en trifulca por el duque de Saboya)
- XV, 281 (**1639:** en Roma), 293
- XVI, 460 (**1642:** expresa su opinión en la cuestión del embajador portugués)
- XVIII, 246 (**1646:** el embajador ordinario en Roma era Antonio Ronquillo)
- XIX, 68 (**1647:** en Alemania), 338 (**1642:** en Inglaterra, se queja ante el parlamento inglés), 379 nota 381 (en Francia: el II marqués de la Fuente, y Gaspar de Teves Tello de Guzmán),

449 nota 389 (en Francia: Sancho de Monroy)
España, grandes de primera clase en 1598, y grandeza concedida por los Felipes II, III y IV: v. la ficha de Grandeza.
– historia de, XIX, ix
– monarquía de, XIV, 69; XIX, 108
– protector de, XIII, 371 (**1636**: el cardenal Carlo d' Medici)
– rey de (v. Felipe IV)
– P. Martín de, S.J., XVII, a215
España, Nueva, XIII, 168; XIV, 244, 246, 267; XV, 71, 311; XVI, 270, 274, 508; XVII, 205; XVIII, 460, 482
– almirante de, XIII, 345
– flota de, XIII, 48; XV, 192
– virrey de (v. Montesclaros, marqués de)
Españas, las, XVII, 124
– patrón de las, XVIII, xxiii
– rey de las, XVI, 47 (**1640**: manifiesto de los catalanes); XIX, 48 (**1647**: la plebe grita vivas al Rey en el motín de Nápoles)
Españoles, Santiago de los, XIII, 405; XIV, 61, 113
Esparraguera (a 33 km. al oeste de Barcelona), XVI, 64
Esparsa, P., S.J., XVIII, 196
Espatafora, los hermanos Fadrique y Mucio (en el asalto desastroso de los españoles al Montjuich, los hermanos y muchos otros "quedaron sobre el campo de batalla o heridos", y eran "todos oficiales de graduación que se habían distinguido en las campañas de Italia y Flandes"), XVI, 121-122 nota 2 [p. 122] (var: Spatafora)
Especia o Especie, golfo de (véase Spezzia)
Espenan, Mr. d' (v. D'Espenan)
Espenan, Roger le Boussois d' (véase D'Espenan)
Espernon, duque de (v. Epernon)
Esperón, el (probablemente una fortificación francesa en el Milanesado), XIII, 470

Espina, la (convento de frailes bernardos cerca de Valladolid), XVII, 506
Espina, Juan de (eclesiástico famoso en toda Europa por sus colecciones de curiosidades), XVI, 492-494 (1643: m.)
Espinal, marqués de (título de los Coloma, Carlos, padre e hijo; var: Espinar)
Espinar, el (a 71 km. al NO de Madrid), XIV, 303
Espinar (v. Espinal)
Espinay, príncipe de (v. Epinay)
Espinela (poema satírico al hijo adoptivo de Olivares), XVI, 237
Espino, marqués del (caballero portugués), XV, 252
Espino, P. Gil de, S.J., XVII, 205
*Espino, Dr. Juan del (n. hacia 1587 en Vélez Málaga [XVII, 219 nota 1]; clérigo presbítero y teólogo)
– XIII, ix, 9, 11 y 16 (**1634**: autor de invectivas contra la Compañía [firmadas por Espino o Roales, q.v.]: "enemigo mortal de la Compañía"; expulsado de los carmelitas descalzos: "apóstata tres veces del Carmelo"), 12 (memoriales de los PP. Agustín de Castro, Salazar y Gressero contra un libro de Espino), 15 y 17 (la Inquisición le prende en Toledo), 70, (dos escritos de Roales recogidos por la Inquisición), 84 (lo trasladan de los carmelitas descalzos a los trinitarios), 120 (**1635**), 181 (refugiado en San Juan de los Reyes de Toledo, dispuesto a probar sus tesis), 230 (salen en Toledo otros 14 pliegos contra la C. de J.)
– XV, ix, 100 (**1638**), 101 nota 1 [extensa], 102 (su culpa gravísima), 190 (**1639**: la Inquisición le sentenció a cárcel perpetua en Zaragoza)
– XVII, 218-220 (**1643**: relato extenso de Granada), 285 (Antonio Campo, comisario contra Espino), 359 ("los disparates de Espino"), 394 (papel en defensa de la Compañía de Jesuitas, contra Espino y otros detractores),

395 (Espino, preso por la Inquisición en casa de un familiar)
- XVIII, 307 (**1646:** nuevo papel de Espino), 376 (en cárcel secreta por decreto de la Inquisición suprema), 464 (**1647:** traducción de uno de sus memoriales en Roma)

Espínola, Agustín (v. Spínola Basadone, Agustín)

Espínola, Ambrosio (v. Balbases, marqués de los)

Espínola, Bartolomé (nombrado proveedor general de ejército real), XVI, 302 (proveedor general de los Consejos de Guerra y Hacienda); XVII, 415

Espínola, Juan, XVI, 449 (1642: facilitó la toma del castillo de San Felipe en Lisboa), 452

Espínola, Polixena (v. Spínola Doria, Polixena)

Espínola Basadone, Agustín (v. Spínola Basadone, Agustín)

Espínola-Doria, Felipe (v. Balbases, II marqués de los)

Espinosa, P., S.J., XV, 228; XVIII, 408

Espinosa, Bartolomé (contador mayor del Rey), XIV, 332-333

Espinosa, Diego de (clérigo), XVIII, 148

Espinosa, Ignacio de (estudiante de la Univ. de Salamanca), XVIII, 79

Espinosa, Isabel (tía de Ignacio Espinosa), XVIII, 79

Espinosa, Pablo de, XVII, 405 (mató a Diego de Abarca, pero quedó malherido)

Espinosa y Guzmán, Dr. Francisco de, XVI, a322

Espira (v. Spires)

Espíritu Santo, XIII, 528; XVI, 509 (barrio cerca de Triana [Sevilla]); XVIII, 85 (Pascua del Espíritu Santo)

Espíritu Santo, Orden de, XVI, 277 (hábito de); XIX, 284 (Orden y collar del Espíritu Santo)

Espíritu-Santo, María del (recoleta agustina en el convento de Carmona), XIII, d177, d179

Espluga [de Francoli] (a 6 km. al oeste de la ciudad de Montblanch, q.v.), XVIII, 395 (hoy está en ruinas su viejo castillo que atacó en 1646 el duque del Infantado, q.v.) (var: Expluga)

Espolón, las vistas del (pueblo en el campo cerca de Toro), XVII, 141

Esporek, coronel (v. Sporck)

Espurg (v. Augusta, capital de Suabia)

Espurino (v. Spurius Cassius Viscellinus)

Esquazo (v. Esguazo)

Esquelda o Esquelde (v. Escalda, río de Picardía)

Esquen; Esquenequescant; Esquenes; Esquenke; Esquenque; Esquenques; Esquens; Esquiens; Esquingen (fuerte de Holanda; v. Schenk)

Esquilache, princesa de (Ana de Borja, mujer de Francisco de Borja, hijo del VII duque de Villahermosa y príncipe de Esquilache; v. la ficha siguiente), XVII, 413 (1644: al borde de la m.), 434 (galas moderadas en boda del príncipe de Paternó y la hermana del de Aytona por estar de luto por la princesa), 440 (1644: m., y se enterró en el Colegio Imperial de los Jesuitas, "muy a la sorda, sin acompañamiento ninguno") (v. Borja)

Esquilache, príncipe de (Francisco de Borja, hijo del VII duque de Villahermosa, q.v.; casado con Ana de Borja, princesa de Esquilache, q.v.; conde de Mayalde, caballero de Santiago y sacerdote de epístola; patrón de músicos y poetas; oidor del Consejo de Órdenes; sobre sus títulos, v. XIX, 448 nota 363)
- XIV, 39 (**1637-1638:** compositor de música), 40 y 66 (juez de certámenes literarios), 322-323 (juez de sortija en el Buen Retiro)
- XV, 178-179 (**1639:** hermano de Fernando de Borja, q.v.), 398 (**1640-1644**)
- XVII, 121, 440 (**1644:** m. su mujer, Ana de Borja)

– XVIII, 102-103 (**1645-1646:** a raíz de una riña de lacayos, desde su aposento se disparó un tiro que mató a un mozo; preso por violencia al alcalde Martín de Larreátegui, q.v., en su casa con guardas, y presos sus criados), 119, 126 (**1645:** pleito de grandes empeños en los Consejos), d363, 403, 444
– XIX, 4, 448 nota 363

Esquinas, P. Ignacio de, S.J., XVII, a238

Esquivel, P. Pedro de, S.J., XIX, d247

Essaux (plaza cerca de Lübeck, en el territorio de Enfert en Alemania), XIV, 226 (se rindió al coronel imperial Isolano, q.v.)

Essem o Essen, Lanzgrave de (v. Hesse, Lanzgrave de)

Essex, condado de (a unos 60 km. al noreste de Londres y otros 60 km. al sudoeste de Ipswich), XIV, 137

Essex, [III] conde de (Robert Devereux, 1591-1646; militar; consejero y privado del rey Carlos I en 1641; pasó a los parlamentarios opuestos a Carlos, y al mando de su ejército en 1642-1643 [v. Edward Clarendon, *The History of the Rebellion...*, índice, pp. 1305b-1306a; y el DNB, t. V, 890a-893b]), XVI, 167; XVII, 139 (**1643:** se reinicia la guerra entre el Rey y los parlamentarios), 257 (se aparta del Rey); XIX, 366, 367 (**1642:** batalla cerca de Londres)

Estadilla (a 20 kilómetros al norte de Monzón, q.v.), XVI, 421; XVII, 154, 156

Estado, Consejo de (v. Consejo de Estado)

Estados o Estados rebeldes (se refiere a los Países Bajos), XIV, 123-124

Estaguel (sobre el río Agly, a 17 km. al NO de Perpignán), XV, 275 (var: Estagel)

[Estampes de Valençay, Achille d'] (1593-1646; caballero de la Orden de Malta que se distinguió por su valor en las galeras de Malta; capitán de un regimiento de caballos; vice-almirante en el asedio de La Rochelle; mariscal de Campo en 1628; general de las galeras de Malta en 1635; general del ejército del Papa Urbano VII contra el duque de Parma, 1642-1644, bajo el mando del cardenal Antonio Barberini, *iuniore*; hecho cardenal en 1643),
– XVIII, 44-45 (**1645:** se fue de Roma a Francia "por ver si podía acomodar las desazones" del cardenal Antonio [Barberini, *iuniore*, q.v.], refugiado en Francia del nuevo papa Inocencio X; el cardenal Mazarin le mandó no pasase adelante, sabiendo que tenía "más de soldado que de eclesiástico", y "no quiso tener tanto hombre a su lado"), 373 (**1646:** m., "francés de nación, buen soldado y que sabía más de armas que de letras; diole el capelo Urbano VIII para valerse de él en las guerras...que tuvo con el duque de Florencia") (var: Valencini)

Estanque [de Bescarán], el (lagunas en Lérida), XIV, 250

Estaguel (villa de Rousillon, cerca de Claira, q.v.), XV, 275 (**1639:** tomada por los franceses)

Estaples (v. Etaples)

Este (a 27 km. al SO de Padova; pueblo de origen de la ilustre familia de los duques de Ferrara y Módena; v. éstos, y las fichas que siguen), XIX, 444 nota 320 (var: Heste)

Este, cardenal d' (v. Este, Rinaldo d')

[Este, cardenal Fernando d'] (afirma Gayangos sin documentación que así se llamó el hermano de Francisco I, duque de Módena [XV, 252, nota 2]; sin embargo, dicho nombre no consta en la documentación que existe, ni siquiera en la lista de los ocho hermanos y hermanas del duque de Módena [v. la ficha que sigue y la de dicho Duque, así como la *Enciclopedia Espasa*])

[Este,] cardenal [Rinaldo d'] (1618-1672; el único cardenal cuya docu-

mentación cuadra con las citas de las cartas es Rinaldo d'Este, 1618-1672, hermano de Francisco I, duque de Módena [parentesco confirmado en las cartas: XIV, 406; XV, 252]; militar en su juventud; hecho cardenal en 1641; antes de 1646 él y su hermano eran partidarios de España [v. la ficha del Duque]; pero en la primavera de dicho año se declararon los dos por Francia [XVIII, 276 y 280]; obispo de Regia Emilia en 1650; a petición de su hermano, gobernó el ducado en 1647 y 1655; de acuerdo con una tradición en su familia, era "Protector de Francia" [v. S. Miranda], lo cual le hizo "cabo de la facción francesa" en los cónclaves del Colegio de los cardenales; v. la ficha de "Montalto, cardenal [junto con otros cuatro..."]; también a partir de 1652 fue abad de varias abadías en Francia, incluso la de Cluny, y Luis XIV le nombró arzobispo de Montpellier)
- XIV, 406 (**1638**: el Rey hace arzobispo de Tarragona al "hermano" del duque de Módena [dice Gayangos que el Papa no lo confirma; v. la ficha de Tarragona])
- XV, 252 (**1639**: "llegaron [de Roma] las bulas y despachos del arzobispo de Tarragona, hermano del duque de Módena, el cual dicen vendrá presto a España"; v. la documentación contradictoria en la ficha de Tarragona)
- XVIII, 276 (año **1646**: "el cardenal D'Este, hermano del duque de Módena, que fue electo [cardenal] a petición del Emperador y nuestro Rey,.. se ha declarado por protector de Francia", 280, nota (otra expresión de sorpresa y ofensa con la noticia de semejante declaración por el duque de Módena), 285 (el almirante de Castilla, en Roma, se niega a visitar al cardenal), 298, 299 (sale de Roma), 319 (hacen las paces el almirante y el cardenal ante el Papa), 320, 322, 323 (su diferencia con el almirante), 339; XIX, 443 nota 280, 444 nota 320 (var: D'Este; Heste)

Este, marqués de, XVI, 300; XVI, 129 (**1643**: acompaña el cuerpo del Cardenal-Infante a España), 446 (**1644**: del Consejo de Esado; va a Milán como general de caballería)

Este, Carlos Filiberto d' (v. San Martín, marqués de)

Este, Francisco d' (v. Módena, duque de)

Este, Ludovico d' (1594-1664; tío del duque de Módena; "soldado de grande opinión"), XV, 179

Este, príncipe Niccoló d' (otro tío de dicho Duque), XIV, 228

Esteban, María (gobierna las armas en Zafra, q.v., ciudad a 52 km. al sur de Badajoz, en las estribaciones de la sierra Morena), XVII, 289-291

Estella (Navarra), un Padre de, XIV, 450 (carta suya que trae noticias de Navarra)

Estella, señor de (feudo en Navarra), XIV, 451

Estepa, marqués de (Adán Centurión; militó en la guerra de Portugal), XIII, 105; XVII, 386

Estepar (estado perteneciente al marqués de Castromonte), XIX, 433 nota 26

Esteque (aldea entre Amberes y Hulst), XIV, 180

Esterero Santo (véase Rodríguez, Mateo)

Estevenvert, isla de (Flandes), XIII, 289 (**1635**: defendida por los holandeses), 394-395 (**1636**: victoria de los españoles); XVII, 427 (**1644**: los holandeses intentaron tomarla, sin éxito) (variantes: Estevenvart; Estevens-Werts; San Estevenwert)

Estilata (lugar del norte de Italia, quizá cerca de Parma), XVII, 201

Estillano, princesa de (v. Stigliano, IV princesa de)

Estirea (v. Stiria)

Estiria, inquisidor, XIII, 435 (m. en 1636)

Estote, Julio (apóstata profeso; autor de un libro contra la Compañía), XVIII, 464 (var: Escota; Eslota)

Estrada (capitán), XIX, 53

Estrada, rector (S.J.), XV, 181

Estrada, Antonio de (oidor de Sevilla; recibe tres cartas), XVII, d199 (**1643**: de Mateo de Urdán Videluz, secretario del presidente de Castilla: noticias de la corte), d249-252 y d291-293 (las dos cartas del licenciado Gabriel Ortiz, provisor de Badajoz: sobre el sitio de Badajoz)

Estrada, Diego Duque de (v. Duque de Estrada, Diego)

Estrada, Francisco Duque de (v. Duque de Estrada, Francisco)

Estrada, P. Juan de, S.J., XIII, 64 (**1634**: en Salamanca con el P. Antonio Morales); XV, a181 (**1639**: al obispo de Valladolid sobre un incidente entre el almirante y el Conde-Duque en Madrid), 487; XVI, d167-173 (**1641**: del P. Diego Costilla, de Monforte, Galicia), 296, 385, a445; XVII, 359 (**1643**: habla al conde de Lemos sobre los disparates de Espino)

Estrada, Juan Duque de (v. Duque de Estrada, Juan)

Estrada, Juan Francisco Duque de (v. Duque de Estrada, Juan Francisco)

Estrada, Luis de, XVI, a444-445 (1642)

Estrade, conde de (Godofredo [Godefroi], comandante de la caballería francesa en Italia), XIX, 147 (en el año de 1647 quedó malherido cerca de Mantua)

Estraden (sobre el Elba), XIV, 226

Estragel (Cataluña), XV, 314

Estralsont (v. Straslund)

Estramburg (v. Strasbourg)

Estrecho [de Gibraltar], el, XIV, 87 (**1637**: a Portugal le llegan seis navíos ingleses, y aguarda otros seis, para la defensa del estrecho); XVI, 140, 174 (**1641**: Francisco Mexía ha intentado tres veces cruzarlo)

Estreès, François Anibal d' (mariscal de Francia; hermano de Gabriela d' Estreés; embajador de Francia en Roma)
- XV, 363 (**1639**: cuando un nepote Barberino rechazó a un clérigo nombrado por el embajador de Francia, dio lugar a un episodio violento)
- XVI, 131 (**1641**: el asesinato de un hombre a quien intentó proteger el embajador contra la voluntad del Papa)
- XVII, 6 (**1642-1643**: preso o exiliado por Richelieu, pero a la m. de éste en 1643, fue liberado (v. XIX, 412 nota 6)

Estreès, Gabriela d' (hermana del mariscal d'Estreès; favorita de Enrique IV de Francia, q.v.; madre de César, duque de Vendôme y primogénito del Rey, q.v.), XIII, 493; XV, 363; XIX, 420 nota 326 (var: Estries)

Estrella, Nuestra Señora de la (v. Nuestra Señora de la Estrella)

Estremoz (a 60 km. al oeste de Badajoz), XIV, 190; XVI, 184; XVII, 152; XVIII, 190, 191, 203, 204, 393 (var: Estremos; Extremoz)

Estries, Gabriela de (v. Estreès)

Estrigonia, arzobispo de (v. Pázmány, [S.J., Péter])

Estrocci, Alonso (italiano; cabo del ejército de Carlos Guasco), XVI, 412; XIX, 264 (var: Estrosi; Strozzi)

Estron, Jaques (contribuye a la toma de Esquenque), XIII, 262

Estrosi, Alonso (v. Estrocci)

Estudios, los (edificio en Nápoles), XIX, 95

Estudios Reales (v. Jesús, Compañía de: Colegio...)

Estupiñán, Luis (impresor), XV, 70, 71, 74 (ejerció su oficio en Lisboa, 1609, Sevilla, 1610-1635, Marchena, 1621, y Écija, 1633-1644; v. Penney, "A Check-List of Hispanic Printing Sites...", p. 948a)

Estyria (v. Stiria)

Etaples (pueblo de la frontera belga de Picardía), XIX, 461 nota 262 (var: Estapes; Estaples)

Etiopía, XVI, 99; XVII, 365

Eugenio, P., S.J., XIII, 53

Eumada (v. Almada)

Eumelina (¿error por la región italiana de Emilia, q.v.?

Europa, XIII, 80 (**1634:** los holandeses vuelven a Europa del Brasil), 91, 122 (**1635:** celebridad de la madre Luisa de Carrión), 196, 312 (paces del Emperador y sus enemigos), 510 (**1636:** el ejército que prepara el rey de Francia), 527

— XIV, 85, 171, 187 (**1637:** el Papa se burla de los embajadores y cardenales), 251 (en la batalla de Leucate se invoca a "todas las imágenes devotas de Europa"), 332, 415 (**1638:** el Palatino mozo trata de recuperar su estado, lo que turbará a toda Europa)

— XV, v, (m. del rey de Francia; paz en Europa), 84 (Richelieu convierte en hospitales todos los reinos de Europa), 94 (la liga del Emperador y los reyes de Inglaterra, Dinamarca y Polonia con los españoles), 103 (por favorecer al duque de Módena, "se han de perder muchos en Europa"), 201, 213 (**1639:** satisfacción por gobierno del Infante), 304 (el sultán turco pasa a Europa), 339 (Banier, general sueco, "y dicen que es el mayor de Europa"), 368 (la fuerza de Weimar, aliada a los franceses), 455 (**1640:** la victoria del partido español-imperial sobre el enemigo)

— XVI, 7, 464-465 (**1642:** la m. de Richelieu favorecerá la paz de Europa), 493 (**1643:** m. Juan de Espina, conocido en Europa por sus curiosidades)

— XVII, 127 (**1645:** victoria en Rocroi)

— XVIII, xv; XIX, 87 (**1647:** los Barberinos, sentidos con el Papa, socorren al enemigo), a205 (**1648:** de Carlos de Padilla sobre el estado de Europa), 323 (**1642:** terremoto de Burgos: "hundió el crucero de la Iglesia Mayor..., una de las más primorosas fábricas que había en Europa")

Eusebio, P., o Eusebio, P. Juan (v. Nieremberg, P. Juan Eusebio)

Euterpe (musa), XV, 142

Evangelio (v. Biblia)

Évora, ciudad de (a 105 km. al E de Lisboa)

— XIV, 190 (**1637:** alboroto en ella), 191 (**1637:** carta que los rebeldes hacen circular), 247 (castigo para los amotinados), 262 (junta de Consejo de Estado en Badajoz), 268 (los de Évora se declaran "leales vasallos" de S.M.), 310 (**1638:** Madrid trata de quitarle la universidad y los privilegios)

— XVI, 202 (**1641:** Diego Gallo, q.v., entró por Portugal hasta Évora, y saqueó muchas aldeas alrededor de dicha ciudad), 363

— XVII, 190 (**1643:** el duque de Braganza), 191

— XVIII, 311 (**1646:** Luis de Miranda Enríquez, capitán mayor de la ciudad)

Évora, arzobispo de (Juan Coutinho, arzobispo de 1636 hasta 1643)

— XIV, 185 (**1637:** por los alborotos en Portugal, convocado con otros por el Rey español)

— XV, 193 (**1639:** licencia para residir en su diócesis)

— XVI, 102 (**1640:** portavoz de los arzobispos portugueses en Madrid)

Exea, casa de los mesones de (Zaragoza), XVII, 13 (inundado)

Exea, d' (v. Pérez de Egea, Miguel)

Exeter (a 58 kilómetros al noreste de Plymouth, Inglaterra), XVII, 201, 257, 258; XVIII, 177 (var: Ercestria; Exister)

Exister (v. Exeter)

Exmouth (a 60 kilómetros al noreste de Plymouth), XVII, 257 (lugar donde desembarcó el conde de Warwick con el propósito de levantar el sitio de Exeter) (variantes: Exmons; Exmoud)

Exmouth, conde de, XIX, 10 (gobernador de la provincia de Cork, en Irlanda, a quien prendió una fuerza invasora inglesa)
Expectación, fiesta de la, XVII, 427
Expluga (v. Espluga de Francoli)
Exter (v. Exeter)
Extremadura, XIII, 396; XIV, 46, 334, 479; XV, 264; XVI, viii, 53, 54, 156, 200, 203, 302, 343; XVII, 173, 238, 241, 242, 243, 244, 275, 276, 283, 288, 317, 320, 351, 366, 368, 390, 469, 473; XVIII, xvi, xviii, 205, 210, 332, 341, 353, 388; XIX, vii, 428 nota 473
Extremoz (v. Estremoz)
Eybar (v. Eibar)
Eyla (Piamonte, ¿cerca de Milán?), XV, 189
Ezequiel (profeta del Antiguo Testamento; v. la Biblia)

F

Fabara, marqués de (v. Tavara, V marqués de)
Fabián, P. Miguel (en Salamanca), XVII, a215
Fabio (nombre en un poema), XVII, 367
Fabre, puerto de (v. Havre, Le)
Fabrizios (referencia genérica a unos "Italianos meritorios de antaño", q.v., unidos por relaciones personales y profesionales, y en este caso, a Fabrizio [Colonna], ¿1455?-1520, ilustre capitán, de la línea principal de la casa de Colonna; optó por las armas, y peleó contra los turcos en 1481; en numerosas batallas coincidió con su primo Prospero, q.v.; Fernando el Católico, rey de España y de Nápoles, le honró con terrenos y le hizo gran condestable del reino de Nápoles así como gobernador y lugarteniente general de todas las fuerzas españolas en Italia), XIV, 315
Fabroni (asistente de Marie d' Medici, q.v.), XIV, 170

Facchinetti, [cardenal Cesare] (n. 1608, m. 1683; arzobispo de Damietta en 1639, título que obtuvo con el de nuncio extraordinario del Papa en España, 1639-1643; cardenal en 1643 [v. Salvador Miranda, así cmo el *Dizionario Biografico degli Italiani*]; a continuación constan las fichas que llevan el nombre de Facchinetti; para las que no lo llevan, pero que pertenecen a sus años en España, v. la ficha de "Nuncios")
– XV, 297 (**1639**: "nuncio extraordinario a tratar de la paz"), 307 ("halló al [nuncio] ordinario muy al cabo"), 310, 315, 338 ("vinieron los títulos y despachos de nuncio en estos reinos a monseñor Facchinetti"), 347, 353 (sobre sus funciones en Madrid), 364 (el escándalo del carmelita Celedón llega a su jurisdicción), 427 (**1640**: se rumorea que su secretario, preso, se ha fugado), 435 (habla al Rey y al Conde-Duque sobre las paces, que el Papa desea mucho), 438, 440, 441
– XVI, 28, 91 (habla al Rey para interceder por los catalanes), 92, 133 (**1641**: sobre la prisión de su secretario, Miguel de Molina), 276 (**1642**), 288 (el nuncio Panciroli, q.v., sucesor de Facchinetti, de viaje a Madrid [en abril llegó a Madrid; v. la ficha de Panciroli]), 463 (una disputa con el embajador del duque de Braganza en Roma), 481 (su secretario [probablemente Miguel de Molina, el de Facchinetti])
– XIX, 333 (**1642**: "Facchinetti, que fue el nuncio antecedente al que hoy hay" [esta carta está fechada el 7 de septiembre, y parece que Panciroli ya había sucedido a Facchinetti]) (var: Faquineti; Faquinetti)
Faenza (a 50 km. al SE de Bologna), XVI, 487
Faial (isla en las Azores), XIV, 247 (var: Fayal)
*Faille, P. Jean de la, S.J. (n. en Amberes; hermano de Juan Carlos de la

Faille), XIII, a35 (var: Juan de Llasfaislles)

Faille, P. Juan Carlos, S.J. (n. en Amberes; m. Barcelona en 1654; catedrático de matemáticas y náutica en Dôle [Lovaina] y en Madrid; maestro de Juan de Austria, a quien le acompaña en la armada de galeras), XVIII, 469; XIX, 453 nota 469 (var: el señor don Juan; Juan de la Falla; LaFaille; Lafalla)

Fairfax, Ferdinando, II barón de "Fairfax of Cameron" de Escocia (1584-1648; padre de el que sigue; barón desde 1640; miembro del Parlamento; al mando de un regimiento en la primera guerra de Escocia; en 1642, general al mando de las fuerzas del Parlamento en Yorkshire [v. DNB, VI, 996b-997b]), XVII, 139 y la nota

Fairfax, Thomas, III barón de Fairfax (1612-1671; hijo del anterior, militar en los Países Bajos y Francia [1626-1632]; en la primera guerra de Escocia mandó una tropa de caballería [1640]; en la guerra civil apoyó el Parlamento de Yorkshire [1642], y tomó la ciudad de Leeds [1643]; general de los parlamentarios ingleses [v. DNB, VI, 1005b-1013a]), XVII, 139 y la nota

Faixo (v. Feijoo, Juan)

Fajardo, Antonio (sobrino del marqués de los Vélez; herido en el asalto de Montjuich), XVI, 121

Fajardo, Cristóbal (juez de concurso de esgrima), XVIII, 259

Fajardo, Diego (sobrino del marqués de los Vélez; herido en el asalto de Montjuich), XVI, 121

Fajardo, Diego de, S.J., XIII, 113

Fajardo, Gonzalo (juez de concurso de esgrima), XVIII, 259

Fajardo, Pedro (casado con Mariana Engracia de Toledo, marquesa de los Vélez, q.v.), XIX, 422 nota 391

Fajardo, Simón (impresor de Sevilla, 1612-1656), XIV, 101

Fajardo-Zúñiga y Requesens, Pedro (v. Vélez, marqués de los)

Falces, marqués de (Diego Croy de Peralta, marqués de Mondéjar; descendiente de Mossée Pierres de Peralta, condestable de Navarra; capitán de la guardia de "La Cuchilla" [la alemana]), XVI, 381 (sátira); XIX, 409 nota 377

Falcon, Pice (v. Picefalcone)

Falla, la (casa de placer al N de Bruselas), XIV, 444 (var: Salla)

Falla, P. Juan de la (v. Faille)

Falmouth (ciudad de Inglaterra a 70 km. al O de Plymouth, en la costa del Canal de la Mancha), XVII, 258 (var: Falmuth)

Falsemburg, princesa de (en Bruselas), XVII, 426

Familia Real (v. Casa Real [española])

Fancafort (v. Francofurt [pseudónimo español], o Frankfurt [topónimo alemán])

Fanfanelli (maestre del ejército pontificio), XVI, 488

Faquinetti, Cesare (v. Facchinetti, Cesare)

Faraón, bárbaro (así se refiere un portugués al Rey de España), XIV, 192

Farfaña o Farfalla (v. Castelló de Farfaña)

Fargis, conde de (Carlos d'Angennes, embajador de Francia en Madrid en 1618), XIII, 146; XIX, 376 nota 146

Faria, Marcelino de (casó con Mariquita Lezo y le nombraron oidor de Granada), XVII, 8

*Faria y Sousa, Manuel de (poeta, historiador y editor portugués)

Fariñas, Fernando de (consejero real)
– XIII, 32, 71 (quema de los papeles contra la Compañía de Jesuitas), 90
– XIV, 46; XV, 78 (1638: dejó vacante una plaza en la Inquisición)

Farnese, cardenal [Francesco Maria] (1619-1647; n. en Parma; sobrino del cardenal Odoardo Farnese y sobrino nieto de los cardenales Alessandro

Farnese, *iuniore,* y Ranuccio Farnese; hecho cardenal en 1644), XVII, 436 (1644: residente en Francia) (var: Farnesio)

Farneses, los (familia de Orvieto; produjo capitanes, cardenales, un Papa y varios duques de Parma), XVI, 483

Farnesio, cardenal (v. Farnese, cardenal)

Farnesio, palacio (del s. XVI, en Roma), XVIII, 322

Farnesio, Alejandro (1545-1592; duque de Parma y Piacenza; gran capitán al servicio de Felipe II; gobernador de los Países Bajos), XIV, 345

Faro (alrededores de Venecia), XV, 129 (1638: en él los venecianos han metido trece compañías de infantería y aumentado el presidio ordinario)

Faro, obispo de (ciudad sobre el mar, a 55 km. al O de Ayamonte; de origen morisco, antigua capital del Algarve y del distrito homónimo), XIV, 310

Faro, Fernando de (conde de La Coruña y señor de Vimieiro, q.v., casado con la VIII marquesa de Cañete, q.v.; deudo del conde de La Coruña que hereda su estado a la m. sin sucesión de este último en 1646), XVIII, 415; XIX, 388 nota 210, 450 nota 415 (var: Vimiero)

Faro, Francisco de (uno de los rebeldes de Portugal), XVI, 112

Favara, marqués de (error por Távara, marqués de, q.v.)

Fayal (v. Faial [isla de los Azores])

Fayel (parroquia del departamento de l'Oise, subdivisión de Compiègne, distrito d'Estreès-Saint-Denis; pasó en 1627 a la casa de La Mothe-Houdancourt, y luego al distinguido teniente-general Philippe La Mothe-Houdancourt, q.v.; a su regreso a Francia en 1653 el Rey le hizo duque y par y le permitió construir un palacio en su estado) (var: Le Faiel; le Fay)

Fayette (v. La Fayette)

Fayjo o Fayxó (v. Feijoo, Juan)

Fe, Auto de (v. Auto de Fe)

Fe, Santa (v. Sainte-Foy la Grande)

Febo (mitología), XV, 144, 146

Fecet, Diego, Convento de (Zaragoza), XVII, 12 (inundado)

Federici, Jerónimo, XVI, a27 (var. errónea: Federique [v. XVI, 27 nota 1])

Federico, conde Palatino del Rhin (padre de Carlos Luis, q.v.), XV, 116

Federico II (rey de Dinamarca, 1559-1588; padre de Cristiano IV, q.v.), XIX, 434 nota 38

Federico III, Federico IV, y Federico V (v. Palatino del Rhin, conde: Federico III, IV y V)

Federico Guillermo (1620–1688; elector de Brandenburg de 1640 a 1688; creó la base del estado de Prusia, del cual su hijo Federico I fue el primer Rey; tío de María Leonor de Brandenburgo [viuda del rey Gustavo Adolfo de Suecia]), XIII, 150

Federique, Jerónimo (v. Federici)

Federiqui, Juan de (inquisidor apostólico de Sevilla; canónigo de su iglesia catedral; del Consejo de Castilla [pero no se halla en los índices de Janine Fayard, *Los miembros...*]), XVI, 249, d268; XIX, 399 nota 268 (var: Federici; Federique; Fideriqui)

Feijoo, Francisco (almirante de la escuadra de Galicia), XV, 359 (**1639:** manda a la armada de Portugal), a371-372 nota 1 (sobre su prisión)

– XVI, 270 (**1642:** en Cádiz), 385 (malherido en una batalla naval), 426 (m.), 430

– XIX, 286 (**1642**), 287, 291, 292, 298 (var: Feijo; Feijò; Feixoo; Fayjo; Feixo; Faixo; Fayxó; Feyxo)

Feijoo, Juan (capitán de navío), XIV, 216; XVI, 385; XIX, 291

Feira, VI conde consorte da (Manuel Forjaz y Pimentel, n. c. 1589, m. 1638; hijo del VIII conde de Benavente, q.v.; hermano de los PP. Pedro Pimentel y Francisco de Pimentel; caballero de Santiago; capitán en el

tercio de Lombardía, sirvió en el asedio de Vercelli con sus hermanos Alonso y Jerónimo (1617); comendador de Castrotoraf (1617) y del pueblo de Bienvenida, q.v. (1629), maestre de Campo de infantería de 1617 a 1622, gentilhombre de la boca (1621), embajador extraordinario en Londres (1623), castellano de Amberes (1625); en 1637, nombrado gobernador de las armas del ejército de Flandes; designado virrey de Navarra en 1638 [v. Sánchez, J. L.])
- XIII, 184 (**1635**: escapa con otros de la prisión de Maastrich), 193 (nombrado maestre de Campo general del ejército de Brabante; preso por los franceses), 195 (con otro saca al príncipe Tomás de la batalla, herido), 211, 355 (sobre su escapada), a356-361 (**1636**: carta a su mujer), 357, 361, 386, 387, 402, 415 (pretendiente al puesto del conde de Sástago en la corte [v. XIX, 381 nota 398]), 461, 465 (sobre sus hermanos), 485, 490, 492
- XIV, 145 (**1637**: cabo del ejército de Flandes junto al príncipe Tomás), 179, 239, 339, 345, 408
- XV, 59 (**1638**: cabo del Infante-Cardenal), 91 (su prisión junto a un hijo bastardo del emperador Maximiliano), 301 (**1639**: se opone a los holandeses en el fuerte de la Filipina), 345 (m.)
- XVII, xxiii (del Consejo de Guerra de Flandes en 1638)
Feira, condesa da (Joana Forjaz Pereira de Meneses, viuda de Manuel Forjaz y Pimentel, conde consorte da Feira), XIX, 21 (**1647**: se marcha a Portugal con sus dos hijos, no contenta con la pensión que le pasa el Rey en España)
Feire (v. Feira, conde da)
Felican (v. Felizzano)
Felices, San o Sant (v. Santelices)
Felichi (v. Basili, Felichi)
Feliciano, P., S.J., XIII, 347

Felipe, H., S.J., XVIII, a196 (de Badajoz)
Felipe, P. (interrogado por el parlamento inglés), XVI, 165, 167
Felipe, Juan (v. Palatino [del Rhin, conde-], entre los hijos del conde Federico V,...)
Felipe II, rey de España (1527-1598), XIII, 8 (**1634**: noticia de la m. en 1633 de su hija, Isabel Clara Eugenia, q.v., archiduquesa y gobernadora de Flandes, que se había casado con el archiduque Alberto), 503 (el marquesado de Final, que el Rey había comprado al marqués Alfonso Carreto); XIV, 183 (acerca de diversas responsabilidades y competencias), 376 (**1638**: m. Tomás Campanella, autor que atacó a Felipe II en 1602); XV, 481 (Miguel de Oquendo fue hijo de un ministro de Felipe II); XVI, 270 (el I duque de Ciudad-Real fue hijo de un general de Felipe II); XVII, x, xi, xviii; XVIII, 182; XIX, 138 (los antepasados de Fr. Lelio Brancaccio, q.v., sirvieron a Felipe II)
Felipe III, rey de España (1578-1621)
- XIII, xi, xii (m. **1621**), 80 (su entrada en Lisboa), 91 (el infante Carlos, su hijo), 267 (el duque de Lerma, su privado), 324 (Carlos I de Inglaterra en España: vino a casarse con María, hija de Felipe III, pero el casamiento no se efectuó)
- XV, 389 (concesión de la grandeza a varias personas en las bodas de Felipe III en Valencia), 452 (Sancho de Luna, castellano de Milán en tiempos de Felipe III)
- XVI, 52 (Ana de Austria, su hija)
- XVII, xviii (en 1599 Juan Fernández de Velasco, VI condestable de Castilla, q.v., pidió licencia para venir a España), 501 (el padre Pedrosa, que había sido predicador de Felipe III, predicó en las honras de la reina Isabel en 1644 (v. Crosby, *Índice de apellidos, títulos y oficios...*)

- XVIII, 21 (**1645**: m. Mateo Ibañez, de Segovia, quien había pedido licencia a Felipe III para la celebración de una fiesta)
- XIX, 138 (**1647**: los antepasados de Fr. Lelio Brancaccio sirvieron a Felipe III), 335 (**1642**: concesión del título de marqués de Caracena a José de Castejón y Fonseca, título que había pertenecido a la familia Sandoval por gracia de Felipe III en 1606; v. Castejón y Fonseca, José de), 382 nota 410 (el marquesado de Loriana, otorgado por Felipe III a Juan Velázquez Ávila, II conde de Uceda), 399 nota 237 (el III marqués de Malpica fue gentilhombre de Cámara de Felipe III), 413 nota 82 (Juan Yáñez escribió unas memorias de Felipe III), 429 nota 477 (Diego Sarmiento de Acuña y Sotomayor, conde de Gondomar, fue embajador de Felipe III en Inglaterra, Francia y Alemania), 431 nota 501 (Fr. Gregorio de Pedrosa, predicador de cámara de Felipe III y Felipe IV), 432 nota 505 (Pedro Portocarrero, V conde de Medellín y mayordomo de Felipe III), 450 nota 398 (Francisco Pacheco de Córdoba, I marqués de Villamayor de las Ibernias por gracia de Felipe III)

Felipe IV, Rey de España (1605-1666) [la gran cantidad de fichas sobre este rey abarcan tantos acontecimientos, temas y personajes que en este índice no cabría una clasificación alfabética completa; a continuación de las fichas que siguen se hallan unas cuantas sobre temas y personajes].
- XIII, vii (los hitos del reinado de Felipe IV en los años de las cartas de jesuitas), viii (viaje a Aragón en el año de 1642), ix, xi (los cinco primeros años de su reinado), xviii, xix; 6 (**1634**: varias fiestas para celebrar su mudanza al palacio del Retiro), 8 (noticia de la m. de la infanta Isabel Clara Eugenia, su tía, q.v.), 9 (llena algunas secretarías vacantes), 12 (los jesuitas se le quejan sobre los libelos), 22, 30 (su hijo, Fernando Francisco de Austria, el "Charelo", m. en Güipúzcoa), 32, 33 (pierde cuatro millones en plata), 38 (el papel del Rey en la prisión del duque de Aerschot), 39, 40, 41, 42, 48 (un loco entra a deshora en su antecámara), 49 (la sentencia de Juan de Benavides), 51 (su hijo Fernando Francisco era prior en Vizcaya), 59 (consigue más dinero de Roma), 60, 63, 64, 65 (el duque de Lorena escapa disfrazado de su casa y va a Flandes a servirle, con tantos otros que a Felipe IV le llamaban en París "l'aubergiste des Princes detronés"), 67 (manda a la Inquisición investigar sobre los libelos contra los jesuitas), 74, 75, 85 (entrevista de unos judíos con el Rey), 89, 68, 91 nota 2 (el infante Carlos, su hermano mayor; m. en 1632), 99, 101 (manda ingenieros al Infante-Cardenal para fortificaciones en Suabia), 107 (recibe a la duquesa de Mantua en Madrid), 109, 110 (el destierro del duque de Alba), 113 (despide a la duquesa de Mantua; se queman sus caballerizas), 117 (Richelieu se lamenta el amparo a la Reina madre francesa), 119, 120 (**1635**), 139, 148, 149, 152 (la madre Luisa escribe al Rey en contra del Conde-Duque, que la hace procesar), 156, d157, 163 (su hermano, Carlos), 166 (los consejeros sobre el tercio de los juros), 167 ("El pasto de esta Semana Santa ha sido ocho nuevos predicadores del Rey, y...ha crecido el número...a treinta y cuatro" [casi toda la carta versa sobre éstos]), 168, 172 (el hijo del duque de Saboya envía un emisario al Rey pidiéndole dinero), 177, 181 (contra el autor de libelos, Fr. Tomás Gracián), 183 (el Papa le concederá 600.000 ducados de los obispados de Indias, Portugal y Sicilia), 184 (el padre Cámasa le da lecciones cada diez días "de re milita-

ri"), 191 (pide al reino nueve millones en tres años; se teme quitará vajillas preciosas y las esconden), 195, 197, 201 (los procuradores le niegan los nueve millones y ordena otra votación), 202, 220, 241 (el título de marquesa de Eliche para la hija del Conde-Duque), 243, 247, 248, 251, 253, 255 (no admite las disculpas de Génova, y despide a su embajador con aspereza), 265 (los holandeses buscarán tregua con ventaja para el Rey), 266 (le confiscaría al duque de Parma 80.000 ducados de renta en Nápoles), 269 (simpatías del pueblo holandés), 270 (merced para el nuevo marqués de Aytona de servir en su cámara), 276-278 (el caso y la prisión del duque de Aerschot), d289, 296 (la reina Isabel de Borbón), 304, 307, 330 (disgustado con las paces de polacos y suecos), 332, 337 (recibe al embajador inglés, monsieur de Aston), 338 (la educación del príncipe Baltasar Carlos, y de otros hijos naturales de Felipe IV), 342, 344, 354 (**1636**), 363, 365 (los de Valladolid le dan cuenta de las inundaciones allí), 367 (los diferentes títulos del duque de Lerma), 372 (muchos cardenales se declaran en su favor), 380 (Gaspar de Teves, uno de sus gentilhombres de boca), 391 (dinero falso en Francia con sus armas), 399 (nombra al duque de Alcalá y Francisco de Melo sus embajadores para los tratados de paz), 412 (levanta a su costa 10.000 polacos), 415, 416, 421 (envía por el de Parma para entrevista por segunda vez; el Rey polaco le envía embajador), 429 (el conde de Fuenclara le manda un pliego sobre el Esquenque [v. Schenk: fuerte en Flandes]), 434 (el confesor de Pedro de Zúñiga, embajador de Felipe IV en Inglaterra; de acuerdo con el rey de Inglaterra y el Emperador en cuanto a la restitución del Palatinado), 438 (ordénase que se prendan a aquellos procuradores que votaron en contra de lo que pidió), 446 (los historiadores de su época), 458, d467, 471, 480 (su ejército toma la Chapela, Châtelet, en Francia), 483, 484 (el II conde de Salazar, q.v., su gentilhombre de cámara), 486 (Jacinto Herrera y Sotomayor, autor de relación), 494, 503, 513 (da 400.000 ducados para el condado de Borgoña), 517, 527 (el príncipe le pide en memorial el retorno a la corte del marqués de Govea), 548 (sobre diversas regalías monetarias a los nobles)

– XIV, vi (**1637**: la venida a España de la duquesa de Chevreuse), xi, xii, xiii; 2, 7 y 8 (un hijo suyo llamado el "Charelo"), 17 (recibe al embajador alemán y al P. Pimentel), 26, 32, 38, 39, 42 (sobre los presentes del conde de Linares a los Reyes), 45, 64, 75, 78 (los caballeros de hábito harán reseña en Logroño, caso de que el Rey salga a la jornada; la plata bajaría un 25 por 100), 79, 82 (m. el Emperador), 89 (honras fúnebres del Emperador), 99, 140, 141 (Cataluña publica el *Princeps magnus,* q.v.), 142 (la princesa de Carignán se queja al Rey de la situación en Flandes), 143, 144 (la peste en Málaga y las cartas de jesuitas al Rey justificando la actitud de la C. de J. en el asunto), 148 (el título del Grande), 151, 152, 158, 167, 168, 171 (la prisión de Monsieur Ronchas), 174, 177, 183, 188 (el bofetón que diera el del Águila a Juan de Herrera en presencia del Rey), 189, 194, 221 (disgustado con el Papa por el capelo del arzobispo de Viena), 239 (banquete en Viena para los embajadores de Polonia, en nombre del rey de España), 254, 256 (recibe a los grisones en Madrid con gran regalo), 257 (se propone ir a Portugal debido a la situación allí), 265, 266, 275, 283 (**1638**: recibe a capitanes valones), 293, 296 (la princesa Margarita le envía emisarios sobre la situación en Portugal), 300, 302, 303, 318 (impertinencias de la de Carignán, q.v., con los Reyes), 319, 320, 323, 324, 329, 336, 349, 366, 371 (en el testamento satírico del papa Urbano VIII), 389, 413 (el Rey manda se trate a Génova de Serenísima), 423, 432, 442, 458, 487, 490

- XV, 22, 24, 26, d41 (**1638**), a44, 56 (las mercedes que concedió con motivo de la victoria de Fuenterrabía), a64 (envía una carta a Domingo de Eguía, quien defiende Fuenterrabía), 65, 82, 84 (el príncipe Casimiro de Polonia, su primo), 85 (da el Toisón al Príncipe), 90 (recibe carta sobre la m. del duque de Saboya), 95 (tratan de que el Rey conceda favores al Conde-Duque por lo de Fuenterrabía), 96, 101 (sobre Juan del Espino y sus actividades contra la Compañía), 104, 105 (manifiesto de María de Médicis quejándose de los ministros del rey de España), 109 (recibe al Almirante en Madrid), 143, 144, 147, 148, 150, 151, 152, 159, 179 (**1639**: tumultos en Inglaterra por los escoceses; el Rey ordena a su embajador no salir de casa sin orden), 182 (otorga mercedes al Conde-Duque de Olivares por lo de Fuenterrabía), 183, 193 (convoca en Madrid nobles y prelados portugueses para reprenderlos), 209 (ordena se tomen los caballos de los obispos), 219, 222 (recibe al embajador del Emperador), 248 (se contenta con que los caballeros de las Órdenes den 200 o 300 ducados cada uno), 257 (castiga al duque del Infantado y al conde de Medellín por descortesías a la Reina), 263, 265 (se dice que soñó que lo deponían), 282, 283, 284, 326, 333, 336, 345, 353 (expresa disgusto por la forma en que se comporta el nuncio papal en España, y el Papa accede a dejarlo como mero embajador), 364, 375, 383 (**1640**), 386, 388-389 nota 3 (concede diez títulos de grandeza [v. la ficha de Grandeza]), 391, 409, 411, 413 (incendio en el Buen Retiro; se quema su cámara y otras), 430, 431, 439 (los catalanes envían comisarios al Rey con quejas), 442, 443, 446 (tumultos en Barcelona que indignan al Rey), 449 (nombra a la duquesa de Cardona como virreina de Cataluña con poderes absolutos), 450, 451, 452, 465 (concede mercedes al hijo del difunto virrey de Cataluña, conde de Santa Coloma), 470 (resistencia en Vizcaya ante las peticiones de hombres por su parte), 472 (aprieta mucho al señorío de Vizcaya), 474 (el señorío manda petición de clemencia al Rey), 476 (saldrá para las cortes de Aragón), 481 (el Conde-Duque convence al Rey de no salir de Madrid), 487, 502

- XVI, xi, xii (un hijo bastardo suyo); d1-3 (**1640**: carta que los diputados "del general de Cataluña" dirigen al Rey), 8 (sobre el motín en Cataluña), 9 nota 1 (Zaragoza se queja al Rey sobre lo arruinado que está el reino por las atrocidades de soldados en tránsito [v. la ficha de Diego Caballero de Illescas y la de Zaragoza]), a16 (el Rey envía una carta a los grandes y títulos que se excusan de acción), 19 (acude a celebrar el primer centenario de la C. de J.), 22 (escoge cinco obispos para que le sirvan), 26, 39, d44-47, 45, 47, d49-50 nota 1 (la comunicación que tenía la duquesa de Cardona con el Rey), 52 (Ana de Austria, su hermana, reina de Francia), 86 (Baltasar Carlos, su hijo), 62, 63, 66, 67, 68 (la duquesa de Cardona sobre su poder en Italia y Flandes), 69, 73 (la duquesa de Cardona escribe sobre el Rey), 74, 76, 77, 79 (el Rey ha llamado a Tortosa noble, lealísima y ejemplarísima), 80, 86-88, (el Infante-Cardenal le autoriza en su testamento a enmendar éste como desee), 89, 94 (el castillo de

ÍNDICE ONOMÁSTICO

San Gian o San Giovanne en Portugal reconoce a Felipe como Rey), 96, 101, 102, 105, 110 (el castillo de Lisboa se le entrega a Álvaro de Abrantes, en nombre de Felipe IV), 128 (**1641**: Federico Colonna, nuevo virrey de Cataluña), 134 (falsedades que inventó Miguel de Molina, involucrándole), 142 (sobre la fidelidad de los catalanes al Rey), 147, 169, 172, 198 (a su hijo bastardo, Juan de Austria, le ordenan en secreto), 203, 210 nota 1 (los nobles degollados en Lisboa por intentar restablecer su autoridad en Portugal), 232, 233 (**1642**: mercedes que da a los descubridores de la traición de el de Medina Sidonia), 236 (pide a 70 personajes de Madrid que den 10.000 ducados de plata cada uno), 242 (en la boda del hijo del Conde-Duque), 258, 260, 263, 270, 277 (Mónaco capitula ante el Rey francés, abandonando la tutela del Rey español), a285-286 (envía una carta a Francisco Mejía), a289-290 (carta del Rey a los grandes de Castilla, donde revela que irá a Aragón), 295-297 (la junta de cuarenta determina que el Rey vaya a Aragón), 300 (el Rey quiere reconocer a su hijo Juan José de Austria, q.v. [v. su ayo, Pedro de Velasco]), 305 (consta en versos satíricos sobre el Conde-Duque), 306 (reconoce como hijo suyo a Juan José, y le hace prior de la Orden de San Juan de Jerusalén), 321 (Madrid trata de impedir su salida), 322 (el Rey decide ir a Cataluña), 334 (se destierra a varias personas que habiendo prometido salir, no se fueron), 335, 346 (vuelve a Madrid por achaque de la Reina), 349 (carta del Rey al marqués de Hardales, anunciándole su salida a Aragón), 355 (las mercedes concedidas a Tortosa, en Cataluña), 357 (parte de Madrid para la campaña en Cataluña), 361 (en Aranjuez aguardando al Conde-Duque), 362, 363 (disturbios en Lisboa al gritar unos "¡Viva el rey don Felipe!" y otros: "¡Viva el rey don Juan!"), 367, 369, 370, 373 (sale para Cuenca; motín en Valencia porque no pasa por allí), d377-381, 382 (los de Cuenca demoran su entrada para preparar el recibimiento), 384 (la Reina fue a Vaciamadrid, q.v., a ver al Rey, y le exhortó a partir), 385, 390, 418, 419, 426 (está en Molina de Aragón), 427 (concierta la marquesa de la Puebla con él para el canje de su marido, preso en Lisboa), 428, 433, 437, 440 (sale de Zaragoza), 448, 450, 456, 460, 465, 470, 476, 480 (se dice que regresará a Madrid, de Zaragoza), 489 (**1643**), 497 (desavenencias entre el Rey y el Conde-Duque), 498 (el Emperador recomienda al Rey que aparte al Conde-Duque, e influye en su decisión; el Rey recibe al príncipe de Paternó en Madrid), a499-501 (decreto), a501-502, 503 (se va de caza al Escorial, y manda que a su regreso el Conde-Duque ya no esté en palacio), 508

– XVII, viii, xxiii (sobre el sucesor del Infante-Cardenal en Flandes), xxiv; 8 (**1643**: sobre la junta del Rey, de cuatro miembros; el Rey pide a sus 36 ministros que busquen 8.000 ducados de plata cada uno), 11, d13-16 (le escribe el obispo de Cuenca), 16 (la familia real visita a los jesuitas), 17, 18, 19, 24 (asiste a los Consejos de Estado, recibe los despachos con cuidado y da muchas audiencias), a27-28 nota 1 (decreto), 68 (la condesa de Olivares se queja al Rey de maltratos; conferencia con los parientes del de Medina Sidonia), 103 (los nobles se quejan ante el Rey de la conducta del Conde-Duque), 104 (el memorial contra los nobles), 105 (el autor del memorial; hay junta con el Rey para convenir qué hacer), 106 (la junta y sus decisiones), 115, 118 (el conde de Aguilar escribe un manifiesto diciendo que la rebelión de Cataluña se debió a la funesta actuación del Conde-Duque), 134, 156 (parte de Tarazona para Zaragoza), 157, 169, 175 (en versos que circulan en la corte le critican), 177, 203 (el viaje a Madrid de su segunda mujer, María Ana de Austria), 204 (manda detener a los prelados que iban a Portugal), 221 (en Zaragoza; cisma de validos en el gobierno), 233 (le dan a su hijo, Juan de Austria, la gran cruz de San Juan [de Jerusalén]), 237 (se queja ante él el hijo del Conde-Duque), 340 (Rodrigo de Sylveira, a quien concedió título de marqués), 252, 260, 280, 307, 313, d333-334, a341-343 (de su criado), 345 (el duque de Fernandina, retirado en Denia por orden suya), d360-364, 365, 378, 387 (entra en Alcalá), 388, 391, 406 (el cardenal Trivulcio le besa la mano), a411-412 (**1644:** irá a Zaragoza en febrero), 431, 444 (el cardenal Juan de Lugo se pone a su servicio), 478 (sus movimientos cerca de Zaragoza), a481-483 (firma el perdón general a Cataluña), d488-489, d489-490, 499 (m. de la reina Isabel)

– XVIII, 13 (**1645:** padrino de la boda del duque de Alburquerque), 16, 29 (el presidente de la Junta General de los Estados contesta al príncipe de Orange que "para tener señor ninguno era mejor que el rey de España"), 39 (parte de Madrid para Zaragoza y la segunda jornada a Aragón), 22 (Aragón prorroga el servicio de 100.000 ducados al Rey cada año; irá a Valencia), 92, 100, 127, 133 (en Zaragoza, donde Haro le da noticias de Madrid), 134 (hace a Haro duque de Olivares), 135 (toma posesión de Sanlúcar de Barrameda), a146 (cartel del Rey sobre la celebración de las Cuarenta Horas durante su ausencia), 149 (los alcaldes despachan una consulta al Rey), 154, 164 (se niega a la tregua con el francés), 172, 174 (se imprime una proposición que hace a las Cortes), 175 (Cadatany se despide del Rey, insatisfecho), 182, 188 (de Zaragoza pasa a Valencia; sobre la ruta, v. la ficha del pueblo de Sástago, "plaza de armas"), 189 (parte desabrido de las cortes de Aragón), 197, 198, 204, 205 (partiría de Valencia, pero las Cortes lo detienen), 207 (Orihuela y Alicante le piden nuevo obispo, porque no les gusta el que tienen), 208 (entra en Madrid), 209 (se acaban las cortes en Valencia; concede títulos de nobleza), 220, 223 (**1646**), 241, 259, 265, 267, 268, 271, 276, 277 (tercera jornada pasando por Navarra y después a Zaragoza), 280 (liga concertada entre el Papa, Venecia, el Rey español y el de Polonia contra los turcos), 323, 324 (m. de su hermana [no su hija], la emperatriz María, q.v.), 342 (el rey de Polonia), d348, d349, 362 (Venecia pide ayuda al Rey contra los turcos), d348-351, d369-370, 369, 406 (m. del príncipe Baltasar Carlos), a407, d430-434, d431, 433 (se casará con su sobrina), 436, 438, 447 (se casa por segunda vez, con su sobrina, María Ana de Austria), 449, 455 (**1647**), 492 (su hijo natural, el obispo de Málaga), 480, 483 (un hijo suyo es príncipe de la mar, en la armada), 484 (ordena no vayan religiosos en la armada)

– XIX, ix, x, xi (entrada en Barcelona en 1626), xii, 3 (**1647:** Burgos no puede dar el donativo pedido), 4, 22, 23, 24, 25, 26, 29, 30, 31, 36, 37, 38 (tumultos en Italia; sólo Mesina se conserva fiel al Rey), 40, 42, 43, 45, 46, 47, 49, 50, 52, 54, 60, 61, 67, 68, 72 (se publica la capitulación entre el Rey y el Emperador para la boda del primero con María Ana de Austria), 74, 75, 76, 77, 78, 91, 92, 94, 96, 97, 101, 104, 107, 108, 109, 111, 112, 130 (testamento del Conde-Duque), 152 (**1648**), 159 (el Papa da 800.000

ducados al Rey que pertenecen al ramo eclesiástico español), 161 (pequeño motín en Granada), 164 (en el motín de Nápoles el duque de Tursi declara su obediencia al rey de España), d181-184, 185, 186, 189 (nombra al conde de Castrillo presidente de Indias), 190, 193 (más sobre la conspiración del duque de Híjar; por temor el Rey dobla la guardia del palacio), 196 (uno de los cargos hechos al duque de Híjar: conspirar para quitarle el reino y matarle), 201, 203, 206, 209, 211, 222 (ejecución del marqués de Ayamonte), 228 (sentencias y m. del duque de Híjar y otros caballeros)
- XIX: "**Apéndice**", **229-372**: 231 (**año 1640**), 243 (**1641**), 246 (**1642**), d262-270, 283 (el Rey irá a Zaragoza, para estar en batalla), 295, 299 (la entrada solemne en Zaragoza), 300, 311-312 (sobre su primera mujer, Isabel de Borbón), 345, 368-372 (**fin del año 1642**)
- XIX: "**Adiciones y correcciones**", **373-465**: 379 nota 381, 382 nota 429 (**1647**: se proyecta el casamiento de Felipe IV con María Ana de Austria, que se verificó en **1649** [ella era la sobrina del Rey, e hija del emperador Fernando III y de la emperatriz María Ana de Austria, hermana de Felipe IV]), 386 nota 76 (**1638**: nombramiento de obispos; v. Gams, *Series*), 389 nota 311 (**1639**: marqués de los Balbases, título concedido por el Rey), 391 notas 389 y 393, 399 nota 237, 400 nota 292, 404 nota 377 (**1642**: viaje a Aragón), 411 nota 478 (**1642**: regalo que le diera el duque de Montalto; en la p. 411, la cita correcta de la página del texto es, 476), 414 nota 110, 415 nota 120, 424 nota 411, 429 nota 477, 431 nota 501, 440 nota 224, 442-443 nota 262, 443 nota 270 (**1646**: se trata de la carrera de Diego de Arce Reinoso, q.v.), 444 nota 299, 445 nota 333, 449 nota 389, 452 nota 464 (**1666**: m. Felipe IV), 453 nota 469, 455 nota 492 (**1647**: su hijo natural), 460 nota 155, 461 nota 259

Felipe IV (v. también media docena de fichas sobre aspectos determinados del título de "Rey" de España)

Felipe IV: Aragón (v. Viaje a Aragón)
- Cámara del, XIII, 39 (1634: el duque de Aerschot, grande de España y miembro de ella), 270 (1635: el nuevo marqués de Aytona sirve en la Cámara); XIX, 403 nota 349
- Casa real (v. Casa real [española])
- casamiento con Isabel de Borbón en 1615 (m. 1644; v. Reina, la), y con María Ana de Austria, q.v., en 1649 (XIX, 382 nota 429)
- Consejo del (Francia), XIII, 426 (1636: matan en Burdeos a cinco miembros del consejo real francés)
- Consejo del (España), XVIII, 116 (1645: el embargo de bienes del colegio de San Hermenegildo de la Compañía en Madrid)
- cuesta del (Sevilla), XVI, 248
- Emperador de las Indias, XVI, 47
- Guarda alemana o tudesca (v. Sástago, IX conde de)
- Guarda española (v. Gelves, marqués de los)
- Majestad, Católica Real, XVII, 364
- ministros suyos de gran confianza (v. las fichas de Francisco Antonio de Alarcón y de Diego Luis Riaño de Gamboa)
- ministros preferidos (v. las fichas del Consejo de la Cámara, y Consejo de la Cámara en Indias)
- predicadores (XIII, 156, 167 [toda la carta]; XIV, 490)
- viaje a Aragón, XVI, 292 y ss.
- *Felipe IV (v. *Anfiteatro...*; *Historia...*; y *Honras...*)

Felipe V, rey de España (1683-1746), XIII, xiv; XIX, 443 nota 290

Felípez de Guzmán, Enrique (1613-1646; nombre que le dio el Conde-Duque a su hijo ilegítimo, Julián

Valcárcel, q.v., cuando le adoptó en 1642 [Elliott, *The Count-Duke*, pp. 618-619 y el árbol genealógico de la p. 18]; desde dicho año se conocía como marqués de Mairena [del Alcor, q.v.; XIX, 125; concuerda Elliott, 631], y según el P. Pereira, el Rey le concedió los títulos de conde de Loeches y de Alcuéllar [Azarcollar], marqués de Aracena, gran canciller de las Indias, tesorero general de Aragón, alcaide del Retiro, copa de oro por la victoria de Fuenterrabía, 8.000 ducados de renta en Indias, 50.000 de bienes libres, y un cuarto en el Buen Retiro [XVI, 231, nota 1])
- XVI, 196 (versos satíricos), 211 (**1641**: futuro casamiento con Juana de Velasco), 230-231 (**1642**: capitulado con la hija del IX condestable de Castilla; tuvieron un hijo, Gaspar de Guzmán y Velasco, q.v.), 233, 236-237 (versos satíricos), 238 (sátira), 241-243 (preparaciones para la boda), 256, 290 (sátira), 305 (actividad militar), 306 (negociación con el Papa en 1642 sobre el casamiento), 322 ("Don Julián", q.v., ya "capitán con otros", en un desfile), 325 (al frente de una compañía militar), 364, 378 (se le cita indirectamente en un memorial "picante y salado" de Madrid), 389 (se casan, los padrinos la Reina y el Príncipe heredero)
- XVII, 28 (el duque de Medina de las Torres envió un rico presente a su sobrina, Juana de Velasco, mujer de Enrique Felípez Guzmán), 174, 237, 358 (**1643**: el Rey le ordena ir junto a su padre, que está enfermo)
- XVIII, 134, 136, 284, 325 (**1646**: está muy grave y se confiesa), 328 (deja un hijo)
- XIX, 125, 282 (1642: sale de Madrid con una compañía militar), 300 (**1642**: con el Rey en la entrada a Zaragoza), 310 (mariscal de Indias, título conseguido por el Conde-Duque), 328, 403 (nota 349: alférez), 404 nota 349, 425 nota 438, 436 nota 126, 460 nota 155

Felípez de Guzmán, Inés (hija del I marqués de Leganés; casada con el V marqués de Almazán, q.v.), XIX, 348

Felípez de Guzmán, Ramiro Núñez (v. Medina de las Torres, duque de)

Felipsburgo (v. Philippsburg)

*Feliu de la Peña, Narcís (nació a finales del s. XVII; m. a principios del s. XVIII; historiador de mucha influencia en Cataluña; Gayangos consultaba su libro frecuentemente)

Félix [Guzmán], Fr. (v. Guzmán, Fr. Félix)

Felizzano (villa de Saboya en la ribera N del río Tanaro, a 13 km. al O de Alessandria de la Palla, q.v.), XV, 88, 92 (var: Felican)

Feloaga, Francisco de (natural de Pamplona; colegial mayor del Colegio del Arzobispo; consejero del Rey; del hábito de Alcántara; catedrático de vísperas de la Univ. de Valladolid; en 1645 le hicieron fiscal del crimen en esta ciudad; en 1646 letrado de Luis de Haro en los conciertos con la condesa de Olivares; m. 1672), XVIII, 90, 284

Fera, conde de la (v. Feira, VI conde consorte da)

Ferdinando III, emperador (v. el Emperador de Austria: Fernando III)

"Ferdinandus XXXIX", XIV, pág. 119 (1637: título de una inscripción en Roma: "Ferdinandus XXXIX Romanorum Rex")

Fère o Fere, conde de la (v. Fera, conde de la)

Feria (a 60 km. al sudeste de Badajoz y 25 al noroeste de Zafra), XVII, 239

Feria, ducado de, XVII, 238 (**1643**: los portugueses atacan este ducado, y Badajoz "está en grande peligro")

Feria, estado de, XVII, 278 (**1643**: contienda con portugueses)

Feria, III duque de (Gómez Suárez de Figueroa y Córdoba), XIII, 10, 18 (**1634**: m. de enfermedad; su hijo le hereda pero m. en **1637**; le heredará el V marqués de Priego, q.v.), 21, 24, 25 (el de Leganés le sucede en el oficio de gobernador de Milán), 31, XVII, 239, 278 ("marqués duque de"); XIX, xiii (los Duques llegan a Barcelona entre 1638 y 1639), 74, 392 nota 424

Feria, duquesa de, XIII, 62 (**1634:** llega a Barcelona y sigue hasta Madrid); XVII, 440 (**1644:** intercede ante el Rey por el duque de Medina Sidonia)

Feriños, Los (pueblo de la frontera portuguesa, entre Ciudad Rodrigo por el norte, y Sabugal y Hoyos por el sur), XVI, 361 (saqueado y quemado con otros pueblos por los portugueses; v. XVI, 361)

Fernambuco (v. Pernambuco)

Fernamont, barón de (general del Imperio), XIII, 196 (**1635:** defendió Phillippsberg durante 18 meses), 197, 333 (entra en la Valtelina por segunda vez)

Fernamont, Mr. de (v. Fernamont, barón de)

Fernanbuco (v. Pernambuco)

Fernández, Antonio (sombrerero de Zafra; partidario de los portugueses), XVII, 277

Fernández, Catalina (v. Fernández de Córdoba y Aragón, Catalina)

*Fernández, P. Cristóbal, S.J. (¿autor malagueño?), XIV, 143

Fernández, Francisco, XVIII, 359 (nombrado en el relato de un embuste)

Fernández, Jerónimo, XIV, 313 (sus registros: véase el escribano Cartagena)

Fernández, Juan (jabonero), XIII, 259; XVI, 91

Fernández, Sebastián (emisario de los PP. González y Pereira), XV, 430; XVI, 96

*Fernández, Tomás (representaba comedias)

Fernández de Acevedo, P. Cristóbal, S.J., XIX, d163 (var: Azevedo)

Fernández de Cabrera y Bobadilla, Luis Jerónimo (v. Chinchón, IV conde de)

Fernández de Castro, Francisco (v. Lemos, VIII conde de)

Fernández de Castro, Pedro (v. Lemos, VII conde de)

Fernández de Castro y Portugal, Francisco (v. Lemos, IX conde de)

Fernández de Córdoba, Alonso (v. Priego, V marqués de)

Fernández de Córdoba, Alonso Gaspar (v. II marqués de Celada)

Fernández de Córdoba, Catalina (v. Fernández de Córdoba y Aragón, Catalina)

Fernández de Córdoba, Francisco (v. Guadalcázar, II marqués de)

Fernández de Córdoba, Gonzalo (el Gran Capitán; 1453-1515; I duque de Sessa y duque de Terranova; virrey de Nápoles), XVIII, xxiv

[Fernández] de Córdoba, Gonzalo (tataranieto del Gran Capitán; m 1635; v. Córdoba, Gonzalo [Fernández] de)

Fernández de Córdoba, Josefa (hija de Alonso Fernández de Córdoba, V marqués de Priego, q.v.; se casa con el VIII Condestable de Castilla, Íñigo Melchor Fernández de Velasco), XIX, 432 nota 14

Fernández de Córdoba, Juan (capitán; herido en el sitio de Leucate), XIV, 215

Fernández de Córdoba, Juana (v. Medina Sidonia, duquesa de)

Fernández de Córdoba, Luis (general de las galeras), XVIII, 387; XIX, 36

Fernández de Córdoba, Cardona y Requesens, Luis (v. Sessa, Baena y Soma, VI duque de)

Fernández de Córdoba y Aragón, Catalina (hija del V duque de Cardona, q.v.; mujer de Luis de Haro, q.v.), XVI, a62-76; XIX, 133, 140 (m. 1647; enterrada con gran ceremonia en el noviciado jesuita del P. González)

Fernández de Córdoba y Cardona, Luis (v. Prades, conde de)

Fernández de Córdoba y Figueroa, Catalina (v. Cardona, duquesa de)

Fernández de Córdoba y Requesens, Antonio (v. Sessa, Baena y Soma, VII duque de)

Fernández de Coria, Pedro (capitán; (1638: m. en un desastre naval; v. la ficha de Rubín de Celis, Diego, y XV, 15, 17 y 57)

Fernández de la Cueva, Francisco (v. Alburquerque, VIII duque de)

Fernández de Híjar, Isabel Margarita (v. Híjar, duquesa de)

Fernández de Híjar, Sarmiento y Silva, Francisco Victor (v. Híjar, duque de)

Fernández de Velasco, Bernardino (v. Castilla, VII condestable de)

Fernández de Velasco, Iñigo Melchor (v. Castilla, VIII condestable de)

Fernández de Velasco, Juan (gobernador de Milán), XVII, xviii

Fernández de Velasco, Juana (hija de Bernardino Fernández de Velasco, VII condestable de Castilla, q.v.; sobrina del duque de Medina de las Torres, q.v.; viuda de Enrique Felípez Guzmán, marqués de Mairena, q.v.; casada con Alonso Melchor Téllez Girón, Pacheco y Mendoza, q.v., heredero del conde de Montalbán)
- XVI, 210 (**1640**), 211, 230 (**1642**: resuelto su casamiento con el hijo del Conde-Duque), 231, 233, 236 (capitulaciones para la boda), 241-244
- XVII, 28, 357 (**1643**: se marcha a Loeches con la condesa de Olivares)
- XVIII, 134 (**1645**), 136; XIX, 425 nota 438, 432 nota 14 (corrige la nota de XVI, 230) (var: Juana de Velasco)

Fernández de Velasco, Luis (v. Fresno, marqués del),

Fernández de Velasco y Guzmán, Juan (v. Castilla, VI condestable de)

Fernández de Velasco y Tovar, Francisco Baltasar de (hijo de los duques de Frías; tío y esposo de María Catalina de Carvajal, IV marquesa de Jódar; su hijo José Fernández de Velasco y Tovar, heredó de su tío el título de VIII duque de Frías), XVI, 249 (vivía en Sevilla a la boca de Catarranas, y tuvo que mudarse ante la crecida del Guadalquivir); XVIII, 469; XIX, 453 nota 469

*Fernández de Villareal, Manuel (capitán; cónsul portugués en Rouen; amigo de Enríquez Gómez; acusado de judío, fue ejecutado en Lisboa en 1652)

*Fernández Gayoso, Pedro. *Parentescos que tiene D. Juan Antonio Vera y Zúñiga,...* XVIII, xxiv nota 3 (var: Gayoso, Pedro Francisco)

*Fernández-Guerra, Aureliano (editor de las *Obras* en prosa de Quevedo; v. la Bibliografía y la Lista de libros...)

Fernández Palomino, Francisco (sargento mayor de tercio), XIII, 267; XV, 267

Fernández Pescador, Diego (capitán de caballería), XVI, 168

Fernández Pinto, Manuel (asentista portugués; preso por la Inquisición), XIII, 537

Fernández Rebellón, Alonso (capitán; (1638: m. en un desastre naval; v. la ficha de Rubín de Celis, Diego, y XV, 15, 17 y 57)

Fernández Solís, Francisco (tesorero del almirantazgo de Indias en Sevilla), XIX, 195

Fernández Tardio, Alonso (era testigo), XVIII, xxviii

Fernandina, III duque de (García de Toledo-Ossorio, m. 1649; VI marqués de Villafranca, hijo del V marqués, don Pedro; general de las galeras de España, trece de la Orden de Santiago y del Consejo de Estado; a su m. le sucedió en el marquesado su tío Fadrique de Toledo-Ossorio, hijo de otro Fadrique, marqués de Villanueva de Valdueza, q.v. [XIX, 421 nota 360])
- XIII, 117 (**1634**: le nombran visitador), 139 (**1635**: viene a la corte a componer asuntos), 145, 165 (jura como consejero de Estado), 175 (le

mandan con sus galeras), 183 (va por virrey a Cataluña), 240, 244, 255, 256 (parte para Italia), 269 (en Génova con sus galeras), 273 y 276 y 279-287 (general de las galeras de España; con el marqués de Santa Cruz toman las islas de San Honorato y de Santa Margarita, q.v.), 297, 444, 460 (**1636**: de vuelta a Barcelona, para reclutar gente para Italia), 464 (parte con 19 galeras), 466 (tiene un encuentro con navíos franceses), 488, 489 (ahorca al gobernador de un navío francés), 503 (victoria en una salida naval en la costa de Italia), 507 (otro encuentro con la armada francesa en Italia), 512 (Génova lo invita a fondear y acepta), 520 (se opone a los franceses que intentan desembarcar en Génova), 533 (daños, no considerables, a la armada francesa)

- XIV, 15, 20 (**1637**: al frente de 70 galeras), 42, 102 (le hacen teniente general de la mar, y le dan dos o tres hábitos), 127, 129, 131 (le manda el Rey que vaya con urgencia a Italia), 193 (el duque de Maqueda queda bajo su mando), 307, 342 (**1638**: en Madrid, llamado por el Rey [la carta le llama por error, "marqués" de Fernandina]), 347 (le encargan la facción de irlandeses y napolitanos), 351 (en Milán), 362 (posiblemente le envían al Brasil), 366, 410, 430 (mandará fuerzas en la frontera de Leucate), 433, 434, 444, 494 (del Consejo de Guerra que envían a San Sebastián o a Victoria)

- XV, 19, 33, 231 (**1639**), 263, 307, 314 (los catalanes se quejan de él), 328, 339, 366, 392 (**1640**), 434 (le mandan venga a Andalucía a reclutar gente para Italia), 447 (algunos catalanes "le aborrecían sumamente"), 448 (queman su casa y asesinan a sus criados en Cataluña), 461

- XVI, 17 (**1640**: manda socorro a Tortosa contra los rebeldes catalanes), 21, 23, 51, 65, 148 (**1641**: llega frente a Barcelona para socorrer al ejército castellano), 232 (**1642**: se niega a atacar a la armada francesa y le llaman a Madrid), 334 (preso en Denia; le embargan su estado), 348, 381 (sátira), 475 (su prisión coincide con la del marqués de Ayamonte)

- XVII, 7 y 11 (**1643**: en Madrid, libre de la prisión), 25 (se queja al Rey de que le tenían preso ocho meses sin cargos), 31 (le devuelven las galeras), 32, 147, 212 (ha de socorrer a Orán), d213-214 nota 1, 232 (no socorre Orán), 310 (Ceuta y Tánger se entregan por hambre), 345, 354 (le dan las galeras de España al duque de Tursi), 360 (en Denia, retenido)

- XVIII, 46 (**1645**: va a Zaragoza por orden del Rey), 128 (aconseja al Rey en contra del retorno del Conde-Duque al gobierno), 129, 148 (le increpa a Haro el haberle quitado la privanza), 168, 175

- XIX, 33 (**1647**: pierde bienes en Nápoles), 73, 309 (1642: le doblan las guardias), 375-376 nota 110 (el hijo del IV marqués de Villafranca, Fadrique de Toledo y Osorio), 408 nota 377, 421 nota 360

"Fernandina, marqués de" (error por el duque de Fernandina:v. XIV,342)

Fernandina, duquesa de, XIII, 276 (**1635**: envía una relación sobre la toma de las islas de S. Margarita y S. Honorato en Italia a un padre de la C. de J.), a279-287 (texto de esta relación)

Fernando (hijo ilegítimo del duque de Alcalá, q.v.), XIII, xiv

Fernando II [Emperador de Alemania] (1578-1637; reinó desde 1619; véase "Emperador" [así se referían a él los Jesuitas])

Fernando II d' Medici [gran duque de Florencia] (v. Medici)

Fernando III [Emperador de Alemania] (1608-1657; reinó desde 1637; véase "Emperador" [así se referían a él los Jesuitas])

[Fernando III de Alemania:] (su hermana: v. Cecilia Renata, archiduquesa de Austria)

Fernando VII (rey de España, 1813-1833), XIX, 379 nota 381

Fernando, archiduque; Fernando, infante; Fernando, Infante-Cardenal; Fernando, príncipe (hermano de Felipe IV; v. Infante-Cardenal)

Fernando, San, XV, viii nota 1 (canonizado)

Fernando de Austria (hermano de Felipe IV; v. Infante-Cardenal)

Fernando el Católico (el rey Fernando II de Aragón y V de Castilla, 1452-1516), XIV, 221; XV, 270; XVI, 419; XVII, xii; XVIII, 378 (v. también los Reyes Católicos)

Fernando, Juan de, S.J., XIII, 264

Ferrara (prov. italiana en la costa del Adriático; su capital, homónimo, a 45 km. al nornordeste de Bolgna), XIII, 235; XIV, 243; XVI, 484, 486; XVII, 165

Ferrara, obispo de, XVI, 30

Ferrarés, el, XV, 184 (**1639**: el duque de Módena quiere recuperar del Papa Urbano VIII las tierras del Ferrarés, en el Parmesano, que habían sido de sus abuelos); XVI, 200 (**1641**: el Papa envió un ejército hacia el Ferrarés para recuperarlo); XVII, 153 (**1643**: los de la Liga italiana [contra el Papa] dicen que han entrado en el Ferrarés y ocupado algunas plazas)

Ferrat, Monsieur de (probablemente un error por M. de Terrail, q.v.)

Ferreira (capitán del hábito de la Orden de Cristo, q.v.), XVII, 350

Ferreira, marqués de (v. Melo, Francisco de, marqués de Ferreira [título que le distingue de su homónimo, Francisco de Melo, conde de Assumar, q.v.])

Ferreira, P. Francisco, S.J. (rector de Pernambuco), XIV, 58 nota 2 (1637: m. en Santander)

Ferrer (probablemente un caballero valenciano), XIX, 120, 121

Ferrer, Micer Joseph, XVIII, 266; XIX, 444 nota 312 (preso por los catalanes y degollado)

Ferreyra (v. Ferreira)

Ferrol, el (a 45 km. al NE de La Coruña), XV, 269, 280

Ferrufino, P. Juan Bautista, S.J. (procurador del Paraguay), XIII, 109, 117

Fesamamani (v. Getsemaní)

Feuquieres, marqués de (militar), XV, 277

Feutónicos (error: Teutónicos, q.v.)

Feyjo, Francisco (v. Feijoo)

Fez, moro de (v. Moro)

Fez, rey de (Marruecos), XIV, 75

Fiascone o Fiascone, Monte de (v. Montefiascone)

Ficallo, conde de (v. Villahermosa, VII duque de)

Ficor (pueblo situado entre Perpiñán y Narbona, q.v.; quizá sea Fitou, a 27 km. al N de Perpiñán), XIV, 248-249

Fideriqui (v. Federiqui)

Fieras, puesto de las (frontera de Galicia con Portugal), XVII, 270

Fiesco, Andrés (capitán), XIII, 495

Fiesco, Agustín (militar), XIII, 373 (en el combate de Tortona)

Figuera, P. (v. la ficha siguiente)

Figuera, P. Gaspar de la, S.J., XIII, 50; XIV, 79

Figueras (a 100 km. al N de Barcelona), XV, 296

Figueredo, Fulano (gobernador con un francés del ejército portugués que había intentado atacar a Monterrey), XIX, 325 (v. Monterrey [plan portugués...])

Figueroa, conde de (caballero portugués), XVIII, 93 (**1645**: recibió noticias de Portugal), 388 (**1646**: (mayordomo de los cuatro más antiguos; le quitan su puesto de mayordomo mayor de la Infanta Margarita); XIX, 80 (**1647**: va a Alemania por la futura reina, María Ana de Austria)

Figueroa, coronel, XIII, 523, 525

Figueroa, Antonio de, XVIII, 117 (firma un edicto de Juan de Santelices)

Figueroa, Juan Pardo de (cabo en el puerto del Ferrol; maestre de Campo en Flandes), XV, 280
Figueroa, Luis de, XVII, a350
Figueroa Fonseca, Lorenzo, XVIII, xxvii (testigo)
Fildesein, país de (provincia de Alemania), XVI, 220
Filesberg (v. Philippsburg)
Filipina, la (fuerte en Holanda), XV, 301, 453; XVI, 176
Filipinas, las, XV, 367; XVI, 275, 509; XVII, 42, 43; XVIII, 6
Filipo (persona ficticia), XVI, 226
Filipo, Monte, XVIII, 383
Filisburg (v. Philippsburg)
Filomarino, cardenal [Ascanio] (n. en 1583, m. en 1666; camerlengo del cardenal Francesco Barberini, *seniore*, en las legaciones de Francia y España; hecho cardenal en 1641; arzobispo de Nápoles), XIX, 25 y 42-43 (1647: intermediario entre los amotinados y las autoridades españolas y la nobleza), 51 (intermediario entre el pueblo y el virrey, así como en las pp. 98, 101, 103, 107-109 y 111-112), 113-114 (en agosto de 1647, príncipe de la Rocca del Aspro, y electo grasero de Nápoles [oficial encargado de abastecer la ciudad])
Filomarino, Andrés de (capitán de caballos), XIV, 216 (1637: entre los m. en el sitio de Leucate; 384 (var: Afilo Marino)
Finale Ligure (a 52 km. al SO de Génova, en la costa), XIII, (**1634**: Felipe II compró el marquesado); XIV, 164 y 341 (**1637** y **1638**: Martín de Aragón y los españoles tomaron el castillo de Langas, y así el paso franco a Milán, q.v.); XVII, 24 (**1643**: construyeron un "fuerte real" muy bueno en la villa de Sarrabal, q.v.); XIX, 283, 307 (var: Final; Finale)
Fincort (v. Foncort, duque de)
Finibusterre, convento de (entre Zafra y Portugal), XVII, 287
Finlandia, XIII, 398

Firenzuola [d'Arda] (a 25 km. al sudeste de Piacenza, en el ducado de Parma; lo tomó el general de la caballería Martín de Aragón; v. los pueblos de Borgo de San Donnino, y Taro), XIII, 500 (var: Fiorenzola; Firenzuela; de Piacenza, var: Plasencia)
*Firmamante, Francisco de (traductor), XIV, 406
Fita, Juan (sargento), XIV, 466 (1638: llevó a cabo una emboscada en Flandes), 467, 468, 469 (m. en la defensa de una de las entradas)
Fitou (v. Ficor)
Flemming, P. Arnoldo, S.J. (residía en Amberes), XIII, 140 (1635: carta refiriendo la entrada del Infante-Cardenal en Bruselas), a210-212 (al P. Fabián López, de la C. de J., desde Amberes), 212 ("Procurador general de las Indias"), 237; XIV, 96 (var: Flamingo; Flemingo; Harnaldo)
Flandes, XIII, viii, xiii-xv, 5, 6, 8, 23, 24, 27, 37, 39, 40, 42, 44, 49, 53, 53, 56, 65, 65, 65, 83, 86, 90, 93, 99, 103, 103, 108, 108, 109, 116, 122, 124, 139, 144, 146, 170, 174, 182, 183, 188, 190, 191, 193, 198, 199, 208, 209, 211, 214, 215, 216, 217, 218, 222, 227, 228, 229, 236, 237, 243, 244, 245, 247, 249, 254, 256, 257, 260, 261, 263, 264, 265, 266, 269, 270, 271, 274, 276, 277, 278, 279, 294, 299, 303, 303, 305, 314, 315, 316, 319, 329, 330, 330, 336, 344, 345, 346, 367, 374, 383, 384, 388, 392, 393, 394, 398, 401, 402, 404, 407, 409, 410, 416, 416, 427, 431, 432, 433, 434, 444, 445, 451, 452, 473, 476, 477, 487, 502, 504, 509, 514, 517, 519, 526, 526, 537, 547
XIV, v, vii, xii, 8, 11, 12, 19, 22, 33, 39, 50, 55, 56, 59, 63, 66, 72, 82, 85, 86, 88, 97, 135, 141, 142, 144, 144, 145, 150, 152, 153, 153, 153, 154, 155, 165, 167, 169, 171, 171, 173, 176, 179, 180, 183, 195, 196, 200, 201, 202, 202, 206, 208, 208, 219,

223, 224, 234, 240, 242, 249, 252, 255, 259, 260, 262, 266, 272, 274, 276, 279, 286, 287, 289, 300, 307, 312, 314, 325, 328, 339, 342, 344, 345, 347, 351, 353, 354, 361, 364, 365, 366, 368, 376, 379, 382, 383, 388, 398, 404, 407, 409, 410, 411, 414, 417, 422, 431, 434, 436, 438, 439, 443, 448, 454, 457, 460, 474, 477, 479, 480, 481, 483, 486, 491, 492, 500
XV, vi, 6, 13, 15, 16, 17, 48, 58, 59, 60, 61, 67, 67, 72, 77, 83, 86, 90, 90, 91, 95, 98, 104, 105, 108, 120, 123, 126, 127, 129, 141, 164, 165, 168, 169, 172, 172, 173, 177, 179, 183, 184, 187, 188, 204, 205, 208, 211, 212, 213, 216, 221, 221, 231, 232, 233, 234, 236, 240, 241, 244, 245, 248, 249, 250, 252, 253, 264, 265, 267, 269, 270, 270, 273, 274, 276, 278, 279, 280, 286, 287, 290, 299, 301, 302, 304, 308, 313, 314, 318, 321, 328, 332, 333, 336, 345, 346, 351, 352, 352, 356, 362, 367, 370, 376, 380, 382, 384, 384, 395, 397, 399, 402, 420, 431, 431, 432, 445, 455, 462, 463, 469, 476, 476, 478
XVI, xiv, 8, 21, 31, 49, 56, 60, 61, 67, 68, 76, 79, 81, 85, 86, 89, 89, 90, 93, 94, 95, 95, 104, 110, 112, 122, 126, 135, 136, 175, 182, 194, 198, 200, 208, 220, 222, 234, 236, 240, 266, 279, 288, 292, 296, 310, 316, 332, 332, 337, 340, 350, 351, 360, 388, 410, 416, 422, 447, 474, 478, 496
XVII, vii, viii, viii, x, x, xii, xx, xxii, 6, 11, 23, 36, 38, 133, 149, 164, 180, 181, 223, 229, 229, 238, 244, 256, 260, 309, 322, 325, 342, 346, 370, 372, 373, 383, 389, 389, 390, 406, 415, 419, 425, 430, 435, 436, 442, 446, 447, 448, 449, 452, 454, 461, 465, 467, 476, 477, 485, 490, 495, 502
XVIII, x, xxv, 1, 4, 14, 16, 19, 28, 29, 64, 69, 80, 84, 93, 101, 140, 145, 155, 156, 174, 179, 184, 199, 206, 209, 209, 211, 215, 216, 229, 231, 232, 234, 235, 236, 249, 250, 252, 260, 261, 262, 278, 280, 282, 290, 298, 299, 303, 312, 313, 334, 335, 341, 351, 357, 363, 364, 367, 379, 386, 388, 392, 402, 403, 409, 414, 415, 433, 447, 457, 459, 471, 472, 474, 489, 490, 497, 503, 508
XIX, v, viii, 10, 14, 17, 20, 23, 62, 62, 67, 68, 71, 78, 80, 81, 84, 132, 133, 149, 171, 174, 185, 191, 197, 204, 205, 249, 250, 250, 252, 253, 255, 259, 261, 262, 263, 273, 277, 278, 281, 288, 289, 303, 305, 306, 307, 334, 340, 350, 351, 353, 362, 364, 365, 371, 377 nota 317, 394 nota 192, 403 nota 349, 430 nota 477, 435 nota 126, 449 nota 392, 456 nota 506[b], 461 nota 259, 461-462 nota 263, 462-463 nota 315

aFlandes, XVII, 128; XIX, 343

Flandes, Caballería de, XIX, 438 nota 147

– Consejo de, XIII, 509; XVII, 485
– Consejo de Guerra de (en 1635 los miembros eran: el conde de Fontaine, el marqués de Mirabel, el marqués de Cerralvo, Felipe de Silva, el conde de la Fera, Andrés Cantelmo, el barón de Grovendocq y el de Valanson, XVII, xxiii
– Estados de, XIII, 80, 308; XIV, 101; XV, 47; XVI, 126, 398; XVII, x
– Estados de: los encargados de gobernar a Flandes después de la m. del Infante-Cardenal en 1641 eran: el conde Fontaine (flamenco), el arzobispo de Malines (flamenco), Francisco de Melo (conde de Assumar; portugués), el III marqués de Velada (español), Andrés Cantelmo (napolitano) y el presidente Roose (flamenco), XVI, 85-86; XVII, xxiii y la nota 2
– Capitán General de, XIX, 442 nota 250
– embajador de Portugal, XVI, 112 (**1640**: Tristán de Mendoza)
– embajador ordinario en (Felipe Cardona), XIX, 433 nota 19
– gobernador de, XVI, 370

- presidente del Consejo de, XIII, 257
*Flavio Lucio Dextro (nacido en el s. IV en España [hijo de Paciano, obispo de Barcelona], prefecto pretoriano, amigo de San Jerónimo; v. Tomás Tamayo de Vargas)
Flemingo, Arnaldo, S.J. (Procurador general de las Indias), XIII, a212 (el título de Procurador sigue a su firma al final de la carta, donde hubo de colocarlo él; el título de la carta, en la p. 210, atribuye dicho título al destinatario de la carta, P. Fabián López, lo cual me parece ser error de copia)
Flen, condados de (v. Conflens)
Flesian, Sr. (v. Florián)
Flix, castillo de (sobre el río Ebro, a 58 km. al S de Lérida)
- XVII, 19, 20, 22 (**1643:** resiste bravamente), 234 (el ejército de Juan de Garay se dirige allí), 247 (Garay llega cuatro horas más tarde y no logra tomarlo), 444 (**1644:** La Motte lo fortifica antes de irse a Francia), 451
- XVIII, 85 (**1645:** Harcourt pasa por Flix, que está en poder de los franceses), 150 (Gaspar de Mesa lo toma, "aunque el castillo se defendía"), 151, 152 (en el castillo "han hecho concierto de entregarse"), 159, 164, 172 (se vuelve a perder), 278 (**1646**), 310 (m. de Monsieur Lavallière, ingeniero en Flix), 372, 419, 435 (el marqués de Leganés "tomó el rumbo hacia Flix"), 444
- XIX, 14 (**1647:** ciertas tropas enemigas marchan hacia Flix), 15, 20 (el de Condé se marchó para Francia), 22, 452 nota 442
Florant, señor de (probablemente el embajador de Francia en Holanda, ya que "había corrido por [su] mano" una petición de 30 navíos de Francia a Holanda), XVIII, 312
Florencia, XIII, 5, 65, 120, 230, 307, 337, 354, 371, 385, 390, 456, 489; XIV, 120, 241, 288, 345, 377, 378, 380; XV, 89, 94, 377; XVI, 132, 154, 166, 167, 191, 480, 483; XVII, 284, 352; XVIII, 58, 69, 206, 305, 339, 394, 468, 471; XIX, 334
Florencia, capitana de, XIII, 240
- cardenal de (v. Carlo d' Medici o Giovanni Carlo d' Medici)
- duque de (v. Medici, Fernando II d', gran duque de 1621 a 1670)
Florencia, embajadores de
- XVIII, 394 (**1646:** presenta un papel al Rey)
- XIX, 449 nota 392 titulada "El embajador...": (**1644:** Ottavio Puiche [v. la serie de fichas de "Embajadores" en Crosby, *Índice de apellidos, títulos y oficios*...])
Florencia, gran duque de (v. Medici, Fernando II d')
- república de, XIV, 243
- sargento mayor del ejército de Cataluña, XVIII, 310
Flores, pascua de, XVIII, 275
Flores, P., XIII, 338; XVI, 198
Flores, Juan de (capitán en Flandes), XVI, 412
Flores Dávila, I marqués de (Pedro de Zúñiga Palomeque y Cabeza de Vaca, I marqués desde 1612 [Bethencourt, t. X, pp. 317-318; Atienza, p. 864b]; de los Consejos de Estado y Guerra, Guarda mayor de El Pardo, Gentilhombre de la Cámara de Felipe III y su primer Caballerizo, General en el Rosellón, embajador de España en Inglaterra, Comendador de Almendralejo, de Bienvenida y del Corral de Almaguer de la Orden de Santiago; m. en 1631 sin sucesor; heredó el título su hermana mayor, Catalina Nieto de Zúñiga y Cabeza de Vaca [Bethencourt, t. X, pp. 317-318]), XIII, 434; XVIII, 505 (referencia histórica a la actuación del [II] marqués [consorte] en Perpiñán); XIX, 455 (nota 506[a], que identifica erróneamente al marqués) (var: Ávila; Flores de Ávila)
Flores Dávila, II marquesa de (Mayor Ramírez de Zúñiga y Vargas, hija de Catalina [hermana y heredera del I

marqués, q.v.]; camarera de la emperatriz de Alemania, a quien acompañó en 1641: XVI, 126); se casó con Antonio de la Cueva y Córdoba (II marqués consorte), n. en Cuéllar, hijo menor del VI duque de Alburquerque, del Consejo de Guerra y de la Orden de Santiago desde 1604, general de las galeras de Sicilia y gobernador de las de Nápoles en 1616, y gobernador del condado del Rosellón (desde 1641, tras 32 años de servicio al Rey, hasta que en sept. de 1642 tuvo que entregar Perpiñán, q.v., capital del Rosellón, a Francia, q.v.: XIX, 415 nota 120); gentilhombre de la Cámara del príncipe Baltasar Carlos desde 1643 (XVII, 120); en 1647, gobernador y capitán general de Orán, Tánger y Mazalquivir, reinos de Tremecén y Túnez en África (XVIII, 501; v. Fernández de Bethencourt, t. X, pp. 279 y 316-317). XIX, 455 (nota 506[a]: identificación errónea)

— El III marqués de Flores-Dávila fue Pedro de la Cueva y Ramírez de Zúñiga, hijo de la II marquesa, Mayor Ramírez de Zúñiga, y de su consorte Antonio de la Cueva; fue general de Felipe IV en Flandes; m. en 1669 (v. los datos de Fernández de Bethencourt, X, 318-319).

*Florez, P. Enrique (1702-1773): agustiniano muy erudito; autor de los 27 tomos iniciales del monumental *Teatro...de la iglesia de España...* (M, 1747-1773) [título variante: *España sagrada*]

Florián, Sr., XVI, 469

Flóscolo (v. Fóscolo)

Fluviá, Antonio, XVI, 10 (el que lo mató, fue preso y condenado a m.; pero más tarde se le soltaron; v. la ficha de Zaragoza: los excesos de los soldados)

Foglea, Bernadino (era secretario de Cámara de la princesa Margarita), XVI, 123

Foix de la Valette, Bernardo de (v. Epernon, duque de, y La Valette, duque de)

Folch de Cardona, Aragón y Córdoba, Enrique Ramón (v. Cardona, VI duque de)

Folch de Cardona Fernández de Córdoba, Luis Raimundo (v. Cardona, VII duque de)

Folmel, coronel, XVII, 424 (mariscal de Campo del ejército francés y weimarés; preso en la batalla de Tuttlingen, q.v.)

Folu (v. Tolú)

Fona (v. Forza, duque de la)

Foncort, duque de (hijo del mariscal de Bressé), XVIII, 362 (var: Fincort; Tincort)

Fonfría, Jabayer de (bailador de la folía), XV, 150

Fonseca, H., XVII, d494

Fonseca, P., S.J., XV, 200; XVI, 358; XVII, 359 (1643: él y el P. Estrada hablan al IX conde de Lemos, q.v., sobre Espino), 416, 459, d494-498; XIX, 360, 368

Fonseca, Alonso (servía de testigo), XVIII, xxvii

Fonseca, Francisco de (letrado portugués), XV, 2, 3

Fonseca y Almeida, Melchor de (mecenas de Diego de Saavedra Fajardo, q.v.), XV, 222

Fonseca y Zúñiga, Manuel de (v. Monterrey, VI conde de)

Fontaine, conde de (v. Fontaine, Paul Bernard)

Fontaine, Paul Bernard, conde de (caballero lorenés; maestro de Campo general)

— XIV, 179 (**1637**: al mando de las tropas en Flandes), 180

— XVI, 86 (**1640**: uno de los gobernadores interinos de Flandes a la m. del Infante-Cardenal), 176, 410

— XVII, viii, xxi y las notas, xxii y las notas (**1634**: gobernador del Franco-Condado, q.v.; tomó Treveris, en Luxemburgo), xxiii (**1636**: cuando

entró el Infante-Cardenal en Francia, se dispuso que el Conde quedase defendiendo los puertos de Dunquerque, Newport y Gravelingas contra los ataques de los holandeses; formaba parte del Consejo de Guerra de Flandes, q.v.; en Hulst derrotó a Enrique de Nassau; en **1641**, uno de los encargados de gobernar los Estados de Flandes, q.v., después de la m. del Infante-Cardenal); xxiv (su nieto o hijo), 95, 127 (**1643**: m. en el sitio de Rocroi), 128 (depositaron su cuerpo en Fontalibeque, "corte de nuestro ejército"), 163
- XIX, 255 (**1642**), 263, 278, 303 (var: llamado vulgarmente Fontana; Fontane; Fontaine; Fontané; Fontaner; Fontenoi; Fougerolle; de "Sire de Fontaine" se derivaron Cer Fontana, Cerfontaine, Cerfontaines y Ser Fontana)

Fontainebleau (residencia de los reyes, a 57 km. al SE de París), XVI, 288 (var: Fontenebró)

Fontalibeque (villa de Borgoña en la que se hallaba el cuartel general del ejército español), XVII, 128 (v. Fontana, conde de)

Fontana, XIII, 479, 499 (lugar del Piamonte cerca de Annone, q.v.; tomado por el marqués de Leganés en 1636) (v. Fontane)

Fontana, Paul Bernard, conde de (v. Fontaine, Paul Bernard)

Fontanar, conde de (v. Benavente y Benavides, Cristóbal)

Fontanara (v. Fontanar, conde de)

Fontane (v. Fontana [lugar del Piamonte])

Fontané (v. Fontenay)

Fontanella, Dr., XVII, 482

Fontenay o Fontenay-Mareuil, marqués de (François du Val, n. en 1594 y m. en 1665; militar y diplomático, maestre de Campo del regimiento de Piémont en 1616; participó en el sitio de Soissons en 1617 y en la campaña de Normandía en 1619 y Ponts-de-Cé en 1620, en los sitios de Clérac, Montauban y Montpellier en 1621-1622, y ile de Ré, La Rochelle y Privas y d'Alais (1627-1629); en 1630 servía de embajador en Inglaterra así como en Corbie (1636) y Champagne (1637), Saint-Omer en 1638 y Roma de 1640 a 1650)
- XVI, 200 (**1641**: llegó a Roma el embajador francés Fontenay [allí se quedó hasta 1650])
- XVII, 9 (**1643**: en Roma, se retiraba en solidaridad con el embajador portugués)
- XVIII, 82 (**1645**: en Roma, defendía al embajador portugués), 386, 508 (**1647**: en Holanda)
- XIX, 84 (**1647**: tenía seis peticiones para el Papa), 116 (ofreció ayuda a los amotinados de Nápoles), 159 (**1648**), 331 (var: Fontané)

Fontenebró (v. Fontainebleau)

Fontiveros, Pedro de, S.J., XVII, a43

Forcallos, Los (pueblo de la frontera portuguesa, entre Ciudad Rodrigo por el norte, y Sabugal y Hoyos por el sur), XVI, 361 (saqueado y quemado con otros pueblos por los portugueses)

Force, Armand de la (hijo de el que sigue; v. La Force, Armand de la)

Force, barón de la; duque de la; y mariscal de la (v. La Force, duque de)

Forcenaim (villa de Alsacia), XVIII, 68

Forli (ciudad italiana a 50 km. al NO de Rimini), XVI, 487, 488

Formiguera, conde de Santa María de (v. Santa María de Formiguera)

Fornella, D. N. (baile de Mataró [baile: "alcalde" o "juez" en Aragón: *Dicc. de autoridades;* Mataró: villa en Cataluña, q.v.]; Fornella era catalán, preso por los franceses), XV, 432; XVIII, 266 nota 2 (ajusticiado con otros dos); XIX, 444 nota 312 (se nombran los conspiradores)

Forsan (v. Fossano)

Fortescue, Sir Faithfull (general de Carlos I de Inglaterra), XIX, 366

Forza, Armand de la (v. La Force, Armand de la)
Forza, duque de la y mariscal de la (v. La Force, duque de)
Fossano (ciudad del Piamonte a 57 km. al sur de Turín), XV, 312, 323 (var: Forsan; Frissan)
Fóscolo, [¿Leonardo?] (general veneciano que en la Dalmacia tomó cuatro lugares [era vástago de una antigua familia noble, y de acuerdo con la política veneciana, defendió tenazmente Dalmacia, Albania y las tres islas del Levante y Creta; v. la familia Grimani]), XIX, 8
Fote (villa portuguesa a unos 25 kilómetros al sudoeste de la Puebla de Sanabria, cerca de Vinhais), XVII, 305
Fougerolle (v. Fontaine, conde de)
Foys, barón de (militar francés sin identificar), XIV, 198 (se dice que entrará en el Rosellón junto con tropas de Toulouse)
Fraga (a 30 kilómetros al sudoeste de Lérida; sobre el viaje de Felipe IV a Aragón en 1644, véase la ficha de Sástago), XVI, 81, 88, 257, 258, 261, 272, 278, 343, 393, 418, 422, 428, 429
– XVII, 167, 168, 169, 170, 210, 336, 453, 480, 484, 486
– XVIII, 92, 93, 101, 150, 151, 212, 252, 278, 288, 289, 289, 297, 308, 309, 310, 315, 326, 327, 340, 340, 437, 441, 499, 499
– XIX, 13, 15, 27, 166, 271, 328, 329, 355, 367
aFraga, XVII, 335; XIX, 349-352
Fraga, gobernador de, XVII, a335-336; XIX, 142
Fragosa, La (pueblo de la frontera portuguesa, entre Ciudad Rodrigo por el norte, y Sabugal y Hoyos por el sur), XVI, 361 (saqueado y quemado por los portugueses junto con otros pueblos)
Frailes Mínimos (v. San Francisco de Paula)

Framesfort (privado del Emperador y su representante en el congreso de Münster), XVIII, 350
Franca (v. Acevedo, Antonio de)
França (pueblo de Portugal a 12 km. al norte de Bragança), XVII, 401 (var: Francia)
Francafort (v. Frankfurt)
France, Gastón de (v. Orleáns, duque de)
Francés, el (v. Franceses, los)
Francés, Antonio (síndico de Zaragoza; enviado a Barcelona), XVI, 37
Francesa, armada, XIX, 56
Franceses, los, XIII, 199-200, 294; XV, 15, 17; XVI, 175-176, 182, 189; XIX, 343 (v. también Francés, el)
Franche-Comté o Franco-Condado (v. Borgoña, condado de)
Franchiotti, el cardenal [Marcantonio] (véase Franciotti, cardenal [Marcantonio])
Francia, XIII, ix, 19, 19, 23, 29, 29, 31, 42, 45, 60, 86, 99, 100, 108, 109, 117, 121, 122, 141, 145, 146, 147, 149, 171, 176, 187, 190, 195, 196, 200, 201, 203, 208, 210, 216, 218, 223, 228, 235, 237, 238, 240, 241, 244, 246, 247, 248, 249, 250, 251, 252, 254, 255, 257, 260, 266, 266, 268, 273, 276, 279, 294, 295, 297, 304, 308, 310, 313, 314, 315, 317, 318, 329, 330, 331, 332, 334, 336, 337, 339, 345, 346, 347, 348, 350, 353, 357, 370, 370, 372, 375, 383, 384, 388, 389, 390, 391, 392, 393, 394, 402, 403, 405, 410, 411, 411, 412, 421, 423, 426, 427, 430, 431, 440, 442, 445, 446, 450, 451, 452, 456, 457, 460, 461, 461, 463, 463, 466, 466, 474, 475, 477, 478, 479, 480, 481, 482, 484, 485, 486, 487, 488, 488, 489, 490, 491, 494, 495, 502, 506, 507, 509, 510, 513, 518, 523, 525, 526, 530, 532, 534, 536, 537, 539, 544, 544, 545, 545, 546, 548
XIV, x, xiii, 7, 16, 22, 24, 30, 31, 33, 34, 44, 48, 49, 50, 53, 60, 61, 61, 72,

75, 78, 84, 88, 93, 95, 95, 96, 99,
101, 102, 105, 108, 110, 131, 132,
135, 145, 146, 151, 152, 155, 156,
157, 159, 160, 162, 163, 165, 166,
168, 171, 172, 177, 178, 178, 179,
185, 188, 196, 197, 198, 201, 204,
205, 209, 212, 232, 233, 249, 249,
256, 259, 259, 259, 264, 266, 275,
277, 279, 283, 284, 286, 288, 290,
294, 297, 298, 303, 307, 312, 313,
315, 331, 335, 337, 343, 344, 346,
349, 350, 351, 353, 354, 367, 373,
375, 377, 379, 380, 387, 389, 390,
392, 393, 398, 403, 407, 414, 419,
430, 431, 432, 433, 438, 439, 440,
441, 442, 445, 451, 452, 455, 456,
457, 459, 460, 461, 478, 479, 480,
481, 486, 493, 495, 497
XV, 6, 19, 24, 29, 45, 47, 50, 53, 54,
59, 63, 74, 75, 75, 77, 79, 84, 89, 90,
93, 95, 98, 104, 106, 108, 121, 123,
125, 126, 127, 128, 129, 130, 167,
173, 174, 179, 184, 198, 203, 208,
210, 211, 212, 213, 214, 215, 221,
222, 232, 237, 238, 240, 242, 247,
250, 251, 254, 255, 270, 276, 277,
278, 279, 280, 284, 286, 288, 290,
290, 293, 300, 300, 301, 302, 306,
307, 308, 311, 314, 323, 323, 324,
325, 332, 340, 349, 350, 351, 352,
353, 354, 356, 359, 360, 367, 368,
370, 373, 375, 382, 382, 384, 385,
386, 387, 396, 404, 408, 409, 410,
411, 411, 415, 416, 418, 420, 421,
428, 431, 432, 434, 435, 436, 439,
440, 440, 450, 454, 455, 456, 459,
463, 479, 484
XVI, viii, xiv-xv, 8, 13, 17, 21, 22, 29,
38, 38, 48, 48, 49, 50, 51, 53, 54, 59,
60, 66, 67, 68, 76, 78, 93, 94, 95, 99,
112, 125, 126, 131, 142, 146, 147,
148, 149, 152, 154, 155, 156, 175,
176, 178, 179, 182, 183, 186, 191,
199, 200, 201, 205, 222, 224, 226,
229, 233, 254, 256, 276, 277, 279,
284, 288, 303, 309, 310, 324, 335,
341, 348, 349, 351, 355, 369, 373,
374, 375, 376, 379, 385, 388, 390,
392, 398, 398, 400, 411, 417, 427,
436, 440, 460, 462, 464, 474, 484,
496, 506
XVII, xvii, xxiii, 20, 21, 21, 22, 44, 46,
119, 121, 125, 127, 128, 129, 130,
133, 148, 149, 150, 156, 162, 164,
179, 181, 183, 189, 192, 200, 202,
209, 222, 238, 238, 262, 263, 276,
295, 309, 309, 326, 326, 348, 349,
353, 370, 378, 380, 381, 382, 383,
401, 407, 419, 426, 427, 427, 436,
438, 444, 449, 453, 457, 466, 476,
477, 479, 487, 490, 494, 495, 503,
504, 506
XVIII, vi, xi, 2, 14, 31, 36, 40, 41, 42,
43, 44, 45, 47, 53, 54, 57, 61, 62, 73,
74, 75, 83, 83, 84, 85, 95, 97, 140,
144, 154, 156, 157, 157, 158, 164,
166, 167, 172, 173, 180, 184, 186,
188, 188, 206, 222, 223, 229, 230,
235, 236, 242, 249, 252, 256, 258,
264, 266, 276, 277, 278, 279, 280,
282, 285, 287, 288, 294, 295, 298,
303, 305, 312, 316, 317, 327, 328,
332, 332, 335, 336, 339, 349, 358,
360, 362, 363, 365, 366, 367, 378,
380, 388, 392, 394, 403, 421, 429,
430, 453, 459, 460, 471, 474, 476,
487, 497, 508
XIX, 6, 11, 14, 16, 17, 18, 20, 26, 63,
66, 67, 69, 71, 78, 84, 94, 132, 133,
133, 137, 138, 145, 147, 149, 151,
153, 154, 170, 196, 197, 198, 200,
203, 208, 226, 227, 249, 251, 254,
260, 262, 268, 269, 273, 274, 275,
276, 277, 278, 287, 288, 291, 298,
303, 304, 306, 307, 312, 315, 334,
343, 346, 362, 394 nota 207, 412 nota 6, 422 nota 395, 423 nota 406, 429 nota 477, 447 nota 353, 461 nota 262, 464 nota 355
Francia (v. França, Portugal)
Francia, armada de, XIII, 248, 273, 533; XIV, 209; XIX, 181, 290 (desde 1638 hasta 1647, al mando sumamente acertado de Henri d' Esconbleau de Sourdis, arzobispo de Burdeos, q.v.)
– corona de, XIII, 307; XVII, 317
– corte de, XIII, 265, 481, 482

- ejército de, XIX, 266
- guerra de, XIII, viii
- Imperio de, XIII, 482
- *Manifiestos*: v. uno de Luis XIII, otro de Richelieu, y otros "contra Francia"
- nobleza de, XIX, 19
- parlamento de, XIII, 362, 426, 482; XVII, 131, 137; XIX, 17, 20, 160

Francia, Almirante de (v. Villars-Brancas, André, m. 1595)
- Almirante de (Armando Maillé-Brezé, duque de Fronsac y de Caumont; era el hijo de Urbano de Maillé-Brezé, q.v.), XVIII, 362 y 403 (1646: m. Armando, su hijo, y luego el padre, de un cañonazo); XIX, 448 nota 362
- canciller de, y guardasellos (Pedro de Seguier), XIX, 416 nota 136
- condestable de (Carlos d' Albert, duque de Luynes, m. 1622 [v. 266 n 1], XIV, 263 y la nota 1, 266; XIX, 371
- delfín de, XV, 427; XVI, 297; XIX, 267, 364, 371
- duquesa de, XIV, 268
- embajada de (en Madrid), XIII, 200 (**1635**: un gentilhombre recién llegado, preso), 240 (también preso su secretario)

Francia, embajador de España en,
- XIII, 199 (**1635**)
- XIX, 449 nota 389 (**antes de 1646:** Sancho de Monroy, marqués de Castañeda así como "embajador en Francia")

Francia, embajador de Portugal en, XVI, 112 (**1640**: Francisco de Melo, q.v., marqués de Ferreira, montero mayor para Francia); XVIII, 397 (**1646**: embajador de Portugal)

Francia, embajadores en España,
- XIII, 102 (**1634**: participa en la celebración en Atocha de la victoria de Nördlingen, q.v.)
- XIV, 169 (**1637**: de la reina madre, Marie d' Medici; encerrada en Madrid)

Francia, embajador en Inglaterra,
- XVII, 101, 353 (**1643**: el conde de Harcourt, embajador francés en Inglaterra)
- XIX, 415 nota 131 (Enrique Augusto de Loménie, conde de Bardenne)

Francia, embajador en Italia,
- XVII, 182-183 (**1643**: de la reina madre, Marie d' Medici, para que hable en su nombre a los príncipes italianos y les reconcilie también con el Papa)

Francia, embajador de
- XIII, 11 (**1634**: ante los turcos), 56 (en Constantinopla: se dice que el Turco le había mandado cortar la cabeza), 82 (en Roma), 102 (con el Rey en Madrid), 109 (con la duquesa de Mantua en Madrid), 118 (en Madrid se despide y parte para su país porque se avecina la guerra), 199 (**1635**: Juan de Benavides, hermano del embajador español en Francia; "veedor general del ejército de Flandes")
- XIV, 65, 80 (**1637**: en Roma), 218 (en Alemania, fracasa al evitar el casamiento entre princesa alemana y el rey polaco), 335 (**1638**: en Alemania)
- XV, 71 (viene a Madrid con noticia del nacimiento del delfín), 260 (**1639**: los tratos del príncipe Sanz con el embajador francés en Venecia), 363, 409, 422
- XVI-XIX: véase Fontenay, marqués de, embajador en Roma de 1640 a 1650

Francia, embajadores de, XVII, 451 (1644: manda embajadores a las paces de Münster); XIX, 261 (1642: informan que Richelieu ha m. de fístulas)

Francia, embajadores de otros países en Francia (véase España, embajadores; y Portugal, embajadores)
- general de, XIII, 446
- gran canciller de (Enrique II, duque de Guisa; 1655), XIX, 416-417 nota 164

- gran presidente de, XIII, 494
- León o Lion de (v. Lyons)

Francia, mariscales de
- XIII, 234 (**1635:** César Phoebus d'Albret, mariscal de Francia en el año de 1653), 421 (**1636:** Carlos de Crequi, príncipe de Poix; le manda prender el rey de Francia)
- XIV, 237 (**1637:** el conde de Guebriant, Juan Bautista Budes)
- XIX, 147 (**1647:** Felipe de Montaut de Benae, duque de Navailles, mariscal en 1684), 371 (**1642:** Monsieur de La Motte, mariscal por sus acciones en Cataluña), 394-395 nota 207 (Mónaco, príncipe de), 421 nota 352 (Schomberg, duque de), 423 nota 406 (l'Hospital, Nicolas de), 424 nota 407 (Guebriant, conde de), 448 nota 362 (Maillé-Brézé, Urbano)

Francia, reina de (Ana de Austria, 1601-1666, hija de Felipe III de España, esposa de Luis XIII desde 1615, madre de Luis XIV y regente durante su minoría; v. los *Mémoires* de Françoise de Motteville, amiga de la reina y de la duquesa de Chevreuse)
- XIII, 491 (**1636**), 532
- XIV, vi, ix (la venida de la duquesa de Chevreuse a España), xi-xii, 83 (**1637**), 84, 126 (intenta suspender hostilidades con España por medio de un delegado), 140, 267, 337 (**1638**), 343, 344, 367, 383, 414
- XV, 98, 108 (**1638:** el vizconde Polignac va a Madrid a dar noticia del parto), 326
- XVI, 31, 52, 198XVII, xx, 111 (**1643**), 131 (regente durante la infancia de Luis XIV), 136, 137 (ante el parlamento), 164 (vuelve la duquesa de Chevreuse a Francia a instancia suya), 181, 189, 222, 262, 282 (se ofrece a Barcelona "como madre"), 326 (favorece al cardenal Mazarino), 353 (envía al conde de Harcourt a Inglaterra de embajador), 382, 406 y 407 (manda socorros al ejército francés en Flandes al mando del duque de Enghien), 438 (**1644:** refuerza la guardia a Mazarino), 506, 507
- XVIII, 282, 334 (**1646:** le pide al duque de Lorena acomodarse con Francia), 477
- XIX, 11 (**1647**), 155, 198, 288 (**1642:** desavenencias con su hermano, el rey de España)

Francia, reina madre de (v. Medici, Marie de', esposa de Enrique IV y madre de Luis XIII)
- reino de, XIII, 349
- rey de (v. Luis XIII y Luis XIV)
- virrey de, XVI, 291 (**1642:** de Francia en Cataluña)

Francia, Cristina de, XVII, 66 (hija del rey Enrique IV de Francia, viuda de Víctor Amadeo I [duque de Saboya], y hermana de la reina Isabel de Borbón de España; m. 1663)

Francia, Lope de, XVIII, 174 (1645: su m. demora la apertura de las cortes españolas)

Franciotti, cardenal [Marcantonio] (n. 1592, m. 1666; gobernador de Faenza y Fabriano en 1622; clérigo e auditor general de la Cámara apostólica [1623-1637]; hecho cardenal in pectore en 1633 [publicado en 1637]; obispo de Lucca en 1637 [dimitió en 1645]; legado en Romagna de 1640 a 1642; Camerlengo del Colegio de cardenales [1650]; participó en los conclaves de 1644 y 1655; v. S. Miranda), XIV, 109 (1637: auditor general de la Cámara), 239 (el Papa le concedió el título de San Clemente)

Francisca, Concepción (véase Concepción)

Francisca del Sacramento, Sor, XIII, a177

Franciscana, Concepción (v. Concepción)

Franciscano o Franciscanos (v. San Francisco)

Francisco (v. Mortara, II marqués de: cartas a su madre)

Francisco, Fr., XIII, 541 (asiste a dos "arismeticos" [sodomitas], quemados)

Francisco, P., S.J. (predicador; tío de la VI condesa de Alcaudete, q.v.), XIII, 275; XVIII, 164, 196

Francisco, rey (v. Francisco I)

Francisco I (rey de Francia de 1515 a 1547), XIII, 487; XV, 201

Francisco II (VI duque de Gandía), XIX, 440 nota 224

Francisco de Asís, San (v. San Francisco de Asís)

Francisco Bautista, H., XIII, 239

Francisco Fernando de Austria (v. Austria, Francisco Fernando de)

Francisco de Paula [o Paola], San (v. San Francisco de Paula)

Franciscos (v. San Francisco)

*Franckenau (conjetura de Gayangos; v. Franck von Franckenau, Gerhard Ernst)

Franckenthal (v. Frankenthal)

Franco, P. Francisco, XIX, d18-20

Franco-Condado (v. Borgoña, el condado)

*Francofurt, lic. Arnaldo de (pseudónimo español; Frankfurt es un topónimo alemán) (var: Francofort; Francofuert; Francofurt; Francofurta; Francofurt al Meno [am Main, q.v.]; Franfort)

Franconia (región del S de Alemania; se extiende por el valle del Rhin a la frontera con Bohemia, limitada al norte por Sajonia y Turingia y al sur por Suabia y Baviera), XIII, 31; XIV, 393; XV, 220, 240, 492, 493, 496, 498; XVIII, 156, 178; XIX, 434 nota 69

Francos, Cal de (se refiere a la "calle de Francos" de Sevilla; "Cal: lo mismo que 'calle', abreviada la pronunciación; ...úsase especialmente en Sevilla": *Dicc. aut.*), XVII, 177

Franecoto, cardenal (sin documentación en los repertorios consultados), XVI, 486 (1642: legado del Papa en la Romaña, q.v.)

Franfort (v. Frankfurt)

Frangipani, Mario (militar en Italia), XVIII, 322, 420

Frankendhal (v. Frankenthal)

Frankenthal (a 8 km. al NO de Mannheim; dista 5 km. del Rhin), XIII, 345, 374 (**1636:** tomado por los imperiales); XIV, 312; XVII, 132; XVIII, 69 (primavera, **1645:** gran victoria de los imperiales Weerdt y el duque de Baviera, q.v., contra el vizconde de Turenne, q.v., y Mercy, general francés); XIX, 434 nota 69 (la batalla no pudo haber tenido lugar en las otras ciudades mencionadas en esta nota, por estar lejos del Rhin, y no "cerca" [XVIII, 69]) (variantes: Franckenchal; Franckental; Frankendhal; Franquantal; Franquendal)

Frankfort (v. Frankfurt)

Frankfurt am Main (capital de Hesse), ciudad imperial libre desde 1372; en 1635 se rindió al Emperador), XIII, 109, 144, 234, 237-238, 247-248, 305; XIV, 241, 243, 363, 393; XV, 187 (var: Francfort; Francofort; Francofuert; Francofurt; Francofurta; Francofurt al Meno; Franfort)

Frankfurt an der Oder (ciudad a 90 km. al SE de Berlín, a orillas del río Oder y en la frontera de Polonia), XIII, 451

Frannecoto, cardenal (v. Franecoto, cardenal)

Franquendal (v. Frankenthal)

Franzés, Antonio (síndico de Zaragoza), XVI, 37

Frascati (ciudad a 20 km. al SE de Roma, en la ladera de los montes Albanos; ya en la antigüedad localidad de reposo y recreo, y en el Renacimiento tenía espléndidos jardines y villas de los Aldobrandini, Belveder, Mondragón, Montalto y también Piccolomini, q.v.), q.v.), XIV, 220; XV, 363; XVIII, 243, 247, 248, 365; XIX, 159, 333

Frasina (confines de la Valtelina, entre Casal y Bren), XIV, 93

Fregenal [de la Sierra] (a 90 km. al SE de Badajoz), XVI, 158, 349; XVII, 242, 244, 245, 312, 313, 314, 332; XIX, 247, 280

Fregeneda, La (v. Frexneda, La)

Fregona, Sancha la (se le satiriza en un poema), XVI, 261 nota 2

Freiberg (a 32 km. al sudoeste de Dresden), XVII, 373 (var: Fribur; Friburgo)

Freineda (a 35 km. al oeste de Ciudad Rodrigo), XVI, 361 (saqueado y quemado por los portugueses con otros pueblos) (var: Fresneda; La Fresneda)

Feira, conde de (título portugués de Manuel Forjaz y Pimentel, 1599-1641; noveno hijo del VIII conde de Benavente, q.v.), XIII, 211 (**1635**: preso por los franceses en Holanda) (var. errónea: Freira)

Freiras, Las (prov. de Lugo, Galicia), XVII, 337

Frenquina, la ("parte la más flaca" de "unos trincherones fuertes y a trechos reductos", con los que un ejército invasor español había "coronado la montaña sobre que está Leucata", q.v.), XIV, 250 (en 1637 un ejército de 18.000 infantes y 3.000 caballos derrotó a los españoles)

Freselinga, almiranta de (navío holandés), XIII, 393

Fresneda, La (v. Freineda)

Fresneda, H., XVI, 384

Fresno, El (variante poco frecuente de Villanueva del Fresno, q.v., villa a 66 km. al sur de Badajoz)

Fresno, marqués del (v. Villanueva del Fresno, marqués de)

Fresno, marqués del (título concedido en 1628 a Luis Fernández de Velasco y Tovar, vizconde de Sauquillo, caballero de Alcántara [Atienza, *Nobiliario*, 866b]; n. en 1612; hermano menor del VII Condestable de Castilla; casado con Catalina de Velasco y Rojas [Mogrobejo, E., *Diccionario...*, VI, 210 y 224])

– XVI, 240 (**1642**: hermano del Condestable)

– XVIII, 469

– XIX, 165 (1648: "la hija del marqués de Fresno, hermano del VII Condestable, se casa con el conde de Chinchón")

Frexenal (v. Fregenal)

Frexneda, La (villa en la frontera de Portugal; probablemente la que hoy está a 8 km. de la frontera y 117 km. al O de Salamanca; hoy se llama La Fregeneda), XIX, 311

Frías (boticario), XV, 133

Frías, conde de (v. Carranza y Medina, Ambrosio)

Frías, duque de (v. Castilla, condestable de)

Frías (¿duque de?), XIII, 71 (1634: entre los apellidos de los que firmaron el edicto del Consejo de la Inquisición sobre la quema de los papeles de la C. de J. se lee, "Frías")

Frías, duquesa de (María Enríquez Sarmiento y Mendoza, condesa de la Revilla, se casó con Miguel de Carvajal Manrique, III marqués de Jódar, q.v.), XV, 469 (m. él en 1645, y en 1647 ella se casó con el VI duque de Frías y VII condestable de Castilla, q.v.); XVIII, 469 (**1647**: "su hija mayor [María Catalina de Carvajal], heredera del título de Jódar, se casó con el hijo segundo del [VII] Condestable [Francisco Baltasar Fernández de Velasco y Tovar]"); XIX, 453 nota 469

Fribourg (a 50 km. al NE de Lausanne, Suiza), XV, 274, 297; XVI, 77; XIX, 9 (una de las cinco ciudades que Baviera dio a Francia de acuerdo con unas treguas firmadas en 1647) (var: Fribur; Friburg; Friburgo)

Friedland (ciudad de Bohemia, capital del ducado de Friedland, concedido al Duque [q.v.] por el Emperador Fernando II en 1625; hoy, Frydlant, en Checoslovaquia), XIII, 24, 37 (var: Frislandia)

Friedland, duque de (v. Wallenstein, Albrecht Wenzel Eusebius von)

Frigiliana, I conde de (Íñigo Manrique de Lara y Manrique de Lara, vizconde de la Fuente, caballero de Alcántara, alcaide de la fortaleza de Málaga, superintendente general de las fronteras de Badajoz y gobernador de Cádiz), XVI, 123 (1641: detiene a Pedro de la Mota cuando llega a Badajoz)

Frilan, duque de (v. Friedland)

Frisia (en las *Cartas* no se refiere a las islas en la costa del norte de Holanda y Alemania, sino a Friesland, comarca semi-autónoma en el norte de Holanda cuya capital era Leeuwarden ["el país de Frisia no quiso admitir...", XIII, 86], y que [según los corresponsales] se extendía del Zuider Zee hacia el este hasta el río Ems [v. los textos de la ficha que sigue, "Frisia oriental"]), XIII, 86, 247, 395, 410-412; XIV, 418, 435, 442, 464-465, 465, 472; XVI, 90; XVII, x (var: Frisland; Frislanda; Frislandia; Friutland)

Frisia oriental (no se refiere a las islas orientales de Frisia, sino al extremo oriental de la comarca de Friesland [v. el párrafo anterior], que se extendía [según los corresponsales] al río Ems, como demuestran las dos citas que siguen), XIII, 409 (v. la ficha de Emden); XIV, 424 (v. la ficha de Meppen; mi información topográfica sobre Holanda procede del libro de Karl Baedeker, *Belgium and Holland,* pp. 285-446)

Frisia, caballos de (de madera), XVIII 412

Frisias, las dos (se refiere a la oriental, q.v., y la occidental), XV, 95

Frislandia (v. Friedland)

Frissan (según Gayangos, Fossano)

Friuli, el (región al norte de Venecia), XVIII, 280, 289, 302 (var: Friul)

Friutlant (v. Friedland)

Frómista, marqués de (v. Benavides, Luis de; y Benavides y Carrillo de Toledo, Luis)

Frómista, marqueses de, XIII, 7

Fronda, disturbios de la, XIV, 497 nota 1 (movimiento insurreccional francés dirigido contra el absolutismo monárquico y el cardenal Mazarino, quien consiguió dominarlo [1648-1653]; se trata de un comentario comparativo de Gayangos sobre un atentado por parte del Rey de asesinar al duque de Longavila en 1638)

Fúcar, conde Juan Arnesto (presidente del Consejo Áulico Imperial; consejero y camarero secreto del Emperador; gobernador de Augusta; plenipotenciario en Münster para los tratados de paz), XIII, 166, 399, 415; XV, 311

Fúcares, los (banqueros alemanes riquísimos de la familia Fugger, que financiaron las empresas de los Habsburgos)

– XIII, a234 (**1635**: carta de uno de sus agentes en Madrid), 530 (**1636**: Julio César Escasola, factor de los Fúcares que tienen la Cruzada [se refiere a los derechos de vender las bulas], recibe noticias de que el rey de Hungría es ahora rey de Romanos y el Infante-Cardenal ha derrotado dos veces a los franceses)

– XIV, 32 (**1637**: reciben la noticia de la derrota que dio Gallaso a los franceses), XV, 362 (**1639**: m. Escasola, su factor en Madrid)

Fuegos, "nuevo impuesto de los", XVI, 32 y la nota 1 (el número de fuegos de cada pueblo era proporcional a la cuantía en que el pueblo representado contribuía a los gastos de la provincia)

Fuencarral (calle de Madrid), XIII, 68; XIV, 283

Fuencista, Nuestra Señora de la (Segovia), XVIII, 21 (en el Santuario de la Fuencista [templo construido entre

1598 y 1613] se venera la Virgen patrona de los segovianos)

Fuenclara, conde de (Enrique de Alagón [XIV, 142 nota 1 de la p. anterior, el último párrafo], hermano del VIII conde de Sástago, q.v. [XIII, 415 y 429, nota 1; XIV, 142, nota 1; XV, 265]; maestre de Campo en Flandes)
- XIII, 415 (**1636**: intenta mitigar una sentencia severa contra su hermano), 429, 444 (trae las cartas del Infante-Cardenal; le dan un tercio en Flandes)
- XIV, 141-142 (**1637**: le prenden en Flandes por orden del *Infante-*Cardenal, "por haber escandalizado el país con las extorsiones que ha hecho,... excediéndose en crueldades"), 150 (el Infante-Cardenal mandó degollar al hermano del conde de Sástago por haber vendido una plaza al francés), 156 (la noticia anterior resultó falsa), 445-446 (**1638**: el tercio de Fuenclara rompió las fortificaines de los holandeses y mató 3.000), 463 (su tercio en el socorro de Breda)

Fuenclara y Sástago, conde de (se unificaron los dos títulos antes de 1651 [Jiménez Catalán, *Tipografía*, 253b, núm. 574: dedicatoria de una historia], si no antes de 1644 [XVII, 445], quizá por la m. de la condesa viuda del VIII conde de Sástago, q.v., y quizá en la persona del IX conde de Sástago, q.v.)
- XV, 265 (**1639**: la condesa viuda de Sástago tomó posesión del estado del VIII conde, ya que "el procurador de Fuenclara no llevaba fe de su m.")
- XVII, 435 (**1644, 26 de enero**: "al conde de Fuenclara y Sástago traen de Flandes a Italia por maestre de Campo general")
- XVIII, 84 (**1645**: Fuenclara salió de Dunquerque con su tercio y desbarató un ejército de holandeses con m. de muchos)

Fuenmayor, licenciado (médico de un tercio en Galicia), XVII, 403

Fuenmayor, Andrés de (alcalde de Corte), XVII, 404

Fuensaldaña, Costurera de, XIII, 51 (Fuensaldaña es un pueblo pequeño a 8 km. al noroeste de Valladolid)

Fuensaldaña, conde de (Luis de Vivero; gobernador de Cambrai; v. también su hermano menor, Juan de Vivero, juntos frecuentemente en Flandes), XIII, 496 (**1636**: ayudó con artillería el paso del río de la Soma)
- XIV, 154 y 178 (**1637**: rompió la gente de guarnición de un convoy francés con gran pérdida de los franceses, y quemó 60 lugares en Francia), 364 (**1638**: mandó a su hermano seguir a unos franceses), 431 y la nota 2 (mató y prendió a muchos franceses de Landrecis, entre ellos un privado del rey de Francia, y saqueó otros lugares), 436 (**1640**: derrotó gran cantidad de soldados cerca de Cambrai)
- XVI, 410 (**1642**: localizó el ejército del conde de Guisa e informó a Francisco de Melo, conde de Assumar)
- XVII, 127 (**1643**)
- XVIII, 231-232 (**1646**: tomó a Mardic en Flandes), 341 ("grande sujeto"), 394 (gobernador de las armas y capitán general de Badajoz), 398 y 409 (recién llegado a Badajoz, dicen dos cartas de Madrid, 31 de agosto y 11 de septiembre: "Fuensaldaña...es buen soldado y experimentado en Flandes por muchos años y de resolución"), 401, 418 (carta de Badajoz, 12 de octubre: "Este conde de Fuensaldaña no hace nada, y creo que es otro conde de Santisteban; solo nos ha llenado la ciudad de franceses sirvientes"), 447, 469-470 (**1647**: "Va Leganés a Badajoz...y Fuensaldaña va a Galicia"), 486 ("Dicen irá a Milán a gobernar las armas")
- XIX, 22 (**1647**: Luis de Haro va a Zaragoza "solo con el conde de

Fuensaldaña que va sólo por su camarada"), 263 y 273 (**1642:** en Flandes)

Fuensalida, VI conde de (Pedro López de Ayala y Zúñiga, grandeza de España en 1637 [Atienza, p. 867a]), XIII, 547 (**1636:** desafío del que se cree hijo de éste, Vela de Ayala); XV, 174 (**1639:** le nombra el Rey cabo de la Orden de Calatrava), 389 (**1640:** Felipe IV lo hace grande de España)

Fuente, padre Alejandro de la, S.J., XIV, 109

Fuente, padre Alonso de la, XVIII, a158 nota 1

Fuente, Luis de la, XIII, a116, a146

Fuente del Torno, I marqués de la [título milanés] (Gaspar de Tebes y Tello de Guzmán, 1608-1673; casó con Úrsula Fernández de Córdoba, hija de los marqueses de Valenzuela [v. el II marqués]; en 1635 se creía que Olivares le había declarado hijo suyo [XIII, 380-381; antes era tenido por hijo de Melchor de Tebes, q.v.]; era I conde de Benazuza, caballero de Santiago, acemilero mayor de Felipe IV, gentilhombre de la boca desde 1621, y de la Cámara [con la llave, por su actuación en la victoria de Fuenterrabía en 1638: v. XV, 84]; alcalde de la Corte, alcalde mayor y escribano mayor del juzgado de Sevilla, del Consejo y Cámara de las Indias, y de los de Estado y Guerra; embajador en Venecia y Francia, y en Alemania de 1633 a 1635; v. Marañón, *El Conde-Duque,* Apéndice IX)

- XIII, 155 (**1635:** tenía la encomienda mayor de Ericeyra, q.v.), 302 y 312 (llega a la corte desde Alemania), 380-381 (**1636:** "el Conde-Duque le ha declarado por hijo suyo espúreo" y le ha dado todos los oficios del de Medina de las Torres y sumiller de corps y presidente de Italia [v. XIX, 378-379 nota 380; por error, 381])

- XIV, 460 (**1638**); XV, 84; XIX, 378-379 nota 380 (var. errónea: D. Melchor)

Fuente del Torno, II marqués de [título milanés] (Gaspar de Tebes Tello de Guzmán, hijo y homónimo del I marqués; gentilhombre de la Cámara del Emperador y embajador en Francia; m. sin hijos), XIX, 379 nota 380 [por error, 381]

Fuente Hurtado, Diego de la, S.J. (en Salamanca), XV, d335

Fuenterrabía (en Guipúzcoa; a 2 kilómetros al noroeste de Irún, sobre la bahía)

- XIV, 131, 453 (**1638:** el [III] príncipe de Condé, Enrique II de Bourbon-Condé, q.v., intenta rendirla, pero el Gobernador le rechazó), 456, 458 (el sitio de Condé), 461 (sitio y batida; los españoles reciben socorros; v. también Rentería), 475 (los franceses la baten con gran furia), 476, 481, 484 (el Almirante llega y las cosas mejoran), 487, 489 (el alcalde, Diego de Buitrón), 490, 491, 493 (salida de los defensores; combate), 494, 499 (defensa valerosa; m. el gobernador Miguel Pérez de Egea, q.v.)

- XV, 6, 7, 15 (**1638:** asalto infructuoso del enemigo con escalas), 17 (se juntan para su defensa el Almirante, el marqués de Mortara y la coronelía del Conde-Duque), 20 (el Almirante rompe el cerco y la socorre; carta de Diego Garay, inquisidor de la Suprema, con los hechos de la "victoria"), 21, 22, 23, 30, 31 (la relación del acontecimiento que hace el marqués de Mortara a su madre), 32, 33 (otra relación de Diego de Garay), 34, 38, 40, 43 (carta de Lope de Hoces al Rey), 45, 48, 51 (sobre la entrada del Almirante en la plaza), 52, 54, 55, 56 (mercedes reales para la plaza), 57, 61, 63 (el arsenal militar dejado por los franceses; la huida de notables franceses), 64 (carta del Rey al gobernador, Domingo de

ÍNDICE ONOMÁSTICO

Eguía), 65 (carta del Conde-Duque al mismo), 66 (sobre el anterior gobernador de la plaza, Miguel Pérez de Egea), 68 (la resonancia del hecho en Madrid), 69, 72 (multitud de relaciones sobre el hecho), 73, 74, 75, 76 (llega a Madrid el marqués de Mortara, campeón de la guerra de Fuenterrabía), 77 (la plaza queda guarnecida y se retira la demás gente), 80, 83, 84 (a Gaspar de Teves Tello, padre, dan la llave de la cámara del Rey), 95 (quieren que se favorezca al Conde-Duque por lo que se ha logrado hacer allí), 107, 108 (el de Condé culpa a dos nobles franceses del desastre), 116, 118, 121 (se envían 50.000 ducados para reedificar la plaza), 125 (Richelieu ofendido por el desastre; quiere detener ciertos oficiales), 126, 128, 150, 158, 173, 181 (**1639:** el Rey da tres mercedes al Almirante), 182 (mercedes al Conde-Duque), 183, 185, 192 (Domingo de Eguía o Guía, gobernador de la plaza), 199, 206, 208, 210, 211, 215, 222, 225, 244, 259, 263 (el panegírico al Conde-Duque), 269, 285, 312, 318, 353, 397 (**1640:** se dice en Navarra que el Rey de Francia se prepara contra Fuenterrabía y Navarra), 416, 418 (Cristóbal de Benavente a defenderla), 431, 434, 466 (copa de oro para el Conde-Duque)
- XVI, 211 (**1641:** mercedes para el hijo del Conde-Duque), 231 (**1642:** las mercedes para el Conde-Duque), 232, 345, 376, 418
- XVII, 490 (**1644:** se dice que Francia organiza otro ejército contra Fuenterrabía)
- XVIII, 168 (sátira), 172, 188

Fuenterrabía, gobernadores de:
- XIII, 506 (octubre de **1636** [según una *Relación* sin fecha]: Gaspar de Carvajal)
- XIV, 453 (julio de **1638:** sin nombre), 499 (antes del 17 de agosto de **1638:** m. Miguel Pérez de Egea)
- XV, 64 (setiembre de **1638:** Domingo de Eguía, nombrado gobernador por el Rey, quien le honró por su actuación de gobernador durante el sitio; v. su ficha), 65-66 nota 1 (8 de agosto de **1638:** m. del anterior, Miguel Pérez de Egea, gobernador propietario), 192 (marzo de **1639:** Domingo de Eguía), 398 (enero de **1640:** Pedro de Ávila, V marqués de las Navas, q.v.])
- XVIII, 16 (enero de **1645:** Juan de Garay)

Fuentes, calle de las (Madrid), XIV, 274

Fuentes, fuerte de (a 5 km. de Mandello del Lario, a orillas del Lago di Lecco a 54 km. al norte de Milán), XIII, 408, 423, 425; XIV, 94; XVIII, 457

"Fuentes, conde de" (así se refería al II conde de Fuentes de Val de Opero", q.v. (m. en el año de 1610 en Milán)

Fuentes, conde de, XVI, 352 (sátira; c. 1642); XVIII, 174 (preso en 1645); (sobre los distinguidos antepasados de esta casa, v. Fuentes, I conde de, y I condesa de; Fuentes de Val de Opero, II conde de; y XVII, ix-xx)

Fuentes, I conde de (Pedro Enríquez de Guzmán, hijo de Diego Enríquez de Guzmán, III conde de Alba de Liste y su mujer Catalina de Toledo Pimentel; padre del II conde, tan famoso, q.v.), XVII, ix (v. la I condesa)

Fuentes, II conde de (v. Fuentes de Val de Opero, II conde de)

Fuentes, I condesa de (Juana de Acevedo y Fonseca, casada con Pedro Enríquez de Guzmán, hijo del III conde de Alba de Liste), XVII, ix

Fuentes, marqués de (primo del conde de Nieva), XVIII, 72

Fuentes de Cazaza, marqués de (Juan Claros de Guzmán el Bueno, vástago de la casa de Medina Sidonia y hermano del Duque; gentilhombre de la Cámara de Felipe IV)
- XIII, 124 (**1635:** almirante del mar en Flandes con retención del oficio de

gobernador de Cambrai), 395, 416, 502
- XIV, 23 (**1637:** en Dunquerque, general de las armadas), 144, 155 (atrincherado y fortificado en Calais), 176, 177 y 184 (asiste a la obra de Gravelines), 339 (**1638:** teniente del Infante-Cardenal), 425, 491, 492
- XV, 274 (**1639:** va a socorrer a Hesdin), a282 (al Conde-Duque sobre la victoria en Thionville), 332, 333, 347 (echa a los franceses de Arras), 370 y 374 (muy enfermo), 380 y 382 y 384 (m.: "Caballero de mucho valor y dicha...Grande es el sentimiento de la Corte"), 403 (**1640:** el Infante-Cardenal lo sustituye con el de Velada, q.v.)
Fuentes de Val de Opero (o Valdepero; a 7 km. de Palencia), XVII, ix
Fuentes de Val de Opero [q.v.], II conde de (Pedro Enríquez de Acevedo [conocido como el "conde de Fuentes"], hijo de Pedro Enríquez de Guzmán y Juana de Acevedo y Fonseca, I condesa de Fuentes de Val de Opero; n. hacia **1525**; hacia **1587**, capitán general de la caballería de Milán; en **1589**, capitán general de Portugal; de **1592** a **1595**, capitán general de Flandes; de **1607** a **1610**, gobernador de Milán; en **1610**, m. en Milán), XVII, ix-xx (v. "Muerte y entierro del conde de Fuentes", por el licenciado Juan Gutiérrez, q.v., XVII, xix-xx, nota 3 (texto)
Fuentes, Miguel de (capitán en Cataluña), XVIII, 439 (1646: m.)
Fuentes, Nicolás de (mercader de sedas en Cantarranas), XIII, 190
Fuentes, P., S.J., XIII, 65; XVIII, 439
"Fuerte Brazo" (apodo de un capitán al servicio de España), XVIII, 432
Fuerza, mariscal de la (v. La Force)
Fulda (a 85 km. al noreste de Frankfurt-am-Main), XVI, 341
Fulda, abadía de (al noreste de Frankfurt-am-Main, capital de Hesse), XV, 496 (la abadía data del s. VIII)

Furtado de Mendoza, Alfonso (deán de Lisboa), XVII, 191, 203 (**1643:** él y otros tres eclesiásticos piden licencia real para irse a Portugal con la excusa de residir en sus iglesias; se les concede, pero después el Rey ordena que se les detenga), 204 (Furtado logró escapar la orden de detención española y llegar a Portugal); XIX, 417 nota 191 (le acompañaron el arzobispo de Évora, el prior mayor de Santiago de Portugal y don Theodosio Manuel)

G

Gabacho (v. Gavache)
Gabi, castillo de (en el área de Casale-Monferrato), XV, 207, 215 (var: Gaivi)
Gabino (v. Penducho Carti, Gabino)
Gábor, Bethlen (en español: Gabriel Bethlen, q.v.)
Gadino, Eugenio (teniente del conde de Aguilar), XIV, 217 (herido en Leucate, q.v., cabo al sudoeste de Francia)
Gaesbecq, castillo de (Bruselas), XV, 105
Gaeta (ciudad y puerto en el Lacio, en un promontorio a unos 60 km. al noroeste de Nápoles), XIII, 515; XIV, 400; XVIII, 257; XIX, 88
Gaeta, castillo de (gran peñón fortificado en el promontorio de Gaeta, q.v.), XIX, 176
Gaetana, casa de (de la aristocracia romana), XIV, 173
Gaetano de Aragón (v. Laurenzano, duque de) (por error: Caetano de Aragón
Gaetano, Gregorio (hermano del duque de Sermoneta, q.v.; grande de España; poderoso en Italia), XIII, 99 (m.: duelo en la calle); XIX, 375 nota 99 (por error: Cayetano; Salmoneta)
Gainsborough (a 45 km. al E de Sheffield; tomada por las tropas de Carlos I), XVII, 258 nota 1 (var: Gasnesborong)

Gaitán, Luis (militar), XIV, 217
Gaivi, castillo de (v. Gabi)
Gaizquivel, monte de (cerca de Fuenterrabía, q.v., en donde se estacionaron ciertos grupos de soldados), XV, 18, 33
Galalón (caballero carolingio por cuya traición perecieron en Roncesvalles los doce Pares de Francia), XIII, 378 (a un capitán de la defensa de la fuerte de Schenck, q.v., se le llamaba Galalón porque no quiso tocar llamada a las armas cuando se acercaban barcos del enemigo); XVI, 468 (en un soneto satírico sobre la pérdida de la ciudad de Perpiñán, se dice del conde de Monterrey que "hízole grande fiesta Galalón")
Galamini, cardenal [Agostino, O.P.], 1553-1639; inquisidor en Brescia, Piacenza, Génova y Milán [de 1585 a 1592]; desde 1608, maestro general de los dominicos; hecho cardenal en 1611; obispo de Recanati y Loreto en 1613 y de Osimo en 1620)
— XIV, 232 (en 1637, partidario de los franceses) (var: Galamino)
*Galaz y Varona, Dr. Francisco (historiador)
Galcerán (canónigo y vicario general de Barcelona), XIX, 440 nota 230
Galeas, Hernando (clérigo y testigo), XVIII, xxvii
Galera, la (teatro de Madrid), XIX, 120
Gales, XVIII, 176-178
Gales (error por Calais, q.v.)
Gales, príncipe [heredero] de (v. Carlos I, rey de Inglaterra, XIII, 324, y Carlos II, rey de Inglaterra, XVIII, 303 y 312)
Galiano, Martín (capitán de mosqueteros), XIII, 292
Gallicano, príncipe de, XVIII, 320 (en 1646, intermediario en la disputa del Almirante y el cardenal d'Este), 323 (var: Galicano)
Galicia, XIV, 150, 196, 206, 274, 454;
— XV, 44, 50, 78, 84, 97, 134, 198, 204, 245, 287, 433, 444;
— XVI, viii, 61, 77, 94, 168, 173, 266, 270, 333;
— XVII, 111, 170, 194, 211, 228, 269, 300, 302, 303, 345, 442, 454, 474; X
— XVIII, 45, 86, 154, 156, 199, 241, 421, 432, 447, 457, 466, 470, 475, 508;
— XIX (invadida por los portugueses), 149, 324, 325, 329, 349, 456 nota 506[b]
aGalicia, XVII, 266, 336
Galicia, gobernador de, XVIII, 8 (1645: Andrés Cantelmo); XIX, 355 (1642: Luis Ponce, hermano del virrey de Valencia) (v. Galicia, virrey de)
Galicia, Nueva (v. Nueva Galicia)
Galicia, principado de, XVIII, 8
Galicia, reino de (combates contra portugueses), XVI, 426; XIX, 324, 326 (atacado por los portugueses: véase Monterrey [plan portugués...]), 327, 341
Galicia, rey de, XIX, 227 (uno de los cargos contra Carlos Padilla: declarar al de Braganza rey de Galicia)
Galicia, Virrey de, XIII, 145 nota 1; XIV, 210 (**1637**: el marqués de Mancera); XIX, 326 (**1642**:1642: al mando del ejército de Monterrey; véase "Monterrey [plan portugués...]"), 441 nota 243 (**1642**: Luis Ponce de León) (v. Galicia, gobernador de)
Galindo (maestre de Campo en Cataluña), XVIII, 310 (entra en Lérida)
Galindo, P., S.J., XIII, 182; XVII, 294; XVIII, 196
Galípoli (v. Gallípoli)
Galivay (v. Galway)
Galofre o Galotre (v. Geldre, Francisco)
Galway (fuerte a 200 km. al oeste de Dublín), XVII, 260
Gallas, Matthias von (conde y mariscal de Campo imperial; 1584-1647; general de la Liga Católica en Alemania hasta 1629; tomó Mantua en 1630; mariscal bajo Wallenstein, q.v., pero participó en el asesinato de éste [1634], y le sucedió como capi-

tán general bajo el Emperador; derrotó a los suecos en Nördlingen [1634]; posteriormente se entregó a la bebida)
- XIII, 34 (**1634:** a cargo de parte del ejército del rebelde duque de Friedland [Wallenstein, q.v.]), 44 (derrotó el ejército del duque Bernardo de Saxe-Weimar), 198 (**1635:** de los ejércitos de Gallas y del duque de Lorena dijo el corresponsal que "de esta gente...la guarda Dios para despoblar el mundo en 24 horas, si viere que el último fuego se va despacio"), 201 (va con tropas a socorrer al Infante-Cardenal, y luego pasar a Francia), 215-216, 227-229, 237 (junto con el rey de Hungría entran en Francia), 248, 252 (derrota al de Bernardo de Saxe-Weimar), 255, 269, 290, 295 (junto con el rey de Hungría dan batalla al cardenal de la Valette y a Saxe-Weimar), 302, 312-315, 319 (a punto de enfrentarse con franceses cerca de Metz), 329, 331, 334 (sigue al de la Valette y a Saxe-Weimar, hostigándolos), 343-345 (derrota a los franceses junto a Metz), 362 (**1636**), 404, 411, 456 (se le da dinero para pagar las tropas), 463, 485 (socorre a Dôle), 488, 494, 503 (asola el ducado de Borgoña junto al de Lorena), 507, 512 (en la Champagne), 532, 544
- XIV, 31-32 (**1637:** el duque de Rohan va a enfrentársele), 49, 67, 71 (se dice que el Emperador le llama porque su entrada en Francia causó más daño al bando imperial que al enemigo), 84, 146, 159 (combate al sueco), 161-162, 218 (echa al general sueco Bannier de la última ciudad de la Pomerania, q.v.), 324 (**1638**), 331 (sitia a Volgast, q.v., y la toma por asalto), 335 (echa a los suecos del Imperio y después de la isla de Rügen, q.v.), 341, 368
- XV, 95 (**1638:** los suecos le recobran Gaseth y Urdon en Pomerania), 249 (**1639:** los vuelve a derrotar con ayuda del duque de Sajonia), 286, 297 (Bohemia se libra de la amenaza sueca gracias a él y a Polonia), 300, 305, 382, 403 (no está contento con la renta que le da el Emperador ni con el oficio de consejero de Estado; dicen que intenta retirarse al Tirol)
- XVII, 131 (**1643:** "Galaso tiene las armas"), 180 (después del sitio de Olmuz atempera sus deseos de guerrear), 181, 234, 284, 384 (en Silesia combate a los suecos pero con menos entusiasmo), 503 (**1644:** los franceses invaden Alemania y el Emperador llama a Galaso)
- XVIII, xi (**1635:** Gallas impresiona al rey de Hungría), 1 (**1645**), 68
- XIX, 81 (**1647:** m.) (var: Galaso; Galasso; Galatz; Galaz; Galazo; Gallaso; Gallat)

Gállego, río (nace en los Pirineos cerca de Biescas y desemboca en el Ebro en Zaragoza), XVII, 12

Gallego, Basco (capitán), XVI, 401

Gallego, Cristóbal (caballero de Ciudad-Rodrigo), XVI, 336

*Gallegos, Manuel (poeta)

Gallicano, príncipe de, XVIII, 320 (en 1646, intermediario en la disputa del Almirante y el cardinal d'Este), 323 (var: Galicano)

Gallinero, el (nombre primitivo del Buen Retiro), XIII, 26; XIX, 374 nota 26

Gallípoli (ciudad de Turquía europea, en la entrada NE de los Dardanelos en el pequeño mar de Mármara), XV, 275 (var: Galípoli)

Gallo, Fulano (torero), XVI, 40

Gallo, Benito (capitán de infantería en la frontera de Portugal; hermano del que sigue), XVIII, 355 (1646: malherido)

Gallo, Diego (teniente de maestre de Campo general en la frontera de Portugal; hermano del anterior), XVI, 202 (1641: entra en Portugal y saquea Évora); XVIII, 355, 424

Gallo, Fernando (al mando de una compañía en Lérida), XVII, 335
Galloway (v. Galway)
Gallur (a 45 km. al NO de Zaragoza), XVII, 12
Gamarra, Juan (en 1595, al mando de una compañía de caballos en Flandes con el conde de Fuentes), XVII, xiv
Gambacorta, Francisco (hijo de Gerardo; maestre de Campo; tomó partido por los Barberinos, q.v., y se distinguió en sus guerras contra la liga italiana de Parma, Toscana y Venecia), XIX, 446 nota 335
Gambacorta, Gerardo (hijo de Juan Antonio, q.v., y también padre de Francisco, q.v.; de la familia de los duques de Limatola, q.v.; Señor de Torraca; general de la caballería de Milán; m. en 1636 en la batalla de Tornavento [XIX, 446 nota 335])
— XIII, 373, 386 (**1636:** recorre la tierra del Parmesado por la ribera del Po), 400 (Francisco de Melo, conde de Assumar, le envía tropas alemanas al Parmesado y Placentino), 424 (Gambacorta toma el castillo de Rotofredo en el Parmesado), 425, 455 (es herido de un mosquetazo en una batalla contra franceses en el Navillo), 464, 473 (m. en la batalla de Tornavento con los franceses) (variante: Gambacurta)
Gambacorta, Juan Antonio (señor de Torraca; padre de Gerardo, q.v.; de la familia de los duques de Limatola, q.v.), XIX, 446 nota 335
Gambacurta (v. Gambacorta)
Gamboa, maestro (de la orden de San Agustín; predicador en Salamanca), XVIII, 5
Gámez, Diego (v. Garay, Diego de)
Gamoneda, Sierra de (a unos 25 km. al SO de la Puebla de Sanabria), XVII, 304, 397 (var: la montaña Gamoneda)
Gandalu, Sr. de (v. Candalle)
*Gándara [y Ulloa], P. [Felipe de la] (genealogista e historiador)

Gandía (a unos 60 km. al sur de Valencia), XIII, 329
Gandía, casa de (1646: la herencia del cardenal Borja, tío del duque de Gandía, el cual la reclama al Consejo Real), XVIII, 216, 330-331; XIX, 439 nota 216, 445 nota 330
Gandía, V duque de (Carlos de Borja, casado con Magdalena Angelina de Centellas [apellido valenciano], V condesa de Oliva), XIX, 440 nota 224
Gandía, VI duque de (Francisco II de Borja), XIX, 440 nota 224
Gandía, VII duque de (Carlos de Borja, casado con Juana Velasco; padre del VIII duque, del cardenal Gaspar de Borja y Velasco [q.v.], y de Melchor de Centellas Borja y Velasco [q.v.]), XV, 66; XVIII, 223-224; XIX, 407 nota 377, 439 nota 216, 445 nota 330 (en esta nota se confunde el VIII duque con el IX; la nota de XVIII, 88, es correcta; v. el texto de XVIII, 330)
Gandía, VIII duque de (Francisco de Borja, hijo de Carlos [VII duque]; hermano del cardenal Gaspar de Borja y Velasco [q.v.], y de Melchor de Centellas Borja y Velasco [q.v.]; debió de nacer hacia 1580; casado con Artemisia Doria [hija del príncipe de Amalfi]), XVI, 255 y 374 (1642: virrey de Valencia; si ya no vivía el VIII duque en este año, el virrey hubiera sido el IX duque); XIX, ix, 445 nota 330 (en esta nota se confunde el VIII duque con el IX; la nota de XVIII, 88, es correcta; v. el texto de XVIII, 330)
Gandía, IX duque de (¿Francisco de Borja, marqués de Lombay, q.v.?, hijo del VIII duque y sobrino del cardenal Borja y de Melchor Centellas de Borja y Velasco), XVIII, 88 (**1645:** Melchor era el tío del IX duque de Gandía), 173 (noticia equivocada sobre el arcedianato de Talavera: v. la ficha de "Borja, Gaspar de, hijo del [IX] duque de Gandía");

223-224 (**1646**: legado del cardenal Borja a su sobrino), 330 (a la m. de "su tío, el Cardenal Borja", en 1646, acudió "el duque de Gandía" al Consejo de Castilla); XIX, 74 (**1647**: una comida en el palacio), 439-440 n 216 (**1646**: nota equivocada: v. la referida ficha)

Gandía, VIII duquesa de (Artemisia Doria, hija del príncipe de Amalfi), XIII, 444; XIX, 445 nota 330 (en esta nota se confunde el VIII duque con el IX; la nota de XVIII, 88, es correcta; v. el texto de XVIII, 330)

Gandolfo, Castel- (v. Castel-Gandolfo)

Gandulfo, Marco Antonio (teniente de maestre de Campo general), XIV, 317; XV, 35 (**1638**: en el socorro de Fuenterrabía) (var: Gandolfo)

Gante (ciudad a 50 km. al NO de Bruselas), XIII, 226; XIV, 59, 60, 315; XV, 367; XVII, 428 (var: Ghent)

Gante, Saxo de (v. Sax)

Garaffa, César (v. Carafa)

Garay (apellido), XVII, 366 (citado en unos versos sobre los estragos de la guerra con Portugal)

*Garay, Diego de ("inquisidor de la Suprema"; sus relatos anuncian la victoria de Fuenterrabía), XV, a20-31 (**1638**), a33-40, a40-41; XIX, 386 nota 20 (var: Diego de Gámez; Diego Gámez)

Garay, Francisco de, XV, 424 y XVI, 293(dos referencias a Juan de Garay)

Garay, Juan de (caballero de Santiago; del Consejo de Guerra; debió su carrera militar al duque de Feria)
- XIII, 279 (**1635**: maestre de Campo; rumbo a Italia), 282-284 y 286-287 (entró en las islas de Santa Margarita y San Honorato), 384
- XIV, 366 (**1638**: posee la propiedad del tercio del Estado), 384 (general de la artillería de Milán), 389 (maestre de Campo de un tercio de lombardos)
- XV, 89 (con Francisco de Melo, q.v.), 93 (**1638**: maestre de Campo por la parte de Vercelli), 103 (le llamaron a España), 109 (le mandan servir en Vizcaya), 189 y 237-238 (**1639**: a cargo de una parte del ejército de el de Leganés, rindió a Berva, q.v., "plaza fuerte y de grande importancia"), 223 (a cargo de la tercera parte del ejército de el de Leganés), 375 (general de la artillería de Leganés; le mandan venir a España, atribuyéndole mucha culpa en lo de las treguas), 415 (**1640**: regresó a España), 424 (gobernador de la artillería de Cataluña y castellano del castillo de Perpiñán; var. errónea: Francisco de Garay), 444 (en un banquete del Conde-Duque en el Retiro)
- XVI, 25 **1640**: gobierna las armas en el Rosellón; herido en el sitio de Illa, tuvo que retirar las tropas), 28, 192 (**1641**: maestre de Campo general que gobernaba una tropa de caballos en Badajoz; salió hacia la ciudad portuguesa de Campo Maior, q.v., donde cogieron a cien soldados portugueses); 194 (tomó unos "contrabandos" de Portugal con mercadurías de importancia), 200-203(maestre de Campo general y gobernador de Badajoz; hacía incursiones en tierras portuguesas), 207 y 267 y 282 (**1642**: nuevas salidas), 293 (var. errónea: Francisco de Garay), 294 y 295 y 297 (nuevos ataques; Garay "mató la mayor parte de la caballería de Portugal")
- XVII, 38 y 77 y 82 (**1643**: "maestre de Campo general de los ejércitos de Cataluña", 226, 234, 247-248 (perdió la oportunidad de socorrer a Flix; "S.M. está muy disgustado"), 380 (prendió al gobernador francés que había faltado a un pacto de restituir el tesoro robado de muchas iglesias), 414 (**1644**: partió para Badajoz), 436 (por porfiar en que le hicieran mercedes, el Rey le mandó irse a su casa), 476 (el secretario Rozas le dice que catalanes y aragoneses le quieren como maestre de Campo general, y

que él puede comunicar esto a Luis de Haro)
- XVIII, 8 (**1645**: le envían por gobernador de las armas de Vizcaya), 16 ("gobernador de Fuenterrabía y general de las armas de Cantabria, absoluto, sin dependencia del virrey de Navarra"), 297
- XIX, 170-171 (**1648**: remitió a Madrid una carta de Francia sobre ciertos tributos que dejaron revuelto a París), 459 nota 134

Garay, Santos de (secretario del Nuncio; m. 1635), XIII, 444

Garayes, conde de (v. Lebrija, conde de)

Garayo, Diego López de (v. Lebrija, conde de)

Garbancera, la (apodo de una judía que fue quemada hace 56 años; era la abuela de Diego de Saravia, q.v.), XVI, 208

Garci-González, Félix (capitán), XIX, 285

García, [Fulano], XVII, 213 (en verso)

García, P., S.J. (error de copia de una conjetura en la nota de Gayangos; se refiere al P. Gracián, S.J., mencionado por el P. Sebastián González, XVIII, 443, 445)

*García, Carlos (nacido hacia 1580 en Zaragoza; pasó muchos años en París)

García, Diego, S.J. (sacristán de Salamanca), XIII, 23

García, Francisco Javier (impresor de Madrid, 1645-1670), XIX, 384 nota 39

García, P. Jerónimo, S.J., XVII, 294; XVIII, 436

García, José (alférez), XVI, 414

García Cavanillas (v. Cavanillas, García)

García de Bustamante, Blas (mercader en la Puerta Cerrada de Madrid), XV, 378

García de Guardiola (catalán), XVI, 71

García de Illán (proveedor general de los ejércitos), XVII, a114

*García de la Leña, Cecilio (historiador de Málaga)

Garciés, conde de (Hernando de Quesada Mendoza y Toledo, yerno del marqués de Santa Cruz), XIII, 7; XV, 420 (**1640**: a Flandes con cargo); XVII, 127 (**1643**: preso tras la batalla de Rocroi), 144

Garcipatón (hijo segundo del conde de la Puebla; desterrado), XIV, 291

Garden (castillo en una prominencia al sur de Lérida, sobre el paso de Fraga por la sierra de la Mezquita), XVIII, 93, 288-289, 309-310, 315, 340, 361, 505 (var: Gardeny)

Gardeny (v. Garden)

Garena, Sr. de la (v. Dávila y Heredia, Andrés)

Garfagnana, la (valle en los Apeninos por el que fluye un segmento del río Serchio, que desde el pueblo de Camporgiano [38 km. al NE de Spezia] se extiende unos 15 km. hacia el SE y termina en el pueblo de Gallicano), XVII, 201 (var: Carfañana)

*Garma y Salcedo, Francisco y Javier de (historiadores de España; s.XVIII)

Garnica (v. Guernica)

Garnica, Cristóbal de (capitán que m. en un desastre naval en 1638; v. la ficha de Rubín de Celis, Diego, y XV, 15, 17 y 57)

Garra, Felipe (alférez), XIV, 214 (m.)

Garraf, Costas de (meseta alta cerca del mar, a 30 km. al sur de Barcelona), XIX, 293 (var: Garrofa)

Garrafa, César (v. Caraffa)

Garrafa, P., S.J., XVIII, 220, 225

Garrafa, Tiberio (v. Caraffa), XIX, 95

Garrafa, P. Vicencio (v. Caraffa)

Garriga, la (a 28 km. al N de Barcelona), XVII, 200

Garro, un tal, XIII, 202, 204-205 (espía doble que con Diego de Sotomayor, q.v., quería entregar Alejandría de la Palla a los franceses; preso en Milán)

Garrofa (v. Garraf, Costas de)

Garrovillas (a 40 km. al N de Cáceres), XVI, 311

Gasco, Dr. (nombrado médico de Cámara), XVIII, 31
Gascuña (antiguo ducado del SO de Francia), XV, 145; XVI, 48; XVII, 238; XIX, 412 nota 50
Gascuña, gobernador de, XVII, 353
Gasé (v. Breda)
Gaseth (Pomerania, q.v.), XV, 95 (los suecos lo tomaron de Gallas)
Gasnesborong (v. Gainsborough)
Gaspar (nombre ficticio), XV, 143, 148
Gaspar, P., XV, 152-153 (padre ficticio)
Gaspar, P. Juan, S.J., XIX, 247
Gaspar (se refiere al IX duque de Medina Sidonia), XVI, 101
Gaspar [de Haro y Guzmán], hijo de Luis Méndez de Haro, XVIII, 183
Gaspar [Mejía] (II marqués de Leganés), XIX, 348
Gassion, conde Juan de (mariscal de Campo francés), XVII, 222 (1643: herido en la batalla de Thionville); XVIII, 179 (herido en Link) (por error: Guilon)
Gata, cabo de (al SE de la ciudad de Almería), XVI, 372; XVII, 232
Gata, sierra de (provincia de Almería), XVI, 348, 356
Gata, Carlos de la (v. Gatta)
Gatatumba, Señor de la, XVI, 328 (apodo del Conde-Duque en una carta)
Gatelet, gobierno de (v. Châtelet)
Gatillón (v. Châtillon)
Gatta, Carlo de la (napolitano; hijo de Fabio de la Gatta, q.v.; príncipe de Monesterace; en 1614, alférez del tercio viejo de Nápoles, y en 1619, capitán; poco después, maestre de Campo en Flandes; general en Italia; m. en Nápoles en 1656)
- XV, 460 (**1640:** bajo el mando de el de Leganés); XVI, 278 (**1642:** le envía el virrey de Nápoles a las fronteras de los estados papales)
- XVIII, 335 (**1646:** entra en Orbetello para defenderla), a369, 373 (le hacen merced de 6.000 ducados de renta vitalicia en el reino de Nápoles), 382 (matan a su hijo de un cañonazo), 383, 429
- XIX, 86 (**1647:** vicario general del duque de Arcos durante su virreinato de Nápoles), 87, 445-446 nota 335
Gatta, Fabio de la (napolitano; sirvió en el tercio viejo de Nápoles; padre de Carlo, q.v.), XIX, 446 nota 335
Gattinara (villa a 65 km. al O de Milán), XIII, 479, 499 (var: Gatinara)
Gavache, Mr. de (apodo burlesco que aplicaban los franceses a los bearneses, de donde se derivó "gabacho", q.v.), XV, 306
Gavarelli, Juan de (superintendente de la armada real de Flandes), XIII, a271
Gaviria, Cristóbal de (caballerizo de Felipe IV; teniente capitán de la guardia española), XVI, 23 (**1640**); XVIII, 259 (**1646:** juez de concurso de esgrima), 296 (le privan de su oficio de teniente por aprovechamientos ajenos a su puesto), 298
Gaviria, Juan de (caballerizo del Rey), XIV, 291 (desterrado por tahur)
Gavre, príncipe de (hijo del conde de Agamon, q.v.), XIII, 426
Gayoso, Pardo de (capitán y poeta), XIX, 428 nota 473
*Gayoso, Pedro Francisco (biógrafo)
Gelbes (v. Gelves)
Gébora (v. Gévora)
Gebrosa, duquesa de (v. Chevreuse)
Geldern (a 45 km. al SE de Nijmegen, sobre el río Niers), XIII, 268; XIV, 181, 199, 240, 340; XV, 59, 74, 79, 87, 90, 218, 332, 360; XIX, 289 (variantes: Geldres; Güeldres; Xedrez; Xeldres)
Geldern, ducado de, XIX, 289 (var: Güeldres)
Geldor, Francisco de (v. Geldre)
Geldre, Francisco de (cabo francés al servicio de España; gobernador de Villanueva del Fresno, en la frontera de Portugal), XIV, 213; XVII, 310, 312, 317, 328-329, 385 (var: Galofre; Galotre; Geldor; Geldro; Xeldre)

Geldres (por las referencias a otras villas, probablemente Geldern, q.v.)
Geldro, Francisco de (v. Geldre)
Geleata (villa que encontró el duque de Parma en su viaje de Civitella a Arrezo, q.v.), XVI, 488
Gell (comendador inglés, gobernador de un castillo en Irlanda), XVII, 258
Gelves, V condesa de (Catalina de Portugal, casada con el IV duque de Veraguas, q.v.), XIX, 376 nota 199
Gelves, marqués de los (Diego Pimentel, 1552-1636; capitán de la guardia española), XVII, xx (a la m. del conde de Fuentes en 1610, pretende el gobierno de Milán); XIII, 6, 8, 38 (**1634**: en la junta que juzga al duque de Aerschot), 41, 478 (**1636**: m. a los 84 años), 482 ("deja por heredera a su mujer", pero la "dieron a la mujer del Condestable, que tenía la futura de sucesión"); XVI, 99 (var: Gelbes)
Gelves, marquesa viuda de, XIII, 482 (v. la ficha anterior); XVII, 356; XVIII, 134 (**1643**: casa con Pedro Valle de la Cerda en una boda no bien vista por la desigualdad)
Genalguacil (aldea en la Sierra Bermeja a unos 17 km. al NO de Estepona y 10 km. al NE de Gaucín, en el extremo occidental de la prov. de Málaga), XV, 330 (var: Genalguasil)
Genappe; Genep; Genepe (v. Gennep)
Geneyro (v. Río de Janeiro)
Genève (v. Génova)
Genia, la (en Irlanda, probablemente en la provincia central de Leinster; v. Preston, Thomas), XVII, 259
Genini, Blas (comisario general del ejército de Cataluña), XVII, 489
Genipi; Gennape; Gennappes (v. Gennep)
Genappe (ciudad de Bélgica a 25 km. al S de Bruselas; v. la ficha que sigue)
Gennep (fuerte a 20 km. al S de Nijmegen y 32 S de Arnhem, sobre el río Maas, q.v.; al intentar corregir la forma Genepe, que utilizan los corresponsales, Gayangos empleó Gennape, pensando que era la forma francesa [XIII, 477]; pero es el nombre de otra ciudad, Genappe, en Bélgica, a 25 km. al S de Bruselas; los textos indican claramente que se trata de Gennep: la toma de Gennep "asegura más el fuerte de Schenck [a 20 km.], y se quita totalmente el poder los holandeses socorrer por agua a Venlo, Roermond y Maastricht" [XIII, 344; como Gennep, éstas están todas en el río Maas, navegable: v. XIII, 262]; "[La ciudad de] Grave... cae entre Ravestein y Gennep" [XIII, 477; las tres están en el mismo río]; concuerdan los datos topográficos de las cartas del t. XIV)
– XIII, 262 (tomada por los españoles), 359, 477
– XIV, 181, 199 (el gobernador), 240-241 (var: Genep; Gennepe; Genipi; Gennape; Gennappes)
Génova, XIII, 22, 34, 35, 90, 184, 194, 254, 255, 269, 276, 307, 333, 339, 387, 400, 411, 424, 441, 456, 464, 464, 485, 495, 503, 512, 520, 527
– XIV, 31, 38, 83, 111, 130, 151, 164, 165, 166, 193, 209, 228, 229, 236, 237, 238, 238, 241, 261, 276, 281, 294, 304, 330, 337, 343, 345, 350, 352, 361, 362, 366, 367, 369, 400, 408, 413, 414, 440, 475
– XV, 89, 90, 93, 94, 98, 122, 199, 207, 208, 212, 215, 238, 238, 256, 292, 296, 297, 299, 324, 327, 344, 374, 377, 415, 417, 421, 456, 479
– XVI, 14, 48, 148, 149, 150, 152, 154, 155, 199, 283, 287, 288, 483
– XVII, 171, 223, 374, 391, 495, 503
– XVIII, 58, 63, 82, 86, 86, 91, 123, 163, 187, 206, 221, 222, 244, 287, 304, 316, 335, 336, 338, 339, 345, 349, 361, 362, 362, 372, 373, 386, 398, 433, 434, 459, 462, 465, 471, 485, 485
– XIX, 7, 87, 139, 145, 146, 154, 158, 160, 170, 179, 357
aGénova, XVI, 445, 446
Génova, embajadores en España

- XIII, 102 (**1634**: participa en la celebración de la victoria de Nördlingen, q.v., en Atocha), 255 (el Rey despide a su embajador con aspereza)
- XIV, 188 (**1637**: audiencia con el Conde-Duque en la Priora), 212 (habla al Rey acompañado de una comitiva de Génova)
- XVIII, 159 n 1 (**1645**: en el entierro de un clérigo italiano), 385 (**1646**: parcialmente acabado su oficio, aún no llegó su sucesor), 402 (se embarca en una galera reforzada que lleva gran cantidad de dinero de su república)
- XIX, 449 nota 392 (**1644**: Antonio Julio Briñoli, marqués de Gropoli; v. también Crosby, *Índice de apellidos, títulos y oficios...*)

Génova, embajadores de España en
- XIII, 448 y XV, 344 (**1636-1642**: el conde de Siruela; v. su ficha)
- XIV, 176 (**1635**: Francisco de Melo, embajador "de Génova" [léase, "que fue en Génova"; v. el capítulo "Alemania, embajadores de España a", ficha XIII, 280], desembarca en Barcelona "a tomar sus despachos para ir por embajador a Alemania")
- XVII, 182-183 (**1643**: le encarga el Rey hablar en su nombre a los príncipes italianos y reconciliarlos con el Pontífice)
- XIX, 144 (**1647**: asiste en el socorro de Sabbioneta con víveres y municiones)

Génova, puerto de, XIV, 266; XIX, 56
- república de, XIII, 385; XIV, 188, 193, 194, 228, 232; XVI, 153; XIX, 145
- señoría de, XV, 214

Genovesado, el, XIII, 408, 472; XIV, 164, 262; XV, 309; XVI, 208; XIX, 98, 283

Genovino, Julio (v. Genuino)

Genuino, Dr. Julio (napolitano; clérigo de misa y Electo del pueblo y sobrino del que lo fue en tiempos del duque de Osuna [1616-1620]; por pretender paridad de votos entre los electos del pueblo y los de la nobleza, el VII conde de Lemos, virrey de Nápoles [1610-1616], le desterró a La Mamora, q.v., por doce años [sobre dicha paridad, v. XIX, 102 a continuación, y la ficha de "Nápoles, los Seggi de"]; en 1647, preso por aliarse con Aniello en los tumultos de Nápoles)
- XIX, 43 nota 1 (1647: Genuino era uno de los líderes del pueblo en los tumultos), 98 (resumen de sus actividades; encarcelado en Castilnovo), 101, 102 (vio Genuino que "el pueblo tenía paridad de votos con la nobleza, deseo suyo de 30 años y fomentado por varios caminos"; sobre esta cuestión, v. las fichas de Nápoles, especialmente las de "los Seggi" y los "tumultos"), 103, 106, 112 (var: Genovino; Gerónimo)

Geovar (error por Guevara, citado por Gayangos como ejemplo de las erratas de copia en el texto de los *Avisos* de Pellicer en el *Semanario erudito*), XVI, xiii

Geraldin (var. de la ficha siguiente)

Geraldini (jefe de regimiento), XVII, 420

Gerardo (capitán español), XIV, 469 (herido en Flandes), 470

Gere de la Reina, marqués de (v. Gieri de la Reina)

Germania, XIII, 119, 196, 197, 197; XIV, 108, 112, 227, 229, 281, 377; XVI, 341; XVIII, viii, 51, 264 (v. Alemania)

Gerona, XIII, 481; XIV, 359, 413, 430; XV, 122, 251, 296, 395; XVI, 1, 8, 15; XVII, 179; XIX, xiv (var: Girona)

Gerónimo, Julio (v. Genuino)

Gesemaní (v. Getsemaní)

Gesur (transcripción defectuosa del nombre de un obispado de Francia), XIV, 315

Gesvres, marqués de (m. en el asalto de Thionville, q.v., a 25 km. al norte de Metz), XVII, 221

ÍNDICE ONOMÁSTICO 221

Geta, caballero de la (coronel de la guardia del duque de Parma), XVI, 486

Getafe (cabeza de partido judicial a 13 kilómetros al sur de Madrid), XVI, 163, 369

Getsemaní (isla y barrio de Cartagena de Indias, q.v., parcialmente afuera del recinto amurallado, donde vivían las clases populares), XVI, 473 (sus fortificaciones); XIX, 244, 410 nota 472 (var: Fesamamaní; Gesemaní; Jesamaní; Jesemaní)

Getz o Gez o Ghez (general imperial; v. Götz)

Gévora (río que nace al O de Alburquerque y sigue la frontera de Portugal hasta desembocar en el Guadiana cerca de Badajoz), XVII, 508

Gian (v. San Gian)

*Giannone, Pietro (n. 1676, m. 1748; autor de una historia de Nápoles y de tratados polémicos, teológicos e históricos)

Gibraltar, XIII, 88, 103; XV, 209, 216, 329, 501; XVII, 152, 204, 205, 206, 213, 214, 340, 349, 474 (v. también la ficha del Peñón)

Gieri de la Reina, marqués de (italiano; capitán general del ejército y artillería de España en Cataluña desde 1638; gobernador de Fraga a partir de octubre de 1642)
- XIV, 365 (**1638**) y XV, 450 (**1640**: gobernador de las armas en Perpiñán)
- XVI, 35 (**1640**: le prende el duque de Cardona por los desórdenes de sus soldados [sobre tales desórdenes, v. la ficha de "Zaragoza, representación de la ciudad"])
- XVII, 88 (**1643**: gobernador de Fraga) (var: Cheli; Chere; Cheri; Gere; Jeri; Rena; Rene; Reyna; Xeli; Xeri)

Gijón (prov. de Oviedo), XIV, 460

Gil (fraile dominico en una sátira), XVI, 261

Gil, Jerónimo (impresor de Tortosa, 1623-1626), XVI, 359

Gil, Pedro (cabo de la escuadra del capitán Félix Garci-González), XIX, 285

Gil de la Sierpe, Álvaro, XVI, 231 (felicita a Olivares por la boda de su hijo)

Gil de Manrique, García (obispo de Barcelona, 1634-1651; anteriormente obispo de Gerona, 1628-1634), XVI, 49

Gilberto, P., XV, 182-183 (un sujeto de Madrid le dedica un cacareado discurso de las mercedes del Rey a Olivares, "para que dé las gracias a Dios")

Gillo (isla en el mar Tirreno frente a Orbetello, q.v.), XVIII, 380 (var: Xillo)

Ginebra (Suiza), XIII, 35; XIV, 165, 286

Ginetti, cardenal [Marzio] (1586-1671; camarlengo de honor del papa Pablo V; amigo personal del cardenal Mafeo Barberini [futuro papa Urbano VIII]; presidente de la diócesis de Sabina; interventor del camarlengo de la Iglesia; hecho cardenal [1626]; legado en Austria [1635], Bologna [1635-1640], Colonia [1636-1640]; y Ferrara [1640-1643]; vicedecano del Colegio de Cardenales; v. Salvador Miranda)
- XIII, 399 (**1636**: "legado à latere del Papa y plenipotenciario para los tratados de paz" en Westfalia
- XVI, 30 (**1640**: legado de la Santa Sede en Colonia)

Giorgi, Giorgio (embajador extraordinario de Venecia al rey de Polonia), XIV, 236 (var: Jorgi; Jorge)

Girón (v. Osuna, duque de, y Téllez Girón)

Girón, Antonia (v. Lemos, IX condesa de)

Girón, Fulano (del Consejo de Órdenes), XVIII, 119 (**1645**)

Girón, Lorenzo (canónigo y dignidad de Cuenca, hermano del que sigue), XVII, 230 (1643: m.)

Girón, Pedro (del Consejo de Castilla y del de la Inquisición; hermano del anterior), XVII, 230 (1643)

Girón, Pedro (maestre de Campo), XV, 35 (1638: en el socorro de Fuenterrabía), 38, 391; XVI, 9

Girona (error por Gerona, q.v.)

Girones, Domingo de los, XV, 146 (herido en un juego de cañas)

Gislengen (villa de Alemania), XVII, 421

Giudici, Marcelo (militar), XIX, 462 nota 263

Giustiniani, cardenal [Orazio] (nació en 1578 y murió en 1649; de una familia patricia de Génova; clérigo del Oratorio; obispo de Montalto en 1640, y en 1645 de Nocera; véanse los índices de Salvador Miranda, *Cardinals*, y de Gaetano Moroni, *Indice generale alfabetico...*), XVIII, 65 (hecho cardenal en 1645) (variante: Justiniano)

Giustiniani, príncipe (casado con una de las hijas de Olimpia Aldobrandini, q.v.), XVIII, 246

Givet (a 94 km. al noreste de la ciudad de Rheims, sobre el río Meuse), XIV, 183 (var: Chive; Xivi)

Glaris (cantón suizo a unos 60 km. al SE de Zurich), XIII, 260 (var: Glares; Glarus)

Gloucester (a 150 km. al oeste de Londres), XVII, 258, 327 (var: Golcester; Golcestria; Glosister)

Goa (puerto en la costa occidental de la India, 420 km. al S de Mombay; posesión portuguesa hasta 1961), XIV, 340; XV, 255, 289, 480; XVI, 41, 42, 276

Goa, prov. de, XVII, 365

Gobregas, Convento de San Francisco de (cerca de Lisboa), XVI, 111 (**1640**: los portugueses prendieron a la princesa de Mantua y "la llevaron por mar a los palacios de Xobregas", con una compañía de guardia), 123 nota 2, 124 (presa en el convento) (var: Xobregas)

Goch (villa a 27 km. al SE de Nijmegen), XIII, 256, 262, 289, 289, 291 (var: Godos; Gothe)

*Godeau, Antonio (obispo de Grasse [Dept. de Var, Provenza]; protegido por Richelieu), XVII, 50; XIX, 412 nota 50 (var: Godeao)

Godefroi, conde de Estrade (comandante de la caballería francesa en Milán), XIX, 147 (var: Godofredo; Mr. de Strada)

Godos (v. Goch)

Godoy, Dr. (nombrado médico de Cámara), XVIII, 31, a405 (declaración sobre la m. del príncipe Baltasar Carlos)

Godoy, Mariana de (criada del duque de Medina Sidonia), XVI, a442

Golcestria (v. Gloucester)

Golzio, XIII, 58 (se le cita como autoridad sobre epítetos clásicos; posiblemente se refiere a Huberto Goltzius, 1526-1583, autor holandés de numerosos tratados muy eruditos sobre arqueología, numismática e historia clásica, y un *Thesaurus rei antiquariae*)

Gomara, Juan Francisco de (caballero de Santiago), XVII, 323

Gómez, lic. Benito, XVI, a85

Gómez, P. Cristóbal, S.J., XIX, 243 (profesor de teología)

Gómez, Diego (esposo de la heredera del duque de Pastrana; ¿quizá Diego Gómez de Sandoval, conde de Saldaña, q.v.?), XVIII, 428

Gómez, Elena (prostituta relacionada con Carlos Padilla, q.v.), XIX, 210

Gómez, Enrique (amigo de Manuel Fernández de Villareal, q.v.), XVI, 59

Gómez, P. Pedro, S.J., XVIII, 197 (1645: m.)

Gómez-Agraz, P. Juan, S.J., XVII, 464 (transcribe una carta)

Gómez Blas, J. (v. Gómez de Blas)

Gómez-Dávila, Antonio (v. San Román, marqués de)

Gómez de Blas, Juan (impresor de Sevilla, junto al Colegio de San Acacio,

1635-1667), XIV, 406, 425, 480; XV, 74, 272, 323, 332, 388, 399, 455; XVI, 125, 398; XIX, 441 n 243

*Gómez de Cibdadreal, Fernán (pseudónimo; v. la Bibliografía)

*Gómez de León, Francisco (historiador; s. XVII)

*Gómez de Mora, Juan (trazador y maestro mayor de las obras de Palacio), XIV, 286 (su casa en Madrid)

Gómez de Moscoso (véase Moscoso, Gómez de)

Gómez de Sandoval, Diego (v. Saldaña, conde de)

Gómez de Sandoval, Diego (hijo del anterior y medio hermano del VII duque del Infantado, q.v.), XIII, 368; XVIII, 26 (desterrado a Badajoz), 27; XIX, 210, 378 nota 368

Gómez de Sandoval, Francisco (I duque de Lerma y Cardenal; privado de Felipe III; v. Cardenal-Duque de Lerma)

Gómez de Sandoval, Padilla y Acuña, Francisco (v. Lerma, III duque de)

Gómez de Silva, Ruy (príncipe de Éboli por casamiento con Ana de Mendoza, princesa heredera; abuelo del IV duque de Híjar, q.v.), XVII, xii; XIX, 399 nota 237

Gómez Moscoso (según una carta de Fernando de Vera [XVIII, xi-xxix], Gómez Moscoso era padrino de su sobrino, Jacinto de Vera), XVIII, xxvi

Gómez Parreño, lic. Benito, XVII, a85, a242, a313

Gondomar, las casas de (Valladolid, 1636: inundaciones), XIII, 365

Gondomar, conde de (Diego Sarmiento de Acuña y Sotomayor, embajador de Felipe III en Inglaterra, gobernador de Bayona en Galicia, corregidor de Valladolid; m. 1628; su hijo Pedro le sucedió en la casa [XIX, 429 nota 477]), XIII, 4 (**1634**: su hijo, Antonio Sarmiento); XVII, 447, 449 (**1644**: su hijo de nombre Diego); XIX, 429-430 (nota 477: su hijo Diego fue mayordomo mayor de la casa de Juan de Austria y coronel del ejército; casó con Francisca de Toledo Osorio, segunda marquesa de Belvis y de Mancera)

Góngora, Juan de (oidor; del Consejo de Indias; presidente y visitador general de la Real Audiencia de la Contratación)

– XVI, 423, 440 (**1642**: en Sanlúcar), 442 (encargado, entre otros, de sacar a la marquesa de Villamanrique de Andalucía), 444

– XVII, 348 (**1643**); XIX, 132 (**1647**: le dan la plaza de presidente de Hacienda)

*Góngora, Luis de (1561-1627), XVI, 333, 349 ("Poner los guantes de Góngora", dicho popular que parece significar "restringir" o "resistir"); XVIII, 353; XIX, 447 nota 353

Góngora, Vicente (error por Gonzaga, Vicente, q.v.)

Gonsalves Rotea, Pedro (cómplice en la conjura del conde de Castelmellor para proclamar Rey al duque de Braganza), XIX, 244

Gonzaga (gobernador de Venecia en Candía [Creta]), XVIII, 267

Gonzaga, monseñor (arzobispo de Lodi, ciudad de Lombardía), XIV, 374 (variante errónea: Rodi)

Gonzaga, Ferdinando (1587-1626; hijo segundo de Vincenzo I, duque de Mantua; hecho cardenal en 1607 y VI duque de Mantua y IV duque del Monferrato en 1613, a las muertes de su padre, su hermano y su sobrino; en un intento de evitar la extinción de su familia, renunció el cardenalato y se casó en 1617 con Caterina d' Medici, pero no tuvieron hijos), XIV, 315 (en esta página consta Ferdinando en una lista de "Italianos meritorios de antaño", q.v.)

[Gonzaga, Francesco II] (último duque del Monferrato; se casó en 1608 con la princesa Margarita de Saboya, q.v., duquesa de Mantua; en el ducado del Monferrato le sucedió en 1611 su hija María Gonzaga, q.v., bajo el gobierno de su tío el cardenal Ferdinando Gonzaga, q.v., hasta 1627)

Gonzaga, Isabel (v. Stigliano, princesa de)

Gonzaga, Luis (beato), XIV, 486

Gonzaga, Luis (vence a los suecos en Moravia), XVIII, 68

Gonzaga, María (n. 1608, m. 1660; hija de Francesco II de Gonzaga, q.v., último duque del Monferrato, y de la infanta Margarita de Saboya; María heredó el Monferrato en 1611, bajo el gobierno de su tío Fernando Gonzaga, y en 1627 se casó con su primo Carlo di Rethel, duque de Nevers y sobrino nieto de su abuelo Vicente I; tuvieron un hijo, Carlos III [1629-1665], quien en 1637 sucedió a su padre bajo la regencia de su madre), XV, 292

Gonzaga, Vespasiano (gentilhombre de la Cámara del príncipe Baltasar Carlos; casó con Inés María Manrique, X condesa de Paredes, q.v.), XVIII, 391; XIX, 448 nota 363

Gonzaga, Vicente (de la casa italiana de Guastala), XIV, 163 (**1637**); XVII, 389 y 435 (**1643**: general de la caballería de Milán); XVIII, 470 y 486 (**1647**: vino a Madrid llamado por Felipe IV, pero vuelve a Milán) (variantes erróneas: Vicencio; Góngora)

Gonzaga, Victoriano (hijo del príncipe de Guastala), XVII, 120 (de la Cámara del Príncipe de España)

González, P. (v. Gónzalez, P. Sebastián)

González, Diego (afirma el capitán Pedro de Lanz que el puerto de Maya, en el Pirineo, confina con Francia, y el "castillo de Maya" tiene "tres compañías viejas,...que son Carranza, Sepúlveda, Diego González e yo"), XV, 306-307

González, P. Francisco, S.J., XVIII, a105

González, Fr. Gabriel (dominico), XIII, 156 (nombrado para ver la causa de la madre Luisa de la Ascensión)

González, Josef, Joseph o Jusepe (v. Gonzalez [de Uzqueta], José)

González, Juan (impresor de Madrid, 1623-1634), XIV, 329; XV, 83

González, Juan: Viuda de (impresora de Madrid, 1632-1639), XIII, 339-340, 419; XIV, 386, a480 nota 1

González, Miguel (v. González Villacastín, Miguel)

González, Fr. Pedro (v. González de Mendoza, Pedro)

González, P. Pedro (amigo del P. Pereira), XIII, 171; XV, 361

González, P. Sebastián, S.J. (pariente de José González [de Uzqueta], q.v.; corresponsal principal del P. Pereira)

– XIII, viii, xiv (en comparación con otras noticias coetáneas, para Gayangos las del P. González están "fundadas en materiales más sólidos y de origen más puro: despachos de embajadores y virreyes,..."), xviii, xix, a8, a11, a14, a18, a24, a29, a47, a56, a87, a115, a120, a125, a139, a147, a156, a157, a173, a176, 183, a185, a186, a188, a189, a192, a196, a200, a201, a202, a209, a210, a217, a219, a220, a227, a229, a231, a239, 241, 245, a254, a256, a259, a261, a270, a279, a295, a298, a299, a303, a307, a313, a314, a333, a339, 347, a352, a355, a363, a365, a367, a372, a374, a375, a378, a380, a383, a386, a387, a394, a396, a401, a404, a407, a409, a410, a412, a419, a422, a428, a431, a432, a437, a439, a445, a448, a453, a457, a462, a465, a466, a477, a479, a484, a485, a490, a497, a498, a504, a510, a514, a517, a522, a529, 530 nota 1, a531, a536, a539, a543, a547

– XIV, v, a7, a13, a19, a28, a35, 41, a42, a47, a52, a58, a63, 63 nota 1, a74, a79, a83, a86, a88, a91, a103, a108, a109, a111, 116, a125, a127, a130, a137, a142, 144, a147, a152, 152 nota 1; a153, a158, a164, a168,

a172, a174, 179, 183, a187, a195, a199, a202, a205, a207, a209, 219, a244, a248, a258, a261, a264, a271, a274, a278, a287, a289, a305, d309-311, a314, 321, a327, a333, a338, a344, a348, a355, a360, a365, a369, 379, a381, a391, a398, a402, a405, a408, a413, a422, a428, a440, a451, a455, a479, a485, a491, a494, a499
- XV, vii, viii, d1-5, a5, a8, a15, a58, a61, a64, a67, a87, a102, a110, 116 nota 1, a117, a120, a123, a131, a164, a171, a172, a174, a186, a191, a200, a203, a206, a214, a219, a224, a236, a251, 255, a269, 271 nota 1, a273, 276, a282, 286, a289, a295, a303, a307, 318, a346, a349, a351, a356, a361, a363, 370, a371, 372 nota 1, a375, a376, a388, a394, a398, a405, 406 nota 1, a410, a414, a417, a426, a430, a433, a437, a441, a444, a447, a462, a464, a466, a468, a479, a498
- XVI, xiii, a5, a16, a37, 87 nota 2, a89, a91, 93, a96, a100, a104, a120, a122, a125, a129, a134, a138, 160, 171 nota 1, a174, a179, a186, a190, a195, a209, a285, a293, a302, a311, a319, a320, a358, a361, a365, a376, a455, a494, a496, a502, a507
- XVII, viii, a6, a16, a29, a37, a64, a68, a112, a123, 128 nota 2, a133, a150, a155, a167, a173, a187, a191, a198, a213, a231, a237, a249, a264, a284, 325 nota 1, a336, a348, a360, a378, a382, a389, a393, a395, 407 nota 1, a409, a417, 419, a429, a436, a439, a442, 443 nota 1, a447, a450, a452, a455, a459, a463, a471, a478, a486, a487, a491, a493, a507, a510
- XVIII, v, a4, 7 nota 1, a8, a13, a15, a17, a20, 21, a26, a32, a37, a39, a42, a46, a50, a59, a65, a67, 68 nota 2, a72, a75, a87, a88, a91, a94, a100, a104, a123, a126, 128 nota 1, a133, a142, a147, a159, a162, a187, a197, a213, [otra carta:] 213, a216, a226, a231, a235, a236, a240, a242, a254, a257, 259 nota 1, a260, a263, a268, a275, a279, a284, a291, a296, a300, a306, a314, 319 nota 1, a326, a331, a339, 341 nota 2, a344, a351, a362, a366, a376, a380, a387, a391, a395, a400, a404, a405, a408, a417, a422, a424, a430, a434, a446, a448, a454, a463, a472, a475, a478, a490, a498, a502, a506, a509
- XIX, v, vi, vii, [otra referencia:] vii, a4, a11, a13, a18, a21, a28, a63, 71, a72, 76 nota 1[bis], a79, a82, a84, a117, a122, a125, a129, 131 nota 1, a133, a134, a140, a141, a144, a150, a153, a154, a157, a166, 167, a172, a175, 177 nota 1, a180, a184, a253, a257, a262, 262 nota 1, a277, a282, a291, a299, a304, a311, a314, a322, a339, a342, 344 nota 2, a349, a355, a359, a361, 362 nota 1, a364, 365, 366 nota 1, a367, a372, 374 nota 24 [en la p. 374 del t. XIX, hay una nota a la p. 24 del t. XIII], 377 nota 300, 382 nota 429, 390 nota 316 [p. 316 del t. XV], 390 nota 354, 393 nota 85 [p. 85 del t. XVI], 394 nota 85, 416 nota 160 [p. 160 del t. XVII], 417 nota 167, 418 nota 230, 419 nota 232, 424 nota 407, 426 nota 445, 428 nota 473, 429 nota 477, 442 nota 244 [p. 244 del t. XVIII], 456 nota 506 [bis], 458 nota 124 [p. 124 del t. XIX], 460 nota 155, 464 nota 360, 465 nota 369 (variantes: padre Sebastián [sin el apellido]; padre González [sin el nombre de pila]; los nombres se hallan con mayor frecuencia en las notas a pie de página)

González, Simón (alférez), XIII, 541; XVI, 401

González, Viuda de (v. González, Juan: Viuda de)

González Bobadilla y Costa, padre Pedro, S.J. (amigo del padre Sebastián González, S.J., y del padre Rafael Pereira, S.J.), XV, 345, 351, 361

*González Dávila, Gil (c. 1575-1658; estudió en Roma; cronista mayor de las Indias y de las dos Castillas; autor erudito de numerosos estudios históricos y eclesiásticos)

González de Albelda, Francisco de (teniente de maestre de Campo general), XVII, 428

González de Andía e Irarrázabal y Zárate, Francisco (v. Valparaíso, I marqués de)

González de la Fuente, Juan (capitán en Galicia), XVII, 397

González de Medrano, Matías, XIV, 266 (del Consejo de Guerra formado en Ayamonte en 1637), 284 (oficial segundo del Protonotario; secretario de una junta de grandes ministros en Badajoz)

González de Mendoza, Fray Pedro (homónimo del que sigue; hermano del duque viejo de Pastrana; tío de Francisco de Mejía, q.v.; fundó un colegio en Pastrana; obispo de Osma en 1610; de Granada, 1610-1616; de Zaragoza, 1616-1624; y de Sigüenza, 1623-1639; m. 1639), XV, 281, 290, 392; XVI, d174 (del sobrino)

González de Mendoza, P. Pedro, S.J. (homónimo del anterior; visitador de la provincia de Madrid; rector del Colegio Imperial [Madrid] en 1642)
- XIII, d14, d16 (2), d170, 171, d279 (**1635**: de la duquesa de Fernandina), 510, 514
- XIV, 1 (**1637**: rector de Alcalá), 36, 152, 207, 261, 271, 391
- XV, 6, 118 (**1638**: hacen a su sobrino Francisco Mejía del Consejo de Guerra), 200
- XVI, 76 (**1640**), 175, d353-354, d354-355
- XVII, 76 (**1643**: provincial de Madrid), 112, 474 (**1644**: del Consejo de la Cámara en Indias, y en la Junta sobre éste; el Rey le favorece), 172 (**1643**: asistente en Roma), 196, 197 (su primo hermano, el marqués de Nodar), 411, 430, 474 (es nombrado para la Cámara de Indias)
- XVIII, 174 (**1645**: jornada a Roma), 225 (**1646**: entre los candidatos para ser general de la Orden), 249 (presenta la resolución de la Congregación al Papa), 256, 258 (sale elegido asistente del nuevo general de la Orden), 264, 329 (gobernador del Consejo de Italia), 339, 372, 373, 417, 455, 498
- XIX, 148 (**1648**: entrega al P. González la bula de la composición de los diezmos), 237, d327-329 y d329-330 (**1642**: rector del Colegio Imperial)

González de Quevedo, Pedro (jefe de la compañía militar del conde de Bustamante; herido en Leucate), XIV, 217

González [de Uzqueta], José (¿1583?-1668; pariente del P. Sebastián González, q.v.; no fue caballero de Alcántara [XIV, 265], sino de Santiago [XV, 199], con cuyo hábito fue enterrado [Janine Fayard, "José González", 362]; del Consejo Real y "secrétaire et confident du compte-duc, ...au courant de tous les secrets d'Etat" [Fayard, "José González", 356])
- XIII, 9 (**1634**: presidente del Consejo de Hacienda), 218 (del Consejo Real), 529
- XIV, 46 (**1637**: oidor de sala privativa en el Consejo Real), 265 (caballero de Alcántara [noticia errónea], 284 y 293 (juntas sobre Portugal)
- XV, 78 (**1638**: le dan la plaza de la Cárcel a su hijo), 199 (**1639**: oidor del Consejo Real; del de la Cámara; caballero de Santiago)
- XVI, 302 (**1642**: auditor general del ejército real y del Consejo y Cámara de Castilla), 316, 373-374
- XVII, 5 (**1643**), 11, 96-97 y 108 (confidente del Conde-Duque de Olivares), 356 (confidente de la reina Isabel de Borbón)
- XVIII, 39 (**1645**), 126 (albacea del Conde-Duque), 128 (testamentario del mismo), 170 (sátira), 284 (**1646**: letrado de la condesa de Olivares), 488
- XIX, 3 (**1647**), 126, 130 (legado de Olivares), 132, 141 (oidor del Conse-

jo de Castilla y de Cámara; ahora, presidente del Consejo de Hacienda [hasta 1660, cuando pasó al de Indias: XIX, 444 nota 328], "persona de grandes prendas"), 189, 436 nota 126 (participó en el entierro del Conde-Duque), 463 (var: Josef; Joseph; Jusepe)

*González de Varela, lic. Joseph

González Galindo, P. Pedro, S.J. (intrigante e inquieto, intervino en la política para "reformar el mundo"; le protegió el duque de Híjar)
- XIII, 182 (**1635:** uno de los que han visto la respuesta del P. Salazar a los cargos a la Compañía)
- XVII, 294 (**1643:** en el colegio de Calatayud mientras que "se componen las materias")
- XVIII, 196 (**1645:** pide libros y la Inquisición manda se le den)
- XIX, 7 (**1647:** preso por la Inquisición de Toledo)

González Medrano, Matías (v. González de Medrano, Matías)

González Picaldo, Francisco (testigo), XVIII, xxvii

González Picaldo, Luis (testigo), XVIII, xxxiii

González Villacastín, P. Miguel, S.J. (sus cartas), XVI, a324, a384-385; XVII, a410-411, a430-431; XVIII, a20-22, a133 nota 1, a148 (la fecha es: 1645), a165, a173, a175, a182, a190, a197, a207, a210; XIX, 439 nota 216 (variante: Miguel González; y posiblemente el "P. Villacastín", q.v.)

González Zafra, Juan (testigo), XVIII, xxvii

Gonzalo, H., XIII, 35

Gonzalo, P., XV, 443; XVII, 294

Goñi, Diego de (capitán; preso en la batalla de Bent), XIII, 356 (m. en la batalla de Namur)

Goñi, Jusepe de (sargento; m. en la refriega de Xenique, q.v.), XIV, 467

Gordon (teniente coronel escocés), XIX, 10 (1647: al mando de un regimiento escocés protestante, derrotado en Escocia por los católicos)

Gordon, Mr. de (capitán de cuatro compañías de la guardia escocesa en Alemania), XVII, 424 (24 de nov., 1643: preso en Tuttlingen con muchos otros oficiales del ejército francés, protestante y vaimarés, del conde de Guebriant, q.v., mariscal de Francia)

[Gordon, John] (teniente coronel escocés; en 1632, al mando de un cuerpo del ejército imperial, compuesto mayormente de regimientos de soldados escoceses, tomó parte en la campaña para echar a los suecos de Bohemia; en 1634 participó en el asesinato del capitán general Wallenstein, q.v., con Walter Leslie, q.v., y Walter Butler, q.v. [v. DNB, III, 540a y XI, 988a, y la *Enciclopedia Espasa*]; no he logrado averiguar si dos o más de los tres de apellido Gordon son una misma persona)

Gordonio, P. (confesor del rey de Francia), XIV, 157, 160

Gormaz, P., S.J., XIII, 323; XV, 225; XIX, 388 nota 225 (por error: Gormar)

Gormaz, San Esteban de (v. Villena, marqués de)

Gothe (v. Goch)

Götz, Johann von (empezó su carrera al servicio del general Ernst von Mansfeld como militar de profesión y protestante, y lo terminó como coronel al servicio del duque Maximiliano de Baviera, aliado del Emperador [en Alemania eran frecuentes tales cambios]; en 1634, a la m. de Wallenstein, q.v., el Emperador le nombró general del ejército imperial; m. en 1645, como general de la caballería de Baviera en la batalla de Jankau; v. J. Polisensky, p. 200, y C. Wedgwood, pp. 86-87, 385, 420 y 483])
- XIII, 228 y 230 (**1635:** no era coronel; no sé si estuvo en Nördlingen, q.v.; y a la vista de las muchas noticias de su actividad en las campañas

militares de 1637, 1638 y 1639, tengo por erróneas estas dos noticias de su ejecución en 1635; m. en 1645)
- XIV, 11 (**1637**: toma la plaza de Soest), 225, 226 (sitia Bergen), 235 (derrota al de Hesse), 415, 434 (**1638**: propina dos derrotas a Weimar), 436, 478, 500 (derrota la caballería de Weimar y le obliga a salir de Alsacia)
- XV, 126 y 159 (intenta socorrer a Brissac, sin éxito), 165 y 166 (**1639**: tras ocho meses del sitio de Brissac, el duque de Baviera le culpa y le prende), 168 (preso en Viena), 172, 177, 197 (se entendía con los franceses) (var: Getz; Gez; Ghetz; Ghez; Graetz; Grats; Gratz; Graz; Guetz; Guez; por error, Güeldres)

Govea, marqués de (de apellido Silva), XIII, 398 (**1636**: preso en el castillo de Coca, le condenan a seis años de destierro de la Corte y otros castigos), 435, 527 (suspenden el destierro y se cree volverá a su oficio de mayordomo del Rey, gracias al memorial presentado por el príncipe)
- XIV, 272 (**1637**: sacan de Palacio a su hija, ya casada con el primogénito de Linhares)
- XVI, 94 (1640: se declara a favor de España durante la revuelta de Lisboa), 108
- XVII, 11 (**1643**: su hermano Felipe de Silva)
- XIX, 380-381 nota 398 (detalles del incidente que por el que le envían preso al castillo de Coca)

Grabe, príncipe de (hijo del conde de Egmont, q.v.)

Grabendo, conde de (véase Gravendom)

Gracia, Caballero de (v. Caballero de Gracia)

Gracián, P. Benito (de una familia aragonesa), XVI, a368; XIX, 404 nota 368 (var. errónea: Gracia)

Gracián, P. Jerónimo Baltasar, S.J., XIX, a302 (var: P. Baltasar)

*Gracián, Lorenzo (seudónimo de Baltasar Gracián y Morales, q.v.)

Gracián, Fr. Tomás (franciscano; escribe contra la Compañía), XIII, 181, 185 (preso)

*Gracián y Morales, P. Baltasar, S.J. (n. Belmonte [Calatayud], 1601; m. Tarazona, 1658; rector del Colegio de Tarragona; de ingenio agudo; autor barroco de diversos libros de tipo filosófico y teórico; seudónimo ocasional: Lorenzo Gracián), XVI, a287 y la nota 1 (**1642**; por error, al copiar la firma, escribió el P. Pereira "Graciano"), a419; XVII, a119 (**1643**), a178-180, 295 (citado como vicerector); XVIII, 431 y 434-444 (**1646**: el 21 de nov. socorrieron los españoles a Lérida), 434 nota 1 (Gayangos dice que en la carta del día 6 [de diciembre] se lee, "P. García", error por "P. Gracián" [p. 445, línea 3], pero alguien lo había corregido), 445 (a diferencia de otras relaciones de la victoria, el P. González alaba mucho la del P. Baltasar Gracián, cuyo texto falta, por ser "grandemente verídico el P. y muy sencillo"); XIX, a271 (**1642**), 272, a299-302, 304, 404 nota 368

*Gracián [y Morales], P.[Baltasar], S.J. (testigo de vista de la victoriosa defensa de Lérida contra los francceses en 1646; confiesa en su relación que los militares le llamaban "El Padre de la Victoria"), XVIII, 434-444 (var. errónea: García)

Graciano, Baltasar (XVI, 287: por error, al copiar la firma escribió el P. Pereira "Graciano")

Gradille, Diego de (desterrado por imprimir memoriales referentes al Conde-Duque), XVII, 157

Graetz, general (v. Götz, Johann von)

Grajal, conde de (Pedro de [la] Vega, presidente de la Sumaria de Nápoles y oidor del Consejo de Castilla)
- XIV, 336 (**1638**); XV, 420 (**1640**: en Flandes con puesto)

- XVI, 215 (**1642:** presidente de la Sumaria, q.v., con retención de la plaza de Madrid), 504 (**1643:** interviene en la salida del Conde-Duque de Palacio)
- XVII, 26-27, 117 (visita al Conde-Duque en Toro), 358, 410 (**1645 [fecha corregida]:** acompaña el féretro del cardenal Gaspar de Borja y Velasco, q.v.), 412 (**1644:** caballerizo mayor del Rey), 475
- XVIII, 158 (**1645:** muy enfermo), 167
- XIX, 125 (**1647:** acompaña el cuerpo de la condesa-duquesa de Olivares a Loeches), 126 (custodio del testamento de la Condesa-Duquesa), 178; 299-300 (**el año de 1642:** la entrada cermonial del Rey en Zaragoza)

Grajal, condesa de, XVIII, 389 (1646: m. su hermana, Teresa de Borja)

*Grajales, P. Juan, S.J. (informe sobre la peste en Málaga)

Grajera, lic. Juan (médico en Badajoz), XVIII, 400

Gralhós (pueblo de Portugal a 35 km. al NO de Chaves y 8 km. al S de Montalegre), XVII, 268 (var: Grallas)

Grallas (v. Gralhós)

Grammont, Antonine de (v. Guiche, conde de)

Gran Bretaña (v. Inglaterra)

Gran Capitán (v. Fernández de Córdoba, Gonzalo)

Grana, marqués de (Francesco Carretto, general de Alemania y embajador del Emperador; se oponía al Conde-Duque)
- XIII, 374 (**1636:** en los Países Bajos con un ejército), 395 (tomó a Lingen en la Frisia, plaza muy fuerte y muy importante), 409 (tomó a Emden, cabeza de la Frisia oriental; la provincia queda cortada), 488 (Grana tomó el ejército del Lansgrave de Hesse, que huyó con mil caballos a Holanda)
- XV, 218 (**1639:** cuando los holandeses intentaron socorrer a las plazas [del ducado] de Geldern, q.v., el marqués "los rompió y desbarató con m. de los más")
- XVI, 177 (**1641:** el privado del Emperador informa al marqués, ya embajador en Madrid, que la Dieta de Alemania ha determinado que todos los señoríos y ciudades tienen que declararse por el Emperador, y que se está acordando un decreto a favor del rey de España)
- XVIII, 445 (**1646:** el embajador informa al rey de España que los alemanes han tenido una insigne victoria contra los franceses y los suecos al socorrer el archiduque Leopoldo la ciudad de Augsburg, q.v.)
- XIX, 449 nota 392 (**1644:** el embajador representó al Emperador en las honras de la reina Isabel; v. Crosby, *Índice de apellidos, títulos y oficios*...)

Granada, XIII, vi, 23, 63, 66, 80, 100, 162, 164, 320, 322, 323, 535
- XIV, 34, 107, 137, 260, 429
- XV, 2, 29, 73, 78, 101, 169, 189, 225, 226, 227, 343
- XVI, 208
- XVII, 8, 218, 247, 349
- XVIII, 91, 124, 135, 209, 236, 291, 352, 376, 385, 396, 479, 480
- XIX, vii, 161, 163, 184, 186, 188, 398 nota 237, 441 nota 243

aGranada, XV, 224, 230
- XVI, 264
- XVII, 217, 220, 246, 247, 285, 286
- XVIII, 148, 300, 306, 308
- XIX, 66, 161, 163, 184, 188

Granada, amotinada, XIX, 161-162 (1648)
- Chancillería de, XVIII, 506
- fiscalía de, XIII, 343
- Iglesia mayor, XIX, 161

Granada, arzobispo de:
- de 1627 a 1630, cardenal Agustín de Spínola

– desde 1633 hasta el 30 de diciembre, 1639: Fernando de Valdés y Llano, q.v.
– marzo de 1640: cardenal Agustín Spínola (rumores de que le nombran, pero muy enfermo: XV, 433); arzobispo de Santiago de Compostela de 1630 a 1645: XVII, 228; v. Gams, 27a)
– 2 de febrero, 1642 al 28 de junio, 1653: Martín Carrillo, q.v. (Ángel González Palencia, "Quevedo pleitista", 409; Gams, 35b); XVIII, 372; XIX, d66-67, 161-162

Granada, cárcel del arzobispo, XVII, 218
– duques de (de ascendencia vascongada), XIX, 439 nota 200
– familia real de, XVII, 11
– obispo de, XVIII, 398
– oidor de, XV, 482; XIX, 142, 435 nota 94
– presidente de [la Chancillería, Domingo de Riaño], XVI, 216
– procurador de, XIII, 219

*Granada, Fr. Luis de (1504-1588; dominico; catedrático de teología, provincial de Portugal, y autor de biografías, traducciones y obras religiosas)

Granada, Pedro de (marqués de Campo-Tejar; "descendiente de la familia real de Granada"; m. 1643), XVII, 11 (por error: Campo-Rey)

Granados, P., XIII, 479 (referencia a sus obras)

Grancha, Mr. de la (v. La Grange)

Grande, Andrés (impresor de Sevilla, 1624-1650), XIII, 474, 482

Grandeza: hasta 1598, los Grandes de primera clase eran los doce nombrados por Carlos V a imitación de los pares de Carlo Magno:
Alba, duque de (Álvarez de Toledo)
Albuquerque, duque de (La Cueva)
Arcos, duque de (Ponce de León)
Astorga, marqués de (Ossorio)
Benavente, conde de (Pimentel)
Escalona, duque de (Pacheco)
Frías, duque de (Velasco; también condestables de Castilla)
Infantado, duque de (Mendoza)
Medinaceli, duque de (La Cerda)
Medina de Ríoseco, duque de (Enríquez; también almirantes de Castilla)
Medina Sidonia, duque de (Guzmán)
Nájera, duque de (Manrique de Lara)
Felipe III concedió la grandeza a:
Lerma, duque de (Sandoval)
Sessa, duque de (Córdoba)
Uceda, duque de (Sandoval)
Felipe II, Felipe III o Felipe IV concedió la grandeza a:
Arenberg, Philippe-Charles d', V duque de Aerschot; "es grande de España, de la Llave dorada y del Toisón de Oro,...y de la Cámara del Rey"
Caracciolo, Carlos Andrea de, marqués de Torrechiuso ("su marquesado tenía la grandeza de España en la familia Caracciolo" [XV, 52; v. XVI, 283])
Cárdenas y Manrique de Lara, Jorge, IV duque de Maqueda (grande de España de primera clase)
Colón de Portugal, Álvaro Jacinto, V duque de Veraguas y duque de la Vega ("grande de España de primera clase")
Colonna, Carlos de, q.v. ["grande de España y el mayor señor de Italia fuera de los potentados"]
Doria, Carlos, duque de Tursi, q.v. (príncipe y grande de España)
López Pacheco de Acuña Cabrera y Bobadilla, Diego, VI marqués de Villena (grande de España de primera clase)
Ponce de León y Cabrera, Rodrigo, IV duque de Arcos (grande de España de primera clase)
Sermoneta, duque de, q.v. ["también grande de España"])
Vélez, marqués de (Fajardo-Zúñiga y Requesens)
Felipe IV concedió la grandeza a diez nobles en enero de 1640, sin contar otras ocasiones citadas a continua-

ción; sobre los diez, v. XV, 388-389 nota 3, con comentarios:

Alcañices, marqués de (Enríquez de Almansa)

Aranda, conde de (aragonés: Jiménez de Urrea)

Aytona, marqués de (Moncada)

Camarasa, marqués de (Sarmiento de los Cobos y Luna)

Carpio, marqués de (Haro)

Fuensalida, conde de (López de Ayala y Zúñiga)

Hinojosa, marqués de (Ramírez de Arellano)

Nochera, duque de (napolitano: Caraffa, Castrioto y Gonzaga)

Oñate, VIII conde de (Vélez de Guevara; más tarde, al V conde [XV, 389 nota 3 ¶7])

Tursi, duque de (príncipe genovés: Carlos Doria)

Felipe IV concedió también la grandeza a algunos otros mencionados por los jesuitas, como por ejemplo:

Assumar, conde de, y marqués de Tordelaguna (Francisco de Melo)

Carpio, V duque de (Diego López de Haro, padre de Luis de Haro)

Carpio, VI marqués de (Luis de Haro)

Castel-Rodrigo, II marqués de (Manuel de Moura y Cortereal)

Fuensalida, VI conde de (Pedro López de Ayala y Zúñiga)

Híjar, IV duque de (Rodrigo de Silva Sarmiento de la Cerda)

Hinojosa, marqués de (Juan de Mendoza y Alvarado)

Leganés, I marqués de (Diego Mejía de Guzmán)

Montalto, VII duque de (Luis Guillén de Moncada, Aragón y de la Cerda; tres veces grande)

Oñate, V conde de (Íñigo Vélez de Guevara y Tassis, "el viejo" [XV, 389 nota 3 ¶7, año 1643])

Trivulzio, cardenal Giangiacomo Teodoro (conde de Melzo, príncipe de Musocco, Mesolina y del Sacro Imperio Romano Germánico) XIX, 355)

Granero (militar), XV, 442 (1640: destinado a Lisboa)

Grange, Mr. de la (v. La Grange)

Granollers (a 28 km. al N de Barcelona; antiguamente Granollers del Vallés), XVII, 411

Grao, el (puerto al este de Valencia), XVII, 223

Graos, castillo de (condado de Ribagorza, Cataluña: a 33 km. al NE de Barbastro y 20 km. al NO de Benabarre), XVII, 161 (atacado por los franceses) (var: Graus)

Grasa, la (lugar en Nápoles), XIX, 102

Grasero (oficial de Napolés encargado de abastecer la ciudad), XIX, 113 (var: Grassero)

*Grasse, obispo de (v. Godeau, Antonio)

Grasso, Antonino (así llama Tarsia a Bernardino Grasso, q.v.)

Grasso, Bernardino (ex-sargento mayor; degollado durante el tumulto de Nápoles), XIX, 104

Grats; Gratz; Graz; Gretz; Guetz (v. Götz, Johann von, general del ejército imperial)

Grau, el (cadena montañosa a 44 km. de Barcelona), XIV, 251

Grau, Dr. Jerónimo, (le matan al intentar salir de Barcelona), XVI, 45

Grave (sobre el río Maas, a 8 km. de Ravestein y 15 km. al sudoeste de Nijmegen), XIII, 477; XV, 274 (var: Grobe)

Gravelines (entre Calais y Dunquerque, sobre el río Aa, cerca del mar), XIII, 142, 150; XIV, 144, 150, 151, 152, 154, 155, 159, 165, 176, 184, 380, 403, 445; XVII, 494, 495 (var: Gravelingas)

– pérdida de, XVII, 498, XVIII, 29; XIX, 343

– presidio de, XIII, 143; XVII, xxiii

– puerto de, XIV, 217, 219; XV, 98

Gravendom, conde de (líder de los valones militares; v. Ligne, príncipe), XVI, 406, 412; XIX, 264

Graxa, Mr. de la (v. La Grange)

Gray (ciudad del patrimonio del Emperador, entre Austria e Italia; amenazada por los turcos), XVIII, 290
Gray (militar), XIV, 225;
Graywarth (v. Grey of Wark, Lord)
Graz (ciudad antigua, cabeza de Estiria [SE de Austria]), XV, 91 (la Universidad); XVIII, 84 (refugio para la Emperatriz);
Grecia, XIV, 86; XVIII, 64
Gregorio (personaje de ficción), XV, 147
Gregorio XV (v. Papas, los)
Grés (plaza fuerte cerca de Dôle, en el Franche-Comté, q.v.), XIII, 506
Grese (ciudad de Holanda en el área de s'Hertogenbosch, Ravestein y Nijmegen), XIII, 395
*Gressero, P., S.J. (autor de diversos libros)
Gretz (v. Götz, Johann von)
Grey of Wark, Lord (preso en la torre de Londres), XVII, 257 (var: Graywarth)
Grijalba, Cristóbal de (n. en Villalón, q.v.), XV, 146-147 (sátira)
Grijalba, Francisco de (sargento mayor de tercio), XVII, 403
Gril (puerto de Holanda), XIII, 299
Grimaldi, Monseñor (v. Grimaldi[-Cavalleroni], cardenal, [Girolamo])
Grimaldi, Honorato u Onorato (v. Mónaco, príncipe de [en 1419 la familia genovesa de los Grimaldi se apoderó definitivamente del principado de Mónaco])
Grimaldi[-Cavalleroni], cardenal [Girolamo] (1595-1685; gobernó Viterbo, Roma, Perugia y el ducado de Urbino [1626-1641]; arzobispo titular de Seleucia [1641]; cardenal en 1643; residió en Francia [1646-1685]; administrador de la archidiócesis de Aix en 1648 y de la sede metropolitana de Aix en 1655; v. Salvador Miranda, *Cardinals...*)
– XIII, 515 (**1636:** nuncio en Nápoles)
– XVII, 382 (**1643:** nuncio en Francia y "hermano del príncipe de Mónaco, que nos volvió la cabeza"; en Francia le puso el Rey la birreta de cardenal)
– XVIII, 358 (**1646:** "afecto a Francia")
– XIX, 86 (**1647:** interesado en la conquista de los presidios de Toscana), 159; (var. errónea: Grimani, apellido de una familiia noble de Venecia)
Grimani, Giovanni Battista (capitán general de la marina de Venecia y general de la artillería del ejército; de una familia noble veneciana cuyos antepasados en el s. XVI eran almirantes, cardenales y duxes [*Indice Biografico Italiano, Nuova serie*, ficha de Argegni, II, 301, 385: Argegni, Corrado])
– XVIII, 319 (**1646:** la agresiva política veneciana en las islas del mar Egeo; v. Foscolo)
– XIX, 8 (**1647:** quiere que todas las islas del archipiélago del mar Egeo se sometan a Venecia) (variante errónea: Grimaldi, apellido de una familia noble de Génova)
Grisones, embajadores de los (Grisones: cantón montañoso del sudeste de Suiza, el más extenso y el menos poblado, frontera con Italia y Austria), XIV, 208, 256, 292 (la corte festejó a los embajadores)
Grogtel (según Gayangos, letra difícil de transcribir; era teniente coronel español, apodado "el Cojo"), XVIII, 442 (sobre Villanoveta, q.v.)
Grolt (ciudad de Flandes), XV, 129 nota 1 (por traición de Enrique de Vergas lo perdió España)
Gropoli, marqués de (v. Génova, embajador de: Antonio Julio Briñoli)
Grovendocq, barón de (del Consejo de Guerra de Flandes), XVII, xxiii
Guadaira (río de Andalucía que desemboca en el Guadalquivir al sur de Sevilla), XVI, 248
Guadalajara (España), XIII, 526; XIV, 51, 256; XV, 96; XVI, 365, 419; XVII, 68; XVIII, 224; XIX, 177
– montes de (al noreste de Madrid), XIV, xi

- puerta de (en Madrid), XIII, 73; XV, 109; XIX, 2
- Guadalajara (México), obispo de, XIII, 165 (1635: Juan Sánchez Duque, catedrático de la Universidad de Alcalá)
- Guadalcanal (a 25 km. al SE de Llerena), XVIII, 393
- Guadalcázar, II marqués de (Francisco Fernández de Córdoba), XVIII, 391 (1646: en la junta de Obras de Bosques), 489 (1647: posible gobernador de Orán); XIX, 449 nota 390
- Guadalcázar, marqueses de, XIII, 7
- Guadaleste, IV marqués de (v. Cardona, Felipe de, caballero de Alcántara y embajador ordinario a Flandes)
- Guadaleste, V marqués de (v. Cardona, Francisco de, hijo del anterior)
- Guadaleste, VI marqués de (v. Cardona, Felipe de, hijo del anterior y almirante de Aragón)
- Guadaleste y Jamaica, marquesa de (María Ruiz Colón de Córdoba, duquesa de Veraguas, hija y sucesora de Cristóbal de Cardona, q.v., almirante de Aragón, q.v.; se casó con Francisco de Mendoza, q.v., marqués de Mondéjar), XIX, 398 nota 237
- Guadalquivir, río (inundación en Sevilla), XVI, 245, 248
- señor (personificación del río que inunda Sevilla), XIX, 246
- Guadalupe (en el noreste de España, cerca de Irún), XV, 19, 35
- (prov. de Cáceres), XVII, 307, 418; XVIII, 401
- Nuestra Señora de (v. Nuestra Señora de Guadalupe)
- Guadarrama (sierra entre Madrid y Segovia), XVIII, 228; XIX, 324
- puerto de, XVII, 116
- Guadiana, río de (pasa por Badajoz, dobla al S y por 50 km. forma la frontera con Portugal, a 14 km. al O de Olivenza, q.v.), XIV, 319; XVI, 193; XVIII, 201
- "puente de Olivenza" (v. "Olivenza, puente de")

Guadin, P., S.J., XVIII, 180
Guadix, obispado de (prov. de Granada), XIII, 435
- obispo de, XIX, 383 nota 521 (Juan Dionisio Portocarrero, obispo, 1636-1640)
Guadix, P., S.J., XIV, 21 (en la causa de la madre Luisa); XV, 82
Guadramil (a 20 km. al S de la Puebla de Sanabria), XVII, 301 (var: Guardamil)
Guaire (villa de Aragón), XVIII, 446 (en 1646 los españoles la tomaron de los franceses)
Guajaca (v. Oaxaca [México])
Guajardo, Francisco, XV, 104 (1638: m.), 110 (muy favorecido del Conde-Duque)
Guales (v. Wales)
Gualter (v. Walter)
Guansiniqueta (lugar cerca de Fuenterrabía, q.v., donde se colocaron ciertos cuarteles), XV, 18
Guarda (v. Guardia)
Guardainfantes, XV, 205, 220 (pragmática que prohibía su uso)
Guardamillaya (cerca de Piacenza; tomada por los franceses), XIII, 385
Guardia alemana o tudesca (v. Sástago, IX conde de) (var: La Cuchilla)
- española (v. Gelves, marqués de los)
Guardia, duque de la (Ferrante de la Marra, padre de Fr. Vicencio de la Marra, q.v.), XIX, 401 nota 320
Guardia, IV marqués de la (Rodrigo Mejía Carrillo de Albornoz; título concedido en 1566 a Gonzalo Mejía y Carrillo), XIX, 433 nota 19
Guardia, V marqués de la (Gonzalo Mejía Carrillo de Albornoz, hijo del anterior), XIV, 336 (1638: participa en una boda); XVIII, 19 (1645: le destierran por travesuras de mozos); XIX, 433 nota 19
Guardia, lic. Pedro Juan de la (sus cartas), XVI, a198-199 (1641: al duque de Cardona), a209-213, 230
Guardián, P. (capuchino de Zaragoza), XV, d72n1

Guardiola, Cristóbal de (dispone un regimiento para atacar Salsas), XV, 342
Guardiola, Diego de (capitán),XVI, 322
Guardiola, García de (catalán), XVI, 71
Guardiola, Gerardo de (proveedor general de la Armada), XV, 448
Guaro, conde de (v. Chumacero Carrillo y Sotomayor, Juan de)
Guasco, Bernardo (caballero de Alessandría de la Palla [en el Monferrato]), XIII, 501; XIV, 93
Guasco, Carlos (napolitano e hijo de Ludovico Guasco, marqués de Solier; maestre de Campo; como soldado no destacó por su valor ni por sus cualidades), XIV, 93 (**1637**: al mando de un tercio en la Valtelina), 463; XV, 35 (**1638**: otro en Fuenterrabía), 180 (**1639**: bajo el mando del duque de Módena)
– XVI, 407 (**1642**: general de la artillería de Alsacia)
– XVII, 428-429 (se había casado en Flandes con la princesa de Pfalzburg, q.v., matrimonio muy desigual socialmente, por el cual le llevaron preso)
– XIX, 263 (cabo segundo del ejército del general Beck), 264 y 274 y 275 (con Beck) (var: Guasque)
Guasco, conde Gui (partidario del duque de Parma), XIII, 373 (**1636**: muy malherido, el marqués de Leganés le prendió)
Guasco, Ludovico (marqués de Solier; padre de Carlos Guasco), XVII, 428
Guasque (v. Guasco, Carlos)
Guastala, casa de (v. Gonzaga, Vicente, y Gonzaga, Victoriano)
– príncipe de, XVII, 120 (1643: Victoriano Gonzaga, hijo del príncipe de Guastala)
Guasto, marqués del, XIV, 35 (el desafío del marqués del Guasto con el duque Rainerio de Parma)
Guateli, Mr., XIV, 467 (m.)
Guater (v. Walter)

Guaxardo, Francisco (véase Guajardo, Francisco)
Gudiel, Luis (del Consejo de Castilla y de la Cámara)
– XV, 78 (**1638**: fiscal de la sal), 465 (**1640**: preside la Junta de los caballeros de la boca)
– XVII, 5 (**1643**: de la Cámara de Castilla), 25 (le quitan una comisión por tolerancia ante excesos), 442 (**1644**: acompaña al Rey)
– XIX, 260 (**1642**: como oidor, va a Murcia a reclutar la nobleza para servir al Rey)
Guebriant, conde de (Juan Bautista Cebrián, mariscal de Francia; en 1643 gobernaba las armas francesas y Weimaresas cuando perdió la batalla de Tuttlingen)
– XIV, 237 (**1637**: por miedo a los españoles, Génova no acepta los infantes y galeones de Guebriant)
– XV, 323 (**1639**: sucede al duque de Weimar [m.], en el mando de su ejército), 439
– XVII, 132 (**1643**), 326 (nombrado embajador en Italia, y luego nombrado plenipotenciario a las paces de Münster), 407-408 (la derrota de Tuttlingen), 420, 421 (en 1643 a Guebriant le amputan el brazo izquierdo por un tiro recibido cerca de Rottweil), 407 y 423 (m. en 1643 "de un cañonazo de bombarda delante de Rottweil", mientras sus tropas sufren la derrota), 419-429 (**enero de 1644**: relación extensa de la batalla), 424-425 (lista de los presos)
– XIX, 424 nota 407 (var: Jebrán; por error: Budes o Budet)
Guedejas, pragmática de las, XIII, 514; XVI, 127
Guedilla, doctor, XVI, 438 ("tuvo catorce votos para peste")
Güeldres (v. Geldern)
Guernica, XV, 470 (1640: aquí una junta del señorío de Vizcaya niega tropas al Rey), 472

ÍNDICE ONOMÁSTICO

Guernica, árbol de, XIV, 282 (1638: la junta del señorío de Vizcaya tiene lugar junto a éste); XV, 378
Guerra, Consejo de (v. Consejo de Guerra)
Guerra, P. (franciscano; obispo en Sicilia), XV, 220, 293, 320, 450
Guerra, José (hecho conde), XVIII, 427
Guerra y Saceli, Juan de la (cabo del de Leganés en Lérida), XVIII, 310
Guerrero, Juan (alférez), XVII, 400
Guerrero, Pedro, XIV, 265 (secretario del duque de Ciudad Real, q.v., y de Felipe IV en la jornada a Portugal; perdió un dedo en Leucate), 429 (secretario del barón de Auchy, q.v.)
Guetaria (puerto a 30 km. al O de San Sebastián, sobre una lengua de tierra estrecha y escarpada), XV, 7, 17, 14, 43, 43, 45, 57
Guetchat, castillo de (Flandes), XVIII, 140, nota 1 (1645: Gastón Orleáns, duque de Orleáns, lo tomó de los españoles)
Guetz (v. Götz, Johann von)
Guevara, P., S.J., XV, ix
Guevara, Beltrán de (primer marido de Catalina de Guevara, q.v.; era ella la segunda de este nombre y IX condesa de Oñate; v. XIX, 427 nota 468), XVII, 505, nota 1 (identificación errónea del padre del conde de Villamediana); XIX, a12 (**1647**: autor de una carta sobre la guerra de Cataluña)
Guevara, Catalina de (ésta es la primera de este nombre, y fue hija del IV conde de Oñate, q.v.; heredó el título y se casó con Íñigo Vélez de Guevara y Tassis, "el viejo", q.v., que pasó a ser el V conde de Oñate, q.v.; la de la ficha anterior era la segunda de este nombre y fue hija del VIII conde de Oñate, q.v., y estuvo casada con Beltrán de Guevara y luego con el duque de Medina de las Torres [v. Oñate, IX condesa de])
Guevara, Íñigo Vélez de (v. Oñate, V conde de, y VIII conde de)

Guevara, Felipe Ladrón de (v. Ladrón de Guevara, Felipe)
Guevara, padre Francisco de, S.J., XIII, 12 (1634: se halla entre los que hablan al Rey de los papeles sobre la Compañía de Jesús), 74 (influye en la Orden de quemar estos papeles), 75, 78, 81
Guevara, P. Jerónimo de, S.J., XIV, 104; XIX, 283, 291
Guevara, Martín de (capitán que residía en la casa del Almirante de Castilla), XIII, 225 (1635: asesinado en Madrid por el hermano de un siciliano a quien Guevara había matado en Sicilia)
Guevara, padre Pedro de, S.J., XIV, a432 (1638); XV, a72 (1638); XVIII, 133 (1645: visita a la condesa de Olivares), 197 (pierde la vista); XIX, 292 (1642: como los catalanes quieren a Hinojosa, se le manda a Lérida)
Guevara y Padilla, Sancho de (gobernador del Estado de Milán hacia 1585 a 1588), XVII, ix
Guez (v. Götz)
Gui, duque de (v. Guisa)
Guiche, conde de (Antonio de Grammont, mariscal de Francia y gobernador de Champagne)
– XVI, 392 (**1642**: atacado y derrotado por Francisco de Melo junto a Châtelet), 410, 414, 415
– XVII, 425 (**1644**: consta en lista de presos del ejército del mariscal Guebriant en la batalla de Tuttlingen, q.v.)
– XIX, 263, 266 (**1642**: escapa de la batalla de Châtelet, q.v.), 267, 274, 275 (sin embargo, en dicha batalla fue deshecho su ejército y tomado su estandarte), 276
Guiena (v. Guyenne)
Guilon (error por Gassion, q.v.)
Guillén, Beltrán (francés, residente en Madrid), XV, 24
Guillén de Aragón-Luna y Córdoba, Luis (v. Montalto, VII duque, y cardenal)

*Guillén de la Carrera, Alonso (del Consejo de Castilla, autor de un escrito contra Francia)
Guillermo, P., XV, 501 (está señalado para una misión; v. Medina)
Guillermo, Federico (v. Federico Guillermo)
Guimar, Bernardo (v. Weimar)
Guimarães (vetusta ciudad histórica a 22 km. al SE de Braga; cuna de la monarquía portuguesa), XIV, 310 (var: Guimarains)
Guinea, barco de, XIV, 426 (preso)
Guipúzcoa, XIII, 30, 506, 506, 524, 525, 537
— XIV, 22, 267, 429, 443, 452, 454, 456, 459, 462, 490, 498
— XV, 27, 43, 68, 73, 74, 80, 103, 104, 158, 175, 178, 231, 245, 327, 445, 470, 476
— XVII, 38
— general de, XIV, 320 (1638: el almirante rechaza este puesto)
— guerra de (1636-1638; victoria de Fuenterrabía, q.v.), XIX, 430 nota 477
— provincia de, XIII, 309; XV, 47
Guipúzcoa, Diego de, XIII, 356 (1635: m. en la batalla de Bent)
Guisa (v. Guise)
Guisa, conde de (v. Guiche, conde de)
Guise (a 40 kilómetros al sudeste de Cambrai, Francia), XIII, 481, 492 (var: Guisa)
— capitana de (v. Guise, galeón de)
— galeón de (capitana de Francia), XVI, 425, 426 (**1642:** se lo queman a los franceses); XIX, 286, 291 (**1642:** laméntanse en Barcelona su pérdida), 298 (var: Guisa)
— nave (v. Guise, galeón de)
Guise, Mr. de (v. Guise, duque de)
Guise, IV duque de (Carlos de Lorena, 1571-1640, padre del duque Enrique II)
— XIII, 390 (**1636:** ha huido de Francia a Florencia)
— XIV, 209 (**1637**), 259, 263, 266, 268
— XIX, 416-417 nota 164 (var: Guisa)

Guise, V duque de (Enrique II de Lorena, 1614-1664; hijo del IV Duque; heredó el título en 1640; arzobispo de Rheims; conspiró contra Richelieu, quien le desterró a Flandes; en 1647 se puso a la cabeza de los amotinados en Nápoles; fue preso por los españoles y encarcelado en Madrid, 1647-1652; en 1655 Luis XIV le nombró gran canciller de Francia [XIX, 416-417 nota 164])
— XVI, 135 (**1641:** uno de los cuatro señores rebeldes al rey de Francia que se refugieron en Sedán, "plaza muy fuerte del de Bouillon, en los confines de Flandes", donde no quiso Richelieu meterse con el Infante-Cardenal)
— XVII, 6 (**1643:** muerto ya Richelieu, el Rey llamó a París a Guise con los otros desterrados "para tratar la paz": v. XIX, 411-412 nota 6), 138 (m. ya Luis XIII, Marie d' Medici, reina madre y regenta, les perdonó), 164 (el hermano del Duque, arzobispo de Reims, se casó en Flandes y al volver a Francia vestido de eclesiástico, "pretende nulidad de matrimonio"), 427-428 (**1644:** pendencia con el hijo del de Châtillon, q.v.)
— XIX, 137 (**1647:** los amotinados de Nápoles llaman al Duque, que está en Roma), 151 (**1648**), 164, 176 y 183 (los españoles al mando de Juan de Austria derrotaron a los franceses y a los amotinados [v. 177 nota 1 y 183 nota 1]; el duque de Guise intentó pasar a los estados papales, pero fue preso cerca de Capua por Próspero Tutavila, q.v., y llevado al castillo de Gaeta), 411-412 nota 6 (var: Guisa)
Guises, casa de los, XV, 79 (1638: Joinville era feudo y título de la misma)
Guises, partido de los, XVII, x (los esfuerzos de Felipe II para hacerlo prevalecer en Francia)
Gumiel de Mercado, mayorazgo de (v. Mercado, Gumiel de)

Gurumeña (v. Juromenha)
*Guseno, maestro Fareal (pseudónimo de Rafael Nogués, q.v.)
Gustavo (hermano ilegítimo de Gustavo II Adolfo, rey de Suecia, q.v.), XIX, 254 (**1642:** preso; canjeado; "es buen soldado"); XVII, 484 (en **1644** preso en una batalla, y en **1645** preso en la segunda batalla de Nördlingen, q.v.)
Gustavo II Adolfo (1594-1632; rey de Suecia, 1611-1632; m. en la batalla de Lützen, que ganó su ejército), XIII, 24, 150 (su viuda); XIV, 280 (su hija; v. Cristina, reina de Suecia); XVIII, 178
*Gutiérrez, lic. Juan (historiador)
Gutiérrez de Bustamante, Toribio (receptor de la Inquisición), XVII, 415 (quiebra personal muy grande: "pasa de 340.000 ducados")
*Gutiérrez de Medina, Dr. Cristóbal (hacia 1640, capellán del VI marqués de Villena, q.v.)
Gutiérrez de Toledo, P. Gaspar (de un Colegio de Salamanca), XV, a257
Gutiérrez Tello, Juan (del hábito de Santiago; militar), XVI, 219
Guyenne, duque de (gobernador francés de Picardía), XVI, 289
Guyenne, gobernador de la (v. Epernon, duque de) (var: Guiena; Guyana)
Guzmán, casa de, XIX, 397 nota 237 (sobre algunos miembros de la familia)
Guzmán, caballero (militar),XVIII, 382
Guzmán, Alonso Pérez de (v. Pérez de Guzmán, Alonso)
Guzmán, Diego (capellán mayor y limosnero de Felipe III y Felipe IV, y patriarca de las Indias de 1616 hasta 1625 (v. la ficha del "Patriarca de las Indias Occidentales: cronología")
Guzmán, Dionisio de (maestre de Campo general en Milán), XVIII, 201; XIX, 428 nota 473
Guzmán, Enrique de (v. Olivares, II conde de)

Guzmán, Enrique de (v. el que sigue)
Guzmán, Enrique Felípez de (v. Felípez de Guzmán, Enrique de)
Guzmán, Fray Fadrique de, XVI, 261 (sátira)
Guzmán, Félix de, XVI, 163 nota 1 (nota errónea, a base del relato de Novoa, q.v., y corregida por Gayangos [v. XIX, 397 nota 473], pues en tiempos de Felipe III y Felipe IV Félix de Guzmán no era Patriarca de las Indias, sino que lo eran primero Juan de Guzmán, q.v., en tiempos de Felipe III; luego Diego Guzmán, q.v., en tiempos de Felipe III y Felipe IV; y por fin Alonso Pérez de Guzmán, q.v., hacia 1642; v. la ficha de los "Patriarcas de las Indias Occidentales", basado en la cronología documentada del *Diccionario* de Aldea Vaquero; Gayangos se basa en el *Catálogo* de Lázaro Díaz del Valle, q.v., compuesto hacia 1664)
Guzmán, Fr. Félix de (dominico; obispo de Orihuela, 1645-1646), XIII, 27; XVIII, 6, 207 (sus diocesanos piden al Rey les dé otro obispo); XIX, 397 nota 473
Guzmán, [Fulano] (caballero; en la batalla de Orbetello), XVIII, 382
Guzmán, Gaspar de (v. Olivares, conde-duque de)
Guzmán, Gaspar Tebes Tello de (v. Fuente del Torno, I marqués de la)
Guzmán, Inés de (v. Alcañices, marquesa de)
Guzmán, Isabel María de (hija de Gabriel Núñez de Guzmán, I marqués de Toral, q.v.; hermana del duque de Medina de las Torres, q.v.; y la primera esposa de Bernardino Fernández de Velasco, VII condestable de Castilla, q.v.), XV, 478
Guzmán, Juan de (v. Villanueva de Cardeñosa, marqués de)
Guzmán, Fr. Juan de (obispo de Canarias, 1624-1628, arzobispo de Tarragona, 1628-1633, y luego de Zaragoza, 1633-1634; patriarca de las In-

dias, 1602-1605; m. 1634), XIII, 26; XIX, 374 nota 26[b], 397 nota 237 (v. la ficha de los "Patriarcas de las Indias Occidentales: catálogo"
Guzmán, Juan Carlos de (v. Fuentes de Cazaza, marqués de)
Guzmán, Juan Manuel de (v. Medina Sidonia, VIII duque de)
Guzmán, Julián de (nombre inicial del hijo ilegítimo del Conde-Duque; v. Felípez de Guzmán, Enrique)
Guzmán, Luis de (v. Algava, II marqués de la)
Guzmán, P. Luis Ignacio de, S.J., XVII, 280 (le elogian)
Guzmán, Luisa María Francisca de, hermana del IX duque de Medina Sidonia (véase Braganza, VIII duquesa de)
Guzmán, María de (hija única del Conde-Duque; v. Guzmán y Zúñiga, María de)
Guzmán, Martín de (v. Montealegre, marqués de)
Guzmán, Martín de (v. Palacios, marqués de)
Guzmán, Pedro Andrés de (v. Algaba, III marqués de la)
Guzmán, Pedro Enríquez de (v. Fuentes, I conde de)
Guzmán Acevedo y Zúñiga, Inés de (v. Alcañices, marquesa de)
Guzmán Acevedo y Zúñiga, Leonor María de (v. Monterrey, VI condesa)
*Guzmán de Alfarache (véase Alemán, Mateo)
Guzmán Azevedo y Zúñiga, Francisca de (v. Carpio, marquesa del)
Guzmán Azevedo y Zúñiga, Inés de (hermana del Conde-Duque; v. Alcañices, VI marquesa de)
Guzmán el Bueno [apellido] ("Pérez de Guzmán el Bueno" era el apellido de los VII, VIII y IX duques de Medina Sidonia, q.v., y del héroe de la defensa de Tarifa en el año 1294)
Guzmán, Fonseca y Zúñiga, Manuel de (identificación errónea; v. Monterrey, VI conde de)

Guzmán Ponce de León, Luis de (hermano del duque de Arcos; v. Ponce de León)
*Guzmán Sarabia, Dr. Sancho (caballero de San Juan [de Jerusalén], capellán de la Real de Sevilla)
Guzmán y Spínola, Ambrosio Ignacio (hijo segundo del I marqués de Leganés, q.v., y de su primera mujer, Polixena Spínola-Doria, q.v.; hermano del II marqués y conde de Morata, q.v.; fue sucesivamente obispo de Oviedo [de 1665 hasta 1668], Valencia [1667-1668], Santiago de Compostela [1668-1669], y Sevilla [1669-1684; v. Gams]; m. 1684]), XIX, 413 nota 82 (por error, se dice que m. en 1669)
Guzmán y Velasco, Gaspar de (1646-1648; hijo de Enrique Felípez de Guzmán, q.v., y nieto del Conde-Duque [v. el árbol genealógico a continuación de la p. 18 de Elliott, *The Count-Duke*]; a la m. de la Condesa-Duquesa en 1647, el título de Duque de Sanlúcar la Mayor pasó a Gaspar de Guzmán y Velasco, y a su m., al duque de Medina de las Torres, q.v. [v. Elliott, p. 672])
Guzmán y Zúñiga, Antonio de (v. Ayamonte, VI marqués de)
Guzmán y Zúñiga, María de (1609-1626; hija única del Conde-Duque; casó con Ramiro Núñez Felípez de Guzmán, I duque de Medina de las Torres, q.v.)
Guzmana (sátira), XVIII, 166
Guzmanes, los, XVI, 101 (familia de la VIII duquesa de Braganza); XVII, 218 (religiosos de Granada)

H

Haarlem (navío), XV, 122
Habana, La, XIII, 48; XIV, 244, 245, 246, 267; XV, 165, 303; XVI, 474; XVIII, 450, 481 (v. Cartagena de Indias), 482
Hacienda (v. Consejo de Hacienda))

Hacienda Real del rey de Portugal, XVI, 453 (proveedor: v. Betanzos, Juan de)
*Haedo y Gallart, Diego de (historiador)
Haes (v. Aix)
Haes, Gil de (v. Aix, Gil de)
Haguenau (en Alsacia, a 50 km. al N de Strasbourg), XIII, 383; XIV, 134; XVII, 353 (var: Ecknau; Egnao; Hagenao)
Hainaut (prov. de Flandes que abarca las ciudades de Tournai, Mons [la capital] y Charleroi), XIII, 45; XIV, 364, 436; XV, 347 (por error, dice que Arras está en Hainaut); XVI, 404; XVII, xvii; XIX, 67, 273 (var.: Anault; Enao; Hainault; Henao; Henaut; Naseo; la ortografía de las cartas no siempre aclara la distinción entre la provincia de Hainaut y la ciudad de Hanau, q.v.; he recurrido al contexto de las citas)
Hais (v. Aix)
Hais, Gil de (v. Aix, Gil de)
Hal, Nuestra Dama de (iglesia de la villa de Hal, a orillas del río Senne y del canal de Charleroi y a 15 km. al SO de Bruselas; celebrada en Flandes por la imagen de la Virgen, a la cual se habían atribuido milagros), XVII, 129 (var: Al)
Halberstadt (a 45 km. al SO de Magdeburg), XIV, 415 (su obispo); XIX, 462 nota 263 (sitiada por los de la casa de Austria) (var: Alberstadt; Alberstat)
Hall (en Suecia, donde se refugiaron los bávaros para evitar el ejército del duque de Enghien), XVIII, 178
Halle (a 34 kilómetros al noroeste de Leipzig; recuperada por los imperiales), XIII, 398; XIV, 226 (variante: Ala)
Halluyn, duque de (v. Schomberg, Carlos)
Hallur (v. Gallur)
Halmada (v. Almada, Fulano de)
Haltonia, la (casa aristocrática en Irlanda), XVI, 266
Ham (a 20 km. al SO de St. Quentin y 11 km. al SE de Nesle, q.v.), XIII, 493; XVII, xvi; XIX, 461 nota 262 (var: Han)
Hambourg; Hamburg; Hammburgh (v. Hamburgo)
Hamburgo (a 270 km. al NO de Berlín), XIII, 430, 530; XIV, 145, 226, 229, 324, 341, 423; XV, 180, 203, 242; XVI, 60; XVII, 202; XVIII, 335; XIX, 9, 338
Hamerstein (plaza en el estado de Tréveris, el cual está a 50 km. al noreste de Luxemburgo y 100 km. al sudeste de Coblenz, sobre el río Meuse), XIV, 147
Hamilton, conde de (inglés), XVII, 384
Hamilton, marqués de (inglés), XVI, 180-181, 187-188, 190
Hampton (v. Hampton Court)
Hampton Court (antiguo palacio real en Middlesex, a orillas del Támesis y al SO de Londres), XVI, 190
Han (v. Ham)
Hanau (a 18 km. al E de Frankfurt-am-Main y 47 km. al NE de Mainz y el Rhin)
– XIII, 344 (no se refiere a Hainaut, sino a Hanau: "los imperiales han tomado a Hanao", q.v.), 451 (no está "junto" a Frankfurt-an-der-Oder, que está en la frontera de Polonia, sobre el río Oder)
– XIV, 165 (para el corresponsal, "es la Ginebra de Alemania, donde hay herejes de todas naciones" [en efecto, Hanau hospedaba a los refugiados de las guerras de los Países Bajos]), 242, 363 (var: Hanovia [error]; Anao; Ejnao; Enao; Hanao; sobre la ortografía y la identificación de esta y otras ciudades, v. Hainaut)
Hannover (ciudad que perenece al ducado de Braunschweig-Lüneburg, en el N de Alemania, a 255 km. al O de Berlín [v. Lüneburg]), XIV, 313

Hannover, príncipe de ([sic]; de la casa de los duques de Brunswick-Lüneburg, gobernadores del ducado de Lüneburg, q.v.; Hannover era en el s. XVII una ciudad de dicho ducado, pero los corresponsales españoles llamaban al ducado indistintamente "Hannover" [XIV, 218 y 242] o "Lüneburg", q.v.) (var: Hanau [error]; Hannovia; Hanovia)

Hanseáticas, ciudades (v. Liga hanseática)

Hansfelt (v. Hatzfeldt, Melchor)

Habsburgh (castillo en el Aargau [N de Suiza]), XIII, 90

Harach, cardenal (v. Harrach, cardenal)

Harcourt, conde de (Enrique de Lorena Elbeuf, 1601-1666, hijo del duque de Elbeuf, Carlos I [murió en 1605], y de su mujer Margarita de Chabot, condesa de Charny; Harcourt era hermano de Carlos II, q.v., [1596-1657; duque de Elbeuf a partir de 1605]; en 1639 casó con la sobrina de Richelieu, viuda de Puylaurens [valido del duque de Orleáns a quien Richelieu mandó asesinar]; desde 1620 hasta 1651 Harcourt tuvo una carrera militar brillante y era uno de los más hábiles generales franceses del siglo XVII; en 1629 Luis XIII le concedió el collar de sus Órdenes; para los Jesuitas era "el general de mayor reputación que hay en Francia"; véanse XVI, 341; XV, 167, 353 y 377; XIX, 440 nota 230 y 444 nota 312) (variantes: Ancourt; Ancur; Ancurt)

– XV, 353 y 401 (**1639-1640:** general del ejército francés en Italia), 377, 432 (**1640**), 451-452 (derrota del marqués de Leganés y los españoles en el Monferrato de Italia; v. XVII, 209)

– XVI, 289 (**1642:** el Rey le da el gobierno de la región de Picardía, q.v., y las armas del opósito de Flandes), 392, 401 y 410 (cerca de Le Catelet, q.v., Francisco de Melo derrotó los ejércitos de Harcourt y del duque de Guise)

– XVII, 209 (**1643**), 353 (caballerizo mayor del Rey y embajador en Inglaterra, "a denunciar la guerra [en Inglaterra] a los parlamentarios")

– XVIII, 2, 15 y 43 (**1645:** viene Harcourt como nuevo gobernador de Cataluña y de sus armas), 62 y 74 (la Diputación responde a la petición de Harcourt que no tiene ni dinero ni gente), 65 (Harcourt sitia a Rosas), 73, 85 y 92 (los españoles le impiden pasar por el río Segre camino a Balaguer y Lérida; pasó por Flix y Mortara), 118 (tomó Rosas, pero en Barcelona las monjas rehusaron cantarle el "Te Deum"), 142-143 (los españoles derrotan un ejército francés y entran en Lérida), 151-154 (Harcourt intenta sin éxito asaltar Balaguer), 159, 172 (coloca guarniciones francesas en Lérida, Balaguer y Flix), 185-186 (Simón Mascareñas resiste las demandas de Harcourt en Balaguer), 197 ("témese invasión o en Valencia o en Aragón"), 206 (en Barcelona los catalanes resisten a Harcourt), 229-230 (**1646:** dos versiones contradictorias sobre la recepción de la mujer de Harcourt en Barcelona: v. XIX, 440 nota 230), 252 (intentó hacer un fuerte entre Lérida y Fraga), 262, 277-279 y 297 (noticias inciertas), 266 (en nombre de su Rey concedió mercedes, o sea, que se apropió de títulos españoles con sus tierras, para concedérselos a los catalanes rebeldes a España [v. "El ducado de Cardona es ya del delfín de Francia", XVI, 297], como por ejemplo el del marqués de Aytona [q.v.] a Margarit, q.v. [confidente de Francia; XVIII, 266]; "marqués de Camarasa" a otro; y "duque de Cardona" a Felipe de La Mothe-Houdancourt, q.v. [XVIII, 41 nota 1; v. la ficha de "Cardona, duque de, como título francés"]), 282 (el gobernador de Tarragona derrotó

a los franceses), 304, 309, 310 y 314 (en una refriega cerca de Lérida m. el conde de Chabot, mariscal de campo y pariente de Harcourt, y Mr. de la Valierè, "grande ingeniero", q.v.), 311-312, 315-316, 326-327 (no se atrevió a atacar a Fraga), 332, 334 (muchos franceses pasan al ejército español o a Lérida), 340-341, 342 y 346-347 (Harcourt pide la rendición de Lérida al gobernador español y éste no le contesta), 343, 357-358, 361 y 399 (se quema gran parte del cuartel de Harcourt por explosiones de pólvora), 367, 372 y 378 (se le va mucha gente), 416-417, 419-421 (Harcourt pide al gobernador Brito, q.v., que se rinda, y éste se niega), 426 (se le va mucha gente por falta de víveres), 428 (para animar a su gente, dice que vienen de socorro 8.000 infantes y 2.000 caballos), 431 y 435-442 y 444 (los españoles socorren a Lérida de noche cuando estaba Harcourt en su cama; huyeron con desorden y pérdida de mucha gente y armas; "nueve veces los acometió Harcourt y todas le rechazaron matándole lo mejor de su nobleza", y a él su caballo; "los cojimos durmiendo a todos"), 446-447 y 453 (se fue de Balaguer a Cervera a recoger la gente herida), 458 (**1647**: "fue a París por la posta y se tiene por cierto no volverá a Cataluña"; le sustituye M. de Plessis), 475, 476 (le sustituye el príncipe de Condé), 502 ("el francés trataba de tomar los puestos mismos" de Harcourt sobre Lérida, pero el gobernador Brito, q.v., "les degolló un tercio")
- XIX, xiv, 69, 122, 263 (**1642**) y 273-274 y 303 y 306 (**1642**: sobre los ejércitos de Harcourt y del conde de Guiche, q.v., en Flandes)

Hardales, marqués de (v. Algava, marqués de la)

Harina, arrendador de la (en Nápoles, 1647), XIX, 99

- gabela de la, XIX, 97

Harnes (v. Arnhem)

Haro, conde de (v. Castilla, IX condestable de)

Haro, Alonso López de (v. López de Haro, Alonso)

Haro, Andrés de (comisario general del ejército de Aragón), XVII, 362

Haro, Baltasar de (canónigo de Toledo), XIII, 258

Haro, Diego López de (véase Haro y Sotomayor, Diego López de), XIX, 369

Haro, Juan Domingo de (v. Monterrey, VII conde de)

Haro, Luis de (1598-1661; no usaba ni su primer apellido, Méndez, ni su título ["characteristically, and presumably by choice, he continued to be known simply as don Luis de Haro", Elliott, *The Count-Duke,* p. 672]; hijo de Diego López de Haro [V marqués del Carpio] y Francisca de Guzmán [hermana del Conde-Duque]; VI marqués del Carpio, duque de Montoro, duque de Olivares [heredero del mayorazgo de Olivares y sobrino de Gaspar de Guzmán, a quien reemplaza en la privanza]; grande de España; casado con Catalina Fernández de Córdoba [hija del duque de Cardona])

- XIII, 6 (**1634**), 296 (**1635**), 440 (**1636**: Francisco de Melo, conde de Assumar, le manda una carta sobre la toma de Schenck, q.v.)
- XIV, 40, 300 (**1638**: visita al P. Victoria, posible predicador del Rey), 308
- XV, 69 (**1638**: accidentado), 86, 180 (**1639**: se le da el antiguo aposento del duque de Alba), 251 (pretende la encomienda del de Sástago), 258 (le nombran capitán de las guardas de Castilla), 388 (**1640**: hacen grande de España al padre, V marqués del Carpio)
- XVI, 163 (**1641**: comisionado para prender al duque de Medina Sidonia,

en Córdoba), 170, 242 (**1642**: la boda del hijo del Conde-Duque), 243, 244, 381, 497 (**1643**: el Conde-Duque le entrega documentos como nuevo privado), 498
- XVII, 106 (**1643**: lleva recado del Rey al Conde-Duque), 107, 108 (intermediario entre el Conde-Duque, la Condesa y el Rey para fijar el lugar de retirada de los primeros), 114 (la sesión de Haro y Antonio de Alarcón con el Conde-Duque previa a su retirada), 115 (visita al Conde-Duque en Pozuelo de Alarcón), 116 (le dan la cámara del Príncipe), 117 (visita al tío en Pozuelo de Alarcón), 120 (nombrado "sumiller de corps" del príncipe en caso de ausencia de Fernando de Borja), 170, 221 (dificultades con otros validos del Rey), 248 (se ve con el general Felipe de Silva), 322 (muy amigo del confesor del Rey, fray Francisco de Santo Tomás, para disgusto de otros), 438 (**1644**: depositario de las capitulaciones de boda entre la hija del príncipe de Oria y el heredero de la Puebla de Montalbán), 475 (caballerizo mayor de la campaña), 476, 505
- XVIII, vi, 16, 45 (**1645**: trata de convencer al duque de Arcos para el gobierno de Valencia), 46, 98, 99 (le encargan recaudar dinero), 104, 123, 126 (uno de los albaceas del Conde-Duque), 128 (testamentario del Conde-Duque), 129, 133 (en Zaragoza con el Rey), 134 (el Rey le hace duque de Olivares), 138, 148 (resentimiento de el de Fernandina), 151, 175 (va a Andalucía a pedir dinero), 181 (se entrevista en Ocaña con Juan [José] de Austria), 182, 183, 187 (acuerdo con la condesa de Olivares), 189, 197 (le reciben en Córdoba con gran aplauso), 233 (**1646**), 235, 267, 270, 284 (en Loeches a tratar del pleito con la condesa de Olivares), 285, 293 (precede al Rey en Zaragoza para preparar su llegada), 297, 333, 344 (intermediario entre el Rey y los diputados de la corte), 347, 365, 387, 391, 402 (irá con el de Leganés al socorro de Lérida), d431, 444, 452 (sale a recibir en Madrid al general de Santo Domingo), (**1647**: interviene con el Rey en favor del marqués de Ayamonte para que le conmuten la pena capital), 459 (informa sobre las paces entre holandeses y España), 485, 488
- XIX, 22 (**1647**: sale para Zaragoza), 63 (llega a Madrid y le visita toda la corte), 68, 73, 75, 126 (su papel en el testamento de la condesa-duquesa de Olivares), 127, 128 (el Almirante le dirige palabras altaneras), 130 (lo que le otorga el testamento del conde-duque de Olivares), 133 (m. su mujer, Catalina Fernández), 140, 141, 155 (**1648**: m. el nieto del Conde-Duque, y Haro es uno de los pretendientes al título de marqués de Mairena), 171, 195, 199, 200, 201, 202, 203, 208, 210, 221, 248 (**1642**), 369 (m. la marquesa del Carpio, su madre: Francisca de Guzmán, Acevedo y Zúñiga, casada con el V marqués del Carpio, Diego López de Haro), 436 nota 126 (su pleito con la condesa viuda de Olivares, por la alcaldía de los alcázares de Sevilla)

Haro, Luis del (error por "de"), XVII, 120
Haro, María de (v. Mélito, princesa de)
Haro y Avellaneda, García de (v. Castrillo, II conde de)
Haro y Avellaneda, Inés María de (v. Castrillo, condesa de)
Haro y Guzmán, Gaspar de (VII marqués del Carpio; hijo de Luis de Haro, q.v.; hermano del VII conde de Monterrey; virrey de Nápoles hacia 1663), XVIII, 183; XIX, 460 nota 259
Haro y Paz, Luis de (hijo del conde de Castrillo), XVI, 89
Haro y Sotomayor, Diego López de (v. Carpio, V marqués de)

Harrach, cardenal [Ernst Adalbert von] (n. 1598, m. 1667; arzobispo de Praga, 1623; Gran maestre de la Orden de la Cruz con la estrella roja, 1623-1667; Consejero privado del emperador Fernando III, 1637; rector de la Univ. de Praga; en 1646 coronó a Fernando IV, rey de romanos, y en 1656 a Leopoldo I, rey de romanos)
- XIV, 232 (**1637**: deseaban los franceses llevar leal pontificado), 374 (**1638**: por razones de política alemana, "está mal quisto el obispo en Roma") (var: Arac; Harach)

Harscot, duque de (v. Aerschot, duque de)

Hartfort, marqués de (noble inglés), XVI, 163, 165

Harwich (puerto a 105 km. al NE de Londres), XV, 359

Hasa (en la Valtelina), XIII, 407

Hasfelt (v. Hatzfeldt)

Hasia (v. Hesse)

Hasti (v. Asti)

Hatzfeldt, Melchor (1593-1658; conde de Gleichen; general del Imperio alemán)
- XIV, 226 (**1637**: iba contra "Enfert, debajo de Essaux"), 235 (tomó el fuerte que guardaba el puente de Torgau, q.v.), 241 (defendió su plaza en Westfalia), 352
- XV, 123 (**1638**: derrotó al conde Palatino en Westfalia), 172 (**1639**: tomó Ver, q.v., plaza de mucha importancia), 300 (Hatzfeldt y Matías Galaso, q.v., derrotaron al general sueco Juan-Gustavson Bannier, q.v., primo del rey sueco Gustavo Adolfo), 352-353 (tomó tres o cuatro fuertes junto a Konstanz, q.v., de mucha importancia para impedir el paso del Rhin)
- XVI, 279 (**1642**: avisó a Lamboy que se detuviera; no lo quiso hacer, y fue derrotado), 342 (el duque de Lorena se ha juntado con Hatzfeldt), 464 (los suecos tuvieron que levantar el sitio de Leipzig, y con la llegada de Hatzfeldt se estableció de nuevo la igualdad de fuerzas)
- XVII, 132 (**1643**: está en Viena), 308-309 (en el Rhin, derrotó a los franceses), 421 (**1644**: el enemigo había sitiado a Rottweil, y como no llegó a tiempo Hatzfeldt, hubo que entregar la ciudad), 485 (cerca de Colonia el lanzgrave de Hesse atacó unas tropas, pero Hatzfeldt cercó al lugar, lo puso fuego, y prendió unas tropas y degolló otras)
- XIX, 303 (**1642**), 344 (var: Ahtzfel; Alfelt; Anferst; Ansfel; Ansfeld; Ansfeldt; Ansfelf; Ansfelt; Asfel; Asfeldt; Atzfels; Hansfelt; Hasfelt; Hatzfeld)

Havenas (a 17 km. al norte de Amiens), XIII, 491

Havre, Le (puerto del norte de Francia, entre Cherbourg y Dieppe), XIX, 254 (var: El Havre)

Haya, La (v. Saint Germain en Laye)

Haya, La (Holanda), XIII, 315; XV, 372; XVI, 220; XVII, 130, 451; XVIII, 508

Hayo, P., S.J., XVIII, 181, 210

Hechicero aragonés, XVII, 9 (procesado por la Inquisición)

Hedin (v. Hesdin)

Heidelberg (a 25 km. al SE de Mannheim; la corte del Palatino), XIII, 122 (**1635**: tomada por el Emperador), 149 (recobrada) (var: Hidelberg)

Helbez (Alemania), XIV, 241

Helena vicus (nombre romano de Hesdin, q.v.)

Helices, Sant (v. Santelices)

Heliche, marqués de (se refiere al duque de Medina de las Torres, q.v.) (var. Eliche; Liche)

*Heliodoro (s. IV d.C.; autor griego de narraciones románticas)

Heltas (nombre de un demonio en un exorcismo), XIII, 130

*Hemelman, P. Jorge, S.J. (n. en Málaga, 1574; m. 1637; entró en la Compañía en 1589 y profesó de cuatro votos en 1608), XIV, 137 nota 1 (v.

su biógrafo, Cristóbal de *Cabrera) (var: Hemmelman)
Hemerstein (v. Hermestein)
Henao, prov. de (v. Hainault)
*Henao y Monjaraz, Padre Gabriel de, S.J. (residente en Valladolid de 1634 a 1642), XIII, 118 nota 1 (carta sobre Álvaro de Torres); XV, a338; XVI, a395, 404, 422, 428; XIX, 263
Henaut, país de (v. Hainault)
Henci (cerca de Cambrai, entre Arras y St. Quentin), XVI, 396; XIX, 264, 273
Henchefort, barón de (general del Imperio), XVI, 405 (**1642:** en Douai); XIX, 263 (en la batalla junto a Châtelet), 265 (var: Henquefort; Enchefort; Inquefort)
Hénin (puede ser Hénin-Lietard, a 20 km. al noreste de Arras, o Hénin-sur-Cojeul, a 8 km. al sudeste de Arras), XVII, 125
Hénin, conde de (v. Bournonville, duque de)
Hennim (gran soldado de mucho valor, residente en Landrecies, q.v.), XIV, 179 (var: Landresi)
Henrico IV o Henrique IV (v. Enrique IV)
Henríquez, Alfonso (primer rey de Portugal en 1139; m. en 1185), XVI, 96
Henríquez, Álvaro (hijo del marqués de Oropesa), XIII, 343
Henríquez de Guzmán, Diego (v. Alba de Liste, III conde de)
Henríquez de Porres, Fr. Antonio (v. Enríquez de Porres, Fr. Antonio)
Henríquez de Porres, José (v. Castronuevo, II conde de)
Henríquez de Porres, Francisca (hija del I conde de Castronuevo, q.v., casada con el conde de Villaumbrosa, q.v.)
Hera (v. Aire)
Heramonte, Sieur de (gobernador de Châtelet), XVII, xvi (var: Ciramont; Hermont; Liermont)
Herasso, P. Luis de, S.J. (v. Erasso, Luis de)

*Herbias, Juan de (autor de una relación)
Herbípoli o Herbípolis (nombre latín de Würtzburg, q.v.)
Hércole, Porto o Puerto de (v. Port' Ercole)
Hércules (v. Port' Ercole)
Hércules (navío), XV, 122
Hércules (hijo del príncipe de Mónaco), XIX, 395 nota 207
Herdon, XIX, 9 (de acuerdo con las treguas entre Baviera y los franceses, esta villa vuelve al duque de Baviera)
Here (v. Aire)
Heredia, María de (comedianta), XIX, 120 (**1647:** el conde de Sinarcas se amistó con ella en Valencia; presa por el Virrey; causa serio alboroto), 121 (huye a Inglaterra)
Hereford (en Inglaterra a 70 km. al SO de Birmingham), XVII, 139 (var: Herefort)
Heresborough, conde de (véase Carde, Lord)
Heri (v. Aire)
Hérisson (en Francia a 70 km. al SE de Bourges, con un castillo "algo fuerte": v. Capelle, La), XIII, 496-497 (**1636:** de los franceses; luego tomado por los españoles); XIV, 156 (**1637:** recuperado ahora por los franceses) (var: Eriçon; Herison; Hirson; Irson)
*Herluá (¿Herlois?) (autor de un pronóstico manuscrito)
Hermandad, la [Santa] (milicia rural española establecida en 1476), XIII, 427; XIV, 3; XVII, 145
Hermenegildo, San: Colegio de (v. San Hermenegildo)
Hermestein (castillo fortísimo sobre el Rhin, en el obispado de Tréveris; en 1637 lo rindió Juan de Weerth, q.v.), XIV, 134, 160-162, 165, 178 (var: Hemerstain; Hemestain; Hermesteyn)
Herminio, P. Juan, S.J., XIII, 232-233
Hermisende (pueblo de la sierra de Rabo de Gato, a 17 km. al sur de Lu-

bián, q.v., en el río Tuela), XVI, 168 (var: Armisenda)

Hermont, Sr. de (v. Heramonte, Sieur de)

Hermópoli, el de [se refiere a un clérigo procedente de una de dos "ciudades de Hermes": Parva, en Egipto bajo, y Magna, ciudad antigua de Egipto medio], XVIII, 376 nota 1 ("dijo de pontifical" en Granada [se refiere al libro que contiene las ceremonias pontificias])

Hermosilla, P., XVIII, 162 (le saluda el P. Cardeñoso)

Hernández, Dr. Miguel, XIX, a272

Hernández, Simón, XV, 138, 139, 140, 141, 142 (sátira)

Hernández Herrera, Juan, XVI, 453

Hernando, P., S.J., XIII, 118

Hernani (pueblo a 5,5 km. de Fuenterrabía), XIV, 456, 459, 484, 487

Herodes (Biblia), XVI, 326, 378

Hersent, Carlos ("teólogo y traductor parisiense"), XIV, 328

Hertogenbosch, 'S, o 'S Bosch (fr. Bois-le-Duc; a 48 km. al sur de Utrecht; capital del Brabante del N; su nombre se deriva de el del duque Godofredo de Brabante, s. XII), XIII, 244, 248, 250, 395; XIV, 241, 464; XV, 129 nota 1 (por traición de Enrique de Vergas perdió España esta plaza), 130, 274 (var: Bolduc; Bolduque)

Herradores, plaza de los (en Madrid), XIV, 274

*Herrera (v. Herrera y Tordesillas, Antonio de)

Herrera, P.(v. Herrera, P. Antonio,S.J.)

Herrera, P. Antonio, S.J. (confesor del Conde-Duque), XIII,166 (**1635**: confiesa al IX Almirante de Castilla), 296 (**1636**: predica en la fiesta de san Francisco de Borja); XIV, 89 (**1637**: le echan de la corte por el contenido de un sermón); XVIII, 465 (**1647**: a la m. del Almirante, de quien era confesor el P. Antonio, el Rey le hace su predicador)

Herrera, Domingo (ujier de la mesa del Rey), XVII, 157

Herrera, Fadrique de, XVI, 121-122 nota 2 (v. la ficha de los hermanos Espatafora)

Herrera, [Fulano] (en la Univ. de Salamanca), XIII, 65; XVIII, 76

Herrera, Juan de (¿el mismo que sigue?), XVIII, 354 (amigo de unos de los Jesuitas)

Herrera, Juan de (caballero de Santiago; caballerizo del marqués de Eliche)

– XIII, 398 (**1636**: por estar complicado en un escándalo y desterrado, le quitaron la administración de la encomienda de Castilla [v. Águila, marqués de, y XIX, 380-381 nota 397])

– XIV, 35 (**1637**: desafía al marqués de Águila en los cantones suizos), 156, 188 (mayordomo del Conde-Duque de Olivares), 193 (el desafío en Altdorf), 194 (le expulsan de Suiza)

– XIX, 380-381 nota 398 (**1636**: examen detallado del escándalo), 381 nota 398 y 409 nota 377 (el papel del conde de Cantillana como padrino del desafío)

Herrera, capitán Pedro de, XV, 165 (1639: m.)

Herrera, Rodrigo de (general de la caballería de las Órdenes en Cataluña), XVI, 422 (**1642**: en Fraga con tropas), 428 (a recuperar la castellanía de Amposta; XIX, 351 nota 1 (m. en Las Horcas, q.v., donde era comisario general del trozo de Órdenes), 354, 401 nota 320

*Herrera y Sotomayor, Jacinto de (gentilhombre y bibliotecario del Infante-Cardenal; escritor y poeta), XIII, 486 y la nota 1 (1636: alcaide de Venguerencia en el maestrazgo de Alcántara), a490 (al Infante-Cardenal); XIV, 142 (carta suya contra el príncipe Tomás)

*Herrera y Tordesillas, Antonio de (n. en Cuéllar, 1549, m. 1625) (var: Herrera, sin más)

Herreros, Francisco de los, XV, 78 (1638: fiscal del Consejo de Guerra); XVI, 235 (1642: le dan la fiscalía del Consejo de Hacienda)

Hesdin la nueva (a 60 kilómetros al sudoeste de Boulogne; edificada por Carlos V en 1554 cerca de la vieja, destruida en 1553 por los saboyanos)
- XV, 274 (**1639**: sitiada por del duque de Châtillon, q.v.), 276, 277, 278, 282 (socorrida por el Infante-Cardenal), 291 (sitiada por Châtillon y Bresé), 300, 301, 302, 304 (se rinde a los franceses), 308, 311, 314, 321, 397, 402
- XVI, 221 (**1642**: Francisco de Melo la recupera), 410
- XVIII, 429 (**1646**) (var: Edin; Esdin; Hedin; Helena Vicus)

Hesen o Hesia (v. Hesse)

Hesperia, la (nombre que los griegos dieron a Italia y los romanos a España), XVI, 226

Hesse (estado en el centro de Alemania; durante la guerra de los treinta años fue gobernado por dos lansgraves protestantes; la capital de la parte norte y oriental era Kassel [v. Heinemeier, *A Social History...*, pp. 148-150], y la del resto, Darmstadt; en las *Cartas de Jesuitas* frecuentemente Hesse-Kassel se llamaba simplemente Hesse), XIII, 488; XIV, 226 (**16-37**: se cree que Hesse caerá en manos del ejército del Emperador, católico), 363; XV, 492 (**1640**), 494, 496; XVI, 31 (**1640**: se halla en Hesse el ejército imperial con 60.000 hombres [v. Heinemeier, 143-144, 149-150]), 341 (var: Asia; Assia; Essem; Hasia; Hassia; Hazia; Hesen; Hesia; Hessem; Hessen; Hessia)

Hesse[-Kassel], lansgrave de (en 1627 el lansgrave Mauricio el Sabio abdicó en su primogénito, Guillermo V, calvinista y "pertinacísimo enemigo de la casa de Austria" [XIV, 335], que gobernó Hesse-Kassel hasta su m. en octubre de 1637 [v. Heinemeier, 139-143]; Mauricio había m. en 1632)
- XIII, 31 (**1634**: "Ahora han hecho maestre de Campo general de Francia al lansgrave de Hesse,...[con] un ejército de 30.000 hombres"), 149 (**1635**: los cosacos imperiales arrasan su estado [para Heinemeier, 142-143, eran croatas]), 194 (las paces firmadas con el Emperador), 315, 331 (mediador el duque de Sajonia), 345 (hace sus paces con el Emperador), 384 (**1636**: el Lansgrave traiciona el pacto con el Emperador), 451 ("rebelde" al Emperador, socorre unas villas)
- XIV, 11 (**1637**: el Lansgrave tuvo que abandonar la plaza de Soest, q.v.), 66 (Picolomini tomó una ciudad al Lansgrave), 69 (en Roma), 208 (oct. de **1637**: "Murió el lansgrave de Hesse [Guillermo V], sin dejar herederos [sic]; todo su estado tienen ocupado los imperiales"), 226 (puede perder las ciudades de Anasi, Stettin, Vismar y Rostock; sobre estas ciudades, v. Stettin), 235 (el general Guetz [v. Götz], del Imperio, derrota a los de Hesse-Kassel), 241 (derrota del Lansgrave, que se retira a Minden, q.v.), 392 (abril de 1638: *Pronóstico...para el año de 1638*: "El lansgrave de Hesse[-Kassel] muere. Ya está cumplido" [se refiere a la m. de Guillermo V en oct. de 1637])

Hesse[-Kassel], lansgravina de (a la m. de Guillermo V le sucedió hasta 1650 su viuda, Amalie Elisabeth [v. Heinemeier, 143-145 y 152], tutora de sus hijos menores; en las *Cartas* se lee, "el lansgrave", salvo la cita de XVII, 181, que dice correctamente, "la viuda del lanzsgrave de Hesse")
- XIV, 331 (**1638**), 335 (derrota de la Lansgravina; pide concierto con el Emperador [v. Heinemeier, 143]), 351 (las tropas de Hesse-Kassel no tienen caudillo), 392 (sátira), 399 (la

Lansgravina se había concertado con el Emperador), 424 (desertan soldados suyos)
- XV, 94 (**1638**: perdonado), 129 (se dice que uno de los lansgraves se redujo a la fe católica y le hicieron general de las galeras en Malta), 454 (**1640**), 455 (los ejércitos imperiales derrotan a los protestantes, incluso a la lansgravina de Hesse-Kassel [Gayangos cita la *Relación verdadera de la felicísima victoria...*, q.v.]), 489 y 495 (**1640**: el ejército de Hesse[-Kassel] se junta con los de otros)
- XVI, 125 (**1641**: su derrota a manos de Picolomini y del archiduque Leopoldo; Gayangos cita la misma *Relación*), 177 (la misma noticia)
- XVII, 181 (**1643**: su acuerdo con el Emperador), 324 (el arzobispo de "Brema" [¿Bremen?] se casa con la hermana de la lansgravina de Hesse), 353, 384, 484 (**1644**: las tropas de Hesse-Kassel atacan a los imperiales cerca de Colonia)
- XIX, 292 (**1642**: derrotan los imperiales al ejército de Hesse-Kassel)
[¿Hesse-Darmstadt, lansgrave de?] (posiblemente se refiere a Jorge II, lansgrave de Hesse-Darmstadt de 1626 a su m. en 1661)
- XVII, 147 (**1643**: visita al rey de España en Madrid "el lantzgrave de Hesse, caballero de San Juan [de Jerusalén], a quien el Conde-Duque había hecho general en lugar de el de Fernandina")
- XVIII, 188 (**1645**: sale bien un diálogo con el Nuncio en Madrid), 394 (**1646**: salió de Madrid para Lucerna, "lugar de su encomienda de San Juan")

Heste, de (cardenal) (v. Este, Fernando d')

Heubur (a 28 km. de Ratisbona), XVI, 129

Heybar (v. Eibar)

Hibernia (nombre latino de Irlanda), XIV, 347

Hiedelberg (provincia de Baden-Württemberg; corte de los electores del Palatinado), XIII, 122, 149 (var: Hidelberg)

Hierro, Dr. Agustín del (fiscal del Rey y oidor de Granada; caballero de Calatrava), XVIII, 91 (**1645**: alcalde de Corte), 460 (**1647**: oidor de Órdenes); XIX, 226 (**1648**: formula la acusación fiscal contra el duque de Híjar, Carlos Padilla y otros)

Higuera, La (v. Higuera de Vargas)

Higuera de Vargas (pueblo a 55 km. al S de Badajoz y 30 al NO de Jerez de los Caballeros; v. Valverde), XVII, 290, 292, 311

Híjar, conde de (v. Híjar, duque de)

Híjar, IV duque de (Rodrigo de Silva Sarmiento de la Cerda Mendoza y Villandrando, 1600-1664; II marqués de Alenquer [título concedido en 1616 a su padre, Diego de Silva y Mendoza: v. Atienza, 794a]; nieto de Ruy Gómez de Silva [marido de la princesa de Éboli]; grande de España; VII conde de Salinas [título concedido en 1470 a Diego Sarmiento y Mendoza: v. Atienza, 954b y Carraffa, LXXXIII, 155] y conde de Ribadeo [título concedido en 1439 a Rodrigo de Villandrando: v. J. de Atienza, 946a]; por casamiento en 1622, era IV duque de Híjar y de Aliaga y VI conde de Belchite, Vallfogona y Guimerá [v. Ezquerra, p. 14; San Vicente y Crosby, 188; e Híjar, duquesa de]; gentilhombre de la cámara de Felipe IV; comendador de Coruche y Soure en la Orden de Cristo; gran camarlengo de la Corona de Aragón [San Vicente y J. Crosby, p.188]; en 1648 fue acusado de conjurar para sublevar Aragón y proclamarse Rey, con la ayuda de Francia; preso en Santorcaz; m. 1664 [(Ezquerra, 332])
- XIII, 7; XIV, 6, 37-39, 62, 64, 274 (**1637**: entre los grandes que reciben a la duquesa de Chevreuse en Madrid), 322, 324, 336

- XV, 179 (**1639:** capitán de los caballeros de Cristo), 314 (los franceses baten Canet, su propiedad)
- XVI, 238, 310 (**1642:** general de las armas de Badajoz), 313 (va a gobernar las armas de Ayamonte), 381, 432 (va a Pinto por el cuerpo del duque de Nochera), 503 (**1643:** recibe al Rey de vuelta del Escorial, después que se le ha dado orden al Conde-Duque de retirarse del palacio)
- XVII, 99 (1643: se queja al Rey del papel en favor del Conde-Duque donde se le critica a él y a otros nobles), 115 (no visita al Conde-Duque en Pozuelo de Alarcón), 358 (disgusto con el conde de Monterrey), 451 (**1644:** orden de que se vaya de Madrid)
- XIX, 191 (**1648:** lo detienen), 193 (en el castillo de Santorcaz, q.v., preso por la conspiración), 195, 196 (le doblan las prisiones; relación de los doce cargos criminales que se le hacen), 197 (sus cómplices: Carlos de Padilla, Fulano Díaz de Solís, y Francisco Fernández Solís [tesorero del Almofarifazgo de Indias de Sevilla]; sus cargos), 206, 207, 210, 214, 215, 224-225 (ejecución de sus cómplices Padilla y Carlos de Silva), 226 (1648: su sentencia: condenado a reclusión perpetua en castillo y cuantiosas multas), 297, 313, 358, 385 nota 322, 396 nota 237 (Gayangos identifica al IV Duque correctamente en la p. 385, pero en las 396-397 le confunde con "Jaime Francisco Víctor Fernández de Híjar, Sarmiento y Silva", hijo primogénito suyo que lleva el nombre del rey Jaime de Aragón, antepasado de su madre; el segundo hijo se llamó Ruy Gómez, por su bisabuelo, y el tercero, Diego, por su abuelo y otros antepasados: v. R. Ezquerra, *La conspiración del duque de Híjar*, pp. 14, 17, 19, 105 y 333; J. de Atienza, 794a y 954b), 397 (Isabel Margarita fue mujer, no madre, del IV duque [v. la ficha que sigue y la p. 385] y en la p. 397 se confunde el IV Duque, Rodrigo, con su hijo, Jaime), 408 (se repite la confusión)

Híjar, duquesa de (Isabel Margarita Fernández de Híjar, duquesa de Híjar y de Aliaga; condesa propietaria de Belchite, Vallfogona y Guimerá; descendía del rey Jaime de Aragón; en 1622 se casó con el anterior duque [no era su madre, como dice Gayangos: XIX, 397 nota 237])
- XVI, 227; XIX, 363-364 (**1642:** le dan la extremaunción), 385 nota 322

Hijares, señora de (Blanca de Toledo, casada con su primo hermano Juan Ruiz de Alarcón y Guzmán, señor de Buenache y II marqués de Palacios), XIX, 443 nota 291

Hilbrun (una de las cinco ciudades que Baviera dio a Francia de acuerdo con unas treguas firmadas en 1647), XIX, 9

Hinchado, Thomé o Tomé (nombrado en una sátira de Juan del Espino), XV, 101

Hinojosa, I marqués de la, y marqués de San Germán (Juan de Mendoza y Alvarado), XIX, 414 nota 101 (1628: m.)

Hinojosa, II marqués de la (Juan Ramírez de Arellano, VIII conde de Aguilar, q.v.; se trata de una misma persona, pero en las *Cartas de jesuitas* se le nombra indistintamente por uno u otro de los dos títulos (v. la ficha del VIII conde de Aguilar)

Hinojosa, marquesa de la (María de Alvarado y Velasco, casada con Rodrigo Pimentel; madre de la que sigue; cuando m. en 1635, su yerno heredó el título de VIII conde de Aguilar, q.v., XIII, 52, 243, 350;

Hinojosa, marquesa de la (Ana María de Mendoza y Alvarado, hija de la anterior, casada con el VIII conde de Aguilar, q.v.; m. 1642), XVI, 223 (m. en seis días, "la más hermosa de la corte, de 25 años, y de ayer acá grande y muy rica", 233 y la nota 2 (otros dos relatos de su m. muy joven); XIX, 414 nota 101

Hinojosa, P., S.J., XIX, 141

Hinojosa, Esteban de (gobernador de Zafra), XVI, a268 (1642: a Juan de Federigui, inquisidor de Sevilla), a317, a384

Hinojosa, Juan de la (capitán), XVI, 169 (1641: participa en encuentros con portugueses); XVII, 302, 303, 397

Hipocrene (nombre de la fuente de las musas, creada cuando Pegaso golpeó con su pata el monte Helicón), XV, 153

Hipólito (hijo de J. Pellicer y Tovar, que militaba en la guerra de Cataluña), XVI, xiii

Hirson (v. Hérisson)

*Hizco de Quincoces, Pedro (secretario del IV duque de Arcos)

Hoces, Pedro de (parece error por Hoces y Córdoba, Lope de, q.v.)

Hoces y Córdoba, Antonio de (hijo del que sigue; llevaba el título de vizconde de las Algeciras de Hornachuelos), XV, 314 (por error: "Lope"); XIX, 389 nota 314

Hoces y Córdoba, Lope de (vizconde de las Algeciras de Hornachuelos; capitán general de la escuadra de navíos en La Coruña; almirante; m. en 1639 de un cañonazo en la costa de Inglaterra)

– XIII, 275 y 310 (**1635**: cabo de 3.000 portugueses y 500 castellanos en 36 naos de guerra que salieron de Portugal para socorrer Pernambuco), 316 (la flota de cargo de Hoces se perdió y los holandeses prendieron a todos los marineros; llegaron tres a San Sebastián), 375 (**1636**: "Lope de Hoces llegó a Pernambuco con socorro a tiempo" [sic])

– XIV, 167 (**1637**: reemplaza a Collart al mando de una flota de gente y dinero para Flandes; le nombran oidor de Indias), 183, 196 (tomó siete navíos holandeses con gran cargamento militar), 202 (tomó diez navíos holandeses y los hundió), 210 (tomó otros 24 navíos holandeses), 258 (le mandan vaya con sus navíos a Lisboa), 272, 274 (partió de Galicia para Flandes con 38 galeones, 5.000 hombres y 1.800.000 ducados), 278, 279 (**1638**: le espera el Infante-Cardenal en Flandes), 286 (llegó a Flandes y tomó nueve navíos holandeses), 290 (en Dunquerque, con 4.000 españoles y 1.500.000 ducados), 293 (Hoces tomó 24 naves francesas), 379 (tomó cinco navíos de guerra), 388 (su armada llegó a La Coruña, habiendo tomado 20 navíos franceses en el camino), 395 (vuelve a La Coruña), 410 (los de Dunquerque, a la vuelta, tomaron cuatro galeones holandeses con 1.000.000 de escudos de oro) 454, 457, 459 (su armada va a Vizcaya para enfrentar a los franceses), 476, 484 (en Fuenterrabía con gente y víveres de refresco), 499

– XV, 7 (**1638**: los franceses cerraron el puerto de Guetaria con 56 navíos), 15 y 17 y 57 (los franceses quemaron su armada en el puerto; Hoces escapó [en estas páginas se llama "Don Lope"; v. también la ficha de Rubín de Celis, Diego]), a41, d44, a46, 57, 110 (sin licencia para entrar en la corte), 198 (**1639**: le mandan a Galicia, a esperar su destino), 221, 231, 240, 242 (en Flandes se espera su flota), 280 (le desafió el arzobispo de Burdeos, Henri d'Esconbleau de Sourdis, q.v., que manda la armada de Francia), d283-284 (capitán general de la escuadra de navíos en La Coruña), d284 nota 1, a285 (la respuesta de Hoces al de Burdeos), 297, 313 (almirante de la flota que va a Flandes), 314 (le hacen vizconde con condición), 318, 322, 327, 333, 347, 357 (con Antonio de Oquendo en las Dunas [así se llamaban los Downs, una rada en la costa SE de Inglaterra]),

358 (malherido en las Dunas), 361 (mercedes hechas a su familia), 373 nota 1 (según otra relación, había m. Hoces de un cañonazo en la batalla de las Dunas)
— XVIII, xxvii; XIX, 389 nota 314 (el título que se dio a don Lope era de vizconde de las Algeciras de Hornachuelos) (var: Don Lope; Hozes; Oces; Ozes)
Hoest (v. Horst)
Holanda, XIII, 11, 86, 148, 211, 226, 246, 247-252, 262, 271, 273, 299, 300, 303, 305, 308, 310, 313, 316, 317, 334, 335, 337, 340, 344, 357, 360, 363, 393, 415, 416, 437, 477, 488, 535
— XIV, 16, 20, 23, 59, 63, 99, 110, 125, 155, 176, 240, 240, 288, 335, 344, 410, 411, 414, 415, 426, 430, 431, 439, 448, 483
— XV, 87, 95, 106, 117, 120, 122, 124, 125, 129, 130, 176, 184, 188, 202, 211, 212, 251, 259, 262, 267, 290, 300, 305, 332, 347, 352, 356, 357, 358, 359, 360, 372, 380, 384, 409, 423, 480
— XVI, vii, 51, 51, 80, 80, 81, 95, 126, 128, 136, 179, 188, 193, 203, 224, 226, 232, 276, 309, 332, 333, 337, 348, 360, 370, 371, 388, 410, 411, 436, 464
— XVII, 121, 130, 149, 192, 202, 222, 327, 472, 478
— XVIII, 10, 11, 57, 197, 206, 215, 233, 250, 282, 282, 303, 335, 357, 363, 364, 433, 448, 459, 471, 472, 489, 490, 508
— XIX, 69, 78, 170, 174, 251, 338
Holanda, almirante de, XIV, 144, 196, 280
— corte de, XIII, 315
— embajador de Portugal en, XVII, 121 (1643: embajador Ahumada)
— estados de, XIII, 380, 388; XVIII, 312
— particulares residentes en el Brasil, XV, 130 (se quejan de que el capitán general del Brasil, hijo del conde Mauricio y sobrino del de Oranje, ha tomado todo el oro que venía en unos barcos para ellos), XV, 130
— rey de, XVI, 81 (título al que aspira el príncipe de Orange)
Holandés, el, XIX, 343
Holofernes (general asirio del rey babilónico Nabucodonosor; m. por Judit), XIV, 104, 105 (así se llamaban algunas damas al Conde-Duque) (variante: Olofernes)
Hölstein (a 20 km. al SE de Basel, Suiza), XIV, 159
Holland, I conde de (Henry Rich, 1590-1649; en 1617 el rey James I le nombró capitán de la guardia real, y luego barón de Kensington y I conde de Holland; recibió la Orden de la Jarretera y fue nombrado rector de la universidad de Cambridge, pero durante la guerra civil de Inglaterra su carácter irresoluto y vacilante le impidió ganar el favor de Carlos I y el del Parlamento, de manera que cuando uno le negó recompensarle, acudió al otro, y viceversa, hasta que cuando perdió dos batallas el Parlamento le encarceló, y en 1649 el tribunal le sentenció a m. [v. DNB, XVI, 997a-1000a]), XVII, 327 (**1643:** se pasa al bando de Carlos I de Inglaterra [noticia que se refiere a su intento en 1643 de volver a servir al Rey])
Hom, coronel (militar francés), XIX, 9 (entregado a Baviera como rehén)
Homo-Dei y Pacheco, Carlos (v. Villanueva del Ariscal, marqués de)
Honburg (castillo de Tuttlinghen, q.v.)
Honnecourt, abadía de (junto a Châtelet en Picardía, q.v.), XVI, 392, 411 (1642: el conde de Guiche construyó unas fortificaciones cerca de la abadía); XIX, 263, 264, 274 (var: Honcout; Honnecourt; Oncur)
Hönningen, Bad (ciudad en el distrito de Neuwied, a 8 km. al NO de Koblenz en el Rhin-Palatinado, en la orilla oriental del Rhin), XIX, 374 nota 24 (var: Honinguen)

Horaces, ducado de (ocupa un área al O y NO de Milán; v. la localización de los pueblos de Oleggio y Castaño), XIII, 471 (**1636**: 'Crequi' y Saboya destruyen la campiña de este ducado)

Horacio (poeta romano), XIX, 215 (sobre el dicho de "Parturiunt montes")

Horas, fiesta de las Cuarenta (en Madrid), XVII, 29

Horcas, las (llano junto a Lérida), XIX, 349-352, 352-355 y 463 nota 354 (**1642:** dos relatos detallados de la derrota de un ejército francés en las Horcas), 350 y 353 ("ganamos las Horcas"), 351 nota 1 ("Pasaron de 400 los muertos, todos de condición", según la *Historia de Cataluña* [v. en la Bibliografía la ficha de la *"Historia de España*, inédita...")

Horn, Armand de (asentista del ejército de Flandes), XIV, 361

Horn, Gustavo (el mozo; nacido en 1592 y muerto en 1657; uno de los más hábiles generales del rey Gustavo Adolfo de Suecia), XIII, 101 (**1634:** preso en la batalla de Nördlingen); XIV, 33 (**1637:** m. en otra batalla un hijo suyo); XV, 74-75, 75, 488 (**1640:** preso otro hijo); XVI, 342 (**1642:** se le trueca por el barón Juan de Weerdt, general alemán) (variante: Horne)

Horna, Miguel de (almirante de la escuadra de galeras de Dunquerque)
– XIV, 123 (**1637**), 124
– XV, 202 (**1639:** al mando de una flota de 12 navíos, llega a La Coruña), 271 (al mando de fragatas en La Coruña [en esta página se halla el apellido "Elizondo"; como explica Pascual de Gayangos, es error por Horna]), 297, 326 (Antonio Oquendo le manda ir a Belisla [en el Canal de la Mancha]; se topó con trece navíos franceses y pronto los desbarató), 436 (**1640:** el Rey le dio el hábito de Santiago), 463 (salió de Dunquerque con 15 navíos; tomó 7 del enemigo, y entró en La Coruña con 22, aunque herido) (var: Elizondo, q.v.; Lizondo; Orna)

Horne, Aman de (caballero belga), XV, 105

Hornes (condado de la provincia de los antiguos Países Bajos, situado entre Maastricht y Roermond [ésta, a 45 km. al NE de aquélla]; tenía condes independientes desde el siglo XI), XIX, 193 ("plaza de importancia" en Flandes) (var: Maeseyck; Roremunde)

Horst (a 13 km. al NO de Venlo), XIV, 97 (var: Hoest)

Horta, castillo de (a 15 km. al SE de Gandesa, Tarragona), XVII, 19 (var: Orta)

Hortigas, Vicente (regente del Consejo de Aragón), XIX, 438 nota 175

Horuel (prisión en Inglaterra), XVI, 165

Hoslandia (se refiere a Escocia o a un lugar de ella), XVI, 165

Hospital de la Sangre (Sevilla), XVI, 159 (en 1640 tenía un problema de sanidad y peste; v. las fichas de Gabriel Aranda y Vega, y Jofre de Loaysa, administradores los dos, y Juan de Segarra, maestro mayor de las obras), 248

Hospital Real y General de Nuestra Señora de Gracia (imprenta de libros en Zaragoza, 1624-1700; v. Penney, "A Check-List...", en *List of Books...*, Appendix II, p. 897 y 953a), XV, 72, 75

Hospital, mariscal de l' (Nicholas de l'Hospital, de los doce pares de Francia; marqués y después duque de Vitry; mariscal de Francia; gobernador de Narbona y Provenza; capitán de la guardia de Luis XIII; encargado de prender a Concini [marqués de Ancre, a quien mató]; encausado y preso en la Bastille por Richelieu, pero a su m. hecho duque y par de Francia), XIV, 188, 206
– XVII, 6 (**1643:** liberado de la Bastilla después de la m. de Richelieu), 408,

423-424 (maestre de Campo general y preso en la batalla de Tuttlingen)
- XVIII, 68 (**1645:** sitia una de las principales fortalezas del duque de Lorena)
- XIX, 412 nota 6, 423 nota 406 (m. en 1645) (var: Mr. de Barri; Mr. de Vitry)

Hospitalete (Nápoles), el, XIX, 110

Hosvel (v. White-Hall)

Hothingue (plaza principal y fortísima de la provincia de Fildesein en Alemania), XVI, 220 (**1642:** la tomó el archiduque Leopoldo)

Houplines Olvin (pueblo a unos 7 km. al noreste de Armentières, en la frontera), XVI, 398 (1642: allí estaba el cuartel general del ejército de Francisco de Melo, q.v.) (variantes: Houplin; Olvin)

Howard, James (v. Suffolk, III conde de)

Hoyo, Nuestra Señora del (v. Nuestra Señora del Hoyo)

Hoyos, Juan de (v. [Bravo] de Hoyos, Juan de)

Hozes y Córdoba, Antonio de (v. Hoces y Córdoba, Antonio de)

Hozes y Córdoba, Lope de (v. Hoces y Córdoba, Lope de)

Huberlinga (una de las cinco ciudades que Baviera dio a Francia de acuerdo con unas treguas firmadas en 1647), XIX, 9

Huel (v. Hull)

Huelgas, las, y Huelgas de Burgos (v. Burgos, Monasterio de las Huelgas de)

Huelva (a 85 km. al O de Sevilla), XVI, 440

Huerta, señor de: su nieto, XVIII, 427

Huerta, licenciado Sebastián de (secretario del Consejo de la Santa Inquisición), XIII, 71 (**1634:** firma el edicto de quemar los papeles de la Compañía), 77, 124, a186-187

Huesca (a 70 km. al NE de Zaragoza), XVI, 205, 257, 303, 395, 419; XVII, 200; XVIII, 331

*Huesca, P. Ramón de (capuchino; n. Huesca, 1739)

Huéscar, marqués-duque de (primogénito del VI duque de Alba), XVI, a448-449 nota 1 (se queja a un secretario del Rey)

Huete (a 83 km. al E Madrid), XIX, 82

- rector de, XV, 255

Hugo, P., S.J., XVIII, 133, 181, 188, 209, 218, 230, 239, 385

Hull (a 125 km. al E de Manchester), XVII, 327 (puerto del mar del Norte) (var: Huel; Kingston upon Hull)

Hulst (a 25 km. al NO de Amberes), XIII, 23; XIV, 482, 174, 175, 179, 180; XV, 346; XVII, xxiii (en 1640 el príncipe de Orange atacó los fuertes que cubrían sus avenidas); XVIII, 206, 208 (**1645:** perdida); (var: Ulst)

Humada (v. Almada, [Fulano de])

Humanes, conde de (Francisco de Erasso, navarro; maestro del Infante-Cardenal; nombrado embajador en Inglaterra), XIII, 90 (**1634:** va a Inglaterra), 243 (**1635:** va a pedir la mano de la hija del Rey inglés, para casarla con el príncipe), 275 (m., y su embajada se la dan a Cristóbal de Benavente), 309; XIX, 379 nota 390 (su título se concedió en 1625)

Humena, duque de (noble francés, sin identificar), XVIII, 353

Humilladero, el (en Molina [de Aragón]), XVI, 433 (1642)

Hundscot [sic] (cerca de Brujas, q.v.), XVIII, 179

Hungría, XIII, 121, 140, 237, 413; XIV, 112, 415; XV, 203; XVI, 130, 341; XVII, 23, 464, 465, 477; XVIII, 51, 58, 302, 489; XIX, 462 nota 263

Hungría, reino de, XIII, 171

Hungría, palatino de, XVII, 324

Hungría, reina de (v. Emperatriz, la)

Hungría, reina de (María de Austria, hija de Felipe III, infanta de España y hermana de Felipe IV y del Infante-Cardenal; en 1629 se casó con Fernando, Rey de Hungría e hijo del emperador Fernando II de Alemania [J. H. Elliott, *The Count-Duke of Olivares...*, 218, 369, 375-398]), XIII, 4 (**1634**: dio luz a un hijo que se ha de llamar príncipe de Bohemia [y en 1646, rey de Hungría, q.v.]), 56, 100, 462; XVIII, ix-x (**1635**); XIV, 15 (**1637**: su coronación como reina de Romanos); 172 (dio luz a otro hijo; ya tiene dos y una hija); para las fichas de este año en adelante, v. "Emperatriz"

Hungría, rey de (**hasta 1621**, Bethlen Gabor, príncipe de Transilvania [v. Bethlen]; XVIII, 51 (se refiere al rey de Hungría antes de 1621); XIX, 462 nota 263)
- (**1621-1626**, Fernando II, emperador del Sacro Imperio Alemán, q.v.)
- (**1626-1637**, Fernando, hijo primogénito de Fernando II; en 1629 casó siendo rey de Hungría con la infanta María de España, hermana de Felipe IV [Elliott, *The Count-Duke...*, 369, 375, 380-381, 392-398]; en el Sacro Imperio Romano, el título de rey de Hungría establecía el derecho a la sucesión; el primogénito heredaba el título de Emperador del Sacro Imperio a la m. de su padre; tanto Elliott como los jesuitas distinguen entre el titular de Hungría [Fernando, el hijo], y el soberano de todo el imperio [Fernando II])
- XIII, 33 (**1634**: se le entrega el gobierno de las armas imperiales), 36, 45 (recibe al Cardenal-Infante), 57, 83 (asedia Ratisbona), 93, 94, 101, 108, 139, 149 (**1635**: el Emperador le envía las rentas de Bohemia), 194 (baja con gran ejército hacia los franceses), 195, 197, 201, 216 (va con tropas a Flandes, junto con el hermano del rey de Polonia), 219, 228, 230 (se le entrega Nuremberg), 234, 235 (se presume que cuando se desocupe en Alemania irá contra Italia), 247 (trata de enviar un ejército a Frisia, para castigar a Holanda), 252, 255, 290, 295 (ataca al de Weimar), 305 (toma Frankfurt por asalto), 310, 312, 315, 324 (la infanta María de España, su mujer, hija de Felipe III, destinada al principio al príncipe de Gales), 334, 347 (derrota a los suecos en Alemania), 350 (el rey de Francia pide la paz al Emperador y le dice que votará por su hijo para Rey de Romanos), 384 (**1636**: la Dieta se reunirá en Ratisbona para tratar la elección del Rey de Romanos), 393 (el arzobispo de Tréveris se niega a ir a la Dieta), 410, 411 (el rey de España manda dos millones al Emperador con la condición de que el Rey entre en Francia), 430, 442 (sale con 40.000 hombres hacia el Rhin a la vista de Francia y de la Dieta), 451, 463, 475 (disolución de la Dieta), 488, 512 (sus tropas entran en el ducado de Borgoña, q.v.), 522, 530, 532 (entra en Francia con ánimo de sitiar Lyon), 535 (lo llaman de la Dieta), 544, 548 (su elección en la Dieta)
- XIV, 13, 14 (**1637**: "El Emperador [Fernando II]... propuso... que se eligiese por Rey de Romanos a su hijo el rey de Hungría" [v. Elliott, *The Count-Duke...*, p. 459])
- XVIII, ix (1635), xi (1635), xvi (1636), xxv (1636); 15 (enero, 1637: el rey de Hungría fue elegido e Rey de Romanos [Fernando III; v. Elliott, p. 522]), 112 (feb., 1637: se celebra en Madrid la elección del nuevo Rey de Romanos, Fernando III [su padre, Fernando II, m. en este mes: Elliott, p. 535])
- XVIII 324 (**1646**: una lista de todos los títulos del emperador Fernando III incluye el de rey de Hungría); (1646-1654, era rey de Hungría el primogénito de Fernando III: nacido en 1634 [XIII, 4], y m. en 1654, antes que su padre, [sobre los derechos de tal título en vida del soberano Fernando III, v. la ficha anterior de

1626-1637]), 447 (**1646:** como rey de Hungría, se casó dicho primogénito con una infanta española)
– XIX, 4 (**1647:** coronado como rey de Hungría), 193 (**1648**)
Huntly, [II] marqués de y conde de Enzie (George Gordon, hijo del I marqués, heredó el título en 1636; era católico escocés que luchó contra los protestantes; éstos le detuvieron en 1647 y le ejecutaron en 1649 [DNB, t. VIII, 190-193])
– XIX,10 (**1647:** dio "una gran rota al regimiento" de los protestantes)
Hurtado, y Pardo (así se apellidaron dos padres jesuitas que se supone habían abandonado la Compañía), XIII, 181
Hurtado, García (v. Cañete, IV marqués de)
Hurtado, P. Gaspar, S.J. (n. en Mondéjar; catedrático de teología en Alcalá de Henares; autor de algunos libros; m. 1646 en Alcalá), XIII, 156, 267; XIV, 104; XV, d72; XVIII, 174, 371
Hurtado, P. Puente, XIV, 432
*Hurtado, P. Tomás (n. Toledo, 1589, m. 1659; de los clérigos menores; catedrático de Prima en la Universidad de Sevilla, Colegio Mayor de Maestre Rodrigo; autor de diversos libros, de los cuales dos se recogen en la Bibliografía)
– XIII, 181, 351, 352, 396
Hurtado de Mendoza, Padre, S.J., XIII, 74
Hurtado de Mendoza, Alfonso (v. Furtado de Mendoza, Alfonso)
Hurtado de Mendoza, Antonio (v. Mendoza, Antonio de)
Hurtado de Mendoza, Diego (véase La Corzana, vizconde de)
Hurtado de Mendoza, García (v. Cañete, VI marqués de)
Hurtado de Mendoza, Gaspar (v. Cañete, VII marqués)
Hurtado de Mendoza, Juan (v. Infantado, duque del)
Hurtado de Mendoza, Juan Andrés (v. Cañete, V marqués de)
Hurtado de Mendoza, Guzmán y Rojas, Juan Antonio (véase Orgaz, IV conde de)
Hurtado de la Puente, Pedro, S.J. (v. Puente Hurtado, P.)
Huy, plaza de (a 28 km. al E de Liege), XVII, xi

I

Iaques de Magalahens, Pedro (capitán del ejército portugués), XIX, 243-244 nota 1 (en Cartagena de Indias conspiró con el conde de Castelmilhor, q.v., en un intento de apoderarse de la ciudad)
Ibáñez, P., S.J., XV, ix, 111
Ibáñez, Mateo (de Segovia; caballero de Calatrava; desempeñó en la corte diversos encargos; m. 1645), XIV, 405; XVIII, 21
Ibáñez de ¿Mendoza?, Rodrigo, XVI, a96-100
Ibarra, Carlos de, vizconde de Sentonera, general de galeones y negociante, XV, 398 (1640: "don Carlos de Ibarra ha destruido a España con su invernada" [parece que se refiere a los negocios en Andalucía]); XVI, 300 (padre de la marquesa de Taracena); XIX, 389 nota 314, 460 nota 155
Ibarra, Cristóbal de (inquisidor de la Suprema; m. 1634), XIII, 71, 99
Ibarra, P. Juan, S.J., XIII, 414
Ibarra, Leonor (v. Taracena, II marquesa de)
Ibarra, Martín de (secretario en la corte), XIV, d122
Ibarra, Pascual, XIII, d13 (recibió dos cartas del Conde-Duque de Olivares "para que vaya al Consejo" sobre la Compañía)
Ibarra, Pedro de (en Toledo recibió el oficio de obrero mayor), XVIII, 456
Ibarra y Barresi, Carlos de (v. Taracena, I marqués de)
Ibaso, H. Juan, S.J., XIII, 414

Ibio Calderón, Tomás de (veedor general de Felipe IV en Portugal), XVI, 115 (preso por los rebeldes en el castillo de Lisboa), 124 (le dejan venir a Castilla) (var: Dybio; d'Ibio; Ibbio; Ivio; de Calderón)

Ibiza, isla de, XVI, 154, 445; XVIII, 330, 402

Ibres (villa cerca de Luxemburgo que destruyeron los franceses), XV, 384 (están fabricando un fuerte)

Iciampagna (v. Champagne)

Icemburs (v. Isenbourg)

Icida (capitán; cabo del castillo de Graos, q.v.), XVII, 161 (heroica defensa)

Idalcan (militar en Goa), XIV, 340 (var: Idalean)

Idelbergue (v. Heidelberg)

Idiáquez, Alonso de (v. Ciudad Real, I duque de)

Idiáquez, Juan (ministro de Felipe II; padre de Alonso, el I duque de Ciudad Real, q.v.), XVI, 270 nota 4

Idiáquez, Juan [¿Alonso?] de (v. Ciudad Real, II duque de)

Idiáquez, Juana de (hija del II duque de Ciudad Real, q.v.; casada con Juan Velázquez Dávila, III marqués de Loriana, q.v.), XIX, 382 nota 410

Idiáquez-Isassi, Juan (v. Isassi e Idiáquez, Juan de)

Iglesia de San Felipe el Real (Madrid), XVII, 505 (sobre el túmulo del conde de Oñate)

Iglesia, estados de la, XIII, 56

Iglesia, la, XIII, 19, 69, 72, 198, 304, 324, 361, 391, 408, 516, 545, 546; XIV, 31, 47, 85; XVI, 48, 214, 483; XVII, 4, 9, 27, 154, 220; XIX, 279

Iglesia, Madre, XIX, 295

Iglesias mayores de España, XIII, 26 (Baeza), 27 (Salamanca), 141 (Amberes), 160 (Valladolid), 428 (Carmona), 439 (Toledo); XIV, 34 (Sevilla); XVI, 106 (Lisboa), 370 (Sevilla); XIX, 161 (Granada), 323 (Burgos)

Ignacio, XV, 228 (en una posada de Motril con un grupo de padres)

Ignacio, Fr., XIX, 188

Iguarza, P., XIX, 224

Iliturgi (antigua ciudad iberoromana; hoy Andújar, q.v.)

Illán, García de (proveedor general de los ejércitos de Flandes; carta sobre la batalla de Rocroi en 1643, q.v.), XVII, a113-114

Illanes, Luis Antonio de (capitán de caballos en la frontera de Portugal, cerca de Elvas, q.v.), XVIII, 204

Ille-sur-la Tet (a 25 km. al sudoeste de Perpiñán), XVI, 25, 36 (var: Illán; Ille)

Illescas (a 33 km. al sur de Madrid), XVI, 171

Illescas, Gonzalo de (v. Baños de Velasco, Juan)

Illicera, Juan de (presidente de la audiencia de las Charcas), XVI, 58

Imbrea (v. Ivrea)

Imola (a 35 km. al sudeste de Bologna), XVI, 486 (var: Immola)

Imperial, Colegio (v. Jesús, Compañía de: Colegio Imperial)

– calle (Valladolid), XIII, 364
– Consejo, XVIII, 280
– Corte, XV, 238
– Dieta, XVII, 180
– (v. Alemania, Imperio de)

Imperial, Federico (militar en Italia), XIII, 401

Imperio, el
– XIII, 29 (**1634**: los planes de Frisland), 312 (**1635**: el marqués de Brandenberg, elector del imperio)
– XIV, 13-14 (**1637**: de acuerdo con las propuestas del Emperador, la Dieta declaró traidor al arzobispo de Tréveris; reconoció al rey de Romanos, y encargó al Emperador que no alzase la mano contra los extranjeros), 15, 148 (Praga, posible sede), 160
– XV, 172 (**1639**: Melchor Hatzfeld, q.v., general), 203 (el rey de Francia manda un millón de ducados para los príncipes libres), 237 (salen de Roma nuncios extraordinarios para España, el Imperio, Francia y Milán), 323 (m.

el general [Saxe-]Weimar, q.v., "aunque dejando discípulos no inferiores"), 488 (**1640:**el P. Daniel Bastelio, confesor del archiduque Leopoldo), 497
- XVI, 88, 177 (**1641:** la Dieta conmina a declararse por el Emperador), 370 (**1642:** paces entre Holanda y el Imperio), 437
- XVIII, 294 (**1646:** la Dieta en Münster decide no se dé cabida a extranjeros en el Imperio)

Imperio, Sacro, o Sacro Romano (v. Alemania: Imperio de)

Imperio, Sacro Romano (v. Alemania: Imperio de)

"Imperio de la China...", XIX, 323

Imprenta del Reino (Viuda de Luis Sánchez; Madrid, 1628-1648), XIII, xv, 477, 482, 525; XIV, 328, 389, 491; XV, 263

Imprenta Real (véase Imprenta del Reino)

Inbualt (militar del Imperio), XIV, 225

Inclusa, la (pueblo de Flandes), XVI, 396

India, la
- XIII, 112 (1634: el padre Marcelo [Francisco Mastrilli, S.J., q.v.] va a cumplir su voto en la India), 122, 241, 345, 529
- XIV, 156, 287, 389
- XV, 120, 252 (**1639:** de la India llega a Lisboa la nave "Nombre de Dios", y trae dos millones para el rey de España), 255, 387 (**1640:** Malacca y Ceilán cercados), 440-441 (parten las naos de la India de Portugal con el Virrey)
- XVI, 99 (en Lisboa, una flota de 24 navíos de guerra que se mandarán a la India), 179, 337
- XVII, 365 (**1643**); XIX, 236

India, virreinato de la, XV, 247
- virrey de la, XV, 325; XVI, 273, 356

Indias, Consejo de (v. Consejo de Indias)

Indias Occidentales, XV, 117; XVIII, xxi; XIX, 422 nota 369
- XIII, 109, 185, 419; XIV, 23, 381, 390, 392; XV, 71, 124, 275, 303, 315, 319, 451; XVI, 198, 223, 330; XVII, 462; XVIII, axii, xvii, 199, 350, 427, 479; XIX, 255, 312, 313, 338
- Almirante mayor de las Indias, XIX, 376 nota 199 (Álvaro Jacinto Colón de Portugal; véase Veraguas, V duque de)
- Almojarifazgo de las Indias de Sevilla, XIX, 195
- Cámara de las Indias (v. Consejo de la Cámara en Indias)
- Canciller de las Indias, Gran (v. Gran Canciller de las Indias)
- Cartagena de Indias (v. Cartagena)
- Combate naval, XV, 117 (en las Indias Occidentales, victoria sobre Holanda) (v. también Defensa)
- Comercio con las Indias, XIII, 316 (ira en Francia por quedarse excluída); XVIII, 185 (una de las condiciones para la paz entre España y Holanda, es que ésta no pueda contratar en las Indias)
- Comisario general de las Indias, XV, 387 (m. Juan de Ocaña, confesor de la Reina); XIX, 391 nota 387
- Compañía de, XV, 122
- Consejo de Indias (v. Consejo de Indias [Occidentales])
- Conservatorio de las Indias (Madrid), XVIII, xxi (su agente de negocios era Juan Rodríguez Pizarro)
- Defensa, XV, 41 (**1638:** carta de Hoces sobre su defensa del Brasil) (v. también Combate)
- Dinero, recolecta de, XV, 393 (**1640:** en las Indias, sin empezar en Lima ni Potosí)
- Emperador de las Indias (v. Felipe IV)
- Encomiendas de Indias, XV, 183 (merced de doce mil ducados cada año al Conde-Duque por lo de Fuenterrabía)
- Escritores de Indias, XVI, 58 (Juan de Solórzano Pereira)

ÍNDICE ONOMÁSTICO 257

- Fiscal de las Indias (v. Consejo de Indias)
- Galeones que han de ir a Indias (v. General)
- General de los galeones que han de ir a Indias, XV, 173 (**1639**: a Jerónimo de Sandoval)
- Gobierno de México, XVIII, 448-451 (1646: "Me veo obligado a dar cuenta a V.R....del alboroto e inquietud y peligro en que queda este reino de perderse por la demasiada mano que se quiere tomar de poder absoluto el señor don Juan de Palafoz, en materia de gobierno...")
- Gran canciller de las Indias, XVI, 231 nota 1 (merced a Julián, joven que adoptó el Conde-Duque y le nombró Enrique Felípez de Guzmán, q.v.)
- Junta de Indias (v. Juntas)
- Mano de obra, XV, 318 (en el Mediterráneo va la flota del duque de Maqueda "con la gente y algunos de los que trujo dc las Indias")
- Mariscal de las Indias (v. Felípez de Guzmán, Enrique)
- Obispados de Indias, XIII, 350 (a Fray Juan de Solís el obispado de Puerto Rico), 183 (merced del Papa al Rey); XV, 200 (ofrecieron el obispado de Tlaxcala a Juan de Palafox, q.v., pero no lo aceptó, y ofrecieron el obispado de Indias a fr. Juan de Santo Tomás, q.v., pero no lo aceptó); XIX, 21 (que Juan de Palafox vuelva a su obispado, y que en el ínterin gobierne el obispo de Mérida de Yucatán), 153 (ofrecen al P. Valderas un obispado en las Indias)
- Obispos de Indias, XIII, 165 (el obispo de Guadalajara en Indias: Juan Sánchez Duque, catedrático de Alcalá); XIV, 354 (el obispo de La Paz, nombrado arzobispo de México); XVII, 412 (el padre Vélez, clérigo menor); XIX, 21 (obispo de Mérida [de Yucatán]), 82 (**1647**: hacen obispo de Trujillo en Indias al P. Salmerón, general de la Merced [son los padres nolascos]), 151 (**1648**: m. Salmerón), 152 (m. el arzobispo de Burgos, Juan Manso, que lo fuera de México en Indias)
- Oficios, venta de, XVI, 57 (**1640**: el Rey manda se vendan todos los oficios de las Indias, y "el Consejo de Indias se da por agraviado y ha replicado a S.M., y el presidente [del Consejo de Castilla, el II conde de Castrilla, q.v.] se echó a sus pies,... pero no hay remedio")
- Oidor de las Indias (v. Consejo de las Indias: Oidores)
- P. Comisario de las Indias, XVIII, 473
- Padre de las Indias, XV, 115, 117; XIX, 321
- Padre [de las Indias], XV, 119
- Palafox, Juan de (v. Gobierno de México)
- Patriarca de las Indias (v. la ficha del Patriarca [de las Indias])
- Presidencia de las Indias (v. Consejo de Indias)
- Portugal y España, XV, 426 (parten 22 navíos de Portugal para Brasil, con el gobernador de las Indias, Juan de Silva Tello, y el del Brasil, Jorge Mascareñas)
- Procuradores generales de las Indias, XIII, a212 (Arnaldo Flemingo, S.J., q.v., autor de la carta); XVIII, 52 nota 1 (**1645**: el procurador del colegio de san Hermenegildo remitía a las Indias toda clase de mercancías)
- Teniente de gran canciller de las Indias, XIII, 406 (el Conde-Duque nom- bró al conde de Puebla de Llerena); XVI, 231
- Título radicado en Indias, XIX, 415 nota 110 (marqués de Oropesa)
- Trabajo (v. Mano de obra)

Indias [Occidentales y Orientales],XIII, 117 ("ochenta [jesuitas] van a las Indias..., "cuarenta a Poniente y cuarenta a Levante")

Indias Orientales, XIII, 322; XIV, 416; XIX, 422 nota 369

- Compañía de las, XVIII, 232 (1646: había quebrado con 30 millones de florines [más de 10 millones de oro])
- las, XIII, 111 (**1634:** van a Indias el P. Camacho, el P. Marcelo Mastrillo, y otros); XVI, 271 (los holandeses toman Angola, pérdida sensible por la mucha necesidad de negros en las Indias)

Indios, Padre de (v. Ruiz de Montoya, Antonio)

Industria (así llamaba Plinio a Casale de Monferrato, q.v.), XV, 292

Inés (noble español a quien el secretario del virrey de Nápoles pasó al castillo durante el tumulto), XIX, 24

Inés María (v. Arellano, Inés María)

Infanta, la (a continuación constan los números de las páginas en las que se refieren a tres "Infantas", sin identificarlas; para los resúmenes de las cartas, v. las fichas de los individuos)
- Isabel Clara Eugenia, q.v., XIII, 39
- Margarita de Saboya, princesa y duquesa de Mantua, q.v.; gobernadora de Portugal, XIII, 124; XIV, 272, 380;
- María Teresa, hija de Felipe IV y futura mujer de Luis XIV (v. su ficha personal), XV, 75, 79 y 87, 233, 413, 485; XVII, 17, 29, 388, 506; XVIII, 158, 208, 388, 477; XIX, 143, 194, 196, 312

Infantado, VII duque de (Rodrigo Díaz de Vivar, Sandoval Hurtado de Mendoza la Vega y Luna, 1614-1657; grande de España de primera clase; hijo del conde de Saldaña, q.v., y por lo tanto nieto del Cardenal-Duque de Lerma, q.v. [XV, 96]; caballero de Alcántara, VIII marqués de Santillana, VII conde del Real de Manzanares y de Saldaña; marqués de Cenete, conde del Cid y señor de Hita y Buitrago, títulos que heredó en 1633 a la m. de su abuela Ana de Mendoza, VI duquesa [su madre, Luisa de Mendoza, murió en 1619; v. Crosby, *Nuevas cartas...*, carta 56 y las pp. 286-287, y José Paz, "La casa del Infantado", artículo primero, pp. 2-3 y el segundo, pp. 1-2]. Antes de 1630 casó con Isabel de Mendoza y Portocarrero y en segundas nupcias antes de 1644 con María de Silva y Mendoza [se citan a continuación]. En 1644 m. su único heredero, el joven conde de Saldaña, q.v., a los 14 años [XVIII, 415; XIX, 450 nota 415]; en 1657 m. el Duque sin sucesión; heredó el título su hermana Catalina, q.v., casada con el IV duque de Pastrana, q.v. [XIX, 450 nota 415]. Para Carraffa, se trata del VIII duque, quizá por no saber que su madre, Luisa, m. 14 años antes que su abuela, Ana; sigo a John H Elliott [*The Count-Duke*, índice], a Gayangos [manejaba muchos datos], y a José Paz; v. Crosby, *Nuevas cartas...*, Introducción, secciones 7 y 8, y la carta 67 y las notas de la p. 301)
- XIII, 309 (**1635:** aventura de "rapacicos" [los hijos del Duque] en barcos en el Buen Retiro), 368 (pretendiente a los estados de su abuelo, el I duque de Lerma [XIX, 378 nota 368]), 526 (**1636:** la princesa de Cariñán se hospeda en su casa)
- XIV, 13 (**1637:** preso en Burgos, ahora le mandan al castillo de Buenache, q.v.: "mejor es y más cerca"), 17 (el embajador de Alemania en Madrid pide el regreso del Duque a la corte, y se le concede), 51 (relato largo; sale de la prisión y le mandan no entre en la corte; irá a su palacio de Guadalajara), 459-460 (**1638:** altercado entre él y otro Duque), 462 (el francés amenaza a Guipuzcoa, y salen 700 capitanes de Madrid a toda prisa)
- XV, 69 (en una ceremonia de la corte), 78 (pretende el gobierno de Orán y de Galicia), 96 (procurador de Guadalajara, protesta en las cortes de Madrid contra el Conde-Duque por haber criticado al I duque de Lerma, su abuelo; v. Rodríguez Villa, índi-

ce), 174 (**1639**: nombrado cabo de la Orden de Alcántara), 194, 200 (m. su hijo menor), 257 (comete descortesía con la Reina y le destierran por un año), 436

— XVI, 201 (**1641**: con licencia especial del Consejo, sale para asistir al duque de Medina Sidonia en Valencia de Alcántara, donde tendrá lugar su desafío con el duque de Braganza), 282 (**1642**: en Badajoz durante la guerra), 293-294 (sale en campaña de Badajoz hacia Yelves), 365 (vuelve de Badajoz a Madrid y sigue para su palacio de Guadalajara, para acompañar al Rey), 381 (sátira de el del Infantado y el de Híjar como los que tenían mando en la frontera de Portugal [XIX, 408 nota 377]), 503 (**enero, 1643**)

— XVII, 100 (**mayo, 1643**: uno de los nobles que han hablado con el Rey sobre el *"Nicandro"), 115 (ofendido con el Conde-Duque, no le visita en Pozuelo de Alarcón), 116 (con el duque de Osuna pretende la cámara del príncipe), d158-159 (**julio, 1643**: carta de Quevedo para felicitar al del Infantado sobre la sentencia por los estados del I duque de Lerma), 159-160 (la sentencia), 405 (incidente casero), 439-440 (**1644**: en la boda del marqués de Aytona), 497 (incendio en su casa; huésped del IV duque de Osuna)

— XVIII, 174 (**1645**), 268 (**1646**), 270 (el Rey le nombra general de la caballería de Cataluña), 283 (parte para Zaragoza), 293 (llega a Zaragoza), 314, 340 (en Cataluña; "está muy alerta"), 357 (en carta a su mujer relata la carestía de víveres de los franceses), 364 (en campaña), 372 (en carta a su mujer: acuerdo con Leganés para socorrer Lérida), 395 (envía una tropa de caballería al castillo de Espluga de Francolí), 415, 416 (preso un paje suyo), 431 (victoria en el socorro de Lérida; el Rey elogia el papel del Duque, "hallándose siempre en lo más peligroso de los encuentros"), 435 ("Juntámonos todos enfrente de Lérida... llegó el del Infantado con mil caballos" y más de cuatro tercios), 439 (en Villanoveta), 442, 443 ("al del Infantado se debe mucho..., peleó muy bien, poniéndose en el mayor peligro"), 485 (**1645**), 453

— XIX, 63 (**1647**: en Madrid), 80 (se le propone entre otros para el gobierno de Milán)

Infantado, primera VII duquesa (antes de 1630 el Duque casó con Isabel de Mendoza y Portocarrero, IV marquesa de Montes Claros y de Castel de Vayuela [XIX, 425-426 nota 439; XVII, 439; Carraffa, XLVI, 56], de quien tuvo un hijo que m. en 1644 [v. el conde joven de Saldaña])

— XIV, 5 (incidente casero en 1637)

— XV, 290 (pequeña herencia; no sé si la recibió la primera mujer del Duque o la segunda)

Infantado, segunda VII duquesa (antes de 1644 el Duque casó en segundas nupcias con María de Silva y Mendoza, hija de los duques de Pastrana, q.v., de la que tuvo una hija que m. antes del Duque [XIX, 425-426 nota 439; XVII, 439; Carraffa, XLVI, 56-57]

— XVII, 68 (1643: enferma en el palacio de Guadalajara)

Infantado, VI duquesa de (Ana de Mendoza y Enríquez, 1554-1633; casó con su tío, Rodrigo de Mendoza y Mendoza, y en segundas nupcias con otro tío suyo, Juan Hurtado de Mendoza, m. 1624, hijo de Íñigo López de Mendoza, III marqués de Mondéjar y IV conde de Tendilla [XIII, 368; Carraffa, XLVI, 55-56].

Infantado, VIII duquesa de (Catalina Mendoza Sandoval la Vega y Luna, 1616-1686; hermana del VII Duque de quien heredó sus títulos al m. él sin sucesión en 1657; se casó con el

IV duque de Pastrana, q.v. [XIX, 450 nota 415; Carraffa, XLVI, 57]).

Infante (v. Infante-Cardenal)

Infante-Cardenal, el (Fernando de Austria, 1609-1641; hermano de Felipe IV, quien por desconfianza le alejó de la corte; cardenal (1619: véase S. Miranda, con bibliografía); administrador perpetuo del arzobispado de Toledo y primado de las Españas (1620); virrey de Cataluña (1632); gobernador de Milán (1633) y de los Países Bajos (1634); por otros nombres, el Cardenal-Infante, el Archiduque Fernando, el Infante, y el príncipe Fernando)

– XIII, 14 (**1634**: un criado suyo saca un papel contra la Compañía), 23, 24 (quiere que Oquendo y el duque de Alba pasen con él a Flandes), 56 (entrevista con su hermana María, reina de Hungría), 65 (agasaja al duque de Lorena en Milán), 86 ("El Infante está en Alemania"), 87 (sus tropas combaten contra franceses en Milán), 90, 91 (su privado, Antonio Moscoso), 93, 94 (prospera la situación en Flandes, y con la llegada del Infante se esperan grandes sucesos), 100, 101 (con el rey de Hungría en Suabia), 108 (llegó a Flandes después de ganar Espira), 116 (en Bruselas visita a la reina madre francesa), 124, 139 (**1635**: el rey inglés manda emisario para darle la bienvenida en Flandes), 140 (su batalla y victoria en Nördlingen), 143 (manda al marqués de Aytona a socorrer a Gravelingas), 146, 150, 171 (da ejemplo yendo a pie al Santísimo Sacramento), 172 (su tropa ataca Tréveris), 182 (Carlos Coloma en Madrid enviado por él), 189, 190 (Francia le envía embajador para que ponga en libertad al arzobispo de Tréveris), 194, 208, 211, 214, 215, 216, 218 (el príncipe de Orange le escribe), 219 (descuartizan a su secretario de lenguas, por presunto traidor), 222 (entra en Bruselas triunfalmente), 223 (los franceses ante Bruselas; el Infante se va a Tillemont), 228, 229, 235, 237, 238 (combate en Lovaina), 240, 241, 244, 246-248 (nuevas imposiciones en Holanda; la gente amenaza con pasarse al Infante), 249, 250, 254 (se le achaca la ruina de Francia), 256, 257 (no recibe al nuncio papal en Flandes hasta tener orden de España), 261, 265, 266, 267 (por orden suya el duque de Lerma avanza sobre Diste), 268 (en Gueldres, a siete leguas de Schenck), 269 (escribe al Rey elogiando al duque de Lerma), 270, 273, 274, 275, 281, 294, 297, 299 (ha tomado cuatro fuertes junto al de Schenck), 304, 305 (toma las plazas sobre el Rhin, hacia Colonia), 308, 310, 315, 317, 330, 338, 343, 344 (toma todo el ducado de Limbourg, y otras plazas de importancia), 349, 357 (**1636**), 359, 367, 370 (manda emisarios para discutir paces con los holandeses), 371 (hace muchas levas de gente en Alemania y "países libres"), 383 (los imperiales le entregan el Palatinado), 395 (da batalla a los "Estados" en Brabante), 401 (toma Rheinfelds y Wert), 409, 415, 416 (da salvoconducto general para el comercio libre en sus territorios), 420, 421, 430, 431 (el marqués de Mirabel sale para Flandes; tratará con él), 433 (mandan a su confesor, fray Juan de San Agustín, a Inglaterra), 434, 435, 439, 440, 444, 445 (se pierde Schenck; el Infante en campaña hacia Francia con 20.000 hombres), 447, 450 (llega a Madrid Martín de Aspe, su secretario; le cuestionan sobre la pérdida de Schenck), 451 (el duque de Soissons se le opondrá en Francia), 461 (avisa el marqués de Valparaíso que el Infante ha entrado en Francia con 40.000 hombres), 474 (se le pasan 5.000 franceses), 475, 477 (el gobernador de Ravestain le entrega este fuerte),

479 (Dôle, en Borgoña, aguarda socorros suyos), 480 (saca manifiesto sobre las razones que le llevan a guerrear en Francia), 482 (su entrada en Picardía), 485, 486, 487, 490, 502, 509, 517, 518 (está en Arras, en el país de Artois), 523 (batalla cerca de París entre sus tropas y franceses), 526, 530, 532 (el marqués de Beumor le entrega sus estados), 540, 544 (él y el príncipe Tomás asaltan Montreuil-sur-Mer), 545
- XIV, 23 (**1637**: evita que holandeses tomen una ciudad como interpresa), 49 (manda a Juan de Vert [Weerdt] en socorro de Erenberstien), 56 (recibe comunicación del rey de Romanos desde Alemania), 59, 72 (refuerza Dunquerque), 86 (manda un correo anunciando la m. del Emperador), 96, 97, 98 (avisa sobre el enfrentamiento entre Lorena y Longueville en el condado de Borgoña), 101, 142 (preso el hermano del conde de Sástago, por orden suya), 145 (lleva tropas hacia Francia) 150 (manda ejecutar a un hermano del conde de Sástago por traidor; tiene preso al príncipe Tomás por temor de lo mismo), 153, 154 (no se enfrenta al de La Valette en Flandes por temor a holandeses), 159, 160, 161 (se rinde el fuerte de Hermestain, y se espera su firma para refrendar la capitulación), 167, 172 (se enfrenta a los franceses por Breda), 184 (en campaña, pero no puede impedir el sitio de Breda), 195 (se retira de Breda por la dificultad del socorro), 196 (razones para su retirada de Breda), 199 (toma a Venlo), 200 (se encamina hacia Abenas), 206, 208 (recupera Maubeuge; se le ordena que mande ejecutar al gobernador de la Capella), 217, 224, 234, 240 (a una legua de Breda, fortificado), 242 (acomete Venloo y la rinde), 243 (también se le rinde Roermond), 255 (manda prender al gobernador de Breda), 259 (pierde Danvilliers), 275 (Hoces le lleva 5.000 hombres y dinero), 276 (Leganés a Flandes, para asistirlo), 279 (**1638**), 280, 307 (enfrentamiento con franceses en Maubeuge), 339, 342, 351, 353, 354, 364, 379 (da dinero a Picolomini para conducir infantería a Alemania), 382, 392, 402, 403 (trato de los de Maestricht con él), 418, 436, 439 (por una burla, evitó la toma de Arras por los franceses), 442 (da prisa a Picolomini para que salga en campaña), 444 (sale para Amberes), 445, 448 (victoria sobre los holandeses en Amberes), 455, 474, 480 (en persona en la batalla de Amberes), 481, 485, 486, 491, 493, 495;
- XV, 14 (**1638**), 16, 18, 59, 60, 74 (en Geldern se enfrenta con las tropas del príncipe de Orange), 87 (victoria de Geldern; hace prisionero al primo hermano del de Orange; se retira a Tillemont), 90, 98, 104, 105, 106 (luego de la fuga de Marie d'Medici, manda que los franceses salgan de sus territorios), 127 (prende a dos caballeros que se entendían con Richelieu), 141 (le mencionan en un papel burlesco, sin atacarle), 159 (manda socorro a Brissac con Picolomini), 173 (**1639**), 178, 187, 205 (sitia dos plazas en Flandes, Landrecies y Danvilliers), 209 (Inglaterra da 2.000 hombres al conde Palatino, pero no les está permitido combatir al Infante), 212 (su gente toma Cambresi), 213, 216, 221 (está sobre Cambresi), 222, 234, 242, 245 (recibe al príncipe Casimiro de Polonia en Flandes), 248, 249, 250, 253, 270, 277 (Picolomini le ayudó a derrotar los franceses), 278 (al socorro de Hesdin la nueva), 282, 286, 296, 300 (espera a Picolomini para socorrer a Hesdin), 301, 302, 328 (socorrerá a Arras), 332, 346 (socorre a Hulst), 352, 354 (llama tres veces al duque de Lorena a Bruselas), 357, 359, 372, 377, 397

(**1640**: recupera Hesdin), 402, 403, 438 (manda tropas al Palatinado para ayudar a los imperiales), 439 (junta gente contra los franceses), 445, 453, 462, 469 (tres veces intenta socorrer Arras, sin resultados), 485 (1640: Arras cae; el socorro del Infante en vano)
- XVI, 21 (**1640**: fortifica las plazas de Zinas a Arras), 30, 55 (frustra la toma de Darpenan), 85 (10 diciembre de 1641: carta que lleva fecha equivocada de 1640, un año antes de la m. del Infante-Cardenal, como explica Gayangos [XVII, xxiii]; m. de tercianas el 9 de nov., 1641; m. debida a un sangramiento excesivo), 86 (los detalles de su testamento y los líderes encargados de gobernar a Flandes en el ínterin [v. Flandes: Estados de]), 88 (las honras en Madrid y Toledo), 90 (11 de dic., 1640: el hijo natural del rey danés en socorro suyo, pero los holandeses le matan), 127 (**1641**: varias ciudades de Flandes le ofrecen fidelidad), 135, 136, 175, 176, 182, 197 (el obispo de Madrid paga las honras fúnebres del Infante), 198 (el Infante deja dos hijos; la reina de Francia pide a la niña, y el rey español se queda con el niño), 242 (**1642**), 381
- XVII, xxii-xxiii, 123 (**1643**: honras fúnebres en Burgos), 124, 128 (sale su cuerpo para España), 129 (los caballeros que acompañan el féretro), 132, 135 (su cuerpo pasa por París; el rey de Francia manda cuatro ministros de justicia a recibirlo, y dicta oficios de difuntos por donde pasare), 145 (llega su cuerpo a Madrid, y lo llevan al Escorial), 146
- XVIII, 19, 164 (**1645**: m. fray Juan de San Agustín, que fue su confesor), 209;
- XIX, xiv, 345 (**1642**), 374 nota 7, 393 nota 85, 394 nota 85, 399 nota 237, 420 nota 329, 439 nota 209 (el arzobispo de Burgos asume todo el costo de la comitiva funeraria), 456 nota 506[b], 462 nota 264

Infante-Cardenal, secretario de lenguas del, XIII, 219-220 (por traidor, le hicieron cuartos)

Infantica (o Infantita), la, XVII, 17; XIX, 364

Inghien, duque de (v. Enghien, duque de)

Inglaterra, XIII, ix, 56, 90, 100, 122, 148, 149, 243, 261, 265, 300, 303, 304, 310, 311, 327, 363, 363, 374, 393, 409, 416, 420, 426, 430, 433, 461, 478, 546, 548
- XIV, x, 1, 71, 87, 135, 136, 137, 144, 176, 206, 212, 253, 260, 266, 275, 284, 288, 290, 293, 310, 321, 367, 368, 378, 379, 380, 388, 392, 402, 414, 434, 455
- XV, 60, 75, 77, 81, 94, 95, 106, 108, 120, 125, 126, 171, 175, 178, 179, 184, 188, 209, 209, 211, 211, 216, 222, 242, 246, 247, 248, 262, 262, 281, 301, 305, 336, 345, 347, 352, 353, 356, 359, 360, 372, 374, 388, 404, 416, 420, 423, 431, 435, 453, 463, 480
- XVI, vii, 31, 49, 51, 81, 84, 92, 112, 178, 190, 191, 193, 298, 334, 341, 348, 351, 364, 398, 472, 475, 482
- XVII, ix, 121, 132, 138, 164, 182, 187, 201, 202, 256, 327, 353, 384, 455, 485;
- XVIII, xx, 42, 84, 96, 175, 176, 177, 180, 249, 290, 291, 299, 335, 433, 471, 503
- XIX, 78, 121, 256, 279, 307, 308, 321, 338, 407 nota 377, 429 nota 477, 435 nota 126

Inglaterra, canal de, XIII, 304
- casa real de, XIV, 264
- corte de, XIV, xi-xii

Inglaterra, embajador de España en
- XIII, 90 (**1634**: el conde de Humanes), 243, 275 (**1635**: m. el conde; el nuevo embajador a Inglaterra es Cristóbal de Benavente), 311, 343, 416, 432, 548
- XIV, 32, 288, 460; XV, 179

- XIX, 385 nota 288 (**1636-1638:** las últimas diez citas se refieren todas ellas a un solo viaje de Íñigo Vélez de Guevara, el mozo, VIII conde de Oñate, q.v., a Inglaterra como embajador de España, de 1636 a 1638; en las citas de XIV, 288 y 460, se precisa bien la identidad: "El conde de Oñate, mozo, no ha probado muy bien en Inglaterra" [para los detalles, v. la ficha del VIII conde])
- XIX, 379 nota 390 (**1625:** Francisco de Erasso: el Rey le nombró embajador, "pero no llegó a ir")

Inglaterra, embajador en España,
- XIII, 263 (**1635:** ha llegado a La Coruña) 324-327 (relato del corregidor de Valladolid de la visita que difícilmente pudo hacer el embajador a la madre Luisa en Valladolid), 336-337 ("besó la mano a S.M. Monsieur de Aston [Sir Walter Aston], embajador de Inglaterra,... católico y caballero de muchas prendas"), 475 (**1636:** desde Francia dice el embajador que el Cardenal-Infante "anda muy pujante")
- XIV, 27 (**1637:** de la casa del embajador de Inglaterra sacó un alcalde al capitán de una banda de ladrones), 212 ("vino un embajador de Inglaterra, despachado por el conde de Oñate", q.v.)
- XIX, 261 (**1642:** el embajador dice que m. Richelieu), 277 (el embajador recibió en Madrid la noticia de una gran victoria sobre los ejércitos de Francia)

Inglaterra, embajador en Alemania,
- XIV, 10 (**1637:** en Ratisbona [Regensburg] el embajador de Inglaterra pide al Emperador el Palatinado y la dignidad electoral para el sobrino del rey de Inglaterra)

Inglaterra, embajador en Francia,
- XV, 445 (**1640:** el rey de Francia dio libertad al conde Palatino, sobrino del rey de Inglaterra; "está retirado en casa del embajador de Inglaterra")
- XVII, 101 (**1643:** en París, el embajador de Venecia, el de Inglaterra y el Nuncio tuvieron aviso de que el Rey de Francia "quedaba desahuciado")

Inglaterra, embajador de Francia en,
- XVII, 101, 353 (**1643:** el conde de Harcourt, q.v.)

Inglaterra, embajador de Portugal en, XVI, 112 (**1640:** Antonio de Almada, para Inglaterra)

Inglaterra, infantes de, XVII, 257

Inglaterra, Parlamento de, XVI, 365, 388, 475; XVII, 121, 132, 138, 165, 182, 201, 257, 258, 259, 260, 384, 455; XVIII, 312, 508; XIX, 10, 78, 251, 256, 279, 308, 338, 365, 366, 367

- reina de (María Enriqueta, hija de Enrique IV y Marie d' Medici, esposa de Carlos I de Inglaterra), XIV, ix (le manda a la de Chevreuse un galeón para regresar), 321 (**1638**), 342, 442; XVI, 186 (**1641**), 187, 190, 191, 309 (**1642:** huye del parlamento inglés a Holanda); XVII, 165 (**1643:** la reina francesa quiere las paces con España para ayudar a su hermana, la reina de Inglaterra), 256 (se ve con el rey inglés en Edge-Hill); XIX, 251 (**1642:** en Holanda pidiendo ayuda al de Orange contra el parlamento), 305
- reino de, XVII, 258

Inglaterra, rey de (Carlos I Estuardo, 1600-1649; hijo de Jacobo I; rey de 1625 a 1649)
- XIII, 57 (**1634:** ayudará al Rey de España en la guerra), 139 (**1635:** envía un grande de su reino a dar la bienvenida al Infante-Cardenal en Flandes), 187 (afectuoso a los católicos), 300 (manda que se pongan altar, cruz y Cristo en todas las iglesias), 311 (manda pregonar que la fe católica es buena, y prohibe perjuicios contra católicos), 317 (él y el de Francia ordenan la retirada de sus milicias de Holanda), 324 (se recuerda que como príncipe de Gales, Carlos visitó España en 1623 para casar-

se con María, hija de Felipe III, matrimonio no efectuado), 374 (**1636**), 421 (el Emperador le manda emisario para acordar sobre lo del Palatinado), 426 (sentido por ataque francés a puertos ingleses), 432, 434 (manda a un embajador a Francia sobre el asunto del Palatinado), 475 (manda embargar todos los navíos franceses en las costas de Inglaterra), 548 (advierte a España en favor de la devolución del Palatinado a su sobrino)
- XIV, 10 (**1637**), 14 (comisiona a su embajador la liga con Francia contra Austria), 32 (la Dieta falla en contra de su sobrino y el Palatinado), 71 (liga secreta contra la casa de Austria), 155 (se opone a prohibir que las costas inglesas den protección a las naves españolas), 166 (liga con Francia), 284 (**1638**), 321 (su mujer, María Enriqueta, hija de Enrique IV y Marie d' Medici), 367 (se devuelven embajadores entre Inglaterra y España; conflictos con Escocia por los puritanos), 423 (no hay liga de estados alemanes con Inglaterra si no rompe el Rey guerra con España), 442 (los imperiales toman Mepen, propiedad suya)
- XV, 117 (**1638:** embarga 80 navíos holandeses, por agravios en las Indias a ingleses), 177 (**1639:** muy apretado por la violencia del altercado con Escocia en materia religiosa), 185 (irán por su hija a Inglaterra varios nobles españoles), 187-188 (el Infante-Cardenal le ofrece ayuda en cuanto a Escocia), 209, 216 (los 2.000 hombres que da al conde Palationo, con condición), 222, 245, 248, 250 (los problemas con los escoceses; la lealtad de los católicos), 253, 281 (disputa del Rey con los escoceses rebeldes), 357 (sobre los hechos en los Downs, q.v., de Inglaterra), 359 (disgustado con los holandeses), 404 (**1640:** se apresta para la guerra con Escocia), 445
- XVI, 126, 180-181 (**1641:** disputas entre los nobles), 187, 190, 310 (**1642**), 365 (el Rey se retira a York), 388 (en Holanda la facción de Orange quiere socorrerlo), 482 (los escoceses, puritanos, lo tienen muy apretado)
- XVII, 121 (**1643:** no se aviene con el parlamento), 132, 138 (la tregua concluida, se reanuda la guerra entre el Rey y el parlamento), 139 (los del parlamento sitian a Reading, plaza realista), 182 (derrota de parlamentarios; se descubre su trato con varios notables de Londres), 186 (el ejército levantado por el rey de Dinamarca para ayudarlo), 201 (se apodera de Exeter), 202, 256, 257 (el conde de Essex se distancia más de él; el Rey hace su entrada en Bristol), 258 (edicto suyo mandando que todos deserten al conde de Warwick), 259 (prohibe que se lleven víveres a Londres; en Oxford reafirma la fe protestante de su reino; las tropas del Parlamento saquean el palacio real de Richmond, su residencia), 260 (tratan tregua en Irlanda, que favorece al Rey), 353, 372, 384 (tómale 20 ciudades al parlamento, ahora en Plymouth), 385 (tregua en Irlanda entre católicos y protestantes), 455 (Escocia se pone de parte del parlamento y le arrebata una provincia al Rey)
- XVIII, 95 (**1645:** derrota considerable del Parlamento), 177, 251 (**1646:** no quiere paces con el parlamento, con Escocia, ni con la Irlanda católica), 302 (en Irlanda muy falto de dinero y tropas), 471 (los escoceses lo entregan a los parlamentarios)
- XIX, 9 (**1647:** el rey de Dinamarca ruega al francés tome al inglés bajo su protección), 78, 251, 256, 279 y 308 (**1642:** el reino en armas, el Rey contra el parlamento y éste contra el Rey), 309, 365, 366

Inglaterra, rey de (Carlos II, 1630-1685; rey de Inglaterra, 1660-1685;

ÍNDICE ONOMÁSTICO 265

- XIV, 321 (error por Carlos I, su padre [v. Inglaterra, rey de: Carlos I])
- XVIII, 303 y 312 (**1646:** como príncipe de Gales, pasa a Francia a pedir socorro)

Inglaterra, reyes de, XVII, 257 (1643: su residencia oficial, St. James Palace)

Ingleses, Colegio de los (en Sevilla), XVIII, 112

Ingoldstat (a 70 km. al N de Munich), XIII, 535; XIX, 10, 81 (var: Ingolstadio)

Innsbruck (a 95 km. al S de Munich, en Austria), XIV, 81, 82, 239 (var: Inspruch; Inspurg; Inspurga; Lipruh)

Inobediencia, Junta de (v. Juntas)

Inocencio X, papa (v. Pamphili, cardenal Giovanni Battista, y Papas, los)

Inocentes, día de los, XVI, 211

Inojosa, marqués de la (v. Hinojosa)

Inquefort (v. Henchefort)

Inquisición, la, XIII, 9, 12, 14, 14, 15, 16, 44, 47, 49, 50, 62, 69, 73, 74, 78, 90, 113, 123, 148, 158, 159, 175, 175, 178), 179, 207, 230, 232, 295, 304, 450, 457, 529, 537, 547
- XIV, 6, 11, 12, 21, 22, 128, 357, 358
- XV, ix, 60, 112, 191, 255, 295, 317, 365
- XVI, 10, 47, 50, 70, 71, 72, 80, 219, 248, 252, 366, 367
- XVII, 9, 100, 121, 133, 197, 218, 220, 235, 389, 415, 470, 493, 506
- XVIII, 181, 196, 237, 238, 253, 255, 306, 307, 360, 373, 376, 377, 378, 389, 390, 420, 421, 507
- XIX, 3, 6, 7, 122, 123, 187, 383 nota 521 (edicto sobre la madre Luisa, monja de Carrión), 437 nota 128 (var: Consejo Supremo; Inquisición general; Inquisición Suprema; Santa Inquisición; Santo Oficio; Suprema; Tribunal; Tribunal Supremo)

Inquisición, Consejo de la
- XIII, 15; XV, 78 (Francisco de Alarcón, nombrado consejero en 1638)
- XVI, 481; XVII, 35, 230 (Pedro Girón, oidor en 1643)

Inquisición, Consejo Supremo de la
- XIII, 67, 83, 124 y 187 (Sebastián de la Huerta, secretario del Consejo de la Suprema), 151-152, 181, 184, 291, 310; XIV, 74
- XVIII, 397; XIX, 5-6, 245, 360 (1642: Pedro Pacheco preside ahora en el Consejo Supremo de la Inquisición)

Inquisición General (v. Inquisición Suprema)

Inquisición, Santa (v. Inquisición, Consejo Supremo de la)

Inquisición, Santa y General (v. Inquisición, Consejo Supremo de la)

Inquisición Suprema, XIII, 14, 70, 71, 75, 99, 124, 155, 181, 206, 243, 435, 521, 538; XIV, 73, 253; XVI, 205; XVII, 218, 345; XVIII, 376, 376; XIX, 6, 11, 119, 120, 367

Inquisición Suprema de Aragón, XIII, 243 (su abogado y fiscal era el Dr. Casanate; m.)

Inquisición de Toledo: quema de papeles contra la Compañía (sobre su contenido y autoría, v. Jesús, Compañía de: papeles contrarios)
- XIII, 68-71 (edicto de condena de los papeles; procesión pública; encargada al inquisidor Juan Dionisio Portocarrero, q.v., con el estandarte, el inquisidor, atabales, clarines y trompetas; "grande hoguera" en la plaza de la villa, q.v.), 67-68 y 76 (sanciones a los que hablaron de dicha quema; v. San Pedro Mártir, prior de [XIII, 78-79], y Jesús, Compañía de: rivalidad con los dominicos)
- XVIII, 371

Inquisición, Tribunal Supremo de la Santa, XIII, 60, 124; XVII, 197; XVIII, 306-307; XIX, 162

Inquisición: endemoniado (v. Demonio); XVII, 9 (hechicero procesado)

Inquisidor, XIII, 151, 154, 221, 325; XIX, 124, 360

Inquisidor general, XIII, 15, 27, 55, 68, 71 (arzobispo), 76, 78, 83; XVII, 9, 35, 110, 116, 143, 172, 285, 355;

XVIII, 473; XIX, 123, 437 nota 128, 443 nota 270

Insausti, José (criado del Conde-Duque que en 1643 le acompañó a Toro, XVII, 140 (quizá pariente de Juan de Insausti, otro criado de Olivares que m. en 1627: v. Elliott, 314 y 421)

Insúa, Rodrigo de, XIV, 40 (toros en el Retiro)

Ipeña Arrieta, Bernardo de (del Consejo de Castilla, q.v.; como juez firmó la sentencia del IV duque de Híjar, q.v.), XIX, a226 (1648: sentencia) (var: Ipeñarrieta)

Ipeñarrieta, Juan de, XVII, 5 (**1643**: del Consejo de la Cámara, q.v. [el Rey no lo favorece]); 64 (ministro del poderoso Francisco Antonio de Alarcón en su visita al marqués de Leganés); XVIII, 216 (**1646**: pasa del Consejo de Órdenes al Consejo de Castilla) (var: Ipeña Arrieta; Ipeñerieta; Ipeñerrieta; Peñaranda; Peñarrieta; Peñerrieta; Piñarrieta)

Ipeñerrieta, Miguel de (del Consejo de Hacienda, y de una junta del Consejo de Castilla), XV, 298; XVII, 5; XIX, 418 nota 230 (**1643**) (var: v. Ipeñarrieta)

Ipres (v. Ypres)

Irache, abadía de (Navarra), XIV, 129 nota 2 (a Fr. Antonio de Castro, tío de Fr. Agustín de Castro, benedictino, q.v., le cupo la abadía de Irache) (var: Yrache)

Irarrazábal y Zárate, Francisco González de Andía e (v. Valparaíso, marqués de) (var: Irazábal)

Irin (villa de Italia, cerca de Pavía), XIV, 210

Iribarri, Manuel de (gaditano), XIV, 489

Irlanda, XIII, 155; XIV, 347; XV, 404, 430; XVI, 84, 165, 167, 186, 188, 191, 398; XVII, 256, 258, 259, 260, 385; XVIII, 95, 177, 302; XIX, 10, 256

Irlanda, primado de, XVII, 259

Irlanda, Veras de (apellido), XVIII, xx

Irlandeses, seminario de los (Salamanca), XVIII, 175, 180

Irribarri, Manuel de (residente de Cádiz), XIV, 489 (amigo de Diego de Buitrón, alcalde de Fuenterrabía, quien pide a su corresponsal que envíe una copia de esta carta a Irribarri en Cádiz)

Irson (v. Hérisson)

Irún (a 50 km. al N de Pamplona, en la frontera), XIV, 57, 451, 452, 456, 460-461 (sobre la invasión de los franceses en 1638, véanse Rentería y Fuenterrabía), 463, 479; XV, 19, 31, 32, 35, 38, 54, 61, 282, 328; XVI, 374, 376; XVII, 6, 507; XVIII, 188; XIX, 251

Isabel, XIX, 365 (dama de Sevilla)

Isabel (camarera del protonotario de Aragón, Jerónimo de Villanueva, q.v.), XIX, 437 nota 128

Isabel, reina de Bohemia (1596-1662; de los Stuart de Inglaterra; hija del rey James I, hermana del futuro rey Carlos I; casada en 1613 con Federico V, elector del Palatinado; reina de Bohemia, 1619-1620; abuela del rey Jorge I de Inglaterra,1660-1727 [fundador de la dinastía de Hanover]), XIV, xii

Isabel I, reina de Inglaterra (1533-1603; hija de Enrique VIII), XVII, ix

Isabel de Borbón, reina de España (1602-1644; hija de Enrique IV de Francia y de Marie d' Medici y hermana del rey Luis XIII; casó con Felipe IV en 1615 y tuvo un papel importante en la caída del Conde-Duque en 1643; v. Crosby, *Nuevas cartas...*, carta 40 y la nota 5..7, pp. 266-267; J. H. Elliott, *The Count-Duke...*, 640-642; y el libro titulado *Pompa funeral, honras y exequias...*)

– XIII, 5 (**1634**: estrena con el Rey el nuevo palacio del Retiro de San Jerónimo), 6, 7, 8, 66, 82 (preñada), 89, 98, 107 (recibe a la duquesa de Mantua), 124 (**1635**: pare a la infanta María Antonia), 214, 236 (preñada de

dos meses), 243, 277, 296 (visita con el Príncipe el centro de jesuitas), 336, 346, 458 (**1636**), 498, 531 (recibe a la princesa de Carignán), 548
- XIV, 2, 11, 13, 17 (**1637**: ella y el Rey reciben al embajador de Alemania, conde de Schomberg, y a su mujer), 36, 37, 38, 41, 42 (el conde de Linares regala a la Reina valiosos pendientes), 64, 76, 91 (quedaría con el gobierno de Madrid en ausencia del Rey), 194, 265 (la duquesa de Chevreuse le besa la mano), 273, 275, 289 (**1638**), 293, 302, 318, 322, 323, 324, 328, 336 (se disfraza de obrero en las fiestas del domingo de Carnestolendas), 342 (manda presente a su hermana la reina de Inglaterra), 443 (preñada);
- XV, 19 (**1638**), 22, 61 (pare a la infanta María Teresa, futura mujer de Luis XIV de Francia), 62 (el duque de Módena besa su mano), 78, 81, 85, 109, 144, 150, 196 (**1639**), 201, 219, 221, 233 (lava las manos a doce mujeres), 257 (se queja al Rey por la descortesía del duque del Infantado y del conde de Medellín, lo que provoca el destierro de éstos de la corte), 261, 268, 273 (prefiere estar en el Retiro), 291, 312 (atrevimiento del Almirante para con ella), 387 (**1640**), 414
- XVI, 80, 223 (**1642**: m. P. Fray Diego de San José, franciscano descalzo), 235, 334 (dilata la partida del Rey de Madrid), 342, 345 (queda de gobernadora de Madrid con cuatro notables que la asisten), 346, 357, 369 (ve al Rey en Getafe), 370, 378 (memorial picante y salado que menciona a sus meninos), 382 (pasa revista a la coronelía del Príncipe), 384, 385, 389 (madrina en la boda de Enrique Felípez de Guzmán), 390 (despacha tropas de Madrid), 394, 421, 428 (sale a menudo a hacer revista de soldados prestos a partir), 477 (preside gran junta de consejeros de estado y guerra en palacio), 478, 480 (dispuesta a ir a Zaragoza, para que el Rey no venga a Madrid), 498 (**1643**), 504 (sobre el papel de la Reina en la caída de Olivares el 23 de enero, 1643, v. Crosby y Elliott, citados anteriormente en el primer párrafo sobre la Reina)
- XVII, 3, 4 (**1643**: en una procesión religiosa, la condesa de Olivares le lleva la falda), 16, 17, 18, 26, 69, 117 (el Conde-Duque, retirado del palacio), 162, 166, 172, 190, 204, 210, 215 (pide a la universidad de Salamanca estudiantes para ir a luchar contra Portugal), 235, 236, 238 (pide a Sevilla tropas y dinero para el auxilio de Badajoz), 255 (envía socorro a Zafra), 260 (las relaciones le vienen a ella directamente), 277, 289, 347, 356 (da instrucciones para la partida de la condesa de Olivares de palacio), 357 (le da licencia a la misma para ir a Loeches), 376, 389, 394, 406, 439 (**1644**), 444, 452 (aborta de tres meses), 490, 495, 498, 499-500 (fallece el 6 de octubre; 1644-1645: sus honras fúnebres tuvieron "aparatosa magnificencia"; v. en la Bibliografía el libro de la *Pompa funeral, honras y exequias...*), 501, 505, 510
- XVIII, 22, 58, 485
- XIX, 253 (**1642**), 260, 290, 293 (el de Leganés le manda un mensaje desde Cataluña), 302, 311-312, 318, 362, 380 nota 398, 431 nota 501, 444-445 nota 328 (su mayordomo, Antonio Portocarrero de la Vega, q.v.)

Isabel Clara Eugenia, infanta (1566-1633; hija de Felipe II y esposa del archiduque Alberto; su padre le cedió sus derechos sobre los Países Bajos, pero Felipe IV la reconoció como su gobernadora [cuando los corresponsales se refieren a ella como "la Infanta", sin más, repito este título en los resúmenes]), XIII, 8 (1634: noticia de su m.), 39 (la Infanta había enviado al duque de Aerschot, q.v., a

Madrid), 276-277 (relato detallado de Novoa de la prisión del duque de Aerschot en una casa particular de Madrid)

Isabel Margarita Fernández de Híjar (v. Híjar, duquesa de)

Isassi, villa de, XIII, 338; XIV, 8 y XVI, xii (se decía que en 1634 m. allí, en Vizcaya, a los ocho años de edad, un hijo bastardo de Felipe IV [v. Austria, Fernando Francisco de], criado por Juan de Isassi e Idiáquez, q.v.)

Isassi (familia vascongada, de la que descendieron los duques de Granada de Ega en el siglo XIX), XIX, 439 nota 200; v. también Atienza, 875a y 933a

Isassi, padre, S.J., XIV, 461 (1638: ingeniero en Fuenterrabía), 500; XV, 82

Isassi, Antonio de (oficial de mar; hermano de Juan de Isassi e Idiáquez [XV, 315; XIX, 439 nota 200])
– XIII, 394 (**1636:** cabo de 5.000 soldados en una armada de La Coruña a Dunquerque), 402
– XIV, 22 (**1637:** llegan a Dunquerque), 453
– XV, 315 (**1639:** general ya, Isassi va a Barcelona donde han de darle cuatro galeras, y otras dos en Lisboa para un viaje a Italia)
– XVIII, 200 (**1645:** aquí por error se llama "Antonio" al que era Diego Isassi (véase la ficha a continuación) (var: Asassi; Isassé)

Isassi, Diego de (maestre de Campo), XVIII, 45, 200 (**1645:** uno de seis maestres de Campo en el ejército del marqués de Leganés que va a Italia [aquí se le llama "Antonio" por equivocación, como explica Gayangos: XIX, 439 nota 200])

Isassi, Domingo de (almirante), XV, 35 (1638: en Fuenterrabía); XIX, 439 nota 200

Isassi, Fulano de (hermano del maestro del Príncipe), XIX, 371 (no he logrado identificar al "oficio de Francisco Mejía, q.v., que se dio a Isassi")

Isassi, Juan de, (v. Isassi e Idiáquez, Juan de)

Isassi e Idiáquez, Juan de (I vizconde de la villa de Pie de Concha, título concedido en 1635 [Atienza, 933a]; caballero de Santiago; maestro del príncipe Baltasar Carlos; compañero de claustro del Conde-Duque en Salamanca hacia 1602, y hacia 1641 compañero del mismo en los últimos años del desplome de su poder [J. H. Elliott, *The Count-Duke*, 16 y 24])
– XIII, 338 nota 1 (**1635:** nota incorrecta, corregida en otra: XIV, 7-8 nota 1: Juan de Isassi había sido ayo de un joven noble, hijo de la hija de la marquesa de La Charela, q.v., y de quien se decía por error que su padre había sido el Rey), 506
– XIV, 8, 87, 461
– XV, 315; XVII, 120
– XVI, xi, a194 (**1641:** carta al duque de Cardona, hijo del último virrey de Cataluña, como casi todas las suyas), a201 (desde Madrid), a221 (**1642**), a263, a266, a271, a280, a289, a304, a325 (a una persona en Sevilla), a326 (a una persona en Sevilla), a344, a351, a371, a391, a393, a423, a429
– XIX, a249 (**1642**), 439 nota 200

Isassi Sarmiento, Diego de (pariente de Juan de Isassi e Idiáquez, q.v.; con Alonso Idiáquez y también Gaspar de Carvajal, gobernador de Fuenterrabía, mandaba por Guipúzcoa y Navarra "la entrada de las armas de S.M. [Felipe IV] en Francia") XIII, 506 y la nota 2 (1636)

Isembourg, castillo de (construido sobre los restos de un fuerte merovingio en un alto del pueblo de Rouffach, a 22 km. al S de Colmar), XIII, 497 (var: Isembergh; Isembourg; Isembug; Isemburche; Isemburg; Isemburgh; Isemburs)

Isembourg, conde de (gobernador de Namur [a 55 km. al SE de Bruselas]),

XIII, 496, 497 (**1636**: toma el castillo de Maillí y el burgo); XIV, 438 (**1638**); XV, 485 (**1640**: ausente cuando los franceses tomaron Arras); XVII, 129

Isidora de Loyola, Catalina Teresa (mujer de Juan Santelices y Guevara, q.v.; en 1668 le dedicó Mateo de la Bastida una edición del *Quijote*, q.v.), XVI, 440

Isidro (v. Monzón, Francisco Isidro)

Isidro, padre, S.J. (de Flandes), XVIII, a174

Isidro Monzón, Francisco (v. Monzón, Francisco Isidro)

Isla, la ("heredad" de los jesuitas en Cádiz), XVI, 43

Isla, Juan de, S.J. (rector del colegio de Monterrey), XV, 289

Islas, las (se refiere a las dos islas de Lérins, en la costa de Cannes; dista la una de la otra unos 6 km.; v. Saint Honorat y Sainte Marguerite, dos fichas que se hallan en la letra S; cuando en las cartas se refiere a "las islas", sin ningún nombre, cada ficha lleva las citas de páginas de las dos islas)

Isolani, Johann Ludwig Hektor, conde de (n. Görz, 1586, y m. Viena, 1640; general de la caballería croata del Emperador; en 1632 general de los croatas en la batalla de Lützen, que perdió Wallenstein; en 1634 mariscal de Campo con Wallenstein y en 1636 con Picolomini en Holanda y Gallas en Picardía) (var: Isolano)

– XIV, 226 (**1637**: se le rindió la plaza de Essaux, en Enfert; en Hesse con el general Weerdt), 280 nota 1 (**1638**: participó en la destrucción de siete fuertes alemanes en el Rhin, y cansó a Weimar y a Guebriant)

Italia, XIII, viii-ix, xiii, 11, 22, 34, 99, 100, 144, 173, 182, 198, 217, 222, 224, 225, 235, 235, 237, 244, 245, 251, 252, 254, 255, 256, 266, 268, 269, 273, 276, 279, 280, 280, 281, 291, 296, 297, 298, 299, 300, 306, 307, 310, 312, 316, 336, 346, 351, 352, 353, 366, 367, 369, 370, 372, 374, 375, 384, 386, 387, 395, 397, 399, 403, 403, 404, 408, 409, 410, 421, 442, 442, 444, 446, 451, 452, 453, 460, 460, 461, 475, 479, 481, 485, 499, 503, 507, 508, 512, 515, 519, 521, 526, 531, 545

– XIV, v, 2, 8, 19, 24, 28, 34, 38, 41, 42, 48, 54, 70, 72, 87, 90, 110, 111, 129, 131, 151, 156, 159, 160, 162, 166, 171, 200, 202, 205, 207, 209, 218, 249, 261, 262, 269, 278, 281, 288, 290, 291, 306, 313, 314, 315, 315, 325, 331, 335, 337, 341, 347, 350, 351, 354, 361, 362, 363, 366, 368, 375, 380, 385, 387, 390, 392, 398, 400, 404, 407, 407, 409, 410, 411, 412, 414, 415, 416, 417, 422, 423, 429, 432, 439, 441, 476, 477, 478, 484, 491, 494, 497, 501

– XV, vi, 6, 13, 63, 72, 81, 88, 90, 92, 93, 96, 98, 110, 121, 125, 165, 168, 172, 182, 183, 185, 186, 202, 203, 204, 205, 206, 207, 211, 213, 214, 214, 216, 217, 218, 219, 222, 232, 233, 234, 236, 241, 243, 246, 253, 254, 264, 265, 274, 278, 282, 283, 288, 291, 292, 293, 295, 299, 309, 309, 312, 315, 317, 321, 322, 338, 344, 344, 345, 347, 351, 352, 352, 353, 354, 362, 370, 375, 376, 383, 386, 393, 396, 399, 401, 402, 408, 411, 411, 412, 415, 417, 421, 427, 435, 450, 451, 452, 455, 456, 466

– XVI, vii, 8, 19, 26, 32, 34, 41, 48, 48, 54, 55, 61, 68, 89, 90, 93, 122, 126, 127, 136, 190, 194, 198, 226, 288, 314, 332, 398, 447, 476, 477, 480, 481, 505

– XVII, 24, 36, 104, 121, 132, 153, 179, 182, 187, 256, 260, 308, 326, 327, 342, 354, 385, 388, 391, 406, 414, 435, 438, 444, 451, 462, 466, 468, 495, 496, 497, 503

– XVIII, xiii, 1, 4, 7, 7, 44, 45, 58, 63, 67, 83, 86, 96, 131, 159, 163, 163, 169, 175, 185, 201, 218, 234, 240, 241, 242, 249, 251, 252, 253, 256,

258, 264, 278, 279, 281, 294, 295, 299, 304, 316, 318, 327, 328, 329, 341, 349, 362, 365, 365, 370, 373, 388, 398, 421, 434, 459, 460, 465, 468, 469, 471, 474, 477, 478, 492
- XIX, vii-viii, 7, 14, 20, 21, 21, 63, 68, 78, 86, 87, 127, 140, 141, 144, 147, 153, 154, 155, 160, 165, 174, 179, 196, 203, 279, 283, 296, 306, 315, 318, 318, 321, 343, 356, 378 nota 352, 394-395 nota 207, 403 nota 349, 435 nota 94, 444 nota 320, 446 nota 335, 452 nota 439, 458 nota 124, 462 nota 315

Italia, [un] conde de, XIII, 161 (le reciben los jesuitas en Salamanca)
- Consejo de (v. Consejo de Italia)
- presidente de (v. Consejo de Italia)
- príncipes de, XIV, 350 ("dicen están armados para asistir a S.M. porque los designios de Richelieu son terribles contra aquella provincia [Saboya]")

[Italianos meritorios de antaño], XIV, 315 ("Pescara [se refiere a su título], Prósperos y Fabricios [por sus nombres de pila], y Marco Antonio Colonna y D. Fernando Gonzaga, y otros") (Todos menos Gonzaga eran militares y les unían relaciones personales: el marqués de Pescara era discípulo de Prospero Colonna y se casó con Vittoria Colonna, hija de Fabrizio; Fabrizio y Prospero eran primos y frecuentemente pelearon juntos; y Prospero, Fabrizio y Marco Antonio eran líderes militares y pertenecían a la casa de Colonna; v. las fichas individuales y la de "Colonna, Marco Antonio [1535-1584]")

Itúrbide, Miguel de (navarro; preso y m. por conjurado), XIX, 211

Iviza (v. Ibiza)

Ivrea (villa del Piamonte a 30 km. al N de Chivasso, q.v.), XVI, 239 (fortificada por el príncipe Tomás) (por error, Imbrea)

Izquierdo, P., S.J., XVIII, 196

J

Jaboc, conde de (militar francés en Cataluña), XVII, 281

Jaca (a 108 km. al noreste de Zaragoza), XIV, 452; XVIII, 489; XIX, 395
- obispo de (v. Briz de Trujillo, Juan Domingo)

Jaca, Pedro de (alférez), XIV, 214 (1637: m.)

Jacin, XVI, 401 (1641: cabo francés de Arras)

Jacinto (v. Salazar, II conde de)

Jacinto, P., S.J., XIII, 217

Jacobo, San, o Jacques, Saint (v. Saint James)

Jaén (Andalucía), XIII, 88, 114, 153, 243, 293; XIV, 207, 408; XV, 76, 241; XVI, 15, 21, 99; XVII, 40, 410, 431; XVIII, 229, 469

aJaén, XVIII, 226, 227; XIX, 246, 247

Jaén, cardenal de (v. Moscoso y Sandoval, Baltasar)
- iglesia de, XV, 264
- obispo de, XIV, 339 (1638: "al patriarca de las Indias [le hacen] obispo de Jaén"; noticia errónea: de 1615 hasta 1646 era obispo de Jaén Baltasar Moscoso y Sandoval [Pius Gams, 39a, y Vidal Guitarte Izquierdo, *Episcopológico español, 1500-1699*]; de 1627 hasta 1670 era Patriarca de las Indias Alonso Pérez de Guzmán [v. Quintín Aldea Vaquero, *Diccionario de historia eclesiástica*, t. V, p. 1887b, y las fichas del "Patriarca de las Indias"]; XIX, 152 (Fernando Andrade y Castro, obispo de Jaén, 1648-1664)
- Reguchillo de (área de gran hermosura botánica), XVII, 40
- reino de, XIII, 45 (en la antigüedad)
- silla episcopal de, XIX, 452 nota 468 (de los obispos que menciona Gayangos, todos concuerdan con Gams menos los datos de Juan Piñeiro-Osorio, q.v., así como Francisco Alarcón, q.v.)

Jager (v. Eger)
Jalón (estudiante), XVIII, 78
Jamaica, paraje de (se refiere a la isla del mar Caribe), XVII, 40
Jamaica, marqués de (Álvaro Jacinto Colón de Portugal), XIX, 376 nota 199
Jampaña (v. Champagne)
Janeiro, isla de (por su situación en una descripción de un viaje trasatlántico, debe de ser una de las islas de Cabo Verde, q.v.), XIX, 231
Janeiro, Río de (v. Río de Janeiro)
*Janesegio, J.J. (v. Jansenio)
*Jansenio, Cornelio (1585-1638; teólogo católico holandés; profesor en Lovaina y obispo de Ypres; sus libros dieron origen al Jansenismo), XIV, 328 nota 1 (var: J. J. Janesegio)
[Jansenismo], XIV, 328 nota 1 (Gayangos cita numerosos libros coetáneos sobre esta doctrina, de manera que su nota es una pequeña bibliografía de dicha doctrina)
Japón, XIII, 118, 522; XVI, 41, 42; XVII, 347, 364; XIX, xiii (mártires)
Jaquinocio, P., S.J. (asistente de Francia en Roma), XVIII, 264
Jaraicejo (a 27 km. al N de Trujillo [Extremadura]), XVIII, 393
Jarama, río (pasa por Torrejón de Ardoz y Aranjuez en la prov. de Madrid), XVIII, 48
Jardín, convento del (Granada), XIII, 162 (1635: aquí fue sentenciado a reclusión perpetua Juan de Jesús, q.v.)
Jardín, el (en la periferia de Madrid), XVII, 103, 106, 107
Jardines, los (sin identificar; probablemente unos bancos en el mar Caribe), XVIII, 481 (v. Cartagena de Indias: Viaje por mar)
Jarfia (v. Tarifa)
Jatelet o Jatelete (v. Châtelet)
Jatiller (v. Châtillón)
Jatillón, mariscal de (v. Châtillón)
Jauber, río (v. Tauber)
Jaume, Romeu (editor catalán del siglo XVII), XIX, 272

*Jáuregui, Juan de (1583-1641; poeta y pintor de Sevilla)
Javalquinto, duque de (v. la ficha que sigue)
Javalquinto, marqués de (Francisco de Benavides), XIII, 459 (1636: m. el marqués; su hija "queda concertada de casar con el marqués de Cuéllar", q.v.); XIV, 285 (1638: la heredera del marqués se casará con el hijo del [X] conde de Benavente [Antonio Alonso Pimentel de Herrera Zúñiga, "el [conde] de Luna", título que heredó de su madre])
[Javier, conde de] (título que recibió Juan Aznares de Sada y Xavier en 1625 [Atienza, 886b]; ya tenía el de VIII vizconde de Zolina [sobre el origen de este título, v. Atienza, p. 1022a]; v. la ficha que sigue)
Javier, hijo del conde de:
– XIII, 523 (1636: el hijo participó en el ataque español a San Juan de Luz, q.v., villa al NE de Fuenterrabía)
– XV, 199 (1639: el hijo "fue el primero que subió las trincheras de Fuenterrabía, cuando desbarataron al francés";... le hicieron "merced de un hábito de Santiago y una compañía de caballos en Navarra, y de 200 ducados de acostamiento por su vida" (var: conde Xavier)
Javier, P. San Francisco (v. San Francisco Javier)
Jayme (v. Saint James)
Jaynel, coronel (v. Lenser)
Jebran, Mr. de, XIV, 237
Jebrosa, duquesa de (v. Chevreuse)
Jenero o Jeneyro (v. Janeiro)
Jerez [de la Frontera] (a 25 km. al N de Cádiz), XV, 499, 502; XVI, 60, 246, 344-345; XVII, 177, 239; XVIII, 78, 136
aJerez [de la Frontera], XV, 499, 502
Jerez de los Caballeros (a 70 km. al SE de Badajoz), XVI, 158; XVII, 239, 290, 292, 293, 294, 311, 317; XVIII, 139
aJerez de los Caballeros, XVII, 293

Jerez [de los Caballeros], XVII, 244, 312-314, 330, 332, 351; XVIII, 447

Jeri de la Reina, marqués de (v. Gieri de la Reina, marqués de)

Jerónima, Convento de la Concepción de (v. Convento)

Jerónimo, XIX, 227 (1648: criado de Carlos Padilla, a quien se acusa de haberlo matado para que no fuera testigo)

Jerónimo (el Electo de la ciudad de Nápoles durante el alboroto y "sobrino del que lo fue en tiempo del duque de Osuna" [se refiere al virreinato de Nápoles del III duque de Osuna, que duró de 1616 a 1620]), XIX, 43 (1647) (en la nota 1 de la p. 43, afirma Gayangos que el Electo era "Julio Genuino, según Tarsia, [*Tumultos de la ciudad y reino de Nápoles...*,] p. 57")

Jerónimo, don, XIII, 71 (en Salamanca los de la Compañía solían recibir pliegos por don Jerónimo)

Jerónimo, don, XVII, 20 nota 1 (según la nota de Gayangos, éste era el nombre del obispo de Segovia en 1643, y era pariente cercano de Simón Mascareñas, q.v., caballero portugués y militar; según Gams, 71a, el obispo de Segovia de 1641 hasta 1645 era Pedro de Tapia)

Jerónimo, Fr. (v. Pedrosa, Gregorio de)

Jerónimo, H. Juan (v. la ficha siguiente)

Jerónimo, padre Juan, S.J., XIII, 239 (le "han despedido: ya se van viendo los efectos de lo de Alcalá, y no será él solo")

Jerónimo, Julio (v. Genuino, Julio)

Jerónimos, [convento de] los, XIII, 147 (1635: el Conde-Duque, autorizado a fundar uno)

Jersey, isla de (una de las "Channel Islands", en el Canal de la Mancha, al SO de Cherbourg), XVIII, 179-180 (var: Yersea)

¿Jerueles o terueles? (Gayangos: "no se puede leer"), XIX, 76

Jerusalén, XIV, 492; XV, 309

Jerusalén, Orden de San Juan de (v. San Juan de Jerusalén)

Jesamaní o Jesemaní (v. Getsemaní)

Jesucristo, XV, 149, 154; XVII, 483; XVIII, 245, 377

Jesuitas, los, XVIII, 46, 105, 225

Jesuitas, papeles de los, XIX, vi

Jesuitas de Sevilla (proceso por la quiebra del colegio de San Hermenegildo, donde reside el P. Pereira), XVIII, 46

Jesús, XIII, 55; XIV, 77; XV, 156; XVII, 318, 443; XVIII, 390; XIX, 358

Jesús, Compañía de (fundada en 1540 por San Ignacio de Loyola)
– aniversario, XV, x
– casa profesa en Madrid, XVI, 77, 161; XVIII, vi (los PP.), 109, 110, 174 ("La octava de la Casa Profesa va lucida"), 221, 270, 356, 459; XIX, 5, 157
– cifra, XVII, 246-247
– Colegio, XV, 387, 431; XVI, 395
– Colegio de la Concepción (Salamanca), XV, 246 (rector: P. Juan Martínez)
– Colegio de Estudios Reales, XVII, 450; XIX, 453 nota 469
– Colegio Imperial (Madrid):
   XIII, a68 (**1634**: del P. Juan de Robledo, S.J.), 87 (se enterró aquí al hijo "mayorazgo" de Fadrique de Toledo[-Ossorio], q.v.; v. la ficha del niño, Pedro de Toledo-Ossorio)
   XIV, 203; XV, x (**1640**: la comedia escrita por el primer centenario de la Compañía en 1640: *Las glorias del mejor siglo*), 111 (**1638**: orden para que el rector del Colegio restituya al P. Juan Bautista Poza a su cátedra), 430
   XVI, 433 (**1642**: las honras del duque de Nochera)
   XVII, 323, 360 (**1643**: los estudiantes representaron el martirio del P. Marcelo Mastrilli) (v. Teatro, obras de: representaciones)

XIX, 327-330 (**1642:** el rector del Colegio era el P. Pedro González de Mendoza, q.v.)
- Colegio de
 –Madrid: XIII, 12 (P. Robledillo, Rector, y el Vice-rector, con otros 3 jesuitas: su entrevista con el Rey); XVIII, 494 (1647: incendio)
 –Monterrey, XV, 289 (rector en 1639: J. de Isla)
 –Montilla, XVIII, 351, 353
 –San Ambrosio (Valladolid), XIII, 96, 341, 535; XV, 82, 113-114, 133; XVIII, 75 (en él eran profesores los PP. Baeza, Juan Chacón, Martínez [sin nombre de pila], y Salas)
 –San Hermenegildo (Sevilla), su administrador, H. Andrés de Villar, XVIII, 52, 80, 106-110, 112; aquí residía el P. Rafael Pereira, q.v.
 –San Pablo (Granada), XIV, 137; XV, 442 (rector); XVIII, 308 (vicerector en 1646: Alonso Jiménez)
 –Villarejo de Fuentes: rector: P. Juan de Piña, XVIII, 19
- Congregación en Roma para elegir el general, XIV, 61; XV, 408; XVII, 381; XVIII, 77, 86, 217 (**1646**), 218, 220, 225, 230, 239, 240, 241, 249, 256 (en un pasquín, evaluación de los cuatro candidatos para el generalato [texto en la ficha de Montmorency]), 258, 263, 264, 285, 286, 295, 319, 325, 326
- Iglesia (Alcalá de Henares), XIX, 398 nota 237
- padre general, admonitor del, en Roma, XVIII, 264
- padre general, asistente, XVIII, 258
- padre general, selección del, XVII, d442-443; XVIII, 256 (sátira; v. Carraffa, P. V.; González de Mendoza, P.; Montmorency, P.; Piccolomini, P. y Vitelleschi, P. Mucio)
- padres, XIII, v; XVI, 271; XVII, xix
- papeles contrarios a la: XIII, 9 (papel del Dr. Espino: *Avisos secretos...*, q.v.), 11, 12 (entrevista de 5 padres [Aguado, R.; Guevara; Pimentel; Robledillo; y el Vicerector] con el Rey y luego con el Conde-Duque, y con el Padre Confesor), 70 (papel de Roales; edicto de condena y quema; v. Inquisición de Toledo)
- procurador general (v. Justiniano, P. Francisco)
- provincial de Madrid (P. Juan de Piña, XVIII, 19)
 provincial y comisario de Jaén, y muy amigo del P. Juan Chacón (XIII, 153)
 provincial general de Roma (P. Teófilo, XVIII, 464)
- rectores de colegios (no todos son jesuitas): v. la ficha de Rector, P.)
- rivalidad con los dominicos (éstos controlaban la Inquisición), XIII, 15 (papeles contrarios a la Compañía, en poder de Fr. Cañamero, dominico), 78-79 (sanciones motivadas por la rivalidad [v. San Pedro Mártir]); XIV, 356-360 (disputas públicas en Pamplona y Gerona; v. Dominicos, Padres)

Jesús, Convento de, XIII, 164 (en Córdoba); XVII, 12 (en Zaragoza)
- Crucificado, Convento de (Córdoba), XIII, 162
- Iglesia de (Nápoles), XIX, 175
- monjas del (Salamanca), XVIII, 5
- Niño (efigie), XIII, 58; XIV, 21; XVII, 438
- plaza del (Roma), XVIII, 322
Jesús, Juan de (v. Juan de Jesús)
Jesús del Monte (así firmó una carta el P. Francisco de Ribera, q.v.), XIII, 233 (iglesia de Madrid donde se recogieron los de la Compañía; v. Nieremberg, *Varones ilustres...*, t. VIII, p. 253)
Jesús, Santa Madre Teresa de (v. Santa Teresa de Jesús, Madre)
Jhose, Mr. de (v. Thou, Mr.)
Jiménez, P., XV, 82
Jiménez, P. Alonso, S.J. (vicerector del colegio de Granada), XVIII, a308
Jiménez, P. Juan, S.J., XIII, a527 nota 1, a537 8 nota 1; XVII, 220

*Jiménez Catalán, Manuel (bibliógrafo e historiador; s. XX)

Jiménez de Aragüés, Luisa, XIX, d272

Jiménez de Urrea, Antonio (v. Aranda, conde de)

Jiraza, la (en el NE de Francia no hallo pueblo ni río de tal nombre; pero tiene que referirse a un área entre Arras, por el O, y Valenciennes, por el E, porque el ejército del marqués de Castel-Rodrigo pasó de Avesnes, Landrecies y Rocroi [q.v., al E de Valenciennes], "por la Jiraza", hacia uno u otro de los "Hénin", q.v., que están al NE y SE de Arras), XVII, 125

Joachino (creo que se refiere a San Joaquín, esposo de Santa Ana y padre de la Virgen María, y a lo que dijo de él Flavio Dextro, autor antiguo español, q.v.), XIII, 113

Joam o Joao (v. Juan)

Jobes (en un exorcismo), XIII, 130, 134

Jódar (castillo "cerca" de Barrancos, q.v.; las distancias citadas en el texto lo sitúan más cerca de Oliva que de Jerez [20 km. al O de Jerez de los Caballeros]), XVI, 158

Jódar, II marqués de (Antonio de Carvajal Manrique; m. 1645), XV, 168 (1639); XVII, 197 (1643); XIX, 453 nota 469

Jódar, III marqués de (Miguel de Carvajal Manrique; heredó el título en 1645 de su sobrino, el II marqués; casó con María Enríquez Sarmiento y Mendoza; caballero de Calatrava; del Consejo de Castilla y gentilhombre de cámara del Infante-Cardenal), XVIII, 190 (m. inesperadamente a fines de octubre, 1645; m. el mismo año que su sobrino Antonio, el II marqués), XIX, 438-439 nota 190, 453 nota 469

Jódar, III marquesa de (viuda ya, se casó María Enríquez con el VI duque de Frías; v. Frías, duquesa de)

Jódar, IV marquesa de (María Catalina de Carvajal, condesa de la Revilla; hija del III marqués y de María Enríquez Sarmiento y Mendoza; en 1647 casó con su tío, Francisco Baltasar Fernández de Velasco y Tovar, q.v. [hijo segundo del VI duque de Frías y hermano del VII Duque, de quien su hijo José Fernández de Velasco y Tovar heredó el título de VIII duque de Frías]), XVIII, 469 (noticia de su boda con el hijo del Condestable); XIX, 453 nota 469 (variante: Xódan; Xódar)

Joinville (a 41 km. al N de Chaumont, sobre el río Marne; feudo y título de la casa de los Guises, q.v.), XV, 79 (var: Thoinvile; Triumbilla)

Jonás (Biblia), XV, 443

Jordán, el, XVI, 333 (en una sátira sobre algunas ciudades de España, se dice que hay que traer el Jordán a Valladolid [por falta de agua])

Jorgan sobre Olfa (ciudad sobre el río Olfa en la provincia alemana de Meissen, q.v.), XVIII, 179

Jorge o Jorgi (v. Giorgio o Giorgi)

Jorque (v. York)

Josafat, valle de (cercano a Jerusalén, donde según el libro de Joel, tendrá lugar el Juicio Final), XVI, 333

José de París, P. (v. Le Clerc du Tremblay, François)

Joseph, Sr. D. (tiene que ser amigo de Joseph Vallejo en Cádiz), XV, 335

Joseph de París, P. (v. Le Clerc du Tremblay, François)

Jospiter (v. Peeters)

Juan, XIX, a163 (un corresponsal en Granada)

Juan (hijo del príncipe de Orange), XVII, 353

Juan, P., S.J., XV, 482 (var: Joan)

Juan, P. fray (v. Santo Tomás, Fr. Juan de)

Juan, Sr. D., XIII, 36 (corresponsal)

Juan, duque (v. Braganza, duque de)

Juan, Preste (v. Preste Juan)

Juan I, rey de Portugal (1357-1433; reinó desde 1385 e inició la expansión de Portugal en África; padre del infante Pedro [duque de Coimbra], y abuelo de Pedro III, q.v.)

Juan II (rey de Castilla entre 1406 y 1454), XIII, 199; XVIII, xxxiii (*Centon Epistolario* ¿del bachiller Fernán *Gómez de Cibdad Real?, físico de este Rey); XIX, 448 nota 389 (el Rey dio el condado de Castañeda a García Fernández Manrique en 1429)

Juan IV de Bragança, rey de Portugal (v. Bragança, Juan IV de)

Juan Bautista, Fr. (vicario de la Cartuja de Sevilla), XVI, a247

Juan Carlos, príncipe (v. Medici, Giancarlo d')

Juan Casimiro (v. Juan II Casimiro)

Juan II Casimiro, cardenal (1609-1672; príncipe polaco, hijo del rey Segismundo III, hermano del rey Ladislao IV [q.v.], de quien heredó el trono en 1648; abdicó en 1667 [v. G. Moroni, *Indice:* "Giovanni II Casimiro, del 1648 re di Polonia, già cardinale"])
- XIII, 260 (**1635:** le esperan en Viena), 409 (**1636:** a punto de entrar en Francia con su ejército)
- XIV, 161 (**1637:** boda de la hermana del Emperador con el rey de Polonia), 187, 239 (en Viena), 280 (**1638:** posible boda con la heredera de Suecia), 416 (trae galeras con correo desde Italia), 429 (se le espera en Barcelona), 430 (detenido en Marsella), 434, 439, 440 (enviado a París), 442
- XV, 19, 84, 129, 208 (**1639:** impiden en París al de Weimar ver al príncipe), 222 (el embajador inglés en París pide su liberación), 244, 245 (liberado, jura no tomar armas contra Francia), 432 (**1640**), 445
- XVII, 395 (**1643:** entra en la Compañía de Jesús), 417 (**1644:** breve papal sobre el hecho anterior)
- XVIII, 104 (**1645:** enfermo de gravedad), 236, 365 (**1646:** recibe el capelo cardenalicio), 386 (ciertas diferencias en los títulos del cardenal), 388 (se declara por Francia)
- XIX, 422 nota 395 (**1648:** m. su hermano y el cardenal asciende al trono; abdica en 1667 y se refugia en Francia, donde m. en 1672) (var: Casimiro; Casimiro, duque de; Casimiro, Juan; Casimiro, P.; Juan Casimiro)

Juan Crisóstomo (monje basilio; predicó en Sevilla en 1642), XVI, 370

Juan de Austria (v. Austria, Juan de)

Juan de Jesús (falso ermitaño), XIII, 161 (**1635:** procesado por la Inquisición), 162 (su sentencia), 163, 164

Juan Felipe (v. Palatino del Rhin; conde: su hermano)

Juan Jerónimo, H. (despedido de la Compañía), XIII, 239

Juan [José] de Austria (hijo natural de Felipe IV y María Calderón [la Calderona]; 1629-1679; general español; virrey de Flandes en 1656; se sublevó contra Carlos II) (error: v. p. 306, nota 1)
- XVI, 198 (**1641**), 269 (**1642:** una burla a la duquesa de Mantua), 300 y 306 (el Rey le reconoce como hijo suyo y le hace gran prior de la Orden de San Juan [de Jerusalén]; le envía por cabo a Portugal; llevará por ayudas al marqués de Castañeda y al marqués de Este; le ha criado Pedro de Velasco, en cuya casa reside ahora), 343-344 ("pónenle casa en todo real", y al mando de 15 compañías en Extremadura), 377-378 (sátira);
- XVII, 148 (**1643:** su mayordomo mayor y ayo es Cristóbal de Benavente y Benavides), 156-157 (se marcha para el Escorial), 166 (le da el arcedianato de Toledo y el capelo), 210, 233-234, 287 (toma posesión de su estado en Consuegra en la Mancha, cabeza del Priorato), 442 (**1644:** su viaje a Flandes, suspendido), 449 (muy en breve su partida para Flandes, con Diego Sarmiento para gobernar su casa, el marqués de Castel Rodrigo para lo político, y para las armas el conde de Picolomini), 477 (el Consejo de Estado acordó que por

ahora no era conveniente el viaje a Flandes)
- XVIII, 31 (estudiaba filosofía en el colegio de Jesuitas en Ocaña), 181-183 (Luis de Haro le visitó en Ocaña), 189, 208 (**1645**: el Rey le dio el título de Príncipe del Mar [equivalente al de generalísimo]), 224, 226 (**1646**: el Rey no se atreve a nombrarle arzobispo de Toledo, "ni lo había de ser sino el cardenal Sandoval"), 259, 453 (el Rey se reunirá con don Juan de Austria en Aranjuez), 469 (**1647**: partirá para el puerto de Mahón en su viaje a Nápoles como general de una armada), 474 (partió de Ocaña para el puerto de Santa María), 483 (llega a Cádiz), 491-492 (llegó a Málaga con seis galeras y 32 bajeles gruesos; prendieron una naveta de franceses y pusieron al remo al capitán y a la tripulación), 492-493 (aquí el corresponsal relata un episodio atribuido a otro hijo natural de Felipe IV, "el marquesito de Quintana [del Marco]", q.v., que estaba entonces en Málaga y era sobrino del obispo de dicha ciudad: en relación con Juan de Austria, era "igual al Sr. don Juan en padre [se refiere a Felipe IV] y superior en madre" [la de don Juan era la Calderona]; la del "marquesito" era Francisca Enríquez de Porres, q.v., hija del I conde de Castronuevo, q.v., casada con el conde de Villaumbrosa, q.v.; para Gayangos [XIX, 454-455 nota 492], el supuesto hijo natural "fue fray Alonso de Santo Tomás, o sea Alonso Enríquez de Guzmán, y no fray Antonio Enríquez de Porres; la madre de aquel se llamó Costanza de Orozco; y el marquesito de la Quintana sería algún hermano suyo, sobrino...del obispo de Málaga... Según el padre Juan de Armenta, q.v., rector del Colegio de Málaga, éste se parecía a Juan de Austria y pasaba también por hijo de Felipe IV")
- XIX, 2 (**1647**: su armada está a la vista de Barcelona), 55 (la nobleza de Nápoles está desesperada), 82, 133, 135-136 (don Juan desembarcó gente de la armada para que fueran ganando la ciudad de Nápoles; derrotó a los franceses y pacificó Nápoles), 151 (**1648**), 164 (el pueblo de Nápoles capituló con don Juan), 170, 175-177 (don Juan y los españoles derrotaron al duque de Guise, al mando de los franceses y de los ciudadanos de Nápoles; "mandó Su Alteza no se saqueara casa ninguna" [prendió al de Guise y le trajo a Madrid]), 181-184 (carta de don Juan al Rey), 190 (hubo toros en Madrid), 355 nota 492 (su mayordomo mayor, el conde de Coruña, q.v.), 416 nota 164, 453 nota 469

Juana, Madre, XIII, 89 ("la mala Juana"; "brava embustera"; azotada en Toledo)

Juana, marquesa de Poza, XIX, 348 (1642: su hija Francisca de Córdoba y Roxas casó con el segundo marqués de Leganés, Gaspar Mejía de Guzmán)

Juana de Austria (v. Austria, Juana de)

Juanetín (v. Doria, Juanetín)

Juárez, P., XIII, 168

Juárez, Juan (mandó una compañía de milicia sevillana), XIV, 309

Juárez, Manuel (escribano), XVIII, xxvii

Judas, San (apóstol: v. San Simón)

Judas (apóstol que delató a Cristo), XIII, 112, 160; XIV, 66, 418; XV, 61

"Judas creyente" (así se solía llamar a Francisco Vera, quien era apóstata quemado por la Inquisición en 1641), XVII, 493 (véase Vera, Francisco de, hijo de Vera, Lope de)

Judas macabeo (caudillo de la rebelión judía contra el rey de Siria; m. 161 a.C.; era símbolo del héroe militar), XVIII, 346

Judas, santo (fiesta de "los santos san Simón y Judas"), XVI, 32 nota 1

Judea (región del S de Palestina), XV, 148
Judemon (v. Chidemont)
Judice (caballero italiano), XIII, 354
Judici, Juan Bautista (caballero catalán de ascendencia genovesa), XV, 322, 327
Judici y Spinola, Nicolás (caballero italiano), XIII, 354, 355; XVII, 65 (se refugió en la iglesia de la Victoria después de un riña callejera)
Judíos (en España), XIII, 85 (v. también "Naciones, las, o Nación, la")
Julián (hijo de un amorío del Conde-Duque en 1612; éste encargó el niño a un pariente suyo [v. Valcárcel, Francisco, así como Valcárcel, Julián], y luego como paje al arzobispo de Sevilla en Italia y Viena; pasó a las Indias, y volvió a España en 1636 y sirvió en el ejército en Italia y Flandes (v. J. H. Elliott, *The Count Duke...*, pp. 618-619, y G. Marañón, *El Conde-Duque...*, cap. XX). Cuando en 1641 buscaba el Conde-Duque un heredero legítimo, adoptó a Julián, cambiando radicalmente la suerte del joven (v. la ficha de Felípez de Guzmán, Enrique de)
Julián, conde (apodo satírico de Olivares), XVI, 328
Juliers (villa de Flandes), XIII, 409; XIV, 393
Juliers (país cerca de Colonia en Alemania), XV, 123; XVI, 279; XVII, 448; XIX, 9
Julio Genuino (v. Genuino, Julio)
Jullio [sic], Pedro Antonio de (capitán), XIV, 216
Jum, bosque de (cerca de Auchy-les-Orchies, a 23 km. al SE de Lille), XV, 127
Junqueras (La Junquera; a unos 113 km. al norte de Barcelona), XVI, 213
Juntas de:
- [Sobre los] Caballeros de la boca, XV, 465
- Conciencia, XVII, 27, 32, 59, 66, 78; XVIII, 59
- [algunos del] Consejo de Castilla, XV, 298
- Ejecución, XIX, 463 nota 315
- Estados Generales, XIII, 278
- Guerra, particular de, XVII, 248
- Inobediencia, XIX, 389 nota 266
- Millones (de ciertos procuradores de Cortes), XIII, 218 ("situar millones"); XVIII, 216, 371
- Obediencia, XIX, 375 nota 110 (compuesta de consejeros de Estado y de Castilla, en 1634, para juzgar a Fadrique de Toledo, q.v.)
- Obras y bosques, XVIII, 391
- Paz, XVII, 135
- Portugal, XIV, 85; XVII, 192
- Sal, la, XVII, 57
- Sellos, XIV, 46 (1637: presidía el P. [Hernando de] Salazar, q.v.; se ha desecho, y dado el cargo al Consejo de Castilla, q.v.)
- Siete teólogos, los, XIII, 90
- [sin nombrar:] la preside Luis Gudiel, q.v., XV, 465
Jurado, XIX, 247 ("insigne varón" que m. en 1642)
Jurado, Pedro, XVII, 230 (error por Rodrigo, q.v.); XIX, 418 nota 230 (corrección y nota)
Jurado, Rodrigo (fiscal del Consejo de Hacienda), XV, 77; XVI, 381
- XVII, 230 (**1643**: acusado de sobornos, desapareció de Madrid; por error, se lee Pedro), 235, 469 (**1644**: le han hecho cargos)
- XVIII, 94 y 134 (**1645**: le están visitando; autor de un memorial contra Francisco Antonio de Alarcón, q.v., y Pedro Riaño, q.v.); XIX, 408 nota 377, 418 nota 230 (correcciones)
Juremeña (v. Juromenha)
Jurlibol (v. Juslibol)
Juromenha (villa de Portugal sobre el río Guadiana, a 14 kilómetros al noroeste de Olivenza, q.v., y a 10 kilómetros al sudoeste del puente de Olivenza, q.v.), XVIII, 191, 202, 397, 414 (var: Gurumeña; Juremeña; Jurumeña)

Jusepe de París, P. (v. Le Clerc du Tremblay, François)
Juslibol (pueblo en la ribera del río Ebro, q.v., a 7 km. al norte de Zaragoza), XVII, 12 (var: Jurlibol)
Juspiter (v. Peeters)
Justicia, capitán de, XIX, 95
Justicia, Consejo de (v. Consejo de Justicia)
Justiniano, cardenal (v. Giustiniani)
Justiniano, príncipe (v. Giustiniani)
Justiniano, Padre Francisco Jesús (procurador general de la Compañía en Madrid, que sucedió al Padre Viamonte), XVII, d411 (1645 [fechada erróneamente en 1644; v. XIX, 439 nota 216]); XVIII, d22 (1645: de Miguel González), d173, d175, d182, d190, d197, d207, d210; XIX, 360, 361
Justo y Pastor, Santos (v. Santos Justo y Pastor)
Jutavila, Vicencio (militar; preso por los franceses en 1645), XVIII, 92
Juveros, provincia de los (tribu del río Amazonas en la selva de los Andes), XVI, 320

K

Kconixjoven (v. Königshofen)
Keiscumbert (Flandes), XIII, 398 (el Cardenal-Infante lo ha ocupado)
Kemershacim (fuerte sobre el Rhin en el extremo SO de Alemania), XV, 338 (**1639**: el rey Luis XIII lo ha tomado; sobre su codicia, v. la p. 338 del t. XV en las fichas de Luis XIII y en las de la villa de Spires)
Kempen (a 60 km. al oeste de Dortmund), XV, 123; XVI, 342 (**1642**: aquí sufrió una derrota el conde de Lamboy, q.v.) (var: Kemper; Kerpen)
*Kempis, [Thomas á] (1380-1471; autor del libro *De imitatione Christi*), XVII, 45 (1643: a punto de morir el rey Luis XIII, pidió que se le leyera el capítulo titulado, "De la buena muerte")

Kerpen (v. Kempen)
Khevenhüller, Franz Christoph (n. en 1588 en Klagenfurt [a 105 km. al SO de Graz y a 23 km. al N de la frontera de Austria con Serbia]; m. en 1650 en Baden [a 30 km. al S-SO de Viena]; conde de Franquenburg, caballerizo mayor de la Emperatriz María de Bavaria [esposa de Ferdinando II]; embajador en España, 1616-1631; se le confiaron misiones diplomáticas y sirvió como general en la frontera de Croacia; autor de los *Annales Ferdinandei* [Ratisbona y Viena, 1640-1646]), XV, d493-495 (1640: una de muchas cartas que mandó a Khevenhüller el archiduque Leopoldo Guillermo ["Cada día os avisamos de nuestro estado"]; en ésta describe detalladamente sus campañas militares en Alemania; v. la ficha de Leopoldo Guillermo, párrafo XV, a493-495) (var: Khevenhiller; Kvenguiller)
King, [James; barón Eythin], (¿1589?-1652; "general-mayor" del ejército del rey de Suecia en 1632; gobernador de Münster bajo el mando de Bannier en 1638; en 1642 volvió a Inglaterra y en 1643 entró en el servicio del rey Carlos I y participó en el sitio de Leeds), XVII, 139 (**1643:** tomó la ciudad de Nottingham, capital de la provincia del mismo nombre en el centro de Inglaterra)
Kingston, Lord (Robert Pierrepoint, 1584-1643; I conde de Kinston-upon-Hull; teniente general de cinco condados y al mando de un regimiento del Rey), XVII, 258 nota 1 (Lord Willoughby of Parham, de los del Parlamento, conquistó la ciudad de Gainsborough y luego prendió a Lord Kingston, que m. preso en un barco atacado por los del Rey)
Kinsig, río (confluye con el Main, en Hesse), XIV, 363
Kleve (v. Cleves)
Koblenz (ciudad a 55 km. al SE de Bonn, a orillas del Rhin), XIII, 345

(**1635**: sitiada por los imperiales), 371 (plaza fuerte que tenían los suecos y que vendieron a los franceses), 394, 442 (**1636**: tomada por los imperiales); XIV, 67 (**1637**), 68 (su fortaleza), 159 (variantes: Coblenz; Coblenza; Confluencia; Coinbles; Comblens)

Köln (v. Colonia)

Königshofen (ciudad en el distrito de Rhön-Grabfeld, de Baviera, en el S de Alemania; región montañosa; su capital, Munich), XV, 493, 496 (el autor de la carta explica que con su ejército pasó de Königshofen a Turringia, q.v., "aquí en un campo llano" en el centro de Alemania; su capital, Weimar) (var: Kconixjoven; Quinshoffen)

Königsmarck, Johan Christoph von (1600-1663; de una familia cuyos orígenes se remontan al siglo XIII; a partir de 1620 participó en la Guerra de los treinta años en el ejército sueco; en 1645 le hicieron general, en 1648 gobernador de Bremen y en 1655 mariscal de Campo), XVIII, 179 (**1645**: aparta su ejército de el del duque de Enghien porque le amenazan los imperialistas sajones) (var: Coninksmark)

Konstanz (ciudad de la provincia de Baden-Württemberg en el SO de Alemania frente a Suiza y sobre el Rhin, en la orilla O del Lago Constanza), XIII, 10, 312, 399; XV, 353 (var: Constancia)

Kvenguiller, conde (v. Khevenhüller)

L

La Adrada, marqués de (v. Ladrada)

La Ballata (fuerte cerca de Casale, a 15 km. al S de Vercelli en el Monferrato), XIII, 256

La Bana (v. Lorayma)

La Bassea (v. Bassée, La)

La Bóveda (v. Aldehuela la Bóveda)

La Brei, coronel, XIII, 532 (militar al servicio de España)

La Brit (v. Labrit)

La Calle, Juan de (sobrino de José González; caballero de Santiago; oidor del consejo de Hacienda y consultor de la Inquisición en Toledo y en Sevilla [v. *Pompa funeral...*, f. 45r, y Fayard, "José González"]), XVI, 291 (1642: sátira), 298-299 (al IX duque de Medina Sidonia pide 300 hombres en levas y "100.000 ducados efectivos"; "tiene comisión de remitir la infantería a Cádiz"), 311 ("en dos días sacó...los 300 hombres...en levas"); XVII, 55 (1643); XIX, 217

La Cerda, Ana Florencia de (v. Asculi, princesa de)

La Cerda, Antonia María Luisa de la Cerda y Enríquez de Ribera (hija del VII duque de Medinaceli, q.v., casada con Gaspar Haro y Guzmán (v. Carraffa, XXVI, 65]), XVII, 159

La Cerda, Francisca de (hija del II conde de Montalbán, q.v.), XIX, 429 nota 475

La Cerda, Juan Luis de (v. Medinaceli, VII duque de)

La Cerda y de la Lama, Gonzalo de (v. Ladrada, IV marqués de)

La Cerda y Leiva, Juan de (v. Ladrada, V marqués de)

La Coruña (Galicia), XIII, 263, 330, 384, 394, 402, 404, 420, 432, 469, 495; XIV, 135, 153, 167, 183, 193, 211, 257, 272, 290, 302, 335, 345, 353, 367, 388, 390, 395, 399, 434, 457, 460; XV, 47, 198, 202, 203, 231, 236, 240, 242, 245; XIV, ix-x
- XV, 267, 269, 271, 274, 275, 280, 283, 284, 284, 286, 287, 288, 290, 303, 311, 312, 313, 314, 314, 315, 318, 322, 324, 327, 333, 359, 411, 427, 444, 463
- XVI, 61, 67, 94, 95, 208, 257, 304, 334; XVII, 185, 196, 296
- XVIII, 261, 337; XIX, 194

La Coruña, conde de (v. Coruña, conde de [sic])

La Coruña, gobernador de, XIX, 341 (1642: el prior de Navarra y gobernador y capitán general de La Coruña defendió con éxito a Monterey contra 15.000 portugueses)

La Corzana, vizconde de (Diego Hurtado de Mendoza), XIII, 46

La Chapelle (v. Catelet)

La Fera, conde de (v. Feira, conde consorte da)

La Force, Armand de (hijo del Duque, que sigue; en 1639, teniente del príncipe de Condé), XV, 215

La Force, duque de (Jacques Nompar de Caumont, mariscal y par de Francia; "capitán general del rey de Francia"; "viejo hereje"; estuvo en las campañas de Flandes en 1635-1640 y de Cataluña en 1642; fue derrotado en 1638 en St. Omer y en Fuenterrabía; dijo que los españoles peleaban como "leones" y "diablos"; m. 1652)

– XIII, 142 (**1635**: derrotado por el de Lorena y el coronel Coloredo en Philippsburg), 194, 230 ("viejo hereje calvinista"), 237, 314, 481 (**1636**: el Rey francés manda reclutar en París 20.000 hombres para él), 492, 494

– XIV, 492-493 (**1638**: sitio de St. Omer), 500 (el príncipe Tomás intercepta correspondencia en la que se culpa a La Force de la pérdida de St. Omer)

– XV, 14 (agosto de 1638: su retirada de St. Omer), 74-75 nota 1 (se citan dos ejemplares de una sátira que se ha atribuido a Quevedo ["La sombra de monseñor de la Forza...", q.v.]), 107, 208 (**1639**: Luis XIII le nombra teniente del príncipe de Condé en España), 211 (noticia falsa de un desafío suyo con el de San Simón), 215 (su hijo, Armand, q.v.), 387 (**1640**: socorro de Salsas)

– XVI, 235 (var: La Fuerza; mariscal de La Force)

La Fragosa (v. Fragosa, La)

La Garrovilla (pueblo a 55 km. al E de Badajoz), XVI, 278 (var: Algarrobilla)

La Geta (coronel de un regimiento de dragones en Italia), XVI, 486

La Grange, Mr. de (coronel de un tercio de valones en Châtelet), XVI, 412; XIX, 264 (var: Grancha; Graxa)

La Guardia (a 20 km. al S de Ocaña), XIV, 152

La Guardia, marqués de (desterrado de la corte), XVIII, 19

La Guardia, lic. Pedro Juan (sus cartas al duque de Cardona), XIV, 213; XVI, 199

La Mamora (plaza fuerte en la costa Atlántica de Marruecos, construida en una escarpadura rocosa que domina la desembocadura del río Sebou, a siete km. de Kenitra; los españoles la tomaron en 1614 para proteger las comunicaciones marítimas, y la nombraron San Miguel de Ultramar; la perdieron en 1681), XIII, 398 (1636: servía de cárcel: fue condenado Juan de Herrera, q.v., "a La Mamora por diez años a su costa y desterrado de la Corte"); XVII, 151 (1643: se comenta "el estado lastimoso en que está") (v.: www.terremaroc.com)

La Mamora, misión de: XV, 501 (1640: "el [IX] Duque [de Medina Sidonia]...pondera la extrema necesidad que hay..."); XIX, 98 (el VII conde de Lemos, virrey de Nápoles de 1610 a 1616, había desterrado a Julio Genuino, q.v., "a La Mamora por doce años"), 393 nota 501 (el [IX] duque de Medina Sidonia, como capitán general de la armada del océano, tenía a su cargo las plazas de España en las costas de África; como consecuencia, en 1645 el obispo de Cádiz nombró a los padres capuchinos capellanes de La Mamora) (véase Larache)

La Mana, general (del ejército pontificio), XVII, 352 (1643: preso por el príncipe Matías de Florencia)

ÍNDICE ONOMÁSTICO

La Marra, Ferrante de (duque de la Guardia; padre de Vicencio, que sigue), XIX, 401 nota 320

La Marra, Fr. Vincencio de (napolitano, hijo del anterior; maestre de Campo general del ejército del Papa; general de una escuadra veneciana contra el Turco; m. en 1648 en el sitio de Candía), XIX, 401-402 nota 320

– (en marzo de 1642 era gobernador general de la caballería de Aragón en el desastre del ejército del marqués de Povar [entre Martorell y Villafranca del Panadés: XVI, 320; XIX, 401 nota 320]; fue preso en Barcelona)

La Meilleraie, duque de (v. Meilleraie)

La Mota (villa: v. La Motte)

La Mota (v. La Mothe-Houdancourt)

La Mota Sarmiento, Pedro de (v. Mota Sarmiento, Pedro de la)

La Moterie, conde de (flamenco al servicio de España), XVI, 265

[La Mothe-Houdancourt] (topónimos: La Mothe se deriva de la villa de La Motte, q.v.; Houdancourt es una villa a 17 km. al SO de Compiègne, las dos en el ducado de Lorena)

La Mothe-Houdancourt, conde de (Philippe La Mothe-Houdancourt, nació en 1605, m. 1657; tuvo una carrera militar brillante de 1622 a 1652; fue maestre de Campo de infantería en 1633, sargento de batalla en 1636, maestre de Campo en 1637, y también teniente general del ejército real en 1641 cuando fue a Cataluña; en 1642 el rey Luis XIII le nombró mariscal de Francia, virrey de Cataluña y "duc de Cardone" [en la ficha de Harcourt, véase XVIII, p. 266], título que fue elevado a "duché-pairie" en 1652, pero lo perdió el mismo año que Francia perdió Cataluña; a su regreso a Francia en 1653 el Rey le concede a su estado de Fayel, q.v., la categoría de "duché-pairie"; los españoles le llamaban vulgarmente Mos. de la Mota)

– XVI, 189 (**1641**: le presentan batalla en Lérida), 212 (se fortifica en Montblanch), 218 (**1642**), 225-226, 256, 261, 284, 318 (se retira a Barcelona), 323 y 325 (derrota al marqués de Povar en Villafranca del Panadés; v. XVI, 320 y XIX, 400-401 nota 320), 354, 358, 368 (levanta el sitio de Tortosa), 387, 391, 417, 418, 422, 428 (deja 600 hombres en Monzón y se retira a Lérida), 456, 468 (se le nombra en un soneto), 477 (se baten en Lérida; el de Leganés busca batalla con él), 492 (**1643**: impide que los españoles socorran el castillo de Monzón)

– XVII, 7, 10 (**1643**: los catalanes matan a su gobernador teniente), 22, 37, 97 (correspondencia con la princesa de Cariñán), 98, 101 (se acerca a Tarragona), 111 (aguarda en Barcelona instrucciones de la regenta francesa), 120, 133, 161-162 (acomete el castillo de Graos en el condado de Ribagorza; derrotado), 165-166, 169 (parte para Barcelona), 171, 174, 178, 180, 181 (pide dinero al principado), 189 (avisa que su ejército está mermado), 209 (le llaman a Francia y le sustituye el conde de Harcourt; pide a Barcelona 70.000 ducados "por despedida"; negados), 223 (se desvanece el sitio de Zaragoza y el ejército francés se disemina), 226, 263, 316 (divide su gente entre Lérida y Balaguer), 333-335, 342-344, 351 (vuelve de los baños de Caldes a Barcelona), 386-387, 391, 437 (**1644**), 444 (llamado a Francia por la regenta), 457, 476, 490, 492, 496

– XVIII, 2 (**1645**: se embarca para Francia con sus bienes), 30 (su batalla con Felipe de Silva), 40, 41 (salió absuelto de un proceso), 68, 156, 488

– XIX, xiv (**1642**: virrey de Barcelona), 248 (**1642**), 258 (cerca de Monzón), 259, 290 (arrasa el castillo de Monzón), 300 (carta del P. Gracián desde Zaragoza), 327, 330, 345, 354, 359 (degüella a unos catalanes en Lérida por estar en tratos con el bando opuesto), 371 (mariscal de Francia por su desempeño en Cataluña), 401 (**1643**), 406 nota 377 (**1642:** el desgraciado encuentro de Pedro de Aragón, marqués de Povar, q.v., con el conde de La Mothe-Houdancourt en el Vallés: v. el tomo XVI, 320, 323 y 325)

La Motte (villa del ducado de Lorena, casi inexpugnable; a 75 kilómetros al SO de Nancy, en el departamento de Haute Marne; hoy desaparecida), XIV, 235 (se traslada su presidio a la provincia de Lorena); XV, 107 (**1638:** antes en poder del mariscal de la Force, el de Lorena la recupera); XVIII, 68 (**1645:** los franceses la asedian y toman; véase Magalotti, y Villeroy) (var: La Mota; Lamota; La Mothe)

La Ocata (error por Leucate, q.v.)

La Parra, Francisco de (de la casa de la Contratación de Sevilla), XVII, 69 nota 1

La Paz, obispo de, XIV, 354 (nombrado arzobispo de México)

La Peña, Fernando de (poeta), XVII, 500

La Peña, Juan de (cerero), XIX, 416 nota 160

La Piovera, marqués de (milanés; tiene una casa en Zaragoza y sirve al Rey en Italia), XVII, 406

La Porte, Carlos de (v. Meilleraie, duque de la)

La Puebla, marquesa de, XIV, 483 (1638: Gaspar de Saavedra, su hijo)

*La Puente, Francisco de (natural de Burgos; presbítero de la diócesis de Cuzco)

La Reátegui, Martín de (v. Larreátegui, Martín de)

La Roche, Mr. de (francés), XV, 395 (prisionero)

La Rochefoucauld (ilustre casa cuyo duque François, s. XVII, se conocía por su pasión intelectual), XVIII, 2

La Rochelle (en la costa del océano Atlántico, a 120 km. al S de Nantes), XIII, 74 (sublevación) (var: La Rochela)

La Rovera (Lombardía), XIII, 301

La Sarta (capitán en el ejército de Francisco de Melo), XVI, 402 (herido en el sitio de La Bassée, q.v.)

La Serena, Fr. Juan de (prior de El Escorial; de la Orden de San Jerónimo), XVI, 364 (1642: obispo de Orense [para Prius Gams, era otra persona: p. 55a]; XVII, 284 (1643: obispo de Lugo [1643-1646]; Gams, 47a); m. 1646

La Torre (v. Torre [de Miguel Sesmero])

La Tremouílle, Enrique Carlos de (príncipe de Tarento; a la m. de Richelieu, le soltaron, con otros), XVII, 6; XIX, 411 nota 6 (var: Tremoilla; Tremolla; Tremolle; Tranalla)

[La Valette] (apellido y título: véanse Candale, duque de; Epernon, duque de; La Valette; La Valette, duque de; y Nogaret de la Valette, cardenal Louis)

La Valette, duque de (Bernardo de Foix y La Valette [XIX, 421 nota 352], hijo de Jean Louis Nogaret de la Valette, duque de Epernon, q.v., y cuyo título heredó a su m. en 1642; Bernardo vivió hasta 1661: XV, 211 nota 1)

– XIII, 426 y la nota 1 (**1636:** vence la rebelión en Francia de 10.000 villanos descontentos, llamados "villains" o "eroquants", q.v.)

– XIV, 159 (**1637:** contra Bergerac y Santa Fe, rebeldes en Francia), 315 (**febrero, 1638:** tras "tanta reputación el verano pasado", Richelieu le quitó el gobierno de las armas de Francia a él y a su hermano el cardenal Louis)

– XV, 25, 63 (**1638:** huye de Fuenterrabía después de la derrota), 108 (el príncipe de Condé echa la culpa por lo de Fuenterrabía a los duques de

San Simón y de La Valette, quienes huyeron a Inglaterra temiendo que el Rey les ajusticiara), 121 (**sept., 1638**: "va muy decaída la casa del [duque] de Epernon, siendo culpado en el mal suceso de Fuenterrabía, porque no lo sea el [príncipe] de Condé"); 125, 209-211 (**1639**: "monsiur de la Valeta" se fue a Inglaterra, su pretexto, "hablar al Rey"), 353 (le condenan a ser degollado y a perder todos sus bienes, ejecutándose la sentencia en su estatua por estar él en Inglaterra), 416 (**1640**: Richelieu le llama ahora para que ocupe los cargos del príncipe de Condé, que estaba preso)
- XVII, 6 (**1643**: una vez m. Richelieu, el Rey le llama a La Valette a París), 138 (**1643**: una vez m. Luis XIII, La Valette fue perdonado, 353 (gobernador de Gascuña)

La Vallierè, Mr. de (gran ingeniero militar francés), XVIII, 310 (**1646**: había estado en Flix; m. en Fraga) (var: Valiere)

Labasse (v. Bassée, La)

Labàyen, Carlos de (impresor de Pamplona, 1609-1634), XIII, 80

Labort (prov. de Francia junto a Guipúzcoa), XIII, 525

Labret o Labrit, Mr. de (v. Albret, César Phoebus d')

Lachica, Juan de (var. de Pechica, q.v.)

Laconi, el de (título basado en una población de Cerdeña, en la prov. de Cagliari), XVII, 102 (**1643**: trajo 500 caballos para Cataluña)

Ladislao IV (1595-1648; rey de Polonia, 1632-1648; sobre la sucesión, v. Polonia, trono; y sobre sus campañas, v. la variante de Wladislas VII), XIX, 422 nota 395 (nota errónea en cuanto al nombre) (var: Uladislao)

Ladrada, IV marqués de (Gonzalo de la Cerda y de la Lama, que conformó la línea de los marqueses de este título; padre del que sigue), XIX, 405 nota 377 (1632) (var: La Adrada)

Ladrada, V marqués de (Juan de la Cerda Leiva y Arteaga; hijo del anterior; n. Alcalá, 1604; caballero de Santiago, comendador de Almesaca y gobernador y capitán general de Nueva España), XVI, 315, 379 (1642); XIX, 405 nota 377

Ladrón, Alejandro (militar), XV, 91

Ladrón de Guevara, Alonso (maestre de Campo), XIII, 356-357 (**1635**: preso con el conde da Feira, q.v., y otros; lograron escapar)

Ladrón de Guevara, Felipe (hijo del IV conde de Oñate, q.v. [XIX, 376, nota 193]; militar; conde de Escalante por casamiento)
- XIII, 184, 193-194 (**1635**: preso en la ciudad de Maastricht; luego se escapó), 386
- XIV, 13 (**1637**: trae a Madrid la noticia de la elección del rey de Romanos en la persona del rey de Hungría), 16
- XV, 290 (**1639**: casó con la condesa de Escalante, q.v.)
- XVI, 309 (**1642**: enfermó y murió en la campaña en Colibre (hoy Colliure, en la costa de Francia a 24 kilómetros al sudeste de la ciudad de Perpiñán)

Ladrón de Guevara, Fernando, XVII, a151-152 (**1643**: dos párrafos de una carta suya al marqués de Santa Cruz, sobre el estado de las plazas de Alarache y La Mamora), XVIII, 17

Ladrón de Guevara, Luis (al mando de un tercio del príncipe Tomás), XIII, 195 (**1635**: saca al príncipe Tomás del campo de batalla, herido)

Ladrón de Guevara, Pedro Vélez (v. Oñate, IV conde de)

Ladrón de Villanova, Jayme Ceferino (v. Sinarcas, conde de)

Lafaille, P. Juan Carlos de, S.J. (catedrático de matemáticas y navegación; maestro de Juan de Austria), XIII, a35 (1634); XVIII, 469, 492; XV, 385; XIX, 453 nota 469 (m. en 1654 en Barcelona) (var: Lafalla; LLafaislles)

Lafaille (hermano del anterior) XIX, 453 nota 469

Lafayette, mademoiselle de (Louise Motier de la Fayette), XIII, 491 y la nota 2 (**1636**: "camarista [fille d´ honneur] de Ana de Austria", q.v., y "galanteo [cortejo: *Dicc. aut.*] del Rey, procuró descomponer a Richelieu"; en 1637 entró en un convento y allí m. en 1665)

Lafuente, P., S.J., XIV, a108

*Lafuente y Zamalloa, Modesto (1806-1866; satírico e historiador)

Lafuente-Hurtado, P. Diego de, S.J. (en Salamanca), XV, d332-335

Lagaña, Salazar de (nombrado en dos poemas satíricos), XVI, 351-352 nota 1

Lage, Antoine de (duque de Puylaurens y valido del duque Gastón de Orleáns; casó con la sobrina de Richelieu; m. en la Bastilla en 1635), XIII, 146, 390

Lago, el (de Como; v. Chiavenna)

Lago Maggiore (lago largo a 55 km. al NO de Milano y 40 km. al O de Como), XIII, 470 (el duque de Saboya y el general francés Crequi, q.v., lo tienen "cortado", sin que los españoles tengan acceso a él)

Lagos (en la costa S del Algarve, a 33 km. del Cabo de San Vicente), XIV, 266

Lagrit (v. Albret, César Phoebus d')

Laguna, Torde (v. Tordelaguna),

Lagunilla, P. Baltasar de, S.J., XIV, 333; XVI, xiii, a3 (**1640**), a93; XVII, 29, 68 (**1643**: en Guadalajara asiste a la duquesa del Infantado), 455; XIX, 339

Laina, Francisco (capitán de caballos), XVIII, 204 (**1645**: en el ejército de Leganés, q.v., en la frontera de Portugal cerca de Elvas, q.v.)

Láinez, Diego (soldado de fortuna, del hábito de Santiago), XVIII, 87 (cuando el gobernador y los soldados rindieron a Rosas a los franceses, q.v. [puerto fortificado en la costa, a 100 kilómetros al noreste de Barcelona], Láinez "tenía el castillo de la eminencia; no se ha querido rendir; tiene el lugar a caballero [dominado con la artillería]; veremos en qué para") (var: Laynez)

*Laínez, Rmo. P. maestro José (agustino calzado; predicador del Rey), XIII, 156 (**1635**), 168 (tenía fama de charlatán), 448 (**1636**: contestó al manifiesto de Francia; su manifiesto no se publicó; el de Quevedo y otros, sí [XIII, 448])

Lainten (v. Leiden)

Laiton (v. Leitaõ)

Lama y Cerda, Gonzalo de la (v. Ladrada, marqués de)

Lambeq o Lamberg, vizconde (v. Lamboy)

Lamboy, conde de [Guillermo], (1600-1659; de una familia hispano-holandesa; en su carrera militar sirvió primero a Wallenstein, el capitán general del ejército imperial, y luego al emperador Fernando II; general y en 1645 maestre de Campo)

- XIV, 225 (**1637**: triunfo en Brescia [80 km. al E de Milán])
- XV, 90 y 126 y 159 (**1638**: con Johann von Götz, intenta socorrer a Breisach, q.v.)
- XVI, 279 (**1642**: Hatzfeldt le avisó que se detuviera; no lo hizo, y fue derrotado [en Kempen, q.v.: XVI, 342 nota 2]), 310 (su gente se une a la de Beck, gobernador de Luxemburgo, pero fue derrotado ["demasiado confiado y poco prevenido"]), 342 (de las reliquias de su ejército, 4.000 se van con Francisco de Melo, conde de Assumar, q.v.), 405 (hombres suyos también se unen a las tropas de Beck)
- XVIII, 68, 146 nota 1 (identificación errónea), 262 (**1646**:en Flandes) 290; XIX, 263, 274 (por error, "barón" y "vizconde"; var: Lambec; Lamberg; Lamboi; Lamboye)

Lamego, obispo de (Miguel de Portugal, obispo de Lamego en 1636; m. 1644 [*Grande enciclopédia*])
- XVI, 112 (**1640**: se le nombra embajador de Portugal en Roma, o sea, "agente en Roma de don Juan IV de Portugal" [XIX, 330 nota 1]), 200, 288 (**1642**: no se le admite en ninguna representación en Roma), 457 (incidente en Roma con el marqués de los Vélez, q.v., embajador de España), 458, 459, 460, 461, 462, 475 (amenazan echar de España al nuncio si el Papa se aviene con el de Lamego), 477 (el Papa le ha mandado salir de Roma)
- XVII, 9 (**1643**: sale de Roma con el embajador de Francia)
- XVIII, 55 (**1645**: se recuerda "la desgracia del marqués de los Vélez con el obispo de Lamego")
- XIX, 330 (**1642**), 331-332, 334, 357 (el Papa le excomulga y le declara por suspenso) (variante errónea: Samego)

Lamego, electo obispo de (v. Castro[-Daire], conde de)

Lamillere, duque de (v. Meilleraie)

Lamota (v. La Motte)

Lanaja y Lamarca, Pedro (impresor de Zaragoza, 1638-1650), XVI, 107

Lanaja y Quartanet, Juan de (impresor de Zaragoza, 1610-1639), XV, vi

*Lanario y Aragón, Francisco (s. XVII; napolitano y duque-príncipe de Carpiñano; consejero de Guerra e historiador de Flandes (*Indice biografico italiano*: véase I, 548, 150-151 [Jöcher / Adelung, *Allgemeiner Gelehrten-lexicon*]; *Índice biográfico de España*, v. F. 489, 372-373 [se citan Ramírez de Arellano, *Escritores*, y Fernández de Navarrete, *Biblioteca*]), XVII, nota 1 (historiador de las guerras de Flandes)

Lancaster (región y castillo en Inglaterra, a unos 60 km. al NO de Leeds), XVIII, 177

Lancha, Juan de la (capitán), XIV, 215

Lancur, conde de (borgoñón; capitán de caballos; m. 1642), XVI, 400

Landazurri, Pedro de (camarero del Conde-Duque), XIV, 273; XV, 298 (var: Landazuri; Landazuru)

Landgraf [en Alemania significa conde superior a otros condes], XIII, 481, 488; XIV, 70 (var: landgrave; landzgrave; lanzgrave)

Landgraf, príncipe [sic], XIV, 69, 113, 121; XVII, 408; XVIII, 394 (var: landgrave; lanzgrave)

Landi, casa de (familia de Piacenza; a principios del s. XV sus títulos abarcaban los vizcondados de Bardi, Compiano y algunos otros; luego perdió Compiano y los otros, recuperados en 1626 por María, hija del príncipe Federico y marquesa de Bardi; casó con Giannandrea Doria, príncipe de Melfi, y la familia se incorporó en la casa de Doria), XIII, 516 (**1636**: el estado de Valdetarro "pertenecía al Imperio, y era feudo suyo dado a la casa Landi")

Landrecies (a 32 km. al SE de Valenciennes), XIV, 67, 69, 153, 155, 165, 171, 179, 181-183, 183, 184, 208, 238, 431, 437, 447; XV, 205, 212; XVI, 339, 422; XVII, 125, 133, 149; XIX, 62, 65, 66, 67, 69, 71, 81, 239, 278, 287 (var: Landresi; Landrecis; Landresy; Landrisi; Landrisis)

Landriano, Ambrosio de, XVII, xiv-xv (en 1595, al mando de una compañía de caballos en Flandes con el conde de Fuentes)

Landzgrave (v. Landgraf)

Langas, las (castillo cerca de Finale, q.v., a 67 km. al O de Génova, en la costa; daba acceso a Milán y a Casale en el Monferrato), XIV, 164, 242-243; XV, 207, 210, 210, 215; XIX, 88

Langua, [La] (jurisdicción de Roma), XVIII, 323

Languedoc (región histórica del S de Francia; sus ciudades principales eran Carcasona, Nimes, Montpellier y Toulouse; fue incorporado a Francia en 1271), XIII, 511; XIV, 185, 250, 251; XV, 220, 238-9, 328; XVI, 25, 31, 155; XVII, 353; XVIII, 282; XIX, 301 (var: Languadoc; Languedoque)

Lans (v. Lens)

Lanuza, Miguel Bautista (del Consejo de Aragón y secretario de la parte de Cataluña; vicecanciller del gobierno de Cataluña), XVII, 484 (Canciller del Consejo que firma y certifica con los regentes el perdón general de Felipe IV a Cataluña en 1644); XVIII, d406; XIX, 438 nota 175

Lanz, Pedro de (capitán; gobernador del castillo del puerto que se llamaba Maya en los Pirineos de Navarra), XV, 306, a307

Lanza-Vecchia (oficial italiano), XIV, 463, 468

Lanzarote, pleito del marquesado de, XIV, 157-158 nota 1 (como m. sucesivamente el I marqués y su hijo y su nieto, sentencióse en favor de la nuera del II marqués, y contra sus dos hijas naturales)

Lanzarote, I marqués de, XIV, 158 nota (v. la ficha anterior)

Lanzarote, II marqués de, XIV, 158 nota (v. la ficha anterior y la de Juan de Castilla, con quien se casó la viuda del II marqués)

Lanzavecha (v. Lanza-Vecchia)

Lanzgrave, el (v. Landgraf)

Lapalme (a 32 km. al N de Perpiñán), XIV, 185, 248-249; XV, 264, 289, 350, 355 (var: Palma)

Lapiñén (Aragón), XVII, 362 (1643: en esta villa se descompasaron los de la compañía de corazas de Juan de Pavasan y los del marqués de Mortara; sobre tal comportamiento, v. las fichas de Zaragoza, representación de la ciudad)

Lara, capitán (m.), XVII, 246

Lara, P., XIII, 160

Lara, Damián (sargento), XIII, 495

Lara, Diego de (el tuerto), XVI, 294

Larache (ciudad portuaria en la provincia de Tetuán, a orillas del Atlántico a 60 km. al sudoeste de Tanger; dominio español desde 1610 hasta 1689 [es.wikipedia.org]), XVII, 151 (variantes: antes y después del dominio español se llamaba Larache; durante el dominio, Alarache o San Antonio de Alarache o Larache, variación que se refleja en esta cita, que reza Alarache)

Larache, misión de, XV, 501 ("el [IX] Duque [de Medina Sidonia] pondera la extrema necesidad que hay de ella", pero no ha solucionado el problema; XIX, 393 nota 501 (sobre las responsabilidades del Duque, v. La Mamora)

Larátegui (v. Larreátegui)

Laredo (a 50 kilómetros al E de Santander, en la costa), XV, 322, 322, 327, 419

Laredo, P. Francisco de, S.J., XVIII, a483-484

Larocha, Diego, XVI, 111, 124 (preso en Lisboa por los rebeldes)

Larraga, Juan de (alcalde de Casa y Corte), XVII, 442

Larrea, Juan Bautista de (consejero de Hacienda; fiscal del Consejo de Castilla), XVI, 215 (1642: del Consejo de Castilla), 216, 234; XVIII, 4 (1645: desahuciado), 6 (m.), 14 (los pretendientes para su plaza) (var: Juan de la Rea)

Larreátegui, Martín de (del Consejo de Castilla y alcalde de Corte)

– XVIII, 102-103 (**1645:** por violencia a su persona, prende a Francisco de Borja, q.v. [hijo del duque de Villahermosa]), 202

– XIX, 2 (**1647:** sería fiscal del Consejo de Castilla), a226 (**1648:** como juez, firma la sentencia del IV duque de Híjar, q.v.)

Lasaca, Pedro de (capitán de arcabuceros), XIII, 495

Lasarta (capitán), XVI, 402

Lascata (v. Leucate)

Laserna, P. Fray Benito de (general de san Benito (la Orden de los Benedictinos), XIV, 129, 254, 255
Laserna, P. Martín de, S.J., XIV, 253
Laso, Lucas (militar), XVII, 273 (var: Lasso)
Laso de la Vega, Pedro, XVII, a494-495
Lasso, Francisco (caballerizo primero de Juan de Austria y gentilhombre de la Cámara), XIX, 190
Lasso de la Vega, Luis (v. Añover, conde de)
Lasso de la Vega, Pedro (corregidor de Plasencia; homónimo del I conde de los Arcos y del II conde de los Arcos), XVII, a494
Lasso de la Vega, Pedro (v. Arcos, I conde de los)
Lasso de la Vega y Figueroa, Pedro (v. Arcos, II conde de los)
Lastra, Pedro de la (alférez del conde de Colmenar; herido en Leucate), XIV, 217
Lasuelle (burgomaestre de Lieja), XIV, 101
Latada (v. San Juan de Latada)
Latina, Puerta (relacionada con el lugar donde se quemaron los homosexuales, que en Madrid era la puerta de Alcalá), XIII, 541
Latorre (cerca de Badajoz), XVII, 264
Latorre, conde de (v. Mascarenhas)
Latorre, Antonio de (oidor de Granada y proveedor general del ejército de Cataluña), XIX, 131, 142 (1647: murió)
Latorre, Diego de (militar en Flandes), XVII, 428
Latorre, Gabriel de (nombrado gobernador de Châtelet), XIII, 496
Latorre, P. Juan de, S.J., XVII, 75
Latorre, P. Luis de, S.J., XVII, 104, 391; XVIII, 91, 212
Latorre y Verná, Antonio Clemente (caballero de la Orden de Calatrava), XIII, 124
Latour d'Auvergne, Federico Mauricio de (v. Bouillon, duque de)

Latour d'Auvergne, Henri (vizconde de Turenne, hermano del duque de Bouillon)
- XV, 459 (**1640**: general de la caballería de Francia; herido en Moncalera, cerca del río Po)
- XVIII, 69 (**1645**: derrotado en Mariental), 140 y 156-157 (sirvió al duque de Enghien en la segunda batalla de Nördlinghen, q.v.; 157 nota 2 (**1675**: m. en la batalla de Saltzbach [se corrige el texto erróneo]), 163, 174
- XIX, 437 nota 140 (**1645**: sobre la segunda batalla de Nördlinghen)
Lauasete (v. Bassée, La)
Laucata (v. Leucate)
Launginger (ciudad en la provincia de Donau [Baviera]), XIX, 9
Laureano, Zamora (hermano del conde de Salvatierra), XV, xii
*Laurenzano, duque de (de apellido Gaetano de Aragón; napolitano, como su título)
- XVII, 486 (**1644**: tomó parte en la victoria de Lérida y mandó al Rey una "Relación...del feliz suceso..."; v. XIX, 430 nota 486 y la Bibliografía)
- XVIII, 92 nota 1, y 98, y 146 nota 1 (**1645**: herido en la pérdida de Llorens, q.v., y preso por los franceses; m. de sus heridas; "bizarro caballero de grande valor"), 439 (**1646**: sobre la m. del "marqués de Lorenzana", v. la ficha de Pérez Quiñones y Lorenzana, Álvaro [I marqués de Lorenzana])
- XIX, 430 nota 486; 451 nota 439 (var. erróneas: marqués de Lorenzana, q.v., y Fulano Quiñones [v. Pérez Quiñones y Lorenzana, Álvaro, I marqués de Lorenzana])
Lausitz (región de Alemania central, entre los ríos Elba y Oder), XIV, 235 (var: Lusacia)
Lavalette (La Valette, apellido y título: v. La Valette; y Candale, duque de; Epernon, duque de; La Valette, duque de; y Nogaret de la Valette)

Lavallierè (v. Valierè, Monsieur de)
Lavapiés, calle de (Madrid), XV, 24
Lavernia, señor de (caballero borgoñón; barón y gobernador de Breda), XIII, 513
Lavasete (v. Bassée, La)
Lavilasa (estado de Milán que acaban de tomar los españoles, quedando "cortados los franceses"; v. Bren, y el puerto de Final), XIII, 503
Lavinata (v. Lavinato)
Lavinato (barrio de Nápoles; v. Sillería ["de plebe indómita"], y Mercado), XIX, 93 (1647), 95, 108, 112, 114 (var: Lavinata)
Laviosa, Juan Bautista (mercader genovés), XVI, 154
Laye (a 20 km. al oeste de París; sitio del castillo de Saint Germain, q.v.), XVII, 45, 136 (var: la Aya; La Haya)
Layna, Francisco (capitán), XVIII, 413
Laynel, o Laynel, coronel de (v. Lenser, coronel de)
Laynez (v. Láinez)
Lazarraga, Juan de (alcalde de Corte y regidor de Salamanca), XV, 78 (la plaza del almirantazgo); XVIII, 75, 336, 461
Lazgrave (v. Landgraf)
Le Bouthilier, Claudio (superintendente de Hacienda en Francia; padre del siguiente), XIX, 416 nota 136
Le Bouthilier, León (hijo de Claudio; conde de Chavigny, secretario de Estado en Francia; plenipotenciario para las paces de Münster), XVII, 46 (**1643**: presente en la lectura de la voluntad del rey Luis XIII), 135-136 (nombrado plenipotenciario a la Junta de la Paz de julio de 1643), 164, 326 (la Reina necesita tenerle a su lado); XIX, 416 nota 136 (var: Chaveni; Chavigni)
Le Clerc du Tremblay, François ("padre reverendo capuchino,... llámase fray José de París, para quien se ha deseado y pedido con instancia el capelo;... confesor de Richelieu;... director de los consejos de Richelieu...

y su maestro en tramoyas", XIV, 312, 315; XV, 173 (1639: m.) (var: P. José o Joseph o Jusepe de París; el Capuchino; los apellidos franceses son del índice de Elliott, *The Count-Duke...*, 719)
Le Havre (v. Havre, Le)
Le Parfait Capitaine (v. Rohan, duque de)
Le Perthus (en el Pirineo oriental, a 28 km. al S de Perpiñán y 28 al N de Figueras; era la entrada de Cataluña al condado de Cerdaña, q.v., y viceversa), XV, 296; XVI, 31, 212, 468 (sátira); XVIII, 25
Lebanto, Vicencio (alcalde del crimen en Granada), XIX, 161
Lebrija, conde de (Diego López de Garayo, veinticuatro de Sevilla), XIII, 7; XIX, 373 nota 7 (var: Garayes, y conde de Garayes)
Leça, Mariquita de (manceba de Felipe IV; casó con Marcelino de Faria), XVII, 8 (var: Leço)
Lecco (villa en el extremo S del lago di Lecco, a 27 km. al NO de Bergamo; se trata del área del río Adda, q.v., que pasa por Lecco), XIII, 471 (el duque de Rouen ha acercado con su ejército a Lecco, donde le paró Juan de Cervellón, q.v.) (por error, Leque)
Leckenetz (cerca de Aix-la-Chapelle o Aquisgrán), XVI, 341
Lede, marqués de, XIX, 443 nota 290 ("Algunos han confundido este título con el de Leiden" q.v.)
Ledesma, Inés de (hermana del I marqués de Palacios y heredera del título; casó con Juan Ruiz de Alarcón, padre del señor de Buenache, q.v.), XIX, 443 nota 291
Ledesma y Guzmán, Martín de (v. Palacios, I marqués de)
Leeds (a 60 km. al NE de Manchester), XVII, 139 (var: Leedes)
*Leganés, I marqués de (Diego Mejía de Guzmán, hijo segundo del IV marqués de Loriana, q.v. [XV, 296]; general sucesivamente de los ejérci-

tos de Alemania, Milán, Portugal y Cataluña; confidente del Conde-Duque, del Consejo de Estado y gobernador de Milán; casó dos veces: la primera con Polixena Spínola-Doria; la segunda al parecer con Juana de Rojas, V marquesa de Poza; sobre la identidad de la segunda mujer, v. XIX, 413 nota 82)

- XIII, 6, 13, 24 (**1634**: general del ejército de Alemania), 25 (sucederá en el gobierno de Milán al duque de Feria, fallecido), 33, 35 (salió para Alemania; el P. Camasa le acompaña por orden del Consejo), 42 (el Rey manda prender a su secretario, flamenco), 56 (va a acompañar con su ejército al príncipe alemán Fernando a ver a su hermana, la reina de Hungría), 65 (sale de Milán con el ejército; recibió mercedes), 66 (m. su cuñada, la marquesa de Loriana), 91, 139 (**1635**: llega a Madrid), 140 (el P. Camasa llega con él), 142 (le llegan cartas), 157 (mercedes a sus hijos), 219 (le dan un hábito a un criado suyo), d246 (le remiten una carta de Dunquerque), 252 (partirá para gobernar a Milán), 262 (irá a Flandes, "llave maestra de las materias militares de este siglo"), 268, 270, 271, d273, 278 (en su ausencia de Madrid, el duque de Aerschot se hospeda en su casa; allí le prenden), 293, 302 (con su llegada a Italia se espera que las cosas cambien), 329 (en Gandía), 335 (en la isla de Santa Margarita), 337 (en Milán), 346, 352 (**1636**), 354, 369 (regresa a Milán después de encuentros militares), 372 (parte de Pavía; fortifica otras plazas alrededores), 373, 384 (el de Módena le pide auxilio), 399 (quedaría con todo el gobierno político y militar de Milán en ausencia de Melo y el duque de Alcalá), 400 (participa en la toma de Valdetaro), 401, 405 (se ajusta con el duque de Alcalá en cuanto a su gobierno de Milán), 410 (el duque de Alcalá toma posesión del gobierno de Milán, y sale en campaña junto a el de Leganés), 446, 452 (se le unen tropas alemanas y napolitanas), 454 (general en Italia), 460 (le llegan socorros de Nápoles), 464 (escribe pidiendo dinero, no tropas), 470 (en Villagrasa, para defenderla), 471, 475, 477 (relación sobre su combate contra Francia y Saboya), 479, 489, 497, 499, 512 (impide la entrada en Parma de una comitiva francesa), 521, 526 (envían al barón de Auchy para que lo asista en el consejo de Milán)

- XIV, 9 (**1637**: el virrey de Nápoles le manda dinero para socorrer a sus soldados), 24 (en conversaciones con el de Parma para las paces que desea con España), 25, 29, 30 (trata de impedir que lleguen socorros franceses al de Parma), 53, 54 (tiene reunión secreta en Milán con enmascarados), 81, 102 (se dispone para ir al Piamonte con un ejército), 106, 110, 132, 148 (toma Niza de la Palla al duque de Saboya), 151 (hace liga con los grisones), 159 (su ejército se divide en tres partes), 162, 166, 187 (en el Piamonte), 206, 210, 211, 236 (se le rinde Gil de Ayx en Niza de la Palla), 276 (se dice que pasa a Flandes a asistir al Infante-Cardenal), 288 (**1638**: le mandan un pliego a él y otros notables), 290 (queda de gobernador de Milán por otros tres años), 306 (le mandan asistir otro año más en Italia; quiere recuperar Bren), 325, 338, 345, 350 (en Peggi, junto con el duque de Tursi y otros), 351, 352 (se reunirá en Génova con el conde de Monterrey, el conde de Siruela y el conde de Oñate), 369 (ataca a Bren), 383, 385, 386, 394 (rinde a Bren), 400, 409, 410 (Francisco de Melo es gobernador de las armas en Italia, y Leganés general y gobernador de Milán), 412 (mercedes a sus hijos), 417, 422, 431 (cerca a Verce-

lli), 432, 440, 441, 484 (toma a Vercelli), 485, 486 (le llega socorro de Nápoles y Alemania), 497 (envía un mensaje a la duquesa viuda de Saboya sobre sus intenciones en el Piamonte)
- XV, viii (la derrota que sufrió en Casal de Monferrato), 80 (**1638**), 93, 109, 121, 128, 129 nota 1 (general de la caballería de Flandes), 159 (enviará socorro a Brissac), 189 (**1639**: en Milán sale en campaña y divide su ejército en cuatro partes), 199 (sitia Trino, q.v., bloqueando el Casal), 204 (como le hacen falta sus tropas en Milán, no manda socorro a Brissac, y así se pierde), 207 (se le manda esté listo para socorrer a Génova contra Francia), 210, 213, 215 (toma Las Langas), 217, 218, 219, 223, 234, 237 (sus tropas toman Berrua y Pontestura), 238 (detiene 500 esguízaros genoveses, y Génova se queja), 242 (el duque de Módena le da tropas), 254 (sobre Trino), 256 (sobre Turín), 279, 293 (se le hace grande de España), 296 (envía al príncipe abad fray Alonso Vázquez, mercedario, a Mantua; vuelve a España), 299 (se enfrenta con los franceses por Chivas), 312 (desabrido con los alemanes), 317, 323, 324 (disputas con el príncipe Tomás), 344 (se reune con Melo y otros en Turín para tratar de la guerra), 347 (se acaba su tregua con los franceses, quienes piden prórroga), 352 (sus treguas con los franceses dan resultados negativos), 375, 400 (**1640**), 401, 415, 427, 450 (se le culpa de derrota en Casal de Monferrato), 451, 452 (escribe una carta al Rey), 456 (cerca a Turín; combate a los franceses con éxito), 457, 459, 461, 466, 479 (socorre a Turín)
- XVI, viii, 14, 21 (**1640**: va a gobernar las armas de Cataluña), 34, 52, 129 (**1641**: llega a Cataluña), 150, 152 (nombrado virrey de Cataluña), 153, 178 (se rumorea que se le mandará a Tarragona a gobernar las armas), 184 (virrey y capitán general de Cataluña), 235 (**1642**: probablemente se casará con la marquesa de Almazán, y también dos hijos suyos se casarán con hijas de ella), 244, 293 (1642: parte para Cataluña), 305, 312, 315, 350 (en Valencia, previniendo la defensa de ese reino), 353, 374 (trata de calmar los ánimos en Valencia ante la posibilidad de que el Rey no vaya), 381, 391 (en Vinaroz con las tropas), 393, 418, 422, 428, 429 (irá a Fraga a hacerse cargo de las tropas), 477 (busca enfrentamiento con los franceses), 481, 505 (**1643**: le mandan dé cuenta de 2.600.000 ducados que se le dieron para la guerra de Italia)
- XVII, 5 (**1643**), 11 (de parte del Rey se le piden 10.000 ducados), 20, 34, 61, 64 (el de Leganés está preso en Ocaña, donde le visitan: "Ayer salió un decreto de S.M. en que hace juez absoluto, como si fuera su misma persona, a D. Francisco Antonio de Alarcón, en orden a la visita de Leganés"), 76 (procesado por el fracaso de la campaña de Cataluña [v. *Defensa...de Leganés...*]), 78, 85, 98 (Alarcón va a Ocaña, a tomarle confesión por los cargos que se le hacen), 151, 155 (en Colmenar Viejo espera información del cargo que se le hace en Aragón), 209, 317 (le dan licencia para ir a vivir a Morata), 430 (**1644**), 437 (le señalan sus jueces; obtiene mando en la frontera de Portugal), 445 (se le hacen 43 cargos), 462
- XVIII, 2 (**1645**: irá a Badajoz en lugar de Torrecusa), 8, 63, 67, 164 (dispone una entrada en Portugal para octubre), 185 (sitia a Olivenza), 189 (toma puestos en Olivenza), 190 (sus tropas están entre Yelves y Estremóz), 192, 196, 199 (general en Cataluña), 206, 209, 212, 242 (**1646**: se dice que le llaman para darle las

armas de Cataluña), 252, 253, 262 (declarado ya general de Cataluña), 268 (parte para Cataluña; deja su mujer e hijos en Almazán), 282 (llegó a Zaragoza, y manda arrasar el fuerte de Termes, y del fuerte llevó las municiones y víveres a Lérida), 297, 304, 308, 310 (en Lérida), 332, 333 (le conminan a salir en campaña, pero tiene poca infantería), 338 (sale en campaña sin las tropas de Navarra), 353, 360-361, 370 (m. su confesor), 372 (sale de Zaragoza), 399 (grandes esfuerzos hace para intentar el socorro de Lérida), 401, d407, 416 (combates alrededor de Lérida), 419, 426, 428, 430 (manda cartas al Rey y a Haro sobre su victoria en Lérida), a431, 435, 440, 444, 447, 453 (se le suspende la licencia para salir de Cataluña, pues viene el de Harcourt), 456 (**1647**: el Rey le hace teniente de los ejércitos de España), 469 (va a Badajoz), 485 (disputa con el duque de Sessa; desafío que se resuelve amistosamente), 489

– XIX, vii (sobre las cartas de su confesor, Camasa), ix, 73 (**1647**), 118 (incidente entre su mujer, la marquesa, y el Almirante), 119, 120 (consultados para Nápoles él, el de Castel-Rodrigo y el conde de Monterrey), 125 (en el entierro de la condesa de Olivares), 126, 128 (el Almirante escribió a el de Leganés), 150 (**1648**), 154 (pleito con el duque de Sessa), 155 (uno de los pretendientes a la herencia del marqués de Mairena), 208 (Luis de Haro hace sus consultas en su casa), 259 (**1642**: tiene orden de ir a socorrer a Monzón), 271, 284, 293 (escribe a la reina Isabel de España), 300 (en la comitiva del Rey en la entrada en Zaragoza), 328 (parte para el cerco de Lérida), 338, 345, 347 (se casa por poderes con la marquesa de Almazán, mientras hijos e hijas de ambos también se casan), 348, 349, 351, 354-355, 359 (avisa que ha tomado Almenara y su castillo), 413 nota 82, 464 nota 357

Leganés, II marqués de (Gaspar Mejía, conde de Morata, hijo del I marqués de Leganés y de su primera mujer, q.v.), XIX, 413 nota 82

Leganés, I marquesa de: primera mujer del marqués (Polixena Spínola Doria, hija del I marqués de los Balbases, q.v.; madre del hijo heredero del I marqués de Leganés, q.v., y de su hermano el obispo de Oviedo, q.v.), XIV, 25; XIX, 348, 413 nota 82

*Leganés, I marquesa de: segunda mujer del marqués (Juana de Rojas, hija mayor del V duque de Sessa, q.v., y V marquesa de Poza), XVIII, 93; XIX, 118, 348, 357 (en 413 nota 82 y 464 nota 357 se corrigen dos errores: ella no era ni Ana de Rojas ni Francisca de Córdoba)

Leganés, II marquesa de (Francisca de Córdoba y Rojas, hija de la V marquesa de Poza, q.v., y de su primer marido, Francisco de Córdoba, marqués de Almazán, q.v.; se casó con el II marqués de Leganés, q.v.), XIX, 348, 413 nota 82

Legarda, P., S.J., XVIII, 196

Legarda, Bartolomé de (caballero de Santiago; secretario de Hacienda; tenía parte en el despacho de los Consejos de Cámara y Estado; "de muy aventajadas prendas para su empleo; mozo de muy buen arte"), XVIII, 146 (1645: m.)

Leiden (a 25 km. al N de Rotterdam), XIII, 263

Leiden, marqués de (general flamenco al servicio de España), XIII, 124 (1635: teniente del marqués de Fuentes); XIV, 409

– XIV, 457 (**1638**: recupera el fuerte de Santa María en el dique de Caló), 460

– XVIII, 182 (**1645**: defiende la plaza de Lille), 262; XIX, 443 nota 290 ("Algunos han confundido este título con el de Lede, que Felipe V concedió en 1718 a don Francisco de Bett,...") (var: Lainten; Lede; Leyde; Leyden; Leydon)

Leipzig (a 150 km. al S de Berlin), XIV, 10, 55, 67, 226, 235, 241, 243, 377; XVI, 464; XVIII, xiii, 179 (var: Leisig; Lepsick; Lipsia; Lipsic; Lipswik)

Leiria (obispado en Portugal; ciudad a 115 km. al N de Lisboa), XVII, 203

Leiria, obispo de, XVI, 106 (**1640**); XVII, 203 (**1643**) (v. la ficha de Jerónimo Mascarenhas)

Leitaõ (licenciado; jurista portugués; a diferencia de Francisco Andrade Leytaõ, q.v., este individuo servía al monarca español [v. XVIII, 192])
- XVII, 192 (**1643**: de una junta encargada de los asuntos de Portugal)
- XVIII, 401 (**1646**: del Consejo de Portugal, a cargo de "las inteligencias con aquel reino" (var: Leiton)

Leiva, Alonso de (tesorero general de Castilla; nombrado pagador general del ejército real), XVI, 303

Leiva, Antonio de (hijo de Antonio Luis; V príncipe de Asculi; marqués de Atela y adelantado de Canarias; casado con Ana Florencia de la Cerda), XIX, 399 nota 237

Leiva, Antonio Luis de (general en la batalla de Pavía; IV príncipe de Asculi por concesión del emperador Carlos V después de la victoria de Pavía), XIX, 399 nota 237

Leja (v. Lieja, país de)

[Lemgo] (a 120 km. al S de Bremen; no se nombra en las cartas, pero allí en 1638 fueron derrotados desastrosamente el conde-palatino Carlos Luis, q.v. [s.v. "Palatino del Rhin, conde de"], y su hermano el príncipe Ruperto, q.v.), XV, 71, 116-117, 123, 126

Lemos, VII conde de (Pedro Fernández de Castro, 1576-1622; conde de Andrade y de Villalba, marqués de Sarria, caballero de Alcántara y grande de España; virrey de Nápoles, 1610-1616, presidente del Consejo de Italia, 1616-1618, y mecenas de Cervantes y Lope de Vega; v. Crosby, *Nuevas cartas...*, carta 21, nota 4..6, p. 239, y Alfonso Pardo Manuel de Villena, *El conde de Lemos,* pp. 12, 41, 101, 187 y ss.)

Lemos, VIII conde de (Francisco Domingo Ruiz de Castro, Andrade y Portugal, 1579-1637, hermano del VII conde; conde de Castro, q.v., por casamiento con Lucrecia Legnano de Gatinara, condesa propietaria del título italiano de Castro, duquesa de Taurisano y Baronesa de la Mota de Santa Ágata. En 1622 a la m. sin sucesión de su hermano mayor [el VII conde de Lemos], heredó sus títulos. Había sido ya lugarteniente del gobierno de Nápoles en ausencia del Virrey (su padre, el VI conde de Lemos), y virrey interino a la m. del padre en Nápoles en 1601, y embajador de España en Venecia y luego en Roma cuando su hermano mayor era virrey de Nápoles [1610-1616]. En 1629 entró en la Orden Benedictina con el nombre de Fr. Agustín de Castro, q.v. [v. Crosby, *Nuevas cartas...*, carta 18, nota 13..15, p. 232, y Pardo Manuel de Villena, *El conde de Lemos,* pp. 35-36 y 133-141]), XIV, 128 (1637: debates con el general de su Orden, que le perseguía) [sobre un homónimo suyo, v. Castro, P. Agustín de, S.J.]

Lemos, IX conde de (Francisco Fernández de Castro y Portugal [llamado por algunos, Fernández de Castro, Liñán y Gatinara: XIX, 390 nota 320]; casado con Antonia de Girón, hija del III duque de Osuna); virrey de Aragón y Cerdeña; en 1629 sucedió a los títulos de su padre, el VIII conde, q.v.; marqués de Sarria y duque de Taurisano; embajador en Roma)
- XIII, 448 (**1636**: el cardenal Borja en su casa)

- XV, 320; XVI, 185 (**1641**: con el IV duque de Osuna, entierran al P. Puente Hurtado, pariente de los dos), 379 (satirizado), 503
- XVII, 99 (**1643**: ofendido por el memorial en defensa del Conde-Duque), 115 (no visita al Conde-Duque en Pozuelo de Alarcón), 359 (los papeles de Juan del Espino contra los Jesuitas)
- XVIII, 27 (**1645**), 154, 198, 371 (**1646**: procurador de las cortes, junta de Millones), 421
- XIX, 63 (**1647**), 98, 390 nota 320, 406 nota 377, 413-414 nota 99 (Antonia Girón)

Lemos, IX condesa de (Antonia Girón, hija de Pedro Téllez Girón, q.v., III duque de Osuna), XIX, 152, 414 nota 99

Lemos, Alonso de (lugarteniente general de la artillería en Las Horcas [Lérida], donde m.), XIX, 351 nota 1 (1642)

Lencastre, María de (madre del P. Ignacio Mascarenhas), XVI, 138

Lener, Gaspar de (v. Lenser)

Lenguadoc (v. Languedoc)

Leni, príncipe de (v. Ligni)

Lenin, conde de (v. Lindsey)

Lens (ciudad de Flandes, a 18 km. al N de Arras y 20 km. al NO de Douai), XVI, 339, 340, 351, 395, 397, 400; XVIII, 156; XIX, 62, 194, 249, 263, 343

Lenser, barón coronel de, XIII, 473 (var: Jaynel; Laynel; Lener; Lener, Gaspar de; Seynel)

Leo, coronel, XIV, 163 (herido)

Leocata (v. Leucate)

León (ciudad de España), corregidor de, XV, 383
- obispado de, XIX, 439 nota 216
- obispo de (Bartolomé Santos de Risoba, obispo de 1633 hasta 1649), XIII, 245 (**1635**: se deshizo de cuánto tenía); XIX, 431 nota 501
- (provincia de España), XVII, 288 (el prior de la provincia)
- Torres de (v. San Marcos, Convento de, en la ciudad de León)

León, golfo de (en la costa mediterránea de Italia, entre Marsella y Génova), XV, 393; XVI, 148

Leon (var. de Lyon: véase Du Plessis de Richelieu, Alphonse, así como XIV, 31)

León, Antonio de (capitán), XVI, 406

León, P. Eugenio de, S.J., XIII, 157, 431, 529, 531, 536; XV, 157, 160, 431

León, Fr. Hernando de, XIV, 186

León, P. Pedro de, XV, 501

*León Pinelo, Antonio de (n. Perú c. 1590; m. 1660; volvió a España en 1622; relator del Consejo de las Indias y Oidor de la Contratación de Sevilla; recopiló las leyes de Indias; publicó numerosos libros eruditos sobre las Indias y en 1658 fue nombrado Cronista Mayor de las Indias; v. Juan Criado de Cabañas, *Epicedio a la muerte del lic. D. Antonio de León Pinelo*, y José López Castillo, *Antonio de León Pinelo: Estudio crítico*)

León Pinto, Manuel, XVII, 277 (preso por espía)

Leonato o Leonés (v. Lyonnais)

Leonés, Felipe (alférez del capitán Juan de Monroy en Xenique, q.v.), XIV, 471, 472

Leonés, Juan (alférez), XIV, 470, 472

Leopoldo, hermano del rey de Polonia (error por Casimiro, q.v.)

Leopoldo de Austria, Archiduque de Alemania, hermano difunto del emperador Fernando II, XIII, 140 (1635); XV, 91 (1638) (v. Archiduquesa, la [viuda...])

Leopoldo Guillermo de Austria, Archiduque de Flandes (hijo del emperador Fernando II, hermano de Fernando III [v. XVIII, 489]); tuvo una carrera militar brillante
- XIV, 161 y 218 (**1637**: acompaña a su hermana Cecilia Renata, q.v., en su viaje a Polonia), 227 (en Viena, donde ayudaba a la Emperatriz viuda

[de Fernando II, m. 1637] a gobernar, en 1637 y 1638), 377 (**1638**: elegido obispo de Olmutz en Moravia)
- XV, 403 (**1640**: con Picolomini, derrotaron dos veces a los suecos, echándolos de Bohemia hacia Pomerania [frente al mar Báltico]), 436 (con el mismo, destruyeron los molinos de los suecos en Flandes), 453-455 (Leopoldo, Picolomini y el Emperador reunieron un gran ejército, que desbarató al de los suecos y franceses que les habían atacado), 462, 488-490 (relato menos exagerado y más verídico de la gran batalla), a493-495 (relato de Leopoldo: "el daño que recibió el enemigo con tanta ignominia...fue tal que [quedaron] humillados y abatidos"), 497, 498 "a los soldados muestra [el Archiduque] singular afabilidad, candor y grave modestia"; "Bannier [general sueco], q.v., lo venera y estima y teme")
- XVI, 87 (derrotó al rebelde duque de Brunswick), 125 nota 1 (**1641**: *Relación...de la felicísima victoria... de Leopoldo y Picolomini), 130 (a Leopoldo se rindió todo el ejército del general sueco Schlang, q.v., con su bagaje, municiones, oficiales y 4.600 caballos; "fue un espectáculo admirable"), 177 (Leopoldo y Picolomini derrotaron al duque de Lunebourg y al lansgrave de Hesse), 220 (**1642**: Leopoldo quitó al enemigo la plaza principal y fortísima de Hothingue, q.v.; Rosa, general sueco, fracasó en un intento de socorrer a la ciudad), 341 (en la ciudad de Viena), 369-370 (entró en Francia por la región de Alsacia)
- XVII, 23 (**1643**: castigó severamente a los cuatro regimientos que se negaron a pelear)
- XVIII, 68 y 95 (**1645**: en Viena el Emperador le hizo general de las armas imperiales, 1645-1656), 157-158 (derrotó otra vez a los suecos), 182, 445 (**1646**: rompió el sitio que los franceses y los suecos habían puesto a Augsburg, q.v., la capital de Suabia, a 60 km. al NO de Munich), 472 (**1647**: va a gobernar a Flandes con plenos poderes)
- XIX, 2 (**1647**: toma a Armentières y sitia a Bethune), 17 (el comisario de la caballería alaba su ejército, y lo mucho que le quieren el pueblo y la nobleza), 23, 62 y 65-67 y 71 (toma a Landresies con la ayuda de Juan de Weerdt, q.v., y se encamina hacia Arras), 81-82, 84 y 120 (toma cuatro villas y tiene cercado al mariscal Rantzau, q.v., con 4.000 hombres), 132, 174 (**1648**: hará su entrada solemne en Bruselas, y luego se publicarán las paces), 193 (se encamina a Hornes y Bergas, junto a Dunquerque), 195 (relato de la m. del general Beck, q.v.), 197 (derrota al enemigo), 250 y 278-279 (**1642**: se va a gobernar a Flandes), 344, 365 (los suecos les cogieron desprevenidos, y Leopoldo y Picolomini tuvieron que huir "a uña de caballo")

Leopoldo Guillermo, mujer de (v. Archiduquesa)

Lepes (error por Yepes [apellido], q.v.)

Lepoldo (error por Leopoldo)

Leponti, Juan de (italiano; mandaba un tercio en Châtelet), XVI, 412

Lepsick (v. Leipzig)

Leque (v. Lecco)

Lérida (a 140 km. al O de Barcelona),
- XV, 387
- XVI, viii, 2, 5, 17, 35, 37, 56, 79, 88, 136, 188, 189, 218 [a "Mos. de la Mota" quita sus puentes con una rociada de artillería: 218-261], 225, 226, 257, 258, 261 [cae de nuevo en poder de los rebeldes: 261-488 y XVII, 155-488], 262, 270, 275, 284, 358, 417, 418, 420, 428, 429, 444, 456, 477, 480, 481
- XVII, 155, 165, 167, 168, 174, 179, 180, 210, 223, 226, 234, 262, 263, 281, 295, 309, 315, 316, 335, 342, 343, 344, 380, 444, 451, 457, 476,

480, 484, 487, 488, 492 [tomada por Felipe de Silva: 492-510 y XVIII, 3-431] 493, 510
- XVIII, 3, 20, 22, 41, 44, 46, 66, 73, 80, 91, 92, 93, 117, 118, 142, 143, 150, 154, 172, 197, 212, 234, 252, 278, 282, 288, 289, 304, 308, 309, 310, 314, 316, 326, 331, 332, 334, 340, 341, 342, 343, 346, 353, 361, 367, 372, 378, 386, 399, 399, 401, 407, 408, 416, 419, 421, 425, 431 [derrota de los franceses sobre Lérida: 431-460] 434, 435, 435, 444, 444, 446, 460, 472 [mapa del sitio: 472-505 y XIX, 1-4] 472, 478, 488, 499, 499, 502, 504, 505
- XIX, 1, 4, 11 [el príncipe de Condé levanta el sitio: 11-430] 11, 13, 14, 17, 17, 18, 22, 23, 27, 87, 93, 142, 260, 292, 302, 309, 314, 327, 328, 329, 330, 339, 345, 346, 347, 349, 359, 408 nota 377, 430 nota 486

Lérida, castel de Alís, XVIII, 435
- castillo de, XIX, 142
- Colegio de, XVIII, 444
- arzobispo de, XVII, 153
- gobernador de, XVIII, 419, 277, 342, 346, 389, 460; XIX, 12, 149, 165
- rector de, XVIII, 20
- *"Una estampa grande se ha hecho del sitio de Lérida y disposición del ejército enemigo, y del modo cómo se le acometió"*; [1646-1647]), "tiene dos pliegos; no se venden", XVIII, 472, 478 ("Con ésta remito a V.R.[al padre Pereira] el cerco de Lérida"; hay alusiones a la *Relación de los felices sucesos...*, q.v.)

Lérins, islas de (son las de Saint Honorat y Sainte Marguerite, q.v., en la costa de Cannes)

Lerma (villa a 37 km. al sur de Burgos; gran palacio ducal de la casa de Lerma), XIII, 148 (condujeron aquí a Luisa de la Ascensión, la monja de Carrión, a un convento de carmelitas descalzas), 184

Lerma (capitán en el área de Puebla de Sanabria), XVII, 302

Lerma, cardenal-duque de (v. la ficha que sigue)

Lerma, cardenal y I duque de (Francisco Gómez de Sandoval Rojas y Borja, 1553-1625, V marqués de Denia y I de Cea, Sumiller de Corps de Felipe III y su privado, consejero de Estado y Guerra, Grande de España; se casó con Catalina de la Cerda, hija del IV duque de Medinaceli; le sucedió su hijo Cristóbal de Sandoval Rojas y de la Cerda, I duque de Uceda, q.v.),
- XIII, xv nota 4, 367 y la nota 1, 368 (sobre la herencia del I Duque);
- XVII, 158-159 (**1643**: carta de Quevedo sobre la sentencia del pleito sobre los estados del duque de Lerma), 159-160 (texto de la sentencia)
- XIX, 379 nota 381

Lerma, III duque de (Francisco Gómez de Sandoval Rojas, Padilla y Acuña, hijo de Cristóbal Gómez de Sandoval [I duque de Uceda, q.v.], y nieto del Cardenal y I duque de Lerma; III duque de Cea, II duque de Uceda, conde de Ampudia; Grande de España; casó con Felice Enríquez de Cabrera [hija de Luis Enríquez de Cabrera, VIII almirante de Castilla y IV duque de Medina de Ríoseco]; los títulos se repartieron entre sus hijas, Mariana [III duquesa de Lerma y III de Cea, con otros estados] y Felice [III duquesa de Uceda]; v. Alberto y Arturo García Carraffa, *Diccionario heráldico...*, LXXX, 119)
- XIII, 83 (**1634**: en la toma de Argentea, en Flandes), 93, 98 (capitulaciones de boda entre su hija segunda y el hijo primogénito del Almirante de Castilla), 103 (herido en una batalla), 109 (maestre de Campo general de Flandes), 124 (**1635**), 182 (desafío de Carlos Coloma), 243 (sucesión del ducado a su m.), 262, 265, 267 ("nieto del Cardenal [que fue] privado de Felipe III"), 268, 269, 279, a289 (le escribe al Rey desde Goch), 291, 367-368 (**1636**: la m. del III duque

de Lerma en Flandes, el 11 de nov. de 1635), 402 (su oficio se lo dan en el ínterin a Manuel Pimentel, conde de la Feira, q.v.)

Lerma, III duquesa de (Felice Enríquez de Cabrera y Colonna, mujer del III Duque, q.v.), XIII, 367 (**1636:** hija de Luis Enríquez de Cabrera, VIII almirante de Castilla)

Lerma, IV duquesa de (Mariana de Sandoval Rojas y Enríquez de Cabrera, hija del III duque y de su mujer; casó con el VII duque de Cardona y VI de Segorbe, Luis Remón de Córdoba, Aragón y Cardona)
- XVI, 276 (**1642:** el Nuncio le dijo que "está ajustado lo de Cataluña"), 280 (capitulaciones de boda de su hermana, la duquesa de Uceda, con el marqués de Peñafiel)
- XVII, 11 (**1643:** viene a la corte con su marido para asistir a los pleitos de sucesión de sus títulos), 29 (la condesa de Olivares se marcha a Loeches, y pretenden su puesto de camarera mayor la duquesa de Lerma y otras)
- XVIII, 428 (**1646:** falla en su pleito con el duque de Pastrana)

Lerma, estado de, XVII, 158 (**1643:** felicitación de Quevedo en una carta al duque del Infantado por haber obtenido los estados de Lerma y Cea)

Lerma, P. Antonio de, XIII, 83 (**1634:** jesuita que causó inquietudes en la Orden y fue expulsado), 84, 94 ("de Castilla [le] pasan a la [Orden de la] Santísima Trinidad [q.v.]; fuerte enemigo, aunque pequeño de cuerpo; alentado está", (**1635**), 239 ("el Provincial le mandó quitar el hábito"; "mandóle encerrar"; "cogió el padre Lerma la llave... no se sabe donde está", 242, 335 (le echaron de la Trinidad y entró en San Basilio), 336, 378 (**1636:** predicó en Valladolid, ahora dominico; le desterraron de la Orden); XIV, 252; XV, 82 (**1638:** catedrático de la Universidad de Valladolid, donde m.)

Lerma, P. Francisco de, S.J., XVII, a296-297

Lescanos (secretario) XIX, 44

Lesleo (v. Leslie)

Leslie, [Alexander], (I conde de Leven; ¿1580?-1661; de 1605 hasta 1635 sirvió a los reyes de Suecia y llegó a ser general; a partir de 1639 era general de las armas de los puritanos escoceses en las guerras civiles de Inglaterra y Escocia (DNB, XI, 947a-955a, especialmente 951a-952a); el correspondiente de los Jesuitas le tenía por "grande soldado y de mucha experiencia" [XIX, 308])
- XVI, 181 (**1641:** es incierta la suerte de Leslie), 187 (se ha retirado a sus tierras)
- XVII, 327 y 384 (**1643:** general de las armas de los puritanos escoceses; resiste la confiscación de los bienes de los católicos de Escocia)
- XIX, 308 (**1642:** gobierna las armas de Escocia) (var: Lesley; Lesleo; Lesleyo)

Leslie, [Walter] (1606-1667; escocés que tomó parte en la guerra de sucesión de Mantua (1630); en 1632 era comandante en un regimiento de mosqueteros escoceses que al mando del teniente de coronel John Gordon, q.v., echó a los suecos de Bohemia; cuando se supo en 1634 que el Emperador había dicho que el capitán general Wallenstein era traidor, Leslie estaba acuartelado en la fortaleza de Eger [hoy, Cheb, q.v.]; se reunió con Gordon y Walter Butler, q.v., y les sugirió que se asesinara a Wallenstein, q.v., y a sus oficiales leales, lo cual llevaron a cabo el 25 de febrero [v. Mann, pp. 813-844]; el Emperador le premió a Leslie con el oficio de camarlengo, el mando de dos regimientos, una plaza en la salvaguardia del rey de Hungría, una plaza en el Consejo Imperial de Guerra y en 1637 el título de conde; en 1634 participó en el sitio de Ratisbona, q.v. y la batalla de Nördlingen, y en 1638 en las de Rheinfelden y Breisach; en 1650 le hicieron vicepresidente del Consejo de Guerra y mariscal de Campo, en 1660 recibió el Toisón de Oro y le nombraron embajador al Imperio Otomano; v. DNB, XI, 988-989), XIII, 451 (**1636:** el Emperador le mandó socorrer a Frankfort-an der-Oder "con infantería y caballería") (var: Lesleo; Lesles; Lesley; Lesslie)

Lesmor (v. Lismore)

Leticia, Jerónimo (arrendador de la harina en Nápoles), XIX, 24

Leucate (ciudad del SO de Francia, a 31 km. al N de Perpiñán, donde ocupa el extremo de un cabo [antiguamente era isla]; en 1636, sitiada por los españoles; en 1637 los franceses derrotaron allí a un ejército invasor español [v. San Juan Bautista]), XIV, v, 152 (1637), 185-186, 188, 197-198, 201-202, 208, 209, 213, 215, 248-249 y 251 (v. Frenquina), 265, 317 (1638), 347, 354, 429; XV, 47, 75, 350 (1639), 361, 375; XVI, xiii; XIX, 386 nota 35, 388 nota 215, 464 nota 355 (var: Lascata; Laocata; Leocata; Leocota; Leucata; Liucata; Locata)

Leusburi, villa de (entre Dinamarca y Holanda, cerca de Dolstem), XVIII, 179

Leuven (flamenco por Louvain, q.v.)

Leuzina, fuerte de la (¿Leuze?, a 50 km. al SE de Bruselas), XIV, 92

Levante, XIII, 56, 117, 255, 283, 316, 467, 468, 469; XV, 47; XVI, 34, 285, 370, 424

Levante, Cartagena de (v. Cartagena de España)

Leyden (v. Leiden)

Leyva (v. Leiva)

Lezama, alcalde, XVIII, 24

Lezama, secretario, XVII, 387

Lezama, Antonio de (hermano de Jerónimo, q.v.; por haber mandado azotar a un soldado en 1646, desterrado y privado de su oficio de alcalde; en 1647, nombrado oidor del Consejo de Indias), XVIII, 233, 460

Lezama, Jerónimo de (hermano de Antonio, q.v.; secretario del Conde-Duque), XVII, 387; XIX, 124 y 128 (enfermo)

Lezo (a 9 km. al E de San Sebastián; antigua ciudad que gozó del esplendor de otros tiempos), XIV, 460 y 461 (sobre la invasión de los franceses en 1638, v. Rentería), 477

L'Hospital, Nicolás de (v. Hospital)

Liancourt, ducado de (su capital a 30 kilómetros al este de la ciudad de Beauvais), XVIII, 2

Liborio (probablemente el padre de un estudiante, Miguel Ángel, que envió una carta a un jesuita), XVIII, 353

Librería, la (en Granada), XIX, 185

Licarte, cabo de (1637: relato detallado de una batalla naval con los franceses en la costa de Bélgica (para Sebastián González, "confuso, aunque lo escribió quien se halló en la facción"), XIV, 123-125

Liche, marqués de (se refiere al duque de Medina de las Torres, q.v. (var: Eliche; Heliche)

Liçondo, Miguel de (v. Elizondo)

Licura (lugar en el área de Valdivia, Chile, en relación con un episodio en la guerra con el Araucano), XVIII, 11

Liébana, Juan de (caballero de Sanlúcar [de Barrameda]), XVI, 441

Lieco (pueblo en el área de Valenza de Po, Alessandria, Castelnuovo, Novara y Tortona, al SO de Milán), XIII, 425

Lieja (ciudad a 25 km. al sur de Maastricht), XIII, 358, 392, 394, 421, 426, 427; XIV, 98, 99, 101, 139, 344, 379, 398, 403, 423; XV, 362, 401; XVI, 136; XVIII, 1, 180; XIX, v, 422 nota 369

Lieja, país de, XIII, 211, 303; XIV, 376; XIX, 10

Liemburgo (v. Limburg)

Liérganes (a 17 km. al sudeste de Santander), XV, 327

Liermont, Sieur de (véase Heramonte, Sieur de)

Liesa (pueblo de Aragón), XVII, 362 (v. Alojamientos de los soldados, Soldados de los tercios, y Zaragoza)

Liga hanseática (antigua liga comercial de varias ciudades del N de Alemania en la zona costera del Báltico [en el alemán de la Edad media, "Hansa" significaba "compañía"]; su propósito era garantizar el tráfico con el extranjero; en los siglos XIV y XV llegó a comprender más de cien ciudades con escuadras y ejército; su centro era Lübeck, q.v.; los cambios comerciales del s. XVI condujeron a la decadencia de la Liga, que se disolvió durante la Guerra de los Treinta Años), XV, 180

Liga [italiana], la, XVI, 483 (**1642**: liga entre potentados de Venecia, Florencia, Módena, Parma y Génova; nombraron general de ella al de Parma)

– XVII, xi-xii, 153 (**1643**: la liga preocupa al Papa), 153-154 (el Papa excomulga a los de la liga), 165 (derrota de las tropas papales), 201, 260, 383

– XIX, 356 (**1642**)

Ligne, príncipe de (líder de los valones militares en un ejército imperial; v. Gravendon, conde de), XVI, 412; XIX, 264 (var: Leni; Ligni)

Ligústico, mar (por otro nombre, el golfo de Génova), XIII, 503

Lil (general inglés; v. Lisle)

Lila (v. Lille)

Liliers (v. Lillers)

Lilo (v. Lillo)

Lille (ciudad a 95 km. al O de Bruselas), XIII, 317; XVI, 175-176, 340, 388; XVIII, 181, 184 (var: Lila; Llalis)

Lille, provincia de, XIX, 269

Lillers (a 42 km. al O de Lille), XV, 270, 274, 278 (var: Liliers)

Lillo (pueblo y fuerte a 12 km. de Amberes, río abajo en la orilla oriental del Escaut [Schelde]) XIV, 175-176 (su gobernador) (var: Lilo)

Lima (Perú), XV, 393, 397, 405; XVIII, xix, xxiii, xxxii, 12; XIX, 245, 435 nota 126

– procurador general de, XIII, 218

– provincia de, XIII, 419

– virreinato de, XV, 69

Limatola, duques de (título de una familia italiana), XIX, 446 nota 335

Limburg (a 35 km. al E de Lieja; antigua capital del ducado de Limburg y residencia de los condes de Luxembourg; la parte baja fue saqueada muchas veces y destruida por Luis XIV en 1675 [hoy la ocupa el pueblo de Dolhain]; la parte superior sobrevive), XIII, 86 (**1634**), 344 (**1635**: el Infante-Cardenal tomó por asalto todo el ducado); XVIII, 250 (**1646**: S.M. dio en feudo el ducado de Limburg al duque de Lorena); XIX, 10 (var: Liemburgo; Limberg; Limbourg; Limburgh; Limburque; Linburgue)

Limia (río y terreno al sur de Orense), XVII, 339

Limit (militar del bando imperial), XIX, 194 (**1648**: preso por el príncipe de Condé)

Limonti, Fernando de, XIX, 176 (degollado por traición en Nápoles)

Limousin (región de Francia que abraca los departamentos de Haute Vienne, Creuse y Corréze; su capital era Limoges), XIV, 146 (1637: "provincia rebelada") (var: Limosin)

Linares, campo de (lugar ficticio), XV, 137

Linares, conde de (v. Linhares, [IV] conde de)

Linares, Juan de (capitán), XIV, 215 (1637: herido en el sitio de Leucate)

Lindsey, conde de (noble escocés), XIX, 308 (por error: Lenin) (variante: Lindesey)

Lingen (en el NE de Holanda, sobre el río Ems, a 80 km. al E de Kampen y Zwolle), XIII, 395

Lingen, conde de (teniente general de la caballería), XVIII, 172 (iba a Badajoz con 6.000 ducados; "no lejos de Alcántara les salieron 70 portugueses que los llevaron a Portugal"); XVIII, 172 nota 2: conjetura de Gayangos: "Quizá el marqués de Molinghen")

Linhares, [IV] conde de (Miguel de Noronha, portugués, hijo de Alfonso de Noronha; m. 1647 en Madrid; señor de Fornos de Algodres, Gestaçô y Pena Verde, alcaide-mor de Viseu, Noudar y Barrancos; casó con Inácia de Meneses e Vasconcelos; de 1624 a 1628, gobernador y capitán general de Tánger; de 1629 a 1635, virrey de la India; en Madrid, miembro del Consejo de Portugal; fiel a la monarquía española; v. la *Grande enciclopédia*, s.v. Linhares, p. 165)
- XIV, 41-42 (**1637**: se le nombrará virrey y capitán general de mar y tierra del Brasil), 272 (título para él de marqués de Viseu, q.v., y otros para sus hijos; mercedes que suponen más de 600.000 ducados), 362 y 366 (**1638**: ya no va al Brasil, sino a Portugal), 380-381 (de vuelta a Madrid, preso en el castillo del Alameda, por conflictos políticos con los portugueses y con el Conde-Duque [*Grande enciclopédia*, s.v. Linhares, condes de, p. 165]), 384 (preso por "inobediencia"), 417 (general de la armada del Brasil)
- XV, 153 (sátira), 266 (**1639**: la sentencia: le privan de todas las mercedes recibidas y le mandan a Tordesillas [v. XIX, 389 nota 266]),
- XVI, 212-213 (**1641**: nombrado general de las galeras de Sicilia, se marchó de Madrid para gobernarlas [entre 1639 y 1641 se le restituyó al favor del Rey, quizá por algún motivo relacionado con la rebelión de Portugal y su lealtad a Felipe IV; fue hecho marqués de Gijón y elevado a duque de Viseu: *Grande enciclopédia*])
- XVII, 122 (**1643**: en Mesina durante una refriega mata a un soldado en la puerta del palacio del Virrey), 340, 386 y 391 (con las galeras se puso a la vista del puerto de Cadaqués [puerto de Rosellón], para sorprender a los franceses), 427 (**1644**: "se va a España por la mar")
- XVIII, 88 (**1645**: se quitan las galeras de España, Nápoles y Sicilia a Melchor de Borja y Velasco, q.v., y se las dan al conde de Linhares), 143-144 (victorias cerca de Barcelona por mar y tierra), 267 (**1646**), 362 (tomó ocho galeras a Francia), 367-369 y 379 (al mando de las galeras de Nápoles, desavino el II marqués del Viso, q.v., con el de Linhares sobre las flotas de galeras), 387 (dan las galeras de el de Linhares a Luis Fernández de Córdoba, q.v., y a aquél le han mandado retirar a un pueblo de Valencia), 397 (le llevan preso a Madrid por disputas sobre las galeras), 469 (**1647**: le mandan "aguarde allá la revista de su sentencia"); XIX, 192 (**1647**: al hijo segundo del Conde le tienen en la cárcel de Corte) (var: Linares)

Linhares, hijo del [IV] conde de, q.v., XVIII, 368 (1646: fue a dar cuenta al Rey de las disputas de los generales de las galeras)

Link (¿hoy Linkebeek?, a 8 km. al S de Bruselas), XVIII, 140 nota 1 (los españoles lo perdieron), 179 (var: Linque; Linquen)

Lino, Antonio ("portero secretario de Nápoles en nombre del Electo"), XIX, 90

Linque o Linquen (v. Link)

Lins (v. Lenz)

Lintz (v. Linz)

Linz, castillo de (ciudad del noreste de Austria; en el s. XV, capital provin-

cial del Imperio), XIV, 20; XV, 71, 116
Liñán, Esteban de (capitán en Galicia), XVII, 399, 400
Lion (v. Lyon de Francia)
Lione (v. Duplessis de Richelieu, Alphonse)
Liorna o Liorno (v. Livorno)
Liponti, Juan (maestre de Campo de un tercio de italianos), XVI, 412, 413; XIX, 264, 266
Lipruh (v. Innsbruck)
Lipsia o Lipsic o Lipswik (v. Leipzig)
Lira, Francisco de (impresor de Lisboa, 1609, y de Sevilla, 1615-1648), XIII, 88, 317; XV, 72, 118, 122; XIX, 244
Lira, Francisco de (paje de guión del Infante-Cardenal; uno de los de la casa de Su Alteza que acompañaron el féretro, que partió de Bruselas el 24 de mayo, 1643, y llegó a Madrid el 30 de junio [XVII, 145]), XVII, 129
Lira, Juan de (veedor general de los ejércitos de Flandes), XVII, a128, 132
Lisboa, XIII, xi,64, 80, 155, 310, 363, 404, 458, 469, 548
- XIV, 34, 189, 189, 191, 209, 272, 384, 429, 475
- XV, 17, 71, 74, 169, 194, 252, 255, 289, 315, 421, 434, 439, 441
- XVI, xv, 42, 47, 59, 83, 92, 93, 94, 96, 97, 100, 101, 102, 104, 107, 111, 113, 114, 115, 116, 122, 123, 139, 143, 161, 162, 189, 194, 197, 200, 210, 229, 265, 273, 278, 336, 363, 383, 427, 436, 449, 449, 451, 455
- XVII, ix, 153, 186, 190, 191, 203, 204, 349, 351, 365, 445
- XVIII, 8, 93, 134, 189, 425, 438
- XIX, 203, 231, 237, 238, 243, 338, 378 nota 368, 424 nota 411, 434 nota 94
aLisboa, XVI, 138, 156
Lisboa, arzobispo de, XIV, 185; XV, 193, 241, 243; XVI, 106, 108, 110, 112, 123
- castillo de, XVI, 108, 109

- deán de (v. Furtado de Mendoza, Alfonso), XIX, 417 nota 191
- Iglesia Mayor, XVI, 106
- puerto de, XIV, 257
Lisiria (residente [en la casa] del Emperador en Londres), XVIII, 176 (1645) (var. errónea: "presidente", error que corrige Pascual de Gayangos [XIX, 438 nota 176])
Lisle, [Sir George] (militar realista inglés; murió en 1648; 1643-1644: teniente coronel al mando de una división del ejército del Rey; 1645: teniente general de Leicestershire; en 1648 tuvo que rendirse con otros defensores de la villa de Colchester, y los vencedores le fusilaron), XIX, 10 (**1647**: llevó 6.000 ingleses a Irlanda para socorrer a Cork; volvieron sin hacer cosa de importancia) (variante: Lil)
Lismore (antigua ciudad episcopal y universitaria de Irlanda, a 45 km. al NE de Cork, q.v., y 60 km. al oessudueste de Waterford), XVII, 259 (sitiada por el teniente de un general católico) (var: Lesmor; Lismor)
Liste (aldea de la prov. de La Coruña, municipio de Tordoya [éste dista 30 km. al SO de La Coruña]), XVII, 194 (plaza que importa para la defensa de Galicia)
Liste, conde de, o conde de Alba de (v. Alba de Liste)
Lithuania, XVII, 325 (var: Delethania)
Liucata (v. Leucate)
Livorno (puerto en la costa occidental de Italia, a 20 km. al S de Pisa), XIII, 456, 472, 489; XIV, 149, 335, 400; XV, 208, 215; XVII, 503; XVIII, 197, 299, 313, 317, 362, 477 (var: Liorna; Liorno)
Lizárraga, Francisco de (capitán), XIV, 215
Loanda (v. Luanda)
Loaysa (¿jesuita? en Salamanca),XVIII 78
Loaysa, Diego de, XV, 115

Loaysa, Jofre de (administrador antecedente del Hospital de la Sangre en Sevilla), XVI, 159

Loaysa Treviño, Jerónimo de (natural de Ciudad Real y "caballero muy principal de España", de edad de 19 años pero "adocenado con pícaros"), XIII, 541; XIV, 6 (lista de sus crímenes), 26 (otro relato; degollado por capeador) (var: Triviño)

Lobero (carnicero de Alburquerque), XVII, 509

Lobkowitz, J. Caramuel (v. Caramuel)

Lobo, (general de la escuadra del Brasil), XIII, 275

Locata (v. Leucate)

Lockowitz, P. Caramuel (v. Caramuel)

Loden (noble inglés), XVI, 187 (durante la guerra civil se había retirado a sus tierras para defenderse)

Lodesano, el (territorio alrededor de Lodi, ciudad a 32 km. al SE de Milán), XIII, 501

Lodi, arzobispo de (monseñor de Gonzaga), XIV, 374 (arzobispado a 32 km. al SE de Milán) (por error: Rodi)

[Lodosa] (ciudad de Navarra a 33 km. al E de Logroño y 50 km. al S de Estella)

Lodosa, conde de (título concedido en 1605 a Juan Hurtado de Mendoza y Navarra, conde de Castilnovo, señor de Lodosa y caballero de Calatrava [Atienza, 893a-b]), XIV, 43 (**1637:** su villancico humorístico y disparatado); XV, 468 (**1640:** le desafían y le prenden en el lugar); XVI, 379 (**1642:** sátira: "Sirvan de troneras Lemos y Lodosa" [alusión al villancico de Lodosa]); XIX, 406 nota 377

Lodosa, condesa de, XVIII, 291 (1646: herida en una emboscada)

Loeches (pueblo adquirido por Olivares, a 30 km. al este de Madrid; allí se enterraron a él, a su mujer y a su hija: Elliott, *The Count-Duke,* 671), XIII, 253; XV, 180; XVI, 80, 162, 164, 171, 172, 211, 233 (1642: propiedad del hijo del Conde-Duque), 255, 342, 357; XVII, 2, 18, 29, 31, 103, 105, 114, 115, 319, 357, 375, 470; XVIII, 21, 126, 128, 133, 134, 136, 137, 147, 167, 173, 188, 233, 284, 325; XIX, 125, 130, 436 nota 126

Loeches, conde de, XVI, 231 (1642: título concedido al hijo del Conde-Duque)

Logroño (a 150 km. al NO de Zaragoza), XIV, x, 78, 357; XV, 27, 72, 75, 244, 475, 476; XVIII, 259; XIX, 326

aLogroño, XV, 475, 476

Lombardía (región de Italia limitada al N por los Alpes Réticos; abarca los lagos de Mayor, Como y Garda, y al S la fértil llanura del Po; su capital, Milán), XIII, 351, 354, 366; XIV, 384, 401, 409; XV, 103, 157, 159, 264, 340; XVI, 17, 136; XVII, 153; XVIII, x; XIX, 388 nota 92, 423 nota 406

Lombay, marqués de (Francisco de Borja, primogénito del duque de Gandía, casado con María Ponce de León, hija mayor del IV duque de los Arcos, q.v.), XVIII, vii, 188, 243; XIX, 441 nota 243

Lombay, marquesa de (María Ponce de León, hija del IV duque de Arcos), XVIII, 188, 247

Lomellina (territorio a unos 45 km. al SO de Milán, que abarca Mortara y Garlasco), XIV, 337 (var: Lomelina)

Lomelino, Juan Francisco (enviado de Génova), XIV, 228

Loménie, Enrique Augusto de (conde de Bardenne; plenipotenciario de Francia en Münster), XIX, 415 nota 131

Lóndes (error por Londres)

Londres, XIII, 311; XIV, 32, 442; XV, 77, 79, 95, 141, 178, 188, 209, 371, 404; XVI, xiv, 165, 167, 180, 187, 190; XVII, 139, 182, 201, 257, 258, 259, 327; XVIII, 176, 178, 180, 290; XIX, 10, 78, 256, 366

aLondres, XVI, 190

Londres, arzobispo de, XIII, 346

Longan (v. Porto Longone)
Longavila, conde de (v. Longueville)
Longi, P. Francisco, S.J. (predicador en Génova), XIX, 179
Longinus, Gaius Cassius (uno de los asesinos de Julio César en el año 44 a.C.), XIX, 211 nota 1 (var: Longino)
Longón o Longone (v. Porto Longone)
Longueville, pueblo de (provincia de Barrois, Lorena), XIII, 392 (1636: tomado por los imperiales)
Longueville, conde de, XVI, 90 (error del título y de la fecha de su m., corregidos en XIX, 394 nota 90; v. la ficha que sigue)
Longueville, duque de (Enrique de Orleáns, al mando del ejército francés en Italia, casado con Ana Genoveva de Bourbon-Condé, hermana de la princesa de Carigñán, q.v.)
- XIV, 31 (**1637**: socorre a Weimar), 98 (herido gravemente), 182 (Weimar y el Duque atacan al condado de Borgoña, q.v., y sitian Besançon), 224 (victoria sobre el de Lorena en el condado de Borgoña), 225, 497, 500, 501 (**1638**: el duque de Lorena le ataca)
- XV, 288 (**1639**: el príncipe Tomás le derrota en el Piamonte), 299, 310 (toma Chivasso, q.v, en el Piamonte), 344 (treguas firmadas por Leganés y Longueville), 379 (derrota al duque de Baviera), 382, 384 (**1640**: derrotado por los imperiales), 454 (Picolomini y el archiduque Leopoldo le derrotan), 489 (se une al ejército de Bannier), 492, 495
- XVI, 90 (**1640**: error de título y de la fecha de su m., corregidos en XIX, 394 nota 90 [v. a continuación])
- XVII, xii, 50, 131 (**1643**: plenipotenciario a las paces de Münster)
- XVIII, 158 (**1645**), 235, 251 (su actuación en Münster), 317 (**1646**: envió a Monsieur de Montigni a París), 317, 459 (**1647**: en Holanda su mujer intriga en contra de la paz con España)
- XIX, 394 nota 90 (m. de peste en 1663), 415 (nombres de los tres delegados franceses a Münster) (variantes: Longavila, Longavile, Longavilla, Longuevila, Longuevilla, Longueville)
Longueville, duquesa de (v. Longueville, Madame de)
Longueville, madame de (Ana Genoveva de Bourbon-Condé, 1619-1679; casada con Enrique de Orleáns, duque de Longueville, q.v.; hija de Carlos de Bourbon-Condé [conde de Soissons], y hermana de María [princesa de Cariñán, q.v.], y de Luis de Bourbon-Condé, q.v.), XV, 299; XVII, 50; XVIII, 459 (var: v. la ficha del Duque)
Longueville, príncipe de (v. Longueville, duque de)
Lope, Don, (v. la ficha de Hoces y Córdoba, Lope de, almirante español)
Lopes Rosa, Domingo (impresor de Lisboa, 1639-1644), XVI, 189, 243; XVII, 186
López, P. Fabián, S.J., XIII, 105, d210-212 (**1635**: del padre Arnaldo Flemingo, S.J., q.v.); XIV, d451; XVII, 43
- XVIII, 17 (**1645**: su sobrino, condenado a m.), 110 (proponen darle poderes para administrar la hacienda de la Casa Profesa), 112, 199 (destinatario desconocido; recuerdos a Fabián López, de Antonio Serrano, autor de la carta), d448-451 (**1646**)
López, Juan (catedrático de Alcalá), XIII, 267
López, P. Julián, XIV, 96
López Abarca, Dr. Bernardo (auditor general del ejército de Extremadura), XVI, a335-339 (sus cartas)
López de Ayala y Zúñiga, Pedro (v. Fuensalida, VI conde de)
López Caro, Isidro (secretario de la Cruzada), XVII, 318, 319
López de Garayo, Diego (véase Lebrija, conde de)

*López de Haro, Alonso (n. en Guadalajara; complutense; cronista de Felipe IV y genealogista)
López de Haro y Sotomayor, Diego (v. Carpio, V marqués de)
López de Mendoza, Íñigo (marqués de Mondéjar, casado con Ana de Aragón; padres de Francisco de Mendoza, q.v., almirante de Aragón), XIX, 398 nota 237
López de Mendoza, Íñigo (testigo en 1613), XVIII, xxviii
López Pacheco de Acuña, Diego (v. Villena, VI marqués de)
López Pacheco Cabrera y Bobadilla, Diego (v. la ficha del VI marqués de Villena)
López Pereira, Manuel (uno de los 36 albaceas nombrados en el testamento del Conde-Duque), XIX, 131
López del Puerto, Pedro (mercader de paños en la plaza de Santo Tomás [Madrid]), XIX, 365
López Rosa, Domingo (v. Lopes Rosa, Domingo)
López de Salcedo, Diego (consejero de Guerra), XIV, 212
López de Vega, Antonio (poeta), XVII, 499
López de Zárate, Francisco (poeta),XIII xvii, xxii; XVII, 499
López de Zúñiga y Sotomayor, Alonso Diego (v. Béjar, VII duque de)
López de Zúñiga y Sotomayor, Francisco Diego (véase Béjar, VIII duque de)
López de Zúñiga y Velasco, Diego (v. Baides, marqués de)
Loques (en un exorcismo), XIII, 130
Lora (¿Lora del Río? a 60 km. al noreste de Sevilla, a orillas del Guadalquivir; tiene castillo y restos romanos; v. Castillo, Alonso de, bailío de Lora en la orden de San Juan [de Jerusalén])
Lorena, Metz de (v. Metz)
Lorena: región del NE de Francia, entre Champagne al O y Alsacia al E; sus principales ciudades son Metz, Nancy y Verdun)
– XIII, 31 (**1634**: el rey francés quiere apoderársela), 122 (**1635**: piden a la nobleza del ducado fidelidad a Francia), 148, 176, 254, 257 (el duque de Lorena y Juan de Weerth han derrotado otra vez a los franceses, y "mayor que la pasada"), 313, 317, 331 (el duque de Lorena recobra gran parte de su estado), 392, 431 (**1636**: los suecos y franceses la ocupan), 463
– XIV, 39 (**1637**: gran derrota de franceses entre Alsacia y Lorena), 49, 206 (los franceses quieren todavía apoderarse de Lorena), 224, 235 (la gente del duque de Savelli en Lorena), 235, 407, 496
– XV, 87 (**1638**: derrota de Francia), 98 (el duque de Lorena recupera plazas y fuertes), 198 (**1639**: Nancy para Francia), 211 (casi toda la región está en poder de Francia), 220, 232 (entendimientos del duque de Lorena con Francia)
– XVII, 222 (**1643**)
– XVIII, 67 (**1645**: los franceses asedian La Motte, plaza fuerte)
– XIX, 306 (**1642**: el duque de Orleáns en Nancy)
Lorena, casa de (de las más nobles y más antiguas e ilustres de Francia), XVIII, 73 (el conde de Harcourt, deudo de la casa); XIX, 420 nota 326 (Mercoeur, pequeña villa de Auvergne, antiguo feudo original y estado ducal de la casa) (var: Aubergne)
Lorena, duque de (Carlos IV, 1604-1675, duque de Bar; hijo del duque Francisco II [1572-1632]; en 1624 heredó el título de duque de Lorena por la abdicación de su padre; en 1634 abdicó Carlos en favor de su hermano, el cardenal Nicolás Francisco II, q.v.; pero en 1661 volvió a tomar los dos ducados por el tratado de Vincennes; casó con Nicole de Lorena, hija de Enrique II, duque de Guise, q.v.; cuando el Papa no quiso anular este matrimonio, el Duque se casó en efecto con Beatrice de Cu-

sance, condesa de Cantecroix, viuda de Eugenio Leopoldo d'Oiselet, príncipe de Cantecroix, q.v. [XV, 325; XIX, 390 nota 354, 449-450 nota 392]; general de las armas del Imperio alemán contra Francia, pasó gran parte de su vida intentando retener o recobrar sus estados; v. Lorena: región)
- XIII, 65 (**1634:** huye de su mansión y llega a Milán), 94, 121 (**1635**), 122, 141, 142 (derrota al mariscal La Force), 144, 146 (se apropia de 350.000 doblones que el rey de Francia envió a su ejército), 149, 172, 188 (toma tres plazas entre Tréveris y su estado), 190 (entra en Francia; la nobleza de Lorena se le une), 194, 195, 198, 215 (envía tropas y pertrechos militares al Infante-Cardenal), 230 (derrota al mariscal La Force, q.v., en Alsacia), 237, 244, 255, 257, 261 (toma Schenck, q.v., y restaura la villa de Nancy, corte de su estado), 266, 274, 300, 303, 313, 310 (la mejor parte de su estado ha vuelto a su poder), 314, 331, 334, 347 (a 32 leguas de París), 350, 362 (**1636:** inverna en su estado; Richelieu trata de reconciliarse con él), 370, 385, 411, 426, 434 (el rey de Inglaterra propone canjear su estado por el Palatinado), 442, 488, 502, 503 (llega hasta las puertas de Lyon), 505, 513 (ocupa la mayor parte de Borgoña), 532, 544 (derrota al cardenal Nogaret de la Valette, q.v., en el ducado de Borgoña)
- XIV, 1 (**1637**), 50 (pide el duque de Orleáns al parlamento que se dé por válido su matrimonio con la hermana del Duque), 98, 109, 112, 120, 159, 162, 172 (en Besançon), 182, 241, 242, 277, 280 (**1638**), 281, 388, 392, 457 (entra en el ducado de Borgoña, arrasando y quemando), 478, 480, 484, 497, 500-501
- XV, 90 (**1638:** gana terreno en su ducado), 95 (se inclina a arreglarse con Francia, entregando su estado a cambio de renta anual), 98, 107 (del IV Duque se dice que ha recuperado La Motte, q.v., villa tenida por inexpugnable), 126, 127, 168 (**1639:** culpa al general Götz, q.v., por la pérdida de Brissac), 204 (no le hace resistencia a Weimar en Borgoña), 213 (se retira a Flandes), 235, 242, 249 (el Infante-Cardenal le hospeda), 325 (sobre su casamiento), 354, 376-377 (la sucesión en el estado por la línea de su hermano Nicolás Francisco), 485 (**1640:** se casa con la condesa de Cantecroix)
- XVI, 193 (**1641**), 342 (**1642**)
- XVII, 163, 181, 308, 324, 383 (**1643:** su hermana, mujer del de Orleáns, cercana al parto), 406-407 y 419-420 (**1643-1644:** capitán general del ejército imperial en la victoria de Tuttlingen, q.v.), 419 (**1644**), 420, 424, 425, 428 (el controversial casamiento de su hermana, princesa de Pfalzburg), 429 (está de acuerdo con el matrimonio de su hermana), 485, 495
- XVIII, 58 (**1645**), 68 (los franceses asediaron a La Motte, q.v., fortaleza del duque de Lorena, y la rindieron), 156, 250 (**1646:** el rey de España le da en feudo el ducado de Limburgo, a cambio de servicio), 262, 290, 294 (1646: en Münster se acuerda que el Duque sea admitido a las negociaciones de paz, a lo que Francia se niega), 334 (el Rey de Francia y Mazarino le solicitan llegue a un acuerdo con Francia), 351, 360, 379, 386 (se pierde Contray por negarse a pelear), 388 (desavenencia con el general Ottavio Picolomini; se retira a Bruselas), 392 (enfermo en Bruselas), 407
- XIX, 10 (**1647:** saquea el país de Lieja), 284 (**1642:** el Papa le excomulga por su segundo matrimonio), 390 nota 354, 411 nota 6, 424 nota 395, 425 nota 438, 449 nota 392

Lorena, duque cardenal de (v. Lorena, Nicolás Francisco)

ÍNDICE ONOMÁSTICO

Lorena, duquesa de (v. Lorena, Nicole de)
Lorena, embajador de, XV, 224 (1639: ante el rey de España)
Lorena, Su Alteza de (v. Lorena, duque de)
Lorena, Carlos de (v. Guise, IV duque de)
Lorena, Carlos II de (v. Elboeuf, duque de)
Lorena, Claudia de (hija de Enrique II, duque de Guise; casada con Nicolás Francisco de Lorena, q.v., hermano del duque de Lorena, Carlos IV), XIX, 450 nota 392
Lorena, Claudio de (duque de Chevreuse), XIV, 263 (1637: llega a Madrid la duquesa de Chevreuse, su mujer); XV, 79; XVII, 50
Lorena, Enrique II de (v. Guise, V duque de)
Lorena, Enriqueta de (véase Pfalzburg, princesa de)
Lorena, Felipe Manuel de (duque de Mercoeur, q.v., villa de la antigua provincia de Aubergne, q.v., feudo y estado ducal de la casa de Lorena), XIX, 420 nota 326
Lorena, Francisco de (conde de Vaudemont), XIX, 449 nota 392
Lorena, Luis de (príncipe de Pfalzburg), XVII, 428
Lorena, Margarita de (hermana del duque de Lorena; mujer del de Orleáns), XVII, 181 (1643); XIX, 450 nota 392
Lorena, Nicolás Francisco de (1609-1670; hermano de Carlos IV, duque de Lorena, q.v.; obispo de Toul, 1624; su hermano y el rey Luis XIII le nombraron a varias embajadas; hecho cardenal en 1626; en 1634 su hermano renunció al ducado en favor de Nicolás y éste renunció al cardenalato para casarse con Claudia de Lorena, q.v., hija de Enrique II, duque de Guise, q.v.; en 1661 Nicolás renunció al ducado, que pasó otra vez a su hermano), XIII, 119-120 (1634: en Roma); XV, 376, 377; XIX, 450 nota 392 (var: Lorraine-Vaudémont)
Lorena, Nicole o Nicolasa, duquesa de (hija de Enrique II, duque de Lorena; primera mujer de Carlos IV, duque de Lorena, q.v.; se opuso al intento del Duque de anular el matrimonio para casarse con la condesa de Cantecroix, q.v.; murió en 1657), XV, 325; XIX, 390 nota 354, 449 nota 392
Lorena-Elboeuf, Enrique (v. Harcourt, conde de)
Lorena-Vaudémont, Nicolás Francisco de (v. Lorena, Nicolás Francisco de)
Lorenza, la hermana (vivía sola en Simancas), XIII, 42, 43, 44, 49 y 50-51 (la Inquisición la prendió), 457 y la nota 1 (desterrada y azotada por la Inquisición; su calificador en Valladolid era el P. Chacón)
Lorenzana, duque de (v. Laurenzano, duque de)
Lorenzana, marqués de (v. Pérez Quiñones y Lorenzana, Álvaro [I marqués de Lorenzana])
Lorenzo, P. J., S.J. (anuncia la toma de Valverde por los portugueses), XVII, a242-246
Lorenzo, Juan (escribe al P. Rafael Pereira), XV, a230 (relación de un viaje de unos jesuitas de Granada a Motril)
Lorenzo, P. Salvador, S.J., (procurador de Cartagena de Indias), XIX, 243, 245
Lorenzo del Águila, Fernán (testigo), XVIII, xxviii
Loreto (villa antigua a 20 km. al S de Ancona, sobre una colina a la vista del mar Adriático), XVIII, 104, 221, 336, 339 (var: Loretto)
Loreto, casa santa de, XIX, 130
Loreto, Nuestra Señora de (v. Nuestra Señora de Loreto)
Loreto, H. (P. de la Compañía), XIX, 242
Loriana, I marqués de (Juan Velázquez Dávila, II conde de Uceda; m. 1606 sin hijos), XIX, 381-382 nota 410

Loriana, II marqués de (Diego Velázquez Dávila, III conde de Uceda; hermano y heredero del anterior; vivía aún en 1618), XIII, 66 (la marquesa de Loriana, su mujer, m. en 1634); XIX, 382 nota 410

Loriana, III marqués de (Juan Velázquez Dávila, hijo del anterior, casado con Juana Idiáquez, q.v.), XIII, 410 (m. en 1636 sin hijos, cuando cayó de un caballo); XIX, 381-382 nota 410

Loriana, IV marqués de (Francisco Dávila Guzmán, I marqués de la Puebla de Ovando en 1627, q.v.; a la m. de su sobrino el III marqués de Loriana en 1636, heredó este título)

Loriana, V marqués de (a principios de agosto, 1647, murió el IV marqués [XIX, 70], y hubo de heredar sus títulos el V, ya que a mediados de septiembre del mismo año, el "marqués de Loriana" fue uno de los que llevaron el cuerpo de la condesa-duquesa de Olivares a Loeches para enterrarlo), XIX, 125, 425 nota 438

Loriana, II marquesa de (cuñada del marqués de Leganés y del marqués de la Puebla de Ovando; m. 1634), XIII, 66

Loriano (error por Loriana)

Lorraine (v. Lorena)

Lorraine-Vaudémont, Nicolás Francisco de (v. Lorena, Nicolás Francisco de)

Losa, Antonio de (preso por querer entrar en el palacio real), XIV, 69

Losada, Antonio de (jefe de puesto en las fronteras de Galicia), XVII, 337

Losada, Diego de (1637: capitán, herido en el sitio de la Locata), XIV, 214

Losada, Gabriel Antonio de (ayudante de maestre de Campo general), XIX, 13

Lot, Cosme (v. Loti)

Lotario, P., S.J., XV, 334

Lotere (villa de los Países Bajos), XVIII, 388 (1646: los holandeses la están fortificando)

Loti, Cosme (artista de escenografía), XIII, 459; XIV, 39, 65 (v. Teatro)

Lourano, César (gobernador de los tres granos en Nápoles, a quien el pueblo quema la ropa), XIX, 99, 110

Louvain (a 25 km. al E de Bruselas), XIII, 212 (sitio levantado por los franceses), 215, 216, 223, 228, 229, 237, 238, 264, 274, 292, 315, 358, 416; XIX, 453 nota 469 (var: Leuven; Lovain; Lovaina; Lovanium; Lovayna)

Louvain, fuerte de, XIII, 121 (su universidad), 358, 359 (su gobernador fue "caballero borgoñón", conocido por el conde de la Fera), 360 (var: Bana)

Louvre, el, XVII, 137; XIX, 423 nota 406

Lovia, conde de (general del duque de Saboya), XIV, 210

Loyola, Catalina Teresa Isidora de (casada con Juan de Santellices y Guevara, q.v.; a ella le dedicó Mateo de la Bastida una edición del *Quijote* en 1668, q.v.), XVI, 440

Loysons (v. Soissons)

Lozoya (pueblo cerca de Segovia), XIX, 27 (a causa de la "aspereza" condición del señor de este pueblo, unos delincuentes mataron a sus vasallos de un arcabuzazo)

Lúa, San Juan de (v. San Juan de Ulúa)

"Luanda, mal de" (así llamaban los portugueses a la enfermedad que padecían los defensores españoles del castillo de San Felipe [Tereiras, Azores]; nombre antiguo del escorbuto; Luanda era la capital de Angola, fundada en 1575 y nombrada Sao Paulo de Luanda), XVI, 453 (v. la ficha que sigue)

Luanda, San Pablo de (nombre de la fortaleza de Luanda [v. la ficha anterior]; hasta 1642 los padres de la Compañía gobernaron la fortaleza), XVI, 271 (var: Loanda)

Lübeck (a 55 km. al NE de Hamburgo; ciudad céntrica de la poderosa Liga

ÍNDICE ONOMÁSTICO 307

hanseática, q.v.), XIV, 226 (var: Lubeca)
Lübeck, barón de, XIX, 430 nota 486 (1644: m. sobre Lérida)
Lubián (pueblo a 23 km. al oeste de la Puebla de Sanabria, y como ella, a orillas del río Castro), XVI, 168; XVII, 396-397
Luca Chiabarri, Juan (emisario de Génova en Mónaco), XIV, 228
Lucas, P. Andrés, S.J., XVI, 264
Lucas Cortés, Juan, XVIII, xiii
Lucca (ciudad a 17 km. al NE de Pisa), XIII, 254, 354; XV, 295 (var: Luca)
– embajador de, XVII, 374; XVIII, 335
– república de, XIII, 386; XIX, 334 (var: Luca)
– señoría de, XIV, 331
Lucemburg (v. Luxembourg)
Lucena (a 77 km. al sudsudeste de Córdoba y 56 km. al norte de Antequera), XVIII, 352
Lucena, Francisco de (secretario de Estado del Consejo de Portugal; privado del duque de Braganza), XVI, 95 (1640: su hijo, preso en Madrid), 108 (secretario del Consejo), 123 (intermediario entre los rebeldes y España), 427 (1642: su hijo como parte de canje)
Lucern (cantón suizo al S de Zurich), XIII, 260; XVIII, 394 (var: Luzern)
Lucías, XVI, 333 (de Andalucía dijo el autor madrileño de una carta, "hablando moralmente, no todas las Lucías se dejan sacar los ojos")
Lucifer, XIII, 130; XVI, 332 (v. el Demonio)
Lucio Dextro, Flavio (v. Flavio Lucio Dextro)
Lucis, Agustino de (gobernador del arrendamiento de la sal en Nápoles), XIX, 105
Lucullus, L. Licinio (106-57 a.C.; cónsul romano que se distinguió por su riqueza y su fasto; vencedor de Mitrídates VI Eupator, el Grande, rey de Ponto [120 a 63 a.C.]), XIV, 304 ("el señor Conde-Duque dará a los grisones una comida que dejará atrás...las de Lucio Lúculo") (var: Lucio Lúculo)
Luchesi, "cardenal" y "florentín" (en los repertorios consultados no he logrado documentar ni su apellido ni su oficio; no se trata de ninguno de los Medici, como se verá a continuación), XIV, 294 (1638: párrafo inicial: "salió de Roma el cardenal de Florencia" [Carlo d' Medici, q.v.]; el párrafo siguiente reza: "También salió de Roma el cardenal Luchesi, florentín,...")
Ludovicia, casa, XVIII, 468 (1647: la casa más rica de Roma, que pertenecía a Olimpia Aldobrandini, princesa de Rossano [v. Aldobrandini])
Ludovico, Carlos (Carlos Luis, hijo mayor del conde-palatino y elector Federico V, y sobrino del Rey de Inglaterra: v. la ficha del "Palatino [del Rhin, conde-]: Carlos Luis, hijo mayor del Elector Federico V")
Ludovico Pío (nació en 778 y murió en 840; hijo de Carlomagno y padre de Carlos el Calvo, q.v.; rey de Aquitania en el año 781, conquistó Barcelona en 801; emperador del Sacro Imperio desde 814), XVI, 66 (confirmó los privilegios originales de Barcelona)
Ludovisi, palacio y jardines de (en Frascati, q.v.), XVIII, 248
Ludovisi, Alessandro (nombre del Papa Gregorio XV, q.v.)
Ludovisi, cardenal Ludovico (1595-1632; hijo de Orazio Ludovisi [I duque de Fiano y de Zagarolo, general de la Iglesia, casado con Lavinia Albergati]; sobrino de Gregorio XV [Alessandro Ludovisi], q.v.; primo del cardenal Niccolò Albergati-Ludovisi, q.v., y hermano del príncipe Niccolò Albergati-Ludovisi, q.v.; hecho cardenal y arzobispo de Bologna en 1621 y en 1623 vicecanciller de la Iglesia; m. 1632; v. S. Miranda, y en su ficha el apéndice genealógico)

(var: Ludovicio; Ludovico; Ludovisio)

Ludovisi, príncipe Niccolò (1613-1664; hijo de Orazio Ludovisi [I duque de Fiano y de Zagarolo, general de la Iglesia, casado con Lavinia Albergati], sobrino de Gregorio XV [Alessandro Ludovisi], q.v., y primo del cardenal Niccolò Albergati-Ludovisi, q.v. [a quien declaró hermano suyo a condición de que agregara a su apellido Albergati el de Ludovisi]; II duque de Fiano, marqués de Colonna y de Populonia, príncipe de Venosa y Piombino [1634] y conde de Conza; de la Cámara de Castilla en 1636, senador de Bologna [1640], príncipe de Salerno [1646], virrey de Aragón [1656-1662] y de Sardinia [1662-1664]; v. la *Enciclopedia Italiana*, y en Salvador Miranda la genealogía italiana al pie de la ficha de Ludovico Ludovisi, hermano suyo; casó tres veces, la tercera en 1644 con Costanza Pamphili [1627-1665], hija de Camillo Pamphili y Olimpia Aldobrandini, q.v.; véase Gaetano Moroni, *Indice*)

- XVIII, 65 (1645), 163 (el Papa le nombró general del socorro que salía de Mesina contra el Turco), 246 (1646: casado con una hija de Olimpia Aldobrandini, q.v.), 373 (1646: m., fecha que me parece menos aceptable que la de S. Miranda [1664], respaldada por la genealogía italiana aneja al pie de la ficha de Ludovico Ludovisi, hermano suyo, y por otras fechas de la carrera de Niccolò) (var: Ludovicio; Ludovico; Ludovisio)

Lugdini (v. Lyons)

Lugduni (v. Leiden)

Lugo, electo de (Fr. Juan de la Serena) XVII, 284 (1643)

- obispo de, XIII, 157 (**1635**); XIX, 392 nota 452 y 463 nota 335 (de **1633** hasta **1636** fue obispo de Lugo Diego de Castejón y Fonseca, q.v.; v. Gams, 47a)

- XVI, 364 (**1642**: según esta carta se nombró obispo de Lugo al Dr. [Antonio] Paino; según Gams, en marzo de 1642 m. el obispo Pedro Rosales, y la sede quedó vacante hasta octubre de 1643, cuando lo ocupó el obispo Juan de la Serena; quizá Paino fue obispo interino)

Lugo, P. Francisco de, S.J., XVIII, 75 y 147 (va a Roma con el Provincial)

Lugo y de Quiroga, P. Juan de, S.J. (1586-1662; escritor y catedrático de filosofía y teología en Valladolid y Salamanca; hecho cardenal en 1643)

- XIII, 99 (**1634**: el desafío entre Carlos Colonna y Gregorio Cayetano)
- XVII, 435-436 (**1644**: recibió el capelo), 442, 444 (ofrece servicios a España), 452
- XVIII, 35, 36 (**1645**: en coloquio secreto con el Papa), d50-51 nota 1, a51 nota, a52, a81, 104, 147, 240 (**1646**: elección de nuevo general para la Congregación)
- XIX, 123 (**1647**: en Roma, el cardenal Lugo fue comisionado a examinar los papeles de Jerónimo de Villanueva; v. en la ficha de Jerónimo Villanueva el resumen amplio de XIX, 122-123) [y v. Salvador Miranda])

Luin, duque de; – de Luines; – de Luins; – de Luis; y – de Luy (v. Luynes et Chevreuse, duque de)

"Luis, general y conde de Turena" XIX, 194 (noticia que parece errónea: v. "Turenne, conde de", y Ottavio Picolomini, XIX, 194)

Luis XIII, 1601-1643, rey de Francia desde 1610; "rey cristianísimo"

- XIII, 11 (**1634**: los holandeses le hacen juramento de proseguir la guerra), 29 (el conflicto entre persas y turcos impedirá que éstos socorran al Rey), 31 (le llega correo sobre la rebeldía de Wallenstein y Friedland contra el Emperador), 32 (el rey de Francia quería el título de Rey de Romanos, y Friedland el de Rey de Bohemia), 35, 56 (desbarata treguas de los holandeses con España al ofrecerles 700.000 escudos), 57 (retira sus ejércitos de Italia), 99 (un hermano suyo es capitán del ejército en Flandes), 121 (**1635:** desavenencias con su hermano el de Orleáns por el matrimonio de éste), 141 (su hermano, "Monsieur", huye a Francia dejando a su madre y a su mujer), 146 (atentado contra él y Richelieu), 148 (con el ejército en Lorena), 166 (hace general de sus tropas en Alemania a Weimar de Sajonia), 173 (coligado con grisones, entra en el valle de Chavena), 176 (Richelieu inventa un complot para obligar al Rey), 187 (el Emperador le escribe para que se declare o se abandone Alemania), 188 (a cuatro leguas de Cambrai, en Flandes, y sus soldados disimulados), 190 (manda un embajador al Infante-Cardenal pidiendo la liberación del elector de Tréveris), 191 (enfermo, vuelve a París), 194, 196, 201 (embarga las haciendas de vasallos españoles, italianos y flamencos en Francia), 211 (de vencer, él y el de Orange se repartirían Flandes), 223 (tiene gran disgusto con el general Châtillon por un desempeño en una batalla), 237 (convoca a toda la nobleza para salir en campaña), 244, 251 (el de Parma, su aliado en Italia), 257, 260 (tres cantones suizos se declaran en contra suya), 271, 307, 310 (el Papa le envía 800.000 florines de socorro, pero el de Santa Cruz se los apropia), 313 (en Lorena para enfrentarse al de Lorena), 315 (manda cartas al Papa para promover paces), 317 (noticia de que su ejército y el del inglés se retiraban de Holanda), 318, 330, 331 (motines en Francia por tributos e imposiciones), 332 (manda correos urgentes al Papa para que se trate de paces), 339, 342 (trata de hacer la paz con los enemigos), 343 (se va a Lyons, por no sentirse seguro en París), 348, 350 (pide paces al Emperador; denegadas), 362 (**1636:** propone nuevos tributos y hay motín), 379 (manda comisarios para impedir paces entre los holandeses y España), 385 (llama al de Parma a París), 388, 389 (impone tributos a los moradores de París), 390 (ordena un juramento de fidelidad a los de Lorena), 391 (la carta de la reina madre al Papa para que el nuncio se la entregue a su hijo), 399 (envía plenipotenciarios a los tratados de paz en Alemania), 403, 421 (manda prender al duque de Crequi), 426 (pide nuevos tributos al parlamento), 447, 453, 464 (envía una embajada a Génova), 466, 472, 474, 478 (trata de que Richelieu se avenga a tratar de paz), 480, 482, 483, 485 (los holandeses salen en campaña instados por él), 487, 489 (incidente de su agente en Génova con el Consejo y el pueblo), 491 (una de sus amantes, Mme. Louise Motier de la Fayette), 495, 496, 509, 511 (da perdón general a los rebeldes; responde con osadía a pedidos del parlamento), 512 (su confesor jesuita defiende públicamente la necesidad de nuevos tributos), 520, 523, 532, 533 (pide auxilio a Venecia), 534, 545

– XIV, 14 (**1637:** el embajador inglés trata de hacer liga con él contra Austria), 31 (se retira a cuatro leguas de París), 32 (liga con ingleses, suecos y holandeses), 48 (motín contra Richelieu en París; matan a algunos ministros del Rey), 50 (trata de someter al conde de Soissons), 53 (el de Parma alega que su estado está destruido por su alianza con este Rey), 54, 56 (ordena una investigación sobre el motín en París y ahorca a 120 de los responsables), 61 (Richelieu trata de conciliar al de Orleáns con el Rey), 65, 76 (el duque de Orleáns se reconcilia con él), 80, 81 (va a Orleáns a ver a su hermano y deja al de Condé el gobierno de París), 84, 86 (da título de Alteza al de Orange), 98 (envía al duque de Longueville a destruir el condado de Borgoña), 99, 101 (disgustados el de Orleáns y el Rey por Richelieu), 131 (el Turco se arma para socorrerle, haciendo daño en Italia), 146, 150 (sentido por acciones del Cardenal-Infante), 155 (trata de que el rey de Inglaterra no dé cabida en sus puertos a los navíos españoles), 157 (su confesor, P. Gordonio; la rebelión contra él en Francia), 160, 204 (sobre su manifiesto de 1635), 205, 219 (el cardenal Barberini, protector de Francia), 220, 221 (disgustado por la concesión del capelo al arzobispo de Viena), 234, 255, 261 (envía tropas de auxilio a la duquesa de Saboya, su hermana), 266 (el duque de Luynes, su favorito), 277, 281 (**1638**: los señores de Italia no consentirán que este Rey fortifique o tenga tierras en Italia), 289 (noticia de que ha embargado todas las propiedades de ingleses en Francia), 298, 313 (el P. Caussin de la Compañía, antiguo confesor suyo), 346, 353, 354, 371, 375 (su embajador en Roma insta al Papa a que elija cardenales aliados a Francia), 383, 387, 407 (llama a sus generales y les asigna puestos), 410, 411, 430 (le escriben los jesuitas con motivo del tormento y m. del P. Rector de Maastricht), 431 (el de Fuensaldaña apresa a uno de sus privados), 438, 487, 500 (el príncipe Tomás se apropia de una carta del mariscal Châtillon al Rey)

– XV, vii (protector de Cataluña), 6 (**1638**: tropas enemigas le obligan a salir de París), 14 (en la frontera con Flandes), 16, 18, 33, 38, 60, 67, 73, 75, 81 (noticia falsa de su m.), 83, 118, 164 (**1639**: celebra la inminencia de la rendición de Brisac), 192 (los holandeses le comunican que si no manda socorro harán treguas con España), 198 (le da a Weimar la investidura de Alsacia), 202 (quiere casar al de Weimar con su hermana, la duquesa viuda de Saboya), 203 (envía a Hamburgo un millón de ducados para los príncipes libres del imperio), 204, 220, 221, 223, 245 (da libertad al príncipe polaco Casimiro mediante juramento de que no tomará armas contra Francia), 249 (recelos con Weimar), 259, 276 (dos ejércitos suyos entran en Flandes), 282 (derrota de sus tropas en Thionville), 283, 289, 290, 301 (con Richelieu cerca de Hedin, para dar aliento a sus tropas), 304, 333 (con las tropas cerca de Santomer), 338 (se dice que desde Lyons "aquel Rey...miraba a Borgoña y a Italia y aun a Cataluña"; en el SO de Alemania sus capitanes habían tomado el fuerte de Kemershacim, q.v., y la villa de Spires, q.v.), 348 (va a Normandía por un motín), 360, 362, 370 (el duque de Luynes), 379, 397 (**1640**: aprestos suyos contra Navarra y Fuenterrabía), 422, 423, 427 (la duquesa de Saboya, su hermana), 432 (la libertad del príncipe polaco Casimiro), 437 (da libertad a sus vasallos de comerciar libremente), 445

– XVI, xi, 6 (**1640**: no cumple obligaciones concertadas con los de Arras), 19 (los jesuitas de Arras no le quieren jurar fidelidad), 22, 23, 26 (declárase protector de Cataluña), 30 (sale en persona a San Germán, refugio cerca de París), 48, 49 (las capitulaciones políticas de la duquesa de Cardona con él), 50, 52 (Ana de Austria, hija de Felipe IV, casó con Luis XIII de Francia), 54 (da libertad al conde Palatino del Rhin), 56 (el de Orange sugiere a los holandeses que se pongan bajo su protección), 68 (meterá en Cataluña un gran ejército), 69, 73, 79, 90, 98, 108, 127, 135 (**1641**: cuatro importantes nobles se rebelan contra él), 136, 272, 277 (**1642**: las capitulaciones del príncipe de Mónaco con él), 287, 288 (en

Lyon), 313, 345 (el marqués de Mortara capitula), 347, 368, 370, 393, 394 (en Narbona), 422, 437 ("El Cristianísimo [Luis XIII] se acerca a nuestras fronteras"), 456, 464, 474 (Henri Coiffier de Ruzé, marqués de Cinq-Mars, su favorito, degollado), 495 (**1643**: asiste el Rey a los últimos días de Richelieu, quien le recomienda para valido a Mazarino), 498, 506 (adjudica el condado de Rosellón a la provincia de Narbona)
- XVII, xii (sobre Enrique IV), 7 (**1643**), 20, 22, 24 (hace al príncipe Tomás príncipe de Tortona), 36 (se cartea con el de Braganza para convencerlo de atacar Castilla), 44-51 (descripción de su enfermedad, de febrero a mayo), 101 (está desahuciado, sin esperanzas de los médicos), 103, 118 (sobre el juramento de fidelidad de los catalanes), 119, 127, 129, 131 (su m.), 136 (relación detallada de su m.), 137, 199
- XVIII, 429 (**1646**)
- XIX, xiv (los actos civiles de Brezé, La Mothe y Harcourt, virreyes sucesivos de Barcelona), 259 (**1642**: en Canet, cerca de Perpiñán, enfermo), 267, 270, 275, 278 (quejoso con los holandeses porque no han salido a campaña), 281, 284 (en Perpiñán hizo honor al príncipe de Mónaco), 288, 290, 301, 303, 305, 306 (perdona a su hermano, el de Orleáns; se marcha de París y deja campo libre a Richelieu para perseguir a los nobles rebeldes), 321, 338, 345, 364 (ofrece la restitución de todas las plazas españolas tomadas, porque quiere casar al Delfín con una infanta española), 371 notas 1 y 2 (noticias probablemente equivocadas sobre el próximo valido del Rey y el Condestable de Francia), 389 nota 316 (pagos del Papa al Rey para la guerra contra España), 410-411 nota 474, 423 nota 406, 425 nota 438, 464 nota 355

Luis XIV (1638-1715; rey de Francia desde 1643; "el Rey Sol")
- XV, 61 (**1638**: se casará en 1660 con María Teresa de Austria, q.v.), 77
- XVII, 131, 136 (**1643**: la reina madre, Ana de Austria, regenta hasta que el Delfín cumpla los 14 años), 144 (la nobleza de Barcelona no quiere jurar a Luis XIV), 156 (los catalanes le juran obediencia), 169, 220 ("Día de San Luis, rey de Francia"), 221, 282 (Barcelona recibe una carta de Luis XIV), 316, 324 (renovación de la liga con los protestantes alemanes), 346, 353, 382, 438, 466 (**1644**: el Papa sugiere al rey de Francia como intermediario en su concierto con los príncipes italianos), 492
- XVIII, 15, 73, 163 (**1645**), 250, 267, 276 (pide a los holandeses que entreguen las plazas ganadas o que paguen los gastos hechos por Francia para conquistarlas), 281 (escribe al duque de Florencia para que tome partido, porque no admitiría la neutralidad), 340, 394 (los Barberini le dan dos millones para la guerra en Alemania), 471 (**1647**: el de Condé le pide la investidura del Estado de Milán), 472 (trata de impedir las paces de Holanda con los enemigos)
- XIX, 9 (**1647**: el rey de Dinamarca le agradece los beneficios recibidos por la paz con Suecia, y le pide que extienda la protección al rey de Inglaterra), 71, 78 (envía al hermano de Mazarino el título de embajador y pretende que lo sea de Portugal), 145, 155 (**1648**: motín en París; sale en público con su madre para calmarlo), 160 (impone nuevas gabelas de acuerdo con el parlamento), 170, 197, 207, 416-417 nota 164, 425 nota 438

Luis Augusto (v. Luis XIV)
Luisa (pieza de artillería), XIII, 510
Luisa (hija del duque de Cea), XIII, 368 (casada con el IX almirante, Juan Alfonso Enríquez de Cabrera)

Luisa [de la Ascensión], madre (monja de Carrión, de las recoletas agustinas descalzas; se dice que tenía 72 años de edad y 52 con el hábito)
- XIII, 61, 122 (**1635:** le visita un inquisidor), 147 (la llevan a Lerma por orden de la Inquisición), 150 (en Valladolid), 155-156 (nombra la Inquisición una comisión para ver su causa), 157, 160, 165, 173 (los inquisidores de Madrid han llevado muy mal que los de Valladolid le muestren tanta devoción), 174 (el catedrático que creía que tenía una cuenta de ella), a177-178 y a179-180 (cartas de dos monjas sobre la madre Luisa), 184, 186 (Dionisio Portocarrero, inquisidor de la Suprema, en Valladolid para examinar la madre), 189, 205, 206 (el inquisidor vuelve a Madrid con sus papeles), 214, 220, 221 (su causa pierde apoyo), 245, 267 (se congrega la gran junta de calificadores), 309, 324-326 (el embajador del rey de Inglaterra en Valladolid para verla; la Inquisición mandó "que no la hablase nadie"), 435, 521 (**1636:** m.), 537, 543 (recoge la Inquisición una *Vida de la madre Luisa de Carrión*, escrita por un fraile de su orden [las recoletas *Agustinas descalzas]; véase otro biógrafo: Fray Domingo Daza), 547 (piden los franciscos se determine su causa)
- XIV, 12, 21 (**1637:** edicto de la Inquisición: manda que se recojan y entreguen a la Inquisición cuantas cosas andan de devoción de la madre Luisa ["hay grandes dudas en su ejecución"]), 47
- XV, 80, 155 (los religiosos que verán su causa); XVI, 521; XVII, 174; XIX, 376 nota 267, 383 nota 521
Luisico, XIX, 189 (**1648:** Luis Enríquez de Cabrera y Toledo, hijo de Juan Gaspar Enríquez de Cabrera, X Almirante de Castilla y VI duque de Medina de Ríoseco; heredó los títulos de su padre, que m. en 1652, y de

su hermano mayor [García Carraffa, *Diccionario,* XXXI, 61; en el texto de la carta el número de la nota 1 se colocó por error junto a la Cámara de Castilla])
Luján, Diego (herido en la acción de Villanoveta), XVIII, 439
Luján, Luis (gentilhombre de la Boca), XIV, 137, 138
Lula, Salvador de la (sargento), XIV, 216 (m. en Leucate)
Lumiares, I conde de (v. Moura y Cortereal, Manuel de, y su hijo Francisco de Moura y Cortereal)
Luminares (v. Lumiares)
Luna (lugar al oeste de Milán; v. Cámara, casa de la), XIII, 470
Luna, VIII conde de (Antonio Alonso Pimentel de Herrera Zúñiga, primogénito de Juan Francisco Alonso Pimentel y Ponce de León, X conde de Benavente, q.v.; v. XIII, 341 y XIV, 285, y García Carraffa, LXXII, 15-16)
- XIII, xii, 341 (**1635:** "el señor conde de Benavente con su hijo, el de Luna"), 342 nota 1
- XIV, 62, 285 (**1638:** se habla del conde de Benavente "y su hijo el de Luna")
- XVI, 381 (**1640:** en un memorial picante), 421, 427 (su compañía militar la mayor de todas)
- XVII, 100 (**1643:** se queja del papel en defensa del Conde-Duque), 479 (**1644:** en línea para gentilhombre de cámara)
- XIX, 73, 74
Luna, condes de (en Aragón), XIX, 408 nota 377
Luna, duque de (v. Luna, conde de)
Luna, Fulano de (capitán de infantería en Flandes), XIII, 433
Luna, Antonio de (v. Luna y Sarmiento, Antonio de)
Luna, Diego de (hijo de Sancho de Luna, q.v.)
- XIV, 265 (**1637:** del Consejo de Guerra creado en Mérida)

- XV, 452 (**1640:** gobernador de la caballería del Estado de Milán; m. en el desastre de la pérdida de Casal del Monferrato)
Luna, Francisco de, XVI, 293 (1642: corregidor de Badajoz; al mando de unos tercios); XIX, 400 nota 293 (var: Luzón)
Luna, Jerónimo de (capitán) XIV, aviii-ix (sobre la duquesa de Chevreuse)
Luna, Jerónimo de (coronel), XIV, 292
Luna, Jacinto de, XIV, 329 (toros en el Buen Retiro)
Luna, Miguel de (oidor en Sevilla), XVI, 251
Luna, Sancho de (padre de Diego de Luna, q.v.); de Sancho dijo Carlos Coloma que en 1595 estaba al mando de una compañía de caballos en Flandes con el conde de Fuentes, en la insigne victoria de Doullens (XVII, xiv-xv, prólogo de Gayangos, basado en Coloma, *Guerras de los Estados Bajos,* libro VIII); más tarde dijo Matías de Novoa que era "soldado de mucho valor y de nombre en las primeras guerras del duque de Saboya" (*Historia de Felipe IV,* libro VII, citado por Gayangos, XV, 452 nota 2, párrafo "El conde..."); y dijo también que era "castellano...de Milán en tiempos del rey Felipe III, ...m. en el boquete, soldado de mucho valor" (XV, 452 nota 2, del mismo párrafo)
Luna y Arellano, Miguel de (juez de comisión en Jerez de los Caballeros y Sanlúcar), XV, 501; XVI, 251
Luna y Córdoba, Luis Guillén de (v. Montalto, duque de)
Luna y Navía, Martín de (gobernador de la Chapelle), XIV, 256 (**1637:** rindió la ciudad a los franceses, por lo cual el consejo de Guerra mandó que se le degollara "por no haber suficientemente defendido la fortaleza puesta a su cuidado")
Luna y Sarmiento, Antonio de (caballero de Santiago, del Consejo de Castilla y decano en el de las Órdenes), XVIII, 119
Lunato, marqués (militar en Italia), XIV, 30
Lüneburg (capital del ducado de Brunswick-Lüneburg, en el norte de Alemania; véase también Brunswick y Hannover), XV, 274 (1639: se trata de una plaza fortísima) (var: Lunebourg; Luneburg; Luneburgo; Lunenburc)
Lüneburg, duque de (pertenecía a la rama llamada Brunswick-Lüneburg; protestante, aliada de los suecos y los franceses contra el Emperador; v. Brunswick y Hannover)
- XIV, 218 (**1637:** el Duque "trata de entregar su estado al Emperador y servirle")
- XV, 489 (**1640:** engaña a los imperiales), 490 (el ejército de Lüneburg cercó a Saalfeld), 492, 494-495 (tras muchas pérdidas, dicho ejército pasó a Erfurt)
- XVI, 177 (**1641:** el archiduque Leopoldo y el conde Picolomini derrotaron otra vez al duque de Lüneburg y al lansgrave de Hesse; éstos pidieron misericordia, y los imperiales les mandaron entregar sus tropas y armas), 279 (**1642:** "estaba casi ajustado" el duque de Lüneburg con el Emperador)
Lunembúrgicos, XV, 494 (v. la ficha anterior)
Lupati Máximo, Vicente (alquimista recibido en el Retiro; embustero), XIII, 117 (**1634:** roba dinero y huye); XIV, 27 (**1637:** preso en el alcázar de Segovia), 28, 248 (var: Vicencio)
Lupiana, monasterio de (en la villa de Lupiana, a 55 kilómetros al noreste de Madrid; monjes Jerónimos), XIX, 398
Lusacia (v. Lausitz)
Lusson (v. Duplessis de Richelieu, Alphonse)
Lutero, Martín, XIII, 112, 436; XVIII, 132

Lützen (a 20 km. al SO de Leipzig), XVIII, x (sobre la batalla de 1632, v. Saxe-Weimar, duque de)

Luxembourg, XIII, 170, 334, 345, 371, 394, 395, 421; XIV, 11, 49, 497; XV, 242, 276, 278, 282, 291, 384; XVII, 260; XVIII, 299; XIX, 255 (var: Lucemburg; Luxemberg; Luxemburgo; Luzemburg)
– ducado de, XIII, 31; XIV, 217; XVII, xii, 222
– país de, XIII, 330; XIV, 182, 224, 259
– presidio de, XIV, 10
– [duque de], XIII, 315, 345 (ha hecho sus paces con el Emperador)
– duques de, XIII, 345 (error: parece que hubo uno solo)

Luxembourg, gobernador de
– XIII, 291 (**1635:** el barón de Anholt, teniente coronel del gobernador de Luxemburgo, toma a Schenk, q.v.), 371 (**1636:** el conde de Embden, su gobernador)
– XVI, 310 (**1642:** el barón de Becq, su gobernador)
– XVII, xxii (el de Embden), 284 (el de Beck)

Luxera, marqués de la, XIII, 473 (1636: herido en la batalla de Tornavento, q.v.)

Luynes, duque de (Charles d'Albert, 1578-1621; privado de Luis XIII y condestable de Francia; exilió a Marie d' Medici; primer marido de Marie de Rohan-Montbazon [posteriormente la duquesa de Chevreuse, q.v.]), XIV, 263 (datos biográficos), 263-266 (relación extensa sobre la venida de la Chevreuse a España) (var: duque de Lini; de Luis; de Luines y de Luy; Carlos d'Albert)

Luynes et Chevreuse, duc Louis Charles de (hijo del anterior; condestable de Francia), XIV, 263 (**1637:** la duquesa de Chevreuse), 266 nota 1
– XV, 220 (**abril, 1639:** siendo gobernador del Languedoc, el Rey le pidió conquistar los condados de Rosellón y Cerdaña [q.v.; condado entre Rosellón y Cataluña]), 370 (**diciembre, 1639:** en el asedio de Salses tuvo una disputa con el de Condé, y se marchó a París), 370 n 1 (su identidad)
– XVI, 37 (**nov., 1640:** se dice que está en Barcelona, quizá como gobernador)
– XVII, 50 (1643), 209 (**septiembre, 1643:** sucederá a Argenson, q.v., como gobernador de Barcelona)
– XIX, 208 (**1648:** recibe el socorro de la caballería e infantería) (var: duque de Lini; de Luin; de Luines; de Luins; de Luis; y de Luy; por error, Carlos d'Albert; v. Luynes)

Luz, San Juan de (v. San Juan de Luz)
Luzemburg (v. Luxembourg)
Luzern (v. Lucerna)
Luzon (v. Duplessis de Richelieu, Alphonse)

Luzón y Guzmán, Francisco de (caballero de la corte y regidor de Madrid; del hábito de Santiago; en 1641 recibió la llave de Gentil-hombre de la Cámara, sin ejercicio)
– XIII, 241 (**1635:** riña con el marqués de Almazán), 429 (**1636:** hizo muy buenas suertes en una corrida de toros)
– XIV, 40 (**1637**), 291 (**1638:** le destierran por tahúr), 329, 336
– XV, 28 (**1638:** al mando de una compañía de hidalgos), 257-260 (**1639:** intenta comprar una plaza de capitán en la guardia tudesca del Rey)
– XVI, 171 (**1641**), 377 (**1642:** nombrado maestre de Campo de un tercio; en un memorial picante: un escarabajo), 380 (nueva sátira del memorial)
– XVII, 448 (**1644:** por haber robado dinero de las levas, le quitan su oficio de regidor y le condenan a ocho años de destierro y mil ducados), 470 (suspenden la sentencia y mandan volver a ver el pleito con otros jueces)
– XIX, 405 nota 377, 407 nota 377

Lyons [ciudad de Francia],
- XIII, 19, 106, 230 (**1635**: motines), 261, 263, 266, 315 (los amotinados matan 800 hombres), 331, 343 (visita del Rey, por la inseguridad de París), 349, 503 (**1636**: el duque de Lorena con tropas ante la ciudad), 507, 513 (el duque de Lorena ocupa la mayor parte del ducado de Borgoña y el de Bresano, cerca de Lyon), 532 (el rey de Hungría entra en Francia con ánimos de sitiar Lyons), 533 (su cardenal y arzobispo, hermano de Richelieu)
- XIV, 31 (**1637**: Matthias von Gallas, mariscal de Campo imperial, "ha entrado en el Ducado [de Borgoña]" y "ha llegado...hasta cuatro leguas de León"), 478 (**1638**: el de Lorena entrará en la ciudad), 484, 487 (se sospecha una epidemia de peste)
- XV, 90 (peste), 222 (**1639**: un sobrino de Richelieu), 338 (desde Lyon el rey de Francia pide juramento de fidelidad a Weimar y sus tropas)
- XVI, 279 (**1640**), 287
- XVII, 374 (**1643**)
- XVIII, 40 (**1645**), 180, 249
- XIX, 196 (var: León; Lion; Lyon)

Lyons (Francia), cardenal de (v. Duplessis de Richelieu, Alphonse Louis) (var: León)
- obispado de (v. Duplessis de Richelieu, Alphonse Louis) (var: León)

Lyonnais (provincia de Francia), XIII, 502; XIV, 414 (var: Leonato; Leonés)

Lyra, Francisco de (v. Lira)

LL

Llafaislles, Juan de (v. Faille, Jean de la)

*Llaguno y Amírola, Eugenio de (m. 1799; escritor y caballero de Santiago; autor de un libro sobre la historia de los arquitectos y la arquitectura de España)

Llalis (v. Lille)

Llana, la (llana a 8 km. al SE de Turín), XV, 457 (una de dos rutas de Chieri, q.v., a Turín)

Llano, Queipo de (v. Queipo de Llano, Juan)

Llano y Valdés, Fernando de (natural de Cangas de Tineo [hoy, Cangas del Narcea, a 108 km. al SO de Oviedo, en la confluencia de los ríos Narcea y Naviego o Luyna]; hijo de Catalina de Valdés y Juan Queipo de Llano; de ascendencia muy noble de la Montaña; m. 30 de dic., 1639; Inquisidor en Barcelona, Zaragoza y Toledo; obispo de Teruel (1624) y de León (1632); arzobispo de Granada (1632-1639) y presidente del Consejo de Castilla, q.v.(1633-1639); de carácter "poco suficiente y con miedo de la conservación del puesto" [Novoa, LXXX, p. 22, citado por Janine Fayard, *Los miembros...*, 143, nota 31]; en 1639 Felipe IV pidió a Llano y Valdés indicarle cómo se podía encarcelar a Francisco de Quevedo [Crosby, "La última prisión de Quevedo...", *La Perinola*, I, 1997, 104])
- XIV, 103 (1637); XV, 380 (m. 1639 [fecha correcta]; fue enterrado en un suntuoso "panteón de alabastro" que había edificado en la iglesia parroquial de Cangas del Narcea [Pascual Madoz, V, 460a; Afrodisio Aguado, *España y Portugal,* 379]), 381, 386; XIX, 392 nota 452 [fecha equivocada: v. XV, 380] (v. Janine Fayard, *Los miembros...,* 142-143 y 233-235)

Llerena (ciudad a 115 km. al SE de Badajoz y 105 al NO de Fuenteovejuna), XVII, 251, 468, 471; XVIII, 393
- gobernador de, XVII, 291

Llerena, conde de la Puebla de, XVI, 381 (sátira)

Llobregat, río (nace en el Prepirineo, y con dirección del norte al sur, pasa por Martorell y desemboca a 6 km. al sur de Barcelona), XVI, 325

Llorens (¿hoy, San Lorenzo? muy cerca de Camarasa, a 10 km. al norte de Balaguer), XVIII, 91-92 nota 1, 98, y 146 nota 1; XIX, 451 nota 439 (lo perdió Andrés Cantelmo) (var: Llorente; Orens)

M

Maas (nombre del río Meuse cuando entra en Bélgica, donde pasa río abajo hacia el NE, de Namur a Lieja y Maastricht; entra en Holanda y pasa hacia el N por Roermond, Venlo y Gennep; dobla luego al O y pasa por Grave y Ravestein [consta cada ciudad en las *Cartas*], y se une con el Rhin a 50 kilómetros al oeste de Ravestein; a continuación consigno las plazas que el texto sitúa sobre el Maas): XIII, 86 (dos fuertes), 262 (fuerte de Gennep, q.v.), 264 (fuerte de Schenk, pero queda a 15 km. del Maas), 298 y 308 (Venlo), 344 (Maastricht); XIV, 183 (Givet), 199 (Gennep y Nijmegen); XV, 123 (Kempen, a 18 km. al E del Maas) (var: Meuse; Mosa)

Maas, Venloo en la (está a 60 km. al S de Nijmegen, a orillas del río Maas), XIII, 298 (var: Mosa; Venlóo)

Maastricht (a 92 km. al E de Bruselas, sobre el río Maas)
- XIII, 86, 103, 122, 124, 142, 262, 244, 265 (tomada), 282, 308, 336, 344, 347, 357-360, 392, 394, 395, 484
- XIV, 56, 86, 122, 125, 141 nota 1, 200, 219, 241, 376, 383, 403, 418, 423, 491
- XV, 16, 91-92, 98, 129 nota 1 (por traición lo perdió España), 358, 362
- XVII, 114; XVIII, 231
- Padre rector de, XIV, 430; XV, 15 (descripción del tormento que sufrió) (var: Arnerique; Maesthicht; Maestricht; Mastric; Mastrich; Mastricque; Mastrih; Mastrique; Mestricht)

Mabrech, XVII, 113

Macaloc, castillo de (Irlanda), XIX, 10

Macao (colonia portuguesa en la costa S de China), XVII, 42-43, 365 (var: Machan)

Macarena, puerta de la (Sevilla), XVI, 347

Macario, cardenal (sin documentar en los repertorios consultados), XIII, 250 (1635: legado del Papa a Francia)

Maceda (persona en un poema), XV, xii

Macedo, P., S.J. (1634: "portugués que lee de historia"; a falta de más datos, no se le puede identificar), XIII, 66

Macedonia, XIII, 413; XIV, 86

Macerino, cardenal (v. Mazarín, cardenal)

Macosqui, Estanislao (embajador de Polonia), XVIII, 392 (tiene orden de abandonar Madrid); XIX, 449 nota 392

Machan (v. Macao)

Machiavelo, monseñor (obispo de Ferrara), XVI, 30

Madama, XIV, 142 (la de Carignan), 273-274 (la de Chevreuse); XVII, 129 (la mujer del duque de Orleáns)

Madama, Plaza (Roma), XIV, 113, 116

Madera, isla de la (isla principal del archipiélago montañoso de su nombre, al N de las Canarias y al SE de las Azores), XVIII, 480 (var: Madeira)

Madicino (o Madreño; "no se puede leer"), Diego, P., XVI, a460 y la nota 1 (carta de Roma sobre el suceso del marqués de los Vélez, q.v., y el obispo de Lamego, q.v.)

Madreño, Diego (v. Madicino)

Madres recoletas agustinas descalzas, convento e iglesia de las (Valladolid), XIII, 521 (allí m. la madre Luisa de la Ascensión, q.v.)

Madrick (v. Mardick)

Madrid, XIII, x, xv, 7, 10, 14, 17, 22, 57, 61, 67, 71, 77, 83, 91, 93, 96, 105, 106, 119, 135, 152, 161, 162, 164, 176, 181, 206, 207, 233, 234, 242, 243, 258, 259, 261, 263, 265,

291, 293, 296, 310, 318, 319, 321, 327, 340, 342, 343, 346, 348, 350, 355, 361, 365, 418, 427, 482, 487, 525, 527, 532, 538, 543
- XIV, ix, 6, 7, 8, 16, 17, 18, 34, 45, 46, 64, 77, 90, 94, 99, 130, 132, 136, 148, 169, 170, 172, 174, 184, 186, 191, 203, 253, 254, 268, 273, 280, 300, 302, 303, 310, 316, 317, 329, 332, 343, 348, 386, 389, 396, 401, 409, 428, 459, 479, 480, 501
- XV, 4, 18, 31, 46, 51, 56, 57, 63, 65, 66, 69, 74, 75, 76, 78, 79, 80, 84, 86, 89, 101, 103, 105, 108, 110, 113, 118, 125, 129, 143, 152, 158, 160, 179, 181, 182, 191, 204, 209, 214, 216, 222, 243, 260, 263, 265, 275, 317, 318, 323, 334, 348, 374, 378, 387, 415, 417, 418, 432, 434, 436, 439, 443, 448, 467, 480, 481;
- XVI, xiv, 20, 32, 37, 53, 58, 60, 61, 63, 64, 66, 67, 75, 76, 77, 79, 83, 86, 87, 88, 114, 123, 163, 164, 170, 171, 185, 198, 219, 232, 267, 286, 290, 301, 305, 350, 355, 356, 357, 383, 384, 385, 393, 419, 421, 427, 448, 468, 480, 482, 490, 492, 501, 503, 504
- XVII, 11, 21, 35, 40, 44, 65, 98, 106, 115, 117, 146, 155, 158, 160, 174, 188, 191, 197, 199, 208, 210, 215, 230, 234, 235, 236, 239, 252, 255, 280, 289, 290, 311, 317, 322, 345, 347, 348, 356, 375, 388, 412, 413, 415, 440, 446, 462, 467, 469, 479, 497
- XVIII, xv, xvi, xxi, xxv, xxviii, 7, 28, 35, 40, 48, 69, 114, 121, 129, 138, 146, 149, 164, 188, 189, 197, 211, 212, 224, 225, 228, 233, 234, 239, 279, 298, 327, 331, 356, 357, 360, 371, 375, 393, 396, 399, 401, 420, 445, 453, 459, 469, 470, 472, 479, 485, 492, 494, 507, 508
- XIX, 6, 70, 75, 120, 142, 143, 149, 171, 174, 187, 196, 212, 214, 216, 260, 323, 323, 328, 359, 369, 371, 375 nota 110, 383 nota 521, 384 nota 40, 396 nota 237, 403 nota 349, 404 nota 349, 422 nota 369, 424 nota 407, 430 nota 486, 431 nota 501, 436 nota 126

aMadrid, XIII, 3, 8, 11, 15, 16, 21, 23, 24, 25, 26, 28, 29, 30, 31, 32, 33, 34, 35, 36, 37, 38, 39, 41, 42, 44, 45, 46, 47, 48, 49, 51, 52, 53, 56, 58, 59, 62, 64, 65, 66, 73, 74, 75, 78, 79, 80, 82, 84, 85, 86, 87, 88, 89, 90, 92, 94, 95, 98, 99, 100, 101, 103, 107, 108, 109, 110, 112, 113, 115, 116, 117, 118, 120, 121, 123, 124, 125, 139, 140, 141, 142, 143, 144, 145, 146, 147, 148, 150, 156, 157, 163, 167, 170, 171, 173, 175, 180, 184, 185, 186, 187, 188, 189, 190, 192, 193, 195, 196, 200, 201, 202, 208, 209, 210, 214, 217, 218, 219, 220, 222, 227, 229, 230, 231, 235, 237, 239, 254, 256, 259, 264, 267, 270, 271, 274, 279, 295, 298, 299, 300, 303, 304, 307, 312, 313, 314, 316, 328, 329, 333, 336, 339, 344, 347, 351, 352, 353, 363, 366, 367, 372, 374, 375, 376, 378, 380, 382, 383, 385, 386, 387, 388, 394, 396, 401, 404, 407, 409, 410, 411, 412, 414, 419, 422, 428, 431, 432, 437, 439, 440, 445, 448, 453, 457, 458, 462, 465, 466, 474, 477, 479, 484, 485, 486, 490, 497, 498, 502, 504, 510, 514, 515, 517, 522, 529, 531, 536, 547
- XIV, 1, 9, 13, 14, 19, 20, 21, 28, 35, 36, 42, 43, 47, 52, 58, 63, 70, 74, 79, 80, 83, 86, 88, 89, 91, 92, 95, 96, 103, 106, 107, 108, 109, 111, 126, 127, 130, 133, 137, 138, 139, 142, 147, 152, 153, 158, 160, 164, 165, 168, 173, 185, 187, 188, 189, 193, 195, 199, 202, 205, 207, 209, 217, 219, 244, 248, 255, 258, 261, 264, 265, 269, 271, 274, 278, 279, 287, 289, 292, 294, 295, 297, 305, 309, 311, 314, 321, 327, 328, 333, 334, 336, 338, 339, 344, 346, 348, 349, 350, 351, 355, 356, 360, 361, 362, 365, 366, 367, 368, 369, 381, 382,

385, 391, 395, 398, 399, 400, 402, 405, 408, 413, 416, 417, 422, 428, 430, 432, 435, 440, 443, 444, 450, 451, 452, 455, 456, 457, 460, 463, 474, 475, 485, 487, 490, 491, 492, 494, 499
– XV, 1, 5, 6, 8, 15, 16, 20, 40, 41, 58, 61, 64, 67, 68, 71, 72, 73, 77, 81, 82, 83, 85, 87, 88, 90, 92, 94, 96, 102, 104, 115, 117, 119, 120, 123, 126, 131, 157, 159, 161, 164, 165, 166, 167, 168, 170, 171, 172, 174, 177, 178, 183, 186, 189, 194, 200, 201, 203, 205, 206, 207, 210, 212, 219, 220, 221, 224, 231, 232, 233, 236, 237, 239, 241, 248, 251, 257, 261, 264, 266, 269, 271, 273, 282, 283, 286, 289, 291, 295, 298, 300, 301, 303, 305, 307, 309, 314, 321, 324, 325, 326, 327, 328, 332, 335, 338, 340, 343, 346, 349, 351, 352, 356, 361, 363, 366, 368, 371, 375, 376, 377, 379, 380, 384, 388, 394, 398, 399, 405, 410, 411, 414, 415, 419, 426, 427, 430, 431, 433, 437, 438, 441, 444, 446, 447, 453, 456, 462, 463, 464, 466, 468, 469, 474, 476, 479, 484, 487, 488, 498
– XVI, 1, 3, 4, 5, 6, 14, 16, 17, 18, 19, 21, 22, 26, 27, 28, 29, 30, 34, 35, 38, 40, 44, 48, 50, 51, 54, 55, 56, 57, 62, 78, 80, 81, 82, 84, 85, 89, 90, 91, 92, 93, 96, 100, 104, 115, 116, 119, 120, 121, 122, 125, 129, 133, 134, 138, 156, 160, 161, 167, 173, 174, 175, 179, 182, 186, 188, 190, 193, 194, 195, 197, 200, 201, 204, 209, 213, 215, 216, 218, 220, 221, 223, 224, 225, 229, 230, 231, 233, 234, 236, 237, 238, 240, 244, 254, 255, 260, 261, 263, 265, 266, 269, 271, 272, 273, 274, 275, 276, 279, 280, 281, 283, 285, 287, 289, 291, 293, 296, 297, 299, 302, 304, 306, 311, 312, 316, 317, 319, 320, 321, 322, 323, 324, 325, 326, 334, 335, 342, 344, 346, 349, 352, 358, 361, 362, 365, 369, 370, 371, 373, 374, 376, 377, 382, 384, 387, 389, 390, 392, 396, 420, 423, 428, 429, 431, 433, 436, 439, 449, 455, 456, 457, 460, 463, 469, 474, 476, 478, 483, 484, 489, 494, 496, 497, 498, 499, 502, 507
– XVII, 1, 6, 10, 12, 13, 16, 19, 29, 30, 37, 57, 58, 60, 64, 68, 75, 77, 79, 83, 85, 92, 96, 97, 102, 103, 105, 109, 112, 114, 116, 123, 124, 125, 133, 135, 143, 145, 150, 151, 156, 159, 167, 173, 178, 187, 198, 203, 207, 213, 220, 221, 223, 231, 232, 237, 247, 249, 253, 254, 256, 264, 281, 284, 286, 287, 297, 310, 315, 319, 324, 333, 336, 341, 350, 360, 364, 369, 378, 379, 381, 382, 389, 390, 393, 394, 395, 404, 410, 411, 417, 419, 429, 430, 431, 436, 439, 439, 442, 447, 450, 451, 452, 455, 456, 459, 463, 464, 471, 474, 478, 486, 487, 488, 490, 491, 492, 493, 494, 495, 499, 507, 508, 510
– XVIII, 1, 4, 6, 8, 10, 13, 15, 16, 17, 19, 20, 22, 25, 27, 31, 32, 34, 37, 39, 42, 43, 46, 50, 59, 65, 67, 71, 72, 75, 80, 81, 87, 88, 89, 91, 94, 95, 100, 104, 116, 117, 123, 125, 126, 127, 133, 136, 142, 147, 148, 150, 151, 159, 160, 162, 163, 165, 172, 173, 175, 181, 182, 184, 187, 190, 195, 198, 199, 205, 207, 208, 210, 213, 215, 216, 222, 226, 227, 231, 235, 236, 237, 240, 242, 249, 254, 257, 260, 263, 268, 275, 280, 284, 288, 291, 292, 296, 300, 302, 306, 308, 314, 326, 334, 339, 344, 345, 354, 362, 363, 366, 376, 380, 387, 391, 395, 400, 404, 405, 408, 417, 418, 422, 423, 424, 430, 434, 444, 446, 448, 452, 454, 455, 463, 464, 472, 473, 475, 478, 484, 490, 498, 502, 506, 509
– XIX, 1, 4, 5, 7, 11, 12, 13, 14, 18, 21, 22, 26, 28, 62, 63, 68, 69, 72, 79, 80, 82, 84, 85, 117, 122, 125, 129, 131, 133, 134, 140, 141, 142, 144, 148, 150, 153, 154, 157, 163, 166, 169, 172, 175, 177, 180, 184, 188, 191, 198, 223, 247, 249, 253, 257, 258, 262, 272, 277, 282, 283, 284, 286,

287, 291, 292, 293, 298, 299, 304, 305, 311, 314, 339, 342, 343, 349, 352, 355, 360, 361, 364, 367, 368, 372
Madrid, Biblioteca Nacional de (v. Biblioteca)
- calle Mayor, XIII, 73; XIV, 26, 41, 274; XVI, 23, 106, 314; XIX, 2, 25, 196, 437
- Colegio de, XIII, 293, 321; XIX, 167
- cortesano de, XVI, a326-334
- corregidor de (v. Castro y Castilla, Juan de)
- Fiestas del Centenario de, XVI, 77
- inquisidor de, XIII, 245
- monseñor de, XV, 315
- (v. *Noticias históricas...*)
- palacio del Buen Retiro: Fiestas por la elección del Rey de Romanos, Fernando III, XIV, 19 nota 1, 34, y otras (v. Roma) 110 140, 147 (v. Teatro, obras de: representaciones)
- Patrón de Madrid (v. San Isidro)
- Plaza Mayor, XV, 23; XVII, 410; XIX, 224
- [Plaza] Mayor, XIV, 64
- Prado alto (gran plaza hecha en Madrid), XIV, 64
- rector de, S.J., XIX, d281
- Retiro (v. Madrid: palacio)
- Trinidad de (convento de la Compañía, donde hacía el P. Lerma su noviciado; el motivo por el que le expulsaron), XIII, 335
Madrigal, Pedro (impresor de Madrid, 1577-1630), XIII, 143
Madrigal, Herederos de la Viuda de Pedro (impresores de Madrid, 1627-1637), XIII, 143
Madrique (v. Mardyck)
Maella (a 20 km. al sudeste de Caspe), XVII, 19, 21, 316
Maesthicht (v. Maastricht)
Maestrazgo (probablemente al sur de Badajoz; falta en los mapas consultados, quizá porque en este caso resultó permanente la despoblación mencionada en esta página de la carta), XVII, 239, (**1643**)

Maestre, Gran [de los caballeros de Malta, Orden de San Juan de Jerusalén, q.v.], XIII, 185 (**1638:** llamamiento a los caballeros por temor a la armada turca); XVIII, 63 (**1645:** pide a España trigo de Sicilia), 295 (**1646:** pide la isla de Rodas a cambio de los rehenes turcos)
Maestricht (v. Maastricht)
Magalhaes, Antonio de (caballero portugués), XVI, 344 (var: Magallaes)
Magalhaes, Pedro Jaques de (capitán portugués), XVII, 186; XIX, 244
Magallanes (capitán portugués), XVII, 399, 402 (m.)
Magaloto (v. Magalotti)
Magalotti (general francés que tomó La Motte, q.v.), XVIII, 68 (var: Magaloto)
Magalotti, cardenal [Lorenzo], (1584-1637; cuñado de Urbano VIII; vicelegado en Bolgna y Viterbo; gobernador de Montalto y Ascoli, 1616 y 1621; secretario del Colegio de cardenales; hecho cardenal en 1624; obispo de Ferrara en 1628; secretario de Estado, 1623-1628), XIV, 218, 230, 243 (florentino, hermano de la madre de los cardenales Francisco y Antonio Barberini; v. S. Miranda)
Magallón de Ulloa, López (testigo), XVIII, xxvii
Magarola, Jaime (conspirador en Barcelona; sobrino del que sigue), XVII, 484 (uno de los que suscribe el perdón general de Felipe IV a Cataluña en 1644); XVIII, 266 (1646: delata la conjuración que hubiera permitido la entrada de españoles en Barcelona); XIX, 444 nota 312 (datos sobre los conspiradores; v. XVIII, 311-312, sobre la conspiración y doña Hipólita)
Magarola, Juan (catalán; regente del gobierno de Cataluña desde 1630, y de la Audiencia de Barcelona; la duquesa de Cardona sugiere en 1640 que se le nombre Canciller de Cataluña; todavía consejero de Aragón en 1645), XVI, 71; XVII, 484 (1644:

como regente del Consejo, firma el perdón de Cataluña); XIX, 438 nota 175

Magdalena, día de la, XVII, xix; XVIII, 128; XIX, 75, 436 nota 126 (1645: m. Olivares el 22 de julio, día de la Magdalena: relato de su enfermedad y el traslado de su cuerpo a Loeches; v. los comentarios de Elliott en *The Count-Duke*, p. 674, Epílogo, y de Quevedo, en Crosby, *Nuevas cartas*, p. 184, carta 106 y pp. 340-341, nota 1..3)
- ermita de la, XIV, 39; XV, 61
- galeón, XIX, 286
- navío, XVI, 425; XIX, 287, 298
- parroquia de la (Sevilla), XVI, 423; XVII, 69

Magdalena, doña (hermana del marqués de Aytona), XIII, 484

Magdalena, Santa María de (v. Santa María de Magdalena)

Magdeburg (a 100 km. al NO de Leipzig), XIV, 393 (var: Maddeburg; Madeburc)

Maggiore, lago (a 70 km. al NO de Milán), XIII, 470

Magistral ("cierta canongía o prebenda de oposición que hay en las iglesias catedrales, cuya provisión toca al cabildo" (*Dicc. de autoridades*; v. Paino, Dr., y Piñeiro, Dr.)

Maguir, barón (al mando de algunos soldados en Irlanda), XVI, 191 (entraron en el castillo de Dublín)

Maguncia (v. Mainz)

*Mahoma (n. 571, m. 622; profeta árabe; fundador de la comunidad religiosa y política musulmana), XIV, 273 nota 2 ("el *Alcorán* de Mahoma"); XV, 101 nota 1; XVII, 464

Mahón (puerto marítimo en Menorca), XV, 430; XVII, 180, 263, 495; XVIII, 197, 206, 230, 239, 243, 244, 244, 330, 332, 399, 469; XIX, 302, 304, 309, 315

Maillé-Brezé, Armando (hijo del que sigue; v. Francia, almirante de)

Maillé-Brezé, Urbano (duque [no barón] de Brezé, par de Francia, mariscal de Francia, gobernador de Marsella, virrey de Cataluña, casado con una hermana del cardenal Richelieu; m. 1650)
- XV, 276 y 291 y 325 (**1639**: entró en Flandes un ejército al mando de los mariscales de Châtillon y Maillé-Brezé, que se puso sobre Hesdin en el país de Artois), 423 (**1640**: gobernador de Marsella)
- XVI, 213 (**1641**: vino por virrey a Cataluña, pero juró en Ampurdán, al norte, por razones ficticias), 265 (**1642**: degolló a dos conselleres y un jurado en cap, porque en una batalla huyeron con una bandera), 288 (al entrar en Barcelona echó bando que salieran de Cataluña todos los religiosos, oficiales e inquisidores, y nombró otros naturales, y que no hubiera ninguna correspondencia, pena de vida, con Aragón ni Valencia), 383 (la desconfianza era tanta que los "franceses no quieren para ninguna ocasión catalanes"), 495 (**1643**: al morir, Richelieu recomendó al Rey a Maillé-Brezé para las armas de Francia)
- XIX, xiv, 395 nota 213, 448 nota 362 (var: Brecé; Bresé; Bresec; Bresi; Brice)

Maillí, castillo de (cerca de Corbie, Flandes), XIII, 497

Main (río de Alemania; pasa de Kronach [al N de Baviera] a Bamberg, Würzberg y Frankfurt am Main, y al llegar a Mainz, desemboca en el Rhin), XIII, 451; XIV, 363

Mainz (a orillas del río Main, a 30 km. al O de Frankfurt am Main), XIII, 31, 238, 290, 297, 345, 370, 371, 442, 534, 535; XVII, 502; XVIII, xxvi, 58 (var: Maguncia)
- arzobispo de, XIII, 109
- elector de, XIII, 109, 442

Maior, Campo (v. Campo Maior)

Mairena [del Alcor] (a 13 km. al SO de Carmona y 21 km. al E de Sevilla), XVI, 346 nota 1
- casa de, XIX, 129 (1647: sátira del testamento del Conde-Duque)
- conde de (error por marqués de, q.v.)
- mayorazgo de, XIX, 129 (1647: sátira del testamento del Conde-Duque de 1642)

Mairena [del Alcor], I marqués de (v. Felípez de Guzmán, Enrique)

Mairena [del Alcor], II marqués de, XIX, 125 (1647: nieto del Conde-duque, capitulado con la hija segunda del marqués de Tarazona), 126 (sobre su sucesión), 155 (1648: m., niño aún)

Mairena [del Alcor], marquesa de, XIX, 127

Majestad, Su (v. Felipe IV)

Malaca (península estrecha y alargada de Malaca o Malaya, entre el mar de la China y el de las Indias), XV, 380, 387, 271; XVI, 271; XIX, 314

aMalaca, XVI, 353

Málaga, XIII, 62, 467, 469; XIV, 137; XIX, 390 nota 344
- (peste de), XIV, 139, 143, 143, 144, 164; XV, 101, 188, 222, 329, 334, 343, 374, 425; XVI, 22, 271, 343, 372; XVII, 197, 232, 286, 495; XVIII, 213, 217, 221, 243, 267, 491, 492, 492; XIX, 64, 65

aMálaga, XV, 482, 484; XVI, 32, 34, 371, 388, 389; XVIII, 490, 493

Málaga, obispado de, XVII, 219 (1643: petición del Dr. Juan del Espino, natural de esta jurisdicción)

Málaga, obispo de (Antonio Enrique de Porras, Orden de San Francisco, obispo de 1634 hasta su m. en 1648)
- XVI, 123 (**1641:** en la junta que ve el caso de Pedro de la Mota Sarmiento)
- XVIII, 333 (**1646:** en Zaragoza en las honras de la Emperatriz, q.v., de Alemania [era María de Austria, hermana de Felipe IV]), 348, 398 (quizá será inquisidor general), 492 (**1647**)
- XIX, 153 (**1648:** le ofrecen el arzobispado de Valencia), 301 (**1642:** acompaña al Rey en Zaragoza), 445 nota 333 y 454-455 nota 492 (que fray Alonso de Santo Tomás, q.v., 1631-1692, obispo de Málaga de 1664 a 1692, era hijo natural de Felipe IV)

Málaga [padre de], XV, a334 nota 1

Malagón, marqués de (Baltasar de la Cueva Enríquez de Ulloa, conde de Castelar), XVII, 142

Malagón, marquesa de (acompañó a la duquesa de Chevreuse), XIV, 265

Malalma (espía de Portugal), XVII, 279 (preso)

Malatesta, Juan Bautista (impresor regio y cameral de Milán, 1631-1638), XIII, 503; XIV, 386

Malbedium (v. Maubeuge)

Malbrech (v. Meirelbecke)

Maldonado, Antonio (gobernador de Cartagena de Indias), XIV, 245; XIX, 244

Maldonado, Bartolomé, XVI, d457

*Maldonado, Joaquín (polemista español)

Maldonado, Pedro, XVIII, xxviii (testigo); XVI, 231

Malender (capitán), XIV, 424 (var: Melander)

Malines (a 22 km. al S de Amberes), XVI, 339; XIX, 292 (1642: derrota de Hesse a manos de los imperiales) (var: Malinas; Mechelen)

Malines, arzobispo de, XIII, 44 (1634: preso en Flandes por traición), 121 (presencia el matrimonio del duque de Orleáns), 278 (1635: su prisión)
- XVI, 86 (1640: uno de los gobernadores de Flandes a la m. del Infante-Cardenal); XVII, xxiii (var: Malinas; Mechelen)

Malo de Molina, Juan (capitán; m. en Leucate), XIV, 214

Malpartida de las Alas, Juan (impresor de Écija, 1636-1655), XV, 56, 70, 71, 75

Malpica, [II] marqués de, XIII, 243 nota 1 (**1635**: m. [noticia que, de ser correcta, sugiere que el gentilhombre de la cámara de Felipe III y el ayo del Infante-Cardenal pudiera haber sido el II marqués, no el III])

Malpica, III marqués de (Baltasar Barroso de Ribera; gentilhombre de la Cámara de Felipe III y de Felipe IV; ayo y mayordomo del Infante-Cardenal [XIX, 399 nota 237])

– XVI, 238 (**1642**: sátira: "No quiso ser de semana"), 348 (le han hecho capitán de la guarda), 378 (sátira: "A Malpica se le mande entrar de semana en cualquiera plaza, que con eso no se perderá")

– XVIII, 391 (**1646**: de la Junta de Obras y Bosques)

– XIX, 452 nota 464 (**1666**: el capellán de honor del Rey encargó al marqués de Malpica una descripción de las honras de Felipe IV), 405 nota 377, 449 nota 390

Malta, caballeros de la Orden de San Juan de Jerusalén (v. también San Juan de Jerusalén, Orden de)

– XIII, 185 (1635: convocación a los caballeros), 187 (el Turco por atacar Malta), 280 (Lelio Brancacho, de la orden), 307 (las galeras de Malta y Florencia atacan las de Biserta), 311

– XIV, 173 (Tiburcio de Reading, escocés; se hace fraile capuchino), 174 (**1637**), 380 (**1638**), 413 (Génova reclama precedencia de su escuadra sobre la de Malta ante el rey de España

– XV, 128 (**1638**: la visita uno de los hijos del rey de Dinamarca), 129 (el Lansgrave de Hesse nombrado general de sus galeras), 243 (**1639**: se expulsan a los Jesuitas "porque no los merecen en Sodoma"), 246 (Turquía por atacar)

– XVIII, 104 (entre los rehenes un hijo del Sultán), a104 (caballero de Malta), 173 (**1645**: Venecia derrota al Turco), 295 (**1646**)

– XIX, 426 nota 443 (v. también el caballero Achille d'Estampes de Valençay, q.v.)

Malta, embajador de, comisionado de la religión de San Juan [de Jerusalén], XVII, 233-234 (**1643**: condecoración a Juan de Austria con la gran cruz de San Juan [de Jerusalén]); XIX, 418 nota 232 (el embajador era Fernando de Aldana; en **1644** participó en las honras de la reina Isabel de Borbón [v. Crosby, *Índice de apellidos, títulos y oficios...*])

Malta, embajador del Gran Maestre, XVIII, 63 (**1645**: en España pide al Rey trigo de Sicilia, porque se dice que este año bajará el Turco sobre Malta con una gran armada), 64, 88 (los turcos atacarían con 300 barcos)

*Malvezzi, marqués Virgilio (italiano; del Consejo de Guerra; embajador español en Inglaterra; historiador y biógrafo), XIII, xv-xvii(**1636**: su historia, comisionada por el Conde-Duque: *Sucesos más principales de la Monarquía de España en el año de 1639*)

– XIV, 247

– XV, 52, 66, 235, 247, 263, 431 (**1640**: parte en secreto a Inglaterra con una embajada extraordinaria), 433 (*La libra de Grivilio Vezzalmi...*, publicado en Pamplona), 430 (sus obras)

– XVI, 482 (**1642**: sátira política: v. Velada, IV marqués de)

Malleri (v. Meilleraie)

Mallorca, XIII, 157, 240, 244, 255; XV, 484; XVI, 136, 140, 303, 424, 445; XVII, 224, 263; XVIII, 304, 395, 428, 508; XIX, 286, 298

Mallorca, virrey de, XVI, 170; XVII, 157

Mambradi (navío), XIII, 467

Mameri (noble veneciano; v. Candiotti), XVIII, 313 (ejecutado)

Mamora (v. La Mamora)

Mana, general La (véase La Mana, general)

Manassès de Pas (1590-1639; marqués de Feuquières, diplomático y militar francés; mariscal de Campo en 1629; enviado de Richelieu para negociar con los suecos y protestantes en Alemania [1633-1634]; teniente general [1637]; herido mortalmente en Thionville [1639]), XV, 277 (1639: preso; m.)

Mancera, marqués de (Pedro de Toledo y Leyva), XIV, 129 (**1637:** se le ordena no deje embarcar para Roma al P. Fray Agustín de Castro), 210 (virrey de Galicia), 434
– XV, 69 (**1638:** le dan el virreinato de Lima), 97 (virrey del Perú en lugar del I marqués de Valparaíso, q.v.), 393 (**1640:** motines en Potosí y Cuzco por tributos)
– XVIII, 496; XIX, 454 nota 490 [error por 496] (le reemplazó en el cargo García Sarmiento de Sotomayor, conde de Salvatierra)

Mancha, La, XIII, 19, 396; XIV, 51; XV, 189; XVII, 188, 255, 287, 408; XVIII, 135

Mancin (general del Imperio alemán que colaboraba con el general Mansfeld, q.v.), XIV, 226, 235

Mancini, Pablo (caballero romano), XV, 260

Mandas, duque de, XVII, d158 (según Quevedo, en 1643, título del duque del Infantado [Crosby, *Nuevas cartas...*, p. 133, carta 56, línea 10])

Mandas, duquesa de (1646: Ana de Mendoza, pero no se casó con el VIII duque de Béjar, q.v.), XIX, 441 nota 243 (la nota equivocada es la de la p. 450, nota 397)

Mandello del Lecco (en la orilla oriental del lago di Lecco, a 5 km. de la fuerte de Fuentes, q.v., y 9 km. al N de la villa de Lecco, que se halla en el extremo S del lago), XIV, 94 (var: Mantelo)

Mandrachio (casa de Nápoles donde se vendía pólvora), XIX, 97

Manen (v. Mannheim)

Manes, Pedro de, XIV, 214 (m. en la Leucate)

Manescal, Miguel (v. Menescal)

Mangonio, P., S.J. (visitador de la casa profesa de Roma), XVIII, 275

Manicau (mariscal de Campo de Francia), XIV, 495 (1638: Manicau y el maestre de Campo Belfort, q.v., tuvieron que entregar a los españoles la ciudad de Saint Omer, q.v., la villa de Bac, q.v., y otro fuerte vecino, muy importante los dos, al príncipe Tomás de Saboya y al general Picolomini)

Mannheim (ciudad a orillas del Rhin y a 70 km. al S de Frankfurt am Main; incorporada en 1607), XIII, 303

Manjanal (villa portuguesa a unos 25 km. al SO de la Puebla de Sanabria, cerca de Vinhais), XVII, 305

Manjarrés, lic. (nombrado fiscal de la Audiencia de Sevilla), XIII, 244

"Mano de hierro" (así se llamaba a un capitán), XIV, 140 (en la procesión de la Encarnación, sucedió una pendencia y huída)

Manresa (a 64 km. al nornoroeste de Barcelona), XVI, 64

Manrique, XIII, 339 (1635: probablemente un hijo natural de Felipe IV)

Manrique, Alonso, XIII, 28 (**1634:** (su desafío con el príncipe de Brabançon; malherido y m. en 6 días); XIV, 8 (su padre, Antonio Manrique, marqués de Charela. q.v.)

Manrique, Fr. Ángel (monje bernardo y predicador del Rey; obispo de Badajoz, 1645-1649; m. 1649), XIII, 156, 168; XVIII, 6 (**1645:** defiende la *Apología* del P. Sherloque)

Manrique, Antonio (v. Charela, marqués de)

Manrique, Fadrique Enríquez (v. Enríquez Manrique, Fadrique)

Manrique, Gil (véase Gil de Manrique, García)

Manrique, Inés María (X condesa de Paredes; dama de la reina Isabel), XVIII, 363; XIX, 448 nota 363

Manrique, Luis (alcalde del Crimen de Granada), XVIII, 300; XIX, 444 nota 300 (var: Luis Enríquez)

Manrique, Luis (caballero de Córdoba), XVI, 366

Manrique, Manuel (v. Paredes, IX conde de)

Manrique, Pedro (v. Paredes, VIII conde de)

Manrique, P. Prior Fr. Pedro, XIX, 64

Manrique de Lara, Jorge Cárdenas y (v. Maqueda, IV duque de)

Manrique de Lara, Guiomar (v. Santa Cruz, marquesa de)

Manrique de Lara, Luisa (v. Aguilar, VII condesa de)

Manrique de Lara y Manrique de Lara, Íñigo (v. Frigilana, I conde de)

Manrique de Mendoza y Cárdenas, Teresa Antonia (v. Cañete, VIII marquesa de)

Manrique de Silva (marqués de Govea o Gouvea, caballero portugués)
– XIII, 398 (**1636**: desterrado de la corte por su participación en el incidente del bofetón del marqués de Águila)
– XIV, 272 (**1637**: su hija se casó con el primogénito del conde de Linhares)
– XVII, 11 (**1643**: su hermano, Felipe de Silva, liberado en Burgos)

Manrique de Zúñiga, Juan Manuel (v. Valero, I marqués de)

Mansfeld, conde Carlos (hijo de Peter Ernst von Mansfeld, q.v.), XVII, xi (en 1592 o poco después, encargado de entrar por Picardía)

Mansfeld, conde Felipe (no he logrado identificarle, pero las fechas de su actividad sugieren que pertenece a la generación posterior a las de Peter Ernst y su hijo Carlos; concuerdan con las cuatro fichas a continuación que carecen de nombre de pila), XIII, 24 (**1634**: en Silesia, general de la artillería de Frislandia), 362 (**1636**: "el conde Mansfelt", en Alsacia); XV, 166 (**1639**: "otro general de los del Emperador"; al socorro de Brisac), 172, 177 ("ocupó el lugar de Nevenburgh sobre el mismo Rhin, entre Brisac y Basilea")

Mansfeld, conde Peter Ernst von (se trata del Mansfeld de mayor importancia en la Guerra de los Treinta Años [v. los índices de Wedgwood y Polisensky]; no he logrado documentar al Felipe que mencionan los Jesuitas).
– XVII, x-xi (**1592**: a la m. del duque de Parma, Alejandro Farnesio, gobernador de los Estados de Flandes, Felipe II designó para sucederle de gobernador interino a Peter Ernst von Mansfeld, "aunque valetudinario y cargado de años"; el Consejo de Estado de Flandes encargó el mando político a Mansfeld, y [de acuerdo con las instrucciones de Felipe II] el de las armas al conde de Fuentes, q.v.) (var: Mansfelt; Masfel; Masfelt; Mausfelt)

Mansfeld, [las fichas que siguen carecen de nombres de pila, pero pertenecen seguramente a la generación de Felipe Mansfeld]
– XIV, 226 (**1637**: cerca de Bannier en los pasos de Pomerania; Hesse, protestante, "no tiene más esperanzas de socorro"), 235, 377 (**1638**: toma Azarene, q.v., con gran botín), 415

Mansilla, P. Antonio, S.J., XIX, 237

Manso, Juan (parece error por el siguiente)

Manso y Zúñiga, Francisco (n. en Cañas [Calahorra]; según Gams, arzobispo de México [hasta 1636]; de Cartagena [Murcia, 1636-1640]; y de Burgos [1641-1655; m. 1655])
– XV, 76 (**1638**), 381 (**1640**: era uno de los dos favoritos para la Presidencia del Consejo de Castilla, vacante a la m. del arzobispo de Granada, q.v.; el otro era Andrade y Sotomayor, q.v.)
– XVII, 123-124 (**1643**: honras fúnebres del Infante-Cardenal)
– XVIII, 209 (**1645**)

- XIX, 152 (**1648**: por error se dice que m. en este año), 386 nota 76, 439 nota 209

Mansueto, Fr. (obispo; confesor de la infanta Margarita de Saboya, gobernadora de Portugal), XVI, 109, 113 (v. Sanctos, convento de), 123

Mantalón (error por Matalón, q.v.)

Mantelo (v. Mandello del Lecco)

Manti (corsario aliado con la marina francesa), XV, 93

Mantraquio o Mantriquio (v. Mandrachio)

Mantua, estado de
- XIII, 235 (**1635**: entra en la Liga de Francia, Saboya, Venecia, Ferrara y el Papa), 297, 425
- XIV, 351 (**1638**: Richelieu trama el casamiento de la duquesa viuda de Mantua con el de Soissons), 384 (Diego de Saavedra, embajador), 391
- XV, 296 (**1639**: el abad de Santa Anastasia, fray Alonso Vázquez, en embajada), 415
- XVII, 466 (**1644**: matrimonio del hijo de la duquesa con la hija del de Orleáns)
- XVIII, 58, 166; XIX, 147, 334 (**1642**: en la liga contra el Papa)

Mantua, guerra de, XVIII, viii

Mantua, duque de (Carlos I de Gonzaga, 1580-1637; duque de Nevers y de Rethel, general francés, duque de Mantua y del Monferrato en 1631; le heredó su nieto, Carlos III, 1629-1665, "sucesor en 1637 de su abuelo bajo la tutela y regencia de su madre, María Gonzaga". Era aliado de los españoles, y negó el paso por sus Estados a los franceses)
- XIII, 337 (**1635**: niega el paso a los franceses), 339, 346 (da paso a los españoles), 352 ("El de Mantua" es error por "El de Parma", ya que aquél era amigo de los españoles, y éste de los franceses: v. XIX, 378 nota 352), 533 (**1636**: se reúne con el gobernador de Milán y el duque de Módena)

- XIV, 54 (**1637**: encuentro secreto en las afueras de Milán), (206 (m. envenenado en **1637**), 218, 243 (el "duquesito niño" gobierna Florencia); XIX, 356, 378 nota 352

Mantua, duquesa de (Margarita de Saboya, princesa; 1589-1655; hija de Carlo Emmanuele I, duque de Saboya, y Caterina de Austria [hija de Felipe II]; casó en 1608 con Francesco II Gonzaga, q.v., último duque del Monferrato; éste m. en 1611, y en dicho ducado le sucedió su hija María Gonzaga, q.v. [cuando los corresponsales se refieren a Margarita como "la Infanta", sin más, repito este título en los resúmenes; v. la ficha de "Infanta"])
- XIII, 100 (**1634**: llega a España y va a gobernar Portugal hasta 1641), 106-107 (llega a Madrid), 108 (envían al marqués de la Puebla con ella a Portugal), 109 (desaire al embajador francés en Madrid), 111 (lleva a Portugal a Carlos de Arellano como caballerizo primero y a Francisco Valcárcel como alcalde de corte); 113 (se despide del Rey y sale para Lisboa), 124 (**1635**: en Lisboa la Infanta juntó Consejo de Estado; descortesía con los oidores portugueses), 155 (ofende a los nobles portugueses)
- XIV, 191 (**1637**: noticia errónea de que "la Visoreina ya se partió para Madrid"); 191 nota 1 (Margarita era duquesa de Saboya, no "archiduquesa"), 272 (entre las mercedes al primógenito del conde de Linhares, el título de teniente general de Portugal, mientras esté allí la Infanta), 296 (**1638**: informa al Rey del estado de Portugal), 380 (el conde de Linhares, altercado con la Infanta), 441; XV, 199 (**1639**: en Madrid el Rey jubila a Francisco de Valcárcel, que había sido presidente en Portugal con la Duquesa), 222, 262
- XV, 179 (le asiste en Portugal Fernando de Borja [éste "lleva lindo en-

tretenimiento por paladión de la gobernadora de Portugal"])
- XVI, 83 y 91 (**1640**: en Portugal retiraron a la Infanta a un convento), 122 (desalojada del palacio en Lisboa; prisión en Madrid de Pedro de la Mota Sarmiento, mayordomo de la gobernadora de Portugal, 162 (**1641**), 269 (**1642**: en Mérida, la Duquesa [aquí, la "Virreina" de Portugal] estorbó cierto galanteo de Gregorio de Tapia y Salcedo, q.v., en su comitiva, y la noche siguiente él le hizo a ella y a sus damas una burla pública y explícitamente sexual), 342 (**1642**: la Duquesa con Felipe IV en Aranjuez), 379 (su memorial picante), 490 (**1643**: pasa necesidades), 497 (pide auxilio al Conde-Duque, quien se lo niega; entró a hablar con el Rey) (sobre el papel de la Duquesa en la caída de Olivares el 23 de enero, 1643, v. Crosby, *Nuevas cartas...*, carta 40, y la nota 5..7, pp. 266-267)
- XVII, 17 (**1643**), 29, 67 (la Duquesa habla despectivamente de la condesa de Olivares delante de ella y de la Reina), 183 (se traslada a las Descalzas y le conceden una renta anual de 24.000 ducados), 466 (**1644**: trata de casar a su hijo en Francia con la hija del primer matrimonio del duque de Orleáns, q.v.)
- XVIII, 399 (**1646**: el Rey le da dos pueblos de Nápoles para que se sustente), 498 (**1647**)
- XIX, 70 (**1647**: la m. de Francisco Dávila Guzmán, el marqués de Loriana y de la Puebla de Ovando, q.v., su ministro de Hacienda y su mayordomo mayor de casa en Portugal [v. 424 nota 411]), 406 nota 377 (nota sobre Miguel de Vasconcelhos, q.v., su secretario de Estado en Portugal, 1633-1641)

Mantua, princesa de (v. Mantua, duquesa de)
Mantuano, el (caballo del Rey), XIX, 190 (m. en una fiesta de toros)
*Mantuano, Pedro (1616-1656: madrileño; historiador erudito)
Manuel, Carlos (v. Saboya, duque de)
Manuel, Jaime (v. Maqueda, V duque)
Manuel, Juan (cortesano y cabo del emperador Carlos V), XV, 51
Manuel, Teodoro (obispo electo de Miranda do Douro [Portugal]; XVII, 191 y 203-204 (1643: permiso del Rey para ir a Miranda; salió de Madrid con otros; sólo él y otro escaparon de los españoles [véase Pellicer, *Avisos*, III, 51]); 396; XIX, 417 nota 191
Manuel y Manrique de Cárdenas, Jaime (v. Maqueda, V duque de)
Manueles, los, XVI, 94 (así se llamaban los españoles que resistieron en Portugal la rebelión de los portugueses; el marqués de Villarreal, q.v., era "la cabeza de los Manueles")
Manueles, "las armas de los", XVIII, xx (se refiere a una medalla que lleva dichas armas)
Manueliño (acaudilló el motín de los "niños" de Évora), XIV, 190, a191-192 (var: Manuelillo)
Manzanares, río (pasa por Madrid y desemboca en el Jarama), XIV, 39, 147; XVII, 158; XIX, 436 nota 126
Manzanedo y Maldonado, Mariana de (fundadora de la Recolección de las monjas agustinas; priora del Real Convento de la Encarnación; m. 1638), XIV, 389 (var: de san Joseph)
Manzano, P., XV, 132
Manzano, Pedro (lo que le sucedió con las brujas), XV, 132, 138
Manzera, marqués de, XV, 97 (gobernador de Galicia; el Rey le manda marcharse al Perú como virrey)
Maón (v. Mahón)
Maqueda, IV duque de (Jorge Cárdenas y Manrique de Lara, VI duque de Nájera, grande de España de primera clase, conde de Treviño y de Valencia, III marqués de Elche; del Consejo de Estado; capitán general de la armada del mar Océano; desterrado

de la Corte en 1634; m. 1644 sin hijos; le heredó su hermano Jaime Manuel Manrique de Cárdenas, V duque de Maqueda, q.v. XIX, 393 nota 43, 457 nota 73)
- XIII, 106 (**1634:** desterrado), 275 (**1635:** pleito con otro Duque), 374 (**1636:** le dan el puesto de Fadrique de Toledo: capitán general de la armada del mar Océano), 395, 465 (saldrá con 60 galeones) 476, 478 (parte para Portugal), 548
- XIV, 188 (**1637**), 193 (le quitan el bastón de la armada)
- XV, 71 (**1638**), 178 (**1639:** su hermano, Alonso de Cárdenas, embajador en Inglaterra), 247, 318, 325 (con el marqués de Torrecusa), 313 (para Cataluña), 336, 375, 392 (**1640**), 395 nota 1 (al mando de galeras en Cataluña), 469 (incidente con el duque de Ciudad Real, q.v.)
- XVI, 43 (**1640:** su desafío con el duque de Ciudad Real, q.v.), 60 (se reconcilian), 61, 238 (**1642:** sátira), 271, 300 (del Consejo de Estado), 303, 315, 379 (en un Memorial satírico)
- XVII, 31 (**1643:** posible general de las costas andaluzas), 79 (consejero de Estado del Rey), 155, 191, 204, 315 (recobra la armada real), 354; (m. octubre, 1644)
- XIX, ix, 309 (**1642:** general de la costa de Andalucía, con residencia en Sanlúcar [de Barrameda]), 393 nota 43, 406 nota 377, 417, 457 nota 73 (su sucesión, habiendo muerto sin hijos)

Maqueda, V duque de (Jaime Manuel Manrique de Cárdenas [hermano y heredero del IV duque], VII duque de Nájera, grande de España de primera clase, IV marqués de Elche y en 1622 I marqués de Belmonte de la Vega Real [se refieren a él como el "marqués de Belmonte"]; m. sin sucesión en 1648; heredó los dos ducados y el marquesado de Elche Ana María de Cárdenas, VI duquesa de Maqueda, q.v.; XIX, 457 nota 73)
- XIII, 7 (**1634:** juego de cañas)
- XIV, 336 (**1637:** se disfraza de dueña en una comedia palaciega), 459-460 (**1638:** incidente en palacio con el duque del Infantado)
- XV, 78 (**1638:** pretendiente al gobierno de Orán y de Galicia), 84, 189 (**1639:** cásase con Inés de Arellano, q.v.), 474 (**1640:** pide licencia al Conde-Duque para visitar a su hermano, el IV duque de Maqueda), 475 (el Rey le niega el permiso)
- XVI, 238 (**1642:** sátira)
- XIX, ix, 73 (**1647:** "más galán y más malo" en una comida fastuosa en palacio), 300 (**1642:** acompaña al Rey a Zaragoza), 398 nota 237, 399 nota 237 (**1638:** obtiene el gobierno de Orán), 457 nota 73 (**1648:** m. sin sucesión; sus dos ducados y el marquesado de Elche pasan a su hermana Ana María de Cárdenas (v. la ficha que sigue)

Maqueda, VI duquesa de (Ana María de Cárdenas, VIII duquesa de Nájera, q.v., grande de España de primera clase; V marquesa de Elche; casó con Jorge de Alencastre, III duque de Terras-Novas, q.v.), XIX, 457 nota 73

Maqueda, VII duquesa de (María Guadalupe Alencastre, Cárdenas y Manrique de Lara, hija de la VI duquesa y heredera del ducado de Maqueda y de otros títulos; casó con Manuel Ponce de León, VI duque de Arcos, q.v.), XIX, 457 nota 73

Mar, príncipe del, XVI, 476 (título equivalente al de generalísimo, dado a Juan Carlos d'Medici, q.v.), XVIII, 208

Maraldo, Monseñor (1637: con monseñor Tigrini, q.v., posibles candidatos para papa [estaba enfermo Urbano VIII]), XIV, 221

Maraniela, duque de (v. Mariglianella)

Marañón, río (v. Amazonas)

Marasino, general (v. Mazarin)

Maravillas, Nuestra Señora de las (v. Nuestra Señora de las Maravillas)

Maravillas, Virgen de las (v. Virgen de las Maravillas)

Marban, Juan (hospedado por el P. Rafael Pereira), XVIII, 6

Marc (capitán inglés), XV, 284 (al servicio del arzobispo de Burdeos; capitán general de la armada de Francia)

Marcello, P., XIII, 112; XV, 176; XVI, 42

Marchena (a 50 km. al E de Sevilla), XV, 331

Marcilla, Lorenzo de, XVIII, 428 (recibe mercedes del Rey: la futura sucesión de Mallorca y 500 ducados de pensión para su hijo)

Marck, La (condado histórico que se extendió al N hasta Münster, al E hasta Westfalia, al S hasta Koblenz y al O hasta el Rhin), XIX, 9 (sobre este terreno pleitearon el duque de Neoburgo y el marqués de Brandenburg; se le adjudicó a éste) (var: Marta, La)

Marco Bruto (político romano que en 44 a.C. dirigió la conjura contra su padre adoptivo, Julio César), XIX, 211 y la nota 1

Mardoqueo (ministro judío del rey persa Jerjes, s. V a.C.; le cita Francisco Morovelli de Puebla en un libro sobre los privados [v. también Aduero y Amán]), XVIII, 131

Mardyck (fortaleza a 8 km. al oeste de Dunquerque), XIV, 427 (**1638**), 428; XV, 204 (**1639**), 356, 358

– XVIII, 29, 133 (**1645**: tomada por los franceses), 140 ("La garita de Mardyck": "así llamaba el príncipe de Orange, q.v., a las fortificaciones de Mardyck, q.v., por haberse fabricado en un principio de madera" [nota de Gayangos]), 145, 174, 179, 215 (**1646**: recobrada por los españoles), 216, 229, 231, 232, 249, 299, 388, 392, 403, 414, 415 (var: Madrick; Madrique; Mardic, Mardick, Mardique; por error: Mardie)

Mares, Matías (impresor de Logroño, 1588-1619), XV, 72

Marfodio (personaje en un pasquín satírico sobre la elección del padre general de los jesuitas), XVIII, 256

Margarit, José (caballero catalán, gobernador de Barcelona y partidario de los franceses), XVI, 75 (**1640**)

– XVII, 75 (**1643**), 180, 476, 482 (**1644**: el Rey le excluye explícitamente del perdón general que da a Cataluña)

– XVIII, 186 (**1645**: le apedrean en disturbios en Barcelona), 266 (**1646**: Harcourt le confiere el estado que era del marqués de Aytona)

– XIX, 11, 12 (**1647**: le matan unos amotinados), 13, 16, 22 (m. él y su hijo)

Margarita, la (nombre de un patache ["barco de guerra que sirve para descubrir y reconocer las costas y hacer la primera guardia en la entrada a los puertos y rías", *Dicc. aut.*]), XIV, 244, 245 (v. Pousa, capitán Diego)

Margarita, archiduquesa, XIV, 191 nota 1 (se refiere a Margarita de Saboya, duquesa de Mantua y virreina de Portugal, q.v.)

Margarita, duquesa de Orleáns, XIII, 27 (1634: princesa de Lorena)

Margarita, duquesa de Mantua (v. Mantua, duquesa de)

Margarita, infanta, XV, 292 (la nieta de Carlos Enmanuel, duque de Saboya)

Margarita, princesa (v. Mantua, duquesa de)

Margarita, princesa de Lorena (v. Margarita, duquesa de Orleáns)

Margarita [de Austria] (v. [Austria], Margarita de)

Margarita, sor, XVII, 18 (1643: tía del emperador de Alemania)

Margarita Branciforte de Austria (v. Butera, princesa de)

Margarita de la Cruz, sor (infanta de España; hija de Felipe IV y Mariana de Austria; se casó con el Emperador Leopoldo I; religiosa descalza de

Santa Clara), XIII, xvii (v. la biografía que en 1636 publicó su confesor, Fr. Juan de Palma)
Margarita de Saboya (princesa; gobernadora de Portugal) (v. Mantua, duquesa de)
Marguerite, Sainte (una de las dos islas de Lérins; v. Sainte Marguerite y también Saint Honorat)
María (hermana del P. Sebastián González y mujer de Miguel de Monsalve), XIII, 17
María de Austria, hija de Felipe III (v. Austria, María de, hija de Felipe III)
María de Austria, hija ilegítima del Infante-Cardenal (v. Austria, María de, hija ilegítima del Infante-Cardenal)
María, Virgen, XIII, 450; XV, 70, 171; XVII, 276; XVIII, 287; XIX, 236 (var: santísima Virgen; Virgen santísima) (v. también Nuestra Señora, y la Virgen María)
María Ana dc Austria (v. Austria, Mariana de)
María Bautista, madre (carta de la prelada del convento de la Encarnación de las Recoletas Agustinas de Valladolid), XIII, a179-180
María del Espíritu Santo, madre (convento de las Recoletas Agustinas de Carmona), XIII, d179-80
María Enriqueta (reina de Inglaterra, esposa de Carlos I; hija de Enrique IV de Francia y la reina Marie d' Médici), XIV, 321
María Eugenia de Austria (v. Austria, María Eugenia de)
María Luisa, princesa, XV, 427 (1640: la hija de Cristina, duquesa de Saboya, cuya mano pretendía Richelieu para el delfín de Francia)
María Teresa de Austria (véase Austria, María Teresa de)
María Teresa de Austria (1638-1683; hija de Felipe IV e Isabel de Borbón; en 1660 casó con Luis XIV de Francia en virtud del Tratado de los Pirineos; casi siempre se refiere a ella como "la Infanta"; v. la ficha de "Infanta")
- XV, 75, 77, 79 y 87 (**1638**: bautismo de la Infanta; v. la *Relación verdadera de todo lo sucedido...*), 233 (**1639**), 413 (**1640**), 485
- XVII, 17, 29 (**1643**), 388, 506 (**1644**: su aya, la condesa de Olivares)
- XVIII, 158 (**1645**: una dama suya), 208, 388 (**1646**: se sustituye su mayordomo mayor; véase Crosby, *Índice de apellidos, títulos y oficios...*, Apéndice sobre los mayordomos), 477 (**1647**: en su cumpleaños dio a su padre un presente muy rico)
- XIX, 143 (en una fiesta), 194 (**1648**: rebasa las viruelas), 196 (el Rey da un paseo con la Infanta y las damas), 312 (**1642**: m. de Marie d' Medici, madre de la reina Isabel de España; el Príncipe y la Infanta enlutados), 364 (posible futura boda con el delfín de Francia; Flandes como dote)
Mariana de Austria (v. Austria, Mariana de)
Mariana Antonia Dominica Jacinta de Austria (v. Austria, Mariana Antonia Dominica Jacinta de)
*Mariana, P. Juan de, S.J. (1535-1624; historiador)
Marianela, duque de (v. Mariglianella)
Mariano, marqués de San (v. San Mariano, marqués de)
Maricastaña (personaje proverbial; símbolo de la antigüedad), XIV, 35
Mariconda, Francisco de (trae 50 caballos napolitanos para la caballeriza del Rey), XIV, 399
Marie d' Medici (v. Medici)
Marienthal [del Palatinado bajo] (a 35 km. al oeste de Worms, muy cerca del monte de Donnersberg), XIX, 434 nota 69 (la nota sitúa aquí por error una batalla que tuvo lugar "cerca" del Rhin[XVIII, 69]; v. Frankenthal
"Mari-Esteban" (apodo burlón del VIII conde de Santisteban del Puerto,

q.v.), XVII, 246; XIX, 419 nota 246 (var: María Esteban)

Marigalante (se refiere a una isla del Caribe, junto a la Dominica), XVIII, 480

Mariglianella, duque de (de Nápoles), XIX, 24 (durante los tumultos quemaron su casa), 99 (var: Maraniela)

Marignan (militar francés), XV, 409

Marín, Gonzalo (ayudante militar), XIII, 283 (var: Martín)

Marín, Miguel (hijo del conde de San Clemente; oficial de Mesina), XVIII, 427

Marina (sobre el dicho de "doña Marina", v. Escobar, Marina de)

Marina de Escobar (v. Escobar, Marina de)

Marino, Felipe (teniente), XIV, 217

Marino, Francisco (capitán), XIV, 216

Marioti (seminarista), XIX, 180

Maristeban (v. Mari-Esteban)

Marly (a 1 km. al sur de Valenciennes), XIII, 534 (var: Marli)

Mármol, P., XVIII, 94, 472

Mármol, P. Diego, S.J.
– XV, d20-31 y d33-40 y d40-41 (**1638**: de Diego Garay, inquisidor de la Suprema, sobre la batalla de Fuenterrabía)
– XVIII, 52 (**1645**: rector de San Hermenegildo de Sevilla), 108 (la quiebra del colegio), 109, 463 (**1647**: sentencia en su pleito), 472, 498

Mármol y Villa, P., XVIII, 463 (sentencia de su "pleito de la fuerza")

Marmolejo, Pedro (oidor del Consejo de Castilla), XIV, 261; XVI, 174

Marne, Haute (departamento de Francia; capital: Chaumont), XV, 107

Maroto, Francisco (impresor de Madrid, 1642-1643), XVI, 398, 410

Márquez, alcalde (de Sevilla),XIV, 260

Márquez, Juan (alférez), XVII, xxii

Márquez, Octavio (maestre de Campo en Orbitello, q.v.), XVIII, 381

Marquina, P., S.J., XIII, 207, 264; XIV, 43

Marquinas, hermanos (S.J.), XIII, 264

Marquintana, Pedro de (almirante; m. en un desastre naval, 1638; v. la ficha de Rubín de Celis, Diego, y XV, 15, 17 y 57)

Mars, duque de (v. Marsi, duque de)

Mars Gallicus... (v. *Jansenio, Cornelio)

Marsella, XIII, 109, 276, 354, 474, 476, 478, 512, 520; XIV, 209, 430, 434, 440; XV, 210, 238, 324; XVI, 34, 147, 148, 149, 277; XIX, 284, 423 nota 395
– gobernador de, XV, 423

Marsi, duque de (de la casa de Colonna; hijo del condestable de Nápoles), XIV, 184; XVII, 503 (var: Mars)

Marsilla, P. Antonio, S.J., XVI, 118

Marta, la (v. Marck, La)

Marta (nombrado regente del Consejo de Aragón), XVIII, 427, 428, 451 (var: Morla)

Marte (dios romano), XIII, 58; XIV, 463; XV, 63; XVII, 368; XIX, xi

Martel, Alejandro (capitán de una compañía sevillana de milicia), XIV, 309

Martel, Gonzalo (testigo), XVIII, xxvii

Marten (junto a Douay y Valenciennes), XVI, 396

Martín (militar en Monzón y Sariñena), XVIII, 208

Martín, viuda de Alonso (v. Martín de Balboa, viuda de Alonso)

Martín, Antón (plazuela de Madrid), XVIII, 457

Martín, Gonzalo (ayudante de maestre de Campo), XIII, 283

Martín de Balboa, viuda de Alonso (impresora de Madrid, 1614-1637), XV, 66, 73; XVI, 59

Martines Mascarenhas, Fernando (v. Mascarenhas, Fernando Martines)

Martínez, conde de (Jorge Adán Borgita, n. en Bohemia), XVIII, xxiii

Martínez, P., XVIII, 75 (vicerector del Colegio de San Ambrosio en Valladolid; acompaña al P. Provincial a Roma, con otros)

Martínez, Damián, XIII, xvii (asiduo participante en reuniones en casa de

Diego Suárez, q.v.), 109 (criado del marqués de Castel Rodrigo, q.v.; acusado de tratar de matar al conde de Monterrey por encargo de aquél)

Martínez, Francisco (capitán de caballos en la frontera de Portugal cerca de Elvas, q.v.), XVIII, 204

Martínez, Francisco (impresor de Madrid, 1619-1650 y 1677), XIV, 305, 311; XV, 12 (por error se lee Francisco Martínez Grande); XVI, 133; XVIII, 420

Martínez, P. Francisco, XIX, a328 (al P. Pedro González de Mendoza)

Martínez, padre José, XVII, a193-196 (1643)

Martínez, Dr. Juan (catedrático de prima de Alcalá), XIII, 115, 156

Martínez, P. Juan (rector del Colegio de la Concepción de Salamanca), XVII, 246; XIX, 127 (recibe legado)

Martínez, P. Juan (v. Martínez de Ripalda, P. Juan)

Martínez, P. Pedro, S.J. (del colegio de Montilla), XVIII, a351-353 (de Montilla; comenta la mala letra del P. Pereira); XIX, a212-215 (de Córdoba), a215-217, 447 nota 353

Martínez, P. Rodrigo, S.J., XIX, a131 (de Montilla)

Martínez Arrabaje, Alonso (morisco legendario de la aldea de Genalguasil, q.v.; su aparición), XV, 330-331

*Martínez de Aguilar (o Aguilera), Alonso (militar; autor de relaciones sobre la victoria de Fuenterrabía), XV, 72-73 nota 1 (var: Aguilera)

*Martínez de Bahamonde, Juan (historiador: v. la ficha del conde de la Roca y la Bibliografía)

Martínez de la Puente, P. José (ingeniero del ejército en Galicia)
- XVI, 309; XVII, a193 (1643: carta suya desde Puebla de Sanabria), 194, a300-310, a395-404, 403
- XIX, a323-327 (1642: al P. Ricardo, desde Monterrey), 327, 341

Martínez de Ripalda, padre Francisco, XIX, a327-328

Martínez de Ripalda, P. Juan, S.J. (1594-1648; ingresó en la Compañía en 1609; enseñó filosofía en el Colegio de Monforte, 1620-1623, teología en el de Salamanca, 1623-1637, y ética en el Imperial de Madrid en 1637 [al dedicarle Quevedo en 1637 la "Avaricia: Cuarta Peste" de la *Virtud militante*, le tituló "catedrático de teología en el Colegio Imperial"]; fue calificador del Santo Oficio en 1631, y desde 1637, confesor del Conde-Duque (v. la *Virtud militante*, ed. de Alfonso Rey, p. 204)
- XIII, 92; XVI, 54, 504 (**1643**: acompaña al Conde-Duque en su salida de Madrid)
- XVII, 2 (**1643**: en Loeches con el Conde-Duque), 3, 103 (se le atribuyó el *Nicandro; v. la ficha de la obra), 108 (lleva un mensaje del Conde-Duque para Luis de Haro), 118 (en Toro como confesor del Conde-Duque), 141, 246
- XVIII, 21 (**1645**: se aloja en el tránsito de los Mártires en Madrid), 126 (acompaña el cadáver del Conde-Duque a Madrid), 147, 167 (nombrado en el testamento satírico del Conde-Duque), 173, 188, 325 (v. A. Arbeloa, *La doctrina de la predestinación...en Juan Martínez Ripalda*)
- XIX, 127 (**1647**: la condesa de Olivares lo incluye en su testamento), a327-329

Martínez de Espinosa, Antonio (está en Sevilla), XVII, d43 (carta de Pedro de Fontiveros)

Martínez Grande, Francisco (error por Francisco Martínez, q.v.)

Martínez Mascarenhas, Fernando (v. Mascarenhas, Fernando Martines)

[Martínez Zarzosa, Diego] (obispo de Tuy de 1644 hasta 1649: Gams, 85a), XVIII, 78 (1645)

Martinica, La (Antillas Menores), XIV, 245

Mártir Rizo, Juan Pablo (autor de libros sobre historia y política), XVIII, 131

(**1645**: Francisco Morovelli de Puebla le impugna)

Mártires, arrabal de los (Zafra), XVII, 279

Mártires, torre de los (Málaga), XV, 483

Mártires, Virgen de los (Baeza), XIII, 26

Mártires, [Tránsito de] los (edificio en Madrid), XVIII, 21

Mártires, Fray Vincencio de los (error por Fray Vicencio de la Marra, q.v.)

Martinico (Antillas Menores),XIV, 245 (var: Matalina)

Martolosi (fabricante de naves de guerra), XIII, 104

*Martorel y de Luna, Francisco (natural de Tortosa y su historiador)

Martorell (a 25 km. al NO de Barcelona, a orillas del río Llobregat), XVI, 121, 142, 147, 325 (**1642**: las tropas de Pedro de Aragón); XIX, 401 nota 320

Martorell, los de, XVIII, 266 (**1646**: la conjuración de Barcelona); XIX, 283 (**1642**: Pedro de Aragón, marqués de Povar, q.v., prisionero en la facción de los de Martorell [v. XVIII, 266 y las notas 1 y 2])

Martos (villa a 24 km. al SO de Jaén; sede obispal [Moroni, *Indice*; falta en Gams]), XVII, 404 (su gobernador había sido Íñigo de Mendoza, q.v.)

Martos, cardenal español en Roma (sin documentar en los repertorios consultados; según J. Atienza, 520a, el apellido es de origen andaluz), XVI, 462-463 (**1642**: uno de "los cardenales nacionales"); XVIII, 246 (dos citas: **1646**: sale de Roma con los cardenales españoles, Albornoz, de la Cueva, Sesé y Montalto, q.v.) (var. errónea: Matías [XVIII, 246, corregida en XIX, 442 nota 246])

Marugiorca (torre de Taranto, q.v.)

Marza (error por el mes de marzo),XIII, 145

Marzal, Pedro, XVI, a483-484 (dos cartas)

Marzo, [día de] Nuestra Señora de (v. Nuestra Señora de Marzo)

Marra, Fernando de la (duque de la Guardia), XIX, 401 nota 320

Marra, Fr. Vicencio de la (napolitano, hijo del duque de la Guardia, q.v.; maestre de Campo general del ejército del Papa; general de una escuadra veneciana contra el Turco; gobernador general de la caballería de Aragón en 1642; m. en 1648 en Candía), XVI, xiii; XIX, 401-402 nota 320 (var: Fr. Vincencio de los Mártires)

Marradas, conde (español al servicio del Emperador), XVIII, xxv

Marradas, Baltasar de (n. en Valencia; caballero de Malta; general del emperador Fernando II de Austria)

– XIII, 34 (**1634**: se le da el mando de parte de la tropa del capitán general Wallenstein, duque rebelde de Friedland, q.v.)

– XIV, 55 (**1637**: socorre al duque de Sajonia y juntos derrotan a los suecos); XIX, 426 nota 443 (por error se dice que m. en 1634; v. XIV, 55)

Marradas, Bartolomé (hermano del anterior), XIX, 426 nota 443

Marradas, Francisco (hijo de Bartolomé de Marradas), XIX, 426 nota 443

Marradas, Gaspar de (casado con Ana de Vich), XIX, 426 nota 443

Marradas, Fray Juan de (supuesto comandante de los ejércitos del Papa), XVII, 414, 443; XIX, 426 nota 443

Marrasino, general (v. Mazarín)

Marruecos, princesa de (mujer de Gil de Torres, q.v.) XIX, 462-463 nota 315

Marruecos, rey de, XIII, xi, 546

Marruecos y Asuclí (criado del conde de Fuentes), XVII, xix

Mas (v. Meuse, río)

Masa, príncipe de (v. Massa)

Masacidi, Pedro (padre del cardenal d'Este, q.v.), XVIII, 323 (**1646**: sirve de árbitro de una disputa militar en Italia)

Masaniello (véase Anielo de Amalfi, Tomás)

Máscaras (en una fiesta en el Buen Retiro), XIII, 417; XIV, 17, 18, 36, 45, 330

Mascareñas, XVII, 244 (1643: uno de dos famosos capitanes portugueses)

Mascareñas, XVIII, 173-175 (carta de octubre de 1645: en las pp. 174-175 dice que "de Balaguer escribe al Rey Mascareñas que tiene víveres para todo este mes, y de Aragón que se ha de acudir a aquella plaza luego"; del primer párrafo de la carta anterior, XVIII, 172, se desprende que a la sazón Harcourt asediaba a Balaguer y Mascareñas era el líder de los defensores españoles)

[Mascareñas], XVII, 454 (1644: un caballero portugués, vecino de Madrid, que quería matar a un rival [Pellicer, *Avisos*, III, 160, trae el apellido])

Mascareñas, [Fernando] (conde de la Torre, gobernador de Tánger y virrey del Brasil en 1638 y 1639)

– XIII, 482 (1636: "m. el conde de la Torre" (probablemente se refiere a su padre)

– XIV, 492 (1638: le retiran de su puesto de gobernador de Tánger)

– XV, 246 (1639: yendo a Pernambuco con la armada, encontró otra que llegaba de socorro a los holandeses, y echó a fondo la capitana y otras, y derrotó y fugó las demás), 313 (le quitan el mando en Brasil por "no acometer luego que llegó a Pernambuco"), 429 (1640: otra versión de la noticia de la p. 246)

– XVI, 93-94 (1640: dice el P. González que Mascarenhas estaba preso en el castillo de San Gian por no reconocer el rey don Juan, de lo cual dice Gayangos que "está en contradicción con lo que refieren Seyner y otros historiadores" [93-94 nota 1]), 100-104 (declaraciones del Conde-Duque en Madrid a más de ochenta prelados y caballeros portugueses y les habló de la situación en Portugal y mencionó cómo en la cárcel recibió Fernando Mascareñas una carta falsificada de su mujer; contestó el arzobispo de Évora al Conde-Duque, y éste le respondió), 112 (Mascareñas negoció la rendición del castillo de San Gian a los portugueses, pasándose a su bando; v. 112, nota 1 de Gayangos)

– XVII, 186 nota 1 (1643: el conde de Castelmelhor, q.v., le acompañó al Brasil), 448 (1644: el de Braganza le hace general de su armada)

– XIX, 238-239 nota 1 (1640: el fallido intento de tomar Pernambuco, en el Brasil, expedición que mandaba), 243 nota 1 (var: Mascarenhas)

Mascarenhas, los, XVI, 94 (1640: partidarios de los españoles contra los portugueses) (var: Mascareñas)

Mascarenhas, Fernando (v. Mascarenhas, [Fernando], y Mascarenhas, Fernando Martins)

Mascarenhas, Fernando Martins (hijo de João de Mascarenhas, a quien sucedió como alcaide-mor de Montemor-o-Novo; casado con María de Lencastre, q.v.; comendador de Mértola en la Orden de Santiago; capitán de caballería y embajador de Portugal en Castilla y en Roma, asistiendo al Concilio de Trento en 1562; padre del P. Ignacio Mascarenhas, q.v.), XVI, 138

Mascarenhas, Francisco (hidalgo militar, hijo de Nuno de Mascarenhas; sirvió en Flandes y Alemania; fue gobernador y capitán general de Macau; nombrado virrey de la India pero arribó el navío y volvió; se fue a Madrid y el Rey le nombró del Consejo de Portugal y del Estado)

– XVI, 344 y 356 (1642: huye a Portugal con otros y les prenden a tres leguas de Madrid) (var. de la p. 356: Fulano Mascareñas)

*Mascarenhas, P. Ignacio, S.J. (1607-1669; hijo de Fernando Martins Mascarenhas y de María de Lencastre, q.v.; autor de relaciones e historias), XVIII, 8 (**1645**: noticias de su viaje a Roma), 15

*Mascarenhas, P. [¿Ignacio o Jerónimo?] (autor de una relación de la campaña de 1635 en Flandes; v. la Bibliografía)

*Mascarenhas, Jerónimo (uno de los hijos de Jorge Mascarenhas, marqués de Montalbán, q.v.; "hermano del P. Mascareñas, del Consejo de Órdenes"); clérigo secular, historiador, doctor en teología, colegial del Colegio de San Pedro, del Consejo de Órdenes, caballero de Calatrava y sumiller de cortina; prior de Guimarâens y obispo de Leiria, q.v. [según Gams, de 1636 a 1647 el obispo era Pedro Barbosa de Eça Vasconcellos]; murió en 1671)

— XVI, 106, 329 [relato satírico] y XIX, 402 nota 329 (**1642**: huyó de Portugal a Madrid con su hermano Pedro y otros, donde fueron recibidos con gran ostentación [v. Pellicer, *Avisos*, XXXII, 15]; en muchos círculos se les reputaba de traidores [v. XVI, 329])

— XVII, 203-204 y XIX, 417 nota 191 (**1643**: con Pellicer [*Avisos*, XXXIII, 51], autor de un memorial de alerta sobre la traición de ciertos prelados portugueses y muchos paisanos suyos que intentaban volver a Portugal; v. la Bibliografía)

— XVII, 203, nota 1 (**1649**: sirvió de capellán y limosnero a María Ana de Austria durante su viaje de Viena a Madrid para casarse con Felipe IV, y publicó una relación sobre dicho viaje)

Mascarenhas, Jorge (marqués de Montalbán; se casó con Francisca de Vilhena, y fueron padres de numerosos hijos, entre ellos Fernando, Francisco, Jerónimo, Manuel, Pedro (el mayor) y Simón, q.v.; gobernó Mazagâo de 1615 a 1619 y más tarde Tánger),

XV, 426 (**1640,** 5 de marzo: "va por gobernador del Brasil", en una flota de 22 navíos "con socorro"); XIX, 337 (**1642**: rumor sobre la armada de Mascarenhas), 402 nota 329

Mascarenhas, P. Manuel, S.J. (1604-1654; uno de los hijos del referido Jorge de Mascarenhas, q.v.; noviciado en 1619; rector del Seminario de Irlandeses en Lisboa; preso por Juan IV, rey de Portugal, y desterrado en Braga, donde m.), XVII, 150 (**1643**: preso por Felipe IV cuando el alzamiento de Portugal en 1640)

Mascarenhas, Pedro (conde de Castilnovo), XV, 313 (**1639**: va por general al Brasil; sustituye a [Fernando] Mascarenhas, q.v.)

Mascarenhas, Pedro (hijo mayor de Jorge de Mascarenhas, marqués de Montalbán), XVI, 329 (con su hermano Jerónimo huye de Portugal a Madrid, por "traidores"); XIX, 402 nota 329

Mascarenhas, Simâo (uno de los hijos de Jorge de Mascarenhas [marqués de Montalbán, q.v.]; caballero de la Orden de Malta, teniente de coronel del regimiento de guardia de Felipe IV; sirvió en la guerra de Cataluña; m. después de 1645)

— XVI, 89 (**1640**: maestre de Campo de las tropas que en Cataluña toman el fuerte de Saló, q.v.)

— XVII, 10 (**1643**: derrota a los franceses cerca de Barbastro, q.v.), 20 (se defiende en Mora, q.v.)

— XVIII, 142 (**1645**: gobernador de Balaguer, q.v.), 152, 174, 185-186 (lo defiende contra los franceses), 188 ("perdióse Balaguer")

Mascareñas (v. Mascarenhas)

Masebradi, la capitana de (nave), XIII, 467 (var: Mambradi)

Masfel, Masfelt (v. Mansfeld)

Masinegro, marqués de (de Nápoles), XIX, 86

Masiniello (v. Aniello de Amalfi, Tomás)

ÍNDICE ONOMÁSTICO   335

Masino (río de la Valtelina, entre Colico y Sondrio, cerca de la confluencia del Masino y el Adda), XIV, 220
Mass (v. Meuse, río)
Massa, príncipe de (Francisco Toralto), XVIII, 64; XIX, 402 nota 320, 458 nota 134 (var: Masa)
Masso (oidor de Barcelona), XVI, 71
Mastrih o Mastricque (v. Maastricht)
*Mastrilli, P. Marcelo Francisco, S.J. (1603-1637; misionario en la India y Japón;. mártir en Nagasaki)
- XIII, 111-112 (**1634:** se atribuye al P. Marcelo "el del milagro de San Francisco de Javier en Nápoles"; "es un ángel agradecidísimo al favor del Señor")
- XV, 176 (San Francisco de Asís hace "prodigios...con el P. Marcelo"), 191 (**1639**), 254-255 (alusión a la biografía de Ignacio Stafford, q.v.)
- XVI, a41-42 (**1640:** escrito), 141
- XVII, 323 (**1643**), 360 (v. *Martirio...*; Stafford, P. Ignacio; Penney, *Printed books...*; Téllez de Silva, A.; y *Teatro, Obras de*; hubo otra biografía de un autor desconocido: XVI, 42, nota 1) (var: Mastrillo)
Mastrillo, Jusepe (capitán de caballos reformado), XVIII, 380, 384 (preso)
Mata, la (a 55 km. al NO de Cáceres), XIX, 169
Mata (capitán), XIV, 258
Mataló (v. Mataró)
Matalón, duque de (de apellido Carraffa), XIX, 26 (**1647:** degüellan a su hermano, Pepo Carraffa, en Nápoles), 32 (él y un hermano tratan de matar a Aniello), 35, 42 (se escapa de la turba escondiéndose en un convento; la nobleza aterrorizada), 50, 52 (Masaniello saquea la casa del duque de Matalón, por valor de más de doce millones), 61, 95, 96 (trata con otros nobles de apaciguar los amotinados en el mercado), 97 (el abate Perrone ayuda a Matalón a escapar de la turba), 104, 108, 110 (Masaniello manda a su gente buscarlo), 115 (muerto el Electo, el Duque viene con tropas a represalia), 139 (la nobleza se declara por el rey de España) (var: Mantalón)
Matamon (v. Matomen)
Matamoros, Roque de (era teniente de maestre de Campo general y comisario general de la caballería de Cataluña), XVII, 168 (**1643**), 169, 486 (**1644:** murió en Lérida); XIX, 430 nota 486 (la lista de oficiales muertos se halla en Josef Pellicer, *Avisos*, III, 179-180 (por error, dice Gayangos 182
Matantes, tercio viejo de los ("así se llamaban"), XIX, 140 (**1647:** "en Badajoz hemos degollado el tercio viejo, en una emboscada")
Mataró (a 32 km. al NE de Barcelona, en la costa), XVIII, 25
Mataró, baile de (v. Fornella, D. N.)
*Mateos, Juan (montero mayor de Felipe IV)
Mateo, Pedro, XV, 145 (en una fiesta de toros en el Buen Retiro)
*Mateu, Francisco (notario de Valencia; polemista político)
Matevad, Jaime (v. Matevat)
Matevat, Jaime (impresor de Barcelona, 1626-1644), XIII, 280; XV, a72 nota 1 (var: Matevad; Mathevad)
Matevat, Sebastián (impresor de Barcelona, 1610-1632 y de Barbastro, 1621-1622), XIII, 280; XV, a72 n 1
Matevat, Sebastián y Jaime (impresores de Barcelona, 1623-1641), XIV, 480; XV, 399
Matías, cardenal español (var. errónea por Martos, q.v.)
Matías, H., XIX, 84, 122
Matías, príncipe (hermano del duque de Florencia), XV, 215; XVII, 352
Matienzo, Dr. (secretario del Consejo de Italia; m. 1635), XIII, 243
Matiné, el (boticario del marqués de Villafranca), XVI, 65
Matomen, monseñor (prelado en Roma), XIV, 113, 116, 117 (var: Matamon; Motemon)

*Matos Fragoso, Juan de (¿1608?-1689; portugués; poeta y dramaturgo al estilo de Lope), XVII, 499 nota 1 (poema funeral en la *Pompa funeral...* de la reina Isabel)

Matuna (hacienda cerca de Cartagena de Indias), XVI, 473 (1642: "hemos acrecentado lo de Matuna en 18 piezas de esclavos, y dentro de un mes meteremos otros ocho o diez, con que aquella hacienda será de importancia")

"Matute, le hizo salir a lo de", XVI, 470 (se refiere a una rebelión contra España de Cartagena de Indias en 1642, y precisamente a un individuo que tuvo que salir de la ciudad "a manera de Matute" [no he logrado identificar a tal persona])

Matuyana, Antonio (capitán en Flandes), XVI, 401

Maubeuge (a 56 km. al NE de Cambrai), XIV, 208, 307

Maugiron, marqués de (mariscal francés), XVII, 424

Mauricio, conde (general de la armada holandesa en Brasil; sobrino del príncipe de Orange), XV, 16, 130

Maurizio di Saboya, cardenal (v. Saboya, Mauricio de)

Mauseroto, II conde de (Blasco de Alagón), XIX, 416 nota 154

Mausfelt (v. Mansfeld, conde Felipe de)

Maximiliano I (véase Baviera, elector-duque de)

Maximiliano [II], emperador, XIII, 357 nota 2 (nota equivocada: el padre de Carlos de Austria [n. 1615] no fue este Emperador [murió en 1576], sino Maximiliano Ernesto, hermano del emperador Fernando II, q.v.)

Maximiliano Cruz, Fernando (consejero áulico y camarero del Emperador), XIII, 399 (**1636**: nombrado plenipotenciario para las paces)

Maximiliano Ernesto (hermano del emperador Fernando II), XIV, 409; XV, 91

Máximo, Campo (cuartel de Francisco de Melo), XIX, 276

Maya, puerto de (puerto muy alto de los Pirineos, a 30 km. al sur de Bayonne y cerca del puerto de Col Otsondo, con un castillo desde el cual se ve el terreno hacia Bayonne), XV, 305-307 (tenía una guarnición de tres compañías viejas, Carranza, Sepúlveda y Diego González, gobernadas por el capitán Pedro Lanz, que con la ayuda de los "bastaneses, rayo y azote de toda la Francia", rechazó un ataque de miles de soldados franceses)

Mayalde, conde de (v. Esquilache, príncipe de)

Mayenne, duque de (embajador de Francia en Madrid), XIX, 447 nota 353

Mayntingen (lugar en una selva de Hesse), XV, 492

Mayor, calle (v. Madrid)
– Campo (v. Campo Maior)
– Canaria (isla), XV, 262
– Canciller (cargo que asumió el marqués de Castrofuerte), XV, 211
– castillo de Corte (Parma, Italia), XIII, 501
– Colegio [de San Bartolomé], (Salamanca), XVI, 205; XVIII, 48
– Corte (cuartel en el Piamonte), XIII, 499, 519
– Iglesia (v. Iglesia mayor)
– isla (en el Guadalquivir [Sevilla]), XVI, 251
– Lago (v. Maggiore, lago)
– palacio (v. Madrid)
– plaza (v. Madrid), XIV, 64

Mayordomo y Mayordomo mayor (v. Crosby, *Índice de apellidos, títulos y oficios...*, Apéndice sobre los mayordomos)

Mayorga (a 55 km. al SE de León y 72 km. de Valladolid), XV, 453

Mazara [del Vallo], obispo de (ciudad en el extremo SO de Sicilia; v. Santa Cecilia, cardenal de la), XVIII, 463 (**1647**: el archimandreta de Sicilia, hecho obispo de Mazara [v. Gaetano Moroni, *Indice*])

Mazarin, cardenal Jules Raymond (1602-1661; nació en Italia; estudió en Roma y en Alcalá de Henares [doctorado en *utroque iure*, en 1628]; viaje a Madrid para acompañar a su amigo Girolamo Colona, futuro cardenal [1619-1621]; capitán de las tropas del Papa en la guerra de la Valtelina [1625-1626] y en la de la sucesión de Mantua [1628-1630]; amigo de Giulio Sachetti, comisario de las tropas y futuro cardenal; nuncio extraordinario en París, 1634-1635; apoyó la política de Richelieu; de nacionalidad francesa en 1639; hecho cardenal en 1641; antes de morir Richelieu en 1642, le recomendó al Rey como Primer ministro [1642-1661]; dirigió el Congreso de Westfalia, 1643-1648, que puso fin a la Guerra de los Treinta Años)
- XIII, 318 (**1635:** un mensaje del Papa al nuncio en Madrid fue despachado por Mazarin, nuncio extraordinario en París; en Madrid "toda la corte está alborotada")
- XV, 260 nota 2 (**1639:** Pablo Mancini, caballero romano, cuñado de Mazarin, relacionado con el príncipe Sanz, q.v.), 261 (la traición del príncipe Sanz, que había ido a Roma a ver a Mazarin), 422 (**1640:** la comunicación de Sanz con Mazarin, embajador de Francia en Roma)
- XVI, 48 (**1640:** pasó dos días con el príncipe Tomás de Saboya en Rivoli), 394, 474 (**1642:** mediador con el duque de Bouillon, en la entrega del estado de éste, el principado independiente de Sedán, a la corona francesa), 495 (**1643:** antes de m., Richelieu recomienda a Mazarin al Rey, y le sucede en la privanza)
- XVII, 20 (**1643:** disturbios en París, y le piden se devuelva todo lo quitado por Richelieu), 46 (presente en la lectura oficial que declara a la Reina de Francia regenta durante la minoría de Luis XIV), 47, 60 (privado poco popular por ser extranjero), 131 (queda por gobernador junto a la Reina), 136 (Luis XIII, antes de m., le hace padrino del heredero), 181, 282 (hace ofertas a Cataluña para que no regrese a España), 326 (la Reina le nombra superintendente de su casa), 378 (descubierta una conjura contra él), 382 (los franceses muy disgustados con Mazarin), 407, 438 (**1644**), 507 (muy enfermo)
- XVIII, 45 (**1645:** trata de impedir la entrada en Francia del cardenal Valencini [Achille d' Estampes de Valençay, q.v.]), 83 (intento de asesinato), 156, 252 (**1646:** desavenencias con el duque de Orleáns), 334 (él, la Reina y el Rey en Péronne, Lorraine), 365, 404, 476 (**1647:** trata de alejar de París al nuevo príncipe de Condé), 477 (le ofrcce al de Condé el gobierno de Cataluña y hacerlo conde de Barcelona)
- XIX, 20, 71 (**1647:** el duque de Orleáns le rechaza las armas de Francia), 78 (el Rey nombra a su hermano embajador de Portugal en Roma, pero el Papa le rechazó), 84 (el embajador francés en Roma pide que se haga cardenal al hermano de Mazarin), 145, 170 (**1648:** el pueblo de París se manifiesta por la paz y pide se le entregue a Mazarin), 207, 284 (**1642**) (variantes: Mazarini; Mazarino; Mazzarini)

Mazarin, secretario de, XIX, 171

Mazarino, Gil (maestre de Campo general del imperio), XV, 242, 274 (**1639:** lo derrota Bannier); XVII, 407 (**1643:** m. en la batalla de Tübingen), 423, 424; XIX, 389 nota 274, 424 nota 407 (var: Marrasino; Mazarin; Mazarino)

Mazo, P., S.J., XIII, 233

Mazola, Juan Andrea (partidario de los mosquetes en Nápoles), XIX, 99

Mazuelos, P. (dominico), XIII, 112

Meaux (a 45 km. al E de París), XVII, 47; XIX, 412 nota 47 (var: Meos; Meulx; Meux)

Meaux, obispo de, XVII, 47 (**1643:** limosnero mayor de Luis XIII), 48 (dijo la misa *pro infirmo* para el Rey, y le comulgó), 49 (dio al Rey el sacramento de la Unción Santa) (var: Meos; Meulx; Meux)

Mechan, conde de (con el archiduque Guillermo Leopoldo, asiste a la Emperatriz en el gobierno de Viena), XIV, 227

Mechelen (v. Malines)

Mechlemburgo (v. Mecklenburg)

Mechoacán (v. Michoacán)

Mecklenburg, "ducado de" (eran dos ducados contiguos: Mecklenburg-Schwerin y Mecklenburg-Güstrow [representaban dos ciudades], en el extremo N de Alemania frente al mar Báltico; compartieron la ciudad y puerto importante de Rostock; conquistados por el emperador Fernando II en 1629, y recuperados por Gustavo II Adolfo, rey de Suecia, en 1631; en 1648, cedidos a Suecia), XIV, 226, 235, 377 (var: Mechlemburgo; Midelburgo; Miquelburgo; Miguel Burgo)

Medellín (a 37 km. al este de Mérida), XVII, 252, 289

Medellín, V conde de (Pedro Portocarrero, mayordomo mayor de Felipe III), XIX, 432 nota 505, sin fecha y parcialmente equivocada: se refiere a una carta de 1644 (XVII, 505)

Medellín, VIII conde de (Pedro de Portocarrero, casado con María Beatriz de Meneses, marquesa de Villareal, hija del marqués de Villareal, q.v., y heredera de su hermano el duque de Camiña), XIII, 7 (**1634:** cañas en la corte)

– XV, 257 (**1639:** desterrado)

– XVI, 94 (**1640**) y 210 (**1641:** Felipe IV le nombra duque de Camiña: v. Villareal, marqués de, y Camiña, duque de)

– XVIII, 16 (**1645:** lo hacen de la Cámara con ejercicio)

– XIX, 73, 75 (**1647:** se enfrenta el VIII conde de Medellín con el conde de Orgaz), 124 (desterrados él y el conde de Orgaz), 149 (**1648:** penas impuestas a ambos), 458 nota 124

Medellín, VIII condesa de (María Beatriz de Meneses, hija del marqués de Villareal, q.v.; en 1642, mujer del VIII Conde, q.v.; debe de haber m. en 1644 o antes: v. la ficha que sigue y Crosby, *Índice de apellidos, títulos y oficios...*)

Medellín, VIII condesa de (Ana de Córdoba y Cardona, hija del conde de Prades, q.v.; tercera mujer del VIII conde de Medellín, q.v., probablemente en 1644; camarera mayor de la Infanta, 1644, y futura Reina, 1648), XVII, 505; XIX, 149, 432 nota 505 (nota parcialmente equivocada)

Medellín, marqués de, XVI, a216

Mediavilla, P. Francisco, S.J., XVI, a77

Medici, Carlo d' (1595-1666; hermano del gran duque Cosimo II, q.v., y tío del gran duque Fernando II, q.v. [XIV, 294]; hecho cardenal en 1615; protector de España [1635]; decano del Colegio Sagrado de Cardenales [1652]; participó en los conclaves de 1644 y 1655)

– XIII, 371 (**1636:** "han hecho protector de España al cardenal de Medicis, aunque no con este nombre, por la prohibición que hay; mas la sustancia es la misma" [el protector representaba los intereses del país y sustituyó al embajador])

– XIV, 231 (**1637:** el Rey manda al de Castel Rodrigo "que trate de alteza al señor cardenal de Medici, como también lo harán los cardenales españoles"), 234, 372-373 (**1638:** bula del Papa sobre el poder real de los protectores; "son estas bulas contra españoles"), 375 (el cardenal de Medicis dice que se han concluido las paces entre el Emperador y los suecos) (var: Médicis)

Medici, Cosimo II de' (1590-1621; gran duque de Florencia, **1609-1621**; padre de Fernando II, q.v., y hermano del cardenal Carlo, q.v.), XVI, 380 (en **1635** el gran duque era Fernando II, no Cosimo II); XIX, 408 (se repite el error anterior)

Medici, Fernando II de' (1621-1670; hijo del gran duque Cosimo II y sobrino del cardenal Carlo [XIV, 294]; gran duque de Florencia y de Toscana; partidario de Felipe IV)
- XIII, 254 (**1635**: Milán le pide socorro contra los franceses), 346 (envía tropas al ejército español en Milán)
- XIV, 24 (**1637**: le comunican condiciones de paz entre el de Parma y España), 25 (intenta convencer al de Parma sobre las paces con España), 52 (mediador entre el de Parma y España), 149 (m. el Papa [noticia errónea: el papa Urbano VIII murió en 1644]; el Duque puso en alerta a sus tropas), 288 (**1638**: excomulgado), 294 (su sobrino, el cardenal), 325 (conflicto con el Papa por tierras), 326, 331 (participa en la liga de Italia con Venecia y otros ducados), 335 (concurre a una junta en Liorna con otros notables), 347 (enfrentamiento militar con el Papa), 436
- XV, 91 (**1638**: su hermano derrota a los suecos en Pomerania), 208, 215 (**1639**: su hermano, el príncipe Matías, general de la mar), 416 (**1640**: la Liga de los ducados italianos contra el Papa)
- XVI, 380, 456 (**1642**: su hermano, "generalísimo de la mar" de la armada española), 480, 484 (con tropas hacia Urbino)
- XVII, 147, 201, 308 (**1643**: la liga de potentados italianos con este Duque a la cabeza contra el Papa), 352, 385, 443 (**1644**), 503
- XVIII, 63 (**1645**: preparaciones contra Francia), 281 (**1646**: Francia no admite su neutralidad), 299, 316, 317 (se declara neutral), 327, 373, 474 (**1647**)
- XIX, 88 (**1647**: da Puerto Ferraro a los franceses) (var: Gran Duque; Médices; Médicis)

Medici, Giancarlo de' (1611-1663; segundo [no tercer] hermano menor del gran duque Fernando II, q.v., y el regente de la vicaría de Nápoles; sobrino del cardenal Carlo de' Medici y hermano del cardenal Leopoldo de' Medici; general de la mar y Príncipe de la mar en 1638 [título equivalente al de generalísimo]; hecho cardenal en 1644; v. Salvador Miranda)
- XIV, 242 (**1637**: generalísimo del mar)
- XV, 89 y 94 (**1638**: el duque de Tursis salió de Florencia "para tomar el homenaje al Príncipe...del cargo de general de la mar"), 215 (**1639**: prepara galeras en Liorna como príncipe de la Mar)
- XVI, 456 (**1642**: su armada se junta con la de España), 476 (Príncipe de la Mar; va de Italia a Zaragoza), 480 (**1642**: se le espera en Zaragoza; v. el comentario y las reminiscencias de Quevedo en Crosby, *Nuevas cartas,* p. 87, líneas 20-24, y p. 224, nota 21..22)
- XVIII [en las fichas que siguen, "el cardenal de Florencia" puede referirse a Giancarlo de' Medici, ya cardenal de Florencia, o a su tío el cardenal Carlo de' Medici, q.v.], 44 (**1645**: los franceses degollaron a "un monseñor muy rico, porque tenía correspondencia con el cardenal de Florencia"), 83 (por medio del cardenal de Florencia, el Papa indultó a uno que en Francia había intentado asesinar al cardenal Mazarín) (var: Giovanni Carlo; Juan Carlos; Matías; Matías d' Medici)

*Medici, Marie de' (n. 1573, m. 1642; hija del gran duque Francesco [1541-1587]; esposa de Enrique IV y reina

de Francia; madre de Luis XIII y regente durante su minoría, años 1610-1617)
- XIII, 27 (**1634**: regresa a Francia por no poder sufrir las insolencias de su hijo, duque de Orleáns), 116 (le visita el Infante-Cardenal en Bruselas), 390-391 (**1636**: escribe al Papa pidiéndole que sirva de intermediario con su hijo, Luis XIII), 478
- XIV, 50 (**1637**: su hijo el duque de Orleáns reclama su regreso a Francia), 56 (entrevista con los duques de Orleáns y Soissons), 169-170 y la nota 1 (para satisfacer a la Reina, el Conde-Duque prendió en Madrid a Monsieur de Ronchas, q.v., embajador de la Reina), 171, 260, 321
- XV, 60-61 nota 1 (**1638**: piensa escapar a Inglaterra; luego con pretexto de ir a tomar baños en Aspa [sic: v. Aspelt], se pasó a Holanda, con "tan buena intención como Judas"), 77 (octubre: llega a Londres), 79 (en Inglaterra), 104-105 (sus quejas), 95 (dice un inglés que ella piensa volver a Bruselas), 106 nota 1 (Gayangos comenta la cronología retrasada), 120 (diciembre: noticia retrasada: la Reina madre llegó a Inglaterra), 126, 130 (los estados holandeses disgustados por haberla recibido el de Orange)
- XVI, 48, 49 (**1640**: la Reina madre pasó de Inglaterra a Utrecht)
- XIX, 305 y 312 (**1642**: m. en Colonia), 354 (Ronchas, agente suyo en Madrid) (var: Reina madre)

Medici, Matías de' (error por Giovanni Carlo de' Medici, q.v.)

Medicis, Rafael de (teniente de maestre de Campo general en Extremadura), XVIII, 200 (**1645**: teniente general en el ejército del marqués de Leganés), 413 (**1646**: m. en combate cerca de Telena, aldea o arrabal a 6 km. al oeste de Badajoz)

Medina (nombre de dos ciudades de la provincia de Valladolid, Medina del Campo, q.v., y Medina de Ríoseco, q.v.), XIV, 402; XV, 114; XVII, 417

Medina (nombre de una ciudad en la Arabia Saudita, a 330 km. al N de La Meca, y quizá de otras fuera de España y África), XVII, 501 (1640: "están señalados...para Medina el P. Vallejo y P. Guillermo, si no se apresura la misión de África"; palabras en una carta de un jesuita a otro)

Medina, colegio de (Valladolid), XIII, 83; XV, 321 (**1639**: P. Juan Antonio Velázquez, S.J., rector del Colegio de Medina; por ahora, vicerector interino del Colegio de Salamanca)

Medina del Campo (a 40 km. al S de Valladolid), XV, 113, 311

Medina de Ríoseco (a 38 km. al NO de Valladolid; señorío de los almirantes de Castilla), XV, 103; XVI, 172 (var: Ríoseco, a secas)

Medina, Bartolomé (maestre de Campo y gobernador de Tortosa), XVI, 343

Medina, Cristóbal de (teniente de maestre de Campo general, m. en 1635), XIII, 356

Medina, Cristóbal de (secretario de Felipe IV), XIV, 66 (1637)

*Medina Conde y Herrera, Cristóbal (seudónimo de Cecilio García de la Leña, q.v.)

Medina de Ríoseco, V duque de (v. el IX Almirante de Castilla)

Medina de Ríoseco, V duquesa de (Luisa de Padilla Sandoval y Padilla, hija del I duque de Uceda, q.v., casada con el IX Almirante de Castilla, q.v.), XV, 20 (**1638**: carta de su esposo sobre Fuenterrabía), 24, 32, 54 (Luisa de Padilla); XIII, 368 nota 4 (nota errónea: ella no era hija del duque de Cea)

Medina Sidonia, casa de, XVI, 304

Medina Sidonia, VII duque de (Alonso Pérez de Guzmán el Bueno, q.v., 1549-1615; grande de España de primera clase; casado con Ana de Silva y Mendoza, hija de la princesa de Éboli; padre del VIII duque y de

Alonso Pérez de Guzmán, el Patriarca de las Indias, q.v.; abuelo del IX duque, q.v.), XIX, 397 nota 237

Medina Sidonia, VIII duque de (Juan Manuel Pérez de Guzmán el Bueno, 1579-1636; grande de España de primera clase; casó con Juana de Sandoval y Rojas, hija del Cardenal-Duque de Lerma, q.v.; hermano del Patriarca de las Indias, q.v., y padre del IX duque, q.v.), XIII, 51, 439 (**1636**: hacen a su hermano arzobispo de Sevilla); XVI, 101

*Medina Sidonia, IX duque de (Gaspar Pérez de Guzmán el Bueno, duque desde 1636 y grande de España de primera clase; se casó con su tía Ana de Aragón y Pérez de Guzmán; ella m. en 1637, y en segundas nupcias casó el Duque con su prima Juana Fernández de Córdoba en 1640; en 1641 intentó alzarse rey de Andalucía con la ayuda de su cuñado, Juan, VIII duque de Braganza y nuevo rey de Portugal, con quien estaba casada la hermana de Medina Sidonia, Luisa María Francisca de Guzmán, q.v., 1613-1666, pariente del Conde-Duque; en 1642 el IX Duque estuvo preso en el castillo de Coca)

– XIII, 469 (**1636**)
– XIV, 257, 266 (**1637**: del consejo de guerra en Ayamonte), 266, 283, 284 (en la junta de Badajoz), 309, 310 (**1638**: el obispo de Faro le asegura la obediencia de Portugal)
– XV, 118, nota (**1638**), 329 (**1639**), 340, 373, 382 (**1640**: m. en Flandes su hermano, el marqués de Fuentes), 501 (capitán general de la armada del Océano [tenía a su cargo las defensas de las plazas españolas en las costas de África: v. La Mamora y Larache])
– XVI, xv-xvi (el proceso contra el Duque; desafía al de Braganza), 43 y 60 (intermediario de paz en el desafío de los duques de Ciudad-Real y de Maqueda), 101, d161-163 (**1641**: el Conde-Duque le envía dos cartas), 162, d163-164, 170, 171 (confiesan él y el marqués de Ayamonte), 189, 201, 202, 232, 233 (**1642**: mercedes del Rey a sus delatores), 238 (en un papel satírico, "Prodigios del año pasado de 1641"), 239 (le detienen), 278, 298 (se refiere a Sanlúcar de Barrameda), 313, 349, 386 (manifiesto), 415-416 (recibe una carta anónima en que le decían, "que va a morir"), 467 (preso), 495 (**1643**: sus estados y rentas embargadas), 498 (el marqués de Ayamonte condenado)
– XVII, 8 (la duquesa gobierna los estados), d51-52 (la acusación del fiscal en contra del duque de Medina Sidonia),
– XVII, a53-56 (su respuesta al fiscal), 68 (sus parientes piden gracia al Rey), 83, 174 (Francisco de Robles le toma la confesión), 189 (su desafío al duque de Braganza), 198, 253, 359, 440, 441, 447 (**1644**: incomunicado)
– XVIII, 40 (**1645**), 61 (prisión de su secretario, Luis del Castillo, q.v.), 71, 109, 123, 130 (**1645**: enfermo de cuidado), 141 (la Duquesa le visita en el castillo de Coca), 267 (**1647**), 371 (licencia para ir a Valladolid)
– XIX, 150 (**1648**: su tío, el patriarca, no acepta el arzobispado de Valencia), 282, 309, 368 (su causa ante el Consejo de Castilla), 393 nota 501 (véase Guzmán el Bueno) (var: el de Medina)

Medina [Sidonia], duquesa de (Juana Fernández de Córdoba, hija de los marqueses de Priego y marquesa de Villamanrique, q.v.; prima del IX duque de Medina Sidonia, con quien se casó en 1640), XVI, 440 (**1642**: en Montilla con su padre el marqués de Priego); XVII, d253-254 (**1643**: del P. Gaspar de Sobremonte sobre el caso de su marido), 356, 440

Medina de las Torres, I duque de (Ramiro Núñez Felípez de Guzmán, ¿1612?-1668; hijo de Gabriel Núñez

de Guzmán, q.v.; duque desde 1626; marqués de Eliche [1625], II marqués de Toral; duque de Mondragón; en 1648, duque de Sanlúcar [la Mayor; v. la ficha de "Sanlúcar la Mayor, I duque de"]; conde de Arzacollar; casó primero con María de Guzmán y Zúñiga [q.v.], 1609-1626, hija única del Conde-Duque; la segunda vez con Ana Caraffa y Aldobrandino, princesa de Stigliano, q.v.; y la tercera vez con Catalina de Guevara, IX condesa de Oñate, q.v.; tesorero general del gobierno de Cataluña desde 1628; consejero de Estado; canciller de las Indias; virrey de Navarra y de Nápoles; gentilhombre de la Cámara y sumiller de Corps)
- XIII, 7 (**1634**), 58, 80, 90, 92 (en Roma se deshace el casamiento con la princesa de Stigliano: noticia al parecer errónea: v. XIII, 241), 147 (**1635**), 241 (se casará con la Princesa de Stigliano, la más rica y noble de Nápoles; sucederá al conde de Monterrey como virrey de Nápoles), 242, 296, 349, 361 (**1636**), 375 ("Medina", error por "Módena"; v. XIX, p. 378 nota 376), 382, 397 (le embargan algunas rentas), 406, 407, 411, 434, 435 (su casamiento suspendido por el Rey), 456, 459-460 (llega a Nápoles; consigue el virreinato)
- XIV, 92 (**1637**), 110, 135 (le envían a dar enhorabuena al nuevo Emperador) 238, 261, 266, 276 (toma posesión del virreinato de Nápoles), 291 (**1638**: desterrado el marqués de Palacios, su primo), 294, 345, 352 (altercado con el de Monterrey), 371, 399, 406, 412 (le nace su segundo hijo varón)
- XV, 58 (**1638**), 93 (junta con el cardenal Borja), 128 (socorre y hospeda en Nápoles al hijo del rey de Dinamarca), 219 (**1639**: mayordomo mayor del Rey), 238, 260 (el príncipe de Sanz, q.v., degollado por traidor), 261, 268, 298, 422 (**1640**), 469, 478 (m. su hermana, la mujer del Condestable)
- XVI, 21, 51, 200 (**1641**: retira tropas de la frontera), 303 (**1642**: consejero de Estado), 481
- XVII, 9 (**1643**: sobre el gobierno interino de Nápoles), 28, 171 (le llaman con prisa a Cataluña), 225, 308, 315 (plenipotenciario a Alemania, a la dieta de Münster), 308 (virrey de Nápoles, pero le llaman a España), 374 (nombrado delegado para las paces de Münster), 445 (**1644**), 468 (se retira a Castelnovo), 475, 504-505 (m. de parto la princesa Stigliano, su mujer)
- XVIII, 125 (**1645**), 132 (embajador ordinario en Roma), 265 (**1646**), 284, 346
- XIX, 73 (**1647**), 98-99, 155 (**1648**: uno de los pretendientes al legado del Conde-Duque), 173 (en el pleito por la herencia del Conde-Duque), 190, 309 (**1642**: mayordomo mayor del Rey), 331, 355 (gobernador de Milán, con retención de Nápoles), 380-381 nota 398 (su caballerizo, Juan de Herrera) 393, 426-427 nota 468, 436 (variante de Medina de las Torres: las Torres; y var. de Eliche: Heliche; Liche)

Medinaceli, VII duque de (Antonio Juan Luis de la Cerda, n. Madrid, 1607 y m. Puerto de Santa María, 1671; descendía por línea directa de varón del primogénito de Alfonso X el Sabio, el infante Fernando de la Cerda; grande de España de primera clase; VII conde del Puerto de Santa María y VI marqués de Cogolludo, caballero de Alcántara, comendador de la Moraleja, caballero del Toisón de Oro y gentilhombre de la Cámara de Felipe IV y Carlos II; consejero de Estado y de Guerra, virrey de Aragón en 1639 y virrey y capitán general de Valencia en 1641-1642; en 1664 capitán general del mar océano y costas

y ejércitos de Andalucía; sobre su ascendencia, su mujer, sus hijos y su gran amistad con Francisco de Quevedo, v. Crosby, *Nuevas cartas...*, índice)
- XIII, xvi; XIV, 347
- XV, 178 (**1639:** le dan el virreinato de Aragón), 191, 288 (toma posesión de los estados de la duquesa de Montalto), 374 (**1639:** el arresto de Quevedo en su casa), 411 (**1640:** Quevedo preso en León y el Duque desterrado de la corte)
- XVI, 32, 43, 44 (en Sevilla), 256
- XVII, 7 (**1643:** da un donativo a la corona), 99 (protesta del papel en defensa del Conde-Duque), 158, 159 (su hija concertada en matrimonio con el primogénito del duque del Infantado)
- XVIII, 136, 391 (**1646:** pide licencia al Rey para vivir en el Alcázar de Sevilla); XIX, 414 nota 99

Mediterráneo, mar, XIII, 11; XV, 167, 192, 236, 309, 423; XVI, 76, 385; XVII, 31

Medolla (a 45 km. al NO de Bologna), XIV, 378 (var: Medola)

Medrano, alférez, XV, 438

Medrano, Bernardo de, XVI, a498

Medrano, P. Juan de, S.J., XIV, a451 (1638: al P. Fabián López sobre la situación en Navarra y la amenaza de una invasión del príncipe de Condé); XVII, d215-217, 294

Medrano, Pedro (capitán de la nave capitana de Vizcaya), XV, 373

Meedor, coronel, XIV, 377

Meensal (villa cercana del río Tauber, q.v.), XVIII, 178

Meerbecke (v. Meirelbecke)

Meilleraie, duque de (Carlos de la Porte, primo hermano y cuñado de Richelieu; mariscal de Francia en 1639, par de Francia, capitán general de la artillería)
- XV, 276 (**1639:** su ejército entra en Flandes), 277, 291, 485 (**1640:** participa en la toma de Arras)
- XVI, 289 (**1642:** le quitan el gobierno de las armas en favor del conde de Harcourt)
- XVII, 438 (**1644:** al mando de un ejército), 495 (escapa de Gravelingas con el hermano del Rey tras la derrota militar)
- XVIII, 429 nota 1 (**1646:** Luis XIII le nombra mariscal de la Meilleraie)
- XIX, 371 y la nota 2 (**1642:** le otorga el Rey la dignidad de gran condestable de Francia [pero afirma Gayangos en nota que Luis XIII suprimió aquella dignidad en 1627]), 425 nota 438 (var: Lamillere; Meilleraye; Millore; error: duque [de Harcourt])

Mein, río (v. Main)

Meirelbecke (a 45 km. al NO de Bruselas y 7 km. al S de Gent), XVII, 113 (var: Malbrech; Meerbecke; Meerbeke)

Meissen (provincia del elector de Sajonia en la Alemania oriental, al NE de Plauen y E de Leipzig; en las *Cartas* no se menciona la ciudad del mismo nombre de Meissen), XV, 368, 488, 490; XVII, 324; XVIII, 158, 179 (var: Mismia; Misnia)

Meixedo (pueblo a 4 km. al N de Bragança), XVII, 400 (var: Mejedo)

Mejía, H., XIII, 74

Mejía, P., XIII, 217; XV, 114

Mejía, Agustín, XVII, xii (en **1595**, al mando de un tercio de Flandes)

Mejía, Alonso (caballero de Mérida), XVIII, xxviii

Mejía, P. Alonso, S.J., (procurador general en Lima), XIII, 74, a218 (**1635:** al P. Pereira)

Mejía, Antonio (capitán en Flandes), XVI, 412

Mejía, Diego (v. Leganés, marqués de)

Mejía, Francisco (sobrino del P. Pedro González de Mendoza; casó con la III marquesa de Taracena), XIII, 354
- XV, 66 (**1638:** general de las galeras de Sicilia en el ínterin, por enfermedad del marqués del Viso), 118 (del Consejo de Guerra), 258, 263 (**1639:**

le obligan a acudir a su cargo), 375, 392 (acompaña al duque de Maqueda a Cataluña), 417
- XVI, 174, d285-286 (**1642**: carta de Felipe IV), 291 (por error, dice Pedro Mejía), 300 (se desposa por poderes con la III marquesa de Taracena, q.v.)
- XIX, 365 (**1642**: m.), 371 (pésame del Conde-Duque al P. Rector Pedro González de Mendoza por la m. de su sobrino), 400 nota 291 (deudo del marqués de Leganés)

Mejía, Gaspar (v. Leganés, II marqués de)

Mejía, Pedro, XIII, 7 (juego de cañas); XVI, d291

Mejía, Tomás (gobernador del castillo de Lisboa), XVI, 110

Mejía de Contreras, Álvarez de Paz, Pedro (v. Molina de Herrera, II conde de)

Mejía Carrillo de Albornoz, Gonzalo (v. Guardia, V marqués de la)

Mejía Carrillo de Albornoz, Rodrigo (v. Guardia, IV marqués de la)

Mejía de Guzmán, Diego (v. Leganés, I marqués de)

Mejía de Tovar y Velásquez, Pedro (v. Molina de Herrera, I conde de)

Mejía Guzmán y Spínola, Ambrosio Ignacio (obispo de Oviedo, 1665-1668; de Santiago de Compostela, 1668-1669; y de Sevilla, 1669-1684; m. 1684), XIX, 413 nota 82

Melander (capitán principal del Palatino del Rhin), XIV, 424 (var: Malender; Melender)

Melander, [Pedro] (de Hesse; v. C. V. Wedgwood, índice), XV, 220 (1639: "cabo de los suecos", 454 (1640: general de los weimareses, un cuerpo de cuatro bajo Bannier, q.v.)

Melchor, Bernardino (calabrés; capellán del nuncio Lorenzo Campeggi), XV, 66, 307 (**1638**: se niega a saludar al nuncio nuevo, Faquinetti), 310, 315 (**1639**: las fuentes de su repentina riqueza)

- XV, 316 (**1639**: le dan una canongía de Toledo en premio a la información que proveyó)
- XIX, 389 nota 316 (roba al obispo de Senogallia [quien era el nuncio Laurentio Campeggi, q.v.], la cifra secreta para escribir a Luis XIII, y otros documentos secretos)

Melchor, Íñigo, XIX, 432 nota 14 (v. Bernardino Melchor)

Meldi (antiguo nombre de Meaux, q.v.)

Meldola (a 75 km. al NE de Florencia), XVI, 487, 488

Melender (v. Melander)

Melestadio (Turingia, Alemania), XV, 493, 494

Melestart (lugar en una selva de Hesse), XV, 492

Melfi (v. Amalfi)

Melgar, conde de (primogénito del IX almirante de Castilla), XV, 76 (**1638**: en el bautizo de la Infanta), 159; XVIII, 465 (**1647**: m. su padre; el Rey le da al hijo el título de X almirante "en vida")

Melgar, Ossera y Módica, conde de (v. la ficha anterior y la del IX Almirante de Castilla)

Melgar, Antonio de (capitán), XVI, 169; XVII, 397

Melgar, Juan de (capitán de mosqueteros en la Moymenta, q.v.), XVI, 169

Melgarejo, Diego (capitán), XIV, 214 (1637: m.)

Melilla (puerto de Marruecos a 220 km. al E de Tetuán; posesión española), XVI, 34

Melin, Mr. (capitán borgoñón), XIV, 466, 470 (1638: m.)

Melito, conde de (virrey de Nápoles), XIV, 229

Melito, princesa de (título usado por los descendientes de Ruy Gómez de Silva, consorte de la princesa de Éboli, q.v., y que en la primera mitad del siglo XVII estaba unido al de los duques de Pastrana, q.v., de apellido Silva y Mendoza), XIII, 497; XVI, 238; XVII, 440; XIX, 399 nota 237

Melmeno ([sic]: lugar de Alemania), XV, 493

Melo, Alonso (capitán), XIV, 215

Melo, Álvaro de (general de la artillería de Flandes), XVII, 130

Melo, Antonio de (hermano del militar Juan de Melo), XVI, 157

Melo, Francisco de (1597-1651; de la casa de los marqueses de Ferreira [su padre fue primogénito del Marqués; véase la *Grande enciclopédia*..., IV, 1048a y b, y XVI, 801a, 1ª línea]; Felipe IV le hizo "duque de Braganza y grande de España a él y a un hijo suyo" [XVI, 420], y "grande personal de España" [XVIII, 271] y del Consejo de Estado [XIII, 217; XIV, 346; XIX, 307], conde de Assumar, marqués de Villescas y marqués de Tordelaguna; casado con Antonia de Villena, q.v.; miembro del Consejo de Portugal y de el de Guerra, embajador de España en Roma y luego en Viena, donde le sorprendió la Revolución de Portugal en 1640; fue nombrado capitán-general de Sicilia, y de Aragón y de Cataluña; gentilhombre de la Cámara; Lugarteniente y Capitán general de los Países Bajos y de Borgoña; embajador extraordinario en el Imperio alemán; al mando del ejército español en la batalla de Rocroi en mayo de 1643; a diferencia del homónimo que sigue, permaneció fiel a España; murió en Madrid.

– XIII, 176 (**1635**: embajador de España en Génova; más tarde, en Alemania), 216-217 (embajador a los príncipes de Italia; le dan el título de conde), 280-281 y 297 (llega a Italia como embajador extraordinario), 302, 385-386 (**1636**), 399 (gobernador interino de Milán), d400, 405, 440, 455, 495 527 (Melo va a Alemania "a los tratados de paces")

– XIV, 54 (**1637**: encuentro secreto con el de Leganés y otros), 94 (parte para Colonia), 95, 225 y 262 (de Flandes a Alemania con una embajada extraordinaria), 278 (con Diego de Saavedra Fajardo, trató con el Emperador sobre la guerra del próximo año; volverá a Milán como gobernador), 330, 341-342 (**1638**: en Madrid da cuenta de su embajada ante el Em-perador), 345, 349, 351, 362 (a Milán como maestre de Campo general, con disposición absoluta), 366 (gobernador de las armas de Milán y plenipotenciario de paz), 384, 410, 417

– XV, 67, 80, 89, 93 (para defenderse contra los franceses en Santhià, q.v., Melo y Juan de Garay fortificaron a Vercelli, a 70 km. al O de Torino), 100, 103 (virrey de Sicilia), 109, 157, 187 (**1639**: acudirá en socorro del Emperador a la Alsacia), 204 (capitán general de Milán), 254 (logra negociar el donativo de Nápoles al Rey), 344 (se reune en Turín con otros nobles para tratar de la guerra), 425 (**1640**: fortifica a Sicilia ante posible ataque turco)

- XVI, viii (sobre la victoria de Châtelet; v. la Bibliografía), 21 (sustituye al de Leganés), 85 (nombrado uno de los gobernadores interinos de Flandes a la muerte del Infante Cardenal [XVII, xxiii]), 87, (en St. Omer), a221-222 (**1642**: escribe desde Ayre; los franceses rinden la villa), 310, 339 (sale de Amberes y se establece en Lens), 341, 342 (se le juntan tropas del conde de Lamboy), 347 ("estaba para entrar... abrasando y talando la Picardía, para hacer reclamo al rey de Francia; escribe como bravo portugués"), 351 (ocupa Lens y está sobre Arras), 364 (cerca a Arras), 370, 388 (ocupa dos puestos entre Arras y Francia), 392 (victoria sobre los franceses), 393, a396-415 (diario de Melo, 397-410; detalles sobre su toma de La Bassée: el diario de Melo, 397-410), 398, 402, 405, 407, 409-410 y la nota 2 (sus condiciones para la rendición de La Bassée [v. la Bibliografía]), 412 (victoria de Melo y los españoles en la batalla de Châtelet [v. la Bibliografía]), 420 (**1642**: le hacen grande de España a él y a un hijo suyo, y le conceden el ducado de Braganza, q.v.), 421 (le hacen marqués de Tordelaguna), 422 (se encamina a sitiar a Landresi), 478 (pide a las provincias ayuda para la campaña), d501-502 (**1643**: le escribe el Rey sobre el Conde-Duque), 501 nota 1 (v. la ficha de "Torrelaguna o Torrecusa, marqués de")

- XVII, 23, 113 (pérdida de la batalla de Rocroi, q.v.), 129, 130, 133 (vuelve a entrar en Francia), 144, 148 (con el de Beck, toma a Landresi y Cambresi), 153, 162, 163, 164 (los holandeses desaprovechan la ocasión para atacarle), 180 (trata de socorrer a Thionville), 202 (parte el Saxo de Gante), 222 (los franceses toman a Thionville), 229, 238, 244 n 1), 406, 420 (**1644**: en 1643 despachó al Emperador 4.000 hombres de socorro contra los del duque de Enghien, q.v.), 425 (en Bruselas se celebró la victoria de Tuttlingen, q.v.), 426, 429, 466, 477 (pide dinero en Amberes), 485, 507 (camino a Madrid)

- XVIII, 19 (**1645**: pide a los estados que escriban al Rey sobre su buen gobierno), 28, 209 (le proponen para un cargo dejado por Silva), 271 (**1646**: el Rey le hace "grande personal" y del Consejo de Estado), 378, 389 (en Zaragoza), 402 (acompaña al de Leganés a Badajoz), 456-457 (**1647**: le hacen general)

- XIX, 132 (virrey de Aragón), 133 (**1647**: le dan las armas de Cataluña), 149, 153 (**1648**: parte para Cataluña con su corte), d176, 208, 249 (**1642**: en campaña para sitiar a Arras), 250, 253 (gana a La Bassée: v. XVI, 396-415), 255, 261, a262 (carta al Rey: la victoria de Châtelet:XVI, 412), a272 (al conde de Monterrey, sobre de Flandes), 277, 278 (entra en Francia), 287 (toma a Landresi), 288, 292 (por qué no pasó adelante de Châtelet), 303, 304, 306 (en Sedán), 307 (le hacen grande de España, duque en Portugal, marqués de Castilla), 321, 334, 340, 343 (derrota a los franceses), 344, 345 (toma a Sedán), 362, 424 (sobre la batalla de Tuttlingen)

Melo, Francisco de ("Um dos primeiros fidalgos que insistiram com o duque D. João de Bragança para que se pusesse à frente da Revolução de 1640" [*Grande enciclopédia...*, XVI, 801a, primera ficha completa]; una vez establecido D. Juan IV como rey de Portugal, nombró a Melo embajador en Francia, en cuya corte tuvo basante éxito; volvió a Portugal en 1642, y el Rey le nombró de su Consejo, montero mayor, y general de la caballería del Alentejo [v. en la Bibliografía, bajo Melo, la "Copia de la carta..." del "general portugués" mandando a los de Extremadura a que "se entreguen al rey don Juan"])

- XVI, 94 ("cabeza de los Melos", en contra del rey de España), 101, 112
- XVII, 244 (1643: para los españoles, era el "general del enemigo")
- XVIII, 93 (1645: según el P. González, m. "de repente" en Lisboa el que había sido "uno de los siete principales de la conjuración de Portugal"), 192 (v. Melos, los) (var: Ferreyra)

Melo, Francisco Manuel de (portugués; 1608-1666; historiador y poeta que sirvió brevemente en el ejército en Flandes y en Cataluña. En 1638 publicó su libro titulado *Política militar*, y en 1639 pasó tres meses en el ejército en Flandes antes de volver a Madrid en 1640, y pasar a Cataluña, donde recogió materia para su más famoso libro en español, la conocida *Historia de... [la] guerra de Cataluña*, Lisboa, 1645; en Inglaterra en 1642 se pronunció a favor del rey don Juan IV de Portugal, y en 1649 empezó a redactar las *Epanáforas de Vária História*, publicadas en Lisboa

en 1654 (v. el artículo extenso en la *Grande enciclopédia...*, XVI, 802b-805b, y los decenios de libros de Melo registrados en el *General Catalogue...* de la British Library de Londres, tomo 152, columnas 206-209)
Melo, Jorge de (embajador de los portugueses en Cataluña), XVI, 112
Melo, Juan de (militar; hermano de Antonio de Melo), XVI, 157
Melo, Martín Alfonso de (general portugués), XVIII, 311
Melo y Garay (v. Melo, Francisco de [conde de Assumar], y Garay, Juan de: XV, 89)
Melos, los, XVI, 94 y XVIII, 93 (se refiere a "los siete principales de la conjuración de Portugal")
Melpómene (musa de la tragedia), XV, 142, 154
Mella, Alonso de (gobernador de la Puebla de Sanabria durante la guerra contra Portugal), XVII, 396, 397, 398, 399, 400, 401, 402
Memoranci; Memoranse; Memoransi (v. Montmorency)
Memso, princesa de (¿de Mónaco?), XV, 290
Mena, P., S.J., XIII, 112
Mena, Andrés de, XIV, 204; XVII, 157 (**1643**: multado y desterrado por su memorial sobre el Conde-Duque)
Mena, Diego de (capitán), XIV, 214 (**1637**: m.)
Mena, lic. Juan de (oidor de Indias; sobre los datos contradictorios, v. XIX, 430-431, nota 497), XVI, 223 (**1642**: noticia de su m.); XVII, 475 (**1644**: lo jubilan), 493, 497 (**1644**: m.)
Mena, Velázquez de (v. Velázquez)
Mencos, Cristóbal de, XVI, a416
Mencos, Martín Carlos [de] (teniente general de la armada), XVI, 301 (**1642**: se defiende de cargos); XVII, 196 (**1643**), 232 (derrotado por la armada francesa); XIX, 418 nota 196
Méndez, P. Cristóbal, S.J. (de Montilla), XIX, d188

Méndez, P. Juan, S.J., XVII, 394 (**1643**); XVIII, 354, a419 n 1 (**1644**), d490-493 (**1647**)
Méndez, Sr. Sebastián, XIV, d321 n 1 (**1638**); XIX, d65 (**1647**: de Martín de Zuaznalax), d214 (**1648**: de la marquesa mayor: resumen del texto)
Méndez, P. Simón, S.J., XIX, a243
Méndez de Acosta, Pedro (capitán de la infantería española en Italia), XVIII, 381, 384
Méndez de Cabrera, Sebastián (cura de la parroquia de San Vicente, q.v. [Madrid]), XVI, 156
Méndez de Haro, Luis (v. Haro, Luis)
Méndez de Haro, Gaspar (v. Haro y Guzmán, Gaspar de)
Méndez de Haro y Sotomayor, Diego (v. Carpio, V marqués del)
Méndez de Vasconcelos, Juan (caballero portugués que sirvió en Irlanda)
– XIII, 155 (**1635**: le prometen encomienda dc la Orden de Cristo)
– XVIII, 192 (**1645**: capitán general de las armas rebeldes de Portugal) (var: Vasconcellos)
*Méndez Silva, Rodrigo (portugués; publicó relaciones)
Mendichafarra (judío), XVI, 97
Mendieta, Pedro de (quemado por sodomita; v.Mendizábal, Sebastián de), XIII, 541; XIV, 26
Mendiola, carmelita, XV, 131
Mendiola, Gregorio de ("natural de Corcobadonga", q.v., lugar ficticio), XV, 146, 147 (juego de cañas en el Buen Retiro)
Mendiola, H., XV, 132, 155
Mendiola (en un cartel se lee, "Mi musa se llama Mendiola"), XV, 141
Mendizábal, Gregorio de (alcalde de Corte), XIV, 286
– XVI, 124 (**1641**: detiene a Pedro de la Mota), 215-216 (le hacen del Consejo de Castilla)
– XVII, 152 (**1643**: realiza leva de tropas en Córdoba), 446 (**1644**: en la reforma de las comedias)

- XVIII, 229 (**1646**: le hacen presidente de la sala de alcaldes), 502-503 (**1647**: muy enfermo), 506 (m.);
- XIX, 150 (**1648**: su hija se casa con un regente de Navarra)

Mendizábal, H., S.J., XIII, 233

Mendizábal, Sebastián de (paje del conde de Saldaña), XIII, 541; XIV, 26 (**1637**: quemado por sodomita, junto a Pedro Mendieta, q.v.)

Mendizábel, alcalde (véase Mendizábal, Gregorio de)

Mendo, P. Andrés, S.J. (jesuita "autorizado y competente"; participó en las disputas con otras órdenes)
- XIII, vi (sus cartas al P. Pereira de Sevilla), ix (sus sarcasmos contra otras órdenes religiosas), a10 (**1634**), a15, a23, a25, a27, a33, a37, a51, 53, a57, a61, a65, a72, 82, 87 (informa sobre alborotos en Salamanca), 90 (sobre la m. de Antonio Moscoso, privado del Infante-Cardenal), a91-2 n 1, a94, a107, 114, a119 (**1635**), a141 n 3 (sobre la huída de Bruselas del hermano del rey de Francia), a146 n 1 (sobre la ejecución de Puylorens), 161, a165 n 1, a174, 189 (censuran su correspondencia con el P. Pereira), 264, a311, a319, 321 (m. Diego Bonal), 338 (sobre Juan de Isassi), a340, a343, a350, a351 (**1636**), a407 nota 1 (sobre el duque de Medina de las Torres), 429 (sobre el conde de Fuenclara), a547-548 nota 1
- XIV, v, a8 (**1637**), a43, a79 nota 1 (murió el P. Gaspar de la Figuera), a150 nota 1, a185, a268, a353 nota 1
- XV, 321 (**1638**), a411 (**1640**), a475-476
- XVII, a417-419 (**1641**)

Mendoza, casa de, XV, 389 (**1640**: hacen Grande al marqués de Hinojosa, Juan de Mendoza y Alvarado)

"Mendozas, dos cabezas" (en una carta al duque del Infantado, Quevedo le alaba diciendo que, "a V.E. le ven con dos cabezas, Mendozas y Sandovales", XVII, 158

Mendoza, familia de los (v. Aragón, almirantazgo de, y Sigüenza, obispo de (Francisco de Mendoza, m. 1623); Hinojosa, I marqués de la (Juan de Mendoza y Alvarado); López de Mendoza, Íñigo)

Mendoza (Juan de Espino, q.v., difamador de la Compañía, alega que "Suárez, Mendoza, y del Río" son "herejes"), XVII, 218

Mendoza, P., S.J., XIII, 233 (**1635**: sobre los sucesos de Alejandría), 522 (**1636**: enfermo), 529; XIV, 164 (**1637**), 287 (**1638**), 327; XV, 346 (**1639**), 437 (**1640**); y XVII, 411 (**1644**: rumores de que sería general de la Compañía), 430
- XVIII, 33 (**1645**), 174 (en Roma), 213, 218 (**1646**: enfermo de gravedad), 230 (en el puerto de Mahón con el duque de Arcos), 234 (probabilidades de ser elegido general), 249 (entre los que llevan la resolución de la Congregación al Papa), 264, 275, 472 (**1647**)

Mendoza, P. Hernando de (en Sevilla, recibe una carta del P. Juan Bautista Poza sobre la suerte de Juan de Castro y Castillo, preso), XIV, d73 nota 1

Mendoza, Alonso de (en 1595, al mando de un tercio en Flandes), XVII, xii

Mendoza, Ana de (duquesa de Mandas, y mujer del VIII duque de Béjar), XIX, 450 n 397

Mendoza, Ana de (v. princesa de Éboli)

Mendoza, Ana de (VI duquesa del Infantado; casó primero con su tío, Rodrigo de Mendoza; luego con Juan Hurtado de Mendoza, que así vino a ser el VI duque del Infantado, q.v.), XIII, 368; XIX, 398 n 237

Mendoza, Andrés de (véase Almansa y Mendoza, Andrés)

Mendoza, Antonia de (marquesa de Almazán y condesa de Monte-Agudo;

esposa del VII conde de Altamira), XIX, 442 n 244

Mendoza, Antonia de (hermana del conde de Castro; m. repentinamente), XV, 180 (**1639**)

Mendoza, Antonia de (**1648**: casó con el IX conde de Benavente), XIX, 165

*Mendoza, Antonio de (1586-1644; poeta, dramaturgo y autor de relaciones; caballero de Calatrava y comendador de Zurita; secretario de los Consejos de la Cámara y la Justicia; del Supremo de la Inquisición)
- XIII, x, xvi, 90 (**1634**), 277, 482 n 1 (**1636**: contesta al manifiesto de Francia), 491 (autor de relaciones)
- XIV, 27 (**1637**: inventa el arbitrio del papel sellado [para el P. González, no lo inventó el P. Salazar, q.v.]), 40, 66 (juez de certamen literario)
- XV, 76 (**1638**), 255 (**1639**: le dan la secretaría de la Cámara de Justicia)
- XVI, a434 (versos)
- XVII, 237 (**1643**: su reyerta con Enrique de Guzmán), 444 (**1644**: el Rey le envía a visitar a Felipe de Silva, enfermo) (var: Antonio Hurtado de Mendoza)

Mendoza, Carlos de (v. Obasto, conde de)

Mendoza, Catalina de (dama de la reina Isabel de Borbón y hermana del IV marqués de Aytona, q.v.), XIV, 323 (**1638**); XVI, 498 (**enero, 1643**) y XVII, 413 (**enero, 1644**: se casa con el príncipe de Paternó, duque de Montalto, q.v.)

Mendoza, Diego de (capitán), XIII, 120; XIV, 213 (**1637**: herido en el sitio en Leucate)

Mendoza, Diego de, caballero de Calatrava, XVII, 404 (**1643**: había sido gobernador de Martos, luego Corregidor de Cuenca, y por "varios juicios... le venían siguiendo desde Cuenca", y "de noche junto a San Sebastián [le] tiraron un carabinazo" mortal (Pellicer, *Avisos*, III, 122); 413 (**1644**: prendieron por la muerte

a Gabino Penducho Carti, q.v., pero "tiénese por cierto que el Gabino está sin culpa" (var: Íñigo de Mendoza)

Mendoza, H. Diego de, S.J., XVIII, a302 (**1646**: sobre la absolución de los alcaldes de Granada)

Mendoza, Francisca de (sevillana recogida por el P. González), XVI, 99

Mendoza, Francisco de (hijo de Íñigo López de Mendoza [marqués de Mondéjar]), XIX, 398 n 237 (n de Gayangos: sobre sus prisiones y excentricidades, v. Luis Cabrera de Córdoba, *Relaciones...*; se casó con María Ruiz Colón de Córdoba, duquesa de Veraguas, marquesa de Guadaleste y Xamaica, hija y sucesora de Cristóbal de Cardona, almirante de Aragón; en tiempo de Felipe III fue almirante de Aragón; capitán general del ejército de Flandes [v. sus despachos en la *Colección de documentos inéditos...*, t. XLIII]; se retiró y tomó el hábito de San Benito; nombrado o-bispo de Sigüenza, 1622; m. 1623 sin sucesión; el almirantazgo pasó a Felipe Cardona, q.v., VI marqués de Guadaleste), XIX, 398 nota 237

Mendoza, Fulano de (general de un ejército embarcado en una flota de seis navíos en Lisboa, para socorrer las Azores), XVI, 273 (**1642**: se levantó una tempestad tan furiosa que todos se perdieron menos dos marineros)

Mendoza, P. Hernando de, S.J.
- XIV, d73 nota 1 (**1637**: del P. Poza)
- XV, d502 (**1640**: de Juan de Salazar desde Jerez)
- XVI, d61 (**1640**: de Joseph Vallejo sobre el desafío de los duques de Maqueda y de Ciudad Real), a446 (**1642**: desde Génova)
- XVIII, 206, 213, 217 (**1646**: involucrado en la elección del general de la Orden en la Congregación), 230, 472

Mendoza, Íñigo de (v. Mendoza, Diego de)

Mendoza, Isabel de (hija del III marqués de Montesclaros [virrey de Nueva España]; IV marquesa de Montesclaros y de Castel de Vayuela, y VII duquesa del Infantado [primera mujer del VII duque]), XIV, ii; XIX, 425-426 nota 439

Mendoza, Isabel de (primera esposa del conde de la Roca, q.v.), XVIII, xvi nota 1

Mendoza, Juan de (casado con Ana de Mendoza, VI duquesa del Infantado [segundo matrimonio de ella]), XIII, 368

Mendoza, Juan de (v. Hinojosa, marqués de la, y marqués de San Germán)

Mendoza, Lorenzo de ("caballero español conocido"), XIII, 288 (en la rendición del fuerte de la isla de Saint Honorat, Mendoza se encargó de los frailes de San Benito)

Mendoza, Luis de (veinticuatro de Granada), XV, 226

Mendoza, Miguel (testigo),XVIII, xxvii

Mendoza, Pedro de (capitán), XVII, 362

Mendoza, Pedro de (teniente general del ejército de Extremadura), XVIII, 200

Mendoza, P. Pedro de (quizás el mismo que Pedro González de Mendoza: v. la ficha de "González de Mendoza")
— XIII, 83 (**1634:** en Madrid para ocuparse de la prisión del P. Lerma), a202-205 (**1635:** a Antonio de Robles, en Roma, sobre el asunto de Alejandría de la Palla), 204, 233
— XVIII, 258 (**1646:** elegido asistente del P. Vicencio Garrafa, nuevo general de la Compañía), 264

Mendoza, P. Pedro González de (véase González de Mendoza, P. Pedro)

Mendoza, Rodrigo de (se casó con su sobrina, Ana de Mendoza), XIII, 368

Mendoza, Tristán de (caballero portugués), XVI, 112 (**1640:** nombrado embajador de Portugal para Flandes)

Mendoza y Alvarado, Juan de (v. Hinojosa, marqués de la, y marqués de San Germán)

Mendoza y Alvarado, [Ana] María de (v. Hinojosa, marquesa de la [se trata de la hija], y Aguilar, VIII conde de)

Mendoza y Cárdenas, Teresa Antonia (v. Cañete, VIII marquesa de)

Mendoza [y Rivera], Francisco de (obispo de Salamanca, 1616-1620; de Pamplona, 1621-1623; de Málaga, 1623-1626; y de Plasencia, 1626-1634; m. 1634), XIX, 448 nota 357

Mendoza la Vega y Luna, Catalina (v. Infantado, VIII duquesa del, casada con el IV duque de Pastrana, q.v.)

Menéndez, P. Sebastian, S.J., XIV, a292, d294

Menescal, Miguel (impresor en Lisboa, 1669-1700), XVI, 434

Meneses, Diego de (v. Díaz de Meneses, P. Diego)

Meneses, Duarte Luis de (v. Peñalva, marqués de)

Meneses, Fernam Telles de (v. Telles de Meneses, Fernam)

*Meneses, Fernando de (1614-1699; II conde de Ericeira, título que heredó en 1635 a la m. de su tío-abuelo, el I conde, q.v.; señor de Louriçal, comendador de Casével, consejero de Estado y de Guerra y gentilhombre de la cámara del infante don Pedro de Portugal; pasó a Madrid y Felipe IV le mandó a Italia con Francisco de Melo, conde de Assumar y gobernador de Milán; regresó a Portugal y sirvió al rey Juan IV en las batallas de Évora, Montijo, Valverde y Barcarrota; gobernador de Peniche, consejero de Guerra y en 1656 capitán general de Tánger), XIII, 155

Meneses, Francisco de (militar; apellidado Barrabás por su carácter turbulento; fue a Madrid con otros fugitivos de Portugal; primo de Lope de Meneses, q.v.), XVI, 329; XIX, 75, 190, 382 nota 429, 402 nota 329

Meneses, Don Fulano ("caballero portugués que había sido paje del Rey" [Felipe IV]), XIII, 429 (en una corrida de toros "anduvo bizarrísimo")

Meneses, Don Fulano de (caballero de Talavera), XVII, 148 (1643: le dan un título)

Meneses, P. Jorge de (hermano de Fernando de Meneses y Padilla, marqués de Alconchel, q.v.), XVII, 289-290 (1643: en Zafra durante las refriegas); XIX, 419-420 nota 292

Meneses, Juan de (caballero de Santiago; castellano de Perpiñán; del Consejo de Guerra en Madrid), XV, 325 y 424 (**1639**: preso "por haber trocado plata a más de la tasa"); XVI, 348 (**1642**: militar en la frontera de Portugal); XIX, 392 nota 424

Meneses, Lope de (primo de Francisco de Meneses, q.v.), XIX, 75, 382 nota 429

Meneses, María Beatriz de (hija del marqués de Villareal, q.v.; se casó con el VIII conde de Medellín, q.v.)

Meneses, Nicolás de (el general encargado del ejército portugués no se llamaba Nicolás de Meneses, sino Fernam Telles de Meneses: v. XVI, 336 nota 1, 337 nota 1, 356; XIX, 402 nota 336

Meneses, Pedro de (ayudante del VI duque de Alba), XVI, 361

Meneses y Padilla, Fernando de (v. Alconchel, marqués de)

Menho (v. el río Minho o Miño)

Menin (a 10 km. al O de Courtai y 18 km. al N de Lille), XVIII, 357 (aquí los españoles derrotaron a los franceses y les cortaron el paso a Saint Omer, q.v.), 403

Menochio, P., S.J. (admonitor del general de los jesuitas en Roma), XVIII, 264

Menor, isla (en el Guadalquivir [Sevilla]), XVI, 251

Menorca, XVI, 445; XVIII, 218, 243, 304; XIX, 302, 315

Mensa, Clemente (secretario del Consejo de Aragón por la parte de Cerdeña), XIX, 438 nota 175

Mentesa [Bastia] (ciudad romana del reino de Jaén, posiblemente La Guardia, a 15 km. al SE de la ciudad de Jaén), XIII, 45

Mentidero, el (barrio de Madrid), XVIII, 47

Meos (v. Meaux)

Mepatán ([sic]: lugar de Ceilán o India), XVII, 366 (los holandeses atacaron a los portugueses en Ceilán, pero éstos los rechazaron y les tomaron a Mepatán)

Meppen (plaza fuerte de la Frisia [oriental, q.v.], en el NE de Holanda, sobre el río Ems, a 20 km. al N de Lingen, q.v.; en 1638 lo tomaron los imperiales [véase Rotelet, barón de]), XIV, 414, 424, 434-435, 442 (1638) (var: Mepen)

Mequinenza, la artillería de (viene para el sitio de Lérida), XIX, 329

Mercader, Baltasar (teniente de maestre de Campo general en Flandes), XVI, 414; XIX, 265, 266

Mercado, el (barrio de Nápoles; v. Sillería), XIX, 112 (1647), 113, 114, 182

Mercado, plaza del (Nápoles), XIX, 50 (1647), 51, 52, 54, 102

Mercado, el (citas sin caracterización), XIX, 91 (1647), 96, 97, 101, 110,

Mercado, Gumiel de ("mayorazgo de Gumiel de Mercado", que pertenecía al cardenal-duque de Lerma; en 1643 adjudicado a favor de María de Sandoval, condesa de Santa Gadea, q.v.), XVII, 159 (1643)

Merced, campo de la (en la ciudad de Granada), XIX, 186

Merced, Nuestra Señora de la, XV, 294 (iglesia en Madrid)

Merced, Orden de la (son los Padres nolascos, q.v.), XIII, 156, 419; XVII, 65, 415; XVIII, 237; XIX, 153

– frailes, XIII, 116

– su padre general, el P. Salmerón (natural de Buendía, junto a Huete; predicador del Rey), XVII, 432 (**1644**: junta de superiores de órdenes religiosas); XVIII, 159, a366-367 (**1646**: sus cartas al Provincial de Castilla); XIX, 82 (**1647**: electo obispo de Trujillo en Indias, q.v.), 151 (**1648**: m.), 153, 261 (**1642**: elegido general de la Merced)
– el P. Boil, XVII, 412 (uno de los predicadores del Rey para la Cuaresma)
Mercí, Francisco (v. Mercy, F.)
Mercurio, duque de (v. Mercoeur)
Mercoeur, villa de (prov. de Auvergne, q.v.; feudo y estado ducal de la casa de Lorena, q.v.; véanse las fichas que siguen), XIX, 420 nota 326
Mercoeur, I duque de (Felipe Manuel; su hija casó con César de Vendôme [v. la ficha que sigue y la de Vendôme, duque de]), XIX, 420 nota 326 (var: Mercurio)
Mercoeur, II duque de (Luis de Vendôme, n. 1612, hijo de César de Vendôme, duque de Vendôme [q.v.], de quien heredó dicho título; fue también nieto del rey Enrique IV, y su madre fue hija del I duque de Mercoeur, q.v.), XIII, 493-494; XVII, 326 (exiliado); XIX, 420 nota 326, 494 nota 2 (Gran Prior de la Orden de San Juan de Jerusalén en Francia) (var: Mercurio)
Mercy, François, conde de Mercy (caballero lorenés; al mando con otro general francés en las batallas de Frankenthal y de Tuttlingen, q.v.)
– XVII, 424 (1644: en la lista de presos franceses de Tuttlingen figura como "teniente coronel de la guardia escocesa [del ejército francés]")
– XVIII, 157 (1645: "general [francés]"; [no murió: son datos equivocados: v. Turenne, vizconde de])
– XIX, 424 nota 407 ¶2 (uno de dos generales franceses al mando), 434 nota 69 [datos equivocados; v. la batalla de Frankenthal], 437 nota 140 [datos equivocados: no m.] (var: Merey; Mercí)
Mergenthal (no lo hallo en los repertorios; v. Marienthal y Mergentheim)
Mergentheim (a 95 km. al E de Mannheim y 85 al O de Nürnberg), XIX, 434 nota 69 (por error se sitúa aquí una batalla que tuvo lugar "cerca" del Rhin [XVIII, 69]; v. Frankenthal, a 5 km. del Rhin)
Meri, castillo de (lugar de Bélgica, posiblemente cerca de Gent), XVII, 113
Mérida, XIV, 257, 265, 282, 283, 309; XVI, 157, 158, 268-269 (v. la *Relación del disfraz de Mérida), 281; XVII, 255, 276, 441; XVIII, xv, xviii, xxvii-xxviii
aMérida, XVI, 267, 268, 281
Mérida [de España], Contaduría de, XVI, 156
Mérida [de Yucatán], obispo de, XIX, 21 ("fue prebendado de Burgos, y de allí salió para obispo de Indias")
Merinero, P. (general de la Orden de San Francisco, q.v.), XV, 293, 297, 411-412
Meringen (¿Mering, a 45 km. al O de Munich?), XVII, 423
Meringuel, marqués de (v. Molingen, marqués de)
Merlo, Agustín (pederasta milanés), XIII, 508
Merolles, Mr. de ("coronel francés de mucha reputación"; defendió a Trino, q.v., en el Monferrato), XV, 296 (preso cuando los españoles tomaron la ciudad)
Mértola (ciudad a 175 km. al SE de Lisboa), XVI, 138 nota 1 (su comendador era Fernando Martines Mascarenhas, de la Orden de Cristo)
Mesa (capitán), XIV, 163
Mesa, Alonso de (almirante a las órdenes de Lope de Hoces y Córdoba), XV, 15, 17 y 57, y la ficha de Rubín de Celis, Diego (1638: m. en un desastre naval) (var: Alfonso)
Mesa, Gaspar de (maestre de Campo en Cataluña), XVIII, 150 (1645: envia-

do con infantes y caballos a Flix, "plaza de muchísima importancia, aun que el castillo se defendía"; no obstante, Mesa lo tomó), 153 (variante: Mesa, Fulano de)

Mesías (figura bíblica), XVI, 96, 329; XVII, 493 (queman a Francisco de Vera, q.v., por negar su venida)

Mesina (la ciudad permanece fiel en el levantamiento de Sicilia), XIII, 296; XIV, 8, 9, 10; XVII, 121; XVIII, 63, 163, 427, 430; XIX, 38, 60, 83, 152, 164, 428 nota 468
– arzobispo de, XVIII, 463

Mesnich (pueblo recobrado por el Archiduque Leopoldo cuando en 1647 recuperó el pueblo de Aerschot, q.v.), XIX, 120

Mesopotamia, la, XIV, 377

Messía (v. Mejía)

Mesta, Consejo de (v. Consejo de Mesta)

Mestaini ([sic]; deletreo defectuoso del nombre de un general en Italia, enemigo del Emperador), XIV, 236

Mestre, Francisco (impresor de Valencia, 1677-1709), XV, 292

Mestricht (v. Maastricht)

Metz (a 70 km. al E de Verdún), XIII, 313, 314, 319, 331, 334, 343, 344, 392; XIV, 496 (var: Metz de Lorena; Mez; Mezt)

Meulx (v. Meaux)

Meursio, Juan (impresor de Amberes, 1632-1643), XIX, 453 nota 469

Meuse (se refiere al río que en el NE de Francia pasa de Neufchâteau por Verdún a Sedán y luego a Namur en Bélgica [en holandés, Mass]; a continuación consigno las plazas que el texto sitúa sobre el Meuse), XIII, 83 (Argenteau, q.v.), 371 (a 70 km. al O de Luxembourg); XV, 274; XVII, 114 (el río Sambra, q.v.), 130 (Rocroi) (var: Mosa; Mossa; Mouesa)

Meux (v. Meaux)

Mexía (v. Mejía)

México, XIII, 50, 90, 181; XV, 76, 97, 124, 125, 418, 434; XVI, 24, 77, 436, 509; XVII, 38, 42, 43, 347; XVIII, 448, 451; XIX, 153, 336-337
– arzobispo de, XIV, 339 (**1638:** a Francisco de Zapata se dice le harán arzobispo de allí), 354 (al obispo de La Paz le han hecho arzobispo de México); XVIII, 147 (**1645:** Juan de Palafox y Mendoza, q.v.); XIX, 152 (**1648:** Juan Manso [véase Manso, Juan]), 386 nota 76 y 439 nota 209 (Francisco Manso [v. Manso y Zúñiga, Francisco])
– ciudad de, XVIII, 450
– virreinato de, XV, 69, 117; XVII, 475; XIX, 391 nota 417
– virreyes de, XIII, 145, 168 y 185 (**1635:** el marqués de Cadereita), 396 (**1636:** se dice que se hace virrey el conde de la Puebla de Llerena); XV, 97 (**1638:** Cadereita, enfermo y le envían sustituto); XVI, a508 (el VI marqués de Villena [**1640-1642**], Juan de Palafox y Mendoza [**1643**, interino], y el II conde de Salvatierra [**1643-1647**]); XIX, 128 (**1647:** IV conde de Chinchón: propuesto para virrey de México), 412-413 nota 63 (sobre una defensa del VI marqués de Villena y su gobierno)

Meyne, Cornelis (capitán de un navío español), XIV, 124, 125 (variante: Meyni)

Mez (v. Metz)

*Mezeray, François E. de (s. XVII; historiador francés)

Mezquita, La (con Villabella, "cabezas de las Trieras"; villa a 58 km. al O de Puebla de Sanabria [en el NO de España hay otras siete poblaciones que llevan este nombre]), XIX, 324 (v. Monterrey [plan portugués...])

Mezt (v. Metz)

*Michelí y Márquez, José de (poeta y autor de libros sobre política y asuntos militares)

Michoacán, obispo de (México), XVIII, 450 (var: Mechoacán)

Middle-Hill (en el condado de Essex, Inglaterra), XIV, 137

Midelburgo (error por Mecklenburg, q.v.)
Miedes de la Huerta, Juan (del pueblo de Buenas Bodas, q.v.), XV, 145 (trompetero en unas fiestas de cañas en el Buen Retiro)
Miguel (capitán borgoñón), XIV, 470
Miguel (comendador de Barcelona) XVII, 180 (delegado a París)
Miguel Burgo (v. Mecklemburg)
Milagro, Nuestra Señora del (v. Nuestra Señora del Milagro)
Milán, XIII, 11, 14, 17, 24, 34, 45, 56, 65, 86, 88, 90, 94, 173, 176, 182, 183, 202, 204, 224, 230, 240, 245, 270, 278, 286, 293, 301, 302, 303, 311, 337, 338, 346, 366, 369, 386, 399, 400, 401, 404, 408, 424, 446, 447, 454, 455, 503, 526, 545, 546
- XIV, 2, 24, 25, 29, 30, 41, 48, 52, 54, 91, 162, 227, 236, 239, 241, 242, 243, 262, 266, 276, 290, 294, 299, 307, 314, 330, 339, 339, 351, 362, 366, 371, 377, 383, 384, 386, 387, 389, 433, 462
- XV, 67, 90, 109, 128, 165, 176, 186, 189, 204, 210, 218, 235, 237, 238, 254, 263, 345, 377, 398, 415, 415, 452
- XVI, 113, 126, 150, 152, 190, 208, 216, 446, 477, 478, 480
- XVII, xii, 9, 24, 37-38, 200, 389, 435, 446, 503
- XVIII, xi, xiv, xxiv, xxix, 37, 45, 58, 63, 69, 82, 86, 91, 137, 148, 164, 185, 201, 206, 222, 243, 251, 279, 304, 312, 336, 339, 341, 370, 386, 398, 411, 427, 457, 458, 469, 470, 471, 477, 478, 486, 490, 497
- XIX, 68, 70, 80, 83, 86, 93, 140, 147, 165, 196, 200, 204, 206, 357, 456 nota 506[b], 461-462 nota 263
aMilán, XVIII, 53; XIX, 144, 198
Milán, caballería de, XVII, ix
- arzobiuspo de, XIX, 154
- caballeros de, XVII, xx
- castellano de, XIII, 203; XIX, 197
- castillo de, XIV, 64; XIX, 193, 196, 197
- ducado de, XIII, 503; XIV, 164
- embajador extraordinario de España, XIX, 374 nota 7 (Antonio Portocarrero)
- estado de, XIII, 234, 252, 254, 269, 280, 301, 372, 374, 383, 399, 403, 410, 423, 475, 479, 482; XIV, 81; XVII, 8; XIX, 139, 283, 446 nota 335
- gobierno de, XIII, 405; XIX, 83
Milán, gobernador de,
- XIII, 25 (**1634**: el duque de Feria, fallecido), 197 (**1635**: el cardenal Albornoz, q.v.), 252 (será el de Leganés, q.v.), 399 (**1636**: el duque de Alcalá con el cargo político, Leganés con el militar), 533 (se reúne con el duque de Módena y el de Mantua)
- XVI, 501 (**1643**: el marqués de Torrechiuso)
- XVII, 373 (el conde de Siruela lo fue en el pasado), 443 (**1644**: el marqués de Velada)
- XIX, 85 (**1647**: el condestable de Castilla), 319, 355 (**1642**: el duque de Medina de las Torres, que también lo es de Nápoles), 385 nota 288 (Íñigo Vélez de Guevara, VIII conde de Oñate, [1597-1654], fue gobernador de Milán y también virrey de Nápoles), 438 nota 147 (el marqués de Velada [XVII, 200-201, **1643**]), 441 nota 243 (Luis Ponce de León, gobernador de Milán en **1645** [XVIII, 45, 63, 86] y también virrey de Navarra y de Galicia), 442-443 nota 262 (Luis Benavides Carrillo de Toledo, V marqués de Fromesta o Frómista)
Milán, gran canciller de, XIII, 399
- ministro superior de, XVIII, d53-58
- presidente de, XVIII, 5, 7
- virrey de, XIII, 403
Milanés, el, XVII, 9
Milanesado, el, XIII, 474; XV, 235; XVIII, 312
Milefax (teniente general del duque de Lorena; socorrió a La Motte, q.v.), XVIII, 68
Milicia, la (de Madrid), XIII, 509

Colección Támesis
SERIE B: TEXTOS, 52

ÍNDICE ONOMÁSTICO, TOPONÍMICO Y BIBLIOGRÁFICO DE LAS *CARTAS DE JESUITAS, 1634–1648*

Tomo II

La exactitud y la precisión de las noticias recogidas por los Jesuitas en estas cartas han sido elogiadas por historiadores de la talla de Gregorio Marañón y Pascual de Gayangos. Hace 16 años Crosby compiló este *Índice* para su propia utilidad al anotar una serie de 28 cartas desconocidas de Quevedo, redactadas en la cárcel. Decidió publicarlo al darse cuenta de que podría ser de gran utilidad a otros investigadores, ya que les ofrecía acceso fidedigno y comprensivo a las 3.451 páginas de los siete tomos impresos de la correspondencia de los Jesuitas españoles, que comprende un período importantísimo en la historia de Europa.

El *Índice onomástico, toponímico y bibliográfico* abarca el texto completo de los siete tomos y todo el aparato crítico de su editor, Pascual de Gayangos (siete prólogos, todas las notas a pie de página y otras 450 notas extensas al final del tomo VII). Todas las fichas de personas importantes llevan notas extensas sobre sus carreras.

JAMES O. CROSBY es profesor emérito en la Florida International University.

Tamesis

Founding Editor
J. E. Varey

General Editor
Stephen M. Hart

Editors
Charles Davis
Alan Deyermond

Advisory Board
Rolena Adorno
John Beverley
Efraín Kristal
Jo Labanyi
Alison Sinclair
Isabel Torres
Julian Weiss

JAMES O. CROSBY

ÍNDICE ONOMÁSTICO, TOPONÍMICO Y BIBLIOGRÁFICO DE LAS *CARTAS DE JESUITAS, 1634–1648*

Tomo II

TAMESIS

© James O. Crosby 2009

All Rights Reserved. Except as permitted under current legislation
no part of this work may be photocopied, stored in a retrieval system,
published, performed in public, adapted, broadcast,
transmitted, recorded or reproduced in any form or by any means,
without the prior permission of the copyright owner

The right of James O. Crosby to be identified as
the author of this work has been asserted in accordance with
sections 77 and 78 of the Copyright, Designs and Patents Act 1988

First published 2009 by Tamesis, Woodbridge

ISBN 978–1–85566–198–1
ISBN of two-volume set 978–1–85566–183–7

Tamesis is an imprint of Boydell & Brewer Ltd
PO Box 9, Woodbridge, Suffolk IP12 3DF, UK
and of Boydell & Brewer Inc.
668 Mt Hope Avenue, Rochester, NY 14620, USA
website: www.boydellandbrewer.com

El autor y la Editorial están en deuda con el Programa para la Cooperación
Cultural entre el Ministerio de Cultura de España y las Universidades de los
Estados Unidos por su ayuda en la financiación de los gastos de
la producción de estos dos tomos.

The author and publishers are indebted to the Program for Cultural Cooperation
between Spain's Ministry of Culture and the United States' Universities for
assistance with the production costs of these two volumes

A CIP catalogue record for this book is available
from the British Library

This publication is printed on acid-free paper
from camera-ready copy supplied by James O. Crosby

Printed in Great Britain by
CPI Antony Rowe Ltd, Chippenham and Eastbourne

ÍNDICE GENERAL

Tomo I

Prólogo vii
Nota bibliográfica y textual x
Cronología del contenido de cada tomo x
Lista de abreviaturas xi
Índice onomástico y toponímico de las *Cartas de jesuitas* y de las
    notas de Pascual de Gayangos 1–354

Tomo II

Índice onomástico y toponímico, continuado 355–610
Bibliografía de las obras impresas y manuscritas citadas en las
    Cartas de jesuitas y en las notas de Pascual de Gayangos 611
Índice alfabético de los títulos de las obras anónimas 675
"Relaciones" anónimas y otras del género narrativo 677
Lista de libros citados y de consulta 681

In loving memory of my brother,
John O'Hea Crosby (1926–2002),
Founder and General Director of
the Santa Fe Opera (1957–2000)

James O'Hea Crosby

Miller, Sieur de la (secretario de Estado de Francia), XVII, 46 (**1643:** hizo relación por mandado del Rey de su voluntad con respecto al gobierno de la nación)

Millones, junta de (v. Juntas)

Millore, general o Millore, Mr. de (v. Meilleraie)

Milord (tratamiento que se da en España y Francia a los caballeros de la nobleza inglesa; en Inglaterra se dice tanto "milord" como "my lord"), XVII, 257

Mina, castillo de la (noticia de su toma, posiblemente en la Guinea), XIV, 426

Minagroso (villa de Piamonte), XIII, 520 (1636: lo tomó Felipe de Silva)

Minden (a 56 km. al O de Hannover), XIV, 241 (var: Mindem)

Mínimos, Orden de los Frailes (v. San Francisco de Paula)

Ministro, P., XIII, 23 y XIV, 342 y XVI, 173 (sacerdotes mencionados en las cartas)

Ministro, P., XV, 138 y 139 (personaje de un relato literario)

Miño, el (río de Galicia que pasa por Lugo, Orense, Ribadavia y Mirmado [villa "por do el Miño divide a Galicia de Portugal"], y desemboca en el Atlántico), XVI, 201; XVII, 449; XIX, 325, 327 (var: Minho)

Miñano, Antonio (rejoneador), XIV, 39 (corrida de toros en el Retiro)

Miñarro, Fernando (célebre bandolero de Murcia), XVIII, 467; XVIII, 479 (degollado)

Miquelburgo (v. Mecklenburg)

Mir (ministro de Cataluña y oidor de Barcelona), XVI, 71

*Miraball y Forcadell, Vicente (su historia de Tortosa acreditó el "nombre que lleva la ciudad" en 1641, de "fidelísma" a Felipe IV durante la rebelión de Cataluña)

Mirabel, III marqués de (Antonio Dávila y Zúñiga, del Consejo de Estado; m. 1650 [XIX, 434 nota 39, 435 nota 103 y 454 nota 485])

– XIII, 416 (**1636:** mayordomo mayor del Cardenal-Infante), 431

– XIV, 6, 271 (**1637:** perdonado por el Rey; embajador extraordinario en Alemania), 291 (**1638:** desterrado junto con otros por tahúr y por murmurar contra el gobierno), 305, 431 (sale para Flandes), 446, 447

– XV, 177, 179, 212, 221

– XVII, xxiii (del Consejo de Guerra en Flandes)

– XVIII, 39 (**1645:** el Rey lo nombra presidente del Consejo de Órdenes), 103, 130, 134 (multado, y es posible que deje la presidencia), 388 (**1646:** será mayordomo mayor de la Infanta [Margarita de Saboya, duquesa de Mantua]), 485 (reconcilia al de Leganés y al de Sessa)

– XIX, 124

Mirabel, marquesa de, XIV, xi nota 2, y 263 (1637: por parte del Rey, salió a Barajas a recibir a la duquesa de Chevreuse), 265, 271, 274

Mirabel, Antonio (consejero de Nápoles), XIX, 97

Mirabet, castillo de (v. Miravet)

*Miraflores, marqués de (s. XIX; historiador)

Mirallo, marqués de (título concedido en 1625 a Francisco de Valdés y Cardona), XIV, 291 (1638: desterrado por tahur)

Mirallo, marquesa viuda de, XV, 258

Miralpeix, Mr. de (general de la caballería francesa en Leucate), XIV, 251 ("ventajoso soldado" que m. en la defensa de la ciudad contra una invasión española)

Miranda [do Douro] (villa portuguesa a 35 km. al O de Zamora, en la orilla occidental del Duero y cerca de la frontera con España), XVI, 309; XVII, 396

Miranda (torero), XIX, 79

Miranda, conde de, XIII, 7; XIV, 185 (**1637:** en una Junta sobre los disturbios de Portugal), 407 (su hija, priora de un convento de unas monjas de la

Encarnación); XV, 193 (**1639:** le permiten regresar a Portugal)
Miranda, Antonio de (alcalde de Casa y Corte), XVIII, 397
Miranda, Fr. Diego de (confesor del marqués de Ayamonte), XIX, 220
Miranda, P. Pedro de, S.J., XVII, d123-124 (1643: carta de Francisco de Quintanadueñas Alvarado sobre el cuerpo del Infante-Cardenal en Burgos)
Miranda [do Douro], (a 35 km. al O de Zamora), XVI, 309; XVII, 203-204 (véase su obispo electo, Teodoro Manuel), 396; XIX, 417 nota 191
Miranda Enríquez, Luis de (capitán mayor de Évora), XVIII, 311
Miravel (v. Mirabel, III marqués de)
Miravet, castillo de (a 25 km. al E de Gandesa), XVII, 19
*Mireo, Auberto (historiador belga)
Mirmado (villa "por do el Miño divide a Galicia de Portugal"), XIX, 325 (v. Monterrey [plan portugués...])
Mismia o Misnia (v. Miessen)
Mistinghen (maestre de Campo sueco), XVII, 406, 408
Mitiano, abad Nicola, XIX, 110 (1647: Masanielo mandó que le degollaran)
Moch ("la ordinaria plaza de armas de los holandeses", "a tres leguas" del fuerte de Schenk, q.v.), XIII, 265 (**1635:** "he sabido hoy de buen original que el Infante[-Cardenal] la había tomado")
Módena, XIII, 354 (**1636:** las tropas de Módena se juntan a las de Leganés), 399 (cesan los encuentros con Parma); XV, 79, 295 (**1639:** llegan tropas de Módena a Barcelona); XVI, 480 (**1642:** en liga con Venecia y Florencia), 483 (en la liga además Parma y Génova); XVII, 444 (**1644:** afectada por epidemia); XIX, 84 (**1647**), 334 (**1642:** en liga contra el Papa con Parma, Venecia, Florencia y Lucca)
Módena, cardenal de (v. Este, Rinaldo d')

Módena, duque de (Francisco I d' Este, 1610-1658; duque de 1629-1658, y duque de Reggio; en los años de 1635 hasta febrero de 1646, los Jesuitas indican en sus cartas que el Duque y su hermano el cardenal Rinaldo d' Este, q.v., eran partidarios de España [XIII, 303, 310]; hicieron un viaje a España donde los recibieron con suma alegría y el Rey les honró repetidamente [XV, 18, 61-62, 84]; sin embargo, a principios de 1646 el Duque y el Cardenal se declararon por Francia, noticia que naturalmente sorprendió y ofendió a los españoles [XVIII, 276 y 280]; sobre la guerra de Castro con el Papa, v. las fichas de "Módena" y "Castro, ducado de")

– XIII, 303 y 310 (**1635:** "se ha declarado por España"), 312, 337 (envía tropas a Milán, al servicio de España), 346, 375 (acomete al de Parma con 2.000 hombres y le derrota "Medina" [error por "Módena"]; v. XIX, 378 nota 376 [por error]), 384, 519, 533 (**1636:** se reúne con el gobernador de Milán y el duque de Mantua)

– XIV, 331 (**1638:** en la liga italiana de señorías y potentados), 335 (en una junta en Liorna con duques italianos y otros dignatarios), 398, 399 (le esperan en Barcelona), 405 (le acompaña a España su hermano, ahora arzobispo de Tarragona, pero no confirmado por el Papa), 412, 416

- XV, 18 (**1638:** en Barcelona, con gran gasto público en su recepción), 58, 61-62 (en Madrid, gran recibimiento por el Rey), 63, 66, 68, 75 (padrino en el bautizo de la Infanta), 78, 81, 84 (antes de partir le confieren el Toisón, títulos de generalísimo de los dos Océanos, de virrey perpetuo de la India Oriental, y cuantiosas pensiones), 85, 88, 91, 94 (parte con Melchor Borja hacia Génova), 96, 103, 126 (que gobernaría las armas de Perpiñán), 179 (**1639:** "vuelve a Es-

paña con 4.000 hombres, por capitán general de Cataluña"), 180, 184 (levanta gente para entrar en tierras del Papa), 193 (no viene a España por eventos relacionados con su padre, dispensado del voto religioso y vuelto al poder), 210, 237, 239, 242 (envía tropas al marqués de Leganés), 252 (las bulas confirmando a su hermano [Rinaldo d' Este], q.v., como arzobispo de Tarragona), 254, 324 (avisa de la ejecución del príncipe de Sanz), 415 (**1640:** un hermano suyo nombrado general de la caballería del estado de Milán)
- XVI, 8 (en los disturbios de Barcelona y "contra todo derecho", los de Santa Coloma de Farnés degollaron el tercio de Módena), 26, 134 (**1641:** las supuestas capitulaciones del Duque inventadas por el traidor Miguel de Molina), 136, 484 (**1642:** en campaña para recobrar Ferrara), 485
- XVII, 201 (**1643:** se enfrentan sus tropas a las del Papa en Nevantola), 352 (pide componenda con el Papa en cuanto a saqueos)
– XVIII, 276 (**1646:** su hermano, el cardenal d'Este, se declara por Francia), 280-281 (el Duque se declara por Francia, junto al de Parma), 305
– XIX, 139 (**1647**), 144, 146 y 197 (en **1647** y **1648** el Duque peleó con los españoles; v. Salvador Miranda), 378 nota 376, 443 nota 280 (var: Francisco d'Este)
Módena, duquesa de, XV, 26
Módena, embajador de, XIII, 512; XIV, 294 (1638: llega de Nápoles)
Mogol, el Gran (titular de la dinastía musulmana en la India, siglos XVI-XIX), XV, 88, 167, 304, 380
Mogor (v. Mogol)
*Mogrovejo, Juan de (genealogista)
Moguer (a 22 km. al O de Huelva), XIX, 277
Moguncia (v. Mainz)
Moimenta (pueblo a 20 km. al SO de Puebla de Sanabria, hoy en Portugal),

XVI, 168 (de dos pueblos de estos nombres en esta región, el texto indica que es el que está cerca de Hermisende, no el que está cerca de Guinzo (var: Armisenda; Moymenta)
Moisés (en el testamento satírico del Conde-Duque, de 1642), XIX, 131
– ley de, XVII, 419, 493
– rabí y almosnino (v. Moisés ben Baruch, almosnino)
*Moisés ben Baruch, almosnino (autor rabínico del siglo XVI; v. la ficha de "Nación")
Mojica, Antonio de (capitán), XIV, 214 (1637: m. en el sitio de Leucate)
Mojica, Mariana de (dama de la reina Isabel de Borbón, casada con el I conde de Castronuevo, q.v.)
Mojica, Ventura (militar), XIV, 29
Molan (capitán), XIV, 470
Moles (prov. de Lérida), XVI, 8, 10
Moles, Alejandro (maestre de Campo en Leucate, q.v.), XIV, 216
Moles, Leonardo (napolitano, hijo de Marco Antonio de Moles, q.v.; maestre de Campo del tercio de napolitanos en la villa de Santa Coloma de Farnés, q.v., al que algunos historiadores atribuyen el levantamiento de Cataluña; m. 1641, de un cañonazo)
– XVI, 8-10 (saqueó el país, por lo cual los de la villa quemaron la casa del alcalde [v. Monrodó], y los soldados incendiaron la población)
– XIX, 446 nota 335 (para la biografía de Moles, v. Parrino, *Il genio...*)
Moles, Marco Antonio (barón de Turi), XIX, 447 nota 335
Molina [de Aragón] (a 150 km. al SO de Zaragoza y 131 al N de Cuenca; las más de las fichas omiten "de Aragón", pero en cada caso el contexto indica que se trata del viaje de Felipe IV en el verano de 1642 de Madrid a Cuenca, luego a Molina de Aragón y al fin a Zaragoza)
– XV, 477 (**1640:** los soldados pasaron de Madrid a Molina de Aragón, camino a Cataluña)

- XVI, 376, 391 (**1642:** el viaje del Rey a Aragón, pasando por "Cuenca", "Molina" y "Zaragoza"), 419, 421, 426-427, 432-433 (en Molina de Aragón ocurrió el incidente del disparo al coche del Conde-Duque; v. Elliott, *The Count-Duke...*, 634)
- XIX, 260 (**1642**), 281, 283, 290, 299, 351, 404 nota 377

Molina, conde de (v. Molina de Herrera, I conde de y II conde de)

Molina, marqués de (al mando de un tercio en Flandes en 1642; desconozco su nombre de pila, pero el título fue concedido en 1535 a Luis Yáñez Fajardo, caballero de Santiago, primogénito del I marqués de los Vélez; en 1645 el III marqués de los Vélez conservaba el apellido de Fajardo), XIX, 354

Molina, Juan Antonio de (alcalde del Crimen en Granada), XVIII, 300, 301; XIX, 444 nota 300

Molina, Juan Malo de (capitán), XIV, 214

Molina, Miguel de (escribiente de Lorenzo Coqui, secretario del Nuncio pasado, Lorenzo Campeggi; preso y sentenciado), XV, 407, 440 (**1640:** escapa de la prisión y le vuelven a prender); XVI, 133-135 (**1641**)

Molina de Herrera, [I] conde de (título otorgado en 1627 a Pedro Mejía de Tovar y Velázquez, oriundo de Villacastín; caballero de Santiago; de la Junta de Guerra de Indias y mayordomo del Infante-Cardenal; m. 1637), XIII, 335 (**1635:** la casa del Conde); XIV, 40, nota (**1637:** mayordomo del Cardenal-Infante), 167 (m.; llevan su cuerpo a Villacastín); XIX, 335, 384 nota 40

Molina de Herrera, [II] conde de (Pedro Mejía de Contreras, Álvarez de Paz, oriundo de Villacastín; caballero de Alcántara; maestre de Campo en Rosellón; sirvió en Fuenterrabía; consejero de Guerra y de Hacienda y gentilhombre del Infante-Cardenal; gobernador de Cádiz; en 1655 Diego Saavedra Fajardo le dedicó un libro)
- XIV, 51 (**1637:** el hijo del conde de Molina [de Herrera] va a servir a Navarra con una compañía de caballos)
- XV, 222 y la nota 1 (**1639:** ofrece al Rey habilitar 1.500 soldados; coronel de este tercio; lista de sus oficios), 342 (mandó un tercio de Nápoles en el sitio de Salsas), 366 (mejora su herida), 369, 431 (**1640:** mozo de valor en Fuenterrabía y Salsas; le mandan a Flandes a servir con un tercio)
- XVIII, 228 (**1646:** viniendo de Villacastín, en el puerto de Guadarrama una borrasca de nieve volcó su coche y m. tres criados suyos)

Molingen, marqués de (flamenco), XVII, 463; XVIII, 172, 200 (**1645:** maestre de Campo general en el ejército del de Leganés), 297 (**1646:** intentó saquear y quemar Villaviciosa), 374, 353, 377, 410, 425; XIX, 81 (**1647:** renuncia su puesto de general de caballería), 178, 428 nota 473 (var: barón; Meringuel; Molinghen; Molinguen)

Molinos (nombre de varias poblaciones en España, pero es posible que aquí no se trata de un pueblo de España), XVII, 427

Mombasson, duque de (v. Montbazon, duque de)

Momblanh (v. Montblanch)

Momilian, plaza de (Saboya), XV, 164

Mommarté, Juan (impresor de Bruselas, 1588-1662), XIII, 486 (variante: Montmarté, Juan)

Mompahon, José de (gobernador de Alessandria de la Palla), XIII, 501

Mompeller (v. Montpellier)

Mon Gaston, Pedro de (véase Mongastón)

Mónaco, principado de, XIII, 282, 441; XIV, 95, 228; XV, 63; XVI, 148, 277 (1642); XVIII, 222; XIX, 315 (variantes de Mónaco y de Munich, ya que "se llamaron antiguamente 'Monachium'": XIII, 441 nota 1: Monachio; Monachium; Monacho; Monaco)

Mónaco, príncipe de (Honorato II Grimaldi, 1604-1662 [en 1419 la familia genovesa de los Grimaldi adquirió la posesión definitiva de Mónaco]; príncipe soberano; marqués de Campagna, conde de Canosa, caballero del Toisón de Oro; hasta 1641 gozó de la protección española con una guarnición del mismo país y el título de generalísimo de los dos Océanos, pero en ese año el príncipe firmó un tratado secreto con Luis XIII de Francia)
- XV, 84 (**1638**: honrado con el Toisón de Oro y el título de generalísimo de los dos Océanos)
- XVI, 201 (**1641**: renuncia a la protección española por la francesa), 207, 277 (**1642**: detalles de su acuerdo con Francia), 335
- XVII, 382 (**1643**: Monseñor Grimaldi, su hermano: nuncio en Francia)
- XIX, 284 (**1642**: se ve en Perpiñán con el rey de Francia), 394 nota 207 (razones de su acción con España)

Monarquía, la, XVII, 8 (1643 [después de la caída de Olivares]: "quien gobierna la Monarquía son cuatro, con quien se junta S.M., que llaman la junta del Rey que son Borja [el cardenal Gaspar de Borja y Velasco], Monte-Rey [Manuel de Acevedo y Zúñiga, VI conde de Monterrey], Oñate [Íñigo Vélez de Guevara y Tassis, "el viejo", V conde de Oñate], y Castañeda [Sancho de Monroy, marqués de Castañeda], y estos dos postreros son los dueños de la Monarquía")

Monasterio, marqués de (Ottavio Centurione, agente de la señoría de Génova en la corte española)
- XV, 98, 207 (**1639**), 214 (embajador interino de Génova en España); XVI, 303 (**1642**: nombran a su sobrino, Domingo Centurione, Contador principal), 432 (firma la consulta para bajar la moneda); XVIII, 86 (**1645**), 499

Monbéliard (a 60 km. al NE de Besançon), XIV, 196 (su gobernador, par de Francia, quiso tomar a San Hipólito, q.v.) (var: Monbelgrado)

Monblanc (v. Montblanch)

Moncada, P., S.J., XIII, 65; XVI, 173

Moncada, conde, XIV, 66 (1637: uno de cinco jueces en un certamen de poesía en Madrid)

Moncada, Catalina de (hermana del IV marqués de Aytona; dama de la reina), XIII, 484; XV, 262 (**1639**: con tercianas)
- XVI, 476 (léase, Montalto, q.v., no Montalvo; v. la p. 498), 498 (**1643**: el VII duque de Montalto, q.v., viene a Madrid a casarse con Catalina de Moncada)
- XVII, 413, 434 (**1644**: su boda moderada por luto a raíz de la m. de la princesa de Esquilache), 441
- XIX, 411 nota 478 (error por 476, y otra vez por error, Montalbo)

Moncada, Francisco (véase Aytona, III marqués de)

Moncada, Guillén Ramón de (v. Aytona, IV marqués de)

Moncada, Magdalena de (hermana del IV marqués de Aytona; se casa con el conde Aguirre), XIII, 270, 484

*Moncada, Dr. Sancho de (ensayista y traductor)

Moncada, Aragón y de la Cerda, Luis Guillén de (v. Montalto, VII duque de)

Moncaler o Moncalera (v. Moncalieri)

Moncalieri (a 6 km. al S de Turín), XV, 456-458 (v. la ficha de Chieri), 461 (var: Moncaler; Moncalera)

Moncalvo (pueblo entre Vercelli y Asti, en el Monferrato), XV, 292; XVI, 190

Monçarlbarba (v. Monzarlbarba)

Monclosis (maestre de Campo general francés; m. en Tuttlingen), XVII, 407 (por error, Gil por Gen'l), y en la nota 3: var. errónea: Montosier [según

Juan Baños de Velasco, q.v.]; XIX, 424 nota 407

Monclova, conde de la (Antonio Portocarrero de la Vega, caballero de Santiago; mayordomo mayor de la reina Isabel de Borbón y del príncipe Baltasar Carlos)
- XIV, 40 (por error, Mondova), 319, 337
- XV, 257 ("mayordomo de semana")
- XVIII, 328 (1646: muy enfermo en Zaragoza)
- XIX, 444-445 nota 328 (var: Mondova)

Monclus, P., S.J., XVIII, 210 (1645: m.)

Mondéjar (a unos 45 km. al S de Guadalajara), XVIII, 371

Mondéjar, marqués de (Íñigo López de Mendoza; título concedido en 1512 a su homónimo: XIX, 450 nota 398), XVIII, xxviii (testigo); XIX, 398 nota 237 (estuvo casado con Ana de Aragón; su hijo fue Francisco de Mendoza, q.v.)

Mondevi (v. Mondovi)

Mondidier ("villeta pequeña pero cerrada", a 45 km. al SE de Amiens y 25 km. al SO de Nesle, q.v.), XIII, 480, 493, 532

Mondoñedo [obispado de], (122 kilómetros al E de La Coruña y 211 km. al O de Oviedo; sufragáneo de Santiago; en el siglo XIX lindaba con las diócesis de Oviedo y Lugo), XVIII, 469
- obispos: 1634-1636: Antonio de Valdés; 1638-1644: Gonzalo Sánchez de Somoza y Quiroga; 1645-1648: Echalaz o Chalaz, Juan Juaniz de (XVIII, 468; XIX, 452 nota 468); 1648-1662: Francisco Torres y Grijalva (XVIII, 469; XIX, 152); constan todos en Gams, p. 52b

[–obispo de]. XIV, 270 (de apellido Guerrra; noticia incierta de 1637); XVII, 284 (noticia incierta de 1643 del Dr. [Antonio] Paino, q.v.)

Mondova, conde de la (v. Monclova)

Mondovi (a 80 km. al S de Turín), XIII, 270; XV, 296 (var: Mondevi)

Mondragón (palacio y jardín en Frascati, q.v.), XVIII, 248 (los visitaron los duques de Arcos, q.v.)

Mondragón, duque de (v. Medina de las Torres, I duque de)

Mondragón, duquesa de (v. Carraffa Gonzaga, Ana)

Mondragón, Alonso de (militar en los Países Bajos hacia 1595), XVII, p. xiv

Mondragón, Cristóbal de (coronel en los Países Bajos hacia 1595), XVII, xi

Moneda, Casa de la [en Madrid], XIX, 348 (**1642**: por "la baja de la moneda,...se hizo... [en dicha casa] una grande fundición ...de reales sencillos y de a medio")
- casa de la [en Sevilla], XVIII, 112 (su alcaide, Francisco Pérez Manrique); XIX, 217 nota 1
- de oro, XVIII, 2 (**1645**: sube; las demás monedas, muy adulteradas)
- de plata, XIV, 78 (**1637**: baja al 25%), 375

Monesterace, Príncipe de (véase Gatta, Carlos de la)

Monesterio, marqués de (v. Monasterio)

Monferrato (área que se extiende del SO al NE entre el río Po al N y el Panaro al S, a 20 km. al NO de Alessandria de la Palla, q.v.), XIII, 203, 204, 205, 297, 337, 403, 424-425, 533, 533; XIV, 162, 236-237, 239, 307, 345, 440; XV, 67, 232, 239, 296, 452; XIX, 17
- Casal de (v. Casal de Monferrato)
- Nizza di (v. Nizza de la Palla)

Monferrato, marqués de, XV, 292 (**1639**: su hija, Maria Gonzaga, q.v.)

Monfi, Mr. de (alusión al título de "Monsieur", q.v., y en este caso, al duque de Orleáns, q.v., hermano menor de Luis XIII), XVI, 394 nota 1 (sobre "Monfi", v. XIX, 425 nota 438)

Monfleta (cerca de Braganza), XVII, 303

Monforte (en el Artois [región del N de Francia; su capital, Arras, a 47 kilómetros al SO de Lille], que da "paso para París muy llano"), XIII, 475, 478

– [de Lemos] (en España, feudo de los condes de este nombre; a 64 kilómetros al S de Lugo), XVI, 167, 173; XVII, 296

– de Río Libre [sic] (villa en Portugal a 10 km. al NE de Chaves, que está a 80 al O de Braganza y 12 al S de Vilarelho, la cual se halla en la frontera de España), XVII, 269

Monfui (v. Montjuich)

Mongallard, Mr. de (gobernador de Bren), XIV, 394, 414

Mongastón Fox, Pedro de (impresor de Logroño, 1638-1639), XV, 75

Monguncia (v. Moguncia)

Moninga (una de las cinco ciudades que Baviera dio a Francia de acuerdo con unas treguas firmadas en 1647), XIX, 9

Monjaraz (Portugal), XVI, 82

Monjuich (v. Montjuich)

Monreale (ciudad cerca de Palermo), XVIII, 463 ("al obispo de Monreal, [han hecho obispo] de Catania", q.v., en la costa oriental de Sicilia)

Monrodó (alguacil real de la villa de Santa Coloma de Farnés, q.v.), XVI, 7 (**1640:** se había conducido violentamente, y los la villa quemaron su casa)

Monroy (en Cataluña, a 40 km. al S de Alcañiz y 22 km. al N de Morella), XVI, 206; XVII, 50 (var: Monroyo)

Monroy, Alonso (llega a Nápoles con 450 soldados españoles), XIX, 181

Monroy, Juan de (capitán), XIV, 463 (**1638:** en el ejército que socorre a Breda), 467, 469, 470 (se retira del mando por enfermedad), 471; XIX, 386 nota 467 (var: Monroyo)

Monroy, Sancho de (v. Castañeda, marqués de)

Monroy, Tomás de (inquisidor de Granada), XVIII, 306

Monroyo (v. Monroy)

Monroyo, Juan de (v. Monroy, Juan de)

Mons (a 50 kilómetros al SO de Bruselas), XIV, 226; XVI, 279; XVII, 113, 114

Mons-Pelicardis (v. Montbélliard)

Monsalve, Jerónimo de (hermano del decano de Civitavieja; m. en 1646, en Frascati), XVIII, 245

Monsalve, Miguel de (esposo de María, hermana del P. Sebastián González), XIII, 17

Monsanto (receptor de la renta de Millones y administrador de la Aduana de Sevilla), XV, xi

Monserrate (v. Montserrat)

Monsieur ("Alude al duque Gastón de Orleáns; ...así se designaba en absoluto a todo hermano mayor de un rey de Francia"), XIX, 425 nota 438 (Orleáns es ejemplo de que debía rezar, "hermano mayor o menor"; v. también la ficha de Monfí y la de Vendôme, duque de) (var: Monfí; Mr.)

Monstors (v. Münster)

Monstrueil (v. Montreuil)

Mont-Castel, castillo de (en Flandes), XVIII, 140

Montalbán (v. Montauban)

– encomienda mayor de (merced al conde de Belchite en 1646), XVIII, 427

– conde de (portugués), XVIII, 93 (1645: al servicio del Rey de Portugal)

– conde de (v. Puebla de Montalbán, conde de la)

– marqués de (véase Mascarenhas, Jorge)

Montalbo (v. Montalvo, y las variantes erróneas de Montalto)

[Montalto, Alessandro Peretti Damasceni] (1570-1623; hecho cardenal en 1585; hijo de un sobrino de Sixto V; puede ser el "cardinale Montalto seniore"); se menciona a continuación en la ficha de Montalto, cardenal ("el difunto")

[Montalto, Andrea Baroni Peretti] (1573-1629; hecho cardenal en 1596; primo segundo de Sixto V; puede ser el "cardinale Montalto seniore"); se menciona a continuación en la ficha de Montalto, cardenal ("el difunto")

[Montalto, Felice Peretti] (elegido papa en 1585 [Sixto V]); se menciona a continuación en la ficha de Montalto, cardenal ("el difunto")

[Montalto, Francesco Peretti di] (1595-1693; hecho cardenal en 1641; sobrino bisnieto de Sixto V y sobrino de Alessandro Peretti Damasceni [Montalto]); se menciona a continuación en las fichas de Montalto, cardenal ("el difunto") y Montalto, cardenal ("junto con otros cuatro cardenales")

Montalto, cardenal [difunto], XIV, 222 (**1637**: "el difunto cardenal Montalvo"). El apellido "Montalvo" no consta entre los de los cardenales de esta época; éste y otros dos son errores de copistas por "Montalto" (XVI, 458, 459, 476; XVIII, 246 [dos veces]; XIX, 383 nota 452 y 411 nota 478 [error por 476; son dos notas de Gayangos]). Hubo dos cardenales Montalto que murieron antes de 1637, parientes los dos del poderoso papa Sixto V (Felice Peretti Montalto), y nacidos como él en el pueblo de Montalto delle Marche (a 13 km. al N de Ascoli Piceno y 72 km. al S de Ancona). El mayor, Alessandro Peretti Damasceni [var: Alessandro Peretti Damasceni Montalto: v. G. Moroni, *Indice*], 1570-1623, fue marqués de Incisa (pueblo a 20 km. al SE de Florencia), e hijo de un sobrino de Sixto V. Tanto le favoreció éste que el primer año de su pontificado (1585), cuando tenía Alessandro sólo catorce años, le nombró cardenal, sin nombrar ningún otro, y en 1589 vicecanciller de la Iglesia Romana (*Archivio Biografico Italiano, nuova serie*, microficha 394, número 160; Schmidl, Carlo, *Dizionario* [1938], tomo II, p. 445; *Archivio Biografico Italiano* [primera serie], microficha 668, número 374; microficha 762, núms. 217, 238 y 240; Di Crollalanza, Giovanni Battista, *Dizionario storico-blasonico* [1888], t. II, p. 99; *Indice Biografico Italiano*, t. VII, p. 2393, col. b; v. también S. Miranda). El menor de los dos cardenales Montalto era Andrea Baroni Peretti Montalto, 1573-1629, primo segundo de Sixto V, y nombrado cardenal por otro papa en 1596 (v. S. Miranda, y G. Moroni, *Indice*). Me parece que a uno de los dos se refiere Cardella en relación con el joven cardenal Francesco Peretti di Montalto (v. la ficha que sigue), que recibió "la generosità del cardinale Montalto seniore" (t. VII, p. 13). En 1619 el duque de Osuna, virrey de Nápoles, correspondió con uno de los dos cardenales Montalto sobre un sacerdote italiano que iba a pasar a España (Paz, *Catálogo*, I, 685, con referencia a una carta en la *Colección de documentos inéditos...*, t. XLVII, p. 111).

Montalto, cardenal (junto con otros cuatro cardenales, entre 1642 y 1648 constituían en Roma "la facción de España" o "los cardenales nacionales" [v. a continuación las fichas de XVI, 462 y XVIII, 246]; de dicha "facción" faltan en los índices y repertorios de Cardella, Cristofori y Miranda los cardenales Martos, Montalto y Sesé, q.v. Aunque no he logrado identificar ningún español nombrado "cardenal Montalto", es posible que tal individuo fuera italiano designado "Protector de España" en Roma o "cabo de la facción española" (en enero de 1638 el Papa intentó eliminar esta costumbre [v. XIV, 288; texto en la ficha de Maurizio di Savoia, y XIV, 373, segunda bula], pero no sabemos si tuvo éxito).

El cardenal Carlo d'Medici había sido Protector de España en 1636 (v. su ficha y XIII, 371 [el protector representaba los intereses del país y sustituía al embajador]; v. también S. Miranda), y el cardenal Antonio Barberini, *iuniore,* había sido "Protector de Francia" y en un cónclave, "cabo de la facción francesa" (XIV, 219, 230 y 373; más tarde lo era el cardenal Rinaldo d'Este, q.v.). De ser así, el "cardenal Montalto" pudiera haber sido Francesco Peretti di Montalto, 1595-1693, de una familia patricia romana, príncipe de Roma, marqués de San Martino, conde de Celano y barón de Pescina, sobrino bisnieto de Sixto V y sobrino de Alessandro Peretti Damasceni [Montalto], nombrado cardenal en 1641 y en 1649 arzobispo de Monreale (Sicilia) [v. S. Miranda; Lorenzo Cardella, VII, 11-13]; y Moroni, *Indice*]
- XVI, 458 (**1642**: "los señores cardenales Albornoz, Cueva y Montalvo [error por Montalto] y todos los españoles le asistimos [al marqués de los Vélez en Roma]"), 459 (entre los que abandonan Roma por el incidente del obispo de Lamego, q.v., se hallaban "nuestro embajador y cardenales Cueva, Albornoz y Montalbo" [error por Montalto]), 462 (1642: "los cardenales nacionales")
- XVIII, 246 (**1646**: para saludar al duque de Arcos, "de Roma salieron los señores cardenales Matías [error por Martos], Sesé, Albornoz y Montalvo [error por Montalto], que son la facción de España"; tras acompañar al Duque hasta el Palacio sacro, "se fueron los señores cardenales Martos, Cueva, Albornoz, Sesé y Montalvo [error por Montalto]")
- XIX, 159 (**1648**: "el nuevo virrey de Nápoles [el VIII conde de Oñate, q.v.] hizo noche en Frascati en el palacio del señor cardenal Montalto"), 333 (**1642**: los cardenales españoles "dicen iban a Frascati" [a 20 km. al SE de Roma en las montañas de Albano, donde como se ha dicho, tenía el de Montalto un palacio; v. XIX, 159]) (variantes erróneas: Montalbo y Montalvo [véase XVI, 458 y 459; XVIII, 246; comp. XVI, 476; XIX, 383 y 411]). En las *Cartas de Jesuitas* siempre se refieren al "cardenal Montalto" y al "duque de Montalto", identificándoles claramente por sus carreras eclesiásticas y políticas. Son testimonios coetáneos y de personas bien informadas y residentes en Italia, que colocan a los dos individuos casi simultáneamente en dos lugares lejanos el uno del otro (en sept. de 1642, el cardenal estaba en Roma [XVI, 458-459], y en el mismo mes el Duque en Zaragoza [XIX, 334], camino a Madrid [oct., 1642: XVI, 476 y 478]; en feb. de 1646 el cardenal estaba en Roma [XVIII, 246], y en junio del mismo año, el Duque en Cerdeña como virrey de aquella isla [XVIII, 345]. Sin embargo, a la hora de hacer constar en el presente índice sus nombres de pila y apellidos, resultan muy conflictivos tanto los testimonios antiguos como los modernos, quizá en parte porque en 1667 el Papa nombró cardenal decano al VII duque de Montalto [v. Vittorio Spreti, IV, 640b-641a, y Salvador Miranda]. Así las cosas, he optado por seguir el testimonio de las fuentes italianas citadas en la ficha del Duque, y la de su coetáneo Juan Francisco Montemayor, quien en vida del Duque le dedicó un libro y le nombró en la portada: "Luis Guillén de Aragón Moncada, príncipe de Paternó, duque de Montalto, etc." (v. la "Lista de libros citados...", s.v. Montemayor).

Montalto, VII duque de (Luis Guillén de Moncada, Aragón y de la Cerda, 1614-1673; hijo de Antonio de Moncada y Aragón, VI duque de Montalto, y Juana de la Cerda, hija de Juan

Luis, VI duque de Medinaceli; el VII duque de Montalto fue V príncipe de Paternó y VI duque de Bivona, conde de Adernò, Caltabellotta, Caltanissetta, Collesano y Sclafani, barón de Caltavuturo, Castellammare del Golfo, Melilli, Nicolosi, Petralia Soprana y Sottana, y Chiapparia; teniente de virrey de Sicilia [1636] y virrey [1642]; virrey de Cerdeña [1644] y de Valencia [1657]; embajador a la corte del emperador Leopoldo; general de la caballería de Nápoles [1652]; gentilhombre de la cámara de Felipe IV, mayordomo mayor de Carlos II y caballerizo mayor de la reina Ana de Austria; del Toisón de Oro y tres veces Grande de España; comendador de Belvís de la Sierra; nombrado cardenal en 1667 por el papa Alessandro séptimo [XVI, 478; XIX, 422 nota 369; Candida-Gonzaga, *Memorie,* II, 83 y VI, 116; Vittorio Spreti, IV, 640b; y Moroni, *Indice*; para las fuentes españolas, v. García Caraffa, IX, 253; San Vicente y Crosby, "Datos...", p. 190; y Salvador Miranda, siglo XVII, núm. 38]. Casó en primeras nupcias con María Enríquez de Ribera, duquesa de Alcalá, q.v. [m. 1639; XV, 288; XIX, 383 nota 452, 411 nota 478, error por 476], y en segundas nupcias en 1644 con Catalina de Moncada y Alagón, hermana del IV marqués de Aytona [XVII, 434 y 441; Blasoneshispanos.com, s.v. III marqués de Aytona: v. su hija, que casó con "Luis Guillén de Moncada y Alagón, VII duque de Montalto y de Bivona (sic)", ficha xliv]; ella era la hermana del IV marqués)

– XIII, 397 (**1636:** el Duque envía fastuosos regalos al Rey), 452 ("teniente de virrey de Sicilia por su suegro [el duque de Alcalá, q.v.], en "el ínterin en las ausencias de los virreyes" [XIV, 31]; grandes donativos del parlamento de Nápoles al Rey)

– XIV, 10 (**1637:** "teniente de virrey" de Sicilia), 31 (grandes donativos del reino al Rey; "con esto...durará Montalto en el oficio"), 76-77 y 79 (fastuosos regalos al Rey), 277 (quejas de Sicilia contra el Virrey), 307 (**1638:** quiere regresar a España)

– XVI, 476 (**1642:** recibe del Rey la llave dorada con otras mercedes), 478 ("el príncipe de Paternó [duque de Montalto] en el gobierno de Sicilia", como virrey), 498 (**1643:** llega a Madrid para casarse con Catalina de Moncada, hermana del IV marqués de Aytona, q.v.)

– XVII, 104, 434 y 441 (**1644:** se casa)

– XVIII, 345 (**1646:** el Duque, virrey de Cerdeña)

– XIX, 334 (**1642:** su viaje a Madrid para casarse) (variante errónea: Montalvo [v. XIX, 383 nota 452, 411 nota 478, error por 476])

Montalto, VII duquesa de, y duquesa de Alcalá (María Enríquez de Ribera, hija de los duques de Alcalá; primera mujer de Luis Guillén de Moncada, Aragón y de la Cerda; ella m. en 1639 [XV, 288])

Montalvo, castillo de (Piamonte), XIV, 162

Montalvo, cardenal, y el duque de Montalvo (errores por Montalto, q.v.; v. XVI, 458, 459, 462 y 476; XVIII, 246; y v. dos notas de Gayangos, XIX, 383 nota 452 y 411 nota 478, error por 476)

Montalvo, conde de (Juan de Castro y Castilla, corregidor de Madrid; del Consejo de Guerra y de el de Hacienda)

– XIII, 62, 448 (**1636:** corregidor), 458, 508-509

– XIV, 18, 62 (**1637:** encuentro con un alguacil de corte, a quien prende), 72 (al Conde le llevan preso a Montánchez), 73, 87 (le prohíben entrar en la corte; multado), 111 (vuelve del destierro a Madrid; su padrino es el Conde-Duque), 283, 288 (**1638:** pro-

veedor general del ejército en Portugal), 293, 367 (regresa a Madrid), 385
- XV, 96 (el duque del Infantado le ataca verbalmente en las cortes)
- XVI, 236 (**1642:** su gran poder en Madrid), 238, 379
- XVII, 64 (**1643:** ministro para las noticias), 190 (encargado de investigar la existencia de "soldados de clavo"), 210
- XVIII, 337 (**1646:** m.; fue también consejero de Hacienda y de Guerra)
- XIX, 382 nota 448, 406 nota 377, 411 nota 478, error por 476 (var. errónea: Castrillo)

Montalvo, duque de (error por Montalto: v. Montalvo, cardenal)

Montalvo, marqués de (v. Sarmiento y Sotomayor, García)

Montalvo, S.J., P. Juan de (provincial de la Compañía de Jesús), XIII, 156; XIV, d91

Montalvo y de la Cuadra, Juan Antonio de, XVII, 499

Montañas [referencia a Castilla la Vieja y Asturias], XVIII, 378 ("de Vizcaya y Montañas van llegando tropas para el socorro" [de Lérida])

Montánchez (castillo y prisión en Cáceres), XIV, 62, 87; XVI, 162; XIX, 192, 381 nota 398 [error por 397], 382

Montánchez, alcaldía de (para Juan de Chaves), XIV, 283

Montauban (a 50 km. al N de Toulouse; hoy ciudad principal de la región de Tarn y Garonne), XIV, 146 ("provincia rebelada") (var: Montalbán)

Montaut de Benac, Felipe de (v. Navailles, duque de)

Montbazon, duque de (Hércules de Rohán, gran montero de Francia y lugarteniente general de París), XIV, 263 (**1638:** María de Rouen-Montbazon, hija de la primera mujer del Duque, fue la duquesa de Chevreuse, q.v.), XIV, 266, 349; XVII, 137 (**1643:** gobernador de París); m. 1654 (var: Mombasson; Mombason; Monbason)

Montbazon, duquesa de (María de Bretaña, segunda mujer del Duque; n. 1612, m. 1657; se casó muy joven y en 1628 se presentó en la corte [era muy bella]), XVII, 326 (1643: desterrada en 1643 a causa de su insolencia con la Reina, pero gracias a sus numerosos amantes e intrigas políticas, pudo volver muchas veces a París; suegra de la duquesa de Chevreuse, q.v., por quien se vio eclipsada) (var: Mombasson)

Montbélliard (a 60 km. al O de Basel y 12 al S de Belfort; feudo de la casa de Württemberg hasta 1793), XIII, 171 (var: Montbeliar; antiguamente: Mons-Pelicardis)

Montblanch (ciudad a 28 km. al N de Tarragona), XVI, 212; XVII, 178; XVIII, 66, 234, 316, 417, 419 nota 1; XIX, 346 (var: Monblanc; Montblanc; Momblanh; Monblanth)

Mont-Castel, castillo de (plaza de Flandes; en 1645 el duque de Orleáns la tomó de los españoles), XVIII, 140 nota 1

Monte Cabalo (cuartel en Roma), XVI, 132

Monte-Castel, conde de (militar al servicio de España), XIV, 29

Monte Filipo, colina de (v. Pimienta, general)

Monte, Jesús del (Valladolid), XIII, 233

Monte, Trinidad del (Roma), XIV, 117

Monte-Jordan (Roma), XIV, 114

Monte-Mayor, de (véase Montemayor, marqués de)

Monte Rey (v. Monterrey, castillo, y Monterrey, conde de)

Monteagudo, IX conde de (Lope de Moscoso Ossorio, V marqués de Almazán, hijo del IV marqués, y hermano de Gaspar Moscoso Ossorio, q.v.; capitán de la Guardia de las galeras de Sicilia [al mando del IV duque de Arcos y virrey de Nápoles]),

XVIII, 244 (m. 1646 en dichas galeras); XIX, 348, 441-442 nota 244 (algunos de los datos son contradictorios)

Monteagudo, IX condesa de (casada con el anterior; tía de la IV duquesa de Arcos, q.v.), XVIII, 243

Montealegre (villa de Portugal a 35 km. al SO de Verín y unos 70 km. al S de Orense), XVII, 280, 338 (castillo); XIX, 152 (var: Montalegre)

Montealegre, marqués de (Martín de Guzmán; recibió el título en 1626), XIII, 52 (**1634**: pendencia con el duque de Sessa); XV, 260; XVIII, 469 (**1647**: gobernador de las galeras de Sicilia); XIX, 170, 453 nota 469

Montearagón, abadía de (en Aragón), XVII, 361 (v. alojamiento de soldados)

Montefiascone (cerca del Lago di Bolsena, a 20 km. al S de Orvieto), XVI, 488

Montefli (villa portuguesa a unos 25 km. al SO de la Puebla de Sanabria, cerca de Vinhais), XVII, 304

Montefrío, P., S.J., XV, 226, 228, 230

Montegroso ("plaza fuerte del Piamonte, a una milla de Aya": ciudad de la provincia de Alessandria, a 10 km. de Asti), XIV, 162

Montemayor, P. R., XIII, 23

Montemayor, los de (pueblo de Portugal en el área de Yelves y Campo Maior, de 17 a 35 km. al O de Badajoz), XVI, 193

Montemayor, marqués de (Juan Luis de Silva y Ribera; preso en relación con un acto de su hijo, el marqués del Águila, q.v.), XIV, 193; XVII, 496; XVIII, 16, 506; XIX, 381 nota 398, error por 397

Montemayor, P. Francisco, S.J., XIII, 64, 65, 72, 264, 340; XV, 255

Monterey (v. Monterrey)

Montero, P. Martín, S.J., XVI, xiii; XV, 387, 431; XVI, xiii, 387, 394, a395, a420, a428, a431; XIX, a284, a292

Monterol, Fray N. (de Italia; confesor del presidente de Castilla, Juan Chumacero, q.v.), XVIII, 31 (preso por la Inquisición)

Monterrey (castillo a 2 km. al NO de Verín [Orense]), XIII, 456, 458
- XIV, 276; XV, 93, 175, 260, 441
- XVI, 170, 379
- XVII, 134-135 (**1643**: refriegas con los portugueses), 175-176 (espías y rebeldes), 217, 240, 248, 266, 270, 281, 296, 303-304 ("estaba el rebelde muy pujante"), 336, 338, 366
- XVIII, 148, 154, 156, 160-162
- XIX, vii, 126, 208, 323-327 y 329 y 341 (**1642**: v. Monterrey [plan portugués...]), 456 nota 506[b] (**1643**: el gobernador de Monterrey era Juan de Benavides)

Monterrey (plan portugués...), XIX, 324 (**1642**: el plan era de "acometer con un ejército de 30.000 hombres el reino de Galicia, entrando por tres partes": 5.000 por **las Trieras** [partido y valle de Puebla de Sanabria: v. XIX, 324 y 341], 5.000 "por do el Miño divide a Galicia de Portugal" [por la "**Puente de las Barcas**", q.v., y "Mormanda" o "Mirmado", hoy probablemente **Monção**, a 16 km. al E de Valença do Minho, o Melgaço, a 51 km. al E de Valença: v. XIX, 324 y 325], "para divertir las fuerzas del reino de Galicia", y luego con 20.000 hombres "poner sitio en **Monterrey**, que es la llave de Galicia toda" [v. XIX, 325 y 341-342]; en cada una de las tres partes derrotaron los españoles a los portugueses)

Monterrey, V conde de (Gaspar de Zúñiga y Acevedo, virrey del Perú; casado con Inés de Velasco y Aragón, hija del V duque de Frías y VI condestable de Castilla, q.v.; la hija de este matrimonio, Inés de Zúñiga y Velasco, casó con el Conde-Duque), XV, 58

Monterrey, VI conde de (Manuel de Acevedo y Zúñiga, 1586-1653; en

1610 heredó el título y mayorazgos del conde de Fuentes de Val de Opero [XVII, xx-xxi]; casado con Leonor María de Guzmán Acevedo y Zúñiga, hermana del Conde-Duque, y éste con Inés de Zúñiga y Velasco, hija del V conde de Monterrey y hermana del VI Conde; el de Monterrey había sido presidente del Consejo de Italia en 1622 y en 1624 del Consejo de Estado y caballero de Santiago, embajador de España en Roma, consejero del de Indias y de las Cortes de Aragón; virrey de Aragón en 1626 y de Nápoles de 1631-1637, comandante del ejército español en Portugal; v. San Vicente y Crosby, "Datos...", 191 [la nota 1 de XIII, 456, dice que el VI Conde era Manuel de Guzmán, Fonseca y Zuñiga, pero ni él ni su padre ni su abuelo se llamaron así])
- XIII, 3, 56 (**1634**: el Papa se queja de que ha conducido tropas por sus estados sin licencia), 90 (le nombran ayo del Príncipe Baltasar), 109 (preso el marqués de Castel Rodrigo por intentar matarle), 183 (**1635**: viene por ayo del Príncipe), 241, 253 (motín en Nápoles por tributos impuestos por él), 269, 293, 349, 456, 459-460 (**1636**: el duque de Medina de las Torres le sucede en el virreinato), 523 (rumores de que ahorcó a todo un convento de capuchinos en Nápoles por ser "plaza de armas del rey de Francia")
- XIV, 135 (**1637**: le envían cédulas para que prosiga en el virreinato), 229, 276 (entrega el gobierno de Nápoles al de Medina), 288 (se rumorea le hacen vicario de Italia y le envían a Alemania de embajador), 294, 325 (**1638**: en Pozzuoli aguardando noticias), 330 (irá a una junta de potentados italianos), 335 (en Roma), 345, 346, 350, 352 (altercado con el de Medina de las Torres por unos soldados), 361 (en una junta en Génova), 366 (vicario general de Italia), 371, 383 (en la junta de San Pedro de Arenas su actitud con otros nobles levanta quejas), 400 (el P. Pimentel describe en carta el trayecto del Conde en Italia), 434 (en Barcelona), 494 (el Consejo de Estado y de Guerra le envían a San Sebastián o a Victoria)
- XV, 18 (**1638**: llega a Madrid), 19, 58 (en Madrid; quejoso del de Medina de las Torres), 86, 102 (recibe al Almirante de Castilla en nombre del Rey), 108, 179 y 185 (**1639**: irá a Inglaterra a negociar la boda del príncipe español con una infanta inglesa), 264 (hace fiesta en su huerta del Prado), 442 (**1640**: una junta de Consejeros de Estado y Guerra en su casa)
- XVI, 157 (**1641**: en Mérida, manda liberar a ciertos prisioneros portugueses), 168, 170 (deja el cargo de general y regresa a Madrid), 238, 242, 244, 447, 468 (**1642**: en un soneto satírico), 476 (sería vicario general de Madrid)
- XVII, 8 (**1643**: con gran poder en la monarquía), 11, 79 (consejero de Estado), 221 (el Rey está en Zaragoza, y en una junta que gobierna), 248, 263, 345 (encargado de la superintendencia de artillería en ausencia del Rey), 358 (rumores de que tuvo un disgusto con el duque de Híjar y están ambos presos), 387 (asiste en el gobierno al marqués de Torrecusa en ausencia del Rey)
- XVIII, 265 y 267 (**1646**: le mandan ir a sus estados porque están visitando los virreyes de Nápoles), 270 ("hoy sale de aquí"), 293 (en Carabanchel, sin destino), 298 (le mandan a Tordelaguna, a 9 leguas de Madrid), 343
- XIX, 120 (**1647**: entre los consultados para el puesto de Nápoles), 130, d273 (**1642**: de Francisco de Melo sobre el estado de Flandes), 282, 310 y 312 (corre por su cuenta una compañía de las Órdenes), 328, 351 y 353 (en Fraga perecieron muchos de

su escuadrón), 377 nota 279, 399 nota 237, 406 nota 377, 427 nota 468
Monterrey, VII conde de (Juan Domingo de Haro y Guzmán, hijo de Luis de Haro, q.v.; casado con Inés Francisca de Zúñiga; m. 1716), XIX, 460 nota 155
Monterrey, VI condesa de (Leonor María de Guzmán Acevedo y Zúñiga, hermana del Conde-Duque; casó con Manuel de Acevedo y Zúñiga, VI conde; m. 1654), XV, 58; XVII, xxi, 215
Monterrey, VII condesa de (Inés Francisca de Zúñiga, casada con el VII conde, q.v.), XIX, 460 nota 155
Monterrey, P. Rector de (Juan de Isla), XV, 289
Monterrey y Tarazona, condesa de, XVI, 242
Monterroso, marquesado de, XIX, 460 nota 155
Montes de Oca, Fernando, XVIII, d79 (Francisco Isidro Monzón expresa en esta carta su agradecimiento a Fernando Montes de Oca en sus cartas)
Montes de Oca, Francisco (caballerizo del Conde-Duque; ayuda de Cámara de éste y del Rey), XIV, 40, 329; XV, 298; XVII, 140; XVIII, a79 (ayuda a Francisco Isidro Monzón con los estudiantes de Salamanca); XIX, 75, 79, 329 (var: Montesdoca)
Montesa, Orden militar de (fundada en 1319 por el rey Jaime en Valencia; su maestrazgo se incorporó a la corona en 1587), XIV, 131; XVI, 18; XVII, 38 (v. la ficha de Órdenes militares, y también las listas de caballeros de las Órdenes en Crosby, *Índice de apellidos, títulos y oficios...*)
– caballeros de: XV, 66-67 nota 1 (Miguel Pérez de Egea, q.v.); XVIII, 209 (el regente Cristóbal Crespi de Valdaura era Asesor general de la Orden, y su hermano, teniente de maestre de Montesa); Fernando de Borja, Aragón y Gurrea, VIII duque de Villahermosa ["el mozo"], era comendador mayor de la Orden de Montesa (v. San Vicente y Crosby, "Datos...", p. 195)

Monte-Sarchio, príncipe de (en Nápoles), XIX, 42, 75, 91-92, 95-96
Montesclaros, III marqués de (de apellido Mendoza; marqués de Castel de Vayuela; virrey de Nueva España), XIX, 426 nota 439
Montesclaros, IV marquesa de (hija del III marqués; casó con el duque del Infantado; v. Mendoza, Isabel de)
Montesdoca, Fernando de (v. Montes de Oca, Fernando de)
Montesinos, Monsieur de (referencia en un poema), XIV, 463
Montezuma, conde de (un hijo del mismo entra en los jesuitas de Salamanca), XIII, 375
Montferrato (v. Monferrato)
Montgallard, Mr. de (gobernador de Bremi, q.v.), XIV, 394, 414 (1638: degollado por orden de Richelieu)
Montholin (departamento de Aisne, fronterizo de Francia por la parte de Bélgica), XIX, 461 nota 262
Monti, cardenal [Cesare] (1593-1650; patriarca titular de Antioquía, 1629; nuncio en Nápoles, 1627, y nuncio extraordinario en España, 1628-1632 [Elliott, *The Count-Duke*, 427-431]; hecho cardenal, 1629; arzobispo de Milán, 1632; v. Miranda), XIX, 154
Monticelo, conde Roberto de, XV, 296
Montiel (a unos 105 km. al SE de Ciudad Real), XVI, 468
Montiel, H., XVII, 416
Montiel, P. Domingo, S.J., XVI, d116-118
Montiel, P. Juan de, S.J., XVII, 417, 510; XVIII, 4
Montigni, Monsieur de, XVIII, 317 (1646: llega de Münster despachado por el duque de Longueville con la nueva de las próximas paces entre el Emperador y las coronas de Francia y Suecia)
Montigny, mariscal de, XVII, 424 (1644: en la lista de los presos del

ejército francés del mariscal Guebriant en la batalla de Tuttlingen)
Montijo (a 32 km. al E de Badajoz), XIX, 167
Montijo, III conde de (Cristóbal Portocarrero y Ossorio, padre del que sigue; marqués de Villanueva del Fresno; marqués de Barcarrota del Río por ser descendiente de Antonio de Portocarrero, q.v.; capitán de la Guardia de los cien continuos hijosdalgo de Castilla), XIV, 38; XVII, 473; XIX, 420 nota 329, 428 nota 473
Montijo, IV conde de (Cristóbal Portocarrero, Guzmán y Ossorio, hijo del anterior), XIX, 428 nota 473
Montilla (a 49 km. al S de Córdoba; patria del Gran Capitán), XVI, 440; XVII, a203; XVIII, a351, 353; XIX, d65, a129, a131, 156, d163, d188, 214, 216
Montilla, los [toros de], XVII, 352 ("Exedieron a todos [los de otros lugares] en majestuosa grandeza")
Montilla, marqués de, XVI, 170 (entre los nobles andaluces que dieron la bienvenida a Luis de Haro, q.v., al llegar a Córdoba)
Montjuich (monte de 175 m. al S de Barcelona), XV, 447 (**1640:** el conde de Santa Coloma huye hacia allí)
- XVI, xiii, xv y 74 (sobre la carta de la duquesa de Cardona a sus hijos Pedro y Antonio), 121 (**1641:** el de los Vélez ataca el fuerte de Montjuich, pero tuvo que desistir de la empresa [v. la ficha de los hermanos Espatafora]), 140-147 (Relación del P. Ignacio Mascareñas de su viaje a Cataluña por orden del rey Juan IV de Portugal), 220 (**1642:** se intenta echar a los franceses de Montjuich), 229 (los catalanes piden que la guarnición debe estar gobernada por ellos y no por franceses), 239 (se dice que con una estratagema los catalanes se apoderaron del fuerte), 506 (**1643:** los franceses quieren tomar Montjuich)
- XVII, 7, 10 (**1643:** se amotinan los catalanes contra franceses), 21, 178
- XVIII, 206 (**1645:** envía Harcourt dos comisarios a Barcelona para convencer a los catalanes de la conveniencia de un fuerte en Montjuich); XIX, 394, 461 (var: Monjui; Monjuich; Monjuichn; Monjuy; Montjuy)
Montmando, monseñor, XIV, 374 (cerca de la dignidad cardenalicia por gusto del mismo Papa)
Montmarté, Juan (v. Mommarté, J.)
Montmorency, P., S.J., XVII, 430; XVIII, 220 (**1646:** "más noble aun que los otros dos [se refiere al P. Garrafa y al P. Picolomini: v. esta página], de casa muy levantada, santo, y más entero que los dos, de 65 años"; candidato al "generalato"), 225, 240 (representante de Alemania en la elección del nuevo general), 256 (sería un buen general de la Compañía), 258 (asistente del nuevo general, P. Vicencio Garrafa), 264 (var: Memoranci; Memoranse; Memoransi)
Montmorency [duque de], Enrique II [el joven] (1595-1632; almirante y mariscal de Francia), XIII, 504 (en "los años pasados" Richelieu le mandó ejecutar), 504 nota 3 ("Enrique II, duque de Montmorency"); XIV, 80 (1637: "la desgracia [de] Memoranse") (var: v. la ficha anterior)
Montmorency, "un pariente de [el anterior]", XIII, 504 (1636: "se ha levantado contra el Rey [de Francia], y juntamente con otros muchos"; "le quitaron la cabeza")
Montorio, San Pedro (v. San Pedro Montorio)
Montoro, P., S.J., XVIII, 174 (en Madrid predica en la octava de la Casa Profesa de la Compañía, q.v.)
Montosier (v. Monclosis)
Montoya, P. [sin nombre de pila], XV, a334 nota 1 (de Madrid)

Montoya, P. (v. Ruiz de Montoya, S.J., Padre Antonio)

Montpellier (a 125 km. al O de Marsella), XV, 6; XIX, 283 (var: Mompeller)

Montreuil (nombre de varias poblaciones en Francia, incluyendo Montreuil-sur-Mer, a 38 km. al S de Boulogne sobre el río Canche), XIII, 544 y la nota 1, 545; XIV, 1 (1637: los españoles la tomaron por asalto); XV, 308 nota 1; XIX, 461 nota 262 (var: Monstrueil; Montruel)

Montrodon (v. Monrodó)

Montrose, marqués de (general de Carlos I de Inglaterra en Escocia),XVIII, 177

Montruel (v. Montreuil)

Montserrat, montaña y monasterio de (a orillas del Llobregat, prov. de Barcelona), XIV, 128, 129; XV, 245, 448, 471; XVIII, 315-316

Montserrat, Comedias de (v. Jesús, Compañía de)

Montserrat, Nuestra Señora de (véase Nuestra Señora de Montserrat)

Monzarlbarba (pueblo en la ribera del Ebro, q.v., a 9 km. al NO de Zaragoza), XVII, 12 (var: Monçalbarba)

Monzón (a 52 km. al NO de Lérida),

– XIII, 196 (**1635**: en este año se firmaron en Monzón y en Regensburg [sede de la Dieta del Imperio] unos tratados) (var. de Regensburg: Ratisbona)

– XIV, 132 (**1637**: las capitulaciones de 1626 con el Rey)

– XVI, 136 (**1641**), 188, 205 (nombran a Pedro de Aragón, hijo de la duquesa de Cardona, general del ejército que se junta aquí), 210, 368, 391 (**1642**: los aragoneses se juramentan contra Cataluña, por las insolencias cometidas contra las vecindades de Monzón), 393-394 (se defiende su castillo), 416 (se rindió a los franceses por falta de agua), 419 (los franceses lo llaman Villafranca de la Mota), 420, 421 (se pierde Monzón), 427 y 428 (La Motte se retira a Lérida dejando 600 hombres en Monzón), 492 y 498 (**1643**: La Motte envía socorro de gentes y víveres a Monzón)

– XVII, ix (cortes de Monzón hacia 1585), 154 (**1643**: los franceses tratan de llevar víveres a Monzón), 263, 342, 346 (bloqueada Monzón por el bando español), 353 (prosigue el sitio del castillo), 370 (combates entre franceses y españoles), 371, 374, 379-380 y 386, (condiciones para su rendición y su toma por Felipe de Silva)

– XVIII, 92 (**1645**), 309, 315

– XIX, 251, 257 (**1642**: catalanes y franceses baten el castillo), 258-259 (La Motte tiene sitiado al castillo; el de Leganés y el de Aguilar a su socorro), 271 (asalto general de los franceses), 281 (se pierde por falta de agua), 290 (La Motte arrasa el castillo) (var: Villafranca de la Mota [por los franceses])

Monzón, gobernador de (Martín Azlor), XVI, 391, 393, 427 (en 427, var. errónea: Juan [Josef Pellicer le llama "Martín" y "soldado de gran reputación y valor": *Avisos*, II, 267])

Monzón, P. Francisco Isidro, S.J. (ingeniero real en Galicia; sus cartas son de la Univ. de Salamanca y de Villafranca del Bierzo, q.v.), XVII, viii, a134-135, a175-177, a240-241; XVIII, a6, a9, a18, a34, a79, a80, 164 (1645: "enfermo": uno de los cuatro "indispuestos"; los otros son Felipe de Silva, Andrés Cantelmo y Francisco Toralto [de Aragón], q.v.), a180, 195, a208

Mora (en Castilla la Nueva, a 10 kilómetros al noreste de Orgaz), XV, 193, 241

Mora, castillo de (se trata de Mora de Ebro o Mora la Nueva, a orillas del Ebro, a 75 km. al oeste de Tarragona), XVI, 350; XVII, 19-20

Mora, pueblo de (v. Moura)

*Mora, conde de (Pedro de Rojas, el cual "descendía de Francisco de Rojas y Guevara, embajador de los Reyes Católicos en Roma"; conservador de la monarquía de Sicilia e historiador; heredó el título después de 1636 [XIX, 437 nota 137], y en 1644 era mayordomo de la reina Isabel [*Pompa funeral*, folios 10r y 49v; v. Crosby, *Índice de apellidos, títulos y oficios...*]; en una nota sin fecha ni documentación dice Gayangos que era mayordomo de Felipe IV [XIX, 437 nota 137])
- XVIII, 137 (**1645**: asistió al entierro de Olivares en Loeches, y de regreso a Madrid le cogió una tremenda tempestad ["parecía el suelo un mar"]; volcó su coche y "él salió bien descalabrado"), 300 (**1646**: el Rey le nombró conservador de la monarquía de Sicilia)
- XIX, 300, 437 nota 137 (en **1636** dedicó un libro de discursos a Pedro Pacheco, consejero de Castilla y amigo de Quevedo)
Mora, condesa de, XIX, 118 (título concedido en 1602 a Francisco de Rojas y Guevara, padre de Pedro de Rojas [Atienza, 914b])
Mora, Juan de (pagador de los Consejos), XVIII, 47, 60
Morabito, el (alusión a los mahometanos del N de África), XV, 340 (ofrece entregar Salé, q.v., ciudad en Marruecos); XVII, 237 (levanta el sitio de Orán, q.v., en la costa de Argel), XVII, 237
Moral (nombre de varias poblaciones en España), XVIII, 196
Moral, venta del (entre Burgos y Torquemada), XV, 114
Morales, XIV, 106 ("elocuente en retórica muy profunda"; sin identificar)
Morales, Dr. (médico del Príncipe), XVI, 233, 235
Morales, Agustín de, S.J., XVII, 411
Morales, Alonso de (capitán), XIV, 215

Morales, P. Antonio de, S.J., XIII, 64, 72
Morales, Diego de (testigo), XVIII, xxviii
Morales, Juan de (v. Morales y Barnuevo, Juan de)
Morales, Pedro de (capitán), XVI, 397
Morales y Barnuevo, Juan de (abogado de Sevilla, fiscal del Consejo de Castilla, alcalde de Corte y caballero del hábito de Alcántara), XIII, 349
- XIV, 4 (**1637**: prende a un fugitivo en casa de los duques del Infantado)
- XV, 343-344 (**1639**: se dice que prenderá a Pedro de Olavarría, q.v.)
- XVI, xvi, 314
- XVII, a51-52 (**1643**: copia de su acusación como fiscal del Consejo de Castilla contra el duque de Medina Sidonia [acusado de levantar a Andalucía contra el Rey]), d53-56
- XVIII, 6, 133 (**1645**: testamentario a la m. de Francisco Morovelli), 213
Morata (a 25 km. al NE de Calatayud, sobre el río Jalón; pueblo que pertenecía al I marqués de Leganés, q.v.), XVII, 82; XVII, 31
Morata, conde de (Gaspar Mejía, hijo del I marqués de Leganés, al que sucedió; casó con Francisca de Córdoba y Rojas [v. Morata, condesa de]), XIII, 183 (**1635**: desafío); XVII, 82 (**16-43**); XIX, 348, 350-351 y 353-354 (**1642**: peleó valientemente contra los franceses en el llano de las Horcas, junto a Lérida), 413
Morata, condesa de (Francisca de Córdoba y Rojas, hija de Juana de Rojas, V marquesa de Poza), XIX, 348, 413
Moravia (hoy región central de la república checa, regida en el s. XVII por los Habsburgos, que poblaron las ciudades de alemanes), XIV, 377; XVI, 474; XVII, 308, 324, 353, 372, 373, 384; XVIII, 68, 95, 174, 178; XIX, 307, 344
Morbegno, presidio de (a 13 km. al E del extremo N del Lago di Como,

sobre el río Adda, en la Valtellina), XIII, 422-423 (var: Morbengo)
Morbelli, Francisco (v. Morovelli)
Morbengo (v. Morbegno)
Morcio, P., S.J., XVIII, 42
Morea (región en el N de Alemania, cerca del ducado de Mecklenburg, q.v.), XIV, 377
Moreda (v. Morena, La)
Morella (a 138 km. al N de Valencia), XVI, 209
Morena, La (a 45 km. al SE de Badajoz; uno de seis "lugares en contorno" a Almedral y Valverde de Leganés, q.v., que sufrieron ataques de los portugueses), XVII, 245, 278, 288 (var: Moreda; Morera, La)
Moreno, maestro (fraile trinitario y predicador), XIX, 213
Moreno, Antonio, XV, 145 (fiesta en el Retiro), 155 (certamen poético)
Morera, La (v. Morena, La)
Morería, la (barrio de Madrid), XIII, 450
*Moret, P. José, S.J. (historiador)
Moretto, Jerónimo (error por Morillo, q.v.)
Morgan, coronel (gobernador de Vergas [Países Bajos]), XIV, 469
Morillo, Jerónimo (impresor de Valladolid, 1617-1629 y 1636), XIII, 365 (por error, Moretto)
Morillos, peña de los (cerca de Encinasola, q.v.), XVI, 84
Morla (v. Marta, regente del Consejo de Aragón)
Mormanda (villa "por do el Miño divide a Galicia de Portugal"), XIX, 324 (v. Monterrey [plan portugués...])
Morón [de la Frontera] (a 48 km. al SE de Sevilla), XVI, 83, 362; XVII, 312, 351, 471
Morosino (capitán en Constantinopla), XVIII, 318
Moroto, Francisco, XIX, 253
*Morovelli de Puebla, Francisco (historiador y polemista sevillano; murió en 1645), XVIII, 131 (enfermo ya, el autor completó un libro sobre la historia de Asuero [nombre bíblico del rey persa Jerjes, siglo V a.C.], Amán [ministro favorito del anterior, que quiso matar a todos los judíos], y Mardoqueo [ministro judío de Asuero, que se opuso a Amán]; "trataba con rigor en el libro a los privados"); 131-132 (remitido el libro a la censura, Morovelli le dio una orden al juez eclesiástico o vicario [el "ordinario"] de su libro, por lo cual el vicario no permitió la impresión); 133 nota 1 (sin embargo, en el lecho de m., el P. Pareja le persuadió y Morovelli se confesó y recibió los sacramentos) (var: Morbelli; de la Puebla)
Morquecho, Bartolomé (escribano de Málaga; homónimo del que sigue), XV, 334 (1639: ahorcado); XIX, 407 nota 377 párrafo 5
Morquecho, Bartolomé (homónimo del anterior: Consejero de Castilla y oidor de las Indias), XVI, 380; XVII, 414; XVIII, 130, 135, 141 (**1645:** embargó los estados al IX duque de Medina Sidonia), XIX, 407 nota 377 párrafo 5
Morro, fuerte del (Brasil), XIV, 134
Mortara (a 25 km. al SO de Milán), XIII, 372; XIV, 92; XV, 128
Mortara, gobernador de, XV, 128
Mortara, la, XVIII, 26 (**1645:** el Rey legitimiza un hijo suyo con esta mujer y la casa con el hijo del marqués de Castro Monte)
Mortara [en el estado de Milán], I marqués de (Rodrigo de Orozco, padre de el que sigue), XIX, 433 nota 26
Mortara, II marqués de (Francisco de Orozco, hijo del anterior; se distinguió en Fuenterrabía [**1638**], y puso feliz término a la guerra de Cataluña en **1652**, por lo que Felipe IV le hizo marqués de Olías en dicho año [XIX, 433 nota 26])
— XIII, 455 (**1636:** le hieren en el combate de la boca del Naviglio Grande, q.v.), 473 (herido en el encuentro de la Bruchera de Castaño, q.v.), 499,

502 (el de Leganés le encarga tomar el castillo del río Taro, q.v.)
- XIV, 94 (**1637**: en la Valtelina con sus tropas), 201 y 213 (herido en el sitio de Leucate), 228 (en las paces con los grisones), 250, 252, 366 (**1638**: posiblemente irá a Milán), 384 (maestre de Campo del tercio de Piamonte; en el Consejo de Guerra de Madrid), 434 (parte para Barcelona para unirse al general Jerónimo Roo), 443 (hacia Pamplona), 477 (maestre de Campo en el ejército del Almirante)
- XV, 7, 17 (**1638**: en Fuenterrabía con 3.000 hombres), 18, a20-21 (carta a su madre sobre la batalla), 20, 21 y 22 (victoria de Fuenterrabía, en la que tuvo un papel principal), 27 (detalles de su acción militar en Fuenterrabía), a31-33 y 33 (dos cartas a su madre sobre la batalla, firmadas "Francisco"), 34, 35, 37, 38 (más detalles sobre la batalla de Fuenterrabía), 40 (desacuerdo entre los marqueses de Torrecusa y Mortara sobre la relación de la batalla), 52, 53, 76 (le llaman "el campeón de Fuenterrabía"), a341-342 (**1639**: al Conde-Duque, sobre el sitio de Salsas), 444
- XVI, 173 (**1641**: sobre Rosellón), 217, 228, 234 (**1642**: sus fuerzas y las de Torrecusa obligan a los franceses a levantar el sitio de Perpiñán), 272, 309 (defiende Colibre), 343, 345 (Colibre se entrega, con la condición de que el marqués no tome más las armas contra Francia), 374-376 (carta de Fr. Dionisio de Valenzuela y Mendoza, q.v., que acompañó al marqués en su viaje de Colibre a Irún), 393 (se junta en Fraga con otros jefes militares), 444, 456 (Mortara y Torrecusa al socorro de Lérida)
- XVII, 81 (**1643**: crítica de su desempeño en Monzón), 165, 170 (escribe a Luis de Haro sobre las pérdidas humanas en Fraga), a167-170 (copia de una carta suya a Felipe de Silva sobre sus acciones militares), 226, 234 (sale de Cataluña al mando de la tercera parte del ejército), 334, 362 (su compañía y la de Juan de Pavasan se descompasaron en Lapiñén [sobre tal comportamiento, v. Zaragoza, representación de la ciudad]), 476 (**1644**: catalanes y aragoneses disgustados con él), 492 (le envían a negociar con los de Lérida que quieren capitular)
- XVIII, 92, 98-99 (**1645**: hecho prisionero en la acción de Llorens), 456 (**1647**: maestre de Campo general para la guerra de Cataluña), 470 (en Zaragoza), 488 (no sale este año en campaña)
- XIX, 15 (**1647**: en Fraga), 134, 143 (Mortara y el marqués de Aytona descontentos con el auditor del ejército), 251 (**1642**: vuelve a España según acuerdos de la rendición de Colibre), 260 (en Molina de Aragón después de lo de Colibre), 309 (sigue a Torrecusa para socorrer a Perpiñán), 316, 317, 327 (en Tarragona con el de Torrecusa, para impedir que La Motte socorra a Lérida), 329 (a dos leguas de Lérida), 345, 330 (en Lérida), 350, 351, 353, 452 nota 442 (sirvió en el sitio de Flix, quizá en 1646) (var: Mortera)

Mortara, marquesa de, XV, 25

Mortera (v. Mortara)

Mosa (así consignan los corresponsales al río que en el NE de Francia se llama el Meuse, q.v., y en Flandes el Maas, q.v.)

Moscoso (dos veces se refiere a Baltasar Moscoso y Sandoval por su primer apellido): XIV, 431; XVII, 431

Moscoso, Antonio (v. Fresno, marqués de)

Moscoso, Cristóbal (del Consejo de Castilla y fiscal del Consejo de Indias), XIII, 244 (**1635**: le hacen fiscal del Consejo de Castilla); XVIII, 226, 488 (**1647**: asiste al cardenal de Toledo; pide donativo a eclesiásticos en nombre del Rey)

Moscoso, Gómez de (tío del coronel Jacinto de Vera; clérigo que llamaban "el Santo" y "el Teatino"), XVIII, xxvi

Moscoso, Pedro (uno de los gobernadores de varias compañías de soldados españoles que entraron en tierras portuguesas cerca de Bragança), XVII, 301, 302, 303, 397, 398, 400

Moscoso-Ossorio, Gaspar de (hijo del IV marqués de Almazán, q.v.; hermano del V marqués y IX conde de Monteagudo, q.v.; casado con Inés Felípez de Guzmán, q.v.; m. 1664), XIX, 441-442 nota 244

Moscoso-Ossorio, Lope de (v. Altamira, VI conde de, llamado "el viejo"; abuelo de Lope Moscoso-Ossorio y Mendoza)

Moscoso-Ossorio, Lope de (v. Almazán, V marqués de, IX conde de Monteagudo e hijo del IV marqués de Almazán; m. 1646), XVIII, 244; XIX, 387 nota 76, 441-442 nota 244 (algunos de los datos son contradictorios)

Moscoso-Ossorio y Mendoza, Lope (v. Almazán, IV marqués de, llamado "el mozo" con referencia a su abuelo y homónimo, el VI conde de Altamira)

Moscoso-Ossorio y Sandoval, Gaspar de (véase Altamira, VII conde de, hijo de "el viejo" y hermano de Baltasar Moscoso y Sandoval, q.v.)

Moscoso y Figueroa, Gómez de (testigo), XVIII, xxvi-xxvii

Moscoso y Sandoval, Baltasar (1589-1665), hermano del VII conde de Altamira, q.v.; hecho cardenal en 1615 [v. Salvador Miranda, *Cardinals*]; obispo de Jaén, 1619-1646 [Pius Gams, p. 39a]; misión diplomática en Roma, 1630-1633; cardenal-arzobispo de Toledo en 1646; del Consejo de Estado y canciller supremo de Castilla)

- XIII, 293-294 (**1635:** se marchará a Roma con el cardenal Spínola Basadone)
- XIV, 185 (**1637:** se marchará a Roma con el cardenal Spínola), 346 (**1638:** se dice que le hacen del Consejo de Estado), 431 (está en Alcalá [de Henares]; quiere pasar a Jaén)
- XV, 26 (en las fiestas de Fuenterrabía, iban los cardenales Moscoso y Spínola a la par de S.M.), 130 y 157 (han hecho del Consejo de Estado a los cardenales Moscoso, Espínola y Albornoz), 193 y 237 y 240-241 (**1639:** se marchó de Alcalá para Jaén), 243 y 264 (volvió a Madrid como consejero, y luego se marchó)
- XVII, 235 (**1643:** para el arzobispado de Toledo, el Rey propone al Papa el cardenal Moscoso y los obispos de Cuenca y Plasencia), 410 (**1645** [fecha corregida: véase XIX, 439, nota 216]: el arzobispado de Toledo se ha dado al cardenal Moscoso), 431 (**1644:** no se sabe si aceptará el nombramiento de Toledo)
- XVIII, 224, 226 y 229 (**1646:** se mandó el nombramiento a Jaén y lo recibió), 253 (sin embargo, no quiso aceptar el nombramiento), 364 (las bulas están ya despachadas), 422 (Moscoso entró en Toledo), 475-476 (**1647:** entró en Madrid, quizá por un accidente que ocurrió en Toledo)
- XIX, 7 (**1647:** el Protonotario [de Aragón, Jerónimo de Villanueva, que acabó de salir de la Inquisición], besó la mano del cardenal, y "sucedieron los lances referidos"), 387 nota 76 y 425 nota 431 (su identidad), 452-453 nota 468 (en 1647 le sucedió Juan Queipo de Llano en Jaén) (var: el cardenal Sandoval)

Moscovia (antiguo ducado ruso), XVI, 464

Moscovia, gran duque de (el zar Miguel [1596-1645], primero de la dinastía Romanov, elegido en 1613), XIII, 28

Moscovita, el [se refiere al gran duque], XVIII, 365
Mosela (v. Moselle)
Moselle (río que pasa de Nancy a Metz [NE de Francia], luego por Luxemburg, y en Alemania por Trier y Koblenz, donde desemboca en el Rhin), XIII, 371; XIV, 182 (var: Mosel, Mosela
Mosén (identificado como el conde de Chiabot), XVIII, 314
Moses ben Baruch (v. Moisés)
Monsieur (v. Monfí; Orleáns, duque de y hermano menor del rey de Francia; y Vendôme, duque de y hermano del Rey)
Mosquera, Antonio (capitán), XVII, 271, 338
Mossa, el río (v. Meuse)
Mostaganem (ciudad y puerto del NO de Argelia, al NE de Orán), XIII, 546 (var: Mostagan)
Mota (villa: v. La Motte)
Mota, Villafranca de la (así llamaron los franceses a Monzón, q.v.)
Mota, Francisco de (capitán), XIV, 215
Mota, Gilimón de la, XV, 150 (sátira)
Mota, Pedro de la (v. Mota Sarmiento, Pedro de la)
*Mota Sarmiento, Pedro de la (mayordomo de la infanta Margarita de Saboya, la gobernadora de Portugal), XVI, 107, 109 (**1640**: asiste a la Infanta, enferma), 122 (**1641**: preso en Madrid), a122-124 nota 2 (justificación de los cargos que le hicieron)
Motemon, Mr. (v. Matomen, monseñor)
Motería, conde de la, XIV, 339 (teniente de un ejército en Flandes), XIX, 265 (su hijo, el conde de Vila)
Mothe, la (v. La Mothe-Houdancourt)
Mothe-Houdancourt, Mr. de la (v. La Mothe-Houdancourt)
Motril (al S de Granada, en la costa), XV, 224, 226, 227, 229; XVII, 152
Motte, La (villa: v. La Motte)
*Motteville, Mme. Françoise de (amiga de Ana de Austria, esposa de Luis XIII, y de la duquesa de Chevreuse, q.v.), XIV, pp. xi-xii nota 2
Mouçon (v. Mouzon)
Mouesa (v. Meuse)
Moulins (villa de los Borbones, a 97 km. al N de Clermont-Ferrand, donde fue preso el Palatino Carlos Ludovico), XV, 404
Moura (en Portugal, a 43 km. al noreste de Beja y 65 km. al sudeste de Évora), XVIII, 329 (var: Mora)
Moura, Cristóbal (ministro de Felipe II; I marqués de Castel-Rodrigo en 1598; en 1607 el Rey le concedió el título de conde de Lumiares a su primogénito, Manuel de Moura y Cortereal, q.v. [Atienza, 838b]; Cristóbal m. probablemente en 1621), XIX, 442 nota 250
Moura y Cortereal, Francisco de (hijo de Manuel de Moura y Cortereal, II conde de Lumiares; a partir de la m. de su padre en 1652, III marqués de Castel-Rodrigo; del consejo de Estado, embajador en Alemania y capitán general en Flandes; m. 1665; en las *Cartas de Jesuitas*, de 1634 a 1648, se conocía por el título de conde de Lumiares)
— XIV, 10 y 130 (**1637**: concertado para casar con la hija mayor del duque de Alcalá)
— XVIII, 16 (**1645**: de la Cámara de S.M. con ejercicio), 250
— XIX, 73, 80 (**1647**: llevó la joya real en la comitiva que iba a Alemania para recoger a la futura reina de España), 442 (var: Luminares)
Moura y Cortereal, Manuel de (hijo de Cristóbal Moura, q.v.; I conde de Lumiares en 1607 [título del primogénito de Castel-Rodrigo: J. Atienza, 894b]; II marqués de Castel-Rodrigo [en las *Cartas de Jesuitas*, de 1634 a 1648, se conoce por este título, que heredó de su padre, probablemente en 1621: J. Atienza, 838b]; grande de España, gentilhombre de la Cámara; consejero de Estado, gobernador en

Flandes; m. en 1652 [XIX, 442 nota 250])
- XIII, 106 y 109 (**1634:** embajador en Roma, preso en Nápoles; luego le sueltan), 403 (**1636:** en una convocatoria del virrey de Milán), 405 (en Roma); 516-517 (audiencia con el Papa)
- XIV, 60 y 113 (**1637:** en dos fiestas en Roma), 130, 133 (despachó correo), 221-224 ("se conforma en... negociar con los Barberinos y no ver al Papa"), 231 (carta del Rey sobre los cardenales)
- XV, 157 (**1638:** los consejeros en Madrid), 260-261 (**1639:** embajador en Roma; sobre el príncipe Sanz, q.v.), 261 (se apresa a servidores del cardenal Mazzarini), 408 (**1640:** apresamiento del príncipe Sanz, q.v.)
- XVII, 125 (**1643:** carta del mayordomo del de Castel-Rodrigo sobre Rocroi), 172 y 315 (posible virrey de Sicilia)
- XVII, 389 (**1643:** posiblemente gobernará Flandes); 449 (1644: gobernará las provincias de Flandes), 477 (cartas de Castel-Rodrigo desde Alemania)
- XVIII, 1, 16 (**1645:** gobierna Flandes; su hijo primogénito, el conde de Lumiares), 209 (sátira de los holandeses), 250 (**1646:** ya viejo, pidió al Rey licencia para venirse a España, pero le fue negada), 471 (**1647:** en nombre de S.M. firmó paces con los holandeses)
- XIX, 120 (entre tres candidatos para el virreinato de Nápoles), 80, 149 (**1648:** entró en Madrid: "no viene tan viejo como se decía"), 208 (juntas secretas del de Castel-Rodrigo con Luis de Haro y el conde de Monterrey), 442 nota 250 (var: Luminares)

Mouzon, abad (Flandes), XIV, 101 (var: Mouson)

Mouzon (a 25 km. al SE de Sedán [Ardennes]), XV, 300 (var: Mouçon)

Moxica (v. Mojica)

Moya (en Bilbao, q.v., hubo en 1634 un motín contra el tributo de la sal; ejecutaron seis personas, entre ellos uno apellidado Moya, "letrado y muy noble"), XIII, 57

Moya, P., S. J., XVIII, 196

Moya, marqueses de (v. Villena, marqués de)

Moya, Diego (al mando de un ejército en Leucate), XIV, 249

Moyano, Jacinto (capitán), XIV, 214 (**1637:** m. en el sitio de Leucate)

Moymenta (v. Moimenta)

Moyo (pueblo de Castilla la Nueva o Aragón), XVI, 390

Mr. (véase la ficha de Monsieur, y las de Orleáns, Gastón de, y Vendôme, duque de)

Mucientes, H., S.J., XVIII, 162

Mucio Viltelleschi, P., XVIII, 37

Mudarra, P. Pedro, S.J., XIII, 81

Mújica, Alonso de (capitán), XVIII, 10 (**1644:** carta sobre la población de Valdivia en el virreinato del Perú y la guerra contra los holandeses)

Mújica, Pedro (maestre de Campo de Milán, ahora en Madrid), XVIII, 341

Munich (capital de Baviera), XIII, 441, nota 1: Munich y Mónaco comparten variantes porque "se llamaron antiguamente 'Monachium'": var: Monachio, Monachium, Monacho, Monaco); XIV, 195, 236, 278; XVI, 342

Münster (capital de Westfalia, a 70 km. al NE de Essen; reino regido por los obispos de Münster como príncipes del Sacro Imperio Romano; aquí se firmó el tratado de Westfalia en 1648, dando fin a la Guerra de los treinta años)
- XVII, 326 (**1643:** demora Francia en enviar a sus plenipotenciarios a las paces), 374 (Medina de las Torres en la dieta de Münster), 383 (llegan embajadores de Francia, Cataluña, Portugal y Piamonte), 451, 485 (**1644:** m. Gualter Zapata, plenipotenciario de España)

– XVIII, 158 (**1645:** el conde de Peñaranda, plenipotenciaro, muy enfermo), 216 (**1646:** los suecos se ponen de acuerdo con el Emperador), 235 (Francia trata de persuadir a Polonia que recupere su reino de Suecia), 251 (Francia no devolverá territorios a España), 293 (se toman varios acuerdos en el congreso), 303 (los estados generales holandeses retiran a su Príncipe de las paces), 313, 317 (Francia recibiría la alta y baja Alsacia, los suecos la Pomerania, más otros acuerdos), 334, 342, 350 (el Emperador anula lo acordado en Münster por ser paces poco honrosas para el Imperio), 386, 459 (**1647:** la mujer del duque de Longueville procura desbaratar las paces entre Holanda y España)

– XIX, 9 (tratado incierto entre España y Francia), 69 (cercana la firma de las paces generales), 415 nota 131 (los designados por Francia como delegados en Münster)

Münster, Congreso de (1648), XVIII, 235, 250, 251, 293

Münster, paces de, XVIII, 459, 472

Muñiz, Diego (caballero portugués), XVI, 371

Muñiz de Escobar, Alonso (capitán de caballos; m.), XIV, 216

Muñoz, Cristóbal (alcalde de la Real Audiencia de Sevilla), XVII, 377

Muñoz, Jerónimo (conservador de la monarquía de Sicilia), XVIII, 300

*Muñoz, Luis (licenciado y biógrafo)

*Muñoz, Tomás (bibliógrafo)

*Muñoz de Camarena, Manuel José (historiador de Madrid)

Murcia, XIII, 304; XIV, 408, 429, 430; XV, 83, 170, 264, 310; XVI, 331, 366; XVII, 188, 228, 229, 255, 405, 452, 462; XVIII, 196, 372, 385, 459, 466, 467, 479, 480; XIX, 173-174 (1648: peste aquí, y en Orihuela y Alicante), 260

Murcia, alcalde mayor de, XIII, 81

Murcia, obispo de, XIII, 165 (Antonio Trejo y Paniagua, obispo de 1618 hasta **1635**, cuando m.; en conflicto con la corona, en dicho año se opuso a que en su jurisdicción se ejecutara una pragmática del Rey sobre tributos de eclesiásticos), 547 (**1636:** m.)

– XV, 76 (**1638:** al nuevo obispo, Francisco Manso [1636-1640], antes arzobispo de México, le dan el arzobispado de Burgos), 433; XIX, 386 nota 76

Murga, la "residencia" de (en Cartagena de Indias), XVI, 470

Murga, Lorenza de (revelandera), XIII, 457 (**1636:** procesada por la Inquisición)

Murillo, P., S.J., XVI, 473

Murtelas, cuartel de (Nápoles), XIX, 30

Musas, las, XV, 153

Musas, monte de las (lugar ficticio), XV, 135

Muxica (v. Mújica)

Muza (alcaide en la Corte), XIII, 546

N

Naccarela, Jerónimo (abogado de los arrendamientos en Nápoles), XIX, 99

"Naciones" o "nación" (adjetivo o sustantivo: según Gayangos, "así llaman los escritores de aquel tiempo a los extranjeros [soldados de naciones] que militaban en nuestros ejércitos", y cita las frases "muchos soldados naciones" y "entraron 25 soldados, los más de ellos naciones"), XVII, xxi-xxii, nota 5

"Naciones, las", o "Nación, la" (sustantivo: eufemismo por "judíos", "trato que tenía con algunos de la nación, que así los llaman en Portugal" (XVIII, 420; v. también las fichas de Cantelmo, Andrés; Casino, Jacobo; y Moisés ben Baruch)

Naderi, Andrea (su casa saqueada en Nápoles en 1647), XIX, 61 (var: Nacleri)

Nagasaki (ciudad de Japón), XV, 254 (var.: Nangazaqui)
Naharros (a 110 km. al E de Madrid), XV, 150 (de allí vinieron algunos para bailar para los Reyes)
Nájera (pleito del duque de Maqueda y Nájera sobre la villa), XIII, 275 (var: Naxara)
Nájera, P., S.J., XVIII, 174
Nájera, VI duque de (v. Maqueda, IV duque de)
Nájera, VII duque de (v. Maqueda, V duque de)
Nájera, VIII duquesa de (Ana María de Cárdenas, VI duquesa de Maqueda, q.v., casada con Jorge de Alencastre, III duque de Terras Novas, q.v., en Portugal [heredó algunos de los títulos su hija, María Guadalupe Alencastre, Cárdenas y Manrique de Lara, q.v.]), XIX, 457 nota 73
Nallada (villa en la frontera con Portugal; probablemente a unos 100 km. al O de Salamanca), XIX, 311
Namur (a 60 km. al N de Mézières, Flandes), XIII, 194, 229, 238, 303, 356, 416, 532; XIV, 175; XVI, xiii; XVII, 129 (var: Amur; Namen; Vamur)
Namur, duque de, XIII, 394 (v. la ficha anterior)
Nancy (capital de la Lorena; a 120 km. al O de Strasbourg), XIII, 261, 266, 274, 300, 331, 390, 463, 463; XV, 87, 198, 354, 377; XIX, 306 (var: Nanzi)
Nancy, corte de, XIII, 266
Nangazaqui (v. Nagasaki)
Nantes (ciudad en la costa atlántica de Francia), XIII, 317; XIV, 123 (su flota) (var: Enantes)
Nanzi (v. Nancy)
Naona, plaza de (error por Navona, q.v.)
Nápoles, XIII, vii, xv, 34, 34, 35, 51, 90, 109, 111, 157, 182, 183, 187, 188, 204, 230, 242, 252, 269, 293, 343, 346, 354, 354, 366, 374, 382, 434, 442, 443, 447, 456, 459, 460, 464, 464, 466, 467, 468, 473, 473, 476, 488, 515
– XIV, 11, 80, 110, 173, 228, 237, 240-243, 266, 276, 281, 294, 307, 325, 330, 338, 345, 351, 361, 366, 371, 373, 384, 400, 431, 486
– XV, 52, 62, 63, 66, 84, 89, 93, 94, 128, 179, 236, 238, 247, 260, 261, 263, 268, 298, 302, 309, 310, 314, 324, 338, 342, 374, 388, 408, 409, 417, 422, 426, 430, 460, 469
– XVI, 34, 39, 51, 128, 136, 153, 201, 208, 215, 216, 270, 350, 372, 436, 444, 457, 458-460, 462, 482
– XVII, 9, 24, 153, 171, 210, 212, 233, 263, 307, 308, 373, 374, 389, 391, 435, 446, 462, 468, 475, 495, 497
– XVIII, 21, 35, 37, 38, 58, 63, 82, 96, 97, 105, 148, 217, 218, 222, 239, 244, 247, 251, 257, 258, 262, 265, 294, 327, 332, 335, 336, 341, 345, 348, 349, 362, 368, 370, 373, 394, 399, 427, 434, 457, 458, 463, 465, 466, 469, 490, 497
– XIX, 7, 8, 17, 21, 25, 31, 40, 42, 43, 55, 56, 59, 63, 68, 70, 80, 82, 83, 89, 92, 93, 94-97, 99, 103, 107, 109, 112-116, 120, 127, 133-136, 140, 145, 147, 151, 154, 159, 160, 162-165, 170, 175, 177, 180, 181, 194-196, 198, 206, 309, 328, 331, 332, 355, 377 notas 279 y 284, 395 nota 207, 402 nota 320, 416 nota 164, 421 nota 360, 441 nota 243, 446 nota 335, 447 nota 335, 453 nota 469, 456 nota 506[b], 460 nota 259, 461 nota 259, 463 nota 315
aNápoles, XIX, 23, 26, 28, 35, 36, 39, 47, 60, 76, 85
Nápoles, alzamiento de, XVIII, v (v. a continuación: Nápoles, tumultos de)
– armada de, XIV, 102; XIX, 281
– arzobispado del, XIX, 109
– Casa de la gabela de la sal de, XIX, 99
– condestabilía de, XIX, 387 nota 84
– estado de, XIX, 174
– galeras de, XIX, 426 nota 445

- gobierno de, XVII, 9; XIX, 427 nota 468
- Junta de la sal, XVI, 57
- nobleza de (v. Ponce de Soto, Fr. Manuel)
- principado de, XVIII, 3
- reino de, XIII, 241, 253, 266, 309; XIV, 8, 24; XV, 186; XVI, 200; XVII, 200; XVIII, 158, 323; XIX, 61, 85, 87, 159, 177, 458 nota 134
- los Seggi de, XIX, 56 (según el autor anónimo de la carta, "son como instrumentos o cabildos"; la ciudad se dividía en seis "Seggi" o plazas; cinco petenecían a la nobleza y una al pueblo, cada una gobernada por seis diputados, que controlaban el gobierno de la ciudad por los Electos [v. Isabel Enciso Alonso-Muñumer, *Linaje, poder y cultura...*, pp. 457-458; sobre la cuestión de la "paridad" de los votos del pueblo y de los de la nobleza, v. la ficha de Julio Genuino]) (var: Sejos)
- tumultos de (1647): relaciones: XIX, 23-26 ("Carta" de Gaspar de Arco, q.v.), 28-35 ("Avisos de Nápoles..."), 36-38 ("Carta de la duquesa de Arcos", q.v.), 39-46 ("Relación"), 47-55 ("Otra relación"), 55-59 ("[Carta de] Palermo"), 60-62 ("Tumulto"; v. las cárceles de Santiago, de la Seda y del Almirantazgo), 76-79 ("Nápoles" [error por Madrid: carta del P. González]), 80-81 ("Madrid" [del P. González]), 82-83 ("Madrid" [del P. González]), 85-116 ("Relación del tumulto"), 134-140 ("Madrid" [del P. González]), 159 ("[Carta de] Roma"); XIX, 458-459 nota 134
- virreinato de, XIV, 266; XVII, 451

Nápoles, cardenal de (v. la ficha siguiente)
- cardenal arzobispo de (v. Filomarino, Ascanio, que tuvo un papel muy importante en las negociaciones con el pueblo)
- condestable de, XIII, 252
- gran condestable de (v. los Colonna, Felipe, Federico y Marco Antonio)
- gobernador de las galeras de, XIX, 137 (1647: Juanetín de Oria)
- rey de, XIX, 176 (1648: complot para coronar Rey al príncipe Tomás)

Nápoles, virreyes de: años **1610-1616,** (Pedro Fernández de Castro, VII conde de Lemos: v. a continuación XIX, 414 nota 99); XIII, xv y XIV, 232 y XVII, xxii y XIX, 98 y 414 nota 99 (**1616-1620:** Pedro Téllez Girón, III duque de Osuna); XIII, 3 y 56 (**1634:** el conde de Monterrey fue virrey desde **1631 a 1637** [XIII, 456 nota 1; XVII, xxi]), 34 nota 2 (**1629 a 1632:** el duque de Alcalá, Fernando Afán de Ribera y Enríquez), 106 [en esta página falta el nombre, como en otras], 112 nota 1, 241 (**1635:** el duque de Medina de las Torres, futuro virrey), 269 (**1635:** el conde de Monterrey), 408, 459 (Monterrey no quiere renunciar su puesto), 515, 523 (**1636:** el conde de Monterrey)
- XIV, 9, 30 (**1637:** el VII duque de Montalto, teniente de virrey)
- XV, 219 (**1639:** el duque de Medina de las Torres va a Madrid, y el marqués de Leganés es el nuevo virrey), 408 nota 2, 421
- XVI, 237, 278, 484
- XVII, 102, 172 (**1643:** el III marqués de los Vélez, virrey interino), 307-308 y 315 (**1643:** el duque de Medina de las Torres va a Madrid, pero retarda su partida hasta 1645: XIX, 427 nota 468 ¶2), 435 y XVIII, 8 y 164 (**1644-1645:** el IV duque de Arcos, nombrado; anteriormente virrey de Valencia)
- XVIII, 257 y la nota 1 (**1646:** el IX Almirante de Castilla; el duque de Arcos está de viaje a Nápoles), 285, 368, 474
- XIX, 23 y 34 y 441 nota 243 (**1647:** el IV duque de Arcos), 70, 85, 135, 138, 159 y 385 nota 288 (**1648:** el

VIII conde de Oñate), 355 (**1642:** el marqués de los Vélez, Virrey interino), 414 nota 99 (**1610-1616:** el virrey era Pedro Fernández de Castro, VII conde de Lemos, m. 1922, cuando le heredó sus títulos su hermano Francisco, VIII conde, q.v.), 427 nota 468 (**1644:** el IX almirante de Castilla reemplazó en el virreinato al duque de Medina de las Torres) (v. sobre los virreyes de Nápoles el libro de Domenico Antonio Parrino)

Nápoles, José (duque de Campovelo, del Consejo de Italia), XVI, 314 (m.)

Narbonne (a 60 km. al N de Perpiñán), XIV, 186, 197, 198, 249, 250; XV, 208, 215, 223, 289, 366, 379; XVI, 297, 370, 375, 391, 394, 422, 429, 506; XIX, 283 (var: Narbona)

Narbonne, arzobispo de, XV, 208, 215

Narbonne, gobernador de, XIV, 188

Narbonne, madama de, XIV, 463

Narciso (mitología), XVI, 352

Nardin (lugar de Dalmacia), XIX, 8 (el general Foscolo, veneciano, ha tomado al Turco los lugares de Nardin, Novigrado, Stardona y Ximoneto)

Narváez, Luis (v. Pacheco de Narváez)

Nasan, Juan de (v. Nassau, conde Juan de)

Naseo, país de (v. Nassau)

Nasoaira, la (nao poderosa de Holanda), XIV, 439 (1638: se hundió)

Nassau, país de: su gobernador (el conde de Bucquoy, q.v.), XVI, 404 (var: Nasan; Nasao; Nasau; Naseo)

Nassau, casa de (los príncipes de Orange), XIV, 363

Nassau, conde de (v. Nassau, conde Mauricio de)

Nassau, conde Enrique de (primo del príncipe de Orange, q.v.; gobernador de Frisia), XIV, 464, 465; XVII, xxiii (var: Nasao)

Nassau, conde Ernesto de (hermano del príncipe de Orange, q.v.; m. en una batalla), XIII, 295 (m. 1635), 300 (por error, Guillermo); XIX, 377 nota 300 (var: Arnesto)

Nassau, conde Felipe de, XVII, xii (guerreaba en el ducado de Luxemburgo en tiempos de Felipe II)

Nassau, conde Guillermo de (preso), XIII, 300 (**1635:** se dice por error que m. [v. XIX, 377 nota 300]); XIV, 446 (**1638:** le matan a un hijo), 447, 464 (Amberes es su cuartel), 465, 472, 482; XV, 75 (malherido), 323, 453 (**1640:** derrotado por el Infante-Cardenal en Brujas) (var: Nasao; Naso)

Nassau, conde Juan de (general de la caballería española de Flandes; primo del príncipe de Orange), XIII, 260, 262 (**1635:** socorre Schenck con el duque de Lerma, q.v.), 265, 268, 298, 411, 430;

– XIV, 409 (**1638**); XV, 14 (m. de enfermedad) (var: Nasan; Nasao)

Nassau, conde Mauricio de (general de las tropas holandesas que invaden el Brasil), XIII, 411; XIV, 210, 240 (1637: asedia Bahía); XV, 8, d9-11, 12, 13 (var: Nasao)

Nassau, Enrique Federico de (v. Orange, príncipe de)

Nassau, Ernesto (sobrino ilegítimo del príncipe de Orange, q.v.), XIV, 165 (var: Harnesto)

Nassau, Juan de (hijo del príncipe de Orange, q.v.), XVII, 353

Naubierc (v. Neuborg)

Nava de Aber (villa en la frontera de Portugal; probablemente la que hoy pertenece a Portugal y se llama Nave de Haver, a 32 km. al SO de Ciudad Rodrigo), XIX, 311

Nava de Velde (pueblo de la frontera portuguesa, entre Ciudad Rodrigo y Guarda por el norte, y Sabugal y Hoyos por el sur), XVI, 361 (saqueado y quemado por los portugueses con otros pueblos; v. XVI, 361)

Navacerrada, Juan de (alcaide del alcázar de Segovia), XIX, 219

Navailles, Mr. de (Felipe de Montaut de Benac, duque de Navailles; maestre de Campo general de las tropas de

Francia en Italia; más tarde, mariscal de Francia; m. 1684), XIX, 147 y la nota 1 (1647: cerca de Mantua quedó malherido) (var: Navalles)

Navalcarnero (a 30 km. al oeste de Madrid), XVI, 54

Navalmorcuende, I marqués de (Diego Dávila Coello; título dado por Felipe IV por méritos de su padre, Gonzalo; v. la ficha siguiente), XIX, 400 nota 292[b]

Navalmorcuende, Sr. de (Gonzalo Dávila Coello, gobernador y capitán-general de Chile), XVI, 292 (**1642:** m. en Perpiñán); XIX, 400 nota 292[b]

Navalles (v. Navailles)

Navarra, XIII, 26, 237, 506, 523, 536, 537
- XIV, 7, 22, 34, 34, 51, 57, 62, 78, 107, 126, 127, 129, 135, 152, 170, 174, 212, 250, 267, 271, 283, 339, 345, 407, 422, 429, 443, 450, 451, 452, 459, 462
- XV, 5, 27, 38, 52, 54, 54, 72, 73, 73, 76, 104, 114, 178, 199, 204, 206, 220, 231, 305, 397, 439, 453, 476
- XVI, 9, 27, 31, 77, 109, 211, 335
- XVII, 36, 37, 148, 346, 498
- XVIII, 44, 58, 62, 259, 262, 277, 284, 331, 338, 440; XIX, 211, 363, 410 nota 426
- guerra de, XIV, 126
- reino de, XIII, 64, 506; XIX, 456 nota 506[b]
- virreinato de, XIV, 34; XVIII, 158

Navarra, condestable de (padre del marqués de Villanueva del Río; v. este título)
- XIII, 7, 79 (**julio de 1634:** por la discusión de Olivares con Fadrique de Toledo, q.v., se despidieron del Palacio el Condestable y todos los de la casa de Alba), 106 (**octubre de 1634:** desterrado de la corte con otros nobles por no haber levantado las coronelías mandadas), 242 (**1635:** muy enfermo; dado el viático), 243 (m. una hija de su segundo matrimonio)
- XIV, 96 (**1637:** la noticia de su m. es falsa)
- XIX, 409 nota 377 (Mossen Pierre de Peralta, q.v., antiguo condestable)

Navarra, gobernador de, tomo XIV, p. 52 (1637: el duque de Nochera)
- gobernador de las armas (Lorenzo Suárez de Mendoza), XIX, 415 nota 120

Navarra, Gran Prior de la Orden de San Juan de (v. Reading, Martín, gobernador de La Coruña [entiéndase, Galicia] y capitán general)

Navarra, regente de, XIX, 150 (1648: se casa con la hija de Mendizábal)

Navarra, virreyes de, XIII, 8 (**1634:** Luis Bravo Acuña, quien m.; le sucede el marqués de la Puebla), 266
- XIV, 320 (**1638:** el Almirante se excusa del puesto)
- XV, 7 (**1638:** el de los Vélez), 72, 434 (**1640:** el duque de Nochera)
- XVI, 478 (**1642:** el VII conde de Oropesa, Duarte Álvarez de Toledo)
- XVIII, 16, 145, 328 (**1646:** Luis de Ponce)
- XIX, 355, 386 nota 76 (Fernando de Andrade y Sotomayor a partir de **1636**), 391 nota 393 (Enrique Pimentel, V marqués de Tavara, en **1641**), 427 nota 468 (el duque de Medina de las Torres, Ramiro Núñez Felipez de Guzmán, lo fue por algún tiempo), 441 nota 243, 456 nota 506[b] (Diego Benavides y de la Cueva, VIII conde de Santisteban del Puerto, entre **1653** y **1660**)

Navarrete, Francisco de (poeta), XVII, 500

Navarrete, José de (natural de Villalón, q.v.), XV, 146-147 (participa en un juego de cañas en el Buen Retiro)

Navarrete, Juan Bautista (secretario del Rey), XVII, 132, 133, 146, 148

Navarro, XVI, 286 (P. Valenciano)

Navarro, P., S.J., XV, 114

Navarro, Pedro (teniente de protonotario de Aragón y regente del Consejo de Aragón), XIX, 438 nota 175

Navarros, Villar de los (v. Villar de los Navarros)

Navas [del Marqués], Las (villa a 15 km. al oeste de El Escorial, donde en el s. XVI levantó un palacio el I marqués de las Navas, q.v.; lo vio Karl Baedeker en el siglo XIX [*Spain*, p. 50]), XIV, 87-88 nota 2

Navas, I marqués de las (título concedido por Carlos V en 1533 a Pedro Dávila y Zúñiga [v.Atienza, 920a, y la ficha anterior])

Navas, IV marqués de las (Antonio Dávila, biznieto del I marqués)
- XIII, 7 (**1634:** en la corte participó en un juego de cañas, en la primera cuadrilla de las contrarias al Rey), 243 nota 1 (**1635:** pretendiente a la herencia de los estados del conde de Osorno, q.v.)
- XIV, 87-88 nota 2 (**1637:** según las *Noticias de Madrid*, a pesar de que había servido a S.M. con 25 piezas de artillería, le han multado con 2.000 ducados por intentar vender cosas que no eran suyas), 365 (al mando de la caballería de Perpiñán), 412-413 (**1638:** se dice que le han hecho virrey del Perú, "otros que al de Valparaíso; no hay cosa cierta todo es alucinar"), 434 (maestre de Campo general en el ejército del marqués de Villafranca; del Consejo de Guerra), 477 (maestre de Campo en Vizcaya con el Almirante de Castilla), 494 (el **8 de agosto** m. el IV marqués; "herédale su hermano, Pedro, que está en la guerra de Vizcaya"; las fichas de la carrera del V marqués se reparten entre Ávila, Pedro de, y después del 8 de agosto, Navas, V marqués de las)

Navas, IV marquesa [viuda] de las, XIV, 273-274 nota 1 (**1637:** en la corte en Zaragoza: "la de las Navas"); XV, 258 (**1639:** "la marquesa viuda de las Navas" entró "monja descalza" y "muy moza"); XVIII, 20 (**1645:** m.)

Navas, V marqués de las (Pedro de Ávila, homónimo de su bisabuelo el I marqués, q.v., y heredero de su hermano el IV marqués, q.v.; la vida de Pedro hasta la m. de su hermano el **8 de agosto de 1638** se ha fichado bajo Ávila, Pedro de)
- XIV, 494 (**12 de agosto de 1638:** "herédale su hermano que está en esta guerra de Vizcaya; es de los buenos estados que hay en Castilla y más desempeñados"
- XV, 78 (**octubre de 1638:** noticia probablemente errónea [v. la cláusula final]: "Al duque de Alburquerque se ha dado la encomienda...y la llave capona; su talento es del mismo modo"; 348 (**octubre de 1639:** dice que "está dada la extremaunción; toda aquella casa se ha acabado, y pasa el estado a una tía suya, condesa de Concentaina" [sobre el último título, v. Navas, VI marquesa de las]; 398 (22 de enero de **1640:** "el [quinto] marqués de las Navas es ya gobernador de Fuenterrabía" [se habla claramente del heredero, del éxito de su carrera y de su ausencia de Madrid] (var: Dávila)

Navas, VI marquesa [viuda] de las (Antonia Dávila y Corella, condesa del Risco y de Concentaina, primera mujer del VIII conde de Santisteban del Puerto, Diego Benavides y de la Cueva, n.él hacia 1600 y m. en 1666 [XIX, 456 nota 506; se refiere al t. XVIII, 508]; el Conde solía referirse a sí mismo como "conde de Concentaina", de manera que el empleo de dicho título en una carta del 10 de enero, 1640 [XV, 393], quiere decir que ya se había casado por primera vez con Antonia Dávila; sin embargo, ella no tenía todavía el título de VI marquesa de las Navas, porque vivía el V marqués por lo menos hasta el 22 de enero de 1640 (XV, 398). Las noticias de que la condesa de Concentaina era tía y heredera del IV

marqués de las Navas se hallan en un breve párrafo de mínima credibilidad (XV, 348)
Navas, Miguel de las (milanés; capitán de corazas), XVI, 151
Nave de Haver (v. Nava de Aber)
Naviglio o Navillo (canal de Lombardía; v. la ficha que sigue, y la del río Oglio)
Naviglio Grande (canal que enlaza Milán con el río Ticino, q.v., a 25 km. al O de Milán, y el Lago Maggiore, q.v., a 55 km. al NO de Milán) XIII, 454, 470 (var: Navilio; Navillo)
Navillo (v. Naviglio)
Navona, plaza de (Roma), XIV, 112, 113, 115, 120; XV, 409 (por error, Naona)
Náxara (v. Nájera, duque de)
Neckar, río (a 55 km. al O del río Tauber; pasa cerca de Stuttgart, y al N desemboca en el Rhin), XV, 339; XVIII, 178 (var: Necar; Necker)
Neers, río (Flandes), XIII, 262
Negra, Selva (Schwarzwald en alemán; región entre Strasbourg al O y Tübingen al E), XVII, 407
Negrales, P. Bartolomé de, S.J., XVII, a247
Negrete, P. Francisco, S.J., XIII, 35; XVII, viii, a19
Negro, Mar, XIV, 242; XVIII, 317, 319, 498
Negroponto (nombre medieval de la isla Euboea, al SE de Grecia), XIX, 8
Neila, Pedro de (hacia 1575-1647; abad de Sancti Spiritus [quizá el convento franciscano "del Monte", a 7 km. al NE de Sagunto]; regente del Consejo de Italia; obispo de Segovia, 1645-1648; m. 1648), XVII, 445; XIX, 458 nota 124 (v. Crosby, *Nuevas cartas...*, índice) (var. errónea: Nieto)
Nel (v. Nesle)
Neli (v. O'Neil)
Nelle (v. Nesle)
Nemberg o Neoburgo, duque de (v. Neuburg, duque de)
Neopol (v. Newport)

Neoport o Neoporto (v. Nieuwpoort)
Neostadio (v. Neustadt)
Nepote, XVI, 475
Nepote, cardenal, XVI, 462
Nepotes, los, XV, 422; XVI, 15; XVII, 165
Neptuno, XIV, 117, 119
Nero, emperador (v. Nerón)
Nerón, emperador, XIII, 114; XVI, 60, 328, 330; XVII, 367 (sátira)
Nesle ("villeta pequeña pero cerrada", a 45 km. al SE de Amiens, del departamento de la Somme, q.v., río del NE de Francia), XIII, 493 (var: Nel; Nelle)
Nestares (inquisidor de Valladolid), XVII, 506 (entrevista imaginaria y satírica con el Conde-Duque)
Neuborg, château de (a 13 km. al E de Maastricht, entre Valkenberg y Wylré), XIV, 393 (var: Naubierc; Neoburg)
Neuburg, duque de ("llamado el mozo": se trata de Felipe Guillermo, único hijo y sucesor del duque Wolfgang Guillermo que heredó el título en 1614; Felipe restableció el catolicismo en sus Estados, pretendió por dos veces el trono de Polonia, terminó la antigua cuestión entre su casa y la de Brandenburg, entrando en 1660 en posesión de los ducados de Juliers y de Berg, y adquirió el Palatinado electoral por la m. del elector Carlos en 1685, último de la rama de Simmeren)
– XIII, 260 (**1635:** la boda del duque de Baviera con la hija del Emperador se hizo en secreto, "por la competencia que se reconoció" entre el duque de Neuburg y el embajador de España)
– XIV, 393 (**1638:** el *Pronóstico de Herluá* dice: "Neuburg es afligido de los de Juliers" [v. XIX, 9])
– XVI, 341 (**1642:** "el duque de Neuburg, el mozo, se ha casado con la hermana del rey de Polonia")
– XVII, 353 (**1643:** dio dinero al Lansgrave de Hesse para que levantara el

cerco de Duren, feudo suyo en el país de Cleves)
- XIX, 9 **(1647:** en el ajuste del pleito con el duque de Brandenburg, el duque de Neuburg tiene "el país de Juliers, Berg y Vivental") (var: Naubierc; Nemburg; Neoburg; Neoburgo)
Neucastel, conde de (v. Newcastle, duque de), XVII, 258
Neucatel (Newcastle, Escocia), XVI, 482
Neuenberg am Rhein (villa a 30 km. al SO de Freiburg im Breisgau y 27 km. al N de Basel, a orillas del Rhin, en el extremo occidental del Breisgau y la Selva Negra), XV, 177 (var: Nevenburgh)
Neuf-Brisach (a 4 km. de la frontera entre Francia y Alemania, S de Alsacia; a 16 kms al SE de Colmar; a 4 km. de Breisach, la parte alemana, q.v.)
Neuport (v. Niewpoort)
Neuscatel, conde de (v. Newcastle, duque de)
Neustadt [an dem Saale] (villa sobre el río Saale, en el distrito de Rhön-Grabfeld, de Baviera), XV, 493 **(1640:** dice el Archiduque que, "matamos mucha gente"), 495 (var: Neostadio; Neustad; Sala)
Nevantola (entre Venecia y los estados papales), XVII, 201
Nevenburgh (v. Neuenberg am Rhein)
Nevers (ciudad a orillas del río Loire, a 90 km. al S de Auxerre, 135 km. al N de Clermont-Ferrand, y que distaba unos 60 km. del límite O del ducado de Borgoña, q.v.; Nevers era la capital del ducado homónimo que quedaba independiente de Francia hasta 1669)
Nevers, duque de (mariscal), XV, 292 nota 2, 427 y la nota 1 (la referencia en el texto a "la hija heredera" de el de Nevers parece ser error por la hija de la duquesa de Saboya), 360 (cuando Carlos Luis, conde del Palatino del Rhin, entró en Francia encubierto, "por su desgracia en Nevers le conocieron", y fue preso); XVII, xiv (en 1595 el duque de Bouillon, mariscal de Francia, creyó que su ejército podría entrar en Doullens [Picardía], "sin aguardar al duque de Nevers", pero lo derrotó el conde de Fuentes), xvi-xvii (el día después de la batalla llegó el duque de Nevers, pero se retiró precipitadamente), xvii (el conde de Fuentes sitió a Cambrai, y el hijo del duque de Nevers, "el príncipe de Rethel, q.v., o Retheloys, mancebo de 15 años, había logrado entrar dentro" de la ciudad), xviii (los franceses de Cambrai avisaron al duque de Nevers que ya no era posible mantenerse); XIX, 371 (a la m. de Richelieu, "dicen que deja por su valido del Rey al mariscal de Nevers" [error por el cardenal Jules Mazarin: v. XVI, 495, y Elliott, *The Count-Duke,* 647]), 371 nota 1 (Gayangos sugiere que en vez de decir "Nevers", debió decir, "De Noyers" ["François Sublet, secretario del Estado y muy íntimo del Cardinal"])
Newcastle, duque de (general de Carlos I de Inglaterra; tomó Leeds), XVI, 482; XVII, 139, 258
Newgate (cárcel en Londres), XVI, 166
Newport (puerto en la Isla de Wight, Inglaterra, sobre el Canal de la Mancha), XVII, xxiii; XVIII, 497 (var: Neopol
Neyla, Pedro (v. Neila)
Nicolalde, Juan de (veedor general del ejército de Flandes), XIV, 289
Nicolás, P., XV, 228, 229
Niebla, conde de (primogénito del duque de Medina Sidonia; de 1635 a 1637 participó en varias fiestas de la corte), XIII, 139, 296 nota 1; XIV, 38 nota 1; XVI, 475 **(1642:** noticia equivocada de que trataban de casarle con Juana de Velasco, hija mayor del IX condestable de Castilla, Íñigo Melchor Fernández de Velasco; v.

Marañón, *El Conde-Duque,* p. 297: ella casó el 28 de mayo de 1642 con Enrique Felípez de Guzmán, hijo adoptivo del Conde-Duque)
Niele, Sr. de, XVI, 50
*Nieremberg P. Juan Eusebio, S.J. (1595-1658; del colegio de Madrid; autor de obras de carácter ascético y una biografía de san Ignacio), XVI, 286; XVII, 3; XVIII, 187, 196 (citado por la Inquisición para informar) (var. Eusebio; Juan Eusebio)
Nieto (ayuda de cámara del Infante-Cardenal), XIII, 308, 318
Nieto (oidor; m. 1644), XVII, 430
Nieto, Pedro (v. Neila, Pedro)
Nieto de Aragón, María de (poetisa), XVII, 499
Nieto y Salcedo, Viuda de Francisco (impresora de Madrid, 1665-1696; v. Puente, Fr. Luis de la)
Nieulet (villa del departamento de Aisne, que abarca las ciudades de Saint-Quentin, Laon y Soissons), XIX, 461 nota 262
Nieuwpoort (villa a 22 km. al NE de Dunquerque y 15 km. al SO de Ostende), XIII, 491; XIV, 86, 141; XVIII, xxiii, 416, 497 (var: Neoport; Neuport; Niupo)
Nieva, conde de, XVIII, 72
Nieves, Nuestra Señora de las (v. Nuestra Señora de las Nieves)
Niewpoort (v. Nieuwpoort)
Nijmegen (a 55 km. al SE de Utrecht), XIII, 246, 289, 298, 299, 395; XIV, 195, 196, 199, 417; XIX, 289 (var: Nimega; Nimeguen; Ninieguen)
Nijvel (v. Nivelles)
Ninoven (v. Nivelles)
Niño Enríquez de Porres, María Petronila (hija de Francisca Henríquez de Porres, q.v., y de su marido García Niño de Ribera, conde de Villaumbrosa, q.v.), XIX, 455 nota 492
Niño, Rodrigo (coronel de un tercio de infantería), XVII, 362; XVIII, 435, 438, 440

Niño de Ribera, García (conde de Villaumbrosa), XIX, 455 nota 492
Niupo (v. Nieuwpoort)
Nivelles (a 30 km. al S de Bruselas), XVII, 114 (var: Nijvel; Ninoven; Nivele)
Niza (en la costa mediterránea de Francia, a 20 km. de la frontera de Italia), XIII, 503; XIV, 236, 307; XV, 63, 292, 296; XVI, 48, 208; XVIII, 386; XIX, 17, 307, 315 (var: Nice)
– castillo de, XV, 164
– obispo de, XVI, 185 (1641: embajador en Madrid del cardenal de Saboya)
Nizza de la Palla (hoy, Nizza di Monferrato; a 30 km. al SO de Alessandria de la Palla, sobre el río Belba), XIV, 148, 151, 162, 236, 503; XIV, 148, 151, 389; XV, 386; XVIII, 69; XIX, 8, 93, 462 nota 263
Nizza de la Palla (gobernador), XIII, 425
Nizza di Monferrato (v. Nizza de la Palla)
Nobles: presos (v. Cárceles, los nobles)
Nobleza (v. Grandeza)
Noblin (villa a orillas del río Danubio, poco más abajo que Tuttlingen, q.v.), XVII, 422
Nobogradi (v. Novigrad)
Nocera (v. Nochera)
Nochera, duque de (Francisco María Caraffa Castrioto y Gonzaga, 1579-1642; napolitano, hijo de Fernando Caraffa y príncipe de Scila; caballero del Toisón de Oro)
– XIII, 546 (**1636:** sustituirá al marqués de Valparaíso como virrey de Navarra)
– XIV, 8 (**1637:** virrey de Navarra), 34, 52, 78, 88, 131 (en Francia), 135, 151, 172 (le pide al Rey lo sustituya por otro en el cargo de general), 173, 174 (amancebado con una güipuzcoana, con harta publicidad y escándalo), 185, 212, 257 (le mandan que vaya a Mérida), 265 (en un consejo

de Guerra en Mérida para estudiar la jornada de Portugal)
- XV, 279 (**1639**: acompaña al gobernador de Cataluña en la campaña), 290 (le dan el gobierno de Aragón), 389 (**1640**: grande de España), 390, 434 (se dice que será virrey de Navarra), 453
- XVI, 22, 27, 31 (**1640**: pasa a Aragón), 37 (va a gobernar a Aragón), 430-432 (**1642**: preso en la fortaleza de Pinto por el descalabro de Valls en agosto de 1641, en **julio de 1642** se confesó, recibió el viático y m.; le depositaron en el Colegio Imperial de Madrid), 433 (las honras en el Colegio Imperial, con asistencia de 18 títulos)
- XIX, 294-298 (**1642**: relato muy detallado de sus últimos días en la cárcel y su m.), 447 (fin de la nota 435)

Nochera, duque de (por la fecha de 1647, tiene que ser el heredero del título del Duque de la ficha anterior, Francisco María Caraffa Castrioto y Gonzaga, 1579-1642), XIX, 139 (**1647**: está entre los que se declaran por el Rey español en el motín de Nápoles)

Nogales (a 33 km. al S de Badajoz), XVI, 173; XVII, 278, 288

Nogales, castillo de (data de 1438), XVII, 265 (unos soldados portugueses no se atrevieron a atacarlo)

Nogaret de la Valette, Bernardo de Foix y La Valette, duque de (hijo segundo de Jean Louis; v. La Valette, duque de)

Nogaret de la Valette, Enrique (hijo primogénito de Jean Louis; era duque de Candale, q.v.)

Nogaret de la Valette, Jean Louis (padre de Enrique, Bernardo y Louis; v. Epernon, duque de)

Nogaret de la Valette, cardenal Louis de (1593-1639; tercer hijo de Jean Louis, duque de Epernon, q.v.; arzobispo de Toulouse en 1613; cardenal en 1623; en 1627 renunció el arzobispado y optó por la carrera militar; en 1630 primer ministro de Richelieu, quien le nombró teniente general del ejército real en 1631; de 1635 a 1639 mandó el ejército francés en Alemania, luego en Picardie y finalmente en Italia, donde m.; v. Salvador Miranda)
- XIII, 295 (**1635**: con Weimar, derrotaron a los imperiales), 313, 314, 329, 334, 344 (se retira a Metz tras una derrota), 349, 463 (**1636**: se retira a Francia después de otra derrota), 488, 494, 532 (le mandan al ducado de Borgoña contra el de Lorena), 544 (le derrotan en Borgoña)
- XIV, 31 (**1637**: manda el ejército francés en Alemania), 50 (disgustado con Richelieu, se inclina por las ideas del conde de Soissons, q.v.), 52 ("el general Mr. de la Valeta"), 153 (pretende tomar a Landresi sin lograrlo), 154 (su modo de guerrear se ve como bárbaro), 155 (se le ordena que impida la construcción del puerto de Gravelingas), 156 (Richelieu trata de casarle con su sobrina, la viuda de Conbalot; le da 500.000 escudos de dote y le hace Condestable de Francia; renunciaría al capelo), 177 (sale en campaña), 178 (la crueldad en su guerrear), 181 (sobre Landresi, bloqueándola), 224 ("el mariscal de la Valeta"), 230, 315 (**febrero, 1638**: tras "tanta reputación el verano pasado", Richeleiu le quitó el gobierno de las armas de Francia), 407 (le pasarían a Italia a gobernar las armas de Francia por la m. del duque de Crequi, q.v., par y mariscal de Francia), 414 (a Italia), 417, 431 (dice que regresa a Francia porque el duque de Saboya no ha querido ayudarle con tropas), 432-433, 441 (general en el Piamonte), 485, 497-498 (desavenencias con el general de las armas de Saboya)
- XV, 121 (le quitan el mando militar en Italia, y luego se lo restauran),

235-236 (**1639**: herido en un brazo), 238-239, 254, 256, 274, 296, 299, 310, 322 (le ataca el príncipe Tomás en Cuneo), 345 (enfermo de gravedad), 347, 353 (m. **1639** en el Piamonte como general otra vez), 377, 410 (**1640**: no consiente el Papa sus honras en Roma por haber guerreado "contra su orden expresa"); XVIII, xi (var: la Valeta)

Nogorta, Juan (capitán de Sevilla; m. de una bala perdida que le entra por la espalda cerca de Badajoz), XVII, 254, 277

Noguera, río (baja de los Pirineos al S, pasa por Alfarrás, q.v., y desemboca en el río Segre cerca de Lérida, q.v.; sobre estos ríos y el viaje de Felipe IV a Aragón en 1644, v. la ficha de la villa de Sástago), XVII, 479

Noguerol, Juan, XVI, a299, a312

Nogués, Gabriel (impresor de Barcelona, 1614-1646), XIV, 406; XVI, 122

*Nogués, Rafael (autor de un poema sobre la villa de Salsas; pseudónimo: maestro Fareal Guseno)

Noirmoutiers, marqués de (mariscal de Campo), XVII, 424 (prisionero en la batalla de Tuttlingen) (variante: Noir Moutier)

Nolana, Puerta (v. Puerta Nolana)

Nolasco, San Pedro (v. San Pedro Nolasco)

Nolascos, padres (v. Padres nolascos)

Nompart de Caumont, Jacques (v. Laforce, mariscal de)

Noort, Juan de (grabador flamenco), XV, 66

Noporte (v. Nieuwpoort)

Nördlingen (a 100 km. al NO de Munich y 100 al E de Stuttgart; aquí en 1634 el general Gallas del Imperio derrotó a los protestantes y en 1645 el príncipe de Condé y los franceses derrotaron a los del Imperio)
- **1634**: XIII, xvii, 93, 101-102 nota 1, 140, 142; XIV, 33; XVII, 484; XIX, 458 nota 134

- **1645**: XVIII, 140, 157; XIX, 437 nota 140 (var: Nordlinghen; Norlingen)

Normandía, XIV, 234; XV, 326, 348, 423; XVII, xiii

Noronha, Miguel de (v. Linhares, [IV] conde de)

Noroña, Antonio de, XVI, 212, nota 1 (error por Miguel de Noronha; véase Linhares, [IV] conde de)

Northumberland (condado en el extremo noreste de Inglaterra; limita con Escocia al norte y al este con el mar del Norte), XVII, 327

Northumberland, [X] conde de (Algernon Percy, 1602-1668), XVII, 327 (1643: en este año abandonó a los parlamentarios y pasó al servicio del rey de Inglaterra)

Nortongham (v. Nottingham)

Noruega, XV, 94

Norris, John (corsario inglés), XVII, ix

Notaff, coronel, XVII, 424

Nottingham (a 175 km. al N de Londres), XVII, 139 (var: Nortongham)

Nova, convento de Santa María la (Nápoles), XIX, 26, 104

Nova, Santa María la (v. la ficha anterior)

Novalin, Gonzalo (capitán; m. en 1638 en un desastre naval; v. la ficha de Rubín de Celis, Diego, y XV, 15, 17 y 57)

Novara (a 45 km. al oeste de Milano), XIII, 270, 425, 499; XIV, 87; XVI, 477

Noviciado, el, XIV, 203; XVIII, vi; XIX, 119

Novigrad (población de Dalmacia), XVIII, 387 (el Turco lo tomó a los venecianos); XIX, 8 (los venecianos lo recuperó: v. la ficha de Nardin) (var: Nobogradi; Novigrado)

Novo, Castel o Castil (v. Castelnovo)

*Novoa, Matías de (oficial de la corte de Felipe III y Felipe IV; autor de una historia valiosísima del reinado de Felipe IV)

Noyers, Francisco Sublet des (secretario de Estado en Francia), XIX, 371 nota 1
Noyon (a 60 km. al SE de Amiens y 42 km. al SO de Saint Quentin, q.v., sobre el río Oise, q.v.), XIII, 493, 532
Nuestra Dama de Hal (v. Hal, Nuestra Dama de [iglesia de Flandes])
Nuestra Señora, XIII, 129 (imagen sin identificar); XV, 206 (imagen que trajo alguien de Fuenterrabía al Convento de la Concepción Jerónima en Madrid); XIX, 180 (iglesia sin identificar) (v. también María Virgen, y Virgen)
– de Agosto (día festivo), XIII, 505 (Dôle, en el condado de Borgoña); XVII, 215; XVIII, 221
– [de la] Almudena (Madrid), XIV, 3 (imagen); XVI, 137 (imagen); XVII, 65 (imagen: "la más antigua en Madrid"); XIX, 196 (imagen) (var: Virgen de la Almudena)
– de los Ángeles (en Barcelona), XV, 449 nota 1
– de las Angustias (estatua de Madrid), XIII, 59
– la Antigua (cementerio de Sevilla), XIX, 399 nota 268
– de la Anunciada (fiesta de los estudiantes en el Colegio de Jesuitas de Madrid), XVI, 306
– Asunción de, XIII, 236 (la fiesta), 397 (grande imagen de coral que regaló el duque de Montalto, q.v., al Rey)
– de la Asunción, XVIII, 133, 136; XIX, 310
– de Atocha (Madrid: la iglesia y la imagen): XIII, 102 (imagen), 336 (imagen), 346 (imagen); XIV, 266 (iglesia), 444 (iglesia); XV, 25-26 (iglesia), 57 (imagen), 78 (iglesia), 81 (iglesia), 291 (imagen), 303 (imagen), 313 (iglesia), 466 (imagen), 498 (iglesia); XVI, 18 (iglesia), 137 (imagen), 385 (iglesia), 421 (iglesia), 438 (imagen); XVII, 65 (imagen), 114 (iglesia), 147 (iglesia), 197 (iglesia), 376 (iglesia), 388 (imagen), 473 (imagen); XVIII, 208 (iglesia), 432 (imagen); XIX, 72 (iglesia), 178 (iglesia), 436 nota 126 (iglesia) (var: Virgen de Atocha)
– de Banibana (ermita en la costa de Cataluña, entre las Costas de Garraf y Barcelona), XIX, 293
– del Buen Consejo (imagen en Madrid), XVIII, 385
– del Buen Suceso, (iglesia de Madrid en la calle Princesa, 43; terminada en 1607 y declarada en ruina y derribada en 1975), XV, 32 (v. Buen Suceso, Virgen del)
– de la Candela, la vigilia de, XIX, 231 (Río de Janeiro)
– de la Concepción, día de, XVII, 426
[– de la] Concepción, día de, XIII, 544
[– de la] Concepción, colegio de la (Salamanca), XVII, 246
[– de la] Concepción, monja de la (Sevilla), XIII, 49
– de Constantinopla (convento de monjas en la calle Mayor de Madrid), XIX, 25
– día de (en Noviembre), XIX, 218
– de la Estrella (imagen en una iglesia de Toledo), XVIII, 216
– de la Fuencista (v. Fuencista, Nuestra Señora de la [iglesia de Segovia])
– de Gracia (v. Hospital Real y General de...)
– de Gracia (iglesia en la plaza de la Cebada, Madrid: al costado de la calle de Toledo, equidistante de la Plaza Mayor y la Puerta de Toledo), XVII, 459
– de Guadalupe (ermita en Fuenterrabía), XV, 75
– del Hoyo (imagen a unos 6 km. de Sevilla), XIII, 418
– de Loreto (imagen), XVIII, 278
– de las Maravillas (iglesia de Madrid), XV, 85
– de Marzo [día de], XV, 426
– de la Merced (v. Merced, Nuestra Señora de la [orden religiosa e iglesia de Madrid])

- del Milagro (imagen guardada en las Descalzas Reales de Madrid), XVII, 237
- de Montserrat (iglesia en la montaña de Montserrat, Cataluña), XVI, 140, 324; XVIII, 136
- de las Nieves (su día), XIII, 193
- del Oreto (imagen en Áquilo), XIV, 11 (la Reina de España envió por el Virrey una "riquísima vestidura" para la imagen)
- del Pilar (iglesia de Madrid; v. Pilar, Nuestra Señora del)
- del Pilar (la gran catedral de Zaragoza), XVIII, 489
- del Pópulo (una pintura en Madrid de la imagen), XVII, 220; (iglesia de Roma), XVIII, 53
- de Prado, convento de (de la Orden de San Jerónimo, q.v., en Valladolid), XIII, 246
- de los Remedios (imagen en la iglesia de la Merced, Madrid), XVII, 65
- de Requesens (paso en los Pirineos, entre Colibre y la montaña del Pertús), XVI, 212
- de San Celso (iglesia de Milán donde se depositó el cuerpo del muy famoso conde de Fuentes [de Val de Opero] en 1610), XVII, xix, nota 3
- de San Lorenzo (Valladolid), XIII, 365
- de Setiembre, la víspera [del día festivo]), XVII, 282; XIX, 324
- de la Soledad (imagen en la iglesia de la Victoria, Madrid), XVII, 65
- del Valle (Zafra), XVII, 289 (imagen)
- de la Vega (Salamanca), XVIII, 77 (imagen)
- de la Victoria (Francisco de Melo quería fabricar tal templo en Cambrai), XIX, 270

Nueva España, XV, 45; XVI, 160
- virrey de, XV, 124 (1638: el marqués de Cadereyta); XIX, 385 nota 322 (sobre el marquesado de Salinas, instituido en 1609 en Luis de Velasco, virrey de Nueva España y Perú), 454 nota 490 [error por 496] (García Sarmiento de Sotomayor, conde de Salvatierra), 457 nota 75

Nueva Galicia (provincia administrativa del virreinato de Nueva España que se extendía desde la parte occidental del Altiplano central de México hasta la costa del Pacífico), XVIII, 398 (su adelantado era el marqués de Villamayor, q.v., Carlos Pacheco de Córdoba)

Nuevo (v. Châtillon sobre Nuevo)

Numancia (imagen poética), XV, 56

Numinghen (castillo en Flandes), XIV, 480 (1638: lo tomaron el Cardenal-Infante y el príncipe de Tomás; v. en la Bibliografía la relación titulada *Segunda parte...*)

Nuncios del Papa en España (v. las fichas individuales de Cesare Monti, nuncio extraordinario en los años 1628-1632; Lorenzo Campeggi, nuncio desde ¿1628? hasta 1638; Giulio Cesare Sachetti, 1638-1639; Cesare Facchinetti, en los años 1639-1642; Giovanni Giacomo Panciroli, 1642; y Julio Rospigliosi, 1644-1653; v. a continuación las fichas en las que faltan los nombres de los nuncios)
- XIII, 27 (**1634**: en Flandes, trata por orden del Papa que el duque de Orleáns repudie a su mujer), 50 (en Salamanca, el juez suyo en el caso del convento de Santa Ana), 63 (en Madrid), 83 (entre los que recomiendan retirar de la Compañía al P. Lerma), 102 (acompaña al Rey en Madrid a la iglesia para dar gracias por una victoria imperial), 181 (**1635**), 226, 232, 250 (se entrevista con el Rey en Madrid para tratar de acuerdos de paz), 251, 253, 254, 262, 315 (interviene activamente en Madrid en favor de los acuerdos de paz), 318 (recibe una carta de monseñor Mazzarini, nuncio extraordinario en París), 332, 336, 338 (se le comunica en Madrid que el Rey no se inclina por la paz ahora), 342, 361 (**1636**: orden del Papa para que intime al cardenal Borja que pase

a su arzobispado sin detenerse en Madrid), 383, 444, 516, 545 (le llega correo del Papa con protestas contra el Rey sobre el tema de Piacenza [var: Plasencia]), 546
- XIV, 12 (**1637**), 13, 24 (las paces de España con Parma), 25, 27 (no da audiencias en Madrid), 78, 79, 106, 137, 270 (se queja a Roma de acción de alcaldes en Madrid, y el Papa los excomulga), 359 (**1638**: los dominicos ponen pleito ante él, contra los jesuitas), 360, 406
- XV, 5, 24, 80 (v. Facchinetti, nuncio extraordinario en Madrid, **1639-1642**)
- XVI, 364 (**1642**), 475 (si el Papa no echa de Roma al de Lamego, se echará de España al nuncio), 489 (**1643**: advierte al cardenal Borja que busque el consentimiento de Roma para el arzobispado de Toledo que quieren darle)
- XVII, 65 ("misa de pontifical del Nuncio"), 101 (**1643**: en París, el embajador de Venecia, el de Inglaterra y el Nuncio [Girolamo Grimaldi-Cavalleroni, q.v.], tuvieron aviso de que el Rey quedaba desahuciado), 150, 153, 166, 187, 188, 220 (da orden de cerrar el recinto de Nuestra Señora del Pópulo donde se rumorea se produjo un milagro), 382 (en París el capelo para el nuncio Grimaldi[-Cavalleroni, Girolamo], q.v., francófilo que allí residía), 435 (**1644**: el capelo para su amigo el P. Juan de Lugo [y de Quiroga], q.v.), 436, 437 (se niega a recibir al presidente de Castilla), 497 (Sachetti, q.v., pretendiente a la silla papal; nuncio en España entre 1638 y 1639)
- XVIII, 14 (**1645**), 32, 35, 42 (las plazas vacantes en Portugal), 85 (asiste por orden del Papa a la elección del general de los franciscanos), 111, 112, 121, 147, 149, 159 (m. el P. Matías Rospigliosi, S.J., hermano del nuncio Julio Rospigliosi, q.v.), 188,

189, 227 (**1646**: diferencia con el provincial de San Francisco), 228, 331 (el duque de Gandía dice que el nuncio no es juez competente en su pleito por la herencia de su tío, el cardenal Borja), 343 (presente en la consagración del obispo de Almería, Luis de Venegas Figueroa), 364 (informa que las bulas del cardenal Moscoso ya están despachadas), 429 (da temporalmente el puesto de provincial de Santo Domingo al prior de Benavente)
- XIX, 143 (**1647**), 156 (**1648**), 178, 280 (**1642**), 290, 305 (el nuncio en Colonia le administra el viático a la reina madre de Francia), 330, 334

Nuncibay, Cristóbal de (capitán de navío), XIX, 285

Nunes, Egas (ayo de Alfonso Henríquez, primer rey de Portugal, q.v.), XVI, 96 (var: Egas Coutinho o Cutino)

Núñez, N. (capitán; entrega el castillo de Opol en el Rosellón), XV, 272

Núñez, Mari (v. Núñez de Ervas, M.)

Núñez, Marco (alférez), XIV, 214

Núñez de Ervas, Mari (madre del coronel Jacinto de Vera, q.v.), XVIII, xiv, xviii, xxvi (var: Mari Núñez)

Núñez de Guzmán, Gabriel (I marqués de Toral; padre del duque de Medina de las Torres, q.v., y de Isabel María de Guzmán, q.v.), XIII, 241; XIX, 427 nota 468

Núñez de Saravia, Juan (asentista portugués; procesado por la Inquisición), XIV, 272

Núñez Felípez de Guzmán, Ramiro (v. Medina de las Torres, I duque de)

Núñez Flores, Alonso (testigo), XVIII, xxvii

Nuño, P., S.J., XIX, 242

Nuremberg (a 170 km. al N de Munich), XIII, 228, 230 y 234 (**1635**: al rey de Hungría se le entrega la ciudad, y el Emperador pone presidio en ella); XIV, 393 (var: Noremberga; Norimberga)

O

Oaxaca (México), XIII, 207 (desde Valladolid el P. Juan Chacón pide al P. Pereira, en Sevilla, comprarle chocolate "a buen precio, siendo de Guajaca"; XIV, 381 ("como si fuera de Guajaca"); XVIII, 448 (var: Guajaca)
Obal, río de (v. Waal)
Obasto, conde de (Carlos de Mendoza, portugués), XIV, 185 (**1637**: entre los nobles llamados a Madrid por el Rey están el conde de Obasto y el de Ocastro, q.v.); XV, 193 (**1639**: el Rey permitió al mismo grupo regresar a Portugal); XVIII, 431 (**1646**: m.), 439, 442 (**1646**: m. en el socorro de Lérida; su padre estaba en Madrid); XIX, 451 nota 439 (sobre la dificultad de distinguir entre la m. del conde de Obasto y la del de Ocastro [v. su ficha]) (var: el Basto; O Basto; Obastos; Ouasto; Ovasto; Vasto, "conde o marqués")
Obediencia, Junta de (para juzgar a don Fadrique de Toledo, q.v.), XIX, 375 nota 110
Obega (pueblo de Portugal, frontera de Alburquerque), XVII, 468, (saqueado por tropas españolas)
Obela (pueblo cerca de Badajoz), XVI, 267 (allí don Juan de Garay mató a seis portugueses)
Oben, Marcos van (flamenco; capitán de navío), XIV, 123
Oberas, conde de (para Gayangos, un título concedido por el Rey junto con el Virreinato de la India, a don Juan de Silva Tello, gobernador de Tánger), XV, 247 (1637) (var: Ovidos)
Obispo, aldea del, XVI, 361
– cárcel del, XIII, 25
Obras y Bosques, Junta de, XVIII, 391
Obregón, Padre, S.J.(ministro con el P. Vázquez, q.v.; confesaron a casi todo el ejército español antes de la batalla de Monterrey), XIX, 326 (v. Monterrey [plan portugués...])
Oca, Montes de (véase Montes de Oca, Francisco de)
Oca, Álvaro de (v. Occa)
Oca, Diego de (maestre de Campo del ejército español en Chaves y Bragança, Portugal), XVII, 337
Ocaña (pueblo a 15 km. al SE de Aranjuez), XV, 485; XVI, 283, 342, 490; XVII, 64, 98; XVIII, 31, 181, 183, 189, 474
aOcaña, XVIII, 182
Ocaña, Padre (capuchino), XIV, 106 (1637: sale desterrado por predicar contra el papel sellado; v. Rodríguez Villa, *Noticias de Madrid...*, p. 127)
Ocaña, Padre (jesuita), XV, 228-229 (1639: en la campaña evangelizadora viaja de Granada a Motril junto con otros padres de la Compañía de Jesús)
Ocaña, Fray Francisco de (capuchino), XVI, 308 (1642: "dicen ha hablado con santificar demasiada claridad [sic]")
Ocaña, P. Fray Juan de (capuchino), XIII, 156 (1635: un nuevo predicador del Rey), 168 (entre los predicadores, "el guardián de los capuchinos"; XVII, 4 (el 1 de febrero, 1643, el P. Ocaña predica en la capilla real contra el Conde-Duque, recientemente desterrado)
Ocaña, Fray Juan de (comisario general de las Indias y confesor de la reina Isabel), XV, 387 (m. en diciembre, 1639; enterrado el 3 de enero, 1640); XIX, 391 nota 387 (Gayangos corrige el apellido erroneo de "Ocaño", pero confunde el P. Fray Juan con Fray Juan, pues éste no era ni capuchino ni predicador del Rey, y murió en 1639, cuatro años antes del sermón del otro contra el Conde-Duque en 1643)
Ocastro, conde de (título portugués), XIV, 185 (**1637**: entre los nobles llamados a Madrid por el Rey están el conde de Ocastro y el de Obasto, q. v.); XV, 193 (**1639**: el Rey permitió

al mismo grupo regresar a Portugal); XIX, 451 nota 439 (sobre la dificultad de distinguir entre la m. del conde de Obasto [v. su ficha] y la del de Ocastro)

Ocata, la (error por Leucate, q.v.)

Occa, Álvaro de (regente de la Audiencia de Navarra), XIV, 34, 127

Oces, Antonio, Lope y Pedro (véase Hoces)

Ocete, Alonso (capitán; m. en Leucate), XIV, 215

Ocico, Antonio del, XV, 150 (bailador de folías)

Ockembila (plaza en Württemburg en el Palatinado; "hasta ahora se tenía por Ockemburg"), XV, 339 (var: Dekembila)

Ochali (v. Oluch-Ali)

Ochem (general del ejército francés y vaimarés), XVII, 424 (preso en 1644 en la batalla de Tuttlingen) (var: Oehem)

Ochoa, Domingo (sargento), XIV, 214

Ochoa, H. Juan, S.J., XIII, 33, 35

Oder, Francofuerte sobre el (v. Frankfurt-an der-Oder)

Oderam, Francofuerte ad (v. Frankfurtan der-Oder)

Odescalchi, cardenal Benedetto (1611-1689; gobernador de Macerata y de Picena; presidente de la Cámara apostólica; hecho cardenal en 1645; elegido Papa en 1676: Innocencio XI; beatificado en 1956); XVIII, 65 ("comasco" [n. en Como]; clérigo de Cámara) (var: Odalescalchi)

Odón (lugar del centro de España donde hubo una prisión), XVI, 386 (**1642:** allí posiblemente estaba preso el duque de Fernandina, q.v.); XVIII, 173 (**1645:** allí estaba preso Melchor de Borja)

Oehem (v. Ochem)

Oficio, Santo (v. Inquisión)

Oise (río del NE de Francia, que pasa al SO por Noyon, Compiègne y Pontoise, y desemboca en el Seine), XIII, 480 (amenazado por un ejército español), 493, 496, 532 (var: Oyse; Oz; Vise)

Oiselet, Eugenio Leopoldo de (príncipe de Cantecroix), XIX, 390 nota 354

Ojebe (villa portuguesa a unos 25 km. al SO de la Puebla de Sanabria cerca de Vinhais), XVII, 305

Ojeda, Fernando de (del Consejo de Hacienda), XVII, 470 (m. 1644)

Olalto, marqués, XV, 444 (uno de muchos extranjeros convidados en un banquete del Conde-Duque)

Olavarría, Pedro de (alcaide o teniente de corregidor de Málaga), XV, 334 (mandó degollar cruelmente a un preso [v. Alonso de Torres y Sandoval]), 343-344 (preso el alcaide y sentenciado a la m.); XIX, 390 nota 344 (el Consejo pasó el caso a Juan de Morales y Barnuevo, quien confirmó la sentencia; "más tarde se mandó sobreseer la causa") (var: por el teniente corregidor, "alcalde mayor" [343] y "alcaide" [334])

Olave, Gonzalo de (teniente de Luis Gaitán; herido en la Leucata), XIV, 217

Oldemburgo (v. Alterburgo)

Oleggio (a 3 km. al O del río Ticino, q.v., y a 48 km. al NO de Milán), XIII, 470, 471 (var: Olegio)

Oleron (una de las islas frente a La Rochelle), XV, 463

Olfa (ciudad sobre el río Olfa en la provincia alemana de Meissen, q.v.), XVIII, 179

Olías, I marqués de (v. Mortara, II marqués de)

Olimpia, doña (v. Aldobrandini, Olimpia)

Olisle (v. Olite)

Olite, Esteban de (almirante de unos navíos castellanos en el río de Lisboa), XVI, 108 (v. el secretario Sarasa)

Oglio (río que nace en el Lago d'Iseo y se extiende al SE hasta desembocar en el Po; pasa al NE de Cremona, y el naviglio o canal se extiende unos

12 km. al SO sobre las tierras de Cremona), XV, 340 (var: Olio)
Olisle, Esteban (almirante de los navíos de Castilla anclados en el Tajo frente a Lisboa), XVI,108 (**1640**: los embistieron los portugueses y prendieron al almirante y dos capitanes) (var: Olite)
Oliva (a 8 km. al S de Gandía), XVI, 83, 158; XVII, 314, 351
aOliva, XVII, 313
Oliva, condes de, XIX, 440 nota 224 (Sentel, Sentelles o Centellas: eran apellidos valencianos, propios de estos condes)
Oliva, V condesa de (Magdalena Angelina Centellas, casada con Carlos de Borja, V duque de Gandía), XIX, 440 nota 224
Oliva, Juan de la, S.J., tomo XIII, a104 (1634), a105
Olivares, casa de, XIX, 155 (**1646**: la m. del nieto del Conde-Duque, de 22 meses, deja sin sucesión esta casa)
Olivares, II conde de (Enrique de Guzmán, 1540-1607; casado con María Pimentel de Fonseca; padre del conde-duque de Olivares, q.v.), XVII, xxi; XIX, 404 nota 349, 414 nota 110
Olivares, conde-duque de (Gaspar de Guzmán, 1587-1645; III conde de Olivares, I duque de San Lúcar la Mayor; privado de Felipe IV hasta enero de 1643; casado con Inés de Zúñiga y Velasco, q.v.; v. las biografías de J. H. Elliott y G. Marañón)
– XIII, 6, 12 (**1634**: los jesuitas le hablan sobre el caso de los papeles del Dr. Espino), 40, 68 (su acción enérgica contra autores de libelos contra la Compañía), 72, 74 (el Conde-Duque comunica la sentencia de la Inquisición para quemar papeles contra la Compañía), 75, 76, 78, 79 (su altercado con Fadrique de Toledo-Ossorio, q.v.), 80, 81 (impone tributo de medio dozavo), 100, 107, 108 (el descontento con él por el caso de Fadrique), 142, 145, 147 (**1635**: el Rey le otorga mercedes), 152 (irritado por la carta de quejas de la madre Luisa al Rey sobre su gobierno, ordena a la Inquisición que la procese), 157 (a Felipe de Silva le declara teniente de caballería suyo), 166 (en junta aboga por la imposición del cobro de un tercio de los juros), 168, a226 (al rector de la Compañía), 241 (el casamiento de su hija), 253 (el tributo que pide al conde de Monterrey que imponga en Nápoles casi causa un motín), 277 (sus acciones en el caso y prisión del duque de Aerschot), 278, 332 (el nuncio se entrevista con él varias veces sobre las paces con Francia), 361 (**1636**: sale a recibir al cardenal Borja a Alcalá), 380 (reconoce a Gaspar de Teves como hijo suyo, espúreo), 396 (hecho camarero mayor del Rey), 406 (junta de embajadores en palacio con él), 409, 410 (matan a puñaladas a Rodrigo de Aguiar, su caballerizo), 417, 447 (el corregidor de la corte, conde de la Revilla, m. de pesar, contribuyendo a ello palabras duras del Conde-Duque), 456, 489, 498, 529, 530, 535
– XIV, 2, 17, 19, 27, 33, 34, 37, 38, 39, 40, 42, 59, 60, 63, 64, 67, 79 (**1637**: el nuncio le pide la libertad de un notario suyo, sin éxito), 82, 84, 88, 90 (en Aranjuez con el Rey), 91, 106 (se retira al cuarto real de San Jerónimo para atender las cosas del espíritu), 111, 127, 130 (levanta a costa suya compañía de caballos), 133 (conversa con el cardenal Borja sobre la elección del pontífice), 149, 157, 171 (la prisión de Mr. de Ronchas, embajador de la Reina madre, en larga nota), 171, 174, 188 (audiencia al embajador de Génova), 189, 212 (participa en muchas juntas de gobierno sobre la guerra), 213, 217, 237, 251, 260 (m. el conde de Ricla, primo y muy amigo suyo), 264, 267, 300, 302, 304 (**1638**: da a los grisones un banquete en Madrid), 308, 311, 321, 322, 324,

329, 336, 338 (el V conde de Oñate se entrevista con él para limar diferencias), 344, 362, 366, 380 (detienen en Madrid al conde de Linares, venido de Portugal, antes de que logre hablar con el Conde-Duque), 395, 405 (Pedro Suárez es todavía su favorito), 408 (escribe un papel sobre los desafíos), 434, 492 (habla con él Fernando Mascarenhas)

- XV, 5, 17 (**1638**: al almirante en Fuenterrabía se le une la coronelía del Conde-Duque), 18, 26, 27, 34, 35, 36, 37, 38, 39, 40, 48, 52, 56, 58 (el de Monterrey estaba casado con Leonor María de Guzmán, hermana del Conde-Duque, y éste con Inés de Zúñiga y Velasco, hija del quinto conde de Monterrey), 61 (recibe al duque de Módena en Madrid), 62, a65 (le manda carta a Domingo de Eguía), 68 (recibimiento al duque de Módena), 70, 75, 82 (el P. Ximénez llamado por él a Madrid para el casamiento del marqués de Astorga), 93, 96 (se trata de que el Rey le haga demostraciones de favor por lo de Fuenterrabía), 101 (los jesuitas se quejan de Espino al Conde-Duque), 110 (m. Francisco Guajardo, al que favorecía), 117, 122, 144, 151, 155 (en un poema), 169 (**1639**: el conde de Alba de Liste intenta hablar con él), 175 (el Almirante, disgustado con él, dice que quiere retirarse a Valladolid), 181 (le escribe al Almirante con cordialidad), 182 (acepta de mala gana las mercedes del Rey), 183, 185, 195, 199 (Francisco y Julián Valcárcel, el último, adoptado después por el Conde-Duque como hijo), 207, 214 (manda con el marqués de Monesterio mensajes a Italia), 216 (orden de registrar todos los esclavos de la capital), 222 (deja marchar a Alemania al embajador imperial en Madrid), 224 (el embajador del de Lorena se entrevista con él sobre la necesidad de sitiar Brisac), 232, 247 (quiere meter 30.000 hombres en Francia por Cantabria), 259 (la mujer de Sebastián de Contreras se arrodilla ante él para pedirle restituya a Contreras a su puesto de secretario del Consejo de Cámara), 263, 265 (quiere casar a la condesa de Sástago con el marqués de Aytona), 270 (le proponen para otro cargo), 278, 280 (ofrece recompensa por la captura del arzobispo de Burdeos, Almirante de la marina francesa), a282 (escribe al presidente del consejo de Castilla después de la victoria de Picolomini), 284, 289 (el Reino lo declara administrador de millones para él y sus descendientes; sólo Toledo disiente), 298 (hacen ayuda de Cámara a su caballerizo Montes de Oca), 309, 313, 326, 339, d341-342, 342, 344, 351, 367 (orden de que todos los tribunales, juntas y consejos envíen copias de las consultas y pareceres en que intervino el Conde), 388 (**1640**: S.M. hace grande al marqués de Carpio, pero con la condición de que si su hijo, Luis de Haro, heredase lo de Olivares, el título de marqués de Carpio quedaría vacante), 412, 413 (incendio en el Buen Retiro mientras se confiesa con el P. Aguado a las cinco de la mañana), 435 (con el embajador de Venecia en el Retiro), 438 (se ve con el nuncio sobre las paces), 446 (le produce indignación el tumulto en Barcelona), 453 (bando de que todos los caballeros de órdenes militares se presenten, lo cual hacen en la Priora; asistiendo él a caballo), 466 (le dan la copa de oro, merced del Rey por lo de Fuenterrabía), d474, a475, 481 (memorial suyo convence al Rey de no abandonar Madrid), 487

- XVI, xi (Vibanco [v. Novoa, Matías, en la Bibliografía] sobre el Conde-Duque), xvi (estaba de acuerdo con su sobrino en el asunto del proyecto de la sublevación de Andalucía), 3

(**1640:** los diputados de Cataluña "atribuyen sus males y desdichas al Conde-Duque"), 6, 7 (se le menciona en el "Manifiesto por las acciones de España contra Cataluña..."), 10, 18, 26, 28 (sale papel suyo sobre Cataluña), 30 (consejo de Estado en su aposento), 46, 51 (el P. Aguado informa que andan unos capuchinos para matarle), 76, 86 (deja el Cardenal-Infante por testamentario en España al Conde-Duque), 100 (junta en la sala de audiencia a todos los caballeros y prelados portugueses para discutir la sublevación de Portugal), 101, 103, 123 (**1641:** prisión de Pedro de la Mota Sarmiento, mayordomo de la gobernadora de Portugal), 124 (Pedro de la Mota habíase expresado en contra de él), 134, a161-163 (carta suya al duque de Medina Sidonia), a163-164, 171, 211 (capitulaciones de boda de su hijo), 224, a230-231 (**1642:** resuelto el casamiento de su hijo con la hija del condestable de Castilla), 231, 233 (ibid, la boda), 236 (uno de sus títulos era el de conde de Azarcollar), 237, 240, 241, 242, 258 (su tercio de tropas en Tarragona), 290 (versos satíricos sobre su hijo adoptivo, Julián), 305 (lo atacan en unos versos), 306 (el P. Agustín de Castro predica al Rey y le habla de parte del Conde-Duque), 319 (hecho teniente de la coronelía del Príncipe), 322, 327, 328, 329, 330, 332, 358, 361 (el Rey lo aguarda en Aranjuez), 363 (parte para allí), 370 (irá a Valencia), 373 (quiso detener al Rey, en camino hacia Cuenca, pero no lo logró), 377 (se satiriza que el Rey y él han reconocido a sus bastardos), 381, 385, 395 (disgustos con el de Oropesa en Huesca), 433 (en revista de tropas del conde de Salinas un soldado dispara y da en su coche), 437 (se disculpa con los portugueses), d447-448 (el duque de Alba le escribe), 481 (la Inquisición quema un libro donde culpan al Conde-Duque de las causas de la rebelión en Cataluña), 497, 498 (**1643:** el de Ayamonte, condenado a m., dice que siempre había obrado por órdenes del Conde-Duque), 499 (decreto del Rey separando al Conde de sus funciones), 501 (el Rey lo menciona en carta a Francisco de Melo), 502 (el Rey dice que toma las riendas del gobierno), 504 (el Rey recibe la noticia de que ya se ha marchado de palacio), 505 (el Rey justifica ante el Consejo de Estado las razones de haberlo destituido);

– XVII, vii, xxi, 1, 10 (**1643:** contenta Cataluña por el retiro del Conde-Duque), 18 (el Rey declara a la Reina por su privado), 19, 29 (se dice que la condesa de Olivares va a hacerle compañía en Loeches), 31 (trata de crear allí un bosque para conejos), 34, 85 (rumores de que vuelve a Madrid de Loeches), 99 (el papel de ocho pliegos en defensa suya), 104 (han comenzado a proveer algunos de sus oficios), 106, 109 (se marcha a Toro, y la Condesa le seguirá), 114 (de Loeches a Toro se detiene en Pozuelo de Alarcón, a dos leguas de Madrid), 115 (visitas que recibe allí), 116, 118 (el fiscal del consejo de Castilla pondrá acusación contra el memorial), 133, 140, 141 (su llegada a Toro; le dan vítores en la calle), 142, 143, 146 (quedan sus confidentes en sus puestos), 147, 157 (salen las sentencias contra los envueltos en el memorial), 174 (versos de Luis de Ulloa Pereira sobre él), 215 (la condesa de Monterrey, su hermana, se niega a ir a Toro a verlo), 237 (incidente entre su hijo, Enrique, y Antonio de Mendoza), 280, a319-322 (le escribe carta a uno del círculo del Rey), 346 (con erisipela, sangrado tres veces), 355 (lo vigilan a él y al Protonotario; nombrados jueces), 358 (se le ordena que se marche su familia), 346, 374 (melancólico por la sa-

lida de la Condesa de palacio), 470 (**1644**: su nuera preñada), 475 (su sobrino Haro hecho teniente del Rey), 506 (pide al Rey que su mujer mantenga su plaza de aya de la infanta)
- XVIII, 99, 125-129 (**1645**: m. en Toro), 134 (llega su cadáver a Loeches), 136 (entierro en Loeches; v. el relato de XIX, 436 nota 126, así como la ficha de la Magdalena [p. 320a], que cita a Elliott y Quevedo), 137, 165 (el testamento suyo en coplas, satírico), 166, 224, 325, 373, 420;
- XIX, xii-xiii (sobre la entrada en Barcelona de Felipe IV el 26 de marzo de 1626, con el Conde), 6, 125 (**1647**: capitulaciones de boda entre su nieto y la hija segunda del de Tarazona), 125-126 (fallecimiento de la condesa de Olivares, encargada del testamento del Conde-Duque), 129-131 (las cláusulas [del Conde-Duque del año 1642] de "ese testamento o entretenimiento, que sin duda lo fue de alguno; lo cierto es que, si es verdad, no puede llegar a mayor locura"), 155 (**1648**: m. su nieto, marqués de Mairena), 173 (el duque de Medina de las Torres en un pleito por la herencia del Conde), 252 (**1642**: boda de su hijo con la hija del Condestable), 267, 282 (sale la coronelía de su hijo), 300 (en la entrada a Zaragoza con el Rey), 337 (levanta compañía de 100 caballos ligeros para su guardia personal), 349, 350, 351, d352-355, 360, 369 (m. su hermana, la marquesa de Carpio, madre de Luis de Haro), 371, 375, 381, 388, 403, 404, 406, 409 (el marqués de Carpio y su relación con el Conde y su familia), 418, 421, 426, 427 (sobre el esposo de su hija), 432, 435, 436, 465 (sobre los casamientos de dos de sus hermanas, Francisca de Guzmán Acevedo y Zúñiga e Inés de Guzmán Acevedo y Zúñiga) (var: Conde-Duque; Olivares)

Olivares, conde-duque de (v. Pereira, P., *Arcabuzazo*..., y el *Consejo de los gatos*, sátira atribuida a Olivares)

Olivares, condesa de (Inés de Zúñiga y Velasco)
- XIII, 107, 214, 296, 387 (**1636**: la sangran y curan de una enfermedad; seis médicos la atienden), 407, 409
- XIV, 2 (**1637**: rechaza un presente de la de Carignán, alegando que no tiene licencia del Conde), 39, 105, 266, 289, 318, 321, 323, 336
- XV, 76 (**1638**: lleva a la Infanta a la capilla para su bautizo), 160
- XVI, 80, 211 (**1641**: ajusta la boda del hijo adoptivo del Conde, Enrique, con Juana de Velasco), 240 (duquesa de Sanlúcar [la Mayor]), 241 (en preparativos de la boda del hijo del Conde), 241, 243, 255, 334 (el confesor y ella tratan de convencer al Rey para que no se marche de Madrid), 385
- XVII, 4, 17 (**1643**: camarera mayor de la Reina), 29 (que se irá a Loeches a hacerle compañía al Conde-Duque), 68 (la insultan unas tapadas y el Rey les da la razón a ellas), 117 (visita al Conde-Duque en Pozuelo de Alarcón), 356 (cierta ya su partida del palacio), 506 (**1644**: en peligro su puesto de aya de la Infanta)
- XVIII, 133 (**1645**: en Loeches), 136, 187 (el de Haro llega a un convenio con la Condesa), 233 (**1646**: se dice que vino en secreto a la Encarnación a hablar al Rey, y éste, sabiéndolo, no fue allí), 284 (Luis de Haro la visita en Loeches para limar diferencias), 328 (pide que se dé al nieto la encomienda de Alcañices que tenía Enrique, hijo del Conde), 371 (se dice tiene licencia para vivir en Madrid), 391 (reclama como suya la alcaidía de los alcázares)
- XIX, 22, 124 (**1647**: a la Condesa-Duquesa le dan la extremaunción), 125 (m.; se le entierra en Loeches), 155 (**1648**: el papel sobre la herencia,

secreto y cerrado, que dejó al morir), 296, 335, 341, 348, 460 nota 155 (sobre una sobrina suya) (v. Zúñiga y Velasco)

Olivares, condesa-duquesa de (v. Olivares, condesa de)

Olivares, duque de (v. Haro, Luis de)

Olivares y Sanlúcar, conde-duque de (v. Olivares, conde-duque de)

Oliveira, Diego Luis de (maestre de Campo), XIII, 536; XIV, 265, 315

Olivenza (a 26 km. al S de Badajoz), XIV, 190; XVI, 83, 157-159, 170, 184, 193, 207, 268; XVII, 242, 264-265, 276, 508-509; XVIII, 189, 191-193, 196, 199, 201, 203, 292, 354, 396; XIX, 27, 256 (var: Olivencia)

"Olivenza, puente de" (en 1510 el rey Manuel I de Portugal construyó sobre el río Guadiana un puente fortificado para los movimientos de sus tropas y la comunicación con Elvas y Olivenza; junto al pueblo de Ajuda, a 20 km. al SO de Badajoz y a 14 km. al NO de Olivenza, "el puente tenía 380 metros de longitud y cinco y media de anchura, 19 arcos y una gran torre defensiva central de tres pisos", la cual llamaban los españoles "el fuerte de Berganza", q.v.), XVIII, 189, 192, 196, 201-202 (1645: el marqués de Leganés salió a campaña para "conquistar el fuerte de Berganza y...dar facilidad al sitio de Olivenza, y...cortar al enemigo los socorros de Portugal"

Olivera, hermano Juan, XIV, 58

Oliveres (sátira de los franceses y Roncesvalles), XIV, 463

Olivero, Andrés de (capitán de caballos del ejército del marqués de Leganés [q.v.], en la frontera de Portugal cerca de Elvas, q.v.), XVIII, 204

Olivos, señor de los, XVI, 332

*Olmedo (director de teatro)

Olmedo, comendador de, XVIII, 355

Olmos Girón, Luis de (maestre de Campo en Galicia), XVII, 397, 398, 403

Olmütz (ciudad antigua y plaza fuerte de Moravia, q.v., a 70 km. al NE de Brno y 75 km. al SO de Ostrava; ocupada por los suecos, 1642-1650), XVII, 180 (sitiado sin éxito por Galaso, q.v., en 1643); XVIII, a50 (v. el P. Ignacio Rojo, S.J.); XIX, avii, 307 (1642: los suecos la toman) (var: Olomouc; Olomucio; Olmutz; Olmuz)

Olmütz, obispo de (en 1638, Guillermo Leopoldo, hermano del Emperador Federico III), XIV, 377

Olofernes (v. Holofernes)

Olomucio (v. Olmütz)

Oluch-Ali (famoso corsario argelino), XIII, 304

Olvera, marqués de, XVIII, 427 (1646: S.M. le hizo merced de la escribanía de Raciones)

Olvin (v. Houplines)

Olleros (pueblo cerca de Rabal y Mejedo, q.v., a unos 6 km. al N de Bragança), XVII, 400

Omer (v. Saint Omer)

Onaderi (v. Naderi, Andrea)

Oncia (criado italiano que traicionó al príncipe Sanz [Francesco d'Orifice]), XV, 260

Oncur (v. Honnecourt)

O'Neil, [Eugenio de] (general irlandés en la lucha contra los protestantes ingleses), XVI, 191 (**1641**: rinde a Dublin y lo "gobierna como general"), 412 (**1642**: (manda un tercio de irlandeses en Châtelet); XVII, 260 (**1643**: hace la guerra a los protestantes de Ultonia [Ulster]) (var: Neli; Onel)

Onella (lugar en la costa de Saboya), XVIII, 399 (saqueado por una armada española)

*Onofre de Salazar, Juan (solicitante; autor de un memorial), XVIII, 105, 106, 107

Ontiveros (pueblo sin localizar, probablemente en Castilla), XV, 150 (de allí vinieron algunos para bailar para los Reyes)

Oña, Juan de (caballero en una fiesta del Retiro), XV, 145

Oñate, IV conde de (Pedro Vélez Ladrón de Guevara, caballero de Calatrava en 1611; de la boca del Rey; padre de Felipe Ladrón de Guevara, q.v., y de Catalina de Guevara, primera de este nombre, q.v., y quien heredó el título como V Condesa; v. la ficha que sigue), XIX, 376 nota 193

Oñate, V conde de (Íñigo Vélez de Guevara y Tassis, "el viejo", n. 1566, m. 1644; fue Conde por su esposa, Catalina Vélez de Guevara, primera de este nombre e hija del IV conde [v. la ficha anterior y la de su nombre; XIX, 385 nota 288 y Atienza, 923b]; caballero de Santiago, presidente del Consejo de Órdenes y miembro del de Estado [desde 1629: XVIII, viii y x, y Elliott, *The Count-Duke*, índice]; embajador en Viena [1617-1624 y 1633-1637: Elliott, índice], Saboya, Alemania [dos veces] y Roma [1616-1643: Julián Paz, *Catálogo*, II, 807a, índice]; correo mayor de España; XIX, 385 nota 288, 427 nota 468 y 458 nota 119; en unos documentos menos fidedignos, le llaman el VII Conde; he aceptado el testimonio de Atienza, Elliott y Gayangos, como los investigadores que trabajaron con manuscritos originales, amén de el de las cartas de los Jesuitas [v. la ficha del VIII Conde]) (var: Tarsis)

- XIII, 176 (**1635:** el V conde va a Milán y lleva 12.000 soldados alemanes), 215 (le envía al Cardenal-Infante 10.000 alemanes), 337 (da el dinero necesario para tropas alemanas devueltas al imperio por Polonia), 383, 441 (sale de Viena para la Dieta imperial), 442 (carta suya sobre el elector de Maguncia), 461 (en las batallas del condado de Borgoña)
- XIV, 111 (**1637:** enviado a Alemania al tratado de las paces), 207, 263 (a Portugal con Juan de Chaves, con poderes amplios para perdonar y castigar), 282 (**1638:** acepta el oficio que le dan en Portugal), 283 (en Badajoz, convaleciendo), 284 (una posible sustitución del presidente de Órdenes en ausencia del permanente), 293, 338 (entrevista con el Conde-Duque para limar diferencias), 344, 351, 352 (el VI conde de Monterrey en Génova para entrevistarse con Oñate y el de Leganés y el de Siruela), 366 (plenipotenciario para las paces), 494 (en Vitoria o San Sebastián en el consejo de Guerra y el de Estado)
- XV, 19 (**1638:** parte de Irún a Madrid), 78 (octubre, 1638: toma la presidencia del Consejo de Órdenes), 364, 389 (**1640:** hecho grande de España [v. J. de Atienza, 923b], pero en su persona; una vez retirado Olivares en 1643, consiguió Oñate la grandeza perpetua), 390
- XVI, 200 (**1641:** le reforman), 380 (satirizado por viejo en un memorial [v. XIX, 407 nota 377])
- XVII, 2, 5 (**1643:** el Rey da la grandeza a su casa, que antes era personal), 8 (uno de cuatro miembros de la llamada junta del Rey, muy poderosa), 27 (ordena al inquisidor general que forme una junta para estudiar tributos), 28 (Oñate, Juan Chumacero y el secretario Rozas tienen muchas juntas secretas), 79-80 (tiene "mucha edad y achaques"), 105 (en la junta que estudia el memorial en defensa del Conde-Duque), 155, 221, 263 (en el Consejo aboga por la guerra con franceses en Monzón), 316 (en Zaragoza con Picolomini), 354 (el Rey le da 20.000 ducados para el hospedaje de Picolomini), 387, 437
- XIX, 385 nota 288 (**1644:** m. 31 octubre)
- XVII, 505 (**1644:** "al conde de Villamediana le han penado 4.000 ducados por las honras de su padre" [se

refiere al entierro y túmulo excesivamente fastuosos del V conde de Oñate; es errónea la nota 1 de esta página])

Oñate, VIII conde de (Íñigo Vélez de Guevara, "el mozo"; 1597-1654; II conde de Villamediana [v. el I conde]; caballero de Calatrava en 1621; embajador en Inglaterra, virrey de Nápoles y gobernador de Milán [Paz, *Catálogo*, II, 807a, índice, años 1646-1648; *Colección de documentos inéditos...*, tomos XXIII, pp. 526-528 y LIV, 177-178]; de acuerdo con Gayangos, XIX, 385 nota 288, el V conde era el padre del VIII (v. la ficha anterior), y llevaba el mismo nombre, Íñigo Vélez de Guevara; por lo cuanto, a aquél se le llamaba "el viejo" [n. 1566; m. 1644] y a éste, "el mozo" [n. 1597; m. 1654], o "el hijo de Oñate" o "el conde de Villamediana" [XIX, 385 nota 288; XIII, 416 y 432], y también "el conde de Oñate" [XIII, 311, 343, 548; XIV, 32, 288, 460; las nueve últimas citas se refieren todas ellas a un solo viaje del VIII conde a Inglaterra como embajador de 1636 a 1638, y en el último y el penúltimo se precisa bien la identidad: "El conde de Oñate, mozo, no ha probado muy bien en Inglaterra"])

– XIII, 311 (**1635:** va a Inglaterra por embajador), 337, 343 (lleva a Inglaterra doce sacerdotes para predicar allá), 416 (**1636**), 432 (la orden de partir), 434, 548 (**1637:** el rey inglés le agasaja y advierte de haber guerra si no se resuelve lo del Palatinado para su sobrino); XIV, 32 (habla al parlamento inglés sobre la no conveniencia de hacer la guerra a España), 212, 288 (**1638:** "'el mozo' no ha probado muy bien en Inglaterra"), 367 (regresará de su embajada en Inglaterra), 368 (carta de su mayordomo sobre Flandes), 411 (regresa a España con el nuevo embajador inglés), 434, 455 (escríbele a Inglaterra el Cardenal-Infante sobre San Omer), 457, 460 (**1638:** llegó a la Coruña "el conde de Oñate, mozo")

– XVI, 267 (**1642:** gobernador de Campoamor o Alburquerque y se marcha a Madrid), 336 (los españoles toman los castillos de Eljas y Valverde)

– XVII, 344 (**1643:** a cargo de la superintendencia de la caballería si el Rey se ausenta de Madrid), 505 (m. su padre)

– XVIII, 330 (**1646:** se embarca en Alicante para pelear contra los turcos), 362 (embajador en Roma y llega a Génova; escapa de los turcos), 402 (los de Orbitelo le piden socorro contra franceses y portugueses)

– XIX, 84 (**1647:** pide licencia al Rey para aceptar el capelo de cardenal que el Papa le ofrece), 119, 151 (**1648:** le mandan quede en Roma y no vaya a Nápoles), 159 (virrey de Nápoles; parte de Roma), 183 (da muestras de singular prudencia y gran resolución en Nápoles), 194 (envía soldados de Nápoles a Cataluña), 385 nota 288 (m. 22 de febrero, **1654**), 427 nota 468 (sobre los IX condes de Oñate, v. la ficha que sigue), 458 nota 119

Oñate, IX condesa de (Catalina Vélez de Guevara, segunda de este nombre e hija del VIII conde; condesa de Villamediana; se casó primero con Beltrán Vélez de Guevara [virrey de Cerdeña, 1651-1652; m. 1652], y luego con Ramiro Núñez Felípez de Guzmán, duque de Medina de las Torres, q.v.), XIX, 427 nota 468

Oñate, P., S.J., XVII, 411

Opoul (castillo a 18 km. al N de Perpiñán), XIV, 197; XV, 269, 272 (var: Opol; Opoli)

Oporto, XIII, 64; XIV, 190, 310; XV, 100; XVI, 94, 97

– obispo de (Sebastián César Menezes [Gams, 110a], portugués de nación; m. 1642), XVI, 234

Oquendo, Antonio de (n. 1577, m. 1640; hijo de Miguel el general de la marina en tiempos de Felipe II; general de la armada de Galicia; desafiado por el almirante/arzobispo de Burdeos; hecho vizconde)
- XIII, 24 (**1634:** quieren que con Fadrique de Toledo pasen los dos "a Flandes al Señor Infante-Cardenal"), 354, 355, 395, 466, a467 (**1636:** le escribe al Rey desde Cádiz), 488, 548
- XIV, 238 (**1637:** en Génova, a tomar la venia del marqués de Tarazona, gobernador y su anfitrión), 242 (en Nápoles hacen las provisiones para su armada), 342, 433 (con una armada de galeones contra franceses), 457 (quiere el Rey que su armada y la de Hoces ataquen a Francia por mar)
- XV, 18 (**1638:** desembarca en los Alfaques [en la delta del Ebro]), 72 (en Fuenterrabía con socorros), 246 (**1639:** en Santander, muy grave, casi desahuciado), 247 (en el canal de la Mancha peleó bravamente contra los holandeses), 270, 313 (va a Flandes con 23 navíos), 314 (le hacen vizconde), 315, 324, 326 (se le manda a Belisla [en el Canal de la Mancha]), 318, 322, 327, 333, 336 (pelea en el Canal de la Mancha con los holandeses), 345, 347 (lleva gente y dinero a Dunquerque), 352 (en los Downs [rada en la costa SE de Inglaterra]), 356 (en una batalla contra los holandeses en aguas de soberanía inglesa), 357, 358, 359 (le escribe al Rey sobre el suceso), 360, 372 (en una batalla naval junto a Dunquerque pierde muchos navíos), 373, 374, 377, 387, 388, 402, 403 (**1640:** el Rey le da los galeones de la flota a Pedro de Ursua, por estar Oquendo ausente), 419 (sale de Dunquerque), 427 (en la Coruña, tan enfermo que le sacan en colchón del barco), 431, 435, 439, 480 (dona dinero a los jesuitas para fundar un colegio en San Sebastián, con duras condiciones), 481 y la nota 2 (m.), 486 (negocia el P. rector de la Compañía con su viuda)
- XVI, 29, 59 (**1640:** se le entregan a la Compañía 20.000 ducados para fundar un colegio)

Oquendo, Miguel de (padre de Antonio y abuelo del Miguel que sigue; general de la marina que se distinguió en las Islas Terceras, q.v., contra portugueses y franceses en tiempos de Felipe II; la casa solar de la familia estaba en San Sebastián), XV, 481 nota 2

*Oquendo, Miguel de (hijo de Antonio; nieto del Miguel anterior; general y autor de un libro sobre Antonio), XV, 481 nota 2

Oquisario (plaza de Alemania), XIV, 11

Orán, XIII, 435; XV, 78, 84, 263; XVI, 5, 80; XVII, 150 (**1643:** sitiada por los moros y los turcos), 157, 205, 211, 224, 228, 229, 232 (**1643:** el virrey de Valencia y Tomás de Oria la socorrieron), 237; XIX, 410 nota 377
- gobernador de, XVIII, 489
- gobierno de, XVII, 36; XIX, 399 nota 237, ¶3
- virrey de, XVIII, 501

Orange (posible error por Orense; v. Monterrey [plan portugués...])

Orange, príncipe de (Enrique Federico de Nassau, 1584-1647; reinó de 1625 a 1647)
- XIII, 86, 211 (**1635:** en una batalla con el Cardenal-Infante), 215 (los franceses toman Diste, patrimonio suyo, y no lo saquean), 218 (escribe al Cardenal-Infante que las atrocidades fueron cometidas por franceses, no por holandeses), 256 (intenta socorrer Schenck, q.v.), 259, 261, 268, 269 (pretende poner un tributo sobre las casas, pero hay resistencia), 292, 295 (m. en Schenck su hermano, el conde Ernesto de Nassau), 298, 315, 337 (**1635:** hace el tercer intento por recobrar Schenck), 345, 535

- XIV, 50 (**1637:** el rey de Francia le da el título de alteza), 86, 97, 155 (con gota, no puede salir en campaña), 165 (gravemente enfermo), 174 (trata de tomar Hulst), 175, 176, 195 (mándanle los estados se vaya a enfrentar al Cardenal-Infante en la isla Bommel), 196, 218 (los de Breda intentan matarlo en su tienda), 240, 423 (**1638:** los holandeses quieren que sitie el puerto de Dunquerque y le ofrecen dinero para 30.000 hombres), 439 (una nave suya, la Nasoaira, del Brasil, se hunde), 464, 465, 466 y 468 (ataca Breda, q.v.), 491
- XV, 14 (**1638:** m. el conde Juan de Nassau, "general de nuestra caballería y primo del de Oranje"), 59, 74 (cuando el Cardenal-Infante "desalojó al enemigo de Gueldres, q.v., había llegado de socorro el príncipe de Orange con todo su grueso," y el Cardenal "degolló 6.000 hombres; tomóle la artillería y bagaje, y a su primo Guillermo de Nassau, prisionero y mal herido"), 87 (manda rescate para su primo y un fraile, prisioneros del Infante-Cardenal), 130 (recibe a la Reina madre de Francia, con "disgusto" de los holandeses), 184 (**1639:** un sobrino suyo en Brasil se pasa al servicio de España), 259, 267 (3.000 hombres suyos en el Brasil), 274, 360, 420 (**1640**), 429 (su flota pelea con la española en el Brasil: "echámosles a fondo cinco,... quemámosles el mayor,... desbaratáronse los demás"), 431 (se trata de impedir que el rey de Inglaterra case a su hija con un hijo suyo)
- XVI, 56 (**1640:** propone a los estados holandeses ponerse bajo la protección de Francia), 81 (los holandeses quieren la protección de España para instituir la república pues temen que el de Orange se proclame rey de Holanda), 126 (**1641**), 136, 176 (su hijo huye de una batalla junto al fuerte de la Filipina), 193, 220 (**1642:** en La Haya casi desahuciado), 348 (Holanda pide una tregua de tres años, motivada en parte por temores a las pretensiones de Orange), 365 (se dice va a Inglaterra a mediar entre el Rey y el parlamento), 370 (el Emperador le hace "potentado suyo"; Holanda queda como república), 388 (dividida Holanda entre los que quieren la paz con España; "otros a la guerra", y algunos que apoyan a Orange en su misión de "socorrer" al rey de Inglaterra; "el que gobierna a Dunas" es el Príncipe de Orange: v. la ficha de Dunas)
- XVII, xxii-xxiii, 131 (**1643:** los estados, disgustados, le llaman a La Haya), 164, 202, 353, 372 (división en Holanda entre los partidarios de su apoyo al rey de Inglaterra contra el parlamento, y los que no), 391 (diferencias entre él y los estados holandeses)
- XVIII, 11 (**1645:** los holandeses en Chile, cerca de Valdivia, con carta suya), 28 (pide a los estados generales holandeses el título de conde de Flandes), 29 (rechazada su petición), 140, 174 (los holandeses desavenidos con él), 185 (se pone sobre Brujas), 236 (**1646:** noticia errónea de su m. [v. a continuación XIX, 10]), 277 (proclive al partido francés), 299 (los estados quieren la tregua, él no), 303 (se le ordena se retire a una de sus quintas, donde está), 334 (no quieren los estados campaña militar aunque él la solicita), 357 (tregua de treinta años con Holanda, pero él no la quiere, aunque no se le admite en las juntas), 392 (admite 6.000 franceses entre sus tropas)
- XIX, 10 (**1647:** m. el príncipe de Orange el 14 de marzo a los 63 años; conceden a su hijo de 18 años, el heredero Guillermo II, todos los cargos que tuvo su padre), 251 (**1642:** la reina de Inglaterra, en Holanda, solicita ayuda de su consuegro, el de Oran-

ge), 270, 278, 292 (se le obliga a retirarse de Châtelet), 324
Orange, príncipe de (Guillermo II de Nassau, n. en 1629) (v. la ficha XIX, 10 de la página anterior)
Orange, conde Mauricio de, XVII, x-xi
Orani, II marqués de (Fadrique de Silva y Portugal, V marqués de Almenara, tío del duque de Pastrana; gentilhombre de la Cámara de Felipe IV)
- XIV, 323; XVII, 120 (**1643**: de la Cámara del príncipe heredero en España), 413 (**1644**: su hija Ana se casa con el marqués de Aytona, q.v.), 440
- XVIII, 188; XIX, 152 (**1648**: pleito por el marquesado de Almenara, pretendientes su hijo y el duque de Pastrana; fallado a favor del último), 415 nota 120 (m. **1658**)
Orani, marqueses de, XVI, 382 (mayo de 1642: el IV marqués de Aytona se casa con Ana de Silva, hija de estos marqueses, cuyo título fue concedido en 1616 a Ana de Portugal y Borja, I marquesa, señora de la villa de Orani y de los 16 pueblos de su distrito [Atienza, 924a])
Orbans (error por Amiens, q.v.)
Orbea (provincial de la Compañía de Jesús; de la casa del conde de Oñate), XV, 364
Orbea, Juan Bautista de (secretario del Consejo de Guerra y del de la Cruzada), XIX, 127
Orbetello (a 120 km. al NO de Roma; ciudad situada en el extremo de un promontorio y en el centro de una laguna; a cada lado hay un puerto [v. Port'Ercole], y al extremo de la laguna surge del mar el monte Argentario [627 metros]), XVIII, 327 y 335 (v. San Esteban, Torre de), 345, 348, 349, 358, 362, 368, 370, 373, 379, 380, 381 ("estaño" quería decir "laguna"), 394, 402, 421; XIX, 86, 87, 88, 89, 145 (var: Orbitelo)
aOrbetello, XVIII, 369
Órdenes, XIX, 351
- compañía de las, XIX, 282
- Consejo de (v. Consejo de Órdenes)
Órdenes militares de España (v. el nombre individual de cada una, así como las fichas de Órdenes en Crosby, *Índice de apellidos, títulos y oficios...*; en las *Cartas* se nombran las Órdenes de Alcántara, Calatrava, Cristo, el Espíritu Santo, Malta, Montesa, San Juan de Jerusalén, y Santiago)
Ordóñez, Dr., XIII, 18 (recibe un "tratadillo" del P. Sebastián González)
Ordóñez, Pedro (oidor de Granada), XV, 78
Ordóñez de Lara, Diego, XIV, 40 (rejoneador)
Orduña, Juan de, S.J. (rector de Jaén), XVIII, a227, 470; XIX, a7
Orellana, río de (parece que así se llamaba al Amazonas, en honor del conquistador Francisco de Orellana, que lo descubrió en 1542; el corresponsal jesuita tiene por exagerado el relato que comenta), XVI, 57
Orellana, Pedro de (**1635**: capitán de la capitana del marqués de Villafranca y gobernador de la infantería de sus galeras), XIII, 285
*Oreña, P. Miguel, S.J. (**1633**: rector del Colegio de San Ambrosio de Valladolid y confesor de Marina de Escobar, q.v. [Marañón, *El Conde-Duque*, 458: carta de Oreña sobre la m. de Escobar]; **1635**: provincial de Salamanca; biógrafo de Escobar [véase Puente, Luis de la]), XIII, 51, 341, 343; XV, 378, 481
Orens (v. Llorens)
Orense, XVI, 15; XIX, 324 (por error: Orange)
- obispo de (Juan de Velasco y Acevedo, obispo de 1637 hasta su m. en 1642), XVI, 364
Oreto, Nuestra Señora del (v. Nuestra Señora del Oreto)
Orfeo, XV, 154, 383
Orgaz, IV conde de (Juan Antonio Hurtado de Mendoza, Guzmán y Rojas, mayordomo de Felipe IV)

- XVI, 381 (**1642**: satirizado en un memorial)
- XIX, 75 (**1647**: desafío con el de Medellín; herido), 124 (presos los dos, luego desterrados a Burgos y a Coca), 149 (**1648**: su sentencia por el desafío), 375 nota 110, 408 nota 377, ¶4

Orgaz, condesa de, XVII, 229 (1643: m.)
Oria, cardenal (v. Doria, cardenal)
Oria, duque de o príncipe de (v. Tursi, duque de)
Oria, Juanetín de (v. Doria, Juanetín)
Oria, Nicolás de (v. Doria, Nicolás de)
Oria, Tomás de (v. Doria, Tomás)
Oria, Victoria de (v. Doria, Victoria)
Oribe, XIV, 136 (**1637**: pariente del presidente de Castilla, en Bilbao [el presidente era Fernando de Llano y Valdés, q.v.])
Oriente (se refiere a Goa, en la India), XVII, 365
- apóstol del (Marcelo Francisco Mastrilli, q.v.), XVI, 41
- cerro del (se refiere al sitio de Badajoz por los portugueses, que tomaron dicho cerro para su artillería), XVII, 274 (**1643**)
- dos reyes del (se refiere a las noticias falsas de los portugueses que llegaron a Roma), XVIII, 8 (**1643**)
- plaza de (en Madrid), XIII, 5

Orifice, Francesco d' (v. Sanz, príncipe)
Orihuela, XIV, 108; XVIII, 6, 207; XIX, 173, 174
Oristán (puerto en la costa occidental de Cerdeña), XIV, 74, 75 (**1637**: tomado por los franceses; casi en seguida los de la isla les echaron), 93
*Orlandi, Gio[vanni] (circa 1590-1640; grabador), XIII, 332 nota 1 (v. Valenza [del Po])
Orleáns (capital del Dept. de Loiret, Francia; residencia de la familia real), XIV, 81 (1637: Luis XIII fue a Orleáns a buscar a su hermano, el Duque de Orleáns) (var: Orliens)
Orleáns (error por Amiens, q.v.)
Orleáns, duque de (véase Orleáns, Gastón)
Orleáns, Gastón, duque de (1608-1660; hijo del rey Enrique IV y Marie d' Medici, hermano menor [no mayor] del rey Luis XIII y tío de su sucesor, Luis XIV [a tal pariente real se le llamaba en Francia "Monsieur"; v. XIX, 425 nota 438, y las fichas de "Monfí", "Monsieur" y "Vendôme, duque de"])
- XIII, 27 (**1634**: el Papa le escribe a su mujer como "Margarita, princesa de Lorena" y el Duque, airado, no acepta el mensaje), 106 (intenta escapar), 108 (preso en Francia), 121 (**1635**: seis teólogos deliberan en Francia sobre la problable nulidad de su matrimonio), 146 (catorce personas de su facción acusados de querer matar al Rey y a Richelieu), 183 (huye el Duque), 478 (**1636**: no han podido deshacer en Roma su matrimonio), 518, 545 (se dice que ha desaparecido de Francia, descontento con Richelieu), 548 (**1637**: él y el conde de Soissons [Luis de Bourbon-Condé, príncipe de Francia, q.v.] han juntado 15.000 hombres contra Richelieu)
- XIV, 7, 33 (**1637**: desde Blois hace correrías por los alrededores buscando contribuciones por la fuerza), 50 (pone cinco condiciones para someterse a la autoridad del Rey), 56 (se ve con su madre en Sedán), 61 (Richelieu trata por varios medios de reconciliarlo con el Rey), 76 (la *Gaceta de Francia* confirma que se ha reconciliado con el rey Luis XIII, su hermano), 80 (de vuelta en París), 101 (disgusto con el Rey sobre Richelieu; se retira a Poitiers, donde se le junta gente), 267, 290 (a Richelieu no le conviene la paz, porque en ella el Duque es el primero en categoría en el consejo), 354 (**1638**: Richelieu le hace general de un ejército en Perpiñán)

– XV, 108, 167, 353
– XVI, 394, 465 (**1642:** antes de morir Richelieu logra declarar al Duque "inhábil para la sucesión y para el gobierno y manejo del reino")
– XVII, 121 (**1643:** se insulta y abofetea con el de Condé, q.v.), 129 (su mujer salió de Flandes, llamada por el Rey y su esposo, el Duque), 131 (a la m. del Rey, queda como uno de los gobernadores con la Reina), 136 (presente en la declaración de la regencia de la Reina hasta la mayoría de edad de Luis XIV), 137 (acompaña al nuevo Rey niño al parlamento y se sienta a su izquierda), 181 (enfermo de consideración, la Reina regente le visita), 282 (manda una carta a Cataluña), 309 (se levantan tres provincias en favor suyo, y el Duque junta gente), 383 (su mujer cercana a parir), 429 (**1644:** agradece al marqués de Tordelaguna su acción en la boda clandestina de la hermana del de Lorena), 454 (entrará en Flandes con 27.000 hombres esta primavera), 466 (la duquesa de Mantua trata de casar a su hijo con la hija del Duque)
– XVIII, 101 (**1645:** cerca de San Omer con 20.000 hombres), 252 (**1646:** recelos entre él y Mazarino; posible rompimiento), 312 (junta un ejército de 30.000 hombres para entrar en Flandes), 380 (malherido después de la toma de Cambrai), 403 (pretende el puesto de almirante de Francia; 100.000 escudos anuales de renta)
– XIX, 17 (**1647:** rumores que se quiere coronar Rey), 71 (disgustado con Mazarino, no quiere aceptar las armas de Francia), 305 (**1642:** en una conspiración para matar a Richelieu), 306 (pide perdón al Rey, y la condición es que no esté en Francia ni en Saboya; se va a Nancy, en Lorena), 425 nota 438
– se llamaba "Monsieur" indistintamente al duque de Vendôme, hermano mayor del rey Luis XIII, y al duque de Orleáns, hermano menor del Rey y tíos de su sucesor; siguen aquellas citas que carecen de indicación precisa: XIII, 141 (**1635:** huye de Bruselas a Francia; estaba en tratos con el Palatino, en perjuicio de España; XVII, 136 (**1643:** presente en la lectura en el parlamento del decreto de la regencia, dice Monsieur, no se sabe quién de los dos), 438 (**1644:** a uno de los dos le dan provincia para gobernar, y comisión para que levante tres ejércitos); v. XIX, 420 nota 326 (que el hijo de Enrique IV, Luis, usó el título de duque de Mercoeur hasta la m. de su padre, que entonces fue duque de Vendôme), 450 nota 392 (var: Orliens)

Orleáns, Enrique de (v. Longueville, duque de)

Orleáns, duquesa de (Margarita de Lorena), XIII, 27 (**1634:** el Papa quiere que el Duque la repudie); XVII, 129 (**1643:** sale de Bruselas llamada por el Rey y su esposo, el de Orleáns), 181 (en estado de gestación), 383 (cercana al parto)

Orleáns, hija del duque de, XIV, 440 (**1638:** tratan de casar al príncipe polaco Casimiro con la hija del de Orleáns) (var: Orliens)

Orleáns, Mosiur [Monsieur] de (v. Orleáns, Gastón)

Orna, Miguel de (v. Horna, Miguel de)

Ornalte, Nicolás de (maestre de Campo en la frontera de Portugal), XVI, 336

Oropesa, VI conde de (Fernando Álvarez de Toledo y Portugal, Monroy y Ayala; se casó con Mencía de Pimentel, hija del VIII conde de Benavente y de su segunda mujer, Mencía Zúñiga y Requesens; su hija, Mariana Engracia de Toledo, se casó con Pedro Fajardo Zúñiga y Requesens, marqués de los Vélez, q.v.), XIX, 422 nota 391

Oropesa, VII conde de (Duarte Fernando Álvarez de Toledo Pimentel y Portugal; m. 1671; VII conde desde

1636 o antes, y conde de Deleitosa; casó en este año con María Ana Pimentel y Córdoba, VI condesa de Alcaudete, q.v.), XIX, 399 nota 237 ¶4, 422 nota 391
- XIII, 106 (**1634**: salió desterrado con otros "por no haber levantado las coronelías mandadas"), 116 (presente con algunos otros en el entierro de don Fadrique de Toledo, q.v.), 309 (**1635**: se casará con su prima, María Ana Pimentel y Córdoba, q.v., la VI "condesica" de Alcaudete, q.v.), 417 (**1636**: las capitulaciones de los dos, con una gran cena y una gran máscara)
- XIV, 336 (**1638**: con otros en la fiesta de Carnestolendas en el Retiro)
- XV, 69 (en el estribo de un coche hecho para recibir al duque de Módena), 293 (**1639**: de noche y con un amigo, emparejaron su carroza con otra de unas damas; fueron acometidos, y salieron heridos), 297 (su herida ligera)
- XVI, 395 (**1642**: "algunos disgustos" de Oropesa y Olivares en Huesca), 469 (Oropesa y otros dos en Zaragoza, "perdidos de mujercillas"), 478 (el conde de Oropesa, nombrado virrey de Navarra)
- XVII, 235 (**1643**: nombrado virrey de Valencia; v. también XVIII, 22, 148 y 164), 406 (le nace un hijo varón, de manera que ya tiene sucesión)
- XVIII, 145 (**1645**: se avisa que llegó a San Sebastián un navío con noticias de la guerra de Flandes), 175 (el VII conde de Oropesa es virrey de Valencia), 349 (**1646**: avisa que de las salidas de Orbitelo han m. muchos franceses), 283 (un alcalde y 50 hombres fracasaron en un intento de prender a unos bandoleros), 389
- XIX, 261 (**1642**: uno de los capitanes de las seis compañías de caballos del Rey), 355 (nombrado virrey de Navarra), 363 (vino de Zaragoza para ir a Navarra), 382 nota 417 (corrección de errores), 403 nota 349 (v. XIX, 261)

Oropesa, condesa vieja de (Mencía Pimentel, q.v., casada con el VI conde, q.v.), XVI, 238 (sátira); XIX, 399 nota 237 ¶4

Oropesa, VII condesa de (María Ana Pimentel y Córdoba; pleiteó por el estado de Alcaudete, q.v.), XIII, 309, 417; XVII, 34; XVIII, 295, 506

Oropesa en Indias, I marqués de (Juan Enríquez de Almansa y Borja; v. Alcañices, VII marqués de, a quien los corresponsales se refieren ya por este título [a veces omiten "en Indias"], ya por aquél, q.v.); XIII, 343 (su hijo, Álvaro Enríquez)

Orosy, teniente coronel de, XVII, 425

Orozco, Constanza de (v. Orozco y Rivero, Constanza)

Orozco, obispo, XVII, 410 (**1644**: acompaña el cuerpo del cardenal Borja)

Orozco, Francisco de (v. Mortara, II marqués de)

Orozco, Rodrigo de (v. Mortara, I marqués de)

Orozco y Rivero, Constanza (dama de la reina Isabel, casada con José Porres Enríquez de Guzmán, II conde de Castronuevo, q.v., I marqués de Quintana del Marco [título concedido a los primogénitos de los condes de Castronuevo, q.v.; Julio de Atienza, 940a-940b])
- XV, 232 (**1639**: m. el I conde de Castronuevo, q.v., habiendo reconocido por nieto suyo a fray Alonso de Santo Tomás o Alonso Enríquez de Guzmán, q.v., hijo natural de Felipe IV y de Constanza de Orozco; v. XIX, 455 nota 492 ¶2) (var: Costanza de Orozco; José Enríquez Porres y Mojica)

Orsini, cardenal [Virginio] (1615-1676; su familia era la de los duques de Bracciano; a partir del siglo trece muchos de sus parientes fueron cardenales y papas; éste era caballero de

San Juan de Jerusalén, hecho cardenal en 1641; obispo de las diócesis suburbicanas de Albano y Frascati)
- XIX, 159 (1648: invitado al palacio del cardenal Grimaldi) (var: Ursino)
Orsinos, los (se refiere a la distinguida familia de la ficha anterior; su "cabeza" tenía el derecho de "ir en acompañamiento a la mano derecha del Pontífice"), XVII, 504 (1644) (var: Ursinos)
Orta (v. Horta, castillo de)
Ortega, P. Martín de, S.J., XVI, 299; XIX, 243
Ortega, Salvador de (capitán), XIV, 214
Otero de San Ungilde (a 5 km. al SE de la Puebla de Sanabria, y 10 km. al NE de Santa Cruz de Abranes), XVII, 398 (var: Unsalde)
Ortiz, [¿P. Gabriel?, inquisidor de la Suprema], XIII, 71 (**1634**: uno de los que firmó la sentencia de quemar los papeles contra la Compañía de Jesús); XVII, 484 (**1644**: regente del Consejo de Aragón; uno de los que suscribió el perdón general de Felipe IV a Cataluña en 1644)
Ortiz, P. Gabriel (inquisidor de la Suprema), XIII, 83 (1634: intervino en el caso del P. Antonio de Lerma, q.v.)
Ortiz, Juan (inquisidor en Triana [barrio de Sevilla]), XVI, 249
Ortiz de Ibarra, Gregorio, XVIII, 203, 204 (1645: comisario general de la caballería en la frontera de Portugal)
Ortiz de Orbe, Gabriel (provisor de Badajoz), XVII, a264 (1643), a265, a293 (a Antonio de Estrada, oidor de Sevilla), a311, a333
Ortiz de Zárate, Juan (obispo de Salamanca, 1645-1646; m. 1646), XIX, 445 nota 329 (sobre su m. y sustitución por Francisco de Alarcón)
*Ortiz de Zúñiga, Diego (historiador)
Ortiz Ibarra, Gerónimo (comisario general de artillería), XVIII, 329 (1646: en Badajoz)

Ortoy (ciudad de Flandes), XV, 129 nota 1 (por traición de Enrique de Vergas lo perdió España)
Orvieto (a 100 km. al NO de Roma), XVIII, 339 ("tierra de la Iglesia")
Oscas, las (lugar cerca de Villarejo de Fuentes, prov. de Madrid), XVII, 471 (noticia de una imagen de la Verónica que sudaba sangre en la Semana Santa; v. Piña, P. Juan de)
Osera (pueblo en la ribera del Ebro, q.v., a 27 km. al SE de Zaragoza), XVII, 12
Osera, marqués de (v. Ossera)
Osera, Alejandro de, XVII, a314
Osma (v. Burgo de Osma)
Osores, Diego de (inquisidor del Tribunal de Granada), XVIII, 307
Osorio, Gaspar, S.J. (v. Ossorio, P. Gaspar)
Osorno, conde de, XIII, 243 nota 1 (m. 1635)
Ossemburg (una de las cinco ciudades que Baviera dio a Francia de acuerdo con unas treguas firmadas en 1647), XIX, 9
Ossera, marqués de, XVIII, 430 (1646: su hermano trajo a Madrid cartas para el Rey y Luis de Haro)
Ossera, Alejandro de (su carta), XVII, 314
Ossorio (v. Álvarez-Ossorio)
Ossorio, Constanza (hija y heredera del VIII marqués de Astorga, q.v., y casada con el III marqués de Velada y de San Román, q.v.), XVIII, 147, 158 (m. 1645); XIX, 408 nota 377 ¶7, 438 nota 147
Ossorio, P. Gaspar, S.J. (de Castilla; mártir en el Brasil), XIX, 240, 348
Ostende, XIII, 491; XIV, 86, 141; XV, 360; XVII, 202; XVIII, 261, 497
- gobernador de, XIII, 496
Ostuna, duque de (Juan de Cevallos), XIX, 24 y 99 (1647: quemaron su casa y su ropa durante los tumultos de Nápoles) (var: Ostuni)
Osuna (a 86 km. al E de Sevilla y 34 al S de Écija), XIII, 124

ÍNDICE ONOMÁSTICO

Osuna, casa de, XVI, 212 (el marquesado de Peñafiel pertenecía a los primogénitos de la casa de Osuna), 280 (el feudo de Ureña o Urueña perteneció siempre a esta casa y fue siempre condado)

Osuna, III duque de (Pedro Téllez Girón, virrey de Sicilia, 1610-1616, y de Nápoles, 1616-1620; m. 1624 en la cárcel), XIII, xv; XIV, 232; XVI, 280 (nota errónea: v. Peñafiel, marqués de); XVII, xxii nota 1 (uno de los tres rehenes del cumplimiento de lo pactado en 1604 con los amotinados de Roermond en Flandes, cerca de Essen); XIX, 98, 407 (nota errónea: el IV duque era Juan, hijo de Pedro), 414 nota 99

Osuna, IV duque de (Juan Téllez Girón, hijo de Pedro; conde de Ureña; llave y ejercicio de la Cámara; marqués de Peñafiel y a la m. de su padre en 1624, IV duque de Osuna; v. Ponce, Jerónimo, capitán del regimiento del Duque en Locata, 1637)

– XIV, 215

– XVI, 185 (**1641**: entierra a su pariente el P. Puente Hurtado), 213, 280 (en 1645 el marqués de Peñafiel, Gaspar Téllez Girón, se casó con Felice de Sandoval y Rojas Padilla, hija del II duque de Uceda; la nota 2 corrige el error del texto de la carta, "duque de Urueña" [léase "conde de Ureña"], pero confunde a Gaspar Téllez Girón con su padre, Juan Téllez Girón, que se había casado en 1618; v. Crosby y Jauralde, *Quevedo y su familia*, índice), 380 (sátira), 503

– XVII, 8, 99 (**1643**: el memorial a favor del Conde-Duque le ataca), 105, 115, 116 (pretende la cámara del príncipe), 347, 405, 439-440 (**1644**: en la boda del marqués de Aytona), 497

– XVIII, 37 (**1645**: virrey de Valencia), 291 (**1646**: con el ejercicio de la cámara)

– XIX, 43 (**1647**), 63, 74, 98

Osuna, duquesa de, XVI, xiv; XVII, 347; XVIII, 446; XIX, 143

Otalora, Juan de (secretario del despacho), XIX, 128

Otañez, Juan de (veedor general de la armada de Levante), XVI, 60 (**1640**: intermediario en el desafío entre los duques de Medina y Maqueda; XIX, 285 (**1642**), 290

Oterogero (v. Outero Seco, en Portugal)

Otina de Santa Ana (palacio viejo de Nápoles), v. XIX, 111 y la ficha que sigue

Otinas (líderes llamados "capitanes de las Otinas", creados por la plebe en 1647 durante los tumultos de Nápoles), XIX, 99, 102, 106, 108, 110, 111, 115

Otomano, armada del, XIV, 375

Ouasto, conde de (v. Obasto, conde de)

Outero Seco (lugar fortificado a 5 km. al N de Chaves, en Portugal), XVII, 303 (saqueado por los españoles, que derrotaron el socorro)

Outon (castillo cerca de Setúbal, puerto en la ría del Sado), XVI, 112 (var: Oten)

Outre Meuse (v. Ultramussa)

Outremécourt (dice Gayangos que es un pueblo cerca de La Motte, villa del ducado de Lorena, casi inexpugnable, q.v.), XV, 107

Ouvidos, conde de (Juan de Silva Tello, cabo que llevaba el ejército portugués en Extremadura), XVII, 283 y la nota 1 (**1643**: separado del mando del ejército, y en su lugar nombrado el de Alburquerque; "preso", según Pellicer, *Avisos*, III, 82); XVIII, 311 (**1646**: nombrado para el gobierno de las armas de la provincia del Algarve)

Ovando y Cáceres, Diego de (capitán de guarda del marqués de Leganés, en la frontera de Portugal en 1645), XVIII, 203-204

Ovando, Juan de (fiscal de la Junta de Millones), XVIII, 216

Ovasto, conde de (v. Obasto, conde de)
Ovidio, XV, 134
Ovidos, conde de (v. Ouvidos, conde de)
Oviedo, XIII, 220, 347; XIV, 402; XV, 319, a410, a411, 442, 475, 476; XVII, 358; XVIII, 5
– obispo de (v. Guzmán y Spínola, Ambrosio Ignacio)
– Dr. (fiscal de Castilla), XVIII, 284
– P. Gaspar de (mercedario), XIV, 186 (nombrado para la cátedra de Santo Tomás en Salamanca)
Oviedo, Juan de (conocido del P. Pereira), XIX, 188
*Oviedo Pedrosa, Fr. Francisco de (mercedario; procurador de las provincias de Lima y Chile)
Oviedo y Herrera, Antonio de, XIX, a191
Oxenstierna, conde Axel Gustafson (1583-1654; gran canciller de Suecia desde 1612; administrador nacional durante las ausencias [1621-1632] del rey Gustavo II Adolfo [q.v.]; m. éste, el conde guió el Consejo de la Regencia durante los años de la minoría de la reina Cristina [q.v.; 1632-1644]; redactó la Constitución en 1634; y fue primer ministro [1644-1654]), XIII, 150; XIV, 162 (var: Oxenstiern; Oxestiern)
Oxford, XVII, 256, 257, 259, 327
Oxford, Ride [distrito] de (v. Recide en Oxonia)
Oxonia (así en latín; v. XVII, 327 y la nota 1)
Oyarzun (río que desemboca en el mar Cantábrico a 3 km. al E de San Sebastián), XIV, 476
Oyarzun (pueblo a 3 km. al SE de Rentería y 6 km. al SE de San Sebastián), XIV, 456, 460 (sobre la invasión de los franceses en 1638, v. Rentería), 461
Oyse o Oz, río (v. Oise)
Ozes, Antonio; –, Lope; –, Pedro (v. Hoces)

P

Pablo, Carlos, XIII, 217 (a pesar de ser "hombre muy honrado y bondadoso,...de demasiada bondad y confianza", fue condenado a m.)
Pacheco, P., S.J., XIII, 18, 81 (**1634**: entre los que agradece al Rey por su acción sobre los papeles de Francisco Roales contra la Compañía); XVIII, a135-136 nota 1 (**1645**: sobre la posesión del estado de San Lúcar [la Mayor] en nombre del Rey)
Pacheco, Alonso Melchor (v. Téllez Girón Pacheco y Mendoza, Alonso Melchor [hijo del conde de la Puebla de Montalbán])
Pacheco, Andrea (hija del marqués de Castro-fuerte, q.v.), XIX, 419 n 292
Pacheco, Andrés, XIV, 477 (**1638**: maestre de Campo en Fuenterrabía); XVI, 192, 201 (**1641**: gobernador de la caballería en Badajoz)
Pacheco, Carlos, y Diego (v. Pacheco de Figueroa, Diego)
Pacheco, Francisco (v. Pacheco, Juan Francisco)
Pacheco, Fr. Gonzalo (predicador de Felipe IV), XIII, 434
Pacheco, Juan (hijo mayor del IV marqués de Cerralbo, q.v.; de Calatrava)
– XIII, 7 (**1634**), 61 (en un desafío con un teniente de la guardia del Rey; ambos malheridos), 429 (rejoneador de "grande gala")
– XIV, 38, 329 (heredero del marqués), 347 (**1638**: su padre quiere mandarlo con el duque de Medinaceli para alejarlo de la corte), 353 (sin embargo, cambia de idea y se lo lleva consigo a Flandes)
Pacheco, Juan (sargento mayor), XVIII, 439 (herido en Villanoveta, q.v.)
Pacheco, Juan Fernández (v. Villena, V marqués de)
Pacheco, Juan Francisco (deán de Jaén), XIV, 270; XV, 76; XVI, 21

(1640: extremaunción); XIX, 387 nota 76 (var: Pacheco, Francisco)

Pacheco, Melchor (véase Téllez Girón, Pacheco y Mendoza, Alonso Melchor, hijo segundo del II conde de la Puebla de Montalbán, que se casó con Victoria Doria y Carreto)

Pacheco, Pedro (del Consejo de Castilla y del Supremo de la Inquisición; entre muchos homónimos, es el que fue amigo de Quevedo y el que recogió y conservó muchos manuscritos de su poesía [v. Crosby, *Nuevas cartas...*, pp. 43-50]),
- XIII, 71 (**1634**: uno de los que firman la sentencia de la quema de papeles contra la C. de J.); XV, 168
- XVI, 212 (**1641**: le consultan para el capelo), 432 (**1642**: en consulta sobre la baja de la moneda)
- XVII, 11 (**1643**: de parte del Rey pide 10.000 ducados a varios notables [v. *Nuevas cartas...*, pp. 45 y 57-58]), 25 (el Rey le da la comisión de Andalucía), 105 (participa en una junta para examinar un papel sobre el Conde-Duque), 105 (en la junta que ve el caso del papel en defensa del Conde-Duque), 345 (va a Toledo y alrededores a reclutar gente; v. Fayard, *Los miembros del Consejo...*, 111-112, nota 36, y 112, párrafo "En...")
- XIX, 437 nota 137 (**1636**: Pedro de *Rojas dedicó sus *Discursos ilustres...*, q.v., a "Pedro de Pacheco, consejero de Castilla y canónigo de Cuenca"), 360 (**1642**: el P. González dice al P. Pereira que un Inquisidor ha prendido a Pedro Pacheco, "que hoy preside en el Consejo Supremo de la Inquisición... Fue por una décima...". Para Gayangos, "no es probable..., y mucho menos por la causa que indica el P. Sebastián González" [XIX, p. 464, nota 360]. Las actividades de Pacheco en los años de 1642, 1643, 1644 y 1645 se han documentado a base de múltiples fuentes fidedignas, y no hay rastro de ningún aprisionamiento (v. Crosby, *Nuevas cartas...*, pp. 45 y 46, y en los dos párrafos anteriores al presente las fichas de 1642 y 1643).

Pacheco, Teresa (v. Puñoenrostro, condesa de)

Pacheco-Ossorio, Juan Antonio (véase Cerralbo, IV marqués de)

Pacheco de Acuña, Diego López (v. Villena, VI marqués de)

Pacheco de Acuña, Juan Francisco Manuel (primogénito del marqués de Villena, q.v.; v. San Esteban de Gormaz, conde de)

Pacheco de Córdoba, Carlos (v. Villamayor de las Ibernias, II marqués de)

Pacheco de Córdoba, Francisco (v. Villamayor de las Ibernias, I marqués de)

Pacheco de Figueroa, Diego (caballero; azotado), XVIII, 198-199, 210-211; XIX, 439 n 210 (dos versiones de un episodio de castigo; en la primera, se llama Carlos, y en la segunda, Diego)

Pacheco de Narváez, Luis, XIII, xvi; XIV, 6 (preso un hijo suyo por escalador de casas)

Pacheco y Aragón, María (hija del II conde de la Puebla de Montalbán, se casó con Luis Lasso de la Vega, primogénito del I conde de Arcos, q.v.), XIX, 428-429 nota 475 (de este episodio hay dos versiones históricas, y Gayangos sugiere que la segunda, de Rivarola, es la correcta)

Pacheco [y Chacón], Pedro (v. Castrofuerte, marqués de)

Pacheco y Toledo, Juan (v. Puebla de Montalbán, [II] conde de la)

Pacífico, Luis el (sobrenombre dado por Luis XIII de Francia a su heredero), XVII, 47

Padilla (en 1645, oficial militar en Sariñena [a 77 km. al E de Zaragoza]; dudo que sea Carlos de Padilla, q.v., quien en 1642 estaba en Flandes, y

en 1648 al mando de la caballería y con promoción), XVIII, 208
Padilla, P. Bernabé de, S.J., XIV, 21 (1637: consulta con el P. Juan Chacón sobre el caso de la madre Luisa de la Ascensión; se le dan al Santo Oficio), 43, d58 nota 2 (carta sobre la m. del P. Francisco de Ferreira; v. su ficha); XV, 487; XVI, 42; XVII, 381; XIX, 125
Padilla, Carlos de (caballero de Santiago; hijo de Francisco de Padilla, q.v.)
– XVI, 405 y 414 (**1642:** manda un regimiento de caballería en Flandes); XVIII, 346 (**1646:** quizá deja su puesto)
– XIX, 191 (**1648:** teniente coronel de la caballería de Flandes; preso en la cárcel de Corte), 192 (Pedro de Amezqueta lo prende), 193 y 195 (cómplice del duque de Híjar), 196 (su hermano, Juan, castellano de Milán), 197 (cargos contra él), a198-212, 214, 223-227 (ejecutado), d227 (sentencia), 264 (**1642:** en Flandes manda tropas), 397 nota 237 ¶1
Padilla, Diego de, XIX, 189-190 ("la mejor fiesta" de toros)
Padilla, Francisco (padre de Carlos, q.v.; castellano de Milán), XVII, xiv (en **1595**, al mando de una compañía de caballos en Flandes con el conde de Fuentes, q.v.)
Padilla, Juan de (hermano de Carlos de Padilla, q.v.; militar en Flandes y luego castellano de un castillo en el milanesado), XV, 278; XIX, 196, 204
Padilla Sandoval y Padilla, Luisa de (hija de Cristóbal Gómez de Sandoval Rojas, I duque de Uceda, y de su mujer Luisa de Padilla; se casó con el V duque de Medina de Ríoseco y IX Almirante de Castilla, q.v.), XV, 20, 24, 32, d54 (en esta página se nombra); XIII, 368 nota 4 (nota errónea: ella no era hija del duque de Cea)
Padornelo (a 23 km. al O de la Puebla de Sanabria), XVII, 304, 397

Padre de las Indias (v. Ruiz de Montoya, Antonio)
Padre, Santo (v. Papa, el)
Padres agonizantes (v. la ficha que sigue)
Padres nolascos (orden religiosa fundada en el s. XIII por san Pedro Nolasco y conocida por su nombre, y también por el de mercedarios, o mercenarios, por su devoción a Nuestra Señora de la Merced (v. Merced, Orden de la), y por dedicarse al rescate de los presos de los sarracenos; también se llamaban los "padres agonizantes", porque como dice el P. González, su "instituto es ayudar a bien morir a los que están en lo último"), XVII, 454
Padrón, Chacón del (v. Chacón del Padrón)
Padua, XIII, 494; XIX, 444 nota 320
Padul (pueblo a 21 km. al S de Granada), XV, 226
Pagani, P. (napolitano y agente de la archiduquesa Claudia de Austria)
– XIV, 278, 304 (**1638:** parte para Italia)
– XV, 197 (**1639:** llega a Madrid, enviado por la Archiduquesa), 218 (negocia y se vuelve a Alemania), 219 (el marqués de Caracena parte con él para Italia), 415 (**1640:** viene de nuevo a Madrid, a pedir socorro de dinero y gente)
– XVI, 126 (**1641:** parte para Alemania acompañando a la marquesa de Flores Dávila, camarera de la Emperatriz) (var: Pagano)
Pagliano, Borromeo, Tagliacozo y Corbara, duque de (v. Colonna, Marco Antonio [hijo del que sigue])
Pagliano y Tagliacozo, duque de (v. Colonna, Felipe [padre del anterior])
Pago, Juan (caballero aragonés), XVIII, 428
Paigone, Pedro (sargento mayor), XV, 267
Paino, Dr. [Antonio], XVI, 364 (**1642:** magistral, q.v., de la iglesia de Cuen-

ca; si fue obispo de Lugo, tiene que haber sido por interino breve [v. Lugo, obispo de]
— XVII, 284 (**1643**: no parece que fuera obispo de Mondoñedo, sino de Orense, de 1643 hasta 1653 [Gams, p. 55a]; nombrado magistral de Cuenca)

Paios, castillo de (hoy, El Payo, a 46 km. al S de Ciudad Rodrigo y 25 km. al N de Hoyos), XVII, 227

País, el (así se llamaban coloquialmente a los Países Bajos, q.v.)

País Bajo o Países, los (v. Países Bajos)

Países Bajos, XIII, 277, 278, 344, 374; XIV, 444; XVI, 398; XVII, xvii; XIX, 65, 250

Palacio (de Lisboa), XVI, 114

Palacio, Sacro (en Roma), XIII, 257

Palacio [Real de Madrid], XIX, 399 nota 237 ¶1

Palacio Real del Buen Retiro, XIV, 19

Palacios, I marqués de (Martín de Ledesma y Guzmán, gentilhombre de la Cámara del Infante-Cardenal; m. sin sucesión)
— XIII, 7; XIV, 291 (**1638**: lo destierran de la corte por murmurar del gobierno), 305
— XV, 192, 258 (**1639**: pretendiente a la plaza de capitán de la guardia tudesca del Rey, se obliga a pagar 500 soldados en Cataluña)
— XVI, 238 (**1642**: sátira: era mezquino), 379 (sátira: repetía al revés las órdenes); XVII, 208
— XVIII, 26 (**1645**: desterrado a Badajoz por "el suceso del retrete"), 27, 268 (**1646**: unas damas se burlan de él en Toledo), 291 (herido por malhechores su sobrino, el señor de Buenache), 461 (**1647**: lo destierran a él y a otros por un encuentro con un alcalde de corte)
— XIX, 300 (**1642**: con el Rey en la entrada a Zaragoza), 399 nota 399 ¶6 (dice Gayangos: "El marqués de Palacios fué desterrado por dar entrada en su casa a tahures"), 405 nota 377 ¶5, 406 nota 377 ¶4; 434 nota 27 (**1632**: asistió al juramento del príncipe Baltasar Carlos)

Palacios, II marqués de (Juan Ruiz de Alarcón y Guzmán, señor de Buenache; casó en terceras nupcias con su prima, Blanca de Toledo, señora de Hijares), XIX, 443 nota 291

Palacios, marquesa de (Inés de Ledesma y Guzmán, hermana del I marqués y heredera del título; casó con Juan Ruiz de Alarcón, y fueron padres del II marqués, q.v.), XIX, 443 nota 291

Palafox, Jaime de (v. Ariza, marqués de)

*Palafox y Mendoza, Juan de (n. en Ariza, 1600; m. en Osma, 1659; hijo del anterior; fiscal del Consejo de Guerra y del de las Indias; capellán mayor de la emperatriz María en Alemania; del Consejo de Indias y del de la Cámara; en 1640, obispo de la Puebla de los Ángeles [México]; en 1642, virrey y capitán general interino de México; rehusó el arzobispado de México; en 1649 regresó a España; del Consejo de Aragón; en 1653, obispo de Osma; sus numerosos libros sobre temas espirituales e históricos ocupan 13 tomos)
— XIII, xvii (se le atribuye la redacción de un libro publicado por Fr. Juan de Palma, q.v.), 447 (**1636**)
— XV, 72, 200 (**1639**: le ofrecen el obispado de Tlaxcala, pero lo rehusó; era oidor de Indias)
— XVI, 434 (**1642**), 435 (obispo de la Puebla de los Ángeles [México]), 508 (enero de **1643**: al marqués de Villena como virrey de Nueva España lo sustituyó Palafox, quien luego fue sustituido por el conde de Salvatierra, García Sarmiento de Sotomayor, q.v.); XVII, 63
— XVIII, a147 (**febrero de 1645**: carta que mandó siendo arzobispo de México), 448 (**1646**: visitador), 450 (todas las órdenes y otros dignatarios

religiosos apelan al Virrey para que "repórtase al señor don Juan")
- XIX, 21 (**1647**: el Rey le manda a su obispado), 160 (**1648**: en la congregación de los jesuitas se propone su causa *contra regulares in Indiis*), 336 (**1642**: sustituto interino del virrey de Méjico: el marqués de Villena), 337 (detalles de la cédula real al respecto; sus opositores), 413 nota 63

Palamós (puerto a unos 40 km. al S-SE de Gerona), XVI, 228; XVII, x, 411, 479

Palantino, Francisco Lucio (entró con su pareja a correr unas cañas a caballo), XV, 146

Palatinado, el (así se refiere en las cartas al Palatinado del Rhin, o Palatinado bajo, que se extendía aproximadamente de Mannheim hasta Luxemburg, y de la orilla occidental del Rhin hasta Alsacia y el valle del río Sarre y Sarrebourg [entre Nancy y Strasbourg]; su capital era Heidelberg; el Palatinado alto está en el NE de Bavaria, y su capital era Regensburg)
- XIII (campañas militares intermitentes y negociaciones continuadas entre el Emperador, el rey de Francia y el de Inglaterra [quien pide el Palatinado del Rhin para su sobrino, Carlos Luis, hijo mayor del conde y elector Federico V, q.v.]), 32 (**1634**: el complot de Frisland), 118 (territorio devuelto; su "dueño" es el duque de Baviera, q.v.), 122 y 216 (el Emperador toma la capital), 303 (**1635**: los imperiales toman Mannheim, en el Palatinado bajo (el texto reza, por error, "superior"), 374 (**1636**: se dificultaría la institución del Palatinado, como el rey de Inglaterra lo pide para su sobrino, hijo del desposeído), 383 (**1636**: los imperiales entregan el Palatinado al Infante-Cardenal), 421 (el Emperador manda un consejero de estado para tratar con el rey de Inglaterra lo del Palatinado), 434 (el Rey envía un mensaje al francés sobre su acuerdo con el Imperio y España acerca de la restitución del Palatinado), 548 (**1637**: el Rey de Inglaterra advierte que habrá guerra si no se restituye el Palatinado a su sobrino)
- XIV, 10, 312 (**1638**); XV, 209 (**1639**), 216, 338, 339, 403 (**1640**), 439
- XVI, 48, 178 (**1641**: Francia, Inglaterra y Dinamarca piden en la Dieta imperial la restitución del territorio al Palatino)
- XVII, 324 (**1643**: la liga de protestantes alemanes y Francia para recobrar el Palatinado; el palatino Federico parte con su madre de La Haya para tal fin), 420, 502 (**1644**: los franceses entran en el territorio y toman Phillipsbourg)
- XVIII, 317 (**1646**: se restituirá el Palatinado inferior al Palatino [Carlos Luis, q.v.], pero el duque de Baviera queda con el superior)

Palatino [del Rhin, conde-] (Federico III, 1515-1576), XV, 116 (tradicionalmente un "palatino" tenía derechos superiores a todos los otros nobles menos al Emperador)

Palatino [del Rhin, conde-] (Federico IV), XV, 116

Palatino [del Rhin, conde-] (Federico V, 1596-1632, conde y elector del Palatinado del Rhin de 1610 a 1623; se casó en 1613 con Isabel Estuardo [1596-1662], hija del rey Jaime I de Inglaterra y hermana del rey Carlos I [éste reinó de 1625 a 1649]; la boda tenía el propósito de reforzar la alianza entre los protestantes de Inglaterra y los de Alemania; sin embargo, en 1623 Federico, rey de Bohemia y jefe ya de la Liga Protestante, fue derrotado por el duque Maximiliano de Baviera, q.v., jefe de la Liga Católica; perdió todos sus estados y fue privado de su voto en la Dieta de Alemania; el Palatinado del Rhin pasó al feudo del Emperador Fernando

II, y en 1628 al duque Maximiliano de Baviera; se restauró a la dinastía en 1648, al hijo de Federico e Isabel, Carlos Luis, q.v.)
- XIII, 337 (el Palatinado del Rhin era ya uno de los estados del duque de Baviera), 339 (se refiere a Federico V [m. 1632] y a una de sus dos hijas, Sofía o Isabel); XIV, xii; XV, 116

Palatino [del Rhin, conde-] (entre los hijos del conde Federico V, se mencionan en las cartas a Carlos Luis, el mayor y sucesor en 1648, y a Ruperto; se refieren a los dos indistintamente como "el Palatino", y como eran paralelas sus carreras, he recurrido a la biografía de Wilkinson para separar a unos de otros, y para identificar a Felipe, a quien menciona Gayangos), XV, 116 nota 1 (tiene muchos errores)

Palatino [del Rhin, conde-] (Carlos Luis, hijo mayor del conde-palatino y elector Federico V y de su mujer Isabel Estuardo; sobrino de Carlos I de Inglaterra [su madre era la hermana del Rey]; su padre perdió el Palatinado, y no fue restaurado a Carlos Luis hasta 1648), XV, 116 (tiene muchos errores)
- XIII, 29 y 141 (**1634-1635:** pactó con otros protestantes), 374 y 548 (**1636-1637:** el rey de Inglaterra pide el Palatinado para Carlos Luis, su sobrino)
- XIV, 32 (la Dieta le quita al rey de Inglaterra el Palatinado y el voto electoral, y los da al duque de Baviera), 71 (**1637:** planes desde Inglaterra), 171 (el Palatino socorrió a los holandeses), 392 (sátira), 414, 424, 430, 435, 442-443 (los ingleses compraron Mepen en la Frisia como plaza de armas para el sobrino palatino, pero éste tuvo que huir de los imperiales que tomaron la ciudad)
- XV, 71 y la nota 1, y 116 y la nota 1, y 117 (**1638:** perdió la batalla de Lemgo [que no se nombra]; noticias equivocadas de la m. de Carlos Luis), 123, 126, 209 y 216 y 240 (**1639:** campañas militares en el Palatinado), 245, 352, 360-361, 404 (**1639-1640:** se refugió Carlos Luis en Inglaterra; intentó pasar por Francia hacia Alemania; fue preso por los franceses, y Richelieu intentó casarlo con una sobrina suya; luego puesto en libertad; parece bastante contradictoria la cronología de las cartas), 438-439 y 445 (**1640:** libre ya, aunque con condiciones)
- XVI, 54, 178, 341 (**1640-1642:** propuestas de tratado)
- XVIII, 317 (**1646:** se restituirá el Palatinado inferior a Carlos Luis, quedando al duque de Baviera el Palatinado superior, hasta que le hayan compensado los gastos de la guerra pasada)

Palatino [del Rhin, conde-: su hermano] (el príncipe Ruperto, 1619-1682, hijo menor del Elector Federico V [q.v.] y de Isabel Estuardo; hermano menor del conde Carlos Luis, q.v.; [le llamaban "príncipe" porque su padre Federico V había sido brevemente rey de Bohemia])
- XV, 71 y la nota 1, y 116 y la nota 1, y 117 (**1638:** en la derrota de Carlos Luis en Lemgo, q.v., Ruperto fue preso por los imperiales y llevado al castillo de Linz [Austria])
- XVII, 257 (**1643:** puesto en libertad, Ruperto se marchó a Inglaterra; conquistó Bristol para el rey Carlos I de Inglaterra); XIX, 366 (**1642:** mandó el ejército real inglés y ganó la batalla de Edge Hill; no volvió a Alemania hasta 1654) (variante errónea: Roberto)

Palatino del Rhin, conde- (antes de la época del príncipe Carlos Luis, en un combate junto a Brissac, m. Juan Felipe, otro conde-Palatino del Rin), XV, 116

Palavesino, Dr. (abogado de los Reales arrendamientos en Nápoles), XIX, 106 (**1647:** la plebe quemó su ropa)

Palavicini ("uno de casa" de Tomás de Saboya, príncipe de Cariñán), XV, 217 (lleva una embajada a su cuñada)

Palavicinos, XIV, 24 (1637: el duque de Parma consiente que siga siendo "feudo del Imperio" el territorio dado por el Emperador a los Palavicinos de Milán)

Palavisino (hijo de Juan Lucas; canónigo), XIII, 366 (nombrado fiscal de la Suprema) (var: Pallavicino; Paravicino)

Palavisino (inquisidor), XVIII, 456 (1647: a Somoza, canónigo magistral de Burgos y obispo de Santa Fe [de Bogotá], se le da la abadía de Santa Leocadia [de Toledo], vacante por la m. de Palavisino)

Palavisino, marqués de, XIII, 501 (1636: en su dominio, feudo imperial, se construye un fuerte)

Palavisino, Juan Lucas, XIII, 366

Palavisino (v. Pallavicino, Fr. Hortensio)

Palencia, XIII, 151, 153, 158, 159; XV, 337; XVII, 418

Palencia, obispo de, XIII, 347 (**1635:** al de Palencia [Christófero Guzmán y Santayo, de 1633 hasta 1656; Pius Gams, 61b] le ofrecen la sede de Coria), 349 (el de Palencia no quiere admitir el obispado de Coria); XV, 316 (**1639**)

- XIX, 386 nota 76 (en 1628 Fernando de Andrade y Sotomayor pudo haber sido canónigo de Palencia, pero no obispo [Gams, 61b])

Palencia, Juan de (error por Juan de Valencia, q.v.)

Paleoto (variante errónea por Pallotta, Giovanni Battista Maria, cardenal y gobernador de Roma)

Palermo, XIV, 237, 238; XVII, 122; XVIII, 385; XIX, 38, 38, 39, 59, 60, 83, 90, 92

- XIX, a55, 152 (**1648:** sus habitantes se rebelaron violentemente contra el cardenal Trivulcio, virrey interino, y él tuvo que ahorcar a los líderes ([v.las las fichas que siguen]), 157, 192, 193, 198

Palermo, arzobispo de (v. Andrade, Fernando de, homónimo parcial de Fernando de Andrade y Sotomayor)

Palma (ciudad de Friuli, región del NE de Italia entre Venecia, Udine y Trieste; ¿hoy, Palmanova, a 20 km. al S de Udine?), XVIII, 289, 302

Palma (pueblo de Languedoc cerca de Salsas y de Narbonne), XIV, 185, 249; XV, 264, 289, 350, 355

Palma, P., S.J., XIII, 81

*Palma, Fr. Juan de (franciscano; confesor de la Infanta Margarita de la Cruz; m. 1648)

Palo, Pie de (v. Pie de Palo)

Palorans, duque de (v. Puylaurens, duque de)

Palos, Cabo de (a 28 km. al E de Cartagena [de Levante]), XVIII, 295

Pallavicino, Fray Hortensio (*Pellicer le dedicó su libro titulado *Argenis*), XV, 83 nota 1 (var: Palavicino; Paravicino)

Pallotta, Giovanni Battista Maria (1594-1668; vicelegado en Ferrara, 1623; recaudador apostólico en Portugal, 1624-1626; arzobispo titular de Salónica y gobernador de Roma, 1628; nuncio en Austria durante los problemas de la sucesión del ducado de Mantua, 1628-1630; cardenal en1629; legado en Ferrara, 1631-1634; coprotector de Loreto [pueblo de Italia a 25 km. al SE de Ancona], 1644-1652; para Inocencio X, Pallotta era para este papa, "de los más confidentes" [1646: XVIII, 253]; prefecto del Emperador de Austria en Roma, 1646 (véase Salvador Miranda; Moroni, *Indice*)

- XIII, 250 (**1635:** legado en Alemania)

- XVIII, 223 (**1646:** en nombre del Emperador de Austria, amenazó a Taddeo [Barberini, q.v.] en Roma, con que perdería la Prefectura si no quitaba las armas de Francia de su casa) (var: Paleoto; Pallotti; Pallotto [no hay que confundir éste con el cardenal Giovanni Evangelista Pallotta, m. 1597]; v. Miranda; Tessalonica)

Pamfili, Pamfilio (v. Pamphili)

Pamo, Francisco (capitán), XIV, 216

Pamphili, Camillo Francesco Maria (sobrino del Papa Inocencio X; se casó con Olimpia Aldobrandini, q.v.)
- XVIII, 245 y 247-248 (**1646**: recibe al IV duque de Arcos en Roma en calidad de Pontífice), 468 (**1647**: "El nepote del Papa [Inocencio X], cardenal, renunció el capelo y se casó con la princesa de Rossano" [Olimpia Aldobrandini, q.v.])

Pamphili, cardenal Giovanni Battista (1574-1655; doctorado en derecho por el Colegio Romano; abogado consistorial y fiscal de la Sagrada Rota Romana; nuncio en Nápoles; hecho cardenal en 1627; elegido Papa en 1644 [Inocencio X])
- XIV, 384 (**1638**: el papa Urbano VIII le mandó a España en renovado esfuerzo de concordar paces); XV, 184 (1639)
- XVII, 496 (**1644**), 497 (avisan de Roma que está en segundo lugar en posibilidades de ser el nuevo Papa), 503 (elegido Papa [Inocencio X]; v. sus fichas s.v. los Papas)

Pamphilio y Santiago, fuente de (Roma), XIV, 116

Pamplona, XIII, 26, 64, 80, 118, 444, 445, 461, 485, 525, 537, 547
- XIV, 33, 34, 34, 43, 328, 356, 408, 443, 450, 451, 460, 462
- XV, 72, 76, 107, 255, 263, 289, 306, 307
- XVI, 59, 332, 473; XVII, 103
- XVIII, 147, 173, 284, 289, 292, 293, 313, 328, 468; XIX, 316

Pamplona, castillo de, XV, 65; XVIII, 30
- Colegio de, XV, 54
- obispo de, Juan Queipo de Llano, XVIII, 469 (**1647**: le dan el obispado de Jaén, y al de Calahorra, Juan Piñeiro Ossorio, el de Pamplona [según Gams, Piñeiro se marchó de Calahorra en 1647, pero en 1648 Francisco Alarcón fue nombrado obispo de Pamplona: pp. 22a y 63b]); XIX, 452 nota 468 (los otros obispos se han fichado por sus apellidos)

Pamplona, virrey de, XIII, 72 (**1634**: el Conde-Duque le escribe para que tenga guardadas las fronteras por rumor de guerra con Francia), 274, 506 (**1636**: el marqués de Valparaíso tiene un ejército para entrar en Navarra), 546
- XIV, 8 (**1637**: el duque de Nochera, Francisco María Caraffa Castrioto, fue elegido virrey de Pamplona), 33
- XV, 97 (**1638**: el marqués de Valparaíso fue virrey de Pamplona)
- XVI, 77 (**1640**: el marqués de Tavara es ya virrey de Pamplona)
- XVII, 406 (**1643**: el conde de Oropesa, que fue virrey de Pamplona, ya tiene un hijo varón)
- XIX, 80 (1647: Luis Ponce, hermano del duque de Arcos y virrey de Pamplona, propuesto para gobernar a Milán)

Pan de Cabañas (Cuba), XV, 125 (1638: cerca de este sitio tomaron lugar dos batallas de galeones españoles con los holandeses)

Panamá, XIV, 245 (1637: llegó la plata del Perú)
- obispo de, XVI, 260

Panciroli, cardenal [Giovanni Giacomo] (1587-1651; Interventor de la nunciatura en Nápoles y España; nuncio a los príncipes de Italia; nuncio en Sicilia; en 1642, nuncio en Madrid y patriarca de Constantinopla [v. Miranda; Cardella, VII, 21-22; Moroni, *Indice*; el *Archivio Biografico Italiano*, ficha 736, fotograma 340; y la ficha de Facchinetti]; cardenal en 1643 y en 1644 secretario del Estado del Vaticano; a continuación constan las fichas que llevan el nombre de Panciroli; para las que no

lo llevan, pero que pertenecen a sus años en España, v. la ficha de "Nuncios")
- XVI, 288 (**marzo, 1642:** en Génova, en trayecto; v. el *Índice de la colección Salazar*, t. VIII, p. 593b y Josef Pellicer y Tovar, *Avisos*, XXXII, 248), 335; [en **abril** llegó a Madrid: véase la ficha de Facchinetti]; XIX, 400 nota 288 (sobre el deletreo de su apellido) (variante: Panciloro; Pancirolo)

Pancorvo del Carmen, P. M. (carmelita calzado), XVI, 70

Pancorvo, Antonio (capitán), XIV, 214

Pandolfo, Castel- (v. Castel-Gandolfo)

Paner o Panier o Panir (v. Bannier)

Pantalón, monsieur ("Nombre injurioso que por este tiempo se daba a los venecianos" [nota de Gayangos]), XIII, 141 nota 2

Pantoja (v. Pantoja, Manuel)

Pantoja, arzobispo José, XIII, 15 (1634: en Salamanca, huye por temor a castigo por un escándalo con unas señoras seglares en un convento)

Pantoja, Juan (ayudante de Cristóbal de Unzueta; capitán de las galeras de España), XIII, 283

Pantoja, Manuel (oidor; en Gibraltar para visitar la flota), XVII, 204 (1643: se frustran sus pretensiones en Gibraltar), 205 (en Gibraltar para remitir la plata a Sevilla), 206, a213-214, nota 1 (ha recibido tres cédulas reales), 414, 462

Pantolí (puede ser que esté sobre el río Soma, pero no en el ducado de Borgoña), XIII, 532

Paola, San Francisco de (v. San Francisco de Paula)

Paolo, príncipe Borghese (v. Olimpia Aldobrandini)

Papa, el (v. Papas, los)
- embajador del, XIV, 31 (1637: ante el duque de Parma)
- ejército del: maestre de Campo general (v. La Marra, Vicencio)
- estados del, XIII, 371; XIX, 87, 183

Papaigos, los (posiblemente unas islas en el canal de la Mancha), XIV, 122

Papas, los (1585-1667), XIII, vi:
- Sixto V (Felice Peretti di Montalto, 1521-1590; papa del 24 de abril de 1585 al 27 de agosto de 1590), XIII, 516; XIV, 222 (v. las fichas de los cardenales Montalto)
- Urbano VII (Giambattista Castagna, 1521-1590; papa del 15 al 27 de septiembre de 1590)
- Gregorio XIV (Niccolò Sfondrati, 1535-1591; papa del 5 de diciembre de 1590 al 16 de octubre de 1591)
- Inocencio IX (Giovanni Antonio Facchinetti, 1519-1591; papa del 29 de octubre al 30 de diciembre de 1591)
- Clemente VIII (Ippolito Aldobrandini, *seniore*, 1536-1605; cardenal en 1585; papa, 1592-1605), XIV, 232; XVI, 484 (v. Aldobrandini, Olimpia); XVII, xii (absolvió a Enrique IV de Francia)
- León XI (Alessandro Ottaviano d' Medici, 1535-1605; papa del primero al 27 de abril de 1605)
- Paulo V (Camillo Borghese, 1552-1621; papa del 16 de mayo de 1605 al 28 de enero de 1621), XIV, 232; XVII, xix (el conde de Fuentes acude en su auxilio en 1607, contra Venecia); XVIII, 51 (sobre el cardenal Pazmann) (v. Aldobrandini, Olimpia)
- Gregorio XV (Alessandro Ludovisi, 1554-1623; papa del 9 de febrero de 1621 al 8 de julio de 1623) (v. Olimpia Aldobrandini), XIV, 372, 374; XVIII, 373, 468
- Urbano VIII (Maffeo Barberini, 1568-1644; papa del 6 de agosto de 1623 al 29 de julio de 1644; favorecía a Richelieu contra los Habsburgos; tenía relaciones difíciles con el Emperador y con Richelieu; en Roma se entregaba al nepotismo [v. Barberini])
- XIII, 27 (**1634:** le escribe al duque de Orleáns para que repudie a su mujer), 34 (recibe al obispo de Córdoba), 56

(se queja a S.M. de que el conde de Monterrey pasó tropas por los estados de la Iglesia sin permiso), 59 (se consigue que haga varias concesiones a España), 72 (destina dinero, dejado en testamento a la Compañía de Jesús, a San Pedro), 82, 86 (posible bula suya para reformar las órdenes y suprimir algunas en España), 119 (recibe en Roma al cardenal duque de Lorena), 177, 182 (**1635**: posible guerra entre Venecia y beneficiarios del Papa), 183, 187 (rechaza recibir embajador del gran maestre de Malta, porque viene sin su licencia), 188, 198 (se arma ante la pérdida de la Valtelina por franceses), 231, 235, 250 (publica un jubileo general por la paz y envía legados a Alemania, Francia y España, a tratar de paces), 251 (España y Alemania le piden interceda con Francia para que deje de ayudar a los rebeldes holandeses y a los herejes alemanes), 252, 253, 254 (el Papa manda socorro al de Francia), 257 (no aceptan a su nuncio en Flandes), 269 (manda dinero a la liga de Parma, Saboya, Venecia y Francia), 293 (acepta que el hermano de Richelieu renuncie al obispado de Lyon), 304 (con el vicelegado de Bolonia manda embajada al de Parma), 307 (manda 800.000 florines o ducados a Francia), 310 (el marqués de Santa Cruz se los apropia), 315, 318 (trata de obtener la paz), 332 (Francia le manda correos para concertar la paz), 334 (Richelieu despacha cinco correos al Papa), 337 (manda al cardenal Borja que escoja entre Roma o Sevilla), 343 (manda al cardenal Borja salga de Nápoles bajo pena de privación del capelo), 346, 349 (Richelieu le escribe que por su culpa está Francia en aprietos), 361-362, 371 (**1636**: avisan de Roma que está desavenido con Venecia por protocolo de ceremonia), 383, 386, 387 (crea seis cardenales), 408 (Parma: feudo que reclaman el imperio y el Papa), 390-391 (Richelieu lo amenaza con invadir Roma si hay paces), 399-400, 403 (envía tres nuncios a las potencias beligerantes), 489, 516 (conflicto entre el Papa y el imperio sobre a quién pertenece Valdetarro), 545 (protestas y amenazas al rey de España sobre Piacenza [var. errónea: Plasencia, q.v.], que pretende ser feudo de la Iglesia), 548 (**1637**: el Papa y Francia mandan correos a España para concertar paz)

— XIV, 13, 24, 25, 31, 47 (**1637**: algunos frailes quieren apelar al Papa sobre el caso de la madre Luisa), 60 (juntó cónclave de cardenales para celebrar la elección del Rey de Romanos), 102, 105, 106, 109, 128 (el P. Agustín de Castro, conde que fuera de Lemos, apela al Papa para su caso), 129, 133, 149, 164, 173 (no se deja ver por tres meses), 174, 187, 218, 220 (enfermo de gravedad), 221-223 (da el capelo al arzobispo de Viena), 222 (España trata de que se haga cardenal al abad Peretti, q.v., con advertencias), 223 (promete el Papa hacer cardenal a Peretti), 224, 231, 232, 233, 239, 240 (recupera la salud), 242, 288 (**1638**: descomulga al duque de Florencia por gabela a eclesiásticos; manda que ningún cardenal de la Iglesia pueda ser protector de ninguna nación no siendo natural de ella), 290, 326 (el duque de Florencia manda tropas a Urbino para recoger tributo; el Papa había prohibido tal retribución), 347 (sus tropas se enfrentan a las del duque de Florencia), 350, 370 (su testamento satírico), 373 (dicta cuatro bulas), 374 (el Papa pide al Emperador no insista en que se le dé el capelo de cardenal al obispo de Viena), 378, 384 (envía legados para renovar conversaciones de paz), 431 (descomulga al cardenal Borja porque no reside), 441

- XV, 61 (**1638**: sus relaciones con Richelieu), 81, 83, 84, 111, 163 (**1639**: quitan las temporalidades al colector del Papa en Portugal y le mandan salir del reino), 184 (el Papa listo para llenar 16 cardenalatos vacantes), 185, 193, 216, 219, 237, 239, 324 (en liga con Francia, Venecia, Génova y Parma con pretexto de defender sus estados), 260, 348, 353, 363, 409 (**1640**: Juan Chumacero se entrevista con el Papa), 410 (niega honras fúnebres para el cardenal de la Valette), 415 (liga con Venecia y Parma), 416, 421-422, 428, 435 (trata grandemente de que haya paces), 438
- XVI, 14 (los médicos recomiendan a los nepotes que el Papa haga testamento), 30, 50, 80, 91 (intercede su nuncio por catalanes ante Felipe IV), 92, 131-132, 134, 178 (**1641**: tiene bula, desafiada en Francia), 200 (manda correo a España a través de Francia), 205, 209, 214 (sus tropas hacia Bolonia, para quitarle al duque de Parma las ciudades de Parma y Piacenza [he corregido este error: Placencia]), 278, 288, 296 (**1642**: nombra cardenales, pero ninguno de España), 306, 319, 324, 335 (el de Parma excomulgado y expulsa de su estado a todos sus súbditos), 364, 436, 437, 458, 459 (en el conflicto entre el de Lamego y el de los Vélez, no permite que desembarquen ropas para el embajador y cardenales españoles), 460, 462-463, 466 (temen que el de Parma ataque a Roma; el Papa se refugia en San Pedro), 475 (el rey de España: que si no se echa de Roma a Lamego se echará de España al nuncio), 477, 481, 483-484, 489
- XVII, 9, 24, 35 (**1643**: bula suya que concierne a España), 36, 122, 148 (1643: el de Parma derrota a sus tropas), 153, 154, 165, 166, 182 (nombra a otros quince cardenales, ninguno español), 183, 200-201 (los del duque de Módena combaten con sus tropas), 202, 210-211 (el asunto del arzobispado de Toledo para el cardenal Borja), 235, 260, 308 (la liga de potentados de Italia le propina gran derrota), 327, 352-353, 382, 385 (sus tropas sitian Pitillano en Florencia), 411, 417 (**1644**: manda breve al rey de Polonia a raíz de la entrada del príncipe Casimiro en los jesuitas), 430, 435, 442 (hace cardenal al padre jesuita Juan de Lugo), 443, 445 (sínodo en Portugal para elegir patriarca si el Papa no accede a demandas), 466, 497 (los cinco posibles sucesores de Urbano VIII, en orden de probabilidad)
- Inocencio X (Giambattista Pamfili, 1574-1655; papa del 15 de septiembre de 1644 al primero de enero de 1655)
- XVII, 503 (el nuevo pontífice es Inocencio X)
- XVIII, 2, 7, 35 (**1645**: recibe al P. asistente de los jesuitas), 36, 54, 55, 57, 58, 63, 105, 134 (provee el obispado de Lisboa), 149, 163, 173, 207, 210, 218, 219 (recibe papeles de las sesiones de la Congregación general de los jesuitas), 220, 243 (**1646**: tiene 800.000 ducados para favorecer a Inglaterra), 247 (recibe al IV duque de Arcos), 280 (liga del Papa con España, Venecia y Polonia contra el turco), 288, 294, 304, 320-321, 331-332 (socorre a Venecia con condiciones: una es que no vuelvan los jesuitas allí), 345 (no permite paso de tropas españolas en viaje de Nápoles al socorro de Orbetello), 429, 458, 468 (pide el Papa a Florencia que deje la neutralidad y se declare por España)
- XIX, 84 (**1647**: el embajador francés le hace seis peticiones), 87, 88, 123, 151, 154, 280, 284 (**1642**: excomulga al de Lorena por haberse casado por segunda vez, estando viva su mujer (v. Olimpia Aldobrandini), 331 (esbirros suyos participan en un ataque a la carroza del marqués de los Vélez

en Roma), 334, 344 (se dice sacará bula limitando el cargo de general de orden religiosa a seis años), 356 (le quita a Mantua el territorio de Castro), 389 nota 316 (v. Campeggi, Lorenzo, XIX, 389 nota 316), 402 nota 320 ¶1, 446 nota 335
- Alejandro VII (Fabio Chigi, 1599-1667; papa del 7 de abril de 1655 al 22 de mayo de 1667), XVII, 395; XIX, 422 nota 395

Papel sellado, arbitrio del, XIV, 305 y la nota 1 (texto renovado)

Pappenheim, conde (Gottfried Heinrich Pappenheim, general alemán imperial), XVIII, x (m. en la batalla de Lützen, q.v., que ganaron los suecos) (var: Papanein)

Parada, Pablo de (maestre de Campo en Extremadura)
- XVIII, 435 (**1646:** en la derrota de los franceses en Lérida), 438, 440, 460 (**1647:** por su desempeño victorioso en Lérida le hacen general de la armada de la Nueva España) (var: Prada)

Paraguay, XV, 336; XVI, 57, 58, 116, 118; XIX, 237, 239
- obispo de, XVIII, 354

Paraiba (isla en la costa de Brasil cerca de Pernambuco), XV, 430; XVIII, 232

Paramio (pueblo portugués a unos 30 km. al SO de la Puebla de Sanabria), XVII, 305 (var: Paramón)

Paraná (estado atlántico del S de Brasil, que al O limitaba con Paraguay y Argentina), XV, 336; XVIII, 4

Paravicino, Fr. Hortensio (v. Pallavicino, Fr. Hortensio)

Pardello (v. Bourdon)

Pardieu, Valentin de (general francés de la artillería; señor de La Motte), XVII, xiii

Pardo, el (residencia real a 13 km. de Madrid), XIV, vi, 13, 16, 17, 18, 51, 289, 293, 301, 302, 304, 308, 317, 492; XV, 348; XVI, 234, 345; XVII, 40, 506; XVIII, 466
- montería en el, XIV, 302

Pardo, P., S.J., XIII, 181 (noticia falsa de que había salido de la Compañía)

Pardo, Arias (alférez; padre de Juan Pardo de Figueroa, q.v.), XV, 57

Pardo, Diego (abogado de Sevilla), XVIII, 133

Pardo, Diego (canónigo de Cuenca), XIII, 97, 98

Pardo, Juan (alférez), XIV, 214

Pardo, Fulano (v. Pardo de Figueroa, Juan)

Pardo, Juan Pedro
- XVIII, 203, 204 (**1645:** comisario general de la caballería del ejército de Leganés, q.v., en la frontera de Portugal cerca de Elvas, q.v.)
- XIX, 351, 354 (**1642:** comisario general de Leganés, q.v., en Lérida; malherido en la batalla de las Horcas, q.v.) (var: Pedro Pardo)

Pardo, Nuño (preso en Llorens), XVIII, 92

Pardo de Figueroa, Juan (caballero de Santiago; cabo del Ferrol; soldado viejo y maestre de Campo en Flandes), XV, 280; XVI, 18 (en el desfile anual de las Órdenes militares, llevó el estandarte de la Orden de Santiago, q.v.) (var: Pardo Figueroa, Juan)

Pardo de Gayoso (capitán español), XIX, 428 nota 473 (autor de un poema sobre la victoria de Montijo [a 32 km. al E de Badajoz] sobre los portugueses)

Pardo Osorio, Juan (1638: m. en un desastre naval; véase la ficha de Rubín de Celis, Diego, y XV, 15, 17 y 57)

Pardo y Hurtado (dos padres jesuitas que se supone habían abandonado la Compañía), XIII, 181

Paredes, VIII conde de (Pedro Manrique; m. 1635), XIII, 243; XIX, 448 nota 363

Paredes, IX conde de (Manuel Manrique, hijo del anterior; gentilhombre de la Cámara del príncipe Baltasar Carlos; m. antes de sept. de 1646 [v.

XVIII, 391]), XIII, 243; XVIII, 363; XIX, 448 nota 363 ¶2

Paredes, IX condesa de (Luisa de Manrique), XVII, 18 (**1643:** "devota de la Compañía;...priva mucho con la Reina"; dama de honor de la reina Isabel; v. Crosby, *Índice de apellidos, títulos y oficios...*), 29 (una de las camareras mayores de la reina Isabel); 505 (**1644:** aya en ínterin de la Infanta)

Paredes, X condesa de (Inés María Manrique, hija del anterior, dama de la reina Isabel; casó en 1646 con Vespasiano Gonzaga, gentilhombre de la Cámara del príncipe Baltasar Carlos), XVIII, 391; XIX, 448 nota 363

Paredes, Julián de (impresor de Madrid, 1647-1701), XV, 222 (variante: Juan; véase Clara Louisa Penney, "A Check-List of Hispanic Printing Sites and Printers...", p. 800)

Paredes, Luis de (oidor del Consejo de Castilla; m. 1641), XVI, 185

Pàreja, [Fulano], XVI, 280 ("es muy mala salsa la de Pareja")

Pareja, licenciado, XVIII, 306 (redactó una petición para la Compañía de Jesús)

Pareja, P., S.J., XVI, 428; XVIII, 133 (ayudó a Morovelli, q.v., en su testamento)

Pareja, Diego (caballero de Madrid), XV, 294 (de noche le tiraron un pistoletazo, y le salvó la vida un relicario de Nuestra Señora que llevaba en el pecho)

Pareja, Dr. Juan de (oidor jubilado del Consejo de Hacienda), XVII, 493; XVIII, 233

París, XIII, 31, 65, 191, 210, 223, 261, 297, 308, 317, 318, 332, 339, 343, 347, 350, 357, 362, 385, 389, 411, 426, 475, 480, 485, 487, 494, 495, 496, 503, 523, 532, 540
- XIV, vii, x-xi, 31, 48, 49, 56, 61, 65, 80, 81, 154, 224, 234, 238, 267, 316, 328, 344, 346, 367, 376, 387, 394, 399, 414, 428, 434, 438, 439, 440, 442
- XV, 6, 61, 75, 76, 81, 164, 202, 204, 208, 216, 220, 241, 245, 246, 249, 286, 289, 306, 324, 370, 445, 451
- XVI, 31, 38, 39, 48, 51, 59, 60, 200, 201, 220, 240, 266, 272, 279, 310, 323, 422
- XVII, xvi, xx, 6, 20, 129, 131, 135, 136, 137, 138, 179, 326, 383, 429, 495
- XVIII, 44, 45, 83, 222, 267, 294, 312, 317, 357, 364, 458
- XIX, 9, 11, 71, 149, 155, 160, 170, 193, 196, 206, 306, 345

París, Biblioteca Imperial de, XIX, 379 nota 381 (sobre el paradero del manuscrito de una *Genealogía...de la casa de Sandoval*, por Melchor de Tebes, véase la Bibliografía).
– gobernador de, XVII, 137
– Platería de, XIII, 466

París, P. José de (variantes : Joseph de ; Jusepe de; v. Le Clerc du Tremblay, François)

Parlamento de Francia, XIII, 389, 511; XV, 404; XVI, 178; XVIII, 459

Parlamento de Inglaterra, XVI, 167, 181, 186-188, 190-191

Parma, XIII, 254, 302, 386, 399, 400, 401, 405, 410, 424, 454, 489, 512, 515, 519; XIV, 29, 48, 53, 92, 378, 390; XV, 305; XVI, 136, 214, 446, 483, 485; XVII, xvi, 165, 352, 444, 466; XVIII, 58, 299; XIX, 334, 446 nota 335 ¶3 (v. Parmesado)
– ciudad de, XIII, 292
– ducado de, XIII, 500
– estado de, XIII, 485, 513; XVII, 154
– liga italiana con Toscana y Venecia, XIX, 446 nota 335

Parma, duque de (Alejandro Farnesio, gobernador de Flandes; m. 1592 en Arras de Flandes), XVII, x

Parma, duque de (Odoardo Farnese, que se llamaba duque o príncipe, indistintamente; m. 1646)
– XIII, 203 (**1635:** los franceses en el Monferrato marchan a unírsele), 251

(tiene por su cuenta las armas de Francia en Italia), 266 (cuando el de Parma se declare contra España le confiscarán 80.000 ducados de renta en Nápoles), 269 (en galeras del Papa se transportan franceses para unirse a las suyas), 270, 280 (invadido Milán por franceses y sus tropas), 291 (toma Boguera, en el Alejandrino), 292, 297 (su madre ha intentado reducirlo, y le hace matar a su valido), 300 (sitia Valencia del Póo), 301, 302, 303, 304, 309 (le confiscan los ducados de renta en Nápoles), 312 (declarados Parma y Saboya a favor de Francia), 314 (se le obliga a retirarse de Valencia del Póo), 328, 332, 333 (huye a Génova), 351 (en el Casal, los franceses le culpan por sus ruinas), 352 (**1636:** intenta tomar Valencia del Póo ["El de Mantua" es error por "El de Parma", ya que aquél era amigo de los españoles y éste de los franceses: v. XIX, 378 nota 352]), 354 (entra en la Lombardía con franceses y los de Saboya), 372 (el de Parma y coligados se enfrentan al de Leganés en Tortona), 373, 375 (el duque de Medina le acomete), 384 (trata de alojar gente en Módena, y el Duque de ésta avisa al de Leganés), 385, 395, 399 (cesan los encuentros entre los de Parma y los de Módena), 404, 408 (el Papa se arma en favor de Parma, porque alega que ésta es feudo de la iglesia), 421 (el rey de Francia le convoca por segunda vez), 423 (Francia le promete 16.000 hombres para recobrar su estado), 424, 443 (en Nápoles se publica que ha caído en crimen de felonía, con embargo y venta de todos sus bienes), 455, 463 (entra solo en su estado; edicto donde confisca los bienes de aquéllos relacionados con España de alguna forma), 471, 472, 476, 500 (combates con el de Leganés), 516 (monitorio del Papa para que no haga la guerra), 517, 520, 546)

- XIV, 16 (**1637:** pide la paz con España), 20, 24 (trata con el de Leganés para acuerdos), 25 (el Papa, Venecia y Florencia le piden se acuerde con España), 29, 30 (voz que Francia le manda 10.000 soldados de socorro), 31, 36, 47, 52, 53 (incidencias del acuerdo con España), 54 (conversaciones secretas se atribuyen a los posibles acuerdos), 64 (el duque de Saboya intenta impedir los acuerdos), 92 (se le dan 100.000 ducados por los gastos de la guarnición de Sabioneta), 223 (su residente en Roma quiere verse con el Papa), 233, 331 (**1638:** se coliga con Venecia, Luca, Florencia y Módena), 335, 378 (en Capo di Monte, disgustado por el trato que le dieron en Roma los cardenales)
- XV, 324 (**1639:** liga con Venecia, Francia, Génova y el papado; le hacen capitán general de la liga), 353 (el papa Urbano quiere hacer duque de Urbino a un hijo de Tadeo, a quien trata de casar con una hija de este Duque), 415 (**1640**), 416 (sobre el fundamento débil de la liga, y la situación precaria del parmesado)
- XVI, 132 (**1641:** levanta gente contra los dignatarios romanos), 278, 335 (**1642:** excomulgado), 466 (amenaza atacar a Roma), 477 (sitia a Bolonia), 483 (va a poner saco a Roma con 20.000 hombres y 3.000 caballos), 485-488 (su campaña militar en Italia para recuperar del Papa el estado de Castro, q.v.)
- XVII, 9 (**1643:** expulsa al embajador francés; se viste a la española), 148 (su gente derrota a la del Papa), 201 (fortifica Estilata y Bendino), 352, 466 (**1644:** no quiere pedir la absolución porque la excomunión no fue justificada)
- XVIII, 281 (**1645:** él y el de Módena se declaran por Francia), 288, 430 (**1646:** m. y deja a sus hijos bajo la protección de la corona española)

- XIX, 356 (**1642**: saca manifiesto sobre los agravios recibidos del Papa y de los nepotes en la toma del condado de Castro, q.v., y el ducado de Bari), 378 nota 352, 423 nota 406

Parma, duquesa de, XIII, 386

Parma, príncipe de, o serenísimo de (véase Parma, duque de, Odoardo Farnese)

Parma, duque Rainiero de, XIV, 35 (referencia a su desafío con el marqués del Guasto, hecho anterior a estos años)

Parmesado, el, XIII, 385, 386, 395, 400, 424, 442, 443, 516, 519, 526; XIV, 30; XV, 416; XVI, 200

Parnaso, monte del, XV, 137 y 153 (en un largo escrito literario, el autor menciona el monte del Parnaso)

Parra, La (pueblo a 23 km. al noroeste de Zafra y 57 km. al sur de Badajoz), XVII, 278 (despoblado, por temor de los portugueses)

Parra, Adán de la (inquisidor; no hay que confundirle con otro inquisidor parcialmente homónimo: Juan Adam de la Parra, q.v.), XV, 78 (**1638**: le dan la plaza que deja San Vicente, q.v., con asistencia en la corte)

- XVIII, 169 (**1645**: en el testamento satírico del Conde-Duque)

Parra, Francisco de la (oficial de la Casa de Contratación en Sevilla), XVII, 69 (disgusto con Diego de Villegas)

Parra, Juan Adam de la (v. Adam de la Parra, Juan)

*Parrino, Domenico Antonio (historiador de Nápoles y editor de libros)

Pasaje, el (se refiere a uno u otro de tres pueblos, sin precisar [v. la ficha que sigue]), XIV, 460 (sobre la invasión de los franceses en 1638, v. Rentería), XIV, 460, 476; XV, 18, 43, 219, 221

Pasajes, los (a 3 km. al E de San Sebastián se hallan los Pasajes, tres pueblos alrededor de la desembocadura del río Oyarzun, q.v.: San Juan en la orilla oriental, frente a San Pedro y Ancho en la otra orilla; para el P. González, eran "tres barrios, lugar abierto" [XIV, 476]), XIV, 456; XV, 7

Pascual, Don (hijo de la VI duquesa de Cardona, q.v.), XVI, 419

Pascualigo (autor teatino, q.v.), XVIII, 105

Pasman, cardenal (v. Pazmann)

Paso (en Madrid), XVIII, 452 (**1646**: "Entró aquí el general de Santo Domingo...Hubo dos grandes hileras delante de frailes franciscos del Paso, descalzos, y capuchinos y dominicos entretejidos, y pasó entre ellos...")

Pasquín (persona ficticia), XVIII, 256

Pasquín, Juan, XVI, 227 (autor ficticio de un romance satírico)

Pasquines que salieron en Madrid (XIII, 87) y en el Palacio (XVI, 198), en Roma (XIV, 305), Écija (XVIII, 127) y Sevilla (XVI, 160)

*Passarello, Gaetano (historiador de Portugal)

Pastor, el padre (fraile de la Victoria), XIV, 84, 313

Pastor, Santo (v. Santo Pastor)

Pastrana, II duque de (Rodrigo de Mendoza, hijo de Ana de Mendoza, princesa de Éboli, q.v., y su marido Ruy Gómez de Silva, príncipe de Éboli, duque de Estremera y I duque de Pastrana; el 24 de julio, 1595, mandaba a los alemanes y valones y la caballería en Flandes cuando el conde de Fuentes obtuvo la victoria contra los franceses junto a Doullens [a 34 km. al SO de Arras]), XVII, xii (v. pp. xv y xvi)

Pastrana, IV duque de [v. la ficha anterior], (Rodrigo de Silva y Mendoza, a cuyo título estaba unido el de príncipe de Mélito, q.v.; casó con Catalina de Mendoza la Vega y Luna, VIII duquesa del Infantado, q.v. [v. su ficha y la del VII duque del Infantado])

- XIII, 309 (**1635**: el joven)

- XIV, 138 (**1637**), 215, 256 (festeja a los grisones en Madrid), 274, 319 (**1638**), 336
- XV, 69 (en el recibimiento del duque de Módena en Madrid), 222 (**1639**: posible virrey de Aragón), 258 (uno de los cuatro capitanes de la guardia de Castilla), 281 (m. el hermano del Duque viejo, el obispo de Sigüenza desde 1623, fray Pedro González de Mendoza), 290
- XVI, 189 (**1641**: general de la caballería de Badajoz), 238
- XVII, 36 (**1643**: le ofrecen el gobierno de Orán, pero no se decide), 413
- XVIII, 428 (**1646**: respecto a los bienes del duque de Lerma, gana el pleito contra la duquesa de Lerma)
- XIX, 74 (**1647**), 149 (**1648**), 152, 189, 399 nota 237 ¶2 (título de príncipe de Mélito), 403 nota 349, 450 nota 415, 459 nota 134 ¶2

Pastrana, duques de, XIX, 426-427 nota 439 (el VII duque del Infantado, q.v., casó en segundas nupcias con María de Silva y Mendoza, hija del IV duque de Pastrana)

Patache (v. Margarita, la)

Patavia (lugar ficticio; v. Mendiola, Gregorio de)

Paternó, príncipe de (v. Montalto, duque de)

Patiño, Hernando (teniente), XVII, xv

Patriarca [de las Indias Occidentales], **cronología:** era un mero título, pero en 1610 Felipe III obtuvo del Papa que su capellán mayor ejerciese jurisdicción palatina (Aldea Vaquero, *Diccionario...*, t. III, p. 1887b, con bibliografía, que corrige la cronología de XIX, 397 nota 237); sigue la lista de los Patriarcas de los años 1602 hasta 1670:

1602-1605: Juan de Guzmán, q.v.
1606-1608: Juan Bautista de Acevedo.
1608-1610: Pedro Manso.
1616-1625: Diego de Guzmán, q.v.
1625-1626: Andrés Pacheco.
1627-1670: Alonso Pérez de Guzmán el Bueno y Silva, q.v. (hermano del VIII duque de Medina Sidonia).

Patriarca de las Indias [Occidentales], **las cartas:**
- XIII, 63 (**1634:** en una procesión de la fiesta del Corpus en Madrid participaron "los grandes; por remate, el Patriarca de las Indias"
- XIV, 339 (**1638**: "lo que corre es que...al Patriarca de las Indias...[le hacen] obispo de Jaén" [nota errónea: Pérez de Guzmán era Patriarca antes y después de 1638; v. también Jaén, obispo de])
- XV, 290 (**1639**: "Pretende este obispado [de Sigüenza] con grandes veras el señor Patriarca de las Indias, y su oficio el sobrino del marqués del Carpio" [me parece inverosímil que el Patriarca pretendiera un obispado tan lejos de la corte, ya que su "jurisdicción" era "palatina", o sea, palaciega (*Dicc. aut.*); resulta igualmente inverosímil que un sobrino joven pretendiera ser Patriarca])
- XVI, 163 nota 1 (Gayangos cita a Novoa, quien afirma que en **1641** el Patriarca era Félix de Guzmán [se le confundió con Alonso Pérez de Guzmán, q.v., tío del IX duque de Medina Sidonia]), 171 nota 1 (otra cita de Novoa, quien esta vez afirma que el Patriarca era el tío del IX Duque), 238 (sátira titulada: "Prodigios en Madrid": "...Dio un banquete el Patriarca al duque de Medina Sidonia")
- XIX, 397 nota 237 (es la nota sobre la **cronología** en la ficha anterior, corregida por los datos de Aldea Vaquero, *Diccionario*)

Patricio, Don (capitán de caballos irlandés), XVIII, 191

Patrimonio, Real, XVII, 121, 414; XIX, 52

Paula (villa), XV, 265 (**1639**: la condesa de Sástago heredó las casas de Aranda y Paula)

Paula, San Francisco de (v. San Francisco de Paula)
Paular, El (monasterio cartujo construído en 1433-1440 por Abderrahmân de Segovia en el valle de Lozoya, en el lado S de la sierra de Guadarrama, a 10 km. de La Granja), XIII, 42 (1634: estaba en el Paular el embajador de Francia)
Paulo o Paulo V, papa (v. Papas, los)
Pavasan, Juan de (capitán de corazas), XVII, 362 (1643: su compañía y la del marqués de Mortara, q.v., se descompasaron en Lapiñén (sobre tal comportamiento, v. Zaragoza, representación de la ciudad))
Pavía, XIII, 203, 270, 372, 424, 425; XIV, 30; XVI, 483; XVIII, 313; XIX, 144
– Potestad de, XIII, 503
Paz, Junta de la, XVII, 135
– Justa de la, XV, 101
– Príncipe de la (así llamaron los catalanes al marqués de la Hinojosa), XVI, 262
Paz, Luis de (corregidor de los amotinados de Granada; caballero del hábito de Calatrava), XIX, 161 (**1648:** el pueblo le nombra corregidor), 162, 185 (calma a la gente del pueblo, amotinada), 186 (variante errónea: Luis de Vergara)
Paz y Pereira, Jorge de, XVIII, 189 (hecho conde)
Pázmány, [S.J., Péter, 1570-1645] arzobispo de Esztergom [provincia al oeste de Budapest], a instancias del Emperador, y cardenal en 1629; conferenciante universitario en teología y filosofía; en 1616 fue hecho figura principal de la Contrarreforma en Hungría [v. Miranda, y Moroni, *Indice*]), XVII, 464 (1644: se le atribuye erróneamente el apellido de Cispay o Cyppay); XVIII, 51 (1645: según una carta coetánea del cardenal Lugo, q.v., murió en 1645) (var: Pasman; Pazmann; Astrigonia; Estrigonia; Strigonia)

Pechica, Juan de (capitán), XIX, 293 nota 1 (1642: "persona de todo crédito", según el marqués de Leganés) (pregunta Gayangos, ¿será Lachica?)
Pedralba (a 6 km. de la Puebla de - Sanabria), XVII, 300, 398 (var: Pedralla)
Pedrálviz, P. Jerónimo, S.J. (amigo de los padres Chacón, Pereira y Vilches, q.v.; visitó a Francisco de Quevedo el día de su santo, cuando el satírico estaba preso en San Marcos de León [véase Crosby, *Nuevas cartas...*, índice]), XIII, a37 (1634), 114, 207; XIX, 220 (1648: asiste en la m. del marqués de Ayamonte, q.v.) (var: Pedrálvez; Pedralvéz; var. errónea: Pedrález)
Pedro, P., XIII, 10; XVI, 168; XVIII, 75 (1645: va a Roma con el P. Provincial; en poder de 44 votos)
Pedro [de Aragón], hijo del VI duque de Cardona (v. Povar, marqués de)
Pedro III (n. 1429, m. 1466): "[en 1464 le] eligieron...rey de Cataluña;...[era] nieto del rey D. Juan": Pedro III era hijo del infante Pedro, duque de Coimbra (n.1392, m.1449) y de su mujer Isabel de Urgel y Aragón, condesa de Urgel; era nieto del rey Juan I de Portugal (c.1357-1433); desde 1443 Pedro III fue V condestable de Portugal y maestre de la Orden de Avís [la dinastía real de Portugal]; reinó brevemente como Pedro V de Aragón, IV de Cataluña y III de Valencia; XVI, 144
Pedro, duque de Coimbra (v. Pedro III)
Pedro Páez, plazuela de don (o de don Diego Páez; en Córdoba), XVI, 366-367 (la misma plazuela, nombrada de dos maneras)
Pedrosa, Esteban de, XV, 151 (sátira)
Pedrosa, Fr. Gregorio de (1571-1646; de la Orden de San Jerónimo; predicador de cámara de los reyes Felipe III y Felipe IV; obispo de León [1624-1633] y de Valladolid [1633-1646])

- XIII, 245-246 y la nota 2 (**1635:** obispo ya, se deshizo de cuanto tenía); no m. en 1643 [nota 2]); 327 (no se llamaba Jerónimo)
- XIV, 12 (defendió a la madre Luisa contra las acusaciones de la Inquisición)
- XVII, 501 (**1644:** pronunció en Madrid la oración fúnebre de la reina Isabel de Borbón)
- XVIII, 429 (**1646:** predicó en las honras del príncipe Baltasar Carlos; no murió en 1645)
- XIX, 431 nota 501: Gayangos cita literalmente las palabras laudatorias sobre el obispo que se leen en la *Pompa funeral* de la reina Isabel de Borbón)

Peebles (a 30 km. al S de Edimburgo), XIV, 379

Peeters, Judocus (capitán de mar a lo largo de muchos años; general de la escuadra española de Dunquerque), XVI, 372, 382 (variantes: Cospiter; Cuspitor; Jospiter; Juspiter; Piters; Pitiers)

Pegli (a 7 km. al O de Génova, en la costa), XIV, 350, d400, d402 (var: Pegi; Peggi; Pexi; Regi)

Pegnarico, conde de (caballero portugués), XVIII, 311

Pein (oficial en Inglaterra), XVI, 167

Peine (v. Pleisse, río de Alemania)

Pelicardis, Mons- (v. Montbélliard)

Pellicer, Antonio (hermano de José Pellicer y Tovar, q.v.), XVI, xiii

Pellicer, José (v. Pellicer y Tovar, Josef)

Pellicer, Hipólito (hijo de José Pellicer y Tovar), XVI, xiii

Pellicer, Miguel (natural de Calanda, en Aragón), XV, 445

*Pellicer de Salas y Tovar, Josef (v. Pellicer y Tovar, Josef)

*Pellicer y Tovar, Josef (1602-1679; cronista de Castilla y León; polígrafo erudito y prolífico; los datos de sus *Avisos* complementan los de las presentes *Cartas*), XVI, xii-xiii

Pembroke, conde de, XVII, 327 (1643: pasó al servicio del Rey de Inglaterra) (var: Perobrosk)

Penducho Carti, Gabino (receptor del Consejo de Aragón), XVII, 413 (preso por la m. de Diego de Mendoza, q.v.)

Peniche (a 75 km. al N de Lisboa, en la costa), XVI, 98

Peninton (v. Pennington)

Penn, Sir Guillermo, XVI, 167 (comunicaba con los embajadores de España y Venecia) (var: Pein)

Pennington, Juan (vicealmirante inglés), XVII, 258

Pensa, Oliverio (provincial genovés), XVI, 335 (var: Oliverico)

Pentremeli, marqués de (militar en Milán), XIII, 401

Peña, Fernando de la (poeta), XVII, 500

Peña, H. Jerónimo de la, S.J. (llevaba papeles y libros del P. González al P. Pereira en Sevilla), XVI, 286

Peña, Juan de la (raptor), XIX, 416 nota 160

Peña, P. Juan de la, S.J. (visitador de la prov. de Madrid), XVII, 187

*Peña, Juan Antonio de la (autor de relaciones), XIII, x

Peña, Nicolás de la, XIII, 33 (episodio que no describe el correspondiente)

Peñafiel, marqués de (Gaspar Téllez Girón, duque consorte de Uceda; hijo de Juan Téllez Girón, IV duque de Osuna, q.v.; casó con la duquesa de Uceda en 1645 [XVIII, 40]), XVI, 212-213, 260, 280 (la nota 2 corrige el error del texto de la carta, "duque de Urueña" [léase "conde de Ureña"], pero confunde a Gaspar con su padre, Juan Téllez Girón, que se había casado en 1618; v. Crosby y Jauralde, *Quevedo y su familia*, índice); XIX, 74-75, 190

Peñafiel, marquesado de, XVI, 212

Peñalosa, P., XIII, 239 (1635: hace diligencias para volver a la Compañía); XVIII, 21

Peñalva, marqués de (Duarte Luis de Meneses, conde de Tarouca; fugitivo de Portugal), XVI, 329 (1642: Felipe IV lo recibe); XIX, 402 nota 329 (var: Taroca)

Peñaranda de Bracamonte, III conde de (Gaspar de Bracamonte y Guzmán, del Consejo de Castilla y de la Cámara; embajador en Inglaterra y luego en Alemania; en el año de 1643, nombrado plenipotenciario en las paces de Münster [XIX, 385 nota 316])
- XIII, 396; XIV, 274 (**1637**: entre los grandes de España que reciben a la de Chevreuse), 361
- XIV, 288 (**1638**: le enviarían de embajador a Inglaterra en sustitución del conde de Oñate, que no se desempeña bien), 316 (por error, "García")
- XVI, 380, 386 (**1642**: critica al marqués de Povar en una carta)
- XVII, 5 (por error, "Peñerrieta o Ipeñerieta"), 374 (**1643**: embajador ordinario en Alemania), 442 (**1644**: va a Alemania como embajador; Luis Gudiel le sustituirá en la compañía del Rey), 449 (en Zaragoza para asistir al Rey), 451 (envían al duque de Terranova a Alemania en su lugar), 475 (le hacen merced del virreinato de Méjico), 492 (enviado a parlamentar con franceses y naturales sobre lo de Lérida)
- XVIII, 6, 14 (**1645**: va a las paces de Münster, en Alemania; su plaza en el Consejo de Castilla tiene muchos pretendientes), 158 (muy enfermo en Münster), 303 (**1646**: vuelve a España a conferenciar con el Rey sobre las paces con los holandeses), 334 (Diego de Saavedra pasa de Münster a Bruselas porque no se aviene con él), 342 (le da garrote en Münster a su mayordomo, Jean de Vilaine, por espía), a463 nota 1 (**1647**: desde Alemania dice que las paces con los holandeses están "artículados y firmados")
- XIX, 174 (**1648**: está en Holanda ajustando condiciones de la paz), 204, 407 nota 377 ¶3

Peñaranda, condesa de, XVIII, d463 nota 1

Peñaranda de Duero, II duque de (Diego de Zúñiga y Avellaneda), XIV, 38 nota 1; XIV, 361 y 365 (su hermano se casó en Bruselas; "ha imitado la liviandad de la madre")

Peñaranda (error por Peñerrieta; v. Ipeñerrieta)

Peñarol (v. Pinerolo)

Peñarrieta, Bernardo, Juan y Miguel de (v. Ipeñarrieta)

Peñíscola (peñón alto [35 m.] y fortificado, en la Punta del Mabre, a 60 km. al NE de Castellón de la Plana), XVI, 395

Peñíscola, gobernador de, XIX, a176

Peñón, el (v. también Gibraltar), XIII, 436 (**1636**: preso allí Pedro de Acuña, caballero de Toro); XV, 402, 425 (**1640**: el duque de Ciudad-Real, gobernador y capitán general del Peñón y de los territorios africanos); XVII, 316; XIX, 174

Pequejo (cuartel que era el único paso para ir de Castilla a Galicia por una portela que abren las montañas de Sanabria y Cabrera), XVII, 302

Pequín (Pekín, China), XVIII, 300

Perales, Nicolás de (servía a un amo; absuelto en un juicio contra los aritméticos, q.v. [homosexuales]), XIII, 541

Peralta (Navarra), XV, 307

Peralta, Antonio de, XVIII, a450 (noticia de su carta contra la nobleza)

Peralta, Esteban de (monje bernardo; ex-jesuita), XIII, 112, 113 (muy grave), 118

Peralta, P. Gonzalo de, XVIII, 5

Peralta, Luis de (su casa la tenía el V duque de Alba), XV, 180 (le dan su casa de aposento a Luis de Haro)

Peralta, mosen Pierre de (condestable de Navarra, q.v.; antepasado del mar-

qués de Falces, q.v.), XIX, 409 nota 377 ¶1
Peralta y Arellano, Juan de, XV, a331 (carta de la región de Casares en Andalucía)
Perandrés (v. Andrés, Pedro)
Percacho de Francia [sic], XVII, 128
Pere, conde de (persigue a la princesa de Cariñán, y le alcanza en Carabanchel), XVI, 239 (1642: cuando huyó a Portugal la princesa de Cariñán, le siguieron "muchos ministros y el conde de Pere")
*Pereira, P. Rafael, S.J. (n. hacia 1568; [según Gayangos, tenía unos 70 años en 1638: XV, 115]; coleccionador de las *Cartas de jesuitas;* procurador de la provincia de Andalucía [XIX, v] y visitador de la de Sevilla [XIII, 68]; residía en el Colegio de San Hermenegildo de Sevilla [XVI, 247]; de su letra dice Gayangos que era "mala y diminuta..." [XV, 34], y "de las más menudas y enrevesadas que por este tiempo se usaban" [XIII, 169]; por llegar las flotas de Indias a Sevilla, podía conseguir el chocolate, que era muy codiciado, y continuamente lo enviaba a otros padres; éstos se lo agradecían en sus cartas y se lo pedían: "Por acá, muchas nieves, valiente frío; la medicina [léase, el chocolate] es medida a tanta apretura. *Salva nos, perimus*"; carta a Pereira del P. Juan Chacón [XIII, 342; v. XIII, 18; XIV, 52, 268])
Pereira, P. Rafael, S.J.: su correspondencia:
– XIII, vi, vii, viii, ix, xiv, xix, 3, d8, d10, d11, d14, d15, d18, d22, d23, d24, d25, d26, d27, d29, d30, d32, d33, d36, d37, d38, d39, d41, d42, d44, d45, d47, d48, d49, d51, d52, d53, d55, d56, d57, d59, d61, 62, d64, d65, d66, d68, d72, d74, d78, d79, d82, 83, d84, d85, d86, d87, d89, d90, d92, d94, d95, d98, d99, d100, 102, d103, d104, d105, d107, d108, d110, 110, a112, d115, d116, d117, d118, d119, d120, d123, d123 n1, d124, d125, d139, d141, d141 nota 3, d142, d144, d145, d146, d146 nota 1, d147, d148, d150, d155, d156, d157, d162, d163, 169, d171, d173, d174, d175, d176, 182, 183, d184, d185, d186, d187, d188, d189, d190, d192, d193, d195, d196, d200, d201, d202, d207, d209, d210, d213, d214, d217, d218, d219, d220, d222, d227, d229, d230, d231, d233, d239, 245, d246, d254, d256, d259, d267, d274, d279, 282, d295, d298, d299, d300, d303, d307, d311, d313, d314, d316, 317, d319, d322, d333, d335 nota 1, d336, 338, d339, d340, 340, d342, d343, d348, d350, d351, d352, d355, d363, d365, d367, d372, 372, d374, d375, d378, d380, 380, d381, d383, d386, d387, d394, d396, d401, d404, d407, d409, d410, d412, 413, d419, d422, d428, d428n1, d431, d432, d437, d439, d445, d448, d453, d457, d462, d465, d466, d477, d484, d485, d497, d498, d504, d510, d514, d523, d537 nota 2, d548
– XIV, vi, d7, d8, d13, d19, d21, d21-22n1, d28, 34, d35, d42, d43, d47, d52 nota 1, d58, d62-63 nota 1, d63, d70, 75, d79, d83, d89, d91, d95, d103, d106, d108, d109, d111, d125, d127, d130, d138, d142, d147, d148, d152, d153, d158, d160, d164, d168, d172, d173, d174, d185, d187, d195, d199, d202, d205, d207, d209, d219, d244, d248, d253, d255, 257, d258, d261, d264, d268, d271, d274, d278, d287, d294, d305, d309, a309-311 (1638: al P. González), d314, d317, d334 nota 1, d338, d344, d348, d355, d360, d365, d369, d381 d391, d398, d402, d405, d408, d413, d422, d428, d429 nota 1, 432, d440, d451, d455, d460, d463, d475, d479, d485, d487, 487, d491, d494, d499, d501
– XV, v, viii, ix, xi, xiii, d5, d6, d8, d15, d16, 34, 51, d55-56 nota 1, d58, d61, d64, d67, d69, d70, 72, d81, d83, d87, d92, d101 nota 1, d102,

d110, 115, d117, d120, d123, d131, d157, d164, d171, d172, d174, d175, d176, d178 nota 1, d183, d186, d191, d200, d203, d206, 211, d214, d219, d224, d230, d236, d239, d245, d246, d251, 263, d266, d268 nota 1, d269, d273, d282, d289, d295, d303, d307, d317, d319, d320, 326, d329, d334 nota 1, 335, d337-338, d343, d346, d349, d351, d356, d361, d363, d365, d371, d375, d376, d377, d379, 378, 386, d388, d394, d398, d401 nota 2, d405, 408, d410, d411, d414, d417, d426, d430, 432, d433, 436, d437, d441, d443, d444, d446, d447, 450, d456, d462, d464, d466, d468, d470-471, d472, d476, d479, d480, d481, d487, d488, d498
- XVI, xi, xii, xiii, axiv-xv, xvi, d3, d5, 14, d16, 18, d20, d25, 27, d29, 32, 35, d37, d40, 44, d54, 58, d59, d78, d80, d82, 85, 88, d89, d91, 92, d93, d96, d100, d104, d115, d120, d122, d125, d129, 129, 131, d134, d138, 159-160 nota 1, 160, 173, d174, d179, d186, d190, d195, d196, d198, 199, 201, d209, 211, 213, d216, 218, 219, 220, 224, 228, 231, d232, a245-254 (relación), d255, 260, d264, 273, d285, 287, 290, d298, d299, d302, d306, d311, d316, d319, d320, 322, 326, 333, 338, 344, 346, 347, 351, d352, d358, d361, d365, 370, 373, d376, 377, 387, 389, 392, 396, 422, 423, 424, 433, 436, 439, 440, 443, 444, 447, d455, d465, 469, 474, 485, d494, d496, d502, d507, d509
- XVII, d6, 11, d16, d19, d37, 44, d64, d68, 68n1, 69-71 nota 1, d79, d83, 86, d96, d97, d102, 103, 104, d112, 113, d123, d133, d135, 140, d150, 150-151 nota 1, d155, 157, 158, d167, d173, d177, 177-178 nota 1, d187, 191, d191 nota 1, d198, 199, 205, d213, 213 nota 1, 214, d217, 228, d228 nota 2, d231, 231-232 nota 1, 233, d237, 238, d241, d247, d249, 255, d264, 275, d284, d286, d297, d310, d319, d324, d336, d348, d350, d360, d364, 368, d378, d382, d389, d393, d395, d409, d417, d419, d429, d436, d439, d442, d447, d450, d452, d455, d459, d463, d471, d478, d486, d487, d490, d491, d493, d507, d510
- XVIII, v, d4, d6, d8, d9, d13, d15, d17, d18, d20, 25, d26, d32, d34, d37, d39, d42, d46, d50, a50-51 nota 1, d51 nota 1, d52, 53, d59, d65, d67, d72, d75, 78, d81, d87, d88, d91, d94, d100, d104, 105, d123, 124, d125, d126, d133, d135, d142, d147, 148, 150, 158, d159, d162, d165, d180, d187, 195, 199, d208, d213, d214, d216, 217, 221, d226, d227, d231, d235, d236, d240, d243, 243, d254, d257, d260, d263, d268, d275, 278, d279, 280, d284, d291, d296, d300, 302, d306, d314, d326, d331, d339, d344, d351, d362, d366, 368, d376, d376 nota 1, d380, d387, d391, d395, d400, d404, d405, d408, d417, d422, d424, d430, d434, d446, d448, d453, d463, 464, d472, d475, d478, d478-480 nota 2, 483, d490, d498, d502, d506, d509
- XIX, vii, viii, ix, x, d4, d11, d13, d18, d21, 23, d28, d63, d72, d79, d82, d84, 85, d117, d122, d125, d129, d131, d133, d134, d140, d141, d144, d150, d153, d154, d157, d166, 167, d172, d175, d180, d184, 191, 212, d215, d217, 217 nota 1, d253, d257, d262, d272-277, d282, 287, d291, d299, d304, d311, d314, d323, d339, d342, d355, d359, d361, d364, d367, d372, 383 nota 521, 389 nota 316, 400 nota 320, 417 nota 167, 428 nota 473, 459 nota 134

Pereira Pinto, Francisco, XVI, 223 (m. 1642)

Pereira Solórzano, Juan de (v. Solórzano Pereira, Juan de)

Pereña (a 78 km. al O de Salamanca), XIII, 434

Peretti, abad, XIV, 222 (**1637**: está en Roma el marqués de Castel-Rodrigo, q.v., y quiere presentar al Papa una carta del Rey de España en la cual ensalza al abad Peretti y dice que merece ser cardenal, y si el Papa lo niega, los embajadores y protectores de España saldrán de Roma), 223; XVII, 496 (**1644:** uno de los pretendientes al papado); XIX, 384 nota 222

[Peretti Damasceni Montalto, Alessandro] (1570-1623, hijo de un sobrino de Sixto V; "cardinale Montalto seniore"); v. la ficha de Montalto, cardenal ("el difunto")

[Peretti di Montalto, Francesco] (1595-1693, sobrino bisnieto de Sixto V y sobrino de Alessandro Peretti Damasceni [Montalto]); v. la ficha de Montalto, cardenal ("junto con otros cuatro cardenales")

[Peretti Montalto, Andrea Baroni] (1573-1629, primo segundo de Sixto V; "cardinale Montalto seniore"); v. la ficha de "Montalto, cardenal, XIV, 222 (**1637:** 'el difunto cardenal...')"

[Peretti di Montalto, Felice] (1521-1590; el papa Sixto V); véase la ficha de "Montalto, cardenal, XIV, 222 (**1637:** 'el difunto cardenal...' ")

Pérez, Alonso (capitán de caballos cerca de Elvas, q.v.), XVIII, 204 (1645)

Pérez, Alonso (mercader de libros en Madrid, 1608-1639), XIII, 482

Pérez, P. Andrés, S.J., XVII, 205, 206; XVIII, 325

Pérez, Antonio (1540-1611; aragonés; secretario de Estado de Felipe II; huyó de Aragón a Francia), XVI, 333

Pérez, P. Cristóbal, S.J., XIV, a106, a137-138, a141-142 nota 1 (último párrafo: sobre el apresamiento del conde de Fuenclara); XV, 87, 102, 111, 174 y 307 (en cinco cartas el P. González manda saludos al P. Pérez en Sevilla), 118, 131, 164, 170

Pérez, P. Jacinto, S.J., XVIII, 254 (llegó al Colegio de Madrid)

Pérez, P. Luis, S.J., XIII, 117 (en Sevilla); XIV, 391 y XV, 200 (relaciones con los jesuitas), d336 (de Joseph Vallejo); XVII, 6 (llegó al Colegio del P. González en Madrid)

Pérez, Salvador (testigo mencionado por Fernando de Vera), XVIII, xxvii

Pérez Boza, Francisco (capitán), XVII, a239 (anuncia la pérdida de Valverde [de Leganés], q.v.)

*Pérez de Egea, Miguel (n. 1597 en Cerdeña, y m. el 8 de agosto de 1638 "de un mosquetazo" durante el sitio de Fuenterrabía [XIV, 499; XV, 65 nota 1]; era gobernador propietario, maestre de Campo, ingeniero, caballero de Montesa, consejero de Guerra y comisario general de la artillería de Cerdeña, "gran soldado y consumado ingeniero")

– XIII, 282 (**1635:** en la toma de las islas Santa Margarita y San Honorato; su defensor), 284, 286, 287 (var. errónea: Manuel)

– XIV, 131 (**1637:** herido de un mosquetazo cuando los franceses se apoderaron de las islas de Santa Margarita y San Honorato, q.v.; le otorgan el título de vizconde en Aragón y "de una encomienda de Montesa, de 2.000 ducados de renta y del castillo de Perpiñán; que si estas mercedes le alcanzaren vivo, serán de grande estimación"), 133, 210

– XIV, 475-476 (**abril de 1638:** defiende a Fuenterrabía), 499 (noticia de su m. en carta del 17 de agosto de 1638)

– XV, 55-56 nota 1 y 65-66 nota 1 [dos notas en las que Gayangos no recuerda que ya había muerto Pérez de Egea el 8 de agosto, y le confunde con Domingo Eguía, q.v.]; var: Exea; Gea; Ojea; Xea)

Pérez de Guzmán (apellido; v. Guzmán el Bueno)

Pérez de Guzmán el Bueno (apellido; v. Medina Sidonia, duque de)

Pérez de Guzmán el Bueno y Silva, Alonso, tercer hijo de su homónimo el VII duque de Medina Sidonia y hermano del VIII duque, q.v.; arzobispo de Tiro y capellán mayor y limosnero de Felipe III y Felipe IV;

Patriarca de las Indias Occidentales, q.v., de 1627 hasta 1670; m. 1671
- XIII, 439 (**1636:** voz que le hacen arzobispo de Sevilla)
- XVI, 164, 238 (**1642:** en una sátira titulada "Prodigios de Madrid", da un banquete a su sobrino nieto, Gaspar Pérez de Guzmán el Bueno, desde 1636 el IX duque de Medina Sidonia y grande de España), 433 (asiste a las honras fúnebres del duque de Nochera, q.v., en el Colegio Imperial)
- XVII, 58 (**1643:** su memorial al Rey a favor de su sobrino nieto, Gaspar Pérez de Guzmán el Bueno, IX duque de Medina Sidonia, q.v.), 117 (**1643:** uno de los que visitaron al Conde-Duque en Pozuelo de Alarcón, camino al exilio de Toro), 365 (sobre el patriarca que habían desterrado de Etiopía)
- XIX, 130 (**1647:** el Conde-Duque le deja dinero en su testamento), 150 (**1648:** le dan el arzobispado de Valencia, pero no quiere aceptarlo), 152 (disgustado con el contenido del sermón dado en las honras del general de la Merced, Salmerón), 252 (**1642:** casa al hijo adoptivo del Conde-Duque, Enrique Felípez de Guzmán, y la hija del VII Condestable de Castilla, Juana de Velasco), 348 (oficia en las bodas del marqués de Leganés y la marquesa de Almazán y los hijos de ambos)

Pérez de Guzmán y Sandoval, Gaspar (v. Medina Sidonia, IX duque de)

Pérez Manrique, licenciado Francisco (alcaide de la casa de la Moneda en Sevilla), XVIII, 112

Pérez de Mendoza, Francisco (testigo mencionado por el obispo Fernando de Vera, q.v.), XVIII, xxvii

*Pérez de Mendoza y Quijada, Miguel (n. Logroño; maestro de armas del príncipe Baltasar Carlos; del Consejo de la Cámara de Juan de Austria y su maestro de destreza), XVIII, 259 nota 1

Pérez de Monroy, Rui (testigo, dice Fernando de Vera, q.v.), XVIII, xxvii

Pérez de Navia, Álvaro (preso en la batalla de Bent, q.v.), XIII, 356

Pérez de Nueros, Miguel (senador de Milán), XVIII, 427, 428

Pérez de Ojea, Miguel (error por Pérez de Egea, Miguel, q.v.)

Pérez de San Juan, Francisco (capitán de caballos en Elvas, q.v.), XVIII, 204

Pérez de Soto, Francisco (teniente de artillería), XV, 13

Pérez de Tabora, Lorenzo (hermano de Francisco de Tabora; preso por los franceses en Maastricht junto con el conde de la Fera), XIII, 357

Pérez de Valdés, Alonso (teniente general del ejército de Extremadura), XVIII, 200

Pérez Espliego, Jimen [sic] (castellano de Pamplona), XV, 65

Pérez Manrique, Francisco (licenciado; alcaide de la casa de la moneda en Sevilla), XVIII, 112

Pérez Ossorio, Álvaro (v. Astorga, IX marqués de)

Pérez Quiñones y Lorenzana, Álvaro, (I marqués de Lorenzana y caballero de Santiago [J. Atienza, 894a]; en **1634**, teniente general de la caballería en Italia; en **1642**, gobernador y capitán general de Panamá y Guatemala)
- XIII, 473 (**1636:** herido en el Milanesado)
- XVI, 262 (**1642:** entra en Tarragona en la compañía del marqués de Hinojosa), 265
- XVII, 165 y 166 (**1643:** en combates contra los franceses en Lérida), 167, 168 y 169 (una excursión de Fraga), 362
- XVIII, 73 (**1645:** derrotó a Harcourt en Cataluña), 431 (**1646:** en Villanoveta, "muerto...el marqués de Lorenzana, D. Fulano Quiñones"); XIX, 451 nota 439 (nota errónea: v. Villamayor, Alonso de) (var: Álvaro de Quiñones; D. Fulano Quiñones)

Perigord (región del SO de Francia, al borde de la meseta de Auvernia y del Macizo Central; su capital, Périgueux), XIV, 146 (1637: "provincia rebelada") (var: Pericort)

Perijuán (clérigo y agente del duque de Cardona, q.v.), XIII, 309

Pernambuco (estado del NE de Brasil; su capital, Recife, en la costa del extremo oriental), XIII, 80, 109, 110, 114, 145, 148, 200, 232, 275, 310, 350, 363, 375, 402, 443; XIV, 58, 86, 303; XV, 13, 46, 100, 109, 120, 122, 130, 184, 209, 246, 266, 313, 360, 374, 387, 429, 430; XIX, 238, 239 (var: Fernambuco; Fernanbuco)

Pernambuco, señor de y conde de (v. Alburquerque Coello, Duarte)

Pernambuco, P. rector de (v. Ferreira, Francisco de)

Pernan o Pernon, duque de (v. Epernon, duque de [Jean Louis de Nogaret])

Perobrosk (v. Pembroke, conde de)

Peronne (a 47 km. al E de Amiens), XIII, 481, 492; XIV, 364, 365; XVI, 341; XVII, xiii, 129; XVIII, 334 (var: Perona)

Perpiñán (ciudad del SO de Francia, a 12 km. de la costa y 27 al N de la frontera española de hoy; capital del condado de Rosellón)
- XIII, 22 (**1634**), 84, 86, 88, 100, 173 (**1635**), 182, 187, 209, 260, 279, 310, 349, 362 (**1636**), 398, 473, 481, 489
- XIV, 83 (**1637**), 131, 152, 166, 202, 212, 213, 248, 252, 339 (**1638**), 354, 364, 365, 454, 457, 459
- XV, 34 (**1638**), 55, 126, 208 (**1639**), 215, 216, 223, 269, 270, 272, 273, 279, 287, 292, 293, 311, 318, 320, 321, 326, 339, 392, 395, 399 (**1640**), 424, 450, 478
- XVI, viii, 2 (**1640**), 5, 11, 35, 46, 49, 62, 63, 70, 75, 89, 183, 195, 199, 214, 216 (**1642**), 218-219 (el II marqués de Flores-Dávila consorte, q.v., al mando de tropas cerca de Perpiñán), 234, 234, 254, 256 (en enero entró Torrecusa en la ciudad), 263, 272, 276, 279, 283, 287, 288, 292, 312, 323, 323 (el II marqués de Flores-Dávila consorte, gobernador de la ciudad; padece mucha necesidad), 368, 383, 390, 391 (el francés abandona el sitio), 394, 423, 427, 429, 437, 456, 457, 465, 468, 475 (**octubre de 1642:** "Al fin se perdió Perpiñán"), 480
- XVIII, 15 (**1643**)
- XIX, xii, 67 (**1647**), 259 (**1642**), 260, 281, 282, 284, 288, 292, 301, 302, 309 (provisiones para socorrer a Perpiñán del sitio de los franceses), 314, 316, 323, 339 (**septiembre de 1642:** "por cierto se entregó Perpiñán a 9 de éste" a los franceses), 340, 343, 345, 346, 371, 386 nota 35, 464 nota 355

Perpiñán, gobernador de (v. Flores Dávila, II marqués consorte de)

Persa, el (enemigo del Turco, q.v.), XV, 205, 223, 297, 304, 340 (var: el Persiano)

Pertús (v. Le Perthus)

Perú, XIV, 245, 334, 354, 412, 429; XV, 183, 311; XVI, 58, 330, 473; XVIII, xix, xxxi, 12; XIX, 245
- los Incas del, XIX, 415
- virreinato del, XVIII, 99 (sobre el dinero)
- virreyes del, XV, 97 (**1638**) y XVIII, 486 (**1647**) y XIX, 454 nota 496 [por error, 490] (desde **1639**: el marqués de Mancera, Pedro de Toledo y Leiva), XVI, 508 (**1643**) y XVIII, 496 (**1647**) y XIX, 454 nota 496 [por error, 490] (**1647**: el conde de Salvatierra, García Sarmiento de Sotomayor), 455-456 nota 508 [por error, 506(b)] (**1660-1666:** Diego Benavides y de la Cueva), 457 nota 75 ¶1 (después de **1609:** Luis Velasco, q.v.)

Perugia (a 20 km. al O de Assisi), XVI, 488; XVII, 352, 444 (var: Perusia)

Perrone, Domenico (abad; de los amotinados de Nápoles), XIX, 95 (**1647:** detalles de su vida y participación en el motín), 97 (ayuda al duque de Matalón a escapar), 100, 104 (la plebe amotinada le asesina en la iglesia por traidor)

Pescador, Diego (capitán; hace entrada en Portugal), XVII, 302, 303, 396, 397, 398, 399

Pescara, marqués de (consta en una lista de cinco "Italianos meritorios de antaño", q.v., unidos por relaciones personales y profesionales, y en este caso se trata de [Ferdinando Francesco d'Ávalos]: 1490-1525; célebre líder militar, al mando de un ejército español que entre 1512 y 1525 obtuvo una serie de victorias contra los franceses en Ravenna, Prato, Milán, Génova y Pavía), XIV, 315

Peso, Pedro del (seudónimo de Valentín de Céspedes, q.v.)

Pesqueras, las (de Holanda), XIII, 272 (la armada española topó con navíos de guerra)

Pesquería, la (de Holanda), XIII, 248, 249 (atacada por la armada española, que la destruyó)

Pestañado, Juan (cabeza del motín de Évora), XIV, 190

Petro, Petri (general y corsario holandés), XV, 45 (var: Pedro Petrin)

Pexi (v. Pegli)

Pfalzburg (a 40 km. al NO de Strasbourg), XVII, 428 (var: Phalsbourg; Phalsenphur)

Pfalzburg, príncipe de (Luis de Lorena, casado con Enriqueta de Lorena, q.v.), XVII, 428-429

Pfalzburg, princesa de (Enriqueta de Lorena, hermana del duque Carlos, q.v.; casada con Luis de Lorena, q.v.), XVII, 428-429 (posteriormente se casó en matrimonio muy desigual con Carlos Guasco, q.v.)

Phalsbourg (v. Pfalzburg)

Phelípez de Guzmán (v. Felípez)

Phelipe, rey (v. Felipe IV)

Philepppine de Coislin, Marguerite (sobrina de Richelieu y viuda del duque de Puylaurens), XIII, 390

Philipo II (v. Felipe II)

Philippsburg ("plaza de importancia y fuerte", a 28 km. al S de Mannheim y 45 al SE de Saarbrücken)
- XIII, 142 (**1635**: tomada por el duque de Lorena), 143-144 (relación de la toma), 264, 312
- XV, 379, 382 (**1640**: Ottavio Picolomini derrotó a Longavila, general francés que quiso sitiar a Philippsburg); XVII, 427
- XVII, 502 (**1644**: tomada por el hijo del príncipe de Condé) (var: Felipsburgo; Filesbourg; Filisbourg; Filisburg; Phillipsberg; Phillipsburg)

Phillipps, Sir Thomas, Baronet (1792-1872; bibliófilo y bibliógrafo inglés que reunió una colección inmensa de mss. y libros antiguos), XIV, 137 nota 1 (sobre los catálogos de su célebre colección, v. la Lista de libros...)

Phoebus d'Albret, Cesar (general francés hacia 1635; mariscal en 1653), XIII, 234

Piacenza (ciudad del Parmesado a 60 km. al SE de Milán y 43 al NO de Parma, y que en estas cartas se llamaba indistintamente Plasencia o Placencia; v. las citas que siguen, y a continuación las fichas de Plasencia en España)
- XIII, 203 (**1635**: "Plasencia...Parma", "Plasencia"), 375 (**1636**: "el duque de Medina acometió al de Parma,... los franceses han tomado... Plasencia"), 385 ("cuatro leguas de Plasencia...en el Parmesado"), 395 ("en el Parmesado ha cercado a Plasencia"), 400 ("guardar a Placencia y Parma y demás lugares"), 405 ("Parma y Plasencia"), 410 ("Parma y Plasencia"), 423, 424, 452 (Placencia; la ciudad casi ganada por españoles), 473 ("Liorna, y de allí a Plasencia"), 500 Plasencia... Plasencia"; véase Aragón, Martín de; Borgo de San Donnino; Firenzuola; y el río Taro), 513 ("Todo el estado de Parma está tomado, fuera de Parma y Plasencia"), 515 ("entre Placencia y Parma se

había fabricado un fuerte"), 519, 526 ("se ha tomado en el Parmesado a Placencia por asalto"), 545
- XIV, 7, 24 (**1637:** esto cae entre Parma y Plasencia), 25 (al duque de Parma, que está en Plasencia), 29 (para que quemasen todo el forraje que había cerca de Plasencia y de Parma), 30, 48 (Parma y Placencia), 53 (el presidio que tenía de Placencia y Parma), 92 (España le paga al "duque de Parma... 8.000 escudos cada mes por un año para el presidio de Parma y Plasencia" [es decir, por la guarnición])
- XV, 416 (**1640:** Parma y Plasencia, y ésta tiene presidio de florentines)
- XVI, 214 (**1641:** el Papa intenta "quitarle al duque [de Parma] a Parma y a Plasencia"
- XVIII, 281 (**1646:** Parma "quedó arruinado, y Placencia por concierto con presidio de florentines")

Piamonte (provincia del noroeste de Italia; su capital, Turín) (var: Piemonte)
- XIII, 235, 475, 479, 480, 493, 499, 520
- XIV, 24, 29, 53, 54, 93, 95, 132, 162, 166, 187, 207, 227, 228, 228, 262, 266, 267, 269, 306, 335, 337, 345, 350, 353, 375, 384, 387, 440, 433, 485, 497
- XV, 103, 159, 165, 186, 189, 213, 217, 223, 232, 236-238, 246, 264, 278, 288, 299, 309, 312, 323, 338, 347, 456
- XVI, 128, 134; XVII, 383
- XVIII, 44, 222, 252, 386, 394, 398, 399
- XIX, 8, 268, 283, 318, 383 nota 499, 447 nota 335 ¶2

Piamonte, el de (militar), XVI, 392 (1642: ¿o Tomás o Mauricio de Saboya, francófilos militares los dos en esta época?)

Picardía (prov. del NE de Francia bañada por el río Somme; su capital era Amiens)
- XIII, 261, 315, 317, 330, 334, 345, 482, 485, 487, 507. 531
- XIV, 101, 153, 154, 234, 398, 402, 438, 448
- XV, 60, 274; XVI, 289
- XVI (invadida por Franisco de Melo, conde de Assumar, en 1642, "para hacer reclamo al rey de Francia. Escribe como bravo portugués"), 347, 370, 388, 417
- XVII, xi, xiii-xiv; XVIII, 74
- XIX, 66, 273, 306, 377 nota 317, 461 nota 262

Piccolomini, Ottavio (1600-1656; noble de Siena; príncipe y I duque de Amalfi; Toisón de Oro; general al servicio de los Habsburgos)
- XIII, 34 (**1634:** a cargo de una sección del ejército del duque de Frisland, rebelde al Emperador), 212 (**1635**), 215, 223, 229 (en Namur a la vanguardia del Cardenal-Infante), 229, 236, 237, 238 (en combates en Lovaina), 240, 265, 269 (le envía Felipe IV dinero de socorro), 299 (bate Nijmegen), 392 (**1636:** entra en Lieja a la fuerza), 394, 430, 493-494 (toma varias villas), 496, 531 (derrota al de Soissons)
- XIV, 66 (**1637:** le llaman a Ratisbona), 72, 84 (el Emperador quiere que entre en Francia), 96 (lo manda a Francia con gran ejército), 146, 148, 150, 156 (el mariscal de Châtillon le espera en la frontera), 160, 165, 172, 174, 177, 182 (en Luxemburgo), 183, 184, 225, 234, 242, 243, 259, 307 (**1638**), 340, 364 (le envían dinero para que levante tropas en Flandes), 376 (hace estragos en el país de Lieja), 379, 399, 403, 410, 431 (se aproxima a Francia), 436, 443, 445, 447, 449, 477, 480 (combate a franceses en Saint Omer), 491, 493, 495
- XV, 6 (**1638:** su presencia en Francia obliga a Luis XIII a salir de París), 14 (va a la frontera a enfrentársele), 59, 60 (hacia Châtelet en Picardía), 77 (se pierde Châtelet), 79, 159, 165,

(**1639**), 172-173, 187 (por Flandes), 213, 234, 240, 242, 274 (el Emperador le pide regresar a Alemania con tropas), 276-278, 280, 282, 283, 286 (vence a los franceses en Thionville), 291, 300 (toma cuatro castillos en Francia), 301, 302, 382 (**1640:** en Alemania derrota al duque de Longueville, general francés), 403 (derrota a los suecos con el archiduque Leopoldo), 436, 453-455, 490
- XVI, 90 (**1640:** vuelve a Flandes para asistir al Cardenal-Infante), 125, 129, 135 (posible desafío con el duque de Baviera; disponen el apresamiento de ambos), 177 (**1641:** Piccolomini y el Archiduque derrotan al de Lunebourg y al de Hesse), 310 (**1642:** arrincona a los suecos en Pomerania)
- XVII, 23 (**1643:** los electores piden al Emperador despida a los extranjeros del ejército, a Piccolomini entre ellos), 67 (derrota otra vez a los suecos), 94 (en Flandes), 145, 171 (enfermo en Génova), 180 (le esperan en Rosas), 181 (por insistencia de los electores el Emperador le quita del mando militar supremo), 210, 263, 307 (viene a España), 308 (el Papa le ofrece dinero, lo cual rechaza), 316 (en Zaragoza, con gran recibimiento), 322, 354, 380 (se dice quedaría como virrey de Aragón), 388 (le manda Felipe IV a Italia; le ha dado grandes mercedes: feudo originario de su casa, el Toisón de Oro, y grandes rentas en Nápoles; tras levantar gente en Alemania, irá a Flandes), 449, 452 (**1644:** se marcha para Flandes), 465-466, 476, 485, 495 (derrota a los franceses en Gravelinga)
- XVIII, x, xxv, 1 (**1645:** levanta tropas en Lieja), 74 (entró en Francia por Picardía y ha dado un grande rota al duque de Elboeuf, hermano del de Harcourt, y le había m. 7.000 hombres), 80, 84, 95, 101, 145, 156, 174, 180 (defiende a Dunquerque), 181 (combate a franceses), 184, 209 (entre los aspirantes al Consejo de Estado), 225 (**1646**), 231 (en la toma de Mardic), 256, 262 (se enfrentaría a holandeses), 386, 388 (diferencias con el duque de Lorena)
- XIX, 194 (**1648:** derrota al "general Luis, conde de Turena" [noticia que parece ser errónea; v. la ficha de "Turena"]), (viene a España), 303 (**1642**), 307 (el Emperador lo confirma como general imperial "con grande honor", a pesar de la oposición), 308 (que Felipe IV le haría grande de España; es del hábito de San Juan [de Jerusalén]), 344, 365 (var: Picolomini; Picolomino; y de Siena o Sena)

Piccolomini, [secretario de], XV, a276

Piccolomini, P., S.J. (de Sena), XVIII, 220 (**1646:** "muy noble, santo y agradable y entero, de 60 años"; entre los posibles candidatos al generalato de la Compañía), 225, 249 (entre los que llevan la resolución de la congregación al Papa), 256 (evaluación en un pasquín de los cuatro candidatos para el generalato [texto en la ficha de Montmorency]), 258 (elegido asistente del general Carafa), 264 (obtuvo 12 votos en la elección), 281 (viene a España a gobernar "las armas de la Iglesia"), 339 (va a Venecia a negociaciones)

Picefalcone (área de Nápoles fortificada por el Virrey), XIX, 44

Picolomini, conde o duque (v. Piccolomini, Ottavio)

Picolomini, P., S.J. (v. Piccolomini, P., S.J.)

Picolomino (v. Piccolomini, Ottavio)

Pichón ("mercader rico de la puerta de Guadalajara" en Madrid), XV, 23, 24

*Pidal, marqués de (Martín Fernández de Navarrete, autor de artículos sobre la historia de España y uno de los editores de la *Colección de documentos inéditos*, q.v.; v. también Miraflores, marqués de)

Pie de Concha, vizconde de la villa de (Juan de Isassi Idiáquez, ayo del príncipe Baltasar Carlos), XIII, 338; XVI, xi; XIX, 249, 439 nota 200
Pie de Palo (general y "corsario famoso de Holanda"), XIV, 415 (**1638**: en el el Brasil)
- XV, 109, 117 (**1638**: derrotado por los españoles junto al cabo de San Antón), 118, 162 (**1639**: detalles del combate naval), 232
Piedad, Monte de, XVIII, 465; XIX, 130
Piedimonte d'Alife (hoy, Alife, a 45 km. al SE de Cassino y 55 al N de Nápoles), XIX, 110 (var: Piedomonte)
Piedra-Santa, P., XIV, 109 (hizo la oración fúnebre del Emperador en San Pedro)
Piedrabuena (a 26 km. al O de Ciudad-Real; encomienda del Almirante de Castilla), XV, 77, 159
*Piedrabuena, Antolínez de (posible pseudónimo de Salvador Jacinto Polo de Medina o de Benito Ruiz (v. Penney, *Printed Books*, p. 425)
Piedrahita (a 70 km. al SE de Salamanca), XIII, 341 (relato de un hidalgo que huyó con una monja complaciente)
Piemarino (v. Pumarino, Fernando)
Pienzona (Aragón), XVII, 362 (v. Alojamientos de los soldados, y Soldados de los tercios)
Piere (ciudad que tomó el duque de Parma), XVII, 201
Piers (teniente general católico en Irlanda), XVII, 259
Pignatelli, Miguel (italiano que escapó de una cárcel en Francia; no se puede divulgar lo que dice), XVIII, 316
Pijasu (lugar en Perú), XVI, 330
Pilar, Nuestra señora del (Madrid), XVII, 171 (**1643**: Felipe IV en una procesión de acción de gracias); XVIII, 61 (**1645**: el príncipe heredero dona objetos y dinero), 426, 486 (**1647**: un ladrón roba sus joyas), 496

Pilar, Virgen del (Madrid), XIX, 301 (**1642**: "salió S.M. a la Virgen...")
Pilar, Virgen del (se halla en la catedral de Zaragoza), XV, 445 (**1640**: un milagro); XVII, 13; XVIII, 489 (Señora del Pilar de Zaragoza)
Pilatos, XIV, 90
Piloran, Mr. de (v. Puylarens, duque de)
Piloriño (en Évora), XIV, 190, 192
Pilsen (a 80 km. al SO de Praga), XIII, 35
Pillan (dios de los araucanos de Chile), XVIII, 11
Pimentel, Antonio (maestre de Campo; general en Tuttlingen, q.v.), XVII, 426 (entra en Bruselas)
Pimentel, Antonio (v. Tavara, IV marqués de)
Pimentel, Antonio Alonso (v. Benavente, IX conde de)
Pimentel, Claudio (hijo del IX conde de Benavente y natural de Marchena; en 1638, caballero de Alcántara y oidor del Consejo de Órdenes [Carraffa, LXXII, 15]; según Gayangos, casó con Leonor Ibarra, III marquesa de Taracena por herencia, q.v.; pero el dato procede de una fuente poco fidedigna y otras lo contradicen [v. Taracena, II marquesa de]), XV, 78; XIX, 460 nota 155
Pimentel, Diego (no parece que fuera pariente de los condes de Benavente: v. Gelves, marqués de los)
Pimentel, Fr. Domingo, XIII, 59
Pimentel, Enrique (obispo de Valladolid, 1619-1623; y de Cuenca, 1623-1653; presidente sustituto del vice-canciller en el gobierno de Cataluña, 1628-1632), XVII, a13-16 (**1643**: rechazó el cargo de arzobispo de Sevilla)
Pimentel, P. Francisco (v. Pimentel y Zúñiga, P. Francisco)
Pimentel, Jerónimo (v. Pimentel y Zúñiga, Jerónimo)
Pimentel, Juan Alonso (v. Benavente, VIII conde de)

Pimentel, Juan Alonso (primogénito y heredero del IX conde de Benavente; v. Benavente, X conde de)

Pimentel, Luis (juego de cañas en el Buen Retiro), XV, 145, 146

Pimentel, Lope, XV, 486 (m. en Salamanca)

Pimentel, Manuel (v. Pimentel y Zúñiga, Manuel)

Pimentel, Mencía de, XIX, 399 (en esta página Gayangos le llama "María", lo cual corrige García Carraffa, s.v. Oropesa, página 206; se trata de la hija del VIII conde de Benavente y su segunda mujer, Mencía de Zúñiga y Requesens, que se casó con el VI conde de Oropesa, q.v.; no hay que confundirla con María Pimentel de Quiñones, hija del VIII conde de Benavente y su primera mujer, Catalina de Quiñones; esta María se casó con Luis Fajardo, IV marqués de los Vélez [García Carraffa, LXXII, 13])

Pimentel, P. Pedro (v. Pimentel [de Requesens], P. Pedro)

Pimentel, Rodrigo (v. Pimentel y Zúñiga, Rodrigo)

Pimentel, Teresa (hija de los marqueses de Bayona, q.v.; casada con Blasco de Alagón, VIII marqués de Villasor, q.v.), XIX, 416 nota 154

Pimentel, Vicente (del Colegio del arzobispo en Salamanca), XVIII, 459

Pimentel [de Requesens], P. Pedro, S.J. (1594-1658; hijo del VIII conde de Benavente, Juan Alonso Pimentel, y de su segunda mujer, Mencía de Zúñiga y Requesens; pariente de la madre del Conde-Duque [María Pimentel de Fonseca, 1549-1594], y de su mujer [Inés de Zúñiga y Velasco, 1584-1647], por lo cual pasó el P. Pimentel a gobernar esa parte de la casa de los Guzmanes; hermano de Juan Alonso Pimentel [el primogénito], de Manuel Forjaz y Pimentel, q.v. [conde de la Feira], y del P. Francisco Pimentel, S.J., predicador del Rey; ingresó en la Compañía en 1608 (Crosby, *Nuevas cartas...*, p. 21, y del mismo, "Cuarenta y dos...", p. 224); antes de 1634 era ya maestro (XIII, 92); entre 1635 y 1637 Quevedo le dedicó la "Ingratitud: Segunda peste" de la *Virtud militante*, llamándole Predicador de su Majestad; rector de los colegios de Burgos en 1636-1639 y Valladolid en 1642, donde estaba cuando correspondía con Quevedo (*Virtud militante*, ed. de Alfonso Rey, p. 204; *Cartas de jesuitas*, XV, 262). Felipe IV le recibía en el Palacio, a veces con los líderes de la Compañía, a veces solo [XIII, 12, 81; XIV, 17; XV, 22; XVII, 506]. Desde 1636 era Procurador en Roma de su provincia, e iba y venía a Italia en misiones diplomáticas para el Rey, 1636-1638 y 1645-1646 [XIII, 465, 520; XIV, 276, 325, a400; XVIII, 21, 258, 339, 372, 417; Crosby, "Cuarenta y dos...", 225]. En 1645 era rector del Colegio de Salamanca; fue calificador del Santo Oficio en Toledo, y después, Provincial de Castilla [*Virtud militante*, 204; Crosby, *Nuevas cartas...*, carta de Diego de Tovar a G. Mayans, f. 1v, pp. 410-411; véanse también las *Cartas de jesuitas*, XV, 319; XVI, 59; XVIII, 147, 220, 264; y XIX, 223-225 en la sentencia del duque de Híjar]. Desde 1634 tenía gran reputación por sus sermones: en Navarra, "se deshacen todos por servirle y regalarle. Hales asombrado con sus sermones, ejemplos, trato y llaneza, y así son increíbles los aplausos que se le harán, sin que haya iglesia que sea capaz de los auditorios" [XIII, 26]; y en Valladolid en 1637, "el sermón fue grandioso... Nuestro Padre le oyó, y avisan dijo varias veces que era la mejor cosa que había oído en su vida" [XIV, 60-61]. Era en fin jesuita tan distinguido que de él dijo el P. Diego de Tovar, S.J., colector de las cartas de Quevedo, que "fue sujeto de tan eminente sabiduría y prudente discreción, que se dijo de él que lo menos estimable era el ser hijo legítimo de los condes de Benavente" [Crosby, *Nuevas cartas*, carta a Gregorio Mayans en el ms. de Tovar, f. 1v, pp. 410-411; *Cartas de Jesuitas*, de XIX, 64]; en *Nuevas cartas*, pp. 21 y 198, dije por error que era hijo del IX conde de Benavente, sin darme cuenta de la significación de los apellidos de la madre del P. Pimentel y el hecho de que sólo el VIII conde fue virrey de Nápoles, a quien alude Quevedo en la carta núm. 14, p. 225, como padre de Pimentel]).

Pimentel y Córdoba, María Ana (VI condesa de Alcaudete, marquesa de Viana y dama de Isabel de Borbón), XIII, 417 (1636: sus capitulaciones con el VII conde de Oropesa, q.v.); XIX, 382 nota 417

Pimentel y Enríquez de Guzmán, Enrique (v. Távara, V marqués de)

Pimentel y Zúñiga, P. Francisco, S.J. (1588-1648; hijo del VIII conde de Benavente; predicador del Rey y provincial de Toledo; hermano del P. Pedro Pimentel, q.v. [XIII, 465 y XV, 22])
- XIII, vi, 77, 82, 112, 181, 321-322
- XIV, 400; XV, 345 (**1639**: m. su hermano, el conde de la Feira, que había sido maestre de Campo)
- XVI, 20, 76 (**1640**: acompañará al Conde-Duque de Olivares en la jornada del Rey)
- XVIII, 37, 85-86 (**1645**: se descalabró con ocasión de haberse volcado el coche; calenturas grandes), 240 (**1646**: en Roma se entrevista con el Papa sobre un memorial), 249 (trata con el pontífice asuntos de la congregación), 295, 385, 451 (de México le piden a él y a otros que hablen con el Rey en contra del obispo Palafox, q.v.)

Pimentel y Zúñiga, Jerónimo (v. Bayona, marqués de)

Pimentel y Zúñiga, Manuel (v. Feira, VI conde consorte da)

Pimentel y Zúñiga, Rodrigo (casado con la marquesa de Hinojosa)
- XIII, 52 (**1634**: una intriga amorosa), 350 (**1635**: m. su mujer)
- XVI, 122 (**1641**: herido en el asalto fracasado de Monjuich), 428

Pimenteles, los padres (Francisco y Pedro, q.v.), XIII, 194

Pimienta (v. Díaz Pimienta, Francisco)

Pimienta, general, XIII, 431; XVI, 470, 472; XVIII, 267 y 332 (**1646**: al mando de los soldados de una armada española en el Mediterráneo), 365 nota 1 [con núm. equivocado de página], 383 (desembarcó cuatro escuadrones en la colina del Monte Filipo [en la costa occidental de Italia])

Pimienta, Francisco (capitán de navío), XIV, 342

Pina (pueblo en la ribera del Ebro, q.v., cerca de Zaragoza), XVII, 12

Pineda, P. [sin nombre de pila; quizá se trate del P. Juan de Pineda, S.J.], XIII, 51

Pineda [error por *Pinedo y Salazar, Julián de, q.v.]

*Pineda, P. Juan de (¿1510?-1593; natural de Medina del Campo; no era Jesuita), XIII, 100 nota 2

*Pineda, P. Juan de, S.J. (n. y m. en Sevilla, 1558-1637; autor de varios libros, cuyos títulos no se mencionan en las páginas citadas), XIII, 100 nota 2 (se cita también el P. Pineda mencionado en la ficha anterior), 114, 263 nota 1; XIV, 35 (m.)

*Pinedo y Salazar, Julián de (autor) (var. errónea: Pineda)

Pinerolo (a 37 km. al SO de Torino), XIII, 196, 197, 205; XIV, 24 nota 1; XV, 90, 159, 323, 460-461 (v. San Secondo [de Pinerolo]) (var: Peñarol; Piñarol; Piñarola)

Pinilla, Juan de (secretario del crimen; con Diego de Villaueta, q.v., ejecutó la sentencia del marqués de Ayamonte, q.v.), XIX, 219

Pinos, isla de (al sudeste de la villa de Pinar del Río [isla de Cuba] y al sur del Golfo de Batabanó), XIV, 246; XVIII, 481 (v. Cartagena de las Indias), 482

Pinós, [Fulano] (deudo de la duquesa de Híjar), XVI, 227

Pinoy, príncipe de, XIV, 99

Pinto, castillo de los duques de Frías, y cárcel, a 20 km. al S de Madrid (en 1580 estuvo allí presa la princesa de Éboli), XIII, 52, 53, 276; XIV, 87, 169; XVI, 432; XVIII, 146; XIX, 294

Pinto, convento de, XVIII, 71

Pinto, fortaleza de, XIII, 278; XIV, 170

Pinto, conde de (v. Caracena, I marqués de)

Pinto, P., S.J., XVII, 262, 282

Pinto, Roche (Roque; vecino de Amberes), XIV, a450

Pintores, dos famosos (el rey de Inglaterra los tiene en el Escorial para que copien los mejores cuadros [v. Pinturas]), XIII, 187

Pintre, Fr. Francisco, XVII, 500

Pintrena, secretario, XIII, 151 (por orden del Santo Oficio recogió la madre Luisa de Carrión y la llevó a Valladolid)

Pinturas inglesas (el Cardenal-Infante las mandó de Inglaterra al Buen Retiro [v. Pintores]), XIV, 402

Piña, P. Juan de, S.J., XVII, 470 (**1644**: era Rector de la Casa de Probación de Villarejo de Fuentes, q.v., y relata la noticia de una imagen de la Verónica en el pueblo de Las Oscas, q.v., que sudaba sangre en la Semana Santa)

– XVIII, 19 (**1645**: regresa a Madrid de Roma, ya provincial de la Provincia de Madrid; el que había sido viceprovincial, es ya rector del colegio de Villarejo de Fuentes [v. Segonci, Diego]), 338 (**1646**: resumen de las noticias en una carta del P. Provincial sobre lo que ha pasado en el Vaticano)

Piñarol (v. Pinerolo)

Piñarrieta, Miguel de (v. Ipeñarrieta, Miguel de)

Piñateli, Miguel (italiano; escapa de la prisión en Francia), XVIII, 316

Piñeiro, Dr. (magistral de Cuenca), XVII, 284

Piñeiro-Ossorio, Juan (obispo de Calahorra, 1643-1647), XIX, 452 nota 168 (según Gams, p. 63b, no fue nunca obispo de Pamplona)

Pío, Ludovico (v. Ludovico Pío)

Pío Aldobrandino, cardenal ("Pío" es error por el cardenal Pío [di Saboya, *seniore*, Carlo Emmanuele, q.v. a continuación]; y "Aldobrandino" es error por el cardenal Aldobrandini [por las fechas, probablemente Ippolito *iuniore*, q.v.]; véase XIV, 119 (1637): "Los cardenales... Aldobrandini, Pío y Savelli" [var: Aldrobandino; Sabeli])

Pío [di Saboya, *seniore*, Carlo Emmanuele], cardenal (1578-1641; hecho cardenal en 1604; obispo de Albano, y decano del Colegio de cardenales; v. Miranda; Moroni, *Indice*), XIV, 112, 119 y 120 (1637: a éste y a los cardenales [Ippolito] Aldobrandini, [*iuniore*], y Gaetano Albornoz, q.v., convidó a comer el duque de Saboya)

Piombino (ciudad en el extremo occidental de una península de Italia, frente a la isla de Elba), XVIII, 433, 466; XIX, 9, 88 (var: Plombin; Pomblin)

Piovera, marqués de la (error por marqués de la Rovera; v. Villanueva del Ariscal, marqués de)

Piperno (a 20 km. al N de Terracina y 74 km. al SE de Roma), XV, 260

Piquini (villa en Francia al sur de Valenciennes y sudeste de Lille), XIII, 534 ("plaza de importancia")

Pirineo, el, XIII, 506; XV, 305, 307

Pirineos, los, XIV, 264

Pistoia (a 32 km. al NO de Firenze), XVII, 352 (var: Pistoya)

Pisuerga, río (nace en la cordillera Cantábrica y pasa al sur y por Valladolid

antes de desembocar en el Duero), XIII, 154, 364 y 365 (1636: la inundación en Valladolid)
Pitera, Manuel (preso por espía de los portugueses), XVII, 277
Piters o Pitiers (v. Peeters)
Pitigliano (ciudad del duque de Florencia, a 48 km. al SE de Grosseto y 45 km. al NO de Viterbo), XVII, 385 (el Papa lo sitió, y el Duque la socorrió y rompió a los del Papa) (var: Pitillano)
Pizarro [de Orellana], Fernando [o Francisco: hay confusión] (sobrino nieto del hermanastro del conquistador, y consejero de Castilla desde 1633 [véase Fayard, 208 nota 5, 209, 494, 509 y 556]); en 1644 todavía era consejero de Castilla [*Pompa funeral*, f. 40v, y Crosby, *Índice de apellidos, títulos y oficios...*]; en 1646, oidor del referido Consejo), XVIII, 398 (1646: "sentencia a su favor sobre el estado que pleitea de marqués de la Conquista; al que lo tenía le mandan dar 300 ducados para que pleitee del dicho mayorazgo")
[Pizarro y Manrique de Lara, Juan Fernando] (en 1631 y 1634, marqués de la Conquista, q.v.)
Pizzola, Guilio (célebre bandido de Nápoles, comisionado por el Virrey de detener en Roma al príncipe de Sanz, q.v., que allí vivía disfrazado, y traerlo a Nápoles), XV, 261 nota 2 (1639)
Plá (villa "pasado el Col de Cabra", a unos 12 km. al E de Montblanch y 30 al N de Tarragona), XVI, 212 (1641: aquí la caballería española deshizo dos compañías de franceses que habían acompañado a Monsieur la Mota) (var: Pla)
Placencia, ciudad de (v. Piacenza, ciudad del Parmesado en Italia que en estas cartas se llamaba indistintamente Plasencia o Placencia)
Placentino, el (se refiere al área de Piacenza, q.v., ciudad de Italia que en estas cartas se llama Placencia o Plasencia; v. Piacenza), XIII, 400, 500 ("la vuelta del Parmesado y Placentino"), 501 ("la entrada de D. Martín en el Placentino"); XIV, 24 ("tener como feudo de España el Placentino"), 92 ("la última tropa del Placentino")
Planen (v. Plauen)
Plasencia, ciudad de (véase Plasencia, ciudad de Extremadura, y también Piacenza, ciudad del Parmesado en Italia que en estas cartas se llamaba indistintamente Plasencia o Placencia)
Plasencia (ciudad de Extremadura a 85 km. al NE de Cáceres)
– XIV,, 408 (**1638:** obispo de Plasencia al decano de Jaén, y al de Plasencia obispo de Jaén [cambios que no tuvieron lugar])
– XV, 326 (**1639:** al arzobispo de Burgos [Fernando Andrade y Sotomayor] han dado el obispado de Sigüenza y al de Avila [Diego de Arce Reinoso] el de Plasencia)
– XVI, 487; XVII, 37, 494
– XVIII, 208, 429 (**1644:** su obispo, Diego de Arce Reinoso, el inquisidor general, dice una de las tres misas en las honras del príncipe heredero); XIX, 392 nota 433
Plasencia, conde de (título concedido en 1611 a Pedro de Lanuza y Perellós, vizconde de Rueda y Perellós, y caballero de Santiago), XVI, 257 (participó en las acciones militares de Lérida), 421, 428
Plasencia, obispo de,
– XV, 433 (**1640:** el de Ávila, Diego de Arce Reinoso, obispo de Plasencia)
– XVII, 5 (**1643:** posible futuro presidente de Castilla), 110 (posible Inquisidor general), 122 (advierte al Rey que de faltar en su iglesia podría ser excomulgado), 172, 355 (llegan las bulas que le nombran Inquisidor general)
– XIX, 392 nota 433

Plassis (v. Plessis Besançon, Mr. B. de)
Plata, el precio de la, XVII, 192 (ha subido la moneda)
– galeones de la, XV, 117 (relación de la refriega que tuvieron con unos navíos holandeses)
– río de la (en Argentina), XVI, 117; XIX, 234, 235
Platería, la (calle de Lisboa), XVI, 114 (después de la coronación, al rey Juan IV le llevaron por esta calle hasta el Terrero do Pazo)
Platería, la (calle de Valladolid), XIII, 364 (inundada por el río Pisuerga)
Platería, la (se refiere al gremio de los plateros), XIV, 247 nota 1
Platerías (calle de Madrid), XIII, 73; XV, 26
Platón (villa "a 10 leguas de Bruselas"), XIV, 260 nota 1
Platón, marqués de (v. Coloma, Alberto)
Plauen (ciudad de Sajonia en el extremo oriental de Alemania, a 95 km. al S de Leipzig, a orillas del río Weisse; antiguamente, de la provincia de Turingia, y también de una región histórica que se llamaba Vogtland)
– XV, 488 ("metrópoli de la Vogtland"), 495 ("ciudad de Turingia") (error: Planen; var: Plaum)
Playa (distrito de la isla Terceira [Azores; v. Terceiras]), XVI, 449
Plaza mayor o [Plaza] Mayor (v. Madrid)
Plebe, Ciudad de la (v. Ciudad de la Plebe)
Pleisse (río que pasa por Leipzig desde el SO), XIV, 377 (var: Peine)
Plemua (v. Plymouth)
Plessis Besançon, Mr. Bernard de (mariscal de Francia; ganó Rosas; gobernador francés de Cataluña en 1647), XVI, 50 nota 1 (nota equivocada: no era sargento), 66, 74; XVIII, 458; (var: Blesis; Plasis)
Plessis de Richelieu, Alfonso Luis de (v. Duplessis de Richelieu, Alphonse Louis)

Plimouth (v. Plymouth)
Plinio [el Joven], XV, 292 nota 2 (se refiere al Casal de Monferrato)
Plombin (v. Piombino)
Plumazo (lugar fortificado entre Módena y Samoggia [éste está a 11 km. al SE de Módena]), XVI, 485
Plymouth (Inglaterra: puerto en la costa del Canal de la Mancha, a 60 km. al SO de Exeter), XIII, 546; XVII, 384 (var: Plemua; Plimouth)
Po (río de Italia), XIII, 256, 266, 268, 270, 301, 306, 372, 385, 386, 501; XIV, 25, 30, 187, 269, 354, 369, 383, 385; XV, 256, 264, 292, 456, 457, 458, 459; XVII, 352 (var: Poo)
Po, Valenza del (v. Valenza del Po)
Poan, Sr. de (1642: capitán del regimiento del general Terrail, q.v., en la derrota de los franceses en las Horcas, q.v. [llano junto a Lérida]), XIX, 463 nota 354
Pobar, marqués de (v. Povar)
Poderico, Luis (general de la caballería de Nápoles), XVIII, 370; XIX, 183
Poesías satíricas (v. Sátira en verso)
Poissy (villa a 20 km. al O de París y 4 km. al N de Saint Germain), XIII, 480 (amenazada por un ejército español) (var: Poissi; por error, Royse [p. 480, nota 3])
Poitiers (a 90 km. al S de Tours), XIV, 101
Poix, Príncipe de (v. Crequi, Carlos de)
Polanco, abad Diego (poeta), XVII, 499
Polder Van Namen (fuerte del prado de Namur, que se halla a 30 km. al NO de Charleroi, hoy en Bélgica), XIV, 175 (var: Namur)
Polignac, vizconde de (embajador extraordinario de Francia), XV, 108
Poligny (a 50 kilómetros al sur de Dijon), XIV, 486, 500 (var: Poligni; Poliny)
Polimnia (musa de la poesía lírica), XV, 142, 156
Polo de Medina, Salvador Jacinto (v. Piedrabuena, Antolínez de)

Polonia, XIII, 198, 217, 260, 315, 337, 339, 451; XIV, 16, 21, 161, 166, 210, 218, 221, 234, 239, 243, 280, 393, 398, 408, 429, 430, 442; XV, 297, 339; XVI, 51; XVII, 325; XVIII, 58, 104, 342

Polonia, embajada de, XIV, 16 (**1637**: la del conde de Sora, q.v.)

Polonia, embajador de España en,
- XIII, 526 nota 1 (**1636**: el barón Auchy, q.v., antes del conde de Sora)

Polonia, embajador en España,
- XVIII, 392 (**1646**: se marcha para Polonia, y viene en su lugar el que estaba de embajador en Francia y que tuvo en Alemania muchos encuentros con el marqués de Castañeda, q.v., embajador en Alemania)
- XIX, 449 nota 392 (**1644**: el que participó en las honras de la reina Isabel de Borbón era Estanislao Macosquí [v. Crosby, *Índice de apellidos,...*])

Polonia, embajador en Francia,
- XV, 129 (**1638**: suplica la libertad del príncipe Casimiro)

Polonia, embajador en Roma,
- XIX, 333 (**1642**: abandona la ciudad con otros embajadores)

Polonia, reina de, XVII, 325 (parte para Lituania, acompañada del Rey), 430

Polonia, rey de (Ladislao IV, q.v., hijo de Segismundo III; reinó de 1632 hasta 1648), XIII, 28 (**1634**: combate a rusos y turcos), 172 (**1635**: saldrá en campaña para recuperar el reino de Suecia, que había pertenecido a Polonia bajo el reinado de su padre, Segismundo III, desde 1594 hasta 1599 en que fue depuesto), 188 (sobrino del Emperador por parte de su madre), 198 (expira el intento de tregua con Suecia y se aprestan para la guerra), 216, 304, 330, 339 (intentó casarse con una de las hijas del Conde Palatino del Rhin, Federico V), 409 (**1636**), 421 (envía un emisario a España)
- XIV, 16, 145 (**1637**: concertado para casarse con la hermana del Emperador, Cecilia Renata), 161, 187, 218 (Francia trató de impedir la unión), 236, 239, 304 (**1638**: pide matrimonio entre príncipes de Polonia y el imperio), 407, 440
- XV, 19, 94 (**1638**: en Viena), 107 (se ve con el Emperador en Braum), 279 (**1639**), 360, 404, 432
- XVI, 135, 341 (**1642**: el duque mozo de Neoburg se casa con su hermana)
- XVII, 324-325 (**1643**), 395, 417 (**1644**), 472 (el Emperador avisa al rey de Polonia de los planes de Richelieu con el visir del Gran Turco)
- XVIII, 235 (**1646**: Francia le convence que trate de recuperar Suecia), 280, 366 (por entrar en territorio turco con un gran ejército)

Polonia, trono de, XIX, 422 nota 395 (Segismundo III ocupó el trono desde 1599 hasta 1632; su hijo Ladislao IV, q.v., o Wladislas VII, q.v., reinó desde 1632 hasta 1648 [v. Polonia, rey de]; le sucedió su hermano, Juan Casimiro, que reinó hasta 1667)

Pomareda (nombre de un capitán de los migueletes [fusileros del siglo XVII en las montañas de Cataluña]), XVI, 260 ("entró en el castillo de Ascón y ...empezó a gritar, ¡viva el Rey!")

Pomblin (v. Piombino)

Pomerania (región de Europa a orillas del mar Báltico, que comprende el NE de Alemania [hasta 1630, gobernado por el duque de Bogislav bajo el Sacro Imperio Romano] y el NO de Polonia. En 1628, de parte del Imperio, entró el general Wallenstein, q.v., en la parte occidental de acuerdo con el Duque, y esto precipitó la entrada del general Bannier, q.v., [sueco, encargado por Gustavo Adolfo II]; en el Congreso de Münster de 1648, fue dividida entre Suecia y Brandenburgo), XIII, 255, 406; XIV, 182, 218, 226, 324, 338, 382; XV, 91, 95, 253, 403, 421, 438; XVI, 67, 310; XVII, 324, 384; XVIII, 251, 317

Pomfret (cuidad de Inglaterra en el condado de su nombre, en la región de York, a 20 km. al sudeste de Leeds), XVII, 139 (var: Ponfret)
Ponce, Jerónimo (capitán del regimiento del duque de Osuna; herido en el sitio de Locata), XIV, 215 (1637)
Ponce, P. Juan, XVIII, 149 (ayudaba los presos en la cárcel de Granada)
Ponce de León, Catalina (v. Caracena, marquesa de)
Ponce de León, Elvira (v. Villanueva de Valdueza, marquesa viuda de)
Ponce de León, Francisco (alférez, m. en 1638 en el asedio francés de Amberes), XIV, 470
Ponce de León, Francisco (v. Arcos, V duque de)
Ponce de León, José (hijo del IV duque de Arcos), XIX, 441 nota 243
Ponce de León, Juan Chacón (v. Chacón Ponce de León, Juan)
Ponce de León, Luis (hijo del IV duque de Arcos; v. Zahara, marqués de)
Ponce de León, Luis (hermano del IV duque de Arcos; casado con la condesa de Villaverde; comendador de Ceclavín en la Orden de Alcántara; militar en Italia),
- XIV, 7 (**1637**: maestre de Campo en el SO de Francia), 174 ("dicen ser caballero de malas costumbres"), 283 (**1638**: su tercio va marchando hacia Mérida), 366 (quieren mandarle a Italia), 384 (maestre de Campo del tercio de Lombardía), 434 (partió para Barcelona al servicio del marqués de Villafranca en Cataluña [III duque de Fernandina])
- XV, a92 (**1638**: redactó una relación sobre el *Suceso que han tenido las galeras de España y Sicilia con las de Francia* [v.la Bibliografía]), a456-462 (**1640**: carta: su actividad militar en el Piamonte y en Moncalieri [a 6 km. al S de Turín])
- XVI, 257 (**1642**: en Madrid), 319 (en la coronelía del Príncipe, el Conde-Duque era teniente y Ponce sargento mayor), a479-481 (carta de Zaragoza sobre la guerra en Cataluña: "hoy nos hallamos sin nada", con noticias de Italia)
- XVII, 38 (**1643**: capitán general de Castilla la Vieja, Cantabria y Guipúzcoa, y con superintendencia para pedir socorros para las provincias de Álava y Vizcaya), 279 (estará en Badajoz unos días; "gran soldado y de mucha experiencia"), 291 (de Zafra: "Aquí se había dicho venía el Sr. D. Luis Ponce de León a gobernar estas armas en lugar de María Esteban [sic]; no hay cosa de verdad, porque no hay acierto en cosa que nos importe"), 322 ("se está aquí muy despacio, que es dificultoso salir de Madrid"), 491 (**1644**: carta de Valencia, sobre el ataque de una armada francesa)
- XVIII, 8 (**1645**: va por superintendente de las armas de Nápoles), 45, (maestre de Campo de Milán y gobernador de interín que no va el duque de Arcos, su hermano), 63, 86 (partirá en breve con toda su casa"), 328 (**1646**: partió de Madrid a ser virrey de Navarra)
- XIX, 80 (**1647**: virrey de Navarra; posible gobernador de Milán), 355 (**1642**: gobernador y capitán general de Galicia), 403 nota 349 ¶1 (sargento mayor en la coronelía del Príncipe), 441 nota 243
Ponce de León, Luis (caballero de Calatrava y regidor perpetuo de Écija; hermano mayor de Luis del Villar y Manuel, q.v.), XV, d74 nota 1 ¶2
Ponce de León, Manuel (hijo segundo del IV duque de Arcos, q.v.; luego, VI duque, q.v.), XVIII, 243-244; XIX, 441 nota 243, 457 nota 73
Ponce de León, María (v. Lombay, marquesa)
Ponce de León, Rodrigo (v. Arcos, IV duque de)
Ponce de León, Victoria (v. Béjar, duquesa de)

ÍNDICE ONOMÁSTICO 443

*Ponce de Soto, Fr. Manuel (carmelita y autor de un libro sobre la nobleza napolitana)
Poncio de Ceballos, Procurante, XV, 146 (en un desfile de disfraces en el Retiro)
Ponfret (v. Pomfret)
Poniente, XIII, 117 (los jesuitas que van a Poniente en las Indias); XIV, 400 (Pegli, "en la ribera de Poniente", a 7 km. al oeste de Génova, en la costa [var: Peggi]); XVI, 285 (el Rey manda a un almirante "navegar...en Levante y Poniente")
Pons (a 38 km. al NE de Balaguer, sobre el río Segre), XVII, 154; XVIII, 428
Pons e Turrell, Bernardo (de Cataluña; era regente del Consejo de Aragón, 1644-1646; del hábito de Santiago), XVII, 484 (1644: perdón general del Rey publicado en Cataluña y firmado por los del Consejo); XVIII, 427 (le dan un título de conde); XIX, 438 nota 175, 451 nota 427
Ponsone (a 10 km. al S de Acqui en el Piamonte), XIV, 341 y 345 (1638: lo tomó el general Martín de Aragón, con Finale, q.v., paso de mucha importancia para el Casal) (var: Ponson; Ponzon)
*Pontanus, Joannes Jovianus (historidor napolitano)
Pont-à-Mousson (plaza sobre el río Moselle, a 30 km. al S de Metz), XV, 97 (1638: tomada por los imperiales con Colmar, q.v.) (var: Pontamoson)
Pontcourlai, Vignerod (viuda del secretario Antoine du Roure de Combalet, q.v.; sobrina del cardenal Richelieu, quien intenta casarla con nobles poderosos y 500.000 escudos de dote), XIV, 156; XV, 167; XIX, 391 nota 404 (var: Comballet; Convaler)
Ponte, entrada de (entrada de puente al Palacio del duque de Saboya en Roma), XIV, 115
Ponte Barxas (véase la ficha de Puente de las barcas)

Ponte de Lima, vizconde de (título portugués), XVI, 108 (se reunió con otros portugueses nobles para juntar consejo)
Ponte Trévoli, gobernador de (villa del Parmesado), XIV, 30
Pontemoli (feudo en Italia), XV, 78 (cuando el duque de Módena, q.v., visitó al Rey, éste le regaló este feudo y el de Correzzo, q.v.)
Pontestura (a 22 km. al S de Vercelli y 7 al NO de Casale, sobre el río Po), XV, 67, 80, 237, 243, 256, 292; XVI, 288 (presidio) (var: Pontextura)
Pontevedra, XVIII, 261
Pontextura (v. Pontestura)
Ponthoise (v. Pontoise)
Pontificado, el; Pontífice, el; Pontífice, Sumo (v. Papas, los)
Pontoise (villa a 28 km. al NO de París, sobre el río Oise, q.v.), XIII, 480 (amenazada por un ejército español), 493 (var: Ponthoise; Pontoyse)
Ponzon (v. Ponsone)
Poo (v. el río Po)
*Popma, Alardo de (artista y grabador flamenco)
Popoli, duque de (Fabricio Cantelmo, padre de Andrea Cantelmo, q.v.), XIX, 461-462 nota 263
Popoli, familia ducal de, XIX, 461 nota 263
Pópulo, Electo del (el representante del pueblo de Nápoles durante el tumulto), XIX, 47
Pópulo, Nuestra Señora del (Madrid), XVII, 220 (pintura en la casa de un vecino de Madrid, de la cual se dice que empezó a mudar de color y mover los dedos de la mano)
Pópulo, Nuestra Señora del (Roma), XVIII, 53 (un soldado disparó un pistoletazo a un viejo inocente, pero faltó la pólvora)
Porcel, Juan (capitán), XVI, 406 (1642: en una escaramuza en Flandes m. el sargento de la compañía de Porcel)
Porciúncula, la (capilla del valle de Asís, donde vivió san Francisco y

realizó los primeros milagros), XIV, 33-34 nota 1, carta fechada el 2 de agosto [día de las indulgencias de la Porciúncula] de 1636, sobre el conflicto entre los navarros y su virrey), XVII, 225 (disputa de clérigos sobre la Porciúncula)

Porlans (error por Dorlans, q.v.)

Porse, XIII, 489 (puerto en el mar de Liguria, "cerca del estado de Parma")

Port- (v. también Puerto)

Portalegre, conde de (portugués), XIV, 185 (invitado por el Rey a Madrid con otros) (var: Porto Hercole; Puerto de Hércules)

Portalegre, obispo de (Bernardo Ataide, hijo del conde de Castro-Daire, q.v.; Gams, 108a), XVI, 208 (1641)

Porte, Carlos de la (v. Meilleraie, duque de)

Portelo (a 18 km. al N de Bragança), XVII, 401; XVIII, 160 (var: Portela; Portelo pequeño)

Port'Ercole (en la costa del mar Tirreno, entre Civitavecchia y Piombino, al sur del monte Argentario y separado de la costa de Italia por la laguna de Orbetello, q.v.)

– XVIII, 218 (**1646**), 244 (la comitiva del duque de Arcos recala aquí), 327 (los franceses intentan tomarlo), 336 (el marqués del Viso lo socorre), 348 (batalla naval), 368, 381 (entran cinco galeras en su puerto)

– XIX, 89 (**1647:** se le socorre) (var: Hércules)

*Portillo, Tomás del (autor de una relación), XIII, 88

Porto Longone (fuerte construido por los españoles en un puerto en el extremo oriental de la isla de Elba, a 28 km. de la costa de Italia en el mar Tirreno), XVIII, 382, 429, 429, 433, 458, 466; XIX, 8, 9, 87-88 (**1647:** lo tomaron los franceses), 196 (variante: Longán; Longón; Portolongone; Puerto-Longón)

Portobelo (v. Portovelo)

Portocarrero, Alonso (v. Villanueva del Fresno, V marqués de)

Portocarrero, Antonio (véase Villanueva del Fresno, VI marqués de)

Portocarrero, Francisca de (marquesa heredera de Villanueva del Fresno, q.v.; casó con el II marqués de Celada, q.v.)

Portocarrero, Juan Dionisio (obispo de Guadix [1636-1640], y luego de Cádiz [1640-1641]; del Consejo Supremo de la Inquisición; inquisidor de Toledo; crió a la madre Luisa de Carrión; m. 1641)

– XIII, 67-68 (**1634:** quema de papeles contrarios a la Compañía [edicto, 68-71, y descripción detallada]), 76, 175 (**1635**), 186, 435 (**1636:** se marchará a su obispado de Guadix si no es retenido por el asunto inquisitorial de la madre Luisa de Carrión)

– XVI, 473 (**1642**)

Portocarrero, Pedro de (v. Medellín, V conde de)

Portocarrero, Pedro de (véase Medellín, VIII conde de)

Portocarrero de la Vega, Antonio (véase Monclova, conde de la)

Portocarrero y Luna, Antonio (maestre de Campo bajo el marqués de Molingen, q.v.), XVIII, 200

Portocarrero y Ossorio, Cristóbal (v. Montijo, III conde de)

Portocarrero, Guzmán y Ossorio, Cristóbal (v. Montijo, IV conde de)

Portoferraio (puerto fortificado por el gran duque Cósimo I de Florencia en 1548, en la bahía de su nombre en la costa norteña de la isla de Elba, en el mar Tirreno), XIX, 88 (**1647:** el gran Duque acaba de entregarlo a los franceses) (var: Puerto-Ferraro)

Portolongone (v. Porto Longone)

Portovelo (a 30 km. al E de Colón, Panamá; en el s. XVII pertenecía a Colombia), XIV, 245; XVI, 472-473; XVIII, 480-481; XIX, 245 (var: Portobelo; Puerto Belo; Puerto Velo)

ÍNDICE ONOMÁSTICO

Portugal, XIII, xv, 64, 72, 88, 100, 106, 107, 108, 109, 111, 124, 155, 200, 275, 341, 363, 381, 402, 460, 478, 489, 490, 529
- XIV, 6, 87, 149, 185, 189, 189, 208, 247, 247, 255, 257, 263, 265, 268, 270, 272, 282, 283, 284, 287, 296, 300, 303, 305, 306, 309, 310, 314, 334, 356, 362, 367, 368, 380, 385, 390, 440, 441, 457, 484, 492
- XV, vii, 9, 13, 47, 71, 72, 100, 101, 109, 130, 148, 163, 169, 179, 182, 193, 195, 199, 210, 222, 234, 243, 254, 255, 266, 267, 288, 359, 371, 407, 426, 429, 438, 438, 440
- XVI, vii, 55, 59, 82, 83, 89, 91, 92, 93, 97, 100, 102, 103, 104, 113, 114, 115, 119, 120, 122, 123, 124, 128, 136, 139, 141, 142, 143, 144, 146, 147, 148, 149, 150, 151, 154, 155, 156, 157, 158, 159, 160, 162, 164, 170, 174, 178, 179, 183, 185, 189, 193, 194, 196, 200, 202, 202, 203, 207, 210, 214, 219, 231, 232, 234, 235, 239, 239, 263, 265, 267, 269, 270, 270, 273, 289, 297, 300, 309, 311, 316, 319, 331, 337, 339, 344, 345, 356, 363, 369, 373, 376, 381, 383, 437, 448, 454, 459, 460, 472, 473, 481, 497
- XVII, vii, 5, 36, 38, 100, 112, 150, 176, 185, 186, 190, 191, 192, 195, 203, 204, 211, 215, 227, 240, 243, 244, 245, 248, 261, 262, 267, 269, 270, 274, 276, 277, 278, 280, 287, 296, 298, 299, 301, 302, 303, 304, 305, 308, 319, 322, 331, 336, 337, 338, 341, 342, 345, 348, 349, 350, 365, 366, 368, 378, 383, 385, 390, 397, 402, 411, 414, 445, 448, 471, 472, 474, 508, 509
- XVIII, v-vi, 2, 15, 26, 42, 53, 54, 55, 56, 57, 93, 93, 97, 101, 119, 132, 138, 139, 154, 155, 164, 172, 178, 185, 189, 191, 194, 195, 197, 199, 199, 201, 203, 204, 205, 250, 258, 264, 270, 292, 295, 333, 392, 396, 397, 400, 401, 402, 413, 420, 432, 463, 488, 490, 492, 496, 508

- XIX, ix, 21, 27, 63, 70, 74, 78, 84, 174, 179, 193, 196, 197, 227, 238, 244, 252, 280, 289, 307, 310, 311, 325, 327, 330, 336, 337, 343, 364, 402 nota 336, 408 nota 377 ¶6, 414 nota 105, 417 nota 191 y 192, 435 nota 126, 449 nota 389, 456 nota 508 (por error, 506[b]), 461 nota 259

Portugal, Compañía de, XIV, 305
- Consejo de (organismo español para los asuntos de Portugal), XVI, 427; XVII, 192; XVIII, 233, 401, 488; XIX, 406 nota 377 ¶2-3
- frontera de, XVII, viii; XIX, 386 nota 35
- gobierno de, XIX, 424 nota 411 (véase Mantua, duquesa de [gobernadora])
- guerra de, XIX, 459 nota 134
- la India de, XIII, 478; XV, 88; XVI, xiv
- obispado de, XIII, 183
- reino de, XVII, ix; XIX, 152, 375
- separación de, XIII, viii; XVI, xiii
- sínodo de, XVII, 445
- capitán general (v. Toledo y Ossorio, Fadrique)
- conde de, XV, 325 (1639: Juan de Silva Tello)
- V condestable de (v. Pedro III)

Portugal, embajadores de
- XVI, 112 (**1640:** el obispo de Lamego para Roma; Francisco de Melo, montero mayor para Francia; Antonio de Almada para Inglaterra; Tristán de Mendoza para Flandes; y Jorge de Melo para Cataluña; "después se les juntaron hasta 40 más"), 330 (**1642:** en Dinamarca), 436 (futuro embajador para España)
- XVII, 9 (**1643:** el obispo de Lamego, en Roma), 121 (embajador Ahumada, en Holanda)
- XVIII, 397 (**1646:** en Francia)

Portugal (fugitivos que llegaron a Madrid en 1641), XIX, 402 nota 329
- fugitivos de Madrid que intentaron huir a Portugal en 1642, XVI, 344 y 345, 356-357 (3 relatos)

- infanta gobernadora de (v. Mantua, duquesa de)
- mariscal de, XIV, 272 (1637: el segundo hijo del conde de Linhares)
- [P.] procurador de, XV, 184 (1639)
- preparativos en Sevilla, XVI, 92, n.1
- rey de (v. Bragança, duque de, y Juan I, rey de)
- rey intruso de (v. Bragança, duque de)

Portugal, Antonio de: nieto suyo (fraile carmelita descalzo y sacerdote), XV, 87

Portugal, Catalina de (véase Veraguas, duquesa de)

Portugal, Diego de (jefe de una compañía sevillana de milicia), XIV, 309

Portugal, Duarte de (preso en Alemania), XVI, 109; XIX, 197

Portugal, Juan de (v. Pedro III)

Portugal, Leonor de (hermana del V duque de Veraguas; desde 1629, marquesa de Villanueva del Ariscal y de la Rovera), XIX, 423 nota 406

Portugal, Manuel de (hijo o nieto de Antonio, el que quiso ser rey de Portugal; carmelita descalzo en Flandes; se casó siendo sacerdote; era cabo de cuatro compañías de caballos), XV, 60

Portugal, Miguel de (hijo del conde de Vimioso; obispo de Lamego), XVI, 112 (1640: nombrado embajador en Roma), 457 (1642: en Roma sus hombres atacan a los del marqués de los Vélez), 460 (representa a Juan IV de Portugal, su Rey, ante las congregaciones de Roma), 477; XVII, 9; XIX, 330

Portugalete ("puerto de Bilbao"), XV, 233

Portugueses, ermita de los (en 1637 las fiestas "más grandiosas y variadas" del reino de Felipe IV duraron "del domingo 16 hasta el martes 25 de febrero"), XIV, 38 (el lunes día 17 un portugués recibió a la Reina y las damas en la "ermita de los Portugueses" (en las extensas notas a pie de las pp. 38-40 se transcriben varios párrafos de una relación coetánea sobre las fiestas)

Porras, lic. (testigo), XVIII, xxvii

Porras, P., XIII, 170 (nombrado capitán de cuatro "alentados" a quienes el P. Provincial mandó vigilar a uno que se había asustado de noche y a quien habían hecho exorcismo)

Porras, Fr. Antonio Enríquez de (obispo de Málaga, 1634-1648; m. 1648), XIX, 454-455 nota 492 (no era hijo natural del Rey)

Porras, Bartolomé de (sargento), XIII, 114, 115; XIV, 470

Porras, Juan de (inquisidor de Valladolid), XIII, 154, 175

Porras, Pedro de, XIV, 82 (desafío con otro por asientos en un sermón)

Porres Enríquez y Sotomayor, Cristóbal de (v. Castronuevo, I conde de)

Porres Enríquez y Sotomayor, José (v. Castronuevo, II conde de)

Posadas, P. Provincial (de los dominicos en Valladolid), XIII, 381

Posilipo (colina extensa de 6 km., con sus pueblos, que es el límite occidental de Nápoles), XIX, 183 (var: Posileppo)

Potenzano, Roque (regente del Consejo de Aragón), XVIII, 394, 395

Potier, Agustín de (obispo de Beauvais; limosnero y privado de la reina de Francia), XVII, 326 (1643: su desgracia ["que salga de París y se vaya a su obispado"]); XIX, 420 nota 326

Potosí, XV, 393; XVI, 225, 280

Pousa, Diego (capitán de un patache nombrado la Margarita, q.v.), XIV, 245 (reconoció la tierra cerca de Cartagena de Indias)

Povar, marqués de (Pedro de Aragón, hijo del VI duque de Cardona; m. 1648 [XIX, 402 nota 320]; v. Cardona, VI duquesa viuda de)
- XIII, 104; XV, 465-466, 468, 478
- XIV, 166 (en Cataluña)
- XVI, viii, xv nota 1 (lista de los tres hermanos, hijos del VI duque de

Cardona: Pedro [el marqués de Povar], Antonio y Vicente), 49 (**1640:** preso en Barcelona con su madre y su hermano Vicente en dic. de 1641), 52 (parte con su hermano Antonio para Barcelona), 55 y 80 (del Consejo de Guerra y capitán de la guardia tudesca), d62-76, 80 (su hermano Antonio rechazado por la Inquisición), 198 (**1641:** salen él, su hermano Vicente y la duquesa de Cardona de Tarragona, por mar), 205 (general del ejército de Aragón en la parte de Monzón), 209 (los tres en Villareal), 257 (**1642:** parte de Villareal para Fraga con el de Tabara; el Rey agradece al de Tabara su comportamiento con él), 272-273, 284, 287, 305, 309, 317-318, 320, 323 nota 1 (las fechas y los lugares mencionados en esta nota no concuerdan con las noticias de los correspondientes coetáneos en las pp. 326 y 334-335; me fío de éstos), 325 (derrotado en Villafranca de Panadés, q.v., y preso por La Mothe-Houdancourt, q.v.), 334-335 (el 23 de abril, todavía presos el marqués de Povar y Francisco de Toralto), 343, 348 (en Francia), 353, 380 (en memorial picante), 386 (su madre, la Duquesa, le defiende en un manifiesto), 420, 523
- XVII, 430
- XVIII, 62 (**1645:** lo que piden por rescate), 242 (**1646:** regresa de su prisión en Francia, que duró entre 4 y 5 años; ahora capitán de la guardia tudesca), 432 (preso y desterrado por el Rey en Almonacid; "la causa, aunque por acá es pública, no es para carta")
- XIX, 267 (**1642**), 283 y la nota 1 (preso y desahuciado en Montpellier), 400-401 nota 320 (relato detallado de Novoa del desastre de Villafranca de Panadés), 406 nota 377 ¶7

Povar, marquesa de, XVI, 223 (1642: m. sin confesión, de repente)

Poza, marquesado de, XVIII, 485 (1647: en un pleito entre el duque de Sessa y el de Leganés); XIX, 150 (1648: se vota en el pleito)

Poza, V marqués de (v. Sessa, VI duque de)

Poza, IV marquesa de (Ana Rojas), XIX, 413 nota 82 (por error dice Rivarola que se casó con el I marqués de Leganés, q.v.), XIX, 348, 413 nota 82

Poza, V marquesa de (Juana de Rojas, hija mayor del V duque de Sessa; segunda mujer del marqués de Leganés, q.v.), XIX, 348, 413 nota 82

Poza, VI marquesa de (Francisca de Córdoba, hija de Juana de Rojas, V marquesa), XIX, 413 nota 82

*Poza, Andrés de (autor; padre del que sigue)

*Poza, P. Juan Bautista, S.J. (n. Bilbao, 1588; hijo de Andrés de Poza; catedrático de Sagrada Escritura en el Colegio Imperial en Madrid; objeto de un ataque contra la Compañía por los dominicos por su *Elucidarium*, q.v.; defendido en un "Memorial" por un padre de la Compañía, q.v.; preso y encausado varias veces por la Inquisición; condenado a residir en el Colegio de Cuenca; exonerado; m. en 1660 en el Colegio de Cuenca), XIII, 14, 120, 182, 231; XIV, 58, a73 nota 1, 74, 397; XV, ix, 100, 101, 111-112 (en el tribunal de la Inquisición se defendió con tanta destreza que enfureció al juez [v. Cienfuegos, Pedro Díaz], y el Consejo Supremo recusó al mismo y en 1638 exoneró a Poza de las "calumnias" y le restituyó su cátedra y oficios), 437; XVI, 32, 54, 80; XVII, 83, 218; XVIII, 100; XIX, 367

Pozo, el conde Jerónimo del (hijo de un presidente magistrado de Milán y casado con la camarera mayor de la princesa de Cariñán; caballero de Santiago; era español que hablaba italiano y llevaba un título de Italia), XIV, 39-41 y 41 nota 1 (lance), 44

Pozo (capitán), XIII, 473 (m.)

Pozo, Fr. (uno de los predicadores de Felipe IV), XIII, 167

Pozo, Bartolomé del, XVIII, 17 (le espera el P. González en Madrid)

Pozo, Fr. Juan del (vocal de la junta de Conciencia), XVII, 27, 66, 389

Pozobello (pueblo de la frontera portuguesa, entre Ciudad Rodrigo y Guarda por el N, y Sabugal y Hoyos por el S), XVI, 361 (saqueado y quemado por los portugueses con otros pueblos; v. XVI, 361)

Pozobueno, Francisco (sargento), XIV, 214

Pozzuòli (puerto antiguo en la bahía del mismo nombre, a 10 km. al O de Nápoles), XIII, 470; XIV, 237, 276, 325, 400; XVI, 34 (variante: Presilico; Purilico; Pusilipo; Puzol; Puzoli; Puzzuoli)

Prada, Pablo de (portugués, hermano del corregidor de Lisboa; maestre de Campo en el ejército de Leganés; considerado traidor en Portugal), XVIII, 435, 438, 440, 442, 460 (1647: general de la armada de la Nueva España)

Prades, conde de (Luis Fernández de Córdoba y Cardona), XIX, 432 nota 14

Pradilla (pueblo en la ribera del Ebro, q.v., cerca de Zaragoza), XVII, 12

Prado, calle del (de Madrid), XVI, 420

Prado, el (de Madrid), XIII, 5, 444; XIV, 64, 66, 395; XV, 143, 194, 264, 293; XVII, 463; XVIII, 324, 338; XIX, 75

Prado alto (v. Madrid)

Prado, Nuestra Señora de (v. Nuestra Señora de Prado)

Prado (sin nombre de pila), XIV, 106 (modelo de predicador)

Prado, P. (emprende la defensa de la madre Luisa), XIII, 175; XVI, 298

Prado, vice-rector, XV, 181

Prado, Esteban de (letrado), XVIII, 284

Prado, P. Francisco de (rector del colegio de Valladolid), XIII, 220; XV, 480, 481

Prado, Lorenzo Ramírez de (v. Ramírez de Prado, Lorenzo)

Prado y Velasco, Marcos de (del Consejo de Castilla), XVIII, a116

Prados, Bernardo de (preso), XV, 483 (escondido en Málaga)

Praga, XIII, 413; XIV, 148, 159, 160, 161, 227, 236; XV, 274, 286, 304, 305, 371, 379; XIX, 4

Pranel, general (v. Wrangel, mariscal)

Praves, Diego (padre del que sigue; arquitecto insigne de Valladolid; m. 1620), XIII, 320

Praves, Francisco (hijo del anterior; arquitecto insigne de Valladolid, m. 1638), XIII, 320

Predicador, P., XV, 153 (en una representación del Parnaso en el Retiro, Hipocrene [personificado] preguntó por el P. Predicador)

Predicadores de Felipe IV, XIII, 156, 167; XIV, 490

Predón, Chacón del, XIII, 168

Premacino (noble veneciano; v. Candiotti), XVIII, 313 (ejecutado)

Premostenses (v. Premostratenses)

Premostratenses, Orden de los padres (fundada por S. Norberto en Prémontré [cerca de Laon], siguiendo la regla de S. Agustín; desde 1573 gozaba en España cierta independencia), XIII, 278 (su convento en Madrid); XVII, 432 (su general)

Prepósito, P., XIV, 431 (relató la noticia del alboroto en Toledo); XVIII, 174 (sermón en la octava de la Casa Profesa), 196 (escogió los temas de las sermones en la Congregación)

Presa, Juan de la ("natural de Corcobadonga", q.v., lugar ficticio), XV, 146, 147 (juego de cañas en el Buen Retiro)

Presidente (de uno de los Consejos del reino), XV, 5; XIX, 122, 155, 184-185, 192

Presilico (v. Pozzuòli)

Presos nobles (v. Cárceles)
Pressa, H., XV, 154
Preste Juan [de las Indias], (título de un Rey legendario de la Edad Media), XIII, 198; XVI, 468
Preston, Thomas, I vizconde de Tara (1585-1655; a partir de 1607 sirvió en Flandes a los archiduques y reclutó soldados en Irlanda; en 1635 defendió Lovaina contra los ejércitos de Holanda y Francia y en 1641 era gobernador de Gennep y lo defendió contra los holandeses, pero en 1642 tuvo que entregarlo al príncipe de Orange en persona [el DNB lo deletrea erróneamente, Genappe, q.v., que es una ciudad de Bélgica, no de Holanda; v. las fichas de las dos]; luego ayudó a los católicos irlandeses con armamentos que consiguió en Francia y al mando del ejército de la provincia de Leinster [centro oriental de Irlanda, que incluye Dublin]; en 1644-1645 defendió el fuerte de Duncannon; en 1646 hubo una tregua entre los realistas y los del Parlamento; tuvo pocos éxitos en 1646-1650, y en 1651 abandonó para siempre las islas británicas y escapó a los Países Bajos, donde murió en 1655; véanse el DNB, XVI, 314b-318a; Oxford DNB, XLV, 269b-273b; Ohlmeyer, *Ireland*, índice)
– XIV, 181 (**1637**: "bravísimo soldado" y gobernador de Gennep, villa abastecida con 3.000 infantes y 1.200 caballos)
– XVII, 259 (**1643**: "rindió cinco fuertes en la Genia y derrotó un cuerpo entero del ejército...protestante")
Priego, casa de (la familia del Gran Capitán, Gonzalo Fernández de Córdoba, q.v.), XVI, xv
Priego, V marqués de (Alonso Fernández de Córdoba, llamado "el Mudo"), XVI, 440; XVII, a494; XVIII, 14; XIX, 74 (en 1637 heredó el ducado de Feria, q.v.), 156, 190, 214, 432 nota 14 (su hija casó con Íñigo Melchor Fernández de Velasco, el VIII condestable de Castilla y VII duque de Frías, q.v.)
Priego, marqueses de, XIX, 410 nota 468, 432 nota 14
*Priezac, Daniele de (escribió sobre las doctrinas del Jansenismo), XIV, 328
Prima, catedrático de, XVIII, 86
Primo (enano del Conde-Duque), XVI, 433
Princesa, la, XIII, 478 (1636: una de las nueras de la reina madre de Francia), 527 (la princesa de Carignán en Madrid); XIV, 36 (una infanta española), 40 (la de Carignán), 429 (una viuda, sin especificar); XVI, 179 (la de Carignán), 186 (una inglesa)
Principado, el [de Cataluña, q.v.]
Príncipe, Cámara del (Baltasar Carlos), XVII, 120; XVIII, 363
Príncipe, coronelía del (compañías de militares que siguieron al Rey hasta Zaragoza), XIX, 402 nota 349
Príncipe, el (navío holandés), XIV, 240
Príncipe, el (Baltasar Carlos de Austria, primogénito de Felipe IV; nació en 1629)
– XIII, 8 (**1634**), 52, 59, 90 (el conde de Monterrey, ayo suyo), 101, 183 (**1635**), 214, 243, 244 (intento de casarle con la infanta inglesa), 270, 277, 279, 296, 321, 338, 347, 498 (**1636**), 517, 527 (pide al Rey se revoque el destierro del marqués de Govea)
– XIV, 8 (**1637**), 13, 17, 19, 36, 41, 59, 76, 240, 266, 275, 289 (**1638**), 293, 302 (mata un jabalí en cacería), 318, 323, 328-329 (mata un toro en un certamen), 395
– XV, 24, 343
– XVI, 86 (**1640**), 194 (**1641**), 221 (**1642**), 234, 235, 241, 243, 263, 266, 271, 280, 289, 304, 312-313 (coronel de un batallón con doce años de edad), 314, 319, 325, 326, 350-351, 371, 378 (se satiriza su coronelía), 385, 389 (padrino de la boda del hijo del Conde-Duque), 391, 394, 421

– XVII, 16-17 (**1643**), 27, 29, 65, 116, 120, 132, 146, 236 (intercede sin éxito para evitar la ejecución de cochero suyo), 287, 375-376, 388, 440 (**1644**), 444, 500 (m. la reina Isabel), 501
– XVIII, 16 (**1645:** con el Rey en Zaragoza), 22, 31, 39, 43 (en Aragón, bien recibido), 61, 133, 146 (jura los fueros de Aragón), 158, 174, 187 (jura en Aragón como heredero al trono), 188, 207, 225 (**1646:** el Rey le consulta), 259, 277, 292-293 (enfermo), 298, 306, 313 (en Pamplona), 328, 344 (se proyecta su matrimonio con hija del Emperador alemán), 404 (enfermo de cuidado), 405, 406 (m., 9 oct., 1646), 407-408, 429 (sus honras: tres misas de Pontifical: una por el obispo de Plasencia, Diego de Arce Reinoso, inquisidor general; otra por el obispo de Osma, Antonio I. Valdés; y la del requiem por el arzobispo de Toledo, Baltasar I. Moscoso y Sandoval; predicó el P. Pedrosa), 460 (manda pésame el Emperador)
– XIX, 185 (**1648**), 186, 253 (**1642**), 260, 312, 371, 439 nota 200
Príncipe prefecto de Roma, XIV, 373, 378
Príncipes de Italia (v. Italia, príncipes de)
Prior, Gran, XVII, 233 (1643: el bailío de Lora), 270; XVIII, 63; XIX, 325 (1642: en combate con tropas), 326
Prior, P., XVII, 220 (1643: entre los padres listos para rebatir a Espino)
Priora, la (edificación de Madrid), XIV, 188 (1637: el embajador de Génova se entrevista aquí con el Conde-Duque); XV, 23, 453; XVI, 504; XVIII, 28
Priora, puerta de la, XIII, 41
Prisión de personas distinguidas (v. Cárceles: los nobles)
Procurador, P., XV, 419; XVII, 112; XVIII, 20; XIX, 238
Procurante, XV, 147 (fiesta de cañas en el Retiro)

Profesa, casa (v. Compañía de Jesús: Casa profesa en Madrid)
Proissí (pueblo del NE de Francia), XIII, 491
Próspero (acompañó al virrey de Nápoles por las calles), XIX, 30
Prosperos (referencia genérica a unos "Italianos meritorios de antaño", q.v., unidos por relaciones personales y profesionales, y en este caso se trata de Prospero [Colonna]: 1452-1523, ilustre capitán que a lo largo de su vida participó repetidamente en las guerras de Italia, sirviendo a diversos monarcas, al Papa Inocencio VIII, y finalmente a Carlos V como jefe supremo de su ejército en Italia; m. peleando contra los franceses durante la invasión del milesanado), XIV, 315
Protonotario [de Aragón], (v. Villanueva, Jerónimo)
Provenza (región del SE de Francia; su capital, Aix-en-Provence), XIV, 229, 250, 375; XV, 238, 239, 246; XVI, 149, 155, 277; XVII, 353, 438; XVIII, 19; XIX, 251 (variante: Provincia)
Provenza, gobernador de la, XIII, 362; XIX, 423 nota 408 [por error, 406]
Provenza, la, XIV, 267
Provenzana (¿calle de Barcelona?), XIX, xii
Providencia, isla de la (forma parte del archipiélago de las islas de San Andrés [a 210 km. al este de la costa de Nicaragua]; véase Santa Catalina, isla de), XVII, 186 nota 1; XIX, 244
Provincia (¿calle de Madrid?), XIX, 2
Provincia (v. Provenza)
Provincial, P. (de diferentes jurisdicciones jesuitas en España), XIII, 232; XIV, 300, 368, 402, 490; XV, 255, 442, 445, 502; XVI, 53 (1640: el Conde-Duque le niega licencia para salir), 54, 168 (1641: por partir a Valladolid); XVIII, 9, 20, 78, 86, 109, 147 (1645: come con el Nuncio); XIX, 239-240
Prusia, XIII, 37, 198, 451

ÍNDICE ONOMÁSTICO

Puche, Dr. (oidor de Barcelona), XVI, 71

Puche, Miguel (capitán en Italia), XVIII, 384

Pudón, Chacen [¿Chacón?] del, XIII, 169

Puebla, la (v. también Sanabria, Puebla de), XIX, 167 (villa cerca de Badajoz)

Puebla, conde de la: uno de sus hijos (cuando falta el resto del título [de Llerena; de Maestre; de Montalbán; de Ovando], no es posible determinar de qué familia era), XVIII, 19 (1645: destierran a uno de los hijos por travesuras); XIX, 433 nota 19 (los dos hijos del conde: uno de la Puebla de Llerena o del Maestre, su apellido Cárdenas y Valda; el otro de la Puebla de Montalván, llamado Téllez-Girón y Pacheco)

Puebla, conde de la, XIV, 291; XVI, 423 (1642: asistente de Sevilla); XVII, 239, 315 (1643: deja el puesto de asistente)

Puebla, condesa de la (María de Corella y Mendoza), XVIII, 187 (1645: llega a Génova); XIX, 328

Puebla, marqués de, XVI, 97

Puebla, obispo de la, XV, ix (las persecuciones del obispo Palafox contra jesuitas en México); XVI, 508 (1643: Palafox de virrey interino en México)

Puebla, P. (rector del Colegio de la Compañía en Salamanca), XIII, 193 (1635: hecho rector); XV, 481, 488 (va a San Sebastián a concertar la fundación de un colegio); XVI, 77

Puebla, P. Gabriel, S.J. (nombrado visitador de la Compañía en el Perú, pero no lo ejerció), XVI, 473 (1642: m. en Portobelo)

Puebla de los Ángeles [México], obispo de la (v. Palafox y Mendoza, J.)

Puebla, Puebla de Llerena o del Maestre, VI conde de (Lorenzo Cárdenas y Valda, I conde de Bacares; [asistente de Sevilla, 1626-1629; gobernador del Consejo de Indias]; m. antes de julio, 1642), XIII, 396, 406 (1636: nombrado por el Conde-Duque para teniente de gran canciller de las Indias); XIX, ix, 408 nota 377 ¶7, 433 nota 19 ¶3

Puebla, Puebla de Llerena o del Maestre, VII conde de (Diego Cárdenas y Valda), XVI, 381, 423; XVIII, 502; XIX, 408 nota 377 ¶7

Puebla de Montalbán, [II] conde de la (Juan Pacheco y Toledo, caballero de Alcántara; nació en 1590, m. 1666 [nació en marzo de 1590, en vida de su abuelo Juan Pacheco, el I conde; en julio m. su padre, Alonso Téllez Girón, y en octubre su abuelo, de manera que en el último mes heredó Juan Pacheco y Toledo el título de II conde [Fernández de Bethencourt, *Historia genealógica...*, t. II, 424, 436-437 y 441-442; García Carraffa, XXXIX, 80-81; *Índice de Salazar*, I, 595b]; de acuerdo con el mayorazgo, los herederos alternaban los dos nombres, y más tarde el II conde cambió el suyo por Alfonso Téllez Girón [v. su ficha en Crosby, *Índice de apellidos, títulos y oficios...*, y Carraffa, XXXIX, 75, párrafo 3 y LXVII, 19, párrafo 3]. El II conde se casó con Isabel de Mendoza y Aragón, y era padre de Alonso Melchor Téllez Girón Pacheco y Mendoza, q.v., su heredero, y de Francisca de la Cerda y María Pacheco y Aragón, q.v.)

– XV, 78 (**1638:** pretendiente al gobierno de Orán)

– XVII, 202 (**1643:** se queman sus casas en Madrid), 347 (por acompañar al marqués de Villena, éste le dio una cadena de oro), 438 (**1644:** se casa su hijo, q.v.), 475 (sobre sus dos hijas)

– XIX, 80 (**1647:** mayordomo más antiguo de Felipe IV [v. Crosby, *Índice de apellidos, títulos y oficios...*]; va a Alemania con la Reina), 425 nota 438 (sus tres matrimonios), 429 nota

475 (los matrimonios de sus dos hijas)

Puebla de Ovando, I marqués de la (Francisco Dávila-Guzmán, I marqués desde 1627, y IV marqués de Loriana [título que heredó en 1636 de su sobrino, Juan Velázquez Dávila, III marqués de Loriana, q.v.]; casado con Francisca de Ulloa; colegial en el Mayor de Cuenca, caballero de Alcántara; presidente del Consejo de Hacienda de 1629 a 1644 y en dicho año del Consejo de Estado; de la Junta de Obras y Bosques; m. 1647)

- XIII, 9 (**1634:** posible virrey de Navarra), 66, 90, 108 (de 1634 a 1644: en Portugal, ministro de Hacienda de la gobernadora, la duquesa de Mantua, q.v., y mayordomo mayor de su casa; presidente del Consejo de Hacienda en Madrid "en propiedad"; v. XVII, 100 y XIX, 424-425 nota 411), 277
- XV, 179 (**1639**), 199, 296 (padre del marqués de Leganés, q.v.)
- XVI, 93 y 97 (**1640:** motín de Portugal; preso por los rebeldes), 107, 108, 109, 123 (su prisión), 124 (**1641:** se negocia su libertad y la de otros), 278 (**1642:** escribe desde Lisboa que le quieren canjear por trigo)
- XVII, 155 (**1643:** lo canjean), 171, 390, 403 (el Rey lo recibe), 411 (**1644:** el Rey mandó un decreto a Francisco Antonio de Alarcón, presidente del Consejo de Hacienda, en el que le pidió que volviera el cargo al IV marqués de Loriana, "cuya propiedad se le conservó cuando fue a Portugal"), 414, 437, 462 (del Consejo de Estado y presidente del Consejo de Aragón), 470, 475 ("Al marqués de la Puebla le ha hecho S.M. merced de dos llaves de la Cámara: una para el hermano del [VIII] duque de Béjar que casa con su hija mayor [y heredera, Leonor Velázquez Dávila], y otra para el conde de los Arcos que casa con la menor [Inés María Dávila Guzmán y Saavedra];" v. XIX, 428-429 nota 475, correcta, salvo los errores de las líneas 4 a 9 de la página 429)
- XVIII, 136 (**1645:** el marqués fue encargado de llevar los cuerpos de Olivares y su hija a Loeches), 391 (**1646:** el presidente de Castilla fue Juan Chumacero, q.v., y el de Hacienda fue Francisco Antonio de Alarcón, q.v.)
- XIX, 67 (**1647:** gravemente enfermo), 70 (m.), 434-435 nota 94, 449 nota 391 (por error, 390)

Puebla de Ovando, I marquesa de la (Francisca de Ulloa, IV marquesa de Loriana), XVI, 427; XVII, 412 (m. 1644)

Puebla de Sanabria, y Puebla [de Sanabria] (v. Sanabria, Puebla de)

Pueblo, Electo del (funcionario gubernamental de Nápoles), XIX, 61, 103 (1647: "en alta voz aclamaron por Electo del Pueblo a Francisco de Arpaia")

Puente de Olivenza (véase "Olivenza, puente de")

*Puente, Francisco de la (natural de Burgos; presbítero de la diócesis de Cuzco; genealogista)

*Puente, Fr. Luis de la, S.J. (nació y murió en Valladolid, 1554-1624; autor de obras espirituales; homónimo del que sigue), XIII, 116; XV, 498

Puente, [P.] Luis de la, [S.J.] (homónimo del anterior; autor de una carta al P. Pereira en 1634), XIII, a116

Puente de las Barcas (a 6 kilómetros al este de Melgaço en el río Miño), XIX, 324-325 (v. Monterrey [plan portugués...]) (variante: Ponte Barxas)

Puente Blanco (¿lugar del Pirineo?), XV, 307

Puente Hurtado, P., S.J. (m. 1641), XIII, a16; XIV, d432; XVI, 185

Puerta Nolana (lugar en las afueras de Nápoles), XIX, 112, 113 (allí dejaron el cuerpo de Masaniello)

Puerta, Isabel de, XV, 32 (amiga del II marqués de Mortara, q.v., Francisco de Orozco)
Puerta del Sol (Madrid), XIII, 68; XV, 109; XVII, 323
Puerto (v. Porto)
Puerto (lugar del duque de Lerma cerca de Laredo y Castro-Urdiales, q.v.), XV, 322
Puerto, arroyo del, XVI, 239
Puerto belo o Puerto-Velo o Puertovelo (v. Portovelo)
Puerto de Santa María (a 16 km. al O de Jerez de la Frontera, en la Bahía de Cádiz), XV, 365 (se enviaron dos reos "al remo al puerto de Santa María"); XVI, 270; XVII, 7, 151, 213; XVIII, 474
Puerto-Ferraro (v. Portoferraio)
Puerto-Longón (v. Porto Longone)
Puerto Rico, XIV, 244; XVII, 40
–, obispado de, XIII, 350
Puerto-Seguro, marqués de (título concedido en 1629 a Alfonso de Lancáster, I duque de Abrantes y marqués de Sardoal, para los primogénitos de la Casa Ducal (Atienza, 938b), XIII, 276 (en su casa, "que llaman de las Siete chimeneas", q.v., estuvo preso "con guardas" el duque de Aerschot, q.v.)
Puerto Viejo (puerto en la costa occidental de Italia, cerca del puerto Hércules y de Civitavecchia, al NO de Roma), XVIII, 244
Pueyo, Jerónimo del, XIX, a65 (carta de Sanlúcar)
Pueyo, José de (alcalde de corte), XVIII, 503
Puiche, Ottavio (embajador de Florencia, q.v.)
Puigcerdá (a 65 km. al NO de Ripoll y 50 km. al NE de Seo de Urgel), XIX, 302
Pujadas, Juan (almirante de la flota), XVIII, 428 (es hecho general)
Pulgar (capitán), XVIII, 504 (preso por los portugueses)
Pulgar, F. del (cabo militar), XVI, 185

Pulgar, Fernando del (maestre de Campo; m. en Casal, q.v.), XV, 452
Pulgar, Gregorio del, XVII, 401 (teniente de caballos de la compañía de Alonso de Mella, q.v.), 402 (los portugueses mataron su caballo)
Pulgar, José de (maestre de Campo en Extremadura), XVI, 185; XVII, 274
Pulido de Aguilar, Dr. (médico; padre de un jesuita), XIII, 78
Pumarino, Francisco de las Alas, XVI, a18, a25, a35 (var: Piemarino)
Puntal, el, XVII, 206 (en una carta de Cádiz se dice que, "las galeras están en el Puntal")
Puñonrostro, V conde de (Arias Gonzalo Dávila y Bobadilla, mayordomo de Felipe IV, gentilhombre de Cámara del Infante-Cardenal, casado con Teresa Pacheco; m. 1661), XIII, 7; XIV, 217, 336; XIX, 443-444 nota 299
Puñonrostro, condesa de (Teresa Pacheco, casada con el V conde de Puñonrostro, q.v.; hija del marqués de Cañete; m. 1650), XV, 258 (1639: entra como monja descalza); XVIII, 299; XIX, 443 nota 299
Puren (pueblo de Chile en la región de Valdivia, q.v.), XVIII, 11
Purificación, día de la, XIV, 26 (la purificación de la Virgen María se celebraba el 2 de febrero, y en este día de 1637 entró el "eminentísimo" cardenal Gaspar de Borja y Velasco, q.v., a besar la mano del Rey)
Purilico o Pusilipo (v. Pozzuòli)
Putier, barón de (v. Butier)
Puylarens, duque de (Antoine de Lage, favorito del duque Gastón de Orleáns; casado con Marguerite Phileppine de Coislin, sobrina de Richelieu), XIII, 146 (**1635**: preso en la Bastilla por participar en una facción, y allí m.; dice que le degollaron por error), 390 (**1636**: su viuda, ofrecida en matrimonio al hermano del duque de Guisa); XV, 167, 353 (var: Puylaurens; Puylorens)

Puylaurens, viuda de (v. la ficha anterior)
Puzol (lugar al O de Milán; v. Cámara, casa de la), XIII, 470
Puzol o Puzoli o Puzzuoli (v. Pozzuòli)

Q

Queipo de Llano, Juan (colegial del arzobispo de Granada; de 1639 hasta 1647, obispo de Pamplona, y luego de Jaén en 1647, año de su m. [véase Gams])
- XIII, 23 (**1634:** le dan la plaza de oidor en Granada), d324 (**1635:** el Corregidor de Valladolid dirigió una carta al "señor presidente [de la Chancillería] de Castilla [en Valladolid], D. Juan Queipo de Llano", "cumpliendo con lo que V.S. me manda..." (se trata de la visita del embajador de Inglaterra a Valladolid para ver a la madre Luisa de la Ascensión, q.v.)
- XV, 76 (**1638:** todavía "presidente [de la Chancillería] de Valladolid"; en 1642 el Rey nombró presidente a Diego Luis de Riaño y Gamboa, q.v.])
- XIX, 452-453 nota 468 (var: Queipo, Juan de)
Queralt, Dalmao de (v. Santa Coloma, conde de)
Querasco (v. Cherasco)
Quero, Francisco de (v. Agüero, Francisco de.)
Querqui (v. Crequi)
Quesada Mendoza y Toledo, Hernando de (v. Garciés, conde de)
Quesnoy, Le (a 14 km. al SE de Valenciennes), XIV, 178 (var: Quesnay)
*Quevedo Villegas, Francisco de (nació en Madrid, 1580, y murió en Villanueva de los Infantes, 1645; polígrafo y satírico; caballero de Santiago; v. la ficha extensa sobre Pedro Pacheco, amigo de Quevedo que recogió y conservó muchos manuscritos de su poesía)

- XIII, xv (intenta publicar las obras de Pedro Téllez Girón, duque de Osuna), xvi-xvii (está preso Luis de Narváez por haber publicado una sátira atroz contra Quevedo en 1636), 419 (*Francofurt, Arnaldo de [pseudónimo], *El tribunal de la justa venganza*; invectiva contra Quevedo), 448 (su manifiesto sobre Francia: *Carta al serenísimo...Luis XIII*)
- XIV, 333 y la nota 2 (16 de febrero, **1638:** carta del P. Sebastián González: "Remito a V.R. ese librillo que ha sacado ahora don Francisco de Quevedo" [en 1637 salió a luz *De los remedios de cualquier fortuna*, de manera que todavía era una novedad])
- XV, 74-75, nota 1 (**1638:** se citan dos ejemplares de una sátira que se ha atribuido a Quevedo ["La sombra de monseñor de la Forza...", q.v.]), 374 (**1639:** preso el día 7 de dic. en casa del duque de Medinaceli en Madrid; le han llevado a "las Torres de León"), 411 (febrero, **1640:** preso en León; el duque de Medinaceli, desterrado)
- XVII, 87 (mayo, **1643:** poema a imitación de los de Quevedo: "Católica y sacra real majestad, / quien esto os escribe os dice verdad; / ..." [se refiere a un memorial que en aquel entonces se atribuía a Quevedo: "Católica sacra, real majestad, / que Dios en la tierra os hizo deidad" / ...]; v. Crosby, *The Text Tradition...*), a158-159 (julio, **1643:** libre, escribe al duque del Infantado: "Doy a V.E. el parabién...")
- XVIII, 131, nota (agosto de **1645:** murió Francisco Morovelli de Puebla, quien había defendido el patronato de santa Teresa de Ávila contra Quevedo y Santiago el Apóstol), 169 (sátira que menciona a Quevedo) (sobre la reacción de Quevedo a la muerte del Conde-Duque de Olivares el 22 de julio de 1645, véase la ficha

de la Magdalena y los comentarios de Elliott y Crosby)

Quier o Quiers (v. Chieri)

Quijada (alcalde de Casa y Corte), XVII, 442 (nombrado auditor general del ejército)

Quijada, Jerónimo (gran canciller de Milán), XVIII, 86, 91

Quilez, Onofre (mercader catalán y diputado de Barcelona), XVIII, 266 (**1646:** envuelto en conjuración fracasada en Barcelona, y ajusticiado), 311 (Hipólita de Aragón lo indujo a rebelarse), 312; XIX, 444 nota 312

Quincoces (secretario), XV, 50

Quinshoffen (v. Königshofen)

Quintana, marqués de (v. Castronuevo, I conde de y II conde de)

Quintana [del Marco], el "marquesito" de (probablemente el hijo y heredero de Francisca Henríquez de Porres [hija del I conde de Castronuevo, q.v., casada con el conde de Villaumbrosa, q.v.], e hijo natural de Felipe IV, q.v.; sobrino de Fr. Antonio Enríquez de Porres, obispo de Málaga, q.v.), XVIII, 492 (v. la ficha de Juan de Austria); XIX, 454-455 nota 492

Quintana, Miguel Juan (diputado real en Cataluña), XVI, 2

Quintanadueñas Alvarado, Francisco de, S.J., XVII, a124, 369 (se escapó del incendio del palacio de Cantillana, q.v.) (var: Quintana Dueñas)

Quintanilla, Diego de [¿inquisidor?], XVII, 286 (sus informantes van a Alcalá a hacer pruebas de limpieza de sangre de un caballero y de los becarios de un colegio)

Quinto (pueblo en la ribera del Ebro, q.v., cerca de Zaragoza), XVII, 12

Quiñones (contador), XIII, 345

Quiñones, Álvaro de (v. Pérez Quiñones y Lorenzana, Álvaro [I marqués de Lorenzana])

Quiñones, Diego, XIII, 7 (en un juego de cañas en el Buen Retiro)

Quiñones, Fulano (v. Pérez Quiñones de Lorenzana, Álvaro)

*Quiñones, Juan de (alcalde de Corte, encargado de la prisión de Miguel de Molina)

- XIII, 41 (**1634:** en la detención del duque de Aerschot), 164
- XIV, 27 (**1637:** saca de casa del embajador inglés al capitán de unos ladrones), 257 (encargado con otro de la prevención de bastimentos en el viaje del Rey a Portugal)
- XV, 169 (**1639:** corregidor de Toledo), 407 (**1640:** detiene al secretario del Nuncio), 427, 440
- XVI, 133 nota 1 (en **1642** publicó un libro sobre Miguel de Molina), 281, a439
- XVII, 430 (**1644**); XVIII, 188, 233 (**1646:** m.)

Quiñones, Juan de (teniente), XVI, 121-122 nota 2 (herido en el asalto de Montjuich; v. la ficha de los hermanos Espatafora), a436-439 (carta con muchas noticias)

Quiñones, María de (impresora de Madrid, 1634-1664), XIII, 482; XIV, 19, 73; XV, 77, 87

*Quiñones de Benavente, lic. Luis (n. Toledo; m. 1651; entremesista magistral), XIV, 39 (por error, reza Francisco Benavente)

Quiriqui, Mr. de (v. Crequi, Carlos de)

Quiroga, Benito de (gobernador de Salses), XVI, 429

Quirós (alguacil), XIII, 447

Quirque o Quirqui (v. Crequi)

Quirrasco (v. Cherasco)

Quito (Ecuador), XVI, 320, 321 (descripción breve de la misión del río Marañón, o Amazonas, "300 leguas distante de Quito")

R

Rabal (pueblo a 6 km. al N de Bragança), XVII, 400-401

Rabastain (v. Ravestein)

Racconigi (a 35 kilómetros al sur de Turín, a orillas del río Maira), XIX, 8

Rácóczi, Georg I (1593-1648; en 1630 elegido príncipe de Transilvania; partidario de Gabriel Bethlen contra los Habsburgos; en la campaña de 1644-1645 consiguió la libertad para los protestantes)
- XIV, 16 (**1637:** los turcos lo atacan y pide ayuda al rey de Polonia)
- XV, 340 (**1639:** junto a Francia, intenta incitar a los turcos a atacar al Imperio)
- XVII, 465 (**1644:** tiene ejército para hacer la guerra al Emperador), 472 (**1644:** antes de morir, Richelieu logró convencer a los turcos para que con el beneplácito de este Príncipe pudieran invadir Bohemia), 477 (el rey de Polonia derrota a los tártaros que acudían en ayuda del Príncipe)
- XVIII, 57, 84 (**1645:** hace paces de nuevo con el Emperador), 178 (**1645:** en tratos de paz con el Emperador), 489 (**1647:** pide socorro a Suecia por si hay guerra con el Emperador)
- XIX, 9 (**1647:** entrega tropas al Emperador) (var: príncipe de Transilvania; Racokzkie; Ragoschi; Ragosi; Ragotzi)

Radin (v. Reading)

Rafael, P. (v. Pereira, P. Rafael)

Raglan (castillo de Gales), XVIII, 177 (var: Raggland)

Ragoschi o Ragosi o Ragotzi (v. Rácóczi, Georg I)

Raigada, Antonio de (capitán), XV, 57

Rain (ciudad de Baviera), XIX, 9

Rambouillet, hotel de, XIX, 412 nota 50 (en éste leyó poesías Antonio Godeau, a quien protegió el cardenal Richelieu)

Rambouillet, marqués de, XV, 401 (1640: m. en la derrota de los franceses en el Piamonte)

Ramírez (regidor de León), XIII, 376 (relato de unos lances callejeras nocturnas)

Ramírez, P., S.J., XVII, 431

Ramírez, Fernando, XIII, 38 (en una junta que enjuicia al duque de Aerschot)

Ramírez, Francisco (capitán de caballos en la frontera con Portugal cerca de Elvas, q.v.), XVIII, 204

Ramírez, Juan (capitán), XIII, 356 (m. 1635)

Ramírez, P. Juan, S.J., XIII, 118

Ramírez, P. Luis, S.J., XV, 336; XVII, 431

Ramírez de Arellano, Felipe (v. Aguilar, VII conde de)

Ramírez de Arellano, Juan (v. Aguilar, VIII conde de, e Hinojosa, marqués de)

Ramírez de Arellano, Juan Domingo (v. Aguilar, IX conde de)

*Ramírez de Carrión, Manuel (criado del marqués de Priego y maestro de sordomudos; autor de un libro sobre las maravillas de la naturaleza), XIX, 156 y la nota 1

Ramírez de Gamarra, Santiago (criado del marqués de Ayamonte), XIX, 219

Ramírez de Haro, Diego (v. Bornos, conde de)

*Ramírez de Prado, Lorenzo (caballero de Santiago, del Consejo de Castilla y oidor del de la Cámara en Indias), XIV, 247
- XV, 467 (**1640:** en la organización del viaje real a Aragón y Valencia)
- XVI, 58, 238, 380 (**1642:** en un memorial picante)
- XVII, 474 (**1644:** el Rey no le favorece), 475
- XVIII, 14 (**1645:** posiblemente le dan una plaza en el Consejo de Castilla), 216 (**1646:** le hacen del Consejo de Castilla)
- XIX, 407 nota 377 ¶3, 430 nota 497 (jubilación con otros del Consejo de Indias), 436 nota 126 (del Consejo Real)

Ramírez de Vargas, Bernardo (v. Flores-Dávila, II marqués de)

Ramón, Francisco (capitán), XVII, 399, 400

ÍNDICE ONOMÁSTICO

Ramos, sábado de, XIV, 34
Ramos, licenciado (teniente de la villa de Madrid y ministro de la Inquisición), XIII, 295
Ramos, P., XIII, 156
*Ramos, Antonio (autor de unas adiciones y correcciones del nobiliario de Berni)
Ramos del Manzano, Dr. Francisco (catedrático de prima de leyes de Salamanca), XVIII, 5, 86 (presidente del Consejo de Hacienda de Milán)
Rançau, mariscal (v. Rantzau)
Rancon, marqués de (piamontés), XV, 401 (1640: m.)
Rangel, "[¿Francisco?]", XVI, 386 nota 1 (v. la ficha que sigue)
Rangel, P. Lucas, S.J. Autor de cinco cartas de 1640 hasta 1642, cada una firmada "P. Lucas Rancel" o "P. Lucas Rangel, de la Compañía" (XVI, 40, 54, 80, 82 y 349). De las cinco cartas dice Gayangos que su autor era "jesuita portugués y uno de los pocos que en la separación de Portugal permaneció fiel a la corona de Castilla" (XVI, xiii). En 1642 el P. Martín Montero dijo de un manifiesto del IX duque de Medina Sidonia que "es obra del P. Rangel, un indiano" [por haber residido en la India oriental] (XVI, 386). Sugiere Gayangos que posiblemente el P. Rangel de la carta del P. Martín Montero era "[¿Francisco?], jesuita portugués... indiano" (XVI, 386 nota 1). A diferencia de lo que dice Gayangos, no habla el P. Pereira del P. Rangel, ni consta el nombre de Lucas Rangel en la primera edición de la *Bibliotheca* de Nicolás Antonio (XVI, xiii xiv).
Rangones, marqueses (señores de Roca Blanca en Italia), XIII, 519 (el duque de Modena le salva la vida al marqués)
Ransan, Gil (error por Rantzau, General; v. Rantzau, conde de)
Rantzau, conde de (maestre de Campo general al servicio de los franceses)

– XVII, 407 (**1643:** noticia equivocada de su m. en 1643 en la batalla de Tübingen [para Gayangos, los datos están "conocidamente viciados"]), 421, 424 (**1644:** teniente general en la batalla de Tübingen, y preso [por error, en la lista de presos se repite su nombre, y otros, como teniente coronel]), 425 (al mando de un ejército en Tübingen)
– XIX, 84 (en **1647,** mariscal al mando de 4.000 franceses entre Dunquerque y "Bobonbergen" [¿Blankenberghe?, al NE de Dunquerque]), 120 (al mando de 4.000 franceses en Dixmude, a 33 km. al E de Dunquerque), 424 (sobre la noticia equivocada de su m.) (var: Banzan; Rançau; Ranzau; Rantzaw; por Gen'l Rantzau, "Gil Ransan")
Raspuru, Nicolás de (capitán), XV, 165 (**1639:** m.)
Rastro, la solana del (arrimado a los muros de Segovia), XIX, 219 (1648: la justicia llevó al marqués de Ayamonte del alcázar a la cárcel)
Rasura, Nuño (se dice que en su testamento legó alhajas), XVI, 280
Rathenow (a 75 km. al NO de Berlin), XIV, 241 (los suecos se retiraron a esta ciudad, y al parecer, más tarde los imperiales la tomaron) (var: Ratena; Ratenan)
Ratisbona (v. Regensburg)
Ravaillac (el asesino del rey Enrique IV de Francia en 1610), XVII, 131
Ravenna (ciudad en la costa del mar Adriático, a 75 km. al E de Bologna), XIII, 334 (cuando el Emperador tomó la Valtelina, q.v., los franceses se retiraron a esta ciudad "con harta prisa") (var: Ravena)
Ravestein (ciudad a 17 km. al SO de Nijmegen; capital de un condado histórico del mismo nombre), XIII, 395 (la ciudad), 477 (el fuerte); XIX, 9 (el condado, que pasó al duque de Brandenburg) (var: Rabastain; Ravenstein; Ravestain)

Raygada, Antonio de (capitán; en 1638 m. en un desastre naval; v. la ficha de Rubín de Celis, Diego, y XV, 15, 17 y 57)

Ré, isla de (isla enfrente de La Rochelle y la provincia de Charenta Inferior o Maritime, cuyo capital era Saint Martin de Rhé)
– XIV, 210 (**1637:** Lope de Hoces salió de la costa de Vizcaya con 20 navíos y fue directamente a la isla de Ré)
– XV, 17, 47 (**1638:** Hoces entró en su puerto y quemó muchos barcos franceses), 463 (**1640:** Miguel de Orna entró en el puerto y cogió 22 barcos y los llevó a La Coruña) (var: Isla de Red; Rea; Res; Rey; Rhé))

Rea, Juan de la (v. Larrea, Juan de)

Reading (ciudad a 60 km. al O de Londres), XVII, 139

Reading, Martín de (escocés y hermano y de Tiburcio, q.v.; Gran Prior de la Orden de San Juan en Navarra; gobernador de Galicia en 1642; v. XIX, 410 nota 426)
– XIV, 173-174 nota 1 (hermano de Tiburcio Reading, q.v.)
– XVI, 426 nota 1 (**1642:** sucedió al de Valparaíso como gobernador de Galicia; por error dice Juan)
– XVII, 170 y la nota 2 (**1643**), 194, 211, 216 (enfermo), 240 (muy enfermo; despedido del gobierno y del reino), 296 (en Soria, muy enfermo y delicado)
– XIX, 324 (**1642**), 325 (vence a los portugueses), 326, 341 (gobernador de la Coruña y capitán general; v. Monterrey [plan portugués...]), 410 nota 426 (var: Radin; Redin; Juan Reading)

Reading, Tiburcio (escocés y hermano de Martín; caballero de San Juan de Malta [San Juan de Jerusalén]; del hábito de Santiago con encomienda; maestre de Campo)
– XIII, 187 (**1635:** embajador del gran Maestre de Malta ante el virrey de Nápoles y el Papa; pasó a servir en los ejércitos del duque de Nochera, virrey de Navarra),
– XIV, 7, 168 (está en Francia; se ha retirado a ser capuchino lego; "era de los mejores soldados que el Rey tenía"), 173-174 nota 1 (**1637:** maestre de Campo en Navarra; descontento con los nobles militares, se hizo capuchino en el convento de Tarazona) (var: Radin; Redin)

Real, Campo (v. Campo Real)

Real, conde del (título concedido en 1599 a Pedro Sánchez de Calatayud, virrey de Cerdeña)
– XVI, 235 (**1642:** en este año, mayordomo de la Reina; asistió a la princesa de Carignán)
– XIX, 121 (**1647:** se menciona el "hijo del conde del Real" [puede ser hijo o nieto del I conde)

Reátegui, Martín de la (v. Larreátegui, Martín de)

Rebioso, duquesa de (v. Chevreuse, duquesa de)

Rebolledo, Benito de (de la Puebla de Sanabria), XVII, 397 (participó en una campaña militar en Portugal)

"Recide en Oxonia" (así en latín; en inglés, "Ride [distrito] of Oxford"), XVII, 327 y la nota 1

Recife (capital de Pernambuco, en el extremo oriental del Brasil), XVIII, 232

Recoletas agustinas, XIII, 151, 155, 158, 165, 186

Recoletas agustinas descalzas, convento de las Madres, XIII, 521

Rector, P., XIII, 18 (del Colegio de Madrid), 193 (del Colegio de Salamanca), 232 y 233 (del Colegio de Jesús del Monte), 320 (del Colegio de Sevilla)
– XIV, 333 (del Colegio del P. Sebastián González en Madrid)
– XV, vi (del Colegio de Valladolid), 114 (¿del Colegio de Valladolid?), 225 y 226 (del Colegio de Granada), 281 (del noviciado de San Andrés), 303 (del Colegio de Madrid), 320

(que el Padre Pimentel sea rector del Colegio de Valladolid), 321 (del Colegio de Toledo y de el de Medina), 328 y 329 (del Colegio de Toledo), 335 y 336 (del Colegio de Cádiz), 365 (del Colegio de Valladolid), 445 y 456 y 480 y 486 (del Colegio de Salamanca)
- XVI, 33 (del Colegio de Málaga), 76 y 77 (del Colegio de Valladolid), 116 (del Colegio de Madrid), 173 (del Colegio de Monforte), 247 (de San Hermenegildo de Sevilla)
- XVII, 172 (rector y vicerector del Colegio de Madrid)
- XVIII, 5 y 6 (del Colegio de Salamanca), 18 y 75 y 78 (del Colegio de Salamanca)
- XIX, 20 (del Colegio de Lérida), 28 (del Colegio de Madrid), 175 (del Colegio de Badajoz), 231 y 242 (del Colegio de Madrid), 281 y 294 (del Colegio de Madrid), 323 (del Colegio de Burgos), 329 (del Colegio de Madrid, su rector Pedro González de Mendoza), 364 y 365 y 371 (del Colegio de Madrid)

Red, isla de (v. Ré, isla de)
Red de San Luis (v. San Luis, red de)
Redin, Martín de o Tiburcio (v. Reading)
Regencia, Consejo de, XVI, 85-86 (**1640:** del Cardenal-Infante); XVII, 131 (**1643:** del rey de Francia); XIX, 461-462 nota 263 (Andrés Cantelmo, uno de los regentes del Cardenal-Infante)
Regensburg (ciudad de Baviera a orillas del Danubio, a 105 km. al NE de Munich; fue sede de la Dieta del Imperio), XIII, 32, 83, 103, 384; XIV, 10, 43, 66, 84; XVI, 126 (var: Ratisbona)
aRegensburg, XVI, 129
Regensburg, tratado de, XIII, 196
Regente, el, XIII, 202 (1635: herido en una representación teatral en Madrid); XIV, 348; XIX, 102 (1647: su casa incendiada en el motín de Nápoles)
Reggio nell' Emilia (a 24 km. al NO de Modena), XVII, 444 (var: Rijo)
Regi (error por Pegli, q.v.)
Regia Cámara, presidente de la (véase Cennamo, Fabricio)
Reguer, Jacinto (militar catalán), XIX, 430 nota 486
Reimat, campo de (cerca de Riva y Chiavenna, q.v.), XVII, 333
Reims, XIV, 259; XVII, 164 (var: Remenso; Rheims)
Reims, arzobispado de, XIX, 416 nota 164; arzobispo de, XVII, 164; obispo de, XIV, 259 (var: Remenso; Remsa; Rheims)
Reina, la (de España), v. Isabel de Borbón y María Ana de Austria
Reina, boticario de la (francés radicado en Madrid), XV, 23
Reina, calle de la (Madrid), XIII, 276 (v. Aerschot, duque de)
Reina, confesor de la (v. Isabel de Borbón, XV, 387; XVI, 223, 235; XVII, 26)
Reina madre (de Francia) (v. Medici, Marie d')
Reina madre, embajador de la, XIII, 510
Reina, P. Juan de, S.J., XVIII, 264, a478-480 nota 1
Reino, Imprenta del (v. Imprenta),
Reinoso, licenciado (alcalde mayor de Villamanrique), XVI, d442-443
Reinoso (v. Arce de Reinoso, Diego)
Rejón de Silva, Juan (corregidor de Laredo y gobernador de las Cuatro Villas, q.v.), XV, 322 (1639: en La Coruña), 327 (se sospecha que lo mataron allí)
Relator (v. Valencia, Francisco de)
Remedios, Convento de los, XVI, 249
Remedios, Nuestra Señora de los (v. Nuestra Señora de los Remedios)
Remenso (v. Reims)
Remo (v. Rómulo)
Remoto (capitán), XIV, 463, 468
Remsa (v. Reims)

Renata, archiduquesa Cecilia (hermana del Emperador), XIV, 187 (1637: parte hacia Varsovia para casarse con el rey de Polonia), 218
Renato (v. Soubise, René de)
*Renales [Carrascal, José] (n. Sigüenza en 1689, y allí m. en 1765; doctor y catedrático de teología; historiador; canónigo de la catedral seguntina).
Rene, Chere de la (v. Gieri de la Reina, marqués de)
Reno (v. Rhin, río)
Reno (río que pasa a 3 km. al O de Bolonga y desemboca en el Adriático), XVI, 485
Rentería (a 7 km. al E de San Sebastián), XIV, 456 y 460 (1638: tomada por los franceses, y luego socorrida por los españoles; sobre esta invasión v. también Alcíbar, Fuenterrabía, Irún, Lezo, los Pasajes y Oyarzun)
Renty (aldea del Paso de Calais, distrito de Saint-Omer; lugar famoso por la batalla entre Carlos V y Enrique II de Francia), XV, 79 (1638: quemado por los franceses)
Renty, marqués de, XIII, 45; XV, 79
Representaciones de obras de teatro (v. el Índice bibliográfico)
República, la (v. la república de Génova)
Requejo (pueblo a 10 km. al O de la Puebla de Sanabria), XVII, 397, 398
Requesens, Nuestra Señora de (véase Nuestra Señora de Requesens)
Res (ciudad sobre el Rhin, al NE de Maastricht), XIII, 262
Resfallé (pueblo entre Narbonne, q.v., y Leucate, q.v.), XIV, 249
Rethel, príncipe de (Charles de Rethel, n. 1580, m. 1637, hijo del duque de Nevers, q.v.; de la dinastía de los Gonzaga, que contendía con España la sucesión al Monferrato y a Mantua; en 1627 Charles casó con María de Gonzaga, q.v., heredera del Monferrato); XVII, xvii (durante el asedio español de Cambrai en 1595, a la edad de 15 años, logró entrar en la ciudad, testimonio de su valor) (var. errónea: Rethelois)
Retiro, el [Buen], XIII, 66, 74, 107, 108, 200, 202, 243, 432, 459, 527, 531
– XIV, 38, 57, 105, 109, 139, 265, 290, 293, 308, 317, 318, 432, 443
– XV, 62, 69, 84, 152, 154, 166, 180, 194, 195, 232, 241, 257, 261, 264, 267, 268, 270, 273, 367, 417
– XVI, 40, 56, 172, 231, 234, 236, 321, 327, 331
– XVII, 7, 114, 155, 501; XVIII, 234
– XIX, 72, 404 nota 349
Retiro, el Buen, XIII, 117, 119, 145, 147, 168, 199, 224, 309, 417, 438, 443, 527, 530
– XIV, vi, 19, 34, 39, 40, 41, 45, 62, 65, 66, 66, 84, 105, 139, 147, 208, 248, 274, 304, 322, 328, 335, 336, 362, 385, 395, 399, 402, 406, 407, 412, 414, 416, 417, 430, 435, 444
– XV, 85, 143, 148, 168, 205, 407
– XVI, 242, 243, 506
– XVIII, 375; XIX, 374 nota 26
Retiro, Buen: eremita, XIV, 38;
– palacio: XIII, 64
Retiro, el Real, XIII, 418; XIV, 82; XV, 325 (donación del Consejo de Castilla)
Retiro de San Jerónimo (palacio), XIII, 4
– fiestas, XIII, 224, 527
– fiestas acuáticas, XV, 267, 270; XVI, 234
Reus (ciudad a 14 kilómetros al noroeste de Tarragona), XVI, 89 (se defendió contra un ataque francés), 206 (el VIII conde de Aguilar derrotó a un ejército de franceses frente a Reus); XVII, 179 (de Reus vinieron muchos hombres para pelear con los franceses)
Revilla, conde de la (corregidor de Madrid), XIII, 243 (1635: m. un hijo suyo)
Revilla, condesa de la (María Enríquez Sarmiento y Mendoza, duquesa de Frías, q.v.)

Revulgo, Inocencio (personaje en una obra escrita por un jesuita que ataca al Dr. Espino), XV, 101
Rey (v. Felipe IV, y Luis XIII)
Rey (muchacho perdido), XVIII, 78
Rey, Antonio (estudiante de Salamanca), XVIII, 76
Rey, Fernando (impresor de Cádiz, 1630-1646), XVI, 372-373
*Rey, maestro Francisco (autor de libros)
Rey de Romanos (v. Emperador [del Sacro Imperio Romano])
Reyer, coronel (treguas entre Francia y Baviera), XIX, 9 (Baviera lo entregó a los franceses como rehén)
Reyes, día de los, XIV, 19
Reyes, los, XIII, 4, 6 (en el nuevo palacio del Retiro de San Jerónimo), 26, 111 (agasajan a la duquesa de Mantua), 145, 540 (1636: m. la infanta Mariana Antonia Dominica Jacinta)
Reyes, noche de los, XIV, 43
Reyes, P. Fray Domingo de los, XVI, d439
Reyes, P. Juan de los, S.J., XVI, a389
Reyes, San Miguel de los (v. San Miguel)
Reyes católicos, los, XVIII, xxiv; XIX, 437 nota 137, 446 nota 335 ¶2
Reyes de Toledo, San Juan de los (v. San Juan de los Reyes de Toledo)
Reyna, Gere de la (v. Gieri)
Rhé (v. Ré, isla de)
Rheinfels (castillo imponente a 113 metros sobre el Rhin y junto al pueblo de St. Goar, a 30 km. al S de Koblenz), XIII, 401
– XIV, 362 (1638: sitiado por el duque de Weimar y el duque de Rohan, batiéndolo con gran furia), 367 (Weerdt y el príncipe Sabeli le hicieron retirar del sitio), 382, 387, 406 (posteriormente Weimar lo toma), 415, 434 (el general Götz, q.v., lo recupera); XVI, xiii (var: Bensfedt; Rhinsfeldt; Rinfelt; Rinsfeld; Rinsfelt; Rinsfled)
Rhin, río, XIII, 142, 216, 228, 249, 250, 255, 262, 264, 289, 290, 305, 312, 334, 334, 339, 340, 371, 392, 409, 442
– XIV, 93, 159, 178, 208, 225, 277, 280, 281, 351, 354, 362, 363, 434, 436, 465
– XV, 164, 168, 177, 280, 338, 353
– XVI, 60; XVII, 132, 308, 309, 324, 383, 383, 406, 407, 420
– XVIII, 69, 250; XIX, 434 nota 69 (var: Reno; Rhim; Rin)
Rhinsberg (ciudad de Flandes), XIX, 84 y la nota 1 (lo tomó el Archiduque Leopoldo Guillermo) (var: Rinosberga)
Rhinsfeldt (v. Rheinfels)
Riaño (véase Riaño de Gamboa, Diego Luis)
Riaño, Domingo (nombrado presidente de la chancillería de Granada), XVI, 216
Riaño, Juan de (capitán reformado), XV, 80; XVI, 399
Riaño, Miguel de (capitán), XIII, 356 (m. 1635)
[Riaño, Pedro] (sospechó Gayangos que se trata de Diego de Riaño y Gamboa [XIX, 435 nota 94], lo cual se ve en la cita del XVII, 212: en la visita del Consejo de Hacienda trabaja "de noche y de día" el presidente [de la Chancillería] de Valladolid, [Diego Luis de] Riaño [y Gamboa]); XVIII, 94
Riaño y Gamboa, Diego Luis de (oriundo de Burgos; conde de Villalonga; consejero de Castilla en 1634; m. 1663 [Janine Fayard, *Los miembros del Consejo...*, pp.143-144, 208, 457, 558a; véase I. García Ramila, *D. Diego...*]; gozaba de gran confianza por parte de Felipe IV, quien le dijo después de la caída de Olivares: "Os he traído por visitador y reformador del Consejo de Hacienda y otros" XVII, 143-144; julio, 1643], palabras que merecieron este comentario del corresponsal: "Aquí se entiende ha de haber bravo estrago... Muchos son los que tiemblan, pero los que verda-

deramente caerán no se sabe" [XVII, 144; julio, 1643]. A principios de su carrera, fiscal de la Chancillería de Valladolid, oidor de la Chancillería de Granada en 1624, visitador de los tribunales y ministros de Sicilia (1628-1632) y en 1633 fiscal del Consejo de Castilla [Fayard, *Los miembros...*, 72; Gayangos, XIX, 435 nota 94] [a las fichas que siguen de Diego Luis de Riaño y Gamboa, se han incorporado los datos de "Pedro Riaño", q.v., y de "Diego Riaño del Real", q.v., como errores por Diego Luis de Riaño y Gamboa]
- XV, 68 (**1638**: con Francisco Antonio de Alarcón y Nicolás Cid, personas de confianza del Rey; misión a Guipúzcoa para reformar el ejército)
- XVI, 215 (**1642**: era oidor del Consejo de Castilla, y "ya salió presidente de la Chancillería [de Valladolid]")
- XVII, 355 (**1643**: al grupo de jueces que vigilan y juzgarán al Conde-Duque y al Protonotario, pertenece "el señor Presidente [de la Chancillería] de Valladolid, que hoy está ocupado en la visita del Consejo de Hacienda")
- XVIII, 94 y 134 (**1645**: por orden del Rey, visitador del Consejo de Hacienda, y con Francisco Antonio de Alarcón, jueces en la causa contra el fiscal del Consejo, Rodrigo Jurado, quien los recusó sin probar a Riaño; Jurado fue condenado; v. también XVII, 143-144 y 212 [**1643**]), 270-271 y 357 (**1646**: del proceso del conde de Monterrey son jueces el Presidente de Castilla, el inquisidor general Diego de Arce Reinoso, Francisco Antonio de Alarcón y Diego Luis de Riaño y Gamboa), 357 (el Rey le da la presidencia del Consejo de la Cruzada)
- XIX, 447 nota 357 (**1647**: toma el puesto de presidente del Consejo de la Cruzada); **1648-1661**: presidente del Consejo de Castilla, q.v. (Fayard, *Los miembros...*, pp.143-144); **1658-1661**: conde de Villariezo, vizconde de Villagonzalo de Pedernales y caballero de Santiago (Atienza, 1014b)

[Riaño del Real, Diego] (de éste no encontró Gayangos rastro [caso análogo al de "Pedro Riaño" XIX, 435 nota 94], y por el carácter de los dos socios, creo que se trata de un error por Diego Luis de Riaño y Gamboa, q.v.)

Riba o Riva, la, o Riba de Chiabena, o Chabena (v. Riva de Chiavenna y también Chiavenna)

Ribacourt (maestre de Campo de un tercio de valones), XIV, 464 (var: Ribacortenbore; Robicur)

Ribadavia, conde de ("heredero [de la condesa de Castro: m. 1643] y hoy está sin casar y viudo, y no tiene hijos del primer matrimonio y es conde de Ribadavia y de Castro, y hereda al marqués de Camarasa", XVII, 197), XV, 389 ("no sé si había de ser admitido a la dignidad de grande el conde de Ribadavia que le había de heredar [al marqués de Camarasa]")

Ribadeo (puerto en la costa cantábrica, a 72 km. al O de Luarca), XV, 411 (var: Rivadeo)

Ribagorza (condado al E de Huesca; su capital era Benabarre), XVI, 204, 342 (1642: ofrece 2.000 hombres al Rey), 368; XVII, 155; XVIII, 132, 145, 395; XIX, 271

Ribera (era general), XIII, 208, 216 (no era capitán); XIV, 198 (al mando de una compañía); XIX, 376 nota 216

Ribera, Bernardo de (de Sevilla), XVI, 231

Ribera, Diego de (alcalde), XIV, 62, 72

Ribera, Fernando (sargento mayor), XIV, 198 (cerca de Leucate en 1637); XVI, 121-122 nota 2 (v. los hermanos Espatafora); XIX, 394 nota 120 (var: Rivero)

Ribera, P. Francisco de, S.J., XIII, a78, a233 (son dos cartas escritas en Madrid; v. Jesús del Monte)

Ribera, licenciado Marcos de, XVI, 227, a281, a297
Ribera, doña Mayor (dama de Salamanca), XIII, 107
Ribera, Pedro (alcalde de Casa y Corte; nombrado oidor de Indias), XVIII, 460
Ribera y Enríquez, Fernando Afán de (marqués de Tarifa y virrey de Nápoles), XIII, 34
Riberol (v. Rivarolo Fuori)
Riberos, H. Francisco, S.J., XVI, 473
Ricapandia, duque de (v. Boccapianola, Francesco)
Ricardo, P. Claudio, S.J. (maestro de matemáticas en el Colegio de los estudios reales de San Isidro; borgoñón), XIII, 35, 195 (1635: acompaña al marqués de Celada a Alemania), 240, 266 (en Barcelona, partiría para Italia), 352, 387 (los franceses lo acusan de planear la estrategia que los derrota en Valencia del Póo); XIV, 20, 136, d368; XVIII, 503; XIX, d323-327, 376 nota 185
Richelieu, Alfonso Luis Duplessis de (v. Duplessis de Richelieu, Alphonse Louis)
Richelieu, Cardenal [Armand Jean du Plessis] (1585-1642; valido de Luis XIII de Francia; político poderoso que creó el absolutismo real; procuraba arruinar a los protestantes, humillar a los grandes, realzar al Rey y rebajar la casa de Austria)
– XIII, 108 (**1634**: el de Orleáns, preso en Francia, sacado de Flandes por engaño suyo), 117 (se queja al embajador español de que el rey de España ampare a Marie de' Medici y otros nobles rebeldes a él), 146 (**1635**: complot de la facción del de Orleáns para matarle), 147 (pasquines públicos exhortando a la nobleza a que se levante en armas contra él), 176 (seis caballeros de Lorena juran matarle), 188 (le ofrece trato al rey de Polonia), 219, 220, 235 (manda 30 navíos de socorro a franceses en Flandes), 252, 293 (el Papa acepta que su hermano, el cardenal, renuncie a su obispado de Lyon para residir en Roma), 297 (motines en París contra Richelieu), 304 (consigue que 26 bajeles turcos patrullen el Canal de la Mancha), 307, 318 (su independencia en el gobierno de Francia), 332 (hace poner pasquines en París anunciando que los españoles quieren la paz con urgencia), 334 (enfermo; despacha cinco correos al Papa en cuatro días), 349 (le escribe al Papa que por su culpa está Francia en aprietos, que se declare y mande socorros), 362 (**1636**: lleva al Rey a París para aquietar ánimos después que se piden cinco nuevos tributos), 388, 389, 390 (procura que el hermano del duque de Guisa renuncie a su favor su renta eclesiástica de 120.000 florines), 391 (le escribe al Papa pidiéndole que eche de Roma al embajador de la reina madre francesa), 405 (asaltan la casa de su hermano en Roma en represalia), 478, 481 (vive con recelo; dobla la guardia), 491, 494, 495 (dobla la guardia y no aparece por París por miedo), 513, 533 (su hermano, cardenal y arzobispo de Lyon, parte de Roma a los tratados de paz), 534, 545, 548 (**1637**: el de Orleáns y el de Soissons juntan 15.000 hombres contra Richelieu)
– XIV, vi-vii (la duquesa de Chevreuse vino a España huyendo de las iras del cardenal), x (en realidad se entendía con él), xii-xiii, 24, 32 (**1637**: añade a su guardia ordinaria un regimiento de 1.200 infantes), 48 (motín en París y acuden los amotinados a su casa; huye él por una puerta falsa), 49 (matan los amotinados a 200 criados, unos del Rey, otros de él), 50, 55 (da el mando de las armas francesas en Italia a un sobrino suyo), 56 (la reina madre se entrevista en Sedán con sus hijos, Orleáns y Soissons, para concertarse contra Richelieu), 61 (Riche-

lieu trata de reconciliar al de Orleáns con el Rey), 65 (a su hermano, el cardenal obispo de Lyon, no lo dejan entrar en París, y está como preso), 76, 80, 81 (interés de Richelieu por reducir a la nobleza), 84, 101, 154, 156 (v. la ficha de su sobrina, la viuda de Mr. Combalet), 157 (dicen que Richelieu le ha pagado al de Weimar de su propia hacienda para tenerle contento), 164 (el de Rouen se marcha a Venecia, huyendo de él), 171, 173, 177, 230, 234 (Richelieu niega haber conspirado para matar al de Soissons), 251, 259, 266, 267, 268 (está en Madrid la hermana del duque de Guisa, que intentó matar a Richelieu), 288, 290, 291, 306, 315 (**1638**: quita al duque de la Valette y a su hermano el cardenal el gobierno de las armas de Francia), 318, 335, 349, 350, 353 (ofrece socorro a los suecos; pide tres condiciones a la duquesa de Mantua; pide tres plazas a la de Saboya), 376, 392, 398, 409, 415, 419, 428, 429, 430, 433, 438, 439, 442

- XV, vii, 19 (**1638**), 54, 60, 61 (edicto suyo prohibiendo que vayan eclesiásticos franceses a Roma por despachos), 74, 81 (por medio del edicto consigue del Papa lo que quería), 83, 84 (sueltan al príncipe polaco Casimiro en Francia), 92, 94, 98 (el Rey promete a la reina habrá paz con España si pare varón, y el cardenal está airado), 102, 108 (favorece al de Condé por convenios matrimoniales), 118, 121, 125, 127, 167 (**1639**: casa a su sobrina, la viuda de Puylaurens, con el conde Harcourt), 173 (m. su confesor, fray Joseph de París, capuchino), 180, 198, 203, 212, 213, 222, 276, 291, 301 (él y Luis XIII cerca de Hesdin con la nobleza para alentar a los sitiadores), 325, 354, 404 (**1640**: trata desesperadamente de casar al Palatino, preso en Francia, con sobrina suya, viuda del secretario Combalet, q.v.), 416 (dicen que han prendido al de Condé, y que Richelieu llama al duque de la Valette para ocupar el puesto de aquél), 420 (mercaderes ingleses en Francia traspasan sus bienes a Inglaterra, temerosos de represalias del cardenal), 423, 427

- XVI, xi (se considera que él y el Conde-Duque son nefastos para sus países), 22, 38 (**1640**: ajustician a personas por intentar matarlo), 39 (en Barcelona un sobrino suyo), 66 (se alegra de que Cataluña pidiera protección a Francia), 126, 134, 170, 205 (**1641**: nuevo virrey francés a Cataluña, cuñado del cardenal), 213, 220, 229 (el nuevo virrey de Cataluña es Urbano de Maillé-Brezé), 329, 391 (queda desahuciado), 393 (se rumora su m.), 394, 464 (m. el 4 de sept.; antes de m. declara al de Orleáns inhábil para el trono; deja gran parte de su riqueza al Rey, y otra a sus tres sobrinos), 475, 495 (**1643**: deja por valido del Rey a Mazarino, q.v.)

- XVII, 6, 20 (**1643**: los nobles piden que se les restituyan los bienes confiscados por Richelieu), 131, 138 (sus parientes sacan su cadáver de la Sorbona antes de que m. el Rey, por temor a que lo afrenten nobles y señores), 164 (vuelven a Francia los nobles que estaban ausentes), 209, 326, 472;

- XIX, xiv, 261 (**1642**: sus últimos días), 267, 283, 290, 301, 305, 306, 338, 345, 370, 371, 391 nota 404, 395 nota 213, 411-412 nota 6, 423 nota 408 (por error, 406), 448 nota 362 (var: Richeliu; Riquelau; Rochelieu; Rocheliu; Rucheli)

Richmond, palacio real de (residencia en Inglaterra del príncipe de Gales), XVII, 259

Ricla, conde de (primogénito del marqués de Camarasa), XIV, 202 (1637: m. sin sucesor; el único heredero del marqués de Camarasa [v. Ribadavia, conde de]), 259 (primo del Conde-Duque); XV, 389 (1640: hacen a su padre grande de España)

Rico, Lope (caballero madrileño), XVI, d25

Ricua, de la (caballero), XVI, 48

"Ride [of Oxford]" (v. Recide en Oxonia)

Riga, Pedro de la (del Consejo de Castilla), XVI, 216

Rigaltein (fuerte sobre el Rhin), XIV, 93

Rijiari (v. Ripari, Francisco)

Rijo (v. Reggio nell' Emilia)

Rimales (capitán reformado), XVI, 399

Rimberque (plaza sobre el Rhin, al NE de Maastricht), XIII, 262, 265; XIV, 340, 469 y 473 (en un asalto m. el coronel, gobernador de Rimberque); XV, 87 (var: Rimberga)

Rin, río (v. Rhin)

Rin, conde o elector Palatino del (v. Palatino del Rhin, conde-)

Rinconada, la (calle de Valladolid, inundada por los ríos Pisuerga y Esgueva), XIII, 364

Rinfelt (v. Rheinfels)

Rinosberga (v. Rhinsberg)

Rinsfeld, Rinsfelt o Rinsfled (v. Rheinfels)

Río, [Fulano de] (gobernador de Bilbao), XIV, 136

Río á Janeiró (v. Río de Janeiro)

Río de Arenas (Cataluña), XVI, 10

Río de Janeiro (la ciudad del Brasil), XVI, 97, 118; XIX, 236 y 237 (la ciudad era el destino de un viaje trasatlántico que duró 75 días) (var: Geneyro; á Janeiró; Janeyro; Jenero; Jeneyro)

Río Grande do Sud (provincia del imperio del Brasil), XIX, 244

Rioja, La (comarca del N de España que abarca las tierras ribereñas del Ebro en la provincia de Logroño y algunas de Álava), XIV, 283; XV, 114; XVII, 452

Rioja, Francisco de (n. 1583, m. 1659; poeta protegido por el Conde-Duque

de Olivares), XIV, 40 (**1637:** juez en un certamen literario), 66, 247
- XV, 104 (**1638:** inquisidor de Sevilla; allegado al Conde-Duque), 504
- XVI, 240, 241, 504 (**1643:** come con el Conde-Duque antes de la marcha de éste del palacio)
- XVII, 110 (**1643:** se sospecha que tuvo noticia del papel en defensa del Conde-Duque), 246 nota 1 (interpretación de unos caracteres o letras en cifra)
- XVIII, 169 (**1645:** versos satíricos sobre Rioja)

Ríos, condesa de los, XVI, 475 (1642: en Inglaterra saquearon su casa)

Ríos, P., S.J., XIV, 97 (1637: avisó al Cardenal-Infante que los holandeses se movían hacia Hoest, q.v.)

Ríos, Martín de los (padre de un estudiante en el colegio de Córdoba), XVI, 271

Rioseco (v. Medina de Ríoseco)

Ripacandida, duque de (v. Boccapianola, Francesco)

Ripalda, P., S.J. (v. Martínez de Ripalda, P. Juan, S.J.)

Ripalta ("plaza fuerte" a unos 6 km. al S de Cremona, "necesaria para la batería de Piacenza" [ésta estaba a 30 km. al SO de Cremona, las dos sobre el Po]), XIV, 25 (1637: "la ganaron los nuestros"), 29

Ripari, Francisco, S.J. (Milánés), XIX, 240 (martirizado por los indios del Chaco [boreal] del Brasil) (var: Rijiari)

Ripoll, Bartolomé (capitán; padre del que sigue), XV, d432

*Ripoll, Juan (militar en Salsas; hijo del anterior)

Riqueleau, cardenal (v. Richelieu)

Riquelme, Dionisio (predicador), XVIII, 376 (1646: el día de San Pedro hubo en Granada un "grandísimo concurso" en el que predicó el P. Riquelme)

Risco, condesa del (v. Santisteban, VIII condesa de: primera mujer del Conde)

Rithmond, palacio real de (véase Richmond)
Riva (a 10 km. al sur de Chiavenna, q.v., en el río Mera), XIV, 93 (los grisones amenazaron a su gobernador), 94 (var: Riba o Riva de Chiavenna)
Riva de Chiavenna (v. Chiavenna)
Rivadavia, conde de (véase Ribadavia, conde de)
Rivadeneyra, P. Plácido de, XIII, a123 notas 1-2 (se citan dos críticas de la Compañía)
Rivadeo (v. Ribadeo)
*Rivarola y Pineda, Juan Félix Francisco (historiador y genealogista de España)
Rivarolo Fuori (lugar fortificado del príncipe de Roselo, a 35 km. al E-SE de Cremona), XIX, 145 (var: Riberol; Riverol; Riverolo)
Rivas, conde de (hijo del I marqués de la Puebla de Ovando, q.v.), XVII, 390 (1643: en la frontera de Portugal, encargado del trueco de su padre, el I marqués de la Puebla de Ovando, q.v., con el portugués Fulano de Almada), 437 (noticia de que está señalado para Badajoz el marqués de Torrecusa, q.v.)
Rivas, Jerónimo de (capitán), XIII, 356 nota 1 (1635: m. en una batalla junto al lugar de Bent, cerca de Namur, q.v.)
Rivasaltas (lugar en el condado de Rosellón), XV, 322 (1639: recuperado)
Rivera (cuartel de la ciudad de Breda, q.v.), XIV, 464 (se puso a cargo del capitán Monsieur de Roncho)
Rivera, Diego de (alcalde), XIV, 62 y 72 (con seis alguaciles de Corte, lleva a Juan de Castro y Castillo preso a Montanches) (var: Ribera)
Rivera, marqués de (error por Rovera; v. Villanueva del Ariscal)
Rivera, P. Francisco de, S.J., XIII, a78; XVIII, a302 nota 1
Rivera, P. Jerónimo de, S.J., XVIII, 197 ("está ciego")
Rivera, Juan de (inquisidor de Córdoba), XVI, 366 (disputa sobre el alquiler de unas casas en Córdoba)
Rivera, Luis Jorge de (maestre de Campo de un tercio en la frontera de Portugal), XVIII, 200
Rivera, lic. Marcos de, XVI, a281
Rivera y Lezama, Pedro de (alcalde; ahora oidor del Consejo de Indias), XVIII, 460
Rivero, Fernando (v. Ribera, Fernando; v. XIX, 394 nota 120)
Riviere, Joan de la (impresor de Cambrai, 1622), XIV, vii
Rívoli (ciudad de la provincia de Verona en Italia), XVI, 48
Rixa (militar con los franceses que sitiaron Orbetello, q.v.), XVIII, 381 (''puso otra batería en tierra'') (var: Roxa)
*Roa, P. Martín de, S.J. (n. Córdoba, donde estudió; m. Montilla, 1637; autor de muchos libros de temas religiosos relacionados con Andalucía), XIII, 100, 113, 116; XIV, 186
*Roales, maestro Francisco (n. Salamanca; profesor de matemáticas; capellán del príncipe Filiberto de Saboya; escritos contra la Compañía)
– XIII, ix, 11 (**1634:** su libro contra la Compañía, impreso en Milán), 12 (el P. [Hernando de] Salazar, S.J., q.v., confecciona un memorial contra la obra de Roales), 13-14 (se imprime el libro de Roales en Zaragoza), 15 (el consejo de la Inquisición prohibe su obra), 17 (edicto contra su obra), 27, 67 (ordena la Inquisición se queme su libro), 73 (quema pública de los ejemplares de su obra), 81, 84 (papel famoso contra el suyo), 106, 119
– XV, 101 (**1638:** va a Roma huyendo de la Inquisición); XVII, 220 (**1643**), 285
Roan, o Roan, duque de (v. Rouen)
Roberto, príncipe (v. Palatino del Rhin, conde-: Ruperto)
Robicur (v. Ribacourt)

Robledillo, P. Francisco, S.J. (rector del colegio de Madrid; "bonísima persona")
- XIII, 12 (**1634:** de los que va a hablar al Rey sobre los papeles de Roales y Espino), 78, 79
- XVI, 76 (**1640:** acompaña al conde de Benavente en la jornada del Rey)
- XVII, 172 (**1643:** m., a los 78 años), 187

Robledo, P. Juan de, S.J., XIII, 18 (en Madrid "le aguardan...para Provincial...de Castilla"), a68

Robles, Antonio de (alcalde de Casa y Corte), XVII, 100

Robles, P. Antonio, S.J., XIII, d202-205 (1635: en Roma), d205; XVI, a466; XVIII, 37, 38, 240 (1646: informa desde Roma sobre los puntos que el Papa quiere que se traten en la congregación), 295

Robles, Francisco de (alférez), XIV, 214 (1637: m.)

Robles, Luis de (capitán de caballos en Galicia), XVI, 168

Robles Villafañe, Francisco de (alcalde de Casa y Corte; del Consejo de Castilla)
- XV, 325 (**1639:** prendió a Juan de Meneses, y el 7 de diciembre con Enrique Salinas prendió a Francisco de Quevedo en Madrid y le llevó a León [Josef Pellicer y Tovar, *Avisos*, I, 106 y 110])
- XVII, 174 (**1643:** toma la confesión al duque de Medina Sidonia por un pleito), 430
- XVIII, 213 (**1645:** le dan una plaza en el Consejo de Castilla)
- XIX, a226 (**1648:** firma como juez la sentencia del IV duque de Híjar, q.v.), 392 nota 424 (var: Francisco de Robles)

Roca, la (cerca del castillo de San Felipe, q.v., en la isla Terceira, q.v., de los Azores), XVI, 453

Roca, la (junto con Santa María, parte de las fortificaciones del monte Argentario [627 m. de altura], atacada durante el sitio de la ciudad de Orbetello, q.v.), XVIII, 383 y 384

*Roca, conde de la (Juan Antonio de Vera y Figueroa, ¿1583?-1658; embajador de España en Venecia; escritor culto [véase Marañón, *El Conde-Duque...*, p. 148]; casó con Isabel de Mendoza, con quien tuvo a Fernando de Vera y Mendoza; y luego con su prima María de Vera y Tovar, tuvo a Fernando Carlos Antonio, vizconde de Sierrabrava, y a María Antonia y a Catalina, q.v.; para Gayangos y otros bibliógrafos, los datos sobre la nobleza de los Vera son espúreos, fabricados por el Obispo de Cuzco, Fernando de Vera y Becerra, q.v., o su sobrino el conde de la Roca, "con el solo y único fin de engrandecer su casa": XVIII, vii, xix, xxiii-xxiv, xxix, xxxi)
- XIII, xv nota 3, a196-199 (1635: carta desde Venecia donde es embajador), 217, 380
- XV, 176 [v. Crosby, *Nuevas cartas...*, carta 99, nota 17, pp. 335-336]
- XVIII, vii-viii, xii, xiv-xv, aviii-xi, xix, xxiv-xxv, xxix, xxxii, xxxiii, (la correspondencia del obispo de Cuzco, Fernando de Vera y Becerra, q.v., sobre su sobrino el conde de la Roca)

Roca, príncipe de la (v. Rocca del Aspro)

Roca Blanca (estado de los marqueses Rangones en el Parmesado), XIII, 519 (tomado por Martín de Aragón)

Roca de Eraso, fuerte de (en el Piamonte; quizá la que se llamaba la Rocca, cono aislado de granito, de 160 m. de altura, con antiguas fortificaciones en la cima [a 40 km. al SO de Turín, junto a Cavour]), XIII, 520; XIV, 307

Roca Mora, Pedro de (v. Rocamora),

Rocabruna, José, XVII, 482 (excluido del perdón general real de Cataluña)

Rocadell, Luis de (catalán de la Diputación de Barcelona), XVII, 179

Rocaforte (v. Roquefort)

Rocafuego, cardenal de (véase Rochefort)
Rocafull y Boil, Gaspar de (v. Albatera, conde de)
Rocamora, Pedro (mandó una compañía de valencianos en el asedio de Leucate [Cataluña]), XIV, 198
Rocca del Aspro, príncipe de (de apellido Filomarino; Electo y Grasero [abastecedor] de Nápoles), XIX, 113-114
Rocca Rainola, duque de (Tomás Caracciolo, en 1614 al mando del tercio viejo de Nápoles), XIX, 446 nota 335 ¶1
Rocío, Plaza del (v. Rossio, Plaza do)
Roco-Campofrío, Juan (obispo de Zamora, 1625-1627; de Badajoz, 1627-1632; y de Coria, 1632-1635; m. 1635), XIII, 276
Rocroi (ciudad aproximadamente 60 km. al sudeste de Landrecies, q.v., y Avesnes, q.v., y 30 al NO de Mézières; se dice que está "entre" el río Meuse y el Sambre [XVII, 130], pero está a 15 km. de aquél y 55 de éste), XVII, 125
Rocroi, batalla de (perdida por Francisco de Melo, conde de Assumar, q.v., general de los españoles, el 19 de mayo, **1643**; el vencedor fue el duque de Enghien, q.v.), XVI, viii; XVII, viii, xxi, xxiii, 113, 125, 128, 144, 166, 238 (variantes: Rocroy; Ronkoy)
Rocha, Diego de la, XVI, 124 (preso por los portugueses rebelados)
Rochas (cabo en el ejército español en la batalla de las Horcas, q.v., que ganaron los españoles), XIX, 354 ("hemos perdido 12 o 14 personas de puesto, y entre ellos a Rochas"; la nota de Gayangos le identifica como el agente francés de la Reina madre, lo cual no puede ser)
Rochas, Mr. (v. Ronchas, Mr.)
Roche, Mr. de (espía doble francés; preso en Gerona), XV, 395
Rochefeu (v. Rochefort)
Rochefort, cardenal (sin documentar en los repertorios consultados), XIV, 230 (var: Rocafuego; Rochefeu)
Rochefoucauld, La (v. La Rochefoucauld)
Rochelle, La (puerto francés en la bahía de Vizcaya; poblado por hugonotes, derrotados por Richelieu en 1628)
- XIII, 248, 317 (**1635:** 40 bajeles holandeses y franceses en La Rochelle), 474 (motín de sus habitantes por nuevo tributo), 478 (**1636:** Monsieur de Soubise vuelve de Inglaterra a capitanear a los descontentos), 491 (suman 8.000 los amotinados)
- XV, 6, 463 (**1640:** los navíos de Miguel de Orna atacan naves en La Rochelle)
- XVI, 156 (**1641:** Ignacio Mascareñas se embarca en La Rochelle para Lisboa, dando fin a su viaje)
- XVIII, 489 (**1647**), 497; XIX, 203 (var: Rochela, La; Rocheta; Roqueta)
Rochelle, prior de la, XIX, 32 (**1647:** él y el duque de Matalón, q.v., escaparon "milagrosamente" de la turba en Nápoles), 96, 98 (es Rocheta o Roqueta, según Gayangos) (var: Rochela)
Rocheliu, cardenal (v. Richelieu)
Roches, conde de (gobernador de la artillería francesa en la batalla de las Horcas, q.v., en 1642), XIX, 463 nota 354 (m. "al primer choque") (var: Roques; v. las fichas de Ronchas y Roncho)
Rocheta (v. Rochelle, La)
Rochiliu, cardenal (v. Richelieu)
Rodas, isla de, XVIII, 295
Rodi (error por Lodi, q.v.)
Rodarte, Antonio Alosa (v. Alosa)
Rodolfo, Emperador (v. Emperador del Sacro Imperio Romano: Rodolfo II)
Rodrigo [el godo], XVI, 305 (dos sátiras en verso); XVIII, 192
Rodrigues Vasconcellos y Sousa, Juan (v. Castelmilhor, conde de)
Rodríguez (maestre de Campo), XVII, 330

Rodríguez, Bartolomé (alférez), XIV, 215
Rodríguez, maestro Fr. Bernardino (de la Orden de San Agustín), XIII, 173, 174
Rodríguez, Blas (cirujano de Cámara), XVIII, 60
Rodríguez, Fr. Esteban (prior de Santo Tomás de Valladolid), XIII, 167, 381
Rodríguez, Gaspar (racionero; testigo), XVIII, xxvii
*Rodríguez, Gregorio (madrileño; profesor de medicina en la Universidad de Alcalá de Henares; poeta)
Rodríguez, H. Juan, S.J., XIV, 102
Rodríguez, Juan (sargento), XIV, 470 (m. en 1637 en la defensa de Breda)
Rodríguez, Lope (boticario de Sevilla), XVII, 231
Rodríguez, María (madre de Fr. Juan de San Agustín, confesor del Cardenal-Infante), XIII, 434
Rodríguez, Mateo ("natural de Villafranca de Portugal"; procesado por la Inquisición: véase San Pedro Mártir, iglesia de), XIV, 272-273 nota 2 (en Madrid se le llamaba vulgarmente "Esterero Santo")
Rodríguez, Nicolás (impresor de Sevilla, 1640-1674, y de Utrera, 1654), XIV, 75, 480, 484; XV, 12, 59, 73, 125
Rodríguez, Salvador (marino), XIV, 124, 125
Rodríguez, Simón (criado del Conde-Duque), XVII, 140
*Rodríguez León, Juan (peruano; doctor de teología; publicó libros entre 1629 y 1645)
*Rodríguez de Monforte, Pedro (capellán de honor de Felipe IV y autor de una descripción de sus honras)
Rodríguez Pizarro, Juan (agente de negocios en Madrid), XVIII, xxi
Rodríguez Vasconcellos y Sousa, Juan (v. Castelmilhor, conde de)
Roermond (a 45 km. al NE de Maastricht), XIII, 142, 262, 265, 298, 344; XIV, 175, 199, 200, 242, 243; XVII, xxii nota 1 (motín) (var: Roremunda; Ruremunda)
Rohan (v. Rouen)
Rohan, duque de; Rohan, Henri de, I duque de; Rohan, Sieur de (véase Rouen)
Rohan-Montbazon, María de (véase Rouen-Montbazon, María, duquesa de Chevreuse)
Rojas, Bernardo de (canónigo de Toledo), XIII, 267, 547, 548
Rojas, Francisco de (v. *Rojas Zorrilla, Francisco de)
Rojas, Francisco de (embajador de los Reyes Católicos en Roma), XIX, 437 nota 137
Rojas, Fulano de (teniente de general), XIII, 443 (m. en el Brasil)
Rojas, Juan de (capitán de caballos), XVII, 362
Rojas, Juana de (v. Poza, V marquesa de)
Rojas, Luis de (procesado en 1559 en un auto de fe en Valladolid), XVIII, xxiii
*Rojas, Pedro de (v. Mora, conde de)
Rojas, Rodrigo de (caballero de Alcántara; capitán de caballos), XVI, 400
Rojas y Borja, Francisco Gómez de Sandoval (v. Lerma, I duque de)
*Rojas Zorrilla, Francisco (n. Toledo, 1607; m. 1648; caballero de Santiago; poeta dramático), XIV, 40; XIX, 384 nota 40 (v. Coello Arias, Juan)
Rojo, P. Ignacio, S.J., XVIII, a50; XIX, avii (residía en Olmütz, q.v.)
Roldán (sátira del héroe francés de la Edad media), XIV, 463
Roldán, H., S.J., XIX, 243
Roma, XIII, 34, 36, 59, 64, 72, 90, 99, 108, 119, 141, 166, 188, 202, 205, 230, 238, 250, 252, 254, 257, 293, 294, 337, 346, 351, 351, 371, 372, 387, 391, 405, 406, 465, 465, 478, 533, 534
– XIV, 16, 20, 31, 60, 64, 65, 88, 105, 108, 109, 110, 112, 113, 119, 121, 129, 130, 132, 144, 149, 173, 185, 220, 222, 229, 230, 270, 276, 277,

284, 288, 294, 326, 334, 337, 345, 360, 370, 371, 372, 373, 374, 375, 384, 392, 400, 401, 406, 431
- XV, 58, 61, 81, 84, 101, 117, 121, 125, 128, 131, 184, 193, 198, 237, 238, 241, 260, 261, 261, 264, 281, 293, 304, 310, 320, 348, 351, 362, 408, 409, 410, 421, 422, 426, 427, 429, 441, 479, 497
- XVI, vii, 29, 30, 48, 59, 76, 90, 90, 112, 129, 130, 132, 150, 152, 200, 261, 288, 297, 324, 328, 330, 364, 391, 437, 446, 457, 458, 459, 459, 460, 463, 477, 483, 484, 490
- XVII, 9, 35, 104, 112, 146, 148, 153, 154, 187, 200, 363, 364, 367, 373, 435, 437, 443, 452, 469, 496, 503, 503
- XVIII, 7, 8, 17, 19, 21, 35, 37, 38, 42, 45, 45, 51, 54, 56, 57, 58, 69, 75, 82, 86, 131, 132, 134, 164, 174, 181, 190, 209, 220, 222, 223, 225, 241, 245, 246, 246, 247, 248, 257, 262, 264, 275, 276, 280, 281, 295, 298, 299, 300, 319, 320, 323, 327, 344, 344, 372, 373, 386, 400, 429, 461, 468, 471, 507

- XIX, 5, 23, 51, 68, 94, 120, 122, 123, 124, 133, 137, 142, 148, 151, 154, 158, 159, 159, 160, 170, 179, 247, 323, 330, 332, 333, 344, 356, 357, 390, 443
aRoma, XIV, 64, 219, 229, 238; XVI, 131, 196, 466; XVIII, 50, 52, 53, 81, 104, 217, 221, 285, 286, 464; XIX, 157
- fiestas en: *Relación de las fiestas... en Roma por los embajadores de Germania, España y Hungría en la nueva elección del Rey de Romanos [Fernando III, q.v.], XVIII, 110, 112-122
- caballero de, XVI, d457-459
Roma, embajadores de España en,
- XIII, 106 y 109 (**1634-1639**: Manuel de Moura y Cortereal, II marqués de Castel Rodrigo: preso, luego le sueltan; v. su ficha)
- XIV, 335 (**1638**: Manuel de Acevedo y Zúñiga, VI conde de Monterrey)
- XV, 179 (**1639-1640**: García de Haro y Avellaneda, II conde de Castrillo, q.v.)
- XVII, 373 y 496
- XVIII, 112, 132 (**1642-1645**: el conde de Siruela, q.v.), 362 (**1646**: Íñigo Vélez de Guevara, VIII conde de Oñate, "el mozo", q.v.)
- XIX, 94, 330 (el de los Vélez), 385 nota 288 (**antes de 1644** [fecha de su m.]: Íñigo Vélez de Guevara y Tarsis, V conde de Oñate, "el viejo", q.v.), 390 nota 354 y 414 nota 99 (**antes de 1616:** Francisco Domingo Ruiz de Castro, VIII conde de Lemos, q.v., y Francisco Fernández de Castro, IX conde de Lemos [v. su ficha])
Roma, embajadores de Portugal en,
- XVI, 112 (**1640**) y XVII, 9 (**1643**: el obispo de Lamego para Roma)
Roma, gobernador de, XIX, 159
- [P. de la Compañía en], XIV, a219-229, a229-238
- Príncipe prefecto de, XIV, 374, 378
Román Méndez, Alonso (uno de los testigos de los Vera), XVIII, xxvii
Romaña (antigua región del norte central de Italia, que abarcaba las provincias de Ravenna y Forli y la costa del Adriático; en el s. XVII pertenecía a los estados del Papa), XIII, 408; XIV, 378; XV, 89, 93; XVI, 278, 466, 485-486 ("Sumario del viaje" de Odoardo Farnese, duque de Parma, por la Romaña) (variante errónea: Romanía)
Romanos, rey de (v. Emperador [del Sacro Imperio Romano], y Roma, fiestas)
Romeo, camino (así se llamaba el que se extendía de Módena a Imola, pasando por Bologna), XVI, 485-486
Romero, Mateo (músico y capellán del Rey, llamado "el Maestro Capitán"), XIV, 283 (1638: le envían al duque de Bragança)

Romeu, Jaime (impresor de Barcelona, 1638-1643), XV, 75, 399; XVI, 3; XIX, 272 (var: Jaume)

Romo del Águila, Hernando (testigo), XVIII, xxvii

Romray (v. Roveroy)

Rómulo (en la mitología, fundador de Roma con su hermano gemelo, Remo), XIV, 115

Rona, Mos. de, XVII, xv

Roncesvalles, abadía de (hasta 1647 la tenía Francisco Torres y Grijalva; luego el Rey nombró a un navarro), XVIII, 466, 469; XIX, 152

Ronchas, Mr. (embajador o agente en Madrid de la reina madre de Francia, Marie de' Medici, q.v.; v. también las fichas de Rochas y Roches), XIV, 169-171 y la nota 1 (dos relatos detallados de su prisión en Madrid; la Reina se había enojado, pero el Conde-Duque "le había prometido por acá favor y amparo")

Roncho, Mr. de (capitán), XIV, 464 (en Breda, cabo de la gente escogida del tercio del maestre de Campo Ribacourt)

Ronkoy (v. Rocroi)

Ronquillo, Antonio (presidente del Consejo de Milán y gran canciller de esta ciudad)

– XVIII, 7 (**1645:** viene al Consejo de Castilla), 86 (Gerónimo Quijada lo sustituye como Gran Canciller), 91, 137 (le mandan que vaya a Roma, a instancias del Papa), 138 (le mandan se encargue de los asuntos de la embajada en Roma), 246 (**1646:** embajador ordinario de España en Roma; sale a recibir al IV duque de Arcos, virrey de Nápoles)

– XIX, 144, 145

Ronquillo, P. Eustacio, S.J., XIV, v; XV, a70, 71, a110-111 nota 2 (var: Estacio)

Ronsay, conde de (francés), XIX, 277 (preso) (var: Ronse)

Ronzale (error por Renales, q.v.)

Roo (Roó), conde Jerónimo (maestre de Campo general), XIV, 429 (**1638:** le asignan para el lugar de la Leucata), 434 (jura para el Consejo de Guerra y parte para Barcelona); XV, 35 (**1638:** en Fuenterrabía), 38, 442 (**1640:** va para Cataluña), 444

Roose, presidente del Consejo de los Países Bajos (flamenco de Amberes, abogado de la Universidad de Lovaina, amigo de Olivares y Carnero desde 1628; uno de los gobernadores interinos de Flandes a la m. del Infante-Cardenal), XIII, 257 (1635: encargado de anunciar al Papa que no envíe nuncio a Flandes); XIV, 312; XV, 106; XVI, 85, 176; XVII, xxiii, 421 (escapó de los franceses) (var: Rosa)

Rootuveil (v. Rottweil)

Roque (autor y actor de comedias), XIII, 92

Roque de Matamoros (comisario general), XVII, 168

Roquefort (pueblo a 35 km. al N de Perpiñán), XIV, 248-249

Roquelaure, marqués de (francés; preso), XIX, 276 (var: Roquelara)

Roques (v. Roches)

Roqueta, prior de la (v. Rochelle, La)

Roremunda (v. Roermond)

Rosa, coronel, XV, 217 (1639: "el coronel Rosa, del Emperador, rompió en el condado de Borgoña la vanguardia de [Saxe-]Weimar con m. de muchos") (en las cartas se refiere a Rheinhold von Rosen, general sueco al servicio de Francia, como "general Rosa" o "Rosa, general sueco")

Rosa y compañía, XIV, 40 (1637: representan una comedia de Pedro Calderón en la corte)

Rosano (v. Rossano)

Rosario, los misterios del, XIII, 397 (regalo para Felipe IV)

Rosario, hermanos del (del Colegio de San Hermenegildo en Sevilla), XVII, 256 (dijeron el "Te Deum" en acción

de gracias de haber liberado Dios al colegio de un incendio)
Rosas (a 18 km. al E de Figueras: puerto fortificado en la costa), XV, 252, 275, 396, 450
- XVI, 29, 70, 263, 279, 445, 457
- XVII, 119, 144, 145, 171, 179, 180, 199, 209, 225, 317, 386, 409, 471, 479
- XVIII, 61, 62, 65 (sitiada por franceses), 66, 67, 72, 73, 80, 84, 85, 86, 87, 88, 118, 253, 458
- XIX, 72, 309, 339, 401 nota 320, 438 nota 146
Rosas, gobernador de (Diego Caballero), XVI, 218, 256, 265, 444
Rosas, secretario [del Rey], XVII, 283 ("está muy valido"; "es grande")
Rosellón (pequeña región y antigua provincia del SO de Francia, junto a los Pirineos y a orillas del Mediterráneo; la capital era Perpiñán; a través de muchos cambios de dueños, Luis XIII la tomó de los españoles en 1642; a veces se llama "condado"),
- XIV, 198
- XV, 222, 269, 270, 295, 399, 450
- XVI, viii, 1, 2, 7, 15, 25, 36, 46, 64, 70, 173, 199, 212, 214, 220, 228, 234, 256, 259, 270, 272, 274, 276, 284, 288, 309, 318, 322, 417, 419, 423, 429, 506
- XVII, 481, 482, 483
- XVIII, 25, 43, 57, 165
- XIX, xiv, 292, 301, 302, 346, 355, 371, 463 nota 354 (var: Ruisellón; Ruysellón)
Rosellón, campaña del, XIV, v
Rosellón, comandante del regimiento del (m. en la derrota de los franceses en las Horcas, q.v., en 1642), XIX, 463 nota 354
Roselo, príncipe de (dueño de Rivarolo Canavese, q.v.) XIX, 145
[Rosen, Rheinhold von] (1605-1677, general sueco al servicio del duque Bernardo de Saxe-Weimar, a cuyo m. en 1639 llegó Rosen al mando del regimiento de Saxe-Weimar [llamado "los bernardines"]; v. C. Wedgwood, *The Thirty Years War*, p. 497)
- XVI, 220 (1642: "Rosen, general sueco,...", socorre Hothingue en el "país de Fildesein"); XVII, 408 (1643, en Tuttlingen, derrrota de los alemanes y franceses: "El general sueco, Rosen, huyó..."), 421 (1644: en Tuttlingen [1643], escapó "el general Rosen" [por error, "Rosa (Roose)"]), 423 ("el barón Juan de Weerdt fue en el alcance del general Rosen [por error, 'Rosa (Roose)'], que se iba huyendo con tres regimientos de caballería..."), así como "Rosen ['Rosa (Roose)'] se escapó hacia Brissac"), 425 ("la mujer del general Rosen ['Rosa (Roose)'...);"; "El general Rosen ['Rosa (Roose)'] está alojado en Estramburg" [¿Strasbourg?]
- XIX, 10 (1647: el duque de Baviera "ha puesto en libertad dos generales suecos,...presos,...Rosen ['Rosa'] y... Smidberger") (var. erróneas: Rosa [q.v.]; coronel Rosa [q.v.]; general Roose [q.v.])
Rosete Niño, Pedro de (autor de un poema fúnebre publicado en la *Pompa funeral* de la reina Isabel de Borbón; v. Crosby, *Índice de apellidos, títulos y oficios...*), XVII, 500 nota 1
Rospigliosi, Julio (1600-1669; obispo de Tarso; catedrático de filosofía; nuncio del Papa en Madrid, 1644-1653 [a continuación consta la ficha que lleva el nombre de Rospigliosi como nuncio; para las que no lo llevan, pero que pertenecen a sus años en España, v. la ficha de "Nuncios"]; gobernador de Roma en sede vacante de 1655; secretario de Estado de la Iglesia en 1655; cardenal sacerdote en 1657; elegido papa en 1667)
- XVIII, 159 (1645: asiste al entierro en Madrid de su hermano, el P. Matías, S.J., q.v.)
Rospigliosi, P. Matías, S.J. (m. 1645; primer hermano del nuncio Julio Rospigliosi, q.v.), XVIII, 159

Rossano (villa de Calabria en la costa del Adriático, provincia de Cosenza), XVIII, 468 (v. Olimpia Aldobrandini, princesa de Rossano)

Rossio, Plaza do (grandiosa e histórica plaza principal de Lisboa, flanqueada al E por el imponente castillo de San Jorge y al O por las ruinas del Convento do Carmo, hoy el Museo Arqueológico), XVI, 97

Rostock (ciudad en el extremo N de Alemania, a 105 km. al NE de Lübeck; puerto del mar Báltico), XIV, 226 (como el estado de Hesse no tiene socorro, podrán caer las ciudades sobre el Báltico; v. Stettin)

Rota (ciudad y puerto en la bahía de Cádiz), XVIII, 479 ("me hice a la vela desde el paraje de enfrente de Rota"[estaba allí la flota de las Indias])

Rota, auditores de (los españoles; se trata de un tribunal eclesiástico en Roma en el cual se deciden en apelación ciertas causas), XVI, 463 (partieron de Roma con otros, para no volver); 246 (salieron de Roma con cardenales y nobles para recibir al IV duque de Arcos, virrey de Nápoles), 479; XIX, 333

Rotea, Pedro Gonsalves (con 200 portugueses conjuró con el conde de Castelmilhor, q.v., apoderarse de la ciudad de Cartagena de Indias y proclamar rey a don Juan de Bragança), XIX, 244

Rotelet, barón de (1638: caudillo de una interpresa imperial para tomar de los ingleses la plaza de Meppen, q.v., en la Frisia [oriental, q.v.]; el conde Palatinado se escapó por el río Ems abajo; "es golpe que ha de dar mucho desahogo a las cosas de Alemania y Flandes"), XIV, 443

Roterdam (v. Rotterdam)

Roteviler o Rothweil (v. Rottweil)

Rotofredo, castillo de (a 8 km. de Piacenza en el Parmesado; fortificado de nuevo), XIII, 424 (1636: lo tomó Gerardo Gambacorta), 425 (el marqués de la Villa intentó tomarlo, pero volvió a prisa), 500 (don Martín de Aragón rompió dos regimientos de franceses y uno de italianos, y tomó el castillo); XIV, 92

Rottenburg (ciudad de Schwaben, en el extremo SO de Alemania, a 40 km. al SO de Stuttgart), XIII, 91 (de Antonio de Moscoso, marqués [de Villanueva] del Fresno y privado del Cardenal-Infante, m. envenenado en dos días después de un banquete; dijo Novoa que "Rottenburg fue el funesto sepulcro de su vida y la mitad de su valimiento"; véase Villanueva del Fresno [y Barcarrota], VI marqués consorte de) (var: Rotemberg)

Rotterdam (a 60 km. al S de Amsterdam), XIII, 316; XV, 333

Rottweil (villa fortificada de la provincia de Württemberg, a 125 km. al SO de Stuttgart en el distrito de la Selva Negra), XVII, 407-408, 421-423, 425 (relaciones de la victoria imperial de Tuttlingen) (var: Rootuveil; Roteviler; Rothweil; Rotueil; Rotveil)

Rotueil (v. Rottweil)

Rouen (a 75 km. al SE de Le Havre; ciudad normanda de Francia, donde m. en la hoguera Juana de Arco), XIII, 480 (amenazada por un ejército español); XV, 325; XIX, 411 nota 6 (var: Roan; Rohan; Ruan)

*Rouen, Henri, I duque de (general francés; "grande soldado y famoso calvinista"; "autor de unas memorias muy estimadas" [XIII, 513 nota 1])

— XIII, 196, 197 (**1635**: ocupa toda la Valtelina), 223 (se retira con 5.000 hombres), 224 (impide al bando español que tome la Valtelina), 257 (el rey de Francia le ordena entregue la Valtelina a los grisones y vuelva a Francia), 407, 410 (**1636**: intenta sin éxito entrar en Milán), 422 (refuerza el presidio de Morbegno, sobre el río Adda, en la Valtelina), 423 (m. el so-

brino del Duque en la batalla por el fuerte de Sario, q.v.), 456 (le derrotan los españoles en la Valtolina), 464 (se le juntan franceses que huyen del de Leganés), 471, 478 (su hermano, Benjamin de Soubise, sieur de Rouen, regresa de Inglaterra a dirigir a los descontentos de la Rochela), 513 (noticia errónea: m. de peste en la Valtolina)
- XIV, 31 (**1637:** se quiere reducir a la iglesia de Roma), 93, 95 (se rinde frente a los suizos de Uri), 132 (desampara del todo la Valtolina), 151, 164 (se va a Venecia, para evitar caer en manos de Richelieu), 166, 228, 349 (la de Chevreuse era de su casa), 361 (**1638:** Weerdt y el príncipe Savelli le derrotan a él y a Weimar, en Flandes), 362, 363, 367 (apresa a Weerdt y Savelli), 382 (herido), 387, 388 (1638: m.: noticia detallada), 394 (var: Roan; Rohan; Ruan)

[Rouen, duque de]: su sobrino, XIII, 423 (m. en una batalla cerca de Sario)

Rouen, sieur de (v. Benjamin de Soubise) (var: Rohan)

Rouen, Henri de (hijo de René de Soubise, q.v., y hermano de Benjamín de Soubise, q.v.; príncipe de Lyons), XIII, 478 (variante: Henrique de Rohan)

Rouen-Montbazon, Marie de (v. Chevreuse, duquesa de) (variante: Rohan-Montbazon)

Roueroy (v. Roveroy)

Roure de Combalet, Antoine du (secretario; casado con Vignerod de Pontcourlai [q.v.], sobrina de Richelieu; m. 1622), XIV, 156; XV, 167; XIX, 391 nota 404 (var: Comballet; Conbalot; Convaler)

Rovera, La (lugar de Lombardía, propiedad del marqués de Villanueva del Ariscal, q.v.), XIII, 301-302 (1635: quedó destruido); XIX, 423 nota 406

Rovera, marqués de la (v. Villanueva del Ariscal, marqués de)

Roveroy (al mando de un regimiento de infantería en Italia), XVII, 420 (var: Romray; Roueroy; Roveray)

Roxa, Roxas (v. Roja, Rojas)

Roy (v. Roye)

Roya (villa del ducado de Luxemburgo), XIV, 217

Roye (villa a 42 km. al SE de Amiens), XIII, 493 (**1636:** Picolomini la toma), 532; XIV, 217 (**1637:** la toman los franceses); XV, 204 (plaza muy fuerte) (var: Roy)

Roye, Pedro (capitán de caballos), XIV, 216 (1637: m. en combate)

Royo, Doctor, XVIII, a405 (declaración sobre la m. de Baltasar Carlos)

Royolo, príncipe de (suegro del duque de Tursi), XIII, 516, 517

Royse (error por Poissy, q.v.)

Rozas, Andrés de (secretario de Felipe IV)
- XIV, 170 (**1637:** redacta la orden del Rey de prender a Monsieur Ronchas, q.v.); XV, d276
- XVI, 134 (**1641**)
- XVII, 2, 11, 28 (**1643:** en juntas secretas con otros notables), 76 (posiblemente le den la secretaría de Estado de Flandes), 132 (ya despacha con el Rey), 146 (secretario del despacho del Rey en Tarazona), 358, 413, 462 (**1644:** le retiran por falta de salud), 476
- XVIII, 233 (**1646:** a Loeches con un recado del Rey a la condesa de Olivares), 265 (**1646:** m.)

Ruan o Ruan, duque de (v. Rouen)

Rubí, Fernando, XIV, 355 (da un poder para que otro venda un censo)

Rubín de Celis, Diego, y Rubín de Celis, Rodrigo (capitanes de navíos), XV, 57 (perdidos con otros 4.000 cuando los franceses prendieron fuego a sus navíos, que estaban siete haciendo frente en la boca del puerto de Guetaria [a 30 km. al oeste de San Sebastián, sobre una lengua de tierra estrecha y escarpada]; véase también XV, 15 y 17)

Rudolfut (v. Rudolstadt)

Rudolstadt (villa de Turingia cerca de Saalfeld, q.v.), XV, 495 (var: Rudolfut)

Rueda, P., XVIII, 287 (relato de una "endemoniada" que no quería callarse durante la misa)

Rueda, Juan de (teniente del conde de Puñonrostro), XIV, 217 (herido en la Leucata)

Rufal, duque de (título francés sin identificar; quizá Ruffec, q.v.), XVII, 6; XIX, 411-412 nota 6

Ruffec, villa de (sucesivamente baronía, vizcondado, marquesado), XIX, 412 nota 6

Rügen (isla del mar Báltico), XIV, 335 (var: Rugia)

Ruhan, duque de (v. Rouen)

Ruisellon (v. Rosellón)

Ruit, Benjamín (v. Ruy)

Ruiz, P. Antonio, S.J., XVI, xiii, a224

Ruiz, Benito (v. Piedrabuena, A. de)

Ruiz, H. Diego, S.J., XVII, a105

Ruiz, Juan (impresor de México, 1613-1675), XV, 418

Ruiz Colón de Córdoba, María (v. Veraguas, ¿III o IV? duquesa de)

Ruiz de Alarcón, Juan (padre del Señor de Buenache, que sigue), XIX, 443 nota 291

Ruiz de Alarcón y Guzmán, Juan (señor de Buenache, II marqués de Palacios; casado con la condesa de Lodosa), XVIII, 291 (1646: le atacan unos bandoleros, y sale malherido); XIX, 443 nota 291 (datos sobre su casamiento y herederos)

Ruiz de Contreras, Antonio (secretario de Felipe IV), XIII, 38 (**1634:** en junta con otros, ante la cual comparece el duque de Aerschot), 218; XIV, 12, 46, 87

– XV, 78 (**1638:** lo hacen de la Cámara), 258 (**1639:** Sebastián [sic] de Contreras ha dejado su puesto de secretario del Consejo de Cámara por tercera vez y se ha retirado a Tordesillas)

– XVI, 432 (**1642:** firma consulta sobre el problema de la baja de la moneda)

– XVII, 5 (**1643:** consejero de la Cámara), 26, 27, 132 (oidor de Indias, siendo secretario de Guerra), 355, 437 (**1644:** entre los tres letrados de jueces para los capítulos de el de Leganés); XVIII, 265; XIX, 370 (**1642**)

Ruiz de Contreras, Fernando (secretario de Felipe IV; caballero de Santiago), XIV, 127, 265

– XV, 424 (**1640:** era secretario del Consejo de Guerra e Indias, y le hacen oidor de Indias)

– XVI, 163 (**1641**), 256 (**1642**)

– XVII, 146 (**1643:** su secretaría de Guerra para otra persona), 190 (el Rey le encarga averiguar la denuncia de la Reina sobre la corrupción en las levas), 221 (uno de los validos), d335-336, 387 (le dan voto en las cosas tocantes a la guerra), 462 (**1644:** el Rey le da licencia para que venga a Madrid a servir "su plaza de Indias")

– XVIII, xxi, 225 (**1646:** le dan la secretaría de Coloma), 266 (m. el secretario Andrés de Rozas, y le sucede en el despacho); XIX, 27, 124, 191 (**1648:** en la detención de Carlos de Padilla), 327, 384 nota 265 (por Ruiz, reza Luis), 463 (var: Luis)

Ruiz de Contreras, Francisco (secretario el consejo de Guerra y sustituto del de Estado), XIV, 265; XV, a65; XVII, 190; XIX, 327, 384 nota 265

*Ruiz de Laguna, Juan (senador de Milán y potestad de Pavía)

Ruiz de Pereda, Juan (impresor de Toledo, 1624-1653), XIX, 437 nota 137

*Ruiz de Montoya, P. Antonio, S.J. (limeño; corresponsal del P. Pereira; v. en la Bibliografía los libros suyos sobre los indios y sus estudios de la lengua guaraní; autor también de dos memoriales entregados personalmente a Felipe IV sobre los abusos de los "paulistas" o "bandeirantes", que procendentes de São Paulo, atacaban las reducciones de indios en Paraguay [pueblos de indios convertidos al cristianismo y regentados por los jesuitas], para capturarlos y venderlos en el Brasil como esclavos), XV, 115 y 117 y 119 (el "Padre de las Indias" era Ruiz de Montoya, y "los de San Pablo" eran los cazadores de esclavos: v. "San Pablo, los de"), 335-336 y la nota 1; XVI, xiii, a57-58 y la nota 2 (según el P. Pereira, "ha estado más de 25 años en el Paraguay y Perú"), 118 (consiguió de Felipe IV "la bula de la libertad de los indios", que permitía a los indios llevar armas de fuego para defenderse), a224 (var: Antonio Ruiz)

Ruiz de Quintanadueñas, P., S.J., XVII, viii (autor de cartas)

Ruperto, príncipe (v. Palatino del Rhin, conde-: Ruperto)

Ruremunda (v. Roermond)

Rutera, Mr. de la (francés), XIII, 500

Ruy, Benjamín (manda galeras), XV, 283, 309 (var: Ruit; Ruyter)

Ruysellón (v. Rosellón)

Ruyter, Benjamín (véase Ruy, Benjamín)

S

Saale, río (pasa por Weissenfels y Neustadt an dem Saale, q.v.), XVIII, 179 (var: Sala)

Saalfeld ("metrópoli de Vogtland",q.v., a 105 km. al SO de Leipzig, sobre el río Saale en el distrito de Gera), XV, 489, 491, 494-496 (var: Salfeld; Salfelt)

Saavedra, Antonio de (soldado del ejército de Leganés), XVI, 353

Saavedra, Diego de (v. Saavedra [Fajardo], Diego de)

Saavedra, Fernando Arias de (v. Castelar, IV conde de)

Saavedra, Gaspar de (hermano del IV conde de Castellar, q.v.), XIV, 483 (1638: militar con Tomás de Saboya en Flandes, quien le encargó la defensa de un fuerte cerca de San Omer)

Saavedra, José de (capitán y hermano del IV conde de Castellar), XIII, 356 nota 1 (1635: junto a Bent y Namur, "en defensa de su puesto recibió trece heridas"; preso por los franceses)

Saavedra, Juan de (v. Saavedra Fajardo, Diego)

Saavedra, Fr. Silvestre de (compañero del maestre General de la Orden de la Merced), XVII, 197

*Saavedra [Fajardo], Diego de (n. Murcia, 1584; m. 1648; doctor en derecho por Salamanca; agente diplomático de Felipe IV en Munich, Baviera, Roma y los cantones de Suiza; plenipotenciario para la paz de Münster; seudónimo: Claudio Antonio de Cabrera)

– XIII, 441 (1636: agente de España en Munich) (por error, reza "Juan")

– XIV, 278 (1637: va a Viena con Francisco de Melo, conde de Assumar, a tratar con el Emperador sobre la guerra del próximo año), 384 (1638: con embajada a Mantua), 390, 391 (mensajero del Rey al condado de Borgoña)

– XV, 222, 310 (1639: continúa en Roma y se va a Nápoles como secretario del cardenal Borja)

– XVI, a373

– XVII, 183 (1643: a Alemania como plenipotenciario)

– XVIII, x, 334 (1646: diferencias con el conde de Peñaranda), 386 (en Madrid como conductor de embajadores)

Saba, barón de, XVII, 314 (a la "ciudad de Jerez y villa de Fregenal" pide ayuda para Oliva y el Fresno)

Sabau [y Larroya, Pedro] (canónigo e historiador español del siglo XIX), XVII, xxi; XIX, 459 nota 134 ¶2

Sabbioneta (plaza fortificada a 40 km. al SE de Cremona), XIV, 92; XV, 340; XIX, 144, 145, 146 (var: Sabioneda; Sabioneta)

Sabbioneta, duques de (v. Stigliano, V príncipes de)

Sabbioneta y de Trajetto, duquesa de (v. Stigliano, VI princesa de)

Sabeli o Sabelli, cardenal (v. Savelli, [Giulio])

Sabeli o Sabelli, duque Federico (v. Savelli, duque Federico)

Sabiote, duque de (véase Camarasa, III marqués de)

Saboya (ducado cuya casa reinante data de 1026, fundada por el conde Humberto; pertenece a Francia desde 1860 y hoy forma los departamentos de Haute-Savoie y Savoie), XIII, 90, 235, 312, 399, 423, 477, 512; XIV, 24, 53, 70, 113, 115, 166, 232, 234, 281, 289, 335, 392, 431, 433, 497; XV, 88, 90, 92, 232, 292, 305, 323; XVI, 148, 436; XVIII, 58; XIX, 8, 306, 357, 456 nota 508 (por error, 506[b])

Saboya, duque de (Carlos Manuel I el Grande, 1562-1630; duque de 1580 a 1630; en 1585 casó con la infanta Catalina de Austria, hija de Felipe II; padre de Víctor Amadeo I, q.v., Mauricio, q.v., y Tomás [s.v. Tomás de Saboya]), XVII, ix

Saboya, duque de (Víctor Amadeo I, 1587-1637; hijo de Carlos Manuel I, q.v.; príncipe de Piamonte y duque de Saboya desde 1630; hermano de Mauricio, q.v., y Tomás, q.v.; casado con Cristina de Francia)

– XIII, 45 (**1634**: se va a Bruselas), 57 (se declara contra España), 172 (**1635**), 210, 254, 266 (le ofrece Francia el oficio de Generalísimo en Italia), 269 (el Papa le envía tropas), 280, 301, 307, 314, 332, 333, 354 (**1636**), 369, 372, 384, 385, 400 (Leganés y el de Espínola le hacen salir del estado), 423, 454, 455, 464, 470, 471, 472 (socorre a Crequi), 475, 499, 501, 520

– XIV, 48 (**1637**: trama secretamente con el de Parma contra España), 53, 54, 64, 70, 81, 93, 94, 102, 114, 118, 132, 148, 151, 163, 166, 187, 200, 205 (m. él y el duque de Berva, al parecer envenenados por el de Crequi, general del rey de Francia en Italia), 207, 210, 224, 261, 318 (**1638**: luto en Madrid), 400;

Saboya, duques niños de (hijos de Víctor Amadeo I), XV, 88, 90, 92 y 98 (**1638**: murió el duque niño de Saboya, Francisco Jacinto, 1632-1638); 88, 90, 92, 98, 164 (**1638-1639**: muy enfermo, si no m., su hermano Carlos Manuel II [n. en 1634], por lo cual "queda el cardenal, su tío [Mauricio, q.v.,] vecino a la sucesión"), 189 (**1639**), 202, 235 (la duquesa viuda se ha retirado al Casal con su hijo, y ha desamparado la corte); XVII, 132 y 147 (**1643**: noticia al parecer errónea de la m. del segundo duque niño [hubiera sido Carlos Manuel II], y de la sucesión de su tío Mauricio)

Saboya, duque de (Carlos Manuel II, 1634-1675; v. la ficha anterior), XV, 452 (**1640**); XVIII, 69 (**1645**: los franceses le entregaron plazas)

Saboya, duques de, XV, 256 (su residencia, el Valentino)

Saboya, duquesa de (María Cristina de Francia; hija de Enrique IV y hermana de Luis XIII, q.v.; se casó en 1618 con Víctor Amadeo I, duque de Saboya, q.v.; viuda desde 1637 y m. 1663)

– XIII, 348 (**1635**: el rey de Francia, Luis XIII, era su hermano)

– XIV, 261 (**1637**), 276, 306 (**1638**: viuda; se declarara neutral), 345 (entrega plazas a los franceses), 350 (Richelieu intenta casarla con el conde de Soissons), 353 (Richelieu le ofrece protección a cambio de tres plazas en el Piamonte), 375 (Venecia le comunica los daños recibidos de franceses), 432 (el de Leganés se comunica con la de Sa-

boya sobre España; ella se declara en coalición con su hermano Luis XIII de Francia)
– XV, 64 (**1638**), 118, 189 (**1639:** se retira al Casal con su hijo), 231 (entrega a Francia todas las fuerzas), 235 (cuando el ejército de Tomás de Saboya llega a las puertas de Turín, la duquesa María Cristina tuvo tanto miedo que huyó con su hijo a Susa, q.v.), 292, 299, 427 (**1640**)
– XVI, 127 (**1641:** acusa en edictos al príncipe Tomás de rebelde y traidor); XVII, 66 (**1643**); XVIII, 44 (**1645**); XIX, 165 (**1648:** intentan envenenarla a ella y al Duque niño), 305
Saboya, duquesa madre de (v. la ficha anterior)
–, duquesa viuda de (véase Saboya, duquesa de)
–, embajador de, en Roma, XIV, 232 (**1637:** le pesa la posible paz de Saboya con los españoles, "el cual gallardamente lo niega")
–, embajador de España en, XIX, 385 nota 288 (**antes de 1644** [fecha de su m.]: Íñigo Vélez de Guevara y Tarsis, V conde de Oñate y Villamediana, q.v.)
–, familia de, XIV, 122 (1637: durante las fiestas de carnaval, se produce un incidente con el cardenal Antonio Barberino, *iuniore*, en Roma; éste lo evitó)
–, general de la [duquesa de], XIX, 198 (1648: el marqués de Viglia)
–, princesa Margarita de (v. Mantua, duquesa de)
–, príncipes de, XV, 62, 256
–, serenísimo de (véase Saboya, duque de)
–, viuda de (v. Saboya, duquesa de)
Saboya, Carlos Manuel (hijo bastardo del que sigue), XIII, 472 (1636: m.)
–, Carlos Manuel I, duque de (véase Saboya, duque de)
–, Carlos Manuel II (v. Saboya, duque de, y duques niños de)

–, cardenal Carlos Manuel de (v. Pío de Saboya, *seniore*, cardenal Carlos Manuel de)
–, Cristina, duquesa de (v. Saboya, duquesa de)
–, Filiberto [Manuel] de (hijo de Carlos Manuel I, q.v.; nació en 1588 y m. en 1624), XIII, 17
–, María Cristina, duquesa de (v. Saboya, duquesa de)
Saboya, Mauricio de (1593-1657; hijo de Carlos Manuel I el Grande, duque de Saboya, q.v., y Catalina de Austria, infanta de España, en cuya corte hizo el joven sus estudios; hermano de Víctor Amadeo I y de Tomás, q.v.; cardenal en 1607 y en 1615 general en el Piamonte; en 1623 protector de Francia en Roma; España le apoyó en la guerra del Piamonte hasta 1642, cuando renunció el cardenalato y se casó con su sobrina, Luisa de Saboya; hecho príncipe de Oneglia (v. S. Miranda)
– XIV, 11 (**1637:** el Emperador de Austria le nombró protector del imperio en Roma), 60, 69, 80 (incidente con el embajador de Francia en Roma por cortesías), 112-113, 121, 205 (m., al parecer envenenados, el duque de Saboya [Víctor Amadeo I], y el conde de Berva, después de comer invitados por el general francés Crequi; al enterarse el Cardenal, "vino por la posta y se ha entrado en Asti"), 207 (pretende la regencia de Saboya), 262 (retirado en Saona, ciudad del Genovesado, sin haber podido entrar en el Piamonte), 276 (la Duquesa viuda no le permite entrar en sus estados), 231, 261 (retirado en Génova), 262, 266, 276, 288 (**1638:** el Papa manda que "ningún cardenal pueda ser protector de ninguna nación no siendo natural de ella"), 291, 335 (se junta en Lorna con duques italianos y otros nobles), 337 (Francia trata de impedir que entre en el

Piamonte), 373 (una bula papal que quita la autoridad de la casa de Austria)
- XV, 90 (**1638:** ante la m. del duque niño de Saboya se espera su candidatura al ducado; v. Saboya, duques niños de), 98, 158 (su cuñada se rodea de tropas francesas), 159, 166 (**1639:** cerca de Turín con tropas), 256, 344, 427 (**1640:** la Duquesa le ofrece posibilitar su boda con la hija heredera del duque de Nevers, María Luisa), 460
- XVI, 134 (**1640**), 185; XIX, 307 (**1642:** se acuerda con Francia; posible boda con su sobrina)

Saboya, Tomás [Francisco] de (v. Tomás [Francisco] de Saboya)

Saboya, Víctor Amadeo I, duque de (v. Saboya, duque de)

Saboyano, el (v. Saboya, duque de)

Sacer (villa de Cerdeña), XVIII, 218

Sacra Congregación (una de las del Vaticano), XVIII, 81 (el Cardenal de Lugo ofrece al P. Pereira algunas sugerencias sobre "la desgracia de su Colegio")

Sacramento, Santísimo, XIII, 165, 171, 172, 193, 215, 237, 301, 326; XIV, 190, 194, 195; XVIII, 137; XIX, 2

Sacramento, madre Francisca del (sub- priora de la Encarnación de recoletas agustinas de Valladolid), XIII, a177 (carta a María del Espíritu-Santo)

Sacro Palacio (donde recibía el Papa a los cardenales y otros oficiales), XVI, 131; XVIII, 321

Sacha, Bahía de (en Sainte Marguerite o Saint Honorat, las "islas de Lérins") , XIII, 279, 282

Sachetti, Giulio Cesare (1586-1663, obispo de Gravina y cardenal en 1626; nuncio del Papa en Madrid, 1624-1626 y 1638-1639 [v. Miranda y G. Moroni, *Indice*; a continuación constan las fichas que llevan el nombre de Sachetti; para las que no lo llevan, pero que pertenecen a sus años en España, véase la ficha de "Nuncios"])
- XIII, 250 (**1635:** enviado por el Papa a España, acompañando al nuncio)
- XIV, 406 (**1638:** legado "á latere" en España)
- XVII, 497 (**1644:** se rumorea en Italia que será el Papa [en el cónclave el cardenal Carrillo de Albornoz presentó el veto de España])
- XVIII, 322 (**1646:** "decano") (var: Sanetti; Saqueti; Saquetti)

Sáenz de Navarrete, Juan Bautista (secretario de Nueva España en el Consejo de las Indias), XVIII, 175 (m. 1645); XIX, 438 nota 175; v. Crosby, *Índice de apellidos y títulos....* (no fue regente de Aragón)

Sagra, marqués de la (amigo de Carlos de Padilla en Madrid), XIX, 210

Sagredo, Nicolás (embajador de Venecia), XIX, 449 nota 392 (1644: en las honras de la reina Isabel; v. Crosby, *Índice de apellidos,....*)

Sahagún (55 km. al SE de León), XIV, 129 (Fr. Agustín de Castro, conde que fue de Lemos, q.v., volvió a Sahagún para cumplir con un mandato del general de su Orden)

Saint Bonnet, F. de Caylard de (mariscal francés; v. Torax, Mr. de)

Saint Clement, Mr. de (general francés), XV, 395 (preso)

Saint-Cloud (palacio cerca de París, frecuentado por la nobleza y los reyes franceses del s. XVII), XIII, 480 (amenazado por los españoles) (por errores: Sant Clou, o Sant y Clou)

Saint-Denis (villa a 11 km. al N de París; "entierro de los reyes"), XVII, 131, 138 (allí se enterraron a Luis XIII) (var: Dionís; San Dionisio)

Saint-Denis (catedral en la villa de su nombre, donde se enterraban los reyes de Francia), XVII, 45 (Luis

XIII contempló la iglesia que era "el sepulcro de sus antecesores")

Saint Eloy, M. de (general), XVI, 397 (en Flandes) (var : Santeloy)

Saint Germain, castillo de (en Laye, suburbio a 20 km. al oeste de París, q.v.; allí m. Luis XIII), XVII, 45, 136 (var: la Aya; La Haya)

Saint Germain, marqués de (preso en la batalla de Tuttlingen), XVII, 424

Saint Honorat, île de (ésta y la de Sainte Marguerite, q.v., son las dos islas de Lérins, en la costa de Cannes;dista ésta unos 6 km. de la otra)
- XIII, 273 (**1635:** (tomada por el marqués de Santa Cruz y el duque de Fernandina), 276, 279-280 (la estrategia en el ataque), 281, 285-287, 288 (se rinde el fuerte de Saint Honorat al duque de Tursi, q.v.), 296, 316, 362 (**1636:** Francia trata de recuperar las islas), 458, 548, 352-354 (descripción de ellas; el duque de Tursi, gobernador del mar; el de las dos islas es un caballero valenciano)
- XIV, 24 (**1637:** ataca Francia por segunda vez, sin éxito), 75, 85-87, 95, 102, 110, 127 (Francia sitia las islas), 131-133 y la nota 2 (por fin las recupera: se le entregaron por falta de víveres), 228-229, 236, 476 (**1638:** Miguel Pérez de Egea, gobernador de Sainte Marguerite)

Saint James, palace of (residencia real en Londres), XVII, 257 (var: la casa de Santiago, o de San James; Jacobo; Jacome; Jacques; Jayme)

Saint Martin de Rhé (capital de la provincia de Charenta inferior, al sur de La Rochelle), XV, 17 nota 1 (v. Re, isla de)

Saint Omer (a 45 km. al E de Boulogne y 32 km. al S de Dunquerque),
- XIV, 151, 449 (**1638:** los franceses retiran el cerco), 454, 455, 457, 460, 475, 480 nota 1 (v. en la Bibliografía la relación titulada *Segunda parte...*), 481, 483, 490, 491, 493, 495 (los franceses lo entregaron a los españoles), 496, 500
- XV, 14, 18, 332-333 (**1639:** victoria española junto a Saint Omer)
- XVI, 87, 182; XVII, 502
- XVIII, 101, 180, 357 (**1646:** finalmente los españoles cortaron el paso de los franceses a Saint Omer [v. las villas de Menin y Wacken])

Saint Pierre[-Divion] ("en Francia", a 10 km. al N de Albert y 38 km. al NE de Amiens, en la orilla S del río Ancre, frente a Beaucourt y Beaucourt-Hamel), XIII, 491 (var: Saint Pierre)

Saint Pol, conde de (Mr. de Sesseval, militar en los ejércitos de Felipe II: en 1595, teniente general de Picardía; poco antes, servía a Alejandro Farnesio, duque de Parma, q.v., y gobernador de Flandes), XVII, xiii-xvi (var: Sanseval, Saseval, y Senseval)

Saint Pol, conde de (Mr. de Sesseval, general francés bajo Luis XIII)
- XIII, 500 (**1636:** un hijo suyo, preso en la batalla de Rotofredo, q.v. [error, se le llama "coronel"])
- XVI, 21 (**1640:** entra en Barcelona; derriba el convento de los capuchinos), 39, 56 (gobernador de Lérida)
- XIX, 8 (**1647:** gobernador de Puerto Longón), 338 (**1642:** en Inglaterra por diferencias con Richelieu; regresa y va a Zaragoza)

Saint Simon, duque de, XIX, 412 n 6 (antes desterrado por Richelieu; regresa a Francia a la m. de éste; estuvo preso en la Bastille)

Saint-Malo, puerto de (sobre el Canal de la Mancha, en Bretaña de Francia), XVIII, 312 (var: Sanmaló)

Sainte-Foy la Grande (a 60 km. al E de Bordeaux), XIV, 159

Sainte Marguerite, île de (v. la de Saint Honorat)
- XIII, 273, 276, 279 (**1635:** la toma el marqués de Santa Cruz, Álvaro

de Bazán y Manrique de Lara), 280-282, 284, 287, 296, 316, 335 (aquí el marqués de Leganés), 352-353 (descripción), 362, 458, 479, 488, 548
- XIV, 24, 75, 85-87, 93 (**1637**: los franceses las atacan), 95, 102, 110, 127, 130-131, 133 nota 2 (su gobernador desde 1638, Miguel Pérez de Egea), 210, 224 (Francia las recupera), 228-229, 476 (su gobernador)
- XV, 66; XVIII, 349

Saintone, Mr. de (cuando en 1640 Luis XIII quitó el gobierno de Leucate a Mr. Du Barry por algunas sospechas, el hijo de Du Barry, Mr. de Saintone, desertó y se pasó a España. Muerto Luis XIII y perdonado Du Barry, Saintone fue hecho general de la caballería francesa de Cataluña en **1644**), XIX, 464 nota 355
- XVIII, 92 nota 1 (**1645**: general de la caballería francesa en Cataluña), 152 (disputa con Harcourt), 154, 172 (toma a Flix), 349 (**1646**: m. cerca de Orbetello, q.v.) (var: Sant-Oner; Santone; Santoné; Santoner; Santones; Xaintonges)
- XIX, 355 (**1642**: los españoles ganaron la batalla de las Horcas, q.v.)

Sajonia, XIII, 24, 31, 32, 101, 166, 197, 218, 227, 255, 462, 534, 535; XIV, 33, 51, 55, 56; XV, 274, 338, 339, 368, 454; XVI, 60, 266; XIX, 365
- caballero de la casa de, XIII, 389 (preso por Richelieu por haber dicho que su rigor era tiranía)
- cardenal de (sin documentar en los repertorios consultados), XIV, 61

Sajonia, duque de (Francisco Alberto)
- XIII, 24, 140 (**1635**: se publican las paces entre el Emperador y los electores de Sajonia y Brandenburgo), 146 (se concluye el acuerdo para las paces con el Emperador), 147, 194, 229, 255, 315 (recibe mal a los embajadores de Suecia), 330-331 (intermediario entre el lanzgrave de Hesse y el Emperador), 350, 398, 406 (derrota a los suecos en Pomerania), 410, 442 (**1636**: envía a la Dieta su voto por el Emperador), 462 (dio "una gran derrota a los suecos y franceses"), 543
- XIV, 11, 33 (**1637**: derrotado por los suecos, los bate en otro encuentro), 55, 145, 159 (a Praga con el Emperador y el elector de Brandenburgo para concluir las paces con Suecia), 163, 218 (recupera tierras ocupadas por Suecia), 226-227, 377
- XV, 242, 249, 490
- XVI, 266 (**1642**: supo que los suecos enviaban tropas a Silesia; degolló toda la caballería y mil infantes, y prendió los demás); XIX, 303

Sal, arrendador de la (Nápoles; v. Basile, Juan Andrea)
-, Casa de la gabela de la, en Nápoles, XIX, 99
-, gobernador de la nueva imposición de la (Nápoles; v. Balsamo, Bartolomé)
-, Junta de la (Nápoles), XVI, 57
Sala, río (v. Saale)
Sala, Bernardo (conseller en cap, q.v.), XIX, xiv
Sala, Gaspar (véase Barcelona, Conselleres... de)
Salamanca, XIII, vi, 9, 10, 15, 17, 23, 25, 27, 33, 44, 51, 55, 57, 61, 65, 72, 94, 96, 106, 107, 114, 141, 146, 161, 174, 206, 221, 263, 311, 319, 335, 340, 343, 350, 351, 375, 396, 429
- XIV, 88, 185, 186, 187, 268, 429, 432
- XV, vii, ix, 72, 83, 176, 246, 248, 257, 319, 329, 335, 343, 441, 443, 446, 456, 480, 486
- XVI, 25, 29, 245, 482
- XVII, 246, 419
- XVIII, 5, 9, 18, 34, 149, 208
- XIX, vii, 380 nota 397 (por error, 398), 383 nota 521
aSalamanca, XIII, 8, 15, 22, 24, 26, 32, 37, 42, 49, 50, 53, 56, 59, 64, 71, 92, 106, 118, 119, 173, 310, 318, 339, 343, 349, 350
- XIV, 187

– XV, 175, 245, 246, 251, 317, 320, 328, 341, 441, 444, 453, 479, 486
– XVI, 23, 29, 244, 481
– XVII, 214, 215, 417
– XVIII, 4, 8, 17, 33, 75, 79, 148, 175, 180, 207
Salamanca, XIII, 81-82 nota 1, y 87 (**1634:** alborotos por causa del dozavo: impuesto de 1 1/2 pulgadas a todo género vendeble en varas castellanas), 100 (retiran el impuesto), 162, 318-319 (**1635:** conflicto cruento entre estudiantes andaluces y vizcaínos; m. dos de los últimos); 321 (m. de Diego Bonal, q.v.), 410 (**1636:** murió el III marqués de Loriana, q.v.)
– XIV, 408 (**1638:** al obispo de Salamanca [Francisco de Alarcón, según Pius Gams, 68a: 1646-1648], le hacen de Pamplona [1648-1657: Gams, 63b])
– XV, 133, 146, 173
– XVI, 197 (**1641:** vuelve la normalidad completa entre los estudiantes), 205
– XVII, 196, 215 (**1643:** la Reina le pide estudiantes para luchar en Portugal y la Universidad se niega), 284, 431 (**1644:** las cortes no se deciden por votos de Salamanca y Burgos), 493
– XVIII, 17 (**1645:** Pedro de Amezqueta es corregidor), 86 (**1645:** va a Milán de Presidente de Hacienda el Doctor Ramos, catedrático), 134, 164 (muerte de Juan de San Agustín, confesor del Infante-Cardenal; su legado), 173, 233 (**1646:** catedrático he-cho oidor de Hacienda y del consejo de Castilla), 265
– XIX, 124 (**1647:** el obispado de Segovia para el maestro [Francisco] Araujo [1648-1653; m.; Gams, 71b]), 336
Salamanca, iglesia de, XIX, 393 nota 29
– iglesia mayor, XIII, 27
– obispado de, XIII, 434

– obispo de, **1635-1641:** Cristóbal de la Cámara y Murga, m. 1641 (XVI, 29; XIX, 393 nota 29; Gams, 68a); [**1641-1645:** Juan de Valenzuela; m. (Gams, 68a)];
1645-1646: Juan Ortiz Zárate; murió en 1646 (XIX, 445 nota 329; Gams 68a);
1646-1648: Francisco de Alarcón; (XVIII, 329; Gams 68a);
– procurador de, XIII, 219
– rector del Colegio de, XIII, 72 (**1634:** el Padre Montemayor, rector), 193 (**1635:** el P. Puebla, rector), XIV, d400; XVIII, 18, 147 (**1645:** vicerector: el P. Antonio Velázquez), a180
– universidad de, XIII, 96, 267 (**1635:** el maestro [Francisco] Araujo, q.v., dominico, uno de sus catedráticos de "prima"; entre los que examinarán las proposiciones de la madre Luisa), 318, 319
Salamanca, P., S.J., XIII, 23, 72, 340
Salamanca, Juan de (capitán; preso en Rocroi), XVII, 128; XVIII, 19, 28
Salamanca, Luis de (capitán; herido), XIV, 213
Salamanca, Miguel de (secretario de estado del Infante-Cardenal; secretario del Consejo de Guerra; del Consejo de Hacienda; "hombre de toda satisfacción")
– XIV, a481 (**1638:** al duque de Villahermosa), 486, a487, a495-496 (al mismo)
– XV, 58; XVI, 104 (**1640:** enviado secreto del Conde-Duque al duque de Braganza), 279
– XVII, 61 (**1643:** al mando de una armada que parte de Dunquerque para España), 132 (secretario de Guerra), 146
– XVIII, 28, (**1645:** llega de Flandes), 197 (participa en conversaciones para una tregua en Holanda)
Salamanca, Pedro de (deán de la iglesia de Burgos), XVII, 124 (**1643:** juez de un certamen)

Salas, valle de (en Portugal, a unos 40 km. al SO de Verín y 35 km. al O de Chaves; abarca Barroso y Montealegre, "que es la más florida tierra...en esta frontera"), XVII, 266, 269 y 338 (los españoles quemaron y destruyeron este campo)

Salas (embajador de los catalanes en Portugal), XVI, 214

Salas [¿de los Infantes, prov. de Burgos?], abad de (hijo de la princesa de Melito), XIII, 497

Salas, P., S.J. (profesor de mayores en el Colegio de Valladolid), XIII, 320; XV, 157

Salas, Bernardo de (del hábito de de la Orden de Santiago; sargento mayor de tercio y regidor del Ayuntamiento de Madrid; capitulado por fraude en las levas)
- XVI, 377, 380
- XVII, 448-449 (**1644:** le instruyen cargos por desfalco), 470 (se le suspende la sentencia y se le presenta a otro tribunal)
- XIX, 405 nota 377, 407 nota 377

Salazar, obispo [XVI, 40], o arzobispo [XVI, 54] (en 1640 el mismo corresponsal habla, en cada carta, separadas por diez días, del mismo prelado que se había enfermado antes de emprender un viaje a una diócesis lejana; posiblemente se trataba del P. Fernando de Salazar, en 1644 "religioso de la Compañía de Jesús, electo arzobispo de los Charcas en el Perú" [v. Crosby, *Índice de apellidos...*], y del Consejo de la Inquisición, que asistió a las honras de Isabel de Borbón y se denominó "arzobispo" [v. *Pompa funeral* de las honras, f. 42r, y Crosby, *Índice de apellidos,...*]).

[Salazar, I conde de] (en 1608, título de duque de Frías [Atienza, 752a]).

Salazar, [II] conde de (heredó dicho título Luis de Velasco y Aragón; en el año 1622 o antes el conde de Villamediana le había satirizado [XVI, 351-352]). Fue general de la caballería de Flandes (XV, 129) y m. en 1626 (XV, 129). Por error se refiere a Luis de Velasco como I conde de Salazar (XIII, 484 nota 2), y como I marqués de Salinas (XIX, 457 nota 75; v. www.tercios...)

[Salazar, III conde de], Jacinto [de Velasco], primogénito de Luis; en 1626 heredó el título, y m. en 1632 (v. www.tercios...; no m. en el asalto de Maastricht, que tomó lugar en 1635 [XIII, 484, n 2; XIII, 265])

Salazar, [IV] conde de (en 1632 heredó el título Felipe Alberto de Velasco, hijo de Luis de Velasco y Aragón, gentilhombre de la Cámara de Felipe IV, hermano del militar Jacinto de Velasco, q.v.)
- XIII, 141 (**1635:** se hallaba en la corte), 191 (preso en Francia), 484 (**1636:** llegó a España, rescatado de la prisión (v. Elliott, *The Count-Duke*, 521), 514 (vuelve a Flandes)
- XIV, 39-41, 44 (**1637:** se va para Flandes), 134 ("mozo de grandes esperanzas", "se ha hallado en Flandes de guerra"; volviendo a Flandes, sufrió dos tempestades terribles, y en 1637 m. tísico)

Salazar, [V] conde de ([Juan de Velasco], caballero del Toisón de oro, maestre de Campo en Flandes en 1643), XVII, 428 (**1643:** en Gante participó, con algunos oficiales del castillo, en la prisión de un soldado); m. 1678, siendo castellano de Amberes (v. www.tercios...)

Salazar (sargento mayor de la armada), XIV, 135, 136

*Salazar (se refiere a un autor de libros sobre genealogía, pero sin el título del libro; probablemente se refiere o a Luis de Salazar y Castro, q.v., o a Pedro Salazar de Mendoza, q.v.), XVIII, xxiii-xxiv; XIX, 374 n 7, 420 n 329, 423 n 406

Salazar, Adrián de (secretario del gobierno de Portugal), XVI, 105

(**1640:** en Lisboa durante el levantamiento), 107 (acompaña a la Infanta [la duquesa de Mantua, q.v., gobernadora de Portugal]), 109 (amenazan los sublevados con asesinarlo), 114 (var: Sarasa)

Salazar, Bernabé de (alférez), XIII, 357

Salazar, P. Diego de, S.J., XVI, a255, a509; XIX, a294 (**1642:** noticias sobre la toma por los franceses de unos navíos españoles)

Salazar, Hernando de (capitán en Flandes en 1595), XVII, v

Salazar, P. Hernando de, S.J. (experto en materias económicas y políticas del reinado de Felipe IV; predicador del Rey y confesor del Conde-Duque; presidente de la Junta de los sellos; "inquisidor de la Suprema"; v. los índices de Elliott y Marañón, y de éste, las pp. 183-185)

– XIII, viii, 12 (**1634:** escribe dos papeles contra Roales y Espino, que han atacado a la Compañía), 65, 90 (Salazar, "de la inquisición"), 182 (**1635:** se imprime su obra contra los enemigos de la Compañía), 446, 531

– XIV, 12, 27 (**1637:** la premática de los sellos [para el P. Gónzalez, "El vulgo echa la culpa de todo (lo de los sellos) al P. Salazar, pretendiendo haber sido autor del arbitrio de los sellos;...pero...el arbitrio fue ideado por D. Antonio de Mendoza"), 46 y la nota 2 (el pueblo le aborrece por su desempeño en la junta del papel sellado; se cree dejará la Compañía), 68 nota 1 [de la p. 63] (le satirizan), 88 y la nota 1 (se queja al Conde-Duque por los sermones contra él), 89 nota 1 y la p. 91 (el Conde-Duque toma acciones a su favor), 104 (el papel sellado), 106 nota 1, 130, 247, 490 ("en esta octava...dio principio el P. Salazar...")

– XV, 119, 321, 479, 487

– XVII, 442 (P. Hernando de Salazar, cuñado de Juan de Larraga)

– XVIII, 133 n 1, 415 (**1646:** el corresponsal elogia al P. Salazar como "inquisidor de la Suprema", conocido y admirado; su m. resultó "pérdida...de todos"); XIX, 294

Salazar, P. Juan de, S.J., XV, a502

Salazar, Juan de (secretario), XIV, 8 (1637: preso en su misma casa)

*Salazar, Onofre de (en 1645 dirige una petición al gobernador de la Audiencia de Sevilla sobre la quiebra del Colegio de San Hermenegildo, q.v.), XVIII, 105

Salazar, Pedro (capitán), XIII, 356 (m. en 1635)

*Salazar de Mendoza, Pedro (1549-1629; escritor y sacerdote, canónigo penitenciario, vicario general de Toledo y arzobispo de esta ciudad; patriarca de Alejandría; historiador y genealogista)

*Salazar y Castro, Luis de (1657-1754; historiador y genealogista)

Salazar y Frías, Alonso de (canónigo de Jaén), XIII, 243 (m. 1635)

Salcedo, Antonio (comisario general de las fronteras de Galicia), XVII, 337

Salcedo, Francisco (sargento), XIV, 213

*Salcedo Coronel, [José] García de (capitán de la guardia del duque de Alcalá [virrey de Nápoles], gobernador de Capua, caballerizo del Cardenal-Infante y discípulo de Góngora; publicó muchos libros, entre ellos cuatro sobre el poeta), XVII, 500 n 1 (aportó un poema al *Pompa funeral...* de la reina Isabel)

Salces (v. Salsas)

Salci (error por Sabelli, q.v.)

Saldaña, conde de (Diego Gómez de Sandoval, hijo segundo del cardenal-duque de Lerma, q.v.; comendador mayor de la Orden de Calatrava; casado con la condesa propietaria de Saldaña)

- XIII, 368 (**1636:** su hijo, Rodrigo Díaz de Vivar, VII duque del Infantado, pretende los estados de Lerma y Denia), 541 (**1636:** queman a un paje suyo por homosexual)
- XVI, 133, 211 (**1641:** se intentó casar a Francisco de Guzmán con la hija del conde de Saldaña)
- XIX, 190 (su hijo Diego Gómez de Sandoval participó en una corrida de toros)

Saldaña, conde joven de (hijo heredero del VII duque del Infantado), XVIII, 415 (1646: m. de 14 años, antes que su padre)

Saldaña, condesa de, XIII, 368

Saldaña, Antonio de (capitán que socorrió al castillo de San Felipe, q.v. [Azores]), XVI, 455

Salé (ciudad en la costa atlántica de Marruecos, a menos de 1 km. al N de Rabat), XV, 340 (ciudad de los moros); XVI, 133 nota 1; XVII, 191 (su obispo salió de Madrid para Portugal) (var: Sase; Zalé)

Salfeld o Salfelt (v. Saalfeld)

Salgado, Antonio (comisario general del ejército de Galicia), XVII, 272-273

Salgado, Francisco de (capitán; herido), XIV, 213

Saliceto (a 23 km. al E de Mondovi, en el Piamonte), XV, 217

Salinas, torre de las (defensa de Orbetello, q.v., construida junto a una gran laguna de agua salada y un promontorio), XVIII, 380

[Salinas, VII conde de] (título que tenía el IV duque de Híjar, q.v.; creado en 1470 [Atienza, 954b]; v. Ezquerra, *La conspiración...*, p. 14; San Vicente y Crosby, "Datos...", 188; y Carraffa, LXXXVIII, 155)

Salinas, I marqués de (Bernardino Sancho-Dávila, o Bernardo Dávila y Ossorio, hijo segundo del III marqués de Velada, q.v.; su título no consta entre sus antepasados ni entre sus descendientes inmediatos ni en el *Nobiliario español* de Julio de Atienza; fue gran rejoneador de toros, y en **1665** gobernador de la Guardia española [XIX, 457-458 nota 75])
- XIV, 322 (**febrero, 1638:** se corrieron sortijas), 329
- XV, 178, nota (**mayo, 1638**: se va a Inglaterra "un hijo segundo del marqués de Velada", 85 (**1640:** se corrieron toros, y el marqués "quebró más de veinte rejones con gran destreza")
- XVI, 322 (**1642:** entre los capitanes de un desfile)
- XVIII, 259 (**1646:** juez en concurso de esgrima)
- XIX, 75 (**1647:** el Rey le manda torear), 385 nota 322 (en esta nota y en la que sigue hay algunos datos equivocados), 457-458 nota 75 (m. **1666**)

Salinas, marquesado de, XIX, 385 nota 322 (nota errónea: v. la ficha anterior del I marqués de Salinas, Bernardino Sancho-Dávila o Bernardo Dávila y Ossorio)

Salinas, P., XIII, 414 (participa en un diálogo satírico en verso)

Salinas, Enrique de (alcalde de Casa y Corte; el 7 de dic. de **1639** prendió a Francisco de Quevedo en Madrid con Francisco de Robles, q.v. [Pellicer, *Avisos*, I, 104])
- XVI, 172 (**1641:** toma la confesión al duque de Medina Sidonia y al marqués de Ayamonte en Madrid, y llevó a éste preso a Santorcaz, q.v. [Ezquerra, *Conspiración*, 265; Pellicer, *Avisos*, XXXII, 149])
- [En **1643** prendió en Madrid a los secuestradores de la hija de un tratante de lienzos muy rico (Pellicer, *Avisos*, XXIII, 43-44)]
- XIX, 409 nota 377 ("el más bien visto y más amado en la corte de todos los compañeros suyos de Sala" [citado de Pellicer]; m. **1644**; por error, sugiere Gayangos que Enrique de Salinas fuera Diego Gómez Salinas)

Salinas, José de (guardarropa del Infante-Cardenal), XVII, 129

Salinas, Dr. Juan de ("tiene a su cargo un terno carmesí del cabildo de la ciudad de Sevilla"), XIII, 413 (cuando le pidieron prestado, respondió con una décima humorística, que copia Gayangos)

Salinas del río Pisuerga, I marqués de (título concededo en 1609 a Luis de Velasco y Castilla, virrey de Nueva España y del Perú [Atienza, 955a]), XIII, 364; XIX, 385 nota 322 (en esta página y en la que se cita a continuación hay algunos datos equivocados), 457 nota 75

Salins (a 35 km. al S de Besançon), XIV, 390, 486

Salma, conde de, XVII, 353 (1643: el hijo del príncipe de Orange le regala caballos)

Salmerón, P. (v. Merced, Orden de la: su padre general)

Salmoneta, duque de (error por Sermoneta, q.v.)

Saló, fuerte de (castillo en Cataluña, cerca de Reus; ¿error por Salóu, q.v.?), XVI, 89

Salóu (el puerto de Reus, del cual dista 9 km. hacia el S; v. Saló), XVII, 224

"Salsa, Mala..." (v. "Mala salsa...")

Salsas (a 18 km. al N de Perpiñán; castillo construido por Carlos V para defender la frontera de Cataluña [XV, 308 y la nota 1])

– XIV, 249; XV, 308; XVI, 217

– XV (**1639**: los franceses preparan el sitio de Salsas), 247, 259, 264, 269, 272, 273, 275, 279, 291, 293, 294, 295, 299, 302, 305

– XV (**1639**: tomado por los franceses), 308, 312, 314, 319, 320, 325, 333, 339, 340, 341, 341, 342, 344, 348, 349, 350, 351, 354, 355, 361, 362, 366, 366, 368, 369, 370, 375, 376, 377

– XV, (**1640**: recuperado por los españoles), 379, 381, 387, 390, 394, 398, 399 nota 1 (mucha información bibliográfica), 402, 403, 405, 424, 431, 432, 442

– XVI, viii, 31 (**1640**), 37, 71, 217 (**1642**), 263, 276, 287 (en marzo, socorrida por Torrecusa), 429 (en julio, asediada Salsas por los franceses [tomada por éstos el 15 de septiembre de 1642: véase José Sanabre, *La acción de Francia...*, pp. 233-234, y Crosby, *Nuevas cartas*, pp. 254, nota 7..9 y 226, nota 4..5])

– XVII, 488 (**1644**), 489, 490; XIX, 316 (**1642**), 456 nota 508 (por error, 506[b]), 464 nota 355 (var: Salces; Salses; Salzes)

Salsas, castillo de, XV, 272, 287, 308

Salsas, gobernador de, XVI, 227

Salses (v. Salsas)

*Saltero, Pedro Jerónimo (residente en Madrid)

Salvago, Francisco (impresor de México, 1629-1638), XV, 124

Salvajes, los (dos pequeñas islas del archipiélago de Madera, q.v.), XVIII, 480 (var: Salvales)

Salvatierra (a 25 km. al NO de Zafra), XVIII, 424 (v. Zarza)

Salvatierra de Miño (a orillas del río Miño, a 16 km. al E de Valença do Minho), XVII, 134, 194, 211 (1643: tomada por los portugueses), 215, 216, 228, 240, 272, 297, 303, 449, XVIII, 261 (var: Slavatierra)

Salvatierra, II conde de (García Sarmiento de Sotomayor)

– XIV, 310 (**1638**: parece que se marcha de Sevilla), 354 (asistente de Sevilla; dicen que le hacen virrey del Perú)

– XV, xii; XVI, 249 (**1642**: asistente en Sevilla; su vigilancia en una época de inundaciones), 508 (**1643**: el virrey de México, Juan de Palafox y Mendoza, q.v., le entrega el puesto)

– XVIII, 496 (**1647**: nombrado virrey del Perú)

– XIX, 21 (**1647** [noticia incierta:] nombrado virrey de México, después de Palafox), 454 nota 496 (por error, 490) (reemplaza como virrey del Perú a Pedro de Toledo y Leyva)

Salvatierra, condesa de, XVII, 120 (1643: hijo suyo a servir en la casa del príncipe Baltasar Carlos), 462 (1644: su hija se casa con un noble napolitano), 505
Salzedo (v. Salcedo)
Salzes (v. Salsas)
Salla (v. Falla, la)
Samaritana, sermón de la, XIV, 103
Sambre (río del NE de Francia que pasa por Valenciennes y Namur y desemboca en el Meuse), XVII, 114, 130 (var: Sambra)
Samego, obispo de (error: v. Lamego)
Samoggia (a la mitad del camino de Modena a Bologna), XVI, 485 (var: Samogia)
San Abundeo, XIII, 47 (el Padre Francisco Vilches pide al Padre Pereira ciertos datos sobre este mártir de Baeza)
San Agustín (354-430; obispo de Hipona en 395), XIII, vii y 60 (su Orden), 89, 156, 179 (su Orden), 185, 243 (su fiesta), 267, 365, 448 (su Orden), 535; XIV, 81, 298 (claustro en Madrid), 364 (iglesia en Valladolid); XV, 193; XVI, 74, 107, 248, 249, 454; XVII, 6, 226, 412, 432 (prior); XVIII, 159, 232, 450; XIX, 83, 185
San Agustín, maestro Gamboa de, S.J., XVIII, 5
San Agustín, Fr. Juan de (confesor del Infante-Cardenal; del convento de Salamanca), XIII, 433, 434, 439; XVI, 21 (es llamado a España), 86, 95; XVIII, 164 (m. 1645)
San Agustín por la Cuesta (convento de Sevilla), XVI, 249
San Alejandro, XIII, 47 (mártir de Baeza)
San Ambrosio (s. IV; obispo de Milán; predicador afamado y muy ortodoxo; padre de la iglesia; sobre el Colegio de San Ambrosio en Valladolid, v. Jesús, Compañía de)
San Amor, marqués de, XIX, 194 (1648: preso por los franceses después de la rota que el de Condé dio a los españoles)
San Andrés, día de [el 30 de nov.], XVI, 92 (1640, 11 de dic.: "Día de San Andrés se conjuró Portugal,... aclamando rey al duque de Braganza; coronóse él..."; v. la nota 1)
– isla de (v. Santa Catalina, isla de)
– noviciado en Bilbao, XV, 281 (sobre el rector del noviciado)
– parroquia de Lérida, XIX, 19 ("la fortificación de San Andrés") (v. también Santandrés)
– parroquia de Madrid, XVIII, 224 ("entrar por parroquiano"), 407 ("convocadas en San Andrés...las religiones y parroquias"), 470 ("misión a San Andrés")
– parroquia de Valladolid, XIII, 341 (el 1 de dic., día del santo)
– puerta del alcázar de Segovia, XIX, 219 (v. también Santandrés)
San Andrés delle Fratte (iglesia de Roma), XV, 260-261 nota 2
San Ángel (nombrado en conjunto con la fortaleza de Monte Cabalo [Roma]), XVI, 132
San Antolín, iglesia de (patrón de Palencia), XV, 316, 337
San Antón, cabo de (al sur de Denia), XV, 117-18
– ermita de (Plasencia), XIII, 424
– ermita de (Madrid), XVIII, 32 (v. San Antonio)
– fuerte de (Brasil), XIV, 134
San Antonio (de Padova; n. 1195 en Lisboa; m. 1231 en Padova; fraile franciscano), XIII, 124 (su día festivo, el 13 de junio)
San Antonio, cárceles de (Nápoles), XIX, 54
– ermita de (Madrid), XIV, 66 (v. San Antón)
– iglesia de, en Lisboa, XVI, 106
– puerta de (Barcelona), XVI, 45; XIX, xi
San Babilés, ermita de (con una iglesia, en el "nuevo palacio del Retiro de San Jerónimo"), XIII, 5

San Bartolomé, Colegio mayor de (Salamanca), XVI, 205; XVII, 217 y 341 nota 1 (su día era el 24 de agosto); XVIII, 48
- navío, XIX, 298
San Basilio, Orden de, XIII,336; XVIII, 376
San Benito, calle de (Valladolid), XIII, 364 (1636: la mitad inundada por el río Pisuerga o el Esgueva)
San Benito, Orden de
- XIII, 288 (**1635**: cuando se rindió la isla de Santa Margarita, se rindieron ocho frailes)
- XIV 128 (**1637**: congregación de España: capítulo general: sobre el caso de fray Agustín de Castro, VIII conde que fue de Lemos, q.v., quien había entrado en la Orden en 1629), 129 y 254-255 (el Padre General, quien había perseguido a fray Agustín en los debates de la Orden), 343 (**1638**: consagran a fray José de la Cerda, fraile y abad de San Vicente)
- XV, 448 (**1640**: hospedería de Monserrate)
- XIX, 241 (**1641**: no acepta la bula contra el cautiverio de los indios), 295 (**1642**: moribundo, el duque de Nochera quiere entrar en San Benito u otra orden), 398 nota 237 ¶¶1-2 (Francisco de Mendoza, q.v., almirante de Aragón, al salir de la cárcel tomó el hábito de San Benito), 414 nota 99 (fray Agustín de Castro)
San Benito, barrio de Sevilla, XVI, 248 (**1642**: inundado por las aguas del Guadalquivir y del Tagarete)
San Bernardino, XVIII, 237 ("convento de frailes Franciscos descalzos"); XIX, 159 (una monja era portera y ladrona)
San Bernardo, Sermón 3 de la Natividad, XV, 152 (cita textual muy breve)
San Bernardo, Orden de, XIV, 104 (disputa sobre el papel sellado), XVII, 362; XIX, 83
- abad de (en Madrid), XVII, 433
- real convento de religiosas de (en Aragón), XVII, 362 (carece de fondos)
San Bernardo (como distrito de una ciudad), XVI, 251 (en Sevilla), 461 (en Roma)
San Blas, día de, XV, 407 ("salió toda la corte a su ermita"); XVII, 10 ("fueron los Reyes como suelen a su ermita"); XVIII, 22 (la noche de san Blas a las once entraron dos hombres en los dormitorios del palacio real)
San Bruno, ermita de (una de las del Buen Retiro), XIV, 39 (Olivares dispuso una fiesta), 65 (comedia y fiesta)
San Buenaventura, convento de (en Sevilla), XVII, 69 (en él se refugió uno que había presenciado la m. de su primo)
San Carlos (navío de guerra español), XIII, 467
San Cecilio (iglesia de Granada), XIX, 186, 187
San Cesáreo, XVI, 485 (el duque de Parma inició un viaje el 13 de setiembre, fiesta de este santo)
San Clemente (villa de la Mancha, a 81 km. al NO de Albacete y 80 al SO de Cuenca), XVII, 408 (sobre los bandoleros), 493 (la Inquisición quemó vivo a un caballero de San Clemente por "pertinacísimo rabino")
San Clemente (título concedido por el Papa al cardenal Marcantonio Franciotti, q.v.)
San Clemente, conde de (título concedido en 1640 a Juan Marín de Villanueva, señor de Asso de Basimbre [Atienza, 957b]), XVIII, 427
San Clemente, Mr. de (barón de Salsas y general de la caballería de un tercio francés en el asedio de dicha villa, q.v.), XV, 395 (preso por los españoles)
San Clemente de Toledo (iglesia de religiosas bernardas), XIX, 83 (desobedeció un corregidor la prohibición de un cardenal)

San Cristóbal (puerto o bahía donde esperaban los navíos holandeses para atacar a la flota española de las Indias; con este nombre hubo un caserío en la provincia de Cádiz y un barrio en la de Huelva, provincias por cuyas costas tenía que pasar la flota), XVII, 214 nota

San Diego, campo de (distrito de Sevilla), XVI, 246 (el agua arrastró a los barcos en el río Guadalquivir)

San Diego, convento de (de los descalzos franciscos, en Sevilla), XVI, 249 (inundado por el río)

San Diego, iglesia de (en Alcalá de Henares, donde está enterrado el santo), XVI, 344 (el Rey visitó la tumba), 357 (y también estuvo en la iglesia de San Diego); XVII, 388

San Diego de Dunquerque (quizá una iglesia de esta ciudad, situada "cerca" de "la que llaman San Omer", de la cual se habían retirado los franceses [v. Saint Omer; Dunquerque era posesión española de 1477 hasta 1658]), XIV, 449

San Diego del Po (fuerte construído por Martín de Aragón para dominar la boca principal de este río, en el Adriático a 65 km. al N de Ravenna), XIII, 519

San Dionís, iglesia de (a 10 km. al N de París), XVII, 45, 131, 138 (allí quiso Luis XIII de Francia que llevaran su cuerpo) (var: San Dionisio)

San Donnino, Borgo de (v. Borgo de San Donnino [villa del Parmesado])

San Erasmo, castillo de (castillo de Nápoles donde fue preso por traidor el príncipe Sanz, q.v.), XV, 260

San Esteban, mártir, XV, 154-155 (1638: se canta su martirio en la segunda noche de un certamen poético)

San Esteban,
– convento de: XIII, 27 (el Inquisidor general prohibió que en este convento de Salamanca se leyera el papel de las *Singulares y secretas admoniciones*, q.v.)
– Orden militar, caballero de la: XV, 145 (1638: en unas fiestas en el Retiro, "entre varias suertes en la plaza,... mostróse valeroso entre muchos un caballero del hábito de San Esteban...")
– Orden militar, torre y puerto de la (almacén de artillería de la Orden, en el Porto Santo Stefano en la costa norte del promontorio del monte Argentario, a 7 km. al O de la ciudad de Orbetello [Baedeker, *Central Italy*, p. 4 y el mapa; dicha Orden tenía otro centro, éste en Pisa: Baedeker, *Northern Italy*, pp. 369-370 y el plano]), XVIII, 327 (1646, 19 de junio: una armada francesa tomó el puerto, "para batir a Orbetello"), 335 (1646, 26 de junio: los franceses han "desamparado el puerto de San Esteban")

San Esteban (villa del Parmesado), XIII, 519 (1636: "por trato, el duque de Parma tomó a San Esteban, el cual antes se había rendido al de Oria en Valdetarro")

San Esteban de Gormaz, conde de (Juan Francisco Manuel Pacheco de Acuña, marqués de Moya, primogénito del marqués de Villena), XV, 185 (los marqueses de Moya llevaban la copa de oro en que bebía el Rey); XIX, 412-413 n 63 (defiendió a su padre)

San Estevenvert, isla [quizá en el río Maas, q.v., cerca de Maastricht], XIII, 394 (el Cardenal-Infante tenía 18.000 caballos ["cosa que jamás se ha visto en Flandes"], y cuando los de Lieja intentaron socorrer a los de Maastricht, "salió la caballería de San Estevenvert" y otros lugares [XIII, 395], y cogió y degolló a los enemigos y tomó el convoy)

San Eustaquio (comedia), XIII, vii (según Gayangos, "Bastante disparatada"; versa sobre la leyenda de este mártir cristiano que había sido un general romano; es una obra atribuida al P. Rafael *Pereira, q.v. en la Bibliografía)

San Evasio (se ha dicho que era obispo falso: Vicente de la Fuente, t. II, p. 412; v. Florez, *España*, V, 263), XV, 292 nota 2 (de la villa de Casal de Monferrato dice Gayangos que se llamaba "por otro nombre, Il Casale de San Evasio")

San o Sant Felices (v. Santelices)

San Felipe (se refiere a la persona), XIV, 64 nota 1 (Carlos Strata [banquero, q.v.], dio al Rey unas reliquias del santo)

— convento de la Orden de San Felipe, XIII, 243 (en dicho convento se celebró la fiesta de San Agustín [de Hippo], el 28 de agosto; asistió el Rey)

— iglesia de San Felipe [el Real, de Madrid]), XIII, 167 (pasquín contra los Jesuitas), 434 (a principios del siglo XVII, su prior era Fray Juan de San Agustín, q.v.), 450 (entró un domingo un hombre que empezó a decir disparates ofensivos; le prendieron y llevaron a la Inquisición); XIV, 43 (el conde de Lodosa, q.v., logró que se cantara en San Felipe un villancico disparatado), 140 (asistieron los Reyes a la procesión de la fiesta del santo); XV, 109 (víctores y aplausos en esta iglesia y otras para el Almirante al regresar de Fuenterrabía, q.v.)

— castillo de la isla Terceira [Azores; v. Terceiras], XVI, 449 y 450 (los portugueses lo toman de los españoles), 453 (al castillo ponen el nombre de San Juan en memoria de su Rey)

— convento de los agustinos en Madrid, XIII, 243 (se celebró la fiesta de San Agustín); XVIII, 507 (un matador se retiró al convento)

— mentidero de la iglesia de San Felipe [el Real de Madrid]: "mentidero madrileño, que durante siglos había estado en las famosas gradas de la iglesia de San Felipe, de la Puerta del Sol" (Juan Antonio Cabezas, pp. 25 y 62), XVII, 112

San Fermín, patrono de Pamplona, XIII, 80 (*Descripción* de las fiestas en 1628, por Jacinto de *Aguilar y Prado)

San Fernando, canonización de, XV, viii (carta del Rey, probablemente Felipe IV, al cabildo de Sevilla, que en 1768 se sacó de su sitio en el tomo ms. original)

San Francisco [de Asís], **convento** de, en Lérida, XIX, 329 (abandonado por las monjas en octubre de 1642, porque los franceses han ocupado la ciudad)

— convento de Madrid, XVIII, 112 (por orden del Nuncio, Julio Rospigliosi, se manda poner al Hermano Villar en plena libertad en la casa grande del convento)

— convento de Madrid, de frailes franciscos descalzos, XVIII, 237 (Fray Fulano Enríquez, mercedario, pidió a la Inquisición "le depositase en parte donde estuviese segura su vida, por parecerle no lo estaba entre sus frailes"; "depositáronle en San Bernardino,...convento de frailes Franciscos descalzos")

— convento de San Pedro Montorio en Roma, de franciscanos españoles), XIV, 120 (los frailes celebraron las fiestas de la elección del Rey de romanos con tiestos y luminarias)

— convento de San Diego en Sevilla, de los descalzos franciscos, XVI, 249 (inundado por el río Guadalquivir)

— convento de Sevilla, XVII, 69-70 nota 1 (por un asesinato en el convento de San Francisco, la Justicia lo cercó y cerró sus puertas); XVIII, 473 (m. en el convento de Sevilla el P. Comisario de Indias)

— convento de Sevilla, XVIII, 473 (a éste y otros en aquella región se les ruega buscar a fray Lucas Díaz en los conventos de la ciudad)

- convento de Tortosa, XVIII, 385 (en dos días, m. dos monjas)
- convento de Valencia, XVIII, 283-284 (cinco bandoleros se refugiaron allí, y tanto les ayudaron los frailes franciscanos que los soldados del Virrey no pudieron encontrarlos)
- **convento o iglesia** de Cádiz, XIV, 193 (allí llegó el asistente de Sevilla)

San Francisco [de Asís], **iglesia franciscana** de Barcelona, XV, 448 nota 1 (el 7 de junio de 1640, "descargaron la furia" los catalanes contra los castellanos, y en vano "salieron los frailes de San Francisco con las cruces y el Santísimo"), 477 (el Obispo "se fue a recoger a San Francisco")
- iglesia de Burgos, XIX, 323 (en 1642 una tempestad derribó algunas paredes)
- iglesia de Cartagena de Indias (Colombia), XVI, 469-474 (1642: intento del gobernador de rebelarse contra España y apoderarse de la ciudad)
- iglesia de Évora, XIV, 190 (1637: aquí se refugió un juez rebelde)
- iglesia de Logroño, XV, 244 (aquí depositó el Obispo a un padre fugitivo del colegio de Bilbao)
- iglesia de Madrid (de San Francisco, pero no el Grande, que es del s. XVIII), XIII, 52 (un Cristo sudó sangre); XV, 219 nota 1 (1639: aquí depositaron el cuerpo del marqués de Cañete), 343 (un "arismético" [es decir, sodomita] se refugió aquí);XVIII, 69-71 (aquí enterraron a un predicador de S.M.)
- iglesia de Madrid, de la Concepción Francisca, 227 (v. a continuación y en negrita, "el provincial...")
- iglesia de Portugal, XIV, 190 (un juez huyó de los rebeldes y se refugió en una iglesia de San Francisco)
- iglesia de San Martín de Trevejo (a 5 km. al SE de Eljas, y 10 km. al NE de Hoyos, que está a 55 km. al S de Ciudad Rodrigo), XVI, 337 (el general portugués Fernam Telles de Meneses, q.v., olvidó un bastón valioso en esta iglesia, y "vino a manos del VI duque de Alba", q.v., tomo XVI, p. 356 nota 1)
- iglesia de Santa Marta (villa en la costa del mar Caribe de Colombia, a 180 km. de Cartagena), XVI, 471-472 (el gobernador de Cartagena de Indias se había rebelado contra España, y huyó a Santa Marta, q.v., y allí se refugió en la iglesia de San Francisco)
- iglesia de Segovia, XIX, 223 (1648: en San Francisco fue enterrado en una sepultura común el marqués de Ayamonte, ejecutado en el Alcázar de Segovia)

San Francisco [de Asís, Orden de],
- **generales, provinciales y otros gobernadores**: XIII, 62, 199 y XVIII, 18 (P. Urteaga, provincial); XV, 293 y 297 y 411-412 (P. Merinero, general) y 412-413 (P. José Vázquez, provincial, definidor general y comisario general de la Orden ["todopoderoso en el capítulo"]); XVI, 123 (Antonio Enrique de Porras, obispo de Málaga), 359 (general), d467-468 (general); XVII, 389 (antiguo comisario de la Orden), 432 (general); XVIII, 85 y 258 (nuevo general, P. Vicencio Garrafa), 385 (el provincial de Alemania vino al capítulo de Toledo), 385 (1646: m. el obispo de Tortosa, fraile de San Francisco y general que fue de su Orden), 473 (el P. Comisario de Indias, m. en San Francisco de Sevilla)
- **la Tercera Orden de San Francisco**: XIII, 43 ("estaba allí en la sacristía la hermana Lorenza,... en hábito de tercera de San Francisco"); XIX, 358 y 361-362 y la nota 1 ("condenaron al de la tercera Orden de San Francisco, que degolló a su prima, a darle garrote y a encubarle; no le ahorcaron, por ser hombre principal, aunque pobre"; "llamábase Fr. Manuel de la Espada..., religioso míni-

mo y sacerdote y de edad de treinta años")
- **la autoridad del papado:** XVIII, 159 (la m. del hermano del Nuncio logra reunir en las honras a "dos generales de órdenes, cuatro provinciales y todas las comunidades de las religiones"), 159 nota 1: Es más: en una nota personal, agrega el P. Pereira: "Por contemplación del Nuncio, estuvieron todas las religiones y aun las monacales. Asistieron los comisarios de San Francisco, [y] los demás generales fuera de los dichos...")
- **el provincial de San Francisco vs. el Nuncio:** XVIII, 227-228 (con ocasión de un disgusto en la iglesia de la Concepción Francisca, el Provincial prohibió a las monjas cantar los maitines de los Reyes ["había de ser nota grande"]; el Nuncio llamó al Provincial a su casa, donde le reprendió "de su inobediencia" y le mandó a un aposentillo "donde suelen tener presos los clérigos"; "ésta es la historia del Provincial de San Francisco")
- **la autoridad civil y la eclesiástica:** XVIII, 124-125 (cómo se dio garrote, ahorcó y descuartizó a un fraile franciscano contra la voluntad eclesiástica); XIX, 121 (en el púlpito un guardián franciscano reprendió al conde de Sinarcas por un escándalo amoroso y cuando regresó a su casa, le mataron, al parecer por orden de Sinarcas), 358 y 362 y la nota 1 (**1642:** una viuda anciana, rica y avarienta fue asesinada por su sobrino, fraile franciscano, y por su primo, de la tercera orden de San Francisco; los dos intentaron falsificar la última página de su testamento, pero les prendieron y ejecutaron); 462-463 nota 315 (v. Torres, Gil de ["lo querían prender;...se refugió en la iglesia;...entraron y le prendieron; el clero, escandalizado])"
- **la autoridad eclesiástica:** XIII, 156 y 267 (entre otros, la Inquisición ha nombrado dos franciscanos para ver la causa de la madre Luisa), 181, 320-321 (Juan de Tejada, q.v., se refugió en la Orden), y 410 (individuos acusados de ofensas civiles se recogieron en la Orden para escapar de los tribunales civiles);
- XIV, 134 (los holandeses metieron en un barco a gente vestida de religiosos de San Francisco y de la Compañía, y así lograron pasar víveres y municiones al fuerte de Hermestain)
- XVIII, 122 (un fraile se quejó del Provincial a su General, y a la mañana le hallaron m.; "deben los súbditos ceder a los superiores, aunque tengan más razón que ellos"), 133 nota 1 (en su lecho de m., Francisco Morovelli, q.v., "persuadido de su peligro", se confesó y recibió los sacramentos), 264 (el padre Santillana, fraile franciscano, predicó el sermón del Ciego en Palacio)

San Francisco [de Asís]: **Varia:** XIII, 25 (feb. **1634:** en el martirologio de Baeza se menciona honoríficamente a San Ignacio y San Francisco), 117 (un corresponsal de Madrid envió al P. Pereira la "relación" de un "milagro de San Francisco"), 124 (**1635:** San Antonio de Padua; n. 1195 en Lisboa; m. 1231 en Padua; fraile franciscano), 152 (los padres franciscos "tienen sus querellas" con los Jesuitas sobre el carácter de la madre Luisa), 521 y la nota 1 (**1636:** cuando m. la madre Luisa en Valladolid, "los padres franciscos, que estaban muy desconsolados, quisieron hacerla unas honras muy suntuosas", pero parece que los Jesuitas y la Inquisición lo impidieron)
- XV, 176 (**1639:** el P. Pereira envió al corresponsal "los prodigios...que San Francisco hace con el Padre Marcelo [Francisco Mastrilli]", q.v.), 193 (a los religiosos portugueses de la Orden, Felipe IV les ha dado "licencia para que vuelvan a sus iglesias" en

Portugal), 269 nota 1 (batería de San Francisco en La Coruña: combate entre ésta, que desarboló algún bajel, y la armada francesa, que mató algunos ciudadanos), 501 (**1640**: los padres descalzos de San Francisco "estaban deseando" pasar a las misiones de Larache y Mamora, q.v.)
- XVI, 137 (**1641**: los PP. de San Francisco sacaron la imagen de Nuestra Señora de Atocha e hicieron su rogativas para que lloviera [v. Almudena y Carmen]), 235 (P. Fray Diego de San José, franciscano descalzo y confesor de la Reina; m. 1642), 262 (**1642**: puerta de San Francisco en las murallas de Tarragona: el marqués de Hinojosa tiene que esperar a que se la abran), 454 (cuando los españoles entregaron a los portugueses el castillo de San Felipe en las Azores, hubo una procesión solemne del Cabildo, clero y religiones de San Francisco y otras), 467-468 (carta de un padre franciscano, cuñado del duque de Medina Sidonia, sobre cómo está el Duque, preso en el castillo de Coca)
- XVII, xix (**1610**: cuando m. el conde de Fuentes en Milán, "estuvieron con él muchos religiosos capuchinos, recoletos de San Francisco y padres de la Compañía"), 287 (**1643**: cuando los portugueses quemaron el Almedral y La Torre, en Extremadura, les permitieron a 36 monjas franciscanas refugiarse en Zafra, q.v.), 461 (el P. Santillana era franciscano y predicador del Rey)
- XVIII, 452 (**1646**: el general de Santo Domingo visitó el colegio de Santo Tomás, donde le recibieron "dos grandes hileras delante de frailes franciscos"), 495 (**1647**: hubo un incendio en el Colegio madrileño del P. González, y acudieron los mercenarios, 20 frailes de San Francisco y 12 dominicos), 499-500 (un cura se ocultó en el confesionario vestido con el hábito de San Francisco)
- XIX, 79 (**1647**: un cerrajero que había matado a dos hombres sin intención, "fue a retraer a San Francisco, y los PP. le han traspuesto de Madrid"), 220 (**1648**: Diego de Miranda, lector de teología de San Francisco, ayudó al marqués de Ayamonte en el patíbulo del alcázar de Segovia, y le asistieron doce religiosos franciscos en el funeral), 359-360 (**1642**: el procurador general de un colegio de Madrid era el P. Diego de Viamonte; ahora es el P. Francisco Justiniano)
- el día de **su fiesta** y su jubileo (el 4 de oct.), XIII, 509; XIV, 47; XVI, 21; XVII, 38, 280, 338; XVIII, 127, 374

San Francisco de Borja, S.J. (1510-1572; hijo del duque de Gandía; amigo y consejero de San Ignacio de Loyola y Santa Teresa; en 1565, tercer General de la Orden de los Jesuitas)
- XIII, 120 (**1634**), 295, 296
- XV, 191 (**1639**); XVI, 19 (**1640**), 137 (sequía en Madrid; sacan su cuerpo en procesión para que llueva)
- XVII, 343 (**1643**: a su biznieto, Alvaro Henríquez, hijo del marqués de Oropesa, se le elige prefecto de la congregación de estudiantes), 360
- XVIII, 474 (**1647**: el Papa despacha remisoriales para su canonización)

San Francisco de Javier, P. (1506-1552; apóstol de las Indias orientales; m. en la India)
- XIII, 51, 111-112 (**1634**: por un milagro de San Francisco Javier en Nápoles, sanó el Padre Marcelo Mastrilli de una fractura del cráneo por un martillo que cayó), 155

(**1635**: bula de su canonización), 339, 340 (en Valladolid: su fiesta), 343 (en Salamanca: la bula sobre el santo)
- XV, 96 (**1638**: calmó una tempestad en el océano)
- XVI, 41-42 (**1640**: texto del escrito que dejó Marcelo Francisco Mastrilli en la mano del cuerpo de San Francisco Javier en Goa, camino a Japón)
- XVII, 173 (**1643**: los devotos a San Francisco Javier), 280
- XVIII, 287 (**1646**: se cita dos veces a "San Javier", las cuales parecen referirse a San Francisco de Javier), 447 ("hoy estoy tan cansado con una fiesta votiva que ha hecho la señora duquesa de Osuna a San Francisco Javier, que no estaba para escribir...")
- XIX, 143 (**1647**: "Aquí se hace tres días de fiesta a San Francisco Javier...") (var: San Javier)

San Francisco de Paula (1416-1507; llevó una vida muy ascética y en 1435 fundó la Ordo Fratrum Minimorum [Frailes Mínimos], dedicada a la humildad), XVI, 322 (iglesia de Madrid dedicada al Santo); XIX, 23 (iglesia y convento de Nápoles, "en frente de Palacio"), 29, 30, 36, 40, 48 ("frontera de Palacio"), 60, 93, 111 (var: Paola)

San Francisco de Xobregas, convento de (fuera de Lisboa), XVI, 113

San Gabriel, iglesia de (Valladolid), XIII, 364 y 365 (inundada)

San Gabriel (pueblo cerca de Badajoz), XVII, 275

San Genaro (pueblo o institución cerca de Nápoles), XIX, 95
- XIX, 112 (se veneraba su sangre en Nápoles)

San Germán [en Laye], (a cuatro leguas de París; palacio y refugio del rey de Francia; allí agonizó y allí m.), XIII, 318; XVI, 30; XVII, 45, 136, 138 (var: en Aya; en Haye)

San Germán, marqués de (primer capitán de la guardia francesa; preso en Tuttlingen), XVII, 424

San Germán, marqués de, y marqués de la Hinojosa (v. Hinojosa, marqués de la)
- marquesa de (Luisa Manrique de Lara, marquesa de la Hinojosa; m. 1642; casada con el VII conde de Aguilar, q.v.)

San Germano, duque de (v. Tutavila, Francesco)

San Gian (castillo y cárcel a la entrada del puerto de Lisboa), XVI, 94, 102 y 111-112 (v. la ficha de Mascareñas, [Fernando de], conde de la Torre), 194; XVII, 448

San Gian, torre de, XVI, 109 (tanto el castillo [de Lisboa] como la torre de San Gian quedaban desguarnecidos porque se habían sacado los soldados para la guerra de Cataluña)

San Gil (calle de Madrid al lado del palacio real), XVIII, 26
- (iglesia de Madrid), XIII, 214 (allí hizo la condesa de Olivares las cuarenta horas para Galicia [v. el párrafo de la cita]); XIX, 124 (a causa de un desafío, el conde de Medellín tuvo que retirarse a San Gil)

San Ginés (callejuela de Madrid), XIX, 437 nota 128 (según Novoa, "cayó el conde de Villamediana de la herida que le dieron al salir de la callejuela de San Ginés a la calle Mayor")
- (parroquia de Madrid), XVIII, 175 (m. "el de Alfaro", cura de esta parroquia), 470 (a esta parroquia fueron los de las misiones); XIX, 362 (sobre el funeral de un reo)

San Giorgio, duque de (v. San Jorge)

San Giovanni, castillo de (a 20 km. al oeste de Piacenza), XIII, 375, 385 XVI, 485 (no hay que confundirlo con el castillo de San Juan, cerca de Bologna, que era cuartel de las armas eclesiásticas)

San Gregorio, XIII, 365 (esta iglesia en Valladolid recibe a los de San Gabriel, que está inundada)

San Hermenegildo, Colegio de jesuitas de (Sevilla; residencia del Padre Rafael Pereira), XIII, vi, 413; XIV, vii; XV, v, viii, xi; XVI, 32, 201 247; XVII, 255; XVIII, v, 46, 52, 59, 77, 80-81, 105 n 2 más 105-117 (sobre la quiebra de 1645), 263; XIX, 64, 277

- Procurador, XIX, 359 (1642: el que solía encargarse de la correspondencia, es ahora el rector de Belmonte), 360 (ahora el Procurador general es el Padre Francisco Justiniano)
- Rector (en 1642, Cristóbal de la Cueva, S.J.), XVI, 247

San Hilario (convento de Lérida), XIX, 329 (las monjas lo han abandonado por la guerra)

San Hipólito ("villa fuerte" del condado de Borgoña, a 60 km. al este-nordeste de Besançon), XIV, 196 (el gobernador de Monbelgrado, par de Francia, quiso tomarla por interpresa)

San Hipólito, la colegial de, XIX, 213

San Honorato, isla de (v. Saint Honorat)

San Ignacio, Colegio de (en Valladolid), XV, 320; XVI, 298

San Ignacio de Loyola (1491-1556; fundador de la Compañía), XIII, 25 (**1634**), 97, 213, 542 (**1636**: el P. Tamayo lleva consigo una reliquia del fundador)

- XV, ix (una carta original del fundador), 156 (**1638**: por qué llamó Jesús a la Compañía), 470 (**1640**: en Guipúzcoa se halla "el santuario y casa de nuestro santo padre, San Ignacio"), 481
- XVI, 20 (**1640**: "fiestas por el año centésimo de la Compañía": una inscripción memorial), 446
- XVII, 206 y 492 (**1643 y 1644**: "día de San Ignacio", el 31 de julio)
- XVIII, 287 (**1646**: "la oración de nuestro santo padre San Ignacio")
- XIX, 64, 158 (**1648**: en la ciudad de Roma se halla "el altar donde está el cuerpo de San Ignacio, nuestro padre"), 180, 231 ("día de San Ignacio")

San Ignacio, P., XIII, 343 (se habla de una persona que era "bisnieto de nuestro P. San Francisco de Borja [1510-1572] y...sobrino de nuestro P. San Ignacio")

San Ildefonso, colegial mayor de, XVII, 286 (dijo que estaba ya relajada "la pureza antigua de los hábitos", y que "sólo en los teólogos mayores se conservaba el examen incorrupto de las limpiezas")

San Isidro (el labrador, patrón de Madrid), XIII, 420 y 428 (corridas)

- XIV, 39 (fiesta en la ermita de San Isidro, en un cerro cerca de Madrid), 83 (novena), 140 (reliquia)
- XV, 259 (corridas); XVI, 137 (procesión general); XVII, 90 (la ermita), 487 (la festividad)
- XVIII, 33 (una fiesta), 261 (la ermita), 407
- XIX, 382 nota 429 y 410 nota 377 (corridas)

San Isidro, Colegio de Estudios Reales de (Madrid), XIV, 20; XIX, 422 nota 369

San Javier (parece que se refiere a San Francisco de Javier, q.v.)

San Jerónimo (c. 347-420; doctor de la iglesia y traductor de la Biblia), XV, 149 ("vivió...gran parte de su vida...en el mismo lugar donde nació Jesucristo")

San Jerónimo, **convento** de, en Madrid, XIII, 32 (un crucifijo en este convento ha sudado sangre 24 horas); XVII, 433 (el Prior quería permitir a las monjas "alguna correspondencia", "como alivio de su trabajo")

- convento de, en Valladolid (v. Nuestra Señora de Prado)

San Jerónimo, **iglesia** de, en Burgos, XVII, 123 (camino de Flandes a Madrid, en Burgos pusieron el cuerpo del Cardenal-Infante en un túmulo en la catedral)
- iglesia de Granada y la de San Jerónimo, XIX, 161 ("De vueltas de San Jerónimo", entró "gente en nuestra iglesia, dando voces, '¡que se ha levantado Granada!'... Encamináronse a San Jerónimo"), 185 (salieron a la calle las religiones, salvo la de San Jerónimo y otras tres)
- iglesia de San Jerónimo del Prado, en Madrid, XIII, 4 ("estaba arrimado a San Jerónimo el nuevo palacio, junto al camino de Alcalá"), 106 nota 1 (en la Semana Santa se retiró el Conde-Duque de Olivares al cuarto real de la iglesia de San Jerónimo en Madrid), 317 ("las capillas de la Septuagésima con cortina, capellanes y demás aparato real"); XV, 143 (a imitación del santo, Felipe IV escogió para su retiro un lugar apartado de la villa de Madrid); XVII, 499 (en la iglesia de San Jerónimo se celebraron las honras de la reina Isabel de Borbón, q.v.), 500, 501 ("hubo... tres misas aquel día de Pontifical"; "el concurso de la gente fue increíble...[desde] las cuatro de la mañana el viernes")

San Jerónimo: **Varia**
- su fiesta, el día 2 de octubre, XVI, 18 (se bendijeron los estandartes de las Órdenes en Atocha; el Rey estaba en la iglesia de San Jerónimo del Prado de Madrid
- frailes invitados a una comedia, XIV, 66 nota
- monasterio de (Madrid), XIV, 82 (adentro riñeron dos caballeros, y salieron desafiados)

San Joaquín (v. Joachino)

San Jorge (junto a Mortara, q.v., en el Monferrato), XIII, 499

San Jorge, duque de (Carlos María Caracciolo, militar, hijo del marqués de Torrecusa, q.v.)
- XV, 245 (**1639:** gravemente enfermo), 348, 393, 395 (preso con su padre en Burgos), 442, 444
- XVI, xv (**1641:** m. en el asalto de Monjuich), 9, 121 (detalles de su m.)
- XIX, 461 nota 259 (var: San Giorgio)

San José (el esposo de la virgen María) XIII, 58 (estatua en una procesión solemne), 400 (su fiesta, el 19 de marzo; v. XVI, 296); XV, 154 (versos sobre el Niño, su Madre y San José)

San Joseph, priora Mariana de (Sor de la Encarnación), XIV, 389 (v. la biografía de *Luis Muñoz)

San Juan, castillo de (cerca de Bolonia), XVI, 485 (cuartel de las armas eclesiásticas; no hay que confundirlo con el castillo de San Giovanni, q.v., cerca de Piacenza)

San Juan [evangelista], XIII, 166 (calle de), 185 y 187 (caballeros de: v. la Orden de San Juan de Jerusalén), 191 (calle de, en Madrid), 264 (un estudio de los cuatro primeros capítulos de su Evangelio)
- XV, 155 (alusión al intento del emperador de Roma de matar al evangelista), 195 (el altar de san Juan era el primero de una serie ceremonial en Madrid)
- XVI, 248 (en Sevilla el río llevó la cerca de la heredad de San Juan), 417 (se llamó San Juan "una de las fortificaciones" [de Monzón]), 453 (los portugueses pusieron al castillo de Lisboa el nombre de "San Juan", en memoria de su Rey)
- XVII, 45 (Luis XIII, agonizando, mandó que se le leyera el capítulo xvii del evangelio del Santo)
- XVIII, 349 (la galera San Juan de Nápoles y otra cogieron dos del enemigo), 394 (el príncipe Lanz-

grave está en Lucerna, lugar de su encomienda de San Juan [de Jerusalén])
- su fiesta (el 6 de mayo), XIII, 200 (la noche de), 222, 432 y 438; XIV, 139 y 147 y 443; XV, 190, 268 y 288; XVI, 328, 418, 420; XVIII, 333, 346

San Juan Bautista (m. degollado: v. Mateo xiv.1-12), XIV, 248 (1637: en una carta que relata "la horrible catástrofe de la Leucate", q.v., se dice que el ejército español entró en Francia "el día de la degollación de san Juan, presagio infelice de lo sucedido")
- ermita de (en el Palacio del Retiro), XIII, 5

San Juan Crisóstomo (hacia 347-407; patriarca de Constantinopla y doctor de la Iglesia; teólogo, orador y autor), XIX, 431 nota 501

San Juan de Dios (1495-1550; nació en Portugal y fundó los Hospitalarios, "que el vulgo llamaba 'capachos',... porque llevaban una espuerta o 'capacha' para la limosna" [XIV, 75 nota 1])
- XIX, 223 (después de la ejecución del VI marqués de Ayamonte, cuatro hermanos de la Orden San Juan de Dios llevaron el ataúd a la iglesia)

San Juan de Dios, iglesia de Granada XIX, 161 (la "gente" de la ciudad estaba gritando, "¡muera el mal gobierno!", y "el corregidor y ciudad [de Granada] ...ya se habían recogido en San Juan de Dios")

San Juan Hierosolimitano (v. la ficha de San Juan de Jerusalén, Orden de)

San Juan de Jerusalén, Orden de (fundada en Jerusalén en 1048 para que sus caballeros ayudaran a los peregrinos y a la conquista y defensa de la Tierra Santa; v. también las fichas de Aldana, Fernando de, y dos de: Malta, caballeros de, y Malta, embajador del Gran Maestre, y Crosby, *Índice de apellidos, títulos y oficios...*, y las fichas a continuación de la presente)
- XIII, 23 ("la vida de San Juan Hierosolimitano se traslada"), 26 (dice el P. Mendo al P. Pereira que "enviaréla", y que "es famosa, erudita y de lindos chistes"), 338 nota 1 (Francisco Fernando de Austria, hijo ilegítimo del Rey, pudo haber sido Gran Prior de San Juan, "o a lo menos desfrutaba la encomienda aneja"); 494 nota 2 (Luis de Vendôme, q.v., II duque de Mercoeur; n. 1612, hijo del duque de Vendôme y Gran Prior de la Orden de San Juan en Francia)
- XIV, 174 nota 1 (el Gran Prior de Navarra, "aposentado en casa del receptor general de su religión [de San Juan]")
- XV, a74 nota 1 (Luis de Villar y Manuel, caballero de la Orden), 185 (Alonso de Castillo, q.v., caballero de la Orden)
- XVI, 300 (el Rey quiere reconocer a Pedro de Velasco, hijo suyo habido fuera de matrimonio, y hacerle Gran Prior de la Orden de San Juan; v. la ficha de XVII, 166), 485 (castillo de San Juan [de Jerusalén] en Crevalcore, q.v.)
- XVII, 166 (don Juan de Austria, Gran Prior, no tiene que llevar la cruz de San Juan; v. XVI, 300), 233, 287 (don Juan, Gran Prior de Castilla y León, tomó posesión de su estado en Consuegra de la Mancha)
- XIX, 159 (el cardenal Virginio Orsini, q.v., caballero de la Orden), 308 (Ottavio Piccolomini, caballero de la Orden), 410 nota 426 (Martín Reading, gran prior de la Orden en Navarra), 418 nota 232 (Fernando de Aldana, "el comisionado de la religión de San Juan y gran cruz de ella"), 419 nota 232 (Alonso del

Castillo, bailío de Lora, encomienda de la Orden), 441 nota 243 (Sancho Guzmán Sarabia, q.v.)
- hábitos de, XIII, 243 nota 1 (Lope de Vega), 382 (dos criados del duque de Medina de las Torres); XIV, 445 (el gobernador de Caló); XV, 173 (Luis de Aguilar), 350 (un preso francés); XVII, 147 (el landsgrave de Hesse); XVIII, xiv, 92 (Juan de Valenzuela, maestre de Campo), 470 (un sobrino del Protonotario); XIX, 180 (un mozo)
- religión de (entiéndase, Orden de); v. XIV, 174 y XIX, 418 nota 232) (var: San Juan Hierosolimitano; Caballeros de Malta; Caballeros de Rodas; Orden Hospitalaria)

San Juan de Latada (fiesta celebrada en Orbetello), XIX, 87

San Juan de Luz (a unos 12 kilómetros al noreste de Irún; en el siglo XVII no siempre pertenecía a Francia), XIII, 523, 524, 525, 534, 546; XIV, 23, 44, 52, 57, 72, 455; XV, 38, 40, 76, 121

San Juan de Malta (es la Orden de los caballeros de San Juan de Jerusalén, q.v.)

San Juan de Oporto (castillo de la ribera de Setúbal), XVI, 112

San Juan del Puerto (a 14 km. al NE de Huelva), XVI, 440 nota 2

San Juan de los Reyes de Toledo (bellísima iglesia gótica fundada por los Reyes Católicos en 1477), XIII, 181 (se refugió en ella el Dr. Juan del Espino, q.v.)

San Juan de Ulúa (puerto y fortaleza inmediata a la ciudad de Veracruz; la última que conservó España en el Nuevo Mundo continental), XV, 303; XVII, 41; XVIII, 449 (var: Lúa)

San Judas (el apóstol Judas se tenía por hermano de Santiago el menor y autor de una epístola; su día, el 28 de octubre, se celebraba junto con el del apóstol Simón), XIII, 521

San Justo [Mártir] (c.105-c.165 d.C.; apologista cristiano; mártir en la ciudad de Roma [todavía existe el protocolo auténtico]), XIII, 47 (el Padre Francisco Vilches pide al P. Pereira ciertos datos sobre este santo, creyendo que era mártir de Baeza)

San Lázaro, convento de (Zaragoza; conmemora el hermano de María y Marta, que fue resucitado por Jesús), XVII, 12 (inundado por el río en 1643)

San Lorenzo, (santo romano, al parecer de origen español; mártir en el año 258)
- Conmemoraciones de su día de fiesta, el 10 de agosto: XVI, 48; XVII, 260; XIX, 79
- Instituciones a nombre del santo en Nápoles: cárcel (XIX, 61); colegio (XIV, 27 nota 1); convento (XIX, 106); parroquia (XIX, 115)
- Instituciones a nombre del santo en España: palacio (XV, 79: San Lorenzo del Escorial); iglesia (XIII, 365: Nuestra Señora de San Lorenzo, de Valladolid)

San Lorenzo, conde de (caballero portugués), XV, 13; XVI, 108 (var: Lourenço)

San Lúcar (ciudades: véanse la de Sanlúcar la Mayor y la de Sanlúcar de Barrameda)

San Lucas (evangelista y autor de los *Hechos de los Apóstoles*; su fiesta, el 18 de octubre) XIII, 517, 526; XVIII, 188; XIV, 203 y XVII, 323 (en este día se representaban obras teatrales en el Colegio Imperial de Madrid)
- (colegio de la Universidad de Santiago de Compostela), XV, 317 ("oír el curso de Artes desde San Lucas")
- XVII, 359 ("Hoy es uno de ellos [los hermanos colegiales] rector de la Universidad, que le cupo la suerte por San Lucas");

San Luis [IX, rey de Francia], XV, 15 y XVII, 220 y 221 (su fiesta, el 25 de agosto); XIX, 23

"San Luis, la cuesta de" (en Madrid), XIII, 81

"San Luis, la red de" (en el centro de Madrid, junto a la Gran Vía), XIII, 68 (por error, "Real"), 73; XIV, 26; XV, 22, 256

San Marcos, Convento de (en León, y de la Orden de Santiago), XV, 374 (relato del arresto de Francisco de Quevedo en Madrid en 1639; le llevaron preso a San Marcos) (var: las Torres de León)

San Marcos, ermita de (cerca de Madrid; su fiesta es el 25 de abril), XIX, 374 nota 42 (véase *Zabaleta, *Día de fiesta*, "Discurso del trapillo") (var: la fiesta del trapo)

San Marcos, plaza de (en Roma, al lado sur del Palazzo di Venezia), XIV, 120 (entre las fiestas por la elección del Rey de Romanos, se dispararon 30 morteretes en la plaza de San Marcos)

San Marcos, marqués de (véase Cinq-Mars, marqués de)

San Mariano, XIII, 47 (el P. Francisco Vilches pide al P. Pereira ciertos datos sobre este mártir de Baeza)

San Mariano, marqués de (padre del Padre Marcelo Francisco Mastrilli), XV, 255

San Marín (torreón de la ciudad de Orbetello), XVIII, 382 (los franceses montaron otra batería que tiraba a este torreón)

San Marín (vino de buena calidad), XIV, 301 nota 1 (el Almirante de Castilla lo regaló a los guardias en Roma)

San Martín (convento de monjes benitos en Madrid), XVIII, 103, 130

San Martín (parroquia de Madrid), XVI, 493

San Martín (puerta fronteriza que da lugar a la cárcel del alcázar de Segovia), XIX, 219

"San Martín, tener su", XIX, 321

San Martín de Bozzolo (fuerte que da acceso a la villa de Bozzolo, que está a 38 km. al este de Cremona), XIX, 146 (var: Bezolo)

San Martín de Rhé, isla de (en la costa occidental de Francia, en el Departamento de la Charente Inférieure [hoy, Charente Maritime]), XV, 46 y 47 (var: Re; Rey)

San Martín de Trevejo (villa a 5 km. al sudeste de Eljas, y 10 km. al noreste de Hoyos, que está a 55 kilómetros al sur de Ciudad Rodrigo), XVI, 336-338 (iglesia de San Francisco);XVIII, 78

San Martín, frailes de, XIV, 298

San Martín (músico de la corte de Francia), XVII, 50

San Martín, marqués de (Carlos Filiberto d'Este, gobernador de Dôle, la capital del Franco-Condado [v. Borgoña]), XIII, 460-461 (**1636**: en Alemania reclutando tropas; acude al socorro de Borgoña); XIV, 172, 182, 224, 478 (**1638**: entra en el ducado de Borgoña junto al duque de Lorena), 500; XVI, 304

San Martín, Álvaro de (abogado del duque de Medina Sidonia), XVII, a53 (1643: responde a la acusación del Fiscal contra el Duque)

*San Martín y Corvera, Rodrigo de (capitán y sargento mayor; primer gobernador de la fortaleza de Cengio, q.v., a 28 km. al NO de Savona, q.v.), XV, 235 nota 1 (var: Cencho)

San Mateo (el evangelista), XVII, 4; XVIII, 401 (su fiesta, el 21 de setiembre)

San Máximo, abadía de (en Alemania), XIV, 236

San Miguel [Arcángel],
– XIII, 291 (el 29 de sept. de 1635, "día de san Miguel", se leyó en todas las iglesias un edicto de la Inquisición contra un desacato a una imagen del Santísimo Sacramento)

- XV, 63 (1638: al día siguiente el Rey sacó en su coche al duque de Módena)
- XVIII, 494 (1647: el día de la aparición de San Miguel [ocurrió entre los años de 492 y 496, y se celebraba el 8 de mayo hasta 1960], el Hermano encargado del ropero de lino dejó un candil encendido en su oficina, el cual prendió fuego a la ropa)
- XIX, 196 (1648: el "día de San Miguel" [el 29 de sept.], a quien se veneraba como curador, el Rey dio gracias en público de su mejoría)

San Miguel Arcángel,
- XV, 489 (1640: "era fiesta de la aparición de San Miguel Arcángel" [el 8 de mayo])
- XVII, 3 (1643: sobre la importancia de la fiesta "de su aparición, que es a 8 de mayo"); 255-256 nota 1 (el "día de San Miguel Arcángel" hubo un incendio en el colegio de San Hermenegildo; lograron extinguirlo), 307 (el 29 de sept., "día de San Miguel"), 337 (el "día de San Miguel", en la frontera de Galicia, los españoles hicieron "una poderosa entrada en Portugal")

San Miguel de los Reyes (villa entre Teruel y Valencia; no se halla en los mapas consultados), XVIII, 188 (allí comió el rey Felipe IV camino a Valencia, donde llegó la misma tarde)

San Nicolás (iglesia de Valladolid), XIII, 364 (inundada por el Pisuerga); XVIII, 278 ("sudó un brazo de San Nicolás")

San Nicolás de Tolentino (fraile Augustino y ermita; n. en Sant'Angelo, c. 1245, y m. en 1306 en Tolentino [a orillas del río Chienti, a 50 km. al SO de Ancona y 60 km. al E de Assisi]), XVIII, 242 (el brazo de su cuerpo le sudaba con grande abundancia antes de grandes calamidades)

San Omer (v. Saint Omer)

San Onofre, cardenal de (sin documentar en los índices consultados), XVIII, 429 (1646: m.)

San Pablo [el apóstol] (n. en Tarso, Cilicia; sufrió martirio en Roma en el año 65 o 67); XVI, 272 (los estudiantes del colegio de los jesuitas de Córdoba se amotinaron y fueron a San Pablo, convento de dominicos, y allí se quedaron); XIX, 239, 241, 242 (v. San Pedro y San Pablo)

San Pablo, colegio de (Granada), XIV, 137 (de los Jesuitas; su rector, el P. Cristóbal de Cabrera, q.v.)
- convento de (Valladolid), XIII, 381 (a raíz de una disputa con los jesuitas, se libra de una visita por el P. Provincial de los dominicos)
- fortaleza en (Luanda, q.v., capital de Angola; estaba en poder de los padres de la Compañía de Jesús), XVI, 271 (variantes: Loanda; Sao Paulo)
- iglesia de (Valladolid), XIII, 175 (allí se depositó el cuerpo del cardenal [Antonio] Zapata [y Cisneros], Inquisidor general de España y arzobispo de Burgos)

"San Pablo, los de" (se refiere a los cazadores de esclavos que desde São Paulo en el Brasil atacaban las misiones de indios en Paraguay para capturarlos; v. Ruiz de Montoya, Antonio de), XV, 115, 119

San Pastor (v. Santos Justo y Pastor)

San Pedro [el apóstol: su vida y su fiesta] (nació en Bethsaida, y sufrió martirio en Roma h. 66; Jesucristo le había escogido para fundar y guiar su iglesia [Mateo, xvi.18-20]
- su fiesta (el 29 de junio), XIII, 73, 444; XIV, 139; XV, 291, 294; XVI, 424, 427; XVII, 195, 196, 200; XVIII, 11, 376; XIX, 287, 331
- XIII, 72-73 (en su fiesta, la Inquisición quemó los libelos de la Compañía)

San Pedro [el apóstol: su tradición y sus recuerdos]
- el anillo de San Pedro, XVIII, 36 (el Papa lo llevaba en su bolsillo)
- la autoridad de San Pedro, XIV, 89 y la nota 1(se disputa en un sermón del P. Antonio Herrera, S.J., contra otro del P. [Hernando de] Salazar, S.J., q.v.)
- el castillo de San Pedro, XVI, 486 (a 22 km. al sudeste de Bologna; lo visitó el duque de Parma)
- la catedral de San Pedro (Roma), XIV, 109 (1637: "Las honras del Emperador [Fernando II] se hicieron en San Pedro"), 220 (1637: se hizo llevar al Papa encima de una cama desde Castel-Gandolfo a San Pedro, y parecía que iba en su sepulcro"), 224 ("el Papa se halla en San Pedro, mejor aire para su salud"); XVI, 466 "gran terror aquí, de manera que el Papa se ha pasado a San Pedro", 483 ("el Papa, temeroso de lo que puede suceder, se ha recogido a San Pedro"); XVII, 504; XVIII, 246, 323
- galera de San Pedro, XIII, 285 (de la flota española en la isla de San Honorato)
- palacio de San Pedro, en Roma, XVIII, 246 (a disposición de los Papas)
- parroquia de San Pedro, en Madrid, XVIII, 137
- pasquín de Felipe IV a las puertas del Cielo conversando con San Pedro, XVI, 198
- "del patrimonio de San Pedro [dijo el Papa] que no daría a nadie un solo palmo de tierra", XVIII, 305 (v. también "San Pedro y San Pablo")

San Pedro en Baño (hoy, Bagno di Romagna; a 50 km. al S de Forlì, 42 km. al N de Arezzo, y 60 km. al E de Florencia), XVI, 488 (lo visitó el duque de Parma)

San Pedro Mártir, [convento de], en Toledo, XIII, 78-79 (1634: carta de su Prior, que sancionó al Doctor Pulido de Aguilar por comentar que el Santo Oficio había mandado quemar papeles injuriosos contra la Compañía; el motivo de la sanción fue una rivalidad: v. Jesús, Compañía de: rivalidad con los dominicos; y también la Inquisición de Toledo: quema de papeles..., XIII, 67-71)
- iglesia de, en Toledo, XIV, 272 ("A 13 [de dic., 1637], en la ciudad de Toledo se ha celebrado un auto público de fe en la iglesia de san Pedro Mártir, en el cual salieron penitenciadas y sambenitadas 22 personas...")

San Pedro Montorio (v. San Francisco: convento de San Pedro Montorio en Roma, de franciscanos españoles)

San Pedro Nolasco (c. 1189- c. 1256; con Raimundo de Peñafort, fundó la orden de los Mercedarios), XVIII, 237, 255, 371 (v. Padres nolascos)

San Pedro y San Pablo, día de (el 29 de junio; se tenían por los dos apóstoles de autoridad especial y los héroes destacados de la Iglesia), XIII, 67, 75, 76

San Pelayo (del siglo X; nació en 911 en Galicia y murió como mártir en Córdoba en el año de 925), XVII, 196

San Pelayo, los colegiales de, XVI, 272 (Colegio de Córdoba)

San Pierre (v. Saint Pierre-Divion)

San Plácido (convento de monjas en Madrid: v. su otro nombre: Encarnación, [convento de la])

San Quintín (villa a 70 km. al E de Amiens), XIII, 491 nota 1, 492, 493, 518, 531 ("está sitiado;...caerá pronto en nuestras manos"; XVI, 392 nota 1, 396 y la nota 5; XVII, xvii-xviii

San Quirce (Valladolid), XIII, 364 y 365 (el convento inundado y la iglesia "peligrosa")

*San Raimundo, Vicente de (perpiñanés; testigo de vista de la guerra del Rosillón)

San Román (v. San Román extramuros)

San Román, marqués de (Antonio Sancho-Dávila y Toledo, III marqués de Velada, q.v. [de vez en cuando se le refería por el título de San Román, antes de que pasara a su hijo, a continuación])

San Román, marqués de (Antonio Gómez-Dávila, primogénito del III marqués de Velada, q.v.; gozaba del título de San Román antes de heredar de su padre el de [IV] marqués de Velada, q.v., con un apellido variante), XVII, 100 (**1643:** cuando se divulgó el *Nicandro*, habló al Rey de parte de su padre, el III marqués de Velada); XIX, 63 (**1647**), 385 nota 322 ¶2 (el primogénito), 409 nota 377 (**1632:** primogénito y menor de edad)

San Román, marquesa de, XVI, 238

San Román, P., S.J., XV, 487

San Román extramuros (ermitaña de Zafra, ciudad a 52 km. al S de Badajoz), XVI, 268

San Roque, XVI, 251 (barrio de Sevilla); XIX, 323 (su día festivo)

San Salvador (iglesia en el Albaicín de Granada), XIX, 187

San Salvador, plaza de, XIII, 73 (otro nombre de la plaza de la Villa en Madrid)

San Salvador (ciudad en la costa del Atlántico del Brasil, a 700 km. al SO de Recife; hoy se llama Salvador), XIII, 80 nota 1 y XIV, 130 y XV, 16-17 (la tomaron los holandeses en 1624, y la recuperaron los españoles; en 1637 volvieron a tomarla los holandeses [noticia al parecer errónea]; en 1638 los holandeses la atacaron y los españoles les rechazaron con una pérdida enorme); XV, 11 nota 1 (1638: su obispo, Pedro de Sylva y Sampayo)

San Sebastián (ciudad), XIII, 102, 167, 216, 237, 316, 484, 536, 537; XIV, 22, 58, 454, 460, 462, 476, 494; XV, 42, 43, 72, 244, 328, 456, 480, 481, 486, 488; XVI, 29, 38, 59, 450; XVII, 404, 413; XVIII, 20, 49, 50, 145, 174; XIX, 2, 66

– ermita de, XIV, 4

San Secondo [de Pinerolo] (villa de la provincia de Turín, a 3 km. al SO de Pinerolo, q.v.), XV, 461 (cuartel donde "se juntaban infantería, caballería y víveres en cantidad considerable") (var: San Segundo)

San Signado, conde de (v. Signi, conde)

San Simón, duque de (gobernador francés de Bayona; general de artillería; valido del rey Luis XIII; por lo de Fuenterrabía, q.v., le quitaron todos los bienes y las mercedes; huyó a Inglaterra), XV, 108, 125, 211 (noticia errónea), 353; XIX, 412 nota 6

San Simón y Judas, santos y apóstoles (fiesta), XIII, 521; XVI, 32

San Telmo (v. Sant' Elmo)

San Tercaz (v. Santorcaz)

San Thomé (navío español: v. Santo Tomás)

San Tia o San Tian o Santian (v. Santhià)

San Torcaz (v. Santorcaz)

San Vicente, cabo de (en el extremo SO de Portugal), XIII, 104; XV, 188, 210, 272; XVI, 139; XVIII, 483

San Vicente, beneficio eclesiástico de, XVIII, 81

– monasterio de, XIV, 343

– parroquia de (Madrid), XVI, 156 (v. San Méndez de Cabrera)

San Vicente (inquisidor y fiscal de la Inquisición General)

– XIII, a57 (**1634:** extracto de carta de Bilbao sobre las revueltas de la sal)

– XV, 26 (**1638:** con el inquisidor Garay, espectador en Madrid de las

fiestas de la victoria de Fuenterrabía), 78 (deja su plaza)
San Vicente, Martín de, XIV, 450 (autor de un informe)
San Vicente Ferrer (1350-1419; dominico y predicador misionero; tuvo gran influencia en el Compromiso de Caspe; su fiesta era el 5 de abril), XIX, 175
San Vicente mártir, monjes catalanes de, XVII, 38 (presos por el Virrey)
San Vicente y Anastasio, iglesia de (de los servitas [Ordo Servorum de la Virgen María Dolorosa]), XVIII, 365
San Víctor, XIII, 37, 47 (el P. Francisco Vilches pide al P. Pereira ciertos datos sobre este mártir de Baeza)
San Víctor, Fr. Alonso de, XIV, 128-129 nota 2 (general de la orden de San Benito; persiguió con impertinencias al fray Agustín de Castro, VIII conde que fue de Lemos); XIX, 390 nota 320 (var: Vítor)
San Victores (cobrador de la renta del vino y de millones en Sevilla), XV, xi y la nota 4
Sana, Sebastián (capitán; m. 1635), XIII, 356
Sanabria, Puebla de (prov. de Zamora; a 42 km. al N de Bragança), XVI, 77, 95, 168, 172, 183, 309; XVII, 193, 217, 270, 300, 302, 304, 336, 395, 396 (su gobernador era Juan de Benavides), 402; XIX, 324 (v. Monterrey [plan portugués...]), 326, 341, 456 nota 508 ¶3 (por error, 506[b]) (Juan Benavides, gobernador) (variante: Puebla [XVII, 395-398])
Sancti Pol, Monsieur do ("la cabeza de Francia que entró en Barcelona"), XVI, 21 (1640: ha derribado conventos "para señorear mejor el campo")
Sancti Spiritus, abad de (véase Neila, Pedro de)

Sanctos, convento de (al confesor de la princesa de Mantua y gobernadora de Portugal le propusieron trasladar su domicilio al convento de Sanctos; ella lo rechazó; y lleváronla a la casa de un hidalgo junto al convento de San Francisco de Xobregas, fuera de Lisboa), XVI, 113 y la nota 1 (v. Mansueto, fray)
Sancy (ciudad de Lorena cerca de Metz; sitiada por los imperiales), XIII, 392 (var: Jansi)
Sánchez, Carlos (impresor de Madrid, 1637-1652), XVII, 146; XVIII, 445
Sánchez, P. Diego, S.J., XVIII, a125
Sánchez, P. Francisco, S.J., XIV, xii, d287, 289, d334, d344, d349, d350, d361, d416n1, d441, 442
– (dos cartas graciosas de un seglar para el P. Francisco Sánchez; en otra copia la segunda se atribuye al P. Martín Erasso, dirigida al Sr. Sebastián Méndez), XIV, d317-321 y la nota 1, d408-416 y la nota 1
Sánchez, Juan (impresor de Madrid, 1620-1649), XIV, vii; XV, 323, 432; XVII, 419; XIX, 424 nota 407
Sánchez, Juan (regente que vuelve al Consejo por orden real), XIII, 381
Sánchez, Luis (impresor de Madrid, 1579-1633), XV, 83
*Sánchez de Espejo, licenciado (presbítero y autor de relaciones de fiestas)
Sánchez Duque, Dr. Juan (obispo de Guadalajara en Indias), XIII, 165
Sánchez de la Rocha, Sancho (testigo), XVIII, xxvii
Sánchez de Melo, lic. Luis, XVII, 499 (publicó una poesía fúnebre en la *Pompa funeral* de la reina Isabel de Borbón [v. Crosby, *Índice de apellidos, títulos y oficios...*])
Sánchez Oliva, Baltasar (testigo), XVIII, xxvii
Sancho [Panza], los descendientes del rocín de, XIV, 249 (sátira)
Sancho, P. (v. Sancho, P. Juan José)

Sancho, P. Juan José, S.J. (superior de la Compañía de Lérida; confesor del I marqués de Leganés), XVIII, v, x; XIX, a14-16, a18-20 (cartas sobre el sitio de Lérida en 1646; v. también el P. Gracián, S.J.)

Sancho-Dávila, Antonio (v. San Román, marqués de, Antonio Gómez-Dávila [primogénito del III marqués de Velada])

Sancho-Dávila, Bernardino (hijo del III marqués de Velada; v. Salinas, marqués de) (var: Dávila y Ossorio, Bernardino)

Sancho-Dávila, Fernando (hijo del III marqués de Velada, q.v.; hermano del marqués de Salinas, q.v., y del de San Román, q.v.; deán de Málaga), XIX, 385 nota 322, 457 nota 75

Sancho-Dávila y Toledo, Antonio (v. Velada, III marqués de)

Sancho de Urdanieta, Pedro Arellano (v. Arellano, Sancho de Urdanieta, P.)

Sandoval, casa de, XIX, 413 nota 82

Sandoval, familia de, XVII, 158; XIX, 335

Sandoval, cardenal (así se refiere unas pocas veces a Baltasar Moscoso y Sandoval, q.v.)

Sandoval, Antonio (receptor de la capilla del Cardenal-Infante), XVII, 129

Sandoval, Cristóbal de (v. Uceda, duque de)

Sandoval, Francisca de (hija de Cristóbal [duque de Uceda]; en 1647 viuda del IX almirante de Castilla), XVIII, 465

Sandoval, Jerónimo de, XV, 173 (general de los galeones que van a las Indias), 403 (por estar enfermo, excusado del mando de los galeones)

Sandoval, María de (condesa de Santa Gadea), XVII, 159

Sandoval Hurtado de Mendoza la Vega y Luna, Rodrigo Díaz de Vivar (v. Infantado, VII duque del)

Sandoval Rojas y Borja, Francisco Gómez de (v. Lerma, I duque de)

Sandoval y Rojas, María de (III duquesa de Lerma), XVII, 11

Sandoval y Rojas Padilla, Isabel de (hija del I duque de Uceda; en 1618 casó con el marqués de Peñafiel, q.v.), XVI, 280

Sandoval y Rojas, Padilla, Acuña, Enríquez y Colona, María Ana de (hija del I cardenal-duque de Lerma y esposa del VI duque de Segorbe y de Cardona, q.v.), XIII, 368

Sanenz (dice la carta, "regente [del Consejo] de Aragón", pero en dicho Consejo no hubo nadie de tal apellido; v. XIX, 438 nota 175, y Crosby, *Índice de apellidos, títulos y oficios..*, s.v. Consejo de Aragón); posiblemente se refiere a un tal Sáenz, q.v., o a otro regente de Aragón), XVIII, 175

Sanetti, cardenal (v. Sacchetti, Giulio Cesare)

Sanfelices, Juan de (v. Santellices)

Sangri, P. Carolo de (vicario general de los Jesuitas en Roma), XVIII, 38

Sangro, José de (la turbamulta le detuvo de Nápoles), XIX, 98

Sanlúcar (se refiere a las dos ciudades, sin distinguir la una de la otra; en las fichas a continuación se distinguen): XIII, 48 nota 1 (allí estuvo preso muchos años Juan de Benavides); XIII, 104 y XIV, 75 (plan franco-turco de tomar a Sanlúcar); XV, 501-502; XVI, 43; XVIII, a287

Sanlúcar de Barrameda (situada en la desembocadura del río Guadalquivir, a 23 kilómetros al noroeste de Jerez de la Frontera; puerto pesquero, del cual se hizo a la vela Magallanes para circunnavegar el mundo, y Colón en su tercer viaje; feudo del IX duque de Medina Sidonia, q.v., a quien en 1642 le quitó el Rey esta ciudad y Huelva, San Juan del Puerto y Ayamonte [véanse

XVI, 440 nota 2, y XVI, pp. xv-xvi])
- XVI, 43, 60, 270 (**1642**), 347 nota 1, 440 y la nota 2 (Juan de Santelices, q.v., iba a Sanlúcar de Barrameda "a tomar posesión por Felipe IV"), 441, 467 y 495 (**1643**: el embargo del estado del IX duque de Medina Sidonia)
- XVII, 8 (**1643**: el marqués de Valparaíso, nombrado para gobernar las armas y "aquellos castillos" de Sanlúcar de Barrameda ["se cree que no irá"]), 198 (al Condestable de Castilla le ha hecho el Rey gobernador de Sanlúcar de Barrameda "con la misma jurisdicción que al duque de Medina [Sidonia]", y con título de virrey de la costa de Andalucía), 205 nota 1 (la llegada de la flota), 360 y 441 (**1644**: el estado del duque de Medina Sidonia y sus visitas)
- XVIII, 123 (**1645**: necesita fortificaciones), 130 y 135 y 141 (por ser feudo del duque de Medina Sidonia, el Rey tomó posesión de los oficios de Sanlúcar de Barrameda para venderlos)
- XIX, 65 (**1647**: noticias de los Países Bajos de un navío holandés), 254-255 (**1642**: noticia de la captura de un barco grande de nombre inglés pero con carga y hacienda francesa o portuguesa), 282 (la novedad de la ida de Medina Sidonia a Sanlúcar de Barrameda), 309 (el duque de Maqueda, general de la costa de Andalucía, ha de residir en Sanlúcar de Barrameda) (var: San Lúcar)

aSanlúcar de Barrameda (cartas firmadas en esta ciudad), XVI, 298-299, 311-312, 415-416, 440-441, 442, 442-443, 443-444

Sanlúcar la Mayor (a 25 km. al O de Sevilla; situada en el valle bajo del Guadalquivir; partido judicial de Sevilla; feudo del Conde-Duque de Olivares, que era I duque de Sanlúcar la Mayor)
- XV, 502; XVI, 497 (**1643**: el Conde-Duque quiere pasar a su estado)
- XIX, 129-130 (cláusulas del testamento del Conde-Duque a favor de la ciudad) (var: San Lúcar)

Sanlúcar la Mayor, I duque de (título concedido al Conde-Duque de Olivares en 1625 [v. Julio de Atienza, 965a])
- XVIII, 127 (a la m. de Olivares en **1645**, el título de "duque de Sanlúcar la Mayor" pasó a la Condesa-Duquesa, y a su m. en **1647** al nieto, Gaspar de Guzmán y Velasco, q.v., que m. en **1648**; los herederos pleitearon, y ganó el duque de Medina de las Torres; v. XIX, 155 y 460 nota 155, y Elliott, *The Count-Duke*, p. 672)

Sanlúcar [la Mayor], duquesa de (v. Olivares, condesa de)

Sanmaló (v. Saint-Maló)

Sanseval, Mr. de (v. Sesseval)

Sant Angelo (v. Sant'Angelo, castillo de)

Sant Clou o Sant y Clou (errores por Saint-Cloud, q.v.)

Sant' Elmo (castillo enorme y casi inexpugnable construido en Nápoles en 1343 y ampliado por los españoles en los ss. XV-XVII; ocupa la cima de una colina rodeada por el Corso Vittorio Emanuele), XIX, 29, 30, 36, 40, 94 (var: San Telmo)

Sant Felices o Helices (véase Santelices)

Sant-Oner, Mr. de (v. Saintone)

Santa, Casa ("ganar la Casa Santa": se refiere a una tarea dificilísima), XVI, 18

Santa, Semana (v. Semana santa)

Santa Ana, convento de (Salamanca), XIII, 15 (dos señoras seglares hicieron un agujero para entrar y salir), 50 (sentencia contra el coadjutor del arcediano de Alba y una mujer)

Santa Ana, día de, XIX, 67 ("las capitulaciones del Rey llegaron a Alemania el día de Santa Ana", o sea, el 26 de julio; sobre la futura reina, v. XIX, 382 nota 429, y en el presente Índice, el resumen en la ficha de Felipe IV, XIX, 382 nota 429)

Santa Ana ("fuertecillo" de Bélgica, entre los pueblos de Esclusa [q.v.] y Damme [q.v.], que distan 10 km. el uno del otro), XVII, xxii

Santa Ana (iglesia de Granada), XIII, 323

Santa Ana (lugar de Portugal al S de Monterrey), XVIII, 161 (los españoles embistieron a Santa Ana y huyó el gobernador de Chaves en Portugal)

Santa Ana, Otina de (palacio viejo de Nápoles), XIX, 111

Santa Ana ("parroquia principal de Sevilla"), XVI, 249 (inundada), 253 (avisaron de todo los cofrades y clérigos), 254 (el Provisor "mandó llamar a los clérigos de Santa Ana, y llevó el Santísimo a la parroquia")

Santa Ana (patrona de Madrid), XIII, 458 (fiesta de toros en su honor en Madrid)

Santa Anastasia, "príncipe abad" de (v. Vázquez, fray Alonso)

Santa Bárbara, [¿calle de?], XIV, 265 nota 1 (los Reyes pasaron del Retiro al palacio "encubiertos por Santa Bárbara")

Santa Bárbara, campo de, XVIII, 134 nota 1 (apunte del P. Pereira: "Dicen los muchachos que se pasea por el campo de Santa Bárbara en un coche de fuego el Conde-Duque, y ponen en un estribo a [Antonio] Carnero")

Santa Bárbara, convento de (mercenarios descalzos en Madrid), XIII, 355 nota 1, 361; XIV, 25, 258, 265; XV, 27, 406 (tomó la confesión de uno un fraile descalzo de Santa Bárbara)

Santa Bárbara, [se refiere probablemente a la plaza de este nombre, "antigua ermita y plaza", donde termina la calle de Hortaleza; v. Cabezas, *Madrid*, p. 431], XIX, 156 (en Madrid, "mató un hombre a otro en los barrios altos hacia Santa Bárbara")

Santa Catalina: isla pequeña en el mar Caribe (a 100 metros al N de la isla de Providencia en el archipiélago de San Andrés y Providencia, que queda a 210 km. al E de la costa de Nicaragua), XVI, 472 (1642: "El general Pimienta tuvo muy buen suceso en lo de Santa Catalina; rindió aquella isla con pérdida de tres o cuatro soldados solamente. Está ya fortificada por los nuestros" [se habían marchado los ingleses]; v. XIX, 244 nota 1 [es errónea la referencia de Pascual de Gayangos a una isla homónima en el Brasil])

– isla en el Mediterráneo: XV, 469 (allí tomó lugar el duelo del duque de Maqueda con el de Ciudad-Real)

– iglesia de Valladolid: XIII, 364 ("inundado un pedazo de la casa"), 365

– parroquia de Sevilla: XVII, 231 (riñeron un boticario y un francés)

Santa Catalina de los Donados (fundación madrileña para menestrales, que data de 1460; se halla hacia la calle de las Fuentes y la plazuela de Santo Domingo), XIV, 274

Santa Catalina y la Media Luna: dos baluartes (durante una disputa en 1642 entre un oidor y el gobernador de Cartagena de Indias, q.v., el gobernador "les dijo que si no les estaban sujetos y obedecían a él,...les había de hacer derribar las casas con la artillería, que hizo cargar la de la Media Luna y Santa Catalina, y abocarlas contra la ciudad"), XVI, 470 (el baluarte de Santa Catalina se encontraba por el borde del mar en uno de los tramos de la muralla que cerraba el recinto por el NO de la ciudad; el de la Media Luna era un conjunto fortificado en la isla de Getsemaní, y protegía la zona oriental de la ciudad [v. XVI, 473]) (para la resolución de la disputa, v. XVI, 474 nota 1, y la ficha de Castelmilhor, conde de)

Santa Catalina [de Siena], víspera y día de [el 29 de abril], XVI, 198 (viaje por mar de la duquesa de Cardona); XVII, 398 ("un día después de Santa Catalina")

Santa Cecilia, cardenal de la (sin documentar en los repertorios consultados), obispo de Mazara [del Vallo], q.v., sede obispal de Sicilia [Moroni, *Indice*]), XIV, 238 (1637: la galera de la república de Génova le llevó a Palermo); XVII, 497 (1644: se dice que en el cónclave está el de la Santa Cecilia en tercer lugar para Papa); XVIII, 400 (m. 1646)

Santa Cecilia, Pedro de (capitán de bergantines en Cataluña), XVI, 23, 373

Santa Cicilia (v. Santa Cecilia)

Santa Clara, convento de (Barcelona), XVII, 119 (a la m. de Luis XIII, estaba la ciudad "muy revuelto")

– convento de (Carrión de los Condes), XIII, 151 y 158 (1635: aquí recogió el secretario Pintrena a la monja Luisa y la llevó a las Agustinas recoletas de Valladolid)

– convento de (Nápoles), XIX, 137 (1647: los rebeldes intentaron minar el edificio)

– convento de (partido judicial de Zafra), XVII, 289, 312 (1643: las monjas que salieron de Almedral se repartieron en este convento y otros dos [v. la Cruz y Santa Marina])

Santa Clara, iglesia de Madrid, XIII, 49 (entró en esta iglesia una monja de la Concepción que tenía las llagas); XIX, 362 (de noche sepultaron a un reo en Santa Clara)

Santa Clara, día de (11 de agosto), XIX, 389 nota 316

Santa Coloma, conde de (Dalmao de Queralt, catalán; virrey de Cataluña, 1638-1640; reemplaza al V duque de Cardona, q.v.), XIV, 324 (**1638**), 336

– XV, 208 (**1639**: hacia Barcelona), 210, 215, 223 (alerta sobre maniobras de Francia), 251, 259, 264, 279 (gobernador y capitán general de Cataluña), 291 (Canet y Salsas sitiadas), 312 (recibe reprobaciones), 314, 321, 375, 380, 381 (**1640**: capitula con el marqués de los Balbases ante el francés), 390 (problemas con el de Torrecusa), 395 (mayordomo del Infante-Cardenal en Flandes), 424 (socorre Salsas; v. XIX, 464 nota 355: en la toma de Salsas a los franceses, con Torrecusa y el marqués de los Balbases), 431 (le habían mandado venir a Madrid, y ahora le ordenan permanecer en Cataluña), 442 (junta para discutir su altercado con Torrecusa), 446-447 y la nota 1 (**junio, 1640**: murió a manos de la plebe en Barcelona; véase Tarazana), 447-448 (su hijo escapó al levantamiento), 465 (mercedes hechas a su hijo y heredero), 468

– XVI, 10, 56; XVII, 483; XIX, xiv

Santa Coloma, Mr. de (francés), XIX, 226

Santa Coloma de Farnés (ciudad a 35 km. al SO de Gerona y a unos 100 km. al NE de Barcelona; cabecera del partido judicial de su nombre; en 1640 negó la entrada del tercio del napolitano Leonardo Moles, q.v.; se ha dicho que la reacción muy violenta de la villa fue una de las causas del alzamiento de Cataluña), XVI, 7-8, 13, 62, 64, 72

Santa Cristina, collado de, XVI, 323 nota 1 (no he logrado localizar este collado con seguridad; las fechas y los lugares mencionados en esta nota no concuerdan con las noticias de los correspondientes coetáneos en las pp. 326 y 334-335; me fío de éstos)

Santa Cruz, calle de (en Madrid), XIX, 2 (la procesión del Santísimo Sacramento)

– castillo de (en la isla de Santa Catalina, a unos 480 km. al S de Sao Paulo, Brasil), XIV, 124 (v. también XIX, 244 nota 1)

– parroquia de Écija, XV, 70

– plaza de Madrid (v. Cabezas, *Madrid*, p. 266), XVII, 187

Santa Cruz, cura de (capellán de Felipe IV), XVIII, 71

Santa Cruz, capitán hermano de, XVIII, 198

Santa Cruz, [II o III] marqués de (Álvaro Bazán y Manrique de Lara, n. 1566, m. 1646; I marqués del Viso en 1611; de 1597 hasta 1637, al mando de diversos grupos de galeras españolas [Cesáreo Fernández Duro, p. 188]; luego gobernador de Milán y de las armas de Flandes [J. H. Elliott, *The Count-Duke of Olivares*, v. el índice]; posteriormente, confidente del Conde-Duque [Gregorio Marañón, *El Conde-Duque de Olivares*, v. el índice])

– XIII, 7, 22 (**1634:** parte para Génova), 52, 109 (en Marsella), 185, 234, 255 (**1635:** su armada frente a las costas francesas), 273 (su armada toma las islas de San Honorato y Santa Margarita, q.v.), 276, 279, 280, 282 (pasa por Mónaco), 283, 284, 285, 296, 307, 310 (se apropia de dinero enviado por el Papa a Francia), 407 (**1636:** enfermo), 509

– XIV, 256 (**1637:** festeja a los grisones en Madrid), 274, 413

– XV, 22 (**1638:** en Madrid celebra el marqués la noticia de la victoria de Fuenterrabía), 33, 420 (su yerno, el conde de Garciés)

– XVI, 345 (**1642:** en el consejo de gobernación de la reina en Madrid),

389 (**1642:** en Madrid); XVII, d151-152 (**1643**)

– XVIII, 16 (**enero de 1645:** gobernador de Milán), 171, 197 (**noviembre de 1645:** en Madrid), 303, d335, 385 (**1646:** m. a los 80 años), 469

– XIX, xiii (**1628**); 448-449 notas 389[a] y 389[b]

Santa Cruz, [¿II o III?] marqués de (hijo heredero del anterior), XVIII, 469 (**1647**); XIX, 453 nota 469; sobre su actuación en vida de su padre, v. Viso, II marqués del

Santa Cruz, marquesa de (Guiomar Manrique de Lara, casada con Álvaro de Bazán, [¿II o III?] marqués de Santa Cruz, q.v.), XV, 22; XVIII, 389-390 (**1646:** mercedes del Rey por los servicios de su marido el marqués, m. hace poco); XIX, 449 nota 389[b]

Santa Cruz de Abranes (a 14 km. al S de Puebla de Sanabria y 7 km. al NE de Calabor), XVII, 305 ("lugar grande y fuerte con trincheras"), 398 (véase también Unsalde y Calabor)

Santa Cruz de la Sierra, conde de (v. Chaves, Baltasar de)

Santa Encarnación, fiesta de la, XIII, 177

Santa Engracia, convento real de (Zaragoza), XVIII, 406 (1646: donde acude el Rey después de la m. del Príncipe)

Santa Eulalia (mártir en Mérida, año 304; muy famosa en España, y "patrona y capitana" de las mujeres), XVI, 145 (en Cataluña mostraban ellas "ánimo y valor"), 256

Santa Fe (v. Santa Fe [de Bogotá], y Sainte-Foy la Grande)

Santa Fe [de Bogotá], XIII, 92 (al canónigo magistral de Burgos, que se llama Somoza, le hicieron arzobispo de Santa Fe de Bogotá); XVI, 469-470 (el presidente de Santa Fe [de Bogotá])

Santa Gadea, condesa de (María de Sandoval), XVII, 159 (1643: recibe el mayorazgo de Gumiel de Mercado, que había pertenecido al cardenal-duque de Lerma)

Santa Gregoria, XV, 135 ("encontré una persona...traía en la mano un brevario...con santos añadidos, y no sé si me dijo estaba allí Santa Gregoria")

Santa Iglesia [San Jerónimo], XVII, 123 (en Burgos el cuerpo del Cardenal-Infante pasa la primera noche en San Jerónimo, y luego lo llevan a la catedral, donde se coloca en un túmulo rico en el crucero)

Santa Iglesia Católica, XIII, 69 (la Compañía la sirve)

Santa Iglesia Primada de las Españas (en Toledo), XVII, 124 nota 2 (se hicieron las honras fúnebres del Cardenal-Infante, quien había sido administrador perpetuo del arzobispado de Toledo), XVII, 124 nota 2

Santa Inés, día de (24 de enero) XVI, 230, 240

Santa Isabel [de Portugal] (se anticipa la celebración de su fiesta, el 4 de julio), XIV, 147

Santa Isabel [sin identificar], XV, 194 (la fiesta de la santa de la Reina debía de ser poco antes del 10 de marzo, la fecha de la carta); 195-197 (las largas ceremonias de la santa de la reina Isabel de Borbón)

Santa Isabel la Real (iglesia de Madrid), XVI, 296

Santa Leocadia, abadía de (Toledo), XVIII, 456 (1647: Somoza es el nuevo abad)

Santa Lucía, convento de (Zaragoza), XVII, 12 (inundado por el Ebro)

– fuerte a poca distancia de Elvas, q.v. [ciudad del distrito de Portalegre, Alemtejo]; XVI, 294-295 (en una altura que señorea la ciudad)

Santa Lucía (Nápoles), XIX, 44 (1647: "Salvóse el paso de Santa Lucía con trincheras y artillería")

Santa Madre Iglesia, XIII, x ("creeré en Nuestra Santa Madre Iglesia, y no en ellos" [los redactores seglares y religiosos de la literatura periódica]), XV, 431

Santa Madrona (n. en Barcelona y padeció martirio en Italia, según Sainz de Baranda, *Clave*, pp. 307-308), XIX, xiii (cuando entró Felipe IV en Barcelona en 1626 para jurar los fueros, se trasladó "el cuerpo de Santa Madrona a la Seu")

Santa Margarita, isla de (v. Sainte Marguerite)

Santa María, Colegio de (en Salamanca), XIII, 54

– iglesia de (en Madrid), XIV, 26; XV, 56, 206; XVI, 23 (a un extremo de la calle Mayor), 137; XVIII, 89, 407; XIX, 2 (este año sale la procesión de esta iglesia y vuelve a ella "por" la calle Mayor)

– iglesia (junto con la Roca, parte de las fortificaciones del monte Argentario [627 m. de altura], atacada durante el sitio de la ciudad de Orbetello, q.v.), XVIII, 383 y 384

– parroquia de (Écija), XV, 70

– playa de (se menciona en conjunto con el puerto de Rosas [a 18 km. al E de Figueras]; quizá se refiere a Sainte Marie, a 10 km. al E de Perpignán), XIX, 309

– plaza de (en Madrid; quizá la de la iglesia de este nombre), XIV, 138

– Puerto de (v. Puerto de Santa María)

– de la Rebua (pueblo muy cerca de Perpignán), XVI, 279 (en 1642 lo ganó el marqués de Torrecusa)

Santa María, conde de (mallorquín), XIV, 284 (se reunió en Badajoz con media docena de otros nobles, para continuar "los aparejos y prevenciones contra Portugal")

Santa María, vizconde de, XIII, 7 (cuadrillas en Madrid con el Rey) (var: Santamarta)

Santa María de Formiguera, conde de, XIII, 279 (maestre de Campo de los mallorquines bisoños en las galeras del marqués de Villafranca, la vuelta de Italia)

Santa María Magdalena, XV, 380 nota 1 (patrona de la iglesia de Cangas de Tineo, q.v.) (v. también Magdalena)

Santa Marina (convento del partido judicial de Zafra), XVII, 312 (las monjas que salieron de Almedral se repartieron en este convento y otros dos [v. los de Santa Clara y la Cruz])

Santa doña Marina, XIII, 542 (persona mencionada por una supuesta endemoniada en un exorcismo), XVII, 312

Santa Marta (villa en la costa del mar Caribe de Colombia, a 180 kilómetros al noreste de Cartagena de Indias, q.v.), XVI, 471 (el gobernador de Cartagena "hizo fuga en hábito de negro cochero,...camino de Santa Marta")

Santa Olalla (a 50 km. al noroeste de Toledo y 34 km. al E de Talavera de la Reina; fortaleza y prisión, propiedad del conde de Orgaz), XIII, 80 y la nota 1 ("salió decreto que dentro de 24 horas estuviese [D. Fadrique de Toledo, q.v.], en Santa Olalla, "por la falta de inobediencia [sic] que dicen cometió"); XVI, 265 (el mariscal de Brezé degolló a dos conselleres por haber huido "con la bandera de Santa Olalla"); XIX, 375 nota 110 (nota extensa sobre D. Fadrique)

Santa Paula, convento de, XIX, 162 (1648: durante los tumultos en Granada, la gente del corregidor se acogió a este convento)

Santa Sabina (título concedido al cardenal Vich, q.v.)

Santa Sofía (villa que encontró el duque de Parma en su viaje de Civitella a Arezzo, q.v.), XVI, 488

Santa Teresa (navío, almiranta de Portugal), XV, 297, 371 (1639: se quema), 372

Santa Teresa de Jesús (1515-1582; escritora y mística; reformó la Orden carmelita), XIII, 112; XV, 364; XVII, 218; XVIII, 128 (reliquia suya), 131 nota 1; XIX, 158

Santa Trinidad (Madrid) (v. Trinidad, la)

Santa Victoria, abad de [Michel de Escartín, cisterciense], XVIII, 427 (obispo de Barbastro, 1647-1656)

Santacruz, marqués de (v.Santa Cruz)

Santamur, conde de, XIV, 464, 466, 470, 470 (antes de 1637, al mando de un tercio para defender Breda)

Santander (ciudad), XIII, 237, 309, 411, 496; XIV, 58; XV, 233, 246, 377; XVI, a58, 59

Santander, fraile mercenario, XVI, 386 (hecho predicador del Rey)

Santander (gobernador de la ciudad de Ostende), XIII, 496 (1636: m.)

Santandrés (lugar portugués cerca de Gralhós, q.v., XVII, 268 (v. también San Andrés)

Sant'Angelo, castillo de (el mausoleo de Adriano en Roma, fuerte y refugio de los Papas, junto al río Tíber), XIV, 60 (se celebró la elección del Rey de Romanos con disparos de la artillería); XVI, 466 (1642: por temor se mete en él "grandísima provisión, así de guerra como de comer"), 484; XVIII, 54; XIX, 84, 356 (var: San Ángel o Sant Ángelo, castillo de; Santángel)

Santelices, Juan de (gobernador de la Audiencia de Sevilla), XV, xi y la nota 2 (regente de la Audiencia de Sevilla), XVI, 440 nota 2 (1642: salió de Sevilla para Sanlúcar de Barrameda, q.v., "a tomar posesión por S.M." [había sido feudo del IX duque de Medina Sidonia, q.v.]), 440-441 (esta carta, de Sanlúcar de Barrameda, por un individuo que con otros lamenta la expulsión del duque y la duquesa de Medina Sidonia de la ciudad, dice que "llegó a esta ciudad Santelices", o sea, el gobernador de la Audiencia de Sevilla [440 nota 2]; la nota 1 confunde el Santelices de Sevilla con el de Madrid, o sea, Santelices y Guevara), 442 (var: San Felices; Sant Helices)

Santelices y Guevara, licenciado Juan de (alcalde de Casa y Corte en Madrid desde 1642, caballero de Santiago, del Consejo de Castilla, casado con Catalina Teresa Isidora de Loyola, q.v.)

– XV, 467 (**1640:** documento firmado en Madrid)

– XVI, 216 (**1642:** del Consejo de Castilla, con obligación que vaya a Milán), 351 (en Madrid), 380 (en un "Memorial" satírico, con alusión a su autoridad civil), 440 nota 1 (confunde el Santelices de Sevilla con el de Madrid, o sea, Santelices y Guevara), 444

– XVII, 55 (**1643**), 69, 233, 250

– XVIII, 105-106 (**1645:** "Quiebra del colegio de San Hermenegildo de Sevilla"), 116, a116-117 (firma edicto para los acreedores del Colegio de San Hermenegildo de Sevilla)

– XIX, 119 (**1647:** enfermo), 173 (**1648:** m.), 407 nota 377 ¶5 (var: [sin el apellido de Guevara]: San Felices; Sanfelices; Santelices; Juan de Santellices)

Sant' Elmo, [Castel] (castillo construído en el siglo XIV sobre una colina alta en Nápoles), XIX, 24 (1647: allí se refugió el IV duque de Arcos, virrey de Nápoles) (var: Santelmo)

Santeloy (v. Saint Eloy)

Santhià (pueblo a 20 km. al O de Vercelli [Monferrato]), XV, 88 (los franceses lo fortificaron, contra los españoles en Vercelli; véase Melo, Francisco de, conde de Assumar),
92, 231, 236, 292, 296 (var: San Tia; San Tian; Santian)

Santiago, cárcel de (se halla en Nápoles), XIX, 61 (1647: durante el tumulto de la ciudad el pueblo sacó los presos)

–, casa de (v. Saint James, Palace of, en Londres)

–, ciudad (véase Santiago de Compostela)

–, fiesta (24 de julio), XIII, 291; XVII, xv-xvi

– (galeón), XV, 50

Santiago, Orden de: caballeros (véase también la lista de Crosby, *Índice de apellidos, títulos y oficios...*, s.v. Orden de Santiago):

Abarca de Bolea y Castro, Martín XV, 62

Abarca de Bolea y Fernández y Heredia, Luis XVIII, 427

Acevedo y Zúñiga, Manuel de XIII, 90

Aguiar, Rodrigo de XIII, 410

Alarcón, Francisco Antonio de XIII, 92

Álvarez de Bohorques y Girón, Antonio XIX, 163

Angulo, Francisco de XIV, 203

Antonio, Nicolás XVIII, xxiv

Barrionuevo, García de XVII, 169

Benavides, Juan de (el que era de Santiago) XIII, 48

Benavides y Carrillo de Toledo, Luis XIX, 442 nota 262

Bilbao, Juan de XIII, 476

Bonifaz, Gaspar XV, 255

Borja, Francisco de XV, 178-179

Buitrón, Diego de XV, 158

Burgo, Guillermo del XVI, 267

Caballero de Illescas, Diego XVII, 199

Calatayud y Blanes, Antonio de XIII, 7

Calderón de la Barca, Pedro XIV, 40

Canencia, Jerónimo XVI, 379

Carranza y Medina, Ambrosio XVII, 148

Carrillo de Toledo, Luis XIV, 94

Castro, Francisco de XVIII, 161
Cerda, Fernando de la (v. La Cerda, Fernando de)
Cerda, Juan de la (v. La Cerda, Juan de)
Collart, Jacques XIV, 59
Chumacero y Sotomayor, Juan de XIII, 405
De la Cueva y Córdoba, Antonio (II marqués consorte de Flores Dávila) XVIII, 501
Díaz Pimienta, Francisco XV, 267
Eguía, Domingo XV, 29
Enríquez de Almansa y Borja, Álvaro XIII, 7
Fernández de la Cueva, Francisco XV, 20
Fernández de Velasco, Bernardino XVII, 231
Forjaz y Pimentel, Manuel XIII, 184
Garay, Juan de XIII, 279
Gomara, Juan Francisco de XVII, 323
Gómez de Sandoval Rojas y de la Cerda, Cristóbal [I duque de Uceda, II duque de Lerma] XIII, 367
González de Andía e Irarrázabal y Zárate, Francisco XIII, 64
González [de Uzqueta], José XV, 199
Gutiérrez Tello, Juan XVI, 219
Herrera, Juan de XIII, 398
Horna, Miguel XV, 436
Ibarra y Barresi, Carlos de XV, 315, 319 nota 1
Isassi e Idiáquez, Juan de XVI, 194
La Calle, Juan de XVI, 311
La Cerda, Fernando de XIV, 265
La Cerda Leiva y Arteaga, Juan de XVI, 315
Láinez, Diego XVIII, 87
Lanuza y Perellós, Pedro de XVI, 257
Legarda, Bartolomé de XVIII, 146
López de Zúñiga y Velasco, Diego XVIII, 10
Luna y Sarmiento, Antonio de XVIII, 119
Luzón y Guzmán, Francisco de XVII, 448
Llaguno y Amirola, Eugenio de, XIII, 320

Mascarenhas, Fernando Martins XVI, 138
Mejía de Tovar y Velázquez, Pedro XIX, 335
Meneses, Juan de XVI, 348
Monroy, Sancho de XVI, 108
Moscoso Ossorio y Mendoza, Lope de XIX, 441 nota 244
Pacheco de Córdoba y Bocanegra, Francisco XIX, 450 nota 398
Padilla, Carlos de XVI, 405
Palafox, Jaime de XIV, 167
Pardo de Figueroa, Juan XVI, 18
Pérez Quiñones y Lorenzana, Álvaro, I marqués de Lorenzana XIII, 473
Pons e Turrell, Bernardo XVII, 484
Portocarrero de la Vega, Antonio XIV, 319
Pozo, Jerónimo de XIV, 41
Quevedo Villegas, Francisco de XIII, 419
Ramírez de Prado, Lorenzo XV, 467
Reading, Tiburcio XIV, 168
Riaño y Gamboa, Diego de XVI, 215
Rojas Zorrilla, Francisco Gómez de XIII, 201
Ruiz de Contreras, Fernando XVIII, xxi
Salas, Bernardo de XVII, 448
Sandoval y Rojas, Cristóbal (v. Gómez de Sandoval y Rojas, Cristóbal)
Santelices y Guevara, Juan de XV, 467
Solórzano Pereira, Juan de XVI, 57
Tapia, Rodrigo de XIV, 498
Tapia y Salcedo, Gregorio de XVI, 306 nota 1
Tassis y Acuña, Juan de XVI, 351
Tebes y Tello de Guzmán, Gaspar de, I marqués de Fuente del Torno XIII, 380-381
Toledo-Ossorio, García de XIII, 117
Torres, Gil de XIX, 315
Trejo, Luis XV, 187
Trivulzio, Giangiacomo Teodoro (cardenal) XIII, 463
Ulloa, Jerónimo de XIX, 406 nota 377 ¶4

Velasco, Pedro de XVI, 300
Vélez de Guevara y Tassis, Íñigo ("el viejo") XIII, 176; XIX, 385 nota 288
Villegas, Diego de XVII, 69-70 nota 1
Xavier, hijo del conde de [su padre era Juan Aznares de Sada y Xavier], XV, 199
Yáñez Fajardo, Luis XIX, 354
Zapata, Francisco (hermano del I conde de Barajas) XIV, 336; XVI, 381
Zúñiga Palomeque y Cabeza de Vaca, Pedro de (I marqués de Flores Dávila) XIII, 434
Varia:
- XIII, 382 (1636: el duque de Medina de las Torres va a Barcelona con doscientos setenta criados, de los que "cinco son del hábito de Santiago")
- XVI, 18 (el día de San Jerónimo, 30 de setiembre, participaron los caballeros de las Órdenes militares en la bendición de los estandartes en la iglesia de Nuestra Señora de Atocha)
- XVII, 153 (un eclesiástico que era prior mayor de la Orden de Santiago)
- XVIII, 118 (convento en Barcelona de monjas comendadoras de la Orden de Santiago)
- XIX, 144 ("un caballero de la Orden de Santiago, devoto de [San Francisco Javier]")
- XIX, 261 (compañía de caballos, "de gente principal", su capitán de la Orden de Santiago)
Santiago, trece de la Orden de: v. Caracena, [II] marqués de (Luis Carrillo de Toledo); Fernandina, III duque de (García de Toledo-Osorio); Frómista, V marqués de (Luis Benavides y Carrillo de Toledo); y Diego Luis Riaño de Gamboa; el trece era un caballero diputado para un Capítulo general)

Santiago, Orden de: comendador de Yeste, q.v. (v. Castilla, VII condestable de)
- fiscal (v. Tapia y Salcedo, Gregorio de)
Santiago, Apóstol, XVIII, xxiii; XIX, 147 (var: Santiago el Mayor)
Santiago, caballeros de (véase Santiago, Orden de: caballeros)
[Santiago, conde de (error por Sástago, conde de, q.v.), XIX, 450-451 nota 427 ¶1]
Santiago, H., S.J., XVI, 173
Santiago, H. Genaro de, S.J., XIX, 296 (cuidó al duque de Nochera en sus últimos días)
Santiago, Hernando de (era capitán), XIII, 356 nota 1 (preso en Flandes, en una derrota del ejército español)
Santiago, Juan Dionisio de (teniente de una compañía de caballos), XVII, 399, 401, 402 (campañas en los pueblos entre la Puebla de Sanabria y Bragança)
Santiago, patrón, XVIII, xxiii
Santiago, Sr., XVII, 167 (militar en Cataluña; "ha hecho de las suyas")
Santiago de Cobergas (iglesia inmediata a la Casa Real), XVII, 427
Santiago de Compostela
- XIII, xxiii, 26, 87, 118, 203, 406
- XIV, 40, 64, 194, 270, 408
- XV, 53, 56, 76, 82, 133, 158, 192, 199, 237, 291, 317, 415, 433, 436
- XVI, 18, 21, 317, 328, 331, 444
- XVII, 165, 166, 178, 196, 199, 215, 216, 217, 241, 257, 257, 273, 297, 301, 306, 445, 493
- XVIII, xxiii, 18, 78, 210, 270, 490
- XIX, 68, 362
Santiago de Compostela, arzobispado de: gobernador, XVIII, xxiii
Santiago de Compostela, arzobispo de
- XIII, 293 (1635: al cardenal Agustín Spínola Basadone, arzobispo de Santiago de Compostela, y al cardenal Moscoso, q.v., el Papa les manda pasar inmediatamente a Roma)

- XIV, 339 (1638: "al arzobispo de Burgos, de Santiago" [así pasó Fernando Andrade y Sotomayor, pero en otras fechas y por Sigüenza: véase Pius Gams, *Series,* 18a, 27a y 75a)
- XVII, 228 (1643: al cardenal Agustín Spínola Basadone, q.v., arzobispo de Santiago, le han mandado que "cuide la milicia con el general")
- XIX, 413 nota 82 ¶2 (sobre Ambrosio Ignacio Guzmán y Spínola, q.v., arzobispo de Santiago de 1668 a 1669)

Santiago de Compostela, cárceles de, XIX, 61
–, hospital de, XIV, 397
–, instituto de, XIV, 35
–, provincia de, XIII, 175, 267
Santiago de [Compostela]: legado, XIII, 214; XIX, 130 (1647: el testamento del Conde-Duque estipula la fundación de un hospital aquí)
Santiago de Portugal (v. Santiago do Cacém, prior mayor de, XVII, 203; XIX, 417 nota 191 [var: Santiago de Portugal])
Santiago el Viejo (iglesia parroquial de Sevilla, q.v.)
Santiago Palomino, Andrés (impresor de Granada, 1637-1638), XV, 73
Santian (v. Santhià)
Santidad, Su (véase Papas, los) (var: S.S.)
Santigrave (error por Landgraf, q.v.), XVI, xiii
Santillana, P. (franciscano; predicador del Rey), XVII, 461 (**1644:** nombrado por el Rey); XVIII, 239 (**1646:** pierde el privilegio de predicar en la capilla real), 264 (predica al Rey)
Santiponce (barrio de Sevilla), XVI, 245, 373
Santísima, Virgen (véase María, Virgen)
Santísimo, el, XIV, 197
Santísimo, procesión del, XVIII, 89

Santisteban [de Gormaz], conde de (v. San Esteban de Gormaz, conde de)
Santisteban del Puerto, VII conde de (Francisco de Benavides y de la Cueva, casado con Brianda de Bazán y Benavides, su prima hermana y primera mujer), XV, 485 (**1640:** acerca de su muerte); XIX, 456 nota 508 (por error, numerada 506[b]) líneas 4-7
Santisteban del Puerto, VII condesa de ("la vieja": Brianda de Bazán y Benavides), XIV, 265, 274 (**1637:** tuvo el honor de acompañar dos veces a la duquesa de Chevreuse; no es imposible que fuera la VIII condesa de Santisteban del Puerto); XVI, 211 (murió en el año **1641**); XIX, 456 nota 508 (por error, 506[b])
Santisteban del Puerto, VIII conde de (Diego de Benavides y de la Cueva, nació hacia 1610; murió en 1666 en Lima; marqués de la Solera y conde de Concentaina [sólo tres veces se le aplica este último título, que pertenecía a su primera mujer: XV, 393 y 396 (**1640:** regresó de Italia), y XVI, 238 (**1642:** "empreñó el conde de Concentaina")]; sobre su carrera, v. XIX, 396 párrafo 2, nota 237, y pp. 455-456 nota 508 [por error, 506-b]; casó primero con Antonia Dávila y Corella, VI marquesa de las Navas, condesa de Risco y de Concentaina, q.v.; la segunda vez con su cuñada Juana Dávila y Corella; y la tercera con Ana de Silva Mendoza y Cerda, hija del marqués de la Eliseda; v. sobre las tres esposas la p. 515 a continuación, columna a)
- XIX, 456 nota 508 (por error, 506[b], párrafo 1) (**1638:** capitán de corazas en Italia), (**1639:** en el sitio de Salsas, q.v.)
- XV, 178 (**1639:** su hijo Antonio: pasó a Inglaterra con el embajador)

- XV, 393 (**1640**: "corrió fortuna en el golfo de León"), y 396 (vino a España de Italia, "después de una tormenta de las mayores que se han visto en el golfo")
- XVI, 238 (sátira), 448
- XVII, 38 y 77 (**1643**: maestre de Campo general en Badajoz), 171, 204, 242-243 (empiezan las pérdidas del Conde de Santisteban del Puerto), 255, 260-262 (rompió un ataque portugués contra Badajoz), 279 (cogió tres espías), 293 (se rindió Alonchel, por la ineptitud de Santisteban), 323 ("Culpan de poco alentado al de Santisteban"), 329-330 (se perdió Fresno; Santisteban se fue a Burguillos, q.v., para consultar los capataces), 367 (sátira del "Conde"), 414 (**1644**: regresa a Madrid)
- XVIII, 475, 508 (**1647**: gobernador de Galicia)
- XIX, 417 y 419 nota 246 (apodado Mari-Esteban por su ineptitud militar), 456 nota 508 (por error, 506[b]), (**1653**: virrey y capitán general de Navarra; **1660**: virrey del Perú)

[Santisteban del Puerto, VIII conde de:] (en **1643** un hermano suyo fue encargado de las galeras de Nápoles), XVII, 307-308

Santisteban del Puerto, VIII condesa de: primera mujer del Conde, q.v. (Antonia Dávila y Corella, marquesa de las Navas [título heredado de su sobrino, el V marqués de las Navas, q.v.], condesa del Risco y de Concentaina [en Valencia] por derecho propio; primera mujer del VIII conde de Santisteban, q.v.), XV, 348; XIX, 396 nota 237 párrafo 2, 456 nota 508 (por error, 506[b])

Santisteban del Puerto, VIII condesa de: segunda mujer del Conde (Juana de Dávila y Corella, cuñada del Conde), XIX, 396 nota 237 párrafo 2, 455-456 nota 508 (por error, 506[b])

Santisteban del Puerto, VIII condesa de: tercera mujer del Conde (Ana de Silva Mendoza y Cerda, hija del marqués de la Eliseda), XIX, 396 nota 237 ¶2, 455-456 nota 508 (por error, 506[b])

Santo, el (v. Moscoso, Gómez de)

Santo Ángel, castillo de (v. Sant Angelo)

Santo Cristo (v. Cristo, Santo)

Santo Domingo, convento de (Antequera), XV, 2
- isla de, en el Caribe: XIII, 334 (su presidente echa a holandeses de la isla de la Tortuga), 335; XIV, 244 (el marqués de Cardeñosa pasa por aquí); XV, 275
- manantial de Uruguay, XIX, 296 (v. Soriano)
- Plaza de (Madrid), XV, 23
- Plazuela de (Madrid), XIV, 274

Santo Domingo, Orden de (institución religiosa)
- XIII, 156 (**1635**: el dominico Gabriel González, uno de los que la Inquisición manda conocer causa contra la madre Luisa de la Ascensión), 182 (presentan sus dirigentes la segunda parte de la obra del P. Poza, q.v.), 267 (dos maestros de Santo Domingo en junta que examina proposiciones de la madre Luisa), 381 (**1636**: crisis en la Orden; superada), 449
- XIV, 41 (**1637**), 100, 104, 185, 356-358 (**1638**: diferencias con los Jesuitas de Pamplona), 376 (Tomás Campanella, q.v.)
- XVI, 33 (**1640**), 248 (**1641**), 308, 441
- XVII, 12, 340 (**1643**: los dominicos de Tánger se declaran por el de Braganza), 349, 426 (**1644**)
- XVIII, 112 (**1645**), 429 (**1646**: m. su provincial), 450, 452 (el general dominico, recibido en Madrid por Luis de Haro y otros señores)

- XIX, 64 (**1647**), 133, 185 (**1648**), 296, 323 (Burgos), 362, 458 nota 124 ¶1 (el maestro Araujo, q.v.)
Santo Domingo, convento de Plasencia, XVI, 323
Santo Domingo, XIII, 128 y 132 (el santo en un exorcismo), y 134 (un bulto))
Santo Domingo, P. de, XVII, 442 (el P. Pereira pidió al P. González buscar la penitencia que el P. Santo Domingo dio a Abendaño)
Santo Domingo de la Calzada (villa a 54 km. al O de Logroño), XIII, 124
Santo Domingo el Real (iglesia de Madrid), XIV, 273
Santo, Espíritu (v. Espíritu Santo, María del)
Santo, Esterero (v. Rodríguez, Mateo)
Santo Noviciado, el, XIX, 231
Santo Oficio (v. Inquisición)
Santo Sepulcro, burgo del (arrabal de una ciudad [*Dicc. aut.*]; en este caso pertenecía al estado del duque de Florencia, y tenía pasto para animales), XVII, 352 (el ejército del Papa entró en él, lo tomó y se llevó los animales)
Santo Tomás (galeón), XIX, 286 (1642: se pierde en un combate con los franceses), 287, 298 (var: San Thomé)
Santo Tomás, plaza de (Madrid), XIX, 365
Santo Tomás, Colegio de (en Madrid, de padres dominicos), XIII, 68 (1634: presente en la quema de papeles contrarios a la Compañía), 450; XIV, 186; XVIII, 136, 452
Santo Tomás, Convento de (en Madrid, de padres dominicos), XIII, 78 (el Inquisidor general los "reprendió gravemente con palabras encarecidas" por críticas a la Compañía)
- prior, XIII, 156 (**1635**: nombrado predicador del Rey), 167 (lo estiman docto, pero no lo suficiente para el puesto anterior), 209 (sale en defensa de la Compañía), 267 (en la junta de calificadores para examinar las proposiciones de la madre Luisa), 381 (**1636**: el Rey ordena se honre a los dominicos)
Santo Tomás, Fr. Alonso de (se llamaba también Alonso Enríquez de Guzmán; hijo natural de Felipe IV y de Constanza de Orozco y Rivero, q.v.; reconocido por nieto por el I conde de Castronuevo, q.v. [XV, 232]; obispo de Osma, 1661-1663, como Alonso de Enríquez, de la Orden de Santo Domingo; obispo de Placencia de junio a diciembre de 1664, como Alfonso Enríquez; obispo de Málaga de 1664 a 1692, como Alfonso de Santo Tomás; m. 1692), XIX, 445 nota 333, 454-455 nota 492 (esta nota corrige las otras)
Santo Tomás, Fr. Juan de (dominico; catedrático de prima en Alcalá)
- XIII, 156 (entre los que verán la causa de la madre Luisa)
- XV, 200 (**1639**: no acepta un obispado en Indias); XVII, 146 (**1643**: acompaña al Rey en su jornada a Tarazona), 221, 283 (confesor del Rey; celoso de su puesto), 322
- XVII, 27 (uno de los vocales de la Junta), 32, 66, 389 (**1643**: confesor de la Reina y pretendiente a un oficio de la Inquisición), 431 (**1644**), 433; XVIII, 265 (**1646**); XIX, 420 nota 322 [por error, Fr. Francisco de Santo Tomás]
Santo Tomás [de Aquino], XIII, 19 (1634: libro del P. Diego de Alarcón sobre aquél), 115; XIV, 359
Santo Tomé (galeón: v. Santo Tomás)
Santo Tomé (isla de África: véase São Tomé)
Santo Tribunal (v. la Inquisición)
Santomé (v. São Tomé)
Santone o Santoner o Santones, Mr. de (v. Saintone, Mr. de)
Santoña (puerto a 46 kilómetros al este de Santander; puerto con un astillero que atacaron los france-

ses), XV, 42, 43 (carta del almirante Lope de Hoces, q.v.), 322, 327 (var: Xantoña)

Santorcaz, castillo de: prisión a unos 15 km. al este de Alcalá de Henares; la más alta de las cinco torres del castillo sirvió de prisión de "castigo grande" a numerosos reos de calidad, desde el cardenal Cisneros y la princesa de Éboli hasta Rodrigo Calderón, el conde de Sástago, el VI marqués de Ayamonte, el duque de Híjar y el de Veraguas
- XV, 395 (**1640**); XVIII, 25, 27 (**1645**: el duque de Veraguas)
- XIX, 192-193, 195 (**1648**: el duque de Híjar, en lo más apretado de la prisión), 218 (**1641-1645**: el marqués de Ayamonte, q.v.), 381 nota 397 (por error, 398) (var: prisión de Santorcaz; San Tercaz; San Torcaz)

Santos, bahía de Todos los (Brasil), XIV, 240; XV, 17, 266, 429

Santos, día de los, XIX, 216

Santos, día de Todos los, XVII, 248

Santos, hospital de los, XVII, 287

Santos, Juan de (inquisidor de Valladolid), XIII, 150- 151 (**1635**: visita a la madre Luisa en Carrión y presenta un informe), 325 (accede a la visita secreta del embajador inglés a la madre Luisa)

Santos, Juan de (capitán de caballos en la frontera de Portugal cerca de Elvas, q.v.), XVIII, 204 (1645)

Santos Justo y Pastor (hermanos naturales de Alcalá de Hernares; padecieron martirio muy jóvenes en el año de 304 d.C.), XVI, 357

Sanz (lugar cerca de Barcelona), XIX, xi-xii

Sanz, principado de (en Nápoles; heredado por el conde de Castro Llano, napolitano, en 1646), XVII, 446

Sanz, príncipe de (Francesco d'Orifice, napolitano que tuvo "tratos y amistades" con los franceses; v. Durazzo [alférez] y Mancini, Pablo), XV, 247 (**1639**: degollado en Nápoles por traidor a España), 260 nota 2, 261, 324, 408-409 (**1640**: detalles de su plan y apresamiento), 421-422 (le confiscaron todos sus bienes antes de morir), 426, 428 (el Papa sentido por su m.)

Sanz, Francisco (impresor de Madrid, 1671-1699), XVIII, 259 nota 1

Sanz, Francisco ("veedor general del trozo de Órdenes"; murió en Las Horcas, q.v., en 1642), XIX, 351 nota 1

Sanz, P. Martín, S.J. (murió del mal de orina en Villagarcía), XV, 480 (1640)

Sanzechis, los (grupos de cristianos en Hungría), XVIII, 318 (el bajá de Buda quería atacarles)

São Paulo (v. San Pablo)

São Tomé (isla portuguesa, hoy nación, en el Golfo de Guinea de África), XVI, 271 (los holandeses la quemaron) (var: Santo Tomé; Santomé)

Saona (v. Saône)

Saône, río (nace en las Vosges [cordillera del E de Francia que separa Alsacia de Lorena y el Franco Condado], y en Lyons desemboca en el Rhône), XIV, 262, 266, 337; XIX, 56

Sapena, Gaspar (general), XVII, xii

Saquetti, cardenal (v. Sachetti, Giulio Cesare)

Sarabia (v. Saravia, Juan Núñez de)

Sarasa (secretario de la infanta Margarita, gobernadora de Portugal), XVI, 107 (**1640**: en arresto domiciliario), 108 (facilita la huida del almirante de unos navíos de Castilla en el río de Lisboa), 109, 114 (con copia de carta que escribiera el de Berganza a Felipe IV)

Saraval (v. Sarrabal)

Saravia, Diego de (caballero venticuatro de Granada), XVI, 208 (preso por la Inquisición)

Sardeña (v. Cerdeña)

Sarignan, Mr. de, XVI, 262 (m.)

Sariñena (a 77 km. al NE de Zaragoza), XVII, 479, a487, 488; XVIII, 208; XIX, 27
Sario, fuerte de (cerca de el de Fuentes, q.v.), XIII, 423
Sarmiento, Diego (hijo de la condesa de Salvatierra; yerno de Juan Isassi; maestro de Baltasar Carlos, Príncipe heredero), XVII, 120
Sarmiento, Manuel (canónigo de Sevilla), XVIII, 112
Sarmiento, Pedro (procesado en un auto de fe), XVIII, xxiii
Sarmiento de Acuña, Antonio (hijo de Diego, conde de Gondomar, q.v.; del Consejo de Hacienda), XIII, 4; XIX, 429 nota 477 ¶1
Sarmiento de Acuña, Diego (hijo del conde de Gondomar; v. XVII, 449)
– XIII, 523; XIV, 44, 453, 476 (**1636-1638**: coronel en la guerra de Guipúzcoa)
– XVII, 449, 477; XIX, 429-430 nota 477 (**1644**: en Flandes será mayordomo mayor de don Juan de Austria, q.v.)
Sarmiento de Acuña, Gregorio (hijo del conde de Gondomar, q.v.), XIX, 429 nota 477 ¶1
Sarmiento de Acuña, Lope de (hijo del conde de Gondomar, q.v.), XIX, 429 nota 477 ¶1 (murió en Cádiz)
Sarmiento de Acuña, Pedro (hijo del conde de Gondomar, q.v.; gentilhombre de boca de Felipe IV; sucedió a su padre en la casa), XIX, 429 nota 477 ¶1
Sarmiento de Acuña y Sotomayor, Diego (v. Gondomar, conde de)
Sarmiento de los Cobos y Luna, Diego (III marqués de Camarasa, duque de Sabiote por merced de Felipe IV; nieto de Francisco de los Cobos, q.v. [el que fue secretario de Carlos V])
– XIV, 202 (**1637**: m. el conde de Ricla, su único heredero, sin sucesión)
– XVII, 197 (**1643**: hereda otros estados); XIX, 391 nota 389
Sarmiento de Sotomayor, García (no es de la familia del conde de Gondomar; v. Salvatierra, II conde de)
Sarmiento de Silva y Villandrando, Rodrigo (casado con Isabel Margarita, duquesa propietaria de Híjar y de Aliaga y condesa de Belchite; v. Híjar, duque de, y Salinas, VII conde de)
Sarmiento y Sotomayor, García (hijo del conde de Gondomar, q.v.; marqués de Montalvo), XIX, 429 nota 477 ¶1
Sarrabal (fuerte en el puerto de Finale Ligure, q.v.), XVII, 24 (el fuerte de Sarrabal fue construido "para asegurar el paso de Milán") (var: Saraval)
Sarriá, marqués de (v. Lemos, IX conde de)
Sarta, La (v. La Sarta)
Sarzedas, conde das (v. Sylveira, Rodrigo da) XVII, 340
Sas (significa "esclusa", y así se llama un pueblo, Sas van Gent, que tiene la primera esclusa entre Gante y el mar [a 22 km. al N de Gante]), XV, 367; XVII, 202 (var: Sax; Saxo de Gante)
Sase, obispo de, XVII, 191 (uno de cuatro eclesiásticos que Felipe IV permitió volver a Portugal; el duque de Braganza les prohibió entrar; no consta esta sede en Gams)
Saseval, Mr. de (v. Saint Pol, conde de: general francés bajo Luis XIII)
Sasocerve ("puesto en la montaña entre dos puestos de franceses"; sin identificar), XIV, 94 (cerca de Colito, q.v., en la Valtelina donde desemboca el río Adda en el lago di Como)
Sástago (pueblo pequeño a 33 km. al oesnoroeste de Caspe y 46 km. al este de Belchite; en su viaje de 1644 el Rey iba de Zaragoza a Sástago; luego pasó a Barbastro, q.v., y

ÍNDICE ONOMÁSTICO

luego a Berbegal, q.v., otro pueblo pequeño; la artillería se traería de Fraga a Sástago; véase también XVII, 478-479 y las fichas de Alfarrás, Barbastro, Berbegal y Fraga, y las de los ríos Cinca, Noguera y Segre), XVII, 450 y 453 ("la plaza de armas se ha puesto en Sástago; ha salido ya la artillería de Fraga...")

Sástago, VIII conde de (Enrique Artal de Alagón Pimentel de Espés y Luna, marqués de Calanda [título que se mudó en marqués de Aguilar en 1625], hijo de Martín Artal de Alagón, hermano del conde de Fuenclara [XIII, 415 y 429, nota 1; XIV, 142, nota 1 de la p. anterior; XV, 265]; a la m. de Martín Artal en 1639, iba a heredar el título; coronel de la Guardia tudesca en 1634 y en 1637 camarlengo de Aragón y confidente del Conde-Duque; m. 1639; véase San Vicente y Crosby, "Datos...", 194, y las fuentes citadas allí)

- XIII, 6, 398 (**1636**: encausado por una pendencia con el conde de Águila, q.v., en el palacio real; condenado severamente [XIX, 380 nota 397 (por error, 398)]), 415 (su hermano el conde de Fuenclara intenta mitigar la sentencia), 435 (aligeran su condena)
- XIV, 140 (**1637**: licencia para ir a curarse a Madrid), 142 (su hermano el conde de Fuenclara, detenido por crueldad), 150 (el Cardenal-Infante mandó degollar al hermano del conde de Sástago por haber vendido una plaza al francés), 156 (la noticia anterior resultó falsa)
- XV, 231 (**1639**: "se dice está muy malo de su cabeza; témome es para dejarle holgar"), 232 y 237 (m. **1639**), 265 (**1639**: la condesa viuda de Sástago tomó posesión del estado, por falta de fe de la m. del de Fuenclara)
- XIX, 380-381, nota 398 (**1635**: el carácter violento del Conde y la riña en Palacio)

Sástago, IX conde de (hijo del que había sido coronel de la Guardia tudesca; sirvió en Flandes)
- XVII, 427 (**1644**: "el conde de Sástago" hospedó en Bruselas a Andrés Cantelmo), 435 (**1644**: "al conde de Fuenclara y Sástago traen de Flandes a Italia por maestre de Campo general")
- XVIII, 22 (**1645**: "por ausencia [de Aragón] del de Sástago"), 341 (**1646**: ha llegado a Madrid de Flandes "el conde de Sástago"), 427 (merced de la llave de la Cámara con entrada y plaza del consejo de Aragón; para Gayangos, en la p. 427, "el llamado 'conde de Santiago', título desconocido así en Aragón como en Castilla, debe ser el conde de Sástago" [XIX, 451 nota 427, ¶1], interpretación que parece correcta [v. Atienza, 970])

Sástago, condesa de, XV, 251 (**1639**: viuda y heredera de su marido, que "tomó nuevamente su estado"; intentan casarla con el marqués de Ayamonte), 265 (1639: la condesa viuda de Sástago tomó posesión del estado, por falta de fe de la muerte del conde de Fuenclara)

[Sástago y Fuenclara], conde de (v. Fuenclara y Sástago, conde de)

Satanás, XIV, 223

Sátira en verso, XIII, 226, 348; XV, Xi; XVI, 196, 260, 290; XVII, 366; XVIII, 221

Satriano, príncipe de (título que se refiere a un pueblo de la provincia de Basilicata, a 120 km. al SE de Nápoles y 16 km. al SE de Potenza [la *Enciclopedia Espasa* no coincide con la localización de los mapas consultados]), XIX, 92

Sauary (regimiento de caballos en Alemania al mando del Juan Vivero, q.v.), XVII, 420

Savelli, duque [Federico] de (napolitano), XIV, 159 y 162 (**1637:** el Emperador le envía al duque de Lorena como capitán general de la artillería), 225 (entrará en Borgoña con Picolomini), 235, 361-363 (**1638:** con Juan de Weerdt, derrota a Weimar y al duque de Rouen), 367, 382, 388 y 399 (presos Savelli y Weerdt de Weimar y Rouen), 404 y 406 (libre Savelli, pero preso Weerdt)
- XV, 90 (Savelli frente al conde de Lamboy, q.v.) (var: Sabeli; Sabelli)

Savelli, cardenal [Giulio] (1574-1644; pariente de media docena de cardenales; hecho cardenal en 1615; obispo de Ancona [1616], gobernador de Orvieto, Spoleto y Ancona; legado en Bologna; obispo de Salerno [1630]), XIV, 119-120 (1637: con los cardenales Ippolito Aldobrandini, *iuniore*, y Pío di Saboya, q.v., "hicieron tres noches fiesta") (var: Sabeli; Sabelli) (v. Miranda)

Savoia, duque de (v. Saboya, duque de)

Savona (puerto a 45 km. al O de Génova), XVIII, 287

Savoya (v. Saboya)

Sax (v. Sas)

Saxe-Lavenburgh, duque Julio Enrique de (presidente del Consejo de Münster), XVII, 135 (var: Saxa Labemburg)

Saxe-Weimar, los de (se refiere al ducado de Saxe-Weimar, que abarca las ciudades de Halle, Cottbus y Dresden al SE de Alemania, a un centenar de km. al S de Berlín [v. la primera ficha de Carlos V]), XVIII, 68

Saxe-Weimar, Bernard, duque de (n. 1604, m. 8 de julio, 1639; hijo menor de Jean III, duque de Saxe-Weimar [m. 1605]; de la casa de Sajonia [v. la ficha anterior] y príncipe protestante, enemigo del Emperador de Alemania y de la casa de Austria; sirvió al rey Christián IV de Dinamarca [1625-1631] y luego al rey Gustavo II Adolfo de Suecia [1631]; al mando del ejército de Suecia, ganó la batalla de Lützen, q.v. [1632], pero fue derrotado en Nördlingen, q.v. [1634]; hecho duque de Franconia; al servicio del canciller de Suecia, Oxenstierna, y en colaboración con el general Horn; en 1635, landgraf de Alsace y general al servicio de Luis XIII en Alemania, donde tomó varias ciudades, y Brisach en 1638; mereció las alabanzas de sus enemigos: "Gran soldado" [XV, 323, nota 3]; "el mayor capitán contrario" [XIII, 56]; "gran caudillo por sus hechos y valor" [XIII, 24])
- XIII, 24 (1634: noticia de la m. del Duque, 101 (**1634:** el Infante-Cardenal y el rey de Hungría derrotan desastrosamente a Saxe-Weimar y a Gustavo Horn; prendieron a éste y a muchos otros capitanes), 150 (**1635:** "Weimar ha estado deshecho por los imperiales, y...trae pasada la espalda"), 166 "El rey de Francia ha hecho general de la gente que tiene en Alemania a... Weimar de Sajonia, descendiente del desposeído por Carlos V" [es decir, de la casa de Sajonia: v. la ficha de Carlos V, el emperador, referencia al t. XIII, 166]), 216 "Galaso [general del Emperador], y el rey de Hungría y el de Polonia están acabando con los jabardillos de Weimar"), 227-228 y 229 (Galaso había derrotado a Weimar, quien "deseaba componer con el Emperador", pero Galaso dijo "que antes esperaba tenerlo deshecho del todo"), 248 ("Galaso había roto a Weimar"), 252 ("Galaso...ha deshecho totalmente al duque de Weimar"), 290 (Weimar y los franceses llegaron a Mainz, y Galaso tuvo que retirarse), 295 y 302 y 312 (Ga-

laso y el rey de Hungría derrotaron a Weimar y al cardenal Nogaret de la Valette), 313 (Galaso rompió un convoy de Francia), 334 (Galaso siguió a Nogaret y a Weimar y les degolló 5.000 infantes y tomóles gran cantidad de municiones y las armas de Francia; Nogaret se retiró a Metz y Weimar a Luxemburg), 404 (**1636**), 463 ("Nogaret de la Valette se retira a Francia con las reliquias del ejército"; Weimar perdió un brazo y "le dieron un mosquetazo en los pechos; retiráronle a Nancy con poca esperanza de vida, por ser las heridas mortales"), 494 y 532 (han llamado de Alsacia a Nogaret de la Valette y a Weimar para defender [al ducado de] Borgoña de Galaso)

– XIV, 31 (**1637**: el de la Valette y Weimar "están apretados y pidieron socorro al rey de Francia"), 49 (cuando Weimar sitió la villa de Vesoul [en el condado de Borgoña], Galaso les dejó cenar, y luego "los desbarató totalmente e hizo grande matanza, ...apenas quedó ninguno"), 157 (Weimar "estaba mal contento en Francia: ...no le pagaban blanca"), 182 (Weimar y Longavila "atacaron por los lados a la Borgoña villanamente"), 196 y 200 (Juan de Weerdt, general imperial, derrotó a Weimar, así como los borgoñones a los franceses), 208 ("Weimar está retirado a una ciudad de las del Rhin, la cual está tan apestada que se entiende no escapará con la vida"), 225 (irá a Alsacia con su ejército), 235 (traslada a la Lorena el presidio de La Mota), 242-243 (junto al río Sin, q.v., el general Weerdt ha dado una gran derrota a Weimar), 277-278 (el Emperador mandó a Juan de Weerdt que desalojara a Weimar de dos puentes del Rhin que servían a dos ciudades; se dio una grande batalla y "Weimar huyó desbaratado con m. de muchos de los suyos"), 280-281 (**1638**: quedaba la Alsacia "libre de franceses", y Weimar "escapó a uña de caballo"), 351 (dice Leganés que Weimar "había pasado de nuevo el Rhin,... con que sería posible que todos los socorros de Alemania para Flandes se desvaneciesen"), 354 ("Weimar ha entrado...en la Alsacia"; "siempre sale este caballero malparado donde entra" 361 (Juan de Weerdt y el príncipe Savelli derrotaron a Weimar y al duque de Rouen), 362 (Weimar y Rouen sitiaron a Rheinfels, q.v., plaza de importancia en el Rhin; intentaron socorrer a la ciudad Weerdt y Savelli), 367 y 382 y 394 y 399 (Weimar y Rouen hicieron prisioneros a Weerdt y Savelli, "desgracia grande por ser los mejores del Imperio"), 377 (el Emperador perdona a todos los que aceptaren la paz de Praga, excepto a Weimar, porque al duque de Sajonia "no le quiere ver en Germania"), 387-388 y 394 y 399 (en los confines de Francia unos croatas liberaron a Juan de Weerdt), 406 ("la libertad de Weerdt no fue cierta; fuélo la de su teniente el duque de Savelli"), 415 y 434 y 436 (Weimar ocupó algunas plazas en Witemberga, y el general Götz, caudillo del Emperador, recuperó algunas de ellas; "buen principio para quebrantar el orgullo de aquel hombre"), 478 y 500 (Götz acabó con toda la caballería de Weimar, y Weerdt "se había huido de la prisión")

– XV, (**1638**: Weimar trata de acordarse con el Emperador), 93-94, 97 (se retiró a Colmar, muy enfermo, "en mucho peligro"), 108 (**1638**: los imperiales socorren Breisach, q.v.), 126-127 (cerca de Breisach el duque de Lorena derrotó a Weimar, tomó Auchy y se encaminó a Breisach), 158 (los imperiales quieren desalojar a Weimar de Breisach), 180 (**1639:** Weimar intenta componer con el Emperador), 197-198 (Weimar ha tomado ya a Breisach; Luis XIII le dió "la investidura de Alsacia como si fuera suya o feudo de Francia", y le pidió ayudarle a conquistar "el condado de Borgoña, para lo cual se ha de agregar a Francia"), 202 (en París "fue recibido con arcos triunfales"), 204 ("entró en [el condado de] Borgoña sin resistencia"), 208, 211 (a Borgoña "danla ya por perdida"), 217 y 249 y 253 (el Emperador "rompió en el condado de Borgoña la vanguardia de Weimar, con muertes de muchos"), 218 (Weimar tuvo que retirarse a Alsacia), 220, 239-240, 250, 274

- **Su muerte: 1639:** murió el 2 de julio en Honinguen, de calenturas; dejó "discípulos no inferiores" y "su testamento fue tan militar como su vida" (XV, 323 y la nota 3; XIX, 374 nota 24)
- **Noticias falsas de su m.:** XIII, 24 (**1634**; corregida en XIX, 374 nota 24), 44, 56; XV, 108 (**1638:** "Ha m. en la opinión del vulgo tres o cuatro veces en varias ocasiones, y luego ha resucitado"), 242 (**1639**); XVI, 134 nota 1 (**1641**)
- **Después de su m.:** (**1639-1640:** los de Weimar y los franceses se apoderan de Breisach y del Palatinado), XV, 367-368
- **"Las reliquias del ejército de Weimar"**, XV, 338 (**1639:** "los capitanes y gente de Weimar"), 403 (**1640:** "las reliquias..."), 404 nota 1, 439 ("los alemanes que siguen la voz de Weimar, difunto"), 455 nota 1, 489, 492 ("se irán los de Weimar y los franceses"), 495, 497 (**julio de 1640**)
- XVIII, xi (var: Baimar; Beimar; Beymar; Guimar; Saxe-Weimar; Ubeimar; Vaimar; Vaymar; Veymar; Weymar)

Saxo de Gante, el (v. Sas)

Saxonia (región histórica del este de Alemania, entre Prusia, Silesia, Bohemia y Turingia), XV, 323

Scaglia, el abad, XIV, 304 y la nota 1 (partieron para Italia el P. Pagani, q.v., y el abad de Scaglia) (var: Scalgia; Seaglia)

Scalda, río (v. Scheldt)

*Scavino, Ildefonso, traductor (v. Brancaccio, Lelio)

Sciabo, mariscal (v. Chabot)

Scila y Caribdis (para el autor de la carta, su "caudal" tenía que "navegar" entre dos peligros parecidos a los que Ulises navegó con éxito), XIX, 210

Sciopio, [Gaspar] (v. Schoppe, Caspar)

Scipiones, los (v. Escipiones, los)

Scomberg o Sconberg (v. Schomberg)

Scotland o Scotlandia, XVI, 165 nota 1

Scoto (Juan Escoto Erígena, teólogo irlandés del s. IX), XVIII, 173

Scotti, conde de (general del duque de Parma), XIII, 373 (**1636:** herido en Tortona), 521; XIX, 378 nota 373 (var: Escot; Escoto)

Scribanio, P., XV, 499 (Juan de Salazar le alabó como escritor)

Scheenqueen (v. Schenck, castillo de)

Scheldt, río (pasa cerca de Le Catelet, y por Cambrai, Tournai y Ghent), XIV, 448; XVI, 411 (var: Escalda; Escaut; Scalda; Schelde; Skalda)

Schenchen-Scans (v. Schenk, castillo de)

Schenck, Martín (ingeniero holandés; constructor del castillo de Schenk, q.v.), XIII, 340, 344

Schenk, castillo de ("Es el paso para Holanda, de suma importancia" [XIII, 250], "Tres veces fuerte y llave de Holanda" [XIII, 247]; véase XIII, 442; construido en 1586 por Martín Schenck en la isla de

Batavia [q.v.], formada donde antes el Rhin se dividía en el Waal y el Neder-Rhin, a 16 km. al E de Nijmegen)
- (**julio, 1635:** tomado por los españoles, pero hay dos versiones): "por interpresa" (XIII, 246, 249-250, 262); o "por asedio a escala vista con solos 800 hombres" (XIII, 291-292: "Este hecho tiene asombrado el mundo por su grandeza") (v. Anholt, barón)
- (los españoles rebatieron cuatro intentos de los holandeses de recuperarlo: "por todas vías y maneras han hecho lo posible para recuperar el fuerte", 294; "el enemigo m. por tomar el fuerte", 379)
- (**agosto, 1635:**) XIII, 259-261, 294, 337 [¿"tercera vez"?; (**enero, 1636:**) 369-370; feb., 1636: 378-379; y (**marzo, 1636:**) 409-410
- (**mayo-julio, 1636:** las noticias conflictivas confunden a la corte), XIII, 420, 429-430, 432-433, 437, 440-441
- (**julio, 1636:** los holandeses recuperaron Schenk el 28 de abril), XIII, 445-446, 450-451 (explicación)
- (varios comentarios:) XIII, 246-247, 249-250, 256, 262, 264, 268-269, 273, 279, 291-292, 294, 297-300, 308, 315, 319, 329, 336, 339-340, 344-345, 359, 392, 394-395, 415, 421, 442, 477, 491
- XIV, 159 (var: Esquenequescant y Schenchen-Scans [éstas reflejan el nombre más completo de Schenkenschanz, "castillo de Schenk"]; y también Eskenken; Eskenque; Esquen, Esquenes, Esquenke, Esquenque, Esquenques, Esquens, Esquiens, Esquimgen, Esquingen, Esquinguen, Scheenqueen, Schenchen, Schenck, Schencken, Schinchen, Squenke, Squenkens, Squens, Squiens)

Scheuk (error por Schenk, q.v.)

Schinchen (v. Schenk, castillo de)

Schlang (general sueco, "la primera cabeza" después de Bannier; hecho prisionero), XV, 491 (**1640:** noticia falsa de su muerte); XVI, 129-130 (**1641:** derrotado desastrozamente por el Archiduque y preso por el Emperador con toda la gente que tenía en su ejército)

Schmalkalden (ciudad de Hesse, q.v., a unos 45 km. al sudeste de Erfurt y 20 km. al noroeste de Suhl, en Turingia), XV, 492, 494, 496 (var: Esmalcaldia)

Schomberg, Armando Federico de (algunos de los datos se contradicen), XVII, 407 (sargento [error por general] mayor de batalla en Tuttlingen, en 1643; m.), 424 (teniente general de batalla en Tuttlingen; preso) (var: Scomberg)

Schomberg, Carlos (duque de Schomberg y de Halluyn, hijo del que sigue; mariscal de Francia desde 1642; preso en Rottweil con el ejército de Guebriant, en 1643; gobernador de la Provenza y del Languedoc; murió en el año de 1656), XVII, 121, 424; XIX, 371, 421 nota 353 (por error, 352)

Schomberg, Enrique, (conde de Schomberg, padre del anterior; embajador de Alemania en Madrid), XIV, 17; XIX, 421 nota 353 (por error, 352)

*Schoppe, Caspar (1576-1649; autor alemán de más de un centenar de libros sobre filosofía, clásicos, historia y religión, y entre ellos algunos en contra de los Jesuitas, como: *De sediosa doctrina...quorum Jesuitae passim insimulantur...* [v. la Bibliografía]), XV, 101 nota 1 (amigo del Dr. Espino, q.v., de quien se decía que "en Madrid tuvo amistad con el célebre Sciopio") (var: Gaspar Sciopio; Kaspar Sciopio)

Sebach, barón de (general de la artillería en Extremadura)

- XVI, 265 (**1642:** cabo en el ejército del marqués de Hinojosa en Cataluña)
- XVII, 314 (**1643:** pidió Sebach que acudan Jerez y Fregenal a socorrer a Fresno)
- XVIII, 288 y 288 (**1646:** cartas con noticias de Fraga y de Lérida), 309 (de Fraga avisa Sebach sobre las actividades de Harcourt), 310, 340, 488 (**1647:** teniente general de la caballería), 505 (llevó 500 infantes a Lérida) (var. Saba; Sebac; Sebag)

Sebastián (hijo del marqués de Estepa, q.v.), XIII, 105 (herido)

Sebastián [González], P. (v. las variantes de la ficha de González, P. Sebastián)

Secenático, el (área marítima cerca de Venecia donde entraron sus barcos), XVII, 201

Secreto, Consejo (v. Consejo Secreto),

Secretario del Consejo [¿de Castilla?], XIV, d422-424

Secretario del IX duque de Medina Sidonia (v. Castillo, Luis del)

Seda, cárcel de la (en Nápoles durante el tumulto), XIX, 61 (el pueblo sacó a los presos)

Sedán (a 90 km. al noreste de Paris; capital del principado de los duques de Bouillon), XIV, 33, 56 (var: Esdan)

See, La (la iglesia mayor de Lisboa), XVI, 114 (allí coronaron rey de Portugal al duque de Braganza)

Segadores, los (se amotinaron), XIX, xiv (se refiere a los graves disturbios de Barcelona en 1640 que dieron lugar a la guerra y a la m. del Virrey, conde de Santa Coloma, q.v.)

Segarra, Juan de (maestro mayor de las obras ejecutadas en el Hospital de la Sangre de Sevilla), XVI, 160

Seggi, los (v. Nápoles, los Seggi de)

Segni, conde (v. Signi, conde)

Segonci, P. Diego, S.J. (vice-provincial de la Provincia de Madrid en 1644; en 1645, rector de la Casa de Probación de Villarejo de Fuentes, villa de la provincia de Madrid), XVIII, 19 (v. Piña, P. Juan de)

Segorbe (ciudad de la provincia de Castellón), XV, 466; XVI, 205

Segorbe, duque de (véase Cardona, duque de)

Segorbe, casa de y duques de (v. Cardona y Segorbe, duques de)

Segorbe y Cardona, VI duque de (v. Cardona, VI duque de)

Segovia, XIII, vi, 81, 82, 541, 541, 548; XIV, 27, 148, 150, 353, 430; XV, 364; XVI, 467, 498; XVII, 445; XVIII, 21, 21; XIX, 27, 123, 223, 255

aSegovia, XIV, 7, 8, 42, 43, 184, 268; XIX, 218

– alcázar de, XIV, 27, 28; XVII, 97; XVIII, 61; XIX, 218

– cárcel de, XIV, 248; XIX, 228

– corregidor de, XIX, 225, 309

– obispo de,
  - XV, 433 (**1640:** Mendo de Benavides [1633-1641, Gams 71a]; le dan el de Cartagena (Murcia) [1641-1644, Gams 24b; m. 1644], 443 (antiguo presidente [de la Chancillería] de Granada)
  - XVII, 20, 394 (**1643:** el P. Tapia, dominico [1641-1645])
  - XIX, 124 (**1647:** Pedro de Neila [1645-1648: m.] [var: Nieto]; el nuevo obispo es el maestro [Francisco de] Araujo, q.v., dominico [1648-1663])

– paular de (de frailes cartujos), XIII, 41; XVII, 95

– procurador de, XIII, 219

Segre, río (pasa por Balaguer y Lérida; afluente del Ebro; sobre el viaje de Felipe IV a Aragón en 1644, v. la ficha de la villa de Sástago), XVI, 272; XVII, 165-168, 170, 335, 479; XVIII, 73, 74, 85, 92, 97, 98, 502; XIX, 12, 22, 317, 430 nota 486 ¶2

– Torres de (v. Torres de Segre)
Seguier, Pedro (guardasellos y canciller de Francia), XIX, 416 nota 136
Segura, P. Rodrigo de, S.J. (correspondiente desde Baeza), XIII, 89
Seine (río de Francia que nace en el norte del ducado de Borgoña cerca del pueblo de Saint Germain [a 32 km. al NO de Dijon] y pasa por Châtillon-sur-Seine [a 63 km. al NO de Dijon], baña París y Rouen y desemboca en el Canal de la Mancha), XIV, 242-243 (el conde imperial Juan de Weerdt derrotó al duque de Saxe-Weimar en el ducado de Borgoña, "junto al río Seine") (var: Sena, q.v., y Sin, q.v.)
Seine y Marne, departamento de (en la región parisiense al este de París), XIX, 412 nota 47
Sejos, los (v. Nápoles, los Seggi de)
Selemen (puerto del Mediterráneo en la Toscana, "en la marina de Siena y la Torre de San Esteban"), XVIII, 327 (lo acaban de tomar los franceses)
Sellos, pragmática de los, XIV, 6, 27
Semana santa, días de la, XIII, 40, 41, 48, 160; XIV, 67, 79, 82; XVI, 107; XVII, 471; XIX, 235, 237
*Semmedo, P. Álvaro, S.J. (procurador de la China), XVI, 41
Sempilio, Hugo (autor de una carta al P. Pereira), XIII, a348
Sena (v. Seine, río de Francia, y la ficha de Sin, y también Siena, ciudad de Italia [v. la ficha de Piccolomini, Ottavio])
Senado, el de Génova, XVI, 152-153
– el de Nápoles, XIII, 459
Sendrio (v. Sondrio)
Séneca (c. 4 a.C.-65 d.C.; filósofo estoico de los más preclaros occidentales precristianos), XVII, 158
Senmenat, Antonio (gobernador de Colibre, q.v.), XV, 318 (var: Senmanat)
Senmenat y Lanuza, Galcerán (canónigo y vicario general de Barcelona), XIX, 440 nota 230 (en 1643 le prendió el mariscal La Mothe-Houdan-court) (var: Sammanat)
Senmenat y Lanuza, Raimundo (hermano de Galcerán, y de 1640 hasta 1655 obispo de Vich [a 61 km. al N de Barcelona]), XVIII, 230 (1646: resistió las múltiples amenazas del conde de Harcourt), 361 (al marcharse de Vich, Harcourt se despidió cortesmente del Obispo); XIX, 440 nota 230 (var: Sammanat; Vique)
Senseval, Mr. de (v. Sesseval)
Sentel o Sentelles o Centellas (apellidos valencianos; véase Borja y Velasco, Melchor Centellas; y Centellas, Magdalena), XIX, 440 nota 224
Sentonera, conde de (véase Taracena, I marqués de y vizconde de Centenera)
Señoría, la (el gobierno de Venecia), XIX, 179
Seo de Urgel (ciudad a 8 km. del extremo S de Andorra), XVI, 480; XIX, 302, 328 (tiene fuerte) (v. también Urgel, obispo de)
Sepulcro, Santo (v. Santo Sepulcro)
Sepúlveda (supuesta compañía militar de la guarnición del puerto de Maya en el Pirineo; v. González, Diego), XV, 306
Sepúlveda, Diego de (secretario de la IX duquesa de Medina Sidonia y marquesa de Villamanrique), XVI, a442-443, a443-444 (1642: cartas sobre la salida de la Marquesa de su casa en Sanlúcar de Barrameda)
Serafina (v. Berganza, Estefanía de)
Serena, la (llanura en el extremo SO de la provincia de Badajoz, entre la Sierra Morena y el río Guadiana), XVII, 252
Serena, Fr. Juan de la (prior del Escorial hasta 1642, y luego obispo de Orense [falta en Gams]; electo de Lugo [del cual era obispo, 1643-1646; murió en 1646; de la Orden

de los Jerónimos: Pius Gams, pág. 47a]), XVI, 364; XVII, 284

Seria (villa de la frontera de Portugal; probablemente a unos 100 kilómetros al oeste de Salamanca), XIX, 311

Serma. [léase, Serenísima]

Sermoneta, duque de (grande de España; v. su hermano, Gregorio Gaetano), XIII, 99; XIX, 375 nota 99 (var. errónea: Salmoneta)

Serna, P. Antonio de la, S.J., XV, 487; XVI, 431-432 (**1643:** va a atender espiritualmente al duque de Nochera, preso)

Serna, Fr. Benito de la (de Sevilla), XIV, 129 (electo general de la Orden de San Benito)

Serpa (villa de Portugal, a 30 km. al este de Beja y 38 al oeste de la frontera [Rosal de la Frontera]), XVIII, 329

Sertucha Villela, Lope de (síndico y procurador general del señorío de Vizcaya), XV, 472

Servien, conde de (Adel, nombrado con otros dos por el rey de Francia para tratar la paz universal en Münster, 1643-1648), XIX, 415 nota 131

Serra, P., S.J., XIII, 207 (ayudará al P. Juan Chacón a reembolsar al P. Pereira el valor del chocolate que puede conseguir de la flota)

Serra, Diego (fiscal del Consejo de Aragón), XVIII, 427

Serra, marqués Juan Francisco (gobernador de Pavía), XVIII, 313

Serra, Miguel (conspirador catalán; preso por los franceses; logró fugarse), XIX, 444 nota 312

Serrallo, el (el encierro de las Sultanas), XV, 167

Serrana, banco de la (en el mar Caribe; v. la ficha de "Cartagena de Indias, Colombia; viaje por mar"), XVIII, 481

Serrano (capitán en el área de Puebla de Sanabria), XVII, 302

Serrano, P. Antonio, S.J., XVI, a322, a374, a390; XVIII, a199

Serrano de Vargas y Urueña, Juan (impresor de Málaga, 1636-1656), XIV, 144

Serrano Zapata (dueño de una quinta donde dicen se hospedó el duque de Fernandina), XVII, 26

Sesé, cardenal español en Roma (junto con otros cuatro cardenales, constituían en Roma "la facción de España" o "los cardenales nacionales" [XVIII, 246 y XVI, 462; v. a continuación la ficha XVIII, 246, y anteriormente las dos fichas del cardenal "Montalto"]; en los índices y repertorios de Cardella, Cristofori, Miranda, y el *Indice* de Moroni, q.v., faltan los cardenales españoles Martos, Montalto y Sesé; según Atienza, 699a, Martos es apellido aragonés y probó su nobleza ocho veces a partir de 1603), XVIII, 246 (dos citas: **1646:** salió Sesé de Roma con los cardenales españoles Albornoz, de la Cueva, Martos y Montalto, q.v.) (var: Sessé)

Sesia, el (río que nace en los Alpes cerca del Monte Rosa y la frontera de Suiza, y pasa al SE por Alagna, Varallo y Gattinara, hasta que a 22 km. al S de Vercelli desemboca en el Po), XIII, 399 (el marqués de Leganés hizo un fuerte real en una isla del Sesia); XIV, 432 (echó puentes en él); XV, 218 (hizo un fuerte real en otra isla del río) (var: la Sesia)

Sessa, VI duque de (Luis Fernández de Córdoba y Cardona, IV duque de Baena y V de Soma, VIII conde de Cabra, V marqués de Poza; protector de Lope de Vega; m. **1642**)

— XIII, 34, 52 (**1634:** su hijo, el IX conde de Cabra, q.v.), 106 (**1634:** le destierran por no levantar coronelía como le encomendaron), 243 (**1635:** intenta enterrar a Lope de

ÍNDICE ONOMÁSTICO

Vega en Baena, pero Madrid se opone), 452 (m. su yerno, el marqués de Almanzán)
- XIV, 457 (**1638**: se une al Almirante de Castilla en la empresa militar de desalojar a los franceses de Fuenterrabía)
- XVI, 24 (**1640**: plenos poderes para actuar en Cataluña), 27, 238, 380 (**1642**: satirizado en un memorial)
- XIX, 363 (murió en **1642**), 407 nota 377 ¶2 (nota correcta), 413 nota 82 [por error, le llama V duque], 453-454 nota 485 (nota correcta) (variantes: Cézar; César; Sesa; Zesa)
- XIX, 413 nota 82 (Gayangos le llama "V duque", error corregido en García Carraffa, XXII, 17-18 y 27-28, y los índices de Elliott, *The Count-Duke*, Crosby, *En torno...*, y *Nuevas cartas*, p. 310, nota 24; el Duque que visitó a Quevedo en 1644 fue el VII duque)

Sessa, VII duque de (Antonio Fernández de Córdoba y Cardona, V duque de Baena y VI de Soma, IX conde de Cabra, VI marqués de Poza), XVIII, 213, 485 (**1647**: desafío con el de Leganés por el marquesado de Poza); XIX, 74, 119 (se bate con el conde de la Torre en casa de Juan de Santelices), 150 (**1648**: su pleito con el marqués de Leganés), 154, 214, 441-442 nota 244 [error corregido en 407 nota 377 ¶2 y 453-454 nota 485; v. la ficha del VI duque]

Sessa, duquesa de, XIII, 34 (**1634**: viuda del V duque)

Sessé (v. Sesé)

Sesseval, Mr. de (v. Saint Pol, conde de: militar en los ejércitos de Felipe II)

Sesseval, Mr. de (v. Saint Pol, conde de: general francés bajo Luis XIII)

*Sesti, Juan Pablo (capitán; delineó la planta del castillo de Salsas)

Setiembre, Virgen de (v. Nuestra Señora de Septiembre)

Setúbal (ciudad y puerto en la bahía homónima, al SE de Lisboa), XIV, 190; XVI, 94, 112

Seu, la (de Barcelona), XIX, xiii

Sevilla, XIII, vi-vii, 9, 32, 39, 50, 52, 54, 62, 63, 66, 68, 85, 92, 100, 100, 102, 106, 114, 117, 142, 155, 176, 186, 199, 263, 340, 346, 347, 375, 404, 410, 428, 474, 482, 517, 521, 543
- XIV, 11, 21, 34, 58, 59, 73, 75, 83, 89, 91, 101, 103, 128, 130, 136, 138, 168, 172, 174, 193, 257, 258, 260, 310, 311, 334, 406, 413, 425, 428, 429, 479, 480, 484, 501
- XV, xi-xii, 12, 31, 50, 59, 69, 71, 72, 73, 74, 101, 110, 118, 122, 125, 169, 170, 179, 185, 191, 192, 214, 221, 225, 228, 236, 257, 272, 323, 332, 343, 387, 399, 417, 418, 426, 439, 455
- XVI, xii, xvi, 14, 18, 32, 42, 44, 55, 70, 158, 159, 160, 170, 219, 231, 241, 246, 247, 248, 249, 250, 251, 260, 268, 301, 322, 326, 338, 344, 345, 346, 347, 350, 360, 370, 373, 398, 423, 444, 448, 449, 509
- XVII, 14, 15, 106, 107, 140, 145, 151, 155, 175, 177, 179, 199, 205, 206, 207, 214, 233, 238, 239, 277, 314, 348, 377, 394
- XVIII, 51, 76, 78, 106, 106, 109, 110, 114, 116, 127, 131, 142, 148, 162, 199, 200, 221, 270, 291, 331, 351, 393, 483, 493, 508
- XIX, v, vii-viii, 2, 130, 134, 202, 208, 212, 216, 218, 244, 246, 323, 338, 359, 365, 371, 392, 430, 436, 438, 439, 441

dSevilla, XIII, 23, 24, 33, 35, 38, 72, 84, 90, 146, 148, 156, 171, 173, 185, 187, 209, 218, 231, 254, 267, 303, 307, 316, 319, 336, 363, 367, 374, 378, 380, 381, 409, 419, 422, 431, 432, 485, 497, 510, 548
- XIV, 7, 8, 13, 42, 43, 47, 63, 79, 108, 109, 111, 125, 127, 130, 138, 142, 147, 148, 152, 153, 158, 164, 173, 185, 187, 195, 199, 202, 205,

207, 209, 219, 244, 248, 253, 255, 261, 264, 268, 271, 274, 278, 287, 305, 309, 314, 317, 338, 344, 360, 365, 369, 381, 391, 398, 402, 405, 408, 415, 422, 428, 440, 451, 455, 460, 463, 475, 485, 487, 491, 494, 504
- XV, 5, 6, 8, 15, 58, 61, 64, 67, 70, 81, 83, 87, 92, 102, 117, 120, 123, 131, 157, 164, 171, 172, 174, 175, 176, 183, 186, 194, 200, 203, 206, 219, 224, 230, 237, 239, 245, 246, 251, 266, 269, 273, 282, 289, 295, 303, 307, 317, 319, 320, 329, 331, 336, 338, 346, 349, 351, 356, 361, 363, 365, 371, 375, 376, 377, 379, 388, 394, 398, 405, 410, 411, 414, 427, 430, 433, 437, 441, 444, 446, 447, 456, 462, 462, 464, 466, 468, 471, 472, 476, 479, 480, 481, 484, 487, 488, 498, 502
- XVI, 3, 5, 16, 20, 25, 29, 37, 40, 54, 59, 61, 78, 80, 82, 89, 91, 93, 96, 100, 104, 115, 120, 122, 125, 129, 134, 138, 174, 179, 186, 190, 195, 196, 198, 209, 232, 245, 255, 264, 285, 298, 299, 302, 306, 311, 316, 319, 320, 358, 361, 365, 376, 455, 465, 494, 496, 502, 507
- XVII, 6, 16, 19, 37, 43, 64, 68, 79, 83, 96, 97, 102, 112, 123, 133, 135, 150, 167, 173, 176, 187, 198, 213, 217, 231, 237, 241, 247, 249, 264, 284, 286, 297, 310, 319, 321, 324, 336, 341, 350, 360, 364, 382, 389, 393, 395, 409, 411, 417, 419, 429, 436, 439, 442, 447, 450, 452, 455, 459, 463, 471, 478, 486, 487, 490, 491, 493, 507, 510
- XVIII, 4, 6, 8, 9, 13, 15, 17, 18, 20, 22, 26, 32, 34, 37, 39, 42, 46, 50, 52, 59, 65, 67, 72, 75, 81, 87, 88, 91, 94, 100, 104, 105, 117, 123, 125, 126, 133, 135, 146, 147, 159, 163, 165, 173, 175, 180, 182, 187, 190, 197, 207, 208, 210, 213, 214, 216, 226, 227, 231, 235, 236, 240, 243, 254, 257, 260, 263, 268, 275, 279, 284, 294, 296, 300, 306, 314, 326, 334, 339, 344, 354, 362, 366, 376, 380, 387, 391, 395, 400, 404, 405, 408, 417, 422, 424, 434, 446, 448, 454, 463, 472, 475, 478, 490, 498, 502, 506, 509
- XIX, 4, 11, 13, 18, 21, 28, 63, 72, 79, 82, 84, 117, 122, 125, 129, 131, 133, 134, 140, 141, 144, 150, 153, 154, 157, 166, 172, 175, 180, 184, 215, 217, 247, 253, 257, 262, 277, 282, 291, 299, 304, 311, 314, 339, 342, 355, 361, 364, 367, 372

Sevilla, alcázar de, XVIII, 391, 391
- alcázares de, XIX, 127
- alboroto en la santa iglesia el Jueves Santo, XVI, 338 nota 1
- alhondiga de, XIX, 217
- arzobispado de, XVII, 13
- Audiencia de, XVIII, 107
- cabildos de (hubo dos), XV, viii; XVI, 370 nota 1
- Cartuja de, XVI, 247
- cerca de, XVI, 248 (por allí entró el agua del río)
- ciudad de, XIII, 413
- Colegio de San Hermenegildo de (v. San Hermenegildo)
- Contratación, casa de, XIII, 347; XIV, 46; XV, 118
- Coria de, XIX, 130
- Iglesia Mayor, XVI, 370 nota 1
- lugar de impresión de un libro, XIII, 88
- preparativos para la conjuración de Portugal en 1640, XVI, 92 nota 1
- Real Audiencia de, XIII, 244
- reino de, XIII, 456
- San Francisco, convento de, XVIII, 473
- Santiago el Viejo, XVI, 370 (iglesia parroquial en la calle de su nombre [Pascual Madoz, *Diccionario*, XIV, 318b, y Crosby, *Nuevas cartas*, p. 197 nota 6])
- Universidad de, XV, 386
Sevilla, alcalde mayor de (Gaspar de Teves Tello de Guzmán; v. Fuente del Torno, I marqués de la), XIX, 378-379 nota 380 (por error, 381)

ÍNDICE ONOMÁSTICO

- alférez mayor de, XIX, 410 nota 468 y 420 nota 329 (III marqués de Algaba, q.v.)
- arzobispo de, XIII, 439; XIX, 413 nota 82 ¶2 (v. Guzmán y Spínola, Ambrosio Ignacio)
- asistente de (el conde de Cantillana), XIX, 409-410 nota 377 ¶2
- inquisidor de (Francisco de Rioja), XV, 104
- oidor de (Antonio de Estrada), XVII, 199, 293
- presidente de, XIV, 266
- procuradores de (Diego de Celis y Bernardo de Silva), XIII, 219

Seynel, coronel (v. Lenser)

*Seyner, P. Antonio (agustino)

Sforza, cardenal [Federico] (1603-1676, príncipe de Valmontone, obispo de Rimini y camarlengo del Colegio de cardenales), XVIII, 64 (vice-legado de Aviñón en 1637; creado cardenal en 1645; v. Miranda) (var: Esforza)

Sfrondato, marqués de (teniente general de la caballería en Flandes), XIII, 193, 357; XIV, 463 (1638: socorrió a Breda); XV, 91 (var: Esfrondato; Esfondrato; Esfundata; Sfrondati)

Shenchen-Hans (v. Schenk, castillo de)

*Sherlock, P. Paulo, S.J. (irlandés, n. 1595; en 1645, rector del seminario de irlandeses en la Univ. de Salamanca), XVIII, 6, 180 (var: Sherlogus; Sherloque)

Shuys (uno de los cantones de Suiza), XIII, 260

Sibourre (lugar fortificado del SO de Francia, cerca de Navarra), XIV, 110, 173, 212 (el duque de Nochera lo abandonó, junto con Undaga, q.v.), 267 (var: Ziburu)

Sicilia, XIII, xv, 157, 173, 182, 183, 225, 280, 283, 284, 286, 354, 397, 407, 473
- XIV, 77, 228, 237, 241, 276, 277, 281, 307, 352, 412, 434, 475
- XV, 63, 66, 80, 84, 89, 92, 93, 94, 128, 178, 179, 182, 263, 288, 320, 338, 375, 417, 425
- XVI, 34, 129, 212, 444, 478, 498
- XVII, 172, 386, 391, 437, 445, 468, 471, 495
- XVIII, vi, 16, 22, 58, 63, 64, 67, 88, 96, 164, 173, 175, 243, 244, 264, 300, 475, 485
- XIX, 8, 38, 60, 77, 83, 90, 164, 170, 171, 192, 335, 426 nota 445 y 427-428 nota 468 ¶3 (nombramiento de virrey, 1644-1645)

Sicilia, motín de, XIX, 55
- obispado de, XIII, 183
- reino de, XIV, 8; XV, 187; XVII, 414; XIX, 92, 435
- tumulto de (1647), XIX, 38, 55
- virreinato de, XV, 103; XVII, 315, 373

Sicilia, archimandreta de
- general de las galeras de (Francisco de Mejía), XIX, 400 nota 291
- obispo de Mazara [del Vallo], q.v.), XVIII, 463
- gobernador de (Enrique Pimentel y Enríquez de Guzmán), XIX, 391 nota 393

Sicilia, virreyes de, XIII, 293 (**1635**: el VI conde de Monterrey, Manuel de Acevedo y Zúñiga, a quien sucedió el III duque de Alcalá, Fernando Afán de Ribera y Enríquez, 397 y 452; y XIV, 31 y 76 (**1636-1637**: el VII duque de Montalto, Luis Guillén de Moncada, Aragón y de la Cerda)
- XIV, 314 nota 1 (**1638**: Felipe Espínola)
- XV, 109 y 254 (**1638-1639**: Francisco de Melo, conde de Assumar, militar portugués, del Consejo de Estado español), 311 (**1639**: el II marqués de los Balbases, Felipe Spínola-Doria [v. XIX, 389 nota 311]
- XVI, 95 (**1640**: el IX almirante de Castilla, Juan Alfonso Enríquez de Cabrera y Colonna)

– XVII, 373 (**1643:** Pedro Fajardo-Zúñiga y Requesens, III marqués de los Vélez)
– XVIII, 86 (**1645:** Bernardino Fernández de Velasco, VII condestable de Castilla y VI duque de Frías), 242 (**1646:** el VI duque de Alba, Fernando Álvarez de Toledo y Beaumont)
– XIX, 38 nota 1 (**1647:** por error se dice que era virrey el marqués de los Vélez: v. XVIII, 242 y XIX, 70), 70 (lo dejó el duque de Alba), 152 y 157 (**1648:** el cardenal Giangiacomo Teodoro Trivulzio, q.v.), 309 (**1642:** Antonio de la Cueva y Córdoba, II marqués consorte de Flores Dávila), 390 nota 320 y 414 nota 99 (me parece que el VIII conde de Lemos, q.v., no fue virrey de Sicilia), 411 nota 476 [por error, 478] (**1642:** el VII duque de Montalto, q.v.), 427 nota 468 (**antes de 1644:** el IX almirante de Castilla), 443 nota 290 (**1646:** Juan Francisco de Bett)

Sicilianas, Vísperas, XIX, 41

Sicilias, las Dos, XV, 304

Sichem (pueblo a 45 km. al SE de Amberes, sobre el río Demer), XIII, 215 (véase Aerschot, pueblo vecino)

Sidofeita, prior de, y diputado del clero de Portugal, XVIII, 53, 82 (agente de Juan IV en Roma)

Siena (ciudad de Italia a 51 km. al sur de Florencia), XIV, 400 ("Pasamos por... Florencia y Siena y Liorna"); XVIII, 316-317 ("el duque de Florencia había desarmado los de Siena, por ser inquietos"), 327 (la "marina de Siena"; véase Selemen, puerto de; y la Torre de San Esteban) (var: Sena, q.v. [es variante de Siena y del río Seine)

Sierpe, la (calle de Málaga muy popular), XV, 334 nota 1

Sierpe, Álvaro Gil de la (jurado de Sevilla), XVI, 231

Sierra, Juan de (sobrino del Dr. Bernardo López Abarca, auditor del ejército en Ciudad Rodrigo), XVI, 337

Sierrabrava, vizconde de (véase Vera, Fernando Carlos de)

Siete chimeneas, [casa] de las, XIII, 276 (era del marqués de Puerto-Seguro, q.v., en la calle de la Reina de Madrid, y allí estuvo preso "con guardas" el duque de Aerschot, q.v.)

Siete-Iglesias, marqués de (v. Calderón, Rodrigo)

Sigismundo [III], (rey de Polonia; m. antes de 1632; v. su hijo, Ladislao IV, y la ficha de Polonia), XIII, 172 nota 2

Signi, conde (la villa de Segni o Signi [la Signia de los romanos], a 57 km. al SE de Roma y 35 km. al SE de Frascati, perteneció de 1353 hasta 1548 a la familia de los Conti, cuando Fulvia Conti casó con Mario Sforza di Santa Fiore; en 1639 los Sforza la vendieron a los Barberini, pero fue devuelta pronto), XIII, 348 (1635: el conde Signi fue herido en una refriega con los franceses en la Valtolina)

Sigüenza, XVI, 22; XIX, 122, 392 nota 433 (véase Renales [Carrascal y Fonseca, José], *Catalatto*)

– iglesia de, XIX, 387 nota 76

– obispado de, XV, 326, 387, 424, 433

– obispo de, XV, 281 (**1639:** m. el obispo Fray Pedro González de Mendoza, hermano del duque viejo de Pastrana), 290 (su legado); XVI, 212 (**1641:** obispo Fernando de Andrade y Sotomayor [Pius Gams, 75a]); XVII, 445 (**1645:** Andrade fue hecho obispo de Santiago de Compostela [Pius Gams, 75a y 27a]); XVIII, 253 (**1645-1649:** el obispo era [Pedro X. de] Tapia, dominico [Pius Gams, 75a]), 488; XIX, 398 nota 237 (**1622-1623:** nombrado un hermano del duque

del Infantado, Francisco de Mendoza, q.v.; m.1623; Pius Gams, 75a)
Sigumey, P., S.J., XIII, 233 (uno de los jesuitas de Valladolid que saludan al P. Pereira)
Silesia (región del centro oriental de Europa y occidental de Polonia, al NE de los montes Sudetes y a lo largo de las cuencas alta y media del río Oder; la guerra de los Treinta Años la arruinó), XIII, 24; XVI, 266, 474; XVII, 201, 324, 373, 384; XVIII, viii; XIX, 307, 344
Silguero, Juan (padre del P. maestro Juan de San Agustín, q.v.), XIII, 434
Silva (sin nombre de pila; v. Felipe de Silva)
Silva (v. Govea, marqués de)
Silva, Ana de (hija del marqués de Orani; se casa con el de Aytona), XVI, 382; XVII, 413, 439
Silva, Bernardo de (procurador de Sevilla en las Cortes de 1635), XIII, 219
Silva, Domingo de (alférez), XIX, 244
Silva, Felipe de (del Consejo de Guerra de Flandes; maestre de Campo general del ejército; hermano del marqués de Govea; su heredero fue Pedro de Silva, q.v.), XVII, xxiii (**1633**: del Consejo de Guerra); XIII, 157 (**1635**: maestre de Campo general y teniente de la caballería del Conde-Duque), 239, 473, 481 (general de la caballería de Italia), 489 (**1636**: parte para Perpiñán), 520, 533
– XIV, 159 (**1637**: manda la tercera parte del ejército del de Leganés), 162, 315 (**1638**: se le da el castillo de Amberes), 339, 341, 423; XV, 485 (**1640**: intenta en vano socorrer Arras)
– XVII, 7, 11 (**1643**: viene a Madrid, liberado de la prisión en Burgos), 34 (le dan el oficio del de Leganés), 61 (parte para Cataluña de general), 81 (enfermo en Zaragoza), 82, 102, 110 (en campaña), 119, d167, 210 (tiene encuentro con Juan de Castro y Castillo), 234, 236, 248, a333-334 (al Rey), 374, 379 (**1643**: toma Monzón), 386, 444, 467 (**1644**: enfermo con gota), 480, 482 (se nombra en el "Perdón general" de Cataluña por orden del Rey), a488-489, a489-490 (cartas suyas al Rey desde Salsas), 492, 496
– XVIII, 8, 16 (**1645**: le dan las armas de Cataluña; v. Sonseca), 30, 97, 101 (en Fraga), 132, 139 (en el socorro de Balaguer), 142, 143, 144, 150 (la toma de Flix), 151-153, 164 (indispuesto; falta su nombre de pila), 172 (le culpan de haber perdido Flix), 188 (se pierde Balaguer y le llaman a Zaragoza), 309, 315, 316
Silva, Fulano de (general portugués y frontero mayor de Vinhais, q.v.), XIX, 324 (v. Monterrey [plan portugués...])
Silva, Lorenzo de (v. Vagos, conde de)
Silva, Luis de (hijo mayor del conde de Vagos, q.v.; huye de Portugal en 1642), XIX, 402 nota 329
Silva, Pedro de (conde de San Lorenzo; gobernador de Bahía, Brasil), XV, a9-11, 11-13, 17 (var: Sylva)
Silva, Pedro de (marqués de la Vega de la Sagra de Toledo; hijo segundo del marqués de Montemayor, colegial del Mayor de Cuenca en Salamanca; heredero de Felipe de Silva; condenado a m. en la causa por traición del duque de Híjar, q.v.), XIX, 192 (**1648**: preso), pp. 211-212 (cómplice de Carlos de Padilla, q.v.), d227 (sentencia), 224-227 (ejecutado)
Silva, P. Pedro de, XIX, 223
Silva, Rodrigo de (v. Híjar, IV duque de)
Silva, Ruy Gómez de (v. Gómez de Silva, Ruy)
*Silva de Chaves (licenciado)

Silva y Mendoza, María de (v. Infantado, VII duquesa del)
Silva y Mendoza, Rodrigo de (v. Pastrana, IV duque de)
Silva Mendoza y Cerda, Ana de (v. Santisteban del Puerto, VIII condesa de: tercera mujer del Conde)
Silva y Portugal, Fadrique de (v. Orani, II marqués de)
Silva y Ribera, Juan Francisco de (hijo del que sigue; véase Águila, marqués de)
Silva y Ribera, Juan Luis de (padre del anterior; v. Montemayor, marqués de)
Silva y Sampayo, Pedro de (obispo de San Salvador, Brasil), XV, ii
Silva Tello, Juan de (v. Ouvidos, conde de)
Silveira, Rodrigo de (conde das Sarzedas, gobernador de Tánger; Felipe IV le concedió el título de marqués de Sovereira Fermoza por su lealtad inicial; se declara luego por Juan IV de Portugal), XVII, 340-341 (**1643**: los amotinados se concentran en el convento de Santo Domingo en Tánger, obligándole a declararse por Portugal)
Silverbe, Nicolás (capitán de navío), XVIII, 349
Silvestre de Guzmán, Francisco Manuel (v. Ayamonte, VI marqués de)
Sillería (con Lavinato, barrios o calles de Nápoles "los más numerosos de plebe indómita"; v. también Mercado), XIX, 93 (1647), 95, 108, 112, 114
Simai o Simay (v. Chimay)
Simancas (pueblo "dos leguas de Valladolid", donde vivía "la hermana Lorenza", q.v.), XIII, 42, 50, 457
Simón, H. (personaje en un cartel navideño), XV, 133, 141, 143, 153
Simón (v. Mascareñas, Simón)
Simón, Martín (capitán de caballos), XVII, 167
Simplicio, P. Hugo, S.J., XVIII, 217; XIX, 440 nota 217

Sin (una de dos variantes erróneas del río Seine, q.v., de Francia)
Sinarcas, conde de (título concedido en 1597 a Jaime Landrán de Pallas, vizconde de Chelva y caballero de Santiago [Julio de Atienza, *Nobiliario español*, 975a]), XIX, 120-121 (un descendiente suyo de 20 años hizo matar a un franciscano en el púlpito)
Singuen, conde de, XIX, 127 (1647: intentan canjearlo por Cosmandel, q.v.; ambos presos)
*Siri, Vittorio (historiador italiano al servicio de Luis XIII), XIV, 440; XVI, 230 (por error: Sivi)
Siria (v. Ciria)
Sirie ("lugar del duque de Lorena", q.v.), XVII, 324 ("el ejército francés cercó a Sirie,...; tomólo y desmantelólo")
Siró, barón de (mariscal de Campo del ejército "francés y vaimarés"), XVII, 424 (preso por los españoles en la batalla de Tuttlingen, q.v.)
Siruela, conde de (embajador en Génova; gobernador de Milán)
- XIII, 195 (**1635**: en Venecia; informa que Francia pide ayuda allí), 241 (regresa de Alemania a España para casarse), 335, 448 (**1636**: embajador extraordinario en Génova), 527
- XIV, 164, 209 (**1637**: avisa de armada francesa desviada de Génova por un temporal), 288, 291, 337 (se entrevista con el cardenal de Saboya), 350 (se ve en junta con otros notables en Peggi), 352, a369 (carta al P. Antonio Vázquez sobre las operaciones militares del marqués de Leganés), 384 (no le citan a la junta de San Pedro de Arenas, pero va sin orden expresa del Rey)
- XV, 90, 258 (**1639**: la marquesa viuda de Mirallo trata de casarse con él), 344 (va a Turín a ver al príncipe Tomás y al cardenal de Saboya)

– XVI, 48, 126 (**1641:** gobernador de Milán en esta fecha), 190, 335 (**1642:** el príncipe de Mónaco le devuelve la insignia española)
– XVII, 223 (**1643:** viene a Valencia), 226 (llega a Zaragoza), 373 (nombrado embajador en Roma), 374, 391 (demora la partida con pretextos), 496 (**1644:** llega a Roma un mes antes del cónclave de los cardenales)
– XVIII, 42, 53 (**1645:** en Roma su guardia ataca a un diputado portugués), 56 (la acción de sus soldados provoca escándalo), 58 (se quita antes de tiempo el luto por la m. de la Reina española), 82, 132 (**1645:** le mandan que salga de Roma)
– XIX, 289 (**1642**), 318, 355, 357
Siruela, condesa de, XV, 58 (**1638:** m. en Viena)
Sisenay (mariscal de Campo francés en el año de 1595; herido en Doullens), XVII, xvi (var: Dorlans)
Sivi, Vittorio (error por Siri)
Sívori Espinosa, Tomás (poeta), XVII, 500 (autor de una poesía fúnebre en la *Pompa funeral* de la reina Isabel)
Sixto V (v. Papas, los)
Skalda, río (v. Scheldt)
Skenche o Skenque (v. Schenk)
Smerell (pueblo al NO de Rocroi, q.v.), XVII, 125
Smidberg (general sueco), XIX, 10 (el duque de Baviera le puso en libertad) (var: Smidberger)
Sobradiel (pueblo en la ribera del Ebro, q.v., a 16 km. al NO de Zaragoza), XVII, 12
Sobrayre (lugar portugués cerca de Gralhós, q.v., y la frontera de Galicia), XVII, 268
Sobremonte y Castillo, José de (I marqués de Sobremonte en 1761), XV, viii, 111 (**1768:** fiscal de la causa contra los jesuitas a quienes, por orden real quitó ciertos papeles de su correspondencia)

Sobremonte Villalobos, P. Gaspar de, XVII, a253-254
Socoa (fuerte próximo a San Juan de Luz), XIII, 524, 546; XIV, 23, 57
Sodoma, XV, 243 (en Malta se expulsaron a los Jesuitas "porque no los merecen en Sodoma")
Soest, plaza de (ciudad antigua en el arzobispado de Colonia [Köln], a 45 km. al E de Dortmund), XIV, 11 (el coronel Götz lo tomó para el Emperador)
Sofala, XIV, 272 nota 1 (al marqués de Govea le prorogaron del gobierno de Sofala por otros tres años)
Sofía (regente del Consejo de Italia; su casa saqueada en Nápoles en 1647), XIX, 61, 77 (var: Çufía; Sophía)
Sofoc, conde de (v. Suffolk, III conde de)
Soissons (ciudad del N de Francia, a orillas del río Aisne y a 50 km. al O de Reims), XIII, 532 (puede ser que lo tomó el duque de Lorena, pero no en el ducado de Borgoña) (var: Soyson)
Soissons, conde de (Luis de Bourbon-Condé, hijo de Carlos de Bourbon-Condé, q.v.; príncipe de Francia [no era duque: XIX, 377 nota 307])
– XIII, 307 (**1635:** en campaña instigada por Richelieu), 313 (con el Rey en Lorena), 451, 520, 531 (Picolomini le derrota dos veces sobre el río Soma), 545 (se reconcilia con su cuñado el príncipe Tomás), 548 (con tropas contra Richelieu en Francia; con el duque de Orléans, q.v.)
– XIV, 7, 33 (**1637:** correrías de sus tropas en Sedán), 50, 56 (se ve con la reina madre de Francia), 80 (irreconciliable enemigo de Richelieu), 224, 234 (alega al Rey que Richelieu mandó matarlo), 349 (**1638:** era inmediato sucesor a la corona si Richelieu no le interpone al de Condé, su primo), 350 (Richelieu

intentó casarlo con la duquesa viuda de Mantua), 429; XV, 299, 431
- XVI, xiii nota 1, 135 (**1641**: entre los nobles rebeldes a Luis XIII por causa de Richelieu), XIX, 377 nota 307 (var: Loysons; Soisons; Soisones; Sosons; Soisens; Suason; Suasons; Soyson; Soysons; Soyssons; Souson; Sueson; Suesson; Sosons)
Soissons, María, condesa de (v. Cariñán, princesa de)
Sojo, P. Benito de, S.J., XVIII, 213-214 (uno de los vocales de la Congregación general de los Jesuitas)
Solano, P. Francisco (H. franciscano y correspondiente en Madrid), XIII, d35, d167, d185, 268, 274, a428, 522; XIV, 126, 152, 164, 271, 287; XV, 200, 363; XVI, 302; XVIII, a35-36, 81, 275; XIX, 364
Soldados de los tercios españoles en Aragón y Cataluña:
- Aragón: sus moradores se quejan en un memorial al Rey, mediante un Padre de Zaragoza, de los gastos de alojamientos de soldados: v. las villas de Aviego, Cabas, Briege, La Bata, Lapiñen, Liesa, abadiado de Montearagón, Pienzona y el convento de San Bernardo: XVII, 360-364
- Zaragoza: representación en un memorial de la ciudad al Rey: se queja sobre lo arruinado que está el reino por las atrocidades de soldados en tránsito; v. la ficha de Diego Caballero de Illescas
Soledad, la (una sección del convento de San Francisco de Paula en Nápoles), XIX, 40
Soledad (v. Nuestra Señora de la Soledad)
Soler, Francisco de (del Consejo Real y oidor del Consejo de Indias), XIX, 2
Soler, Fulano de (militar en Flandes), XVIII, 231
*Soler, Fr. Leandro (historiador)

Solera, marqués de la (v. Santisteban del Puerto, VIII conde de)
Solier, marqués de (Ludovico Guasco), XVII, 428 nota 1 (v. su hijo, Carlos Guasco)
Solimán (nombre de tres sultanes otomanos), XVI, 468 (la referencia parece ser a Solimán II, que reinó entre 1520 y 1566)
Solís, Díaz de (hijo de Francisco Fernández de Solís, tesorero del almojarifazgo de las Indias en Sevilla), XIX, 195 (preso por complicidad en las actividades del duque de Híjar)
Solís, Francisco de, XIII, 496 (**1636**: gobernador interino de Valenciennes)
- XVIII, 231, 414 (**1646**: cabo de la ciudad de Mardyck (a 14 km. al E de Calais), lo perdió por falta de balas y cuerda; está preso), 416
Solís, Fr. Juan de (carmelita descalzo; obispo de Puerto Rico), XIII, 349-350
Solís, Pedro de (maestre de Campo), XV, 92
Solís, Pedro Antonio (capitán), XIV, 216
Solís Portocarrero, Juan (testigo; deudo de los Vera), XVIII, xvii
Solórzano, Pedro (capitán; m. en Chile), XVIII, 12
*Solórzano Pereira, Dr. Juan de (nació en Madrid, 1575; m. en 1655; caballero de Santiago; estudiante y luego catedrático de Salamanca; célebre jurisconsulto; autor de libros sobre derecho, política y las Indias; del Consejo de las Indias y su oidor)
- XIII, xvii (**1637**: le ordenan suprimir pasajes de uno de sus libros)
- XVI, 57-58 y la nota 1, 420 (**1642**: hieren de m. a su hijo en Valladolid)
- XVII, 95, 447 (**1644**: ahorcan en Madrid al agresor de su hijo)

- XVII, 474-475 (**1644:** se dice lo jubilan del Consejo de Indias por sordera), 493 (**1647**)
- XVIII, xxi; XVII, 475 (1644: "se entiende bien que no carece de fundamento que jubilan en el Consejo de las Indias a ...Solórzano y a ...Mena"); XIX, 430 nota 497 (jubilado de su plaza en el Consejo de las Indias junto con otros aquí nombrados (var: Juan de Solórzano; Juan de Pereira Solórzano)

Soller, P. Juan, S.J. (flamenco, era un hombre verdaderamente religioso), XVI, XVI, 117 (m. en 1641 en un viaje a Paraguay)

Soma (v. Somme)

Somme, río del N de Francia que nace cerca de San Quintin, pasa por Amiens y Abbeville, y desemboca en el Canal de la Mancha), XIII, 480, 492, 493 ("departamento de la Somme"), 495, 496, 532; XIV, 182

Somoza (canónigo magistral de Burgos), XIII, 92 (1634: arzobispo de Santa Fe [de Bogotá]); XVIII, 456 (1647: abad de Santa Leocadia [de Toledo])

Sondrio (fuerte a 27 km. al E del lago de Como, al borde del río Adda en la Valtelina; v. Chiavenna), XIII, 197 (var: Sendrio)

Sonseca [con Casalgordo] (villa a 34 km. al sur de Toledo y 10 al NO de Orgaz), XVIII, 16 (pueblo del marqués de Montemayor, "deudo" de Felipe de Silva, quien estaba allí cuando le llamó el Rey)

Sophia (v. Sofía)

Sora, conde de (flamenco; embajador en Polonia), XIII, 216-217 (**1635:** se marchó como embajador), 330 (llega a tiempo para tratar de impedir las paces de Polonia con Suecia), 526; XIV, 16, 20, 209-210 (**1637:** ciego, regresa a Barcelona; su embajada duró 2 años y 8 meses), 407 (**1638:** m.)

Sorbonne, universidad de la, XVII, 138

Sorell, Crisanti (gobernador de Fuenterrabía), XV, 192

Soria, XV, 387, 431, 439; XVI, 96, 395, 420, 465; XVII, 191, 215, 217, 228, 294, 296; XIX, 292

aSoria, XVI, 395, 439, 465; XVII, 96, 97, 215, 296, 297; XIX, 292

- Colegio de, XVI, xiii (Alonso de Amaya, su superior en 1642), 428; XVII, 297
- obispo de (Soria era la capital de su provincia, y Burgo de Osma, q.v., la sede del obispo; las dos ciudades eran rivales), XVII, 319 nota 1 (sobre la referencia al "obispo de Soria" por Pellicer, *Avisos*, III, 95, citada por Gayangos; véase Burgo de Osma, obispo de)
- padre prior de, XIII, 23 (su hermano era Juan Queipo)

Soria, licenciado Francisco de (secretario del arzobispo de Cuzco), XVIII, xxxiii

Soria, Pedro de (le harán una maestreescuela de Salamanca), XVIII, 17

Soria, Pedro de (teniente), XVI, 347

Soriano (departamento del sudoeste de Uruguay), XIX, 296 (v. el manantial de Santo Domingo)

Sorrento (ciudad de la Campania, en la costa S del golfo de Nápoles), XV, 260 nota 2 (desterrado de Nápoles, el príncipe Sanz se retiró a Sorrento)

Sortija (correr sortija, a caballo y con lanzas), XIV, 322 (fiesta en el Buen Retiro)

Sosa, Gabriel de (capitán), XIV, 215

Sosa, Fernando de (castellano de San Juan de Ulúa [México]), XVIII, 449

Sosa, Juan de (inquisidor de Toledo), XIII, 163, 366

Sosa, P. Juan de, S.J., XVII, 210, a220, a220n1

Sosa, Pedro de (teniente), XVII, xv

[Sosa y Castro, Juan Alejandro de (error por Juan Alonso de Sosa y Castro, q.v.)]
Sosa y Castro, Juan Alonso de (maestre de Campo con un tercio), XVII, 267, 271, 337; XIX, 419 nota 271
Sotelo, Antonio (v. Arias Sotelo)
*Soto, Francisco de (poeta; criado de Felipe IV)
Soto, Juan (impresor de Alessandria de la Palla, c. 1640), XVI, 235
Soto, Juan de (alférez), XIV, 245; XV, 36, 235; XVIII, 341 (capitán)
*Soto y Aguilar, Diego de (criado de Felipe IV y de Carlos II)
*Sotomayor, Fr. Antonio de (dominico y arzobispo de Damasco; del Consejo de Estado, confesor del Rey [1621-1646] e Inquisidor General hasta 1643; m. 1648)
- XIII, 68 (**1634**: manda quemar los papeles contra la Compañía), 76 (la Compañía le está agradecida por sus acciones), a68-71
- XVII, 110 (**1643**: el Rey le mandó dejar el oficio); XIX, 448 nota 357
Sotomayor, Diego de, XIII, 202, 204, 205 (espía doble que con un tal Garro, q.v., quería entregar Alejandría de la Palla a los franceses; preso en Milán)
[Sotomayor, Juan de] (error de Pellicer; v. Zavala, Pedro, y XIX, 419-420 nota 292)
Sotomayor, Lorenza, XV, 258 (intentó casarse con el marqués de Astorga; entró monja descalza y muy moza)
Soubise, Benjamin de (hijo segundo de René de Soubise; hermano de Henri de Rouen, q.v.; general protestante y señor de Rouen, q.v.), XIII, p. 478 ("general de los malcontentos... en el territorio de La Rochela")
Soubise, René de (padre del anterior), XIII, 478
Sourdis, Mr. de, XVI, 53 (v. Escoubleau)

Sousa, Nicolás (capitán), XVII, 186; XIX, 244
Sovereira Fermoza, marqués de (otro título del conde das Sarzedas, q.v.), XVII, 340, 341
Spada, cardenal [Bernardino] (1594-1661; doctor en literatura y derecho; arzobispo titular de Damietta; nuncio en Francia, 1623-1627; hecho cardenal en 1626; legado en Bologna, 1627-1631; camarlengo del Colegio de Cardenales; en 1642 llevó a cabo con su hermano una misión de la paz a los Farneses de Parma con respecto a la guerra de Castro, evitando así un ataque a Roma), XVIII, 281 (1646: preso en Roma)
Spadin (capitán), XIII, 473 (herido en una batalla en el norte de Italia)
Spanbergh (villa de Hesse), XIV, 235 (saqueada por el general imperial Götz)
Spatafora, los hermanos Fadrique y Mucio (v. Espatafora)
Speccia (v. Spezia)
Spernan, Mr. de, XVI, 143 (caballero francés que abandonó a los catalanes que se habían fiado de él) (var: Espenan)
Spezia, golfo de la (a su fondo, la ciudad de Spezia, a 90 kilómetros al sudeste de Génova), XIX, 145 (la armada francesa estaba en el golfo); XVI, 152 (variantes: Especia; Speccia)
Spínola, Ambrosio (v. Balbases, I marqués de los, y Guzmán y Spínola, Ambrosio Ignacio, hijo segundo del I marqués de Leganés)
Spínola Basadone, cardenal Agustín (1597-1649; cardenal desde **1621**; obispo de Tortosa, 1623-1626; arzobispo de Granada, 1627-1630; de Santiago de Compostela, 1630-1645; y de Sevilla, **1645-1649**; desde 1638, del Consejo de Estado; virrey de Galicia, **1642-1645**; misiones en Roma; acompañaba fre-

cuentemente a Felipe IV [v. Salvador Miranda])
- XIII, 293 (**1635:** el Papa le llama a Roma)
- XIV, 64 (**1637:** dio un relicario a Ambrosio Spínola, q.v.), 185 (partirá para Roma), 207 (gravemente enfermo), 185, 231 (en Roma), 346 (**1638:** del Consejo de Estado junto con el cardenal Sandoval)
- XV, 26, 130, 196 (**1639:** canta la misa en palacio), 424 (1640: el cardenal Borja pide los mismos privilegios eclesiásticos que tuviera Spínola), 433 (le dan el arzobispado de Granada, pero está muy enfermo)
- XVI, 123 (**1641:** en la junta para interrogar a Pedro de la Mota), 280 (**1642:** asiste a las capitulaciones de la duquesa de Uceda con el marqués de Peñafiel), 349, 358
- XVII, 65 (**1643**), 76, 166, 228, 240 (gobernador de las armas en Galicia), 241, 345 (los cabos del ejército simpatizan con los portugueses), 445 y 469 (1644: en Roma)
- XVIII, 78 (**1645:** arzobispo de Sevilla); XIX, 300 (var: cardenal Espínola)

Spínola-Doria, Felipe (v. Balbases, II marqués de los)

Spinola Doria, Polixena (hija de Ambrosio Spínola, q.v.; primera mujer del I marqués de Leganés, q.v.), XIX, 348

Spinoy, príncipe de (v. Epinay)

Spira (v. Spires)

Spires (a 20 km. al S de Mannheim; durante muchos siglos, centro del gobierno de los emperadores de Alemania)
- XIII, 108, 149 (**1635:** se recupera la plaza), 171 (los franceses la toman), 174, 312
- XV, 338 (**1639:** los franceses han tomado dos fuertes cerca de Spires [véase esta página en la ficha de Luis XIII])
- XVII, 420 (**1644**), 502 (el príncipe de Condé la toma); XVII, 502; XIX, 434 nota 69 (var: Espera; Espira; Spira; Speyer)

Spiritielo (músico de Nápoles), XIX, 105 (asesinado por la plebe)

Sporck (coronel imperial), XVII, 407 (deshizo seis regimientos de franceses), 421 (tuvo orden de acometer a los franceses, y lo hizo con dicha), 423 (var: Esporek)

Sporrin (capitán; natural de Jaca y cabo de la guarnición española de Mónaco, donde m. por los franceses), XIX, 395 nota 207

Sportulo, José (arrendador de la renta de la harina en Nápoles), XIX, 105

Spurinus (v. Spurius Cassius Viscellinus)

Spurius Cassius Viscellinus (al hablar del asesinato de Julio César, el autor de esta carta confunde a Gaius Cassius Longinus con Spurius, uno de los asesinos, a quien llama "Espurino"), XIX, 211, nota 1 (var: Espurino; Spurinus)

Squenke, Squenkens, Squens y Squiens (v. Schenck, castillo de)

Sri Lanka (v. Ceilán)

*Stafford, P. Ignacio, S.J.

Stardona (lugar de Dalmacia), XIX, 8 (v. Nardin)

Stebino (villa sobre el mar Báltico en Mecklenburg), XIV, 226 (como Hesse no tiene socorro, podrán caer las ciudades sobre el Báltico; v. Stettin)

Stettin (en este período, capital de Pomerania [Alemania] en el río Oder y puerto comercial de la Liga Hanseática, a 70 kilómetros del mar Báltico; hoy pertenece a Polonia y se llama Szczecin), XIV, 226 (el lansgrave de Hesse, q.v., corría el riesgo de perder las ciudades de Anasi, Rostock, Stettin y Vismar, q.v., todos sobre el mar Báltico menos Anasi (variantes: Stebino; Stetino)

Stigliano, IV princesa de (Isabel Gonzaga, duquesa de Sabbioneta y de Trajetto, condesa de Fondi, madre de Antonio Caraffa y abuela de Ana; casó con Luis Caraffa, IV príncipe de Stigliano; m. 1637), XIV, 92; XIX, 431 nota 504 (var: Astillano; Astiniano)

Stigliano, V príncipes de (Antonio Caraffa y Elena Aldobrandini, duques de Sabbioneta y de Trajetto, condes de Fondi), XIII, 459

Stigliano, VI princesa de (Ana Caraffa y Aldobrandini, duquesa de Sabbioneta y de Trajetto, condesa de Fondi; hija y heredera de Antonio Caraffa y Elena Aldobrandini [V príncipes de Stigliano, q.v.]; m. 1644)
– XIII, 90 (**1634**: se casará con el duque de Medina de las Torres, q.v., yerno del Conde-Duque), 92 (la boda "dicen está deshecho"), 241 (**1635**: se efectuará), 242 (se ha concluido, y él será virrey de Nápoles), 459 (**1636**: ya en Nápoles, el virrey anterior, el conde de Monterrey, no renunció su puesto)
– XVII, 504 (**1644**: m.)
– XIX, 426-427 nota 468, 431 nota 504 (var: Ana Caraffa Gonzaga; Astillano)

Stillo (en Calabria sobre el mar Jonio, a 37 km. al S de Squillace y 35 km. al N de Gerace), XIV, 376 (lugar de nacimiento de Tomás Campanella, q.v.)

Stiria (región de Austria que junto con Carintia y Carniola, q.v., formaron Carantania; ésta se incorporó al ducado de Baviera), XVIII, 68

Stoom, coronel en el ejército francés y vaimarés (presidente del Consejo de Guerra de Francia), XVII, 424 (1644: preso en la batalla de Tuttlingen)

Strada, Mr. de (v. Estrade, conde de)

Strasbourg, XVII, 425 (var: Estramburg)

Stralsund (ciudad a 72 km. al NE de Rostock; en 1637 pertenecía a Suecia; hoy es de Alemania), XIV, 227 (prometió lealtad a Suecia), 324 (var: Estralsont; Stralsunt)

Strasford, Conteni- ([sic]; v. Conteni-Strasford)

Strata, Carlos (rico banquero genovés; estaba en Madrid), XIV, 38 nota 2, 63 nota 1, 64 nota 1, 87 (var: Stratta)

Strigonia (v. Estrigonia)

Strozzi, Alonso (v. Estrocci, Alonso)

Stuitz, barón de ("caudillo imperial"), XIV, 398 (1638: deshizo cuatro regimientos y prendió mil caballos, "con que los designios que el cardenal Richelieu tenía en Lieja se habían acabado")

Stulans (ciudad de Silesia, q.v., región del centro-oriental de Europa), XVI, 266 (el duque de Sajonia, q.v., deshizo un ejército grande de suecos)

Stustna, Carlos de (error por Austria, Carlos de, q.v.)

Su Santidad (v. Papas, los)

Suabia (región histórica del sur de Alemania, dividida entre Baviera, Baden-Württemberg y Hesse; v. Augsburg), XIII, 101; XV, 213 (var: Suevia)

Suárez, P. (en Salamanca), XIII, 23

Suárez, S.J., XVII, 218 (le acusa a Juan de Espino de hereje)

Suárez, Diego (labrador), XVII, 176

Suárez, Diego (yerno y cuñado de Miguel de Vasconcelhos [v. Elliott, *The Count-Duke*, 525, quien cita a Francisco Manuel de Melo, *Epanáforas*, pp.16-17]; Olivares le favorecía [XIV, 405]; secretario del Consejo de Portugal, 1641-1643)
– XIII, xvii (por error se llama a Vasconcelhos "yerno" de Suárez); XIV, 405 (por error, se le llama "Pedro": v. XIX, 418 nota 191 ¶2
– XV,169 (**1639**: Suárez era cuñado y yerno de Vasconcelhos, ya que en

el segundo matrimonio casó con la hija de éste)
- XVI, 93-94 nota 1 (**1640:** los rebeldes le quitaron una quinta), 124 ("el gobierno de Suárez"), 379 (**1642:** sátira que le relaciona con la duquesa de Mantua, gobernadora de Portugal)
- XVII, 192 (**1643:** perdió el favor y sus cargos, y le visitarán)
- XVIII, 463 (**1647:** le rehabilitan y le hacen del Consejo de Hacienda)
- XIX, 406 nota 377 ¶3 (su desempeño en el gobierno fue una de las causas del levantamiento de Portugal; por error se dice que es "suegro" de Vasconcelhos), 417-418 nota 192

Suárez, P. Fr. Francisco (agustino; predicador de Felipe IV), XIII, 72, 156 (**1635:** nombrado predicador), 340; XV, 501 (**1640:** rehúsa una misión); XVI, 481; XVII, 412; XVIII, 34

Suárez, Pedro (capitán reformado; m. en 1635), XIII, 356; XIV, 405 (error por Diego, q.v., corregido en XIX, 418 nota 192 ¶2)

Suárez, Vicente (músico), XIV, 39; XV, 299

Suárez de Alarcón, Juan (v. Torres-Vedras, marqués de)

Suárez de Figueroa, Lorenzo (v. La Coruña, conde de)

Suárez de Figueroa y Córdoba, Gómez (v. Feria, III duque de)

Suárez de Mendoza, Lorenzo (v. La Coruña, conde de)

[Suárez de Toledo, Gabriel] (error por Gaspar Suárez de Toledo)

Suárez de Toledo, P. Gaspar, S.J., XIII, a300 (en lugar de Guillermo Nassau, debió decir Ernesto Nassau); XIV, a429; XV, vii, a176, a246, a248, a319, a321, a329, a343, a443, a446, a456, a480, 486, a487; XVI, a25, a29, a483; XVIII, 180; XIX, 377 nota 300 (corrige el error de XIII, a300)

Subiza, Mr. de (v. Soubise)

Sublet [des Noyers], François ("secretario de Estado y muy íntimo del cardenal [Richelieu]"), XIX, 371 nota 1

Suceso, Buen (iglesia de Madrid), XIII, 355, 476

Suecia, XIII, 86, 140, 173, 198, 315, 330; XIV, 33, 50, 227, 236, 279, 280, 307, 338, 341, 393; XV, 166, 177, 253, 279, 286, 339, 380, 453, 454, 455, 497; XVI, 125, 126, 310, 437; XVII, 186, 420, 484; XVIII, 1, 57, 65, 178, 235, 317, 489; XIX, 9, 254
- canciller de, XIII, 150
- condesa de (m. 1635), XIII, 150, 173
- reina de (Cristina; gobernó de 1632 a 1654), XVIII, 319
- rey de, XIII, 32, 150, 198; XIV, 236, 318; XVII, 484

Suecia, Gustavo de (Gustavo II Adolfo, rey del año 1611 a 1632), XV, 323

Suecos, XV, 241; XVI, 266 (var: suecios; sueceses; suedeses)

Suero de Mendoza, Hernán, XVI, 261 (sátira)

Suevia (v. Suabia)

Suffolk, III conde de (James Howard, 1619-1688; título inglés que heredó en 1640; gobernador del condado de Suffolk en dicho año; coronel del regimiento de caballería de dicho condado [DNB, X, 40-41]), XIX, 308 (1642: el Rey le quitó el oficio de almirante del mar) (var: Sofoc)

Suger, P. Juan, S.J. (flamenco), XIX, 235 (1640: "nos causó la pena que en tal tiempo era razón")

Suiza (Schweizer en alemán), XIII, 35, 425, 441; XIV, 95, 434; XIX, 140 (var: Esguízaros, tierra de)

Sully, duque de (v. Béthune, Maximiliano de)

Sumaria (tribunal de Nápoles que recopila información y la reduce a uno o más compendios [*Dicc. aut*]), XVI, 215 (v. Grajal, conde de)

*Summonte, Pietro (1463-1526; profesor de gramática; su labor era mayormente la de editar textos)

Sund, el (así se llama el estrecho que separa Dinamarca de Suecia), XIV, 234 (aquí el rey de Dinamarca tomó 18 navíos holandeses) (var: Sunt)

Sunda (a no ser que se refiera al estrecho de la ficha anterior, está sin identificar; lugar donde se firmó un tratado entre Dinamarca y Suecia), XVIII, 179

Suprema (v. Inquisición)

Sur: "esta mar del Sur" (como la carta se redactó en Cuzco, se refiere al mar Pacífico), XVIII, xxv

Susa (villa a la orilla del río Po, a 51 km. al O de Turín), XV, 235 (allí huyó la duquesa María Cristina de Saboya cuando el ejército del príncipe Tomás llegó a las puertas de Turín)

Swicaros, XVI, xiii nota 1 (nombre correcta que cita Gayangos con otros como ejemplos de las erratas del *Semanario erudito* de Antonio Valladares de Sotomayor, que en el caso de "Swicaros" son: Sivicaros, y Sivicavos)

Sylveira, Rodrigo da (conde das Sarzedas y yerno del conde de Linhares, q.v.; por su fidelidad a Felipe IV, éste le dio la llave de la Cámara y el título de marqués de Sovereira Fermoza), XVII, 340 (1643: gobernador de Tánger cuando se rebelaron 200 particulares contra España; finalmente se declaró por Juan IV)

Symai, príncipe de (v. Chimay)

T

Tabanes, marqués de (v. Tavannes)
Tabara (v. Tavara)
Taber, río (cerca de Bragança), XVII, 400

Tablada y Tabladilla (distritos de Sevilla), XVI, 246 (inundados)

Tabora, Francisco de (hermano de Lorenzo Pérez de Tabora; preso por los franceses en Maastricht junto con el conde de la Fera), XIII, 357

Tácito, [Marco Claudio] (emperador romano, 275-276 d.C.), XIX, 323

Tagarete (río que nace cerca de El Viso del Alcor y entra en la parte oriental de Sevilla), XVI, 248 (1642: inunda Sevilla), 250

Taibilla (v. Taybilla)

Tajo, río (en Lisboa), XVI, 161

Talamone (en la costa del mar Tirreno a 15 km. al N de Orbetello, q.v.), XVIII, 384 (allí derrotaron los romanos a los galos en 235 a.C.)

Talara (ciudad y puerto del Perú, a 480 km. al norte de Trujillo), XV, 226, 229

Talavera de la Reina (villa a 85 km. al oeste de Toledo, conocida por la fabricación de cerámica), XIX, 400 nota 292

Talavera [de la Reina], XV, 144, 313; XVI, 88 (su vicario); XVII, 145, 148; XVIII, 120-121, 173 (arcedianato); XIX, 400 nota 292, 440 nota 216

Talavera la Real (pueblo a 18 km. al E de Badajoz), XVIII, 393

Talavera [la Real], XVI, 267 (los portugueses entraron en sus campos); XVII, 275 (los portugueses caminaron hacia este pueblo), 330 y 331 ("seis leguas de Badajoz" [distancia excesiva: está a 18 km.]), 351 (sobre los portugueses), 369 (en relación con Badajoz); XVIII, 377, 408 y 411 (tres cartas de Badajoz sobre Talavera la Real); XIX, 167-168 (otra carta de Badajoz sobre "nuestra Talavera" y "las tropas de Talavera")

Talía (musa de la comedia), XV, 142, 156

Tamarit (villa a 13 km. al NE de Tarragona, con restos de un castillo formidable, tomada a los franceses por el conde de Aguilar en 1642), XVI, 422 (**1642:** el castillo), 288; XIX, 251, 280, 281 (variante: Tamarite)

Tamayo, P., S.J., XIII, 542 (hizo unas preguntas a una doncella endemoniada)

Tamayo, Antonio (sargento mayor de tercio), XIII, 286

*Tamayo de Vargas, Tomás (1587-1641, insigne historiador, genealogista y bibliógrafo)

Támesis, río (pasa por Londres y desemboca en el mar del Norte), XVI, 190

Tanaro, río (nace en el Apenino, cerca de San Dalmazzo en el condado de Tende; pasa por Cherasco, Alba, Asti y Alessandria de la Palla; desemboca en el Po a unos 7 km. al S de Pavia), XIII, 270 nota 1 (var: Taner)

Tánger (se declara por Juan IV de Portugal), XIV, 492; XV, 247; XVII, 152, 310, 340, 349, 350

Tanto (sic; lugar importante del mar Negro), XIV, 242 (los tártaros y moscovitas lo tomaron de los turcos)

Tape (prov. de la América del Sur entre Argentina y el Brasil), XV, 336

Tapia, Fray Francisco (dominico; catedrático de prima en la Universidad de Alcalá de Henares), XIII, 156, 267

Tapia, Gregorio de (secretario del Consejo de Órdenes), XVIII, 225 (1646: se dice en la corte que dicha secretaría se da a un criado del conde de Castrillo, y a Tapia la del Consejo de Guerra; véase su hijo, Tapia y Salcedo, Gregorio de)

Tapia, Fr. Juan de (en Zaragoza ayudó al príncipe Baltasar Carlos en sus últimas horas), XVIII, 406 (1646: dice el texto que era obispo de Sigüenza, pero o se equivoca en su nombre de pila, o en el oficio: v. Tapia, P. Pedro X. de)

Tapia, Luis de, XVII, a295

Tapia, Pedro de, XVII, 497 (oidor que fue del Consejo de Castilla; v. su hijo Rodrigo de Tapia))

Tapia, P. Pedro X. de (1582-1657; estudió en Alcalá de Henares; dominico; obispo de Segovia, 1641-1645; de Sigüenza, 1645-1649; de Córdoba, 1649-1653 y de Sevilla, 1653-1657; v. Gams, pp. 29a, 71a, 73b y 75a), XVII, 395; XVIII, 253 (v. Crosby, *Nuevas cartas...*)

Tapia, Rodrigo de (del hábito de Santiago; hijo del oidor Pedro de Tapia, q.v.), XIV, 498; XV, 28 (1638: en Fuenterrabía), XVII, 497 (1644: teniente de la guardia española); XVIII, 296, 298

*Tapia Robles, P. Juan Antonio de (n. Torino; m. 1658; licenciado)

Tapia y Salcedo, Gregorio de (hijo de Gregorio de Tapia; caballero de Santiago y fiscal de la misma Orden), XVI, 306, nota 1 (v. XVI, 268-269 y Pellicer, *Avisos*, II, 219), autor de lo que llamó Gayangos "un feo atentado y ridícula burla" contra la duquesa de Mantua, q.v.)

*Taracena, I marqués de (Carlos de Ibarra y Barresi, vizconde de Centenera, caballero de Santiago [Atienza, 980a], casado con Blanca de Cardona; en 1638, capitán general de la Real armada de la guardia de la carrera de Indias)

– XIII, 146 (**1635:** multado: 3.000 ducados)

– XIV, a244-247 (**1637:** general de los galeones en un viaje a las Indias), 267 (regresó)

– XV, 124-125 nota 1 (**1638:** en las Indias, encuentros de sus galeones con los holandeses: v. cuatro relaciones en la Bibliografía, s.v. Cepeda, Fernando de; Ibarra, Carlos de, q.v.; Rodríguez León, Juan; y una titulada *Relación verdadera del*

viaje...), 162, 165, 303 nota 1 (**1639:** llega a Cádiz con la flota), 313 y 318 (con el duque de Maqueda, le mandan ir en sus galeones de Cádiz a Cataluña como almirante general), 315 y 319 (hecho marqués de Taracena y vizconde de Centenera), 362 y 366 (**1639:** m. en Barcelona; le heredó su hijo el II marqués, q.v.), 398 (**1640:** "Dos mil ducados de plata prestados ha pedido S.M. a cada uno...de los oidores.... Don Carlos de Ibarra ha destruido a España con su invernada")
– XVI, 300; XIX, 389 nota 314, 459-460 nota 155
Taracena, II marqués de (Diego de Ibarra, hijo del I marqués), XVI, 300 (m. poco antes de marzo de1642)
Taracena, III marquesa de (Leonor Ibarra, III vizcondesa de Centenera; hija del I marqués; muy pocos meses antes de marzo de **1642** heredó los títulos de su hermano, el II marqués, q.v.), XVI, 300 (**1642:** según el P. González, con muchos detalles verosímiles refrendados por Julio de Atienza, 960a, Leonor casó en marzo de 1642 con Francisco Mejía, q.v. [según Gayangos, casó con Claudio Pimentel, q.v.: XIX, 459-460 nota 155; fuente poco fidedigna])
Tarael, Tarail o Taraill (v. Terrail)
Taranto (a 44 km. al SO de Brindisi, en el golfo de su nombre, protegida del mar Adriático), XIV, 229 (las galeras de Biserta intentaron saquear la torre de Marugiorca, pero la caballería les impidió dañarla)
Tarasea, marqués de, XVI, 211 nota 1 (Gayangos dice que no se halla este título en los nobiliarios, y que el del hijo adoptivo del Conde-Duque fue marqués de Mairena [cita a *Berni]; concuerda Elliott, *The Count-Duke...*, p. 631; v. Felípez de Guzmán, Enrique)
Tarasusa, marqués de, XIII, 328 nota 1 (error por Torrecusa, q.v.)

Tarazana, la ("lo mismo que ataraza-na:...oficina junto al mar, donde se fabrican navíos" *[Dicc. aut.]*), XV, 447 nota 1 (allí huyó el conde de Santa Coloma, q.v., cuando le perseguía la plebe barcelonesa para matarle) (var: atarazana; v. las tres variantes)
Tarazanal (bando o facción en el motín de Nápoles de 1647), XIX, 24, 97
Tarazona (villa de Aragón a 71 km. al noreste de Soria y 91 km. al noroeste de Zaragoza), XVII, 34, 144, 145, 156, 479
– convento de, XIV, 174
Tarazona, I marqués de (v. Ayala, III conde de, Fernando de Ayala y Toledo)
Tarazona, I marquesa de (Isabel de Zúñiga y Fonseca, hija de Baltasar de Zúñiga y sobrina de la condesa-duquesa de Olivares; marquesa de Monterroso desde 1626, título que en 1632 tomó la denominación de I marquesa de Tarazona; se casó con Fernando de Ayala y Toledo, III conde de Ayala, q.v.), XIX, 155 (por error, Taracena, corregida en 459-460 nota 155)
Tarazona, obispo de, XVII, 33, 57 (sobre el nombramiento de Diego de Castejón y Fonseca como obispo en 1644, v. Gams, 79a, y la ficha de Castilla, Consejo de: Presidentes, año "1643"); XVIII, 173 (1645: m. [error por 1655])
*Tarazona, P. Fr. Francisco de (lector de artes en el convento de los Capuchinos de Pamplona)
Tarfía (error por Tarifa)
Targis, Mr. de (error por Fargis, q.v.)
Taria (error por Faria)
Tarifa, tablazo de (se refiere a un banco de arena cerca de Tarifa, en el extremo S de España), XVI, 299 (var: Jarfía; Tarfía)
Tarifa, VI marqués de (Fernando Enríquez de Ribera; primogénito del duque de Alcalá), XIII, 34 (1634: m.

Taro, valle del (el río Taro nace a unos 20 km. de la costa del Parmesado, cerca de Chiavari; sigue su curso al NE hacia Parma, pasa a unos 8 km. al O de la ciudad, y 20 km. más allá desemboca en el Po), XIII, 400 (v. Valdetaro), 500 (el coronel Gil de Aix, q.v., teniente de Martín de Aragón, q.v., lo pasó y avanzó hacia Parma [v. Borgo de San Donnino, y Firenzuola]) (var: Tarro)

Tarouca, conde de (v. Peñalva, marqués de)

Tarquino (el mejor conocido de varios emperadores de Roma de este nombre reinó en el siglo VI a.C., de manera muy déspota), XVI, 330

*Tarsia, Pablo Antonio de (n. en Conversano [Bari], 1619; m. 1665; doctor en teología; sacerdote y el abad de Sant'Antonio della Barba; desde 1649 residió en Madrid; autor de varios libros y la primera biografía de Quevedo; v. Penney, *Printed Books*, p. 551)

Tarsis, marqués de (v. Taxis, marqués de)

Tarsis, Pompeo de, XIII, 497; XIV, 82 (1637: en desafío con Pedro de Porras); XVIII, 165 (1645: gravemente enfermo) (var: Tassis)

Tarraconense, la (v. Tarragona, provincia de)

Tarrael, Tarrail o Taraill (v. Terrail)

Tárraga (v. Tárrega)

Tarragona (ciudad a 97 km. al SO de Barcelona, a orillas del Mediterráneo), XV, 387, 438
- XVI, 39, 76, 81, 81, 88, 95, 96, 128, 156, 164, 178, 198, 199, 205, 206, 207, 212, 213, 219, 221, 235, 261, 262, 273, 275, 284, 287, 309, 318, 323, 325, 326, 331, 343, 350, 353, 360, 368, 375, 390, 422, 424, 424, 444
- XVII, 10, 21, 101, 119, 162, 165, 169, 174, 178, 180, 209, 223, 224, 225, 281, 283, 295, 351, 457, 471, 496
- XVIII, 3, 41, 66, 144, 145, 282, 312, 326, 332, 348, 395, 460
- XIX, 78, 87, 290, 293, 301, 304, 327, 339, 340, 345, 447 nota 335

Tarragona, arzobispo de (según las cartas de Jesuitas, en 1638 el Rey nombró arzobispo de Tarragona al hermano del duque de Módena [según S. Miranda, se llamaba Rinaldo d'Este]; en ninguna carta se nos da su nombre [XIV, 406; XV, 126], pero una de 1642 menciona el "arzobispo de Tarragona" [XVI, 265]; hacía falta la confirmación del Papa [XIV, 406], y más tarde "llegaron las bulas y despachos" [XV, 252; Gayangos le llama Fernando d'Este: 252 nota 2]; sin embargo, la documentación es contradictoria: en la ficha del hermano del Duque, Miranda no menciona el arzobispado localizado en Tarragona; según Gams, esta sede quedó vacante de 1638 hasta 1653; según Guitarte Izquierdo, quedó vacante de 1626 hasta 1653; según el *Diccionario de historia eclesiástica de España,* de Quintín Aldea Vaquero, un tal Pablo Durán era arzobispo de Tarragona de 1641 hasta 1651, pero sin confirmar por el Papa; en la primavera de 1646, el Duque y su hermano se declararon por Francia [XVIII, 276 y 280, nota; v. los años de 1647 a 1655 en las fichas del Duque y su hermano])
- XIV, 406 (**1638:** el Rey hizo arzobispo de Tarragona al hermano del duque de Módena [dice Gayangos que "no llegó el caso de su confirmación por el Pontífice": XIV, 406 nota 1, pero v. XV, 252])
- XV, 252 (**1639:** "llegaron las [sic] bulas y despachos del arzobispo de Tarragona, hermano del duque de Módena" [v. XV, 252])
- XVI, 265 (**1642:** el arzobispo [no se le nombra] consoló al marqués de la Hinojosa por la m. de su mujer)
- XVIII, 276 (**1646:** el cardenal [sería Rinaldo d'Este, q.v.] se declara por

Francia); 280, nota 1 (1646: transcripción de una noticia de Roma: "El cardenal de Módena se ha declarado por Francia y tomado la protección de aquel reino; cosa es de que se maravilla el mundo, porque es cierto que tiene el capelo por el Emperador... Lo mismo me parece habrá hecho el Duque su hermano..." [v. el comentario de Gayangos: XIX, 443 nota 280])

Tarragona, Campo de, XVI, 258; XIX, 401 nota 320
- provincia de, XIII, 111
- duque de (concedido al marqués de Leganés en una sátira), XVI, 381
- gobernador de, XVII, 111 (en su lecho de muerte), 118; XVIII, 3, 278, 283, 316; XIX, 135, 459 nota 134
- rector de, XVII, a281-283, a351-352

Tarragosa (error: v. Carragosa)

Tarrazas, Juan (v. Terrazas)

Tárrega (a 45 km. al este de Lérida), XVIII, 417-419, 460 (var: Tárraga)

Tarro (v. Taro)

Tatela, Fulano de (capitán de caballos del tercio de Alonso de Ávila en el sitio de La Bassée, en 1642), XVI, 404 (m. de un balazo)

Tauber, río (a 55 km. al E del río Neckar, pasa de S a N, y desemboca en el Main a 30 km. al O de Würzburg), XVIII, 178 (por error: Jauber)

Tavannes, marqués de (francés), XV, 401 (m. en 1639, en Chieri, q.v.) (var: Tabanes)

Tavannes, marqués de (general francés; posiblemente el hijo del anterior), XVII, 222 (**1643**: herido en Thionville, q.v.)

Távara, el de [sin identificar], XV, 398 (1640: tras servir en las galeras, m. en Milán)

Távara, IV marqués de (Antonio Pimentel y Toledo, virrey de Valencia; capitán general de Galicia; gentilhombre de Felipe III), XIX, 391 nota 393, 418 nota 228

Távara, V marqués de (Enrique Pimentel y Enríquez de Guzmán, comendador de Sancti-Spiritus en la Orden de Alcántara, gentilhombre de la Cámara de Felipe IV; general de la artillería; virrey de Aragón y de Navarra; gobernador de Sicilia; capitán general de Castilla la Vieja y Galicia; gobernador del Consejo de Órdenes en 1655; m. 1663)
- XIII, 7 (**1634**: participó en un juego de cañas en Madrid)
- XIV, 434 (**1638**: parte para Barcelona para servir en la armada del marqués de Villafranca [por error, "Fabara": v. XIX, 386 nota 434])
- XV, 393 (**1640**: vino de Italia a España)
- XVI, 31 y 77 (partió a Navarra), 195 (**1641**: en Aragón, "muy contentos con su nuevo virrey"), 257 (**1642**: acompaña a Pedro, hijo del duque de Cardona, de Huesca a Fraga), 303, 393 (por error, "Fabara"; v. XIX, 391 nota 393), 418 (cuando se entregó Monzón a los franceses, el de Távara y el Condestable fueron a Fraga), 421 (los franceses intentaron tomar Estadilla, pero prevínoles el de Távara), 422 (en Fraga)
- XVII, 78 (**1643**: general de la artillería de España), 80 (rechaza un puesto en Orán), 228 (le mandan que vaya a gobernar las armas en Galicia [por error, "Fabara"; véase XIX, 418 nota 228]), 454
- XVIII, 8 (**1645**: cesa en su puesto de gobernador del principado de Galicia [por error se lee "Fabara"; corregido en XIX, 386 nota 434, 391 nota 393 y 418 nota 228])
- XIX, 81 (**1647**: gobernador de Badajoz)

Tavares, Vicente (agresor de una mujer que el P. Sebastián González tenía recogida en su casa), XVI, 99

Tavira (en la costa S del Algarve, a 30 km. al E de Faro), XIV, 266

Taxis, marqués de (en Roma), XVI, 461 (1642); XIX, 331 (1646) (var: Tarsis; Tassis; Tursis)

Taybilla (fortaleza cerca de Yeste y Segura de la Sierra; reconquistada en 1242; encomienda en la Orden de Santiago, cuyo comendador era Bernardino Fernández de Velasco, VII Condestable de Castilla, q.v.)

Tazo, Pedro (impresor de Madrid, 1624-1644), XIV, 311; XV, 286; XVII, 44; XIX, 396 nota 237 ¶1, 430 nota 486

Teatino (congregación religiosa de clérigos regulares, fundada en el año de 1524 por San Cayetano de Thiene y Gian Pietro Carafa, el futuro papa Paulo IV; véase Moscoso, Gómez de, y un autor teatino llamado Pascualigo)

*Teatro, obras de: representaciones (v. la Bibliografía)

Teba, conde de (v. Algava, III marqués de)

*Tebes, Melchor de (posiblemente la misma persona de la ficha que sigue; hacia 1612 estaba en Lisboa [v. la Bibliografía]), XIX, 379 nota 380 (por error, 381)

Tebes, Melchor de (del Consejo de Castilla; alcalde de la Corte; casado con Mariana Tello de Guzmán, sevillana; hasta 1635 fue tenido por padre del I marqués de la Fuente del Torno, q.v.; v. Marañón, *El Conde-Duque*, Apéndice IX), XIII, 381; XIX, 379 nota 380 (por error, 381) ¶2

Tebes Tello de Guzmán, Gaspar de (hijo de el que sigue; v. Fuente del Torno, II marqués de la)

Tebes y Tello de Guzmán, Gaspar de (padre del anterior; v. Fuente del Torno, I marqués de la)

Teilez de Meneses, Fernam (v. Téllez de Meneses)

Tejada, Fernando de (general de la artillería en Cataluña y gobernador de las armas en Ciudad Rodrigo)

— XVI, 27 (**1640**: al mando de un ejército, toma Tortosa), 121-122 nota 2 (**1641**: herido en Montjuich; v. Espatafora, los hermanos de), 259 (**1642**: peleó en Monzón y en las Horcas)

— XVII, 165 y 168-169 (**1643**: con otros gobernadores, derrotaron a los franceses junto al río Segre), 494 (**1644**: gobernador de las armas de Ciudad Rodrigo; ha atacado a los portugueses con éxito)

— XVIII, 389 (**1646**: m. su mujer, Teresa de Borja, hermana de la condesa de Grajal)

— XIX, 132 (**1647**: general de la artillería en Cataluña), 351 y 354 (**1642**: su caballería derrotó a los franceses en las Horcas, q.v.)

Tejada, Francisco de (oidor del Consejo de la Cámara), XIII, 92 (1634: m.; le sucede Francisco Antonio Alarcón), 94 (se le entierra con María de Aragón)

Tejada, Juan de (arquitecto), XIII, 320, 321 (1635: mata a un escribano y se refugia en la Orden de San Francisco, q.v.)

Tejeira, P. (v. Texeira, P.)

Tejel (v. Texel, isla de)

Telena (aldea o arrabal a 6 km. al O de Badajoz; sobre éste y otros pueblos atacados por los portugueses, v. Albuhera, Almedral, Torre y Valverde de Leganés), XVI, 157; XVII, 250, 264, 274, 277, 278; XVIII, 195, 205, 332, 408, 409, 410, 413, 414

Telona (pueblo cerca de Badajoz), XVI, 293

Telles de Meneses, Fernam (general encargado del ejército portugués; sirvió muchos años en Flandes), XVI, 336 y la nota 1, 337 y la nota 1, 356 y la nota 1; XIX, 402 nota 336; para el relato de la recuperación de un bastón valioso de maestre de Campo portugués, que Telles de Meneses dejó en la iglesia de San Francisco en la villa de San Martín de Trevejo, v. XVI, 337 y la nota 1 y 356 y la nota

1, 337 en las fichas del [VI] Duque [de Alba]) (var: Fernán Téllez de Meneses; Don Fulano de Meneses; var. errónea: Nicolás Meneses)

Téllez de Meneses, Fernán (v. Telles de Meneses, Fernam)

*Téllez de Silva, Antonio ("capitán general" a quien el P. Ignacio Stafford dedicó su biografía del P. Mastrilli, q.v.), XV, 255 nota 1

Téllez Girón, Alfonso (error de Gayangos en la nota de la ficha anterior: v. Téllez de Silva, Antonio)

Téllez Girón, Gaspar (v. Peñafiel, marqués de)

Téllez Girón, Juan (v. Osuna, IV duque de),

Téllez Girón, Pedro (v. Osuna, III duque de)

Téllez Girón, Pacheco y Mendoza, Alonso Melchor (hijo segundo y heredero del II conde de la Puebla de Montalbán, q.v., y sobrino de Pedro González; m. 1650, antes que su padre; casó primero en 1638 con Inés María de Haro y Avellaneda, hija heredera de García, conde de Castrillo; la segunda vez con Vitoria de Oria y Carreto, en 1646, hija de Carlos de Oria, duque de Tursi [XIX, 377 nota 284]; ella m. en 1648; y la tercera vez casó Téllez Girón con Juana de Velasco, hija de Bernardino de Velasco, VIII condestable de Castilla, q.v., y viuda de Enrique Felípez de Guzmán, marqués de Mairena, q.v.)
– XIV, 429 (1638)
– XVII, 438 (1644; por error, "marqués de la Puebla...")
– XVIII, 264 (1646)
– XIX, 156 (1648; por error, "marqués"), 425 nota 438, 433 nota 19

Tello, Alonso (caballero de la orden de Calatrava), XIV, 128

Tello de Guzmán, Gaspar Tebes y (v. Fuente del Torno, I marqués de la)

Tello de Meneses, Juan de (caballero portugués), XVI, 344 (1642: huye a Portugal), 356

Tello de Portugal, Francisco (hijo de Juan Gutiérrez Tello, q.v.; de la Orden de Alcántara y capitán de una compañía de caballos de Sevilla), XVI, 219 nota 1 (1642: va a Madrid y de allí a Badajoz o a Tarragona)

Tello Puertocarrero, Hernán (a cargo de las trincheras en el ejército del conde de Fuentes en Flandes), XVII, xiii

Tende, condado de (v. Tanaro, río)

Tendilla, conde de (de la familia de los López de Mendoza), XIV, 434

Tenes ("fortísima plaza" del Condado de Borgoña, al NE de Lyons y cerca de Villars, q.v.), XV, 274 (1639: atacado por el general Saxe-Weimar)

Tenorio, Cristóbal (comprometido en el ruidoso lance en un salón de Palacio [v. Águila, marqués de]), XVIII, 169 (sátira: "una encomienda le basta"); XIX, 381 nota 397 [por error, 398] (le hicieron administrador de la encomienda mayor de Castilla, que se había quitado de Juan de Herrera)

Tenorio, Pedro (ayuda de Cámara del Conde-Duque), XVII, 358

Teófilo, P., S.J. (provincial general de Roma), XVIII, 464

Terán, Francisco (alférez), XIV, 217

Teras, Mr. de (v. Toiras, Mr. de)

Terceiras, las (las Azores), XV, 98, 192; XVI, 179, 188, 449-455 (marzo, 1641: rendición del castillo a los portugueses); XIX, 215

Terceros, los (v. Terceiras)

Teresa (monja de San Plácido de Madrid, q.v.; "la de los diablos de marras"), XIV, 129 nota 2 [v. la última línea] (1638: a su hermano hacen obispo de Almería; según Gams, 6a, en 1638 se hizo obispo de Almería a José de la Cerda, benedictino)

Teresa, la (galeón fortísimo), XV, 315, 358 y 359 (1639: se quemó en una derrota naval en las costas de Kent [Inglaterra])

Terlimon (v. Tillemont)

Termens (a 10 km. al SO de Balaguer), XVIII, 278 nota 1 (1643: en Termens había artillería, trigo, cera, harina y pertrechos de guerra, "grande conveniencia para cuando se sitie a Balaguer"), 282 (cuando Harcourt intentó socorrer a Termens, el gobernador del pueblo hizo una emboscada y degolló a 700 franceses) (var: Termes)

Terpsícore (musa de la danza), XV, 142, 155 (var: Tersícore

Tertuliano, [Quinto Septimio Florencio] (c. 160- c. 222 d.C.; padre de la Iglesia; teólogo y apologista), XVIII, 264

Teruel, XVIII, 188 (1645: pasó el Rey por Teruel), 427 (Diego Chueca fue obispo de Barbastro, 1643-1647, y de Teruel, 1647-1672; m. 1672)

Terueles o Jerueles (casi ilegible en el ms.), XIX, 76 nota 1

Terrazas, XV, 35 y 37 (comisario general en Fuenterrabía, q.v.), 39 (gobernador de la caballería española en Fuenterrabía) (var: Terraças)

Terrachiusa o Terracuso, marqués de (v. Torrecusa)

Terrail, Monsieur de (general francés; "quizá descendiente del célebre caballero Bayard, quien...se llamó Pierre de Terrail" [XIX, 463 nota 354]), XIX, 352 y 354 (**1642:** herido en la batalla de las Horcas, q.v., que perdieron los franceses), 463 nota 354 (relato de la derrota) (var: Ferrat; Tarrael; Tarrail; Tarraill; Terralla)

Terranova, IV duque de (Diego de Aragón, q.v., marqués del Valle; hermano del maestre de Campo Jerónimo de Aragón, q.v.), XV, 267; XVII, 263, 295 (con las galeras de Nápoles), 451 (embajador en Alemania), 475 (caballerizo primero del Rey)

Terranova, duquesa de (María Cortés, marquesa del Valle de Oaxaca; posible camarera mayor), XVII, 29

Terranova, hija heredera del duque de, XIV, 284 (1638: se casará con el conde de Benavente)

Terras-Novas, III duque de (título portugués; Jorge de Alencastre, casado con Ana María de Cárdenas, heredera de los ducados de Maqueda y Nájera y del marquesado de Elche), XVI, 282; XIX, 457 nota 73

Terrazas, Juan de (capitán en Cataluña y en la frontera de Portugal; comisario general de la caballería en Rosellón)
– XIV, 216 (**1637:** herido), 217; XV, 35 (**1638:** en Fuenterrabía); XVI, 185; XIX, 384 nota 216, 386 nota 35 (var: Tarrasa; Terrasa; Terrasas; Terrase; Terraza)

Terre, la parte de (en la frente del sitio de La Bassée, los italianos sostenían "el cuerno izquierdo hacia la parte de Terre"), XVI, 404 (v. la ficha de La Bassée)

Terrecuso, marqués de (véase Torrecusa)

Terrenate, XVI, 353 (personaje ficticio en unos versos satíricos)

Terrero do Pazo (Lisboa), XVI, 114 (después de la coronación, al rey Juan IV le llevaron por la calle de la Platería hasta el Terrero do Pazo)

Terrones, Dr. (canónigo de Toledo y administrador de Santa Isabel), XIV, 339 (**1638:** nombrado obispo de Tuy, pero no se confirmó: v. Tuy, obispo de), 412; XVI, 85, 88 (visitador eclesiástico de Madrid)

Tesin, Tesino o Tessino (v. el río Ticino)

Tesoro, casa del (palacio de Madrid donde se alojan huéspedes distinguidos), XIII, 47, 510; XVII, 82, 354

Tesoro, el, XIII, 74, 107 (un cuarto en el palacio "que llaman el Tesoro")

Tetuán, XVII, 341

Teves, Melchor de (v. Tebes)

Teves y Tello de Guzmán, Gaspar de (v. Fuente del Torno, I marqués de la)

Texada (v. Tejada)

Texada, Fernando Miguel de, XVI, 27 nota 2 (1640: el marqués de los Vélez le mandó ocupar a Tortosa antes de la llegada del Rey)

Texeira, P., XVI, 173 (1641: "ponerle juicio") (var: Tejeira)

Texel, puerto de (Texel es la primera de la cadena de las islas Frisias en la costa del mar del Norte de Holanda; el puerto de Oosterend está en la costa oriental de la isla, y en tierra firme frente al extremo sur de la isla hay otro más importante de la marina holandesa [Nieuwediep])
- XV, 120 y 122 (en 1638 llegaron al puerto algunos navíos cargados de mercadurías de la India y otros de azúcar del Brasil, y sobrevino "una tempestad tan furiosa" que se han anegado 60 o 70 navíos) (var: Tejel)

Texeyren (un cuartel de Breda, q.v.), XIV, 464-465

*Thamar, lic. de [sic] Car[los] (supuesto autor de un pliego en folio a manera de cartel que anuncia el octavario de gracias por la victoria de Fuenterrabía; v. la Bibliografía)

Theoduli, cardenal, XIX, 159 (1648: invitado del cardenal Grimaldi)

Thionville (a 25 km. al N de Metz y 30 al S de Luxemburgo; "plaza principal del país de Luxemburgo")
- XV, 276 (1639: una parte del ejército del duque de la Meilleraie intenta tomarla), 277 (derrota de los franceses a manos de Picolomini), 282, 291 (hubo 18.000 hombres en el ejército francés derrotado)
- XVII, 153 (1643: sitiada por el duque de Enghien), 162-163 (la socorre el general Beck, con víveres y municiones), 180 (los franceses la sitian y Melo intenta socorrerla), 202, 221, 222 (capitula el 10 de agosto), 229 (tomada por los franceses después de nueve asaltos), 249, 260, 324, 326, 378, 383, 489 (var: Tiunbila; Tiunvila; Triumbile; Triunvila; Triunvilla; Triunville; en alemán, Diedenhofen)

Thionville, princesa de (error por Joinville, q.v.)

Thomas, príncipe (v. Tomás)

*Thomas á Kempis (v. Kempis, Thomas á)

Thou, Jacques-Auguste de (v. Thuanus)

*Thuanus, Jacobus Augustus (Consejero del Estado, Presidente del Parlamento de París, historiador francés), XVI, 474 nota 3 (1642: degollado por haber atentado contra la vida de Richelieu); XIX, 411 nota 474 (var: Jhose; Those; Thou)

Thuringia (v. Turingia)

Tia, San (v. San Tia)

Tíber, el (el río de Roma), XV, 409 nota 2 (var: Tibre)

Tiberio, Sr. o Tiberio, D. (caballero que se escapó del incendio del palacio del conde de Cantillana, q.v.), XVII, 369 nota 1 (parece que no se trata de Tiberio Carafa, q.v.)

Tiburcio, cardenal (v. Trivulcio)

Ticino (río de Italia que nace en el extremo N del Lago Maggiore, y pasa al S por el lago hasta Pavia, y a otros 5 km. desemboca en el Po; Milán está a 30 km. al E del río), XIII, 446 (**1636**: los franceses "pretendieron... pasar el río Ticino", camino a Milán), 470 (el general francés Crequi, q.v., ha "ocupado" el Ticino, y amenaza a Milán); XIV, 30 (**1648**: en Pavia construyeron barcas los franceses); XV, 354 (var: Tesin; Tesino; Tessino)

*Ticknor, [George] (1791-1871; hispanista norteamericano)

Tierra-firme y Nueva España, las flotas de, XV, 192, 311 ("América y México" [*Dicc. aut.*])

Tiffeno, Adrián (impresor de París en 1619), XIV, vii

Tigrini, Monseñor, XIV, 221 (1637: con monseñor Maraldo, q.v., posibles candidatos para papa [estaba enfermo Urbano VIII])

Tincort (v. Foncort, duque de)

Tinoco, Simon (genovés), XVII, 77 (le robaron 10.000 ducados en plata y en oro)

Tirano, fuerte de (villa en el río Adda, a 60 km. al E del extremo N del Lago di Como, al borde del río Adda; v. Chiavenna), XIII, 197 (var: Tiran)
Tirconell, Tirconel o Tyrconnell, coronel (v. Tutavila, Jerónimo)
Tirlamont o Tirlemon (v. Tirlemont)
Tirlemont (a 42 km. al este de Bruselas), XIII, 211, 212, 215, 223, 237, 268, 301, 306, 330, 348, 448 nota [2] (por los sacrilegios de Mr. de Châtillon, q.v., v. los [*Manifiestos contra Francia*]; la carta del Padre Arnaldo Flemming [XIII, 210-212]; y el libro de J. M. Jover, titulado, *1635: Historia de una polémica...*); XV, 87 (var: Terlimon; Tillement; Tillemont; Tillermont; Tirlamont; Tirlemon)
Tirol (comarca de los Alpes repartida entre Austria, Suiza e Italia; la capital es Innsbruck [a 95 km. al S de Munich]), XIII, 223; XV, 403; XVII, 248; XVIII, 58
Tito (emperador de Roma, s. I d.C., e hijo del emperador Tito Flavio Vespasiano, q.v.)
Titola (pueblo del sudoeste de Francia, entre Perpiñán, q.v., y Narbona, q.v.), XIV, 185
Títulos de la nobleza (v. Grandeza)
Tiunbila o Tiunvila (v. Thionville)
Tívoli (a 30 kilómetros al este de Roma, cerca del río Teverone; sitio de la magnífica Villa d'Este del cardenal Ippolito d'Este [1549]), XIX, 180 (aquí se refugió el P. Melchorin Cofer, q.v.)
Tlaxcala, obispado de (estado de México, situado en la meseta de Anáhuac al este del Distrito Federal), XV, 200 (ofrecido a Juan de Palafox [y Mendoza], q.v., quien lo rehusó) (variante: Tlascala)
Tobar, Joseph de (v. Pellicer de Tovar, Joseph)
Toboso, El (villa de La Mancha), XVI, 189 (mencionado en una parodia portuguesa del duque de Medina Sidonia como caballero quijotesco)

Todos los Santos, bahía de (en el Brasil; v. Santos, Todos los)
Toiras, Mr. de (F. de Caylard de Saint Bonnet, mariscal de Toiras; n. 1585), XIII, 453 ("el mejor capitán que tenía el rey de Francia"; "gobernador...de Casal de Monferrato,...defendiéndola con mucho valor"), 472 (**1636**: m. en Alessandria de la Palla, q.v., por un mosquetero español, a quien Leganés le dio grandes recompensas) (var: Teras; por error: Torax)
Toisón, el, XIII, 34 (**1634**: para el marqués de Campo Laterra, pero lo duda Gayangos: XIII, 34 nota 1), 39 (del duque de Aerschot); XV, 63 nota, y 85 (**1638**: al príncipe Baltasar Carlos y al duque de Módena), 84 (1638: del duque de Módena, quien lo recibió en **1625**: XIX, 395 nota 207), 391-392 nota 417 (**1640**: del marqués de Villena, pero según Gayangos, fue en **1649**), 395 nota 207 (lo recibió en **1625** Honorato II Grimaldi, príncipe de Mónaco, q.v.),
Toisón de oro, canciller de, XIII, 243 (**1635**: m. Juan Luis Astor, de la casa de Borgoña); XV, 63
– collar del, XIX, 391-392 nota 417 (en **1649** lo recibió el marqués de Villena, q.v.)
Toisón y cadena de oro, XVI, 113 (**1640**: el duque de Braganza se corona rey de Portugal luciendo el toisón)
Toja, vizconde de, XVII, xv (su teniente)
Tojan (villa de Italia cerca de Chivasso [a 20 km. al NE de Turín]), XV, 317 (la toman los franceses)
Toledo, XIII, 14 (**1634**), 15, 16, 17, 78, 84 (la carcelería de Espino, agravada), 84 nota 1, 156 (**1635**), 181, 256, 258, 267, 439 (**1636**), 490, 514
– XIV, 77 (**1637**), 260, 316 (**1638**), 397, 412, 429 nota 1, 430, 431 (grande alboroto por el pan)
– XV, 112 (P. Juan Bautista Poza, S.J., q.v., dio sus causas y...quedó exone-

rado), 169 (**1639**), 178, 193, 248, 289, 316, 418 nota 2 (**1640**)
- XVI, 20, 86, 88, 198 (**1641**), 208, 343 (**1642**), 475 (**1643**)
- XVII, 112, 124, 166, 185, 202, 213, 345, 410, 411 (**1644**), 431, 497
- XVIII, 31 (**1645**), 85, 119, 120, 196, 199, 207, 211, 216 (**1646**), 226, 268, 269, 270, 328, 364, 385, 399, 421, 451, 456 (**1647**), 500
- XIX, 30 , 35, 158 (**1648**), 193, 195, 317 (**1640**), 437 nota 137

Toledo, arzobispado de, XIV, 13; XV, 453; XVI, 86, 89, 420, 489, 490; XVII, 124, 235, 410, 431 nota 1, 452; XVIII, 229, 253, 475, 476
- auto de fe, XIII, 89; XIV, 272-273 y la nota 2
- Inquisición de, XIII, 366 (promoción de tres inquisidores), 450; XIV, 6, 73 nota 1, 395-396 (los dominicos contra la Compañía), 397 (el Dr. Juan del Espino); XV, 190, 295; XVIII, 130, 255, 371, 397, 473, 507; XIX, 7, 360
- Iglesia mayor, XIII, 439
- motín (de 300 hombres, para no pagar el medio dozavo), XIII, 81, 82 nota (los artesanos se alborotaron), 88 (los amotinados pusieron un pasquín),
- papelones contra la Compañía, XIII, 123 y nota (1635), 230 (de 14 pliegos)
- provincia de, XIII, 341, 343; XV, 243, 244
- puente de (Madrid), XIX, 436 nota 126 ¶2
- reino de, XV, 395

Toledo, arzobispo de, XVI, 489 (**1643**: el cardenal Borja); XVIII, 224 (**1646**: el cardenal de Jaén), 429 (lee el réquiem en las honras del príncipe Baltasar Carlos); XIX, 452 nota 468 (Baltasar Moscoso y Sandoval)
- cardenal de, XVIII, 422 (**1646**: entra en Madrid a hora no convenida, evitando el recibimiento), 445-446 (elogia a la Compañía de Jesús), 488 (1647: pide en nombre del Rey donativo a los religiosos)
- deán de, XIV, 339 (**1638**: le dan el arzobispado de Burgos); XVII, 33 (**1643**: ofrece en Madrid al Rey 150.000 ducados en nombre de su iglesia), 35
- inquisidor de, XIII, 366 (**1636**: Diego de Atienza)

Toledo, Blanca de (señora de Hijares y marquesa de Palacios), XIX, 443 nota 291

Toledo, Domingo de (capitán), XVI, 322

Toledo, Fr. Fadrique de (de la orden de San Jerónimo; predicador de Felipe IV), XIII, 422

Toledo, García de (padre de Catalina de Toledo Pimentel, q.v.; m. en los Gelves, año de 1515), XVII, ix

Toledo, García de (IV marqués de Villafranca; casado con Victoria Colonna; padre de Fadrique de Toledo-Ossorio, q.v.), XIX, 375 nota 110 ¶2

Toledo, Juana de (hija de los duques de Alba), XIX, 441 nota 243

Toledo, María de (marquesa del Águila), XIX, 381 nota 397 (por error, 398) ¶2

Toledo, María Ana Engracia de (véase Vélez, marquesa de los)

Toledo, Pedro (V marqués de Villafranca; hijo de García, el IV marqués, y hermano de Fadrique de Toledo-Ossorio, de quien le heredó el marquesado; padre del II duque de Fernandina; general de las galeras de Nápoles; m. **1627**), XIX, 421 nota 360

Toledo-Ossorio, Fadrique de (VI marqués de Villanueva de Valdueza, hijo de García, IV marqués de Villafranca, q.v.), XIII, 24
- XIII, 79 (**1634**: **su prisión:** ofende al Conde-Duque, quien le quiere mandar al Brasil; le prenden, y en protesta se retiran de palacio el duque de Alba, el condestable de Navarra y todos los de la casa de Alba), 80 (le

mandan estar en Santa Olalla, q.v.), 81, 87, 89 (se sustancia su causa), 105 (el duque de Alba desterrado por haber disuadido a Fadrique sobre lo de Brasil; Fadrique muy enfermo y sacramentado; véanse Crosby, *En torno a la poesía de Quevedo,* 31-37, y *Aguilar y Prado, Jacinto de, editor de una *Relación* de Fadrique de Toledo)
- XIII, 108 (**su sentencia:** multa, destierro por diez años, privación de todas las mercedes reales, inhabilidad para cargos; los de Alba se niegan a salir a una fiesta en el Retiro; en la casa del de Alba se hacían juntas de la familia para el caso de Fadrique), 110, 111 (libre de la prisión por grave enfermedad)
- 114 (**su muerte:** diciembre, **1634**, y se le entierra en casa), 115 (se le entierra, pero se ordena que descuelguen ornamentos funerarios del lugar), 116, 374; XV, 45; XIX, 33, 375-376 nota 110 ¶2 (tuvo dos hijos con Elvira Ponce de León: Pedro, q.v., que m. muy joven, y Fadrique, q.v.; éste heredó el marquesado de Villafranca en 1649)

Toledo-Ossorio, Fadrique de (hijo del anterior, VII marqués de Villanueva de Valdueza, VII marqués de Villafranca), XIII, 366 (**1636**: su nacimiento; la madre era la marquesa de Valdueza, viuda del anterior); XIX, 375-376 nota 110 ¶2, 421 nota 360

Toledo-Ossorio, Francisca de (II marquesa de Belvis y de Mancera, condesa de Gondomar), XIX, 428-429 nota 475 (casada con el conde de Gondomar, Diego Sarmiento de Acuña)

Toledo-Ossorio, García de (v. Fernandina, III duque de, y VI marqués de Villafranca; m. **1649**)

Toledo-Ossorio, Pedro de (hijo mayorazgo del VI marqués de Villanueva de Valdueza), XIII, 87 (**1634**: m. en agosto, y se enterró en el Colegio Imperial de los Jesuitas, q.v.; del entierro dijo el P. González, "Parece que la desgracia persigue a los Toledos"; v. la ficha del padre, donde se multiplican las desgracias, y la del nacimiento de otro niño); XIX, 375 nota 110 ¶2

Toledo Pimentel, Catalina (hija de García de Toledo; casada con Diego Enríquez de Guzmán, III conde de Alba de Liste [fueron los abuelos paternos de Pedro Enríquez de Acevedo, el conocido "conde de Fuentes"; v. Fuentes de Val de Opero, II conde de]), XVII, ix

Toledo Ponce de León, Elvira (mujer del X almirante de Castilla), XIX, 454 nota 485

Toledo y Leyva, Pedro de (v. Mancera, marqués de)

Toledos, los, XIII, 108 (1634: hacen juntas de familia en la casa del duque de Alba sobre el caso de Fadrique de Toledo-Ossorio)

Tolón (v. Toulon)

Tolosa (v. Toulouse)

Tolú (ciudad de Colombia, a 100 kilómetros al sur de Cartagena de Indias), XVI, 470 (variante errónea: Folu)

Tomares ("lugarejo junto a Sevilla"), XIX, 130 (recibe un legado del testamento del Conde-Duque)

Tomás, P., XVI, d475 (sobre el saqueo de las casas de católicos en Inglaterra)

Tomás, Ceferino (catalán y alcalde del Crimen en Granada),XVIII, 300- 301

Tomás [Francisco] de Saboya (n. 1596, m. 1656; hijo de Carlos Manuel I el Grande, duque de Saboya, q.v., y Catalina de Austria, infanta de España, q.v.; príncipe de Carignano o Cariñán; hermano del duque Víctor Amadeo I, q.v., y del cardenal Mauricio de Saboya, q.v.; casado en 1625 con María de Borbone-Soissons, princesa de sangre real francesa y hermana de Luis XIII; m. 1692)

- XIII, 45 (**1634**: por disgusto con Francia o con su hermano, envió su mujer a Milán y él se fue a Bruselas), 86, 99 (en Flandes al mando de un ejército costeado por España), 172 (desavenencias con su hermano el duque Víctor Amadeo), 184, 193-195 (**1635**: derrotado por los franceses en los Países Bajos), 200, 201, 210, 219, 223, 240 (propina derrota al enemigo), 246, 268, 307, 356 (**1636**), 386, 407 (su mujer, la princesa de Cariñán, llega a Barcelona de paso a Flandes), 451 (Luis de Borbón, conde de Soissons, era su cuñado), 486 (desafío con un caballero), 487, 492 (derrota a los franceses varias veces), 510 (su mujer y tres hijos vienen a Madrid), 540, 544 (sin poder tomar Corbie, "plaza fuerte y grande", toma Montreuil-sur-mer), 545, 548
- XIV, vii, 98 (**1637**), 141-142, 145 (jefe del ejército en Flandes), 149 (m. su hijo menor), 150, 180 (con el Cardenal-Infante va al país de Vas, entre Amberes y Hulst), 281 (**1638**), 291 (tachado de inconstante, al igual que su hermano Mauricio de Saboya, q.v.), 307 (le darían el virreinato de Sicilia), 315 (pide licencia para ir a Italia ante la m. de su hermano Víctor Amadeo, duque de Saboya, q.v.), 341 (jefe de la liga de potentados italianos contra Francia), 366, 390, 424, 445, 447 (obtiene victorias en Flandes), 449, 475, 477, 480, 481, 483, 486, 490, 491, 492, 493, 495, 500
- XV, 6 (**1638**: en Francia con Picolomini, q.v.), 14 (acompaña al Cardenal-Infante en el ejército que va a enfrentarse al Rey de Francia), 59 (el Cardenal-Infante le manda socorrer Châtelet, q.v.), 60, 72, 77, 79, 90 (m. su hermano, el duque de Saboya), 91, 189 (**1639**: el de Leganés, q.v., le da el mando en Milán de la cuarta parte de su ejército), 210, 213 (le dan un ejército para que conquiste el Piamonte), 217 (entra en el Piamonte), 219, 231, 232, 234, 235 (su ejército llega a las puertas de Turín), 237 (recibe al nuncio papal en Milán mientras prosigue lo del Piamonte), 238, 239, 240, 243, 249, 253 (tiene cercado a Turín), 256, 288 (le propina derrota al duque de Longueville en el Piamonte), 292 (entregósele "Villafranca de Niza y su castillo principal, puerto de Saboya y toda la cordillera...hasta Génova"), 296 (se le rinden varias plazas), 299 (el de Longueville era cuñado de Tomás de Saboya), 322 (bate al francés en Cuneo), 323 (toma Turín y la duquesa se refugia en la ciudadela con su hijo), 324 (bate Turín; desavenencias con el de Leganés), 344 (se reune con otros notables en Turín), 377 (derriba a cañonazos un bastión de la ciudadela de Turín), 396 (**1640**: Turín resiste), 400, 401, 416, 427 (estorbó cuanto pudo el casamiento proyectado del cardenal de Saboya, Mauricio de Saboya, con la princesa María Luisa, heredera de Nevers; tratos secretos de Tomás con Richelieu), 456, 458, 461, 466, 479
- XVI, vii, 17 (abandona Turín y la Duquesa restaura su autoridad), 31 (**1640**: jura no luchar contra franceses y ser neutral a España), 34 (le entrega Turín a su cuñada), 48 (se entrevista con Mazarino en Rivoli durante dos días), 80, 127 (**1641**: en campaña, hacia Chivas), 134, 136 (se le junta el cardenal Trivulcio con tropas), 185 (voz que viene para lo de Portugal), 235 (**1642**: su mujer desaparece de Madrid), 420, 477, 481, 498
- XVII, 9 (**1643**: toma Tortona al bando español), 24 (rumores de que daría Milán a Francia si ésta le da gente), 102 (intenta tomar dos veces el castillo de Tortona, sin éxito), 132, 147, 183 (le confirma Francia el cargo de general), 260 (toma Villanueva de Asti, y trata de tomar Trin), 284,

ÍNDICE ONOMÁSTICO

327, 385, 438 (**1644:** va a Francia y le hacen gran recibimiento), 466 (pide que Francia restituya al Duque las tierras arrebatadas), 503 (sitia por tierra al Final [Finale Ligure, ciudad en la costa a 25 km. al SO de Génova])
- XVIII, 44 (**1645:** disgustado con Francia), 185 (toma Vigevano, q.v., en el estado de Milán), 223 (**1646:** trata de reconciliarse con España), 252 (los franceses quieren se encargue de las armas de Flandes; teme le prendan si abandona el Piamonte), 267 (volvería a Italia a gobernar las armas francesas), 304 (se embarca con Tadeo, sobrino de Urbano VIII), 328, d335 (bate Orbitello), 336, 339, 358, 370 (en Orbitello), 379 (socorren a Orbitello, y huye con el ejército francés), 394 (disgustado con los franceses, se embarca hacia sus estados del Piamonte)
- XIX, 8 (**1647:** con su mujer e hijos se retira a Racconigi), 86 (con una armada poderosa obliga a los príncipes italianos a la neutralidad; acosa Orbitello), 139 (se marcha de Milán), 145 (retirado), 165 (**1648:** cúlpanle de querer envenenar a la duquesa madre de Saboya, al duque niño y a la heredera), 176 (ahorcan a Fernando de Limonti, que trataba de coronar a Tomás como rey de Nápoles), 197, 289 (**1642**), 307 (él y el cardenal Mauricio de Saboya se reconcilian con Francia), 315 (se declara por Francia), 357 (toma pueblos en Milán), 343 (hostil a España en Italia), 357 (manda a Madrid al conde Flaminio Virago de Vichi a pedir disculpas por sus acciones en Saboya) (var: Thomas; Tomasso)

Tomino, Juan Luis (capitán), XIV, 214 (1637: m.)

Tonens (regimiento francés), XIX, 463 nota 354 (**1642:** su capitán fue el señor de Ebatut, quien murió en la derrota desastrosa de los franceses en las Horcas)

Toral, I marqués de (v. Núñez de Guzmán, Gabriel)
Toral, II marqués de (v. Medina de las Torres, duque de)
Toraldo, Vicenzo (v. Toralto, Vicenzo)
Toralralto (error: v. Toralto, Francisco)
Toralto (v. Toralto de Aragón; no era marqués [error: XVI, 553 n 1])
Toralto (de Aragón), Francisco (hijo de Vicenzo Toralto y hermano de Gaspar; maestre de Campo general en Cataluña y gobernador de Tarragona; era en verdad príncipe de Massa en el reino de Nápoles, y no marqués de Toralto, pero a los dos hermanos se les llamaba indistintamente y por error, "el marqués de Toralto", de manera que hay noticias de identidad incierta, que he colocado entre corchetes; las de identidad segura llevan un asterisco; v. XIX, *458-459 nota 134)
- XVI, *261 (**1642:** con tropas en Fraga), *262 (sale en campaña con el ejército de Aragón), *320 (**1642:** hecho prisionero en la derrota del Vallés; preso en Barcelona; v. XIX, *401 nota 320), [323 (**1642:** preso en Cataluña; se le mandaría a París), 335 (piden gran rescate por él)]
- XVII, [225: **1643:** en Tarragona, "plaza... inexpugnable", manda Toralto miles de "la mejor gente que tiene el Rey"; abastecimiento bueno]
- XVIII, *3 (**enero, 1645:** gobernador de Tarragona; recibe el principado de Massa en Nápoles por sus servicios en Flandes, Italia y Cataluña; del consejo de Guerra), [**julio a sept., 1945:** 97, 139 (maestre de Campo general; combate a los franceses en Cataluña), 143 ("grande soldado y de espíritu para cualquier facción"), 154, 164]
- XIX, *401 nota 320, *402 nota 320 (estuvo en Nápoles durante los sucesos de **1648**), *458-459 nota 134 (var: Toraldo; por error: marqués de Toralto)

Toralto de Aragón, Gaspar (hijo de Vicenzo Toralto y hermano de Francisco; maestre de Campo en Cataluña; era en verdad marqués de Toralto, pero a los dos hermanos se les llamaba indistintamente y por error, "el marqués de Toralto", de manera que hay noticias de identidad incierta, que he colocado entre corchetes; las de identidad segura llevan asteriscos; véase XIX, *458 nota 134
- XIII, *280 nota 1 (**1635:** uno de los héroes de la batalla de Nördlingen)
- XIX, *135 (**1647:** cuando murió Aniello, a Gaspar Toralto le nombran jefe de la insurrección plebeya en la ciudad de Nápoles), *136 (intentan ejecutarlo), *137 y *138 (lo asesinan), *139, *458 nota 134 (variantes: Toraldo)

Toralto, Vicenzo (napolitano y padre de Francisco y Gaspar; maestre de Campo; héroe que m. en Nördlingen en 1634), XIX, *458 nota 134 (var: Toraldo)

Torax (v. Toiras)

Tordelaguna (a 50 km. de Madrid), XVIII, 298 (**1646:** al conde de Monterrey le mandan ir allí) (var: Torde Laguna)

Tordelaguna, marqués de (Francisco de Melo, q.v., conde de Assumar, era también marqués de Tordelaguna o Torrelaguna)

Tordelaguna, marquesa de, XVII, 425 (los marqueses asistieron en Bruselas al *Te Deum* por la victoria de Tutlingen; ella se llamaba Antonia de Villena)

Tordera, la, XVI, 323 (Juanetín Doria fue preso por los franceses cuando encalló su galera en la Tordera, cerca de Blanes, q.v.)

Tordesillas, XV, 259, 266 (exiliado el conde de Linares por inobediencia; v. XIX, 389 nota 266); XVIII, 141 (preso el duque de Medina Sidonia)

Torebesar (v. Torrecusa)

Torena (v. Turenne)

Torgau (a 78 km. al NO de Dresden, a orillas del río Elba), XIV, 235 (1637: Hatzfelt tomó el fuerte que guardaba el puente del río Elba)

Torija (villa a 18 km. al NE de Guadalajara), XVIII, 39 (1645: aquí durmieron el Rey y el Príncipe Baltasar Carlos en su viaje a Zaragoza)

Torino (v. Turín)

Torlimon (v. Tirlemont)

Torme [sic] (caballero catalán), XVI, 258 (vino a Madrid con noticias de Barcelona)

Tormento (descripción de lo que sufrió el Padre rector de Maastricht, q.v.)

Tornavento, batalla de (villa en la región de Piacenza, a 60 km. al SE de Milán), XIII, 473 nota 1 [sin fecha]; XIX, 446 nota 335 ¶3 (la batalla tomó lugar en 1636; véase Gambacorta, Gerardo)

Torno, Pedro del (aposentador mayor de Palacio), XIII, 277

Toro (a 30 km. al E de Zamora), XIII, 93; XIV, 430; XVII, vii, 108, 109, 110, 114, 115, 116, 133, 143, 156, 159, 215, 280, 346, 358, 375; XVIII, 99, 125, 128, 136, 136, 429

aToro, XVII, 140

Toro, caballero de, XIII, 436

Toro, P. Juan de, S.J., XVI, 469, a474; XVIII, 214 (uno de los vocales de la Congregación general de los Jesuitas); XIX, 243, a246

Toro, P. Luis de, S.J. (rector del colegio de Sevilla), XIII, 320; XVIII, d308; XIX, 242

Torona (uno de varios lugares al sur de Badajoz, amenazados por los portugueses; véase Valverde), XVII, 368

Toros (corridas de):
- (Alba [de Tormes]), XVIII, 134
- (Alcalá [de Henares]), XVIII, 189
- (Madrid), XVIII, 378
- (Madrid: Palacio del Buen Retiro), XIII, 6, 7, 40, 119, 137, 199, 226
- (Madrid: Plaza Mayor), XIII, 417, 419, 428, 439, 447, 458; XIV, 44, 66, 79, 328; XV, 85, 259, 288

- (Montilla, q.v.), XVIII, 352
- (San Lúcar [de Barrameda]), XVI, 415

Torquemada (villa a 56 km. al NE de Valladolid), XV, 114

"Torquemada y su jumento" (de "Torquemada y su asno" dice Covarrubias en su *Tesoro*: "éste debió de ser algún hombre gracioso, y en las conversaciones debía de contar algunas propiedades y habilidades de su asno", XV, 140 (sátira)

Torstenson, Lennart (nacido en 1603, y muerto en 1651; conde de Ortala; en Alemania en 1630 al servicio del rey Gustavo II Adolfo de Suecia; 1641-1645: jefe supremo del ejército sueco; victoria de Breitenfeld en 1642), XVI, 474 (**1642:** derrotado por el Emperador e Alemania, y presos la infantería y las municiones); XVIII, 178 (**1645:** su ejército padeció grandes bajas en el sitio de Brin, en Moravia) (variantes: Dorstonso; Torsceston; Tortensen)

Tortona (a 23 kilómetros al este de Alessandria de la Palla), XIII, 372, 424, 425; XVII, 9, 24; XVIII, 288
- castillo de, XVII, 102, 132, 147
- plaza de, XVIII, 312

Tortosa (a orillas del Ebro, a 42 km. al S de Gandesa), XV, 386 (**1640**), 387, 477, 480
- XVI, 5, 2, 15, 17, 21, 23, 27 (ocupada por Fernando Miguel de Texada y un regimiento, enviados por el marqués de Vélez desde Zaragoza), 35, 65, 79 (mereció del Rey el título de "lealísima"; v. Miraball y Forcadell, Vicente), 260 (**1642**), 286, 343 (sus murallas y el castillo), 345, 350, 353 y 354 y 355 (Tortosa es la frontera de los españoles contra los franceses), 359 (tiene "un cíngulo que fue de Nuestra Señora"), 368 nota 1, 369 (dos *Relaciones* que celebran la expulsión de los franceses)
- XVII, 132 (m. en Tortosa el conde de Aguilar), 496 (**1644**)

- XVIII, 89 (**1645:** Diego Caballero (preso en Tortosa por haber rendido la plaza "antes de tiempo"), 234 (**1646:** fortifican la ciudad), 326, 488 y 499 (**1647:** da mucho cuidado)
- XIX, 14, 71, 197 (**1648**), 208, 247-248 (**1642:** defensa heroica de Tortosa, que rechazó al ejército francés; en ella participó el obispo Juan Bautista de Campaña, q.v.)

Tortuga, isla de la (pequeña isla al norte de Port-de-Paix (hoy, Haití), XIII, 334 (el presidente de la isla de Santo Domingo echó a los holandeses de la Tortuga)

Torraca, Señor de (véase Gambacorta, G.)

Torre, la (localidad a 6 leguas al noroeste de Madrid), XVII, 115 (1643: el Conde-Duque pasó por ella camino a Toro)
- de Ámbar (en el área de Tamarit, que está a 10 km. al NE de Tarragona), XIX, 281
- de Basá ("en el camino" de Constantí a Tamarit, q.v.), XVI, 288 (el marqués de la Hinojosa rindió a las tres villas)
- de Miguel Sesmero (pueblo a 36 kilómetros al sudeste de la ciudad de Badajoz; véase también Valverde de Leganés), XVII, 245 (**1643:** atacado por los portugueses), 264, 278 y 287 (quemado por los portugueses), 292, 298 (variantes: La Torre; Latorre; Torres)
- del Oro (en la ciudad de Sevilla), XIX, 217 (en una lista de los edificios que más necesitaban guardias, consta "la torre", probablemente la del Oro)
- de san Esteban (v. San Esteban, Orden militar de: Torre de)
- de Segre (v. Torres de Segre)

Torre, conde de la (véase Mascareñas, [Fernando], quien era gobernador de Tánger)

Torre, marqués de la, XIV, 308 (en una corrida de jabalíes en el Pardo)

Torre, P., S.J., XV, 344 (1639: remitirá al P. Pereira lo particular sobre las fiestas en Italia "por ser el centésimo año de nuestra fundación")

Torre, P. de la, XV, 317 ("no perdona...los Barclayos el hermano P. de la Torre" [es decir, que lee mucho los libros de John Barclay, que se habían traducido al español])

Torre, Antonio de la (caballero y oidor de Granada; alcalde de Corte; auditor del IV marqués de Aytona y proveedor del ejército; eclesiástico y del hábito), XVIII, 134 (su sobrino, acuchillado); XIX, 131, 142-143 (preso; m. ejecutado por haber insultado al IV marqués de Aytona, q.v.) (var: de Torres)

Torre, Cristóbal de la (impresor de Zaragoza, 1633-1642), XIX, 430 nota 486 ¶1

Torre, Diego de la, XVII, 428 (prendió a Carlos Guasco, q.v.)

Torre, Gabriel de la (gobernador de Châtelet), XIII, 496

Torre, P. Juan de la, XVI, 75 (va a Madrid a ver a su hermano)

Torre, P. Luis de la, XVII, 104, 391 (va a Italia); XVIII, 212 (grave en Madrid; le dan el viático)

Torre-Escusa o Torreclusa, marqués de (v. Torrecusa)

Torrecusa, marqués de (Carlos Andrea de Caracciolo, 1590-1653; noble napolitano y marqués de Torrechiuso [los historiadores españoles le llamaban Torrecusa]; de joven, sirvió en Flandes y en 1622 era maestre de Campo del tercio viejo de Nápoles [XIX, 460-461 nota 259]; general en Cataluña [1639]; más tarde mandó las tropas contra Portugal y Cataluña y fue gobernador del estado de Milán [XVI, 501 nota 1]; le hacen grande de España y le cubren [1642]; capitán general del ejército de Aragón [1643] y luego de Portugal [1644]; su hijo era militar: v. San Jorge, duque de)

– XIII, 328 nota 1 (por error, Tarasusa)
– XIV, 271 (**1637**: llega a Madrid de vuelta de Navarra), 319 (**1638**: le hacen merced de la llave capona del Rey y del Consejo de Guerra), 443 (hacia Pamplona con el de Mortara), 477 (teniente del Almirante en Fuenterrabía)
– XV, 7 y 27 (**1638**: su papel en la victoria de Fuenterrabía), 28, 29, 31, 34, 35, 36, 37, 38, 40, 52 (su marquesado tenía la grandeza de España en la familia Caracciolo), 53, 54, 72, 73, 245 (**1639**: le dan el manejo de las armas de Guipúzcoa), 325 (se embarca con el duque de Maqueda), 333 (**1639**: llega a Cataluña), 341 (en Salsas), 348 (su hijo, el duque de San Jorge), 350 (discrepa con Mortara y el de los Balbases en cuanto a la estrategia con los franceses en Salsas), 390 (**1640**: incidente serio entre él y el conde de Santa Coloma, virrey de Cataluña), 392 (prenden a él y a su hijo a resultas de lo anterior), 393 (sacan de la prisión a él y al hijo), 395 (preso en Perpiñán, y el hijo en el castllo de Burgos), 442, 444
– XVI, xv, 5 (**1640**: entró de rondón en Tortosa), 28, 77, 121 (**1641**: batalla del fuerte de Monjuy; m. su hijo, el duque de San Jorge), 173, 174, 206 (en Cataluña había degollado 1.000 franceses y catalanes), 212, 216 (**1642**), 218 (se enfrenta a catalanes), 219 (manda socorro al marqués de Flores de Ávila), 227, 228, 234 (se enfrenta a los franceses en el condado de Rosellón), 256 (ha socorrido a Perpiñán, e iba a tomar Canet), 263, 265 (Canet se le rinde, y pasa a expugnar Elna, batiéndola), 274 (mete socorros en los condados del Rosellón), 275 (vuelve de allí a Lérida), 279 (notifican de seis batallas suyas con el enemigo en diferentes lugares), 283 (el Rey le hace grande de España), 284, 287 (llega a Tarragona con tropas), 291 (manda una carta al

Rey), 298 (él y el de Aguilar obtienen victorias en Cataluña), 300 (le cubren), 305 (le despachan de Madrid a toda prisa para que vuelva al servicio), 312 (le mandan regrese de Colibre, que está sitiada), 322, 324 (de la opinión de que el Rey debe de quedarse en Madrid y el dinero emplearse en levantar 10.000 infantes), 391 (socorre otra vez a Perpiñán), 429 (se apresta al socorro del Rosellón), 444 (se le espera en Valencia con una flota), 456, 476 (le quitan el bastón de mando y se retira a los capuchinos), 479 (comenta sobre él Luis de Guzmán Ponce de León), 480 (le dan el mando de tropas de nuevo), 481 (entra en Cataluña), 498 (**1643**: tiene preso al príncipe Tomás), d501-502 y la nota 1 (le escribe el Rey sobre el Conde-Duque), 501 nota 1 (v. la ficha de "Torrelaguna o Torrecusa, marqués de")
- XVII, 5 (**1643**: maestre de Campo general en Cataluña), 82 (le harán general), 102 (lo esperan con tropas de Nápoles), 145 (al auxilio de Rosas), 171 (en Génova, enfermo), 180, 210, 223 (llega a Valencia por mar), 226 (para Zaragoza), 236 (le darían el gobierno de las armas), 248 (le reciben en Zaragoza con aclamaciones), 263 (Aragón pide al Rey a Torrecusa por Virrey), 351, 387 (queda de gobernador de Zaragoza o de Aragón, con título de Virrey), 437 (**1644**: señalado para ir a Badajoz), 453 (allí, contra los portugueses), 458, 461, 468, 469, 471, 473, 507, 508, 509, 510
- XVIII, 2 (**1645**: pide licencia desde Portugal para ir a hablar con el Rey), 7-8 (le dan licencia por 40 días), 46, 174 (en el Colegio de Alcalá de Henares), 190, 209 (entre los candidatos al puesto que deja Silva), 242 (**1646**: embarcado para Italia), 294 (en Nápoles el Papa le ofrece el capelo, pero lo rehúsa por no tener licencia de Felipe IV), 353, 369 (julio: en el socorro de Orbetello), 370, 384 (en el sitio de Orbetello)
- XIX, 259 (**1642**: para Cataluña, vía Perpiñán), 282, 301, 309 (al socorro de Perpiñán), 314, 316, 327, 328, 329, 338, 345, 346, 460 nota 259, 461 nota 259, 464 nota 355 ¶1 (participó en la toma de Salsas) (var: Tarasusa; Torre-Escusa; Torre-Escuso; Torreclusa; Torrecuso; Torrechiusa; Torrechiuso)

Torrecusa o Torrelaguna, marqués de (v. la ficha de "Torrelaguna o Torrecusa, marqués de")

Torrejón, II conde de (Antonio María de Pantoja y Carvajal, o su heredero), XVII, 317 (**1643**: enviado para socorrer a Villanueva del Fresno, en la frontera con Portugal)

Torrelaguna o Torrecusa, marqués de, XVI, 501-502 y 501 nota 1 (de esta carta autógrafa del Rey hay copias dirigidas al marqués de Torrelaguna [Francisco de Melo, conde de Assumar, q.v.], y otras dirigidas al marqués de Torrecusa, q.v. [Carlos Andrea de Caracciolo, gobernador del estado de Milán])

Torrellas, Fr. Miguel de (elegido gobernador de Barcelona por los rebeldes), XV, 479

Torrente [del Cinca], cuartel de (villa a 5 km. al S de Fraga, a orillas del río Cinca), XVIII, 310 (lo tentó dos veces la caballería francesa)

Torres (véase Torre [de Miguel Sesmero])

Torres, duque de las (v. Medina de las Torres, I duque de)

Torres, I marqués de (Martín Abarca de Bolea y Castro, n. 1560, m. poco antes del 27 de marzo de 1643; casó con Ana Fernández de Heredia y de Híjar, hija mayor del conde de Fuentes, q.v.; mayordomo del Rey y primer caballerizo de los cuatro; caballero de Santiago, señor de las baronías de Clamosa, Eripol, Siétamo y

Val del Rodellar; v. San Vicente y Crosby, "Datos...", 195)
- XIII, 7 (juego de cañas por cuadrillas)
- XIV, 37 (en un estafermo quebró cuatro lanzas), 38 nota 1 (otras lanzas), 361 y 365 (su hijo mayor se casó en Flandes)
- XV, 62 nota 1 (primer caballerizo de los cuatro del Rey), 434 (1640: m.; fue mayordomo del Rey) (var: "de las Torres")

Torres, II marqués de (Luis Abarca de Bolea y Fernández de Heredia, n. **1617**; hijo del anterior; caballero de Santiago en 1625; gentilhombre de la boca del Rey en 1636; capitán de corazas en Flandes en 1636; conde de las Almunias en **1650**; poeta; v. San Vicente y Crosby, "Datos...", 195), XVIII, 427 (1646: una merced del Rey)

Torres, P., S.J. (de Salamanca), XIII, 72

Torres, P., S.J., XIII, 23, 65, 340 (reside en Sevilla)

Torres, Alonso de (v. Torres y Sandoval, Alonso de)

Torres, Álvaro de (caballero de Carrión de los Condes y señor de vasallos; casado con Micaela Bañuelos), XIII, 118 (roba una lámpara y un cáliz de una iglesia)

Torres, Antonio de (v. Torre, Antonio de la)

Torres, P. Antonio, S.J., XVIII, 135 (a su sobrino unos hijos de un vecino le dieron una cuchillada)

Torres, Antonio Henríquez de (v. Enríquez de Torres, Antonio)

Torres, Baltasar de (capitán de navío), XV, 57 nota 2 (en el año de 1638, murió en el desastre naval en Guetaria; véase la ficha de Rubín de Celis, Diego)

Torres, Carlos de, XIX, 84, 85

[Torres, cardenal Cósimo de] (n. y m. en Roma, 1584-1642; de una familia oriunda de Málaga que se trasladó a Roma en el siglo XVI; arzobispo titular de Adrianópoli en 1621; hecho cardenal en 1622; obispo de Perugia en 1624 y de Monreale en 1634 [se refiere a este cardenal en la ficha de su sobrino, Alonso de Torres y Sandoval: XV, 334]; v. Salvador Miranda)

Torres, Dr. Durán de, XVII, 254, a255, a279, a291, a294, a312, a330

Torres, Francisco de (v. Torres y Grijalba)

Torres, Gil de (hijo del ayo de pajes del Infante-Cardenal; caballero de Santiago; buen soldado en Italia y Flandes; casó en Nápoles con la princesa de Marruecos), XIX, 315-316, v. la nota 315 en XIX, 462-463 (**1642:** por haber hablado mal del gobierno, le querían prender; se refugió en la iglesia mayor de Zaragoza y siguió con la crítica; entraron y le prendieron; el clero, escandalizado; v. San Francisco, "la autoridad civil...")

Torres, Juan de (manda tercios a las órdenes del marqués Gieri de la Reina, capitán general, q.v.), XV, 450

Torres, P. Luis de, S.J., XIII, 13 (1634: entre los que habla al Conde-Duque sobre los papeles de Roales y Espino contra la Compañía)

Torres, Marcial de (abad electo de San Isidoro de León; m. 1635), XIII, 276

Torres, H. Matías de, S.J. (hermano de Carlos de Torres, q.v., y primo del P. Sebastián González), XIX, 72, 84 (reside en Sevilla)

Torres, Pedro de (tapicero mayor; ayuda de Cámara del Rey y capitán de la milicia), XIII, 509, 539

Torres de Segre (pueblo con castillo a 12 kilómetros al sudoeste de Lérida, sobre el río Segre), XVI, 88; XVII, 489

*[Torres] Amat, [Félix] (n. en Sallent, 1772; m. en 1847; obispo, catedrático y editor de la Biblia)

Torres y Camargo, Antonio de (oidor de Granada; nombrado alcalde de la Corte), XVIII, 236

Torres y Grijalba, Francisco de (chantre de Ciudad-Rodrigo y administrador del Hospital general de Madrid), XVIII, 469 (**1647**: abad de Roncesvalles; nombrado obispo de Mondoñedo, 1648-1662); XIX, 152 (1648: m.; sin embargo, según Gams, 52b: **1662**), 453 nota 468

Torres y Sandoval, Alonso de (joven de 18 años; "sobrino del cardenal [Cósimo] Torres" de Málaga [XV, 334; v. el cardenal Cósimo de Torres])

– XV, 334-335 (**1639**: encarcelado y degollado cruelmente por el "alcaide" [era teniente corregidor] de Málaga), 343-344 (el alcalde Juan de Morales de Granada prendió al corregidor en Granada); XIX, 390 nota 344 (a raíz de una disputa en Málaga, el teniente corregidor Pedro de Olavarría mandó que a Torres le degollaran cruelmente, sin permitir apelación ni confesión, y así se hizo; más tarde en Granada el alcalde Juan de Morales prendió a Olavarría, y fue condenado a m., pero se mandó sobreseer la causa; v. Pellicer, *Avisos*, I, 84 [**1639**]) (var: Fulano de Torres; Alonso de Torres; Pedro de Torres y Sandoval [en Pellicer]; por el teniente corregidor, "alcalde mayor" [343] y "alcaide" [334])

Torres y Sotomayor, Jacinto de (presbítero), XVII, 499

Torreseca, vizcondesa de (de Zaragoza), XVII, 371 (m. asesinada en su casa)

Torres-Vedras, marqués de (Juan Suárez de Alarcón), XIX, 402 nota 329 (1641: huye de Portugal)

Toscana (región del centro de Italia, bañada al O por el mar Tirreno; su capital es Florencia, y otras ciudades son Siena, Liorna, Lucca, Pisa y Carrara) XVIII, 327, 345, 429, 434, 466; XIX, 85, 86 (sus presidios), 446 nota 335

Totavila, Francisco (v. Tutavila, Francesco)

Toulon (puerto en la costa francesa del Mediterráneo, a 45 km. al E de Marseille), XIII, 478, 479; XV, 210; XVI, 29, 34; XVII, 178; XVIII, 349, 460 (var: Tolon)

Toulouse, XIII, 331, 536; XIV, 198, 429; XV, 41, 51; XVI, 272, 287 (var: Tolosa)

Toulouse, cardenal de (Louis de Nogaret [de La Valette], cardenal arzobispo, hijo del duque d'Epernon; v. Miranda), XIV, 315 (1638: le quitan el gobierno de las armas francesas) (var: Tolosa)

Tour d'Auvergne, Henri de la (v. Bouillon, duque de, y su hijo, el vizconde de Turenne)

Tour d'Auvergne, Federico Mauricio de la (v. Bouillon, duque de)

Touraine, (prov. de Francia al sudoeste de París; su capital, Tours; v. Dampierre)

Tournai (a 25 km. al E de Lille y 35 km. al NE de Douai), XVI, 222 (var: Tornay)

Tournes (a 13 km. al noroeste de Mézières y 8 km. al sur de Rocroi), XIX, 84 (lo tomó el Archiduque Leopoldo Guillermo) (var: Turn)

Tournesi (¿antigua provincia del NE de Francia?), XVII, xvii

Tournon (v. Turnan)

*Tovar, Josef (probablemente Josef Pellicer y Tovar, q.v.)

Toyras, mariscal de (v. Toiras, Mr. de)

Tracmuller (v. Truchenmuller)

Traidores, plaza de los (en Barcelona), XVIII, 266 nota 2 (nombre que recuerda la trama de algunos catalanes para entregar la ciudad a los españoles)

Trajano, [Marco Ulpio] (emperador de Roma; n. 53 en España, m. en 117; reinó desde el año 98), XIII, vii nota 2 (personaje de una comedia)

Tramonti (valle entre Pagani [a 35 km. al sudeste de Nápoles] y Maiori [en la costa del mar, a 40 km. al sudeste de Nápoles]), XV, 260 (aquí nació

Durazzo, q.v., el compañero del príncipe Sanz, q.v.)

Tranalla o Tremolle (v. La Tremouílle)

Trancoso ("amigo del Conde[-Duque]" en una sátira), XIII, xii

Transfiguración, día de la (el 6 de agosto), XIII, 43 (fiesta que celebra la manifestación gloriosa de Cristo a los apóstoles Pedro, Santiago y Juan)

Transilvania (principado que en el siglo XVII era el centro cultural de Hungría, regido por la dinastía de los Rácóczi, q.v.), XIV, 393; XVII, 464

Transilvania, príncipe de (véase Rácóczi)

Trapa, puente de (Nápoles), XIX, 44

Trapo, fiesta del (Madrid), XIII, 42; XIX, 374 nota 42 (el día de San Marcos, 25 de abril, el pueblo de Madrid salió hacia Fuencarral, a una ermita del Santo)

Trasmiera (pueblo de la costa atlántica al oeste de Bilbao, cerca de Laredo y Castro-Urdiales, q.v.), XV, 322

Trautmannsdorf, Maximiliano, conde von (en 1646, diplomático imperial y privado del emperador de Alemania), XVIII, 335 (afecto a Francia) (var: Trausmasfort)

Trebisonda (ciudad del NE de Turquía asiática, en el litoral SE del mar Negro; capital del imperio bizantino de su nombre), XVIII, 317 (tomado por sorpresa por los cosacos que metieron en ella 6.000 soldados de presidio)

Tregny (teniente coronel del ejército del teniente general conde de Rantzau en la batalla de Tuttlingen), XVII, 425 (1643: preso con los oficiales y los comisarios, pagadores y estandartes del regimiento, y cuarenta y cinco capitanes y gran número de oficiales y bagaje del regimiento de la Reina [Cristina, q.v., de Suecia])

Treilles (castillo a 30 km. al N de Perpiñán), XIV, 185, 198, 249 (var: Trillas)

*Trejo, Luis (n. Plasencia; m. 1641 en un desafío; caballero de Santiago; maestre de Campo en Italia y nombrado para Alsacia; herido en una pendencia en Madrid; era gran rejoneador y alanceador de toros; gobernador de la caballería de Andalucía)

– XIV, 40 (caballero de Santiago; corría toros en el Buen Retiro)

– XV, 187 (**1639**: le hacen maestre de Campo, a condición de que levante tropas para ayudar al Emperador), 211, 257 (queda manco en una pendencia con unos caballeros)

– XVI, 238 (**1641**: le mata Diego de Abarca Maldonado, q.v.; v. Pellicer, *Avisos*, XXXII, 39); XIX, 395 nota 238 (por error, 237 [¶2]), 423 nota 404

Trejo, Marcos de (testigo), XVIII, xxvii

Trejo Paniagua, Fr. Antonio (obispo de Murcia, 1618-1635; m. 1635), XIII, 165, 547

*Trelles Villademoros, Joseph Manuel (historiador y genealogista)

Tremblay, François Le Clerc du (v. Le Clerc du Tremblay, François)

Tremeo, marqués de, XIX, 44 (1647: durante los tumultos de Nápoles, el Virrey mandó ocupar el puesto de su casa)

Tremouílle (v. La Tremouílle)

Trento (ciudad de Italia, a 35 km. al norte de Verona), XIII, 399; XVIII, 344

Tréveris (tenía "tres puertas" en su muralla y "casas" dentro, y era una "plaza" sometida al "asalto a media noche... por una de tres puertas" [XIII, 170, 172, 183; XVIII, 216], es decir que era una ciudad situada sobre el río Mosela a 50 km. al NE de Luxemburgo y 100 km. al SO de Koblenz; a continuación se ve que también se aplicaba su nombre a un área, "su tierra", "sus estados" [que abarcaban Koblenz], "país abierto" y "el país de Tréveris" [XIII, 188, 370, 371; XIV, 39; XVII, 222])

- XIII, 170 y 172 (**1635**: (la toma el Infante-Cardenal y captura al Arzobispo Elector de Tréveris [v. a continuación su ficha]), 176, 183, 188, 189, 370, 393, 394, 442, 535
- XIV, 147; XV, 382 (**1640**: Longueville iba a ponerle sitio pero le derrota Picolomini en el camino)
- XVII, xxii, 249 (**1643**: los franceses la quieren sitiar), 489 (**1644**: Turenne quiere sitiarla pero Beck lo derrota)
- XVIII, 58, 216 (**1646**: los franceses la toman "con inteligencia del Elector")
- XIX, 132

Tréveris, fontana de (Roma), XIV, 117

Tréveris, obispado de (v. también arzobispado y país) (ocupa el área entre Koblenz y Luxemburgo, atravesado por el río Meuse), XIII, 371 (**1636**: los imperiales cercan Koblenz, ciudad de este obispado); XIV, 134 (var: Tréverys)

Tréveris, país de (v. también obispado y arzobispado), XIV, 39 (**1637**: los imperiales tomaron a los franceses la única plaza que tenían "en el país de Tréveris"); XVII, 222 (**1643**: la ganancia de Thionville puso a Francia "muy cerca de Tréveris,...país abierto")

Tréveris, arzobispado de (v. también obispado y país), XIII, 142-144, 148-149, 170 (**1635**: al mando del duque de Lorena, los imperiales toman Philippsburg, y así, el país de Tréveris); XIV, 49 (**1637**: los imperiales sitian Erenberstein, plaza del arzobispo), 159, 161 (todo el arzobispado queda rendido al Emperador)

Tréveris, arzobispo de, así como Elector del imperio, XIII, 144, 148-149, 170 (**1635**: los imperiales sorprenden al Arzobispo en la cama, y le envían a Luxemburgo), 172 (preso en Bruselas), 174 (le capturan el conde de Embden, q.v., y toman todos sus papeles), 190 (Francia pide al Cardenal-Infante la libertad del Elector), 265, 370 (**1636**: el Infante le remite al Emperador, quien queda en poder de su estado y capítulo arzobispal), 393 (toma como su coadjutor al hijo del Emperador; le intiman vaya a la Dieta pero se excusa por la edad, pues tiene más de 80 años), 442 (envía su voto a la Dieta por el Emperador), 463 (la Dieta se demora porque el Emperador exige al Arzobispo que esté presente)
- XIV, 14 (**1637**: ordena el Emperador comenzar la Dieta con su caso), 20 (los demás electores lo condenan a perder el voto y a estar preso en Lintz), 233, 242 (entra el Arzobispo de Tréveris en la ciudad de Viena), 331 (**1638**: se declara nula la elección que había mandado del Emperador, por no hallarse el mismo Arzobispo en ella)
- XVIII, 216 (**1646**: el Arzobispo da inteligencia a los franceses para ayudarles a tomar Tréveris, lo cual lograron) 387 (hace que su iglesia elija como coadjutor al hijo segundo del príncipe de Condé)
- XIX, 278 (**1642**: el duque de Baviera envió tropas a Colonia para ayudar a su hermano el Elector)

Tréveris, Elector de (v. la ficha del Arzobispo)

Treviño, conde de (v. Maqueda, IV duque de)

Triana (barrio del SO de Sevilla, en la orilla derecha del Guadalquivir), XV, 331; XVI, 245, 247, 248, 249, 250, 251, 252, 253, 509

Triana, Victoria de (véase Victoria de Triana, Convento de la)

Tribulcio (v. Trivulcio)

Tribunal, el, o Santo Tribunal (v. Inquisición)

Trieras, Las ("confina con el partido y valle de Sanabria", q.v., en Galicia), XIX, 324 (v. Monterrey [plan portugués...)

Trieste (ciudad en el NE de Italia, en la península de Istria), XIX, 80

Trigueros, P., S.J., XVI, 173

Trillas (v. Treilles)

Trino (a 14 km. al sudoeste de Vercelli [Monferrato]), XV, 199, 236, 254, 278, 288, 291-292, 296, 310; XVII, 260, 284, 327; XVIII, 69, 398 (var: Trin)

Trinavia (v. Tyrnau)

Trinidad, la Santa (la de Dios), XIII, 127
- fiesta de la Santísima, XIV, 137; XVIII, 315
- misterio de la Santísima, XIII, 221

Trinidad, la Orden de la Santísima (fundada en 1198 por dos españoles para la redención de cautivos)
- los frailes, XIII, 84 (**1634**: al Dr. Juan del Espino, q.v., le trasladan de los Carmelitas Descalzos a los Trinitarios), 94 y 335 (los sucesivos disparates del P. Antonio de Lerma, q.v.), 365 (**1636**: a consecuencia de las inundaciones en Valladolid, "las Trinitarias... [están en casa de] los Trinitarios"; XVIII, 122, 487
- iglesia madrileña, XV, 464; XVII, 376; XIX, 117
- iglesia vallisolitana, XIII, 364 (1636: inundada)
- monasterio madrileño, XIX, 409 nota 377 ¶1

Trinidad del Monte (sitio del palacio de Castel-Rodrigo en Roma), XIV, 117

Trinitarias o Trinitarios (v. Trinidad, frailes)

Tristain, cardenal (v. Dietrichstein)

Triumbila o Triunvilla (v. Thionville)

Trivulcio, P., o Trivulcio, príncipe (v. Trivulzio, cardenal)

Trivulcio, Héctor (error por la ficha que sigue)

Trivulcio, Hércules (general de la milicia del Milanesado), XVIII, 313

Trivulzio, cardenal [Giangiacomo Teodoro] (1597-1656; conde de Melzo, príncipe de Musocco, Mesolina y del Sacro Imperio Romano Germánico; caballero de Santiago [1606]; gobernador de Collescipoli [1628]; hecho cardenal en 1629; gobernador general de la milicia de Milán; grande de España; virrey y capitán general de Aragón [1642]; del Consejo de Estado [1643]; presidente y capitán general del reino de Sicilia, 1647-1649; virrey de Sardinia [1649]; gobernador y capitán general del ducado de Milán [1655-1656]; v. Miranda)
- XIII, 463 (**1636**: partidario de España), 501 (en el Lodesano, q.v., en actos militares)
- XIV, 29, 384; XVI, 136 (**1641**: las tropas que trae de Lombardía se unen a las del príncipe Tomás)
- XVII, 263 (**1643**: virrey de Cerdeña), 388, 391 (del Consejo de Estado, y parte para Nápoles, para estar cerca de Roma por si hay vacante), 406 (en Madrid), 446 (**1644**: del Consejo de Estado), 451
- XIX, 152 (**1648**: virrey provisional de Sicilia; Palermo no le acepta; Mesina sí), 157, 164, 171 (envía de Sicilia a España al primogénito del rey de Túnez, de fe católica), 192 (mete en Palermo 1.000 españoles y 600 italianos para seguridad), 347 (**1642**: le hacen virrey de Aragón y capitán general), 355 (le dan la grandeza española a su casa) (var: Trivulcio; Vivulzio)

Troches, Diego (capitán), XIV, 214 (m.)

Troya, XVII, 401; XVIII, xix

Troya, obispo de, XIII, 156

Truchenmuller (teniente general de la caballería imperial), XV, 494; XVII, 407, 423 (var: Trucmiller; Trucmuller; Truquenmiller; Trutmiller)

Trujillo (a 45 km. al este de Cáceres), XVIII, 408 (var: Trujillos)

Trujillo en Indias (probablemente Trujillo en Indias del Perú, en la costa del Pacífico a 495 km. al N de Lima) XIX, 82 (**1647**: P. Salmerón, general de la Merced, electo obispo de Trujillo en Indias; v. Merced, Orden de la: su padre general), 151 (**1648**: predicador del Rey; m. en España)

Trujillos, marqués de los (1629: título concedido a Antonio Álvarez de Bohórquez y Girón, caballero de Santiago y regidor de Salamanca [Atienza, 990b]),XIX, 161 (1648), 163, 187
Truquenmiller o Trutmiller (v.Truchenmuller)
Tübingen, XIII, 121; XVII, 420 y la nota 3 (var: Duttlingen; Tubinghen; Tubingia; Tudlingen; todas son errores por Tuttlingen, q.v.)
Tudela (ciudad en la ribera del Ebro, q.v., a 82 km. al NO de Zaragoza), XVI, 418; XVII, 12, 37
Tudlingen o Tutlingen (véase Tuttlingen)
Tufiño, Melchor (1645: capitán de caballos del ejército de Leganés, q.v., en la frontera de Portugal cerca de Elvas, q.v.), XVIII, 204
Tumba, duque de la, XVI, 328 (título satírico)
Túnez, XV, 195; XVI, 55
Túnez, hijo del rey de, XIX, 171
Tunja (a 120 km. al NE de Bogotá), XVI, 473 (allí m. el P. Benito Díaz)
Turco, el (enemigo del Persa, q.v., de Venecia, q.v., y de España, q.v.)
– XIII, xi, 22, 28, 36, 56, 171, 185, 187
– XIV, 16, 86, 114, 312, 146, 166, 393
– XV, 121, 128, 167, 185, 203, 205, 219, 223, 246, 248, 297, 304, 340, 425
– XVI, 40, 51, 341
– XVIII, 63, 64, 74, 75, 84, 88, 96, 104, 104, 133, 158, 163, 172, 225, 267, 280, 289, 295, 302, 318, 319, 362, 366, 387, 430, 498
– XIX, 8, 55, 64, 85, 160
Turco, el Gran, XIV, 375, 377; XV, 8; XVII, 324, 472, 477; XVIII, 317; XIX, 172
Turena (v. Turenne, y Touraine)
"Turena, conde de, Luis, general" (en los repertorios consultados no he hallado rastro de tal nombre ni del título, ni de la batalla con Piccolomini; ¿será error por Turenne, vizconde de, cuyo ejército sufrió una "rota tremenda" a manos de Piccolomini? Véase XIX, 194, en la ficha a continuación)
Turenne, vizconde de (Henri de la Tour d'Auvergne,1611-1675; hijo de Henri, duque de Bouillon, q.v., y hermano menor de Federico Mauricio, duque de Bouillon, q.v.; mariscal de Francia desde 1643, de gran fama por sus victorias sobre los imperiales [1638, 1644 y 1645]; servía con el duque de Enghien, q.v.) (var: Turena)
– XV, 459 (**1640**: general de la caballería de Francia; herido en la batalla de Moncalieri [a 10 km. al SE de Turín, sobre el Po])
– XVII, 489 (**1644**: derrotado desastrosamente cerca de Tréveris, q.v., donde murieron 8.000 soldados suyos)
– XVIII, 69; XIX, 434 nota 69 (**primavera, 1645**: al mando de los ejércitos franceses, fue derrotado en la batalla grande de Frankenthal, q.v.); (**agosto, 1645**: gran batalla de 3 días y la segunda en Nördlingen [la primera en esta ciudad fue en 1634: XIII, 93 y 101]), 140 (noticias contradictorias), 157 y 163 (noticias falsas de su muerte; murieron muchos soldados), 174 ("Las gacetas hablan opuestas: unas dicen quedó por nosotros el campo, y otras por el francés. Ni ha m. Turena ni es preso Enghien, como se dijo" [los historiadores asignan la ventaja al francés; las interpretaciones de Pascual de Gayangos son conflictivas unas y a veces erróneas otras: XVIII, 157, nota 2])
– XIX, 194 (**1648**: noticia de una derrota por Picolomini de "Luis, conde de Turena", q.v., que parece error por Turenne, vizconde de, q.v.), 437 nota 140 (Mercy, q.v., era general francés, no "general de los imperiales")
Turi, barón de (Marco Antonio Moles, napolitano; padre de Leonardo Moles, q.v.; m. de un cañonazo de la flota francesa que cañoneaba a Tarrago-

na), XIX, 446 nota 335 ¶5-447 nota 335 ¶1
Turín, XIII, 18 (**1634**); XIV, 53 (**1637**), 228, 376 (**1638**), 486
- XV, 159, 166 (**1639**), 189, 194, 232, 234, 235, 238, 239, 241, 243, 253, 254, 256, 274, 292, 296, 299, 305, 310, 323, 324, 344, 377, 396 (**1640**), 400, 401, 416, 456, 457, 466, 479, 479
- XVI, 17, 19, 21, 34, 55, 66, 127 (**1641**)
- XVIII, viii, 69 (**1645**); XIX, 165 (**1648**) (var: Torino)
Turín, corte de Saboya, XVII, ix
- XVI, 31, 48, 55 (1640: tomado por los franceses)
Turingia (antiguo estado en el centro de Alemania, que limita con Sajonia, Baviera y Hesse; su capital, Weimar [a 88 km. al SO de Leipzig]; sus ciudades principales mencionadas en las *Cartas* son Altenburg, Plauen y Erfurt; v. la ficha de Königshofen), XV, 220, 489, 492, 493, 495 (var: Thuringia)
Turlac, marquesado de (v. Durlach)
Turlingen (v. Tuttlingen)
Turn (v. Tournes)
Turnan (villa a 90 km. al SE de París y 75 km. al SO de Meaux), XVII, 438 (amotinada por ocasión de un nuevo tributo) (var: Tournon)
Turquía, XV, 290; XVII, 225; XVIII, 365
Tursi (pueblo del reino de Nápoles en la provincia de la Basilicata, a 6 km. al S del río Agri, 28 km. al SE de Stigliano, 43 km. al SO de Taranto y 123 km. al SE de Nápoles), XIX, 377 nota 284
Tursi, duque de (Carlos Doria o de Oria, príncipe, grande de España y general de las galeras de España)
- XIII, 282, 284 (**1635**: toma las islas de Santa Margarita y San Honorato), 354 (**1636**: queda por gobernador de la mar alrededor de aquellas islas), 400 (hace gran acopio de municiones en relación con la toma de Valdetarro), 401, a404 (al duque de Segorbe), 405, 408, 424, 444 (su hijo parte para Italia y se detiene en Valencia a ver a su tía y hermana la duquesa de Gandía), 464 (en Barcelona embarca 4.000 soldados en sus galeras), 466, 475, 480, 516 (el Papa saca monitorio con acrimonia contra él por ocupar el estado de Valdetarro, feudo de la iglesia), 517, 519
- XIV, 25 (**1637**: el duque de Parma pide acuerdos con S.M.; acepta que el de Oria se quede con Valdetarro), 83, 228 (combate contra holandeses cerca de Génova), 288, 311 (**1638**: general de escuadra de las galeras en Cerdeña), 314 (se le da el virreinato de Cerdeña, "pequeño puesto para su grandeza" [era grande de España y príncipe]), 345 (su nave capitana llega a Barcelona con Melo a bordo), 350 (junta con Leganés, Balbases, Siruela y Monterrey), 352, 463 (su hijo Juanetín, el duquesito, en Breda), 384
- XV, 89, 93 (impide que los franceses se apoderen de la galera patrona de España en Génova), 94 ("parte para Florencia con gran pompa para tomar el homenaje al príncipe Juan Carlos de Médicis del cargo de general de mar"), 246, 389 nota 3 ¶5 (**1640**: le hacen grande de España), 390, 389 nota 3, 398
- XVII, 223 (**1643**: llega a Valencia desde Génova con Torrecusa y el conde de Siruela), 224 y 229 (intenta socorrer a su yerno, el marqués de Viso, en Orán, q.v.), 354, 360 (le dan las galeras que fueron del duque de Fernandina, q.v.), 438 (**1644**: su hija se casará con el heredero del marqués de la Puebla de Montalbán), 450 (m. su hijo, Tomás de Oria, eclesiástico rico), 473 (aguarda a la armada real en Gibraltar con nueve galeras), 491 (se resiste a pelear con navíos franceses por conducir dos millones

de plata y a la marquesa de los Vélez y sus hijos), 496
- XVIII, 339, 433, 469 (**1647**: le dan las galeras de España, y a su hijo Juanetín de Oria las de Nápoles)
- XIX, 156 (**1648**: m. tísica su hija, Victoria de Oria, casada con el heredero del marqués de Montalbán), 164 (la plebe insurrecta prende al duque de Tursi y lo interroga por su filiación en contra o a favor del motín de Nápoles) 170 (en Nápoles liberan a él y a su nieto), 331 nota 1 (se lee "Tursis", pero indica Gayangos que tiene que ser "Tassis"), 377 nota 284, 384 nota 228, 418 nota 224 (var: Doria; d'Oria; Oria; Tursis)

Tuseta de Villagrasa (v.Villagrasa)

Tutavila, barón de (maestre de Campo general en 1648), XIX, 149

Tutavila, Francesco (1604-1679; hermano de Jerónimo y Vicencio, q.v.; duque de San Germano; distinguido general napolitano y gobernador de Tarragona hacia 1646), XVIII, 283 (**1646**: derrotó a los franceses en Lérida), 348, 439, 440; XIX, 447 nota 348 (var: Totavila)

Tutavila, Jerónimo de (hermano de Francesco, q.v.; conde de Tyrconell [título irlandés]), XV, 38 (**1638**: maestre de Campo); XVI, 9 (**1640**: excesos de sus soldados en Aragón [v. Zaragoza, representación de la ciudad]), 430 (m. en **1642**); XIX, 447 nota 348 (var: Tirconel; Triconel; Tutevila)

Tutavila, Oracio (hijo de Francesco Tutavila, q.v.; duque de Calabrita [sic]), XIX, 447 nota 348

Tutavila, Próspero, XIX, 176 (**1648**: prende al duque de Guise), 183 (var: Tutavilla)

Tutavila, Vicencio (hermano de Francesco, q.v.),XVI, 9; XVIII, 92 (**1645**: preso en Llorens); XIX, 447 nota 348

Tutlinghen (v. Tuttlingen)

Tuttlingen (pueblo de la región de Württemberg, q.v., en el extremo SO de Alemania [la Selva negra], a orillas del Danubio, y a 68 km. al este de Freiburg y 98 km. al sur de Stuttgart), XIX, 407, 419-425 (**1643,** el 24 de noviembre: junto a Tuttlingen los imperiales derrotaron a un ejército grande de franceses y suecos; v. Lorena, duque de; Guebriant, conde de; Melo, Francisco de [conde de Assumar] y el teniente coronel Tregny); XIX, 423-424, nota 407 (descripción muy extensa de la batalla; v. en la Bibliografía dos relaciones detalladas, tituladas *Relación de la entera rota...*); XVII, 421 (**1644**: sobre el pueblo hubo un castillo vecino, nombrado el Honburg, colocado en un alto de 725 metros, donde antes de escapar se refugió el general Roose, q.v.; fue destruido en esta batalla u otra de la presente guerra) (variantes: Dutlingen; Dutlinguen; Duttlingen; Tubinghen; Tübingia; Tubingien; Tudlingen; Tulinghen; Turlingen; Tutlingen; Tutlinghen)

Tuy (provincia de Pontevedra, a orillas del río Miño), XVII, 216, 217, 240, 268, 270

Tuy, obispo electo en 1638, XIV, 339 (el Dr. Terrones fue nombrado pero no confirmado); según Gams, p. 85a, en esta época los obispos de Tuy fueron Diego de Arce y Reinoso, 1635-1638; Diego Rueda Rico, 1638-1639; Antonio de Guzmán Cornejo, 1640-1642; y finalmente Diego Martínez Zarzosa, 1644-1649)

Tyrconell, conde de (v. Tutavila, Jerónimo)

Tyrnau (ciudad de Hungría, donde el cardenal Pazmann, q.v., fundó una universidad en 1635 para la Compañía de aquel reino), XVIII, 51 nota 1 (var: Trinavia)

Tyrone, conde de, XV, 444 (1640: maestre de Campo de los valones); XVI, 121-122 nota 2 (**1641**: herido o m. en el ataque a Montjuich, q.v.; véase la ficha de los hermanos Espatafora)

U

Ubeimar (v. Weimar)

Ubert, Juan de (v. Weerth, Juan de)

Ubilla, Miguel de (militar vizcaíno que al bajar el mar entró y salió por el agua y cieno, para meter soldados en Fuenterrabía), XIV, 493-494 (como premio recibió "un hábito y encomienda y una compañía de infantería perpetua")

Uceda, conde de (convertido en el marquesado de Loriana, q.v., en 1599)

Uceda, ducado de, XIII, 368

Uceda, I duque de (Cristóbal Gómez de Sandoval Rojas y de la Cerda, primogénito del I Duque de Lerma, q.v., a quien le sucedió en la casa, los títulos y la privanza con Felipe III; caballero de Santiago, Grande de España, gentilhombre de la Cámara y virrey de Cataluña; casó con Luisa de Padilla; m. en 1624 en la cárcel [le sucedió en la casa y los títulos su hijo Francisco de Sandoval Rojas y Padilla, III duque de Lerma, q.v.])
- XIII, 367 y la nota 1
- XIV, 7 nota 1 (1621: al Duque "se soltó de la prisión y se le mandó ir a Arévalo, sin guardas")
- XVIII, 465 y la nota 2 (Francisca Sandoval, hija del I duque de Uceda y hermana del III duque de Lerma, casó con el IX Almirante de Castilla, q.v.)

Uceda, [II] duque de (a la m. del I duque en 1624, los títulos pasaron a su hijo, Francisco, III duque de Lerma y II de Uceda, y a la m. de éste en 1635, los títulos de IV duquesa de Lerma y duquesa de Cea pasaron a su hija Mariana Isabel de Sandoval Rojas y Enríquez de Cabrera, que se casó con quien iba a ser en 1640 el VII duque de Cardona, Luis Raimundo Folch de Cardona [Carraffa, LXXX, 118-119]; otra hija, Felice de Sandoval Rojas y Enríquez de Cabrera [1633-1671], heredó el título de III duquesa de Uceda; en 1642 se capituló con Gaspar Téllez Girón [1625-1694], marqués de Peñafiel y primogénito del IV duque de Osuna, q.v. [XVI, 260 y 280 y la nota 2, con un nombre de pila equivocado]; Carraffa, LXXX, 119]; se casaron en 1645, cuando ella tenía "doce años" y el título de "[III] duquesa de Uceda" [XVIII, 40]); en 1638, cuando ella tenía cinco años y el II duque de Uceda había muerto hacía tan sólo tres, se entiende cómo la frase "los criados del duque de Uceda" [XIV, 286 nota 1] se refiere al II duque, Francisco de Sandoval)

Uceda, III duque consorte de (Gaspar Téllez Girón, nieto del III duque de Osuna, q.v., e hijo del IV Duque, q.v.; se casó con la III duquesa de Uceda, Felice de Sandoval Rojas y Padilla [hija de Francisco de Sandoval Rojas y Padilla, III duque de Lerma y II de Uceda), XVI, 260 (1642: las capitulaciones); XVIII, 40 (1645: el casamiento)

Uclés (a 16 kilómetros al sudeste de Tarancón, que está a 82 kilómetros al sudeste de Madrid; célebre monasterio de la Orden de Santiago, llamado el "Escorial chico"), XVI, 389 (residencia de Enrique Felípez de Guzmán, q.v.)

Uden (a 28 km. al SO de Nijmegen), XIII, 496

Uladislao VII, rey de Polonia (nombre erróneo; v. Ladislao IV, rey de Polonia)

Uldecona (v. Ulldecona)

Ulises, XIII, 224 (personaje en una comedia)

Ulm (ciudad en la provincia de Württemberg, q.v.), XIII, 121, 230, 234, 238; XIV, 393 (var: Ulma)

Ulst (v. Hulst)

Ulster (nombre de la provincia del norte de Irlanda), XVII, 260 (var: Ultonia)

Ultramussa ("más allá [del río] Mosa" [en holandés, Maas; en francés, Meuse: río que atraviesa gran parte de Bélgica, de Dinant a Eysden]), XVII, 130 (var: Outre Meuse)
Ulúa, San Juan de (véase San Juan de Ulúa)
Ulldecona (a 30 km. al S de Tortosa), XVI, 343, 353; XIX, 247, 248
Ulloa, Francisca de (véase Puebla de Ovando, I marquesa de la)
Ulloa, Jerónimo de (caballero de Santiago; procurador de Toro en 1632), XVI, 379-380 (sátira); XIX, 406 nota 377 ¶4 y 407 nota 377 ¶6 ("poco escrupuloso en el manejo de fondos")
*Ulloa Pereira, Luis de (natural de Toro; poeta)
Umbreras, la de (dama española), XV, 251
Umbria (región del centro de Italia, al N de Roma; sus ciudades principales son Rieti, Terni, Spoleto y Foligno), XVI, 48
Umena, duque de, XIV, 35 nota 1 (uno de los "discursistas" sobre unos desafíos en la corte)
Umena, hermano del duque de, XIII, 495 nota 1 (fue preso por Francisco de Melo en el paso del río Somme)
Undaga (lugar fortificado del sudoeste de Francia, cerca de Navarra), XIV, 212 (el duque de Nochera la abandonó, junto con Sibourre, q.v.)
Unsalde (v. Otero de San Ungilde)
Unzueta, la de (sátira), XVI, 237 ("obra del demonio")
Unzueta, Cristóbal de (capitán de la infantería de las galeras de España), XIII, 283, 286 (desembarcó en la isla de Santa Margarita)
Urangel (v. Wrangel, Karl Gustav)
Urania (musa de la astronomía), XV, 142
Urbano, fuerte de (entre Módena y Samoggia, q.v.), XVI, 485 (cuartel de armas eclesiásticas)
Urbano VIII, papa (v. Papas, los)

Urbina, Juan de (capitán), XV, 158 (el Rey le hizo merced de un hábito y sueldo de capitán por su vida)
Urbina, P. [Juan] (comisario de la Orden de San Francisco), XVII, 389 (1643: nombrado obispo de Coria [en 1648 le trasladaron a Valencia, según Gams, 30a])
Urbina, P. Fernando de, S.J., XIX, 245 (cobró la deuda de la Compañía y está en Cartagena [de Indias])
Urbino, comarca de (ocupa el centro oriental de Italia, incluso Perugia y Fabriano)
– XIV, 326 (**1638**: antiguamente era feudo del duque de Florencia; ahora es estado de la iglesia)
– XV, 353 (**1639**: el Papa procura hacer duque de Urbino a su sobrino nieto, el hijo de Taddeo Barberini, q.v., y casarle con una hija del duque de Parma)
– XVI, 484 (**1642**: el duque de Florencia pretende la comarca por la fuerza)
– XVII, 504 (**1644**: Francia pide que se quite la legacía de Urbino a Antonio Barberino [sobrino del Papa y hermano de Taddeo, q.v.])
Urdán Videluz, Mateo de (secretario del presidente del Consejo de Castilla), XVII, a199
Urdanivia, Sancho de (era caballero de Guipúzcoa, general de la flota de Nueva España, y almirante interino de una flota de 30 naos para socorrer a Rosellón; v. Arellano, Pedro), XVI, 270 (var: Urdanieta)
Urdaz (lugar del Pirineo de Navarra cerca del puerto de Maya, q.v.), XV, 306
Urdiales, Castro de (v. Castro de Urdiales)
Urdon (villa de Pomerania), XV, 95 (los suecos lo tomaron a Gallas)
Uredanos (de Uri, q.v.)
Ureña, conde de (v. Osuna, IV duque de)

Urgel, obispo de (Pablo Durán, 1634-1651; m.), XVI, 8, 12 (véase también Seo de Urgel)
Urgel y Aragón, Isabel de (v. Pedro III)
Uri, cantón de (Suiza), XIV, 95
Uribe, Gregorio (residente de Antequera), XV, 1-2 (asesinado en su casa por un clérigo)
Ursi (villa de Francia cerca de San Quintín, q.v.), XIII, 491 (tomada por los españoles) (var: ¿Urzy?)
Ursino, cardenal (v. Orsini, Virginio)
Ursinos, los (v. Orsinos, los)
Ursúa, Bartolomé de (vecino de la villa de Maya, q.v.), XV, 307
Ursúa, Pedro de, XIV, 246 (1637: almirante de una armada en el mar Caribe); XV, 403 (1640: almirante de los galeones de la flota frente a Salsas); XVI, 301 (1642: se defiende de lo que contra él se ha escrito; la armada de Cádiz está al mando del duque de Ciudad-Real, q.v.)
Úrsula, señora doña, XVI, 24 (acreedora del autor de la carta)
Urteaga, S.J., P. Pedro de (provincial de la Compañía), XIII, 62, d199; XVIII, 18
Urueña, duque de, XVI, 280 (error por conde de Ureña; v. Osuna, IV duque de)
Uruguay (en un libro sobre las misiones de la época colonial se menciona "la provincia de Paraguay, Paraná, Uruguaig [sic] y Tape"), XV, 336 nota 1
Urreta, Domingo de (sargento), XIV, 471 (1638: m. en el intento de los españoles de socorrer a Breda, q.v.)
Usi o Ussi, barón de (v. Auchy)
Usies, Mr. de (general francés de un ejército después de la m. del duque de Meilleraie, q.v.), XV, 278 (1639: derrotado el ejército cerca de Thionville en Flandes, y preso el general)
Uson, P. Juan Antonio, S.J., XIII, 156 (1635: uno de los que verán la causa de la madre Luisa de Carrión), 181, 267, 295; XIV, 105, 432; XV, 191

Ussi o Usi, barón de (v. Auchy)
Uste, conde de (v. Carranza y Medina, Ambrosio)
Utebol (pueblo en la ribera del Ebro, q.v., a 14 km. al NO de Zaragoza), XVII, 12 (var: Utibo)
Utre (puerto francés en la costa de Cannes, cerca de las islas de Lérins, q.v.), XIII, 279
Utrecht (ciudad de Holanda, a 30 km. al SE de Amsterdam y 52 km. al NE de Rotterdam), XVI, 49; XVIII, 497 (var: Utrech)
Uval, río (v. Waal)
Uvaldino, cardenal (sin documentar en los repertorios consultados; otros dos con apellidos semejantes m. antes de 1646: Roberto Ubaldini en 1635 y Benedetto Ubaldi en 1644; v. Salvador Miranda), XVIII, 246 (1646: en Roma el cardenal recibió en su palacio al IV duque de Arcos y Virrey de Nápoles, q.v.)
Uvert, Juan de (v. Weerdt, Juan de)
Uvisa, marqués de (general en Cataluña; es posible que esté mal deletreado), XVIII, 315 (1646: m. al retirarse a Villanoveta de la Barca)

V

Vaca, Fulano (canónigo, "por vicario de Madrid" en las honras fúnebres del Infante-Cardenal Fernando de Austria), XVI, 88
Vacia-Madrid (pueblo a 20 km. al SE de Madrid, cerca de la carretera de Tarancón), XVI, 384
Vadillo, Comendador de [en la Orden de San Juan de Jerusalén] (v. Villar y Manuel, Luis del)
Vado, fuerte de (puerto en el mar de Liguria, a 5 km. al O de Savona y 40 km. al O de Génova), XIV, 237
Vagos, conde de (Lorenzo de Silva; fugitivo de Portugal), XVIII, 439 (1646: herido en un asalto al Fuerte Real, en Villanoveta de la Barca), 442 (m.) (var: Bagos)

ÍNDICE ONOMÁSTICO 569

Vaimar; Vaymar; o Vaymar, duque de (v. Weimar)

Val, François du (v. Fontenay-Mareuil, marqués de)

Valançon, barón de (capitán general de la artillería española de Flandes; del Consejo de Guerra de Flandes), XIII, 290, 314, 317 (**1635**: entró en la Picardía "con grande estrago"; estaba a la vista de la capital, Amiens), 330, 334 (tomó Doullens, q.v.), 338, 345, 370, 409; XIV, 154, 178, 184; XVII, xxiii; XIX, 377 nota 317 (var: Balançon; Balanson; Balanzon; Valanson; Valanzon)

Valcárcel (v. Valcázar)

Valcárcel, Francisco ("supuesto padre de Julián Valcárcel"; q.v.; 1637: en Lisboa, alcalde de corte de la duquesa de Mantua, gobernadora de Portugal: XIV y la nota 1)

– XIII, 111; XV, 199 (1639: de regreso en Madrid; el Rey le jubila)

Valcárcel, Julián (su "supuesto padre" era el de la ficha anterior [v. también la de "Julián", sin apellido]; más tarde, en 1642, hijo adoptivo del Conde-Duque y por otro nombre, Enrique Felípez de Guzmán, q.v.), XIII, 380 nota 1 (1636: "El reconocimiento de D. Julián Valcárcel, hijo supuesto de otro alcalde de corte, no se hizo hasta algunos años después"); XIV, 189 y la nota 1; XV, 199; XVI, 378 (se le alude en un memorial satírico); XIX, 282

Valcarrota (v. Barcarrota)

Valcázar, [Fulano], XVI, 280 (var.: Balcázar)

Valcázar (alcalde de la corte, Madrid), XIX, 191 (1648: le llama el presidente de Castilla para llevar a la cárcel el duque de Híjar, q.v.)

Valde-Rey y Cantagrada, conde de, XVIII, 311 (1646: uno de los supervisores del dinero para el ejército portugués)

Valdeburón (zona en el NE de la provincia de León), XVII, 321

Valdemoro (villa a 27 km. de Madrid en la carretera de Aranjuez), XVIII, 183, 196

Valdeorras (¿el Barco de Valdeorras?; a 115 kilómetros al este de Orense; v. Bollo, El, y Viana del Bollo), XVII, 337

Valdeosta ("plaza fuerte y fortificada" en el noroeste de Italia, en el Valle d'Aosta [véase Cánovas, *Estudios...*, apéndice XII, "Informe del Conde-Duque...de 1640", p. 419]), XV, 236

Valdepeñas (nombre del caballo del marqués de Liche que sufrió una cornada, probablemente mortal), XIX, 190

Valdepero (v. Fuentes de Val de Opero)

Valderas, P. (mercedario; "maestro de su religión"), XIX, 153 (no quiso aceptar un obispado en las Indias)

Valdés (músico de la Capilla Real), XIII, 508

Valdés, Antonio de (oficial del Conde-Duque), XIII, 114 (mandó a la familia de don Fadrique de Toledo, q.v., que se quitara del todo el túmulo funerario)

Valdés, Antonio I. (v. Burgo de Osma, obispo)

Valdés, Jerónimo (capitán reformado; sobrino del licenciado Juan de Valdés), XVI, 402

Valdés, Juan de (licenciado; consejero de Hacienda), XVI, 402; XVIII, 216

Valdés, Julián de (capitán reformado), XIV, 466, 468, 470

Valdés y Llano, Fernando (v. Llano y Valdés, Fernando)

Valdesalas, tierra de (véase Valle de Salas)

Valdespino (jesuita y maestro), XIX, 64

Valdetaro (así se llamaba casi indistintamente al valle del río Taro, q.v. [pasó al NO de Parma y desembocó en el Po], al "estado" del mismo, y a un "burgo" o villa principal en dicho valle, todos en el Parmesado; sobre el burgo, véanse las fichas que siguen y la de "Borgo San Donnino") (variantes: Burgo; Valdetarro)

Valdetaro, burgo y valle, XIII, 399-401 (**1636**: se rindieron al general Francisco de Melo, conde de Assumar), 424 (1636: Carlo Doria, príncipe de Oria, los tomó en nombre del Emperador), 463, 519 (el duque de Parma tomó el fuerte de San Esteban); XIV, 25 (1637: el valle pasa por trato a Carlos Doria, q.v.); XV, 256 (**1639**: el príncipe Tomás de Saboya y el marqués de Leganés se apoderaron del Burgo)

Valdetaro, el estado de, XIII, 516 (dice el Papa que el Valdetaro "es feudo de la Iglesia"; el Imperio lo dio a la casa de Landi, q.v.), XIV, 30

Valdivia (en Chile, a 360 km. al S de Santiago), XVIII, 10 y 12 (carta sobre la guerra con el Araucano y la población de la ciudad de Valdivia; v. en la p. 12 la nota 1 sobre el libro de M. de Aguirre)

Valdivia, P. Damián de, S.J., XIII, a79, 542 (las preguntas que hizo a una persona que le parecía ser endemoniada)

Valdueza, marquesa de (viuda de Fadrique de Toledo; véase Villanueva de Valdueza, marquesa viuda de)

Valence, cardenal (Achille d'Estampes-Valençay, 1593-1646; francés; caballero de la Orden de Malta; militar en las guerras de Francia, Italia y los Países Bajos; capitán de una compañía de caballería y vice-almirante en La Rochelle; mariscal de Campo en **1628** y general de los galeones de Malta en 1635; general del ejército del Papa que venció al duque de Parma, 1642-1644; cardenal en **1643**; defendió varios intereses de Francia contra el Almirante de Castilla [embajador de España al Vaticano] [v. Salvador Miranda]), XVIII, 373

Valencia, XIII, 71, 157, 266, 268, 269, 301, 302, 333, 444, 467

– XIV, 34, 66, 204, 354, 429
– XV, 77, 80, 288, 292, 389, 398, 412, 440, 448, 448, 465, 467
– XVI, vii, xiii, 12, 30, 31, 71, 76, 79, 81, 87, 101, 128, 163, 202, 202, 205, 209, 255, 265, 270, 279, 288, 300, 334, 342, 343, 346, 350, 350, 353, 354, 355, 357, 370, 373, 381, 419, 422, 429, 478
– XVII, 10, 37, 102, 118, 165, 209, 210, 210, 223, 232, 262, 263, 309, 344, 374, 434, 435, 452, 462, 491, 496
– XVIII, 14, 21, 22, 40, 45, 46, 58, 71, 77, 91, 104, 147, 148, 150, 152, 164, 164, 173, 175, 181, 186, 187, 188, 197, 205, 207, 209, 212, 217, 223, 230, 230, 259, 283, 293, 330, 349, 350, 373, 374, 387, 389, 423, 425, 432, 453, 457, 458, 459, 460, 467, 479, 498, 498
– XIX, 21, 120, 133, 152, 196, 205, 252, 260, 276, 292, 296, 328, 337, 356, 422 nota 369, 426 nota 443

aValencia, XVI, 444, 445

Valencia, arzobispado de, XIX, 150, 153

– arzobispo de (v. Guzmán y Spínola, Ambrosio Ignacio)
– conde de (véase Maqueda, IV duque de)
– marqués de, XVIII, 112 (la ciudad le vende ganado)
– motín, XIX, 404 nota 377
– reino de, XIV, 167; XIX, ix, 298
– rey de (v. Pedro III)
– virreinato de, XV, 103, 159, 178, 181

Valencia, virreyes de:
– XV, 223 (**1639**: Fernando de Borja); (1641: el VII duque de Medinaceli [Crosby, *Nuevas cartas...*, p. 57]);
– XVII, 21, 235 (**1643**: al duque de Arcos le sucedió el conde de Oropesa)
– XVIII, 8 (**1645, 10 de enero:** el VIII condestable de Castilla)
– XVIII, 37, 84 (**1645, 7 de marzo:** el IV duque de Osuna); 175, 283 (**1645, 3 de oct.:** el VII conde de Oropesa)

- XIX, 355, 387 (**1642**: el duque de Arcos)
Valencia, Francisco de (relator de Pedro de Amezqueta: "escribe por su mano todo lo que se actua"), XIX, 192
Valencia, Juan de ("el indiano"; "gran rejoneador de toros"), XV, 260 (por error, Palencia); XVI, 381; XIX, 75, 79, 410 nota 377
Valencia, Melchor de (del Consejo de Castilla; uno de los que firmaron la sentencia de muerte del IV duque de Híjar, q. v.), XIX, a226 (la sentencia)
Valencia, Pedro de (alcaide propietario de la cárcel de Segovia), XIX, 219
Valencia de Alcántara (villa a 100 kilómetros al oeste de Cáceres), XVI, 101, 201; XVIII, 212, 374, 423, 432; XIX, 124
Valencia del Po (v. Valenza del Po)
Valencianas (v. Valenciennes)
Valenciennes (a 32 km. al E de Douai), XIII, 491, 496 (1636: m. aquí el Sr. de Santander, gobernador de Ostende); XIV, 95 (por error, Balinsona), 178, 239 (los franceses tomaron Landrecies, q.v., y acompañaron a los españoles hasta Valenciennes [por error, Valentola]); XVI, 396 (var: Valencianas; errores: Balinsona; Valentola)
Valencina (caballero y "amo" del autor de la carta, Diego de Collazos de Mendoza), XVIII, 183
Valencini, cardenal (v. Valence, cardenal)
Valentiano, P. Jacinto (de Pavia), XIV, 299
Valentín, P. (v. Céspedes, P. Valentín)
Valentino, palacio de (Turín), XV, 256, 344 (1639: se firmaron aquí las treguas entre el marqués de Leganés y el [duque de] Longueville, Enrique de Orleáns, q.v.)
Valentola (v. Valenciennes)
Valenza del Po (a 12 km. al N de Alessandria de la Palla y 40 km. al S de Vercelli, a orillas del Po)

- XIII, 185, 270, 291 y 297 (los franceses sitiaron la ciudad), 298 y 302 (el marqués de Celada metió cuatro mil hombres en la ciudad "a vista del ejército francés", al que atacó luego y degolló 800; m. el sobrino del cardenal Albornoz, y el general de la caballería francesa), 300 y 301 (dentro están los marqueses de Celada y de los Balbases), 332, 333 (los franceses se retiraron a Casal con 60 carros de heridos; m. el de Celada, de enfermedad), 306 (fracasó un asalto general por parte de los franceses), 314, 328, y 332, 333, 337 (se rechaza otro ataque, y el general francés se retiró), 338, 339, 348, 352, 387, 425, 452, 512
- XIV, 30; XIX, 378 nota 352 (var: Valencia del Po; Valenza)

*Valenza [del Po], plano de la ciudad (v. la Bibliografía, s.v. Orlandi, Giovanni)
Valenzano, Alfonso (cajero de la gabela de la harina de Nápoles), XIX, 99
Valenzuela, H. (en Sevilla), XIII, 233
Valenzuela, P. (sacerdote en Sevilla), XIX, 217 (1648)
[Valenzuela, Juan Bautista] (obispo de Salamanca desde 1641; m. febrero de 1645), XVIII, 207 (octubre de 1645: acaban de enterrar al "obispo"; tanto Pius Gams como Gil González Dávila comprueban la fecha de su m.; a la vista del intervalo de ocho meses, sugiere Gayangos en la nota 1 que pudiera haber sido otro obispo) (var: Juan de Valenzuela)
Valenzuela, Juan de (maestre de Campo; preso en Lloréns), XVIII, 92
Valenzuela y Mendoza, Fray Dionisio, XVI, a374-376 (1642: carta que relata su viaje de Collioure, q.v., a Irún en el que acompañó al II marqués de Mortara, q.v.); XIX, 251 y la nota 1 (oficial del II marqués de Mortara, q.v.)
Valero, marqués de (Juan Manuel Manrique de Zúñiga, hermano del VIII

duque de Béjar, q.v.; casó con la segunda hija del Condestable de Castilla), XVIII, 397-398; XIX, 450 nota 397 (a la muerte de su hermano, Francisco Diego, el VIII duque, Juan Manuel, obtuvo en 1636 el mayorazgo y el título de marqués de Valero, así como el de IX duque de Béjar)

Valero Díaz, Juan (asentista rico), XVI, 255 (**1642**: éste estaba entre los 75 de primera jerarquía que han de tomar juros para los repartimientos), 381 (en un memorial satírico); XVIII, 169 (**1645**: en el "testamento" satírico del Conde-Duque); XIX, 408

Valeta (v. Valletta y Valette)

Valette, La (apellido y título: v. Candale, duque de; Epernon, duque de; La Valette; La Valette, duque de; y Nogaret de la Valette, cardenal Louis) (var: Valeta)

Valgueren, isla de (v. Walcheren, isla de)

Valiere, Mr. de (v. La Vallierè)

Valois, país de (antigua región de Francia, a unos 60 km. al NE de París), XIII, 384

Valois, duque de (oficial militar francés), XIII, 495 (preso en 1636 por los españoles cerca del río Somme)

Valois, P. Eduardo, XV, 480 (m. del mal de orina en León)

Valonga, Dr. Jacinto (interventor general del ejército español; regente del consejo de Aragón), XVII, 484 (uno de los que suscribieron el perdón general de Felipe IV a Cataluña en 1644)

*Valparaíso, I marqués de (título concedido en 1631 a Francisco González de Andía e Irarrázabal y Zárate, vizconde de Santa Clara de Avedillo, virrey de Navarra y Sicilia, del Consejo de Guerra y comendador de Villoria en la Orden de Santiago; muy malquisto de todos ["es un loco"])

– XIII, 64 (**1634**: virrey de Navarra), 444 (**1636**: disgusto con el obispo de Pamplona, Pedro Fernando Zorilla), 461, 506, 523 (entra en Francia por Navarra), 525, 546 (le destituyen por su conducta en la entrada militar a Francia por otras causas)

– XIV, 33-34 y la nota 1 (**1637**: disputa con el Obispo, Pedro Fernando Zorilla, sobre "precedencias y jurisdicciones"; luego desobedeció al Consejo de Castilla), 78, 126-127 (le dan la encomienda de indios, a pesar de las quejas de sus subordinados), 255 (en Andalucía a la leva de gente contra ciudades rebeldes en Portugal), 257 (en Sevilla, maestre general del ejército), 266 (de un Consejo de guerra formado en Ayamonte sobre la posibilidad de una jornada real a Portugal), 315 (**1638**: era gobernador del castillo de Cambrai), 319 (el general del Cambresí); 339 (el castellano de Cambrai), 413 (candidato a virrey del Perú)

– XV, 84 (**1638**: le dan el gobierno de Galicia), 97 (no irá de virrey al Perú), 245 (**1639**: listo en La Coruña para la defensa de Galicia), 269, 444

– XVI, 183 (**1640**), 200, 426 (**1642**: reemplazado en el gobierno de Galicia por Martín Reading)

– XVII, 8 (**1643**: le nombraron para gobernar las armas y "aquellos castillos" de Sanlúcar de Barrameda ["se cree que no irá"])

– XIX, 459 nota (**1641**: en octubre y noviembre, al mando del ejército de la frontera con Portugal por Badajoz) (var: Irazábal; Valparayso; Valpayso; Yrazábal)

Valsaín (pabellón de caza del Rey en el Pinar de Valsaín, a 3 kilómetros de La Granja), XIII, 517, 522; XIV, 203; XV, 84, 86, 348; XVI, 174

Valsativa, la (lugar al norte de Lecco y cerca del río Adda, donde desemboca éste en el extremo N del lago di Como), XIII, 471

Valtellina, la (los pasos de Vallis Tellina a través de los Alpes y del valle del río Adda, q.v., eran vitales para

España, ya que unían a los Habsburgos alemanes con los españoles, y eran paso para las tropas españolas que iban de Milán a Flandes, para "todo el alimento de Europa" y para la ayuda monetaria al Emperador. El duque de Saboya, aliado de los protestantes, capturó los pasos en 1625 pero los abandonó en 1626, y los franceses cerraron los pasos en 1635; los españoles volvieron a abrirlos en 1636; v. P. Marradas, *El camino...de Valtelina*)
- XIII, 45 (**1634**: aquí recibió el rey de Hungría al Cardenal-Infante de España), 173 (**1635**: pretende Francia ocupar la Valtellina para impedir el socorro de Italia a Alemania), 176 (pasos de la Valtellina ocupados por Juan de Cervellón), 195-196 (una de las gargantas por donde pasa "todo el alimento de Europa"), 197-198 (se arma el Papa después que franceses y grisones la han perdido), 223, 224, 230, 254 (Venecia entrega 15.000 fanegas de trigo a los franceses que están aquí), 257 (el de Rouen entrega la Valtellina a los grisones), 314 (diez mil alemanes entraron en la Valtelina), 332-333 (echan a los grisones), 338 (la abandonan los franceses), 347, 395, 407, 423, 456, 471 (**1636**: el duque de Rouen la ocupa), 464, 513
- XIV, 53 (**1637**), 72, 93 (el conde de Cervellón gobierna las armas españolas), 94-95 (coinciden aquí los marqueses de Mortara y de Caracena, y Luis de Alencastre), 102 (salieron los franceses de la Valtellina y queda el paso libre para Alemania y con buena guarnición), 106 (el marqués de Leganés describe el asalto de la Valtelina por los españoles), 132 (el duque de Rouen no recibe refuerzos de Saboya ni de Francia), 151 (la liga de Leganés con los grisones), 158 (el francés totalmente fuera de la región), 210, 220, 228 (el difícil acuerdo con los grisones), 236, 256 (los embajadores grisones se entrevistan con el Rey español sobre la región), 278; XV, 428; XIX, 461 nota 263 (var: Baltolina; Bartolina; Valtelina; Valtenilla; Valtolina)

Valvellido, Juan Gómez (escribano), XVIII, xxvii

Valverde, calle de (Toledo), XIII, 67 y 68 (allí vive uno de los señores inquisidores de Toledo)

Valverde [de Leganés], (a 24 km. al SO de Badajoz y 10 al E de Olivenza; "llave de todo el ducado de Feria y de media Extremadura" [XVII, 238]; véanse también los pueblos vecinos de Albuhera, Alconchel, Almedral, Chaves, El Fresno, La Higuera de Vargas, La Morena, Telena, Torona y Torre o Torres)
- XVI, 157-158 (**1641**: diversos encuentros y escaramuzas con los portugueses), 184 (los españoles repelieron un ataque de los portugueses), 193, 202 (Diego Gallo, maestre de Campo general, con mosqueteros y caballería saqueó las aldeas portuguesas hasta Évora), 203 (nuevo ataque)
- XVII, 111 y 234 y 238 (**1643**: relatos de un ataque portugués y defensa de Valverde [de Leganés]), 239 (y 241-242, 244-245, 248, 254, 260-261 y 276: tomado por los portugueses; lo quemaron y sitiaron a Badajoz), 351, 367, 368, 453; XVIII, 196

Valverde [del Fresno], (a unos 55 kilómetros al sudoeste de Ciudad Rodrigo y otros 20 al nordeste de Hoyos, y a 3 kilómetros del castillo de Eljas, q.v.; del gobierno de la Orden de Alcántara)
- XVI, 335-336 (**1642**: "entró el portugués por Valverde y las Erges, y saqueó casas y el castillo de las Erges" [véase en la Bibliografía la *Relaçam do suceso que teve...*], 348 (Juan de Meneses derrotó a los portugueses "junto a Valverde"), 355-356 (resu-

men de la carta del duque de Alba sobre la recuperación de Valverde)
– XIX, 248 (**1642:** el duque de Alba recuperó el castillo y entró en Portugal, "donde saqueó y quemó nueve lugares")

Valvis, Francisco (v. Belvis, Francisco de)

*Valladares y Sotomayor, Antonio (comediógrafo e investigador de filología e historia que de 1787 a 1791 publicó materia inédita y valiosísima en su *Semanario erudito*, q.v.)

Valladolid, XIII, vi, 42, 49, 50, 54, 55, 83, 96, 118, 122, 151, 153, 155, 158, 165, 173, 177, 184, 186, 205, 263, 324 (sobre la madre Luisa de Carrión, v. Luisa), 335, 336, 340, 342, 345, 364 (sobre una inundación), 378, 436, 457, 457, 521, 534, 537, 542
– XIV, 11, 21, 34, 62, 79, 128, 128, 150, 212, 254, 281, 282, 284, 316, 498, 499
– XV, v-vii, 76, 169, 174, 175, 289, 378, 383, 387, 431, 498
– XVI, xiii, 29, 168, 185, 197, 233, 235, 333, 428, 432, 482
– XVII, 30, 36, 197, 228, 320, 321, 418, 493, 501, 506
– XVIII, 77, 78, 90, 91, 102, 136, 141, 147, 229, 236, 371, 429, 503
– XIX, 79, 125, 336, 435 nota 94 ¶2
aValladolid, XIII, 95, 98, 125, 125, 150, 160, 162, 174, 175, 189, 190, 192, 193, 207, 213, 213, 220, 222, 231, 245, 246, 320, 322, 365, 380, 381, 522, 523
– XIV, 59, 248, 253, 253, 255, 394, 458, 460
– XV, 82, 83, 113, 115, 131, 157, 181, 182, 183, 265, 266, 314, 317, 319, 320, 337, 338, 364, 365, 381, 443, 443, 480, 481, 487, 488
– XVI, 76, 78, 198, 216, 232, 297, 298, 305, 306, 316, 393, 395, 419, 420, 431
– XIX, 284

Valladolid, Audiencia de, XVII, 159
– Colegio del arzobispo, XVIII, 90
– Colegio de San Ignacio (v. San Ignacio)
– corregidor de, XIII, a324; XIX, 429 nota 477 (Diego Sarmiento Acuña y Sotomayor)
– Chancillería de, XIV, 282 (un grupo de vizcaínos tras un probema decide que "ninguna causa suya irá en grado de apelación a la Chancillería"; véase también Riaño y Gamboa, Diego Luis de, y Queipo de Llano, Juan)
– Monasterio de San Benito, XIX, 390 nota 320 (el VIII conde de Lemos entró religioso en San Benito en 1629; m. 1637)
– obispo de, 1633-1646 (véase Pedrosa, Gregorio de)
– Presidente de [la Chancillería de]: véase Riaño y Gamboa, Diego Luis de; Queipo de Llano, Juan; y Alonso de la Carrera, XV, 216
– rector de, S.J., XVI, d216

Valladolid, Pedro de (verdugo en Madrid), XIII, 541 (1636: m.)

Valldoncella, llano de (cerca de Barcelona), XVI, 122

Valldoncella, monasterio de las religiosas bernardas de (Barcelona), XIX, xi

Valle (error por Valls, q.v.)

Valle, Nuestra Señora del (v. Nuestra Señora del Valle)

Valle, P., S.J., XVII, 431

Valle, Pablo del, XVII, 277 (preso por espía de los portugueses)

Valle, Pedro, XVIII, 170 (le nombran en el testamento satírico del Conde-Duque)

Valle de la Cerda, Juan (cuñado del protonotario de Aragón, Jerónimo de Villanueva, q.v.), XIV, 12; XIX, 406 nota 377 ¶5

*Valle de la Cerda, Luis (de Cuenca y de la Orden de la Santa Cruz; autor; posiblemente el padre de Pedro y cuñado del Protonotario, y de José de la Cerda, de la orden de San Benito y que fue obispo de Almería y de Badajoz), XIV, 343 nota 1

Valle de la Cerda, Pedro (cuñado del protonotario de Aragón, Jerónimo de Villanueva, q.v.; posiblemente tío de Juan Valle de la Cerda; del Consejo de Guerra en 1642; en 1645, consejero y oidor del de Hacienda; en 1643 casó con la marquesa viuda de los Gelves; capitulado [1644] y sentenciado [1645])
- XIV, 343; XVI, 379 (en el memorial satírico de Madrid)
- XVI, 300 (**1642:** hecho consejero de Guerra), 302 (**1642:** proveedor general del consejo de Hacienda y del de la Cruzada para el viaje del Rey a Extremadura), 314, 379
- XVII, 11 (**1643**), 356 (se casa con la marquesa viuda de los Gelves, matrimonio no bien visto por la desigualdad de sangre)
- XVII, 469 (**1644:** le presenta cargos la justicia)
- XVIII, 134 (**1645:** su sentencia: multa de 100.000 ducados, privación de todos los oficios; destierro de la corte por 10 años), 138
- XIX, 406 nota 377 ¶5

Valle de Salas (región de Portugal de tierra florida al N de Montalegre [que está a 43 km. al NO de Chaves]), XVII, 338, 339 (var: Valdesalas)

*Valle y de la Puerta, Lázaro Díaz del (v. *Díaz del Valle y de la Puerta, Lázaro)

Vallecas (pueblo a 8 km. al SE de Madrid), XV, 109 (al entrar en Madrid, el [IX] Almirante, q.v. [de Castilla] pasó por Vallecas); XVIII, 298

Vallejo (comediante y autor de una compañía de representantes), XVII, 71 (herido por un caballero que quiso cobrar su sueldo)

Vallejo, P., XV, 501 (está señalado para una misión; v. Medina)

Vallejo, Francisco de (caballero de Sevilla), XVI, 373

Vallejo, P. José, S.J., XIV, d144 (sobre la peste en Málaga); XV, a336; XVI, a61

Vallejo de la Cueva, Francisco de (corregidor de Valladolid), XIII, a157-160 (1635: sobre la madre Luisa, q.v.)

Vallés, el (son los valles llanos del Mogent y del Congost, que se extienden al norte y sur de Granollers [antiguamente Granollers del Vallés, a 28 kilómetros al norte de Barcelona]), XVI, viii, 323 nota 1 (1642: la desastrosa derrota de Pedro de Aragón, marqués de Povar, q.v.; [las fechas y los lugares mencionados en esta nota no concuerdan con las noticias de los correspondientes coetáneos en las páginas 326 y 334-335; me fío de éstos])

Valles Ronces (sic: sátira), XIV, 463

Valleta, cardenal de la o duque de la (v. o ya La Valette, o ya Nogaret de la Valette)

Valletta, la (capital de la isla de Malta), XIV, 174 (edifican un fuerte para su defensa) (variantes: Valeta; Valetta)

Valls (a 21 km. al N de Tarragona; "cae hacia Lérida"), XVI, 213 (**dic. 1641:** Valls y Constantí, q.v., quedaban por rendirse a los españoles), 235 (**1642:** la campaña del conde de Aguilar avanza junto a Valls), 258, 420 (Aguilar dio una rota grande al ejército de los franceses), 430 (1641: referencia al descalabro de la villa de Valls en agosto); XVII, 352 (**1643:** la guerra contra los franceses) (variante errónea: Vallés)
- marqués del (v. Terranova, IV duque de)
- Nuestra Señora del (v. Nuestra Señora del Valle)

Vamur (error por Namur, q.v.)

Vandoma, duque de o duquesa de (v. Vendôme)

Vanegas, D. Fulano (teniente de capitán de una compañía militar del Conde-Duque), XVI, 18 (1640: capitán en un desfile de las Órdenes militares)

Vanier (v. Bannier)

Vanloo (v. Venlo)

Vanoben, Marcos (oficial de la marina), XIV, 124 (su actividad en un encuentro naval)

Vanvelingen (ciudad de Baviera), XIX, 9 (**1647:** por tregua con los franceses, vuelve al duque de Baviera)

Varambon, marqués (flamenco; del ejército del gran conde de Fuentes en 1595), XVII, xii

Varela (ayudante de la caballería en Galicia), XVII, 273

Varela, Jacinto (cómico), XIII, 92, 93

Varen de Soto, P. Basilio (de los clérigos menores), XIII, vii (prosiguió un intento de algunos padres de continuar la serie de cartas del Padre Pereira)

Várez de Castro, Pedro (impresor de Madrid, 1596 hasta 1601), (v. *Alemán Mateo)

Varflora, Arana de (v. *Arana de Varflora, Fermín)

Vargas, Higuera de (pueblo: v. Higuera de Vargas)

Vargas, P. Alonso de, S.J., XVIII, 210 (m. diciembre de 1645)

Vargas, Diego de (alférez procedente de Nápoles), XVI, 458 (m. en Roma, en un atentado al de los Vélez)

Vargas, Fernando de, XVIII, a148-149

*Vargas, Francisco de (autor de una relación; s. XVII)

Vargas, Dr. Manuel Antonio de (poeta), XVII, 499 nota 1 (un poema fúnebre suyo se publicó en la *Pompa fúnebre*, q.v., de la reina Isabel de Borbón)

Vargas, Pedro, XVI, 423 (le mata una mula de una coz en Madrid)

*Vargas, Tomás Tamayo de (v. Tamayo de Vargas, Tomás)

Varsovia, XIII, 526; XIV, 187

Varroys o Varrois, país de (v. Barrois)

Vas, país de (incluye Amberes y Hulst, q.v.) XIV, 97, 176, 179, 180

Vasconcelhos, Miguel de (secretario de Estado de la gobernadora de Portugal, Margarita de Saboya, duquesa de Mantua, q.v.; asesinado por los rebeldes en diciembre de 1640)
- XIII, xvii (participa en la tertulia de Diego Suárez, q.v., secretario del Consejo de Portugal y yerno y cuñado [no suegro] de Vasconcelhos [v. Elliott, *The Count-Duke*, 525, y Francisco Manuel de Melo, *Epanáforas*, pp. 16-17])
- XV, 169 (**1639:** Vasconselhos era cuñado y suegro de Suárez, quien en su segundo matrimonio casó con la hija de aquél)
- XVI, 91, 93, 104-105 (**1640:** detalles de su asesinato)
- XVII, 445 (**1644:** el obispo de Lisboa [Manuel da Cunha; v. Gams, 105a] deseaba "remediar las demasías de Vasconcelhos y del secretario Diego Suárez que tenían con ellas destruido aquel reino")
- XIX, 406 nota 377 ¶3 (Suárez, q.v., no era suegro de Vasconcelhos), 418 (v. Suárez) (var: Vasconcelos; Vasconcellos)

Vasconcelos, señorío de, XVI, 112 (la renta de su quinta, entregada a los rebeldes)

Vasconcelos, secretario (v. Vasconcelhos, Miguel)

Vasconcelos y Sosa, Juan Rodríguez de (v. Castelmilhor, conde de)

Vasconcellos, Juan Méndez de (véase Mendez de Vasconcellos, Juan)

Vasto, conde o marqués del (portugués: v. Obasto, conde de)

Vatevila, barón de (maestre de Campo en Cataluña y conde de Corviéres), XVIII, 488; XIX, 183 (var: Vateville; Vatteville; Vativila)

Vaudémont, conde de (Francisco II de Lorena, 1572-1632 [padre de Carlos IV, duque de Lorena, q.v.]; las ruinas del castillo ancestral de la familia se hallan en el pueblo de Vaudémont, a 35 km. al S de Nancy y 12 km. al NO de Mirecourt), XIX, 449-450 nota 392

Vaudreval, castillo de (plaza de Flandes que el duque de Orleáns tomó de los españoles en 1645), XVIII, 140, nota 1

Vaymar, o Vaymar, duque de (v. Weimar)

Vázquez, P., S.J., XIV, v (suplió la falta de cartas por el P. González)

Vázquez, Padre Rector [de Logroño], (con el Padre Obregón, q.v., confesó a casi todo el ejército español antes de la batalla de Monterrey), XIX, 326 (véase Monterrey [plan portugués...])

*Vázquez, Fray Alonso (mercedario; "príncipe abad" de Santa Anastasia)
- XIII, 447 (llevó a cabo misiones reales a Barcelona, Mantua y Turín)
- XIV, 210 (**1637:** en la embajada del conde de Sora, q.v., a Polonia), 304
- XV, 296 notas 2 y 3, y 344 nota 1 (**1639:** comisario del marqués de Leganés para firmar en el palacio de Valentino, fuera de Turín, las treguas con el duque de Longueville) (Gayangos sugiere que es la misma persona que Fray José Vázquez, q.v., lo cual me parece improbable ya que pertenecen los dos a distintas órdenes religiosas: Alonso era mercedario, y José, franciscano)

Vázquez, Antonio (impresor de Alcalá, 1632-1643), XVI, 89; XIX, 422 nota 369

Vázquez, P. Antonio, S.J. (rector del colegio de Monterrey), XIV, 369; XIX, 326

Vázquez, P. Benito, S.J., XVIII, 18 (en el colegio "defendió escogidamente... nuestro acto menor")

Vázquez, Francisco (capitán en Galicia), XVII, 302-303 (1643: en acciones militares), 397

Vázquez, Francisco (testigo), XVIII, xxvii

Vázquez, P. José (provincial de la provincia de Castilla, definidor general y comisario general de la Orden de San Francisco; "ha sido todopoderoso en el capítulo")
- XIII, 156 (**1635:** uno de los nombrados para conocer la causa de la madre Luisa), 175, 267 (emprende la defensa de la madre Luisa, q.v.);
- XV, 412 (**1640:** el Consejo de Castilla le desterró al reino de Valencia, pero sin entrar en la ciudad de Valencia) (Gayangos sugiere que es la misma persona que Fr. Alonso Vázquez, q.v., lo cual me parece improbable ya que pertenecen los dos a distintas órdenes religiosas: José era franciscano, y Alonso mercedario)

Vázquez, Juan (presidente de la cancillería de Granada), XIII, 365

Vázquez, Juan (capitán de caballería con el marqués de Leganés en el estado de Milán), XV, 459

Vázquez, Manuel (testigo), XVIII, xxviii

Vázquez, Paulo (fiscal de la cancillería de Granada), XIII, 343

Vázquez Coronado, Diego (error por Juan, q.v.)

Vázquez Coronado, Juan (el yerno de Carlos Coloma, q.v.)
- XIII, 384 (en Italia, bajo el mando del marqués de Leganés)
- XV, 235 (**1640:** de los consejos de Secreto y Guerra; maestre de Campo general en Milán), 458
- XVII, 435 (le llama Diego, error corregido en XIX, 425 nota 435) (**1644:** castellano de Cambrai; "soldado de fortuna y muy aventajado")
- XIX, 425 nota 435 (variante errónea: Diego)

Vázquez Serrador, Juan (testigo; su declaración), XVIII, xxviii

Veamonte, Diego de (v. Viamonte)

Vecchia, Civita- (v. Civitavecchia)

Vega, cuesta de la (en Madrid, "detrás de la Encarnación [o de San Plácido]", q.v.), XIV, 58, nota 1 (en dicha cuesta tomó lugar un duelo)

Vega, Nuestra Señora de la (v. Nuestra Señora de la Vega)

Vega, licenciado, Manuel de la, XVIII, 107 (**1645**: firmó la petición de Juan Onofre de Salazar contra los jesuitas del Colegio de San Hermenegildo en Sevilla; v. XVIII, 105, nota 2)

Vega, Pedro de [la] (v. Grajal, conde de)

Vega Bazán, Pedro de (general de las galeras; preso y encausado),XVI, 174

Vega Carpio, Fr. Lope Félix de, XIII, 243 y la nota 1 (1635: m. en Madrid), 418; XV, 70

Vega de la Sagra de Toledo, marqués de la (v. Silva, Pedro de)

Vegeben, castillo de y Roca de (v. Vigevano)

Vegoña, la (v. Begoña, la)

Veimar (v. Weimar)

Vela, Juan Adames (*sic;* capitán de una compañía militar), XVI, 399

Velada, III marqués de (Antonio Sancho-Dávila y Toledo, 1590-1666, I marqués de San Román [a veces se le llamaba por este título, antes que pasara al primogénito, o por el de IX marqués de Astorga: XIX, 408 nota 377 ¶7]; comendador de Manzanares en la Orden de Calatrava; gentilhombre de la Cámara de Felipe IV; de los Consejos de Estado, Italia y Guerra; general de la caballería de Flandes; maestre de Campo general; capitán general de Lombardía y de Orán; Presidente de los Consejos de Órdenes y de Flandes; casado con Constanza de Ossorio, hija del VIII marqués de Astorga [XIX, 457 nota 75 ¶1])

- XIII, 7 (**1634**: en la corte), 106 (desterrado con otros nobles por lo de Fadrique de Toledo), 109-110 (va por general de la armada de Pernambuco), 116 (en el entierro de Fadrique de Toledo, q.v.), 121 (**1635**: a su paso por Francia besó la mano del duque de Orleáns), 363 (**1636**: al de Velada le mandan que parta pronto para Pernambuco), 395 (el Rey manda al de Velada y otros que vayan a sus puestos), 397 (hereda el marquesado de Astorga), 416 (a punto de marcharse), 476 (embarca para Flandes)
- XIV, 38 nota 1 (**1637**: el Rey corrió lanzas en el Buen Retiro con el de Velada y otros), 493 (**1638**: en Flandes el de Velada con otros dos generales han derrotado el ejército francés del mariscal de la Forza)
- XV, 85 (en los toros el marqués de Salinas, hijo de el de Velada, "llevó la gala...; quebró más de veinte rejones con grande destreza"),187 (**1639**: a su regreso de Alsacia ofreció al Rey de Inglaterra levantar tropas para la guerra con los escoceses), 397 (**1640**: se dice que al Marqués le dan el gobierno de Dunquerque y el de la mar), 403 (el [Cardenal-]Infante ha puesto al de Velada en Dunquerque en lugar del marqués de Fuentes), 420 (partió a Inglaterra en una misión secreta), 431 (son tres los embajadores españoles en Inglaterra: Velada, Malvezzi y Alonso de Cárdenas)
- XVI, 85-86 (**1641** [fecha corregida: XVII, xxiii y XIX, 393 nota 85]: a la m. del Infante-Cardenal, el de Velada era uno de los de la junta de gobernadores), 234 (**1642**: le hacen general de la caballería de Flandes), 392 (en el éxito de la campaña de Le Catelet, "señaláronse mucho el de Velada y Beck"), 412-414 (en Le Catelet, "el de Velada, general de la caballería,...había hecho milagros"), 482 ("Geminis [los dos embajadores] et Libra [título de un libro de Malvezzi] acaban a Inglaterra" [v. XV, 431: los tres embajadores: el III marqués de Velada, Alonso de Cárdenas y Malvezzi])
- XVII, xxiii nota 2 ("uno de los encargados de gobernar los Estados"), 100 (**1643**: cuando se divulgó el *Nicandro*, el marqués de San Román habló al Rey de parte de su padre, el III

marqués de Velada, junto con otros nobles), 200-201 (gobernador de Milán), 443 (enfermo, pide sucesor al Rey)
- XVIII, 147 (**1645**: m. su esposa [v. XIX, 438 nota 147]), 336 (**1646**: en Génova), 417 (en Denia, de regreso a Madrid), 453 (se excusó de servir de teniente del príncipe de la mar)
- XIX, 63 y 75 (**1647**: asistió con su hijo a un banquete en Madrid y a una comida del Rey), 124 (gravemente enfermo), 265 (**1642**: general de la caballería de Flandes en la victoria de Châtelet), 266 (actividad heroica), 275 (en la victoria de La Bassée), 438 nota 147 (**1645**: m. la mujer de el de Velada, Constancia de Ossorio), 457-458 nota 75 (tuvo tres hijos: el primogénito se llamaba Antonio Gómez-Dávila, marqués de San Román (q.v.); el segundo, Bernardino Sancho-Dávila o Bernardo Dávila y Ossorio, I marqués de Salinas (q.v.); y el tercero, Fernando Dávila y Ossorio (q.v.); su hija se llamaba Ana Dávila y Ossorio [XVIII, 158])
[Advertencia:] XIX, 385 nota 322 ¶2 (en esta nota y en la que sigue hay ciertos datos equivocados), 408-409 nota 377 ¶7. En algunos estudios se atribuyen las misiones diplomáticas de 1640 a Inglaterra al IV marqués de Velada; sin embargo, los datos de las *Cartas* muestran que el III marqués de Velada desempeñó cargos importantes diplomáticos y militares hasta 1646, incluso los de la misión a Inglaterra en 1640, y que el IV marqués era en 1632 todavía menor de edad (XIX, 409 nota 377 ¶1; sobre su abuelo y bisabuelo, véase J. Atienza, 1002b)

Velada, IV marqués de (Antonio Sancho-Dávila, hijo del III marqués y su sucesor; antes de heredar el título, se conocía por marqués de San Román, q.v., con el apellido variante de Gómez-Dávila), XIX, 385 nota 322 ¶2, 408-409 nota 377 ¶7 (menor de edad en 1632), 457 nota 75
- XVI, 381 (sátira); XVII, 100; XIX, 63 [léase, "el marqués de Velada y su hijo el de San Román"]

Velada, III marquesa de (Constanza Ossorio, hija del VIII marqués de Astorga [Álvaro Pérez Ossorio]; m. agosto, 1645), XVIII, 147, 158; XIX, 408 nota 377 ¶7, 438 nota 147

Velandia, Antonio (de) (maestre de Campo en Flandes), XVI, 397 (**1642**: al mando de un tercio en el ejército de Francisco de Melo, conde de Assumar, q.v.), 400 (en el sitio de La Bassée, q.v.), 401, 403-405, 412
- XVII, 127 (**1643**: m. en el sitio de Rocroi, q.v.);
- XIX, 264 (**1642**: se distingue en la batalla de Châtelet)

Velasco, casa de, XVI, 231

*Velasco (v. Baños de Velasco, *Historia pontifical*)

Velasco (contador mayor de Toledo), XVIII, 456

Velasco, Baños de (v. Baños de Velasco)

Velasco, Bernardino de, VI duque de Frías (véase Castilla, VII condestable de)

Velasco, Felipe Alberto de (v. Salazar, IV conde de)

Velasco, Gaspar (residente en Salamanca), XIII, d334-335; XIV, 186-187 (1637: viaje a Madrid "para de allí irse a pasar al [P. Martín de] Roa lo que ha engordado y dormido en Salamanca"); XV, a335 (1639: en Madrid)

Velasco, Jacinto de (v. el III conde de Salazar)

Velasco, Juan de (v. el V conde de Salazar)

Velasco, Juan Fernández de, V duque de Frías (v. Castilla, VI condestable de)

Velasco, Juana de (siglo XVI: casada con Francisco de Borja, duque de Gandía; madre del cardenal Borja [éste n. en 1582]), XIX, 407 nota 377 ¶7, 439 nota 216

Velasco, Juana de (v. Fernández de Velasco, Juana de)

Velasco, Luis de (hijo de Juan Fernández de Velasco y Guzmán, V duque de Frías y VI Condestable de Castilla; su hija está capitulada con el conde de Chinchón), XIX, 156 y la nota 1 (1648)

Velasco, Luis de (v. Salazar, II conde de)

Velasco, Pedro de (del hábito de Santiago; ayo de un hijo natural del Rey, Juan [José] de Austria, a quien "ha criado muy bien")
- XVI, 300 (**1642**: (Juan José se crió en su casa, y allí reside ahora; el Rey quiere reconocer a su hijo, q.v.))
- XVIII, 181 (**1645**: Luis de Haro se queja de Pedro Velasco en su visita al Infante Juan [José] de Austria en Ocaña), 229 (**1646**: oidor de Valladolid; novicio de la Compañía en Castilla; volvió a su plaza; oidor del Consejo de Hacienda y en 1646 fiscal del Consejo de Castilla)
- XIX, 2 (**1647**: oidor del mismo Consejo)

Velasco y Aragón, Luis de (v. Salazar, II conde de)

Velasco y Castañeda, Fulano de, XV, 425 (1640: nombrado gobernador de Cádiz)

Velázquez, Padre, XVIII, 188 (pidió limosna para ciertos gastos, y "juntó buena cantidad")

Velázquez, Andrés (del Consejo Secreto, y espía mayor), XIV, 8 (en 1621 le sacaron de la prisión)

Velázquez, Padre Antonio, S.J. XIV, a89 (**1637**: en Madrid); XVIII, 147 (**1645**:dilata su viaje a Salamanca para reemplazar al P. Juan Antonio Velázquez como vicerector del Colegio); XIX, a285-286 (**1642**: en Madrid **1642**)

Velázquez, Francisco, XIV, 274 (hospeda a la duquesa de Chevreuse en su casa el primer día de su llegada a Madrid)

*Velázquez, P. Juan Antonio, S.J. (n. en 1585 en Madrid; rector de los colegios de Monforte, Segovia, Ávila, Medina del Campo, San Ambrosio de Valladolid, y Salamanca; catedrático de Sagrada literatura en Salamanca; provincial de Castilla, 1641 a 1643, cuando correspondía con Francisco de Quevedo que estaba preso en León [v. Crosby, *Nuevas cartas*]; el mismo Rey le pedía sus consejos; autor de varios libros eruditos sobre temas religiosos; m. 1669)
- XIII, 263
- XV, 321 (**1639**: rector del Colegio de Medina del Campo; se traslada a Madrid como vicerector)
- XVIII, 75 (**1645**: vicerector del Colegio de Salamanca; seleccionado para marcharse a Roma con el P. Provincial, el P. Baeza y otros jesuitas, por la Inmaculada Concepción)

Velázquez, Martín de (capitán y gobernador de Barcarrota [a 25 km. al NO de Jerez de los Caballeros]), XVI, 156

Velázquez Dávila, Diego (v. Loriana, II marqués de)

Velázquez Dávila, Juan (v. Loriana, I marqués de)

Velázquez Dávila, Juan (v. Loriana, III marqués de)

Velázquez Dávila, Leonor (hija mayor y heredera del marqués de la Puebla de Montalbán; en 1644 casó con el hermano tercero del duque de Béjar), XIX, 429 nota 475 ¶2

*Velázquez de Mena, licenciado

Velázquez de Silva, Diego (pintor), XIV, 289 (retrata a la duquesa de Chevreuse)

Velecillos (pueblo a unos 15 km. al N de Motril), XV, 227

Vélez (v. Vélez-Málaga)

Vélez, III marqués de los (Pedro Fajardo-Zúñiga y Requesens; título concedido en 1507 a Pedro Fajardo y

Chacón con Grandeza de España en 1520 [v. Atienza, 1003a]; casado con Mariana Engracia de Toledo)
- XIII, 396 (**1636**: sustituye al VII duque de Alburquerque como gobernador del Consejo de Italia)
- XIV, vi, 264 (**1637**: virrey de Aragón), 345, 407 (**1638**: virrey interino de Navarra), 450, 494, 499 (en Fuenterrabía ataca al príncipe de Condé, q.v.)
- XV, 5, 7, 21, 27, 34, 35, 52, 53, 54 y 73-75 (su papel en la victoria de Fuenterrabía), 76, 178 (**1639**: capitán general de las fronteras de Navarra y Guipúzcoa), 255, 275, 282, 302, 434 (**1640**: virrey de Aragón), 439, 441 (preside en Daroca las Cortes de Aragón), 476, 479
- XVI, 17 (**1640**), 27 (difiere su entrada en Cataluña, con disgusto oficial), 28, 30, 35 (en Tortosa le van a jurar virrey de Cataluña), 37 (virrey de Cataluña sin conocimiento de catalanes), 52, 56, 76 (le ponen capítulos en Madrid por demorar su entrada en Cataluña), 78 (allí, pregonando el perdón y la clemencia del Rey), 80, 82, 121 (**1641**: avanza sobre Barcelona pero le derrotan en Montjuich), 122, 128 nota 1 (en el virreinato de Cataluña le reemplaza el príncipe de Butera, q.v.), 146 (sus excesos en Cambrils, donde no perdonó a mujeres ni a niños), 327, 447, 457 (**1642**: en Roma; atacado por un grupo del obispo de Lamego, q.v. ["agente en Roma de don Juan IV de Portugal": XIX, 330, nota 1]), 459-461, 475 (el Rey le ordena no regresar a Roma si el Papa no expulsa de ella al obispo de Lamego; v. a continuación el tomo XIX, 330-334)
- XVII, 9 (**1643**), 100, 172 (virrey interino de Nápoles), 200, 315, 373 (virrey de Sicilia, "donde ya está"), 391, 406, 468 (**1644**), 476, 491
- XVIII, 55 (**1645**), 96, 488 (**1647**: regresa a Madrid)
- XIX, 38 nota 1 (**1647**: tumultos en Sicilia por el mal gobierno del "virrey, III marqués de los Vélez" [en 1647 era virrey el duque de Alba: v. XVIII, 242 y XIX, 70]), 330 (**1642**), 331-332, 334, 355, 427-428 nota 468 ¶2 (**1645**: embajador en Roma; en Sicilia se demoran los oficiales)

Vélez, marquesa de los (Mariana Engracia de Toledo, hija del VI conde de Oropesa, q.v.; casada con Pedro Fajardo, III marqués de los Vélez; m. 1686), XVII, 374 (va a Sicilia), 391; XIX, 422, nota 391

Vélez, marqueses de los, XIV, 273 (hospedan a la duquesa de Chevreuse)

Vélez, P. (de los clérigos menores; predicador del Rey), XIV, 90 (1637: predica en las honras del Emperador en el monasterio de las Descalzas Reales); XV, 196; XVII, 412 (1644: acompaña al Rey en la Cuaresma)

Vélez, Fr. Pedro, S.J., XVII, 123

Vélez de Guevara, Catalina (primera del nombre: hija del IV conde de Oñate, q.v., que se casó con el V conde de Oñate, q.v.; para la segunda del nombre, véase Oñate, IX condesa de)

Vélez de Guevara, Íñigo ("el mozo"; v. Oñate, VIII conde de)

*Vélez de Guevara, Luis (poeta dramático)

Vélez de Guevara, Pedro (v. Oñate, IV conde de)

Vélez de Guevara y Tarsis, Íñigo ("el viejo"; v. Oñate, V conde de)

Vélez de Valdivieso, Juan (doctor y colegial mayor de San Idelfonso de Alcalá de Henares; maestro del Cardenal-Infante; según Gams, obispo de Lugo [1636 hasta 1640], de Ávila [1641-1645], y de Cartagena de España [1645-1648]; murió de peste), XVIII, 19; XIX, 433 nota 19

Vélez-Malaga, XV, 101 nota 1 y XVII, 219 nota 1 (en esta ciudad n. hacia 1587 Juan de Espino, q.v., el enemigo de la Compañía); XIX, 445 nota 333 (en 1631 n. aquí Alonso de Santo Tomás, q.v.)

Velo, Puerto (v. Portovelo)

Veloso, H., S.J. (en Monforte, Galicia), XVI, 173

Velpius, Hubert Antoine (impresor de Bruselas, 1610-1614, 1638 y 1655 [¿padre e hijo?]), XIV, 480

Velva, la (región de Holanda), XIII, 344 (los holandeses ofrecen al Cardenal-Infante 1.500 ducados para cada día con tal que no rompa un dique que inundaría la Velva)

Venalo (v. Venloo)

Venasque (a orillas del río Esera, a 100 km. al N o NO de Barbastro, rodeado de picos de más de 3.000 m.), XIV, vi, 264; XVI, 75 (var: Benasque)

Vendill (error por Vendrell, q.v.)

Vendoma, duque de (v. Vendôme, duque de)

Vendôme, el duque de (César de Vendôme, denominado "Monsieur", q.v. [así se llamaba a los hijos varones de los reyes de Francia; César o "César Monsieur" lo era de Enrique IV y de su favorita, Gabriela d' Estrèes; v. la nota al pie de esta ficha]; al mando de un ejército francés en Flandes en 1636; casó con la hija de Felipe Manuel, duque de Mercoeur; tuvieron dos hijos: Luis [nació en 1612], duque de Mercoeur, q.v., que heredó el título de Vendôme; y Francisco, duque de Beaufort, q.v.)

– XIII, 493-494 (**1636**), 455, 545 (descontento con Richelieu, se marcha de Francia); XVI, 135 (**1641:** rebelde al rey de Francia; exiliado)

– XVII, 6 (**1643:** le llama el Rey a París después de la m. de Richelieu), 47 (le recibe el Rey), 164 (vuelto al favor del Rey en 1643; gobernador de Bretaña), 326 (exiliado a Bretaña), 495

– XIX, 412 nota 6, 420 nota 326 (var: Vandoma)

– (sobre el título de "Monsieur", v. las fichas del duque de Vendôme, de Gastón de Orleáns, de "Monsieur" y la p. 425 nota 438; las citas que carecen de indicación precisa son: XIII, 141, 518; XVII, 136, 383, 438; v. XIX, 420 nota 326 y 425 nota 438) (var. de Mercoeur: Mercurio)

Vendôme, Francisco de (v. Beaufort, duque de)

Vendôme, Luis de (v. Mercoeur, duque de)

Vendrell (a 29 km. al NE de Tarragona), XVI, 387; XVII, 352

Venecia, XIII, 72, 195, 196, 199, 230, 235, 254, 265, 312, 533; XIV, 164, 166, 227, 256, 375, 391; XV, 121, 125, 223, 238, 260, 324, 418; XVI, 166, 371, 480, 483; XVII, 7, 201, 352; XVIII, vii, xii, 58, 68, 69, 74, 133, 159, 173, 267, 313, 336, 339, 339, 348, 386, 459, 464, 464, 471, 498; XIX, 179, 227, 446 nota 335 ¶3 (a continuación no se repiten estas citas)

aVenecia, XVIII, viii

Venecia, embajadores de, en España,

– XIII, 336 (**1635:** "el Nuncio y el embajador de Venecia se matan aquí [en Madrid] por la paz, pero sin esperanzas de conseguirla"), 342 (el Nuncio y el embajador y los agentes del rey de Francia "trataban con gran calor de paces con nuestro Rey y el Emperador"; el embajador de Alemania respondió "muy cumplido", pero demoró)

– XV, 26 (**1638:** el embajador en el desfile para celebrar la victoria de Fuenterrabía), 435 (**1640:** hablaron el embajador y el Conde-Duque a solas en una carroza en el Retiro)

– XVIII, 332 (**1646:** el embajador dijo que el Papa daba gran socorro a aquella república, y que pidió que allí no volviera la Compañía), 367 (noticias falsas en una carta del embajador en Madrid), 502 (**1647:** los cria-

ÍNDICE ONOMÁSTICO 583

dos del embajador mataron a dos personas)
- XIX, 334 (**1642:** el embajador estuvo largo rato con el Nuncio sobre la liga de los príncipes italianos contra el Papa)
- XIX, 449 nota 392[a] (**1644:** el embajador era Nicolà Sagredo; v. Crosby, *Índice de apellidos,...*)
Venecia, embajador español en, (v. la ficha del VIII conde de Lemos, embajador en Venecia a partir de 1610, y también la del I marqués de la Fuente del Torno, embajador a partir de 1635, amén del t. XIX, 379 nota 380 [por error, 381])
Venecia, embajador en Italia, XIV, 335 (**1638:** en Liorna concurrieron unos príncipes de Italia y un embajador de Venecia)
Venecia, embajador en Francia,
- XIV, 337 y 344 (**1638:** el embajador de Venecia dice que la reina de Francia está preñada)
- XVII, 101 (**1643:** en París, el embajador de Venecia, el de Inglaterra y el Nuncio tuvieron aviso de que el Rey quedaba desahuciado)
Venecia, embajador en Constantinopla,
- XV, 128 (**1638:** los venecianos dieron una gran derrota a las galeras turcas, y en Constantinopla el gran Turco prendió al embajador de Venecia)
Venecia, embajador extraordinario en Polonia, XIV, 236 (Giorgio Giorgi)
Venecia, república de, XIV, 232, 262
Venecia, Señoría de, XIV, 331; XV, 185; XIX, 8
Veneciano, el, XIII, 474 ("El Veneciano está arrimado a los confines a ver el juego en qué para" [por "juego", léase "la situación en que se halla España"])
Veneciano, el estado, XIV, 441 (la política de Venecia en Italia)
Venecianos (véase la ficha de Pantalón, monsieur)
Venegas, Antonio (caballero de Córdoba), XVI, 18, 26

Venegas (de) Figueroa, Luis de (obispo de Almería,¿1646? hasta 1651, cuando m.), XVIII, 343, 443
Venelo (v. Venloo)
Venezuela, marqués de, XIX, 161
Venguerencia, alcaide de (en el maestrazgo de Alcántara), XIII, 486 nota 1
Venloo (a 70 kilómetros al noreste de Maastricht, sobre el río Maas, q.v.), XIII, 142, 262, 265, 298, 308, 344; XIV, 199-200, 242; XVIII, 433 (variantes: Vanloo; Venelo; Veneloo; Venloo)
Venloo, plaza de, XIV, 242 (v. Venloo) (var: Venelo)
Ventimiglia, obispo de (la villa está en la costa, a 30 km. al E de Nice), XV, 159
Ventivoglio (villa de Borgoña), XVIII, 340 (un soldado de allí vino a rendirse a Fraga)
Ventosa, la (puede ser Ventosa de Pisuerga [32 km. al N de Frómista] , o Ventosa del río Almar [30 km. al E de Salamanca]), XV, 150 (de allí vinieron algunos para bailar para los Reyes)
Veque, barón de (v. Beck, Juan)
Ver (plaza de Alemania de mucha importancia contra los holandeses), XV, 172
Vera, casa y linaje de, XVIII, xiii, xvi, xix-xx, xxiii, xxviii (sobre el carácter de los motivos que gobernaban la confección de estos datos, véase Vera y Becerra, Fernando de)
Vera, los: testigos de su nobleza (hay dos listas en el t. XVIII, pp. xxvii-xxviii; cada testigo está fichado en el presente índice por su apellido; sobre el carácter de los motivos que gobernaban la confección de estos datos, v. Vera y Becerra, Fernando de)
Vera (uno de los seis regimientos de caballería en Alemania, todos al mando del gobernador general Juan Vivero, q.v.), XVII, 420
Vera, Antonio de, XVIII, xxiv

Vera, Fernando de (abuelo de Jacinto de Vera; llamado "Cabeza de hierro" [XVIII, ix y xxiv]), XVIII, dviii-xi, axi-xxix (sobre el carácter de los motivos que gobernaban la confección de estos datos, véase Vera y Becerra, Fernando de)

Vera, Francisco de (hijo de Lope de Vera, de 22 años; judaizante), XVII, 419, 493 (quemado vivo por negar la venida del Mesías; acusado por su hermano)

Vera, Francisco de (testigo de la nobleza de los Vera), XVIII, xxvii (sobre el carácter de los motivos que gobernaban la confección de estos datos, v. Vera y Becerra, Fernando de)

Vera, García de, XVII, 427 (en 1644 "partió...a la negociación de presos de la rota de Alemania, para trocar con los españoles que están en Francia"); XVIII, xiii

Vera, Jacinto de (coronel de caballería; sobrino del obispo de Cuzco [Fernando de Vera y Becerra, q.v.]; nieto de Fernando de Vera, q.v.), XVIII, vii, x-xi, dxi-xxix, xxiii-xxiv, dxxix-xxxiii

Vera, Lope de ("caballero de San Clemente, y muy emparentado"), XVII, 493 (v. su hijo Francisco, quemado)

Vera y Becerra, Fernando de (tío del conde de la Roca, q.v.; obispo de Bugia [sin identificar] y gobernador del arzobispado de Santiago de Compostela; en 1628 pasó a las Indias [Gayangos, XVIII, xxiii, nota 2; pero en Pius Gams, *Series Episcoporum*, no hay ninguna noticia de Vera]; obispo de Cuzco)

– XVIII, vii-viii, xi, xii (llama "sobrino" al Conde)

– XVIII, xx (para Gayangos y otros bibliógrafos, los datos sobre la nobleza de los Vera son espúreos, fabricados por el Obispo o el conde de la Roca "con el solo y único fin de engrandecer su casa" [XVIII, vii, xix, y xxiii-iv, xxix, xxxi])

Vera y Figueroa, Juan Antonio de (v. Roca, conde de la)

Vera y Mendoza, Catalina de (hija del conde de la Roca, q.v.), XVIII, xvi

Vera y Mendoza, Fernando de (hijo del conde de la Roca, q.v.), XVIII, xvi

Vera y Mendoza, Fernando Carlos Antonio de (hijo del conde de la Roca, q.v.; vizconde de Salvatierra), XVIII, ix, xvi, xix

Vera y Mendoza, María Antonia de (hija del referido conde de la Roca, q.v.), XVIII, xvi

Vera y Tovar, María (segunda mujer del conde de la Roca), XVIII, xvi

Veracruz (puerto de México), XV, 165, 303, 418; XVII, 40, 42; XVIII, 448

Veraguas, ¿III o IV? duquesa de (María Ruiz Colón de Córdoba, marquesa de Guadaleste y de Jamaica, hija y sucesora de Cristóbal de Cardona, almirante de Aragón; casada con Francisco de Mendoza, almirante de Aragón en tiempos de Felipe III, hermano del duque del Infantado y militar en Flandes), XIX, 398 nota 237

Veraguas, V duque de (Álvaro Jacinto Colón de Portugal, duque de la Vega, marqués de Jamaica, almirante mayor de las Indias, grande de España de primera clase; casado con su prima Catalina de Portugal, V condesa de Gelves; murió él en 1636), XIII, 199 (**1635**: le dan el tercio del marqués de Celada en Flandes), 216-217 (maestre de Campo general y gobernador de dos regimientos en Flandes), d300, 301, 372, 402, 404 (m. en Lisboa de insolación), 409; XVI, 381; XIX, 376 nota 199

Veraguas, V duquesa de (Catalina de Portugal, casada con el V duque, q.v.), XIX, 376 nota 199

Veraguas, VI duque de (Pedro Nuño Colón y de Portugal), XIV, 274 (**1637**: ausente en el recibimento a la de Chevreuse)

– XVI, 469 (**1642**: sus devaneos amorosos en Zaragoza)

- XVIII, 23 (**1645:** orden del Rey para que salga de la corte), 25 (preso en Santorcaz por una riña con la justicia), 27, 461 (**1647:** le destierran con otros nobles)
- XIX, 28 (riña con plebeyos; herido), 74, 261 (**1642:** capitán de una de las compañías de la guardia del Rey), 300 (en el séquito del Rey en Zaragoza); 376 nota 199, 403 nota 349 ¶1 (manda una de las compañías de la coronelía del Conde-Duque), 409 nota 377 ¶1, 462 nota 264

"Veras de España... Veros romanos... Vere y los Veros que hay en Inglaterra e Irlanda vienen de los mismos Veros romanos" (afirmaciones de Fernando de Vera, obispo de Cuzco, en una carta del 13 de nov. de 1636, publicada por Gayangos, XVIII, prólogo, xi-xxiv, de la cual dice que "los datos sobre la nobleza de los Vera son espúreos, fabricados..." (v. Vera y Becerra, Fernando)

Vercelli (a 65 km. al NE de Turín, en el Monferrato), XIII, 369, 423, 464
- XIV, 24, 30, 64, 205 (**1637:** banquete donde presuntamente envenenan al duque de Saboya y al conde de Berva), 350, 431, 432, 440, 475, 478, 484, 485, 490, 497, 498
- XV, 88, 89, 92, 93, 110, 218, 243 (el presidio)
- XIX, 204, 227 (castellano de Vercelli: Juan de Padilla, hermano de Carlos Padilla, q.v.) (var: Borgo [es decir, centro habitado] de Vercelli; Verceli)

Verde, Cruz (v. Caravaca, Cruz de)

Verdugo, coronel (capitán de tropas y bastimentos en Flandes), XVII, xii (en 1595 echó de Luxemburgo a Henri de la Tour-d'Auvergne, duque de Bouillon, q.v., y a Nassau [probablemente el conde Felipe de Nassau, q.v.])

Verdugo, Francisco, XVII, xi (en la época de Felipe II, Verdugo "limpiaba la Frisia, q.v., de enemigos")

Verdún (a 200 km. al E de París), XIII, 488 (su obispo), 532 (puede ser que lo tomó el duque de Lorena, pero no en el ducado de Borgoña) (var: Berdún)

Vere (v. la ficha de "Veras de España...")

Verganza (v. Berganza)

Vergara (villa a 46 km. al NE de Vitoria y 40 km. al O de Tolosa), XIII, 60 (un hijo mató a su padre y huyó a Francia)

Vergara, Alonso (sargento en el regimiento del conde de Oropesa), XIV, 214 (herido en el sitio de Leucate)

Vergara, Francisco, XIX, 161 y 186 (**1648:** nombrado oidor y alcalde mayor en la rebelión de Granada, la última vez "con provisión especial")

Vergara, Jusepe de (capitán), XIV, 463 (**1637:** en el socorro de Breda manda una compañía en el ejército del marqués de Esfondrato), 464, 466-471

[Vergara, Luis de] (error por Luis de Paz, q.v.), XIX, 186

Vergas (v. Bergues)

Vergas, conde Enrique de, XV, 59 (**1638:** al servicio de los españoles, cercó a Geldern, q.v., con 15.000 holandeses), 129 y la nota 1 (**1638:** cuando el marqués de Leganés fue nombrado general de la caballería de Flandes, Vergas traicionó a sus armas y pasó al bando contrario, causando la pérdida de Grolt, Wesel, Bolduque [véase Hertogenbosch, 'S], Ortoy, Maestricht y otras plazas; m. **1638**) (var: Borgas)

Vergas San Vincenty (v. Bergues [pueblo])

Verges, Pedro (impresor de Zaragoza, 1624-1646), XVII, 170; XIX, 417 nota 167

Verín (plaza bien guarnecida a 26 km. al N de Chaves y junto a Monterrey), XVII, 270

Vernen (al O de Berlín, en el estado de Potsdam o en el de Magdeburgo), XIV, 241

Vero (Lucius Aurelius Verus [130-169], emperador romano; reinó de 161 a 169, asociado con Marco Aurelio, y persiguió cruelmente a los cristianos), XVIII, 54 (a una persona tirana se le compara con Vero)

Verona ("gran ciudad", a 105 km. al O de Venecia), XIII, 150 (recobrada por el Emperador)

Verónica, la (mujer piadosa que según la tradición secó el rostro de Jesús camino al Calvario), XVII, 471 (noticia de una imagen suya que sudó sangre el Jueves Santo)

Veros (supuesta familia romana, pero véanse Vera y Becerra, F., y Veras), XVIII, xx

Verós, Luis (impresor de Murcia, 1617-1634), XV, 83 (var: Berós)

Verox, Gualtero de (v. Devereux, Bro)

Vert, Juan de (v. Weerdt, Juan de)

Vervins (a 55 kilómetros al norte de Rheims), XIII, 481 y 531 (1636: tomado por los españoles) (var: Berbin; Bervins)

Verrueta, P., S.J., XVIII, 254 (cuando venga a Madrid, "será bien recibido" [a diferencia del P. Jacinto Pérez])

Vesel (v. Wesel)

Vesoul (villa de Haute-Sâone, a 43 km. al norte de Besançon; "plaza de importancia" en el condado de Borgoña), XIV, 49; XV, 220 (var: Besu; Vesu)

Vespasiano, Tito Flavio (9-79d.C.; emperador de Roma), XV, 309 (sitió a Jerusalén en 69, y su hijo Tito la rindió tras cinco meses, episodio que vino a ser una imagen del hambre)

Vestfalia (v. Westfalia)

Vesu (v. Vesoul)

Veymar, Bernardo de o duque de (v. Saxe-Weimar)

Viagrasa (v. Villagrasa)

Viamonte, P. Diego de, S.J. (anteriormente, procurador general de Madrid); XIX, d359 (1642: rector del Colegio de Belmonte) (var: Beamonte; Belmonte; Veamonte)

Viana, marqués de (Rodrigo Pimentel Ponce de León, segundo hijo de Antonio Alonso Pimentel de Quiñones [IX conde de Benavente], y por lo tanto, hermano del P. Pedro Pimentel, S.J., q.v.; fue gentilhombre de la Cámara de Felipe IV, y gobernador y Capitán general de Orán, y en 1641, de Galicia), XVI, 168, 172

Viana, marquesa de (María Ana Pimentel y Córdoba, dama de la reina Isabel de Borbón), XIX, 382 nota 417

Viana [del Bollo] (a 45 km. al NE de Verín y 19 al norte de La Gudiña), XVII, 337

Viana do Castelo (a 70 km. al norte de Oporto y 25 al sur de la desembocadura del Miño), XVI, 94, 97 (aquí y en Oporto concentran por sospechosos a los gallegos en Portugal)

Viático (sacramento de la eucaristía administrado a los moribundos),XVI, 117 (1641: en un viaje de Lisboa a Paraguay hubo enfermos y muertos)

Vibanco, D. Fulano de (v. Vivanco)

*Vibanco, Bernabé de (historiador; v. Novoa, Matías de) (var: Vivanco)

Vibanco, Pedro (presidente de la casa de la Contratación en Sevilla), XIII, 338, 347

Víbora, la (banco o isla del mar Caribe; v. Cartagena de Indias), XVIII, 481

Vicaría, cárcel mayor de la (Nápoles), XIX, 50 (hubo más de 1.000 presos), 61 y 106 (los señores resistieron al intento del pueblo de soltar los presos)

Vicaría, cárceles de la (Nápoles), XIX, 94 (el pueblo soltó los presos)

Vicario, el, XIX, 83 (el día de San Bernardo en la iglesia de San Clemente de Toledo "decía la misa el Vicario", y "sentóse en la silla el Corregidor, contra la prohibición del señor Cardenal"; descomulgóle y "puso cesación *a divinis*"

Vicerector (v. Jesús, Compañía de: Colegio de Madrid)

Vicente, H., S.J., XIV, 248

Vicente (hijo de la V duquesa de Cardona, q.v.), XVI, 198, 209, 257, 419

Vicentelo de Leca, Juan Luis (v. Cantillana, II conde de)

Vicenza (a 45 kilómetros al noreste de Verona), XIV, 411 (un terremoto destruyó parte del colegio de la Compañía y mató a 50 estudiantes) (var: Vincencia)

*Vico, Francisco (sardiniano; regente del gobierno de Cataluña desde 1627; decano del Consejo de Aragón [XIX, 438 nota 175]; autor de una historia de Cerdeña; abuelo del célebre jurisconsulto Giovanni Battista Vico, q.v.; expulsado de la corte en 1638), XVII, 484 (uno de los que suscribe el perdón de Felipe IV a Cataluña en 1644)

Vico, Giovanni Battista (1668-1744; célebre jurisconsulto y filósofo; autor de la *Scienza nova* [1725]; nieto de Francisco Vico, q.v.), XIV, 325 nota 1 [no se mencionan sus libros]

Víctor, Dr. (secretario de la Asistencia de Roma), XVIII, 466

Víctor, P. Ignacio, S.J., XVIII, 466; XIX, 21

Victoria, la, XIV, 4 (a un preso "le llevaron los estudiantes a la Victoria,...y con esto se esacapó"; se refiere probablemente a la plaza de la Victoria, en Alcalá de Henares, donde se encontraba la zona de Estudios Generales y el Colegio de Mínimos de Santa Ana, amén de una iglesia)

Victoria (v. Vitoria)

Victoria, Colegio o iglesia de la (Burgos), XIX, 323

– convento de la (Madrid, cerca del palacio), XIII, 59

– convento de los frailes mínimos (Madrid), XVIII, 506

– iglesia de (Madrid), XIII, 355 nota 1 (Nicolás Judici y Spínola se refugió en la Victoria después de un riña callejera; v. la *Relación de sucesos de Madrid de los años 1636 a 1638*); XVII, 65 (se hacen octavarios en la Victoria a la imagen de Nuestra Señora de la Soledad, q.v.)

– Nuestra Señora de la (v. Nuestra Señora de la Victoria)

Victoria, Fr. de la (soldado en Flandes; cabo en Lérida en 1640), XVI, 79

Victoria, P. de la (v. García, P., S.J.)

Victoria, P. (general de la Orden de la Victoria), XIV, 83; XVIII, 159

*Victoria, P. maestro Ignacio de la (agustino; persona estrafalaria; preso por la Inquisición), XIII, 51, 60; XIV, 292, 298, 299, 300

Victoria, Jerónimo de (estudiante de Salamanca), XIII, 61

Victoria de Triana, Convento de la (en la vega del barrio de Triana [Sevilla]), XVI, 246

Vich (v. Senmenat y Lanuza, Raimundo, obispo de Vich)

Vich, cardenal (sin documentar en los repertorios consultados), XIV, 242 (1637: en el consistorio del 7 de sept., el Papa dio al cardenal Vich el título de Santa Sabina) (var: Vique)

Vich, Ana de (casada con Gaspar de Marradas), XIX, 426 nota 443

Vichi, Mr. de (gobernador de Saint Denis y oficial de Francia muy experimentado), XVII, xvii

*Vidania, Diego Vincencio de (genealogista y autor de libros de religión)

Vieja, Castilla la (v. Castilla la Vieja)

Viejo, Colegio del (Salamanca), XVIII, 76

Viejo, Puerto (v. Puerto Viejo)

Viejo, Santiago el (v. Sevilla: Santiago el Viejo [iglesia parroquial])

Viela (v. Biella)

Viena, XIII, 36, 140, 228, 230, 260, 383, 413, 441

– XIV, 43, 82, 160, 161, 227, 239, 242, 243, 262, 278, 279, 374, 377

– XV, 58, 74, 75, 94, 107, 126, 168, 173, 304, 377

– XVI, 54, 341, 341

– XVII, 23, 132, 201, 203, 372, 373, 502

– XVIII, 51, 68, 84, 178

– XIX, 4, 9, 250
Viena, arzobispo de, XIV, 221
– embajador de España en (**1617-1624**: Íñigo Vélez de Guevara y Tassis, V conde de Oñate, q.v.)
– gobernador de, XIII, 441
Viena, P. rector de, XIII, 62, 63
Viera, H., S.J., XIII, 48; XIX, d68-69
Viget (v. Wight, isla de)
Vigevano (villa del estado de Milán, a 30 km. al sudoeste de dicha capital), XVIII, 185 (**1645**: tomada por el príncipe Tomás), 206 (1645 : recuperada por los españoles), 261 (**1646**: tomada de nuevo), 312-313 (los españoles han añadido nuevas fortificaciones al castillo) (var: Begeben; Bejeben; Vegeben; Vigebano)
Vigevano, Roca de (parece ser una de las fortificaciones de la villa de Vigevano), XVIII, 312 (variante: Vegeben)
Vigil, Gregorio de, XVI, 24 (en 1640 un corresponsal del P. Pereira le dice que no tiene noticias de Vigil)
Viglia, marqués de (general de la caballería o armas de Saboya)
– XIII, 385, 399 (**1636**: derrotado en Módena), 423, 425, 471 (en Castilnovo), 473
– XIV, 163, 224 (**1637**: la duquesa de Saboya muy disgustada con él), 433, 497
– XV, 236 (**1639**: herido)
– XVII, 438 (**1644**: a Francia a tratar de la guerra de Italia)
– XIX, 8 (**1647**: su hijo, el conde de Camirano, teniente), 198 (**1648**: m. en el sitio de Cremona) (var: Vila; Villa; Villeta)
Vignerode de Pontcourlai (sobrina del cardenal Richelieu y viuda del secretario Combalet), XIV, 156; XV, 167, 404; XIX, 391 nota 404
Vigou (villa del Palatinado), XVI, 48 (1640: recuperada por el general de artillería de la liga católica)
Vila Viçosa (pueblo a 50 km. al NE de Évora), XIV, 190; XVI, 83, 100, 101, 115, 273; XVIII, 148, 191, 194, 195, 203, 297, 377, 392, 424, 425 (var. errónea: Villaviciosa)
Vila, conde de (hijo del conde de la Moteria, q.v.), XIX, 265
Vila, marqués de (v. Viglia)
Vilac (villa cerca de Köln [Colonia]), XIV, 111 nota 2 (allí m. el III duque de Alcalá, q.v.)
Vilaine, Jean de (mayordomo del conde de Peñaranda), XVIII, 342 (1646: el Conde le dio garrote por espía de los franceses) (var: Juan de Villena)
Vila Nova da Cerveira (a orillas del Miño, a 11 km. al SO de Valença do Minho), XVII, 296 (var: Villanueva)
Vilanova de Asti (a 25 km. al oeste de Asti, en el Monferrato), XV, 292
Vilaplana, Francisco de (embajador de Cataluña en Francia), XVI, 30
Vilar Formoso (a 35 km. al oeste de Ciudad Rodrigo), XVI, 361 (saqueado y quemado por los portugueses con otros pueblos) (variante: Villafermosa)
Vilarello (v. Villarello)
Vilata (pueblo del Monferrato, cerca de Valenza del Po), XIII, 512; XIV, 432
*Vilches, Francisco, S.J. (historiador de la iglesia en España), XIII, a22, a26, a32, a33, a38, a39, a42, a45, a47 (pide al P. Pereira datos sobre ciertos mártires de Baeza), a48, a49, a52, a53, a59, a61, a64, a66, 73, a74, a82, a84, a85, a86, a89, a90, a92, a99, a100, a103, 106, a108, a110, a112, a115, a117, a118, a267, 274, a291, 338
Vilches, Francisco, S.J. (en tres cartas al P. Pereira expresa una opinión favorable de Flavio Dextro: "la honra de nuestra nación, y muchas de aquellas cosas no son culpa de Flavio Dextro": XIII, 113; comp. 111 y 116; sin embargo, reconoce también la presencia de materia falsa en las obras antiguas: XIII, 116; v. la relación entre el P. Vilches y Tomás Tamayo de Vargas)

Vilches, Juan de, XVI, a264
Vileja (fuerte en el norte de Italia cerca de la Valtellina; la tienen los franceses), XIII, 471
Vilerval, [conde] de (teniente del conde de Bucquoy, q.v.), XIII, 356
Viloria, Juan Francisco de, XIX, 64 ("hermano estudiante o coadjutor", que se fue de Madrid al Colegio de San Hermenegildo en Sevilla)
Villa, plaza de la (en Madrid; también se llamaba "de San Salvador"), XIII, 68, 73 (1634: allí se quemaron los papeles contra la Compañía de Jesús, por orden de la Inquisición; v. la Inquisición de Toledo: quema de papeles)
Villa, marqués de (v. Viglia)
Villa Gutierre, Luis de (v. Villagutierre)
Villa Real (a 137 kilómetros al sudoeste de Bragança), XVII, 272 (var: Vila Real)
Villa Real, marqués de (véase Villareal)
Villa Umbrosa, conde de (García Niño de Ribera), XIX, 455 nota 492 ¶1 (los datos son contradictorios: véase Castronuevo, II conde de)
Villa Umbrosa, condesa de, XVIII, 492 (identificaciones contradictorias; véase la ficha anterior)
Villabella (con La Mezquita, "cabezas de las Trieras"; "lugarcillo" en el área de la Puebla de Sanabria), XIX, 324 y 325 (v. Monterrey [plan portugués...])
Villacastín (a 84 km. al noroeste de Madrid), XIV, 167, 303; XV, 155; XVIII, 228
Villacastín, P. (posiblemente el P. Miguel González de Villacastín, S.J., q.v.), XIII, a521 nota 1 (carta suya de Valladolid sobre la m. de la madre Luisa de Carrión)
Villacer o Villaceres, marqués de (v. Villasor)
Villacis, [¿Pedro?] de, XIII, 410 (heredó al marqués de Cañedo)

Villafañe, Fernando de (alcalde de Corte), XVIII, 461
Villafermosa (v. Vilar Formoso)
Villafranca, [VI marqués de], (García de Toledo, hijo del V marqués, don Pedro; v. Fernandina, III duque de)
Villafranca, Juan (consejero de Aragón en 1645), XVIII, 209
Villafranca de la Mota (así llamaban los franceses a Monzón, q.v.), XVI, 419
Villafranca de Niza (a 5 km. al este de Niza), XIV, 30; XV, 292 (entregado al príncipe Tomás), 296; XIX, 315, 346
Villafranca de Portugal, XIV, 273 nota 2
Villafranca [del Bierzo], (a 22 km. al NO de Ponferrada; allí vivía Francisco Isidro Monzón, q.v.), XVII, 134, a175-176, a240-241
Villafranca del Panadés (a 31 km. al O de Barcelona), XVI, 325; XIX, 401 nota 320
Villafranqueza, conde de (ésta es la nueva denominación de este título, hecha en 1614 a favor de Miguel Franqueza, Vilarrig y Carroz [Atienza, 1008b]), XIII, 7 (participó en la cuarta cuadrilla de un juego de cañas en Madrid)
Villagarcía [de Arosa] (en la ría de Arosa, a 25 km. al NO de Pontevedra), XIII, 93, 341, 347; XV, 320, 433, 480; XVII, 217
Villagarcía [de Arosa], Colegio de, XIV, 253; XV, 113; XVII, a280
Villagómez, Diego de (alférez), XIII, 356, 357
Villagrasa (a unos 17 km. al NO de Milán), XIII, 470 y la nota 1, y 471 (con un ejército inferior al de Francia, el marqués de Leganés salió de Villagrasa y embistió a los franceses en Bruchera de Castaño, q.v.; logró degollar más de 1.500 e hirió otros tantos) (var: Viagrasa; Tuseta de Villagrasa)
Villagrasa, Tuseta de (v. Villagrasa)

Villagutierre, Luis de (alcalde de corte), XV, 77
Villahermosa, VI duque de (Carlos de Borja, casado con María Luisa de Aragón; padres de Ana de Aragón [v. la ficha que sigue]; se cree que fue a estos Duques a quienes satirizó Cervantes en el *Quijote*, II, xxx), XIII, xv (su oposición al marqués de Alemquer)
Villahermosa, VII duque de ("el viejo": Carlos de Aragón y Borja, nieto del duque de Gandía San Francisco de Borja, II conde do Ficalho [título portugués]; por su casamiento en 1610 con Ana de Aragón, VII duque de Villahermosa [XIX, 445, nota 329]; v. sus hijos Francisco, Juan y Fernando Borja y Aragón [el último heredó el título]; diputado y embajador de Aragón ante el Rey en 1610; del Consejo de Estado y de la Cámara del Rey con llave de entrada; presidente del Consejo de Portugal en 1625; muy respetado en la Corte; m. 1647; v. San Vicente y Crosby, "Datos...", 195)
— XIII, 13 (**1634:** ayuda a los Jesuitas contra los libelos), 76, 252, 361 (**1636:** apoya al Cardenal Borja), 442, 455, 473, 489 (capituló por la condesa de Eril en su boda)
— XIV, 53 (**1637**), 274-275, 322, d481, d495; XV, 69 (**1638:** participa en un desfile de la corte con la nobleza más alta), 116 (cargo de la provisión de los navíos), 420
— XVI, 123-124 (**1641:** en una junta de la nobleza para interrogar a Pedro de la Mota sobre el levantamiento de Portugal), 137, 381 (sátira)
— XVII 192 (**1643:** en una junta sobre Portugal), 325, 440
— XVIII, 101-103 (**1645**), 171 (sátira), 328-329 y 330 (**1646:** sufre mucho de gota), 363 (v. a continuación la ficha del VIII duque), d418-419, 427
— XIX, ix, 27 (**1647:** "el viático y muy de peligro"), 67 (m. en agosto), 82, 403 nota 349 ¶1 (**1642:** capitán de una compañía de caballos en Aragón), 408 nota 377 ¶4, 448 nota 363 ¶1, 451 nota 427 ¶1
Villahermosa, VIII duque de ("el mozo": Fernando de Borja, Aragón y Gurrea, III conde de Luna, conde de Ribagorza; antes de 1647, cuando heredó el título a la m. de su padre, se le conocía como "Fernando de Borja"; hermano del príncipe de Esquilache, q.v.; virrey de Valencia y de Aragón; gentilhombre primero de la Cámara del Rey; sumiller de corps del príncipe Baltasar Carlos; comendador mayor de la Orden de Montesa; acompañó a la princesa gobernadora de Portugal [la duquesa de Mantua, q.v.], y al Rey en el viaje a Aragón; v. San Vicente y Crosby, "Datos...", 195),
— XV, 178-179 (**1639:** va a Portugal para asistir a la Princesa gobernadora), 223 (**1639:** virrey de Valencia); XVII, 82 (**1643:** muy enfermo; ha sido virrey de Aragón), 120
— XVIII, 61 (**1645:** con el príncipe Baltasar Carlos en Aragón), 256 (**1646**), 330 ("el Duque mozo está en las Cortes de Aragón con tercianas"), 363-364 (**1646:** de Zaragoza anuncia las treguas con Holanda en carta "a su padre y hermanos" [así corrigió Gayangos el texto: XIX, 448, nota 363 ¶1], 445 nota 329
— XIX, 74 (**agosto, 1647:** en una procesión real en Zaragoza), 300 (**1642:** en otra anterior, "D. Fernando de Borja...debe de ser el decano")
Villaja (v. Villaza)
Villalarga, marqués de (¿invención satírica?), XVIII, 171 (versos satíricos)
Villalba (al sur de Monzón y cerca del río Cinca; sin localizar), XVI, 421
Villalba, I conde de (título concedido en **1617** a Bernardino de Ayala y Guzmán, quien en **1632** asistió al juramento del príncipe Baltasar Carlos como I conde de Villalba, gentil-

hombre de la cámara del Cardenal-Infante y comendador de Corral de Caracuel en la Orden de Calatrava [XIX, 462 nota 264 y Julio de Atienza, *Nobiliario español,*1009b-1010a]; m. **1639** [en este año Pellicer habla de "el nuevo conde de Villalba", o sea, el primogénito que ha sucedido al título: véanse los *Avisos*, XXXI, 14, del 17 de mayo; por error, dice Gayangos "marzo": XIX, 387 nota 85])
- XIV, 322 (**1638:** ganó un premio en una sortija), 336 (participó en unos entretenimientos)
- XV, 62 nota 1 (**1638:** mandó el Rey que al duque de Módena "asistiesen... el conde de Villalba...y su hijo [menor] Baltasar de Zúñiga", q.v.)
- XIX, 387 nota 85 (**1639:** murió), 462 nota 264

Villalba, II conde de (Bernardino de Ayala, primogénito, heredó el título en 1639 [v. la ficha anterior, y XIX, 387 nota 85 y 462 nota 264])
- XIII, 7 (**1634:** en una cuadrilla de cañas), 339 y 347 (**1635:** [el "hijo mayor del conde de Villalba"], desterrado de Madrid)
- XIV, 40 (**1637:** "hijo y sucesor del I conde de Villalba"
- XV, 32 y 56 (**1638:** estaba en Fuenterrabía, y "llevó la nueva" a Madrid; "corrió [los toros] tanto que enfermó"), 85 (en Madrid "dos veces echaron dos toros" a él; "los ha m. a pie")
- XVI, 402-413 (**1642:** en Flandes, al mando de un tercio español en el asedio de La Bassée, q.v.; se le mencionan siete veces: 403, 405, 407, 411-413)
- XVII, 127 (**1643:** maestre de Campo en Rocroi, q.v., donde murió), 144
- XIX, 264 (**1642:** al mando de varios tercios españoles en el ejército del barón de Beck)

Villalba, Antonio de (v. Velandia, Antonio de)

Villalba, Diego de (maestre de Campo en Extremadura), XVIII, 439 (**1646:** herido en Lérida)

*Villalobos y Benavides, Simón de (historiador)

Villalón [de Campos] (a 60 km. al O de Palencia), XV, 146 (v. José de Navarrete y Cristóbal de Grijalba)

Villalonga (a 10 km. al sur de Cambados y 6 al norte de la ría de Pontevedra), XVI, 261

Villalonga, conde de (v. Diego Luis Riaño de Gamboa)

Villalpando, José de (capitán de la guardia), XVIII, 431 (**1646:** con la caballería sobre Lérida)

Villalva (v. Villalba)

Villamaina, marquesa de, XV, 76 (era famosa por su hermosura; m. **1638**)

Villamanrique (v. Villamanrique, marquesa de)

Villamanrique (a 25 km. al SE de Villanueva de los Infantes, la cual se halla a 26 km. al este de Valdepeñas), XVI, d442-443 (su alcalde mayor, el licenciado Reinoso)

Villamanrique de Sanlúcar [de Barrameda], marquesa de (Juana Fernández de Córdoba, IX duquesa de Medina Sidonia, q.v.), XVI, 442-443 (**1642:** carta de Diego Sepúlveda, su secretario, sobre la salida de la Marquesa de su casa en Sanlúcar de Barrameda), 444 (su secretario), 467

Villamayor, Alonso de (maestre de Campo de infantería en Cataluña)
- XVIII, 435, 438 ("gran soldado por cierto y de la flor de este ejército"; 431 (**1646:** en el asalto de Villanoveta, "valiente soldado,...herido de muerte"), 439 ("murió atravesado de un arcabuzazo por los riñones") (en la p. 439, el nombre de Alonso de Villamayor está parcialmente juxtapuesto con el título de "marqués de Lorenzana", lo cual dio lugar a que Gayangos creyera que el título pertenecía a Villamayor [XIX, 451-452 nota 439]; Julio de Atienza en su *No-*

biliario español, p. 894a, aporta la documentación que faltaba, pues el título fue concedido en 1642 a "Álvaro Pérez Quiñones y Lorenzana"; véase anteriormente la ficha del mismo)

Villamayor, Juan de (maestre de Campo; preso en Barcelona, pero se fugó), XVII, 355, 356

Villamayor de las Ibernias, I marqués de (Francisco Pacheco de Córdoba y Bocanegra, título concedido en 1617 [Julio de Atienza, *Nobiliario*, 1010a-b]; caballero de Santiago), XIX, 450 nota 398

Villamayor de las Ibernias, II marqués de (Carlos Pacheco de Córdoba, hijo de Francisco Pacheco de Córdoba y Bocanegra, q.v.; adelantado mayor de la Nueva Galicia, q.v. [XIX, 450 nota 398]; "hermano del marqués de Aerópoli"), XVIII, 398 (1646: m. en Madrid, "tan pobre que no testó porque no tuvo de qué"); XIX, 450 nota 398 (del título de marqués de Aerópoli dice Gayangos que, "hoy radica en la casa de Mondéjar", relación que ni él ni yo pudimos averiguar)

Villamediana, I conde de (Juan de Tassis y Acuña, caballero de Santiago; correo mayor de España; poeta y satírico), XVI, 351-352 (se le atribuyen dos sátiras políticas); XIX, 437 nota 128 (en 1622, asesinado en Madrid: "al salir de la callejuela de San Ginés a la calle Mayor,...cayó...de la herida que le dieron")

Villamediana, II conde de (v. Oñate, VIII conde de)

Villamizares, Alonso (capitán de caballos del ejército de Leganés, q.v., en la frontera de Portugal cerca de Elvas, q.v.), XVIII, 204 (1645)

Villamonte, I conde de (Antonio de Calatayud y Blanes, caballero de Santiago), XIII, 7 (participó en una cuadrilla de un juego de cañas)

Villamor, Pedro (teniente general de la artillería de Flandes), XVII, 130

Villanoveta de la Barca (a 13 km. al noreste de Lérida y 16 al sur de Balaguer, las tres sobre el río Segre), XVII, 167; XVIII, 309, 315 (el marqués de Uvisa, gobernador del cuartel de la ciudad), 316, 326, 437-438, 441, 442 (var: Villanoveta; Villanueva de la Barca)

Villanoveta [de la Barca], Fuerte Real de ("más abajo de Villanoveta"), XVIII, 437 (los españoles asaltaron "donde el conde [de Harcourt] tenía su corte [o sea, cuartel general]; el enemigo...se había descuidado... Harcourt se había acostado...en su cama"), 438, 440, 441 ("se retiró Harcourt desesperado...a su Fuerte Real...; dijo: 'Esto es perdido; en retirada a Balaguer'"(var: Villanueva)

Villanueva (pueblo del Rosellón, q.v., en el área de Salsas, q.v.), XVII, 488 (allí topó Felipe de Silva con 150 caballos franceses)

Villanueva (véase Vila Nova da Cerveira, y Villanoveta de la Barca)

Villanueva, Agustín de (v. Villanueva y Díez, Agustín de)

Villanueva, Antonio de, XVI, a76-78

Villanueva, Jerónimo de, n. 1594, caballero de Calatrava; Protonotario desde 1620; Secretario del despacho en 1627 [tenía acceso directo al Rey: José Antonio Escudero, I, 244-245], desde 1630 era Secretario de estado de España y el que mayor poder tenía en la monarquía después de Olivares [John H. Elliott, *The Count-Duke of Olivares*, p. 422; véase el índice]; - cayó en 1643, acusado de "estadista ateísta, domado en la caballeriza del Conde[-Duque]" [XVI, 333] y de "hechizar" al país [Gregorio Marañón, *El Conde-Duque de Olivares*, p. 206]; vivía aún en 1666 [XIX, 452 nota 464 (sic)]; véanse sus hermanos Agustín de Villanueva y Díez y Juan Lorenzo, hijos los tres del Agustín que fue tutor de Francisco de Quevedo Villegas de 1602 a 1605; la fami-

lia era de Zaragoza, y en Madrid tenía amistad con la de Quevedo: v. Crosby y Jauralde, *Quevedo y su familia*, pp. 62-63 y 433-434, así como un archivo de transcripciones de centenares de documentos originales e inéditos, procedentes de media docena de archivos y bibliotecas de España, sobre el ascenso de la familia de los Villanueva en Aragón y en la monarquía desde 1525 hasta 1700, que he donado a la Biblioteca de la Universidad de Zaragoza)
- XIII, xvii, 6, 41 (**1634**: Jerónimo Villanueva intervino en el apresamiento del duque de Aerschot en Palacio), 117 (rumores le acusan de tramar robo), 214 (**1635**), 240 (prende al secretario de la embajada francesa), 277, 528 (**1636**)
- XIV, 12 (**1637**), 40, 46, 66 (financia fiestas grandiosas), 69, 129, 147 (financia otras fiestas), 208 (**1638**: festeja a los grisones en Madrid), 275
- XV, 181 (**1639**), 237, 255 (en **1640** le dan la secretaría de la Inquisición), 424
- XVI, 3 (**1640**), 240-241 (**1642**), 321, 333 ("Debe mucho este reino [Aragón] al Protonotario, estadista ateísta, domado en la caballeriza del Conde[-Duque]"), 379 (en un "Memorial...picante y salado", se lee: "aunque más corra [Villanueva], yo aseguro que no se quedará atrás e irá siempre delante"), 481
- XVII, 5 (**1643**: le prohiben entrar en el palacio sin orden del Rey), 9, 11, 30, 32, 108-109 (la condesa de Olivares le consulta sobre el destino del Conde-Duque), 132 (el Rey le ordena no acudir a ningún despacho), 144, 146, 355 (se dice que le vigilan), 356, 474 (**1644**: los del Consejo Real de las Indias propusieron al Rey que no hubiera Consejo de la Cámara en Indias; el Rey le favorece)
- XVIII, 39 (**1645**: ordena el Rey al Inquisidor general que "despachéis con brevedad la causa del Protonotario"), 170 (sátira), 397 (**1646**: "En Toledo se ha visto ya la causa...y sentenciado"), 473-474 (**1647**: le notifican la sentencia de varias restricciones, entre ellas que "saliese desterrado de la Corte 20 leguas"), 506
- XIX, xiii, 3 (**1647**: prende la Inquisición a un individuo que hace la recusación del Protonotario), 5-6 (se enfrenta a la Inquisición; continúa preso), 7 (sentencia de destierro del Supremo de la Inquisición; protesta y apelación del condenado; reiteración de la sentencia...), 11, 120 (en Roma se quiere repetir el juicio contra él), 122-123 (en Roma, el cardenal español Juan de Lugo y de Quiroga, q.v., fue comisionado a examinar los papeles que presentó Jerónimo de Villanueva en su defensa a un tribunal de catorce cardenales, "y vistos, hiciese relación"), 123-124 (el Papa le favorece en una bula), 228 (**1648**), 259 (**1642**), 406 nota 377, 436-437 nota 128 (la prisión y sentencia del Protonotario dejó al Conde-Duque "arrebatado de melancolía"), 452 nota 464 [sic]

Villanueva, José (regente del Consejo de Aragón; secretario de la parte de Valencia), XIX, 438 nota 175

Villanueva, Fr. Juan [Lorenzo] de (hermano de Agustín, q.v., y de Jerónimo, q.v.; secretario del Consejo de Aragón en 1615, y teniente de protonotario del mismo), XIX, 452 nota 464 [sic]

Villanueva de Asti (v. Vilanova de Asti)

Villanueva de Francia (lugar fortificado por los franceses, entre Lérida y Balaguer, quizá el "Fuerte Real" del conde de Harcourt, un poco "más abajo de Villanoveta [de la Barca]", q.v.), XVIII, 278

Villanueva de Barcarrota, marqués de (véase Villanueva del Fresno y Barcarrota)

Villanueva de Barcarrota, "marquesito" de, XV, 418 (referencia incorrecta: v. a continuación el "marquesito" de Villanueva del Río)

Villanueva de Cardeñosa, marqués de (Juan de Guzmán), XIV, 244 (1637: al mando de una flota hacia Nueva España)

Villanueva de Valdueza, marquesa viuda de (Elvira Ponce de León, viuda de Fadrique de Toledo, q.v., hermana del IV duque de Arcos; su hijo Fadrique de Toledo heredó los títulos), XIII, 366; XIX, 375 nota 110

Villanueva de la Barca (v. Villanoveta de la Barca)

Villanueva del Arenal (error por Villanueva del Ariscal, q.v.)

Villanueva del Ariscal, I marqués consorte de (Carlos Homo-Dei y Pacheco, caballero milanés, marqués de la Rovera [título italiano], casado con Leonor de Portugal, hermana del duque de Veraguas y I marquesa de Villanueva del Ariscal), XIII, 301; XVII, 406; XIX, 423 nota 406 (variantes: de Rovera; Piovera; Rivera; y por error: Villanueva del Arenal)

Villanueva del Fresno (a 66 km. al sur de Badajoz y 90 km. al oeste de Zafra; v. la ficha de Fresno), XVI, 202; XVII, 292, 310 (1643: gobernado por Francisco Xeldre, q.v.), 311, 312-314, 317 (se pierde y para su socorro se manda al conde de Torrejón), 329, 332, 348, 350 (se retiran los portugueses pero dejan guarnición), 385, 453 (var: Fresno; El Fresno; Villanueva [del Fresno])

[Villanueva del] Fresno, XVI, 158; XVII, 328-329, 368 (se le menciona en versos mordaces sobre la guerra con Portugal)

Villanueva del Fresno [y Barcarrota], V marqués de (Alonso Portocarrero y Portocarrero, señor de Barcarrota y de Moguer, capitán general de las galeras de Portugal; casado con Isabel de la Cueva Bazán [hija de los primeros marqueses de Santa Cruz]; hacia 1605 Quevedo le dedicó "El alguacil endemoniado", ya que en la corte de Valladolid tenía amistad con él, y más tarde se dio fe de que el Marqués se había destacado como "buen jinete", rejoneador "audaz" y "bromista y alocado" [Sueños, ed. de Crosby, II, pp.1031-1032, nota 2]; m. 1622), XIX, 374 nota 7

Villanueva del Fresno [y Barcarrota], VI marquesa de (Francisca Portocarrero, heredera propietaria del título de su padre, el V marqués, q.v.; se casó primero con Antonio de Moscoso Osorio [hijo de Lope Moscoso Osorio, VI conde de Altamira]; Antonio se había casado dos veces anteriormente, y murió en 1634; en dicho año o en 1635 ella se casó con el II marqués de Celada, q.v., y él murió en 1635), XIX, 376 nota 199 (v. Celada, II marquesa de)

Villanueva del Fresno [y Barcarrota], VI marqués consorte (Antonio de Moscoso Osorio, casado con Francisca Luisa Portocarrero, VI marquesa; gentilhombre de la Cámara del Infante-Cardenal y su privado, de quien dijo Haedo en su Viaje..., "caballero de grandes lucidas y amables partes, y de quien S.A. hacía particular estimación" [XIX, 374 nota 7]; embajador extraordinario en Milán)

– XIII, 91 nota (en 1634 m. envenenado en Rottenburg, q.v., acontecimiento del cual dijo Novoa: "Más cosas se hablaron en esta materia en casi toda la Europa que la verdad... Rottenburg fue el funesto sepulcro de su vida, y la mitad de su valimiento")

– XIX, 374 nota 7 (Gayangos dice que el marqués de "Villanueva del Fresno" que participó en unas cuadrillas en 1634 "pudo ser" Alonso Portocarrero, conjetura errónea, ya que Alonso, el V marqués, murió en 1622; en 1634 hubiera sido o ya el VI marqués consorte [el II marqués de Celada, el próximo marido de Francisca, que m. en 1635], o su hijo, Cristóbal Portocarrero y Osorio, el VII marqués, que vivió hasta 1640, si no más tarde)

Villanueva del Fresno [y Barcarrota], VII marqués de (Cristóbal Portocarrero y Ossorio, conde de Montijo y marqués de Barcarrota del Río; hijo de Francisca Luisa Portocarrero, q.v., VI marquesa, y de su primer marido y el marqués consorte, Antonio de Moscoso Osorio)
– XIII, 7 (**1634**: cañas en la corte)
– XV, 418 (**1640**: a punto de m.)
– XVI, 200 (**1640**: reformaron sus distritos), XIX, 420 nota 329

Villanueva del Fresno [y Barcarrota], marqueses de (v. Celada, II marqueses de)

Villanueva del Río, "marquesito" de (nieto del duque de Alba; título concedido en 1571 a Fadrique Enríquez de Ribera y Portocarrero, caballero de Santiago [Atienza, 1013a]), XIII, 243 (**1635**: pretendiente a los estados del conde de Osorno)
– XIV, 96 (**1637**: es falsa la noticia de la muerte de su padre, el condestable de Navarra, q.v.)
– XV, 418 (**1640**: "está a la muerte de un ahíto, y dicen le heredan unos caballeros de Écija"), 423 (murió)

Villanueva y Díez, Agustín de (hijo del Agustín que fue tutor de Quevedo, y hermano de Jerónimo, el Protonotario, q.v.; en el año de **1615** fue secretario del Consejo de Aragón), XIX, 123 (**1647**: Justicia de Aragón), 452 nota 464 [sic]

Villar (maestre de Campo), XV, 469 (m.)

Villar (v. Viglia, marqués de)

Villar, H. Andrés de, S.J. (procurador del noviciado hasta 1632; administrador del Colegio de San Hermenegildo en Sevilla)
– XVIII, 52 (**1645**), 80 (al P. Asistente le parece un exceso el haber preso al H. Villar), 106-110 (la quiebra del Colegio), 112 (el Papa ordena la libertad del H. Villar)

Villar de los Navarros (villa en la diócesis de Zaragoza), XIX, 454 nota 489

Villar de Perdices (localidad portuguesa cerca de Chaves), XVII, 267, 268

Villar de Perdices, Sr. de, XVII, 271 (m. en combate su hijo)

Villar del Rey (a 32 km. al NE de Badajoz), XVI, 192 (los españoles intentaron evitar un ataque), 282 (400 portugueses a caballo lo atacaron), 296 (los portugueses lo sitiaron)

*Villar y Manuel, Luis del (general; caballero de la Orden de San Juan [de Jerusalén] y Comendador de Vadillo; hermano menor de Luis Ponce de León, q.v.), XV, 74 nota 1 ¶2

Villareal (pueblo a 7 km. al sudoeste de Castellón de la Plana, en una gran llanura muy rica), XVI, 199, 205, 209, 257
– casa de (la heredó el VIII conde de Medellín, q.v.), XVI, 216

Villareal, marqués de (gobernador de Ceuta; en 1639, secretario del Consejo de Hacienda y su Presidente; tenido por "la cabeza de los Manueles" de Portugal [los que permanecían leales al rey de España; v. XVI, 94]; degollado por los portugueses en Lisboa en 1641 junto con su hijo, el duque de Camiña, y sus consortes y otros nobles, por haber intentado restablecer en Portugal la autoridad de Felipe IV)

Villareal, marquesa de (María Beatriz de Meneses, hija del marqués de Villareal, q.v.; casó con Pedro de Portocarrero, VIII conde de Medellín, q.v., y era camarera mayor de la Reina de España; para recompensar en la hija tan señalado servicio como eran los asesinatos de su padre y su hermano, en 1642 Felipe IV hizo a su marido I duque de Camiña y heredero de la casa de Villareal)

- XV, 255 (**1639**); XVI, 94 (**1640**), 210 (**1641**), 212, 216 (la nota 1 se refiere a la p. 210, no a la 209), 224 (**1642**)
- XVII, 29 (**1643**); XIX, 197 (**1648**: entre los cargos que se hicieron al duque de Híjar, el sexto acusa al marqués de Villareal de tramar la m. del Rey de Portugal) (var: Villa Real)

Villareal, Fadrique de (capitán de una compañía en Badajoz), XVIII, 410

Villarejo, predicador de (véase Vargas, Alonso de)

Villarejo de Fuentes, Rector de la Casa de Probación de (v. Piña, P. Juan de)

Villarello (aldea de Portugal, cerca de Chaves, a 11 km. al sur de Verín), XVII, 269, 270; XIX, 325 (var: Vilarelho; Vilarello)

Villares, marqués de, XIX, 152 (1648: su pretensión a la grandeza de España)

Villaroel, P., XIV, 19 (hecho arzobispo de Chile)

Villaroel, María de, XVI, 257 (murió en 1642)

Villars (lugar en el Condado de Borgoña a 28 km. al NE de Lyon), XV, 274 (1639: tomado por los franceses) (var: Villar)

Villars (nombre de un regimiento de caballería en Alemania, al mando de Juan Vivero, q.v.), XVII, 420

Villars-Brancas, André ("amiral de Villars", m. 1595; pertenecía a la Liga y a los españoles, y deseaba hacer de Normandía un señorío independiente; de mucha bravura y a veces violencia; cabo del ejército francés del duque de Bouillon, q.v.; fue preso por los españoles en el asedio de Doullens, q.v., quienes le ejecutaron por haberlos abandonado [*Nouvelle biographie*, tomo VII, columnas 240-241]), XVII, xiii-xvi

Villarrubia (pueblo de el de Híjar, a 14 km. al SE de Tarancón), XVII, 451 (1644: le ha venido orden secreta que no esté en Madrid; se fue a Villarrubia)

Villasandín (monte ficticio), XV, 135, 137, 138

Villaseca ("junto al pueblo de el de Viso del marqués", q.v.), XVII, 497 nota 1

Villaseñor (consejero de el de Hacienda), XIII, 514 (jubilado)

Villaser, marqués de (v. Villasor)

Villasor, VIII marqués de (Blasco de Alagón, II conde de Mauseroto, casado con Teresa de Pimentel, hija de los marqueses de Bayona, q.v.; maestre de Campo del tercio de Cerdeña), XIV, 322-323; XVII, 154, 174, 282 (por error: Villacer; Villaceres; Villaser; v. XIX, 416 nota 154)

Villata, la (¿Villetta? a 7 km. al E de Cremona), XIII, 280, 292

Villaueta, licenciado Diego (alcalde de Corte), XIX, 219 (encargado de ejecutar la sentencia de muerte del marqués de Ayamonte, q.v., en el alcázar de Segovia) (error: Villaverde)

Villaumbrosa, conde de (García Niño de Ribera), XIX, 455 nota 492 ¶1 (se casó con Francisca Henríquez de Porres, q.v.)

Villaumbrosa, condesa de (María Enríquez; pariente del I conde de Castronuevo, q.v.), XVIII, 492 nota 2

Villaverde (pueblo a 10 kilómetros al sur de Madrid y 1 km. al oeste de la carretera de Aranjuez), XVIII, 208 (1645: allí comió el Rey antes de entrar en Madrid por la puente de Toledo)

Villaverde, condesa de (casada con Luis Ponce de León, hermano del duque de Arcos), XV, 251; XVIII, 328

Villaverde, Diego de (error por Villaueta, q.v.)

Villaverde, Manuel de (teniente de general reformado de artillería), XVII, 193

Villavicencio (fiscal del Consejo de Guerra), XIV, 167 (m.)

Villavicencio (inquisidor en Madrid), XIX, 365 (1642)

Villavicencio, Agustín de (inquisidor de Sevilla en **1642**; vivía en el barrio de Triana), XIX, 365; XVI, 249; XVIII, 421 (**1646**: hecho inquisidor de la Suprema Inquisición en Madrid)
Villaviciosa (error por Vila Viçosa, q.v.)
Villaviciosa, Sebastián de, XVII, 500 nota 1 (publicó un poema funerario en la *Pompa funeral*, q.v., de la reina Isabel)
Villaza (a 4 km. al O de Verín (prov. de Orense), XVIII, 160-161 (los portugueses lo saquearon, y los españoles de Monterrey les derrotaron y llevaron presos) (var: Villaja)
Villefranche (v. Villafranca)
Villegas, Diego de (oficial de la Contratación en Madrid), XVI, 70; XVII, 69
Villena, V marqués de (Juan Fernández Pacheco, casado con Estefanía [o Serafina] de Bragança, hija de Juan, VIII duque de Bragança), XVI, 508 nota 1
Villena, VI marqués de (Diego López Pacheco de Acuña Cabrera y Bobadilla, hijo del anterior y de la hija de del VIII duque de Braganza [XVI, 508 nota 1], duque de Escalona, grande de España de primera clase, marqués de Moya, conde de San Esteban de Gormaz y de Jiquena; del Toisón de Oro en 1649 [v. el relato de su capellán, C. Gutiérrez de Medina, y la defensa que publicó en 1643 su hijo el conde de San Esteban de Gormaz: XIX, 412-413 nota 63])
– XIII, 435 (**1636**: su hermano, capellán mayor de la Encarnación)
– XV, 69 (**1638**), 85 (los marqueses de Moya llevan la copa de oro en que bebe el Rey), 95, 97, 117 (**1640**: le dan el virreinato de México), 417-418 (parte para México; existe relación de su viaje), 425
– XVI, 434 (**1642**: se le ordena dejar el puesto de México; se refugia en un convento de franciscanos), 508 y la nota 1 (**1643**: temen se entienda con el duque de Braganza, su primo hermano)
– XVII, 63, 174 (**1643**: a instancias de su hijo y heredero se forma junta para su caso), 346-347 (regresa a su estado), 381 (pierde a un hijo de 11 años), 388, 475
– XVIII, 198
– XIX, 336-337 (**1642**: Palafox le sucede en el virreinato), 391-392 nota 417 (**1649**: recibió el Toisón de oro), 412-413 nota 63 (Juan Francisco Manuel Pacheco de Acuña, su primogénito, publicó en 1643 una defensa de los cargos contra su padre, el VI marqués de Villena y virrey de México)
Villena, marquesa de, XV, 58 (1638: m. en Cadalso [¿de los Vidrios?], a 8 km. al SO de San Martín de Valdeiglesias, 50 km. al O de Navalcarnero y 25 km. al N de Escalona)
Villena, Antonia de (esposa de Francisco de Melo, conde de Assumar), XIII, 489; XVII, 425 (var: marqueses de Tordelaguna)
Villena, Juan de (v. Vilaine, Jean de)
Villeroy (duque y mariscal francés que asedió y tomó La Motte, q.v., plaza muy fuerte del duque de Lorena, q.v.), XVIII, 68 (1645)
Villeta, marqués de la (general de la caballería del duque de Saboya), XIII, 384-385
Villoria (plaza de la Orden de Santiago; v. Valparaíso, I marqués de), XIV, 34 nota 1, ¶2 al final
Vimay o Vimi (v. Vimy)
Vimieiro, Señor de (villa a 23 km. al O de Estremoz; v. Faro, Fernando de)
Vimioso, V conde de (Alfonso de Portugal, 1591-1649; señor de Aguiar y de la capitanía de Machico; marqués de Aguiar en 1634; el nuevo rey Juan IV le hizo consejero de Estado y capitán general de Portugal; al mando del ejército del Alentejo)

– XVI, 101 (**1640:** de los primeros en besar la mano del nuevo Rey portugués [juntamente con el marqués de Ferreira]), 119 (**1641:** rumores de su locura), 157 y 189 (general de las armas), 457 (**1642:** padre del obispo de Lamego, q.v.)

Vimy (a 9 km. al norte de Arras, q.v., y 20 km. al oeste de Douai), XVI, 397 (var: Vimay; Vimi)

Vinaroz (a 20 km. al sur de Tortosa, en la costa), XV, 387, 448; XVI, 87, 210, 348, 350, 353, 354, 355, 385, 391, 393, 422, 424, 428, 429, 444; XVII, 210, 223, 224, 225, 282, 295; XVIII, 37, 349, 368, 402; XIX, 281, 284, 285, 292, 293

aVinaroz, XVI, 198, 199; XIX, 28

*Vincart, Juan Antonio (secretario de la Guerra en Bruselas), XV, xxiii nota 1

Vincennes, castillo real de (a 5 km. al E de París; prisión antigua), XV, 75

Vinhais (villa de Portugal a 26 km. al sur de La Mezquita y 32 km. al oeste de Bragança), XVII, 305, 307; XIX, 324 (véase Monterrey [plan portugués...]), 326 (var: Viñais)

Vinhais, gobernador de, XIX, 325

Vique o Virbst (puerto del SE de Inglaterra; quizá Harwich, a 15 km. al S de Ipswich), XV, 359, 373; XVI, 64; XVIII, 186

Vique, cardenal (v. Vich)

Virago, cardenal (tío del conde Flaminio Virago de Vichi; sin documentar en los repertorios consultados), XIX, 357

Virago de Vichi, conde Flaminio (sobrino del cardenal Virago y criado del príncipe Tomás de Saboya), XIX, 357 (1642: misión diplomática a Madrid)

Virbst (v. Vique)

Virgen del Buen Consejo, XVIII, 206

– del Buen Suceso (imagen en el Hospital de la Corte), XVII, 65

– de las Maravillas (iglesia de las monjas del Carmen, Madrid), XVIII, 239

Virgen María, la (v. María, Virgen, y también Nuestra Señora)

Virgilio, marqués (v. Malvezzi, Virgilio)

Virtemberga o Vitinberga (v. Württemberg)

Virués (v. Vitus, Pedro)

Virrato, torre de (cerca de Orbetello, q.v.), XVIII, 370

Virrey, el (de Navarra en 1636), XIII, 537

Virrey, el (del Perú en 1636), XVIII, xxx

Virreyes, los (de México), XVI, 508

Viscor, Juan de (paje y secretario del padre del marqués de Mortara; luego del marqués del Carpio), XV, 32-33

Vise, río (v. Oise)

Visenstraig (ciudad de Alemania, devuelta por tregua al duque de Baviera), XIX, 9

Viseu (uno de dos distritos de la prov. de Beira Alta en el centro de Portugal)

– marqués de (v. Linhares, [IV] conde de)

Visiere (v. Béziers)

Visitación, la (fiesta en Madrid de la visita de la Virgen María a su prima Isabel), XIII, 77

Visitador, P. (en Río de Janeiro se echa de menos al P. Visitador), XIX, 242

Vismar (v. Wismar)

Viso [del Marqués], el (pueblo a 9 km. al O de Almuradiel y 25 km. al SE de La Calzada de Calatrava), XVII, 497 nota 1

Viso, II marqués de (Álvaro Bazán y Benavides, quinto de este nombre, primogénito del III marqués de Santa Cruz, q.v.; casó con María Francisca Doria, hija de Carlos Doria, duque de Tursi, q.v.)

– XIII, 284 (**1635:** ya servía en la marina con su padre y llevaba el título de II marqués de Viso), 287, 407 (**1636:** llega a Barcelona con una escuadra de Sicilia), 465

- XIV, 352; XV, 66 (**1638**: muy enfermo en Madrid; otro con el mando de las galeras de Sicilia), 78 (pretendiente al gobierno de Orán), 238, 263 (finalmente le dan el gobierno de Orán)
- XVII, 120 (**1643**: entre los candidatos a la cámara del Príncipe Baltasar Carlos), 224, 229 (el duque de Tursi envió a su hijo con dos galeras suyas al socorro de su yerno, el II marqués de Viso, que gobernaba a Orán), 437 (**1644**: intenta volver a sus galeras de Sicilia)
- XVIII, 197 (**1645**), 206, 336 (**1646**), 368 (general de las galeras de Nápoles; acusado de desacato), a369-370 (al Rey justificándose), 379 (desavenencias con el IV conde de Linares), 381, 382, 385 (**1646**: murió su padre); XIX, 415 nota 120, 418 nota 224

Viso, II marquesa del (María Francisca Doria, hija del duque de Tursi, q.v.), XIX, 418 nota 224

Visoreina, la (la archiduquesa Margarita), XIV, 191 (1637: "se quebró la litera a [ella]; ya se partió para Madrid"; v. la nota 1: a Gayangos le parece que no viniera ella a Madrid en esta época)

Vital (v. Vitale, Marcos)

Vitale, Marcos (secretario de Tomás Anielo; "poco advertido" y "de mala intención"), XIX, 34, 53, 111 (1647: se insolenta con un oficial militar español, quien le mata en el acto) (var: Vital; Vitali)

Vitelleschi, P. Mucio (general de la Compañía de Jesús en Roma), XIV, 144

Vitemberg o Vitemberga (v. la ciudad de Wittenberg)

Vitemberga o Vitinberga, duque de (v. Württemberg, duque de)

Vitemberga, país de (v. Württemberg)

Viterbo (ciudad a 75 kilómetros al este de Orbetello y a unos 60 kilómetros al norte de Roma), XVI, 466

Vitoria (a 45 km. al SE de Bilbao y 75 km. al SO de San Sebastián), XIV, 477, 494; XV, 289, 377, 434, 435, 476; XVI, 51, 55, 467; XVII, 8; XIX, 215 (var: Victoria)

Vitoria (v. Victoria)

Vitoria, Fr. Ignacio (v. Victoria, Ignacio de)

Vitoria, Jerónimo de (v. Victoria, Jerónimo de)

Vitry, marqués de (v. Hospital, mariscal de l') (var: Vitri; Mr. de Barri; Mr. de Vitry)

Vitte (regimiento de caballería en Alemania al mando de Juan Vivero, q.v.), XVII, 420

Vitus, P. Pedro, XVI, a85, a219, a346 (var: P. Virués)

Vivanco, Bernabé de (historiador; v. Novoa, Matías de)

Vivanco, Fulano de (caballero de Calatrava), XVIII, 338 (agresor en el Prado; preso y mandado a la fortaleza de Calatrava, q.v.) (var: Vibanco)

Vivental (villa cerca de Colonia [Koblenz]), XIX, 9

Vivero (ciudad en la costa del mar Cantábrico, a 80 km. al E de El Ferrol y 50 km. al O de Barreiro), XV, 269 (la batió una armada francesa)

Vivero, P. (v. Vivero, P. Juan, S.J.)

Vivero, Álvaro de (castellano; gobernador del castillo de San Felipe, q.v. [Azores]), XVI, 449, 451, 452, 453, 455

Vivero, Francisco de, XIV, 154 (error por Juan de Vivero, q.v.)

Vivero, Juan de (hermano menor del conde de Fuensaldaña, q.v.; teniente general de la caballería de Flandes y gobernador de la caballería de Alsacia; asistió a la batalla de Tuttlinghen)

- XIII, 493 (**1636**: asistió con mil caballos en el sitio de Corbie, q.v., "plaza fuerte y grande")
- XIV, 153 (**1637**: derrotó un ejército francés cerca de Cambresi), 154 (por error se dice, Francisco de Vivero),

178, 364 (**1638:** siguió a la caballería francesa en su huída)
- XVII, 130 y 420 y 426 (**1643-1644:** en el ejército de Francisco de Melo, Vivero era gobernador general de la caballería de Alsacia), 446, 448, 461 y 467 (general de la caballería de Cataluña); XIX, 265-266 (**1642:** al sitiar la abadía fortificada de Honcourt, atacó la fortificación por la parte de atrás, y participó en su rendición) (por error, Francisco)

Vivero, P. Juan, S.J. (n. hacia 1568 en Luxemburgo; se crió en España y se marchó a Flandes hacia 1588; reside en Bruselas; confesor del marqués de Castel-Rodrigo, q.v.; manda cartas y noticias de Flandes a Madrid)
- XIII, 477 (**1636**)
- XIV, 439 (**1638**)
- XV, 15, 172 (**1639:** noticias sobre Breisach), 302 (de Alemania)
- XVI, 310 (**1642:** noticias de Luxemburgo y Bruselas)
- XVII, 60 y 61 (**1643:** las consecuencias de la muerte del cardenal Richelieu), 477 (**1644:** el rey de Polonia, q.v., ha derrotado un ejército de 40.000 tártaros que intentaban entrar en Alemania)
- XVIII, 263 (**1646:** grandes donaciones de Flandes y Lorena a España), 363 (en Flandes los franceses sitiaron sin éxito a Coutray, q.v.)
- XIX, 149 (**1648:** a los 80 años, en Madrid con el marqués de Castel-Rodrigo) (var: P. Vivero)

Vivero, Luis de (v. Fuensaldaña, conde de)

Vivero, P. Pedro, S.J. (predicador del archiduque Alberto y del Cardenal-Infante), XIX, a343-345

Vives, P., XIII, 531

Vívoras, encomienda de (encomienda que fue de la Orden militar de Calatrava, q.v., situada entre Martos [Jaén] y al sudoeste, Alcaudete, cerca de la aldea de Las Casillas y el Arroyo Salado), XIX, 126 (en su testamento, la condesa de Olivares dejó dicha encomienda a la casa de Monterrey)

Vizcaya, XIII, 51, 60, 81, 104, 427, 460, 466, 467, 519, 525, 530, 548
- XIV, 22, 34, 44, 57, 75, 85, 135, 146, 157, 210, 212, 268, 281, 454, 455, 459, 462, 490, 491, 492, 494
- XV, 27, 52, 56, 72, 109, 114, 158, 175, 279, 288, 290, 292, 302, 373, 396, 411, 415, 434, 440, 470, 472
- XVI, 21, 38, 292
- XVII, 36, 38, 162, 442, 452, 461
- XVIII, 8, 229, 378, 403

Vizcaya, Señoría de, XV, 188 (sus galeones se juntan en Málaga con otros de España, para proteger la flota de Nueva España en el cabo de San Vicente, q.v.)

Vizcaya, villa de (v. Isasi)

Vizzemano (noble veneciano; v. Candiotti), XVIII, 313 (ejecutado)

Vogeiro, XVIII, 456 (nombrado canónigo en Toledo)

Vogtland (región antigua del SE de Alemania que abarcaba ciertos segmentos contiguos de los estados de Baviera, Turingia y Sajonia, y de la república Checa; terreno montañoso; su ciudad principal era Plauen, en el extremo oriental de Alemania), XV, 488, 489, 490, 495 (var: Voigtland; Voylandia)

Volgast (v. Wolgast)

Vormes (lugar cerca de Borgoña), XIV, 148

Vosterman, Lucas (pintor y grabador en Flandes hacia 1640), XVII, xxiv y la nota 2 (retrató al conde de Fontana, q.v.)

Voylandia (v. Vogtland)

W

Waal (río formado donde antes el Rhin se dividía en dos: el río Waal y el Neder-Rhin, o Rhin bajo; véase Batavia, isla de), XIII, 249, 290, 340, 392; XIV, 195 (var: Obal; Uval; Wahal)

Wacken (a 27 km. al SO de Gante y 28 km. al NE de Courtai), XVIII, 357 (aquí los españoles derrotaron a los franceses y les cortaron el paso a Saint Omer, q.v.) (var: Waten)

Waes, país de (entre Gante y Amberes), XIV, 444, 482; XV, 367; XVIII, 179 (la sierra de Waes)

Walcheren, isla de (a la embocadura del río Scheldt en Holanda), XIV, 180

Wales (v. Gales)

Waloue, Madame de (prima de las hijas del caballero belga Aman de Horne, q.v.), XV, 105 (1638: presa en Bruselas con su hermana Madame de Belenglise)

Walter (capitán de caballos en Flandes), XV, 110; XVI, 404 (var: Gualter; Guater)

Wallenstein, Albrecht Wenzel Eusebius von (1583-1634; duque de Friedland y de Mecklenburg; apoyó al emperador Fernando II, quien le hizo príncipe, duque y capitán general del ejército imperial; su ambición, los reveses militares y las enemistades de los nobles alemanes le motivaron a negociar con los enemigos del Emperador, quienes le acusaron de traición, lo cual dio lugar a su asesinato el 25 de febrero de 1634 en el castillo de Eger [en Bohemia, en el extremo occidental de Checoslovaquia, a 155 km. al O de Praga; var: Egla; hoy: Cheb]; véase el excelente estudio de Mann, *Wallenstein*, pp. 813-844, y las fichas respectivas de los asesinos Walter Butler, Walter Devereaux, John Gordon y Walter Leslie)
- **Sobre el asesinato:**
- **Tres relatos breves** fechados más de un mes después de su m., y que no concuerdan con lo que hoy se sabe (XIII, 29-30, 31-32 y 34-35);
- **Cinco referencias** a su m. (XIII, 40 y 46; XIV, 232; y XV, 95 y 240);
- **Otras referencias** a su m. por Gayangos, que no tenía acceso a las fuentes fidedignas (XIII, 24 nota 1, 451 nota 4, 533 nota 1, XV, 240 nota 2, y XVIII, prefacio, xx y las notas 1 y 2) (var: Baldestain; Balsain; Friedlandt; Friesland; Frietland; Frilan; Frisland; Frislandia; Friutlant; Waldestein; Waldstain; Waldstein; Walestein; Wallestain)

Waller, [Sir William] (c. 1597-1668; al principio de la guerra civil de Inglaterra el parlamento le hizo coronel de un regimiento de caballería), XVII, 139 (1643: toma a Hereford [y a varias otras villas]), 256 (derrotado cerca de Oxford con mil m., episodio que no interrumpió su carrera militar) (v. DNB, XX, 588a-592a, y Clarendon, índice) (var: Milor Waler)

Wanier, general (v. Bannier)

Warberk, fuerte de (en Holanda, cerca del país de Waes, q.v.), XVIII, 179

Warfise (v. Werfuze)

Wark, Grey of (el Parlamento le encerró el la Torre de Londres), XVII, 257 (var: Milord Graywarth)

Warthon, milord, XVII, 257 (el Parlamento le mandó a Escocia como diputado)

Warwick, [II] conde de (Robert Rich, 1587-1658; se dedicó al diseño y la construcción de navíos; partidario del Parlamento en la guerra civil [DNB, XVI, 1014a-1019a; Clarendon, índice, pág. 1345c, con muchos datos]), XVII, 257 (intentó sin éxito levantar el sitio de Exeter; se sospechaba que tenía inteligencias con el Rey), 258 (el Rey mandó que todos los capitanes de navíos desamparasen a Warwick) (var: Warwic)

Waterford (villa de Irlanda en el extremo oriental del condado de Waterford, q.v.), XVIII, 180 nota 1 (aquí nació el P. Paulo Sherlock, q.v.)

Waterford, condado de (pequeño condado en la costa meridional de Irlanda, al S del condado de Tipperary y al SO del condado de Wexford [véase Joan Blaeu, *Atlas*, pp. 232 y 294]),

XVII, 259 (el general Piers intentó echar todos los protestantes de este condado)
Weerdt, barón Juan de (nació en 1594 en Büttgen [Brabante, ducado de Holanda que abarcaba Bruselas, Amberes y Lovaina]; general al servicio del emperador de Alemania; murió en 1652)
- XIII, 144 (**1635**: como teniente del duque de Lorena, q.v., participa en la toma de Phillipsberg), 257 (derrota a los franceses en la Lorena), 317, 347, 362 (**1636**: en la Alsacia), 421, 426-427 (por orden del Emperador, toma Lieja), 492 (toma Bray, villa sobre el río Soma), 493-494, 518, 532
- XIV, 1 y 2 (**1637**: sobre la toma de Montreuil por el bando de los españoles), 49 (el Infante-Cardenal le ordena que atraviese Luxemburgo para ayudar a los imperiales en el sitio de Erenberstien), 66 (toma una ciudad cercana a Colonia), 147 (le pide condiciones para rendirse la fuerza de Hemerstein, en el estado de Tréveris, después de un año de sitio), 162, 165 (Hemerstein se le rinde), 172 (se junta al duque de Lorena y al marqués de San Martín, para batir a los franceses que bloquean Besançon), 178, 182, 196 (derrota a los de Saxe-Weimar), 200, 241 (acude a Borgoña en socorro del duque de Lorena), 243 (derrota al duque Bernardo de Saxe-Weimar junto al río Sin), 243, 277, 280 (**1638**: escribe al Infante-Cardenal sobre su victoria sobre Weimar), 361 (junto al príncipe de Sabelli, derrota a Bernardo de Saxe-Weimar y al duque de Rouen), 362 (acude en socorro de Rheinfels), 363, 367 (es hecho prisionero), 382, 387 (le emboscan los de Saxe-Weimar y el duque de Rouen y le toman preso, enviándolo a Francia), 388, 394 (vencedor de la batalla del Alsacia), 399, 404, 406 (preso en la Alsacia), 478 (ha huido de la prisión)
- XV, 75 nota 1, párrafo 14 ("prisionero en el castillo real de Vincennes": noticia en el título de un folleto de noticias ya históricas, ya imaginarias y humorísticas)
- XVII, 60 (**1643**: bate a los suecos en Sajonia), 67, 77, 94, 163 (derrota a los franceses en Alsacia), 194 (el príncipe de Condé lo derrota cerca de La Bassée), 421 (**1644**: enfrentamiento en Tuttlingen), 422, 423, 489 (derrota al mariscal de Turenne cuando éste iba a sitiar Tréveris)
- XVIII, 68, 69 (**1645**: él y el duque de Baviera derrotan a los franceses y suecos en el Rhin), 74, 93, 140, 157, 163, 173, 252
- XIX, 66 (**1647**: el archiduque Leopoldo le ordena que avance hacia Arras), 67 (se vuelve a Landresi y la toma sin derramamiento de sangre, con gran botín y municiones), 81 (se pasa a servir al Emperador, pues el duque de Baviera ha buscado neutralidad con los franceses), 132 (se va a servir al archiduque Leopoldo en Flandes), 254 (**1642**: se le trueca por el bastardo de Suecia, Gustavo, q.v.; se le hace general de la caballería del ejército de Colonia contra los de Saxe-Weimar y Francia), 342, 343, 344 (en Colonia bate a suecos y franceses), 424 nota 407 (uno de los tres cabos del ejército imperial en la batalla de Tuttlingen), 434 nota 69 (uno de los dos cabos en la batalla de Mergentheim, donde derrotan al célebre visconde de Turenne) (var: Bert; Bret; Ubeert; Uvert; Vert; Wert; Weerdth; Weerth)

Weert (villa fortificada a 95 km. al E de Antwerp y 20 km. al oeste de Roermonde; tomada por el Infante-Cardenal), XIII, 401 (var: Wert)

Weighphensets sobre Sala (v. Weissenfels sobre el río Saale)

Weimar, los de (v. Saxe-Weimar)

Weimar, duque Bernardo de (v. Saxe-Weimar, Bernard, duque de)

Weimar de Sajonia, duque de ("no es éste el elector"), XIII, 255 (derrotado por Galaso, q.v.)

Weissenfels [escarpas blancas] sobre el río Saale (a 32 km. al SO de Leipzig), XVIII, 179 (var: Weighphensets sobre Sala)

Werfuze (cerca de Lieja), XIV, 98 (var: Berfuse; Berfust; Berfuze; Warfise)

Werfuze, conde de (flamenco; presidente de finanzas; conjurado contra España, "huido de nuestros países de Flandes"), XIV, 98-100 y la nota 1 (1637: mató al corregidor de Lieja y fue desmembrado vivo por la turba) (var: Berfust; Berfuze)

Wert, Juan de (v. Weerdt)

Wesel (ciudad sobre el Rhin, a 27 km. al NO de Düsseldorf y 30 km. al O de Dortmund), XIII, 262; XV, 129 nota 1 (por traición de Enrique de Vergas la perdió España) (var: Vesel)

Westfalia (región del oeste de Alemania, situada entre Sajonia y Renania, bañada por los ríos Ems, Lippe y Ruhr; su capital es Münster, donde se firmaron las paces que dieron fin a la Guerra de los treinta años), XIV, 11, 24, 241, 331, 414; XV, 11, 123, 172, 220, 240, 338, 490, 491; XVI, 90, 177 (var: Vesfalia; Vestfalia)

Westminster (sede del gobierno en Londres), XIV, xi

White-Hall (calle en el centro de Londres donde se hallan numerosas oficinas gubernamentales y la sede del gobierno en el palacio que da nombre a la calle, cuya última reconstrucción data de 1622), XVI, 165

Whyatt, Sir Dudley (agente de Carlos I de Inglaterra en París), XVIII, 177 (var: Dudleo Wiat)

Wight, isla de (en la costa meridional de Inglaterra, al S de Southampton y Portsmouth), XVI, 186 (variante: Viget)

Wiltemberg o Witemberg (v. Wittenberg [una ciudad], o Württemberg [una región] de Alemania)

Willoughby of Durham, Lord ("general del parlamento" de Inglaterra), XVII, 258 y la nota 1 (nota que corrige los errores históricos del texto de esta página) (var: Milord Willonery de Darham)

Wimpfen (ciudad a 55 km. al SE de Mannheim, y a medio km. del río Neckar), XVIII, 178

Wismar (ciudad de Hesse en el mar Báltico, a 75 km. al oeste de Rostock), XIV, 226 (como Hesse no tiene socorro, podrán caer las ciudades sobre el Báltico; véase Stettin) (var: Vismar)

Wittenberg (ciudad de Prusia sobre el río Elba, a 130 km. al NO de Berlin), XIV, 235 (**1637**: el mariscal Wrangel, sueco, tomó 120 carros de botín imperial de Wittenberg y los llevó al ducado de Mecklenburg, q.v.) (var: Vitemberga)

Wladislas VII (rey de Polonia desde 1632 hasta 1648), XIII, 28 (**1634**: derrota al duque de Moscovia), 172 (**1635**: se prepara para salir a recuperar el reino de Suecia), 260 (su hermano, Juan Casimiro, asiste a la boda del duque de Baviera con la hija del Emperador en Viena), 304 (no concluye ninguna tregua con los suecos) (sobre la dinastía de los reyes de Polonia, véanse Ladislao IV, Polonia, rey, y Polonia, trono de) (variante: Ladislao)

Wolgast (plaza muy fuerte en los confines del mar Báltico, a 28 km. al E de Greifswald y 32 km. al NO de Swinemunde; a 97 km. al E de Rostock), XIV, 331 (var: Volgast)

Worms (ciudad de Renania-Palatinado, a orillas del Rin, 16 km. al noroeste de Mannheim), XIII, 149

Wrangel, Karl Gustav (mariscal sueco), XIV, 226 (**1637**: las tropas tudescas lo abandonan por el Emperador), 235 (llevó 120 carros de botín imperial de Wittenberg al ducado de Mecklenberg, q.v.); XV, 220 (**1639**: se pasa a los suecos con diez compañías); XVIII, 179 (var: Pranel; Urangel)

Württemberg (región muy fértil en el extremo SO de Alemania [la Selva negra], que linda al norte con Baviera y Baden en la antigua Franconia, y al oeste y sur con el lago de Costanza, que la separa de Suiza; se rinde al Emperador)
- XIII, 362 (Galasso está invernando en este país tan fértil)
- XIV, 235; XV, 339 ("Ockembila, plaza en Württemberg semejante a Breisach", q.v.)
- XVII, 407 nota 4 ("distrito de la Selva negra")
- XIX, 434 ("reino...en la antigua Franconia") (var: Bertin-Ber; Virtemberga; Vitemberg; Vitinberga; Wiltemberg; Witemberg; Witemberga; Wittemberg)

Württemberg, ducado de, XIV, 415 (Bernardo de Weimar intentó sin éxito "ocupar plazas en el ducado de Württemberg")

Württemberg, duque de (Juan Federico; m. en 1628; su hijo Everardo se alió con los suecos, y después de Nördlingen [1634], Württemburg fue ocupado por los imperiales; Everardo huyó y regresó en 1638; recobró todo en 1648)
- XIII, 148; XIV, 1-2 (**1637**: el Duque, "rebelde de Alemania", cabo de cuatro regimientos de caballería francesa, "todos...corazas"), 399 (**1638**: "se había concertado con el Emperador... dando[le]... dos plazas de su estado, con que volverá a él")

Württemberg, duque de, el mozo, XVII, 421 (**1644**: cuando los del Emperador tomaron a Rottweil, dejaron "por gobernador...al duque de Württemburg, el mozo"), 425 (1.600 hombres pasaron a servir a sueldo al duque de Württemberg)

Würtzburg (ciudad a la orilla del río Main; en latín, Herbípolis; capital de un principado entre Franconia y Baviera, regido por príncipes-obispos; de gran auge cultural en el siglo XVII), XIII, 149; XV, 492

Würtzburg, príncipe-obispo de
- XIII, 149 (**1635**: "mozo y muy alentado", pide al rey de España 200.000 ducados prestados para leva de tropas; dióselos gratis)
- XV, 497 (**1640**: con el Archiduque Leopoldo)
- XIX, 344 (**1642**: m. de repente; había sido "muy austríaco")

X

Xabot (v. Chiabot, conde de)
Xaca, Pedro de (v. Jaca)
Xaintonges (v. Saintone, Mr. de)
Xammar (diputado militar de Cataluña), XVI, 10 (var. errónea: Tanmart)
Xampaña (v. Champagne)
Xara, P. Bernardo de, S.J., XV, 501
Xatelet (v. Catelet)
Xatillón (v. Châtillon, mariscal de)
Xavier, conde (v. Javier, conde)
Xavier, San Francisco (v. San Francisco Javier)
Xea (v. Pérez de Egea, Miguel)
Xebrosa, duquesa de (véase Chevreuse, duquesa de)
Xedres (v. Geldern)
Xeldre, capitán Francisco, XIV, 213 (**1637**: herido en Leucate); XVII, 310 (**1643**: gobierna la plaza de Villanueva del Fresno, q.v.), 385
Xeldres (v. Geldern)
Xeli de la Reina (v. Gieri de la Reina, marqués de)
Xenique (una de las puertas de las murallas de Breda, q.v.), XIV, 464-466 (la construcción de las fortificaciones), 468
Xerez (v. Jerez)
Xerez de los Caballeros (v. Jerez de los Caballeros)
Xerez de la Frontera (véase Jerez de la Frontera
Xillo (v. Gillo)
Ximénez (v. Jiménez)

Ximoneto (lugar de Dalmacia), XIX, 8 (v. Nardin)
Xivi (v. Givet)
Xobregas (v. Gobregas, convento)
Xódan o Xódar (v. Jódar)
Xuárez, Juan (v. Juárez, Juan)

Y

Yáñez, P., S.J. (amigo de los PP. González y Pereira), XV, 404; XVII, 431
Yáñez, licenciado Alonso, XVIII, xxvii (testigo)
Yáñez Fajardo, Luis (v. Molina, marqués de)
*Yáñez Parladorio, Juan (historiador)
Ybarra (v. Ibarra, Cristóbal de)
Yelves (v. Elvas)
Yepes (lugar de la provincia de Toledo, a 10 km. al oeste de Ocaña), XVII, 112
Yepes, P., S.J., XIII, 94 (XIX, 375 nota 94 (variante errónea: Lepes [corregido por Gayangos])
Yersea, isla de (v. Jersey)
Yeste (villa en el extremo norte de la Sierra de Segura, a 77 km. al sudoeste de Albacete y 105 km. al sudeste de Valdepeñas; encomienda de la Orden de Santiago, cuyo comendador era Bernardino Fernández de Velasco, VI duque de Frías y VII Condestable de Castilla, q.v.)
Ynsausti, José de (v. Insausti, José de)
York (condado muy antiguo del norte de Inglaterra, confina con Escocia y al noreste de Leeds; desde la Edad Media un centro conocido de cultura y actividad intelectual), XVI, 84 y 365 (**1640** y **1642**: el Rey estaba en York con un ejército); XIX, 256 (**1642**: "el Rey...labra palacio para vivir allí de asiento"), 279 ("ahora el Rey manda se junte el Parlamento en York" (var: Jorque; Yorck; Yorque)
Ypres (ciudad de Flandes, a 30 km. al noreste de Lille), XIV, 328 nota 1 (Cornelio Jansenio, q.v., era su obispo) (var: Ipres)

Yrache (v. Irache)
Yrazabal o Yrraçabal (v. Irazábal)
Yucatán (v. Mérida de Yucatán)
Yurramendi, Gaspar de (juez en un certamen de poesía), XVII, 124

Z

Zabala (v. Zavala)
*Zabaleta, Juan de (1610-1670; madrileño; prosista de costumbres y comediógrafo)
*Zabaleta, Miguel de (vicario de la villa de Rentería [Guipúzcoa])
Zacoyas (villa de la prov. de Bragança, cerca de Bazal, q.v.), XVII, 399
Zafra (ciudad a 52 km. al sur de Badajoz, en las estribaciones de la Sierra Morena), XVI, 268, 278; XVII, 278, 290, 332, 351; XVIII, 341
aZafra (de esta ciudad se enviaban cartas a Sevilla sobre la rebelión de Portugal, desde 1640 hasta 1643), XVI, 82, 83, 316, 317, 383, 384; XVII, 254, 255, 273, 279, 287, 311, 312, 328, 330
Zafra, gobernador de (Esteban de Hinojosa; escribe a Sevilla), XVI, 317, 384
Zafra, licenciado Alonso de (testigo), XVIII, xxvii
Zahara, marqués de (Luis Ponce de León, hijo primogénito del IV duque de Arcos; m. en 1642 sin casar y en vida de su padre), XVI, 224; XIX, 441 nota 243
Zahara, marqués de (v. Arcos, IV y V duques de)
Zalé (v. Salé)
Zalmedina, el ("Magistrado que había en lo antiguo en Aragón con jurisdicción civil y criminal" [*Dicc.* de la Real Academia]), XIX, 300 (1642: en la procesión de la entrada del Rey en Zaragoza, era "el último de todos")
Zambrana, Juan de, XV, 484 ("persona...quieta"; como muchos otros, preso en Málaga) (var: Zambrano)

Zambrana, Sebastián (oidor del Consejo de Castilla), XVI, 221 y 223 (m. en 1642)

Zamora, XIII, 15, 341, 458; XIV, 127, 257; XVI, 179; XVII, 319, 398
– gobernador de, XVII, 402
– el escándalo de un carmelita que se llamaba Celedón, q.v., XV, 364

Zamora, Dr. (catedrático de prima en Salamanca), XIII, 54

Zamora, Esteban de (alférez), XV, 15, 17 y 57 (1638: m. en un desastre naval; véase la ficha de Rubín de Celis, Diego)

Zapata, fuente de la (muy cerca de Vila Viçosa, que está a 30 km. al oeste de Elvas), XVIII, 190, 194 (var: Zapata, fuente del; Zapatero)

Zapata, P., S.J., XIII, 295 (1635: predicó el primer sermón en la fiesta de san Francisco de Borja; "tuvo su picante en materia de validos"); XVIII, 350 (1646: el Rey le manda "pedir al arzobispo de [Burgos]... alguna limosna para socorro de las necesidades presentes"

[Zapata, Antonio] (v. Barajas, III conde de)

Zapata, P. Cosme, S.J. (en 1648 acompañó a uno de los del duque de Híjar en el cadalso), XIX, 224

Zapata, Diego (v. Barajas, II conde de)

Zapata, Francisco (hijo mayor de Gabriel Zapata, hermano del I conde de Barajas, q.v.; caballerizo del Rey en 1624 [en una carta de 1624 atribuida a Quevedo se habla de "dos caballerizos" del Rey, "el uno Zapatilla y el otro Zapatón", *Obras*, BAE XLVIII, 522a y 523b]; caballero de Santiago, teniente de la Guardia Española, y conductor de Embajadores en 1644; conocido por el sobrenombre de Zapatilla [v. Pellicer, *Avisos*, XXXIII, 227], y por su escasa estatura [Joaquín Mercado Egea, *Felipe IV en las Andalucías*, pág. 74; A. Rodríguez Villa, *La corte y monarquía...*, 91, 166 y 327 (1637 y 1640)]; era homónimo de su primo, Francisco Zapata [v. la ficha siguiente], quien era hijo del II conde de Barajas y m. después de 1647), XIV, 336 (1638: "Zapatilla" hizo el papel del novio en una máscara); XVI, 381 (1642: "Zapatilla" en una sátira); XIX, 409 nota 377 ¶2 (nota errónea); murió en septiembre de 1644 (v. Pellicer, *Avisos*, XXXIII, 227)

Zapata, Francisco (hijo del II conde de Barajas, q.v.; era homónimo de su primo [v. la ficha anterior]; m. después de 1647), XIII, 71 (**1634**: de la Inquisición), XIV, 339 (**1638**: capellán mayor del convento de las Descalzas Reales), XVI, 380 (**1642**); XVII, 474 y la nota 1 y 475 y la nota 1 (**1644**: del Consejo de la Cámara de Indias; luego excluído, y "le envían a Nápoles a visitar a Liche [el duque de Medina de las Torres, marqués de Eliche y en 1644 virrey de Nápoles], con don Juan Chacón del Consejo de Órdenes" [véase Pellicer, *Avisos*, XXXIII, 168]); **1645**: correspondiente de Quevedo (Crosby, *Nuevas cartas...*, carta 91, nota 18, pág. 329); XIX, 132 (**1647**: pasa de fiscal del Consejo de Órdenes, a la fiscalía del de Indias); 631 (error del índice: no fue rector de Salamanca; v. Zapata, Pedro) (por error, Juan [XVII, 475 nota 1])

Zapata, Francisco (homónimo de las dos fichas anteriores; en el año de 1636, gobernador de Amberes; maestre de Campo de un tercio en Flandes), XIII, 402, 444

Zapata, Don Fulano, XVIII, 234 (1646: vendió el regimiento que tenía, pero su hijo le puso pleito porque estaba vinculado y anejo al mayorazgo)

Zapata, Fulano Gualter (plenipotenciario español en Münster), XVII, 485 (1644: m.)

[Zapata, Gabriel], (hermano del I conde de Barajas; véase su hijo Francisco Zapata, cuyo sobrenombre era Zapatilla [Pellicer, *Avisos*, XXXIII, 227], y quien m. en 1644)

Zapata, Juan, XVII, 475 (error por Francisco Zapata, hijo del II conde de Barajas q.v.)

Zapata, Pedro (hijo del II conde de Barajas, q.v.), XIII, 319 (1635: elegido rector de la Universidad de Salamanca)

Zapata [y Cisneros], cardenal [Antonio] (1550-1635; hijo mayor de Francisco Zapata de Cisneros, I conde de Barajas, q.v.; para entrar en el clero renunció sus derechos de primogénito a favor de su hermano, Diego [véase Barajas, II conde de]; obispo de Cádiz, 1587-1596, de Pamplona, 1597-1600; del Consejo de Estado, 1599; arzobispo de Burgos, 1600-1605; hecho cardenal en 1604; protector general de España en el Vaticano; inquisidor en Cuenca, Toledo y Roma; virrey de Nápoles, 1620-1622; administrador adjunto de Toledo, con el Cardenal-Infante, 1625; Inquisidor general de España, 1627-1632)

- XIII, 63 (**1634**: en el desfile de la fiesta del corpus), 90 (en una junta de teólogos e inquisidores), 165 (**1635**: está muriendo de apoplegía), 171 y 175 (m.), 184 (sus honras)
- XV, 157-158 (**1638**: se recuerda un dicho cínico suyo sobre los numerosos nombramientos a los consejos y la Inquisición)

Zapatero, fuente del (v. Zapata, fuente de la)

Zapatilla (apodo aplicado a Francisco Zapata, hijo de Gabriel Zapata, q.v.)

Zaragoya (v. Zaragoza)

Zaragoza, XIII, 13, 18, 156
- XIV, 34, 264, 273, 416, 429
- XV, 72, 75, 190, 399, 430, 432, 439, 445, 465, 476
- XVI, 9, 27, 30, 35, 37, 58, 61, 63, 79, 81, 87, 88, 94, 95, 96, 107, 200, 227, 265, 272, 355, 391, 394, 416, 418, 419, 440, 465, 468, 469, 475, 476, 477, 478, 484, 497, 498
- XVII, viii-ix, 12 y 13 y 37 (inundación del Ebro), 102, 156, 170 nota 1, 172, 190, 202, 210, 210, 221, 223, 224, 226, 230, 231, 235, 237, 248, 263, 294, 309, 316, 341, 343, 344, 347, 354, 356, 358, 359, 360, 369, 370, 371, 374, 379, 387, 406, 411, 414, 430, 435, 437, 449, 452, 456, 462, 467 (por error, Zaragoya), 473, 474, 475, 478, 479, 483, 497
- XVIII, 16, 39, 43, 45, 46, 63, 63, 74, 82, 88, 96, 98, 99, 103, 104, 119, 126, 128, 130, 131, 133, 134, 145, 146, 150, 151, 151, 158, 159, 172, 188, 209, 239, 262, 268, 277, 282, 283, 284, 289, 293, 297, 314, 326, 328, 331, 333, 335, 337, 342, 345, 347, 349, 360, 361, 361, 363, 364, 366, 370, 372, 378, 389, 394, 395, 401, 404, 405, 406, 407, 409, 417, 417, 418, 419, 420, 421, 435, 438, 440, 446, 447, 460, 470, 476, 478, 486, 492, 505
- XIX, 12, 22, 27, 63, 122, 132, 165, 166, 177, 258, 259, 276, 281, 283, 298, 299, 328, 329, 334, 334, 338, 340, 345, 360, 361, 363, 367, 370, 402 nota 349, 403 nota 349 ¶1, 404 nota 377 ¶1, 417 nota 167, 418 nota 230, 430 nota 486 ¶1, 454 nota 489, 463 nota 315

aZaragoza, XVI, 286, 367, 368, 446, 449, 479, 481; XVII, 121, 173, 175, 366; XIX, 271, 272

- arzobispo de, XIII, 26 (Juan de Guzmán, franciscano, desde 1633 hasta su muerte en 1634); [Pedro de Apaolaza, 1635-1643]; XVIII, 419 (Juan Cebrián, mercedario, de 1644 hasta 1662)
- conventos de las Descalzas: Diego Fecet, Santa Lucía, Santo Domingo, Altabas, San Lázaro y Jesús, XVII, 12 (dañados en las inundaciones del Ebro en 1643)
- inquisidor de, XIII, 366
- inundación: XVII, 12 (**1643**: la inundación del Ebro llevó la mitad de la ciudad)

- soldados, los: representación de la ciudad en un memorial a Felipe IV sobre los estragos terribles que hicieron los soldados en los pueblos de Aragón y Cataluña en **1639 y 1640** (v. Diego Caballero de Illescas y Jerónimo Tutavila, XVI, 9 nota 1; Domingo de Eguía, XVI, 9; en **1641,** Juan Ramírez de Arellano, VIII conde de Aguiar, XVI, 213; en **1642** en las vecindades de Monzón, XVI, 391; en **1643,** el marqués de Mortara y Juan de Pavasan, XVII, 362; v. también la ficha de Alojamientos, y las quejas en las Cortes de Aragón, XVII, 360-364 y en **1645 y 1646,** XVIII, 181, 349-350; véase Cortes de Aragón: quejas)
- Zarapicos (lugar mencionado en una sátira), XVI, 261
- Zaratán (lugar a 5 km. al noroeste de Valladolid), XIII, 365
- Zárate, H., S.J. (de un Colegio de Alcalá de Henares), XIII, 169 (una noche causó gran alboroto porque creía que luchaba con figuras o brujas), 180, 232
- Zárate, Diego de, XIII, 7, 232 (juego de cañas)
- Zárate, Juan de (inquisidor de Toledo), XIII, 366
- Zarza, la (pueblo cerca de Salvatierra, a 25 km. al noroeste de Zafra; v. Ervas, Francisco de), XVIII, 101, 423-424; XIX, 252 ("gente de valor,...allegadiza, de toda suerte de oficiales", y que atacaban repetidamente a los portugueses)
- Zarzuela, [Real Sitio de la] (cercano a Madrid, donde en 1643 se estrenaron las primeras "zarzuelas"), XIII, 147 (el Rey lo regaló al Conde-Duque); XVI, 343 (don Juan de Austria residía allí)
- Zavala, Pedro de (sargento mayor de un tercio en la prov. de Badajoz), XVII, 292 (murió en el ataque de los portugueses a Alconchel); XIX, 419-420 nota 292

Zavala, Martín de (catedrático de Alcalá de Henares), XVIII, 173 (1645: m.)
Zavala y Aranguren, Domingo de (militar en Hernani, pueblo a 5,5 km. de Fuenterrabía), XIV, d487-489 (carta del capitán Diego de Buitrón, alcalde de Fuenterrabía)
Zavallos, Juan de (v. Cevallos, Juan de)
Zayas, P. (fue prior de Córdoba), XIX, 64
Zeeland (península holandesa frente a Bélgica), XIII, 211; XIV, 175 (su presidente); XV, 95, 212 (var: Celanda; Zelanda)
Zegrí, Pedro, XVII, 318-319 (m. en un duelo)
Zelanda (v. Zeeland)
Zenen (v. Alonso Zeren)
Zenete, marquesado de (v. Cenete)
Zenino (posiblemente candidato a Papa), XVII, 496
Zenon (v. Alonso Zeren)
Zepeda (v. Cepeda)
Zercemo (lugar de Flandes; pero para Gayangos la letra del ms. era muy borrosa), XV, 270
Zeren, Alonso, XV, 107-108 (por error, dice el texto que era el alcalde de Fuenterrabía; pero éste se llamaba Diego de Buitrón, o quizá Butrón, q.v.) (var: Zenen; Zenon)
Ziburu (v. Sibourre)
Zignoni, Francisco (ingeniero militar), XVI, 12, 14
Zimbrein (bahía o canal en la costa de Terceira, cerca del castillo de San Felipe, que daba acceso al mar; los españoles, cercados, echaron un barco a través de este canal para "llevar el aviso a Castilla", pero fracasaron), XVI, 451
Zinas (lugar de Flandes cerca de Arras), XVI, 21
Zinca, río (v. Cinca)
Zocoa (pueblo cerca de San Juan de Luz), XIV, 23
Zolina, vizconde de (título concedido por el príncipe de Viana en 1455 a

Leonel de Garro, señor de Rocaforte y de Andricain [Atienza, 1022a]; véase la ficha del conde de Javier)
Zuaznalaz, Martín de, XIX, a65
Zuazo, Francisco Arévalo (corregidor de Granada), XIX, 186 (1648: desterrado)
Zubaynfurt, XV, 492 (ciudad cerca de Würtzburg y Bamburg, q.v.)
Zúñiga (v. Ortiz de Zúñiga, Diego)
Zúñiga, Antonio de (prisionero en Llorens), XVIII, 92
Zúñiga, Baltasar de (hijo menor de Bernardino de Ayala, I conde de Villalba, q.v.; suegro del conde de Ayala y sobrino del conde de Monterrey; del Consejo de la Cámara; ayo y primer ministro de Felipe IV), XIV, 350; XV, 62; XIX, 460 nota 155 (Isabel de Zúñiga, q.v., hija de Baltasar)
Zúñiga, Diego de (maestre de Campo, teniente coronel; casado con una hija del marqués de Loriana), XIII, 356 (1635: preso por los franceses); XIV, 213 (1637: m. en la batalla de Leucate)
Zúñiga, Diego de, XIX, 71 (1647: murió su suegro el marqués de Loriana y le dejó una gran herencia)
Zúñiga, Inés Francisca de (VII condesa de Monterrey), XIX, 460 nota 155 ¶1
Zúñiga, Isabel de (hija de Baltasar de Zúñiga, q.v.; marquesa de Tarazona), XIX, 155
Zúñiga, Pedro Luis de (v. Avilafuente, marqueses de)
Zúñiga y Avellaneda, Diego de (v. Peñaranda, II duque de)
Zúñiga y de la Cueva, Antonio de (véase Flores-Dávila, III marqués de)
Zúñiga y de la Cueva, Catalina de (v. Flores Dávila, marquesa de)
Zúñiga y de la Cueva, Pedro de (v. Flores Dávila, I marqués de)
Zúñiga y Mendoza, Francisco Diego de (v. Béjar, VIII duque de)
Zúñiga y Velasco, Inés de (condesa-duquesa de Olivares, 1584-1647; hija del V conde de Monterrey, q.v.; esposa del Conde-Duque)
– XIII, 387 (**1636**: recupera de una enfermedad), 456 n 1
– XV, 58 n 1 (su padre, el V conde, era don Gaspar de Zúñiga y Acevedo, virrey del Perú)
– XVII, 4 (**1643**: la Condesa-Duquesa lleva la falda de la Reina para mortificación de otras damas), 17 ("más despacio va su despedida [del palacio] de lo que se pensaba, porque todo va con mucha prudencia y guardando su tiempo como danza de compás"), 67 (desaire hecho a ella), 68 (pide sin éxito al Rey mejor trato en la corte), 356-358 ("No hay plazo que no llegue": la salida del Palacio para Loeches [v. los detalles en la p. 357, y el fin: "Dícese que en dos días, los primeros que estuvo en Loeches, la señora Condesa no atravesó bocado y que todo era llorar"]), 375
– XVIII, 133 (**1645**), 233 (**1646**: intenta en vano [la Condesa-Duquesa] hablar con el Rey), 284, 328, 371 (tras "extraordinarias diligencias para conseguirlo", se dice que tiene licencia para venir a Madrid)
– XIX, 124-125 (**1647**: m.)
Zupi, Dr., XVIII, 31 (1645: nombrado médico de Cámara del Rey)

BIBLIOGRAFÍA DE LAS OBRAS IMPRESAS Y MANUSCRITAS
CITADAS EN LAS *CARTAS DE JESUITAS*
Y EN LAS NOTAS DE PASCUAL DE GAYANGOS

Siglas de bibliotecas:
ej: - ejemplar(es)
BL - British Library (Londres)
BNM - Biblioteca Nacional de Madrid#
BNP - Bibliothèque Nationale de París
DLC - Library of Congress, Washington, D.C.
CtY - Yale Univ. Library (New Haven, Connecticut)
FIU - Florida International University Library (Miami, Florida)
HSA - Hispanic Society of America (New York City)
ICN - Newberry Library (Chicago, Illinois)
IU - Univ. of Illinois Library (Urbana, Illinois)
MH - Harvard Univ. Library (Cambridge, Massachusetts)
NIC - Cornell University Library (Ithaca, New York)
NN - New York Public Library (New York City)
NNC - Columbia Univ. Library (New York City)
NUC - National Union Catalogue (Estados Unidos, 754 tomos; se halla en casi todas las universidades del país, y se localizan los ejemplares de cada libro en las bibliotecas de los EE.UU.)
Santiago - Univ. de Santiago de Compostela
UM – Univ. of Miami Library (Coral Gables, Florida)

#Nota: casi todos mis datos sobre existencias de libros en la Biblioteca Nacional de España en Madrid proceden del catálogo en ordenador de dicha Biblioteca (www.bne.es), en su versión anterior a 2009. En el año de 2009, importa limitar la búsqueda inicial a www.bne.es, sin nada más; luego pinchar en "Catálogos"; luego en "Catálogo bibliográfico"; y finalmente en "búsqueda avanzada".

Me parece que la documentación de Pascual de Gayangos procede de los fondos riquísimos de la Biblioteca Nacional, así como de los de la Real Academia de la Historia, amén de los de la British Library, que habría llegado a conocer cuando preparaba su catálogo en cuatro tomos de los manuscritos en español de dicha biblioteca.

Siglas de lugares de impresión:
B - Barcelona
L - Lisboa
M - Madrid
S - Sevilla

Notas: El asterisco (*) se halla por igual en el Índice onomástico y en la Bibliografía, y señala los nombres de los autores de libros o folletos.
(1) Las fechas de la actividad de los impresores proceden de la "Check-List of Hispanic Printing Sites and Printers" (New York, Hispanic Society of America, 1938), de Clara Louisa Penney.
(2) En la Bibliografía se fichan las obras anónimas por orden alfabético de sus títulos (no se repiten en el Índice onomástico). A continuación de la letra Z se fichan otra vez todas las obras anónimas, y en dos listas, una para todas las "Relaciones" y obras del género narrativo, y la otra para el resto.
(3) A continuación, "hoja" y "hojas" se abrevian "h"; "nota", "n"; y "tomo", "t". La columna a la izquierda de cada página se denomina "a" ("p. 654a"), y la de la derecha, "b" ("p. 654b").

A

Abregé...de l'histoire... (v. Mezeray)

*Academia de la Historia, Real (M). *Memorial histórico español,* M,1860, ej: BNM signatura AFRC/7006/44 o U/5663-U/5678 16; NNC;NUC. XIII, xviii n 1, 102 n 1; XIV, 55 n 1, 75 n 1; XV, 240 n 2; XVIII, 84 n 1)

*Acuña, P. Cristóbal de, S.J. *Nuevo descubrimiento del gran río de las Amazonas* (M: Imprenta del Reino, 1641), ej: BNM signatura 2/53960 (1891: "según la primera edición"), BNP, HSA.. XVI, 58 n 2, 77 n 3

*Adam de la Parra, Juan (1596-1644). *Conspiratio haeretico-cristianisima in religionem Imperium Hispanum, Austriacos et fiduciales eorum, iure,..damnata arma austriaca germano-hispanica por religione et imperio...iure...defensa* (Murcia: Luis Verós, 1634), BNM sig. 2/26925. XV, 83 (idea y título copiado de John Barclay, q.v.)

Adiciones al memorial antecedente (sin lugar; 1642), XVI, 381; XIX, 404-405 n 377 (sátira anónima; sigue al *Memorial que se divulgó en Madrid*)

Advertencias a los que leyeren la delación... (v. Espino, Dr. Juan del)

Advertencias para reyes... (v. Benavente y Benavides, Cristóbal)

Advertencias...para torear (véase Trejo, Luis)

Aedo y Gallart, Diego de (v. Haedo y Gallart, Diego de).

Agramunt, Pedro (v. *Barcelona, Conselleres de)

*Aguilar y Prado, Jacinto de. *Compenpendio histórico de diversos escritos en diferentes asuntos* (Pamplona: Carlos de Labayen, 1629), ej: BNM signatura R/6561, BNP, HSA. XIII, 80 n 1. El libro contiene relaciones históricas, descripciones de fiestas y papeles literarios, como por ejemplo:
– *Descripción [de las fiestas de San Fermín, Pamplona, 1628]*;
– *La armada que salió del puerto de Pasajes para los Estados de Flandes*;
– *[Relación de] la jornada en Francia en 1627*;
– *[Relación de la recuperación de...San Salvador y Pernambuco (del Brasil) por don Fadrique de Toledo...]*

*Aguilar y Prado, Jacinto de. *Certísima relación de la entrada que hizo su Majestad y sus Altezas en Lisboa, y de la jornada que hicieron las galeras de España y de Portugal desde el puerto de Santa María hasta... Lisboa* (1619), ejemplar: BNM signatura R/12791. XIII, 80 n 1

*Aguirre, Fr. Miguel de. *Población de Valdivia: motivos y medios para aquella fundación,...paces pedidas por los indios rebeldes de Chile* [añade Gayangos:] *defensas del reino del Perú para resistir las invasiones enemigas de mar y tierra, etc.* (Lima, 1647), ej: BNM signatura R/8053, XVIII, 12 n 1

*Agustinos recoletos, un fraile de los (autor de una *Vida de la madre Luisa de Carrión*, q.v.; recogida por la Inquisición en 1636), XIII, 543

*Ahumada, Juan de (entre otros, se le atribuyeron el *Nicandro*; v. la ficha de la obra)

Al rey nuestro señor: don Francisco de Benavides...representa... (v. Vidania, Diego Vincencio de)

*Alarcón, Padre Diego de, S.J. *Theologia scholasticae pars prima* (Lyon: Jacques Cardon, 1633), XIII, 19 n 1

*Alburquerque Coello, Duarte de, marqués del Basto. *Memorias diarias de la guerra del Brasil por discurso de nueve años, empezando desde el de*

1630 [hasta el de 1638] (M: Diego Díaz de la Carrera, 1645), ej: BNM signaturas R/2614 y R/17545 (1654), BNP (1654). XIV,303 n 1; XV, 9 n 1
*Alcoba Bañuelos, lic. Pedro de. *Relación de todo lo sucedido en el discurso del mal y contagio de peste que padeció esta ciudad de Málaga en este año de 1637, por el licenciado..., presbítero, su capellán, hijo de esta ciudad* (Málaga: Juan Serrano de Vargas y Urueña, 1637), ej: BNM signatura VE/1428/3 [ej. con errores en el título, y firmado por Jerónimo Pineda y Miranda]. XIV, 144 n 1 (sobre la peste en Málaga v. Durango Barrionuevo, Francisco; Fernández, Cristóbal; Grajales, Juan, y la *Relación de todo lo sucedido...* anónima])
Alcorán (v. Mahoma)
[Alegación en derecho contra el Dr. Espino] (v. Avilés, P. Pedro de)
*Alemán, Mateo (1547-1615). *Primera parte de Guzmán de Alfarache* (M: Pedro Várez de Castro, 1599), ej: BNM sig. R/38559 (1600), HSA; *Segunda parte de la vida de Guzmán de Alfarache, atalaya de la vida humana* (L: Pedro Craesbeeck, 1604), ej: BNM sig. R/15733. XVI, 196 n 1, 237 (dos ejemplos de una sátira que menciona al protagonista)
*Alemquer, marqués de. *[Memorial reclamando la plaza de consejero de Portugal]* (impreso circa 1620), XIII, xv (lo vio Gayangos; variante: Alanquer)
Alfarache, Guzmán de (v. Alemán, Mateo)
*Almansa y Mendoza, Andrés de. *Cartas: Novedades de esta corte y avisos recibidos de otras partes, 1621-1626*, ed. del marqués de Fuensanta del Valle y José Sancho Rayón (M: M. Ginesta, 1886), [*Colección de libros españoles raros o curiosos*, t. XVII].

ej: BNP. XIII, xi-xiii n 1; XIX, viii n 1
Almosnino, Rabbí Moisés (v. Moisés)
Alonso-Muñumer, Isabel Enciso (v. Enciso Alonso-Muñumer, Isabel)
*Álvarez y Baena, José Antonio. *Hijos de Madrid* (M: B. Cano, 1789-1791), 4 tomos. Ejemplares: BNM signatura 2/51331-2/51334, BNP, NUC. XVI, 89 n
*Alvia de Castro, Fernando. *Verdadera razón de estado: Discurso político* (L, 1616), ejemplar: BNM signatura 2/16353, BNP. XVI, 111 n 1
Amat (v. [Torres] Amat, [Félix])
Anales de Cataluña (v. Feliu de la Peña, Narciso)
Anales de Madrid (v. León Pinelo, A.)
Anales eclesiásticos..de Sevilla (v. Ortiz de Zúñiga, Diego)
*Andrade Leytão, Dr. Francisco de. *Discurso político sobre el haberse de dejar a la corona de Portugal a Angola, Santo Tomé y Marañón, pedido a los altos y poderosos estados de Holanda y por el doctor..., por la majestad del rey don Juan IV nuestro señor y de su Consejo y su oidor, en Palacio* (L, 1642), XVI, 138 n 1 (copiado de mano del padre Pereira) (var: Leyton)
Anfiteatro de Felipe el Grande (v. Pellicer y Tovar, Josef, editor)
Anti-Caramuel... (v. Fernández de Villareal, Manuel)
Antigüedades...de Sevilla (v. Caro, Rodrigo)
Antiguo principado... (v. Roa, M.)
Antipatía de franceses (v. García, C.)
Antipronóstico... (v. Mateu, F.)
*Antonio, Nicolás (1617-1684). *Bibliotheca Hispana Nova* (Roma: Niccolò Angelo Tinassi, 1672, 2 t.), ej: BNM sig. 1/28828-1/28829 (1783), BNP, HSA (Madrid, J. de Ibarra, 1783-1788, 2 t.). XIII, 17 n 2, 80 n 1, 100 n

2, 199 n 1, 263 n 1; XV, vi n 2, 263 n 2, 418 n 2; XVI, xiv; XVII, 103 n 2, 430-431 n 1; XVIII, xxiv n 3, 131 n 1, 371 n 1

Aparato para la corrección...al Berni (v. Ramos, Antonio)

Apología [de la medicina] (v. Sherloque, Paulo)

Apología por...Sevilla (v. Morovelli)

Apuntamientos de...Málaga (v. Hemelman, Jorge)

[Apuntes originales] (v. Pereira, R.)

*Arana de Varflora, [Fermín] (seudónimo de Fernando Díaz de Valderrama). *Hijos de Sevilla ilustres en santidad, letras, armas, artes o dignidad* ([Sevilla]: Vásquez e Hidalgo, 1791), 4 tomos. Ejemplares: BNM sig. B95(RES) así como 2/58942; NUC. XIII, 263 n 1; XVIII, 131 n 1

Árbol de los Veras (v. Mogrovejo, J.)

Árboles de costados... (v. Salazar y Castro, Luis de)

Arcabuzazo...al Conde-Duque (v. Pereira, P., *Arcabuzazo...*)

Arco...en las...bodas del...marqués de Zahara (v. Guzmán Sarabia, S.)

*Arenas, Pedro de (contador; v. a continuación la ficha de los *Prodigios del año pasado de 1641*)

Argenis (v. Pellicer y Tovar, J.)

Argenis continuada... (v. Pellicer y Tovar, J.)

*Arias, Francisco de. *Copia de una carta escrita al señor gobernador de Aragón, lunes a 16 de mayo de 1644...* (Zaragoza: Cristóbal de la Torre, 1644), ejemplar: BNM signatura: VC/56/155. XIX, 430 n 486

*Ariosto, Ludovico (1474-1533). *Orlando furioso* (Ferrara: G. Mazocco dal Bondeno, 1516), ej: BNM signatura CER (1619), BNP. XIV, 316 n 3 [de la p. anterior]

*Armacano, Alejandro Patricio (pseudónimo de Cornelio Jansenio, q.v.)

Armas...de Castilla (v. Gándara, P.)

Armas...de Galicia (v. Gándara, P.)

*Arroy, Besian. *Questions decidées sur la justice des armes des rois de France, et l'alliance avec les herétiques et les infideles et sur la conduite de la conscience des gens de guerre* (París: G. Loison, 1634), ej: BNM sig.3/56500, BNP. XIV, 328 n 1 (v. la contestación de Cornelio Jansenio) (var: Arroyo)

Asturias ilustrada (v. Trelles)

Auberti Miraei Rerum Belgicarum chronicon... (v. Mireo, Auberto)

*Auchy, barón de (Carlos Bodniers). *Comentarios floreados de Cayo Julio César* (Varsovia, sin fecha), XIII, 526 n 1

Augustinos (v. Agustinos)

Ávalos, Alonso de (v. Dávalos, Alonso)

*Ávila, Antonio de *[Relación de la entrada de la princesa de Cariñán en la corte en 1636]* (lo halló Gayangos en el t. 113 de la Academia de la Historia, a continuación de una carta de los Jesuitas del 18 de nov.,1636, ff. 568-569, pero no lo transcribió; se trata de los fastuosos detalles de la entrada en la corte de la princesa de Cariñán en 1636), XIII, 530 n 1 (v. también la *Relación* de Andrés Sánchez de Espejo)

*Ávila y Sotomayor, Fernando de (1598-1647). *El árbitro entre el "Marte francés" y las vindicias gállicas; responde por la verdad, por la patria, y sus reyes...* (Pamplona: Carlos Juan [sic], 1646), ejemplar: BNM sig.R/17355, BNP, HSA. XIV, 328 n 1 ¶2 (su pseudónimo era Fernando de Ayora Valmisoto; v. la ficha de Jansenio, Cornelio)

*Avilés, P. Pedro de, S.J. (c. 1580-1664 en Córdoba; profesor de filosofía en el Colegio de Jesuitas en

Córdoba y en Sevilla, Rector en Écija y Córdoba, Provincial de Andalucía, Examinador Sinodal y Calificador del Santo Oficio) *[Alegación en derecho contra el Dr. Espino* (dice Gayangos que se halla "en otro tomo de la colección" de la Real Academia de la Historia)], XV, 101 n 1, párrafo 5 (v. Espino, Dr. Juan del)

[Avisos] (citados por Gayangos en relación con la visita de la duquesa de Chevreuse, q.v., a la corte de Felipe IV en 1637 [v. XIV, vi y 273 y ss.]; posiblemente se refiere al autor anónimo de las *Noticias de Madrid,* citadas extensamente en las notas de Gayangos a las pp. 273 y siguientes), XIV, xi (la n 2 de esta página termina en la p. xii con una referencia a un libro de Mme. Françoise de Motteville, q.v., autora de *Mémoires pour servir à l'histoire d'Anne d'Autriche, epouse de Louis XIII, roi de France)*

Avisos (v. Pellicer y Tovar, Josef)

Avisos discretos a los bien entendidos (papel en tres pliegos contra los jesuitas), XIII, 25

Avisos secretos... (v. Espino, Juan del: escritos suyos)

*Ayala y Manrique, Juan Francisco de. Se le han atribuido las *Noticias históricas de Madrid y de la monarquía española [1680-1714]* (afirma Gayangos que vio el ms.), XIII, xviii

– *[Continuación de los "Anales de Madrid" de Antonio de León Pinelo]* (ms.), XIII, xviii

*Ayora Valmisoto, Fernando de (pseudónimo de Fernando del Ávila y Sotomayor, q.v.).

B

*Backer, PP. Agustín de y Alois de, S.J. *Bibliothèque des ecrivans de la Compagnie de Jesus, ou notices bibliographiques,* ed. de Carlos Sommervogel (París: A. Picard, 1890-1909), 10 t. ej: BNM sign. B20JES; BL, BNP, HSA, NUC. XVIII, 180 n 1; XIX, v n 1, 422 n 369

Baena (v. Álvarez y Baena, José Antonio)

[Balboa] Mogrovejo, Juan de (v. Mogrovejo, Juan de [Balboa])

Baltasar Carlos (v. *Relación del Juramento de...*)

*Baños de Velasco, Juan. *Historia pontifical y católica en la cual se contienen las vidas de todos los pontífices romanos* (M: Franisco Sanz, 1678), t. VI (los I-V, escritos por Gonzalo de Illescas, se publicaron de 1574 a 1652), ej: BNM signatura 2/42210 [s.v. Illescas, sin precisar los tomos]; HSA. (t. I al VI). XV, 267 n 1, 271 n 1, 296 n 1, 323 n 3, 363 n 1, 427 n 1; XVI, 85 n 3, 121 n 2, 409 n 2, 461 n 1; XVII, xxi n 3, 407 n 3; XVIII, xx n 2 (var: Baños; Velasco)

*Barbosa Machado, Diõgo. *Biblioteca lusitana* (L: A. J. da Fonseca, 1741-1759), 4 t. ej: BNM sign. R/23045-R/23046, HSA, BNP. XVI, 138 n 1, XVII 59 n 1

*Barcelona, Conselleres y Consejo de ciento de. *Proclamación católica a la majestad piadosa de Felipe el Grande, rey de las Españas y emperador de las Indias, nuestro señor* (B, 18 de sept., 1640), texto firmado por *Pedro Agramunt, Secretario de los Conselleres (L: Antonio Álvarez, 1640), 266 hojas en cuarto ("de grande erudición"; escrito por Gaspar Sala, según Elliott, *The Count-Duke,* 592), ej: BNM sign. 2/20758 y 3/36585; HSA. XVI, 44-47

*Barclay, John (1582-1621). *Argenis,* traducido por Gabriel del Corral: *La prodigiosa historia de los amantes Argenis y Poliarco* (M: Juan Gon-

zález, 1626), 288 hojas. ej: BNM, sign. R/729; NUC (Univ. of Virginia); BL; HSA. XV, 83 n 1
- *Argenis,* primera y segunda parte, traducidos por Josef Pellicer y Tovar (M: Luis Sánchez, 1626), dedicado a Fr. Hortensio Pallavicino. Ej: NUC (CtY, IU, MH); BNM sig. R/7714-R/7715, HSA. XV, 83, n 1
- *Conspiratio anglicana* (v. la segunda ficha a continuación)
- *Euphormionis Lusinini... satiricon quadripartitum* (Londres: J. Bil, 1616-1624), 830 pág. Ej: NUC (MH, NN); BNM sig. 3/26309 [1605]; BL sig. C.82.a.9.; BNP. XV, 83 n 1
- *Euphormionis Lusinini... Accessit Conspiratio anglicana* (la *Conspiratio* se añadió a muchas ediciones del *Euphormionis Lusinini...*, como una de Amsterdam: G. I. Caesium, 1629, 580 pp., BL sig. 683.a.17. XV, 83 n 1 [idea y título que copió Juan Adam de la Parra, q.v.], y otra publicada en la misma ciudad por Guillermo Blaeuw, 1634, 582 pp.; Ej: NUC (CtY, DLC, MH, NNC, NN); BL sig. 1483.b.140;

*Barclayos, los (libros escritos por John Barclay, q.v.), XV, p. 83 nota 1, p. 317

*Barrera y Leirado, Cayetano Alberto de la. *Catálogo bibliográfico y biográfico del teatro antiguo español desde sus orígenes hasta mediados del siglo XVIII* (M: Manuel Rivadeneyra, 1860), 724 pp. ej: BNM sign. 1/68475, BL, NUC, HSA. XIII, 201 n 1; XV, 487 n 1; XVIII, xiii n3; XIX, 384 n 40

*Baudoin, J. (traductor del *Justa exemplar* de Cornelio Jansenio, q.v.), XIV, 328 n 1 ¶2

Bellum Lusitanum (v. Passarello)

[Benavente, Francisco de] (error por Luis Quiñones de Benavente, q.v.)

*Benavente y Benavides, Cristóbal de. *Advertencias para reyes, príncipes y embajadores* (M: Francisco Martínez, 1643), ej: BNM sig. R/7283, HSA. XIII, 265 n 1

Benedicite, [Paráfrasis del] (véase Godeau, Antonio)

*Bere, Cornelio de (grabador y pintor flamenco). *Breve y verdadera descripción del inexpugnable fuerte de Schencken, y como por industria de la gente de Su Majestad Católica se ganó en 28 de julio de 1635* (M: Viuda de Juan González, 1635), XIII, 339-340 n 1 (grabación en cobre y una sucinta relación; en el mismo año A. de Popma publicó otra ed.)

*Berni y Catalá, Josef. *Creación, antigüedad y privilegios de los títulos de Castilla* (Valencia: Imprenta particular del autor, 1769), 522 pp. Ej: BNP, NUC. XVI, 211 n 1, 304 n 1; XVII, 11 n 2, 148 n 1; XVIII, 189 n 1; XIX, 120 n 1, 249 n1, 335 n 1, 348 n 1, 374 n 7, 379 n 390, 381 n 398, 396 n 237, 400 n 293, 415 n 110, 420 n 329, 423 n 406, 433-434 n 26, 451 n 439, 452 n 464, 460 n 155, 462 n 264, 463 n 335 (variante: *Títulos de Castilla*)

Biblia, XV, 190; XVI, 166; XVII, 493
Biblia:
Antiguo Testamento:
Ezequiel, XV, 150
Nuevo Testamento:
Evangelios, XIII, v, 160

Biblioteca Hispánica Histórico-genealógico... (v. Cortés, Juan de)

Biblioteca lusitana (v. Barbosa Machado, Diõgo)

Bibliotheca..[nova] (v. Antonio, Nicolás)

Bibliothèque...de la Compagnie (véase Backer, Agustín de)

Bilbao, Académicos jesuitas de (véase Henao y Monjaraz, Gabriel de)

*Birago, Giovanni Batista. *Historia della disunione del regno di Portugallo della corona di Castiglia, con l'aggionta di molte cose notabili dal maestro Ferdinando Helevo* (Amberes: Niculau van Ravesteyn, 1647), ej: HSA. XIV, 440 n 1
*Bocángel, Gabriel de (poeta), XVII, 499
Bocina pastoril, La (papel de los rebeldes catalanes), XVI, xiii
Bodniers, Carlos (v. Auchy, barón de)
*Boloa [sic], José de (poeta), XVII, 500 n 1
Bongarçon, Jacques (v. Bongarsius, J.)
*Bongarsius, Jacobus. *Gesta Dei per francos, sive orientalium expeditionum et regni Francorum hierosolymitani scriptores varii* (Hannover, 1611), XIV, 313 y la n 1 (véase la parodia titulada, *Gesta impiorum per francos,...*)
*Bonifaz, Gaspar de. *Del arte de andar a caballo* (M, 1635), XV, 255 n 2
– *Reglas para torear* (M, 1635), (M, 1887: BNM sig. R/11693/27). XV, 255 n 2
*Bonilla, Alonso de (1567-1642). *Peregrinos pensamientos de misterios divinos* (Baeza: Pedro de la Cuesta, 1614), ej: BNM sign. R/3164, HSA. XV, 70 n 2
– *Nombres y atributos de la impecable siempre Virgen María, señora nuestra, en octavas, con otras rimas a diversos asuntos y glosas difíciles* (Baeza: Pedro de la Cuesta, 1624), ej: BNM sign. R/2220, HSA. XV, 70 n 2
– *Nuevo jardín de flores divinas en que se hallará variedad de pensamientos peregrinos* (Baeza: Pedro de la Cuesta, 1617), ej: BNM sig. R/1922, HSA. XV, 70 n 2
Bourdielle, Pierre de (v. Brantôme, señor y abad de)

*Brancaccio, Fr. Lelio. *Cargos y preceptos militares para salir con brevedad famoso y valiente soldado, así en la infantería, caballería, como artillería; y para saber guiar, alojar y hacer combatir en varias formas un ejército; defender, sitiar y dar asalto a una plaza*, traducido al español por Ildefonso *Scavino [italiano], (Barcelona: Sebastián y Jaime Matevat, 1639), ej: BNP. XIII, 280 n 1 (v. las dos fichas que siguen) (var: Brancacho)
– *Della nuova disciplina e vera arte militare* (Venecia: Aldo, 1585), ej: BNP (v. la ficha anterior)
– *I carichi militari de...* (sin lugar; antes de 1639), XIII, 280 n 1 (original italiano)
*Brantôme, señor y abad de (Pierre de Bourdielle, n. 1539, m. 1614; cortesano, soldado [1562-1574] y autor de *Memoirs* [Leyden, 1699, 2 t.; ej: HSA])
– *Rodomontadas castellanas, recopiladas de los comentarios de los muy espantosos, terribles e invencibles capitanes Matamoros, Crocodilo y Rajabroqueles* (París, 1607), XIV, 315-316 n 3 (crítica negativa de España)
– *Rodomontades espagnolles*, XIV, 315-316 n 3
– Bren (pueblo en el Milanesado, junto al río Po, con una fortaleza), XIV, 386 n 1 (v. la *Relación verdadera y puntual del sitio y conquista de la fortaleza de Bren...*)
Brevario, El, XV, 190
Breve relación del gran castigo que Dios... (véase Durango Barrionuevo, Francisco)
Breve y verdadera descripción del inexpugnable fuerte de Schencken (v. Bere, Cornelio de, y Popma, Alardo de)

Breve y verdadera relación de la entrada del marqués de los Vélez en Cataluña y la retirada de su ejército de Barcelona. También se da cuenta de todo lo contenido [sic] en el monte de Monjuy y llano de Valldoncella (B: Gabriel Nogués, 1641), 4 h. ej: BNM sign. 2/33715(2) [B: Sebastián y Jaime Matevad, 1641].XVI, 122 n 1

Buho gallego (¿impreso en 1639?), ej: BNM sign. VC/20243/5, más dos mss. de 1601. XV, 245 (papel satírico)

C

*Cabrera, P. Cristóbal de, S.J. *[Relalación de la muerte y virtudes del P. Jorge Hemelman, dirigida a los superiores y religiosos de la provincia de Andalucía]* (impreso; ¿1637?). Ej: un impreso en la Academia de la Historia, t. 99 de las *Cartas de Jesuitas* (mss.), f. 334. XIV, 137 n 1

*Cabrera de Córdoba, Luis (1559-1623). *Relaciones de la cosas sucedidas en la corte de España desde 1599 hasta 1614* (M: J. M. Alegría, 1857), 655 pp. Ej: BNM, signatura 2/58862, BL, BNP. XIII, viii, 183 n 1, 367 n 1; XVI, 270 n 4; XVII, xviii-xix n 1; XIX, 376-377 n 267, 398 n 237 ¶1

*Calderón de la Barca, Pedro. *Don Quijote de la Mancha* (comedia; hoy no se conoce), XIV, 40 n 2 ¶4 (representada en 1637 por Rosa y su compañía); 66 n 1 ¶4 (quizá se representó en la Academia de Poetas en el Buen Retiro)

– *El mayor encanto Amor* (comedia), XIII, 201 n 1, 224 y la n 1 (por error: *Los encantos de Circe*)

*Campanella, P. Tomás (1568-1639). *De monarchia hispanica discursus* (Amberes: 1602), ej: BNM, signatura XX/3108102.1 [1640] ("no hay ejemplares"), BNP [1640], Hispanic Society [1653]. XIV, 376 n 1

Campaña del año 1635 (v. Mascareñas)

[Canciones para un certamen celebrado en Écija en 1638] (Écija: Luis Estupiñán, 1638), XV, 70-71 nota 3 (pliego suelto, en folio, impreso sólo por un lado)

*Cánovas del Castillo, Antonio (1828-1897). *Historia de la decadencia de España desde el advenimiento de Felipe III al trono hasta la m. de Carlos II* (M., 1910), 2 t. Ej: BNM sign. 9/20213 [año de 1992]. XVII, xxi n 4

*Caramuel Lobkowitz, P. Juan, S.J. *Respuesta al manifiesto del reino de Portugal* (Amberes: Oficina Plantiniana Baltasar Moreto, 1642), ej: HSA. XVII, 59 n 1 (v. la respuesta de Manuel Fernández de Villareal, q.v., contra Caramuel y a favor de Portugal; en la ficha que sigue, Caramuel atacó la legitimidad del rey Juan IV)

–*Ioannes Bargantinus lusitanae illegitimus rex demonstratus*, traducido al latín por Leandro van der Bandt (Lovaina: Everardi de Witte, 1642), ej: HSA (v. también Fernández de Villareal, M.) (var: Lockowitz)

Cargos y preceptos militares... (véase Brancaccio, Fr. Lelio)

*Carmelitas Descalzos, Orden de. *Concordia y confederación de perpetua paz y amistad entre las sagradas religiones de la Compañía de Jesús y Carmen descalzo* (17 de febrero de 1635), 2 hojas. XIII, 162 n 2

*Caro, lic. Rodrigo (1573-1647). *Antigüedades y principado de la ilustrísima ciudad de Sevilla y chodrografía de su convento jurídico o antigua chancillería* (Sevilla: Andrés Grande, 1634), ejemplar: BNM signatura 2/63276, BNP, HSA. XIII, 66 nota 2, 73, 82 y 83, 85, 92 nota 1, 95, 100 nota 1 (véase *Convento Hispalense*, con bibliografía, título que empleaban los Jesuitas cuando se referían al libro de las *Antigüedades* de Caro).

[*Carta a...Luis XIII*] (véase Quevedo, Francisco de)

[*Carta al Rey...*] (v. Barcelona, Conselleres)

Carta, copia de... (v. *Copia de carta...*)

Carta de aviso de Bruselas, de 27 de Junio de este presente año, de las victorias que ha alcanzado el serenísimo Infante-Cardenal don Fernando en los estados de Flandes contra los herejes holandeses, y las victorias que ha tenido don Tomás contra el francés, hasta meterse dentro de su reino (B: Sebastián y Jaime Matevat, 1638), ej: BNM sign. R/12212(1). XIV, 480 n 1 (fue el 20 de junio; v. en la misma nota una *Relación de la gran batalla...*, otra *Relación verdadera...*, una *Relation faicte...* y una *Segunda parte de las insignes...*)

Carta de...un cortesano... (v. *Copia de una carta...*)

Carta de Juan Ripoll... (v. Ripoll, J.)

Carta escrita desde Navarra y puerto de San Sebastián a Zaragoza, dando aviso de lo que ha sucedido de nuevo acerca del ejército francés que está en Fuenterrabía (B: Sebastián y Jaime Matevat, 1638), XV, 72 n 1 ¶2

Carta que don Miguel... (v. Zabaleta, Miguel)

Carta que el general don Luis... (v. Villar y Manuel, Luis del)

Carta que escribió del ejército... (véase Tarazona, P. Fr. Francisco de)

[*Carta sobre la peste de Málaga en 1637*] (v. Grajales, P. Juan)

Cartagena Ilustrada (v. Soler, fray Leandro)

Cartas (v. Almansa y Mendoza, Andrés de)

Cartas que escribió un señor de esta corte a un su amigo (v. Almansa y Mendoza, Andrés de)

Cartel de desafío y protestación caballeresca de don Quijote de la Mancha, caballero de la triste figura, en defensión de sus castellanos. Su fecha en la ciudad del Toboso a 29 de octubre de 1641 (L: Domingo López Rosa, 23 de junio de 1642), 4 hojas. XVI, 189 n 1 (contestación burlesca de los portugueses al papel de desafío que el duque de Medina Sidonia envió a don Juan de Bragança, rey de Portugal)

Carrera, Alonso Guillén de la (del Consejo de Aragón). Manifiesto por las acciones de España contra Cataluña (1640), XVI, pp. 7-14 (texto: contestación a una proclamación católica).

Carroza, Dr. Joseph. Política del Comte de Olivares. Contra política de Cathaluña y Barcelona. Contraveri al veri que perdió lo principal Català, etc. (B: Jaime Romeu, 1641), XVI, 3 n 1 ("papel muy agresivo... todo género de acusaciones... [a Olivares] le atribuye por completo la causa de la rebelión catalana"; "narra...los sucesos de enero a mayo, 1640") (var: Carroça)

Casa de Lara (v. Salazar y Castro, Luis de)

Casa de Benavides (v. Vidania, Diego Vincencio de)

[*Casamientos*] (tratado encuadernado; antes de 1637), XIII, 515 (puede ser referencia al que sigue)

Casamientos de España y Francia (v. Mantuano, Pedro)

*Castrillo, II conde de (García de Haro y Avellaneda), editor (véase *Pompa funeral...de...Isabel de Borbón*)

*Castro, P. Agustín de, S.J. *[Memorial contra las delaciones de los papeles de Espino* (q.v.) *y Roales* (q.v.) *contra la Compañía]*, XIII, 12

*Castro y Rossi, Adolfo de (1823-1898). *El Conde-Duque [de Olivares y el rey Felipe IV]* (Cádiz: Imprenta de la Revista Médica, 1846), 171 y 32 pp. Ej: BNM sign. 3/8784; NUC. XVIII, 165 n 1 (contiene una versión breve de una sátira titulada *Testamento del Conde-Duque*, q.v.)

*[Catalanes rebeldes]. *Bocina pastoril* (c. 1641), XVI, xiii

Catálogo bibliográfico...del teatro... (v. Barrera y Leirado, Cayetano Alberto de la)

Catálogo de los capellanes mayores...[de] los reyes de España (v. Díaz de Valle y de la Puerta, Lázaro)

Cataluña (v. *Princeps magnus*)

Cataluña, Historia de (v. *Historia de España*)

*"Católica y Sacra Real Majestad" (versos anónimos en honor de Felipe IV, en réplica a los que se han atribuido a Quevedo (véase Crosby, *The Text Tradition of the* Memorial "*Católica...*"), XVII, 87-92

Cattalato Seguntino (v. Renales)

*Caussin, P. Nicolás, S.J. *Tragoediae sacrae* (París: Sebastian Chappelet, 1629), 383 pp. (primera edición: Colonia, 1621; 416 pp.), ej: NUC. XIV, 312 n 4

Centón epistolario del bachiller Cibdareal (v. Roca, conde de la)

*Cepeda, Fernando de. *Relación del licenciado..., que incluye otra de don Carlos Ibarra al marqués de Cadereita, virrey de Nueva España, acerca del suceso de la armada, año de 1638, con las fiestas que se hicieron por la fuga de los enemigos y salvamento de la flota* (México, 1638; M: Diego Díaz de la Carrera, 1639), ej: BNP, BNM sig. R/4353 (variante de 1637). XV, 124-125 n 1 (la más detallada es la *Relación verdadera del viaje...;* véanse también Carlos Ibarra y Juan Rodríguez León)

*Cervantes, Miguel de. *El ingenioso hidalgo don Quijote de la Mancha* (Madrid: Mateo de la Bastida, 1668), tomo I. Ejemplar: HSA. XVI, 440 nota 1

*César, Cayo Julio. *Comentarios...* (v. Auchy, barón de)

*Céspedes, Gonzalo de (v. Céspedes y Meneses)

*Céspedes, P. Valentín Antonio de, S.J. (1595-1668); para Pascual de Gayangos, era "distinguido poeta y orador del Colegio Imperial"

– *[Comedia sacramental sobre la historia] de Eneas* (1639), XV, x (por la censura resultó muy difícil imprimir esta comedia), 244, 481 y la nota 1 ("el título ha tenido muchos estorbos para imprimirse"), 487 ("no sabemos cómo tarda tanto en imprimirse"; XVII, 280 (un coloquio)

– *Las glorias del mejor siglo: Comedia famosa,* ej: BNM, signatura T/19429. (Comedia o coloquio escrita para "la fiesta del Centésimo", y que celebra la fundación de la Compañía de Jesús en 1540; si llegó a publicarse, hubo de ser en Valladolid y en 1640, bajo el seudónimo de don Pedro del Peso (problemas con la censura). XV, x, 328-329, 379, 470, 487

*Céspedes y Meneses, Gonzalo de (¿1535?-1638), Cronista general de la Monarquía de España.

– *[Contestación al manifiesto de Francia de Mr. de Châtillon sobre Tirlemont,* q.v.] (por la censura, impresa fuera de Castilla), XIII, 448 nota [2]; XIV, 69 n 1

– *[Relaciones...],* XIII, p. x, nota 1

*Cibdareal, bachiller (*Centón Epistolario*), XIII, 199 n 1
*Clement, P. Claude, S.J., (1594-1642), distinguido escritor y catedrático francés
- *El maquiavelismo degollado por la cristiana sabiduría de España y de Austria: Discurso cristiano-político.* "Dedícole a don Luis de Moncada, Aragón y [de la] Cerda, príncipe de Paternó, duque de Montalto, etc." (Alcalá de Henares: Antonio Vázquez, 1637), 188 pp. V. Latassa, t. II, p. 344b. Ej: BNM signatura 3/29384 y 3/29420, BNP, HSA. XIX, 422 n 369 (véase Montalto, VII duque de [1614-1673])
- *Maquiavelismus jugulatus a christiana sapienta hispanica et austriaca: dissertatio christiano-politica* (Alcalá de Henares: Antonio Vázquez, 1637), 143 pp. Ej: BNM signatura 2/16592, BNP. XIX, 422 n 369
- *Musei sive bibliothecae tum privatae cum publicae extructio, instructio, cura, usus, libri IV. Accessit accurata descriptio Regiae Bibliothecae S. Laurentii Escurialis,...* (Lyon: J. Prost, 1635), 552 pp. Ej: signatura 2/60773, BNP. XIX, 422 n 369
- *Tabla chronológica de las cosas políticas más ilustres de España desde el nacimiento de Iesu Christo hasta el año de MDCXLI* (1641), ej: BNM sig. 3/43858(2) y R/23693(6). XIX, 422 n 369 ¶2
- *Tablas cronológicas en que se contienen los sucesos eclesiásticos y seculares de España, África, Indias orientales y occidentales desde su principio hasta el año de 1642..., con los catálogos de los pontífices, emperadores..., varones ilustres en letras y armas...* (M, 1643; nueva edición: Valencia: Jaime de Bordazar,

1689), ej: BNM signatura 2/34893 y 2/64396, BNP, HSA. XIX, 422 n 369 ¶2
[Clérigo exorcista nuevo] (v. *Relación de la endemoniada fingida*)
*Coello, Annio (error: v. Coello Arias, Juan)
*Coello, Antonio, XIV, 40 (atribución errónea de una comedia; v. Coello Arias, Juan)
*Coello Arias, Juan. *El robo de las Sabinas*, en las *Comedias varias, parte XI* (Madrid, 1659), ej: BNM signatura R/22664. XIV, 40 nota 2 párrafo 4 (representación de una comedia suya; en el Índice bibliográfico, v. Teatro, obras de: representaciones; sobre la atribución a Coello Arias, véase XIX, 384 n 40, párrafo 2 [corrección])
**Colección de documentos inéditos para la historia de España*, editada por varios investigadores (Madrid: Academia de la Historia, 1842 - c. 1890), 112 t. Ejemplares: BNM sig. INV08COL102 y SG/3820-SG/3822-77; BL, BNP, NUC. XVIII, 128; XIX, 398 n 237 ¶1 (documentos de la colección). Para el catálogo de la colección, con seis índices utilísimos, v. Paz [Espeso], Julián.
**Colirio para los ojos...* (v. Espino, J. del)
*Colmenares, Diego de (1586-1651). *Historia de la insigne ciudad de Segovia y compendio de las historias de Castilla* (Segovia: Diego Díez, 1637). Ej: BNM signatura R/19780 (1637) y 2/9054 (segunda edición, M: Diego Díez, 1640, con un índice y las vidas y los escritos de autores segovianos), HSA. XVIII, 21 y la nota 1
*Colmenares, Diego de. [*Relación de la ejecución del marqués de Ayamonte en la cárcel pública de Se-

govia] (1648), XIX, 218-223 nota 1, 228 nota 1 (no se hallará en las primeras ediciones de su *Historia de la ciudad de Segovia y compendio de las historias de Castilla* (Segovia, 1637, y Madrid, 1640), HSA(los dos)
*Coloma, Carlos (1566-1637). *Las guerras de los Estados Bajos desde 1588-1599* (Amberes: Pedro y Juan Bellero, 1625). Ej: BNM, signatura R/22114; HSA. XIII, 183; XVII, página xv, n 1 y 2, y página xvi (como testigo de vista y militar participante, en su libro Coloma logró describir las campañas de manera gráfica y animada); XIX, 420 nota 326
*Collado, P. Diego de (crítico de la Compañía). *[Memorial contra la Compañía de Jesús]*, XV, pp. ix y 139 ("viene la virrozna de Collado...") (referencia satírica)
*[Comedia] de los Argonautas, XV, 268 n 1 ¶3 (véase Teatro, obras de: representaciones)
*Comedia del centésimo, La (representada en dicho aniversario de la Compañía), XV, 471
*[Comedia sacramental sobre la historia de Eneas] (v. Céspedes de Valentín, P.)
*Comedia sobre San Eustaquio (v. Pereira, Rafael)
*Comedias (véanse Calderón, P.; Céspedes, V.; Coello Arias, Juan; Jesús, Compañía de; Montserrat, comedias de; Quiñones de Benavente, Luis; Rojas, F. de; Teatro, obras de: representaciones), XIV, 330, 459; XV, x, 24, 266, 268 y la n 1, 383, 414, 471 y 481 y la n 1
– representaciones de (v. Teatro, obras de: representaciones)
– (restablecidas), XIX, 165
Comedias varias, parte XI (Madrid, 1659), XIX, 384 n 40

Comentarios del desengañado...(v. Duque de Estrada, Diego)
Comentarios floreados... (v. Auchy, barón de)
Commentarios in Psalmum C. (v. Velázquez, Juan Antonio)
Compendio histórico... (véase Aguilar y Prado, Jacinto de)
Concordia y confederacion... (véanse Carmelitas Descalzos)
*Conde-Duque de Olivares (v. *Testamento del Conde-Duque*)
*Conde y Herrera, Cristóbal Medina (pseudónimo de Cecilio García de la Leña, q.v.)
Conquista de Cataluña (véase Orozco, Francisco de)
Conquista espiritual... (véase Ruiz de Montoya, P. Antonio, S.J.)
Consejo de los gatos (sátira inédita del Conde-duque), XV, xi; XVI, 224-227 n 1
*Conselleres y Consejo de ciento de Barcelona (v. Barcelona)
Conspiratio anglicana (v. Barclay, J.)
Conspiratio haeretico-christianisima... (v. Adam de la Parra, Juan)
[Continuación de los "Anales de Madrid"] (v. Ayala y Manrique, Juan Francisco de)
Convento Hispalense (título que emplean los Jesuitas cuando se refieren al libro de las *Antigüedades y principado de la ilustrísima ciudad de Sevilla...* del licenciado Rodrigo Caro, q.v.; véase Concepción Fernández-Chicarro y de Dios, "El Convento Jurídico Hispalense..."). Ejemplar de este artículo: BNM signatura VC/2409/10).
Conversaciones malagueñas (v. García de la Leña, Cecilio)
Copia de carta...de la insigne victoria... (v. Melo, Francisco de)
Copia de carta que escribió un cavallero de Cádiz a otro amigo suyo

en que se da cuenta del feliz suceso que tuvieron cinco navíos de Dunquerque contra 46 de Portugal y Francia, sucedido en 11 y 12 de septiembre de 1641 (Cádiz: Fernando Rey, 1641), 2 hojas. XVI, 372-373 n 2 (v. a continuación las fichas de las *Relaciones...*)
Copia de la carta que el general portugués... (v. Melo, Francisco de)
Copia de una carta...al...gobernador de Aragón (v. Arias, capitán Francisco)
Copia de una carta escrita en Tolosa por un caballero francés a otro de las fronteras, en que le da cuenta de la enfermedad y muerte del rey de Francia Luis XIII, traducida de francés en castellano (M: Pedro Tazo, 1643), XVII, 44
Coplas de Judas (el P. Francisco Vilches avisa al P. Pereira en Sevilla que, "como se llega la Semana Santa se venden en Madrid"), XIII, 48
*Corominas [y Güell, Joan] (s. XIX). Apéndice (parece que se refiere a su Suplemento [1849] al Diccionario de escritores catalanes de Félix Torres Amat, q.v.), XVI, 3 n 1
*Cortés, Juan Lucas (murió en 1701). XVIII, xiii-xiv, xxiii (Gayangos atribuye a Cortés, al parecer correctamente, la *Bibliotheca hispánica* que había publicado anteriormente Gerhard Ernst Franck von Franckenau, q.v., bajo su propio nombre 23 años después de la muerte de Cortés)
*Corral, Gabriel de. *La prodigiosa historia de los dos amantes Argenis y Poliarco, en prosa y verso* (traducción de la novela de John Barclay [1582-1621], q.v.)
Corrección...al Berni (v. Ramos, A.)
*Cousin, Victor. *Madame de Chevreuse et Madame de Hautefort: Nouvelles études sur les femmes illustres et la société du XVIIe siècle* (París:

Didier, 1862), 544 pp. Ej: BNP. XIV, xi n 1
Creación...de los títulos de Castilla (v. Berni)
*Crespo, P., S.J. (v. el Índice onomástico)
Criticón, El (v. Gracián, Baltasar)

CH

Chevreuse, Madame de (véase Cousin, Victor)
Chocolate o tabaco (véase Hurtado, T.)

D

*Dávila y Heredia, Andrés. *Descripción de las plazas de la Picardía que confinan con los estados de Flandes,...ilustradas con muchas noticias que apoyan el lucimiento de las armas* (M: Julián de Paredes, 1672), XIX, 461 n 262. ej: BNM signatura R/5155
*Daza, Fr. Domingo (dominico). [*Vida de la madre Luisa*], XIV, 48 n 1
De Corduba in Hispania Baetica principatu (v. Roa, P. Martín de)
De Indiarum jure... (v. Solorzano Pereira, Juan de)
De los remedios de cualquier fortuna (véase Quevedo Villegas, Francisco de)
De Monarchia hispanica: discursus (v. Campanella, Tomás)
De obsidione Fontarrabiae (v. Moret, S.J., Padre José)
Defensa de España contra las calumnias de Francia (v. Pellicer y Tovar, Josef)
**[Defensa del marqués de Leganés contra la acusación fiscal por el mal éxito de la campaña de Cataluña en 1642]* (primavera de 1643; impreso, en el ms. H76 de la BNM), XVII, 76 n 1, 86-88 n 2

Defensa del sitio de Tortosa (v. Galaz y Varona, Dr. Francisco)

Del arte de andar a caballo (v. Bonifaz, Gaspar de)

Del óptimo príncipe (véase Velázquez, Juan Antonio)

[Delineación de...Salsas] (véase Sesti, Juan Pablo]

Dell'istoria...di Napoli (v. Giannone, Pietro)

[Descripción de las exequias...] (véase Roales, Francisco)

Descripción [de las fiestas de San Fermín en Pamplona en 1628] (en el *Compendio histórico...* de Jacinto de Aguilar y Prado, q.v.), XIII, 80 nota 1

Descripción de las plazas de la Picardía... (véase Dávila y Heredia, Andrés)

Desempeño del patrimonio real (véase Valle de la Cerda, Luis)

Desengaño del patrimonio de S.M. (error por *Desempeño...*, q.v.)

Dextro, Flavio Lucio (v. Flavio Lucio Dextro)

Día de fiesta por la tarde (v. Zabaleta, Juan de)

Diálogo (el P. González quiso remitirlo al P. Pereira en Sevilla, con una lámina religiosa, pero por fin el Padre Crespo no pudo hacer el viaje), XVII, 438, 463

[Diálogo en verso sobre una competencia entre las letras y las armas] (representado "con galas y riquezas de diamantes" en el Colegio Imperial de Madrid el día de San Lucas, 18 de octubre, 1643), XIV, 203

[Diálogo o comedia del martirio del P. Mastrilli] (en el mismo Colegio y el mismo día, pero el año 1637), XVII, 188, 323 n 2, 360 n 1, 381, 382 y 383, 438

*Díaz de Meneses, P. Diego, S.J. Autor de tres cartas de esta colección (v. el Índice onomástico), y de un libro cuyo título no lo menciona Gayangos), XVI, xii n 2

Díaz de Valderrama, Fernando (véase su seudónimo, *Arana de Varflora, [Fermín])

*Díaz del Valle y de la Puerta, Lázaro. *Catálogo de los capellanes mayores que tuvieron los reyes de España* (compuesto hacia 1664), XIX, 397 n 237 (v. Patriarca [de las Indias Occidentales]) (var: Valle y de la Puerta, Lázaro Díaz del)

Dignidades de Castilla (v. Salazar de Mendoza, Pedro)

"Digo que como es manifiesto..." (v. Medina Sidonia, IX duque de)

Discurso apologético de la Virgen vencedora, de la fe triunfante, de la herejía vencida, de la casa de Austria exaltada, del católico rey Felipe IV sublimado, de España vengada, de Francia castigada en el sitio de Fuenterrabía el año de 1638. Al ilustrísimo señor arzobispo de Burdeos, general de la armada del cristianísimo rey de Francia, dedicado al excelentísimo canónigo magistral de las iglesias colegiales de Logroño y Albelda (Logroño: Pedro de Mongastón Fox, 1639), XV, 75 n 1 ¶3

Discurso del derecho que tiene S.M.... (v. Ruiz de Laguna, Juan)

Discurso jurídico-político... (atribuido a Pellicer y Tovar, Josef, q.v.)

Discurso político (v. Andrade Leitão, Francisco de)

Discursos ilustres (v. Mora, conde de)

Dominico, Fray. [Papel contra la Compañía] (ocho pliegos), XIII, 123

Don Quijote... (v. Calderón, Pedro)

*Duque de Estrada, Diego. *Comentarios del desengañado de sí mismo, o sea, Vida del mismo autor*, ed. de Gayangos (M: Real Academia de la Historia, 1860), tomo XII del *Memorial Histórico Español de la Academia de la Historia. Ej: BNM, sign. AFRC/7006/44, NNC, NUC. En las Cartas de Jesuitas:

*XIII, 102 n 1 (autor de un Memorial histórico), 451 n 4 (1636: autor de unos Comentarios sobre David [error por Walter, q.v.] Leslie, uno de los asesinos del general Wallenstein, q.v.), 494 n 2 (sobre César, duque de "Vendoma", q.v.), 533 n 1 (sobre [Walter] Butler, otro de los asesinos de Wallenstein)

*XIV, 55 n 1 (1637: sobre Baltasar Marradas), 75 n 1

*XV, 240 n 2 (sobre [Albrecht von Wallenstein, el duque de] Friedland, asesinado en Bohemia); XIX, 426 n 443

*Duque de Estrada, Juan. [*Papel extenso sobre la jornada de Felipe IV a Aragón en 1642*], (BNM, ms. H76), XIX, 400 n 292 (v. Felipe IV: Aragón)

*Durango Barrionuevo, Francisco. *Breve relación del gran castigo que Dios nuestro señor dio a la ciudad de Málaga con peste en los dos meses de junio y julio de este año de 1638, y de los casos que sucedieron...* (¿Málaga, 1638?), XIV, 144 n 1 ¶2 (sobre la peste en Málaga, v. Alcoba Bañuelos, Pedro; Fernández, Cristóbal; y Grajales, Juan)

E

Efectos de las armas españolas del Rey católico nuestro señor en Flandes contra los ejércitos de Francia y Holanda en la campaña de este año de 1638 (M: Imprenta del Reino, 1638), 10 hojas. XIV, p. 491 n 2

Efemérides (v. Pereira, P. Rafael)

El Árbitro... (v. Ayora Valmisoto, Fernando de)

El color verde a la divina Celia (v. Fernández de Villareal, Manuel)

El día de fiesta por la tarde (v. Zabaleta, Juan de)

El ingenioso hidalgo don Quijote de la Mancha (v. Cervantes, Miguel de)

El héroe cántabro (véase Oquendo, Miguel)

El maquiavelismo degollado... (v. Clement, P. Claude)

El mayor encanto Amor (véase Calderón de la Barca, Pedro)

El perfecto desengaño (véase Valparaíso, marqués de)

El político cristiano... (v. Fernández de Villareal, Manuel)

El robo de las Sabinas (comedia; v. Coello Arias, Juan)

El Tribunal de la justa venganza (crítica de Quevedo; v. Francofurt, Arnaldo)

Elogios de los ascendientes... (v. Martínez de Bahamonde, Juan)

Elucidarium Deiparae (v. Poza, J. B.)

Empresas políticas (v. Saavedra Fajardo, Diego, *Idea de un príncipe...en cien empresas*)

Encantos de Circe (v. *Los encantos...*)

Encantos de Medea (v. *Los encantos...*)

Eneas [comedia sacramental] (v. Céspedes, P. Valentín)

Enciso Alonso-Muñumer, Isabel. *Linaje, poder y cultura...* (v. el Apéndice)

Epiphanium...(v. Roales, Francisco)

Epitafio y urna sacra (véase Pellicer y Tovar, Josef)

Epitalamio a las...bodas...(v. Herbias, J.)

Epítome de las razones [de] los memoriales (véase Oviedo Pedrosa, Fr. Francisco)

Epítome genealógico...de Richelieu... (véase Fernández de Villareal, Manuel)

Epítome del...reinado de Felipe IV (v. Soto y Aguilar, Diego de)

Epítome...para que no se celebre capítulo general (v. Oviedo Pedrosa, F.)
Epiphanium... (v. Roales, Francisco)
Epitafio... (v. Pellicer y Tovar, J.)
*Escobar, Marina de (v. las biografías por Luis de la Puente, y la carta sobre su m. por Miguel de Oreña)
*Escudero, P. Cristóbal, S.J. *Segunda relación de 14 de septiembre de este presente año, escrita por..., al señor arzobispo de Burgos, en que se da cuentas de la feliz victoria que Nuestro Señor ha sido servido de dar al señor Almirante de Castilla, general del ejército de España contra el rey de Francia en la villa de Fuenterrabía. Es obra hecha de la mano de Dios, milagro grande que obró con nosotros* (M: Viuda de A. Martín, 1638), XV, 73 n 1 ¶3 (En la BNM hay cinco relaciones por Escudero sobre Fuenterrabía, de las cuales el título de una sola coincide con el del *Segundo suceso sacado del original impreso en Madrid...*, que es la segunda fichada a continuación)
**Segunda relación de la gran presa que les tomaron a los franceses en Fuenterrabía, y número de muertos que hubo en este año de 1638. Sacada de una carta que envió...* (S: Nicolás Rodríguez, 1638), XV, 73 n 1 ¶2
**Segundo suceso sacado del original impreso en Madrid, en que da razón de todas las cosas que han sucedido desde el principio de la venida de los franceses en Fuenterrabía y sus villas, y el desastrado fin de ellos, echándolos fuera del reino de los excelentísimos señores el marqués de los Vélez, virrey de Aragón y Navarra, y Almirante de Castilla, ambos generales del ejército que S.M. ha enviado a Navarra, quedando en poder de ellos la artillería y municiones de guerra, oro y plata y lo demás del bagaje* (Barcelona: Sebastián y Jaime Matevad, 1638), ejemplar: BNM: sig. R/12212(7); se ha atribuido esta relación al P. Cristóbal Escudero, S.J.; XV, a73 n 1 ¶4 (es anónima la versión de las *Cartas de Jesuitas*)
[España, Gaceta de] (v. *Gaceta oficial*)
*Espino, Dr. Juan del: noticias de escritos suyos (al parecer no hay ninguno en la BNM):
– *Avisos secretos a los bien entendidos*, XII, 9 n 1, 70 (edicto inquisitorial de condena y quema)
– *Petición que el Dr. Espino dio estando preso en su defensa y contra la Compañía* (copia ms. por el P. Pereira), XVII, 219 n 1
– *Secretos y particulares avisos que han de guardar los de la Compañía de Jesús*) XIII, 9 (tiene quince capítulos)
– *Singulares y secretas admoniciones para particulares personas de nuestra Compañía, traducidas de latín en romance*, XIII, 9 n 1, 27 n 1, 70; XV, 101 nota 1 (v. Castro, P. Agustín de, S.J.; Poza, P. Juan Bautista, S.J., y Salazar, P.)
Espino, Dr. Juan del: Papeles contra él (al parecer no hay ninguno en la BNM):
– *Advertencias a los que leyeren la delación que dice hizo al Tribunal del Santo Oficio e imprimió después el doctor Juan del Espino, de las veinte y cuatro proposiciones que en el capítulo provincial de su Orden celebrado en Málaga, defendió presidiendo el P. maestro Silvestre de Saavedra, compañero de nuestro reverendísimo P. maestro general de la sagrada religión de Nuestra Señora de la Merced, redención de cautivos*, XVII, 197 n 1

— *Colirio para los ojos apasionados al Dr. Espino*, XV, ix
— *Mahoma en Granada: diálogo entre Inocencio Revulgo y Bartolomé de Escarba-Zorreras, el manchego, y Thomé Hinchado, su vecino. Contiene la vida del Dr. Juan del Espino* (anónimo; sátira de Espino, atribuido por Gayangos a algún padre de la Compañía), XV, 101 n 1 ¶3

Estrada, Duque de (v. Duque de Estrada)

Euphormion Lusininun (véase Barclay, John)

Eusebio, P., o Eusebio, P. Juan (v. Nieremberg, P. Juan Eusebio)

Extremos y grandezas de Constantinopla...(véase Moises ben Baruch, almosnino)

F

Fábula de Daphne (comedia), XIII, 459 (v. a continuación la ficha de: Teatro, obras de: representaciones)

*Faille, P. Jean [Charles] de la. *Theoremata de centro gravitatis partium circuli et ellipsis* (Amberes: Juan Meursio, 1632), XIX, 453 n 469. Ej: BNM, sign. 3/47985 y 3/77204. (var: Juan de la Falla, o de Llasfaislles; var. de Gayangos: *Teoremas sobre el centro de la gravedad*)

Fama póstuma de...Fr. Hortensio Félix Paravicino (v. Pellicer y Tovar, J.)

*Faria y Sousa, Manuel (1590-1649), (editó un libro del Padre Álvaro Semmedo [1585-1668], q.v.), XVII, 499 n 1 (aportó un poema a la *Pompa funeral* de la reina Isabel); XIX, 322 n 1

Felices sucesos de las armas españolas en Italia, Francia y Flandes, etc. (¿1638?), XIV, 486 n 1

*Felipe IV (v. *Anfiteatro...; Historia...; y Honras...*)

*Feliu de la Peña [y Farrel], Narciso. *Anales de Cataluña y epílogo breve de los progresos y famosos hechos de la nación catalana...desde la primera población de España hasta 1709* (1709), 3 tomos. XV, 269, 275, 318, 370, 447, 450; XVI, 45; XVIII, 2, 15; ej: BNM signaturas 2/56654-2/56656 y U/5276-U/5278

*Fernández, P. Cristóbal. *[Relaciones de la peste de Málaga en 1637]* (¿Málaga?, 23 de junio y 3 de julio de ¿1637?), XIV, 143 (sobre la peste en Málaga v. Alcoba Bañuelos, Pedro; Durango Barrionuevo, Francisco; y Grajales, Juan)

*Fernández, Tomás (representaba comedias), XIV, 40 (v. Teatro, obras de: representaciones)

*Fernández Gayoso, Pedro. *Parentescos que tiene D. Juan Antonio Vera y Zúñiga, señor de las villas de Torremayor, Sierrabrava y San Lorenzo..., con los Reyes Católicos y otros príncipes y grandes señores, sacados de las historias y papeles de indubitable fee...* (Atrebati [Arras], Guillaume de la Beniere, 1627), 178 pp. Ejemplares: BNM sign. R/5630 y R/12660. XVIII, xxiv n 3 (var: Gayoso, Pedro Francisco)

*Fernández-Guerra y Orbe, Aureliano (s. XIX; editor de las *Obras* en prosa de Quevedo; v. el Apéndice), XIV, 333 (var: Sr. Guerra)

*Fernández de Villareal, Manuel. *Anti-Caramuel o defensa del manifiesto del reino de Portugal* (París, 1643), XVII, 59 (contra el *Manifiesto* antiportugués del P. Caramuel Lobkowitz)

— (atribuido:) *El color verde a la divina Celia* (M: Viuda de Alonso Martín, 1637), XVII, 59

— *El político cristiano o discurso político de la vida y acciones del car-

denal de Richelieu (París, 1643), XVII, 59
- *Epítome genealógico del eminentísimo cardenal duque de Richelieu y discursos políticos sobre algunas acciones de su vida* (Pamplona: Juan Antonio Berdún, 1641), XVII, 59 (elogio de Richelieu)

*Firmamante, Francisco de (tradujo una *Verdadera relación*, q.v.), XIV, 406

*Flavio Lucio Dextro (s. IV). *Omnimoda historia* (Zaragoza, 1619), XIII, 111 n 1, 113, 116 (obra perdida hasta que se publicó la edición citada, tenida hoy por fraudulenta ["el falso cronicón"], pero será la fuente que menciona el corresponsal; v. Ibáñez de Segovia Peralta y Mendoza, Gaspar: *Discurso histórico...* Zaragoza, 1666; ejemplares: HSA; BNM, signatura 2/25608, 2/64762, R/3935 y R/17115; así como Tamayo de Vargas, Tomás, q.v., y Vilches, P. Francisco, q.v.) (var: *Fragmentum chronici sive omnimodae historiae Flavii Lucii Dextri* [1619], ej: BNM sig. 2/15721 y R/39820; *Flavii Lucii Dextri omnimodae historiae quae extat fragmenta cum chronico* [1627] ej: BNM sign. 2/15713)

*Flores, P. (se refiere a las *Memorias del P. Flórez*)

*Flórez, P. Enrique (1702-1773). *España sagrada: Teatro geográfico-histórico de la iglesia de España* (M: Antonio Marín, imprenta de José Rodríguez, 1754-1879), 51 tomos (segunda edición). Ej: BNM signatura R/30222-R/30272. XIX, 454 n 492
- *Memorias de las reinas católicas...y nuevo aspecto de la historia de España* (M: A. Marín, 1761), 2 t. Ej: BNM, signatura 3/22730-3/22731; BNP, NUC. XVI, 198; XVIII, 492; XIX, 454 (var: *Reinas católicas*)

Fragmentos...de la vida de D. Gaspar de Guzmán... (v. Roca, conde de la)

Francés, un caballero [anónimo] (v. el *[Manifiesto contra Francia]*)

Francia, Gaceta de (v. *Gaceta*)

Francia: Manifiestos españoles (véase *[Manifiestos contra Francia]*

*Franck von Franckenau, Gerhard Ernst(1676-1749).*Bibliotheca hispanica historico-genealogico-heraldico* (Leipzig: M. G. Weidmanni, 1724), 412 pp. Ej: BL, NUC. XVIII, xiii. Al citar el nombre de Franckenau en la página mencionada, dice Gayangos, "Franckenau o más bien don Juan Lucas Cortés," sabiendo que según Mayans y Siscar en su "Disertación", Franckenau copió la *Bibliotheca hispanica* de la obra inédita de Juan Lucas Cortés, q.v. (v. el NUC, t. 182, p. 407, col. b).

*Franckenau (v. Franck von Franckenau, Gerhard Ernst)

*Francofurt, licenciado de (pseudónimo). *El Tribunal de la justa venganza, erigido contra los escritos de don Francisco de Quevedo, maestro de errores, doctor en desvergüenzas* (Valencia: Herederos de Felipe Mey, 1635), 4 h. y 294 pp. Ej: BNM, sign. R/5516 y R/11160; BL; HSA; NUC. XIII, 419 n 1

[Fuenterrabía, socorro de: lista de 15 relaciones], XV, 72-75 (por sus títulos:) *Carta...; De obsidione...; Discurso apologético...; La sombra de monseñor...; Sitio...; Socorros...; Relación de la...; Relación en que...; Relación verdadera...; Relación y traslado...; Segunda relación...; Segundo suceso...; Socorros.....; Tercera relación...;* (siguen los autores que se mencionan:) Escudero, Cristóbal; Martínez de Aguilar, Alonso; Moret, José.; Palafox y Mendoza, Juan de; Soto, Francisco de;

Tarazona, Francisco de; Vargas, F. de; y Villar y Manuel, Luis del)

G

Gaceta, La, XIII, 482 n 1; XVII, xxiii n 1
[Gaceta de España] (véanse G*aceta,* y *Gaceta oficial*)
Gaceta de Francia (1636-1637), XIII, 479; XIV, 76, 195
Gaceta de Milán (del 12 de marzo, 1642), XVI, 288
[Gaceta oficial] (semanal del s. XVIII), XIII, xiv y la n 1 (véanse Relaciones...)
[Gacetas periódicas del s. XVII], XIII, x-xiv (v. también Relaciones)
*Galaz y Varona, Dr. Francisco.
- *Defensa del sitio de Tortosa* (M: Catalina de Barrio y Angulo, 13 de mayo, 1642), (var: Galaz y Barahona, Francisco). Ej: BNM signaturas VC/248/29 y VE/177/55. XVI, 369 nota 1
- *Relación más copiosa de la defensa y sitio de Tortosa, con noticia más particular de la victoria* (M: Catalina de Barrio y Angulo, 18 de mayo, 1642), ej: BNM, sign. R/13027/13 (var. del título: *Segunda relación...*). XVI, 369 n 1
*Gallegos, Manuel (poeta portugués y académico), XIII, xvii
*Gámez, Diego (v. Garay, Diego de)
*Gándara [y Ulloa], Padre [Felipe de la] (nació en 1596 en Orense; murió en 1676)
- *Armas y triunfos de Castilla* (v. la ficha que sigue)
- *Armas y triunfos: hechos heroicos de los hijos de Galicia...resumen de los servicios que este reino ha hecho a...Felipe IV...* (M: Pablo de Val, 1662). Ej: BNM signatura 1/10611; BL, HSA. XVII, 228 n 1; XIX, 286 n 1 [por error, "*de Castilla*"], 390 n 320, 410 n 426
- *Nobiliario, armas y triunfos de Galicia: hechos heroicos de sus hijos y elogios de su nobleza y de la mayor de España y Europa* (M, 1677). Ej: BNM sig. 1/10716; BL
*Garay, Diego de ("inquisidor de la Suprema"; autor de dos relatos de la victoria de Fuenterrabía), XV, 20-33 y 33-40
- *Carta de D. Diego Garay, inquisidor de la Suprema... Victoria de Fuenterrabía y fiestas de Madrid,* 14 de sept. de 1638, XV, a20-31
- *Relación del socorrro que hizo el Almirante de Castilla a Fuenterrabía... y de la batalla que ganó el ejército del Rey de Francia, gobernado por el príncipe de Condé,* en forma de carta por Diego de Garay, XV, a33-40 (hay otro relato en forma de *Carta* por Garay, XV, a40-41) (var: Gámez, Diego; Gámez, Diego de)
*García, P., S.J. XVIII, 434 n 1 (error de Gayangos: léase "Gracián", q.v.
*García, Carlos (c.1575 hasta c.1630).
- *Antipatía de franceses y españoles* (Rouen: imprenta de Jacques Caillove, 1627, 1637, y 1638), 401 pp. Con una traducción al francés por R.D.B. Ej: BNM signatura 2/58335 (1627) y R/7526 (1627), BNP, HSA. XIV, vii n 2 (traducción al italiano: ej: BNM signatura R/30475, BNP, HSA), y al alemán, ej: HSA; imitación del que sigue)
- *La oposición y conjunción de los dos grandes luminares de la tierra* (Riviere, [¿1622?]), con una traducción al francés por R.D.B. Ej: BNM sign. R/5149 (1617). XIV, vii n 2
- *L'oposition et conjonction des deux grandes luminaires de la terre. Oeuvre curieuse et agreable en la quelle il est traité de l'heureuse*

alliance de France et d'Espagne, et de l'antipathie des français et des espagnols, escrito en español por Carlos García y traducido al francés por R.D.B. (Cambrai: Jean de la Riviere, 1622). Ej: HSA. XIV, vii n 2
– *La desordenada codicia de los bienes ajenos; obra apacible y curiosa, en la cual se descubren los enredos y marañas de los que no se contentan con su parte* (París: Adrian Tiffeno, 1619), ej: BNM signatura R/5550 (1619), HSA. XIV, vii n 2
*García de la Leña, Cecilio. *Conversaciones históricas malagueñas o materiales de noticias seguras para formar la historia civil, natural y eclesiástica de la...ciudad de Málaga* (M, 1789-1793), 3 t. Ej: BNM, sign. 2/17019-2/17021; BL, BNP, NUC. XVIII, 491-492; XIX, 445 n 333 (su pseudónimo: Cristóbal Medina Conde y Herrera)
*Garma y Salcedo, Francisco y Javier de. *Teatro universal de España: Descripción eclesiástica y secular de todos sus reinos y provincias en general y particular* (M, 1738-1751), 4 t. Ej: BNM signaturas 3/75544-3/75547, BL, BNP, NUC. XIX, 391 n 393, 435 n 94 ¶1 ("Garma y Salcedo"), 440 n 224, 442 n 250, 447 n 357 (Janine Fayard cita una variante de los nombres de los autores: "Garma y Durán, Francisco Javier" [*Los miembros del Consejo...*, p. 524])
Gatos, Consejo de los (v. *Consejo...*)
Gayangos, Pascual de (véase Ticknor, George)
*Gayoso, Pedro Francisco (v. Fernández Gayoso, Pedro)
Genealogía universal...de la...casa de Sandoval (v. Tebes, Melchor de)
Gesta Dei... (véase Bongarsius, Jacobus)

Gesta impiorum per francos, etc., XIV, 313 (parodia ¿anónima? del *Gesta Dei...* de Jacobus Bongarsius, q.v.)
*Giannone, Pietro. *Dell'istoria civile del regno di Napoli libri XL* (Nápoles, 1723), 4 t., ej: BNM signatura 2/15865-2/15868. XIII, 253 nota 1
Glorias de la casa Farnese (v. Salazar y Castro, Luis de)
Glorias del mejor siglo, Las (comedia; v. Céspedes, P. Valentín, S.J.)
*Godeau, Antonio (obispo de Venecia según el catálogo de la BNM y la portada de su libro de las *Instrucciones de San Carlos Borromeo* [1798], BNM R/37562; pero obispo de Grasse, según Gayangos). *[Paráfrasis del] Benedicite*. XIX, 412 nota 50 (presentó su paráfrasis a Richelieu)
*Gómez de Cibdadreal, Fernán. *Centón epistolario, generaciones y semblanzas del noble caballero Fernán Pérez de Guzmán, Claros varones de Castilla, y Letras de Fernando de Pulgar* (1775). Ej: BNM signatura 2/15719 (el verdadero autor fue el Conde de la Roca, q.v.)
*Gómez de León, Francisco (autor de noticias). *[Relaciones...]*, XIII, p. x, nota 1
*Gómez de Mora, Juan (1586-1648). *Relación del juramento que hicieron los reinos de Castilla y León al serenísimo don Baltasar Carlos, príncipe de las Españas y Nuevo Mundo* (Madrid: Francisco Martínez, 1632), 40 folios. Ej: BNM sign. ER/4318, BL, BNP, NUC. XIX, 405-406 n 377 ¶6, 409 n 377 ¶1, 419 n 292, 462 n 264
*Góngora, Luis de, XVI, 333 (cita de las *Soledades*); XVIII, 353 (soneto burlesco, "Despidióse el francés con grasa buena"); XIX, 447 nota 353 (Gayangos corrige el texto del soneto)

*González Dávila, Gil. *Teatro eclesiástico de las iglesias metropolitanas y catedrales de los reinos de las dos Castillas, vidas de sus arzobispos y obispos, y cosas memorables de sus sedes* (M: Francisco Martínez, 1645-1650), 3 t. Ej: BNM sign. 5/14074 y U/8115; BL, BNP, HSA, NUC. XVIII, 207; XIX, 393 n 29, 398 n 237 ¶1, 458 n 124

*González de Varela, José. *Pira gloriosa, mausoleo sacro, pompa fúnebre que la muy Santa Iglesia primada de las Españas erigió devota, ostentó grande, consagró piadosa a las recientes cenizas, a las sepulcrales memorias, a las heroicas reliquias del que fue soberano celo, brazo invencible, prudencial acierto de la religión, de la guerra, del gobierno, su alteza el serenísimo Cardenal-Infante, administrador perpetuo del arzobispado de Toledo, primado de las Españas, don Fernando de Austria* (M: Diego Díaz de la Carrera, 1642). Ej: BNM sign. 2/8674 y 3/39293, HSA. XVII, 124 n 2

Gracia, Benito, S.J. (así se firmó una carta de Zaragoza en 1642), XVI, 368 (corregida por Gayangos, XIX, 404 n 368: "Gracián")

*Gracián, Lorenzo (pseudónimo de el que sigue)

*Gracián [y Morales, P. Baltasar], S.J. (1601-1658), autor de *El Criticón* (1651-1657), y de una *[Relación de la defensa victoriosa de Lérida contra los franceses en 1646]* (ms. copiado íntegro por el Padre Sebastián González ("grandemente verídico...y muy sencillo"); XVIII, 434-444; véanse también las cartas del Padre Juan José Sancho, y en la Bibliografía la *Relación de los felices sucesos...[sobre Lérida]*, así como la *[Estampa grande...])*

*Grajales, P. Juan, S.J. *[Carta sobre la peste de Málaga en 1637]* (¿Málaga?, 6 de julio ¿de 1637?), XIV, 143-144 (dirigida al P. José Vallejo; sobre la peste en Málaga v. Alcoba Bañuelos, Pedro; Durango Barrionuevo, F.; y Fernández, Cristóbal)

*Granada, Fr. Luis de. *Símbolo de la Fe* (Salamanca: Herederos de Matías Guast, 1582). Ej: BNM sig. R/19122-R/19126 (año 1604). XIX, 233

*Grasse, obispo de (v. Godeau, A.)

*Gressero, P., S.J. [libro que copió el Dr. Espino; v. sus *Avisos secretos*], XIII, 12

Guerras de los Estados Bajos desde 1588-1599, Las (v. Coloma, Carlos)

Guerre di Flandria (véase Lanario de Aragón, Francisco)

*Guillén de la Carrera, Alonso. *[Manifiesto contra Francia]* (ms.), XIII, 448 (v.*[Manifiestos contra Francia]*)

*Guseno, maestro Fareal (pseudónimo de Rafael Nogués, q.v.)

*Gutiérrez, Juan. *[Relación de la] muerte y entierro del conde de Fuentes en Milán, año 1610* (copia ms., Real Academia de la Historia, Papeles varios de Jesuitas, t. 96, f. 244), XVII, xix-xx (v. Fuentes, conde de)

*Gutiérrez de Medina, Dr. Cristóbal. *Viaje de tierra y mar, feliz por mar y tierra, que hizo el excelentísimo marqués de Villena, mi señor, yendo por virrey y capitán general de la Nueva España en la flota que envió S.M. este año de 1640, siendo general de ella Roque Centeno y Ordóñez; su almirante, Juan de Campos* (México: Juan Ruiz, 1640), XV, 418

Guzmán de Alfarache (véase Alemán, Mateo)

*Guzmán Sarabia, Dr. Sancho. *Arco triunfal de Himeneo en las heroicas bodas del excelentísimo señor don Francisco Ponce de León, marqués *de Zahara, con la excelentísima señora doña Juana de Toledo* (Granada: Baltasar Bolívar, 1654), ej: BNM, sign. R/11453(6). XIX, 441

H

*Haedo y Gallart, Diego de. *Viaje, sucesos y guerras del Infante-Cardenal Fernando de Austria desde 12 de abril 1632 hasta 21 de diciembre de 1636* (M: Imprenta del Reino, 1637). Ej: BL, BNP, HSA, NUC. XIX, 374 nota 7 (var: Aedo)

Haro, Alonso López de (v. López de Haro, Alonso)

Haro y Avellaneda, García de (véase Castrillo, II conde de)

Hautefort, Madame de (v. Cousin, V.)

*Heliodoro (s. IV d.C). *[Aethiopica]* (Basel, 1534), XV, 83 nota 1 (fábula en 10 libros sobre las aventuras románticas de Teágenes y Cariclea). Ej: BNM sign. 7/25837 [en español; 1954], BNP

*Hemelman, P. Jorge, S.J. *Apuntamientos del nombre, antigüedad y grandezas de la ciudad de Málaga, por..., hijo de ella* (ms. de Sir Thomas Phillipps, q.v.), XIV, 137 n 1

*– *Respuesta a la carta del Dr. Tomás Portilla sobre el sitio de la antigua Carteio, por Jorge Hemelman, natural de Málaga* (ms. de Sir Thomas Phillipps, q.v.), XIV, 137 n 1

*Henao y Monjaraz, Gabriel de. (Atribuida:) *Tragedia del primer duque de Florencia*, XV, vi nota 2 (en colaboración con los académicos jesuitas de Bilbao)

–*Vizcaya illustrata ab academiis humaniarum litterarum Bilbasiensis scolae Societatis Jesu* (Zaragoza: Juan Lanaja y Quartanet, 1637), 45 pp. Ej: BNM, sign. R/11819. XV, vi n 2 [título erróneo de Nicolás Antonio en su *Bibliotheca...nova: Illustraciones de Vizcaya*]

*Herbias, Juan de. *Epitalamio a las felices bodas del excelentísimo señor don Francisco Ponce de León, marqués de Zahara, etc., con la excelentísima señora doña Juana de Toledo* ([Sevilla]: Juan Gómez de Blas, 1654), ej: BNM sign. R/11453(7). XIX, 441 n 243

*Herluá. *Pronóstico de Herluá, hallado después de su muerte, para el año de 1638*, XIV, 392-393 (sátira ms. en el archivo de las cartas de Jesuitas; para el P. Sebastián González, "sin rastro de fundamento" [XIV, 391]).

*Herrera y Sotomayor, Jacinto de. *La reina de las flores*, comedia (Bruselas: Juan Montmarté, 1643), XIII, 486 n l

*Herrera y Tordesillas, Antonio de (1559-1625). *Historia de lo sucedido en Francia desde el año de 1585 que comenzó la Liga católica hasta el fin del año de 1594* (M: Lorenzo de Ayala, 1598), 353 ff. Ej: BL, BNP, NUC. XVII, xvi; XIX, 420 n 326

Hijos de Madrid (v. Álvarez y Baena, José Antonio)

Hijos de Sevilla (v. Arana de Valflora, [Fermín])

Histoire de France (v. Mezeray, François E. de)

[Historia de Cataluña] (v. *Historia de España* [la que quedaba inédita])

Historia de España (véase Mariana, P. Juan)

Historia de España (según Gayangos, inédita; comprende los sucesos de Cataluña de 1626 a 1660; el autor era probablemente uno de los mercaderes catalanes de Barcelona), XVIII, 15; XIX, x-xi, 351, 463 n 354

Historia de Felipe IV (v. Novoa, M.)

Historia de...Francia... (v. Herrera y Tordesillas, Antonio de)

Historia de la celestial vocación... (v. Stafford, Ignacio)
Historia de la decadencia de España (v. Cánovas del Castillo, Antonio)
Historia de la Orden del Toisón (sin identificar)
Historia de la Santa Cinta... (v. Martorel y de Luna, Francisco)
Historia...de Portugal (v. Seyner, Antonio)
Historia de...Segovia (v. Colmenares, Diego de)
Historia de Tangere (v. Meneses, F.)
Historia de...Toledo (v.Mora, conde de)
Historia del levantamiento de Portugal (v. Seyner, P. Antonio)
Historia del P. Marcelo Francisco Mastrilli (v. Stafford, Ignacio)
Historia genealógica de la Casa de Lara (v. Salazar y Castro, Luis de)
Historia general de España (v. Lafuente y Zamoalla, Modesto)
Historia pontifical y católica... (v. Baños de Velasco, Juan)
*Hizco de Quincoces, Pedro. XIX, 82 n 1, 458 n 82 (autor de un ms. autógrafo, propiedad de Antonio Cánovas del Castillo, de una relación del tumulto de Nápoles en 1647, año en que cree Gayangos que se publicó)
Honras de Felipe IV (referencia abreviada, como muchas de Gayangos; compárese Rodríguez de Monforte, Pedro. *Descripción de las honras que se hicieron a la católica majestad de don Felipe Cuarto, rey de las Españas y del Nuevo Mundo, en el Real Convento de la Encarnación...* (Madrid: Francisco Nieto y Salcedo, año de 1666), ej: BNM sign. ER/2930 y ER/2931, BL. XIX, 457-458 n 75
*Huesca, P. Ramón de. *Teatro histórico de las iglesias del reino de Aragón* (Pamplona, 1780-1807), 9 t. Ej: BNM, sign. 1/3840-1/3848 (el P. Lamberto de Zaragoza, O.F.M. Cap., redactó los tomos 1-4), BL. XIX, 454 n 489
*Hurtado, P. Tomás (1589-1659, de los clérigos menores, catedrático de Prima en la Universidad de Sevilla, Colegio Mayor de Maestre Rodrigo).
– *Chocolate o tabaco, si se compadecen con el ayuno* (M, 1642; y antes, en Sevilla). Ej: BNP. Título variante, según la HSA y la BNM: *Chocolate y tabaco, ayuno eclesiástico y natural* (M: Francisco Javier García, 1645). Ej: BNM signatura R/16359, HSA. XV, 418 n 2
– *Justificación moral en el fuero de la conciencia de la particular batalla que el excelentísimo duque de Medina Sidonia ofreció al que fue de Berganza. Escrita a la excelentísima señora duquesa de Medina Sidonia, etc.* (Antequera: A. Álvarez, 1641), ej: BNM sign. 2/46532(3). XVI, 386 n 1
Hurtado de Mendoza, Antonio (v. Mendoza, Antonio de)

I

I carichi militari... (v. Brancaccio, Lelio)
*Ibarra, Carlos (I marqués de Taracena). *Relación que el señor Carlos Ibarra, vizconde de Centenera, capitán general de la real armada de la guardia de la carrera de Indias, envió de mar en fuera a estas provincias al excelentísimo señor marqués de Caderaita, del suceso de sus batallas y como venía de ellas* (México: Francisco Salvago, 1638), XV, 124-125 n 1 (más detallada es la *Relación verdadera del viaje...*, q.v.; v. también Cepeda, Fernando de; y Rodríguez León, Juan)
Idea..de Cataluña (v. Pellicer y Tovar, Josef)

Ignacio de la Victoria, P. (v. Victoria)
Il genio bellicoso di Napoli (v. Parrino, Domenico Antonio)
Ilustración del renombre de Grande... (v. Tapia Robles, Juan Antonio de)
[Ilustraciones de Vizcaya] (error de Nicolás Antonio; v. Henao y Monjaraz, Gabriel de)
Illustraciones de Vizcaya (v. *[Ilustraciones deVizcaya]*)
Imperio de...China... (v. Semmedo, Álvaro)
Índice de las glorias de la casa Farnese (v. Salazar y Castro, Luis de)
Infelice monarquía, qué letargo..., (coplas satíricas anónimas), XV, xi
Irazábal, Francisco (v. Valparaíso, marqués de)
*Isabel de Borbón, reina de España (v. Pompa funeral, honras y exequias...)
Istoria de...Napoli (v. Summonte, P.)
Iure Indiarum... (v. *De Indiarum iure*)

J

*Janesegio, D. J. J. *Martis Gallici subsidiariae velitationes adversus vindicias...* (Bruselas, 1639). XIV, 328 (se refiere a Jansenio, q.v.)
*Jansenio, Cornelio (1585-1638). *Mars Gallicus, sive de justitia armorum et foederum regis Galliae libri II* (publicado en 1635, bajo el pseudónimo de Alejandro Patricio Armacano, Teólogo; ej: BNM sign.2/36255[1635]). XIV, 328 n 1 (se mencionaba mucho y se conocía por la frase *Marte francés,* q.v.; es una contestación a Besian Arroy, q.v.; para la bibliografía coetánea de los estudios sobre las doctrinas de Jansenio, v. las fichas de Fernando de Ávila y Sotomayor, D. J. J. Janesegio, Daniele de Priezac, y el *Mercure espagnol*).
– *Marte francés, o de la Justicia de las armas y confederaciones del rey de Francia* (traducción por Sancho de Moncada) (M: Imprenta Real, 1637), ej: BNM sign. 2/15449, HSA, BNP. XIV, 205, 258, 305, 328 n 1 (con bibliográfía), 334, 391; XVI, 368 n 2
– (traducción al francés en 1637 por Carlos Hersent, teólogo de París), XIV, 328 n 1. Ej: BNP.
Justa exemplar (París, 1638), XIV, 328 n 1. Traducido después al francés por J. Baudoin.
*Jáuregui, Juan de (1583-1641). *[Discurso sobre sobre que* (sic) *se ha de hablar y tratar bien de palabra a los enemigos]* (1636), XIII, xvi (noticia que sacó Gayangos de las *Noticias de Madrid desde el año de 1636 hasta el de 1638,* q.v.)
*Jesús, Compañía de. *[Memorial que recapitula las acusaciones contra el P. J. B. Poza]* (copia ms., impresa en el *Memorial Histórico Español,* t. 189.Ej: BNM, sign. AFRC/7006/44). XIII, 231
– *Monita secreta* (eran "Instrucciones reservadas de la Compañía", que investigaba la Inquisición general, y se decía que "por lo menos quemarán el *Monita secreta*" (hay numerosos ej. en la BNM, algunos fechados en el siglo XVII, pero la mayoría después de dicho siglo). XIII, 47
– Dos jesuitas, autores de dos *[Comedias] de Montserrat* (1639), XV, x-xi, 245, 471, 487 n 1 (véase el P. Valentín Céspedes, S.J.)
– Sobre la quiebra del Colegio de San Hermenegildo de Sevilla: v. *Morale practique,* por el conde de Mora, el *Theatro jesuitico,* y la larga nota 2 del t. XVIII, 105)
*Jiménez Catalán, Manuel. *Don Gregorio de Brito, gobernador de las armas de Lérida (1646-1648)* (¿Zaragoza?, 1920), 139 pp. Ej: posiblemente en la Biblioteca de la Univer-

sidad de Zaragoza (no lo he hallado en otras bibliotecas)
Jocoseria,...en doce entremeses... (v. Quiñones de Benavente, Luis)
Jover, José María. *1635: Historia de una polémica y semblanza de una generación* (M: Consejo Superior de Investigaciones Científicas, 1949), 565 pp. (sobre el ataque a Tirlemont, q.v.)
Juan, Duque de Estrada (v. Duque de Estrada, Juan)
Judas, Coplas de (v. *Coplas de Judas*)
Juicio militar (v.Rodríguez León, Juan)
[Juramento de Baltasar Carlos] (v. *Relación del Juramento...*)
Jure Indiarum... (v. Solorzano Pereira, Juan de)
Justa exemplar (v. Priezac, Daniele de)
Justicia del ínclito... (v. Mascareñas, P. Ignacio)
Justificación moral (v.Hurtado, Tomás)

K

*Kempis, [Thomas á] *De imitatione Christi* (se divulgaba a partir del año 1418; la primera ed. se publicó en Augsburg, 1471-1472). Ej: BNM sig. R/39958 (año 1762: *Imitatio Christi*), XVII, 45

L

La armada que salió del puerto de Pasajes [q.v.] *para los Estados de Flandes* (relación anónima recogida en el *Compendio* de Jacinto de Aguilar y Prado, q.v.). XIII, 80 n 1
La Barrera, Cayetano de (v. Barrera, Cayetano de la)
La dama muda ("Comedia nueva"), ej: BNM sign T/2703 (1735: Imprenta de la calle de la Paz, a expensas de Sanz [de Madrid]), XVIII, xiii (referencia en el texto de la carta)

La dama muda [y lances de un broche] (comedia anónima; ej: copia ms. de 1713), XVIII, xiii n 2
La desordenada codicia... (véase García, Carlos)
La disposición y forma que han tenido las armas de S.M. para entrar por la provincia de Guipúzcoa en la de Labort, de Francia, los lugares que ocupan en ellas y el manifiesto que S.M. mandó intimar a los franceses (M: Imprenta del Reino, a costa de Alonso Pérez, 1636), 2 h. Ej: BNM sign. VE/177/100 y VE/ 177/106. XIII, 525 n 1
"La fameuse banqueroute des jesuites des [sic] Seville", capítulo sobre la quiebra del Colegio de San Hermenegildo en Sevilla, en el libro titulado, *Morale practique des Jesuites*, q.v., XVIII, 105 n 2
La Forza, monseñor de (v. "La sombra de monseñor de la Forza...")
La jornada en Francia en 1627 (relación anónima, en Aguilar y Prado, J., *Compendio histórico...*). XIII, 80
La libra de Grivilio Vezzalmi... (v. Malvezzi, Virgilio)
*La Puente, Francisco de. *Tratado breve de la antigüedad del linaje de Vera y memoria de personas señaladas del que se hallan en historias y papeles auténticos* (Lima: Jerónimo de Contreras, 1635). Ej: BNM sign. 2/44421 [datos dudosos: v. XVIII, xix]
La Reina de las flores (v. Herrero y Sotomayor, Jacinto)
La sombra de monseñor de la Forza se aparece a Gustavo Horn, preso en Viena, y le cuenta el lastimoso suceso que tuvieron las armas de Francia en Fuenterrabía (sátira atribuida a veces a Quevedo, q.v.), XV, 75 n 1, ¶1 de la p. 75 (v. La Force, duque de, y Quevedo, Francisco de)

Las glorias del mejor siglo (comedia; véase Céspedes, Padre Valentín de, S.J.)

Las guerras de los Estados Bajos desde 1588-1595 (v. Coloma, Carlos)

*Lafuente y Zamalloa, Modesto (1806-1866). *Historia general de España desde los tiempos más remotos hasta nuestros días* (M: Mellado, 1850-1867), 29 t. Ej: BNM, sign. 1/26027-126056 y 3/13747-3/13776. BNP. XVII, xxi n 4; XIX, 459 n 134, último ¶

Lágrimas de las Musas al...Cardenal-Infante (v. Rodríguez, Gregorio),

*Laínez, P. maestro José. *[Manifiesto contra Francia]* (ms.), XIII, 156, 448 (v. la ficha de *[Manifiesto]*

*Lanario y Aragón, Francisco (duque de Carpiñano). *Le guerre di Fiandra brevemente narrate* (Amberes: G. Verdussen, 1615). Ej: BNM sign. 3/65337, NUC, DLC, BL, BNP (var: *Guerre di Flandria*). XVII, xxii n 1. Versión en español: *Las guerras de Flandes desde 1559-1609* (M: Luis Sánchez, 1623). Ej: BNM signatura 2/21013(1), BL, BNP, HSA.

*Laurenzano, duque de. *Relación que hizo a S.M. el duque de Lorenzano del feliz suceso que ha tenido nuestro ejército contra el del francés, junto a la ciudad de Lérida en el principado de Cataluña* (M: Pedro Tazo, 1644), 2 h. Ej: BNM sign. VC/248/17 [título variante del catálogo de la BNM: *Relación que hizo a Su Majestad el duque de Lorenzano del suceso del ejército y rota del francés*; apellido erróneo del impresor: Taro]. XIX, 430 n 486 (var: Lorenzano) (v. en la Bibliografía la *Relación ajustada por la que hizo a Su Majestad el duque de Laurenzano...*)

Le parfait capitaine (v. Rouen, duque de)

*Leganés, marqués de (v. *Defensa de España...*)

*Leganés, I marquesa de (entre otros, se le atribuyeron el *Nicandro*). XVII, 151 n 1

*León Pinelo, Antonio de (1590-1660). *Anales de Madrid: reinado de Felipe III, años 1598 a 1621* (M: 1971); continuado por Manuel José Muñoz de Camarena y Juan Francisco de Ayala y Manrique, q.v. Ej: BNM sign. 9/245624 y 4/73663. XIII, xviii

Libro de Grivilio Vezzalmi (v. Malvezzi)

*Linares, conde de (v. *Sucesos de la armada de S.M. en Italia...*)

Literatura periódica (véanse *Gacetas* y también *Relaciones* y *Sucesos*)

Lobkowitz, Juan Caramuel (v. Caramuel Lobkowitz, Juan)

*López de Haro, Alonso. *Nobiliario genealógico de los reyes y títulos de España* (M: Luis Sánchez, 1612), 2 t. Ej: BNM sign. 6/1401 (de 1612) y 2/23376-2/23377 (de 1622), BL, BNP, HSA (Luis Sánchez, 1622), NUC. XIX, 348, 381 n 410, 398 n 237, 415 n 110, 429 n 477, 451 n 439

L'oposition et conjonction..de France et d'Espagne (v. García, Carlos)

Lorenzana, duque de (véase Laurenzano, duque de)

Los encantos de Circe (v. Calderón, Pedro, *El mayor encanto Amor*)

Los encantos de Medea (v. Rojas Zorrilla, Francisco de)

Luis XIII, rey de Francia (supuesto autor del *[Manifiesto publicado...]*)

Luisa de Carrión, la madre (v. Agustinos recoletos)

LL

Llaguno y Amírola, Eugenio de (1724-1799). *Noticias de los arquitectos y arquitectura de España desde su res-*

tauración, ed. de Juan Agustín Ceán Bermúdez (M: Imprenta Real, 1829), ej: BNM sign. 5/10489 y 5/14306. BNP, XIII, 320. Véase Cervera Vera, Luis. *Índices de la obra "Noticias de los arquitectos..."* (1979), ej: BNM, sign. AHM/338896

M

Machiavelismus jugulatus (v. Clement, P. Claude)
Madame de Chevreuse et Madame de Hautefort... (v. Cousin, Victor)
Madrid, Noticias históricas... (v. *Noticias históricas...*)
Madrid, Villa de (representaba comedias), XIV, 40 n 2 (v. Teatro, obras de: representaciones)
Mahoma. Alcorán, XIV, 273 n 2
Mahoma en Granada...(v. Espino, Juan del)
Maldonado, Joaquín. ["Papel"] que en 1634 el P. Pereira había enviado al P. Vilches, XIII, 110-111 (el P. Vilches lo criticó severamente; para Gayangos, era un "opúsculo...contra el falso cronicón de Flavio Lucio Dextro", q.v.; quizá se trata de la obra que sigue:)
– *Breves castigationes dextrinae, foeda historiographi menda detegentes, spvrias geographicas descriptiones, pseudo svppvtaciones chronologicas amandantes* (sin lugar ni fecha); ej: BNM sign. VC/268/12
*Malvezzi, marqués Virgilio (1599-1664).
– *La libra de Grivilio Vezzalmi, traducida de italiano en lengua castellana: pésanse las ganancias y las pérdidas de la monarquía de España en el felicísimo reinado de Felipe IV el Grande* (sin lugar, 1639), ej: BNM sign. R/10560, BNP, HSA ("Pamplona y Nápoles, Iacomo Gafaro, 1639"). XV, 52 n 1, 263 n 2, 430 n 1, 433 n 1. XVI, 482
– *Sucesos principales de la monarquía de España en el año de 1639* (M: Imprenta Real, 1640), ej: BNM, sign. 2/57597, BNP. XIII, xv; XV, 235 n 1, 263 n 2
[Manifiesto contra el mal tratamiento...] (v. Medici, Marie d')
[Manifiesto publicado en 6 de junio de 1635, escrito del muy alto y muy poderoso Luis XIII, rey cristianísimo de Francia, etc.] (supuesto papel político publicado en Francia en 1635: en las *Cartas de Jesuitas* su título está encerrado en el del *Antipronóstico*). XIV, 204 n 1 (datos de Mateu, Francisco, *Antipronóstico...*, q.v.)
[Manifiestos contra Francia] (v. un impreso anónimo [por un caballero francés]; otros por Palafox, Juan de; Quevedo, Francisco de; y Vázquez, Fr. Alonso; y otros no impresos por Gonzalo de Céspedes; Alonso Guillén de la Carrera; P. Maestro Láinez; y Antonio de Mendoza; se trata del episodio de Tirlemont, q.v., analizado por J. M. Jover, *1635: Historia de una polémica...*, q.v.), XIII, 447-448 n 2
*[Manifiestos de *Richelieu]* ("acerca de la guerra que hacen el Rey [de España] y el Emperador de Austria a la Francia"), XIII, 513 (los españoles cogieron y castigaron al francés que repartía estos papeles, parece que en Italia)
*Mantuano, Pedro. *Casamientos de España y Francia y viaje del duque de Lerma llevando la reina christianísima doña Ana de Austria al paso de Beobia y trayendo la princesa de Asturias* (M: Tomás Junti, 1618), ej: BNM sign. R/14900 y R/8664. HSA. XIII, 515 n 1
Maquiavelismus... (v. *Machiavelismus*)

Maravillas de la naturaleza (v. Ramírez de Carrión, Manuel)
María [Marie] d' Médicis (v. Medici)
*Mariana, P. Juan de, S.J. (1536-1624). *Historia general de España* (Toledo: Pedro Rodríguez, 1601 [primera edición castellana]), 2 t. Ej: BNM signaturas 2/71170-2/71171 y R/25549-R/25550, BL, BNP, HSA. XIII, vi; XVII, xxi; XIX, 424 nota 407 (los continuadores de su *Historia general de España*)
"Marina, El dicho de doña" (v. Puente, Fr. Luis de la, S.J.)
Marina de Escobar (v. Escobar)
Mars Gallicus... y *Marte francés...* (v. Jansenio, Cornelio)
*Martínez de Aguilar, Alonso. *Relación verdadera del socorro que a Fuenterrabía dieron los excelentísimos Almirante de Castilla y el marqués de los Vélez, virrey de Navarra, generales de ambas coronas en esta facción, víspera de Nuestra Señora de septiembre de este año de 1638* (Logroño: Matías Marés, 1638), XV, 72 n 1
– *Tercera relación y muy copiosa del socorro de Fuenterrabía; diéronle los excelentísimos Almirante de Castilla y el marqués de los Vélez, virrey de Navarra, generales de ambas coronas en esta facción, víspera de Nuestra Señora de septiembre de este presente año de 1638* (M: Diego Díaz de la Carrera, 1639), XV, 72-73 nota 1 (el título es parecido al anterior, y la ficha lleva la misma descripción del autor; puede ser nueva versión; v. a continuación en esta Biliografía las relaciones tituladas *Segunda relación...* y *Segundo suceso...*, citadas en en el t. XV, p. 73 n 1 de las *Cartas de Jesuitas*)
*Martínez de Bahamonde, Juan. *Elogios de los ascendientes de Juan Antonio de Vera, conde de la Roca* (1624), XVIII, xxiv. A la vista del carácter de aquéllos que confeccionaron la supuesta historia de los de Vera, en la BNM hay dos ediciones de un libro por el mismo Juan Martínez de Bahamonde, y con un título muy parecido: *Elogios de algunos santos y santas canonizados, o beatificados, y de algunos varones excelentes en virtud, con algunas descendencias suyas* (BNM sign. R/6364 [año de 1624] y R/2917 [año de1642])
*Martínez de Ripalda, P. Juan, S.J.(entre otros, se le atribuyeron el *Nicandro*; v. la ficha de la obra)
[*Martirio del P. Marcelo Francisco Mastrilli*] (diálogo por los estudiantes del Colegio Imperial de los Jesuitas, M, 1643), XVII, 323, 360 (v. *Mastrilli; Stafford; y Teatro)
Martirologios (v. [*Menologios*])
Martis Gallici... (véase Janesegio, D. J. J.)
*Martorel y de Luna, Francisco.*Historia de la Santa Cinta con que la Madre de Dios honró la catedral y ciudad de Tortosa; del sitio, nombre, antigüedad, obispado y cosas notables de ella, con variedad de historia y una descripción de Cataluña y su fidelidad* (Tortosa: imprenta de Jerónimo Gil, 1926), XVI, 359 n 1. Ej: BNM, sign. 2/16677; BNP.
Mascareñas (v. Mascarenhas)
*Mascarenhas, P. Ignacio (hijo de Fernando Martins Mascarenhas, q.v.; sobre sus escritos, v. el t. II, p. 544 de la *Biblioteca lusitana* de Diõgo Barbosa Machado)
– *Iusticia del ínclito príncipe D. Juan IV, rey de Portugal* (B: Imprenta de Jaime Romeu, 1642). Ej: Univ.de California en Los Ángeles. XVI, 138 n 1 (var: *Justicia del ínclito rey don Juan el IV de Portugal*)

- *Relaçao do successo que teve na jornada que fez á Catalunha por órdem de S.M. el rey don Joam ó IV...* (Lisboa: Lorenço de Anvers, 1641). XV, 138 n 1 (v. la ficha que sigue)
- *Relación del suceso que el Padre maestro Ignacio Mascareñas...tuvo en... Cataluña* (1643), XVI, xv, 138-156 (traducida en Sevilla por el P. Rafael Pereira y publicada íntegramente en las *Cartas de Jesuitas*)

Mascarenhas, [¿Ignacio o Jerónimo?]. Campaña del año 1635 [en Flandes] (ms.), XIII, 356 nota 1 y 357 nota 3
- *[Relaciones...]*, XIII, x

Mascarenhas, Jerónimo (m. 1671). Viaje de la serenísima reina doña María Ana de Austria, segunda mujer de don Felipe IV,...hasta la real corte de Madrid desde la imperial de Viena (M: Diego Díaz de la Carrera, 1650). Ej: BNM sign. 2/33668, HSA. XVII, 203 n 1

Mascarenhas, Jerónimo, y J. Pellicer de Tovar [Memorial de alerta dirigido al Rey sobre el viaje a Portugal de ciertos prelados] (ms. de 6 pliegos; Madrid,1643), XVII, 203-204

*Mastrilli, P. Marcelo Francisco, S.J.
- Carta al P. Agustín de Castro desde Goa, 20 feb., 1636 (Academia de la Historia, Colección de Jesuitas, t. 129, f. 436). XV, 255 n 1 (v. *Martirio de...*, y Stafford, Ignacio)
- Carta a S. Francisco Javier [en su tumba] desde Goa, 11 marzo, 1636, sobre su viaje a Japón. XVI, 41 n 2 y 42 n 1

*Mateos, Juan. *Origen y dignidad de la caza* (M: Francisco Martínez, 1634), ej: BNM sign. R/1316, HSA. XIV, 302

*Mateu, Francisco (notario de Valencia). *Antipronóstico a las victorias que se pronostica el el [sic] eminentísimo cardenal duque, par de Francia, Ioan Amando Rochelieu, contra la I magestad católica del Rey de España y sus vasallos en el manifiesto de las guerras publicadas el 6 de junio, 1635* (Valencia: Silvestre Esparsa, 1636), Ej: BNM signatura R/37431; M, 1637; M, 1639: transcripción de Gayangos: *Antipronóstico...pronostica el reino de Francia contra el de España, con el manifiesto publicado en 6 de junio de 1635, escrito del muy alto y muy poderoso Luis XIII, rey cristianísimo de Francia, etc.*). Ej: BNM, sign. VC/56/14. XIV, 204 n 1

*Matos Fragoso, Juan de. *Poema heroico a la feliz entrada que hizo en esta corte la excelentísima señora duquesa de Chebroso [Chevreuse], en 6 de diciembre de 1637* (M: Juan Sánchez,1638), XIV, vii n 3; ej: BNM signatura R/13231. XIV,vii n 3

Medina Conde y Herrera, Cristóbal (pseud. de Cecilio García de la Leña)

*Medina Sidonia, IX duque de. "Digo que como es manifiesto..." (impreso: Toledo, 29 de sept., 1641), XVI, 386 (manifiesto en relación a su desafío al duque de Braganza; atribuido al P. ¿Francisco? Rangel, q.v.)

Meditaciones... (v. Puente, Luis de la)

*Melo, Francisco de (conde de Assumar) *[Capitulaciones que concedió don Francisco de Melo a Mr. de Bayone, gobernador de La Bassée, al salir éste del fuerte...]*, (M: Francisco Maroto, 1642), XVI, 409-410 n 2; ej: BL (por error, "s.v. Francisco Manuel de Melo")
- *Copia de carta de... que da cuenta a S.M. de la insigne victoria...[de] su real ejército...junto a Châtelet, a 26 de mayo de...1642* (M: Diego Díaz de la Carrera, 1642), ej: BL, signaturas 1445.f.17.24 y 9181.g.1(14); BNM sign. VC/84/20. XVI, 411 y la n 1 (v.

"Argumentum salutationis...", en honor de Melo, por la S.J. [Bruselas, 1642], ej: BL, 1199.e.19(1), y *"Exceeding joyfull newes..."* [Londres, 1642] sobre dos victorias de Melo en Flandes, ej: BL, E.144.(29), y a continuación: *Relación verdadera de las famosas victorias...* y: *Relación verdaera de lo que sucedió...*)
- *La reprise de...la Bassée en Flandres ...par le Comte d'Assumar...* (Bruxelles, [1642]), ej: BL, sig. 106.e.20.
*Melo, Francisco de ("capitán general de la caballería del Alentejo" [*Grande enciclopédia...*, XVI, 801a, 1ª ficha completa]). *Copia de la carta que el general portugués esparció por los campos, convidando a las villas de Extremadura se entreguen al rey don Juan, y amenazando a las que no lo aceptasen* (aviso: "Hago saber a todos los... de Extremadura...que el rey don Juan IV...nos manda entrar sus armas..."; firmada en Olivenza, 3 de sept., 1643; copia ms. por el P. Pereira). XVII, 275-276 y la nota 1
Mémoires pour servir à l'histoire d'Anne d'Autriche (v. Motteville, Mme. Françoise de)
[Memorial contra la Compañía de Jesús] (v. Collado, P. Diego)
Memorial de las tres Parténopes (v. Ponce de Soto, Fr. Manuel)
Memorial de hombres insignes del apellido de Vera (copia enviada por Gaspar Becerra y Coronel a Jacinto de Vera en 1636), XVIII, xxxii
Memorial de los Ulloas (v. Pellicer de Tovar, Josef)
[Memorial en defensa del "Elucidarium"] (v. Poza, Juan Bautista)
Memorial histórico español (véase la Real Academia de la Historia)
Memorial por la casa de Benavides (v. Vidania, Diego Vincencio de)

Memorial que se divulgó en Madrid para S.M. (sátira anónima; c. 1642), XVI, 377-381 (texto); XIX, 397 (sic; se halla en XVI, 377-378 y 379), XIX, 404-405 n 377 ¶4 (al texto siguen unas *Adiciones al memorial antecedente*)
[Memoriales...para que no se celebre capítulo general...en su religión...] (v. Oviedo Pedrosa, Fr. Francisco de)
Memorias (v. [Torres] Amat, [Félix])
[Memorias] (v. Rouen, duque de)
Memorias de las reinas (v. Florez, P.)
Memorias... de la guerra del Brasil... (v. Duarte Alburquerque Coello)
Memorias para la historia de Felipe III... (v. Yáñez [Parladorio], Juan)
Méndez Silva, Rodrigo. [Relación de las fiestas a la elección del Rey de Romanos] (¿1637?), XIV, 19 n 1
- *[Relaciones...]*, XIII, p. x, nota 1
*Mendo, P. Andrés, S.J. (1608-1684). *Príncipe perfecto y ministros ajustados: Documentos políticos y morales* (Salamanca: Diego de Cossío, 1657), 412 pp. Ej: BNM sign. 3/40065 y 7/15.134; BNP; U. de Sevilla. XIII, vi
*Mendoza, Antonio [Hurtado] de (1586-1644). *Obras líricas y cómicas, divinas y humanas* (L: Miguel Menescal, 1690), ej: BNM, 2/26678 (año 1728). XVI, 434 y la nota 1
- *[Relaciones...]*, XIII, p. x y la nota 1
- *Sucesos y victorias de las católicas armas de España y del Imperio de Francia y otras provincias, desde 22 de junio...hasta 30 de agosto del... de 1636* (M: Imprenta del Reino, 1636; otra edición: Madrid: Alonso Pérez, 1636), XIII, 482 nota 1, 491 nota 1
- *[Versos a la bala que le tiraron al Conde-Duque]* "Que tu vida esclarecida..." (v. Pereira, *Arcabuzazo...*, y Elliott, *The Count-Duke,* 634; falta en las *Obras líricas*), XVI, 434
- v. el *[Manifiesto contra Francia]*

*Meneses, [Fernando de]. *Historia de Tangere que comprehende as noticias dessde [sic] a sua primeira conquista atè a su ruina* (Lisboa Occidental, 1732), 304 pp. Ejemplar: BNM [falta en el catálogo de ordenador]; BL. XVII, 341 (variante Menezes)

Menologios [martirologios; hubo varios publicados en el s. XVII], XIX, v

Mercure espagnol en reponse au "Mars français", XIV, 328 n 1 (respuesta a Cornelio Jansenio, q.v.)

Mercurio (v. Siri, Vittorio)

*Mezeray, François E. de. *Abregé chronologique de l'histoire de France* (Paris: Billaine, 1667-1668), 3 tomos. Ej: BL, BNP, NUC. XVII xvi n 1; XIX, 388 n 210, 416 n 136

*Michelí y Márquez, José de, XVII, 499 (poesía fúnebre en la *Pompa funeral: honras y exequias...* de la reina Isabel (véase el título a continuación en este Índice, y sobre Michelí, véase Crosby, *Nuevas cartas...*, páginas 327 y 455, y Clara Louisa Penney, *Printed Books...*)

Milán, Gaceta de (v. *Gaceta*)

"Mira Nero de Tarpeia / A Roma como se ardía", XVII, 367 (versos tradicionales citados en un romance satírico de 1643 como imagen del desastre de la pérdida de la campaña militar de Portugal)

*Miraball y Forcadell, Vicente. *Tortosa fidelísima y exemplar: Motivos que el rey don Felipe IV ha tenido para concederla estos gloriosos títulos, en premio de la lealtad que ha mostrado en las alteraciones de Cataluña* (Madrid: Imprenta del reino, a costa de Tomás Alfay, 1641), XVI, 355 nota 1

*Miraflores, marqués de (v. *Colección de documentos inéditos para la historia de España*)

*Mireo, Auberto. *Auberti Miraei Rerum Belgicarum chronicon, ab Julii Caesaris in Galliam adventu usque ad vulgarem Christi annum MDCXXXVI* (Amberes: G. Lestaerium, 1635 y 1636), ej: BNP. XVII, xxiv, nota 1

*Mogrovejo, Juan de. *Árbol de los Veras* (Milán, 1636; Madrid, 1655) [atribuido también al conde de la Roca, q.v.], ej: BL. XVIII, xiv, nota 3, xxiv nota 3 (v. los datos sobre la familia de los Vera)

*Moisés ben Baruch, almosnino. *Extremos y grandezas de Constantinopla, traducido del hebreo, etc.* (M: Francisco Martínez, 1638), traducido en 1630 por Jacobo Cansino, q.v. Ej: HSA (Penney transcribió el nombre en inglés: Moses...). XVIII, 420 y la n 1

Monarquía eclesiástica (véase Pineda, Juan de [el que nació en Medina del Campo])

Monarquía española (v. Rivarola)

*Moncada, Dr. Sancho de. XIV, 248 nota 1 (papel sobre la fabricación de la plata), 328 nota 1 (traductor del *Marte francés*, identificado en la ficha de Jansenio, Cornelio, *Mars gallicus*)

Monita secreta (véase Jesús, Compañía de)

Montserrat, [Comedias] de (v. Jesús, Compañía de)

*Mora, conde de (Pedro de Rojas). *Discursos ilustres, históricos y genealógicos* (Toledo: Juan Ruiz de Pereda, 1636), ejemplares: BNM signatura 2/9088, HSA. XIX, 437 nota 137

– *Historia de la imperial, nobilísima, ínclita y esclarecida ciudad de Toledo, cabeza de su felicísimo reino*, dedicado a Pedro Pacheco, q.v.[consejero de Castilla y amigo de Quevedo] (M: Diego Díaz de la Carrera,

1654-1663), 2 t. XIX, 437 n 137. Ej: BNM sign. 2/48076-2/48077, HSA.
- *Morale practique des jesuites* (Colonia, 1684), libro que tiene un "capítulo separado" sobre "La fameuse banqueroute des jesuites des Sevil07
lle"; ejemplares: BNM sig. 5/12527, 6/3876 y 6/2848 (segunda edición, del año 1716). XVIII, p.105 y la n 2

*Moret, P. José, S.J. (1615-1687). *De obsidione Fontarrabiae libri III* (Valladolid [lugar de la aprobación]: Ioan. Couronneau, circa 1655), 467 pp. Ej: BNM sig.2/16900 (año 1655); BNP. XV, 55 n 1, y 72 n 1 ("historia especial del sitio"); reproduzco los datos de Gayangos y los muy fidedignos del fichero de la BNM

*Morovelli de Puebla, Francisco. *Apología por la ciudad de Sevilla, cabeza de España en que se muestra y defiende la lealtad constante que siempre ha guardado con sus reyes, contra Juan Pablo Martyr, que en la historia de la ciudad de Cuenca que ha dado luz [sic] este año de 1629 dice falsamente que Sevilla y Córdoba fueron de las que se levantaron por Comunidad contra la majestad del emperador Carlos V* (¿Sevilla?, 1629), ej: BNM, sig. VE/1361/7, y la HSA. XVIII, 131 y la n 1 (var: Francisco Morovelli de la Puebla)

- [Original de un libro sobre Asuero, Aman y Mardoqueo, que no quiso aprobar el juez eclesiástico; v. la ficha de Morovelli en el *Índice onomástico*], XVIII, 131 y la n 1 y 133 n 1 ("Trataba con rigor en el libro a los privados")

*Mortara, II marqués de (v. Orozco, Francisco de).

*Mota Sarmiento, Pedro de la. [*Papel en justificación de los cargos que se le hicieron relativos al levantamiento de Portugal*]. Ej: BNM, ms. número H75 [signatura antigua], sin cita de folio. XVI, 122-124 n 2

*Motteville, Mme. Françoise de. *Mémoires pour servir à l'histoire d'Anne d'Autriche, epouse de Louis XIII, roi de France*, ed. de François Changrion (1723), 5 t. (la autora era amiga de la reina de Francia y de la duquesa de Chevreuse, q.v.). Ej: BNM sig. 2/56606-2/56610 5; otra de 3/16200-3/16204. XIV, pp. xi-xii, n 2

Muerte de Pie de Palo. Segunda relación muy copiosa de una carta que envió el duque de Medina [Sidonia] a la Contratación de S[evilla]. Dase cuenta de la batalla que han tenido los galeones con 40 navíos de holandeses, siendo general de ellos Pie de Palo. Asimismo se da cuenta de su muerte con pérdida de siete navíos en el cabo de San Antón (M: Antonio Duplastre, 1638), XV, 117-118 n 1 (el Cabo de San Antón se halla entre Denia al NE y Jávea al SE)

Muerte y entierro del conde de Fuentes (Relación; v. Gutiérrez, lic. Juan)

Muertes de personas insignes y señores (¿M?, ¿1635?), XIII, 243 (es una *Relación* anónima)

*Muñoz, Luis. *Vida de la venerable Madre Mariana de San Joseph, fundadora de la Recolección de las monjas agustinas, priora del Real convento de la Encarnación; hallada en unos papeles escritos de su mano* (M: Imprenta real, 1645), ej: HSA. XIV, 389

*Muñoz, Tomás. [Catálogo de tres relaciones de reliquias de mártires en los cimientos del castillo de Arjona], XIII, 114 n 1 (véase a continuación la *Relación y memorial*...)

*Muñoz de Camarena, Manuel José (continúa los *Anales de Madrid* de Antonio de León Pinelo, q.v.), XIII, xviii y la nota 1

Musei sive Bibliothecae...libri IV... (v. Clement, C.)

N

*Nápoles consolada en su alboroto y sosiego, gobernándola la alteza serenísima de don Juan de Austria, plenipotenciario de S.M. católica y triunfador felicísimo de aquel reino (Zaragoza, 1648), XIX, 177 n 1 (v. a continuación la *Relación de lo sucedido en Nápoles...*, y en la BNM, sig. MSS/12977/20, la *Relación de lo sucedido en el motín de Nápoles desde el día 7 de julio de 1647*)

*Nápoles: trece *Relaciones* y *Cartas* sobre los tumultos de Nápoles en 1647, editadas en el tomo XIX de las *Cartas de Jesuitas* (en el Índice, véase el párrafo titulado "Tumultos" en la p. 379, columna a)

*Nicandro y antídoto contra las calumnias que la ignorancia y envidia ha esparcido por deslucir y manchar las heroicas e inmortales acciones del conde-duque de Olivares después de su retiro. Al Rey nuestro señor, etc. (impreso de 15 h.; hay copia ms. por el P. Pereira; el título se lee en XVII, 104 n 1), ejemplar: BNM sig. R/13027/10. XVII, 99 (la obra critica fuertemente a la nobleza y apoya a Olivares), 100, 103 y la n 2 ("se atribuyó al principio al P. Juan *Martínez de Ripalda"), 104-105 (v. en la ficha de Francisco Antonio de Alarcón el resumen del t. XVII, pp. 105-109), 110 y 118 (la Junta de investigación criminal del Consejo de Castilla [sobre el *Nicandro*, v. XIX, 414 n 105]), 151 n 1 (la acusación del fiscal, posiblemente a Juan de *Ahumada o a la [I] marquesa de *Leganés), 156 (el P. González lo envió al P. Pereira); (el vocal de la junta para calificar el *Nicandro* era Sancho de Monroy, marqués de Castañeda, q.v.; presidía la junta Juan de Chumacero, q.v., presidente del Consejo de Castilla; véase XIX, p. 414, nota 105)

*Nieremberg, P. Juan Eusebio (1595-1658). *Causa y remedios de los males públicos*, dedicado al Conde-Duque de Olivares (M: María de Quiñones, 1642), 99 pp. Ej: BNM, sign. 3/30.700, 3/71378 y 3/67902; Biblioteca Colombina de S, y la de la Universidad de S; HSA. XVI, 286 (por *Causa*, reza la carta *Casos*) (var: P. Eusebio)

– *Vida del dichoso y venerable padre Marcelo Francisco Mastrilli...* (M: María de Quiñones, 1640), 134 f. Ej: BNM sig. 2/21301; Academia de la Historia de Madrid., sig. 4-1-8-1180; Univ. de S.; Biblioteca Pública de Córdoba; otra ed. es la de M. por Juan Sánchez, 1640); 568 pp., ej: Biblioteca Colombina de S. y la de la Universidad de Sevilla (v. Stafford, Ignacio)

Nobiliario genealógico (véase López de Haro, Alonso.)

*Nogués, Rafael (pseudónimo: maestro Fareal Guseno). *Salsas recuperada* (B: Sebastián y Jaime Matevat, año de 1640), ej:BNM sig. R/12212(43). XV, 399 y la n 1 (romance heroico) (error: *Saslsas*)

Nombres...de la Virgen... (v. Bonilla, Alonso de)

Noticia de lo sucedido en Piamonte y toma de Coleño por las armas católicas, año de 1640 (BNM, ms. H73 [sig. antigua], f. 580). XV, 460 n 1

Noticia histórica del Casal, desde sus principios hasta la reducción del 10 de julio de 1695 (Valencia: Francisco Mestre, 1695), "de pocas hojas". XV, 292 n 2 (sobre Casal de Monferrato)

Noticias de Madrid desde el año de 1636 hasta el de 1638 (copia manuscrita anónima; v. también *[Avisos]*)
- XIII, x y las n 1 y 2, xiv y la n 1, xvi y la n 1, xviii, 415, 450, 458, 476, 481, 482, 484, 508, 514, 528, 541
- XIV, xiii, 6, 12, 27, 34, 35, 41-42, 46, 51, 58, 63, 82, 84, 87, 89, 91, 106, 111, 126, 127, 128, 132, 133, 137, 140, 141, 149, 156, 158, 169 n 1, 174, 183, 210, 247, 256, 257, 258, 260, 272, 273, 282, 283, 284, 286, 289, 291, 297, 299, 301, 304, 305, 492
- XIX, 380 nota 398 ¶2 (var: *Noticias*)

Noticias históricas de Madrid y de la monarquía española desde el año de 1680 al de 1714 (v. Ayala y Manrique, Juan Francisco)

[Noticias periódicas] (v. *Gacetas*, y *Relaciones*)

*Novoa, Matías de. *Historia de Felipe IV, rey de España* (M: Academia de la Historia, 1875-1886), *Colección de documentos inéditos para la historia de España*, t. 69, 77, 80, 86. ej: BNM signaturas INV08COL102 y SG/3820-SG/3822-77, así como BL, BNP y NUC; (el relato de Novoa es valiosísimo, aunque no exento de algunos errores, como por ejemplo el de decir que el Patriarca de Indias era Félix de Guzmán, q.v. [XVI, 163]; Gayangos conoció sólo el manuscrito, cuando todavía se creía que el autor era Bernabé de Vibanco)
- XIII, 65, 81, 91, 253, 276-277, 380, 446
- XV, 129, 193, 256, 267, 269, *271*, 280, 296, 322, 344, 359, 395, 388, 408, 427, 431, 447, 450, 468
- XVI, viii, xi, 161-162, 170-171
- XVII, xxi; XVIII, 38, 92, 99
- XIX, 375 n 110 [en estas notas Gayangos le llama "Vibanco" al autor, q.v.], 400 n 320, 421 n 360, 436 n 128

Nuevo descubrimiento... (v. Acuña, P. Cristóbal de)

Nuevo jardín de flores (v. Bonilla, A.)

O

Obras de Quevedo (v. Quevedo)

Olías, I marqués de (v. Orozco, Francisco de)

Olivares, conde-duque de (véase Pereira, Padre, *Arcabuzazo...*, y *Consejo de los gatos,* sátira atribuida a Olivares)

*Olmedo (representaciones de comedias), XIV, 40 n 2 ¶3 (v. Teatro, obras de: representaciones)

Omnimoda historia (véase Flavio Lucio Dextro)

*Onofre de Salazar, Juan ("residente en esta corte [de Sevilla], por mí y los demás interesados"), *[Memorial y Petición:] Quiebra del Colegio de San Hermenegildo de Sevilla* (1645), XVIII, 105 n 2, y el texto de la *Petición*: 105-107, seguido de otros tres documentos, XVIII, 107-117, ejemplar: BNM sign. VE/1408/34(1), copia con un título variante: *Memorial que se dio a Su Majestad, que Dios guarde...por los acreedores de la memorable quiebra que hizo el Colegio de la Compañía de Jesús de la ciudad de S, en más cantidad de 450 [signo] ducados* [año de 1655]; sign. de la BNM: VE/1408/34(3) y VE/1408/34 (4); otro ej. con título variante: *Por los acreedores de la quiebra que hizo el Colegio de la Compañía de Jesús de la ciudad de S. en 8 de marzo de 1645, con el mismo Colegio* [1655]

*Oquendo, Miguel de (hijo de Antonio). *El héroe cántabro: Vida del señor don Antonio de Oquendo* (Toledo, 1666), XV, 481 n 2 (ej: BNM sign. 2/58800)

*Oreña, P. Miguel de, S.J. *[Vida de doña Marina de Escobar]* (v. Puente, Luis de); Oreña también escribió una *[Copia de una carta que el P. Oreña escribió al excelentísimo señor Conde-Duque a la muerte de la señora Marina de Escobar, cuyo confesor era]* (BNM, ms. 6139, f. 103; ed. de Marañón en *El Conde-Duque*, apéndice xxvi, pp. 458-463 y 504)

Origen de las dignidades...de Castilla y León (véase Salazar de Mendoza, Pedro)

Origen y dignidad de la caza (v. Mateos, Juan)

Orlandi, Giovanni (c. 1590-1640). *Descritione del sito é pasitura del luogo di Valenza, con la fortificationi fattavi nuovamente dalla gente del Rè catolico, et quelle fattavi la seconda volta del marescialo di Chirichi quando vi retornó unitamente con l'esercito diu Parma* (año de 1635). XIII, 332 n 1 (v. Valenza [del Po])

Orozco, Francisco de (I marqués de Olías y II de Mortara). *Conquista de Cataluña por el marqués de Olías y de Mortara* (B, 1652), ej: BNM sign. 2/56687, BL, HSA. XIX, 452 n 442

*Ortiz de Zúñiga, Diego. *Anales eclesiásticos y seculares de la muy noble y muy leal ciudad de S..., que contienen sus más principales memorias desde el año de 1246... hasta 1671...* (M: Imprenta real, 1677), 817 pp. Ej: BNM, sign.2/19633, BL, BNP, NUC. XIX, 410 n 377 ¶1

*Oviedo Pedrosa, fray Francisco de (de la Orden de la Merced). Resumen impreso de unos memoriales del P. Oviedo Pedrosa, en forma de "una información de un padre mercenario de las Indias, en razón de que no se elija general sin los procuradores de las provincias ultramarinas...": *Epítome de las razones que alega en los memoriales que dio el padre nuestro fray Francisco de Oviedo Pedrosa, procurador general de las provincias de Lima y Chile, de la Orden de Nuestra Señora de la Merced, etc., para que no se celebre capítulo general al presente en su religión ni en adelante, sin que las provincias de las Indias puedan asistir, etc.* (M: Viuda de Juan González, 1636), XIII, 419 y la n 2 (numerada "1")

P

*Palafox y Mendoza, Juan de (1600-1659). *Sitio y socorro de Fuenterrabía y sucesos del año de 1638* (M: Catalina de Barrio y Angulo, 1638), ej: BNM sign. 2/28162 (1639); BNP. XIV, 464 n 2; XV, 52 n 1, 72 n 1; XIX, 420 n 329 (véase el *[Manifiesto contra Francia]*)

*Palma, Fr. Juan de. *Vida de la serenísima infanta Sor Margarita de la Cruz, religiosa descalza de Santa Clara* (M: Imprenta Real, 1636), ej: BNM sig. 3/65228 (1636) y 3/75847 (1637); BNP (en las *Noticias de Madrid* se atribuye la redacción de este libro a Juan de Palafox y Mendoza). XIII, xvii

Panegírico y descripción del Buen Retiro (v. Pellicer de Tovar, J.)

[Papel contra la Compañía] (v. Dominico, Fray)

[Papel redactado "contra...Flavio LucioDextro"] (v. Maldonado, Joaquín)

[Paráfrasis del] Benedicite (v. Godeau, Antonio)

Parentescos que tiene...Juan Antonio de Vera (véase Gayoso, Pedro Francisco)

*Parrino, Domenico Antonio. *Il genio bellicoso di Napoli* (¿Nápoles?, año

de 1694), XIX, 446 n 335, 447 n 348, 460 n 259
- *Teatro eroico é politico de governi de Vicerè del regno di Napoli* (Nápoles: D. A. Parrino y Miguel Luis Mucio, 1692-1694), 3 t., ej: BNM (ER/574), BL, BNP, NUC. XIII, 253 n 1; XV, 260 n 2, 408 n 2; XIX, 427 n 468
*Passarello, Gaetano. *Bellum lusitanum* (Lyon: Anissonios, 1684), 532 pp. Ejemplares: BL, BNP, NUC. XIX, 459 n 134
Paz [Espeso], Julián. *Catálogo de la "Colección de documentos inéditos para la historia de España"* (M: Instituto de Valencia de Don Juan, 1930-1931), 2 t. (Contiene 6 índices utilísimos). Ej: BNM sign.1/97434-1/97435, NUC
Pellicer de Salas y Tovar, Josef (v. las variantes: Pellicer de Ossau y Tovar, José; Pellicer y Tovar, Josef; y Tovar, Josef de)
*Pellicer de Salas y Tovar, Josef (1602-1679)
- (editor) *Anfiteatro de Felipe el Grande* (M: Juan González, 1631), ej: BNM sign. 2/55065, HSA. XIV, 329 n 1 (colección de poemas en honor de un acierto taurino por el Rey en 1631)
- (traductor) *Argenis* (v. Barclay, John)
- (autor) *Avisos* (del 17 de mayo, 1639, hasta fines de 1644; ed. de Antonio Valladares de Sotomayor en el *Semanario erudito*, q.v. (M: Antonio Espina, 1790), tomos XXXI-XXXIII)
- XIII, viii
- XVI, xii-xiii, 77, 306, 309, 344, 390-391, 430, 433
- XVII, 204, 283, 287, 289, 310, 319, 323, 356, 360, 370, 375, 389, 404-405, 428, 440-441, 454, 462, 474-475, 493, 497, 505
- XVIII, xxiv
- XIX, vii, 243, 245, 323, 357, 362, 386 n 35, 387 n 84, 389 n 274, 390 n 316, 392 n 424, 394 n 207, 396 n 237, 401 n 320 ¶2, 402 n 329, 406 n 377 ¶1, 409 n 377 ¶1, 416 n 160, 419 n 232, 428 n 473 ¶1, 430 n 486, 431 n 504, 445 n 333, 454 n 492, 464 n 355
- (autor) *Argenis continuada o segunda parte* (M: Luis Sánchez, 1626), XV, 83 n 1 (continuación por Pellicer y Tovar del libro de John Barclay, q.v.)
- *Defensa de España contra las calumnias de Francia y respuesta al manifiesto con que el Rey cristianísimo rompió la guerra* (M, 1635), ej: BNM sign. 2/28074. XIII, 418 n 1
- [obra atribuida] *Discurso jurídico-político en la causa que pende entre el señor fiscal del Consejo Real de Castilla y el Sr. D. Melchor Centellas de Borja, sobre el socorro de Rosas...*, XIX, 438 n 146
- [autor] *Epitafio y urna sacra o panegírico funeral a la muerte de fray Lope Félix de Vega Carpio* (M, 1635), XIII, 418 n 1 (también en el libro que sigue)
- *Fama, exclamación, túmulo y epitafio de...[Fray Hortensio Félix Paravicino y Arteaga...], vicario general de la sagrada religión de la santísima Trinidad* (M, 1634), ej: BNM sign. 3/47878 y R/11647. XIII, 419 n 1 [de la pág. anterior] (var: *Fama póstuma del maestro fray Hortensio Félix Paravicino, predicador de su Majestad*)
- *Idea del principado de Cataluña: recopilación de sus movimientos antiguos y modernos y examen de sus privilegios* (Amberes: Jerónimo Verdus, 1642), ej: BNM sign. 2/1932 y 2/9198, XVI, xiii (refutación de *La bocina pastoril*, q.v., "y otros papeles

publicados por los rebeldes" [v. Nicolás Antonio, *Bibliotheca nova*])
- *Memorial de la calidad de don Álvaro Francisco de Ulloa Golfín y Chaves* (1675), ejemplar: BNM, sign. 2/9035(3). XIX, 445 nota 333 (var: *Memorial de los Ulloas*)
- *Panegírico y descripción del palacio real del Buen Retiro* (M, 1635), ej: HSA. XIII, 419
- (atribuido) *Relación fidedigna de...* *Rosellón...* (v. Tovar, Josef de)

Pentecontarchus sive quinquaginta militum (véase Ramírez de Prado, Lorenzo)

*Peña, Juan Antonio de la. *[Relaciones...]*, XIII, x nota 1

Peregrinos pensamientos (v. Bonilla, Alonso de)

*Pereira, P. Rafael, S.J. [Apuntes originales sin títulos]
- XV, 386
- XVI, xii, 198, 213, 220, 322, 351, 377, 433, 440
- XVII, 150-151, 368
- XVIII, 133, 158-159, 278, 376, 478-480
- *Arcabuzazo que tiraron al Conde-Duque en Molina [de Aragón]* (apunte ms. del P. Pereira), XVI, 433 nota 1 (ocurrió poco antes del 20 de julio, 1642, durante el viaje del Rey a Aragón)
- (atribución posible). [*Comedia sobre San Eustaquio*] (copiada en 1624), XIII, vii y la n 1
- (atribución posible).*Efemérides,* XIX, 410 n 377 ¶1
- *Registro de armas* (apunte ms.), XVI, 351 nota 1

*Pérez de Egea, Miguel de. *Preceptos militares, orden y formación de escuadrones* (Madrid: Viuda de Alonso Martín, 1632), ejemplar: BNM, signatura R/459 y R/472, HSA. XV, 65 n 1

*Pérez de Mendoza y Quijada, Miguel. *Resumen de la verdadera destreza de las armas en treinta y ocho aserciones resumidas y advertidas con demostraciones prácticas, deducido de las dos obras principales que tiene escritas su autor...* (M: Francisco Sanz, 1675), ejemplar: BNM sign. ER/ 4818, BNP, HSA XVIII, 259 nota 1

Periodismo (v. Gacetas, y Relaciones)

Petición que el Dr. Espino dio estando preso... (v. Espino, Dr. Juan del)

*Pidal, marqués de (Martín Fernández de Navarrete). [artículo sobre Juan Antonio de Vera y Figueroa, conde de la Roca], en la *Revista de Ambos Mundos*, t. II, p. 257. Ej: BNM sign. D/1954. XIII, 199 n 1

*Pidal, marqués de (Martín Fernández de Navarrete). [dos artículos sobre el *Centón epistolario* atribuido al bachiller Fernán Gómez de Cibdareal]. Uno en la *Revista de Ambos Mundos*, t. II, p. 257 (la BNM tiene una revista de este título, pero de 1928), XIII, 199 n 1, y otro en la *Revista Española de Ambos Mundos* (Establecimiento tipográfico de Mellado, 4 tomos, 1853-1855 [sin tomo ni año]). BNM, sign. Z/2747. XVIII, vii y la n 1)

*Piedrabuena, Antolínez de (posible pseudónimo de Salvador Jacinto Polo de Medina o de Benito Ruiz; v. Penney, *Printed Books*, pág. 425, y el *Catalogue* de la BNP). *Universidad de amor y escuelas del interés* (M: Viuda de Alonso Martín, 1636), ej: BNM sign. R/11523; HSA; BNP (Zaragoza: Pedro Lanaja y Lamarca, 1642). XIII, 95 y la n 1

*Pineda [error por *Pinedo y Salazar, Julián de, q.v.]

*Pineda, P. Juan de (¿1510?-1593; natural de Medina del Campo; no era jesuita). *Monarquía eclesiástica o historia universal del mundo* (Salamanca: Juan Fernández, a costa de Hilario de Bonefont, 1588), ej:BNM, sign. 6/2262 (año 1606), HSA, BNP. XIII, 100 n 2

*Pineda, P. Juan de, S.J. (n. y m. en S, 1558-1637; rector del Colegio de S), XIII, 100 n 2, 114, 263 n 1 (no se mencionan sus obras); XIV, 35 (m.)

*Pinedo y Salazar, Julián de. *Historia de la insigne Orden del Toisón de Oro* (M: Imprenta Real, 1787), 3 tomos. Ejemplares: BNM signaturas 1/30849-1/30851 y 2/56639-2/56641; MH, University of California (Berkeley); XIX, 392 n 417 (var. errónea: Pineda)

*Pinto Ramírez, P. Andrés, S.J. *Segunda parte de la vida maravillosa de la venerable virgen doña Marina de Escobar, natural de Valladolid, sacada de lo que ella misma escribió de orden de sus padres espirituales, y de lo sucedido en su m.* (M: Viuda de Francisco Nieto, 1673), 536 pp. La *Primera parte* fue escrita por el P. Luis de la Puente, S.J., q.v.; v. Escobar, Marina de; ejemplar: BNM sign. 2/47043, más dos de la BNM fuera del catálogo de ordenador: 3/52.738 y 6i/1163; Biblioteca Pública de Córdoba; HSA.

Pira gloriosa,..del...Cardenal-Infante... (v. González de Varela, Joseph)

Población de Valdivia,... (véase Aguirre, Fr. Miguel de)

Poema heroico a la...duquesa de Chebroso (véase Matos Fragoso, Juan de)

Política del Comte Olivares... (v. Carroza, Joseph)

Política indiana... (v. Solorzano Pereira, Juan de)

Polo de Medina, Salvador Jacinto (v. Piedrabuena, Antolínez de)

Pompa funeral, honras y exequias en la m. de la muy alta y católica señora doña Isabel de Borbón [m. 1644], *reina de las Españas y del Nuevo Mundo, que se celebraron en el... convento de San Jerónimo de Madrid*, editada por el II conde de *Castrillo, q.v. (M: Diego Díaz de la Carrera, 1645), ej: BNM sign. R/3035 y R/14843, HSA. XVII, 499-500 n 1 (lista de poetas); XIX, 431 n 501 (la oración fúnebre del P. Gregorio Pedrosa); 451 n 427 ¶2 (v. la ficha del libro a continuación en el Apéndice)

*Ponce de Soto, Fr. Manuel. *Memorial de las tres Parténopes: gentil, sirena y sacra* (Nápoles, 1663), ej: BNM sign. 2/25566 y 2/59176. XV, 52 n 1; XIX, 99 n 1, 460 n 259 (contiene una "larga lista de la nobleza napolitana")

*Pontanus, Joannes Jovianus. *Pontanus de bello neapolitano et de sermone*, ed. de Pietro Summonte, q.v. (Nápoles: Sigismundo Mayr, 1509), 2 t. Ej: BL. XIII, 253 n 1 (no he localizado el libro que cita Gayangos: *Istoria del regno e città di Napoli;* v. la ficha de Summonte)

Pontifical (v. Baños de Velasco, Juan, *Historia pontifical...*)

*Popma, Alardo de (artista flamenco que grabó una planta del castillo de Schenken). *[Breve y verdadera descripción del inexpugnable fuerte de Schencken, y como por industria de la gente de S.M.C. se ganó en 28 de julio de 1635]* (S, 1635), XIII, 339-340, nota 1 (a falta del título de Popma, he reproducido el de la ed. anterior que había grabado Cornelio de Bere, q.v.)

*Portillo, Tomás del. *Relación de algunos de los muchos santos que se entiende haber padecido martirio en la ciudad de Gibraltar* (S: Francisco de Lira, 1634), XIII, 88

*Poza, Andrés de (m. 1595; padre de el que sigue). *De la antigua lengua, poblaciones y comarcas de las Españas, en que de paso se tocan algunas cosas de la Cantabria* (Bilbao: Matías Marés, 1587), ejemplar: BNM sign. 6/8865[56] (ed. de 1901), HSA (ed. de 1587). XIII, 231 n 1

*Poza, P. Juan Bautista, S.J. (hijo del anterior). *Elucidarium Deiparae* (Alcalá de Henares: Juan de Orduña, 1626), 1008 pp. (Recogido por la Inquisición). Ej: BNM sign. 3/5901 y R/5652; BNP sign. D. 2322. XIII, 231 y la n 1

— *[Memorial en defensa del "Elucidarium"]* (copia ms.; impresa en el *Memorial Histórico Español*, t. 189). XIII, 231 n 1 (atacado por los dominicos [v. Espino, Juan del]; defendido en un *Memorial* por el P. Salazar, S.J., q.v.)

[Pragmática de las cortesías] [a falta del texto original, reproduzco el de otra Pragmática semejante pero de 1586, y la documentación de una de 1611:] *Pragmática de tratamientos y cortesías, y se acrecientan las penas contra los transgresores de lo en ella contenido;* ej: BNM sign. VE/34/11 (1611). XIII, 145 n 1

Pragmática del trueco de la moneda de plata y oro a vellón (se refiere a la *Pragmática en que S.M. manda que sin embargo...* [M, 1637]), XIV, 73 n 2

Pragmática en que Su Majestad manda que de aquí en adelante no se pueda hacer ni escribir ninguna escritura ni instrumento público ni otros despachos que por menor irán declarados en una cédula de S.M., si no fuere en papel sellado con uno de cuatro sellos, en la forma que en ella se contiene, etc. (¿M?, ¿1637?), XIV, 6 nota 2

Pragmática en que S.M. manda que sin embargo de la cédula de 5 de noviembre del año pasado de 1636, se guarde la de 30 de abril de él, y que de aquí adelante el trueco de vellón a oro o plata no exceda de 25 por 100, hasta la venida de galeones, y ni dos a 20; y que no se puedan hacer ningunos trueques ni permutaciones sino en las casas de diputación que para ello se señalare, en la forma y con las penas que en ella se declaran (M: María de Quiñones, 1637), 2 hh. XIV, 73 n 2

Pragmática sobre el consumo de la moneda de vellón y medios que para ello se dan [29 de enero de 1638] (M: Pedro Tazo y Francisco Martínez, 1638), XIV, 311 n 1

Preceptos militares... (véase Pérez de Egea, Miguel de)

Premática (v. *Pragmática*)

*Priezac, Daniele de. *Justa exemplar* (París, 1638), traducción al francés por Jean Baudoin. XIV, 328 n 1 (v. Jansenio, Cornelio)

— *Vindiciae gallicae, adversus Alexandrum Patricium Armacanum* (París, 1637), XIV, 328 nota 1 (v. Jansenio, Cornelio)

Primera junta de la sangre imperial... (v. Silva de Chaves)

Princeps magnus (publicado por Cataluña en 1635), XIV, 141 (fuero que tienen cuando sale su Rey en campaña)

Príncipe perfecto (v. Mendo, Andrés)

Proclamación católica a... Felipe el Grande... (véase Barcelona: Conselleres)

Prodigios de Madrid (posiblemente BNM sign. VE/1158/21). XIX, 405 n 377 ¶¶1 y 5 (sátira)

Prodigios del año pasado de 1641 (ms., circa 1642; sátira anónima de la corte, enviada por Pedro Jerónimo

Saltero al contador Pedro de Arenas), XVI, d238; XIX, 395-399 n 237, 405 n 377 ¶5

*Puente, Francisco de la. *Tratado breve de la antigüedad del linaje de Vera y memoria de personas señaladas en él que se hallan en historias y papeles auténticos. Por don...*, presbítero de la diócesis de la gran ciudad del Cuzco, cabeza del reino del Perú, natural de la ciudad de Burgos en el de Castilla. *A don Fernando Antonio de Vera y Figueroa, vizconde de Sierrabuena, hijo heredero del conde de la Roca* (Lima: Jerónimo de Contreras, 1635), ej: BNM sign. 2/44421. XVIII, xix y la n 1, xx, xxxii y la n 1, y xxiii-xxiv n 3 (sobre el grado de veracidad de los Vera, v. la ficha de Vera y Becerra, Fernando de, párrafo XVIII, página xx)

*Puente, P. Luis de la, S.J. *Meditaciones de los misterios de nuestra Santa Fe con la práctica de la oración mental sobre ellas* (Valladolid: Juan de Bostillo, 1605), 2 t., 823 más 964 pp. Ej: BNM sign. 2/11.518-19 y posiblemente RI/369 (*Compendio de las meditaciones...*, 1617); Biblioteca de la Universidad de Sevilla; XV, 498 n 1

– *Vida maravillosa de la venerable virgen doña Marina de Escobar, natural de Valladolid, sacada de lo que ella misma escribió, de orden de sus padres espirituales* (M: Francisco Nieto, 1665), 666 pp. Ej: BNM, sign. 3/52.737; Biblioteca de la Univ. de Sevilla; Bibl. de la Univ. de Zaragoza; HSA. (Hubo una segunda parte, por Andrés Pinto Ramírez, q.v.; véase Escobar, Marina de). XIII, 51 nota 1 (en esta página son incorrectos los datos bibliográficos de Gayangos)

Pyra gloriosa,... (v. *Pira...*)

Q

Questions decidées... (v. Arroy, B.)

*Quevedo Villegas, Francisco de

– "Carta al duque del Infantado", hacia julio, 1643 (copia ms. de letra del P. Rafael Pereira, Colección de Jesuitas [Bibl. de la Academia de la Historia], t. 101, f. 36, publicado íntegro por Gayangos), XVII, 158-159 (para un texto crítico de acuerdo con el ms. 4067 de la BNM, v. Crosby, *Nuevas cartas...*, núm. 56, p. 133)

– *Carta al serenísimo...Luis XIII, rey ... de Francia,* XIII, 447-448, nota 2 [numerada 1] (en una relación impresa en 1637, se leen dos comentarios sobre esta obra: que versa sobre "los sacrilegios que Mr. de Châtillon hizo en Tirlemont" [q.v.], y que lo escribió Quevedo "con su acostumbrada erudición y agudeza" [v. a continuación la *[Relación impresa a manera de gaceta de lo ocurrido desde abril de 1636 a igual mes de 1637]*)

– *De los remedios de cualquier fortuna. Libro de Lucio Aneo Séneca* (Madrid: Francisco Martínez, 1638), 94 ff. ej: Bibl. Central de B. (v. *Obras de Quevedo*, ed. A. Fernández-Guerra, t. II, p. 370, que cita al P. González: "ese librillo que ha sacado ahora don Francisco de Quevedo" [se refiere a *De los remedios...*, p. 369, nota (b)], XIV, 333 y la n 2

– [atribuido] *Dichos y hechos del duque de Osuna* (v. las *[Obras del duque de Osuna]*)

– [atribuido] *La sombra de monseñor de la Forza se aparece a Gustavo Horn, preso en Viena, y le cuenta el lastimoso suceso que tuvieron las armas de Francia en Fuenterrabía* (Zaragoza: Hospital Real de Nuestra Señora de la Gracia, 1638), XV, 75 n

1 ¶1. En una nota a pie de página Gayangos copió un párrafo que sin identificar al autor, explica el origen de esta sátira: "De resultas de haber los franceses publicado en París un folleto cuyo argumento es la sombra del conde don Juan de Cervellón, que se aparece a Juan de Weerdt, prisionero en el castillo Real de Vincennes, y le cuenta el desgraciado suceso de Leucata; se ideó por alguno de los nuestros un diálogo entre el mariscal de la Force y Gustavo Horn en que se lamentan [sic] del desgraciado suceso de Fuenterrabía". En la p. 74 n 1, párrafo 4 al pie de la p. 74, se cita otro texto de la obra: *Relación y traslado bien y fielmente sacado...*, q.v. (s.v. *Relación...*).
- ["Mala la hubisteis, franceses"], XIII, xvii (1636: jácara contra los franceses, que el autor anónimo de las *Noticias de Madrid desde el año de 1636 hasta el de 1638* [q.v.: XIII, xiv-xvii], tenía por una sátira áspera [xvii, líneas 1-2]; v. Quevedo, *Obra poética*, ed. de J. M. Blecua, t. III, p. 457]),
- *Obras de Quevedo*, ed. de Aureliano Fernández-Guerra (M: Rivadeneyra, 1859), t. II. *Bibl. de Autores Españoles*, t. XLVIII. XIV, 333 y la n 2
- [*Obras del duque de Osuna, así en Flandes como en Sicilia y Nápoles*] (manuscrito conocido hoy sólo por su título [var: *Dichos y hechos del duque de Osuna*], la cual se reproduce en las ediciones de las obras de Quevedo). XIII, xv-xvi. A dichas noticias puedo aportar aquí otras dos, una publicada por Gayangos, y otra mía. Aquélla, de 1636, contiene una caracterización que revela el conocimiento que tenía de la obra el autor de la noticia o algún conocido suyo: "Hállase en esta corte [de Madrid] don Francisco de Quevedo, y trata de sacar a luz las *Obras del duque de Osuna,* así en Flandes como en Sicilia y Nápoles: es lucubración en la cual no sabe el lector si ha de admirar más la viveza e ingenio del Duque que hizo y dijo las cosas, o de don Francisco que a cada una de ellas le da su razón con admirable artificio" (texto sacado de las *Noticias de Madrid desde el año de 1636 hasta el de 1638,* q.v., y publicado por Gayangos, XIII, xv-xvi). La otra noticia es que en 1962 José María Iduarre, marqués de Valdeterrazo y vizconde viudo de los Antrines, poseía en su casa en la calle de Fuencarral de Madrid un testamento original firmado por Quevedo (para más detalles, v. Crosby y Pablo Jauralde Pou, *Quevedo y su familia,* p. 353). El marqués me enseñó el testamento original de Quevedo, con su firma, y me dijo que poseía también el texto manuscrito de las *Obras del duque de Osuna,* pero no me lo enseñó.
-- V. a continuación la ficha de "Relación y traslado..."
- *Virtud militante*, ed. de Alfonso Rey (Univ. de Santiago de Compostela: 1985), 324 pp. (v. las fichas de Pedro Pimentel, y J. Martínez de Ripalda)
- [*Poesías satíricas*] (el Padre Rafael Pereira guardaba en su archivo algunas de Quevedo), XVI, xi
- [Invectiva contra Quevedo: v. Francofurt, Arnaldo, seudónimo del autor de *El tribunal de la justa venganza*]

Quijote, Don (v. Cervantes, Miguel de)
Quijote de la Mancha, don (v. *Cartel de desafío...* [parodia])
*Quiñones, Juan de. Tratado de falsedades y delitos que cometió Miguel de Molina, y suplicio que se hizo de él en esta corte. Contiene doctrinas legales, políticas, historia y razón de

estado, varias materias y satisfacciones públicas (M: Francisco Martínez, 1642), ej: BNM, sign. 2/15501 y 3/7744 (fichado sólo por su título), BNP. XVI, 133 n 1

*Quiñones de Benavente, Luis. *Jocoseria, burlas veras o reprensión moral y festiva de los desórdenes públicos, en doce entremeses representados y cuatro cantados. Van insertas seis loas y seis jácaras* (M: Francisco Javier García, 1645), 244 ff. Ej: BNP, HSA. XIV, 39 n 2 (por error, Francisco de Benavente); XIX, 384 n 39 ¶1

R

*Ramírez de Carrión, Manuel (1579-1654; maestro de sordomudos). *Maravillas de la naturaleza en que se contienen dos mil secretos de cosas naturales dispuestos por abecedario a modo de aforismos...; recogidos de la lección de diversos y graves autores* (Montilla: Juan Bautista de Morales, 1629; Córdoba: Francisco García, 1629), ej: BNM sign. R/1339, BNP, HSA. XIX, 156 y la n 1

*Ramírez de Prado, Lorenzo. *Pentekontarchos sive quinquaginta militum...* (Amberes: Ioannem Keerbergium, 1612), ej: BNM signaturas R/9621 y R/19465, BNP, HSA. XV, 467 nota 1

*Ramos, Antonio. *Aparato para la corrección y adición de la obra que publicó en 1769 el Dr. D. Joseph Berni y Catalá* [v. Berni, *Títulos de Castilla*...], (Málaga: Dignidad Episcopal, 1777), 323 ff. Ej: BNM sign. 3/5665 2, BL, BNP, NUC. XIX, 120, 374 n 7, 381 n 410, 385 n 322, 396 n 237 ¶3, 400 n 292, 415 n 110, 434 nota 27, 451 n 439, 452 n 464, 460 n 155, 462 n 264, 463 n 335

Regio patronato indiano (v. Solorzano Pereira, Juan de)

Registro de armas (v. Pereira, Rafael)

Reglas para torear (v. Bonifaz, Gaspar)

Reinas católicas (v. Flórez, Enrique)

Relaçam do suceso que teve Fernam Telles de Meneses, general da provincia da Beira, na tomada da fortaleza de Elges com sua villa e a villa de Valverde no reino de Castella conforme ao aveso que veio a Sua Magestada e cartas que de quellas partes se escreveram (L: Antonio Álvarez, 1642), XVI, 336 n 1; XIX, 402 n 336

Relaçao do successo que teve [el P. Ignacio Mascarenhas] na jornada que fez a Catalunha por ordem de S.M. el rey don Joam o IV, nosso senhor (Lisboa: Lorenço de Anvers, 1641), XVI, 138 n 1

Relaçao verdadeira dos successos do conde de Castelmelhor, preso na cidade de Cartagena de Indias, etc.; hoja livre por merce de Ceo, etc., favor del rey dom Joao IV, nosso senhor, na cidade de Lisboa (Lisboa: Domingos Lópes Rosa, 1642), ej: BNM sig. R/36216, HSA. XVII, 186 n 1

Relacio verdadera dels successos del exercit que governa lo mariscal de la Mota Houdencourt en Aragó (B: Jaime Romeu, 1642), ej: BNM signatura VC/56/111, XIX, 272 n 1

[Relaciones: las hay de títulos diversos, unas firmadas por el autor y otras anónimas): *Carta...; De obsidione...; Defensa...; Discurso apologético...; Efectos de las armas...; Felices sucesos...; Gaceta...; La sombra de monseñor...; Muerte de Pie de Palo...; Muertes...; Nápoles...; Sitio...; Socorros...; Relaçam...; Relaçao...; Relación en que...; [Relación ma-*

nuscrita...;] *Relación verdadera...; Relación y traslado...; Relaciones...; Relation...; Salsas recuperada...; Segunda relación...; Segundo suceso...; Suceso...; Sucesos...; Sumario...; Tercera relación...; Toma de Turín...; Traslado de...; Verdadera relación...*; entre las firmas se hallan las de Alcoba Bañuelos, Pedro de; Ávila, Antonio de; Durango Barrionuevo, Francisco; Escudero, padre Cristóbal; Fernández, padre Cristóbal; González de Varela, Joseph; Martínez de Aguilar, Alonso; Muñoz, Tomás; Nogués, Rafael; Rodríguez León, Juan; Sánchez de Espejo, Andrés; Soto, Francisco de; Tarazona, Francisco de; Tovar, Josef; Vargas, Francisco de; Villar y Manuel, Luis del; y Zabaleta, Miguel de; sobre las relaciones anónimas, véanse las listas a continuación de la letra Z de la presente Bibliografía]

[Para Pascual de Gayangos, las relaciones anónimas "son obra de libreros ignorantes que imprimían cuánto les venía a las manos sin reparar a su contenido; sin embargo, salían a luz más autorizadas...las que compuso Antonio de Mendoza, las de [Rodrigo] Méndez Silva, Mascareñas, Juan Antonio de la Peña, [Gonzalo de] Céspedes y Meneses, Francisco Gómez de León y otros", XIII, páginas ix-x]

Relación ajustada en lo posible... (v. Sánchez de Espejo, Andrés)

Relación ajustada por la que hizo a Su Majestad el duque de Laurenzano del feliz suceso que ha tenido nuestro ejército contra el del Francés, junto a la ciudad de Lérida (1644), BNM sig.VC/248/22 y DGMCRO-/54773 (en cuanto a "la que hizo a Su Majestad...", v. anteriormente Laurenzano, *Relación que hizo a Su Majestad*)

[Relación breve del martirio del P. Marcelo Francisco Mastrilli] (1637), XV, 255 n 1 (v. Mastrilli, M. F.)

Relación de algunos de los muchos santos...de Gibraltar (véase Portillo, Tomás del)

[Relación de] la armada que salió del puerto de Pasajes para los estados de Flandes] (en el *Compendio histórico...* de Jacinto Aguilar y Prado, q.v.), XIII, 80 n 1

[Relación de la defensa victoriosa...] (v. Gracián, P., S.J.)

Relación de la endemoniada fingida, XIII, 125-138 (atribuido por el P. Juan Chacón a un "clérigo exorcista nuevo")

Relación de la entera rota del ejército francés y vaimarés, siendo su capitán general el conde de Guebriant, mariscal de Francia, junto al lugar llamado Tuttlingen sobre el Danubio, por el ejército imperial, siendo capitán general el duque de Lorena, y su teniente Juan de Weerdt, a 24 de noviembre de 1643 (Bruselas, 1643), XVII, 419-425 (texto íntegro; v. también el resumen del P. González, pp. 407-408; una carta de Bruselas, pp. 425-429; y la relación de la ficha que sigue) (por error: Bert; Tubingen; Tudlingen)

Relación de la entera rota [dada a] las armas francesas y weymaresas que gobernaba el conde de Guebriant, mariscal de Francia, cerca de Tuttlingen sobre el Danubio, por el ejército imperial que mandaba su Alteza el duque de Lorena, en 24 de noviembre de 1643 (M: Juan Sánchez, 1644), ej: BNM sign. VC/107/33, XIX, 424 n 407 ¶3 (reproduzco el título de la BNM, y el impresor del texto de las *Cartas*, el cual por *dada a*, reza *que*, y termina el título con *Tuttlingen*, que reza Dutlinguen)

Relación...de la entrada...de María de Borbón, princesa de Cariñán, [y] de las fiestas...en el...Buen Retiro a la elección del Rey de Romanos (v. la relación de Andrés Sánchez de Espejo, y sobre otra relación, Antonio de Ávila)

Relación de la gran batalla y victoria que ha tenido el señor Infante-Cardenal contra el ejército de Holanda en el sitio de Gueldres, adonde declara los muertos y prisioneros y despojos que dejaron en 25 de agosto de 1638 (Madrid: Viuda de Juan González, 1638), XIV, 480 nota 1, párrafo 2 (fue el 20 de junio de 1638; véase una *Relación verdadera...*, otra *Relation faicte...*, la *Segunda parte de las insignes...* y la *Carta de aviso...*)

[Relación de] la jornada de Francia en 1627 (en el *Compendio histórico* de Jacinto Aguilar y Prado, q.v.), XIII, 80 n 1

[Relación de la] m. y entierro del conde de Fuentes en Milán, año 1610 (v. Gutierrez, Juan de)

Relación de la muerte y virtudes del P. Jorge Hemelman... (véase Cabrera, P. Cristóbal de)

[Relación de la recuperación de las ciudades de San Salvador y Pernambuco (del Brasil) por don Fadrique de Toledo, capitán general de la armada en 1625, obligando a los holandeses a volverse a Europa] (en el *Compendio histórico* de Jacinto Aguilar y Prado, q.v.), t. XIII, p. 80 nota 1

[Relación de la rendición del castillo de Terceras en los Azores, el 7 de marzo, 1641, por un portugués] (Lisboa, 1641), XVI, 449-455

[Relación de la solemne entrada del (IX) Almirante (de Castilla) en Roma] (1646), XVIII, 344

[Relación de la toma de Bremen] (1638), XVII, xxi n 5

[Relación de la toma de La Bassée] (M: Franciso Maroto, 1642), en folio. XIX, 253 n 1 (se reproduce una "advertencia" por "el caudillo")

Relación de la victoria que alcanzaron las armas católicas en la Bahía de Todos los Santos contra los holandeses, que fueron a sitiar aquella plaza en 14 de junio de 1638, siendo gobernador del Estado del Brasil Pedro de Silva (M: Francisco Martínez, 1638), XV, 12 n 1 (v. la *Relación verdadera de la gran victoria...*)

[Relación de las fiestas...] (v. *Méndez Silva, Rodrigo)

[Relación de las honras hechas a la reina Isabel] (1644), XIX, 438-439, n 190 (sobre Miguel de Carvajal [f. 40v]; v. Crosby, *Índice de apellidos, títulos y oficios...*)

Relación de las iglesias en que según el orden infrascrito se ha de celebrar la oración continua en forma de Cuarenta Horas, descubriéndose el Santísimo Sacramento según se celebra en Roma, a devoción de S.M.C. del Rey nuestro señor (M: Carlos Sánchez, 1643), XVII, 146 n 1

Relación de las solemnes fiestas que la Casa Profesa de la Compañía de Jesús hizo en la imperial villa y corte de Madrid al año centésimo y primer siglo de su fundación en este año de 1640 (¿M?, [1640]), 4 hh., ej: BNM sign. VC/107/36. XVI, 77 n 1 (v. *Traslado de fiestas...*)

Relación de lo más particular sucedido en España, Italia, etc., desde abril del año pasado de 635 hasta fin de febrero de 636 (¿M?, 1636), XIII, 452 n 1 (v. la *Relación de lo sucedido en España,...*)

Relación de lo sucedido en el Estado de Milán en la entrada que hizo el ma-

riscal duque de Criqui con el ejército del Rey de Francia y de sus coligados, en el mes de febrero y marzo de 1636 (S: Andrés Grande, 1636), ej: BNM, sign. VC/1378/24. XIII, 474 n 1

Relación de lo sucedido en España, Italia, Francia, Flandes, Alemania y otras partes desde abril del año pasado de 34 hasta abril de este presente año de 1635 (¿M?, 1635), 10 hojas. XIII, 452 n 1

Relación de lo sucedido en Nápoles hasta los 11 de abril de este año en la reducción de los ánimos inquietos de aquella ciudad a la total obediencia de S.M., sacada de cartas que han venido a personas bien avisadas (Zaragoza, 1648), XIX, 177 n 1 (véase *Nápoles consolada...*, y en la BNM, sign. MSS/12977/20, la *Relación de lo sucedido en el motín de Nápoles desde el día 7 de julio de 1647*)

Relación de los felices sucesos y victoria que han tenido las católicas armas de S.M., que Dios guarde, gobernadas por el excelentísimo señor marqués de Leganés sobre el sitio o socorro de Lérida (M: Carlos Sánchez, [1646]), 2 hojas en folio a dos columnas. XVIII, 445 n 1 (a diferencia de lo que dice Gayangos en su nota, aquí el P. González alude no a esta relación, sino a la del P. Gracián, S.J. [q.v.], cuyo texto se reproduce íntegramente en XVIII, 434-443; véase también en la Bibliografía *[Una estampa grande...]*

Relación de los progresos y entrada de S.A. del señor Infante-Cardenal en Francia por Picardía, en 9 de julio de este año, y la retirada del ejército de Francia y sus coligados del Estado de Milán, y la valerosa y fuerte resistencia que hizo la ciudad de Doullens en Borgoña al príncipe de Condé, general de las armas de Francia, en su asedio, con la respuesta de una carta que aquel parlamento y corte escribió al referido Príncipe (Madrid: María de Quiñones, 1636; S: Andrés Grande, 1636), 4 h.; ej: BNM sign. XX(3113010.1) ["no hay ningún ejemplar"]; por "Picardía", el título reza "Picondia", y en el texto, por "Autona", "Ausona" y por "Doullens", "Dola", dos veces. XIII, 482-484 y la nota 1

Relación de los sucesos de la corte desde 1636 a 1638, XIX, 378 n 368

Relación de los sucesos que tuvo Francisco Pimienta, general de la armada de Indias, en la isla de Santa Catalina [q.v., y] la [isla de la] Providencia [q.v., las dos en el mar Caribe], y cómo echó de ella[s] a los herejes (M, 1642), XIX, 244 n 1 (v. la *Relación del suceso...*)

Relación de todo lo sucedido...del mal y contagio de peste...[en] Málaga... (v. Alcoba Bañuelos, Pedro de)

Relación del combate del ejército de S.M. con los de Francia y Saboya en 22 de junio de 1636 (M: Imprenta del Reino, 1636), ejemplar: Academia de la Historia, tomo 113 de las *Cartas de Jesuitas*, folio 426. XIII, 477 nota 1

Relación del disfraz de Mérida en principio de este mes de febrero; caso feísimo, ej: Academia de la Historia, legajo suelto núm. 1, al f. 823. XVI, 268 n 1 y 268-269 (relato del espectáculo de un hombre desnudo delante de la Virreina y sus damas)

Relación del estupendo caso que sucedió en la ciudad de Lieja en Alemania después de Pascua de Resurrección de este año de 1637, con muerte atroz de dos potentados, el uno el conde de Barfuse, huido de los estados de Flandes, y el otro el gobernador de la ciudad, con muerte también de dos padres de la Compañía y otro religioso del Carmen (S: Simón Fajardo, 1637), 2 hh. XIV, 101 n 1

Relación del juramento del príncipe Baltasar... (v. Gómez de Mora, Juan)

Relación del licenciado Fernando de Cepeda... (de México, sobre "el salvamento de la flota"; v. Cepeda, Fernando de)

[Relación del sitio y rendición de Hesdin por los mariscales Châtillon y Maillé-Brezé] (Lyons, 1639), en francés; traducida al español (hacia 1658; ms. de la BNM, sign. [antigua] H92). XV, 311 y la n 1

Relación del socorrro que hizo el Almirante de Castilla a Fuenterrabía (v. Garay, Diego de)

Relación del suceso que tuvo Francisco Díaz Pimienta, general de la Real Armada de las Indias en la isla de Santa Catalina [q.v., en el mar Caribe]. Dase cuenta de cómo la tomó a los enemigos que la poseían, echándolos de ella, y de la estimación de los despojos y número de los prisioneros (Sevilla: Francisco de Lira, 1642), ej: BNM, sign. VE/1383/13 (M: Juan Sánchez, 1642). XIX, 244 n 1 (v. la Relación de los sucesos...)

[Relación en prosa y verso...] (véase Aguilar y Prado, Jacinto de)

Relación en que se declara lo que la ciudad de Fuenterrabía avisa a S.M. del prodigio y milagro que ha sucedido con la devotísima imagen de Nuestra Señora de Guadalupe, cuya ermita está en una montañuela frontero a la ciudad, donde los franceses tenían puesto el sitio y donde Mr. de la Force leía su mala secta a los demás(B: Jaime Romeu,1639), ej:BNM sign. R/12212(34). XV, 75 n 1

[Relación extensa portuguesa del ataque del 29 de agosto de 1641 contra la ciudad de Cartagena de Indias por el portugués Juan Rodríguez de Vasconcellos y Sousa, conde de Castelmellor. Fue derrotado por los españoles defensores] (L: Domingos Lopes Rosa, el 5 de dic., 1642), 12 hojas. XIX, 243 n 1 (v. las fichas sobre este ataque a Cartagena de Indias)

Relación fúnebre, infausto suceso, temprana muerte de la serenísima emperatriz María, infanta de España, clarísima esposa del cesáreo y siempre augusto emperador Fernando III, rey de Bohemia y Hungría (M: Diego Díaz de la Carrera, 1646), XVIII, 324 nota 1

[Relación impresa a manera de gaceta de lo ocurrido desde abril de 1636 a igual mes de 1637] (de 1637 o poco después), XIII, 447 n 2 (Gayangos reproduce un párrafo; se trata de Tirlemont, q.v., a lo que respondieron Quevedo y otros con cartas al Rey)

[Relación manuscrita del desastre de los doce navíos en el puerto de Guetaria, quemados por una flota francesa] XV, 57 y la n 2 (lista de doce oficiales militares muertos; don Lope de Hoces "salió con tiempo")

Relación más copiosa...de Tortosa (v. Galaz y Varona, Dr. Francisco)

Relación que el señor Carlos Ibarra,... capitán general...de la real armada.. de Indias, envió de mar en fuera... al...marqués de Cadereyta (v. Ibarra, Carlos;Cepeda, Fernando; Rodríguez León, Juan; y XV, 124-125, nota 1)

Relación que hizo a S.M. el duque de Laurenzano del feliz suceso que ha tenido nuestro ejército contra el del francés, junto a la ciudad de Lérida en el principado de Cataluña (M: Pedro Tazo, 1644), XIX, 430 n 486 (var. erróneas: Laurenzana; Lorenzana; Lorenzano; Taro; título variante de la BNM: ...*Laurenzano del suceso del ejército y rota del francés*), ej: BNM sign. VC/248/17

Relación verdadera de la derrota que ha hecho el marqués de Mortara en el ejército francés junto a Villanoveta a 25 de julio de 1643 (Zaragoza: Pedro Verges, 1643), ej: BNM sign. R/11693/39 FA. XVII, 167-170 (texto impreso por Gayangos, con variantes), XVII 170 n 1(bibliografía)

Relación verdadera de la entrada que hizo en Cerdeña, en la ciudad de Oristán, la armada francesa, etc. (S: Nicolás Rodríguez, 1637), XIV, 75 n 1 (v. Diego Duque de Estrada, *Comentarios*, en el *Memorial histórico español*, t. XI, p. 419)

Relación verdadera de la famosa victoria que ha tenido el serenísimo señor Infante-Cardenal contra el ejército de Francia que venía a cercar a San Omer, y el de Holanda que estaba [por error, *están*] *sobre Xedrez (Xeldres) en los Estados de Flandes, este año de 1639* (S: Juan Gómez de Blas, 1639), ej: BNM sign VC/56/25. XV, 332 n 2 (por Xeldrez, entiéndase Geldern [Alemania])

Relación verdadera de la famosa y memorable victoria que ha tenido la Cesárea Majestad del señor Emperador de Alemania contra los herejes, enemigos de la casa de Austria, el conde Palatino, suecos, franceses y otros rebeldes de aquel imperio, con m. de muchos capitanes y despojos de gran valor que tomaron, sucedido el mes de julio de este año de 1639 (M: Pedro Tazo, 1639), ej: BNM sign. VC/26/24. XV, 286 n 1

Relación verdadera de la felicísima victoria que han alcanzado el serenísimo señor Archiduque Leopoldo y el [I] duque [de Amalfi], Picolomini, generales del augustísimo señor Emperador de Alemania, contra las armas de Francia, Suecia, Lanzgrave de Hessia y tropas de Weimar. Refiérese la m. de dos generales, prisión de otros dos, plazas recuperadas, ricos despojos y otros buenos sucesos que desde mediados de abril hasta los mediados [por error, *primeros*] *de junio de este año de 1640 han conseguido los católicos imperiales* (S: Juan Gómez de Blas,1640), 2 hh., ej: BNM, sign. VC-/56/1 DG. XV, 455 n 1; XVI, 125 n 1

Relación verdadera de la gran tormenta y pérdida de naves, mercaderías y personas que ha habido en Holanda en 3 y 4 de noviembre de este presente año de 1638. Escrita por un personaje de Amberes a un grande de estos reinos (S: Francisco de Lira, 1638), XV, 122 n 2

Relación verdadera de la gran victoria que han alcanzado en el Brasil la gente de la Bahía de Todos Santos contra los holandeses. Dase cuenta como les mataron dos mil hombres y de la gran presa que les tomaron, haciéndoles embarcar y dejar el puerto, quitándoles todo el bagaje que llevaban (S: Nicolás Rodríguez, 1638), 2 hh. XV, 12 n 1 (v. la *Relación de la victoria que alcanzaron...*)

Relación verdadera de la gran victoria que tuvo don Antonio de Oquendo contra cuarenta navíos holandeses en la Canal de Inglaterra, año de 1639 (S: Juan Gómez de Blas, 1639), ej: BNM sign. VC/56/6DG (S: Nicolás Rodríguez, 1639). XV, 388 n. 2

Relación verdadera de la grandiosa victoria que las armas de España han tenido contra las de Francia sobre el cerco de Fuenterrabía. Dase cuenta del número de los muertos, presos y ahogados, quedando el campo y todos los despojos por los nuestros. Sucedió esta víspera de Nuestra Señora a 7 de septiembre de este presente año de 1638 (S: Juan Gómez de Blas, 1638), ej: BNM sign. VC/118/50. XV, 74 n 1

Relación verdadera de la insigne y feliz victoria que los invictos españoles han tenido contra los ejércitos del rey de Francia y su general el príncipe de Condé, sobre el porfiado y bien defendido sitio de la inexpugnable villa, ya ciudad, de Fuenterrabía en la provincia de Guipúzcoa, víspera de la natividad de Nuestra Señora, 7 de septiembre (Granada: Andrés de Santiago Palomino, 1638), XV, 73 n 1

Relación verdadera de la refriega que tuvieron nuestros galeones de la Plata en el cabo de San Antón con 14 navíos de Holanda, de que era general Pie de Palo, y de la victoria que de ellos alcanzaron, sucedido en el mes de agosto de este presente año de 1638 (S: Francisco de Lira, 1638), XV, 117-118 n 1 (a este título sigue: *Muerte de Pie de Palo...*, q.v.; en el s. XVII la presencia repetida de los holandeses en la costa oriental de la América del Sur sugiere que "la Plata" se refiere al gran río de este nombre, y el "cabo de San Antón" al de "San Antonio" en el extremo sudeste de la boca del río)

Relación verdadera de la victoria que han tenido S.A. del señor príncipe Tomás y el señor marqués de Leganés sobre la toma de Turín, corte de Saboya, que sucedió a 25 de julio de este año de 1639, etc. (M: Juan Sánchez, 1639), XV, 323 n 1 (v. *Toma de Turín...*)

Relación verdadera de las famosas victorias que han tenido los ejércitos de S.M. a cargo de los excelentísimos señores don Francisco de Melo y don Andrés Cantelmo en los estados de Flandes, contra las armas de Francia en este año de 1642. Dase cuenta asimismo del estado de la guerra en Italia, Alemania, Dinamarca, Inglaterra e Irlanda (S: Juan Gómez de Blas, 1642), 2 h. XVI, 398 n 1

Relación verdadera de las grandes mercedes que la católica majestad de Felipe IV el Grande ha hecho al gobernador y a los demás caballeros e hijosdalgo y a toda la demás gente de Fuenterrabía, y asimismo se da cuenta de las grandes fiestas que en la villa de Madrid se han hecho por la grandísima victoria alcanzada contra el francés y desagravios de la Virgen santísima, este año de 1638 (Écija: Juan Malpartida de las Alas, 1638), XV, 56 n 1, 75 n 1 ¶4

Relación verdadera de las grandes victorias que a 14 de junio de este año de 1640 han tenido las armas católicas, gobernadas por S.A. el señor Infante-Cardenal, de los estados de Flandes contra el príncipe de Orange y otros (M: Juan Sánchez, 1640), ej: HSA. XVII, xxii n 2

Relación verdadera de las victorias que han tenido el serenísimo Infante-Cardenal y las católicas armas en los países de Flandes contra franceses y holandeses. Dase cuenta de las presas que les tomaron y número de muertos que hubo de los enemigos. Domingo 20 de junio, 1638 (S: Nicolás Rodríguez, 1638), XIV, 480 n 1 ¶4; XV, 59 n 2 (v. también una *Relación de la gran batalla...*, otra *Relation faicte...*, una *Carta de aviso* y una *Segunda parte de las insignes...*)

Relación verdadera de lo que sucedió en la conquista de la villa de Bassé, y condiciones con que se entregó al excelentísimo señor don Francisco de Melo, conde de [Assumar], gentilhombre de la Cámara de S.M.C. y de su Consejo de Estado, lugarteniente y capitán general de los Países Bajos de Flandes, Borgoña, armada de Alsacia y embajador extraordinario del Sacro Imperio de Alemania (M: Francisco Maroto, 1642), 2 hh. Ej: BNM sign. VC/84/19 (var: por "Melo", se lee "Abelo", y se omite todo a partir de "Assumar"). XVI, 398 n 1 ¶4. Otra edición: (Sevilla,1642), ej: BL, sign. 1445.f.17(22).

Relación verdadera de los eminentísimos y reverendísimos cardenales que nuestro santísimo padre Urbano VIII creó ahora nuevamente en el consistorio secreto, a 16 de diciembre, año 1641 (M: Catalina de Barrio Angulo, 1642), 2 hh. XVI, 296 n 1

Relación verdadera de los sucesos de Italia y victorias que ahora nuevamente ha tenido el señor marqués de Leganés en los Estados de Milán contra las armas de Francia; y asimismo se da cuenta de cómo tomó la inexpugnable fortaleza de Vercelli en este año de 1638 (S: Nicolás Rodríguez, 1638), ejemplar: BNM sign. XX/3111546.1 ("no hay ejemplar"). XIV, 484 n 1

**Relación verdadera de todo lo sucedido el día del bautismo de la serenísima Infanta [María Teresa de Austria, q.v.]* (M: María de Quiñones, 1638), 4 hojas. Ej: HSA, BNM sign. R/12212(23) (var: B: Sebastián y Jaime Matevad). XV, 77, 87

Relación verdadera del viaje de los galeones y de las dos batallas que tuvieron sobre Pan de Cabañas [Cuba] con los holandeses en este año de 1638 (Sevilla: Nicolás Rodríguez, 1638), ejemplar: BNM signatura XX(3108302.1) ("no hay ejemplar") (error: por "Cabañas", "Canañas"). XV, 125 nota 1 (relación muy detallada de ambos combates; v. también Cepeda, Fernando de; Ibarra, Carlos; y Rodríguez León, Juan)

Relación verdadera y puntual del sitio y conquista de la fortaleza de Bren [q.v.], que se rindió a las armas de S.M.C. y a su capitán general el marqués de Leganés, sábado 29 de marzo de 1638 (Milán: Juan Bautista Malatesta, 1638), 9 hh. XIV, 386 n 1

Relación y memorial de las maravillas que se han visto en el alcázar de Arjona (Jaén, 1630), XIII, 114 n 1 (Arjona: a 37 km. al NO de Jaén)

Relación y traslado bien y fielmente sacado de una carta enviada a esta corte, y tiene por argumento: La sombra de monseñor de la Forza se aparece a Gustavo Horn, preso en Viena, y le cuenta el lastimoso suceso que tuvieron las armas de Francia en Fuenterrabía (M: Pedro Díaz de la Carrera, 1638), ej: BNM sign. VC/248/40 (M: Diego Díaz de la Carrera), y VC/118/45 (S: Nicolás Rodríguez, 1638), y R/12212(30); (B: Jaume Romeu, 1639). XV, 74 n 1 ¶4 (Luis Astrana Marín cita dos ej. en la biblioteca de la Academia de la Historia (Quevedo, (*Obras en prosa*, M, 1932, pp. 558-561, y *Obras en verso*, 1932, p. 1386a, núm. 87). Los dos, impresos por Diego Díaz de la Carrera en 1638, están en la Colección de Jesuitas de la Academia: (1) t. 146, sin foliación, dos hh., r. y v.; en el margen derecho de la hoja primera, recto, hay una nota ms.: "Es saladísimo papel; escribióle don Francisco de Quevedo, noviembre de 1638"; (2) t. 149, doc. 47, que lleva la indicación manuscrita, "duplicado". Sé que los dos estaban en dicha biblioteca (véase también la ficha de

Quevedo, *La sombra...*). También cita Astrana otro ms. de la misma Academia (Quevedo, *Obras en verso*, 1932, pp. 1312a, núm. 263), Colección de Jesuitas, tomo 191, ff. 258-259, signatura 12-16-3 (sé que existía en dicha biblioteca).

Relaciones de...la corte de España (v. Cabrera de Córdoba, Luis)

Relation faicte á sou Altesse Royale, le serenissime Cardenal-Infante, par le sieur de Rommecourt, gentilhomme envoyé par sou altesse de Lorraine, du combat faicte en le Comté de Bourgogne le 19 du mois Juin dernier, entre l'armée de sa dicte altesse de Lorraine et celle de France commandée par le duc de Longueville (Bruselas: Hubert Antoine Velpio, 1638), XIV, 480 n 1 ¶6 (fue el 20 de junio; v. una *Relación de la gran batalla...*, otra *Relación verdadera de las victorias...*, una *Carta de aviso* y una *Segunda parte de las insignes...*)

*Renales [Carrascal y Fonseca, José] *Catalatto seguntino, serie pontificia y anales diocesanos* (M, 1742) ["Catalectus" se refiere a un verso falto de la última sílaba]. Ej: BNM signaturas 2/15678 y 2/28166. XV, 433 n 2 (por error, reza Ronzale); XIX, 392 n 433 (corrección), 398 n 237 ¶1 [Representaciones de obras de teatro (v. Teatro, obras de: representaciones)]

República literaria (v. Saavedra Fajardo, Diego de)

Rerum Belgicarum Chronicon... (v. Mireo, Auberto)

Respuesta a la carta del doctor Tomás Portilla (v. Hemelman, Jorge)

Resultas de la vida del...tercer duque de Alba (v. Roca, conde de la)

Resumen de la verdadera destreza... (v. Pérez de Mendoza y Quijada, M.)

Revista Española de Ambos Mundos (M: Establecimiento Tipográfico de Mellado, 1853-1855), 4 t., ej: BNM signaturas Z/2747 y AHS/36964, BL, NUC. XIII, 199 nota 1 (v. la ficha del marqués de Pidal); XVIII, vii nota 1 (v. la ficha de Fernán Gómez de Cibdareal)

Revista Literaria (posiblemente la de Málaga: Imprenta de Martínez, 1845 [o la granadina: BNM, Z/3243]), 120 pp. XIII, 441 n 1 (v. Diego Saavedra Fajardo). Ej: IU, HSA.

Rey, Alfonso (véase Quevedo Villegas, Francisco de, *Virtud militante*)

*Rey, maestro Francisco (autor de libros), XIII, 100 (Francisco de Vilches sacó una licencia para Rey)

Richelieu, Cardenal duque de. *[Manifiestos]* (v. *Manifiestos*)

*Ripoll, Juan. *Carta de..., enviada desde el campo de Salsas al capitán don Bartolomé Ripoll, su padre, caballero entretenido cerca de la persona de su excelencia por S.M., en que le da cuenta de lo sucedido en Salsas y declara la inexpugnable fuerza del castillo y lo que hay dentro* (M: Juan Sánchez, 1640), ej: lo vio Gayangos, ¿en la BNM o la Academia de la Historia?, XV, a432 n 1

*Rivarola y Pineda, Juan Félix Francisco. *Monarquía española: Blasón de su nobleza* (M: A. de Mora,1736), 2 t. Ej: BNM sign. 2/9031-2/9032), BNP, HSA, NN, NUC. XVII, 148; XIX, 348, 373-374 n 7, 376 n 193, 382 n 417, 385 n 288, 388 n 232, 399 n 268, 407 n 377 ¶2, 410 n 468, 413 n 82, 415 n 120, 416 n 154, 420 n 329, 429 n 475, 432 n 14, 440 n 224, 442 n 244, 451 n 439, 453 n 469, 454 n 492, 455 n 492, 457 n 75, 462 n 264

*Roa, P. Martín de, S.J. *Antiguo principado de Córdoba en la España ulterior o andaluz* (Córdoba: Salvador de Cea Tesa, 1636), 68 ff. (traduc-

ción por el autor de la obra fichada a continuación). Ej: BNM sig. R/640, que tiene dos hojas defectuosas; Bibl. Pública de Córdoba; Bibl. Municipale de Montpellier; BNP; HSA.XIII, 106 n 1
- *De Cordubae in Hispania baetica principatu liber unus* (Lyon: Horacio Cardon, 1617), 51 ff. (original de la obra anterior). Ej: BNM signatura R/14.860, HSA. XIII, 106

*Roales, Francisco. *Exequias del príncipe Emanuel Filiberto* (M: Juan González, 1626), ej: BNM signatura 3/24906, HSA. XIII, 17
- *Epiphanium sive manifestationem et satisfactionem in luce totius Ecclesiae Dei, etc.* (Milán, 1633), XIII, 11-14 y 17 n 1 (1634: noticias de este ataque a la Compañía), 70 (edicto inquisitorial de condena y quema; v. la Inquisición de Toledo) (var. de título: *Hoc est manifestatio et satisfactio in luce totius ecclesiae sancti Dei, etc.* [Milán, 1633]), XIII, a20-21 (v. Sotomayor, Fr. Antonio de)

Robo de las Sabinas, El (v. Coello Arias, Juan)

*Roca, conde de la (Juan Antonio de Vera y Figueroa). *Árbol de los Veras* (M, 1655). Ej: BL. XVIII, xiv nota 3, xxiv nota 3 (atribuido por algunos a Juan de Mogrovejo, q.v.; para Gayangos y otros bibliógrafos, los datos sobre la nobleza de los Vera son espúreos, fabricados por el Obispo de Cuzco, Fernando de Vera y Becerra, q.v., o su sobrino el conde de la Roca, "con el solo y único fin de engrandecer su casa": XVIII, vii, xix y la nota 1, xxiii-xxiv, xxix, xxxi)
- (atribuido) *Centón Epistolario del bachiller Fernán Gómez de Cibdareal* (Burgos: Juan de Rey, 1499; pie de imprenta falso, por Venecia, 1632, donde estaba Roca de embajador de España; véanse las *Cartas de Jesuitas*, XVIII, vii, n 1 de Gayangos, y v. la ficha de Gómez de Cibdadreal, Fernán [edición de 1775 en la BNM, sig. 2/15719]); ej. del *Centón Epistolario*: HSA. XIII, 199; XVIII, vii, xxxiii
- *Fragmentos históricos de la vida de don Gaspar de Guzmán, conde de Olivares, duque de San Lúcar la Mayor* (Madrid: por el *Semanario erudito*, q.v.), II, páginas 145-196; ejemplares: BNM signaturas 3/532 (sin fecha) y 5/5395 (sin fecha). XIII, xv
- *Resultas de la vida de don Fernando Álvarez y Toledo, tercer duque de Alba, escrita por..., y dedicada a la nobleza española* ([Milán, 1634]), ej: BNM sig. 2/51816 (1638) y 2/37348 (1643). XV, 176
- Correspondencia con el obispo de Cuzco, Fernando de Vera, q.v.), XIII, xv; XVIII, vii-viii, xii, xiv-xv, xix, xxiv-xxv, xxix, xxxii, xxxiii

Rodomontadas (v. Brantôme, Pierre de Bourdielle, señor y abad de)

*Rodríguez, Gregorio. *Lágrimas de las musas a las gloriosas cenizas del nuevo Scipión de Austria, Alcides de España, Terror de Francia, etc., el serenísimo Cardenal-Infante, don Fernando de Austria* (Alcalá de Henares: Antonio Vázquez, 1642), ej: BNP. XVI, 88-89 n 1

*Rodríguez de Monforte, Pedro *[Descripción de las honras que se hicieron a la católica majestad de don Felipe cuarto, rey de las Españas y del Nuevo Mundo, en el Real Convento de la Encarnación]* (M: Francisco Nieto y Salcedo, año de 1666), ej: BNM sig. ER/2930 y ER/2931. XIX, 452 n 427 ("elegante descripción" de las honras de Felipe IV, m. 1666, "por encargo de don Baltasar

Barroso de Ribera, marqués de Malpica")

*Rodríguez León, Juan. *Juicio militar de la batalla de don Carlos de Ibarra, general de galeones, con diez y siete naos de Holanda, en 31 de agosto de 1638, por...* (México: Bernardo Calderón, ¿1638?). XV, 125 nota 1 (la más detallada es la *Relación verdadera del viaje de los galeones...*, q.v.; véanse también las otras relaciones de Fernando de Cepeda y Carlos Ibarra)

Rohan, duque de (v. Rouen)

*Rojas, Pedro (v. Mora, conde de)

*Rojas Zorrilla, Francisco de (1607-1648). *Los encantos de Circe*, sin nombrar el dramaturgo, XIII, 201 (en la nota 1, Gayangos afirma el título, a pesar de la falta de cierta documentación y la existencia de otro título en la obra de Rojas: *Los encantos de Medea* [v. por ej: BNM sig. T/3463 y T19369, impresor: Ruiz, de Madrid o de Toledo], publicada en sus *Comedias* [M: María de Quiñones, a costa de Pedro Coello, 1640-1645])

– *El robo de las Sabinas* (colaboración con Juan y Antonio Coello; en 1637 se representó en el Buen Retiro), XIV, 40 n 2

– (atribución errónea de una comedia: v. Coello Arias, Juan)

*Rouen, Henri, I duc de (1579-1638). *Le parfait capitaine* (Paris: J. Houzé, 1636), ej: BNP. XIII, 513 n 1

– *Mémoires et lettres de Henri duc de Rohan, sur la guerre de la Valteline* (Ginebra: M. le baron de Zur-Lauben, 1758; París: Vincent, 1758), 3 t., ej: BNM signatura 3/66474-3/66476 [1758]). Contiene también los despachos y cartas de la corte al Duque durante las operaciones, el texto del tratado con los Grisones [1637], y la *Relation véritable et particulière de qui s'est passé en la Valteline...*, por el barón de Lecques. XIII, 513 n 1

Ruan, duque de (v. Rouen)

Ruiz, Benito (v. Piedrabuena, Antolínez de)

*Ruiz de Laguna, Juan. *Discurso del derecho que tiene S.M. para fabricar puerto en el Finale, y de la necesidad de su fábrica y conveniencias que se seguirán* (Milán: Juan Bautista Malatesta, 1633), ejemplar: BNM, signatura 3/50227. XIII, 503 (Finale dista 52 km. al SO de Genova, donde desemboca el pequeño río Pora en el Mediterráneo; se trata de tres pueblos, de los cuales Final marina es el puerto [Baedeker, *Northern Italy*, p. 82]; para los españoles, la "necesidad" y las "conveniencias" eran el acceso al Milanesado, a 152 km. al N por tierras sin ejércitos franceses)

*Ruiz de Montoya, Fr. Antonio, S.J. (1585-1652; v. el Índice onomástico)

– *Catecismo de la lengua guaraní* (M: Diego Díaz de la Carrera, 1640), ej: BNM sig. R/5432 (el título reza "en" por "de"), y otro ej. en la HSA (que reza "de")

– *Conquista espiritual hecha por los religiosos de la Compañía de Jesús en las provincias del Paraguay, Paraná, Uruguag [sic] y Tape, etc.* (M: Imprenta del Reino, 1639), ej: BNM, sig. R/3201 y R/6509, HSA. XV, 336 n 1

– *Tesoro de la lengua guaraní* (M: Juan Sánchez, 1639),ej: BNM sig. R/3216, HSA

S

*Saavedra [Fajardo], Diego de (1584-1648). *Idea de un príncipe político cristiano representada en cien empresas* (Mónaco: Nicolao Eurico, 1640), ej: BNM sig. R/34813, HSA.

XIII, 441; XIV, 384 (título variante: *Empresas políticas*)
- *República literaria* (Madrid: Julián de Paredes, 1655, con el pseudónimo de Claudio Antonio de Cabrera), ej: BNM sig. R/7673. XIII, 441; XIV, 384; XV, 222

Sala, Gaspar (v. Barcelona, Conselleres de)

*Salazar [sin nombre de pila; o Salazar y Castro, o Salazar de Mendoza, historiador y genealogista cada uno], XIX, 420 n 329, 423 n 406

*Salazar, P., S.J. *[Dos memoriales contra los ataques de Espino y Roales a la Compañía]* (v. Espino, Juan del; Roales, Francisco, *Epiphanium*...; y Poza, P. Juan Bautista, S.J.), XIII, 12

*Salazar, Juan Onofre de. *Quiebra del Colegio de San Hermenegildo de Sevilla* (memorial y petición manuscritos de 1645), XVIII, 105-107 (Petición), 107-114 (Informe), 114-116 (Prosigue, de Marcos de Prado y Velasco), 116-117 (Edicto de Juan de Santelices y Guevara)

*Salazar de Mendoza, Pedro (1549-1629). *Origen de las dignidades seglares de Castilla y León, con relación sumaria de los reyes de estos reinos y de sus acciones, casamientos, hijos, muertes, sepulturas de los que las han creado y tenido y de muchos ricos hombres confirmadores de privilegios* (Toledo: Diego Rodríguez de Valdivielso, 1618), 190 ff.; primera ed. Ej:BNM sig. 2/56666 y 3/73002, BL, BNP, HSA, NUC. Véase "Salazar, sin nombre de pila"
- *Origen de las dignidades seglares de Castilla y León, con un resumen de las mercedes que S.M. ha hecho de marqueses y condes desde el año 1621-1656* [sic] (M: Imprenta Real, para Jusepe del Ribero, 1657), segunda edición. Ej: BL, BNP, HSA.
- *Origen de las dignidades seglares de Castilla y León* (Madrid, 1794), ¿tercera? edición [Gayangos confunde ésta con la edición anterior, pues asigna la fecha de "1794" al "resumen...al fin de la segunda ed."; v. los títulos de los dos]; ejemplares: BNM R/15951; 3/50314. XVII, 148; XVIII, 189; XIX, 335, 389 n 314, 450 n 397, 455 n 492

*Salazar y Castro, Luis de (n.1658, m.1734). *Árboles de costados de gran parte de las primeras casas de estos reinos de cuyos dueños vivían en el año de 1683*; ej: BNM (¿M?, 1745), sig. 2/11635 y 2/57318; BNP (M: J. Yuste, 1795), 235 páginas. XIX, 374 n 7, 400 n 292, 433 n 19, 443 nota 291. Véase "Salazar [sin nombre de pila...]"
- *Glorias de la casa Farnese* (v. a continuación la ficha del *Índice de las glorias de la casa*...)
- *Historia genealógica de la Casa de Lara, justificada con instrumentos y escritores de inviolable fe* (M: Mateo de Llanos y Guzmán, 1696-1697), 3 t. Ej: BNM, sig. 1/39230-1/39232-3 y 2/56422-2/56424-3, BL, BNP, HSA, NUC. XIX, 379 n 381 ¶1, 426 n 443
- *Índice de las glorias de la casa Farnese* (M: Francisco del Hierro, 1716), 790 pp. Ej: BNM sig. 1/5689 y 2/10867, BL, BNP, NUC. XIX, 387 n 84, 399 n 268 (var: *Glorias de la casa*...)

*Salcedo Coronel, [José] García de. XVII, 500 n 1 (autor de un poema fúnebre en el libro de la *Pompa funeral, honras y exequias* de la reina Isabel de Borbón; v. Crosby, *Índice de apellidos, títulos y oficios*...)

Salsas recuperada (v. Nogués, Rafael)

*Saltero, Pedro Jerónimo (v. *Prodigios del año pasado de 1641*)

*San Martín y Corvera, Rodrigo de. *Sitio y toma del castillo y fortaleza del Cencho por don Antonio Arias Sotelo, maestre de Campo de un tercio de infantería española por S.M., y ahora general de la artillería del tercio de Milán* (Alessandria de la Palla: Juan Soto, 1640), ej: BNM signatura R/11278. XV, 235 n 1

*San Raimundo, Vicente de. *Sucesos por días de la guerra de Rosellón* (B: Jaime Romeu, 1640). Ej: BNM sig. R/12212(41) y VC/56/76. XV, 399 n 1 (de cuatro relaciones, es la más detallada sobre dicha guerra y la recuperación de Salsas, q.v.; v. también *Sucesos de la guerra...; Relación fidedigna de lo sucedido...; y Salsas recuperada* por Rafael Nogués)

*Sánchez de Espejo, Andrés. *Relación ajustada en lo posible a la verdad y repartida en dos discursos: primero, de la entrada en estos reinos de Madama María de Borbón, princesa de Cariñán; el segundo, de las fiestas que se celebraron en el real palacio del Buen Retiro a la elección del Rey de Romanos* (M: María de Quiñones, 1637), 28 hh., ej: BNM signaturas R/11693/44 y R/31479. XIV, 19 nota 1 (al final, un soneto de Luis Vélez de Guevara, "amigo" del autor), 63 nota 1 (relación de las fiestas que quizá compuso este escritor; sobre las fiestas; véase Méndez Silva, Rodrigo)

Santelices y Guevara, Juan de. *Edicto sobre la quiebra del Colegio de San Hermenegildo de la ciudad de Sevilla*, XVIII, a116-117 (véase Salazar, Juan Onofre de)

*Scavino, Ildefonso (traductor al español de un libro de *Brancaccio, *I carichi militari...*, q.v.): *Cargos y preceptos militares para salir con brevedad famoso y valiente soldado, así en la infantería, caballería como artillería, y para saber guiar, alojar y hacer combatir en varias formas un ejército, defender, sitiar y dar asalto a una plaza* (B: Sebastián y Jaime Mateved, 1639), ej: BNM signaturas 2/15286 y 2/16528

Scientia de singularibus (estudio médico), XVIII, 180

*Schoppe, Caspar. *De seditiosa doctrina et sanguinariis consiliis, quorum Jesuitae passim insimulantu sentencia* (Ingolstad, [¿1650?]), XV, 101, ej: BL. XV, 101 (el catálogo de la BL registra un centenar de libros suyos, y el de la BNM, sesenta libros) (var: Gaspar Sciopio; Kaspar Schoppe)

Secretos y particulares avisos... (v. Espino, Dr. Juan del)

Segunda parte de las insignes victorias que el señor Infante-Cardenal y príncipe Tomás, generales de las armas católicas, han tenido contra los de Francia y Holanda en los estados de Flandes (S: Juan Gómez, 1638). Ej: BNM signatura VC/118/63. XIV, 480 (pasó el 20 de junio; véase la *Relación de la gran batalla..., Relación verdadera de las victorias..., Relation faicte...,* y una *Carta de aviso...*)

Segunda relación de 14 septiembre...de Fuenterrabía (v. Escudero, P. Cristóbal)

Segunda relación de la gran... en Fuenterrabía (v. Escudero, P. Cristóbal, S.J.)

Segundo suceso sacado del original impreso en Madrid... (atribuido al P. Cristóbal Escudero, S.J.)

Semanario erudito que comprende varias obras críticas, morales, instructivas, políticas, históricas, satíricas y jocosas de nuestros mejores autores antiguos y modernos, ed. por Antonio de Valladares y Sotomayor (M:

Blas Román, 1787-1791), 34 tomos. Ej: BNM signaturas U/227-U/244 34 y 2/37411-2/37444 34 [es decir, 34 tomos en 18 volúmenes], NUC. XIII, páginas viii, xiii, xv; XV, 430; XVI, xii-xiii; XIX, 396 n 237 ¶1 (en los tomos 31-33 se publicaron los *Avisos* tan valiosos de Josef Pellicer y Tovar, q.v.)

*Semmedo, Padre Álvaro, S.J. (nació en 1585 y murió en 1658). *Imperio de la China y cultura evangélica en él por los religios* [sic] *de la Compañía de Jesús*, editado por Manuel de Faria y Sousa (Madrid: Juan Sánchez, a costa de Pedro Coello, 1642), 362 páginas. Ej: BNM sig. 2/69847 y 3/28903, BNP. XIX, 322-323, 342, 349

"Señora Castilla, a Dios" (copla), XV, xi

*Sesti, Juan Pablo. *[Delineación de la planta del castillo de Salsas]* (grabado en 1639), XV, 399

*Seyner, P. Antonio. *Historia del levantamiento de Portugal* (Zaragoza: Pedro Lanaja y Lamarca, 1644), ej: BNM sig. 2/20403 y 2/26979, BNP, HSA. XVI, pp. 93-94, 107, 119-120, 179

*Sherloque (Sherlock), Paulo, S.J. (irlandés). *Apología* ["en defensa de la ciencia médica"], XVIII, 6
- *Vindiciae scientiae medicae* (Lyon, 1614). XVIII, 180

*Silva de Chaves. *Primera junta de la sangre imperial de Roma, Alemania y Constantinopla, con la real de Castilla, y algunas sucesiones de ella* (sin lugar ni año), XVIII, xxiv

Símbolo de la Fe (v. Granada, Luis de)

Singulares y secretas admoniciones... (v. Espino, Dr. Juan del)

*Siri, Vittorio (1608-1685). *Il Mercurio overo historia de corrienti tempi [1635-1655] di Vittorio Siri, consigliere, elemosinario et historiografo della Maestà Cristianisima, etc.* (Casale del Monferrato, 1644-1682), 18 t. Ej: BNM sig. 9/273644-9/273660 15, y R/10608-R/10625 15, BNP (París, año 1756). XVI, 94 y 230-231 nota 3

Sitio y socorro de Fuenterrabía... (véase Palafox y Mendoza, Juan de, en la Bibliografía, p. 645b)

Sitio y toma del castillo...de Cencho (v. San Martín y Corvera, Rodrigo de, en la Bibliografía, p. 664a)

Socorros que han acudido y entrado en la villa de Fuenterrabía, así de Vizcaya como de Castilla y Portugal, y armada de don Antonio de Oquendo, y victoria que el príncipe Tomás tuvo de 10.000 franceses que estaban prevenidos para socorro del holandés que intentó cercar a Amberes (S: Francisco de Lira, 1638), ej: BNM sig. VC/248/41. XV, 72

*Soler, Leandro. *Cartagena de España ilustrada, su antigua silla metropolitana vindicada, su hijo San Fulgencio, doctor y su prelado defendido [Catálogo de obispos cartaginenses]* (Murcia, 1777-1778), 2 tomos: ejemplares: BNM, sig: 2/46372-2/46373 2 y 3/54477-3/54478 2; BL. XIX, 433 n 19

"Soliloquio entre la huerta del [III] duque de Lerma y el Retiro" (copla), XV, xi (compárese Quevedo, soneto "A la huerta del [I] duque de Lerma, favorecida y ocupada muchas veces del señor rey don Felipe III, y olvidada hoy de igual concurso" (*Poesía varia*, p. 139)

*Solorzano Pereira, Juan de. *Disputationem de Indiarum iure, sive de justa Indiarum occidentalium inquisitione, acquisitione et retentione* (M: Francisco Martínez, 1629-1639), 2 t. Ej: BNM sig. 1/43796-1/43798 2 2,

BL, BNP, NUC. XIII, xvii (var: *De Indiarum iure...*; *Jure Indiarum...*)
- *Política indiana sacada en lengua castellana de los dos tomos del derecho y gobierno municipal de las Indias occidentales, que más copiosamente escribió en la latina...* (M: Diego Díaz de la Carrera, 1648); traducción al español por el autor de la obra anterior. Ej: BNM sig. 3/74782 y R/34077, BNP, HSA, NUC. XVIII, xxi
- *Regio patronato indiano*, XVIII, xxi (sin identificar)

*Soto, Francisco de. *[Varios romances sobre] la salida de S.M. a Atocha en hacimiento de gracias por la victoria de Fuenterrabia y el valor de las vizcaínas* (M: Antonio Duplastre,1638), XV, 57 nota 1 (las fiestas tomaron lugar poco antes del 14 de sept.)

*Soto, Ponce de (v. Ponce de Soto)

*Soto y Aguilar, Diego de. *Epítome de todas las cosas sucedidas en el reinado de Felipe IV* (copias mss. de relaciones impresas y de materia original), XIII, xix
- *Tratado donde se ponen en epílogo algunas fiestas que se han hecho por cosas memorables que han sucedido en España y fuera de ella tocantes a esta monarquía* (ms. de 1.900 pp., fechado hacia 1671), ej: Academia de la Historia, sig. G32. XIII, xviii

*Sotomayor, Fray Antonio de. *Edicto contra el papel de M. Roales*, q.v. (ms. fechado en Madrid en 1634), XIII, a20-21

*Stafford, Ignacio (1599-1642). *Historia de la celestial vocación, misiones apostólicas y gloriosa muerte del P. Marcelo Francisco Mastrilli, hijo del marqués de San Mariano, indiático felicísimo de la Compañía de Jesús*, dedicado a Alfonso Téllez Girón (L: Antonio Álvarez, 1639). Ej: BNM, sig. 2/12837 y R/33195. XV, 255 ["indiático" quiere decir "indiano", que lo era por haber trabajado en la India] (v. sobre el libro el P. Stafford: *Martirio;* *Mastrilli; Nieremberg; Teatro;* y Quevedo, *El martirio...del padre Marcelo Francisco Mastrilli,* dedicatoria "A la... Compañía de Jesús", *Obras en prosa,* edición de Luis Astrana Marín, Madrid, 1932, p. 975a)

Suceso lastimoso que en la ciudad de Valladolid ha causado la inundación del río Pisuerga y la Esgueva que va por dentro y fuera de la ciudad, desde el lunes de Carnestolendas por la manaña, que fue 4 de febrero, hasta el martes en todo el día de este año de 1636 (Valladolid: Jerónimo Moretto, q.v., 1636), 2 h. XIII, 365

Suceso que han tenido las galeras de España y Sicilia con las de Francia, enviada por don Luis Ponce de León, hermano del duque de Arcos, año de 1638. XV, 92

Sucesos de la armada de S.M. en Italia este año de 1646 con los socorros en Puerto Hércules y Orbitelo, reducidos a la verdad por las adiciones que se siguen al diario que hizo un testigo de vista desapasionado, por solo a lo que se debe a la justicia de las personas que en ellos se hallaron (M, 1646), 42 hojas (publicado por el conde de *Linares, q.v., con el intento de sincerarse de los cargos que se le hacían). XVIII, 368, 380 (en la p. 380 se refiere a la anterior con paginación equivocada).

Sucesos de la guerra en el principado de Cataluña sobre el sitio que el francés tiene puesto a las plazas de Perpiñán y Salsas desde 3 de junio pasado, que se dio principio a dicha guerra, hasta otros tantos de julio de este mismo año de 1639 (S: Juan

Gómez de Blas, 1639), XV, 272 n 2, 399 n 1

Sucesos de nuestras armas en Francia y Holanda desde los 18 de septiembre hasta hoy, y victoria que tuvo el conde Juan de Berth [Weerth] *junto a la Lorena, en que mató más de dos mil franceses, y presas que les tomó* (S: Francisco de Lira, 1636), XIII, 317

Sucesos más principales de la Monarquía de España en el año de 1639, XIII, xv (v. anteriormente las dos que se titulan *Relación de los sucesos...* y *Relación de sucesos...*)

Sucesos por días de la guerra del Rosellón (véase la obrita de Vicente San Raimundo, "donde más detalles se hallarán", como dice Gayangos)

Sucesos principales de la monarquía de España en el año de mil seiscientos treinta y nueve (v. Malvezzi, Virgilio) XV, 235, 263

Sucesos y victorias (v. Mendoza, Antonio de)

Sumario y compendio de lo sucedido en España y otras partes del mundo desde marzo de 1639 hasta marzo de 1640 (¿1640?). Ej: BNM, sig. VC/-1016/10. XIV, 302, 323

*Summonte, Pietro (1463-1526; su labor era mayormente la de editar textos, y hay cinco del erudito crítico coetáneo, Joannes Jovianus Pontanus [1426-1503], uno de los cuales se titulaba *Pontanus de bello neapolitano et de sermone* [v. Pontanus]). Ej: BL. XIII, 253 n 1 (no he localizado el que cita Gayangos: *Istoria del regno e cittá di Napoli*)

T

Tablas cronológicas (v. Clement, C.)
*Tamayo de Vargas, Tomás (1588-1641)

– [Libro en que se cita un memorial por el P. Francisco de Vilches sobre los mártires de Baeza], XIII, 47 n 1
– *Flavio Lucio Dextro* [q.v.], caballero español de Barcelona, Prefecto-Pretorio de Oriente, Gobernador de Toledo por los años de CCCC (M: Pedro Tazo, 1624); ejemplar: BNM, sig. 2/12817, HSA

*Tapia Robles, lic. Juan Antonio de. *Ilustración del renombre de Grande: principio, grandeza y etimología. Pontifices, santos, emperadores, reyes y varones ilustres que la merecieron en la voz pública de los hombres* (M: Francisco Martínez, 1638), ej: BNM sig. 2/59482 y 2/64188, BNP, HSA. XIV, 305

*Taracena, I marqués de (en la Bibliografía, v. Ibarra, Carlos, y en el *Índice onomástico*, Ibarra, Carlos y Taracena, I marqués de)

*Tarazona, P. Fr. Francisco de, O.F.M. Cap. *Carta que escribió del ejército el P. Fr. Francisco Tarazona, lector de artes en el convento de los capuchinos de Pamplona, al P. Guardián de los capuchinos del convento de Zaragoza* (Zaragoza: Hospital Real y General de Nuestra Señora de Gracia, 1638), ej: BNM sig. VE/59/65 y VE/177/32. XV, a72 y la nota 1

*Tarsia, Pablo Antonio de. *Tumultos de la ciudad y reino de Nápoles en el año de 1647* (Lyon: Claude Bourgeat, 1670), ej: BNM sig. 3/71740 y R/4824, BNP, HSA. XIX, 23-24, 43, 53, 61, 95, 97-99, 104-105, 138, 176, 181

Teatro, obras de: representaciones:
– en el Colegio Imperial de Madrid, XIII, 322 (Nov., 1635: el Rey y el Príncipe presencian una comedia y se les ofrece merienda); XIV, 203 ("los que le representaron hicieron ventajosamente sus papeles"); XV, x;

XVI, 19 (1640: "la excelencia del tablado y la muchedumbre de las tramoyas"); XVII, 323 (1643: "los muchachos representaron con gran donaire y ricos vestidos"), 360, 381, 383, 438 (se refiere al *[Diálogo...del martirio del P. Mastrilli]*, q.v.)
– en el Buen Retiro (1635-1636), XIII, 201-202 ("con grandes tramoyas"), 459 ("con notables tramoyas de grande costa y artificio que ordenó Cosme Loti [q.v.], peregrino ingenio para estas invenciones"), 527 ("con grande artificio y máquinas peregrinas... Hase gastado en los andamios toda cuanta madera había en Madrid y en su comarca, y han faltado 60.000 tablas... Hay tramoyas prodigiosas,..."); XIV, 40 (sobre el autor, v. Coello Arias, J.), 66 (en la academia de poetas); XV, 267-8 (1639: "el primer día de Pascua... una comedia con grande cantidad de tramoya, en un estanque que hay de extraordinaria grandeza. Habíase de ver desde los barcos... La comedia para San Juan es sobre el estanque, y creo es la de los Argonautas"), 414 (1640: fiesta de comedias "en el teatro nuevo. Dicen son grandes las tramoyas")
– en las fiestas de febrero, 1638, de comedias, entremeses, mojigangas, loas, pantomimas y bailes y máscaras en diversas ermitas de Madrid, dispuestas por Tomás Fernández, Olmedo, y la Villa de Madrid, XIV, 38-40 (v. Rojas Zorrilla, Francisco), 330 ("comedias con tramoyas")
– en otras fiestas de 1637, XIV, 40 (por Rosa y su compañía), 266; y 1638, XIV, 459; XV, 24 (en el "corral del Príncipe"); y 1640, XV, 383 (en casa del cardenal Borja, comedia, comida riquísima y danza); y 1648, XIX, 165 ("Las comedias... se vuelven para pascua de Resurrección, por excusar el tributo que se había echado para el sustento de los hospitales")

Teatro eclesiástico de las iglesias..de las dos Castillas (v. González Dávila, Gil)

Teatro eroico...de Vice-re di Napoli (v. Parrino, Domenico Antonio)

Teatro histórico...de las iglesias de Aragón (v. Huesca, P. Ramón de)

*Teatro jesuítico (v. *Theatro jesuitico*)

Teatro universal de España (v. Garma y Salcedo, Francisco y Javier de)

*Tebes, Melchor de (hacia 1612 encargó en Lisboa la copia de un manuscrito en vitela, titulado, *Genealogía universal de la nobilísima casa de Sandoval,* en folio, de 331 hojas; en 1861 se conservaba en la Biblioteca Imperial de París), XIX, 379 n 381 ¶2

*Téllez de Silva, Antonio. *[Vida del P. Marcelo Francisco Mastrilli]* (hacia 1639), XVI, 420

Teoremas sobre el centro de la gravedad (v. Faille, P. Jean de la)

Testamento del Conde-Duque (copia ms. en la Academia de la Historia, Colección de Jesuitas, t. 120, f. 24), XVIII, 165 (texto completo de una sátira publicada en parte por Adolfo de Castro y Rossi, q.v.; empieza, "Ya con tanto coronista...")

*Thamar, licenciado de [sic] Car[los] (supuesto autor de un pliego en folio a manera de cartel que anuncia el Octavario de gracias por la victoria de Fuenterrabía), *Triunfos de María, festividades célebres y celebridades festivas. Octavario. Acción de gracias. Recompensa de agravios que el preferido Nasau hizo a majestad tanta, celebrado en la iglesia de su nombre santísimo, por la muy ilustre ciudad de Écija y parroquianos suyos. Año de 1638* (Écija: Juan Malpartida de las Alas, 1638), XV, 70-71

(*María* se refiere a la *iglesia de su nombre* en Écija; las *festividades* y las *gracias* se refieren a las celebraciones de la reciente victoria sobre los franceses en Fuenterrabía, q.v., que sirve de *recompensa de agravios* que había sufrido España a manos de los protestantes holandeses en Flandes y su *preferido* príncipe de la casa de *Nassau* [gobernadores de Holanda]; la *majestad* se refiere al rey Felipe IV; este impreso pertenece a un género que anuncia las celebraciones religiosas por la victoria de Fuenterrabía; v. Lorenzo Parra Guillén, *Descripción de la festividad...en Écija...año 1638*, impreso "Con licencia en Écija por Juan Malpartida de las Alas, impresor, 1638, 4 hojas" [v. Gallardo, *Ensayo*, t. III, columnas 1087-1088, núm. 3346]; sobre la multiplicidad de tales publicaciones, véase Javier Díaz Noci, "Del suceso a la fiesta: La construcción del acontecimiento...sobre el sitio de Fuenterrabía (1638)", *Euskaronews*, 2001, páginas 1-9; véase la pág. 3 sobre Écija y Holanda)

[Theágenes y Caricleia] (v. Heliodorus)

*Theatro jesuítico (falta en los repertorios consultados), XVIII, 105 n 2 (sobre la quiebra del Colegio de San Hermenegildo, Gayangos recomienda la lectura de esta obra; var: *Teatro jesuítico*)

Theologia scholasticae pars prima (v. Alarcón, P. Diego de, S.J.)

Theoremas (v. *Teoremas*)

*Thomas á Kempis (v. Kempis, Thomas á)

*Thuanus, Jacobus Augustus (1553-1617). *Historiarum sui temporis ab anno Domini 1543 usque ad annum 1607, quorum LXXX priores multo quam antehac auctiores relique vero LVIII, nunc primum prodeunt: opus in quinque tomos distinctum* (París: Jerónimo Drovart, 1609-1614), 11 volúmenes. Ej: BNM sig. 5/1484 11 y 2/9200-2/9206 7 (1733). XVI, 474; XIX, 411 n 474 (var: Thou, Jacques-Auguste de; Those; Jhose)

*Ticknor, George (1791-1871). *History of Spanish Literature* (Boston: 1849 y Londres, 1849), 3 t. Ej: BNM sig. 1/6792-1/6794

– *Historia de la literatura española*, traducción al español por Pascual de Gayangos y [Enrique de] Vedia (M: Manuel Rivadeneyra, 1851-1856), 4 tomos. Ej: BNM sig. INV860TIC y U/2391-U/2394 4. XIII, 199

Títulos de Castilla (v. Berni y Catalá, Josef, *Creación, antigüedad y privilegios...*)

Toma de Turín, corte de Saboya, y felices victorias de las armas católicas contra las de Francia en el Piamonte, desde 10 de marzo de este presente año de 1639 hasta 24 de abril del dicho (Sevilla: Juan Gómez de Blas, 1639), ej: BNM sig. VC/56/26. XV, 323 (v. la *Relación verdadera de la victoria que han tenido...*)

*[Torres] Amat, [Félix] *Memorias para ayudar a formar un diccionario crítico de los escritores catalanes y dar alguna idea de la antigua y moderna literatura de Cataluña* (B: J. Verdaguer, 1836). Ej: BNM sig. 1/46991 y 1/56682. XVI, 3

Tortosa fidelísima... (v. Miraball y Forcadell, Vicente)

*Tovar, Josef de (var. del apellido de Josef Pellicer y Tovar, q.v.; 1602-1679). *Relación fidedigna de lo sucedido en Rosellón desde los 9 de junio de 1639 que entró el ejército francés en él, hasta 6 de enero de 1640 en que entregaron la plaza de Salsas que ocupaban sus armas, so-*

corros para que nuestras armas no les sacaran de la fortaleza, con lo sucedido en todo este tiempo, escrita por..., que se halló presente a todo (Zaragoza, 1640). XV, 399

Tragedia del I duque de Florencia (véase Henao y Monjaraz, Gabriel de).

Tragoediae sacrae (véase Caussin, Nicolás)

Traslado de fiestas que el Colegio de la Compañía de Jesús de Madrid hizo este año de 1640 al fin del primer siglo de su fundación (¿M?, 1640), 8 h. XVI, 77 (v. la *Relación de las solemnes fiestas...*)

Traslado de una compendiosa relación que fue escrita en Milán a un señor de esta corte, de las gloriosas victorias que ha tenido el excelentísimo señor marqués de Leganés en el dicho estado contra las armas de Francia y coligados (M: Viuda de Juan González, 1638), 3 hojas. Ejemplar: BNM, signatura VC/107/48 (la Biblioteca Nacional lo atribuye a "Horacio Pensabién"). XIV, 386

Tratado breve...del linaje de Vera... (v. Puente, Francisco de la)

Tratado...[de] algunas fiestas... (v. Soto y Aguilar, Diego de)

Tratado de falsedades... (v. Quiñones, Juan de)

Tratado de pulsos (anónimo; parece ser tratado médico), XIII, 48 (falta en los repertorios consultados)

Tratado de los santos de Gibraltar (v. Portillo, Tomás del, *Relación de algunos de los muchos santos...de Gibraltar*)

Tratado del origen...del linaje de Vera (véase Velázquez de Mena, licenciado)

Trejo, Luis. Advertencias y obligaciones para torear con el rejón (Madrid: Pedro Tazo, 1639). Ejemplar: BNM, signaturas R/16343 y R/5901, BNP. XIX, 395-396 n 237 ¶2

Trelles Villademoros, Joseph Manuel. Asturias ilustrada: origen de la nobleza de España, su antigüedad y diferencias (M: J. Sánchez, 1736-1739), 2 t. Ej: BNM, sign. 1/19129-1/19130 y 2/46625-2/46626 2, BL, NUC. XIX, 429 n 477 párrafo 1 (v. también la ficha que sigue)

– *Historia chronológica y genealógica del primitivo origen de la nobleza de España, su antigüedad, clases y diferencias, con sucesiones continuadas de las principales familias del Rey y con la ilustración del Principado de Asturias* (¿Madrid?: Domingo Fernández de Arrojo, 1760), "4 tomos en 8 volúmenes" [sic] ("segunda edición, añadida la primera edición de los tomos" [sic]). Ejemplar: BNM, signaturas 2/46348-2/46355

Tribunal de la justa venganza... (v. Francofurt, Arnaldo de)

Triunfos de María, festividades célebres... (v. Thamar, licenciado de [sic] Car[los])

Tumultos de la ciudad...de Nápoles (v. Nápoles: trece *Relaciones*; Nápoles: Tumultos; y Tarsia, Pablo Antonio de)

U

*Ulloa Pereira, Luis de. Algunos versos atribuidos a Ulloa se copiaron en una carta de 1643 (XVII, 174-175), y él publicó un libro titulado *Alfonso octavo, príncipe perfecto, divertido por hermosa o por Raquel, hebrea* (1643; ej: BNM signatura R/12137). En 1649 publicó un libro de poesía (XVII, 140 nota 2), y en 1659 los *Versos* (M: Diego Díaz [de la Carrera]; ej: BNM signaturas R/3082 y R/5207). Sobre su encuentro con el

Conde-Duque en las calles de Toro, v. el *Índice onomástico*.
"Una estampa grande..." (v. Lérida)
Universidad de amor (v. Piedrabuena, Antolínez de)

V

Valentín, Padre (v. Céspedes, P. Valentín)

*Valenza [del Po]: plano grabado que representa la ciudad, titulado: *Descritione del sitio e pasitura del luogo di Valenza, con le fortificationi fattavi nuovamente...* (grabado en cobre, fechado en 1635 y firmado por "Gio. Orlandi"), XIII, 332 n 1

*Valparaíso, marqués de (Francisco de Irazabal). *El perfecto desengaño* (lo concluyó en 1638 y existe en la Biblioteca Nacional, no sé si ms. o impreso, ya que no consta en el catálogo de ordenador), XIV, 34 (sobre "política y moral de príncipes")

*Valladares y Sotomayor, Antonio (editor del *Semanario erudito*, q.v.)

*Valle de la Cerda, Luis. *Desempeño del patrimonio de su Majestad y de los reinos sin daño del Rey y vasallos, y con descanso y alivio de todos por medio de los erarios públicos o montes de piedad* (M: Pedro Madrigal, 1600 [según N. Antonio, *Bibliotheca*], y M: Luis Sánchez, 1618), 2 t. Ej: BNM sig. R/6557 y R/19033 (1618 los dos); BNP. XIV, 343 y la nota 1 (corregida en XIX, 386 nota 343)

*Valle y de la Puerta, Lázaro Díaz del (v. *Díaz del Valle y de la Puerta, Lázaro)

Varflora, Arana de (v. *Arana de Varflora, [Fermín])

*Vargas, Francisco de. *Relación de la memorable victoria que las armas del rey Felipe el Grande nuestro señor han alcanzado de los franceses, siendo general de Castilla la Vieja y de la provincia de Guipúzcoa don Juan Alonso Enríquez de Cabrera, gran Almirante de Castilla* (sin lugar ni año), 6 hojas en folio (la "memorable victoria" era la de Fuenterrabía en 1638: el Rey había nombrado al IX Almirante general de las armas de Castilla la Vieja, Guipúzcoa y Navarra, y capitán general del ejército que iba a echar a los franceses de Fuenterrabía); ejemplar: BN de Madrid, sig. VC/248/36; XV, 74

*Vargas, Tomás Tamayo de (v. Tamayo de Vargas, Tomás)

*Vázquez, Fr. Alonso. *[Manifiesto contra Francia]* (impreso c. 1635), XIII, 447 (sobre lo de Tirlemont, q.v.)

*Velasco, *Pontifical* (v. Baños de Velasco, *Historia Pontifical*)

Velasco, Baños de (v. Baños de Velasco)

*Velázquez, padre Juan Antonio, S.J. (1585-1669)

– *De optimo principe...* (v. *In psalmum centesimum...*)

– *In psalmum centesimum Davidis commentarii et adnotationes, sive De optimo Principe et optimo Principis administra libri V* (Salamanca: Jacinto Tabernier, 1636), ej BNM sig. 3/68761 y 2/69324, NUC. XIII, 263

*Velázquez de Mena, licenciado. *Tratado del origen generoso e ilustre del linaje de Vera y sucesión de los señores de la casa de Vera y villa de Sierra-brava, recogido de las historias impresas y manuscritas, privilegios y escrituras y otros papeles auténticos* (sin lugar; 1617), 56 h. Ejemplares: BNM sig. R/11356(1) y 2/8302. XVIII, xxiv n 3

*Vélez de Guevara, Luis (poeta dramático; presidió el certamen literario de 1637), XIV, 19, 40, 66

Verdadera razón de estado (v. Alvia de Castro, Fernando)

Verdadera relación de la gran victoria que han tenido los imperiales en la toma de la inexpugnable plaza de Philipsburgh, que lo ejecutó el muy ilustre coronel Gaspar Damberger en 24 de enero de este año de 1635 (M: Herederos de la Viuda de Pedro Madrigal, 1635), 2 hojas. Ej: BNM sig. VC/248/55. XIII, 143 (var: Bamberger)

Verdadera relación del espantoso terremoto sucedido a los 27 de marzo de 1638 a las tres de la tarde, en la provincia de Calabria citerior y ulterior, en que se cuentan las ruinas grandes, destrucción de tierras, ciudades, villas, aldeas y castillos, con sus nombres y muertes de sus habitadores (Roma, 1638); traducida del italiano por Francisco de Firmamante (Barcelona: Gabriel Nogués, 1638); reimpreso de nuevo (Sevilla: Juan Gómez de Blas, sin año). XIV, 406

Viaje de tierra y mar (v. Gutiérrez de Medina, Cristóbal)

Viaje, sucesos y guerras del Infante-Cardenal (v. Haedo y Gallart, Diego de)

*Vibanco, Bernabé de (v. Novoa, Matías de)

*Vico, Francisco del (sardiniano). *Historia general de la isla y reino de Sardeña, dividida en siete partes* (B: Lorenço Deu, 1639-1647), 3 t. en folio. Ejemplar: BNM sig. R/15787-R/15788 y R/15795-R/15798 6-7, BL, National Union Catalogue. XIV, 325

*Victoria, P. maestro Ignacio de la. *Carta al duque de Medina Sidonia* [sincerándose de ciertas acusaciones del Santo Oficio, "con un testimonio de la Inquisición al fin"], (impreso en 1630, sin lugar ni año), 2 h. en folio. XIII, 51, 60 (la tenía Fray Andrés Mendo [XIII, 51]; Gayangos cita algunos párrafos de la *Carta* [XIII, 60])

Vida de...Sor Margarita (véase Palma, Juan)

Vida de la madre Luisa de Carrión (v. Agustinos recoletos)

Vida de la venerable madre Mariana de San Joseph, agustina... (v. Muñoz, Luis)

[Vida del P. Marcelo Francisco Mastrilli] (véase Téllez de Silva, Antonio)

Vidania, Diego Vincencio de (1650-1731). "Memorial por la casa de Benavides". Al Rey nuestro señor: Don Francisco de Benavides [y de la Cueva]... [VII] conde de Santisteban...representa los servicios heredados y propios y los de sus hijos,...y la antigüedad y calidad de su casa... (Nápoles: Domenico Antonio Parrino y Miguel Luis Mucio, 1696), 490 pp. Ejemplar: BNM sig. 2/9957 y 2/20967, HSA, NUC. XIX, 405 nota 377 ¶4, 443 n 262, 456 n 506b [resumen extenso de su carrera, por Pascual de Gayangos a base del *Memorial*]

*Vilches, P. Francisco, S.J. *[Memorial a favor del oficio de los ciertos* [sic] *mártires de Baeza]* (compuesto después de 1634). XIII, 47 (datos que sacó Gayangos de un libro de Tomás Tamayo de Vargas, quizá de la *Averiguación de algunas memorias en la historia ecclesiástica, ilustres para España de su doctrina* [Madrid, 1624])

*Villalobos y Benavides, Diego de. *Comentarios de las cosas sucedidas en los Países bajos de Flandes desde el año de 1594 hasta el de 1598* (M: Luis Sánchez, 1612), ej: BNM sig.

R/5377 y R/6151, HSA. XIX, 420 n 326

*Villar y Manuel, Luis del (escribió una carta a su hermano mayor, Luis Ponce de León, regidor perpetuo de Écija). *Carta que el general don Luis del Villar y Manuel, caballero de la Orden de San Juan [de Jerusalén], comendador de Vadillo, escribió a don Luis Ponce de León, su hermano mayor, caballero de la orden de Calatrava y regidor perpetuo de esta ciudad, en que remite las dos cartas que el príncipe de Condé escribió a Fuenterrabía, y sus respuestas como testigo de vista que ha sido el dicho general, y tanta parte en esta gran victoria: poos* [sic] *en la batalla naval fue el que con su navío hizo rostro al enemigo, peleando tan valerosamente que murió toda su gente, quedando solo en él su persona y otros cinco, uno de ellos su sobrino don Pedro de Aguilar Cayas, de edad de quince años; y luego se agregaron al ejército del Almirante de Castilla donde pelearon valerosamente los dichos general y su sobrino, por cuyo valor luego que S.M. (Dios le guarde) tuvo nuevas de la victoria le hizo merced de un hábito en la orden militar que eligiere* (Écija: imprenta de Luis Estupiñán,1638). XV, 74 nota 1 ¶2

*Vincart, Juan Antonio (secretario del Consejo de Guerra en Bruselas). *[Relación en español de las campañas de Flandes de 1636, 1637 y 1638]*, XVII, xxiii nota 1 (variante: Jean Antoine)

Vincencio de Vidania, Diego (v. Vidania, Diego Vincencio de)

Vindiciae gallicae (véase Priezac, Daniele)

Vindiciae scientiae medicae (v. Sherloque, Paulo)

Vivanco, Bernabé (en el siglo XIX se creía que Vivanco era el autor de la *Historia de Felipe IV*, de Matías de Novoa, q.v.)

Vizcaya illustrata ab academiis...Bilbasiensis scolae societatis Jesu (v. Henao y Monjaraz, Gabriel de)

Y

"Ya con tanto coronista" (v. el *Testamento del Conde-Duque*)

*Yañez [Parladorio], Juan. *Memorias para la historia de don Felipe III de España*. Existen dos ediciones, y la una contiene la *Historia de Venecia* de Virgilio Malvezzi, 162 páginas, y también las *Memorias para la historia...* de Yañez (M: Oficina Real, 1723), 393 pp. Ej: NUC [registra las dos ediciones y tiene las fichas más completas], HSA [pero falta en C. L. Penney, *Printed Books*, pág. 609], MH, IU, ICN, BNM sign. 2/49904, M/9233 y 2/15081 [pero faltan en el catálogo de ordenador de la BNM, y no sé a cual edición pertenecen]. La otra edición contiene solamente las *Memorias...* (M: Nicolás Rodríguez Franco, 1723), 393 pp. Ej: BL, sign. 1445.i.12, y las bibliotecas de Cornell University (Ithaca, New York), y de la University of British Columbia, Vancouver (la *Enciclopedia universal de Espasa-Calpe* atribuye esta obra a "Juan Isidro Yáñez Fajardo y Monroy" [sic]). XIII, 380; XV, 199; XVI, 230-231 nota 3, 236; XVII, 158; XIX, 413 nota 82 ¶2, 414 nota 109 (por error, 110), 428 nota 475

Z

*Zabaleta, Juan de (c.1660-c.1667). *El día de fiesta por la tarde: Parte segunda del día de fiesta* (M: María de Quiñones, 1660), 128 f. Ejemplares: BNM, sig. R/38564, BL, BNP, HSA, NUC. (M: Cupsa, 1977). XIX, 374 n 42

*Zabaleta, Miguel de. *Carta que don Miguel de Zabaleta, Vicario de la villa de Rentería, escribió a un correspondiente suyo sobre la entrada de las armas de S.M. en Francia, conducidas por la provinvia de Guipúzcoa y reino de Navarra* (¿Madrid, 1636?). XIII, pág. 506, nota 2 ("se trata largamente de don Diego de Issasi Sarmiento", q.v.)

Zaragoza, P. Lamberto de, O.F.M.Cap. (v. Huesca, Ramón)

ÍNDICE ALFABÉTICO DE LOS TÍTULOS DE LAS OBRAS ANÓNIMAS, SEGUIDO DE OTRO DE LAS "RELACIONES" ANÓNIMAS

Adiciones al memorial antecedente, p. 612, columna "a" de la Bibliografía (v. a continuación el *Memorial que se divulgó en Madrid,* p. 640a de la misma Bibliografía)

Advertencias a los que leyeren la delación que dice hizo al Tribunal del Santo Oficio e imprimió después el doctor Juan del Espino..., p. 612a (v. Espino, Dr. Juan del: Papeles contra él, p. 626, columna "b")

[Avisos], p. 615a (citados sobre la duquesa de Chevreuse)

Avisos discretos a los bien entendidos, p. 615a (contra los Jesuitas)

Brevario, el, p. 617b (sobre Juan del Espino, p. 626b)

Buho gallego, p. 618a (varios mss.)

[Canciones para un certamen celebrado en Écija en 1638], p. 618b

Carta escrita desde Navarra..., p. 619a (sobre los franceses en Fuenterrabía)

Cartel de desafío..., pág. 619b (por los portugueses, a manera de Don Quijote pero contra el duque de Medina Sidonia)

[Casamientos], p. 619b (tratado; quizá se refiere a los "Casamientos" de P. Mantuano, p. 637b)

Católica y sacra real Majestad, p. 620a (versos anónimos en honor de Felipe IV)

Colirio para los ojos apasionados al Dr. Espino, página 621b (v. Espino, Dr. Juan del: Papeles contra él, p. 626b)

[Comedia] de los Argonautas, p. 622a (v. Teatro: representaciones, p. 667)

Comedia del centésimo, La, pág. 622a (el aniversario de la Compañía)

Comedias varias, parte XI (M, 1659), p. 622b

Conde-Duque de Olivares, p. 622b (su testamento)

Consejo de los gatos, p. 622b (sátira del Conde-Duque)

Convento hispalense, p. 622b (se refiere a las *Antigüedades...* de Sevilla, p. 613b)

Copia de carta que escribió un caballero de Cádiz... p. 622b (sobre una batalla naval)

Copia de una carta escrita en Tolosa por un caballero francés..., p. 623a (sobre la m. del rey Luis XIII)

Coplas de Judas, p. 623a (en la Semana Santa se venden en Madrid)

[Defensa del marqués de Leganés contra la acusación fiscal...], p. 623b

Diálogo, p. 624a (el P. González quiso remitirlo a Sevilla)

[Diálogo en verso sobre una competencia], p. 624a (entre las letras y las armas)

[Diálogo o comedia del martirio del P. Mastrilli], p. 624a

Discurso apologético de la Virgen vencedora en Flandes..., p. 624b

Efectos de las armas españolas..., pág. 625a

Espino, Dr. Juan del: Papeles contra él, p. 626b (v. la lista en la Bibliografía)

Estampa grande... (v. *Una estampa...*)

Gesta impiorum per francos, etc., pág. 630b (parodia ¿anónima? del *Gesta Dei...,* q.v., p. 630b)

[Historia de Cataluña] (v. *Historia de España*)

Historia de España, p. 632b (Cataluña, 1626-1660; inédita)

Honras de Felipe IV, pág. 633a (documento en folio)

Infelice monarquía, qué letargo..., p. 634a (sátira anónima)

La armada que salió del puerto de Pasajes [q.v.] *para los Estados de Flandes*, p. 635a (relación anónima; recogida)

La dama muda [y lances de un broche], p. 635b (copia ms.; comedia anónima)

La disposición y forma que han tenido las armas de Su Majestad para entrar...en...Francia (Madrid, 1636), p. 635b

"La fameuse banqueroute des jesuites de Seville", pp. 635b y 642a (capítulo del *Morale practique* del Conde de Mora, q.v.)

Mahoma en Granada: diálogo..., p. 637a (v. Espino, Dr. Juan del: Papeles contra él, p. 627a)

[Martirio del P. Marcelo Francisco Mastrilli], p. 638b (diálogo publicado, q.v.)

Memoires pour servir à l'histoire d'Anne d'Autriche, p. 640a (v. Motteville, Madame de, p. 642b)

Memorial que se divulgó en Madrid para S.M., p. 640a (v. anteriormente las *Adiciones al Memorial antecedente*, p. 612a)

Menologios [martirológios publicados], p. 641a

"Mira Nero de Tarpeia / A Roma como se ardía", p. 641a (imagen de un desastre militar)

Nápoles consolada en su alboroto y sosiego, gobernándola la alteza serenísima de don Juan de Austria..., página 643a [se refiere al año de 1648]

Nicandro y antídoto contra las calumnias..., pág. 643a (alabanza y defensa del Conde-Duque)

Pragmática..., pág. 649a -b [son cinco pragmáticas, una de 1586 sobre los tratamientos y cortesías, y tres de 1637 y una de 1638 sobre el vellón y el papel sellado]

Princeps magnus, pág. 649b (fuero del Rey, de Cataluña)

Prodigios de Madrid, p. 650a (sátira anónima)

Prodigios del año pasado de 1641, pp. 649b-650a (sátira anónima)

Scientia de singularibus, p. 664b (estudio médico)

"Soliloquio entre la huerta del [III] duque de Lerma y el Retiro", página 665b

Theatro jesuitico, pág. 669a (sobre la quiebra del Colegio de San Hermenegildo, de Sevilla)

Tratado de pulsos, pág. 670a (estudio médico)

Una estampa grande...del sitio de Lérida..., p. 295a (dos pliegos)

RELACIONES ANÓNIMAS Y OTRAS OBRAS DE ESTE GÉNERO NARRATIVO, POR SUS TÍTULOS

[Avisos] (en relación con la duquesa de Chevreuse), p. 615, columna "a" de la Bibliografía)

Breve y verdadera descripción del inexpugnable fuerte de Schencken, p. 617 columna "b" de la Bibliografía (véase Bere, Cornelio de, p. 616b)

Breve y verdadera relación de la entrada del marqués de los Vélez en Cataluña y la retirada de su ejército de Barcelona..., p. 618a

Carta de aviso de Bruselas..., p. 619a (noticias militares)

Felices sucesos de las armas españolas en Italia, Francia y Flandes, etc., p. 627a

La jornada en Francia en 1627, p. 635b

La sombra de monseñor de la Forza..., p. 635b (sátira del desastre de la derrota de los franceses en Fuenterrabía, q.v.; v. también la *Relación y traslado... de... La sombra de monseñor de la Forza...*, páginas 659a y 679a)

Muertes de personas insignes y señores, p. 642b

Noticia de lo sucedido en Piamonte..., p. 643b

Noticia histórica del Casal..., p. 643b

Noticias de Madrid...[1636-1638], pág. 644a

Relaçam do suceso que teve Fernam Telles de Meneses, p. 652a (invadió Extremadura)

Relaçao do successo que teve [el P. Ignacio Mascarenhas], p. 652a (viaje a Cataluña)

Relaçao verdadeira dos successos do conde de Castelmelhor, p. 652a

Relacio verdadera dels successos del exercit que governa lo mariscal de la Mota Houdencourt en Aragó, p. 652b

Relaciones firmadas o anónimas..., p. 652b (antología de títulos y relaciones anónimas y otras firmadas por sus autores)

Relación ajustada por la que hizo a Su Majestad el duque de Laurenzano..., (derrotó al francés en Lérida), p. 653a

[Relación breve del martirio del P. Marcelo Francisco Mastrilli], p. 653a

[Relación de] la armada que salió... para los estados de Flandes], p. 653a (un capítulo del *Compendio* de J. Aguilar y Prado, q.v.)

Relación de la entera rota del ejército francés..., pág. 653a (la victoria de Tuttlingen, q.v.)

Relación de la entera rota [de] las armas francesas..., pág. 653b (Tuttlingen)

Relación de la gran batalla... (victoria del Cardenal-Infante en Gueldres), p. 653b

[Relación de la rendición...] (de Terceras en los Azores a los portugueses), p. 654a

[Relación de la solemne...] (entrada del IX Almirante en Roma), p. 654a

[Relación de la toma de Bremen]..., p. 654a

[Relación de la toma de La Bassée]..., p. 654a

Relación de la victoria (de la Bahía de Todos los Santos, en Brasil), p. 654a (v. la *Relación verdadera [de la gran victoria]*), p. 657a)

Relación de las honras (de la reina Isabel en 1644), p. 654a

Relación de las iglesias (en las que se celebran las Cuarenta Horas), p. 654a

Relación de las solemnes fiestas (de los Jesuitas en Madrid), p. 654b (véase el *Traslado de fiestas...*)

Relación de lo más particular (en Europa, 1635-1636), p. 654b (v. la *Relación de lo sucedido en Europa...*)

Relación de lo sucedido en el Estado (de Milán, por el mariscal francés, Criqui), p. 654b

Relación de lo sucedido en Europa (1635), p. 654b (v. la *Relación de lo más particular...*)

Relación de lo sucedido en Nápoles..., p. 654b (v. *Nápoles consolada...*)

[Relación de los felices sucesos (y el socorro de Lérida), p. 655a (sobre el sitio de Lérida, v. *Una estampa grande...*, pp. 295a y 676b)

Relación de los progresos (del Infante-Cardenal en Francia, y con sus coligados en Milán y Borgoña), p. 655a

Relación de los sucesos de la corte desde 1636 hasta 1638, p. 655a

Relación del combate (victorioso de Leganés sobre Francia y Saboya), p. 655b

Relación del disfraz de Mérida (caso feísimo), p. 655b

Relación del estupendo caso (de cuatro asesinatos en Lieja), p. 655b

[Relación del sitio y rendición] (de Hesdin por los franceses), p. 655b

Relación del suceso (de los españoles en las islas del Caribe), p. 655b

Relación en que se declara (la victoria de Fuenterrabía), p. 656a

Relación extensa portuguesa (del ataque portugués a Cartagena de Indias, derrotado por los españoles), p. 656a

Relación fúnebre (de la Emperatriz María), p. 656a

[Relación] (del ataque a Tirlemont, q.v.), p. 656a

[Relación manuscrita:] (los franceses quemaron doce navíos españoles en Guetaria), p. 656a

Relación verdadera de la derrota (de los franceses por los españoles en Villanoveta), p. 656b

Relación verdadera de la entrada (de los franceses en Cerdeña), p. 656b

Relación verdadera de la famosa victoria (del Infante-Cardenal sobre los franceses en San Omer y los holandeses en Geldern), p. 656b

Relación verdadera de la famosa y memorable victoria (que ganó el Emperador contra los enemigos herejes de la casa de Austria), p. 657a

Relación verdadera de la felicísima victoria (del Archiduque Leopoldo contra los franceses, suecos y los de Hessia y Weimar), p. 657a

Relación verdadera de la gran tormenta (y pérdida de naves, personas y mercaderías de Holanda), p. 657a

Relación verdadera de la gran victoria que han alcanzado (los españoles contra los holandeses en la Bahía de Todos los Santos del Brasil), p. 657a (v. la *Relación de la victoria que alcanzaron...*, p. 654a)

Relación verdadera de la gran victoria que tuvo...Antonio de Oquendo... (contra 40 navíos holandeses en el Canal de la Mancha), p. 657b

Relación verdadera de la grandiosa victoria (contra Francia en Fuenterrabía), p. 657b

Relación verdadera de la insigne victoria (de Fuenterrabía), p. 657b

Relación verdadera de la refriega (victoriosa de nuestros galeones de La Plata contra 14 navíos de Holanda), p. 657b

Relación verdadera de la victoria (de Tomás y Leganés al tomar Turín), p. 658a

Relación verdadera de las famosas victorias (de Francisco de Melo, conde de Assumar, y Andrés Cantelmo contra Francia en Flandes), p. 658a

Relación verdadera de las grandes mercedes (de Felipe IV a los españoles de Fuenterrabía), p. 658a

Relación verdadera de las grandes victorias (por el Infante-Cardenal en Flandes contra el príncipe de Orange y otros), p. 658a

Relación verdadera de las victorias (que ganó el Infante-Cardenal en Flandes contra los franceses y holandeses), p. 658b

Relación verdadera de lo que sucedió (en la conquista de la villa de Bassé por Francisco de Melo, conde de Assumar), p. 658b

Relación verdadera de los eminentísimos (cardenales que en 1641 creó Urbano VIII), p. 658b

Relación verdadera de los sucesos (del marqués de Leganés contra Francia en los estados de Milán en 1638), p. 658b

**Relación verdadera de todo* (lo sucedido en el bautismo de la Infanta María de Quiñones), p. 659a

Relación verdadera del viaje (de los galeones y las dos batallas en Pan de Cabañas [Cuba] contra los holandeses), p. 659a

Relación verdadera y puntual (de la conquista de la fortaleza de Bren por el marqués de Leganés, en 1638), p. 659a

Relación y memorial (de las maravillas del alcázar de Arjona, q.v.), p. 659a

Relación y traslado (de una carta atribuida a veces a Quevedo, sobre la sombra de M. de la Forza, quien relata el desastre de Francia en Fuenterrabía), pág. 659a (véase anteriormente *La sombra del monseñor de la Forza*, p. 677a)

Relaciones de...la corte de España (v. Cabrera de Córdoba, Luis), p. 660a

Relation a sou Altesse le Cardenal-Infante, par...Rommecourt (sobre la batalla por el Condado de Lorraine), p. 659b

Salsas recuperada (romance heroico por Rafael Nogués, q.v.), p. 663a

Segunda parte de las insignes victorias del Infante-Cardenal (en Flandes sobre los franceses y holandeses y el príncipe Tomás), p. 664b

Segunda relación de [sic] *14 sept....de Fuenterrabía...* (por el P. Cristóbal Escudero, S.J.), p. 626a; resumen en la p. 664b

Segunda relación de la gran presa... en Fuenterrabía... (por el Padre Cristóbal Escudero, S.J., q.v., página 626a; resumen en la página 664b; hay tres versiones [dos "relaciones" y un "suceso", que sigue, todos por Escudero])

Segundo suceso...de la venida de los franceses en Fuenterrabía..., (atribuido al P. Cristóbal Escudero, p. 626a; resumen en la p. 664b)

Sitio y socorro de Fuenterrabía y sucesos del año de 1638 (v. en la Bibliografía la ficha de Palafox y Mendoza, Juan de, p. 645b)

Sitio y toma del castillo...de Cencho (v. en la Bibliografía la ficha de San Martín y Corvera, Rodrigo de, pág. 665b)

Socorros que han acudido y entrado en la villa de Fuenterrabía, así de Castilla y Portugal... (véase en la Bibliografía la ficha de "Socorros...", p. 665b)

Suceso lastimoso que en la ciudad de Valladolid ha causado la inundación..., p. 666b

Suceso que han tenido las galeras de España y Sicilia con las de Francia.., p. 666b

Sucesos de la armada de S.M. en Italia y socorros de Puerto Hércules y Orbitello, p. 666b

Sucesos de la guerra en el principado de Cataluña... (sobre Perpignán y Salsas), p. 666b

Sucesos de nuestras armas en Francia y Holanda... y victoria que tuvo el conde Juan de Weerth..., p. 667a

Sucesos más principales...de España en ...1639..., p. 667a

Sucesos por días de la guerra del Rosellón (v. San Raimundo, Vicente), p. 667a

Sucesos principales de la monarquía de España en... [1639] (véase Malvezzi, Virgilio), p. 667a

Sucesos y victorias... (v. Mendoza, Antonio de), p. 667a

Sumario...de lo sucedido en España (y otras regiones, de 1638 a 1640, p. 667a)

Toma de Turín, corte de Saboya, y felices victorias de las armas católicas contra las de Francia, p. 669b

Tortosa fidelísima (v. Miraball y Forcadell, Vicente), p. 669b

Traslado de una...relación...de las...victorias que ha tenido el...marqués de Leganés...contra...Francia (en el estado de Milán y en 1638), p. 670a

Verdadera relación de...la toma de la inexpugnable plaza de Philipsburgh (en 1635 por Gaspar Damberger), p. 671b

Verdadera relación del espantoso terremoto...de 1638...en...Calabria..., p. 672a

LISTA DE LIBROS CITADOS Y DE CONSULTA

Sigue una lista de los libros que de tarde en tarde he citado en las fichas del *Índice*, y de algunos otros utilizados con frecuencia pero no siempre citados. La escasez de documentación de las fichas responde no sólo a la falta de fuentes impresas, sino también a la necesidad de limitar la extensión del libro. La lista de abreviaturas se halla en la p. xi y la de las siglas en la p. 611.

Afrodisio Aguado, S.A. (v. *España y Portugal*)
Aldea Vaquero, Quintín; Tomás Marín Martínez y José Vives Gatell. *Diccionario de historia eclesiástica de España* (M: Instituto Enrique Flórez, 1972), 5 tomos. Ej: FIU, BNM. He consultado sus listas documentadas de Patriarcas de las Indias y de ciertos Cardenales que están sin documentar en los otros repertorios consultados.
Álvarez y Baena, José Antonio. *Hijos de Madrid* (M: B. Cano, 1789-1791), 4 tomos. Ej: CtY, BNM
Arbeloa, Agustín Egüés. *La doctrina de la predestinación y de la gracia eficaz en Juan Martínez Ripalda* (Pamplona, 1950), 194 pp.
Archivio Biografico Italiano (v. a continuación la ficha del *Indice biografico Italiano*, que describe los tres *Archivios Biograficos Italianos*).
Archivo biográfico de España, Portugal e Iberoamérica (v. a continuación la ficha del *Índice biográfico de España, Portugal e Iberoamérica*, que describe dicho *Archivo*).
Argegni, Corrado. *Condottieri, capitani, tribuni* (Milán: Tosi, 1936-1937), 3 tomos. Enciclopedia bio-bibiografica italiana. Referencia: *Archivo Biografico Italiano, Nuova Serie*.
Astráin, Antonio. *Historia de la Compañía de Jesús en la asistencia de España* (M: Sucesores de Rivadeneyra, 1902-1925), 7 tomos. Ej: BNM
Atlas universal [México], edición de Reader's Digest México (EE.UU: Rand McNally, 1992), 239 pp.
Atienza, Julio de. *Nobiliario español: Diccionario heráldico de apellidos españoles y de títulos nobiliarios* (M: Aguilar, 1959), 1.084 pp. (tercera edición, más completa que la primera de 1948 y la segunda). Ej: Crosby, Santiago
Baedeker, Karl. *Belgium and Holland* (Leipzig: Baedeker, 1905), 474 pp. Ej: BNM, Crosby (más que cualquier otra serie, la de Baedeker me ha localizado las pequeñas aldeas que mencionan los Jesuitas)
– *Northern Italy* (Leipzig: Baedeker, 1895), 511 pp. Ej: BNM, Crosby
– *Italy: Central Italy and Rome* (Leipzig: Baedeker, 1897), 438 pp. Ej: BNM, Crosby
– *Italy from the Alps to Naples* (Leipzig: Baedeker, 1909), 398 pp. Ej: BNM, Crosby
– *Southern Italy and Sicily* (Leipzig: Baedeker, 1912), 508 pp. Ej: BNM, Crosby
– *Northern Germany* (Leipzig: Baedeker, 1886), 460 pp. Ej: Crosby
– *Southern Germany* (Leipzig: Baedeker, 1907), 335 pp. Ej: BNM, Crosby

- *Spain and Portugal* (Leipzig: Baedeker, 1901), 608 pp. Ej: BNM, Crosby
- *The Rhine from Rotterdam to Constance* (Leipzig: Baedeker, 1880), 372 pp. Ej: Crosby

Barbosa Machado, Diõgo. *Bibliotheca lusitana historica, critica e cronologica* (Coimbra: Atlãntida Editora, 1965-1967), 4 tomos. Ej: UM, BNM

Bennett, Martyn. *The Civil Wars in Britain and Ireland, 1638-1651* (Oxford: Blackwell, 1997), 446 pp. Ej: UM

Bethencourt (v. Fernández de Bethencourt, Francisco)

Bibliothèque Nationale, Catalogue Général des livres imprimés de la, por el Ministère de l'Éducation Nationale (París: Imprimeri Nationale, 1924-1977), 226 tomos. Ej: CtY, IU, UM

Blaeu, Joan. *Atlas maior of 1665*, ed. de Benedikt Taschen (Colonia: Taschen GmbH, 2005), 593 pp. Ej: Crosby

Blasoneshinos.com (http.//www.blasoneshispanos.com/Blasones/Armoriales/MM/Moncada/htm), s.v. III marqués de Aytona: su hija Catalina.

Borbón, Isabel de (v. *Pompa funeral...de Isabel de Borbón...*)

Brandi, Karl. *The Emperor Charles V*, traducción de Cicely V. Wedgwood (London: Jonathan Cape, 1968), 655 pp. Ej: UM

British Library, The. *General Catalogue of Printed Books* (Londres: Trustees of the British Library, 1965-1968), 263 tomos, tamaño folio a dos columnas. Incluye libros adquiridos hasta el año de 1955. Hay Suplemento correspondiente a 1956-1965, en 50 tomos del mismo formato. Ej: CtY, IU, MH, NIC, NN, UM

Brockhaus Enzyklopädie (Mannheim: F. A. Brockhaus, 1986-1994), 24 tomos. Ej: UM

Cabezas, Juan Antonio. *Madrid* (B: Ediciones Destino, 1954), 560 pp. Ej: BNM, Crosby

Candida-Gonzaga, Berardo. *Memorie delle famiglie nobili delle province meridionali d' Italia* (Nápoles: G. de Angelis, 1875-1882), 6 tomos. Ej: UM

Cánovas del Castillo, Antonio. *Estudios del reinado de Felipe IV* (M: A. Pérez Dubrull, 1888). Ej: BNM

Cardella, Lorenzo. *Memorie storiche de' cardinali della santa romana chiesa* (Roma: Pagliarini, 1792-1797), 9 tomos. Reproducción fotolitográfica (Vaticano: Biblioteca Vaticana, 1970), 9 tomos.

"Cardinals of the Holy Roman Church" (v. Miranda, Salvador)

Carraffa (v. García Carraffa, Alberto y Arturo)

Cartagena de Indias: www.cartagenatravel.com, "Murallas de Getsemaní" y "Baluarte de Santa Catalina y San Lucas"; www.cartagenacaribe.com, "Proceso de fortificación de Cartagena"

Clarendon, Edward, Earl of. *The History of the Rebellion and Civil Wars in England* (Oxford: University Press, 1843), 1.364 pp. Ej: UM, BNM. Tiene un Índice enorme y sumamente detallado.

CODOIN (v. la ficha que sigue)

Colección de documentos inéditos para la historia de España, recogidos por varios investigadores (M: Real Academia de la Historia, 1842- hacia 1900), 112 tomos. Ej: BNM, CtY. Hay índices excelentes (v. Paz, J., *Catálogo*).
Criado de Cabañas, Juan. *Epicedio a la muerte del lic. D. Antonio de León Pinelo, Oidor de la Contratación de Sevilla y Coronista mayor de las Indias* (M: Diego Díaz de la Carrera, 1660). Ej: BNM
Cristofori, Francesco. *Cronotassi dei cardinali di Santa Romana Chiesa...* (Roma: Tipografia de Propaganda Fide, 1888), 506 pp. Ej: ICN
Crollalanza, Giovanni B. di (v. Di Crollalanza, Giovanni B.)
Crosby, James O. "Cuarenta y dos cartas de Quevedo a dos jesuitas distinguidos", *La Perinola* (Pamplona), núm. 2 (1998), 215-236 (v. *Nuevas cartas...*).
– *En torno a la poesía de Quevedo* (M: Castalia, 1967), 268 pp. Ej: BNM
– *Índice de apellidos, títulos y oficios de la corte real y del gobierno del Imperio nombrados en el libro de la "Pompa funeral, honras y exequias...de Isabel de Borbón, Reina de las Españas"* (ej. mecanografiados en el Legado de Crosby de la biblioteca de la Universidad de Santiago de Compostela; la Hispanic Society of America [New York City]; y la Biblioteca Nacional de España en Madrid).
– "La última prisión de Quevedo: documentos atribuidos, atribuibles y apócrifos", *La Perinola* (Pamplona), núm. 1 (1997), 101-122 (las páginas sobre la atribución a Quevedo de tres memoriales y cuatro epístolas se han revisado y corregido en *Nuevas cartas...*, Introducción, apartado 6, pp. 51-61).
– *Nuevas cartas de la última prisión de Quevedo* (Woodbridge, Suffolk: Támesis, 2005), 490 pp. Ej: BNM
– *Poesía varia* (v. Quevedo)
– *Sueños y discursos* (v. Quevedo)
– *The Text Tradition of the* Memorial *"Católica, sacra, real Magestad"* (Lawrence, Kansas, EE.UU., University Press, 1958), 81 pp. Ej: BNM
Crosby, James O., y Pablo Jauralde Pou. *Quevedo y su familia en setecientos documentos notariales (1567-1724)* (M: Edad de Oro y la Universidad Autónoma, 1992), 434 pp. Ej: BNM
Crosby, James O., y Ángel San Vicente (v. San Vicente, Ángel)
Cuartero y Huerta, Baltasar (v. el *Índice de la Colección de don Luis de Salazar y Castro*)
Di Crollalanza, Giovanni Battista. *Dizionario storco-blasonico delle famiglie nobili, estinte e fiorenti* (Pisa: Giornale araldico, 1886-1890), 3 tomos. Ej: NN
Díaz Noci, Javier. "Del suceso a la fiesta. La construcción del acontecimiento en el Siglo de Oro español a través de las relaciones sobre el sitio de Fuenterrabía (1638)", *Euskonews y Media*, noviembre de 2001 (San Sebastián: Sociedad de Estudios Vascos, 2001)
Dicc. Aut. (v. la ficha que sigue)
Diccionario de autoridades de la Real Academia Española, edición facsímil (M: Editorial Gredos, 1963), 3 tomos.
Diccionario de historia eclesiástica de España (v. Aldea Vaquero, Quintín)
Diccionario de la lengua española (v. Real Academia Española)

Dictionary of National Biography, edición de Leslie Stephen y Sidney Lee (Oxford: University Press, 1937-1938), 22 tomos. Ej: UM, BNM. Contiene artículos detallados y documentación multinacional. Recientemente se ha publicado una versión ampliada: *Oxford Dictionary of National Biography*, q.v.
Dictionnaire de biographie française (París: Letouzey y Ané, 1933-2001), tomos I-XVIII, letras A-L. Ej:UM
Dizionario Biografico degli Italiani (Roma, 1960-2004), 63 tomos (hasta la letra L). Contiene miles de bosquejos biográficos extensos con documentación muy amplia (v. a continuación el *Indice Biografico Italiano*). Ej: UM, BNM.
DNB (v. el *Dictionary of National Biography*).
Duque de Estrada, Diego, *Comentarios del desengañado*, edición de [Pascual de Gayangos] en el *Memorial Histórico Español*, t. XII, de la Real Academia de la Historia (M: Imprenta Nacional, 1860), 532 pp. Ej: UM, BNM. Lleva un "Índice alfabético de nombres propios", pp. 517-532.
Elliott, J. H. "Nueva luz sobre la prisión de Quevedo y Adam de la Parra", *Boletín de la Real Academia de la Historia* (Madrid), CLXIX (1972), 171-182. Ej: Santiago
– *The Count-Duke of Olivares* (New Haven y Londres: Yale Univ. Press, 1986), 733 pp. Ej: BNM, Crosby
– *The Revolt of the Catalans: A Study in the Decline of Spain* (Cambridge, England: University Press, 1963), 624 pp. Ej: BNM, Crosby
Enciclopedia italiana di scienze, lettere ed arti ([Roma:] Istituto Giovanni Treccani, 1929-1961), 39 tomos. Ej: UM
Enciclopédia portuguesa (v. *Grande enciclopédia portuguesa e brasileira*)
Enciclopedia universal ilustrada europea-americana (M: Espasa-Calpe, s.a.), 70 tomos. Apéndice de 10 tomos y suplementos hasta 2002. Ej: FIU
Enciclopédique Larousse (v. *Grand dictionnaire enciclopédique Larousse*)
Enciso Alonso-Muñumer, Isabel. *Linaje, poder y cultura: el virreinato de Nápoles a comienzos del XVII. Pedro Fernández de Castro, VII conde de Lemos* (M, 2002), 1.126 pp. Tesis doctoral de la Univ. Complutense.
Encyclopedia Britannica (v. *The New Encyclopedia...*)
Escudero, José Antonio. *Los secretarios de Estado y de Despacho (1474-1724)* (M: Instituto de Estudios Administrativos, 1976), 4 tomos. Ej: BNM
España y Portugal: Guías Afrodisio Aguado (M: Editorial Afrodisio Aguado, 1952), 973 pp. Ej: Crosby
Espasa-Calpe (v. Enciclopedia universal)
Ezquerra Abadía, Ramón. *La conspiración del duque de Híjar (1648)* (M: M. Borondo, 1934), 334 pp. Ej: BNM
Fayard, Janine. "José González (1583?-1668), 'créature' du comte-duc d'Olivares et conseiller de Philippe IV", en *Hommage a Roland Mousnier* (París, 1981), pp. 351-368. Ej: Santiago
– *Los miembros del Consejo de Castilla (1621-1746)* (M: Siglo XXI de España, 1982), 565 pp. Ej: BNM; Santiago. Contiene información sobre muchos individuos mencionados en el presente índice, y sobre la historia y las responsabilidades de los Consejos y sus secretarios y fiscales, la Cámara del de Castilla, la Sala de los alcal-

des de Casa y Corte y los manteístas y colegiales (v. el índice de materias), y una bibliografía muy extensa.

Fernández Álvarez, Manuel. *Carlos V, el César y el hombre* (M: Espasa Calpe, 2006), 887 pp. Ej: UM

Fernández-Chicarro y de Dios, Concepción. "El Convento Jurídico Hispalense según los textos clásicos y los hallazgos arqueológicos", en la revista *Helmántica* (Salamanca), núm. 14 (1953), pp. 285 y ss. Ej: BNM

Fernández de Bethencourt, Francisco. *Historia genealógica y heráldica de la monarquía española* (M: Enrique Teodoro, 1897-1920), 10 tomos. Ej: NUC, HSA, UM, BNM

Fernández Duro, Cesáreo. *El gran duque de Osuna y su marina* (M: Sucesores de Rivadeneyra, 1885), 458 pp. Ej: BNM, Crosby, Santiago

Firestone Hispania, Sección Cartográfica. Mapa Firestone Hispania (San Sebastián: Talleres Offset, 1951), 17 mapas regionales de España. Quinta edición. Escala de 1:400.000 (1 cm. = 4 km.). Las 17 mapas me han ayudado mucho en la búsqueda de los pueblos pequeños que mencionan los Jesuitas. Ej: Crosby

Flórez, P. Enrique. *España sagrada* (M: Pedro Marín, 1747-1918), 52 tomos. Ej: CtY, BNM

Fuente, Vicente de la. *Historia eclesiástica de España* (M: Compañía de Impresores y Libreros del Reino, 1873-1875), 6 tomos. Segunda edición, corregida y aumentada. Ej: NN, NNC, BNM

Gallardo, Bartolomé José. *Ensayo de una biblioteca española de libros raros y curiosos* (M: M. Rivadeneyra, 1863-1889), 4 tomos. Ej: HSA, BNM, Stanford University (Palo Alto, California)

Gams, Pius Bonifacius. *Series episcoporum ecclesiae catholicae* (Graz: Akademische Druck, 1957), 112 páginas. Reimpresión de la ed. de 1886. Ej: NUC, BNM; Santiago; Crosby

García Carraffa, Alberto y Arturo. *Diccionario heráldico y genealógico de apellidos españoles y americanos* (M: Nueva Imprenta Radio, y posteriormente, Hauser y Menet, 1927-1963), 86 tomos. Ej: HSA, NN, NUC, BNM. Por la muerte del último hermano de los García Carraffa, termina el *Diccionario* con el apellido de Urríes (v. la continuación por Endika Mogrobejo). En mis citas sigo la numeración impresa en la portada de cada tomo, que no varía de ejemplar en ejemplar. Al principio de la serie los autores agregaron dos tomos adicionales sobre la heráldica, que numeraron 1 y 2, lo cual dio lugar a que en los lomos de algunas encuadernaciones se corriera la numeración de los tomos por dos cifras (del 1 al 88), y se leyera el título de *Enciclopedia heráldica y genealógica hispanoamericana*.

García Ramila, Ismael. *D. Diego de Riaño y Gamboa, insigne burgalés y hombre de estado* (Burgos, 1958). Ej: BNM

Giraldo, Juan Manuel. *Vida y heroycos hechos del excelentíssimo y venerable señor D. Diego de Arze Reynoso, obispo de Tuy, Ávila y Plasencia, inquisidor general* (Madrid, 1695). Ej: BNM

González Palencia, Ángel. "Quevedo pleitista", en su libro *Del "Lazarillo" a Quevedo* (M: CSIC, 1946), 305-394. Ej: BNM, Santiago

Grand dictionnaire enciclopédique Larousse (Paris: Librairie Larousse, 1982-1985), 10 tomos. ej: UM (mucho más extensa es *La grande encyclopédie*..., q.v.)
Grande enciclopédia portuguesa e brasileira (Lisboa: Editorial Enciclopédia, 1960), 40 tomos. Ej: UM
Guitarte Izquierdo, Vidal. *Episcopologio español, 1500-1699: españoles obispos en España, América, Filipinas y otros países* (Roma: Instituto Español de Historia Eclesiástica, 1994), 318 pp. Ej: FIU
Heinemeier, Dan C. *A Social History of Hesse: Roman Times to 1900* (Arlington, Virginia, EE.UU.: Heinemeier Publications, 2002), 377 pp. Ej: UM
Indice Biografico Italiano (Munich: K. G. Saur, 2002), 10 tomos, tamaño folio, a tres columnas. Tercera edición, ampliada; ej: UM. Índice alfabético y documentado de las 342.600 fichas cuyos textos biográficos se reproducen en las 2.309 microfichas del *Archivio Biografico Italiano* [primera serie; sigla ABI, o I], del *Archivio Biografico Italiano, Nuova serie* [sigla ABII, o II], y del *Archivio Biografico Italiano sino al 1996* (sigla ABIII, o III). ej: UM (las signaturas de las tres series de microfichas correspondientes son respectivamente, Mfiche 1580, Mfiche 1581 y Mfiche 1578; la editorial se complace en identificar para los lectores las bibliotecas que tienen ejemplares de la colección de microfichas). V. anteriormente la ficha del *Dizionario biografico degli Italiani*.
Índice biográfico de España, Portugal e Iberoamérica, dirigido por Víctor Herrero Mediavilla y Lolita Rosa Aguayo Nayle (Munich, New York, London y París: K. G. Saur, 1990), 4 tomos, tamaño folio, a tres columnas; ej: UM. Índice alfabético y documentado de unas 200.000 fichas cuyos textos biográficos se reproducen en las 1.143 microfichas del *Archivo biográfico de España, Portugal e Iberoamérica* (la editorial se complace en identificar para los lectores las bibliotecas que tienen ejemplares de la colección de microfichas).
Índice de apellidos y títulos de los de la corte real... (v. Crosby, James O., *Índice de apellidos...*).
Índice de la Colección de don Luis de Salazar y Castro, formado por Antonio de Vargas-Zúñiga y Montero de Espinosa, marqués de Siete-Iglesias, y Baltasar Cuartero y Huerta (M: Real Academia de la Historia, 1949), 49 tomos; Ej: UM, BNM. Cada tomo tiene varios índices alfabéticos.
Índice de Salazar (v. la ficha anterior).
Isabel de Borbón (v. *Pompa funeral...de Isabel de Borbón...*)
Jauralde Pou, Pablo (v. Crosby, James O.)
Jiménez Catalán, Manuel. *Don Gregorio de Brito* (v. la Bibliografía)
– *Ensayo de una tipografía zaragozana del siglo XVII* (Zaragoza, 1925), 513 pp. Ej: BNM, Santiago
Jöcher, Christian Gottlieb. *Allgemeines Gelehrten-Lexicon...* (Leipzig, 1750-1751). ej: BL. Revisado por Johann Christoph Adelung (Leipzig, 1784-1787). Ej: BL.
Jover, José María. *1635: Historia de una polémica y semblanza de una generación* (M: CSIC, 1949), 565 pp. Ej: BNM, Santiago
Kelly, J. N. D. *The Oxford Dictionary of Popes* (Oxford: Oxford University Press, 1986).

Khevenhüller, Franz Christoph. *Annales Ferdinandei, oder wahrhafte Beschreibung Käyser's Ferdinandi des Andern Geburt, Auferziehung und...Thaten...* (Ratisbona y Viena, 1640-1646; revisado: Leipzig, 1721-1726), 12 tomos. Ej: BL
King's College Archives (Londres):
http://www.kcl.ac.uk/iss/archives/collect/10at1-1.html
La corte y monarquía de España en los años de 1636 y 1637 (v. Rodríguez Villa, Antonio, editor). Ej: Crosby
La grande encyclopédie: Inventaire raisonné des sciences, des lettres et des arts (París: H. Lamirault, 1886-1902), 31 tomos. Ej: FIU (mucho más extensa que la *Grand dictionnaire enciclopédique...*, q.v.)
Larousse (v. *Grand dictionnaire enciclopédique Larousse*)
Latassa, Félix de. *Bibliotecas antigua y nueva de autores aragoneses*, ed. de Miguel Gómez Uriel (Zaragoza: Calisto Ariño, 1886), 3 tomos. Ej: BNM
Library of Congress (v. *National Union Catalogue*)
López Castillo, José. *Antonio de León Pinelo: Estudio crítico, documental y bibliográfico de su obra "El gran Canciller"* (Tesis doctoral, Universidad Complutense de Madrid, 2002)
López de Haro, Alonso. *Nobiliario genealógico de los reyes y títulos de España* (M: Luis Sánchez, 1622), 2 tomos. Ej: HSA; NUC, BNM.
Madoz, Pascual. *Diccionario geográfico-estadístico-histórico de España y sus posesiones de ultramar* (M: Pascual Madoz y L. Sagasti, 1845-1850), 16 tomos. Ej: UM, BNM
Mann, Golo. *Wallenstein*, traducción de Charles Kessler (New York: Holt, Rinehart and Winston, 1976), 909 pp. Ej: UM
Manuel de Melo, Francisco (v. Melo, Francisco Manuel de)
Marañón, Gregorio. *El Conde-Duque de Olivares* (M: Espasa-Calpe, 1952), 530 pp. Tercera edición. Ej: BNM, Crosby
Marradas, P. *El camino para el Imperio: Notas para el estudio de la cuestión de Valtelina* (M: 1943).
Matute y Gaviria, Justino. *Hijos de Sevilla señalados en santidad, letras, artes o dignidad* (Sevilla, 1886), 2 tomos. Ej: BNM
Melo, Francisco Manuel de (1608-1666). *Epanáforas de vária história portuguesa*, ed. de Edgar Prestage (Coimbra: Universidade, 1931), 463 pp. La primera ed. de las cinco *Epanáforas* salió en Lisboa, 1660. Ej: BL (t. 152, col. 208), NUC, BNM
– *Historia de los movimientos y separación de Cataluña y de la guerra entre la majestad católica de Felipe IV, rey de Castilla y de Aragón, y la Diputación General de aquel Principado...escrita por Clemente Libertino* (San Vicente: Pablo Craesbeeck, 1645), 165 hojas (Craesbeeck fue impresor de Lisboa de 1633 a 1660). Ej: BL (t. 152, col. 208), NUC, BNM. Hay ed. moderna: Barcelona, Editorial 7 1/2 de la Univ. de Barcelona, 1981, 260 pp. Ej: NUC, BNM. (También en la BAE, XXI, pp. 459-535). Varias ediciones modernas reproducen incorrectamente el título de la primera de 1645. La obra se conoce también por el título de *Guerra de Cataluña* (ed. de Joan Estruch i Tobella, M: Clásicos Castalia, 1996).
Mercado Egea, Joaquín. *Felipe IV en las Andalucías* (Santisteban del Puerto [Jaén]: Cuadernos de El Condado, 1980). Ej: BNM signatura VC/13303/3

Miranda, Salvador. "Cardinals of the Holy Roman Church: Biographical Dictionary", del siglo XVI al XXI. http://www.fiu.edu/~mirandas/1605-1700-a-z-all.htm (compilado y documentado a base de una bibliografía muy extensa de fuentes impresas desde el siglo XVII hasta el XXI). Para los datos sobre Olimpia Aldobrandini y Camillo Pamphili, v. http://www.fiu.edu/~mirandas/bios1644.htm#Pamphilj, y también: http://www.fiu.edu/~mirandas/bios1652.htm#Aldobrandini

Mogrobejo, Endika de, con la colaboración de Irantzu Aitziber y Garikoitz de Mogrobejo-Zabala. *Diccionario hispanoamericano de heráldica, onomástica y genealogía: Adición al "Diccionario heráldico y genealógico de apellidos españoles y americanos", por Alberto y Arturo García Carraffa* [q.v.], (Bilbao: Editorial Mogrobejo-Zabala, [1995-2001]), 15 tomos. Ej: HSA, UM, BNM

Monmarché, Marcel. *France en 4 volumes: Centre et sud* (Paris: Hachette, 1929), 476 pp.

Monreal, Julio. "Grandes y grandezas", *La ilustración española y americana* (Madrid), año XXVI, núm. 30 (15 de agosto, 1882), pp. 86c-87c y 90a. Ej: BNM

Montemayor Córdoba y Cuenca, Juan Francisco. *Excubaciones Semicentum ex Decissionibus Chancellariae Sancti Dominici Insulae, vulgo dictae Española, totius novi orbis primatis* (México: Juan Francisco Rodríguez Lupercio, 1667), citado por Latassa, II, 344b. Dedicado a "Luis Guillén de Aragón Moncada, príncipe de Paternó, duque de [Montalto]" [se lee por error, Montellano, título que no existió hasta 1704: véase Julio de Atienza, *Nobiliario español*, 912a]

Moroni, Gaetano. *Indice generale alfabetico delle materie del "Dizionario di erudizione storico-ecclesiastica"* (Venecia: Tipografia Emiliana, 1878-1879), 6 tomos. De su época y para los cardenales, es una de las listas más completas que he visto. Ej: BL, MH, ICN, NN, BNM

Moroni, Gaetano. *Dizionario di erudizione storico-ecclesiastica da S. Pietro sino ai nostri giorni...* (Venecia: Tipografia Emiliana, 1840-1861), 103 tomos en 53 volúmenes. Ej: v. las cinco bibliotecas citadas, más las de la Univ. de Lille III, y la Univ. de Manchester.

Muirhead, Findlay, y Marcel Monmarché. *Northeastern France* (Londres: MacMillan, 1930), 362 pp. Serie de *The Blue Guides*. Ej: Crosby

National Union Catalogue, Pre-1956 Imprints, compilado por la Library of Congress, Washington, D.C. (Londres, 1976), 754 tomos, tamaño folio, a tres columnas. V. la ficha de las "Cartas...". Para más datos sobre este catálogo, v. Quevedo, *Sueños y discursos*, ed. de Crosby (M: Castalia, 1993), tomo I, pp. 755-756. Ej: FIU, UM, NN, NNC, MH, CtY, IU

Neue Deutsche Biographie, dirigida por la Historischen Komission bei der Bayerischen Akademie der Wissenschaften (Berlín: Duncker und Humblot, 1952-2000), tomos 1-20 (letras A-P). Ej: UM

Nieremberg, Juan Eusebio. *Varones ilustres de la Compañía de Jesús* (Bilbao: Administración del "Mensajero del Corazón de Jesús", 1887-1892), 9 tomos. Segunda edición. Ej: NN.

"Noticias de Madrid desde el año de 1636 hasta el de 1638" [33 cartas o gacetas], ed. de Antonio Rodríguez Villa en su libro *La corte y monarquía de España*, q.v.

Nouvelle biographie générale (Paris, 1862-1866), 46 tomos. Reproducción fototipográfica (Copenhague, 1963), 46 tomos. Ej: UM, BNM

Novoa, Matías de. *Historia de Felipe IV, rey de España*, publicada en la *Colección de documentos inéditos para la historia de España* (M: M. Ginesta, 1875-1886), tomos 60, 61, 69, 77 (sobre los años 1636-1637), 80 (años 1640-1641) y 86 (1642-1645). Ej: CtY, BNM

Ohlmeyer, Jane H., editora. *Ireland from Independence to Occupation, 1641-1660* (Cambridge: Cambridge University Press, 1995), 324 pp. Ej: UM, BNM

Orozco, Francisco de. *Conquista de Cataluña* (v. la Bibliografía)

Oxford Dictionary of National Biography (Oxford: University Press, 2004), 60 tomos. Ej: UM

Pardo Manuel de Villena, Alfonso. *El conde de Lemos: Un mecenas español del siglo XVII* (M: Imprenta Jaime Ratés Martín, 1912), 311 pp. Ej: BNM, Crosby

Paz, José L. G. de. "Mendoza: Poderosos señores", sección titulada "La casa del Infantado: Fue la cabeza de todos los Mendoza", y otra sección titulada "La casa del Infantado: Breve biografía de algunos de sus miembros: Catalina, VIII duquesa" [versa sobre el VII Duque] (M: Univ. Autónoma, 1998), en la red (con bibliografía): www.uam.es/personal_pdi/ciencias/depaz/mendoza/infantad.htm. Estudios breves a base de buena documentación.

Paz, Julián. *Catálogo de la "Colección de documentos inéditos para la historia de España"* (M: Instituto de Valencia de Don Juan, 1930-1931), 2 tomos. Ej: BNM. Tiene un índice onomástico de unos cinco mil fichas más otros cinco índices.

Pellicer y Tovar, Josef. *Avisos* (del 17 de mayo, 1639, hasta fines de 1644; publicados por Antonio Valladares de Sotomayor en el *Semanario erudito* (M: Antonio Espina, 1790), tomos XXXI-XXXIII. Ej: CtY, BNM

Penney, Clara Louisa. "A Check-List of Hispanic Printing Sites and Printers, 1468?-1700", en su *List of Books Printed 1601-1700 in the Library of the Hispanic Society of America* (New York: Hispanic Society, 1938), Apéndice II, pp. 711-938, seguido de un "Index: Printers, Presses, Publishers and Sellers of Hispanic Books through the Seventeenth Century", pp. 939-972. ej: HSA, Crosby

– *Printed Books, 1468-1700, in the Hispanic Society of America* (New York: Hispanic Society, 1965), 614 pp. Catálogo más completo que el otro. Ej: HSA, Crosby

Phillipps, Sir Thomas, Baronet (de su colección inmensa de mss. y libros antiguos hay dos catálogos: uno en el *General Catalogue* de la British Library, q.v., tomo 188, columnas 1033-1040, y el otro en el *National Union Catalogue* de la Library of Congress, EE.UU., q.v., tomo 456, columnas 12c-16c.

Polisensky, Josef V. *The Thirty Years War*, translated from the Czech by Robert Evans (Berkeley and Los Angeles: Univ. of California Press, 1971), 305 pp. Ej: UM

Pompa funeral, honras y exequias...de Isabel de Borbón, Reina de las Españas... (Madrid: Diego Díaz de la Carrera, 1645), 171 folios. Ej: HSA, Univ. de Virginia; Brown Univ.: microfilm. De este libro saqué el *Índice de apellidos, títulos y oficios...* citado anteriormente (para más detalles, v. Crosby, *Nuevas cartas...*, p. 458).

Puerta Rosell, María Fernanda. *Platería Madrileña: Colecciones de la segunda mitad del siglo XVII* (M: 1994), 2 tomos. Tesis doctoral de la Univ. Complutense

Quevedo Villegas, Francisco de. *Obras*, ed. de Aureliano Fernández Guerra (M: Atlas, 1952). Biblioteca de Autores Españoles, tomos XXIII y XLVIII. Ej: BNM
- *Poesía varia*, ed. de Crosby (M: Editorial Cátedra, 1982), 634 pp. Antología de acuerdo con la orden de sucesión del autor y su editor, Josef Antonio González de Salas. Ej: BNM
- *Sueños y discursos*, ed. crítica de Crosby (M: Castalia, 1993), 2 tomos. Nueva Biblioteca de Erudición y Crítica. ej: UM, BNM
- *Virtud militante. Contra las cuatro pestes del mundo, invidia, ingratitud, soberbia, avaricia*, ed. crítica de Alfonso Rey (Santiago de Compostela: Universidad de Santiago de Compostela, 1985), 324 pp. Ej: HSA, BNM
Real Academia Española. *Diccionario de la lengua española* (M: Espasa-Calpe, 1956), 1.370 pp.
Rivarola y Pineda, Juan Félix Francisco. *Monarquía española, blasón de su nobleza* (M: A. de Mora, 1736), 2 tomos. Ej: HSA, NUC, BNM
Rodríguez Villa, Antonio. Editor de las "Noticias de Madrid desde el año de 1636 hasta el de 1638", en su libro *La corte y monarquía de España en los años de 1636 y 1637* [sic] (M: Luis Navarro, 1886), 370 pp. Ej: Crosby
Sainz de Baranda, Pedro. *Clave de la "España sagrada"*, en la CODOIN, t. XXII (M: Viuda de Calero, 1853). Ej: BNM, Stanford University (Palo Alto, California)
Salazar y Castro, Luis de (v. *Índice de la Colección de...*)
Salinas Bellver, Salvador. *Atlas de geografía universal* (M: Salinas, 1960), 70 p. Trigésimatercera edición. Ej: BNM
San Vicente, Ángel, y James O. Crosby. "Datos para la historia de Aragón: Tres Índices de 1.566 cartas del siglo XVII, casi todas inéditas", *Cuadernos de historia de Jerónimo Zurita* (Institución "Fernando el Católico", Diputación provincial, Zaragoza), números 14-15 (1963), pp. 93-198. Lleva un "Índice biográfico y genealógico", pp. 181-198. Ej: BNM
Sanabre, José. *La acción de Francia en Cataluña en la pugna por la hegemonía de Europa (1640-1659)*, (Barcelona: Librería J. Sala Badal, 1956), 731 pp. Ej: Crosby
Sánchez, Juan L. http.//www.tercios.org/personajes/feira.html
Schmidl, Carlo. *Dizionario universale dei musicisti* (Milán: Sonzogno, 1937-1938), 2 tomos más un suplemento. Ej: NN (la ed. de Milán, G. Ricordi, ¿1890?, 547 pp.)
Siete-Iglesias, marqués de (Antonio de Vargas-Zúñiga y Montero de Espinosa; v. el *Índice de la Colección de don Luis de Salazar y Castro*).
Simón Díaz, José. *Jesuitas de los siglos XVI y XVII: Escritos localizados* (M: Univ. Pontificia de Salamanca y la Fundación Universitaria Española, 1975), 499 pp. Ej: BNM
Spreti, Vittorio. *Enciclopedia storico-nobiliare italiana* (Bologna: Forni Editore, 1968-1969), 9 tomos. Ej: UM, BNM
The New Encyclopedia Britannica (Chicago: Encyclopedia Britannica, 2002), 29 tomos.
Vargas-Zúñiga y Montero de Espinosa, Antonio de, marqués de Siete-Iglesias (v. el *Índice de la Colección de don Luis de Salazar y Castro*).

Vilar y Pascual, Luis. *Diccionario histórico, genealógico y heráldico de las familias ilustres de la monarquía española* (M: D. F. Sánchez y Agustín Espinoza, 1859), tomo I, 474 pp. Ej: BNM, Oxford University
Wedgwood, Cicely Veronica. *The Thirty Years War* (London: Johnathan Cape, 1944), 544 pp. Ej: UM, BNM. Estudio clásico sobre el tema.
Wilkinson, Clennell. *Prince Rupert the Cavalier* (Philadelphia y Londres: J. B. Lippincott, 1935), 260 pp. (Versa sobre los Condes-Palatinos del Rhin).
www.tercios.org/personajes/velasco_luis.html (sobre los cinco condes de Salazar)
Zabaleta, *El día de fiesta* (v. la Bibliografía)

Handbook of Experimental Pharmacology

Volume 144

Editorial Board

G.V.R. Born, London
D. Ganten, Berlin
H. Herken, Berlin
K. Starke, Freiburg i. Br.
P. Taylor, La Jolla, CA

Springer-Verlag Berlin Heidelberg GmbH

Neuronal Nicotinic Receptors

Contributors

E.X. Albuquerque, M. Alkondon, S.P. Arneric, M. Ballivet,
D.K. Berg, D. Bertrand, D.A. Brown, B. Buisson, K.T. Chang,
J.-P. Changeux, F. Clementi, A.C. Collins, D. Colquhoun,
J. Court, J. Cuevas, E.S. Deneris, G. Di Chiara, H.M. Eisenberg,
M.M. Francis, C. Gotti, E.D. Gundelfinger, W. Hanke,
M.W. Holladay, S. Kaiser, S.H. Keller, M. Kelton, S.S. Leonard,
E.D. Levin, J. Lindstrom, A. Maelicke, S. Malany, L.M. Marubio,
J.-M. Matter, J.M. McIntosh, N.S. Millar, B. Molles, P. Newhouse,
A. Nordberg, H. Osaka, R.L. Papke, E. Perry, F. Picard,
P.B. Sargent, A. Schrattenholz, R. Schulz, R.D. Shoop,
L.G. Sivilotti, L. Soliakov, J.A. Stitzel, P. Taylor, S. Wonnacott,
M. Zoli

Editors
F. Clementi, D. Fornasari, and C. Gotti

Springer

Professor Dr. FRANCESCO CLEMENTI
e-mail: clementi@csfic.mi.cnr.it

Dr. DIEGO FORNASARI
e-mail: fornasari@farma9.csfic.cnr.it

DR. CECILIA GOTTI
e-mail: gotti@farma4.csfic.mi.cnr.it

Università degli Studi di Milano
Dipartimento di Farmacologia, Chemoterapia
e Tossicologia Medica "Emilio Trabucchi"
Via Vanvitelli, 32
20129 Milano
ITALY

With 77 Figures and 22 Tables

ISBN 978-3-642-63027-9

Library of Congress Cataloging-in-Publication Data

Neuronal nicotinic receptors / editors, F. Clementi, D. Fornasari, and C. Gotti; contributors E.X. Albuquerque...[et al.].
   p. cm. – (Handbook of experimental pharmacology; v. 144)
Includes bibliographical references and index.
ISBN 978-3-642-63027-9   ISBN 978-3-642-57079-7 (eBook)
DOI 10.1007/978-3-642-57079-7
   1. Nicotinic receptors. I. Clementi, Francesco. II. Fornasari, D. (Diego). III. Gotti, Cecilia. IV. Series.
QP905.H3 vol. 144
[QP364.7]
615'.1 s – dc21
[612.8'042]   00-026351

This work is subject to copyright. All rights are reserved, whether the whole or part of the material is concerned, specifically the rights of translation, reprinting re-use of illustrations, recitation, broadcasting, reproduction on microfilms or in any other way, and storage in data banks. Duplication of this publication or parts thereof is permitted only under the provisions of the German Copyright Law of September 9, 1965, in its current version, and permission for use must always be obtained from Springer-Verlag. Violations are liable for Prosecution under the German Copyright Law.

© Springer-Verlag Berlin Heidelberg 2000
Originally published by Springer-Verlag Berlin Heidelberg New York in 2000
Softcover reprint of the hardcover 1st edition 2000

The use of general descriptive names, registered names, etc. in this publication does not imply, even in the absence of a specific statement, that such names are exempt from the relevant protective laws and regulations and free for general use.

Product liability: The publishers cannot guarantee the accuracy of any information about dosage and application contained in this book. In every individual case the user must check such information by consulting the relevant literature.

Coverdesign: design & production GmbH, Heidelberg

Typesetting: Best-set Typesetter Ltd., Hong Kong

SPIN: 10691049   27/3020 – 5 4 3 2 1 0 – printed on acid-free paper

Preface

The study of neuronal nicotinic receptors started in 1889 with the famous article by Langley and Dickinson (*Proceedings of the Royal Society of London*, Vol. 46, pp. 423–431), who first reported that nicotine could block neuronal transmission in the superior cervical ganglion. The concept of the presence of nicotinic receptors soon followed in subsequent papers published by Langley in 1905 and 1906 (*Journal of Physiology*, Vol. 33, pp. 374–413 and *Proceedings of the Royal Society of London, series B*, Vol. 78, pp. 170–194).

Until only a few years ago, knowledge of neuronal nicotinic receptors remained confined to the ganglia, which were seen as a piece of brain transmitted to the periphery but still preserving (although to a limited extent) all of the qualitative peculiarities characteristic of the complicated construction of the central nervous system. The state-of-the-art of muscle and neuronal nicotinic receptors as it was at that time was authoritatively reviewed in the *Handbook of Experimental Pharmacology, Vol. 42, Neuromuscular Junction* edited by E. Zaimis (1976), and *Vol. 53, Pharmacology of Ganglionic Transmission* edited by D. A. Kharkevich (1980), and more recently in *Vol. 86, The Cholinergic Synapse* edited by V. P. Whittaker (1988).

Since then, however, the advances made by the combined efforts of scientists in molecular and cellular biology, medicinal chemistry, experimental psychology, molecular medicine and non-invasive diagnostics have completely revolutionised the field and greatly increased our knowledge of the structure, functions and pharmacology of these molecules, thus opening up the pathway towards furthering our understanding of their role in normal and diseased brain function. As the number of scientific articles, symposia and international meetings devoted to neuronal nicotinic receptors continues to increase, we feel that the time has come for a monographic textbook that summarises and critically reviews the different aspects of this rapidly expanding field of neuroscience. We have tried to cover the basic aspects of nicotinic receptors (their structure, biophysics and pharmacology) within the general context of the role of cerebral cholinergic pathways, but also to show their relevance to the complex cognitive functions of normal and diseased brains. This latter aspect is of considerable importance because nicotinic receptors are major targets in degenerative diseases, some affective disorders such as schizophrenia and anxiety, La Tourette's syndrome and some forms of epilepsy. An understanding of their role may indicate whether, in addition to their known usefulness in the non-invasive diagnosis and monitoring of these diseases, nicotinic agonists and antagonists may also be useful in their treatment. A number of academic and industrial laboratories are currently searching for new selective and efficacious drugs, and this aspect is also covered in the book. Finally, the difficult question of the role of nicotinic receptors in tobacco smoking addiction is explored in depth, as well as the molecular and cellular mechanisms that may underlie it.

We have attempted to provide a comprehensive overview and an up-to-date critical review of the most important data concerning these molecules, with the aim of offering both experts and newcomers a useful point of reference and a stimulus for further investigations in the basic and applied nicotinic field. If we have succeeded in our goal, the merit goes to the individual contributions of the renowned experts in the field, who have done their best to combine classical data with the latest findings. We found it a highly rewarding experience to be able to interact closely with them and gain unique insights into this rapidly evolving field of research. Since this is a multi-author volume, it is inevitable that some parts of it overlap; however, we feel that this has the advantage of allowing similar data to be discussed from different standpoints, particularly given the number of intriguing questions that are still open to debate.

We would particularly like to extend our thanks to the publishers of the handbook for giving us this wonderful opportunity and scientific challenge, and to Doris Walker of Springer's editorial office for her much appreciated patience and endurance.

Milano, November 1999
FRANCESCO CLEMENTI
DIEGO FORNASARI
CECILIA GOTTI

List of Contributors

ALBUQUERQUE, E.X., Department of Pharmacology and Experimental
 Therapeutics, University of Maryland School of Medicine,
 655 W. Baltimore Street, Baltimore MD 21201, USA
 e-mail: ealbuque@umaryland.edu
 and Departamento de Farmacologia Básica e Clínica, ICB, CCS,
 Universidade Federal do Rio de Janeiro, Rio de Janeiro, RJ 21944, Brazil

ALKONDON, M., Department of Pharmacology and Experimental
 Therapeutics, University of Maryland School of Medicine,
 655 W. Baltimore Street, Baltimore MD 21201, USA

ARNERIC, S.P., DuPont Pharmaceutical Company, CNS Diseases Research,
 Experimental Station – E400/4414, Wilmington, DE 19880-0400, USA
 e-mail: stephen.p.arneric@dupontpharma.com

BALLIVET, M., Département de Biochimie, Université de Genève,
 Sciences II, 30, quai Ernest-Ansermet, CH-1211 Genève 4, Switzerland
 e-mail: marc.ballivet@sc2a.unige.ch

BERG, D.K., Department of Biology, 0357, University of California,
 San Diego, 9500 Gilman Drive, La Jolla, CA 92093, USA
 e-mail: dberg@ucsd.edu

BERTRAND, D., Department of Physiology, Faculty of Medicine, CMU,
 1, rue Michel-Servet, CH-1211 Geneva 4, Switzerland
 e-mail: daniel.bertrand@medecine.unige.ch

BROWN, D.A., Department of Pharmacology, University College London,
 Gower Street, London, WC1E 6BT, United Kingdom
 e-mail: d.a.brown@ucl.ac.uk

BUISSON, B., Department of Physiology, Faculty of Medicine, CMU,
 1, rue Michel-Servet, CH-1211 Geneva 4, Switzerland

CHANG, K.T., Department of Biology, 0357, University of California,
San Diego, 9500 Gilman Drive, La Jolla, CA 92093, USA

CHANGEUX, J.-P., CNRS UA D1284-"Neurobiologie Moleculaire",
Institut Pasteur, 28, rue du Dr. Roux, F-75724 Paris Cédex 15, France
e-mail: changeux@pasteur.fr

CLEMENTI, F., CNR – Department of Pharmacology and Cellular and
Molecular Pharmacology Center, Università degli Studi di Milano,
Via Vanvitelli, 32, I-20129 Milano, Italia
e-mail: clementi@csfic.mi.cnr.it

COLLINS, A.C., Institute for Behavioral Genetics, University of Colorado,
Box 447, Boulder, CO 80309, USA
e-mail: al.collins@colorado.edu

COLQUHOUN, D., Department of Pharmacology and Wellcome Laboratory
for Molecular Pharmacology, University College London, Gower Street,
London WC1E 6BT, United Kingdom
e-mail: d.colquhoun@ucl.ac.uk

COURT, J., MRC Neurochemical Pathology Unit, Newcastle General
Hospital, Westgate Road, Newcastle upon Tyne NE4 6BE,
United Kingdom

CUEVAS, J., Department of Biology, 0357, University of California,
San Diego, 9500 Gilman Drive, La Jolla, CA 92093, USA

DENERIS, E.S., Case Western Reserve University, School of Medicine,
Department of Neurosciences, 2109 Adelbert Rd., Cleveland, OH 44106,
USA
e-mail: esd@po.crwu.edu

DI CHIARA, G., Dipartimento di Tossicologia, Università di Cagliari,
Viale A. Diaz 182, I-09126 Cagliari, Italia
e-mail: diptoss@tin.it

EISENBERG, H.M., Department of Neurosurgery, University of Maryland
School of Medicine, 655 W. Baltimore Street, Baltimore MD 21201,
USA

FRANCIS, M.M., Department of Molecular Medicine, NYSCVM,
Cornell University, Ithaca, NY 14853, USA

List of Contributors

GOTTI, C., CNR, Dipartimento di Farmacologia, Chemoterapie e Tossicologia Medica "Emilio Trabucchi", Università degli Studi di Milano, Via Vanvitelli, 32, I-20129 Milano, Italia
e-mail: gotti@csfic.mi.cnr.it

GUNDELFINGER, E.D., Leibniz Institute for Neurobiology, Department of Neurochemistry and Molecular Biology, Postfach 1860, D-39008 Magdeburg, Germany
e-mail: gundelfinger@ifn-magdeburg.de

HANKE, W., Institute of Zoophysiology, Hohenheim University, D-70599 Stuttgart , Germany

HOLLADAY, M.W., SIDDICO, INC., Tuscon, AZ, USA

KAISER, S., Department of Biology and Biochemistry, University of Bath, Claverton Down, Bath BA2 7AY, United Kingdom

KELLER, S.H., Department of Pharmacology, University of California at San Diego, School of Medicine, 9500 Gilman Drive, La Jolla, CA 92093-0636, USA

KELTON, M., Clinical Neuroscience Unit and Geriatric Psychiatry Service, Department of Psychiatry, University of Vermont College of Medicine, 1 South Prospect Street, Burlington, VT 05403, USA

LEONARD, S.S., Psychopharmacology, C268-71, Colorado Psychiatric Hospital, 4200 East Ninth Ave., Denver, CO 80262, USA
e-mail: sherry.leonard@uchsc.edu

LEVIN, E.D., Department of Psychiatry, Neurobehavioral Research Laboratory, Box #3412, Duke University Medical Center, Durham, NC 27710, USA
e-mail: edlevin@acpub.duke.edu

LINDSTROM, J., Department of Neuroscience, Medical School of the University of Pennsylvania, 217 Stemmler Hall, Philadelphia, PA 19104-6074, USA
e-mail: jslkk@mail.med.upenn.edu

MAELICKE, A., Laboratory of Molecular Neurobiology, Institute of Physiological Chemistry and Pathobiochemistry, Johannes-Gutenberg University Medical School, Duesbergweg 6, D-55099 Mainz, Germany
e-mail: Alfred.Maelicke@uni-mainz.de

MALANY, S., Department of Pharmacology, University of California at San Diego, School of Medicine, 9500 Gilman Drive, La Jolla, CA 92093-0636, USA

MARUBIO, L.M., Neurobiologie Moléculaire Institut Pasteur, 28 rue du Dr. Roux, F-75724 Paris Cédex 15, France
e-mail: marubio@pasteur.fr

MATTER, J.-M., Département de Biochimie, Université de Genève, Sciences III, 30, quai Ernest-Ansermet, CH-1211 Genève 4, Switzerland

MCINTOSH, J.M., Departments of Psychiatry and Biology, 257 South 1400 East University of Utah, Salt Lake City, UT 84112-0840, USA
e-mail: mcintosh@bioscience.utah.edu

MILLAR, N.S., Department of Pharmacology and Wellcome Laboratory for Molecular Pharmacology, University College London, Gower Street, London WC1E 6BT, United Kingdom

MOLLES, B., Department of Pharmacology, University of California at San Diego, School of Medicine, 9500 Gilman Drive, La Jolla, CA 92093-0636, USA

NEWHOUSE, P., Clinical Neuroscience Unit and Geriatric Psychiatry Service, Department of Psychiatry, University of Vermont College of Medicine, 1 South Prospect Street, Burlington, VT 05403, USA
e-mail: pnewhous@zoo.uvm.edu or Paul.Newhouse@vtmednet.org

NORDBERG, A., Division of Molecular Neuropharmacology, Department of Clinical Neuroscience, Occupational Therapy and Elderly Care Research, Karolinska Institutet, Huddinge University Hospital, B84, S-141 86 Huddinge, Sweden
e-mail: Agneta.Nordberg@NEUROTEC.ki.se

OSAKA, H., Department of Pharmacology, University of California at San Diego, School of Medicine, 9500 Gilman Drive, La Jolla, CA 92093-0636, USA

PAPKE, R.L., Department of Pharmacology and Therapeutics, Box 100267 JHMHSC, University of Florida, Gainesville, FL 32610-0267, USA
e-mail: rpapke@college.med.ufl.edu

PEREIRA, E.F.R., Department of Pharmacology and Experimental Therapeutics, University of Maryland School of Medicine, 655 W. Baltimore Street, Baltimore MD 21201, USA

PERRY, E., MRC Neurochemical Pathology Unit, Newcastle General
  Hospital, Westgate Road, Newcastle upon Tyne NE4 6BE,
  United Kingdom

PICARD, F., Department of Physiology, Faculty of Medicine, CMU,
  1, rue Michel-Servet, CH-1211 Geneva 4, Switzerland

SARGENT, P.B., Departments of Stomatology and Physiology,
  Divison of Oral Biology, HSW-604, University of California,
  San Francisco, CA 94143-0512, USA
  e-mail: sargent@itsa.ucsf.edu

SCHRATTENHOLZ, A., Laboratory of Molecular Neurobiology, Institute of
  Physiological Chemistry and Pathobiochemistry, Johannes-Gutenberg
  University Medical School, Duesbergweg 6, D-55099 Mainz, Germany

SCHULZ, R., Leibniz Institute for Neurobiology, Department of
  Neurochemistry and Molecular Biology, Postfach 1860,
  D-39008 Magdeburg, Germany

SHOOP, R.D., Department of Biology, 0357, University of California,
  San Diego, 9500 Gilman Drive, La Jolla, CA 92093, USA

SIVILOTTI, L.G., Department of Pharmacology, The School of Pharmacy,
  29/39 Brunswick Square, London, WC1N 1AX, United Kingdom

SOLIAKOV, L., Department of Biology and Biochemistry, University of Bath,
  Claverton Down, Bath BA2 7AY, United Kingdom

STITZEL, J.A., Department of Pharmacology, CCGC Rm 2150, University of
  Michigan Medical Center, 1500 E. Medical Center Dr., Ann Arbor,
  MI 48109-0930, USA
  e-mail: sitzel@umich.edu

TAYLOR, P., Department of Pharmacology, University of California at San
  Diego, School of Medicine, 9500 Gilman Drive, La Jolla, CA 92093-0636,
  USA
  e-mail: pwtaylor@ucsd.edu

WONNACOTT, S., Department of Biology and Biochemistry, University of
  Bath, Claverton Down, Bath BA2 7AY, United Kingdom
  e-mail: bsssw@bath.ac.uk

Zoli, M., Dipartimento di Scienze Biomediche, sezione di Fisiologia,
  Università di Modena, via Campi 287, I-41100 Modena, Italia
  e-mail: mzoli@unimo.it
  and CNRS UA D1284, Neurobiologie Moléculaire, Institut Pasteur,
  28 rue du Dr. Roux, F-75724 Paris Cedex 15, France

Contents

Section I: Introduction to Neuronal Nicotinic Receptors

CHAPTER 1

The History of the Neuronal Nicotinic Receptors
D.A. BROWN 3

A. The Autonomic Ganglion: The Archetypical Neuronal Nicotinic
   Receptor 3
B. Nicotinic Acetylcholine Receptors in the Central Nervous
   System 5
C. Presynaptic Nicotinic Receptors 7
References 8

CHAPTER 2

Distribution of Cholinergic Neurons in the Mammalian Brain with Special Reference to their Relationship with Neuronal Nicotinic Acetylcholine Receptors
M. ZOLI. With 1 Figure 13

A. Distribution of Cholinergic Neurons in Neural Tissues 13
      I. The Basal Telencephalic System 13
      II. Striatal Interneurons 15
      III. The Habenulo-Interpeduncular System 15
      IV. The Mesopontine Tegmental System 16
      V. Brainstem and Spinal Cord Motor Nuclei 16
      VI. Medullary Tegmentum 16
      VII. Peripheral Ganglia and Retina 17
      VIII. Putative Cholinergic Systems 17
      IX. Comparative Aspects 17
B. Distribution of Nicotinic Receptors with Respect to
   Cholinergic Neurons 20
      I. Location of nAChRs in Cholinergic and Cholinoceptive
        Cells 20
        1. Heteroreceptors 21

2. Subunit Composition of Heteroreceptors 22
  3. Autoreceptors 23
  4. Subunit Composition of Autoreceptors 24
 II. Wiring Vs Volume Transmission in Cholinergic Systems 24
References 26

Section II: Genes, Structure, and Distribution of Neuronal Nicotinic Receptors

CHAPTER 3

Gene Structure and Transcriptional Regulation of the Neuronal Nicotinic Acetylcholine Receptors
J.-M. MATTER and M. BALLIVET. With 4 Figures 33

A. Background 33
B. Functional Groupings and Gene Structure 34
  I. Function and Sequence Homology Scores 35
  II. Function and Gene Structure 36
C. Expression and Regulation of the Neuronal nAChR Genes 39
  I. nAChRs in the Adult Retina 39
  II. nAChRs in the Developing Retina 40
  III. Role of Innervation and Target Tissues on nAChR
       Expression 41
D. Identification of Cis-acting Regulatory Elements 43
  I. nAChR Genes as a Model for Neuron-Specific Gene
     Transcription 43
  II. Technical Tools to Investigate Transcriptional
      Regulation 43
  III. Identification of Cis-acting Elements that Regulate
       Transcription 44
    1. The $\beta2$ Gene – The Role of Silencing Elements 44
    2. The $\alpha7$ Gene 45
    3. $\alpha3$ and $\beta4$ – The Role of Ubiquitous Transcription
       Factors 46
  IV. A Network of Neuronal bHLH Transcription Factors
      Regulates $\beta3$ in Retina 47
References 49

CHAPTER 4

Transcriptional Regulation of Neuronal nAChR Subunit Genes
E.S. DENERIS. With 3 Figures 57

A. Introduction 57
B. Cell-Type Specific Transcription 59
C. DNA Regulatory Elements and Transcription Factors 60
   I. α2 Gene 60
      1. Avian α2 Regulatory Region 60
      2. α2 Silencer Region 60
   II. α7 Gene 61
      1. Chicken α7 Promoter 61
      2. Bovine α7 Promoter 61
   III. β2 Gene 63
      1. Mouse β2 Promoter 63
      2. Transgenic Analysis of the β2 Promoter 63
      3. β2 Neuron Restrictive Silencer Element 64
   IV. β4, α3, α5 Gene Cluster 64
      1. Rat β4 Promoter 65
      2. Rat and Human α3 Promoters 66
      3. Activation of the Rat α3 Promoter by the POU
         Factor, SCIP 68
      4. Transgenic Analysis of Rat α3 Upstream Region 69
      5. Rat β43′ Enhancer 69
D. Conclusions and Future Directions 73
References 73

CHAPTER 5

Contributions of Studies of the Nicotinic Receptor from Muscle to Defining Structural and Functional Properties of Ligand-Gated Ion Channels
P. TAYLOR, H. OSAKA, B. MOLLES, S.H. KELLER, and S. MALANY.
With 4 Figures 79

A. Introduction 79
B. Functional Aspects of the Nicotinic Receptor in Skeletal
   Muscle 81
C. Isolation and Characterization of Nicotinic Receptors 82
D. Structure of the Muscle Nicotinic Receptor 83
E. Biophysical Properties of Muscle Receptors 88
F. Natural Toxins that Block Motor Activity 89
G. Congenital Myasthenia Syndromes from Receptor
   Mutations 91

H. Biosynthesis and Assembly of the Receptor Subunits 93
I. Regulation of Nicotinic Acetylcholine Receptor Expression 95
References 96

CHAPTER 6

The Structures of Neuronal Nicotinic Receptors
J. LINDSTROM. With 3 Figures 101

A. Muscle AChRs Provide the Model for Neuronal AChRs 101
    I. Subunits Which Comprise Muscle AChRs 102
    II. Structures of the Muscle AChR Subunits 103
    III. Organization of Subunits Around the Central Cation
        Channel 110
    IV. Acetylcholine Binding Sites in the Extracellular
        Domain 110
    V. The Main Immunogenic Region in the Extracellular
        Domain and Myasthenia Gravis 112
    VI. Cation-Specific Channel and Its Gate 123
    VII. Large Cytoplasmic Domain 123
    VIII. AChR Mutations in Congenital Myasthenic
        Syndromes 124
B. Neuronal AChRs Which Can Function as Homomers 124
    I. Subunits Which Comprise Homomeric Neuronal
       AChRs 125
    II. Structures of the Homomeric Neuronal AChR
       Subunits 127
    III. Organization of Subunits Around the Central Channel 128
    IV. Special Properties of Homomeric Neuronal AChRs 131
    V. Involvement of Homomeric Neuronal AChRs in
       Diseases 133
C. Heteromeric Neuronal AChRs 134
    I. Structures of the Subunits of Heteromeric Neuronal
       AChRs 137
    II. Organization of Subunits Around the Central Channel 139
    III. Special Properties of Heteromeric Neuronal AChRs 140
    IV. Involvement of Heteromeric Neuronal AChRs
       in Diseases 144
D. Conclusions and Current Problems 146
References 147

Contents XVII

CHAPTER 7

The Distribution of Neuronal Nicotinic Acetylcholine Receptors
P.B. SARGENT. With 3 Figures 163

A. Introduction 163
B. Nicotinic AChRs in Non-neuronal Cells 164
C. Regional Distribution of AChRs Within the Peripheral
    Nervous System 164
    I. Autonomic Ganglia 164
    II. Sensory Ganglia 165
D. Regional Distribution of AChRs Within the Central Nervous
    System 165
    I. Mapping Studies with [^{3}H]Nicotine and with Ligands
       for $\alpha 4$ and $\beta 2$ 166
    II. Mapping Studies with ^{125}I-α-Bgt and with Ligands
       for $\alpha 7$ 173
    III. Mapping Studies with Ligands for $\alpha 3$ 174
    IV. Mapping Studies with Ligands for $\beta 4$ 174
    V. Mapping Studies with Ligands for $\alpha 2$, $\alpha 5$, $\alpha 6$, and $\beta 3$ 174
    VI. Species Differences among Mammals 175
    VII. AChR Mapping in Chicken Brain 176
E. Distribution of AChRs on the Neuronal Surface 176
    I. Peripheral Nervous System
       (see also Chap. 10, this volume) 176
    II. Central Nervous System 180
F. Presynaptic AChRs/Extrasynaptic AChRs 182
G. Regulation of AChR Distribution 182
H. Conclusion 184
References 184

CHAPTER 8

Presynaptic Neuronal Nicotinic Receptors:
Pharmacology, Heterogeneity, and Cellular Mechanisms
S. KAISER, L. SOLIAKOV, and S. WONNACOTT. With 2 Figures 193

A. Introduction 193
B. Pharmacology and Heterogeneity of Presynaptic Nicotinic
    Receptors 195
    I. Acetylcholine 195
    II. Dopamine 196
    III. Noradrenaline 197
    IV. 5-Hydroxytryptamine 198
    V. γ-Aminobutyric Acid 199
    VI. Glutamate 199

	VII. Adenosine Triphosphate	200
	VIII. Summary	200
C.	Molecular and Cellular Mechanisms Underlying the Nicotinic	
	Modulation of Transmitter Release	201
	I. Na$^+$ Dependence and Tetrodotoxin Sensitivity	201
	II. Ca^{2+} Dependence and Involvement of Voltage Operated	
	Ca^{2+} Channels	201
	III. The Involvement of Second Messengers in the Nicotinic	
	Modulation of Neurotransmission	203
	1. Protein Kinase C	203
	2. CaM Kinase II	205
	3. Tyrosine Kinase Signalling Pathways	205
D.	Concluding Remarks	206
References	206

CHAPTER 9

Neuronal Nicotinic Acetylcholine Receptors in Development and Aging
M. ZOLI. With 4 Figures 213

A.	Development of Neuronal Nicotinic Acetylcholine Receptors	213
	I. Development of Neuronal Nicotinic Acetylcholine	
	Receptors in the Peripheral Nervous System	214
	1. Phenomenological Aspects	214
	2. Mechanistic Aspects	215
	3. Conclusions	216
	II. Development of Neuronal Nicotinic Acetylcholine	
	Receptors in the Central Nervous System	217
	1. Avian Central Nervous System	218
	2. Rodent Central Nervous System	218
	3. Human Central Nervous System	223
	4. Conclusions	224
	III. Role of Neuronal Nicotinic Acetylcholine Eeceptors in the	
	Development of Nicotinoceptive Cells	224
	1. Effects of Nicotine Exposure on the Development of	
	the Central Nervous System	225
	2. Mechanistic Aspects of the Morphogenetic Actions of	
	Neuronal Nicotinic Acetylcholine Receptors	227
	3. Conclusions	228
B.	Neuronal Nicotinic Acetylcholine Receptors During Aging	229
	I. Neuronal Nicotinic Acetylcholine Receptors During	
	Normal Aging	229
	II. Neuronal Nicotinic Acetylcholine Receptors During	
	Pathological Aging	231

III. Role of Neuronal Nicotinic Receptors in Normal and
Pathological Aging 232
  1. Neuronal Nicotinic Acetylcholine Receptors and
     Amyloid 233
  2. Neuronal Nicotinic Acetylcholine Receptors and
     Apolipoprotein E 234
  3. Neuronal Nicotinic Acetylcholine Receptors and Cell
     Loss 234
  4. Conclusions 235
C. General Conclusions 236
References 237

CHAPTER 10

Nicotinic Acetylcholine Receptors in Ganglionic Transmission
D.K. BERG, R.D. SHOOP, K.T. CHANG, and J. CUEVAS.
With 4 Figures 247

A. Introduction 247
B. Nicotinic Receptor Composition in Ganglia 248
   I. Immunological Identification 248
   II. Electrophysiological Features 249
C. Subcellular Locations and Postsynaptic Roles 250
   I. Synaptic Currents 250
   II. Somatic Spines Versus Postsynaptic Densities 252
   III. Functional Significance 254
D. Presynaptic Nicotinic Receptors in Ganglia 257
E. Regulation of Ganglionic Nicotinic Receptors 258
   I. Receptor Regulation by Cell-Cell Interactions 258
   II. Developmental Regulation 259
   III. Molecular Controls 260
F. Future Challenges 262
G. References 262

Section III: Functional Properties

CHAPTER 11

Neuronal Nicotinic Acetylcholine Receptors:
From Biophysical Properties to Human Diseases
B. BUISSON, F. PICARD, and D. BERTRAND. With 7 Figures 271

A. Introduction 271
B. Reconstitution and Recording of Neuronal nAChRs 274
C. The Allosteric Model 275

D. Functional Domains of the Neuronal nAChR	277
E. The Agonist Binding Site: Structure and Modulations	278
I. Structural Determinants for Acetylcholine Binding	278
II. Allosteric Modulation of the nAChR Pharmacological Profile	279
F. The nAChR Ion Channel: Stratification, Permeability, Conductance, Rectification and Blockade	282
I. Structure of the Ionic Pore at the Amino Acid Level	282
II. The Ionic Selectivity	284
III. Single Channels Properties of nAChRs	285
IV. Mechanisms Governing the Neuronal nAChR Rectification	288
V. Channel Mutations in Neurological Diseases	289
VI. Open Channel Blockers	290
G. Conclusion	292
References	293

CHAPTER 12

The Functional Diversity of Nicotinic Receptors in the Nervous System: Perspectives on Receptor Subtypes and Receptor Specialization
M.M. FRANCIS and R.L. PAPKE. With 2 Figures 301

A. Introduction	301
B. Functional Domains of Single Subunits	304
C. Calcium and Neuronal nAChR	305
D. Neuronal nAChR Pharmacology	306
E. Changes in Gene Expression with Development	308
F. Functions Served by Neuronal nAChR in the PNS	310
G. Ganglionic Blockers	312
H. Functions Served by Neuronal nAChR in the CNS	315
I. Presynaptic Receptors	317
J. Special Properties of $\alpha 7$ Receptors	323
K. Neuronal nAChR and Developing Therapeutics	325
L. Future Perspectives	329
References	329

CHAPTER 13

Neuronal Nicotinic Receptors and Synaptic Transmission in the Mammalian Central Nervous System
E.X. ALBUQUERQUE, E.F.R. PEREIRA, M. ALKONDON, H.M. EISENBERG, and A. MAELICKE. With 6 Figures 337

A. Introduction 337

B. Experimental Requirements to Monitor Functional Nicotinic Receptors	338
C. Neuronal Nicotinic Receptors Present in Hippocampal Neurons in Culture and in Conventional Slices: Pharmacological and Kinetic Properties	339
I. Nicotinic Receptors in Cultured Hippocampal Neurons	339
II. Nicotinic Receptors in Hippocampal Neurons in Conventional Slices	343
D. Neuronal Nicotinic Receptors Control GABAergic and Glutamatergic Synaptic Transmission in the Hippocampus	345
E. Neuronal Nicotinic Receptors Bearing the $\alpha 7$ Subunit Mediate Synaptic Transmission in the CA1 Field of the Hippocampus	348
F. The Role of Choline in Controlling the Function of Nicotinic Receptors Bearing the $\alpha 7$ Subunit – Physiological Relevance	350
G. Concluding Remarks	351
References	353

CHAPTER 14

Properties of Heterologously and Lipid Bilayer Reconstituted Nicotinic Acetylcholine Receptors

C. GOTTI, W. HANKE, and F. CLEMENTI. With 4 Figures 359

A. Introduction	359
B. Experimental Requirements for Bilayer Reconstitution	360
I. Formation of Lipid Bilayers	360
II. Purification of nAChR Subtypes for Reconstitution	360
III. Functional Channel Reconstitution	362
C. Reconstitution of nAChRs	363
I. Muscle-Type Receptor	363
1. $\alpha_2\beta\gamma\delta$ nAChR Channels Expressed in Various Cell Systems	364
a) Calf and Torpedo $\alpha_2\beta\gamma\delta$ nAChR Channel	364
b) Mouse $\alpha_2\beta\gamma\delta$ nAChR Channel	365
2. $\alpha_2\beta\gamma\delta$ nAChR Channel Reconstituted in Lipid Bilayer	365
3. $\alpha_2\beta\gamma\delta$ nAChR Reconstituted in Oocytes	366
4. Desensitisation and Phosphorylation of $\alpha_2\beta\gamma\delta$ nAChR Reconstituted in Lipid Bilayers	367
II. Neuronal-Type Receptor	367
1. Insect α-Bgt Receptors	368
2. Chick $\alpha 7$, $\alpha 8$, and $\alpha 7$-$\alpha 8$ Subtypes	368
3. Chick $\alpha 6$ Subtype	370
D. Concluding Remarks	372
References	375

CHAPTER 15

Comparison of Native and Recombinant Neuronal Nicotinic Receptors: Problems of Measurement and Expression
L.G. SIVILOTTI, D. COLQUHOUN, and N.S. MILLAR. With 3 Figures 379

A. Introduction 379
B. Methods for Comparing Native and Recombinant Receptors 381
    I. Measurements of the Relative Potency of Agonists 381
    II. Measurements of the Relative Effectiveness of
        Antagonists 382
    III. Single Channel Measurements 383
    IV. Species Differences 384
C. Heterogeneity of Native Receptors 385
    I. The Chick Ciliary Ganglion 385
    II. Intracardiac Ganglia 388
    III. The Rat Superior Cervical Ganglion – Macroscopic
        Currents 389
    IV. Single Channel Studies of Native Ganglionic Receptors ... 390
    V. Antisense Methods on Embryonic Chick Sympathetic
       Ganglion Neurones 392
D. Heterologous Expression of Recombinant Receptors 393
    I. Muscle Nicotinic Receptors 394
    II. Glutamate (NMDA-Type) Receptors 395
    III. Neuronal Nicotinic Receptors 395
        1. Potency Ratios 396
        2. Single Channel Properties 397
    IV. Receptors with More Than Two Types of Subunit 401
E. Folding, Assembly and Posttranslational Modification 403
F. Conclusions and Prospects 407
References 407

Section IV: Pharmacological Properties

CHAPTER 16

Agonists and Antagonists of Nicotinic Acetylcholine Receptors
S.P. ARNERIC and M.W. HOLLADAY. With 2 Figures 419

A. Introduction 419
B. nAChR Subtype Classification 421
    I. Historical Perspective 421
    II. Molecular Biology of nAChR Subunits 423
    III. Radioligands Used to Identify nAChR Subtypes 424
C. Sites and Modulation of nAChR – Ligand Interaction 425
    I. Transition States 425
    II. The Nicotinic Pharmacophore 425

	III. The ACh Binding Site	426
	IV. Channel "Activator" Sites	427
	V. Ligand-binding Sites that Inhibit nAChR Function	427
	1. Noncompetitive (Negative Allosteric Modulators) Blockers	427
	2. Steroid Binding Sites	428
	3. Dihydropyridine Binding Site	429
	4. Arachidonic Acid Site	430
	5. Persistent Modulation of the nAChR Complex	430
D.	Pharmacologic Properties of Neuronal nAChRs	431
	I. Biochemical and Biophysical Properties of nAChRs Contributing to Pharmacology	431
	II. Selective Responsivity of nAChR Subunit Combinations	432
E.	SAR of Key Small Molecules Leading to Activation or Inhibition of nAChRs	434
	I. Inhibitors	434
	1. Peptide Toxins	434
	2. Methyllycaconitine (MLA)	435
	3. 4-Oxystilbenes	435
	4. Other Natural Products	435
	II. Positive Allosteric Modulators	436
	III. Activators	436
	1. ACh	436
	2. Nicotine	437
	a) Pyridine Ring Modified Analogs	437
	b) Pyrrolidine Ring Modified Analogs	438
	c) Conformationally Restricted Analogs	438
	3. Anabasine and Anabaseine	439
	4. *Trans-meta*-nicotine	439
	5. Epibatidine	440
	6. Anatoxin	440
	7. Pyridyl Ethers: Hybrid Compounds of ACh and Nicotine	441
F.	Cholinergic Channel Modulators: Rational for an Alternative Nomenclature	441
G.	Perspectives on the Future of Neuronal nAChR Pharmacology	442
References		443

CHAPTER 17

Toxin Antagonists of the Neuronal Nicotinic Acetylcholine Receptor
J.M. MCINTOSH. With 1 Figure 455

A.	General Introduction	455
B.	Cautionary Note Regarding Species Differences	455

C. Small Molecule Toxins	456
I. General Background	456
II. Plant Toxins	457
1. d-Tuborcurarine	457
2. Dihydro-β-erythroidine	458
3. Methyllycaconitine	459
4. Strychnine	459
III. Marine Toxins	460
1. Neosurugatoxin	460
2. Lophotoxin	460
D. Snake Venom Polypeptides	461
I. General Background	461
II. Snake α-Neurotoxins	461
α-Bungarotoxin	461
III. Snake κ-Neurotoxins	462
κ-Bungarotoxin	462
E. *Conus* Venom Peptides	464
I. General Background	464
II. α-Conotoxins	465
1. α-Conotoxin MII	465
2. α-Conotoxin ImI	467
3. α-Conotoxin AuIB	469
4. α-Conotoxins PnIA/PnIB and Analogs	469
5. α-Conotoxin EpI	469
6. α-Conotoxin MI	470
F. Conclusion and Future Prospects	470
References	470

CHAPTER 18

Neuronal Nicotinic Acetylcholine Receptors in Non-neuronal Cells, Expression and Renaturation of Ligand Binding Domain, and Modulatory Control by Allosterically Acting Ligands
A. MAELICKE, A. SCHRATTENHOLZ, and E.X. ALBUQUERQUE.

With 4 Figures	477
A. Introduction	477
B. Expression of Neuronal Nicotinic Receptors in Mammalian Muscle and Tegumental Cells	478
C. Ectopically Expressed N-terminal Extracellular Domain of nAChR α Subunit	481
D. Modulatory Control of Nicotinic Receptors by Allosterically Acting Ligands	483
E. Allosteric Modulators as Drug Candidates	487
F. Concluding Remarks	490
References	490

CHAPTER 19

Insect Nicotinic Acetylcholine Receptors: Genes, Structure, Physiological and Pharmacological Properties
E.D. GUNDELFINGER and R. SCHULZ. With 4 Figures 497

A. Introduction 497
B. Identified Subunits of Insect nAChRs 498
   I. Molecular Cloning of Insect nAChR Genes and cDNAs 498
   II. Distribution Pattern of Identified nAChR Subunits in the CNS 504
   III. Efforts to Study Subunit Assembly 506
     1. Purification of α-Bgt-Binding Receptor Complexes 506
     2. Correlation of Cloned Subunits with α-Bgt Binding Sites 507
     3. Characterization of Cloned Subunits by Functional Expression in Heterologous Systems 508
C. Physiology and Pharmacology of Native Insect nAChRs 510
   I. Electrophysiological Characterization of Insect Neuronal Receptors 511
   II. Nicotinic Receptors as Targets for Insecticides 512
D. Nicotinic Receptors of Other Invertebrates 513
E. Conclusions and Perspectives 515
References 516

Section V: The Role of Nicotinic Acetylcholine Receptors in Neuronal Functions

CHAPTER 20

Knockout Mice as Animal Models for Studying Nicotinic Acetylcholine Receptor Function
L.M. MARUBIO and J.-P. CHANGEUX 525

A. Introduction 525
B. Using Knockout Mice as Models 525
C. Knockout of Muscle nAChR Subunits 526
D. The Pharmacology of Neuronal nAChRs Revealed Using Knockout Mice: The Incomplete Story 530
E. Behavioural Analysis of Knockout Mice 533
F. Conclusions and Future Directions 534
References 535

CHAPTER 21

Noninvasive Exploration of Nicotinic Acetylcholine Receptors In Vivo
A. NORDBERG. With 8 Figures 539

A. Introduction 539
   I. In Vitro Receptor Binding Studies 539
   II. In Vivo and Ex Vivo Studies 540
   III. Functional Brain Imaging 540
B. nAChR Ligands for PET and SPECT Studies 541
C. In Vivo [^{11}C]Nicotine Binding in Human Brain 545
   I. Quantification of Nicotine Binding Using k^*_2 Rate
      Constant 546
D. [^{11}C]Nicotine Binding in the Brain of Smokers 549
E. PET Studies of nAChRs in Alzheimer's Disease 549
   I. Visualization of nAChRs in Alzheimer Patients 549
   II. Effect of Drug Treatment on nAChRs in Alzheimer
       Patients as Studied by PET 550
       1. Growth Factors 551
       2. Ondansetron 552
       3. Cholinesterase Inhibitors 553
F. Conclusions 554
References 555

CHAPTER 22

Genetic Regulation of Nicotine-Related Behaviors and Brain Nicotinic Receptors
J.A. STITZEL, S.S. LEONARD, and A.C. COLLINS 563

A. Introduction 563
B. Human Tobacco Use 563
   I. Genetics of Smoking 563
   II. Potential Mechanisms for Genetic Influences on
       Smoking 564
C. Animal Studies of Acute Nicotine Sensitivity 566
   I. Genetics of Acute Sensitivity 566
      1. Inbred Strain Analyses of Acute Sensitivity to
         Nicotine 566
      2. Analysis of Acute Sensitivity to Nicotine Using Genetic
         Crosses 567
      3. Potential Role for nAChRs in Regulating Acute
         Sensitivity to Nicotine 568
   II. Genetic Influences on the Development of Tolerance to
       Nicotine 569
      1. Comparisons of Tolerance Development Using Inbred
         Mouse Strains 569

2. Role of Changes in nAChR Numbers in Tolerance Development	570
III. Animal Studies of Reinforcing Effects of Nicotine	571
1. Genetics of Oral Self-administration	571
2. Genetic Influences on Conditioned Place Preference	572
D. Tobacco Use and Psychopathology	572
I. Prevalence of Tobacco Use Among the Mentally Ill	572
II. Brain nAChR Binding in Schizophrenics	574
III. Animal Models of Auditory Gating	574
E. Genetics of Nicotinic Receptors and Seizure Disorders	575
I. Human Studies	575
1. The $\alpha 4$ nAChR and Seizure Disorders	575
2. The $\alpha 7$ Gene and Seizure Disorders	576
II. Animal Studies	576
1. Naturally Occurring Seizures	576
2. Nicotine-Induced Seizures	577
F. Summary and Conclusions	579
References	579

CHAPTER 23

The Role of Nicotinic Acetylcholine Receptors in Cognitive Function
E.D. LEVIN. With 3 Figures 587

A. Introduction	587
I. Effects in Humans	587
II. Laboratory Animals	588
III. The Neural Basis of Nicotinic Effects on Cognition	589
IV. Neurotransmitter Interactions	592
B. Therapeutic Possibilities	593
I. Alzheimer's Disease	594
II. Attention Deficit/Hyperactivity Disorder	594
III. Schizophrenia	594
C. Summary and Conclusions	594
References	595

CHAPTER 24

Behavioural Pharmacology and Neurobiology of Nicotine Reward and Dependence
G. DI CHIARA. With 12 Figures 603

A. Introduction	603
I. Defining Dependence and Addiction	603
B. Behavioural Stimulus Effects of Nicotine	606
I. Discriminative Stimulus Effects of Nicotine	607

1. Animal Studies	607
2. Intracerebral Site of the Discriminative Stimulus Effects of Nicotine	610
3. Role of Dopamine in the Discriminative Stimulus Effects of Nicotine	611
4. Nicotine as a Discriminative Stimulus in Humans	614
5. Tolerance to the Discriminative Stimulus Effects of Nicotine	616
6. Summary	617
II. Motivational Stimulus Effects of Nicotine	618
III. Aversive Properties of Nicotine	618
1. Animal Studies	619
2. Human Studies	621
3. Summary	622
IV. Effects of Nicotine on Operant Behaviour	622
1. Intracranial Self-Stimulation	623
2. Effect of Nicotine on Operant Behaviour Maintained by Conventional Reinforcers	624
V. Nicotine Self-Administration	625
1. Pharmacokinetic Factors	625
2. Intravenous Self-Administration	626
3. Nicotine Antagonists on Nicotine Self-Administration in Animals	632
4. Extinction of Nicotine Self-Administration	632
5. Role of Dopamine in Nicotine Self-Administration	636
6. Human Studies	639
7. Reinstatement of Drug Self-Administration as a Model of Craving	639
8. Reinstatement of Intravenous Nicotine Self-Administration	640
9. Oral Nicotine Self-Administration	643
10. Smoking in Animals	644
11. Nicotine Intravenous Self-Administration in Humans	645
12. Nicotine Self-Administration by Nasal Spray in Humans	646
13. Nicotine as the Reinforcing Principle of Tobacco Smoke	648
14. Role of Peripheral and Non-Nicotine Factors in Tobacco Smoking	649
15. Nicotine Self-Administration in Animals as a Model of Human Nicotine Addiction	650
VI. Conditioned Place-Preference	654
C. Locomotion	656
I. Neural Mechanism	659

D. Latent Inhibition and Pre-Pulse Inhibition	660
E. Adaptation to Nicotine	661
I. Tolerance and Sensitization	662
1. Acute Tolerance	662
2. Chronic Tolerance and Sensitization	663
3. Cellular Basis of Adaptation to Nicotine	664
4. Nicotine Receptor Upregulation	665
5. Biochemical Correlates of Nicotine Tolerance in Humans	667
6. Behavioural Tolerance	667
7. Acute and Chronic Tolerance to Nicotine in Humans	668
8. Role of Tolerance to Nicotine in Tobacco Smoking	670
9. Role of Sensitization	672
II. Physiological Dependence on and Withdrawal from Nicotine	672
1. Animal Studies	673
2. Withdrawal from Nicotine in Humans	676
3. Role of Physiological Dependence in Tobacco Smoking	678
F. Neurochemical and Neurophysiological Actions of Nicotine Related to Addiction	680
I. Dopamine	680
1. Expression of nAChRs by Dopamine Neurons	681
2. In Vitro Dopamine Release Studies	682
3. In Vivo and Ex Vivo Studies	684
4. Electrophysiological Effects of Nicotine on Dopamine Neurons	688
5. Role of $\alpha 7$-Containing nAChRs and of Glutamate	689
6. Adaptive Changes of Dopamine Transmission After Nicotine Exposure	690
7. Desensitization	691
8. Desensitization of Somato-Dendritic nAChRs on Dopamine Neurons	692
9. Inactivation of Somato-Dendritic nAChRs on Dopamine Neurons	692
10. Tolerance and Dependence of Dopamine Transmission	693
11. Sensitization of Dopamine Transmission to Nicotine	698
12. Relationship Between Stimulation of In Vivo Dopamine Transmission by Nicotine and Behaviour	701
II. Noradrenaline	704
III. Serotonin	706

IV. Opioid Peptides	706
V. Amino Acid Transmitters	708
VI. Immediate/Early Genes	708
G. A Model of Nicotine Dependence by Tobacco Smoking	710
References	715

CHAPTER 25

Involvement of Neuronal Nicotinic Receptors In Disease
F. CLEMENTI, J. COURT, and E. PERRY 751

A. Introduction	751
B. Diseases Affecting the Nervous System	751
I. Developmental Disorders	751
1. Tourette's Syndrome	751
2. Schizophrenia	752
II. Age-Independent Disorders	753
1. Epilepsy	753
2. Head Injury	754
3. Depression	754
4. Alcoholism	754
III. Age-Related Degenerative Diseases of the Brain	754
1. Aging	754
2. Alzheimer's and Parkinson's Diseases – Cortical Involvement	755
3. Dementia with Lewy Bodies and Parkinson's Disease – Subcortical Involvement	757
4. Evidence for an Aetiopathological Role for nAChR in Alzheimer's and Parkinson's Diseases Based on Human Pathology and Tobacco Use	758
5. Symptomatic Benefit of Nicotinic Agonists	760
IV. Pathologies in Non-neuronal Tissues and Cells	761
1. Lung Cells	761
a) Small Cell Lung Carcinoma	761
b) Other Lung Cells	762
2. Vascular Smooth Muscle and Endothelial Cells	762
3. Hypertension	763
4. Keratinocytes	764
5. Intestinal Epithelium	765
6. Lymphocytes	765
C. Conclusion	766
References	767

CHAPTER 26

Clinical Aspects of Nicotinic Agents: Therapeutic Applications in Central Nervous System Disorders
P.A. NEWHOUSE and M. KELTON 779

- A. Introduction 779
- B. Pharmacokinetics and Pharmacodynamics 781
- C. Cognitive and Behavioral Effects of Nicotine in Humans 782
- D. Potential Clinical Applications 783
    - I. Movement Disorders 783
        1. Parkinson's Disease 783
        2. Tourette's Syndrome 785
        3. Other Movement Disorders 786
    - II. Cognitive Disorders 787
        1. Nicotinic Involvement in the Regulation of Cognitive Processes 787
        2. Alzheimer's Disease 788
            a) Studies of Nicotinic Antagonists in Alzheimer's Disease 790
            b) Studies of Nicotinic Agonists in Alzheimer's Disease 791
        3. Parkinson's Disease 793
        4. Nicotinic System Involvement in the Cognitive Disorders of the Cortical Dementias: Synthesis and Therapeutic Model 795
        5. Schizophrenia 796
        6. Attention Deficit Hyperactivity Disorder 798
    - III. Other Potential Clinical Applications 799
        1. Analgesia 799
        2. Cytoprotection 800
        3. Smoking Cessation 802
        4. Anxiety/Depression 802
        5. Epilepsy 803
- E. Further Directions 803
- References 804

Subject Index 813

Section I
Introduction to Neuronal Nicotinic Receptors

CHAPTER 1
The History of the Neuronal Nicotinic Receptors

D.A. BROWN

A. The Autonomic Ganglion: The Archetypical Neuronal Nicotinic Receptor

Studies on neuronal nicotinic receptors really started with the experiments of LANGLEY and DICKENSON in 1889 on the cat superior cervical ganglion. In fact, they were not particularly interested in the action of nicotine as such, but were employing it as a tool to map out the distribution of the sympathetic fibres. For this, they used it as a blocking agent rather than as a stimulating agent. However, they did define its site of action quite precisely, as the following quotation from their paper shows:

Having stimulated the sympathetic in the neck, and observing its normal action on the eye and on the ear, an inch and a half or so of the nerve is brushed over with a 1 per cent solution of nicotin.... The central part of the nerve is stimulated several times at intervals of about two minutes; it produces the usual dilation of the pupil and constriction of the vessels of the ear. The ganglion and the filaments proceeding from it are then brushed over with 1 per cent nicotin; the sympathetic in the neck is again stimulated; it is found to be completely without effect; stimulation of the filaments running from the ganglion to the arteries produce the normal action. Hence *nicotin paralyses the cells of the superior cervical ganglion.*

En passant, they also noted something else, which helps to underpin the fortunes of the tobacco industry:

To paralyse the ganglion a second time requires a very much larger dose of nicotin than was required the first time. Painting it over with even 0.5 per cent nicotin without any excess of fluid may be sufficient the first time, but painting the ganglion half-a-dozen times with 1 per cent nicotin may be required to paralyse it a second time. *We had hardly expected to find so marked an example of the habituation to poisons which is known to occur in certain cases, and especially with nicotin.*

The *stimulant* action of nicotine on ganglion cells was described by DALE and LAIDLAW in 1912, and on the adrenal medulla, by CANNON et al. (also in 1912). Also, LANGLEY (1909) suggested a "receptive substance" for nicotine in describing its effect on skeletal muscle. (DALE never used the term "receptor".) The first really substantive evidence for a difference between the nicotinic receptors at these two sites came with the work of PATON and ZAIMIS (1949) on the polymethylene bistrimethylammonium series of compounds. The following extract (p. 397) summarises one striking difference: "*A dose of C10 [decamethonium] more than a hundred times that adequate for neuromuscular block fails to paralyse the superior cervical ganglion; a dose of C5 [pentamethonium] more than a hundred times that adequate for ganglionic block fails to paralyse the neuromuscular junction."*

They also noted that, whereas decamethonium initially stimulated the muscle, penta- or hexa-methonium did not stimulate the ganglion; and further that high concentrations of pentamethonium could actually antagonise the neuromuscular stimulating and blocking actions of decamethonium. Like their predecessor, DALE (and remember, this work came from DALE's laboratory at the National Institute of Medical Research), PATON and ZAIMIS did not use the word "receptor", but they did refer to an "effector site" for decamethonium. They did not specifically consider the mechanism of hexamethonium's action; had they done so, they would probably have referred to it as "competitive" (and indeed, did so when referring to the antagonism of decamethonium). However, BLACKMAN (1959) pointed out that the action of hexamethonium was more compatible with a channel ("pore") blocking effect:

Smaller doses of C5 or C6 were required to block the effect of continuous stimulation than of intermittent stimulation at the same rate.... This is contrary to the expectations of the competitive theory of ganglion block.... *It is, however, consistent with a pore-block mechanism of ganglion block....* If the rate of occlusion of membrane pores is relatively slow compared with their rate of formation after each burst of acetylcholine, block should be greater at faster rates of stimulation.

BLACKMAN (1970) and ASCHER et al. (1979) provided further evidence for channel-block by hexamethonium in showing that block was increased with membrane hyperpolarization, and GURNEY and RANG (1984) introduced an additional element of "closed-channel trapping" to explain the slow recovery from block in the absence of an agonist.

Further confirmation of the pharmacological distinction between ganglionic and muscle nicotinic receptors (at least, in mammals) came from observations on the action of snake toxins – in particular, that mammalian and frog ganglionic receptors were not blocked by the long-chain (72 residue) polypeptide toxins that so potently blocked muscle receptors, such as α-bungarotoxin (α-Bgt) or *Naja* toxin (see BROWN 1979 for an early review). Instead, they could be blocked by shorter-chain toxins – initially detected as a contaminant of commercial α-Bgt preparations (RAVDIN and BERG 1979) and variously termed κ-bungarotoxin, toxin 3.1 or toxin F (see LORING and ZIGMOND 1988), but now dubbed neuronal bungarotoxin (nBgt). Another, quite different, toxin selective for the ganglionic receptor is surugatoxin (HAYASHI and YAMADA 1975; BROWN et al. 1976), but this has been little used. Notwithstanding its lack of effect, high-affinity binding of α-Bgt was detected in ganglia (FUMAGALLI et al. 1976; GREENE 1976), and also in the brain (see CLARKE 1987; LORING and ZIGMOND 1988) – a mystery solved by the subsequent cloning of the $\alpha 7$ nAChR subunit (COUTURIER et al. 1990; SCHOEPFER et al. 1990). [This receptor does contribute to the synaptic current in chick ciliary ganglia, part of which is sensitive to α-Bgt (ZHANG et al. 1996).]

What can one now say about this archetypical ganglionic nicotinic receptor? Well, as with most other subunit-based receptors, its precise molecular composition is still uncertain. Of the known neuronal receptor subunits, the most abundant mRNAs are those for $\alpha 3/\beta 4$, followed by $\alpha 7$, $\beta 2$, and possibly $\alpha 4$ and $\alpha 5$ (McGehee and Role 1995). Pharmacologically also, $\alpha 3/\beta 4$ mixes provide the best match (Luetje and Patrick 1991; Covernton et al. 1994), but co-precipitation (Vernallis et al. 1993) and recent single channel conductance measurements (Sivilotti et al. 1997) suggest a possible triplet combination of $\alpha 3/\alpha 5/\beta 4$. Whatever its molecular composition, one interesting feature is that it is quite permeable to Ca^{2+} ions. Thus, by comparing the ratio of the integral of the Ca^{2+}/Indo-1 fluorescence signals to the total charge transfer induced by activating nicotinic receptors with the equivalent ratio following activation of the Ca^{2+} channels (Trouslard et al. 1993), it can be estimated that some 4.4% of the nicotinic inward current in rat sympathetic neurones is carried by Ca^{2+} ions in a normal Krebs' solution containing 2.5 mM external [Ca^{2+}]. While this is subject to several uncertainties regarding, for example, the relative buffering of Ca^{2+} from these two sources, it agrees quite well with that (4.7%) determined from the preferred "total Ca^{2+} entry" method (Rogers and Dani 1995, Rogers et al. 1997). This places the ganglionic nicotinic receptor somewhere between the low-permeability AMPA receptor and the high-permeability NMDA receptor. [The homomeric $\alpha 7$ receptor is even more permeable to Ca^{2+} than the NMDA receptor (Seguela et al. 1993; Bertrand et al. 1993).]

What does this Ca^{2+} influx do? In the short-term, it affects other ion channels in sympathetic neurones – for example, it can open Ga^{2+}-activated K^+ channels (Tokimasa and North 1984) and can promote the translocation of PKC (Messing et al. 1989) and the consequent activation of Cl⁻ channels (Marsh et al. 1995). This might have consequences for short-term signalling, though these have not yet been fully defined. What of the longer-term? Does it (like that through NMDA receptors) induce LTP? Sympathetic ganglia have long been known to exhibit a form of Ca-dependent LTP but the specific role of postsynaptic nicotinic receptors in this is far from clear (Briggs 1995) and it is difficult to imagine how much "memory" a ganglion has to have! More plausibly, perhaps, might be its role in synaptic and neuronal development and maintenance, both in ganglia and in the CNS (see Role and Berg 1996; Berger et al. 1998).

B. Nicotinic Acetylcholine Receptors in the Central Nervous System

The presence of nicotinic receptors in the brain has been obvious for a very long time (if one assumes that people do not smoke or chew tobacco leaves entirely for oral gratification), and of course is well documented at the molecular level (see, e.g., McGehee and Role 1995). Some evidence that they might normally be doing something other than providing a target for a pleasurable drug is provided by the list of side effects resulting from the use of tertiary ganglion-blocking agents such as mecamylamine, which include *inter alia* "tremors, mental confusion, seizures, mania or depression" (GOODMAN and GILMAN 1980). That modern (and expensive) form of "irreversible pharmacological blockade", the genetic knockout, suggests that receptors containing the $\beta 2$ subunit might be involved in regulating dopaminergic control of motor behaviour (PICCIOTTO et al. 1998), and that a natural mutation in the human $\alpha 4$ subunit is associated with a form of frontal lobe epilepsy (STEINLEIN et al. 1995; KURYATOV et al. 1997). However, these are all pretty gross effects and do not tell us anything about what the receptors are doing at the level of the individual synapse.

In the autonomic ganglion, of course, the nAChR generates the fast excitatory postsynaptic potential produced by acetylcholine released from the preganglionic fibres. There is strong evidence that it subserves a comparable role at at least one synapse in the CNS – that between recurrent motor axon collaterals and a subset of inhibitory interneurones termed "Renshaw cells" (see THOMAS and WILSON 1965). These cells are excited to fire repetitively by single antidromic motor axon volleys, and in turn generate an inhibitory postsynaptic potential (IPSP) in the motor neurone. ECCLES et al. (1954, 1956) showed that Renshaw cell excitation was intensified by anticholinesterases and imitated by nicotine, and – most crucially – that both Renshaw cell excitation and the motoneurone IPSP was reduced by dihydro-β-erythroidine. CRAIG et al. (1977) showed that hemicholinium-3 selectively blocked Renshaw cell activation (thus confirming a cholinergic link); and DUGGAN et al. (1976a,b) showed that α-Bgt neither bound to Renshaw cells nor blocked their antidromic activation, implying a neuronal nAChR. This is undoubtedly the best-defined pathway in the CNS exhibiting true "neuronal nicotinic" transmission, and it is rather unfortunate that (to my knowledge, at least) the synaptic currents and nicotinic channels on Renshaw cells have not been studied more intensively – probably because the cells are small and difficult to identify with precision in isolated spinal preparations.

Many other neurones in the brain show nicotinic current when challenged with an agonist, but – with some partial exceptions (e.g., CLARKE et al. 1987; ZHANG et al. 1993; FUTAMI et al. 1995; ROERIG et al. 1997) – it has proved frustratingly difficult to define other monosynaptic nicotinic pathways in the CNS with the robust sort of evidence as that of the Renshaw cells. This is perhaps best illustrated from our own experience with the habenulo-interpeduncular tract, or fasciculus retroflexus of Meynert (FRM) (see BROWN et al. 1983). Not only does this tract contain the highest density of cholinergic fibres of any brain pathway, it is myelinated and highly visible as a glistening white tract in an appropriate slice preparation, and its fibres form a well-defined monosynaptic connection onto the interpeduncular neurones. So here, we thought, was the ideal in vitro preparation for studying central cholinergic transmission. But we were wrong. Even though the interpeduncular neurones themselves showed a brisk (nicotinic) response to acetylcholine (subsequently studied in more detail by MULLE et al. 1991), transmission was neither inhibited by nicotinic antagonists (hexamethonium, mecamylamine, (+)-tubocurarine or α-bungarotoxin) nor enhanced by physostigmine; instead, it was blocked by glutamate antagonists, implying that transmission was glutamatergic, not cholinergic.

Nevertheless, it had been well-established that acetylcholine could indeed be released on stimulating the FRM (SASTRY et al. 1979), so what was it doing? One clue was provided by our subsequent observation (BROWN et al. 1984) that nicotinic agonists potently inhibited conduction in the long interpeduncular terminals of the FRM fibres (confirmed by MULLE et al. 1991), suggesting a possible *presynaptic* action. This we initially thought of as a negative feedback effect, though more recent work (McGEHEE et al. 1995) shows that its prime effect on FRM interpeduncular neuclus (IPN) transmission is really facilitatory. We were also struck by the fact that, in the presence of physostigmine, FRM impulses showed intermittent block relieved by hexamethonium – suggesting that these presynaptic receptors might be activated in a rather synchronised manner by excess, spontaneously-released acetylcholine. Whether they – or any other presynaptic nicotinic receptors – are truly activated physiologically has not, to my knowledge, even yet been determined (see below).

C. Presynaptic Nicotinic Receptors

Faced with the difficulty of establishing a broadly-based postsynaptic function for neuronal acetylcholine receptors in the CNS, attention has more recently focussed on presynaptic receptors (WONNACOTT 1997; McGEHEE and ROLE 1996; and see above). Again, this has a long history, at least in the peripheral nervous system. For example, there is long-standing evidence for facilitatory effects of prejunctional nicotinic receptors on acetylcholine release at the neuromuscular junction (e.g., RIKER and STANDAERT 1966), some of which points to an "auto-facilitatory" effect of released acetylcholine, at least during high-frequency motor nerve activity (see BOWMAN et al. 1988). In a similar vein, KOELLE (1961) advanced a hypothesis of nicotinic "auto-facilitation" at ganglionic synapses. Though early experiments on frog (GINSBORG and GUERERRO 1964) and cat (BROWN et al. 1970) ganglia suggested this to be unlikely, more recent work has revealed a distinct facilitatory effect of nicotinic receptor stimulation on acetylcholine release in chick (McGEHEE et al. 1995) and rat (LIANG and VISI 1997) ganglia, and a presynaptic nicotinic current has been directly recorded from chick ciliary ganglion calyces (COGGAN et al. 1997).

To put these (and other) presynaptic effects into their proper perspective, however, it is important to recall the observations of ARMETT and RITCHIE (1960, 1961) that nicotinic receptors (presumably of the neuronal type) are actually present along the lengths of the unmyelinated fibres in vagal nerve trunks. Since nicotinic agonists can also depolarise sympathetic trunk fibres (BROWN et al. 1979), it seems likely that nicotinic receptors are rather widely distributed in unmyelinated fibres, so it is hardly surprising that they should be present at or near unmyelinated nerve terminals in a variety of loci. The consequent facilitation of transmitter release can then be explained by the high Ca^{2+} permeability of the receptors and resultant influx of Ca^{2+}, as elegantly shown by MCGEHEE et al. (1995) and GRAY et al. (1996).

A further problem is that these presynaptic effects (in the CNS, at least) have mostly been studied using the exogenous application of nicotine or other agonists. While of considerable potential pharmacological interest, it is hardly likely that these abundant (and varied) presynaptic receptors are expressed simply to gratify the smoker's desire. However, it is still not clear what these presynaptic receptors do physiologically. Are there true presynaptic cholinergic synapses in the CNS? Or is SIVILOTTI and COLQUHOUN's (1995) "transmitter soup" theory for acetylcholine action nearer the mark? Indeed, do the receptors ever see any acetylcholine? If so, when? These are important questions which (to my knowledge) have not yet been adequately answered; perhaps some of the answers can be found in this volume.

Acknowledgments. I thank David Colquhoun and Lucia Sivilotti for jogging my fast-fading memory, and I apologise to all those to whom I have not referred (largely for reasons of space) or whom I have mentioned too briefly.

References

Armett CJ, Ritchie JM (1960) The action of acetylcholine on conduction in mammalian non-myelinated fibres and its prevention by an anticholinesterase. J Physiol 152:141–158

Armett CJ, Ritchie JM (1961) The action of acetylcholine and some related substances on conduction in mammalian non-myelinated nerve fibres. J Physiol 155:372–384

Ascher P, Large WA, Rang HP (1979) Studies on the mechanism of action of acetylcholine antagonists on rat parasympathetic ganglion cells. J Physiol 295:139–170

Berger F, Gage FH, Vijayaraghavan S (1998) Nicotinic receptor-induced apoptotic cell death of hippocampal progenitor cells. J Neurosci 18:6871–6881

Bertrand D, Galzi JL, Devillers-Thiery A, Bertrand S, Changeux JP (1993) Mutations at two distinct sites within the channel domain M2 alter calcium permeability of neuronal $\alpha 7$ nicotinic receptor. Proc Natl Acad Sci USA 90:6971–6975

Blackman JG (1959) PhD Thesis, University of Otago

Blackman JG (1970) Dependence on membrane potential of the blocking action of hexamethonium at a sympathetic ganglionic synapse. Proc Univ Otago Med Sch 48:4–5

Note added in proof: HEFFT et al (1999) have recently shown that in 39 out of 41 CA1 pyramidal cells tested in organotypic rat hippocampal slices and in 9 out of 16 CA1 cells in acutely-dissociated slices a very small component of the excitatory postsynaptic current (EPSC) observed on stimulating Schaffer collaterals resulted from nicotinic receptor stimulation. This amounted to 2.9% and 1.4% of the glutamate-mediated EPSC in organotypic and acutely-dissociated slices respectively.

Bowman WC, Marshall IG, Gibb AJ, Harborne AJ (1988) Feedback control of transmitter release at the neuromuscular junction. Trends in Pharmacol Sci 9:16–20
Briggs CA (1995) Long-term potentiation of synaptic transmission in the sympathetic ganglion: multiple types and mechanisms. In: McLachlan EM (ed) Autonomic Ganglia. Harwood Academic, Luxembourg, pp 297–348
Brown DA (1979) Neurotoxins and the ganglionic (C6) type of nicotinic receptor. In: Ceccarelli B, Clementi F (eds) Advances in Cytopharmacology, vol 3. Raven, New York, pp 225–230
Brown DA, Adams PR, Higgins AJ, Marsh SJ (1979) Distribution of GABA-receptor and GABA-carriers in the mammalian nervous systems. J Physiol Paris 75:667–671
Brown DA, Docherty RJ, Halliwell JV (1983) Chemical transmission in the rat interpeduncular nucleus in vitro. J Physiol 341:655–670
Brown DA, Docherty R J, Halliwell JV (1984) The action of cholinomimetic substances on impulse conduction in the habenulointerpeduncular pathway of the rat in vitro. J Physiol 353:101–109
Brown DA, Garthwaite J, Hayashi E, Yamada S (1976) Action of surugatoxin on the nicotinic receptors in the superior cervical ganglion of the rat. Br J Pharmacol 58:157–159
Brown DA, Jones KB, Halliwell JV, Quilliam JP (1970) Evidence against a presynaptic action of acetylcholine during ganglionic transmission. Nature 226:958–959
Cannon WB, Aub JC, Binger CAL (1912) A note on the effect of nicotin injection on adrenal secretion. J Pharmacol Exper Ther 3:379–388
Clarke PBS (1987) Recent progress in identifying nicotinic cholinoceptors in mammalian brain. Trends in Pharmacol Sci 8:32–35
Clarke PBS, Hommer DW, Pert A, Skirboll LR (1987) Innervation of substantia nigra neurons by cholinergic afferents from the pedunculopontine nucleus in rats: neuroanatomical and electrophysiological evidence. Neuroscience 23:1011–1020
Coggan JS, Paysan J, Conroy WG, Berg D (1997) Direct recording of nicotinic responses in presynaptic nerve terminals. J Neurosci 17:5798–5806
Couturier S, Bertrand D, Matter J-M, Hernandez M-C, Bertrand S, Millar N, Valera S, Barkas T, Ballivet M (1990) A neuronal nicotinic acetylcholine receptor subunit ($\alpha 7$) is developmentally regulated and forms a homo-oligomeric channel blocked by α-Btx. Neuron 5:847–856
Covernton PJO, Kojima H, Sivilotti L, Gibb AJ, Colquhoun D (1994) Comparison of neuronal nicotinic receptors in rat sympathetic neurones with subunit pairs expressed in Xenopus oocytes. J Physiol 481:27–34
Craig CR, Curtis DR, Lodge D (1977) Dual effects of hemicholinium-3 at central synapses. J Physiol 264:367–377
Dale HH, Laidlaw PP (1912) The significance of the supra-renal capsules in the action of certain alkaloids. J Physiol 45:1–26
Duggan AW, Hall JG, Headley PM, Hendry A, Minchin MCW (1976a) Absence of binding of α-bungarotoxin and cobra neurotoxin to central acetylcholine receptors – an autoradiographic study. Neurosci Lett 3:123–127
Duggan AW, Hall JG, Lee CY (1976b) Alpha-bungarotoxin cobra neurotoxin and excitation of Renshaw cells by acetylcholine. Brain Res 107:166–170
Eccles JC, Eccles RM, Fatt P (1956) Pharmacological investigations on a central synapse operated by acetylcholine. J Physiol 131:154–169
Eccles JC, Fatt P, Koketsu K (1954) Cholinergic and inhibitory synapses in a pathway from motor axon colaterals to motoneurones. J Physiol 126:524–562
Fumagalli L, De Renzis G, Miani N (1976) Acetylcholine receptors: number and distribution in intact and deafferented superior cervical ganglion of the rat. J Neurochem 27:47–52
Futami T, Takakusaki K, Kitai ST (1995) Glutamatergic and cholinergic inputs from the pedunculo-pontine tegmental nucleus to dopamine neurons in the substantia nigra pars compacta. Neurosci Res 21:331–342
Goodman AG, Gilman LS (1980) The pharmacological basis of therapeutics, 6th edn. Macmillan, New York, p 217

Gray R, Rajan AS, Radcliffe KA, Yakehoiro M, Dani JA (1996) Hippocampal synaptic transmission enhanced by low concentrations of nicotine. Nature 383:713–716

Greene LA (1976) Binding of alpha-bungarotoxin to chick sympathetic ganglia: properties of the receptor and its rate of appearance during development. Brain Res 111:135–145

Ginsborg BL, Guererro S (1964) On the action of depolarizing drugs on sympathetic ganglion cells of the frog. J Physiol 172:189–206

Gurney AM, Rang HP (1984) The channel-blocking action of methonium compounds on rat submandibular ganglion cells. Br J Pharmacol 82:623–642

Hayashi E, Yamada S (1975) Pharmacological studies on surugatoxin the toxin principle from Japanese ivory mollusc. Br J Pharmacol 53:207–215

Hefft S, Hulo S, Bertrand D, Muller D (1999) Synaptic transmission at nicotinic acetylcholine receptors in rat hippocampal organotypic cultures and slices. J Physiol 515:769-776

Koelle GB (1961) A proposed dual neurohumoral role of acetylcholine: its functions at the pre- and postsynaptic sites. Nature 190:208–211

Kuryatov A, Gerzanich V, Nelson M, Olale F, Lindstrom J (1997) Mutation causing autosomal dominant nocturnal frontal lobe epilepsy alters Ca^{2+} permeability conductance and gating of human $\alpha 4\beta 2$ nicotinic acetylcholine receptors. J Neurosci 17:9035–9047

Langley JN (1909) On the contraction of muscle chiefly in relation to the presence of "receptive" substances. Part IV The effect of curari and of some other substances on the nicotine response of the sartorius and gastrocnemius muscles of the frog. J Physiol 39:235–239

Langley JN, Dickenson WL (1889) On the local paralysis of peripheral ganglia and on the connexion of different classes of nerve fibres within them. Proc Roy Soc (Lond) 46:423–431

Liang SD, Vizi ES (1997) Positive feedback modulation of acetylcholine release from isolated rat superior vertical ganglion. J Pharmacol Exp Ther 280:650–655

Loring RH, Zigmond RE (1988) Characterization of neuronal nicotinic receptors by snake venom neurotoxins. Trends in Neurosci 11:73–78

Luetje CW, Patrick J (1991) Both α- and β-subunits contribute to the agonist sensitivity of neuronal nicotinic acetylcholine receptors. J Neurosci 11:837–845

Marsh SJ, Trousland J, Leaney JA, Brown DA (1995) Synergistic regulation of a neuronal chloride current by intracellular calcium and muscarinic receptor activation: a role for protein kinase C. Neuron 15:729–737

McGehee DS, Heath MJS, Gelber S, Devay P, Role LW (1995) Nicotine enhancement of excitatory synaptic transmission in CNS by presynaptic receptors. Science 269:1692–1696

McGehee DS, Role LW (1995) Physiological diversity of nicotinic acetylcholine receptors expressed by vertebrate neurons. Ann Rev Physiol 57:521–546

McGehee DS, Role LW (1996) Presynaptic ionotropic receptors. Curr Op Neurobiol 6:342–349

Messing RO, Stevens AM, Kitasu E, Sneade AN (1989) Nicotinic and muscarinic agonists stimulate rapid protein kinase C translocation in PC12 cells. J Neurosci 9:507–512

Mulle C, Vidal C, Benoit P, Changeux J-P (1991) Existence of different subtypes of nicotinic acetylcholine receptors in the rat habenulo-interpeduncular system. J Neurosci 11:2588–2597

Paton WDM, Zaimis EJ (1949) Pharmacological actions of polymethylene bistrimethylammonium salts. Br J Pharmacol 4:381–400

Picciotto MR, Zoli M, Rimondini R, Lena C, Marubio LM, Pich EM, Fuxe K, Changeux JP (1998) Acetylcholine receptors containing the $\beta 2$ subunit are involved in the reinforcing properties of nicotine. Nature 391:173–177

Ravdin PM, Berg DW (1979) Inhibition of neuronal acetylcholine sensitivity by α-toxins from Bungarus multicinctus venom. Proc Natl Acad Sci USA 76:2072–2076

Riker WF, Standaert FG (1966) The action of facilitatory drugs and acetylcholine on neuromuscular transmission. Ann N Y Acad Sci 135:163–176

Roerig B, Nelson A, Katz LC (1997) Fast synaptic signaling by nicotinic acetylcholine and serotonin 5-HT$_3$ receptors in developing visual cortex. J Neurosci 17: 8353–8362

Rogers M, Colquhoun LM, Parick JW, Dani JA (1997) Calcium flux through predominantly independent purinergic ATP and nicotinic acetylcholine receptors. J Neurophysiol 77:1407–1417

Rogers M, Dani JA (1995) Comparison of quantitative calcium flux through NMDA ATP and ACh receptor channels. Biophys J 68:501–506

Role LW, Berg DK (1996) Nicotinic receptors in the development and modulation of CNS synapses. Neuron 16:1077–1085

Sastry BR, Zialkowske SE, Hansen LM, Kavanagh JP, Evoy EM (1979) Acetylcholine release in interpeduncular nucleus following stimulation of habenula. Brain Res 164:334–337

Schoepfer R, Conroy WG, Whiting P, Gore M, Lindtsrom J (1990) Brain α-bungarotoxin binding protein cDNAs and Mabs reveal subtypes of this branch of the ligand-gated ion channel gene family. Neuron 5:35–48

Seguela P, Wadiche J, Dineley-Miller K, Dabi J A, Patrick J W (1993) Molecular cloning functional properties and distribution of rat barin α7: a nicotinic cation channel highly permeable to calcium. J Neurophysiol 13:596–604

Sivilotti L, Colquhoun D (1995) Acetylcholine receptors: too many channels too few functions. Science 269:1681–1682

Sivilotti LG, McNeil DK, Lewis TM, Nassar MA, Schoepfer R, Colquhoun D (1997) Recombinant nicotinic receptors expressed in Xenopus oocytes do not resemble native rat sympathetic ganglion receptors in single-channel behaviour. J Physiol 500:123–138

Steinlein OK, Mulley JC, Propping P, Wallace RH, Phillips HA, Sutherland GR, Scheffer IE, Berkovic SF (1995) A missense mutation in the neuronal acetylcholine receptor α4 subunit is associated with autosomal dominant nocturnal frontal lobe epilepsy. Nature Genetics 11:201–203

Thomas RC, Wilson VJ (1965) Precise localization of Renshaw cells with a new marking technique. Nature 206:211–213

Tokimasa T, North RA (1984) Calcium entry through nicotinic receptor channels can activate potassium conductance in bullfrog sympathetic neurons. Brain Res 295:364–367

Trouslard J, Marsh SJ, Brown DA (1993) Calcium entry through nicotinic and calcium channels in cultured rat superior cervical ganglion (SCG) neurones. J Physiol 468:53–72

Vernallis AB, Conroy WG, Berg DK (1995) Neurons assemble acetylcholine receptors with as many as three kinds of subunits while maintaining subunit segregation among receptor subtypes. Neuron 10:451–563

Wonnacott S (1997) Presynaptic nicotinic ACh receptors. Trends in Neurosci 20:92–98

Zhang M, Wang YT, Vyas DM, Neumann RS, Bieger D (1993) Nicotinic cholinoceptor-mediated excitatory postsynaptic potentials in rat nucleus ambiguous. Exp Brain Res 96:83–88

Zhang ZW, Coggan JS, Berg DK (1996) Synaptic currents generated by neuronal acetylcholine receptors sensitive to α-bungarotoxin. Neuron 17:1231–1240

CHAPTER 2

Distribution of Cholinergic Neurons in the Mammalian Brain with Special Reference to their Relationship with Neuronal Nicotinic Acetylcholine Receptors

M. ZOLI

A. Distribution of Cholinergic Neurons in Neural Tissues

A cholinergic neuron, i.e., a neuron which utilizes acetylcholine (ACh) as a neurotransmitter, has several specific neurochemical features: a releasable pool of ACh; the enzyme necessary for ACh synthesis, i.e., choline acetyltransferase (ChAT); the uptake sites for choline; and the vesicular ACh transporter (VAChT). In addition, acetylcholine esterase (AChE), the enzyme responsible for ACh degradation to acetate and choline, has long been considered a marker of cholinergic neurons. However, the simple presence of AChE cannot be considered as a good marker of cholinergic neurons, since AChE is expressed in both cholinergic and cholinoceptive cells (i.e., cells which respond to ACh) and, in some neuronal systems, is released and acts as an intercellular signal by itself. Still, neurons exhibiting high AChE activity following treatment with diisopropylphosphorofluoridate, an AChE inhibitor, are in most cases authentic cholinergic neurons (BUTCHER and WOOLF 1984). The histological techniques which have proved to be more specific, and with optimal spatial resolution, for identifying cholinergic neurons are immunocytochemistry using specific ChAT antibodies and in situ hybridization using probes for ChAT mRNA. Tract-tracing and lesion techniques coupled with ChAT immunohistochemistry have given the most reliable information for delineating the distribution of cholinergic pathways. By using these techniques, several cholinergic neuronal systems have been characterized in the CNS and peripheral ganglia. In view of the large amount of data available in these species, our description will be focused on the rodent nervous systems (BUTCHER 1995; WOOLF 1991; and references therein) (Fig. 1).

I. The Basal Telencephalic System

Several large clusters of cholinergic neurons are present in the ventral part of the telencephalon. Cholinergic neurons, intermingled with different proportions of noncholinergic neurons, are detected in a more or less continuous strip comprising (from rostral to caudal levels) the medial septum (MS), the nucleus of the vertical (VDB) and horizontal limb (HDB) of the diagonal band of Broca, the magnocellular preoptic area (MPA), the ventral pallidum (VP), the

Main cholinergic systems in the mammalian brain

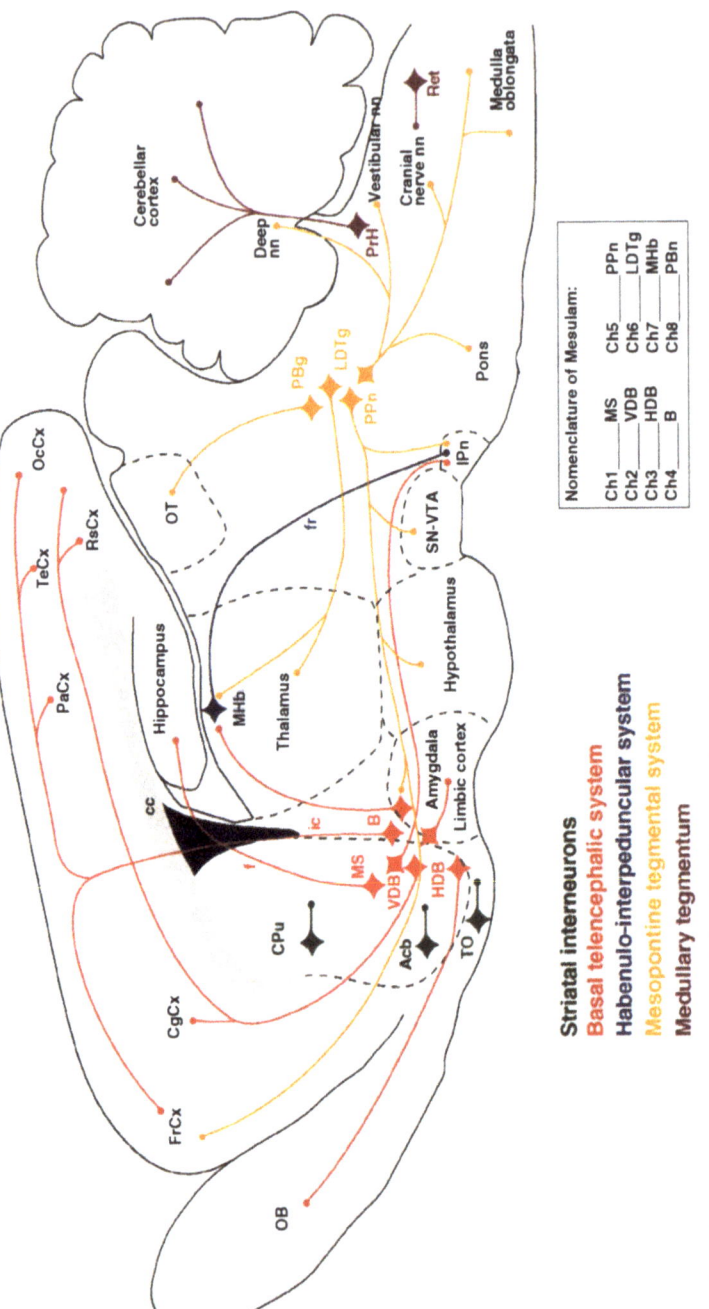

Fig. 1. Schematic representation of the distribution of cholinergic neurons in the rodent brain. Note that brainstem somatic and autonomic motoneurons are not represented. Acb, nucleus accumbens; B, basal nucleus of Meynert; cc, corpus callosum; CgCx, cingulate cortex; CPu, caudate-putamen; f, fornix; fr, fasciculus retroflexus; FrCx, frontal cortex; HDB, nucleus of the horizontal limb of the diagonal band of Broca; ic, internal capsule; IPn, interpeduncular nucleus; LDTg, latero-dorsal tegmental nucleus; MHb, medial habenula; MS, medial septum; nn, nuclei; OB, olfactory bulb; OcCx, occipital cortex; OT, optic tectum; PaCx, parietal cortex; PBn, parabigeminal nucleus; PPn, pedunculo-pontine nucleus; PrH, prepositus hypoglossal nucleus; Ret, medullary reticular formation; RsCx, restrosplenial cortex; SN, substantia nigra; TeCx, temporal cortex; TO, tuberculum olfac-

globus pallidus (GP), the substantia innominata (SI), the basal nucleus of Meynert (B) and the nucleus of the ansa lenticularis (AL). A nomenclature proposed by MESULAM et al. (1983) for monkey and rat cholinergic neurons distinguishes four principal cell clusters (Ch1–4), which mainly correspond to MS (Ch1), VDB (Ch2), HDB (Ch3), and MPA, VP, GP, SI, B, and AL (Ch4). Cholinergic neurons in this system are medium to large size projection neurons. Their projections can be schematically subdivided into four main pathways:

1. From MS and VDB to hippocampal formation
2. From VDB, HDB, MPA, and SI to medial neocortex
3. From MPA, SI, B, and AL to lateral neocortex, limbic cortex and amygdala
4. From HDB to olfactory bulb

In addition, minor descending projections are sent to the habenula and interpeduncular nucleus (IPn).

The connectivity of basal telencephalic cholinergic neurons has important functional consequences. It has been shown that single cholinergic neurons innervate a relatively restricted zone of the cortex (a 1mm wide column, roughly corresponding to a cortical module). On the other hand, at the level of cell bodies, cholinergic neurons are densely interconnected via dendro–dendritic synapses and gap junctions. Functional studies show, indeed, that even sparse projections to the basal telencephalic system can cause global release of ACh in the cortex (discussed in BUTCHER 1995). Overall, the telencephalic cholinergic system is thought to work as a diffuse system, activating many cortical areas simultaneously, although possibly at different degrees (see also the discussion of volume transmission in cholinergic systems below).

II. Striatal Interneurons

A population of large cholinergic interneurons is present in the caudate-putamen (CPu), nucleus accumbens (Acb), olfactory tubercle (TO) and islands of Calleja (ICj). In the striatum, they represent one of the two main populations of interneurons (together with somatostatin/neuropeptide Y-containing neurons), but nonetheless only correspond to a small percentage (1%–2%) of the overall striatal neuronal population. Notwithstanding its restricted size, the population of striatal cholinergic interneurons produces the densest network of cholinergic terminals in the brain (CONTANT et al. 1996).

III. The Habenulo-Interpeduncular System

A densely packed group of medium/small size cholinergic neurons is located in the ventral two thirds of the medial habenula (MHb, Ch7). They receive cholinergic projections from the basal telencephalic and mesopontine tegmental systems and send projections to the IPn (constituting around 50% of the cholinergic innervation of this nucleus) through the fasciculus retroflexus.

IV. The Mesopontine Tegmental System

A rostrocaudally elongated cluster of cholinergic neurons can be detected from the caudal substantia nigra (SN) to the rostral locus coeruleus, with the highest density of neurons located in the pedunculopontine tegmental (PPn, Ch5, according to MESULAM et al. 1983), laterodorsal tegmental (LDTg, Ch6) and parabigeminal (PBn, Ch8) nuclei. These neurons are morphologically similar to those of the basal telencephalic system and are thought to be almost exclusively projection neurons. Their projections are rather widespread and are classically subdivided into ascending and descending:

1. Ascending projections: several thalamic nuclei, habenula, IPn, subcortical nuclei of the visual pathway (including lateral geniculate nucleus and optic tectum, OT), basal ganglia (including the SN, and ventral tegmental area, VTA), basal telencephalic cholinergic nuclei, and cingulate cortex (CgCx).
2. Descending projections: catecholaminergic brain stem nuclei (including noradrenergic locus coeruleus and serotoninergic raphe nuclei), vestibular nuclei, pontine nuclei, reticular formation, spinal V nucleus, and deep cerebellar nuclei.

Notably, projections of the mesopontine tegmental system are widespread throughout the neuraxis, but are substantially non-overlapping with those of the basal telencephalic system.

V. Brainstem and Spinal Cord Motor Nuclei

All somatic and autonomic motoneurons utilize ACh as a transmitter. Therefore, all brainstem motor nuclei associated with cranial nerves (somatic or parasympathetic) and the ventral (somatic) and intermediolateral (sympathetic) columns of the spinal cord contain cholinergic neurons. In addition, cholinergic neurons are present in vestibular and cochlear efferent nuclei. These cells are not located in defined nuclei and can be identified by means of retrograde labeling from the vestibular end-organs and cochlea. The cluster of vestibular cholinergic efferent neurons is scattered around the genu of the facial nerve and in the parvocellular reticular nucleus. The cluster of cochlear cholinergic efferent neurons is scattered around the facial nucleus, and in the nucleus pontis lateralis and the ventral pontine reticular formation.

VI. Medullary Tegmentum

Scattered cholinergic cells can be detected in several nuclei and the reticular formation of the medullary tegmentum, being particularly concentrated in the prepositus hypoglossal nucleus (PrH). These neurons project to cranial nerve motoneurons and the cerebellum.

VII. Peripheral Ganglia and Retina

While all autonomic ganglia receive cholinergic input from brainstem or spinal autonomic motoneurons, only parasympathetic ganglionic neurons are cholinergic. Other ganglia receive cholinergic afferents. Cochlear and vestibular ganglia receive cholinergic afferents from the respective effector nuclei of the brainstem (see above). It is not clear whether dorsal root ganglia (DRG) and trigeminal ganglion, which contain sensory neurons innervating the body and the face respectively, have intrinsic cholinergic neurons. ChAT immunoreactive neurons were found in DRG by some authors (SANN et al. 1995, but see BARBER et al. 1984 for opposite results) but ChAT mRNA was not detected in in situ hybridization experiments (N. Le Novère and M. Zoli, unpublished observations).

The retina contains two populations of cholinergic amacrine cells, one in the ganglionic cell layer and the other in the inner nuclear layer. The neuropil of these cells is concentrated in two bands of the inner plexiform layer (VOIGT 1986; see SANDMANN et al. 1997 for other species). Contrary to what was initially thought, ganglionic cells are not cholinergic in any vertebrate species studied so far.

VIII. Putative Cholinergic Systems

It continues to be debated whether or not cholinergic interneurons exist in the cerebral cortex, hippocampus, olfactory bulb, and anterior olfactory nucleus of the rat. ChAT immunolabeling in these interneurons can be obtained with some, but not all, antibodies. Indeed, some (but not all, see ICHIKAWA et al. 1997) VAChT antibodies reveal positive cells in the cerebral cortex (WEIHE et al. 1996; ARVIDSSON et al. 1997). However, no ChAT and VAChT mRNAs can be detected in these neurons, which are indeed negative to AChE staining (BUTCHER 1995; ICHIKAWA et al. 1997).

Similarly, some authors have reported cholinergic neurons in several hypothalamic nuclei (including the arcuate nucleus, lateral hypothalamus, periventricular regions, supramammillary nucleus, and dorsal hypothalamic area), which are, however, devoid of detectable levels of ChAT and VAChT mRNAs as well as VAChT immunoreactivity (ICHIKAWA et al. 1997; ARVIDSSON et al. 1997).

IX. Comparative Aspects

Cholinergic systems are highly conserved throughout phylogeny, at least in vertebrate species, although the complexity of their organization may progressively increase (BUTCHER 1995). The outline of rodent cholinergic systems reported above can be applied easily to the other mammals, since neural structures and their nomenclature are substantially the same. A notable exception

Table 1. Comparison between the distribution of cholinergic neurons in the central nervous system of several vertebrate species

Choline acetyltransferase immunoreactive cell bodies	Amphibians[1]	Reptiles[2]	Birds[3]	Mammals[4]
Cerebral cortex	–	+[5]	–	+/–[6]
Basal telencephalic system	MS[7], DB, vStr, A, lfb[8]	DB, VP, GP, Apol, Bst	DB, PP[9], INP, PVT[9], lfb	MS[7], DB, MPA, VP, GP, SI, B, AL
Striatum	cdrStr[10]	Str, Acb, TO[11]	IPO[12], TO[11]	CPu, Acb, TO, ICj
Habenulo-interpeduncular system	Hd	MHb	MHb	MHb
Hypothalamus	SC, Inf[13]	Pe, Arc, LH[5]	POM, PMH, LH, SCE, SCI, TU	Pe, Arc, LH[6]
Pretectum and tectum	–	–	SPM[14], OT	OT[15]
Mesopontine tegmental system[16]	Is, PPn, LDTg, LC	Iss, IMC, Isd, Ric[17], LDTg, LC	IMC, IPC, SLu, PPn, LDTg[18], LC	PBn, PPn, LDTg, LC
Medullary reticular formation[19]	+	+	+	+
Somatic and autonomic motoneurons	+	+	+	+

A, amygdala; Acb, nucleus accumbens; AL, nucleus of the ansa lenticularis; Apol, area preoptica lateralis; Arc, arcuate nucleus; B, basal nucleus of Meynert; Bst, bed nucleus stria terminalis; cdrStr, central, dorsal, rostral striatum; CPu, caudate-putamen; DB, nuclei of the diagonal band of Broca; GP, globus pallidus; Hd, dorsal habenula; ICj, island of Calleja; IMC, nucleus isthmi, pars magnocellularis; Inf, infundibular region; INP, nucleus intrapeduncularis; IPC, nucleus isthmi, pars parvocellularis; Is, nucleus isthmi; Isd, nucleus isthmi diffusus; Iss, nucleus isthmi semilunaris; LC, locus coeruleus; LDTg, latero-dorsal tegmental nucleus; lfb, lateral forebrain bundle; LH, lateral hypothalamus; IPO, lobus paraolfactorium; MHb, medial habenula; MPA, medial preoptic area; MPv, nucleus mesencephalicus profundus, pars ventralis; MS, medial septum; OT, optic tectum; PA, paleostriatum augmentatum; PBn, parabigeminal nucleus; Pe, periventricular hypothalamic nucleus; PMH, nucleus medialis hypothalami posterioris; POM, nucleus preopticus medialis; PP, paleostriatum primitivum; PPn, peduncolo-pontine nucleus; PVT, paleostriatum ventrale; Ric, reticular isthmic nucleus, pars centralis; RPO, nucleus reticularis pontis oralis; SC, nucleus suprachiasmaticus; SCE, stratum cellulare externum; SCI, stratum cellulare internum; SI, substantia innominata; SLu, nucleus semilunaris; SPM, nucleus spiriformis medialis; Str, striatum; Ric, reticular isthmic nucleus, pars centralis; TO, tuberculum olfactorium; TU, nucleus tuberis; VP, ventral pallidum; vStr, ventral striatum.

[1] Data from the mapping in *Rana Perezi, Xenopus Laevis*, and *Pleurodeles waltl* (MARIN et al. 1997).
[2] Data from the mapping in *Gallotia galloti* (MEDINA et al. 1993).
[3] Data from the mapping in chicken and pigeon (VON BARTHELD et al. 1991; MEDINA and REINER 1994; SORENSON et al. 1989).
[4] Data from the mapping in rat, mouse, guinea pig, cat, dog, monkey, human (BUTCHER 1995; WOOLF 1991; and references therein).
[5] This staining is present only with antichick antibodies.
[6] This staining is present only in rats with some antibodies.
[7] Note that ChAT immunoreactive neurons in the MS are present only in amphibians and mammals.
[8] Contrary to reptiles, birds and mammals, the basal telencephalic system of amphibians also innervates the striatum.
[9] PP and PVT are considered the bird homologues of mammalian GP and VP, respectively.
[10] A few weakly immunoreactive neurons can only be detected in *Rana Perezi* but not in *Xenopus Laevis* and *Pleurodeles waltl*.
[11] Contrary to mammals, ChAT immunoreactive neurons in reptiles and birds are not present in the lateral part of the dorsal striatum.
[12] IPO is considered the bird homologue of mammalian Acb and ventromedial CPu.
[13] ChAT immunoreactive neurons in the infundibular region are only detecetd in *Xenopus Laevis*.
[14] In the chicken, a dense cluster of strongly ChAT immunoreactive neurons is present in the SPM, whereas in the pigeon weakly ChAT immunoreactive neurons are scattered around the SPM.
[15] ChAT immunoreactive neurons can be detected only in some mammals (e.g., rat and cat, but not guinea pig, baboon, and macaque).
[16] Note that the isthmic nuclei (Is, Iss, IMC, Isd, IPC, SLu) in amphibians, reptiles, and birds are thought to be homologous to PBn in mammals.
[17] ChAT immunoreactive neurons detected in the Ric are considered the reptile homologue of PPn (MEDINA et al. 1993, 1994).
[18] ChAT immunoreactive neurons detected in the isthmic tegmentum (including MPv and RPO) of the chicken (SORENSON et al. 1989) are identified as the bird counterpart of PPn and LDTg (MEDINA et al. 1994).
[19] In view of the scattered cell distribution in the reticular formation, the homology of these neurons is presumptive.

is that cholinegic interneurons in cortical areas cannot be detected in several other mammalian species. Several more or less extensive mappings of ChAT immunoreactivity have been performed in nonmammalian vertebrates, showing a remarkable coincidence between the distribution of cholinergic cells in these animal species and in mammals (for a discussion, see MARIN et al. 1997; MEDINA et al. 1993; MEDINA and REINER 1994). A summary of the correspondence between the distribution of cholinergic cell groups in mammals, birds, reptiles, and amphibians is given in Table 1.

B. Distribution of Nicotinic Receptors with Respect to Cholinergic Neurons

Nicotinic acetylcholine receptors (nAChRs) are ligand-gated ion channels activated by ACh. A defined subfamily of nAChRs, i.e., $\alpha 7$-contaning receptors, may, in addition, be activated by choline (ALKONDON et al. 1997). In both cases, physiological activation of nAChRs depends on signals deriving from cholinergic cells. It is therefore relevant to assess the spatial relationships between cholinergic neurons and nAChRs. Double immunolabeling with ChAT and nAChR subunit antibodies would be the technique of choice for this assessment. Unfortunately, the availability of specific antibodies for nAChR subunits is limited and the safest evidence on nAChR subunit localization derives from in situ hybridization, a technique which gives no information on the subcellular distribution of the receptor protein. In fact, much of the actual knowledge on the subcellular location of nAChRs derives from electrophysiological or neurochemical studies. As a consequence, no systematic study has been carried out in this field and much of the available evidence is only indirect.

We will deal with two main aspects of the relation between cholinergic neurons and nAChRs: what is the location of nAChRs in cholinergic and cholinoceptive cells (Sect. B.I) and what type (e.g., synaptic vs. nonsynaptic) of transmission the neuronal nicotinic transmission is (Sect. B.II).

I. Location of nAChRs in Cholinergic and Cholinoceptive Cells

In general, a functional nAChR can be located on a cholinergic cell or a cholinergic target cell (i.e., a cholinoceptive cell). In the former case, it is called an autoreceptor while, in the latter case, it is sometimes called a heteroreceptor. Both types of nAChRs can be present on membranes of the cell body, dendrite, axon, or nerve terminal. In addition, functional studies have suggested that nAChRs may occur in "preterminal" membranes, i.e., on the axon before the spread of nerve terminals (see, e.g., LÉNA et al. 1993; WONNACOTT 1997 for a discussion).

On the basis of both electrophysiological and transmitter release studies, it has become a common notion that nAChRs are often "presynaptic," meaning that they are modulators of the release of various transmitters (including ACh itself) (McGEHEE and ROLE 1996; WONNACOTT 1997). Although this definition appears intuitive, it implicitly assumes that nAChRs are located on terminals which form synapses. As we will discuss in Sect. B.II, it is likely that this is not the case for several transmitters whose release is influenced by nAChRs (e.g., see the case of dopamine in striatum, ZOLI and AGNATI 1996; GONON 1997), and ACh itself (DESCARRIES et al. 1997; DESCARRIES 1998; and the discussion below). The term "terminal" is therefore to be preferred to the term "presynaptic."

1. Heteroreceptors

In the peripheral nervous system, nAChRs located on cell bodies and dendrites of autonomic ganglionic neurons are well characterized from a morphological and functional standpoint (ULLIAN et al. 1997; ZHANG et al. 1996; and references therein). In the CNS, the demonstration of nAChRs on cell body/dendrite membranes comes especially from electrophysiological studies. Although, nicotinic responses are less easy to detect than, for instance, glutamate or γ-aminobutyric acid (GABA) responses, much evidence has accumulated over time for nAChRs on cell bodies/dendrites in a number of CNS nuclei: thalamic nuclei (CURRO-DOSSI et al. 1991; LÉNA and CHANGEUX 1997; MCCORMICK and PRINCE 1987b), cerebral cortex (ROERIG et al. 1997; XIANG et al. 1998), dopaminergic nuclei of the ventral mesencephalon (BLAHA et al. 1996; CALABRESI et al. 1989; PICCIOTTO et al. 1998; PIDOPLICHKO et al. 1997), hippocampal pyramidal cells and interneurons (ALKONDON and ALBUQUERQUE 1993; FRAZIER et al. 1998; JONES and YAKEL 1997; ZORUMSKI et al. 1992), central amygdala (NOSE et al. 1991), MHb (MCCORMICK and PRINCE 1987a; MULLE et al. 1991; ZOLI et al. 1998), IPn (BROWN et al. 1983; MULLE et al. 1991; ZOLI et al. 1998), locus coeruleus (EGAN and NORTH 1986), medial vestibular nucleus (PHELAN and GALLAGHER 1992), dorsal nucleus of the vagus nerve (ZOLI et al. 1998), nucleus ambiguus (ZHANG et al. 1993), cerebellum (DE LA GARZA et al. 1987), or spinal Renshaw neurons (HEADLEY et al. 1975). The ultrastructural evidence for these receptors is, however, limited. Antibodies against $\beta 2$ nAChR subunit strongly stained many neuronal cell bodies, but the vast majority of the immunoreactive material was associated with intracellular membranes (HILL et al. 1992). A recent study has shown $\alpha 4$ immunolabeling in dopaminergic dendrites and, more rarely, cell bodies in the substantia nigra (SORENSON et al. 1998).

As already mentioned, there is ample neurochemical or electrophysiological evidence for terminal or preterminal location of nAChRs. nAChR activation causes the release of several neurotransmitters, including dopamine (e.g., in the ventral and dorsal striatum, and in the frontal cortex), noradrenaline (e.g., in hippocampus, cortex, and raphe nuclei), serotonin (e.g., in hippocampus, neocortex, striatum, and raphe nuclei), glutamate (e.g., in neocortex, striatum, IPn, and nucleus tractus solitarii) and GABA (e.g., in thalamus) (for recent papers, see ASHWORTH-PREECE et al. 1998; FU et al. 1998b; GIOANNI et al. 1999; LI et al. 1998; SCHILSTROM et al. 1998; TAKAHASHI et al. 1998; and, for a review of previous literature, see COLQUHOUN and PATRICK 1997; MCGEHEE and ROLE 1996; WONNACOTT 1997). In some instances, the releasing effects of nicotinic agonists have been demonstrated by using intracerebral microdialysis and systemic administration of the drug. In this kind of experiments it is not possible to directly assess the location of nAChRs. nAChRs are often present in both terminal/preterminal and cell body/dendrite membranes of a given neuron (e.g., see the case of the dopaminergic mesostriatal pathways). It is indeed interesting to note that (at least in the case of dopaminergic mesostriatal and ascending noradrenergic pathways) the activation nAChRs located at the level of cell bodies/dendrites is the principal mediator of the releasing effects of systemically administered nicotinic agonists (NISELL et al. 1994, FU et al. 1998b).

2. Subunit Composition of Heteroreceptors

Knowledge on the composition of nAChRs studied in functional experiments mostly derives from the use of different nicotinic ligands. This pharmacological approach safely discriminates between α-bungarotoxin-sensitive and α-bungarotoxin-insensitive nAChRs. This latter subfamily is indeed heterogeneous, since multiple pharmacological spectra have been identified in functional experiments, and since multiple subunits are co-expressed in neurons and several isotypes can be identified by immunoprecipitation in neuronal preparations. In the absence of selective ligands, however, the correspondence between isotype composition and pharmacology remains difficult. The availability of mice lacking the $\beta 2$ subunit made it possible to show the correspondence between some pharmacological spectra and nAChR subtypes (ZOLI et al. 1998). In electrophysiological experiments, the order of potency epibatidine >> nicotine >> cytisine is a marker of $\beta 2$-containing receptors ($\alpha 4 \beta 2$ and possibly other less represented combinations), whereas the order of potency epibatidine >> nicotine = cytisine is a marker of $\beta 4$-containing nAChRs. This notion fits well with experiments in reconstituted systems (LUETJE and PATRICK 1991). More indirect, though generally consistent, evidence points to a certain selectivity of ABT-418 (PAPKE et al. 1997) and dihydro-β-erythroidine (XIAO et al. 1998; ZOLI et al. 1998) for $\alpha 4 \beta 2$-containing receptors, and alpha-conotoxin-MII (CARTIER et al. 1996) and neuronal bungarotoxin (LUETJE et al. 1998) for $\alpha 3(\alpha 6?)\beta 2$-containing receptors (see LE NOVÈRE et al. 1996 for a discussion of the possible contribution of an $\alpha 6$ subunit to these receptors). Note that these correlations hold in functional experiments (in equilibrium binding experiments, the prevalence of desensitized forms of the receptor may change both the affinity and order of potency of ligands; ZOLI et al. 1998) made in rodents and may be different in other species, such as chicken and humans (e.g., see CHAVEZ-NORIEGA et al. 1997).

Based on the above mentioned considerations, the composition of nAChRs on cell body/dendrite membrane compartments appears varied and comprises all putative nAChR isotypes identified in the CNS so far (e.g., see ALKONDON and ALBUQUERQUE 1993; BRUSSAARD et al. 1994; PIDOPLICHKO et al. 1997; ZOLI et al. 1998). Regarding the α-bungarotoxin-insensitive subfamily, (α4)β2-containing receptors represent the vast majority of cell body/dendrite receptors, although some neurons express (α3)β4-containing nAChRs (e.g., neurons in the MHb and dorsal nucleus of the vagus nerve). Similarly, the composition of terminal/preterminal nicotinic heteroreceptors is heterogenous. In some systems, α7-containing nAChRs are involved (e.g., see GRAY et al. 1996; LI et al. 1998; MCGEHEE et al. 1995), whereas in others, α-bungarotoxin-insensitive nAChRs have been implicated (e.g., see PICCIOTTO et al. 1998; ZOLI et al. 1998; LI et al. 1998). Within this latter family, an (α4)/β2-containing receptor is present in many neuronal systems, including GABAergic terminals in several brain regions (LU et al. 1998). Much attention has been devoted to the mesostriatal dopaminergic system. In these neurons, β2-containing receptors may be present on both cell bodies and terminals. However, in the former case the pharmacology is compatible with an α4β2 receptor, whereas in the latter case the pharmacology points to an α3(α6)β2-containing receptor (KAISER et al. 1998; KULAK et al. 1997; PICCIOTTO et al. 1998; SCHULZ and ZIGMOND 1989).

3. Autoreceptors

The evidence for nicotinic autoreceptors in the CNS derives primarily from release studies, since morphological studies at the ultrastructural level are missing. Nicotinic agonists induce the release of ACh in the frontal cortex and hippocampus. This effect is likely mediated by autoreceptors since it has been observed in experiments using intracerebral microdialysis with local infusion of nicotine, synaptosomes, or brain slices (MARCHI and RAITERI 1996; QUIRION et al. 1994; SUMMERS et al. 1995; TANI et al. 1998; WILKIE et al. 1996). Neuronal nicotinic autoreceptors are also present in somatic and parasympathetic (TODOROV et al. 1991) cholinergic motoneurons. Much evidence has accumulated on nAChRs located on the cholinergic terminal in the neuromuscular junction. In rodents, nicotinic antagonists reduce ACh release induced by a high frequency of nerve stimulation or AChE inhibitors, but increase ACh release evoked by a low frequency of nerve stimulation (CORREIA DE SA and RIBEIRO 1994; PRIOR et al. 1995; VIZI and SOMOGY 1989). Recent studies using neuromuscular cocultures of *Xenopus laevis* embryos have shown that nicotine markedly potentiates ACh release induced by ATP, glutamate, and KCl from motoneuron growth cones (FU and LIU 1997), effects which were blocked by α-bungarotoxin, hexamethonium, *d*-tubocurarine, or mecamylamine. Moreover, spontaneous nerve terminal currents as well as currents induced by direct stimulation of motoneuron soma were blocked by nicotinic antagonists (FU et al. 1998a). Overall, nicotinic autoreceptors in the neuromuscular junction seem to have an autofacilitatory role, although pharmacologically distinct nAChRs mediating autoinhibition may also exist (PRIOR et al. 1995).

4. Subunit Composition of Autoreceptors

In situ hybridization studies show that most cholinergic neurons do not contain a special class of nAChR subunit mRNAs so that auto- and heteroreceptors are likely indistinguishable on a pharmacological basis. Basal forebrain and mesopontine cholinergic neurons express $\alpha 4$ and $\beta 2$ subunits (WADA et al. 1989) and should, therefore, express this major subtype in terminals. In the hippocampus at least, pharmacological data obtained in ACh release experiments are compatible with an $\alpha 4/\beta 2$ isotype. In fact, ABT-418, but not GTS-21 (an agonist with selectivity for $\alpha 7$), can release ACh, and nicotine effects are blocked by mecamylamine or dihydro-β-erythroidine but not by methyllycaconitine (MLA, an antagonist of $\alpha 7$-containing nAChRs) (TANI et al. 1998; WILKIE et al. 1996). Instead, autoreceptors on cholinergic motoneurons may contain $\alpha 3$ (TSUNEKI et al. 1995). The habenulo-interpeduncular neurons are exceptional in that they express almost all known neuronal subunits, although not all in the same neurons (WADA et al. 1989; LE NOVÈRE et al. 1996). Therefore, peculiar subunit combinations may in principle exist in these neurons. Since this cholinergic nucleus receives cholinergic innervations from basal telencephalon and brainstem (see above), it is not clear whether nAChRs are autoreceptors or heteroreceptors, i.e., if they are activated by ACh coming from habenular neurons or cholinergic afferents. Interestingly, there is evidence that in this neuronal system, cell body and terminal nAChRs have distinct compositions (MULLE et al. 1991).

II. Wiring Vs Volume Transmission in Cholinergic Systems

The concept that other types of interneuronal, and in general intercellular, communication besides synaptic transmission exist in the CNS is gaining a large consensus (e.g., see the book edited by FUXE and AGNATI 1991). Intercellular communication after migration of the transmitter in the cerebral extracellular space (ECS) has been defined as volume transmission (VT), whereas point-to-point intercellular communication has been defined as wiring transmission (WT, a category which comprises both chemical and electrical synapses) (AGNATI et al. 1995; ZOLI and AGNATI 1996). Much structural evidence points to the fact that cholinergic transmission in several CNS nuclei is mostly of the VT type. In target areas of the basal telencephalic system (neocortex and hippocampus) as well as in the neostriatum of the rat the percentage of cholinergic varicosities (i.e., release sites of ACh) which make synaptic contacts is around 10%, although it may be markedly higher in primates and humans (DESCARRIES et al. 1997). In addition, many cholinergic varicosities are in the vicinity of vessels (whose function is modulated by cerebral cholinergic transmission; VAUCHER and HAMEL 1995) without making any synapses. This has led some authors (DESCARRIES et al. 1997; DESCARRIES 1998) to advance the hypothesis that in some brain regions a continuous cholinergic tone is assured by ACh diffusing from networks of asynaptic cholinergic terminals. The main regulator of the concentration of ACh in the ECS would be a particular isoform of AChE, the G_4 form, which is expressed in the brain, and in the muscle outside the neuromuscular junction.

An important correlate of diffuse, or VT, cholinergic transmission is the nonsynaptic localization of cholinergic receptors. In the case of muscarinic receptors, some evidence exists about their extrasynaptic location (DESCARRIES et al. 1997). It remains largely unknown as to what extent nicotinic transmission is synaptic or VT-type in the different neuronal systems. As already mentioned, the difficult availability of good antibodies against nAChR subunits has hampered ultrastructural studies on nAChR localization in the CNS. In autonomic ganglia the two main nAChR isoforms, composed of $\alpha 3 \alpha 5 \beta 4$ and $\alpha 7$ subunits have synaptic and perisynaptic locations, respectively (ULLIAN et al. 1997; ZHANG et al. 1996). In the CNS the situation may be very diverse. For instance, no evidence for $\beta 2$ immunoreactivity was found in postsynaptic densities in the rat cerebral cortex (HILL et al. 1992). However, in chick tectum $\alpha 7$ immunoreactivity has a perisynaptic location (ULLIAN et al 1995), and in rat substantia nigra postsynaptic densities were labeled by $\alpha 4$ antibodies (SORENSON et al. 1998). In the latter study, both postsynaptic and nonsynaptic membranes were labeled, and no quantification was reported. Also electrophysiological evidence for nicotinic synapses is scanty (COLQUHOUN and PATRICK 1997, MCGHEE and ROLE 1996). For instance, nAChR-mediated fast depolarizing postsynaptic potentials (PSPs) were shown in central amygdaloid neurons upon activation of cholinergic afferents of the basal telencephalon (NOSE et al. 1991), in nigral neurons upon stimulation of the pedunculopontine nucleus (FUTAMI et al. 1995), in nucleus ambiguus upon activation of the zona intermedialis reticularis parvicellularis (ZHANG et al. 1993), in spinal motoneurons in *Xenopus laevis* embryos upon activation of other motoneurons (PERRINS and ROBERTS 1995), and in embryonic cortical neurons either spontaneous or evoked by electrical stimulation of the white matter (ROERIG et al. 1997). Instead, strong indirect evidence for VT nicotinic transmission is given by functional studies on transmitter release, since nAChR on terminals is present in regions where no or rare axo-axonic synapses are detected. Finally, extrasynaptic nAChRs may be located on nonneuronal targets, such as vascular cells (MACKLIN et al. 1998; VILLABLANCA 1998).

Overall, available evidence suggests that the proportion of synaptic and nonsynaptic nicotinic transmission in the CNS may vary widely in the different cholinergic systems. In particular, synaptic nicotinic transmission may be relatively less represented and restricted to cases where nAChRs are located on the cell body/dendrite membranes (COLQUHOUN and PATRICK 1997).

Acknowledgments. I wish to thank Dr. Clément Léna for critical reading of the manuscript.

References

Agnati LF, Zoli M, Strömberg I, Fuxe K (1995) Intercellular communication in the brain: wiring versus volume transmission. Neuroscience 69:711–726

Alkondon M, Albuquerque EX (1993) Diversity of nicotinic acetylcholine receptors in rat hippocampal neurons. I. Pharmacological and functional evidence for distinct structural subtypes. J Pharmacol Exp Ther 265:1455–1473

Alkondon M, Pereira EF, Cortes WS, Maelicke A, Albuquerque EX (1997) Choline is a selective agonist of alpha7 nicotinic acetylcholine receptors in the rat brain neurons. Eur J Neurosci 9:2734–2742

Arvidsson U, Riedl M, Elde R, Meister B (1997) Vesicular acetylcholine transporter (VAChT) protein: a novel and unique marker for cholinergic neurons in the central and peripheral nervous systems. J Comp Neurol 378:454–467

Ashworth-Preece M, Jarrott B, Lawrence AJ (1998) Nicotinic acetylcholine receptors in the rat and primate nucleus tractus solitarius and on rat and human inferior vagal (nodose) ganglia: evidence from in vivo microdialysis and [^{125}I]alpha-bungarotoxin autoradiography. Neuroscience 83:1113–1122

Barber RP, Phelps PE, Houser CR, Crawford GD, Salvaterra PM, Vaughn JE (1984) The morphology and distribution of neurons containing choline acetyltransferase in the adult rat spinal cord: an immunocytochemical study. J Comp Neurol 229:329–346

Blaha CD, Allen LF, Das S, Inglis WL, Latimer MP, Vincent SR, Winn P (1996) Modulation of dopamine efflux in the nucleus accumbens after cholinergic stimulation of the ventral tegmental area in intact, pedunculopontine tegmental nucleus-lesioned, and laterodorsal tegmental nucleus-lesioned rats. J Neurosci 16:714–722

Brown DA, Docherty RJ, Halliwell JV (1983) Chemical transmission in the rat interpeduncular nucleus in vitro. J Physiol (Lond) 341(655):655–670

Brussaard AB, Yang X, Doyle JP, Huck S, Role LW (1994) Developmental regulation of multiple nicotinic AChR channel subtypes in embryonic chick habenula neurons: contributions of both the alpha 2 and alpha 4 subunit genes. Pflugers Arch 429:27–43

Butcher LL (1995) Cholinergic neurons and networks. In: Paxinos G (ed) The rat nervous system, 2nd edn. Academic, New York, pp 1003–1015

Butcher LL, Woolf NJ (1984) Histochemical distribution of acetylcholinesterase in the central nervous system: clues to the localization of cholinergic neurons. In: Björklund A, Hökfelt T, Kuhar MJ (eds) Handbook of chemical neuroanatomy, vol 3. Elsevier, Amsterdam, pp 1–50

Calabresi P, Lacey MG, North RA (1989) Nicotinic excitation of rat ventral tegmental neurones in vitro studied by intracellular recording. Br J Pharmacol 98:135–140

Cartier GE, Yoshikami D, Gray WR, Luo S, Olivera BM, McIntosh JM (1996) A new alpha-conotoxin which targets alpha3beta2 nicotinic acetylcholine receptors. J Biol Chem 271:7522–7528

Chavez-Noriega LE, Crona JH, Washburn MS, Urrutia A, Elliott KJ, Johnson EC (1997) Pharmacological characterization of recombinant human neuronal nicotinic acetylcholine receptors h alpha2beta2, h alpha2beta 4, h alpha3beta2, h alpha3beta4, h alpha4beta2, h alpha4beta4 and h alpha7 expressed in Xenopus oocytes. J Pharmacol Exp Ther 280:346–356

Colquhoun LM, Patrick JW (1997) Pharmacology of neuronal nicotinic acetylcholine receptor subtypes. Adv Pharmacol 39:191–220

Contant C, Umbriaco D, Garcia S, Watkins KC, Descarries L (1996) Ultrastructural characterization of the acetylcholine innervation in adult rat neostriatum. Neuroscience 71:937–947

Correia de Sa P, Ribeiro JA (1994) Tonic adenosine A2A receptor activation modulates nicotinic autoreceptor function at the rat neuromuscular junction. Eur J Pharmacol 271:349–355

Curro-Dossi R, Pare D, Steriade M (1991) Short-lasting nicotinic and long-lasting muscarinic depolarizing responses of thalamocortical neurons to stimulation of mesopontine cholinergic nuclei. J Neurophysiol 65:393–406

de la Garza R, McGuire TJ, Freedman R, Hoffer BJ (1987) The electrophysiological effects of nicotine in the rat cerebellum: evidence for direct postsynaptic actions. Neurosci Lett 80:303–308

Descarries L (1998) The hypothesis of an ambient level of acetylcholine in the central nervous system. J Physiol Paris 92:215–220

Descarries L, Gisiger V, Steriade M (1997) Diffuse transmission by acetylcholine in the CNS. Prog Neurobiol 53:603–625

Egan TM, North RA (1986) Actions of acetylcholine and nicotine on rat locus coeruleus neurons in vitro. Neuroscience 19:565–571

Frazier CJ, Rollins YD, Breese CR, Leonard S, Freedman R, Dunwiddie TV (1998) Acetylcholine activates an alpha-bungarotoxin-sensitive nicotinic current in rat hippocampal interneurons, but not pyramidal cells. J Neurosci 18:1187–1195

Fu WM, Liu JJ (1997) Regulation of acetylcholine release by presynaptic nicotinic receptors at developing neuromuscular synapses. Mol Pharmacol 51:390–398

Fu WM, Liou HC, Chen YH (1998a) Nerve terminal currents induced by autoreception of acetylcholine release. J Neurosci 18:9954–9961

Fu YT, Matta SG, James TJ, Sharp BM (1998b) Nicotine-induced norepinephrine release in the rat amygdala and hippocampus is mediated through brainstem nicotinic cholinergic receptors. J Pharmacol Exp Therap 284:1188–1196

Futami T, Takakusaki K, Kitai ST (1995) Glutamatergic and cholinergic inputs from the pedunculopontine tegmental nucleus to dopamine neurons in the substantia nigra pars compacta. Neurosci Res 21:331–342

Fuxe K, Agnati LF (eds) (1991) Volume transmission in the brain. Novel mechanisms for neural transmission. Advances in neuroscience, vol 1. Raven Press, New York.

Gioanni Y, Rougeot C, Clarke PBS, Lepouse C, Thierry AM, Vidal C (1999) Nicotinic receptors in the rat prefrontal cortex: increase in glutamate release and facilitation of mediodorsal thalamo-cortical transmission. Eur J Neurosci 11:18–30

Gonon F (1997) Prolonged and extrasynaptic excitatory action of dopamine mediated by D1 receptors in the rat striatum in vivo. J Neurosci 17:5972–5978

Gray R, Rajan AS, Radcliffe KA, Yakehiro M, Dani JA (1996) Hippocampal synaptic transmission enhanced by low concentrations of nicotine. Nature 383:713–716

Headley PM, Lodge D, Biscoe TJ (1975) Acetylcholine receptors on Renshaw cells of the rat. Eur J Pharmacol 30:252–259

Hill JA Jr, Zoli M, Bourgeois JP, Changeux JP (1993) Immunocytochemical localization of a neuronal nicotinic receptor: the $\beta 2$ subunit. J Neurosci 13:1551–1568

Ichikawa T, Ajiki K, Matsuura J, Misawa H (1997) Localization of two cholinergic markers, choline acetyltransferase and vesicular acetylcholine transporter in the central nervous system of the rat: in situ hybridization histochemistry and immunohistochemistry. J Chem Neuroanat 13:23–39

Jones S, Yakel JL (1997) Functional nicotinic ACh receptors on interneurones in the rat hippocampus. J Physiol (Lond) 504:603–610

Kaiser SA, Soliakov L, Harvey SC, Luetje CW, Wonnacott S (1998) Differential inhibition by alpha-conotoxin-MII of the nicotinic stimulation of [^{3}H]dopamine release from rat striatal synaptosomes and slices. J Neurochem 70:1069–1076

Kulak JM, Nguyen TA, Olivera BM, McIntosh JM (1997) Alpha-conotoxin MII blocks nicotine-stimulated dopamine release in rat striatal synaptosomes. J Neurosci 17:5263–5270

Léna C, Changeux JP, Mulle C (1993) Evidence for "preterminal" nicotinic receptors on GABAergic axons in the rat interpeduncular nucleus. J Neurosci 13:2680–2688

Léna C, Changeux JP (1997) Role of Ca^{2+} ions in nicotinic facilitation of GABA release in mouse thalamus. J Neurosci 17:576–585

Le Novère N, Zoli M, Changeux JP (1996) Neuronal nicotinic receptor α6 subunit mRNA is selectively concentrated in catecholaminergic nuclei of the rat brain. Eur J Neurosci 8:2428–2439

Li XY, Rainnie DG, McCarley RW, Greene RW (1998) Presynaptic nicotinic receptors facilitate monoaminergic transmission. J Neurosci 18:1904–1912

Lu Y, Grady S, Marks MJ, Picciotto MR, Changeux JP, Collins AC (1998) Pharmacological characterization of nicotinic receptor-stimulated GABA release from mouse brain synaptosomes. J Pharmacol Exp Therap 287:648–657

Luetje CW, Patrick J (1991) Both α- and β-subunits contribute to the agonist sensitivity of neuronal nicotinic acetylcholine receptors. J Neurosci 11:837–845

Luetje CW, Maddox FN, Harvey SC (1998) Glycosylation within the cysteine loop and six residues near conserved Cys192/Cys193 are determinants of neuronal bungarotoxin sensitivity on the neuronal nicotinic receptor alpha3 subunit. Mol Pharmacol 53:1112–1119

Macklin KD, Maus ADJ, Pereira EFR, Albuquerque EX, Conti Fine BM (1998) Human vascular endothelial cells express functional nicotinic acetylcholine receptors. J Pharmacol Exp Therap 287:435–439

Marchi M, Raiteri M (1996) Nicotinic autoreceptors mediating enhancement of acetylcholine release become operative in conditions of "impaired" cholinergic presynaptic function. J Neurochem 67:1974–1981

Marin O, Smeets WJ, Gonzalez A (1997) Distribution of choline acetyltransferase immunoreactivity in the brain of anuran (*Rana perezi, Xenopus laevis*) and urodele (*Pleurodeles waltl*) amphibians. J Comp Neurol 382:499–534

McCormick DA, Prince DA (1987a) Acetylcholine causes rapid nicotinic excitation in the medial habenular nucleus of guinea-pig, in vitro. J Neurosci 7:742–752

McCormick DA, Prince DA (1987b) Actions of acetylcholine in the guinea-pig and cat medial and lateral geniculate nuclei, in vitro. J Physiol (London) 392:147–165

McGehee DS, Role LW (1996) Presynaptic ionotropic receptors. Curr Opin Neurobiol 6:342–349

McGehee DS, Heath MJ, Gelber S, Devay P, Role LW (1995) Nicotine enhancement of fast excitatory synaptic transmission in CNS by presynaptic receptors. Science 269:1692–1696

Medina L, Reiner A (1994) Distribution of choline acetyltransferase immunoreactivity in the pigeon brain. J Comp Neurol 342:497–537

Medina L, Smeets WJ, Hoogland PV, Puelles L (1993) Distribution of choline acetyltransferase immunoreactivity in the brain of the lizard *Gallotia galloti*. J Comp Neurol 331:261–285

Mesulam MM, Mufson EJ, Wainer BH, Levey AI (1983) Central cholinergic pathways in the rat: an overview based on an alternative nomenclature (Ch1–Ch6). Neuroscience 10:1185–1201

Mulle C, Vidal C, Benoit P, Changeux JP (1991) Existence of different subtypes of nicotinic acetylcholine receptors in the rat habenulo-interpeduncular system J Neurosci 11:2588–2597

Nisell M, Nomikos GG, Svensson TH (1994) Systemic nicotine-induced dopamine release in the rat nucleus accumbens is regulated by nicotinic receptors in the ventral tegmental area. Synapse 16:36–44

Nose I, Higashi H, Inokuchi H, Nishi S (1991) Synaptic responses of guinea-pig and rat central amygdala neurons in vitro. J Neurophysiol 65:1227–1241

Papke RL, Thinschmidt JS, Moulton BA, Meyer EM, Poirier A (1997) Activation and inhibition of rat neuronal nicotinic receptors by ABT-418. Br J Pharmacol 120:429–438

Perrins R, Roberts A (1995) Cholinergic and electrical synapses between synergistic spinal motoneurones in the Xenopus laevis embryo. J Physiol (Lond) 485:135–144

Phelan KD, Gallagher JP (1992) Direct muscarinic and nicotinic receptor-mediated excitation of rat medial vestibular nucleus neurons in vitro. Synapse 10:349–358

Picciotto MR, Zoli M, Rimondini R, Léna C, Marubio L, Merlo Pich E, Fuxe K, Changeux JP (1998) Acetylcholine receptors containing β2 subunits are involved in the reinforcing properties of nicotine. Nature 391:173–177

Pidoplichko VI, DeBiasi M, Williams JT, Dani JA (1997) Nicotine activates and desensitizes midbrain dopamine neurons. Nature 390:401–404

Prior C, Tian L, Dempster J, Marshall IG (1995) Prejunctional actions of muscle relaxants: synaptic vesicles and transmitter mobilization as sites of action. Gen Pharmacol 26:659–666

Quirion R, Richard J, Wilson A (1994) Muscarinic and nicotinic modulation of cortical acetylcholine release monitored by in vivo microdialysis in freely moving adult rats. Synapse 17:92–100

Roerig B, Nelson DA, Katz LC (1997) Fast synaptic signaling by nicotinic acetylcholine and serotonin 5-HT_3 receptors in developing visual cortex. J Neurosci 17: 8353–8362

Sandmann D, Engelmann R, Peichl L (1997) Starburst cholinergic amacrine cells in the tree shrew retina. J Comp Neurol 389:161–176

Sann H, McCarthy PW, Mader M, Schemann M (1995) Choline acetyltransferase-like immunoreactivity in small diameter neurons of the rat dorsal root ganglion. Neurosci Lett 198:17–20

Schilstrom B, Svensson HM, Svensson TH, Nomikos GG (1998) Nicotine and food induced dopamine release in the nucleus accumbens of the rat: putative role of alpha7 nicotinic receptors in the ventral tegmental area. Neuroscience 85: 1005–1009

Schulz DW, Zigmond RE (1989) Neuronal bungarotoxin blocks the nicotinic stimulation of endogenous dopamine release from rat striatum. Neurosci Lett 98:310–316

Sorenson EM, Parkinson D, Dahl JL, Chiappinelli VA (1989) Immunohistochemical localization of choline acetyltransferase in the chicken mesencephalon. J Comp Neurol 281:641–657

Sorenson EM, Shiroyama T, Kitai ST (1998) Postsynaptic nicotinic receptors on dopaminergic neurons in the substantia nigra pars compacta of the rat. Neuroscience 87:659–673

Summers KL, Giacobini E (1995) Effects of local and repeated systemic administration of (−)-nicotine on extracellular levels of acetylcholine, norepinephrine, dopamine, and serotonin in rat cortex. Neurochem Res 20:753–759

Takahashi H, Takada Y, Nagai N, Urano T, Takada A (1998) Nicotine increases stress-induced serotonin release by stimulating nicotinic acetylcholine receptor in rat striatum. Synapse 28:212–219

Tani Y, Saito K, Imoto M, Ohno T (1998) Pharmacological characterization of nicotinic receptor-mediated acetylcholine release in rat brain – an in vivo microdialysis study. Eur J Pharmacol 351:181–188

Todorov L, Windisch K, Shersen H, Lajtha A, Papasova M, Vizi ES (1991) Prejunctional nicotinic receptors involved in facilitation of stimulation-evoked noradrenaline release from the vas deferens of the guinea-pig. Br J Pharmacol 102:186–190

Tsuneki H, Kimura I, Dezaki K, Kimura M, Sala C, Fumagalli G (1995) Immunohistochemical localization of neuronal nicotinic receptor subtypes at the pre- and postjunctional sites in mouse diaphragm muscle. Neurosci Lett 196:13–16

Ullian EM, Sargent PB (1995) Pronounced cellular diversity and extrasynaptic location of nicotinic acetylcholine receptor subunit immunoreactivities in the chicken pretectum. J Neurosci 15:7012–7023

Ullian EM, McIntosh JM, Sargent PB (1997) Rapid synaptic transmission in the avian ciliary ganglion is mediated by two distinct classes of nicotinic receptors. J Neurosci 17:7210–7219

Vaucher E, Hamel E (1995) Cholinergic basal forebrain neurons project to cortical microvessels in the rat: electron microscopic study with anterogradely transported Phaseolus vulgaris leucoagglutinin and choline acetyltransferase immunocytochemistry. J Neurosci 15:7427–7441

Villablanca AC (1998) Nicotine stimulates DNA synthesis and proliferation in vascular endothelial cells in vitro. J Appl Physiol 84:2089–2098

Vizi ES, Somogyi GT (1989) Prejunctional modulation of acetylcholine release from the skeletal neuromuscular junction: link between positive (nicotinic)- and negative (muscarinic)-feedback modulation. Br J Pharmacol 97:65–70

Voigt T (1986) Cholinergic amacrine cells in the rat retina. J Comp Neurol 248:19–35

von Bartheld CS, Heuer JG, Bothwell M (1991) Expression of nerve growth factor (NGF) receptors in the brain and retina of chick embryos: comparison with cholinergic development. J Comp Neurol 310:103–129

Wada E, Wada K, Boulter J, Deneris E, Heinemann S, Patrick J, Swanson LW (1989) Distribution of alpha2, alpha3, alpha4, and beta2 neuronal nicotinic receptor subunit mRNAs in the central nervous system: A hybridisation histochemical study in the rat. J Comp Neurol 284:314–335.

Weihe E, Tao Cheng JH, Schafer MK, Erickson JD, Eiden LE (1996) Visualization of the vesicular acetylcholine transporter in cholinergic nerve terminals and its targeting to a specific population of small synaptic vesicles. Proc Natl Acad Sci USA 93:3547–3552

Wilkie GI, Hutson P, Sullivan JP, Wonnacott S (1996) Pharmacological characterization of a nicotinic autoreceptor in rat hippocampal synaptosomes. Neurochem Res 21:1141–1148

Wonnacott S (1997) Presynaptic nicotinic ACh receptors. Trends Neurosci 20:92–98

Woolf NJ (1991) Cholinergic systems in mammalian brain and spinal cord. Prog Neurobiol 37:475–524

Xiang ZX, Huguenard JR, Prince DA (1998) Cholinergic switching within neocortical inhibitory networks. Science 281:985–988

Xiao Y, Meyer EL, Thompson JM, Surin A, Wroblewski J, Kellar KJ (1998) Rat alpha3/beta4 subtype of neuronal nicotinic acetylcholine receptor stably expressed in a transfected cell line: pharmacology of ligand binding and function. Mol Pharmacol 54:322–333

Zhang M, Wang YT, Vyas DM, Neuman RS, Bieger D (1993) Nicotinic cholinoceptor-mediated excitatory postsynaptic potentials in rat nucleus ambiguus. Exp Brain Res 96:83–88

Zhang ZW, Coggan JS, Berg DK (1996) Synaptic currents generated by neuronal acetylcholine receptors sensitive to alpha-bungarotoxin. Neuron 17:1231–1240

Zoli M, Agnati LF (1996) Wiring and volume transmission in the central nervous system: the concept of closed and open synapses. Prog Neurobiol 49:363–380

Zoli M, Léna C, Picciotto MR, Changeux JP (1998) Identification of four classes of brain nicotinic receptors using β2-mutant mice. J Neurosci 18:4461–4472

Zorumski CF, Thio LL, Isenberg KE, Clifford DB (1992) Nicotinic acetylcholine currents in cultured postnatal rat hippocampal neurons. Mol Pharmacol 41:931–936

Section II
Genes, Structure, and Distribution of Neuronal Nicotinic Receptors

CHAPTER 3
Gene Structure and Transcriptional Regulation of the Neuronal Nicotinic Acetylcholine Receptors

J.-M. MATTER and M. BALLIVET

A. Background

The use of recombinant DNA techniques to advance the biology of nicotinic acetylcholine receptors (nAChRs) began in 1980, after the seminal demonstration by microsequencing that the electroplax nAChR of *Torpedo* consisted of four homologous subunits (RAFTERY et al. 1980). Prompted by this finding, several research groups independently decided that the tools were available to clone the nAChR cDNAs. The electric organ was readily obtainable and it was a good source of receptor mRNA that could be translated in vitro to synthesize labeled receptor subunits. The subunits could then be formally identified by immunoprecipitation using antireceptor antibodies. In one approach, pools of electric organ cDNA clones were denatured and bound to a solid matrix. Passing electric organ mRNA on the matrix in hybridizing conditions subtracted the corresponding messengers, which were eluted and translated in vitro. Pools were scored as positive if the mRNAs they bound drove the synthesis of immunoprecipitable protein. They were divided up until single clones capable of retaining receptor mRNA were isolated (BALLIVET et al. 1982).

In short order, groups led by Barnard, Changeux, Heinemann, and Numa reported the isolation and sequence of the cDNAs encoding the electric organ nAChR, thereby effecting the first complete cloning of a multi-subunit ligand-gated ion channel. The four conserved hydrophobic domains and two long hydrophilic domains of the subunits immediately suggested an insertional topology that is still accepted today (SUMIKAWA et al. 1982; DEVILLERS-THIERY et al. 1983; CLAUDIO et al. 1983; NODA et al. 1982). Availability of the Torpedo subunits led to the rapid isolation of their homologues in muscle cDNA libraries from rat, bovine, chicken, human, mouse, and other vertebrate species. The very high degree of conservation of the muscle nAChR subunits throughout vertebrate space argued that this set of genes must predate the vertebrate radiation. Indeed, additional cloning work soon established that bona fide nAChR genes are found in invertebrates, including *Drosophila* where they must have a neural function since the neuromuscular junction of insects is not cholinergic (BOSSY et al. 1988; HERMANS-BORGMEYER et al. 1989).

Meanwhile, abundant evidence was being obtained in vertebrates that neuronal nAChRs were closely related to their muscle counterparts in sequence, structure, and function (BOULTER et al. 1986; NEF et al. 1988). The detailed study of their physiology was made possible by the development of a convenient functional assay. Upon being injected with electric organ mRNA, *Xenopus* oocytes assembled fully functional *Torpedo* receptors in their plasma membrane, and these could easily be studied by standard physiological and pharmacological procedures (BARNARD et al. 1982). The assay was quickly adapted to the expression of cloned muscle (SAKMANN et al. 1985) and neuronal (BOULTER et al. 1987; BALLIVET et al. 1988) nAChR subunits. Enormous advances in the field have been derived from this meeting of molecular biology and electrophysiology in the confines of the *Xenopus* oocyte. Not only could naturally occurring combinations of subunits be tested for function, but point mutants, deletion mutants, hybrids, and chimeras could also be assayed (IMOTO et al. 1988; COOPER et al. 1991; GROSS et al. 1991; GALZI et al. 1992). In this respect, the role of the neuronal $\alpha 7$ subunit cannot be overemphasized. Because it readily assembles as a homomeric channel in oocytes (COUTURIER et al. 1990a), the $\alpha 7$ receptor has become the most widely used model system in nAChR structure-function studies (REVAH et al. 1991; DEVILLERS-THIERY et al. 1993). As useful and convenient as it is, the *Xenopus* system has drawbacks: it consumes animals at a high rate and the oocytes require delicate preliminary treatment in order to make clean plasma membrane accessible to the patch pipette. Systems such as the internodal cells of the alga *Chara corallina* are being explored (LUHRING and WITZEMANN 1995) and may some day provide cheaper and more humane alternatives.

The genome of vertebrates harbors five related nAChR genes that have evolved from a common ancestral sequence solely to effect cholinergic transmission at the motor synapse. A subtle molecular switch between the expression of the γ and ε subunit genes accounts for the changes in the properties of the embryonic $\alpha_2 \beta \gamma \delta$ and adult $\alpha_2 \beta \varepsilon \delta$ forms of the receptor (MISHINA et al. 1986). No less than eleven additional nAChR genes also reside in the vertebrate genome. They appear to be exclusively expressed in the nervous system with the exception of developing muscle, where evidence (CORRIVEAU et al. 1995) has been provided that some of them are transiently transcribed.

B. Functional Groupings and Gene Structure

The neuronal nAChR genes encode subunits of two types. The alpha subunits ($\alpha 2-\alpha 9$) possess the pair of extracellular vicinal cysteines that also characterizes the $\alpha 1$ subunit of muscle receptors. This structural feature has been associated with ligand binding by biochemical and mutagenesis experiments (KAO and KARLIN 1986; IMOTO et al. 1988). The beta subunits ($\beta 2-\beta 4$) do not bear the vicinal cysteines motif. Exhaustive reconstitution experiments in oocytes have demonstrated that beta subunits do not assemble into functional nAChR and that alpha subunits do not either, with the important exception of the $\alpha 7-\alpha 9$ set. In contrast, all pairwise combinations of $\alpha 2$, $\alpha 3$, $\alpha 4$, and $\alpha 6$ with $\beta 2$ and $\beta 4$ yield nAChRs that differ in physiologic properties. $\alpha 5$ may be a pseudo-alpha in the sense that it cannot functionally assemble with any one alpha or beta subunit. It is capable, however, of productive assembly in the presence of both another alpha and a beta subunit (RAMIREZ-LATORRE et al. 1996; WANG et al. 1996; FUCILE et al. 1997). $\beta 3$ is similar to $\alpha 5$; it will only assemble into a functional receptor when coexpressed with additional alpha and beta subunits (GROOT-KORMELINK et al. 1998). Thus, there are three groups of neuronal nAChR subunits: those that assemble into homomeric structures ($\alpha 7$–$\alpha 9$), those that need to be heterodimeric, and those that are components of obligatory heterotrimeric structures ($\alpha 5$, $\beta 3$).

I. Function and Sequence Homology Scores

Is this functional classification in any way reflected in the sequence homology scores of the neuronal subunits? The answer is a clear yes; a cladogram of the ten known avian subunits neatly groups the homomer, heterodimer, and heterotrimer formers in separate clades (Fig. 1). Because the subunit sequences are highly conserved between vertebrates, the corresponding cladograms for mouse, rat, or human are nearly identical ($\alpha 8$, however, has not been found in mammals and $\alpha 9$ has not been cloned in birds). If we focus, as in Fig. 2, on the all-important TM2 region, we find that the overall homology groupings of Fig. 1 are exactly conserved. The beta subunits of the heterodimer formers ($\beta 2$ and $\beta 4$) and the homomers ($\alpha 7$ and $\alpha 8$) each have a set of identifying, clade-specific residues. It is tempting to speculate that these residues (highlighted in

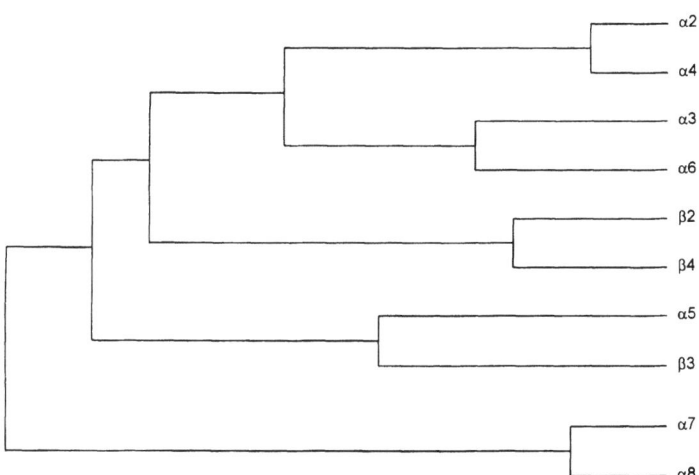

Fig. 1. Cladogram of the neuronal nAChR proteins. The subunits fall into five pairs, three of which ($\alpha 2/\alpha 4$, $\alpha 3/\alpha 6$, $\beta 2/\beta 4$) form functional $\alpha\beta$ heterodimers. The $\alpha 5/\beta 3$ subunits only associate into heterotrimers with at least one alpha and one beta taken among the heterodimer formers. The $\alpha 7$ and $\alpha 8$ subunits are homomer formers and can also associate into $\alpha 7\alpha 8$ mixed receptors. Multiple alignment program Clustal

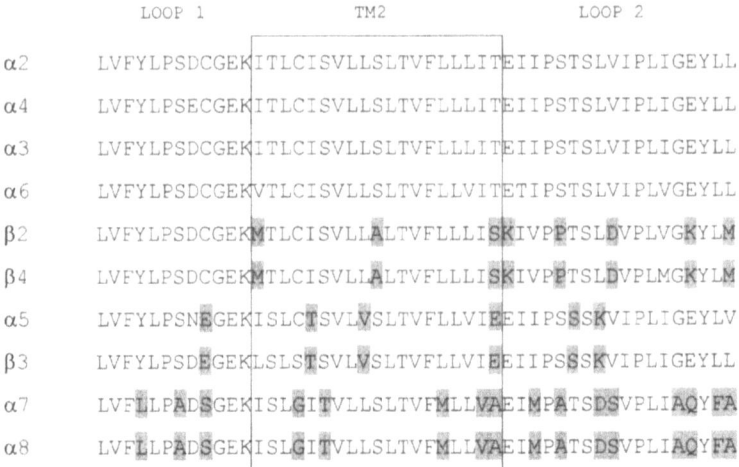

Fig. 2. Alignment of the neuronal nAChR proteins in the TM2 region. The overall homology pairings of Fig. 1 are conserved at this resolution. It is suggested (see text) that some of the pair-specific residues (*highlighted*) direct the selective association properties of the homomer, heterodimer, and heterotrimer formers

Fig. 2) direct some of the assembly properties of the subunits in the clade. They would have been retained by evolution because they restrict the range of possible coassemblies and, therefore, enhance or promote receptor speciation. In this view, mutations of the α5/β3-specific residues in TM2 to the corresponding heterodimer consensus residues may enable the mutants to assemble with alpha subunits in the absence of β2 and/or β4. Likewise, mutations in α7 and α8 to the TM2 consensus residues may allow their functional assembly with alpha and beta subunits outside their clade.

II. Function and Gene Structure

The physiologic properties of the nAChR subunits are closely related to their sequence homology groupings. Do the structural features of the corresponding genes also reflect the functional kinship of the subunits they encode? The proponents of the "introns-early" view of gene evolution (GILBERT et al. 1997) have argued convincingly that intron position within a gene family may be used to construct relatedness trees. Now that the gene structures of all muscle and of most neuronal nAChR genes are known, a number of conclusions can be drawn from intron positions alone, and evaluated independently of coding sequence homology. All vertebrate nAChR genes share exactly conserved splice sites in their four 5'-most coding exons (highlighted in gray in Fig. 3). These exons are therefore not informative, except in confirming the obvious overall relatedness of the nAChR genes. Considering the next four exons in

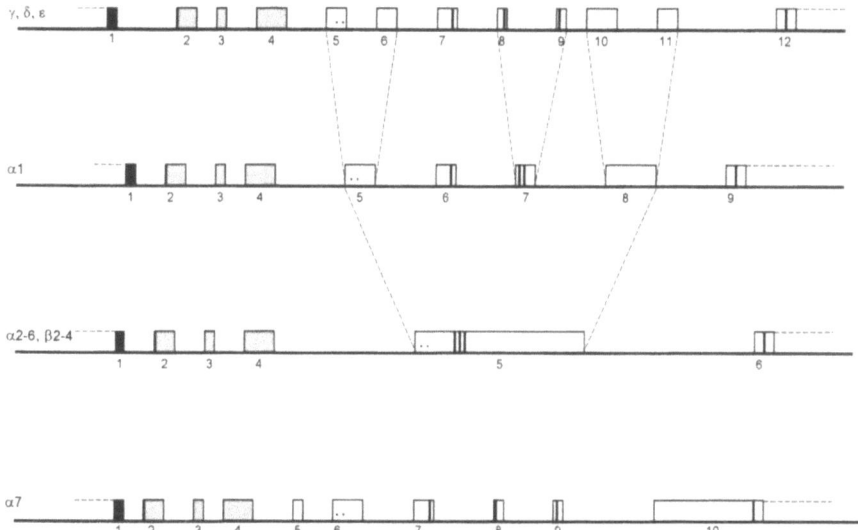

Fig. 3. The various gene structures in the nAChR gene family. All genes in the family share the first four 5′-most coding exons (some genes have an additional intron in the 5′-UTR). There is a clear relationship (*dashed lines*) between exons 5 and 8 of the α1 gene and most other genes in the set, such that all their common splice sites are exactly conserved in position and phase. In contrast, exons 5–10 of the α7 gene occur at positions and in phases all of which (except the 5′-most) are unique to α7 and to α8

the α1 gene, one immediately sees that the structure of most other nAChR genes can be derived from that of α1 by conceptual processes involving either intron deletions (the neuronal genes α2–6 and β2–4) or intron insertions (the muscle genes β, γ, δ, and ε). The important point is that the twelve genes in the top three graphs of Fig. 3 have all their common splice sites at exactly the same positions and in exactly the same phases. The glaring exception is α7 (although the α8 gene has not been sequenced completely, all its known informative splice sites are identical to those of α7), where all informative intron locations are different than in the remainder of the set. Thus α7 (and presumably also α8) stands apart from both muscle and neuronal vertebrate nAChR genes. Indeed, α7 has been shown to share extensive gene structure homology with the Ce21 gene of *Caenorhabditis elegans*, which encodes a closely related nAChR protein capable of functional, homomeric assembly (BALLIVET et al. 1996). It appears, therefore, that the α7/α8 genes have maintained unique structural and functional features for about 1000 million years, confirming some of the predictions in a previous molecular evolution analysis of the nAChRs (LE NOVERE and CHANGEUX 1995). Invertebrates have additional nAChR genes whose structures differ significantly from those of vertebrates (BOSSY et al. 1988), but whether all extant invertebrate nAChR gene structures are ultimately derived from the α7/α8 type remains unknown.

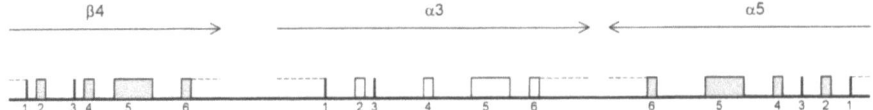

Fig. 4. The neuronal nAChR gene cluster. The $\beta 4$, $\alpha 3$, and $\alpha 5$ genes are closely linked in the vertebrate genome. The three genes are coexpressed in some neuronal tissues and are able to form a heterotrimeric receptor. Linkages such as this may result from ancient unequal crossing-over events that were maintained because they confer a regulatory advantage

Gene linkage is another feature of the nAChR genes that reveals their common ancestry. Of the numerous gene duplications that must have occurred to account for the present diversity, the most obvious remnant is the γ/δ gene pair (NEF et al. 1984). It is conserved in all vertebrate species that have been examined thus far, and contains elements of the regulatory switch which ensures the differential expression of γ and δ during development. The vertebrate genome also contains the conserved $\beta 4$-$\alpha 3$-$\alpha 5$ gene cluster (BOULTER et al. 1990; COUTURIER et al. 1990b; RAIMONDI et al. 1992). As shown in Fig. 4, the three genes are not transcribed from the same DNA strand. Although there is clear evidence that they are coexpressed in ganglia of the peripheral nervous system (CONROY and BERG 1995) and that they can assemble into a functional heterotrimeric receptor (WANG et al. 1996), their transcriptional coregulation remains a puzzle. Linkage must provide a decisive control advantage to have been maintained in all vertebrates, probably in the form of a common and essential cis regulatory element embedded within the cluster. In that view, genes that recombine out of the cluster usually lose a critical regulatory capability, and selection works against the recombinant.

The nAChR gene family belongs to a much larger grouping that includes the γ-aminobutyric acid type A (GABA$_A$), glycine, and serotonin type 3 (5-HT$_3$; 5-hydroxytryptamine-3) receptors. All members of the superfamily share enough sequence homology to be recognizably related. They have retained common structural motifs (the extracellular cysteine loop and the hydrophobic transmembrane regions) suggesting that they all have the same insertional topology and stoichiometry. Protein alignments between any two members of the superfamily yield high identity scores (50% or higher) within families, but much lower scores (around 20%) between families. The gene structures are likewise quite conserved within families, but they differ extensively between families. For example, although the introns in the glycine $\alpha 1$–$\alpha 3$ genes are exactly conserved, none of them match any of the known intron locations and phases in the nAChR genes. Even though all members of the superfamily may be originally derived from an ancestral gene possessing a specific intron pattern, the various families may have evolved different patterns (by the process known as exon sliding) to prevent exon shuffling between families while promoting it within families.

C. Expression and Regulation of the Neuronal nAChR Genes

The neuronal nAChR genes are differentially regulated in the nervous system. The α4, β2, and α7 genes are expressed widely; α3, α5, and α8 are less ubiquitous; and α2, α6, α9, β3, and β4 are only expressed in a few brain structures. The transcripts of the α3, α5, α7, and β4 genes are the most abundant in the peripheral nervous system.

I. nAChRs in the Adult Retina

The retina is one of the few regions of the nervous system where the expression of nAChR genes is very diversified. Of eleven related nAChRs that have been characterized so far, eight (i.e., α3, α4, α6, α7, α8, β2, β3, β4) are expressed in the developing and adult avian and mammalian retina. The expression patterns of these genes in the mature retina has been analyzed by northern blot, in situ hybridization and immunohistochemistry. Results from several laboratories (MATTER et al. 1990; MATTER-SADZINSKI et al. 1992; HERNANDEZ et al. 1995; MATTER et al. 1995; FUCILE et al. 1998; WHITING et al. 1991; HOOVER and GOLDMAN 1992; KEYSER et al. 1993; HAMASSAKI-BRITTO et al. 1994; ZOLI et al. 1995) are summarized in Table 1. In the mature retina, mRNA levels are high for α6, α8, β2, and β3; low for α4 and α7; and barely detectable for α3 and β4. α6 mRNA is much more abundant than α3 mRNA (FUCILE et al. 1998), an indication that some of the conclusions in previous studies (WHITING et al. 1991; HAMASSAKI-BRITTO et al. 1994) on the distribution and level of α3 transcripts in retina may have to be reassessed, taking into account that probes in these studies may have had mixed α3 and α6 specificities.

Table 1. nAChR expression in the avian and mammalian retina

nAChR	α3	α4	α6	α7	α8	β2	β3	β4
G[a]	+	+	+	+	+	+	+	+
A[a]	+	?	+	+	+	?	+	?
B	−	−	−	−	+	−	−	−
H	−	−	−	−	−	−	−	−
P	−	−	−	−	−	−	−	−

nAChR expression was analyzed by in situ hybridization and immunochemistry.
(+) and (−) mark the presence or absence of transcript and/or protein in ganglion (G), amacrine (A), bipolar (B), horizontal (H) or photoreceptor cells (P).
[a] Expression in ganglion cells has been formally demonstrated only for the α7, β2, and β3 subunits (MATTER-SADZINSKI et al. 1992; BRITTO et al. 1994; MATTER et al. 1995). For the other subunits, expression has been detected by in situ hybridization or by immunohistochemistry in cells located in the GCL. Currently, however, it cannot be excluded that part of the expression takes place in displaced amacrine cells or even in glial cells (ZOLI et al. 1995).

The large diversity of nicotinic receptor subunits expressed in ganglion cells suggests that the main nAChR subtypes (i.e., $\alpha 7(\alpha 8)$, $\alpha 4\beta 2$, $\alpha 3\beta 4$) may be active in this subpopulation of retinal neurons. Recent studies have shown that the $\beta 3$ subunit coassembles with $\alpha 4$, $\beta 2$, and $\beta 4$ (FORSAYETH and KOBRIN 1997) and that the $\alpha 6$ subunit forms a functional receptor with $\alpha 3$ and $\beta 4$ (FUCILE et al. 1998). At least five nAChR types might thus be expressed in ganglion cells.

Electrophysiological studies demonstrate that ACh powerfully excites some types of ganglion cells, whereas other ganglion cell-types do not respond. In general, the on–off ganglion cells are the most ACh sensitive. Moreover, transient on and off inputs from cholinergic amacrine cells play an important role in the excitation of movement- and direction-sensitive ganglion cells (reviewed in DOWLING 1987). The differential ACh responses of ganglion cells suggest that they contain different combinations of nAChRs.

II. nAChRs in the Developing Retina

In the developing avian retina, the $\beta 2$ and $\beta 3$ mRNAs are first detected at embryonic day 6 (E6), whereas the $\alpha 4$, $\alpha 6$, and $\alpha 8$ mRNAs begin to accumulate at E10. Starting from E15 these five mRNAs are abundantly expressed. Very low levels of $\alpha 3$ and $\beta 4$ mRNAs are detected at all stages of embryonic development beyond E5 (MATTER et al. 1990; HERNANDEZ et al. 1995; L. ERKMAN, J.M. MATTER, and M. BALLIVET, unpublished data). The $\alpha 7$ gene begins to be transcribed very early (around E4) during retina development, but it is only from E10 onward that $\alpha 7$ mRNAs are detectable by northern blot analysis (MATTER-SADZINSKI et al. 1992). In this tissue, α-bungarotoxin binding is detectable from E6 onward (VOGEL and NIRENBERG 1976). In situ analysis has revealed that $\beta 3$ transcripts start to accumulate in the central region of the chick retina on E6. They are concentrated along the inner limiting membrane, where newly generated postmitotic and postmigratory ganglion cells are located (MATTER et al. 1995).

There is, as yet, no quantitative analysis of the steady state levels of the nAChR mRNAs in the developing mammalian retina. In the rat retina, the $\alpha 3$ and $\beta 4$ transcripts are first detected by in situ hybridization at E13, whereas the $\alpha 4$ and $\beta 2$ transcripts start to accumulate at E15. Labeling for these four mRNAs was concentrated on the vitreal side of the retinal neuroepithelium, suggesting that expression of these genes is taking place in newly generated ganglion and amacrine cells (HOOVER and GOLDMAN, 1992; ZOLI et al. 1995). Taken together, these studies indicate that, in the developing avian and mammalian retina, several nAChR species are expressed well before synaptogenesis takes place. Such early expressions are of unknown functional significance but suggest that various nAChRs may participate in the early steps of cell differentiation.

In recent years, many in vitro studies have postulated a developmental role for neurotransmitters prior to the establishment of synaptic contacts (LANKFORD et al. 1988; MATTSON 1988; LIPTON and KATER 1989; SPITZER 1991;

LAUDER 1993). The presence of functional mAChR and nAChR in the early retina suggests that precursor cells may release ACh. While newly generated amacrine cells represent the major source of ACh in the developing retina, other ACh sources may be transiently present during development (SMITH et al. 1979; SPIRA et al. 1987). Nicotine-induced elevations of $[Ca^{2+}]_i$ are observed in cells located in the primitive ganglion cell layer. Very few cells in the ventricular zone (VZ) respond to nicotine, but almost all are stimulated by carbamylcholine chloride, a cholinergic agonist known to activate mAChR in neurons (WONG 1995). The current observations suggest that while mAChR agonists stimulate cells in the VZ, nicotinic agonists are more potent in eliciting $[Ca^{2+}]_i$ increase in ganglion and amacrine cells. In the VZ, a few cells are sensitive to both muscarinic and nicotinic antagonists and some ganglion cells respond to both mAChR and nAChR agonists in the course of development (WONG 1995).

Transcription of the $\alpha 7$ gene in the retinal neuroepithelium (MATTER-SADZINSKI et al. 1992) suggests that the $\alpha 7$ subunit may participate in the assembly of early nicotinic receptors. CRIADO et al. (1997) have shown that Egr-1, a member of the early growth response family of transcription factors, regulates the activity of the $\alpha 7$ promoter. Expression of Egr-1 can be activated by ACh-stimulated mAChR (VON DER KAMMER et al. 1998). Taken together, these studies indicate that interesting pathways of gene regulation may exist in neuroepithelia, making use of both mAChRs and nAChRs.

The spontaneous activity of immature circuits is detected in various regions of the CNS (WONG 1993; KANDLER and KATZ 1995) and participates in the development and differentiation of synaptic circuitry (CONSTANTINE-PATON et al. 1990). An early functional network consisting of both amacrine and ganglion cells is involved in the generation of spontaneous retinal activity. Transmitter systems contained within newly generated amacrine cells are likely to elicit spontaneous miniature synaptic inputs in ganglion cells. In mammalian retina, the periodic bursting of ganglion cells can be modulated by cholinergic agonists and antagonists, suggesting a possible role for cholinergic amacrine cells in the generation and propagation of retinal waves. d-Tubocurarine, an nAChR antagonist, reversibly blocks the postsynaptic currents recorded from ganglion cells. Since α-bungarotoxin has no effect on the periodic increases in $[Ca^{2+}]_i$ (FELLER et al. 1996), these observations implicate α-bungarotoxin-insensitive subtypes of neuronal nAChR in the generation of spontaneous retinal activity waves. Differences across species have been noted in the mechanisms generating early activity patterns, but they may be attributable to comparing different stages of development and be due to changes in the nature of neurotransmitter regulations as retinal circuits emerge (WONG et al. 1998).

III. Role of Innervation and Target Tissues on nAChR Expression

Although the expression of several nAChR genes begins before synaptogenesis, developmental increases in nAChR transcript and protein levels coinciding with the formation of synaptic connections have been reported for both the central (MATTER et al. 1990; DAUBAS et al. 1990; COUTURIER et al. 1990a) and peripheral (JACOB 1991; CORRIVEAU and BERG 1993; DEVAY et al. 1994; MANDELZYS et al. 1994; SCHWARTZ-LEVEY et al. 1995) nervous systems. In the chick optic tectum, there is a 10- to 15-fold increase in the $\beta 2$ and $\alpha 7$ mRNA steady state levels as synaptogenesis takes place. While $\beta 2$ expression is restricted to the superficial layers of the tectum, $\alpha 7$ is expressed throughout the different strata of the tissue. The $\alpha 4$ gene is also expressed in the developing tectum but no transient increase in expression has been detected, suggesting that the expressions of $\alpha 4$ and $\beta 2$ are not coordinated during development. Similarly, while the $\alpha 3$, $\alpha 5$, and $\beta 4$ subunits form the predominant nAChR in the peripheral nervous system, the three clustered genes are regulated differently during the period of innervation of sympathetic ganglia (MANDELZYS et al. 1994).

Previous studies on the regulatory effects of innervation and target tissues have predominantly used axotomy and denervation experiments to show that both kinds of interactions are required to maintain nAChR expression (BRENNER and MARTIN 1976; JACOB and BERG 1987; 1988, BOYD et al. 1988; MCEACHERN et al. 1989; HIEBER et al. 1992; MANDELZYS et al. 1994). However, it should be noted that reduction in the rate of nAChR synthesis after the disruption of functioning synaptic connections may be caused, at least in part, by the injury resulting from axonal transection. Moreover, initial contacts between growing axons and neurons may establish nAChR expression, whose maintenance may then be independent of innervation. Because axotomy experiments cannot reveal the inductive effect of innervation on nAChR expression in developing neurons, in situ experiments have been conducted in which cell interactions were manipulated prior to synaptogenesis. Transcripts encoded by $\beta 2$ specifically accumulate in the superficial layers of the tectum at the time of development when optic nerve axons synapse with tectal neurons in these layers to form the retino-tectal map. This transient 10- to 15-fold increase in $\beta 2$ mRNA levels did not take place in the optic tectum deprived of innervation prior to synaptogenesis, suggesting that signals from presynaptic inputs regulate $\beta 2$ expression in neurons located in the superficial tectal layers (MATTER et al. 1990). In contrast, the transient increase in $\alpha 7$ mRNA levels was found to be independent of innervation by the optic nerve (Couturier et al. 1990a). Jacob and collaborators followed a similar experimental approach to test the role of innervation on nAChR expression in the peripheral nervous system. Using chick ciliary ganglia that had developed in situ in the absence of innervation and/or target tissues, they showed that ciliary nAChR protein levels were significantly decreased (ARENELLA et al. 1993), and that $\alpha 3$, $\alpha 5$, and $\beta 4$ transcript levels were differentially regulated by innervation and target tissue interactions. Innervation and target tissue interactions both increase $\alpha 3$ and $\beta 4$ transcript levels, while $\alpha 5$ mRNA levels are only increased by innervation (LEVEY et al. 1995).

D. Identification of Cis-acting Regulatory Elements

I. nAChR Genes as a Model for Neuron-Specific Gene Transcription

In vertebrates, the identity of the transcription factors that specify differentiated neuronal phenotypes has remained elusive. Although gene knockout studies have implicated basic helix-loop-helix (bHLH) and POU-homeodomain transcription factors in the specification of mammalian neuronal phenotypes, downstream targets for these factors have not been identified (reviewed in LEE 1997; RYAN and ROSENFELD 1997). It has been proposed that neural-specific gene expression may use a scheme of transcriptional repression rather than of activation, whereby the lack of a negative regulator in neurons promotes the transcription of neural-specific genes (reviewed in SCHOENHERR and ANDERSON 1995b). However, the recent characterization of the $\beta3$ nAChR promoter argues that at least some schemes of neuronal gene expression involve selective activation rather than repression. The functional analysis of the $\beta3$ promoter has demonstrated a direct link between neuronal bHLH transcription factors and a target gene that helps define a particular neuronal phenotype in the developing CNS (ROZTOCIL et al. 1998).

II. Technical Tools to Investigate Transcriptional Regulation

Some cell lines have been used successfully to identify the regulatory DNA elements controlling the transcription of neuronal genes that are widely expressed in the nervous system. Cell lines, however, do not reflect the cell diversity of the nervous system, nor do they recapitulate the patterns of gene expression in the developing CNS. The regulatory elements that control the transcription of genes implicated in determination and differentiation of neuronal phenotypes are, therefore, more reliably assayed in primary neurons or in transgenic mice. Undesirable interactions between randomly integrated sequences and endogenous regulatory elements have been a serious limitation in the use of transgenic animals to identify cis-acting regulatory sequences (reviewed in MANDEL and McKINNON 1993). In addition, the precise localization of regulatory elements requires analyzing a large number of wild-type and mutant DNA fragments, a difficult and expensive task to achieve in transgenes. To overcome some of these obstacles, several new techniques have been developed to study the transcriptional regulation of neuron-specific genes in primary neurons freshly isolated from various regions of the CNS. In particular, an efficient and reproducible transient transfection assay was perfected to introduce cloned genetic material in neurons at different developmental stages (MATTER-SADZINSKI et al. 1992). This important technical development easily delineates cloned promoters driving the expression of reporter genes (e.g., CAT, lacZ, GFP), and quantifies their activity and cell-type specificity relative to the ubiquitous simian virus 40 (SV40) early promoter. A complementary technique has also been developed to analyze promoter activity in transfected neurons whose phenotype has been formally identified. This is achieved by retrograde in vivo transport of fluorescent beads microinjected in the target tissue (MATTER-SADZINSKI et al. 1992; MATTER et al. 1995). Moreover, to analyze the topographic distribution of promoter activity within a developing neural tissue, procedures have been perfected allowing the transfection of tissue explants (HOLT et al. 1990; MATTER et al. 1995).

Recently, an electroporation apparatus has been developed to allow the efficient delivery of genetic material into the developing spinal cord and retina of living chick embryos (L. MATTER-SADZINSKI, M. BALLIVET, and J.M. MATTER, unpublished data). This technique is currently used to analyze functional interactions between transcription factors and the promoter regions of nAChR genes.

III. Identification of Cis-acting Elements that Regulate Transcription

Weintraub and coworkers showed that MyoD, a muscle specific transcription factor of the bHLH family, is a master regulator of myogenesis. MyoD is capable of activating muscle-specific genes in many differentiated, nonmuscle cell lines by acting upon cis elements bearing the CANNTG (E box) sequence motif (LASSAR et al. 1989). Several groups found soon thereafter that short upstream regions (usually 200 bp or less) of the muscle nAChR genes bear E boxes that are essential for expression upon transfection into muscle cells. These motifs are present and functional in the chick $\alpha 1$ (WANG et al. 1988; PIETTE et al. 1990; BESSEREAU et al. 1993), γ (JIA et al. 1992), and δ (WANG et al. 1990) genes, in the mouse $\alpha 1-\varepsilon$ genes (PRODY and MERLIE 1991, 1992; GILMOUR et al. 1991; SIMON and BURDEN 1993; DUCLERT et al. 1993; KOIKE et al. 1995), and in the rat $\beta-\varepsilon$ genes (NUMBERGER et al. 1991; CHAHINE et al. 1992; BERBERICH et al. 1993; DURR et al. 1994).

Researchers have also begun to analyze the promoters of several neuronal nAChR genes in an attempt to piece together the regulatory components of neuron-specific gene expression. In contrast with muscle nicotinic receptors, the different neuronal nAChR genes follow various strategies to achieve neuronal specificity and the E box does not appear as a pivotal regulatory element in most of these genes. Indeed, only the $\beta 3$ promoter contains an E box, which is absolutely required for activity in retinal neurons.

1. The $\beta 2$ Gene – The Role of Silencing Elements

Negative regulation is best exemplified by the *neuron-restrictive silencer element* (NRSE; MORI et al. 1992; KRANER et al. 1992). This element behaves as a cis-acting regulatory sequence in several neuronal genes (e.g., the type II sodium channel, m4AChR, and ChAT genes; SCHOENHERR et al. 1996). The specific factor (REST/NRSF) that binds NRSE represses the transcription of genes containing the silencing element in non-neuronal cells, whereas the genes are expressed in the nervous system because most neurons lack the REST/NRSF protein (CHONG et al. 1995; SCHOENHERR and ANDERSON 1995a). This simplistic model of gene regulation has been recently challenged by the finding that REST/NRSF factors are expressed in various parts of the brain (PALM et al. 1998), and that the NRSE element is not sufficient to restrict gene transcription to neurons and can indeed also work as an enhancer (BESSIS et al. 1997). Like many other neuronal genes widely expressed in the nervous system (SCHOENHERR et al. 1996), the $\beta 2$ gene contains a functional NRSE element. However, while mutation of this element changes the pattern of activity of the $\beta 2$ promoter, it does not expand promoter activity to non-neuronal tissues (BESSIS et al. 1997). The glutamate receptor 2 (GluR2) gene also contains a functional NRSE element, but, in contrast to initial descriptions of dominant silencer elements which suppress expression by 10-fold or more in non-neuronal cells, the GluR2 NRSE only moderately suppresses promoter activity (MYERS et al. 1998). These studies suggest that the various functions of the NRSE element are attributable to contextual effects such as distance from the transcription initiation site, 5'- and 3'-flanking sequences (BESSIS et al. 1997), and NRSE sequence differences (MYERS et al. 1998). These studies also highlight the fact that the neuron-specific activity of promoters containing the NRSE element does not simply result from a default pathway of gene regulation, but probably requires specific neuronal transcription factors.

2. The $\alpha 7$ Gene

Like $\beta 2$, the $\alpha 7$ gene is widely expressed in the brain, but no silencing element has been identified in its promoter (MATTER-SADZINSKI et al. 1992; CRIADO et al. 1997). The techniques outlined in Sect. D.II were first used to identify the promoter elements of the $\alpha 7$ gene in cells freshly dissociated from the retina and from other embryonic tissues of the developing chick embryo. In the differentiated retina, a DNA sequence 1.4 kb in length and encompassing the two major transcription start sites was found to contain essentially all the information required for tissue- and stage-specific control. In the *differentiated* retina, the 1.4 kb fragment drives reporter gene transcription in the same neuron subset (i.e., the ganglion cells) and at the same developmental stages as does the endogenous $\alpha 7$ gene (MATTER-SADZINSKI et al. 1992). Similarly, in *differentiated* chick ciliary ganglion, activity of the $\alpha 7$ promoter is restricted to a subset of neurons (L. MATTER-SADZINSKI and J.M. MATTER, unpublished data). In contrast, the $\alpha 7$ promoter exhibits ubiquitous activity in neuroepithelial precursor cells and in mesodermal stem cells (MATTER-SADZINSKI et al. 1992). This ubiquitous promoter activity at the very early stages of development is consistent with the widespread expression of the $\alpha 7$ gene in neuronal and non-neuronal precursors. For instance, $\alpha 7$ is transiently expressed during myogenesis (CORRIVEAU et al. 1995) and in neural crest-derived cells (HOWARD et al. 1995). Moreover, $\alpha 7$ expression has been detected in various non-neuronal, transformed cell lines (reviewed in GOTTI et al. 1997).

The α7 promoter sequence is extremely rich in the bases G and C and is therefore a candidate for multiple regulatory interactions with transcription factors such as Sp1, AP2, Egr1, and GCF, whose consensus binding sites are G+C rich (MATTER-SADZINSKI et al. 1992; CRIADO et al. 1997; S. Couturier and M. Ballivet, unpublished data). In the bovine α7 gene, three GC boxes and one E box have been identified in the 77 bp sequence extending upstream from the major transcription start site. The three GC boxes are involved in the Egr-1 activation of transcription in chromaffin cells, while two bHLH proteins (USF1,USF2), which are expressed in these neuroendocrine cells, bind to the E box (CACGTG). Site-directed mutagenesis indicates that multiple point mutations of the four elements are required for promoter inactivation, suggesting that cumulative and concerted action of several transcription factors control the α7 promoter (CARRASCO-SERRANO et al. 1998). It would be interesting to determine if the same elements participate in the neuron-specific expression of α7 in differentiated neural tissues.

3. α3 and β4 – The Role of Ubiquitous Transcription Factors

As the α3, α5, and β4 subunits make up the predominant nAChR subtype expressed in the autonomic peripheral nervous system, the clustering of their genes raises interesting questions regarding their regulation. Several groups have begun to analyze the transcriptional control of the α3 (BOYD 1994; YANG et al. 1994, 1995; McDONOUGH and DENERIS 1997; FORNASARI et al. 1997) and β4 (HU et al. 1995; BIGGER et al.1996, 1997; DU et al. 1998) genes.

Both in the rat and the human, a promoter region has been located in the α3 proximal portion of the intergenic region separating β4 and α3. This G+C-rich sequence encompasses multistart initiation sites and contains functional binding sites for Sp1 and AP2 (YANG et al. 1995). In the human gene, functional binding sites for AP2 and NFκB have also been located downstream of the multistart site region (FORNASARI et al. 1997). The significant activity of the rat and human α3 promoter regions in various neuronal and non-neuronal cell lines indicates, however, that the sequences tested lack cell-type-specific information. Functional interactions between the rat α3 promoter and the POU-domain transcription factor, SCIP/Tst-1, appears not to be sufficient to confer this specificity (YANG et al. 1994). In an attempt to identify cis elements mediating neuron-restricted activity, McDONOUGH and DENERIS (1997) have recently located within the 3'-most β4 exon an enhancer element that displays neural specificity.

Gardner and collaborators have defined the rat β4 transcriptional regulatory region in neuronal cell lines. They have shown that two adjacent G+C-rich elements, E1 and E2, are essential for promoter activity (HU et al. 1995; BIGGER et al. 1996). The E2 element interacts with the general transcription factors Sp1 and Sp3, and transfection experiments reveal that these two factors synergistically transactivate β4 reporter constructs (BIGGER et al. 1997).

The serotonin type 3 receptor (5-HT$_3$R) and the nAChRs are structurally and functionally similar proteins. The recent finding that the 5-HT$_3$ and α4 subunits may coassemble to form a novel type of heteromeric ion channel (VAN HOOFT et al. 1998) opens interesting perspectives on the coregulation of ligand-gated ion channel subunits beyond family boundaries. BEDFORD et al. (1998) have characterized the mouse 5-HT$_3$R promoter and found that cis elements critical for transcriptional activity in neuroblastoma cell lines are contained within a 219 bp proximal region of the promoter. Binding sites for Sp1, NF-1, and an E box have been located in this region. Mutation of the E box and of the Sp1 site has no influence on transcription, whereas the NF-1 site appears to be essential for 5-HT$_3$R expression.

The Sp1, Sp3, and NF-1 transcription factors are enriched in some regions of the nervous system, but they are also expressed in many other non-neuronal tissues. It is therefore unlikely that they play a primary role in determining cell- or tissue-specific transcription. The widespread expression of these factors led to the hypothesis that they may either activate or silence gene expression in a cell-specific manner by participating in a combinatorial code involving enhancer or silencing cofactors. For instance, DU et al. (1998) have shown that hnRNP K interacts with the E1 element of the β4 promoter, thus affecting its transactivation by Sp1 and Sp3. Since this cofactor has pleiotropic activities, it is unclear whether its interaction with Sp proteins is sufficient to produce the accurately restricted expression of β4. It is plausible that transcription of the α3, β4, and 5-HT$_3$R genes is regulated by cell-type specific combinations of ubiquitous transcription factors rather than by nervous system-specific factors.

IV. A Network of Neuronal bHLH Transcription Factors Regulates β3 in Retina

The β3 gene has a very restricted expression pattern in both the mammalian and avian nervous systems (DENERIS et al. 1989; HERNANDEZ et al. 1995; MATTER et al. 1995; LE NOVÈRE et al. 1996). Northern blot analysis on total and polyA$^+$ RNA isolated from different regions of the chick CNS at different developmental stages revealed relatively high levels of β3 mRNA in the developing and adult retina, but no detectable transcripts in the optic tectum, telencephalon, cerebellum, and spinal cord. In the chick PNS, relatively high levels of β3 mRNA are evident in the developing trigeminal and dorsal root ganglia, whereas β3 message is barely detectable in the superior cervical and sympathetic ganglia and undetectable in the petrous, nodose, and ciliary ganglia (HERNANDEZ et al. 1995). In the developing and mature retina, both in situ hybridization and immunohistological localization indicate that β3 transcripts and the β3 subunit are confined to ganglion cells and amacrine neurons (HERNANDEZ et al. 1995).

Transient transfection assays in cells freshly dissociated from selected regions of the CNS at different developmental stages allowed the identification of genetic elements involved in the neuronal-selective expression of the β3 gene. A short upstream sequence of the β3 gene contains promoter elements that are sufficient to target reporter gene expression to those retinal neurons which normally express β3 in vivo (HERNANDEZ et al. 1995). The activity of this promoter is restricted to a subset of retinal neurons, the majority of which are ganglion cells (MATTER et al. 1995).

In the mature retina, the activities of both the α7 and β3 promoters are confined to ganglion and amacrine cells, but they exhibit contrasting behaviors during development. While the β3 promoter has a narrowly restricted expression pattern at all stages of development, the α7 promoter is widely active in undifferentiated tissues of the developing CNS and, as development proceeds, its activity becomes restricted to particular neuronal phenotypes (MATTER-SADZINSKI et al. 1992; HERNANDEZ et al. 1995). This comparative analysis suggests that the α7 and β3 genes use very different strategies to achieve neuronal specificity.

The stringent neuronal specificity of the β3 promoter and its activation during the period of neuronal fate determination make it an attractive system in which to study the functional interactions between neuronal transcription factors and cis-acting regulatory elements that help establish the diverse neuronal phenotypes. A 75 bp fragment located immediately upstream of the transcription start site suffices to reproduce the neuron-specific expression pattern of β3. This fragment encompasses an E box and a CAAT box, both of which are key positive regulatory elements of the β3 promoter. Functional analysis of this cis regulatory domain has established that transcription of the β3 gene is under the direct control of bHLH factors. Moreover, the β3 promoter is able to discriminate accurately between related members of the bHLH family, thereby effecting the stringent neuron-specific regulation of the gene (ROZTOCIL et al. 1998).

Vertebrate neurogenesis requires multiple bHLH factors to regulate successive steps of neuronal development. During chick retina development, the bHLH genes Cash1, NeuroM, and NeuroD (which are related to the neurogenic achaete-scute and atonal genes of Drosophila) are expressed in sequential stages in the course of retinal neuron differentiation (ROZTOCIL et al. 1997).

In addition, the Xath5 (KANEKAR et al. 1997) and Cath5 (M. BALLIVET et al., unpublished) genes are almost exclusively expressed in the developing *Xenopus* or chick retina and have a much more restricted expression pattern than the other atonal homologues. The onset of Cath5 expression in the retinal neurepithelium coincides with the onset of neurogenin-2 expression and occurs at a stage when the majority of retinal cells are still proliferating precursors, even though Cath5 is also expressed in newly generated ganglion cells. There are instances of overlapping expression between Cash1, NeuroM, NeuroD, and β3, but the vast majority of cells with an active β3 promoter express Cath5, suggesting that this factor might interact with the E box and directly regulate the β3 gene. Indeed, cotransfection experiments have revealed that the overexpression of Cath5 in early retina markedly enhances

β3 promoter activity, whereas the other bHLH factors expressed in the developing retina do not directly control the transcription of the β3 gene.

The activation of the β3 gene is a marker of ganglion cell determination and differentiation (MATTER et al. 1995). The continued analysis of its regulation by bHLH factors expressed in the retinal neuroepithelium should help define the regulatory pathways leading to the establishment of specific neuronal phenotypes in the CNS.

References

Arenella LS, Oliva JM, Jacob MH (1993) Reduced levels of acetylcholine receptor expression in chick ciliary ganglion neurons developing in the absence of innervation. J Neurosci 13:4525–4537

Ballivet M, Patrick J, Lee J, Heinemann S (1982) Molecular cloning of cDNA coding for the gamma subunit of torpedo acetylcholine receptor. Proc Natl Acad Sci 79:4466–4470

Ballivet M, Nef P, Couturier S, Rungger D, Bader CR, Bertrand D, Cooper E (1988) Electrophysiology of a chick neuronal nicotinic acetylcholine receptor expressed in Xenopus oocytes after cDNA injection. Neuron 1:847–852

Ballivet M, Alliod C, Bertrand S, Bertrand D (1996) Nicotinic acetylcholine receptors in the nematode Caenorhabditis elegans. J Mol Biol 258:261–269

Barnard EA, Miledi R, Sumikawa K (1982) Translation of exogenous messenger RNA coding for nicotinic acetylcholine receptors produces functional receptors in Xenopus oocytes. Proc R Soc Lond B Biol Sci 215:241–246

Bedford FK, Julius D, Ingraham HA (1998) Neuronal expression of the 5HT$_3$ serotonin receptor gene requires nuclear factor 1 complexes. J Neurosci 18:6186–6194

Berberich C, Durr I, Koenen M, Witzemann V (1993) Two adjacent E box elements and a M-CAT box are involved in the muscle-specific regulation of the rat acetylcholine receptor beta subunit gene. Eur J Biochem 216:395–404

Bessereau JL, Mendelzon D, LePoupon C, Fiszman M, Changeux JP Piette J (1993) Muscle-specific expression of the acetylcholine receptor alpha-subunit gene requires both positive and negative interactions between myogenic factors, Sp1 and GBF factors. EMBO J 12:443–449

Bessis A, Champtiaux N, Chatelin L, Changeux JP (1997) The neuron-restrictive silencer element: a dual enhancer/silencer crucial for patterned expression of a nicotinic receptor gene in the brain. Proc Natl Acad Sci 94:5906–5911

Bigger CB, Casanova EA, Gardner, PD (1996) Transcriptional regulation of neuronal nicotinic acetylcholine receptor genes. Functional interactions between Sp1 and the rat beta4 subunit gene promoter. J Biol Chem 271:32842–32848

Bigger CB, Melnikova IN, Gardner, PD (1997) Sp1 and Sp3 regulate expression of the neuronal nicotinic acetylcholine receptor beta4 subunit gene. J Biol Chem 272:25976–25982

Bossy B, Ballivet M, Spierer P (1988) Conservation of neural nicotinic acetylcholine receptors from Drosophila to vertebrate central nervous systems. EMBO J 7:611–618

Boulter J, Evans K, Goldman D, Martin G, Treco D, Heinemann S, Patrick J (1986) Isolation of a cDNA clone coding for a possible neural nicotinic acetylcholine receptor alpha-subunit. Nature 19:368–374

Boulter J, Connoly J, Deneris E, Goldman D, Heinemann S, Patrick J (1987) Functional expression of two neuronal nicotinic acetylcholine receptors from cDNA clones identifies a gene family. Proc Natl Acad Sci 84:7763–7767

Boulter J, O'Shea-Greenfield A, Duvoisin RM, Connolly JG, Wada E, Jensen A, Gardner PD, Ballivet M, Deneris ES, McKinnon D, Heinemann S, Patrick J (1990) Alpha3, alpha5 and beta4: three members of the rat neuronal nicotinic acetylcholine receptor-related gene family form a gene cluster. J Biol Chem 265: 4472–4482

Boyd RT (1994) Sequencing and promoter analysis of the genomic region between the rat neuronal nicotinic acetylcholine receptor beta4 and alpha3 genes. J Neurobiol 25:960–973

Boyd RT, Jacob MH, Couturier S, Ballivet M, Berg DK (1988) Expression and regulation of neuronal acetylcholine receptor mRNA in chick ciliary ganglia. Neuron 1:495–502

Brenner HR, Martin AR (1976) Reduction in acetylcholine sensitivity of axotomized ciliary ganglion cells. J Physiol 260:159–175

Britto LR, Torrao AS, Hamassaki-Britto DE, Mpodozis J, Keyser KT, Lindstrom JM, Karten HJ (1994) Effects of retinal lesions upon the distribution of nicotinic acetylcholine receptor subunits in the chick visual system. J Comp Neurol 350:473–484

Carrasco-Serrano C, Campos-Caro A, Viniegra S, Ballesta JJ, Criado M (1998) GC- and E-box motifs as regulatory elements in the proximal promoter region of the neuronal nicotinic receptor alpha7 subunit gene. J Biol Chem 273:20021–20028

Chahine KG, Walke W, Goldman D (1992) A 102 base pair sequence of the nicotinic acetylcholine receptor delta-subunit gene confers regulation by muscle electrical activity. Development 115:213–219

Chong JA, Tapia-Ramirez J, Kim S, Toledo-Aral JJ, Zheng Y, Boutros MC, Altshuller YM, Frohman MA, Kraner SD, Mandel G (1995) REST: a mammalian silencer protein that restricts sodium channel expression to neurons. Cell 80:949–957

Claudio T, Ballivet M, Patrick J, Heinemann S (1983) Nucleotide and deduced amino acid sequences of Torpedo californica acetylcholine receptor gamma subunit. Proc Natl Acad Sci 80:1111–1115

Conroy WG, Berg DK (1995) Neurons can maintain multiple classes of nicotinic acetylcholine receptors distinguished by different subunit compositions. J Biol Chem 270:4424–4431

Cooper E, Couturier S, Ballivet M (1991) Pentameric structure and subunit stoichiometry of a neuronal nicotinic acetylcholine receptor. Nature 350:235–238

Corriveau RA, Berg DK (1993) Coexpression of multiple acetylcholine receptor genes in neurons: quantification of transcripts during development. J Neurosci 13:2662–2671

Corriveau RA, Romano SJ, Conroy WG, Oliva L, Berg DK (1995) Expression of neuronal acetylcholine receptor genes in vertebrate skeletal muscle during development. J Neurosci 15:1372–1383

Constantine-Paton M, Cline HT, Debski E (1990) Patterned activity, synaptic convergence, and the NMDA receptor in developing visual pathways. Annu Rev Neurosci 13:129–154

Couturier S, Bertrand D, Matter JM, Hernandez MC, Bertrand S, Millar N, Valera S, Barkas T, Ballivet M (1990a) A neuronal nicotinic acetylcholine receptor subunit (alpha 7) is developmentally regulated and forms a homo-oligomeric channel blocked by alpha-BTX. Neuron 5:847–856

Couturier S, Erkman L, Valera S, Rungger D, Bertrand S, Boulter J, Ballivet M, Bertrand D (1990b) Alpha5, alpha3 and beta4. Three clustered avian genes encoding neuronal nicotinic acetylcholine receptor-related subunits. J Biol Chem 265: 17560–17567

Criado M, Dominguez del Toro E, Carrasco-Serrano C, Smillie FI, Juiz JM, Viniegra S., Ballestra JJ (1997) Differential expression of alpha-bungarotoxin-sensitive neuronal nicotinic receptors in adrenergic chromaffin cells: a role for transcription factor Egr-1. J Neurosci 17:6554–6564

Daubas P, Devillers-Thiery A, Geoffroy B, Martinez S, Bessis A, Changeux JP (1990) Differential expression of the neuronal acetylcholine receptor alpha2 subunit gene during chick brain development. Neuron 5:49–60

Deneris ES, Boulter J, Swanson LW, Patrick J, Heinemann S (1989) Beta3: a new member of nicotinic acetylcholine receptor gene family is expressed in the brain. J Biol Chem 264:6268–6272

Devay P, Qu X, Role L (1994) Regulation of nAChR subunit gene expression relative to the development of pre- and postsynaptic projections of embryonic chick sympathetic neurons. Dev Biol 162:56–70

Devillers-Thiery A, Giraudat J, Bentaboulet M, Changeux JP (1983) Complete mRNA coding sequence of the acetylcholine binding alpha-subunit of Torpedo marmorata acetylcholine receptor: a model for the transmembrane organization of the polypeptide chain. Proc Natl Acad Sci 80:2067–2071

Devillers-Thiery A, Galzi JL, Eisele JL, Bertrand S, Bertrand D, Changeux JP (1993) Functional architecture of the nicotinic acetylcholine receptor: a prototype of ligand-gated ion channels. J Membr Biol 136:97–112

Dowling JE (1987) The retina. Cambridge, MA:Belknap Press of Harvard University Press

Du Q, Melnikova IN, Gardner P (1998) Differential effects of heterogeneous nuclear ribonucleoprotein K on Sp1- and Sp3-mediated transcriptional activation of a neuronal nicotinic acetylcholine receptor promoter. J Biol Chem 273:19877–19883

Duclert A, Savatier N, Changeux JP (1993) A 83-nucleotide promoter of the acetylcholine receptor epsilon-subunit gene confers preferential synaptic expression in mouse muscle. Proc Natl Acad Sci 90:3043–3047

Durr I, Numberger M, Berberich C Witzemann V (1994) Characterization of the functional role of E box elements for the transcriptional activity of rat acetylcholine receptor epsilon-subunit and gamma-subunit gene promoters in primary muscle cell cultures. Eur J Biochem 224:353–364

Feller MB, Wellis DP, Stellwagen D, Werblin FS, Shatz CJ (1996) Requirement for cholinergic synaptic transmission in the propagation of spontaneous retinal waves. Science 272:1182–1187

Fornasari D, Battaglioli E, Flora A, Terzano S, Clementi F (1997) Structural and functional characterization of the human alpha3 nicotinic subunit gene promoter. Mol Pharmacol 51:250–261

Forsayeth JR, Kobrin E (1997) Formation of oligomers containing the beta3 and beta4 subunits in the rat nicotinic receptor. J Neurosci 17:1531–1538

Fucile S, Barabino B, Palma E, Grassi F, Limatola C, Mileo AM, Alema S, Ballivet M, Eusebi F (1997) Alpha5 subunit forms functional alpha3/beta4/alpha5 nAChRs in transfected human cells. Neuroreport 8:2433–2436

Fucile S, Matter JM, Erkman L, Ragozzino D, Barabino B, Grassi F, Alema S, Ballivet M, Eusebi F (1998) The neuronal alpha6 subunit forms functional heteromeric acetylcholine receptors in human transfected cells. Eur J Neurosci 10:172–178

Galzi JL, Devillers-Thiery A, Hussy N, Bertrand S, Changeux JP, Bertrand D (1992) Mutations in the channel domain of a neuronal nicotinic receptor convert ion selectivity from cationic to anionic. Nature 359:500–505

Gilbert W, de Souza SJ, Long M (1997) Origin of genes. Proc Natl Acad Sci 94:7698–76703

Gilmour BP, Fanger GR, Newton C, Evans SM, Gardner PD (1991) Multiple binding sites for myogenic regulatory factors are required for expression of the acetylcholine receptor gamma-subunit gene. J Biol Chem 266:19871–19874

Gotti C, Fornasari D, Clementi F (1997) Human neuronal nicotinic receptors. Progress Neurobiol 53:199–237

Groot-Kormerlink PJ, Luyten WH, Colquhoun D, Sivilotti LG (1998) A reporter mutation approach shows incorporation of the orphan subunit beta3 into a functional nicotinic receptor. J Biol Chem 273:15317–15320

Gross A, Ballivet M, Rungger D, Bertrand D (1991) Neuronal nicotinic acetylcholine receptors expressed in Xenopus oocytes: role of the alpha subunit in agonist sensitivity and desensitization. Pflugers Arch 419:545–551

Hamassaki-Britto DE, Gardino PF, Hokoc JN, Keyser KT, Karten HJ, Lindstrom JM, Britto LR (1994) Differential development of alpha-bungarotoxin-sensitive and alpha-bungarotoxin-insensitive nicotinic acetylcholine receptors in the chick retina. J Comp Neurol 347:161–170

Hermans-Borgmeyer I, Hoffmeister S, Sawruk E, Betz H, Schmitt B, Gundelfinger ED (1989) Neuronal acetylcholine receptors in Drosophila: mature and immature transcripts of the ard gene in the developing central nervous system. Neuron 2:1147–1156

Hernandez MC, Erkman L, Matter-Sadzinski L, Roztocil T, Ballivet M, Matter JM (1995) Characterization of the nicotinic acetylcholine receptor beta3 gene: its regulation within the avian nervous system is effected by a promoter 143 bp in length. J Biol Chem 270:3224–3233

Hieber V, Agranoff BW, Goldman D (1992) Target-dependent regulation of retinal nicotinic acetylcholine receptor and tubulin mRNAs during optic nerve regeneration in goldfish. J Neurochem 58:1009–1015

Hoover F, Goldman D (1992) Temporally correlated expression of nAChR genes during development of the mammalian retina. Exp Eye res 54:561–571

Holt CE, Garlick N, Cornel E (1990) Lipofection of cDNA in the embryonic vertebrate central nervous system. Neuron 4:203–214

Howard, MJ, Gershon MD, and Margiotta JF (1995) Expression of nicotinic acetylcholine receptors and subunit mRNA transcripts in cultures of neural crest cells. Dev Biol 170:479–495

Hu M, Bigger CB, Gardner PD (1995) A novel regulatory element of a nicotinic acetylcholine receptor gene interacts with DNA binding activity enriched in rat brain. J Biol Chem 270:4497–4502

Imoto K, Busch C, Sakmann B, Mishina M, Konno T, Nakai J, Bujo H, Mori Y, Fukuda K, Numa S (1988) Rings of negatively charged amino acids determine the acetylcholine receptor channel conductance. Nature 335:645–648

Jacob MH (1991) Acetylcholine receptor expression in developing chick ciliary ganglion neurons. J Neurosci 11:1701–1712

Jacob MH, Berg DK (1987) Effects of preganglionic denervation and postganglionic axotomy on acetylcholine receptors in the chick ciliary ganglion. J Cell Biol 105:1847–1854

Jacob MH, Berg DK (1988) The distribution of acetylcholine receptors in chick ciliary ganglion neurons following disruption of ganglionic connections. J Neurosci 8:3838–3849

Jia HT, Tsay HJ, Schmidt J (1992) Analysis of binding and activating functions of the chick muscle acetylcholine receptor gamma-subunit upstream sequence. Cell Mol Neurobiol 12:241–258

Kandler K, Katz LC (1995) Neuronal coupling and uncoupling in the developing nervous system. Curr Opin Neurobiol 5:98–105

Kanekar S, Perron M, Dorsky R, Harris WA, Jan LY, Jan YN, Vetter ML (1997) Xath5 participates in a network of bHLH genes in the developing Xenopus retina. Neuron 19:981–994

Kao PN, Karlin A (1986) Acetylcholine receptor binding site contains a disulfide crosslink between adjacent half-cystinyl residues. J Biol Chem 261:8085–8088

Keyser KT, Britto LRG, Schoepfer R, Whiting P, Cooper J, Conroy W, Brozozowska-Prechtl A, Karten HJ, Lindstrom J (1993) Three subtypes of alpha-bungarotoxin-sensitive nicotinic acetylcholine receptors are expressed in chick retina. J Neurosci 13:442–454

Koike S, Schaeffer L, Changeux JP (1995) Identification of a DNA element determining synaptic expression of the mouse acetylcholine receptor delta-subunit gene. Proc Natl Acad Sci 92:10624–10628

Kraner SD, Chong JA, Tsay HJ, Mandel G (1992) Silencing the type II sodium channel gene: a model for neural-specific gene regulation. Neuron 9:37–44

Lankford KL, DeMello FG, Klein WL (1988) D_1–type dopamine receptors inhibit growth cone motility in cultured retina neurons: evidence that neurotransmitters act as morphogenic growth regulators in the developing central nervous system. Proc Natl Acad Sci 85:2839–2843

Lassar AB, Buskin JN, Lockshon D, Davis RL, Apone S, Hauschka SD Weintraub H (1989) MyoD is a sequence-specific DNA binding protein requiring a region of myc homology to bind to the muscle creatine kinase enhancer. Cell 58:823–831

Lauder JM (1993) Neurotransmitter as growth regulatory signals: role of receptors and second messengers. Trends Neurosci 16: 233–240

Lee JE (1997) Basic helix-loop-helix genes in neural development. Curr Opin Neurobiol 7:13–20

Le Novere N, Changeux JP (1995) Molecular evolution of the nicotinic acetylcholine receptor: an example of multigene family in excitable cells. J Mol Evol 40:155–172

Le Novere N, Zoli M, Changeux JP (1996) Neuronal nicotinic receptor $\alpha 6$ subunit mRNA is selectively concentrated in catecholaminergic nuclei of the rat brain. Eur J Neurosci 8:2428–2439

Lipton SA, Aizenman E, Loring RH (1987) Neural nicotinic acetylcholine responses in solitary mammalian retinal ganglion cells. Pflugers Arch 410:37–43

Lipton SA, Kater SB (1989) Neurotransmitter regulation of neuronal outgrowth, plasticity and survival. Trends Neurosci 12:265–270

Luhring H, Witzemann V (1995) Internodal cells of the giant green alga Chara as an expression system for ion channels. FEBS Lett 361:65–69

McDonough J, Deneris E (1997) beta43′: an enhancer displaying neural-restricted activity is located in the 3′-untranslated exon of the rat nicotinic acetylcholine receptor beta4 gene. J Neurosci 17:2273–2283

Mc Eachern AE, Jacob MH, Berg DK (1989) Differential effects of nerve transection on the ACh and GABA receptors of chick ciliary ganglion neurons. J Neurosci 9:3899–3907

McGehee DS, Heath MJS, Gelber S, Devay P, Role LW (1995) Nicotine enhancement of fast excitatory synaptic transmission in CNS presynaptic receptors. Science 269:1692–1696

Mandel G, McKinnon D (1993) Molecular basis of neural-specific gene expression. Annu Rev Neurosci 16:323–345

Mandelzys A, Pie B, Deneris ES, Cooper E (1994) The developmental increase in ACh current densities on rat sympathetic neurons correlates with changes in nicotinic ACh receptor alpha-subunit gene expression and occurs independent of innervation. J. Neurosci 14:2357–2364

Matter JM, Matter-Sadzinski L, Ballivet M (1990) Expression of neuronal nicotinic acetylcholine receptor genes in the developing chick visual system. EMBO J 9:1021–1026

Matter JM, Matter-Sadzinski L, Ballivet M (1995) Activity of the beta3 nicotinic receptor promoter is a marker of neuron fate determination during retina development. J Neurosci 15:5919–5928

Matter-Sadzinski L, Hernandez MC, Roztocil T, Ballivet M, Matter JM (1992) Neuronal specificity of the alpha7 nicotinic acetylcholine receptor promoter develops during morphogenesis of the central nervous system. EMBO J 11: 4529–4538

Mattson MP (1988) Neurotransmitters in the regulation of neuronal architecture. Brain Res Rev 13:179–212

Mishina M, Takai T, Imoto K, Noda M, Takahashi T, Numa S, Methfessel C, Sakmann B (1986) Molecular distinction between fetal and adult forms of muscle acetylcholine receptor. Nature 321:406–411

Mori N, Schoenherr C, Vandenbergh DJ, Anderson DJ (1992) A common silencer element in the SCG10 and type II Na^+ channel genes binds a factor present in nonneuronal cells but not in neuronal cells. Neuron 9:1–10

Myers SJ, Peters J, Huang Y, Comer MB, Barthel, F, Dingledine R (1998) Transcriptional regulation of the GluR2 gene: Neural-specific expression, multiple promoters, and regulatory elements. J Neurosci 18:6723–6739

Nef P, Mauron A, Stalder R, Alliod C, Ballivet M (1984) Structure, linkage and sequence of the two genes encoding the delta and gamma subunits of the nicotinic acetylcholine receptor. Proc Natl Acad Sci 81:7975–7979

Nef P, Oneyser C, Alliod C, Couturier S, Ballivet M (1988) Genes expressed in the brain define three distinct neuronal nicotinic acetylcholine receptors. EMBO J 7: 595–601

Noda M, Takahashi H, Tanabe T, Toyosato M, Furutani Y, Hirose T, Asai M, Inayama S, Miyata T, Numa S (1982) Primary structure of alpha-subunit precursor of Torpedo californica acetylcholine receptor deduced from cDNA sequence. Nature 299:793–797

Numberger M, Durr I, Kues W, Koenen M, Witzemann V (1991) Different mechanisms regulate muscle-specific AChR gamma- and epsilon-subunit gene expression. EMBO J 10:2957–2964

Palm K, Belluardo N, Metsis M, Timmusk T (1998) Neuronal expression of zinc finger transcription factor REST/NRSF/XBR gene. J Neurosci 18:1280–1296

Piette J, Bessereau JL, Huchet M, Changeux JP (1990) Two adjacent MyoD1-binding sites regulate expression of the acetylcholine receptor alpha-subunit gene. Nature 345:353–355

Prody CA, Merlie JP (1991) A developmental and tissue-specific enhancer in the mouse skeletal muscle acetylcholine receptor alpha-subunit gene regulated by myogenic factors. J Biol Chem 266:22588–22596

Prody CA, Merlie JP (1992) The 5'-flanking region of the mouse muscle nicotinic acetylcholine receptor beta-subunit gene promotes expression in cultured muscle cells and is activated by MRF4, Myogenin and MyoD. Nucleic Acids Res 20:2367–2372

Raftery MA, Hunkapiller MW, Strader CD, Hood LE (1980) Acetylcholine receptor: complex of homologous subunits. Science 208:1454–1456

Raimondi E, Rubboli F, Moralli D, Chini B, Fornasari D, Tarroni P, De Carli L, Clementi F (1992) Chromosomal localization and physical linkage of the genes encoding the human alpha3, alpha5, and beta4 neuronal nicotinic receptor subunits. Genomics 12: 849–850

Ramirez-Latorre J, Yu CR, Qu X, Perin F, Karlin A, Role L (1996) Functional contributions of the alpha5 subunit to neuronal acetylcholine receptor channels. Nature 380:347–351

Revah F, Bertrand D, Galzi JL, Devillers-Thiery A, Mulle C, Hussy N, Bertrand S, Ballivet M, Changeux JP (1991) Mutations in the channel domain alter desensitization of a neuronal nicotinic receptor. Nature 353:846–849

Role LW, Berg DK (1996) Nicotinic receptors in the development and modulation of CNS synapses. Neuron 16:1077–1085

Roztocil T, Matter-Sadzinski L, Alliod C, Ballivet M, Matter JM (1997) NeuroM, a neuronal helix-loop-helix transcription factor, defines a new transition stage in neurogenesis. Development 124:3263–3272

Roztocil T, Matter-Sadzinski L, Gomez M, Ballivet M, Matter JM (1998) Functional properties of the neuronal nicotinic acetylcholine receptor beta3 promoter in the developing central nervous system. J Biol Chem 273:15131–15137

Ryan AK, Rosenfeld MG (1997) POU domain family values:flexibility, partnerships, and developmental codes. Genes Dev 11:1207–1225

Sakman B, Methfessel C, Mishina M, Takahashi T, Takai T, Kurasaki M, Fukuda K, Numa S (1985) Role of acetylcholine receptor subunits in gating of the channel. Nature 318:538–543

Schoenherr CJ, Anderson DJ (1995a) The neuron-restrictive silencer factor (NRSF): a coordinate repressor of multiple neuron-specific genes. Science 267:1360–1363

Schoenherr CJ, Anderson DJ (1995b) Silencing is golden: negative regulation in the control of neuronal gene transcription. Curr Opin Neurobiol 5:566–571

Schoenherr CJ, Paquette AJ, Anderson DJ (1996) Identification of potential target genes for the neuron-restrictive silencer factor. Proc Natl Acad Sci 93:9881–9886

Schwartz Levey M, Brumwell CL, Dryer SE, Jacob MH (1995) Innervation and target tissue interactions differentially regulate acetylcholine receptor subunit mRNA levels in developing neurons in situ. Neuron 14:153–162

Simon AM, Burden SJ (1993) An E box mediates activation and repression of the acetylcholine receptor delta-subunit gene during myogenesis. Mol Cell Biol 13:5133–5140

Smith J, Fauquet M, Ziller C, Le Douarin NM (1979) Acetylcholine synthesis by mesencephalic neural crest cells in the process of migration *in vivo*. Nature 282:853–855

Spira AW, Millar TJ, Ishimoto I, Epstein ML, Johnson CD, Dahl JL, Morgan IG (1987) Localization of choline acetyltransferase-like immunoreactivity in the embryonic chick retina. J Comp Neuro 260:526–538

Spitzer NC (1991) A developmental handshake: neuronal control of ionic currents and their control of neuronal differentiation. J Neurobiol 22:659–673

Sumikawa K, Houghton M, Smith JC, Bell L, Richards BM, Barnard EA (1982) The molecular cloning and characterisation of cDNA coding for the alpha subunit of the acetylcholine receptor. Nucleic Acids Res 10:5809–5822

van Hooft JA, Spier AD, Yakel JL, Lummis SCR, Vijverberg HPM (1998) Promiscuous coassembly of serotonin 5HT3 and nicotinic alpha4 receptor subunits into into Ca^{2+}-permeable ion channels. Proc Natl Acad Sci 95:11456–11461

Vogel Z, Nirenberg M (1976) Localization of acetylcholine receptors during synaptogenesis in retina. Proc Natl Acad Sci 73:1806–1810

von der Kammer H, Mayhaus M, Albrecht C, Enderich J, Wegner M, Nitsch RM (1998) Muscarinic acetylcholine receptors activate expression of the Egr gene family of transcription factors. J Biol Chem 273:14538–14544

Wang F, Gerzanich V, Wells GB, Anand R, Peng X, Keyser K, Lindstrom J (1996) Assembly of human neuronal nicotinic receptor alpha5 subunits with alpha3, beta2 and beta4 subunits. J Biol Chem 271:17656–17665

Wang XM, Tsay HJ, Schmidt J (1990) Expression of the acetylcholine receptor delta-subunit gene in differentiating chick muscle cells is activated by an element that contains two 16 bp copies of a segment of the alpha-subunit enhancer. EMBO J 9:783–790

Wang Y, Xu HP, Wang M, Ballivet M, Schmidt J (1988) A cell type-specific enhancer drives expression of the chick muscle acetylcholine receptor alpha-subunit gene. Neuron 1:527–534

Whiting PJ, Schoepfer R, Conroy WG, Gore MJ, Keyser KT, Shimasaki S, Esch F, Lindstrom JM (1991) Expression of nicotinic acetylcholine receptor subtypes in brain and retina. Mol Brain Res 10:61–70

Wong ROL (1993) The role of spatio-temporal firing patterns in neuronal development of sensory systems. Curr Opin Neurobio 3:595–601

Wong ROL (1995) Cholinergic regulation of $[Ca^{2+}]_i$ during cell division and differentiation in the mammalian retina. J Neurosci 15:2696–2706

Wong WT, Sanes JR, Wong ROL (1998) Developmentally regulated spontaneous activity in embryonic chick retina J Neurosci 18:8839–8852

Yang X, McDonough J, Fyodorov D, Morris M, Wang F Deneris ES (1994) Characterization of an acetylcholine receptor alpha3 gene promoter and its activation by the POU domain factor SCIP/Tst-1. J Biol Chem 269:10252–10264

Yang X, Fyodorov D, Deneris ES (1995) Transcriptional analysis of acetylcholine receptor alpha3 gene promoter motifs that bind Sp1 and AP2. J Biol Chem 270:8514–8520

Zoli M, Le Novère N, Hill JA, Changeux JP (1995) Developmental regulation of nicotinic ACh receptor subunit mRNAs in the rat central and peripheral nervous systems. J Neurosci 15:1912–1939

CHAPTER 4
Transcriptional Regulation of Neuronal nAChR Subunit Genes

E. S. Deneris

A. Introduction

Nicotinic acetylcholine receptors (nAChR) are homomeric or heteromeric assemblies of homologous membrane-spanning subunits (see Chap. 5, this volume). The two classes of nAChR currently recognized are those expressed in muscle and those expressed in peripheral and central neurons (see Chaps. 1 and 2, this volume). The vertebrate genome provides a tremendous potential for generating nAChR diversity by encoding at least sixteen different subunits that can be used to assemble receptors. The number of subtypes that are actually made in vivo, however, is far less than what is mathematically possible. An important question currently under investigation is what the mechanisms are that control the composition and distribution of subtypes made within the organism. Several mechanisms limit the number of different kinds of subtypes that can be made in cells. Some of these mechanisms operate at the level of the subunits themselves. For example, particular subunits are obligatory for agonist binding and therefore these are required in all functional subtypes. Additionally, selective subunit-subunit interactions allow for only particular combinations of subunits present within a cell to assemble into functional receptors. These mechanisms, however, become important only after an earlier step in gene expression has been completed. This early step limits the distribution and abundance of individual subunits to particular tissues and cell types within those tissues. Thus particular cells select and accumulate, from the sixteen available subunits, only those that are required to make functional combinations.

There are several steps of gene expression that, in principle, could be used to produce restricted distribution of particular subunits. These include subunit gene transcription, mRNA stability, and mRNA translation. Of these, transcription is likely to be most crucial, as regulation of the rate of RNA synthesis has been shown to be the rate limiting step that sets the tissue distribution and abundance of the vast majority of vertebrate and invertebrate proteins studied to date (Mandel and McKinnon 1993). For example, this has been clearly demonstrated for the five mRNAs that are used to make muscle-type nAChR subunits (Schaeffer et al. 1998 and references therein). Similarly, transcriptional regulation of the neuronal-type subunit genes is beginning to be identified as a crucial step controlling the composition and distribution of neuronal nAChR subtypes. For the simplest type of neuronal nAChRs, such as those that are believed to be made solely from $\alpha 7$ subunits (CHEN and PATRICK 1997), the $\alpha 7$ gene must be regulated so that $\alpha 7$ subunit mRNA is made in the appropriate neuronal cell types, at the appropriate level of abundance, and at the correct time. All other nAChR subtypes that have been identified in neurons, however, are heteromeric assemblies of two, three, or even four different subunits. In order to make one of these heteromeric receptors, particular combinations of subunit genes must be coordinately regulated to allow the coexpression of appropriate subunit mRNA in the correct neuronal cell types. Thus, as the protein-coding regions of the neuronal nAChR subunit genes diversified over time, the genetic regulatory information required to restrict and coordinate neuronal coexpression of individual subunit mRNAs must have evolved in parallel.

Subsequent to the identification of the neuronal nAChR gene family in the 1980s, a handful of laboratories began to search for the genetic regulatory information that controls the transcription of these genes. The focus of this work to date has been the identification of the DNA regulatory sequences (cis elements) and the transcription factors (trans-acting factors) that bind these sequences in order to restrict and coordinate the spatial and temporal expression patterns of individual subunits composing various neuronal nAChR subtypes. It is likely that each subunit gene is regulated by a complex combination of transcription factors that bind different cis elements in its regulatory region (STRUHL 1991; HE and ROSENFELD 1991). As developmental programs vary from one species to another and the expression patterns of some nAChR subunits show species differences, the sequence and functional organization of regulatory regions among orthologs may have significant differences. The striking differences in expression patterns among nAChR genes within a species (see Chap. 7, this volume) implies that the composition and organization of elements composing the regulatory region of each paralog is unique. On the other hand, as would be expected for subunits that are assembled into heteromeric receptors, there is significant overlap in the expression patterns of some of them. Therefore, even though each of their regulatory regions are likely to be unique, we imagine that overlapping patterns of expression are produced by a subset of functionally similar cis elements that are present within the regulatory regions of particular subunit genes.

Expression patterns of neuronal nAChR genes are not pan-neuronal. Instead, expression of each gene in this family is limited to a distinct subset of central and peripheral neuronal populations. Thus, in addition to the specific objective described above, the study of neuronal nAChR gene transcription has become an attractive model system to elucidate mechanisms that restrict the expression of vertebrate genes to discrete populations of neurons. The aim of this chapter is to summarize our current understanding of the cis elements and trans-acting factors that are believed to regulate various neuronal nAChR subunit genes. To begin, a brief discussion of the mechanisms controlling cell-type specific gene transcription is presented.

B. Cell-Type Specific Transcription

Transcription factors of various types comprise the crucial molecular machinery required for regulating either positively or negatively RNA polymerase II (pol II) activity at the transcription start site of genes (TJIAN and MANIATIS 1994). These factors influence pol II activity by first being brought to specific genes through interactions with particular cis regulatory DNA recognition sequences in or near the gene. After binding to these DNA cis regulatory elements, the transcription factors then increase or decrease pol II activity in a cell-type specific manner through direct protein–protein interactions with general transcription factors that are associated with pol II at the start site. The main types of DNA regulatory elements that control cell-type specific gene transcription of any given gene, including those encoding neuronal nAChR subunits, are termed promoters, enhancers, and silencers (BLACKWOOD and KADONAGA 1998). All genes require at least one promoter in order to position and orient the RNA polymerase complex near the start site of transcription. In the promoters of many nonneuronal genes an A-T-rich sequence termed the TATA box is needed in order to select a particular start site for the pol II complex to begin transcription. The TATA box functions as a binding site for the basal transcription factor, TATA-binding protein (TBP). The binding of TBP to the TATA box serves as a protein–protein interaction surface for the recruitment of other essential basal transcription factors including RNA pol II (ORPHANIDES et al. 1996). Many neuronal genes, however, including most of those encoding neuronal nAChR subunits do not have a recognizable TATA box. Therefore, the pol II complex must recognize alternative and currently undefined promoter sequences upstream of these genes in order to select a start site.

Some promoters, such as those for the nAChR $\alpha 7$ (MATTER-SADZINSKI et al. 1992) and $\beta 3$ (see Chap. 3, this volume) subunit genes, also contain elements that are needed for neuron-specific transcription. Others, such as that for the $\alpha 3$ subunit gene, appear to have promoters that contain little or no cell-type specific regulatory sequences. These types of promoters may simply provide a low basal level of activity in a variety of different cell types and therefore may require additional regulatory elements such as enhancers in order to increase and restrict gene expression to particular populations of neurons. Indeed, recent findings have identified a neuron-specific enhancer in the $\alpha 3$ upstream region (see Sect. C.IV.5) that is likely to be important in regulating the neuron-specific expression of this gene. Negative regulatory elements also play crucial roles in regulating gene transcription (HANNA-ROSE and HANSEN 1996). A particular type of negative regulatory element termed a neuron restrictive silencer element (NRSE) has been shown to be important for regulating neuron-specific transcription of various genes (KRANER et al. 1992; MORI et al. 1992; SCHOENHERR et al. 1996), including the $\beta 2$ subunit gene (BESSIS et al. 1997). The NRSE silences gene transcription in nonneuronal cells by binding a repressor factor called REST (CHONG et al. 1995) or NRSF (SCHOENHERR and ANDERSON

1995). Other types of DNA regulatory elements, such as locus control regions and boundary elements, have crucial roles in regulating cell-type specific transcription of nonneuronal genes (BLACKWOOD and KADONAGA 1998) and may be important for regulating the transcription of neuronal nAChR genes. These other types of elements, however, have not yet been identified in the regulatory regions of the neuronal nAChR genes.

C. DNA Regulatory Elements and Transcription Factors

Studies of the transcriptional regulatory elements and transcription factors controlling $\alpha 2$, $\alpha 3$, $\alpha 7$, $\beta 2$, $\beta 3$, and $\beta 4$ have been published. Neuron-specific transcription of the $\beta 3$ subunit gene is presented in Chap. 3, this volume, and is not reproduced here.

I. $\alpha 2$ Gene

1. Avian $\alpha 2$ Regulatory Region

The expression pattern of the $\alpha 2$ gene is the most restricted of all currently known members of the neuronal nAChR gene family. In the avian nervous system its expression is limited to the Spiriform lateralis nucleus of the diencephalon (DAUBAS et al. 1990). In rat, the expression pattern of the $\alpha 2$ gene is not as restricted, although its pattern is still the most restricted of all mammalian neuronal nAChR genes. BESSIS et al. (1993) investigated the genomic structure of the avian $\alpha 2$ 5'-flanking region. Nine transcription start sites were reported that are spread out over 290 bp. Seven of the nine sites, however, are within 50 bp of one another. The start site region corresponds to a noncoding exon that is separated from the first coding exon by a 2.6 kb intron. As with most other nAChR genes no TATA box is recognizable in this region. The presence of neuron-specific transcriptional regulatory elements within 7 kb of $\alpha 2$ 5'-flanking and 3 kb of 3'-flanking region DNA was shown by the analysis of a chicken $\alpha 2$ transgene in mice (DAUBAS et al. 1993).

2. $\alpha 2$ Silencer Region

BESSIS et al. (1993) hypothesized that the restricted expression pattern of $\alpha 2$ is generated through negative regulation. Consistent with this idea they identified a second region overlapping the 5'-most part of the start site region that possesses strong silencing activity when tested by transient transfection assays in several different $\alpha 2$-negative cell lines (BESSIS et al. 1993). This silencing region is about 150 bp long and contains six copies of an 11 bp sequence, 5'-CCCCATGCAAT. Cotransfections with oligonucleotides containing this repeated sequence were found to derepress a reporter in which the $\alpha 2$ silencer region was placed upstream of the simian virus 40 (SV40) promoter, suggesting that the 11 bp element is directly involved in repression. Further analysis of the silencing region suggested that six copies of the 11 bp element are needed for silencing activity because progressive elimination of the repeat region led to a stimulation of SV40 promoter activity over its control level of activity. The activities of the various reporters tested were similar in neuronal-like and nonneuronal cell lines. This silencer region also appears to be involved in activation of the α2 promoter by particular POU domain factors in transient cotransfection assays. The POU factor, Brn-3b, but not the closely related Brn-3a or Brn-3c, will activate reporters carrying the entire silencer region (MILTON et al. 1995, 1996). Deletion of portions of the silencer region that removes two or more copies of the 11 bp sequence eliminates Brn-3b transactivation of α2 (MILTON et al. 1995). The presence of a strong silencer region in the α2 upstream region supports the hypothesis that negative regulation is a major mechanism controlling restricted neuronal expression of α2 (BESSIS et al. 1993). As the sequence of the 11 bp element shows no similarity to the NRSE it is not likely to bind REST and therefore may represent an alternative mode of transcriptional silencing.

II. α7 Gene

1. Chicken α7 Promoter

The α7 gene encodes a subunit that is widely expressed in the CNS and is assembled into a subtype that is blocked by α-bungarotoxin (see Chaps. 13 and 14, this volume). MATTER-SADZINSKI et al. (1992) introduced the use of transient transfection analysis of primary neuronal cultures as a means of analyzing nAChR transcriptional regulatory elements in their study of the chicken α7 gene. Two transcription start sites located 306 and 361 bp upstream of the α7 initiator codon were identified. This region is very G+C rich and does not have a recognizable TATA box. As might be expected for a G+C rich region there are several sequences that match the consensus Sp1 binding site. Transfection assays in neurons and glia obtained from dissociated retina and from optic tectum revealed that promoter sequences in the –406/-188 region relative to the initiator codon contain elements that can confer cell-type and stage-specific expression of a reporter gene. Immunocytochemical detection of an SV40 large T antigen reporter and retrograde labeling used to identify retinal ganglion cells indicated that α7 promoter sequences are active in α7-positive ganglion cells. A comparison of α7 promoter activity in cells obtained at different embryonic stages indicated that the neuronal specificity of the α7 promoter is absent at early stages of development and only becomes evident around the time of neuronal differentiation (MATTER-SADZINSKI et al. 1992).

2. Bovine α7 Promoter

Criado and colleagues have investigated the structure and activity of the bovine α7 promoter in primary bovine chromaffin cells and the human neural SH-SY5Y and mouse Neuro2a cell lines. In contrast to the chicken promoter the bovine promoter appears to initiate transcription at a single site located less than 100 bp upstream of the initiator codon. Similar to the avian homologue, no TATA box is evident but several consensus Sp1 binding motifs are located near the start site. Also present in this region are Egr-1, Myc-Max, and E box motifs. Deletion analysis of about 6 kb of $\alpha 7$ 5'-flanking DNA was performed in transient transfection assays. Activity of the intact 6 kb fragment was about 80% of that detected for the SV40 promoter and SV40 enhancer in chromaffin cells. Progressive deletion to 128 bp of 5'-flanking DNA resulted in a 30% decrease in promoter activity in chromaffin cells and a slight increase in SH-SY5Y cells. This suggests the presence of a weak chromaffin-specific positive-acting cis element upstream of −128 bp. All of the constructs tested showed greater activity in $\alpha 7$-positive chromaffin cells and SH-SY5Y cells than Neuro2a cells, suggesting that sequences downstream of −128 bp contain cell-type specific cis elements (CRIADO et al. 1997).

Present within the −77/−11 bovine promoter region are three G+C rich cis elements (GC boxes) and an E box that are important for the basal activity of the promoter (CARRASCO-SERRANO et al. 1998). Mutagenesis of these sites, either singly or in different combinations, showed that no one site was sufficient for full basal promoter activity. Some of the elements, however, such as the E box and the 5'-most GC box were necessary for full basal activity. The two most downstream GC boxes were shown to contribute to basal promoter activity only when they were eliminated together or when the gene proximal GC box was eliminated together with the E box. The zinc finger transcription factor, Egr-1, and the B class basic helix-loop-helix transcription factors, USF1 and USF2, have been implicated in regulating the basal activity of the promoter. In cotransfection assays Egr-1 can activate the promoter (CRIADO et al. 1997). Full activation by Egr-1 depends on the presence of at least two intact GC boxes with one of them being the promoter proximal box (CARRASCO-SERRANO et al. 1998). Moreover, recombinant Egr-1 and Egr-1 present in chromaffin cell nuclear extracts can bind to the GC boxes, perhaps through cooperative interactions. Recombinant Sp1 was shown to bind one of the GC boxes as well. Mobility shift assays along with factor-specific supershifting antibodies also showed that USF1 and USF2 present in chromaffin cell nuclear extracts can bind the E box (CARRASCO-SERRANO et al. 1998). Together these data support the idea that the endogenous bovine $\alpha 7$ gene is regulated in part through interactions with Egr-1 and a USF1/USF2 dimer (CARRASCO-SERRANO et al. 1998).

Sequence comparison of a 200 bp region of the bovine promoter to the chicken promoter reveals about a 60% sequence similarity. In this region, contiguous G+C-rich stretches of identity up to 10 bp in length can be found between the two promoters, suggesting the presence of possible conserved cis elements. One in particular is a 10 bp match of a sequence in the chicken start site region to the bovine 5'-most G+C box (CARRASCO-SERRANO et al. 1998). Whether the chicken sequence contributes to promoter activity is not known.

III. β2 Gene

1. Mouse β2 Promoter

The β2 gene is one of the most widely expressed nAChR genes reported to date (DENERIS et al. 1988; WADA et al. 1989). Its expression pattern is widespread even at E11 and shows relatively little change in abundance and distribution over the course of embryonic to adult development (ZOLI et al. 1995). BESSIS et al. (1995) reported the characterization of the mouse β2 promoter. Transcription of the mouse gene begins at four sites all within 30 bp of one another and positioned about 80 bp upstream of the initiator codon. Consistent with other multiple start sites no TATA box is evident in the vicinity of these sites and the region has a high G+C content. The start site region may not be conserved across mammalian species because these murine starts sites are as much as 90 bp downstream of the longest rat β2 cDNA 5' end. Transient transfection analysis of an 1163 bp fragment including the start site region and 38 bp of downstream sequence showed that it is able to direct strong cell-type specific promoter activity. As little as 245 bp of upstream sequence is all that is needed for this cell-type specific activity although nonneural silencer elements are likely to be present in the far upstream region of the 1163 bp test fragment. Further analysis of the –245/+38 promoter region identified both positive and negative cis elements. Elimination of –245/–95 sequences resulted in a substantial loss of promoter activity in neuroblastoma cells, indicating the presence of one or more positive elements. A four base pair mutation of a consensus E box in this segment resulted in a 40% loss of promoter activity, indicating that this element is partly responsible for the enhancing activity in the –245/–95 region. An 18 out of 20 bp match to the SCG10 and sodium type II channel NRSEs is present in the +18/+35 region. Elimination of this site by mutagenesis results in a 115-fold increase of β2 promoter activity in 3T6 fibroblasts but only 3-fold in neuroblastoma cells. Thus the β2 promoter is composed of both positive and negative cis elements (BESSIS et al. 1995).

2. Transgenic Analysis of the β2 Promoter

Analysis of the –1125/+38 region in vivo demonstrated that cis elements in this fragment can direct the neuron-specific expression of the lacZ reporter in the central and peripheral nervous systems (BESSIS et al. 1995). Most β2-positive peripheral ganglia expressed the transgene reporter but only a subset of central β2-positive sites were lacZ positive. Initial expression of the transgene in peripheral ganglia coincided with the appearance of β2 RNA at E11. Some ectopic expression was seen in nonneuronal tissues and central expression patterns varied from one line to another. These results are similar to what has been observed in studies of other neuronal gene promoters (YANG et al. 1997) and most likely results from position effects and the absence of additional essential cis regulatory information. Nevertheless, these results show that important neuron-specific regulatory information resides within about 1.1 kb of the $\beta2$ gene.

3. $\beta2$ Neuron Restrictive Silencer Element

In a second report, BESSIS et al. (1997) analyzed further the in vitro and in vivo function of the $\beta2$ NRSE. Unexpectedly, they found that in lines of mice carrying a transgene construct in which the NRSE was eliminated, transgene expression was absent in many of the central and peripheral neuronal cell types that expressed the wild type transgene, indicating that the $\beta2$ NRSE can function as a positive modulator of gene expression. The expected increase in reporter expression was observed only in cortex and in some oligodendrocytes. In vitro experiments demonstrated that the positive or negative effect of the NRSE on gene transcription depends on its distance away from a promoter. In nonneuronal cells, the NRSE is inactive when adjoined to a synthetic TATA box but represses transcription when located 20 bp or more upstream. In neuroblastoma cells it activates transcription if placed within 50 bp of a TATA box or in the 5'-UTR of a synthetic promoter but silences transcription if located 100 bp or more upstream (BESSIS et al. 1997). As the natural $\beta2$ NRSE is located in the 5'-UTR these results provide a reasonable explanation for the effects of NRSE elimination on transgene reporter expression. These results suggest that an NRSE can produce not only the expected silencing effects on transcription but that it can also act as an enhancer in many neuronal cell types. REST mRNA and NRSE binding activity can be detected in neuronal cell types but they appear to be in lower abundance than in nonneuronal cells (BESSIS et al. 1997). Antisense mediated interference of endogenous REST activity in neuroblastoma cells suggested that REST can trans-activate through an NRSE positioned close to a TATA box (BESSIS et al. 1997).

IV. $\beta4$, $\alpha3$, $\alpha5$ Gene Cluster

Three of the neuronal nAChR subunit genes are clustered in the order $\beta4$, $\alpha3$, $\alpha5$ over about 50 kb in the vertebrate genome (Fig. 1; BOULTER et al. 1990; COUTURIER et al. 1990; RAIMONDI et al. 1992). Clustering does not occur for the other known neuronal nAChR subunit genes although the muscle delta and gamma genes are positioned less than 1 kb from one another (NEF et al. 1984). Clustering of the $\beta4$, $\alpha3$, and $\alpha5$ genes suggests that this organization has been evolutionarily conserved in order to preserve regulatory information needed to control cell-type specific transcription of these genes. It is straightforward to imagine what the functional significance of this organization might be as the $\beta4$, $\alpha3$, and $\alpha5$ subunits are assembled together into at least one major ganglionic nAChR subtype (VERNALLIS et al. 1993; CONROY and BERG 1995). These gene products, especially $\beta4$ and $\alpha3$, are also likely to be assembled together into central nAChR subtypes (ZOLI et al. 1995; WINZER-SERHAN and LESLIE 1997; ZOLI et al. 1998) and therefore the clustered organization of their respec-

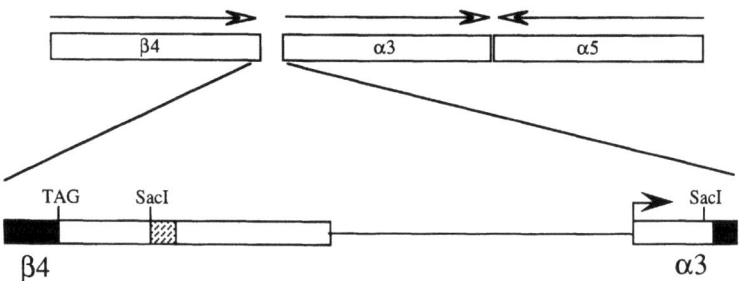

Fig. 1. Genomic organization of the clustered β4α3α5 neuronal nAChR genes. *Upper schematic* shows relative positions of the three genes and their respective directions of transcription (*arrows*). Recent evidence indicates that in the bovine genome the α3 and α5 genes overlap at their 3′ ends (CAMPOS-CARO et al. 1997). It has not been reported whether or not a similar overlap occurs in other species. *Lower schematic* shows an expanded depiction of the 3.5 kb region between the rat β4 and α3 protein coding sequences. The human intercoding region is about 1 kb longer (BATTAGLIOLI et al. 1998). *Filled portions*, protein coding sequences of β4 and α3; *unfilled portions*, untranslated sequences; *thin line* between untranslated sequences, 1.4 kb β4/α3 intergenic region. Region bounded by SacI sites indicates the 2.8 kb fragment tested for the presence of neuron-specific elements in transgenic mice (YANG et al. 1997). The transcription start site region of the α3 promoter is shown by a *black arrow*. *Crosshatched portion* of the β4 3′-untranslated exon indicates the location of the β43′ enhancer. TAG, β4 translation stop codon

tive genes may be a particularly efficient solution to coordinating peripheral and central neuronal coexpression of these subunits. Experimentally, the cluster offers a relatively compact genetic system with which to identify transcriptional mechanisms that coordinate expression of subunits that are to be assembled together into receptors in particular neuronal populations. One possibility is that coexpression of these genes is achieved through the independent regulation of each clustered gene by functionally similar cis acting elements. On the other hand, perhaps clustering affords the sharing of cell-type specific cis elements that are then able to coordinate subunit expression.

1. Rat β4 Promoter

Gardner and colleagues have focused on the identification of cis elements within the β4 minimal promoter region and identification of factors that bind these elements (HU et al. 1994, 1995; BIGGER et al. 1996, 1997; DU et al. 1997, 1998). A single start site was identified for this nerve growth factor responsive promoter; however, no TATA box-like sequence is evident in this region (HU et al. 1994). At least two distinct cis elements, E1 and E2, which are adjacent to one another, are important for β4 promoter activity in cell lines. Mutagenesis of E1 or E2 resulted in 60% and 80% losses of promoter activity, respectively. E1 is a C+T-rich 19 bp element positioned at −82/−64 relative to the start site and E2 is a 9 bp CA box-type element located at –63/–55. E1 ligand affinity purification of proteins present in bovine brain nuclear extracts resulted in the identification of purα and heterogeneous nuclear ribonucleoprotein K (hnRNP K) as an E1-binding proteins (Du et al. 1997, 1998). Purα is a sequence-specific single-stranded DNA binding protein that is thought to be involved in initiating DNA replication (BERGEMANN et al. 1992) and transcription (HAAS et al. 1995). hnRNP K is a DNA and RNA binding protein that shows greater affinity for DNA than for RNA and greater affinity for single-stranded DNA than for double-stranded DNA (TOMONAGA and LEVENS 1996). It can activate transcription in a sequence-specific manner (TOMONAGA and LEVENS 1996). In cotransfection assays hnRNP K does not modulate the activity of the β4 basal promoter activity. However, the ability of Sp1 to activate the β4 promoter is eliminated in the presence of cotransfected hnRNP K (Du et al. 1998). It has yet to be determined whether purα can modulate β4 promoter-dependent transcription and what role purα and hnRNP K play in controlling endogenous β4 gene expression.

The E2 element is a binding site for the zinc finger family members, Sp1 and Sp3. Both the recombinant Sp1 and Sp3 as well as these factors present in cell line nuclear extracts have been shown to bind E2. By contrast, the related family members Sp2 and Sp4 do not appear to interact with E2. Consistent with their binding to E2, both Sp1 and Sp3 can activate β4 transcription in an E2-dependent manner. Sp3 showed an order of magnitude greater effect on β4 promoter activity than Sp1 (BIGGER et al. 1997). Coexpression of both factors resulted in a greater than additive activation of β4 transcription. These results strongly suggest that a subset of Sp1 family members is involved in β4 gene transcription through E2 interactions. Sp1 family members are believed to recruit basal transcription factors to TATA-less promoters that are not able to use TBP for this purpose (PUGH and TJIAN 1991). As the β4 promoter is TATA-less, Sp1 interactions with this promoter are likely to be involved in basal factor recruitment. Assays of β4 promoter activity is various cell lines indicate that it is not likely to contain sufficient cell-type specific information needed to produce the endogenous β4 gene expression pattern (X. Yang and E. Deneris, unpublished). Therefore neuron-specific β4 gene transcription probably requires additional cis acting elements such as enhancers and silencers.

2. Rat and Human α3 Promoters

In neurons and neural cell lines the rat and human α3 genes initiate transcription at multiple sites within G+C-rich regions. A TATA box is not recognizable in these regions (DUVOISIN and HEINEMANN 1993; YANG et al. 1994; FORNASARI et al. 1997). The lengths of the regions containing the majority of start sites is similar in both species being about 70–80bp (YANG et al. 1994; FORNASARI et al. 1997). The human α3 gene is also transcribed in T lymphocytes (HEIMKE et al. 1996) although at a significantly lower level than in neural cell types (BATTAGLIOLI et al. 1998). Transcription of α3 in T lymphocytes, however, initiates at only a subset of those used in cells of neural origin, and some of the major ones in T lymphocytes are minor ones in neural cells (BATTAGLIOLI et al. 1998). The similarity of the rat and human sequences over a 200 bp segment in and around the start site regions is about 65% but the similarity drops dramatically just upstream (DUVOISIN and HEINEMANN 1993; BOYD et al. 1994; YANG et al. 1994; FORNASARI et al. 1997). Based on the extensive coexpression of the β4 and α3 genes, their promoters might be expected to share a significant degree of sequence identity. Sequence comparisons between the two rat promoters, however, reveals no sequence similarity other than scattered 6–10 bp matches. It is not yet clear whether these matches constitute common cis elements. As is expected for TATA-less G+C-rich promoters there are several Sp1 consensus binding sites in or near the rat and human start sites. Indeed, one of these sites (α3 GA), which is positioned immediately upstream of the start site region, has been shown to be a major cis acting element for rat α3 basal promoter activity in PC12 cells (YANG et al. 1995). This site binds recombinant Sp1 and Sp1-immunoreactive material present in PC12 cells and can mediate Sp1 transcriptional activation in cotransfection assays. These results indicate that the β4 E2 element and the α3 GA motif appear to be functionally equivalent despite the lack of perfect sequence identity between them. Therefore, it is likely that one common component of the β4 and α3 promoters is a cis elements that interacts with Sp1 family members. Functional analysis of putative Sp1 sites in the human promoter have not been reported. The human promoter contains several additional sequence matches to previously characterized cis elements such as those that bind NFκB, NF-1, AP2, and MED-1. Site-directed mutagenesis showed that the NFκB, AP2, and the MED-1 sites but not the NF-1 site contribute to human α3 promoter activity in cell lines (FORNASARI et al. 1997). In contrast, mutagenesis of a consensus AP2 site within the rat promoter did not affect its activity in PC12 cells (YANG et al. 1995) and an NFκB consensus sequence is not present in the rat promoter. A perfect match to a MED-1 site is present in the rat promoter but its contribution to promoter activity has not been reported.

Transfection analyses suggest that the rat and human α3 minimal promoters may contain some cell-type specific information, as these promoters show somewhat greater activities in cell lines that express the endogenous α3 gene compared to α3-negative cell lines (BOYD 1996; FORNASARI et al. 1997). However, both the rat and human promoters still show significant activity in α3-negative lines (BOYD 1996; FORNASARI et al. 1997; X. Yang and E. Deneris, unpublished) which suggests that other cell-type specific elements are likely to be required to establish strict neuronal cell-type specificity. Indeed, both positive and negative cis elements outside the rat and human minimal promoter regions have been identified and shown to influence their cell-type specific activity (YANG et al. 1997; FORNASARI et al. 1997). One of these elements positioned upstream of the human promoter is an Alu repeat that is a composite of both positive and negative activities (FORNASARI et al. 1997).

This element has a much greater negative effect in neural cell lines than in T lymphocyte cell lines (BATTAGLIOLI et al. 1998). Another element is the rat β43' enhancer which is described in Sect. C.IV.5.

3. Activation of the Rat α3 Promoter by the POU Factor, SCIP

Several POU domain transcription factors are expressed together with neuronal nAChR genes in the medial habenula (MH). The α3 promoter is activated in a neural cell-type specific manner by one of these POU domain factors termed SCIP/Tst-1/Oct-6 (YANG et al. 1994). These data led to the hypothesis that α3 is an in vivo target of SCIP (YANG et al. 1994). It is not clear, however, whether α3 is a target of SCIP as the levels of α3 in the MH of SCIP null mice are not different from wild type controls (BERMINGHAM et al. 1996). Perhaps other POU factors expressed in MH are able to maintain levels of α3 in the absence of SCIP.

The study of α3 activation by SCIP has been important in another respect as it has revealed a potential alternative mechanism of the POU domain factor function. In general, POU transcription factors are single polypeptides composed of two functional domains that are necessary but not by themselves sufficient for transcriptional activation. One is the DNA binding domain, called the POU domain, that serves to bring the factor to specific regulatory sequences in the regulatory regions of certain genes. The second domain is called the activation domain. This domain makes contact with components of the basal transcription complex to modulate the rate of gene transcription. Thus, to activate transcription, the DNA-binding domain of these POU factors brings the activation domain to particular promoters through a high affinity interaction with specific DNA sequences. This mechanism of transactivation has been demonstrated for several POU factors, including SCIP. In nonneural cells SCIP has been shown to work this way. However, activation of α3 by SCIP in PC12 cells is likely to occur through a different mechanism as neither binding sites for SCIP in the α3 promoter nor the SCIP amino-terminal activation domain is required for activation. Surprisingly, the DNA-binding POU domain of SCIP is, by itself, sufficient for the activation of α3 (FYODOROV and DENERIS 1996). These findings raise the possibility that SCIP has the potential to regulate gene expression through more than one type of transcriptional mechanism. Whether this mode of transactivation occurs in vivo is not yet known. Interestingly, however, the phenotypic effects on Schwann cell development of a transgene expressing a SCIP truncation comprising little more than the SCIP POU domain and originally predicted to act as a dominant negative factor (WEINSTEIN et al. 1995) is dramatically different from the Schwann cell phenotype observed in homozygous SCIP null mutant mice (BERMINGHAM et al. 1996). These results indicate that the SCIP POU domain is not behaving as a dominant negative factor in Schwann cells. Rather the data are consistent with the POU domain of SCIP functioning as a positive transcriptional modulator in vivo.

4. Transgenic Analysis of Rat α3 Upstream Region

The region between the rat β4 and α3 genes has been the focus of further attention because it was suspected that the extremely small rat β4/α3 intergenic region, the α3 upstream region, might contain important cis regulatory elements (YANG et al. 1997). The rat β4/α3 intergenic region is contained in a 2.8 kb SacI fragment and includes the 240 bp α3 promoter region, the 1.4 kb β4/α3 intergenic region, and 1.3 kb of the upstream β4 gene (Fig. 1). The β4 sequences in this fragment are entirely 3'-untranslated exon (YANG et al. 1997). The separation of the β4 and α3 coding regions is about 1 kb longer in the human genome, suggesting either a longer human β4 3'-UTR and/or β4/α3 intergenic region (BATTAGLIOLI et al. 1998).

Transgenic mice were generated with a reporter (28Z) carrying the lacZ gene fused downstream of the 2.8 kb SacI fragment to determine whether this region of the cluster contains cis regulatory elements important for neuron-specific transcription in vivo. Expression of the 28Z transgene was found to be restricted to neurons of the CNS; no expression was detected in nonneural tissues. LacZ positive cells were detected, virtually exclusively, in a subset of CNS nuclei that transcribe the endogenous α3 gene. Some overlap was seen with the β4 gene, but almost none with the α5 gene (YANG et al. 1997). These results suggest that neuron-specific cis elements are positioned between the α3 and β4 coding regions and are likely to be important for establishing part of the restricted CNS patterns of the cluster. However, as was expected, the transgenic analysis indicated that additional elements outside the SacI fragment are probably also needed for controlling the clustered genes, because 28Z was expressed in only a subset of regions in the brain that express the clustered genes, no expression was detected in peripheral neurons, and expression was influenced by position effects.

5. Rat β43' Enhancer

To determine the location of possible neuron-specific cis elements in the 2.8 kb SacI fragment, deletion analysis was performed in PC12 cells and other lines that do not express the endogenous clustered genes. This analysis revealed a cis element, β43', exhibiting the properties of an enhancer at the β4 end of the SacI fragment (MCDONOUGH and DENERIS 1997). The enhancer is therefore positioned in the β4 3'-untranslated region (Fig. 1). The transcriptional activity of β43' is quite strong as a single copy of it can activate a TATA box minimal promoter 60-fold in PC12 cells (E. Deneris, unpublished data). These results support the idea that β4, α3, and α5 are clustered in order to preserve the organization of regulatory elements needed to control them.

One mechanism that may operate to produce the highly restricted neuronal expression patterns of β4, α3, and α5 is the positive modulation of transcription through the action of enhancers that are active in only particular neuronal cell types. To determine whether β43' might be an enhancer with this property, its activity was assayed in different cell types. Interestingly, the activity of β43′ in different cell lines indeed correlates with the expression of the cluster. Of particular importance was the finding that β43′ had little activity in neural lines that do not express the cluster (MCDONOUGH and DENERIS 1997).

More recently the activity of the enhancer has been assayed by transient transfection of dissociated primary sympathetic and retinal cultures containing both neurons and nonneuronal cells (FRANCIS and DENERIS 1998). In these assays, the activity of the enhancer placed upstream of a minimal promoter such as the SV40, α3, or adenoviral major late promoter is compared to the activity of similar reporters that carry the SV40 enhancer instead of β43′. Transfections are performed by either calcium phosphate precipitation or electroporation. Reporter expression is then determined in sympathetic or retinal cultures by one of two methods. To assess cell-type specific expression of the reporter in the mixed neuron/nonneuronal transfected cells, the cultures are fixed and then costained with an anti-luciferase antibody to detect reporter expression and a monoclonal antibody against a neuron-specific form of tubulin (betaIII) to identify neurons (Fig. 2). The second method for measuring reporter expression is simply to determine luciferase enzyme activities using transfected cell extracts as done with cell line transfections. Typical numbers of immunopositive cells in a single transfection is about 100 for sympathetic cultures and several hundred positive retinal neurons. Figure 3 illustrates this type of assay for retinal cultures. The cultures were transfected with luciferase reporters carrying the SV40 promoter and its own enhancer. Costaining revealed roughly equal numbers of luciferase-positive nonneuronal cells and neurons. In contrast, when a similar reporter was used, except that the SV40 enhancer was replaced with the β43′ enhancer, the vast majority of cells expressing luciferase were neurons. This shows that by simply switching from the SV40 enhancer to the β43′ enhancer reporter expression is largely limited to retinal neurons. Similar results have been obtained in transfected sympathetic and cortical neuron cultures; however, the activity of β43′ is much weaker in these neuronal cell types than in retinal neurons (FRANCIS and DENERIS 1998).

The distinctive characteristics of β43′ make it an attractive candidate component of the cis regulatory information needed to restrict the transcription of one or more of the clustered genes to particular neuronal cell types. It may act selectively on α3 to control its pattern of expression but not that of β4 or α5. On the other hand, β43′ may be a special type of cis element, as its position between the β4 and α3 promoters may enable it to coordinate the expression patterns of these genes. Interestingly, the differential activity of β43′ in central and peripheral neurons correlates with the 28Z transgene expression described above. 28Z expression was detected in retinal ganglion cell layer but not in sympathetic neurons (YANG et al. 1997). As 28Z contains the β43′ enhancer, the greater activity of the enhancer in retinal neurons versus sympathetic neurons may be responsible for transgene expression in the retinal ganglion cell layer but not in sympathetic ganglia. Although it is not yet known

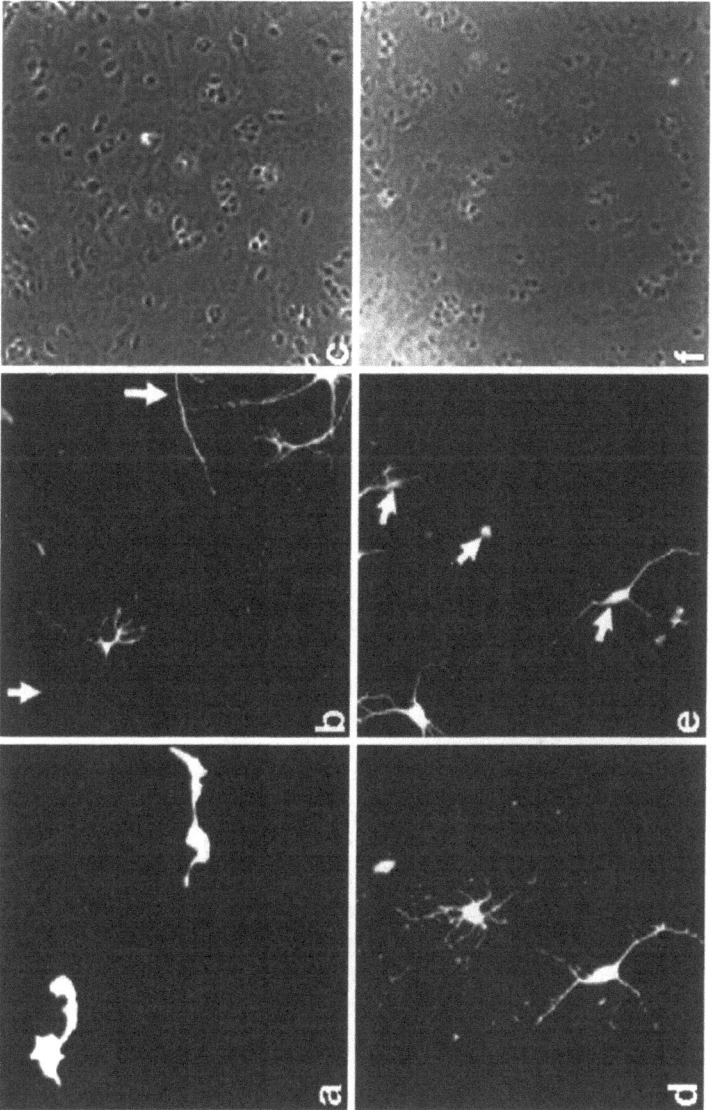

Fig. 2a–f. Photomicrographs of retinal cell culture transfections. **a–c** Cultures transfected with reporter controlled by SV40 promoter and SV40 enhancer. **d–f** Cultures transfected with reporter controlled by SV40 promoter and β43' enhancer. **a,d** Anti-luciferase staining showing reporter expression. **b,e** Anti-βIII-tubulin staining showing neurons. Note coexpression of luciferase and βIII-tubulin in **d,e**. *Arrows* in **e** point to neurons expressing luciferase in **d**. **c,f** Phase contrast

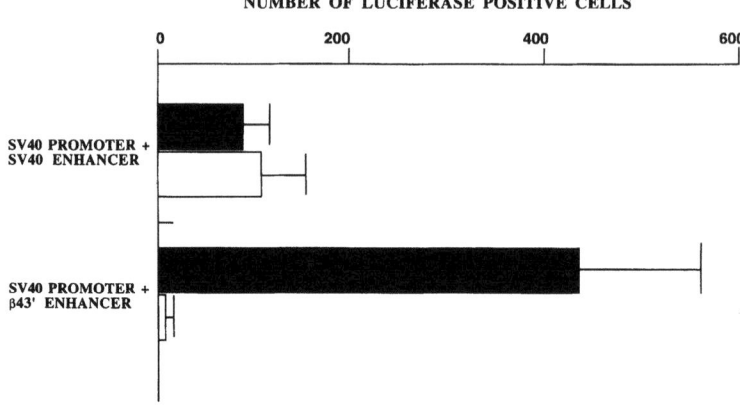

Fig. 3. Transient transfection analysis of the β43' enhancer in primary dissociated retinal cultures. Dissociated retinae were transfected by calcium phosphate precipitation with luciferase reporters controlled by either the SV40 promoter and SV40 enhancer or the SV40 promoter and the β43' enhancer. Reporter expression in neurons (*filled bars*) and nonneuronal cells (*open bars*) was measured by counting cells immunostained with the anti-βIII-tubulin antibody to detect neurons and anti-luciferase antibody to detect luciferase. *Error bars* represent mean ±SEM, $n = 4$ separate transfections

whether the β43' enhancer is conserved across species, it is significant that the elimination of a 3.3 kb fragment of human β4 3'-UTR and intergenic region sequences results in a neural-specific loss of reporter gene activity in cell lines (FORNASARI et al. 1997). This result suggests that enhancer elements analogous to β43' may be present between the human β4 and α3 coding regions.

The rat β43' enhancer is composed of two 37 bp direct repeats that are separated by a 6 bp spacer (MCDONOUGH and DENERIS 1997). Sequence analysis of the enhancer identified three consensus binding sites (5'-A/TTCCT/G) for the ets class of transcription factors (WASYLYK 1993). One is located in the spacer region between the two repeats while the other two are located in each of the repeats. Site directed mutagenesis of core residues in the spacer region site results in a 50% loss of enhancer activity. When each putative ets site in the repeats are mutated leaving the other intact, there is little, if any, effect on the β43' activity. However, in a reporter in which both putative ets sites in the repeats are mutated, the activity of the enhancer is virtually eliminated (J. McDonough and E. Deneris, unpublished data). These results suggest that ets-like factors expressed in PC12 cells are positive modulators of the enhancer. To analyze ets sequences expressed in PC12 cells a degenerate RT-PCR screen was performed. This screen resulted in the identification of a previously unknown member of a family that has been named Pet-1 (FYODOROV et al. 1998). Pet-1 is currently hypothesized to be a β43'-interacting ets factor as it is expressed in adrenal medulla, can weakly activate transcription in a β43′-dependent manner, and is able to bind the enhancer at the consensus ets sites present in the repeats (FYODOROV et al. 1998; N. Francis and E. Deneris, unpublished).

D. Conclusions and Future Directions

Transcriptional cis regulatory elements have been identified for several neuronal nAChR genes. Many of these elements such as the β2 NRSE and β43′ enhancer have been shown to exhibit cell-type specific activity in cell lines or neuron-specific activity in either primary neuronal cell cultures or in transgenic mice. In some cases good evidence for the interaction of particular transcriptions factors with the regulatory regions of nAChR genes has been obtained. These include interactions of Egr-1 and bHLH proteins with bovine α7 promoter elements and Sp1 and related factors with the α3 and β4 promoter elements. These cis elements and transcription factors are therefore likely to be at least part of the genetic regulatory information that controls the neuronal expression patterns of particular nAChR subunits. Despite this important beginning, however, we still lack an adequate understanding of the cis elements and transcription factors that restrict and coordinate the neuron-specific expression of individual nAChR subunit. Additional transgenic experiments, perhaps using large genomic regions cloned in artificial chromosomes, and gene knock out approaches are needed to reveal the biological role of and interactions among the currently known cis elements within individual neuronal nAChR genes. These approaches as well as further cell culture studies should also facilitate the identification of unknown components of neuronal nAChR regulatory regions and the transcription factors that bind them.

The genetic mechanisms underlying neuronal nAChR expression patterns are likely to govern general aspects of neuronal differentiation. In this sense, investigations of neuronal nAChR gene transcription have broader implications for elucidating mechanisms that control the development of particular neuronal cell types. Future studies in this area should help to increase our understanding of the transcriptional mechanisms controlling the composition and location of different neuronal nAChR subtypes, as well as mechanisms involved in the development of central and peripheral cholinergic pathways.

References

Battagliolli EL, Gotti C, Terzano S, Flora A, Clementi F, Fornasari D (1998) Expression and transcriptional regulation of the human α3 neuronal nicootinic receptor subunit in T lymphocytes cell lines. J Neurochem 71:1261–1270

Bergemann AD, Ma Z-W, Johnson EM (1992) Sequence of cDNA comprising the human pur gene and sequence-specific single-stranded-DNA-binding properties of the encoded protein. Mol. Cell. Biol. 12:5673–5682

Bermingham JR, Scherer SS, O'Connell S, Arroyo E, Kalla KA, Powell FL, Rosenfeld MG (1996) Tst-1/Oct-6/SCIP regulates a unique step in peripheral myelination and is required for normal respiration. Genes Dev 10:1751–1762

Bessis A, Savatier N, Devillers-Thiery A, Bejanin S, Changeux J-P (1993) Negative regulatory elements upstream of a novel exon of the neuronal nicotinic acetylcholine receptor alpha 2 subunit gene. Nuc Acids Res 21:2185–2192

Bessis A, Salmon AM, Zoli M, Le Novere N, Picciotto M, Changeux J-P (1995) Promoter elements conferring neuron-specific expression of the β2-subunit of the neuronal nicotinic acetylcholine receptor studied in vitro and in transgenic mice Neuroscience 69:807–819

Bessis A, Champtiaux N, Chatelin L, Changeux JP (1997) The neuron-restrictive silencer element: a dual enhancer/silencer crucial for patterned expression of a nicotinic receptor gene in the brain. Proc Natl Acad Sci USA 94:5906–5911

Bigger C, Casanova EA, and Gardner PD (1996) Transcriptional regulation of neuronal nicotinic acetylcholine receptor genes. Functional interactions between Sp1 and the rat beta4 subunit gene promoter. J Biol Chem 271:32842–32848

Bigger C, Melnikova IN, and Gardner PD (1997) Sp1 and Sp3 regulate expression of the neuronal nicotinic acetylcholine receptor β4 subunit gene. J Biol Chem 272:25976–25982

Blackwood EM, Kadonaga JT (1998) Going the distance: a current view of enhancer action. Science 281:60–63

Boulter J, O'Shea-Greenfield A, Duvoisin RM, Connolly G, Wada E, Jensen A, Gardner PD, Ballivet M, Deneris ES, McKinnon D, Heinemann S, Patrick J (1990) α3, α5 and β4: three members of the rat neuronal nicotinic acetylcholine receptor-related gene family form a cluster. J Biol Chem 265:4472–4482

Boyd RT (1994) Sequencing and promoter analysis of the genomic region between the rat neuronal nicotinic acetylcholine receptor β4 and α3 genes. J Neurobiol 25: 960–973

Boyd RT (1996) Transcriptional regulation and cell specificity determinants of the rat nicotinic acetylcholine receptor α3 gene. Neurosci Letts 208:73–76

Campos-Caro A, Smillie FI, Dominguez del Toro E, Rovira JC, Vicente-Agullo F, Chapuli J, Juiz JM, Sala S, Sala F, Ballesta JJ, Criado M (1997) Neuronal nicotinic acetylcholine receptors on bovine chromaffin cells: cloning, expression, and genomic organization of receptor subunits. J Neurochem 68:488–497

Carrasco-Serrano C, Campos-Caro A, Viniegra S, Ballesta JJ, Criado M (1998) GC- and E-box motifs as regulatory elements in the proximal promoter region of the neuronal nicotinic receptor alpha7 subunit gene. J Biol Chem 273:20021–20028

Chen D, Patrick JW (1997) The α-bungarotoxin-binding nicotinic acetylcholine receptor from rat brain contains only the α7 subunit. J Biol Chem 272:24024–24029

Chong JA, Tapia-Ramirez J, Kim S, Toledo-Aral JJ, Zheng Y, Boutros MC, Altshuller YM, Frohman MA, Kraner SD, and Mandel G (1995) REST: a mammalian silencer protein that restricts sodium channel gene expression to neurons. Cell 80:949–957

Conroy WG, and Berg DK (1995) Neurons can maintain multiple classes of nicotinic acetylcholine receptors distinguished by different subunit combinations. J Biol Chem 270:4424–4431

Criado M, Dominguez del Toro E, Carrasco-Serrano C, Smillie FI, Juiz JM, Viniegra S, Ballesta JJ (1997) Differential expression of alpha-bungarotoxin-sensitive neuronal nicotinic receptors in adrenergic chromaffin cells: a role for transcription factor Egr-1. J Neurosci 17:6554–6564

Couturier S, Erkman L, Valera S, Rungger D, Bertrand S, Boulter J, Ballivet M, Bertrand D (1990) α5, α3, and non-α3: Three clustered avian genes encoding neuronal nicotinic acetylcholine-receptor-related subunits. J Biol Chem 265: 17560–17567

Daubas P, Devillers-Thiéry A, Geoffroy B, Martinez S, Bessis A, Changeux JP (1990) Differential expression of the neuronal acetylcholine receptor α2 subunit gene during chick brain development. Neuron 5:49–60

Daubas, P, Salmon AM, Zoli M, Geoffroy B, Devillers-Thiery A, Bessis A, Medevielle F, Changeux JP (1993) Chicken neuronal acetylcholine receptor alpha 2-subunit gene exhibits neuron-specific expression in the brain and spinal cord of transgenic mice. Proc Natl Acad Sci USA 90:2237–2241

Deneris ES, Connolly J, Boulter J, Wada E, Wada K, Swanson L, Patrick J, Heinemann, S (1988) Primary structure and expression of beta2: a novel subunit of neuronal nicotinic acetylcholine receptors. Neuron 1:45–54

Du Q, Tomkinson, AE, Gardner PD (1997) Differential effects of heterogeneous nuclear ribonucleoprotein K on Sp1- and Sp3-mediated transcriptional activation of a neuronal nicotinic acetylcholine receptor promoter. J Biol Chem 273: 19877–19883

Du Q, Melnikova IN, Gardner PD (1998) Transcriptional regulation of neuronal nicotinic acetylcholine receptor genes: a possible role for the DNA-binding protein purα. J Biol Chem 272:14990–14995

Duvoisin RM, and Heinemann SF (1993) Transcription control elements of the rat neuronal nicotinic acetylcholine receptor subunit α3. Braz J Med Biol Res 26:137–150

Fornasari D, Battaglioli E, Flora A, Terzano S, Clementi F (1997) Structural and functional characterization of the human α3 nicotinic subunit gene promoter. Mol Pharmacol 51:250–261

Francis N, Deneris E (1998) The neuronal nAchR β43' enhancer is neuron-selective and preferentially active in retinal versus sympathetic neurons. Soc Neurosci Abstract 24:1565.

Fyodorov D, Deneris E (1996) The POU domain of SCIP/Tst-1/Oct-6 is sufficient for activation of an acetylcholine promoter. Mol Cell Biol 16:5004–5014

Fyodorov D, Nelson T, Deneris E (1998) Pet-1, a novel ets domain factor that can activate neuronal nAchR gene transcription. J Neurobiol 34:151–163

Hanna-Rose W, Hansen U (1996) Active repression mechanisms of eukaryotic transcription repressors. Trends Genet 12:234–229

Hass S, Thatikunta P, Steplewski A, Johnson EM, Khalili K, Amini S (1995) A 39kD DNA-binding protein from mouse brain stimulates transcription of myelin basic protein gene in oligodendrocytic cells. J Cell Biol 130: 1171–1179

He X, Rosenfeld MG (1991) Mechanisms of complex transcriptional regulation: implications for brain development Neuron 7:183–196

Heimke C, Stolp M, Reuss S, Wevers A, Reinhardt S, Maelicke A, Schlegel S, Schroder H (1996) Expression of alpha subunit genes of nicotinic acetylcholine receptors in human lymphocytes. Neurosci Letts 214:171–174

Hu M, Bigger CB, Gardner PD (1995) A novel regulatory element of a nicotinic acetylcholine receptor gene interacts with a DNA binding activity enriched in rat brain. J Biol Chem 270:4497–4502

Hu M, Theobald-Whiting N, Gardner PD (1994) Nerve growth factor increases the transcriptional activity of the rat neuronal nicotinic acetylcholine receptor β4 subunit promoter in transfected PC12 cells. J Neurochem 62:392–395

Kraner SD, Chong JA, Tsay H-J, Mandel G (1992) Silencing the type II sodium channel gene: a model for neural-specific gene regulation. Neuron 9:37–44

Mandel G, McKinnon D (1993) Molecular basis of neural-specific gene expression. Annu Rev Neurosci 16:323–345

Matter-Sadzinski L, Hernandez MC, Roztocil T, Ballivet M, Matter JM (1992) Neuronal specificity of the alpha 7 nicotinic acetylcholine receptor promoter develops during morphogenesis of the central nervous system. EMBO J 11:4529–4538

McDonough J, Deneris E (1997) β43': an enhancer displaying neural-restricted activity is located in the 3'-untranslated exon of the rat nicotinic acetylcholine receptor β4 gene. J Neurosci 17:2273–2283

Milton NGN, Bessis A, Changeux J-P, Latchman DS (1995) The neuronal nicotinic acetylcholine receptor α2 subunit gene promoter is activated by the Brn-3b POU family transcription factor and not by Brn-3a or Brn-3c. J Biol Chem 270:15143–15147

Milton NGN, Bessis A, Changeux J-P, Latchman DS (1996) Differential regulation of neuronal nicotinic acetylcholine receptor subunit gene promoters by Brn-3 POU family transcription factors. Biochem J 2317:419–423

Mori N, Schoenherr C, Vandenbergh DJ, Anderson DJ (1992) A common silencer element in the SCG10 and type II Na+ channel gene binds a factor present in nonneuronal cells but not in neuronal cells. Neuron 9:45–54

Nef P, Mauron A, Stalder R, Alliod C, Ballivet M (1984) Structure, linkage, and sequence of the two genes encoding the δ and γ subunits of the nicotinic acetylcholine receptor. Proc Natl Acad Sci USA 81:7975–7979

Orphanides G, Lagrange T, Reinberg D (1996) The general transcription factors of RNA polymerase II. Genes Dev 10:2657–2683

Pugh BF, Tjian R (1991) Transcription from a TATA-less promoter requires a multisubunit TFIID complex. Genes Dev 5:1935–1945

Raimondi E, Rubboli F, Moralli D, Chini B, Fornasari D, Tarroni P, De-Carli L, Clementi F (1992) Chromosomal localization and physical linkage of the genes encoding human alpha3, alpha5, and beta4 neuronal nicotinic receptor subunits. Genomics 12:849–850

Schaeffer L, Duclert N, Huchet-Dymanus M, Changeux J-P (1998) Implication of a multisubunit Ets-related transcription factor in synaptic expression of the nicotinic acetylcholine receptor. EMBO J 17:3078–3090

Schoenherr CJ, Anderson DJ (1995) The neuron-restrictive silencer factor (NRSF): a coordinate repressor of multiple neuron-specific genes. Science 267:1360–1363

Schoenherr CJ, Paquette AJ, Anderson DJ (1996) Identification of potential target genes for the neuron-restrictive silencer factor. Proc Natl Acad Sci USA 93: 9881–9886

Struhl K (1991) Mechanisms for diversity in gene expression patterns. Neuron 7: 177–181

Tjian R, Maniatis T (1994) Transcriptional activation: a complex puzzle with few easy pieces. Cell 77:5–8

Tomonaga T, Levens D (1996) Activating transcription from single-stranded DNA. Proc Natl Acad Sci USA 93:5830–5835

Vernallis AB, Conroy WG, Berg DK (1993) Neurons assemble acetylcholine receptors with as many as three kinds of subunits while maintaining subunit segregation among receptor subtypes. Neuron 10:451–464

Wada E, Wada K, Boulter J, Deneris E, Heinemann S, Patrick J, Swanson LW (1989) Distribution of alpha 2, alpha 3, alpha 4, and beta 2 neuronal nicotinic receptor subunit mRNAs in the central nervous system: a hybridization histochemical study in the rat. J Comp Neurol 284:314–335

Wasylyk B, Hahn SL, Giovane A (1993). The Ets family of transcription factors. Eur J Biochem 211:7–18

Weinstein DE, Burrola PG, Lemke G (1995) Premature Schwann cell differentiation and hypermyelination in mice expressing a targeted antagonist of the POU transcription factor SCIP. Mol Cell Neuro 6:212–229

Winzer-Serhan UH, Leslie FM (1997) Codistribution of Nicotinic Acetylcholine receptor subunit $\alpha 3$ and $\beta 4$ mRNAs during rat brain development. J Comp Neurol 386:540–554

Yang X, McDonough J, Fyodorov D, Morris M, Wang F, Deneris ES (1994) Characterization of an acetylcholine receptor alpha 3 gene promoter and its activation by the POU domain factor SCIP/Tst-1. J Biol Chem 269:10252–10264

Yang X, Fyodorov D, Deneris ES (1995) Transcriptional analysis of acetylcholine receptor alpha 3 gene promoter motifs that bind Sp1 and AP2. J Biol Chem 270:8514–8520

Yang X, Yang F, Fyodorov D, Wang F, McDonough J, Herrup K, Deneris E (1997) Elements between the protein-coding regions of the adjacent $\beta 4$ and $\alpha 3$ acetylcholine receptor genes directs neuron-specific expression in the central nervous system. J Neurobiol 32:311–324

Zoli M, Novére NL, Hill JA, Changeux J-P (1995) Developmental regulation of nicotinic ACh receptor subunit mRNAs in the rat central and peripheral nervous systems. J Neurosci 15:1912–1939

Zoli M, Novére NL, Hill JA, Changeux J-P (1998) Identification of four classes of brain nicotinic receptor using $\beta 2$ mutant mice. J Neurosci 18:4461–4472

CHAPTER 5
Contributions of Studies of the Nicotinic Receptor from Muscle to Defining Structural and Functional Properties of Ligand-Gated Ion Channels

P. TAYLOR, H. OSAKA, B. MOLLES, S. H. KELLER and S. MALANY

A. Introduction

By virtue of evolution and Nature's ability to achieve specialization by speciation, studies of the nicotinic acetylcholine receptor (nAChR) from muscle have played a principal part in defining the properties of not only nicotinic receptors, but also the larger family of ligand-gated ion channels. A review of the major contributions to understanding the process of neurotransmission shows that the nicotinic receptor figures prominently in several of the cornerstone advances. Sir Henry Dale (DALE 1914) observed that the actions of the esters of choline could be mimicked in some tissues by a then uncharacterized alkaloid (nicotine) from *Nicotiana tabacum* and in other tissues by another alkaloid (muscarine) from *Amanita muscaria*. Thus, the esters of choline (now known to be acetylcholine) could mediate distinctive responses in tissues through different receptors. Although unappreciated at the time, acetylcholine (ACh), as a flexible molecule, exists in multiple configurations, and studies with antagonists and other agonists show that distinct configurations mediate nicotinic (typically rapid) and muscarinic (slower) events.

Studies of KATZ and colleagues in the 1950s through the 1970s relied heavily on the amphibian and mammalian neuromuscular junctions to uncover the principles of synaptic delay times (KATZ and MILEDI 1965), the quantal release of transmitters (FATT and KATZ 1952; KATZ 1969), receptor desensitization (KATZ and THESLEFF 1957) and the deconvolution of synaptic noise to single channel events (KATZ and MILEDI 1972). The unique clustering of receptors at the motor endplate, giving rise to microscopic areas of extremely high receptor density, facilitated many of the electrophysiologic measurements and analyses in these studies. Also, single channel measurements by patch electrode techniques initially monitored nAChR opening and closing events and compared these data with noise analysis (NEHER and SAKMANN 1976; SAKMANN 1992).

The specialization of electric organs in both *Torpedo* (a marine species) and *Electrophorus* (a fresh water species) enabled investigators to initiate affinity labeling and biochemical experiments on the receptor (cf. KARLIN

1969). However, it was not until CHANG and LEE (1963) found that α-bungarotoxin irreversibly inhibits neuromuscular transmission, that isolation of the receptor with this toxin (CHANGEUX et al. 1970) led to the identification of the subunits and delineation of their sequences. Isolation of sufficient quantities of receptor for purification was critically dependent on the high expression levels in the *Torpedo* electric organ. Nicotinic receptors solubilized and purified from *Torpedo* could be reconstituted in lipid membrane systems (cf. CHANGEUX 1993), and the subunits expressed from cDNAs encoding the individual subunits, when transfected into null cells, yielded functional receptors (NUMA et al. 1983).

The role played by α-bungarotoxin in the initial receptor purification provided an early indication of the overall potential of toxins in characterizing structural elements of the receptor. Since stimulation of nicotinic receptors in fish, reptiles, and mammals is responsible for eliciting motor activity, the receptors are likely targets for toxins involved in predation. Moreover, toxins produced by other species should provide protection from their predators. A large number of α-neurotoxins have evolved from reptiles; these toxins have a stable core structure from which three long loops linked by disulfides extend (ENDO and TAMIYA 1991). This structural motif has also given rise to related toxins that are selective inhibitors of acetylcholinesterase and muscarinic receptors (cf. SEGALAS et al. 1995). As will be considered later, other snakes and the fish-hunting cone snails also produce peptidic inhibitors of the receptor, but of lower molecular weight. Finally, toxins from certain species of coral of the genera *Lophogorgia* and *Pseudopterogorgia* also produce paralysis (ABRAMSON et al. 1991). Coral, being bathed in the ocean, sequesters these hydrophobic toxins in its tissue lipid. Their cyclic diterpenoid structures are devoid of nitrogen, but resemble acetylcholine in spatial configuration (Fig. 1); one of the epoxide carbons reacts covalently with Tyrosine 190 on the *Torpedo* receptor (ABRAMSON et al. 1991). Finally, a host of plant alkaloids of the benzylisoquinoline family, the most well known being the natural product *d*-tubocurarine (BERNARD 1856), also interact with the muscle nicotinic receptor. A remarkable feature of these toxins, particularly those of peptidic origin, is their selectivity for particular subtypes of the nicotinic receptor. As will be detailed later, the selectivity extends to the individual binding sites within each receptor oligomer.

As documented in many studies, the structural and functional features of the muscle receptor are shared by the neuronal subtypes (cf. KARLIN and AKABAS 1995; CHANGEUX and EDELSTEIN 1998). In fact, similarity in sequence between muscle and neuronal receptors allowed muscle cDNAs to hybridize with neuronal cDNAs enabling their cloning from libraries. The pentameric subunit stoichiometry, activation and desensitization mechanisms, structural motifs within the subunit and selectivity of ion channel permeation are largely conserved among the nicotinic receptor systems. Hence, investigators now seek distinctions between the receptor subtypes, since the common features of structure are generally resolved.

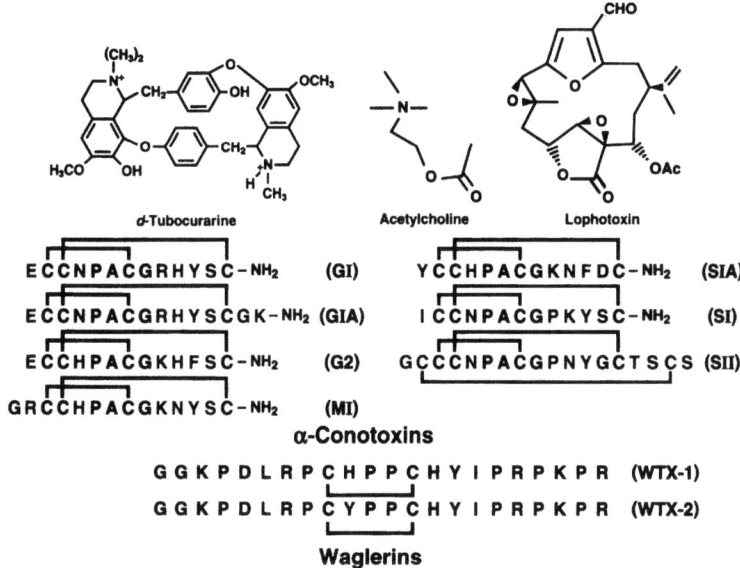

Fig. 1. Structures of acetylcholine and various antagonists of the nicotinic receptor. *d*-Tubocurarine is an alkaloid from a plant source, lophotoxin is found in coral of the genus *Lophogorgia*, α-conotoxins are from a Pacific fish-eating cone snail, *Conus sp.*, and waglerins are from the pit viper, *Tropidolaemus wagleri*. Not shown are the larger 60–74 amino acid, three-fingered α-neurotoxin peptides such as α-bungarotoxin and *Naja mossambica mossambica* I α-toxin

B. Functional Aspects of the Nicotinic Receptor in Skeletal Muscle

Contraction and the associated electrical events in skeletal muscle can be produced by intraarterial injection of ACh close to the muscle. Since skeletal muscle does not possess intrinsic myogenic tone, muscle tone is maintained by spontaneous and intermittent release of ACh. The consequences of spontaneous release at the motor endplate of skeletal muscle are small depolarizations from the quantized release of ACh, termed miniature endplate potentials (MEPPs) (cf. VAN DER KLOOT and MOLGO 1994). Decay times for the MEPPs range between 1 and 2ms, a duration similar to the mean channel open time seen with ACh stimulation of individual receptor molecules. Stimulation of the motor neuron results in the release of several hundred quanta of ACh. The summation of MEPPs gives rise to an excitatory postsynaptic potential (EPSP), also termed motor endplate potential. A sufficiently large and abrupt potential change at the endplate will elicit an action potential by activating nearby voltage-sensitive Na^+ channels in the endplate and its immediate environs. The action potential propagates in two-dimensional space across the muscle surface to release Ca^{2+} and elicit contraction. Therefore, the EPSP may be thought of as a generator potential arising from openings of receptor channels. The EPSP causes the endplate to depolarize partially from its resting potential of −70 mV to about −55 mV. Transient EPSPs in localized areas of the endplate trigger the action potentials (cf. TAYLOR 1995).

Competitive neuromuscular blockade with agents such as *d*-tubocurarine result in maintenance of the endplate potential at −70 mV. Without frequent EPSPs, action potentials are not triggered and the muscle shows flaccid paralysis. The actions of competitive blocking agents can be surmounted by excess ACh. Depolarizing neuromuscular blocking agents, such as decamethonium and succinylcholine, produce depolarization of the endplate such that the endplate potential resides near −55 mV. The high concentrations of depolarizing agent that are maintained in the synapse do not allow regions of the endplate to repolarize, as would occur with a labile transmitter such as ACh. Flaccid paralysis will also occur with a depolarizing block, but is preceded by fasciculations owing to the nonuniform depolarization of motor units.

C. Isolation and Characterization of Nicotinic Receptors

The electric organ of *Torpedo* consists of stacks of electrocytes that have differentiated from a tissue of embryonic origin common to that of skeletal muscle. Upon differentiation of the electric organ, the electrogenic bud in the electrocyte proliferates, but its contractile elements atrophy. The excitable membrane encompasses the entire ventral surface of the electrocyte rather than being localized to small focal junctional areas, as found in skeletal muscle. The electrical discharge in *Torpedo* relies solely on a EPSP resulting from receptor activation by acetylcholine, rather than propagation from an action potential. The density of receptors in the *Torpedo* electric organ approaches 100 pmol/mg protein, which may be compared with 0.1 pmol/mg protein in skeletal muscle.

As alluded to previously, the snake α-neurotoxins proved critical to the identification and subsequent isolation of the nicotinic ACh receptor from *Torpedo*. By virtue of their high affinity and very slow rates of dissociation, labeled α-neurotoxins also serve as markers of the receptor during solubilization and purification. Antibodies raised to the purified protein and sufficient amino acid sequence of the receptor subunits themselves (RAFTERY et al. 1980) became available to permit the cloning and sequencing of the genes encoding the individual receptor subunits (NUMA et al. 1983). As a consequence of the high density of nicotinic ACh receptors in the postsynaptic membranes of *Torpedo*, sufficient order of the receptor molecules is achieved in isolated membrane fragments such that image reconstructions from electron microscopy (Fig. 2) permit an analysis of overall shape and structure (UNWIN 1993).

D. Structure of the Muscle Nicotinic Receptor

Receptor subunits in the electric organ and skeletal muscle in vertebrate species have homologous amino acid sequences with 30%–40% identity of amino acid residues (RAFTERY et al. 1980; NUMA et al. 1983). One subunit, designated α, is expressed in two copies; the other three, β, γ, and δ, are present as single copies to form a pentamer (Figs. 2 and 3). As muscle becomes innervated, expression of the γ subunit is turned off and is replaced by expression of a homologous subunit, termed ε with a 52% sequence identity to γ in rat. Upon denervation, γ subunit expression returns, and receptors of $\alpha_2\beta\gamma\delta$ composition are found in the extrajunctional regions.

Structural studies show the subunits in the pentamer to be arranged around a central cavity, with the largest portion of the protein exposed toward the extracellular surface. The central cavity or vestibule leads in an intracellular direction to the more spatially constrained ion channel, which in the resting state is impermeable to ions. Upon activation, however, it opens to a diameter of 6.5 Å, yielding an open channel selective for cations. Each of the two α subunits contribute one face in conjunction with the opposing face of the $\gamma(\varepsilon)$ and δ subunits to form the two distinct sites for the binding of agonists and competitive antagonists and to provide the primary surfaces with which the larger snake α-toxins associate. The sites for ligand binding are presumed to be localized toward the external perimeter of each of the α subunits (TSIGELNY et al. 1997; FAIRCLOUGH et al. 1999; but see, MIYAZAWA et al. 1999); occupation of both sites by agonist is necessary for receptor activation, while antagonism can be achieved by occupation of a single site. Electrophysiological and ligand-binding measurements, together with the analysis of the functional states of the receptor, indicate positive cooperativity in the association of agonists. Hill coefficients greater than unity have been described for agonist-elicited channel opening, agonist binding, and agonist-induced desensitization of the receptor. Noncompetitive inhibitor sites within various depths of the internal channel also have been defined and are the sites of local anesthetic inhibition of receptor function (cf. KARLIN and AKABAS 1995). Other allosteric sites may exist at the boundary lipid interface with the receptor.

Sequence identity among the subunits appears to be greatest in the hydrophobic transmembrane spanning regions. Various models for the disposition of the peptide chains have been proposed on the basis of reactivity of certain residues to modifying agents, direct mutagenesis, cysteine substitution mutagenesis, and antibody reactivity (cf. KARLIN and AKABAS 1995; TSIGELNY et al. 1997; LE NOVERE et al. 1999). Four candidate membrane-spanning regions are predicted (Fig. 3), although only one clear α-helical transmembrane spanning segment is evident in the electron microscopic reconstruction of the channel (UNWIN 1993, 1996; MIYAZAWA et al 1999). All of these potential membrane-spanning domains appear after residue 210, with the entire amino-terminal portion of the molecule on the extracellular surface. Sequence

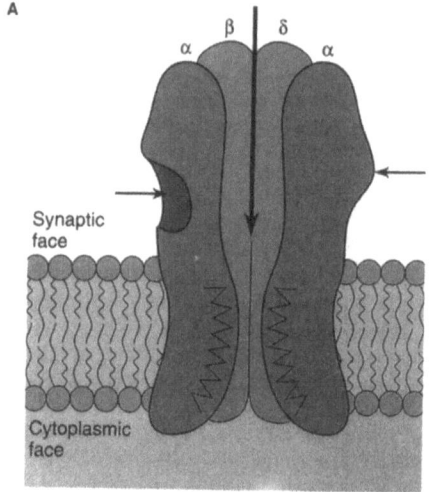
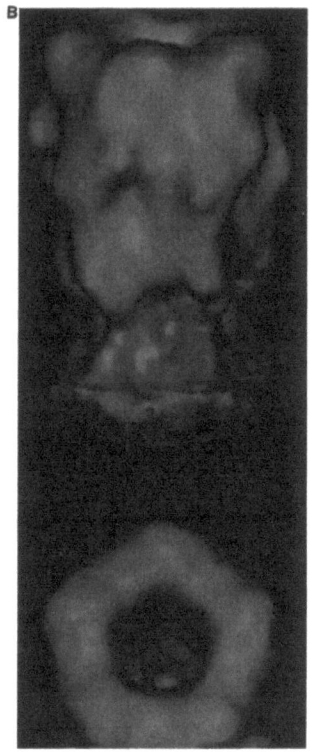
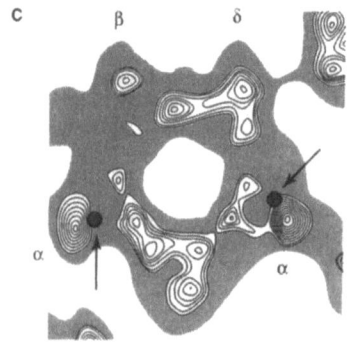
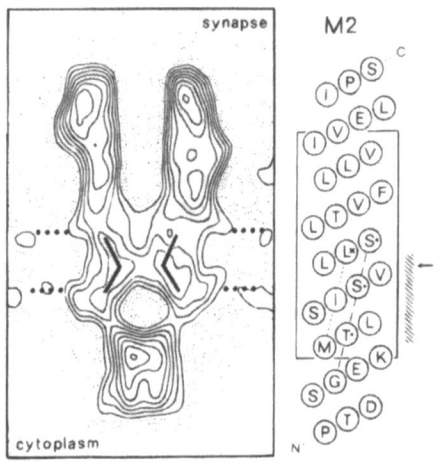

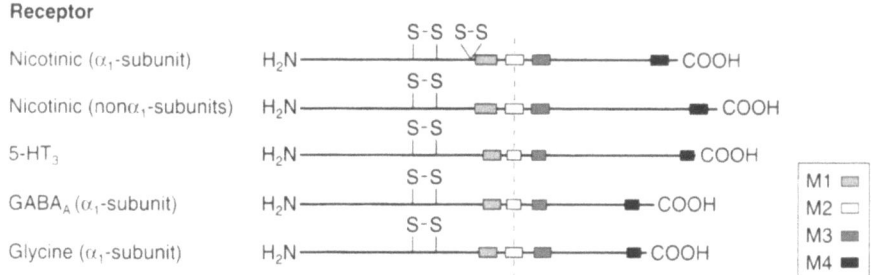

Fig. 3. Features of the sequence of the acetylcholine receptor. Schematic drawing of the sequence showing candidate regions for spanning the membrane. The region M2 is believed to be an α helical segment and lines the internal pore of the receptor. M1, M3, and M4 contain hydrophobic sequences, but it is not known whether they traverse the membrane as α helices. The nicotinic β, γ, and δ subunits contain homologous M1 through M4 hydrophobic domains at similar positions in the linear sequence. Two disulfide loops, connecting positions 128–142 and 192–193, in the α subunits are shown. While the other subunits contain the larger disulfide loop, they lack cysteines 192 and 193 and tyrosine 190. Sequences of other homologous subunits in ligand-gated channel (5-hydroxytryptamine, 5-HT$_3$; γ-aminobutyric acid, GABA; and glycine] receptors are shown. The amino-terminal portion is found on the extracellular (synaptic) surface. (Modified from TAYLOR 1995 with permission)

Fig. 2. A Longitudinal view of the muscle nicotinic acetylcholine receptor with the γ subunit removed. The remaining subunits, two copies of α, one of β, and one of δ, surround an internal channel with outer vestibule and its constriction or gating locus deep within the membrane bilayer region. Spans of α helices with bowed structures from the M2 region of the sequence form the perimeter of the channel (see **D**). Acetylcholine-binding sites, denoted by *arrows*, are found at the $\alpha\gamma$ and $\alpha\delta$ (not visible) subunit interfaces. **C** and **D** show the data on which this structure is based (adapted from UNWIN 1993 with permission). **B** Image reconstruction of electron micrographs yielding a structure at 9 Å resolution. Shown are side and synaptic views (adapted from UNWIN 1993). **C** Electron-density image of a section of the receptor molecule on the synaptic side taken 30 Å above the plane of the membrane and normal to the pseudo fivefold axis of symmetry. *Arrows* show the possible route of entry of the neurotransmitter (see also MIYAZAWA et al. 1999). *Circles* indicate the respective positions of the bungarotoxin-binding sites and the two α subunits. The pentameric structure of the receptor is evident with a presumed clockwise orientation of subunits α, γ, α, β, and δ (adapted from UNWIN 1993). **D** Longitudinal view of the electron density of the receptor. The transmembrane area is shown between the dots. The visible transmembrane-spanning helixes are shown by the *V-shaped solid lines*. This helix is believed to be the M2 region, the sequence of which is shown. The area inside the *rectangle* is the transmembrane-spanning region. The X denotes the conserved leucine (see **C**). The additional density in the cytoplasmic region arises from an associated 43-kDa protein, rapsyn. The shaded area to the *right* indicates the zone of narrowest constriction

homology among the four subunits strongly suggests that the same folding pattern is found in all subunits.

Site-directed labeling, chemical cross-linking, homology modeling, antibody association, fluorescence energy transfer, and site-specific mutagenesis represent techniques that have made incremental contributions to the understanding of nicotinic receptor structure (cf. KARLIN and AKABAS 1995; TSIGELNY et al. 1997; CHANGEUX and EDELSTEIN 1998). Analyses with techniques achieving atomic level resolution such as X-ray crystallography and NMR spectrometry have not been possible for an integral membrane protein of this size.

A disulfide loop between cysteines (Cys) 128 and 142 in each subunit is conserved in the entire receptor channel family (Fig. 3). A second disulfide is found in the α subunits between vicinal cysteines at 192 and 193, a structural feature used to distinguish α subunits. Early studies showed that reduction of the Cys 192–193 bond allowed for labeling by a site-directed, sulfhydryl-reactive agonist and antagonist, respectively, bromoacetylcholine and m-maleimidobenzyl trimethylammonium (Fig. 2) (cf. KARLIN 1969). Subsequent studies involving photolytic labeling, labeling by the natural coral toxin, lophotoxin, and site-specific mutagenesis identified the region between residues 185 and 200 in the α subunit as being important for forming part of the agonist- and antagonist-binding surface. Two other segments of sequence in the α subunit and four discrete segments on the opposing face of the γ and δ subunits also have been identified as forming loops that contribute to the ligand binding surfaces at the $\alpha\gamma$ and $\alpha\delta$ interfaces (TSIGELNY et al. 1997; CHANGEUX and EDELSTEIN 1998) (cf. Fig. 4). Other residues are known to govern subunit assembly and the order of subunit arrangement (KREIENKAMP et al. 1995).

Four candidate membrane-spanning regions are found after residue 210 with a large cytoplasmic loop between membrane spans 3 and 4 (Fig. 4). Based on labeling experiments and site-specific mutagenesis, the second membrane span was found to be proximal to the ion channel. This span, when constructed as an α helix, is amphipathic, with an abundance of serine and threonine residues pointed toward the channel lumen. Positions corresponding to α-Thr 244, α-Leu 251, α-Val 255, and α-Glu 262 in this transmembrane span have been labeled with noncompetitive, channel-blocking inhibitors, chlorpromazine, and tetraphenyl phosphonium. Mutations of several of the hydroxyl groups on residues at these positions affect channel kinetics. The channel gate, or constriction, is thought to lie deep within the channel either at the boxed leucine in Fig. 2 (UNWIN 1996) or even farther to the cytoplasmic side (KARLIN and AKABAS 1995; CORRINGER et al. 1999). Ion selectivity of the channels appears to be controlled in part by rings of charges formed by all five subunits at the extracellular surface of the channel, corresponding to α-Glu 262, and at the cytoplasmic exit, corresponding to α-Glu 241. Exposed amide backbone hydrogens and carbonyl groups and a ring of hydroxylated amino acids corresponding to α-Thr 244 and a coiled loop at the cytoplasmic surface

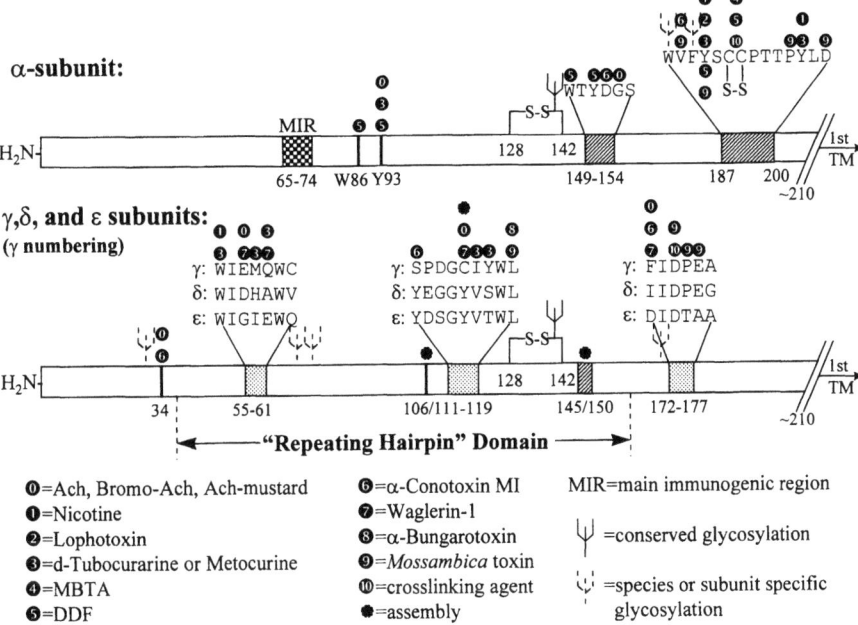

Fig. 4. Maps of the amino-terminal domains of the α subunit and the γ, δ, and ε subunits of the muscle nicotinic acetylcholine receptor showing positions of residues contributing to the ligand (agonist and competitive antagonist) recognition sites, antigenic sites (main immunogenic region, MIR), and order of subunit assembly. The repeating "hair pin" domain comes from a region of apparent homology with a family of Cu^{2+} binding proteins of known crystal structure (TSIGELNY et al. 1997). The amino terminal, ~210 amino acids prior to the first transmembrane span, constitutes virtually all of the extracellular domain of the subunit. Only a tight loop between membrane spans 2 and 3 and a short carboxyl-terminus are on the extracellular face. Residue assignments come from affinity labeling (*dots 1–5*), site specific mutagenesis (*dots 0, 1, 6–9*), chemical cross-linking (*dot 10*), antibody reactivity (MIR), glycosylation (*antennae*) and analysis of subunit assembly (*petal design*). Experimental data for the residue assignments are reviewed in GALZI and CHANGEUX (1994), KARLIN and AKABAS (1995), HUCHO et al. (1996), ARIAS (1997), TSIGELNY et al. (1997), CHANGEUX and EDELSTEIN (1998), and CHIARA et al. (1999)

(CORRINGER et al. 1999) also contribute to ion selectivity frequency of opening and conductance. Several site-directed mutations and natural mutations in congenital myasthenic syndromes arising primarily in the M2 transmembrane span give rise to enhanced agonist activity (i.e., an increased frequency of channel opening), increased ligand affinity, and diminished propensity for desensitization (SINE et al. 1995; OHNO et al. 1995; MILONE et al. 1995; CHANGEUX and EDELSTEIN 1998). Such changes in functional parameters can be explained in terms of the mutation altering the allosteric constant between the various receptor states (cf. CHANGEUX and EDELSTEIN 1998). The gain of function mutants reveal a linkage between the ligand-binding site and the lining of the channel that determines the functional states of the receptor. As shown below, the functional states can be described in terms of discrete equilibria between preexisting receptor conformations representing activatible, open channel, and desensitized receptors.

E. Biophysical Properties of Muscle Receptors

Electrophysiological studies utilize high-resistance patch electrodes of 1–2 µm in diameter, which form tight seals on the membrane surface (SAKMANN 1992). They have the capacity to record conductance changes of individual channels within the lumen of the electrode. The patch of membrane affixed to the electrode may be excised, inverted, or studied on the intact cell. The individual opening events for ACh achieve a conductance of 20–30 pS across the membrane and remain open for a duration that is distributed exponentially around approximately 1 ms. Durations of channel opening are dependent on the particular agonist, whereas the conductance of the open-channel state is usually agonist-independent. The frequencies of these opening events have been analyzed, permitting an estimation of the kinetic constants for channel opening and ligand binding; these numbers are in reasonable agreement with estimates of ligand binding and activation from rapid kinetic, or stopped-flow, studies. Overall, activation events can be described by Scheme 1.

$$2L + R \underset{k_{-1}}{\overset{2k_{+1}}{\rightleftarrows}} LR \underset{2k_{-1}}{\overset{k_{+1}}{\rightleftarrows}} L_2R \underset{k_{-2}}{\overset{k_{+2}}{\rightleftarrows}} L_2R^*$$

(Closed) (Closed) (Closed) (Open)

Two ligands (L) associate with the receptor (R) prior to the isomerization step to form the open-channel state L_2R^*. For ACh, the forward rate constant for binding, k_{+1}, is $1-2 \times 10^8 M^{-1} s^{-1}$; and k_{+2} and k_{-2}, the forward and reverse rate constants, respectively, for isomerization, yield rates consistent with opening events in the millisecond time frame. Since k_{+2} and k_{-2} are greater than k_{-1}, the rate constant for ligand dissociation, several opening and closing events with the fully liganded receptor occur prior to dissociation of the first ligand. Binding of the first and second ligands do not show identical kinetics, even allowing for the statistical differences arising from the occupation of two sites. This is consistent with receptor structure since different subunits, such as the γ and δ subunits in embryonic muscle, are adjacent to the same face of the α subunits in the pentamer.

Upon exposure of the receptor to agonist, a diminution of the response occurs even though the concentration of agonist available to the receptor has not changed. KATZ and THESLEFF (1957) examined the kinetics of desensitization with microelectrodes and found that a cyclic, two state scheme in which the receptor existed in two states, R and R', prior to exposure to the ligand, best describes the process.

To achieve receptor desensitization and activation by a single ligand, multiple conformational states of the receptor are required. The binding steps represented in horizontal equilibria are rapid; vertical steps reflect the slow, unimolecular isomerizations involved in desensitization (Scheme 2). Rapid isomerization to the open channel state (Scheme 1) should be added to the equilibrium, and additional states may be necessary to accommodate the complexities of the observed fast and slow steps of desensitization (CHANGEUX and EDELSTEIN 1998).

A simplified scheme, in which only one desensitized and one open-channel state of the receptor exist, is represented in Scheme 2, where R is the resting

$$2L + R \xrightarrow{K/2} LR \xrightarrow{2K} L_2R \longrightarrow L_2R^*$$
$$M \updownarrow \qquad \updownarrow \qquad \updownarrow$$
$$2L + R' \xrightarrow{K'/2} LR' \xrightarrow{2K'} L_2R'$$

(activatible) state, R^* the active (open channel) state and R' the desensitized state of the receptor; M is an allosteric constant defined by R'/R, and K and K' are equilibrium dissociation constants for the ligand (TAYLOR et al. 1983).

In this scheme, $M < 1$ and $K' < K$. Addition of ligand eventually will result in an increased fraction of R' species (desensitization) due to the values dictated by the equilibrium constants. Direct binding experiments have confirmed the generality of this scheme for muscle nicotinic receptors. Thus, distinct conformational states govern the different temporal responses that ensue upon addition of a ligand to the nAChR. No direct energy input or covalent modification of the receptor channel is required.

F. Natural Toxins that Block Motor Activity

Venoms, isolated from various carnivorous cone snail and proteroglyphous snake species, contain complex arrays of toxic peptides with distinct biological activities. The α-neurotoxin family shows high affinity and specific binding with dissociation rates of the toxin being slow in most experimental time frames (ENDO and TAMIYA 1991).

Among lower molecular weight neuromuscular blocking toxins are Waglerin-1 (22 amino acids, a single disulfide bond) isolated from the venomous Wagler's Pitviper, *Tropidolaemus wagleri*, and the α-conotoxins (13–15 amino acid, 2 disulfide bonds) of the fish-hunting cone snail, genus *Conus* (OLIVERA et al. 1997; TAYLOR et al. 1998). Higher molecular weight α-neurotoxins, found in the venom of Elapid and Hydrophid snakes, are further classified into short and long neurotoxins, of, respectively, 60–62 amino acids, 4 disulfide bonds and 70–74 amino acids, 5 disulfide bonds. Erabutoxin a and neurotoxin I from *Naja mossambica mossambica* (NmmI) are examples of short neurotoxins; α-bungarotoxin and α-cobratoxin are examples of long neurotoxins. To date, over 80 of these α-neurotoxins have been sequenced.

Their three-dimensional frameworks are similar and consist of a rigid central core and three-fingered loops for optimal interfacial contact with the receptor.

Members of the α-neurotoxin family, in addition to their specific recognition for the nAChR, demonstrate tissue selectivity between muscle and brain receptors. Certain α-neurotoxins further exhibit high selectivity among the α and non α subunit interfaces of muscle-type receptors (OSAKA et al. 1999). The short α-neurotoxins display marked selectivity for the peripheral versus the neuronal receptors. Erabutoxin a, for example, binds with five orders of magnitude lower affinity to $\alpha7$ receptors than do α-bungarotoxin and α-cobra toxin, both of which do not show significant affinity differences between the two receptor classes. The fifth disulfide loop, unique to long neurotoxins, is essential for recognition of the $\alpha7$ and $\alpha8$ neuronal receptors. Selective reduction of this disulfide results in long neurotoxins with indistinguishable behavior from short neurotoxins for binding to $\alpha7$ neuronal receptors (SERVENT et al. 1997).

Within the α-conotoxin group, the species ImI binds with greater than two orders of magnitude higher affinity to $\alpha7$ neuronal receptors than do the MI and GI species, respectively. α-Conotoxins MI and GI, conversely, bind with greater than three orders of magnitude higher affinity to muscle receptors than to neuronal receptors.

Waglerin discriminates between the embryonic ($\alpha_2\beta\gamma\delta$) and adult ($\alpha_2\beta\epsilon\delta$) muscle subtypes. The toxin binds with three orders of magnitude higher affinity to the $\alpha\epsilon$ interface over $\alpha\gamma$ and $\alpha\delta$ interfaces. Enhanced interaction of Waglerin at the $\alpha\epsilon$ interface is due to the C- and N-terminal extending arms on opposing sides of the intramolecular disulfide bond. Site-directed mutagenesis and subunit chimera studies suggest that these "arms" confer the correct orientation for preferentially binding to adult muscle receptors (TAYLOR et al. 1998). In contrast to Waglerin, NmmI toxin binds with three orders of magnitude lower affinity to the $\alpha\epsilon$ interface than to the $\alpha\gamma$ and $\alpha\delta$ interfaces. Replacement of Pro175 and Glu176 found in the γ subunit with Thr and Ala in ϵ gives rise to the low affinity characteristic of the ϵ subunit (OSAKA et al. 1999).

Waglerin and NmmI exhibit selective preferences for $\alpha\epsilon$ and $\alpha\gamma$ interfaces in the adult and fetal type muscle receptors; however, neither show significant affinity differences between the $\alpha\gamma$ and $\alpha\delta$ subunit interfaces in fetal subtype. Conotoxin MI, on the other hand, shows a remarkable four orders of magnitude selectivity for the $\alpha\delta$ interface versus the $\alpha\gamma$ interface in the mouse muscle receptor (KREIENKAMP et al. 1994). Three residues in δ (Ser36, Tyr113, and Ile178) are responsible for the high affinity at the $\alpha\delta$ site (SINE et al. 1995). Comparison of coupling energies for double mutants, in both the toxin and the receptor, suggest that these residues in δ contribute to stabilizing one binding surface of the α-conotoxin molecule at the $\alpha\delta$ interface that is distinct from the surface interacting at the $\alpha\gamma$ interface (SUGIYAMA et al. 1998; QUIRAM et al. 1999).

Analysis of the residues in the γ, δ, and ε subunits conferring selectivity between the αγ, αδ, and αε interfaces, when combined with labeling and mutagenesis studies on the α,γ,δ, and ε subunits, have defined the major side chains contributing to the binding site (Fig. 4) (TSIGELNY et al. 1997). It is to be expected that these residues would be found at the subunit interfaces and those residues contributing (i.e., clockwise face of the binding site) on the α subunit would not be in the same linear sequence position as those on γ, δ, or ε subunits (i.e., counterclockwise face of the binding site). HUCHO and colleagues have described a procedure which enables one to distinguish directional order of subunits (MACHOLD et al. 1995).

G. Congenital Myasthenia Syndromes from Receptor Mutations

Congenital myasthenic syndromes (CMS) are a series of heritable disorders in which neuromuscular transmission has been compromised by a genetic mutation in one or more components of the neuromuscular junction. CMS disorders should be distinguished from autoimmune myasthenia gravis in which the muscle nicotinic receptor and other proteins in the neuromuscular junction are attacked by auto-antibodies. Although CMS can arise from presynaptic aberrations and altered acetylcholinesterase expression, the majority of cases analyzed result from genetic alterations in the nAChR. These mutations generally fall into one of two categories, though some could be placed in both: mutations that dramatically decrease nAChR expression at the neuromuscular junction, and mutations in which receptor expression is normal but the functioning of the receptor is altered (Table 1).

Reduced-expression mutants are passed recessively and have been found primarily in the ε subunit. This may arise from the presumptions that lethality results from homozygous loss of α, β, δ, or γ subunit expression, that heterozygotes for loss of any subunit may be asymptomatic, and that the γ subunit can partially compensate from the loss of the ε subunit (OHNO et al. 1996). Subunit expression mutants can be further subgrouped into missense mutations and nonsense mutations, both of which lead to the same phenotype. Missense mutations cause the replacement of a single amino acid, leading to a misfolded or otherwise nonfunctional subunit. The end results range from a disruption of the signal sequence εGly8Arg (OHNO et al. 1996), omission of the disulfide loop conserved in all members of the superfamily εCys128Ser (MILONE et al. 1998), loss of a glycosylation signal εSer143Leu (OHNO et al. 1996), mutation in an intersubunit contact region εArg147Leu (OHNO et al. 1997), or alteration of the membrane spanning region εArg311Trp (OHNO et al. 1997). Nonsense or null mutations cause frameshift or premature terminations of translation, which in all cases leads to the translation of only part of the nAChR subunit.

In mutations affecting function, assembly of the individual subunits and overall structure are normal, but the affinity of acetylcholine for the receptor

Table 1. Structure of small molecule toxins

Mutations	Effect on nAChR function	Reference
αG153S	Increases number of channel openings per Ach occupancy	SINE et al. 1995
αV156M	Increases length of individual openings	CROXEN et al. 1997
αN217K	Increases Ach affinity; decreased channel closing rate	ENGEL et al. 1996b
αV249K	Channel opens in absence of Ach; prolongs channel open time in presence of Ach; increased affinity for Ach in resting state	MILONE et al. 1997
αT254I	Slows rate of channel closing	CROXEN et al. 1997
αS269I	Prolongs channel open time	CROXEN et al. 1997
βL263M	Slows rate of channel closing	GOMEZ et al. 1996
βV266M	Increases Ach affinity, decreases rate of channel closing	ENGEL et al. 1996b
εG-8R	Missense mutation in signal sequence; no expression	OHNO et al. 1996
εR64X	Nonsense mutation; no expression	OHNO et al. 1997
ε70insG	Nonsense mutation; no expression	OHNO et al. 1998
ε127ins5	Nonsense mutation; no expression	OHNO et al. 1997
εP121L	Decreases channel openings; reduces affinity of Ach for open and desensitized states	OHNO et al. 1996
εC128S	Disruption of conserved disulfide loop; no expression	MILONE et al. 1998
εS143L	Loss of glycosylation signal; no expression	OHNO et al. 1996
εR147L	Disruption of intersubunit contact region; reduces expression	OHNO et al. 1997
ε553del7	Nonsense mutation; no expression	OHNO et al. 1997
εP245L	Reduces expression and prolonged channel open times	OHNO et al. 1997
εIVS7 + 2T → C	Nonsense mutation (alteration of splicing); no expression	OHNO et al. 1998
εT264P	Prolongs channel openings	OHNO et al. 1995
εL269F	Decreases rate of channel closing; increased affinity for Ach	ENGEL et al. 1996b
εR311W	Reduces expression and shortens channel open times	OHNO et al. 1997
εIVS9 – 1G → C	Splice-site mutation; nonsense mutation; no expression	ENGEL et al. 1998
ε1012del20	Nonsense mutation; no expression	ENGEL et al. 1998
ε1101insT	Nonsense mutation; no expression	ENGEL et al. 1999
ε1206ins19	Nonsense mutation; no expression	OHNO et al. 1998
ε1254ins18	Reduces expression and decreases channel openings	MILONE et al. 1998
ε1293insG	Nonsense mutation; no expression	ENGEL et al. 1996a
ε1297delG	Nonsense mutation; no expression	CROXEN et al. 1998

or the gating properties of the channel are altered. Thus, function mutants can be classified into two subgroups: the slow-channel, congenital myasthenic syndromes, and the fast-channel, low-affinity syndromes. Slow-channel mutants are typically dominant mutations of the α, β, and ε subunits. These types give rise to nAChRs that have prolonged channel opening events when activated by acetylcholine, leading to greater depolarization of the postsynaptic membrane and open-channel blockade. Mutations found in the transmembrane regions of the subunits typically lead to channel gating kinetics that reflect a decreased rate of channel closing, once opened by bound acetylcholine (MILONE et al. 1997; CROXEN et al. 1997; ENGEL et al. 1996a,b). Other mutations in the large extracellular ligand-binding domain (SINE et al. 1995; CROXEN et al. 1997) lead to a similar prolongation of channel openings, but do so by decreasing the dissociation rate for acetylcholine, or by stabilizing the open state of the receptor. Both mutations lead to excitotoxic myopathy of the endplate. The less commonly found fast-channel, low-affinity myasthenic syndrome is characterized by an unaltered binding affinity for acetylcholine, but a decreased number of channel openings when ACh binds and a decreased rate of desensitization (OHNO et al. 1996).

H. Biosynthesis and Assembly of the Receptor Subunits

Early studies revealed that the expression of an isolated α subunit gives rise to a gene product with a rapid turnover time (CLAUDIO et al. 1987, 1989). The isolated α-subunit binds α-neurotoxin, but with a far lower affinity than does the pentameric receptor, and small agonists and antagonists do not compete with α-toxin binding at the expected concentrations. Thus, minimally a dimer between α and the partnering γ, δ, or ε subunits is necessary for formation of a binding site with the appropriate recognition capacity (BLOUNT et al. 1989).

The nascent subunit polypeptides of each translated subunit are threaded through the membrane four times concurrently with posttranslational modifications such as oligosaccharide attachment and disulfide bond formation (cf. Fig. 3). As the subunits undergo folding and assembly with neighboring subunits, a major fraction of nascent polypeptide does not mature into the folded and assembled configuration (BLOUNT and MERLIE 1990). Instead, most nascent polypeptide chains appear to undergo degradation, presumably in a proteasomal pathway (KELLER et al. 1998). Thus, the actual folding, assembly, and subunit incorporation into a functional ion channel at the cell surface seem inefficient, with only a small fraction of translated protein actually incorporated into the mature ion channel (BLOUNT and MERLIE 1990; BLOUNT et al. 1990).

Association of the chaperone protein, calnexin, to unassembled subunits (KELLER et al. 1996; CHANG et al. 1997) appears to facilitate the assembly of the ion channel by reducing the dislocation of unassembled subunits into the ubiquitin-proteasome pathway (KELLER et al. 1998). Upon subunit assembly, calnexin appears to dissociate and assembled subunits are more resistant to degradation, presumably because the assembled protein becomes less prone to enter the proteasomal degradative pathway.

Two models have been proposed to describe the assembly of the subunits to form the ion channel. The heterodimer model proposes that first dimers of $\alpha\delta$, $\alpha\gamma$, or $\alpha\varepsilon$ assemble in cells and that these dimers, in turn, are joined by the β subunit, to form a pentamer of subunits encircling the channel (GU et al. 1991a). The sequential model proposes that subunits join rapidly to form an $\alpha\gamma\beta$ subunit complex. The δ subunit and a second α subunit then insert to form a pentamer (GREEN and CLAUDIO 1993). The major distinction between these two models is the order of subunit assembly. The heterodimer model suggests that the primary intermediates are dimers composed of $\alpha\delta$, $\alpha\gamma$, or $\alpha\varepsilon$, subunits (GU et al. 1991a; KREIENKAMP et al. 1995), whereas in the sequential model, two additional subunits are added in sequence into an $\alpha\beta\gamma$ trimer (GREEN 1999).

Amino acid residues located within the subunit interfaces apparently determine the order of assembly, as, to date, no chaperone protein that directs subunit partnering has been identified. Evidence that amino acid residues on the extracellular face direct subunit insertion arises from experiments employing site-directed mutagenesis and transfection into null cells (VERRALL and HALL 1992). Results from these techniques suggest that lysine residues at positions between 145 and 150 in δ prevent its insertion between the two α subunits (KREIENKAMP et al. 1995). Moreover, other mutations have been shown to disrupt formation of the dimer assembly intermediates of $\alpha\gamma$ and $\alpha\delta$ subunits (SUGIYAMA et al. 1996).

Concomitant with assembly, the nascent peptide undergoes folding maturation, which is influenced by oligosaccharide attachment, disulfide bond formation, and proline isomerization (cf. KELLER and TAYLOR 1999). Assembly with the neighboring subunit also appears to have a significant impact on folding. For example, α subunits assembled with δ subunits show enhanced recognition by MAb35, a conformationally selective monoclonal antibody (KELLER et al. 1998). Since assembly with the neighboring subunit promotes both folding and stability, the neighboring subunit can be thought of as assuming a chaperone protein-like role in the biogenesis of the ion channel.

The assembled subunits must be exported from the endoplasmic reticulum to the cell surface in order to function as a ligand-gated ion channel. Unassembled α subunits appear to be mostly confined to the endoplasmic reticulum suggesting that retrieval proteins from the coatomer (COP 1) complex (COSSON et al. 1998), interact with the unassembled subunit and recycle it back to the endoplasmic reticulum. Calnexin, which binds to unassembled α subunits (KELLER et al. 1996; CHANG et al. 1997), has an endoplasmic reticulum retention sequence (RAJAGOPALAN and BRENNER 1994), and its association with the α subunit might in part contribute to retrieval back to the endoplasmic reticulum. Amino acid retrieval sequences, such as the KKXX sequence (LOTTI et al. 1999) located in the cytoplasmic loop in the mouse δ

subunit might further contribute to localizing unassembled subunits to the endoplasmic reticulum.

After complete subunit assembly, appreciable cell surface expression of α subunits is detected by ^{125}I-labeled α-bungarotoxin binding to intact cells (Gu et al. 1991b; WANG et al. 1996). Assembly of the ion channel in the endoplasmic reticulum membrane appears to abrogate what retains unassembled α subunits, suggesting that the assembled receptor α subunits are then incorporated into COP II cargo vesicles (PAGANO et al. 1999) and eventually exported to the cell surface. Assembly of the subunits may dislodge the resident chaperones with endoplasmic reticulum retention sequences bound to unassembled receptor subunits. Subunit assembly may also occlude amino acid sequences from recognition for Golgi to endoplasmic reticulum retrieval, favoring export to the trans-Golgi and the cell surface. Folding of the subunits following assembly may result in the exposure of amino acid sequences that are recognized by an, as yet, unidentified receptor involved in promoting trafficking from the endoplasmic reticulum to the cell surface. Furthermore, subunits other than α might show a preferred tendency to move to the trans-Golgi, further promoting forward transport of the associated α subunits.

I. Regulation of Nicotinic Acetylcholine Receptor Expression

The nicotinic receptor in vertebrate skeletal muscle has been an invaluable tool for understanding synaptic development. Both the nAChR and acetylcholinesterase show enhanced expression during myogenesis upon differentiating from a mononucleated myoblast to a multinucleated myotube (cf. HALL and SANES 1993; DUCLERT and CHANGEUX 1995; SANES 1997). Curiously, enhanced receptor expression associated with early muscle differentiation occurs largely by transcriptional activation, while the increase in acetylcholinesterase expression arises from stabilization of the mRNA (FUENTES and TAYLOR 1993).

The expressed functional receptor in newly formed myotubes appears to associate spontaneously into microclusters; clustering involves a protein on the cytoplasmic side of the membrane, termed 43K or rapsyn (SANES 1997). This protein links the receptor to cytoskeletal elements and restricts the diffusional mobility of the muscle nAChR.

Upon innervation the muscle nAChRs redistribute to become concentrated in the postsynaptic membrane at a far higher density. The nerve influences this distribution through multiple signals that affect nAChR expression at transcriptional and posttranscriptional levels. nAChRs that are extrasynaptic migrate to the synaptic sites. Nuclei lying beneath the synaptic membrane are influenced by the innervation process and transcribe the nAChR subunit genes more rapidly. Concomitantly, extrasynaptic nuclei show decreased transcription of the same genes. The latter events may be mediated through free

Ca^{2+} and the stimulation of protein kinase C. Accordingly, they depend on muscle electrical activity in the innervated muscle (DUCLERT and CHANGEUX 1995).

A neurally derived signaling protein, agrin, is synthesized in motor neurons, released from the nerve terminal, and deposited in the basal lamina. Agrin acts through a receptor tyrosine kinase, MuSK, in the formation of the specialized postsynaptic endplate. Although MuSK may not be the only agrin receptor in the synapse, MuSK also associates with the nicotinic receptor as a complex on its cytoplasmic surface. Thus, MuSK-rapsyn interactions are critical in forming the local scaffold for postsynaptic components in the motor endplate (SANES 1997). The essential role for rapsyn in clustering AChRs and localizing them to synapses appears unique to muscle and is not evident in ganglionic nicotinic receptors (FENG et al. 1998).

In multinucleated muscle cells, particular subsynaptic nuclei drive the expression of these synapse-specific proteins in an activity independent manner. The nerve-derived factors controlling these regulatory events are incompletely understood, but calcitonin gene-related peptide (CGRP) and the acetylcholine receptor-inducing activity (ARIA) protein are extracellular mediators of receptor expression (FISHBACH and ROSEN 1997; DUCLERT and CHANGEUX 1995). CGRP is present in motor nerve terminals and stimulates AChR expression in cultured muscle cells. ARIA is a splice variant of the neuroregulin gene family, is found in motor nerve terminals, and also enhances nAChR expression. Receptor tyrosine kinases of the erb B family serve as the neuroregulin receptors. Thus, in a single muscle cell, although the expressed subunits are limited to the $\alpha_2\beta\gamma\delta$ and $\alpha_2\beta\epsilon\delta$ combinations, control of expression comes from multiple signals that relate to developmental events, innervation, and spontaneous excitability. In the CNS, where a greater array of receptor subunits are at play, regulatory events are likely to exhibit yet another order of complexity.

References

Abramson SN, Trishman JA, Tapiolas DM, Harold EE, Fenical W, Taylor P (1991) Structure/activity and molecular modeling studies of the lophotoxin family of irreversible nicotinic receptor antagonists. J Med Chem 34:1798–1804

Arias H (1997) Topology of ligand binding sites on the nicotinic acetylcholine receptor. Brain Res Rev 25:133–191

Beeson D, Palace J, Vincent A (1997) Congenital myasthenic syndromes. Curr Op in Neurol 10:402–407

Bernard C (1856) Analyse physiologique des proprietes des systemes musculaires et nerveux au moyen du curare. CR Acad Sci 43:825–829

Blount P, Smith MM, Merlie JP (1989) Molecular basis of the two non-equivalent ligand binding sites on the muscle nicotinic acetylcholine receptor. Neuron 3:349–357

Blount P, Smith MM, Merlie JP (1990) Assembly intermediates of the mouse muscle nicotinic acetylcholine receptor in stably transfected fibroblasts. J Cell Biol 111:2601–2611

Blount P, Merlie JP (1990) Mutational analysis of muscle nicotinic acetylcholine receptor subunit assembly. J Cell Biol 111:2612–2622

Chang CC, Lee CY (1963) Isolation of neurotoxins from the venom of Bungarus multicinctus and their modes of neuromuscular blocking action. Arch Int Pharmacodyn Ther 144:241–257

Chang W, Gelman MS, Prives JM (1997) Calnexin-dependent enhancement of nicotinic acetylcholine receptor assembly and surface expression. J Biol Chem 272:28925–28932

Changeux JP, Kasai M, Lee CY(1970) Use of a snake venom toxin to characterize the cholinergic receptor protein. Proc Natl Acad Sci USA 67:1241–1245.

Changeux JP (1993) Chemical signaling in the brain. Sci. Am. 269:58–62

Changeux JP, Edelstein SJ (1998) Allosteric receptors after 30 years. Neuron 21:959–980

Chiara D C, Xie Y, Cohen J B (1999) Structure of the agonist binding sites of the Torpedo nicotinic acetylcholine receptor: affinity labeling and mutational analyses identify gamma Try-111/delta Arg-113 as antagonist affinity determinants. Biochemistry 38:6689–6698

Claudio T, Paulson HL, Green WN, Ross AF, Hartman DS, Hayden D. (1989) Fibroblasts transfected with Torpedo acetylcholine receptor β, γ and δ-subunit cDNAs express functional receptors when infected with a retroviral α-subunit recombinant clone. J Cell Biol 108:2277–2290

Claudio T, Green WN, Hartman DS, Hayden D, Paulson HL, Sigworth FJ, Sine S, Swedlund A (1987) Genetic reconstitution of functional acetylcholine receptor channels in mouse fibroblasts. Science 238:1688–1697

Corringer P-J, Bertrand S, Galzi J-L, Devillers-Thiery A, Changeux J-P, Bertrand D (1999) Mutational analysis of the charge selectivity filter of the alpha7 nicotinic acetylcholine receptor. Neuron 22:831–843

Cosson P, Lefkin Y, DeMolliere C, Letourneur F (1998) New COP1-binding motifs involved in ER retrival. EMBO J 17:6863–6870

Croxen R, Beeson D, Newland C, Betty M, Vincent A, Newsom-Davis J. (1998) A single nucleotide deletion in the ε subunit of the acetylcholine receptor (AChR) in five congenital myasthenic syndrome patients with AChR deficiency. Annals NY Acad Sci 841:195–198

Croxen R, Newland C, Beeson D, Oosterhuis H, Chauplannaz G, Vincent A, Newsom-Davis J (1997) Mutations in different functional domains of the human muscle acetylcholine receptor α subunit in patients with the slow-channel congenital myasthenic syndrome. Hum Mol Genet 6:767–774

Dale HH (1914) The action of certain esters and ethers of choline and their relation to muscarine. J Pharmacol 6:147–190

Duclert A, Changeux JP (1995) Acetylcholine receptor gene expression at the developing neuromuscular junction. Physiol Rev 75:339–368

Endo T, Tamiya N (1991) Structure-function relationships of past synaptic neurotoxins from snake venoms. IN Harvey AL Snake Toxins, Pergamon Press, Inc. New York, pp. 165–222

Engel AG, Ohno K, Bouzat C, Sine SM, Griggs RG. (1996a) End-plate acetylcholine receptor deficiency due to nonsense mutations in the ε subunit. Ann Neurol 40:810–817

Engel AG, Ohno K, Milone M, Wang HL, Nakano S, Bouzat C, Pruitt JN 2nd, Hutchinson DO, Brengman JM, Bren N, Sieb JP, Sine SM. (1996b) New mutations in acetylcholine receptor subunit genes reveal heterogeneity in the slow-channel congenital myasthenic syndrome. Human Molecular Genetics 5:1217–227

Engel AG, Ohno K, Milone M, Sine SM (1998) Congenital myasthenic syndromes: New insights from molecular genetic and patch-clamp studies. Annals NY Acad Sci 841:140–156

Fairclough RH, Twaddle GM, Gudipati E, Stone RJS, Richman DP, Burkwall DA, Josephs R (1998) Mapping the mAb383C epitope to α_2 (187–199) of the Torpedo acetylcholine receptor on the three dimensional model. J Mol Biol 282:301–315

Fatt P, Katz B (1952) Spontaneous subthreshold activity at motor nerve endings. J Physiol (Lond) 117:109–128

Feng G, Steinbach JH, Jones JR (1998) Rapsyn clusters neuronal acetylcholine receptors but is unessential for formation of an interneuronal cholinergic synapse. J Neurosci 18:4166–4176

Fischbach GD, Rosen KM. (1997) ARIA: A neuromuscular junction neuregulin. Annu Rev Neurosci 20:420–458

Fuentes ME, Taylor P (1993) Control of acetylcholinesterase gene expression during myogenesis. Neuron 10:679–687

Galzi J-L, Changeux JP (1994) Neurotransmitter-gated ion channels as unconventional allosteric proteins. Curr Op Struct Biol 4:554–565

Gomez CM, Maselli R, Gammack J, Lasalde J, Tamamizu S, Cornblath DR, Lehar M, McNamee M, Kuncl RW. (1996) A β-subunit mutation in the acetylcholine receptor channel gate causes severe slow-channel syndrome. Ann Neurol 39:712–723

Green WN, Claudio T (1993) Acetylcholine receptor assembly: subunit folding and oligomerization occur sequentially. Cell 74:57–69

Green WN (1999) Ion channel assembly: creating structures that function. J Gen Physiol 113:163–169

Gu Y, Forsayeth J, Veriall S, Yu X, Hall Z (1991a) Assembly of the mammalian muscle acetylcholine receptor in transfected cells. J Cell Biol 1114:799–807

Gu Y, Camacho P, Gardner P, Hall ZW (1991b) Identification of two amino acid residues in the epsilon subunit that promote mammalian muscle acetylcholine receptor assembly in COS cells. Neuron 6:879–887

Hall ZW, Sanes JR (1993) Synaptic structure and development: the neuromuscular junction. Cell, 72 (Suppl):99–121

Harper CM, Engel AG (1998) Quinidine sulfate therapy for the slow-channel congenital myasthenic syndrome. Ann Neurol 43:480–484

Hucho F, Tsetlin VI, Machold V (1996) The emerging three dimensional structure of a receptor. The nicotinic acetylcholine receptor. Eur J Biochem 239:539–557

Karlin A (1969) Chemical modification of the active site of the acetylcholine receptor. J Gen Physiol 54:2455–2645

Karlin A, Akabas MH (1995) Towards a structural basis for the function of nicotinic acetylcholine receptors and their cousins. Neuron 15:1231–1244

Katz B (1969) The release of neural transmitter substances. Charles C. Thomas, Publisher, Springfield, IL

Katz B, Miledi R (1965) The measurement of synaptic delay and the time course of acetylcholine release at the neuromuscular junction. Proc R Soc Lond (Biol) 161:463–495

Katz B, Miledi R (1972) The statistical nature of the acetylcholine potential and its molecular components. J Physiol (Lond) 224:665–699

Katz B, Thesleff S (1957) A study of the "desensitization" produced by acetylcholine at the motor end-plate. J Physiol (Lond) 138:63–80

Keller SH, Lindstrom J, Taylor P (1996) Involvement of the chaperone protein calnexin and the beta-subunit in the assembly and cell surface expression of the receptor. J Biol Chem 271:22871–22877

Keller SH, Lindstrom J, Taylor P (1998) Inhibition of glucose trimming with castanospermine reduces calnexin association and promotes proteasome degradation of the alpha-subunit of the nicotinic acetylcholine receptor. J Biol Chem 273:17064–17072

Keller SH, Taylor P (1999) Determinants responsible for assembly of the nicotinic acetylcholine receptor. J Gen Physiol 113:171–176

Kreienkamp, HJ, Sine SM, Maeda RK, Taylor P (1994) Glycosylation sites selectively interfere with α-toxin binding to the nicotinic acetylcholine receptor. J Biol Chem 269: 8108–8114

Kreienkamp HJ, Maeda RK, Sine S, Taylor P (1995) Intersubunit contacts governing assembly of the mammalian nicotinic acetylcholine receptor. Neuron 14:636–644

Le Novere N, Corringer P-J, Changeux J-P (1999) Improved secondary structure predictions for a nicotinic receptor subunit: incorporation of solvent accessibility and experimental data into a two dimensional representation. Biophysi J 76: 2329–2345

Lotti LV, Mottola G, Torrisi MR, Bonatti S (1999) A different intracellular distribution of a single reporter protein is determined at steady state by KKXX and KDEL retrieval signals. J Biol Chem 244:10413–10420

Machold J, Weise C, Utkin Y, Tsetlin V, Hucho F (1995) The handedness of the subunit arrangement of the nicotinic receptor from Torpedo californica. Eur J Biochem 237: 437–430

Milone M, Wang HL, Ohno K, Fukudome T, Pruitt JN, Bren N, Sine SM, Engel AG (1997) Slow-channel myasthenic syndrome caused by enhanced activation, desensitization, and agonist binding affinity attributable to mutation in the M2 domain of the acetylcholine receptor alpha subunit. J Neurosci 17:5651–5665

Milone M, Wang H-L, Ohno K, Prince R, Fukudome T, Shen X-M, Brengman JM, Griggs RC, Sine SM, Engel AG (1998a) Mode switching kinetics produced by a naturally occurring mutation in the cytoplasmic loop of the human acetylcholine receptor epsilon subunit. Neuron 20:575–88

Miyazawa A, Fujiyoshi Y, Stowell M, Unwin, N (1999) Nicotinic acetylcholine receptor at 4.6Å resolution: transverse tunnels in the channel wall. J Mol Biol 288:765–786

Neher E, Sakmann B (1976) Single channel currents recorded from membrane of denervated frog muscle fibers. Nature 260:799–802

Numa S, Noda M, Takahashi H (1983) Molecular structure of the acetylcholine receptor. Cold Spring Harb Symp Quant Biol 48:57–69

Ohno K, Anlar B, Ozdirim E, Brengman JM, DeBleecker JL, Engel AG. (1998) Myasthenic syndromes in Turkish kinships due to mutations in the acetylcholine receptor. Ann Neurol 44:234–41

Ohno K, Hutchinson DO, Milone M, Brengman JM, Bouzat C, Sine SM, Engel AG. (1995) Congenital myasthenic syndrome caused be prolonged acetylcholine receptor channel openings due to a mutation in the M2 domain of the ε subunit. Proc Natl Acad Sci USA 92:758–762

Ohno K, Quiram PA, Milone M, Wang HL, Harper MC, Pruitt JN 2nd, Brengman JM, Pao L, Fischbeck KH, Crawford TO, Sine SM, Engel AG (1997) Congenital myasthenic syndromes due to heteroallelic nonsense/missense mutations in the acetylcholine receptor epsilon subunit gene: identification and functional characterization of six new mutations. Human Molecular Genetics 6: 753–66

Ohno K, Wang HL, Milone M, Bren N, Brengman JM, Nakano S, Quiram P, Pruitt JN, Sine SM, Engel AG (1996) Congenital myasthenic syndrome caused by decreased agonist binding affinity due to a mutation in the acetylcholine receptor epsilon subunit. Neuron 17:157–70

Olivera BM (1997) Conus venom peptides, receptor and ion channel targets. Mol Biol Cell 8:2101–2109

Osaka H, Malany S, Kanter, J, Sine S, Taylor P (1999) Subunit interface selectivity of the α-neurotoxins for the nicotinic acetylcholine receptor. J Biol Chem 274: 9581–9586

Quiram P, Sine S (1998) Identification of residues in the neuronal $\alpha 7$ acetylcholine receptor. J Biol Chem 273:11001–11006

Quiram P, Jones JJ, Sine, S (1999) Pairwise interactions between neuronal alpha7 acetylcholine receptors and alpha-conotoxin ImI. J Biol Chem 274:19517–19524

Pagano A, Letourneur F, Garcia-Estetania J-L, Carpentier J-L, Orei L, Pactandi JP (1999) Sec 24 proteins and sorting at the endoplasmic reticulum. J Biol Chem 274:7833–7840

Raftery MA, Hunkapiller MW, Strader CD, Hood LE (1980) Acetylcholine receptor: complex of homologous subunits. Science 208:1454–1456

Rajagopalan S, Brenner MB (1994) Retention of unassembled components of integral membrane proteins by calnexin. Science 263:387–390

Sakmann B. (1992) Elementary steps in synaptic transmission revealed by currents through single ion channels. Science 256:503–512

Sanes JR (1997) Genetic analysis of postsynaptic differentiation at the vertebrate neuromuscular junction. Curr Opin Neurobiol 7:93–100

Segalas I, Roumestand C, Zinn-Justin S, Gilquin B, Menez R, Menez A (1995) Solution structure of a green mamba toxin that activates muscarinic acetylcholine receptors as studied by nuclear magnetic resonance and molecular remodeling. Biochem 34:1248–1260

Servent D, Winckler-Dietrich V, Hu, H, Kessler P, Drevet P, Bertrand D, Menez A. (1997) Only snake curare mimetic toxins with a fifth disulfide bond have high affinity for the neuronal $\alpha 7$ nicotinic receptor. J Biol Chem 272:24279–24286

Sine SM, Ohno K, Bouzat C, Auerbach A, Milone M, Pruitt JN, Engel AG (1995) Mutation of the acetylcholine receptor α-subunit causes a slow-channel myasthenic syndrome by enhancing agonist binding affinity. Neuron 15:229–239

Sine SM, Claudio T (1991) γ- and δ-subunits regulate the affinity and cooperativity of ligand binding to the acetylcholine receptor. J Biol Chem 266:19369–19377

Sine SM, Kreienkamp HJ, Bren N, Maeda R, Taylor P (1995) Molecular dissection of subunit interfaces in the acetylcholine receptor: identification of determinants of α-conotoxin M1 selectivity. Neuron 15:229–239

Sugiyama N, Boyd AE, Taylor P (1996) Anionic residue in the alpha-subunit of the nicotinic acetylcholine receptor contributing to subunit assembly and ligand binding. J Biol Chem 27:26575–26581

Sugiyama N, Marchot P, Kawanishi C, Osaka H, Molles B, Sine S, Taylor P. (1998) Residues at the subunit interfaces of the nicotinic acetylcholine receptor that contribute to α-conotoxin M1 binding. Mol Pharmacol 53:787–794

Taylor P, Brown R D, Johnson D A (1983) The linkage between ligand occupation and response of the nicotinic acetylcholine receptor. In: Current Topics in Membranes and Transport, Vol. 18 (Kleinzeller A, Martin BR eds.) Academic Press, New York pp 407–444

Taylor P, Osaka H, Molles BE, Sugiyama N, Marchot P, Ackermann EJ, Malany S, McArdle JJ, Sine SM, Tsigelny I (1998) Toxins selective for subunit interfaces as probes of nicotinic acetylcholine receptor structure. J Physiol (Paris) 92:79–83

Taylor P (1995) Agents acting at the neuromuscular junction and ganglia. In: Goodman and Gilman's Pharmacological Basis of Therapeutics, Hardman J, Limbird LE, eds. McGraw-Hill, New York, pp 277–297

Tsigelny I, Sugiyama N, Sine SM, Taylor P (1997) A model of the nicotinic receptor extracellular domain based on sequence identity and residue location. Biophys J 73:52–56

Unwin N (1993) Nicotinic acetylcholine receptor at 9 Å resolution. J Mol Biol 229:1101–1124

Unwin N (1996) Projection structure of the nicotinic acetylcholine receptor: distinct conformations of the α-subunits. J Mol Biol 257:586–596

Van der kloot W, Molgo J (1994) Quantal acetylcholine release at the vertebrate neuromuscular junction. Physiol Rev 74:898–991

Verrall S, Hall ZW (1992) The N-terminal domains of acetylcholine receptor subunits contain recognition signals for the initial steps of receptor assembly. Cell 68:23–31

Wang ZZ, Hardy SF, Hall ZW (1996) Membrane tethering enables an extracellular domain of the acetylcholine receptor alpha-subunit to form a heterodimeric ligand-binding site. J Cell Biol 135:809–817

CHAPTER 6
The Structures of Neuronal Nicotinic Receptors

J. LINDSTROM

A. Muscle AChRs Provide the Model for Neuronal AChRs

Nicotinic acetylcholine receptors (AChRs) from skeletal muscle and fish electric organs have the best characterized structural and functional properties of any neurotransmitter-gated ion channels. Subunit sequence homologies among families of receptors in the gene superfamily validate muscle AChRs as a model for the general structural features of glycine, γ-aminobutyric acid (GABA)-A, and serotonin 5-HT_3 receptors that comprise this superfamily. The most elegant evidence for the structural homologies in this superfamily are experiments showing that it is possible to change the selectivity of the ion channel of a neuronal AChR from cations to anions by changing only three channel-lining amino acids to those characteristic of glycine and $GABA_A$ receptors (GALZI et al. 1992), and experiments showing that it is possible to form a chimera consisting of the extracellular domain of a neuronal AChR subunit and the remainder of a 5-HT_3 receptor subunit and produce a receptor with the channel properties of a 5-HT_3 receptor which is activated by ACh (EISELE et al. 1993). Actually, there are significant sequence differences between the subunits of the receptors in the superfamily, so in general it is not trivial to mix parts of them. Muscle AChRs are especially relevant as models for neuronal AChRs, to which they are most closely related by sequence homology.

Structural features of muscle AChRs are well characterized because fish electric organs provide a concentrated source of a large amount of a single AChR subtype. In mammals, there are only two subtypes of muscle AChRs, fetal and adult, which differ by the substitution of a single subunit. By contrast, neuronal AChR structural studies are complicated by the fact that they are found at low concentrations in tissues containing only small amounts of many subtypes of neuronal AChRs. Even a single neuron may express several AChR subtypes, each defined by a different subunit composition.

Functional features of muscle AChRs are also well characterized because their physiological role as a critical postsynaptic link ensuring transmission from motor neuron to muscle is clearly understood, and because neuromuscular junctions provide a homogeneous, easily accessible preparation for electrophysiological, histological, and developmental studies. By contrast, the functional roles of neuronal AChRs are diverse and largely unknown. They include both pre-, post-, para-, and extrasynaptic roles in both neuronal and non-neuronal tissue. Homogeneous, easily physiologically characterized preparations typical of single neuronal AChR subtypes are not available.

In Chap. 5 (this volume) TAYLOR et al. rigorously describe the detailed evidence for the structural features of muscle type AChRs. This is only briefly reviewed here to provide a background for the subsequent discussion of neuronal AChR structures.

There is every reason to believe that general structural principles are conserved between muscle and neuronal AChRs, such as the transmembrane orientation of the polypeptide chain in a subunit, the pentameric arrangement of subunits, the formation of ACh binding sites at interfaces between certain subunits, the involvement of the amino acids forming these sites, the part of the lining of the cation channel contributed by each subunit, and the location of the channel gate. Consequently, general functional properties of muscle and neuronal AChRs are also conserved, such as cation selectively of the ion channel, rapid bursts of channel openings resulting from activation by agonists, and desensitization in the sustained presence of agonists to a conformation with a closed channel and higher affinity for agonists than the resting state.

What distinguishes neuronal AChRs from muscle AChRs is their variety. Each subtype is defined by the combination of subunits which form it. These produce subtle changes in the ACh binding site and ion channel resulting in differing affinities for various drugs and toxins. AChR subtypes differ in cation permeability, typically allowing much more Ca^{2+} through neuronal than through muscle AChRs, which can greatly alter their influence on many cellular processes. Subtypes differ in their affinities for cholinergic ligands and in susceptibility to desensitization, resulting in, for example, profound differences in their responses to the nicotine concentrations sustained in tobacco users. Subtypes differ in the extent to which chronic exposure to nicotine causes an increase in their amount. Subtypes also differ in when they are expressed during development, where they are transported and localized, and probably also in how rapidly they turnover.

The biological significance of many AChR subtypes for the organism may be to permit more precise developmental regulation of AChR expression and to permit modulation of AChR properties in the context of different cell types and functional roles. The functional role of muscle AChRs is clear. At this point, it is clear that neuronal AChRs play a much wider variety of functional roles, but which subtypes actually exist and why particular subtypes are used for particular roles is not clear.

I. Subunits Which Comprise Muscle AChRs

The two subtypes of muscle AChR differ by a single subunit (CHANGEUX 1990). Fetal muscle before innervation and mature muscle after denervation contain

AChRs diffusely all over the fiber surface, which are composed of subunits termed $\alpha 1$, $\beta 1$, γ, and δ. At mature neuromuscular junctions, AChRs are concentrated at the tips of folds in the postsynaptic membrane positioned near active zones on the presynaptic membrane where vesicles of ACh are released. These junctional AChRs have an ε instead of a γ subunit. Junctional AChRs have shorter channel open times than do extrajunctional AChRs and turnover more slowly. The longer channel open times of extrajunctional fetal AChRs may facilitate signaling by partially compensating for their diffuse distribution. Similar developmental changes in neuronal AChR subtypes probably occur, but are not yet well characterized.

Junctional AChRs are localized in the postsynaptic membrane through interactions on their cytoplasmic surfaces with the peripheral membrane protein rapsyn which tethers them to the cytoskeleton. Rapsyn or similar proteins may be involved in organizing the transport and localization of various neuronal AChR subtypes.

Fish electric organs derive from muscle cells which have lost their contractile proteins and gained thousands of synapses per cell rather than one (CHANGEUX 1990). Electric organ AChR subunits are now referred to as $\alpha 1$, $\beta 1$, γ, and δ. This simply reflects that multiple AChR subunits were first recognized in AChRs purified from electric organs and then named α, β, γ, and δ, in order of increasing molecular weights. Developmentally and antigenically, the γ subunits of electric organ AChRs really appear to be ε subunits of mature AChRs in the sense used with skeletal muscle AChRs (NELSON et al. 1992).

II. Structures of the Muscle AChR Subunits

All subunits of receptors in the gene superfamily of which AChRs are members share several structural features (KARLIN and AKABAS 1995). A signal sequence is removed during translation. A large N-terminal extracellular domain of about 220 amino acids contains a highly conserved disulfide-linked loop homologous to one between cysteines 128 and 142 of $\alpha 1$ subunits and one or more glycosylation sites. Following this in the sequence are three closely spaced, highly conserved, putative transmembrane sequences (M1–M3) comprising about the next 90 amino acids. Next, a large cytoplasmic domain is formed by sequences which vary substantially between subunits but typically contain consensus sites for phosphorylation (HUGANIR and GREENGARD 1990) and subunit-specific antigenic determinants (DAS and LINDSTROM 1991). In muscle AChR subunits this cytoplasmic domain contains about 120–140 amino acids. Thereafter is a fourth putative transmembrane domain (M4) of about 20 amino acids followed by a short (10–20 amino acid) extracellular sequence. Aligned amino acid sequences of muscle and neuronal AChR subunits from rats are shown in Fig. 1. The variation in sequences between homologous AChR subunits of different species is illustrated in the cases of neuronal $\alpha 6$, $\alpha 7$, and $\beta 4$ subunits in Fig. 2.

Fig. 1 Continued

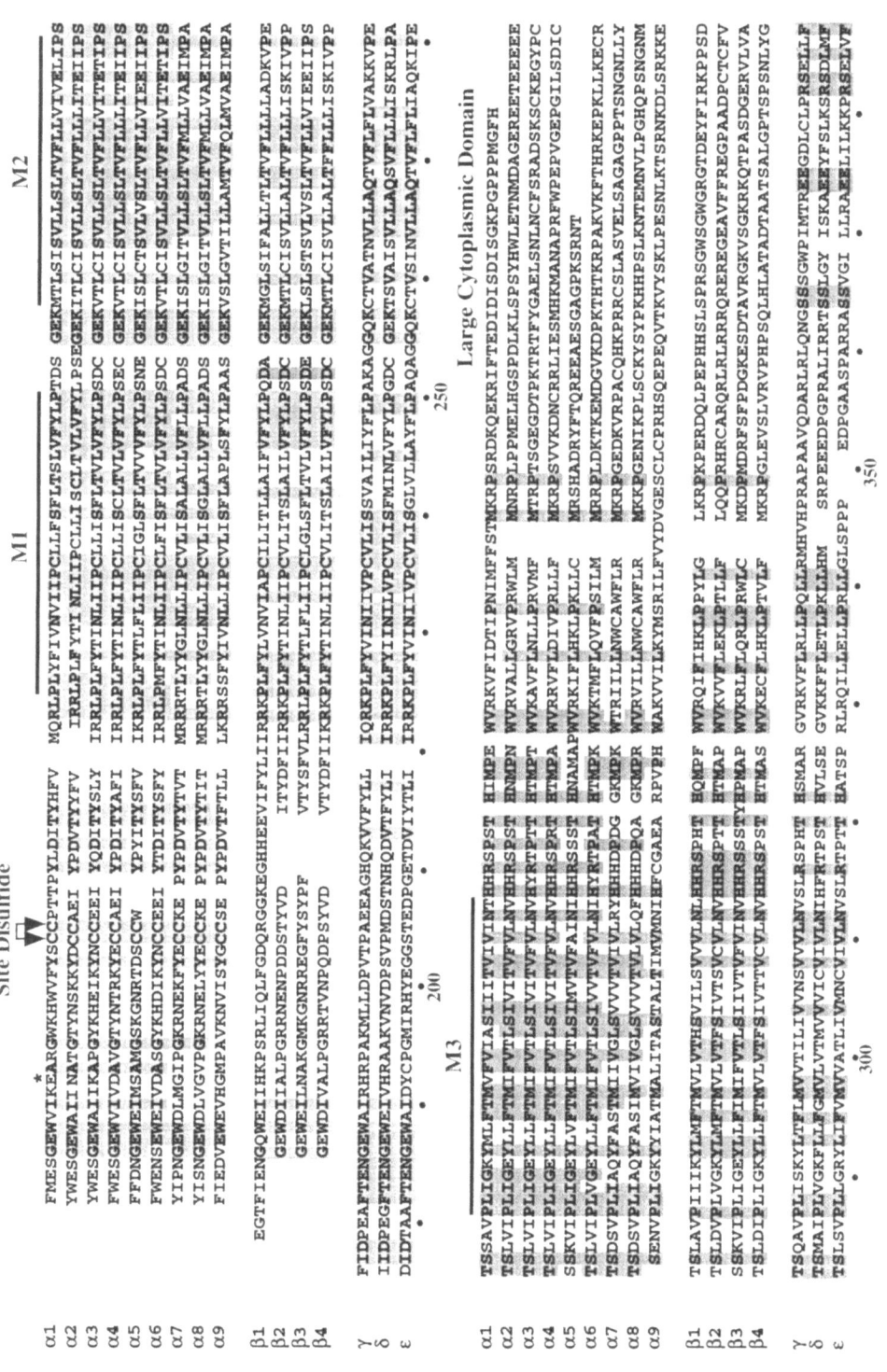

Fig. 1. *Continued*

α1   EEDENICVCAGLPDSSMGVLTGHGHLHLRAMEPETKTPSQA
α2   QDGTCGYCHHRRVKISHFSANLTRSSSSESVNAVL
α3   NQGLSPAPTFCNPTDTAVETQPTCRSPPLEVPDLKTSEVEKASPCPSPGSCPPPKSSSGAPMLIKARSLSVQHVPSSQEAAEDGIRCRSRSIQYCVSQDGAASL
α4
α5
α6   HCHKSSEIAPGKRLSQQPAQWTENSEH
α7   IGFRGLEGMHCAPTPDSGVVCGRLACSPTHDEHLMHGAHPSDGD
α8   IYSYHTMENPCCPQNNDLGSKSGKITCPLSEDNEHVQKKALMDTI
α9   VRKLLKNDLGYQGGIPQNTDSYC

β1   FLFPKLNRFQPESSAPDLRRFIDGPTRALGLPQELREVISSISYMARQLQEQEDHDALK
β2   NPASVQGLAGAFRAEFTAAGPGRSVGPCSCGLREAVDGVRFIADHMRSEDDDQSVR
β3   FLEKASESIRYISRHVKKEHFISQVV
β4   SSMYFVNFVPAAPKSAVSHTAGLPRDARLRSSGRFREDLQEALEGVSFIAQHLESDDRDQSVI

γ   RQRQRNGLVQAVLEKLENGPPEMRQSQEFCGSLKQASPAIQACVDACNLMARARHQQSHFDSG
δ   EKQSERHGLARRLTTARKPPASSEQVQQELFNEMKPAVDGANFIVNHMRDQNSYNEE
ε   EGQRHRHGTWTAAALCQNLGAAAPEVRCCVDAVNFVAESTRDQEATGEE

                                                     400

                                                                                                                          M4
α1   SPLIKHPEVKSAIEGVKYIAETMKSDQESNNAAEEWKYVAMVMDHILLGVFML
α2   SEILLSPQIQKALEGVHYIADRLRSEDADSSVKEDWKYVAMVVDRIFLWLFII
α3   SLSALSPEIKEAIQSVKYIAENMKAQNVAKEIQDDWKYVAMVIDRIFLWMFIL
α4   ADSKPTSSPTSLKARPSQLPVSDQASPCKCTCKEPSPVSPVTVLKAGGTKAPPQHLPLSPALTRAVEGVQYIADHLKAEDTDFSVKEDWKYVAMVIDRIFLWMFI
α5   LEAALDCIRYITRHVVKENDVREVVEDWKFIAQVLDRMFLWTFLL
α6   PPDVEDVIDSVQFIAENMKSHNETKEVEDDWKYVAMVDRVFLWVFII
α7   PDLAKILEEVRYIANRNRCQDESEVICSEMKFAACVVDRLCLMAFSV
α8   PVIVKILEEVQFIAMRFRKQDEGEEICSEKFAAAVIDRLCLVAFTL
α9   ARYEALAKNIFYIAKCLKDHKATNSKGSEWKKVAKVIDRFFMWIFFA

β1   EDWQFVAMVVDRLFLWTFIV
β2   EDWKYVAMVIDRIFLWMIFF
β3   QDWKFVAQVLDRIPLWLFLI
β4   EDWKFVAMVVDRLFLWMVFVF

γ   NEEWLLVGRVLDRVCFPLAMLS
δ   KDNWNQVARTVDRLCLFVVTP
ε   LSDWVRMGKALDNVCFWAALV

                                                     550

                                                 500

Fig. 1. *Continued*

The Structures of Neuronal Nicotinic Receptors 107

```
α1    VCLIGTLAVFAGRLIELHQQG
α2    VCFLQTIGLFLPPFLAGMI
α3    VCILGTAGLFLQPLMARDDT
α4    VCLLGTVGLFLPPWLAAC
α5    VSIIGTLGLFVPVIYKWANIIVPVHIGNTIK
α6    VCVFGTVGLFLQPLLGNTGAS
α7    FTIICTIGILMSAPNFVEAVSKDFA
α8    FAIICTFTILMSAPNFIEAVSKDFT
α9    MVFVMTVLITARAD
                *
β1    FTSVGTLVIFLDATYHLPPPEPFP
β2    VCVFGTVGMFLQPLFQNYTATTFLHPDHSAPSSK
β3    ASVLGSILIFIPALKMWIHRFH
β4    VCILGTMGLFLPPLFQIHAPSKD
                *
γ     LFICGTAGIFLMAHYNQVPDLPFPGDPRPYLPLPD
δ     VMVVGTAWIFLQGVYNQPPQPFPGDPFSYDEQDRRFI
ε     LFSVGSTLFLGGYFNQVPDLPYPPCIQP
                *
      600
```

Fig. 1. Homologies among rat AChR subunit sequences. The sequence for α8 is from chicken because, so far, α8 has only been found in that species. *Shading* indicates identical amino acids. An *asterisk* indicates potential sites of N-glycosylation for some or all of the subunits at that point. Adapted from LINDSTROM (1996). Sequences for α1, α2, α3, α4, and α5 are from BOULTER et al. (1990). α6 is from J. Boulter (unpublished, Genbank accession number L08227). α7 is from SEGUELA et al. (1993). α8 is from SCHOEPFER et al. (1990). α9 is from ELGOYHEN et al. (1994). β1, β2, β3, and β4 are from BOULTER et al. (1990). γ is from WITZEMANN et al. (1987). δ is from WITZEMANN et al. (1990). ε is from CRIADO et al. (1988). The N-termini of amino acid sequences deduced from cDNA sequences shown are based on N-termini determined from protein sequencing of subunits of purified AChRs in the cases of some subunits: α1, β1, γ, δ (RAFTERY et al. 1980; CONTI-TRONCONI et al. 1982), α4 (WHITING et al. 1987a; WHITING et al. 1991a), α7 (CONTI-TRONCONI et al. 1985), and β2 (SCHOEPFER et al. 1988). In other cases the N-termini are inferred, perhaps inaccurately, from cDNA sequences. In other cases the laboratories using different N-termini in the amino acid sequences inferred from their cDNA sequences thus may arrive at different sequence numbers in describing amino acids involved in a particular mutation or other reference points along the sequence

Fig. 2. Continued

Fig. 2. Examples of interspecies variation in AChR subunit sequences. Homologies among three AChR subunits from humans, rats, and chickens are shown. *Shading* indicates identical amino acids. The large extracellular domain extends from the N-terminus to the first transmembrane domain (M1). The large cytoplasmic domain extends from the third transmembrane domain (M3) to the fourth (M4). The C-terminus is on the extracellular surface. *Linked arrowheads* indicate disulfide bonds in the loop characteristic of the gene family and between the adjacent cysteine pair characteristic of α-subunits. *Asterisks* indicates sites of N-glycosylation known to occur in rat α7 subunits (CHEN et al. 1998). Potential N-glycosylation sites in other subunits are not indicated. The *arrowhead* indicates a serine in rat and chicken α7 subunits thought to be phosphorylated by a cAMP-dependent protein kinase (MOSS et al. 1996). Potential phosphorylation sites in other subunits are not shown. *Boxes* around α7 sequences indicate sequences thought to participate in the ACh binding site as indicated by VAZQUEZ and OSWALD (1999). These reflect the A, B, and C loops of α1 and other α subunits described by GALZI and CHANGEUX (1994) as well as a D loop usually contributed by γ, δ, ε or perhaps β2-β4 subunits which interface with some α subunits to form ACh binding sites (CORRINGER et al. 1995). In homomeric α7 AChRs this part of the sequence is provided by α7. The sequences for α6 and β4 were adapted from a figure in GERZANICH et al. (1997), and the sequences for α7 were adapted from a figure in PENG et al.(1994b). The numbering of α7 amino acids shown is one off from those used in papers by BALLIVET and CHANGEUX because COUTURIER et al. (1990) used E as the N-terminal amino acid whereas SCHOEPFER et al. (1990) used G as the N-terminal amino acid. SCHOEPFER et al. used G as the N-terminal amino acid of their cDNA sequence because CONTI-TRONCONI et al. (1985) determined the N-terminal amino protein sequence of purified chicken α7 as "XEFETKLYKELLKNYNPLEXPVAXD"

III. Organization of Subunits Around the Central Cation Channel

Electron crystallographic studies of *Torpedo* electric organ AChRs at 9 Å resolution reveal a pentagonal array of subunits organized like barrel staves around a central channel (UNWIN 1993, 1995). This AChR is about 80 Å in diameter, with the mouth of the channel about 25 Å in diameter surrounded by 25 Å thick walls. It is about 120 Å long with about 65 Å extending on the extracellular surface and 15 Å on the cytoplasmic surface. Although the vestibule of the channel is wide, its lumen as it crosses the membrane is very narrow. At this level of resolution, neuronal AChRs would be expected to look very similar. Neuronal AChRs containing $\alpha 4$ subunits might, for example, have large cytoplasmic domains reflecting the greater length of this part of their sequence.

The subunits of *Torpedo* AChRs are arranged around the channel in the order $\alpha 1$, γ, $\alpha 1$, δ, $\beta 1$ resulting in an $(\alpha 1) 2 \beta 1 \gamma \delta$ stoichiometry (Fig. 3; KARLIN and AKABAS 1995). Each subunit can be depicted as having a positive and a negative side (KRIENKAMP et al. 1995). ACh binding sites are thought to form at the interfaces between the positive sides of $\alpha 1$ subunits and the negative sides of γ, ε, and δ subunits. The two ACh binding sites differ in their ligand-binding properties because they are formed by $\alpha 1$ in combination with two different subunits (PRINCE and SINE 1998). The $\beta 1$ subunit is not part of an ACh binding site because it does not interface with the plus side of $\alpha 1$ subunits. The large extracellular domains of the subunits contain the sequences which determine the proper assembly of subunits, e.g., δ associates with the positive side of $\alpha 1$ and $\beta 1$ to the negative side of $\alpha 1$ (YU et al. 1991; VERRALL and HALL 1992; KRIENKAMP et al. 1995). Critical sequences for assembly are found in the region 21–131. Competition among homologous sequences to ensure the proper order of assembly for muscle AChR subunits has been studied, but the intermediates involved remain controversial (KRIENKAMP et al. 1995; GREEN and WANAMAKER 1998). All subunits contribute similarly to the lining of the central cation channel.

The conformation changes associated with AChR activation and desensitization are expected to be quite subtle but may involve concerted changes to which all subunits contribute (CHANGEUX 1990; KARLIN and AKABAS 1995). Electron crystallographic imaging of *Torpedo* AChRs in resting, activated, and desensitized states suggests that these states differ by small rotations and changes of angles between the subunits (UNWIN 1993, 1995; UNWIN et al. 1988).

IV. Acetylcholine Binding Sites in the Extracellular Domain

Muscle AChR $\alpha 1$ subunits were shown very early on to be associated with the formation of the ACh binding site because they could be affinity labeled by MBTA and because they could bind the competitive antagonist α-bungarotoxin (α-Bgt) (KARLIN and AKABAS 1995). MBTA was shown to react at a unique pair of disulfide-linked cysteines in positions 192 and 193 of $\alpha 1$ subunits (KAO et al. 1984). As neuronal AChR subunit cDNAs were later

Muscle AChR

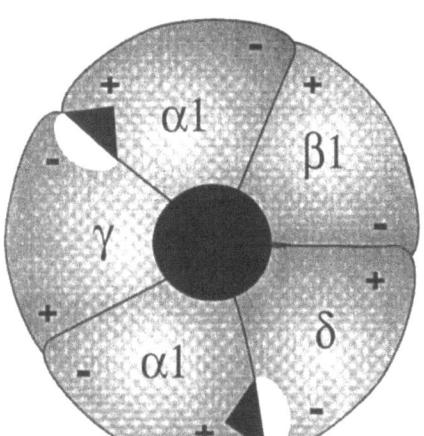

α4β2 Neuronal AChR

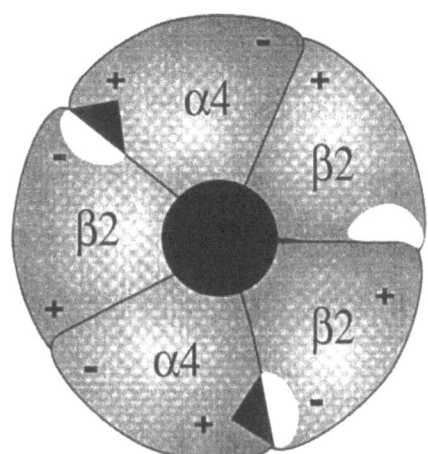

α3βα5 Neuronal AChR

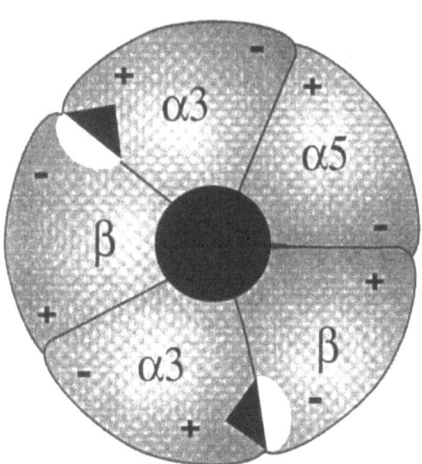

α7, α8, α9 AChR

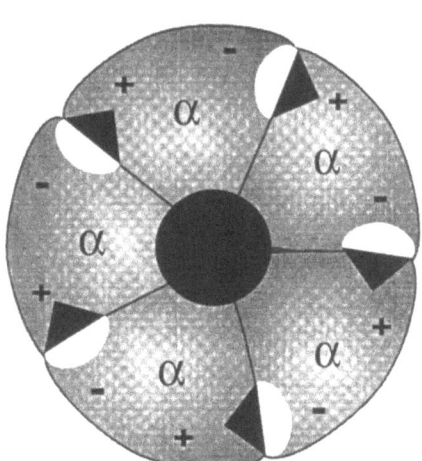

Fig. 3. Putative subunit arrangements around the central cation channel of some major AChR subtypes. ACh binding sites are depicted at the appropriate interfaces between subunits. Modified from WANG et al. (1996)

cloned, those containing a homologous cysteine pair were termed α2, α3,... in order of discovery (HEINEMANN et al. 1991). Initially it was generally assumed that all of these neuronal a subunits also participated in forming ACh binding sites, but now it seems that in the case of α5 this is not true (WANG et al. 1996). Affinity labeling and mutagenesis studies revealed that amino acids from at least three parts of the α1 extracellular domain contribute to the ACh binding site (GALZI et al. 1990) and that several amino acids from the 190 and more distant regions in γ, δ, or ε subunits are also involved (CZAJKOWSKI and KARLIN 1995; MARTIN and KARLIN 1996; MARTIN et al. 1996; PRINCE and SINE 1998). The γ, δ, or ε subunit contribution may be especially relevant to binding the quaternary amine part of nicotinic ligands. This provides a clear model for understanding how various neuronal AChR ACh binding site properties are influenced by both of the subunits which form the interface and how a single AChR might contain different or identical ACh binding sites, depending on its subunit composition.

The ACh binding sites appear to be located about half way up the sides of the extracellular domain, about 35 Å above the lipid bilayer. This was determined by crystallographic localization of the binding of a monoclonal antibody (mAb) to *Torpedo* AChR (FAIRCLOUGH et al. 1998a,b). This mAb binds to the α1 sequence 187–199, binds selectively to the ACh site at the α1/γ interface in membrane bound AChR, but to both sites in the (desensitized?) conformation of Triton X-100 solubilized AChR. Its binding is inhibited both by carbamylcholine and by α-Bgt. These studies not only localized the ACh site and a sequence which contributes to it but also illustrate the subtle structural and conformational differences which account for pharmacological differences even between the two ACh binding sites in a single AChR.

Binding of an agonist to a single muscle AChR site produces a low probability of channel opening, but binding to both sites produces a very high probability of opening (JACKSON 1989). This might reflect either the amount of binding energy required to produce the necessary conformation change and/or the need for a coincidence detector to prevent accidental activation. In any case, it seems likely that in neuronal AChRs binding of at least two ACh binding sites is likely to be required for efficient activation but that the presence of more ACh binding sites would be unlikely to further increase the efficiency of channel opening, and might instead increase the rate of desensitization.

V. The Main Immunogenic Region in the Extracellular Domain and Myasthenia Gravis

The main immunogenic region (MIR) is a prominent structural feature of the extracellular domain of α1 subunits (TZARTOS and LINDSTROM 1980; TZARTOS et al. 1991). Its pathological significance in myasthenia gravis (MG) is clear, but its normal functional role is not (LINDSTROM et al. 1988). When libraries of mAbs were first made to *Torpedo* AChRs, many of the mAbs were found to be mutually competitive for binding (TZARTOS and LINDSTROM 1980). Single mAbs of this type could inhibit the binding of more than half of the serum antibodies from rats immunized with *Torpedo* AChR or of autoantibodies to muscle AChRs from MG patients (TZARTOS et al. 1982). mAbs to the MIR can passively transfer experimental autoimmune MG (EAMG) to naive rats by a mechanism that involves complement fixation followed by phagocyte damage to the muscle (TZARTOS et al. 1987). mAbs to the MIR also cause the loss of AChRs as a result of cross-linking adjacent AChRs which increases their rate of endocytosis and lysosomal destruction (CONTI-TRONCONI et al. 1981; TZARTOS et al. 1985). These mAbs do not directly inhibit muscle AChR function. The MIR is a conformation-dependent epitope mapped by the binding of synthetic peptides and by in vitro mutagenesis to amino acids in the region α66–76 (TZARTOS et al. 1991; SAEDI et al. 1990). Amino acids 68 and 71 are especially important to the binding of rat mAbs to the MIR. Electron crystallography shows that mAbs to the MIR bind near the tips of α subunits at an angle that prevents cross-linking the two α1 subunits within an AChR but is perfect for cross-linking adjacent AChRs (BEROUKHIM and UNWIN 1995).

mAbs to the MIR provided the first ligands for affinity purifying neuronal AChRs, (WHITING and LINDSTROM 1986) and have continued to be staple ligands for localizing and quantitating these AChRs (CONROY and BERG 1995; HORCH and SARGENT 1995; WANG et al. 1998). mAb 35 and mAb 210 have been especially used for this purpose. Neuronal AChRs were initially immunoaffinity purified using mAb 35 made to muscle AChRs (WHITING and LINDSTROM 1986). Subsequent libraries of mAbs were made to the purified neuronal AChRs and used for further purifications and for making further libraries of mAbs to neuronal AChRs (WHITING et al. 1987b; WHITING and LINDSTROM 1987, 1988). A listing of many of these mAbs and their properties is provided in Table 1. Concurrently with the use of mAb reagents to muscle AChRs to identify neuronal AChR proteins, cDNA reagents for muscle AChR subunits were used in low stringency hybridization screens to identify cDNAs for neuronal AChRs (HEINEMANN et al. 1991).

Rat mAbs to the MIR, such as mAb 35 and mAb 210, bind not only to muscle α1 subunits but also to human neuronal α3 and α5 subunits which have similar amino acid sequences in the 66–76 region. Curiously, human MG patient autoantibodies, which compete with these mAbs for binding to human α1 subunits, do not bind to human neuronal AChRs which contain α3 and α5 subunits (VERNINO et al. 1998; F. WANG and J. LINDSTROM, unpublished). A bound antibody is known from crystallographic studies to occlude a relatively large area and interface with 20 or more amino acids, even though fewer than 5 or 6 of these typically account for most of the binding energy (LAVER et al. 1990). Thus, it appears that rats immunized with electric organ or muscle AChR and MG patients recognize different but nearby amino acids, and only those recognized by rats are shared with neuronal AChR α3 and α5 subunits.

Table 1. Properties of some MAbs used to study AChRs

MAb	Specificity			Isotype	Species Immunized	Initial Description	Immunogen	Comments
	Subunit	Epitope	Species					
6	α1	MIR	Torpedo Electrophorus, weak on mammals	IgG1	Rat	Tzartos and Lindstrom 1980	Torpedo AChR	This mAb to the MIR was the one initially most studied until it was superseded by mAbs 35 and 210, which are more reactive with mammalian AChRs and thus better for both studies of EAMG and reaction with neuronal AChRs. Binds to chick brain AChRs competitively with mAb 35 (Swanson et al. 1983)
22	α1 But also?	MIR	T. Electrophorus, frog, goldfish	IgG2b	Rat	Tzartos et al. 1981	Electrophorus AChR	Used for histology in Rana ganglia, retina, and brain (Sargent et al. 1989). This was the best for frog neuronal AChRs of 42 mAbs to electric organ AChRs tested by Sargent et al. (1989), but 18 other MIR mAbs also labeled strongly. Binds an α-Bgt labeled AChR from goldfish retina and optic tectum (Henly et al. 1986a,b). Binds to chick brain AChRs competitively with mAb 35 (Swanson et al. 1983)
35	α1, α3, α5,	MIR	α1 all species tested but Xenopus α3, α5 in at least chick, human, and guinea pig (Horch and Sargent 1995; Wang et al. 1998; Kirchgessner and Liu 1998; Obaid et al. 1999)	IgG1	Rat	Tzartos et al. 1981	Electrophorus AChR	Used histologically in chick (e.g. Swanson et al. 1983; Jacob et al. 1984, 1986; Horch and Sargent 1995). Used for immunoaffinity purification (Whiting and Lindstrom 1986a). Used for AChR quantitation (Williams et al. 1998; Conroy and Berg 1995). Used to measure specificities of autoantibodies in MG patients (Tzartos et al. 1982). Used to locate MIR by electron cystallography (Berovkhim and Unwin 1995). Does not bind well to denatured AChR (Das and Lindstrom 1989). Does not bind to α3, α4, α7, α8, β2 (Conroy et al. 1992). Passively transfers EAMG (Tzartos et al. 1987)
47	α1 But also?	MIR	Electrophorus, frog, goldfish	IgG2a	Rat	Tzartos et al. 1981	Electrophorus AChR	Binds an α-Bgt labeled AChR from goldfish retina and optic tectum (Henly et al. 1986a, b, 1988). Binds to Rana neuronal AChRs (Sargent et al. 1989). Binds to chick brain AChR competitively with mAb 35 (Swanson et al. 1983)
198	α1	MIR	Human, Torpedo, etc.	IgG2a	Rat	Tzartos et al. 1983	Purified human muscle AChR	Binds to native and denatured α1 with higher affinity for MIR synthetic peptide than mAb 210 (Das and Lindstrom 1989). Binds to chick brain AChR competitively with mAb 35 (Swanson et al. 1983). Bacterially-expressed single chain Fv antibody fragments have been made of the MIR mAbs 192, 195, and 198 (Tsantili et al. 1999)

203	α1	MIR	Human, *Torpedo*, etc.	IgG2a	Rat	Tzartos et al. 1983	Purified human muscle AChR	Binds to native and denatured α1
207	α1	MIR	Human, not *Torpedo*	IgG2a	rat	Tzartos et al. 1983	Purified human muscle AChR	Binds to native and denatured α1
208	α1	MIR	Human, *Torpedo*, etc.	IgG2a	Rat	Tzartos et al. 1987	Purified mouse and bovine muscle AChR	Binds to native and denatured α1. Passively transfers EAMG (Tzartos et al. 1987)
210	α1, α3, α5	MIR	α1 all species tested but *Xenopus* α3 or α5 in chick, human, guinea pig, monkey	IgG1	Rat	Tzartos et al. 1987	Bovine and mouse AChR	Used histologically in chick giunea pig, monkey (e.g., Keyser et al. 1988; Obaid et al. 1999; Sekhon et al. 1999). Binds weakly to denatured α1 (Das and Lindstrom 1989) and strongly to native α1 (Saedi et al. 1990). Does not bind to α3, α4, α7, α8, β2 (Conroy et al. 1992). Passively transfers EAMG (Tzartos et al. 1987). Used to quantitate α3 AChRs (Wang et al. 1996, 1998; Peng et al. 1997)
61	α1	Within α1 (371–386) Ratnam et al. 1986a)	*Torpedo*, *Electrophorus*, Mouse, Human	IgG2a	Rat	Tzartos et al. 1981	Denatured *Electrophorus* AChR	Binds to native and denatured α1. Very useful for studying AChR synthesis and assembly (Merlie and Lindstrom 1983; Blount and Merlie 1988, 1989, 1990, 1991a,b; Blount et al. 1990; Luther et al. 1989; Verrall and Hall 1992; Gu et al. 1991a,b)
142	α1	α1 (359–365) (Das and Lindstrom 1991) cytoplasmic surface (Ratnam et al. 1986b; Sargent et al. 1984)	*Torpedo*, *Rana*	IgG2a	Rat	Tzartos et al. 1986	Denatured *Torpedo* AChR	Binds to native and denatured AChR. Useful as a reporter epitope (Anand et al. 1993a; Wang et al. 1996; Wells et al. 1998). Useful histologically (Sargent et al. 1984)
147	α1	α1 (368–375) (Das and Lindstrom 1991) cytoplasmic surface (Sargent et al. 1984)	*Torpedo*, *Rana*, *Xenopus*	IgG2a	Rat	Tzartos et al. 1986	Denatured *Torpedo* AChR	Binds to native and denatured AChR. Useful histologically (Sargent et al. 1984)

Table 1. Continued

MAb	Specificity			Isotype	Species Immunized	Initial Description	Immunogen	Comments
	Subunit	Epitope	Species					
149	α1	α1 (341–347) cytoplasmic surface (Sargent et al. 1984)	Torpedo, Rana, Xenopus	IgM	Rat	Tzartos et al. 1986	Denatured Torpedo AChR	Binds to native and denatured AChR. Useful histologically (Sargent et al. 1984)
236	α1	α1 (152–167) (Das and Lindstrom 1991)	Torpedo	IgG2a	Rat	Criado et al. 1985	α1 synthetic peptide 152–167	Does not bind well to native AChR, but does bind well to denatured α1. Useful as a reporter epitope (Anand et al. 1993a; Wang et al. 1996; Wells et al. 1998)
321–326	α2	—	Chick	?	Rat	Not previously reported From studies by R. Schoepfer, P. Whiting, and J. Lindstrom, unpublished	Bacterially expressed chick α2 large cytoplasmic domain fragment	Not well characterized. Do not bind detergent solubilized nicotine labeled chick brain AChRs well
313–315	α3	Within α3 (315–441)	Chick	IgG2a	Rat	Whiting et al. 1991a	Bacterially expressed large cytoplasmic domain fragment α3 (315–441) Schoepfer et al. 1989)	Bind to native and denatured detergent-solubilized AChR. Used to histologically localize α3 AChRs (Whiting et al. 1991a; Britto et al. 1992a,b, 1994; Hamassaki-Britto et al. 1994a,b) Does not bind α1, α4, α5, α7, α8, β2 (Conroy et al. 1992)

Residues	Subunit	Epitope	Species	Ig class	Host	Reference	Tested on	Notes
316–317	α3	Within α3 (315–441)	Chick	?	Rat	Whiting et al. 1991a	Bacterially expressed large cytoplasmic domain fragment α3 (315–441) (Schoepfer et al. 1989)	Bind only to denatured α3
284–285	α4	—	Chick	IgG2a	Rat	Whiting et al. 1987b	Purified chick brain AChR	Binds native and denatured chick α4
286	α4	—	Chick, rat, human	IgM	Rat	Whiting et al. 1987b	Purified chick brain AChR	Binds native and denatured chick α4
289	α4	within α4 (330–511) (Whiting et al. 1991a)	Chick	IgM	Rat	Whiting et al. 1987b	Purified chick brain AChR	Binds native and denatured chick α4. Does not bind to α1, α3, α5, α6, α8, β2 (Conroy et al. 1992)
292	α4	—	Rat	IgG1	Rat	Whiting and Lindstrom 1988	Purified rat brain AChR	Binds native and denatured α4
293	α4	—	Chicken, rat, human	IgG2a	Rat	Whiting and Lindstrom 1988	Purified rat brain AChR	Binds native and denatured α4
299	α4	extracellular (Peng et al 1994a; S. Wong and J. Lindstrom, unpublished)	Chicken, rat, human	IgG1	Rat	Whiting and Lindstrom 1988	Purified rat brain AChR	Binds native and denatured α4. Can be used to quantitate α4 AChRs on the cell surface (Peng et al. 1994a)
267	α5 and α2?	—	Chicken	IgG2a	Rat	Whiting et al. 1987b	Purified chick brain AChR	Conroy et al. (1992) showed that this binds to denatured α5. It does not bind to native AChR (Whiting et al. 1987). Does not bind to α1, α3, α4, α7, α8, β2 (Conroy et al. 1992)
268	α5	α5 (91–100) (J. Wahlsten, B. Conti-Fine, and J. Lindstrom, unpublished)	Chick, human	IgG1/2a	Rat	Whiting et al. 1987b	Purified chick brain AChR	Conroy et al. (1992) showed that this binds to denatured α5. It does not bind to native AChR (Whiting et al. 1987b) Does not bind to α1, α3, α4, α7, α8, β2 (Conroy et al. 1992). Binds very well on western blots (Wang et al. 1996, 1998)

Table 1. *Continued*

MAb	Specificity		Isotype	Species Immunized	Initial Description	Immunogen	Comments
	Subunit	Epitope					
306	α7	within α7 (380–400) (McLane et al. 1992)	Chick, rat, human	IgG1	Mouse	Schoepfer et al. 1990	Purified chicken and rat α-Bgt binding AChR	Binds to native and denatured chick α7 (Schoepfer et al. 1990) and to denatured rat and human α7 (Peng et al. 1994b; Del Toro et al. 1994) but not well to native mammalian α7. Useful for histology (Keyser et al. 1993; Britto et al. 1992a,b, 1994; Del Toro et al. 1994; Hamassaki-Britto et al. 1994b)
307	α7	Within α7 (380–400) (McLane et al. 1992)	Chick, rat, human	IgG1	Mouse	Schoepfer et al. 1990	Purified chicken and rat α-Bgt binding AChR	Binds to native and denatured chick α7 (Schoepfer et al. 1990) and to denatured rat and human α7 (Peng et al. 1994b; Del Toro et al. 1994) but not well to native mammalian α7. Useful for histology (Keyser et al. 1993; Britto et al. 1992a,b, 1994; Del Toro et al. 1994; Hamassaki-Britto et al. 1994b)
318	α7	Within α7 (380–400) (McLane et al. 1992)	Chick	IgG	Rat	Schoepfer et al. 1990	Bacterially expressed α7 large cytoplasmic domain	Similar to mAb 306 except not reactive with mammalian. Useful for immunoisolation (Anand et al. 1993b,c)
319	α7	Within α7 (365–384) (McLane et al. 1992)	Chick, rat, human	IgG	Rat	Schoepfer et al. 1990	Bacterially expressed α7 large cytoplasmic domain	Similar to mAb 306. Does not bind to α8 (Conroy et al. 1992). Blocks function of α7 AChRs when injected in neurons (Cuevas and Berg 1998)
320	α7	Within α7 (380–400) (McLane et al. 1992)	Chick	IgG	Rat	Schoepfer et al. 1990	Bacterially expressed α7 large cytoplasmic domain	Binds native and denatured
305	α8	Extracellular (R. Anand and J. Lindstrom, unpublished)	Chicken	IgG2c	Rat	Schoepfer et al. 1990	Purified chicken α-Bgt binding AChR	Has high affinity, but only for native α8. Used for immunoisolation (Schoepfer et al. 1990; Keyser et al. 1993; Anand et al. 1993b; Gerzanich et al. 1994) and for histological localization (Keyser et al. 1993; Britto et al. 1990a,b, 1994; Hamassaki-Britto et al. 1994a,b)
308	α8	Within α8 (323–342) McLane et al. 1992	Chicken	IgG2b	Rat	Schoepfer et al. 1990	Bacterially expressed large cytoplasmic domain fragment	Binds native and denatured α8. Used for histology like mAb 305. Does not bind α4, α7, β2 (Conroy et al. 1992)

309	α8	Within α8 (323–342) McLane et al. 1992	Chicken	IgG	Rat	Schoepfer et al. 1990	Bacterially expressed large cytoplasmic domain fragment	Binds native and denatured α8
310	α8	Within α8 (353–372) McLane et al. 1992	Chicken	IgG	Rat	Schoepfer et al. 1990	Bacterially expressed large cytoplasmic domain fragment	Binds native and denatured α8
311	α8	Within α8 (323–342) McLane et al. 1992	Chicken	IgG2b	Rat	Schoepfer et al. 1990	Bacterially expressed large cytoplasmic domain fragment	Binds native and denatured α8
312	α8	–	Chicken	IgG2a	Rat	Schoepfer et al. 1990	Bacterially expressed large cytoplasmic domain fragment	Binds native and denatured α8
73	β1	External surface	Bovine, rat, mouse	IgG1	Rat	Tzartos et al. 1986	Purified bovine muscle AChR	Binds to AChR in surface membrane of muscle, but doesn't cross-link them unless anti-antibody is added (Tzartos et al. 1985). Doesn't passively transfer EAMG (Tzartos et al. 1987). Used to study specificities of autoantibodies in MG patients (Tzartos et al. 1982)
111	β1	β1 (360–410) cytoplasmic surface (Sargent et al. 1984; Ratnam et al. 1986b)	Torpedo, Rana, Xenopus, rat, mouse, human	IgG1	Rat	Tzartos et al. 1986	Purified Denatured Torpedo AChR	Binds to native and denatured β1. Useful for histology (Sargent et al. 1984). Used to study assembly of subunits (Saedi et al. 1991). Binds to human β1 on western blots (Luther et al. 1989)
124	β1	Cytoplasmic surface (Sargent et al. 1984; Ratnam et al. 1986b)	Torpedo, Rana, Xenopus, bovine, human	IgG1	Rat	Tzartos et al. 1986	Purified denatured Torpedo AChR	Binds to native and denatured β1. Useful for histology (Sargent et al. 1984). Used to study assembly of AChR subunits (Yu and Hall 1994; Gu et al. 1991a,b)

Table 1. Continued

MAb	Specificity			Isotype	Species Immunized	Initial Description	Immunogen	Comments
	Subunit	Epitope	Species					
148	$\beta 1$	$\beta 1$ (360–410) cytoplasmic surface (SARGENT et al. 1984; RATNAM et al. 1986b)	Torpedo, Rana, Xenopus, bovine, human	IgG2a	Rat	TZARTOS et al. 1986	Purified Denatured Torpedo AChR	Binds to native and denatured $\beta 1$. Useful for histology (SARGENT et al. 1984). Used to study assembly of α and β subunits (SMITH et al. 1987; CONROY et al. 1990)
172	$\beta 1$ and ?	$\beta 1$ C-terminus (RATNAM et al. 1986b)	Torpedo, goldfish	IgG1	Rat	TZARTOS et al. 1986	Torpedo AChR	Binds to a goldfish neuronal AChR that binds nicotine but not α-Bgt (HENLEY et al. 1988)
270	$\beta 2$	Extracellular (WHITING et al. 1987c)	Chicken, mouse, rat	IgG2a	Rat	WHITING et al. 1987b	Chicken brain AChR purified using mAb 35	Has high affinity for native AChR but also works on denatured. Used to immunoisolate and pharmacologically characterize AChRs (WHITING and LINDSTROM 1986b; WHITING et al. 1987b) Used to histologically localize AChRs (SWANSON et al. 1987; WHITING et al. 1987c). Used to immunoaffinity purify AChRs (WHITING and LINDSTROM 1987; WHITING et al. 1987a; SCHOEPFER et al. 1988). Does not bind $\alpha 1$, $\alpha 4$, $\alpha 7$, $\alpha 8$ (CONROY et al. 1992)
287	$\beta 2$	Intracellular (WONG and J. LINDSTROM, unpublished)	Chicken	IgM	Rat	WHITING et al. 1987b	Chicken brain AChR purified using mAb 35	Does not bind native AChR
290	$\beta 2$	Extracellular (PENG et al. 1994a)	Chicken, rat, bovine, human	IgG1	Rat	WHITING and LINDSTROM 1988	AChRs purified from rat brain using mAb 270	Binds only native not denatured $\beta 2$. Useful for immunoisolating and surface labeling of $\beta 2$-containing AChRs (PENG et al. 1994a; WANG et al. 1996, 1998). Useful for histology (SARGENT et al. 1987)
291	$\beta 2$	Intracellular (WONG and J. LINDSTROM, unpublished)	Chicken, rat	IgG1	Rat	WHITING and LINDSTROM 1988	AChRs purified from rat brain using mAb 270	Binds only native, not denatured $\beta 2$
295	$\beta 2$	Extracellular (WONG and J. LINDSTROM, unpublished)	Chicken, rat, bovine human	IgG2a	Rat	WHITING and LINDSTROM 1988	AChRs purified from rat brain using mAb 270	Binds only native not denatured $\beta 2$

mAb	Subunit	Epitope	Species	Ig class	Host	Reference	Antigen	Comments
297	β2	Extracellular (Wong and J. Lindstrom, unpublished)	Chicken, rat, bovine human	IgG2a	Rat	Whiting and Lindstrom 1988	AChRs purified from rat brain using mAb 270	Binds only native not denatured β2
298	β2	Extracellular (Wong and J. Lindstrom, unpublished)	Chicken, rat, bovine human	IgG2a	Rat	Whiting and Lindstrom 1988	AChRs purified from rat brain using mAb 270	Binds only native not denatured β2
337	β4	Within β4 (305–419) cytoplasmic surface	Human	?	Mouse	F. Wang and J. Lindstrom, unpublished	Bacterially expressed human β4 305–419	Binds native and denatured human β4. Not characterized in detail. Does not cross react with human α3, β2 or α5
7	γ and δ	γ(374–384) (Nelson et al. 1992) cytoplasmic surface (Sargent et al. 1984)	Torpedo, Rana, Xenopus, canine	IgG1	Rat	Tzartos and Lindstrom 1980	Torpedo AChR	Binds native and denatured AChR, weaker on mammalian. Can be used for mammalian histology (Nelson et al. 1992) as well as amphibian histology (Sargent et al. 1984)
66	γ	Extracellular?	Bovine, human (weakly)	IgG2a	Rat	Tzartos et al. 1986	Bovine AChR	Used to study specificities of autoantibodies in MG patient sera (Tzartos et al. 1982). Useful histologically (Tzartos et al. 1986)
145	γ	γ(390–405) (Nelson et al. 1992)	Torpedo	IgG2a	Rat	Tzartos et al. 1986	Torpedo AChR	Torpedo-specific mAb binds both native and denatured γ
154	γ Torpedo ε Mammals (weakly) (Nelson et al. 1992)	γ/ε (364–374) (Nelson et al. 1992) cytoplasmic surface (Sargent et al. 1984)	Torpedo, Rana, Xenopus, canine	IgG1	Rat	Tzartos et al. 1986	Purified denatured Torpedo AChR	Binds native and denatured, strong on Torpedo but weak on mammals
168	γ and ε	γ/ε (364–374) (Nelson et al. 1992) cytoplasmic surface (Sargent et al. 1984).	Torpedo, Rana, Xenopus bovine	IgG1	Rat	Tzartos et al. 1986	Torpedo AChR	Binds native and denatured Torpedo AChR, much weaker on mammalian. Can be used on mammalian and amphibian histology (Sargent et al. 1984; Nelson et al. 1992)

Table 1. Continued

MAb	Specificity			Isotype	Species Immunized	Initial Description	Immunogen	Comments
	Subunit	Epitope	Species					
137	δ	Within δ (300–410) (RATNAM et al. 1986b)	Torpedo	IgM	Rat	TZARTOS et al. 1986	Torpedo AChR	Binds native and denatured δ and crossreacts weakly with mammalian
141	δ	Within δ (300–410) (RATNAM et al. 1986b) on cytoplasmic surface (SARGENT et al. 1994)	Torpedo, Rana, Xenopus	IgG2a	Rat	TZARTOS et al. 1986	Torpedo AChR	Binds native and denatured. Can be used histologically on amphibians (SARGENT et al. 1984)
166	δ	Within δ (300–410) (RATNAM et al. 1986b) on cytoplasmic surface (ANDERSON et al. 1983)	Torpedo, Rana, Xenopus	IgG2a	Rat	TZARTOS et al. 1986	Torpedo AChR	Binds native and denatured. Can be used histologically on amphibians (SARGENT et al. 1984)

Adapted from LINDSTROM (1996). It describes some of the mAbs to AChRs made in the Lindstrom laboratory. This represents the majority of mAbs to AChRs which are available, but some mAbs have also been made by several other laboratories. Several laboratories have also made antisera to bacterially-expressed or synthetic AChR subunit peptides.

Human autoantibodies to neuronal α3 AChRs have recently been found to be associated with certain dysautonomias (VERNINO et al. 1998). These do not crossreact with muscle AChRs.

Antibody-mediated autoimmune diseases, like MG (LINDSTROM et al. 1988), are usually presumed to be excluded from the central nervous system by the blood/brain barrier. However, recently it has been discovered that the immunization of rabbits with recombinant glutamate receptor subunits induced antibody-mediated brain destruction that resembled Rasmussen's encephalitis and that Rasmussen's patients and some cerebellar degeneration patients have autoantibodies to glutamate receptors (ROGERS et al. 1994, 1996). Thus, it may be that other autoantibody-mediated anti-receptor diseases will be found to affect the central nervous system.

VI. Cation-Specific Channel and Its Gate

The cation channel of muscle AChRs is lined by amino acids from the N-terminal third of M1 and all of M2 (AKABAS et al. 1994; AKABAS and KARLIN 1995). Continuing the narrowing vestibule of the AChR lumen, the channel itself is thought to narrow from its extracellular end toward its cytoplasmic end. Several lines of evidence have led to these conclusions, but the most detailed studies have been those of KARLIN that used the substituted cysteine accessibility method (SCAM). Residues in the N-terminal third of $\alpha 1$ M1 and $\beta 1$ M1 which contribute to the channel lining do not align (ZHANG and KARLIN 1997). Thus, it might be expected that each of the many subunits of neuronal AChR subtypes could contribute slightly differently to channel properties. Both hydrophilic and hydrophobic amino acids are found in the channel lining. The pattern of amino acids exposed to the channel in the M2 region of $\alpha 1$ and $\beta 1$ subunits suggests a β strand secondary structure in the outer third and an a helical arrangement in the part of M2 closer to the cytoplasmic surface. The accessibilities to SCAM reagents of some amino acids in M1 and M2 change after the addition of ACh, reflecting both the increased accessibility of amino acids deeper in the channel when the channel is open and the conformation changes of the channel associated with activation and desensitization. The channel gate is thought to be very near its cytoplasmic opening, perhaps including amino acids such as $\alpha 1$ G240 and $\alpha 1$ T244 which are usually depicted as part of a short, highly conserved sequence linking M1 and M2 (WILSON and KARLIN 1998). The SCAM technique has revealed similar features in $GABA_A$ receptors (XU and AKABAS 1996), and in one study, has revealed similar features in a neuronal AChR subunit (RAMIREZ-LATORRE et al. 1996).

VII. Large Cytoplasmic Domain

The large cytoplasmic domain is the most variable region of AChR subunits between different types of subunits and between different species of the same subunits. Consequently, many subunit-specific mAbs bind to this region (DAS and LINDSTROM 1991). Many of these bind well to both native and denatured subunits, giving the impression that at least these parts of the large cytoplasmic domain may not be tightly conformationally constrained.

Phosphorylation sites have been proposed in the large cytoplasmic domain of muscle AChR subunits (HUGANIR and GREENGARD 1990). Phosphorylation has been found to increase the rate of desensitization of muscle AChRs.

Rapsyn is thought to interact with the cytoplasmic surface of muscle AChRs to link them to the cytoskeleton and to the dystroglycan complex as part of the AChR clustering process involved in localizing AChRs in the postsynaptic membrane (MAIMONE and MERLIE 1993; APEL et al. 1995). There is evidence that rapsyn can interact with each of the muscle AChR subunits.

VIII. AChR Mutations in Congenital Myasthenic Syndromes

Congenital myasthenic syndromes are known to result from mutations in the $\alpha1$, $\beta1$, and ε subunits of muscle AChRs and from a mutation in the collagen-like tail characteristic of the muscle form of acetylcholinesterase (ENGEL et al. 1998; OHNO et al. 1998). There are also congenital myasthenic syndromes due to the defective synthesis, packaging, and release of acetylcholine whose mutations have not been mapped. It is remarkable that more than 50 different mutations in muscle AChR subunits have been identified. Their complex effects have been characterized in detail in both patients and in transfected cells. Many of these mutations are in the channel lining and prolong channel opening, resulting in excitotoxic damage. Others near the acetylcholine binding site either increase the affinity for ACh, resulting in excitotoxic damage, or decrease the affinity for ACh, resulting in impaired transmission. Many of the mutations impair the function of ε subunits or truncate them. These are not lethal because this induces some compensating expression of fetal γ subunits. Some mutations have sufficiently mild effects, so that their presence was not discovered until AChR blocking drugs given as surgical muscle relaxants compromised neuromuscular transmission sufficiently enough to reveal their presence. These studies of congenital myasthenia suggest that there may be many mutations of neuronal AChRs waiting to be discovered when their phenotypes can be recognized.

B. Neuronal AChRs Which Can Function as Homomers

The primordial AChR is presumed to have been homomeric, and the variety of known AChR subunits are thought to have evolved from the primordial subunit through repeated gene duplication (LENOVERE et al. 1995). Thus, subunits which can form homomeric AChRs are thought to be closer to ancestral forms. Muscle AChR $\alpha1$, $\beta1$, γ, δ, and ε subunits are thought to represent one branch of the gene family. Neuronal AChRs composed of $\alpha2$, $\alpha3$, $\alpha4$, $\alpha5$, $\alpha6$,

$\beta2$, $\beta3$, and $\beta4$ subunits are thought to form another branch. The third branch consists of neuronal AChRs composed of $\alpha7$, $\alpha8$, or $\alpha9$ subunits. These can form homomeric AChRs. Like muscle AChRs, but unlike the other neuronal AChRs, these homomeric AChRs can bind the snake venom toxins α-cobratoxin and α-bungarotoxin. They exhibit one or two orders of magnitude lower affinity for α-Bgt than do muscle AChRs. Although $\alpha7$, $\alpha8$, and $\alpha9$ can form homomeric AChRs in heterologous expression systems, in chickens much of $\alpha8$ is normally found in heteromeric AChRs with $\alpha7$, and in mammals it is not certain that $\alpha7$ and $\alpha9$ are always present as homomers. However, rat pituitary cells stably transfected with rat $\alpha7$ express homomeric $\alpha7$ AChRs which are pharmacologically indistinguishable from mature rat brain $\alpha7$ AChRs (QUICK et al. 1996).

I. Subunits Which Comprise Homomeric Neuronal AChRs

$\alpha7$ is the predominant form of AChR subunit which can form homomeric AChRs. In chickens, closely related $\alpha8$ subunits were cloned simultaneously (SCHOEPFER et al. 1990). In mammals, $\alpha8$ subunits have not been found, but the search for them led to the discovery of $\alpha9$ (ELGOYHEN et al. 1994). $\alpha9$ is expressed only in limited areas, notably in cochlear hair cells, adenohypophysis, ventral surface of the median eminence, and the nasal epithelium. $\alpha7$ protein is found in many brain regions and is especially concentrated in the hippocampus (DEL TORO et al. 1994). It is also typically present in peripheral ganglionic neurons along with $\alpha3$ AChRs (CONROY and BERG 1995). In chick brain, about 20% of $\alpha7$ and nearly all $\alpha8$ subunits are found together in heteromeric AChRs (KEYSER et al. 1993). In hatchling chick retina, $\alpha8$ predominates over $\alpha7$. About 17% of $\alpha8$ is found in heteromeric AChRs with $\alpha7$, and the remainder is either homomeric or associated with unknown subunits. In the retina, only 14% of $\alpha7$ appears to be homomeric. When cRNAs are expressed in *Xenopus* oocytes, $\alpha7$ is expressed more efficiently than is $\alpha8$, suggesting that $\alpha8$ may prefer some sort of heteromeric association (GERZANICH et al. 1994).

Particular neuronal AChR subtypes do not seem to be limited to particular presynaptic or postsynaptic functional roles. $\alpha7$ AChRs have been found to act presynaptically to promote the secretion of glutamate and GABA (McGEHEE et al. 1995; ALKONDON et al. 1996; GRAY et al. 1996), postsynaptically (FRAZIER et al. 1998; ALKONDON et al. 1998), perisynaptically (ZHANG et al. 1996; ULLIAN et al. 1997; SHOOP et al. 1999), and extrasynaptically (ROMANO et al. 1997a,b). $\alpha7$ AChRs are expressed transiently during the development of the cerebellum (DEL TORO et al. 1997; KANEKO et al. 1998), sensory cortex (ARAMAKIS and METHERATE 1998), and muscle (Romano et al. 1997a,b). $\alpha7$ has also been reported in non-neuronal cell lines (CHINI et al. 1991) and in bronchial epithelial cells (ZIA et al. 1997) as well as in other lung cells (SEKHON et al. 1999). $\alpha3$ AChRs have also been reported in bronchial epithelial cells (MAUS et al. 1998). It is assumed that $\alpha7$ homomers are probably responsible for all these activities, but biochemical studies of $\alpha 7$ AChRs have been made from only a few regions and developmental times. $\alpha 7$ in various areas may be altered to modify its properties or it may be associated with unusual subunits which modify its properties. For example, AChRs in rat intracardiac ganglion neurons were found which desensitized more slowly than expected of $\alpha 7$ AChRs and exhibited a low affinity for α-Bgt, yet were shown to contain $\alpha 7$ subunits by the ability of an mAb to $\alpha 7$ to block their function (CUEVAS and BERG 1998).

Purified chicken $\alpha 7$ AChRs and a8 AChRs appear to be composed primarily of $\alpha 7$ or $\alpha 8$ subunits, respectively, but small amounts of some other peptides are observed (GOTTI et al. 1997). These peptides may well be random contaminants, but could be traces of AChR associated proteins or rare AChR subunit proteins. They were not recognized by antibodies to $\alpha 3$, $\alpha 4$, $\alpha 5$, or $\beta 2$ subunits. The purified $\alpha 7 \alpha 8$ AChR subtype contained both $\alpha 7$ and $\alpha 8$ but not other AChR subunits (GOTTI et al. 1994). Similarly, $\alpha 7$ AChRs purified from rat brains did not contain immunologically detectable $\alpha 2$, $\alpha 3$, $\alpha 4$, $\alpha 5$, $\alpha 6$, $\beta 2$, or $\beta 4$ subunits (CHEN and PATRICK 1997). $\alpha 7$ AChRs from either chick (VERNALLIS et al. 1993) or human (GOTTI et al. 1995) neurons which express both $\alpha 7$ AChRs and $\alpha 3$ AChRs do not contain $\alpha 3$, $\alpha 5$, $\beta 2$, or $\beta 4$ subunits.

Knockout mice lacking $\alpha 7$ subunits lack brain α-Bgt binding sites and lack the hippocampal ACh-induced currents associated with $\alpha 7$ AChRs (ORR-URTREGER et al. 1997). These mice develop normally and appear neurologically normal. However, they probably have subtle but interesting abnormalities similar to those found in mice whose AChR $\beta 2$ subunits have been knocked out (PICCIOTTO et al. 1995, 1998; ZOLI et al. 1999). Thus far, no significant behavioral effects of knocking out $\alpha 7$ have been found (PAYLOR et al. 1998). As in the case of $\beta 2$ knockout mice, but unlike the case of ε replacement by γ subunits in congenital myasthenia (ENGEL 1998), the knocked out $\alpha 7$ subunit does not appear to be replaced by another subunit such as $\alpha 8$ or $\alpha 9$. It is easy to imagine that in post-ganglionic neurons, which express both $\alpha 7$ AChRs and $\alpha 3$ AChRs (SHOOP et al. 1999), loss of $\alpha 7$ AChRs could be at least partially compensated for by the presence of $\alpha 3$ AChRs. Also, loss of presynaptic $\alpha 7$ AChRs or $\alpha 4 \beta 2$ AChRs would be expected to reduce the capacity for neuronal transmission modulation but not produce the fatal loss of neuromuscular transmission which would occur with the loss of $\alpha 1$ AChRs.

There are special requirements for the expression of $\alpha 7$ which many cell types lack. There are several reports of failure to express $\alpha 7$ and $\alpha 8$ in cell lines which will express other cloned AChR subtypes (COOPER and MILLER 1997; BLUMENTHAL et al. 1997; COOPER and MILLER 1998). It has been possible to express relatively large amounts of rat $\alpha 7$ by transfecting a human neuroblastoma which normally expresses both $\alpha 3$ AChRs and $\alpha 7$ AChRs but in which $\alpha 7$ AChR function was undetectable prior to transfection (PUCHACZ et al. 1994). With one exception, most labs have been unable to transfect human embryonic kidney cells with $\alpha 7$ and produce functional AChRs (GOPALAKRISHNAN et al. 1995). This might mean that the ability to express $\alpha 7$

is determined by a small mutation in the transfecting α7 or the gain or loss of a single enzymatic or chaperonin activity that can sometimes be achieved by sufficient selection. The cell-specific requirements for the assembly of α7 and α8 homomers appear to depend on unique properties of regions C-terminal to the extracellular domain, because chimeras of the extracellular domains of α7 or α8 with the C-terminal parts of 5-HT$_3$ receptors express well in all cell types examined (EISELE et al. 1993; COOPER and MILLER 1998). It has been suggested that peptidyl-prolyl isomerases are involved in the conformational maturation of homomeric α7 AChRs and 5-HT$_3$ receptors but not heteromeric α1 AChRs (HELEKAR et al. 1994). Cyclosporin A, which blocks such enzymes, reduced the expression of α7 AChRs and 5-HT$_3$ receptors but not α1 AChRs. Curiously, α7 could substitute for α1 when coexpressed with β1, γ, and δ to produce functional AChRs. Expression of this heteromeric α7 AChR was not inhibited by cyclosporin A.

Aplysia neurons express AChRs which appear pharmacologically identical to α7 AChRs but which have a chloride-specific channel rather than a cation-specific channel (KEHOE and MCINTOSH 1998). Nothing is known about their structure, but it is possible that it could be quite similar to that of α7 because the selectivity of α7 channels can be changed from cations to chloride by changing only three amino acids (GALZI et al. 1992). Aplysia neurons also express an AChR with a cation channel. Some neurons express both types.

II. Structures of the Homomeric Neuronal AChR Subunits

α7, α8, and α9 exhibit the basic structural features characteristic of all AChR subunits. These three subunits share several small sequence differences from other AChR subunits which identify them as a related group and suggest that they may be closer to the primordial AChR subunit than are subunits of heteromeric AChRs (LENOVERE et al. 1995).

Unlike all other AChR subunits, α7, α8, and α9 lack an N-glycosylation site within the disulfide-linked loop at an asparagine homologous to N141 in α1 subunits. α7 has three consensus sites for N-glycosylation (see Fig. 2), and all three are used (CHEN et al. 1998). Preventing glycosylation by replacing these asparagines with alanines did not prevent assembly or expression of α7 on the oocyte surface, but did prevent conformational maturation resulting in inactive α7 AChRs.

As with muscle AChR α1 subunits (GALZI et al. 1990), there is evidence that amino acids from three parts of the large extracellular domain contribute to the formation of the α7 ACh binding site (see Fig. 2) (GALZI et al. 1991). Mutations revealed that tyrosine 92, tryptophan 148, and tyrosine 187 contribute to the α7 ACh binding site, as they do to the α1 site. In the numbering system shown in Fig. 2 these are at positions 93, 149, and 188. This emphasizes the role of aromatic amino acids in ACh binding initially revealed by photoaffinity labeling studies of α1 (GALZI et al. 1990) and is consistent with observations from crystallographic studies of ACh esterase which showed that the quaternary amine of ACh interacted with aromatic rather than negatively charged amino acids (SUSSMAN et al. 1991). In muscle AChR, affinity labeling and mutagenesis studies suggest that the quaternary amine of agonists binds to negatively charged amino acids on γ (aspartate 174) or δ subunits (aspartate 180) (MARTIN et al. 1996a,b). Since ACh sites in $\alpha 7$ AChRs presumably involve interfaces between $\alpha 7$ subunits, one might expect to find negatively charged amino acids on the minus side of $\alpha 7$ subunits, but these have not been studied. A region on $\alpha 7$ corresponding to part of the ACh binding site formed by adjacent subunits has been proposed (see Fig. 2). $\alpha 7$ AChRs have quite a low affinity for agonists, much lower than $\alpha 8$ AChRs (ANAND et al. 1993b; GERZANICH et al. 1994). $\alpha 4$ subunit-containing AChRs have a very high affinity for ACh and nicotine. Transfer of the $\alpha 4$ amino acids 151–191 into $\alpha 7$ transfers the high affinity for agonists of $\alpha 4$ to $\alpha 7$ (CORRINGER et al. 1998). Mutational analysis has revealed that tryptophan 54 of $\alpha 7$ (55 in Fig. 2) plays a role in agonist binding, and it has been suggested that it might correspond to homologous tryptophans from the minus side of γ and δ subunits (CORRINGER et al. 1995). Unlike $\alpha 1$ subunits, unassembled $\alpha 7$ subunits do not appear to be able to bind α-Bgt (ANAND et al. 1993b). $\alpha 7$ subunits appear to acquire a high affinity for both α-Bgt and small cholinergic ligands when they assemble.

III. Organization of Subunits Around the Central Channel

Homomeric AChRs, at a first approximation, would be expected to have five identical subunits symmetrically organized around a central channel as depicted in Fig. 3, resulting in five identical ACh binding sites and a symmetrically lined channel. Evidence for five identical ACh binding sites in $\alpha 7$ AChRs involves studies of the rate of recovery from inhibition by the high affinity competitive inhibitor methyllycaconitine (MLA) (PALMA et al. 1996). As with other AChRs, binding of an antagonist to a single site blocks function, presumably by preventing the necessary concerted conformation change in all subunits. Activation of $\alpha 7$ AChRs or $\alpha 8$ AChRs probably only requires agonist binding at two ACh sites, as with other AChRs, since the same Hill coefficient with a value near two is observed in dose/response curves for these homomeric AChRs as for heteromeric AChRs (GERZANICH et al. 1994).

Mutational studies of the $\alpha 7$ cation channel have been especially experimentally appealing because a single mutation in M2 results in an $\alpha 7$ AChR with a ring of five changed amino acids lining the cation channel at that point. The high Ca^{2+} permeability of $\alpha 7$ AChRs can be reduced by mutations at either end of M2 (BERTRAND et al. 1993). The E237A mutation (E238 in Fig. 2), which replaces a negatively charged glutamate at the cytoplasmic end of the channel with an alanine, reduces Ca^{2+} permeability without other pharmacological effects, paralleling the effects of similar mutations in muscle AChRs. Changing as few as three amino acids from the $\alpha 7$ M2 region to amino acids typical of anion-selective glycine or $GABA_A$ receptors converted the ion selectivity of $\alpha7$ channels from cations to anions (GALZI et al. 1992). Remarkably, this only involved inserting a proline between $\alpha7$ amino acids 236 and 237 (237 and 238 of Fig. 2), changing $\alpha7$ glutamate 237 (238 of Fig. 2) to an alanine (i.e., E237A), and changing valine 251 (252 of Fig. 2) to threonine (V251T). Of course, these three amino acid changes in the $\alpha7$ subunit resulted in a net change of 15 amino acids in the channel lining of the $\alpha7$ AChR homopentamer. Many mutations in $\alpha7$ M2 produced surprisingly complex changes not only in channel properties such as ion selectivity or rectification, but also in apparent ACh binding site properties such as agonist potency, efficacy, and desensitization rate. For example, the L247T mutation (248 in Fig. 2), which replaced a highly conserved hydrophobic leucine in the middle of M2 with a hydrophilic threonine, reduced blockage of the channel by the antagonist QX222, abolished rectification, decreased the rate of desensitization, increased potency of ACh, and converted antagonists like curare, dihydro-β-erythroidine, hexamethonium, and zinc to agonists (REVAH et al. 1991; BERTRAND et al. 1992; PALMA et al. 1998; BRIGGS et al. 1999). This was interpreted to mean that this mutation and others like it caused a desensitized state to become conductive. In any case, profound effects of small mutations in the M2 part of the channel, not only on channel properties but also on the potency and efficacy of cholinergic ligands which bind at distant sites, emphasizes the delicately balanced and global conformation changes involved in AChR activation and desensitization. The L247T mutation exhibits about a 10% spontaneous opening, which can be blocked by MLA and α-Bgt (BERTRAND et al. 1997). This suggests that this mutation, and others with related effects, destabilize alterations between conformations (i.e., it lowers an isomerization constant describing these allosteric changes) and that MLA and α-Bgt stabilize the resulting state. Alternatively, it has been suggested that the spontaneous openings might result from the agonist activity of zinc contaminating the buffer (PALMA et al. 1998).

Ca^{2+} binding sites on the extracellular surface that permit Ca^{2+} to potentiate agonist affinity were located at the $\alpha7$ sequence 161–172 (162–173 in Fig. 2) (GALZI et al. 1996). Such sites are probably present on all neuronal AChRs (VERNINO et al. 1992). 5-HT_3 receptors lack such a site, but insertion of this $\alpha7$ domain confers Ca^{2+} potentiation. Mutational analysis of this $\alpha7$ sequence was done on chimeras with the N-terminal extracellular domain of $\alpha7$ and the remainder of 5-HT_3 because these express well and lack a Ca^{2+} permeable channel which would confound the analysis.

The large extracellular domain of AChRs contains sites for interaction with several factors in addition to Ca^{2+}, including allosteric effectors (KRAUSE et al. 1998), ethanol (YU et al. 1996), and general anesthetics (ZHANG et al. 1997). Chimeras with the N-terminal extracellular domain of $\alpha7$ and the C-terminal domain of 5-HT_3 have been especially useful in such studies.

The large extracellular domain contains the minimum sequences necessary to permit proper assembly of $\alpha7$ pentamers. This is demonstrated by the ability of extracellular domain constructs truncated just before M1 to properly assemble into apparently pentameric water-soluble complexes with the ligand-binding properties of intact α7 AChRs (WELLS et al. 1998). Such complexes might offer an approach to obtaining three dimensional crystals for structural analysis. This has not yet been possible with *Torpedo* AChRs, even though large amounts of protein have been available, presumably because the amphipathic properties of detergent- solubilized intact AChRs makes packing into three dimensional crystals very difficult. The major problem with the water-soluble extracellular domain constructs is that they have been produced in extremely low yield. Presumably this is because conformational maturation and assembly of AChR subunits usually occurs in the plane of the membrane. Studies of muscle AChR assembly revealed that the synthesis of the subunit protein and its initial cotranslational glycosylation requires only a minute or so. Subsequent conformational maturation of α1 so that α-Bgt binds with a high affinity and the MIR obtains its native conformation has a $t_{1/2} = 40$ min (SMITH et al. 1987). Assembly of muscle AChR subunits into an intact AChR requires even longer, with a $t_{1/2} = 80$ min. Presumably this is the result of the ponderous competing interactions of homologous subunits until they sort themselves out into the proper highest affinity associations along pathways that remain controversial (KRIENKAMP et al. 1995; GREEN and WANAMAKER 1998). Retaining only M1 to tether the extracellular domain to the membrane greatly increased the efficiency of assembly of α7 constructs (WELLS et al. 1998).

Chimeras of α7 and α3 subunits have been used to study sequences particularly involved in homomeric and heteromeric AChR subunit associations. Replacing the entire extracellular domain of α3 with α7 sequences permitted some assembly of homomeric AChRs (GARCIA-GUZMAN et al. 1994). These exhibited 13% of the α-Bgt binding and 5% of the current resulting from expressing intact α7. Extending α7 through M1 resulted in 150% α-Bgt binding, but this α3 chimera was not functional as a channel. A chimera consisting of α7 sequence except for the part of the extracellular domain starting with the disulfide-linked loop at 127 (128 in Fig. 2) and ending just before M1 did not bind α-Bgt but gave agonist-induced currents, 88% of intact α7. Homomeric assembly was efficient only when both the N-terminal half of the extracellular domain and M1 were from α7, suggesting that M1 was required to stabilize the subunit associations specified by sequences in the extracellular domain. Mutational analysis suggested that three α7 M1 amino acids are especially important in homomer formation (VICENTE-AGULLO et al. 1996).

Chimeras between the closely related α7 and α8 subunits have been used to study which parts of the extracellular domain account for their pharmacological differences (ANAND et al. 1998). Their channel sequences and properties are identical (GERZANICH et al. 1994). α8 has higher affinities for most agonists but a lower affinity for α-Bgt than does α7 (ANAND et al. 1993a; GERZANICH et al. 1994). The greatest pharmacological difference is that 1,1-

dimethyl-4-phenylpiperazinium (DMPP) is a full agonist on α8, but only a 10% partial agonist on α7. The low efficacy of DMPP was shown to be due to its slow rate of channel activation (ANAND et al. 1998). As expected from studies of muscle AChRs, amino acids affecting affinity were mapped within the region 180–208. The difference in efficacy of DMPP was found to be due to amino acids in the sequence 1–179. This region includes amino acids which contribute to the ACh binding site (GALZI et al. 1991), but is relatively distant from the gate which is near the cytoplasmic end of the channel (WILSON and KARLIN 1998). No single amino acid accounted for the difference in efficacy of DMPP between α7 and α8.

Chick and mammalian α7 AChRs differ in their response to DMPP, with DMPP being a very low efficacy partial agonist on chick α7, but a full agonist on rat and human α7 (GERZANICH et al. 1994; PENG et al. 1994b). This was elegantly shown to be due to the presence of glutamine at position 84 in rat and human α7, but leucine at this position in chick (VASQUEZ and OSWALD 1999). These studies involved both mutations in the sequence of α7 and "mutations" in the structure of DMPP analogues. An increase in length of a DMPP analogue by a single methylene group converted it from a full agonist to a very low efficacy partial agonist (essentially an antagonist) if leucine was present in position 84, but not if glutamanine was present in that position.

Rapsyn interacts with the cytoplasmic surface of all muscle AChR subunits to produce aggregation, and interaction with the cytoskeleton and dystroglycan complex (MAIMONE and MERLIE 1993; APEL et al. 1995). Rapsyn also interacts with neuronal AChR subunits. Rapsyn is expressed in ciliary ganglion neurons (BURNS et al. 1997). In a transfected cell model, α7 subunits were found to be more sensitive than other neuronal AChR subunits in being linked by rapsyn to cytoskeletal elements (KASSNER et al. 1998). The structural basis of this interaction with α7 is not yet known.

The large cytoplasmic domain of α7 has been shown to be efficiently phosphorylated by protein kinase A but not protein kinase C (Moss et al. 1996). The phosphorylation site was mapped to serine 342 (343 in Fig. 2). The physiological significance of this phosphorylation is not yet known. However, there are data suggesting that cyclic adenosine monophosphate (cAMP) modulated phosphorylation of α7 may enhance function (QUICK et al. 1997). α3 AChRs and α4 AChRs can also be phosphorylated by protein kinase A (VJAYARAGHAVEN et al. 1990; NAKAYAMA et al. 1993; VISEHAKUL et al. 1998).

The large cytoplasmic domains of α7 and α8 contain epitopes to which subunit-specific mAbs have been raised using both native and bacterially-expressed protein as antigen (SCHOEPFER et al. 1990). Epitopes for these mAbs have been mapped using synthetic peptides (McLANE et al. 1992). See Table 1.

IV. Special Properties of Homomeric Neuronal AChRs

The distinguishing features of α7, α8, and α9 AChRs are their abilities to: (1) function as homomeric AChRs, (2) bind α-Bgt, (3) exhibit exceptionally high

Ca^{2+} permeability, and (4) desensitize very rapidly. Also, choline appears to be uniquely capable of activating $\alpha 7$ but not other muscle or neuronal AChRs. The ability of these AChRs to function as homomers may reflect their evolutionary antiquity, and might be a direct cause of their rapid desensitization. Rapid desensitization might intrinsically result from a homomeric structure if the presence of five rather than the typical two ACh binding sites capable of initiating both activation and desensitization resulted in faster desensitization.

The ability to bind α-Bgt is really just a pharmacological curiosity, but it resulted in what were later known as $\alpha 7$ AChRs being identified in the brain shortly after ^{125}I-labeled α-Bgt was recognized as a good reagent for localizing muscle AChRs (GREEN et al. 1973; SCHMIDT 1988). The rapid desensitization of $\alpha 7$ AChRs and their presence in some of the same cells as functional $\alpha 3$ AChRs prevented α-Bgt binding sites in neurons from being associated with any functional activity until after $\alpha 7$ was cloned (PATRICK and STALLCUP 1977; COUTURIER et al. 1990; AKONDON and ALBUQUERQUE 1991; VJAYARAGHAVEN et al. 1992; ZHANG et al. 1994; ALBUQUERQUE et al. 1996). α-Bgt binding, of course, has been extremely useful for localizing, affinity purifying (CONTI-TRONCONI et al. 1985; GOTTI et al. 1997), and pharmacologically identifying these AChRs. The affinity of muscle AChRs for α-Bgt ($K_D = 0.1$ nM) (CONROY et al. 1990) is much higher than that of $\alpha 7$ AChRs ($K_D = 2$ nM) (KEYSER et al. 1993). The affinity of $\alpha 8$ AChRs for α-Bgt is even lower ($K_D = 17$ nM) (KEYSER et al. 1993) with the result that the 1–2 nM concentration of ^{125}I-α-Bgt typically used to localize $\alpha 7$ AChRs might easily fail to detect most or all $\alpha 8$ AChRs. The affinity of $\alpha 9$ AChRs for α-Bgt is so low that, rather than being pseudo-irreversible as in the case of $\alpha 1$ AChRs, functional inhibition of $\alpha 9$ AChRs by α-Bgt can be reversed by a few minutes of washing (ELGOHEN et al. 1994). $\alpha 9$ AChRs exhibit several other unusual pharmacological features (ROTHLIN et al. 1999). They are activated by ACh but not by nicotine and are potently blocked by some characteristic antagonists of $GABA_A$, 5-HT$_3$, and glycine receptors.

The exceptionally high Ca^{2+} permeability of $\alpha 7$, $\alpha 8$, and $\alpha 9$ has direct functional consequences (SEGUELA et al. 1993; GERZANICH et al. 1994; ELGOYHEN et al. 1994). Ca^{2+} entering through these AChRs can act as a second messenger to initiate many cellular processes. It can facilitate transmitter release when presynaptic $\alpha 7$ AChRs are activated (MCGEHEE et al. 1995; LI et al. 1998; COGGAN et al. 1997). Ca^{2+} entering through postsynaptic $\alpha 9$ AChRs can stimulate potassium channels that result in a net inhibitory rather than excitatory effect and prolong this effect beyond the activation time of $\alpha 9$ AChRs (FUCHS 1996; ELGOYHEN et al. 1994). Ca^{2+} entering through $\alpha 7$ AChRs can initiate mechanisms that protect neurons from subsequent toxic exposure to excess Ca^{2+} entering through glutamate receptors (SHIMOHAMA et al. 1997). It can also protect them from the loss of trophic factors (MARTIN et al. 1994; MESSI et al. 1997) and, exposure to toxic Aβ fragments (KIHARA et al. 1997). Ca^{2+} entering through $\alpha 7$ AChRs can cause nicotine-induced apoptotic death of hippocampal progenitor cells (BERGER et al. 1998). $\alpha 7$ AChRs have been shown to initiate the nicotine-induced proliferation of small cell lung carcinomas (QUICK et al. 1994; CODIGNOLA et al. 1994). $\alpha7$ AChRs can activate voltage-gated Ca^{2+} channels and thereby induce neurite retraction (CHAN and QUICK 1993; PUGH and BERG 1994).

The effects of Ca^{2+} entering through $\alpha7$, $\alpha8$, and $\alpha9$ AChRs are limited by the rapid rate of desensitization of these AChRs and by the inward rectification characteristic of all neuronal AChRs (but not muscle AChRs) (SEGUELA et al. 1993; GERZANICH et al. 1994; ELGOYHEN et al. 1994). This prevents the excitotoxicity due to excessive Ca^{2+} influx characteristic of N-methyl-D-asparate glutamate receptors. Desensitization presumably also substantially modulates signaling by these AChRs. At chick ciliary ganglion neuron synapses, signals can be transmitted via either postsynaptic $\alpha3$ AChRs or perisynaptic $\alpha7$ AChRs (ULLIAN et al. 1997; ZHANG et al. 1996). The $\alpha7$ AChRs are concentrated on somatic spines near sites of ACh release (SHOOP et al. 1999). These spines may be a mechanism for limiting Ca^{2+} entering through $\alpha7$ AChRs to these small compartments. The rapid desensitization of $\alpha7$ AChRs would prevent their participation in signaling at high rates of stimulation. In ciliary ganglion, the extensive area of membrane devoted to $\alpha7$ AChRs may mean that the probability of ACh release at any one area is low, thus avoiding desensitization at high rates of stimulation (SHOOP et al. 1999).

The unique ability of choline to act as a weak agonist at $\alpha7$ AChRs may not reflect remarkable structural features of its ACh binding sites but might hint at unusual functional roles for these AChRs (PAPKE et al. 1996; ALBUQUERQUE et al. 1998). Tetramethylammonium is a weak agonist at all AChRs tested, so the positively charged amine is the minimum structural feature of an agonist. Choline generated by ACh esterase cleavage of ACh might produce trophic effects through activation or desensitization of synaptic or perisynaptic $\alpha7$ AChRs.

V. Involvement of Homomeric Neuronal AChRs in Diseases

$\alpha7$ AChRs have been implicated in many processes which make them of medical interest and potential drug targets, but thus far evidence for diseases caused by structural defects in $\alpha7$ AChRs is limited.

$\alpha7$ has been implicated in developmental effects. For example, activation of $\alpha7$ AChRs promotes survival of spinal motor neurons (MESSI et al. 1997), although excess activation of developing hippocampal neurons is neurotoxic (BERGER et al. 1998). However, $\alpha7$ knockout mice exhibited no obvious phenotype (ORR-URTREGER et al. 1997; PAYLOR et al. 1998). Thus, the developmental and mature functional roles of $\alpha7$ AChRs remain to be determined.

The neuroprotective activities of $\alpha7$ AChRs has spurred interest in the development of $\alpha7$-selective agonists for the treatment of Alzheimer's disease (SHIMOHAMA et al. 1998; KIHARA et al. 1997; MEYER et al. 1998).

Some of the effects of nicotine may be mediated by $\alpha7$ AChRs. These include developmental effects in which hippocampal neuron precursor cells have been shown to lack sufficient calcium buffering protein, calbindin, to protect them from apoptosis trigged by Ca^{2+} entering through nicotine-activated α7 AChRs (BERGER et al. 1998). α7 AChRs have also been shown to play a role in the nicotine-stimulated proliferation of lung small cell carcinoma cells which may involve stimulating the release of serotonin that acts as an autocrine growth factor (QUICK et al. 1994; CODINGNOLA et al. 1994). Nicotine applied acutely activates α7 AChRs, but on prolonged exposure to the concentration of nicotine sustained in a tobacco user's serum, α7 is efficiently irreversibly inactivated (OLALE et al. 1997). This may contribute to the development of tolerance to some of nicotine's effects. α4β2 AChRs are also very sensitive to inactivation by nicotine, but α3 AChRs are not (OLALE et al. 1997; HSU et al. 1996). Chronic exposure to nicotine causes an increase in the amount of α7 AChRs (MARKS et al. 1985; PENG et al. 1997), but to a lesser extent than is seen with α4β2 AChRs or α3β2 AChRs (FLORES et al. 1992; PENG et al. 1994a; WANG et al. 1998). The parts of AChR subunits critical for functional inactivation or upregulation induced by nicotine have not yet been determined.

A mutation in an α7-like subunit of *Caenorhabditis elegans* (TRAINER and CHALFIE 1995) comparable to the L247T mutation in α7, which makes α7 AChR spontaneously active and slow to desensitize (BERTRAND et al. 1997), causes excitotoxic neuronal death. No mutation which similarly alters the activity of α7 AChRs has yet been associated with a disease.

There is evidence suggesting a role for α7 AChRs in schizophrenia. More than 90% of schizophrenics are heavy smokers, as if they were attempting to self-medicate with nicotine (FREEDMAN et al. 1997), yet schizophrenic brains were found to contain reduced numbers of α-Bgt binding sites (FREEDMAN et al. 1995). A dinucleotide polymorphism near the α7 gene was reported to be associated with schizophrenics and their close relatives who also exhibit a decrease in the normal inhibition of the response evoked to the second of paired auditory stimulae (FREEDMAN et al. 1997). This was suggested to provide a marker for a predisposing factor for developing schizophrenia. This remains controversial (NEVES-PEREIRA et al. 1998). Prepulse inhibition is an accommodation phenomenon thought to involve a pathway employing α7 AChRs. Normals respond less to the second of closely spaced tones, but schizophrenics and some of their relatives do not, perhaps reflecting an inability to properly filter attention to stimuli (FREEDMAN et al. 1997). No specific alteration of α7 subunit protein sequence in schizophrenics was reported.

C. Heteromeric Neuronal AChRs

Heteromeric neuronal AChRs comprise combinations of α2, α3, α4, α5, α6, β2, β3, and β4 subunits. The numbering reflects the order in which their cDNAs were cloned. Functional properties of various subunit combinations expressed in *Xenopus* oocytes or transiently transfected cells are better known than is precisely which subunit combinations are responsible for functioning in various groups of neurons or non-neuronal cells. In *Xenopus* oocytes, paired combinations of α2, α3, or α4 with β2 or β4 were initially best characterized (HEINEMANN et al. 1991; PAPKE et al. 1993). Initial characterization involved AChRs from chickens and rats, but now a lot of attention is being paid to human AChRs because of their potential as drug targets (HOLLADAY et al. 1997; LLOYD et al. 1998). Initially α5, α6, and β3 subunits were orphans because they did not form functional AChRs in paired subunit combinations. Now α6 has been shown to inefficiently form functional AChRs in combination with β2 or β4 subunits (GERZANICH et al. 1997; FUCILE et al. 1998), but α6 seems to function more effectively in combination with another α and a β subunit (FUCILE et al. 1998; A. Kuryatov and J. Lindstrom, unpublished). α5 subunits and β3 subunits have been found to form AChRs only in combination with other functional α and β combinations (WANG et al. 1996, 1998; GERZANICH et al. 1998; RAMEREZ-LATORRE et al. 1996; FORSAYETH and KOBRIN 1997; GROOT-KORMELINK et al. 1998).

Most of the attention has focused on α3 AChRs and α4 AChRs. This is because α3 AChRs are the most prominent subtype in the peripheral autonomic system, and because α4 AChRs are the most prominent subtype with a high affinity for nicotine in the central nervous system. An overview of the distribution of α2–α7 and β2–β4 subunits in rat brain determined by in situ hybridization is nicely tabulated in LENA and CHANGEUX (1997a). In the brain there are roughly equal amounts of α4 AChRs and α7 AChRs. In ganglia, α3 AChRs and α7 AChRs are often expressed in the same neurons (CONROY and BERG 1995; HORCH and SARGENT 1995). α3 AChRs are expressed in some brain regions. Much current pharmaceutical interest is centered on making drugs which are selective agonists for α4 AChRs (in hopes of gaining beneficial effects in Alzheimer's disease, Parkinson's disease, or chronic pain, for example) while avoiding agonist activity on α3 AChRs (in hopes of avoiding deleterious cardiovascular and gastrointestinal effects) (HOLLADAY et al. 1997; LLOYD et al. 1998). However, some newly recognized AChR subtypes, such as α6 AChRs, which are expressed only in limited but interesting brain areas, are appealing as potentially very specific drug targets (LENOVERE et al. 1996; GOLDNER et al. 1997).

Nicotine is of positive interest because its promiscuous interaction with many AChR subtypes has resulted in beneficial activities (e.g., neuroprotection, anti-nociception, anxiolysis, improved attention and memory, and weight loss) which suggests that more specific ligands might prove to be useful drugs (BENOWITZ 1996). Nicotine is also the object of much negative interest because it is the component of tobacco which produces addiction (SURGEON GENERAL 1998; DANI and HEINEMANN 1996), because its effects on developing neurons may cause long term behavioral changes (BERGER et al. 1998), because it can increase blood pressure and heart rate, and because in some circumstances it may be directly involved in promoting tumor growth (CODINGNOLA et al. 1994).

Although AChRs are the principle excitatory receptor in ganglia and skeletal muscle of the peripheral nervous system, they are outnumbered by several orders of magnitude in the central nervous system by glutamate receptors. However, AChRs are very wide spread in the brain (CLARKE et al. 1985; LENA and CHANGEUX 1997a).

There is only limited evidence for heteromeric AChRs with postsynaptic functions in the brain (CLARKE 1995; FRAZIER et al. 1998; ALKONDON et al. 1998). However, there is a lot of evidence that many function presynaptically, and perhaps even extrasynaptically, to modulate the release of many neurotransmitters (WONNACOTT 1997). $\alpha 3$ AChRs play a postsynaptic role in ganglionic transmission, but even this is frequently complicated by the presence of perisynaptic $\alpha 7$ AChRs which can also participate in transmission (ZHANG et al. 1996; ULLIAN et al. 1997; SHOOP et al. 1999).

It is still very early in figuring out the functional roles of neuronal AChRs, but they are clearly varied and complex. Thus far, it is not evident that a specific neuronal AChR subtype is destined to perform only a single type of functional role (for example, $\alpha 7$ AChRs have been reported to function both presynaptically (MCGEHEE et al. 1995; GRAY et al. 1996, ALKONDEN et al. 1996), postsynaptically (FRASIER et al. 1998; ALKONDON et al. 1998), and perisynaptically (SHOOP et al. 1999). The various subunit combinations which comprise the very large repertoire of potential AChR subtypes and the much more limited, but still uncertain, actual repertoire of neuronal AChR subtypes presumably provide combinations useful to the organism not only of ACh binding site and channel properties but also of susceptibility to transport and localization as well as regulation by post-translational modifications such as phosphorylation.

More than one AChR subtype can be expressed in a single neuron, with each subtype localized separately and serving different functions. In cultured rat hippocampal neurons, $\alpha 7$ AChRs are found largely at presynaptic terminals on both the soma and neuronal processes, whereas AChRs containing $\beta 2$ subunits are distributed more uniformly on the soma and proximal branches (ZAREI et al. 1999). In rat hippocampal slice CA1 interneurons, $\alpha 7$ AChRs were found in presynaptic locations where they facilitated phasic release of GABA, whereas $\alpha 4 \beta 2$ AChRs mediated a tonic inhibition by maintaining a basal level of more sustained GABA release (ALKONDON et al. 1999). In chick ciliary ganglion neurons, $\alpha 3$ AChRs are located postsynaptically (JACOB et al. 1984; HORCH and SARGENT 1995) whereas $\alpha 7$ AChRs are located perisynaptically at the tips of short processes (SHOOP et al. 1999). Either $\alpha 3$ AChRs or $\alpha 7$ AChRs can sustain synaptic transmission (ZHANG et al. 1996; ULLIAN et al. 1997). One net effect of this arrangement is to provide a safety factor for transmission, but there may be other effects yet to be appreciated. At neuromuscular junctions a high safety factor for transmission is ensured with a single AChR subtype by having an extensive array of presynaptic endings adjacent to an extensive array of folds in the postsynaptic membrane with $\alpha 1 \beta 1 \varepsilon \delta$ AChRs located at the tips of the folds adjacent to sites of ACh release (ENGEL 1994).

The cytoplasmic domains of α1 AChR subunits are involved in anchoring them to rapsyn, which links them to the cytoskeleton and localizes these AChRs at the tips of synaptic folds (MAIMONE and MERLIE 1993). The cytoplasmic domains of α3 subunits (and presumably α7 subunits) are responsible for targeting these AChRs to the sites at which they are localized in ciliary ganglion neurons (WILLIAMS et al. 1998).

I. Structures of the Subunits of Heteromeric Neuronal AChRs

All of these subunits exhibit the basic pattern of N-terminal extracellular domain, M1–M3 transmembrane domains, large cytoplasmic domain, M4 and short extracellular C-terminal tail shared by all AChR subunits. The aligned sequences of rat α1–7, α9, β2–4, and chick α8 are shown in Fig. 1. Some individual characteristics have been discovered about each, and these are noted below.

α2 subunits are found in limited areas of mammalian brain (LENA and CHANGEUX 1997), and consequently, although they express well in *Xenopus* oocytes, they have not been the object of as much attention as have some of the other AChR subunits. They are most closely related in sequence to α4 subunits (LENOVERE and CHANGEUX 1995).

α3 AChR subunits have received a lot of attention because they are important in autonomic ganglionic transmission (ZHANG et al. 1996; ULLIAN et al. 1997) and because there are a number of neuroblastoma cell lines which express α3 AChRs (GOTTI et al. 1995). They are most closely related in sequence to α6 subunits (LENOVERE and CHANGEUX 1995).

α4 AChR subunits have received a lot of attention because α4β2 AChRs comprise at least 90% of brain high affinity nicotine binding sites (WHITING and LINDSTROM 1988; FLORES et al. 1992). They are expressed in many brain regions (LENA and CHANGEUX 1997a). α4 subunits are by far the largest of the family with a large cytoplasmic domain of about 167 amino acids, which gives them a molecular weight of 79,000 (GOLDMAN et al. 1987) as compared to 55,000 for α3 (BOULTER et al. 1986) or 57,000 for β2 (DENERIS et al. 1988; SCHOEPFER et al. 1988). α4 subunits can be phosphorylated (NAKAYAMA et al. 1993; EILERS et al. 1997; HSU et al. 1997; VISESHAKUL et al. 1998), presumably at consensus sites found in their large cytoplasmic domains, but the precise sites have not been mapped.

α5 subunits are found in limited brain areas (LENA and CHANGEUX 1997a) and are typical of peripheral ganglia where they are expressed along with α3, β2, β4, and α7 (CONROY and BERG 1995). α5 AChR subunits, like other α subunits, were designated as α subunits because they contain a cysteine pair homologous to 192, 193 of α1 subunits. However, they lack tyrosines 93 and 190, typical ACh binding site amino acids found in other α subunits (GALZI et al. 1991), and they do not form functional AChRs when expressed in pairwise combination with β2, β3, or β4 subunits (WANG et al. 1996). α5 is most closely related in sequence to β3 (LENOVERE and CHANGEUX 1995), suggesting that both might serve similar structural roles in concert with a mixture of other α and β subunits (CONROY et al. 1992; WANG et al. 1996, 1998; GERZANICH et al. 1998; RAMIREZ-LATORRE et al. 1996; FORSAYETH and KOBRIN 1997). Application of the SCAM technique to $\alpha 5$ expressed in association with $\alpha 4$ and $\beta 2$ subunits revealed that some of the M2 amino acids thought to line the cation channel in other AChR subunits were also exposed in $\alpha 5$ subunits (RAMIREZ-LATORRE et al. 1996).

$\alpha 6$ AChR subunits are most closely related in sequence to $\alpha 3$ subunits (LENA and CHANGEUX 1997a). They are found in only limited areas of the brain, often in association with $\beta 3$ subunits (LENOVERE et al. 1996; GOLDENER et al. 1997). Only recently has it been possible to form functional AChRs by co-expressing $\alpha 6$ paired with β subunits (GERZANICH et al. 1997; FUCILE et al. 1998). $\alpha 6$ appears to express much more efficiently in combination with both $\alpha 3$ or $\alpha 4$ and $\beta 2$ or $\beta 4$ (FUCILE et al. 1998; A. Kuryatov and J. Lindstrom, unpublished). The subunit compositions of native $\alpha 6$ AChRs are not known. Nor are the sequence differences between $\alpha 6$ and $\alpha 3$ responsible for their differing efficiencies in assembling AChRs from two kinds of subunits known.

$\beta 2$ AChR subunit mRNA (DENERIS et al. 1988) and protein (SWANSON et al. 1987) are widely distributed in the brain, largely but not exclusively in combination with $\alpha 4$, and they are expressed in small amounts in peripheral ganglia (LENA and CHANGEUX 1997a). They are most closely related in sequence to $\beta 4$ subunits (LENOVERE and CHANGEUX 1995). They were initially named β because they could substitute for $\beta 1$ subunits in forming muscle AChRs (DENERIS et al. 1988). In fact, they can also substitute for, as yet unidentified, *Drosophila* AChR subunits to form functional AChRs (BERTRAND et al. 1994). Mice in which the $\beta 2$ subunits have been knocked out lose high affinity nicotine binding in their brains, exhibit mild altered learning behavior (PICCIOTO et al. 1995), lose addictive responses to nicotine (PICCIOTO et al. 1998), and exhibit premature and more extensive neuron loss in their brains with aging (ZOLI et al. 1999).

Until recently, $\beta 3$ AChR subunits were orphans (DENERIS et al. 1989), but have now been found to form AChRs in combination with $\alpha 4$, $\beta 2$, and $\beta 4$ subunits (FORSAYETH and KOBRIN 1997) and both $\alpha 3$ and $\alpha 4$ subunits (GROOT-KORMELINK et al. 1998). They are found only in limited brain regions, sometimes in areas where $\alpha 6$ is also found (LENA and CHANGEUX 1997a). $\beta 3$ is abundantly expressed in chick retina (ROZTOCIL et al. 1998). The variety of subunit compositions of native AChRs containing $\beta 3$ subunits is not known, but they have been immunoisolated from rat cerebellum in combination with both $\alpha 4$, $\beta 2$, and $\beta 4$ subunits (FORSAYETH and KOBRIN 1997). $\beta 3$ subunits are most closely related in sequence to $\alpha 5$ subunits (LENOVERE and CHANGEUX 1995). It seems likely that they both play similar structural roles in combination with other α and β subunits. The amino acid sequences which may be responsible for their ability to associate only with certain subunit interfaces are not known.

β4 subunits (DUVOISIN et al. 1989) are found in limited brain areas (LENA and CHANGEUX 1997a) and are abundant in peripheral ganglia where they form AChRs in combination with α3 and sometimes β2 and α5 subunits (CONROY and BERG 1995). They are most closely related in sequence to β2 subunits (LENOVERE and CHANGEUX 1995), and like β2 subunits, are efficient at forming functional AChRs in paired combination with α2, α3, or α4 subunits (PAPKE et al 1993). Like β2 subunits, β4 subunits can substitute for β1 subunits in α1 AChRs. Substituting four amino acids from the M2 region of β1 subunits into β4 subunits transfers insensitivity to the ganglionic channel blocker mecamylamine from the muscle AChR to α3β4 AChRs (WEBSTER et al 1998). The first two amino acids which differ in the mecamylamine-insensitive β1 M2 sequence (SIFALLT) from those present in both the mecamylamine-sensitive β2 sequence (CISVLLA) and β4 sequence (CISVLLA) are also different between the corresponding sequence of α7 (GITVLLS) and that of α1–α6. Since α7 has been reported to be relatively insensitive to mecamylamine (FRAZIER et al. 1998) these amino acids may also contribute to this insensitivity.

II. Organization of Subunits Around the Central Channel

It is presumed that heteromeric neuronal AChRs have alternate α and β subunits organized around the central channel so that two ACh binding sites are formed at interfaces between the positive side of the α subunits and the negative side of two of the β subunits, as depicted in Fig. 3. The subunit stoichiometry is known to be $(\alpha 4)2(\beta 2)3$ when this subunit combination is expressed in *Xenopus* oocytes (ANAND et al. 1991; COOPER et al. 1991). α5 and β3 subunits which are incapable of functioning as part of dimeric AChRs are thought to occupy a position comparable to that of β1 subunits in muscle AChRs (WANG et al. 1996). In this position they could not directly contribute to the formation of an ACh binding site, but they could contribute to the efficacy and potency of agonists by participating in the overall conformation changes involved in activation and desensitization, and they could contribute to the channel properties because they would contribute one-fifth of the channel lining. It is possible to express in *Xenopus* oocytes AChRs which have two or more kinds of α subunits as well as two kinds of β subunits (e.g., α3, α6, α5, β2, and β4) (A. Kuryatov and J. Lindstrom, unpublished) and AChRs containing α3, α5, β2, and β4 subunits are known to occur in ganglionic neurons (CONROY and BERG 1995). Like muscle $\alpha 1\beta 1\gamma\delta$ AChRs (PRINCE and SINE 1998), these heteromeric neuronal AChRs would be expected to have two ACh binding sites with different properties, because of the different subunit interfaces which form them.

Determining the subunit composition and organization of the AChR subtypes which actually occur in various neurons and how these might change during development, experience-based plastic changes in the nervous system, and chronic drug exposure are some of the major outstanding problems.

III. Special Properties of Heteromeric Neuronal AChRs

The properties of heteromeric AChRs are determined by the subunit composition which defines each subtype. These properties reflect the properties of both the α and β subunits which contribute to the formation of ACh binding sites, and, if they are present, the modifying effects of $\alpha 5$ or $\beta 3$ subunits. Prominent features of $\alpha 2$, $\alpha 3$, $\alpha 4$, and $\alpha 6$ AChRs will be briefly considered successively, with the most emphasis on $\alpha 3$ and $\alpha 4$ AChRs because they are present in the largest amount and are best characterized. In each case, where it is known, the differing contributions of $\beta 2$ or $\beta 4$ subunits will be noted, as will any contributions of $\alpha 5$ or $\beta 3$ subunits.

$\alpha 2$ subunits efficiently form AChRs in paired combination with $\beta 2$ or $\beta 4$ subunits when clones are expressed in *Xenopus* oocytes (PAPKE 1993) or transfected cells (STAUDERMAN et al. 1998). The effects of $\alpha 5$ or $\beta 3$ subunits on $\alpha 2$ AChRs have not been studied. Because they are expressed in limited brain regions, little is known about biochemical or electrophysiological properties of native $\alpha 2$ AChRs. $\alpha 2$ and $\alpha 4$ are essentially identical in the M2 channel forming sequence. $\alpha 2$ exhibits pharmacological differences from $\alpha 4$ and $\alpha 3$. For example, when expressed with $\beta 2$ subunits, $\alpha 2$ is resistant to antagonism by neuronal bungarotoxin (WADA et al. 1988). Expressing varying ratios of $\alpha 2$ and $\beta 2$ cRNAs in *Xenopus* oocytes results in the observation of different single channel conductances (PAPKE 1993). Similarly, expressing varying ratios of $\alpha 3$ and $\beta 2$ subunits can result in different or multiple effective concentration (EC_{50}) values (V. Gerzanich and J. Lindstrom, unpublished). These results suggest that large excesses of α or β subunits may result in the assembly of AChRs with stoichiometries such as $\alpha(\beta)4$ or $(\alpha)3(\beta)2$ rather than the $(\alpha)2(\beta)3$ observed when nearly equal amounts of $\alpha 4$ and $\beta 2$ subunits are expressed (ANAND et al. 1991; COOPER et al. 1991). The homologous structures of all AChR subunits may permit the inefficient assembly of subunit arrangements which do not normally occur. *Xenopus* oocytes are quite promiscuous in the subunit combinations that they will express, and it may be that in neurons synthesizing AChRs at lower rates there are checks and balances that might select against some unusual subunit compositions.

$\alpha 3$ subunits efficiently form AChRs in combination with $\beta 2$ or $\beta 4$ subunits in *Xenopus* oocytes (PAPKE et al. 1993; WANG et al. 1996) and transfected cell lines (WANG et al. 1998; STETZER et al. 1996; XIAO et al. 1998; STAUDERMAN et al. 1998; LEWIS et al. 1997). The effects of co-expression with $\alpha 5$ subunits have been investigated (WANG et al. 1996, 1998; GERZANICH et al. 1998; FUCILE et al. 1997). $\alpha 3$ AChRs are prominent in several neuroblastoma cell lines (KE et al. 1998; TARRONI et al. 1992). Ciliary ganglia (CONROY and BERG 1995; HORCH and SARGENT 1995) and adrenal medulla (KHIROUG et al. 1998; WENGER et al. 1997; CAMPOS-CARO et al. 1997) have been especially useful models for studying native $\alpha 3$ AChRs. $\alpha 3$ AChRs have also been found in non-neuronal cells such as lymphocytes (BATTAGLIOLI et al. 1998), keratinocytes (GRANDO et al. 1997), and endothelial cells (ZIA et al. 1997).

Properties such as single channel features and the extent of nicotine-induced upregulation seem to depend on the expression system studied. For example, it has been difficult to get precise correlations between single channel parameters of α3 AChR subtypes expressed in *Xenopus* oocytes, ganglionic neurons, and neuroblastoma lines (LEWIS et al. 1997; SIVILOTTI et al. 1997; WANG et al. 1998; NELSON and LINDSTROM 1999). This probably reflects differences in lipid composition, glycosylation, pattern of phosphorylation, or other post-translational modifications, as well as associations with other proteins. Nonetheless, some general features of α3 AChRs are clear. For example, they have a much lower affinity for nicotine than do α4 AChRs and they are much more resistant to persistent inactivation by chronic exposure to nicotine (OLALE et al. 1997; HSU et al. 1996; WANG et al. 1998).

α3β2 AChRs differ in a number of properties from α3β4 AChRs. Several of many possible examples are noted below. Conotoxin MII specifically competitively inhibits α3β2 AChRs but not α3β4 AChRs (CARTIER et al. 1996). Nicotine is a partial agonist on α3β2 AChRs and a full agonist on α3β4 AChRs (WANG et al. 1996, 1998). These pharmacological differences probably reflect structural differences in the ACh binding site amino acids contributed by β2 versus β4 subunits. α3β2 AChRs reversibly desensitize much more rapidly than do α3β4 AChRs (WANG et al. 1996, 1998). The nearly identical M2 sequences of β2 and β4 subunits suggest that they should make equal contributions to channel structure. Differences in their large cytoplasmic domains may account for the observation that β4 but not β2 can associate with rapsyn (WHEELER et al. 1994). It is not clear what parts of the subunits are responsible for the observation that chronic exposure to nicotine efficiently induces upregulation in the amount of α3β2 AChRs but not α3β4 AChRs (WANG et al. 1998). Extracellular Ca^{2+} potentiates currents through α3β2 AChRs more than it does through α3β4 AChRs, and co-expression with α5 potentiates the effect on α3β2 AChRs (GERZANICH et al. 1998).

The large cytoplasmic domain of α3 subunits has been shown to target AChRs to subdomains within the synapses of chick ciliary ganglion neurons (WILLIAMS et al. 1998). Presumably, the large cytoplasmic domain of other subunits is also important in guiding them to and anchoring them at particular locations. WILLIAMS et al. (1998) showed that chimeric α7 subunits containing the large cytoplasmic loop of α3 were localized in the postsynaptic membrane, where α3 AChRs are normally localized, rather than perisynaptically, where α7 AChRs are normally localized. The large cytoplasmic domain of α5 subunits did not have this effect on α7 chimeras.

Co-expression of α5 with α3β2 or α3β4 AChR subunit combinations alters several properties. Co-assembly with α5 is very efficient in *Xenopus* oocytes but is much less efficient in permanently transfected cell lines or the neuroblastoma cell line SH-SY5Y (WANG et al. 1998). α5 subunits increased desensitization rate and Ca^{2+} permeability of both α3β2 and α3β4 AChRs (GERZANICH et al. 1998). The Ca^{2+} permeabilities of both α3β2α5 AChRs and α3β4α5 AChRs are comparable to that of α7 AChRs. Since α3 AChRs are much more resistant to desensitization and functional inactivation by chronic exposure to nicotine than are α7 AChRs (OLALE et al. 1997), net nicotine-induced excitotoxic Ca^{2+} influx through α3α5 AChRs could exceed that through α7 AChRs. α5 subunits increased the ACh sensitivity of α3β2 AChRs 50-fold but had little effect on α3β4 AChRs. α5 increased the efficacies of nicotine and DMPP on α3β2 AChRs but decreased them on α3β4 AChRs.

Peptide toxins from snail venom have been proving very useful as AChR subtype-specific antagonists for trying to identify the AChR subtypes which are responsible for various functions. Toxins have been found which are highly selective for muscle α1 AChRs (e.g., α-conotoxin MI (OLIVERA 1997), for neuronal α3β2 AChRs (e.g., α-conotoxin MII (KULAK et al. 1997), for α3β4 AChRs (e.g., α-conotoxin AuIB (Luo et al. 1998), and for α7 AChRs (e.g., α-conotoxin ImI (PEREIRA et al. 1996). The α3β2-specific toxin blocks 33% of nicotine-stimulated dopamine release from striatal synaptosomes, but does not block nicotine-stimulated norepinephrine release from the hippocampus. The α3β4-specific toxin blocks 20%–35% of the nicotine-stimulated norepinephrine release from rat hippocampal synaptosomes, but does not affect the striatal synaptosomes. These results are consistent with β2 knockout mouse evidence for the importance of β2-containing AChRs in regulating dopamine release (PICCIOTTO et al. 1998). They also illustrate the complexity of AChR subtypes involved in each of these responses, since in both the striatum and hippocampus the subtype-specific toxins blocked less than half of the nicotine-evoked response. Finally, even though these toxins may select by hundreds of fold in affinity between various cloned AChR subtypes expressed in *Xenopus* oocytes, there can still be questions about what is blocked in tissues. For example, the α6 selectivites of these toxins have not been reported.

All neuronal AChRs, by contrast with α1 AChRs, exhibit inward rectification so that at positive membrane potentials current does not flow through them. Studies of α3β4 AChRs and α4β2 AChRs have revealed that intracellular spermine causes voltage-dependent channel block (HAGHIGHI and COOPER 1998). In glutamate receptors a glutamine in the channel domain plays an important role in determining both rectifying channel block by spermine and Ca^{2+} permeability (HUME et al. 1991). Amino acids contributing to spermine binding to AChRs have not been mapped.

α4 subunits efficiently form AChRs in combination with β2 or β4 subunits when expressed in *Xenopus* oocytes (HEINEMANN et al. 1991; PAPKE et al. 1993) transfected cell lines (WHITING et al. 1991b; GOPALAKRISHNAN et al. 1996; STAUDERMAN et al. 1998) or baculovirus transfected cells (WANG and ABOOD 1996). There is a paucity of neuroblastoma lines which express α4 AChRs (ZWART et al. 1994). α4β2 AChRs account for 90% of the AChRs with a high affinity for nicotine in the brain (WHITING and LINDSTROM 1988; FLORES et al. 1992). Although α4 can assemble efficiently with both β2 and β4, knockout of the β2 gene in mice does not result in the replacement of α4β2 AChRs by α4β4 AChRs (PICCIOTTO et al. 1995). α5 assembles efficiently with α4β2 in *Xenopus* oocytes causing an increase in the rate of desensitization and a new higher conductance channel opening (RAMIREZ-LATORRE et al. 1996). Mutation of an α4 subunit at an amino acid in M2 causes a rare form of epilepsy (STEINLEIN et al. 1995). The mutated AChRs lose their Ca^{2+} permeability, among other defects (KURYATOV et al. 1997). Co-expression of α5 with mutant α4 and β2 repairs the defect in Ca^{2+} permeability (KURYATOV et al. 1997). Some brain α4β2 AChRs appear to have α5 associated with them (CONROY et al. 1992; GERZANICH et al. 1998). β3 has also been reported to be associated with some α4 AChRs (FORSAYETH and KOBRIN 1997). α4 AChRs are distinguished by a very high affinity for nicotine, susceptibility to nicotine-induced upregulation in amount by the concentration of nicotine typical of tobacco users serum, and susceptibility to nicotine-induced functional inactivation by these same low concentrations of nicotine (FLORES et al. 1992; PENG et al. 1994a; HSU et al. 1996; OLALE et al. 1997). Nicotine enhances protein kinase A phosphorylation of α4 subunits of α4β2 AChRs expressed in *Xenopus* oocytes, but not α3β2 AChRs (HSU et al. 1997). Chronic exposure to nicotine of α4β2 AChRs expressed in permanently transfected HEK293 cells causes upregulation of the amount of AChR, but also some functional inactivation (GOPALAKRISHNAN et al. 1996; EILERS et al. 1997). Inactivation was also caused by inhibiting protein kinase C (EILERS et al. 1997). In the M10 cell line, which expresses chick α4β2 AChRs in mouse fibroblasts (WHITING et al. 1991b), stimulating a cAMP-dependent protein kinase increases the amount of AChR on the cell surface (ROTHHUT et al. 1996). It is clear that α4 is a substrate for phosphorylation (VISESHAKUL et al. 1998). Long-lasting dephosphorylation may contribute to the inactivation of α4β2 AChRs observed after chronic nicotine treatment (FENSTER et al. 1999). Recovery from nicotine-induced inactivation was enhanced by the protein kinase C (PKC) activator phorbol-12-myristate-13-acetate and by the phosphatase inhibitor cyclosporin A. A mutation to alanine of α4 serine 336 which eliminated one of five consensus sites for PKC phosphorylation on the large cytoplasmic domain prevented recovery from desensitization produced by exposure to nicotine for 30 minutes.

It has been reported that α4 can co-assemble with $5-HT_3$ subunits when both are co-transfected (VANHOOFT et al. 1998). This would provide a potential mechanism for generating a diversity of $5-HT_3$ receptors which could not be accounted for by homomeric receptors composed of the single type of $5-HT_3$ subunit cloned until recently. However, there is also immunological evidence against co-assembly of both subunits in native receptors from pig brain (FLETCHER et al. 1998). In addition, recently, a new $5-HT_{3B}$ subunit was cloned which may help to account for the diversity in $5-HT_3$ receptor properties (DAVIES et al. 1999).

α6 subunits inefficiently form functional AChRs when expressed with β2 or β4 subunits (GERZANICH et al. 1997; FUCILE et al. 1998) but are expressed very efficiently in combination with α3 or α4 as well as β2 or β4 subunits (FUCILE et al. 1998; A. KURYATOV and J. LINDSTROM, unpublished). The subunit composition of native α6 AChRs is unknown. Although α6 subunits are closely related in sequence to α3 subunits, they differ in pharmacological properties.

For example, the $\alpha6\beta4$ subunit combination responds to nicotine or DMPP as partial agonists and has EC_{50} values for ACh, nicotine and DMPP of 28, 22, and 15 μM, respectively, whereas $\alpha3\beta4$ responds to all three of these as full agonists with EC_{50} values of 163, 106, and 10 μM, respectively (GERZANICH et al. 1997).

IV. Involvement of Heteromeric Neuronal AChRs in Diseases

Some of the diseases in which heteromeric AChRs have been implicated will be briefly discussed from the perspective of the structures of the AChR subtypes involved and their resulting functional properties. Two mutations in the M2 channel lining region of $\alpha4$ subunits have been shown to cause a rare form of autosomal dominant nocturnal frontal lobe epilepsy (STEINLEIN et al. 1995, 1997). In one mutation a leucine was inserted near the extracellular end of M2, resulting in increased ACh potency and decreased Ca^{2+} permeability (STEINLEIN et al. 1997). In the other mutation, a conserved serine near the cytoplasmic end of M2 was replaced by a phenylalanine (S248F) (STEINLEIN et al. 1995). This mutation showed faster desensitization, slower recovery, less inward rectification, and greatly reduced Ca^{2+} permeability (KURYATOV et al. 1997; WEILAND et al. 1996). It was proposed that reduction in the function of mutant $\alpha4\beta2$ AChRs might result in the hyperactivity characteristic of epilepsy if these AChRs were pre- or postsynaptically involved in promoting the release of the inhibitory transmitter GABA. $\alpha4\beta2$ AChRs in hippocampal CA1 interneurons can facilitate action potential dependent release of GABA (ALKONDON et al. 1999). Curiously, both of these $\alpha4$ mutations cause a use-dependent increase the $\alpha4\beta2$ AChR response (KURYATOV et al. 1997; FIGL et al. 1998).

High affinity nicotine binding sites (presumably $\alpha4\beta2$ AChRs) are reduced in both Alzheimer's disease and Parkinson's disease (WHITEHOUSE et al. 1988) and there is evidence that tobacco use may reduce the incidence of Parkinson's disease (MORENS et al. 1995). Stimulation of $\alpha4\beta2$ AChRs is reported to protect cultures of rat brain cortical neurons from death caused by the Aβ amyloid fragment characteristic of Alzheimer's disease brains (KIHARA et al. 1998). Conversely, $\beta2$ knockout mice exhibit extensive brain neuronal loss with aging (ZOLI et al. 1999). $\alpha6$ AChRs are selectively found on dopaminergic neurons in the substantia nigra and the ventral tegmental area (GOLDNER et al. 1997; LENOVERE et al. 1996). Disruption of the substantia nigra resulting in reduction of its dopamine release is responsible for movement difficulties characteristic of Parkinson's disease. However, there is no evidence for the direct involvement of AChRs in these disease pathologies. Nonetheless, subtype-selective nicotinic drugs are being investigated for possible use in these diseases because of the neuroprotective and cognitive enhancing effects of nicotine and because nicotine is effective at stimulating dopamine release (HOLLADAY et al. 1997; LLOYD et al. 1998).

Nicotine patches have been reported to produce long lasting benefit in treating Tourette's syndrome (DURSUN et al. 1994; SANBERG et al. 1997), and the channel-blocking antagonist mecamylamine has been reported to be even more effective (SANBERG et al. 1998). This illustrates a general problem in pharmacological approaches to AChR subtypes of determining whether the desired effect is agonist activity or antagonist activity resulting from reversible desensitization, long term inactivation, or direct use of a competitive or noncompetitive antagonist.

AChRs which react with mAbs to the main immunogenic region (probably α3 AChRs) α7 AChRs, and perhaps other AChR subtypes, are intensively expressed in ganglia of the gastrointestinal system (FURNESS and COSTA 1987; KIRCHGESSNER and LIU 1998; OBAID et al. 1999). Tobacco use is protective for ulcerative colitis and nicotine is therapeutic for it, whereas Crohn's disease is more prevalent in smokers and is exacerbated by smoking (THOMAS et al. 1995; BIRTWISTLE 1996; GREEN et al. 1997).

Autoantibodies to α3 AChRs have been found in some rare dysautonomias (VERNINO et al. 1998). It may be that they act like autoantibodies to α1 AChRs in myasthenia gravis to impair neurotransmission (LINDSTROM et al. 1988).

By far the major health problem directly involving AChRs is tobacco use, in which AChRs are directly responsible for addiction and in which AChRs mediate some of the undesirable health effects (SURGEON GENERAL 1998; DANI and HEINEMANN 1996). AChRs containing β2 subunits appear to be responsible for the addictive effects of nicotine, since β2 knockout mice appear to not develop a craving for nicotine (PICCIOTTO et al. 1998). AChR subtypes differ in their responses to nicotine. Chronic exposure to nicotine causes about a doubling or less of brain α4β2 AChRs (FLORES et al. 1992) and has lesser effects on brain α7 AChRs (MARKS et al. 1985). Depending on the expression system, chronic exposure to nicotine can cause a much larger upregulation. α4β2 AChRs expressed in *Xenopus* oocytes or transfected fibroblasts upregulated by a maximum of twofold (PENG et al. 1994a), whereas α4β2 AChRs expressed in HEK293 cells upregulated by 15-fold (GOPALAKRISHHAN et al. 1996). α3 AChRs and α7 AChRs require much higher concentrations of nicotine to upregulate (PENG et al. 1997) than do α4β2 AChRs (PENG et al. 1994a). The extent of α3 AChR upregulation in a neuroblastoma cell line (sixfold) or transfected HEK293 cells (24-fold) can be quite large (PENG et al. 1997; WANG et al. 1998). In both cases, α3β2 AChRs upregulated but α3β4 AChRs did not (WANG et al. 1998). Chronic exposure to nicotine causes long term functional inactivation as well as reversible desensitization (LUKAS 1991; PENG et al. 1994a; COLLINS and MARKS 1996). α4β2 AChRs and α7 AChRs are much more sensitive to functional inactivation than are α3β2 AChRs, and β2-containing α3 and α4 AChRs desensitize faster than do β4-containing AChRs (HSU et al. 1996; OLALE et al. 1997; FENSTER et al. 1997). This provides a mechanism for explaining tolerance to some of nicotine's effects and a mechanism which might explain the long term therapeutic effects of nicotine patches on Tourette's syndrome (DURSUN et al. 1994).

D. Conclusions and Current Problems

Detailed structural homologies exist between muscle and neuronal AChRs. Thus, many recent studies have used AChR subtypes that are experimentally expedient. For examples, electron crystallography takes advantage of the abundance of $\alpha 1$ AChR protein in the *Torpedo* electric organ; whereas for some mutagenesis studies of channel properties, homomeric $\alpha 7$ AChRs are especially convenient; while for other mutagenesis studies of ACh binding sites at subunit interfaces, heteromeric AChRs are more useful.

It is clear that neuronal AChRs have in common some differences from muscle AChRs, such as inward rectification and greater Ca^{2+} permeability. It is also clear that neuronal AChRs have a much wider range of functional roles than do the extrajunctional and junctional forms of muscle AChRs. These include not only the postsynaptic role also shared by junctional $\alpha 1$ AChRs, but also pre-, peri-, and extrasynaptic roles in neurons which are not yet clearly understood. Neuronal AChRs are also expressed in a number of non-neuronal tissues, but their functional roles there remain obscure.

There is a large number of potential neuronal AChR subtypes which might be produced by combinations of known subunits, but a smaller number of major subtypes seem to predominate in various areas. Progress is being made on discovering some of the special functional properties of various cloned subunit combinations. The properties of these subunit combinations are influenced somewhat by the cells in which they are expressed. Determining the functional roles of AChRs in neurons becomes even more difficult when, as is often the case, several AChR subtypes are expressed by a single neuron. The location on the neuron where the AChR is expressed is also important. It is not yet clear which AChR subtypes are used for particular functional roles, nor is it clear that there will be simple rules. For example, $\alpha 7$ AChRs have been found in both pre- and postsynaptic roles. The small amount of AChRs in the nervous system and their diffuse but pervasive distribution complicates determining functional roles of AChR subtypes or identifying which subtype or subtypes to target with a drug. The tendency of AChRs to desensitize and inactivate on chronic exposure to agonists further complicates in vivo drug studies and determining whether agonist or antagonist properties of a drug are desirable. It will be important to determine which AChR subtypes are found in various neuronal and non-neuronal tissues. For some medically important problems minor AChR subtypes may be important.

It seems likely that in the future, as in the past, there will be synergy between structural studies using electric organ and cloned AChRs, mAbs prepared to these AChRs, pharmaceutical studies that can provide both reagents and drugs, and cell biological studies that can localize, functionally and developmentally characterize neuronal AChRs, and identify them with particular subunit combinations.

There may well be more AChR subunits yet to clone and AChR subtypes yet to characterize. Recently, complete sequencing of the genome of *C. elegans* revealed the presence of 42 AChR-like subunits (BARGMANN 1998). It seems remarkable that even such a "simple" organism would devote so many of its 19000 genes to forming many AChR subtypes for only about 300 neurons.

Acknowledgments. Research in the laboratory of J.L. is supported by grants from the National Institutes of Health (NSH323), the Smokeless Tobacco Research Council, Inc., and the Muscular Dystrophy Association.

References

Akabas M, Karlin A (1995) Identification of acetylcholine receptor channel-lining residues in the M1 segment of the α subunit. J Biochem 34:12496–12500

Akabas M, Kaufmann C, Archdeacon P, Karlin A (1994) Identification of acetylcholine receptor channel-lining residues in the entire M2 segment of the α subunit. Neuron 13:919–927

Albuquerque E, Alkondon M, Periera E, Castro N, Schrattenholz A, Barbosa T, Bonfante-Cabarcas R, Aracava Y, Eisenberg H, Maelicke A (1996) Properties of neuronal nicotinic receptors: pharmacological characterization and modulation of synaptic function. J Pharmacol Exp Ther 280:1117–1136

Albuquerque E, Periera E, Braga M, Alkondon M (1998) Contribution of nicotinic receptors to the function of synapses in the central nervous system: the action of choline as a selective agonist of $\alpha 7$ receptors. J Physiol Paris 92:309–316

Alkondon M, Albuquerque E (1991) Initial characterization of the nicotinic acetylcholine receptors in rat hippocampal neurons. J Receptor Res 11:1101–1201

Alkondon M, Periera E, Albuquerque E (1998) α-Bungarotoxin and methyllycaconitine-sensitive nicotinic receptors mediate fast synaptic transmission in interneurons of rat hippocampal slices. Brian Res 810:257–263

Alkondon M, Periera E, Eisenberg H, Albuquerque E (1999) Choline and selective antagonists identify two subtypes of nicotinic acetylcholine receptors that modulate GABA release from CA1 interneurons in rat hippocampal slices. J Neuroscience 19: 2693–2705

Alkondon M, Rocha E, Maelicke A, Albuquerque E (1996) Diversity of nicotinic acetylcholine receptors in rat brain .V. α-Bungarotoxin-sensitive nicotinic receptors in olfactory bulb neurons and presynaptic modulation of glutamate release. J Pharmacol Exp Ther 278:1460–1471

Anand R, Bason L, Saedi M, Gerzanich V, Peng X, Lindstrom J (1993a) Reporter epitopes: a novel approach to examine transmembrane topology of integral membrane proteins applied to the $\alpha 1$ subunit of the nicotinic acetylcholine receptor. Biochem 32:9975–9984

Anand R, Conroy WG, Schoepfer R, Whiting P, Lindstrom J (1991) Chicken neuronal nicotinic acetylcholine receptors expressed in *Xenopus* oocytes have a pentameric quaternary structure. J Biol Chem 266:11192–11198

Anand R, Nelson M, Gerzanich V, Wells G, Lindstrom J (1998) Determinants of channel gating located in the N-terminal extracellular domain of nicotinic $\alpha 7$ receptor. J Pharmacol Exp Ther 287:469–479

Anand R, Peng X, Ballesta J, Lindstrom J (1993b) Pharmacological characterization of α-bungarotoxin sensitive AChRs immunoisolated from chick retina: contrasting properties of $\alpha 7$ and $\alpha 8$ subunit-containing subtypes. Mol Pharmacol 44:1046–1050

Anand R, Peng X, Lindstrom J (1993c) Homomeric and native $\alpha 7$ acetylcholine receptors exhibit remarkably similar but nonidentical pharmacological properties suggesting that the native receptor is a heteromeric protein complex. FEBS Lett 327:241–246

Anderson D, Blobel G, Tzartos S, Gullick W, Lindstrom J (1983) Transmembrane orientation of an early biosynthetic form of acetylcholine receptor δ subunit determined by proteolytic dissection in conjunction with monoclonal antibodies. J Neurosci 3:1773–1784

Apel E, Roberds S, Campbell K, Merlie J (1995) Rapsyn may function as a link between the acetylcholine receptor and the agrin-binding dystrophin-associated glycoprotein complex. Neuron 15:115–126

Aramakis V, Metherate R (1998) Nicotine selectively enhances NMDA receptor-mediated synaptic transmission during postnatal development in sensory neocortex. J Neurosci 18:8485–8495

Baltaglioli E, Gotti C, Terzano S, Flora A, Clementi F, Fornasari D (1998) Expression and transcriptional regulation of the human $\alpha 3$ neuronal nicotinic receptor subunit in T lymphocyte cell lines. J Neurochem 71:1261–1270

Bargmann C (1998) Neurobiology of the *Caenorhabditis elegans* genome. Science 282:2028–2033

Benowitz N (1996) Pharmacology of nicotine addiction and therapeutics. Ann Rev Pharmacol Toxicol 36:597–613

Berger F, Gage F, Vjayaraghavan S (1998) Nicotinic receptor-induced apoptotic cell death of hippocampal progenitor cells. J Neurosci 18:6871–6881

Beroukhim R, Unwin N (1995) Three dimensional location of the main immunogenic region of the acetylcholine receptor. Neuron 15:323–331

Bertrand D, Ballivet M, Gomez M, Bertrand S, Phannavong B, Gundelfinger E (1994) Physiological properties of neuronal nicotinic receptors reconstituted from the vertebrate $\beta 2$ subunit and Drosophila subunits. Euro J Neurosci 6:869–875

Bertrand S, Devillers-Thiery A, Palma E, Buisson B, Edelstein S, Corringer PJ, Changeux JP, Bertrand D (1997) Paradoxical allosteric effects of competitive inhibitors on neuronal $\alpha 7$ nicotinic receptor mutants. Neuroreport 8:3591–3596

Bertrand D, Devillers-Thiery A, Revah F, Galzi JL, Hussy N, Mulle C, Bertrand S, Ballivet M, Changeux JP (1992) Unconventional pharmacology of a neuronal nicotinic receptor mutated in the channel domain. Proc Acad Sci USA 89:1261–1265

Bertrand D, Galzi JL, Devillers-Thiery A, Bertrand S, Changeux JP (1993) Mutations at two distinct sites within the channel domain M2 alter calcium permeability of neuronal $\alpha 7$ nicotinic receptor. Proc Natl Acad Sci USA 90:6971–6975

Birtwistle J (1996) The role of cigarettes and nicotine in the onset and treatment of ulcerative colitis. Postgrad Med J 72:714–718

Blount P, Merile J (1988) Native folding of an acetylcholine receptor α subunit expressed in the absence of other receptor subunits. J Biol Chem 262:4367–4376

Blount P, Merile JP (1989) Molecular basis of the two nonequivalent ligand binding sites of the muscle nicotinic acetylcholine receptor. Neuron 3:349–357

Blount P, Smith M, Merile J (1990) Assembly intermediates of the mouse muscle nicotinic acetylcholine receptor in stably transfected fibroblasts. J Cell Biol 111: 2601–2611

Blumenthal E, Conroy B, Romano S, Kassner P, Berg D (1997) Detection of functional nicotinic receptors blocked by α-bungarotoxin on PC12 cells and dependence of their expression on post-translational events. J Neurosci 17:6094–6104

Boulter J, Evans K, Goldman D, Martin G, Treco D, Heinemann S, Patrick J (1986) Isolation of a cDNA clone coding for a possible neural nicotinic acetylcholine receptor α subunit, Nature 319:368–374

Boulter J, O'Shea-Greenfield A, Duvoisin R, Connelly J, Wada E, Jensen A, Gardner P, Ballivet M, Deneris E, McKinnon D, Heinemann S, Patrick J (1990) $\alpha 3$, $\alpha 5$, $\beta 4$: Three members of the rat neuronal nicotinic acetylcholine receptor-related gene family form a gene cluster. J Biol Chem 265:4472–4482

Briggs C, McKenna D, Monteggia L, Touma E, Roch JM, Arneric S, Gopalakrishman M, Sullivan J (1999) Gain of function mutation of the $\alpha 7$ nicotinic receptor: distinct pharmacology of the human of the human $\alpha 7$ V274T variant. Eur J Pharmacol 366:301–308

Britto L, Hamassaki-Britto D, Ferro E, Keyser K, Karten H, Lindstrom J (1992) Neurons of the chick brain and retina expressing both α-bungarotoxin-sensitive and α-bungarotoxin insensitive nicotinic acetylcholine receptors: an immunohistochemical analysis. Brain Res 590:193–200

Britto L, Keyser K, Lindstrom J, Karten H (1992b) Immunohistochemical localization of nicotinic acetylcholine receptor subunits in the mesencephalon and diencephalon of the chick (Gallus gallus). J Comp Neurol 317:325:340

Britto LR, Torrao AS, Hamassaki-Britto DE, Mpodozis J, Keyser KT, Lindstrom JM, Karten HJ (1994) Effects of retinal lesions upon the distribution of nicotinic acetylcholine receptor subunits in the chick visual system. J Comp Neurol 350:473–484

Burns A, Benson D, Howard M, Margiotta J (1997) Chick ciliary ganglion neurons contain transcripts coding for acetylcholine receptor-associated protein at synapses (rapsyn). J Neurosci 17:5016–5026

Campos-Caro A, Smillie F, Dominquez DelToro E, Rovira J, Vicente-Agullo F, Chapuli J, Juiz J, Sala S, Sala F, Ballesta J, Criado M (1997) Neuronal nicotinic receptors on bovine chromaffin cells: cloning, expression, and genomic organization of receptor subunits. J Neurochem 68:488–497

Cartier G, Yashikami D, Gray W, Luo S, Olivera B, McIntosh J (1996) A new α conotoxin which targets $\alpha 3 \beta 2$ nicotinic acetylcholine receptors. J Biol Chem 271:7522–7528

Chan J, Quik M (1993) A role for the nicotinic α-bungarotoxin receptor in neurite outgrowth in PC12 cells. Neurosci 56:441–451

Changeux JP (1990) Functional architecture and dynamics of the nicotinic acetylcholine receptor: an allosteric ligand-gated ion channel. 1988–1989 Fidia Res Found: Neurosci Award Lect 4:21–168

Chen D, Dang H, Patrick J (1998) Contributions of N-linked glycosylation to the expression of a functional $\alpha 7$-nicotinic receptor in Xenopus oocytes. J Neurochem 70:349–357

Chen D, Patrick J (1997) The α-bungarotoxin-binding nicotinic acetylcholine receptor from rat brain contains only the $\alpha 7$ subunit. J Biol Chem 272:24024–24029

Chini B, Clementi F, Hukovic N, Sher E (1992) Neuronal type α-bungarotoxin receptors and the $\alpha 5$ nicotinic receptor subunit gene are expressed in neuronal and non-neuronal human cell lines. Pro Natl Acad Sci USA 89:1572–1576

Clarke P (1995) Nicotinic receptors and cholinergic transmission in the central nervous system. Ann NY Acad Sci 757:73–83

Clarke P, Schwartz R, Paul S, Pert C, Pert A (1985) Nicotinic binding in rat brain: autoradiographic comparison of [3H]acetylcholine, [3H]nicotine, and [125I]α-bungarotoxin. J Neurosci 5:1307–1315

Codignola A, Tarroni P, Cattaneo M, Vicentini L, Clementi F, Sher E (1994) Serotonin release and cell proliferation are under control of α-bungarotoxin-sensitive nicotinic receptors in small-cell lung carcinoma cell lines. FEBS Lett 342:286–290

Coggan J, Paysan J, Conroy W, Berg D (1997) Direct recording of nicotinic responses in presynaptic nerve terminals. J Neurosci 17:5798–5806

Collins A, Marks M (1996) Are nicotinic receptors activated or inhibited following chronic nicotine treatment? Drug Devel Res 38:231–242

Conroy W, Berg D (1995) Neurons can maintain multiple classes of nicotinic acetylcholine receptors distinguished by different subunit compositions. J Biol Chem 270:4424–4431

Conroy WG, Saedi M, Lindstrom J (1990) TE671 cells express an abundance of a partially mature acetylcholine receptor α subunit which has characteristics of an assembly intermediate. J Biol Chem 265:21642–21651

Conroy W, Vernallis A, Berg D (1992) The $\alpha 5$ gene product assembles with multiple acetylcholine receptor subunits to form distinctive receptor subtypes in brain. Neuron 9:1–20

Conti-Tronconi B, Dunn S, Barnard E, Dolly J, Lai F, Ray N, Raftery M (1985) Brain and muscle nicotinic acetylcholine receptors are different but homologous proteins. Proc Natl Acad Sci USA 82:5208–5212

Conti-Tronconi B, Gotti G, Hunkapiller M, Raftery M (1982) Mammalian muscle acetylcholine receptor: a supramolecular structure formed by four related proteins. Science 218:1227–1229

Conti-Tronconi B, Tzartos S, Lindstrom J (1981) Monoclonal antibodies as probes of acetylcholine receptor structure. II: Binding to native receptor. Biochem 20:2181–2191

Cooper E, Couturier S, Ballivet M (1991) Pentameric structure and subunit stoichiometry of a neuronal nicotinic acetylcholine receptor. Nature 350:235–238

Cooper S, Millar N (1997) Host cell-specific folding and assembly of the neuronal nicotinic acetylcholine receptor $\alpha 7$ subunit. J Neurochem 68:2140–2151

Cooper S, Millar N (1998) Host cell-specific folding of the neuronal nicotinic receptor $\alpha 8$ subunit. J Neurochem 70:2585–2593

Corringer PV, Bertrand S, Bohler S, Edelstein S, Changeux JP, Bertrand D (1998) Critical elements determining diversity in agonist binding and desensitization of neuronal nicotinic receptors. J Neurosci 18:648–657

Corringer PV, Galzi VL, Eisele JL, Bertrand S, Changeux VP, Bertrand D (1995) Identification of a new component of the agonist binding site of the nicotinic $\alpha 7$ homoligomeric receptor. J Biol Chem 270:11, 749, 752

Couturier S, Bertrand D, Matter J, Hernandez M, Bertrand S, Miller N, Valera S, Barkas T, Ballivet M (1990) A neuronal nicotinic acetylcholine receptor subunit ($\alpha 7$) is developmentally regulated and forms a homomeric channel blocked by α-bungarotoxin. Neuron 5:847–856

Criado M, Hochschwender S, Sarin V, Fox JL, Lindstrom J (1985) Evidence for unpredicted transmembrane domains in acetylcholine receptor subunits. Proc Natl Acad Sci USA 82:2004–2008

Criado M, Witzemann V, Koenen M, Sakmann B (1988) Nucleotide sequence of rat muscle acetylcholine receptor ε subunit. Nuc Acids Res 16:10920

Cuevas J, Berg D (1998) Mammalian nicotinic receptors with $\alpha 7$ subunits that slowly desensitize and rapidly recover from abungarotoxin blockage. J Neurotics 18:10,335–10,344

Czajkowski C, Karlin A (1995) Structure of the nicotinic receptor acetylcholine binding site. J Biol Chem 270:3160–3164

Dani J, Heinermann S (1996) Molecular and cellular aspects of nicotine abuse. Neuron 16:905–908

Das M, Lindstrom J (1989) The main immunogenic region of the nicotinic acetylcholine receptor: interaction of monoclonal antibodies with synthetic peptides. Biochem Biophys Res Commun 165:865–871

Das M, Lindstrom J (1991) Epitope mapping of antibodies to acetylcholine receptors. Biochem 30:2470–2477

Davies P, Pistis M, Hanna M, Peters J, Lambert J, Holes T, Kukness E (1999) The 5-HT_{3B} subunit is a major determinant of serotoxin-receptor function. Nature 397:359–363

DelTorro E, Juiz J, Peng X, Lindstrom J, Criado M (1994) Immunocytochemical localization of the $\alpha 7$ subunit of the nicotinic acetylcholine receptor in the rat central nervous system. J Comp Neurol 349:325–342

DelToro E, Juiz J, Simillie F, Lindstrom J, Criado M (1997) Expression of $\alpha 7$ neuronal nicotinic receptors during postnatal development of the rat cerebellum. Devel Brain Res 98:125–133

Deneris ES, Boulter J, Swanson LW, Patrick J, Heinemann S (1989) $\beta 3$: A new member of nicotinic acetylcholine receptor gene family is expressed in brain. J Biol Chem 264:6268–6272

Deneris E, Connolly J, Boulter J, Wada E, Wada K, Swanson L, Patrick J, Heinemann S (1988) Primary structure and expression of $\beta 2$: A novel subunit of neuronal nicotinic receptors. Neuron 1:45–54

Dursun S, Ravely M, Bird R, Stirton F (1994) Long lasting improvement of Tourette's syndrome with transdermal nicotine. Lancet 344:1577

Duvoisin R, Deneris E, Patrick J, Heinemann S (1989) The functional diversity of the neuronal nicotinic receptors is increased by a novel subunit: β4. Neuron 3:487–496

Eilers H, Schaeffer E, Bickler P, Forsayeth J (1997) Functional deactivation of the major neuronal nicotinic receptor caused by nicotine and a protein kinase C-dependent mechanism. Mol Pharmacol 52:1105–1112

Eisele JL, Bertrand S, Galzi JL, Devillers-Thiery A, Changeux JP, Bertrand D (1993) Chimeric nicotinic-serotonergic receptor combines distinct ligand binding and channel specificities. Nature 366:479–483

Elgoyhen A, Johnson D, Boulter J, Vetter D, Heinemann S (1994) α9: An acetylcholine receptor with novel pharmacological properties expressed in rat cochlear hair cells. Cell 79:705–715

Engel A (1994) The neuromuscular junction, in: A. Engel and C. Franzini-Armstrong (eds) Myology, 2d edn, McGraw Hill, New York 1:261–302

Engel A, Ohno K, Wang HL, Milone M, Sine S (1998) The molecular basis of congenital myasthenic syndromes: mutations in the acetylcholine receptor. Neuroscientist 4:185–194

Fairclough R, Twaddle G, Gudipati E, Lin M, Richman D (1998a) Differential surface accessibility of α(187–199) in the *Torpedo* acetylcholine receptor α subunits. J Mol Biol 282:317–330

Fairclough R, Twaddle G, Gudipati E, Stone R, Richman D, Berkwell D, Josephs R (1998b) Mapping the mAb 33C epitope to α (187–199) of the *Torpedo* acetylcholine receptor on the three dimensional model. J Mol Biol 282:301–315

Fenster C, Beckman M, Parker, Sheffield J, Whiteworth E, Quick M, Lester R (1999) Regulation of α4β2 nicotinic receptor desensitization by calcium and protein kinase C. Mol Pharmacol 55:432–443

Fenster C, Rains M, Noerager B, Quick M, Lester R (1997) Influence of subunit composition on desensitization of neuronal acetylcholine receptors by low concentrations of nicotine. J Neurosci 17:5747–5759

Figl A, Viseshakul N, Shafaee N, Forsayeth J, Cohen B (1998) Two mutations linked to neuronal frontal lobe epilepsy cause use-dependent potentiation of the nicotinic ACh response. J Physiol 513.3:655–670

Fletcher S, Lindstrom J, McKernan R, Barnes N (1998) Evidence that porcine native 5-HT$_3$ receptors do not contain nicotinic acetylcholine receptor subunits. Neuropharmacology 37:397–399

Flores C, Rogers S, Pabreza L, Wolfe B, Kellar K (1992) A subtype of nicotinic cholinergic receptor in rat brain is composed of α4 and β2 subunits and is upregulated by chronic nicotine treatment. Mol Pharmacol 41:31–37

Forsayeth J, Kobrin E (1997) Formation of oligomers containing the β3 and β4 subunits of the rat nicotinic receptor. J Neurosci 17:1531–1538

Frazier C, Buhler A, Weiner J, Dunwiddie T (1998) Synaptic potentials mediated via α-bungarotoxin-sensitive nicotinic acetylcholine receptors in rat hippocampal interneurons. J Neurosci 18:8228–8235

Freedman R, Coon H, Myles-Worsley M, Orr-Urtreger A, Olincy A et al. (1997) Linkage of a neurophysiological deficit in schizophrenia to a chromosome 15 locus. Proc Natl Acad Sci USA 94:587–592

Freedman R, Hall M, Adler L, Leonard S (1995) Evidence in postmortem brain tissue for decreased numbers of hippocampal nicotinic receptors in schizophrenia. Biol Psychiatry 38:22–33

Fuchs P (1996) Synaptic transmission at vertebrate hair cells. Neurobiology 6:514–519

Fucile S, Barabino B, Palma E, Grassi F, Limatola C, Mileo A, Alema S, Ballivet M, Eusebi F (1997) α5 subunit forms functional α3β4α5 nAChRs in transfected human cells. NeuroReport 8:2433–2436

Fucile S, Matter JM, Erkman L, Ragozzino D, Barabino B, Grassi F, Alema S, Ballivet M, Eusebi F (1998) The neuronal α6 subunit forms functional heteromeric acetylcholine receptors in human transfected cells. Eur J Neurosci 10:172–178

Furness J, Costa M (1987) The enteric nervous system. Churchill Livingstone, New York
Galzi JL, Bertrand S, Corringer PJ, Changeux JP, Bertrand D (1996) Identification of calcium binding sites that regulate potentiation of a neuronal nicotinic acetylcholine receptor. EMBO J 15:5824–5832
Galzi JL, Bertrand D, Devillers-Thiery A, Revah F, Bertrand S, Changeux JP (1991) Functional significance of aromatic amino acids from three peptide loops of the α7 neuronal nicotinic receptor site investigated by site directed mutagenesis. FEBS Letters 294:198–202
Galzi JL, Devillers-Thiery A, Hussy N, Bertrand S, Changeux JP, Bertrand D (1992) Mutations in the channel domain of a neuronal nicotinic receptor convert ion selectivity from cationic to anionic. Nature 359:500–505
Galzi JL, Revah F, Black D, Goeldner M, Hirth C, Changeux JP (1990) Identification of a novel amino acid α tyrosine 93 within the cholinergic ligands-binding sites of the acetylcholine receptor by photoaffinity labeling. J Biol Chem 265:10430–10437
Galzi VL, Changeux VP (1994) Neurotransmitter-gated ion channels as unconventional allosteric proteins. Curr Opin Struct Biol 4:554–565
Garcia-Guzman M, Sala F, Sala S, Campos-Caro A, Criado M (1994) Role of two acetylcholine receptor subunit domains in homomer formation and intersubunit recognition, are revealed by α3 and α7 subunit chimeras. J Biochem 33: 15198–15203
Gerzanich V, Anand R, Lindstrom J (1994) Homomers of α8 subunits of nicotinic receptors functionally expressed in Xenopus oocytes exhibit similar channel but contrasting binding site properties compared to α7 homomers. Mol Pharmacol 45:212–220
Gerzanich V, Kuryatov A, Anand R, Lindstrom J (1997) "Orphan" α6 nicotinic AChR subunit can form a functional heteromeric acetylcholine receptor. Mol Pharmacol 51:320–327
Gerzanich V, Wang F, Kuryatov A, Lindstrom J (1998) α5 subunit alters desensitization, pharmacology, and Ca^{2+} modulation of human neuronal α3 nicotinic receptors, J Pharmacol Exp Ther 266:311–320
Goldman D, Deneris E, Luyten W, Kochhar A, Patrick J, Heinemann S (1987) Members of a nicotinic acetylcholine receptor gene family are expressed in different regions of the mammalian central nervous system. Cell 48:965–973
Goldner F, Dineley K, Patrick J (1997) Immunohistochemical localization of the nicotinic acetylcholine receptor subunit α6 to dopominergic neurons in the substantia nigra and ventral tegmental area. NeuroReport 8:2739–2742
Gopalakrishnan M, Buisson B, Touma E, Giordano T, Campbell J, Hu I, Donnelly-Roberts D, Arneric S, Bertrand D, Sullivan J (1995) Stable expression and pharmacological properties of the human α7 nicotinic acetylcholine receptor. Eur J Pharmacol 290:237–246
Gopalakrishnan M, Monteggia L, Anderson D, Molinari E, Piattoni-Kaplan M, Donnelly-Roberts D, Arneric S, Sullivan J (1996) Stable expression, pharmacological properties and regulation of the human neuronal nicotinic acetylcholine α4β2 receptor. J Pharmacol Exp Ther 276:289–297
Gotti C, Briscini L, Verderio C, Oortgiesen M, Balestra B, Clementi F (1995) Native nicotinic acetylcholine receptors in human Imr32 neuroblastoma cells: functional, immunological, and pharmacological properties. Eur J Neurosci 7:2083–2092
Gotti C, Hanke W, Maury K, Moretti M, Ballivet M, Clementi F, Bertrand D (1994) Pharmacological and biophysical properties of α7 and α7/8 α-bungarotoxin receptor subtypes immunopurified from the chick optic lobe. Eur J Neurosci 6:1281–1291
Gotti C, Moretti M, Maggi R, Langhi R, Hanke W, Klinke N, Clementi F (1997) α7 and α8 nicotinic receptor subtypes immunopurified from chick retina have different immunological, pharmacological and functional properties. Eur J Neurosci 9:1201–1211
Grando S Horton R (1997) The keratinocyte cholinergic system with acetylcholine as an epidermal cytotransmitter. Current Opin Dermatol 4:262–268

Gray R, Rajan A, Radcliffe K, Yakehiro M, Dani J (1996) Hippocampal synaptic transmission enhanced by low concentrations of nicotine. Nature 383:713–716

Green L, Sytkowski A, Vogel Z, Nirenberg M (1973) α-bungarotoxin used as a probe for acetylcholine receptors of cultured neurons. Nature 243:163–166

Green J, Thomas G, Rhodes J, Evans B, Russell M, Feyerabend C, Fuller G, Newcombe R, Sandborn W (1997) Pharmacokinetics of nicotine carbomer enemas: a new treatment for ulcerative colitis. Clin Pharmacol Ther 61:340–348

Green W, Wanamaker C (1998) Formation of the nicotinic acetylcholine receptor binding sites. J Neurosci 18:5555–5564

Groot-Kormelink P, Luyten W, Colquhoun D, Silviotti L (1998) A reporter mutation approach shows incorporation of the "orphan" subunit $\beta 3$ into a functional nicotinic receptor. J Biol Chem 273:15317–15320

Gu Y, Camacho P, Gardner P, Hall Z (1991a) Identification of two amino acid residues in the ε subunit that promote mammalian muscle acetylcholine receptor assembly in COS cells. Neuron 6:879–887

Gu Y, Forsayeth J, Verrall S, Yu X, Hall Z (1991b) Assembly of the mammalian muscle acetylcholine receptor in transfected COS cells. J Cell Biol 114:799–807

Haghigi A, Cooper E (1998) Neuronal nicotinic acetylcholine receptors are blocked by intracellular spermine in a voltage-dependent manner. J Neurosci 18:4050–4062

Heinemann S, Boulter J, Connelly J, Deneris E, Duvoisin R, Hartley M, Hermans-Borgmeyer I, Hollmann m, O'Shea-Greenfield A, Papke R, Rogers S, Patrick J (1991) The nicotinic receptor genes. Clin Neuropharmacol 14:S45–S61

Hamassaki-Britto D, Brzozowska-Prechtl A, Karten H, Lindstrom J (1994a) Bipolar cells of the chick retina containing α-bungarotoxin-sensitive nicotinic acetylcholine receptors. Vis Neurosci 11:63–70

Hamassaki-Britto D, Gardino P, Hokoc J, Keyser K, Karten H, Lindstrom J, Britto L (1994b) Differential development of α-bungarotoxin and α bungaraotoxin-insensitive nicotinic acetylcholine receptors in the retina. J Comp Neurol 347:161–170

Helekar S, Char D, Neff S, Patrick J (1994) Prolyl-isomerase requirement for the expression of functional homo-oligomeric ligand-gated ion channels. Neuron 12:179–189

Holladay M, Dart M, Lynch J (1997) Neuronal nicotinic acetylcholine receptors as targets for drug discovery. J Med Chem 40:4169–4194

Henley J, Lindstrom J, Oswald R (1986a) Acetylcholine receptor synthesis in retina and transport to the optic tectum in goldfish. Science 232:1627–1629

Henley J, Lindstrom J, Oswald R (1988) Interaction of monoclonal antibodies with α-bungarotoxin and (–)-nicotine binding sites in goldfish brain. J Biol Chem 263(20):9686–9691

Henley J, Mynlieff M, Lindstrom J, Oswald R (1986b) Interaction of monoclonal antibodies to electroplaque acetylcholine receptors with the α-bungarotoxin binding site of goldfish brain. Brain Res 364:405–408

Horch H, Sargent P (1995) Perisynaptic surface distribution of multiple classes of nicotinic acetylcholine receptors on neurons in the chicken ciliary ganglion. J Neurosci 15:7778–7795

Hsu Y, Amin J, Weiss D, Wecker L (1996) Sustained nicotine exposure differentially affects $\alpha 3\beta 2$ and $\alpha 4\beta 2$ neuronal nicotinic receptors expressed in Xenopus oocytes. J Neurochem 66:667–674

Hsu, YN, Edwards D, Wecker L (1997) Nicotine enhances the cyclic AMP-dependent protein kinase-mediated phosphorylation of $\alpha 4$ subunits of neuronal nicotinic receptors. J Neurochem 69:2427–2431

Huganir R, Greengard P (1990) Regulation of neurotransmitter receptor desensitization by protein phosphorylation. Neuron 5:555–567

Hume R, Dingledine R, Heinemann S (1991) Identification of a site in glutamate receptor subunits that controls calcium permeability. Science 253:1028–1031

Jackson M (1989) Perfection of a synaptic receptor: kinetics and energetics of the acetylcholine receptor. Proc Natl Acad Sci USA 86:2199–2203

Jacob M, Berg D, Lindstrom J (1984) A shared antigenic determinant between the Electrophorus acetylcholine receptor and a synaptic component on chick ciliary ganglion neurons. Proc Natl Acad Sci USA 81:3223–32227

Jacob M, Lindstrom J, Berg D (1986) Surface and intracellular distribution of a putative neuronal nicotinic acetylcholine receptor. J. Cell Biol 103:205–214

Kaneko W, Britto L, Lindstrom J, Karten H (1998) Distribution of the $\alpha 7$ nicotinic acetylcholine receptor in the developing chick cerebellum. Devel Brain Res 105:141–145

Kao P, Dwork A, Kaldany R, Silver M, Wideman J, Stein S, Karlin A (1984) Identification of the α subunit half cysteine specifically labeled by an affinity reagent for the acetylcholine receptor binding site. J Biol Chem 256:11662–11665

Karlin A, Akabas M (1995) Toward a structural basis for the function of nicotinic acetylcholine receptors and their cousins. Neuron 15:1231–1244

Kassner PD, Conroy WG, Berg DK (1998) Organizing effects of rapsyn on neuronal nicotinic receptors. Mol Cell Neurosci 10:258–270

Ke L, Eisenhour C, Bencherif M, Lukas R (1998) Effects of chronic nicotine treatment on expression of diverse nicotinic acetylcholine receptor subtypes, I. Dose-and time-dependent effects of nicotine treatment. J Pharmacol Exp Ther 286:825–840

Kehoe J, McIntosh J (1998) Two distinct nicotinic receptors, one pharmacologically similar to the vertebrate $\alpha 7$-containing receptor, mediate a currents in Aplysia neurons. J Neurosci 18:8198–8213

Keyser K, Britto L, Schoepfer R, Whiting P, Cooper J, Conroy W, Brozozowska-Prechtl A, Karten H, Lindstrom J (1993) Three subtypes of α-bungarotoxin-sensitive nicotinic acetylcholine receptors are expressed in chick retina. J Neurosci 13:442–454

Keyser KT, Hughes TE, Whiting PJ, Lindstrom JM, Karten HJ (1988) Cholinoceptive neurons in the nicotinic acetylcholine receptor. Vis Neurosci 1:249–266

Khiroug L, Sokolova E, Giniatullin R, Afzalov R, Nistri A (1998) Recovery from desensitization of neuronal nicotinic acetylcholine receptors of rat chromaffin cells is modulated by intracellular calcium through distinct second messengers. J Neurosci 18:2458–2466

Kihara T, Shimohama S, Sawada H, Kimera J, Kume T, Kochiyama H, Maeda T, Akaike A (1997) Nicotinic receptor stimulation protects neurons against β-amyloid toxicity. Ann Neurol 42:159–163

Kihara T, Shimohama S, Urushitani M, Sawada H, Kimura J, Kume T, Maeda T, Akaike A (1998) Stimulation of $\alpha 4 \beta 2$ nicotinic acetylcholine receptors inhibits β-amyloid toxicity. Brain Res 792:331–334

Kirchgessner A, Liu MT (1998) Immunohistochemical localization of nicotinic acetylcholine receptors in the guinea pig bowel and pancreas. J Comp Neurol 390: 497–514

Krause R, Buisson B, Bertrand S, Corringer PJ, Galzi JL, Changeux JP, Bertrand D (1998) Ivermectin: a positive allosteric effector of the $\alpha 7$ neuronal nicotinic acetylcholine receptor. Pharmacol 53:283–294

Kreinkamp HJ, Maeda R, Sine S, Taylor P (1995) Intersubunit contracts governing assembly of the mammalian nicotinic acetylcholine receptor. Neuron 14:635–644

Kulak J, Nguyen T, Olivera B, McIntosh J (1997) α conotoxin MII blocks nicotine-stimulated dopamine release in rat striatal synaptosomes. J Nuerosci 17:5263–5270

Kuryatov A, Gerzanich V, Nelson M, Olale F, Lindstrom J (1997) Mutation causing autosomal dominant nocturnal frontal lobe epilepsy alters Ca^{2+} permeability, conductance, and gating of human $\alpha 4 \beta 2$ nicotinic acetylcholine receptors. J Neurosci 17:9035–9047

Laver W, Air G, Webster R, Smith-Gill S (1990) Epitopes on protein antigens: misconceptions and realities. Cell 61:553–556

Lena C, Changeux JP (1997a) Pathological mutations of nicotinic receptors and nicotine-based therapies for brain disorders. Curr Opin Neurobiol 7:674–682

Lena C, Changeux JP (1997b) Role of Ca^{2+} ions in nicotinic facilitation of GABA release in mouse thalamus. J Neurosci 17:576–586

LeNovere N, Changeux JP (1995) Molecular evolution of the nicotinic acetylcholine receptor: an example of a multigene family in excitable cells. J Mol Evol 40: 155–172

LeNovere N, Zoli M, Changeux JP (1996) Neuronal nicotinic receptor α6 subunit mRNA is selectively concentrated in catecholaminergic nuclei of the rat brain. Eur J Neurosci 8:2428–2439

Lewis T, Harkness P, Sivilotti L, Colquhoun D, Millar D (1997) The ion channel properties of a rat recombinant neuronal nicotinic receptor are dependent on the host cell type. J Physiol 505:299–306

Li X, Rainne D, McCarley R, Greene R (1998) Presynaptic receptors facilitate monoaminergic transmission. J Neurosci 18:1904–1912

Lindstrom J (1996) Neuronal nicotinic acetylcholine receptors. In: Toshio Narahashi (ed) Ion Channels, vol. IV. Plenum Press, New York, pp 377–450

Lindstrom J, Shelton GD, Fujii Y (1988) Myasthenia gravis. Adv Immunol 42:233–284

Lloyd G, Menzaghi F, Bontempi B, Suto C, Siegel R, Akong M, Staudermann K, Velicelebi G, Johnson E, Harpold M, Rao T, Sacaan A, Chavez-Noreiga L, Washburn M, Vernier J, Cosford N, McDonald L (1998) The potential of subtype-selective neuronal nicotinic acetylcholine receptor agonists as therapeutic agents. Life Sciences 62:1601–1606

Lukas R (1991) The effects of chronic nicotinic ligand exposure on functional activity of nicotinic acetylcholine receptors expressed by cells of the PC12 rat pheochromocytoma or the TE671/RD human clonal line. J Neurochem 56:1134–1145

Luo S, Kulak J Cartier G, Jacobsen R, Yoshikami D, Olivera B, McIntosh J (1998) α-conotoxin AuIB selectively blocks α3β4 nicotinic acetylcholine receptors and nicotine-evoked norepinephrine release. J Neurosci 18:8571–8579

Luther M, Scoepfer R, Whiting P, Blatt Y, Montal MS, Montal M, Lindstrom (1989) A muscular acetylcholine receptor is expressed in the human cerebral line TE671. J Neurotics 9:1082–1096

Maimone M, Merlie J (1993) Interaction of the 43kd postsynaptic protein with all subunits of the muscle nicotinic acetylcholine receptor. Neuron 11:53–66

Marks M, Stetzel J, Collins A (1985) Time course study of the effects of chronic nicotine infusion on drug response and brain receptors. J Pharmacol Exp Ther 235:619–628

Martin E, Panickar K, King M, Deyrup M, Hunter B, Wang G, Meyer E (1994) Cytoprotective actions of 2,4-dimethoxybenzlidene anabaseine in differentiated PC12 cells and septal cholinergic neurons. Drug Devel Res 31:135–141

Martin M, Czajkowski C, Karlin A (1996a) The contributions of aspartyl residues in the acetylcholine receptor γ and δ subunits to the binding of agonists and competitive antagonists. J Biol Chem 271:13497–13503

Maus A, Pereira E, Karachunski P, Horton R, Navanectham D, Macklin K, Cortes W, Albuquerque E, Conti-Fine B (1998) Human and rodent bronchial epithelial cells express functional nicotinic acetylcholine receptors. Mol Pharmacol 54:779–788

Martin M, Karlin A (1996b) Functional effects on the acetylcholine receptor of multiple mutations of γ Asp 174 and δ Asp 180. Biochemistry 36:10742–10750

McGehee D, Heath M, Gelber S, Devay P, Role L (1995) Nicotine enhancement of fast excitatory synaptic transmission in CNS by presynaptic receptors. Science 269:1692–1696

McLane K, Wu X, Lindstrom J, Conti-Tronconi B (1992) Epitope mapping of polyclonal and monoclonal antibodies against two α-bungarotoxin binding subunits from neuronal nicotinic receptors. J Neuroimmunol 38:115–128

Merlie JP, Lindstrom J (1983) Assembly in vivo of mouse muscle acetylcholine receptor: identification of an a subunit species which may be an assembly intermediate. Cell 34:747–757

Messi M, Renganathan M, Grigorenko E, Delbono O (1997) Activation of α7 nicotinic α7 acetylcholine receptor promotes survival of spinal cord motorneurons. FEBS Letters 411:32–38

Meyer E, Tay E, Zoltewicz J, Meyers C, King M, Papke R, DeFiebre C (1998) Neuroprotective and memory-related actions of novel α-7 nicotinic agents with different mixed agonist/antagonist properties. J Pharmacol Exp Ther 284:1026–1032

Morens D, Grandinetti A, Reed D, White L, Ross G (1995) Cigarette smoking and protection from Parkinson's disease: false association or etiologic clue? Neurology 45:1041–1051

Moss S, McDonald B, Rudhard Y, Schopfer R (1996) Phosphorylation of the predicted major intracellular domains of the rat and chicken neuronal nicotinic acetylcholine receptor $\alpha 7$ subunit by cAMP-dependent protein kinase. Neuropharmacology 35:1023–1028

Nakayama H, Okuda H, Nakashima T (1993) Phosphorylation of rat brain nicotinic acetylcholine receptor by cAMP-dependent protein kinase in vitro. Mol Brain Res 20:171–177

Nelson M, Lindstrom J (1999) Single channel properties of human $\alpha 3$ AChRs: impact of $\beta 2$, $\beta 4$, and $\alpha 5$ subunits. J. Physiol 516:657–678

Nelson S, Shelton G, Lei S, Lindstrom J, Conti-Tronconi B (1992) Epitope mapping of monoclonal antibodies to *Torpedo* acetylcholine receptor γ subunits, which specifically recognize the ε subunit of mammalian muscle acetylcholine receptor. J Neuroimmunol 36:13–27

Neves-Pereira M, Bassett A, Honer W, Lang D, King N, Kennedy J (1998) No evidence for linkage of the CHRNA7 gene region in Canadian schizophrenia families. Am J Med Genet 81:361–363

Obaid A, Koyano T, Lindstrom J, Sakai T, Salzberg B (1999) Spatio-temporal patterns with single cell resolution: optical studies of nicotinic activity in an enteric plexus. J Neurosci 19:3073–3093

Ohno K, Brenginan J, Tsujino A, Engel A (1998) Human endplate acetylcholinesterase deficiency caused by mutations in the collagen-like tail subunit (ColQ) of the asymmetric enzyme. Proc Natl Acad Sci USA 95:9654–9659

Olale F, Gerzanich V, Kuryatov A, Wang F, Lindstrom J (1997) Chronic nicotine exposure differentially affects the function of human $\alpha 3$, $\alpha 3$, and $\alpha 7$ neuronal nicotinic receptor subtypes. J Pharmacol Exp Ther 283:675–683

Olivera B (1997) Conus venom peptides, receptor and ion channel targets, and drug design: 50 million years of neuropharmacology. Mol Biol Cell 8:2101–2109

Orr-Urtreger A, Goldner F, Saeki M, Lorenzo I, Goldberg L, DeBiasi M, Dani J, Patrick J, Beaudet A (1997) Mice deficient in the $\alpha 7$ neuronal nicotinic acetylcholine receptor lack α-bungarotoxin binding sites and hippocampal fast nicotinic currents. J Neurosci 17:9165–9171

Palma E, Bertrand S, Binzoni T, Bertrand D (1996) Homomeric neuronal nicotinic $\alpha 7$ receptor presents five putative high affinity binding sites for the toxin MLA. J Physiol 491.1:151–161

Palma E, Maggi L, Miledi R, Eusebi F (1998) Effects of Zn^{2+} on wild and mutant neuronal $\alpha 7$ nicotinic receptors. Proc Natl Acad Sci USA 95:10246–10250

Papke R (1993) The kinetic properties of neuronal nicotinic receptor: genetic basis of functional diversity. Prog Neurobiol 41:509–531

Papke R, Bencheif M, Lippiello P (1996) An evaluation of nicotinic acetylcholine receptor activation by quaternary nitrogen compounds indicates that choline is selective for the $\alpha 7$ subtype. Neurosci Lett 213:201–204

Patrick J, Stallcup W (1977) α-bungarotoxin binding and cholinergic receptor function on a rat sympathetic nerve line- J Biol Chem 252:8629–8633

Paylor R, Nguyen M, Crawley J, Patrick J, Beaudet A, Orr-Urtreger A (1998) $\alpha 7$ nicotinic receptor subunits are not necessary for hippocampal-dependent learning or sensorimotor gating: a behavioral characterization of Acra 7-deficient mice. Learning and Memory 5:302–316

Peng X, Anand R, Whiting P, Lindstrom J (1994a) Nicotine-induced upregulation of neuronal nicotinic receptors results from a decrease in the rate of turnover. Mol Pharmacol 46:523–530

Peng X, Gerzanich V, Anand R, Wang F, Lindstrom J (1997) Chronic nicotine treatment upregulates $\alpha 3$ and $\alpha 7$ acetylcholine receptor subtypes expressed by the human neuroblastoma cell line SH-SY5Y. Mol Pharmacol 51:776–784

Peng X, Katz M, Gerzanich V, Anand R, Lindstrom J (1994b) Human $\alpha 7$ acetylcholine receptor: cloning of the $\alpha 7$ subunit from the SH-SY5Y cell line and determination of pharmacological properties of native receptors and functional $\alpha 7$ homomers expressed. Mol Pharmacol 45:546–554

Periera E, Alkondon M, McIntosh J, Albuquerque E (1996) α-conotoxin ImI: a competitive antagonist at α-bungarotoxin-sensitive neuronal nicotinic receptors in hippocampal neurons. J Pharmacol Exp Ther 278:1472–1483

Picciotto M, Zoli M, Rimondini R, Lena C, Marubio L, Pich E, Fuxe K, Changeux JP (1998) Acetylcholine receptors containing the $\beta 2$ subunit are involved in the reinforcing properties of nicotine. Nature 391:173–177

Picciotto M, Zoli M, Lena C, Bessis A, Lallemand Y, LeNovere N, Vincent P, Pich M, Brulet P, Changeux JP (1995) Abnormal avoidance learning in mice lacking functional high affinity nicotine receptor in the brain. Nature 374:65–67

Prince R, Sine S (1998) Epibatidine activates muscle acetylcholine receptors with unique site selectivity. Biophysical J 75:1817–1827

Puchacz E, Buisson B, Bertrand D, Lukas R (1994) Functional expression of nicotinic acetylcholine receptors containing rat $\alpha 7$ subunits in human SH-SY5Y neuroblastoma cells. FEBS Lett 354:155–159

Pugh P, Berg D (1994) Neuronal acetylcholine receptors that bind α-bungarotoxin mediate neurite retraction in a calcium-dependent manner. J Neurosci 14:889–896

Quick M, Chan J, Patrick J (1994) α-bungarotoxin blocks the nicotinic receptor mediated increase in cell number in a neuroendocrine line. Brain Res 655:161–167

Quick M, Choremis J, Komourian J, Lukas R, Puchacz E (1996) Similarity between rat brain nicotinic α-bungarotoxin receptors and stably expressed α-bungarotoxin binding sites. J Neurochem 67:145–154

Quick M, Philie J, Choremis J (1997) Modulation of $\alpha 7$ nicotinic receptor-mediated calcium influx by nicotinic agonists. Mol Pharmacol 51:499–506

Ramirez-Latorre J, Yu C, Qu X, Perin F, Karlin A, Role L (1996) Functional contributions of $\alpha 5$ subunit to neuronal acetylcholine receptor channels. Nature 380:347–351

Raftery M, Hunkapillar M, Strader C, Hood L (1980) Acetylcholine receptor: complex of homologous subunits. Science 208:1454–1457

Ratnam M, LeNguyen D, Rivier J, Sargent PB, Lindstrom J (1986a) Transmembrane topography of nicotinic acetylcholine receptor: immunochemical tests contradict theoretical predictions based hydrophobicity profiles. Biochem 25:2633–2643

Ratnam M, Sargent PB, Sarin V, Fox JL, LeNguyen D, Rivier J, Criado M, Lindstrom J (1986b) Location of antigenic determinants on primary sequences of subunits of nicotinic acetylcholine receptor by peptide mapping. Biochem 25:2621–2632

Revah F, Bertrand D, Galzi JL, Devillers-Thiery A, Mulle C, Hussy N, Bertrand S, Ballivet M, Changeux JP (1991) Mutations in the channel domain alter desensitization of a neuronal nicotinic receptor. Nature 353:846–849

Rogers S, Andrews J, Gahring L, Whisemand T, Caulay K, Crain B, Hughes T, Heinemann, S McNamara J (1994) Autoantibodies to glutamate receptor GluR3 in Rasmussen's encephalitis. Science 265:648–651

Rogers S, Twyman R, Gahring L (1996) The role of autoimmunity to glutamate receptors in neurological disease. Mol Med Today 2:76–81

Romano S, Corriveau R, Schwarz R, Berg D (1997a) Expression of the nicotinic receptor $\alpha 7$ gene in tendon and periosteum during early development. J Neurochem 68:640–648

Romano S, Pugh P, McIntosh J, Berg D (1997b) Neuronal-type acetylcholine receptors and regulation of $\alpha 7$ gene expression in vertebrate skeletal muscle. J Neurobiol 32:69–80

Rothhut B, Romano S, Vijayaraghaven S, Berg D (1996) Post-translational regulation of neuronal acetylcholine receptors stably expressed in a mouse fibroblast line. J Neurobiol 29:115–125

Rothlin C, Katz E, Verbitsky M, Elgoyhen, B (1999) The α9 nicotinic acetylcholine receptor shares pharmacological properties with type A γ-aminobutyric acid, glycine, and type 3 serotonin receptors. Mol Pharmacol 55:248–254

Roztocil T, Matter-Sadzinski L, Gomez M, Ballivet M, Matter JL (1998) Functional properties of the neuronal nicotinic acetylcholine receptor β3 promoter in the developing central nervous system. J Biol Chem 273:15131–15137

Saedi M, Anand R, Conroy WG, Lindstrom J (1990) Determination of amino acids critical to the main immunogenic region of intact acetylcholine receptors by in vitro mutagenesis. FEBS Lett 267:55–59

Saedi M, Conroy WG, Lindstrom J (1991) Assembly of *Torpedo* acetylcholine receptor in Xenopus oocytes. J Cell Biol 112:1007–1015

Sanberg P, Shytle R, Silver A (1998) Treatment of Tourette's syndrome with mecamylamine. Lancet 352:705–706

Sanberg P, Silver R, Shytle R, Philipp M, Cahill D, Fogelson H, McConville B (1997) Nicotine for the treatment of Tourette's syndrome. Pharmacol Ther 74:21–25

Sargent P, Hedges B, Tsvaler L, Clemmons L, Tzartos S, Lindstrom J (1984) The structure and transmembrane nature of the acetylcholine receptor in amphibian skeletal muscles revealed by crossreacting monoclonal antibodies. J Cell Biol 98: 609–618

Sargent PB, Pike SH, Nadel SB, Lindstrom JM (1989) Nicotinic acetylcholine receptor-like molecules in the retina, retinotectal pathway, and optic tectum of the frog. J Neurosci 9:569–573

Schmidt J (1988) Biochemistry of nicotinic acetylcholine receptors in the vertebrate brain. Int Rev Neurobiol 30:1–38

Schoepfer R, Conroy WG, Whiting P, Gore M, Lindstrom J (1990) Brain α-bungarotoxin-binding protein cDNAs and mAbs reveal subtypes of this branch of the ligand-gated ion channel superfamily. Neuron 5:35–48

Schoepfer R, Whiting P, Esch F, Blacher R, Shimasaki S, Lindstrom J (1988) cDNA clones coding for the structural subunit of a chicken brain nicotinic acetylcholine receptor. Neuron 1:241–248

Schoepfer R, Halvorsen S, Conroy WG, Whiting P, Lindstrom J (1989) Antisera against an α3 fusion protein bind to ganglionic but not to brain nicotinic acetylcholine receptors. FEBS Lett 257(2):393–399

Seguela P, Wadiche J, Dinelly-Miller K, Dani J, Patrick J (1993) Molecular cloning, functional properties, and distribution of rat brain α7: a nicotinic cation channel highly permeable to calcium. J Neurosci 13:596–604

Sekhon H, Jia Y, Raab R, Kuryatov A, Pankow J, Whitsett, J, Lindstrom J, Spindel E. (1999) Prenatal nicotine exposure increases α7 nicotinic acetylcholine receptor expression in pulmonary cells and alters fetal lung development in monkeys. J Clin Invest 103:437–647

Shimohama S, Greenwald D, Shafron D, Akaika A, Maeda T, Kaneko S, Kimura J, Simpkins C, Day A, Meyer E (1997) Nicotinic α7 receptors protect against glutamate neurotoxicity and neuronal ischemic damage. Brain Res 779:359–363

Shoop R, Martone M, Yamada N, Ellisman M, Berg D (1999) Neuronal acetylcholine receptors with α7 subunits are concentrated on somatic spines for synaptic signaling in embryonic chick ciliary ganglia. J Neurosci 19:692–704

Sivilotti L, McNeil D, Lewis T, Nassar M, Schoepfer R, Colquhoun D (1997) Recombinant nicotinic receptors, expressed in Xenopus oocytes, do not resemble native rat sympathetic ganglion receptors in single-channel behavior. J Physiol 500.1:123–138

Smith M, Lindstrom J, Merlie JP (1987) Formation of the α-bungarotoxin binding site and assembly of the nicotinic acetylcholine receptor subunits occur in the endoplasmic reticulum. J Biol Chem 262:4367–4376

Staurderman K, Mahaffy S, Akong M, Velicelibe G, Chavez-Noriega L, Crona J, Johnson E, Elliott K, Gillespie A, Reid R, Adams P, Harpold M, Corey-Noveve J (1998) Characterization of human recombinant neuronal nicotinic acetylcholine receptor subunit combinations α2β4, α3β4 and α4β4 stably expressed in HEK293 cells. J Pharmacol Exp Ther 284:777–789

Steinlein O, Magnusson A, Stoodt J, Bertrand S, Weiland S, Berkovic S, Nakken K, Propping P, Bertrand D (1997) An insertion mutation of the CHRNA4 gene in a family with autosomal dominant nocturnal frontal lobe epilepsy. Human Mol Gene 6:943–947

Steinlein O, Mulley J, Propping P, Wallace R, Phillips H, Sutherland G, Scheffer I, Berkovic S (1995) A missense mutation in the neuronal nicotinic acetylcholine receptor α4 subunit is associated with autosomal dominant nocturnal frontal lobe epilepsy. Nature Genet 11:201–203

Stetzer E, Ebbinghaus V, Storch A, Poteur L, Schrattenholz A, Kramer G, Methfessel C, Maelicke A (1996) Stable expression in HEK-293 cells of the rat α3/β4 subtype of neuronal nicotinic acetylcholine receptor. FEBS Lett 397:39–44

Surgeon General (1988) Nicotine addiction. A report of the Surgeon General. US Dept. of Health and Human Services, Washington DC

Sussman J, Harel, Frolow F, Oefner C, Goldman A, Toker L, Silman I (1991) Atomic structure of acetylcholinesterase from *Torpedo californica*: a prototypic acetylcholine binding protein. Science 253:872–879

Swanson L, Lindstrom J, Tzartos S, Schmued L, O'Leary D, Cowan W (1983) Immunohistochemical localization of monoclonal antibodies to the nicotinic acetylcholine receptor in the midbrain of the chick. Proc Natl Acad Sci USA 80:4532–4536

Swanson L, Simmons D, Whiting P, Lindstrom J (1987) Immunohistochemical localization of neuronal nicotinic receptors in the rodent central nervous system. J Neurosci 7:3334–3342

Tarroni P, Rubboli F, Chini B, Zwart R, Oortgiesen M, Sher E, Clementi F (1992) Neuronal-type nicotinic receptors in human neuroblastoma and small cell carcinoma cell lines. FEBS Lett 312:66–70

Thomas G and Rhodes J (1995) Relationship between smoking, nicotine, and ulcerative colitis in Effects of Nicotine on Biological Systems II Advances in Pharmacological Sciences, ed P. Clarke, M. Quick, F. Adlkofer, and K. Thurau, Birkhauser, Boston pp 287–291

Trienen M, Chalfie M (1995) A mutated acetylcholine receptor subunit causes neuronal degeneration in *C. elegans*. Neuron 14:871–877

Tsantili P, Tzartos S, Mamalaki A, (1999) High affinity single-chain Fv antibody fragments protecting the human nicotinic acetylcholine receptor. J Neuroimmuno 94:15–27

Tzartos S, Cung M, Demange P, Loutrari H, Mamalaki A, Marraud M, Papadouli I, Sakarellos C, Tsikaris V (1991) The main immunogenic region (MIR) of the nicotinic acetylcholine receptor and the anti-MIR antibodies. Mol Neurobiol 5:1–29

Tzartos S, Hochschwender S, Langeberg L, Lindstrom J (1983) Demonstration of a main immunogenic region on acetylcholine receptors from human muscle using monoclonal antibodies to human receptor. FEBS Lett 158:116–118

Tzartos S, Hochschwender S, Vasquez P, Lindstrom J (1987) Passive transfer of experimental autoimmune myasthenia gravis by monoclonal antibodies to the main immunogenic region of the acetylcholine receptor. J Neuroimmunol 15:185–194

Tzartos S, Langeberg L, Hochschwender S, Swanson L, Lindstrom J (1986) Characteristics of monoclonal antibodies to denatured *Torpedo* and to native calf acetylcholine receptors: species, subunit, and region specificity. J Neuroimmunol 10:235–253

Tzartos S, Lindstrom J (1980) Monoclonal antibodies used to probe acetylcholine receptor structure: localization of the main immunogenic region and detection of similarities between subunits. Proc Natl Acad Sci USA 77:755–759

Tzartos S, Rand D, Einarson B, Lindstrom J (1981) Mapping of surface structures on Electrophorus acetylcholine receptor using monoclonal antibodies. J Biol Chem 256:8635–8645

Tzartos S, Seybold M, Lindstrom J (1982) Specificity of antibodies to acetylcholine receptors in sera from myasthenia gravis patients measured by monoclonal antibodies. Proc Natl Acad Sci USA 79:188–192

Tzartos S, Sophianos D, Efthimiadis A (1985) Role of the main immunogenic region of acetylcholine receptor in myasthenia gravis: an Fab monoclonal antibody protects against antigenic modulation by human sera. J Immunol 134:2343–2349

Ullian E, McIntosh J, Sargent P (1997) Rapid synaptic transmission in the avian ciliary ganglion is mediated by two distinct classes of nicotinic receptors. J Neurosci 17:7210–7219

Unwin N (1993) Nicotinic acetylcholine receptor at 9 Å resolution. J Mol Biol 229:1101–1124

Unwin N (1995) Acetylcholine receptor channel imaged in the open state. Nature 373:37–43

Unwin N, Toyoshima C, Kubalek E (1988) Arrangement of the acetylcholine receptor subunits in the resting and desensitized states determined by cryoelectron microscopy of crystallized *Torpedo* postsynaptic membranes. J Cell Biol 107:1123–1138

vanHooft J, Spier A, Yakel J, Lummis S, Vijverberg H (1998) Promiscuous co-assembly of serotonin 5-HT$_3$ and nicotinic α4 receptor subunits into Ca^{2+} permeable ion channels. Proc Natl Acad Sci USA 95:11456–11461

Vasquez R, Oswald R (1999) Identification of a new amino acid residue capable of modulating agonist efficacy at the homomeric nicotinic acetylcholine receptor, α7. Mol Pharmacol 55:1–7

Vernallis A, Conroy W, Berg D (1993) Neurons assemble acetylcholine receptors with as many as three kinds of subunits while maintaining subunit segregation among receptor subtypes. Neuron 10:451–464

Vernino S, Adamski J, Kryzer T, Fealey R, Lennon V (1998) Neuronal nicotinic ACh receptor antibody in subacute autonomic neuropathy and cancer related syndromes. Neurology 50:1806–1813

Vernino S, Amador M, Luetje C, Patrick J Dani J (1992) Calcium modulation and high calcium permeability of neuronal nicotinic acetylcholine receptors. Neuron 8:127–134

Verrall S, Hall Z (1992) The N-terminal domains of acetylcholine receptor subunits contain recognition signals for the initial steps of receptor assembly. Cell 68:23–31

Vicente-Agullo F, Rovira J, Campos-Caro A, Rodriguez-Ferrer C, Ballesta J, Sala S, Sala F, Criado M (1996) Acetylcholine receptor subunit homomer formation requires compatibility between amino acid residues of the M1 and M2 transmembrane segments. FEBS Lett 399:83–86

Vijayaraghavan S, Pugh P, Zhang ZW, Rathouz M, Berg D (1992) Nicotinic receptors that bind α-bungarotoxin on neurons raise intracellular free Ca^{2+}. Neuron 8:353–362

Vijayaraghavan S, Schmid H, Halvorsen S, Berg D (1990) Cyclic AMP-dependent phosphorylation of a neuronal acetylcholine receptor alpha-type subunit. J Neurosci 10:3255–3262

Viseshakul N, Figl A, Lytle C, Cohen B (1998) The α4 subunit of rat α4β2 nicotinic receptors is phosphorylated in vivo. Mol Brain Res 59:100–104

Wada K, Ballivet M, Boulter J, Connolly J, Wada E, Deneris E, Swanson L, Heinemann S, Patrick J (1988) Functional expression of a new pharmacological subtype of brain nicotinic acetylcholine receptor. Science 240:330–334

Wang D, Abood L (1996) Expression and characterization of the rat α4β2 neuronal nicotinic cholinergic receptor in baculovirus-infected insect cells. J Neurosci Res 44:350–354

Wang F, Gerzanich V, Wells G, Anand R, Peng X, Keyser K, Lindstrom J (1996) Assembly of human neuronal nicotinic receptor α5 subunits with α3, β2, and β4 subunits. J Biol Chem 271:17656–17665

Wang F, Nelson M, Kuryatov A, Keyser K, Lindstrom J (1998) Chronic nicotine treatment upregulates human α3β2, but not α3β4 AChRs stably transfected in human embryonic kidney cells. J Biol Chem 273: 28721–28732

Webster J, Francis M, Forter J, Robinson G, Stokes C, Horenstein B, Papke R (1999) Antagonist activities of mecamylamine and nicotine show reciprocal dependence on beta subunit sequence in the second transmembrane domain. Brit J Pharmacol 127:1337–1348

Weiland S, Weitzmann V, Villarroel A, Propping P, Steinlein O (1996) An amino acid exchange in the second transmembrane segment of a neuronal nicotinic receptor causes partial epilepsy by altering its desensitization kinetics. FEBS Lett 398:91–96

Wells G, Anand R, Wang F, Lindstrom J (1998) Water soluble nicotinic acetylcholine receptor formed by α7 subunit extracellular domains. J Biol Chem 273:964–973

Wenger B, Bryant D, Boyd T, McKay D (1997) Evidence for spare nicotinic acetylcholine receptors and a β4 subunit in bovine adrenal chromaffin cells: studies using bromoacetylcholine, epibatidine, cytosine and mAb 35. J Pharmacol Exp Ther 281:905–913

Wheeler S, Dane S, Crass K, Chad J, Foreman R (1994) Membrane clustering and bungarotoxin binding by the nicotinic acetylcholine receptor: role of the β subunit. J Neurochem 63:1891–1899

Whitehouse P, Martino A, Marcus K, Zweig R, Singer H, Price D, Kellar K (1988) Reductions in acetylcholine and nicotine binding in several degenerative diseases. Arch Neurol 45:722–724

Whiting P, Esch F, Shimasaki S, Lindstrom J (1987a) Neuronal nicotinic acetylcholine receptor β subunit is coded for by the cDNA clone α4. FEBS Lett 219(2): 459–463

Whiting P, Lindstrom J (1986b) Pharmacological properties of immunoisolated neuronal nicotinic receptors. J Neurosci 6:3061–3069

Whiting PJ, Lindstrom JM (1986) Purification and characterization of a nicotinic acetylcholine receptor from chick brain. Biochemistry 25:2082–2093

Whiting PJ, Lindstrom JM (1987) Purification and characterization of a nicotinic acetylcholine receptor from rat brain. Proc Natl Acad Sci USA 84:595–599

Whiting PJ, Lindstrom JM (1988) Characterization of bovine and human neuronal nicotinic acetylcholine receptors using monoclonal antibodies. J Neurosci 8:3395–3404

Whiting P, Liu R, Morley BJ, Lindstrom J (1987b) Structurally different neuronal nicotinic acetylcholine receptor subtypes purified and characterized using monoclonal antibodies. J Neurosci 7:4005–4016

Whiting P, Scoepfer R, Conroy WG, Gore MJ, Keyser K, Shimasaki S, Esch F, Lindstrom J (1991a) Expression of nicotinic acetylcholine receptor subtypes in brain and retina. Mol Brain Res 10:61–70

Whiting P, Schoepfer R, Lindstrom J, Priestly (1991b) Structural and pharmacological characterization of the major brain nicotinic acetylcholine receptor subtype stably expressed in mouse fibroblasts. Mol Pharmacol 40:463–472

Whiting P, Schoepfer R, Swanson L, Simmons D, Lindstrom J (1987c) Functional acetylcholine receptor in PC12 cells reacts with a monoclonal antibody to brain nicotinic receptors. Nature 327:515–518

Williams B, Temburni, Levy M, Bertrand S, Bertrand D, Jacob M (1998) The long internal loop of the α3 subunit targets nAChRs to subdomains within individual synapses on neurons in vivo. Nature Neurosci 1:557–562

Wilson G, Karlin A (1998) The location of the gate of the acetylcholine receptor channel. Neuron 20:1269–1281

Witzemann V, Barg B, Nishikawa Y, Sakmann B, Numa S (1987) Differential regulation of muscle acetylcholine receptor γ and ε subunit mRNAs. FEBS Lett 223:104–112

Witzemann V, Stein E, Barg B, Konno T, Koenen M, Kues W, Criado M, Hofmann M, Sakmann B (1990) Primary structure and functional expression of the α, β, γ, δ, ε subunits of the acetylcholine receptor from rat muscle. Eur J Biochem 194:437–448

Wonnacott S (1997) Presynaptic nicotinic ACh receptors. Trends Neurosci 20:92–98

Xiao Y, Meyer E, Thompson J, Surin A, Wroblewski J, Kellar K (1998) Rat $\alpha 3/\beta 4$ subtype of neuronal nicotinic acetylcholine receptor stably expressed in a transfected cell line: pharmacology of ligand binding and function. Mol Pharmacol 54:322–333

Xu M, Akabas M (1996) Identification of channel-lining residues in the M2 membrane-spanning segment of the $GABA_A$ receptor a1 subunit. J Gen Physiol 107:195–205

Yu D, Zhang L, Eisele JL, Bertrand D, Changeux JP (1996) Ethanol inhibition of nicotinic acetylcholine type $\alpha 7$ receptors involves the amino-terminal domain of the receptor. Mol Pharmacol 50:1010–1016

Yu XM, Hall Z (1991) Extracellular domains mediating ε subunit interactions of muscle acetylcholine receptor. Nature 352:64–67

Yu XM, Hall Z (1994) A sequence in the main cytoplasmic loop of the α subunit is required for assembly of mouse muscle nicotinic acetylcholine receptor. Neuron 13:247–255

Zarei M, Radcliffe K, Chen D, Patrick J, Dani J (1999) Distributions of nicotinic acetylcholine receptor $\alpha 7$ and $\beta 2$ subunits on cultured hippocampal neurons. Neurosci 88:755–764

Zhang H, Karlin A (1997) Identification of acetylcholine receptor channel-lining residues in the M1 segment of the β subunit, Biochemistry 36:15856–15864

Zhang L, Oz M, Stewart R, Peoples R, Weight F (1997) Volatile general anesthetic actions on recombinant nACh $\alpha 7$, 5-HT_3 and chimeric nACh $\alpha 7$ 5-HT_3 receptors expressed in Xenopus oocytes. Brit J Pharmacol 120:353–355

Zhang ZW, Coggan J, Berg D (1996) Synaptic currents generated by neuronal acetylcholine receptors sensitive to α-bungarotoxin. Neuron 17:1231–1240

Zhang ZW, Vijayaraghavan S, Berg D (1994) Neuronal acetylcholine receptors that bind α-bungarotoxin with high affinity function as ligand-gated ion channels. Neuron 12:167–177

Zia S, Ndoye A, Nguyen V, Grando S (1997) Nicotine enhances expression of the $\alpha 3$, $\alpha 4$, $\alpha 5$, and $\alpha 7$ nicotinic receptors modulating calcium metabolism and regulating adhesion and motility of respiratory epithelial cells. Res Commun Pathol Pharmacol 97:243–262

Zoli M, Picciotto M, Ferrari R, Cocchi D, Changeux JP (1999) Increased neurodegeneration during aging in mice lacking high-affinity nicotine receptors. EMBO J 18:1235–1244

Zwart R, Abraham D, Oortgiesen M, Vijverberg H (1994) $\alpha 4\beta 2$ subunit combination specific pharmacology of neuronal nicotinic acetylcholine receptors in NIE-115 neuroblastoma cells. Brain Res 654:312–318

CHAPTER 7
The Distribution of Neuronal Nicotinic Acetylcholine Receptors

P.B. SARGENT

A. Introduction

This chapter will cover the distribution of nicotinic acetylcholine receptors (AChRs) at several hierarchical levels. Following a very brief coverage of AChRs in non-neuronal cells, I will treat AChR expression at the regional level within both the peripheral and the central nervous system (CNS). I will then discuss the distribution of AChRs at the level of individual neurons and its regulation. The coverage will be restricted principally to studies on tissue acutely removed from the nervous system, as opposed to long-term cultures or cell lines, and it will be limited to AChRs in vertebrae (see Chap. 19, this volume, for a treatment of AChRs in invertebrates).

There have been two prominent developments in the area of neuronal nicotinic AChRs in the past dozen years. One is the discovery that these molecules are diverse: currently, there are 11 known genes that encode nicotinic AChR subunits ($\alpha 2$–$\alpha 9$, $\beta 2$–$\beta 4$; see Chaps. 3 and 6, this volume). These subunits are capable of assembling into a variety of different pentameric AChRs in vitro, and it is useful to categorize these into two groups: AChRs that bind α-bungarotoxin (α-Bgt) with high affinity and that contain $\alpha 7$, $\alpha 8$, or $\alpha 9$ subunits, and "$\alpha\beta$ AChRs" not recognized by α-Bgt that require at least one α and one β subunit for functional expression. It is widely believed that there is significant diversity in the expression of oligomeric AChRs in vivo, although the extent and nature of this diversity is not yet understood. The second prominent development in this field is the realization that neuronal AChRs may serve functions in addition to the "classic" role of underlying rapid excitatory synaptic transmission that has been ascribed to them on the basis of their role in the peripheral nervous system. Neuronal AChRs may play a role both in the development of synaptic connections and in the modulation of synaptic transmission (see Chap. 13, this volume; ROLE and BERG 1996). Eventually, one can expect that information about the diversity of neuronal AChRs will converge with an understanding of their functional roles.

Several different methodologies have been used to detect AChRs in order to study their distribution. This chapter will summarize results from anatomical approaches, where AChR protein or mRNA has been visualized with high affinity ligands, antibodies, or probes. The availability of subunit-specific complementary RNA probes has permitted an unprecedented view of the distribution of mRNAs for individual AChR subunits through in situ hybridization. There is less information available on the distribution of individual protein subunits, or on the distribution of individual AChR oligomers, but this situation is likely to change as an increasing array of ligands, including antibodies and toxins, are identified and characterized.

B. Nicotinic AChRs in Non-neuronal Cells

AChRs and/or mRNAs for AChR subunits have been found in a number of non-neuronal cells, including skeletal muscle fibers, fibroblasts, endothelial cells, lymphocytes, keratinocytes, chemosensory cells of the carotid body, and small cell lung carcinoma cell lines. The reader is referred to a recent review by WESSLER (1998) for coverage of the non-neuronal sites where AChRs are expressed and of the possible functional roles they play.

One AChR subunit, $\alpha 9$, is expressed solely by non-neuronal cells, at least if one defines "neurons" as arising developmentally from neuroectoderm. In adult rat brain $\alpha 9$ transcripts are found only in the adenohypophysis, a neuroendocrine structure derived from the roof of the oral cavity (ELGOYHEN et al. 1994). $\alpha 9$ transcript is also found associated with hair cells in the cochlea (ELGOYHEN et al. 1994; MORLEY et al. 1998) and the vestibular apparatus (HIEL et al. 1996). Efferent synaptic input to outer hair cells in the cochlea is likely to be mediated by $\alpha 9$-containing AChRs (reviewed in FUCHS 1996). ELGOYHEN et al. (1994) found that transcripts for $\alpha 9$ were also found in the tongue and the nasal epithelium of rat embryos. Like the cochlea and vestibular apparatus, these two sites contain epithelially derived sensory transducers, and it would not be surprising to find that efferent innervation, where it occurs in these tissues, is mediated by $\alpha 9$ AChRs.

C. Regional Distribution of AChRs Within the Peripheral Nervous System

I. Autonomic Ganglia

Rapid synaptic transmission in autonomic ganglia is mediated by acetylcholine (ACh), and functional AChRs on ganglion neurons have been characterized extensively. Neonatal rat sympathetic ganglia contain mRNAs for $\alpha 3$, $\alpha 5$, $\alpha 7$, $\beta 2$, and $\beta 4$, but not mRNA for $\alpha 2$, $\alpha 4$, or $\beta 3$ (MANDELZYS et al. 1994; ZOLI et al. 1995). These same five subunit mRNAs are expressed in the embryonic chicken ciliary ganglion and probably within each neuron in the ganglion (BOYD et al. 1988; CORRIVEAU and BERG 1993). Immunochemical studies on extracts of embryonic ciliary ganglia indicate that all five gene products (proteins) are expressed (CONROY et al. 1992; VERNALLIS et al. 1993; CONROY and BERG 1995). In embryonic chicken sympathetic ganglia, LISTERUD et al. (1991) found evidence from polymerase chain reaction studies for $\alpha 4$ transcripts in addition to the five mRNAs found in the ciliary ganglion. Adult rat sympathetic ganglia contain transcripts for the α4 subunit (RUST et al. 1994; KLIMASCHEWSKI et al. 1994), so perhaps α4 transcripts appear only after birth in rats. Nicotinic AChRs are also expressed on the sympathetic-like chromaffin cells of the bovine adrenal medulla, where mRNAs corresponding to α3, α5, α7, and β4 subunits have been found (CRIADO et al. 1992; GARCIA-GUZMÁN et al. 1995; CAMPOS-CARO et al. 1997; WENGER et al. 1997).

II. Sensory Ganglia

Although primary sensory neurons are not known to receive cholinergic synapses, they express a number of AChR transcripts and gene products. Primary sensory neurons from a variety of species are responsive to nicotinic agonists (e.g., BACCAGLINI and COOPER 1982; SUCHER et al. 1990; BOYD et al. 1991). Among sensory ganglia, the trigeminal ganglion has been studied most extensively. Trigeminal sensory neurons from adult rats are responsive to nicotinic agonists (e.g., LIU et al. 1993) and they display hybridization with complementary RNA probes for α3, α4, α5, β2, and β4 subunits (WADA et al. 1989, 1990; FLORES et al. 1996). The α3 and β4 signals are particularly strong, and sequential immunoprecipitation with subunit-specific antibodies suggest that these two gene products contribute to a common AChR subtype (FLORES et al. 1996). In dorsal root ganglia from several mammalian species, NINKOVIC and HUNT (1983) found AChRs for α-Bgt in a small fraction of neurons. Primary sensory neurons within the mesencephalic nucleus of the trigeminal nerve express strong hybridization signals for α4 (WADA et al. 1989), α6 (LE NOVÈRE et al. 1996), and β2 (WADA et al. 1989) subunits, and these neurons also display α7-like immunoreactivity (α7-LI) (DOMINGUEZ DEL TORO et al. 1994).

Sensory neurons express AChRs presumably so that they can transport them centrally, where they might modulate synaptic transmission, and/or peripherally, where they might underlie the documented effects of nicotinic agonists on sensory endings. There is indirect evidence suggesting that AChRs within some sensory nuclei in the CNS may originate from sensory afferents. For example, ASHWORTH-PREECE et al. (1998) found that removal of the nodose ganglion, the site of origin of some of the sensory neurons projecting to the nucleus of the solitary tract, reduced the binding of ^{125}I-labeled α-Bgt (^{125}I-α-Bgt) in the nucleus by 97%. There are a few documented instances where functional AChRs are present on sensory endings in the periphery (TANELIAN 1991; STEEN and WEEH 1993). It is not clear what role is served by AChRs on the peripheral endings of sensory neurons, nor what the source of acetylcholine (ACh) would be that would act on these AChRs.

D. Regional Distribution of AChRs Within the Central Nervous System

I will focus on the distribution of AChRs in the CNS of adult rat, with only a brief discussion of results on other species. Cholinergic neurons within the rat

CNS are distributed within a nearly continuous collection of nuclei lying within the basal telencephalon, diencephalon, brainstem, and spinal cord (WOOLF 1991). The two most prominent components of this system are a set of nuclei within the basal forebrain and a set at the junction of the mid- and hindbrains, the pontomesencephalic system. The cholinergic neurons within these nuclei project, collectively, to nearly every major region of the CNS; therefore, it should not be surprising to find muscarinic and/or nicotinic AChRs throughout the CNS. Within the brain, muscarinic AChRs outnumber nicotinic AChRs by more than an order of magnitude (e.g., MARKS et al. 1993). Nonetheless, there is a growing appreciation that nicotinic AChRs are very widely distributed within the CNS and that they serve important functional roles, including those related to arousal and cognition (see Chaps. 22 and 23, this volume).

The following text summarizes the distribution of AChRs in the adult rat CNS (see also COURT and PERRY 1995). The summary presented here was culled from about two dozen articles that have presented comprehensive mapping studies based on the binding of AChR-specific ligands. Space does not permit the mention of numerous other mapping studies that have been done on selected areas of the brain nor of the results obtained by in vivo imaging of nicotinic AChRs (see Chap. 21, this volume). The textual summary of AChR distribution that follows is meant to be complemented by Table 1, which summarizes the regional distribution of all AChR mRNAs in adult rat CNS as determined by in situ hybridization.

I. Mapping Studies with [^{3}H]Nicotine and with Ligands for $\alpha 4$ and $\beta 2$

Among the earliest comprehensive mapping studies of AChRs in adult rat brain were those performed by HUNT and SCHMIDT (1978a), who examined the binding of ^{125}I-α-Bgt, and by CLARKE et al. (1985), who compared the patterns of binding noted with [^{3}H]ACh, [^{3}H]nicotine, and ^{125}I-α-Bgt. CLARKE et al. (1985) noted that the binding pattern of [^{3}H]ACh (in the presence of atropine) and [^{3}H]nicotine were similar to one another and quite different from the binding pattern seen with ^{125}I-α-Bgt (see also MARKS and COLLINS 1982). The basis of this important observation lies in the fact that pentameric AChRs with distinct subunits underlie high-affinity binding of [^{3}H]nicotine and of ^{125}I-α-Bgt binding and the fact that these distinct AChRs have different distributions within the brain.

High-affinity [^{3}H]nicotine or [^{3}H]ACh binding is widespread within the rat brain (CLARKE et al. 1985; LONDON et al. 1985). Binding is highest within the interpeduncular nucleus, all thalamic nuclei except the posterior group and intralaminar nucleus, the superior colliculus, and the medial habenula. Binding was also noted in the substantia nigra pars compacta, the ventral tegmental area, the molecular layer of the dentate gyrus, the presubiculum, and in layers I and III/IV of the cerebral cortex (although not equally in all parts of the

Table 1. Regional distribution of AChR mRNAs in the adult rat brain as revealed by in situ hybridization

	α2	α3	α4	α5	α6	α7	β2	β3	β4
I. Forebrain									
A. Isocortex									
layer I	–	–	+	–	–	–	+	–	++
layer II	–	–	++	++	–	++	++	–	++
layer III	–	–/+++	++	+	–	++	+	–	++
layer IV	–	–	+	–	–	–	++	–	++/+++
layer V	+	+	++	+/++	–	++	++	–	++
layer VI	+	–	+/++	+/++	–	++	++	–	++
Claustrum	–	–	++	+	–	++	++	–	++
B. Olfactory region									
Main bulb	–/+	–/++	–/+	–	–	–	–/++	–	–
Anterior olfactory n.	–/+	+	++	++	–	++	++	–	–
Olfactory tubercle	–	–/+	–/+++	–	–	–	+/++	–	++
Piriform cortex	–/+	–/+	+/+++	–	–	–	+/+++	–	–
Endopiriform n.	–	–	+++	++	–	++	++	–	–
Taenia tecta	–	+	+++	+	–	++	++	–	+
C. Hippocampal formation									
Entorhinal area	–/++	–/++	–/++	–/++	–	+/++	–/+++	–	++
Pre-/postsubiculum	–/+	–/+	–/++	–/+++	–	–	++	–	+++
Parasibiculum	–	–	+/+++	–/+++	–	–	+/++	–	+++
Subiculum	–/++	–/++	–/+++	–/+++	–	+/++	+/++	–	+++
CA3, CA1	–/++	–/+	+/++	+	–	?/+++	++/++	–	?/++
Dentate gyrus	–	–	+/++	–/++	–	?/+++	+/++	–	?/+++
D. Amygdala									
Medial n.	–/+	–/+	+	–	–	++	++	–	–
Amygdalohippocampal area	–	+	+	–	–	?/+++	++	–	+
Cortical n.	–	–	+/++	+	–		++	–	–
N. lateral olfactory tract	–	–	++	–	–		+	–	–
Anterior amygdaloid area	–	–	+	–	–		+	–	–
Central n.	–	–	+	–	–		+	–	–
Lateral n.	–	–	+	–	–		++	–	–
Basolateral n.	–	+/++	+/+++	–	–		++	–	–
Basomedial n.	–	–	++	–	–		+	–	–
Intercalated n.	–	–	–	–	–		+	–	–

Table 1. Continued

	α2	α3	α4	α5	α6	α7	β2	β3	β4
E. Septum									–/+
Lateral n.	–	–	–/+				+/++	–	
Medial n./n. diag. band	‡	+	‡‡		–		‡	–	
Bed n. stria terminalis	–/+	–	–/+		–		+		
Bed n. ant. commissure	–	+	‡‡		–		+		
Septofimbrial n.	–	–	‡‡		–		+		
Triangular n.	–	–	‡‡		–		+		
Septohippocampal n.	–	–	–				+		
Septohypothalamic n.	–	–							
Subfornical organ	–	–	–		–		‡	–	
F. Basal ganglia									
Caudoputamen	–	–/+	–	‡‡	–		+	–	–
N. accumbens	–	+	–	+	–		+		–
Fundus of striatum	–	–	–	‡‡	–		+		–
Globus pallidus									
Entopeduncular n.	–	–	‡‡		–		+ +		–
Substantia innominata	+	+	‡‡		–		‡‡		–
Magnocellular preoptic n.	+	+	+		–		‡‡		–
Subthalamic n.	–	–				+	+		
Substantia nigra									
Compact part	–	+	‡‡		‡‡		‡‡	‡	–
Reticular part	–	–	+	+	‡‡		+	‡	–
Ventral tegmental area	–	‡	‡‡	‡‡	‡‡		‡‡	‡	–

Region	1	2	3	4	5	6	7	8
G. Thalamus								
Medial habenula	−	−	−	−	++	−	+++	
Dorsal third	−	+++	+++			−/+	+++	++
Ventral two-thirds	−	−	+	−/+		+	−	
Lateral habenula	−	−/++	−/+++	+		+/++	−	
Anterior group	−	+/++	+/++			+/++	−	
Mediodorsal n.	−	+/++	+/++	−		+/+++	−	
Lateral group	−	−/++	+/+++			+/++	−	
Midline group	−	+/++	+/+++			+/+++	−	
Ventral group	−	++/+++	+/+++			+/++	−	
Posterior complex	−	+/++	+/+++			+/+++	−	
Medial geniculate n.	−	++/+++	+/+++		+	+/+++	−	
Lateral geniculate n.	−	−/+	++	‡		+/+++	−	
Intralaminar nn.	−	+	++			+	−	
Reticular n.	−	−	+/++			++/+++	−	
Zona incerta	−	++	+/++			+/++	−	
N. fields of forel	−	−	+			+/++	−	
Pineal	−	+++	+		+	+	−	++
H. Hypothalamus								
Periventricular zone	−	−	−			+	−	
Suprachiasmatic n.	−	−	−			++	−	
Supraoptic n.	−	−	−			+/++	−	
Arcuate n.	−	−/+	−/+			+/++	−	
Other regions								
Medial zone								
Mammillary n.	−	−	−/+		+	+/++	−	
Supramammillary n.	−	++	+	+		++/+++	−	++
Tuberomammillary n.	−	−	+++			+/++	−	+++
Ventromedial n.	−	−	−/+			+/++	−	
Other regions	+	−/+++	+/++			+/++	+++	
Lateral zone								
I. Retina								
Inner nuclear layer	−	+	++			++	−	+
Ganglion cell layer	−	++	++	−		++	+++	+

Table 1. *Continued*

	α2	α3	α4	α5	α6	α7	β2	β3	β4
II. Brainstem									
A. Sensory									
Visual									
Superior colliculus	−/+	−/++	−/++	−	−	++	+/++	−	−
Pretectal region	−	−	+/++	−	−	−	+	−	−
Other regions	−	−	−/+	−	−	−	+/+++	−	−
Somatosensory									
Trigeminal ganglion	−	+++	++	++	−?	−	+++	−	−
Mesencephalic n. of V	−	−	++	−	++	−	++	+++	−
Prin. sensory n. of V	−/+	−/+	+	−/+	−	−	+/++	−	−
Spinal n. of V	−	−	++	−	−	−	+	−	−
Dorsal column n.	−	−	++	−	−	−	+	−	−
External cuneate n.	−	−	++	−	−	−	−	−	−
Auditory									
Cochlear nuclei	+/++	−/+	++	−/+	−	−	+/++	−	−
Inferior colliculus	−	+/++	+/+++	+	−	++	+/++	−	−
N. trapezoid body	++	−	++	−	−	−	++	−	−
Lat sup. olive	−/+	−	+/++	+	−	++	++	−	−
N. lat. lemniscus	−	−	+/++	++	−	−	+/++	−	−
Sup. paraolivary n.	++	−	++	−	−	−	++	−	−
N. brachium inf. colliculus	−	−	++	−	−	−	+	−	−
N. saguluum	−	−	−	−	−	−	−	−	−
Vestibular									
Various	−/+	−/+	++/+++	−	−	++	+/++	−	−
Visceral (incl. Gustatory)									
N. solitary tract	−	−/+	+	+/++	−	−	+	−	−
Area postrema	−	++	++	++	−	−	++	−	−
Parabrachial n.	+/++	−	+/++	−	−	−	+/++	−	−
B. Motor									
Oculomotor n. (III)	−	−	++	−	−	−	++	−	−
Trochlear n. (IV)	−	−	++	−	−	−	++	−	−
Abducens n. (VI)	−	−	++	−	−	−	++	−	−
Hypoglossal n. (XII)	−	−	+	−	−	−	++	−	−
Motor n. of V	−	++	+	−	−	−	++	−	++

The Distribution of Neuronal Nicotinic Acetylcholine Receptors

	α2	α3	α4	α5	α6	α7	β2	β3	β4
Facial n. (VII)	–	+++	–	+	–	–	+++	–	–
N. ambiguus (IX, X)	–	+++	–	–	–	–	+++	–	–
Dorsal motor n. of X	–	++	–	+	–	–	++	–	–
C. Reticular core (including central gray and raphé)									
PAG and associated areas	–/+	–	–/++	–	–	?/++	+/++	–	–
locus coeruleus	–	+++	+	+++	–	?/++	+/++	++	++
Raphé (incl. dorsal raphé)	–/+	–/+	+	–	+++	–	+/++	–/+	–
Interpeduncular n.	+/+++	–/+	+/+++	–/++	–/+	+	+/++	–	–/+
Reticular formation	–/++	–/+	+/++	–/+++	–/+++	+	+/++	–	?/+++
D. Pre- and postcerebellar									
Pontine gray/tegmental reticular	–	–	+++	+++	–	–	+	–	–
Inferior olive	–	–	+	+	–	–	++	–	–
Lateral reticular n.	–	–	+++	–	–	–	+++	–	–
Red n.	–	–	++	–	–	–	+++	–	–
III. Cerebellum									
Deep nuclei	–	–	+++	–	–	–	++	–	++
Cortex									
Molecular layer	–	–	–	–	–	–	+	–	–
Purkinje layer	+	+	+	–	–	+	++	–	+
Granular layer	–	+	+	–	–	–	+	–	–
IV. Spinal cord									
Marginal zone	–	–	+	–	–	–	+	–	–
Substantia gelatinosa	–	+	+	–	++	–	+	–	–
N. proprius	–	–	+	–	–	–	+	–	–
Intermediate gray	–	–	+	–	–	–	+	–	–
Intermediolateral column	–	–	+	–	–	–	++	–	–
Ventral horn	+	–	+	–	–	–	++	–	–
Central gray	+	++	+	–	–	++	++	–	–

Hybridization density: –, not detectable; +, weak; ++, moderate; +++, strong. d, dorsal; inf, inferior; lat, lateral; med, medial; n, nucleus; nn, nuclei; PAG, periaqueductal gray; prin, principal; sup, superior; v, ventral. Organization is given after that in WADA et al. (1989). Results are based on data from WADA et al. (1989) for α2, α3, α4, and β2; from WADA et al. (1990) for α5; from LE NOVÈRE et al. (1996) for α6 and β3; from SÉGUÉLA et al. (1993) for α7; from DINELEY-MILLER and PATICK (1992) for β4; and from HOOVER and GOLDMAN (1992) for retina. No signal for α9 mRNA is detected in the central nervous system (ELGOYHEN et al. 1994). Estimates of hybridization density are not meant to be compared across probes (WADA et al. 1989). Data for α4 are for the α4-2 splice variant (WADA et al. 1989). Presence of two different densities separated by a slash indicates range of densities for subnuclei or layers within the specified region. Hybridization densities for isocortex vary with region.

cerebrum). The binding of [^{3}H]cytisine, which recognizes an AChR containing $\alpha 4$ and $\beta 2$ (FLORES et al. 1992), is nearly identical to that of [^{3}H]nicotine (HAPPE et al. 1994). The binding of [^{3}H]epibatidine, which has the highest affinity for neuronal AChRs among all known agonists (GERZANICH et al. 1995), also resembles that of [^{3}H]nicotine and [^{3}H]cytisine, with a few interesting exceptions. [^{3}H]Epibatidine binds strongly to the optic nerve and optic tract and also to the fasciculus retroflexus, while [^{3}H]cytisine does not (PERRY and KELLAR 1995). These sites are populated by axons, and the AChRs found within them may be undergoing transport to retinorecipient sites and to the interpeduncular nucleus, respectively (see MCGEHEE et al. 1995). The fact that these sites are recognized by [^{3}H]epibatidine and not [^{3}H]cytisine suggests that they contain a non-$\alpha 4 \beta 2$ AChR, perhaps one containing $\alpha 3 \beta 4$ or $\alpha 3 \beta 2$ (FLORES et al. 1996; MARKS et al. 1998).

Antibodies specific for the $\beta 2$ subunit produce a pattern of binding that is generally similar to that seen with [^{3}H]nicotine (SWANSON et al. 1987; HILL et al. 1993), which is consistent with the fact that virtually all high-affinity [^{3}H]nicotine binding to rat brain extracts is immunoprecipitated by antibody against the $\beta 2$ subunit (WHITING and LINDSTROM 1986; FLORES et al. 1992). There were some notable differences between sites with $\beta 2$-LI and sites with high-affinity [^{3}H]nicotine binding. For example, in the thalamus CLARKE et al. (1985) noted a signal in all nuclei except the posterior group and the intralaminar nucleus. However, significant $\beta 2$-LI is found in the posterior group (HILL et al. 1993; SWANSON et al. 1987). One possible explanation for this is that the posterior group expresses AChRs in which $\beta 2$ is assembled with subunits other than $\alpha 4$.

DEUTCH et al. (1987) have mapped AChRs in adult rat brain using a monoclonal antibody (35.74) to *Torpedo* electric organ AChR. This antibody yields a binding pattern that resembles that seen with [^{3}H]nicotine. The specificity of monoclonal antibody (mAb) 35.74 among neuronal AChRs is unknown.

In situ hybridization studies of the distribution of $\alpha 4$ and $\beta 2$ subunits (Table 1) reveal a pattern similar to that noted with [^{3}H]nicotine. WADA et al. (1989) detected $\beta 2$ mRNA expression in almost all regions of the CNS but a high level of expression in those areas showing prominent high-affinity [^{3}H]nicotine binding, including the thalamus, the substantia nigra pars compacta, and the ventral tegmental area (Table 1). Some areas show high levels of $\beta 2$-LI but only moderate levels of $\beta 2$ mRNA, e.g., the interpeduncular nucleus. The interpeduncular nucleus receives two prominent cholinergic inputs, one from the basal forebrain and one from the medial habenula. Habenular deafferentation results in a significant reduction of [^{3}H]nicotine binding within the nucleus (CLARKE et al. 1986). One interpretation of these findings is that some of the AChRs within the nucleus that bind [^{3}H]nicotine with high affinity are located on habenular afferents; these receptors would contribute to a signal generated by using a $\beta 2$-specific antibody, but not one that relied on the presence of $\beta 2$ mRNA.

The distribution of α4 mRNA in adult rat brain is less widespread than that of β2 mRNA (WADA et al. 1989) and generally consists of a subset of structures displaying β2 mRNA (Table 1). For example, β2 but not α4 mRNA expression is seen in branchial motor nuclei (motor nucleus of V, facial nucleus, and nucleus ambiguus). Some of these areas have pronounced β2-LI but no high affinity [^{3}H]nicotine binding; the β2 subunits that are expressed there presumably assemble with α subunits other than α4. Both α4 and β2 mRNAs are present in adult rat retina, as well as α3, β3, and β4 (HOOVER and GOLDMAN 1992).

II. Mapping Studies with ^{125}I-α-Bgt and with Ligands for α7

The pattern of ^{125}I-α-Bgt is distinct from that seen with [^{3}H]nicotine and is highest in the cerebral cortex (especially layers I, IV, V, and VI), olfactory bulb, hypothalamus, hippocampus, inferior colliculus, mammillary body, locus coeruleus, dorsal tegmental nucleus, parabrachial nucleus, inferior and lateral superior olivary nuclei, medial vestibular nucleus, dorsal cochlear nucleus, gigantoreticular nucleus, spinal nucleus of the trigeminal tract, nucleus ambiguus, and dorsal motor nucleus of the vagus nerve (HUNT and SCHMIDT 1978a; CLARKE et al. 1985). The thalamus displays little or no ^{125}I-α-Bgt binding, but it is a major source of [^{3}H]nicotine binding. The hypothalamus contains several nuclei with substantial ^{125}I-α-Bgt binding but little or no [^{3}H]nicotine binding. A few areas, such as the dorsal tegmental nucleus and the interpeduncular nucleus, have both ^{125}I-α-Bgt and [^{3}H]nicotine binding, but it is not known whether individual neurons display AChRs of both classes.

The distribution of α7-LI in rat brain was mapped by DOMINGUEZ DEL TORO et al. (1994), who found strong immunoreactivity in parts of the olfactory system, the hippocampus, and the hypothalamus. Particularly strong labeling within the brainstem was noted in several sensory areas, including the mesencephalic nucleus of the trigeminal nerve, the nucleus of the lateral lemniscus, the vestibular nucleus, and the nucleus of the solitary tract. Motor nuclei were also heavily stained, including those with somatic, branchial, and visceral efferent function. Purkinje cells were heavily labeled, as was the red nucleus. The pattern of α7-LI corresponds reasonably well to the pattern of ^{125}I-α-Bgt binding in adult rat brain. This is expected, since α7 AChRs account for a majority of high-affinity ^{125}I-α-Bgt binding in rat brain (DOMINGUEZ DEL TORO et al. 1994). Although the general pattern of labeling was similar for ^{125}I-α-Bgt and for α7-LI, it is not always possible to predict one from the other. For example, ^{125}I-α-Bgt labeling of Purkinje cells in the cerebellar cortex is low, while α7-LI in these cells is strong. These studies raise the possibility that additional AChRs exist that contain the α7 subunit but that lack high affinity α-Bgt binding sites (ANAND et al. 1993; YU and ROLE 1998; but see CHEN and PATRICK 1997). The distribution of α7 mRNAs in rat brain has been mapped by in situ hybridization by SÉGUÉLA et al. (1993); the strongest signal was noted in the olfactory region, the hippocampal formation, the amygdala, the hypothalamus, the superior and inferior nuclei, and the vestibular nuclei (Table 1). The correlation between α7 mRNA distribution and α7-LI was good, although not perfect.

III. Mapping Studies with Ligands for α3

The α3 subunit is prominent among neurons in the peripheral nervous system. A comprehensive study of α3 mRNA distribution in the CNS found strong signal in the lateral geniculate nucleus, medial habenula, interpeduncular nucleus, locus coeruleus, and in neurons of motor nuclei associated with branchial efferent function (V, VII, IX, and X) (Table 1). α3 mRNA is also found in layer IVb of the isocortex, in subnuclei within the anterior and ventral thalamic groups, and in a few nuclei within the hypothalamus (GOLDMAN et al. 1987; WADA et al. 1989). Neurons within the branchial efferent nuclei express high levels of β2 as well as α3 (but not α4) and may therefore express an AChR containing both α3 and β2.

SCHULZ et al. (1991) examined the binding of the AChR antagonist κ-bungarotoxin (κ-Bgt; also known as neuronal-Bgt) to adult rat brain. ^{125}I-κ-Bgt binding is partially blocked by α-Bgt, presumably because κ-Bgt cross-reacts with high affinity α-Bgt sites. The highest regions of α-Bgt-insensitive ^{125}I-κ-Bgt binding in adult rat brain included the subthalamic nucleus, ventral lateral geniculate nucleus, hypothalamus, superior colliculus, ventral tegmental area, and substantia nigra (SCHULZ et al. 1991). These sites may contain an AChR containing α3 and β2, for which κ-Bgt has high affinity (LUETJE et al. 1990).

IV. Mapping Studies with Ligands for β4

The highest density of β4 mRNA in adult rat brain was found in the medial habenula, in the motor nucleus of the trigeminal nerve, in the interpeduncular nucleus, in layer IV of the isocortex, and in parts of the hippocampal formation (DINELEY-MILLER and PATRICK 1992; Table 1). There is overlap between sites expressing mRNA for α3 and β4 (WINZER-SERHAN and LESLIE 1997), suggesting that these subunits may assemble to form an AChR (FLORES et al. 1996).

V. Mapping Studies with Ligands for α2, α5, α6, and β3

The expression of the α2, α5, α6, and β3 transcripts in rat brain is less widespread than for the α3, α4, α7, β2, and β4 ones. α2 mRNA is found at moderate to high levels only in the interpeduncular nucleus (WADA et al. 1989; Table 1). α5 mRNA is expressed at high levels in certain areas of the hippocampal formation, in the substantia nigra pars compacta, in the ventral tegmental area, in the dorsal motor nucleus of the vagus and the nucleus ambiguus (visceral efferent nuclei), and within parts of the interpeduncular nucleus (WADA et al. 1990; Table 1).

The distribution of α6 mRNA (LE NOVÈRE et al. 1996) and α6-LI (GÖLDNER et al. 1997) in rat brain are similar. α6 mRNA was found in the reticular nucleus of the thalamus, the substantia nigra, the ventral tegmental nucleus, the mesencephalic nucleus of the trigeminal nerve, and the locus coeruleus (Table 1). Double-label immunofluorescence indicated that α6-LI is found within the same neurons that express tyrosine hydroxylase, a marker for catecholaminergic neurons (GÖLDNER et al. 1997).

β3 mRNA has a restricted distribution in the CNS and is found in some of the same areas displaying α6 mRNA (LE NOVÈRE et al. 1996); signal is highest in the ventromedial part of the medial habenula and in the mesencephalic nucleus of the trigeminal nerve (Table 1). Moderate signal is found in the substantia nigra, the ventral tegmental area, and the locus coeruleus. The association of both α6 and β3 AChR subunits within many of the catecholaminergic neurons of the brain is striking, since catecholamine-containing sympathetic neurons within the peripheral nervous system do not appear to express either of these subunits. Thus far, no one has reported success in generating a functional AChR heterologously with just the α6 and β3 subunits, so perhaps the neurons in these nuclei assemble an AChR with these two subunits and others as well.

VI. Species Differences among Mammals

Binding sites for [^{3}H]nicotine and for ^{125}I-α-Bgt have been mapped in several other mammalian species, including mouse, monkey, and human. The picture is most complete for mouse, where the distribution of sites with high-affinity for [^{3}H]-nicotine resembles generally that found in rats (MARKS et al. 1983; PAULY et al. 1989; see also COURT and PERRY 1995). The distribution of AChRs for ^{125}I-α-Bgt in mouse brain has been mapped by Pauly et al. (1991). Again, there is a fairly good, but not precise, agreement between mouse and rat data.

The distribution of AChRs in human brain has been reviewed by COURT and PERRY (1995) and by GOTTI et al. (1997). In human brain, [^{3}H]nicotine and ^{125}I-α-Bgt tend to bind with highest density to the thalamus and the hippocampus, respectively (RUBBOLI et al. 1994; COURT and CLEMENTI 1995), as they do in rat. But the human thalamus is not apparently a rich source of β2 mRNA (RUBBOLI et al. 1994; COURT and CLEMENTI 1995), whereas it is in rat. This is perplexing, since β2 is thought to be important for assembling an AChR with high-affinity for nicotine and since human thalamus is rich in high-affinity [^{3}H]nicotine binding sites. CIMINO et al. (1992) did not find [^{3}H]nicotine binding in the ventral tegmental area or the superior colliculus of cynomolgus monkeys, whereas these areas were among the most intensely labeled in rat brain. Additional studies will be required to resolve the extent to which the distribution and nature of AChRs are similar in primates and in rodents.

VII. AChR Mapping in Chicken Brain

SORENSON and CHIAPPINELLI (1992) mapped the chicken brain diencephalon and mesencephalon for AChRs for [^{3}H]nicotine and ^{125}I-α-Bgt (see also WATSON et al. 1988). There are some similarities in the binding pattern for [^{3}H]nicotine and ^{125}I-α-Bgt in chicken and rat. For example [^{3}H]nicotine binding was high in some thalamic nuclei, including the ventral lateral geniculate nucleus, and it was low in the cerebellum. MORRIS et al. (1990) mapped the distribution of α2, α3, α4, and β2 mRNA in chicken brain and found the highest levels of message for all these subunits in the lateral spiriform nucleus, which also showed high levels of [^{3}H]nicotine and ^{125}I-α-Bgt binding (SORENSON and CHIAPPINELLI 1992). Anti-AChR antibodies have been used to map the distribution within the diencephalon and mesencephalon of immunoreactivity corresponding to α2, α3, α5, α7, α8, and β2 subunits (SWANSON et al. 1983; BRITTO et al. 1992; TORRÃO et al. 1997). In chicken retina, immunocytochemical studies have found that AChR-LI is present on some amacrine cells, ganglion cells, and bipolar cells (KEYSER et al. 1988, 1993; HAMASSAKI-BRITTO et al. 1994).

The α8 AChR subunit has been cloned thus far only in chickens (SCHOEPFER et al. 1990). Like α7, it encodes a gene product that can form homo-oligomers and that binds α-Bgt with high affinity (GERZANICH et al. 1994; GOTTI et al. 1997). In chicken brain and retina, there are AChRs that contain the α7 without α8, AChRs that contain the α8 without α7, and AChRs that contain both α7 and α8; the brain is enriched in AChRs with α7 only, while the retina is enriched for AChRs with α8 only (SCHOEPFER et al. 1990; KEYSER et al. 1993; GOTTI et al. 1994).

E. Distribution of AChRs on the Neuronal Surface

I. Peripheral Nervous System (see also Chap. 10, this volume)

The most extensive analysis of the distribution of AChRs on the neuronal surface has been done on ciliary neurons in the embryonic chicken, which are singly innervated by large calyciform terminals. Ciliary neurons in the late embryo are dendrite-free, but their surface is populated by regions containing "pseudo-dendrites" or somatic spines. Electron microscopic analysis of the calyx reveals that it contains numerous active zones, most of which are thought to occur on the smooth-surfaced part of the neuron.

Immunochemical experiments have shown that embryonic ciliary neurons express at least four distinct pentameric AChRs: (1) those containing α3, α5, and β4 (but not β2 or α7), (2) those containing α3, α5, β2, and β4 (but not α7), (3) those containing α7 alone among the known subunits, and (4) those containing as yet unidentified subunits (CONROY et al. 1992; VERNALLIS et al. 1993; CONROY and BERG 1995; PUGH et al. 1995). It is unknown whether the expression of AChRs in adult ciliary ganglion neurons is similar to that in embryos, but the distribution of AChRs on the neuronal surface recognized by mAb 35 or α-Bgt is comparable at the two ages (JACOB et al. 1984; JACOB et al. 1986; WILSON HORCH and SARGENT 1995).

In the ciliary ganglion α-Bgt binds principally to an AChR containing $\alpha 7$ and no other known subunit (VERNALLIS et al. 1993). α-Bgt binding has been assessed using immunoperoxidase (JACOB and BERG 1983), autoradiographic (FUMAGALLI et al. 1978; LORING et al. 1985), immunofluorescence (WILSON HORCH and SARGENT 1995), and immunogold (SHOOP et al. 1999) techniques. The picture that has emerged from these studies is that the bulk of the surface α-Bgt binding sites are located on "pseudo-dendrites" or somatic spines. The meaning of these results is unclear, given that α-Bgt blocks a significant component of synaptic current (ZHANG et al. 1996; ULLIAN et al. 1997) and that transmitter release has traditionally been thought to occur on the nearby smooth-surfaced part of the cell. One possible resolution of this quandary is suggested by the electron microscopic results of SHOOP et al. (1999), who found synapses on somatic spines.

The binding of mAb 35 ciliary ganglion AChRs is principally to $\alpha 3$-containing species containing $\alpha 3$, $\alpha 5$, and $\beta 4$ subunits or $\alpha 3$, $\alpha 5$, $\beta 2$, and $\beta 4$ subunits. mAb 35 binding to ciliary ganglion neurons has been assessed by immunoperoxidase (JACOB et al. 1984) and immunofluorescence (WILSON HORCH and SARGENT 1995) techniques. JACOB et al. (1984, 1986) found mAb 35 binding principally at synaptic sites on the smooth-surfaced part of embryonic ciliary neurons, but some staining was also noted on nearby somatic spines (Fig. 1). What part of the $\alpha 3$ subunit determines its targeting to the smooth-surfaced part of the neuron? WILLIAMS et al. (1998) have used retrovirally mediated gene transfer to introduce into ciliary neurons a chimeric construct in which the $\alpha 7$ sequence between the putative M3 and M4 transmembrane domains has been replaced by the corresponding sequence from either the $\alpha 3$ or the $\alpha 5$ gene. α-Bgt AChRs in ganglia from animals infected with viruses containing the $\alpha 7/\alpha 3$ construct tended to be clustered at synapses on the smooth surfaced part of the cell, while those in neurons from animals injected with the $\alpha 7/\alpha 5$ construct did not. This suggests that the putative intracellular loop between M3 and M4 of the $\alpha 3$ subunit contains the information necessary for selective targeting to synapses on the smooth surfaced part of these neurons.

WILSON HORCH and SARGENT (1995) found, using confocal microscopy, a small number of clusters of mAb 35-reactive $\alpha 3$-containing AChR at synaptic sites, measured by the presence of synaptic vesicle antigen immunoreactivity. However, they found that the bulk of the immunofluorescence for mAb 35 coincided with that for α-Bgt at sites containing somatic spines (SHOOP et al. 1999). The difference between these two results might be explained by the differences in experimental approaches: the immunoperoxidase approach might

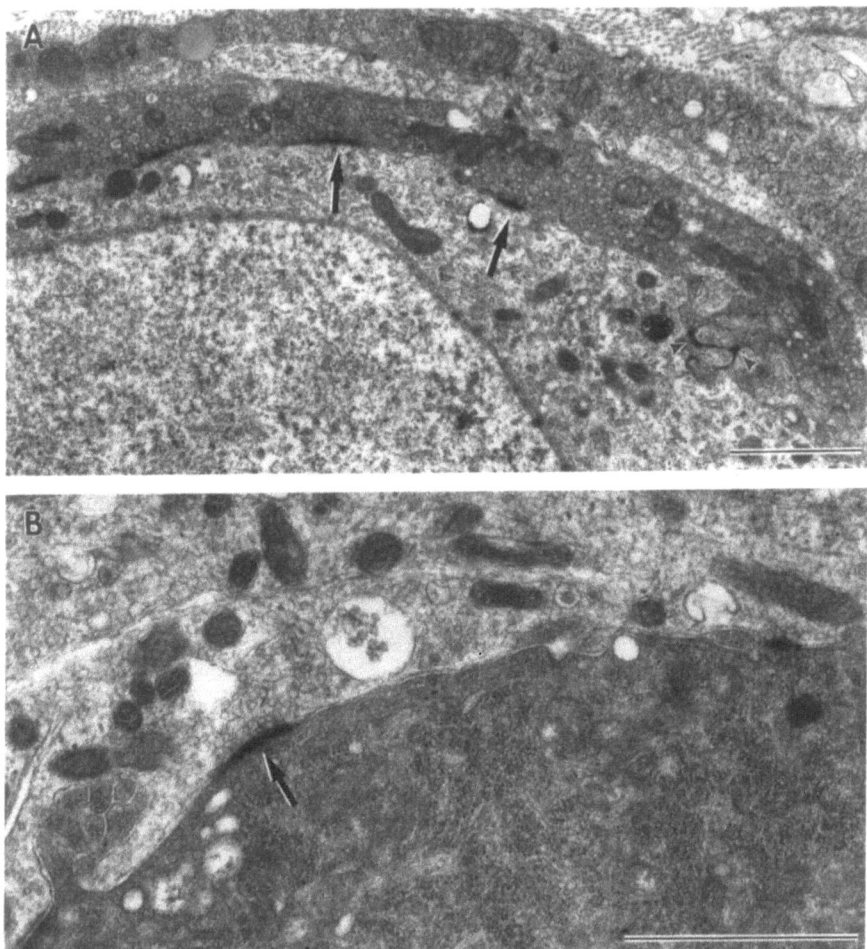

Fig. 1. Ultrastructural distribution of horseradish-peroxidase labeled mAb 35 binding on ciliary (**A**) and choroid (**B**) neurons in the embryonic chicken ganglion (E16). *Arrows* indicate some of the regions where immunoperoxidase reaction product fills the synaptic cleft. The reaction product is extracellular, which is consistent with the specificity of mAb 35, which recognizes an extracellular epitope. *Arrowheads* in **A** (*near right margin*) indicate association of reaction product with regions of the surface containing somatic spines. For additional information, see JACOB et al. (1984). *Bar at lower right* represents 0.5 µm. Reproduced with permission

reveal sites where the *density* of mAb 35 AChRs is highest, while the immunofluorescence approach might reveal areas where the total *number* of mAb 35 AChRs is highest, at regions containing somatic spines.

LORING and ZIGMOND (1987) have examined the binding of ^{125}I-κ-Bgt to the surface of embryonic ciliary neurons by electron microscopic autoradiography. The specificity of κ-Bgt in both chicken and rat ganglia suggest that it can recognize multiple classes of AChRs, including those also recognized by α-Bgt. When an excess of α-Bgt is included in the incubations, ^{125}I-κ-Bgt is thought to recognize a "ganglionic" mAb 35 AChR, since mAb 35 immunoprecipitates AChRs to which κ-Bgt has bound (HALVORSEN and BERG 1986). α-Bgt-independent ^{125}I-κ-Bgt binding is highest at synaptic sites on the smooth-surfaced part of the membrane, where the density of binding is perhaps 50-fold higher than at non-synaptic sites (LORING and ZIGMOND 1987; see also LORING et al. 1988).

AChRs are present intracellularly within neurons in the chicken ciliary ganglion as well as on the cell surface. JACOB et al. (1986) found mAb 35 binding within the cell interior associated with the organelles known to be involved in the synthesis and degradation of membrane proteins, including the endoplasmic reticulum, the Golgi apparatus, and coated vesicles. At least two-thirds of the AChRs recognized by mAb 35 are internal, and much of the internal receptor sediments at 10S and presumably represents assembled AChR (STOLLBERG and BERG 1987).

The distribution of AChRs on the surface of frog cardiac ganglion cells has been analyzed with mAb 22, a cross-reacting antibody made against *Electrophorus* AChR (TZARTOS et al. 1981). The smooth surfaced cell body of these neurons is supplied by a preganglionic axon that gives rise, on average, to about a dozen synaptic boutons (MCMAHAN and KUFFLER 1971). Confocal miscroscopic analysis of AChR immunoreactivity on the neuronal surface shows the presence of two general classes of AChR clusters, large ones that are themselves clustered and small ones that are distributed widely over the surface (WILSON HORCH and SARGENT 1996a). Double-label confocal microscopy reveals that the majority of large AChR clusters colocalize with synaptic boutons, which can be visualized with a mAb to a synaptic vesicle antigen (Fig. 2). Electron microscopy shows that synaptic clusters are located immediately opposite the presumed sites of transmitter release and tend to be patch-like in shape with an average surface area of $0.1\,\mu m^2$ (SARGENT and PANG 1988, 1989; see also MARSHALL 1981). Extrasynaptic AChR clusters may represent intermediates in the synthesis or degradation of synaptic clusters.

In neonatal mouse superior cervical ganglia, FENG et al. (1998) found that AChRs, marked by mAbs 210 (α5-LI) or 270 (β2-LI) bind predominantly at synaptic sites, marked by the presence of immunoreactivity for a synaptic vesicle antigen. A few of the clusters of α5 or β2 immunoreactivity were not associated with sites of SV2 staining, suggesting that there may be extrasynaptic AChR clusters in neonatal mouse ganglia, as there are in the chicken ciliary ganglion and frog cardiac ganglion. α-Bgt-AChRs in the adult rat superior cervical ganglion are located mainly on the extrasynaptic neuronal surface and to the surface of axonal profiles, as judged by electron microscopic autoradiography (FUMAGALLI and DE RENZIS 1984).

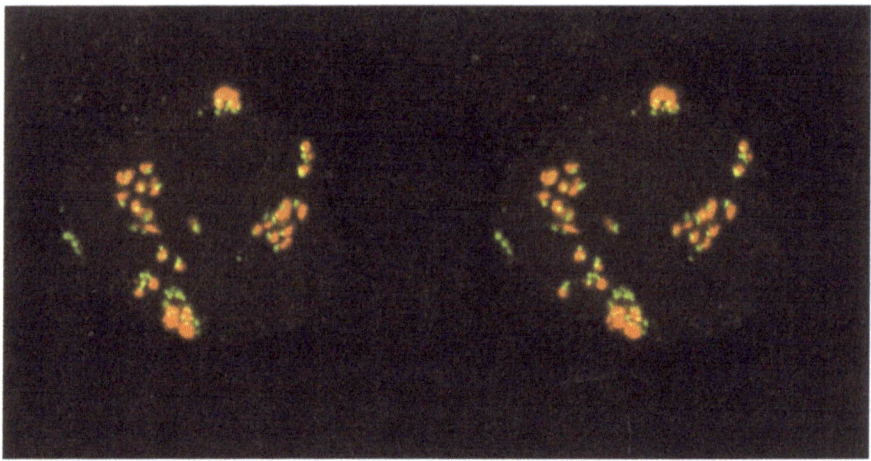

Fig. 2. Immunofluorescent demonstration of AChR clusters on the surface of an adult frog cardiac ganglion, as determined with laser scanning confocal microscopy. This stereo pair shows clusters of AChR-like molecules in green and synaptic boutons in red. A majority of the bright AChR clusters are associated with synaptic boutons, where electron microscopic evidence shows that they lie opposite active zones (SARGENT and PANG 1988). For additional information, see WILSON HORCH and SARGENT (1986a). This cell body measures 25 µm in diameter from left to right

II. Central Nervous System

VOGEL et al. (1977) found in chicken retina that horseradish peroxidase-labeled α-Bgt labeled a small fraction (5%–7%) of synapses in the inner plexiform layer: some of these were bipolar synapses and some were amacrine synapses. In goldfish retina, horseradish peroxidase-α-Bgt labels a small fraction of amacrine synapses; most of the label, however, was to non-synaptic membranes (ZUCKER and YAZULLA 1982). In the retina of several species, some amacrine cell-ganglion cell synapses are nicotinic (e.g., see GRZYWACZ et al. 1998 and references therein).

HUNT and SCHMIDT (1978b) studied the binding of ^{125}I-α-Bgt by electron microscopic autoradiography within the hippocampus and found that it was preferentially associated with synaptic complexes within the stratum oriens. Nicotinic synaptic connections within the hippocampus that are blocked by α-Bgt have recently been identified (FRAZIER et al. 1998; ALKONDON et al. 1998), but these are thought to lie within the stratum radiatum.

MAb 299 (WHITING and LINDSTROM 1988) has been used along with ultrastructural immunoperoxidase techniques to visualize α4-LI in several parts of the brain, including the cerebral cortex (NAKAYAMA et al. 1995; see also SCHRÖDER et al. 1989), hypothalamus (OKUDA et al. 1993; SHIODA et al. 1997), cerebellum (NAKAYAMA et al. 1997), and substantia nigra pars compacta (SORENSON et al. 1998). In all instances immunoreactivity was associated with the interior of neurons and with the endoplasmic reticulum. Staining in the

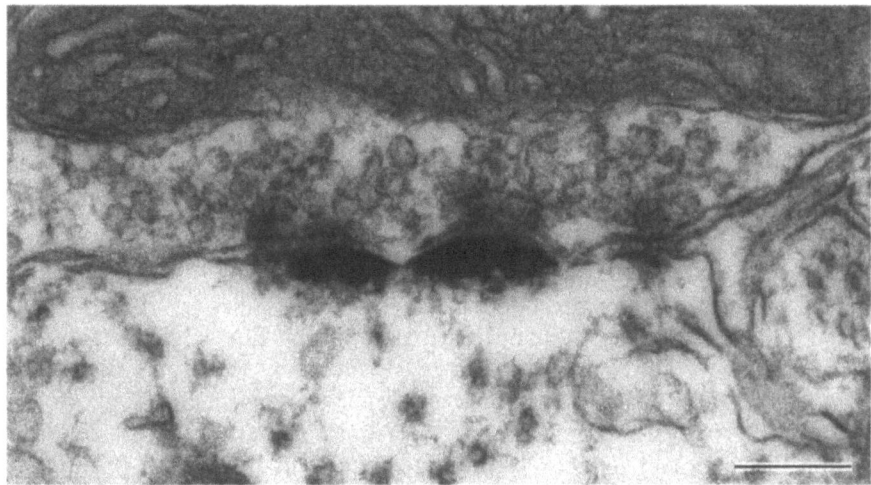

Fig. 3. Ultrastructural immunoperoxidase localization of $\alpha 4$ AChR-like immunoreactivity within a dendrite of a neuron in the adult rat substantia nigra pars compacta. Dense postsynaptic immunoreactivity is associated with a pair of synaptic sites. The peroxidase reaction is intracellular, which is consistent with the specificity of the anti-$\alpha 4$ antibody (mAb 299), which recognizes an intracellular epitope. For additional information, see SORENSON et al. (1998). *Bar* represents $0.2\,\mu m$. Reproduced from SORENSON et al. (1998), with permission from Elsevier Science

Golgi apparatus was light or absent. In some instances moderate amounts of reaction product were associated with some postsynaptic densities on the cell bodies and dendritic shafts of immunolabeled neurons (OKUDA et al. 1993; NAKAYAMA et al. 1995), but the ability of peroxidase reaction product to diffuse and precipitate on objects distant from its site of deposition (COURTOY et al. 1983) sometimes makes it difficult to decide if postsynaptic densities are truly labeled. Images taken from the hypothalamus (SHIODA et al. 1997) and the substantia nigra (SORENSON et al. 1998) make the most convincing case, to date, that there are postsynaptic clusters of $\alpha 4$-LI in brain. Figure 3 shows an example of a mAb 299 immunolabeled postsynaptic site in the substantia nigra (SORENSON et al. 1998). There is pharmacological evidence for a nicotinic synaptic input to dopaminergic neurons in the substantia nigra from the pedunculopontine nucleus (FUTAMI et al. 1995).

HILL et al. (1993) found the $\beta 2$-LI associated with internal and surface membranes in the frontoparietal cortex but rarely with synaptic profiles, even when using postembedding techniques. Using immunofluorescence and confocal microscopy, ULLIAN and SARGENT (1995) found in the chicken lateral spiriform nucleus that mAb 35 ($\alpha 3$-LI and $\alpha 5$-LI) bound principally to extrasynaptic sites.

In summary, the sample of the published articles on immunolocalization of AChRs in the CNS does not suggest a consensus regarding whether they are predominantly at postsynaptic sites.

F. Presynaptic AChRs/Extrasynaptic AChRs

Iontophoretic studies done as early as the 1950s revealed that many neuronal types within the CNS were sensitive to ACh or to nicotinic agonists. However, only on rare occasions has it been possible to demonstrate the existence of nicotinic synaptic transmission using pharmacological means (reviewed in NICOLL et al. 1990; ROLE and BERG 1996). The failure to find more sites where nicotinic AChRs underlie rapid synaptic transmission in the CNS has suggested that these molecules serve other purposes. They may, for example, modulate synaptic transmission (e.g., BROWN et al. 1984; reviewed in ROLE and BERG 1996). There is an increasing body of evidence suggesting that some nicotinic AChRs are presynaptic (reviewed by ROLE and BERG 1996; WONNACOTT 1997; Chap. 8, this volume). One sort of result that suggests that presynaptic AChRs abound in the CNS is that deafferentation of some sites within the CNS can reduce or eliminate AChRs at those sites, presumably because the AChRs are located on presynaptic elements that do not survive surgery. A second kind of result that points to the existence of presynaptic AChRs is the finding that nicotinic agonists can modulate the rate of transmitter release in a tetrodotoxin-independent manner in synaptosomes, cultures, and slices. The most direct evidence to date for presynaptic AChRs has come from COGGAN et al. (1997), who were able to record nicotine-induced currents from the calyceal endings on neurons in the embryonic chicken ciliary ganglion. To date, there has been no anatomical demonstration of presynaptic AChRs.

How might presynaptic AChRs be activated in brain? In the visual cortex, for example, there is evidence for nicotinic AChRs on the terminals of geniculo-cortical afferents (e.g., PARKINSON et al. 1988; LAVINE et al. 1997). But there are no known axo–axonic synapses in mammalian cerebral cortex; by what mechanism might these presynaptic AChRs be activated in vivo? This issue is not restricted to a consideration of presynaptic AChRs: many cholinergic terminals do not appear to bear a synaptic relationship to any target (reviewed in DESCARRIES et al. 1997). Cholinergic transmission at many sites within the CNS may occur principally by volume transmission rather than by focal transmission (DESCARRIES et al. 1997). The receptors that play a role in this hypothesized diffuse transmission may well be muscarinic, since this form of AChR is already known to be involved in volume transmission in the peripheral nervous system. If nicotinic AChRs indeed play a role in volume transmission in the CNS, then one might not necessarily expect them to be located preferentially at synaptic sites.

G. Regulation of AChR Distribution

Most of the studies to date on the influence of innervation on AChR distribution on autonomic neurons have been done in chickens. mAb 35 AChRs (containing $\alpha 3$ and $\alpha 5$ subunits) first can be detected on neurons at a stage when ganglionic synapses first appear (JACOB 1991), suggesting that their expression might be induced by innervation. However, surgical ablation of the accessory oculomotor nucleus, which contains the preganglionic neurons, prior to the time of innervation, produces only modest effects on the subsequent expression of mAb 35 AChRs or of normal functional responses to ACh (JACOB 1991; ENGISCH and FISCHBACH 1992). Similar results have been obtained when older neurons are denervated (JACOB and BERG 1987, 1988; MCEACHERN et al. 1989; see FUMAGALLI et al. 1976; MANDELZYS et al. 1994 for similar results in rat sympathetic ganglia).

The distribution of surface mAb 35 AChRs appears to be altered if chicken ciliary ganglion neurons are never innervated in vivo. Surface clusters of mAb 35 AChRs on neurons taken from accessory oculomotor nucleus-ablated animals appear to be smaller and more widely distributed than on neurons from sham-operated animals (ENGISCH and FISCHBACH 1992). However, when ciliary ganglia were denervated after hatching, their mAb 35 AChR surface clusters were not affected (JACOB and BERG 1988). It appears that synaptic clusters of mAb 35 AChRs on innervated chicken ciliary ganglion neurons survive denervation for moderate periods of time, as they do in skeletal muscle (e.g., KRAUSE and WERNIG 1985).

Unlike the situation in the chick ciliary ganglion, denervation produces a profound change in the distribution of AChRs on the surface of neurons in the adult frog cardiac ganglion. Normally, AChRs are present as larger clusters, located at and near synaptic sites, and as smaller clusters present over the entire neuronal surface (WILSON HORCH and SARGENT 1996a). Following denervation, the large clusters virtually disappear from the neuronal surface, and there is an increase in the number of small clusters (WILSON HORCH and SARGENT 1996b). These changes are apparent as early as four days following denervation, and they last for at least six weeks, the longest survival time examined. In this preparation, innervation appears to exert a continual and reversible influence on the organization of AChRs on the cell surface.

A clear enhancement of AChR expression by innervation of embryonic chicken sympathetic neurons demonstrated in culture (e.g., ROLE 1988; MOSS and ROLE 1993; see Chap. 10, this volume, for a more complete discussion of this regulation and of the role of neuregulin). The ability of a culture system, but not the animal, to display a pronounced effect of innervation on AChR expression may be explained by the availability of factors derived from other sources when experiments are performed in the animal.

The targets of autonomic neurons appear to exert more influence over the expression and distribution of AChRs than do the neurons than innervate them. Axotomy of ciliary ganglion cells reduces their ACh sensitivity (BRENNER and MARTIN 1976), and eliminates synaptic clusters of mAb 35 AChRs on the neuronal surface (JACOB and BERG 1988). Axotomy also reduces the number of ^{125}I-α-Bgt binding sites in the ganglion (FUMAGALLI et al. 1978) and in the rat superior cervical ganglion as well (FUMAGALLI and DE RENZIS 1980). To dissociate the effects of injury from the effects of removal of the target in the chicken ciliary ganglion, SCHWARTZ LEVEY et al. (1995) removed the optic primordia before the axons of ciliary ganglion neurons reached their target and found that target-deprived neurons had substantially reduced ACh sensitivity. The effect upon AChR distribution of target removal unaccompanied by axotomy is not known.

The ability of neurons to cluster AChRs at sites or transmitter release implies that they respond to a presynaptic influence. We know little about the nature of this signal nor of the means by which neurons respond to it. Motor axons induce AChR clusters at the neuromuscular junction through the action of agrin, which is released by the motor nerve terminals, and rapsyn, which is expressed postsynaptically and which serves as a clustering factor (reviewed in COLLEDGE and FROEHNER 1998). A chicken rapsyn mRNA is expressed in ciliary neurons as well as in muscle (BURNS et al. 1997) but there is no evidence yet that rapsyn protein is detectable in neurons (see FENG et al. 1998 and references therein). The best evidence against a role for rapsyn in clustering neuronal AChRs has come from a rapsyn knockout mouse: homozygote recessives resemble wild-type animals in their expression of synaptic AChR clusters in the superior cervical ganglion (FENG et al. 1998). Other proteins implicated in the synaptic clustering of ligand-gated ion channels include gephyrin for glycine and γ-aminobutyric acid (GABA) receptors (reviewed in KUHSE et al. 1995) and the PDZ domain-containing proteins PSD-95 and GRIP (glutamate receptor interacting protein, reviewed in O'BRIEN et al. 1998) for N-methyl-D-aspartate (NMDA) and a-amino-3-hydroxy-5-methyl-4-isoxazoleprionic acid (AMPA) receptors, respectively. There is likely to be a molecule or molecules with similar function for neuronal AChRs.

H. Conclusion

The focus of a chapter like this one should be on the larger questions that relate to AChR distribution. For example, one would like to know what the regional distribution of AChRs within the CNS tells us about the functional role of these molecules. This question can be reiterated at the cellular level: to what extent are AChRs within the central and peripheral nervous systems located at postsynaptic sites, at presynaptic sites, and at extrasynaptic sites, and what does this tell us about their functional roles? Are AChRs with distinct subunit composition targeted to different parts of the neuronal surface? We have not progressed very far in our ability to approach these questions. We do not yet understand why nicotinic AChRs are so diverse. We do not even know in a "simple" system such as an autonomic ganglion where all the different classes of AChRs are located, nor why there are multiple AChR classes. It would be informative if we were to find, generally, that some subunit, when integrated into an AChR pentamer, allowed that pentamer to be targeted to specific parts of the cell surface (e.g., presynaptic sites), but there are no viable candidates yet (see WONNACOTT 1997). And we certainly do not know why some AChR subunits are expressed so widely within the brain nor what the AChRs containing them do. The fact that removal of the widely-expressed $\beta 2$ subunit produces a viable mouse having subtle behavioral deficits (PICCIOTTO et al. 1995) suggests that Nature will yield information about these molecules begrudgingly, but that it will be worth the effort.

References

Alkondon M, Pereira EFR, Albuquerque EX (1998) α-Bungarotoxin- and methyllycaconitine-sensitive nicotinic receptors mediate fast synaptic transmission in interneurons of rat hippocampal slices. Brain Res 810:257–263

Ashworth-Preece M, Jarrott B, Lawrence A (1998) Nicotinic acetylcholine receptors in the rat and primate nucleus tractus solitarius and on rat and human inferior vagal (nodose) ganglia: evidence from in vivo microdialysis and [^{125}I]α-bungarotoxin autoradiography. Neuroscience 83:1113–1122

Anand R, Peng X, Lindstrom J (1993) Homomeric and native $\alpha 7$ acetylcholine receptors exhibit remarkably similar but non-identical pharmacological properties, suggesting that the native receptor is a heteromeric protein complex. FEBS Lett 241–246

Baccaglini P, Cooper E (1982) Influences on the expression of acetylcholine receptors on rat nodose neurones in cell culture. J Physiol 324:441–451

Boyd RT, Jacob MH, Couturier S, Ballivet M, Berg DK (1988) Expression and regulation of neuronal acetylcholine receptor mRNA in chick ciliary ganglia. Neuron 1:495–502

Boyd RT, Jacob MH, McEachern AE, Caron S, Berg DK (1991) Nicotinic acetylcholine receptor mRNA in dorsal root ganglion neurons. J Neurobiol 22:1–14

Brenner HR, Martin AR (1976) Reduction in acetylcholine sensitivity of axotomized ciliary ganglion cells. J Physiol 260:159–175

Britto LR, Keyser KT, Lindstrom JM, Karten HJ (1992) Immunohistochemical localization of nicotinic acetylcholine receptor subunits in the mesencephalon and diencephalon of the chick (Gallus gallus). J Comp Neurol 317:325–340

Brown DA, Docherty RJ, Halliwell JV (1984) The action of cholinomimetic substances on impulse conduction in the habenulointerpeduncular pathway of the rat in vitro. J Physiol 353:101–109

Burns AL, Benson D, Howard MJ, Margiotta JF (1997) Chick ciliary ganglion neurons contain transcripts coding for acetylcholine receptor-associated protein at synapses (rapsyn). J Neurosci 17:5016–5026

Campos-Caro A, Smillie FI, Dominguez del Toro E, Rovira JC, Vicente-Agullo F, Chapuli J, Juiz JM, Sala S, Sala F, Ballesta JJ, Criado M (1997) Neuronal nicotinic acetylcholine receptors on bovine chromaffin cells: cloning, expression, and genomic organization of receptor subunits. J Neurochem 68:488–497

Chen D, Patrick JW (1997) The α-bungarotoxin-binding nicotinic acetylcholine receptor from rat brain contains only the $\alpha 7$ subunit. J Biol Chem 272:24024–24029

Cimino M, Marini P, Fornasari D, Cattebeni F, Clementi F (1992) Distribution of nicotinic receptors in cynomolgus monkey brain and ganglion: localization of $\alpha 3$ subunit mRNA, α-bungarotoxin and nicotine binding sites. Neuroscience 51:77–86

Clarke PBS, Hamill GS, Nadi NS, Jacobowitz DM, Pert A (1986) ^{3}H-nicotine- and ^{125}I-alpha-bungarotoxin-labeled nicotinic receptors in the interpeduncular nucleus of rats. II. Effects of habenular deafferentation. J Comp Neurol 251:407–413

Clarke PBS, Schwartz RD, Paul SM, Pert CB, Pert A (1985) Nicotinic binding in rat brain: Autoradiographic comparison of [^{3}H]acetylcholine, [^{3}H]nicotine, and [^{125}I]-α-bungarotoxin. J Neurosci 5:1307–1315

Coggan JS, Payson J, Conroy WG, Berg DK (1997) Direct recording of nicotinic responses in presynaptic nerve terminals. J Neurosci 17:5798–5806

Colledge M, Froehner SC (1998) Signals mediating ion channel clustering at the neuromuscular junction. Curr Opin Neurobiol 8:357–363
Conroy WG, Berg DK (1995) Neurons can maintain multiple classes of nicotinic acetylcholine receptors distinguished by different subunit compositions. J Biol Chem 270:4424–4431
Conroy WG, Vernallis AB, Berg DK (1992) The $\alpha 5$ gene product assembles with multiple acetylcholine receptor subunits to form distinctive receptor subtypes in brain. Neuron 9:679–691
Corriveau RA, Berg DK (1993) Coexpression of multiple acetylcholine receptor genes in neurons: quantification of transcripts during development. J Neurosci 13:2662–2671
Court J, Clementi F (1995) Distribution of nicotinic subtypes in human brain. Alzheimer Dis Assoc Disord 2:6–14
Court J, Perry EK (1995) Distribution of nicotinic receptors in the CNS. In: Stone TW (ed) CNS neurotransmitters and neuromodulators: acetylcholine. CRC Press, Boca Raton, FL, pp 85–104
Courtoy PJ, Dicton DH, Farquhar MG (1983) Resolution and limitation of the immunoperoxidase procedure in the localization of extracellular matrix antigens. J Histochem Cytochem 31:945–951
Criado M, Alamo L, Navarro A (1992) Primary structure of an agonist binding subunit of the nicotinic acetylcholine receptor from bovine adrenal chromaffin cells. Neurochem Res 17:281–287
Descarries L, Gisiger V, Steriade M (1997) Diffuse transmission by acetylcholine in the CNS. Prog Neurobiol 53:603–625
Deutch AY, Holliday J, Roth RH, Chun LLY, Hawrot E (1987) Immunohistochemical localization of a neuronal nicotinic acetylcholine receptor in mammalian brain. Proc Natl Acad Sci USA 84:8697–8701
Dineley-Miller K, Patrick J (1992) Gene transcripts for the nicotinic acetylcholine receptor subunit, beta4, are distributed in multiple areas of the rat central nervous system. Mol Brain Res 16:339–344
Dominguez del Toro E, Juiz JM, Peng X, Lindstrom J, Criado M (1994) Immunocytochemical localization of the $\alpha 7$ subunit of the nicotinic acetylcholine receptor in the rat central nervous system. J Comp Neurol 349:325–342
Elgoyhen AB, Johnson DS, Boulter J, Vetter DE, Heinemann S (1994) $\alpha 9$: An acetylcholine receptor with novel pharmacological properties expressed in rat cochlear hair cells. Cell 79:705–715
Engisch KL, Fischbach GD (1992) The development of ACh- and GABA-activated currents in embryonic chick ciliary ganglion neurons in the absence of innervation in vivo. J Neurosci 12:1115–1125
Feng G, Steinbach JH, Sanes JR (1998) Rapsyn clusters neuronal acetylcholine receptors but is inessential for formation of an interneuronal cholinergic synapse. J Neurosci 18:4166–4176
Flores CM, DeCamp RM, Kilo S, Rogers SW, Hargreaves KM (1996) Neuronal nicotinic receptor expression in sensory neurons of the rat trigeminal ganglion: demonstration of $\alpha 3 \beta 4$, a novel subtype in the mammalian nervous system. J Neurosci 16:7892–7901
Flores CM, Rogers SW, Pabreza LA, Wolfe BB, Kellar KJ (1992) A subtype of nicotinic cholinergic receptor in rat brain is comprised of $\alpha 4$ and $\beta 2$ subunits and is up-regulated by chronic nicotine treatment. Mol Pharm 41:31–37
Frazier C, Buhler A, Weiner J, Dunwiddie T (1998) Synaptic potentials mediated via α-bungarotoxin-sensitive nicotinic acetylcholine receptors in rat hippocampal neurons. J Neurosci 18:8228–8235
Fuchs PA (1996) Synaptic transmission at vertebrate hair cells. Curr Opin Neurobiol 6:514–519
Fumagalli L, De Renzis G (1980) α-Bungarotoxin binding sites in the rat superior cervical ganglion are influenced by post-ganglionic axotomy. Neuroscience 5:611–616

Fumagalli L, De Renzis G (1984) Extrasynaptic localization of α-bungarotoxin receptors in the rat superior cervical ganglion. Neurochem Int 6:355–364

Fumagalli L, De Renzis G, Miani N (1976) Acetylcholine receptors: Number and distribution in intact and deafferented superior cervical ganglion of the rat. J Neurochem 27:47–52

Fumagalli L, De Renzis G, Miani N (1978) α-Bungarotoxin acetylcholine receptors in the chick ciliary ganglion: Effects of deafferentation and axotomy. Brain Res 153:87–98

Futami T, Takakusaki K, Kitai ST (1995) Glutamatergic and cholinergic inputs from the pedunculopontine tegmental nucleus to dopamine neurons in the substantia nigra pars compacta. Neurosci Res 21:331–342

Garcia-Guzmán M, Sala F, Sala S, Campos-Caro A, Stühmer W, Gutiérrez LM, Criado M (1995) α-Bungarotoxin-sensitive nicotinic receptors on bovine chromaffin cells: molecular cloning, functional expression and alternative splicing of the α7 subunit. Eur J Neurosci 7:647–655

Gerzanich V, Anand R, Lindstrom J (1994) Homomers of α8 and α7 subunits of nicotinic receptors exhibit similar channel but contrasting binding site properties. Mol Pharmacol 45:212–220

Gerzanich V, Peng X, Wang F, Wells G, Anand R, Fletcher S, Lindstrom J (1995) Comparative pharmacology of epibatidine: a potent agonist for neuronal nicotinic acetylcholine receptors. Mol Pharmacol 48:774–782

Goldman D, Deneris E, Luyten W, Kochlar A, Patrick J, Heinemann S (1987) Members of a nicotinic acetylcholine receptor gene family are expressed in different regions of the mammalian central nervous system. Cell 48:965–973

Göldner F, Dineley K, Patrick J (1997) Immunohistochemical localization of the nicotinic acetylcholine receptor subunit α6 to dopaminergic neurons in the substantia nigra and ventral tegmental area. Mol Neurosci 8:2739–2742

Gotti C, Fornasari D, Clementi F (1997) Human neuronal nicotinic receptors. Prog Neurobiol 53:199–237

Gotti C, Hanke W, Maury K, Moretti M, Ballivet M, Clementi F, Bertrand D (1994) Pharmacology and biophysical properties of α7 and α7-α8 α-bungarotoxin receptor subtypes immunopurified from the chick optic lobe. Eur J Neurosci 6: 1281–1291

Gotti C, Moretti M, Maggi R, Longhi R, Hanke W, Klinke N, Clementi F (1997) α7 and α8 nicotinic receptor subtypes immunopurified from chick retina have different immunological, pharmacological and functional properties. Eur J Neurosci 9:1201–1211

Grzywacz NM, Amthor FR, Merwine DK (1998) Necessity of acetylcholine for retinal directionally selective responses to drifting gratings in rabbit. J Physiol 512: 575–581

Halvorsen SW, Berg DK (1986) Identification of a nicotinic acetylcholine receptor on neurons using an α-neurotoxin that blocks receptor function. J Neurosci 6: 3405–3412

Hamassaki-Britto D, Brzozowska-Prechtl A, Karten H, Lindstrom J (1994) Bipolar cells of the chick retina containing α-bungarotoxin-sensitive nicotinic acetylcholine receptors. Vis Neurosci 11:63–70

Happe H, Peters J, Bergman D, Murrin L (1994) Localization of nicotinic cholinergic receptors in rat brain: autoradiographic studies with [^{3}H]cytisine. Neuroscience 62:929–944

Hiel H, Elgoyhen AB, Drescher DG, Morley BJ (1996) Expression of nicotinic acetylcholine receptor mRNA in the adult rat peripheral vestibular system. Brain Res 738:347–352

Hill J, Zoli M, Bourgeois J-P, Changeux J-P (1993) Immunocytochemical localization of a neuronal nicotinic receptor: the β2-subunit. J Neurosci 13:1551–1568

Hoover F, Goldman D (1992) Temporally correlated expression of nAChR genes during development of the mammalian retina. Exp Eye Res 54:561–571

Hunt S, Schmidt J (1978a) Some observations on the binding patterns of α-bungarotoxin in the central nervous system of the rat. Brain Res 157:213–232

Hunt SP, Schmidt J (1978b) The electron microscopic autoradiographic localization of α-bungarotoxin binding sites within the central nervous system of the rat. Brain Res 142:152–159

Jacob MH (1991) Acetylcholine receptor expression in developing chick ciliary ganglion neurons. J Neurosci 11:1701–1712

Jacob MH, Berg DK (1983) The ultrastructural localization of α-bungarotoxin binding sites in relation to synapses on chick ciliary ganglion neurons. J Neurosci 3:260–271

Jacob MH, Berg DK (1987) Effects of preganglionic denervation and postganglionic axotomy on acetylcholine receptors in the chick ciliary ganglion. J Cell Biol 105:1847–1854

Jacob MH, Berg DK (1988) The distribution of acetylcholine receptors in chick ciliary ganglion neurons following disruption of ganglionic connections. J Neurosci 8:3838–3849

Jacob MH, Berg DK, Lindstrom JM (1984) Shared antigenic determinants between *Electrophorus* acetylcholine receptor and a synaptic component on chicken ciliary ganglion neurons. Proc Natl Acad Sci USA 81:3223–3227

Jacob MH, Lindstrom JM, Berg DK (1986) Surface and intracellular distribution of a putative neuronal nicotinic acetylcholine receptor. J Cell Biol 103:205–214

Keyser KT, Britto LRG, Schoepfer R, Whiting P, Cooper J, Conroy W, Brozozowska-Precht A, Karten HJ, Lindstrom J (1993) Three subtypes of α-bungarotoxin-sensitive nicotinic acetylcholine receptors are expressed in chick retina. J Neurosci 13:442–454

Keyser KT, Hughes TE, Whiting PJ, Lindstrom JM, Karten HJ (1988) Cholinoceptive neurons in the retina of the chick: an immunohistochemical study of the nicotinic acetylcholine receptors. Visual Neurosci 1:349–366

Klimaschewski L, Reuss S, Spessert R, Lobron C, Wevers A, Heym C, Maelicke A, Schröder H (1994) Expression of nicotinic acetylcholine receptors in the rat superior cervical ganglion on mRNA and protein level. Mol Brain Res 27:167–173

Krause M, Wernig A (1985) The distribution of acetylcholine receptors in the normal and denervated neuromuscular junction of the frog. J Neurocytol 14:765–780

Kuhse J, Betz H, Kirsch J (1995) The inhibitory glycine receptor: architecture, synaptic localization and molecular pathology of a postsynaptic ion-channel complex. Curr Opin Neurobiol 5:318–323

Lavine N, Reuben M, Clarke PB (1997) A population of nicotinic receptors is associated with thalamocortical afferents in the adult rat: laminal and areal analysis. J Comp Neurol 380:175–190

Le Novère N, Zoli M, Changeux J-P (1996) Neuronal nicotinic receptor α6 subunit mRNA is selectively concentrated in catecholaminergic nuclei of the rat brain. Eur J Neurosci 8:2428–2439

Listerud M, Brussard AB, Kevay P, Colman DR, Role LW (1991) Functional contribution of neuronal AChR subunits by antisense oligonucleotides. Science 254:1518–1521

Liu L, Pugh W, Ma H, Simon SA (1993) Identification of acetylcholine receptors in adult rat trigeminal ganglion neurons. Brain Res 617:37–42

London ED, Waller SB, Wamsley JK (1985) Autoradiographic localization of [^{3}H]nicotine binding sites in the rat brain. Neurosci Lett 53:179–184

Loring RH, Dahm LM, Zigmond RE (1985) Localization of α-bungarotoxin binding sites in the ciliary ganglion of the embryonic chick: An autoradiographic study at the light and electron microscopic level. Neuroscience 14:645–660

Loring RH, Sah DWY, Landis SC, Zigmond RE (1988) The ultrastructural distribution of putative nicotinic receptors on cultured neurons from the rat superior cervical ganglion. Neurosci 24:1071–1080

Loring RH, Zigmond RE (1987) Ultrastructural distribution of ^{125}I-toxin F binding sites on chick ciliary neurons: Synaptic localization of a toxin that blocks ganglionic nicotinic receptors. J Neurosci 7:2153–2162

Luetje CW, Wada K, Rogers S, Abramson SN, Tsuji K, Heinemann S, Patrick J (1990) Neurotoxins distinguish between different neuronal nicotinic acetylcholine receptor subunit combinations. J Neurochem 55:632–640

Mandelzys A, Pie B, Deneris ES, Cooper E (1994) The developmental increase in ACh current densities on rat sympathetic neurons correlates with changes in nicotinic ACh receptor α-subunit gene expression and occurs independent of innervation. J Neurosci 14:2357–2364

Marks MJ, Burch JB, Collins AC (1983) Effects of chronic nicotine infusion on tolerance development and nicotinic receptors. J Pharmacol Exp Ther 226:817–825

Marks MJ, Collins AC (1982) Characterization of nicotine binding in mouse brain and comparison with the binding of α-bungarotoxin and quinuclidinyl benzilate. Mol Pharmacol 22:554–564

Marks MJ, Grady SR, Collins AC (1993) Downregulation of nicotinic receptor function after chronic nicotine infusion. J Pharmacol Exp Ther 266:1268–1276

Marks MJ, Smith KW, Collins AC (1998) Differential agonist inhibition identifies multiple epibatidine binding sites in mouse brain. J Pharmacol Exp Ther 285:377–386

Marshall LM (1981) Synaptic localization of α-bungarotoxin binding which blocks nicotinic transmission at frog sympathetic neurons. Proc Natl Acad Sci USA 78:1948–1952

McEachern AE, Jacob MH, Berg DK (1989) Differential effects of nerve transection on the ACh and GABA receptors of chick ciliary ganglion neurons. J Neurosci 9:3899–3907

McGehee DS, Heath MJS, Gelber S, Devay P, Role LW (1995) Nicotine enhancement of fast excitatory synaptic transmission in CNS by presynaptic receptors. Science 269:1692–1696

McMahan UJ, Kuffler SW (1971) Visual identification of synaptic boutons on living ganglion cells and of varicosities in postganglionic axons in the heart of the frog. Proc Roy Soc Lond B 177:485–508

Morley B, Li H-S, Hiel H, Drescher D, Elgoyhen A (1998) Identification of the subunits of the nicotinic cholinergic receptors in the rat cochlea using RT-PCR and in situ hybridization. Mol Brain Res 53:78–87

Morris BJ, Hicks AA, Wisden W, Darlison MG, Hunt SP, Barnard EA (1990) Distinct regional expression of nicotinic acetylcholine receptor genes in chick brain. Mol Brain Res 7:305–315

Moss BL, Role LW (1993) Enhanced ACh sensitivity is accompanied by changes in ACh receptor channel properties and segregation of ACh receptor subtypes on sympathetic neurons during innervation in vivo. J Neurosci 13:13–28

Nakayama H, Shioda S, Nakajo S, Ueno S, Nakashima T, Nakai Y (1997) Immunocytochemical localization of nicotinic acetylcholine receptor in the rat cerebellar cortex. Neurosci Res 29:233–239

Nakayama H, Shioda S, Okuda H, Nakashima T, Nakai Y (1995) Immunocytochemical localization of nicotinic acetylcholine receptor in rat cerebral cortex. Mol Brain Res 32:321–328

Nicoll RA, Malenaka RC, Kauer JA (1990) Functional comparison of neurotransmitter subtypes in the mammalian central nervous system. Physiol Rev 70:513–565

Ninkovic M, Hunt SP (1983) α-Bungarotoxin binding on sensory neurones and their axonal transport in sensory afferents. Brain Res 272:57–69

O'Brien RJ, Lau LF, Huganir RL (1998) Molecular mechanisms of glutamate receptor clustering at excitatory synapses. Curr Opin Neurobiol 8:364–369

Okuda H, Shioda S, Nakai Y, Nakayama H, Okamoto M, Nakashima T (1993) Immunocytochemical localization of nicotinic acetylcholine receptor in rat hypothalamus. Brain Research 625:145–151

Parkinson D, Kratz KE, Daw NW (1988) Evidence for a nicotinic component to the actions of acetylcholine in cat visual cortex. Exp Brain Res 73:553–568

Pauly JR, Marks MJ, Gross SD, and Collins AC (1991) An autoradiographic analysis of cholinergic receptors in mouse brain after chronic nicotine treatment. J Pharmacol Exp Ther 258:1127–1136

Pauly JR, Stitzel JA, Marks MJ, Collins AC (1989) An autoradiographic analysis of cholinergic receptors in mouse brain. Brain Res Bull 22:453–459

Perry DC, Kellar KJ (1995) [^{3}H]Epibatidine labels nicotinic receptors in rat brain: an autoradiographic study. J Pharmacol Exp Ther 275:1030–1034

Picciotto MR, Zoli M, Lena C, Bessels A, Lallemand Y, LeNovere N, Vincent P, Pich EM, Brulet P, Changeux J-P (1995) Abnormal avoidance learning in mice lacking functional high-affinity nicotine receptor in the brain. Nature 374:65–67

Pugh PC, Corriveau RA, Conroy WG, Berg DK (1995) Novel subpopulation of neuronal acetylcholine receptors among those binding α-bungarotoxin. Mol Pharmacol 47:717–725

Role LW (1988) Neural regulation of acetylcholine sensitivity in embryonic sympathetic neurons. Proc Natl Acad Sci USA 85:2825–2829

Role LW, Berg DK (1996) Nicotinic receptors in the development and modulation of CNS synapses. Neuron 16:1077–1085

Rubboli F, Court J, Sala C, Morris C, Chini B, Perry E, Clementi F (1994) Distribution of nicotinic receptors in the human hippocampus and thalamus. Eur J Neurosci 6:1596–1604

Rust G, Burgunder J-M, Lauterburg TE, Cachelin AB (1994) Expression of neuronal nicotinic acetylcholine receptor subunit genes in the rat autonomic nervous system. Eur J Neurosci 6:478–485

Sargent PB, Pang DZ (1988) Denervation alters the size, number, and distribution of clusters of acetylcholine receptor-like molecules on frog cardiac ganglion neurons. Neuron 1:877–886

Sargent PB, Pang DZ (1989) Acetylcholine receptor-like molecules are found in both synaptic and extrasynaptic clusters on the surface of neurons in the frog cardiac ganglion. J Neurosci 9:1062–1072

Schoepfer R, Conroy WG, Whiting P, Gore M, Lindstrom J (1990) Brain α-bungarotoxin binding protein cDNAs and MAbs reveal subtypes of this branch of the ligand-gated ion channel gene superfamily. Neuron 5:35–48

Schröder H, Zilles K, Maelicke A, Hajos F (1989) Immunohisto- and cytochemical localization of cortical nicotinic cholinoceptors in rat and man. Brain Res 502:287–295

Schulz DW, Loring RH, Aizenman E, Zigmond RE (1991) Autoradiographic localization of putative nicotinic receptors in the rat brain using ^{125}I-neuronal bungarotoxin. J Neurosci 11:287–297

Schwartz Levey M, Brumwell CL, Dryer SE, Jacob MH (1995) Innervation and target tissue interactions differentially regulate acetylcholine receptor subunit mRNA levels in developing neurons in situ. Neuron 14:153–162

Séguéla P, Wadiche J, Dineley-Miller K, Dani JA, Patrick JW (1993) Molecular cloning, functional properties, and distribution of rat brain α7: a nicotinic cation channel highly permeable to calcium. J Neurosci 13:596–604

Shioda S, Nakajo S, Hirabayashi T, Nakayama H, Nakaya K, Matsuda K, Nakai Y (1997) Neuronal nicotinic acetylcholine receptor in the hypothalamus: morphological diversity and neuroendocrine regulations. Mol Brain Res 49:45–54

Shoop RD, Martone ME, Yamada N, Ellisman MH, Berg DK (1999) Neuronal acetylcholine receptors with α7 subunits are concentrated on somatic spines for synaptic signaling in embryonic chick ciliary ganglia. J Neurosci 19:692–704.

Sorenson EM, Chiappinelli VA (1992) Localization of ^{3}H-nicotine, ^{125}I-κ-bungarotoxin, and ^{125}I-α-bungarotoxin binding to nicotinic sites in the chicken forebrain and midbrain. J Comp Neurol 323:1–12

Sorenson EM, Shiroyama T, Kitai ST (1998) Postsynaptic nicotinic receptors on dopaminergic neurons in the substantia nigra pars compacta of the rat. Neuroscience 87:659–673

Steen KH, Reeh PW (1993) Actions of cholinergic agonists and antagonists on sensory nerve endings in rat skin, in vitro. J Neurophysiol 70:397–405

Stollberg J, Berg DK (1987) Neuronal acetylcholine receptors: Fate of surface and internal pools in cell culture. J Neurosci 7:1809–1815

Sucher NJ, Cheng TP, Lipton SA (1990) Neural nicotinic acetylcholine responses in sensory neurons from postnatal rat. Brain Res 533:248–254

Swanson LW, Lindstrom J, Tzartos S, Schmued LC, O'Leary DDM, Cowan WM (1983) Immunohistochemical localization of monoclonal antibodies to the nicotinic acetylcholine receptor in chick midbrain. Proc Natl Acad Sci USA 80:4532–4536

Swanson LW, Simmons DM, Whiting PJ, Lindstrom J (1987) Immunohistochemical localization of neuronal nicotinic receptors in the rodent central nervous system. J Neurosci 7:3334–3342

Tanelian D (1991) Cholinergic activation of a population of corneal afferent nerves. Exp Brain Res 86:414–420

Torrão AS, Lindstrom JM, Britto LR (1997) Distribution of the $\alpha 2$, $\alpha 3$, and $\alpha 5$ nicotinic acetylcholine receptor subunits in the chick brain. Braz J Med Biol Res 30:1209–1213

Tzartos SJ, Rand DE, Einarson BL, Lindstrom JM (1981) Mapping of surface structures of *Electrophorus* acetylcholine receptor using monoclonal antibodies. J Biol Chem 256:8635–8645

Ullian EM, McIntosh JM, Sargent PB (1997) Rapid synaptic transmission in the avian ciliary ganglion is mediated by two distinct classes of nicotinic receptors. J Neurosci 17:7210–7219

Ullian EM, Sargent PB (1995) Pronounced cellular diversity and extrasynaptic location of nicotinic acetylcholine receptor subunit immunoreactivities in the chicken pretectum. J Neurosci 15:7012–7023

Vernallis AB, Conroy WG, Berg DK (1993) Neurons assemble acetylcholine receptors with as many as three kinds of subunits while maintaining subunit segregation among receptor subtypes. Neuron 10:451–464

Vogel Z, Maloney GJ, Ling A, Daniels MP (1977) Identification of synaptic acetylcholine receptor sites in retina with peroxidase-labeled α-bungarotoxin. Proc Natl Acad Sci USA 74:3268–3272

Wada E, McKinnon D, Heinemann S, Patrick J, Swanson LW (1990) The distribution of mRNA encoded by a new member of the neuronal nicotinic acetylcholine receptor gene family ($\alpha 5$) in the rat central nervous system. Brain Res 526:45–53

Wada E, Wada K, Boulter J, Deneris E, Heinemann S, Patrick J, Swanson LW (1989) Distribution of alpha2, alpha3, alpha4, and beta2 neuronal nicotinic receptor subunit mRNAs in the central nervous system: A hybridization histochemical study in the rat. J Comp Neurol 284:314–335

Watson JT, Adkins-Regan E, Whiting P, Lindstrom JM, Podleski TR (1988) Autoradiographic localization of nicotinic acetylcholine receptors in the brain of the zebra finch (*Poephila guttata*). J Comp Neurol 274:255–264

Wenger BW, Bryant DL, Boyd RT, McKay DB (1997) Evidence for spare nicotinic acetylcholine receptors and a $\beta 4$ subunit in bovine adrenal chromaffin cells: studies using bromoacetylcholine, epibatidine, cytisine and mAb35. J Pharmacol Exp Ther 281:905–913

Wessler I, Kirkpatrick C, Racke K (1998) Non-neuronal acetylcholine, a locally acting molecule, widely distributed in biological systems: expression and function in humans. Pharmacol Ther 77:59–79

Whiting P, Lindstrom J (1986) Pharmacological properties of immuno-isolated neuronal nicotinic receptors. J Neurosci 6:3061–3069

Whiting PJ, Lindstrom JM (1988) Characterization of bovine and human neuronal nicotinic acetylcholine receptors using monoclonal antibodies. J Neurosci 8:3395–3404

Williams BM, Temburni MK, Schwartz Levey M, Bertrand S, Bertrand D, Jacob MH (1998) The long internal loop of the $\alpha 3$ subunit targets AChRs to subdomains within individual synapses on neurons in vivo. Nature Neurosci 1:557–562

Wilson Horch HL, Sargent PB (1995) Perisynaptic surface distribution of multiple classes of nicotinic acetylcholine receptors on neurons in the chicken ciliary ganglion. J Neurosci 15:4448–7795

Wilson Horch HL, Sargent PB (1996a) Synaptic and extrasynaptic distribution of two distinct populations of nicotinic acetylcholine receptor clusters in the frog cardiac ganglion. J Neurocytol 25:67–77

Wilson Horch HL, Sargent PB (1996b) Effects of denervation upon nicotinic acetylcholine receptor clusters in autonomic neurons as revealed by quantitative laser scanning confocal microscopy. J Neurosci 16:1720–1729

Winzer-Serhan U, Leslie F (1997) Codistribution of nicotinic acetylcholine receptor subunit $\alpha 3$ and $\beta 4$ mRNAs during rat brain development. J Comp Neurol 386:540–554

Wonnacott S (1997) Presynaptic nicotinic ACh receptors. Trends Neurosci 20:92–98

Woolf N (1991) Cholinergic systems in mammalian brain and spinal cord. Prog Neurobiol 37:475–524

Yu C, Role L (1998) Functional contribution of the α-7 subunit to multiple subtypes of nicotinic receptors in embryonic chick sympathetic neurones. J Physiol 509:651–665

Zhang W-W, Coggan JS, Berg DK (1996) Synaptic currents generated by neuronal acetylcholine receptors sensitive to α-bungarotoxin. Neuron 17:1231–1240

Zoli M, Le Novere N, Hill JA, Changeux J-P (1995) Developmental regulation of nicotinic ACh receptor subunit mRNAs in the rat central and peripheral nervous system. J Neurosci 15:1912–1939

Zucker C, Yazulla S (1982) Localization of synaptic and nonsynaptic nicotinic-acetylcholine receptors in the goldfish retina. J Comp Neurol 204:188–195

CHAPTER 8
Presynaptic Neuronal Nicotinic Receptors: Pharmacology, Heterogeneity, and Cellular Mechanisms

S. KAISER, L. SOLIAKOV, and S. WONNACOTT

A. Introduction

Despite the widespread distribution and extensive heterogeneity of nicotinic receptor (nAChR) subunits in the nervous system, the physiological significance of nAChRs remains obscure. The paucity of evidence of nicotinic synaptic transmission in the CNS prompted speculation that the purpose of nAChRs is to modulate, rather than mediate, neurotransmission (ROLE and BERG 1996). The presynaptic localisation of nAChRs is compatible with such a role (WONNACOTT 1997). This chapter aims to summarise the evidence for presynaptic nAChRs and to consider the cellular mechanisms relating to their activation and the implications for synaptic functioning.

In 1961, KOELLE proposed that acetylcholine (ACh) can facilitate its own release from preganglionic sympathetic neurones, in addition to its postsynaptic action. Subsequently, receptors that could modulate the release of other neurotransmitters from their respective nerve endings were demonstrated, and the term "presynaptic receptor" was coined (see LANGER 1997). The initial reports described *autoreceptors*, where the presynaptic receptor was stimulated by the endogenous transmitter of that neurone, presumably serving a feedback loop through which the transmitter could regulate its own release. In addition to the case described by KOELLE (1961), there is a number of examples of nicotinic autoreceptors modulating ACh release (see Sect. B.I). Presynaptic nAChRs also reside on terminals releasing transmitter(s) other than ACh. Such *heteroreceptors* are assumed to present an opportunity for crosstalk between different nerve terminals. A further distinction is sometimes made between *presynaptic* and *preterminal* receptors (see WONNACOTT 1997). The latter are considered to reside on axons, rather than terminal boutons, and to elicit neurotransmitter release via a tetrodotoxin (TTX)-sensitive mechanism (WESSLER 1992; see Sect. C.I). Thus TTX-sensitivity has been taken to define a preterminal localisation. While this may be a reasonable assumption for the motor nerve terminals originally studied (WESSLER 1992), it may not be valid to extend this distinction to the CNS where the configuration of synaptic specialisations can vary enormously, from small synaptic boutons to glomerular terminals and varicosities (WALMSLEY et al. 1998). TTX-sensitivity is likely to reflect the relative proximities of nAChRs to voltage dependent Na^+ channels, voltage operated Ca^{2+} channels (VOCC) and the active zone for release, as well as factors such as the local membrane potential etc. which may be perturbed by the experimental conditions.

The occurrence of heteroreceptors raises a fundamental (and largely unanswered) question about the endogenous source of agonists. Not only is the precise location of nAChRs on the nerve terminal unknown but there is little knowledge about the precise topographical relationship between nicotinic heteroreceptors and cholinergic terminals. For example, in the rat striatum where the association of nAChRs with dopamine terminals is well documented (see Sect. B.II), cholinergic interneurones form symmetrical synapses with shafts and spines of the medium spiny projection neurones that are GABAergic (SMITH and BOLAM 1990; see Fig. 1). Rather than a brief pulse of a high concentration (mM) of ACh delivered across the synaptic cleft, ACh may be required to diffuse to adjacent terminals, achieving a lower concentration (μM–nM) but for a longer duration. This assumes that sufficient ACh will escape hydrolysis by acetylcholinesterase: the sensitivity of particular nAChR subtypes to ACh, and their propensity to desensitise may become important factors in shaping their responsiveness. The recent demonstration that choline is an agonist at $\alpha 7$-type nAChRs (ALKONDON et al. 1997) offers an alternative candidate for activation (and/or desensitisation) of nAChRs. Ultrastructural and/or electrophysiological approaches will be necessary to determine the relationship between nAChRs and the source of endogenous agonists, before we can appreciate the physiological potential of presynaptic nAChRs. Despite this caution, presynaptic nAChRs are valid therapeutic

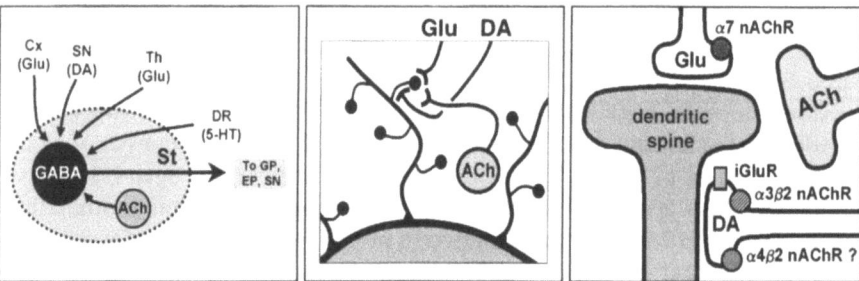

Fig. 1. Relationship between nAChRs and dopaminergic, glutamatergic and cholinergic inputs in the striatum. *Left panel*: Diagram of the major afferent and efferent pathways and cholinergic interneurons in the striatum. Glutamatergic inputs from cortex (Cx) and thalamus (Th), dopaminergic inputs from the substantia nigra (SN), and 5-HT inputs from the dorsal raphe (DR) synapse with the major efferent neurones, the GABAergic median spiny cells that project to the globus pallidus (GP), entopeduncular nucleus (EP) and substantia nigra (SN). *Middle panel*: Synapses onto the dendritic spine of a median spiny neurone. Glutamatergic and dopaminergic terminals make synapses onto the head and neck of a spine, respectively. Cholinergic interneurones may also synapse with the median spiny neurone in the vicinity of the afferent inputs, providing a source of ACh to activate nAChRs. *Right panel*: Schematic representation of the segregation of particular nAChR subtypes on different afferent nerve terminals

targets for pharmaceutical products, and have been employed as screens for the evaluation of novel drugs (see HOLLADAY et al. 1997).

B. Pharmacology and Heterogeneity of Presynaptic Nicotinic Receptors

There is considerable evidence for presynaptic nAChRs, but in no case has the complete subunit composition of any presynaptic nAChR been unequivocally assigned. The ability to define their subunit composition is constrained not only by methodological limitations (see KAISER and WONNACOTT 1998a), but also by a lack of definitive subtype-selective antagonists or agonists. The following review of the literature, grouped by the neurotransmitter released, attempts to summarise the current knowledge of some of the better-characterised examples.

I. Acetylcholine

Nicotinic autoreceptors on cholinergic terminals represent the most straightforward example of presynaptic nAChRs and, as already noted, were the first to be recognised (KOELLE 1961). More recently, the pharmacology of the positive feedback modulation via nAChRs of [^{3}H]ACh release from acutely isolated rat superior cervical ganglia was studied (LIANG and VIZI 1997). Inhibition by α-bungarotoxin (α-Bgt) suggests an involvement of the α7 subunit. This corroborates the findings of McGEHEE et al. (1995) who used an antisense approach to implicate α7-containing nAChRs (α-Bgt-sensitive) in the release of ACh from chick sympathetic neurones in culture. Both electrophysiological and neurochemical techniques have demonstrated that nAChRs have a modulatory role at motor nerve terminals (BOWMAN et al. 1990; see WONNACOTT 1997). These presynaptic nAChR may be heterogeneous, with co-expression of both positive and negative feedback mechanisms requiring different stimulation frequencies and having different drug specificities (BOWMAN et al. 1990; TIAN et al. 1994). The facilitatory nicotinic effect is blocked by hexamethonium and d-tubocurarine but is insensitive to α-Bgt and neuronal Bgt (WESSLER 1989; VIZI and SOMOGYI 1989; BOWMAN et al. 1990). An inhibitory nicotinic action, observed at low frequency stimulation, has been attributed to prejunctional (preterminal) nAChRs (TIAN et al. 1994). The relative insensitivity to methyllycaconitine (MLA) would seem to exclude the α7 subunit (TIAN et al. 1997), although α-Bgt has been claimed to block this negative feedback (DOMET et al. 1995). An α7-type presynaptic nAChR has recently been implicated in the development of neuromuscular synapses, studied in co-cultures of *Xenopus laevis* embryos (FU and LIU 1997). Cholinergic autoreceptors also serve a feedback role in the regulation of ACh release from cholinergic fibres innervating the guinea pig ileum. Pharmacological evidence for both inhibitory muscarinic receptors and facilitatory nAChRs was derived using synaptosomes from the myenteric plexus (BRIGGS and COOPER 1982), and dimethylphenylpiperazinium (DMPP) was shown to stimulate [^{3}H]ACh release from perfused myenteric plexus (TAKAHASHI et al. 1992).

In the CNS, the superfusion technique has been used to demonstrate the nicotinic stimulation of ACh release from rat hippocampal synaptosomes and slices (ARAUJO et al. 1988; WILKIE et al. 1996) and cortical synaptosomes and slices (ROWELL and WINKLER 1984; OCHOA and O'SHEA 1994; MARCHI and RAITERI 1996). The pharmacological profile, namely sensitivity to mecamylamine, d-tubocurarine and dihydro-β-erythroidine (DHβE), but not to MLA or α-Bgt, and bell-shaped agonist dose-response profiles, similar to those observed for rat $\alpha 4\beta 2$ nAChRs expressed in *Xenopus* oocytes, have lent support to the hypothesis that nAChRs comprised of $\alpha 4$ and $\beta 2$ subunits are a candidate for the autoreceptors in the hippocampus (WILKIE et al. 1996), although cytisine appeared to be a full agonist in evoking ACh release. $\alpha 4\beta 2$ nAChR are consistent with the loss of [^{3}H]nicotine binding sites in the hippocampus, following degeneration of the septo-hippocampal projection in Alzheimer's disease. In contrast to these examples, attempts to demonstrate the nicotinic stimulation of ACh release in rat striatum have proved negative (LAPCHAK et al. 1989; RAO et al. 1997).

II. Dopamine

The nicotinic stimulation of dopamine release has been the most documented example of presynaptic nicotinic modulation in the CNS and its pharmacological profile has been examined with respect to both conventional and novel ligands (see HOLLADAY et al. 1997). The superfusion technique has been widely used in this respect, to characterise the nicotinic stimulation of dopamine release from striatal synaptosomes (e.g. RAPIER et al. 1990; GRADY et al. 1992; EL-BIZRI and CLARKE 1994; KULAK et al. 1997) and slices (e.g. GIORGUIEFF-CHESSELET et al. 1979; SACAAN et al. 1995; KAISER et al. 1998), as well as from nucleus accumbens minces (ROWELL et al. 1987) and frontal cortex synaptosomes (WHITEAKER et al. 1995). In striatal synaptosomes, the nicotinic stimulation of dopamine release from is blocked by mecamylamine, DHβE and neuronal Bgt but is insensitive to α-Bgt, α-conotoxin-ImI and low concentrations of MLA. The sensitivity of nicotine-evoked [^{3}H]dopamine release to neuronal Bgt has been interpreted in favour of $\alpha 3$-type nAChRs (SCHULZ and ZIGMOND 1989; GRADY et al. 1992). However, the loss of [^{3}H]nicotine binding sites following lesion of the nigrostriatal tract (CLARKE and PERT 1985) favours presynaptic nAChRs composed of $\alpha 4$ and $\beta 2$ subunits on dopamine terminals in the striatum. This paradox can be explained in the light of recent reports that used the $\alpha 3\beta 2$-selective antagonist α-conotoxin-MII (KULAK et al. 1997; KAISER et al. 1998). Low nanomolar concentrations of α-conotoxin-MII dose-dependently inhibited [^{3}H]dopamine release from striatal synaptosomes, elicited by nicotine (KULAK et al. 1997) or anatoxin-a (KAISER et al. 1998). The IC$_{50}$ value for this inhibition is close to that for blockade of $\alpha 3\beta 2$ nAChRs in

Xenopus oocytes. However, the maximum inhibition achieved was only 40%–60% of the evoked release, compared with antagonism by the non-selective nicotinic antagonist, mecamylamine, of greater than 80%. This suggests the presence of a heterogeneous population of presynaptic nAChRs, with a proportion containing $\alpha 3$ and $\beta 2$ subunits (possibly in association with other, additional subunits) having sensitivity to nanomolar concentrations of α-conotoxin-MII, and a proportion lacking one or both of these subunits and insensitive to α-conotoxin-MII (Fig. 1).

Nicotinic agonists evoke dopamine release with different efficacies (see HOLLADAY et al. 1997). For example, the novel agonist UB-165 that is a hybrid of anatoxin-a and epibatidine (WRIGHT et al. 1997) elicits only 40% of the maximum [^{3}H]dopamine release evoked by anatoxin-a from striatal synaptosomes. This partial agonist effect of UB-165 is totally blocked by α-conotoxin-MII, suggesting that UB-165 only activates the $\alpha 3\beta 2$-containing nAChRs on dopamine terminals (SHARPLES et al. 2000).

III. Noradrenaline

Presynaptic nAChRs on noradrenergic afferents were postulated to be responsible for nicotine-evoked noradrenaline release in hypothalamus, cortex and cerebellum (WESTFALL 1974). Subsequently, presynaptic nAChR modulating noradrenaline release from hippocampal slices (SACAAN et al. 1995, 1996; SERSHEN et al. 1997) and synaptosomes (CLARKE and REUBEN 1996), and in the dorasal raphe nucleus (LI et al. 1998) have been characterised. In the peripheral nervous system, presynaptic nAChRs can induce the release of noradrenaline from sympathetic neurones (DOLEZAL et al. 1996). nAChRs in the vas deferens are located on noradrenaline terminals. Stimulation of these nAChRs induces the release of noradrenaline and ATP, which in turn induce contraction of the smooth muscle cells (CARNEIRO et al. 1991; TODOROV et al. 1991). ACh has no direct effect on the muscle cells in this preparation, and it is interesting to consider that the sole purpose of the cholinergic innervation of the tissue may be to exert this presynaptic modulation. The nicotinic enhancement exhibits a diurnal variation (MARKUS et al. 1996), attributed to the appearance of a second population of low affinity nicotinic binding sites in response to melatonin.

To gain an insight into the subtypes of nAChRs that modulate noradrenaline release, the pharmacological profile of the presynaptic response can be compared with that of heterologously expressed nAChRs (although in most cases the latter comprise pairwise combinations of subunits, whereas evidence is accumulating that native nAChRs may be more complex (Chap. 15, this volume; RAMIREZ-LATORRE et al. 1996). Such a comparison led CLARKE and REUBEN (1996) to propose that the presynaptic nAChR mediating noradrenaline release from hippocampal synaptosomes most closely resembles $\alpha 3\beta 4$ nAChRs. The lower potency of nicotinic agonists in eliciting noradrenaline release, and the lower sensitivity of nicotine-evoked noradrenaline release to

DHβE and MLA was distinctly different from striatal dopamine release measured in parallel. Noradrenaline release from hippocampal and thalamic slices (SACAAN et al. 1995, 1996) has been described with similar properties to those seen in synaptosome preparations. Sensitivity to neuronal Bgt, together with insensitivity to the $\alpha 7$-selective antagonists α-Bgt and α-conotoxin-ImI (SERSHEN et al. 1997), reinforces the idea of a nAChR containing the $\alpha 3$ subunit. Furthermore, a nAChR with an $\alpha 3 \beta 2$ interface can be excluded, since KULAK et al. (1997) showed that nicotine-evoked noradrenaline release from hippocampal synaptosomes is not blocked by α-conotoxin-MII. A novel *Conus* toxin, α-conotoxin-AuIB, with specificity for $\alpha 3 \beta 4$ subunit combinations, has just been used to confirm that these subunits contribute to the presynaptic nAChR that modulates noradrenaline release from hippocampal synaptosomes (LUO et al. 1998). This finding validates the conclusion arrived at by CLARKE and REUBEN (1996) that presynaptic nAChRs mediating noradrenaline release are pharmacologically and structurally distinct from those involved in the regulation of dopamine release in striatum.

In contrast, the DMPP-evoked depolarisation of dorsal raphe neurones, attributed to the nicotinic stimulation of noradrenaline release, was selectively blocked by MLA (0.1 and $1\mu M$), and an $\alpha 7$-containing nAChR has been invoked (LI et al. 1998). This result suggests that different subtypes of presynaptic nAChRs may regulate noradrenaline release in different brain regions, although more data are required to confirm or refute this assertion.

IV. 5-Hydroxytryptamine

Nicotine is reported to increase arousal and attention and to elevate mood, effects that are associated with monoaminergic systems. It is perhaps surprising that there are few reports of a direct presynaptic nicotinic modulation of 5-hydroxytryptamine (5-HT) release. Nicotine can release [^{3}H]5-HT from striatal slices (YU and WECKER 1994). DMPP (but not nicotine or cytisine) is reported to stimulate [^{3}H]5-HT release from hippocampal slices and this response was blocked by mecamylamine (but not by DHβE) but was Ca^{2+}-independent (LENDVAI et al. 1996). This differs from the Ca^{2+}-dependent nicotinic modulation of other transmitters. A recent report (LI et al. 1998) documents the nicotinic facilitation of 5-HT release in the dorsal raphe via a MLA-insensitive mechanism, in contrast to the nicotinic stimulation of noradrenaline release from the same preparation (see Sect. B.III). The nicotinic modulation of 5-HT release deserves more attention, especially in the light of increasing evidence that 5-HT can modulate the activity of neural reward pathways (PARSONS et al. 1996).*

---

*Since going to press a comprehensive study of the nicotinic modulation of [^{3}H]5HT release from rat striatal synaptosomes has been published: M. REUBEN and P.B.S. CLARKE (2000) Neuropharmacol 39:290–299.

V. γ-Aminobutyric Acid

Neurochemical and electrophysiological studies have provided evidence for presynaptic nAChRs modulating γ-aminobutyric acid (GABA) release in both avian and mammalian brain. CHIAPPINELLI and colleagues have used whole cell patch clamp recording in the chick lateral spiriform (MCMAHON et al. 1994a) and ventral lateral geniculate nuclei (MCMAHON et al. 1994b, GUO et al. 1998) to disclose a nicotinic facilitation of GABA release. Responses were insensitive to α-Bgt and MLA, disqualifying α7-type nAChRs as likely contenders. Responses from the lateral spiriform nucleus were also insensitive to neuronal Bgt, making the α3β2 subunit combination unlikely.

Nicotine-induced inhibition in rat medial septum, studied using extracellular, single unit recording in vivo, was attributed to presynaptic nAChRs on GABA terminals (YANG et al. 1996). This response was blocked by DHβE but subtypes were not characterised further. Presynaptic ("preterminal") nAChRs are present on GABAergic terminals in the rat interpeduncular nucleus and facilitate GABA release in a TTX- and DHβE-sensitive manner (LENA et al. 1993). In the mouse thalamus, nicotinic agonists increased the frequency of miniature GABAergic synaptic currents in the presence of TTX, consistent with presynaptic nAChRs on the GABA terminals (LENA and CHANGEUX 1997). The absence of this facilitation in transgenic mice lacking the β2 subunit provides compelling evidence for the participation of this subunit in the presynaptic nAChR in question. This view is supported and extended in a comprehensive neurochemical study of the stimulation by nicotinic agonists of [^{3}H]GABA release from mouse synaptosomes (LU et al. 1998). Nicotine stimulated [^{3}H]GABA release occurred in all crudely dissected brain regions examined, and was highest in striatum and thalamus. The magnitude of nicotine-evoked [^{3}H]GABA release was highly correlated with the level of [^{3}H]nicotine binding sites and with the magnitude of nicotine-evoked Rb$^+$ flux in each region, measures which are proposed to reflect α4β2 nAChRs. Nicotine-stimulated release was absent in tissues prepared from β2 knockout mice, with an intermediate level of responsiveness in heterozygotes. Thus there is a consistent picture from these mammalian studies of presynaptic nAChRs containing the β2 subunit (possibly in combination with α4).

VI. Glutamate

Sensitive electrophysiological recording has disclosed an α-Bgt- and MLA-sensitive modulation of glutamate transmission in rat hippocampus (GRAY et al. 1996) and olfactory bulb (ALKONDON et al. 1996). In co-cultures of chick interpeduncular nucleus and medial habenula, antisense ablation of the α7 subunit abolished the α-Bgt-sensitivity of the enhancement by nicotine of excitatory postsynaptic current frequency (MCGEHEE et al. 1995). Interestingly, nicotine continued to modulate glutamate transmission after antisense treatment, suggesting plasticity in the assembly of subunits to create nAChRs. Recently, Guo et al. (1998) reported that carbachol and other nicotinic agonists produced marked increases in the frequency of glutamatergic spontaneous postsynaptic currents in chick ventral lateral geniculate nucleus. While sensitivity to α-Bgt implies the involvement of an $\alpha 7$-type nAChR, the pharmacology is unusual in the lack of sensitivity to MLA and strychnine (other blockers of $\alpha 7$-containing nAChRs).

Attempts to directly demonstrate the nicotinic modulation of glutamate release using neurochemical approaches have been negative (e.g. WONNACOTT et al. 1995). This may reflect the rapid desensitisation of $\alpha 7$-type nAChRs which will require more sensitive methods with better time resolution in order to detect their direct effects. However, we have recently acquired indirect evidence for the nicotinic modulation of glutamate release from rat striatal slices; again this effect appears to mediated by an $\alpha 7$-type nAChR (KAISER and WONNACOTT 1998). In this preparation, [^{3}H]dopamine release elicited by nicotinic agonists includes a component that is blocked by α-Bgt, α-conotoxin-IMI, MLA and glutamate receptor antagonists. We hypothesise that this derives from the nicotinic stimulation of glutamate release via an $\alpha 7$-type nAChR on cortico-striatal afferents; the glutamate released in turn promotes [^{3}H]dopamine release which is measured (Fig. 1).

VII. Adenosine Triphosphate

ATP is co-released with classical transmitters with which it is co-stored in synaptic vesicles. Therefore, presynaptic nAChRs that modulate the release of such classical transmitters (e.g. ACh, noradrenaline) will be expected to also elevate extracellular levels of ATP. There is direct evidence for nicotine-stimulated ATP release from myenteric plexus synaptosomes (WHITE and AL-HUMAYYD 1984).

VIII. Summary

It is evident that presynaptic nAChRs are widespread, and are associated with many different transmitters. The pharmacological characteristics of nAChR in different preparations vary, consistent with various nAChR subtypes fulfilling a presynaptic role. While the evidence to date associates the $\alpha 7$ subtype with glutamate terminals and the $\alpha 4\beta 2$ subtype with GABA terminals, nAChRs found on dopamine terminals are heterogeneous. There are insufficient data to draw any firm conclusions about the patterns of distribution. Moreover, despite the wealth of information, we are still far from understanding the contribution of presynaptic nAChRs to synaptic transmission and brain function.

C. Molecular and Cellular Mechanisms Underlying the Nicotinic Modulation of Transmitter Release

I. Na⁺ Dependence and Tetrodotoxin Sensitivity

In the few instances where it has been examined, the nicotinic stimulation of transmitter release is Na⁺-dependent: replacement of extracellular Na⁺ with *N*-methyl-D-glucamine abolished anatoxin-a-evoked dopamine release from striatal synaptosomes (SOLIAKOV and WONNACOTT 1996). This is in agreement with the earlier demonstration that the nicotine-induced depolarisation of cortical synaptosomes is Na⁺-dependent (HILLARD 1992). More controversial is whether the Na⁺ current through nicotinic channels alone accounts for the nerve terminal depolarisation and is sufficient for stimulating transmitter release, or if it is augmented by the opening of voltage-gated Na⁺ channels. Sensitivity to TTX has been used to assess the contribution of voltage-gated Na⁺ channels, and various degrees of inhibition of nAChR-evoked transmitter release have been reported. For example, in striatal synaptosome preparations [³H]dopamine release elicited by nicotinic agonists has been found to be insensitive to TTX (RAPIER et al. 1988; PRINCE et al. 1996) or partially blocked by TTX (SOLIAKOV and WONNACOTT 1996), whereas [³H]dopamine release from striatal slices may be partially (SACAAN et al. 1995) or totally blocked by TTX (MARSHALL et al. 1996). Examination of nicotine-stimulated efflux of ⁸⁶Rb⁺ from mouse brain synaptosomes, a direct measure of ion flux arising from nAChR activation, found a partial (40%) inhibition by TTX (MARKS et al. 1995). TTX was shown to decrease the rate of ⁸⁶Rb⁺ flux without affecting the EC_{50} for nicotine, consistent with a block of voltage-gated Na⁺ channels that augment the response to nicotine. This conclusion, together with the varying degrees of TTX sensitivity reported in the literature, makes the use of TTX-*in*sensitivity to define functional presynaptic nAChR problematic (see Sect. A). Rather, the failure of TTX to inhibit a nAChR-mediated enhancement of transmitter release is likely to reflect the location of receptors close to the release sites (GUO et al. 1998).

II. Ca²⁺ Dependence and Involvement of Voltage Operated Ca²⁺ Channels

The high relative permeability to Ca²⁺ of neuronal nAChR raises the possibility that they might interface directly with the exocytotic machinery to promote transmitter release. Alternatively, the Na⁺ current and ensuing depolarisation might activate VOCC (see Fig. 2). In most cases examined, a partial (LENA and CHANGEUX 1997) or total (SOLIAKOV and WONNACOTT 1996; SERSHEN et al. 1997) inhibition of nicotinic responses by nonselective blockers of VOCC such as Cd²⁺ has been observed, consistent with the participation of such channels. Selective inhibitors of subtypes of VOCC have implicated N-type channels as the principle mediator of the nicotinic stimulation of neurotransmitter

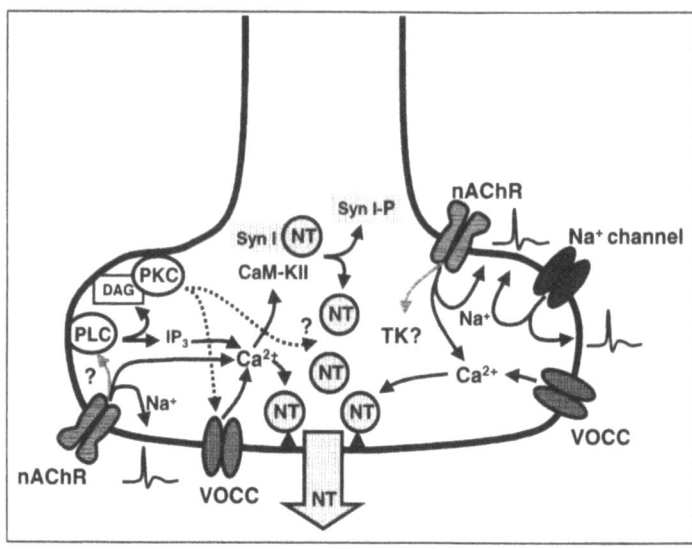

Fig. 2. Proposed model for the nAChR-mediated facilitation of neurotransmitter release from nerve terminals. Stimulation of nAChRs with agonist initiates Na^+ and Ca^{2+} influx through the receptor channel. The increase in intracellular Na^+ results in depolarisation of the synaptic membrane and, depending on their relative proximities, may lead to opening of Na^+ channels and/or voltage operated Ca^{2+} channels (VOCC). Alternatively, Ca^{2+} entering via the nicotinic channel may itself be sufficient to provoke neurotransmitter (NT) release. In parallel, activation of nAChR may lead to a number of intracellular events. (i) Phospholipase C (PLC) localised close to the nAChR may be activated (possibly by a Ca^{2+}-dependent mechanism) leading to the generation of inositol triphosphate (IP_3) and diacylglycerol (DAG). The latter, in concert with Ca^{2+}, can lead to concomitant activation of protein kinase C (PKC). In turn, PKC could modulate the efficacy of neurotransmitter release by regulating ion-channel function or by enhancement of the readily releasable pool of synaptic vesicles or both. (ii) The increase in intracellular Ca^{2+} may activate the synaptic vesicle-associated Ca^{2+}/calmodulin-dependent protein kinase II (CaM-KII), resulting in the phosphorylation of synapsin I. In its unphosphorylated state, synapsin I anchors synaptic vesicles to the actin cytoskeleton, whereas phosphorylation releases them from this reserve position, increasing the readily releasable pool of synaptic vesicles near the active zone. (iii) Further regulation of presynaptic mechanisms may be achieved through tyrosine kinase (TK) pathways that may be linked to nAChR activation by a route that is presently unknown

release (HARSING et al. 1992; SOLIAKOV and WONNACOTT 1996; SERSHEN et al. 1997). A similar conclusion is reached with regard to presynaptic nAChRs modulating transmitter release in the peripheral nervous system: DMPP-evoked release of [^{3}H]ACh from guinea pig myenteric plexus is coupled to Ca^{2+} influx via N-type channels (TAKAHASHI et al. 1992). ω-Agatoxin IVA, a blocker of P-type VOCC, has a small (PRINCE et al. 1996) or negligible effect (SOLIAKOV and WONNACOTT 1996) on release evoked by nicotinic agonists, and inhibitors of T-type channels have no effect (HARSING et al. 1992; TAKAHASHI et al. 1992). L-type channel blockers (e.g. dihydropyridines such as nifedipine) exert nonspecific actions on the nicotinic stimulation of transmitter release, attributed to a direct interaction with nAChRs (PRINCE et al. 1996; SOLIAKOV and WONNACOTT 1996).

Evidence that in some cases the Ca^{2+} flux through the nicotinic channel itself is sufficient for transmitter release comes from electrophysiological studies, coupled with the use of fluorescent indicators to demonstrate an increase in presynaptic intracellular Ca^{2+} in the presence of TTX and Cd^{2+} (GRAY et al. 1996). The fact that the α7-type nAChR is responsible in this case may be relevant as it has the highest Ca^{2+} permeability of any neuronal nAChR: indeed the Ca^{2+} signal attributed to influx via the α7 nAChR is equivalent to that generated by an action potential. As experiments were not carried out in the absence of Cd^{2+} it is not certain that VOCC would not enhance the response. At GABAergic terminals in the medial habenula, presynaptic nicotinic enhancement of postsynaptic currents was insensitive to Cd^{2+} at some synapses but not others (LENA and CHANGEUX 1997); the α7 subunit has not been implicated in this response (see Sect. B.V). In the presence of TTX, DMPP-evoked [^{3}H]noradrenaline release from chick sympathetic neurones in culture is not blocked by inhibitors of VOCC (DOLEZAL et al. 1996). The relative proximity of presynaptic nAChRs to the exocytotic machinery and/or VOCC is likely to be the determining factor.

III. The Involvement of Second Messengers in the Nicotinic Modulation of Neurotransmission

Presynaptic nAChRs may have more subtle modulatory functions than simply provoking transmitter release: they are proposed to increase the probability of release (GRAY et al. 1996) or to sustain release through mobilisation of a reserve pool of transmitter (BOWMAN et al. 1990). Such actions are likely to be mediated by second messengers, and phosphorylation/dephosphorylation events offer a plausible regulatory mechanism. The high relative permeability to Ca^{2+} of neuronal nAChR advocates the potential involvement of Ca^{2+}-dependent kinases such as protein kinase C (PKC) and calcium-calmodulin dependent kinase II (CaM kinase II), and Ca^{2+}-activatable phosphatases.

1. Protein Kinase C

PKC is implicated in the modulation of exocytosis, and PKC activators such as phorbol esters enhance neurotransmitter release evoked by electrical stimulation or KCl depolarisation (DEKKER et al. 1991). Evidence for a PKC enhancement of the nicotinic stimulation of transmitter release comes from chromaffin cells (TERBUSH et al. 1988; COX and PARSONS 1997). Here the nicotine-induced secretion of catecholamines is associated with entry of extracellular Ca^{2+} (WAKADE et al. 1986), rapid translocation of PKC from cytosol to membrane (TERBUSH et al. 1988) and concomitant activation of

PKC (BROCKLEHURST et al. 1985). There has been little work published on any interaction between nAChRs and PKC in neurones. CHERAMY et al. (1996) reported that the synergism between nicotine and N-methyl-D-aspartate (NMDA) in stimulating [^{3}H]dopamine release from striatal synaptosomes (attributed to the nicotinic depolarisation relieving the Mg^{2+} block of NMDA receptors) was sensitive to blockade by the PKC inhibitors staurosporine and chelerythrine.

We have examined the potential interaction between presynaptic nAChRs and PKC in striatal terminals in more detail (SOLIAKOV and WONNACOTT 1998). We observed that two potent and specific PKC inhibitors, Ro 31–8220 and D-*erythro*-sphingosine (but not the inactive analogue bisindolylmaleimide V) significantly inhibited the release of [^{3}H]dopamine evoked by the nicotinic agonist anatoxin-a. Moreover, two phorbol esters that activate PKC, phorbol-12,13-dibutyrate and phorbol-12-myristate-13-acetate (but not the inactive phorbol ester 4α-phorbol-12,13-didecanoate) potentiated anatoxin-a-evoked [^{3}H]dopamine release. This potentiation was Ca^{2+}-dependent and blocked by PKC inhibitors. Identification of particular PKC subtypes involved has proved to be less tractable, not least because a large proportion of the majority of subtypes is already membrane bound in the brain under resting conditions, so that translocation to the membrane fraction is not an absolute prerequisite for activation if other necessary conditions (e.g. Ca^{2+} and diacylglycerol) prevail (CHAKRAVARTHY et al. 1994). The source of diacylglycerol following nAChR stimulation is not clear. There is considerable documentation that depolarising conditions elicit the generation of inositol phosphates (presumably in concert with the formation of diacylglycerol; see DEKKER et al. 1991), and nicotinic stimulation may fall into this category. Indeed, in chromaffin cells KCl depolarisation or nAChR stimulation by DMPP increased the accumulation of inositol phosphates (EBERHAND and HOLZ 1987), and a mechanism based on the activation of phospholipase C_γ by the increase in intracellular Ca^{2+} was advocated. There is also scope for interplay between nicotinic and muscarinic receptors (or with other metabotropic receptors coupled to phosphoinositide turnover). Both nicotinic and muscarinic stimulation of PC12 cells results in the translocation of PKC to the plasma membrane (MESSING et al. 1989).

PKC can influence transmitter release by phosphorylating ion channels (SMART 1997) or acting on proteins that participate in vesicle docking and fusion events (GILLIS et al. 1996). The presynaptic nAChR may itself be a target for PKC: phosphorylation of the α4 subunit by PKC has been hypothesised to be necessary for maintaining the $\alpha 4\beta 2$ nAChR in an activatable state (EILERS et al. 1997), although phosphorylation of muscle and ganglionic nAChR has been found to enhance desensitisation (DOWNING and ROLE 1987; HOFFMANN et al. 1994). Transmitter release or $^{86}Rb^+$ efflux stimulated by presynaptic nAChRs is subject to short term (desensitisation) and long term (functional inactivation) reduction, in response to substimulating and stimulatory agonist concentrations, respectively (ROWELL and HILLEBRAND 1994; MARKS et al. 1996). Any contribution of kinase or phosphatase activities in mediating these responses is not known, but such mechanisms are very plausible.

2. CaM Kinase II

Another link between presynaptic nAChR stimulation, protein kinase activation and transmitter release, relevant to the mobilisation of a reserve pool of transmitters, comes from the study of Ochoa and O'Shea (1994). These authors reported that the nicotinic stimulation of ACh release from cortical synaptosomes was accompanied by a Ca^{2+}-dependent increase in the phosphorylation of an 80kDa band, proposed to correspond to synapsin I. This synaptic vesicle-associated protein regulates the availability of vesicles for release via its phosphorylated status (Greengard et al. 1993). Further analysis indicated that nicotine $(50\,\mu M)$ results in phosphorylation of site 3 on the synapsin I molecule (Ochoa and O'Shea 1994). This site is known to be phosphorylated by vesicle-associated CaM kinase II (Benfenati et al. 1992), and Ca^{2+} entry accompanying nAChR activation might provide the stimulus.

Recently, an increase in the level of site 3-phospho-synapsin I, together with an increase in CaM kinase II activity, has been proposed to play a role in the enhancement of dopamine release from striatal synaptosomes provoked by amphetamine (Iwata et al. 1997). Our preliminary data (L. Soliakov and S.A. Kaiser, unpublished) also support synapsin I phosphorylation in response to the stimulation of nAChRs in striatal nerve terminals. This response shows a critical, biphasic time dependence similar to that observed in response to KCl depolarisation (Sihra et al. 1989).

3. Tyrosine Kinase Signalling Pathways

Tyrosine kinases are increasingly recognised as important mediators and regulators of intracellular events, as well as intercellular communication. Although there is no evidence for the participation of tyrosine kinases in the nicotinic modulation of transmitter release in the brain, some support for such a link comes from chromaffin cells (Ely et al. 1990). Stimulation with either nicotine or KCl resulted in rapid tyrosine phosphorylation of the extracellular signal-related kinase (ERK2), and this was correlated with the Ca^{2+}-dependent release of catecholamines provoked by the same depolarising agents. An involvement of tyrosine kinase is supported by the blockade of both nicotine-induced protein tyrosine phosphorylation and noradrenaline exocytosis in chromaffin cells by two different tyrosine kinase inhibitors, genistein and tyrphostin 23 (Cox et al. 1996).

In chromaffin cells, the tyrosine kinase Fyn, a member of the Src family, resides predominantly in the plasma membrane fraction and undergoes nicotine-induced activation in a Ca^{2+}-dependent manner; this activation is abolished by mecamylamine (Allen et al. 1996). In the brain, Fyn is widely expressed and involved in a variety of neuronal events (Umemori et al. 1992). Consensus sequences for tyrosine kinases have been identified in the intracellular loops of several subunits of neuronal nAChRs (GURD 1997), so modulation of the receptor via such pathways is also plausible.

D. Concluding Remarks

In this short review we have attempted to summarise the evidence for presynaptic nAChRs on central and peripheral nerve terminals. It is evident that presynaptic nAChRs are widespread; they are associated with all of the classical transmitters. However, presynaptic nAChRs are not ubiquitous with respect to all nerve terminals and the release of some neurotransmitters in certain brain areas does not appear to be modulated by nicotinic agonists. In addition to this gross anatomical heterogeneity in their distribution, differences in the susceptibility to TTX and VOCC blockers suggests that there is local heterogeneity with respect to the localisation of presynaptic nAChRs on nerve terminals in relation to release sites. The subunit composition of presynaptic nAChRs is also heterogeneous. So far, $\alpha 7$-type nAChRs appear to modulate glutamate release, the $\beta 2$ subunit is associated with GABA release and multiple subtypes may influence dopamine release. More extensive information is required before generalisations can be made with any confidence. For the widespread occurrence of presynaptic nAChRs to have physiological relevance, a similarly widely distributed source of ACh is required. Although cholinergic innervation is extensive in the brain, lack of evidence for axo-axonic synapses may favour a diffuse action of ACh (BJORKLAND and DUNNETT 1995).

We have also briefly considered ways in which presynaptic nAChRs might interface with signalling pathways to modulate transmitter availability and its release. Such studies are in their infancy but can be predicted to constitute a major research initiative in the near future. Signalling cascades provide a route for receptor crosstalk; they are well documented for metabotropic receptors but are also applicable to ligand-gated ion channels. Knowledge of this interface will illuminate the mechanisms of local regulation of nerve terminal functioning beyond the simple enhancement of transmitter release. Only when we have unveiled the dynamic processes involved will it be possible to fully appreciate the contribution of presynaptic nAChRs. In the meantime, there is much work to be done to elucidate and clarify the molecular and cellular aspects of presynaptic nAChR structure and function.

Acknowledgments. Work carried out in the authors' laboratory is supported by grants from the Medical Research Council, Biological and Biotechnological Sciences Research Council, Wellcome Trust and BAT Co Ltd.

References

Alkondon M, Rocha ES, Maelicke A, Alburquerque EX (1996) Diversity of nicotinic acetylcholine receptors in rat brain. V. α-Bungarotoxin-sensitive nicotinic receptors in olfactory bulb neurons and presynaptic modulation of glutamate release. J Pharmacol Exp Ther 278:1460–1471

Alkondon M, Pereira EFR, Cortes WS, Maelicke A, Alburquerque EX (1997) Choline is a selective agonist of $\alpha 7$ nicotinic acetylcholine receptors in the rat brain neurons. Eur J Neurosci 9:2734–2742

Allen CM, Ely CM, Juaneza MA, Parsons SJ (1996) Activation of Fyn tyrosine kinase upon secretagogue stimulation of bovine chromaffin cells. J Neurosci Res 44:421–429

Araujo DM, Lapchak PA, Collier B, Quirion R (1988) Characterisation of N-[^{3}H]methylcarbamylcholine binding sites and effect of N-methylcarbamylcholine on acetylcholine release in rat brain. J Neurochem 50:1914–1923

Benfenati F, Valtorta F, Rubenstein JL, Gorelick FS, Greengard P, Czernik AJ (1992) Synaptic vesicle-associated Ca^{2+}/calmodulin-dependent protein kinase II is a binding protein for synapsin I. Nature 359:417–420

Bowman WC, Prior C, Marshall IG (1990) Presynaptic receptors in the neuromuscular junction. In: Presynaptic receptors and the question of autoregulation of neurotransmitter Release, Annals of the New York Academy of Sciences, vol 604 p 69

Bjorkland A, Dunnett SB (1995) Acetylcholine revisited. Nature 375:446

Briggs CA, Cooper JR (1982) Cholinergic modulation of the release of [^{3}H] acetylcholine from synaptosomes of the myenteric plexus. J Neurochem 38:501–508

Brocklehurst KW, Morita K, Pollard HB (1985) Characterization of protein kinase C and its role in catecholamine secretion from bovine adrenal-medullary cells. Biochem J 228:35–42

Carneiro RCG, Cipolla-Neto J, Markus RP (1991) Diurnal variation of the rat vas deferens contraction induced by stimulation of presynaptic nicotinic receptors and pineal function. J Pharmacol Exp Ther 259:614–619

Chakravarthy BR, Whitfield JF, Durkin JP (1994) Inactive membrane protein kinase C: a possible target for receptor signalling. Biochem J 304:809–816

Cheramy A, Godeheu G, L'Hirondel M, Glowinski J (1996) Cooperative contributions of cholinergic and NMDA receptors in the presynaptic control of dopamine release from synaptosomes of the rat striatum. J Pharmacol Exp Ther 276:616–625

Clarke PBS, Pert A (1985) Autoradiographic evidence for nicotine receptors on nigrostriatal and mesolimbic dopaminergic neurons. Brain Res 348:355–358

Clarke PBS, Reuben M (1996) Release of [^{3}H]noradrenaline from rat hippocampal synaptosomes by nicotine: mediation by different receptor subtypes from striatal [^{3}H]dopamine release. Br J Pharmacol 117:595–606

Cox ME, Ely CM, Catling AD, Weber MJ, Parsons SJ (1996) Tyrosine kinases are required for catecholamine secretion and mitogen-activated protein kinase activation in bovine adrenal chromaffin cells. J Neurochem 66:1103–1112

Cox ME, Parsons SJ (1997) Roles for protein kinase C and mitogen-activated protein kinase in nicotine-induced secretion from bovine adrenal chromaffin cells. J Neurochem 69:1119–1130

Dekker LV, De Graan PNE, Gispen WH (1991) Transmitter release: target of regulation by protein kinase C? Progr Brain Res 89:209–233

Dolezal V, Lee K, Schobert A, Hertting G (1996) The influx of Ca^{2+} and the release of noradrenaline evoked by the stimulation of presynaptic nicotinic receptors of chick sympathetic neurons in culture are not mediated via L-, N-, or P-type calcium channels. Brain Res 740:75–80

Domet MA, Webb CE, Wilson DF (1995) Impact of α-bungarotoxin on transmitter release at the neuromuscular junction of the rat. Neurosci Lett 199:49–52

Downing JEG, Role LW (1987) Activators of protein kinase C enhance acetylcholine receptor desensitization in sympathetic ganglion neurons. Proc Natl Acad Sci USA 84:7739–7743

Eberhard DA, Holz RW (1987) Cholinergic stimulation of inositol phosphate formation in bovine adrenal chromaffin cells: distinct nicotinic and muscarinic mechanisms. J Neurochem 49:1634–1643

Eilers H, Schaeffer E, Bickler PE, Forsayeth JR (1997) Functional deactivation of the major neuronal nicotinic receptor caused by nicotine and a protein kinase C-dependent mechanism. Mol Pharmacol 52:1105–1112

El-Bizri H, Clarke PBS (1994) Blockade of nicotinic receptor-mediated release of dopamine from striatal synaptosomes by chlorisondamine and other nicotinic antagonists administered *in vitro*. Br J Pharmacol 111:406–413

Ely CM, Oddie KM, Litz JS, Rossomando AJ, Kanner SB, Sturgill TW, Parsons SJ (1990) A 42-kd tyrosine kinase substrate linked to chromaffin cell secretion exhibits an associated MAP kinase activity and is highly related to 42-kd mitogen-stimulated protein in fibroblasts. J Cell Biol 110:731–742

Fu WM, Liu JJ (1997) Regulation of acetylcholine release by presynaptic nicotinic receptors at developing neuromuscular synapses. Mol Pharmacol 51:390–398

Gillis KD, Moßner R, Neher E (1996) Protein kinase C enhances exocytosis from chromaffin cells by increasing the size of the readily releasable pool of secretory granules. Neuron 16:1209–1220

Giorguieff MF, Kemel ML, Wandscheer D and Glowinski J (1979) Regulation of dopamine release by presynaptic nicotinic receptors in slices: effect of nicotine in a low concentration. Life Sci 25:1257–1262

Grady SR, Marks M, Wonnacott S, Collins AC (1992) Characterisation of nicotinic receptor mediated [^{3}H]dopamine release from synaptosomes prepared from mouse striatum. J Neurochem 59:848–856

Gray R, Rajan AR, Radcliffe KA, Yakehiro M, Dani J (1996) Hippocampal synaptic transmission enhanced by low concentrations of nicotine. Nature 383:713–716

Greengard P, Valtorta F, Czernik AJ, Benfenati F (1993) Synaptic vesicle phosphoproteins and regulation of synaptic function. Science 259:780–785

Gurd JW (1997) Protein tyrosine phosphorylation: implications for synaptic function. Neurochem Int 31:635–649

Guo JZ, Tredway TL, Chiappinelli VA (1998) Glutamate and GABA release are enhanced by different subtypes of presynaptic nicotinic receptors in the lateral geniculate nucleus. J Neurosci 18:1963–1969

Harsing LG, Jr, Sershen H, Vizi SE, Lajtha A (1992) N-type calcium channels are involved in the dopamine releasing effect of nicotine. Neurochem Res 17:729–734

Hillard CJ (1992) Nicotine-induced depolarization of cerebral cortical synaptosomes is dependent upon sodium. Neuropharmacol 31:909–914

Hoffman PW, Ravindran A, Huganir RL (1994) Role of phosphorylation in desensitization of acetylcholine receptors expressed in Xenopus oocytes. J Neurosci 14:4185–4195

Holladay MW, Dart MJ, Lynch JK (1997) Neuronal nicotinic acetylcholine receptors as targets for drug discovery. J Med Chem 40:4169–4194

Iwata SI, Hewlett GH, Ferrell ST, Kantor L, Gnegy ME (1997) Enhanced dopamine release and phosphorylation of synapsin I and neuromodulin in striatal synaptosomes after repeated amphetamine. J Pharmacol Exp Ther 283:1445–1452

Kaiser SA, Wonnacott S (1998a) Nicotinic receptor modulation of neurotransmitter release. In: Arneric SP, Brioni JD (eds) Neuronal Nicotinic Receptors: Pharmacology and Therapeutic Opportunities, John Wiley and Sons, New York (in press)

Kaiser SA, Wonnacott S (1998b) Indirect nicotinic modulation of dopaminergic transmission in rat striatum by (±)anatoxin-a evoked glutamate and 5-HT release. Society Neurosci Abs 28:39.16

Kaiser SA, Soliakov L, Harvey SC, Luetje CW, Wonnacott S (1998) Differential inhibition by α-conotoxin-MII of the nicotinic stimulation of [^{3}H]dopamine release from rat striatal synaptosomes and slices. J Neurochem 70:1069–1076

Koelle GB (1961) A proposed dual neurohumoral role of acetylcholine: its functions at the pre- and postsynaptic sites. Nature 190:208–211

Kulak JM, Nguyen TA, Olivera BM, McIntosh JM (1997) α-Conotoxin-MII blocks nicotine-stimulated dopamine release in rat striatal synaptosomes. J Neurosci 17:5263–5270

Langer SZ (1997) 25 Years since the discovery of presynaptic receptors: present knowledge and future perspectives. Trends in Pharmacol Sci 18:95–99

Lapchak PA, Araujo DM, Quirion R, Collier B (1989) Presynaptic cholinergic mechanisms in the rat cerebellum: evidence for nicotinic, but not muscarinic autoreceptors. J Neurochem 53:1843–1851

Léna C, Changeux J-P, Mulle C (1993) Evidence for "preterminal" nicotinic receptors on GABAergic axons in the rat interpeduncular nucleus. J Neurosci 13:2680–2688

Léna C, Changeux J-P (1997) Role of Ca^{2+} ions in nicotinic facilitation of GABA release in mouse thalamus. J Neurosci 17:576–585

Lendvai B, Sershen H, Lajtha A, Santha E, Baranyi M, Vizi ES (1996) Differential mechanisms involved in the effect of nicotinic agonists DMPP and lobeline to release [^{3}H]5-HT from rat hippocampal slices. Neuropharmacol 35:1769–1777

Li XY, Rainnie DG, McCarley RW, Greene RW (1998) Presynaptic nicotinic receptors facilitate monoaminergic transmission. J Neurosci 18:1904–1912

Liang SD, Sylvester Vizi E (1997) Positive feedback modulation of acetylcholine release from isolated rat superior cervical ganglion. J Pharmacol Exp Ther 280: 650–655

Lu Y, Grady S, Marks MJ, Picciotto M, Changeux JP, Collins AC (1998) Pharmacological characterization of nicotinic receptor-stimulated GABA release from mouse brain synaptosomes. J Pharmacol Exp Ther (in press)

Luo S, Kulak JM, Cartier GE, Jacobsen RB, Yoshikami D, Olivera BM, McIntosh JM (1998) α-Conotoxin AuIB selectively blocks α3β4 nicotinic acetylcholine receptors and nicotine-evoked norepinephrine release. J Neurosci 18:8571–8579

Marchi M, Raiteri M (1996) Nicotinic autoreceptors mediating enhancement of acetylcholine release become operative in conditions of "impaired" cholinergic presynaptic function. J Neurochem 67:1979–1984

Marks MJ, Bullock AE, Collins AC (1995) Sodium channel blockers partially inhibit nicotine-stimulated $^{86}Rb^+$ efflux from mouse brain synaptosomes. J Pharmacol Exp Ther 274:833–841

Marks MJ, Robinson SF, Collins AC (1996) Nicotinic agonists differ in activation and desensitization of $^{86}Rb^+$ efflux from mouse thalamic synaptosomes. J Pharmacol Exp Ther 277:1383–1396

Markus RP, Zago WM, Carneiro RCG (1996) Melatonin modulation of presynaptic nicotinic acetylcholine receptors in the rat vas deferens. J Pharmacol Exp Ther 279:18–22

Marshall D, Soliakov L, Redfern P, Wonnacott S (1996) Tetrodotoxin-sensitivity of nicotine-evoked dopamine release from rat striatum. Neuropharmacol 35:1531–1536

McGehee DS, Heath MJS, Gelber S, Devay P, Role L (1995) Nicotine enhancement of fast excitatory synaptic transmission in CNS by presynaptic receptors. Science 269: 1692–1696

McMahon LL, Yoon KW, Chiappinelli VA (1994a): Nicotinic receptor activation facilitates GABAergic neurotransmission in the avian lateral spiriform nucleus. Neurosci 59:689–698

McMahon LL, Yoon KW, Chiappinelli VA (1994b): Electrophysiological evidence for presynaptic nicotinic receptors in the avian ventral lateral geniculate nucleus. J Neurophysiol 71:826–829

Messing RO, Stevens AM, Kiyasu E, Sneade AB (1989) Nicotinic and muscarinic agonists stimulate rapid protein kinase C translocation in PC12 cells. J Neurosci 9:507–512

Ochoa ELM, O'Shea SM (1994) Concomitant protein phosphorylation and endogenous acetylcholine release induced by nicotine: dependency on neuronal nicotinic receptors and desensitization. Cell Mol Neurobiol 14:315–340

Parsons LH, Weiss F, Koob GF (1996) Serotonin 1b receptor stimulation enhances dopamine-mediated reinforcement. Psychopharmacol 128:150–160

Prince RJ, Fernandes KG, Gregory JC, Martyn ID, Lippiello PM (1996) Modulation of nicotine-evoked [^{3}H]dopamine release from rat striatal synaptosomes by voltage-sensitive calcium channel ligands. Biochem Pharmacol 52:613–618

Ramirez-Latorre J, Yu CR, Qu F, Perin F, Karlin A, Role L (1996) Functional contributions of α5 subunit to neuronal acetylcholine receptor channels. Nature 380:347–351

Rao TS, Correa LD, Lloyd GK (1997) Effects of lobeline and dimethylphenylpiperazinium iodide (DMPP) on N-methyl-D-aspartate (NMDA)-evoked acetylcholine release in vitro: evidence for a lack of involvement of classical neuronal nicotinic acetylcholine receptors. Neuropharmacol 36:39–50

Rapier C, Lunt GG, Wonnacott S (1988) Stereoselective nicotine-induced release of dopamine from striatal synaptosomes: concentration dependence and repetitive stimulation. J Neurochem 50:1123–1130

Rapier C, Lunt GG, Wonnacott S (1990) Nicotinic modulation of [^{3}H]dopamine from striatal synaptosomes: pharmacological characterisation. J Neurochem 54:937–945

Role LW, Berg DK (1996) Nicotinic receptors in the development and modulation of CNS synapses. Neuron 16:1077–1085

Rowell PP, Hillebrand JA (1994) Characterisation of nicotine-induced desensitisation of evoked dopamine release from rat striatal synaptosomes. J Neurochem 63:561–569

Rowell PP, Winkler DL (1984) Nicotinic stimulation of [^{3}H]acetylcholine release from mouse cerebral cortical synaptosomes. J Neurochem 43:1593–1598

Rowell PP, Carr LA, Garner AC (1987) Stimulation of [^{3}H]dopamine release by nicotine in rat nucleus accumbens. J Neurochem 49:1449–1454

Sacaan AI, Dunlop JL, Lloyd GK (1995) Pharmacological characterization of neuronal acetylcholine gated ion channel receptor-mediated hippocampal norepinephrine and striatal dopamine release from rat brain slices. J Pharmacol Exp Ther 274:224–230

Sacaan AI, Menzaghi F, Dunlop JL, Correa LD, Whelan KT, Lloyd GK (1996) Epibatidine: a nicotinic acetylcholine receptor agonist releases monoaminergic neurotransmitters: in vitro and in vivo evidence in rats. J Pharmacol Exp Ther 276:509–515

Schulz DW, Zigmond RE (1989) Neuronal bungarotoxin blocks the nicotinic stimulation of endogenous dopamine release from rat striatum. Neurosci Lett 98:310–316

Sershen H, Balla A, Lajtha A, Vizi ES (1997) Characterization of nicotinic receptors involved in the release of noradrenaline from the hippocampus. Neurosci 77:121–130

Sharples CGV, Kaiser S, Soliakov L, Marks MJ, Collins AC, Washburn M, Wright E, Spencer JA, Gallagher T, Whiteaker P, Wonnacott S (2000) UB-165: a novel nicotinic agonist with subtype selectivity implicates the α4β2 subtype in the modulation of dopamine release from rat striatal synaptosomes. J Neurosci (in press).

Sihra TS, Wang JKT, Gorelick FS, Greengard P (1989) Translocation of synapsin I in response to depolarization of isolated nerve terminals. Proc Natl Acad Sci USA 86:8108–8112

Smart T (1997) Regulation of excitatory and inhibitory neurotransmitter-gated ion channels by protein phosphorylation. Curr Opin Neurobiol 7:358–367

Smith AD, Bolam JP (1990) The neural network of the basal ganglia as revealed by the study of synaptic connections of identified neurons. TINS 13:259–265

Soliakov L, Wonnacott S (1996) Voltage-sensitive Ca^{2+} channels involved in nicotinic receptor-mediated [^{3}H]dopamine release from rat striatal synaptosomes. J Neurochem 67:163–170

Soliakov L, Wonnacott S (1998) Nicotinic modulation of [^{3}H]dopamine release in rat striatum: involvement of PKC subtypes. In: Abstracts of the Twelfth General Meeting of the European Society for Neurochemistry, S52 A. 19–24 July 1998 St Petersburg, Russia

Takahashi T, Tsunoda Y, Lu Y, Wiley J, Owyang C (1992) Nicotinic receptor-evoked release of acetylcholine and somatostatin in the myenteric plexus is coupled to calcium influx via N-type calcium channels. J Pharmacol Exp Ther 263:1–5

TerBush DR, Bittner MA, Holz RW (1988) Ca^{2+} influx causes rapid translocation of protein kinase C to membranes. J Biol Chem 263:18873–18879

Tian L, Prior C, Dempster J, Marshall IG (1994) Nicotinic antagonist-produced frequency-dependent changes in acetylcholine release from rat motor nerve terminals. J Physiol 476:517–529

Tian L, Prior C, Dempster J, Marshall IG (1997) Hexamethonium- and methyllycaconitine-induced changes in acetylcholine release from rat motor nerve terminals. Br J Pharmacol 122:1025–1034

Todorov L, Windisch K, Shersen H, Lajtha A, Papasova M, Vizi ES (1991) Prejunctional nicotinic receptors involved in the facilitation of stimulation-evoked noradrenaline release from the vas deferens of the guinea pig. Br J Pharmacol 102: 186–190

Umemori H, Wakana A, Kato H, Takeuchi M, Tohyama M, Yamamoto T (1992) Specific expression of Fyn and Lyn, lymphocyte antigen receptor-associated tyrosine kinases, in the central nervous system. Mol Brain Res 16:303–310

Vizi ES, Somogyi GT (1989) Prejunctional modulation of acetylcholine release from the skeletal neuromuscular junction: link between positive (nicotinic)- and negative (muscarinic)-feedback modulation. Br J Pharmacol 97:65–70

Walmsley B, Alvarez FJ, Fyffe REW (1998) Diversity of structure and function at mammalian central synapses. Trends Neurosci. 21:81–88

Wakade AR, Malhotra RK, Wakade TD (1986) Phorbol ester facilitates ^{45}Ca accumulation and catecholamine secretion by nicotine and excess K^+ but not by muscarine in rat adrenal medulla. Nature 321:698–700

Wessler I (1989) Control of transmitter release from the motor nerve by presynaptic nicotinic and muscarinic autoreceptors. Trends Pharmacol Sci 10:110–114

Wessler I (1992) Presynaptic receptors at motor nerve terminals. Int Rev Neurobiol 34: 283–384

Westfall TC (1974) Effect of nicotine and other drugs on the release of ^3H-norepinephrine and ^3H-dopamine from rat brain slices. Neuropharmacol 13:693–700

White TD, Al-Humayyd (1983) Acetylcholine releases ATP from varicosities isolated from guinea pig myenteric plexus. J Neurochem 40:1069–1075

Whiteaker P, Garcha HS, Wonnacott S, Stolerman IP (1995) Locomotor activation and dopamine release produced by nicotine and isoarecolone in rats. Br J Pharmacol 116:2097–2105

Wilkie GI, Hutson P, Sullivan JP, Wonnacott S (1996) Pharmacological characterization of a nicotinic autoreceptor in rat hippocampal synaptosomes. Neurochem Res 21: 1141–1148

Wonnacott S, Wilkie G, Soliakov L, Whiteaker P (1995) Presynaptic nicotinic autoreceptors and heteroreceptors in the CNS. In: Clarke PBS, Quik M, Adlkofer F, Thurau K (eds) Effects of nicotine in biological systems II. Birkhäuser, Basel Boston Berlin, p 87

Wonnacott S (1997): Presynaptic nicotinic ACh receptors. Trends Neurosci 20:92–98

Wright E, Gallagher T, Sharples CGV, Wonnacott S (1997) Synthesis of UB-165: a novel nicotinic ligand and anatoxin-a/epibatidine hybrid. Bioorg Med Chem Lett 7: 2867–2870

Yang XH, Criswell HE, Breese GR (1996) Nicotine-induced inhibition in medial septum involves activation of presynaptic nicotinic cholinergic receptors on gamma-aminobutyric acid-containing neurons. J Pharmacol Exp Ther 276:482–489

Yu ZJ, Wecker L (1994) Chronic nicotine administration differentially affects neurotranmitter release from rat striatal slices. J Neurochem 63:186–194

CHAPTER 9
Neuronal Nicotinic Acetylcholine Receptors in Development and Aging

M. ZOLI

A. Development of Neuronal Nicotinic Acetylcholine Receptors

Nicotinic transmission in neurons is likely to differ substantially from that at the neuromuscular synapse (see below; ROLE and BERG 1996; WALMSLEY et al. 1998; ZOLI and AGNATI 1996), and neurons and muscle cells themselves differ in some essential features (e.g., the presence of junctional and nonjunctional nuclei in myofibers). However, given the similarities among muscle and neuronal nicotinic acetylcholine receptor (nAChR) subunits, a description of the developmental changes of nAChRs and their regulation at the neuromuscular junction constitute a useful reference for neuronal nAChR development.

In skeletal muscle, developmental regulation of nAChRs has been studied in detail in several vertebrate species (reviewed in BURDEN 1998; DUCLERT and CHANGEUX 1996; SANES 1997). Myoblasts differentiate from precursor cells and then fuse into myofibers, which are therefore multinucleated cells. The onset of nAChR expression occurs immediately after differentiation, and is probably driven by tissue-specific transcription factors such as MyoD1 (DUCLERT and CHANGEUX 1995). Therefore, nAChR subunit mRNAs and binding sites appear at the myoblast stage and progressively increase during the formation of myotubes. nAChRs in the myotube are transcribed by all the nuclei and targeted throughout the plasma membrane, until the arrival of the nerve terminal. When the nerve terminal reaches the myotube a number of phenomena takes place: (1) the nuclei underlying the nerve terminal (junctional nuclei) increase the synthesis of nAChRs and possibly other synaptic proteins, (2) the nuclei located far from the nerve terminal (nonjunctional nuclei) decrease the synthesis of nAChRs, (3) nAChRs aggregate and undergo metabolic stabilization at the junctional level, and (4) in some animal species, nAChRs undergo a modification in subunit composition from an embryonic to an adult form (γ-ε subunit switch) (DUCLERT and CHANGEUX 1995). Some of the molecular mechanisms of nAChR developmental regulation have been elucidated. Decreased nAChR subunit transcription in nonjunctional nuclei depends on electrical activity and the subsequent activation of the protein kinase A cascade which leads to the phosphorylation of muscle-specific helix-loop-helix transcription factors. Instead, the induction of nAChR subunit transcription in junctional nuclei depends on nerve terminal derived substances such as ARIA/neuregulin and calcitonin-gene related peptide (CGRP), which activate a tyrosine kinase receptor (erbB) and a G-protein linked receptor, respectively. The junctional aggregation of nAChRs is due to the binding of rapsyn, which is, in turn, activated by the nerve terminal derived substance agrin, acting on a tyrosine kinase receptor (MuSK). In summary, the transcription of mRNAs and insertion of functional nAChRs into the membrane precedes the arrival of the nerve terminal. Therefore, the role of innervation is not to induce nAChR synthesis but rather to promote their redistribution and subsequent preferential synthesis in the junctional area.

I. Development of Neuronal Nicotinic Acetylcholine Receptors in the Peripheral Nervous System

nAChRs are present in several types of peripheral ganglia. In particular, in both parasympathetic and sympathetic systems, a cholinergic nicotinic synapse mediates the principal chemical transmission from the motoneuron to the ganglionic neurons. Contrary to the muscle, a number of major receptor isoforms are present in the ganglionic neurons and contribute to autonomic synaptic transmission. In the chick, the two main isoforms are an $\alpha 3\alpha 5\beta 4$ hetero-oligomer (20% of which also contains $\beta 2$) and an $\alpha 7$ homo-oligomer (CONROY and BERG 1995). The former isoform is mainly concentrated in the postsynaptic density, whereas the latter is found in a perisynaptic location, but both contribute to the transmission at the synapse (HORCH and SARGENT 1995, 1996; ZHANG et al. 1996).

1. Phenomenological Aspects

Detailed studies on the development of neuronal nAChRs in the peripheral nervous system (PNS) have been carried out in some vertebrate preparations, namely the chick ciliary ganglion and cervical or lumbar sympathetic ganglia (reviewed in SARGENT 1993; ROLE and BERG 1996).

In the chick ciliary ganglion, a low level of nAChR subunit expression is already present before the arrival of innervation and does not change substantially during the initial formation of synaptic contacts. Between embryonic day 8 (E8) and 18 (E18), a many fold increase in $\alpha 3$, $\alpha 5$, $\alpha 7$, $\beta 2$, and $\beta 4$ nAChR subunit mRNAs, heightened acetylcholine response, and increased density of nicotinic binding sites occurs. These phenomena are paralleled by the formation of mature synapses and establishment of contacts with ganglionic target cells. Experiments on early ablation of input or output of ganglionic cells showed that both innervation (SARGENT 1993; LEVEY and JACOB 1996) and target cell interaction influence the increase in nAChR expression in a partially redundant manner. For example, $\alpha 3$ and $\beta 4$ mRNA levels are regulated by both innervation and target cell interaction while $\alpha 5$ is regulated selectively by innervation (LEVEY and JACOB 1996). Interestingly, at the end of synaptogenesis, both innervation and target cell interaction are necessary to maintain the expression of all subunits (LEVEY and JACOB 1996). Although in ciliary ganglion there is no switch in subunit composition comparable with the γ-ε substitution observed in the myotube, a progressive appearance of a mature form of nAChR occurs during prenatal development, likely corresponding to the substitution of α3β4 nAChRs with α3α5β4 nAChRs. Similar developmental events seem to occur in chick sympathetic ganglia (SARGENT 1993; DEVAY et al. 1994).

Knowledge of nAChR development in the PNS of mammals is scanty and substantially limited to the ontogenetic changes of nAChR subunit mRNA levels. In the rat, several ganglia start to express multiple subunit mRNAs at the earliest stages of neuronal differentiation. The pattern of subunit expression seems specific for the type of ganglionic cells. For instance, autonomic motor neurons (e.g., neurons of the otic, sphenopalatine, and sympathetic ganglia) express α3, β2, and β4 subunits, while somatic sensory neurons (e.g., trigeminal and dorsal root ganglia) initially express α3, α4, β2, and β4 but only β2 at high concentration during the late prenatal and perinatal period (ZOLI et al. 1995). The nAChR subunit mRNA levels in rat autonomic ganglia do not substantially increase during prenatal development. This is in contrast with the data obtained in chicken para- and orthosympathetic ganglia where marked increases (5- to 15-fold) in nAChR subunit mRNA levels take place during prenatal development (see above). This discrepancy may reflect species differences. In fact, synaptogenesis as well as the functional maturation of autonomic ganglia are largely postnatal in the rat (SMOLEN and RAISMAN 1980). Accordingly, levels of α3 and α7 (but not α5, β2 and β4) subunit mRNAs, as well as acetylcholine current density, increases several fold during the first two postnatal weeks. Interestingly, however, cutting the preganglionic nerves at birth does not substantially influence nAChR development in ganglia, suggesting that the formation of synapses is not the primary regulator of nAChR development in rat ganglia (Mandelzys et al. 1994).

2. Mechanistic Aspects

Although the overall phenomenology of nAChR development at ganglionic synapses is known, only a few molecular aspects of its regulation are understood. The effect of innervation on nAChR expression in ganglionic neurons resembles the inductive effect of innervation on junctional nuclei in myofibers. Studies on neuregulins in the developing autonomic system support this analogy. Neuregulins and their receptors are widely expressed in developing and mature PNS (MORLEY 1998; PINKAS-KRAMARSKI et al. 1997; SHINODA et al. 1997) and are necessary for the correct development of the autonomic nervous system (BRITSCH et al. 1998). Neuregulins are also expressed by ganglionic neurons themselves from which they are released as trophic molecules for Schwann cells (GASSMANN and LEMKE 1997; MEYER et al. 1997). A recent paper has shown that neuregulins with a cysteine-rich domain (CRD) in their N terminus are synthesized in preganglionic neurons during synaptogenesis and may drive the expression of nAChRs in the ganglionic neurons. In fact, recombinant CRD-neuregulin increases nAChR expression and acetylcholine currents in cultured embryonic sympathetic neurons and the functional deletion of CRD-neuregulin in co-cultures of embryonic spinal cord and ganglionic neurons partially inhibits the increase in acetylcholine currents in ganglionic neurons (YANG et al. 1998).

Unlike myofibers, autonomic ganglion neurons send an axon to visceral targets (e.g., smooth myocells). In fact, as described above, developmental regulation of nAChRs (as well as other proteins) in ganglionic neurons is not only dependent on innervation but also on retrograde signals from the target cells. Several cytokines (such as leukemia inhibiting factor and ciliary neurotrophic factor) and nerve growth factors can influence nAChR expression and may therefore subserve the role of retrograde messengers during ganglionic development and after lesion (LANDIS 1996; ZHOU et al. 1998).

Like at the neuromuscular junction, a high concentration of nAChRs is present in the postsynaptic density of ganglionic neurons. In addition, nAChRs are located peripheral to the postsynaptic density (perisynaptic receptors; HORCH and SARGENT 1995; ZHANG et al. 1996). For instance, in adult synapses of frog autonomic ganglia, 2–6 large clusters of nAChRs are detected in the postsynaptic density while 10–20 small clusters are present in perisynaptic locations (HORCH and SARGENT 1995, 1996). Therefore, another molecular aspect of the formation of mature nicotinic synapses is the aggregation of the receptor molecules at the synapse. As in the myofiber, rapsyn or related molecules may play a primary role in this process. In fact, rapsyn mRNA has been detected in chick ciliary ganglion (BURNS 1997) and cotransfection of heterologous cells with rapsyn and neuronal nAChRs produced clusters containing both nAChRs and rapsyn (KASSNER et al. 1998). However, recent studies have questioned the importance of rapsyn for nAChR aggregation in ganglionic neurons since rapsyn was not detected at ganglionic synapses and targeted mutation of rapsyn gene did not affect the morphological features of nAChR clusters in ganglionic synapses (FENG et al. 1998).

3. Conclusions

The main synaptic transmission in autonomic ganglia is mediated through nAChRs which are aggregated in or around synaptic densities of the motoneuron-ganglionic neuron synapse. This picture resembles, in many aspects, the neuromuscular junction. Accordingly, mechanisms mediating induction of nAChR transcription seem to be analogous in junctional nuclei of myotubes and ganglionic neurons. However, further complexity may be present in ganglionic neurons as target-derived retrograde factors also contribute to nAChR development and at least two main isoforms of nAChRs are present and are likely differentially regulated.

II. Development of Neuronal Nicotinic Acetylcholine Receptors in the Central Nervous System

Central neurons differ from myofibers and, to a lesser degree, ganglionic neurons, in several respects. Central neurons typically receive a large number of different inputs, so that, in general, the cholinergic/nicotinic transmission is only one of many inputs to the neuron which expresses nAChRs. Indeed, in most instances, the cholinergic input is not the primary regulator of target cell function, but rather a modulator of the activity of other types of transmission. In central neurons, nAChRs have different subcellular locations (e.g., cell membranes of the cell body, dendrites, and terminal and preterminal portions of the axon) with peculiar structural features and functional roles. Moreover, the evidence for "typical" cholinergic synapses in the CNS is limited and it is likely that, in many central systems, cholinergic transmission preferentially functions via a nonsynaptic ("volume") mode (AGNATI et al. 1995; DESCARRIES et al. 1997; ZOLI and AGNATI 1996). Accordingly, the limited evidence on the subcellular distribution of nAChRs in the CNS points to a preferential localization in nonsynaptic cell membranes (HILL et al. 1993; ULLIAN and SARGENT 1995). The complicated relationship between central neurons and their capacity to store complex information is reflected in a long maturation period, which for some cortical circuits of the rodent may extend to a few months of postnatal life, and a maintenance of marked plastic capabilities throughout adult life. Finally, multiple different isoforms of nAChRs exist in different neurons and, sometimes, in the same neurons (e.g., see ALKONDON and ALBUQUERQUE 1993).

Available evidence indicates that a few nAChR isoforms (LE NOVÈRE and CHANGEUX 1995; ROLE and BERG 1996) are present at high levels in the rodent and chick brain. $\alpha4$ and $\beta2$ subunits (in part with $\alpha5$; CONROY and BERG 1998; RAMIREZ-LATORRE et al. 1995), which are known to form the nAChR isotype with high affinity for nicotine (PICCIOTTO et al. 1995; ZOLI et al. 1998), constitute the vast majority of α-bungarotoxin-insensitive nAChRs in the chick and rodent CNS (CONROY and BERG 1998; WADA et al. 1989). $\alpha3$ and $\beta4$ are co-expressed at high levels in the medial habenula (LE NOVÈRE et al. 1996; WADA et al. 1989) and present at moderate levels in a few other brain areas (DINELEY-MILLER and PATRICK 1992; WADA et al. 1989). $\alpha6$ and $\beta3$ are selectively co-expressed in rat catecholaminergic nuclei and may form, together with other α and/or β subunits (such as $\beta2$; PICCIOTTO et al. 1998), the nAChR responsible for catecholamine release in basal ganglia and hippocampus (LE NOVÈRE et al. 1996). Within the α-bungarotoxin-sensitive subfamily, $\alpha7$ and $\alpha8$ form homo- or heteromers in chick CNS (CONROY and BERG 1998; GOTTI et al. 1994a), whereas in rodent CNS, $\alpha7$ is responsible for α-bungarotoxin binding (ORR-URTREGER et al. 1997) and is widely distributed in limbic and cortical areas (SEGUELA et al. 1993).

Against this background, a variety of regulatory mechanisms specific to different neuronal systems and subcellular sites might be expected to occur during development. Unfortunately, present understanding of these phenomena is mostly limited to the description of the time course and regional localization of nAChR subunit expression, binding sites, and cholinergic input.

1. Avian Central Nervous System

In the chick brain, changes in the general pattern of nAChR subunit expression during development was described using immunoprecipitation (CONROY and BERG 1998; GOTTI et al. 1994b). Three major receptor isoforms, containing $\alpha 4\beta 2$ (in part containing $\alpha 5$), $\alpha 7$ or $\alpha 7\alpha 8$ subunits, and a minor isoform ($\alpha 3\beta 4$) were identified in the chick brain throughout development. $\alpha 4\beta 2$ ($\alpha 5$) and $\alpha 3\beta 4$ bind epibatidine while $\alpha 7$ and $\alpha 7\alpha 8$ bind α-bungarotoxin. The three major receptor species increase approximately threefold between E8 and E17/18, while receptors containing $\alpha 3\beta 4$ subunits undergo no significant increase. The concentration of $\alpha 5$ subunits increases markedly (sevenfold), however, which suggests that the proportion of $\alpha 4\alpha 5\beta 2$ as compared to $\alpha 4\beta 2$ receptors increases during development. Like in autonomic ganglia, receptors containing $\alpha 5$ may represent mature forms of the nAChRs (CONROY and BERG 1998).

While this study defines the global pattern of developmental changes in nAChRs (especially the major isoforms) in the chick brain, detailed regional studies are needed to elucidate the complexity of central circuits. The few region specific studies have demonstrated a wide variety of patterns of nAChR development and possible regulatory mechanisms. In the chick lateral spiriform nucleus, the onset of $\alpha 2$ -subunit mRNA expression is precocious and coincides with the arrival of cholinergic innervation (DAUBAS et al. 1990). In the chick optic lobe, a transient increase in $\beta 2$ transcript expression occurs upon arrival of the retinal afferents (MATTER et al. 1990). A transient increase of $\alpha 7$ was also observed in the chicken cerebellum during early postnatal development (KANEKO et al. 1997a).

2. Rodent Central Nervous System

In the rodent brain, extensive regional studies of some neuronal subunit mRNAs were carried out during the prenatal and postnatal periods (BROIDE et al. 1995, 1996; CIMINO et al. 1994; N. Le Novère, unpublished observations; MIAO et al. 1998; MORLEY 1997; MOSER et al. 1996; OSTERMANN et al. 1995; SHACKA and ROBINSON 1998; ZOLI et al. 1995). In most brain regions $\alpha 3$, a4, $\alpha 7$, $\beta 2$, and $\beta 4$ subunit mRNAs are expressed early in development, but, subsequently, during prenatal development, the expression of some of these subunits is repressed. For instance, in the caudal brain the initial (E11–13) widespread expression of $\alpha 3$ (and to a lesser extent $\beta 4$) mRNA is followed by repression to undetectable levels (see Fig. 1A). Similar to the adult, in the late prenatal period high levels of $\alpha 3$ and $\beta 4$ transcripts are found only in the medial habenula starting at E15 (Fig. 2A) when differentiated cells form in

Neuronal Nicotinic Acetylcholine Receptors in Development and Aging 219

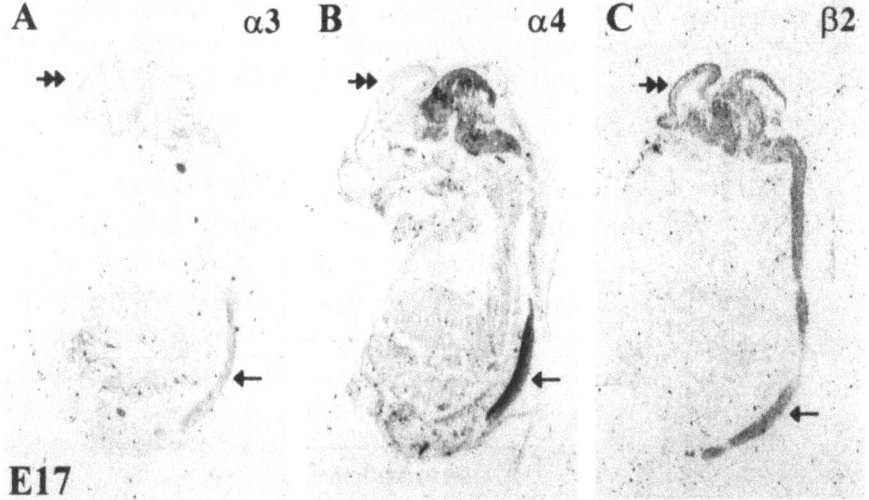

Fig. 1A–B. Bright-field microphotographs of film autoradiograms showing nAChR subunit mRNAs of a E17 rat embryo. Note that, at this late prenatal stage, α3 mRNA levels are still moderate in the spinal cord but almost undetectable in the brain (see text for further details). Both α4 and β2 are highly expressed in the CNS. However, α4 is not detected in the cortex where it will start to be expressed at E19 (see ZOLI et al. 1995). *Arrows* and *arrowheads* point to the cortical plate and spinal cord, respectively

the nucleus and at moderate levels in a few brain stem nuclei (Morley 1997). In the rostral part of the brain, with the exception of the cerebral cortex, only certain subunits (β2, α4, and/or α3) are detected between E12 and E15. However, similar to the caudal brain, α3 expression is transient (Fig. 1A). A comparison with the time of the last mitosis of neuronal precursor cells (ALTMAN 1992) shows that a high expression of nAChR mRNAs is rapidly achieved after the last mitosis in developing neurons. Development of cholinergic neurons and innervation, although rather precocious (SEMBA 1992) seems to follow the onset of nAChR subunit expression. Therefore, the onset of neuronal nAChR subunit expression in most brain areas is independent of homologous (i.e., cholinergic) innervation. Its precocity suggests instead that, similar to muscle cells, tissue-specific transcription factors drive the initial expression of nAChRs. In addition, some subunit mRNAs show transient expression (e.g., α3 and β4 in many CNS regions). This may cause a shift in the predominance of different nAChR isoforms or a switch in subunit composition from an embryonic to an adult form of the receptor. Further changes in subunit expression occur during the first postnatal weeks, although, in general, the levels of the subunit mRNAs attained at birth are elevated and do not change markedly afterwards (Fig. 2A,B) (see below; CIMINO et al. 1995; MIAO et al. 1998; OSTERMANN et al. 1995; SHACKA and ROBINSON 1998).

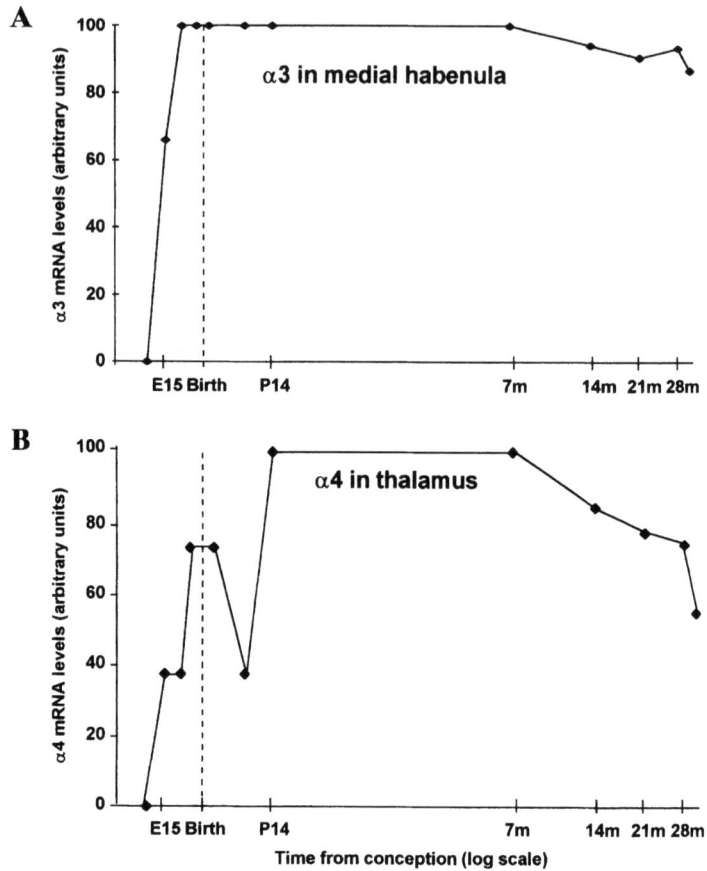

Fig. 2. Age-related changes in α3 and α4 mRNA levels in the rat medial habenula (**A**) and overall thalamus (**B**), respectively. The data were taken from CIMINO et al. 1995; FERRARI et al. 1999; MIAO et al. 1998; ZOLI et al. 1995. Since no single study analyzed the entire life span of the animal, the pattern of change reported must be considered as only indicative. E, embryonic; m, month; P, postnatal

The evidence for early and marked expression of nAChR subunits is in agreement with the studies documenting high levels of nicotine binding during the embryonic period (NAEFF et al. 1992). The appearance of labeling followed a caudorostral gradient from spinal cord and caudal medulla oblongata (E11) to pons and midbrain (E12), diencephalon (E13), basal telencephalon (E14), and cortex (E19). This gradient closely corresponds to the appearance of α4 subunit mRNA (ZOLI et al. 1995). Similar to the chick brain, a receptor formed by α4 and β2 (and possibly also α5; see above) is then likely to be responsible for the high affinity nicotine binding observed in the prenatal development of rat brain (PICCIOTTO et al. 1995; ZOLI et al. 1998).

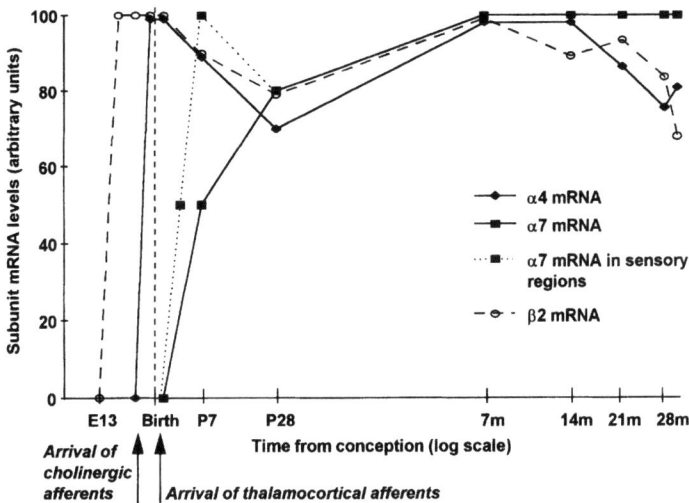

Fig. 3. Age related changes in α4, α7 and β2 mRNA levels in the rat cerebral cortex. The data were taken from BROIDE et al. 1995, 1996; CIMINO et al. 1995; FERRARI et al. 1999; MIAO et al. 1998; ZOLI et al. 1995. Since no single study analyzed the entire life span of the animal, the pattern of change reported must be considered as only indicative. E, embryonic; m, month; P, postnatal

Contrary to muscarinic receptors, nAChRs are, therefore, already present at high levels in most brain regions in the prenatal or perinatal period (AUBERT et al. 1996). However, further developmental changes occur in nAChRs in the first postnatal weeks. In general, α-bungarotoxin binding is higher in the first postnatal period and then decreases to adult values, while the pattern of high affinity nicotine-binding changes was relatively region-specific (MIAO et al. 1998; NAEFF et al. 1992). For instance, nicotine binding progressively and markedly decreased from birth to adult values in the brain stem but increased in the basal ganglia. A good agreement between postnatal changes in high affinity nicotine binding and α4 subunit mRNA levels was found throughout the brain (CIMINO et al. 1994; MIAO et al. 1998; OSTERMANN et al. 1995; SHACKA and ROBINSON 1998). Initial hyperexpression followed by a decrease towards adult levels was also shown for α7 subunit protein in the cerebellum. However, in this structure which develops mainly postnatally, the onset of α7 expression was postnatal and the increase coincided with cellular maturation and synaptogenesis (DOMINGUEZ DEL TORO et al. 1997).

The cerebral cortex is peculiar in several respects (Figs. 1 and 3). As regards the α-bungarotoxin-insensitive subfamily, α3 and β2 mRNAs are first detected at E12–13 in the preplate. Subsequently, α3 mRNA disappears and β2 remains the only subunit expressed in the transient histogenetic layers of the cortex and the cortical plate (constituted by the neurons which will form the mature cerebral cortex; Fig. 1) until E19 when α4 starts to be detected throughout the plate (ZOLI et al. 1995). As expected (see above; ZOLI et al. 1998), the onset of α4 mRNA expression is accompanied by the appearance of high affinity binding sites for nicotinic agonists (AUBERT et al. 1996; NAEFF et al. 1992). During the first weeks of postnatal life, the expression of α4 and β2 declines slightly and then increases again to reach adult values (Fig. 3) (CIMINO et al. 1995; MIAO et al. 1998; OSTERMANN et al. 1995). Accordingly, high affinity nicotine binding decreases slightly or remains unchaged from birth to adulthood (AUBERT et al. 1996; CIMINO et al. 1995; MIAO et al. 1998). Therefore, contrary to the rest of the brain, the appearance of α4 subunit expression is not related to neuronal differentiation but may depend on inductive effects of innervation. In fact, cholinergic nerves enter the plate at E19 (SEMBA 1992), and increase the expression of cholinergic markers during the first postnatal weeks (AUBERT et al. 1996; SEMBA 1992).

α7 mRNA and α-bungarotoxin binding are first detected at E13 and increase throughout the late prenatal period in the ventricular zone, primordial plexiform layer, and subplate, but are not detected in the cortical plate (BROIDE et al. 1995, 1996; N. Le Novère, unpublished observations). After birth, both α7 and α-bungarotoxin binding appear in the cortical plate and increase during the first postnatal weeks to reach adult values (Fig. 3) (BROIDE et al. 1996; FUCHS 1989). A marked and transient increase in mRNA and binding is observed in internal layers of cortical sensory areas with a peak around seven days after birth (BINA et al. 1995; BROIDE et al. 1996), in correspondence with the arrival of thalamocortical afferents. This heterologous innervation may have an inductive effect on α7-containing nAChR development, since unilateral lesions of the thalamocortical afferents cause marked reductions in cor-

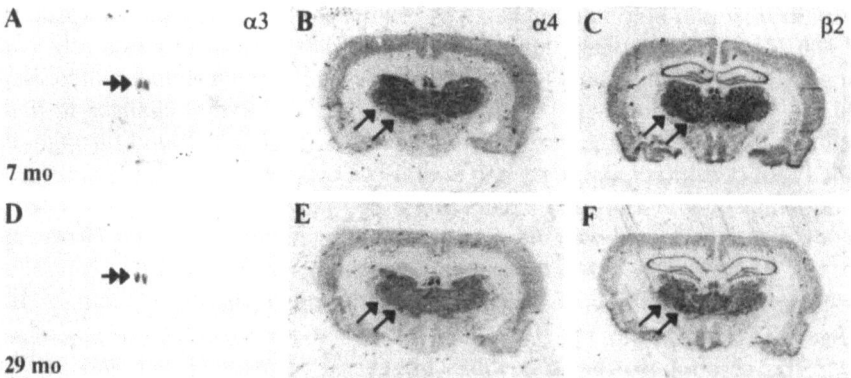

Fig. 4A–F. Bright-field microphotographs of film autoradiograms showing nAChR subunit at mid-thalamic level of adult and aged rats. Note the marked decrease in α4 and β2 mRNA levels in the thalamus of aged brains (for further details, see text and FERRARI et al., in press). *Arrows* and *arrowheads* point to the thalamus and medial habenula, respectively

tical α7 mRNA levels and α-bungarotoxin binding sites in layers IV and VI of cortical sensory areas (BROIDE et al. 1996).

3. Human Central Nervous System

The study of nAChR development in the human CNS has mostly relied on the analysis of binding sites for nicotinic ligands, and only recently have some studies of specific subunits been performed. As far as ligands recognizing the α-bungarotoxin-insensitive nAChRs (e.g., [^{3}H]epibatidine, [^{3}H]cytisine, and [^{3}H]nicotine) are concerned, binding can be detected as soon as the brain region can be dissected out; i.e., in the case of spinal cord and lower brainstem, as early as 4–5 weeks gestational age and in the case of mesencephalon and neocortex, 7–8 weeks gestational age(HELLSTRÖM-LINDAHL et al. 1998). Binding levels increase from the time of first appearance up to at least 20 weeks gestational age (CAIRNS and WONNACOTT 1989; HELLSTRÖM-LINDAHL et al. 1998). From mid-late gestational age (20–30 weeks) to infancy or adulthood, a marked decrease of binding is instead observed in most brain regions (COURT et al. 1997; KINNEY et al. 1993; REDDY et al. 1996; PANIGRAHY et al. 1998). In fact, most of the decrease may already take place at perinatal age (COURT et al. 1997; KINNEY et al. 1993). While this general pattern of change in binding sites has been confirmed by several studies, regional differences may exist. Whereas in the interpeduncular nucleus (PANIGRAHY et al. 1998), most lower brainstem nuclei (KINNEY et al. 1993), and hippocampal subregions (COURT et al. 1997) marked decreases in binding take place between the mid-late gestational period and infancy or adulthood, more limited or no changes were observed in a minority of regions, such as principal inferior olive, griseum pontis (Kinney et al. 1993), and entorhinal cortex (Court et al. 1997). Less studies have been devoted to the analysis of α-bungarotoxin-binding development, which may differ markedly, however, from the development of binding for nicotinic agonists. α-Bungarotoxin binding can be detected as early as 10 weeks gestational age and does not change markedly from 10 to 22 weeks gestational age (WHYTE et al. 1985). Accordingly, in most hippocampal subregions, limited or no changes in binding were detected from the fetal period to infancy or adulthood (COURT et al. 1997).

The regional pattern of nicotinic subunit mRNA development was recently studied in the human CNS using the polymerase chain reaction (PCR) technique (HELLSTRÖM-LINDAHL et al. 1998). α3, α4, α5, α7, β2, β3, and β4 mRNAs were all expressed throughout the brain and spinal cord during the first trimester of fetal life. A semiquantitative evaluation of transcript levels showed that subunit mRNA levels, with the exception of α3 and β3, significantly decreased from the fetal period to adulthood in the cerebral cortex. The regional distribution of α4 mRNA in a 25 week fetus was investigated in detail by means of in situ hybridization technique (AGULHON et al. 1998) and shown to be comparable to that observed in the prenatal rat brain (ZOLI et al. 1995). A notable difference with rat distribution was the presence of specific α4 hybridization in the human caudate and putamen. The presence of intrinsic nAChRs in the striatum may add further complexity to the nAChR control of the mesostriatal system in humans. However, no comparison between the levels of α4 mRNA in the fetal brain and the adult was performed.

Overall, the studies on development of nAChRs in humans indicate important similarities with the studies carried out in the rodent CNS, in that they show a precocious and marked prenatal expression of nAChRs followed by a stabilization or a reduction during postnatal development.

4. Conclusions

It is evident from the data reported above that nAChR development in the CNS is extremely complex and far from being understood in detail. However, some general conclusions can be drawn. First, the expression of nAChRs in the CNS is very precocious and is likely to be related to the molecular mechanisms of neuronal differentiation. Second, the effect of homologous innervation seems minor in many areas, since nAChR expression is already very high before the appearance of cholinergic innervation. An exception may be the cerebral cortex where an inductive role of homologous and heterologous (noncholinergic) innervation may be of importance (see the case of α4 and α7, respectively). It is, however, reasonable that the development of other neurotransmitter systems (often quantitatively more important) will influence nAChR development, for example, by modulating electrical activity in the nicotinoceptive cell. Detailed studies of specific neuronal systems will be necessary to elucidate this issue. Third, many instances of transient expression of nAChR subunits were detected in the CNS, suggesting that maturation of nicotinic transmission in some areas is linked to a switch from embryonic to mature receptors. Finally, nAChR subunit mRNAs and nicotine binding sites are already present at high concentrations during the prenatal period and around birth in developing cerebral regions including mitotic and histogenetic layers of the cerebral cortex. This strongly suggests that nAChRs play an important role in the maturation of central circuits. This subject will be dealt with in more detail in the next sections of this chapter.

III. Role of Neuronal Nicotinic Acetylcholine Receptors in the Development of Nicotinoceptive Cells

The studies reported above support the notion that cholinergic nicotinic transmission is already present at early stages of brain development. Accordingly, a role of nicotinic transmission in morphogenesis and functional maturation of the CNS is supported by a number of pieces of evidence (HALVORSEN et al. 1996; LAUDER 1993). We will first describe the effects of prenatal and early postnatal nicotine exposure on CNS development and then discuss possible mechanisms and specific nAChR isoforms involved in the morphogenetic effects of nAChRs.

1. Effects of Nicotine Exposure on the Development of the Central Nervous System

A role of nAChRs in the maturation of central and peripheral neurons is suggested by the studies on the effects of nicotine exposure during prenatal life in both humans and animals. Epidemiological studies indicate that cigarette smoking during pregnancy causes intrauterine growth retardation, lower body weight at birth, increased incidence of sudden infant death syndrome, and a number of behavioral alterations during childhood, including learning and attentional deficits and hyperactivity disorder (ESKENAZI and TRUPIN 1995). In principle, these effects could be caused by direct or indirect (e.g., hypoxia-ischemia) effects of nicotine and other substances contained in cigarette smoke. Animal experiments (which allow one to distinguish between the different factors, for instance, by using a dose of nicotine which does not cause hypoxia-ischemia) have ascertained that prenatal nicotine exposure itself is responsible for a number of morphological and functional alterations in the offspring (for a recent review, see SLOTKIN 1998). Morphological alterations include cell loss, a reduction of neuronal cell volume, and alterations of dendritic branching and spines in several brain regions including the cerebral cortex and hippocampal formation (ROY and SABHERWAL 1998; SLOTKIN 1998). Neurochemical alterations include changes (usually hypoactivity) in central and peripheral catecholaminergic systems (SLOTKIN 1998). Indeed, prenatal nicotine exposure alters the cholinergic transmission itself, causing, inter alia, a reduction of cholinergic tone (as expressed by the ratio choline uptake/cholineacetyltransferase activity) and muscarinic receptor levels (ZHU et al. 1998), and an increase in levels of nicotine binding and nAChR subunit mRNAs (SHACKA and ROBINSON 1998; SLOTKIN 1998; VAN DE KAMP and COLLINS 1994). Interestingly, most neurochemical alterations recover after a few weeks of postnatal development, but signs of deficit become visible again in adulthood. Finally, rodents exposed to nicotine during prenatal life show alterations in several behaviors, including performance in the T maze and radial-arm maze, hyperactivity, and nicotine-induced analgesia (AJAREM and AHMAD 1998; LEVIN et al. 1996; SHACKA et al. 1997; TIZABI et al. 1997).

As mentioned above, although nAChR expression starts in the early embryonic period and peaks in many areas around birth, further changes in nAChRs are detected in the first weeks of postnatal life. Indeed, the maturation of other cholinergic markers is mostly postnatal (AUBERT et al. 1996). As a consequence, early postnatal nicotine treatments also affect brain development, although usually in a more subtle manner than prenatal nicotine exposure. An exception is the cerebellum (where cells replicate postnatally), in which postnatal nicotine causes morphogenetic alterations (e.g., a decrease in Purkinje cell number; CHEN et al. 1998). Postnatal nicotine treatment provokes several neurochemical and functional alterations in the CNS, including increased muscarinic receptor binding in the hippocampus (YANAI et al. 1992), decreased spontaneous locomotion (NORDBERG et al. 1991), impaired performance in the radial maze (YANAI et al. 1992), altered response to event-related potentials (EHLERS et al. 1997), and transiently impaired male sexual performance (SEGARRA and STRAND 1989). A recent paper has indeed identified a critical postnatal period during which nAChR activation provokes permanent changes in the rat brain. In fact, nicotine-binding up-regulation is transient if nicotine treatment occurs from postnatal day 1 (P1) to P21, but permanent if nicotine treatment occurs from P16 to P21 (Miao et al. 1998).

Overall, the studies on early nicotine exposure lend indirect support to the notion of a morphogenetic action of nAChRs. In fact, nicotine exposure causes an activation of nAChRs which is not physiological, as it occurs at times, sites, and intensities which may not reflect the activity of endogenous cholinergic systems. Some of the changes induced by nicotine are present during the first weeks of postnatal development and disappear later on, whereas others are permanent or reappear during adulthood. This suggests that nAChR activation can cause a change in the maturational program of nAChR-containing cells (SLOTKIN 1998). In conclusion, although it is difficult to draw a simple picture of the effects of pre- and early postnatal nicotine treatment on brain development, the ensemble of available evidence strongly suggests that nAChRs participates in the morphogenesis and maturation of central and peripheral neuronal circuits.

Similar conclusions can be drawn from another line of evidence, i.e., the effects of nicotine treatment on the deficits caused by precocious lesions of cholinergic systems. It has been shown that neonatal electrolytic or excitotoxic lesions of the basal telencephalic cholinergic system result in alterations of neocortical morphology and cognitive functions (HOHMANN et al. 1991a,b; SENGSTOCK et al. 1992). Structural changes include a delay in cortical cell differentiation and growth of layer V pyramidal neurons, and permanent abnormalities in cortical-subcortical connectivity and somatic size and apical branching pattern of layer V pyramidal neurons (HOHMANN et al. 1991a,b).

More recent studies using a highly selective cholinergic neurotoxin confirmed that neonatal ablation of cholinergic cortical input causes important morphological alterations, including the reduction of overall cortical thickness, cell body size of layer V pyramidal neurons, and the number of branches and spine density of their apical dendrites (ROBERTSON et al. 1998). Some alterations in cognitive functions were also observed, although less severe than in animals neonatally lesioned with less selective methods (LEANZA et al. 1996).

In principle, cholinergic deficits result in decreased or no activation of both muscarinic and nicotinic receptors located in cortical target cells. Some studies have shown that the lack of nAChR activity has an important role in producing the structural deficits observed upon neonatal ablation of cholinergic input. In fact, long-term treatment with nicotinic agonists can rescue the structural alterations caused by neonatal cholinergic lesions (MEYER et al. 1998a; NANRI et al. 1997; SJAK-SHIE and MEYER 1993; SOCCI and ARENDASH 1996).

2. Mechanistic Aspects of the Morphogenetic Actions of Neuronal Nicotinic Acetylcholine Receptors

Recent studies have begun to elucidate the mechanisms and specific nAChR isoforms involved in the morphogenetic effects of nAChRs. There is evidence that the activation of nAChRs during development has an important role in triggering programmed cell death in neuronal precursor cells and differentiated neurons. Activation of $\alpha 7$-containing nAChRs is a mediator of naturally occurring apoptosis during development of spinal and cranial nerve motoneurons. In fact, several groups have shown that α-bungarotoxin acting on neuronal nAChRs diminishes spontaneous motoneuron death in chick embryos, possibly via a decrease in their metabolism (HORY-LEE and FRANK 1995; RENSHAW and DYSON 1995; ZILLES et al. 1982). $\alpha 7$-containing nAChRs have a similar proapoptotic activity in hippocampal progenitor cells but not on hippocampal neurons after differentiation. Nicotine-induced apoptosis is mediated by the induction of the tumor suppressor protein p53 and the cyclin-dependent kinase inhibitor p21, possibly following the entry of extracellular calcium induced by the activation of nAChRs. In fact, transfection of undifferentiated cells with calbindin D28K (a major calcium buffer protein which is not yet expressed in progenitor cells) protects against the cytotoxic effects of nicotine (BERGER et al. 1998).

nAChRs have also been implicated in the growth of neuronal processes during development. Focal application of either nicotine or acetylcholine to a neurite of isolated ciliary ganglion neurons in culture induces its retraction. This effect is blocked by α-bungarotoxin, requires external calcium, and is prevented by the calcium channel blocker Ω-conotoxin (PUGH and BERG 1994). Accordingly, experiments performed on isolated E12 chick sympathetic neurons, PC12 cells, or mouse spinal cord neurons cultured in the presence of acetylcholine or nicotine, showed that nAChRs decrease neurite outgrowth and overall number (CHAN and QUIK 1993; OWEN and BIRD 1995; SMALL et al. 1995), whereas nicotinic antagonists enhance neurite outgrowth in cultures of rat retinal ganglion cells (LIPTON et al. 1988). A positive effect of nAChRs on axon guidance was instead observed in cultures of *Xenopus* spinal cord neurons. In this preparation, an acetylcholine gradient induced positive turning responses of the nerve growth cone through nAChR activation and focal increase in Ca^{2+} in the growth cone cytoplasm (ZHENG et al. 1994). In some instances, acetylcholine may be released by the growth cone itself as an autocrine signal, and, upon activation of nAChRs, mediate neurite orientation induced by an electric field. In fact, nicotinic antagonists (d-tubocurarine and α-bungarotoxin) inhibit the orientation of cultured neurites induced by a small d.c. electrical field (ERSKINE and McCAIG 1995). Finally, nAChRs are primary regulators of intracellular Ca^{2+} levels in differentiated ganglion cells and amacrine cells during the phase of postmitotic migration in the retina (WONG 1995).

Another action of nAChRs which may be relevant during the development (as well as after lesion and during aging) of nervous tissue is modulation of growth factor levels. A number of groups have shown that the activation of nAChRs affects the levels of basic fibroblast growth factor (bFGF) in both the CNS (BELLUARDO et al. 1998; MAGGIO et al. 1997) and PNS (BLOTTNER 1997) in vivo. In cultured bovine adrenal medullary chromaffin (BAMC) cells, nicotine induces the expression and nuclear accumulation of both bFGF and bFGF receptors, which have a growth promoting action. In this system, the activation of nAChRs increases tyrosine phosphorylation of a 50–55 kDa transactivator which binds a nAChR responsive element present in the promoter of the bFGF gene (MOFFETT et al. 1998). Interestingly, nicotine stimulates the secretion of bFGF, a major mitogen for smooth muscle cells, in cultures of vascular smooth muscle cells (CARTY et al. 1996), suggesting that nAChRs may affect the development of brain vascularization through the activation of growth factors. The action of nAChRs on bFGF may have important consequences on the development of nerve cells. It has in fact been shown that bFGF administration alters the development of several brain areas, including neocortex and striatum (NADARAJAH et al. 1998; TAO et al. 1996). Accordingly, bFGF-deficient mice, besides some peripheral alterations, show a loss of neurons and cytoarchitectonic abnormalities in the neocortex, and ectopic neurons in the hippocampal formation (DONO et al. 1998; ORTEGA et al. 1998).

In addition to these actions on developing neurons, nAChRs may affect the development of other cellular elements constituting the nervous tissue. For instance, it has been shown that nicotine can stimulate proliferation of vascular endothelial cells (VILLABLANCA 1998) and induce cell death in glial cell lines through elevation of intracellular Ca^{2+} levels (YAMAMURA et al. 1998).

3. Conclusions

Overall, available evidence indicates that nAChRs have different, and even opposite, roles in different neuronal populations and developmental stages. Accordingly many intracellular signaling pathways can ultimately be activated or repressed by nAChRs. However, a common initial event of these varied effects seems to be an increase in intracellular Ca^{2+} levels. The ability of several isoforms of neuronal nAChRs to increase the cell permeability to calcium ions may therefore be the common trigger of disparate developmental changes in nicotinoceptive cells.

B. Neuronal Nicotinic Acetylcholine Receptors During Aging

As is often the case in the research on brain aging, most studies on nAChRs during senescence report only descriptive or correlative data. Among transmitter-identified central neurons, the cholinergic system has attracted much attention following the discovery of marked and relatively selective impairments in various markers of the cortical cholinergic pathways in demented patients (KASA et al. 1997). This set of evidence led to the so called "cholinergic hypothesis" of brain aging and dementia. According to this theory cholinergic dysfunction is a primary event in the etiopathogenesis of cognitive alterations of the aged and especially demented human. Although this theory has fallen out of fashion, and more recent research has dealt with other pathogenetic aspects of dementia, marked loss of nAChRs remains a most consistent neurochemical marker of this class of neurological diseases. In the following sections we will discuss the evidence for nAChR impairment and what functional and structural consequences can be attributed to nAChR loss in normal and pathological aging.

I. Neuronal Nicotinic Acetylcholine Receptors During Normal Aging

Contrary to the brains of demented patients where the cholinergic system appears markedly and relatively selectively impaired (see below), during normal aging of humans and rodents many cholinergic markers are unaffected or only mildly altered (reviewed in DECKER 1987). A notable exception is the stimulation induced acetylcholine release which has been shown to be impaired by several groups (DECKER 1987). In aged rodents and humans, markers of the telencephalic cholinergic terminals, such as choline acetyltransferase (ChAT) activity and acetylcholine levels in cortical regions, are substantially unchanged. Accordingly, age-related changes in brain muscarinic receptors have been inconsistently observed, and decreases, when present, are modest (DECKER 1987; COURT et al. 1997).

Regarding nAChRs, several reports show that high affinity binding for nicotinic agonists and α-bungarotoxin is substantially preserved in the diencephalon and telencephalon of aged rodents (AUBERT et al. 1995; DECKER 1987; FERRARI et al. 1999; SMITH et al. 1995; ZHANG et al. 1990). Despite unchanged levels of nicotine binding, recent evidence shows significant region- and subunit-specific decreases in nAChR mRNA levels. Decreases in $\alpha 4$ and $\beta 2$, but not $\alpha 5$ and $\alpha 7$, mRNA levels and $\alpha 4$ protein were observed in several di- and telencephalic regions during senescence in rodents (BIRTSCH et al. 1997; FERRARI et al. 1999; ROGERS et al. 1998). In the rat, slight decreases were observed in $\alpha 6$ and $\beta 3$ mRNA levels in the substantia nigra, while $\alpha 3$ and $\beta 4$ mRNA levels in the medial habenula did not show any age-related change (FERRARI et al. 1999) (Figs. 2B and 4). Interestingly, prolonged treatment with nicotine for 11 months during late adult life is able to rescue the decrease in α4 protein observed in the mouse hippocampal formation (ROGERS et al. 1998).

Although the molecular mechanisms and functional significance of the mismatch between nAChR subunit mRNA levels and high affinity binding for nicotinic ligands are presently unknown, these data suggest that nicotinic (and in general, cholinergic) transmission in the aged brain of the rodent may be more impaired than previously thought. The few available neurochemical and functional studies tally well with this notion. For instance, an increased ED_{50} and decreased maximal effect of nicotine on an increase in cortical cerebral blood flow was seen in aged rats (UCHIDA et al. 1997). Also, one of the primary neurochemical effects of nicotine, i.e., nicotine-elicited dopamine release, is significantly decreased in the aged striatum both in vivo and in vitro (OKAMOTO et al. 1994; SCHULZ et al. 1993). Similarly, acetylcholine release elicited by the nicotinic agonist methylcarbamylcholine from frontal cortical and hippocampal slices is decreased in aged rats (ARAUJO et al. 1990). In contrast, an age-related increase in electrophysiological response to nicotine was detected in rat CA1 pyramidal neurons (ENGSTROM et al. 1993). Distinct nAChR isoforms may be measured in the different preparations and may account for these differences. Finally, evidence for a functional deficit in nAChRs involved in cognitive functions was obtained in experiments showing that chronic nicotine is no longer able to improve working memory performance in aged rats. Accordingly, the nAChR blocker mecamylamine impaired memory performance in the young adult but not in the aged rats (LEVIN and TORRY 1996). Interestingly, an acute challenge with nicotine was significantly more effective in aged rats previously treated with chronic nicotine than with vehicle. This last piece of evidence suggests that the upregulation of nAChRs, which follows chronic nicotine treatment, is able to rescue the otherwise impaired nicotinic transmission of the aged rat (LEVIN and TORRY 1996; LEVIN et al. 1996).

Age-related changes in nAChRs may substantially differ between humans and rodents. While no clear evidence for a decrease in nicotininc agonist binding exists for rats (see above), a progressive decrease in [³H]nicotine or [³H]epibatidine binding has been repeatedly reported for normal humans during aging (COURT et al. 1997; FLYNN and MASH 1985; MARUTLE et al. 1998; NORDBERG et al. 1992). This decrease is region-specific, being larger in some neocortical and hippocampal areas and less marked or absent in other brain regions, such as the thalamus (COURT et al. 1997; NORDBERG et al. 1992). On the other hand, no clear age-related change was observed in α-bungarotoxin binding in human brains (COURT et al. 1997).

More recently some studies have dealt with age-related changes in selected nAChR subunit mRNAs in humans. Using the the PCR technique, decreases in β2 but not α4 mRNA levels were shown in the putamen (TOHGI et al. 1998a) and hippocampus (TOHGI et al. 1998b), whereas both subunit mRNAs were shown to decrease in the frontal cortex (TOHGI et al. 1998b). In addition, a slight decrease in the levels of α3 mRNA was detected by in situ hybridization between 70 and 90 years of age in the entorhinal cortex (TERZANO et al. 1998).

Overall, nAChRs appear to be more vulnerable to aging processes in humans than in rodents. This may be related to the increased complexity of the cholinergic system as a whole in humans (BUTCHER 1995). Indeed, although systematic studies are still missing, available evidence on nicotinic binding and nAChR subunit mRNA levels suggests that regional distribution of nAChR isotypes may be peculiar to humans (RUBBOLI et al. 1994; COURT and CLEMENTI 1995).

II. Neuronal Nicotinic Acetylcholine Receptors During Pathological Aging

A highly consistent finding in human dementia is an impairment in cholinergic systems (reviewed in KASA et al. 1997). This is thought to contribute to the cognitive deficits observed in this pathology (LEVIN 1992). Among cholinergic markers, marked decreases in high affinity binding for nicotinic agonists have been most consistently observed in the telencephalic regions of demented patients. These studies have been carried out with binding techniques in postmortem brain specimens (KASA et al. 1997) and, more recently, with positron emission tomography in living humans (NORDBERG et al. 1995, 1997). Some evidence has also been presented on changes in nAChR mRNA levels in dementia. In several areas of patients suffering Alzheimer's disease (AD), no significant changes in $\alpha 3$ mRNA levels were found (TERZANO et al. 1998), while a significant decrease in both $\beta 2$ and $\alpha 4$ subunit mRNA levels was detected in the putamen of patients with multiple small infarcts (TOHGI et al. 1998a).

In addition to nicotine, several other nicotinic agonists, including epibatidine, ABT418 (an agonist with some selectivity for the $\alpha 4\beta 2$ isoform; PAPKE et al. 1997), cytisine, acetylcholine (in the presence of atropine), and methylcarbamylcholine, have shown comparable decreases in binding in brains of AD patients with respect to age-matched non-AD subjects (GOTTI et al. 1997; KASA et al. 1997; WARPMAN and NORDBERG 1995). Similarly to rodent brain (ZOLI et al. 1998), these agonists likely label the same nAChR population as nicotine in the cerebral cortex in equilibrium binding experiments. Instead, no change in α-bungarotoxin binding sites was observed in the cerebral cortex of AD patients, showing that the nicotinic deficit is selective for one or a few subtypes (SUGAYA et al. 1990).

A related problem is assessing the cellular location of the nAChR populations which are either reduced or spared in AD brains. In fact, nAChRs are present in intrinsic cortical neurons as well as on afferents of several subcortical and cortical regions. The decrease in neuronal bungarotoxin binding has been interpreted as a sign of impairment of nAChRs located on cholinergic afferents (SUGAYA et al. 1990). Indeed, the loss of nAChR-like immunoreactive intrinsic cortical neurons was shown by immunocytochemistry (SCHRODER et al. 1991). Although these preliminary observations suggest that nAChR impairment may occur at multiple levels of cortical circuits, much work remains to be done to assess types of nicotinic transmission which are altered in the brain of demented patients.

Although nicotinic binding is reduced in all forms of dementia studied, including AD, Parkinson's disease (PD), Lewy body dementia (LBD), progressive supranuclear palsy, and Down syndrome (PERRY et al. 1995; WHITEHOUSE et al. 1988), the regional localization and degree of the reduction are specific to the disease and may be related to the progression of the disease itself. In particular, several studies have shown significant differences between AD, PD, and LBD (AUBERT et al. 1992; PERRY et al. 1995). For instance, a recent detailed study using receptor autoradiography showed that the decrease of nAChRs in the substantia nigra and dorsolateral tegmentum is selective for PD and LBD, whereas the decrease in the parahippocampal region is selective for AD (PERRY et al. 1995). Even in areas like the temporal cortex, where nAChR reduction is present in both AD and LBD, the laminar localization of the deficit is different, i.e., diffuse in AD and restricted to internal layers in LBD. These findings have particular interest since the areas of nAChR reduction correspond to the location of neuropathological lesions specific to the different diseases. In addition, the nicotinic deficit is sometimes more marked than nerve cell degeneration itself, suggesting that the loss of nAChRs may contribute to the degenerative process rather than be its consequence.

III. Role of Neuronal Nicotinic Receptors in Normal and Pathological Aging

As described above, available evidence points to the existence of age-related alterations in nAChRs in normal and, especially, pathological aging. The classical interpretation of the consequences of this deficit is part of the cholinergic theory of brain aging and dementia (see above). Subsequently, research on dementia has been focused on the involvement of other factors, such as amyloid proteins (SELKOE 1994), apolipoproteinE (apoE) (STRITTMATTER and ROSES 1996), the presenilins (HARDY 1997), and inflammation (BREITNER 1996). As a consequence, it is now usually accepted that cholinergic/nicotinic deficits are just an epiphenomenon of more primitive and crucial etiopathogenetic factors. Still, there remains a consensus that cholinergic impairments, including the loss of nAChRs, contribute to the cognitive deficits associated with aging and AD (ROBBINS et al. 1997). This hypothesis is based on the evidence that nicotine can improve memory performance and learning in rodents and nonhuman primates and vigilance and rapid information processing in humans (LEVIN 1992). Accordingly, nicotinic receptor blockers (e.g., mecamylamine) impair performance in spatial memory and other cognitive tasks. Notably, nicotine is particularly effective in recovering cognitive deficits caused by lesions of the cholinergic system in animals and ameliorating cognitive functions in both aged humans and animals. Indeed, general cholinergic agents as well as nicotinic agonists have been shown to be effective in ameliorating some cognitive deficits in human demented patients (ROBBINS et al. 1997). However, new evidence is accumulating that the cholinergic system may have a specific pathogenetic role in the development of the neuropathological lesions present in the brain of aged and, especially, demented patients.

Structural markers of brain aging include neuronal degeneration and loss in some brain regions including the cortex, substantia nigra, and, most consistently, hippocampus. Neuronal hypotrophy and loss is moderate during physiological aging of both humans and rodents, but more clear-cut in cases of pathological aging such as seen in patients with AD (COLEMAN and FLOOD 1992). In humans, senile plaques are the major neuropathological marker of aging in cortical and hippocampal areas and are markedly augmented in AD brains (SELKOE 1994). They are formed by an amyloid core, mainly composed of β-amyloid (βA, the amyloidogenic fragment of the amyloid precursor protein, APP), encircled by degenerating neurites and reactive astro- and microgliosis.

1. Neuronal Nicotinic Acetylcholine Receptors and Amyloid

Several studies have focused on the relationship between cholinergic function and amyloid proteins (for review see ROBERSON and HARRELL 1997; AULD et al. 1998). In particular, some studies have shown that muscarinic receptors of the M1 and M3 subtypes, via activation of protein kinase C (PKC), orient target cell metabolism towards the production of nonamyloidogenic fragments of APP and inhibition of βA production. Conversely, a deficit in muscarinic receptors may lead to an increased formation of βA and amyloid deposition (ROBERSON and HARREL 1997).

Although the main focus of research has been on muscarinic receptors, some studies have shown that nAChRs can also influence APP metabolism and toxicity. Nicotinic agonists protect against βA cytotoxicity in vitro and βA-induced cognitive deficits in vivo. In vitro studies show that nicotinic agonists protect against βA neurotoxicity in cortical and hippocampal neuronal cultures (KIHARA et al. 1997, 1998; ZAMANI et al. 1997). Interestingly, both α-bungarotoxin-sensitive and -insensitive nAChRs are effective in these in vitro models. In addition, nicotine antagonizes the deficits in alternation behaviour, passive avoidance, place learning, and retention in the water maze induced by an i.c.v. injection of βA fragments (MAURICE et al. 1996). Activation of nAChRs has also been shown to increase the secretion of nonamyloidogenic fragments of APP from PC12 cells, an effect which requires extracellular Ca^{2+} (KIM et al. 1997). It is therefore possible that cholinergic transmission influences APP metabolism via both muscarinic and nicotinic receptors. The activation of phospolipase C/PKC cascade by muscarinic receptors and the entry of calcium through nAChRs would orient APP metabolism in a similar way towards secretion of nonamyloidogenic fragments.

2. Neuronal Nicotinic Acetylcholine Receptors and Apolipoprotein E

Epidemiological studies have shown that susceptibility to late onset AD is significantly linked to the presence in the genome of the ε4 allele of apoE (STRITTMATTER and ROSES 1996). apoE plays an important role in cholesterol transport, uptake, and redistribution and, in the CNS, might be involved in maintaining synaptic integrity after injury and during aging due to its neurotrophic, immunomodulatory, and antioxidant actions (LASKOWITZ et al. 1998). It has been shown that the loss of nAChRs and choline acetyltransferase activity is more pronounced in aged demented humans bearing the ε4 allele of apoE (POIRIER et al. 1995). The authors proposed that these patients may constitute a subgroup of AD patients characterized by marked cholinergic deficit and therefore less responsive to cholinergic treatments. A more recent paper has not, however, confirmed the correlation between the apoE ε4 allele and nAChR loss (SVENSSON et al. 1997).

3. Neuronal Nicotinic Acetylcholine Receptors and Cell Loss

As stated above degeneration and loss of neurons are prominent features of physiological and, especially, pathological brain aging. Activation of nAChRs has been shown to affect neuronal cell survival in a number of in vivo and in vitro models. Many studies have focused on the cerebral cortex and hippocampus. It has been shown that nicotinic agonists protect against excitotoxic amino acid-induced (AKAIKE et al. 1994; CARLSON et al. 1998; DONNELLY-ROBERTS et al. 1996; KANEKO et al. 1997b; O'NEILL et al. 1998; SEMBA et al. 1996) and βA-induced (KIHARA et al. 1997, 1998; ZAMANI et al. 1997) neurotoxicity in cortical and/or hippocampal neurons in culture. Nicotine is also effective in protecting cortical neurons in vivo in models of excitotoxic and ischemic lesion (BORLONGAN et al. 1995; O'NEILL et al. 1998; SHIMOAMA et al 1998; see WANG et al. 1997 for opposite results on ischemia after chronic continuous treatment with nicotine). Finally nicotinic agonists can rescue cortical neuronal loss induced by nucleus basalis lesion (MEYER et al. 1998; NANRI et al. 1997; SJAK-SHIE and MEYER 1993; SOCCI and ARENDASH 1996).

Another set of studies was focused on the basal ganglia, namely on the nigrostriatal system. Upon mechanical lesion of the nigrostriatal pathway, chronic treatment with nicotine can rescue the loss of dopaminergic cell bodies in substantia nigra (JANSON and MOLLER 1993) and nerve terminals in striatum (FUXE et al. 1990), restore glucose utilization in lesioned areas (OWMAN et al. 1989), and counteract both lesion-induced dopamine receptor upregulation (JANSON et al. 1994) and increased dopamine turnover rate (FUXE et al. 1990). In addition, nicotine is also able to counteract lesions of the nigrostriatal system induced by the selective neurotoxin (1-methyl-4-phenyl-1,2,3,6-tetrahydropyridine) (JANSON et al. 1992, but see BEHMAND and HARIK 1992 for contrasting results) and to protect striatal neurons from N-methyl-D-aspartate neurotoxicity (MARIN et al. 1994).

Finally, nicotine can rescue neuronal loss induced by growth factor deprivation in differentiated PC12 cells (MEYER et al. 1998b) and in cultured spinal cord motoneurons (MESSI et al. 1997).

Based on pharmacological tests, many of the effects of nicotine can be attributed to an activation of receptors of the α-bungarotoxin-sensitive subfamily (SHIMOAMA et al. 1998; CARLSON et al. 1998; KANEKO et al. 1997b; DONNELLY-ROBERTS et al. 1996; KIHARA et al. 1997). However, in some cases receptors of the α-bungarotoxin-insensitive subfamily also seem to be implicated (KANEKO et al. 1997b;, KIHARA et al. 1998; ZAMANI et al. 1997). The involvement of this class of nAChRs is further supported by the data on mice lacking the β2 nAChR subunit reported below.

A few studies have shown that nicotine can exert neurotoxic effects. This seems to depend on the brain region lesioned (for example, septohippocampal vs. nigrostriatal pathway; FUXE et al. 1994) and the nicotine treatment schedule (for example, continuous vs. intermittent treatment; BEHMAND and HARIK 1992; see JANSON et al. 1992 for a discussion of this issue). In view of the lack of mechanistic studies on nicotine neuroprotective actions, the interpretation of these apparently contradictory findings remains circumstantial.

Recently, markers of age-related neurodegeneration have been studied in transgenic mice lacking the β2 subunit of nAChR (ZOLI et al. 1999). These mice lack the major class of brain nAChRs belonging to the α-bungarotoxin-insensitive subfamily, i.e., high affinity binding sites for [^{3}H]nicotine (PICCIOTTO et al. 1995). However, minor nAChR isotypes of this family and α-bungarotoxin binding sites are preserved (ZOLI et al. 1998). Aged (24-month-old) β2-/- mutant mice showed region-specific alterations in cortical regions, including neocortical hypotrophy, loss of pyramidal neurons in the CA3 field, and astro- and microgliosis in neocortex and CA1-3 hippocampal fields. Therefore, chronic loss of β2-containing nAChRs aggravates some of the degenerative processes which are ongoing in the mouse brain during senescence. In addition, β2 -/-mice were significantly impaired in spatial learning. These results imply that nAChRs contribute to both neuronal survival and maintenance of cognitive performance during aging.

Overall, a series of studies point to a neuroprotective action of nAChRs. Although the molecular mechanism of this effect are presently unknown, nAChR activation may have an important role in neuron survival during senescence and its loss may constitute a cofactor in neuronal loss observed in brain degenerative diseases.

4. Conclusions

As described in Sect. B.III.2, a decrease in nAChR levels is a prominent finding in the brain of demented patients. On the basis of the known positive actions of nAChRs on cognitive functions, the loss of nAChRs is likely to have an important role in the pathogenesis of the cognitive deficits of demented patients. In addition, the evidence reviewed above, although far from definitive, prompts further investigation of possible detrimental effects of nAChR loss on the neurodegeneration present during physiological and pathological aging.

C. General Conclusions

This paper reviews the available evidence on nAChRs during development and aging of the CNS and PNS. This complex subject can be summarized with two main questions: What are the changes in nAChR expression during development and aging and how are these events regulated? What is the role of nAChRs during development and aging?

Concerning the first issue, nAChRs appear to be expressed soon after the neuronal differentiation of precursor cells in both peripheral and central nervous systems and they attain very high levels already during prenatal life. Further maturational events are present during late prenatal and early postnatal periods, including induction and repression of some subunits which, in some instances, lead to a switch from embryonic to adult nAChR isoforms. The amount of nAChRs is, in general, rather stable through life with the exception of some subunit mRNAs which show a moderate decrease during senescence. A marked decrease in nAChRs is instead a most consistent finding in pathological aging, i.e., in the brain of demented humans. Some regulatory mechanisms of these processes are starting to be understood: they involve signaling mechanisms already characterized in the regulation of nAChRs in muscle cells. The morphological and functional complexity and heterogeneity of developmental events in neurons with respect to muscle cells suggest, however, that further neuron-specific mechanisms of nAChR regulation exist in the nervous tissues.

Concerning the second issue, the presence of high levels of nAChRs throughout early development in nervous tissues strongly suggests that nAChRs play an important role in the maturation of neurons and neuronal circuits. This notion is supported by the evidence that pre- and postnatal nicotine treatments disrupt several morphological, neurochemical, and functional aspects of nervous tissues and behavior. Accordingly, many in vitro and in vivo studies show that nAChRs affect developmental cell loss, neurite growth, and the production of trophic factors. Indeed, growing evidence suggests that the loss of nAChRs may have a specific pathogenetic role in the development of the neuropathological lesions present in physiological and, especially, pathological aging.

Acknowledgments. I wish to thank Drs. Jean-Pierre Changeux and Marina R. Picciotto for critical reading of the manuscript.

References

Agnati LF, Zoli M, Strömberg I, Fuxe K (1995) Intercellular communication in the brain: Wiring versus volume transmission. Neuroscience 69:711–726

Agulhon C, Charnay Y, Vallet P, Bertrand D, Malafosse A (1998) Distribution of mRNA for the alpha4 subunit of the nicotinic acetylcholine receptor in the human fetal brain. Mol Brain Res 58:123–131

Ajarem JS, Ahmad M (1998) Prenatal nicotine exposure modifies behavior of mice through early development. Pharmacol Biochem Behav 59:313–318

Akaike A, Tamura Y, Yokota T, Shimohama S, Kimura J (1994) Nicotine-induced protection of cultured cortical neurons against N-methyl-D-aspartate receptor-mediated glutamate cytotoxicity. Brain Res 644:181–187

Alkondon M, Albuquerque EX (1993) Diversity of nicotinic acetylcholine receptors in rat hippocampal neurons. I. Pharmacological and functional evidence for distinct structural subtypes. J Pharmacol Exp Ther 265:1455–1473

Altman J (1992) The early stages of nervous system development: neurogenesis and neuronal migration. In: Björklund A, Hökfelt T, Tohyama M (eds) Handbook of chemical neuroanatomy, vol 10, Ontogeny of transmitters and peptides in the CNS, Elsevier, Amsterdam, pp 1–31

Araujo DM, Lapchak PA, Meaney MJ, Collier B, Quirion R (1990) Effects of aging on nicotinic and muscarinic autoreceptor function in the rat brain: relationship to presynaptic cholinergic markers and binding sites. J. Neurosci 10:3069–3078

Aubert I, Araujo DM, Cecyre D, Robitaille Y, Gauthier S, Quirion R (1992) Comparative alterations of nicotinic and muscarinic binding sites in Alzheimer's and Parkinson's diseases. J Neurochem 58:529–541

Aubert I, Rowe W, Meaney MJ, Gauthier S, Quirion R (1995) Cholinergic markers in aged cognitively impaired Long-Evans rats. Neuroscience 67:277–292

Aubert I, Cecyre D, Gauthier S, Quirion R (1996) Comparative ontogenic profile of cholinergic markers, including nicotinic and muscarinic receptors in the rat brain. J Comp Neurol 369:31–55

Auld DS, Kar S and Quirion R (1998) β-Amyloid peptides as direct cholinergic neuromodulators: a missing link? Trends Neurosci 21:43–49

Behmand RA, Harik SI (1992) Nicotine enhances 1-methyl-4-phenyl-1,2,3,6-tetrahydropyridine neurotoxicity. J Neurochem 58:776–779

Berger F, Gage FH, Vijayaraghavan S (1998) Nicotinic receptor-induced apoptotic cell death of hippocampal progenitor cells. J Neurosci 18:6871–6881

Belluardo N, Blum M, Mudo G, Andbjer B, Fuxe K (1998) Acute intermittent nicotine treatment produces regional increases of basic fibroblast growth factor messenger RNA and protein in the tel- and diencephalon of the rat. Neuroscience 83:723–740

Bina KG, Guzman P, Broide RS, Leslie FM, Smith MA, O'Dowd DK (1995) Localization of alpha 7 nicotinic receptor subunit mRNA and alpha-bungarotoxin binding sites in developing mouse somatosensory thalamocortical system. J Comp Neurol 363:321–332

Birtsch C, Wevers A, Traber J, Maelicke A, Bloch W, Schroder H (1997) Expression of alpha 4-1 and alpha 5 nicotinic cholinoceptor mRNA in the aging rat cerebral cortex. Neurobiol Aging 18:335–342

Blottner D (1997) Nitric oxide and fibroblast growth factor in autonomic nervous system: short- and long-term messengers in autonomic pathway and target-organ control. Prog-Neurobiol 51:423–438

Borlongan CV, Shytle RD, Ross SD, Shimizu T, Freeman TB, Cahill DW, Sanberg PR (1995) (–)-nicotine protects against systemic kainic acid-induced excitotoxic effects. Exp Neurol 136:261–265

Breitner JC (1996) The role of anti-inflammatory drugs in the prevention and treatment of Alzheimer's disease. Annu Rev Med 47:401–411

Britsch S, Li L, Kirchhoff S, Theuring F, Brinkmann V, Birchmeier C, Riethmacher D (1998) The ErbB2 and ErbB3 receptors and their ligand, neuregulin-1, are essential for development of the sympathetic nervous system. Genes Develop 12:1825–1836

Broide RS, O'Connor LT, Smith MA, Smith JA, Leslie FM (1995) Developmental expression of alpha 7 neuronal nicotinic receptor messenger RNA in rat sensory cortex and thalamus. Neuroscience 67:83–94

Broide RS, Robertson RT, Leslie FM (1996) Regulation of alpha7 nicotinic acetylcholine receptors in the developing rat somatosensory cortex by thalamocortical afferents. J Neurosci 16:2956–2971

Burden SJ (1998) The formation of neuromuscular synapses. Genes Dev 12:133–148

Burns AL, Benson D, Howard MJ, Margiotta JF (1997) Chick ciliary ganglion neurons contain transcripts coding for acetylcholine receptor-associated protein at synapses (rapsyn). J Neurosci 17:5016–5026

Butcher LL (1995) Cholinergic neurons and networks. In: Paxinos G (ed) The rat nervous system 2nd ed., Academic Press, New York, pp 1003–1015

Cairns NJ, Wonnacott S (1988) [^{3}H](–)nicotine binding sites in fetal human brain. Brain Res 475:1–7

Carlson NG, Bacchi A, Rogers SW, Gahring LC (1998) Nicotine blocks TNF-alpha-mediated neuroprotection to NMDA by an alpha-bungarotoxin-sensitive pathway. J Neurobiol 35:29–36

Carty CS, Soloway PD, Kayastha S, Bauer J, Marsan B, Ricotta JJ, Dryjski M (1996) Nicotine and cotinine stimulate secretion of basic fibroblast growth factor and affect expression of matrix metalloproteinases in cultured human smooth muscle cells. J Vasc Surg 24:927–934

Chan J, Quik M (1993) A role for the nicotinic alpha-bungarotoxin receptor in neurite outgrowth in PC12 cells. Neuroscience 56:441–451

Chen WJ, Parnell SE, West JR (1998) Neonatal alcohol and nicotine exposure limits brain growth and depletes cerebellar Purkinje cells. Alcohol 15:33–41

Cimino M, Marini P, Colombo S, Andena M, Cattabeni F, Fornasari D, Clementi F (1995) Expression of neuronal acetylcholine nicotinic receptor alpha 4 and beta 2 subunits during postnatal development of the rat brain. J Neural Transm Gen Sect 100:77–92

Coleman PD, Flood DG (1987) Neuron numbers and dendritic extent in normal aging and Alzheimer's disease. Neurobiol Aging 8:521–545

Conroy WG, Berg DK (1995) Neurons can maintain multiple classes of nicotinic acetylcholine receptors distinguished by different subunit compositions. J Biol Chem 270:4424–4431

Conroy WG, Berg DK (1998) Nicotinic receptor subtypes in the developing chick brain: appearance of a species containing the alpha4, beta2, and alpha5 gene products. Mol Pharmacol 53:392–401

Court J, Clementi F (1995) Distribution of nicotinic subtypes in human brain. Alzheimer Dis Assoc Disord 9 (Suppl 2):6–14

Court JA, Lloyd S, Johnson M, Griffiths M, Birdsall NJ, Piggott MA, Oakley AE, Ince PG, Perry EK, Perry RH (1997) Nicotinic and muscarinic cholinergic receptor binding in the human hippocampal formation during development and aging. Dev Brain Res 101:93–105

Daubas P, Devillers-Thiéry A, Geoffroy B, Martinez S, Bessis A, Changeux J-P (1990) Differential expression of the neuronal acetylcholine receptor $\alpha 2$ subunit gene during chick brain development. Neuron 5:49–60

Decker MW (1987) The effects of aging on hippocampal and cortical projections of the forebrain cholinergic system. Brain Res Rev 12:423–438

Descarries L, Gisiger V, Steriade M (1997) Diffuse transmission by acetylcholine in the CNS. Prog Neurobiol 53:603–625

Devay P, Qu X, Role L (1994) Regulation of nAChR subunit gene expression relative to the development of pre- and postsynaptic projections of embryonic chick sympathetic neurons. Dev Biol 162:56–70

Dineley-Miller K, Patrick J (1992) Gene transcripts for the nicotinic acetylcholine receptor subunit beta4 are distributed in multiple areas of the rat central nervous system. Mol Brain Res 16:339–344

Dominguez del Toro E, Juiz JM, Smillie FI, Lindstrom J, Criado M (1997) Expression of alpha 7 neuronal nicotinic receptors during postnatal development of the rat cerebellum. Dev Brain Res 98:125–133

Donnelly-Roberts DL, Xue IC, Arneric SP, Sullivan JP (1996) In vitro neuroprotective properties of the novel cholinergic channel activator (ChCA), ABT-418. Brain Res 719:36–44

Dono R, Texido G, Dussel R, Ehmke H, Zeller R (1998) Impaired cerebral cortex development and blood pressure regulation in FGF-2-deficient mice. EMBO J 17:4213–4225

Duclert A, Changeux JP (1995) Acetylcholine receptor gene expression at the developing neuromuscular junction. Physiol Rev 75:339–368

Ehlers CL, Somes C, Thomas J, Riley EP (1997) Effects of neonatal exposure to nicotine on electrophysiological parameters in adult rats. Pharmacol Biochem Behav 58:713–720

Engstrom DA, Bickford P, De La Garza R, Young D, Rose GM (1993) Increased responsiveness of hippocampal pyramidal neurons to nicotine in aged, learning-impaired rats. Neurobiol Aging 14:259–266

Erskine L, McCaig CD (1995) Growth cone neurotransmitter receptor activation modulates electric field-guided nerve growth. Dev Biol 171:330–339

Eskenazi B, Trupin LS (1995) Passive and active maternal smoking during pregnancy, as measured by serum cotinine, and postnatal smoke exposure. II. Effects on neurodevelopment at age 5 years. Am J Epidemiol 142 (Suppl):S19–S29

Feng GP, Steinbach JH, Sanes JR (1998) Rapsyn clusters neuronal acetylcholine receptors but is inessential for formation of an interneuronal cholinergic synapse. J Neurosci 18:4166–4176

Ferrari R, Pedrazzi P, Algeri S, Agnati LF, Zoli M (1999) Subunit and region-specific decreases in nicotinic acetylcholine receptor mRNA in the aged rat brain. Neurobiol Aging 20:37–46

Flynn DD, Mash DC (1986) Characterization of L-[3H]nicotine binding in human cerebral cortex: comparison between Alzheimer's disease and the normal. J Neurochem 47:1948–1954

Fuchs JL (1989) [125I]alpha-bungarotoxin binding marks primary sensory area developing rat neocortex. Brain Res 501:223–234

Fuxe K, Janson AM, Jansson A, Andersson K, Eneroth P, Agnati LF (1990) Chronic nicotine treatment increases dopamine levels and reduces dopamine utilization in substantia nigra and in surviving forebrain dopamine nerve terminal systems after a partial di-mesencephalic hemitransection. Naunyn-Schmiedebergs Arch Pharmacol 341:171–181

Fuxe K, Rosen L, Lippoldt A, Andbjer B, Hasselrot U, Finnman UB, Agnati LF (1994) Chronic continuous infusion of nicotine increases the disappearance of choline acetyltransferase immunoreactivity in the cholinergic cell bodies of the medial septal nucleus following a partial unilateral transection of the fimbria fornix. Clin Investig 72:262–268

Gassmann M, Lemke G (1997) Neuregulins and neuregulin receptors in neural development. Curr Opin Neurobiol 7:87–92

Gotti C, Hanke W, Maury K, Moretti M, Ballivet M, Clementi F, Bertrand D (1994a) Pharmacology and biophysical properties of alpha 7 and alpha 7-alpha 8 alpha-bungarotoxin receptor subtypes immunopurified from the chick optic lobe. Eur J Neurosci 6:1281–1291

Gotti C, Moretti M, Longhi R, Briscini L, Balestra B, Clementi F (1994b) Expression of alpha-bungarotoxin receptor subtypes in chick central nervous system during development. J Recept Res 14:335–346

Gotti C, Fornasari D, Clementi F (1997) Human neuronal nicotinic receptors. Prog Neurobiol 53:199–237

Halvorsen SW, Malek R, Wang X, Jiang N (1996) Ciliary neurotrophic factor regulates nicotinic acetylcholine receptors on human neuroblastoma cells. Neuropharmacology 35:257–265

Hardy J (1997) Amyloid, the presenilins and Alzheimer's disease. Trends Neurosci 20:154–159

Hellström-Lindahl E, Gorbounova O, Seiger A, Mousavi M, Nordberg A (1998) Regional distribution of nicotinic receptors during prenatal development of human brain and spinal cord. Devel Brain Res 108:147–160

Hill JA, Zoli M, Bourgeois JP, Changeux JP (1993). Immunocytochemical localization of a neuronal nicotinic receptor: the β2 subunit. J Neurosci 13:1551–1568

Hohmann CF, Kwiterovich KK, Oster-Granite ML, Coyle JT (1991a) Newborn basal forebrain lesions disrupt cortical cytodifferentiation as visualized by rapid Golgi staining. Cereb Cortex 1:143–157

Hohmann CF, Wilson L, Coyle JT (1991b) Efferent and afferent connections of mouse sensory-motor cortex following cholinergic deafferentation at birth. Cereb Cortex 1:158–172

Horch HL, Sargent PB (1995) Perisynaptic surface distribution of multiple classes of nicotinic acetylcholine receptors on neurons in the chicken ciliary ganglion. J Neurosci 15:7778–7795

Horch HL, Sargent PB (1996) Synaptic and extrasynaptic distribution of two distinct populations of nicotinic acetylcholine receptor clusters in the frog cardiac ganglion. J Neurocytol 25:67–77

Hory-Lee F, Frank E (1995) The nicotinic blocking agents d-tubocurare and alpha-bungarotoxin save motoneurons from naturally occurring death in the absence of neuromuscular blockade. J Neurosci 15:6453–6460

Janson AM, Moller A (1993) Chronic nicotine treatment counteracts nigral cell loss induced by a partial mesodiencephalic hemitransection: an analysis of the total number and mean volume of neurons and glia in substantia nigra of the male rat. Neuroscience 57:931–941

Janson AM, Fuxe K, Goldstein M (1992) Differential effects of acute and chronic nicotine treatment on MPTP-(1-methyl-4-phenyl-1,2,3,6-tetrahydropyridine) induced degeneration of nigrostriatal dopamine neurons in the black mouse. Clin Investig 70:232–238

Janson AM, Hedlund PB, Fuxe K, von Euler G (1994) Chronic nicotine treatment counteracts dopamine D2 receptor upregulation induced by a partial mesodiencephalic hemitransection in the rat. Brain Res 655:25–32

Kaneko WM, Britto LR, Lindstrom JM, Karten HJ (1997a) Distribution of the alpha7 nicotinic acetylcholine receptor subunit in the developing chick cerebellum. Dev Brain Res 105:141–145

Kaneko S, Maeda T, Kume T, Kochiyama H, Akaike A, Shimohama S, Kimura J (1997b) Nicotine protects cultured cortical neurons against glutamate-induced cytotoxicity via alpha7-neuronal receptors and neuronal CNS receptors. Brain Res 765:135–140

Kasa P, Rakonczay Z, Gulya K (1997) The cholinergic system in Alzheimer's disease. Prog Neurobiol 52, 511–535

Kassner PD, Conroy WG, Berg DK (1998) Organizing effects of rapsyn on neuronal nicotinic acetylcholine receptors. Mol Cell Neurosci 10:258–270

Kihara T, Shimohama S, Sawada H, Kimura J, Kume T, Kochiyama H, Maeda T, Akaike A (1997) Nicotinic receptor stimulation protects neurons against beta-amyloid toxicity. Ann Neurol 42:159–163

Kihara T, Shimohama S, Urushitani M, Sawada H, Kimura J, Kume T, Maeda T, Akaike A (1998) Stimulation of alpha-4-beta-2 nicotinic acetylcholine receptors inhibits beta-amyloid toxicity. Brain Res 792:331–334

Kim SH, Kim YK, Jeong SJ, Haass C, Kim YH, Suh YH (1997) Enhanced release of secreted form of Alzheimer's amyloid precursor protein from PC12 cells by nicotine. Mol Pharmacol 52:430–436

Kinney HC, O'Donnell TJ, Kriger P, White WF (1993) Early developmental changes in [³H]nicotine binding in the human brainstem. Neuroscience 55:1127–1138

Landis SC (1996) The development of cholinergic sympathetic neurons: a role for neuropoietic cytokines? Perspect Dev Neurobiol 4:53–63

Laskowitz DT, Horsburgh K, Roses AD (1998) Apolipoprotein E and the CNS response to injury. J Cereb Blood Flow Metab 18:465–471

Lauder JM (1993) Neurotransmitters as growth regulatory signals: role of receptors and second messengers. Trends Neurosci 16:233–240

Leanza G, Nilsson OG, Nikkhah G, Wiley RG, Bjorklund A (1996) Effects of neonatal lesions of the basal forebrain cholinergic system by 192 immunoglobulin G-saporin: biochemical, behavioural and morphological characterization. Neuroscience 74:119–141

Le Novère N, Changeux JP (1995) Molecular evolution of the nicotinic acetylcholine receptor: an example of multigene family in excitable cells. J Mol Evol 40:155–172

Le Novère N, Zoli M, Changeux JP (1996) Neuronal nicotinic receptor alpha6 subunit mRNA is selectively concentrated in catecholaminergic nuclei of the rat brain. Eur J Neurosci 8:2428–2439

Levey MS, Jacob MH (1996) Changes in the regulatory effects of cell-cell interactions on neuronal AChR subunit transcript levels after synapse formation. J Neurosci 16:6878–6885

Levin ED (1992) Nicotinic systems and cognitive function. Psychopharmacology (Berl) 108:417–431

Levin ED, Torry D (1996) Acute and chronic nicotine effects on working memory in aged rats. Psychopharmacology 123:88–97

Levin ED, Wilkerson A, JonesJP, Christopher NC, Briggs SJ (1996) Prenatal nicotine effects on memory in rats: pharmacological and behavioral challenges. Dev Brain Res 97:207–215

Lipton SA, Frosch MP, Phillips MD, Tauck DL, Aizenman E (1988) Nicotinic antagonists enhance process outgrowth by rat retinal ganglion cells in culture. Science 239:1293–1296

Maggio R, Riva M, Vaglini F, Fornai F, Racagni G, Corsini GU (1997) Striatal increase of neurotrophic factors as a mechanism of nicotine protection in experimental parkinsonism. J Neural Transm 104:1113–1123

Mandelzys A, Pie B, Deneris ES, Cooper E (1994) The developmental increase in ACh current densities on rat sympathetic neurons correlates with changes in nicotinic ACh receptor alpha-subunit gene expression and occurs independent of innervation. J Neurosci 14:2357–2364

Marin P, Maus M, Desagher S, Glowinski J, Premont J. (1994) Nicotine protects cultured striatal neurones against N-methyl-D-aspartate receptor-mediated neurotoxicity. Neuroreport 5:1977–1980

Marutle A, Warpman U, Bogdanovic N, Nordberg A (1998) Regional distribution of subtypes of nicotinic receptors in human brain and effect of aging studied by (+/-)-[H-3]epibatidine. Brain Res 801:143–149

Matter JM, Matter-Sadzinski L, Ballivet M (1990) Expression of neuronal acetylcholine receptor genes in the developing chick visual system. EMBO J 9:1021–1026

Maurice T, Lockhart BP, Privat A (1996) Amnesia induced in mice by centrally administered beta-amyloid peptides involves cholinergic dysfunction. Brain Res 706:181–193

Messi ML, Renganathan M, Grigorenko E, Delbono O (1997) Activation of alpha7 nicotinic acetylcholine receptor promotes survival of spinal cord motoneurons. FEBS Lett 411:32–38

Meyer D, Yamaai T, Garratt A, Riethmacher Sonnenberg E, Kane D, Theill LE, Birchmeier C, (1997) Isoform-specific expression and function of neuregulin. Development 124:3575–3586

Meyer EM, King MA, Meyers C (1998a) Neuroprotective effects of 2,4-dimethoxybenzylidene anabaseine (DMXB) and tetrahydroaminoacridine (THA) in neocortices of nucleus basalis lesioned rats. Brain Res 786:252–4

Meyer EM, Tay ET, Zoltewicz JA, Meyers C, King MA, Papke RL, De Fiebre CM (1998b) Neuroprotective and memory-related actions of novel alpha-7 nicotinic agents with different mixed agonist/antagonist properties. J Pharmacol Exp Ther 284:1026–1032

Miao H, Liu C, Bishop K, Gong ZH, Nordberg A, Zhang X (1998) Nicotine exposure during a critical period of development leads to persistent changes in nicotinic acetylcholine receptors of adult rat brain. J Neurochem 70:752–62

Moffett J, Kratz E, Stachowiak MK (1998) Increased tyrosine phosphorylation and novel cis-acting element mediate activation of the fibroblast growth factor-2 (FGF-2) gene by nicotinic acetylcholine receptor. New mechanism for trans-synaptic regulation of cellular development neuronal and plasticity. Mol Brain Res 55:293–305

Morley BJ (1997) The embryonic and post-natal expression of the nicotinic receptor alpha 3-subunit in rat lower brainstem. Mol Brain Res 48:407–412

Morley BJ (1998) ARIA is heavily expressed in rat peripheral auditory and vestibular ganglia Mol Brain Res 54:170–174

Moser N, Wevers A, Lorke DE, Reinhardt S, Maelicke A, Schroder H (1996) Alpha4–1 subunit mRNA of the nicotinic acetylcholine receptor in the rat olfactory bulb: cellular expression in adult, pre- and postnatal stages. Cell Tissue Res 285:17–25

Nadarajah B, Makarenkova H, Becker DL, Evans WH, Parnavelas JG (1998) Basic FGF increases communication between cells of the developing neocortex. J Neurosci 18:7881–7890

Naeff B, Schlumpf M, Lichtensteiger W (1992) Pre- and postnatal development of high-affinity [3H]nicotine binding sites in rat brain regions: an autoradiographic study. Dev Brain Res 68:163–174

Nanri M, Kasahara N, Yamamoto J, Miyake H, Watanabe H (1997) GTS-21, a nicotinic agonist, protects against neocortical neuronal cell loss induced by the nucleus basalis magnocellularis lesion in rats. Jpn J Pharmacol 74:285–289

Nordberg A, Zhang XA, Fredriksson A, Eriksson P (1991) Neonatal nicotine exposure induces permanent changes in brain nicotinic receptors and behaviour in adult mice. Brain Res 63:201–207

Nordberg A, Alafuzoff I, Winblad B (1992) Nicotinic and muscarinic subtypes in the human brain: changes with aging and dementia. J Neurosci Res 31:103–111

Nordberg A, Lundqvist H, Hartvig P, Lilja A, Langstrom B (1995) Kinetic analysis of regional (S)(−)-^{11}C-nicotine binding in normal and Alzheimer brains – in vivo assessment using positron emission tomography. Alzheimer Dis Assoc Disord 9:21–27

Nordberg A, Lundqvist H, Hartvig P, Andersson J, Johansson M, Hellstrom-Lindahi E, Langstrom B (1997) Imaging of nicotinic and muscarinic receptors in Alzheimer's disease: effect of tacrine treatment. Dement Geriatr Cogn Disord 8:78–84

Okamoto M, Kita T, Okuda H, Tanaka T, Nakashima T (1994) Effects of aging on acute toxicity of nicotine in rats. Pharmacol Toxicol 75:1–6

O'Neill AB, Morgan SJ, Brioni JD (1998) Histological and behavioral protection by (−)-nicotine against quinolinic acid-induced neurodegeneration in the hippocampus. Neurobiol Learn Memory 69:46–64

Orr-Urtreger A, Goldner FM, Saeki M, Lorenzo I, Goldberg L, De Biasi M, Dani JA, Patrick JW, Beaudet AL (1997) Mice deficient in the alpha7 neuronal nicotinic acetylcholine receptor lack alpha-bungarotoxin binding sites and hippocampal fast nicotinic currents. J Neurosci 17:9165–9171

Ortega S, Ittmann M, Tsang SH, Ehrlich M, Basilico C (1998) Neuronal defects and delayed wound healing in mice lacking fibroblast growth factor 2. Proc Natl Acad Sci USA 95:5672–5677

Ostermann CH, Grunwald J, Wevers A, Lorke DE, Reinhardt S, Maelicke A, Schroder H (1995) Cellular expression of alpha 4 subunit mRNA of the nicotinic acetylcholine receptor in the developing rat telencephalon. Neurosci Lett 192:21–24

Owen A, Bird M (1995) Acetylcholine as a regulator of neurite outgrowth and motility in cultured embryonic mouse spinal cord. Neuroreport 6:2269–2272

Owman C, Fuxe K, Janson AM, Kahrstrom J (1989) Chronic nicotine treatment eliminates asymmetry in striatal glucose utilization following unilateral transection of the mesostriatal dopamine pathway in rats. Neurosci Lett 102:279–283

Panigrahy A, Sleeper LA, Assmann S, Rava LA, White WF, Kinney HC (1998) Developmental changes in heterogeneous patterns of neurotransmitter receptor binding in the human interpeduncular nucleus. J Comp Neurol 390:322–332

Papke RL, Thinschmidt JS, Moulton BA, Meyer EM, Poirier A (1997) Activation and inhibition of rat neuronal nicotinic receptors by ABT-418. Br J Pharmacol 120:429–438

Perry EK, Morris CM, Court JA, Cheng A, Fairbairn AF, McKeith IG, Irving D, Brown A, Perry RH (1995) Alteration in nicotine binding sites in Parkinson's disease, Lewy body dementia and Alzheimer's disease: possible index of early neuropathology. Neuroscience 64:385–395

Picciotto MR, Zoli M, Léna C, Bessis A, Lallemand Y, Le Novère N, Vincent P, Merlo Pich E, Brulet P, Changeux JP (1995) Abnormal avoidance learning in mice lacking functional high-affinity nicotine receptor in the brain. Nature 374:65–67

Picciotto MR, Zoli M, Rimondini R, Léna C, Marubio L, Merlo Pich E, Fuxe K, Changeux J-P (1998) Acetylcholine receptors containing $\beta 2$ subunits are involved in the reinforcing properties of nicotine. Nature 391:173–177

Pinkas-Kramarski R, Eilam R, Alroy I, Levkowitz G, Lonai P, Yarden Y (1997) Differential expression of NDF/neuregulin receptors ErbB-3 and ErbB-4 and involvement in inhibition of neuronal differentiation. Oncogene 15:2803–2815

Poirier J, Delisle MC, Quirion R, Aubert I, Farlow M, Lahiri D, Hui S, Bertrand P, Nalbantoglu J, Gilfix BM, et al (1995) Apolipoprotein E4 allele as a predictor of cholinergic deficits and treatment outcome in Alzheimer disease. Proc Natl Acad Sci USA 92:12260–12264

Pugh PC, Berg DK (1994) Neuronal acetylcholine receptors that bind α-bungarotoxin mediate neurite retraction in a calcium-dependent manner. J Neurosci 14:889–896

Ramirez-Latorre J, Yu CR, Qu X, Perin F, Karlin A, Role L (1996) Functional contribution of $\alpha 5$ subunit to neuronal acetylcholine receptor channels. Nature 380:347–351

Reddy SC, Panigrahy A, White WF, Kinney HC (1996) Developmental changes in neurotransmitter receptor binding in the human periaqueductal gray. J Neuropathol Exp Neurol 55:409–418

Renshaw GM, Dyson SE (1995) Alpha-BTX lowers neuronal metabolism during the arrest of motoneurone apoptosis. Neuroreport 6:284–288

Robbins TW, McAlonan G, Muir JL, Everitt BJ (1997) Cognitive enhancers in theory and practice: studies of the cholinergic hypothesis of cognitive deficits in Alzheimer's disease. Behav Brain Res 83:15–23

Roberson MR, Harrell LE (1997) Cholinergic activity and amyloid precursor protein metabolism. Brain Res Rev 25:50–69

Robertson RT, Gallardo KA, Claytor KJ, Ha DH, Ku KH, Yu BP, Lauterborn JC, Wiley RG, Yu J, Gall CM, Leslie FM (1998) Neonatal treatment with 192 IgG-saporin produces long-term forebrain cholinergic deficits and reduces dendritic branching and spine density of neocortical pyramidal neurons. Cereb Cortex 8:142–155

Rogers SW, Gahring LC, Collins AC, Marks M (1998) Age-related changes in neuronal nicotinic acetylcholine receptor subunit alpha 4 expression are modified by long-term nicotine administration. J Neurosci 18:4825–4832

Role LW, Berg DK (1996) Nicotinic receptors in the development and modulation of CNS synapses. Neuron 16:1077–1085

Roy TS, Sabherwal U (1998) Effects of gestational nicotine exposure on hippocampal morphology. Neurotoxicol Teratol 20:465–473

Rubboli F, Court JA, Sala C, Morris C, Chini B, Perry E, Clementi F (1994) Distribution of nicotinic receptors in the human hippocampus and thalamus. Eur J Neurosci 6:1596–1604

Sanes JR (1997) Genetic analysis of postsynaptic differentiation at the vertebrate neuromuscular junction. Curr Opin Neurobiol 7:93–100

Sargent PB (1993) The diversity of neuronal nicotinic acetylcholine receptors. Annu Rev Neurosci 16:403–443

Schroder H, Giacobini E, Struble RG, Zilles K, Maelicke A (1991) Nicotinic cholinoceptive neurons of the frontal cortex are reduced in Alzheimer's disease. Neurobiol Aging 12:259–262

Schulz DW, Kuchel GA, Zigmond RE (1993) Decline in response to nicotine in aged rat striatum: correlation with a decrease in a subpopulation of nicotinic receptors. J Neurochem 61:2225–2232

Segarra AC, Strand FL (1989) Perinatal administration of nicotine alters subsequent sexual behavior and testosterone levels of male rats. Brain Res 480:151–159

Seguela P, Wadiche J, Dineley Miller K, Dani JA, Patrick JW (1993) Molecular cloning, functional properties, and distribution of rat brain alpha 7: a nicotinic cation channel highly permeable to calcium. J Neurosci 13:596–604

Selkoe DJ (1994) Cell biology of the amyloid beta-protein precursor and the mechanism of Alzheimer's disease. Annu Rev Cell Biol 10:373–403

Semba (1992) Development of central cholinergic neurons. In: Björklund A, Hökfelt T, Tohyama M (eds) Handbook of chemical neuroanatomy, vol 10, Ontogeny of transmitters and peptides in the CNS, Elsevier, Amsterdam, pp 33–62

Semba J, Miyoshi R, Kito S (1996) Nicotine protects against the dexamethasone potentiation of kainic acid-induced neurotoxicity in cultured hippocampal neurons. Brain Res 735:335–338

Sengstock GJ, Johnson KB, Jantzen PT, Meyer EM, Dunn AJ, Arendash GW (1992) Nucleus basalis lesions in neonate rats induce a selective cortical cholinergic hypofunction and cognitive deficits during adulthood. Exp Brain Res 90:163–174

Shacka JJ, Fennell OB, Robinson SE (1997) Prenatal nicotine sex-dependently alters agonist-induced locomotion and stereotypy. Neurotoxicol Teratol 19:467–76

Shacka JJ, Robinson SE (1998) Postnatal developmental regulation of neuronal nicotinic receptor subunit alpha 7 and multiple alpha 4 and beta 2 mRNA species in the rat. Dev Brain Res 109:67–75

Shimohama S, Greenwald DL, Shafron DH, Akaika A, Maeda T, Kaneko S, Kimura J, Simpkins CE, Day AL, Meyer EM (1998) Nicotinic alpha 7 receptors protect against glutamate neurotoxicity and neuronal ischemic damage. Brain Res 779:359–363

Shinoda J, Nakao J, Iizuka Y, Toba Y, Yazaki T, Kawase T, Uyemura K (1997) Multiple isoforms of neuregulin are expressed in developing rat dorsal root ganglia. J Neurosci Res 50:673–683

Sjak-Shie NN, Meyer EM (1993) Effects of chronic nicotine and pilocarpine administration on neocortical neuronal density and [3H]GABA uptake in nucleus basalis lesioned rats. Brain Res 624:295–298

Slotkin TA (1998) Fetal nicotine or cocaine exposure: which one is worse? J Pharmacol Exp Ther 285:931–945

Small DH, Reed G, Whitefield B, Nurcombe V (1995) Cholinergic regulation of neurite outgrowth from isolated chick sympathetic neurons in culture. J Neurosci 15:144–151

Smith TD, Gallagher M, Leslie FM (1995) Cholinergic binding sites in rat brain: analysis by age and cognitive status. Neurobiol Aging 16:161–173

Smolen A, Raisman G (1980) Synapse formation in the rat superior cervical ganglion during normal development and after neonatal deafferentation. Brain Res 181:315–323

Socci DJ, Arendash GW (1996) Chronic nicotine treatment prevents neuronal loss in neocortex resulting from nucleus basalis lesions in young adult and aged rats. Mol Chem Neuropathol 27:285–305

Strittmatter WJ, Roses AD (1996) Apolipoprotein E and Alzheimer's disease. Annu Rev Neurosci 19:53–77

Sugaya K, Giacobini E, Chiappinelli VA (1990) Nicotinic acetylcholine receptor subtypes in human frontal cortex: changes in Alzheimer's disease. J Neurosci Res 27:349–359

Svensson AL, Warpman U, Hellstrom-Lindahl E, Bogdanovic N, Lannfelt L, Nordberg A (1997) Nicotinic receptors, muscarinic receptors and choline acetyltransferase activity in the temporal cortex of Alzheimer patients with differing apolipoprotein E genotypes. Neurosci Lett 232:37–40

Tao Y, Black IB, DiCicco-Bloom E (1996) Neurogenesis in neonatal rat brain is regulated by peripheral injection of basic fibroblast growth factor (bFGF). J Comp Neurol 376:653–663

Terzano S, Court JA, Fornasari D, Griffiths M, Spurden DP, Lloyd S, Perry RH, Perry EK, Clementi F (1998) Expression of the alpha 3 nicotinic receptor subunit mRNA in aging and Alzheimer's disease. Mol Brain Res 63:72–78

Tizabi Y, Popke EJ, Rahman MA, Nespor SM, Grunberg NE (1997) Hyperactivity induced by prenatal nicotine exposure is associated with an increase in cortical nicotinic receptors. Pharmacol Biochem Behav 58:141–146

Tohgi H, Utsugisawa K, Yoshimura M, Nagane Y, Mihara M (1998a) Alterations with aging and ischemia in nicotinic acetylcholine receptor subunits alpha4 and beta2 messenger RNA expression in postmortem human putamen. Implications for susceptibility to parkinsonism. Brain Res 791:186–190

Tohgi H, Utsugisawa K, Yoshimura M, Nagane Y, Mihara M (1998b) Age-related changes in nicotinic acetylcholine receptor subunits alpha 4 and beta 2 messenger RNA expression in postmortem human frontal cortex and hippocampus. Neurosci Lett 245:139–142

Uchida S, Kagitani F, Nakayama H, Sato A (1997) Effect of stimulation of nicotinic cholinergic receptors on cortical cerebral blood flow and changes in the effect during aging in anesthetized rats. Neurosci Lett 228:203–206

Ullian EM, Sargent PB (1995) Pronounced cellular diversity and extrasynaptic location of nicotinic acetylcholine receptor subunit immunoreactivities in the chicken pretectum. J Neurosci 15:7012–7023

van de Kamp JL, Collins AC (1994) Prenatal nicotine alters nicotinic receptor development in the mouse brain. Pharmacol Biochem Behav 47:889–900

Villablanca AC (1998) Nicotine stimulates DNA synthesis and proliferation in vascular endothelial cells in vitro. J Appl Physiol 84:2089–2098

Wada E, Wada K, Boulter J, Deneris E, Heinemann S, Patrick J, Swanson LW (1989) Distribution of alpha2, alpha3, alpha4, and beta2 neuronal nicotinic receptor subunit mRNAs in the central nervous system: A hybridization histochemical study in the rat. J Comp Neurol 284:314–335

Walmsley B, Alvarez FJ, Fyffe REW (1998) Diversity of structure and function at mammalian central synapses. Trends Neurosci 21:81–88

Wang L, Kittaka M, Sun N, Schreiber SS, Zlokovic BV (1997) Chronic nicotine treatment enhances focal ischemic brain injury and depletes free pool of brain microvascular tissue plasminogen activator in rats. J Cereb Blood Flow Metab 17:136–146

Warpman U, Nordberg A (1995) Epibatidine and ABT 418 reveal selective losses of alpha 4 beta 2 nicotinic receptors in Alzheimer brains. Neuroreport 6:2419–2423

Whitehouse PJ, Martino AM, Marcus KA, Zweig RM, Singer HS, Price DL, Kellar KJ (1988) Reductions in acetylcholine and nicotine binding in several degenerative diseases. Arch Neurol 45:722–724

Whyte J, Harrison R, Lunt GG, Wonnacott S (1985) Properties of α-bungarotoxin binding sites in fetal human brain. Neurochem Int 7:515–523

Wong RO (1995) Cholinergic regulation of [Ca^{2+}]i during cell division and differentiation in the mammalian retina. J Neurosci 15:2696–2706

Yamamura M, Amano Y, Sakagami H, Yamanaka Y, Nishimoto Y, Yoshida H, Yamaguchi M, Ohata H, Momose K, Takeda M (1998) Calcium mobilization during nicotine-induced cell death in human glioma and glioblastoma cell lines. Anticancer Res 18(4A):2499–2502

Yanai J, Pick CG, Rogel-Fuchs Y, Zahalka EA (1992) Alterations in hippocampal cholinergic receptors and hippocampal behaviors after early exposure to nicotine. Brain Res Bull 29:363–368

Yang X, Kuo Y, Devay P, Yu C, Role L (1998) A cysteine-rich isoform of neuregulin controls the level of expression of neuronal nicotinic receptor channels during synaptogenesis. Neuron 20:255–270

Zamani MR, Allen YS, Owen GP, Gray JA (1997) Nicotine modulates the neurotoxic effect of beta-amyloid protein(25–35) in hippocampal cultures. Neuroreport 8:513–517

Zhang ZW, Coggan JS, Berg DK (1996) Synaptic currents generated by neuronal acetylcholine receptors sensitive to alpha-bungarotoxin. Neuron 17:1231–1240

Zhang X, Wahlstrom G, Nordberg A (1990) Influence of development and aging on nicotinic receptor subtypes in rodent brain. Int J Dev Neurosci 8:715–721

Zheng JQ, Felder M, Connor JA, Poo MM (1994) Turning of nerve growth cones induced by neurotransmitters. Nature 368:140–144

Zhou Y, Deneris E, Zigmond RE (1998) Differential regulation of levels of nicotinic receptor subunit transcripts in adult sympathetic neurons after axotomy. J Neurobiol 34:164–178

Zhu J, Taniguchi T, Konishi Y, Mayumi M, Muramatsu I (1998) Nicotine administration decreases the number of binding sites and mRNA of M1 and M2 muscarinic receptors in specific brain regions of rat neonates. Life Sci 62:1089–1098

Zilles K, Becker CM, Schleicher A (1982) Nicotinic ACh receptor blockade and spontaneous nerve cell death in various brain regions. Bibl Anat 23:40–55

Zoli M, Agnati LF (1996) Wiring and volume transmission in the central nervous system: the concept of closed and open synapses. Prog Neurobiol 49:363–380

Zoli M, Le Novère N, Hill JA Jr, Changeux JP (1995) Developmental regulation of nicotinic receptor subunit mRNAs in the rat central and peripheral nervous systems. J Neurosci 15:1912–1939

Zoli M, Léna C, Picciotto MR, Changeux JP (1998) Identification of four classes of brain nicotinic receptors using β2-mutant mice. J Neurosci 18:4461–4472

Zoli M, Picciotto MR, Ferrari R, Cocchi D, Changeux JP (1999) Increased neurodegeneration during aging in mice lacking high affinity nicotine receptors. EMBO J. 18:1235–1244

CHAPTER 10
Nicotinic Acetylcholine Receptors in Ganglionic Transmission

D.K. BERG, R.D. SHOOP, K.T. CHANG, and J. CUEVAS

A. Introduction

For nearly a century autonomic ganglia have been strategic preparations for elucidating the principles of nicotinic transmission and the nature of nicotinic acetylcholine receptors (nAChRs) in the nervous system. The first evidence for neurotransmitters anywhere was the demonstration by LOEWI (1921) that a diffusible substance, later shown to be acetylcholine (ACh), was necessary to mediate the effects of parasympathetic innervation to the heart. Early biochemical studies examining ACh synthesis and release first made use of cat superior cervical ganglia (BIRKS and MACINTOSH 1961). Classical electrophysiological mapping of nicotinic ACh responses from frog autonomic ganglia by Kuffler and his colleagues first showed the clustering of functional postsynaptic nAChRs near presynaptic boutons (DENNIS et al. 1971; HARRIS et al. 1971).

Part of the reason that autonomic ganglia proved powerful for examining nicotinic transmission in the past is that ACh acting on nAChRs represents the primary form of rapid signaling through the ganglia. Additional factors are that autonomic ganglia are readily accessible, they contain relatively homogeneous populations of neurons, and the neurons participate in defined neural circuits. Recent studies have shown, however, that autonomic ganglia cannot be considered simple relay stations for conveying information from the CNS to peripheral effector organs. Instead the ganglia process information locally, and, in so doing, display many of the modulatory mechanisms found at CNS synapses. Moreover, ganglionic neurons express multiple classes of nAChRs and appear to employ them in diverse functions, approaching the complexity of nicotinic mechanisms emerging from the CNS. These features recommend ganglia for future analysis of neuronal nAChRs and raise hopes that the principles uncovered there may have broad applicability to nicotinic synapses and synaptic transmission throughout the nervous system.

This chapter will begin with a brief review of the nAChR subtypes found in autonomic ganglia, including their subunit composition, pharmacology, and functional properties. It will then consider in more detail the different subcellular localization of individual nAChR subtypes and evaluate their likely roles in synaptic signaling. Particular emphasis will be given to an nAChR species thought to be a homopentamer of the nAChR $\alpha 7$ gene product. The receptors (α7 nAChRs) are thought to be one of the most abundant species in the nervous system and have an exceptionally high relative permeability to calcium. Recent findings have shed new light on their possible roles in vivo, and this information is reviewed in Sect. C below. The reader is directed to other chapters in this volume for a discussion of complementary nAChR issues and for additional background material.

B. Nicotinic Receptor Composition in Ganglia
I. Immunological Identification

Of the eleven identified neuronal nAChR genes expressed collectively in mammalian and avian species, at least five are widely expressed in autonomic ganglia: α3, α5, α7, β2, and β4 (CORRIVEAU and BERG 1993; LISTERUD et al. 1991; MANDELZYS et al. 1995; SCHWARTZ LEVEY et al. 1995). Additional ones (α4 and β3) are expressed in trace amounts in some autonomic and sensory ganglia (BOYD et al. 1991; LISTERUD et al. 1991; POTH et al. 1997). Identifying the subunit combinations comprising individual nAChR species has been more difficult. Heterologous expression of nAChR gene constructs in *Xenopus* oocytes, for example, has been useful for determining some of the subunit combinations capable of producing functional receptors (for reviews, see MCGEHEE and ROLE 1995; SARGENT 1993), but it cannot actually specify the composition of native receptors. Moreover, the kinds of properties attributed to an individual receptor subtype may be influenced by the kind of cell type expressing the receptor (SIVILOTTI et al. 1997).

One approach to identifying the subunit combinations comprising native receptors is to use subunit-specific monoclonal antibodies (mAbs) or antisera for selective immunoprecipitation of detergent-solubilized receptors. Following up, then, with either Western blot analysis or quantification of immunotethered receptors via radio-labeled probes provides a means of determining which gene products were coassembled in the receptors. These procedures have been used widely to analyze nAChR species in both the CNS and peripheral ganglia (for a review, see LINDSTROM 1996). A common ganglionic nAChR identified in this way is a species containing the α3 and β4 gene products. Such receptors (α3* nAChRs) can in addition contain α5 subunits (VERNALLIS et al. 1993) as well as β2 subunits (CONROY and BERG 1995). Thus α3* nAChRs are themselves heterogeneous with respect to subunit composition, and some have as many as four different kinds of subunits, like muscle nAChRs.

The other major class of nicotinic receptors identified in peripheral ganglia is the α7 nAChR. These receptors are of particular interest because of their abundance in both the peripheral and central nervous systems and their high relative calcium permeability (ANAND et al. 1993; BERTRAND et al. 1993; CONROY and BERG 1998; COUTURIER et al. 1990; SCHOEPFER et al. 1990; SEGUELA et al. 1993;). They are generally thought to be homomeric because the heterologous expression of α7 gene constructs produces receptors very similar in properties to those seen for native α7 nAChRs and because the analysis of purified α7 nAChRs has failed to reveal other kinds of subunits (with the exception of α8 in chick; see below). Recent electrophysiological studies, however, have been interpreted as showing that the α7 gene product may assemble with a variety of subunit partners to generate heteromeric receptors, depending on the combination of nAChR gene products available (see below).

A useful probe for α7 nAChRs is the snake venom toxin α-bungarotoxin (α-Bgt) which binds to the native receptor with high affinity. The rat expresses an α9 gene which also produces receptors having a high affinity for the toxin, but the receptors show a limited distribution and do not appear on neurons (ELGOYHEN et al. 1994). The chicken expresses an α8 gene which produces receptors capable of binding α-Bgt, but the gene does not appear to be expressed in ganglia (CORRIVEAU and BERG 1993; SCHOEPFER et al. 1990). The α8 gene product is also unique in being the only known nAChR subunit that coassembles with α7 subunits in vivo to produce native heteromeric receptors containing the α7 gene product (SCHOEPFER et al. 1990). Such receptors are found principally in the retina and some brain regions (KEYSER et al. 1993). A useful probe for α3* nAChRs has been mAb 35 which, in chick, binds to an extracellular epitope on native receptors containing either the α3 or α5 gene product (CONROY and BERG 1998). In rat, the antibody does not appear to recognize native α3 subunits.

II. Electrophysiological Features

The electrophysiological responses of known nAChR gene combinations expressed in heterologous systems have been examined in some detail (for reviews, see Chap. 12, this volume; MCGEHEE and ROLE 1995). Identifying distinctive response features of individual nAChR subtypes in this manner holds out the hope of not only offering a means for recognizing the receptor in vivo but also possibly indicating unique functions the receptor provides. This approach has proved useful in distinguishing ganglionic nAChR subtypes.

Heterologous expression studies in *Xenopus* oocytes have shown that the α3 gene product, together with either the β2 or β4 gene product, is sufficient to produce functional nAChRs. The fact that all α3* nAChRs may have α3 and β4 subunits (CONROY and BERG 1995) would suggest that additional subunits might be superfluous. A rationale for the presence of α5 subunits in such receptors, however, is the recent finding that the α5 gene product can influence both the agonist sensitivity and rate of desensitization of receptors (RAMIREZ-LATORRE et al. 1996; WANG et al. 1996). It is not at all clear what special features might be conferred on α3* nAChRs by having β2 subunits in addition. Nonetheless, single channel analysis and knockdown experiments with antisense oligonucleotides suggest that several functional species of α3* nAChRs subtypes are expressed by individual ganglionic neurons (LISTERUD et al. 1991; YU and ROLE 1998a). A promising set of probes for distinguishing α3* nAChRs from other nicotinic receptors, and perhaps for even discriminating among α3* nAChR species, is the emerging family of α-conotoxins (see Chap. 17, this volume).

The distinguishing features of most α7 nAChRs both in heterologous systems and in vivo is that they are blocked by α-Bgt, rapidly desensitize, and have a high relative permeability to calcium (ALKONDON and ALBUQUERQUE 1993; BERTRAND et al. 1993; COUTURIER et al. 1990; SCHOEPFER et al. 1990; SEGUELA et al. 1993; ZHANG et al. 1994; ZORUMSKI et al. 1992). Their rapid desensitization may in part account for the nearly two decade delay in attributing a functional response to α7 nAChRs after their initial discovery as toxin-binding sites in sympathetic ganglia (GREENE et al. 1973). A second reason may have to do with a recent finding that at least some populations of α7 nAChRs in mammalian ganglionic neurons slowly desensitize and are only reversibly blocked by α-Bgt (Fig. 1). Intracellular dialysis with an anti-α7 mAb confirmed the pharmacology in this case, showing that the responses derive from α7-containing nAChRs (CUEVAS and BERG 1998).

It is unclear whether heterogeneity in the kinds of responses attributed to α7 nAChRs represents heterogeneity in subunit composition or whether it results from posttranslational modifications that might be cell type- or location-specific. Knockdown experiments with antisense oligonucleotides, together with pharmacological manipulations, have been used to argue that the α7 gene product can assemble with other ganglionic nAChR subunits to produce several heteromeric receptor species in vivo (LISTERUD et al. 1991; YU and ROLE 1998b). But the heteromeric species are thought not to bind α-Bgt, previously considered the sine qua non feature of α7-containing nAChRs, and immunoprecipitation with subunit-specific mAbs fails to reveal heteromeric α7-containing nAChRs in ganglion extracts. Accordingly, the question of heteromeric α7-containing nAChRs in autonomic ganglia cannot be considered resolved.

C. Subcellular Locations and Postsynaptic Roles

I. Synaptic Currents

Until recently, α3* nAChRs were thought to be the primary, if not sole, mediator of nicotinic transmission through autonomic ganglia. This view was encouraged by two lines of evidence. First, no response could be identified from α7 nAChRs at the time, and incubating ganglia in α-Bgt did not block synaptic transmission as monitored by extracellular recording of the compound action potential traveling in the postganglionic nerve root (CHIAPPINELLI et al. 1981, 1983). Instead, nicotinic transmission through the ganglion was blocked by the snake venom component κ-bungarotoxin (also known as neuronal bungarotoxin; CHIAPPINELLI et al. 1981, 1983), which also blocked the nicotinic responses of dissociated ganglionic neurons (RAVDIN and

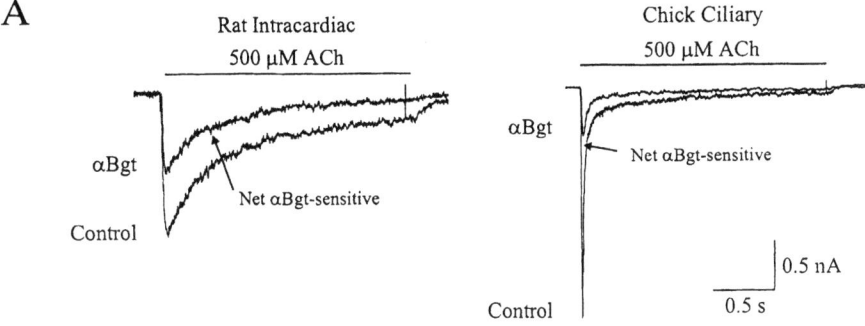

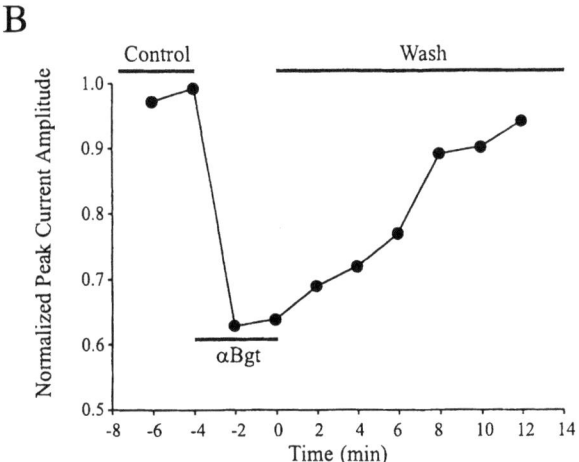

Fig. 1A,B. Mammalian nicotinic receptors with α7 subunits that slowly desensitize and rapidly recover from α-Bgt blockade. **A** Whole-cell currents evoked by rapid focal application of 500 μM ACh to the soma of an isolated rat intracardiac ganglion neuron (*left panel*) and an isolated chick ciliary ganglion neuron (*right panel*), each voltage clamped at −60 mV, in the absence (control) and presence of 100 nM α-Bgt. The α-Bgt-sensitive component of the intracardiac ganglion neuronal response is much longer-lasting than that of the rapidly desensitizing ciliary neuron α-Bgt-sensitive response. **B** Reversibility of α-Bgt-induced blockade for ACh-evoked whole-cell current amplitudes before application, during application, and after removal of 100 nM α-Bgt from a rat intracardiac ganglion neuron. Values have been normalized to the maximal response from the same cell, and plotted as a function of time. The α-Bgt blockade is rapidly reversed by washing away the bound toxin. (Modified from CUEVAS and BERG 1998)

BERG 1979) and bound to a class of ganglionic nAChRs recognized by mAb 35 but not α-Bgt (HALVORSEN and BERG 1987). These were later shown to be α3* nAChRs (CONROY and BERG 1995; VERNALLIS et al. 1993).

The second line of evidence was anatomical. Electron microscopic studies indicated that α3* nAChRs were concentrated, at least in part, in postsynaptic densities on autonomic neurons (JACOB et al. 1984; LORING et al. 1988; LORING and ZIGMOND 1987). In contrast, α7 nAChRs were excluded from the same postsynaptic densities, and instead appeared in extrasynaptic regions which, in the case of chick ciliary neurons, were associated with membrane protrusions referred to as pseudodendrites (JACOB and BERG, 1983; LORING et al., 1985). Studies on autonomic neurons in other species produced the same general conclusions about extrasynaptic α7 nAChRs (see Chap. 7, this volume; SARGENT and GARRETT 1995; SARGENT and PANG 1989; WILSON HORCH and SARGENT 1996a). Confocal microscopic analysis led to the suggestion that α7 nAChRs on ciliary ganglion neurons were actually concentrated in perisynaptic clusters near, but not at, sites of transmitter release defined immunocytochemically (WILSON HORCH and SARGENT 1995).

Recent experiments suggest that nicotinic transmission through autonomic ganglia utilizes both α3* nAChRs and α7 nAChRs. Whole-cell patch clamp recording from embryonic ciliary neurons in situ, while stimulating the preganglionic nerve root with a suction electrode, elicits a biphasic synaptic current. The large, rapidly activating and rapidly decaying synaptic component is specifically blocked by nanomolar concentrations of α-Bgt within minutes, indicating that it is produced by α7 nAChRs (ULLIAN et al. 1997; ZHANG et al. 1996). This finding immediately poses two questions: how does the transmitter reach α7 nAChRs quickly enough to elicit rapid activation and what role do the receptors play if α-Bgt is unable to block synaptic transmission through the ganglion? Though definitive answers are not yet available for these questions, strong possibilities are suggested by new information reviewed in Sect. C.II below about the arrangement of α7 nAChRs on the postsynaptic cell.

It is also not yet clear how general the finding will be that α7 nAChRs contribute importantly to ganglionic synaptic currents. Chick ciliary ganglia are among the richest sources of naturally occurring α7 nAChRs (CHIAPPINELLI and GIACOBINI 1978; CORRIVEAU and BERG 1994), and the calcyform synapses formed by preganglionic terminals onto ciliary neurons in the ganglion are designed for high frequency, reliable synaptic transmission (DRYER 1994). The fact that α7 nAChRs are commonly expressed on ganglionic neurons, however, underscores the importance of determining their role.

II. Somatic Spines Versus Postsynaptic Densities

The finding that α7 nAChRs can generate large synaptic currents in chick ciliary neurons despite their absence from postsynaptic densities on the cells prompted a re-examination of their physical proximity to points of transmitter release. A previous confocal analysis showing the receptors concentrated in perisynaptic clusters on the neurons (WILSON HORCH and SARGENT 1995) seemed at odds with electron microscopic analysis of labeled ganglionic thin sections showing the receptors associated with membrane protrusions (JACOB and BERG 1983; LORING et al. 1985). The protrusions were usually referred to as pseudodendrites (LANDMESSER and PILAR 1972). To resolve this and to examine the relationship of the receptors to presumed sites of transmitter release, intermediate voltage electron microscopy was performed on immunogold labeled thick sections of embryonic chick ciliary ganglia. The images were used for the tomographic reconstruction of labeled membrane surfaces in order to visualize the distribution of $\alpha 7$ AChRs in three dimensions.

Ciliary neurons incubated with biotinylated α-Bgt followed by HRP(horseradish peroxidase)-conjugated streptavidin were found to be preferentially labeled on surface regions containing complex membrane structures (SHOOP et al. 1999). Tomographic reconstruction indicated that the regions were composed of spine-like structures tightly folded into mats on the cell surface. Immunogold labeling of $\alpha 7$ AChRs using a sandwich technique and analyzed first by thin section electron microscopy indicated that the receptors were highly concentrated on the spine-like structures (Fig. 2A). A tomographic reconstruction of labeled regions in thick section provided more detail about the spine-like structures and revealed not only that they were heavily endowed with the receptors but also that the structures themselves were configured into mats on the cell surface (Fig. 2B). The relative density of $\alpha 7$ nAChRs per unit

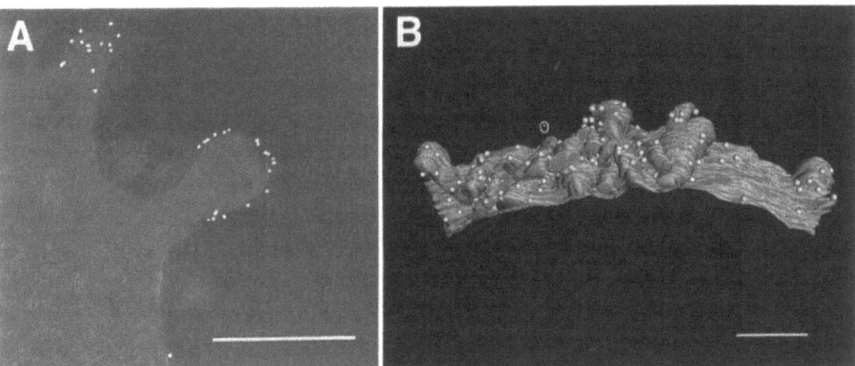

Fig. 2A,B. Localization of $\alpha 7$ nAChRs on somatic spines. **A** Electron micrograph of a thin section taken from a dissociated ciliary ganglion neuron showing immunogold labeling of $\alpha 7$ nAChRs. Somatic spines are heavily decorated with immunogold label achieved by incubating cells with biotinylated α-Bgt followed by anti-biotin antibody and gold-conjugated secondary antibody. **B** A three-dimensional reconstructed view of a patch of membrane containing matted somatic spines. The spines are heavily labeled with gold particles associated with $\alpha 7$ nAChRs after immunogold labeling. *Calibration bars*: 500nm. (Modified from SHOOP et al. 1999)

length of spine-like surface was an order of magnitude greater than that on the soma membrane (SHOOP et al. 1999).

The structures were identified as somatic spines because they had the appropriate dimensions (lengths up to 4μm; diameters of 0.1–0.5μm) and expected cytoskeletal composition; namely, they lacked microtubules but contained actin filaments. The presence of actin filaments was demonstrated by doubly staining ciliary neurons with phalloidin for the filaments and with biotinylated α-Bgt plus Cy3-streptavidin for α7 AChRs. Confocal fluorescence microscopy showed a codistribution of phalloidin staining with the receptor clusters (SHOOP et al. 1999). In addition, some spines contained postsynaptic densities, though it was not clear whether this was a consistent feature of the ciliary spines as is true of dendritic spines (for a review, see HARRIS and KATER 1994).

The demonstration that α7 nAChRs were concentrated on somatic spines and that the spines were matted into folded clumps on the cell surface explained the earlier report of α7 nAChRs clusters. It also unambiguously demonstrated that the receptors were targeted to specific locations rather then being distributed at random with only the appearance of clustering due to membrane folding. The question remained, however, as to the source of the transmitter for α7 nAChR activation. Here again, electron microscopic analysis was informative. Both tomographic reconstruction of thick sections and conventional electron microscopy on thin sections prepared from intact ganglia indicated that postsynaptic densities were consistently within close proximity to the spines. Moreover, synaptic vesicles were packed not only over the postsynaptic densities, as expected, but also along the entire presynaptic calyx surface enveloping the spines. High magnification images revealed close packing of the vesicles along spine surface lacking postsynaptic densities and occasionally showed an omega profile in the presynaptic membrane (SHOOP et al. 1999). The omega shapes lacked clathrin coats and, therefore, most likely represented vesicles trapped in exocytosis. If true, this would suggest two sources of transmitter for the activation of α7 AChRs on the spines: the transmitter diffusing from nearby conventional release sites over postsynaptic densities and the transmitter released directly onto spine surfaces even in the absence of juxtaposed postsynaptic densities. The latter mechanism would represent a novel form of nicotinic transmission. A diagram indicating the arrangement of synaptic specializations on ciliary neurons is shown in Fig. 3.

III. Functional Significance

What are the functional roles of ciliary ganglion α7 nAChRs and why are they concentrated on somatic spines? The α3* nAChRs, located in part in postsynaptic densities on the neurons, appear capable of supporting nicotinic transmission through the ganglion (CHIAPPINELLI 1983; JACOB and BERG 1984;

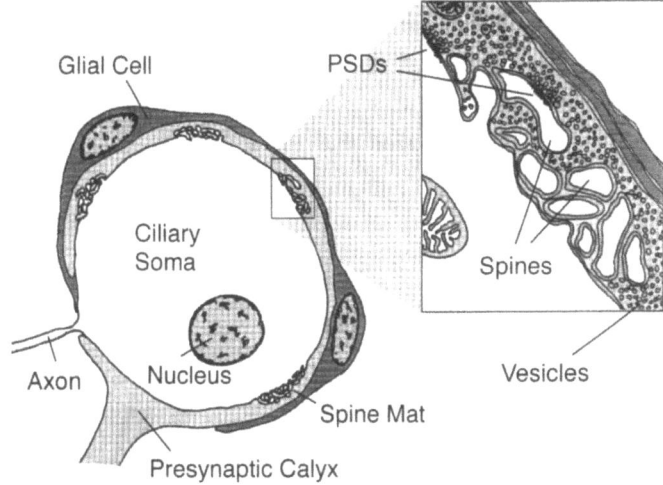

Fig. 3. The synaptic specializations associated with an E15 chick ciliary neuron. The cell body (*Ciliary Soma*) is almost completely encapsulated by the presynaptic terminal structure (*Presynaptic Calyx*) which is itself covered by glia (*Glial Cell*). The thin outgoing ciliary axon (*Axon*) is usually in close proximity to the larger incoming preganglionic axon. Clustered somatic spines, compressed into discrete mats (*Spine Mat*), are distributed over the cell body. The enlargement of a spine mat (*rectangle*) illustrates the spines in cross-section (*Spines*) and shows the proximity of synaptic vesicles (*Vesicles*) in the presynaptic calyx as well as the presence of occasional postsynaptic densities (*PSDs*) either on spines or on nearby soma membrane.

VERNALLIS et al. 1993). An attractive hypothesis is that $\alpha 7$ nAChRs, by virtue of their high relative calcium permeability, are necessary to activate downstream calcium-dependent events in the neurons. One example might be the activation of calcium-dependent potassium or chloride channels (CETINER and BENNETT 1993; DRYER et al. 1991) which could be important for enabling the neuron to follow synaptic transmission at the high frequency rates observed in situ.

To test whether $\alpha 7$ nAChRs might be necessary for high frequency synaptic transmission, whole-cell patch clamp recording was used in both current- and voltage-clamp modes to record from embryonic day 13–14 (E13–E14) ciliary neurons in situ while stimulating the preganglionic nerve root with a suction electrode. Application of α-Bgt blocked the large, rapidly desensitizing component of the synaptic current in ciliary neurons as reported previously (ULLIAN et al. 1997; ZHANG et al. 1996). In about two-thirds of the cells the toxin also depressed the ability of the neuron to follow repeated synaptic stimulation reliably (Fig. 4). The effect was not, however, confined to high frequency firing, but rather was seen at both 1 and 25 Hz. There was a tight inverse correlation between the percentage of stimulation failures in a test train after α-Bgt treatment and the amplitude of the toxin-resistant synaptic current in

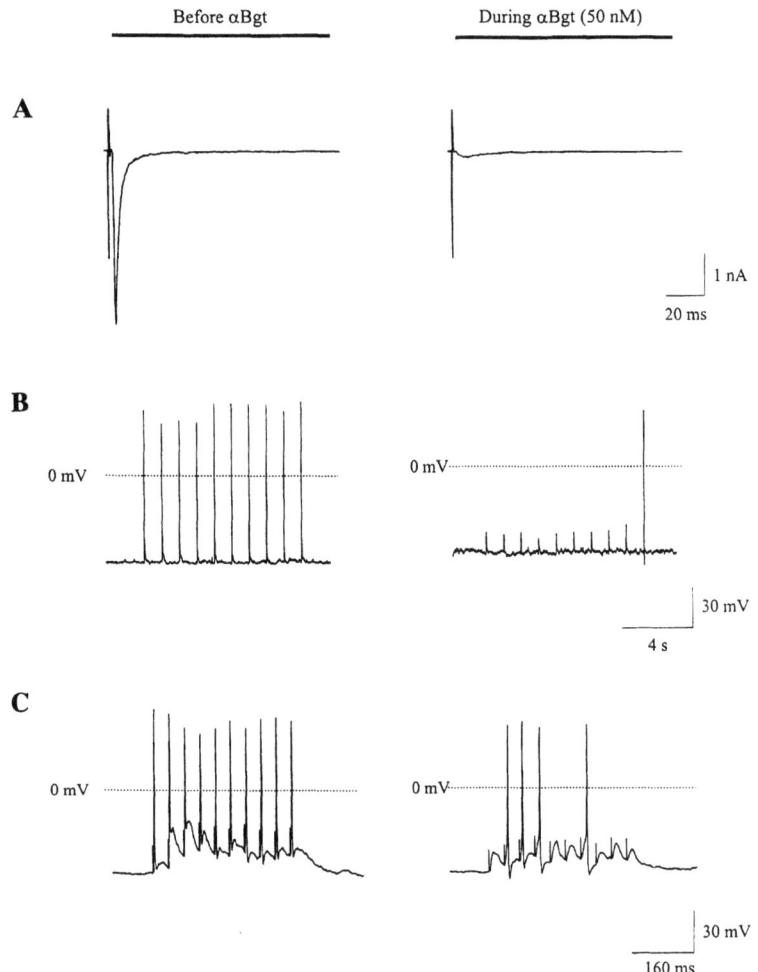

Fig. 4A–C. Effects of α7 nAChR blockade on synaptic transmission. Whole-cell patch clamp recordings from a ciliary neuron in a chick ciliary ganglion prior to (*left panels*) and after a 5 min exposure (*right panels*, same cell) to 50 nM α-Bgt. **A** Voltage-clamp recordings of the evoked synaptic currents with the membrane potential held at −70 mV. α-Bgt blocked the large, rapidly inactivating current attributed to α7 nAChRs. **B** Action potentials evoked by a train of ten stimuli delivered to the presynaptic nerve root at 1 Hz while recording from the postsynaptic cell in current clamp mode. Blockade of α7 nAChRs by α-Bgt inhibited the ability of the cell to fire action potentials reliably at 1 Hz. **C** Action potentials evoked by ten presynaptic stimuli at 25 Hz before and after addition of α-Bgt while in current clamp mode. Exposure to α-Bgt again prevented reliable synaptic transmission. The small synaptic potentials observed after the stimulation artifact (when the cell failed to fire action potentials) indicate that α3* nAChRs alone are not sufficient for reliable transmission, and that α7 nAChRs are required (CHANG and BERG 1999)

the neuron (CHANG and BERG 1999). The results suggest that in about two-thirds of embryonic ciliary neurons, the $\alpha 7$ nAChRs are necessary for reliable synaptic transmission due to the current they generate.

This is unlikely to represent the whole story, however, because it does not explain why $\alpha 7$ nAChRs appear unnecessary for transmission in some cells nor why they are concentrated on somatic spines. It also does not explain why at later developmental stages α-Bgt appears unable to reduce the reliability of nicotinic transmission through the ciliary population, at least over the short-term as monitored by extracellular recording of the compound action potential traveling in the postganglionic nerve root (CHIAPPINELLI 1983). In the ciliary ganglion where sustained transmission is required over a wide range of frequencies, positioning $\alpha 7$ nAChRs on somatic spines may optimally achieve two conflicting goals. Most of the synaptic current they generate would be efficiently transferred to the axon hillock for the excitation of action potentials while most of the calcium they allow to enter during the synaptic current could be retained in the spines. What might be the role of the calcium influx? It could regulate synaptic efficacy by controlling receptor function or spine stability and it could have long-term consequences for ganglionic signaling by influencing the pattern of gene expression in the neurons. These and other possibilities merit investigation.

D. Presynaptic Nicotinic Receptors in Ganglia

Increasing evidence indicates that a major role of CNS nAChRs is the presynaptic modulation of transmitter release (for reviews, see Chap. 8, this volume; ROLE and BERG 1996; WONNACOTT 1997). The first demonstration that $\alpha 7$ nAChRs acted at presynaptic sites was provided by ROLE and her colleagues who used cell cultures to examine glutamatergic synapses formed by chick medial habenula neurons onto interpeduncular neurons as well as those formed by chick visceral motor neurons onto sympathetic ganglion neurons (MCGEHEE et al. 1995). In both cases the application of nicotine increased the frequency of spontaneously occurring miniature synaptic currents in the postsynaptic cells without increasing the mean amplitude of the currents. Moreover, the increased frequencies were blocked by α-Bgt. This suggested the receptors acted presynaptically to enhance transmitter release and that they were likely to be $\alpha 7$ nAChRs. DANI and his colleagues examining rat hippocampal neurons both in culture and in slices came to similar conclusions about $\alpha 7$ nAChRs acting presynaptically and further showed that the application of nicotine elevated intracellular calcium levels in the mossy-fiber presynaptic terminals (GRAY et al. 1996).

The chick ciliary ganglion offers a unique opportunity to examine the role of presynaptic nAChRs in modulating ganglionic transmission, because the large calyces formed by preganglionic terminals onto the ciliary neurons permit whole-cell patch clamp recording from them in situ (STANLEY and

GOPING 1991; YAWO and MOMIYAMA 1993). As a result, it has been possible to record the functional responses of presynaptic nAChRs directly (COGGAN et al. 1997). Nicotine applied to intact ganglia induces a long-lasting current in the calyx that is blocked by α-Bgt. The current is sufficient to override the voltage clamp (due to the limited space clamp achievable in the extended calyx) and thereby generate multiple action potentials. The action potentials trigger transmitter release, demonstrating the capacity of the receptors to influence synaptic signaling. An immunological analysis of nerve extracts with subunit-specific mAbs confirms the presence of $\alpha 7$ nAChRs in the nerve trunk supplying innervation to the ciliary ganglion (COGGAN et al. 1997). These results provide strong evidence for presynaptic $\alpha 7$ nAChRs capable of influencing synaptic transmission.

Synaptic signaling in autonomic ganglia displays some of the same modulatory features found at CNS synapses, such as facilitation, posttetanic potentiation, and long-term potentiation (BRAIN and BENNETT 1995; MARTIN and PILAR 1964; POAGE and ZENGEL 1993). Presynaptic $\alpha 7$ nAChRs may contribute to these events. The receptors are not, however, alone, on the presynaptic calyx: ATP receptors have been identified there as well (SUN and STANLEY 1996). Still unanswered are questions about what presynaptic $\alpha 7$ nAChRs actually do in a circuit, and when and how are they are activated.

E. Regulation of Ganglionic Nicotinic Receptors

I. Receptor Regulation by Cell-Cell Interactions

One of the first forms of regulation discovered for neuronal nAChRs was that interaction with the synaptic target tissue was necessary to sustain ACh sensitivity on neurons. Thus postganglionic axotomy of ciliary ganglia in posthatch chicks triggered a large decrease in the nicotinic response of the ganglionic neurons (BRENNER and MARTIN 1976). Biochemical assays quantifying nAChRs with radio-labeled probes subsequently demonstrated that the decreases in responsiveness were paralleled by decreases in the numbers of both $\alpha 7$ AChRs and $\alpha 3^*$ nAChRs in the ganglion (JACOB and BERG 1987). Preganglionic denervation by surgical intervention also produced significant decreases in ganglionic levels of $\alpha 7$ nAChRs and $\alpha 3^*$ nAChRs. Electron microscopy on thin sections from ganglia labeled with HRP-conjugated α-Bgt confirmed, in these cases, that the decreases occurred primarily in ganglionic neurons, rather than in possible presynaptic receptor pools lost through the degeneration of severed terminals (JACOB and BERG 1988).

Preganglionic denervation can produce other effects as well. The focal application of ACh to cardiac ganglion neurons in frogs showed long ago that functional nAChRs are clustered around the innervating synaptic boutons (DENNIS et al. 1971; HARRIS et al. 1971). Surgical denervation of the neurons dramatically reduces the number of large, receptor-dense clusters that can be identified by confocal immunofluorescence laser microcopy using anti-nAChR mAbs on the cells (WILSON HORCH and SARGENT 1996b). Prior to denervation, the large clusters were primarily associated with synaptic sites, as visualized with an immunofluorescent marker for synaptic vesicles. In conjunction with the loss of large receptor clusters, the denervation produced a substantial increase in the number of small receptor clusters distributed over the cell surface (WILSON HORCH and SARGENT 1996b). The denervation produced no change in the total number of nAChRs quantified in ganglion extracts with κ-bungarotoxin binding or in the proportion of those nAChRs found on the cell surface (SARGENT et al. 1991). The results from chick and frog indicate that cell–cell interactions play a role in maintaining the state of nAChRs on ganglionic neurons.

II. Developmental Regulation

The formation of chemical synapses requires the expression and accumulation of appropriate receptors by the postsynaptic cell. Accordingly, it is no surprise that receptor probes have revealed substantial increases in the number of nAChRs on neurons during periods of synaptic maturation. RNAse protection assays show that transcripts from all five nAChR genes expressed in chick ciliary ganglia – $\alpha 3, \alpha 5, \alpha 7, \beta 2$, and $\beta 4$ – are present early, shortly after synapses have been established and increase in abundance during development (CORRIVEAU and BERG 1993). Biochemical quantification of receptors in ciliary ganglion extracts show that substantial increases occur in both the $\alpha 7$ nAChR and $\alpha 3^*$ nAChR pools between E8 and E18 when ganglionic innervation undergoes major developmental changes (CHIAPPINELLI and GIACOBINI 1978; CORRIVEAU and BERG 1994; SMITH et al. 1985). The changes in receptor number are accompanied by changes in the magnitude and single channel properties of the ensemble ACh responses and in the distribution of receptors on the cell surface (BLUMENTHAL et al. 1999; MARGIOTTA and GURANTZ 1989). Even more elaborate changes occur in the single channel properties of the nAChR population on chick sympathetic ganglion neurons during development (MOSS et al. 1989; MOSS and ROLE 1993). A segregation of nAChR subtypes also occurs on the neurons during development (MOSS and ROLE 1993).

The timing of the developmental changes in ganglionic nAChR populations suggests that they may be driven by preganglionic innervation (DEVAY et al. 1994; JACOB 1991; MOSS and ROLE 1993). Direct evidence for this was obtained in the chick ciliary ganglion by surgically removing the midbrain neurons (accessory oculomotor nucleus) at E3.5–E4, a time at which they had not yet innervated the ganglion. Using reverse transcriptase-polymerase chain reaction (RT-PCR) assays to quantify the amount of nAChR mRNA present, Jacob and her colleagues were able to show that the absence of innervation results in depressed levels of receptor transcripts (LEVEY et al. 1995). Immunohistochemical analysis showed that the reductions were accompanied by reductions in nAChR levels as well (ARENELLA et al. 1993).

Surprisingly, early denervation did not significantly reduce the whole-cell ACh response of ciliary ganglion neurons (ENGISH and FISCHBACH 1990; LEVEY et al. 1995). Instead, isolating the neurons from their synaptic target issue by removing the optic vesicle prior to contact (at E2) reduced the whole-cell ACh response subsequently, and the effect was enhanced if combined with denervation (ENGISH and FISCHBACH 1992; LEVEY et al. 1995). Similar denervation results have been obtained with rat superior cervical ganglion neurons in that denervation does not prevent the normal increases in whole-cell ACh responses observed during the first two weeks postnatally (MANDELZYS et al. 1994). Rat superior cervical and chick ciliary ganglion neurons express the same five nAChR transcripts, and in both case preganglionic denervation reduces nAChR transcript levels, although not uniformly (MANDELZYS et al. 1994; LEVEY et al. 1995). In fact the individual and combined effects of preganglionic denervation and postganglionic axotomy not only show differential effects on the various nAChR transcript species but also changing effects as a function of the developmental stage (LEVEY and JACOB 1996). Increasing evidence suggests important posttranslational controls influencing the number of nAChRs maintained by cells (CORRIVEAU and BERG 1994; PENG et al. 1994; ROTHHUT et al. 1996). Taken together, the results suggest a complex relationship between transcript levels, receptor protein, and functional responses in the ganglion (see Sect. E.III below).

III. Molecular Controls

Major advances have been made recently in identifying molecules likely to have a significant regulatory effect on the expression and accumulation of neuronal nAChRs. Role and her colleagues showed that co-culturing chick sympathetic ganglion neurons with spinal cord explants containing the corresponding set of preganglionic neurons led to greater whole-cell ACh responses developing in the ganglionic neurons (GARDETTE et al. 1991). Moreover, the enhancing effect was mediated by a diffusible molecule (YANG et al. 1998). Based on these observations, the authors pursued the hypothesis that a neuregulin-like molecule might be responsible. The focus on neuregulin was shaped by the knowledge that it performed such a role at the neuromuscular junction; namely, it is released by motoneurons onto skeletal muscle fibers where it upregulates nAChR gene expression (for a review, see FISCHBACH and ROSEN 1998).

Using a PCR-based screen, Role and her colleagues isolated a series of neuregulin variants containing cysteine-rich domains and lacking an Ig-like domain (YANG et al. 1998). In situ hybridization and Northern blot analysis suggested that the variant is expressed by visceral motoneurons with the time course expected to influence the acquisition of receptors during synapse formation. Immunocytochemical stains with an anti-peptide antiserum indicated the neuregulin variant protein was present in preganglionic projections into sympathetic ganglia. Importantly, the production of recombinant neuregulin variant protein and the addition of it to sympathetic neurons in culture produced an upregulation of nAChR transcripts and an increase in the whole-cell ACh response (YANG et al. 1998). These experiments identify a molecular mechanism through which preganglionic innervation can support the expression and accumulation of nAChRs on the postsynaptic neuron.

Other regulatory molecules are likely to be important as well. As indicated above, several lines of evidence indicate that information from the synaptic target tissue is necessary to sustain functional nAChRs, and in some cases the ACh response of ganglionic neurons does not appear to depend on preganglionic innervation. Evidence for other kinds of regulatory molecules comes from cell culture studies where it has been shown that an inhibitory effect from co-cultured satellite cells depresses or prevents the expression of ACh sensitivity in rat nodose neurons (BACCAGLINI and COOPER 1982; COOPER and LAU 1986). Nerve growth factor has the opposite effect. In the absence of nonneuronal cells, nerve growth factor dramatically increases the proportion of nodose neurons in culture, having a significant ACh response (MANDELZYS et al. 1990; MANDELZYS and COOPER 1992).

Individual neuronal nAChR subunit genes may respond uniquely to a combination of regulatory influences, as suggested by the surgical intervention studies described above. An example of this in cell culture comes from studies with rat sympathetic neurons showing that calcium influx acting on a calcium/calmodulin-dependent kinase can enhance $\alpha 7$ gene expression selectively without increasing the transcript levels of other nAChR genes expressed in the neurons (DE KONINCK and COOPER 1995). The ongoing elucidation of promoter sequences and identification of transcription factors controlling nAChR gene expression in neurons will provide new insight into how, when, and where these intercellular signals work to control nAChRs on neurons (see Chaps. 3 and 4, this volume).

A final point concerns posttranslational mechanisms that can substantially modify nAChR function on neurons. An unexplained but potentially important mechanism is one that generates "functionally silent" neuronal nAChRs. Thus the number of $\alpha 3^*$ nAChRs quantified with subunit-specific mAbs on freshly dissociated ciliary ganglion neurons vastly exceeds the number of functional receptors calculated from the peak whole-cell ACh currents and the single channel properties of the receptors (MARGIOTTA et al. 1987). Appearance of the "silent" population is itself developmentally regulated since all of the $\alpha 3^*$ nAChRs present at E8–E9 can be activated by exogenously applied agonist, while only a quarter of the larger number present at E14–E15 can be similarly activated (BLUMENTHAL et al. 1999; MARGIOTTA et al. 1987). Moreover, a cyclic adenosine monophosphate-dependent (cAMP-dependent) process can render a portion of the silent receptors functionally competent, and the cAMP-dependent process occurs in development when the silent receptors appear (MARGIOTTA et al. 1987; MARGIOTTA and GURANTZ 1989). The cAMP effect does not require protein synthesis and does not increase the total number of receptors on the cells. It is not clear whether the $\alpha 7$ nAChRs also contain a silent population (BLUMENTHAL et al. 1999). Mechanisms that regulate the proportion of nAChRs able to respond to agonist clearly offer opportunities for controlling network signaling.

F. Future Challenges

Major advances have been made recently in understanding the biology of ganglionic nAChRs. Receptor subtypes have been distinguished and their subunit composition and functional properties analyzed in considerable detail. Much has also been learned about their subcellular distribution and the importance of cell–cell interactions in governing receptor levels and location. Three kinds of questions pose important challenges for the immediate future. One concerns the molecular mechanisms controlling the number and function of neuronal nAChRs. A second has to do with mechanisms for targeting receptors to specific subcellular locations on neurons. Clearly whether a receptor is positioned on a presynaptic terminal, a postsynaptic density, or a somatic spine offers quite different roles for influencing synaptic signaling. A third issue is the question of whether nAChRs also perform unconventional roles. This is particularly relevant in the case of $\alpha 7$ nAChRs which have the potential for regulating long-term calcium-dependent cellular events ranging from channel activation to gene expression. If the past provides any precedence for the future, the principles elucidated here in autonomic ganglia are likely to have wide applicability for nicotinic signaling throughout the nervous system.

Acknowledgments. Grant support was provided by the NIH (NS 12601 and 35469) and the Tobacco-Related Diseases Research Program (6RT-0050).

References

Alkondon M, Albuquerque EX (1993) Diversity of nicotinic acetylcholine receptors in rat hippocampal neurons. I. Pharmacological and functional evidence for distinct structural subtypes. J Pharm Exper Ther 265:1455–1473

Anand R, Peng X, Lindstrom J (1993) Homomeric and native $\alpha 7$ acetylcholine receptors exhibit remarkably similar but non-identical pharmacological properties, suggesting that the native receptor is a heteromeric protein complex. FEBS Lett 327:241–246

Arenella LS, Oliva JM, Jacob MH (1993) Reduced levels of acetylcholine receptor expression in chick ciliary ganglion neurons developing in the absence of innervation. J Neurosci 13:4525–4537

Baccaglini PI, Cooper E (1982) Influences on the expression of acetylcholine receptors on rat nodose neurones in cell culture. J Physiol (Lond) 324:441–451

Bertrand D, Galzi JL, Devillers-Thiery A, Bertrand S, Changeux JP (1993) Mutations at two distinct sites within the channel domain M2 alter calcium permeability of neuronal $\alpha 7$ nicotinic receptor. Proc Natl Acad Sci USA 90:6971–6975

Birks R, MacIntosh FC (1961) Acetylcholine metabolism of a sympathetic ganglion. J Biochem Physiol 39:787–827

Blumenthal EM, Shoop RD, Berg DK (1999) Developmental changes in the nicotinic responses of ciliary ganglion neurons. J Neurophysiol 81:111–120

Boyd RT, Jacob MH, McEachern AE, Caron S, Berg DK (1991) Nicotinic acetylcholine receptor mRNA in dorsal root ganglion neurons. J Neurobiol 22:1–14

Brain KL, Bennett MR (1995) Calcium in the nerve terminals of chick ciliary ganglia during facilitation, augmentation and potentiation. J Physiol (Lond) 489:637–648

Brenner HR, Martin AR (1976) Reduction in acetylcholine sensitivity of axotomized ciliary ganglion cells. J Physiol (Lond) 260:159–175

Cetiner M, Bennett MR (1993) Nitric oxide modulation of calcium-activated potassium channels in postganglionic neurones of avian cultured ciliary ganglia. Br J Pharmac 110:995–1002

Chang K, Berg D (1999) Dependence of circuit function on nicotinic acetylcholine receptors containing $\alpha 7$ subunits. J Neurosci 19:3701–3710

Chiappinelli VA (1983) Kappa-bungarotoxin: a probe for the neuronal nicotinic receptor in the avian ciliary ganglion. Brain Res 277:9–21

Chiappinelli VA, Cohen JB, Zigmond RE (1981) The effects of α- and β-neurotoxins from the venoms of various snakes on transmission in autonomic ganglia. Brain Res 211:107–126

Chiappinelli VA, Giacobini E (1978) Time course of appearance of α-bungarotoxin binding sites during development of chick ciliary ganglion and iris. Neurochem Res 3:465–478

Coggan JS, Paysan J, Conroy WG, Berg DK (1997) Direct recording of nicotinic responses in presynaptic nerve terminals. J Neurosci 17:5798–5806

Conroy WG, Berg DK (1995) Neurons can maintain multiple classes of nicotinic acetylcholine receptors distinguished by different subunit compositions. J Biol Chem 270:4424–4431

Conroy WG, Berg DK (1998) Nicotinic receptor subtypes in the developing chick brain: appearance of a species containing the $\alpha 4$, $\beta 2$, and $\alpha 5$ gene products. Mol Pharmacol 53:392–401

Cooper E, Lau M (1986) Factors affecting the expression of acetylcholine receptors on rat sensory neurones in culture. J Physiol (Lond) 377:409–420

Corriveau RA, Berg DK (1993) Co-expression of multiple acetylcholine receptor genes in neurons: quantification of transcripts during development. J Neurosci 13:2662–2671

Corriveau RA, Berg DK (1994) Neurons in culture maintain acetylcholine receptor levels with far fewer transcripts than in vivo. J Neurobiol 25:1579–1592

Couturier S, Bertrand D, Matter J-M, Hernandez M-C, Bertrand S, Millar N, Valera S, Barkas T, Ballivet M (1990) A neuronal nicotinic acetylcholine receptor subunit ($\alpha 7$) is developmentally regulated and forms a homo-oligomeric channel blocked by α-Btx. Neuron 5:847–856

Cuevas J, Berg, DK (1998) Mammalian nicotinic receptors with $\alpha 7$ subunits that slowly desensitize and rapidly recover from α-bungarotoxin blockade. J Neurosci 18:10335–10344

Dennis MJ, Harris AJ, Kuffler SW (1971) Synaptic transmission and its duplication by focally applied acetylcholine in parasympathetic neurons in the heart of the frog. Proc Roy Soc Lond B 177:509–539

De Koninck P, Cooper E (1995) Differential regulation of neuronal nicotinic ACh receptor subunit genes in cultured neonatal rat sympathetic neurons: specific induction of $\alpha 7$ by membrane depolarization through a Ca^{2+}/calmodulin-dependent kinase pathway. J Neurosci 15:7966–7978

Devay P, Qu X, Role L (1994) Regulation of nAChR subunit gene expression relative to the development of pre- and postsynaptic projections of embryonic chick sympathetic neurons. Dev Biol 162:56–70

Dryer S (1994) Functional development of the parasympathetic neurons of the avian ciliary ganglion: a classic model system for the study of neuronal differentiation and development. Prog Neurobiol 43:281–322

Dryer SE, Dourado MM, Wisgirda ME (1991) Characteristics of multiple Ca^{2+}-activated K^+ channels in acutely dissociated chick ciliary ganglion neurones. J Physiol (Lond) 443:601–627

Elgoyhen AB, Johnson DS, Boulter J, Vetter DE, Heinemann S (1994) α9: An acetylcholine receptor with novel pharmacological properties expressed in rat cochlear hair cells. Cell 79:705–715

Engisch KL, Fischbach GD (1990) The development of ACh- and GABA-activated currents in normal and target-deprived embryonic chick ciliary ganglia. Dev Biol 139:417–426

Engisch KL, Fischbach GD (1992) The development of ACh-and GABA-activated currents in embryonic chick ciliary ganglion neurons in the absence of innervation in vivo. J Neurosci 12:1115–1125

Fischbach GD, Rosen KM (1997) ARIA: a neuromuscular junction neuregulin. Annu Rev Neurosci 20:429–458

Gardette R, Listerud M, Brussaard AB, Role LW (1991) Developmental changes in transmitter sensitivity and synaptic transmission in innervated embryonic chicken sympathetic neurons in vitro. Dev Biol 147:83–95

Gray R, Rajan AS, Radcliffe KA, Yakehiro M, Dani JA (1996) Hippocampal synaptic transmission enhanced by low concentrations of nicotine. Nature 383:713–716

Greene LA, Sytkowski AJ, Vogel Z, Nirenberg MW (1973) α-Bungarotoxin used as a probe for acetylcholine receptors of cultured neurones. Nature 243:163–166

Halvorsen SW, Berg DK (1987) Affinity labeling of neuronal acetylcholine receptor subunits with an α-neurotoxin that blocks receptor function. J Neurosci 7:2547–2555

Harris KM, Kater SB (1994) Dendritic spines: cellular specializations imparting both stability and flexibility to synaptic function. Annu Rev Neurosci 17:341–371

Harris AJ, Kuffler SW, Dennis MJ (1971) Differential chemosensitivity of synaptic and extrasynaptic areas on the neuronal surface membrane in parasympathetic neurons of the frog, tested by microapplication of acetylcholine. Proc Roy Soc Lond B 177:541–553

Jacob MH (1991) Acetylcholine receptor expression in developing chick ciliary ganglion neurons. J Neurosci 11:1701–1712

Jacob MH, Berg DK (1983) The ultrastructural localization of α-bungarotoxin binding sites in relation to synapses on chick ciliary ganglion neurons. J Neurosci 3:260–271

Jacob MH, Berg DK (1987) Effects of preganglionic denervation and postganglionic axotomy on acetylcholine receptors in the chick ciliary ganglion. J Cell Biol 105:1847–1854

Jacob MH, Berg DK (1988) The distribution of acetylcholine receptors in chick ciliary ganglion neurons following disruption of ganglionic connections. J Neurosci 8:3838–3849

Jacob MH, Berg DK, Lindstrom JM (1984) Shared antigenic determinant between the *Electrophorus* acetylcholine receptor and a synaptic component on chicken ciliary ganglion neurons. Proc Natl Acad Sci USA 81:3223–3227

Keyser KT, Britto LRG, Schoepfer R, Whiting P, Cooper J, Conroy W, Brozozowska-Prechtl A, Karten HJ, Lindstrom J (1993) Three subtypes of α-bungarotoxin-sensitive nicotinic acetylcholine receptors are expressed in chick retina. J Neurosci 13:442–454

Landmesser L, Pilar G (1972) The onset and development of transmission in the chick ciliary ganglion. J Physiol (Lond) 222:691–713

Levey MS, Brumwell CL, Dryer SE, Jacob MH (1995) Innervation and target tissue interactions differentially regulate acetylcholine receptor subunit mRNA levels in developing neurons in situ. Neuron 14:153–162

Levey MS, Jacob MH (1996) Changes in the regulatory effects of cell-cell interactions on neuronal nAChR subunit transcript levels after synapse formation. J Neurosci 16:6878–6885

Lindstrom J (1996) Neuronal nicotinic acetylcholine receptors. In: Narahashi T (ed) Ion channels, vol. 4, Plenum Press, New York, pp 377–450

Listerud M, Brussaard AB, Devay P, Colman DR, Role LW (1991) Functional contribution of neuronal nAChR subunits revealed by antisense oligonucleotides. Science 254:1518–1521

Loewi O (1921) On the humoral propagation of cardiac nerve action. Pflugers Arch 189:239–242

Loring RH, Dahm LM, Zigmond RE (1985) Localization of α-bungarotoxin binding sites in the ciliary ganglion of the embryonic chick: an autoradiographic study at the light and electron microscopic level. Neurosci 14:645–660

Loring RH, Sah DWY, Landis SC, Zigmond RE (1988) The ultrastructural distribution of putative nicotinic receptors on cultured neurons from the rat superior cervical ganglion. Neurosci 24:1071–1080

Loring RH, Zigmond RE (1987) Ultrastructural distribution of ^{125}I-toxin F binding sites on chick ciliary neurons: synaptic localization of a toxin that blocks ganglionic nicotinic receptors. J Neurosci 7:2153–2162

Mandelzys A, Cooper E (1992) Effects of ganglionic satellite cells and NGF on the expression of nicotinic acetylcholine currents by rat sensory neurons. J Neurophysiol 67:1213–1221

Mandelzys A, Cooper E, Verge VMK, Richardson PM (1990) Nerve growth factor induces functional nicotinic acetylcholine receptors on rat sensory neurons in culture. Neurosci 37:523–530

Mandelzys A, De Koninck P, Cooper E (1995) Agonist and toxin sensitivities of ACh-evoked currents on neurons expressing multiple nicotinic ACh receptor subunits. J Neurophysiol 74:1212–1221

Mandelzys A, Pie B, Deneris ES, Cooper E (1994) The developmental increase in ACh current densities on rat sympathetic neurons correlates with changes in nicotinic ACh receptor α-subunit gene expression and occurs independent of innervation. J Neurosci 14:2357–2364

Margiotta JF, Berg DK, Dionne VE (1987) Cyclic AMP regulates the proportion of functional acetylcholine receptors on chick ciliary ganglion neurons. Proc Natl Acad Sci (USA) 84:8155–8159

Margiotta JF, Gurantz D (1989) Changes in the number, function, and regulation of nicotinic acetylcholine receptors during neuronal development. Dev Biol 135:326–339

Martin AR, Pilar G (1964) Presynaptic and post-synaptic events during post-tetanic potentiation and facilitation in the avian ciliary ganglion. J Physiol (Lond) 175:17–30

McGehee D, Heath M, Gelber S, Role LW (1995) Nicotine enhancement of fast excitatory synaptic transmission in CNS by presynaptic receptors. Science 269:1692–1697

McGehee DS, Role LW (1995) Physiological diversity of nicotinic acetylcholine receptors expressed by vertebrate neurons. Annu Rev Physiol 57:521–46

Moss BL, Role LW (1993) Enhanced ACh sensitivity is accompanied by changes in ACh receptor channel properties and segregation of ACh receptor subtypes on sympathetic neurons during innervation in vivo. J Neurosci 13:13–26

Moss BL, Schuetze SM, Role LW (1989) Functional properties and developmental regulation of nicotinic acetylcholine receptors on embryonic chicken sympathetic neurons. Neuron 3:597–607

Peng X, Gerzanich V, Anand R, Whiting PJ, Lindstrom J (1994) Nicotine-induced increase in neuronal nicotinic receptors results from a decrease in the rate of receptor turnover. Mol Pharmacol 46:523–530

Poage RE, Zengel JE (1993) Kinetic and pharmacological examination of stimulation-induced increases in synaptic efficacy in the chick ciliary ganglion. Synapse 14:81–89

Poth K, Nutter TJ, Cuevas J, Parker MJ, Adams DJ, Luetje CW (1997) Heterogeneity of nicotinic receptor class and subunit mRNA expression among individual parasympathetic neurones from rat intracardiac ganglia. J Neurosci 17:586–596

Ramirez-Latorre J, Yu CR, Qu X, Perin F, Karlin A, Role L (1996) Functional contributions of α5 subunits to neuronal acetylcholine receptor channels. Nature 380:347–351
Ravdin PM, Berg DK (1979) Inhibition of neuronal acetylcholine sensitivity by α-toxins from Bungarus multicinctus venom. Proc Nat Acad Sci (USA) 76:2072–2076
Role LW, Berg DK (1996) Nicotinic receptors in the development and modulation of CNS synapses. Neuron 16:1077–1085
Rothhut BR, Romano SJ, Vijayaraghavan S, Berg DK (1996) Posttranslational regulation of neuronal acetylcholine receptors stably expressed in a mouse fibroblast cell line. J Neurobiol 29:115–125
Sargent PB (1993) The diversity of neuronal nicotinic acetylcholine receptors. Annu Rev Neurosci 16:403–443
Sargent PB, Garrett EN (1995) The characterization of α-bungarotoxin receptors on the surface of parasympathetic neurons in the frog heart. Brain Res 680:99–107
Sargent PB, Bryan GK, Streichart LC, Garrett EN (1991) Denervation does not alter the number of neuronal bungarotoxin binding sites on autonomic neurons in the frog cardiac ganglion. J Neurosci 11:3610–3623
Sargent PB, Pang DZ (1989) Acetylcholine receptor-like molecules are found in both synaptic and extrasynaptic clusters on the surface of neurons in the frog cardiac ganglion. J Neurosci 9:1062–1072
Schoepfer R, Conroy WG, Whiting P, Gore M, Lindstrom J (1990) Brain α-bungarotoxin binding protein cDNAs and mAbs reveal subtypes of this branch of the ligand-gated ion channel gene superfamily. Neuron 5:35–48
Schwartz Levey M, Brumwell CL, Dryer SE, Jacob MH (1995) Innervation and target tissue interactions differentially regulate acetylcholine receptor subunit mRNA levels in developing neurons in situ. Neuron 14:153–162
Seguela P, Wadiche J, Dineley-Miller K, Dani JA, Patrick JW (1993) Molecular cloning, functional properties, and distribution of rat brain α7: a nicotinic cation channel highly permeable to calcium. J Neurosci 13:596–604
Shoop RD, Martone ME, Yamada N, Ellisman MH, Berg, DK (1999) Neuronal acetylcholine receptors with α7 subunits are concentrated on somatic spines for synaptic signaling in embryonic chick ciliary ganglia. J Neurosci 19:692–704
Sivilotti LG, McNeil DK, Lewis TM, Nassar MA, Schoepfer R, Colquhoun D (1997) Recombinant nicotinic receptors, expressed in Xenopus oocytes, do not resemble native rat sympathetic ganglion receptors in single-channel behavior. J Physiol 500:123–138
Smith MA, Stollberg J, Lindstrom JM, Berg DK (1985) Characterization of a component in chick ciliary ganglia that cross reacts with monoclonal antibodies in muscle and electric organ acetylcholine receptors. J Neurosci 5:2726–2731
Stanley EF, Goping G (1991) Characterization of a calcium current in a vertebrate cholinergic presynaptic nerve terminal. J Neurosci 11:985–993
Sun XP, Stanley EF (1996) An ATP-activated, ligand-gated ion channel on a cholinergic presynaptic nerve terminal. Proc Natl Acad Sci USA 93:1859–1863
Ullian EM, McIntosh JM, Sargent PB (1997) Rapid synaptic transmission in the avian CG is mediated by two distinct classes of nicotinic receptors. J Neurosci 17:7210–7219
Vernallis AB, Conroy WG, Berg DK (1993) Neurons assemble acetylcholine receptors with as many as three kinds of subunits while maintaining subunit segregation among receptor subtypes. Neuron 10:451–464
Wang F, Gerzanich V, Wells GB, Anand R, Peng X, Keyser K, Lindstrom J (1996) Assembly of human neuronal nicotinic receptor α5 subunits with α3, β2, and β4 subunits. J Biol Chem 271:17656–17665
Wilson Horch HL, Sargent PB (1995) Perisynaptic surface distribution of multiple classes of nicotinic acetylcholine receptors on neurons in the chicken ciliary ganglion. J Neurosci 15:7778–7795

Wilson Horch HL, Sargent PB (1996a) Synaptic and extrasynaptic distribution of two distinct populations of nicotinic acetylcholine receptor clusters in the frog cardiac ganglion. J Neurocytol 25:67–77

Wilson Horch HL, Sargent PB (1996b) Effects of denervation on acetylcholine receptor clusters on frog cardiac ganglion neurons as revealed by quantitative laser scanning confocal microscopy. J Neurosci 16:1720–1729

Wonnacott S (1997) Presynaptic nicotinic ACh receptors. TINS 20:92–98

Yang X, Kuo Y, Devay P, Yu C, Role L (1998) A cysteine-rich isoform of neuregulin controls the level of expression of neuronal nicotinic receptor channels during synaptogenesis. Neuron 20:255–270

Yawo H, Momiyama A (1993) Re-evaluation of calcium currents in pre- and postsynaptic neurones of the chick ciliary ganglion. J Physiol (Lond) 460:153–172

Yu CR, Role LW (1998a) Functional contribution of the $\alpha 5$ subunit to neuronal nicotinic channels expressed by chick sympathetic ganglion neurones. J Physiol (Lond) 509:667–681

Yu CR, Role LW (1998b) Functional contribution of the $\alpha 7$ subunit to multiple subtypes of nicotinic receptors in embryonic chick sympathetic neurones. J Physiol (Lond) 509:651–665

Zhang Z-w, Coggan JS, Berg DK (1996) Synaptic currents generated by neuronal acetylcholine receptors sensitive to α-bungarotoxin. Neuron 17:1231–1240

Zhang Z-w, Vijayaraghavan S, Berg DK (1994) Neuronal acetylcholine receptors that bind α-bungarotoxin with high affinity function as ligand-gated ion channels. Neuron 12:167–177

Zorumski CF, Thio LL, Isenberg KE, Clifford DB (1992) Nicotinic acetylcholine currents in cultured postnatal rat hippocampal neurons. Mol Pharm 41:931–936

Section III
Functional Properties

CHAPTER 11
Neuronal Nicotinic Acetylcholine Receptors: From Biophysical Properties to Human Diseases

B. BUISSON, F. PICARD, and D. BERTRAND

A. Introduction

Receptors that mediate neurotransmission can be divided into two groups: the ionotropic and the metabotropic receptors. The ionotropic receptors, which mediate the fast transmission, present both ligand-binding domains and an ion channel and they are usually designed as "ligand-gated channels." Following the binding of the neurotransmitter molecules, the channel opens and allows ions to flow across the membrane, which then displace the cell potential toward the electrochemical equilibrium of the permeable ions. Differently, metabotropic receptors display a binding site for the ligand that triggers protein-protein interactions or catalytic activities leading to the activation of second messenger pathways. Among the ligand-gated channels three main families are distinguished: the family of glutamate receptors (kainate/a-amino-3-hydroxy-5-methyl-4-isoxazoleprionic acid, AMPA, and N-methyl-D-aspartate, NMDA), the family of the purinergic receptors, and the family of the nicotinic acetylcholine receptors (nAChRs). This last family includes the γ-aminobutyric acid (GABA)-A receptors, the glycine receptors, the serotoninergic 5-hydroxytryptophan (5-HT$_3$) receptors, and the nAChRs (ORTELLS and LUNT 1995). Whilst the GABA and glycine receptors are selectively permeable to anions, the nAChRs and 5-HT$_3$ receptors are selective for cations. The analysis of DNA sequences supports the notion that the nAChRs share a common evolutionary ancestor, probably homomeric, with the GABA$_A$, the glycine, and the 5-HT$_3$ receptors (LE NOVÈRE and CHANGEUX 1995; ORTELLS and LUNT 1995). According to this scheme it is supposed that throughout evolution, gene duplication and spontaneous mutations have progressively led to the emergence of the different receptor subtypes. All of the receptors that belong to this family result from the assembly of five subunits, each of which is a single protein with four transmembrane domains (BERTRAND and CHANGEUX 1995; GALZI and CHANGEUX 1995). To date, 11 neuronal nAChR subunits have been identified in the vertebrates: eight genes code for α subunits ($\alpha 2-\alpha 9$) and three for non-α subunits identified as $\beta 2-\beta 4$ (LINDSTROM 1997; MCGEHEE and ROLE 1995). As described above, it is well accepted that the most ancient forms of nAChRs are the homo-oligomeric receptors: $\alpha 7-\alpha 9$ (LE NOVÈRE and CHANGEUX 1995; ORTELLS and LUNT 1995). Predictions made from the DNA sequences suggest that the muscle receptor is a specialized and recent type of nAChR. The last bifurcation is supposed to have taken place shortly before the onset of the mammalian lineage (420 million years ago), paralleling the progressive increased complexity of the chordate nervous system, in particular the cholinergic systems (LE NOVÈRE and CHANGEUX 1995).

The different nAChR subunits have substantial sequence identities between them (around 60% in the rat; BOULTER et al. 1990), especially at the level of the membrane-spanning regions. Moreover, human, rat, and chick nAChR genes of the same subtype are highly homologous, with an identity of the mature peptides ranging from 82% to 95% (GOTTI et al. 1997). Nevertheless, it should be recalled that a singularity of one amino acid is sufficient to cause significant differences of the receptor properties, as we shall see below. The neuronal nAChR subunits are about 450–700 amino acids long and contain: (1) a large N-terminal hydrophilic domain carrying the multiple loops that participate in the neurotransmitter binding site, (2) four separate transmembrane segments (TM1–TM4), each of which are about 20 amino acids long, (3) a long intracellular loop (between TM3 and TM4; with putative sites of phosphorylation) that participates in the receptor targeting (WILLIAMS et al. 1998) and (4) a small C-terminal hydrophilic domain facing the extracellular medium (Fig. 1). Importantly, the wall of the ionic pore is lined by the TM2 segment of each subunit. Heteromeric neuronal nAChRs result from the assembly of at least one α and one β subunits in a ratio of $2\alpha:3\beta$. However, immunoprecipitation studies indicate that some brain receptors may contain up to four different subunits (CONROY and BERG 1995, 1998). It is supposed that, as for the muscle nAChR, subunits are arranged around an axis of pseudosymmetry in hundreds of combinations (BERTRAND and CHANGEUX 1995), but the diversity of native nAChRs appears to be restricted to a few possibilities as suggested by the subunit distribution within the brain (COURT and CLEMENTI 1995; FLORES et al. 1992; FORSAYETH and KOBRIN 1997; LE NOVERE et al. 1996; RUBBOLI et al. 1994; TORRAO et al. 1997; WADA et al. 1989; WEVERS et al. 1994). In heterologous systems of expression, homomeric nAChRs are made of five identical subunits: $\alpha 7$, $\alpha 8$, or $\alpha 9$ (COUTURIER et al. 1990a; ELGOYHEN et al. 1994; GOPALAKRISHNAN et al. 1995; SÉGUÉLA et al. 1993). The controversy still exists about the composition of native neuronal nAChRs that contain an $\alpha 7$, $\alpha 8$, or $\alpha 9$ subunit.

Brain nAChRs were first characterized in binding experiments and two classes were readily distinguished: the acetylcholine (ACh) binding sites and the α-bungarotoxin (α-Bgt) binding sites (CLARKE et al. 1985). Extensive autoradiographic investigations have revealed the large overlap between the brain high-affinity binding sites for ACh, cytisine, and nicotine. More recently, epibatidine has also been identified as a very selective ligand for this class of nAChRs (HELLSTROM-LINDAHL et al. 1998; HORTI et al. 1997; HOUGHTLING et al. 1995; MARKS et al. 1998; PERRY and KELLAR 1995). In terms of protein quantity, the $\alpha 4\beta 2$ subtype is the most abundant nAChR that is found in the vertebrate brains and accounts for the high-affinity nicotine binding sites

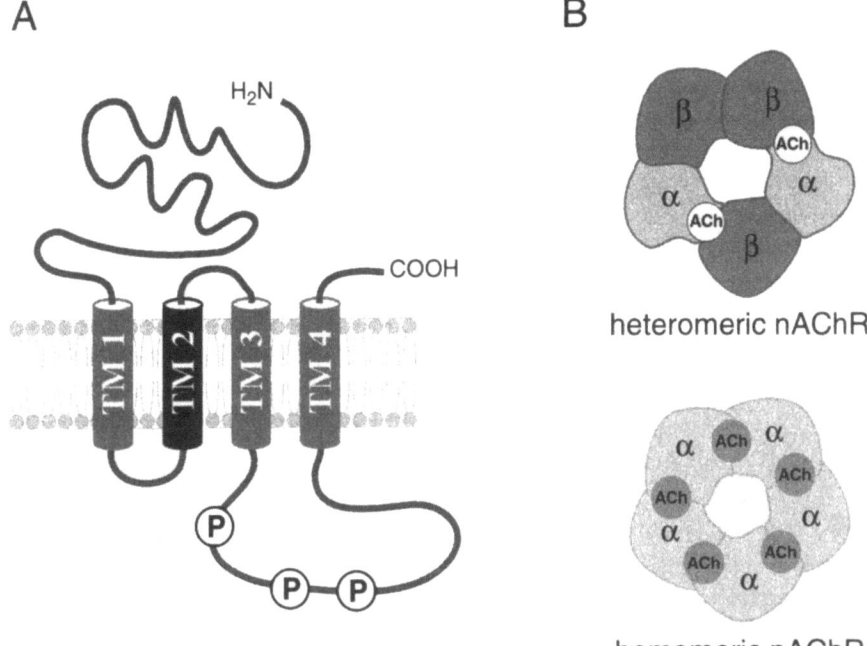

Fig. 1A,B. Schematic organization of neuronal nAChRs. The transmembrane topology of a nAChR subunit is presented in **A**. The transmembrane domain 2 (TM2) is distinguished from the other domains since it has been identified as the channel wall. Neuronal nAChRs result from the assembly of five subunits around an axis of pseudosymmetry (**B**). It is believed that homomeric nAChRs are made of five identical subunits ($\alpha7$, $\alpha8$, or $\alpha9$). Heteromeric nAChRs contain at least one α and one β subunit in a ratio of $2\alpha:3\beta$. The most abundant brain nAChR is the $\alpha4\beta2$ subtype, but more complex combinations may exist such as $(\alpha4)_2\beta2\beta3\beta4$ in the rat cerebellum

(CONROY and BERG 1998; DEUTCH et al. 1987; FLORES et al. 1992; MARKS et al. 1992; PICCIOTTO et al. 1995; SWANSON et al. 1987). The α-Bgt is a snake toxin that was initially characterized as a competitive inhibitor of the muscle nAChR (CHANGEUX et al. 1970). Together with the plant alkaloid methyllycaconitine (MLA) (DRASDO et al. 1992; PALMA et al. 1996; WONNACOTT et al. 1993), α-Bgt binds to one class of brain nAChRs with a picomolar affinity. It is believed that the high-affinity α-Bgt binding sites correspond to homomeric $\alpha7$, $\alpha8$, or $\alpha9$ nAChRs, although these subunits may combine with other α and β.

While neuronal nAChRs were first isolated from rat or chick mRNAs, their human homologues have now been identified (ELLIOTT et al. 1996; GOTTI et al. 1997; LINDSTROM 1997). The extensive analysis of a given human gene has revealed several polymorphisms in the subunits' nucleotide sequences, some of which are silent whereas others cause an alteration of the amino acid sequence. As an illustration, genetic investigations performed in families suffering from inherited forms of myasthenia gravis led to the characterization of several mutations in the muscle nAChR subunits (ENGEL et al. 1998). Moreover, mutations in the exon 5 of the neuronal nAChR $\alpha 4$ subunit have been identified in patients affected by one form of epilepsy, the autosomal dominant nocturnal frontal lobe epilepsy (ADNFLE) (STEINLEIN et al. 1995, 1997). Thus, the characterization of these mutations together with their functional analysis may help to better understand the multiple roles of the nAChRs in brain functions and disorders.

B. Reconstitution and Recording of Neuronal nAChRs

Neuronal nAChRs can be investigated by different approaches. First, native receptors can be characterized in acute slices, in freshly dissociated neurons, or at least in established cell lines. Alternatively, receptors can be investigated in isolation following the transient or stable expression of recombinant cDNA(s) encoding for the nAChR subunits. Two different systems of heterologous expression can be distinguished: the *Xenopus* oocytes and cell lines. The rational for choosing one of the two systems is dictated by the aims of the work that has to be conducted. Methods for handling oocytes and cell lines have been extensively documented elsewhere (BERTRAND et al. 1991a, 1997; BUISSON et al. 1998). The oocyte system provides the opportunity to test many different cDNAs in a short time and is therefore widely employed in structure-function studies where large number of mutants are tested within a short time. Because of their size (about 1 mm in diameter), oocytes have to be recorded with two intracellular electrodes (one to measure the membrane voltage and another one to inject the current). Given their dimensions and the presence of the viteline membrane, a fast exchange of the solutions is limited around the oocytes. Nevertheless, the relevance of using a fast system of application with the oocytes has been raised by the cloning and expression of the brain high-affinity binding α-Bgt protein $\alpha 7$. The cDNA encoding for the chick $\alpha 7$ subunit was initially identified by the groups of LINDSTROM and BALLIVET (COUTURIER et al. 1990a; SCHOEPFER et al. 1990). However, the functionality of reconstituted α-Bgt nAChRs (made of identical $\alpha 7$ subunits) was revealed only by the means of a fast agonist delivery system (COUTURIER et al. 1990a).

The highest time and current resolution is reached by recording single cells with the patch clamp technique. Around the cell (that is about a $30\,\mu$m diameter), the solution can be exchanged in the millisecond time scale by using a multibarrel puffer and/or a liquid filament perfusion system (BERTRAND et al. 1997; BUISSON et al. 1998). It is of value to recall that at the synapse, the neurotransmitter diffuses within the cleft and reaches the ligand-gated channels within a few milliseconds, and is also enzymatically degraded and/or recaptured within the same time scale. The necessity of reaching a speed of application comparable to the neurotransmitter release is well illustrated by the investigation of the nAChRs at the chick ciliary ganglia neurons. It is only with the use of a fast perfusion system that α-Bgt receptors could be detected and shown to behave as fast-activated and fast-desensitized ligand-gated channels (ZHANG et al. 1994). In summary, many studies stress the necessity of employing fast perfusion systems. If the agonist delivery is too slow, a fraction of the nAChRs can directly switch from the basal state to a desensitized state without causing a detectable opening. Such a phenomenon can introduce substantial distortions in the determination of the physiological/pharmacological profile of nAChRs. An alternative procedure to electrophysiology is the measurement of cumulative radioactive ionic fluxes (BUISSON et al. 1998); however, because of the slow agonist application, the function of fast-activated and -desensitized nAChRs such as α7 cannot be revealed by this technique.

C. The Allosteric Model

Before examining the structure-function relationship of amino acids participating in the formation of the nAChR domains, basic principles in the functioning of a ligand-gated channel should be discussed. Closed at rest, the aqueous pore is quickly opened during the agonist exposure. In its open conformation the ionic pore becomes permeable to ions which can permeate at a rate of roughly 10^6 ions/s (HILLE 1992). This ionic flux modifies the potential of the cell membrane and thus mediates synaptic transmission. Upon prolonged exposure to agonist, however, the receptor changes conformation to a desensitized state in which the channel is also closed. Thus, the minimal model that describes the possible conformation of the receptor comprises at least three states (see Fig. 2) with: B, the basal closed state; A, the active open state and D, the desensitized closed state. According to this model the channel must undergo conformational changes between the three states, and a gating mechanism allowing the switch from the closed to the open configuration must exist.

Two alternatives can be considered to take into account the ligand-gated receptor properties. On the one hand it may be postulated that binding of the ligand causes a modification of the receptor conformation which then leads to the opening of the ionic pore. On the other hand it may be postulated that ligand-gated channels can have several possible conformations and that the presence of the ligand preferentially stabilizes one or more conformational state(s). The first hypothesis is the so-called "induce fit model" (KOSHLAND 1971) whereas the second corresponds to the "allosteric model" (MONOD et al. 1965). Short agonist pulses stabilize the receptor in the active conformation. In contrast, prolonged exposures stabilize one or many desensitized states (displaying a higher affinity for the agonist) which lead to a progressive reduction of the fraction of receptors in the active (open) state. The result is a decline of the agonist-evoked current.

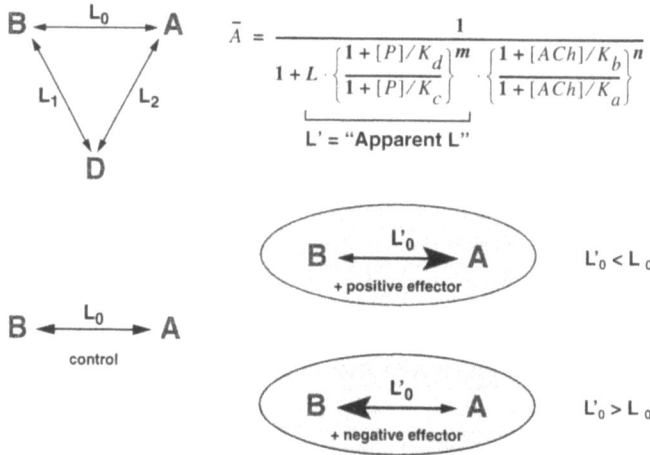

Fig. 2. The allosteric model. Transitions of neuronal nAChRs can be described by a minimal three-states model: B corresponds to the basal resting state, A is the active open state, and D represents the desensitized state (but it should be more than a single one). When considering the transition between the B and A states, the fraction of the receptors that are in state A is given by the allosteric equation presented on the *right side* (from RUBIN and CHANGEUX 1968). In the absence of an allosteric effector, the "probability" that the receptor will undergo the transition between the A and B state depends on the allosteric constant L_0 which is determined by the intrinsic properties of the receptor protein (thus, $L' = L$). In the presence of an allosteric effector, the probability of undergoing the transition is determined by L'. A positive allosteric effector decreases the apparent L value whereas a negative one will increase it. A, the fraction of receptors in the open state; L, the isomerization constant in absence of agonist; K_a, K_b, K_c, and K_d, the respective microscopic dissociation constants for the agonist and allosteric effector; [ACh], the agonist concentration; [P], the allosteric effector concentration; n, corresponds to the number of allosteric sites for the agonist (ACh); m, corresponds to the number of allosteric sites for the allosteric effector (P)

In the following paragraph we will focus on the allosteric model, initially proposed by MONOD, WYMAN, and CHANGEUX for the description of cytosolic enzyme properties. As we shall see, this theory readily takes into account the properties of nAChRs or any other ligand-gated channel.

To be considered as an allosteric molecule, a protein must fulfill the following criteria: (1) it results from the assembly of at least two protomers; (2) it possesses one or more axes of rotational symmetry, (3) it exists in at least two freely interconvertible conformational states; and (4) the transition from one state to the other involves a "concerted" transition; that is, the protomers change their conformation in cooperativity. The equilibrium between two interconvertible conformational states (resting ←→ active) is characterized by an isomerization constant, L (see Fig. 2). The lower the L value is, the easier the transition from the resting to the active state. It is of value to recall that the L value only depends on the intrinsic properties of the oligomeric protein which are determined by the amino acid sequence of the individual protomers.

As a correlate (and as described below), the mutation of a single amino acid in one protomer may profoundly modify the L value and the related allosteric equilibrium.

As proposed by RUBIN and CHANGEUX (1966), in addition to the agonist binding sites, other sites may exist on the protein where the binding of compounds can stabilize one particular conformational state of the protein. Thus, a molecule that binds to a site that is topologically different from the agonist ones could be identified as an *allosteric effector*. Compounds that favor stabilization of the active conformation are called positive effectors whereas compounds that favor the stabilization of nonactive conformations are called negative effectors. The ability of compounds to stabilize the active state would rank in the order: agonist > partial agonists > positive effectors. To take into account the influence of an allosteric effector, the allosteric equation was extended to a more generalized form that introduced parameters relative to the allosteric effector (RUBIN and CHANGEUX 1966). The difference between the new equation and the initial formulation (MONOD et al. 1965) is the introduction of a "scaling factor" in front of the isomerization constant that modifies its "apparent value." Thus, positive effectors lower the L value ("apparent L" < L) whereas negative effectors have the opposite effect ("apparent L" > L).

Although complex schemes have been proposed for the description of the different states of the nAChRs, the transitions between the three minimal states can be analyzed with the allosteric model.

D. Functional Domains of the Neuronal nAChR

When considering a protein as complex as a ligand-gated channel, it is tempting to subdivide it on the basis of its functional domains into, namely, a ligand-binding site and a channel domain. Although other sites where allosteric effectors, or any other compounds, may bind must also be considered, these two functional domains constitute the minimal requirement for the existence of a ligand-gated channel.

In the view of high degree of sequence homologies displayed by distant members of the superfamily of ligand-gated channels, it can be proposed that properties of the ligand-binding site and channel domain seem to have evolved separately. According to this hypothesis it should be possible to exchange functional domains from one ligand-gated channel with another one. The resulting chimera would display the pharmacological properties conferred by the binding site while the ionic pore selectivity and sensibility would match those of the corresponding donor.

The ensemble of these predictions was verified with the construction of the chimeric receptor that comprises the N-terminal domain of the $\alpha 7$ neuronal nAChR and the rest of its sequence from the 5-HT$_3$ receptor (EISELÉ et al. 1993). With these experiments it became clear that, providing adequate molecular engineering, functional domains can be exchanged between ligand-gated channels while keeping the overall receptor function. It should be noted that, as predicted from the allosteric model, the apparent affinity of the chimera for ACh does not match that of the wild-type $\alpha 7$ nAChR. This clearly illustrates the influence of a given protein domain on the overall receptor function.

E. The Agonist Binding Site: Structure and Modulations
I. Structural Determinants for Acetylcholine Binding

Knowledge about the ligand binding site mainly comes from biochemical studies using high-affinity ligands or photoaffinity labeling (reviewed in GALZI and CHANGEUX 1995) and from functional investigations of receptors engineered by site-directed mutagenesis (reviewed BERTRAND and CHANGEUX 1995). All evidence obtained up to now indicates that the ligand-binding pocket lies at the interface between an α and its adjacent subunit and that it is formed by amino acid residues from both subunits (CORRINGER et al. 1995, 1998; KARLIN 1993; SUGIYAMA et al. 1998). This clearly explains why both the α (principal binding component) and the non-α subunit (complementary binding component) contribute to the physiological and pharmacological properties of the receptor (COUTURIER et al. 1990b; FIGL et al. 1992a; HUSSY et al. 1994). Taken as a hallmark of the α subunits, the two cysteine residues (position 192 and 193 in *Torpedo*) were thought to be crucial for the ACh binding. Thus, from sequence homologies it was deduced that subunits that have the two adjacent cysteins should be classified in the α subunit group, while other subunits would be considered as non-α (or β in the case of the neuronal nAChRs). Moreover, mutagenesis experiments have confirmed the contribution of the complementary components to the receptor agonist and antagonist properties (CORRINGER et al. 1998). Exceptions to this rule are the $\alpha 7$, $\alpha 8$, or $\alpha 9$ subunits which can reconstitute functional homomeric receptors (COUTURIER et al. 1990b; ELGOYHEN et al. 1994; GOPALAKRISHNAN et al. 1995; GOTTI et al. 1994; PENG et al. 1994; SÉGUÉLA et al. 1993). As a consequence, these subunits must possess in their sequences both the principal and complementary components that form the ACh-binding pocket (Fig. 3).

Results from numerous analyses have identified that the ACh-binding pocket results from the contribution of at least six loops. The three loops (A, B, C) of the α subunit are often referenced as the major component while the other loops (D, E, F) present on the alpha adjacent subunit are called the complementary component (BERTRAND and CHANGEUX 1995; GALZI and CHANGEUX 1995). Initial site-directed mutagenesis had highlighted the contribution of aromatic residues in the principal component of the agonist binding site (GALZI et al. 1990). The participation of these loops has further been documented in several studies where the exchange of "cassettes" (short amino acid sequences) has been performed between different subunits (CORRINGER

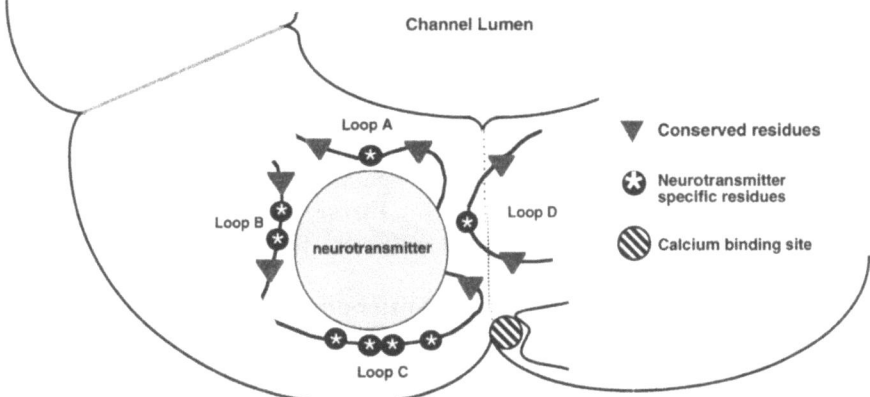

Fig. 3. Ligand-binding site at the interface between subunits. Schematic representation of two adjacent subunits with the four principal loops and the calcium allosteric binding site illustrated. *Triangles* correspond to residues that are conserved across members of the ligand-gated channel superfamily while residues identified for participation in the ligand interaction are indicated by *filled circles*

et al. 1998; FIGL et al. 1992b). The introduction of residues between positions 183–191 of the $\alpha 4$ subunit into the $\alpha 7$ 5-HT$_3$ chimera was found to be sufficient to increase the receptor apparent affinity and equilibrium binding; moreover, it suppressed the discrimination between ACh and nicotine. From these and other microchimera it was concluded that the transfer of residues 151–155 and 183–191 confers typical pharmacological properties of the $\alpha 4 \beta 2$ nAChR to the $\alpha 7$ 5-HT$_3$ receptor (CORRINGER et al. 1998).

II. Allosteric Modulation of the nAChR Pharmacological Profile

Following the first electrophysiological characterizations of neuronal nAChRs in the late eighties, MULLE et al. (1992) and VERNINO et al. (1992) reported that calcium ions (in millimolar ranges) are positive allosteric effectors of some nAChR subtypes. This observation gave a clue to the previous identification on the GABA$_A$ receptors of allosteric binding sites for benzodiazepines (SIGEL and BUHR 1997) and for steroids. Then, functional investigations confirmed the predictions that could be derived from the allosteric interpretation of the ligand-gated channels behavior. The construction of the $\alpha 7$ 5-HT$_3$ chimera (EISELÉ et al. 1993) provided the first evidence that calcium modulation arises from the $\alpha 7$ N-terminal domain. This was deduced from the fact that while extracellular calcium has only an inhibitory effect on the 5-HT$_3$ receptor (EISELÉ et al. 1993; MARICQ et al. 1991) attributable to an open channel blockade, it potentiates the chimera. Site directed mutagenesis experiments further allowed the identification of the contribution of a small amino acid sequence in the vicinity of the complementary component of the agonist binding site (see Fig. 3) in the calcium potentiation (GALZI et al. 1996a). Moreover, transfer of this segment into the 5-HT$_3$ receptor was shown to be sufficient to cause the potentiation of this receptor by the extracellular calcium (GALZI et al. 1996a). This calcium binding site, which is located at the interface between two subunits of reconstituted α7 nAChRs, constitutes the first allosteric binding site to be identified on neuronal nAChRs. It is of value to recall that the benzodiazepine binding site has been identified at the interfaces of the GABA$_A$ receptor subunits (SIGEL and BUHR 1997). This seems to be a common, but not exclusive, feature of many allosteric effectors (CHANGEUX and EDELSTEIN 1998).

As another illustration of the allosteric modulation of the neuronal nAChRs we shall examine the effects provoked by short exposures to the anthelmint ivermectin (IVM). Although this compound has been successfully employed in the fight against worms, its mode of action still remains a puzzle. In an attempt to identify if IVM had any effect on different forms of the neuronal nAChRs, it was observed that ACh-evoked responses of the human α7 nAChR were greatly enhanced when they were preceded by a 30s IVM preapplication (KRAUSE et al. 1998). In a series of experiments it was further observed that IVM causes both an increase of the receptor sensitivity to ACh (decrease of the EC$_{50}$) as well as an increase in the maximal amplitude of the evoked response. As expected from the allosteric model, these two modifications are readily fitted with the allosteric equation by decreasing the L$_0$ value, as compared to the standard conditions ("apparent L" < L$_0$; see Fig. 2). The reduction of the "apparent L" coefficient observed in the case of a positive allosteric effector suggests that the pharmacological profile of the considered receptor may be modified. Namely, a reduction of the L coefficient should be accompanied by an increase of the potency of partial agonists. Experiments performed with dimethyl-phenyl-piperazinium (DMPP; a partial agonist at the chick α7 nAChR), revealed that, as predicted, IVM increases both the apparent affinity of the receptor for DMPP and the amplitude of the currents evoked at saturating concentrations.

A few years ago, steroids and progesterone in particular were identified to be negative allosteric effectors at chick neuronal nAChRs (BERTRAND et al. 1991b; VALERA et al. 1992). Recent investigations have confirmed that progesterone, as well as testosterone, also inhibits the human α7, α3β2, and α4β2 nAChRs. Namely, pre- or coapplications of micromolar concentrations of these steroids decrease the peak of the ACh-evoked currents and, at the same time, increase the apparent rate of desensitization (see Fig. 4). ACh dose-response profiles measured in the absence or in the presence of progesterone reveal no changes in the apparent affinity for ACh. This last observation suggests that progesterone does not affect the equilibrium between the basal resting and open states. Nevertheless, the increase of the current desensitization would indicate that progesterone facilitates the transition between the open state and a desensitized state (reduction of the L$_1$ value).

More recently, the investigation of the effects of another sex hormone, 17β-oestradiol, on the human nAChRs has revealed that this steroid acts as a

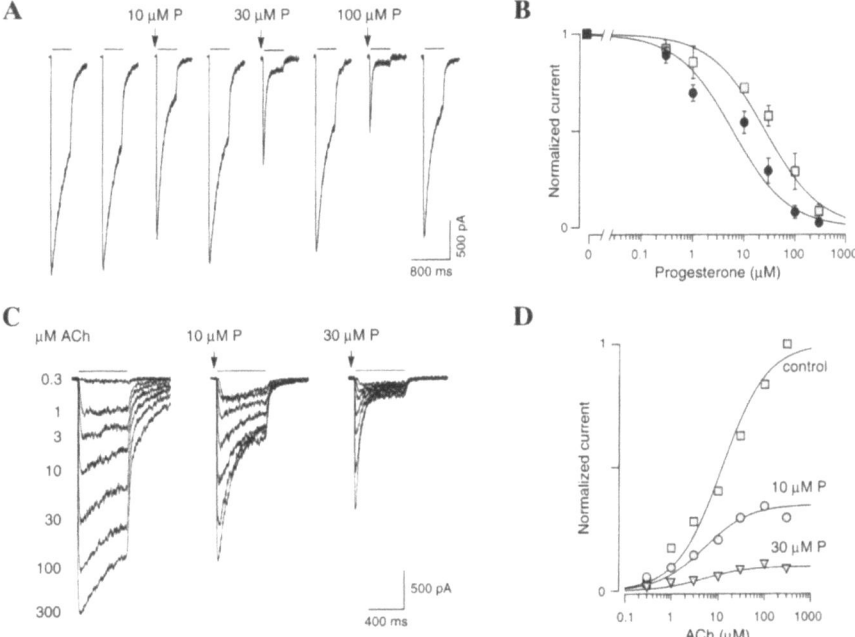

Fig. 4A–D. Progesterone (P) is an allosteric modulator of human $\alpha 4\beta 2$ nAChRs. **A** ACh (*horizontal bars*; $300\,\mu M$; 400 ms) was delivered every 20 s. Preapplication of P (*arrows;* 20 s) produces a concentration-dependent inhibition of ACh-evoked currents. **B** Dose-inhibition profiles of P performed at ACh concentrations of $3\,\mu M$. Fit of the data with the Hill equation yields, respectively, IC_{50} and n_H of $26\,\mu M$ and 0.8 at peak current (*squares*), of $6\,\mu M$ and 0.8 at plateau current (*filled circles*; four cells). **C** ACh dose-response protocols: every 20 s, cells were challenged by growing agonist concentrations. Dose-response curves were determined in control conditions and following a 20 s preapplication of either 10 or $30\,\mu M$ of P. **D** Plateau currents measured at the end of the ACh pulses are plotted as a function of the ACh concentration and fitted with the Hill equation (*solid lines*) yielding, respectively, EC_{50} and n_H of $12\,\mu M$ and 0.9 in control (*squares*), $5\,\mu M$ and 0.9 either with a $10\,\mu M$ (*circles*) or a $30\,\mu M$ (*triangles*) concentration of P. Currents were normalized with respect to their maximal values recorded in control conditions. Hill functions were scaled by a factor of 0.35 and 0.1 for 10 and $30\,\mu M$ P, respectively. All recordings were performed as described in (BUISSON et al. 1996; BUISSON et al. 1998)

positive allosteric effector at the human $\alpha 4\beta 2$ nAChR whereas it acts as a negative effector at the $\alpha 3\beta 2$ and $\alpha 7$ receptors. At the $\alpha 4\beta 2$ nAChRs, pre- or coapplications of low micromolar concentrations of 17β-oestradiol increase the amplitude of the ACh-evoked currents with no modification of the desensitization time courses. The opposite actions of the 17β-oestradiol at the $\alpha 4\beta 2$ and $\alpha 3\beta 2$ nAChRs further illustrate the influence of the receptor composition in determining its sensitivity toward a given allosteric effector. When the receptor is composed of $\beta 2$ and $\alpha 4$ it is positively modulated by the 17β-oestradiol whereas when it contains the $\alpha 3$ subunit it is negatively modulated.

Thus, the nature of the α subunit determines the polarity of the modulation by 17β-oestradiol, suggesting that this steroid may bind preferentially to the α subunit. However, by analogy with the properties of characterized agonist and allosteric binding sites of nAChRs and $GABA_A$ receptors, we propose that the 17β-oestradiol binding site lies at the interface between the α and the adjacent subunits. Further characterization of the 17β-oestradiol effect at the human α4β2 nAChR has revealed that it does not modify the receptor apparent affinity for ACh. Moreover, investigations at the single channel level have demonstrated that the 17β-oestradiol increases the probability of receptors opening in outside out membrane patches. Altogether, these results indicate that 17β-oestradiol may stabilize the active open state of the α4β2 nAChRs. Since 17β-oestradiol does not modify the desensitization profiles of ACh-evoked currents, this steroid should not affect the A|D equilibrium, in contrast to what is proposed for the progesterone mode of action. In conclusion, sex steroids constitute a family of potent allosteric modulators of the human nAChRs. The relevance of multiple factors that determine the receptor properties should thus be taken into account when extrapolating from the in vitro to in vivo conditions.

F. The nAChR Ion Channel: Stratification, Permeability, Conductance, Rectification, and Blockade

I. Structure of the Ionic Pore at the Amino Acid Level

Photoaffinity labeling experiments with the open-channel blocker chlorpromazine provided initial evidence for the localization of the channel domain (CHANGEUX 1990). These studies were the first to suggest that the TM2 domain is organized in alpha helix and lines the ionic pore (see Fig. 5). Numerous complementary approaches have confirmed this initial hypothesis (BERTRAND and CHANGEUX 1995; IMOTO et al. 1988; LABARCA et al. 1995; TIKHONOV and ZHOROV 1998; UNWIN 1998; WILSON and KARLIN 1998). It is of value to note that, in homomeric and/or heteromeric receptors, highly conserved residues form rings of amino acids that border the ionic pore. Moreover, charged residues flank the extracellular and intracellular sides of the channel.

In the absence of a high resolution analysis, such as those provided by crystal X-ray diffraction which would resolve the tridimensional organization of the receptor, most of the data regarding conformational changes have been deduced from site-directed mutagenesis experiments combined with physiological measurements. Effects of the mutations of the mostly conserved residues pointing to the channel lumen were the first to be evaluated. The most relevant TM2 residues investigated so far are indicated in Fig. 5. An important finding was that mutation of the leucine residue at position 247 (in the chick α7 neuronal nAChR) into a threonine (mutant L247T) causes profound modifications of the receptor properties. The mutant receptor displays a 200-fold

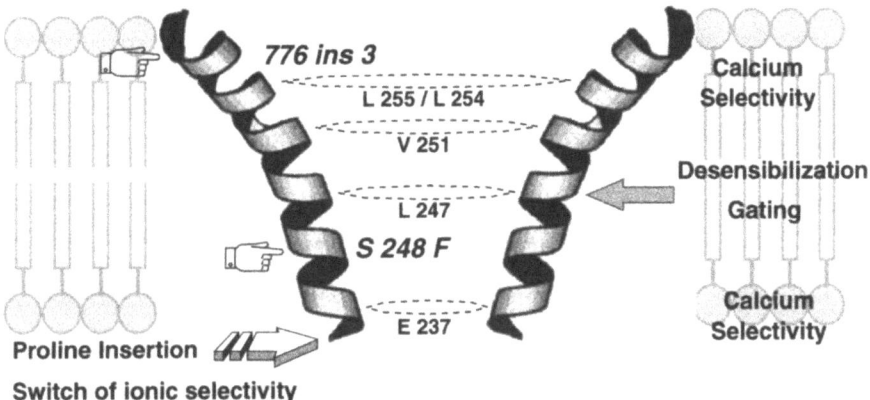

Fig. 5. Schematic representation of the channel domain. The putative alpha helix structure of the second transmembrane segment is represented in the absence of any other protein structure. *Rings* corresponding to the critical residues identified by site directed mutagenesis are indicated. The critical position where insertion of a proline causes the switch of the ionic selectivity is indicated by the *left arrow*. Values in *italic*, corresponding to the human α4 amino acid residues, indicate the positions of the two mutations identified in ADNFLE, while *standard stroke* numbers correspond to the chick α7 numbering

decrease in its EC_{50}, spontaneous opening in absence of ligand, an almost complete reduction of desensitization, and a switch of its pharmacological profile with competitive antagonists becoming agonists (BERTRAND et al. 1992; DEVILLERS-THIERY et al. 1992; REVAH et al. 1991). While at first it seems difficult to reconcile these pleiotropic modifications with the effect of a single mutation, they are readily explained assuming that the neuronal nAChR is an allosteric protein and that the L247T mutation renders a desensitized state of the receptor conductive. In the allosteric concepts, the differences between agonists and competitive antagonists reside in the conformational states that these compounds are able to stabilize. Agonists are substances that preferentially stabilize the active state while competitive antagonists stabilize one of the closed states. According to this scheme the L247T mutant should correspond to the presence of a new active state that can be stabilized both by ACh and at least some of the competitive antagonists. The decrease in EC_{50} and disappearance of desensitization are readily explained by this single hypothesis, assuming that the transition from the closed resting state to this new conductive and nondesensitizing state has a lower energy barrier (EDELSTEIN et al. 1996; GALZI et al. 1996b). In addition, the spontaneous openings observed with the L247T mutant reinforce the hypothesis that at rest, a fraction of the receptors can be in the open desensitized state and is in agreement with a low energy barrier between closed and open states (BERTRAND et al. 1998). Taken together these data suggest that the leucine at position 247 contributes to the gating mechanism which closes the receptor in the desensitized state. Conservation of the leucine 247 between members of the nAChR family further indicates that comparable conformational changes may exist either in the muscle or in other nAChRs subtypes. Indeed, site directed mutagenesis studies of the muscle nAChRs have confirmed that the substitution of the equivalent leucine residue causes changes that are comparable to those observed for the homomeric α7 neuronal nAChR (LABARCA et al. 1995). This was further confirmed by the observation that mutation of this conserved residue in the α1 subunit of the $GABA_A$ causes effects reminiscent of the L247T mutation (TIERNEY et al. 1996).

Sequential amino acid substitution of other conserved rings such as valine 251 or threonine 244 of the α7 nAChR also causes a decrease in the EC_{50} together with a loss of desensitization (DEVILLERS-THIERY et al. 1992). Although reminiscent of the effects caused by the L247T substitution, significant differences may be observed when detailed analyses are performed. For instance while the competitive antagonist dihydro-beta-erythroidine (DHβE) behaves as a full agonist on the L247T mutant, this compound activates only about 60% of the current in the V251T or T244Q mutants. Based on this and other observations it was then concluded that while mutations V251T and T244Q can be interpreted as a reduction of the energy barrier between the B and A state, only mutation of the leucine 247 renders one of the desensitized state conductive(GALZI et al. 1996b).

Determination of the gating mechanisms involved in the transition from the basal to the active state represents another challenge in the understanding of the neuronal nAChRs. Recent work carried out on the muscle receptor using cysteine substitutions and blockades with sulfonate compounds that specifically bind to these amino acids suggests that the gating mechanism resides in the vicinity of the "intermediate ring" (WILSON and KARLIN 1998). Nevertheless, further work is needed on the neuronal receptors before a conclusive role of these residues can be obtained.

II. The Ionic Selectivity

Because the ionic pore (which has a diameter of a few angstroms; HILLE 1992) is lined by a succession of amino acids, it can be expected that the nature of these molecules should influence the ionic selectivity of the pore. In this respect the aqueous pore can be compared to a molecular sieve, the specificity of which is defined either from the size, the charge, or more complex properties that include the ions hydration jacket. In agreement with this observation, substitution of the intermediate glutamate ring by noncharged residues such as alanine was found to suppress the permeability of the α7 nAChR to calcium. An equivalent effect was, however, obtained when either the leucine

254 or leucine 255 was replaced by a threonine (BERTRAND et al. 1993). These data therefore indicate that, although in certain cases a charged residue may determine the selectivity of the ionic pore, other physical and chemical properties must also be considered in order to understand the overall structure-function relationships of the channel. Sequence alignment of the TM2 domain of receptors permeable to cations and anions reveals the homologies and differences between excitatory and inhibitory ligand-gated channels. As discussed earlier, this suggests that throughout evolution, gene duplication and spontaneous mutations may have progressively occurred allowing the emergence of the different receptor subtypes. According to this hypothesis, the introduction of determinant amino acids of anionic permeable channels into a cationic permeable channel such as the one of the homomeric $\alpha7$ nAChR should allow the channel to switch its ionic selectivity. Indeed, it was found that the insertion of a proline residue, between the inner and intermediate rings, causes the switch of the ionic selectivity from cations to anions. However, this ionic switch was only observed providing that the E237 was mutated into A and V251 into T (GALZI et al. 1996b). Although this mechanism has recently been further investigated, the intimate switch in ionic selectivity still remains to be discovered (CORRINGER et al. 1999).

III. Single Channel Properties of nAChRs

The patch clamp technique provides the opportunity to investigate the ligand-gated channels at the level of a single protein molecule (HAMILL et al. 1981). Theoretically, the elementary biophysical properties of nAChRs and their modulations by antagonists and allosteric effectors could be resolved at the single channel scale. However, it was observed early on that *in outside out patches* of freshly dissociated neurons, nAChRs are characterized by a fast run down; that is, a spontaneous and rapid lost of channel activity (MULLE et al. 1991) that precludes steady state recording conditions. This problem is independent of the cell type and is readily observed in heterologous systems of nAChR expression (BUISSON et al. 1998), suggesting that the run down is an intrinsic property of nAChRs in outside out patches (see below). Thus, only qualitative information can be obtained from recordings that do not usually exceed a few minutes. When possible, recordings at different holding voltages (negative and positive values) allow the plotting of a current-voltage relationship (I-V curve) and the determination of: (1) the reversal potential (for $i = 0$) and (2) at least one slope conductance (BUISSON et al. 1996). In addition, the all point amplitude histogram of a few channel openings can be fitted by Gaussian functions yielding to the identification of unitary mean current amplitudes. Thereafter, elementary conductances can be calculated with the formula $\gamma = i/(V-E_r)$, where i is one unitary current amplitude, V is the holding voltage, and E_r is the reversal potential. To illustrate the different channel properties of human nAChRs, single channel activities of outside out patches pulled from HEK-293 cells stably transfected with the $\alpha4\beta2$, $\alpha3\beta2$, $\alpha3\beta4$, and α4β4 subunit combinations were recorded (see Fig. 6 and Table 1). It is important to note that all records were performed in identical ionic conditions. The values presented in the left column of Table 1 were averaged from slope conductances together with conductances determined from all point amplitude histograms (at least three different outside out patches for each nAChR combination). It is of value to point out that following a very fast run down, human α4β4 nAChRs displayed a very small conductance of about 10pS observable for a few minutes ($n = 4$; data not shown). For comparison, conductance values of human nAChRs are presented with those of chick and rat previously published (and reviewed by McGehee and Role 1995). The conductance values of human, chick, and rat nAChRs were determined in different ionic conditions and with different recording configurations (cell attached in Ragozzino et al. 1997) which can account for some of the interspecies variations. Features of human nAChR single channels are:

1. All of the nAChR subunit combinations present a fast run down. Typical cessation of activity is observed in less than 3 min, with the exception in some patches of the α3β4 subtype that could be recorded for up to 20 min. This observation indicates that most of the run down mechanism may be determined by the nAChR subunit combination itself rather than by intracellular factors.
2. For α4β2 and α3β2 nAChRs a single channel conductance is observed in most of the openings while α4β4 and α3β4 nAChRs display several conductance levels that can be attributed to the presence of the β4 subunit. Comparison of the β2 and β4 TM2 segments reveals a single amino acid difference:
   - EKMTLCISVLLALT<u>V</u>FLLLISKIVP   β2
   - EKMTLCISVLLALT<u>F</u>FLLLISKIVP   β4

Fig. 6. Single channel recordings of human neuronal nAChRs. Microscopic currents of outside out patches were recorded in a standard extracellular solution (in m*M*): 130 NaCl, 5 KCl, 2 MgCl$_2$, 2 CaCl$_2$, 10 Hepes, 10 glucose; pH 7.4 with NaOH. The pipette solution had the following composition (in m*M*): 100 KF, 5 NaCl, 2 MgCl$_2$, 10 Hepes, 20 BAPTA (pH 7.4 with 90 m*M* KOH). Glass pipettes were coated with Sylgard 184 to decrease their capacitance. Currents were recorded with an Axopatch 200B amplifier, were filtered at 1 kHz and sampled at 2.5 or 10 kHz. As described in text, human α4β2 nAChRs display openings of large amplitude (*left panel, top*). The corresponding all point amplitude histogram can be fitted with a single Gaussian function yielding a conductance of 42.2 pS (reversal potential: −7 mV). For the human α3β4 nAChRs, different amplitudes are always observed (*left panel, middle*). The cumulative all point amplitude histogram of six records is adequately fitted by three Gaussian functions yielding conductances of 19, 26.5 and 32 pS respectively (reversal potential: −7 mV). Human α4β4 nAChRs are also characterized by multiple current levels (*left panel, bottom*). Fit of the all point amplitude histogram by three Gaussian functions yields conductances of 20.4, 25.2 and 32 pS (reversal potential: 5 mV). The large bars centered at the zero current amplitude of the three histograms correspond to the noise of the closed state

From Biophysical Properties to Human Diseases 287

This position is equivalent to the valine 251 of the α7 subunit (DEVILLERS-THIERY et al. 1992; see above). Since the V251T mutation in α7 strongly affects the receptor properties (GALZI et al. 1992), it could be speculated that the valine to phenylalanine substitution between β2 and β4 is responsible for the appearance of multiple conductances in β4-containing nAChRs. These conductance levels could be representative of different allosteric states, namely,

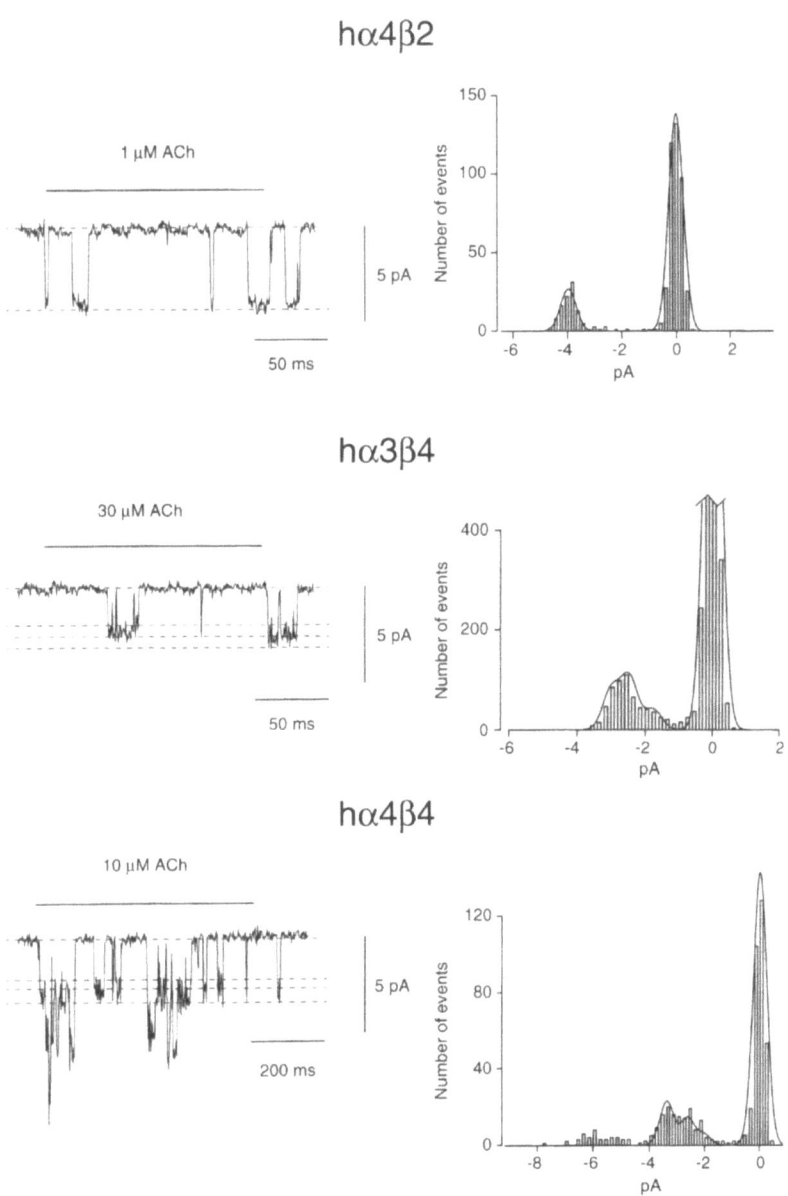

Table 1. Single channel conductance values measured on outside out patches, pulled from HEK293 cells transfected with human neuronal nAChRs, compared with data previously published

nAChR	Measured values	Published data		
		Human	Chick	Rat
$\alpha 4\beta 2$	42.2 pS		20 pS[a]	13 pS[a]
			22.3 pS[b]	22 pS[a]
			41.8 pS[b]	
$\alpha 3\beta 2$	$35 < \gamma < 40$ pS	26 pS[e]	18 pS[a]	5 pS[a]
			40.2 pS[b]	15 pS[a]
$\alpha 3\beta 4$	20.3 pS	31 pS[e]	36 pS[b]	13 pS[a]
	26.7 pS			18 pS[a]
	33.5 pS			22 pS[a]
				29 pS[c]
				20–25 pS[d]
				30 pS[d]
				34 pS[b]
$\alpha 4\beta 4$	10.6 pS		22.6 pS[b]	
	20.4 pS		44.9 pS[b]	
	25.2 pS			
	32 pS			

[a] McGehee and Role 1995.
[b] Ragozzino et al. 1997.
[c] Stetzer et al. 1996.
[d] Lewis et al. 1997.
[e] Nelson and Lindstrom 1999.

open and desensitized. It is of value to mention that, as observed for the $\alpha 7$ V251T mutant, ACh currents evoked at human $\alpha 4\beta 4$ nAChRs display a very weak desensitization (B. Buisson and D. Bertrand, unpublished data) that could result from the conducting property of some desensitized states. In conclusion, although somewhat difficult to achieve, single channel recordings of nAChRs provide valuable information on the biophysical properties of these ligand-gated channels.

IV. Mechanisms Governing the Neuronal nAChR Rectification

The first determinations of the current-voltage relationships performed with cells expressing the neuronal nAChRs revealed that these receptors conduct little or no current at positive potentials when recorded in the whole cell configuration. This phenomenon is referred to as inward rectification. In comparison, however, single channels recorded in outside out patches display no rectification. Moreover, this phenomenon is not restricted to native receptors since reconstituted chick $\alpha 4\beta 2$ nAChRs displayed an identical rectification profile (Bertrand et al. 1990; Buisson et al. 1996). Further investigations performed with neurons revealed that several mechanisms could participate in the rectification of α-Bgt insensitive nAChRs. Intracellular Mg^{2+} ions are implicated in the block of agonist-evoked outward currents, but a voltage-dependent gating, inherent to the protein structure, cannot be completely excluded. Recent work indicates that, as previously observed for other voltage- and ligand-gated channels, intracellular polyamines such as spermine mediate a voltage-dependent block of the neuronal nAChRs (HAGHIGHI and COOPER 1998). Indeed, when spermine is added to the patch electrode in outside out recordings, it causes a concentration- and voltage-dependent block of the ACh-evoked single channel currents. Thus, the intracellular polyamine blockade may be the predominant mechanism that mediates inward rectification of heteromeric nAChRs.

For reconstituted α7 nAChRs and native α-Bgt sensitive nAChRs, the rectification mechanism mainly involves intracellular Mg^{2+} ions (BONFANTE-CABARCAS et al. 1996; FORSTER and BERTRAND 1995). Chick α7 nAChRs reconstituted in oocytes display a marked rectification profile at positive potentials. However, intracellular injection of CDTA (1,2-cyclohexane diamine tetraacetate), a chelating agent with a high affinity for Mg^{2+}, reduces the rectification in a dose-dependent manner. Similarly, the rectification of α-Bgt-sensitive currents of cultured hippocampal neurons is removed when the neurons are recorded with a Mg^{2+}-free patch electrode solution. Site directed mutagenesis further pointed out the determinant role of the glutamate residues at position 237. Mutation of this single residue from glutamate into alanine suppresses rectification. Thus, this amino acid, which forms the intermediate ring at the inner mouth of TM2, must interact with the intracellular Mg^{2+} ions in determining the rectification profile of reconstituted chick α7 nAChRs (FORSTER and BERTRAND 1995). However, and as underlined for the heteromeric nAChRs, a voltage-dependent gating mechanism determined by the protein structure may also participate in the rectification properties of the homomeric nAChRs (MATHIE et al. 1990).

V. Channel Mutations in Neurological Diseases

A spontaneous mutation in the human nAChR α4 subunit has recently been identified in members of an Australian family that are affected by a genetically transmissible form of epilepsy, ADNFLE. The responsible mutation is a missense mutation that causes the substitution of a serine into a phenylalanine at position 248 (S248F in the α4 subunit) (STEINLEIN et al. 1995). A second mutation was identified in a Norwegian family where an insertion of three nucleotides, coding for a leucine, was found at position 776 (776ins3) (STEINLEIN et al. 1997). Both of these mutations are located within TM2 of the α4 subunit. The physiological and pharmacological properties of these mutants were recently investigated in oocytes injected with the corresponding α4 mutated cDNA together with the control human β2 subunit.

From these experiments it was concluded that the mutation S248F causes (1) a reduction of the ACh-evoked current measured at a saturating concentration, (2) an increase in the receptor desensitization (BUISSON et al. 1999; WEILAND et al. 1996), and (3) a reduction of the calcium permeability (KURYATOV et al. 1997). The maximal amplitude of the ACh-evoked current was approximately one-fifth of the current detected for control receptors for equivalent quantities of cDNAs injected (BERTRAND et al. 1998). This current reduction was partly attributed to a lower channel conductance (KURYATOV et al. 1997). Finally, the desensitization of (S248F) $\alpha 4\beta 2$ nAChRs occurs at ACh concentrations 3000 times lower than those needed for desensitizing the wild-type receptor (BERTRAND et al. 1998).

In comparison, the leucine insertion at the C-terminal end of TM2 (776ins3) causes no change in the amplitude of the ACh-evoked current at saturation or in the time course of the response. The 776ins3 receptor also displays a higher apparent affinity for ACh and epibatidine than the control receptor, with an increase of the same magnitude for both compounds. Moreover, cytisine, which is a weak agonist at wild-type $\alpha 4\beta 2$ nAChRs (BUISSON et al. 1996) becomes a much more potent agonist at (776ins3) $\alpha 4\beta 2$ nAChRs (BERTRAND et al. 1998). This suggests that the leucine insertion may reduce the isomerization constant L_0. Ionic substitution experiments indicate that the permeability to calcium of this mutant is significantly lowered. A large reduction of the ACh-evoked current is observed while exchanging the standard solution for a calcium-free medium with the control receptor, whereas a much smaller decrease is reported for the 776ins3 receptor in similar conditions (STEINLEIN et al. 1997). This result is in good agreement with previous experiments that have shown the determinant contribution of leucine 254 and 255 in the calcium permeability of $\alpha 7$ nAChR (BERTRAND et al. 1993). In conclusion, the ADNFLE mutants further illustrate the pleiotropic effects caused by a single residue substitution within the ionic pore of the nAChR and that these modifications are associated with a neurological disorder.

As a further step in the characterization of the ADNFLE mutants, experiments were designed to assess the possible sensitivity of these (and control) neuronal nAChRs to antiepileptic compounds. Indeed, a carbamazepine (CBZ) monotherapy is usually effective for the treatment of ADNFLE patients. An important blockade of the wild-type $\alpha 4\beta 2$ nAChR was observed with CBZ. Moreover, CBZ was a more potent inhibitor of ADNFLE mutant nAChRs, and at concentrations comparable to those found in the plasma of treated epileptic patients (PICARD et al. 1999). The determination of the ACh dose-response curve in the absence or presence of CBZ suggests that this compound does not act as a competitive inhibitor. Therefore, two alternatives can be considered to explain the CBZ blockade: (1) open channel blocker and (2) negative allosteric effector.

VI. Open Channel Blockers

Among the noncompetitive antagonists, molecules that bind within the channel lumen are classically identified as "open channel blockers" (OCB). These compounds share the following characteristics:

1. For charged molecules, they block the nAChR in a voltage-dependent manner.
2. They display a use-dependent mode of action.
3. They have a more pronounced inhibiting effect at higher agonist concentrations.
4. At the single channel level, they produce a reduction of the mean open time with no change of the elementary conductance.

It is of value to recall that photoactivable OCBs (such as chlorpromazine) have demonstrated that the ionic pore is lined by residues belonging to the TM2 segment (see above). Moreover, charged molecules with known atomic volumes can be employed in order to probe the dimensions of the nAChR channels (KERTSER et al. 1998).

Amino acids that interact with the polar and nonpolar moiety of the lidocaine derivative QX-222 (a classical OCB), were identified by site directed mutagenesis experiments within the muscle nAChR channel and constitute two superposed rings (CHARNET et al. 1990). Similarly, mutations within TM2 of the neuronal nAChRs were found to alter OCB effects. For instance, the L247T mutation of the homomeric $\alpha 7$ nAChR abolishes the QX-222 blockade. This suggests that the L247T mutation causes an increase of the channel lumen which can be correlated with the appearance of a new and larger conductance (REVAH et al. 1990).

The voltage dependency of OCB blockades arises from their ability to enter and to block the ionic pore of ligand-gated channels by steric hindrance (see Fig. 7), and therefore, if charged, these molecules can sense a fraction of the membrane electrical field (WOODHULL 1973). Thus, depending on their electrical charge (q), OCBs are submitted to an electrical force $(F = qE$, where E is the electrical field) the direction of which is determined by the polarity of the charge. Moreover, the amplitude of the electrical force that is sensed by the OCB molecule within the ionic pore is proportional to the membrane potential, $V[E = -\text{grad}(V)]$. As a correlate, the higher the potential, the stronger the force. Depending on its net charge, the blocking effect of the molecule will be strengthened or weakened by the electrical force. Thus, only *positively charged molecules* that enter the channel part which is embedded in the lipid bilayer will have their blocking effect reinforced by the electrical force at hyperpolarized potential values (BUISSON and BERTRAND 1998). Nevertheless, in the case of high-molecular-weight compounds, it may happen that the charged moiety cannot penetrate deeply into the ionic pore, but stays within the upper part of the electrical field and thus does not display a voltage-dependent block (see Fig. 7). It is of value to recall that uncharged molecules are insensitive to the membrane's electrical field. However, they can present some features of the OCB profile, such as increasing the desensitization rate and displaying a use-dependent mode of inhibition (OGDEN et al. 1981). Conversely, a voltage-dependent mode of inhibition does not necessarily mean that the compound is an OCB. As an example, quinacrine and hydroxycortisone, which are negative allosteric effectors at the muscle nAChRs, inhibit the ACh-evoked currents in

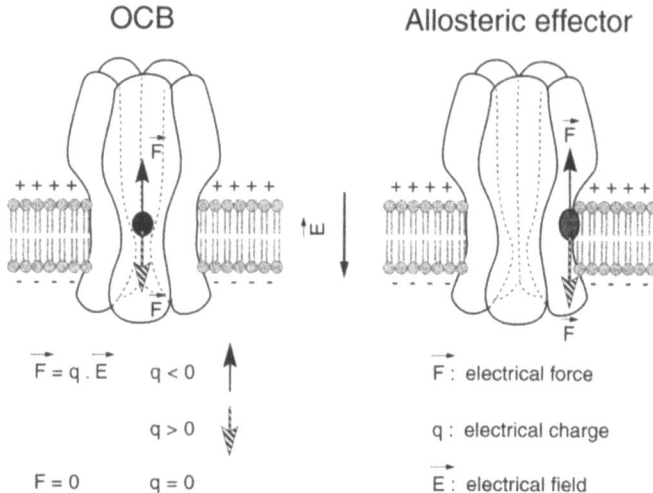

Fig. 7. Open channel block and voltage-dependent modulation by an allosteric effector. Open channel blockers (OCBs) are small molecules that enter and block the channel of ligand-gated channels by steric hindrance (*left*). When these molecules bear an electrical charge, their blocking effect can be strengthened or weakened by the membrane's electrical field: the efficacy of blockade is thus voltage dependent and is governed by electrostatic laws (the electrical field is represented here at a negative membrane potential). However, some charged allosteric effectors with a hydrophobic moiety can interact with the nAChR molecule at the lipid-protein interface so that the charge of the molecule can sense a fraction of the membrane electrical field. In this configuration, the allosteric modulation can present some voltage dependency

a voltage-dependent manner (ADAMS and FELTZ 1980a,b; BOUZAT AND BARRANTES 1993, 1996). Several lines of evidence indicate that their binding sites are located at the lipid-protein interface of the nAChR (ARIAS 1995; ARIAS and JOHNSON 1995; JOHNSON and AYRES 1996; VALENZUELA et al. 1992), probably within the TM4 segment (BOUZAT et al. 1998).

Thus, the characterization of a determined mode of inhibition/potentiation, as well as the localization of the binding site of allosteric effectors, can be achieved only by different experimental paradigms and approaches that allow a convergent analysis of the pharmacological properties. As an illustration the use of several of the experimental protocols described above was employed to characterize neuronal nAChRs inhibition caused by CBZ. From these experiments it was concluded that CBZ acts as an OCB at the $\alpha4\beta2$ nAChRs and that its potency is reinforced by any of the two mutations observed in epileptic patients (PICARD et al. 1999).

G. Conclusion

Structure function analyses performed with site directed mutagenesis coupled with electrophysiological experiments have allowed the determination of the functional organization of the neuronal nAChRs at the amino acid level. Major findings obtained during the past few years were: (1) the identification of a functional domain that encompass either the ligand-binding site or the channel domain, (2) the mechanisms that govern ionic selectivity, and (3) the allosteric nature of ligand-gated channels and their modulation by different effectors. Although not exhaustive, the relevance of these studies is well illustrated by the latest observation that spontaneous mutations can occur in the gene coding for the neuronal nAChRs and that mutants of the major brain $\alpha 4$ subunit have already been shown to be linked with a neurological disorder.

Acknowledgments. We thank C. Blanchet for his contribution and fruitful discussions in the elaboration of this manuscript. This work was supported by the Swiss National Science Foundation and the Office Fédéral de l'Education et des Sciences for D. Bertrand.

References

Adams PR, Feltz A (1980a) End-plate channel opening and the kinetics of quinacrine (mepacrine) block. J Physiol (Lond) 306:283–306

Adams PR, Feltz A (1980b) Quinacrine (mepacrine) action at frog end-plate. J Physiol (Lond) 306:261–281

Arias HR (1995) Agonist-induced displacement of quinacrine from its binding site on the nicotinic acetylcholine receptor: plausible agonist membrane partitioning mechanism. Mol Membr Biol 12:339–347

Arias HR, Johnson DA (1995) Differential agonist-induced displacement of quinacrine and ethidium from their respective histrionicotoxin-sensitive binding sites on the Torpedo acetylcholine receptor. Biochemistry 34:1589–1595

Bertrand D, Ballivet M, Rungger D (1990) Activation and blocking of neuronal nicotinic acetylcholine receptor reconstituted in Xenopus oocytes. Proc Natl Acad Sci USA 87:1993–1997

Bertrand D, Buisson B, Krause RM, Hu HY, Bertrand S (1997) Minireview. Electrophysiology: a method to investigate the functional properties of ligand-gated channels. J Recept Signal Transduct Res 17:227–242

Bertrand D, Changeux JP (1995) Nicotinic receptor: An allosteric protein specialized for intercellular communication. Seminars in Neuroscience 7:75–90

Bertrand D, Cooper E, Valera S, Rungger D, Ballivet M (1991a) Electrophysiology of neuronal nicotinic acetylcholine receptors expressed in Xenopus oocytes following nuclear injection of genes or cDNA. In: Conn M (ed) Methods in neuroscience, vol 4. Academic Press, New York, pp 174–193

Bertrand D, Devillers-Thiery A, Revah F, Galzi JL, Hussy N, Mulle C, Bertrand S, Ballivet M, Changeux JP (1992) Unconventional pharmacology of a neuronal nicotinic receptor mutated in the channel domain. Proc Natl Acad Sci USA 89:1261–1265

Bertrand D, Galzi JL, Devillers-Thiery A, Bertrand S, Changeux JP (1993) Mutations at two distinct sites within the channel domain M2 alter calcium permeability of neuronal alpha 7 nicotinic receptor. Proc Natl Acad Sci USA 90:6971–6975

Bertrand D, Valera S, Bertrand S, Ballivet M, Rungger D (1991b) Steroids inhibit nicotinic acetylcholine receptors. Neuroreport 2:277–280

Bertrand S, Weiland S, Berkovic SF, Steinlein OK, Bertrand D (1998) Properties of neuronal nicotinic acetylcholine receptor mutants from human suffering from autosomal dominant nocturnal frontal lobe epilepsy. Br J Pharmacol 125:751–760

Bonfante-Cabarcas R, Swanson KL, Alkondon M, Albuquerque EX (1996) Diversity of nicotinic acetylcholine receptors in rat hippocampal neurons. IV. Regulation by external Ca++ of alpha-bungarotoxin- sensitive receptor function and of rectification induced by internal Mg++. J Pharmacol Exp Ther 277:432–444

Boulter J, O'Shea GA, Duvoisin RM, Connolly JG, Wada E, Jensen A, Gardner PD, Ballivet M, Deneris ES, McKinnon D, et al. (1990) Alpha 3, alpha 5, and beta 4: three members of the rat neuronal nicotinic acetylcholine receptor-related gene family form a gene cluster. J Biol Chem 265:4472–4482

Bouzat C, Barrantes FJ (1993) Hydrocortisone and 11-desoxycortisone modify acetylcholine receptor channel gating. Neuroreport 4:143–146

Bouzat C, Barrantes FJ (1996) Modulation of muscle nicotinic acetylcholine receptors by the glucocorticoid hydrocortisone. Possible allosteric mechanism of channel blockade. J Biol Chem 271:25835–25841

Bouzat C, Roccamo AM, Garbus I, Barrantes FJ (1998) Mutations at lipid-exposed residues of the acetylcholine receptor affect its gating kinetics. Mol Pharmacol 54:146–153

Buisson B, Bertrand D (1998) Open-channel blockers at the human alpha4beta2 neuronal nicotinic acetylcholine receptor. Mol Pharmacol 53:555–563

Buisson B, Curtis L, Bertrand D (1999) Neuronal nicotinic acetylcholine receptor and epilepsy. In: Berkovic S, Genton P, Hirsch E, Picard F (eds) Genetics of focal epilepsies. John Libbey, London, pp 187–202

Buisson B, Gopalakrishnan M, Arneric SP, Sullivan JP, Bertrand D (1996) Human alpha4beta2 neuronal nicotinic acetylcholine receptor in HEK 293 cells: A patch-clamp study. J Neurosci 16:7880–7891

Buisson B, Gopalakrishnan M, Bertrand D (1998) Stable expression of human neuronal nicotinic receptors. In: Arneric SP, Brioni JD (eds) Neuronal nicotinic receptors: pharmacology and therapeutic opportunities. John Wiley & Sons, New York, pp 99–124

Changeux JP (1990) Functional architecture and dynamics of the nicotinic acetylcholine receptor: an allosteric ligand-gated ion channel. In: Changeux JP, Llinàs RR, Purves D, Bloom FE (eds) Fidia research foundation neuroscience award lectures, vol 4. Raven Press, New York, pp 21–168

Changeux JP, Edelstein SJ (1998) Allosteric receptors after 30 years. Neuron 21:959–980

Changeux JP, Kasai M, Lee CY (1970) Use of a snake venom toxin to characterize the cholinergic receptor protein. Proc Natl Acad Sci USA 67:1241–1247

Charnet P, Labarca C, Leonard RJ, Vogelaar NJ, Czyzyk L, Gouin A, Davidson N, Lester HA (1990) An open-channel blocker interacts with adjacent turns of alpha-helices in the nicotinic acetylcholine receptor. Neuron 4:87–95

Clarke PBS, Schwartz RD, Paul SM, Pert CB, Pert A (1985) Nicotinic binding in rat brain : autoradiographic comparison of [^{3}H]acetylcholine, [^{3}H]nicotine, and [^{125}I]-alpha-bungarotoxin. J Neurosci 5:1307–1315

Conroy WG, Berg DK (1995) Neurons can maintain multiple classes of nicotinic acetylcholine receptors distinguished by different subunit compositions. Journal of Biological Chemistry 270:4424–4431

Conroy WG, Berg DK (1998) Nicotinic receptor subtypes in the developing chick brain: appearance of a species containing the alpha4, beta2, and alpha5 gene products. Molecular Pharmacology 53:392–401

Corringer PJ, Bertrand S, Bohler S, Edelstein SJ, Changeux JP, Bertrand D (1998) Critical elements determining diversity in agonist binding and desensitization of neuronal nicotinic acetylcholine receptors. J Neurosci 18:648–657

Corringer PJ, Bertrand S, Galzi JL, Devillers-Thiéry AL, Changeux JP, Bertrand D (1999) Mutational analysis of the charge selectivity filter of the a7 nicotinic acetylcholine receptor. Neuron 22:831–843

Corringer PJ, Galzi JL, Eisele JL, Bertrand S, Changeux JP, Bertrand D (1995) Identification of a new component of the agonist binding site of the nicotinic alpha 7 homooligomeric receptor. J Biol Chem 270:11749–11752

Court J, Clementi F (1995) Distribution of nicotinic subtypes in human brain. Alzheimer Dis Assoc Disord 9:6–14

Couturier S, Bertrand D, Matter JM, Hernandez MC, Bertrand S, Millar N, Valera S, Barkas T, Ballivet M (1990a) A neuronal nicotinic acetylcholine receptor subunit (alpha 7) is developmentally regulated and forms a homo-oligomeric channel blocked by alpha-BTX. Neuron 5:847–856

Couturier S, Erkman L, Valera S, Rungger D, Bertrand S, Boulter J, Ballivet M, Bertrand D (1990b) Alpha 5, alpha 3, and non-alpha 3. Three clustered avian genes encoding neuronal nicotinic acetylcholine receptor-related subunits. J Biol Chem 265:17560–17567

Deutch AY, Holliday J, Roth RH, Chun LL, Hawrot E (1987) Immunohistochemical localization of a neuronal nicotinic acetylcholine receptor in mammalian brain. Proc Natl Acad Sci USA 84:8697–8701

Devillers-Thiery A, Galzi JL, Bertrand S, Changeux JP, Bertrand D (1992) Stratified organization of the nicotinic acetylcholine receptor channel. Neuroreport 3: 1001–1004

Drasdo A, Caulfield M, Bertrand D, Bertrand S, Wonnacott S (1992) Methyllycaconitine: a novel nicotinic antagonist. Mol Cell Neurosci 3:237–243

Edelstein SJ, Schaad O, Henry E, Bertrand D, Changeux JP (1996) A kinetic mechanism for nicotinic acetylcholine receptors based on multiple allosteric transitions. Biol Cybern 75:361–379

Eiselé JL, Bertrand S, Galzi JL, Devillers-Thiery A, Changeux JP, Bertrand D (1993) Chimaeric nicotinic-serotonergic receptor combines distinct ligand binding and channel specificities [see comments]. Nature 366:479–483

Elgoyhen AB, Johnson DS, Boulter J, Vetter DE, Heinemann S (1994) Alpha 9: an acetylcholine receptor with novel pharmacological properties expressed in rat cochlear hair cells. Cell 79:705–715

Elliott KJ, Ellis SB, Berckhan KJ, Urrutia A, Chavez-Noriega LE, Johnson EC, Velicelebi G, Harpold MM (1996) Comparative structure of human neuronal alpha 2-alpha 7 and beta 2-beta 4 nicotinic acetylcholine receptor subunits and functional expression of the alpha 2, alpha 3, alpha 4, alpha 7, beta 2, and beta 4 subunits. J Mol Neurosci 7:217–228

Engel AG, Ohno K, Milone M, Sine SM (1998) Congenital myasthenic syndromes. New insights from molecular genetic and patch-clamp studies. Ann NY Acad Sci 841:140–156

Figl A, Cohen BN, Quick MW, Davidson N, Lester HA (1992a) Regions of beta 4.beta 2 subunit chimeras that contribute to the agonist selectivity of neuronal nicotinic receptors. FEBS Lett 308:245–248

Flores CM, Rogers SW, Pabreza LA, Wolfe BB, Kellar KJ (1992) A subtype of nicotinic cholinergic receptor in rat brain is composed of alpha 4 and beta 2 subunits and is up-regulated by chronic nicotine treatment. Mol Pharmacol 41:31–37

Forsayeth JR, Kobrin E (1997) Formation of oligomers containing the beta3 and beta4 subunits of the rat nicotinic receptor. J Neurosci 17:1531–1538

Forster I, Bertrand D (1995) Inward rectification of neuronal nicotinic acetylcholine receptors investigated by using the homomeric alpha 7 receptor. Proc R Soc Lond B Biol Sci 260:139–148

Galzi JL, Bertrand S, Corringer PJ, Changeux JP, Bertrand D (1996a) Identification of calcium binding sites that regulate potentiation of a neuronal nicotinic acetylcholine receptor. EMBO J 15:5824–5832

Galzi JL, Changeux JP (1995) Neuronal nicotinic receptors: Molecular organization and regulations. Neuropharmacology 34:563–582

Galzi JL, Devillers-Thiery A, Hussy N, Bertrand S, Changeux JP, Bertrand D (1992) Mutations in the channel domain of a neuronal nicotinic receptor convert ion selectivity from cationic to anionic. Nature 359:500–505

Galzi JL, Edelstein SJ, Changeux J (1996b) The multiple phenotypes of allosteric receptor mutants. Proc Natl Acad Sci USA 93:1853–1858

Galzi JL, Revah F, Black D, Goeldner M, Hirth C, Changeux JP (1990) Identification of a novel amino acid α-Tyr 93 within the active site of the acetylcholine receptor by photoaffinity labeling: additional evidence for a three-loop model of the acetylcholine binding site. J Biol Chem 265:10430–10437

Gopalakrishnan M, Buisson B, Touma E, Giordano T, Campbell JE, Hu IC, Donnelly-Roberts D, Arneric SP, Bertrand D, Sullivan JP (1995) Stable expression and pharmacological properties of the human alpha 7 nicotinic acetylcholine receptor. Eur J Pharmacol Mol Pharmacol Sec 290:237–246

Gotti C, Fornasari D, Clementi F (1997) Human neuronal nicotinic receptors. Prog Neurobiol 53:199–237

Gotti C, Hanke W, Maury K, Moretti M, Ballivet M, Clementi F, Bertrand D (1994) Pharmacology and biophysical properties of alpha 7 and alpha 7-alpha 8 alpha-bungarotoxin receptor subtypes immunopurified from the chick optic lobe. Eur J Neurosci 6:1281–1291

Haghighi AP, Cooper E (1998) Neuronal nicotinic acetylcholine receptors are blocked by intracellular spermine in a voltage-dependent manner. J Neurosci 18:4050–4062

Hamill OP, Marty A, Neher E, Sakmann B, Sigworth FJ (1981) Improved patch-clamp techniques for high-resolution current recording from cells and cell-free membrane patches. Pflugers Arch 391:85–100

Hellstrom-Lindahl E, Gorbounova O, Seiger A, Mousavi M, Nordberg A (1998) Regional distribution of nicotinic receptors during prenatal development of human brain and spinal cord. Brain Res Dev Brain Res 108:147–160

Hille B (1992) Ion channels of excitable membranes, Sinauer Association, Sunderland, Mass

Horti A, Scheffel U, Stathis M, Finley P, Ravert HT, London ED, Dannals RF (1997) Fluorine-18-FPH for PET imaging of nicotinic acetylcholine receptors. J Nucl Med 38:1260–1265

Houghtling RA, Davilagarcia MI, Kellar KJ (1995) Characterization of (+/−)-[H-3]Epibatidine binding to nicotinic cholinergic receptors in rat and human brain. Mol Pharmacol 48:280–287

Hussy N, Ballivet M, Bertrand D (1994) Agonist and antagonist effects of nicotine on chick neuronal nicotinic receptors are defined by alpha and beta subunits. J Neurophysiol 72:1317–1326

Imoto K, Busch C, Sakmann B, Mishina M, Konno T, Nakai J, Bujo H, Mori Y, Fukuda K, Numa S (1988) Rings of negatively charged amino acids determine the acetylcholine receptor channel conductance. Nature 335:645–648

Johnson DA, Ayres S (1996) Quinacrine noncompetitive inhibitor binding site localized on the Torpedo acetylcholine receptor in the open state. Biochemistry 35:6330–6336

Karlin A (1993) Structure of nicotinic acetylcholine receptors. Curr Opin Neurobiol 3:299–309

Kertser S, Bobryshev A, Voitenko S, Gmiro V, Brovtsyna N, Skok V (1998) Dimensions of neuronal nicotinic acetylcholine receptor channel as estimated from the analysis of the channel-blocking effects. J Membr Biol 163:111–118

Koshland DE, Jr (1971) A molecular model for the regulatory behavior of enzymes. Harvey Lect 65:33–57

Krause RM, Buisson B, Bertrand S, Corringer PJ, Galzi JL, Changeux JP, Bertrand D (1998) Ivermectin: a positive allosteric effector of the alpha7 neuronal nicotinic acetylcholine receptor. Mol Pharmacol 53:283–294

Kuryatov A, Gerzanich V, Nelson M, Olale F, Lindstrom J (1997) Mutation causing autosomal dominant nocturnal frontal lobe epilepsy alters Ca2+ permeability, conductance, and gating of human alpha 4 beta 2 nicotinic acetylcholine receptors. J Neurosci 17:9035–9047

Labarca C, Nowak MW, Zhang H, Tang L, Deshpande P, Lester HA (1995) Channel gating governed symmetrically by conserved leucine residues in the M2 domain of nicotinic receptors. Nature 376:514–516

Le Novere N, Zoli M, Changeux JP (1996) Neuronal nicotinic receptor alpha 6 subunit mRNA is selectively concentrated in catecholaminergic nuclei of the rat brain. Eur J Neurosci 8:2428–2439

Le-Novère N, Changeux JP (1995) Molecular evolution of the nicotinic acetylcholine receptor: an example of multigene family in excitable cells. J Mol Evol 40:155–172

Lewis TM, Harkness PC, Sivilotti LG, Colquhoun D, Millar NS (1997) The ion channel properties of a rat recombinant neuronal nicotinic receptor are dependent on the host cell type. J Physiol (Lond) 505:299–306

Lindstrom J (1997) Nicotinic acetylcholine receptors in health and disease. Mol Neurobiol 15:193–222

Maricq AV, Peterson AS, Brake AJ, Myers RM, Julius D (1991) Primary structure and functional expression of the 5HT3 receptor, a serotonin-gated ion channel. Science 254:432–437

Marks MJ, Pauly JR, Gross SD, Deneris ES, Hermans-Borgmeyer I, Heinemann SF, Collins AC (1992) Nicotine binding and nicotinic receptor subunit RNA after chronic nicotine treatment. J Neurosci 12:2765–2784

Marks MJ, Smith KW, Collins AC (1998) Differential agonist inhibition identifies multiple epibatidine binding sites in mouse brain. J Pharmacol Exp Ther 285:377–386

Mathie A, Colquhoun D, Cull-Candy SG (1990) Rectification of currents activated by nicotinic acetylcholine receptors in rat sympathetic ganglion neurones. J Physiol (Lond) 427:625–655

McGehee DS, Role LW (1995) Physiological diversity of nicotinic acetylcholine receptors expressed by vertebrate neurons. Ann Rev Physiol 57:521–546

Monod J, Wyman J, Changeux JP (1965) On the nature of allosteric transitions: a plausible model. J Mol Biol 12:88–118

Mulle C, Léna C, Changeux JP (1992) Potentiation of nicotinic receptor response by external calcium in rat central neurons. Neuron 8:937–945

Mulle C, Vidal C, Benoit P, Changeux JP (1991) Existence of different subtypes of nicotinic acetylcholine receptors in the rat habenulo-interpeduncular system. J Neurosci 11:2588–2597

Ogden DC, Siegelbaum SA, Colquhoun D (1981) Block of acetylcholine-activated ion channels by an uncharged local anaesthetic. Nature 289:596–598

Ortells MO, Lunt GG (1995) Evolutionary history of the ligand-gated ion-channel superfamily of receptors. Trends Neurosci 18:121–7

Palma E, Bertrand S, Binzoni T, Bertrand D (1996) Neuronal nicotinic alpha 7 receptor expressed in Xenopus oocytes presents five putative binding sites for methyllycaconitine. J Physiol (Lond) 491:151–161

Peng X, Katz M, Gerzanich V, Anand R, Lindstrom J (1994) Human alpha 7 acetylcholine receptor: cloning of the alpha 7 subunit from the SH-SY5Y cell line and determination of pharmacological properties of native receptors and functional alpha 7 homomers expressed in Xenopus oocytes. Mol Pharmacol 45:546–554

Perry DC, Kellar KJ (1995) [H-3]epibatidine labels nicotinic receptors in rat brain: An autoradiographic study. J Pharmacol Exp Ther 275:1030–1034

Picard F, Bertrand S, Steinlein OK, Bertrand D (1999) Mutated nicotinic receptors responsible for autosomal dominant nocturnal frontal lobe epilepsy are more sensitive to carbamazepine. Epilepsia 40:1198–1209

Picciotto MR, Zoli M, Lena C, Bessis A, Lallemand Y, LeNovere N, Vincent P, Pich EM, Brulet P, Changeux JP (1995) Abnormal avoidance learning in mice lacking functional high-affinity nicotine receptor in the brain. Nature 374:65–67

Ragozzino D, Fucile S, Giovannelli A, Grassi F, Mileo AM, Ballivet M, Alema S, Eusebi F (1997) Functional properties of neuronal nicotinic acetylcholine receptor channels expressed in transfected human cells. Eur J Neurosci 9:480–488

Revah F, Bertrand D, Galzi JL, Devillers-Thiery A, Mulle C, Hussy N, Bertrand S, Ballivet M, Changeux JP (1991) Mutations in the channel domain alter desensitization of a neuronal nicotinic receptor. Nature 353:846–849

Revah F, Galzi JL, Giraudat J, Haumont PY, Lederer F, Changeux JP (1990) The noncompetitive blocker [^{3}H]-chlorpromazine labels three amino acids of the acetylcholine receptor gamma subunit: Implications for the alpha-helical organization of the M2 segments and the structure of the ion channel. Proc Natl Acad Sci USA 87:4675–4679

Rubboli F, Court JA, Sala C, Morris C, Chini B, Perry E, Clementi F (1994) Distribution of nicotinic receptors in the human hippocampus and thalamus. Eur J Neurosci 6:1596–1604

Rubin MM, Changeux JP (1966) On the nature of allosteric transitions: implications of non-exclusive ligand binding. J Mol Biol 21:265–274

Schoepfer R, Conroy WG, Whiting P, Gore M, Lindstrom J (1990) Brain alpha-bungarotoxin binding protein cDNAs and MAbs reveal subtypes of this branch of the ligand-gated ion channel gene superfamily. Neuron 5:35–48

Séguéla P, Wadiche J, Dineley-Miller K, Dani JA, Patrick JW (1993) Molecular cloning, functional properties and distribution of rat brain alpha7: A nicotinic cation channel highly permeable to calcium. J Neurosci 13:596–604

Sigel E, Buhr A (1997) The benzodiazepine binding site of GABAA receptors. Trends Pharmacol Sci 18:425–429

Steinlein OK, Magnusson A, Stoodt J, Bertrand S, Weiland S, Berkovic SF, Nakken KO, Propping P, Bertrand D (1997) An insertion mutation of the CHRNA4 gene in a family with autosomal dominant nocturnal frontal lobe epilepsy. Hum Mol Genet 6:943–947

Steinlein OK, Mulley JC, Propping P, Wallace RH, Phillips HA, Sutherland GR, Scheffer IE, Berkovic SF (1995) A missense mutation in the neuronal nicotinic acetylcholine receptor alpha 4 subunit is associated with autosomal dominant nocturnal frontal lobe epilepsy. Nature Genetics 11:201–203

Stetzer E, Ebbinghaus U, Storch A, Poteur L, Schrattenholz A, Kramer G, Methfessel C, Maelicke A (1996) Stable expression in HEK-293 cells of the rat alpha3/beta4 subtype of neuronal nicotinic acetylcholine receptor. FEBS Lett 397:39–44

Sugiyama N, Marchot P, Kawanishi C, Osaka H, Molles B, Sine SM, Taylor P (1998) Residues at the subunit interfaces of the nicotinic acetylcholine receptor that contribute to alpha-conotoxin M1 binding. Mol Pharmacol 53:787–794

Swanson LW, Simmons DM, Whiting PJ, Lindstrom J (1987) Immunohistochemical localization of neuronal nicotinic receptors in the rodent central nervous system. J Neurosci 7:3334–3342

Tierney ML, Birnir B, Pillai NP, Clements JD, Howitt SM, Cox GB, Gage PW (1996) Effects of mutating leucine to threonine in the M2 segment of alpha(1) and beta(1) subunits of GABA(A) alpha(1)beta(1) receptors. J Membrane Biol 154:11–21

Tikhonov DB, Zhorov BS (1998) Kinked-helices model of the nicotinic acetylcholine receptor ion channel and its complexes with blockers: simulation by the Monte Carlo minimization method. Biophys J 74:242–255

Torrao AS, Lindstrom JM, Britto LR (1997) Distribution of the alpha 2, alpha 3, and alpha 5 nicotinic acetylcholine receptor subunits in the chick brain. Braz J Med Biol Res 30:1209–1213

Unwin N (1998) The nicotinic acetylcholine receptor of the Torpedo electric ray. J Struct Biol 121:181–190

Valenzuela CF, Kerr JA, Johnson DA (1992) Quinacrine binds to the lipid-protein interface of the Torpedo acetylcholine receptor: a fluorescence study. J Biol Chem 267:8238–8244

Valera S, Ballivet M, Bertrand D (1992) Progesterone modulates a neuronal nicotinic acetylcholine receptor. Proc Natl Acad Sci USA 89:9949–9953

Vernino S, Amador M, Luetje CW, Patrick J, Dani JA (1992) Calcium modulation and high calcium permeability of neuronal nicotinic acetylcholine receptors. Neuron 8:127–134

Wada E, Wada K, Boulter J, Deneris E, Heinemann S, Patrick J, Swanson LW (1989) Distribution of alpha 2, alpha 3, alpha 4, an`d beta 2 neuronal nicotinic receptor subunit mRNAs in the central nervous system: a hybridization histochemical study in the rat. J Comp Neurol 284:314–335

Weiland S, Witzemann V, Villarroel A, Propping P, Steinlein O (1996) An amino acid exchange in the second transmembrane segment of a neuronal nicotinic receptor causes partial epilepsy by altering its desensitization kinetics. FEBS Lett 398:91–96

Wevers A, Jeske A, Lobron C, Birtsch C, Heinemann S, Maelicke A, Schroder R, Schroder H (1994) Cellular distribution of nicotinic acetylcholine receptor subunit mRNAs in the human cerebral cortex as revealed by non-isotopic in situ hybridization. Brain Res Mol Brain Res 25:122–128

Williams BM, Krishna Temburi M, Schwartz Levey M, Bertrand S, Bertrand D, Jacob MH (1998) The long cytoplasmic loop of the $\alpha 3$ subunit targets specific nAChR subtypes to microdomains within individual synapses on neurons *in vivo*. Nature Neurosci 1:557–562

Wilson GG, Karlin A (1998) The location of the gate in the acetylcholine receptor channel. Neuron 20:1269–1281

Wonnacott S, Albuquerque EX, Bertrand D (1993) Methyllycaconitine: a new probe that discriminates between nicotinic acetylcholine receptor subclasses. In:Conn PM (ed) Methods in neurosciences – receptors: molecular biology, receptor subclasses, localization, and ligand design, vol 12. Academic Press, San Diego, pp 263–275

Woodhull AM (1973) Ionic blockage of sodium channels in nerve. J Gen Physiol 61:687–708

Zhang ZW, Vijayaragavan S, Berg DK (1994) Neuronal acetylcholine receptors that bind alpha-bungarotoxin with high affinity function as ligand-gated ion channels. Neuron 12:167–177

CHAPTER 12

The Functional Diversity of Nicotinic Receptors in the Nervous System: Perspectives on Receptor Subtypes and Receptor Specialization

M.M. FRANCIS and R.L. PAPKE

A. Introduction

In the last ten years the field of neuroscience has made tremendous progress toward understanding some of the fundamental aspects of brain function. Patch clamp methods and brain slice recordings, along with new information about the molecular biology and signal transduction systems of the brain, are coming together to help us begin to see the details of what SHERRINGTON (1947) referred to as the integrative nature of the nervous system. However, the nicotinic receptors of the brain remain among the most fascinating pieces of the puzzle yet to be fit. The mysteries of brain nicotine receptors are all the more enigmatic since our understanding of synaptic function really began with the study of the nicotinic receptors of the neuromuscular junction and peripheral nervous system.

A consideration of the different functions which ligand-gated ion channels may serve leads us to assign the nAChRs (nicotinic acetylcholine receptors) of the peripheral nervous system and the neuromuscular junction largely to the duty of faithfully transmitting the impulses from the CNS to the appropriate effector organs or postganglionic neurons. However, in the case of synaptic function in the brain, we think almost exclusively of glutamate and GABA (γ-aminobutyric acid) receptors as integrating convergent excitatory and inhibitory inputs. This leaves us to ascribe vague neuromodulatory or even nonsynaptic (e.g., trophic) functions to the brain's nicotinic receptors. While roles as neuromodulators fit the data that localizes brain nAChRs largely to presynaptic or perisynaptic sites, this assignment is vague because it lacks a clear definition with the sort of functional consequence that can be ascribed to receptors like the NMDA (N-methyl-D-aspartate) subtype of glutamate receptor, which are clearly implicated in learning and memory processes.

We are further handicapped in our understanding of brain nicotinic receptors because the excellent molecular biology conducted by researchers in this field has only given us fragments of the puzzle pieces in the form of numerous receptor subunits. The heterologous expression systems commonly used appear rather permissive for how the various subunits may assemble into functional pentameric complexes, such that functional receptors may be formed with many different subunit combinations. With a family of genes encompassing eight neuronal alpha subunits and three neuronal non-alpha (beta) subunits, we must be very cautious in our assessment of how the receptors in vivo may correspond to the gene products that have been identified (see Chap. 15, this volume).

Our efforts to understand the function of nicotinic receptors in the brain are also confounded by the fact that nicotine, the prototypical agonist, is mixed in its effects, capable of producing receptor activation as well as prolonged and profound inactivation and desensitization. In this chapter we will review the current understanding of the pieces that somehow must fit the puzzle of nicotine and its effects on brain function. We will look at the common features of the different receptor subtypes as well as the differences in the family of gene products that generate the diversity of nicotinic receptors. There are numerous molecular properties which will lead to receptors capable of serving diverse functions. For example, the sequences of the various nicotinic subunits show the most diversity in their intracellular domains. We know that this diversity will permit the various subtypes to make different associations with cytoskeletal elements, which will in turn lead to differences in cellular localization. The intracellular domains also provide the target sequences for various intracellular second messengers, thereby providing the means for the regulation of function based on the activity of other neurotransmitter or hormonal systems. The relatively high degree of sequence similarity in the transmembrane domains has led to the common features of relatively high calcium permeability and inwardly rectifying current-voltage relationships among the neuronal nicotinic receptors. Nonetheless, the various neuronal receptor subtypes differ significantly in their activation and desensitization kinetics and in their sensitivity to both experimental agonists and endogenous activators, in particular, choline (ALBUQUERQUE et al. 1997; MANDELZYS et al. 1995; PAPKE et al. 1996).

The mystery surrounding brain nicotine receptors is likewise deepened by the difficulty we have in identifying the overt behavioral effects of nicotine when it is self-administered by a human being. The fact that nicotine does not intoxicate, or otherwise seriously compromise normal social behaviors, has long fostered a seemingly benign tolerance of nicotine use. Only in recent history have the issues of public health costs and secondhand smoke created a hostile environment for the tobacco industry, which effectively relies on the addictive properties of nicotine to stay in business. It is virtually impossible to get a consensus response if you ask a cigarette smoker why they smoke or how smoking makes them feel. Some users will report relaxation, or alternatively, alertness, or occasionally, mild euphoria. However, the most consistent answer is that smoking seems to relieve anxiety, arguably an anxiety that arises only from a pre-existing dependence.

Ironically, at the same time that there have been growing concerns about the social costs associated with tobacco usage (i.e., public health), there has been a remarkable recent growth of interest in CNS nAChRs as potential therapeutic targets. Several therapeutic endpoints have been newly targeted by drugs which work through nicotinic receptors in the CNS. These include potential treatments for Alzheimer's disease and as analgesic agents. Nicotine replacement also remains the major treatment to aid smoking cessation.

Preclinical studies of new agents have made use of expression systems that have permitted the activity and selectivity profiles of these drugs to be determined and related to the potential mechanisms for their therapeutic effects. Consistent with the core paradox of nicotine, many of the new candidate therapeutic agents, like nicotine itself, have been shown to have antagonist as well as agonist activity (PAPKE et al. 1997; SULLIVAN et al. 1997; WASHBURN et al. 1997). The intellectual challenge of ascribing functional roles to the various nicotinic receptor subtypes in the brain evolves from this complex pharmacology of nicotine and the new experimental drugs. For example, while positive cognitive effects have been attributed to nicotine, mice entirely lacking in high affinity nicotinic receptors not only show no cognitive impairment, but even perform better in some cognitive tests than control animals (PICCIOTTO et al. 1995). One potential explanation for this finding may relate to the existence of multiple nicotinic receptor subtypes in the brain, most notably the $\alpha4\beta2$ subtype, with a high affinity for nicotine, and the α-bungarotoxin-sensitive $\alpha7$ subtype. Agonists selective for the $\alpha7$ receptor subtype have been shown to have positive cognitive effects, comparable to those of nicotine, and these effects are blocked by the nonspecific antagonist, mecamylamine (MEYER et al. 1997). Alternatively, in addition to having $\alpha7$ mediated effects, it is possible that some of the desirable effects of nicotine arise not from the activation of $\beta2$-containing receptors, but from the long-term inactivation of these receptors (i.e., $\alpha4\beta2$). The selective inactivation of brain nicotine receptors has also been suggested to underlie a therapeutic approach for the treatment of Tourette's syndrome with nicotinic agents (SANBERG et al. 1998; SILVER et al. 1996).

The development of experimental agents for specific therapeutic applications will benefit from an increased understanding of the selectivity these agents may have for the various nicotinic receptor subtypes, in terms of both agonist and antagonist activities. For example, for analgesic applications, the most efficacious agents may be those that both activate $\alpha3\beta2$ receptors and predominantly inhibit $\alpha4\beta2$ receptors, e.g., epibatidine (DONNELLY-ROBERTS et al. 1998; PAPKE et al. 1997). For the enhancement of cognition, the reverse selectivity may be best (GATTO et al. 1998; LIPPIELLO et al. 1996; PAPKE et al. 1998). Therefore, we can see the entire field of neuronal nicotinic receptor research entering an exciting new era. Understanding how the brain makes specialized use of the diverse nAChR subtypes will certainly be a crucial step in solving the puzzles presented by nicotinic receptor function in the brain.

B. Functional Domains of Single Subunits

Much of the original characterization of the structure and function of nAChRs focused on the class of nAChRs found at the neuromuscular junction. Based on these data and sequence homology observed between the classes of nAChRs, each subunit of neuronal nAChRs is believed to share a characteristic membrane topology with the subunits of muscle nAChR. Specifically, hydrophobicity analysis suggests a membrane topology consisting of a large hydrophilic N-terminal putatively extracellular sequence followed by four hydrophobic, putative transmembrane domains, with a large cytoplasmic domain between transmembrane domains three and four. An approximately 20 amino acid stretch of residues forming the second transmembrane domain (TM2) of each of the five subunits of nAChR contributes to the lining of the ion channel pore. The high degree of sequence conservation (particularly in the transmembrane domains) allows the comparison of the functional roles of specific sequence elements across classes of nAChRs. For example, as noted above, neuronal nAChR subtypes generally have a higher calcium permeability than muscle nAChRs (MULLE et al. 1992; ROGERS and DANI 1995; VERNINO et al. 1992, 1994). Regulation of calcium influx via neuronal nAChRs could activate second messenger pathways which could play a role in processes as diverse as neuronal survival, transmitter release, and synaptic strengthening. Calcium influx via nAChRs on neurons of the medial habenula has been shown to be sufficient to activate a calcium-dependent chloride conductance and, in addition, cause a decrease in the response of $GABA_A$ receptors (MULLE et al. 1992).

In addition to differences in calcium permeability, neuronal and muscle nAChRs differ in their capacity to conduct outward current at positive potentials. Muscle nAChRs exhibit a linear current-voltage relation (equal amount of outward current at positive potentials as inward current at negative potentials), while neuronal nAChRs exhibit an inwardly rectifying current-voltage relationship (greater inward current at negative potentials than outward current at positive potentials). A number of studies have implicated intracellular block by magnesium at positive potentials as contributing to the inward rectification of neuronal nAChRs (ALKONDON et al. 1994; IFUNE and STEINBACH 1992; IFUNE and STEINBACH 1990; MATHIE et al. 1990). However, recent evidence indicates that, similar to voltage-gated potassium channels and glutamate receptors, channel block by intracellular polyamines can also account for the near total absence of outward current at positive potentials observed for neuronal nAChRs (HAGHIGHI and COOPER 1998). For both calcium permeability and rectification, it is almost certainly the case that a nonconserved sequence across classes of individual nAChR subunits (muscle or neuronal) will prove to underlie these functional differences. For example, it appears that the presence or absence of the gamma subunit can regulate permeability to divalent ions and rectification in muscle nAChRs (FRANCIS and PAPKE 1996). It also may be the case that sequence coding for amino acids in the pore-lining TM2 underlies the differential sensitivity to block by intracellular factors and differences in divalent permeability between muscle and neuronal nAChRs.

C. Calcium and Neuronal nAChR

The variety of genes encoding neuronal subunits has drawn attention to the possible functional relevance of the regulated expression of particular subunit combinations within neuronal populations at particular developmental time points, or even the localization of nAChR subtypes to particular functional domains on individual neurons. Again, of considerable functional relevance is the potential for regulation of calcium influx via nAChRs on the basis of subunit expression patterns. The bulk of evidence indicates that differences in calcium permeability across heterologously expressed subtypes of heteromeric neuronal nAChRs (requiring the co-expression of both alpha and beta subunits) are most likely minor. For example, by measuring reversal potential shifts with different concentrations of extracellular calcium in the cut-open oocyte system (allowing access to both sides of the oocyte membrane), COSTA et al. (1994) demonstrated that heterologously expressed $\alpha 3\beta 4$ receptors have a calcium to cesium permeability (pCa/pNa) ratio of 1.1 compared to a pCa/pNa ratio of 0.12 for muscle-type nAChRs, while subtypes of nAChRs present in adrenal chromaffin cells have a pCa/pCs ratio in the range of 1.5 (VERNINO et al. 1992). However, a few recent studies have emphasized differences in calcium permeability across heteromeric subunit combinations. Using whole-cell recordings of transfected cells in conjunction with fluorescence imaging of a calcium indicator dye, RAGOZZINO et al. (1998) demonstrated that $\alpha 3\beta 4$ receptors have a slightly higher fractional calcium conductance than $\alpha 4$-containing receptors. In addition, a recent report indicates that functional incorporation of the $\alpha 5$ subunit in heterologously expressed $\alpha 3$-containing human nAChRs increases calcium permeability to a level which is comparable to that reported for the $\alpha 7$ subtype of nAChR (GERZANICH et al. 1998). A direct effect of external calcium on the open probability of heteromeric nAChRs has also been described (AMADOR and DANI 1995).

It has been demonstrated that the homomeric $\alpha 7$ subtype of neuronal nAChR has a very high calcium permeability, and much interest has focused on potential functional roles for this receptor subtype. The $\alpha 7$ receptor may have a pCa/pNa ratio as high as 20 (SEGUELA et al. 1993). Other studies of heterologously expressed $\alpha 7$ receptors, in which barium was substituted for calcium to minimize any contaminating influence of calcium-activated chloride currents on the measurements, indicate a pBa/pNa ratio of 17 (SANDS et al. 1993). However, it should also be noted that similar measures for α-bungarotoxin-sensitive (α-Bgt-sensitive) responses in cultured hippocampal neurons indicate a pCa/pCs ratio of 6.1 (CASTRO and ALBUQUERQUE 1995). In the same study, the pCa/pCs ratio for the highly calcium-permeable NMDA subtype of glutamate receptor was measured to be 10.3. We think of ligand-gated ion channels that are predominantly permeable to monovalent ions as primarily controlling the membrane potential and subsequently voltage-dependent ion channels. However, channels with significant calcium permeability will also function as regulators of intracellular signal transduction. Furthermore, when calcium permeable ligand-gated ion channels have non-linear current-voltage profiles then they effectively become elements for coincidence detection, since calcium signals depend on the state function (i.e., membrane excitability) determined by other ion channels. The high calcium permeability of the $\alpha 7$ subtype may be prove to be of major importance as this receptor subtype could provide a route for calcium entry at negative potentials at which both voltage-gated calcium channels and NMDA receptors would be inactive.

The heterogeneity of neuronal nAChR subtypes provides the potential for many kinds of functional diversity (for a review, see PAPKE 1993). It has been demonstrated that the time course of desensitization and single channel kinetics of heterologously expressed $\alpha 3$-containing receptors depends on the particular beta subunit with which the alpha subunit is expressed (PAPKE and HEINEMANN 1991). It is possible that the pattern of activity of individual receptor subtypes could also be important for coincidence detection in the brain in terms of temporal coding. However, it must also be noted that neuronal nAChRs expressed in heterologous expression systems do not fully recapitulate the characteristics of native receptors (e.g., in terms of single channel conductance; SIVILOTTI et al. 1997). It is unclear whether the differences between heterologously expressed receptors and native receptors arise because of the potential for complex subunit arrangements in vivo that are not reproduced in heterologous expression systems or possibly because of differences in modulation of receptor function by different cell types (e.g., by phosphorylation). Nonetheless, based solely on the comparisons of heterologously expressed neuronal nAChR subtypes, it is clear that differences in sequence among the subunits may underlie the capacity for the different receptor subtypes to each play unique roles in transmembrane and/or intracellular signaling.

D. Neuronal nAChR Pharmacology

In addition to regulating receptor functional characteristics, differences in subunit composition account for pharmacological diversity. The functional effects of a variety of agonists (e.g., cytisine and nicotine) and antagonists (e.g., neuronal bungarotoxin) are regulated by sequence elements specific to individual subunits (CHARNET et al. 1992; FIGL et al. 1992; LUETJE and PATRICK 1991; LUETJE et al. 1990, 1993; PAPKE and HEINEMANN 1994; PAPKE et al. 1991). The basic pharmacophore essential for the activation of muscle-type nAChRs was proposed to consist of a charged nitrogen separated from a hydrogen bond acceptor group by an optimal distance of 5.9 Å (BEERS and REICH 1970). Our present understanding would be that the charged nitrogen most likely interacts with sites on the alpha subunits that are close enough to adjacent subunits for agonists to bind at the protein–protein interface Specifically, for muscle-type nAChRs, evidence from a variety of studies implicate negative and aromatic residues on the delta and gamma subunits in stabilizing the quaternary ammonium group of acetylcholine (reviewed in KARLIN and AKABAS 1995). However, a recent study suggests that aromatic residues on the alpha subunit (Trp-149, in particular) may also play a role in stabilizing interactions between the quaternary ammonium group of ACh and the agonist binding site (ZHONG et al. 1998). Thus, it may not be the case that interactions with the charged nitrogen group of acetylcholine are limited to residues located on a single subunit.

While it seems that for muscle-type receptors both parts of the pharmacophore are essential for an efficacious agonist, this requirement is relaxed for neuronal-type receptors (PAPKE et al. 1996). It has been shown, at least for rat neuronal receptors expressed in oocytes, that only the charged nitrogen (in the form of tetramethylammonium ions) is required for activation. The presence of neuronal beta subunits seems most important in determining the efficacy of larger agonists in a sort of permissive or nonpermissive fashion. Some substitutions or additions are tolerated, others are not, depending on the specific alpha-beta pair. It may be the case that homomeric $\alpha 7$-type receptors are relatively unconstrained in what they will recognize as effective agonists. This is supported by the observation that choline, which is a poor agonist for all the heteromeric receptors (i.e., muscle receptors and neuronal alpha-beta combinations), is a full agonist for $\alpha 7$-type receptors both in vivo and in vitro. The idea that $\alpha 7$ receptors are more permissive in their agonist pharmacophore is also supported by the observation that large cinnamylidine and benzylidene derivatives of the toxin anabaseine show reduced efficacy as agonists for all the heteromeric receptor subtypes, but retain the ability to activate $\alpha 7$ receptors, essentially establishing them as $\alpha 7$-selective agents (DE FIEBRE et al. 1995; KEM et al. 1997).

It is interesting to speculate that a tight binding pocket is formed when agonists associate with residues in the intersubunit interface, producing binding energy which is used for the conformational changes associated with channel gating. It certainly is the case that agonists bind to activated receptors with a higher affinity than to receptors in the resting state, since the off-rate of agonist from an open channel is slowed by at least two orders of magnitude. This is reflected in the ratios of open times to intraburst closed times. The high affinity conformation of the agonist binding site can then apparently be retained in the desensitized state of heteromeric receptors. Although $\alpha 7$ receptors do desensitize rapidly and profoundly, following desensitization they show no large increase in their affinity for agonists. Desensitization of these receptors also seems readily reversible.

Sensitivity to noncompetitive inhibitors is largely determined by contributions from the TM2 regions of individual subunits to the ion channel pore.

For example, the time course of recovery of nAChRs from inhibition by *bis*-TMP-10 (or BTMPS – *bis*-2,2,6,6-tetramethyl-4-piperidinyl sebacate), a bifunctional analog of the ganglionic blocker tetramethylpiperidine, has been shown to be dependent upon the sequence within the intracellular half of the neuronal beta subunit TM2 (FRANCIS et al. 1998). Both the 6' and 10' residues within TM2 (numbering as in LEONARD et al. 1988) regulate the kinetics of inhibition (WEBSTER et al. 1998) by this agent. It is interesting to note that both sensitivity to inhibition by mecamylamine, the widely used antagonist of neuronal nAChRs, and the binding of local anesthetics such as QX-222 to the muscle nAChR have also been shown to be dependent upon TM2 residues at these same positions (CHARNET et al. 1990; LEONARD et al. 1988). However, in the case of the local anesthetics and mecamylamine, inhibition is observed to be voltage-dependent while inhibition of neuronal nAChRs by *bis*-TMP-10 appears to independent of voltage. Moreover, pre-equilibration with the local anesthetic QX-314 does not affect *bis*-TMP-10 inhibition of chimeric nAChRs containing neuronal beta subunit TM2 sequence, suggesting that the specificity of *bis*-TMP-10 for the long-term inhibition of neuronal nAChRs may involve exposure of an inhibitor binding site located at a site distinct from TM2.

Sequence in TM2 can also regulate sensitivity to secondary inhibition by the agonist nicotine (WEBSTER et al. 1998), but with a dependence on specific sequence that is opposite of that required to produce sensitivity to ganglionic blockers. In this case, the inhibition does not appear to be appreciably voltage-dependent and may be associated with either secondary channel block via a direct binding interaction with TM2 or an allosteric effect of nicotine.

E. Changes in Gene Expression with Development

As the potential for functional diversity of nAChRs encoded by subunit composition has come to be appreciated, a number of laboratories have explored the possibility of developmental roles for particular subtypes of neuronal nAChRs. The developmental changes in gene expression for nAChRs at the neuromuscular junction are well described. The fetal form of the muscle-type nAChR exhibits a diffuse distribution over the muscle fiber and is composed of the $\alpha 1$, $\beta 1$, γ, and δ subunits (Fig. 1). Upon the innervation of the muscle by an axon and the subsequent formation of a synaptic site, expression of the gamma subunit decreases and is replaced by the epsilon subunit (MISHINA et al. 1986). A corresponding change in functional characteristics also occurs (CAMACHO et al. 1993). While the responses of fetal muscle-type nAChRs consist of relatively long bursts of activity, epsilon-containing receptors exhibit higher single-channel conductances and more abbreviated responses to agonist. It may be the case that these functional changes reflect a change in the functional requirements of the synapse such that the mature receptor is optimized for rapid and faithful transmission, while the longer bursts associ-

Fig. 1. The expression of mammalian nicotinic subunit genes. Three major categories of nAChR can be identified, based on the expression in muscle cells, autonomic ganglia, or the CNS of specific subunit genes indicated. Note that an additional subunit, α9, is expressed in the inner ear

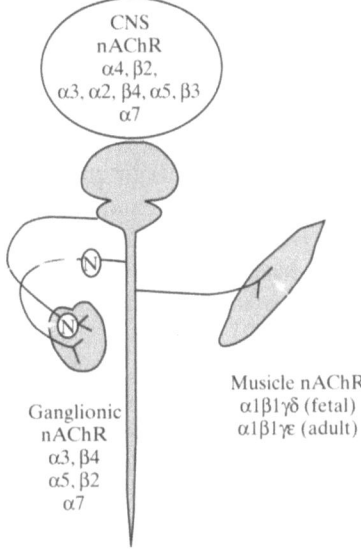

ated with the responses of fetal nAChRs provide a wider time window for plasticity related to synaptic connectivity.

Accordingly, it is of interest to determine if similar functional changes occur in the nAChRs of the nervous system. Most studies to date have focused on the distribution of nicotinic subunits in the nervous system of the adult animal; however, a few studies have examined changes in the pattern of expression of nicotinic subunits in development.

High affinity nicotinic binding is present in the caudal medulla oblongata of the rat as early as gestational day 12 (GD12) and spreads to the mesencephalon and ventral diencephalon by GD14 (NAEFF 1992). During late gestation and early postnatal periods, labeling decreases in the brainstem and increases in the forebrain. It appears that nicotinic binding sites develop in a region-specific manner in a caudal to rostral orientation at time points coinciding with the time of the onset of synapse formation. Consistent with this pattern, mRNAs for α3, α4, β2, and β4 have been detected in the rat brain between E11 and E13 by in situ hybridization. In most areas of the brain, the expression of α3 and β4 appear to overlap and occurs only transiently, while β2 expression is widespread and stable throughout development (WINZER-SERHAN and LESLIE 1997; ZOLI et al. 1998).

The nAChR of the neuromuscular junction binds the snake venom toxin α-bungarotoxin (α-Bgt) nearly irreversibly, and this ligand also labels putative receptor sites in the brain and the peripheral nervous system (PNS). These binding sites have come to be associated with the α7 gene product, and it appears that the presence of nAChRs associated with the α7 subunit are important in cortical development. Specifically, expression of α7 mRNA and α-Bgt binding seems to be temporally correlated with the layer-specific innervation of rat primary sensory cortex by thalamocortical afferents, suggesting that for cortical neurons, the expression of this class of nAChR may be regulated by the ingrowth of afferent axons (BROIDE et al. 1996). It has also recently been reported that α7-like nAChRs can selectively enhance NMDA receptor-mediated currents in early postnatal sensory cortex, but not after postnatal day 19 (ARAMAKIS and METHERATE 1998).

An important caveat for the interpretation of in situ hybridization is that, based on data from in vitro systems, mRNA expression levels are not always accurate indicators of protein levels or functional receptors (ROGERS et al. 1992). Therefore, it is difficult to directly link changes in RNA expression patterns with changes in receptor function. Moreover, because of the potential for expression of multiple nAChR subtypes on a single neuron and the difficulty associated with ascribing functional characteristics to particular subtypes, it is unclear to what extent alterations in the expression of specific nAChR subunit RNAs reflect changing functional requirements with development. However, the presence of high affinity binding of nicotine or α-Bgt in conjunction with the presence of mRNAs encoding nAChR subunits in early developmental stages would seem to suggest that the activation of neuronal nAChRs may potentially have a role in influencing synaptic connectivity.

F. Functions Served by Neuronal nAChR in the PNS

As is apparent from the number of genes encoding subunits for neuronal nAChRs, there is a much greater diversity of neuronal nAChRs in terms of subtype, localization, and presumed functional role than is the case for muscle-type nAChRs. Each of the various neuronal nAChR subunits seem to have a tissue-specific distribution (WADA et al. 1989), and there is potential for a great variety of subunit combinations to appear in the nervous system. Functional nicotinic receptors are present both centrally in the brain and spinal cord and peripherally on neurons of the autonomic ganglia. In general, the typical subunit composition of neuronal nAChR from peripheral ganglia appears to be distinct from the most widely expressed subunit combinations centrally. However, evidence from a number of studies supports the notion that a variety of subunit combinations exist both centrally and peripherally.

It is apparent that receptors containing the α3 and β4 subunits represent one class of nAChR predominant in the peripheral ganglia (Fig. 1). However, it remains unclear to what extent these subunits coassemble with other nicotinic subunits, and the description of receptor subunit composition on individual neurons remains problematic. In fact, it appears that multiple nAChR subtypes can exist on the same ganglionic neuron (CONROY and BERG 1995; POTH et al. 1997; VERNALLIS et al. 1993). Single channel studies have suggested that not only are multiple receptor subtypes found on single neurons, but the pattern of multiple subtypes changes throughout the course of embryonic development (Moss et al. 1989). In the case of the nAChRs expressed on mature chick ciliary ganglion neurons, it has been shown that the $\alpha 3$ subunit nearly always coassembles with the $\beta 4$ subunit, and when the $\alpha 5$ subunit is present, it coassociates with these subunits. About 20% of these synaptic ciliary ganglion nAChRs also contain the $\beta 2$ subunit (CONROY and BERG 1995). An additional subtype of nAChR containing the $\alpha 7$ gene product is present but seems to exhibit a nonsynaptic or perisynaptic distribution on the neuron (VERNALLIS et al. 1993; WILSON-HORCH and SARGENT 1995).

The function of nAChRs of the peripheral ganglia may be simply to faithfully transmit information, similar to that of muscle nAChRs, in terms of only limited processing taking place at the level of the ganglion. However, the functional organization of the ganglionic synapse has proven to be more elaborate than would seem to be necessary for this relatively straightforward role. The most well characterized ganglionic synapse is that of the chick ciliary ganglion. Accessory motor neurons of the chick midbrain send processes to this ganglion which terminate in calycal boutons enveloping the postsynaptic cell. The postsynaptic receptors at this synapse are of two major types: those labeled by mAb 35 (monoclonal antibody specific for the $\alpha 5$ subunit) and those bound irreversibly by α-Bgt. The mAb 35 labeled receptors most likely correspond to different classes of $\alpha 3$-containing receptors (with $\alpha 5$), while the α-Bgt subtype most likely corresponds the $\alpha 7$-containing receptors. It has been clearly demonstrated that the α-Bgt-sensitive subtype can raise intracellular calcium and function as rapidly desensitizing nAChRs (VIJAYARAGHAVAN et al. 1992). Studies examining the distribution of these two receptor classes in ganglionic neurons show that $\alpha 7$-containing receptors outnumber mAb 35 labeled receptors and seem to be localized in clusters with a perisynaptic distribution. Although not strictly necessary for transmission through the ganglion, the responses of $\alpha 7$-containing receptors seem to contribute a large portion of the synaptic current (ULLIAN 1997; ZHANG et al. 1996). In consideration of the high calcium permeability of the $\alpha 7$ subtype, this observation may imply that there exist functional roles in the ganglion for this class of receptor apart from participating directly in synaptic transmission. In fact, the regulation of intracellular calcium concentration for ganglionic neurons seems to be exceedingly complex. Increases in calcium concentration in the postsynaptic ganglionic neuron can be initiated by the activation of nicotinic or muscarinic acetylcholine receptors (RATHOUZ et al. 1995). Activation of muscarinic receptors results in oscillatory increases in intracellular calcium that are dependent upon the release of calcium from intracellular stores and coupled to phosphatidylinositol turnover, while the activation of nicotinic receptors results in sustained calcium increases dependent upon extracellular calcium. Differences in concentration dependence and receptor localization between muscarinic and nicotinic receptors and among classes of nicotinic receptors may allow for the selective activation of distinct second messenger cascades by each of these processes.

Additional studies of receptor distribution on mature ganglionic neurons by laser confocal microscopy indicate that only about 10% of the mAb 35 labeled receptors lie directly across from presynaptic active zones (as labeled by the synaptic vesicle antigen SV2) (WILSON-HORCH and SARGENT 1995). Thus, according to this study, the bulk of both receptor classes on chick ciliary ganglion neurons are located perisynaptically. It may be the case that the nonsynaptic receptors are activated in a long-range fashion by the diffusion of ACh out of the synaptic cleft. However, the presence of acetylcholine esterase in the cleft makes this route of activation by acetylcholine seem inefficient for transmission (ZHANG et al. 1996). Although the functional significance of perisynaptic receptors (of both classes) for acetylcholine-dependent neurotransmission remains unclear, it is possible that activation of perisynaptic $\alpha 7$ receptors by choline could influence cellular excitability. It has also been shown that the postsynaptic neurons produce arachidonic acid in an activity- and calcium-dependent fashion and that arachidonic acid can inhibit $\alpha 7$-containing receptors, raising the possibility of retrograde effects on the presynaptic cell (VIJAYARAGHAVAN et al. 1995). Moreover, the presence of functional α-Bgt sensitive nAChRs on the presynaptic terminals has recently been demonstrated (COGGAN et al. 1997). Interestingly, the responses of these presynaptic α-Bgt-sensitive nAChRs do not appear to be rapidly desensitizing. This result may imply distinct subunit compositions or differential modulation between α-Bgt-sensitive nAChRs of the pre- and postsynaptic neuron. However, desensitization of $\alpha 7$ receptors is strongly dependent upon concentration (PAPKE and THINSCHMIDT 1998), and it may be the case that solution exchange at the presynaptic terminal was not complete, such that the effective concentration reaching the receptors was lower (or slower to change) than the bath concentration of agonist in the recording chamber.

G. Ganglionic Blockers

In addition to differences in distribution and function, neuronal and muscle nAChRs differ in their sensitivities to certain classes of noncompetitive inhibitors. Prior to the successful application of molecular biological approaches to the study of nAChRs, the identification of distinct nAChR subtypes relied primarily on the description of differential pharmacology. Muscle nAChRs can be distinguished from neuronal nAChRs in terms of the sensitivity to block by a class of noncompetitive inhibitors known as ganglionic blockers. The ganglion blocking activity of compounds such as mecamylamine, hexamethonium, chlorisondamine, TMP (2,2,6,6-tetramethylpiperidine) and PMP (1,2,2,6,6-pentamethylpiperidine or pempidine) has been well documented in the literature (LEE et al. 1958; SPINKS and YOUNG 1958).

The effort to develop pharmaceutical agents specific for neuronal nAChRs dates back to the middle of this century. The observation that synaptic transmission through the autonomic ganglia was mediated by the chemical messenger acetylcholine led scientists to hypothesize that the inhibition of ganglionic synapses might be a route by which disorders related to autonomic nervous function could be regulated. Since that time, a heterogeneous group of compounds with varying selectivities for ganglionic nicotinic receptors has been developed and characterized. However, because of the wide range of functions which are affected by the inhibition of the entire ganglia, clinical applications for these compounds were soon abandoned. In fact, compounds specific for postganglionic noradrenergic receptors have proven to have a better clinical utility both in terms of safety and effectiveness. Although long believed to be of little clinical utility, ganglionic inhibitors remain of considerable scientific importance in part because an understanding of the mechanism of action of pure antagonists may allow for a more useful consideration of the observation of mixed agonist/antagonist effects of nicotine and other experimental nicotinic agents. This line of reasoning has even led to the renewed consideration of ganglionic blockers themselves for therapeutic applications in the CNS (ROSE et al. 1994, 1995; SANBERG et al. 1998).

Although ganglionic blockers have been used extensively as selective blockers of neuronal nAChRs, there is a relative paucity of experimental evidence regarding the mechanism of selectivity of the various compounds. In fact, it appears that most of these compounds are relatively poor in distinguishing between subtypes of neuronal nAChR and some measure of specificity may be achieved by the relative ability of the various compounds to cross the blood–brain barrier. Each of the compounds seems to act in a noncompetitive manner (at least partially), and varying degrees of voltage-dependence for the inhibition of neuronal nAChRs has been reported. Examination of the inhibition of rat submandibular ganglion nicotinic receptors by hexamethonium indicate an open channel block mechanism. Additionally, recovery from inhibition seems to be dependent upon the subsequent application of ACh, suggesting a model in which hexamethonium becomes trapped in the pore (GURNEY and RANG 1984). Consistent with this result, studies of heterologously expressed human and rat $\alpha 4\beta 2$ neuronal nAChRs indicate that inhibition by hexamethonium is use-dependent and profoundly voltage-dependent (BERTRAND et al. 1990; BUISSON and BERTRAND 1998). Moreover, analysis of voltage-jump relaxations indicate that the inhibition of neuronal $\alpha 4\beta 2$ receptors by hexamethonium is voltage-dependent and relatively long lived, but the inhibition of muscle nAChRs by hexamethonium occurs independent of voltage (CHARNET et al. 1992).

The ganglionic blocker chlorisondamine (PLUMMER et al. 1955) also appears to act via a use-dependent mechanism for both cultured ganglionic neuronal nAChRs (AMADOR and DANI 1995) and striatal synaptosome preparations (EL-BIZRI and CLARKE 1994). Similar to the inhibition of neuronal nAChRs by hexamethonium, chlorisondamine inhibition of nAChRs at the frog neuromuscular junction also seems to exhibit a dependence on the subsequent application of ACh for recovery, consistent with trapping of the inhibitor in the ion channel pore (NEELY and LINGLE 1986).

In contrast to the general agreement in the literature about the mechanism of action of chlorisondamine and hexamethonium, there is less consensus about the mechanism of action of the ganglionic blockers TMP, (SPINKS and YOUNG 1958) and mecamylamine (STONE et al. 1956). In particular, although mecamylamine is arguably the most widely used inhibitor of nicotinic receptors, accounts of the mechanism of action of mecamylamine vary greatly. Based on the fact that mecamylamine does not effectively compete with ACh or nicotine for nicotinic binding sites, it is surmised that the action of mecamylamine is noncompetitive. However, ASCHER et al. (1979) concluded that the effects of mecamylamine are largely competitive based on the dual observations that inhibition decreases at high agonist concentrations and that inhibition appears for the most part voltage-independent. Similarly, BERTRAND et al. (1990) reported a relatively long-lived block of $\alpha 4\beta 2$ receptors by mecamylamine which appears to be voltage-independent; however, these authors also reported that inhibition requires the coapplication of agonist, indicating a noncompetitive effect. VARANDA et al. (1985) reported a strictly noncompetitive inhibition by mecamylamine at neuromuscular junction nAChRs. In addition, the range of reported IC_{50}s for the effects of mecamylamine vary from about $40\,nM$ (ASCHER et al. 1979; FIEBER and ADAMS 1991) to $1\,\mu M$ (CONNOLLY et al. 1992). There is also some evidence that differences in sensitivity are associated with the particular beta subunit expressed. Specifically, CACHELIN and RUST (1995) reported an increased sensitivity of $\beta 4$-containing receptors relative to $\beta 2$-containing receptors. Studies examining the effects of mecamylamine on heterologously expressed $\alpha 3\beta 4$ receptors in this laboratory indicate that inhibition is voltage-dependent (WEBSTER et al. 1998) and regulated by sequence in the TM2 domain.

The ganglionic blockers, TMP and PMP were originally proposed as more potent and less toxic alternatives to mecamylamine for the treatment of hypertension (SPINKS and YOUNG 1958). However, as more effective adrenergic blockers were developed soon after, extensive characterization of this class of blockers did not occur. The observation that *bis*-TMP-10, which functions as an extremely potent and selective use-dependent inhibitor of neuronal nAChRs and a less potent inhibitor of voltage-gated calcium channels, has renewed interest in the TMP family of ganglionic blockers (GLOSSMANN et al. 1993; PAPKE et al. 1994). *Bis*-TMP-10 is a member of the *bis*-TMP-*n* series of compounds which share a common structure consisting of a symmetrical diester of tetramethyl piperidinol rings linked by an aliphatic diacid chain containing *n* carbons (FRANCIS et al. 1998). Neuronal nAChRs exhibit prolonged inhibition after coapplication of *bis*-TMP-10 with ACh, while muscle nAChRs recover completely within five minutes. Interestingly, as noted above, long-term inhibition by *bis*-TMP-10 is not voltage-dependent, but nonetheless is strongly influenced by sequence in the TM2 domain (FRANCIS et al. 1998).

H. Functions Served by Neuronal nAChR in the CNS

Studies employing labeling of central nAChRs by agonists such as acetylcholine or nicotine demonstrate a labeling pattern quite distinct from the labeling of α-Bgt (CLARKE et al. 1985). Early studies using heterologously expressed heteromeric neuronal nAChRs showed these receptors to be activatable by nicotine but insensitive to inhibition by α-Bgt (DENERIS et al. 1988). The existence of a distinct population of nAChRs with a relatively low binding affinity for the traditional nicotinic agonists and a very high affinity for α-Bgt was ultimately confirmed by the cloning of the $\alpha 7$ gene product (COUTURIER et al. 1990; SCHOEPFER et al. 1990; SEGUELA et al. 1993). Therefore, it is useful to divide the description of central neuronal nAChR subtypes into two general populations: those that bind nicotinic agonists with a high affinity and are insensitive to inhibition by α-Bgt, and those subtypes which bind agonist with a relatively low affinity and are sensitive to low concentrations of α-Bgt (Fig. 1).

Towards describing the high affinity brain nAChR population, WHITING and LINDSTROM (1986) demonstrated that an antibody raised to chick neuronal nAChRs (mAb 270) also cross-reacts with rat neuronal nAChRs and is able to bind greater than 90% of the high affinity nicotine binding sites in detergent extracts of the rat brain. It has since been shown that mAb 270 binds what is now designated the $\beta 2$ subunit, and this antibody has been used to show the distribution of $\beta 2$ subunits in the rat brain (SWANSON et al. 1987). Via the analysis of immunoprecipitation of nAChRs labeled by the specific nicotinic agonist cytisine with antibodies specific for the $\alpha 4$ and $\beta 2$ subunits, FLORES et al. (1992) also show that high affinity binding sites are composed of $\alpha 4 \beta 2$ receptors and, moreover, that these sites are upregulated after chronic exposure to nicotine. The highest densities of mAb 270 labeling are in the interpeduncular nucleus, the nuclei of the thalamus, superior colliculus, and medial habenula. More moderate labeling occurs in the presubiculum, layers I and III/IV of the cerebral cortex, and in the substantia nigra pars compacta/ventral tegmental areas. This distribution corresponds quite well with the previously described distribution of high affinity nicotinic agonist binding sites (CLARKE et al. 1985). It is now apparent that $\beta 2$ has the most widespread distribution of the neuronal nicotinic receptor subunits and can coassemble with $\alpha 2$, $\alpha 3$, or $\alpha 4$; however, the majority of this labeling most likely represents the expression pattern of receptors containing the $\alpha 4$ and $\beta 2$ subunits. It may be the case that a significant proportion of these receptors co-assemble with the $\alpha 5$ subunit in the mature brain (CONROY and BERG 1998). More recent studies examining the brains of $\beta 2$ knockout mice show a complete lack of high affinity nicotine binding sites, providing further evidence that the most prevalent high affinity nAChRs in brain are $\beta 2$-containing (PICCIOTTO et al. 1995). Interestingly, residual binding of other more subtype-specific ligands can be detected in the brains of $\beta 2$ knockout mice (ZOLI et al. 1998), suggesting that there exist high affinity nicotinic subtypes in which $\beta 2$ does not participate.

Electrophysiological studies also indicate that neurons of the habenulo-interpeduncular system have responses consistent with the expression of a variety of nAChR subtypes (MULLE et al. 1991).

The second grouping of brain nAChRs is termed "low affinity" because the desensitized state of these receptors do not exhibit a high affinity for agonist. Thus, this class of receptor does not appear in nicotine binding experiments, which predominantly measure receptors in the high affinity desensitized state. These brain nAChRs with a low affinity for nicotine, however, have a high affinity for the binding of α-Bgt. The binding of α-Bgt is high in the cerebral cortex (layers I and VI), superior and inferior colliculi, hypothalamus, and hippocampus (CLARKE et al. 1985). The only regions of significant overlap with high affinity agonist binding are in layer I of the cortex and the superior colliculus. Until recently, the description of a functional nicotinic receptor underlying brain α-Bgt binding was problematic, because although labeling of protein by α-Bgt in the brain and peripheral ganglia is readily apparent, it is difficult to detect α-Bgt-sensitive responses in brain, and application of α-Bgt does not inhibit the most easily detected nAChR responses on ganglionic neurons. However, using affinity chromatography, GOTTI et al. (1991) isolated α-Bgt binding molecules from the chicken optic lobe. They were able to demonstrate that, when reconstituted in a planar lipid bilayer, these purified α-Bgt binding proteins formed cationic channels which were activated in a dose-dependent manner by carbamylcholine and blocked by d-tubocurarine.

Affinity purification of high affinity α-Bgt binding proteins from chick brain allowed N-terminal protein sequencing (CONTI-TRONCONI et al. 1985). From the sequence, SCHOEPFER et al. (1990) prepared degenerate oligonucleotides which isolated clones associated with α-Bgt binding. COUTURIER et al. (1990) were able to demonstrate that the cDNA encoding α-Bgt binding protein from the chick brain expresses a functional low affinity nicotinic receptor that is sensitive to block by α-Bgt and exhibits rapid desensitization. This finding was later confirmed by SEGUELA et al. (1993) for the $\alpha 7$ clone from the rat brain. The cloning of the $\alpha 7$ subunit and its characterization in vitro provided the impetus to look harder for the equivalent functional receptors on neurons. It has since become apparent that the labeling by α-Bgt does in fact represent the distribution of potentially important neuronal nAChRs. With the development of rapid agonist application systems, a number of investigators have demonstrated the existence of rapidly desensitizing nicotinic responses in peripheral neurons and in cultured neurons from the CNS. Thus, it is now clear that the α-Bgt labeling in rat brain is associated with the $\alpha 7$ subtype of nAChR, whereas in chick, an $\alpha 8$ subunit also contributes. Another related homomeric receptor, $\alpha 9$ has been cloned from the rat (ELGOYHEN et al. 1994). The expression of this receptor subtype seems to be largely limited to hair cells of the inner ear.

I. Presynaptic Receptors

With a few notable exceptions (FRAZIER et al. 1998), there remains scant electrophysiological evidence for a functional role of brain nAChRs in mediating synaptic transmission directly. A number of biochemical studies in synaptosomal and slice preparations have shown that nicotinic agonists can affect the release of neurotransmitters including serotonin (5-HT), dopamine (DA), and noradrenaline (NE), implying a potential contribution of presynaptic nAChRs (for a review, see WONNACOTT 1997). Consistent with the biochemical data, an increasing amount of electrophysiological evidence points to the fact that although somatic responses to nicotinic agonists have been recorded, the major functional contribution of brain nAChRs arises from a presynaptic receptor population (for a review, see Table 1; ROLE and BERG 1996). In general, studies conducted in various synaptosomal and slice preparations are consistent with a contribution of heteromeric nAChRs (e.g., $\alpha 4\beta 2$ or $\alpha 3\beta 4$) to the stimulation of neurotransmitter release, because the effects are not inhibited by α-Bgt or the competitive antagonist of $\alpha 7$ receptors, MLA (methyllycaconitine). However, it is unclear if an effect of $\alpha 7$ receptors could be detected in these studies because of the rapidly desensitizing nature of $\alpha 7$ responses and the form of agonist application used.

In contrast, the electrophysiological characterization of the effects of putative presynaptic neuronal nAChRs reveals the potential for the widespread involvement of both heteromeric α/β subunit combinations and homomeric $\alpha 7$ nAChRs in the modulation of release of a variety of neurotransmitters (Table 1). The candidate subtypes of presynaptic nAChRs have, in general, been characterized according to their pharmacology (i.e., sensitivity to subtype-selective nicotinic agonists and antagonists). Furthermore, in some instances, the probable location of presynaptic nAChRs has been inferred from the sensitivity of their effects on neurotransmitter release to tetrodotoxin (TTX), the widely used blocker of sodium channels. In general, preterminal nAChRs are presumed to underlie TTX-sensitive effects, while nAChRs located presynaptically at the terminal bouton are presumed to underlie TTX-insensitive effects (however, see WONNACOTT 1997 for a review). A brief review of the literature to date detailing the electrophysiological characterization of putative presynaptic neuronal nAChRs organized roughly from hindbrain to forebrain follows and is summarized in Table 1.

In the brainstem, presynaptic nAChRs in the dorsal raphe nucleus (DR) seem to modulate the release of both NE and 5-HT to metabotropic (G-protein coupled) receptors (LI et al. 1998). These effects are particularly interesting because brainstem monoaminergic systems have been suggested to modulate attention and arousal. Nicotinic modulation of monaminergic neurons of the DR provides a potential site of action for the reported effects of nicotine on state of arousal and mood. Interestingly, nicotinic effects on NE release are MLA-sensitive, suggesting the involvement of the $\alpha 7$

Table 1. Electrophysiological detection of presynaptic nAChRs

Presynaptic neurotransmitter	Location of postsynaptic cell body	Preparation	Location of cell body of presynaptic fiber	Presynaptic pharmacology Agonist	Presynaptic pharmacology Antagonist	Probable nAChR subtype
Acetylcholine	Chick lumbar sympathetic ganglion (LSG)[a]	Cocultures of VMT and LSG neurons	Visceral motor nucleus of Terni (VMT)	Nicotine	α-Btg-sensitive	α7 Possibly other subunits
	Chick ciliary ganglion[b]	Acutely isolated neurons	Midbrain accessory motor neuron	Nicotine	α-Btg-sensitive	α7 Possibly other subunits
GABA	Rat interpeduncular nucleus[c]	Slice preparation and acutely isolated neurons	Interpeduncular nucleus (local circuit)	Nicotine = cytisine > DMPP	Mecamylamine-sensitive d-Tubocurarine-sensitive	Heteromeric Likely β4-containing
	Chick ventral lateral geniculate nucleus[d,e]	Slice preparation	n/a	Carbachol	DHβE-sensitive α-Bgt-insensitive MLA-insensitive Strychnine-insensitive	Heteromeric Possibly α4β2
	Chick mesensephalic lateral spiriform nucleus[f]	Slice preparation	Lateral spiriform nucleus (local circuit)	Nicotine DMPP Carbachol	DHβE-sensitive	n/a
Glutamate	Chick interpeduncular nucleus[a]	Cocultures of MHB and IPN neurons	Medial habenula	Nicotine	α-Bgt-sensitive	α7 Possibly other subunits
	Chick thalamus ventral lateral geniculate nucleus[e]	Slice preparation	n/a	Carbachol	DHβE-sensitive α-Bgt-sensitive MLA-insensitive Strychnine-insensitive	Previously undescribed pharmacology, possibly α7-containing

	Mouse thalamus ventrobasal and dorsolateral geniculate nuclei[g]	Slice preparation	Relay neurons in reticularis thalamus	Nicotine = DMPP > cytisine	DHβE-sensitive MLA-insensitive	Heteromeric β2-containing
	Rat hippocampus CA3 region[h,i]	Slice and culture preparations	Hippocampal mossy fiber	Nicotine	α-Bgt-sensitive	α7 Possibly other subunits
	Rat prefrontal cortex[j]	Slice preparation	Possibly mediodorsal thalamus	DMPP cytisine	nBgt-sensitive DHβE-sensitive α-Bgt-insensitive	Heteromeric Non-α7
	Rat auditory cortex[k]	Slice preparation	Most likely thalamocortical neurons but possibly cortico-cortical	Nicotine	MLA-sensitive	α7 Possibly other subunits
Norepinephrine	Rat dorsal raphe nucleus[l]	Slice preparation	Most likely locus coeruleus	DMPP	MLA-sensitive	α7 Possibly other subunits
Serotonin	Rat dorsal raphe nucleus[l]	Slice preparation	Most likely rat dorsal raphe	DMPP	MLA-insensitive Mecamylamine-sensitive	Heteromeric Likey β2-containing

[a] McGehee et al. 1995.
[b] Coggan et al. 1997.
[c] Lena et al. 1993.
[d] McMahon et al. 1994a.
[e] Guo et al. 1998.
[f] McMahon et al. 1994b.
[g] Lena and Changeux 1997.
[h] Gray et al. 1996.
[i] Radcliffe and Dani 1998.
[j] Vidal and Changeux 1993.
[k] Aramakis and Metherate 1998.
[l] Li et al. 1998.

subtype, while nicotinic effects on 5-HT release in the DR appear to be MLA-insensitive.

Another brain area in which putative presynaptic nAChRs have been described is the medial habenula (MHB). The MHB and interpeduncular nucleus (IPN) are connected via the fasciculus retroflexus, and each of these regions show a high expression of a variety of nicotinic mRNAs and the presence of nicotine binding sites. In addition, electrophysiological characterization of the response of rat MHB neurons indicates the presence of at least two distinct subtypes of nAChRs (CONNOLLY et al. 1995). Effects of presynaptic nAChRs on the responses of postsynaptic IPN neurons have been described in separate studies.

MULLE et al. (1991) characterized the nAChRs of isolated rat MHB and IPN neurons and showed a differential rank order potency for agonist activation between the two regions. The pharmacological profile of MHB nAChRs is most consistent with the $\alpha 3\beta 4$ subtype, while that of IPN neurons is most consistent with $\alpha 2$-containing receptors. In addition, it was demonstrated that the presence of nicotine reduces the amplitude of afferent volleys stimulated in the fasciculus retroflexus. These investigators attributed this reduction to a shunting effect as a result of depolarization of the presynaptic terminal upon activation of presynaptic nAChRs in the presence of nicotine. Consistent with the pharmacological profiles of somatic nAChRs, this effect is insensitive to α-Bgt and sensitive to other inhibitors of neuronal nAChRs such as hexamethonium and mecamylamine, indicating that it is most likely mediated by heteromeric nAChRs.

Further characterization of presynaptic nAChRs via the whole-cell recording of neurons in slices of rat IPN have demonstrated that nicotine increases the frequency of GABAergic and glutamatergic postsynaptic events (LENA et al. 1993). These effects were found to be TTX-sensitive and hence, based on the fact that the frequency increase seemed to be dependent upon activation of voltage-gated sodium channels, it was hypothesized that the presynaptic nAChRs may be located "preterminally." Furthermore, this effect was insensitive to α-Bgt but sensitive to traditional inhibitors of neuronal nAChRs such as hexamethonium, mecamylamine, and DHβE (dihydro-β-erythroidine). GABAergic innervation of IPN neurons is thought to arise from local IPN interneurons rather than via the fasciculus retroflexus, so activation of this population of presynaptic nAChRs may provide a method for modulating a local inhibitory circuit in the IPN.

In addition to the above results, MCGEHEE et al. (1995) have demonstrated an α-Bgt-sensitive effect of presynaptic nAChRs in co-cultures of chick MHB and IPN neurons. In these cultures, application of nicotine enhances both evoked and spontaneous release ($EC_{50} \sim 120\,nM$) in the presence of TTX, indicating that nAChRs are most likely located directly on the terminals. The excitatory postsynaptic currents (EPSCs) were shown to be sensitive to CNQX, a specific inhibitor of the non-NMDA subtype of ionotropic glutamate receptors, indicating that transmission at this synapse is glutamatergic. Half of the maximal inhibitory concentration for α-Bgt inhibition of the nicotine effect on synaptic transmission was about 70 times higher than reported IC_{50}s for the homomeric $\alpha7$ receptor, indicating that the nAChRs mediating the effects in this study may possibly be heteromeric $\alpha7$-containing receptors.

A variety of effects for putative presynaptic nAChRs have also been reported in the different sensory nuclei of the thalamus of chick, mouse, and rat. The frequency of spontaneous GABAergic postsynaptic currents in the ventrobasal (VB) and dorsal lateral geniculate (DLG) nuclei of the thalamus increases in the presence of the selective nicotinic agonist 1-dimethyl-4-phenylpiperazinium (DMPP) (LENA and CHANGEUX 1997). In the ventrobasal thalamus, presynaptic effects appear to require the simultaneous activation of high threshold voltage-gated calcium channels, because nicotinic modulation is sensitive to inhibition by a selective blocker of this class of calcium channels, cadmium. In contrast to this result, nicotinic modulation of GABA release in the DLG is not sensitive to block by cadmium or nickel and appears to occur via direct calcium influx through nAChRs. It is interesting to note that increases in extracellular calcium (2–4mM) prolonged the time course of potentiation, suggesting that calcium buffering can be critical in modulating the longevity of the effects of presynaptic nAChRs on neurotransmitter release. Nicotinic effects on transmitter release were absent in $\beta2$ knockout mice, suggesting modulation is mediated via a $\beta2$-containing subtype of nAChR, possibly $\alpha4\beta2$.

Presynaptic nAChRs in chick the ventrolateral geniculate nucleus (LGN) can modulate the release of both GABA and glutamate. While the enhancement in the frequency of spontaneous glutamatergic postsynaptic currents was reported to be α-Bgt sensitive, the nicotinic effects on spontaneous GABAergic postsynaptic currents were insensitive to α-Bgt. Curiously, the α-Bgt-sensitive glutamatergic effects were also found to be MLA and strychnine insensitive, indicating an nAChR of previously undescribed pharmacology (GUO et al. 1998).

Nicotinic facilitation of GABA release has also been reported in chick lateral spiriform nucleus (part of the avian basal ganglia) (McMAHON et al. 1994). This effect is DHβE sensitive, but sensitivity to α-Bgt was not tested. Moreover, this effect is blocked by TTX, suggesting a preterminal nAChR location.

In view of the importance of the hippocampus for memory consolidation and the demonstration of multiple forms of synaptic plasticity within the hippocampus, elucidation of the function of neuronal nAChRs within this circuit is particularly exciting. Whole-cell recordings of pyramidal neurons in hippocampal slices indicate that the application of nicotine increases the frequency of mEPSCs at mossy fiber CA3 synapses (GRAY et al. 1996). Consistent with the studies in MHB–IPN co-cultures, this effect was found to be α-Bgt and MLA sensitive, indicating that this effect is mediated via $\alpha7$-containing receptors. Moreover, calcium imaging indicates that application of nicotine in the mossy fiber region induces similar amounts of calcium influx as invasion of an action potential to the terminal region. Therefore, calcium entry directly through nAChRs without the requirement of a contribution of voltage-activated calcium channels may be sufficient to facilitate the release of glutamate at this synapse. It also appears to be the case that the time course of the effects of presynaptic nAChRs on synaptic function in the hippocampus may be regulated by the temporal characteristics of the afferent stimuli (RADCLIFFE and DANI 1998). Consecutive, short-term, periods of intense nicotinic stimulation by the application of $500\,\mu M$ nicotine or 1–3 mM ACh appears to give rise to relatively long-term potentiation (over the time course of minutes) of glutamate release, suggesting that presynaptic nAChRs may contribute to the plasticity which is traditionally associated with hippocampal function.

A few instances of nicotinic modulation of glutamate transmission in the cortex have been reported. Nicotinic receptors in the prefrontal cortex seem to modulate excitatory transmission via non-NMDA glutamate receptors, an effect that was sensitive to neuronal bungarotoxin (nBgt or κ-Bgt) but not sensitive to α-Bgt (VIDAL and CHANGEUX 1993). In contrast, putative presynaptic nAChRs in the auditory cortex increase the frequency of spontaneous glutamatergic postsynaptic currents in an α-Bgt-sensitive manner, suggesting the involvement of $\alpha 7$ receptors (ARAMAKIS and METHERATE 1998).

Consistent with the involvement of nicotinic systems in a variety of cognitive disorders, these studies demonstrate the potential involvement of multiple subtypes of presynaptic nicotinic receptors in the activity of a variety of other neurotransmitter systems ranging from the major excitatory and inhibitory ligands for central ionotropic receptors to activators of metabotropic neurotransmitter systems. Although functional roles for presynaptic receptors are likely to be specific to each neurotransmitter system in which they are expressed, it is almost certainly the case that the presence of presynaptic nAChRs increases the spatial and temporal range of inputs which may result in neurotransmitter release and thereby increases the receptive field of the postsynaptic neuron. Moreover, the presence of presynaptic nAChRs may allow for release either independent of a requirement for depolarization to a potential which would activate voltage-gated calcium channels or during prolonged periods of depolarization when voltage-gated calcium channels may be inactivated. Both of these effects may provide a mechanism whereby the probability of release and thus efficiency of a particular synapse can be modulated. Further characterization of the roles for presynaptic nAChRs will require the detailed investigation of the relative calcium concentration in the presynaptic bouton under different stimulus conditions.

The demonstration of the existence of functional presynaptic nAChRs raises a question as to the proximity of release sites for acetylcholine to presynaptic terminals. In principle, the activation of presynaptic receptors could arise via at least three mechanisms: direct axo-axonic cholinergic synapses, diffusion of synaptically released ACh to nicotinic autoreceptors, or synaptic spillover of acetylcholine between adjacent synapses. As there seem to be few, if any, purely nicotinic responses in brain, it may be the case that the first of these options will prove to underlie activation of presynaptic brain nAChRs. The demonstration of modulation of evoked neurotransmitter release via stimulation of intact nicotinic axo-axonic terminals should provide definitive evidence for the functional significance of presynaptic nAChRs.

J. Special Properties of $\alpha 7$ Receptors

Nicotine's ability to facilitate the release of neurotransmitters via $\alpha 7$-type receptors has been demonstrated for both low concentrations of nicotine (100–500 nM) applied for relatively long periods of time (GRAY et al. 1996; MCGEHEE et al. 1995) as well as high concentrations of nicotine (500 μM) applied for relatively brief periods of time (RADCLIFFE and DANI 1998). These results support two very different views of how $\alpha 7$-type receptors may function in the CNS. One view is strongly influenced by prejudices derived from our concepts of synaptic function at the neuromuscular junction. In this view, we conceive of ligand-gated ion channels as typically activated in coordinated fashion by large, rapidly elevated concentrations of agonist. While α-Bgt-insensitive nAChR responses could be obtained from ganglionic neurons with relative ease, the detection of large $\alpha 7$-like responses required finely tuned rapid agonist application methods (BLUMENTHAL et al. 1997; ZHANG et al. 1994). The reports of such $\alpha 7$-type currents from autonomic neurons, PC12 cells, and cultured hippocampal neurons seemingly validate this perspective(ALKONDON and ALBUQUERQUE 1995; BLUMENTHAL et al. 1997; ZHANG et al. 1994). In the case of the ciliary ganglion, such responses appear to even function as part of the fail-safe transmission of impulses through the ganglia (ZHANG et al. 1996).

This view of $\alpha 7$ receptors is also reinforced by the large transient currents observed when heterologously expressed $\alpha 7$ receptors are exposed to high agonist concentrations. However, the validity of the concentration–response functions reported for the expressed receptors has been questioned (PAPKE and THINSCHMIDT 1998), and other observations must lead us to question the mode of functionality where high agonist concentration leads to large transient responses. First of all, as noted above, at least in the brain, we lack the evidence for the kind of postsynaptic localizations normally associated with this functional modality. Secondly, the ability of $\alpha 7$ receptors to be activated (and desensitized) by choline suggests that in vivo they will be far more likely to see agonist concentrations that rise and fall through narrow ranges on a slow time course. This suggests that a second modality of $\alpha 7$ activation may exist and perhaps predominate in the brain. This modality would be more consistent with smoking doses of nicotine, as well as with the concentrations likely to be achieved with therapeutic agents. It is easiest to imagine how a modality involving steady state responses to low agonist concentrations would work if you consider neurons as performing the job of integrating $\alpha 7$ receptor activation into calcium signals that can be either large and extremely transient (due to desensitization), or small and prolonged. These modes are illustrated in Fig. 2, which show the values for the net charge stimulated by the application of either high or low concentrations of ACh. The low peak currents of $\alpha 7$ AChRs in response to ACh applications in the range of 10–30 μM do not show the profound desensitization associated with the presence of only slightly higher ACh concentrations. This implies that steady state activation by low agonist concentrations may be an effective form of stimulation for these channels, such that the regulation of intracellular calcium in a narrow range could be obtained with relatively low agonist concentrations. The experiments shown were conducted in Ringer's solution in which barium was substituted for calcium in order to decrease the contribution of the late onset calcium-dependent chloride currents to our measurements. In these experiments, the peak responses to the relatively brief (12s) pulses of 30 μM ACh were only 37% ± 8% of the 300 μM ACh controls. However, the net charge that was stimulated by 30 μM ACh was 70% ± 6% of the net charge transferred by a 300 μM ACh application. These data suggest that with $\alpha 7$ receptors, the net charge transfer function may only transiently favor the conditions of high agonist concentration. Ultimately, net charge flow will be greater in low agonist conditions. In the oocyte system, we see that with a 2 min application of agonist, the net charge integrated over a 3 min period was entirely equivalent for a

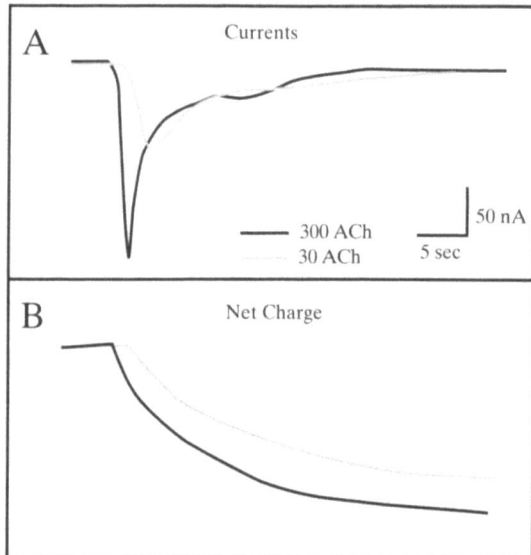

Fig. 2. Peak currents (**A**) and net charge (**B**) recorded from a human $\alpha 7$-expressing oocyte, in response to 10s applications of either 300 μM ACh (*thin black line*) or 30 μM ACh (*gray line*). Note that in order to diminish the contributions of calcium-dependent chloride currents to late phase current, these measurements were made in Ringer's solution in which barium was substituted for calcium

response stimulated by a 2 min application of $30\,\mu M$ ACh as for a response activated by a 2 min application of $300\,\mu M$ ACh.

Just as we can consider these two possible functional modalities for $\alpha 7$ receptors, we must also consider the multiple facets of calcium signaling. Large rapid increases in intracellular calcium stimulate synaptic release, but much smaller residual increases in intracellular calcium are believed to support the short-term processes of synaptic potentiation and facilitation (ZUCKER 1996). Likewise calcium can play multiple roles in promoting or preventing cell survival. The significance of high intracellular calcium as a step in excitotoxicity is well documented. However, small elevations of intracellular calcium, via the activation of ion channels such as nAChR or L-type calcium channels, can protect cells under conditions that would otherwise promote cell death (KOIKE et al. 1989). This observation has led to postulation of the calcium set point hypothesis (JOHNSON et al. 1992). The $\alpha 7$-type nAChR seems ideally suited to regulate intracellular calcium in a narrow range above baseline, since the desensitization and inward rectification of $\alpha 7$ currents would both serve to keep calcium signals from this receptor in a potentially safe range.

In addition to the presynaptic role for nAChRs in the hippocampus, it cannot be excluded that nAChRs may mediate some synaptic transmission in the hippocampus directly. There is cholinergic innervation of the hippocampus via the septum, and high levels of α-Bgt binding are present in the hippocampus. Moreover, robust α-Bgt sensitive responses to nicotinic agonists are present on cultured hippocampal neurons (ALKONDON and ALBUQUERQUE 1993; ALKONDON et al. 1994; CASTRO and ALBUQUERQUE 1995; ZORUMSKI et al. 1992). However, it has been suggested that in vivo rapidly desensitizing, α-Bgt-sensitive responses are present on interneurons but not pyramidal cells in the rat hippocampus (FRAZIER et al. 1998; JONES and YAKEL 1997). The best evidence for synaptic currents mediated by α-Bgt-sensitive receptors in the brain has arguably come from a recent study of evoked potentials in hippocampal interneurons recorded in fresh brain slices (FRAZIER et al. 1998). However, the detection of these currents required the use of an exotic "inhibitor cocktail" designed to suppress currents mediated by NMDA-type glutamate receptors, AMPA-type glutamate receptors, $GABA_A$ receptors, $5-HT_3$ receptors, and ATP receptors. The inhibitor cocktail also contained $2\,\mu M$ mecamylamine to inhibit non-$\alpha 7$-type nAChRs, a concentration that has also been reported to be the EC_{50} for the inhibition of $\alpha 7$ receptors expressed in *Xenopus* oocytes (MEYER et al. 1997). Nonetheless, in the presence of this potent brew, evoked currents in the range of 200–800 pA were observed that could be reduced by relatively high (100 nM) concentrations of MLA or α-Bgt.

K. Neuronal nAChR and Developing Therapeutics

Brain nAChRs have been implicated in the pathology of a number of disease states including Alzheimer's disease (AD), Parkinson's disease, Tourette's syndrome, and schizophrenia, and the numerous studies discussed above suggest potentially important roles for presynaptic nAChRs (for a review, see WONNACOTT 1997). However, while progress is being made to ascribe functional roles for the nicotinic receptors in brain, it should be noted that both $\alpha 7$ knockout mice and $\beta 2$ knockout mice survive to adulthood without any severe anatomical or behavioral abnormalities. Although few, if any, changes in expression patterns with the knockout of $\beta 2$ have been reported (ZOLI et al. 1998), this result may imply that a high degree of functional redundancy exists in cholinergic brain systems such that the knockout of a single receptor population is readily compensated for (ORR-URTREGER et al. 1997; PICCIOTTO et al. 1995). The absence of overt behavioral effects in nicotinic receptor knockouts is also reminiscent of the subtle and inconsistent subjective effects reported following nicotine self administration by smokers. Nonetheless, a better assessment of the effects of functional knockouts may come from the analysis of performance on behavioral tasks specifically requiring nicotinic receptor function. For example, self-administration of nicotine is reported to be attenuated in $\beta 2$ knockout mice compared to control animals (PICCIOTTO et al. 1998).

One reason for interest in the role of neuronal nAChRs in nervous system function stems from the observation that in animal studies, nicotine can increase performance in some measures of memory. Although this effect is well documented, it is most likely the case that memory performance is also linked to the state of arousal of the test subject. Thus, the effects of nicotine may be mediated through nonspecific effects on arousal. However, the additional observation that there is a selective loss of cholinergic neurons during the progression of AD also implicates nicotinic systems in the process of memory formation.

Numerous nicotinic agents have been proposed as potential therapeutic agents for the treatment of AD. However in the absence of an ideal animal model for this disease, the evaluation of potential therapeutic agents has been based on their abilities to improve learning behavior or be cytoprotective. These measures have been used in the hopes that they will correspond to the deficits seen in the acute and chronic phases of AD, specifically dementia and neuronal degeneration. Learning tests have most often been conducted in aged animals or animals with experimentally induced cholinergic hypofunction (e.g., nucleus basalis lesions). Numerous experimental nicotinic agents, including RJR-1734, RJR-2403, SIB 1553a, ABT-418, ABT-089, and GTS-21, have been reported to be efficacious in various learning, memory, and attention tests (HOLLADAY et al. 1997). Drugs which have been shown to have cytoprotective effects in vitro include RJR-2557 and ABT-418. Perhaps the broadest range of cytoprotective effects has been reported for the $\alpha 7$-selective partial agonist GTS-21 (also known as DMXB). Tests conducted in vitro have shown this agent to be able to protect differentiated PC12 cells after trophic factor deprivation (MARTIN et al. 1994; MEYER et al. 1997), as well as to protect cultured neurons from glutamate-induced excitotoxicity

(SHIMOHAMA et al. 1997) and α7-expressing cell lines from toxic beta-amyloid fragments (KIHARA et al. 1997). This same agent has also been shown to lessen neuronal cell loss in vivo after ischemic injury or lesions to the nucleus basalis (MEYER et al. 1997).

In a sense, the fact that an α7 selective agent such as GTS-21 should have both cognitive and cytoprotective effects is reminiscent of the two potential modalities for α7 function discussed earlier, one modality perhaps characterized by short-term activation with high agonist concentrations and the other associated with long chronic activation by low agonist concentrations. The cognitive effects of GTS-21 required only a single intraperitonel injection of the drug 15 min before the test to be effective.

Interestingly, while selective for the activation of α7 receptors, DMXB and related cinnamylidine anabaseines may produce inhibition of multiple nicotinic receptor subtypes, alluding back to the core paradox of nicotine. When the behavior and cytoprotective effects of several cinnamylidine anabaseines were compared, it was found that inhibitory activity did not appear to alter the short-term effects on memory. However, the drugs which had highest levels of antagonist activity showed decreased cytoprotective effects.

Initial characterization of GTS-21 was conducted with rodent models, including heterologously expressed rat α7 receptors. However, it was subsequently reported that GTS-21 had greatly diminished efficacy for human α7 receptors (BRIGGS et al. 1997). This reduced activity for human receptors presented something of a puzzle, since in the same study, GTS-21 was reported to have positive behavior effects in delayed match-to-sample tests with monkeys. In a recent report of the phase 1 clinical trials, GTS-21 was also shown to have positive cognitive effects on normal human controls (KITAGAWA et al. 1998). A possible explanation for the seemingly contradictory observations that GTS-21 had positive behavioral effects in monkeys and humans yet lacked significant agonist activity for human α7 receptors, is that while GTS-21 has low efficacy for human α7 receptors, 4OH-GTS-21, the primary metabolite of GTS-21 has good efficacy for human receptors (MEYER et al. 1998). Consistent with α7 activity as a predictor of cytoprotective effects, both GTS-21 and 4OH-GTS-21 will protect rat derived PC12 cells from amyloid toxicity, while only the 4OH derivative will protect human derived SK-N-SH cells from the same insult (MEYER et al. 1998).

The success of the α7-selective anabaseine compounds in both assays of cytoprotection and memory improvement makes it tempting to label the α7 receptor as the favored therapeutic target for AD. However, the potential involvement of other nAChR subtypes cannot be ruled out since other nonselective agents have been shown to have similar effects. One such drug is SIB-1553a, which reportedly has selectivity for heteromeric receptors containing β4. However, while SIB-1553a does show its best efficacy as an activator of β4-containing receptors, like GTS-21, SIB-1553a is able to inhibit a variety of nAChR subtypes. On the other hand, another agent which has been reported to improve learning in animal models is RJR-2403. This drug has a high degree of selectivity for $\alpha 4\beta 2$ receptors and very low antagonist activity (PAPKE et al. 1998).

Nicotinic receptors have also been linked to the motor deficits associated with Parkinson's disease, and when used in combination therapy with low levels of L-dopa, SIB-1508y has been reported to produce improved motor behavior in MPTP (1-methyl-4-phenyl-1,2,3,6-tetrahydropyridine) treated monkeys. Nicotine and the experimental agents GTS-21 and ABT-418 have been shown to be effective at normalizing the sensory gating deficits of DBA mice, an animal model associated with schizophrenia (FREEDMAN et al. 1994; STEVENS et al. 1998).

A number of recent reports have described the utility of nicotinic agonists as nonopioid analgesics. While nicotine itself has been reported to have some antinociceptive activity, the first real appreciation for the therapeutic potential of nicotinic drugs to treat pain states came from studies of the frog toxin epibatidine. Epibatidine has an analgesic potency 200-fold greater than that of morphine, but with a narrow therapeutic index that precludes its development as a clinical agent. The use of epibatidine as a radioligand has lead us to modify somewhat our picture of nicotinic receptors in the CNS. Specifically, epibatidine binds with high affinity to populations of nicotinic receptors in the brain that overlap but are not identical with those recognized by cytisine and nicotine (DAVILA-GARCIA et al. 1997; MARKS et al. 1998; SIHVER et al. 1998). While the molecular identity of these receptors is still something of a mystery, a number of laboratories have proceeded to characterize new compounds with the goal of identifying drugs with analgesic activity similar to that of epibatidine, but with reduced toxic side effects (HOLLADAY et al. 1997).

Drug development based on the properties of epibatidine has led to the characterization of ABT-594, a nicotinic agent with analgesic activity comparable to epibatidine but with a more favorable profile of side effects (DONNELLY-ROBERTS et al. 1998). While it is clear that the analgesic effects of epibatidine and ABT-594 are due to their effects on nicotinic receptors, the exact mechanisms through which nicotinic agents exert their analgesic effects are unclear. However, several lines of evidence suggest that direct effects on CGRP(calcitonin gene related protein)-positive neurons of the dorsal root ganglia may be important targets for these drugs (see HOLLADAY et al. 1997 for a review). For example, CGRP-positive cells of the trigeminal ganglia express neuronal nicotinic receptors which are potently activated by epibatidine and ABT-594. ABT-594 has also been shown to inhibit the release of capsaicin-stimulated CGRP from spinal cord slices, an effect blocked by the classic nicotinic antagonist, mecamylamine (DONNELLY-ROBERTS et al. 1998). Alternatively or in addition to these effects, antinociception may involve the activation of nAChRs in the nucleus raphe magnus (BITNER et al. 1998).

L. Future Perspectives

As drug development continues on several exciting lines, we are forced to return to the core paradoxes of nicotine's effects in the brain. We must deal with the diversity of nicotinic receptor subtypes and with the mixed effects of the nicotinic agents themselves. As mentioned above, many of the new candidate therapeutic agents have been shown to have antagonist as well as agonist activity (PAPKE et al. 1997; SULLIVAN et al. 1997; WASHBURN et al. 1997), like nicotine itself. Interestingly, it has been reported that a short-term (2 day) treatment with a nicotine patch was able to produce a relatively long-term (2 month) suppression of symptoms in Tourette's syndrome patients (SILVER et al. 1996). The time scale of these effects is far more consistent with a therapeutic efficacy associated with the long-lasting inhibitory effects of nicotine on brain nAChRs (LINDSTROM 1997; PENG et al. 1994), than with the transient activation that might have been produced. Consistent with this is the recent report that the nicotinic antagonist mecamylamine was also effective as a treatment for Tourette's syndrome (SANBERG et al. 1998). It has also been reported that mecamylamine combined with nicotine skin patches facilitates smoking cessation beyond nicotine patch treatment alone.

So we face the final challenges for understanding the functional roles played by nicotinic receptors in the brain with strong motivation to develop the potential for therapeutic applications. We can see the many new experimental agents as exciting tools that can be applied to expression systems and animal models. It may be considered that, to some degree, the growth of interest in nicotinic drugs as therapeutic agents has been a double edged sword, with many of the new drugs, and even the clones used to test them, treated as proprietary items. Nonetheless, progress in the field in recent years has been enormous, and collaborations between academic scientists and industry are the rule more often than the exception. The time approaches when we will be able to fully appreciate the diversity and the importance of the brain's nicotinic receptors and better fit them into our growing understanding of brain function.

References

Albuquerque EX, Alkondon M, Pereira EFR, Castro NG, Schrattenholz A, Barbosa CTF, Bonfante-Cabarcas R, Aracava Y, Eisenberg HM, Maelicke A (1997) Properties of neuronal nicotinic acetylcholine receptors: Pharmacological characterization and modulation of synaptic function. J Pharmacol Exp Ther 280:1117–1136

Alkondon M, Albuquerque EX (1993) Diversity of nicotinic acetylcholine receptors in rat hippocampal neurons. I. Pharmacological and functional evidence for distinct structural subtypes. J Pharmacol Exp Ther 265:1455–1473

Alkondon M, Albuquerque EX (1995) Diversity of nicotinic acetylcholine receptors in rat hippocampal neurons. III. Agonist actions of the novel alkaloid epibatidine and analysis of type II current. J Pharmacol Exp Therap 274:771–782

Alkondon M, Reinhardt S, Lobron C, Hermsen B, Maelicke A, Albuquerque EX (1994) Diversity of nicotinic acetylcholine receptors in rat hippocampal neurons. II. The rundown and inward rectification of agonist-elicited whole cell currents and identification of receptor subunits by *in situ* hybridization. J Phamacol Exp Ther 271:494–506

Amador M, Dani JA (1995) Mechanism for Modulation of Nicotinic Acetylcholine Receptors that can Influence Synaptic Transmission. J Neurosci 15:4525–4532

Aramakis BV, Metherate R (1998) Nicotine Selectively Enhances NMDA Receptor-Mediated Synaptic Transmission during Postnatal Development in Sensory Neocortex. J Neurosci 18:8485–8495

Ascher P, Large WA, Rang HP (1979) Studies on the mechanism of action of acetylcholine antagonists on rat parasympathetic ganglion cells. J Physiol (Lond.) 295:139–170

Beers WH, Reich E (1970) Structure and activity of acetylcholine. Nature 228:917–922

Bertrand D, Ballivet M, Rungger D (1990) Activation and blocking of neuronal nicotinic acetylcholine receptor reconstituted in *Xenopus* oocytes. Proc Natl Acad Sci USA 87:1993–1997

Bitner RS, Nikkel AL, Curzon P, Arneric SP, Bannon AW, Decker MW (1998) Role of the Nucleus Raphe Magnus in Antinociception Produced by ABT-594: Immediate early gene responses possibly linked to neuronal nicotinic acetylcholine receptors on serotonergic neurons. J Neurosci 18:5426–5432

Blumenthal EM, Conroy WG, Romano SJ, Kassner PD, Berg DK (1997). Detection of functional nicotinic receptors blocked by α-bungarotoxin on PC12 cells and dependence of their expression on post-translational events. J Neurosci 17:6094–6104

Briggs CA, Anderson DJ, Brioni JD, Buccafusco JJ, Buckley MJ, Campbell JE, Decker MW, Donnelly-Roberts D, Elliot RL, Gopalakrishnan M, Holladay MW, Hui Y, Jackson W, Kim DJB, Marsh KC, O'Neill AO, Pendergast MO, Ryther KB, Sullivan JP, Arneric SP (1997) Functional characterization of the novel nicotinic receptor ligand GTS-21 in vitro and in vivo. Pharm Biochem and Behav 1997 57(1–2):231–41

Broide RS, Robertson RT, Leslie FM (1996) Regulation of alpha 7 nicotinic acetylcholine receptors in the developing somatosensory cortex by thalamocortical afferents. J Neurosci 16:2956–71

Buisson B, Bertrand D (1998) Open-channel Blockers at the Human $\alpha4\beta2$ Neuronal Nicotinic Acetylcholine Receptor. Mol Pharm 53:555–563

Cachelin AB, Rust G (1995) β-subunits co-determine the sensitivity of rat neuronal nicotinic receptors to antagonists. Eur. J Physiol 429:449–451

Camacho P, Liu Y, Mandel G, Brehm P (1993) The epsilon subunit confers fast channel gating on multiple classes of acetylcholine receptors. J Neurosci 13(2):605–613

Castro NG, Albuquerque EX (1995) α-Bungarotoxin-sensitive hippocampal nicotinic receptor channel has a high calcium permeability. Biophys. J 68:516–524

Charnet P, Labarca C, Cohen BN, Davidson N, Lester HA, Pilar G (1992) Pharmacological and kinetic properties of $\alpha4\beta2$ neuronal nicotinic acetylcholine receptors expressed in Xenopus oocytes. J Physiol (Lond) 450:375–394

Charnet P, Labarca C, Leonard RJ, Vogelaar NJ, Czyzyk L, Gouin A, Davidson N, Lester HA (1990) An open-channel blocker interacts with adjacent runs of α-helices in the nicotinic acetylcholine receptor. Neuron 2:87–95

Clarke PBS, Schwartz RD, Paul SM, Pert CB, Pert A (1985) Nicotinic binding in rat brain: autoradiographic comparison of [^{3}H] acetylcholine [^{3}H] nicotine and [^{125}I]-alpha-bungarotoxin. J Neurosci 5:1307–1315

Coggan JS, Paysan J, Conroy WG, Berg DK 1997. Direct Recording of Nicotinic Responses in Presynaptic Nerve Terminals. J Neurosci 17:5798–5806

Connolly J, Boulter J, Heinemann SF (1992) $\alpha4-2\beta2$ and other nicotinic acetylcholine receptor subtypes as targets of psychoactive and addictive drugs. Br J Pharmacol 105:657–666

Connolly JG, Gibb AJ Colquhoun D (1995) Heterogeneity of neuronal nicotinic acetycholine receptors in thin slices of rat medial habenula. J Phys (Lond) 484.1:87–105

Conroy W, Berg D (1998) Nicotinic receptor subtypes in the developing chick brain: appearance of a species containing the α4 β2 and α5 gene products. Mol Pharm 53:392–401

Conroy WG, Berg DK (1995) Neurons Can Maintain Multiple Classes of Nicotinic Acetylcholine Receptors Distinguished by Different Subunit Compositions. J Biol Chem 270:4424–4431

Conti-Tronconi BM, Dunn SMJ, Barnard EA, Dolly JO, Lai FA, Ray N, Raftery M (1985) Brain and muscle nicotinic acetylcholine receptor are different but homologous proteins. Proc Natl Acad Sci USA 82:5208–5212

Costa AC, Patrick JW, Dani JA (1994) Improved technique for studying ion channels expressed in *Xenopus* oocytes, including fast superfusion. Biophys J 67:395–401

Couturier S, Bertrand D, Matter JM, Hernandez MC, Bertrand S, Millar N, Valera S, Barkas T, Ballivet M (1990) A neuronal nicotinic acetylcholine receptor subunit (α7) is developmentally regulated and forms a homo-oligomeric channel blocked by α-BTX. Neuron 5:847–856

Davila-Garcia MI, Musachio JL, Perry DC, Xiao Y, Horti A, London ED, Dannals RF, Kellar KJ (1997) [125I]IPH, an epibatidine analog, binds with high affinity to neuronal nicotinic cholinergic receptors. J Pharmacol Exp Ther 282:445–451

de Fiebre CM, Meyer EM, Zoltewicz J, Henry JC, Muraskin S, Kem WR, Papke RL (1995) Characterization of a family of anabaseine-derived compounds reveals that the 3-(4)-dimethylaminocinnamylidine derivative (DMAC) is a selective agonist at neuronal nicotinic α7/[^{125}I]α-bungarotoxin receptor subtypes. Mol Pharmacol 47:164–171

Deneris ES, Connolly J, Boulter J, Wada E, Wada K, Swanson LW, Patrick J, Heinemann S (1988) Primary structure and expression of β2: a novel subunit of neuronal nicotinic acetylcholine receptors. Neuron 1:45–54

Donnelly-Roberts DL, Puttfarken PS, Kutzweiler TA, Briggs CA, Anderson DJ, Campbell JE, Piattoni-Kaplan M, DG. M, Wasicak JT, Holladay MW, Williams M, Arneric SP (1998) ABT-594: a novel, orally effective analgesic acting via neuronal nicotinic acetylcholine receptors: I. in vitro characterization. J Pharmacol Exp Ther 285:777–786

El-Bizri H, Clarke P (1994) Blockade of nicotinic receptor-mediated release of dopamine from striatal synaptosomes by chlorisondamine and other nicotinic agonists administered *in vitro*. Br J Pharmacol 111:406–413

Elgoyhen AB, Johnson DS, Boulter J, Vetter DE, Heinemann S (1994) α9: An acetylcholine rReceptor with novel pharmacological properties expressed in rat cochlear hair cells. Cell 79:705–715

Fieber LA, Adams DJ (1991) Acetylcholine-evoked curents in cultured neurones dissociated from rat parasympathetic cardiac ganglia. J Physiol (Lond) 434:215–237

Figl A, Cohen BN, Quick MW, Davidson N, Lester HA (1992) Regions of β4•β2 subunit chimeras that contribute to the agonist selectivity of neuronal nicotinic receptors. FEBS Lett 308:245–248

Francis MM, Choi KI, Horenstein BA, Papke RL (1998) Sensitivity to voltage-independent inhibition determined by pore-lining region of ACh receptor. Biophys J 74:2306–2317

Francis MM, Papke RL (1996) Muscle-type Nicotinic Acetylcholine Receptor Delta Subunit Determines Sensitivity to Noncompetitive Inhibitors while Gamma Subunit Regulates Divalent Permeability. Neuropharm 35:1547–1556

Frazier CJ, Buhler AV, Weiner JL, Dunwiddie TV (1998) Synaptic Potentials Mediated via α-Bungarotoxin-Sensitive Nicotinic Acetylcholine Receptors in Rat Hippocampal Interneurons. J of Neurosci 18:8228–8235

Frazier CJ, Rollins YD, Breese CR, Leonard S, Freedman R, Dunwiddie TV (1998) Acetylcholine activates an α-bungarotoxin-sensitive nicotinic current in rat hippocampal interneurons, but not pyramidal cells. J Neurosci 18:1187–1195

Freedman R, Adler L, Bickford P, Byerley W, Coon H, Cullum C, Griffith J, Harris J, Leonard S, Miller C (1994) Schizophrenia and nicotinic receptors. Harvard Rev Psychiatry 2:179–192

Gatto G, Bencherif M, Lippiello PM, Christopher NC, Weaver TS, Blackwelder WP, Levin ED (1998) Long-lasting cognitive effects of the CNS-selective nicotinic agonist RJR-2403. 1998 Neurosci Absts 39:28

Gerzanich V, Wang F, Kuryatov A, Lindstrom J (1998) alpha 5 Subunit alters desensitization, pharmacology, Ca++ permeability and Ca++ modulation of human neuronal alpha3 nicotinic receptors. J Pharmacol Exp Ther 286:311–20

Glossmann H, Hering S, Savchenko A, Berger W, Friedrich K, Garcia ML, Goetz MA, Liesch JM, Zink DL, Kaczorowski GJ (1993) A light stabilizer (Tinuvin 770) that elutes from polypropylene plastic tubes is a potent L-type Ca^{2+}-channel blocker. Proc Natl Acad Sci USA 90:9523–9527

Gotti C, Ogando AE, Hanke W, Schlue R, Moretti M, Clementi F (1991) Purification and characterization of an alpha-bungarotoxin receptor that forms a functional nicotinic channel. Proc Natl Acad Sci USA 88:3258–62

Gray R, Rajan AS, Radcliffe KA, Yakehiro M, Dani JA (1996) Hippocampal synaptic transmission enhanced by low concentrations of nicotine. Nature 383:713–716

Guo JZ, Tredway TL, Chiappinelli VA (1998) Glutamate and GABA release are enhanced by different subtypes of presynaptic nicotinic receptors in the lateral geniculate nucleus. J Neurosci 18:1963–1969

Gurney AM, Rang HP (1984) The channel blocking action of methonium compounds on rat submandibular ganglion cells. Br J Pharmacol 82:623–642

Haghighi AP, Cooper E (1998) Neuronal nicotinic acetylcholine receptors are blocked by intracellular spermine in a voltage-dependent manner. J Neurosci 18:4050–4062

Holladay MW, Dart MJ, Lynch JK (1997) Neuronal nicotinic acetylcholine receptors as targets for drug discovery. J Med Chem 40:4169–4194

Ifune CK, Steinbach JH (1992) Inward rectification of acetylcholine-elicited currents in rat phaeochromocytoma cells. J Physiol (Lond) 457:143–165

Ifune CK, Steinbach JH (1990) Rectification of acetylcholine-elicited currents in PC12 pheochromocytoma cells. Proc Natl Acad Sci USA 87:4794–4798

Johnson J, EM, Koike T, Franklin J (1992) A "calcium set-point hypothesis" of neuronal dependence on neurotrophic factor. Exp Neurol 115:163–166

Jones S, Yakel J (1997) Functional nicotinic ACh receptors on interneurones in the rat hippocampus. J Physiol (Lond) 504:603–610

Karlin A, Akabas MH (1995) Towards a structural basis for the function of nicotinic acetylcholine receptors and their cousins. Neuron 15:1231–1244

Kem WR, Mahnir VM, Papke RL, Lingle CJ (1997) Anabaseine is a potent agonist upon muscle and neuronal alpha-bungarotoxin sensitive nicotinic receptors. J. P. E. T. 283:979–992

Kihara T, Shimohama S, Sawada H, Kimura J, Kume T, Kochiyama H, Maeda T, Akaike A (1997) Nicotinic receptor stimulation protects neurons against β-amyloid toxicity. Ann Neurol 42:159–163

Kitagawa H, Takenouchi T, Wesnes K, Kramer W, Clody DE (1998) Phase I studies of GTS-21 to assess the safety, tolerability, PK, and effects on measures of cognitive function in normal volunteers. 6th International Conf. on Alzheimer's Disease. Abstract 765

Koike T, Martin DP, Johnson JEM (1989) Role of Ca^{2+} channels in the ability of membrane depolarization to prevent neuronal death induced by trophic-factor deprivation: evidence that levels of internal Ca^{2+} determine nerve growth factor dependence of sympathetic ganglion cells. Proc Natl Acad Sci USA 86:6421–5

Lee GE, Wragg WR, Corne SJ, Edge ND, Reading HW (1958) 1:2:2:6:6-Pentamethylpiperidine: A new hypotensive drug. Nature 181:1717–1719

Lena C, Changeux JP (1997) Role of Ca^{2+} Ions in Nicotinic Facilitation of GABA Release in Mouse Thalamus. J Neurosci 17:576–585

Lena C, Changeux JP, Mulle C (1993) Evidence for "preterminal" nicotinic receptors on GABAergic axons in the rat interpeduncular nucleus. J Neurosci 13:2680–2688

Leonard RJ, Labarca GG, Charnet P, Davidson N, Lester HA (1988) Evidence that the M2 membrane-spanning region lines the ion channel pore of the nicotinic receptor. Science 242:1578–1581

Li X, Rainnie DG, McCarley RW, Greene RW (1998) Presynaptic nicotinic receptors facilitate monoaminergic transmission. J Neurosci 18:1904–1912

Lindstrom J (1997) Nicotinic acetylcholine receptors in health and disease. Mol Neurobio 15:193–222

Lippiello PM, Bencherif M, Gray HA, Peters S, Grigoryan G, Hodges H, Collins AC (1996) RJR-2403: a nicotinic agonist with CNS selectivity. 2. In vivo characterization. J Pharmacol Exp Ther 279:1422–1429

Luetje C, Piattoni M, Patrick J (1993) Mapping of ligand binding sites of neuronal nicotinic acetylcholine receptors using chimeric alpha subunits. Mol Pharmacol 44

Luetje CW, Patrick J (1991) Both α- and β-subunits contribute to the agonist sensitivity of neuronal nicotinic acetylcholine receptors. J Neurosci 11:837–845

Luetje CW, Wada K, Rogers S, Abramson SN, Heinemann S, Patrick J (1990) Neurotoxins distinguish between different neuronal nicotinic acetylcholine receptors. J Neurochem 55:632–640

Mandelzys A, De Koninck P, Cooper E 1995. Agonist and toxin sensitivities of ACh-evoked currents on neurons expressing multiple ACh receptor subunits. J Neurophys 74:1212–1221

Marks MJ, Smith KW, Collins AC (1998) Differential agonist inhibition identifies multiple epibatidine binding sites in mouse brain. J Pharmacol Exp Ther 285:377–386

Martin EJ, Panikar KS, King MA, Deyrup M, Hunter B, Wang G, Meyer E (1994) Cytoprotective actions of 2,4-dimethoxybenzylidene anabaseine in differentiated PC12 cells and septal cholinergic cells. Drug Dev Res 31:134–141

Mathie A, Colquhoun D, Cull-Candy SG (1990) Rectification of currents activated by nicotinic acetylcholine receptors in rat sympathetic ganglion neurones. J Physiol (Lond) 427:625–655

McGehee DS, Heath MJS, Gelber S, Devay P, Role LW (1995) Nicotine enhancement of fast excitatory synaptic transmission in CNS by presynaptic receptors. Science 269:1692–1696

McMahon LL, Yoon KW, Chiappinelli VA (1994) Nicotinic receptor activation facilitates gabaergic neurotransmission in the avian lateral spiriform nucleus. Neuroscience 59:689–698

Meyer E, Kuryatov A, Gerzanich V, Lindstrom J, Papke RL (1998) Analysis of 4OH-GTS-21 Selectivity and Activity at Human and Rat α7 Nicotinic Receptors. J of Pharm and Exper Ther 287:918–925

Meyer EM, Meyers C, King M (1997) The selective alpha7 nicotinic receptor agonist DMXB protects against neocortical neuron loss after nucleus basalis lesions. Brain Res 786:252–254

Meyer EM, Tay RT, Papke RL, Meyers C, Huang G, de Fiebre CM (1997) Effects of 3-[2,4-dimethoxybenzylidene]anabaseine (DMXB) on rat nicotinic receptors and memory-related behaviors. Brain Res 768:49–56

Mishina M, Takai T, Imoto K, Noda M, Takahashi T, Numa S, Methfessel C, Sakmann B (1986) Molecular distinction between fetal and adult forms of muscle acetylcholine receptor. Nature 321:406–411

Moss BL, Schuetze SM, Role LW (1989) Functional properties and developmental regulation of nicotinic acetylcholine receptors on embryonic chicken sympathetic neurons. Neuron 3:597–607

Mulle C, Choquet D, Korn G, Changeux J-P (1992) Calcium influx through nicotinic receptor in rat central neurons: its relevance to cellular regulation. Neuron 8:135–143

Mulle C, Vidal C, Benoit P, Changeux J-P (1991) Existence of different subtypes of nicotinic acetylcholine receptors in the rat habenulo-interpeduncular system. J Neurosci 11:2588–2597

Naeff B, Schlumpf M, Lichtensteiger W (1992) Pre- and postnatal development of high-affinity [3H]nicotine binding sites in rat brain regions: an autoradiographic study. Brain Res Dev Brain Res 1992 68(2):163–74

Neely A, Lingle C (1986) Trapping of an open-channel blocker at the frog neuromuscular acetylcholine channel. Biophys J 50:981–986

Orr-Urtreger A, Goldner F, Saeki M, Lorenzo I, Goldberg L, De Biasi M, Dani J, Patrick J, Beaudet A (1997) Mice deficient in the alpha7 neuronal nicotinic acetylcholine receptor lack alpha-bungarotoxin binding sites and hippocampal fast nicotinic currents. J Neurosci 17:9165–9171

Papke RL (1993) The kinetic properties of neuronal nicotinic receptors: genetic basis of functional diversity. Prog in Neurobio 41:509–531

Papke RL, Bencherif M, Lippiello P (1996) An evaluation of neuronal nicotinic acetylcholine receptor activation by quaternary nitrogen compounds indicates that choline is selective for the a7 subtype. Neurosci Lett 213:201–204

Papke RL, Craig AG, Heinemann SF (1994) Inhibition of nicotinic acetylcholine receptors by BTMPS, (Tinuvin 770), an additive to medical plastics. J Pharmacol Exp Ther 268:718–726

Papke RL, Duvoisin R, Heinemann SF (1991) The extracellular domain of the neuronal nicotinic subunit $\beta4$ determines the pharmacology of receptors formed with $\alpha3$. In Soc Neurosci

Papke RL, Heinemann SF (1994) The partial agonist properties of cytisine on neuronal nicotinic receptors containing the $\beta2$ subunit. Mol Pharm 45:142–149

Papke RL, Heinemann SF (1991) The role of the $\beta4$ subunit in determining the kinetic properties of rat neuronal nicotinic acetylcholine $\alpha3$-receptor. J Physiol (Lond) 440:95–112

Papke RL, Thinschmidt JS (1998) The Correction of Alpha7 Nicotinic Acetylcholine Receptor Concentration-Response Relationships in *Xenopus* Oocytes. Neurosci Let 256:163–166

Papke RL, Thinschmidt JS, Moulton BA, Meyer EM, Poirier A (1997) Activation and inhibition of rat neuronal nicotinic receptors by ABT-418. Br J Pharmacol 120:429–438

Papke RL, Webster JC, Lippiello MP, Bencherif M, Francis MM (1998) RJR-2403 is an efficacious agonist for human $\alpha4\beta2$ neuronal nicotinic acetylcholine receptors with lower efficacy for other human receptor subtypes. Neuroscience Absts 39:26

Peng X, Anand R, Whiting PJ, Lindstrom J (1994) Nicotine-induced upregulation of neuronal receptors results from a decrease in the rate of receptor turnover. Mol Pharm 460:523–530

Picciotto M, Zoli M, Rimondini R, Lena C, Marubio L, Pich E, Fuxe K, Changeux J (1998) Acetylcholine receptors containing the beta2 subunit are involved in the reinforcing properties of nicotine. Nature 391:173–177

Picciotto MR, Zoli M, Lena C, Bessis A, Lallemand Y, LeNovere M, Vincent P, Pich EM, Brulet P, Changeux J-P (1995) Abnormal avoidance learning in mice lacking functional high-affinity nicotine receptor in the brain. Nature 374:65–67

Plummer A, Trapold J, Schneider J, Maxwell R, Earl A (1955) Ganglionic blockade by a new bisquaternary series, including chlrisondamine dimethochlride. J Pharmacol Exp Ther 115:172–184

Poth K, Nutter TJ, Cuevas J, Parker MJ, Adams DJ, Luetje CW (1997) Heterogeneity of Nicotinic Receptor Class and Subunit mRNA Expression among Individual Parasympathetic Neurons from Rat Ganglia. J Neurosci 17:586–596

Radcliffe KA, Dani JA (1998) Nicotinic stimulation produces multiple forms of increased glutamatergic synaptic transmission. J of Neurosci 18:7075–7083

Ragozzino D, Barabino B, Fucile S, Eusebi F (1998) Ca2+ permeability of mouse and chick nicotinic acetylcholine receptors expressed in transiently transfected human cells. J Physiol (Lond) 507:749–757

Rathouz MM, Vijhayaraghavan S, Berg DK (1995) Acetylcholine differentially affects intracelluluar via nicotinic and muscarinic receptors on the same population of neurons. J Biol Chem 270:14366–14375

Rogers M, Dani JA (1995) Comparison of quantitative calcium flux through nmda, atp and ach receptor channels. Biophy J 68:501–506

Rogers SW, Mandelzys A, Deneris ES, Cooper E, Heinemann S (1992) The expression of nicotinic acetylcholine receptors by PC12 cells treated with NGF. J Neurosci 12:4611–4623

Role L, Berg D (1996) Nicotinic receptors in the development and modulation of CNS synapses. Neuron 16:1077–1085

Rose JE, Behm FM, Westman EC, Levin ED, SteinRM, Ripka GV (1994) Mecamylamine combined with nicotine skin patch facilitates smoking cessation beyond nicotine patch treatment alone. Clin Pharmacol Ther 56:86–99

Rose JE, Levin ED, Behm FM, Westman EC, Stein RM, Lane JD, Ripka GV (1995) Combined administration of agonist-antagonist as a method of regulating receptor activation. Ann NY Acad Sci 757:218–221

Sanberg PR, Shytle RD, Silver AA (1998) Treatment of Tourette's syndrome with mecamylamine. Lancet 352:705–706

Sands SB, Costa ACS, Patrick JW (1993) Barium permeability of neuronal nicotinic acetylcholine receptor alpha 7 expressed in *Xenopus* oocytes. Biophys J 65: 2614–2621

Schoepfer R, Conroy WG, Whiting P, Gore M, Linstrom J (1990) Brain α-bungarotoxin binding protein cDNAs and mAbs reveal subtypes of this branch of the ligand-gated ion channel gene superfamily. Neuron 5:35–48

Seguela P, Wadiche J, Dinely-Miller K, Dani JA, Patrick JW (1993) Molecular cloning, functional properties and distribution of rat brain alpha 7: a nicotinic cation channel highly permeable to calcium. J Neurosci 13(2):596–604

Shimohama S, Greenwald DL, Shafron DH, Akaike A, Maeda T, Kaneko S, Kimura J, Simpkins CE, Day AL, Meyer EM (1997) Nicotinic $\alpha 7$ receptors protect against glutamate neurotoxicity and neuronal ischemic damage. Brain Res 779:359–63

Sihver W, Gillber PG Nordberg A (1998) A Laminar distribution of nicotinic receptor subtypes in human cerebral cortex as determined by [3H](–)nicotine, [3H]cytisine and [3H]epibatidine in vitro autoradiography. Neurosci 85:1121–1133

Silver AA, Shytle RD, Philipp MK, Sanberg PR (1996) Case study: long-term potentiation of neuroleptics with transdermal nicotine in Tourette's syndrome. J Am Acad Child Adolesc Psychiatry 35:1631–1636

Sivilotti LG, McNeil DK, Lewis TM, Nassar MA, Schoepfer R, Colquhoun C (1997) Recombinant nicotinic receptors, expressed in *Xenopus* oocytes, do not resemble native rat sympathetic ganglion receptors in single-channel behaviour. J Phys (Lond) 500.1:123–138

Spinks A, Young EHP (1958) Polyalkylpiperidines: a new series of ganglion-blocking agents. Nature 181:1397–1398

Stevens KE, Kem WR, Mahnir VM, Freedman R (1998) Selective $\alpha 7$-nicotinic agonists normalize inhibition of auditory response in DBA mice. Psychopharm. 136: 320–327

Stone C, Torchiana M, Navarro A, Beyer K (1956) Ganglionic blocking properties of 3-methyl-aminoisocamphane hydrochloride (mecamylamine): a secondary amine. J. Pharmacol. Exp Ther 117:169–183

Sullivan JP, Donnelly-Roberts D, Briggs CA, Anderson DJ, Gopalakrishnan M, Xue IC, Piattoni-Kaplan M, Molinari E, Campbell JE, McKenna DG, Gunn DE, Lin NH, Ryther KB, He Y, Holladay MW, Wonnacott S, Williams M, Arneric SP (1997) ABT-089 [2-methyl-3-(2-(S)-pyrrolidinylmethoxy)pyridine]: I. A potent and selective cholinergic channel modulator with neuroprotective properties. J Pharmacol Exp Ther 283:235–246

Swanson L, Simmons D, Whiting P, Lindstrom J (1987) Immunohistochemical localization of neuronal nicotinic receptors in the rodent central nervous system. J Neurosci 7:3334–3342

Ullian (1997) Dual Mode of Synaptic Transmission in Avian Motor Neurons. J Neurosci 17:7210–7219

Varanda W, Aracava Y, Sherby SM, VanMeter WG, Eldefrawi ME, Albuquerque EX (1985) The Acetylcholine Receptro of the Neuromuscular Junction Recognizes Mecamylamine as a Noncompetitive Antagonist. Mol Pharm 28:128–137

Vernallis AB, Conroy WG, Berg DK (1993) Neurons assemble acetylcholine receptors with as many as three kinds of subunits while maintaining subunit segregation among receptor subtypes. Neuron 10:451–464

Vernino S, Amador M, Luetje CW, Patrick J, Dani JA (1992) Calcium modulation and high calcium permeability of neuronal nicotinic acetylcholine receptors. Neuron 8:127–134

Vernino S, Rogers M, Radcliffe KA, Dani JA (1994) Quantitative measurement of calcium flux through muscle and neuronal nicotinic acetylcholine receptors. J Neurosci 14:5514–5524

Vidal C, Changeux JP (1993) Nicotinic and muscarinic modulations of excitatory synaptic transmission in the rat prefrontal cortex *in vitro*. Neurosci 56:23–32

Vijayaraghavan S, Huang B, Blumenthal E, Berg D (1995) Arachidonic acid as a possible negative feedback inhibitor of nicotinic acetylcholine receptors on neurons. J Neurosci 15:3679–3687

Vijayaraghavan S, Pugh PC, Zhang Z, Rathouz MM, Berg DK (1992) Nicotinic receptors that bind α-bungarotoxin on neurons raise intracellular free Ca^{2+}. Neuron 8:353–362

Wada E, Wada K, Boulter J, Deneris E, Heinemann S, Patrick J, Swanson LW (1989) Distribution of alpha2, alpha3, alpha4, and beta2 neuronal nicotinic receptor subunit mRNAs in the central nervous system: a hybridization histochemical study in the rat. J Comp Neurol 284:314–335

Washburn MS, Chavez-Noriega LE, Crona JH, Vernier JM, Johnson EC (1997) Electrophysiological characterization of SIB-1553 A activity on recombinant human neuronal nicotinic receptors expressed in *Xenopus* oocytes and HEK-293 cells. In: 27th Annual Meeting of the Society for Neuroscience. 477:3

Webster JC, Francis MM, Papke RL (1998) Differential sensitivity to the antagonist effects of mecamylamine and nicotine regulated by the AChR beta subunit TM2 domain. Neuroscience Absts 332:19

Whiting P, Lindstrom J (1986) Pharmacological properties of immunoisolated neuronal nicotinic receptors. J Neurosci 6:3061–3069

Wilson-Horch HL, Sargent PB (1995) Perisynaptic surface distribution of multiple classes of nicotinic acetylcholine receptors on neurons in the chicken ciliary ganglion. J Neurosci 15:7778–7795

Winzer-Serhan U, Leslie F (1997) Codistribution of nicotinic acetylcholine receptor subunit alpha3 and beta4 mRNAs during rat brain development. J Comp Neurol 386:540–554

Wonnacott S (1997) Presynaptic nicotinic ACh receptors. TINS 20:92–98

Zhang Z, Coggan JS, Berg DK (1996) Synaptic currents generated by neuronal acetylcholine receptors sensitive to alpha-bungarotoxin. Neuron 17:1231–1240

Zhang Z, Vijayaraghavan S, Berg DK (1994) Neuronal acetylcholine receptors that bind α-bungarotoxin with high affinity function as ligand gated ion channels. Neuron 12:167–177

Zhong W, Gallivan JP, Zhang Y, Li L, Lester HA, Dougherty DA (1998) From ab initio quantum mechanics to molecular neurobiology: a cation-pi binding site in the nicotinic receptor. Proc Natl Acad Sci USA 95(21):12088–12093

Zoli M, Lena C, Picciotto MR, Changeux JP (1998) Identification of four classes of brain nicotinic receptors using beta2 mutant mice. J Neurosci 18:4461–4472

Zorumski CF, Thio LL, Isenberg KE, Clifford DB (1992) Nicotinic acetylcholine currents in cultured postnatal rat hippocampal neurons. Mol Pharmacol 41:931–936

Zucker RS (1996) Exocytosis: a molecular and physiological perspective. Neuron 17:1049–1055

CHAPTER 13
Neuronal Nicotinic Receptors and Synaptic Transmission in the Mammalian Central Nervous System

E.X. Albuquerque, E.F.R. Pereira, M. Alkondon, H.M. Eisenberg, and A. Maelicke

A. Introduction

Although the psychopharmacological effects of nicotine have been known since the last century, it was not until the end of the 1980s that neuronal nicotinic acetylcholine receptors (nAChRs) were found to be functional in the central nervous system (CNS). Initially, based on the binding of [^{3}H]nicotine and [^{125}I]α-bungarotoxin (α-Bgt) to various brain regions, it was suggested that two populations of neuronal nAChRs existed in the CNS. One population consisted of neuronal nAChRs that could bind [^{3}H]nicotine with high affinity and the other consisted of nAChRs that would bind [^{125}I]α-Bgt with high affinity (Clarke et al. 1985; Sorenson and Chiapinelli 1985; Swanson et al. 1987; Wonnacott et al. 1988). Based on these assays, it was not clear whether nAChRs with a high affinity for nicotine represented a homogeneous population of receptors or a population of various receptor subtypes that had similar affinities to nicotine. In addition, although α-Bgt binding sites were found in various areas of the brain (Clarke et al. 1985; Loring and Zigmond 1988; Lukas and Bennett 1980; Sorenson and Chiappinelli 1992; Swanson et al. 1987), no α-Bgt-sensitive nicotinic responses could be recorded from these areas, raising the possibility that α-Bgt binding sites in the brain did not represent functional nAChRs (reviewed in Clarke 1992). Molecular biological studies came to demonstrate that there are at least eight neuronal nAChR "agonist-binding" α subunits ($\alpha 2$–$\alpha 9$; the mammalian counterpart of the avian $\alpha 8$ nAChR subunit is yet to be found) and three neuronal nAChR "structural" β subunits ($\beta 2$–$\beta 4$), and that various combinations of α and β subunits could result in ectopic expression in *Xenopus* oocytes of heteromeric, functional nAChRs with distinct pharmacological and kinetic properties. Furthermore, evidence was provided that functional, homomeric nAChRs sensitive to blockade by α-Bgt could be formed by $\alpha 7$, $\alpha 8$, or $\alpha 9$ subunit (reviewed in Colquhoun and Patrick 1997; Lindstrom 1995; Role and Berg 1996; Sargent 1993). Thus, characterization of functional native neuronal nAChRs was going to be complex due to the existence of multiple receptor subtypes.

Identification of the general properties and functions of the nAChRs present in the hippocampus has constituted the core of our studies since the end of the 1980s, particularly because of the numerous reports that nicotine and nicotinic agonists affect learning and memory (Decker et al. 1993; Felix and LEVIN 1997; HAROUTUNIAN et al. 1985), which are heavily processed in the hippocampus (PARKIN 1996). This chapter is intended to set the stage for a better understanding of the physiological relevance of neuronal nAChRs in the mammalian hippocampus. Its contents span from the initial identification of the properties of neuronal nAChRs in hippocampal neurons to the recent discovery that these receptors modulate and mediate synaptic transmission in this CNS region. In addition, considerations are made about neuronal nAChRs as targets for therapeutic measures to treat pathological conditions involving dysfunctions of the cholinergic system.

B. Experimental Requirements to Monitor Functional Nicotinic Receptors

Recording electrophysiologically responses mediated by nAChRs, particularly $\alpha 7$-subunit-containing nAChRs, requires the use of systems that allow for agonists to be rapidly applied to and removed from the vicinity of the neurons, so that the problem of agonist-induced receptor desensitization can be overcome. To date the best agonist-delivery system is the U-tube (ALKONDON and ALBUQUERQUE 1990, 1991, 1993; ALKONDON et al. 1999), which has a number of advantages over a single agonist-delivery micropipette. First, and of utmost importance, leakage of agonist from the U-tube is much more unlikely than from a single pipette. This is a crucial point for studying the activity of receptors such as the $\alpha 7$ nAChRs, which desensitize rapidly upon exposure to agonists. Leakage of an agonist can prevent the detection of responses mediated by such receptors. Second, the bulky delivery of agonists via the U-tube can displace the physiological solution bathing the neurons under study, so that the agonist concentration surrounding the neurons should be constant during the agonist pulse. In such cases, measurements of decay-time constants of currents elicited by sufficiently long agonist pulses delivered via the U-tube can provide meaningful information about the kinetics of receptor inactivation/desensitization. Third, with the U-tube it is possible to test various concentrations of different agonists in a single neuron, and, therefore, it is feasible to analyze more reliably concentration–response relationships. Finally, considering that a large area can be rapidly exposed to agonists delivered via the U-tube, it becomes possible to assess the effect of activation of nAChRs in various regions of neurons that synapse onto the neuron from which recordings are obtained. However, micropipettes are the best system available for focal application of agonists to small areas of the neuronal surface (ALKONDON et al. 1996a, 1999; FRAZIER et al. 1998a).

Infrared-assisted videomicroscopy is essential for visual identification of individual interneurons in hippocampal slices. In contrast to pyramidal neurons, which are arranged side by side in the pyramidal layer, interneurons are sparsely distributed in the different strata of all fields of the hippocampus, thus making blind patch very difficult. To fit the working distance between the specimen and the upright lenses, a modified U-tube, which is made by attaching a 1-cm long cylindrical glass tube to the pore of a regular U-tube, can be used to guarantee reliable and reproducible recordings of agonist-evoked nicotinic whole-cell currents from neurons in slices. The infrared videomicroscopy is also critical for patch-clamping dendrites in slices, as it allows for visualization of the dendritic branching of neurons in the slices (SPRUSTON et al. 1995).

C. Neuronal Nicotinic Receptors Present in Hippocampal Neurons in Culture and in Conventional Slices: Pharmacological and Kinetic Properties

I. Nicotinic Receptors in Cultured Hippocampal Neurons

Evidence for the existence of functional nAChRs in the hippocampus was initially provided by single-channel studies (ARACAVA et al. 1987). It was only after the development of the U-tube as a drug delivery system that nicotinic macroscopic currents could be recorded from hippocampal neurons (ALKONDON and ALBUQUERQUE 1990, 1991). Soon thereafter, a number of nAChR subtype-selective antagonists were introduced as a set of criteria to identify the neuronal nAChRs present in hippocampal neurons (ALKONDON and ALBUQUERQUE 1993). The initial studies, which were carried out in primary cultures, indicated that at least one of three subtypes of functional nAChRs are present in hippocampal neurons. Hippocampal neurons in culture respond to nicotinic agonists with at least one of three types of whole-cell currents classified as type IA, type II, and type III, which are distinguished from one another on the basis of their kinetic and pharmacological properties (Fig. 1). Type IA currents, by far the predominant response of cultured hippocampal neurons to nicotinic agonists, are fast-desensitizing currents that are highly sensitivity to blockade by α-Bgt, methyllycaconitine (MLA), and α-conotoxin-ImI (ALKONDON et al. 1992; ALKONDON and ALBUQUERQUE 1993; PEREIRA et al. 1996; ZORUMSKI et al. 1992). In contrast to type IA currents, type II and III currents, which desensitize very slowly, can be recorded from a small population of the hippocampal neurons in culture (ALKONDON and ALBUQUERQUE 1993, 1995; ALKONDON et al. 1994). Approximately 10% of the hippocampal neurons in culture respond to nicotinic agonists with type II currents, whereas no more than 2% of the neurons in culture respond to the agonists with type III currents. Type II and III currents are differentiated from one another according to their sensitivity to nicotinic antagonists: type II currents are sensitive to blockade by dihydro-β-erythroidine (DHβE), and type III currents can be blocked by mecamylamine. Recent studies carried out in thin slices obtained from the brain of mice lacking the nAChR β2 subunit expanded this classification to include a fourth type of response that is mediated by an nAChR that binds cytisine and epibatidine with high affinity, responds equally

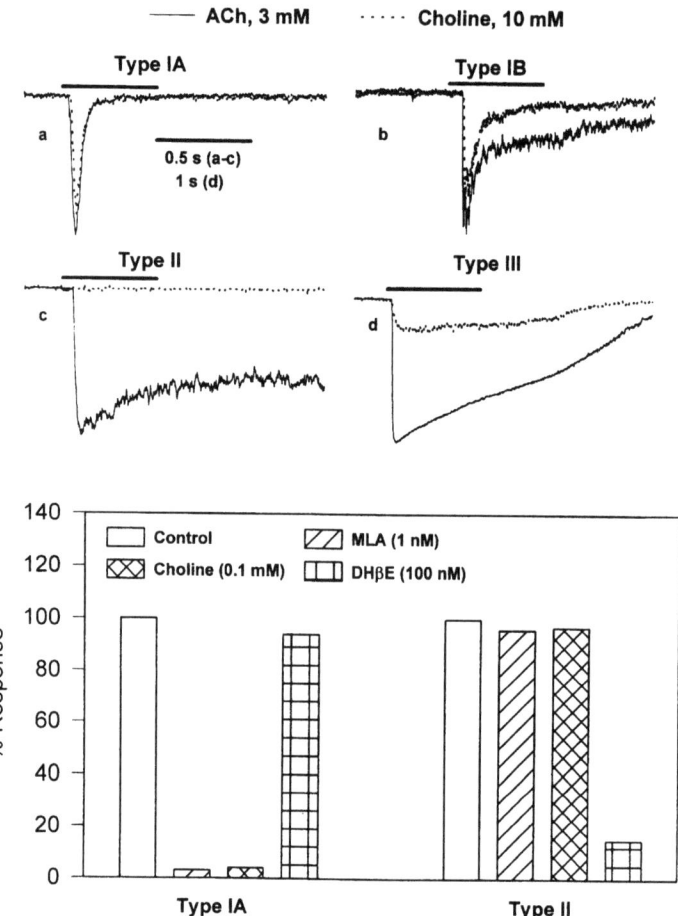

Fig. 1. Kinetic and pharmacological characteristics of different types of nicotinic responses recorded from rat hippocampal neurons in culture. *Top traces*: Recording samples of type IA, IB, II, and III nicotinic whole-cell currents recorded from cultured hippocampal neurons briefly exposed to either ACh (3mM) or choline (10mM). Holding potential, –60mV. *Bottom graph*: Sensitivity of type IA and type II currents to blockade by bath application of MLA, choline, and DHβE

well to nicotine and cytisine, and exhibits faster desensitization than type III currents at high concentrations of nicotine (ZOLI et al. 1998).

A comparison of the kinetic and pharmacological properties of the nicotinic currents evoked in hippocampal neurons with those of currents elicited in oocytes ectopically expressing distinct subtypes of functional nAChRs led to the suggestions that an $\alpha 7$ nAChR subserves type IA currents, an $\alpha 4\beta 2$ nAChR subserves type II currents, and an $\alpha 3\beta 4$ nAChR subserves type III currents. These suggestions were supported not only by the finding of mRNAs coding for $\alpha 7$, $\alpha 4$, and $\beta 2$ subunits in cultured hippocampal neurons

(ALKONDON et al. 1994), but also by the proportion of these neurons that bind with high affinity either [^{125}I]α-Bgt (a probe for α7-containing nAChRs) or [^{3}H]nicotine (a high affinity probe for α4β2 nAChRs) (BARRANTES et al. 1995).

Evidence has also been provided that a hippocampal neuron in culture can express more than one nAChR subtype, as a single neuron can respond to nicotinic agonists with a hybrid current referred to as type IB (see Fig. 1). This current has a fast-decaying component that is sensitive to blockade by nanomolar concentrations of MLA and α-Bgt and, as such, is likely to be subserved by α7 nAChRs, and a slowly decaying component that is sensitive to blockade by DHβE, and is, therefore, subserved by α4β2 nAChRs.

Although nAChR subtype-selective antagonists have been helpful in assigning a receptor subtype to a nicotinic response, the discovery that choline modulates the function and expression of α7 nAChRs introduced a key pharmacological tool to distinguish these from other nAChR subtypes (ALBUQUERQUE et al. 1997; ALKONDON et al. 1997b; MIKE and ALBUQUERQUE 1999; PAPKE et al. 1996). A brief (seconds) application of choline to cultured hippocampal neurons fully activates α7 nAChR-mediated type IA currents with an apparent EC_{50} of 1.6mM and does not evoke α4β2 nAChR-mediated currents (see Fig. 1). Also, when continuously applied to these neurons, choline, like other nicotinic agonists, desensitizes α7 nAChRs with an apparent IC_{50} of 37μM (ALKONDON et al. 1997b). Therefore, choline as a nicotinic agonist has the unique capability of providing substantial clues regarding the nAChR subtype subserving a nicotinic response. Another nicotinic agonist that is very useful in identifying the nAChR subserving a nicotinic response is cytisine, given that it acts as a full agonist at most receptors, except at nAChRs containing the β2 subunit, where it behaves as a partial agonist (ALKONDON and ALBUQUERQUE 1995; PAPKE and HEINEMANN 1994).

The nAChRs present on hippocampal neurons differ from one another not only with respect to their kinetics and pharmacology, but also with respect to single-channel properties, rectification, ion permeability, and modulation by Ca^{2+}. Type IA currents, that is, those subserved by α7 nAChRs, in addition to desensitizing quickly in the continuous presence of nicotinic agonists, show an intense rundown (that can be prevented to a great extent by the presence of intracellular ATP-regenerating compounds) and an inward rectification that is dependent on the presence of intracellular Mg^{2+} (ALKONDON and ALBUQUERQUE 1993; ALKONDON et al. 1994; BONFANTE-CABARCAS et al. 1996). The α7 nAChR channels are also unique because of their brief open time (~100μs at –80mV), high conductance (~73pS), and high Ca^{2+} permeability (Fig. 2) (CASTRO and ALBUQUERQUE 1993, 1995; SÉGUÉLA et al. 1993; VERMINO et al. 1992). It is noteworthy that α7 nAChR channels activated by either choline or ACh bear similar kinetic properties, although choline-activated channels recover faster from desensitization than does ARCh-activated channels (MIKE and ALBUQUERQUE 1999).

The α7 nAChRs present in hippocampal neurons are sensitive to changes in extracellular Ca^{2+} concentrations ([Ca^{2+}]$_o$) (BONFANTE-CABARCAS et al.

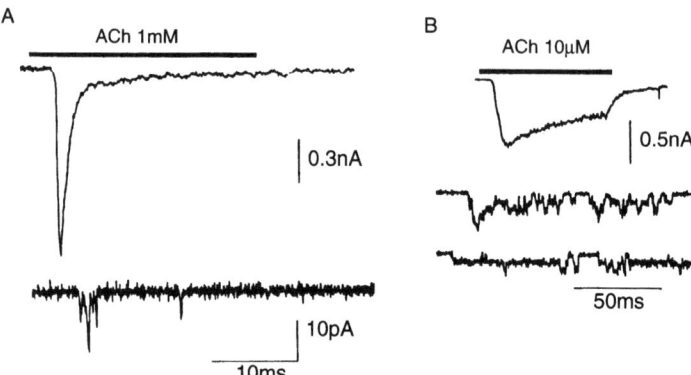

Fig. 2A–B. Characterization of the single channels underlying type IA (**A**) and type II (**B**) currents. Notice that channels accounting for type IA currents have brief open times and large amplitudes, whereas those subserving type II currents have long open times and low amplitudes. Also, desensitization of the channels subserving type IA currents is more prominent than that of channels subserving type II currents. Holding potential, –60 mV

1996). Electrophysiological and autoradiographic studies indicate that upon increasing $[Ca^{2+}]_o$ up to 1 mM, the apparent affinity of $\alpha 7$ nAChRs for acetylcholine (ACh) increases and the cooperativity between ACh binding sites decreases (BONFANTE-CABARCAS et al. 1996; OSPINA et al. 1998). Also, desensitization of $\alpha 7$ nAChRs is accelerated by increasing the $[Ca^{2+}]_o$ from 2 mM to 10 mM (BONFANTE-CABARCAS et al. 1996; CASTRO and ALBUQUERQUE 1995), and inward rectification of currents subserved by $\alpha 7$ nAChRs can be reduced when the $[Ca^{2+}]_o$ is increased to levels considered to be within the physiological range, indicating that, depending on the ongoing synaptic activity and levels of Ca^{2+} surrounding the $\alpha 7$ nAChR, receptor activity at positive potentials can be very low or very high. Several lines of evidence indicate that the effects of Ca^{2+} on the interaction of ACh with $\alpha 7$ nAChRs in the hippocampus are mediated by interactions of this cation with specific sites on the receptor rather than through nonspecific Ca^{2+} sites on the membrane or through changes of surface potential (BONFANTE-CABARCAS et al. 1996). Not only did the effects of Ca^{2+} on the receptor follow sigmoid functions (BONFANTE-CABARCAS et al. 1996; OSPINA et al. 1998), which is expected for effects mediated by specific binding sites, but also calculated surface potential varied by less than 10% for different values of surface charge density. It is likely that binding of Ca^{2+} to $\alpha 7$ nAChRs in hippocampal neurons controls the transformation of the receptor as a whole, to yield various open-channel states (BONFANTE-CABARCAS et al. 1996). This concept is in agreement with the multiple-channel conductance states reported for $\alpha 7$ nAChRs in hippocampal neurons (CASTRO and ALBUQUERQUE 1993; PEREIRA et al. 1993).

In contrast to $\alpha 7$ nAChRs, $\alpha 4 \beta 2$ nAChRs have a long-lasting open state, a low conductance, and do not desensitize as much as do $\alpha 7$ nAChRs in the continuous presence of nicotinic agonists (CASTRO and ALBUQUERQUE 1993) (see Fig. 2). In fact, the slow decay phase of $\alpha 4\beta 2$-nAChR-mediated type II currents can be accounted for by the prolonged open time of these receptor channels and by their slow rate of desensitization, which allows for reactivation of $\alpha 4\beta 2$ nAChR channels in the continuous presence of agonists. Also, type II currents, in contrast to type IA currents, show an inward rectification that is independent of intracellular Mg^{2+} and they do not run down (ALKONDON and ALBUQUERQUE 1993; ALKONDON et al. 1994).

II. Nicotinic Receptors in Hippocampal Neurons in Conventional Slices

Taking advantage of the knowledge made available by the studies carried out in cultured neurons, electrophysiological studies performed in conventional hippocampal slices led to the identification of functional nAChR subtypes that are present in interneurons and in principal neurons in the dentate gyrus and in the CA1 field of the hippocampus.

Recently, evidence has been provided that in addition to functional $\alpha 7$ nAChRs (ALKONDON et al. 1997a; FRAZIER et al. 1998a; JONES and YAKEL 1997), functional $\alpha 4\beta 2$ nAChRs are also present in CA1 interneurons, and that a single CA1 interneuron can express both $\alpha 7$ and $\alpha 4\beta 2$ nAChRs (ALKONDON et al. 1999). Using the modified U-tube as the agonist-delivery system, it was possible to demonstrate that some CA1 interneurons respond to both ACh and choline with a fast-decaying, type IA-like current, whereas others respond to choline with a fast-decaying current and to ACh with a slowly decaying current that has the pharmacological properties of $\alpha 4\beta 2$-nAChR-mediated type II currents recorded from cultured hippocampal neurons (Fig. 3). Considering the slow uptake of choline by presynaptic nerve terminals or by glial cells, it is conceivable to hypothesize that, during activation of cholinergic terminals, choline generated by ACh hydrolysis and by cholinesterase (ChE) could control the activity of synaptic and, possibly, extrasynaptic $\alpha 7$ nAChRs.

Of interest, the concentrations of antagonists needed to block nAChR-mediated responses in neurons in hippocampal slices have been found to be substantially higher than those needed to inhibit the same types of responses in cultured hippocampal neurons (ALKONDON et al. 1998a; FRAZIER et al. 1998b). Such discrepancy could be explained by age-related changes in the nAChR sensitivity to specific antagonists, given that slices have been obtained from the hippocampus of young rats whereas primary cultures are prepared with neurons harvested from the hippocampus of fetal rats. Alternatively, the culture conditions, particularly the use of a nondefined medium, could cause posttranslational modifications in the receptors that result in alterations of their sensitivity to antagonists.

Although functional $\alpha 7$ nAChRs are also expressed by interneurons of the dentate gyrus (JONES and YAKEL 1997), these receptors are apparently not

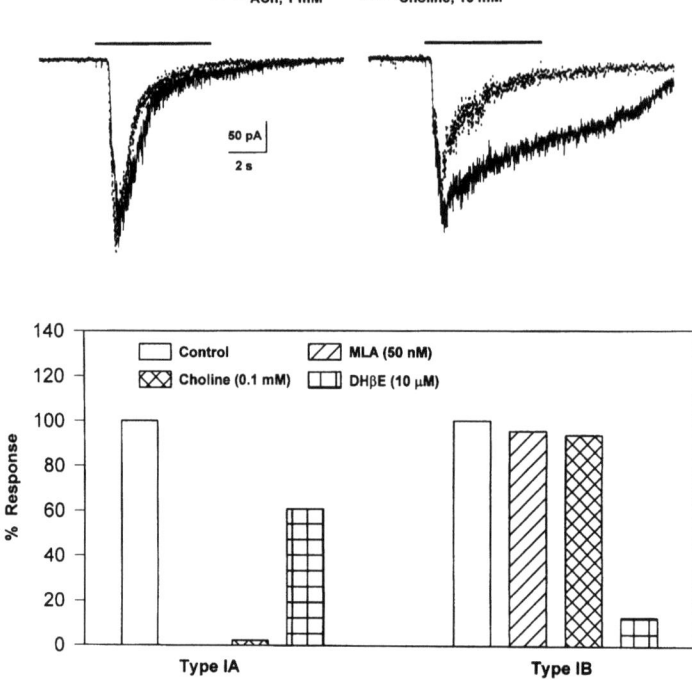

Fig. 3. Kinetic and pharmacological properties of whole-cell currents evoked by application of ACh and choline to CA1 interneurons in rat hippocampal slices. *Top traces*: Recording samples of whole-cell currents evoked by ACh or choline in two different CA1 interneurons. Recordings were obtained in the presence of TTX ($1\,\mu M$), picrotoxin ($100\,\mu M$), and CNQX ($10\,\mu M$). Holding potential, $-50\,\text{mV}$. *Bottom graph*: Sensitivity of choline-evoked type IA currents and ACh-evoked type IB currents to bath application of choline, MLA, and DHβE

present in the soma and/or proximal dendrites of the principal (glutamatergic) neurons in the dentate gyrus and in the CA1 field of the hippocampus (ALKONDON et al. 1997a; FRAZIER et al. 1998a; JONES and YAKEL 1997). It has been reported that CA1 pyramidal neurons do not respond to ACh with currents that have typical characteristics of responses mediated by $\alpha 7$ nAChRs (ALKONDON et al. 1997a; FRAZIER et al. 1998a; JONES and YAKEL 1997). Approximately 50% of the CA1 pyramidal neurons sampled in one study showed no response to ACh, whereas the other 50% responded to ACh with slowly decaying currents that were insensitive to blockade by MLA (at a concentration as high as $1\,\mu M$) (ALKONDON et al. 1999). The nAChR subtype subserving the nicotinic whole-cell currents recorded from CA1 pyramidal neurons have yet to be identified. However, functional $\alpha 7$ nAChRs have been shown to be present in the soma and proximal neurites of pyramidal hippocampal neurons in culture. These results could be reconciled if one considers that primary cultures are prepared with neurons dissociated from the entire hippocampus, and that pyramidal neurons in hippocampal areas other than the

CA1 field may bear α7 nAChRs in their cell body and/or proximal dendrites. Alternatively, functional α7 nAChRs could be present in pyramidal neurons only during early stages of development, and could disappear or change their composition as cholinergic innervation of the hippocampus takes place. Thus, since primary cultures lack the major cholinergic input to the hippocampus, it is possible that pyramidal neurons dissociated from the fetal hippocampus retain the functional α7 nAChRs in culture. Precedents for such a hypothesis exist in the muscle, where the composition of the postsynaptic nAChR changes from $α2βγδ$ to $α2βεδ$ upon muscle innervation (reviewed in CHANGEUX 1991; HALL and SANES 1993).

The presence of functional nAChRs in interneurons in the hippocampus may represent a novel mechanism by which ACh can regulate neuronal activity in this brain area, either causing inhibition or disinhibition of principal neurons. This concept is further supported by the findings that activation of α7 nAChRs (ALKONDON et al. 1998b; FRAZIER et al. 1998a; JONES and YAKEL 1997) and α4β2 nAChRs (ALKONDON et al. 1998b) produces sufficient depolarization to trigger action potentials in interneurons of the dentate gyrus and of the CA1 field of the hippocampus.

D. Neuronal Nicotinic Receptors Control GABAergic and Glutamatergic Synaptic Transmission in the Hippocampus

In many areas of the brain, neuronal nAChRs can facilitate the release of neurotransmitters (reviewed in WONNACOTT 1990, 1997; see also ALKONDON et al. 1996b, 1997a; GRAY et al. 1996; GUO et al. 1998; LÉNA et al. 1993; LI et al. 1998; MCGEHEE et al. 1995; MCMAHON et al. 1994; SERSHEN et al. 1997). In general terms, modulation of transmitter release by presynaptic nAChRs (i.e., nAChRs present in synaptic terminals) is insensitive to blockade by tetrodotoxin (TTX), whereas modulation of transmitter release by preterminal nAChRs (i.e., nAChRs present in axons) depends on the propagation of action potentials and is, therefore, sensitive to TTX (reviewed in WONNACOTT 1997). Identifying the nAChR subtypes modulating the release of a given neurotransmitter has been a more strenuous task.

A number of nAChR subtype-selective antagonists helped identify the nAChR subtype subserving the ability of choline and ACh to facilitate the release of γ-aminobutyric acid (GABA) from CA1 interneurons in the absence of TTX (ALKONDON et al. 1997a, 1998b, 1999, 2000). Choline-induced increase in the frequency of GABA-mediated postsynaptic currents (PSCs) has the same pharmacological characteristics as choline-evoked whole-cell currents recorded from CA1 interneurons (Fig. 4). Being completely blocked by MLA and by a desensitizing concentration of choline, and only partially blocked by DHβE, this response is most likely subserved by an α7 nAChR (see Fig. 4). In contrast, ACh-induced increase in the PSC frequency is likely to be accounted for by activation of α4β2 nAChRs, because it is markedly blocked by DHβE

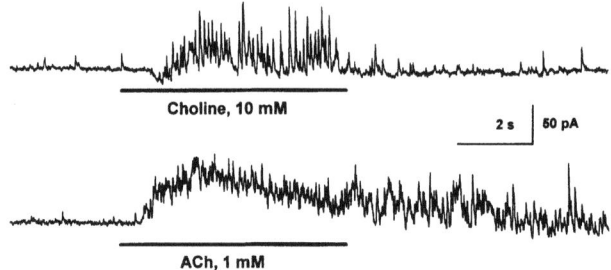
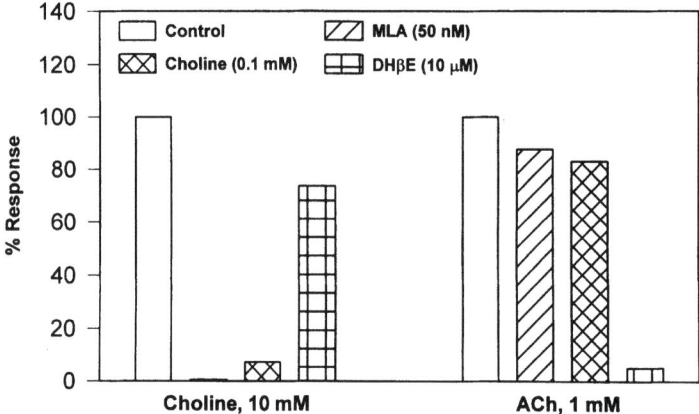

Fig. 4. Pharmacological characterization of choline- and ACh-induced facilitation of the action potential-dependent release of GABA from CA1 interneurons in rat hippocampal slices. *Top traces*: In the absence of TTX, application of choline or ACh to CA1 interneurons triggers a burst of GABA-mediated PSCs. The effect of ACh, but not that of choline, outlasts the agonist pulse, indicating that choline and ACh activate different nAChR subtypes. All recordings were obtained using a methanosulfonate-based internal solution. Holding potential, −2 mV. *Bottom graph*: Sensitivity of the ACh- and the choline-triggered PSCs to blockade by bath application of choline, MLA, and DHβE

and unaffected by MLA or by a desensitizing concentration of choline (see Fig. 4). The use of TTX led to the determination of the location of nAChRs that control GABA release from CA1 interneurons (ALKONDON et al. 1999). By blocking voltage-activated Na^+ channels, TTX blocks conduction of action potentials. Thus, if nAChRs controlling release of GABA are located in the axon or soma of interneurons that synapse onto the interneurons from which recordings are obtained, TTX would block the nicotinic agonist-induced facilitation of transmitter release. If, on the other hand, nAChRs controlling GABA release are located in presynaptic terminals of interneurons that synapse onto the interneurons from which recordings are obtained, TTX would have no effect on agonist-induced facilitation of transmitter release. In the presence of TTX, choline and ACh were unable to cause the massive

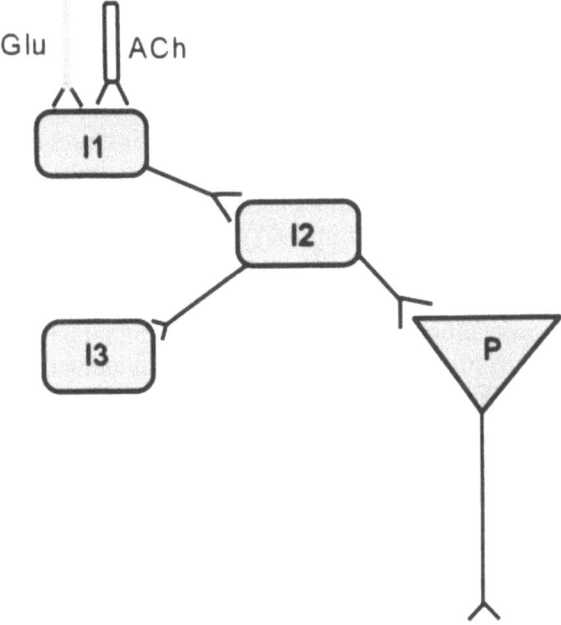

Fig. 5. Scheme of an interneuron circuitry in the CA1 region that can be affected by nicotinic cholinergic activity. In this scheme, three interneurons (I_1–I_3) and one pyramidal neuron (P) are connected in series. Endogenous nicotinic cholinergic activity can induce either inhibition or disinhibition of a circuitry such as this depending on the interneuron that is activated. A properly timed cholinergic signal to one interneuron (I_1) can effectively cancel the ability of a glutamatergic signal to drive a second interneuron (I_2), resulting in the disinhibition of an interneuron (I_3) or of a pyramidal neuron (P) synaptically connected to the second neuron

increase in the frequency of PSCs that would have been observed in the absence of the toxin. These findings suggest that nAChRs controlling the action potential-dependent release of GABA are present either in the soma or in preterminal sites of interneurons synapsing onto the neuron under study.

The finding that treatment of hippocampal slices with either MLA or DHβE causes an increase in the frequency and amplitude of the GABA-mediated PSCs (ALKONDON et al. 1999) has led to the suggestion that in the CA1 field of the hippocampus there should be a neuronal network composed of the following circuitry: cholinergic neuron ⇒ nAChR-bearing interneuron ⇒ interneuron ⇒ interneuron, and that nicotinic cholinergic stimulation of the first interneuron results in the disinhibition of the activity of the third interneuron (Fig. 5). By inference, nAChR activation in interneurons that synapse directly onto pyramidal neurons is likely to inhibit the activity of the latter, whereas activation of nAChRs in interneurons that innervate other interneurons would cause disinhibition of the pyramidal neurons (Fig. 5). In fact, the connectivity between interneurons and other interneurons or pyramidal neurons has been well described (ACSÁDY et al. 1996; GULYÁS et al. 1996; HÁJOS and MODEY 1997), and the physiological relevance of disinhibition of CA3 pyramidal neuron activity by stimulation of septal GABAergic afferents has been stressed (HAWKINS et al. 1993; TÓTH et al. 1997). If such an nAChR-mediated disinhibition of pyramidal neurons by cholinergic activation takes place in the hippocampus, a GABAergic mechanism could indeed explain the relationship between $\alpha 7$ nAChR gene locus and attention deficits in schizophrenia (FREEDMAN et al. 1997), and that between cholinergic deafferentation and kindling epileptogenesis (KOKAIA et al. 1996).

Neuronal nAChRs made up of the $\alpha 7$ subunit have also been shown to be present in presynaptic terminals of CA3 pyramidal neurons, and the activation of these receptors has a central role in modulating the action potential-dependent and -independent release of glutamate (GRAY et al. 1996; RADCLIFFE and DANI 1998). Evidence was initially provided that nicotine, by acting via $\alpha 7$ nAChRs located in the synaptic terminals of mossy fibers, increases the action potential-independent release of glutamate in the CA3 field of the rat hippocampus (GRAY et al. 1996). More recently, it has been demonstrated that the brief stimulation of presynaptic nAChRs in cultured hippocampal neurons causes a short (seconds)- and a long (minutes)-lasting facilitation of the spontaneous, action potential-independent glutamatergic synaptic transmission. In addition, activation of these receptors leads to paired-pulse depression, given that it increases more the amplitude of the first than that of the second excitatory PSC in a pair of closely spaced field stimulation-evoked responses (RADCLIFFE and DANI 1998). These findings indicate that properly timed nicotinic activation can alter the output signal of pyramidal neurons excited by glutamate released from presynaptic glutamatergic afferents. It is noteworthy that the net result of activation of nAChRs appears to depend on the location of the receptors on the neuronal surface, because activation of $\alpha 7$ and/or $\alpha 4\beta 2$ nAChRs located on preterminal sites and/or in the somatodendritic region of presynaptic GABAergic interneurons in the CA1 field of the hippocampus reduces the amplitude of field stimulation-evoked GABAergic PSCs recorded from other interneurons (ALBUQUERQUE et al. 1998). Thus, activation of cholinergic fibers synapsing onto GABAergic and onto glutamatergic neurons can take the full control of timing inhibitory and excitatory signals to hippocampal pyramidal neurons.

E. Neuronal Nicotinic Receptors Bearing the $\alpha 7$ Subunit Mediate Synaptic Transmission in the CA1 Field of the Hippocampus

Direct evidence of mediation of synaptic transmission by neuronal nAChRs in the mammalian CNS is very scarce (ROERIG et al. 1997; ZHANG et al. 1993). The difficulties in detecting nicotinic postsynaptic currents, either spontaneous or evoked by stimulation of a presynaptic element, could be attributed to the scattering of cholinergic projections and nAChR-containing targets throughout the CNS (WOOLF et al. 1984), and the consequent problem of assessing them in situ. We have been particularly interested in whether neuronal nAChRs, especially the α-Bgt-sensitive, α7 neuronal nAChRs, are involved in synaptic transmission in the hippocampus, given that α-Bgt binding sites have been visualized in postsynaptic areas of hippocampal neurons (HUNT and SCHMIDT 1978) and α-Bgt-mediated whole-cell currents have been recorded from hippocampal neurons (ALKONDON and ALBUQUERQUE 1991, 1993; ALKONDON et al. 1992; FRAZIER et al. 1998a; JONES and YAKEL 1997; ZOLI et al. 1998; ZORUMSKI et al. 1992). Studies carried out in organotypic cultures provided initial clues that α7 nAChRs could mediate synaptic transmission (HEFFT et al. 1997). Then, using conventional slices, we and others demonstrated that α7 nAChRs indeed mediate fast synaptic transmission in the hippocampus (ALKONDON et al. 1998a; FRAZIER et al. 1998b).

In the continuous presence of the muscarinic receptor antagonist atropine, a stimulus applied via a bipolar platinum microelectrode positioned either in the *stratum radiatum* or in the *stratum lacunosum moleculare* of the CA1 field of the slices triggered synaptic currents that could be pharmacologically dissected into several components. Evoked postsynaptic currents that could be detected in the presence of the glutamate receptor antagonists *dl*-2-amino-5-phosphonovaleric acid (APV) and 6-cyano-7-nitroquinoxaline-2,3-dione (CNQX), and of the $GABA_A$ receptor antagonist picrotoxin, were nicotinic in nature. They were blocked by the α7 nAChR antagonists MLA (Fig. 6) and α-Bgt (ALKONDON et al. 1998a; FRAZIER et al. 1998b), and by the continuous exposure of the slices to a desensitizing concentration of choline (ALKONDON et al. 1998a).

In the continuous presence of atropine, picrotoxin, APV, and CNQX, residual spontaneous synaptic currents could also be recorded from CA1 interneurons (ALKONDON et al. 1998a; FRAZIER et al. 1998b). These postsynaptic currents had their frequency and amplitude reversibly reduced by the selective α7 nAChR antagonist MLA, indicating that they were also nicotinic in nature and mediated by activation of α7 nAChRs. The observation that the pharmacologically isolated, spontaneous postsynaptic nicotinic currents were accompanied by Na^+-current transients suggests that some of the cholinergic nicotinic synapses may be located on poorly clamped dendritic regions of the CA1 interneurons. It also indicates that however small these currents are, they can serve as an excitatory signal to CA1 interneurons in the hippocampus (ALKONDON et al. 1998a).

Considering that very few intrinsic cholinergic neurons have been identified throughout the hippocampus (FROSTCHER et al. 1986), it is most likely that nicotinic synaptic currents recorded from CA1 interneurons were triggered by ACh released from severed cholinergic fibers in the slices. Thus, the probability of recording nicotinic synaptic transmission in the hippocampus may change due to the problem of accessing in situ the highly scattered septohippocampal cholinergic afferent fibers (BAISDEN et al. 1994). On the basis of the

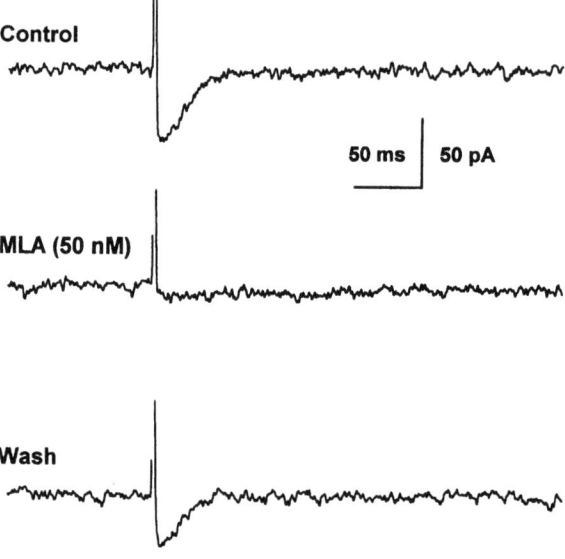

Fig. 6. Synaptic transmission mediated by $\alpha 7$ nAChRs in CA1 interneurons of rat hippocampal slices. Recording samples of synaptic currents evoked by a 10 V, 20 µs stimulus applied at 0.2 Hz via a glass-mounted bipolar platinum microelectrode positioned at 150–300 µm from the recording pipette in the *stratum radiatum* or in the *stratum lacunosum moleculare* of the CA1 field of hippocampal slices. Recordings were obtained in the presence of atropine (1 µM), APV (50 µM), CNQX (20 µM), and picrotoxin (100 µM). Perfusion of the slices with MLA (50 nM) blocked the evoked PSC, indicating that $\alpha 7$ nAChRs mediate synaptic transmission in the hippocampus

immunohistological staining of ChE (MATHEWS et al. 1974), choline acetyltransferase (FROSTCHER and LÉRANTH 1985), and, very recently, vesicular ACh transporter (SCHAFFER et al. 1998), cholinergic terminal fields have been shown to be diffusely distributed throughout the dentate gyrus and the CA1 and CA3 regions of the hippocampus. Consequently, the cut and the thickness of the slices, and the positioning of the stimulating electrode may influence the rate of success in detecting nicotinic synaptic transmission in hippocampal slices. It has also been reported that the development of the cholinergic system in the rat hippocampus reaches its peak at around 21–28 days after birth (HAPPE and MURRIN 1992; MILNER et al. 1993), and, therefore, the age of the animals may also play a role in determining the probability of finding more cholinergic fibers in a given area of the hippocampus.

F. The Role of Choline in Controlling the Function of Nicotinic Receptors Bearing the $\alpha 7$ Subunit – Physiological Relevance

The factors determining the size and time course of $\alpha 7$ nAChRs-mediated synaptic currents in the hippocampus are completely unknown. There has been no experimental determination of the concentrations of ACh and choline, a by-product of acetylcholine hydrolysis, in the synaptic cleft, or of the density of synaptic $\alpha 7$ nAChRs. If ACh was rapidly cleared from the synaptic cleft by its hydrolysis by ChE into biologically inactive by-products, as happens in the neuromuscular junction, then, the decay phase of synaptic nicotinic currents would primarily reflect the distribution of the channel lifetimes after agonist removal (ANDERSON and STEVENS 1973; KATZ and MILEDI 1975). Considering that in contrast to the muscle nAChR, the $\alpha 7$ nAChR is sensitive to activation by a choline concentration as low as $200\mu M$ and to desensitization by a choline concentration as low as $35\mu M$ (ALKONDON et al. 1997b), $\alpha 7$ nAChR-mediated synaptic transmission could be influenced by the levels of choline in the synaptic cleft. It should be noted that blockade of ChE did not seem to alter the kinetics of $\alpha 7$ nAChR-mediated synaptic transmission in chick ciliary ganglion (ZHANG et al. 1996) following low-frequency stimulation of presynaptic cholinergic fibers. This suggests that under such conditions ChE did not play a critical role in terminating the fast nicotinic synaptic transmission in the ganglion, and that the decay of the nicotinic synaptic current would represent either the rate of agonist diffusion or, most likely, the rate of ACh-induced desensitization of the postsynaptic $\alpha 7$ nAChR (DUDEL et al. 1988 1990; TRUSSEL and FISHBACH 1989).

By virtue of its ability to activate $\alpha 7$ nAChRs, choline could also serve as the natural transmitter during certain stages of neuronal maturation, since the appearance of choline acetyltransferase – the ACh synthesizing enzyme – lags behind the appearance of ACh binding sites and of ChE during the development of the mammalian CNS (CHIAPPINELLI and GIACOBINI 1978; AUBERT et al. 1996). The findings that choline can control the function and expression of $\alpha 7$ nAChRs call for a careful analysis of the usefulness of anti-ChE in the treatment of pathological conditions such as Alzheimer's disease in which nAChR activity is known to be impaired. Blockade of ChE would lead to a reduction of choline generated from ACh hydrolysis in the synaptic cleft. Thus, if an equilibrium between the concentrations of choline and ACh is necessary to maintain the normal synaptic functions mediated by $\alpha 7$ nAChRs, disruption of this equilibrium may result in an impairment of these functions.

G. Concluding Remarks

In the past ten years, neuronal nAChRs emerged as key functional components of the mammalian CNS. The diverse nAChR subtypes in the brain, once believed to represent a redundancy of nature (SIVILOTTI and COLQUHOUN 1995), are currently viewed as the means by which a single neurotransmitter can exert different functions throughout the CNS (COLQUHOUN and PATRICK 1997). In this short life span, we went from the initial establishment of the criteria needed for identification of the neuronal nAChR subtype subserving a given nicotinic response to the discovery that specific nAChR subtypes modulate and mediate synaptic transmission in various areas of the mammalian

CNS, including the human cerebral cortex (ALKONDON et al. 2000). The cholinergic synapses in the CNS have proven to be much more complex than the best studied of all cholinergic synapses, i.e., the neuromuscular junction. Not only are there many more CNS nAChR subtypes than muscle nAChR subtypes, but also choline, a biologically inactive by-product of ACh hydrolysis in the neuromuscular junction, acts as a full agonist at $\alpha 7$ nAChRs. All these findings have been pivotal for understanding synaptic integration in the mammalian brain, and provide what could be mechanistic bases for the involvement of nAChRs in such pathological conditions as Alzheimer's disease, epilepsy, and schizophrenia (ELMSLIE et al. 1997; FREEDMAN et al. 1997; SCHRÖDER et al. 1991; STEINLEIN et al. 1997).

It is well known that nicotinic agonists improve cognitive functions (FELIX and LEVIN 1997). They may do so by a number of different mechanisms. By activating presynaptic $\alpha 7$-bearing neuronal nAChRs, nicotinic agonists can control the release of glutamate onto neurons that co-express NMDA and AMPA receptors. Then, activation of AMPA receptors by glutamate could result in membrane depolarization, allowing for the subsequent full activation of the NMDA receptors by glutamate. This cascade of events could account for the ability of nicotinic agonists to initiate long-term potentiation (SAWADA et al. 1994). In addition, activation of $\alpha 7$ nAChRs in presynaptic GABAergic neurons could control the hippocampal theta rhythm, which may have a central role in memory acquisition (VINOGRADOVA et al. 1998). On the other hand, by activating $\alpha 7$ nAChRs in postsynaptic neurons, nicotinic agonists could control the intracellular levels of Ca^{2+}, which are important for cognitive processes.

To treat pathological conditions in which nicotinic functions are known to be impaired, positive allosteric modulators of the nAChR activity, such as those referred to as noncompetitive agonists (for a review, see MAELICKE and ALBUQUERQUE 1996), would have several advantages over nicotinic agonists and ChE inhibitors. First, an allosteric modulator would be efficacious in increasing the nAChR sensitivity to submaximal concentrations of ACh. In contrast, only at saturating concentrations would nicotinic agonists be able to fully activate the neuronal nAChRs, and at these concentrations, desensitization would also take place. Second, positive modulation of the nAChR activity by allosteric ligands may not be accompanied by receptor desensitization. Third, the hydrophobic characteristics of such allosteric modulators of the nAChR activity as galanthamine would favor their passage through the blood–brain barrier, and their actions in the CNS.

In more recent years, direct evidence has been provided that functional neuronal nAChRs are also present in nonneuronal cells, including keratinocytes, bronchial epithelial cells, and endothelial cells (GRANDO et al. 1995; MACKLIN et al. 1998; MAUS et al. 1998), and that activation of these receptors controls key properties of these cells, particularly adhesiveness. The excessive activation/desensitization by nicotine of nAChRs present in bronchial epithelial cells may account at least in part for the effects of cigarette smoking in the lining of the lungs (MAUS et al. 1998). Likewise, excessive activation/ desensitization by nicotine of nAChRs present in vascular endothelial cells could lead to the atherosclerotic lesions observed in heavy smokers (MACKLIN et al. 1998). Thus, there is a plethora of CNS and non-CNS pathological conditions that involve alterations of the activity of neuronal nAChRs, and further characterization of the physiological functions mediated by these receptors will lead to the identification of the mechanisms underlying their involvement in the neurobiology of a number of diseases.

References

Acsády L, Görcs TJ, Freund TF (1996) Different populations of vasoactive intestinal polypeptide-immunoreactive interneurons are specialized to control pyramidal cells or interneurons in the hippocampus. Neuroscience 73:317–334

Albuquerque EX, Alkondon M, Pereira EFR, Castro NG, Schrattenholz A, Barbosa CTF, Bonfante-Cabarcas R, Aracava Y, Eisenberg H, Maelicke A (1997) Properties of neuronal nicotinic acetylcholine receptors: Pharmacological characterization and modulation of synaptic function. J Pharmacol Exp Ther 280: 1117–1136

Albuquerque EX, Pereira EFR, Braga MFM, Alkondon M (1998) Contribution of nicotinic receptors to the function of synapses in the central nervous system: The action of choline as a selective agonist of $\alpha 7$ receptors. J Physiol (Paris) 92:309–316

Alkondon M, Albuquerque EX (1990) α-Cobratoxin blocks the nicotinic acetylcholine receptor in rat hippocampal neurons. Eur J Pharmacol 191:505–506

Alkondon M, Albuquerque EX (1991) Initial characterization of the nicotinic acetylcholine receptors in rat hippocampal neurons. J Receptor Res 11:1001–1021

Alkondon M, Pereira EFR, Wonnacott S, Albuquerque EX (1992) Blockade of nicotinic currents in hippocampal neurons defines methyllycaconitine as a potent and specific receptor antagonist. Mol Pharmacol 41:802–808

Alkondon M, Albuquerque EX (1993) Diversity of nicotinic acetylcholine receptors in rat hippocampal neurons: I Pharmacological and functional evidence for distinct structural subtypes. J Pharmacol Exp Ther 265:1455–1473

Alkondon M, Reinhardt S, Lobron C, Hermsen B, Maelicke A, Albuquerque EX (1994) Diversity of nicotinic acetylcholine receptors in rat hippocampal neurons: II. Rundown and inward rectification of agonist-elicited whole-cell currents and *in situ* hybridization studies. J Pharmacol Exp Ther 371:494–506

Alkondon M, Albuquerque EX (1995) Diversity of nicotinic receptors in rat hippocampal neurons. III. Agonist actions of the novel alkaloid epibatidine and analysis of type II current. J Pharmacol Exp Ther. 274:771–782

Alkondon M, Pereira EFR, Albuquerque EX (1996a) Mapping the location of functional nicotinic and γ-aminobutyric acid$_A$ receptors on hippocampal neurons. J Pharmacol Exp Ther 279:1491–1506

Alkondon M, Rocha ES, Maelicke A, Albuquerque EX (1996b) Diversity of nicotinic acetylcholine receptors in brain neurons V. α-Bungarotoxin-sensitive nicotinic receptors in olfactory bulb neurons and presynaptic modulation of glutamate release. J Pharmacol Exp Ther 278:1460–1471

Alkondon M, Pereira EFR, Barbosa CTF, Albuquerque EX (1997a) Neuronal nicotinic acetylcholine receptor activation modulates γ-aminobutyric acid release from CA1 neurons of rat hippocampal slices. J Pharmacol Exp Ther 283:1396–1411

Alkondon M, Pereira EFR, Cortes WS, Maelicke A, Albuquerque EX (1997b) Choline is a selective agonist of $\alpha 7$ nicotinic acetylcholine receptors in rat brain neurons. Eur J Neurosci 9:2734–2742

Alkondon M, Pereira EFR, Albuquerque EX (1998a) α-Bungarotoxin- and methyllycaconitine-sensitive nicotinic receptors mediate fast synaptic transmission in interneurons of rat hippocampal slices. Brain Res 810:257–263

Alkondon M, Pereira EFR, Albuquerque EX (1998b) Distinct nicotinic receptors (nAChRs) modulate GABA release from CA1 interneurons in rat hippocampal slices. Soc Neurosci Abs 24:1581

Alkondon M, Pereira EFR, Eisenberg HM, Albuquerque EX (1999) Choline and selective antagonists identify multiple subtypes of nicotinic acetylcholine receptors that modulate GABA release from CA1 interneurons in rat hippocampal slices. J Neurosci 19:2693–2705

Alkondon M, Pereira EFR, Eisenberg HM, Albuquerque EX (2000) Nicotinic receptors in interneurons of the human cerebral cortex. J Neurosci 20:66–75

Anderson CR, Stevens CF (1973) Voltage clamp analysis of acetylcholine produced end-plate current fluctuations at frog neuromuscular junction. J Physiol (Lond) 235: 655–691

Aracava Y, Deshpande SS, Swanson KL, Rapoport H, Wonnacott S, Lunt G, Albuquerque EX (1987) Nicotinic acetylcholine receptors in cultured neurons from the hippocampus and brain stem of the rat characterized by single chanel recording. FEBS Lett 222:63–70

Aubert I, Cécyre D, Gauthier S, Quirion R (1996) Comparative ontogenic profile of cholinergic markers, including nicotinic and muscarinic receptors, in rat brain. J Comp Neurol 369:31–55

Baisden RH, Woodruff ML, Hoover DB (1984) Cholinergic and non-cholinergic septo-hippocampal projections: A double-label horseradish peroxidase-acetylcholinesterase study in the rabbit. Brain Res 290:146–151

Barrantes GE, Rogers AT, Lindstrom J, Wonnacott S (1995) Alpha-bungarotoxin binding sites in hippocampal and cortical cultures: Initial characterisation, colocalisation with alpha7 subunits and up-regulation by chronic nicotinic treatment. Brain Res 672:228–236

Bonfante-Cabarcas R, Swanson KL, Alkondon M, Albuquerque EX (1996) Diversity of nicotinic acetylcholine receptors in rat hippocampal neurons IV. Regulation by external Ca^{2+} of α-bungarotoxin-sensitive receptor function and rectification induced by internal Mg^{2+}. J Pharmacol Exp Ther 277:432–444

Castro NG, Albuquerque EX (1993) Brief-lifetime, fast-inactivating ion channels account for the α-bungarotoxin-sensitive nicotinic response in hippocampal neurons. Neurosci Lett 164:137–140

Castro NG, Albuquerque EX (1995) α-Bungarotoxin-sensitive hippocampal nicotinic receptor channel has a high calcium permeability. Biophys J 68:516–524

Changeux J-P (1991) Compartmentalized transcription of acetylcholine receptor genes during motor endplate epigenesis. New Biol 3:413–429

Chiappinelli VA, Giacobini E (1978) Time course of appearance of alpha-bungarotoxin binding sites during development of chick ciliary ganglion and iris. Neurochem Res 3:465–478

Clarke PBS, Schwartz RD, Paul SM, Pert CD, Pert A (1985) Nicotinic binding in rat brain: Autoradiographic comparison of [^{3}H]acetylcholine, [^{3}H]nicotine, and [^{125}I]α-bungarotoxin. J Neurosci 5:1307–1315

Clarke PBS (1992) The fall and rise of neuronal α-bungarotoxin binding proteins. Trends Pharmacol Sci 13:407–413

Colquhoun LM, Patrick, JW (1997) Pharmacology of neuronal nicotinic acetylcholine receptor subtypes. Adv Pharmacol 39:191–220

Decker MW, Majcherzak MJ, Arneric SP (1993) Effects of lobeline, a nicotinic receptor agonist, on learning and memory. Pharmacol Biochem Behav 45:571–576

Dudel J, Franke Ch, Hatt H, Ramsey RL, Usherwood PNR (1988) Rapid activation and desensitization by glutamate of excitatory, cation-selective channels in locus muscle. Neurosci Lett 88:33–38

Dudel J, Franke Ch, Hatt H (1990) Rapid activation, desensitization, and resensitization of synaptic channels of crayfish muscle after glutamate pulses. Bioph J 57: 533–545

Elmslie FV, Rees M, Williamson MP, Kerr M, Kjeldsen MJ, Pang KA, Sundqvist A, Friis ML, Chadwick D, Richens A, Covanis A, Santos M, Arzimanoglou A, Panayiotopoulos CP, Curtis D, Whitehouse WP, Gardiner RM (1997) Genetic mapping of a major susceptibility locus for juvenile myoclonic epilepsy on chromosome 15q. Hum Mol Genet 6:1329–1334

Felix R, Levin ED (1997) Nicotinic antagonist administration into the ventral hippocampus and spatial working memory in rats. Neuroscience 81:1009–1017

Frazier CJ, Rollins YD, Breese CR, Leonard S, Freedman R, Dunwiddie TV (1998a) Acetylcholine activates an α-bungaorotoxin-sensitive nicotinic current in hippocampal interneurons, but not pyramidal cells. J Neurosci 18:1187–1195

Frazier CJ, Buhler AV, Weiner JL, Dunwiddie TV (1998b) Synaptic potentials mediated via α-bungarotoxin-sensitive nicotinic acetylcholine receptors in rat hippocampal interneurons. J Neurosci 18:8228–8235

Freedman R, Coon H, Myles-Worsley M, Orr-Urtreger A, Olincy A, Davis A, Polymeropoulos M, Holik J, Hopkins J, Hoff M, Rosenthal J, Waldo MC, Reimherr F, Wender P, Yaw J, Young DA, Breese CR, Adams C, Patterson D, Adler LE, Kruglyak L, Leonard S, and Byerler W (1997) Linkage of neurophysiological deficit in schizophrenia to a chromosome 15 locus. Proc Natl Acad Sci USA 94: 587–592

Frostcher M, Léranth C (1985) Cholinergic innervation of the rat hippocampus as revealed by choline acetyltransferase immunocytochemistry. A combined light- and electron-microscopic study. J Comp Neurol 239:237–246

Frostcher M, Schlander M, Léranth C (1986) Cholinergic neurons in the hippocampus: A combined light- and electron-microscopic immunocytochemical study in the rat. Cell Tissue Res 246:293–301

Grando SA, Horton RM, Pereira EFR, Diethelm-Okita BM, George PM, Albuquerque EX, Conti-Fine BM (1995) A nicotinic acetylcholine receptor regulating cell adhesion and motility is expressed in human keratinocytes. J Invest Dermatol 105: 774–781

Gray R, Rajan AS, Radcliffe K, Yakehiro M, Dani J (1996) Hippocampal synaptic transmission enhanced by low concentrations of nicotine. Nature 383:713–716

Gulyás AI, Miles R, Hájos N, Freund TF (1993) Precision and variability in postsynaptic target selection of inhibitory cells in the hippocampal CA3 region. Eur J Neurosci 5:1729–1751

Guo J-Z, Tredway TL, Chiappinelli VA (1998) Glutamate and GABA release are enhanced by different subtypes of presynaptic nicotinic receptors in the lateral geniculate nucleus. J Neurosci 18:1963–1969

Hájos N, Modey I (1997) Synaptic communication among hippocampal interneurons: Properties of spontaneous IPSCs in morphologically identified cells. J Neurosci 17: 8427–8442

Hall ZW, Sanes JR (1993) Synaptic structure and development: the neuromuscular junction. Cell 72 (Suppl): 99–121

Happe HK, Murrin LC (1992) Development of high-affinity choline transport sites in rat forebrain: A quantitative autoradiography study with [3H]hemicholinium-3. J Comp Neurol 321:591–611

Haroutunian V, Barnes E, Davis KL (1985) Cholinergic modulation of memory in rats. Psychopharmacol 87:266–271

Hawkins RD, Kandel ER, Siegelbaum SA (1993) Learning to modulate transmitter release: Themes and variations in synaptic function. Ann Rev Neurosci 16:625–665

Hefft S, Bertrand D, Muller D (1997) Synaptic transmission mediated by nicotinic receptors in hippocampal slice cultures. Abs Soc Neurosci 23:666

Hunt SP, Schmidt J (1978) The electron microscopic autoradiographic localization of alpha–bungarotoxin binding sites within the central nervous system of the rat. Brain Res 142:152–159

Jones S, Yakel J (1997) Functional nicotinic ACh receptors on interneurons in the rat hippocampus. J Physiol (Lond) 504:603–610

Katz B, Miledi R (1975) The nature of the prolonged endplate depolarization in anti-esterase treated muscle. Proc Royal Soc B 192:27–38

Kokaia M, Ferencz I, Leanza G, Elmér E, Metsis M, Kokaia Z, Wiley RG, Lindval O (1996) Immunolesioning of basal forebrain cholinergic neurons facilitates hippocampal kindling and perturbs neurotrophin messenger RNA regulation. Neuroscience 70:313–327

Léna C, Changeux J-P, Mulle C (1993) Evidence of "preterminal" nicotinic receptors on GABAergic axons in the rat interpeduncular nucleus. J Neurosci 13:2680–2688

Li X, Rainnie DG, McCarley RW, Greene RW (1998) Presynaptic nicotinic receptors facilitate monoaminergic transmission. J Neurosci 18:1904–1912

Lindstrom J (1995) Nicotinic acetylcholine receptors. In: North RA (ed) Handbook of receptors and ion channels, CRC, Ann Arbor, pp 153–175

Loring RH, Zigmond RE (1988) Characterization of neuronal nicotinic receptors by snake venom neurotoxins. Trends in Neurosci 11:73–78

Lukas RJ, Bennett EL (1980) Interaction of nicotinic receptor affinity reagents with central nervous system α-bungarotoxin binding entities. Mol Pharmacol 17: 149–155

Macklin KD, Maus ADJ, Pereira EFR, Albuquerque EX, Conti-Fine BM (1998) Human vascular endothelial cells express functional nicotinic acetylcholine receptors. J Pharmacol Exp Ther 287:435–439

Maelicke A, Albuquerque EX (1996) New approach to drug therapy in Alzheimer's dementia. Disc Drugs Today 1:53–59

Mathews DA, Nadler JV, Lynch GS, Cotman CW (1974) Development of cholinergic innervation in the hippocampal formation of the rat: I. Histochemical demonstration of acetylcholinesterase activity. Dev Biol 36:130–141

Maus DJ, Pereira EFR, Karachunski PI, Horton RM, Navaneetham D, Macklin K, Cortes WS, Albuquerque EX, Conti-Fine BM (1998) Human and rodent bronchial epithelial cells express functional nicotinic receptors. Mol Pharmacol 54:779–788

McGehee DS, Heath MJS, Gelber S, Devay P, Role LW (1995) Nicotine enhancement of fast excitatory synaptic transmission in CNS by presynaptic receptors. Science 269:1692–1696

McMahon LL, Yoon K-W, Chiappinelli VA (1994) Nicotinic receptor activation facilitates GABAergic neurotransmission in the avian lateral spiriform nucleus. Neuroscience 59:689–698

Mike A, Albuquerque EX (1999) A kinetic analysis of acetylcholine- and choline-activated $\alpha 7$-containing nicotinic receptor channels in hippocampal neurons. Proc Mtg Neuronal Nicotinic Receptors, Venice, Italy, p 69

Milner TA, Loy R, Amaral DG (1993) An anatomical study of the development of the septohippocampal projection in the rat. Dev Brain Res 8:343–371

Ospina JA, Broide RS, Acevedo D, Robertson RT, Leslie FM (1998) Calcium regulation of agonist binding to $\alpha 7$-type nicotinic acetylcholine receptors in adult and fetal rat hippocampus. J Neurochem 70:1061–1068

Papke RL, Heinemann SF (1994) Partial agonist properties of cytisine on neuronal nicotinic receptors containing the $\beta 2$ subinit. Mol Pharmacol 45:142–149

Papke RL, Bencheriff M, Lippiello P (1996) An evaluation of neuronal nicotinic acetylcholine receptor activation by quaternary nitrogen compounds indicates that choline is selective for the $\alpha 7$ subtype. Neurosci Lett 213:201–204

Parkin AJ (1996) Human memory: The hippocampus is the key. Cur Biol 6:1583–1585

Pereira EFR, Reinhardt-Maelicke S, Schrattenholz A, Maelicke A, Albuquerque EX (1993) Identification and functional characterization of a new agonist site on nicotinic acetylcholine receptors of cultured hippocampal neurons. J Pharmacol Exp Ther 265:1474–1491

Pereira EFR, Alkondon M, McIntosh JM, Albuquerque EX (1996) α-Conotoxin-ImI, a competitive nicotinic antagonist at α-bungarotoxin-sensitive neuronal nicotinic receptors. J Pharmacol Exp Ther 278:1472–1483

Radcliffe KA, Dani JA (1998) Nicotinic stimulation produces multiple forms of increased glutamatergic synaptic transmission. J Neurosci 18:7075–7083

Roerig B, Nelson DA, Katz LC (1997) Fast synaptic signaling by nicotinic acetylcholine and serotonin 5-HT3 receptors in developing visual cortex. J Neurosci 17:8353–8362

Role LW, Berg DK (1996) Nicotinic receptors in the development and modulation of CNS synapses. Neuron 16:1077–1085

Sargent PB (1993) The diversity of neuronal nicotinic acetylcholine receptors. Ann Rev Neurosci 16:403–443

Sawada S, Yamamoto C, Ohnot-Shosaku T (1994) Long-term potentiation and depression in the dentate gyrus, and the effects of nicotine. Neurosci Res 20:323–329

Schäfer MK-H, Eiden LE, Weihe E (1998) Cholinergic neruons and terminal fields revealed by immunocytochemistry for the vesicular acetylcholine transporter: I. Central nervous system. Neuroscience 84:331–359

Schröder H, Giacobini E, Struble RG, Zilles K, Maelicke A (1991) Nicotinic cholinoceptive neurons of the frontal cortex are reduced in Alzheimer's disease. Neurobiol Aging 12:259–262

Séguéla P, Wadich J, Dineley-Miller K, Dani JA, Patrick J (1993) Molecular cloning, functional properties and distribution of rat brain $\alpha 7$: A nicotinic cationic channel highly permeable to calcium. J Neurosci 13:596–604

Sershen H, Balla A, Lajtha A, Vizi ES (1997) Characterization of nicotinic receptors involved in the release of noradrenaline from the hippocampus. Neuroscience 77:121–130

Sivilotti L, Colquhoun D (1995) Acetylcholine receptors: too many channels, too few functions. Science 269:1681–1682

Sorenson EM, Chiapinelli VA (1992) Localization of [^{3}H]nicotine, [^{125}I]kappa-bungarotoxin, and [^{125}I]alpha-bungarotoxin binding to nicotinic sites in the chicken forebrain and midbrain. J Comp Neurol 323:1–12

Spruston N, Jonas P, Sakmann B (1995) Dendritic glutamate receptor channels in rat hippocampal CA3 and CA1 pyramidal neurons. J Physiol (Lond) 482:325–352

Steinlein O, Sander T, Stoodt J, Kretz R, Janz D, Propping P (1997) Possible association of a silent polymorphism in the neuronal nicotinic acetylcholine receptor subunit $\alpha 4$ with common idiopathic generalized epilepsies. Am J Med Genet 74:445–449

Swanson LW, Simmons DM, Whiting PJ, Lindstrom J (1987) Immunohistochemical localization of neuronal nicotinic receptors in the rodent central nervous system. J Neurosci 7:3334–3342

Tóth K, Freund TF, Miles R (1997) Disinhibition of rat hippocampal pyramidal cells by GABAergic afferents from the septum. J Physiol (Lond) 500:463–474

Trussel LO, Fischbach GD (1989) Glutamate receptor desensitization and its role in synaptic transmission. Neuron 3:209–218

Vermino S, Amador M, Luetje CW, Patrick J, Dani JA (1992) Calcium modulation and high calcium permeability of neuronal nicotinic acetylcholine receptors. Neuron 8:127–134

Vinogradova OS, Kitchigina VF, Zenchenko CI (1998) Pacemaker neurons of the forebrain medial septal area and theta rhythm of the hippocampus. Membr Cell Biol 11:715–725

Wonnacott S, Irons J, Lunt GG, Rapier CM, Albuquerque EX (1988) α-Bungarotoxin and presynaptic nicotinic receptors: functional studies. In: Clementi F et al. (eds) Nicotinic Acetylcholine Receptors in the Nervous System, Springer-Verlag, Berlin, pp 41–60

Wonnacott S, Drasdo A, Sanderson E, Rowell P (1990) Presynaptic nicotinic receptors and the modulation of transmitter release. Ciba Found Symp 152:87–101

Wonnacott S (1997) Presynaptic nicotinic receptors. Trends in Neurosci 20:92–98
Woolf NJ, Eckenstein F, Butcher LL (1984) Cholinergic systems in the rat brain: I. Projections to the limbic telencephalon. Br Res Bull 13:751–784
Zhang M, Wang YT, Vyas DM, Neuman RS, Berger D (1993) Nicotinic cholinoceptor-mediated excitatory postsynaptic potentials in rat nucleus ambiguus. Exp Brain Res 96:83–88
Zhang Z, Coggan JS, Berg DK (1996) Synaptic currents generated by neuronal acetylcholine receptors sensitive to α-bungarotoxin. Neuron 17:1231–1240
Zoli M, Léna C, Picciotto MR, Changeux JP (1998) Identification of four classes of brain nicotinic receptors using beta2 mutant mice. J Neurosci 18:4461–4472
Zorumski CF, Thio LL, Isenberg KE, Clifford DB (1992) Nicotinic acetylcholine currents in cultured postnatal rat hippocampal neurons. Mol Pharmacol 41:931–936

CHAPTER 14
Properties of Heterologously and Lipid Bilayer Reconstituted Nicotinic Acetylcholine Receptors

C. GOTTI, W. HANKE, and F. CLEMENTI

A. Introduction

In their efforts to throw light on the complex phenomena occurring in living cells, scientists are always looking for simplified experimental systems with controlled parameters and a limited number of variables; however, one of the factors limiting this approach is the extent to which the selected experimental model reflects "reality". The study of the movement of molecules and ions across cell membranes has greatly benefited from the forced formation of a simplified membrane consisting of various lipids that can incorporate enzymatic systems and transmembrane channel proteins. It has long been known that, when phospholipids come into contact with water, they spontaneously form structures resembling cell membranes, even in the presence of proteins.

The use of models to study the mechanisms controlling ion or molecule permeation across cell membranes has greatly contributed to our present understanding of the molecular structure and function of transport systems and ion channels in native cell membranes. For instance, the reconstitution of ion channels in planar bilayers made of neutral and charged lipids made it possible to compare the effects of lipid composition on channel function (CECCHI et al. 1981; BELL and MILLER 1984). The insertion into lipid bilayers of synthetic amphipathic α-helical peptides obtained from the primary sequences of channels demonstrated that these peptides reproduce the fundamental pore and functional properties of channel proteins. (GROOVE et al. 1992). Finally, lipid bilayers have made it possible to compare the properties of naturally expressed channels with those of their heterologously expressed counterparts in different cell systems in order to study the effects of lipids and other membrane constituents on channel behaviour.

There are a number of excellent books and chapters that review the development of bilayer techniques and provide detailed protocols (see also MILLER 1986; HANKE 1985; LABARCA and LATORRE 1992; HANKE and SCHLUE 1993). The aim of this chapter is simply to review the data obtained when the prototype of ligand-gated receptor channels, the nicotinic acetylcholine (ACh) receptor channel (nAChR) is reconstituted, and to compare the functional properties of muscle and neuronal nAChRs reconstituted in a lipid bilayer vs native cell systems.

B. Experimental Requirements for Bilayer Reconstitution

There are a number of important factors governing the successful bilayer reconstitution of channels including: the choice of detergent for channel solubilisation, the choice of lipids for fusogenic vesicle formation, the purity of the channel to be reconstituted, the ease with which the channel can be inserted into the bilayer, and the experimenter's ability to identify the channel of interest by controlling the electrophysiological and pharmacological properties. Before describing the results that we and others have obtained with muscle and neuronal nAChRs using bilayer reconstitution techniques, it is worth summarising some of the technical aspects of the procedure.

I. Formation of Lipid Bilayers

There are two basic techniques for forming bilayers known as painting or folding. The painting technique was developed by MUELLER et al. (1962) and involves spreading a solution of lipids in decane on the aperture (0.1–0.5 mm diameter) of a plastic septum separating two aqueous solutions (see Fig. 1, upper part). Depending on the size of the aperture and the particular lipids used, the lipid film spontaneously thins to produce a lipid bilayer. This thin film reflects little light and is therefore often referred to as a "black membrane". Although this technique was easy to handle, the large amount of organic solvent still present in the lipid bilayer was a disadvantage because it could affect the reconstituted proteins.

The folding technique was first used by MONTAL and MUELLER (1972) who formed lipid bilayers from two hexane-lipid monolayers spread on each side of a chamber separated by a septum in which a small hole with a diameter of 0.1–0.3 mm had been carefully made (Fig. 1, lower part). A few minutes after spreading the monolayers, the buffer in each chamber is raised above the aperture, thus leading to the formation of a flat lipid film. This technique was improved by other groups who developed advanced methods for making small holes through preformed partitions, spreading liposome solutions as monolayers, and assembling bilayers from solvent-free liposome. Other approaches to the formation of planar lipid bilayers were influenced by the patch-clamp technique. TANK et al. (1983) successfully patched preformed liposomes and several groups succeeded in forming bilayers on the tips of glass pipettes. Both of these techniques combine the patch-clamp advantages of high resolution and membrane stability with the main advantage of bilayer experiments of choosing the lipid composition and using purified proteins.

II. Purification of nAChR Subtypes for Reconstitution

A number of different nAChR preparations have been used for reconstitution experiments. The first experiments made use of receptor-rich *Torpedo* membranes, but much of our knowledge derives from the reconstitution of affinity

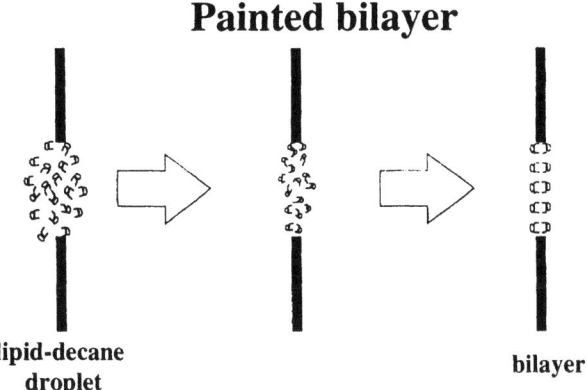

Fig. 1. Formation of lipid bilayers: painted and folded. *Painted bilayer*: A solution of lipid in decane is applied in the aperture of a plastic septum separating two aqueous chambers. A short time after the deposition of the lipid-decane droplet, a lipid bilayer develops in the centre of the aperture. *Folded bilayer*: A bilayer is formed from two lipid monolayers spread on each compartment of a chamber separated by a septum in which a small hole with a diameter of 0.1–0.3 mm had been carefully made. A few minutes after spreading the monolayers, the buffer in each chamber is raised above the aperture, thus leading to the formation of a flat lipid film

purified receptors. *Torpedo* nAChRs were initially extracted from the membrane using Triton X-100, a detergent that preserves ligand binding but leads to a loss of ion channel properties, but they are now purified and reconstituted using sodium cholate, an anionic detergent which, at a concentration of 2%, is able to solubilise 70% of the membrane receptors while retaining channel function. The detergent-solubilised *Torpedo* nAChRs are purified to homogeneity by means of affinity chromatography using affinity columns with covalently linked α-neurotoxin or small ligands, and the bound receptors are eluted using competitive ligands. The wash and elution buffers always contain phospholipids to prevent detergent displacement of essential lipids from the receptor surface.

The lack of nAChR-rich neuronal tissue has so far hampered the purification and functional reconstitution of the neuronal nAChR subtypes, and the only receptors so far reconstituted are the locust α Bungarotoxin (α-Bgt) receptors and some neuronal nAChR subtypes purified from the chick nervous system. The receptors present in the membrane of *Locusta* head and ganglia were solubilised using 1% sodium deoxycholate, and the extracted receptors were purified by affinity chromatography on α-Bgt bound to Sepharose 4B.

In chick nervous systems, binding experiments have demonstrated the presence of a heterogeneous population of neuronal nAChRs composed of several subtypes that can be pharmacologically divided into two classes: those that bind α-Bgt and those that do not (reviewed in Chap. 6, this volume; KEYSER et al. 1992; GOTTI et al. 1997a,b). These receptors can be removed from the membrane using various detergents without changing their pharmacological specificity and it was found that for chick optic lobe (COL) and retina membranes, the use of Triton X-100 at a concentration of 2% gave the best results. After extraction, the α-Bgt binding receptors were purified using α-Bgt bound to Sepharose 4B, and the bound receptors were recovered by elution with the nicotinic agonist carbamylcholine (Carb). Antibodies (Abs) specific for the $\alpha 7$ and $\alpha 8$ subunits of the α-Bgt receptors were then used to classify the receptors purified from the optic lobe and retina into three subtypes: $\alpha 7$, $\alpha 8$, and $\alpha 7$-$\alpha 8$.

No ligands selective for neuronal nAChRs that do not bind α-Bgt are available, and so the only way to purify them is to use subunit-specific Abs. To this end, our group has raised Abs against all of the chick neuronal nAChR subunits so far cloned and after having carefully checked their specificity, they have been used to immunopurify the receptor containing the wanted subunit. The purification of the receptor subtypes was monitored by binding experiments using ^{125}I-labelled α-Bgt (in the case of α-Bgt binding receptors) or [^{3}H]Epibatidine (Epi) (for non-α-Bgt binding receptors). At each purification step, the recovery was determined by means of both radioactive ligand binding and quantitative immunoprecipitation using subunit-specific Abs. As an example of the results that it is possible to obtain with such a method, we report in this chapter the functional reconstitution of the $\alpha 6$-containing receptors purified from the chick retina by the immunoaffinity technique using anti-$\alpha 6$ specific Abs.

III. Functional Channel Reconstitution

The lyophilised purified receptors are incorporated in liposome vesicles made of asolectin and cholesterol by means of extensive dialysis. This involves the slow removal of the detergent from the purified receptors dissolved in 100 mM NaCl, 5 mM Tris-HCl, pH 7.4, 1 mM CaCl$_2$, and 10 mg/ml of asolectin. In the presence of an excess of phospholipid, the receptors are incorporated into the lipid bilayer of the vesicles that form as the detergent is removed. The lipo-

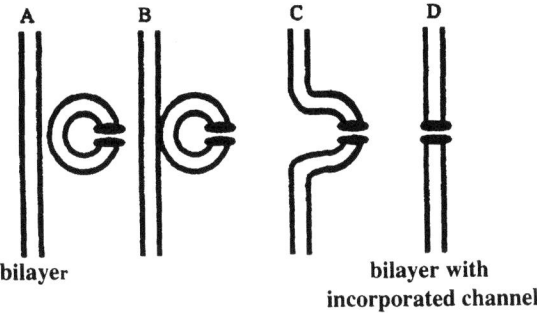

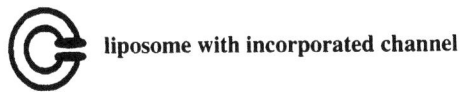

Fig. 2. Technique used to incorporate neuronal nAChR into lipid bilayer. The purified receptors are incorporated into the membranes of liposomes (*lower part*), and these are fused to a preformed solvent-free lipid bilayer. The liposome and planar lipid are first well separated (*A*), they then come into close contact (*B*), then they fuse and the liposome membrane becomes an omega-shaped invagination of the planar bilayer (*C*), and then the bilayer becomes a flat membrane again with an incorporated channel (*D*)

somes containing the receptors can then be spread into monolayers to assemble bilayers or fused into preformed bilayers. Both of these techniques have been successfully used to reconstitute *Torpedo* nAChRs in lipid bilayers whereas, in the case of neuronal receptors, mainly the solvent-free preformed lipid bilayers, to which liposome-containing receptors have been fused, have been used (see Fig. 2). The orientation of the channel inserted into the liposomes is not known "a priori" and can be evaluated either by binding radiolabelled ligands to the liposomes or by means of single-channel studies following fusion with the planar lipid bilayer.

C. Reconstitution of nAChRs

I. Muscle-Type Receptor

The embryonic muscle-type nAChR is a pentameric protein with an $\alpha_2\beta\gamma\delta$ subunit stoichiometry whose primary structure is almost identical to that of the nAChR isolated from the electric organ of the marine *Torpedo*. The hypothesis that the functional properties of *Torpedo* nAChRs are generally equivalent to those of embryonic muscle-type nAChRs was proved to be correct after the reconstitution of recombinant nAChRs into *Xenopus* oocytes, although the patch-clamp technique has revealed some differences in the nAChR-channel properties of different species and expression systems.

1. $\alpha_2\beta\gamma\delta$ nAChR Channels Expressed in Various Cell Systems

The single-channel properties of $\alpha_2\beta\gamma\delta$ nAChRs (particularly mean channel conductance and open time) have been directly measured using single-channel patch-clamp recordings in a variety of native preparations including embryonic muscle and myogenic cell lines, and in cell expression systems that do not constitutively express nAChRs such as *Xenopus* oocytes and human cell lines (HEK 293, BOSC 23, fibroblasts, etc.). The channel parameters in these systems may be different (see Table 1).

(a) Calf and Torpedo $\alpha_2\beta\gamma\delta$ nAChR Channel

The channel conductance of the bovine foetal muscle nAChR is about 40 pS in both native preparations and when expressed in oocytes (MISHINA et al. 1986), and the conductance of the *Torpedo* nAChR is strikingly similar (40 pS) (MISHINA et al. 1985). However the average duration of the bovine channel (7.6 ms) is longer than that of its *Torpedo* counterpart (0.6 ms) (MISHINA et al. 1985).

Table 1. Comparison of the single channel properties of muscle-type receptor ($\alpha_2\beta\gamma\delta$) expressed in different systems

	Native In situ	Cell lines	Heterologous *Xenopus* oocytes	Heterologous Cell lines	Lipid bilayer
Conductance (pS)	30[a] 45[b] 33[c] 54[d]	35[e] 49–73[f]	43[g] 42[h] 40[i] 50[j,k]	35.8[l] 41[m]	42–47[n]
Open state lifetime (ms)	6.1[a] 7.5[b] 4[c] 8.5[d]	3.5[e] 7.4–22[f]	0.6[h] 7.6[i] 10[j,k]	4.2[l] 1–11[m]	0.5–4[n]

[a] GRASSI et al. 1998.
[b] HENDERSON et al. 1987.
[c] EUSEBI et al. 1988.
[d] EUSEBI et al. 1987.
[e] GRASSI et al. 1995.
[f] GRASSI et al. 1987.
[g] HERLITZE et al. 1996.
[h] MISHINA et al. 1986.
[i] MISHINA et al. 1985.
[j] KULLBERG et al. 1990.
[k] CAMACHO et al. 1993.
[l] FUCILE et al. 1998.
[m] GU et al. 1990.
[n] LABARCA et al. 1984, 1985.

(b) Mouse $\alpha_2\beta\gamma\delta$ nAChR Channel

The mean open time of mouse $\alpha_2\beta\gamma\delta$ nAChR channels in the mouse cell line BC3H-1 is about 3 ms, similar to that of those transiently transfected in BOSC 23 cells (FUCILE et al. 1996); but it lengthens to 8.2 ms when expressed in oocytes (Lo et al. 1990). The conductances and open times for mouse $\alpha_2\beta\gamma\delta$ nAChRs expressed in BOSC cells or C2C12 myotubes are about 35 pS and 4 ms (FUCILE et al. 1996; GRASSI et al. 1995), but, when the $\alpha_2\beta\gamma\delta$ nAChR-channel properties are measured in newborn mice, it was found that its conductance is as low as 30 pS and open time changes during muscle development (GRASSI et al. 1998).

These and other values reported in the literature depend on the cell expression systems (see Chap. 15, this volume; LEWIS et al. 1997; FUCILE et al. 1997), species, or development stage; however, while it is reasonable to think that the differences are partly due to subtle differences in the primary structure across species (SARGENT 1993), it is not clear why receptors with the same primary structure behave differently. The differences in channel parameters could be due to the different membrane properties of the various expression systems including the native cells, and/or to the association of receptor with other cytoskeletal proteins, and/or to post-translational modifications such as glycosylation or phosphorylation. A contribution towards a better understanding of these differences is provided by the experiments with receptor channels reconstituted in lipid bilayers, in which only the lipid and medium compositions may vary.

2. $\alpha_2\beta\gamma\delta$ nAChR Channel Reconstituted in Lipid Bilayer

Functional reconstitution of muscle nAChRs in model membranes makes it possible to investigate their function under conditions in which the protein and lipid composition of the membrane bilayer, as well as the ACh concentration and ions in the medium, can be varied in a controlled manner. The isolated nAChR channel can be biochemically modified before its assembly, and the effects of these modifications can be assessed in the reconstituted membrane. Given these factors, a large body of work has been done on the lipid bilayer reconstitution of *Torpedo* $\alpha_2\beta\gamma\delta$ nAChR channel.

With a membrane composed of soybean lipid and cholesterol at a ratio of 1:4, this $\alpha_2\beta\gamma\delta$ nAChR channel shows macroscopic phenomena associated with a native membrane, i.e. channel activation in the presence of an agonist, bursting activity when the agonist concentration is increased, ion selectivity, and inhibition by cholinergic antagonists including ion channel blockers (LABARCA et al. 1984a). In a medium containing 500 mM NaCl and 0.5 mM $CaCl_2$, conductance was 47 pS when the receptor was activated by ACh, and 42 pS when it was activated by the cholinergic agonist suberidylcholine with 440 mM NaCl (LABARCA et al. 1984b). The opening duration was fitted by two time constants, one with a value similar to that described for *Torpedo* $\alpha_2\beta\gamma\delta$

nAChR in oocyte (0.5 ms, representing 60% of the openings) and the other of 4 ms (40% of the openings), thus giving a mean open time of about 3 ms.

Given a specific composition of lipids in the membrane and ions in the medium, these findings suggest that the *Torpedo* $\alpha_2\beta\gamma\delta$ nAChR channel behaves in a reasonably similar way in lipid bilayers, *Xenopus* oocytes, and native systems, a conclusion that is supported by the direct relationship between the long-lived state increase and ACh concentration in lipid bilayers (LABARCA et al. 1985) and native muscle preparations. Unfortunately, this cannot be confirmed for other muscle nAChR channels: as far as we know, no evidence has yet been provided of the functional properties of the adult $\alpha_2\beta\varepsilon\delta$ nAChR channel which, in native preparations as well as in *Xenopus* oocytes, has a greater conductance and shorter lifetime than the embryonic type $\alpha_2\beta\gamma\delta$ nAChR channel. Taken together these findings indicate that changes in lipid composition and in medium ion activity may underlie changes in the electrical parameters of nicotinic channels, and that differences between cell expression systems do not necessarily depend on other proteins or cytosolic processes.

3. $\alpha_2\beta\gamma\delta$ nAChR Reconstituted in Oocytes

In addition to translating nAChR subunit mRNAs or cDNAs and coassembling these subunits into plasma membrane functional channels, *Xenopus* oocytes are also able to incorporate foreign membranes carrying preassembled receptors and channels. This allows the study of receptors that have been fully processed and assembled in their natural receptor stoichiometry in the original cell membrane, and is a methodology that has been applied to Torpedo receptor in native membrane and after affinity purification.

Xenopus oocytes do not have nAChRs that respond to ACh but, after the injection of *Torpedo* electroplaque membranes, they acquire ACh-gated inward membrane currents that are blocked by the nicotinic antagonists tubocurarine (d-TC) and α-Bgt, but not by the muscarinic antagonist atropine. These currents are very similar to those generated in oocytes by means of the injection of the mRNAs obtained from the *Torpedo* electric organ in so far as they have an almost identical equilibrium potential and desensitisation time course (MARSAL et al. 1995).

In electrophysiological experiments involving affinity purified *Torpedo* nAChRs reconstituted in asolectin lipid vesicles and injected into *Xenopus* oocytes, the receptors retained their functional characteristics and were not modified by the lipid environment. They responded to exogenous ACh in a dose-dependent manner and had a very similar EC_{50}, Hill coefficient, reversal potential, and desensitisation process to those of the oocytes injected with *Torpedo* electroplaque membranes or native and cloned mRNAs (MORALES et al. 1995). Although this reconstitution technique has been used only for the *Torpedo* ACh, the results obtained seem to be of great interest and certainly they can be a prerequisite for fostering a further investigation with neuronal nAChR subtypes.

4. Desensitisation and Phosphorylation of $\alpha_2\beta\gamma\delta$ nAChR Reconstituted in Lipid Bilayers

Lipid bilayers have proved to be a rich source of information concerning nicotinic channel behaviour, particularly channel desensitisation, i.e. the insensitivity of ionotropic receptors to neurotransmitters during prolonged agonist exposure. Adult muscle nAChR channels display burst-kinetics in the presence of desensitising (high) concentrations of ACh (SACKMANN et al. 1980) and channel flickering, bursting, and clustering at increasing transmitter concentrations have also been observed in *Torpedo* $\alpha_2\beta\gamma\delta$ nAChRs reconstituted in lipid bilayers (MONTAL et al. 1984; LABARCA et al. 1984a). On the basis of these results, it is possible to postulate that desensitisation is an intrinsic behaviour of the nAChR molecule.

The question as to whether enzymatic processes (such as protein phosphorylation) influence nicotinic channel behaviour was also addressed by the incorporation of muscle $\alpha_2\beta\gamma\delta$ nAChRs in lipid bilayers. The nAChR molecule has a number of phosphorylation sites that are targets for protein kinase systems, such as protein kinases A, C, and tyrosine kinase. The incorporation of *Torpedo* nAChRs phosphorylated by protein kinase A or tyrosine-specific kinases causes receptor desensitisation in lipid bilayers (FERRER-MONTIEL et al. 1991) but not in native systems, although native receptor channels are modulated upon kinase system stimulation (CARATSCH et al. 1992; EUSEBI et al. 1998). Studies of nAChRs reconstituted in lipid bilayers suggest that receptor-channel phosphorylation plays a modulatory role, but the functional consequences of phosphorylation do not mimic the events that develop in vivo. This may be at least partially due to the absence of a number of the cytoskeleton proteins and/or lipids involved in receptor function, e.g. single-channel patch-clamp recordings in native systems show that the lipid microenvironment affects ion channel functions, particularly open time and conductance (BARRANTES 1993; ZANELLO et al. 1996). The modulation of receptor properties by membrane lipid composition has been fully investigated in lipid bilayers and the results show that cholesterol and neutrally and negatively charged lipids in general play an important role in receptor activation and desensitisation (RANKIN et al. 1997; SUNSHINE and Mc NAMEE 1992; FERNANDEZ-BALLESTER et al. 1994; ADDONA et al. 1998). Lipid bilayer membrane models are therefore also likely to improve our understanding of the function of nicotinic receptor channels in relation to the microenvironment of native cells.

II. Neuronal-Type Receptor

Although artificial lipid bilayers allow precise studies of the structure and function of nAChRs with a known subunit composition and their use is complementary to other approaches, they have not been extensively used to characterise neuronal nAChRs, which are highly heterogeneous and difficult to purify. We review here the few studies done in insect and chick neuronal nAChRs.

1. Insect α-Bgt Receptors

A neuronal nAChR has been purified from *Locusta migratoria* by means of affinity chromatography on an α-Bgt column as a complex of 250–300 kDa containing a single detectable polypeptide of 65 kDa. When reconstituted in a lipid bilayer, the receptor forms a major channel with a conductance of 75 pS that is activated by cholinergic agonists and blocked by *d*-TC. This channel has a lifetime of 3 ms and is selectively permeable to monovalent cations but impermeable to anions (HANKE and BREER 1986, 1987). Some bilayer reconstitution experiments have also revealed another channel with a conductance of 45 pS and a longer lifetime of 5 ms, the properties of which are very similar to those measured in patch-clamp experiments in *Locusta* single nerve cells devoid of synapses (TARELIUS et al. 1990). The success of channel reconstitution lies in the possibility of comparing the channel properties of the purified receptor with those of the native system and heterologously expressed receptors, but although five cDNAs that code for four α subunits (Locα1, Locα2, Locα3 and Locα4) and one for a β subunit (Locβ1) of the *Locusta migratoria* nervous system have recently been reported (HERMSEN et al. 1998), no successful functional reconstitution in oocytes has yet been obtained using these cDNAs or the in vitro transcribed mRNA of any of the *Locusta migratoria* subunits expressed alone or in combination.

The only reported functional expression in oocytes of any Locust receptor is that obtained by injecting the mRNA of the α subunit (αL1) from the locust *Schistocerca gregaria* which forms homomeric channels that are gated by micromolar concentrations of nicotine and blocked by α-Bgt, neuronal toxin, strychnine, and bicuculline (MARSHALL et al. 1990; see also Chap. 19, this volume)

2. Chick α7, α8, and α7-α8 Subtypes

On the basis of ligand binding studies using ^{125}I-labelled α-Bgt, α-Bgt receptors with a nicotinic pharmacology have been identified in several areas of the vertebrate nervous system, but the lack of effect of α-Bgt on nicotinic responses led to the belief that these binding sites did not represent functional nicotinic receptors. At the end of the 1980s, SHOPHEFER et al. (1990) cloned the α7 and α8 subunits of the chick α-Bgt receptors and COUTURIER et al. (1990) showed that the α7 subunit formed homomeric channels in oocytes that were activated by nicotinic agonists and blocked by α-Bgt. At the same time, our group purified α-Bgt receptors from the COL and demonstrated that, after being inserted in lipid bilayers, they were able to form functional cationic channels that were activated by Carb in a dose-dependent manner and blocked by *d*-TC (GOTTI et al. 1991).

Using subunit specific Abs directed against the α-Bgt-binding α7 and α8 subunits, we and others have demonstrated that 70% of the COL receptors contain the α7 subunit and 25% contain both the α7 and α8 subunits, and that chick retina has a major subtype containing the α8 subunit (KEYSER et al. 1993;

Table 2. Comparison of the electrophysiological characteristics of reconstituted α-Bgt receptor subtypes present in the chick nervous system

	Retina (*) or COL $\alpha 7$ subtype	COL $\alpha 7$-$\alpha 8$ subtype	Retina $\alpha 8$ subtype
Channel properties			
Conductance (pS)	45–50*	10–50	50
Open state lifetime (ms)	V3–10	1–3	18
Ion selectivity	Na $\approx$ K $\gg$ Cl$^-$	Na $\approx$ K $\gg$ Cl$^-$	Na $\approx$ K $\gg$ Cl$^-$
Ca^{2+} permeability	++	++	++
Agonist profile			
Acetylcholine EC$_{50}$ (μM)	500–400*	150	50
Carbamylcholine EC$_{50}$ (μM)	500	200	30
Sensitivity to d-Tubocurarine	++	++	++

The agonist EC$_{50}$ values were calculated from the plot Po versus [agonist] values and represent the agonist concentrations which give 50% of maximal receptor activation.

GOTTI et al. 1994). SDS-PAGE analysis showed that these $\alpha 7$, $\alpha 8$, and $\alpha 7$-$\alpha 8$ receptors contain not only the $\alpha 7$ and/ or $\alpha 8$ peptides, but also other peptides that do not belong to any of the known cloned nicotinic subunits (GOTTI et al. 1994, 1997b, and unpublished data). When reconstituted in lipid bilayers, all three subtypes form channels that are activated by nicotinic agonists in a dose-dependent manner and blocked by d-TC and the glycinergic antagonist strychnine. Table 2 shows the basic characteristics of the three channels which are all cation selective and permeable to Ca^{2+}; the $\alpha 7$ and $\alpha 8$ subtypes have very similar homogeneous conductances (45–50 pS), whereas that of the $\alpha 7$-$\alpha 8$ subtype is much broader (10–50 pS). The I-V curves of the different channel states are ohmic and their channel kinetics are not voltage-dependent.

The main difference between these subtypes is the agonist concentration necessary to induce 50% of the maximal channel activation(EC$_{50}$). These concentrations were calculated from the increase in integral open time with respect to the spontaneous activity of the reconstituted receptors. The concentrations of Carb and ACh necessary to activate the $\alpha 7$ sub-type is 10–20 times higher than those necessary to activate the $\alpha 8$ subtype, whereas the $\alpha 7$-$\alpha 8$ subtype needs an intermediate agonist concentration. The ACh EC$_{50}$ values obtained for the reconstituted $\alpha 8$ and $\alpha 7$ subtypes (respectively 50 and 400μM) are not identical, but are similar to those obtained from the homomeric chick $\alpha 7$ and $\alpha 8$ channels expressed in oocytes, in which the EC$_{50}$ for ACh is 2.1 μM for the $\alpha 8$ (GOTTI et al. 1994), and 110μM for the $\alpha 7$ homomer (BERTRAND et al. 1992). Whether expressed in oocytes or reconstituted in lipid bilayers, the presence of the $\alpha 8$ subunit seems to lead to receptors that are much more effectively gated by ACh than those containing the $\alpha 7$ subunit.

The single channel conductance determined for the reconstituted chick $\alpha 7$ subtype is very similar to that reported for the oocyte-expressed $\alpha 7$ subtype

(45pS) (REVAH et al. 1991), but higher than that of the same subtypes transfected in BOSC 23 human cells (13–23 or 27–35pS) (RAGOZZINO et al. 1997) No single channel conductance has been reported for the α8 subtype in oocytes, but it is 23pS in tranfected cells (RAGOZZINO et al. 1997).

The macroscopic currents of homomeric α7 and α8 channels in oocytes are strongly inward rectifying, whereas the single channel of the α7 and α8 lipid bilayer reconstituted receptor is ohmic. This apparent discrepancy can better be explained in the light of the recent results of the block by Mg^{2+} of the hippocampal neurons and the oocyte-expressed α7 receptor (BONFANTE-CABARCAS et al. 1996; FORSTER and BERTRAND 1995). Furthermore, it has been found that spermine, a ubiquitous intracellular polyamine, causes an intracellular block of the oocyte-expressed α3β4 and α4β2 subtypes and of the native neuronal nAChR present in the superior cervical ganglion (HAGHIGHI and COOPER 1998). The biophysical properties of our reconstituted α7 and α8 subtypes were recorded in a buffer containing neither Mg^{2+} nor spermine, so our reconstitution system is not regulated by intracellular factors than can play an important physiological role.

Another difference between reconstituted α-Bgt receptors and those expressed by oocytes and neurons is that the former did not show any fast desensitisation. This may be due to a number of reasons: 1. The reconstitution technique may not be able to pick up desensitisation in the low millisecond time scale. 2. The purification and/or reconstitution of subtypes may favour the open conformation of the desensitised receptor. 3. Some regulatory factors or peptides may be removed. 4. Post-translational modifications of the α7 or α8 peptides or the presence of additional peptides that may form channels which have different activation and deactivation kinetics from those of the receptors expressed vim oocytes, rat hippocampal neurons, and chick ciliary ganglion (COUTURIER et al. 1990; ALKONDON et al. 1994; ZHANG et al. 1994). 5. The fact that the α7 receptor responses may be heterogeneous, as it is possible to argue from the recent paper of CUEVAS and BERG (1998) who recently demonstrated that slowly desensitising α-Bgt sensitive currents are present in rat intracardiac ganglia.

The native receptors expressed in the chick nervous system need further electrophysiological characterisation in order to clarify this latter point.

3. Chick α6 Subtype

α6 has long been considered an 'orphan' subunit since it was impossible to obtain any α6-containing functional channels. The only available data are its mRNA distribution in the rat brain and some areas of the chick CNS (LE NOVERÉ et al. 1996) and the electrophysiological properties of α6 receptors heterologously expressed in oocytes and mammalian cells (GERZANICH et al. 1997; FUCILE et al. 1998).

Using subunit specific Abs directed against two different epitopes, our group purified the α6 subtype from one-day-old chick retina, a tissue in which we found the highest level of α6 protein. Immunoprecipitation and Western blot analyses of the purified α6-containing receptors revealed that they were heterogeneous: almost all of them contained the β4 subunit, half contained the β3 subunit, 42% the α3 subunit, and 7.5% the β2 subunit. On the contrary, binding studies of the immunoimmobilised α6 receptors determined the presence of only one population of high affinity[^{3}H]Epi binding sites with a K_d of 35 pM. The presence of a single class could be due to the fact that the affinities of the different subtypes are so close that cannot they be discriminated by binding studies, which can only discriminate affinities separated by a factor of at least 10.

The purified α6 receptors were reconstituted in lipid bilayers, and it was found that they formed functional channels that were activated by ACh in a dose-dependent manner (Fig. 3A) and were blocked by d-TC. The order of potency of nicotinic agonists (Epi > Nicotine > ACh > Carb) was in line with the results of our binding experiments and very similar to the rank order in oocyte-expressed chick–human α6β4 receptors (GERZANICH et al. 1997). The main conductance of these channels is 48 pS (Fig. 3B), although very low frequency channels with other conductances are sometimes present. The open channel lifetime had a single exponential distribution with a mean open lifetime of 1.9 ms; whereas the closed time had a double exponential distribution with a mean closed lifetime of 0.9 ms within bursts and 9 ms between them.

Figure 4A shows traces of the same channel activated at increasing concentrations of ACh. The channel conductance was not affected by the ACh concentration, but the probability of the channel being in the open state significantly increased with increasing ACh concentrations (Fig. 4B). The Hill coefficient calculated from the plot of the integral open-state probability as a function of agonist concentration was 1.8, thus indicating cooperative channel activation by two or more agonist molecules. The ACh EC_{50} was 100μM, and that of Epi, Nic, and Carb was, respectively, 1.2, 9.8, and 965μM. All of the α6 channels activated by nicotinic agonists were blocked by the nicotinic antagonist d-TC at 100μM. The single channel has an ohmic behaviour, but its P open is voltage dependent. The EC_{50} values of the agonists were 1000 times greater than the affinity values determined in our binding experiments, a discrepancy that may be explained by the fact that the binding studies were performed on desensitised receptors that have a high affinity for nicotinic agonists, or that reconstituted receptors do not mimic all of the properties of "in situ" native receptors. The fact that the EC_{50} value of ACh in reconstituted receptors is very similar to that obtained for the chick α6β4 subtype in transfected cells (EC_{50} = 105μM, FUCILE et al. 1998), strongly supports the first hypothesis.

The α6β4-containing receptors are heterogeneous and can contain other α and β subunits, whereas our pharmacological and functional studies revealed only a single class of receptors. This may be due to the fact that the α6β4 subunits are the major determinants of the characteristics of the binding sites and

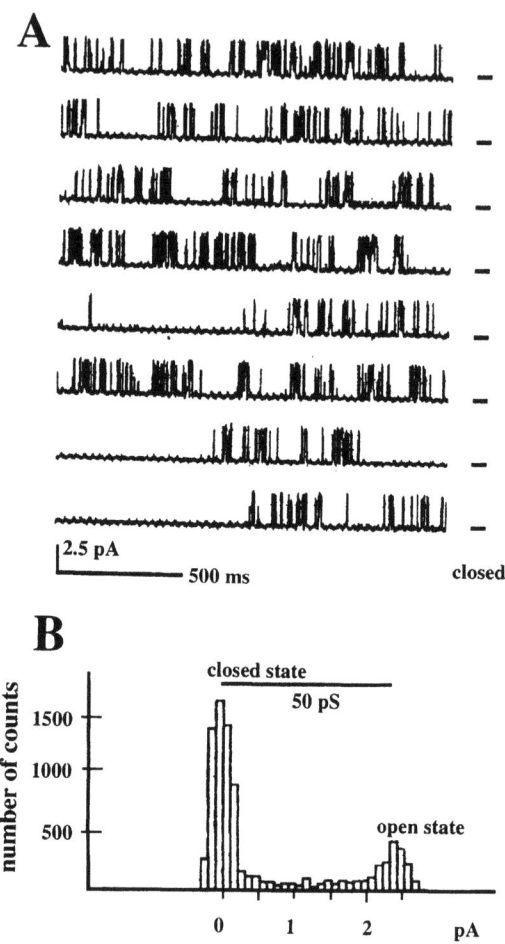

Fig. 3A,B. Example of a typical experiment on a neuronal nAChR reconstituted in a lipid bilayer. **A** Traces of the single α6 receptor channel activated by ACh 10 μM. The applied membrane voltage was 50 mV. The traces were digitised at a sampling rate of 2000 Hz. **B** The amplitude histograms of the traces shown in **A** (measured from a 5 s trace at 2000 samples/sec) shows well-defined closed and open states, with the open state having a major conductance of 48 pS. The bar represents 50 pS. The y-axis is arbitrarily scaled in number of counts (figure taken with permission from VAILATI et al. 1999)

channel properties, and/or that the other receptor subtypes are a minority and their properties cannot be detected by our assays.

D. Concluding Remarks

Many different membrane channels have been reconstituted in lipid bilayers (see FAVRE et al. 1998 and references therein), which has proved to be a pow-

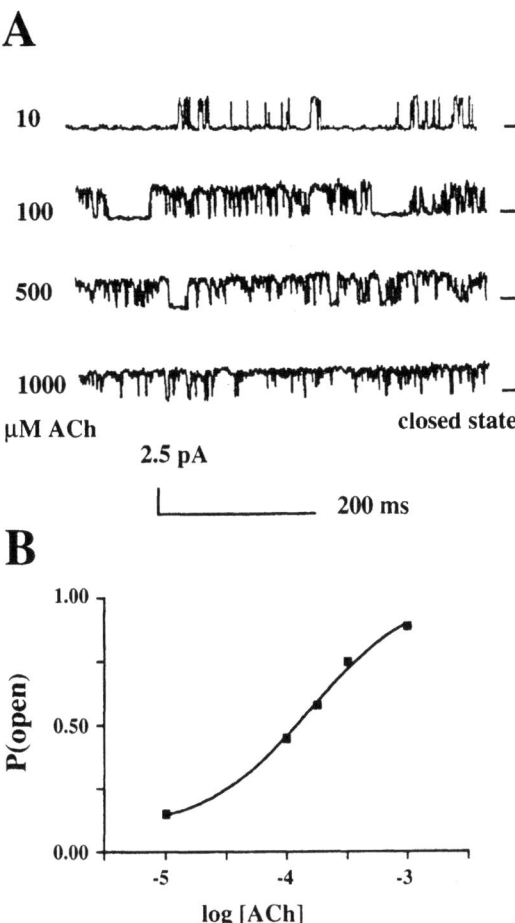

Fig. 4A,B. Example of a dose–response study on a reconstituted neuronal nAChR, showing agonist concentration dependence of the open state probability of one α6 receptor channel reconstituted in a planar lipid bilayer. **A** The channel was tested at different ACh concentrations; the applied membrane voltage was 50mV. All of the values were measured at a membrane potential of 50mV; each trace represents the data from one bilayer and one channel. Other channels ($n = 10$) gave comparable results. The Hill slope of the fitted curve was 1.8 and the EC_{50} value 100μM (figure taken with permission from VAILATI et al. 1999). **B** The probability of the α6 receptor channel being in the open state (taken from all-point amplitude histograms) is shown as a function of the ACh concentrations.

erful technique in determining their ion selectivity, transport rate, voltage dependence, kinetics, and biochemical modulation of these proteins. However, there is always the possibility that native channel functional properties may be altered during the course of the reconstitution process, or that current fluctuations in single channel assays may represent the activity of contaminants rather than the protein of interest. It is therefore fundamental to compare the functional properties of reconstituted channels with those of native preparations as measured by means of cell electrophysiology and/or biochemical and pharmacological assays.

Given that a good expression system has been found for the channel of interest, bilayer reconstitution can be very useful if applied to heterologously expressed cloned proteins for the functional analysis of those that are normally expressed at a very low level in native tissues. Furthermore, the heterologous expression of mutated channels allows them to be purified and inserted in lipid bilayers, thus making it possible to perform in vitro structural and functional studies in a system devoid of the cell regulation present in native and heterologous systems.

The reconstitution of muscle-type receptors has provided much information concerning their structure/function relationships, whereas the reconstitution of neuronal nicotinic receptors is still in its infancy and a sophisticated electrophysiological analysis of these receptors has not yet been made. However, such reconstitution has allowed us to conclude that certain receptors and combinations of subunits found in the brain are functional, and to describe their most relevant biophysical properties.

The level of difficulty in studying neuronal nAChRs is not only due to their in situ heterogeneity and complexity, but also to the fact that the same subunit combination can lead to different channels (with different electrophysiological and pharmacological properties) depending on the expression system (see also Chap. 15, this volume) and the different ratio of injected cDNAs (ZWART and VIJVERBERG 1998). More detailed studies of the functional properties of reconstituted receptors with a known subunit composition and pharmacology under different experimental conditions should provide information that can complement that obtained using other techniques. This may also be very important in the light of the recent identification of spontaneous mutations in the $\alpha 4$ neuronal nAChR subunit in patients affected by one form of epilepsy (reviewed in Chap. 25, this volume; LENA and CHANGEUX 1997). Oocyte studies have made it possible to identify the physiological and pharmacological properties of the receptors containing the mutant subunit, but single-channel studies of heterologously expressed mutant receptors reconstituted in lipid bilayers will lead to a greater understanding of the effect of the mutation on channel properties.

In conclusion, artificial lipid bilayers can be useful tools for investigating the in vitro function of nAChRs under conditions in which the functional effects of varying membrane composition and modifying the receptors can be directly evaluated. These studies bring together membrane biochemistry (to analyse the purified receptors), molecular pharmacology (which allows the pharmacological characterisation of purified receptors with a defined subunit composition), and cell physiology (which shows how the receptor is coupled to cell function). Many different techniques will need to be used in order to establish why there are so many neuronal nicotinic receptors, what their roles and structures are, and how their subunit composition is related to their functional properties; despite its inevitable difficulties and drawbacks, we believe that the bilayer reconstitution system may still play an important role.

Acknowledgments. We would like to thank Fabrizio Eusebi and Eleonora Palma for the critical reading of the manuscript and Kevin Smart and Ida Ruffoni for their aid with the manuscript. This work has been carried out on the Neuronal Nicotinic Receptors Network, in the framework of the European Research Programme TMR.

References

Addona G, Sandermann Jr, H, Kloczewiak M, Husain S, Miller K (1998) Where does cholesterol act during activation of the nicotinic acetylcholine receptor? Biochem Biophys Acta 1330:299–309

Alkondon M, Reinhardt S, Lobron C, Hermsen B, Maelicke A, Albuquerque EX (1994) Diversity of nicotinic acetylcholine receptors in rat hippocampal neurons II. The rundown and inward rectification of agonist elicited whole-cell currents and identification of receptor subunits by in situ hybridisation. J Pharmacol Exp Ther 271:494–506

Barrantes FJ (1993) Structure–functional correlates of nicotinic acetylcholine receptor and its lipid microenvironment. FASEB J 7:1460–1467

Bell J, Miller C (1984) Effects of phospholipid surface charge on ion conduction in the K+ channel of sarcoplasmic reticulum. Biophys J 45:279–287

Bertrand D, Bertrand DS, Ballivet M (1992) Pharmacological properties of the homomeric $\alpha 7$ receptor. Neurosci lett 146:87–90

Bonfante-Cabarcas R, Swanson KL, Alkondon M, Albuquerque EX (1996) Diversity of nicotinic acetylcholine receptors in rat hippocampal neurons. IV Regulation by external Ca^{++} of α-Bungarotoxin-sensitive receptor function and of rectification induced by internal Mg^{++} J. Pharmacol and Exp Ther, 277:432–444

Camacho P, Liu Y, Mandel G, Brehm P (1993) The epsilon subunit confers fast channel gating on multiple classes of acetylcholine receptors. J Neurosci, 13:605–613

Caratsch CG, Grassi F, Eusebi F (1992) Functional regulation of nicotinic acetylcholine receptor channels in muscle. Ion Channels 3:177–206

Cecchi X, Alvarez, O, Latorre, R (1981) A three-barrier model for the hemocyanin channel. J Gen Physiol 66:535–544

Couturier S, Bertrand D, Matter J-M, Hernandez M-C, Bertrand S, Millar N, Valera S, Barkas T, Ballivet M (1990) A neuronal nicotinic acetylcholine receptor subunit ($\alpha 7$) is developmentally regulated and forms a homo-oligomeric channel blocked by α-BTX. Neuron, 5:847–856

Cuevas J, Berg D (1998) Mammalian nicotinic receptors with $\alpha 7$ subunits that slowly desensitise and rapidly recover from α bungarotoxin blockade. J Neurosci 18:10335–10344

Eusebi F, Grassi F, Molinaro M, Zani BM (1987) Acetylcholine regulation of nicotinic receptor channels through a putative G protein in chick myotubes. J Physiol (Lond) Dec 393:635–645

Eusebi F, Farini D, Grassi F, Monaco L, Ruzzier F (1998) Effects of calcitonin generelated peptide on synaptic acetylcholine receptor-channels in rat muscle fibres. Proc R Soc Lond B Biol Sci 234(1276):333–342

Favre I, Sun Y-M, Moczydlowski E (1998) Reconstitution of native and cloned channels into planar bilayer. Methods in Enzymology 284:287–304

Fernandez-Ballester G, Castresana J, Fernandez AM, Arrondo JL, Ferragut JA, Gonzalez-Ros JM (1994) A role for cholesterol as a structural effector of the nicotinic acetylcholine receptor. Biochemistry 33:4065–4071

Ferrer-Montiel A, Montal M, Diaz-Munoz M, Montal M (1991) Agonist-independent activation of acetylcholine receptor channels by protein kinase A phosphorylation. Proc Natl Acad Sci USA 88:10213–10217

Forster I, Bertrand D (1995) Inward rectification of neuronal nicotinic acetylcholine receptors investigated by using the homomeric $\alpha 7$ receptor. Proc R Soc Lond 260:139–148

Fucile S, Barabino B, Palma E, Grassi F, Limatola C, Mileo A, Alemà S, Ballivet M, Eusebi F (1997) $\alpha 5$ Subunit forms functional $\alpha 3\beta 4\alpha 5$ nAChRs in transfected human cells. Neuroreport 8:2433–2436

Fucile S, Mileo AM, Grassi F, Salvatore AM, Alema S, Eusebi F (1996) Identification of a determinant of acetylcholine receptor gating kinetics in the extracellular portion of the gamma subunit. Eur J Neurosci 8:2564–2570

Fucile S, Matter J-M, Erkman L, Ragozzino D, Barabino B, Grassi F, Alemà S, Ballivet M, Eusebi F (1998) The neuronal $\alpha 6$ subunit forms functional heteromeric acetylcholine receptors in human transfected cells. Eur J Neurosci. 10:172–178

Gerzanich V, Kuryatov R, Anand R, Fletcher S, Lindstrom J (1997) "Orphan" $\alpha 6$ nicotinic AChR subunit can form a functional heteromeric acetylcholine receptor. Mol Pharmacol 51:320–327

Gotti C, Esparis Ogando A, Hanke W, Schlue R, Moretti M, Clementi F (1991) Purification and characterisation of an α-Bungarotoxin receptor that forms a functional nicotinic channel. Proc Natl Acad Sci USA 88:3258–3262

Gotti C, Hanke W, Maury K, Moretti M, Ballivet M, Clementi F, Bertrand D (1994) Pharmacology and biophysical properties of $\alpha 7$ and $\alpha 7$-$\alpha 8$ αBungarotoxin receptor subtypes immunopurified from chick optic lobe. Eur J Neurosci 6:1281–1291

Gotti C, Fornasari D, Clementi F (1997a) Human neuronal nicotinic acetylcholine receptors. Progress in Neurobiology 53:199–237

Gotti C, Moretti M, Maggi R, Longhi R, Hanke W, Klinke N, Clementi F (1997b) $\alpha 7$ and $\alpha 8$ nicotinic receptor subtypes immunopurified from chick retina have different immunological, pharmacological and functional properties. Eur J Neurosci 9:1201–1211

Grassi F, Bouche M, Aguanno S, Molinaro M, Eusebi F (1987) Single acetylcholine-activated channels in cultured rhabdomyoblasts. Exp Cell Res 171:498–502

Grassi F, Palma E, Mileo AM, Eusebi F (1995) The desensitization of the embryonic mouse muscle acetylcholine receptor depends on the cellular environment. Pflugers Arch 1 430:787–94

Grassi F, Epifano O, Mileo AM, Barabino B, Eusebi F (1998) The open duration of fetal ACh receptor-channel changes during mouse muscle development. J Physiol (Lond) 508:393–400

Groove A, Tomich JM, Montal P (1992) Molecular design of oligomeric channel proteins Genet Eng 14:163–184

Gu Y, Franco A Jr, Gardner PD, Lansman JB, Forsayeth JR, Hall ZW (1990) Properties of embryonic and adult muscle acetylcholine receptors transiently expressed in COS cells. Neuron 5:147–157

Haghighi A, Cooper E (1998) Neuronal nicotinic acetylcholine receptors are blocked by intracellular spermine in a voltage-dependent manner. J Neurosci 18:4050–4062

Hanke W (1985) Reconstitution of ion channels CRC Crit Rev Biochem 19:1–44

Hanke W, Breer H (1986) Channel properties of an insect neuronal acetylcholine receptor protein reconstituted in planar lipid bilayer. Nature 321:171–174

Hanke W, Breer H (1987) Characterization of the channel properties of a neuronal acetylcholine receptor reconstituted in planar lipid bilayer. J Gen Physiol 90:855–879

Hanke W, Schlue W (1993) Planar lipid bilayer: methods and applications. Academic Press, New York

Henderson LP, Lechleiter JD, Brehm P (1987) Single channel properties of newly synthesized acetylcholine receptors following denervation of mammalian skeletal muscle. J Gen Physiol 89:999–1014

Herlitze S, Villaroel A, Witzemann V, Koenen M, Sakmann B (1996) Structural determinants of channel conductance in fetal and adult rat muscle acetylcholine receptors. J Physiol 492:775–787

Hermsen B, Stetzer E, Thees R, Heirmann R, Schrattenholz A, Ebbinghaus U, Kretschmer A, Methfessel C, Reinhardt S, Maelike A (1998) Neuronal nicotinic receptors in the locust Locusta Migratoria. J Biol Chem 273:18394–18404

Keyser K, Britto L, Schoepfer R, Withing P, Cooper J, Conroy W, Brozozowska-Prechtl A, Karten J, Lindstrom J (1992) Three subtypes of αBungarotoxin-sensitive nicotinic acetylcholine receptors are expressed in chick retina J Neurosci 13:442–454

Kullberg R, Owens JL, Camacho P, Mandel G, Brehm P (1990) Multiple conductance classes of mouse nicotinic acetylcholine receptors expressed in Xenopus oocytes. Proc Natl Acad Sci USA 87:2067–2071

Labarca P, Lindstrom J, Montal P (1984a) Acetylcholine receptor in planar lipid bilayers. Characterization of the channel properties of the purified nicotinic acetylcholine receptor from Torpedo californica reconstituted in planar lipid bilayers. J Gen Physiol 83:473–496

Labarca P, Lindstrom J, Montal M (1984b) The acetylcholine receptor channel from Torpedo californica has two open states. J Neurosci 2:502–507

Labarca P, Montal MS, Lindstrom J, Montal M (1985) The occurrence of long openings in the purified cholinergic receptor channel increases with acetylcholine concentration. J Neurosci 5:3409–3413

Labarca P, Latorre R (1992) Insertion of ion channels into planar lipid bilayers by vesicle fusion. Eds Rudy and Iversen In Methods in Enzimology, Academic Press, 207:447–463

Léna C, Changeux J-P (1997) Pathological mutations of nicotinic receptors and nicotine-based therapies for brain disorders. Curr Op Neurobiol 7:674–682

Lewis T, Harkness P, Silviotti L, Colquhoun D and Millar N (1997) The ion channel of a rat recombinant neuronal nicotinic receptor are dependent on the host cell type. J Physiol 505:299–306

Le Novère N, Zoli M, Changeux J-P (1996) Neuronal nicotinic receptor α6 subunit mRNA is selectively concentrated in catecholaminergic nuclei of the rat brain. Eur J Neurosci 8:2428–2439

Lo DC, Pinkham JL, Stevens CF (1990) Influence of the gamma subunit and expression system on acetylcholine receptor gating. Neuron 5:857–866

Marsal J, Tigyi G, Miledi R (1995) Incorporation of acetylcholine receptors and Cl – channels in *Xenopus* oocytes injected with *Torpedo* electroplaque membranes. Proc Natl Acad Sci USA 92:5224–5228

Marshall J, Buckingham S, Shingai R, Lunt G, Goosey M, Darlison M, Sattelle D, Barnard E (1990) Sequence and functional expression of a single α subunit of an insect nicotinic acetylcholine receptor. EMBO J 9:4391–4398

Miller C, ed, Ion channel Reconstitution; Plenum press, New York 1986

Mishina M, Tobimatsu T, Imoto K, Tanaka K, Fujita Y, Fukuda K, Kurasaki M, Takahashi H, Morimoto Y, Hirose T, Inayama S, Takahashi T, Kuno M, Numa S (1985) Localization of functional regions of acetylcholine receptor alpha subunit by site-directed mutagenesis. Nature 313:364–369

Mishina M, Takai T, Imoto K, Noda M, Takahashi T, Numa S, Methfessel C, Sakmann B (1986) Molecular distinction between fetal and adult forms of muscle acetylcholine receptor. Nature 321:406–411

Montal M, Labarca P, Fredkin DR, Suarez-Isla BA (1984) Channel properties of the purified acetylcholine receptor from Torpedo californica reconstituted in planar lipid bilayer membranes. Biophys J 45:165–174

Montal M, Muller P (1972) Formation of bimolecular membranes from lipid monolayers and a study of their electric properties. Proc Natl Acad Sci USA 69:3561–3566

Morales A, Aleu J, Ivorra I, Ferragut JA, Gonzales-Ros Miledi R (1995) Incorporation of reconstituted acetylcholine receptors into the *Xenopus* oocytes membrane. Proc Natl Acad Sci USA 92:8468–8472

Mueller P, Rudin D, Tien H, Wescott W (1962) Reconstitution of excitable cell membrane structure in vitro. Circulation 26:1167–1171

Ragozzino D, Fucile S, Giovannelli A, Grassi F, Mileo A, Alemà S, Eusebi F (1997) Functional properties of neuronal nicotinic acetylcholine receptor channels expressed in transfected human cells. Eur J of Neurosci 9:480–488

Rankin SE, Addona GH, Kloczewiak MA, Bugge B, Miller KW (1997) The cholesterol dependence of activation and fast desensitisation of the nicotinic receptor. Biophys J 73:2446–2455

Revah F, Bertrand D, Galzi JL, Devillers-Thiery A, Mulle C, Bertrand S, Ballivet M, Changeux J-P (1991) Mutations in the channel domain alter desensitization of a neuronal nicotinic receptor. Nature 353:846–849

Sakmann B, Patlak J, Neher E (1980) Single acetylcholine-activated channels show burst-kinetics in presence of desensitizing concentrations of agonist. Nature 286:71–74

Sargent PB (1993) The diversity of neuronal nicotinic acetylcholine receptors. Annu Rev Neurosci 16:403–443

Schoepfer R, Conroy WG, Whiting P, Gore M, Lindstrom J (1990) Brain α-Bungarotoxin binding protein cDNAs and MAbs reveal subtypes of this branch of the ligand ion channel gene superfamily. Neuron 5:35–48

Sunshine C, McNamee MG (1992) Lipid modulation of nicotinic acetylcholine receptor function: the role of neutral and negatively charged lipids. Biochim Biophys Acta 1108:240–246

Tank D, Huganir R, Greengard P, Webb W (1983) Patch-recorded single-channel currents of the purified and reconstituted Torpedo acetylcholine receptor Proc Natl Acad Sci USA 80:5129–5133

Tarelius E, Hanke W, Breer H (1990) Neuronal acetylcholine receptor channels from insects: a comparative study. J Comp Physiol A 167:521–526

Vailati S, Hanke W, Bejan A, Barabino B, Longhi R, Balestra R, Moretti M, Clementi F, Gotti C (1999) Functional α6-containing nicotinic receptors are present in chick retina. Mol Pharmacol 56:11–19

Zanello LP, Aztiria E, Antollini S, Barrantes FJ (1996) Nicotinic acetylcholine receptor channels are influenced by the physical state of their membrane environment. Biophys J 70:2155–2164

Zhang Z, Vijayaraghavan S, Berg DK (1994) Neuronal acetylcholine receptors that bind α-bungarotoxin with high affinity function as ligand-gated ion channels. Neuron 12:167–177

Zwart R, Vijverberg H (1998) Four pharmacologically distinct subtypes of $\alpha 4 \beta 2$ nicotinic acetylcholine receptors expressed in Xenopus laevis. Mol Pharmacol 54:1124–1131

CHAPTER 15
Comparison of Native and Recombinant Neuronal Nicotinic Receptors: Problems of Measurement and Expression

L.G. SIVILOTTI, D. COLQUHOUN, and N.S. MILLAR

A. Introduction

In contrast to the extensively studied nicotinic receptor expressed at the vertebrate neuromuscular junction and electric organs ('muscle type' nAChRs), the nicotinic receptors expressed in the central and peripheral nervous system ('neuronal' nAChRs) are considerably less well characterised. It is, however, clear that the muscle type of nAChR is very different from the neuronal type. This is made strikingly obvious by the fact that the nAChR α subunit from the *Torpedo* electric organ has an amino acid sequence that is 76% identical with that of a human muscle $\alpha 1$ subunit, but the human muscle $\alpha 1$ subunit has only a 51% identity with the human neuronal $\alpha 3$ subunit.* Obviously the two sorts of receptor, though they almost certainly had a common ancestor, diverged a very long time ago (see LE NOVÈRE and CHANGEUX 1995). It was known a long time before molecular cloning was possible that muscle and neuronal nAChRs were very different (see, e.g. PATON and ZAIMIS 1949, 1951; COLQUHOUN 1997; Chap. 1, this volume). However there are no well-documented differences between the characteristics of neuronal nAChRs that are found in sympathetic and parasympathetic ganglia.

Despite these differences, fast synaptic transmission in peripheral ganglia is, physiologically, very much like that at the neuromuscular junction. The number of quanta of acetylcholine that is released is smaller, and the postsynaptic receptors are fewer in number and less densely packed than at the neuromuscular junction, but these differences are neatly balanced by the much higher input resistance of the postsynaptic cell. Thus, the physiologically important quantity, the depolarisation produced, is much the same in both cases, and in both cases transmission usually occurs with a good margin of safety (in most ganglia). In fact, as far as fast synaptic transmission is concerned, it is not at all obvious that a muscle type receptor would not work just as well, so it is baffling why evolution should have produced the complex and heterogeneous system with which we find ourselves faced in neurones. It is generally supposed that there must be some better reason than to frustrate

---

*Alignment with SIM program, using default parameters; http://expasy.hcuge.ch/www/tools.html#align

physiologists who are trying to understand the system, but nobody knows what that reason is.

Given that ultimately we are interested in functional receptors, we clearly need to know what the functions are. In peripheral ganglia, the role of neuronal nAChRs in fast synaptic transmission is clear; the picture for the CNS is more complex. Neuronal nAChRs, particularly those containing the $\alpha 7$ subunit, may be important in development, though the nature of this role is ill-understood and controversial (see TREININ and CHALFIE 1995; HORY-LEE and FRANK 1995; ORR-URTREGER et al. 1997; BERGER et al. 1998; reviewed by ROLE and BERG 1996). Despite the presence of neuronal nAChRs in several areas of the central nervous system, fast synaptic transmission mediated by nAChRs, along the lines of the neuromuscular and autonomic ganglion synapse, seems rare. It certainly occurs at synapses between recurrent axons from spinal motoneurones and Renshaw cells (ECCLES et al. 1954), as well as in the retina (see, e.g. FELLER et al. 1996 and GRZYWACZ et al. 1998), but there are few reports of fast nicotinic excitation in the brain *per se*. Synaptic currents mediated by nAChRs in the brain have been described in the ferret visual cortex (where they represent only a small proportion of total excitatory drive; see ROERIG et al. 1997; but see also Chap. 13, this volume) and in rat CA1 hippocampal interneurones (FRAZIER et al. 1998) and pyramidal cells (HEFFT et al. 1999). In the latter, the nicotinic component represents 1.4% or 2.9% of the compound synaptic response evoked by Schaffer collaterals in acute slices or organotypic cultures, respectively.

Exogenous application of nicotinic agonists has been shown to have presynaptic effects, which can enhance the release of several neurotransmitter types depending on the area. These effects may be exerted both at the presynaptic terminal and at a preterminal level (for a review, see McGEHEE and ROLE 1996; WONNACOTT 1997), and both in the central and in the peripheral nervous system (see McGEHEE et al. 1995 and COGGAN et al. 1997). It is not known whether these presynaptic mechanisms can be activated by synaptically released ACh.

The muscle type nAChR is undoubtedly the best understood of all agonist-activated ion channels. It is still the only one for which the subunit composition is known with certainty, partly because its structure seems to be tightly controlled and homogeneous (at adult endplates). It is also by far the best understood receptor in terms of quaternary structure (UNWIN 1995), and in terms of kinetic mechanism (COLQUHOUN and SAKMANN 1985; SINE et al. 1995). None of these things can be said of neuronal nAChRs.

The first thing that one wants to know about any receptor is its identity, and this now means its subunit composition. Ways exist for assessing what sort of subunits are expressed in cells, but this takes us only a small step towards answering the physiologically important question; namely, what is the structure of the correctly assembled and functional receptors that are expressed on the cell surface (in particular those at subsynaptic sites)? Since we are interested only in the structure of receptors that work, a crucial tool has to be the comparison of the functional properties of native receptors with those of recombinant receptors. This is the method by which molecular biology made its first major contribution to the understanding of receptor structure and function, i.e. the discovery that the change between embryonic and adult muscle type receptors is caused by a subunit switch (from the γ to the ε subunit) (MISHINA et al. 1986). At first it was thought that this comparison should be straightforward because the expression of cloned subunits would produce homogeneous receptors of known structure that could be compared with native receptors. In reality life is not so simple, and it has turned out that expression systems often do not work as well as one would wish. They do not always fold or assemble receptors correctly, they do not always get them to the cell surface efficiently, and they do not always produce homogeneous receptors. Furthermore, native receptors are often heterogeneous too. The neuronal nicotinic system seems to have suffered more than its fair share of these problems, and it is the purpose of this review to summarise some of the progress towards understanding them.

We shall discuss first the criteria that can be used to compare native and recombinant receptors, and the usefulness and limitations of various experimental approaches. Then we shall discuss the nature of native receptors, the characteristics of heterologous expression systems, and the attempts that have been made to compare the two. We shall conclude by outlining the possible biochemical reasons for the differences between expression systems. The discussion will concentrate mainly, but not exclusively, on ganglionic receptors, which have been investigated in the greatest detail.

B. Methods for Comparing Native and Recombinant Receptors

When the number of receptor molecules on the cell surface has been determined by binding experiments, it is common for there to appear to be more receptors than would be expected from electrophysiological responses. In any case, in the end it is the function of receptors that matters, so any definitive comparison of native and recombinant receptors must include measurements of function. It is also very desirable that the measurements that are made should be comparable from one lab to another – often they are not, and that greatly reduces the rate of progress. The use of inadequate methods can lead to the false conclusion that receptors (e.g. native and recombinant) are similar when in fact they are different, and equally it can lead to the false conclusion that they are different when in fact they are the same. Some examples follow.

I. Measurements of the Relative Potency of Agonists

Characterising receptors by their sensitivity to agonists is an old method for the classification of receptors, as exemplified by its use to distinguish between

α and β receptors for catecholamines. It has been used quite a lot for neuronal nAChRs, and has undoubtedly been useful. Its simplest form is to match the EC_{50} of an individual agonist on receptors from different preparations (for instance native *versus* recombinant receptors). In this form this approach is rarely robust enough to be useful. For instance, there are wide discrepancies between EC_{50} values reported from different labs for the same recombinant receptor combination *even in the same expression system* (e.g. for rat $\alpha 3\beta 4$ expressed in oocytes, EC_{50} values between 30 and 219 μM, and Hill slopes from 1.2 to 2.4 have been reported for ACh). These discrepancies presumably result from differences in experimental conditions and methods, and perhaps from the heterogeneity of receptors, which often is manifest only in a shallower Hill slope. This problem is likely to be even more serious in different preparations because the rates of agonist application that can be achieved are different (milliseconds for isolated cells and seconds for oocytes, simply because oocytes are bigger and therefore have a thicker unstirred layer). This can result in very different amounts of desensitisation, and desensitisation will generally reduce both the EC_{50} and the apparent maximum response. The *relative* potencies of agonists should be a better defined quantity than their individual EC_{50}s, though they are still likely to be influenced by any differences between the desensitisation characteristics of the agonists. Incidentally, it does not seem to be generally appreciated that there can be a large amount of desensitisation present even when no decline in response is seen (see, *e.g.* FELTZ and TRAUTMANN 1982). For this reason, we have preferred (*e.g.*, COVERNTON et al. 1994; SIVILOTTI et al. 1997) to determine potency ratios at the lowest feasible concentrations, rather than from EC_{50}s. A similar precaution was adopted by LUETJE and PATRICK (1991) in their extensive pioneering description of the agonist sensitivities of different recombinant neuronal rat AChRs expressed in oocytes.

Heterogeneity of receptors is another problem. Unless the EC_{50}s are very well separated (by a factor of at least 10), it is hard to fit multiple component curves with any precision, especially since the right equation to fit (that describing the physical mechanism) is not usually known and a Hill equation is commonly used as a convenient empirical approximation. The fact that it is necessary to estimate the Hill coefficient, as well as the EC_{50}, means that quite a large number of points is needed to get adequate precision.

II. Measurements of the Relative Effectiveness of Antagonists

The use of competitive antagonists to classify receptors was the standard classical method for classifying receptors before the advent of cloning. It was clear to SCHILD (e.g. ARUNLAKSHANA and SCHILD 1959; SCHILD 1949) that it was far better not to measure the depression of the response to a fixed agonist concentration by varying concentrations of antagonist (IC_{50} measurements), but instead to measure the factor by which the agonist concentration had to be increased in order to nullify the effect of the antagonist. This factor was termed the dose ratio by CLARK and RAVENTOS (1937), who had originally suggested it. The reason why the latter method, now known as the Schild method, is better is because the results are far more reproducible from one laboratory to another than with the IC_{50} method. The reason why it is more reproducible is because it measures a fundamental physical quantity – the equilibrium constant for the binding of the antagonist to the receptor (a prediction which has since been repeatedly confirmed by direct binding measurements; e.g. BIRDSALL et al. 1987). Unlike IC_{50}s, the results are independent of the nature and concentration of agonist, of the method and rate of agonist application, and – as a consequence – of the preparation used. This makes the use of a reversible competitive antagonist with the Schild method one of the most robust approaches to comparing receptors. Unfortunately, rather few reversible competitive antagonists are known for neuronal nAChRs. For other sorts of antagonism, neither IC_{50}s nor the Schild method can be expected to provide values that are reproducible from lab to lab. Antagonists which may have a competitive mode of action include trimetaphan on nAChRs in rat parasympathetic ganglion (ASCHER et al. 1979), and some conotoxins (LUO et al. 1998; PEREIRA et al. 1996). Methyllycaconitine and strychnine are also supposed to be competitive on $\alpha 7$ receptors (MATSUBAYASHI et al. 1998; PALMA et al. 1996; PEREIRA et al. 1996). In none of these cases has competitiveness been documented rigorously. However, the majority of antagonists (hexamethonium, mecamylamine, tubocurarine, etc) are not competitive, but they are channel blockers (BLACKMAN 1970; GURNEY and RANG 1984), and often not simple open channel blockers at that. Presumably α-bungarotoxin is competitive (in the essential sense that binding of antagonist and agonist are mutually exclusive), but dissociates too slowly for equilibrium to be reached. Nevertheless it is quite common for IC_{50} values to be given for all these agents. It is not surprising that the range of values is quite large. In order to characterise a channel, we need, preferably, an equilibrium constant. For channel blockers (but not for competitive blockers), this can be measured much more easily by single channel measurements than by macroscopic measurements.

III. Single Channel Measurements

Single channel measurements are very useful for some purposes (they provide the most direct view of individual receptors, for example), though for other purposes (like assessing competitive antagonists) they are inconvenient. Unfortunately, neuronal nicotinic channels are more inconvenient than most others from the experimental point of view. They run down exceptionally rapidly in excised patches, so it is hard to record enough openings for any reasonable kinetic study; no way to slow rundown has been discovered yet. Even the burst length distribution is hard to determine, which is a pity because this is what is needed for comparison with the time course of native synaptic currents (COLQUHOUN et al. 1997; WYLLIE et al. 1998). Nevertheless, it is certainly possible to discriminate gross differences in kinetic properties between subunit combinations, and this has been useful. It must also be born in mind that almost all single channel measurements are made on the cell soma, not from subsynaptic membrane. There is no single channel evidence at all about the question of synaptic versus extrasynaptic receptors for neuronal nAChRs, though the finding that somatic and dendritic glutamate receptors are very similar is encouraging (SPRUSTON et al. 1995). It has been shown that the distribution of $\alpha 7$ subunits between subsynaptic and extrasynaptic regions differs from that of $\alpha 3$-containing receptors in chick ciliary ganglion neurones (HORCH and SARGENT 1995).

For these reasons, most measurements of single channels from neuronal nAChRs have concentrated on single channel amplitudes. Even these are not easy, because there is usually a wide range of rather ill-defined amplitudes. There is one respect in which native and recombinant channels resemble each other: they are both unusually noisy when they are open (MATHIE et al. 1991; SIVILOTTI et al. 1997). Often the current level while the channel is open appears to wander around in a way that makes unambiguous assignment of an amplitude nearly impossible. One consequence of this is that the distribution of amplitudes that is reported is likely to depend to a considerable extent on the method that is used to analyse them. The only objective analysis is an all-point amplitude histogram, but this has poor resolution and is susceptible to errors caused by baseline drift. The sort of openings seen with neuronal nicotinic channels is particularly ill-suited to analysis by threshold-crossing programs such as pClamp, and it is not infrequent for papers to fail to say exactly how amplitudes were defined, which makes the assessment of their results difficult. Even time-course fitting programs like SCAN cannot always fit amplitudes unambiguously (COLQUHOUN and SIGWORTH 1995; http://www.ucl.ac.uk/Pharmacology/dc.html). Nevertheless, it is clear that there are usually several different amplitudes present. When the question has been investigated, it has been found that the conductances do not always fall into clear bands (SIVILOTTI et al. 1997), though it is rare for papers to contain sufficient detail for this to be assessed. And even when the *number* of different conductance levels is reasonably clear, it is often not very clear how many different receptor types are present. Direct transitions from one open level to another are relatively rare, so one has to judge heterogeneity largely on the basis of the reproducibility of conductance levels from one patch to another. It seems likely that both native and recombinant receptors are heterogeneous, as described below.

IV. Species Differences

Comparing results from different species is always a problem, but the neuronal nicotinic field has suffered the particular problem of being split between mammalian (rat, human) and avian receptors. The differences in sequence, and in synaptic physiology, are therefore greater than they would be among mammalian species. For example, the $\alpha 3$ subunits of rat and human have a 93%

identity of their amino acid sequences, but for human and chick α3 the identity is 81%.

C. Heterogeneity of Native Receptors

Determination of the subunit composition of native neuronal nAChRs is obviously greatly complicated if they are heterogeneous, and it now seems very likely that they are, both in peripheral ganglia and in the CNS. The question of heterogeneity can be tackled by several different techniques. Biochemical approaches include protein biochemistry, i.e. immunoprecipitation of solubilised receptors with antibodies specific for particular subunits, or immunocytochemistry for looking at receptor localisation. *In situ* hybridisation, Northern blotting, and RNAse protection assays reveal the presence of mRNA for the different subunits; a further refinement is single-cell RT-PCR (reverse transcriptase polymerase chain reaction) which can assess the mRNAs present in individual cells (POTH et al. 1997). In the case of AMPA(α-amino-3-hydroxy-5-methyl-4-isoxazoleprionic acid)-type glutamate receptors, for which a baffling array of subunit combinations has also been found, single-cell RT-PCR has been combined with the recording of channel function from the same cell from which RNA is subsequently removed (GEIGER et al. 1995; JONAS et al. 1994). Antisense oligonucleotides have been used to suppress the expression of particular subunits (e.g. LISTERUD et al. 1991; MCGEHEE et al. 1995; YU and ROLE 1998a, 1998b), though this ingenious approach is not without its problems (WAGNER 1994). KRISTUFEK et al. (1999) compared the relative potency of nicotinic agonists in eliciting somatic currents (in cultured superior cervical ganglion cells), and in producing the release of labelled noradrenaline, an effect presumed to be on presynaptic nAChRs. The tetrodotoxin(TTX)-insensitive noradrenaline release appeared to be mediated by receptors that were different from those on the soma (see Table 2).

These methods have not yet led to unanimity. Ideally, all of these techniques would be applied to the same synapse and to the same species, but this has not yet happened. We shall discuss all the data together, summarising the molecular biology and protein chemistry evidence only insofar as it provides a background for the electrophysiological work in both native and recombinant receptors.

Table 1 shows the subunits that have been detected in various cell types in the autonomic nervous system.

I. The Chick Ciliary Ganglion

The chick embryonic ciliary ganglion is by far the most exhaustively studied ganglion in terms of receptor immunochemistry and receptor distribution. It is, arguably, an odd choice of ganglion for the study of chemical transmission

Table 1. Presence of neuronal nicotinic receptor subunits (RNA or protein) in peripheral ganglia

Subunit	Sympathetic ganglia					Parasympathetic ganglia			
	Rat SCG				Chick lumbar chain E10–17	rat	intracardiac	Chick ciliary	
	adult	P1	P14			adult		E18	E8–18
α2	–	–	–		–	–	1/9	–	n.t.
α3	yes	1	3.6		yes	yes	9/9	900 copies	yes
α4	yes (α4-1)	–	–		yes	yes (α4-1)	2/9	trace	n.t.
α5	–	0.2	0.08		yes	–	3/9	300 copies	yes
α6	–	n.t.	n.t.		n.t.	–	n.t.	n.t.	n.t.
α7	yes	0.5–1	1.44		yes	yes*	5/9	1800 copies	yes
α8	n.t.	n.t.	n.t.		n.t.	n.t.	n.t.	–	n.t.
α9	n.t.	n.t.	n.t.		n.t.	n.t.	–	n.t.	n.t.
β2	yes	0.3–0.5	1.5		yes	yes	5/9	300 copies	yes
β3	–	–	–		n.t.	–	2/9	trace	n.t.
β4	yes	1–1.5	1.44		yes	yes	5/9	300 copies	yes
Method	Antibody	In situ hybridisation	RNAse protection assay (relative values)		PCR	In situ hybridisation	Single cell PCR	RNAse protection assay	Antibody
References	10	7	3, 4	3	5	7	1, 6	2 (lower levels at E8)	8, 9

–, absent; n.t., not tested.
*few neurones in sphenopalatine and otic ganglia, all neurones in ciliary ganglia.
References: 1, Cuevas and Berg 1998; 2, Corriveau and Berg 1993; 3, Mandelzys et al. 1994; 4, Mandelzys et al. 1995; 5, Listerud et al. 1991; 6, Poth et al. 1997; 7, Rust et al. 1994; 8, Schoepfer et al. 1989; 9, Vernallis et al. 1993; 10, Klimaschewski et al. 1994.

because the ciliary ganglion of adult birds is unusual in that electrical transmission is as important as chemical (nicotinic cholinergic) transmission (HESS et al. 1969). Young chicks have large presynaptic calyces and transmission in the ganglion is mostly chemical, but as the birds get older the afferent fibres become myelinated, the calyces break up, and electrical transmission becomes more important (DRYER 1994).

The results in Table 1 suggest that (if we can extrapolate from oocyte expression) the subunits in chick ciliary ganglion cells should form one population of $\alpha 7$ homomers and one or more populations based on $\alpha 3$ together with $\beta 4$ and/or $\beta 2$. Indeed, the ciliary ganglion provides the most striking example of heterogeneity in nAChRs, as it maintains at least three biochemically distinct populations of receptors. The immunochemical work of BERG

Table 2. Agonist potency ratios (relative to ACh) for SCG receptors and recombinant rat $\alpha 3\beta 4$ receptors

		Mean potency ratio relative to ACh			
		n	DMPP	Cytisine	Nicotine
Native SCG[a]		3–4	2.50 ± 0.24	4.76 ± 0.70	1.98 ± 0.13
Cultured SCG (peak currents)[b]		17	1.96	2.82	1.80
Cultured SCG (NA release, TTX-sensitive)[b]		6–7	2.56	1.51	1.44
Cultured SCG (NA release, TTX-insensitive)[b]		4	10	4.6	7.90
Recombinant $\alpha 3\beta 4$	Oocytes[a]	4–7	0.43 ± 0.08	5.06 ± 0.76	1.10 ± 0.31
	Mouse fibroblasts[c]	6/8	0.60 ± 0.03	3.00 ± 0.26	n.t.
		2/8	1.2	3.0	n.t.
Recombinant $\alpha 3\beta 2$	Oocytes[a]	7–21	1.62 ± 0.49	0.020 ± 0.012	0.038 ± 0.012

Values are means (± standard deviation of the mean) of the low concentration limits of potency ratios relative to ACh (i.e. a value of 4.76 for DMPP on SCG means that DMPP is 4.76-fold more potent than ACh at the foot of the dose–response curve). Note that, because of the small responses in fibroblasts (58 pA with 1 mM ACh), these data were obtained at higher concentrations in the fibroblasts (10–20 μM for DMPP and ACh giving 5–20 pA) than oocytes or SCG neurones (1–5 μM giving 1–100 nA).
[a] COVERNTON et al. 1994.
[b] adapted from KRISTUFEK et al. 1999.
[c] LEWIS et al. 1997.

and coworkers (see Chap. 10, this volume; CONROY and BERG 1995; CORRIVEAU and BERG 1993; VERNALLIS et al. 1993) showed that the chick ciliary ganglion contains several receptor populations, one formed by $\alpha 7$ subunits and sensitive to α-bungarotoxin and at least two classes which contain $\alpha 3$, $\beta 4$, and $\alpha 5$ with or without $\beta 2$. The immunoprecipitation data measured total receptors, so it cannot tell us whether cell surface receptors have a similar diversity. Equally, it cannot tell us whether each cell has a variety of receptors or whether the diversity stems from different neuronal populations. However, further detail comes from anatomical and electrophysiological work, which confirms that postsynaptic neurones in the ciliary ganglion contain both $\alpha 7$ and non-$\alpha 7$ receptors (JACOB and BERG 1988; JACOB et al. 1986). Good evidence for heterogeneity in all ciliary ganglion neurones comes from the use of confocal immunofluorescence to see simultaneously $\alpha 7$-type receptors, non-$\alpha 7$-type receptors and a synaptic vesicle marker (HORCH and SARGENT 1995) in the same cell. HORCH and SARGENT comment: "These results suggest that most surface AChRs in both embryonic and mature chicken ciliary neurones are perisynaptic, which raises questions about the function of these AChRs". The confocal images also showed that the α-bungarotoxin binding sites (i.e. $\alpha 7$ receptors) are exclusively extrasynaptic. Surprisingly, *both* $\alpha 7$ and non-$\alpha 7$ receptors mediate synaptic transmission in the embryonic ciliary ganglion. This is shown by the presence, in the evoked or spontaneous synaptic currents, of two components that differ in kinetics, and sensitivity to the nicotinic antagonist α-bungarotoxin (Chap. 22, this volume; ULLIAN et al. 1997; ZHANG et al. 1996). Functional $\alpha 7$-type receptors are also present on the presynaptic terminals in embryonic ciliary ganglia (COGGAN et al. 1997), but their physiological role remains uncertain.

Finding electrophysiological evidence of heterogeneity in the ganglionic α-bungarotoxin-insensitive receptors has proved difficult, essentially because of the lack of selective antagonists that can distinguish $\alpha 3\beta 4$ from $\alpha 3\beta 4\alpha 5$ (although the situation may change thanks to the characterisation of new members of the conotoxin family; see Chap. 17, this volume).

II. Intracardiac Ganglia

Another possible form of heterogeneity may derive from differences in gene expression between cells. In ciliary ganglion all cells probably have both $\alpha 7$ and $\alpha 3$-containing receptors (see above). However, individual parasympathetic postganglionic neurones of rat intracardiac ganglia show considerable differences in the sizes of responses elicited by ACh, cytisine, nicotine, and 1,1-dimethyl-4-phenylpiperazinium (DMPP). Differences were also observed in the RNA profiles of the individual ganglion neurones, assessed by single-cell RT-PCR (POTH et al. 1997). All neurones expressed the $\alpha 3$ subunit, together with either the $\beta 2$ or the $\beta 4$ subunit (or, rarely, both), but $\alpha 7$ is present in about half of the neurones, whereas $\alpha 5$, $\alpha 4$, and $\beta 3$ are less common (see Table 1). At the single channel level, three single channel conductances were observed, which occurred independently in different patches: this is indirect evidence that these levels originate from different receptors.

III. The Rat Superior Cervical Ganglion – Macroscopic Currents

The range of subunits expressed by mammalian sympathetic or parasympathetic ganglion cells is not much different from that expressed by chick ciliary or chick sympathetic ganglia: namely $\alpha 3$, $\beta 4$, $\beta 2$, $\alpha 7$, $\alpha 4$, and $\alpha 5$ (see Table 1). Despite the abundance of $\alpha 7$ mRNA in the sympathetic superior cervical ganglion (SCG), neither synaptic currents nor the macroscopic responses to agonist applications show evidence of a fast, α-bungarotoxin-sensitive component. It was suggested by the early demonstration by BROWN and FUMAGALLI (1977) that α-bungarotoxin affected neither synaptic transmission nor carbachol-induced depolarisation of superior cervical ganglion neurones (for a recent confirmation, see TROUSLARD et al. 1993). Note that a similar situation occurs in some PC12 strains, which have abundant $\alpha 7$ mRNA, but few or no α-bungarotoxin binding sites (BLUMENTHAL et al. 1997).

The importance of the $\alpha 3$ subunit in the formation of synaptic receptors of autonomic ganglia has been confirmed by the recent description of the phenotype of $\alpha 3$ –/– mice (XU et al. 1999). The animals are defective in the control of urination and pupil diameter and there is a reduced frequency of channel openings in their SCG neurones. If $\alpha 3 \beta 4$ was responsible for synaptic transmission it might be expected that all autonomic ganglia would fail, but synaptic transmission was not tested directly. Conversely, no marked neurological deficits have been reported for mice deficient in the $\alpha 7$ subunit (ORR-URTREGER et al. 1997).

Synaptic currents recorded in two-electrode voltage clamp from rabbit or rat SCG have monophasic decay. This is true both for currents evoked by just-threshold stimuli (4.6ms at 34–37°C; 3.4 times slower at 23°C, –80mV; DERKACH et al. 1983), for currents evoked by supramaximal stimuli delivered close to the ganglion (7.5ms, 5mM calcium; or 5.2–6.8ms in 2mM calcium, –75mV at 37°C; SACCHI et al. 1998) and for spontaneous excitatory postsynaptic currents (4.5ms, –75mV at 37°C; SACCHI et al. 1998).

MANDELZYS et al. (1995) found that the incubation of SCG neurones with the $\alpha 7$ antagonist α-bungarotoxin (2–3hr, 100–500nM) had no effect on either the magnitude or the kinetics of the response to 1mM ACh (pressure ejection, whole cell). The faster time constant for the decay of this response (upon sustained application) was 150–250ms, and is therefore much slower than that reported for other $\alpha 7$-like responses (c.f. a value of 43.5ms for $300\mu M$ ACh in rat hippocampal neurones in culture; ALKONDON and ALBUQUERQUE 1993). BRITT and BRENNER (1997) inferred the presence of two types of receptors in rat sympathetic ganglion cells. They observed fast and slow components of desensitisation that were present to different extents in different cells (0% to 57% for the fast component), the relative responses to cytisine being bigger in the cells with slow responses. It is not certain whether these differences are a reflection of different subunit compositions, or, if they are, what the compositions may be. The authors argue against the fast component being $\alpha 7$ receptors because the amplitude and mean duration of single channel openings is similar for both the fast and the slow responses.

It is interesting to note that the two-electrode voltage clamp recording of synaptic currents from the rat submandibular ganglion (a parasympathetic ganglion) appeared to support heterogeneity because two decay components were observed in evoked synaptic currents but only one was observed in spontaneous currents (RANG 1981). However more recent work detected two decay components in *both* spontaneous and evoked currents (with similar time constants, 6.9 and 34.4ms at 22–25°C and –80mV for the evoked). The apparent discrepancy is likely to be due to the difficulty in detecting the fast component in spontaneous currents given the small numbers that are usually collected and the recording noise in a two-electrode voltage clamp (CALLISTER and WALMSLEY 1996).

These results all agree that $\alpha 7$ receptors do not contribute to either synaptic currents or macroscopic responses in mammalian ganglia. Nevertheless, it must be borne in mind that $\alpha 7$ receptors may also give rise to "atypical" slow responses (perhaps because $\alpha 7$ can coassemble with other subunits (CUEVAS and BERG 1998; YU and ROLE 1998a). This conclusion also begs the question of what becomes of the protein synthesised from $\alpha 7$ mRNA in SCG (but see the report of a strain of PC12 cells which contains abundant $\alpha 7$ mRNA, but no $\alpha 7$ receptors; BLUMENTHAL et al. 1997).

IV. Single Channel Studies of Native Ganglionic Receptors

In principle, single channel methods are a sensitive way to detect types of receptors. In studies of native channels in rat superior cervical ganglion, MATHIE et al. (1990, 1991) found a predominant single channel conductance of 36.8pS in 1mM calcium, though a number of other studies have reported different (usually smaller) values (e.g. BORMANN and MATTHAEI 1983; DERKACH et al. 1987). However, it is a bit misleading to cite a single value like 36.8pS, because MATHIE et al. (1991) actually found values ranging from 26 to 48pS, and the peak in the amplitude histogram at 37pS is unusually broad, though by far the most common level is in this region. Native channels (like recombinant) show an unusually large amount of open channel noise which make it difficult to measure conductances unambiguously (MATHIE et al. 1991; SIVILOTTI et al. 1997), and consequently make it difficult to tell how many different conductance levels are present. As well as the main (30–41pS) level, there was usually 15.3pS (10–21pS) in 20/23 patches, and also intermediate conductances that overlapped too much with the others to be clearly defined as discrete levels (SIVILOTTI et al. 1997). Since clearly resolved direct transitions between one open channel level and another are relatively rare, it is quite likely that more than one sort of channel is present in SCG neurones. It cannot be ruled out that different levels result from some sort of modulation of one

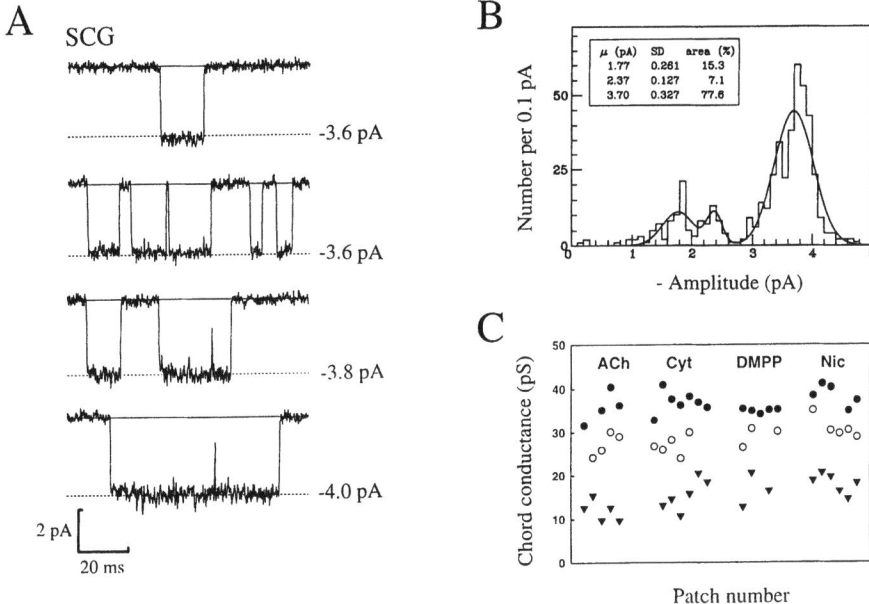

Fig. 1A–C. Conductance properties of nicotinic receptors from adult rat superior ganglion (SCG). **A** Examples of single channel openings to the main conductance level of SCG. Note the variation in open channel amplitude within each opening. Records are from an outside-out patch held at –100mV (filter 1.5kHz). **B** Distribution of single channel current amplitudes obtained by time-course fitting. Note the three Gaussian components needed to fit the data and the large standard deviation of the Gaussian, particularly for the main 3.7pA component. **C** Single channel conductances in adult SCG patches: all the conductance components fitted to the amplitude distribution of each patch are shown plotted against patch number. Note that most patches required three components (as in B) and that choice of agonist did not affect conductances. Reproduced from SIVILOTTI et al. (1997)

type of channel, though it should be noted that that there is little indication that posttranslational modification can change conductance (but see VAN HOOFT and VIJVERBERG 1995). In the light of what has been said, it is perhaps not very surprising that, even for measurements made in one lab under identical conditions, the conductances do not fall into very clear bands, as shown, for instance, in Figs. 2 and 7 of SIVILOTTI et al. (1997).

Apart from the variety of somewhat ill-defined conductances that are seen in SCG cells, strong evidence for heterogeneity was found by MATHIE et al. (1991), who investigated the probability that a channel was open (P_{open}) as a function of acetylcholine concentration. The method relies on selecting regions of the single channel record during which only one channel is active (SAKMANN et al. 1980). On endplate receptors this method gives consistent concentration–response (P_{open}) curves from which desensitisation effects are eliminated (e.g. COLQUHOUN and OGDEN 1988), but in SCG cells a wide range of P_{open}

values was seen at any given ACh concentration, and some creative imagination was necessary to detect any discrete bands in the results.

In *chick* autonomic neurones a wide range of single channel conductances has also been reported (reviewed by MCGEHEE and ROLE 1995; PAPKE 1993; see also YU and ROLE 1998a,b). The levels that are reported vary quite widely. Part of this variation is a result of the fact that different labs use different solutions (especially different calcium concentrations), and part is probably a result of different measurement methods too. It is far from clear how many levels are present in ciliary ganglion cells or how well defined they are, but, as in mammalian ganglia, the picture is certainly complex.

V. Antisense Methods on Embryonic Chick Sympathetic Ganglion Neurones

Most work on the possible subunit composition has been done by comparing recombinant receptors (see Sect. D) with native receptors. One exception is the work of ROLE's group who have used antisense methods to try to knock out particular subunits from native receptors (BRUSSAARD et al. 1994; LISTERUD et al. 1991; YU and ROLE 1998a,b; YU et al. 1993). This technique was applied to neurones cultured from embryonic chick sympathetic chain by blocking endogenous receptors with bromoacetylcholine and incubating the cells with antisense oligonucleotides aimed at the subunit of interest (or with mismatched oligonucleotides as controls for specificity). The effect of treatment with $\alpha 3$, $\alpha 5$, or $\alpha 7$ antisense on the number and properties of the expressed receptors strongly suggests that all of these subunits participate in forming the nAChR(s) in these neurones (whereas $\alpha 4$ antisensing has no effect) (LISTERUD et al. 1991; YU and ROLE 1998a,b). The picture that emerges from this work is, however, quite complex because there are not simply two receptor populations, one containing $\alpha 3$ and slowly desensitising and one containing $\alpha 7$ and fast desensitising. In chick ganglia, unlike in mammalian ganglia, there is a substantial component of ACh-evoked current that is blocked by α-bungarotoxin, but YU and ROLE (1998a) found that the characteristics of this current were quite different from that of homomeric $\alpha 7$ receptors expressed in oocytes (COUTURIER et al. 1990), and different from the homomeric-like currents that have been detected in both chick ciliary ganglia (VIJAYARAGHAVAN et al. 1992; ZHANG et al. 1994) and in rat hippocampal neurones (ALKONDON et al. 1997; CASTRO and ALBUQUERQUE 1995). The differences included the characteristics of block by α-bungarotoxin, a much slower desensitisation (whole-cell sag), and differences in both single channel conductance and kinetics from those reported for homomeric $\alpha 7$ in oocytes (BERTRAND et al. 1992; GALZI et al. 1992). The use of antisense oligonucleotides, in an attempt to 'delete' the $\alpha 7$ subunit, caused a reduction of $\alpha 7$ subunit protein by over 50% as judged by Western blots, but not its complete elimination. Oddly, it also caused an *increase* rather than a decrease in the current seen at lower ACh concentrations, though sensitivity of the current to α-bungarotoxin and methyllycaconitine (MLA) was reduced as expected.

The authors claim to distinguish as many as seven types of channels on the basis of conductance and kinetics, and they report that α-bungarotoxin reduces the frequency of an 18pS channel, whereas MLA reduces the frequency of a 35pS channel. Following $\alpha7$ 'deletion' the 18pS channel disappeared and 50pS channels were either absent, or only the "short opening type" was detected. The channels that remained after $\alpha7$ 'deletion' included 15pS, 36pS, and 60pS channels, but the 36pS and 60pS channels were "kinetically and/or pharmacologically distinct" from the 35pS and 65pS channels in control sympathetic neurones and it is suggested that they may be 'mutant channels' that lack $\alpha7$ subunits that are normally present.

The authors conclude that the most plausible explanation of the results is that embryonic chick sympathetic ganglion neurones contain heteromeric receptors (of up to three types) that incorporate the $\alpha7$ subunit, and have properties that differ from homomeric $\alpha7$ receptors. This conclusion relies on an analysis that pushes single channel conductance measurements to their limits, as well as on new antisense techniques, but if it is confirmed by other methods it will indeed be a very important finding in the field. New evidence that native receptors which contain the $\alpha7$ subunit can produce a slowly desensitising response comes from the recent work of CUEVAS and BERG (1998) in rat intracardiac ganglia. The $\alpha7$ nature of this response was demonstrated by its sensitivity to intracellular dialysis with an anti-$\alpha7$ monoclonal antibody or to α-bungarotoxin application, but the time constant of the fastest decay component was 245ms. The reason for these differences in the behaviour of $\alpha7$-containing receptors expressed in different systems remains unknown. Possibilities include differences in the receptor composition or posttranslational modification or the presence of different splice variants of the same $\alpha7$ subunit.

YU and ROLE (1998b) used similar methods to show that the $\alpha5$ subunit appears to be incorporated into at least two subtypes of channel in embryonic chick sympathetic ganglion neurones. This conclusion is consistent with recent studies that have shown that $\alpha5$ can incorporate into functional receptors in oocyte expression studies (RAMIREZ-LATORRE et al. 1996; SIVILOTTI et al. 1997; WANG et al. 1996)

D. Heterologous Expression of Recombinant Receptors

The fundamental assumption behind the use of heterologous expression for the identification of native receptors is that a combination of subunits will give rise to the same, homogeneous, population of receptors whether it is expressed in (1) a normal neurone, (2) a frog oocyte, or (3) a mammalian cell line. This assumption can never be exactly true, because different expression systems are known to differ in their posttranslational mechanisms (see Sect. E). We therefore need to know how much these differences affect the pharmacological and biophysical properties of the receptors. We shall review the evidence on the effects of the expression system on the electrophysiological properties of recombinant receptors. These effects can be quite subtle (e.g. muscle nicotinic and NMDA – N-methyl-D-aspartate – receptors) or quite large (e.g. neuronal nAChRs). There are two distinct forms of the problem: (1) the recombinant receptors may not be homogeneous, and (2) even a homogenous population of recombinant receptors may have properties that differ from one expression system to another.

I. Muscle Nicotinic Receptors

The first good evidence that native channels can resemble closely those expressed in oocytes, in some cases at least, came from the study by MISHINA et al. (1986), who showed a close quantitative similarity between the properties of channels formed by the coexpression of bovine α, β, γ, and δ subunit RNAs in oocytes and channels recorded from foetal calf muscle, and also between coexpressed bovine α, β, γ, and ε subunit RNAs in oocytes and channels recorded from adult bovine muscle. The agreement was very good for the single channel conductances, for the mean open lifetimes, and for the dependence of the latter on the membrane potential. The authors did, however, mention that recordings from oocytes may contain some channels unlike those seen in muscle cells. These channels probably result from the assembly of incomplete (α, β, δ) receptors. In another impressive example of quantitative similarity, SINE and CLAUDIO (1991) found that conductance, steady state single channel kinetics and binding characteristics are very similar in (1) a cell line stably transfected with α, β, γ, and δ subunit cDNAs cloned from BC3H-1 cells ('mouse' embryonic type of receptor), and (2) BC3H-1 cells themselves, though the latter hardly qualify as 'native receptors'.

However, several other studies have shown substantial differences. For example, KULLBERG et al. (1990) reported a heterogeneous range of single channel conductances in oocytes injected with mouse α, β, δ, and γ subunit RNAs. Only the smallest of these was attributable to 'incomplete' bovine α, β, δ channels. However, recordings from mouse embryonic receptors in the BC3H-1 cell line do not show multiple conductance levels (SINE and STEINBACH 1987). Similarly, CAMACHO et al. (1993) reported that the expression of mouse α, β, δ and rat ε subunit RNAs in oocytes produces channels with three distinct conductances. Although KULLBERG et al. (1990) comment on "the remarkable recapitulation of muscle receptor function by oocytes", the fact is that channels from adult mouse endplates show only *one* conductance (BRETT et al. 1986). Endplate receptors in 3-week-old rats may show two single channel conductance levels, which correspond to embryonic and adult forms (MULRINE and OGDEN 1988), but adult (over 5- or 6-week-old) rat endplates show only one conductance (which is very similar to the largest level seen in oocytes), as illustrated in EDMONDS et al. (1995b). Thus it seems that the oocyte expression system may be less than ideal, even for the muscle nAChR.

GIBB et al. (1990) also injected oocytes with mouse α,β, γ and δ subunit RNAs, but, unlike KULLBERG et al. (1990), they found only one conductance level in most oocytes and never more than two levels in any oocyte. This apparent homogeneity was bolstered by the fact that GIBB et al. also found that the burst lengths of channels were essentially the same from patch to patch. However, the area of one component of the shut time distribution was found to differ considerably from one recording to another. Consequently, when dose–response curves were constructed by measuring the fraction of time for which the channel was open (P_{open}) as a function of agonist concentration, the curves differed considerably from patch to patch. This led to the conclusion that the expressed receptors were heterogeneous, but that the heterogeneity probably did not arise primarily from the expression of receptors with one subunit omitted because it was not correlated with the single channel conductance. The reasons for this reterogeneity remain unknown. The sort of heterogeneity found in this study is a salutary reminder of the fallibility of heterologous expression systems. It probably would have not been obvious in most single channel studies, and it certainly would not have been detected in the far more common sort of experiment in which the whole-cell current is measured.

We have recently found that both the shut time distribution and subconductance structure of human muscle nAChRs may be quite different when human α, β, δ and ε subunits are expressed transiently in frog oocytes or in HEK 293 cells, the latter being much more like native channels (J. CHEN, D. BEESON, and D. COLQUHOUN, unpublished results).

II. Glutamate (NMDA-Type) Receptors

A similar close resemblance between native and expressed receptors has been seen in the case of NMDA-type glutamate receptors (reviewed in EDMONDS et al. 1995a; BÉHÉ et al. 1998). Even this case may, however, not be perfect. Oocytes may sometimes produce inconsistent conductance levels from one year to another, and WYLLIE et al. (1998) found that the deactivation rate after a brief concentration jump may sometimes be slower than is observed in cell lines (VICINI et al. 1998), though the latter could reflect differences in patch geometry rather than differences between receptors. Other differences have been suggested too (SUCHER et al. 1996), though many of them are based on experimental methods that cannot be used for reliable comparisons (see Sect. B).

III. Neuronal Nicotinic Receptors

In the case of neuronal nAChRs, the task of drawing a comparison between oocyte- versus cell line-expressed recombinant receptors is potentially enormous, because of the sheer number of combinations of subunits, from chick, rat, and human, that can give rise to functional receptors. The goals of our comparison ultimately are to identify the composition of native receptors in acutely isolated preparations and to validate the expression system. We shall therefore focus on AChR combinations that are likely to be relevant to the mammalian autonomic ganglion (especially rat α3β4), drawing on data from other species when possible, without aiming for a comprehensive review of the chick and human AChR literature.

The first chick neuronal nicotinic channel was expressed in oocytes by BALLIVET et al. (1988), and was expressed stably in fibroblasts (L cells) by WHITING et al. 1991. The first rat neuronal subunit to be cloned (α3; BOULTER et al. 1986) was soon shown to be functional in frog oocytes when coexpressed with β2 (BOULTER et al. 1987). The successful expression (assessed by the presence of agonist-induced currents) of rat neuronal nAChRs in mammalian cells was obtained some time later by ROGERS et al. (1991) and by WONG et al. (1995), an illustration of the fact that it has proved remarkably difficult to obtain reliable surface expression of functional neuronal nAChRs in cells other than oocytes (possible reasons for this are discussed below).

The number of combinations that have been successfully expressed, and at least partially characterised by electrophysiological recording, in mammalian cell lines is relatively small in the case of rat AChRs (essentially α7, α2β2, α3β4 and α4β2; LEWIS et al. 1997; PUCHACZ et al. 1994; RAGOZZINO et al. 1997; ROGERS et al. 1991; SABEY et al. 1999; STETZER et al. 1996; WONG et al. 1995; XIAO et al. 1998). More combinations have been tested with chick subunits (α7, α8, α3β2, α3β4, α4β2, α4β4, α6β2, α6β4, α3β4α6, α3β4α5; FUCILE et al. 1997, 1998; RAGOZZINO et al. 1997; WHITING et al. 1991;) or for human AChRs (α7, α3β2, α3β4, α4β2, α3β2α5, α3β4α5; BUISSON et al. 1996; GOPALAKRISHNAN et al. 1995; STAUDERMAN et al. 1998; WANG et al. 1998).

It is clear that, because *Xenopus* oocytes and mammalian cells have a very different geometries, and hence allow a very different agonist application rate, appropriate methods for the comparison of receptors must be applied, following the considerations described above (Sect. B). In practice, as the reversible competitive antagonists necessary for a Schild analysis are not available, we are left with the method of relative agonist potency and with single channel techniques.

1. Potency Ratios

Despite slight experimental differences (e.g. in the calcium concentration), there is substantial agreement between the two studies that have examined agonist potency (at the foot of the dose–response curve) for oocyte-expressed rat α3β4 receptors. The rank order of decreasing potency is cytisine > nicotine ACh > DMPP > carbachol > lobeline (LUETJE and PATRICK 1991; COVERNTON et al. 1994).

The actual potency ratios are given in Table 2 (the use of rankings alone is unnecessarily crude). This order of potency reproduces to a large extent the one observed with the same technique and identical recording conditions in rat SCG, the one exception (and a very marked one at that) being the potency of DMPP, which is a potent agonist in SCG neurones (COVERNTON et al. 1994; KRISTUFEK et al. 1999; see Table 2). Dose–response curves to ACh and DMPP on oocyte-expressed rat $\alpha 3\beta 4$ receptors were also obtained by CACHELIN and JAGGI (1991), who concluded that DMPP was slightly more potent or equipotent with ACh at EC_{50} level (23 and $30\,\mu M$ for DMPP and ACh, respectively). It is impossible to deduce, by simply inspecting the foot of the dose–response curves shown, what the result would have been had the low concentration method been applied, but it is worth noting that the difference in potency between ACh and DMPP is very small at EC_{50} and only approximately twofold at low concentrations (see Table 2).

The EC_{50} method has also been applied to rat $\alpha 3\beta 4$ receptors in the paper that first reported their heterologous expression in mammalian cell lines (WONG et al. 1995). The rank order of potency reported is DMPP > cytisine = nicotine = ACh, with a substantial difference, particularly for DMPP. This difference may be entirely due to the EC_{50} method, as the maximum response to DMPP is much lower that that produced by the other agonists. We have also determined the relative potency of agonists on rat $\alpha 3\beta 4$ receptors stably expressed in mammalian fibroblasts (L929; LEWIS et al. 1997). As summarised in Table 2, the rank order of potency resembles that seen in oocytes in the majority of transfected cells (i.e. cytisine > ACh > DMPP), but in a few cells (two out of eight) DMPP was slightly more potent than or equipotent with ACh, although it never reached the very high relative potency observed in SCG neurones. It is difficult to understand how such receptor differences may arise in cells transfected with the same subunit combination (see below). This discrepancy in potency ratios may be linked to the prevalence of one or the other types of $\alpha 3\beta 4$ channels detected by single channel recording in the same system (see Sect. D.III).

Some caution must be exercised in the measurement of relative agonist potencies at low concentration in recombinant systems. The intention is to obtain the limiting value of the ratios as the concentration approaches zero, but in a system with low transfection efficiency the lowest concentration that gives a measurable response may be too high to achieve this aim (thus bringing in confusing factors like desensitisation and channel block by the agonist).

2. Single Channel Properties

The several single channel studies on heterologously expressed rat $\alpha 3\beta 4$ receptors all agree in reporting that this combination gives rise to more than one conductance level both in oocytes (PAPKE and HEINEMANN 1991; SIVILOTTI et al. 1997) and in cell lines (LEWIS et al. 1997; RAGOZZINO et al. 1997). Direct transitions between different levels are rarely observed (SIVILOTTI et al. 1997) or not at all (PAPKE and HEINEMANN 1991). This means that we have no proof that the different levels are different states of the same molecular assembly; in fact both studies show that different patches display different subsets of

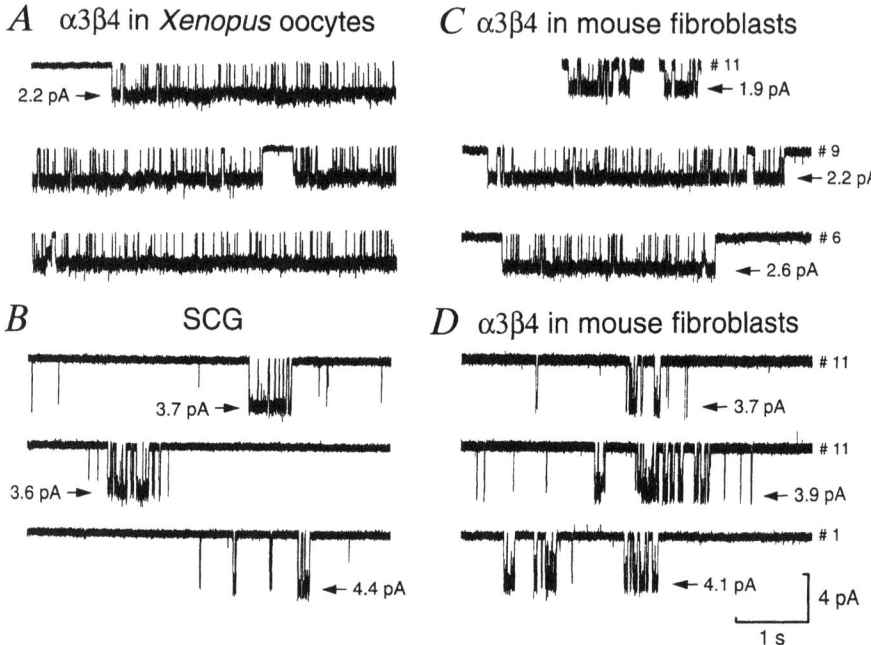

Fig. 2A–D. Single channel activity of native and recombinant nicotinic receptors expressed in different heterologous systems. **A** Single channel activity of α3β4 recombinant nicotinic receptors expressed in *Xenopus* oocytes, and **C, D** In stably transfected mouse fibroblasts. **B** Recordings obtained under identical conditions from native nicotinic receptors of adult rat SCG displayed for comparison. All recordings were obtained in the outside-out patch configuration (–100 mV holding potential). The oocyte trace in **A** shows a continuous stretch of record. The channels from SCG in **B** show three separate segments of record from one patch. Both **A** and **B** show only the most common amplitudes, for comparison. The records from L-α3β4 cells in **C** and **D** show a more representative selection of amplitudes. Each trace is labelled with (1) the number of the patch (#) from which they came (numbering as in Fig. 3), and (2) the approximate amplitude of the channels that are shown. The variability of amplitudes is illustrated by the fact that the individual channels shown in the upper two traces of **D** (patch #11) have amplitudes of about 3.6 and 3.8 pA, though fitting the amplitude distribution of this patch estimated the large conductance component as 3.45 pA. Reproduced from LEWIS et al. (1997)

conductances and that it is possible to see one or the other level in isolation. This suggests that the different levels may originate from different channels (possibly with different α to β ratios; see results obtained for α2β2 in PAPKE et al. 1989). It is quite difficult to make comparisons between the actual conductance values reported by different laboratories because of differences in the recording methods (outside-out and chord conductance versus cell-attached and slope conductance), and, more importantly, in the recording solutions. The concentration of divalent ions, particularly calcium, in the external solution is known to affect both the conductance and the kinetics of neuronal

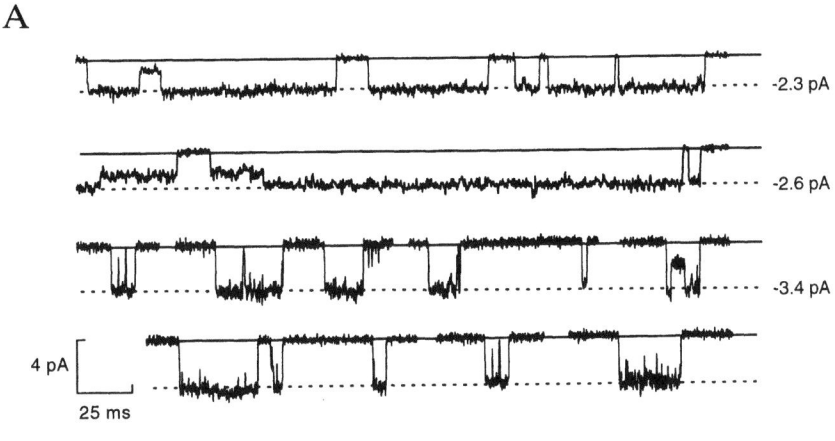
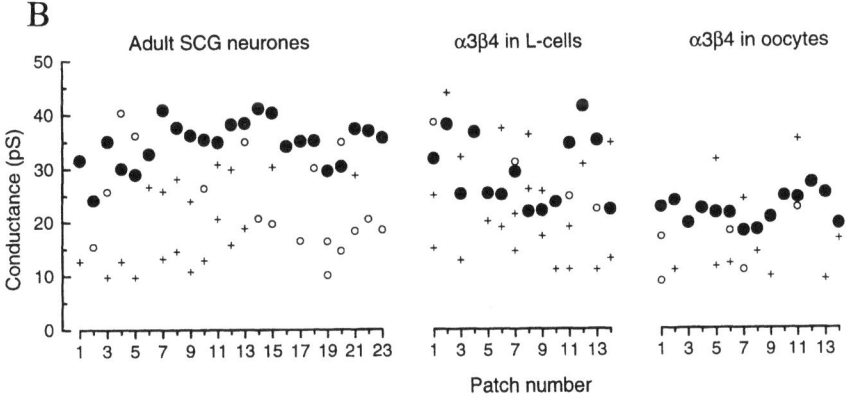

Fig. 3A,B. Properties of recombinant α3β4 single channels expressed in mouse fibroblasts. **A** Examples of current recordings showing the pattern of α3β4 single channel activity: note that the higher conductance states (*bottom*) have much shorter apparent open times and more infrequent openings to sublevel states. **B** Summary of chord conductances elicited by nicotinic agonists in outside-out patches from adult superior cervical ganglia and from mouse fibroblasts and *Xenopus* oocytes expressing α3β4 nicotinic subunits. *Filled symbols* represent the most common conductance in each patch, while *hollow circles* and *crosses* show secondary conductance levels (more than 20% of the total number of fitted amplitude values or less than 20%, respectively). Results for SCG and oocytes are adapted from SIVILOTTI et al. (1997). Reproduced from LEWIS et al. (1997)

nicotinics (MATHIE et al. 1987; MULLE et al. 1992; NEUHAUS and CACHELIN 1990; VERNINO et al. 1992; reviewed in PAPKE 1993). Taking into consideration these factors (and the high open-channel noise of neuronal nicotinics), there is actually reasonable agreement within the oocyte studies, which report a main conductance of 22 pS (chord conductances from outside-out patches in 1 mM calcium and 2 mM magnesium external solution) plus several lower conductance levels (down to 10–13 pS).

As mentioned above, rapid rundown makes it difficult to obtain precise burst length distributions, though it is desirable to do so because of the relationship between burst length and synaptic current decay, and also because burst lengths are much less susceptible to errors from missed brief events than open times. Therefore, burst lengths are likely to be more reproducible between different labs. Nevertheless gross differences between burst lengths can be measured. For example PAPKE and HEINEMANN (1991) with $\alpha 3\beta 4$ and $\alpha 3\beta 2$ in oocytes, and SIVILOTTI et al. (1997) found that burst lengths for $\alpha 3\beta 4$ in oocytes were much longer than those for native channels in SCG (of course we do not know for sure that SCG channels are made up by $\alpha 3$ and $\beta 4$ subunits).

Results somewhat conflicting with those summarised above have been obtained on *human* nAChRs by NELSON and LINDSTROM (1999), who found that oocyte-expressed $\alpha 3\beta 4$ neuronal nAChRs do reproduce the single channel properties of the AChRs expressed by the human neuroblastoma cell line IMR-32. In particular, $\alpha 3\beta 4$ (but not $\alpha 3\beta 2$, $\alpha 3\alpha 5\beta 2$, or $\alpha 3\alpha 5\beta 4$) had a predominant single channel conductance of 31 pS in the presence of 1.8 mM Ca^{2+} and 1 mM Mg^{2+} (cf. 32 pS in IMR-32 cells). The mean burst length components for $\alpha 3\beta 4$ (1.7 and 16 ms) were also in good agreement with those of neuroblastoma cells (1.6 and 25 ms).

The expression of the same subunit combination in mammalian cell lines produced nicotinic channels which differed from those observed in oocytes both in conductance and in kinetics. These differences cannot be entirely ascribed to experimental differences between oocyte and mammalian cell recordings, as conditions were designed to be identical in the work by LEWIS et al. (1997). This paper showed that rat $\alpha 3b4$ receptors expressed by stable inducible transfection of a mouse fibroblast line (L929) are heterogeneous in single channel conductance. Many conductance levels were observed, comprising both low conductance events (20–26 pS) and high conductance events (30–40 pS; chord conductances from outside-out patches in 1 mM calcium and 2 mM magnesium external solution). Low conductance events occurred in long bursts of openings, similar to those of oocyte-expressed $\alpha 3\beta 4$, whereas bigger openings resembled those of rat SCG neurones both in their conductance and in their shorter lifetimes. The two types of openings are likely to be produced by two different molecular species (or by channel states which interconvert only slowly, relative to the duration of the recording), because they occurred independently of each other in outside-out patches and were not connected by direct transitions (note however that channel activity does not last long in these outside-out recordings). Thus 3 out of 14 patches displayed only high conductance openings and 3 more patches displayed only low conductance events. In the remaining 8 patches both high and low conductance openings were seen, the latter being more prevalent (68% of openings).

Two classes of conductances for rat α3β4 were also reported by RAGOZZINO et al. (1997) following transient transfection in the human BOSC 23 cell line. The slope conductance for the most common, high conductance openings ranged from 25 to 42 pS (34 pS on average, cell-attached patches in 1.8 mM external calcium, 0.8 mM magnesium). A smaller conductance (21 pS) was observed in only 2 out of 11 cells for the rat combination, but was more common for chick α3β4 transfections. It was detected in 7 out of 19 chick α3β4 patches, and accounted for all the openings in 3 patches and for approximately 50% of the openings in the remaining 4. Dwell times were only reported for the higher conductance events; mean open times and burst durations of rat α3β4 were brief, similar to those of rat SCG, with two open time components (mean duration 1.8 ms and 10.9 ms) and one burst time component (16.4 ms, equivalent to 1.8 openings per burst on average, without any correction for missed events).

It is worth noting that a similar heterogeneous channel population can infrequently be recorded from oocytes injected with rat α3β4α5 (SIVILOTTI et al. 1997). One out of 14 outside-out patches showed both short bursts of high conductance, ganglion-like openings and long bursts of low conductance openings. If rat SCG receptors are made up of α3 and β4 (and α5) subunits, they can be correctly assembled by the oocyte system only very inefficiently. Mammalian cell lines would seem to make a much better job of assembling ganglion nicotinic AChRs, but they are not free from problems.

IV. Receptors with More Than Two Types of Subunits

Immunoprecipitation and antisense data (see Sect. C) showed that α5 contributed to the nAChRs of autonomic ganglia, long before proof was obtained that α5-containing receptors can be functional when heterologously expressed. The first evidence was obtained by RAMIREZ-LATORRE et al. (1996), who demonstrated that chick α5 can coassemble with α4 and β2 in *Xenopus* oocytes to produce 'triplet' receptors which differ from the basic 'pair' combination in that they are more than 100-fold less sensitive to ACh (see also FUCILE et al. 1997) and have a higher single channel conductance (44 versus 24 pS slope conductance, outside-out patch in 1 mM calcium, 1 mM magnesium external solution). The contribution of α5 subunits to functional channels was confirmed by the finding that mutation of a glutamate residue to cysteine in the pore-lining M2 domain of α5 made the resulting receptor sensitive to irreversible inhibition by cysteine-reactive reagents. Similarly, SIVILOTTI et al. (1997) have reported that the addition of rat α5 to the α3β4 combination results in the appearance of an additional higher conductance (24.9 pS versus 22 pS chord conductance, outside-out patch in 1 mM calcium, 2 mM magnesium external solution). In the same study, the addition of $\beta 2$ to $\alpha 3\beta 4$ did not produce marked changes in single channel properties, but the work of COLQUHOUN and PATRICK (1997) showed that the injection of this triplet combination produces receptors which differ from both $\alpha 3\beta 2$ and $\alpha 3\beta 4$ in their sensitivity to cytisine and neuronal bungarotoxin.

The oocyte expression system was also used with human subunits by GROOT-KORMELINK et al. (1998) to show that the $\beta 3$ subunit (which was, like the $\alpha 5$ subunit, thought to be an 'orphan' subunit of unknown function) can also coassemble into functional 'triplet' receptors. The evidence for coassembly is that the receptors which are produced by the injection of $\beta 3$ (containing the TM2 reporter mutation V273T) together with $\alpha 3\beta 4$ are approximately four-fold more sensitive to ACh and produce a larger maximum response to nicotine than the basic 'pair' receptor.

The assembly of $\alpha 5$ 'triplet' receptors and the possible differences between expression systems have been extensively examined by the LINDSTROM group with both electrophysiological and immunohistochemical techniques. Their results (GERZANICH et al. 1998; WANG et al. 1996, 1998) provided the first demonstration that human 'triplet' receptors ($\alpha 5$ plus $\alpha 3\beta 2$ or $\alpha 3\beta 4$) assemble efficiently in oocytes; these receptors have a faster 'sag' to sustained ACh applications and a higher calcium permeability than the base 'pairs'. The effect of $\alpha 5$ on the receptor sensitivity to agonists depends strongly on the combination: a very marked (approximately 50-fold) *increase* in the potency of ACh is observed for $\alpha 3\beta 2\alpha 5$, but not for $\alpha 3\beta 4\alpha 5$. Given that in chick $\alpha 4\beta 2\alpha 5$ receptors, $\alpha 5$ strongly *reduced* the receptor sensitivity to ACh (RAMIREZ-LATORRE et al. 1996), it would seem that once again the EC_{50} is not a reliable general clue as to the incorporation of $\alpha 5$ into a receptor. Another factor that may impinge on the consequences of $\alpha 5$ incorporation on receptor properties is the expression system. The decrease in ACh EC_{50} for $\alpha 3\beta 2\alpha 5$ versus $\alpha 3\beta 2$ is only from 206 to 121 μM in stably transfected tsA201 cells (WANG et al. 1998). This discrepancy may be in part due to another, more disturbing difference: immunoprecipitation data show clearly that $\alpha 5$ triplets form less efficiently in cell lines than in oocytes. In oocytes expressing $\alpha 3\beta 2\alpha 5$, 72% of receptors were triplets, but only 49% of receptors in the tsA201 stable cell line were triplets (WANG et al. 1996, 1998). Similarly, 55% of all $\alpha 3\beta 4+\alpha 5$ receptors in oocytes, but only 14% in the tsA201 stable cell line, were triplets. It is difficult to decide which expression system is more relevant to the situation in native tissues. The human neuroblastoma SHSY-5Y cell line resembles tsA201 in that only 9% of its $\alpha 3$-containing receptors colocalised with $\alpha 5$ in immunoprecipitation (WANG et al. 1996), but in chick ciliary ganglia most or all of $\alpha 5$ is associated with $\alpha 3$ and $\beta 4$ (CONROY and BERG 1995).

Another 'triplet' receptor whose assembly has been detected on the basis of a shift in the potency of ACh is chick $\alpha 3\beta 4\alpha 6$. When expressed in BOSC-23 cells, the addition of $\alpha 6$ produced receptors which were less sensitive to ACh by approximately three-fold (FUCILE et al. 1998).

The picture is still far from clear, as other work (FUCILE et al. 1997) seems to show assembly of the chick $\alpha3\beta4\alpha5$ triplet in cell lines (BOSC-23), resulting in the appearance of a second component in the ACh dose–response curve (about nine-fold less sensitive to ACh than $\alpha3\beta4$). The same combination produces a monophasic dose–response curve in oocytes, suggesting that this 'triplet' receptor may fail to assemble in oocytes, as confirmed by the lack of any change in the single channel properties following the addition of $\alpha5$ to the $\alpha3\beta4$ combination. It must, however, be born in mind that these findings could also be due either to differences in the properties of the oocyte-expressed triplet or, more simply, to the fact that dose–response curves are poor at detecting receptor heterogeneity when EC_{50} values are not very different (less than ten-fold).

E. Folding, Assembly, and Posttranslational Modification

Much of the previous discussion in this chapter has examined evidence for differences in the *functional* properties of native and recombinant nAChRs (and of recombinant nAChRs in different expression systems). Clearly, the functional properties of an ion channel are likely to depend critically upon the accurate folding and assembly of the individual subunit polypeptides, events which in turn are influenced by numerous posttranslational modifications. There is increasing evidence that events such as folding, assembly, and the efficiency of transport to the cell surface can be influenced by the nature of the host cell. Nicotinic receptors, in common with most other complex oligomeric ion channels, undergo a number of posttranslational modifications (for a more detailed review see GREEN and MILLAR 1995), and it is, of course, plausible that any modification which may influence subunit folding and assembly *could* influence the functional properties of the assembled receptor. Although there is ample evidence that posttranslational modifications can influence folding and assembly, it is not clear to what extent these effects are able to explain differences in functional properties of channels expressed in different expression systems.

One of the clearest indications that the folding of nAChRs can be influenced by the nature of the host cell is provided by studies of homooligomeric nAChR subunits, such as $\alpha7$. In 1990, COUTURIER et al. demonstrated that the neuronal $\alpha7$ subunit could form a functional homooligomeric nAChR which was blocked by α-bungarotoxin when expressed in *Xenopus* oocytes. It has proved to be remarkably difficult to reproduce this observation in many transfected mammalian cell lines. It is clear that transfection of $\alpha7$ cDNA into *some* mammalian cell lines results in the formation of correctly folded and assembled receptors, as assayed by either radioligand binding or functional assays (COOPER and MILLAR 1997; GOPALAKRISHNAN et al. 1995; KASSNER and BERG 1997; PUCHACZ et al. 1994; QUIK and CHOREMIS 1997; QUIK et al.

1996). However, it is also clear that when transfected into many other mammalian cell lines, $\alpha 7$ fails to form either functional channels or a binding site for nicotinic radioligands such as ^{125}I-labelled α-bungarotoxin (CHEN et al. 1998; COOPER and MILLAR 1997; KASSNER and BERG 1997; RANGWALA et al. 1997).

A recent study has examined the fate of the $\alpha 7$ subunit in nine different transfected mammalian cell lines (COOPER and MILLAR 1997). Although recombinant $\alpha 7$ protein could be detected in all transfected cell lines which were examined, it appeared to be correctly folded and expressed on the cell surface in some cell lines but not in others. A comparison of three different isolates of the rat PC12 cell line has also demonstrated a marked difference in the ability of these cells to express functional $\alpha 7$ nAChRs (BLUMENTHAL et al. 1997). Both of these studies have identified cells in which the $\alpha 7$ subunit is expressed but fails either to bind nicotinic radioligands or to form functional channels. Additionally, in both studies it was demonstrated that those cell line isolates which failed to produce surface $\alpha 7$ channels were capable of expressing other (heterooligomeric) nAChRs as functional channels, though BLUMENTHAL et al. (1997) found them to do so with reduced efficiency.

The $\alpha 8$ subunit, which is very similar to $\alpha 7$ but has been identified only in chick, is also able to form functional homooligomeric channels when expressed in oocytes (GERZANICH et al. 1994; GOTTI et al. 1994). As has been observed with the $\alpha 7$ subunit, the ability of $\alpha 8$ to fold into a conformation recognised by nicotinic radioligands and conformation-sensitive antibodies appears to be dependent on the host cell type (COOPER and MILLAR 1998). The $\alpha 9$ subunit is able to form homooligomeric channels when expressed in oocytes (ELGOYHEN et al. 1994), but there have been no reports of the successful heterologous expression of this subunit in a mammalian cell line. The choice of host cell would appear to have a particularly pronounced effect upon the efficiency of folding and on the functional expression of homooligomeric $\alpha 7$, $\alpha 8$, and $\alpha 9$ receptors. Host cell dependent differences are apparent not only between different cell types, for example, between cells of 'neuronal' and 'non-neuronal' origin (COOPER and MILLAR 1997), but also between different isolates of the same cell type (BLUMENTHAL et al. 1997) and between different cells within a single cell line isolate (COOPER and MILLAR 1998).

Somewhat surprisingly, chimeric subunits which contain the extracellular domain of either the $\alpha 7$ or $\alpha 8$ subunit and the putative transmembrane and intracellular regions of the serotonin receptor (5-HT$_3$) subunit, are efficiently folded, assembled, and expressed on the cell surface in all types of cells which have been examined (BLUMENTHAL et al. 1997; COOPER and MILLAR 1998; EISELÉ et al. 1993; RANGWALA et al. 1997). Presumably, regions within the transmembrane and intracellular regions of these neuronal nicotinic subunits are responsible for the inefficient folding observed in many mammalian cell lines.

Reliable expression in mammalian cell lines of *hetero*-oligomeric neuronal nAChRs, at sufficient density to allow measurement of function, has also proved difficult. Subunit combinations such as $\alpha 3\beta 4$ and $\alpha 4\beta 2$ have been shown to coassemble and to generate functional channels in a number of mammalian cell types (e.g. LEWIS et al. 1997; RAGOZZINO et al. 1997; WHITING et al. 1991). It is clear, however, that the *number* of functional channels expressed by mammalian expression systems is frequently very low (at least in comparison with expression in oocytes). It is possible, however, that in this respect mammalian cell lines are behaving similarly to the native host cell environment. In chick ciliary ganglion neurones there appear to be many fewer functional nAChRs than would be predicted from the number of surface receptors (MARGIOTTA et al. 1987). It would seem likely that a mammalian expression system would provide a more native cellular environment (at least for a mammalian nicotinic subunit) than an amphibian oocyte. Indeed, as has been discussed earlier, there is evidence that the same combination of mammalian recombinant subunits, when expressed in a mammalian cell line, exhibit ion channel properties which mimic more closely those of native channels than when expressed in oocytes (LEWIS et al. 1997). Whether such differences are due to the preferential assembly of subunits into complexes with different stoichiometries or to some other explanation, it is likely that this will ultimately be explained by differences in the way the individual subunits are posttranslationally modified or folded.

There is little doubt that changes in posttranslational modifications can influence subunit folding and assembly. Site-directed mutation of either potential asparagine-linked glycosylation sites, and of cysteine residues involved in disulphide bond formation, can reduce the efficiency of subunit folding and assembly (BLOUNT and MERLIE 1990; GEHLE and SUMIKAWA 1991; GEHLE et al. 1997; GREEN and WANAMAKER 1997; SUMIKAWA and GEHLE 1992). Similarly, the disruption of either glycosylation or disulphide bond formation by somewhat less specific means (e.g. by treatment with tunicamycin or dithiothreitol, respectively) has similarly deleterious effects (GELMAN et al. 1995; GREEN and WANAMAKER 1997; MERLIE et al. 1982). COVARRUBIAS et al. (1989) found modest effects on the kinetics (but not conductance) of the muscle nAChRs in the BC3H-1 cell line when the initial steps of the glycosylation pathway were blocked.

Experiments in which *Xenopus* oocytes have been treated with cyclosporin A have suggested that the efficient expression of functional $\alpha 7$ nAChRs is dependent on the activity of prolyl isomerases such as cyclophilin (HELEKAR and PATRICK 1997; HELEKAR et al. 1994). Attempts have been made to examine whether the coexpression of $\alpha 7$ with cyclophilin in mammalian cells in which $\alpha 7$ is folded inefficiently can promote subunit folding and the expression of functional channels. So far, such experiments have been unsuccessful (BLUMENTHAL et al. 1997; COOPER and MILLAR 1997).

Nicotinic receptors are known to interact with chaperone proteins such as calnexin and BiP and there is evidence that such interactions can influence subunit folding (CHANG et al. 1997; FORSAYETH et al. 1992; GELMAN et al. 1995; KELLER et al. 1996). Many chaperone proteins appear to be expressed almost ubiquitously, but, nevertheless, it is possible that interactions between nicotinic subunits and members of this diverse group of endoplasmic reticulum resident and cytoplasmic proteins may explain host-cell-specific differences in folding (and, consequently function).

The elevation of intracellular cAMP levels results in a two- to three-fold increase in subunit assembly in mammalian cell lines transfected with *Torpedo* electric organ nAChR subunits (GREEN et al. 1991; Ross et al. 1991), a phenomenon which is mediated through posttranslational mechanisms and can be observed as an increase in the number of cell surface receptors (GREEN et al. 1991). The effect does not appear to occur by direct phosphorylation of the nAChR (JAYAWICKREME et al. 1994), and there is no evidence that this may explain differences between cell types. An increase in the proportion of functional receptors in chick ciliary ganglia in response to elevations of intracellular cAMP has, however, been reported (MARGIOTTA et al. 1987). There is also evidence that the activation of protein kinase C can enhance the desensitisation of nAChR in sympathetic ganglion neurones (DOWNING and ROLE 1987; EUSEBI et al. 1985).

An obvious difference between expression in *Xenopus* oocytes and either recombinant nAChRs in mammalian cells or native mammalian receptors is the temperature at which proteins are expressed (~18°C in oocytes, rather than 37°C). Interestingly, there is good evidence that culturing mammalian cells at temperatures lower than 37°C can increase the efficiency of folding and the surface expression of nAChRs. This is particularly apparent with the *Torpedo* electric organ receptor. Although first expressed successfully in oocytes by MISHINA et al. in 1984, it was not until 1987 that the expression of functional *Torpedo* nAChRs were reported in a transfected mammalian cell line (CLAUDIO et al. 1987). It was discovered that problems in detecting either functional nAChRs or high affinity binding of nicotinic radioligands (such as ^{125}I-labelled α-bungarotoxin) in a cultured mouse fibroblast cell line transfected with *Torpedo* nAChR cDNA could be attributed to subunit misfolding at 37°C (PAULSON and CLAUDIO 1990). More recently, temperature-sensitive folding of insect neuronal nAChR subunits has been demonstrated to occur (LANSDELL et al. 1997). Since mammalian proteins (unlike those of insects or cold water fish) are normally synthesised, folded, and assembled at 37°C, one might expect temperature to have a less dramatic effect. There is, however, evidence for higher steady state cell surface levels of *vertebrate* nAChRs when mammalian cells are maintained at temperatures lower than 37°C (COOPER et al. 1999). It is possible that, to some extent, this may explain the relative ease with which nAChRs appear to be expressed in *Xenopus* oocytes.

It seems, therefore, that the folding and assembly of nAChRs can be influenced dramatically by alterations in posttranslational modifications and different host cell environments. Understanding whether, and to what extent, these phenomena can explain differences in the functional properties between native and recombinant channels (and between recombinant channels in different expression systems) will be an interesting challenge for the future.

F. Conclusions and Prospects

Progress in the neuronal nicotinic receptor field has undoubtedly been impeded by several facts.

1. They are difficult to express in cell lines.
2. Cell lines and oocytes often seem to give different results for any given subunit combination.
3. Not only native, but also recombinant receptors often seem to be heterogeneous.
4. The channels run down very quickly, especially in excised patches, which makes it very difficult to measure basic kinetic properties, such as burst length, for the comparison between native and recombinant receptors.
5. Their single channel amplitudes are unusually variable even within a single recording.
6. Results are often not comparable from one paper to another because of the use of methods like IC_{50} measurements, because of differences in the ionic composition of solutions (which influences single channel conductance), and because of species differences (in particular, chick versus mammal).

Some of these problems are solvable now, but it seems likely that major progress may have to await a clearer understanding of what controls the folding and assembly of subunits and their insertion into the membrane as functional receptors.

Acknowledgments. The authors' work is supported by the Wellcome Trust, the Medical Research Council, and the Royal Society.

References

Alkondon M, Albuquerque EX (1993) Diversity of nicotinic acetylcholine receptors in rat hippocampal neurons. I. Pharmacological and functional evidence for distinct structural subtypes. J Pharmacol Exp Ther 265:1455–1473

Alkondon M, Pereira EFR, Barbosa CTF, Albuquerque EX (1997) Neuronal nicotinic acetylcholine receptor activation modulates γ-aminobutyric acid release from CA1 neurons of rat hippocampal slices. J Pharmacol Exp Ther 283:1396–1411

Arunlakshana O, Schild HO (1959) Some quantitative uses of drug antagonists. Br J Pharmacol 14:47–58

Ascher P, Large WA, Rang HP (1979) Studies on the mechanism of action of acetylcholine antagonists on rat parasympathetic ganglion cells. J Physiol (Lond) 295:139–170

Ballivet M, Nef P, Couturier S, Rungger D, Bader CR, Bertrand D, Cooper E (1988) Electrophysiology of a chick neuronal nicotinic acetylcholine receptor expressed in *Xenopus* oocytes after cDNA injection. Neuron 1:847–852

Berger F, Gage FH, Vijayaraghavan S (1998) Nicotinic receptor-induced apoptotic cell death of hippocampal progenitor cells. J Neurosci 18:6871–6881

Bertrand D, Bertrand S, Ballivet M (1992) Pharmacological properties of the homomeric $\alpha 7$ receptor. Neurosci Lett 146:87–90

Béhé P, Colquhoun D, Wyllie DJA (1998) Activation of AMPA- and NMDA-type glutamate receptor channels. In Ionotropic glutamate receptors in the CNS, ed. by P. Jonas and H. Monyer. Springer Verlag, Berlin Heidelberg New York

Birdsall NJM, Hulme EC, Keen M, Stockton JM, Pedder EK, Wheatley M. Can complex binding phenomena be resolved to provide a safe basis for receptor classification? In Perspectives on Receptor Classification, ed. by Black JW, Jenkinson DF, Gerskowitch VP, pp 61–71, Alan R. Liss, New York 1987

Blackman JG (1970) Dependence on membrane potential of the blocking action of hexamethonium at a sympathetic ganglionic synapse. Proceedings of the University of Otago Medical School 48:4–5 (Abstract)

Blount P, Merlie JP (1990) Mutational analysis of muscle nicotinic acetylcholine receptor subunit assembly. J Cell Biol 111:2613–2622

Blumenthal EM, Conroy WG, Romano SJ, Kassner PD, Berg DK (1997) Detection of functional nicotinic receptors blocked by α-bungarotoxin on PC12 cells and dependence of their expression on post-translational events. J Neurosci 17:6094–6104

Bormann J, Matthaei H (1983) Three types of acetylcholine-induced single channel currents in clonal rat pheochromocytoma cells. Neurosci Lett 40:193–197

Boulter J, Connolly J, Deneris E, Goldman D, Heinemann S, Patrick J (1987) Functional expression of two neuronal nicotinic acetylcholine receptors from cDNA clones identifies a gene family. Proc Natl Acad Sci USA 84:7763–7767

Boulter J, Evans K, Goldman D, Martin G, Treco D, Heinemann S, Patrick J (1986) Isolation of a cDNA clone coding for a possible neural nicotinic acetylcholine receptor alpha-subunit. Nature 319:368–374

Brett RS, Dilger JP, Adams PR, Lancaster B (1986) A method for the rapid exchange of solutions bathing excised membrane patches. Biophys J 50:987–992

Britt JC, Brenner HR (1997) Rapid drug application resolves two types of nicotinic receptors on rat sympathetic ganglion cells. Pflügers Arch 434:38–48

Brown DA, Fumagalli L (1977) Dissociation of α-bungarotoxin binding and receptor block in the rat superior cervical ganglion. Brain Research 129:165–168

Brussaard AB, Yang X, Doyle JP, Huck S, Role LW (1994) Developmental regulation of multiple nicotinic AChR channel subtypes in embryonic chick habenula neurons: contributions of both the $\alpha 2$ and $\alpha 4$ subunit genes. Pflügers Arch 429:27–43

Buisson B, Gopalakrishnan M, Arneric SP, Sullivan JP, Bertrand D (1996) Human $\alpha 4\beta 2$ neuronal nicotinic acetylcholine receptor in HEK 293 cells: A patch-clamp study. J Neurosci 16:7880-7891

Cachelin AB, Jaggi R (1991) β subunits determine the time course of desensitization in rat $\alpha 3$ neuronal nicotinic receptors. Pflügers Arch 419:579–582

Callister RJ, Walmsley B (1996) Amplitude and time course of evoked and spontaneous synaptic currents in rat submandibular ganglion cells. J Physiol (Lond) 490: 149–157

Camacho P, Liu Y, Mandel G, Brehm P (1993) The epsilon subunit confers fast channel gating on multiple classes of acetylcholine receptors. J Neurosci 13:605–613

Castro NG, Albuquerque EX (1995) α-Bungarotoxin-sensitive hippocampal nicotinic receptor channel has a high calcium permeability. Biophys J 68:516–524

Chang W, Gelman MS, Prives JM (1997) Calnexin-dependent enhancement of nicotinic acetylcholine receptor assembly and surface expression. J Biol Chem 272: 28925–28932

Chen D, Dang H, Patrick JW (1998) Contributions of N-linked glycosylation to the expression of a functional $\alpha 7$-nicotinic receptor in *Xenopus* oocytes. J Neurochem 70:349–357

Clark AJ, Raventos J (1937) The antagonism of acetylcholine and of quaternary ammonium salts. Quart J Exper Physiol 26:375–392

Claudio T, Green WN, Hartman DS, Hayden D, Paulson HL, Sigworth FJ, Sine SM, Swedlund A (1987) Genetic reconstitution of functional acetylcholine receptor channels in mouse fibroblasts. Science 238:1688–1694

Coggan JS, Paysan J, Conroy WG, Berg DK (1997) Direct recording of nicotinic responses in presynaptic nerve terminals. J Neurosci 17:5798–5806
Colquhoun D (1997) Commentary on Paton & Zaimis (1952). In Landmarks in Pharmacology, ed. by Birmingham AT, Brown DA, pp 57–59, Macmillan, London 1997
Colquhoun D, Hawkes AG, Merlushkin A, Edmonds B (1997) Properties of single ion channel currents elicited by a pulse of agonist concentration or voltage. Philosophical Transactions of the Royal Society London A 355:1743–1786
Colquhoun D, Ogden DC (1988) Activation of ion channels in the frog end-plate by high concentrations of acetylcholine. J Physiol (Lond) 395:131–159
Colquhoun D, Sakmann B (1985) Fast events in single-channel currents activated by acetylcholine and its analogues at the frog muscle end-plate. J Physiol (Lond) 369:501–557
Colquhoun D, Sigworth FJ (1995) Fitting and statistical analysis of single-channel records. In Single Channel Recording, ed. by B. Sakmann and E. Neher, pp 483–587, Plenum Press, New York 1995
Colquhoun LM, Patrick JW (1997) $\alpha 3$, $\beta 2$, and $\beta 4$ form heterotrimeric neuronal nicotinic acetylcholine receptors in *Xenopus* oocytes. J Neurochem 69:2355–2362
Conroy WG, Berg DK (1995) Neurons can maintain multiple classes of nicotinic receptors distinguished by different subunit compositions. J Biol Chem 270:4424–4431
Cooper ST, Harkness PC, Baker ER, Millar NS (1999) Upregulation of cell surface $\alpha 4\beta 2$ neuronal nicotinic receptors by lower temperature and expression of chimeric subunits. J Biol Chem 274:27145–27152
Cooper ST, Millar NS (1997) Host cell-specific folding and assembly of the neuronal nicotinic acetylcholine receptor $\alpha 7$ subunit. J Neurochem 68:2140–2151
Cooper ST, Millar NS (1998) Host cell-specific folding of the neuronal nicotinic receptor $\alpha 8$ subunit. J Neurochem 70:2585–2593
Corriveau RA, Berg DK (1993) Coexpression of multiple acetylcholine receptor genes in neurons: quantification of transcripts during development. J Neurosci 13:2662–2671
Couturier S, Bertrand D, Matter JM, Hernandez MC, Bertrand S, Millar N, Valera S, Barkas T, Ballivet M (1990) A neuronal nicotinic acetylcholine receptor subunit ($\alpha 7$) is developmentally regulated and forms a homo-oligomeric channel blocked by α-BTX. Neuron 5:847–856
Covarrubias M, Kopta C, Steinbach JH (1989) Inhibitors of asparagine-linked oligosaccharide processing alter the kinetics of the nicotinic acetylcholine receptor. Journal of General Physiology 93:765–783
Covernton PJO, Kojima H, Sivilotti LG, Gibb AJ, Colquhoun D (1994) Comparison of neuronal nicotinic receptors in rat sympathetic neurones with subunit pairs expressed in *Xenopus* oocytes. J Physiol (Lond) 481:27–34
Cuevas J, Berg DK (1998) Mammalian nicotinic receptors with $\alpha 7$ subunits that slowly desensitize and rapidly recover from α-bungarotoxin blockade. J Neurosci 18:10335–10344
Derkach VA, North RA, Selyanko AA, Skok VI (1987) Single channels activated by acetylcholine in rat superior cervical ganglion. J Physiol (Lond) 388:141–151
Derkach VA, Selyanko AA, Skok VI (1983) Acetylcholine-induced current fluctuations and fast excitatory post-synaptic currents in rabbit sympathetic neurones. J Physiol (Lond) 336:511–526
Downing JEG, Role LW (1987) Activators of protein kinase C enhance acetylcholine receptor desensitization in sympathetic ganglion neurons. Proc Natl Acad Sci USA 84:7743
Dryer SE (1994) Functional development of the parasympathetic neurons of the avian ciliary ganglion: A classic model system for the study of neuronal differentiation and development. Prog Neurobiol 43:281–322
Eccles JC, Fatt P, Koketsu K (1954) Cholinergic and inhibitory synapses in a pathway from motor-axon collaterals to motoneurones. J Physiol (Lond) 216:524–562

Edmonds B, Gibb AJ, Colquhoun D (1995a) Mechanisms of activation of glutamate receptors and the time course of excitatory synaptic currents. Ann Rev Physiol 57:495–519
Edmonds B, Gibb AJ, Colquhoun D (1995b) Mechanisms of activation of muscle nicotinic acetylcholine receptors, and the time course of endplate currents. Ann Rev Physiol 57:469–493
Eiselé JL, Bertrand S, Galzi JL, Devillers-Thiery A, Changeux JP, Bertrand D (1993) Chimaeric nicotinic-serotonergic receptor combines distinct ligand binding and channel specificities. Nature 366:479–483
Elgoyhen AB, Johnson DS, Boulter J, Vetter DE, Heinemann S (1994) $\alpha 9$: an acetylcholine receptor with novel pharmacological properies expressed in rat cochlear hair cells. Cell 79:705–715
Eusebi F, Molinaro M, Zani BM (1985) Agents that activate protein kinase C reduce acetylcholine sensitivity in cultured myotubes. J Cell Biol 100:1339–1342
Feller MB, Wellis DP, Stellwagen D, Werblin FS, Shatz CJ (1996) Requirement for cholinergic synaptic transmission in the propagation of spontaneous retinal waves. Science 272:1182–1187
Feltz A, Trautmann A (1982) Desensitization at the frog neuromuscular junction: a biphasic process. J Physiol (Lond) 322:257–272
Forsayeth JR, Gu Y, Hall ZW (1992) BiP forms stable complexes with unassembled subunits of the acetylcholine receptor in transfected COS cells and in C2 muscle cells. J Cell Biol 117:841–847
Frazier CJ, Buhler AV, Weiner JL, Dunwiddie TV (1998) Synaptic potentials mediated via α-bungarotoxin-sensitive nicotinic acetylcholine receptors in rat hippocampal interneurons. J Neurosci 18:8228-8235
Fucile S, Barabino B, Palma E, Grassi F, Limatola C, Mileo AM, Alemà S, Ballivet M, Eusebi F (1997) $\alpha 5$ subunit forms functional $\alpha 3\beta 4\alpha 5$ nAChRs in transfected human cells. NeuroReport 8:2433–2436
Fucile S, Matter JM, Erkman L, Ragozzino D, Barabino B, Grassi F, Alemà S, Ballivet M, Eusebi F (1998) The neuronal $\alpha 6$ subunit forms functional heteromeric acetylcholine receptors in human transfected cells. European Journal of Neuroscience 10:172–178
Galzi JL, Devillers-Thiéry A, Hussy N, Bertrand S, Changeux J-P, Bertrand D (1992) Mutations in the channel domain of a neuronal nicotinic receptor convert ion selectivity from cationic to anionic. Nature 359:500–505
Gehle VM, Sumikawa K (1991) Site-directed mutagenesis of the conserved N-glycosylation site on the nicotinic acetylcholine receptor subunits. Brain Res Mol Brain Res 11:17–25
Gehle VM, Walcott EC, Nishizaki T, Sumikawa K (1997) N-glycosylation at the conserved sites ensures the expression of properly folded functional ACh receptors. Brain Res Mol Brain Res 45:219–229
Geiger JRP, Melcher T, Koh DS, Sakmann B, Seeburg PH, Jonas P, Monyer H (1995) Relative abundance of subunit mRNAs determines gating and Ca2+ permeability of AMPA receptors in principal neurons and interneurons in rat CNS. Neuron 15:193–204
Gelman MS, Chang W, Thomas DY, Bergeron JJ, Prives JM (1995) Role of the endoplasmic reticulum chaperone calnexin in subunit folding and assembly of nicotinic acetylcholine receptors. J Biol Chem 270:15085–15092
Gerzanich V, Anand R, Lindstrom J (1994) Homomers of α-8 and α-7 subunits of nicotinic receptors exhibit similar channel but contrasting binding site properties. Mol Pharmacol 45:212–220
Gerzanich V, Wang F, Kuryatov A, Lindstrom J (1998) $\alpha 5$ subunit alters desensitization, pharmacology, Ca^{++} permeability and Ca^{++} modulation of human neuronal $\alpha 3$ nicotinic receptors. J Pharmacol Exp Ther 286:311–320
Gibb AJ, Kojima H, Carr JA, Colquhoun D (1990) Expression of cloned receptor subunits produces multiple receptors. Proc R Soc Lond B 242:108–112

Gopalakrishnan M, Buisson B, Touma E, Giordano T, Campbell JE, Hu IC, Donnelly-Roberts D, Arneric SP, Bertrand D, Sullivan JP (1995) Stable expression and pharmacological properties of the human $\alpha7$ nicotinic acetylcholine-receptor. European Journal of Pharmacology-Molecular Pharmacology 290:237–246

Gotti C, Hanke W, Maury K, Moretti M, Ballivet M, Clementi F, Bertrand D (1994) Pharmacology and biophysical properties of $\alpha7$ and $\alpha7$-$\alpha8$ α-bungarotoxin receptor subtypes immunopurified from the chick optic lobe. European Journal of Neuroscience 6:1281–1291

Green WN, Millar NS (1995) Ion-channel assembly. Trends in Neurosciences 18:280–287

Green WN, Ross AF, Claudio T (1991) cAMP stimulation of acetylcholine receptor expression is mediated through posttranslational mechanisms. Proc Natl Acad Sci USA 88:854–858

Green WN, Wanamaker CP (1997) The role of the cystine loop in acetylcholine receptor assembly. J Biol Chem 272:20945–20953

Groot-Kormelink PJ, Luyten WHML, Colquhoun D, Sivilotti LG (1998) A reporter mutation approach shows incorporation of the 'orphan' subunit $\beta3$ into a functional nicotinic receptor. J Biol Chem 273:15317–15320

Grzywacz NM, Amthor FR, Merwine DK (1998) Necessity of acetylcholine for retinal directionally selective responses to drifting gratings in rabbit. J Physiol (Lond) 512:575–581

Gurney AM, Rang HP (1984) The channel-blocking action of methonium compounds on rat submandibular ganglion cells. Br J Pharmacol 82:623–642

Hefft S, Hulo S, Bertrand D, Muller D (1999) Synaptic transmission at nicotinic acetylcholine receptors in rat hippocampal organotypic cultures and slices. J Physiol (Lond) 515:769-776

Helekar SA, Char D, Neff S, Patrick J (1994) Prolyl isomerase requirement for the expression of functional homo-oligomeric ligand-gated ion channels. Neuron 12:179–189

Helekar SA, Patrick J (1997) Peptidyl prolyl cis-trans isomerase activity of cyclophilin A in functional homo-oligomeric receptor expression. Proc Natl Acad Sci USA 94:5432–5437

Hess A, Pilar G, Weakley JN (1969) Correlation between transmission and structure in avian ciliary gangeion synapses. J Physiol (Lond) 202:339–354

Horch HL, Sargent PB (1995) Perisynaptic surface distribution of multiple classes of nicotinic acetylcholine receptors on neurons in the chicken ciliary ganglion. J Neurosci 15:7778–7795

Hory-Lee F, Frank E (1995) The nicotinic blocking agents d-tubocurare and α-bungarotoxin save motoneurons from naturally occurring death in the absence of neuromuscular blockade. J Neurosci 15:6453–6460

Jacob MH, Berg DK (1988) The distribution of acetylcholine receptors in chick ciliary ganglion neurons following disruption of ganglionic connections. J Neurosci 8:3838–3849

Jacob MH, Lindstrom JM, Berg DK (1986) Surface and intracellular distribution of a putative neuronal nicotinic acetylcholine receptor. Journal of Cell Biology 103:205–214

Jayawickreme SP, Green WN, Claudio T (1994) Cyclic AMP-regulated AChR assembly is independent of AChR subunit phosphorylation by PKA. J Cell Sci 107:1641–1651

Jonas P, Racca C, Sakmann B, Seeburg PH, Monyer H (1994) Differences in Ca^{2+} permeability of AMPA-type glutamate receptor channels in neocortical neurons caused by differential GluR-B subunit expression. Neuron 12:1281–1289

Kassner PD, Berg DK (1997) Differences in the fate of neuronal acetylcholine receptor protein expressed in neurons and stably transfected cells. Journal of Neurobiology 33:968–982

Keller SH, Lindstrom J, Taylor P (1996) Involvement of the chaperone protein calnexin and the acetylcholine receptor β-subunit in the assembly and cell surface expression of the receptor. J Biol Chem 271:22871–22877

Klimaschewski L, Reuss S, Spessert R, Lobron C, Wevers A, Heym C, Maelicke A, Schröder H (1994) Expression of nicotinic acetylcholine receptors in the rat superior cervical ganglion on mRNA and protein level. Molecular Brain Research 27:167–173

Kristufek D, Stocker E, Boehm S, Huck S (1999) Somatic and prejunctional nicotinic receptors in cultured rat sympathetic neurones show different agonist profiles. J Physiol (Lond) 516:739–756

Kullberg R, Owens JL, Camacho P, Mandel G, Brehm P (1990) Multiple conductance classes of mouse nicotinic acetylcholine receptors expressed in *Xenopus* oocytes. Proc Natl Acad Sci USA 87:2067–2071

Lansdell SJ, Schmitt B, Betz H, Sattelle DB, Millar NS (1997) Temperature-sensitive expression of *Drosophila* neuronal nicotinic acetylcholine receptors. J Neurochem 68:1812–1819

Le Novère N, Changeux J-P (1995) Molecular evolution of the nicotinic acetylcholine receptor: An example of multigene family in excitable cells. J Mol Evol 40:155–172

Lewis TM, Harkness PC, Sivilotti LG, Colquhoun D, Millar NS (1997) The ion channel properties of a rat recombinant neuronal nicotinic receptor are dependent on the host cell type. J Physiol (Lond) 505:299–306

Listerud M, Brussaard AB, Devay P, Colman DR, Role LW (1991) Functional contribution of neuronal AChR subunits revealed by antisense oligonucleotides [published erratum appears in Science 1992 Jan 3; 255(5040):12]. Science 254:1518–1521

Luetje CW, Patrick J (1991) Both α- and β-subunits contribute to the agonist sensitivity of neuronal nicotinic acetylcholine receptors. J Neurosci 11:837–845

Luo S, Kulak JM, Cartier GE, Jacobsen RBYD, Olivera BM, McIntosh JM (1998) Alpha-conotoxin AuIB selectively blocks α3β4 nicotinic acetylcholine receptors and nicotine-evoked norepinephrine release. J Neurosci 18:8571–8579

Mandelzys A, De Koninck P, Cooper E (1995) Agonists and toxin sensitivities of ACh-evoked currents on neurons expressing multiple nicotinic ACh receptor subunits. J Neurophysiol 74:1212–1221

Mandelzys A, Pie B, Deneris ES, Cooper E (1994) The developmental increase in ACh current densities on rat sympathetic neurons correlates with changes in nicotinic ACh receptor α-subunit gene expression and occurs independent of innervation. J Neurosci 14:2357–2364

Margiotta JF, Berg DK, Dionne VE (1987) The properties and regulation of functional acetylcholine receptors on chick ciliary ganglion neurons. J Neurosci 7:3612–3622

Mathie A, Colquhoun D, Cull-Candy SG (1990) Rectification of currents activated by nicotinic acetylcholine receptors in rat sympathetic ganglion neurones. J Physiol (Lond) 427:625–665

Mathie A, Colquhoun D, Cull-Candy SG (1991) Conductance and kinetic properties of single channel currents through nicotinic acetylcholine receptor channels in rat sympathetic ganglion neurones. J Physiol (Lond) 439:717–750

Mathie A, Cull-Candy SG, Colquhoun D (1987) Single-channel and whole cell currents evoked by acetylcholine in dissociated sympathetic neurons of the rat. Proc R Soc Lond B 232:239–248

Matsubayashi H, Pereira EF, Swanson KL, Albuquerque EX (1998) Strychnine: a potent competitive antagonist of α-bungarotoxin-sensitive nicotinic acetylcholine receptors in rat hippocampal neurons. J Pharmacol Exp Ther 284:904–913

McGehee DS, Heath MJS, Gelber S, Devay P, Role LW (1995) Nicotine enhancement of fast excitatory synaptic transmission in CNS by presynaptic receptors. Science 269:1692–1696

McGehee DS, Role LW (1995) Physiological diversity of nicotinic acetylcholine receptors expressed by vertebrate neurons. Ann Rev Physiol 57:521–546
McGehee DS, Role LW (1996) Presynaptic ionotropic receptors. Current Opinion in Neurobiology 6:342–349
Merlie JP, Sebbane R, Tzartos S, Lindstrom J (1982) Inhibition of glycosylation with tunicamycin blocks assembly of newly synthesized acetylcholine receptor subunits in muscle cells. J Biol Chem 257:2694–2701
Mishina M, Kurosaki T, Tobimatsu T, Morimoto Y, Noda M, Yamamoto T, Terao M, Lindstrom J, Takahashi T, Kuno M, Numa S (1984) Expression of functional acetylcholine receptor from cloned cDNAs. Nature 307:604–608
Mishina M, Takai T, Imoto K, Noda M, Takahashi T, Numa S, Methfessel C, Sakmann B (1986) Molecular distinction between fetal and adult forms of muscle acetylcholine receptor. Nature 321:406–411
Mulle C, Léna C, Changeux J-P (1992) Potentiation of nicotinic receptor response by external calcium in rat central neurons. Neuron 8:937–945
Mulrine NK, Ogden DC (1988) The equilibrium open probability of nicotinic ion channels at the rat neuromuscular junction. J Physiol (Lond) 401:95P
Nelson ME, Lindstrom J (1999) Single channel properties of human $\alpha 3$ AChRs: impact of $\beta 2$, $\beta 4$ and $\alpha 5$ subunits. J Physiol (Lond) 516:657-678
Neuhaus R, Cachelin AB (1990) Changes in the conductance of the neuronal nicotinic acetylcholine receptor channel induced by magnesium. Proc R Soc Lond B 241:78–84
Orr-Urtreger A, Göldner FM, Saeki M, Lorenzo I, Goldberg L, De Biasi M, Dani JA, Patrick JW, Beaudet AL (1997) Mice deficient in the $\alpha 7$ neuronal nicotinic acetylcholine receptor lack α-bungarotoxin binding sites and hippocampal fast nicotinic currents. J Neurosci 17:9165–9171
Palma E, Bertrand S, Binzoni T, Bertrand D (1996) Neuronal nicotinic $\alpha 7$ receptor expressed in *Xenopus* oocytes presents five putative binding sites for methyllycaconitine. J Physiol (Lond) 491:151–161
Papke RL (1993) The kinetic properties of neuronal nicotinic receptors: genetic basis of functional diversity. Prog Neurobiol 41:509–531
Papke RL, Boulter J, Patrick J, Heinemann S (1989) Single channel currents of rat neuronal nicotinic acetylcholine receptors expressed in *Xenopus* laevis oocytes. Neuron 3:589–596
Papke RL, Heinemann SF (1991) The importance of the $\beta 4$-subunit in determining the kinetic properties of rat neuronal nicotinic acetylcholine $\alpha 3$-receptors. J Physiol (Lond) 440:95–112
Paton WDM, Zaimis EJ (1949) The pharmacological actions of polymethylene bistrimethylammonium salts. Br J Pharmacol 4:381–400
Paton WDM, Zaimis EJ (1951) Paralysis of autonomic ganglia by methonium salts. Br J Pharmacol 6:155–168
Paulson HL, Claudio T (1990) Temperature-sensitive expression of all-*Torpedo* and *Torpedo*-rat hybrid AChR in mammalian muscle cells. J Cell Biol 110:1705–1717
Pereira EFR, Alkondon M, McIntosh JM, Albuquerque EX (1996) α-conotoxin-ImI: A competitive antagonist at α-bungarotoxin-sensitive neuronal nicotinic receptors in hippocampal neurons. J Pharmacol Exp Ther 278:1472–1483
Poth K, Nutter TJ, Cuevas J, Parker MJ, Adams DJ, Luetje CW (1997) Heterogeneity of nicotinic receptor class and subunit mRNA expression among individual parasympathetic neurons from rat intracardiac ganglia. J Neurosci 17:586–596
Puchacz E, Buisson B, Bertrand D, Lukas RJ (1994) Functional expression of nicotinic acetylcholine receptors containing rat $\alpha 7$ subunits in human SH-SY5Y neuroblastoma cells. FEBS Lett 354:155–159
Quik M, Choremis J (1997) Modulation of $\alpha 7$ nicotinic receptor-mediated calcium influx by nicotinic agonists. Mol Pharmacol 51:499–506

Quik M, Choremis J, Koumourian J, Lukas RJ, Puchacz E (1996) Similarity between rat brain nicotinic α-bungarotoxin receptors and stably expressed α-bungarotoxin binding sites. J Neurochem 67:145–154

Ragozzino D, Fucile S, Giovannelli A, Grassi F, Mileo AM, Ballivet M, Alemà S, Eusebi F (1997) Functional properties of neuronal nicotinic acetylcholine receptor channels expressed in transfected human cells. European Journal of Neuroscience 9:480–488

Ramirez-Latorre J, Yu CR, Qu X, Perin F, Karlin A, Role L (1996) Functional contributions of $\alpha 5$ subunit to neuronal acetylcholine receptor channels. Nature 380:347–351

Rang HP (1981) The characteristics of synaptic currents and responses to acetylcholine of rat submandibular ganglion cells. J Physiol (Lond) 311:23–55

Rangwala F, Drisdel RC, Rakhilin S, Ko E, Atluri P, Harkins AB, Fox AP, Salman SB, Green WN (1997) Neuronal α-bungarotoxin receptors differ structurally from other nicotinic acetylcholine receptors. J Neurosci 17:8201–8212

Roerig B, Nelson DA, Katz LC (1997) Fast synaptic signaling by nicotinic acetylcholine and serotonin 5-HT$_3$ receptors in developing visual cortex. J Neurosci 17: 8353–8362

Rogers, S.W, Gahring, LC, Papke, RL, Heinemann, S (1991). Identification of cultured cells expressing ligand-gated cationic channels. Protein Expression and Purification 2:108–116

Role LW, Berg DK (1996) Nicotinic receptors in the development and modulation of CNS synapses. Neuron 16:1077–1085

Ross AF, Green WN, Hartman DS, Claudio T (1991) Efficiency of acetylcholine receptor subunit assembly and its regulation by cAMP. Journal of Cell Biology 113: 623–636

Rust G, Burgunder JM, Lauterburg TE, Cachelin AB (1994) Expression of neuronal nicotinic acetylcholine receptor subunits genes in the rat autonomic nervous system. European Journal of Neuroscience 6:478–485

Sabey K, Paradiso K, Zhang J, Steinbach JH (1999) Ligand binding and activation of rat nicotinic $\alpha 4\beta 2$ receptors stably expressed in HEK293 cells. Mol Pharmacol 55:58-68

Sacchi O, Rossi MLCR, Fesce R (1998) Synaptic currents at the rat ganglionic synapse and its interactions with the neuronal voltage-dependent currents. Journal of Neurophysiology 79:727–742

Sakmann B, Patlak J, Neher E (1980) Single acetylcholine-activated channels show burst-kinetics in presence of desensitizing concentrations of agonist. Nature 286:71–73

Schild HO (1949) pA$_x$ and competitive drug antagonism. Br J Pharmacol 4:277–280

Schoepfer R, Halvorsen SW, Conroy GW, Whiting P, Lindstrom J (1989) Antisera against an acetylcholine receptor $\alpha 3$ fusion protein bind to ganglionic but not to brain nicotinic acetylcholine receptors. FEBS Lett 257:393–399

Sine SM, Claudio T (1991) Stable expression of the mouse nicotinic acetylcholine receptor in mouse fibroblasts. J Biol Chem 266:13679–13689

Sine SM, Ohno K, Bouzat C, Auerbach A, Milone M, Pruitt JN, Engel AG (1995) Mutation of the acetylcholine receptor α subunit causes a slow-channel myasthenic syndrome by enhancing agonist binding affinity. Neuron 15:229–239

Sine SM, Steinbach JH (1987) Activation of acetylcholine receptors on clonal mammalian BC3H-1 cells by high concentrations of agonist. J Physiol (Lond) 385:325–359

Sivilotti LG, McNeil DK, Lewis TM, Nassar MA, Schoepfer R, Colquhoun D (1997) Recombinant nicotinic receptors, expressed in *Xenopus* oocyte, do not resemble rat sympathetic ganglion receptors in single channel behaviour. J Physiol (Lond) 500:123–138

Spruston N, Jonas P, Sakmann B (1995) Dendritic glutamate receptor channels in rat hippocampal CA3 and CA1 pyramidal neurons. J Physiol (Lond) 482:325–352

Stauderman KA, Mahaffy LS, Akong M, Velicelebi G, Chavez-Noriega LE, Crona JH, Johnson EC, Elliott KJ, Gillespie A, Reid RT, Adams P, Harpold MM, Corey-Naeve J (1998) Characterization of human recombinant neuronal nicotinic acetylcholine receptor subunit combinations $\alpha 2\beta 4$, $\alpha 3\beta 4$ and $\alpha 4\beta 4$ stably expressed in HEK293 cells. J Pharmacol Exp Ther 284:777–789

Stetzer E, Ebbinghaus U, Storch A, Poteur L, Schrattenholz A, Kramer G, Methfessel C, Maelicke A (1996) Stable expression in HEK-293 cells of the rat $\alpha 3/\beta 4$ subtype of neuronal nicotinic acetylcholine receptor. FEBS Lett 397:39–44

Sucher NJ, Awobuluyi MN, Choi YB, Lipton SA (1996) NMDA receptors: from genes to channels. Trends in Pharmacological Sciences 17:348–355

Sumikawa K, Gehle VM (1992) Assembly of mutant subunits of the nicotinic acetylcholine receptor lacking the conserved disulfide loop structure. J Biol Chem 267:6286–6290

Treinin M, Chalfie M (1995) A mutated acetylcholine receptor subunit causes neuronal degeneration in *C. elegans*. Neuron 14:871–877

Trouslard J, Marsh SJ, Brown DA (1993) Calcium entry through nicotinic and calcium channels in cultured rat superior cervical ganglion cells. J Physiol (Lond) 468:53–71

Ullian EM, McIntosh JM, Sargent PB (1997) Rapid synaptic transmission in the avian ciliary ganglion is mediated by two distinct classes of nicotinic receptors. J Neurosci 17:7210–7219

Unwin N (1995) Acetylcholine receptor channel imaged in the open state. Nature 373:37–43

van Hooft JA, Vijverberg HPM (1995) Phosphorylation controls conductance of 5-HT$_3$ receptor ligand-gated ion channels. Receptors and Channels 3:7–12

Vernallis AB, Conroy WG, Berg DK (1993) Neurons assemble acetylcholine receptors with as many as three kinds of subunits while maintaining subunit segregation among receptor subtypes. Neuron 10:451–464

Vernino S, Amador M, Luetje CW, Patrick J, Dani JA (1992) Calcium modulation and high calcium permeability of neuronal nicotinic acetylcholine receptors. Neuron 8:127–134

Vicini S, Wang JF, Li JH, Zhu WJ, Wang YH, Luo JH, Wolfe BB, Grayson DR (1998) Functional and pharmacological differences between recombinant N-Methyl-D-Aspartate receptors. Journal of Neurophysiology 79:555–566

Vijayaraghavan S, Pugh PC, Zhang ZW, Rathouz MM, Berg DK (1992) Nicotinic receptors that bind α-bungarotoxin on neurons raise intracellular free Ca2+. Neuron 8:353–362

Wagner RW (1994) Gene inhibition using antisense oligodeoxynucleotides. Nature 372:333–335

Wang F, Nelson ME, Kuryatov A, Olale F, Cooper J, Keyser K, Lindstrom J (1998) Chronic nicotine treatment up-regulates human $\alpha 3\beta 2$ but not $\alpha 3\beta 4$ acetylcholine receptors stably transfected in human embryonic kidney cells. J Biol Chem 273:28721–28732

Whiting P, Schoepfer R, Lindstrom J, Priestley T (1991) Structural and pharmacological characterization of the major brain nicotinic acetylcholine receptor subtype stably expressed in mouse fibroblasts. Mol Pharmacol 40:463–472

Wong ET, Holstad SG, Mennerick SJ, Hong SE, Zorumski CF, Isenberg KE (1995) Pharmacological and physiological properties of a putative ganglionic nicotinic receptor, $\alpha 3\beta 4$, expressed in transfected eucaryotic cells. Molecular Brain Research 28:101–109

Wonnacott S (1997) Presynaptic nicotinic ACh receptors. Trends in Neurosciences 20:92–98

Wyllie DJA, Béhé P, Colquhoun D (1998) Single-channel activations and concentration: comparison of recombinant NR1/NR2A and NR1/NR2D NMDA receptors. J Physiol (Lond) 510:1–18

Xiao Y, Meyer EL, Thompson JM, Surin A, Wroblewski J, Kellar KJ (1998) Rat $\alpha 3/\beta 4$ subtype of neuronal nicotinic acetylcholine receptor stably expressed in a trans-

fected cell line: pharmacology of ligand binding and function. Mol Pharmacol 54:322–333
Xu W, Gelber S, Orr-Urtreger A, Armstrong D, Lewis RA, Ou CN, Patrick J, Role L, DeBiasi M, Beaudet AL (1999) Megacystis, mydriasis, and ion channel defect in mice lacking the $\alpha 3$ neuronal nicotinic acetylcholine receptor. Proc Natl Acad Sci USA 96:5746–5751
Yu C, Brussaard AB, Yang X, Listerud M, Role LW (1993) Uptake of antisense oligonucleotides and functional block of acetylcholine receptor subunit gene expression in primary embryonic neurons. Dev Genet 14:296–304
Yu CR, Role LW (1998b) Functional contribution of the $\alpha 5$ subunit to neuronal nicotinic channels expressed by chick sympathetic ganglion neurones. J Physiol (Lond) 509:667–681
Yu CR, Role LW (1998a) Functional contribution of the $\alpha 7$ subunit to multiple subtypes of nicotinic receptors in embryonic chick sympathetic neurones. J Physiol (Lond) 509:651–665
Zhang ZW, Coggan JS, Berg DK (1996) Synaptic currents generated by neuronal acetylcholine receptors sensitive to α-bungarotoxin. Neuron 17:1231–1240
Zhang ZW, Vijayaraghavan S, Berg DK (1994) Neuronal acetylcholine receptors that bind α-bungarotoxin with high affinity function as ligand-gate ion channels. Neuron 12:167–177

MIX
Papier aus verantwortungsvollen Quellen
Paper from responsible sources
FSC® C105338

If you have any concerns about our products,
you can contact us on
ProductSafety@springernature.com

In case Publisher is established outside the EU,
the EU authorized representative is:
**Springer Nature Customer Service Center GmbH
Europaplatz 3, 69115 Heidelberg, Germany**

Printed by Libri Plureos GmbH
in Hamburg, Germany

Handbook of Experimental Pharmacology

Volume 144

Editorial Board

G.V.R. Born, London
D. Ganten, Berlin
H. Herken, Berlin
K. Starke, Freiburg i. Br.
P. Taylor, La Jolla, CA

Springer-Verlag Berlin Heidelberg GmbH

Neuronal Nicotinic Receptors

Contributors

E.X. Albuquerque, M. Alkondon, S.P. Arneric, M. Ballivet,
D.K. Berg, D. Bertrand, D.A. Brown, B. Buisson, K.T. Chang,
J.-P. Changeux, F. Clementi, A.C. Collins, D. Colquhoun,
J. Court, J. Cuevas, E.S. Deneris, G. Di Chiara, H.M. Eisenberg,
M.M. Francis, C. Gotti, E.D. Gundelfinger, W. Hanke,
M.W. Holladay, S. Kaiser, S.H. Keller, M. Kelton, S.S. Leonard,
E.D. Levin, J. Lindstrom, A. Maelicke, S. Malany, L.M. Marubio,
J.-M. Matter, J.M. McIntosh, N.S. Millar, B. Molles, P. Newhouse,
A. Nordberg, H. Osaka, R.L. Papke, E. Perry, F. Picard,
P.B. Sargent, A. Schrattenholz, R. Schulz, R.D. Shoop,
L.G. Sivilotti, L. Soliakov, J.A. Stitzel, P. Taylor, S. Wonnacott,
M. Zoli

Editors
F. Clementi, D. Fornasari, and C. Gotti

Springer

Professor Dr. Francesco Clementi
e-mail: clementi@csfic.mi.cnr.it

Dr. Diego Fornasari
e-mail: fornasari@farma9.csfic.cnr.it

Dr. Cecilia Gotti
e-mail: gotti@farma4.csfic.mi.cnr.it

Università degli Studi di Milano
Dipartimento di Farmacologia, Chemoterapia
e Tossicologia Medica "Emilio Trabucchi"
Via Vanvitelli, 32
20129 Milano
ITALY

With 77 Figures and 22 Tables

ISBN 978-3-642-63027-9

Library of Congress Cataloging-in-Publication Data
Neuronal nicotinic receptors / editors, F. Clementi, D. Fornasari, and C. Gotti; contributors E.X. Albuquerque... [et al.].
  p. cm. - (Handbook of experimental pharmacology; v. 144)
Includes bibliographical references and index.
ISBN 978-3-642-63027-9   ISBN 978-3-642-57079-7 (eBook)
DOI 10.1007/978-3-642-57079-7
  1. Nicotinic receptors. I. Clementi, Francesco. II. Fornasari, D. (Diego). III. Gotti, Cecilia. IV. Series.
QP905.H3 vol. 144
[QP364.7]
615'.1 s - dc21
[612.8'042]   00-026351

This work is subject to copyright. All rights are reserved, whether the whole or part of the material is concerned, specifically the rights of translation, reprinting re-use of illustrations, recitation, broadcasting, reproduction on microfilms or in any other way, and storage in data banks. Duplication of this publication or parts thereof is permitted only under the provisions of the German Copyright Law of September 9, 1965, in its current version, and permission for use must always be obtained from Springer-Verlag. Violations are liable for Prosecution under the German Copyright Law.

© Springer-Verlag Berlin Heidelberg 2000
Originally published by Springer-Verlag Berlin Heidelberg New York in 2000
Softcover reprint of the hardcover 1st edition 2000

The use of general descriptive names, registered names, etc. in this publication does not imply, even in the absence of a specific statement, that such names are exempt from the relevant protective laws and regulations and free for general use.

Product liability: The publishers cannot guarantee the accuracy of any information about dosage and application contained in this book. In every individual case the user must check such information by consulting the relevant literature.

Coverdesign: design & production GmbH, Heidelberg

Typesetting: Best-set Typesetter Ltd., Hong Kong

SPIN: 10691049   27/3020 - 5 4 3 2 1 0 - printed on acid-free paper

Preface

The study of neuronal nicotinic receptors started in 1889 with the famous article by Langley and Dickinson (*Proceedings of the Royal Society of London*, Vol. 46, pp. 423–431), who first reported that nicotine could block neuronal transmission in the superior cervical ganglion. The concept of the presence of nicotinic receptors soon followed in subsequent papers published by Langley in 1905 and 1906 (*Journal of Physiology*, Vol. 33, pp. 374–413 and *Proceedings of the Royal Society of London, series B*, Vol. 78, pp. 170–194).

Until only a few years ago, knowledge of neuronal nicotinic receptors remained confined to the ganglia, which were seen as a piece of brain transmitted to the periphery but still preserving (although to a limited extent) all of the qualitative peculiarities characteristic of the complicated construction of the central nervous system. The state-of-the-art of muscle and neuronal nicotinic receptors as it was at that time was authoritatively reviewed in the *Handbook of Experimental Pharmacology, Vol. 42, Neuromuscular Junction* edited by E. Zaimis (1976), and *Vol. 53, Pharmacology of Ganglionic Transmission* edited by D. A. Kharkevich (1980), and more recently in *Vol. 86, The Cholinergic Synapse* edited by V. P. Whittaker (1988).

Since then, however, the advances made by the combined efforts of scientists in molecular and cellular biology, medicinal chemistry, experimental psychology, molecular medicine and non-invasive diagnostics have completely revolutionised the field and greatly increased our knowledge of the structure, functions and pharmacology of these molecules, thus opening up the pathway towards furthering our understanding of their role in normal and diseased brain function. As the number of scientific articles, symposia and international meetings devoted to neuronal nicotinic receptors continues to increase, we feel that the time has come for a monographic textbook that summarises and critically reviews the different aspects of this rapidly expanding field of neuroscience. We have tried to cover the basic aspects of nicotinic receptors (their structure, biophysics and pharmacology) within the general context of the role of cerebral cholinergic pathways, but also to show their relevance to the complex cognitive functions of normal and diseased brains. This latter aspect is of considerable importance because nicotinic receptors are major targets in degenerative diseases, some affective disorders such as schizophrenia and anxiety, La Tourette's syndrome and some forms of epilepsy. An understanding of their role may indicate whether, in addition to their known usefulness in the non-invasive diagnosis and monitoring of these diseases, nicotinic agonists and antagonists may also be useful in their treatment. A number of academic and industrial laboratories are currently searching for new selective and efficacious drugs, and this aspect is also covered in the book. Finally, the difficult question of the role of nicotinic receptors in tobacco smoking addiction is explored in depth, as well as the molecular and cellular mechanisms that may underlie it.

We have attempted to provide a comprehensive overview and an up-to-date critical review of the most important data concerning these molecules, with the aim of offering both experts and newcomers a useful point of reference and a stimulus for further investigations in the basic and applied nicotinic field. If we have succeeded in our goal, the merit goes to the individual contributions of the renowned experts in the field, who have done their best to combine classical data with the latest findings. We found it a highly rewarding experience to be able to interact closely with them and gain unique insights into this rapidly evolving field of research. Since this is a multi-author volume, it is inevitable that some parts of it overlap; however, we feel that this has the advantage of allowing similar data to be discussed from different standpoints, particularly given the number of intriguing questions that are still open to debate.

We would particularly like to extend our thanks to the publishers of the handbook for giving us this wonderful opportunity and scientific challenge, and to Doris Walker of Springer's editorial office for her much appreciated patience and endurance.

Milano, November 1999

FRANCESCO CLEMENTI
DIEGO FORNASARI
CECILIA GOTTI

List of Contributors

ALBUQUERQUE, E.X., Department of Pharmacology and Experimental
   Therapeutics, University of Maryland School of Medicine,
   655 W. Baltimore Street, Baltimore MD 21201, USA
   e-mail: ealbuque@umaryland.edu
   and Departamento de Farmacologia Básica e Clínica, ICB, CCS,
   Universidade Federal do Rio de Janeiro, Rio de Janeiro, RJ 21944, Brazil

ALKONDON, M., Department of Pharmacology and Experimental
   Therapeutics, University of Maryland School of Medicine,
   655 W. Baltimore Street, Baltimore MD 21201, USA

ARNERIC, S.P., DuPont Pharmaceutical Company, CNS Diseases Research,
   Experimental Station – E400/4414, Wilmington, DE 19880-0400, USA
   e-mail: stephen.p.arneric@dupontpharma.com

BALLIVET, M., Département de Biochimie, Université de Genève,
   Sciences II, 30, quai Ernest-Ansermet, CH-1211 Genève 4, Switzerland
   e-mail: marc.ballivet@sc2a.unige.ch

BERG, D.K., Department of Biology, 0357, University of California,
   San Diego, 9500 Gilman Drive, La Jolla, CA 92093, USA
   e-mail: dberg@ucsd.edu

BERTRAND, D., Department of Physiology, Faculty of Medicine, CMU,
   1, rue Michel-Servet, CH-1211 Geneva 4, Switzerland
   e-mail: daniel.bertrand@medecine.unige.ch

BROWN, D.A., Department of Pharmacology, University College London,
   Gower Street, London, WC1E 6BT, United Kingdom
   e-mail: d.a.brown@ucl.ac.uk

BUISSON, B., Department of Physiology, Faculty of Medicine, CMU,
   1, rue Michel-Servet, CH-1211 Geneva 4, Switzerland

CHANG, K.T., Department of Biology, 0357, University of California, San Diego, 9500 Gilman Drive, La Jolla, CA 92093, USA

CHANGEUX, J.-P., CNRS UA D1284-"Neurobiologie Moleculaire", Institut Pasteur, 28, rue du Dr. Roux, F-75724 Paris Cédex 15, France
e-mail: changeux@pasteur.fr

CLEMENTI, F., CNR – Department of Pharmacology and Cellular and Molecular Pharmacology Center, Università degli Studi di Milano, Via Vanvitelli, 32, I-20129 Milano, Italia
e-mail: clementi@csfic.mi.cnr.it

COLLINS, A.C., Institute for Behavioral Genetics, University of Colorado, Box 447, Boulder, CO 80309, USA
e-mail: al.collins@colorado.edu

COLQUHOUN, D., Department of Pharmacology and Wellcome Laboratory for Molecular Pharmacology, University College London, Gower Street, London WC1E 6BT, United Kingdom
e-mail: d.colquhoun@ucl.ac.uk

COURT, J., MRC Neurochemical Pathology Unit, Newcastle General Hospital, Westgate Road, Newcastle upon Tyne NE4 6BE, United Kingdom

CUEVAS, J., Department of Biology, 0357, University of California, San Diego, 9500 Gilman Drive, La Jolla, CA 92093, USA

DENERIS, E.S., Case Western Reserve University, School of Medicine, Department of Neurosciences, 2109 Adelbert Rd., Cleveland, OH 44106, USA
e-mail: esd@po.crwu.edu

DI CHIARA, G., Dipartimento di Tossicologia, Università di Cagliari, Viale A. Diaz 182, I-09126 Cagliari, Italia
e-mail: diptoss@tin.it

EISENBERG, H.M., Department of Neurosurgery, University of Maryland School of Medicine, 655 W. Baltimore Street, Baltimore MD 21201, USA

FRANCIS, M.M., Department of Molecular Medicine, NYSCVM, Cornell University, Ithaca, NY 14853, USA

List of Contributors

GOTTI, C., CNR, Dipartimento di Farmacologia, Chemoterapie e Tossicologia Medica "Emilio Trabucchi", Università degli Studi di Milano, Via Vanvitelli, 32, I-20129 Milano, Italia
e-mail: gotti@csfic.mi.cnr.it

GUNDELFINGER, E.D., Leibniz Institute for Neurobiology, Department of Neurochemistry and Molecular Biology, Postfach 1860, D-39008 Magdeburg, Germany
e-mail: gundelfinger@ifn-magdeburg.de

HANKE, W., Institute of Zoophysiology, Hohenheim University, D-70599 Stuttgart , Germany

HOLLADAY, M.W., SIDDICO, INC., Tuscon, AZ, USA

KAISER, S., Department of Biology and Biochemistry, University of Bath, Claverton Down, Bath BA2 7AY, United Kingdom

KELLER, S.H., Department of Pharmacology, University of California at San Diego, School of Medicine, 9500 Gilman Drive, La Jolla, CA 92093-0636, USA

KELTON, M., Clinical Neuroscience Unit and Geriatric Psychiatry Service, Department of Psychiatry, University of Vermont College of Medicine, 1 South Prospect Street, Burlington, VT 05403, USA

LEONARD, S.S., Psychopharmacology, C268-71, Colorado Psychiatric Hospital, 4200 East Ninth Ave., Denver, CO 80262, USA
e-mail: sherry.leonard@uchsc.edu

LEVIN, E.D., Department of Psychiatry, Neurobehavioral Research Laboratory, Box #3412, Duke University Medical Center, Durham, NC 27710, USA
e-mail: edlevin@acpub.duke.edu

LINDSTROM, J., Department of Neuroscience, Medical School of the University of Pennsylvania, 217 Stemmler Hall, Philadelphia, PA 19104-6074, USA
e-mail: jslkk@mail.med.upenn.edu

MAELICKE, A., Laboratory of Molecular Neurobiology, Institute of Physiological Chemistry and Pathobiochemistry, Johannes-Gutenberg University Medical School, Duesbergweg 6, D-55099 Mainz, Germany
e-mail: Alfred.Maelicke@uni-mainz.de

MALANY, S., Department of Pharmacology, University of California at San
  Diego, School of Medicine, 9500 Gilman Drive, La Jolla, CA 92093-0636,
  USA

MARUBIO, L.M., Neurobiologie Moléculaire Institut Pasteur,
  28 rue du Dr. Roux, F-75724 Paris Cédex 15, France
  e-mail: marubio@pasteur.fr

MATTER, J.-M., Département de Biochimie, Université de Genève,
  Sciences III, 30, quai Ernest-Ansermet, CH-1211 Genève 4, Switzerland

MCINTOSH, J.M., Departments of Psychiatry and Biology, 257 South 1400
  East University of Utah, Salt Lake City, UT 84112-0840, USA
  e-mail: mcintosh@bioscience.utah.edu

MILLAR, N.S., Department of Pharmacology and Wellcome Laboratory for
  Molecular Pharmacology, University College London, Gower Street,
  London WC1E 6BT, United Kingdom

MOLLES, B., Department of Pharmacology, University of California at San
  Diego, School of Medicine, 9500 Gilman Drive, La Jolla, CA 92093-0636,
  USA

NEWHOUSE, P., Clinical Neuroscience Unit and Geriatric Psychiatry Service,
  Department of Psychiatry, University of Vermont College of Medicine,
  1 South Prospect Street, Burlington, VT 05403, USA
  e-mail: pnewhous@zoo.uvm.edu or Paul.Newhouse@vtmednet.org

NORDBERG, A., Division of Molecular Neuropharmacology, Department of
  Clinical Neuroscience, Occupational Therapy and Elderly Care Research,
  Karolinska Institutet, Huddinge University Hospital,
  B84, S-141 86 Huddinge, Sweden
  e-mail: Agneta.Nordberg@NEUROTEC.ki.se

OSAKA, H., Department of Pharmacology, University of California at San
  Diego, School of Medicine, 9500 Gilman Drive, La Jolla, CA 92093-0636,
  USA

PAPKE, R.L., Department of Pharmacology and Therapeutics,
  Box 100267 JHMHSC, University of Florida, Gainesville,
  FL 32610-0267, USA
  e-mail: rpapke@college.med.ufl.edu

PEREIRA, E.F.R., Department of Pharmacology and Experimental
  Therapeutics, University of Maryland School of Medicine,
  655 W. Baltimore Street, Baltimore MD 21201, USA

PERRY, E., MRC Neurochemical Pathology Unit, Newcastle General
Hospital, Westgate Road, Newcastle upon Tyne NE4 6BE,
United Kingdom

PICARD, F., Department of Physiology, Faculty of Medicine, CMU,
1, rue Michel-Servet, CH-1211 Geneva 4, Switzerland

SARGENT, P.B., Departments of Stomatology and Physiology,
Divison of Oral Biology, HSW-604, University of California,
San Francisco, CA 94143-0512, USA
e-mail: sargent@itsa.ucsf.edu

SCHRATTENHOLZ, A., Laboratory of Molecular Neurobiology, Institute of
Physiological Chemistry and Pathobiochemistry, Johannes-Gutenberg
University Medical School, Duesbergweg 6, D-55099 Mainz, Germany

SCHULZ, R., Leibniz Institute for Neurobiology, Department of
Neurochemistry and Molecular Biology, Postfach 1860,
D-39008 Magdeburg, Germany

SHOOP, R.D., Department of Biology, 0357, University of California,
San Diego, 9500 Gilman Drive, La Jolla, CA 92093, USA

SIVILOTTI, L.G., Department of Pharmacology, The School of Pharmacy,
29/39 Brunswick Square, London, WC1N IAX, United Kingdom

SOLIAKOV, L., Department of Biology and Biochemistry, University of Bath,
Claverton Down, Bath BA2 7AY, United Kingdom

STITZEL, J.A., Department of Pharmacology, CCGC Rm 2150, University of
Michigan Medical Center, 1500 E. Medical Center Dr., Ann Arbor,
MI 48109-0930, USA
e-mail: sitzel@umich.edu

TAYLOR, P., Department of Pharmacology, University of California at San
Diego, School of Medicine, 9500 Gilman Drive, La Jolla, CA 92093-0636,
USA
e-mail: pwtaylor@ucsd.edu

WONNACOTT, S., Department of Biology and Biochemistry, University of
Bath, Claverton Down, Bath BA2 7AY, United Kingdom
e-mail: bsssw@bath.ac.uk

Zoli, M., Dipartimento di Scienze Biomediche, sezione di Fisiologia,
Università di Modena, via Campi 287, I-41100 Modena, Italia
e-mail: mzoli@unimo.it
and CNRS UA D1284, Neurobiologie Moléculaire, Institut Pasteur,
28 rue du Dr. Roux, F-75724 Paris Cedex 15, France

Contents

Section I: Introduction to Neuronal Nicotinic Receptors

CHAPTER 1

The History of the Neuronal Nicotinic Receptors
D.A. BROWN 3

A. The Autonomic Ganglion: The Archetypical Neuronal Nicotinic
   Receptor 3
B. Nicotinic Acetylcholine Receptors in the Central Nervous
   System 5
C. Presynaptic Nicotinic Receptors 7
References 8

CHAPTER 2

Distribution of Cholinergic Neurons in the Mammalian Brain with Special Reference to their Relationship with Neuronal Nicotinic Acetylcholine Receptors
M. ZOLI. With 1 Figure 13

A. Distribution of Cholinergic Neurons in Neural Tissues 13
   I. The Basal Telencephalic System 13
   II. Striatal Interneurons 15
   III. The Habenulo-Interpeduncular System 15
   IV. The Mesopontine Tegmental System 16
   V. Brainstem and Spinal Cord Motor Nuclei 16
   VI. Medullary Tegmentum 16
   VII. Peripheral Ganglia and Retina 17
   VIII. Putative Cholinergic Systems 17
   IX. Comparative Aspects 17
B. Distribution of Nicotinic Receptors with Respect to
   Cholinergic Neurons 20
   I. Location of nAChRs in Cholinergic and Cholinoceptive
      Cells 20
      1. Heteroreceptors 21

      2. Subunit Composition of Heteroreceptors 22
      3. Autoreceptors 23
      4. Subunit Composition of Autoreceptors 24
   II. Wiring Vs Volume Transmission in Cholinergic Systems 24
References 26

Section II: Genes, Structure, and Distribution of Neuronal Nicotinic Receptors

CHAPTER 3

Gene Structure and Transcriptional Regulation of the Neuronal Nicotinic Acetylcholine Receptors
J.-M. MATTER and M. BALLIVET. With 4 Figures 33

A. Background 33
B. Functional Groupings and Gene Structure 34
   I. Function and Sequence Homology Scores 35
   II. Function and Gene Structure 36
C. Expression and Regulation of the Neuronal nAChR Genes 39
   I. nAChRs in the Adult Retina 39
   II. nAChRs in the Developing Retina 40
   III. Role of Innervation and Target Tissues on nAChR
      Expression 41
D. Identification of Cis-acting Regulatory Elements 43
   I. nAChR Genes as a Model for Neuron-Specific Gene
      Transcription 43
   II. Technical Tools to Investigate Transcriptional
      Regulation 43
   III. Identification of Cis-acting Elements that Regulate
      Transcription 44
      1. The $\beta 2$ Gene – The Role of Silencing Elements 44
      2. The $\alpha 7$ Gene 45
      3. $\alpha 3$ and $\beta 4$ – The Role of Ubiquitous Transcription
         Factors 46
   IV. A Network of Neuronal bHLH Transcription Factors
      Regulates $\beta 3$ in Retina 47
References 49

CHAPTER 4

Transcriptional Regulation of Neuronal nAChR Subunit Genes
E.S. DENERIS. With 3 Figures 57

A. Introduction 57
B. Cell-Type Specific Transcription 59
C. DNA Regulatory Elements and Transcription Factors 60
   I. $\alpha 2$ Gene 60
     1. Avian $\alpha 2$ Regulatory Region 60
     2. $\alpha 2$ Silencer Region 60
   II. $\alpha 7$ Gene 61
     1. Chicken $\alpha 7$ Promoter 61
     2. Bovine $\alpha 7$ Promoter 61
   III. $\beta 2$ Gene 63
     1. Mouse $\beta 2$ Promoter 63
     2. Transgenic Analysis of the $\beta 2$ Promoter 63
     3. $\beta 2$ Neuron Restrictive Silencer Element 64
   IV. $\beta 4$, $\alpha 3$, $\alpha 5$ Gene Cluster 64
     1. Rat $\beta 4$ Promoter 65
     2. Rat and Human $\alpha 3$ Promoters 66
     3. Activation of the Rat $\alpha 3$ Promoter by the POU Factor, SCIP 68
     4. Transgenic Analysis of Rat $\alpha 3$ Upstream Region 69
     5. Rat $\beta 4 3'$ Enhancer 69
D. Conclusions and Future Directions 73
References 73

CHAPTER 5

Contributions of Studies of the Nicotinic Receptor from Muscle to Defining Structural and Functional Properties of Ligand-Gated Ion Channels
P. TAYLOR, H. OSAKA, B. MOLLES, S.H. KELLER, and S. MALANY.
With 4 Figures 79

A. Introduction 79
B. Functional Aspects of the Nicotinic Receptor in Skeletal Muscle 81
C. Isolation and Characterization of Nicotinic Receptors 82
D. Structure of the Muscle Nicotinic Receptor 83
E. Biophysical Properties of Muscle Receptors 88
F. Natural Toxins that Block Motor Activity 89
G. Congenital Myasthenia Syndromes from Receptor Mutations 91

H. Biosynthesis and Assembly of the Receptor Subunits	93
I. Regulation of Nicotinic Acetylcholine Receptor Expression	95
References	96

CHAPTER 6

The Structures of Neuronal Nicotinic Receptors
J. LINDSTROM. With 3 Figures 101

A. Muscle AChRs Provide the Model for Neuronal AChRs	101
I. Subunits Which Comprise Muscle AChRs	102
II. Structures of the Muscle AChR Subunits	103
III. Organization of Subunits Around the Central Cation Channel	110
IV. Acetylcholine Binding Sites in the Extracellular Domain	110
V. The Main Immunogenic Region in the Extracellular Domain and Myasthenia Gravis	112
VI. Cation-Specific Channel and Its Gate	123
VII. Large Cytoplasmic Domain	123
VIII. AChR Mutations in Congenital Myasthenic Syndromes	124
B. Neuronal AChRs Which Can Function as Homomers	124
I. Subunits Which Comprise Homomeric Neuronal AChRs	125
II. Structures of the Homomeric Neuronal AChR Subunits	127
III. Organization of Subunits Around the Central Channel	128
IV. Special Properties of Homomeric Neuronal AChRs	131
V. Involvement of Homomeric Neuronal AChRs in Diseases	133
C. Heteromeric Neuronal AChRs	134
I. Structures of the Subunits of Heteromeric Neuronal AChRs	137
II. Organization of Subunits Around the Central Channel	139
III. Special Properties of Heteromeric Neuronal AChRs	140
IV. Involvement of Heteromeric Neuronal AChRs in Diseases	144
D. Conclusions and Current Problems	146
References	147

CHAPTER 7

The Distribution of Neuronal Nicotinic Acetylcholine Receptors
P.B. SARGENT. With 3 Figures 163

A. Introduction 163
B. Nicotinic AChRs in Non-neuronal Cells 164
C. Regional Distribution of AChRs Within the Peripheral
   Nervous System 164
   I. Autonomic Ganglia 164
   II. Sensory Ganglia 165
D. Regional Distribution of AChRs Within the Central Nervous
   System 165
   I. Mapping Studies with [^{3}H]Nicotine and with Ligands
      for $\alpha4$ and $\beta2$ 166
   II. Mapping Studies with ^{125}I-α-Bgt and with Ligands
       for $\alpha7$ 173
   III. Mapping Studies with Ligands for $\alpha3$ 174
   IV. Mapping Studies with Ligands for $\beta4$ 174
   V. Mapping Studies with Ligands for $\alpha2$, $\alpha5$, $\alpha6$, and $\beta3$ 174
   VI. Species Differences among Mammals 175
   VII. AChR Mapping in Chicken Brain 176
E. Distribution of AChRs on the Neuronal Surface 176
   I. Peripheral Nervous System
      (see also Chap. 10, this volume) 176
   II. Central Nervous System 180
F. Presynaptic AChRs/Extrasynaptic AChRs 182
G. Regulation of AChR Distribution 182
H. Conclusion 184
References 184

CHAPTER 8

Presynaptic Neuronal Nicotinic Receptors:
Pharmacology, Heterogeneity, and Cellular Mechanisms
S. KAISER, L. SOLIAKOV, and S. WONNACOTT. With 2 Figures 193

A. Introduction 193
B. Pharmacology and Heterogeneity of Presynaptic Nicotinic
   Receptors 195
   I. Acetylcholine 195
   II. Dopamine 196
   III. Noradrenaline 197
   IV. 5-Hydroxytryptamine 198
   V. γ-Aminobutyric Acid 199
   VI. Glutamate 199

	VII. Adenosine Triphosphate	200
	VIII. Summary	200
C.	Molecular and Cellular Mechanisms Underlying the Nicotinic Modulation of Transmitter Release	201
	I. Na⁺ Dependence and Tetrodotoxin Sensitivity	201
	II. Ca²⁺ Dependence and Involvement of Voltage Operated Ca²⁺ Channels	201
	III. The Involvement of Second Messengers in the Nicotinic Modulation of Neurotransmission	203
	1. Protein Kinase C	203
	2. CaM Kinase II	205
	3. Tyrosine Kinase Signalling Pathways	205
D.	Concluding Remarks	206
References	206

CHAPTER 9

Neuronal Nicotinic Acetylcholine Receptors in Development and Aging
M. ZOLI. With 4 Figures 213

A. Development of Neuronal Nicotinic Acetylcholine Receptors 213
  I. Development of Neuronal Nicotinic Acetylcholine Receptors in the Peripheral Nervous System 214
    1. Phenomenological Aspects 214
    2. Mechanistic Aspects 215
    3. Conclusions 216
  II. Development of Neuronal Nicotinic Acetylcholine Receptors in the Central Nervous System 217
    1. Avian Central Nervous System 218
    2. Rodent Central Nervous System 218
    3. Human Central Nervous System 223
    4. Conclusions 224
  III. Role of Neuronal Nicotinic Acetylcholine Eeceptors in the Development of Nicotinoceptive Cells 224
    1. Effects of Nicotine Exposure on the Development of the Central Nervous System 225
    2. Mechanistic Aspects of the Morphogenetic Actions of Neuronal Nicotinic Acetylcholine Receptors 227
    3. Conclusions 228
B. Neuronal Nicotinic Acetylcholine Receptors During Aging 229
  I. Neuronal Nicotinic Acetylcholine Receptors During Normal Aging 229
  II. Neuronal Nicotinic Acetylcholine Receptors During Pathological Aging 231

    III. Role of Neuronal Nicotinic Receptors in Normal and
         Pathological Aging 232
         1. Neuronal Nicotinic Acetylcholine Receptors and
            Amyloid 233
         2. Neuronal Nicotinic Acetylcholine Receptors and
            Apolipoprotein E 234
         3. Neuronal Nicotinic Acetylcholine Receptors and Cell
            Loss 234
         4. Conclusions 235
  C. General Conclusions 236
  References 237

CHAPTER 10

Nicotinic Acetylcholine Receptors in Ganglionic Transmission
D.K. BERG, R.D. SHOOP, K.T. CHANG, and J. CUEVAS.
With 4 Figures 247

A. Introduction 247
B. Nicotinic Receptor Composition in Ganglia 248
   I. Immunological Identification 248
   II. Electrophysiological Features 249
C. Subcellular Locations and Postsynaptic Roles 250
   I. Synaptic Currents 250
   II. Somatic Spines Versus Postsynaptic Densities 252
   III. Functional Significance 254
D. Presynaptic Nicotinic Receptors in Ganglia 257
E. Regulation of Ganglionic Nicotinic Receptors 258
   I. Receptor Regulation by Cell-Cell Interactions 258
   II. Developmental Regulation 259
   III. Molecular Controls 260
F. Future Challenges 262
G. References 262

Section III: Functional Properties

CHAPTER 11

Neuronal Nicotinic Acetylcholine Receptors:
From Biophysical Properties to Human Diseases
B. BUISSON, F. PICARD, and D. BERTRAND. With 7 Figures 271

A. Introduction 271
B. Reconstitution and Recording of Neuronal nAChRs 274
C. The Allosteric Model 275

D.	Functional Domains of the Neuronal nAChR	277
E.	The Agonist Binding Site: Structure and Modulations	278
	I. Structural Determinants for Acetylcholine Binding	278
	II. Allosteric Modulation of the nAChR Pharmacological Profile	279
F.	The nAChR Ion Channel: Stratification, Permeability, Conductance, Rectification and Blockade	282
	I. Structure of the Ionic Pore at the Amino Acid Level	282
	II. The Ionic Selectivity	284
	III. Single Channels Properties of nAChRs	285
	IV. Mechanisms Governing the Neuronal nAChR Rectification	288
	V. Channel Mutations in Neurological Diseases	289
	VI. Open Channel Blockers	290
G.	Conclusion	292
References		293

CHAPTER 12

The Functional Diversity of Nicotinic Receptors in the Nervous System: Perspectives on Receptor Subtypes and Receptor Specialization
M.M. FRANCIS and R.L. PAPKE. With 2 Figures 301

A.	Introduction	301
B.	Functional Domains of Single Subunits	304
C.	Calcium and Neuronal nAChR	305
D.	Neuronal nAChR Pharmacology	306
E.	Changes in Gene Expression with Development	308
F.	Functions Served by Neuronal nAChR in the PNS	310
G.	Ganglionic Blockers	312
H.	Functions Served by Neuronal nAChR in the CNS	315
I.	Presynaptic Receptors	317
J.	Special Properties of $\alpha 7$ Receptors	323
K.	Neuronal nAChR and Developing Therapeutics	325
L.	Future Perspectives	329
References		329

CHAPTER 13

Neuronal Nicotinic Receptors and Synaptic Transmission in the Mammalian Central Nervous System
E.X. ALBUQUERQUE, E.F.R. PEREIRA, M. ALKONDON, H.M. EISENBERG, and A. MAELICKE. With 6 Figures 337

A. Introduction 337

B. Experimental Requirements to Monitor Functional Nicotinic
   Receptors 338
C. Neuronal Nicotinic Receptors Present in Hippocampal
   Neurons in Culture and in Conventional Slices:
   Pharmacological and Kinetic Properties 339
   I. Nicotinic Receptors in Cultured Hippocampal Neurons ... 339
   II. Nicotinic Receptors in Hippocampal Neurons in
       Conventional Slices 343
D. Neuronal Nicotinic Receptors Control GABAergic and
   Glutamatergic Synaptic Transmission in the Hippocampus 345
E. Neuronal Nicotinic Receptors Bearing the $\alpha 7$ Subunit Mediate
   Synaptic Transmission in the CA1 Field of the Hippocampus 348
F. The Role of Choline in Controlling the Function of Nicotinic
   Receptors Bearing the $\alpha 7$ Subunit – Physiological Relevance 350
G. Concluding Remarks 351
References 353

CHAPTER 14

Properties of Heterologously and Lipid Bilayer Reconstituted Nicotinic Acetylcholine Receptors
C. GOTTI, W. HANKE, and F. CLEMENTI. With 4 Figures 359

A. Introduction 359
B. Experimental Requirements for Bilayer Reconstitution 360
   I. Formation of Lipid Bilayers 360
   II. Purification of nAChR Subtypes for Reconstitution 360
   III. Functional Channel Reconstitution 362
C. Reconstitution of nAChRs 363
   I. Muscle-Type Receptor 363
      1. $\alpha_2\beta\gamma\delta$ nAChR Channels Expressed in Various Cell
         Systems 364
         a) Calf and Torpedo $\alpha_2\beta\gamma\delta$ nAChR Channel 364
         b) Mouse $\alpha_2\beta\gamma\delta$ nAChR Channel 365
      2. $\alpha_2\beta\gamma\delta$ nAChR Channel Reconstituted in
         Lipid Bilayer 365
      3. $\alpha_2\beta\gamma\delta$ nAChR Reconstituted in Oocytes 366
      4. Desensitisation and Phosphorylation of $\alpha_2\beta\gamma\delta$ nAChR
         Reconstituted in Lipid Bilayers 367
   II. Neuronal-Type Receptor 367
      1. Insect α-Bgt Receptors 368
      2. Chick $\alpha 7$, $\alpha 8$, and $\alpha 7$-$\alpha 8$ Subtypes 368
      3. Chick $\alpha 6$ Subtype 370
D. Concluding Remarks 372
References 375

CHAPTER 15

Comparison of Native and Recombinant Neuronal Nicotinic Receptors: Problems of Measurement and Expression
L.G. SIVILOTTI, D. COLQUHOUN, and N.S. MILLAR. With 3 Figures 379

A. Introduction 379
B. Methods for Comparing Native and Recombinant Receptors 381
   I. Measurements of the Relative Potency of Agonists 381
   II. Measurements of the Relative Effectiveness of Antagonists 382
   III. Single Channel Measurements 383
   IV. Species Differences 384
C. Heterogeneity of Native Receptors 385
   I. The Chick Ciliary Ganglion 385
   II. Intracardiac Ganglia 388
   III. The Rat Superior Cervical Ganglion – Macroscopic Currents 389
   IV. Single Channel Studies of Native Ganglionic Receptors ... 390
   V. Antisense Methods on Embryonic Chick Sympathetic Ganglion Neurones 392
D. Heterologous Expression of Recombinant Receptors 393
   I. Muscle Nicotinic Receptors 394
   II. Glutamate (NMDA-Type) Receptors 395
   III. Neuronal Nicotinic Receptors 395
      1. Potency Ratios 396
      2. Single Channel Properties 397
   IV. Receptors with More Than Two Types of Subunit 401
E. Folding, Assembly and Posttranslational Modification 403
F. Conclusions and Prospects 407
References 407

Section IV: Pharmacological Properties

CHAPTER 16

Agonists and Antagonists of Nicotinic Acetylcholine Receptors
S.P. ARNERIC and M.W. HOLLADAY. With 2 Figures 419

A. Introduction 419
B. nAChR Subtype Classification 421
   I. Historical Perspective 421
   II. Molecular Biology of nAChR Subunits 423
   III. Radioligands Used to Identify nAChR Subtypes 424
C. Sites and Modulation of nAChR – Ligand Interaction 425
   I. Transition States 425
   II. The Nicotinic Pharmacophore 425

Contents XXIII

         III. The ACh Binding Site 426
         IV. Channel "Activator" Sites 427
          V. Ligand-binding Sites that Inhibit nAChR Function 427
             1. Noncompetitive (Negative Allosteric Modulators)
                Blockers 427
             2. Steroid Binding Sites 428
             3. Dihydropyridine Binding Site 429
             4. Arachidonic Acid Site 430
             5. Persistent Modulation of the nAChR Complex 430
     D. Pharmacologic Properties of Neuronal nAChRs 431
          I. Biochemical and Biophysical Properties of nAChRs
             Contributing to Pharmacology 431
         II. Selective Responsivity of nAChR Subunit
             Combinations 432
     E. SAR of Key Small Molecules Leading to Activation or Inhibition
        of nAChRs 434
          I. Inhibitors 434
             1. Peptide Toxins 434
             2. Methyllycaconitine (MLA) 435
             3. 4-Oxystilbenes 435
             4. Other Natural Products 435
         II. Positive Allosteric Modulators 436
        III. Activators 436
             1. ACh 436
             2. Nicotine 437
                a) Pyridine Ring Modified Analogs 437
                b) Pyrrolidine Ring Modified Analogs 438
                c) Conformationally Restricted Analogs 438
             3. Anabasine and Anabaseine 439
             4. *Trans-meta*-nicotine 439
             5. Epibatidine 440
             6. Anatoxin 440
             7. Pyridyl Ethers: Hybrid Compounds of ACh and
                Nicotine 441
     F. Cholinergic Channel Modulators: Rational for an Alternative
        Nomenclature 441
     G. Perspectives on the Future of Neuronal nAChR
        Pharmacology 442
     References 443

CHAPTER 17

Toxin Antagonists of the Neuronal Nicotinic Acetylcholine Receptor
J.M. MCINTOSH. With 1 Figure 455

   A. General Introduction 455
   B. Cautionary Note Regarding Species Differences 455

C. Small Molecule Toxins 456
   I. General Background 456
   II. Plant Toxins 457
      1. d-Tuborcurarine 457
      2. Dihydro-β-erythroidine 458
      3. Methyllycaconitine 459
      4. Strychnine 459
   III. Marine Toxins 460
      1. Neosurugatoxin 460
      2. Lophotoxin 460
D. Snake Venom Polypeptides 461
   I. General Background 461
   II. Snake α-Neurotoxins 461
      α-Bungarotoxin 461
   III. Snake κ-Neurotoxins 462
      κ-Bungarotoxin 462
E. *Conus* Venom Peptides 464
   I. General Background 464
   II. α-Conotoxins 465
      1. α-Conotoxin MII 465
      2. α-Conotoxin ImI 467
      3. α-Conotoxin AuIB 469
      4. α-Conotoxins PnIA/PnIB and Analogs 469
      5. α-Conotoxin EpI 469
      6. α-Conotoxin MI 470
F. Conclusion and Future Prospects 470
References 470

CHAPTER 18

Neuronal Nicotinic Acetylcholine Receptors in Non-neuronal Cells, Expression and Renaturation of Ligand Binding Domain, and Modulatory Control by Allosterically Acting Ligands
A. MAELICKE, A. SCHRATTENHOLZ, and E.X. ALBUQUERQUE.
With 4 Figures 477

A. Introduction 477
B. Expression of Neuronal Nicotinic Receptors in Mammalian
   Muscle and Tegumental Cells 478
C. Ectopically Expressed N-terminal Extracellular Domain of
   nAChR α Subunit 481
D. Modulatory Control of Nicotinic Receptors by Allosterically
   Acting Ligands 483
E. Allosteric Modulators as Drug Candidates 487
F. Concluding Remarks 490
References 490

CHAPTER 19

Insect Nicotinic Acetylcholine Receptors: Genes, Structure, Physiological and Pharmacological Properties
E.D. GUNDELFINGER and R. SCHULZ. With 4 Figures 497

A. Introduction 497
B. Identified Subunits of Insect nAChRs 498
    I. Molecular Cloning of Insect nAChR Genes and cDNAs 498
    II. Distribution Pattern of Identified nAChR Subunits in the CNS 504
    III. Efforts to Study Subunit Assembly 506
        1. Purification of α-Bgt-Binding Receptor Complexes 506
        2. Correlation of Cloned Subunits with α-Bgt Binding Sites 507
        3. Characterization of Cloned Subunits by Functional Expression in Heterologous Systems 508
C. Physiology and Pharmacology of Native Insect nAChRs 510
    I. Electrophysiological Characterization of Insect Neuronal Receptors 511
    II. Nicotinic Receptors as Targets for Insecticides 512
D. Nicotinic Receptors of Other Invertebrates 513
E. Conclusions and Perspectives 515
References 516

Section V: The Role of Nicotinic Acetylcholine Receptors in Neuronal Functions

CHAPTER 20

Knockout Mice as Animal Models for Studying Nicotinic Acetylcholine Receptor Function
L.M. MARUBIO and J.-P. CHANGEUX 525

A. Introduction 525
B. Using Knockout Mice as Models 525
C. Knockout of Muscle nAChR Subunits 526
D. The Pharmacology of Neuronal nAChRs Revealed Using Knockout Mice: The Incomplete Story 530
E. Behavioural Analysis of Knockout Mice 533
F. Conclusions and Future Directions 534
References 535

CHAPTER 21

Noninvasive Exploration of Nicotinic Acetylcholine Receptors In Vivo
A. NORDBERG. With 8 Figures 539

A. Introduction 539
   I. In Vitro Receptor Binding Studies 539
   II. In Vivo and Ex Vivo Studies 540
   III. Functional Brain Imaging 540
B. nAChR Ligands for PET and SPECT Studies 541
C. In Vivo [^{11}C]Nicotine Binding in Human Brain 545
   I. Quantification of Nicotine Binding Using k^*_2 Rate
      Constant 546
D. [^{11}C]Nicotine Binding in the Brain of Smokers 549
E. PET Studies of nAChRs in Alzheimer's Disease 549
   I. Visualization of nAChRs in Alzheimer Patients 549
   II. Effect of Drug Treatment on nAChRs in Alzheimer
      Patients as Studied by PET 550
      1. Growth Factors 551
      2. Ondansetron 552
      3. Cholinesterase Inhibitors 553
F. Conclusions 554
References 555

CHAPTER 22

Genetic Regulation of Nicotine-Related Behaviors and Brain Nicotinic Receptors
J.A. STITZEL, S.S. LEONARD, and A.C. COLLINS 563

A. Introduction 563
B. Human Tobacco Use 563
   I. Genetics of Smoking 563
   II. Potential Mechanisms for Genetic Influences on
      Smoking 564
C. Animal Studies of Acute Nicotine Sensitivity 566
   I. Genetics of Acute Sensitivity 566
      1. Inbred Strain Analyses of Acute Sensitivity to
         Nicotine 566
      2. Analysis of Acute Sensitivity to Nicotine Using Genetic
         Crosses 567
      3. Potential Role for nAChRs in Regulating Acute
         Sensitivity to Nicotine 568
   II. Genetic Influences on the Development of Tolerance to
      Nicotine 569
      1. Comparisons of Tolerance Development Using Inbred
         Mouse Strains 569

	2. Role of Changes in nAChR Numbers in Tolerance Development	570
	III. Animal Studies of Reinforcing Effects of Nicotine	571
	1. Genetics of Oral Self-administration	571
	2. Genetic Influences on Conditioned Place Preference	572
D.	Tobacco Use and Psychopathology	572
	I. Prevalence of Tobacco Use Among the Mentally Ill	572
	II. Brain nAChR Binding in Schizophrenics	574
	III. Animal Models of Auditory Gating	574
E.	Genetics of Nicotinic Receptors and Seizure Disorders	575
	I. Human Studies	575
	1. The $\alpha4$ nAChR and Seizure Disorders	575
	2. The $\alpha7$ Gene and Seizure Disorders	576
	II. Animal Studies	576
	1. Naturally Occurring Seizures	576
	2. Nicotine-Induced Seizures	577
F.	Summary and Conclusions	579
References		579

CHAPTER 23

The Role of Nicotinic Acetylcholine Receptors in Cognitive Function
E.D. LEVIN. With 3 Figures 587

A. Introduction 587
    I. Effects in Humans 587
    II. Laboratory Animals 588
    III. The Neural Basis of Nicotinic Effects on Cognition 589
    IV. Neurotransmitter Interactions 592
B. Therapeutic Possibilities 593
    I. Alzheimer's Disease 594
    II. Attention Deficit/Hyperactivity Disorder 594
    III. Schizophrenia 594
C. Summary and Conclusions 594
References 595

CHAPTER 24

Behavioural Pharmacology and Neurobiology of Nicotine Reward and Dependence
G. DI CHIARA. With 12 Figures 603

A. Introduction 603
    I. Defining Dependence and Addiction 603
B. Behavioural Stimulus Effects of Nicotine 606
    I. Discriminative Stimulus Effects of Nicotine 607

1. Animal Studies 607
2. Intracerebral Site of the Discriminative Stimulus
   Effects of Nicotine 610
3. Role of Dopamine in the Discriminative Stimulus
   Effects of Nicotine 611
4. Nicotine as a Discriminative Stimulus in Humans 614
5. Tolerance to the Discriminative Stimulus Effects of
   Nicotine 616
6. Summary 617
II. Motivational Stimulus Effects of Nicotine 618
III. Aversive Properties of Nicotine 618
1. Animal Studies 619
2. Human Studies 621
3. Summary 622
IV. Effects of Nicotine on Operant Behaviour 622
1. Intracranial Self-Stimulation 623
2. Effect of Nicotine on Operant Behaviour Maintained
   by Conventional Reinforcers 624
V. Nicotine Self-Administration 625
1. Pharmacokinetic Factors 625
2. Intravenous Self-Administration 626
3. Nicotine Antagonists on Nicotine Self-Administration
   in Animals 632
4. Extinction of Nicotine Self-Administration 632
5. Role of Dopamine in Nicotine Self-Administration 636
6. Human Studies 639
7. Reinstatement of Drug Self-Administration as a Model
   of Craving 639
8. Reinstatement of Intravenous Nicotine Self-
   Administration 640
9. Oral Nicotine Self-Administration 643
10. Smoking in Animals 644
11. Nicotine Intravenous Self-Administration in
    Humans 645
12. Nicotine Self-Administration by Nasal Spray in
    Humans 646
13. Nicotine as the Reinforcing Principle of Tobacco
    Smoke 648
14. Role of Peripheral and Non-Nicotine Factors in
    Tobacco Smoking 649
15. Nicotine Self-Administration in Animals as a Model of
    Human Nicotine Addiction 650
VI. Conditioned Place-Preference 654
C. Locomotion 656
I. Neural Mechanism 659

D. Latent Inhibition and Pre-Pulse Inhibition	660
E. Adaptation to Nicotine	661
I. Tolerance and Sensitization	662
1. Acute Tolerance	662
2. Chronic Tolerance and Sensitization	663
3. Cellular Basis of Adaptation to Nicotine	664
4. Nicotine Receptor Upregulation	665
5. Biochemical Correlates of Nicotine Tolerance in Humans	667
6. Behavioural Tolerance	667
7. Acute and Chronic Tolerance to Nicotine in Humans	668
8. Role of Tolerance to Nicotine in Tobacco Smoking	670
9. Role of Sensitization	672
II. Physiological Dependence on and Withdrawal from Nicotine	672
1. Animal Studies	673
2. Withdrawal from Nicotine in Humans	676
3. Role of Physiological Dependence in Tobacco Smoking	678
F. Neurochemical and Neurophysiological Actions of Nicotine Related to Addiction	680
I. Dopamine	680
1. Expression of nAChRs by Dopamine Neurons	681
2. In Vitro Dopamine Release Studies	682
3. In Vivo and Ex Vivo Studies	684
4. Electrophysiological Effects of Nicotine on Dopamine Neurons	688
5. Role of α7-Containing nAChRs and of Glutamate	689
6. Adaptive Changes of Dopamine Transmission After Nicotine Exposure	690
7. Desensitization	691
8. Desensitization of Somato-Dendritic nAChRs on Dopamine Neurons	692
9. Inactivation of Somato-Dendritic nAChRs on Dopamine Neurons	692
10. Tolerance and Dependence of Dopamine Transmission	693
11. Sensitization of Dopamine Transmission to Nicotine	698
12. Relationship Between Stimulation of In Vivo Dopamine Transmission by Nicotine and Behaviour	701
II. Noradrenaline	704
III. Serotonin	706

		IV. Opioid Peptides 706
		V. Amino Acid Transmitters 708
		VI. Immediate/Early Genes 708
	G. A Model of Nicotine Dependence by Tobacco Smoking 710
	References 715

CHAPTER 25

Involvement of Neuronal Nicotinic Receptors In Disease
F. CLEMENTI, J. COURT, and E. PERRY 751

A. Introduction 751
B. Diseases Affecting the Nervous System 751
	I. Developmental Disorders 751
		1. Tourette's Syndrome 751
		2. Schizophrenia 752
	II. Age-Independent Disorders 753
		1. Epilepsy 753
		2. Head Injury 754
		3. Depression 754
		4. Alcoholism 754
	III. Age-Related Degenerative Diseases of the Brain 754
		1. Aging 754
		2. Alzheimer's and Parkinson's Diseases – Cortical
		   Involvement 755
		3. Dementia with Lewy Bodies and Parkinson's Disease –
		   Subcortical Involvement 757
		4. Evidence for an Aetiopathological Role for nAChR in
		   Alzheimer's and Parkinson's Diseases Based on Human
		   Pathology and Tobacco Use 758
		5. Symptomatic Benefit of Nicotinic Agonists 760
	IV. Pathologies in Non-neuronal Tissues and Cells 761
		1. Lung Cells 761
			a) Small Cell Lung Carcinoma 761
			b) Other Lung Cells 762
		2. Vascular Smooth Muscle and Endothelial Cells 762
		3. Hypertension 763
		4. Keratinocytes 764
		5. Intestinal Epithelium 765
		6. Lymphocytes 765
C. Conclusion 766
References 767

CHAPTER 26

Clinical Aspects of Nicotinic Agents: Therapeutic Applications in Central Nervous System Disorders
P.A. NEWHOUSE and M. KELTON 779

A. Introduction 779
B. Pharmacokinetics and Pharmacodynamics 781
C. Cognitive and Behavioral Effects of Nicotine in Humans 782
D. Potential Clinical Applications 783
    I. Movement Disorders 783
        1. Parkinson's Disease 783
        2. Tourette's Syndrome 785
        3. Other Movement Disorders 786
    II. Cognitive Disorders 787
        1. Nicotinic Involvement in the Regulation of Cognitive Processes 787
        2. Alzheimer's Disease 788
            a) Studies of Nicotinic Antagonists in Alzheimer's Disease 790
            b) Studies of Nicotinic Agonists in Alzheimer's Disease 791
        3. Parkinson's Disease 793
        4. Nicotinic System Involvement in the Cognitive Disorders of the Cortical Dementias: Synthesis and Therapeutic Model 795
        5. Schizophrenia 796
        6. Attention Deficit Hyperactivity Disorder 798
    III. Other Potential Clinical Applications 799
        1. Analgesia 799
        2. Cytoprotection 800
        3. Smoking Cessation 802
        4. Anxiety/Depression 802
        5. Epilepsy 803
E. Further Directions 803
References 804

Subject Index 813

Section IV
Pharmacological Properties

CHAPTER 16
Agonists and Antagonists of Nicotinic Acetylcholine Receptors

S. P. ARNERIC and M. W. HOLLADAY

A. Introduction

The natural alkaloids nicotine and muscarine (Fig. 1) were the key pharmacologic tools that uncovered the two families of acetylcholine (ACh) receptors in the CNS. These families were defined by the action of these alkaloids to mimic the multiplicity of effects of ACh as a mediator of synaptic transmission (TAYLOR 1996). This was accomplished well before the recognition that nicotinic ACh receptors (nAChR) are ligand-gated ion channels (LGICs), and muscarinic ACh receptor (mAChR) families are seven transmembrane domain (7TM) coupled metabotropic receptors. In the past, the prevailing dogma of these receptors tended to view mAChRs as the primary (if not sole) mechanism required to understand the central neuropsychopharmacolgical effects of ACh (WATSON et al. 1987), while nAChRs were examined primarily for their role in mediating neuromuscular transmission and in mediating ganglionic transmission in the parasympathetic and sympathetic nervous systems (TAYLOR 1996). Indeed, clinically useful therapeutics have for some time been identified targeting the interruption of autonomic and neuroskeletal muscle transmission (TAYLOR 1996). Focus away from the CNS stemmed largely from two impressions. First, the low abundance of brain nAChRs (i.e., ten-fold lower than mAChRs) suggested to many that they are less likely to be physiologically important. Second, the difficulty in demonstrating nicotinically mediated synaptic transmission in the brain gave little impetus for others to further pursue the pharmacologic relevance of these receptors (CLARK et al. 1999). Also contributing to the lack of medicinal chemistry efforts and drug discovery focus for neuronal nAChRs has been a continuing negative association between nicotine and tobacco consumption (COHEN 1996; WILLIAMS and ARNERIC 1996). More recently, this trend has changed with recent studies at both the preclinical and clinical levels indicating that neuronal nAChRs may have a substantial role in enhancing the release of transmitters involved in facilitating cognitive performance, modulating affect, and in potently controlling nociceptive processes (DECKER et al. 1995; LINDSTROM 1997; DECKER and ARNERIC 1999).

In this chapter, the molecular neurobiological and pharmacological basis for nAChR modulation will be discussed. Emphasis will be given to the growing family of neuronal nAChRs (see Chaps. 3 and 6, this volume).

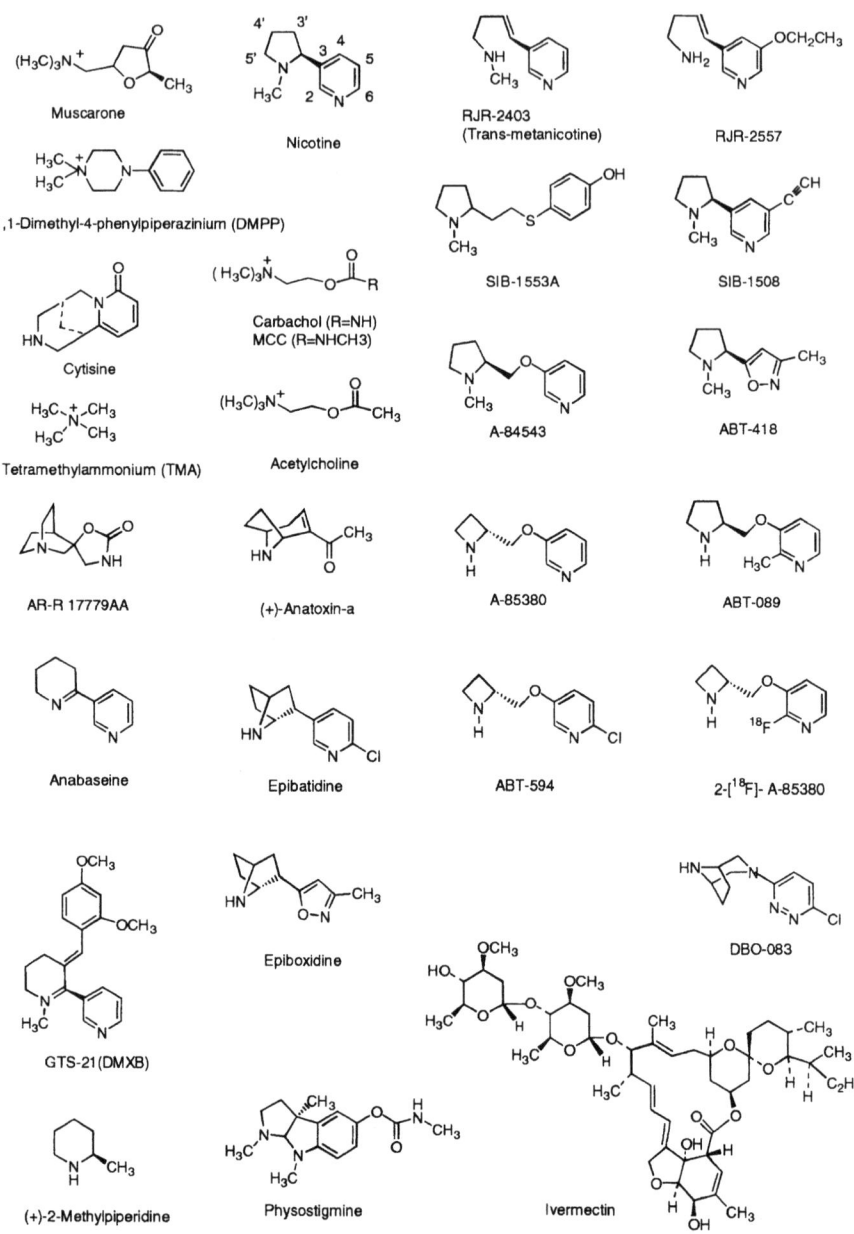

Fig. 1. Activators of neuronal nAChRs

Although already complex, the pharmacology of neuronal nAChRs is currently in its infancy. In this chapter the molecular biology of neuronal nAChRs is discussed within the context of the pharmacology of activators (i.e., agonists), inhibitors (i.e., antagonists), and allosteric modulators. In addition to nicotine and ACh, numerous other substances of natural origin have been discovered that either activate or inhibit nAChRs, and these compounds have provided valuable pharmacological tools for understanding the function and pharmacology of nAChRs. A number of these substances have served as important lead compounds in medicinal chemistry efforts to discover agents that selectively modulate nAChR subtypes (GLENNON and DUKAT 1996; HOLLADAY et al. 1995, 1997; MCDONALD et al. 1995, 1996; SWANSON et al. 1995). Several important nAChR modulators will be highlighted in order to gain a pharmacologic perspective on this growing area of pharmaceutical interest.

B. nAChR Subtype Classification

Defining receptor nomenclature in the nAChR area has been driven by classical pharmacology approaches, by the classification of various nAChRs based on their sensitivity to displacing radio labeled alkaloids and snake toxins, and more recently by the subunit composition of the nAChR complex. However, the field currently does not have a universally accepted convention for defining nAChRs subtypes.

I. Historical Perspective

Claude Bernard first localized the paralytic action of curare to the junction of the nerve and muscle in the 1850s. The structural elucidation and first clinical uses of curare began in the 1930s. Since then neuroskeletal blocking agents have remained in clinical use primarily as an adjuvant in surgical anesthesia to obtain relaxation of skeletal muscle, particularly in the abdominal wall (TAYLOR 1996).

In the late 1940s Barlow, Ing, Paton, and Zaimis, using structurally related receptor antagonists, provided evidence that the neuroskeletal muscle nAChRs could be distinguished from neuronal nAChRs (TAYLOR 1996). Decamethonium (C10; Fig. 2) is more effective than hexamethonium (C6; Fig. 2) in blocking muscle nAChRs, whereas C6 is effective in autonomic ganglia (TAYLOR 1996) leading to the description of "C10" (muscle) and "C6" (neuronal) receptors. Some years later an "N" nomenclature evolved. N_1 muscle receptors show selectivity for phenyltrimethylammonium (PTMA) as an agonist; elicit membrane depolarization in the presence of bis quaternary agents with C10 as the most potent, are preferentially blocked by the competitive antagonist d-tubocurarine (Fig. 2), and are pseudo-irreversibly blocked by α-bungarotoxin (α-Bgt). α-Bgt, obtained from the krait *Bungarus multicinctus*, is composed of a single 74 amino acid polypeptide chain that is

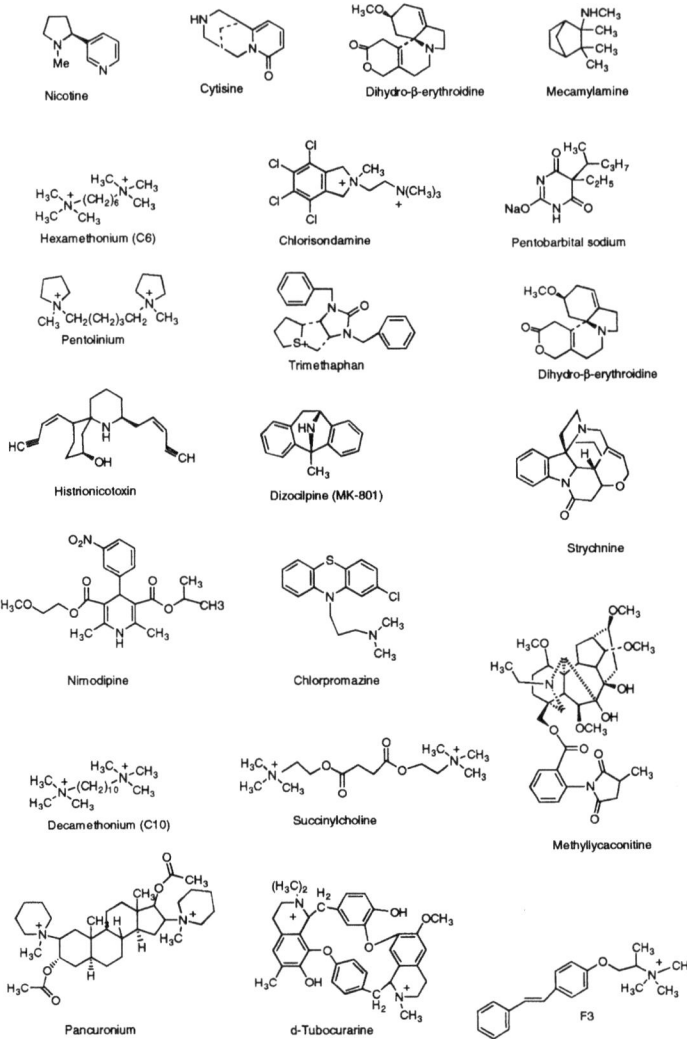

Fig. 2. Inhibitors of neuronal nAChRs

cross-linked by five disulfide bridges and was the first toxin shown to bind with high affinity to neuroskeletal muscle nAChRs but not to autonomic ganglia. N_2 receptors (i.e., those found in ganglia) are preferentially stimulated by 1,1-dimethyl-4-phenylpiperazinium (DMPP; Fig. 1); competitively blocked by trimethaphan (Fig. 2); blocked by bis quaternary agents, with C6 being the most potent; and are resistant to snake α-toxins, yet sensitive to neuronal bungarotoxin (n-Bgt: also known as κ-Bgt, α-Bgt 3.1, or toxin F; SCHULTZ et al. 1991). Structure activity studies around C6 and C10 resulted in the development of the first effective antihypertensive agents that included pentolinium, trimethaphan, and mecamylamine (Fig. 2). These compounds show selectivity between the ganglion and neuromuscular nAChRs, albeit with significant side effect liability that has led to their lack of use.

II. Molecular Biology of nAChR Subunits

Purification of the receptor from *Torpedo* led to the isolation of cDNAs that encode all of the subunits of the the neuromuscular nAChR (NUMA et al. 1983). In 1986, HEINEMANN, PATRICK, and their colleagues (BOULTER et al. 1986a,b) first cloned a neuronal subunit gene, followed over the next several years by ten additional related sequences (Chap. 3, this volume; LE NOVRE and CHANGEUX 1995; ORTELLS and LUNT 1995). Discussed below are additional details of these fundamental components of the nAChR.

The neuromuscular nAChR, the most extensively studied member of this pentameric LGIC superfamily, is composed of various subunits (e.g., $\alpha, \beta, \delta, \gamma, \varepsilon$) (Chap. 2, this volume; BOULTER et al. 1986a,b, 1987, 1990; McGEHEE and ROLE 1995). Neuronal nAChR subunit genes similarly encode for peptide sequences that have a relatively hydrophilic amino terminal portion, constituting a major extracellular domain of the receptor protein where ACh is thought to bind, followed by three hydrophobic transmembrane domains (M1–M3), a large intracellular loop, and a fourth hydrophobic transmembrane domain (M4). All subunit genes encode for a protein with two cysteines separated by 13 residues that align with cysteines 128 and 142 of the muscle α subunit. Of the neuronal genes cloned across species, eight ($\alpha 2 - \alpha 9$) code for α subunits (see McGEHEE and ROLE 1995; Chaps. 3 and 5, this volume, for reviews) based on the presence of adjacent cysteine residues in the predicted protein sequences, in a region homologous to the putative agonist binding site of the muscle α subunit ($\alpha 1$; Chap. 2, this volume). A conserved lysine in the N-terminal extracellular domain of these subunits is believed to be important in the binding of channel activators (Chap. 5, this volume). Three neuronal non-α subunits have been identified ($\beta 2 - \beta 4$) (SARGENT 1993). As a group however, β subunits are as different from each other as they are from α subunits (SARGENT 1993). Rat, human, and chick nAChR genes of the same name are highly homologous (>70% amino acid identity) (ANAND and LINDSTROM 1990; CHINI et al. 1992; DOUCETTE-STAMM et al. 1994; FORNASARI et al. 1990; SARGENT 1993; TARRONI et al. 1992). Of all the subunits cloned across species, only $\alpha 6$ and $\alpha 8$ have not been identified in human tissue. Continued cloning efforts are anticipated to result in the identification of novel nAChR subtypes.

Whether or not these additional gene products form non-ion-channel "nAChRs" (e.g., G protein, IP3, or potassium channel coupled) remains an interesting possibility for further pharmacologic diversity. Some intriguing functional/pharmacological evidence for this possibility has been discussed (SORENSON and GALLAGHER 1996; WONG and GALLAGHER 1991). However, the approaches used to detect these nonclassical nAChRs will require new cloning strategies.

III. Radioligands Used to Identify nAChR Subtypes

In the mammalian brain, two major neuronal nAChR subclasses can be defined (CLARK 1992) using radioligand binding: those recognizing α-Bgt with high affinity (α-Bgt nAChRs; $K_i \sim 0.5$ nM using ^{125}I-labeled α- or n-Bgt) and those that do not (non-α-Bgt nAChRs). α-Bgt nAChRs have low affinity for (−)-nicotine, whereas non-α-Bgt nAChRs have high affinity ($K_i = 0.5$–5 nM using [^{3}H](−)-nicotine; [^{3}H]ACh; [^{3}H]methylcarbamylcholine, MCC; and [^{3}H]cytisine) for (−)-nicotine (CLARKE et al 1985; PABREZA et al. 1991; SCHWARTZ et al. 1982). All four of these [^{3}H]agonist ligands are thought to interact with the same ACh binding sites on the non-α-Bgt nAChRs. The competitive antagonist, dihydro-β-erythroidine (DHβE; Fig. 2), an alkaloid isolated from *Erythina* seeds, also appears to bind directly to the neuronal nAChR in the brain. [^{3}H]DHβE binds to rat cortical membranes with nanomolar affinities, and shows a regional distribution of binding sites comparable to [^{3}H](−)-nicotine (WILLIAMS and ROBINSON 1984). Competition studies show that (−)-nicotine, (−)-lobeline (Fig. 1) and (−)-cytisine (Fig. 1) displace [^{3}H]DHβE binding whereas mecamylamine, pempidine, and C6 do not. Although each of these nAChR ligands gives comparable results both in terms of binding parameters and pharmacology in given brain regions, [^{3}H]cytisine is by far the best radioligand to use with respect to reproducibility and ease of use (e.g., radiochemical stability, high specific binding, slow off rate; ANDERSON and ARNERIC 1994). Binding experiments combined with immunoprecipitation techniques later demonstrated that greater than 90% of the high affinity [^{3}H](−)-nicotine binding sites in rat can be precipitated by antibodies raised against the α4 and β2 subunits (FLORES et al. 1992), while α7 gene deletion completely abolishes ^{125}I-labeled α-Bgt binding in mice (ORR-URTREGER et al. 1997).

The recent availability of [^{3}H]epibatidine (Fig. 1), a very high affinity ligand ($K_i \sim 40$ pM) with outstanding specific binding, has enabled the detection of a somewhat wider anatomical distribution in the rat brain due to its high affinity not only for the α4β2 subtype, but for α3- and α7-containing subtypes (HARVEY et al. 1996; PARKER et al. 1998; PERRY and KELLAR 1995). A radioligand with equivalent affinity and specific binding in whole brain membranes to epibatidine, yet having low affinity for α3- and α7-containing subtypes, is [^{3}H]A-85380 (ANDERSON et al. 1995; SULLIVAN et al. 1996). Because of the increased safety of the 3-pyridyl ether core structure relative to epibatidine (ABREO et al. 1996; HOLLADAY et al. 1998; MUSACHIO et al. 1997), this latter compound has been the focus for a series of new [^{18}F]-derivatives (e.g., 2-[^{18}F]A-85380; Fig. 1) that have shown promise as positron emission tomography ligands to clinically probe nAChR occupancy (VILLEMAGNE et al. 1999).

However, despite these significant advances, no ligands are currently available that have a substantial selectively for labeling the major subtype of nAChR, α4β2 (Chap. 19).

C. Sites and Modulation of nAChR – Ligand Interaction

I. Transition States

Studies of the muscle nAChR have provided our current concepts regarding the states of activation and desensitization of neuronal nAChRs (CHANGEUX et al. 1992). As a protein oligomer with defined properties of symmetry, nAChRs can undergo transitions that adopt distinct binding characteristics and states of ion channel opening (CHANGEUX et al. 1967; LENA and CHANGEUX 1993). Thus, the nAChR functions within the context of the MONOD, WYMAN, and CHANGEAUX's allosteric "concerted scheme" (MONOD et al. 1965; CHANGEUX 1990) for oligomeric proteins that incorporates the multiple states originally proposed by Katz and Thesleff (1957) for the nAChR. Distinct ligand binding sites, some sensitive to ACh and (–)-nicotine and others involving distinct classes of allosteric modulator on, and between, the various receptor subunits, can cooperatively modify, either positively or negatively, the equilibrium between the receptor states affecting the proportion of receptors existing in each state but not significantly altering the intrinsic binding and physiological properties of the states themselves.

The allosteric transition state model considers a minimum of four interconvertible states with differing rates of interconversion: a resting state (R); an activated state (A) with the channel opening in the microsecond to millisecond time scale and having low affinity ($10\,\mu M$ to $1\,mM$) for agonists; and two "desensitized" closed channel states (I or D) that are refractory to activation on a millisecond (I) to minute (D) time scale but exhibit high affinity (1–$1000\,nM$) for nAChR agonists and some antagonists. nAChR ligands may therefore be considered to differentially stabilize the conformational states to which they preferentially bind. For example, agonists like ACh and (–)-nicotine stabilize the active state and desensitized state, whereas some competitive antagonists (e.g., α-Bgt) stabilize the resting state, or at least stabilize the desensitized state (e.g., d-tubocurarine). Functionally, this has been illustrated in early studies where the stimulation of ganglia by tetramethylammonium or DMPP differed from that by (–)-nicotine in that the initial stimulation was not followed by a dominant blocking action, suggesting that agonists may be designed with differing abilities to desensitize the receptor. Thus, the affinity of different compounds for these transition states can be functionally translated into remarkably different pharmacological responses.

II. The Nicotinic Pharmacophore

Before the advent of molecular biology, classical structure activity studies were used to define the site of interaction with the nAChR. The historical considerations, the factors confounding pharmacophoric studies, and the influence of recent subtype selective agents on the nAChR pharmacophore model have been recently reviewed (GLENNON and DUKAT 1999). While attempts have been made for more than 50 years to define a nicotinic pharmacophore, the earlier studies focussed on the neuroskeletal nAChR and had no understanding for the structural basis for different subtypes of neuronal nAChRs. Two models that have dominated the conceptual thinking of the area have been the Beers and Reich model composed of an onium site separated by 5.9 Å by a hydrogen bond acceptor site, and the Sheridan model that employs a tertiary site of interaction. Neither model distinguishes between agonists and antagonists. Even today there has been little incorporation of the aspect of efficacy into building the current viewpoint of what the pharmacophore models should be for the growing subtypes of nAChRs. With the advent of the newer subtype selective compounds, a single pharmacophore model explaining the various agents has yet to be identified. Indeed, because of the molecular diversity of the native nAChRs it is likely that no one model with suffice, and multiple models will be required to explain the binding of different subtypes of nAChRs. Until a clear understanding of the composition of the native nAChR subtypes becomes available, and a functional pharmacophore model is developed, the Beers and Reich, and Sheridan pharmacophore models will remain inadequate to account for the existing nAChR agents, let alone predict the pharmacologic potency of newly developed agents.

III. The ACh Binding Site

The view that ACh binding sites reside solely on the α subunit have been refined by site-directed mutagenesis studies to indicate that the binding sites on the muscle nAChR are located at the interfaces between the α and β subunits and the α and δ subunits (PEDERSEN and COHEN 1990). Ligand binding sites on neuronal nAChRs may be formed in a similar manner as both α and β subunits are involved in determining the pharmacological properties of these receptors (LEUTJE et al. 1991, 1993). For example, neuronal nAChRs formed by $\alpha 2$ or $\alpha 3$ subunits differ dramatically in their sensitivity to nicotinic agonists and antagonists. Analysis of chimeric subunits consisting of portions of these two α subunits have indicated that the region from the amino terminus to position 84 is important in determining the sensitivity to the agonists ACh and (–)-nicotine but is of little importance in determining the sensitivity to n-Bgt. The regions from position 84 to 121 and from position 121 to 181 contain amino acid residues important in determining n-Bgt sensitivity while the sequence segment from position 195 to 215 is important for both agonist and antagonist sensitivity. In particular, the amino acid residue at position 198 (glutamine in $\alpha 3$ and proline in $\alpha 2$) are believed to be important in determining the sensitivity of neuronal nAChRs. A similar approach has been used to identify amino acid residues responsible for the contribution of the β subunits. The responsiveness of neuronal nAChRs to (–)-cytisine is regulated in large part by the presence of $\beta 2$ or $\beta 4$ subunits (LEUTJE et al. 1991). Studies with chimeric β subunits have shown that this difference is determined primarily by residues 108 (serine in $\beta 2$, threonine in $\beta 4$) and 110 (phenylalanine in $\beta 2$, valine in $\beta 4$) (FIGL et al. 1992).

IV. Channel "Activator" Sites

Maelicke and coworkers (MAELICKE et al. 1995; PEREIRA et al. 1993) have provided evidence that neuronal nAChR function may also be enhanced via ligand binding sites distinct from those at which ACh or (–)-nicotine interact (Chap. 15). These sites are thought to be present at the level of the α subunit and are not subject to the same desensitization mechanisms described for (–)-nicotine. Consistent with this localization, [^{3}H]1-methyl-physostigmine was competitively displaced by physostigmine, benzoquinonium and galanthamine, and FK1, a nAChR-specific antibody raised against rat muscle nAChR α subunits but not by competitive neuronal nAChR antagonists. Compounds that interact with this novel site to increase neuronal nAChR-mediated ion conductance have been termed "channel activators" (PEREIRA et al. 1993). The cholinesterase inhibitors physostigmine (Fig. 1) and galanthamine are examples of compounds that act as channel activators at this site which is distinct from (–)-nicotine, a mechanism that occurs independent of cholinesterase inhibition. However, physostigmine has a variety of pharmacological actions including open channel blockade, and cholinesterase inhibition may actually interfere with the channel activation process. Thus, nonselective effects of compounds like physostigmine detract from their potential utility as CNS therapeutics.

V. Ligand-binding Sites that Inhibit nAChR Function

Based primarily on work from the muscle nAChR, and supported by preliminary work from the neuronal nAChR, this section describes the increasing evidence that there a number of other ligand-binding sites that can antagonize neuronal nAChR function.

1. Noncompetitive (Negative Allosteric Modulators) Blockers

A number of chemically diverse molecules, including histrionicotoxin (Fig. 2), chlorpromazine (Fig. 2), phencyclidine (PCP), MK 801 (Fig. 2), local anesthetics, lipophilic agents such as detergents, fatty acids, barbiturates, volatile anesthetics, and n-alcohols can modify the properties of the nAChR without interacting with the ACh binding site or directly affecting the binding of ACh (ARONSTAM et al. 1985; LENA and CHANGEUX 1993; PAUL et al. 1993; YOST and DOBSON 1993).

These noncompetitive blockers (NCBs) are perhaps the most studied compounds that affect nAChR function and interact in muscles with at least two distinct sites which differ from those of the competitive blockers. The first site is a so called high-affinity site that binds ligands in the micromolar range, is found within the pore, and is composed of amino acids belonging to the M2 segments from the five subunits. Binding of NCBs is facilitated by agonist binding, is sensitive to inhibition by histrionicotoxin, and has a stoichiometry of one site per receptor. Single channel experiments suggest that interaction at this site causes either a rapid reversible channel blockade or simply shortens channel opening times in a voltage-sensitive manner (LENA and CHANGEUX 1993). Blockade of this high-affinity site blocks ion conductance by simple steric hindrance and can increase the affinity of the receptor for other nicotinic ligands. Thus, NCBs acting at this site appear to stabilize the desensitized (D) state of the nAChR. The second low-affinity site has a distinct pharmacology in that NCBs accelerate desensitization of the nAChR by shifting the equilibrium towards the desensitized state. Such sites are numerous (10–20 per molecule of nAChR in the *Torpedo* membrane), of low affinity ($K_i > 100\,\mu M$) and are insensitive to histrionicotoxin. Since the ligands to these sites are generally lipophilic and the number of sites calculated per receptor in reconstitution experiments depends on the lipid-to-protein ratio, it has been suggested that these sites lie at the interface between the nAChR protein and membrane lipids. Thus function of nAChRs may well be modulated by the lipid environment. Fatty acids, phospholipases, detergents, general anesthetics, and several local anesthetics enhance the rate of desensitization and increase the affinity of the receptor for nAChR ligands. Thus, lipids and lipid-perturbing agents block the electrogenic action of ACh (LENA and CHANGEUX 1993).

NCBs may be more diverse than can be accounted for by a two site classification. Commonly used anesthetics such as isoflurane can inhibit excitatory $\alpha 4\beta 2$, but not $\alpha 7$-type, nAChRs (FLOOD et al. 1997). Procaine and barbiturates like amobarbital, secobarbital, and pentobarbital (Fig. 2) produce the reversible inhibition of nAChR ligand-induced currents in clinically used concentrations that differ in the voltage dependence of the inhibition. Moreover, mutated forms of the muscle nAChR containing amino acid changes in the M2 regions of the α and β subunits show an increased sensitivity to procaine but no change to amobarbital-induced inhibition (YOST and DOBSON 1993). Thus, the stereoselective barbiturate binding site that is allosterically coupled to the ACh binding site may actually be distinct from the more common histrionicotoxin-sensitive site through which local anesthetics like procaine interact. This observation highlights the emerging pharmacological complexity of the nAChR, and suggests an additional mechanism by which sedative hypnotic barbiturates can decrease neuronal excitability mediated through the increased open channel times of $GABA_A$ (a subtype of γ-aminobutyric acid receptor) receptors and associated chloride conductances (SIEGHART 1992).

2. Steroid Binding Sites

Steroids can inhibit neuronal nAChRs expressed in oocytes, chromaffin cells, and in the brain. This is not surprising considering the clinical effect of the steroid-like, neuromuscular blocking agent, pancuronium (Fig. 2). Steroids are thought to desensitize the nAChR at an allosteric site distinct from both the ACh binding site and the ion channel. When coupled to bovine serum albumin, progesterone and testosterone, but not cholesterol or pregnenolone, inhibit in a voltage-insensitive manner the chick neuronal $\alpha 4\beta 2$ nAChR (BERTRAND et al. 1991; BUISSON and BERTRAND 1999). In chromaffin cells dexamethasone, hydrocortisone, and prednisolone behave as noncompetitive inhibitors of the nAChRs. In vivo there is an intriguing association between circulating corticosteroids, ^{125}I-labeled α-Bgt binding proteins, and behavioral sensitivity to (–)-nicotine (PAULY et al. 1992). Adrenalectomy results in corticosterone-reversible increases in the sensitivity to (–)-nicotine in a variety of behavioral and physiological tests in mice, and chronic corticosterone selectively reduces the density of ^{125}I-labled α-Bgt nAChRs. In vitro corticosterone (high micromolar concentrations) inhibited the binding of ^{125}I-labeled α-Bgt to rat brain membranes and reduced the affinity of (–)-nicotine for this binding site, which is consistent with a negative allosteric interaction. Physiologically, this site of modulation would work in concert with the effects of neurosteroids like alfaxalone and the 5α-reduced metabolites of progesterone that enhance $GABA_A$ receptor mediated Cl^- conductance in the rat brain by prolonging the Cl^- channel open time (KEMP and LEESON 1993).

3. Dihydropyridine Binding Site

Ganglionic nAChRs are inhibited by low micromolar concentrations of dihydropyridines (DONNELLY-ROBERTS et al. 1995; LOPEZ et al. 1993) like nimodipine (Fig. 2) and may, in part, contribute to the overall antihypertensive effects of dihydropyridines by reducing the central sympathetic outflow. Both the L-type Ca^{2+} channel activator, Bay K 8644, and the antagonists nimodipine, nifedipine, nitrendipine, and furnidipine, completely inhibited the uptake of $^{45}Ca^{2+}$ into bovine chromaffin cells elicited by DMPP depolarization due to Na^+ entry, but did not diminish the effects of K^+ depolarization. These findings suggest that neuronal nAChRs present on chromaffin cells contain a dihydropyridine site whose occupation blocks ligand-gated Na^+ entry through the ionophore, which limits the ensuing membrane depolarization, firing of action potentials, recruitment of Ca^{2+} channels, and entry of Ca^{2+} into the cells. The influence of dihydropyridines calcium entry blockers and agonists on in vivo nAChR actions can also be translated to whole animal pharmacology (BANNON et al. 1995).

Compounds that affect the dynamics of Ca^{2+} flux may also indirectly affect nAChR function. In *Torpedo* membranes there are approximately 50 Ca^{2+} binding sites per nAChR molecule, some of which are located within the ion channel (GALZI et al. 1997). Direct binding of Ca^{2+} and other divalent cations can decrease the single channel conductance in a voltage-sensitive manner and may enhance the desensitization of muscle nAChRs. In contrast, extracellular Ca^{2+} affects some neuronal nAChRs in the opposite direction with Ca^{2+}

potentiating the response to agonists at both negative and positive membrane potentials at sites located outside of the ion channel. In the medial habenula, physiological concentrations of Ca^{2+} increase the opening frequency of single nAChR channels without changing the duration of the channel opening (MULLE et al. 1992). Thus, Ca^{2+} may act to reverse desensitization or enhance the opening rate of the nAChR.

4. Arachidonic Acid Site

At central neurons, arachidonic acid (AA) modulates the function of a number of ligand-gated ion channels including N-methyl-D-aspartate (NMDA) receptors. Studies indicate that this messenger may play a role in the feedback regulation of neuronal nAChRs (VIJAYARAGHAVAN et al. 1995). (–)-Nicotine can stimulate the release of AA from chick ciliary ganglion neurons in a calcium-dependent manner. Interestingly, the application of AA, but not other products of prostaglandin metabolism, inhibited the functional responses elicited by nicotine in either *Xenopus* oocytes expressing α7 or in cultured ganglionic cells.

5. Persistent Modulation of the nAChR Complex

Phosphorylation of the receptor protein complex has been shown to produce a persistent effect on nAChR function (LENA and CHANGEUX 1993). However, again, relatively little is known about the phosphorylation of neuronal nAChRs. Differential phosphorylation of subunits in the *Torpedo* nAChR is catalyzed by at least four enzymes: cAMP-dependent kinase (PKA); protein kinase C (PKC), which also phosphorylates the neuronal receptor; a tyrosine kinase; and a Ca^{2+} calmodulin kinase. Phosphorylation enhances the rate of nAChR desensitization and increase the frequency of spontaneous channel openings. In the ciliary ganglion, nAChR currents become cAMP-sensitive after the innervation of the ganglia by cholinergic fibers. Interestingly, a large pool of silent receptors may be converted into activatable receptors through a cAMP-dependent process presumably linked to phosphorylation, a finding consistent with the supposition that cAMP causes a shift of the allosteric equilibrium from the desensitized state to the activatable resting state (NAKAYAMA et al. 1993).

Calcitonin gene-related peptide (CGRP), which coexists with ACh at motor nerve endings, and substance P (SP), which is present in ganglionic cells can activate the PKA pathway in muscle cells and the PKC pathway in ganglia, respectively indicating a potential indirect modulation of the equilibrium transition states of the nAChR by neuropeptides as neuromodulatory agents (MULLE et al. 1988). This potential modulatory relationship becomes even more intriguing in light of the now recognized role nAChRs can have to potently affect nociceptive transmission, including the release of nociceptive transmitters such as CGRP and SP (BANNON et al. 1998; DONNELLY-ROBERTS et al. 1998; FLORES and HARGREAVES 1999).

D. Pharmacologic Properties of Neuronal nAChRs

I. Biochemical and Biophysical Properties of nAChRs Contributing to Pharmacology

One approach to differentially affect cell function would be if the biophysical properties of the nAChR subunits would uniquely gate ionic currents (i.e., channel open times, rates of desensitization, ion selectivity). Biochemical and biophysical information on the properties of different subunit combinations gained predominantly from oocyte expression studies indicates this is clearly possible.

As with the neuroskeletal muscle nAChR, neuronal nAChRs combine to form a pentameric, heteromeric (or sometimes homo-oligomeric) ion channel complex (BERTRAND and CHANGEUX 1995; SARGENT 1993). The ion conductance of a channel is determined by the conformation and amino acid sequence composition of the ion channel itself (PAPKE 1993) such that subunits having different sequences in their transmembrane domains will have different single channel conductances. Indeed, the Ca^{2+}-to-Na^+ permeability ratios of several neuronal nAChRs are significantly higher than that of the muscle nAChR in various preparations (SEGUELA 1993; VERNINO et al. 1992). The potential for long-term modulation through second messenger cascades elicited by the influx of Ca^{2+} enhances the plausibility that subtype selective activators of nAChRs will be able to cause cell- and regionally-selective modulation of synaptic function (RATHOUZ 1994).

Biochemical findings suggesting that native nAChRs consist of α/β heteromers (SARGENT 1993) have been validated by pairwise combinations of α and β subunits transfected into oocytes. $\alpha 7$, $\alpha 8$, and $\alpha 9$ gene products differ from other members of the nAChR superfamily in that they can form functional receptors in oocytes when expressed as homo-oligomers (McGEHEE and ROLE 1995). The most striking pharmacological characteristic of the α-Bgt-sensitive $\alpha 7$ homo-oligomeric channel is its marked permeability to calcium ions ($P_{Ca}/P_{Na} \sim 20$) both in heterologous expression systems (SEGUELA et al. 1993) and in tissue preparations (ALKONDON and ALBUQUERQUE 1993; ALBUQUERQUE et al. 1997; VIJAYARAGHAVAN et al. 1992). The permeability ratio is somewhat higher than that reported for NMDA receptors (SEGUELA et al. 1993; VERNINO et al. 1992). However, not all subunit combinations form functional nAChRs. The rat $\beta 3$ gene, for example, in combination with $\alpha 2$, $\alpha 3$, or $\alpha 4$ genes does not form a functional nAChR (SARGENT 1993). However, while it was thought for some time that the $\alpha 5$ and $\alpha 6$ gene products do not participate in the formation of functional nAChR channels when coexpressed with various β subunits, more recent studies indicate that this is not the case. For example, $\alpha 6$ can combine with $\beta 2$ and $\beta 4$ subunits to form functional receptors (FUCILE et al. 1998; GERZANICH et al. 1997). In addition, the channel conductance properties of the $\alpha 4\beta 2$ subunit combination can be altered in the presence of $\alpha 5$ subunits (RAMIREZ-LATORRE et al. 1999), thus adding to the complexity of potential neuronal nAChR subunit combinations and providing a possible explanation for some of the discrepancies in channel properties between the oocyte expression studies and the receptors expressed in vivo. Unraveling the precise complement of subunits utilized by native neuronal nAChRs for synaptic transmission in different brain systems will undoubtedly remain an area of intense research for some time to come.

The single channel properties of neuronal nAChRs transiently expressed in oocytes and stably expressed in cell lines indicate considerable diversity among heterologously expressed subunit combinations (e.g., Table 6.1 in BUISSON et al. 1999). Both the α and β subunits dictate functional properties of a defined subunit combination (i.e., channel open times, rates of desensitization, ion selectivity) (PAPKE 1993; PAPKE and HEINEMANN 1993; PAPKE et al. 1993). When expressed with the same β subunit (e.g., $\beta2$), $\alpha2$, $\alpha3$, and $\alpha4$ form channels that vary in their average open times and single channel conductances (MCGEHEE and ROLE 1995; PAPKE 1993). For example, two distinct populations of open channel conductances were observed after the injection of rat $\alpha2\beta2$ (34 and 15 pS) and $\alpha3\beta2$ (15 and 5 pS) subunits into oocyte conductances (MCGEHEE and ROLE 1995; PAPKE 1993). In contrast, the $\alpha4\beta2$ subunit combination generated only a single type of channel (13 pS). Of the $\beta2$-containing receptors, the current of the $\alpha3\beta2$ receptors is the most sustained while the $\alpha2\beta2$ combination gives the greatest peak current. nAChRs containing the $\beta2$ subunit are thus likely to generate brief synaptic currents in vivo, creating the potential for rapid signal processing. Although currents for the $\alpha3\beta4$ subunit combination are of a smaller conductance, they do not desensitize as rapidly. Accordingly, if $\alpha3\beta4$ receptors predominate at synapses, responses may be prolonged, providing more time to organize a cellular response.

II. Selective Responsivity of nAChR Subunit Combinations

Considerable information on the pharmacological properties of different subunit combinations has been provided by studies using in vitro heterologous expression systems (for reviews, see ARNERIC et al. 1995; BUISSON et al. 1999; RAMIREZ-LATORRE et al. 1999). While initial pharmacological characterization of defined nAChR subtypes relied almost exclusively on studies in *Xenopus* oocytes injected with various subunit combinations, more recently a number of cell lines stably expressing chick $\alpha4\beta2$, rat $\alpha7$, rat $\alpha3\beta4$, human $\alpha4\beta2$, and human $\alpha7$ have been described (GOPALAKRISHNAN et al. 1995, 1996; PUCHACZ et al. 1994; WHITING et al. 1991; WONG et al. 1995).

Specific nAChR subtypes differ in the rank order potency and in the apparent affinity and efficacy of ACh compared to (–)-nicotine (see Table 1). For example, the apparent binding affinity of ACh for $\alpha2\beta2$ compared to $\alpha3\beta4$ complexes differs by 100-fold (~3 n*M* vs. 800 n*M*, respectively; PARKER and LUETJE 1997). When expressed with the same β subunit (e.g., $\beta2$), $\alpha2$, $\alpha3$, and $\alpha4$ form channels that vary in their pharmacologic sensitivity to antagonists (LUETJE et al. 1990). The β subunits appear to regulate the rate at which ago-

Table 1. Rank Order of Potency and Efficacy of Cholinergic Channel Modulators to Affect nAChR Function

Putative nAChR subtype	Preparation	Cholinergic Channel Modulators Cholinergic Channel Activators (EC_{50} in μM/% Efficacy)	Cholinergic Channel Inhibitors (IC_{50} in μM)
Rat $\alpha 2\beta 2$	Oocytes	EPI (0.29/160) > ABT-418 (11/100) > CYT (20/10) > ACh (500/100)	
Rat $\alpha 3\beta 2$	Oocytes	EPI (0.1/80) > ACh (2/100) > NIC (30/40) > ABT-418 (35/30) > CYT (>100/<10)	n-Bgt (0.01) > MLA (0.08) > DHβE (0.4) > F3 (39)
Rat $\alpha 4\beta 2$	Oocytes	EPI (0.016/60) > ACh (2.5/100) = NIC (5/100) = ABT-418 (6/100) > AR-R17779 (16/?) > GTS-21(30/<5) = ANAB (30/<10) > CYT (>100/<10)	
Rat $\alpha 4\beta 2\alpha 5$	Oocytes	NIC (5/?) > ACh (150/?)	MLA (>1)
Human $\alpha 4\beta 2$	K177 Cells	EPI (0.0l7/156) > CYT (0.4/40) > NIC (4.5/100) > ABT-418 (10/100) > ACh (34/100) >>GTS-21 (>300/<10)	DHβE (1.6) = MLA (4.5)
Rat $\alpha 3\beta 4$	Oocytes	EPI (0.031/70) > CYT (1.5/100) > NIC (5/100) > AR-R17779 (16/?) > ACh (50/100) > ABT-418 (35/20)	n-Bgt (1.0) > F3 (4.0)
Human $\alpha 3\beta x$	IMR 32	EPI (0.007/132) >> NIC (21/100) = CYT (26/100) > ABT-418 (65/80) > ACh (160/100) >> GTS-21 (>300/<10)	
Rat $\alpha 7$	Oocytes	AR-R17779 (0.091/100) > ANAT (0.58/?) > EPI (1/90) > CYT (5/100) > GTS-21 (26/25) > NIC (30/100) > ABT-418 (155/65) > ANAB (300/100) = ACh (316/100)	MLA (0.004) > F3 (0.05)
Rat $\alpha 9$	Oocytes	ACh (10/100) > CYT (>100/100) >> NIC (>100/<1)	Strychnine (0.02) > α-Bgt (0.1)n-Bgt = (0.1) > NIC (30)

ANAB, anabaseine; ANAT, (+)-anatoxin-a; CYT, (−)-cytisine; DHβE, dihydro-β-erythroidine; EPI, (±)-epibatidine; F3, N,N,N-trimethyl-1-(4-trans-stilbenoxy)-2-propylammonium iodide; MLA, methyllycaconitine; NIC, (−)-nicotine. Data taken from (Arneric et al. 1995; McGehee and Role 1996; Kem et al. 1996; Parker et al. 1998; Gordon et al. 1998; Gotti et al. 1998; Ramirez-Latorre et al. 1999) and references therein.

nists and antagonists dissociate from the channel and the rate at which channels that have bound ligands will open (PAPKE 1993). A comparison of the properties of the $\alpha 3\beta 4$ receptors to those of the $\alpha 3\beta 2$ receptors indicates that the currents for the $\alpha 3\beta 4$ subunit combination are of a smaller amplitude but do not desensitize as rapidly (PAPKE 1993). The alkaloid (−)-cytisine is a potent full agonist at $\beta 4$-containing subtypes but is a potent inhibitor of ACh-induced currents at $\beta 2$-containing subtypes (PAPKE and HEINEMANN 1993).

The $\alpha 9$ homo-oligomer nAChR has extremely unusual pharmacology in that it is gated by ACh and unresponsive to (−)-nicotine (ELGOYHEN et al. 1994). In fact, (−)-nicotine, α-Bgt, n-Bgt, and strychnine (Fig. 2) are reversible antagonists at this subtype of channel. The finding that strychnine is a potent antagonist suggests that this receptor shares some pharmacological properties with glycine receptors (ELGOYHEN et al. 1994).

E. SAR of Key Small Molecules Leading to Activation or Inhibition of nAChRs

In this section several key small molecules are highlighted to illustrate some of the advances in our understanding of the structural requirements for achieving subtype selective modulators of neuronal nAChRs, and when possible, a brief outline of the structure activity relationship (SAR) is outlined. Compounds are discussed in light of their enhanced subtype selectivity at recombinant nAChRs, their ability to selectively displace radioligands, or their ability to differentially elicit physiological responses that are thought to be linked to specific nAChR subtype modulation. Based on the distinct agonist/antagonist sensitivities of these agents observed with in vitro expression systems, it is plausible to develop novel agents that distinguish different nAChR subtypes in vivo.

I. Inhibitors

1. Peptide Toxins

Although peptide toxins are not generally regarded as useful leads for drug discovery, they have proven to be invaluable as pharmacological tools (CLARKE 1992; LORING and ZIGMOND 1988). In brief, the rat and chick $\alpha 7$ gene expressed as a homo-oligomer in oocytes is highly sensitive to α-Bgt (LUETJE et al. 1990) and ACh-gated currents can be completely blocked by nanomolar concentrations of this toxin (Table 1). n-Bgt completely blocks ACh- induced currents in oocytes injected with $\alpha 3\beta 2$ but is ineffective at blocking $\alpha 2\beta 2$ and $\alpha 4\beta 2$ function (LUETJE et al. 1990). Both the $\alpha 3$ and $\beta 2$ genes are also expressed in the peripheral nervous system. Thus, this combination of subunits may compose all or part of the α-Bgt-insensitive, n-Bgt-sensitive receptor subtype detected in peripheral ganglia. As discussed previously for the agonist sensitivities of nAChR ligands, the nature of the β subunit influences the effects of antagonists on expressed nAChRs as illustrated by the insensitivity of α3β4 nAChR currents to n-Bgt. A thorough discussion of these agents is given in Chap. 13.

2. Methyllycaconitine (MLA)

MLA (Fig. 2) is a tertiary diterpenoid isolated from a poisonous plant found in western Canada, *Delphinium brownii* (AIYAR et al. 1979). MLA potently ($K_i = 1$ nM) inhibits ^{125}I-labeled α-Bgt binding in rat forebrain preparations; produces a potent reversible blockade of α7, but not α3β2 or α4β2, responses in oocytes; and has no effect at the muscle nAChR (WONNACOTT et al. 1993). Thus, MLA is the only available antagonist that differentiates clearly between Bgt-sensitive sites on neuronal and muscle nAChRs (see Table 1; ALKONDON et al. 1992; DRASDO et al. 1992; QUIK et al. 1996; VIJAYARAGHAVAN et al. 1992; YUM et al. 1996). It has been demonstrated that low concentrations of MLA can enter the CNS following peripheral administration, which may permit its use to deduce what, if any, behavioral actions are mediated by central α-Bgt-sensitive nAChRs (TUREK et al. 1995). Based on studies with MLA, neither the nicotine discriminative stimulus effect (BRIONI et al. 1996) nor the tail flick analgesia response (RAO et al. 1996) appears to be mediated by nAChRs containing the α7 subunit.

3. 4-Oxystilbenes

Based on the initial work describing 4-oxystilbene derivatives affecting ganglionic neuronal nAChRs (MANTEGAZZA and TOMMASINI 1955), and the more recent work describing potent nAChR agonist activity with aryl ether compounds (ABREO et al. 1996; ELLIOTT et al. 1996), F3, a 4-oxystilbene derivative (Fig. 2), was identified with 50nM affinity for the α7 subtype of nAChR, and with more than 4μM affinity for β2 and β4 containing nAChR subtypes (GOTTI et al. 1998).

4. Other Natural Products

A number of natural products have been found to interact with one or more nAChR subtypes. Prominent examples include cytisine (BARLOW and McLEOD 1969), lobeline (reviewed in HOLLDADAY et al. 1995), dihydro-β-erythroidine (HIDER et al. 1986), lophotoxin (SORENSON et al. 1987), histrionicotoxin (Fig. 2; ARONSTAM et al. 1985), neosurugatoxin (WADA et al. 1992), and strychnine (ELGOYHEN et al. 1994). So far, very little or no structure activity work on these compounds has been reported.

Nonetheless, these alkaloids have been extensively used to distinguish between neuronal nAChR receptor subunit combinations (LUETJE et al. 1990; MARTIN et al. 1993). Lophotoxins are a family of related neurotoxins isolated from marine soft coral that nondiscriminantly inhibit both neuronal and muscle subtypes of nAChRs (LUETJE et al. 1990). Neosugurotoxin isolated from the Japanese ivory mollusc (*Babyloni japonica*) exerts potent blocking action in autonomic ganglia, antagonizes (−)-nicotine-induced antinociception in mice, inhibits (−)-nicotine-evoked release of [^{3}H]dopamine from rat striatal synaptosomes, and blocks ACh-elicited currents in oocytes containing $\alpha 2\beta 2$, $\alpha 4\beta 2$, and $\alpha 3\beta 2$, but not $\alpha 7$ and $\alpha 1\beta 1\delta\gamma$ nAChR subtypes (MARTIN et al. 1993).

II. Positive Allosteric Modulators

Initial nAChR binding studies first suggested that (+)-2-methylpiperidine (Fig. 1) is a putative positive allosteric modulator of neuronal nAChRs that stereoselectively "unmasks" the number of available nAChRs without affecting the affinity of agonists for the high affinity binding site (ARNERIC and WILLIAMS 1994; SLOAN et al. 1985). (+)-2-Methylpiperidine appears to enhance the receptor interaction with which the endogenous ligand, ACh, binds to the nAChR complex to enhance ongoing or evoked cholinergic neurotransmission, without itself displaying detectable side effect liabilities (ARNERIC and WILLIAMS 1994). A more potent and robust response can be elicited by in ivermectin (Fig. 1; BERTRAND et al. 1998). These types of compounds may conceptually share properties similar in effect to glycine acting at NMDA receptors or the various allosteric modulators of the GABA/benzodiazepine receptor complex (KEMP and LEESON 1993; SIEGHART 1992).

III. Activators

1. ACh

Carbachol (Fig. 1), is an ester moiety of ACh stabilized as a carbamate, which is poorly selective for brain nAChRs vs. mAChRs (in this section, unless otherwise specified, binding to brain nAChRs refers to the displacement of a radioligand, e.g., [^{3}H]nicotine or [^{3}H]cytisine, that interacts predominantly with the $\alpha 4\beta 2$ subtype). However, the *N*-methyl derivative (*N*-methylcarbamoylcholine; Fig. 1) shows binding affinity in rat brain comparable to that of nicotine and is greater than a 100-fold more selective for binding to neuronal nAChRs vs. mAChRs (ABOOD and GRASSI 1986; ABOOD et al. 1993; ANDERSON and ARNERIC 1994).

Recently, choline, the breakdown product of ACh from the action of acetylcholinesterase, has been shown to be a comparatively weak but very selective activator of the $\alpha 7$ nAChR subtype (PAPKE et al. 1996).

Complex, constrained heterocyclic analogs of ACh have recently been disclosed (GORDON et al. 1998). AR-R 17779 (Fig. 1) has shown its considerable selectivity and represents the first high-affinity, subtype-selective full agonist at the rodent $\alpha 7$ nAChR (GORDON et al. 1998). This compound has both anxiolytic and sensory gating-enhancing properties (KAISER et al. 1998).

2. Nicotine

(a) Pyridine Ring Modified Analogs

Prior to the advent of routine characterization in standardized binding assays, early pyridine ring modified analogs were synthesized, including alkyl substituted derivatives (CATKA and LEETE 1978; CHAVDARIAN et al. 1982; HAGLID 1967; LEETE and LEETE 1978; SECOR et al. 1981; SEEMAN et al. 1985a,b), halogenated derivatives (KARRER and TAKAHASHI 1926; LEETE et al. 1971; LOWRY and GORE 1931; RONDAHL 1977), and amino derivatives (RONDAHL 1977; SHIBAGAKI and MATSUSHITA 1985).

5-Fluoronicotine (for numbering convention see Fig. 1) was one of several nAChR modulators shown to differentially stimulate the release of the neurotransmitters acetylcholine, norepinephrine, dopamine, and serotonin using in vivo microdialysis (SUMMERS et al. 1995). 6-Substituted fluoro-, chloro-, bromo-, and methylnicotine derivatives were shown to possess comparable [^{3}H]nicotine binding affinities to nicotine, whereas activity in the rat tail flick assay were either comparable (Me, F) or roughly an order of magnitude more potent (Cl, Br) than nicotine (DUKAT et al. 1996). The 6-methoxy derivative, on the other hand, was considerably weaker than nicotine in both assays.

SIB-1508Y, a compound which is completing Phase II clinical trials for the treatment of Parkinson's disease, was the result of a drug discovery program focused on the synthesis and characterization of subtype-selective nAChR agonists (COSFORD et al. 1996; MENZAGHI et al. 1997a,b, 1999; SACAAN et al. 1997). Initial SAR studies with SIB-1508Y established that the substitution of the nicotine pyridyl ring, especially at the 5-position, provided analogs which retained potency to activate the $\alpha 4\beta 2$ nAChR subtype but which exhibited a diminished response at the peripheral and ganglionic ($\alpha 3\beta 4$) subtypes. This was determined by the effect of compounds in a fluorescence based assay that measures changes in intracellular calcium concentrations in cells which express specific, recombinant human nAChR subtypes. In addition, SIB-1508Y was found to be more efficacious than nicotine in an in vitro assay which measures the drug-stimulated release of [^{3}H]dopamine from a rat striatal slice preparation. Subsequent profiling of SIB-1508Y in a battery of in vivo assays, including the 6-OHDA-lesioned rat turning model and a delayed matching to position model in 1-methyl-4-phenyl-1,2,3,6-tetrahydropyridine-treated primates, demonstrated the potential of SIB-1508Y for the treatment of both the motor and cognitive deficits associated with Parkinson's disease.

ABT-418, a 3-methylisoxazole isostere of pyridine (GARVEY et al. 1994a,b), has been extensively characterized in in vitro and in vivo assays (ARNERIC et al. 1995) and found to have less cardiovascular liabilities due to less potent ganglionic nAChR activation. Beneficial effects of this drug in patients suffering from Alzheimer's have been reported (NEWHOUSE et al. 1996).

(b) Pyrrolidine Ring Modified Analogs

The pyrrolidine ring of nicotine has been systematically substituted to provide a variety of nicotine derivatives, and the binding affinites of these compounds versus [^{3}H]cytisine-labeled whole rat brain were measured (LIN et al. 1994). It was found that the 4′-position was, in general, tolerant of substituents (K_i range: 4.23 to 510nM) whereas substitution at the 5′-position led to analogs with low affinity, with the notable exceptions of the (β)-Me and (β)-n-Bu derivatives which showed K_i values of 34.9 and 125.2nM respectively. Variation of the pyrrolidine N′-substituent has also been studied (GLASSCO et al. 1993). Both removal and homologation of the N-methyl substituent led to decreases in binding affinity. However, these studies showed that certain in vivo activities (rat tail flick and disruption of locomotor activity) did not correlate well with binding affinity.

Nicotine analogs have been synthesized in which the pyrrolidine ring has been isosterically replaced. Contraction of the ring to the four-membered azetidine analog led to the synthesis of racemic 2-(3-pyridyl)-azetidine, which shows binding affinity approximately ten-fold greater than that of nicotine, whereas the corresponding piperidine and azepine analogs were less potent than nicotine by at least an order of magnitude (ABOOD et al. 1993; SECOR and EDWARDS 1979). Nicotine analogs in which the pyridine ring is attached at the 3′-position of the pyrrolidine nucleus (iso-nicotines) were prepared as racemates and evaluated for binding affinity and in a number of in vivo assays (DAMAJ et al. 1996; DUKAT et al. 1996). These analogs were active, but less potent than the corresponding nicotine derivatives. The nicotine isomer N-(3-pyridylmethyl)-pyrrolidine had a binding affinity of 49nM (IC_{50}) for CNS [^{3}H]nicotine sites (CALDWELL and LIPPIELLO 1993), and stimulates the release of acetylcholine and norepinephrine in an in vivo brain microdialysis study (SUMMERS et al. 1995). Replacement of the pyrrolidine ring with N′,N′-dialkyl substituents has been investigated (DAMAJ et al. 1996; DUKAT et al. 1996). In this series, the most potent compound tested (R_1 = Me, R_2 = Et) had a binding affinity about 20-fold weaker than that of nicotine.

(c) Conformationally Restricted Analogs

Torsionally constrained nicotine derivatives have been made in order to explore the active conformation of nicotine. Thus, the bridged nicotine analogs, prepared as racemates, were reported to have no appreciable biological activity (CATKA and LEETE 1978; CHAVDARIAN et al. 1983), whereas the enantiomerically pure conformationally constrained isoquinoline bound to brain nAChRs with weak affinity (K_i = 600nM) (GLASSCO et al. 1993). Some contrained tricyclic nicotine analogs prepared as a pure enantiomer were found to possess functional activity at β4-containing nAChRs, as well as the ability to stimulate striatal dopamine release and activity in vivo in models of Parkinson's disease and pain (MCDONALD et al. 1996). In addition, racemic pyridine ring-fused azabicyclo-[4.2.1]-octane compounds which encompass features of both nornicotine and anatoxin-a, yield potent, conformationally locked nicotine analogs (KANNE and ABOOD 1988; KANNE et al. 1986). A series of fused bicyclic nicotine-like compounds has been reported, with the most potent having a K_i of 18 nM in a CNS binding assay (DAMAJ et al. 1996; DUKAT et al. 1996).

3. Anabasine and Anabaseine

Anabasine, a homolog of nornicotine isolated from tobacco, and anabaseine (Fig. 1), found naturally in a marine worm (KEM 1985), differ structurally only in the bond order at the 1,2-position. Anabasine has approximately 30-fold lower affinity than nicotine for mouse brain agonist binding sites, and approximately 40% of the efficacy of nicotine in stimulating ion flux in the mouse midbrain (MARKS et al. 1993). Anabaseine exhibits approximately 20-fold weaker affinity than nicotine for agonist binding sites in rat brain and approximately 10% of the efficacy of nicotine at stimulating $\alpha 4\beta 2$ receptors in oocytes (DE FIEBRE et al. 1995). In contrast, anabaseine is highly efficacious at stimulating $\alpha 7$ homomeric channels in oocytes, and thus, at appropriate doses, is functionally selective for this subtype.

GTS-21 (Fig. 1, also known as DMXB) has been extensively characterized in vitro and in vivo, and has been reported in clinical trials for the treatment of Alzheimer's disease (KEM et al. 1996). GTS-21 has shown positive effects in measures of cognition in rats (MEYER et al. 1994) and rabbits (WOODRUFF-PAK et al. 1994), and has shown cytoprotective effects in cells in culture and in vivo (MARTIN et al. 1994). GTS-21 is effective following chronic administration in several assays of learning and memory (ARENDASH et al. 1995), and also has been shown to demonstrate protective effects against Aβ-induced neurotoxicity (SHIMOHAMA 1996).

4. *Trans-meta*-nicotine

Trans-meta-nicotine (Fig. 1) is a metabolite of nicotine. Although nAChR activation properties of *trans-meta*-nicotine have been recognized for some time (WILSON et al. 1976), recent investigations have demonstrated that this compound (now designated RJR-2403) possesses properties that make it attractive as an agent with potential for the treatment of Alzheimer's disease (BENCHERIF et al. 1996; LIPPIELLO et al. 1996). Based on ion flux experiments in rat thalamic tissue, which is believed to reflect activation of the $\alpha 4\beta 2$ nAChR subtype, and PC12 cells, which contain the $\alpha 3$-containing ganglionic subtype, RJR-2403 appears to be one of only a few agents (others include ABT-418, A-84543, and SIB-1508Y, discussed elsewhere in this chapter; see Fig. 1) that show functional selectivity for the $\alpha 4\beta 2$ subtype. Recently, a related analog RJR-2557 (Fig. 1) has been disclosed, which has improved selectivity for activating central vs. peripheral nAChRs, and also appears to show some intra-CNS nAChR selectivity (BANE et al. 1997).

5. Epibatidine

The exquisitely potent nAChR activator, epibatidine (Fig. 1) (SPANDE et al. 1992) has been provided by the skin from the poisonous frog, *Epipedobates tricolor*. This conformationally-constrained nicotine analog binds with ~40 p*M* affinity to rat brain preparations (BADIO and DALY 1994) and to many of the recombinant receptor subtypes (GERZANICH et al. 1995; PARKER and LEUTJE 1997). Remarkably, this compound has more than 100-fold greater antinociceptive potency than morphine, and has been key in renewing interest in nAChR activators as potential broad-sprectrum analgesics (BANNON et al. 1998).

In contrast to nicotine, both enantiomers of epibatidine (HUANG and SHEN 1993) show similar affinity for nAChRs (BADIO and DALY 1994; GERZANICH et al. 1995). Nonetheless, the enantiomers can demonstrate differing in vivo functional responses in models of pain (DAMAJ et al. 1996).

Epibatidine is a very toxic compound and serves the role in nature to protect the frog from potential predators. It has also been shown to be a potent analgesic agent in a number of animal models (BADIO and DALY 1994; SENOKUCHI et al. 1994; SPANDE et al. 1992). Mechanistically, both the toxicity and analgesic activity are a consequence of the activation of nAChRs (RUPNIAK et al. 1994). A detailed evaluation of the antinociceptive effects of nAChR agonists in the rat tail flick assay revealed that the effect is mediated by both peripheral and central nAChRs. Although the receptor subtype responsible for this activity was not determined, the $\alpha 7$ subtype could be eliminated as a likely possibility because the antinociception could not be antagonized with the $\alpha 7$ antagonist MLA (RAO et al. 1996).

Recently, the [^{18}F]-derivative has been described (LIANG et al. 1997) as a ligand for positron emission tomography studies to map nAChRs in the brain. Unfortunately, due to the toxicity and high affinity of epibatidine for most nAChRs, this approach has little utility in mapping the distribution of specific nAChR subtypes. Work is continuing to combine structural aspects of safer nAChR ligands like ABT-418 (Fig. 1; ARNERIC et al. 1995) with that of epibatidine to produce compounds like epiboxidine (Fig. 1; BADIO et al. 1997).

6. Anatoxin

(+)-Anatoxin-a (Fig. 1), first isolated from mass cultures of the freshwater blue-green algae *Anabaena flos-aquae* (DEVLIN et al. 1977), is a highly potent nAChR, and has been characterized in many biological assays (CARMICHAEL et al. 1979; MACALLAN et al. 1988; SWANSON et al. 1986, 1989, 1991; THOMAS et al. 1993, 1994). The natural enantiomer, (+)-anatoxin-a, is a much more potent nAChR activator than its enantiomer (SWANSON et al. 1986).

Attempts to determine the structural features that contribute to the potency and selectivity of the parent compound for nAChRs have focused on the preparation of various anatoxin-a analogs. When these compounds were evaluated in several peripheral and neuronal nAChR binding and functional assays, none was found to be as potent as the parent anatoxin-a.

7. Pyridyl Ethers: Hybrid Compounds of ACh and Nicotine

A-84543 (Fig. 1) is the prototypical member of a series of compounds that originated as a hybrid structure based on acetylcholine and nicotine (ABREO et al. 1996). Interestingly, A-84543 (K_i = 150 pM) has higher affinity for brain nAChR sites than either acetylcholine or nicotine, and structure–activity studies with respect to pyrrolidine N-substitution suggest a divergence in structure–activity relationships compared to nicotine. Several other compounds of interest have derived from this series. A-85380 (Fig. 1) possesses 50 pM affinity for brain binding sites and is a potent agonist at neuronal nAChRs (ABREO et al. 1996; SULLIVAN et al. 1996). ABT-089 (Fig. 1) possesses weak or partial agonist activity at several subtypes of nAChRs, but nevertheless is effective as a cognition-enhancing agent, whereas the low activity at peripheral ganglionic-like nAChRs contributes to the improved safety profile of ABT-089 (ARNERIC et al. 1997; DECKER et al. 1997; LIN et al. 1997; SULLIVAN et al. 1997). Whereas A-85380 possesses weak analgesic properties in mice, the corresponding (S)-chloropyridine analog (A-98593) and its (R)-enantiomer (ABT-594; Fig. 1) are potent analgesic compounds (HOLLADAY et al 1998; DECKER et al. 1998). ABT-594 shows reduced activation of ganglionic-like nAChRs compared to (±)-epibatidine and A-98593, which likely accounts for its lower cardiovascular liability (HOLLADAY et al. 1998). The demonstration that ABT-594 also possesses activity in models of neuropathic pain serves to further enhance the potential of this compound as a useful therapeutic substance (BANNON et al. 1998). ABT-594 is currently in clinical development as an broad-sprectrum, non-opioid, non-NSAID analgesic.

F. Cholinergic Channel Modulators: Rational for an Alternative Nomenclature

The availability of nAChR subunit constructs has aided in the design of receptor subtype selective agonists and antagonists. However, confusion still remains as how to accurately classify the subtype selectivity of nAChR ligands. Two issues argue for an alternative nomenclature describing the general class of compounds that interact with nAChRs. First, it is clear that depending on the concentrations used and the nAChR subtype exposed, (–)-nicotine and many other nAChR ligands can facilitate or inhibit (via desensitization) the gating of current through these ion channel complexes. Accordingly, referring to these compounds as "modulators," rather than attempting to subclassify them as agonists or antagonists, would appear to be particularly warranted. Second, a stigma still pervades the scientific and lay communities regarding "nicotinic" ligands and "nicotinic" receptors. While it may be impractical (some say heretical!) to attempt to alter the nomenclature of these "pentameric roses," these receptors are indeed ion channels that are modulated in nature by ACh, and therefore, compounds that interact with them can be logically referred to as "cholinergic channel modulators" (ChCMs). This nomenclature would serve two additional vital goals: (1) to highlight mechanistic distinctions versus mAChRs, which are G-protein coupled receptors (GPCRs) rather than LGICs; (2) to circumvent possible prejudices of those who influence the discovery and use of these compounds as potential therapeutics. The term ChCM then defines the broad class of agents that includes competitive activators, allosteric activators, and allosteric facilitators (collectively: cholinergic channel activators, ChCAs), as well as cholinergic channel inhibitors (ChCIs), which may act through any of at least four likely mechanisms: competitive antagonism, noncompetitive (allosteric) inhibition, ion channel blockade, or receptor inactivation (e.g., "desensitization"; MARKS 1999). The term ChCM further emphasizes that it is possible for a compound to possess one set of properties (e.g., activate) at one subtype of nAChR and a different set of properties (e.g., inhibit) at a different subtype (recall the differential effects of cytisine on $\beta 2$ versus $\beta 4$ containing nAChRs), or different properties at the same subtype depending on the conditions (e.g., either activate or desensitize depending on concentration of the ChCM).

G. Perspectives on the Future of Neuronal nAChR Pharmacology

The therapeutic application of peripheral nAChR pharmacology principles successfully led to the rapid development of neuromuscular blockers and the first generation of antihypertensive agents in the 1950s. Despite the recognition of the therapeutic potential of (–)-nicotine (JARVIK 1991), relatively little (with the exception of the nicotine delivery devices) has been accomplished in the way of targeting nAChR ligands to interact with neuronal nAChRs that can treat CNS disorders. This can be attributed initially to a lack of understanding of the molecular diversity of this LGIC superfamily, and secondarily to the constant reminder of the negative consequences of tobacco consumption (WILLIAMS and ARNERIC 1996).

Nonetheless, a number of ChCMs are poised on the horizon of the twenty-first century that may represent the birth of a new family of psychotherapeutics. The recent surge in the understanding of the molecular nature of neuronal nAChRs in health and disease (LINDSTROM 1997), together with the commitment by the pharmaceutical industry to explore the therapeutic potential of subtype seletive ChCMs may result in the development of therapeutically useful treatments for a variety of CNS disorders, including Alzheimer's disease, Parkinson's disease, schizophrenia, anxiety, depression, and various pain states (DECKER and ARNERIC 1999). The first published report of a Phase III clinical study of a ChCM to treat such a disorder could be conceivably expected in the next several years. Demonstration that beneficial efficacy can be achieved with a separation from side effect liabilities will undoubtedly accelerate efforts in this expanding field of pharmacology.

References

Abood LG, Grassi S (1986) [³H]Methylcarbamylcholine, a new radioligand for studying brain nicotinic receptors. Biochem Pharmacol 35:4199–4202

Abood LG, Lerner-Marmarosh N, Wang D, Saraswati M (1993) Structure-activity relationships of various nicotinoids and N-substituted carbamate esters of choline and other amino alcohols. Med Chem Res 2:552–563

Abreo MA, Lin N-H, Garvey DS, Gunn DE, Hettinger A-M, Wasicak JT, Pavlik PA, Martin YC, Donnelly-Roberts DL, Anderson DJ, Sullivan JP, Williams M, Arneric SP, Holladay MW (1996) Novel 3-pyridyl ethers with subnanomolar affinity for central neuronal nicotinic acetylcholine receptors. J Med Chem 39:817–825

Aiyar VN, Benn MH, Hanna T, Jacyno J, Roth SH, Wilkens JL (1979) The principal toxin of Delphinium brownii, and its mode of action. Experientia 35:1367–1368

Albuquerque EX, Alkondon M, Pereira EFR, Castro NG, Schrattenholz A, Barbosa TF, Bonfante-Cabarca R, Aracava Y, Eisenberg HM, and Maelicke A (1997) Properties of neuronal nicotinic acetylcholine receptors: pharmacological characterization and modulation of synaptic function. J Pharmacol Exp Therap 280:1117–1136

Alkondon M, Albuquerque EX (1993) Diversity of nicotinic acetylcholine receptors in rat hippocampal neurons I Pharmacological and functional evidence for distinct structural subtypes. J Pharmacol Exp Ther 265:1455–1473

Alkondon M, Pereira EFR, Wonnacott S, Albuquerque EX (1992) Blockade of nicotinic currents in hippocampal neurons defines methyllycaconitine as a potent and specific receptor antagonist. Mol Pharm 41:802–808

Anand R, Lindstrom J (1990) Nucleotide sequence of the human nicotinic acetylcholine receptor $\beta2$ subunit gene. Nucleic Acids Res 18:4272–4278

Anderson DJ, Arneric SP (1994) Nicotinic receptor binding of [³H]cytisine, [³H]nicotine and [³H]methylcarbamylcholine in rat brain. Eur J Pharmacol 253:261–267

Anderson DJ, Campbell JE, Raszkiewicz JL, Hettinger AM, Garvey DS, Arneric SP, and Sullivan JP (1995) Binding properties of [³H]A-85380, a high-affinity, neuronal nicotinic acetylcholine receptor radioligand. Soc for Neurosci 21:247–248

Arendash GW, Sengstock GJ, Sanberg PR, Kem WR (1995) Improved learning and memory in aged rats with chronic administration of the nicotinic receptor agonist GTS-21. Brain Res 674:252–259

Arneric SP, Anderson DJ, Bannon AW, Briggs CA, Buccafusco JJ, Brioni JD, Cannon JG, Decker MW, Gopalakrishnan M, Holladay MW, Kyncl J, Marsh KC, Pauly J, Radek R, Rodrigues AD, Sullivan JP (1995) Preclinical pharmacology of ABT-418: a prototypical cholinergic channel activator for the potential treatment of Alzheimer's disease. CNS Drug Rev 1:1–26

Arneric SP, Campbell JE, Carroll S, Daanen JF, Holladay MW, Johnson P, Lin N-H, Marsh KC, Peterson B, Qui Y, Roberts EM, Rodrigues AD, Sullivan JP, Trivedi J, Williams M (1997) ABT-089 [3-(2(S)-Pyrrolidinylmethoxy)-2-methylpyridine]: an orally effective cholinergic channel modulator with potential once-a-day dosing and cardiovascular safety. Drug Devel Res 41:31–43

Arneric SP, Holladay MW, Sullivan JP (1996) Cholinergic channel modulators as a novel therapeutic strategy for Alzheimer's disease. Exp Opin Invest Drugs 5(1):79–100

Arneric SP, Sullivan JP, Williams M (1995) Neuronal nicotinic acetylcholine receptors: Novel targets for CNS therapeutics. In: Bloom FE, Kupfer DJ (eds) Psychopharmacology: Fourth Generation of Progress. Raven, New York, pp 95–110

Arneric SP, Williams M (1994) Nicotinic agonists in Alzheimer's disease: Does the molecular diversity of nicotine receptors offer the opportunity for developing CNS selective cholinergic channel activators? In: Racagni G, Brunello N, Langer SZ (eds): Recent Advances In The Treatment of Neurodegenerative Disorders and Cognitive Function, Int. Acad. Biomed. Drug Res., Basel, Karger, Vol. 7, pp 58–70

Aronstam RS, King CT, Albuquerque EX, Daly JW, Feigl DM (1985) Binding of [^{3}H]perhydrohistrionicotoxin and [^{3}H]phencyclidine to the nicotinic receptor-ion channel complex of Torpedo electroplax. Biochem Pharmacol 34:3037–3047

Badio B, Daly JW (1994) Epibatidine, a potent analgetic and nicotinic agonist. Mol Pharm 45:563–569

Badio B, Garraffo M, Plummer CV, Padgett WL, Daly JW (1997) Synthesis and nicotinic activity of epiboxidine: an isoxazole analogue of epibatidine. Eur J Pharmacol 321:189–194

Bane AJ, Bencherif M, Lippiello P (1997) The effects of the novel nicotinic agonist RJR-1557 on spontaneous locomotor activity in the rat. Soc Neurosci Abstr 23:669

Bannon AW, Decker MW, Holladay MW, Curzon P, Donnelly-Roberts D, Puttfarcken PS, Bitner RS, Pauly JL, Diaz A, Porsolt R, Dickenson AH, Williams M, Arneric SP (1998) Broad-spectrum, non-opioid analgesic activity by selective modulation of neuronal nicotinic acetylcholine receptors. Science 279:77–81

Bannon AW, Gunther KL, Decker MW, Arneric SP (1995) The influence of BAY K8644 treatment on (±)-epibatidine-induced analgesia. Brain Res 678:244–250

Barlow RB, McLeod LJ (1969) Some studies on cytisine and its methylated derivatives. Br J Pharmacol 35:161–174

Bencherif M, Lovette ME, Fowler KW, Arrington S, Reeves L, Caldwell WS, Lippiello PM (1996) RJR-2403: A nicotinic agonist with CNS selectivity I In vitro characterization. J Pharmacol Exp Ther 279:1413–1421

Benowitz N (1991) Nicotine and cardiovascular disease. In: Adlkofer F, Thurau K (eds) Effects of Nicotine on Biological Systems: Advances in Pharmacological Sciences. Birkhauser Verlag, Basel, pp 579–596

Bertand D, Changeux JP (1995) Nicotinic receptor: an allosteric protein specialized for intercellular communication. The Neurosciences 7:75–90

Bertrand D, et al (1998) Positive allosteric actions of ivermectin on neuronal nicotinic acetylcholine receptors. Mol Pharmacology 53:383–394

Bertrand D, Valera S, Bertrand S, Ballivaet M, Rungger D (1991) Steroids inhibit nicotinic acetylcholine receptors. NeuroReport 2:277–280

Boulter J, Connolly J, Deneris E, Goldman D, Heinemann S, Patrick J (1987) Functional expression of two neural nicotinic acetylcholine receptors from cDNA clones identifies a gene family. Proc Natl Acad Sci USA 84:7763–7767

Boulter J, Evans K, Boldman D, Martin G, Treco D, Heinemann S, Patrick J (1986a) Isolation of cDNA clones coding for a possible neuronal nicotinic acetylcholine receptor α subunit. Nature 319:368–374

Boulter J, Evans K, Goldman D, et al (1986b) Isolation of a cDNA clone coding for a possible neural nicotinic acetylcholine receptor α-subunit. Nature 319: 368–374

Boulter J, O'Shea-Greenfield A, Duvoisin RM, et al. (1990) α3, α5, and β4: three members of the rat neuronal nicotinic acetylcholine receptor-related gene family form a gene cluster. J Biol Chem 265:4472–4482

Brioni JD, Kim DJB, O'Neill AB (1996) Nicotine cue: lack of effect of the α7 nicotinic receptor antagonist methyllycaconitine. Eur J Pharmacol 301:1–5

Buisson B, Bertrand D (1999) Steroid modulation of the nicotinic acetylcholine receptor. In: Baulieu EE, Robel P, Schumacher M (eds) Neurosteroids: A New Function in the Nervous System. Humana Press, Totowa, NJ, in press

Buisson B, Gopalakrishnan M, Bertrand D (1999) Stable expression of human neuronal nicotinic receptors In: Arneric SP, Brioni JD (eds) Neuronal Nicotinic Receptors: Pharmacology and Therapeutic Opportunities. Wiley-Liss, New York, pp 99–124

Caldwell WS, Lippiello PM (1993) Method for the treatment of neurodegenerative diseases. US 5,214,060 (R J Reynolds Tobacco Company)

Campbell HF, Edwards OE, Kolt R (1977) Synthesis of nor-anatoxin-a and anatoxin-a. Can J Chem 55:1372–1379

Carmichael WW, Biggs DF, Peterson MA (1979) Pharmacology of anatoxin-a, produced by the freshwater cyanophyte Anabaena flos-aquae NRC-44–1. Toxicon 17:229–236
Catka T, Leete E (1978) Synthesis of a "bridged nicotine": 1,2,3,5,6,10b-hexahydropyrido[2,3-g]indolizine. J Org Chem 43:2125–2126
Changeux JP, Galzi JL, Devillers-Thiery A, Betrand D (1992) The functional architecture of the acetylcholine nicotinic receptor explored by affinity labeling and site-directed mutagenesis. Quart Rev Biophys 25:395–432
Changeux JP, Thiery JP, Tung Y, Kittel C (1967) On the cooperativity of biological membranes. Proc Natl Acad Sci USA 57:335–341
Changeux J-P (1990) Functional architecture and dynamics of the nicotinic acetylcholine receptor: an allosteric ligand-gated ion channel. Fidia Res Found Neurosci Found Lect 4:21–168
Chavdarian CG (1983) Optically active nicotine analogues: synthesis of (S)-(−)-2,5-dihydro-1-methyl-2-(3-pyridyl)pyrrole ((S)-(−)-3′,4′-dehydronicotine). J Org Chem 48:1529–1531
Chavdarian CG, Sanders EB, Bassfield RL (1982) Synthesis of optically active nicotinoids. J Org Chem 47:1069–1073
Chavdarian CG, Seeman JI, Wooten JB (1983) Bridged nicotines: synthesis of cis-2,3,3a,4,5,9b-hexahydro-1-methyl-1h-pyrrolo[2,3-f]quinoline. J Org Chem 48:492–494
Chiappinelli VA (1983) Kappa bungarotoxin: a probe for the neuronal nicotinic receptor in the avian ciliary ganglion. Brain Res 277:9–21
Chini B, Clementi F, Hukovic N, Sher E (1992) Neuronal (κ-bungarotoxin receptors and the $\alpha 5$ nicotinic receptor subunit gene are expressed in neuronal and non-neuronal human cell lines. Proc Nad Acad Sci USA 89:1572–1576
Clarke PBS (1999) Functional anatomy of nicotinic acetylcholine receptor in mammalian brain. In: Arneric SP, Brioni JD (eds) Neuronal Nicotinic Receptors: Pharmacology and Therapeutic Opportunities, Wiley-Liss, New York, pp 127–140
Clarke PBS, Schwartz RD, Paul SM, Pert CD, Pert A (1985) Nicotinic binding in rat brain autoradiographic comparison of [^{3}H]acetylcholine, [^{3}H]nicotine, and [^{125}I]-L-Bungarotoxin. J Neurosci 5:1307–1315
Clarke PBS (1992) The fall and rise of neuronal α-bungarotoxin binding proteins. Trends in Pharmacol Sci 13:407–413
Cohen J (1996) Tobacco money lights up a debate. Science 272:488–494
Cosford NDP, Bleicher L, Herbaut A, McCallum JS, Vernier J-M, Dawson H, Whitten JP, Adams P, Chavez-Noriega L, Correa LD, Crona JH, Mahaffy LS, Menzaghi LS, Rao TS, Reid R, Sacaan AI, Santori E, Stauderman KA, Whelan K, Lloyd GK, McDonald IA (1996) (S)-(−)-5-Ethynyl-3-(1-methyl-2-pyrrolidinyl)pyridine maleate (SIB-1508Y): A novel anti-parkinsonian agent with selectivity for neuronal nicotinic acetylcholine receptors. J Med Chem 39:3235–3237
Damaj MI, Glassco W, Dukat M, May EL, Glennon RA, Martin BR (1996) Pharmacology of novel nicotinic analogs. Drug Devel Res 38:177–187
de Fiebre CM, Meyer EM, Henry JC, Muraskin SI, Kem WR, Papke RL (1995) Characterization of a series of anabaseine-derived compounds reveals that the 3-(4)-dimethylaminocinnamylidine derivative (DMAC) is a selective agonist at neuronal $\alpha 7/[^{125}I]\alpha$-bungarotoxin receptor subtypes. Mol Pharm 47:164–171
Decker MW, Arneric SP (1999) Nicotinic acetylcholine receptor-targeted compounds: a summary of the development pipeline and therapeutic potential. In: Arneric SP, Brioni JD (eds) Neuronal Nicotinic Receptors: Pharmacology and Therapeutic Opportunities. Wiley-Liss, New York, pp 395–411
Decker MW, Bannon AW, Buckley MJ, Kim DJB, Holladay MW, Ryther KB, Lin N-H, Wasicak JT, Williams M, Arneric SP (1998) Antinociceptive effects of the novel neuronal nicotinic acetylycholine receptor agonist, ABT-594, in mice. Eur J Pharmacol 346:23–33

Decker MW, Bannon AW, Curzon P, Gunther KL, Brioni JD, Holladay MW, Lin N-H, Li Y, Daanen JF, Buccafusco JF, Prendergast MA, Jackson W, Arneric SP (1997) ABT-089 [2-Methyl-3-(2-(S)-pyrrolidinylmethoxy)pyridine dihydrochloride]: II A novel cholinergic channel modulator with effects on cognitive performance in rats and monkeys. J Pharmacol Exp Ther 283:247–258

Decker MW, Brioni JD, Bannon AW, Arneric SP (1995) Diversity of neuronal nicotinic acetylcholine receptors: lessons from behavior and implications for CNS therapeutics. Life Sci 56:545–570

Devlin JP, Edwards OE, Gorham PR, Hunter NR, Pike RK, Stavric B (1977) Anatoxin-a, a toxic alkaloid from Anabaena flos-aquae. Can J Chem 55:1367–1371

Donnelly-Roberts D, Puttfarken PS, Kunztweiler TA, Briggs CA, Anderson DJ, Campbell JE, Piatonni-Kaplan M, McKenna DG, Wasicak JT, Holladay MW, Williams M, Arneric SP (1998) 5-((2R)-azetidinylmethoxy)-2-chloropyridine [ABT-594]: A novel, orally effective antinociceptive agent acting via neuronal nicotinic acetylcholine receptors I In vitro characterization. J Pharmacol Exp Therap 285:777–786

Donnelly-Roberts D, Arneric SP, Sullivan JP (1995) Functional modulation of human "ganglionic-like" neuronal nicotinic acetylcholine receptors (nAChRs) by L-type calcium channel antagonists. Biochem Biophysc Res Comm 213:657–662

Doucette-Stamm L, Monteggia L, Donnelly-Roberts D, Wang WT, Tian JL, Giordano T (1994) Cloning and sequence of the human $\alpha 7$ nicotinic acetylcholine receptor. Drug Devel Res 30:252–256

Drasdo A, Caulfield M, Bertrand D, Bertrand S, Wonnacott S (1992) Methyllycaconitine: A novel nicotinic antagonist. Mol Cell Neurosci 3:237–243

Dukat M, Fiedler W, Dumas D, Damaj I, Martin BR, Rosecrans JA, James JR, Glennon RA (1996) Pyrrolidine-modified and 6-substituted analogs of nicotine: a structure–affinity investigation. Eur J Med Chem 31:875–888

Elgoyhen AB, Johnson DS, Boulter J, Vetter DE, Heinemann S (1994) $\alpha 9$: an acetylcholine receptor with novel pharmacological properties expressed in rat cochlear hair cells. Cell 79:705–715

Elliott R, Kopecka H, Gunn D, Lin N, Garvey D, Ryther K, Holladay M, Anderson D, Campbell J, Sullivan J, Buckley M, Gunther K, O'Neill A, Decker M, Arneric S (1996) 2-(Aryloxymethyl)azacyclic analogues as novel nicotinic acetylcholine receptor (neuronal nicotinic AChR) ligands. Bioorganic Med Chem Letters 19:2282–2288

Figl A, Cohen BN, Quick M, Davidson N, Lester HA (1992) Regional distribution of $\beta 4$, $\beta 2$ subunit chimeras that contribute to the agonist selectivity of neuronal nicotinic receptors. FEBS 308:245–248

Flood P, Ramirex-Latorre J, Role L (1997) $\alpha 4 \beta 2$ neuronal nicotinic acetylcholine receptors in the central nervous system are inhibited by isoflurane and propofol, but $\alpha 7$-type nicotinic receptors are unaffected. Anesthesiology 86:859–865

Flores CM, Hargreaves KM (1999) Neuronal nicotinic receptors: new targets in the treatment of pain. In: Arneric SP, Brioni JD (eds) Neuronal Nicotinic Receptors: Pharmacology and Therapeutic Opportunities. Wiley-Liss, New York, pp 359–377

Flores CM, Rogers SW, Pabreza LA, Wolfe BB, Kellar KJ (1992) A subtype of nicotinic cholinergic receptor in rat brain is composed of $\alpha 4$ and $\beta 2$ subunits and is up-regulated by chronic nicotine treatment. Mol Pharm 41:31–37

Fornasari D, Chini B, Tarroni P, Clementi F (1990) Molecular cloning of human nicotinic receptor alpha3-subunit. Neurosci Lett 111:351–356

Fucile S, Matter JM, Erkman L, Ragozzino D, Barabino B, Grassi F, Alema S, Ballivet M, Eusebi F (1998) The neuronal alpha6 subunit forms functional heteromeric acetylcholine receptors in human transfected cells. Eur J Neurosci 10(1):172–8

Galzi JL, Bertrand S, Corringer JP, Changeux JP, Bertrand D (1997) Identification of calcium binding sites which regulate potentiation of a neuronal nicotinic acetylcholine receptor. EMBO J 15:5824–5832

Garvey DS, Wasicak JT, Decker MW, Brioni JD, Buckley MJ, Sullivan JP, Carrera GM, Holladay MW, Arneric SP, Williams M (1994a) Novel isoxazoles which interact with brain cholinergic channel receptors have intrinsic cognitive enhancing and anxiolytic activities. J Med Chem 37:1055–1059

Garvey DS, Wasicak JT, Elliott RL, Lebold SA, Hettinger A-M, Carrera GM, Lin N-H, He Y, Holladay MW, Anderson DJ, Cadman ED, Raszkiewicz JL, Sullivan JP, Arneric SP (1994b): Ligands for brain cholinergic channel receptors: Synthesis and in vitro characterization of novel isoxazoles and isothiazoles as bioisosteric replacements for the pyridine ring in nicotine. J Med Chem 37:4455–4463

Gerzanich V, Peng X, Wang F, Wells G, Anand R, Fletcher S, Lindstrom J (1995) Comparative pharmacology of epibatidine: a potent agonist for neuronal nicotinic acetylcholine receptors. Mol Pharmacol 48:774–782

Gerzanich V, Kuryatov A, Anand R, Lindstrom (1997) "Orphan" alpha6 nicotinic AchR subunit can form a functional heteromermic acetylcholine receptor. Mol Pharmacol 51:320–327

Glassco W, Suchocki J, George C, Martin BR, May EL (1993) Synthesis, optical resolution, absolute configuration, and preliminary pharmacology of (+) and (−)-cis-2,3,3a,4,5,9b-hexahydro-1-methyl-1H-pyrrolo[3,2-h]isoquinoline, a structural analog of nicotine. J Med Chem 36:3381–3385

Glennon RA, Dukat M (1996) Nicotine receptor ligands. Med Chem Res 465–486

Glennon RA, Dukat M (1999) Nicotinic cholinergic receptor pharmacophores. In: Arneric SP, Brioni JD (eds) Neuronal Nicotinic Receptors: Pharmacology and Therapeutic Opportunities. Wiley-Liss, New York, pp 271–284

Gopalakrishnan M, Buisson B, Tourna E, Giordano T, Campbell JE, Hu IC, Donnelly-Roberts D, Arneric SP, Bertrand D, Sullivan JP (1995) Stable expression and pharmacological properties of the human $\alpha 7$ nicotinic acetylcholine receptor. Eur J Pharmacol 290:237–246

Gopalakrishnan M, Monteggia LM, Anderson DJ, Arneric SP, Sullivan JP (1996) Stable expression, pharmacologic properties and regulation of the human nicotinic acetylcholine $\alpha 4 \beta 2$ receptor. J Pharmacol Exp Therap 276:289–297

Gordon J, Gurley O, Tran A, Machulskis A, Zongrone J, Luhowskj S, Ryan T, Mack R, Loch III J, Balestra M, Decory T, Sampognaro A, Wright N, Verhoest P, Macor J, Kover A, Wu E, Griffith R, Mullen G, Murray R, Blosser J (1998) AR-R17779: the first high affinity, subtype-selective full agonist at the rodent $\alpha 7$ nicotinic acetylcholine receptor. Soc. Neurosci Abstract 331.9

Gotti C, Balestra B, Moretti M, Rovati GE, Mggi L, Rossoni G, Berti F, Villa L, Paqllavicini M, Clementi F (1998) 4-Oxystilbene compounds are selective ligands for neuronal nicotinic αBungarotoxin receptors. Brit J Pharmacol 124:1197–1206.

Haglid F (1967) The methylation of nicotine with methyllithium. Acta Chem Sc 21:329–334

Harvey SC, Luetje CW (1996) Determinants of competitive antagonist sensitivity on neuronal nicotinic receptor subunits. J Neurosci 16:3798–3806

Hider RC, Walkinshaw MD, Saenger W (1986): Erythrina alkaloid nicotinic antagonists: structure-activity relationships. Eur J Med Chem-Chim Ther 21:231–234

Holladay MW, Dart MJ, Lynch JK (1997) Neuronal nicotinic acetylcholine receptors as targets for drug discovery. J Med Chem 40:4169–4194

Holladay MW, Lebold SA, Lin N-H (1995) Structure-activity relationships of nicotinic acetylcholine receptor agonists as potential treatments for dementia. Drug Devel Res 35:191–213

Holladay MW, Wasicak JT, Lin N-H, He Y, Ryther KB, Bannon AW, Buckley MJ, Kim DJB, Decker MW, Anderson DJ, Campbell JE, Kuntzweiler TA, Donnelly-Roberts DL, Piattoni-Laplan M, Briggs CA, Williams M, Arneric SP (1998) Identification and structure-activity relationships of (R-5-(2-azetidinylmethoxy)-2-chloropyridine (ABT-594), a potent, orally active analgesic agent acting via neuronal nicotinic acetylcholine receptors. J Med Chem 41:407–412

Huang DF, Shen TY (1993) A versatile total synthesis of epibatidine and analogs. Tetrahedron Lett 34:4477–4480
Jarvik ME (1991) Beneficial effects of nicotine. Br J Addiction 86:571–575
Kaiser F, Hudzik T, Borrelli A, Awere S, Cramer C, Widzowski D (1998) AR-R17779: a selective α7 nicotinic agonist, has anxiolytic ans sensory gating-enhancing properties and reduced nicotine-like side effects. Soc. Neurosci. Abstracts 331.11
Kanne DB, Abood LG (1988) Synthesis and biological characterization of pyridohomotropanes: structure–activity relationships of conformationally restricted nicotinoids. J Med Chem 31:506–509
Kanne DB, Ashworth DJ, Cheng MT, Mutter LC (1986) Synthesis of the first highly potent bridged nicotinoid 9-azabicyclo[4.2.1]nona[2,3-c]pyridine (pyrido[3,4-b]homotropane). J Am Chem Soc 108:7864–7865
Karrer P, Takahashi T (1926) Uber Nicotone. Helv Chim Acta 9:458–461
Kassiou M, Scheffel U, Ravert HT, Mathews WB, Musachio JL, London ED, Dannals RF (1997) [^{11}C]A-84543: An enantioselective ligand for in vivo studies of nicotinic acetylcholine receptors. Soc for Nuclear Med, San Antonio
Katz B, Thesleff S (1957) A study of the desensitization produced by acetylcholine at the motor endplate. J Physiol (London) 138:63–80
Kem WR (1985) Structure and action of nemertine toxins. Amer Zool 25:99–111
Kem WR, Mahnir VM, Lin B, Prokai-Tartrai K (1996) Two primary GTS-21 metabolites are potent partial agonists at alpha7 nicotinic receptors expressed in the Xenopus oocyte. Soc Neurosci Abstr 22:268 Abst 110.7
Kemp JA, Leeson PD (1993) The glycine site of the NMDA receptor – five years on. Trends in Pharmacol Sci 14:20–25
Le Novere N, Changeux JP (1995) Molecular evolution of the nicotinic cholinergic receptor: a example of a multigene family. J Mol Evol 40:155–172
Leete E, Bodem GB, Manuel MF (1971) Formation of 5-fluoronicotine from 5-fluoronicotinic acid. Phytochemistry 10:2687–2692
Leete E, Leete SAS (1978) Synthesis of 4-methylnicotine and an examination of its possible biosynthesis from 4-methylnicotinic acid in Nicotinia tabacum. J Org Chem 43:2122–2124
Lena C, Changeaux J-P (1993) Allosteric modulations of the nicotinic acetylcholine receptor. Trends in Neurosciences 16:181–186
Liang F, Navarro HA, Abraham P, Kotian P, Ding Y-S, Fowler J, Volkow N, Kuhar MJ, Carroll FI (1997) Synthesis and nicotinic acetylcholine receptor binding properties of exo-2-(2'-fluoro-5'-pyridinyl)-7-azabicyclo[2.2.1]heptane: a new positron emission tomography ligand for nicotinic receptors. J Med Chem 40:2293–2295
Lindstrom J (1997) Nicotinic acetylcholine receptors in health and disease. Mol Neurobiol 15:193–222
Lin N-H, Carrera GM, Jr, Anderson DJ (1994) Synthesis and evaluation of nicotine analogs as neuronal nicotinic acetylcholine receptor ligands. J Med Chem 37:3542–3553
Lin N-H, Gunn DE, Ryther KB, Garvey DS, Donnelly-Roberts DL, Decker MW, Brioni JD, Buckley MJ, Rodrigues AD, Marsh KG, Anderson DJ, Buccafusco JJ, Pendergast MA, Sullivan JP, Williams M, Arneric SP, Holladay MW (1997) Structure-activity studies on ABT-089: An orally bioavailable 3-pyridyl ether nicotinic acetylcholine receptor (nAChR) ligand with cognition enhancing properties. J Med Chem 40:385–390
Lippiello PM, Bencherif M, Gray JA, Peters S, Grigoryan G, Hodges H, Collins AC (1996) RJR-2403: A nicotinic agonist with CNS selectivity II In vivo characterization. J Pharmacol Exp Ther 279:1422–1429
Lopez MG, Fonteriz RI, Gandia L, et al (1993) The nicotinic acetylcholine receptor of the bovine chromaffin cell, a new target for dihydropyridines. Eur J Pharm – Mol Pharm Section 247:199–207
Loring RH, Zigmond RE (1988) Characterization of neuronal nicotinic receptors by snake venom neurotoxins. Trends Neurosci 11:73–78

Lowry TM, Gore HM (1931) The properties of nicotine and its derivatives Part iii Chloronicotine and methylnicotine. J Chem Soc 319–323

Luetje CW, Patrick J (1991) Both α- and β-subunits contribute to the agonist sensitivity of neuronal nicotinic acetylcholine receptors. J Neuroscience 11:837–845

Luetje CW, Piattoni M, Patrick J (1993) Mapping of ligand binding sites of neuronal nicotinic acetylcholine receptors using chimeric α subunits. Mol Pharm 44:657–666

Luetje CW, Wada K, Rogers S, Abramson SN, Tsuji K, Heinemann S, Patrick J (1990) Neurotoxins distinguish between different neuronal nicotinic acetylcholine receptor subunit combinations. J Neurochem 55:632–640

Macallan DRE, Lunt GG, Wonnacott S, Swanson KL, Rapoport H, Albuquerque EX (1988) Methyllycaconitine and (+)-anatoxin-a differentiate between nicotinic receptors in vertebrate and invertebrate nervous systems. FEBS Lett 226:357–363

Maelicke A, Schrattenholz A, Schroder H (1995) Modulatory control by non-competitive agonists of nicotinic cholinergic neurotransmission in the central nervous system. The Neurosciences 7:103–114

Mantegazza P, Tommasini R (1955) Central antinicotinic activity of 4-oxystilbene and 4-oxydiphenylethane derivatives. Arch Int Pharmacodyn 4:371–403.

Marks MJ (1999) Desensitization and the regulation of neuronal nicotinic receptors In: Arneric SP, Brioni JD (eds) Neuronal Nicotinic Receptors: Pharmacology and Therapeutic Opportunities. Wiley-Liss, New York, pp 65–80

Marks MJ, Farnham DA, Grady SR, Collins AC (1993) Nicotinic receptor function determined by stimulation of rubidium efflux from mouse brain synaptosomes. J Pharmacol Exp Ther 264:542–552

Martin BR, Martin TJ, Fan F, Damaj MI (1993) Central actions of nicotine antagonists. Med Chem Res 2:564–577

Martin EJ, Panickar KS, King MA, Deyrup M, Hunter BE, Wang G, Meyer EM (1994) Cytoprotective actions of 2,4-dimethoxybenzylidene anabaseine in differentiated PC12 cells and septal cholinergic neurons. Drug Devel Res 31:135–141

McDonald IA, Cosford N, Vernier J-M (1995) Nicotinic acetylcholine receptors: molecular biology, chemistry and pharmacology. Ann Rep Med Chem 30:41–50

McDonald IA, Vernier J-M, Cosford N, Corey-Naeve J (1996) Neuronal nicotinic acetylcholine receptor agonists. Curr Pharmaceutical Design 2:357–366

McGehee DS, Role LW (1995) Physiological diversity of nicotinic acetylcholine receptors expressed by vertebrate neurons. Ann Rev Physiol 57:521–546

Menzaghi F, McClure DE, Lloyd KG (1999) Subtype-selective nAChR agonists for the treatment of neurological disorders: SIB-1508Y and SIB-1553A In: Arneric SP, Brioni JD (eds) Neuronal Nicotinic Receptors: Pharmacology and Therapeutic Opportunities. Wiley-Liss, New York, p 379–394

Menzaghi F, Whelan KT, Risborough VT, Rao TS, Lloyd GK (1997a) Effects of a novel cholinergic ion channel agonist SIB-1765F on locomotor activity in rats. J Pharmacol Exp Ther 280:384–392

Menzaghi F, Whelan KT, Risborough VT, Rao TS, Lloyd GK (1997b) Interactions between a novel cholinergic ion channel agonist, SIB-1765F and L-DOPA in the reserpine model of Parkinson's disease in rats. J Pharmacol Exp Ther 280:393–401

Meyer EM, de Fiebre CM, Hunter BE, Simpkins CE, Frauworth N, de Fiebre NEC (1994) Effects of anabaseine-related analogs on rat brain nicotinic receptor binding and on avoidance behaviors. Drug Devel Res 31:127–134

Monod J, Wyman J, Changeux JP (1965) On the nature of allosteric transitions: a plausible model. J Mol Biol 12:88–118

Mulle C, Benoit P, Pinset C, Roa M, Changeux JP (1988) Calcintonic gene-related peptide enhances the rate of desensitization of the nicotinic acetylcholine receptor in cultured mouse muscle cells. Proc Natl Acad Sci USA 85:5728–5732

Mulle C, Choquet D, Korn H, Changeux JP (1992) Calcium influx through nicotinic receptor in rat central neurons: Its relevance to cellular regulation. Neuron 8:135–143

Musachio JL, Horti A, London ED, Dannals RF (1997) Synthesis of radioiodinated analog of epibatidine: (+)-exo-2-)2-iodo-5-pyridyl)-7-azabicyclo[2.2.I]heptane for in vitro and in vivo studies of nicotinic acetylcholine receptors. J Labelled Compounds Radiopharm 39:39

Nakayama H, Okuda H, Nakashima T (1993) Phosphorylation of rat brain nicotinic acetylcholine receptor by cAMP-dependent protein kinase in vitro. Mol Brain Res 20:171–177

Newhouse P, Potter A, Corwin J (1996) Acute administration of the cholinergic channel activator ABT-418 improves learning in Alzheimer's disease. Society for Research on Nicotine and Tobacco, Washington, DC, Abstract A39

Numa S, Noda M, Takahashi H, Tanabe T, Toyosato M, Furutani Y, Kikyotani S (1983) Molecular structure of the nicotinic acetylcholine receptor. Cold Spring Harbor Symp Quant Biol 48:57–69

Orr-Urteger A, Golner FM, Saeki M, Lorenzo I, Goldberg L, De Biasi M, Dani JA, Patrick JW, Beauder AL (1997) Mice deficient in the alpha 7 neuronal nicotinic acetylcholine receptor lack alpha-bungarotoxin sites and hippocampal fast nicotinic currents. J Neurosci 17:9165–9171

Ortells MO, Lunt GC (1995) Evolutionary history of the ligand-gated ion-channel superfamily of receptors. TINS 18:121–127

Pabreza LA, Dhawan S, Kellar KJ (1991) [^{3}H]Cytisine binding to nicotinic cholinergic receptors in brain. Mol Pharncol 39:9–12

Papke RL, Bencherif M, Lippiello P (1996) An evaluation of neuronal nicotinic acetylcholine receptor activation by quaternary nitrogen compounds indicates that choline is selective for the $\alpha 7$ subtype. Neurosci Lett 213:201–204

Papke RL, Duvoisin RM, Heinemann SF (1993) The amino terminal half of the nicotinic P-subunit extracellular domain regulates the kinetics of inhibition by neuronal bungarotoxin. Proc R Soc Lond B 252:141–148

Papke RL, Heinemann SF (1993) Partial agonists properties of cytisine on neuronal nicotinic receptors containing the beta2 subunit. Mol Pharmacol 45:142–149

Papke RL (1993) The kinetic properties of neuronal nicotinic receptors: genetic basis of functional diversity. Prog Neurobiol 41:509–531

Parker MJL, Beck A, Luetje CW (1998) Neuronal nicotinic receptor beta2 and beta4 subunits confer large differences in agonist binding affinity. Mol Pharmacol 54:1132–1139

Paul IA, Basile AS, Rojas E, et al (1993) Sigma receptors modulate nicotinic receptor function in adrenal chromaffin cells. FASEB J 7:1171–1178

Pauly JR, Grun EU, Collins AC (1992) Glucocorticoid regulation of sensitivity to nicotine In: Lippiello PM, Collins AC, Gray JA, Robinson JH (eds) The Biology of Nicotine: Current Research Issues. Raven Press, New York, pp 121–139

Pedersen SE, Cohen JB (1990) d-Tubocurarine binding sites are located at the $\alpha-\gamma$ and $\alpha-\delta$ subunit interfaces of the nicotinic acetylcholine receptor. Proc Natl Acad Sci USA 87:2785–2789

Pereira EFR, Reinhardt-Maelicke S, Schrattenholz A, Maelicke A, Albuquerque EX (1993) Identification and functional characterization of a new agonist site on nicotinic acetylcholine receptors of cultured hippocampal neurons. J Pharmacol Exp Therap 265:1474–1491

Perry DC, Kellar KJ (1995) [^{3}H]Epibatidine labels nicotinic receptors in rat brain: an autoradiographic study. J Pharmacol Exp Therapeutics 275:1030–1034

Puchacz E, Buisson B, Bertrand D, Lukas R (1994) Functional expression of nicotinic acetylcholine receptors containing rat $\alpha 7$ in human SH–SY5Y neuroblastoma cells. FEBS Lett 354:155–159

Quik M, Choremis J, Komourian J, Lukas RJ, Puchacz E (1996) Similarity between rat brain nicotinic α-bungarotoxin receptors and stably expressed α-bungarotoxin binding sites. J Neurochem 67:145–154

Ramirez-Latorre J, Crabtree G, Turner J, Role L (1999) Molecular composition and biophysical characteristics of nicotinic receptors. In: Arneric SP, Brioni JD (eds)

Neuronal Nicotinic Receptors: Pharmacology and Therapeutic Opportunities. Wiley-Liss, New York, pp 43–64

Rao TS, Correa LD, Reid RT, Lloyd GK (1996) Evaluation of anti-nociceptive effects of neuronal nicotinic acetylcholine receptor (nAChR) ligands in the rat tail-flick assay. Neuropharmacology 35:393–405

Rathouz BDKMM (1994) Synaptic-type acetylcholine receptors raise intracellular calcium levels in neurons by two mechanisms. J Neurosci 14:6935–6945

Rondahl L (1977) Synthetic analogues of nicotine VI Nicotine substituted in the 5-position. Act Pharm Suec 14:113–118

Rupniak NMJ, Patel S, Marwood R, Webb J, Traynor JR, Elliott J, Freedman SB, Fletcher SR, Hill RG (1994) Antinociceptive and toxic effects of (+)-epibatidine oxalate attributable to nicotinic agonist activity. Br J Pharmacol 113:1487–1493

Sacaan AI, Reid RT, Santori EM, Adams P, Correa LD, Mahaffy LS, Bleicher L, Cosford NDP, Stauderman KA, McDonald IA, Rao TS, Lloyd GK (1997): Pharmacological characterization of SIB-1765F: a novel cholinergic ion channel agonist. J Pharmacol Exp Ther 280:373–383

Sargent PB (1993) The Diversity of Neuronal Nicotinic Acetylcholine Receptors Ann Rev Neurosci 16:403–443

Schultz DW, Loring RH, Aizenmann E, Zigmond RE (1991) Autoradiographic localization of putative nicotinic receptors in the rat brain using ^{125}I-neuronal bungarotoxin. J Neurosci 11:287–297

Schwartz RD, Mcgee R, Kellar KJ (1982) Nicotinic cholinergic receptors labeled by [^{3}H]acetylcholine in rat brain. Mol Pharm 22:55–62

Secor HV, Chavdarian CG, Seeman JI (1981) The radical and organometallic methylation of nicotine and nicotine N-oxide. Tetrahedron Lett 22:3151–3154

Secor HV, Edwards WB (1979) Nicotine analogues: Synthesis of pyridylazetidines. J Org Chem 44:3136–3140

Seeman JI, Chavdarian CG, Kornfeld RA, Naworal JD (1985a) Nicotine chemistry The addition of organolithium reagents to (−)-nicotine. Tetrahedron 41:595–602

Seeman JI, Clawson LE, Secor HV (1985b) Nicotine chemistry The addition of alkyl radicals to (s)-(−)-nicotine: synthesis of optically active 6-alkyl nicotines. Synthesis 953–955

Seguela P, Wadiche J, Dineley-Miller K, Dani JA, Patrick JW (1993) Molecular cloning, functional properties, and distribution of rat brain $\alpha 7$: a nicotinic cation channel highly permeable to calcium. J Neurosci 13:596–604

Senokuchi K, Nakai H, Kawamura M, Katsube N, Nonaka S, Sawaragi H, Hamanaka N (1994) Synthesis and biological evaluation of (+/−)-epibatidine and the congeners. Syn Lett 343–344

Shibagaki M, Matsushita H (1985) The synthesis of 4-aminonicotine and 4-aminocotinine. Heterocycles 23:1681–1684

Shibagaki M, Matsushita H, Kaneko H (1986) The synthesis of 5′-alkylnicotines. Heterocycles 24:423–428

Shimohama S (1996) Nicotinic agonists prevent neuronal cell death by glutamate and amyloid beta protein. Neurobiol Aging 17:S40

Sieghart W (1992) GABA$_A$ receptors: ligand-gated Cl$^-$ ion channels modulated by multiple drug-binding sites. Trends in Pharmacol 13:446–450

Sloan JW, Martin WR, Hook R, Hernadez J (1985) Structure-activity relationships of some pyridine, piperidine and pyrrolidine analogues for enhancing and inhibiting the binding of (±)-[^{3}H] nicotine to the rat brain P$_2$ preparation. J Med Chem 28:1245–1251

Sorenson EM, Culver P, Chiapinelli VA (1987) Lophotoxin: Selective blockade of nicotinic transmission in autonomic ganglia by a coral neurotoxin. Neuroscience 20:875–884

Sorenson EM, Gallagher JP (1996) The membrane hyperpolarization of rat dorsolateral septal nucleus neurons is mediated by a novel nicotinic receptor. J Pharmcol Exp Therap 277:1733–1743

Spande TF, Garraffo HG, Edwards MW, Yeh HJC, Pannell L, Daly JW (1992) Epibatidine: a novel (chloropyridyl)azabicycloheptane with potent analgesic activity from an ecuadoran poison frog. J Am Chem Soc 114:3475–3478

Sullivan JP, Decker MW, Brioni JD, Donnelly-Roberts D, Anderson DJ, Bannon AW, Kang C-H, Adams P, Piattoni-Kaplan M, Buckley MJ, Gopalakrishnan M, Williams M, Arneric SP (1994) (±)-Epibatidine elicits a diversity of in vitro and in vivo effects mediated by nicotinic acetylcholine receptors. J Pharmacol Exp 7her 271:1–8

Sullivan JP, Donnelly-Roberts D, Briggs CA, Anderson DJ, Gopalakrishnan M, Piattoni-Kaplan M, Campbell JE, McKenna DG, Molinari E, Hettinger AM, Garvey DS, Wasicak J, Holladay MW, Williams M, Arneric SP (1996) A-85380 [3-(2(S)-Azetidinylmethoxy)Pyridine]: In vitro pharmacological properties of a novel, high affinity $\alpha 4\beta 2$ nicotinic acetylcholine receptor ligand. Neuropharmacol 35(6):725–734

Sullivan JP, Donnelly-Roberts D, Briggs CA, Gopalakrishnan M, Hu I, Campbell JE, Anderson DJ, Piattoni-Kaplan M, Molinari E, McKenna DG, Gunn DE, Lin N-H, Ryther KB, He Y, Holladay MW, Williams M, Arneric SP (1997) ABT-089 [2-methyl-3-(2-(S)-pyrrolidinylmethoxy)pyridine dihydrochloride]: A potent and selective cholinergic channel modulator with cytoprotective properties. J Pharmacol Exp Ther 283:235–246

Summers KL, Lippiello P, Verhulst S, Giacobini E (1995) 5-Fluoronicotine, noranhydroecgonine, and pyridyl-methylpyrrolidine release acetylcholine and biogenic amines in rat cortex in vivo. Neurochem Res 20:1089–1094

Swanson KL, Alkondon M, Pereira EFR, Albuquerque EX (1995) The search for subtype-selective nicotinic acetylcholine receptor agonists. In: Blum MS (ed) The Toxic Action of Marine and Terrestrial Alkaloids. Alaken, Inc, Fort Collins, CO, pp 191–280

Swanson KL, Allen CN, Aronstam RS, Rapoport H, Albuquerque EX (1986) Molecular mechanisms of the potent and stereospecific nicotinic receptor agonist(+)-anatoxin-a. Mol Pharmacol 29:250–257

Swanson KL, Aracava Y, Sardina FJ, Rapoport H, Aronstam RS, Albuquerque EX (1989) N-Methylanatoxinol isomers: Derivatives of the agonist (+)-anatoxin-a block the nicotinic acetylcholine receptor ion channel. Mol Pharmacol 35:223–231

Swanson KL, Aronstam RS, Wonnacott S, Rapoport H, Albuquerque EX (1991) Nicotinic pharmacology of anatoxin analogs I Side chain structure-activity relationships at peripheral agonist and noncompetitive antagonist sites. J Pharmacol Exp Ther 259:377–386

Tarroni P, Rubboli F, Chini B (1992) Neuronal-type nicotinic receptors in human neuroblastoma and small-cell lung carcinoma cell lines. FEBS Letts 312:66–70

Taylor P (1996) Agents acting at the neuromuscular junction and autonomic ganglia. In: Gilman AG, Rall TW, Nies AS, Taylor P (eds) Goodman and Gilman's 9th Edition, Pharmacological Basis of Therapeutics. McGraw-Hill, New York, pp 177–198

Thomas P, Brough PA, Gallagher T, Wonnacott S (1994) Alkyl-modified side chain variants of anatoxin-a: A series of potent nicotinic agonists. Drug Dev Res 31:147–156

Thomas P, Stephens M, Wilkie G, Amar M, Lunt GG, Whiting P, Gallagher T, Pereira E, Alkondon M, Albuquerque EX, Wonnacott S (1993) (+)-Anatoxin-a is a potent agonist at neuronal nicotinic acetylcholine receptors. J Neurochem 60:2308–2311

Turek JW, Kang CH, Campbell JE, Arneric SP, Sullivan JP (1995) A sensitive technique for the detection of the $\alpha 7$ neuronal nicotinic acetylcholine receptor antagonist, methyllycaconitine, in rat plasma and brain. J Neurosci Methods 61:113–118

Vernino S, Amador M, Luetje CW, Patrick J, Dani JA (1992) Calcium modulation and high calcium permeability of neuronal nicotinic acetylcholine receptors. Neuron 8:127–134

Vijayaraghavan S, Huang B, Blumenthal EM, Berg DK (1995) Arachidonic acid as a possible negative feedback inhibitor of nicotinic acetylcholine receptors on neurons. J Neurosci 15:3679–3687

Vijayaraghavan S, Pugh PC, Zhang Z-W, Rathouz MM, Berg DK (1992) Nicotinic receptors that bind α-bungarotoxin on neurons raise intracellular free Ca^{2+}. Neuron 8:353–362

Villemagne ML, Musachio JL, Scheffel U (1999) Nicotine and related compounds as PET and SPECT ligands. In: Arneric SP, Brioni JD (eds) Neuronal Nicotinic Receptors: Pharmacology and Therapeutic Opportunities. Wiley-Liss, New York, pp 235–250

Wada A, Uezono Y, Arita M, Tsuji K, Yanagihara N, Kobayashi H, Izumi F (1992) Neosurugatoxin: a probe for neuronal nicotinic receptors in adrenal medulla, brain, and ganglia. Methods Neurosci 8:311–322

Watson M, Roeske WR, Yamamura HI (1987) Cholinergic receptor heterogeneity. In: Meltzer HY (ed) Psychopharmacology: The third generation of progress. New York, Raven Press, pp 241–248

Whiting P, Schoepfer R, Lindstrom J, Priestley T (1991) Structural and pharmacologic characterization of the major brain nicotinic acetylcholine receptor subtype stably expressed in mouse fibroblasts. Mol Pharmacol 40:463–472

Williams M, Arneric SP (1996) Beyond the tobacco debate: dissecting out the therapeutic potential of nicotine. Exp Opin Invest Drugs 5(8):1035–1045

Williams M, Robinson JL (1984) Binding of the nicotinic cholinergic antagonist, dihydro-β-erythroidine in rat brain tissue. J Neurosci 4:2906–2911

Wilson KL, Jr, Chang RSL, Bowman ER, McKennis H, Jr (1976) Nicotine-like actions of cis-metanicotine and trans-metanicotine. J Pharmacol Exp Ther 196:685–696

Wong ET, Holstad SG, Mennerick SJ, Hong SE, Zorumski CF, Isenberg KE (1995) Pharmacological and physiological properties of a putative ganglionic nicotinic receptor, α3β4, expressed in transfected eucaryotic cells. Mol Brain Res 28:101–109

Wong LA, Gallagher JP (1991) Pharmacology of nicotinic receptor mediated inhibition in rat dorsolateral septal neurons. J Physiology 436:325–346

Wonnacott S, Albuquerque EX, Bertrand D (1993) Methyllycaconitine: a new probe that discriminates between nicotinic acetylcholine receptor subclasses. Methods in Neurosci 12:263–275

Woodruff-Pak DS, Li Y-T, Kem WR (1994) A nicotinic agonist (GTS-21), eyeblink classical conditioning, and nicotinic receptor binding in rabbit brain. Brain Res 645:309–317

Yost SC, Dodson BA (1993) Inhibition of nicotinic acetycholine receptor by barbiturates and by procain: Do they act at different sites? Cellular and Mol Neurobiol 13:159–172

Yum L, Wolf KM, Chiappinelli VA (1996) Nicotinic acetylcholine receptors in separate brain regions exhibit different affinities for methyllycaconitine. Neuroscience 72:545–555

CHAPTER 17
Toxin Antagonists of the Neuronal Nicotinic Acetylcholine Receptor

J.M. MCINTOSH

A. General Introduction

Toxins have historically played a central role in defining both the structure and function of nicotinic acetylcholine receptors (nAChRs). Toxin sensitivity serves as a valuable way to distinguish among nAChR subtypes, particularly when the subunit composition of the native nAChR is uncertain. Thus, terms such as "α-bungarotoxin-sensitive" are commonly used to define a subpopulation of nAChRs.

Organisms use nAChR-targeted toxins to facilitate prey capture and/or defend against predators. Many of these toxins are designed to inhibit the neuromuscular nAChR. In some cases, these same toxins also have a high affinity for neuronal nAChRs. In other instances, toxins appear to be specifically designed to target neuronal nAChRs.

B. Cautionary Note Regarding Species Differences

In considering any toxin, one caveat is particularly important. Although individual toxins can be associated with the affinity for particular nAChR subtypes, cross comparison between organisms carries some risk because homologous nAChR subunits may have different primary sequences and/or posttranslational modifications. For example, insensitivity to α-bungarotoxin is generally indicative of non-α1-, -α7- or -α8-containing nAChR subtypes. In snake and mongoose, however, α1 receptors are "α-bungarotoxin-insensitive" (BARCHAN et al. 1992; NEUMANN et al. 1989). Human α7 homomers are approximately ten-fold less sensitive than chick α7 homomers to the antagonists α-bungarotoxin, atropine, curare, and strychnine (PENG et al. 1994). α-Conotoxin ImI (isolated from *Conus imperialis*) has a low affinity for the muscle nAChR in rat and fish, but significant potency in frog. Such differences may affect rank-order comparisons. For example, at fish neuromuscular junctions, α-conotoxin GI (isolated from *Conus geographus*) is 500-fold more effective than α-conotoxin ImI, whereas at frog muscle, α-conotoxin ImI is eight-fold more active than α-conotoxin GI (MCINTOSH et al. 1994).

Thus, when considering the specificity of toxins one should consider the organism under study and if applicable, the expression system being utilized.

With this in mind, toxins can be extraordinarily useful tools for probing and delineating nAChR subtypes.

C. Small Molecule Toxins

I. General Background

Numerous low molecular weight toxins have been isolated from a variety of plants, corals, and marine organisms (Fig. 1). Often these toxins are used to discourage consumption by predators. Small molecule toxins are of particular interest with respect to pharmaceutical development. Such ligands can serve

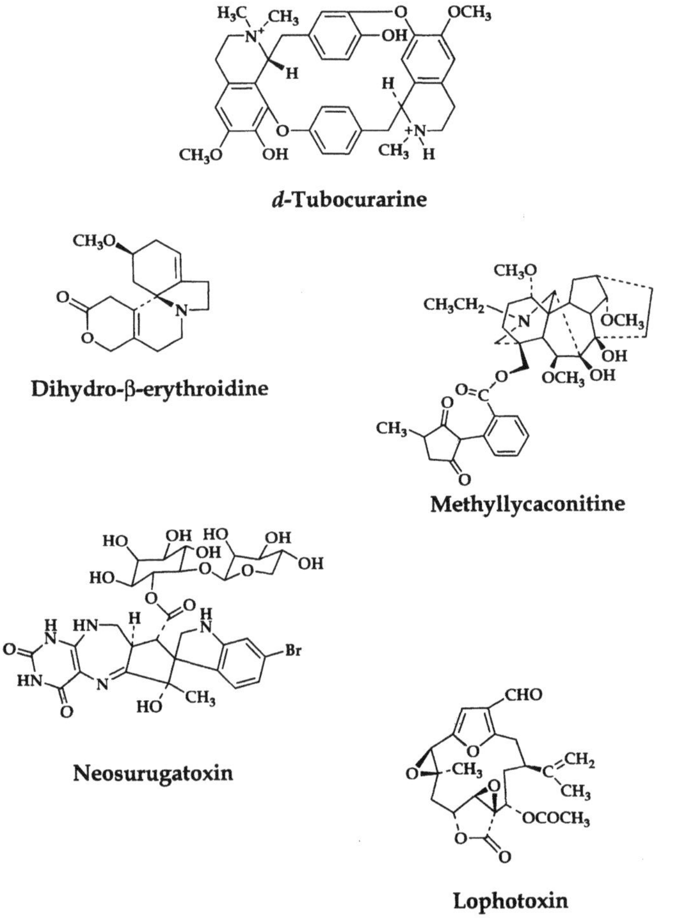

Fig. 1. Structure of low molecular weight toxins isolated from plants and marine organisms

as initial templates for the design of subtype-selective molecules with potential oral availability.

II. Plant Toxins

1. *d*-Tuborcurarine

Curare, a generic term for various South American Indian arrow poisons, has a long and colorful history of use by man. Arrows tipped with curare have been used for centuries to hunt wild game. In 1867 attempts were made to use curare medicinally to treat convulsive and movement disorders and even rabies. Toxic contaminants in the curare preparations, however, limited its usefulness (BENNETT 1941). Curare preparations became well standardized after 1938 when large supplies were procured by Richard Gill. Beginning in 1940 curare was used to prevent trauma (limb fractures as a result of seizures) during the electroconvulsive treatment of psychiatric disorders (BENNETT 1941). Curare was subsequently used to provide relaxation during appendectomy procedures (GRIFFITH and JOHNSON 1942), establishing curariform muscle relaxants as one of the cornerstones of anesthetic practice.

d-Tubocurarine (*d*-TC) was isolated from the *Chondodendron tomentosum* bush in 1946. *d*-TC and its synthetic analog metocurine are best known for their actions on the muscle receptor. Both compounds show a higher affinity for the acetylcholine binding site near the α/γ vs. α/δ nAChR subunit interface in *Torpedo* and mammalian muscle (BLOUNT and MERLIE 1989; PEDERSEN and COHEN 1990). Specific residues in the γ and δ subunits that confer this selectivity have been identified (CHIARA and COHEN 1997; SINE 1993). The inhibition constant, K_i, for the high affinity α/γ site is $0.06\,\mu M$ in *Torpedo californica* and $0.4\,\mu M$ in mouse muscle (BC$_3$H-1 cells) (PAPINENI and PEDERSEN 1997).

d-Tubocurarine also blocks mammalian neuronal nAChR subunit combinations, including $\alpha 7$ and $\alpha 9$ homomers with K_is ranging from 0.2 to $4\,\mu M$ (CHAVEZ-NORIEGA et al. 1997; ELGOYHEN et al. 1994). Thus, during its medicinal use for muscle relaxation, neuronal receptors in autonomic ganglia and adrenal medulla are also inhibited and result in cardiovascular side effects. However, CNS penetration following peripheral administration is poor due to *d*-TC's positively-charged quaternary nitrogen (PRATT 1990). The block of $\alpha 7$ receptors is noncompetitive (BERTRAND et al. 1992). *d*-TC may have noncompetitive actions at other neuronal subtypes as well (CHAVEZ-NORIEGA et al. 1997).

Despite its relative nonselectivity, *d*-TC can be used in combination with other nAChR antagonists to help fingerprint receptors. For instance, human $\alpha 4\beta 2$ and $\alpha 4\beta 4$ nAChRs expressed in *Xenopus* oocytes are more sensitive to dihydro-β-erythroidine (DHβE) than to *d*-tubocurarine. In contrast, human $\alpha 7$ and $\alpha 3\beta 4$ receptors have the reverse sensitivity to these two antagonists.

For other nAChR subtypes, i.e., $\alpha2\beta2$, $\alpha3\beta2$, and $\alpha2\beta4$, d-TC and DHβE show similar potency (CHAVEZ-NORIEGA et al. 1997).

d-TC also has a high affinity ($K_i = 0.08\,\mu M$) for the 5-hydroxytryptamine (5HT$_3$) (YAN et al. 1998) and lesser affinity for the γ-aminobutyric acid (GABA)-A receptor (LEBEDA et al. 1982). At clinical doses d-TC causes histamine release through its action on mast cells (TAYLOR 1996).

2. Dihydro-β-erythroidine

DHβE is a hydrogenated derivative of erythroidine, an alkaloid isolated from the seeds of the trees and shrubs of the genus *Erythrina* (TAYLOR 1990). Other curare-like antagonists have also been isolated from *Erythrina* (SINGH and CHAWLA 1969). DHβE is a competitive antagonist (for example, see XIAO et al. 1998) and acts on multiple subtypes of neuronal nAChRs.

Both the α and β subunits of the nAChR participate in binding to DHβE. Specific sequence segments and residues contained in the α and β subunits which confer sensitivity to DHβE have been determined through receptor mutagenesis studies (HARVEY and LUETJE 1996a; HARVEY et al. 1996b). The major determinant of β subunit sensitivity to DHβE as well as κ-bungarotoxin is located between subunit residues 54 and 63.

Since both the α and β subunits contribute to the binding of DHβE, this compound can be used to distinguish different subtypes of nAChRs. Thus, with a change in the α subunit (in oocytes expressing rat nAChRs) different potencies are seen; the IC$_{50}$ of DHβE on $\alpha4\beta4$ nAChRs is $0.19\,\mu M$ vs. $23\,\mu M$ for $\alpha3\beta4$ nAChRs (an ~120-fold difference) (HARVEY and LUETJE 1996a). Similarly, when the β subunit is changed, differential sensitivity is seen; $\alpha3\beta2$ receptors are ~56-fold more sensitive (IC$_{50}$ = $0.41\,\mu M$) to block by DHβE than is the $\alpha3\beta4$ subtype (HARVEY et al. 1996b). When both the α and β subunit differ, even larger differences in DHβE affinity are observed. For instance, in competition binding assays the affinity of DHβE for $\alpha4\beta2$ receptors (rat forebrain) is 7,000 times higher than that for rat $\alpha3\beta4$ receptors (expressed in human embryonic kidney cells). DHβE's K_i = 29 nM for $\alpha4\beta2$ and $220\,\mu M$ for $\alpha3\beta4$ (XIAO et al. 1998). It should be noted that the approximately ten-fold difference in the affinity of DHβE for $\alpha3\beta4$ nAChRs in functional vs. binding assays may be due to DHβE having a higher affinity for the resting vs. desensitized state of the receptor (XIAO et al. 1998).

DHβE's selectivity has been used to discriminate among native nAChRs; DHβE blocks nicotine-stimulated dopamine release from rat striatal slices but fails to block (at concentrations up to $300\,\mu M$) nicotine-evoked norepinephrine release from rat hippocampal slices. In contrast, d-tubocurarine blocks norepinephrine but fails to block dopamine release (SACAAN et al. 1995).

Dihydro-β-erythroidine has been used to antagonize the central behavioral effects of nicotine (STOLERMAN et al. 1997) and can be used to precipitate withdrawal symptoms in rats given chronic infusions of nicotine

(EPPING-JORDAN et al. 1998). Intraventricular injection of DHβE has been shown to disrupt spatial memory in rats (CURZON et al. 1996).

3. Methyllycaconitine

Methyllycaconitine (MLA) is a tertiary diterpenoid isolated from the seeds of *Delphinium brownii* (the larkspur plant). MLA potently competes with [^{125}I]-labeled α-bungarotoxin for binding to nAChRs in rat forebrain ($K_i = 1.4$ nM) and in fly head homogenates ($K_i = 0.25$ nM). In contrast, MLA has only micromolar affinity at the muscle nAChR subtype (see WONNACOTT et al. 1993 for review). MLA potently blocks putative α7-bearing receptors in cultured hippocampal neurons in a voltage-independent manner (ALKONDON et al. 1992). In oocytes expressing chick nAChR subunits MLA blocks $\alpha 3\beta 2$ and $\alpha 4\beta 2$ receptors with IC$_{50}$ values of 0.08 and 0.65 μM, respectively (DRASDO et al. 1992). In contrast, MLA blocks the α7 homomeric chick receptor with an IC$_{50}$ of ~25 pM. The homomeric chick α7 receptor is blocked by MLA with an onset and recovery from block compatible with five binding sites for MLA (PALMA et al. 1996).

Block of ACh-induced currents by MLA is generally considered as evidence of an α7-bearing receptor. In support of this, mice genetically lacking the α7 subunit also lack the rapidly desensitizing, MLA-sensitive nicotinic current in hippocampal neurons (ORR-URTEGER et al. 1997). However, in embryonic chick sympathetic neurons the functional deletion of the α5 subunit by antisense oligonucleotides eliminates channels that are blocked by MLA and at the same time increases the fraction of the current carried by α-bungarotoxin-sensitive receptors. This suggests that both an α7 and α5 subunit may be required for block by MLA in this preparation (YU and ROLE 1998a). Embryonic chick sympathetic neurons may contain three or more α7-bearing subtypes of nAChRs that may be distinguishable by their differential sensitivity to MLA vs. α-bungarotoxin (YU and ROLE 1998b). Also, MLA-sensitive, α-bungarotoxin insensitive receptors have been reported in chick nAChRs in the Edinger-Westphal nucleus (YUM et al. 1996). These examples point out the potential utility of having more than one toxin with (what initially appears to be) the same selectivity. Both α-bungarotoxin and MLA are generally considered α7-selective but may discriminate between subpopulations of α7-containing receptors.

4. Strychnine

Strychnine is an alkaloid from the seeds of the Indian tree *Strychnos nuxvomica*. These seeds have been used for centuries as poison for rodents. Strychnine acts as a competetive antagonist of glycine-gated chloride channels. In addition, strychnine acts as an antagonist of nAChRs. [^{3}H]Strychnine binds to nAChRS of outer hair cells of guinea pig cochlea with a K_D of 35 nM (LAWOKO et al. 1995). The α9 nAChR subunit is present in cochlear outer hair cells and strychnine blocks rat α9 homomers expressed in *Xenopus* oocytes with an IC$_{50}$

of 20 nM (ELGOYHEN et al. 1994). Strychnine also blocks chick α7 homomers expressed in *Xenopus* oocytes with an IC_{50} of 0.5 μM and chick α8 homomers with an IC_{50} of 0.8 μM (GERZANICH et al. 1994). Strychnine comepetively blocks α7-containing receptors in cultured neurons from rat hippcampus (IC_{50} = 1.2 μM) and also noncompetively blocks rat α4β2-containing receptors (IC_{50} = 38 μM) (MATSUBAYASHI et al. 1998). Strychnine blocks human α7 homomers with an IC_{50} of 7.5 μM (PENG et al. 1994). The proconvulsant effects of strychnine are generally attributed to glycine blockade but may also be due to the antagonism of α7-containing nAChRs (MATSUBAYASHI et al. 1998).

III. Marine Toxins

1. Neosurugatoxin

Neosurugatoxin is the principal toxic component of the Japanese ivory mollusc, *Babylonia japonica*. Neosurugatoxin inhibits [^{3}H]nicotine binding to rat brain homogenates with an IC_{50} of 78 nM but fails to inhibit [^{125}I]-α-bungarotoxin (HAYASHI et al. 1984). Neosurugatoxin has been shown to inhibit the release of [^{3}H]dopamine from the rat striatum (RAPIER et al. 1990). Neosurugatoxin blocks β2-containing neuronal nAChRs with an IC_{50} that is more than 100 times lower than that at the muscle nAChR. While 2 nM neosurugatoxin blocks 89%–94% of the β2-containing receptors (α2β2, α3β2, α4β2), 200 nM neosurugatoxin is required to block 70% of the α1β1γδ receptor (LUETJE et al. 1990). Neosurugatoxin has also been shown to block the cockroach motor neuron receptor with an IC_{50} of 10 nM and *Ascaris* muscle receptor with an IC_{50} of 120 nM (for review, see TORNØE et al. 1995). Structure/function studies have indicated the importance of the bromine moiety of neosurugatoxin for high affinity binding to [^{3}H]nicotine binding sites in rat forebrain as well as nicotinic receptors present in guinea pig ileum (YAMADA et al. 1987).

2. Lophotoxin

Lophotoxins are isolated from several species of soft corals, *Lophogorgia* and *Pseudopterogorgia*, and share a similar carbon-14 cyclic structure. Lophotoxins irreversibly bind the muscle nAChR by forming a covalent bond with Tyr-190 in the α subunit of the receptor (ABRAMSON et al. 1988, 1989). The Tyr-190 of the muscle α subunit is also present in neuronal α subunits. Although the toxins are covalently incorporated only into the α subunits of the receptor, non-α subunits present a ligand binding face which influences the rate of association (for reviews, see CHIAPPINELLI 1993; GROEBE and ABRAMSON 1995). Lophotoxins do not show a high degree of selectivity for nAChR subtypes tested thus far. The lophotoxin-1 analog at 10 μM (60 min incubation) blocks more than 99% of rat α4β2 receptors expressed in *Xenopus* oocytes, 95% of the muscle subtype, 76% of α3β2 and 50% of α2β2 (LUETJE et al. 1990). Lophotoxin is unique among the neurotoxins in causing irreversible inhibition by covalent modification of a specific amino acid. Consistent with this, lophotoxin produces a nonreversible block of nAChRs present in frog and guinea pig ganglia (LANGDON and JACOBS 1985; SORENSON et al. 1987).

D. Snake Venom Polypeptides

I. General Background

More than 90 nAChR-targeted neurotoxins have been isolated from over 30 species of land and sea snakes of the Elapidae and Hydrophidae families. Members of these large polypeptide toxins have served as important tools for characterizing nAChRs for three decades. Structurally they can be broadly classified as "short" (60–62 residues) or "long" (70–74 residues) toxins (though there appear to be exceptions; CHANG and LIN 1997b). The short and long toxins exhibit a common structural motif consisting of a globular head with three protruding loops. The snake toxins can further be classified as either α- or κ-type neurotoxins according to their affinity for $\alpha1$-containing or $\alpha3$-containing nAChRs, respectively.

II. Snake α-Neurotoxins

The α-neurotoxins are a dominant component of snake venoms and can represent up to 15% of the dry weight. The short and long chain toxins may be distinguished not only by length but also by the number of disulfide bonds. Short chain toxins have four disulfide bonds; the long chain toxins have one additional disulfide loop. Both the short and long chain toxins (with the exception of the κ-toxins) show a high affinity for the neuromuscular ($\alpha1$-containing) nAChR. In contrast, the long chain toxins also have a high affinity for homomeric $\alpha7$ receptors (ZAMUDIO et al. 1996; SERVENT et al. 1997). Selective reduction and alkylation of the cysteines that participate in the fifth disulfide bond of the long toxins causes a three-orders-of-magnitude decrease in affinity for the $\alpha7$ receptor while retaining a high affinity for the $\alpha1$-containing receptor, suggesting this extra disulfide loop is responsible for high $\alpha7$ affinity (SERVENT et al. 1997).

α-Bungarotoxin

The most extensively characterized long α-neurotoxin is α-bungarotoxin from the Taiwanese banded krait, *Bungarus multicinctus*. Its exceptionally high affinity for the nAChR has helped make α-bungarotoxin a critical tool for the isolation and characterization of nAChRs (for review, see CHIAPPINELLI 1993). α-Bungarotoxin is 74 amino acids in length with a molecular mass of ~8000 Da. It potently blocks mammalian $\alpha7$ and $\alpha9$ homomers expressed in *Xenopus* (SÉGUÉLA et al. 1993; JOHNSON et al. 1995), as well as chick $\alpha7$ and $\alpha8$ homomers (COUTURIER et al. 1990; GOTTI et al. 1995). In addition, it potently blocks putative $\alpha7$-containing receptors in peripheral ganglia as well as in central neurons (ALKONDON and ALBUQUERQUE 1993; ZHANG et al. 1996; FRAZIER et al. 1998). Mice genetically lacking the α7 nAChR subunit lack α-bungarotoxin binding sites and putative α7-bearing nAChRs that mediate fast, desensitizing nicotinic currents in the hippocampus (ORR-URTEGER et al. 1997).

Although α-bungarotoxin potently blocks α7 homomers, some native nAChRs may exist as heteromers with both α7 and non-α7 subunits. For example, recent evidence suggests that embryonic chick sympathetic neurons contain distinct α7-containing heteromeric complexes that include β and/or other α subunits. Of these, certain receptor subtypes appear to be resistant to α-bungarotoxin (YU and ROLE 1998a,b).

Although it is often stated that the α subunit of the nAChR is the subunit which binds α-bungarotoxin, site-directed mutagensis studies of non-α subunits in the muscle receptor indicate the importance of the δ and γ subunits in determining the binding affinity for α-neurotoxins (ACKERMANN and TAYLOR 1997). This finding could explain the difference in affinity of α-bungarotoxin for α7 homomers vs. α7 heteromers which likely would have a ligand binding interface composed of an α7 and non-α7 subunit.

III. Snake κ-Neurotoxins

κ-Neurotoxins may be distinguished both structurally and pharmacologically from the long chain α-neurotoxins. The κ-neurotoxins form dimers in solution in contrast to the α-neurotoxins which are monomeric. The ability of κ-bungarotoxin to form dimers in solution has been shown to be the result of specific residues which are conserved in the κ-neurotoxins but not the α-neurotoxins (GRANT et al. 1997). In addition, the κ-neurotoxins have a distinct primary sequence including the lack of Trp-26 which is invariant in the α-neurotoxins. Finally, the κ-neurotoxins show a high affinity for α3-containing nAChRs, in contrast to the α-neurotoxins which show a high affinity for the muscle nAChR (for review, see CHIAPPINELLI et al. 1996). Three κ-neurotoxins have been identified from *Bungarus multicinctus* and are referred to as κ-bungarotoxin, κ2-bungarotoxin, and κ3-bungarotoxin. In addition, κ-flavatoxin has been isolated from *Bungarus flaviceps*; thus far, the pharmacological profile of these κ-toxins appear similar (CHIAPPINELLI et al. 1996).

κ-Bungarotoxin

κ-Bungarotoxin (also known as neuronal bungarotoxin, toxin F, or bungarotoxin 3.1) was the first κ-toxin to be sequenced. It is 66 amino acids long and is the most extensively characterized of the κ-neurotoxins.

κ-Bungarotoxin potently blocks α3β2 receptors expressed in *Xenopus* oocytes (IC_{50} ~3nM). The mechanism of action is consistent with competitive blockade, and specific residues on both the α3 and β2 subunit, which determine sensitivity, have been identified (HARVEY and LUETJE 1996a; LUETJE et al. 1998). Other subtypes of nicotinic receptors are also blocked by κ-bungarotoxin. The kinetics of block however are dramatically different from that of α3β2. In the case of non-α3β2 receptors, the toxin on-rate is rapid, such that the coapplication of toxin with ACh results in block of the receptor. This block is rapidly reversed on toxin washout. In contrast, coapplication of ACh and κ-bungarotoxin to α3β2 receptors results in little blockade. Long preincubation with toxin (e.g., 30 min) is required to achieve high potency blockage of α3β2 receptors. The recovery from block from κ-bungarotoxin however is very slow (PAPKE et al. 1993). An appreciation of the kinetics of block of κ-bungarotoxin is essential to interpret experimental results with this toxin. Experimental protocols which employ preapplication of toxin and subsequent coapplication of toxin with ACh will result in block of numerous subtypes of nAChRs. However, if selective block of α3β2 receptors is desired, preincubation with toxin followed by a brief washout of toxin (e.g., 10 s) will result in blockade of only the α3β2 since toxin is washed away from the non-α3β2-containing receptor subtypes (at least for receptors expressed in *Xenopus* oocytes). The slow off-rate with α3β2 receptors, however, means that this subtype of receptor will remain effectively blocked despite the brief washout (for example, see LUETJE et al. 1998).

κ-Bungarotoxin has been a very useful tool for probing native nAChRs present in autonomic ganglia peripherally, as well as nAChRs centrally in areas including the retina, ventral tegmental nucleus, cerebellum, and prefrontal cortex (see CHIAPPINELLI 1993, 1996 for review).

Unfortunately, κ-bungarotoxin makes up only a very minor component of the snake venom. This has resulted in a very limited supply of naturally occurring toxin, and has occasionally led to difficulties with venom contaminants being present in various lots of κ-bungarotoxin. In addition, the large number of amino acids in κ-bungarotoxin has precluded facile chemical synthesis. Thus, at the present time, there is no commercial source for κ-bungarotoxin. This problem has been partially alleviated by the production of recombinant κ-bungarotoxin. κ-Bungarotoxin was initially expressed in *Escherichia coli*; however, relatively small amounts of active toxin were isolated using this method (FIORDALISI et al. 1994a; but see also CHANG et al. 1997a). Subsequently, larger amounts of κ-bungarotoxin were produced using a yeast expression system. The product from this system has a three residue extension on the N-terminus of the toxin. In addition, the yeast may posttranslationally add O-linked glycosyl groups. Thus far, these modifications appear to have little effect on the activity of the toxin (FIORDALISI et al. 1996; G. Grant, personal communication). κ-Bungarotoxin has also recently been expressed using a recombinant adenovirus in HEK cells (GORMAN et al. 1997). The availability of recombinant toxin has confirmed the specificity of κ-bungarotoxin for α3β2 receptors. In addition, it has allowed structure/function studies to be carried out on the toxin (CHIAPPINELLI et al. 1996; FIORDALISI et al. 1994a,b). Interestingly, the fifth disulfide loop appears important for binding to α3β2 receptors, analogous to the fifth loop's importance in the binding of long α-neurotoxins to α7 homomers (GRANT et al. 1998).

It should be noted that κ-bungarotoxin purified from venom blocks α7 homomers. In chick α7 homomers expressed in oocytes, κ-bungarotoxin (100 nM) blocks 100% of the response (though 10 nM resulted in no block) (COUTURIER et al. 1990). κ-bungarotoxin blocks an α7 5-HT$_3$ chimera expressed in HEK cells with a K_D of 5 nM (SERVENT et al. 1997). Since venom-derived κ-bungarotoxin may contain small amounts of α-bungarotoxin, recombinant κ-bungarotoxin should be tested on α7 receptors.

E. *Conus* Venom Peptides

I. General Background

Conus is a large genus of predatory marine snails that feed on fish, snails, and worms. Cone snails use venom for prey capture as well as defense against predators. *Conus* peptides that target the muscle nAChR were first isolated and characterized in the early 1980s. Since that time, a rich variety of structurally diverse peptides that act at the muscle nAChR have been described (see MCINTOSH 1998 for review). Some of these peptides (e.g., α-conotoxins MI and GI) show a high discrimination (>10 000-fold) between the α/δ and α/γ subunit interfaces on the muscle nAChR (SINE et al. 1995). In contrast, these same peptides have little or no activity on neuronal nAChRs (JOHNSON et al. 1995).

Since the mid-1990s, a number of *Conus* peptides of the α-conotoxin family that are specific for subtypes of neuronal nAChRs have been isolated. These α-conotoxins are small peptides, 12–16 amino acids in length with four Cys residues connected by two disulfide bonds (Table 1). Their peptidic nature and rigid conformations have enabled a number of structure/function studies to be carried out with these ligands. Like their muscle-targeted α-conotoxin counterparts, the neuronally targeted α-conotoxins' mechanism of action is consistent with competitive blockade of the nAChR. While the α-conotoxins that target vertebrate muscle nAChRs have all been isolated from species of cone snails that hunt fish, the neuronally targeted α-conotoxins have been iso-

Table 1. Sequences of neuronal nAChR-targeted α-conotoxins

Conotoxin	Species	Sequence
α-MII	C. magus	GCCSNPVCHLEHSNLC*
α-ImI	C. imperialis	GCCSDPRCAWRC*
α-AuIB	C. aulicus	GCCSYPPCFATNPDC*
α-PnIA	C. pennaceus	GCCSLPPCAANNPDYC*
α-PnIB	C. pennaceus	GCCSLPPCALSNPDYC*
α-EpI	C. episcopatus	GCCSDPRCNMNNPDY(SO$_4$)C*
α-MI	C. magus	GRCCHPACGKNYSC*

Y(SO$_4$), tyrosine-O-sulfate; *, amidated C-terminus.

lated from fish, mollusc, and worm hunters. The diversity of prey types likely accounts for the diversity of nicotinically targeted ligands found in *Conus*. Although detailed specificity will be given (where available) for the neuronally-targeted α-conotoxins, the reader is again cautioned to exercise care when attempting to correlate the specificity determined from one organism with that from another (Table 2). Seemingly small differences in the nAChR subunits can translate into large differences in ligand affinity.

II. α-Conotoxins

1. α-Conotoxin MII

α-Conotoxin MII (like most neuronally targeted α-conotoxins) is a member of the α4/7 family of conotoxins (MCINTOSH et al. 1998), and it was isolated from the fish-eating *Conus* magus. It is structurally related to the muscle-targeted α-conotoxin EI (MARTINEZ et al. 1995). (The lettering following the word "conotoxin" refers to the species of cone snail from which the peptide was originally isolated. Thus, "M" is for *Conus magus*, "E" is for *Conus ermineus*.) α-Conotoxin MII reversibly blocks rat α3β2 receptors expressed in *Xenopus* oocytes with an IC_{50} of 0.5 nM (CARTIER et al. 1996). The K_D of MII for α3β2 receptors determined from kinetic studies is 0.33 nM (CARTIER et al. 1997). It should be noted, however, that, both in our hands (unpublished observations) as well as the hands of others (HARVEY et al. 1997), the bath application of MII to oocyte preparations results in a nearly ten-fold higher IC_{50}. We believe this is due to nonspecific adsorption of peptide to the chamber or oocyte under bath application conditions. Under perfusion conditions toxin is continually replenished. α-Conotoxin MII has 2–5 orders of magnitude less activity on other neuronal receptor subtypes including muscle, α2β2, α2β4, α3β4, α4β2, α4β4, and α7 homomers (CARTIER et al. 1996; HARVEY et al. 1997; KAISER et al. 1998a).

In the central nervous system, α-conotoxin MII blocks one-third to one-half of the nicotine-evoked dopamine release from rat striatal synaptosomes. In contrast, it has no effect on the nicotine-evoked norepinephrine release in rat hippocampal synaptosomes (KULAK et al. 1997; LUO et al. 1998a). Similarly, α-conotoxin MII blocks part but not all of the anatoxin-evoked dopamine release from rat striatal synaptosomes and slices (KAISER et al. 1998a). These data suggest that a population of nAChRs that modulate striatal dopamine release contains an α3/β2 subunit interface. α-Conotoxin MII has also been shown to block nAChRs associated with spontaneous retinal waves in ferret kits (*Mustela putorius furo*) (PENN et al. 1998). α-Conotoxin MII has recently also been shown to block a subpopulation of nAChRs present in medial habenula neurons (R. Lester, personal communication).

In binding and autoradiographic studies, α-conotoxin MII blocks a subpopulation of [^{3}H]epibatidine sites. When [^{3}H]epibatidine binding is done in the presence of cytisine, MII blocks a subfraction of the epibatidine-sensitive,

Table 2. nAChR antagonist actions of α-conotoxins

Conotoxin	Actions	References
α-MII	Rat α3β2 nAChRs, $IC_{50} = 0.5$ nM Nicotine-stimulated dopamine release, rat striatum Slowly decaying current, chick ciliary ganglia Subpopulation of nAChRs in rat habenula neurons Retinal ganglia nAChRs in ferret kits Subpopulation of nAChRs in frog sympathetic ganglia	Cartier et al. 1996 Kulak et al. 1997; Kaiser et al. 1998 Ullian et al. 1997 R. Lester, personal communication Penn et al. 1998 Tavazoie et al. 1997
α-ImI	Rat α7 homomers expressed in oocytes, $IC_{50} = 220$ nM Type 1 nAChRs in rat hippocampal neurons, $IC_{50} = 85$ nM Anatoxin-evoked glutamate release, rat striatal slices Subpopulation of nAChRs in frog sympathetic ganglia Catecholamine release, bovine chromaffin cells (partial block) Rapidly decaying, chloride-dependent current *Aplysia* neurons Rapidly decaying current in locust neurons	Johnson et al. 1995 Pereira et al. 1996 Kaiser and Wonnacott 1998 Tavazoie et al. 1997 Lopez et al. 1998 Kehoe et al. 1998 van den Beukel et al. 1998
α-AuIB	Rat α3β4 nAChRs, $IC_{50} = 0.75$ μM Nicotine-stimulated norepinephrine release, rat hippocampus nAChRs, rat habenula neurons	Luo et al. 1998a Luo et al. 1998a Lester et al. 1998
α-PnIA	Molluscan neurons Rat α3β2>α7, oocytes	Fainzilber et al. 1994 Luo et al. 1998b
α-PnIB	Molluscan neurons Rat α7>α3β2, oocytes	Fainzilber et al. 1994 Luo et al. 1998b
α-EpI	Rat parasympathetic intracardiac ganglia Catecholamine release, bovine chromaffin cells	Loughman et al. 1998 Loughman et al. 1998
α-MI	Nicotine-stimulated serotonin release, small cell lung carcinoma	Codignola et al. 1996

cytisine-insensitive nAChRs. α-Conotoxin MII binding is lost in mice lacking the nAChR β2 subunit. These data are consistent with MII binding nAChRs which contain α3 and β2 subunits (WHITEAKER et al. 1998).

In the peripheral nervous system α-conotoxin MII has been used in combination with other selective antagonists to pharmacologically characterize distinct populations of nAChRs. In embryonic chick ciliary neurons a rapidly decaying component of the excitatory postsynaptic current is blocked by α-bungarotoxin (50nM). In contrast, the slowly decaying component is selectively blocked by α-conotoxin MII (50nM). A combination of both toxins abolishes nearly all evoked current (ULLIAN et al. 1997). In sympathetic ganglion (tenth paravertebral of the leopard frog *Rana pipiens*), α-conotoxin MII blocks synaptic transmission in C neurons more effectively than that in B neurons in contrast to α-conotoxin ImI (see Sect. E.II.2) which has the opposite selectivity (TAVAZOIE et al. 1997). α-Conotoxin MII, however, has no effect on nicotinic receptors present in *Aplysia* neurons (KEHOE and MCINTOSH 1998).

Mutagenesis studies have been carried out to determine receptor residues essential for interaction with α-conotoxin MII. Residues Lys185 and Ile188 in the α3 subunit are essential. Thr-59 is important in the β2 subunit. It is notable that Thr-59 is also important for the high affinity of other competitive antagonists including DHβE and κ-bungarotoxin (HARVEY et al. 1997). An alanine scan of MII suggests that His-9, Glu-11, His-12 and Leu-15 are important in MII's potency for α3β2 nAChRs (CARTIER et al. 1997). Two 2-dimensional NMR studies have been performed on α-conotoxin MII and suggest the presence of a hydrophobic and hydrophilic face which may interact with the nAChR α and β subunit, respectively (SHON et al. 1997; HILL et al. 1998).

2. α-Conotoxin ImI

α-Conotoxin ImI was isolated from the venom of the worm-eating *Conus imperialis* (MCINTOSH et al. 1994). It is the smallest of the neuronal nAChR-targeted *Conus* peptides. α-Conotoxin ImI was isolated based on its ability to evoke complex partial seizures after intraventricular injection into mice and rats. The activity is strikingly similar to that observed after central injection of α-bungarotoxin which targets α7-containing receptors. Like α-bungarotoxin, α-conotoxin ImI selectively blocks rat α7 homomers expressed in *Xenopus* oocytes ($IC_{50} = 220$nM).

α-Conotoxin ImI has been used to selectively block populations of nAChRs which show rapid decay of their evoked current. In cultured rat hippocampal neurons, α-conotoxin ImI reversibly blocks α-bungarotoxin-sensitive currents ($IC_{50} \sim 85$nM). The block is competitive and not voltage-dependent. In this preparation, α-conotoxin ImI does not affect current gated by GABA, glycine, N-methyl-D-aspartate, kinate, or quisqualate, but does noncompetitively block putative 5-HT$_3$ receptors at higher concentrations (PEREIRA et al. 1996).

α-Conotoxin ImI blocks nicotinic synapses in frog sympathetic ganglia with more effect on B than on C responses. As mentioned above, α-conotoxin MII has the opposite effect. Thus, by using these toxins in combination, subpopulations of the nAChR are distinguished.

In *Aplysia* neurons, α-conotoxin ImI potently and selectively blocks the rapidly desensitizing current of ACh-induced chloride-mediated responses. This current shows pharmacological resemblance to the response exhibited by vertebrate α7-bearing nAChRs. α-conotoxin ImI is the only known antagonist that selectively blocks the rapidly vs. slowly desensitizing chloride current in *Aplysia*. α-Conotoxin ImI also blocks the ACh-gated cationic response in *Aplysia* neurons in a non-voltage-dependent manner (KEHOE and MCINTOSH 1998).

Insects also contain different subtypes of nAChRs. The superfusion of ACh onto thoracic ganglia neurons of locusts (*Locusta migratoria*) reveals kinetically distinct responses. In contrast to α-bungarotoxin and MLA which nonselectively block all components of the response, α-conotoxin ImI selectively inhibits the rapidly decaying portion of the response (VAN DEN BEUKEL et al. 1998). Thus, in all systems tested, α-conotoxin ImI shows selectivity for rapidly decaying components of nAChR responses.

α-Conotoxin ImI was recently shown to block the release of catacholamines evoked by brief pulses of ACh applied to bovine adrenal chromaffin cells (IC_{50} = 300nM). These responses were also blocked by α-bungarotoxin and MLA, and they are putatively mediated by α7-bearing receptors (LOPEZ et al. 1998).

In rat striatal synaptosomes α-conotoxin ImI ($1\mu M$) fails to block nicotine-evoked dopamine release (KULAK et al. 1997). In contrast, $1\mu M$ α-conotoxin ImI blocks a substantial fraction of anatoxin-stimulated dopamine release from rat striatal slices, apparently by blocking nAChRs which modulate glutamate release. Glutamate, in turn, stimulates dopamine release (KAISER and WONNACOTT 1998b).

In small cell lung carcinoma, α-conotoxin ImI blocks nicotine-evoked serotonin release as well as nicotine-evoked cell proliferation. These effects are presumably mediated through ImI's action on α7-bearing nAChRs (CODIGNOLA et al. 1996).

Receptor mutation studies have been conducted to determine receptor residues which confer ImI's selectivity for α7 vs. α1 nAChR subunits. These residues are W55/R55, S59/Q59, and T77/K77. Exchanging these residues between α7 and α1 subunits exchanges the binding affinities for α-conotoxin ImI (QUIRAM and SINE 1998a). Structure/function studies of α-conotoxin ImI indicate two critical regions of the toxin for binding α7 receptors. In the first disulfide loop, three residues, Asp-Pro-Arg, are important; Pro appears to serve to properly orient Asp and Arg. In the second disulfide loop of the peptide, the aromatic ring of Trp-10 is critical (QUIRAM and SINE 1998b).

3. α-Conotoxin AuIB

Three homologous α3β4-preferring peptides were recently isolated from the venom of the snail-eating *Conus aulicus*. α-Conotoxin AuIB was isolated based on its ability to block rat α3β4 nAChRs expressed in *Xenopus* oocytes. α-Conotoxin AuIB has an IC_{50} (0.75 μM) for α3β4 receptors that is at least 100-fold lower than that for other heteromeric receptor subtypes including α2β2, α2β4, α3β2, α4β2, and α4β4. α-Conotoxin AuIB shows some inhibiting activity on α7 homomers, but is inactive on the muscle subtype (at concentrations up to 75 μM) (LUO et al. 1998a). In the central nervous system, α-conotoxin AuIB blocks nicotine-evoked norepinephrine release from rat hippocampal synaptosomes suggesting the involvement of an α3/β4 subunit interface in the nAChRs that mediate this response. In contrast, α-conotoxin AuIB fails to block a nicotine-evoked dopamine release in rat striatal synaptosomes. These results are opposite to that of α-conotoxin MII which exhibits the converse specificity (LUO et al. 1998a).

α-Conotoxin AuIB was recently shown to block putative α3β4-containing nAChRs in habenula neurons (LESTER et al. 1998). Furthermore, α-Conotoxin AuIB fails to block MII- and κ-bungarotoxin-sensitive neurons in ferret retinal ganglia which have putative α3β2-containing nAChRs (PENN et al. 1998).

4. α-Conotoxins PnIA/PnIB and Analogs

α-Conotoxins PnIA and PnIB were isolated from the snail-hunting *Conus pennaceus* and block molluscan neuronal nAChRs (FAINZILBER et al. 1994). In rat nAChRs expressed in *Xenopus* oocytes, α-conotoxin PnIA preferentially blocks α3β2 nAChRs, whereas α-conotoxin PnIB preferentially blocks α7 homomers. The difference in selectivity is remarkable given that α-conotoxins PnIA and PnIB differ by only two amino acids. Substitution of an alanine for leucine in position 10 of α-conotoxin PnIA converts this peptide from an α3β2-preferring ligand to α7-preferring ligand with a potency that is greater than either native peptide (LUO et al. 1998b). Leu-10 has also been shown to be important in α-conotoxin PnIB's ability to block nicotine-evoked neurotransmitter release from bovine chromaffin cells (BROXTON et al. 1998).

It was suggested previously by FAINZILBER et al. (1994) that the native forms of α-conotoxins PnIA and PnIB might also contain a tyrosine sulfate; this suggestion has recently been confirmed (BROXTON et al. 1998). High resolution crystal structures have been determined for unsulfated forms of both α-conotoxins PnIA and PnIB (HU et al. 1996, 1997). The calculated structures can easily accommodate the presence of a sulfate group on the Tyr-15 residue.

5. α-Conotoxin EpI

α-Conotoxin EpI was recently isolated from the snail-eating *Conus episcopatus* (LOUGHNAN et al. 1998). Its structure is notable in that it is the first report of a sulfated tyrosine in a conotoxin. α-Conotoxin EpI selectively blocks a portion of the nAChR-mediated current in parasympathetic intracardiac ganglia of rat. It has also been shown to block nicotine-evoked neurotransmitter release in bovine chromaffin cells. In contrast, it has no effect on muscle nAChRs. α-Conotoxin EpI's action is consistent with the peptide being a competitive inhibitor of the nAChR (LOUGHNAN et al. 1998). The crystal structure of the unsulfated version of α-conotoxin EpI was recently solved (HU et al. 1998).

It is of note that of the 3-dimensional structures of neuronally targeted α-conotoxins which have been solved to date (MII, PnIA, PnIB, and EpI), all show that the structure of the peptide backbone is highly conserved. The cysteine residues are in the same locations for all peptides, and the disulfide bonds are conserved. There are approximately two turns of α-helix in the peptides' center which forms the major structural element of these molecules. Thus, these peptides share a common structural scaffold and likely possess unique specificity due to differences in their side chains.

6. α-Conotoxin MI

α-Conotoxin MI was isolated from the venom of *Conus magus*. It is highly specific for the α/δ subunit interface of mammalian muscle and is inactive on neuronal nAChRs expressed in *Xenopus* oocytes including α2β2, α2β4, α3β2, α3β4, α4β2, α4β4, α7 homomers, and α9 homomers (JOHNSON et al. 1995). Intriguingly however, α-conotoxin MI blocks nicotine-induced [^{3}H]5-HT release from small cell lung carcinoma cells with an IC_{50} of 10 pM. This is remarkable given that α1 subunits are not present in these cells (CHINI et al. 1992) and suggests that MI may block certain subpopulations of α7-bearing nAChRs with extremely high affinity despite its lack of effect on α7 homomers (CODIGNOLA et al. 1994).

F. Conclusion and Future Prospects

Toxins have played an intergral role in the definition of nAChRs. The increased availability of subtype-selective toxins expands the tool set needed for greater precision in dissecting the structure and function of nAChR subtypes. Given the rich variety of organisms whose venoms remain to be characterized, it is highly likely that additional nAChR toxins will be isolated for many years to come. As more subtype-selective toxins become available, it will become increasingly possible to use these toxins to "fingerprint" native nAChR populations.

References

Abramson SN, Culver P, Kline T, Li Y, Guest P, Gutman L, Taylor P (1988) Lophotoxin and related coral toxins covalently label the α-subunit of the nicotinic acetylcholine receptor. J Biol Chem 263:18568–18573

Abramson SN, Li Y, Culver P, Taylor P (1989) An analog of lophotoxin reacts covalently with Tyr^{190} in the α-subunit of the nicotinic acetylcholine receptor. J Biol Chem 264:12666–12672

Ackermann EJ, Taylor P (1997) Nonidentity of the α-neurotoxin binding sites on the nicotinic acetylcholine receptor revealed by modification in α-neurotoxin and receptor structures. Biochemistry 36:12836–12844

Alkondon M, Pereira EFR, Wonnacott S, Albuquerque EX (1992) Blockade of nicotinic currents in hippocampal neurons defines methyllycaconitine as a potent and specific receptor antagonist. Mol Pharmacol 41:802–808

Alkondon M, Albuquerque EX (1993) Diversity of nicotinic acetylcholine receptors in rat hippocampal neurons. I. Pharmacological and functional evidence for distinct structural subtypes. J Pharmacol Exp Ther 265:1455–1473

Barchan D, Kachalsky S, Neumann D, Vogel Z, Ovadia M, Kochva E, Fuchs S (1992) How the mongoose can fight the snake: the binding site of the mongoose acetylcholine receptor. Proc Natl Acad Sci USA 89:7717–7721

Bennett AE (1941) Curare: a preventive of traumatic complications in convulsive shock therapy (including a preliminary report on a synthetic curare-like drug). Reprinted in Am J Psychiatry 151:249–258

Bertrand D, Bertrand S, Ballivet M (1992) Pharmacological properties of the homomeric $\alpha 7$ receptor. Neurosci Lett 146:87–90

Blount P, Merlie JP (1989) Molecular basis of the two nonequivalent ligand binding sites of the muscle nicotinic acetylcholine receptor. Neuron 3:349–357

Broxton N, Miranda L, Down J, Alewood P, Livett BG (to be published) Leu10 of α-conotoxin PnIB confers potency for the mammalian neuronal nicotinic response. From Venoms to Drugs Meeting Abstract. Toxicon

Cartier GE, Yoshikami D, Gray WR, Luo S, Olivera BM, McIntosh JM (1996) A new α-conotoxin which targets $\alpha 3\beta 2$ nicotinic acetylcholine receptors. J Biol Chem 271:7522–7528

Cartier GE, Yoshikami D, Luo S, Jacobsen R, Hunter EM, Shon K, Olivera BM, McIntosh JM (1997) α-Conotoxin MII: structure/activity studies of a potent and selective peptide antagonist of the $\alpha 3\beta 2$ subtype of neuronal nicotinic acetylcholine receptor. J Neurosci Abst 23:384

Chang L, Lin J, Wu P, Chang C, Hong E (1997a) cDNA sequence analysis and expression of κ-bungarotoxin from Taiwan banded krait. Biochem Biophys Res Comm 230:192–195

Chang LS, Lin J (1997b) cDNA sequence analysis of a novel neurotoxin homolog from Taiwan banded krait. Biochem Mol Biol Int 43:347–354

Chavez-Noriega LE, Crona JH, Washburn MS, Urrutia A, Elliott KJ, Johnson EC (1997) Pharmacological characterization of recombinant human neuronal nicotinic acetylcholine receptors h$\alpha 2\beta 2$, h$\alpha 2\beta 4$, h$\alpha 3\beta 2$, h$\alpha 3\beta 4$, h$\alpha 4\beta 2$ and h$\alpha 7$ expressed in *Xenopus* oocytes. J Pharmacol Exp Ther 280:346–356

Chiappinelli VA (1993) Chapter 3. Neurotoxins acting on acetylcholine receptors. In: Harvey A (ed) Natural and Synthetic Neurotoxins. Academic Press, Harcourt Brace Jovanovich, London, pp 65–109

Chiappinelli VA, Weaver WR, McLane KE, Conti-Fine BM, Fiordalisi JJ, Grant GA (1996) Binding of native κ-neurotoxins and site-directed mutants to nicotinic acetylcholine receptors. Toxicon 34:1243–1256

Chiara DC, Cohen JB (1997) Identification of amino acids contributing to high and low affinity d-tubocurarine sites in the Torpedo nicotinic acetylcholine receptor. J Biol Chem 272:32940–32950

Chini B, Clementi F, Hukovic N, Sher E (1992) Neuronal-type α-bungarotoxin receptors and the $\alpha 5$ nicotinic receptor subunit gene are expressed in neuronal and non-neuronal human cell lines. Proc Natl Acad Sci USA 89:1572–1576

Codignola A, McIntosh JM, Cataneo MG, Vicentini LM, Clementi F, Sher E (1996) α-Conotoxin Imperialis I inhibits nicotine-evoked hormone release and cell proliferation in human neuroendocrime carcinoma cells. Neurosci Lett 206:53–56

Codignola A, Tarroni P, Cattaneo MG, Vicentini LM, Clementi F, Sher E (1994) Serotonin release and cell proliferation are under control of α-bungarotoxin-sensitive nicotine receptors in small lung carcinoma cell lines. FEBS Lett 342:286–290

Couturier S, Bertrand D, Matter J-M, Hernandez M-C, Bertrand S, Millar N, Valera S, Barkas T, Ballivet M (1990) A neuronal nicotinic acetylcholine receptor subunit (α7) is developmentally regulated and forms a homo-oligomeric channel blocked by α-BTX. Neuron 5:847–856

Curzon P, Brioni JD, Decker MW (1996) Effect of intraventricular injections of dihydro-β-erythroidine (DHβE) on spatial memory in the rat. Brain Res 714: 185–191

Drasdo A, Caulfield M, Bertrand D, Bertrand S, Wonnacott S (1992) Methyllycaconitine: a novel nicotinic antagonist. Mol Cell Neurosci 3:237–243

Elgoyhen AB, Johnson DS, Boulter J, Vetter DE, Heinemann S (1994) α9: An acetylcholine receptor with novel pharmacological properties expressed in rat cochlear hair cells. Cell 79:705–715

Epping-Jordan MP, Watkins SS, Koob GF, Markou A (1998) Dramatic decreases in brain reward function during nicotine withdrawal. Nature 393:76–79

Fainzilber M, Hasson A, Oren R, Burlingame AL, Gordon D, Spira ME, Zlotkin E (1994) New mollusc-specific α-conotoxins block Aplysia neuronal acetylcholine receptors. Biochemistry 33:9523–9529

Fiordalisi JJ, Al-Rabiee R, Chiappinelli VA, Grant GA (1994a) Affinity of native κ-bungarotoxin and site-directed mutants for the muscle nicotinic acetylcholine receptor. Biochemistry 33:12962–12967

Fiordalisi JJ, Al-Rabiee R, Chiappinelli VA, Grant GA (1994b) Site-directed mutagenesis of κ-bungarotoxin: implications for neuronal receptor specificity. Biochemistry 33:3872–3877

Fiordalisi JJ, James PL, Zhang Y, Grant GA (1996) Facile production of native-like κ-bungarotoxin in yeast: an enhanced system for the production of a neuronal nicotinic acetylcholine receptor probe. Toxicon 34:213–224

Frazier CJ, Buhler AV, Weiner JL, Dunwiddie TV (1998) Synaptic potentials mediated via α-bungarotoxin-sensitive nicotinic acetylcholine receptors in rat hippocampal interneurons. J Neurosci 18:8228–8235

Gerzanich V, Anand R, Lindstrom J (1994) Homomers of α8 and α7 subunits of nicotinic acetylcholine receptors exhibit similar channel but contrasting binding site properties. Mol Pharmacol 45:212–220

Gorman S, Viseshakul N, Cohen B, Hardy S, Grant GA, Yost CS, Forsayeth JR (1997) A recombinant adenovirus that directs secretion of biologically active κ-bungarotoxin from mammalian cells. Mol Brain Res 44:143–146

Gotti C, Hanke W, Moretti M, Longhi R, Balestra B, Briscini L, Clementi F (1995) α-Bungarotoxin receptor subtypes. In: Clarke PBS, Quik M, Adlkofer F, Thurau K (eds) Effects of Nicotine on Biological Systems II. Birkhäuser Verlag, Basel, pp 37–44

Grant GA, Al-Rabiee R, Xu XL, Zhang Y (1997) Critical interactions at the dimer interface of κ-bungarotoxin, a neuronal nicotinic acetylcholine receptor antagonist. Biochemistry 36:3353–3358

Grant GA, Luetje CW, Summers R, Xu XL (1998) Differential roles for disulfide bonds in the structural integrity and biological activity of κ-bungarotoxin, a neuronal nicotinic acetylcholine receptor antagonist. Biochemistry 37:12166–12171

Griffith HR, Johnson GE (1942) The use of curare in general anaesthesia. Anesthesiology 3:418–420

Groebe DR, Abramson SN (1995) Lophotoxin is a slow binding irreversible inhibitor of nicotinic acetylcholine receptors. J Biol Chem 270:281–286

Harvey SC, Luetje CW (1996a) Determinants of competitive antagonist sensitivity on neuronal nicotinic receptor β subunits. J Neurosci 16:3798–3806

Harvey SC, Maddox FN, Luetje CW (1996b) Multiple determinants of dihydro-β-erythroidine sensitivity on rat neuronal nicotinic receptor α subunits. J Neurochem 67:1953–1959

Harvey SC, McIntosh JM, Cartier GE, Maddox FN, Luetje CW (1997) Determinants of specificity for α-conotoxin MII on α3β2 neuronal nicotinic receptors. Mol Pharmacol 51:336–342

Hayashi E, Isogai M, Kagawa Y, Takayanagi N, Yamada S (1984) Neosurugatoxin, a specific antagonist of nicotinic acetylcholine receptors. J Neurochem 42:1491–1494

Hill JM, Oomen CJ, Miranda LP, Bingham J-P, Alewood PF, Craik DJ (to be published) Three-dimensional solution structure of α-conotoxin MII by NMR spectroscopy: effects of solution environment on helicity. Biochemistry

Hu S-H, Gehrmann J, Alewood PF, Craik DJ, Martin JL (1997) Crystal structure at 1.1Å resolution of α-conotoxin PnIB: Comparison with α-conotoxins PnIA and GI. Biochemistry 36:11323–11330

Hu S-H, Gehrmann J, Guddat LW, Alewood PF, Craik DJ, Martin JL (1996) The 1.1Å crystal structure of the neuronal acetylcholine receptor antagonist, α-conotoxin PnIA from Conus pennaceus. Structure 4:417–423

Hu S-H, Loughnan M, Miller R, Weeks CM, Blessing RH, Alewood PF, Lewis RJ, Martin JL (1998) The 1.1Å resolution crystal structure of [Tyr15]EpI, a novel α-conotoxin from Conus episcopatus, solved by direct methods. Biochemistry 37:11425–11433

Johnson DS, Martinez J, Elgoyhen AB, Heinemann SS, McIntosh JM (1995) α-Conotoxin ImI exhibits subtype-specific nicotinic acetylcholine receptor blockade: preferential inhibition of homomeric α7 and α9 receptors. Mol Pharmacol 48:194–199

Kaiser SA, Soliakov L, Harvey SC, Luetje CW, Wonnacott S (1998a) Differential inhibition by α-conotoxin MII of the nicotinic stimulation of [^{3}H]-dopamine release from rat striatal synaptosomes and slices. J Neurochem 70:1069–1076

Kaiser SA, Wonnacott S (1998) Indirect nicotinic modulation of dopaminergic transmission in rat striatum by (±)anatoxin-A evoked glutamate and 5-HT release. J Neurosci Abst 24:86

Kehoe J, McIntosh JM (1998) Two distinct nicotinic receptors, one pharmacologically similar to the vertebrate α7-containing receptor, mediate Cl currents in Aplysia neurons. J Neurosci 18:8198–8213

Kulak JM, Nguyen TA, Olivera BM, McIntosh JM (1997) α-Conotoxin MII blocks nicotine-stimulated dopamine release in rat striatal synaptosomes. J Neurosci 17:5263–5270

Langdon RB, Jacobs RS (1985) Irreversible autonomic actions by lophotoxin suggest utility as a probe for both C6 and C10 nicotinic receptors. Brain Res 359:233–238

Lawoko G, Järlebark L, Heilbronn E (1995) Ligand-binding properties of an unusual nicotinic acetylcholine receptor subtype on isolated outer hair cells from guinea pig cochlea. Neurosci Lett 195:64–68

Lebeda FJ, Hablitz JJ, Johnston D (1982) Antagonism of GABA-mediated responses by d-tubocurarine in hippocampal neurons. J Neurophysiol 48:622–632

Lester RAJ, McIntosh JM, Quick MW (1998) Relationship between nicotinic acetylcholine receptor subunit mRNA levels and channel function in central neurons. Soc Neurosci Abst 24:1342

Lopez MG, Montiel C, Herrero CJ, Garcia-Palomero E, Mayorgas I, Hernandez-Guijo J, Villarroya M, Olivares R, Gandia L, McIntosh JM, Olivera BM, Garcia AG (to be published) Unmasking the functions of the chromaffin cell α7 nicotinic receptor by using short pulses of acetylcholine and novel selective blockers. Proc Natl Acad Sci USA

Loughnan M, Bond T, Atkins A, Cuevas J, Adams DJ, Broxton NM, Livett BG, Down JG, Jones A, Alewood PF, Lewis RJ (1998) α-Conotoxin EpI, a novel sulfated peptide from Conus episcopatus that selectively targets neuronal nicotinic acetylcholine receptors. J Biol Chem 273:15667–15674

Luetje CW, Maddox FN, Harvey SC (1998) Glycosylation within the cysteine loop and six residues near conserved Cys192/Cys193 are determinants of neuronal bungarotoxin sensitivity on the neuronal nicotinic receptor α3 subunit. Molec Pharmacol 53:1112–1119

Luetje CW, Wada K, Rogers S, Abramson SN, Tsuji K, Heinemann S, Patrick J (1990) Neurotoxins distinguish between different neuronal nicotinic acetylcholine receptor subunit combinations. J Neurochem 55:632–640

Luo S, Kulak JM, Cartier GE, Jacobsen RB, Yoshikami D, Olivera BM, McIntosh JM (1998) α-Conotoxin AuIB selectively blocks α3β4 nAChRs and nicotine-evoked norepinephrine release. J Neurosci 18:8571–8579

Luo S, Nguyen TA, Cartier GE, Olivera BM, Yoshikami D, McIntosh JM (1998) Switching of nAChR subtype selectivity in α-conotoxin analogs. Soc Neurosci Abst 24:87

Martinez JS, Olivera BM, Gray WR, Craig AG, Groebe DR, Abramson SN, McIntosh JM (1995) α-Conotoxin EI, a new nicotinic acetylcholine receptor-targeted peptide. Biochemistry 34:14519–14526

Matsubayashi, H, Alkondon M, Pereira EFR, Swanson KL, Alburquerque EX (1998) Strychnine: a potent competitive antagonist of α-bungarotoxin-sensitive nicotinic acetylcholine receptors in rat hippocampal neurons. J Pharmcol Exp Ther 284:904–913

McIntosh JM, Santos AD, Olivera BM (1999, to be published) Conus peptides targeted to specific nicotinic acetylcholine receptor subtypes. Ann Rev Biochem 68:59–88

McIntosh JM, Yoshikami D, Mahe E, Nielsen DB, Rivier JE, Gray WR, Olivera BM (1994) A nicotinic acetylcholine receptor ligand of unique specificity, α-conotoxin ImI. J Biol Chem 269:16733–16739

Neumann D, Barchan D, Horowitz M, Kochva E, Fuchs S (1989) Snake acetylcholine receptor: cloning of the domain containing the four extracellular cysteines of the alpha subunit. Proc Natl Acad Sci USA 86:7255–7299

Orr-Urteger A, Göldner FM, Saeki M, Lorenzo I, Goldberg L, de Biasi M, Dani JA, Patrick JW, Beaudet AL (1997) Mice deficient in the α7 neuronal nicotinic acetylcholine receptor lack α-bungarotxin binding sites and hippocampal fast nicotinic currents. J Neurosci 17:9165–9171

Palma E, Bertrand S, Binzoni T, Bertrand D (1996) Neuronal nicotinic α7 receptor expressed in Xenopus oocytes presents five putative binding sites for methyllycaconitine. J Physiol (Lond) 491:151–161

Papineni RVL, Pedersen SE (1997) Interaction of d-tubocurarine analogs with the mouse nicotinic acetylcholine receptor. J Biol Chem 272:24891–24898

Papke RL, Duvoisin RM, Heinemann SF (1993) The amino terminal half of the nicotinic β-subunit extracellular domain regulates the kenetics of inhibition by neuronal bungarotoxin. Proc R Soc Lond B 252:141–148

Pedersen SE, Cohen JB (1990) d-Tubocurarine binding sites are located at α-γ and α-δ subunit interfaces of the nicotinic acetylcholine receptor. Proc Natl Acad Sci USA 87:2785–2789

Peng X, Katz M, Gerzanich V, Arnand R, Lindstrom J (1994) Human α7 acetylcholine receptor: cloning of the α7 subunit from the SH-SY5Y cell line and determination of pharmacological properties of native receptors and function of α7 homomers expressed in Xenopus oocytes. Mol Pharmacol 45:546–554

Penn AA, Riquelme PA, Feller MB, Shatz CJ (1998) Competition in retinogeniculate patterning driven by spontaneous activity. Science 279:2108–2112

Pereira EFR, Alkondon M, McIntosh JM, Albuquerque EX (1996) α-Conotoxin ImI: a competitive antagonist at α-bungarotoxin-sensitive neuronal nicotinic receptors in hippocampal neurons. J Pharmacol Exp Ther 278:1472–1483

Pratt WB (1990) The entry, distribution, and elimination of drugs. In: Principles of Drug Action Third edn. Churchill Livingstone, New York, pp 201–296

Quiram PA, Sine SM (1998a) Identification of residues in the neuronal α7 acetylcholine receptor that confer selectivity for conotoxin ImI. J Biol Chem 273:11001–11006

Quiram PA, Sine SM (1998b) Structural elements in α-conotoxin ImI essential for binding to neuronal α7 receptors. J Biol Chem 273:11007–11011

Rapier C, Lunt GG, Wonnacott S (1990) Nicotinic modulation of [^{3}H]dopamine release from striatal synaptosomes: pharmacological characterisation. J Neurochem 54:937–945

Sacaan AI, Dunlop JL, Lloyd GK (1995) Pharmacological characterization of neuronal acetylcholine gated ion channel receptor-mediated hippocampal norepinephrine and striatal dopamine release from rat brain slices. J Pharmacol Exp Ther 274:224–230

Séguéla P, Wadiche J, Dineley-Miller K, Dani JA, Patrick JW (1993) Molecular cloning, functional properties, and distribution of rat brain $\alpha 7$: a nicotinic cation channel highly permeable to calcium. J Neurosci 13:596–604

Servent D, Winckler-Dietrich V, Hu H-Y, Kessler P, Drevet P, Bertrand D, Ménez A (1997) Only snake curaremimetic toxins with a fifth disulfide bond have high affinity for the neuronal $\alpha 7$ nicotinic receptor. J Biol Chem 272:24279–24286

Shon K, Koerber SC, Rivier JE, Olivera BM, McIntosh JM (1997) Three-dimensional solution structure of α-conotoxin MII, an $\alpha 3 \beta 2$ neuronal nicotinic acetylcholine receptor-targeted ligand. Biochemistry 36:15693–15700

Sine SM (1993) Molecular dissection of subunit interfaces in the acetylcholine receptor: identification of residues that determine curare selectivity. Proc Natl Acad Sci USA 90:9436–9440

Sine SM, Kreienkamp H-J, Bren N, Maeda R, Taylor P (1995) Molecular dissection of subunit interfaces in the acetylcholine receptor: identification of determinants of α-conotoxin MI selectivity. Neuron 15:205–211

Singh H, Chawla AS (1969) Isolation of erysodine, erysotrine and hyphaphorine from Erythrina suberosa Roxb. seeds. Experientia 25:785

Sorenson EM, Culver P, Chiappinelli VA (1987) Lophotoxin: selective blockade of nicotinic transmission in autonomic ganglia by a coral neurotoxin. Neuroscience 20:875–884

Stolerman IP, Chandler CJ, Garcha HS, Newton JM (1997) Selective antagonism of behavioural effects of nicotine by dihydro-β-erythroidine in rats. Psychopharmacology 129:390–397

Tavazoie SF, Tavazoie MF, McIntosh JM, Olivera BM, Yoshikami D (1997) Differential block of nicotinic synapses on B vs. C neurones in sympathetic ganglia of frog by α-conotoxins MII and ImI. Brit J Pharmacol 120:995–1000

Taylor P (1990) Chapter 9. Agents acting at the neuromuscular junction and autonomic ganglia. In: Gilman AG, Rall TW, Nies AS, Taylor P (eds) Goodman and Gilman's The Pharmacological Basis of Therapeutics Eighth edn. Pergamon Press, New York, p 166–186

Taylor P (1996) Chapter 9. Agents acting at the neuromuscular junction and autonomic ganglia. In: Hardman JG, Limbird LE (eds) The Pharmacological Basis of Therapeutics Ninth edn. McGraw-Hill, New York, pp 177–198

TornØe C, Bai D, Holden-Dye L, Abramson SN, Sattelle DB (1995) Actions of neurotoxins (bungarotoxins, neosurugatoxin and lophotoxins) on insect and nematode nicotinic acetylcholine receptors. Toxicon 33:411–424

Ullian EM, McIntosh JM, Sargent PB (1997) Rapid synaptic transmission in the avian ciliary ganglion is mediated by two distinct classes of nicotinic receptors. J Neurosci 17:7210–7219

van den Beukel I, van Kleef RGDM, Zwart R, Oortgiesen M (1998) Physostigmine and acetylcholine differentially activate nicotinic receptor subpopulations in Locusta migratoria neurons. Brain Res 789:263–273

Whiteaker P, Marks MJ, McIntosh JM, Picciotto MR, Changeux J-P, Collins AC (1998) Location and composition of α-conotoxin MII (α-Ctx MII) binding nicotinic receptors in mouse brain. Soc Neurosci Abst 24:836

Wonnacott S, Albuquerque EX, Bertrand D (1993) Methyllycaconitine: a new probe that discriminates between nicotinic acetylcholine receptor subclasses. Methods Neurosci 12:263–275

Xiao Y, Meyer EL, Thompson JM, Surin A, Wroblewski J, Kellar KJ (1998) Rat $\alpha 3/\beta 4$ subtype of neuronal nicotinic acetylcholine receptor stably expressed in a transfected cell line: pharmacology of ligand binding and function. Mol Pharmacol 54:322–333

Yamada S, Kagawa Y, Takayanagi N, Nakayama K, Tsuji K, Kosuge T, Hayashi E, Okada K, Inoue S (1987) Comparison of antinicotinic activity by neosurugatoxin and the structurally related compounds. J Pharmacol Exp Ther 243:1153–1158

Yan D, Pedersen SE, White MM (1998) Interaction of d-tubocurarine analogs with the 5HT$_3$ receptor. Neuropharmacology 37:251–257

Yu CR, Role LW (1998a) Functional contribution of the α5 subunit to neuronal nicotinic channels expressed by chick sympathetic ganglion neurons. J Physiol (Lond) 509:667–681

Yu CR, Role LW (1998b) Functional contribution of the α7 subunit to multiple subtypes of nicotinic receptors in embryonic chick sympathetic neurones. J Physiol (Lond) 509:651–665

Yum L, Wolf KM, Chiappinelli VA (1996) Nicotinic acetylcholine receptors in separate brain regions exhibit different affinities for methyllycaconitine. Neuroscience 72:545–555

Zamudio F, Wolf KM, Martin BM, Possani LD, Chiappinelli VA (1996) Two novel α-neurotoxins isolated from the Taipan snake, Oxyuranus scutellatus, exhibit reduced affinity for nicotinic acetylcholine receptors in brain and skeletal muscle. Biochemistry 35:7910–7916

Zhang Z, Coggan JS, Berg DK (1996) Synaptic currents generated by neuronal acetylcholine receptors sensitive to α-bungarotoxin. Neuron 17:1231–1240

CHAPTER 18

Neuronal Nicotinic Acetylcholine Receptors in Non-neuronal Cells, Expression and Renaturation of Ligand Binding Domain, and Modulatory Control by Allosterically Acting Ligands

A. MAELICKE, A. SCHRATTENHOLZ, and E.X. ALBUQUERQUE

A. Introduction

Nicotinic acetylcholine receptors (nAChRs) are pentameric integral membrane proteins made up from 1–4 different subunits. Traditionally classified into "muscle type" and "neuronal type", it is now clear that only the expression of muscle nAChRs is indeed largely confined to muscle tissue (and degenerated muscle, such as fish electric tissue) whereas the expression of neuronal nAChRs is found also outside of nervous systems, for instance, in skin keratinocytes, bronchial epithelial cells and vascular endothelial cells, thymus cells and lymphocytes, and in embryonic and denervated muscle.

Being the archetype of a superfamily of transmitter-gated ion channels, it is dissatisfactory that so far no high-resolution three-dimensional structure exists of an nAChR. Because elucidation of the mechanisms of ligand recognition by the nAChR is particularly pressing, efforts have been undertaken to develop methods for large-scale expression and renaturation of the N-terminal extracellular domains of nAChR α subunits which harbour the binding sites for acetylcholine (ACh) and other ligands.

Coinciding with the elucidation of the functional and pharmacological properties of neuronal nAChRs, it became evident that similar to other neuroreceptors, e.g. the GABA(γ-aminobutyric acid)-A receptor and the NMDA(N-methyl-D-aspartate)-type glutamate receptor, nicotinic receptors are subject to regulatory control by allosterically acting ligands. In this regard, positively modulating (sensitising) ligands are of particular interest, as they may be considered as drug candidates for degenerative diseases associated with impaired nicotinic cholinergic neurotransmission.

This chapter deals with three issues: (1) expression of neuronal nAChRs in muscle and tegumental cells, (2) preparation and characterisation of ligand-binding domains of the nAChR, and (3) modulatory control of nicotinic receptor function by allosterically acting ligands.

B. Expression of Neuronal Nicotinic Receptors in Mammalian Muscle and Tegumental Cells

Based on their subunit composition, three classes of nAChR subtypes have been identified: homopentamers consisting of $\alpha7$-$\alpha9$ subunits, heteropentamers consisting of various combinations of $\alpha2$-$\alpha6$ and $\beta2$-$\beta4$ subunits, and heteropentamers consisting of $\alpha1$, $\beta1$, and other subunits (numbering of subunits according to the rat system). The $\alpha1$-bearing heteropentamers are found in muscle and electric tissue.

As has been well established over the past two decades, expression of $\alpha1$-subunit-bearing nicotinic receptors in skeletal muscle is developmentally controlled (reviewed in HALL and SANES 1993). Prior to innervation, $\alpha1$-subunit-bearing receptors are distributed at relatively low density throughout the plasma membrane and are of stoichiometry $(\alpha1)_2(\beta1)\gamma\delta$. Following innervation, the nAChR becomes highly concentrated in the subsynaptic area in juxtaposition to the nerve terminal, and newly synthesised nAChRs contain ε subunits rather than γ subunits (WITZEMANN et al. 1987). Following chronic denervation of adult muscle fibers, the junctional ε-subunit-bearing nAChR is again replaced by the embryonic γ-subunit-bearing nAChR. These results suggest a control of nAChR subunit gene expression in response to the formation and breakdown of nerve–muscle synapses. However, it is not yet understood by which signal(s) the nerve exerts this control.

The laboratory of BERG has recently discovered that several neuronal nAChR are expressed during the development of chick skeletal muscle (CORRIVEAU et al. 1995; ROMANO et al. 1997). Thus, on embryonic day 8, the $\alpha4$, $\alpha5$, $\alpha7$, and $\beta4$ genes are expressed, with the levels of $\alpha4$ and $\alpha7$ transcripts declining substantially between embryonic day 11 and 17. These data prompted us to investigate whether neuronal nAChRs are also expressed in mammalian muscle and, if so, to test whether their expression is correlated in time with synapse formation and breakdown. In our studies we focused on the $\alpha7$ neuronal nAChR because, due to its high Ca^{2+}-permeability (CASTRO et al. 1995; SÉGUÉLA et al. 1993), it has both ionotropic and metabotropic properties, including the ability for Ca^{2+}-mediated gene regulation. Moreover, because choline is a natural agonist of the $\alpha7$ nAChR (ALKONDON et al. 1997), chemical neurotransmission involving this nAChR is not limited to short distances (as in the case of acetylcholine, ACh, which is rapidly inactivated by acetylcholinesterase), and hence, could play a role in neuronal guidance and synapse formation. Both processes are known to involve the redistribution of Ca^{2+} (MULLE et al. 1992; PUGH and BERG 1994; ROMANO et al. 1997).

Employing the methods of in situ hybridisation (ISH), immunofluorescence (IF), and electrophysiological recordings, we have recently demonstrated robust $\alpha7$ nAChR expression in developing and chronically denervated rat muscle, and also in (neuron-free) cultures of rat muscle cells (FISCHER et al. 1999). The expression of the $\alpha7$ nAChR was clearly in muscle cells and not in muscle-associated motoneurons. During early muscle development, α7 nAChR expression was predominantly observed in the outer layers of muscle cell clusters, suggesting that the receptor may indeed be involved in the control of migration and pathfinding. At later stages of development (Fig. 1a), the highest level of α7 nAChR expression was observed at about the time when the subunit switch from the embryonic to the adult muscle nAChR was reported to occur (WITZEMANN et al. 1987). α7 nAChR expression reappeared after denervation (Fig. 1b) and ceased after reinnervation had occurred (FISCHER et al. 1999). The choline sensitivity of α7 nAChRs expressed in muscle indicates that it probably functions as a homo-oligomeric (MANDELZYS et al. 1995; PAPKE et al. 1996) rather than a hetero-oligomeric receptor with other subunits (HELEKAR et al. 1994). [In our studies, the choline sensitivity of a muscle-expressed nAChR was attributed to the α7 subtype because choline is a much stronger agonist for this nAChR than for other nAChR subtypes (ALKONDON et al. 1997; DELCASTILLO and KATZ 1957;

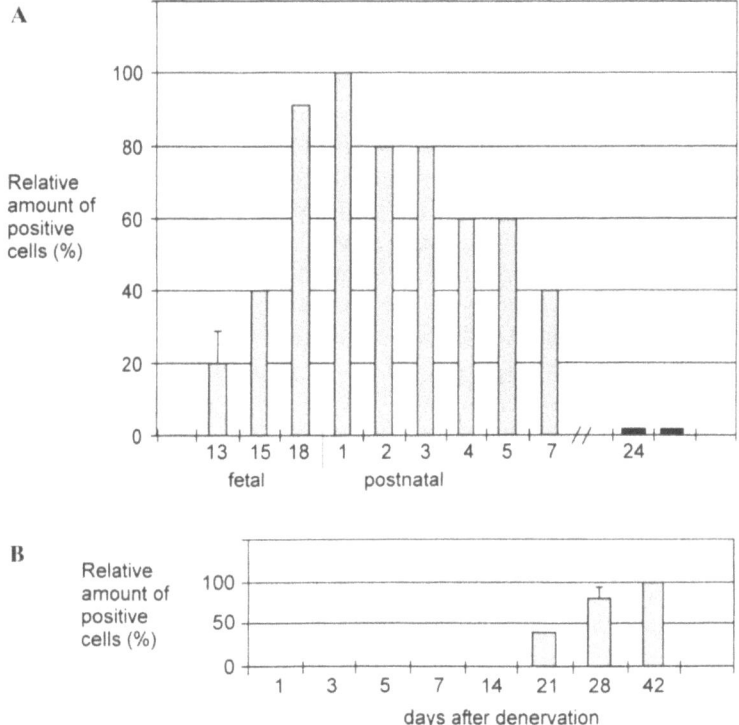

Fig. 1A,B. Expression of α7 nAChR protein during skeletal muscle development of the rat, and after denervation. **A** Binding of monoclonal antibody 306 (SCHOEPFER et al. 1990) to cryosections of muscle tissue from rats of different age. The fractions of mAb-306-positive cells of all cells in the area analysed are plotted versus the age of the rats. The numbers are estimates, based on visual inspection of the sections studied; they have an accuracy of 10%–20%. **B** Binding of mAb 306 to cryosections of denervated rat soleus muscle

MANDELZYS et al. 1995). Moreover, we did not observe significant choline sensitivity of nicotinic receptors in adult muscle, i.e. when the α1-subunit-bearing nAChR is predominantly expressed.]

As a working hypothesis, the activation by choline or acetylcholine of α7 nAChR located in the area of the approaching nerve could induce significant Ca^{2+} influx into the muscle cell which in turn could shift the gene activity of associated nuclei thereby inducing changes in local expression and/or subunit composition of the α1-subunit-bearing nAChR. In addition, the α7 nAChR could have a functional role in other specific steps of muscle development, such as myoblast fusion (HALL and SANES 1993) and/or migration. These activities would not require the presence of nerve terminals, as it has been reported that myoblasts and myotubes synthesise and release an ACh-like compound (HAMANN et al. 1995) and that the activation of nicotinic receptors promotes myoblast fusion (KRAUSE et al. 1995).

The expression of neuronal nicotinic receptors has also been reported in a variety of human non-neuronal cells, including keratinocytes (GRANDO et al. 1993, 1995), lymphocytes (HIEMKE et al. 1996; BATTAGLIOLI et al. 1998), thymus cells (NAVANEETHAM et al. 1997), vascular endothelial cells (MACKLIN et al. 1998), and bronchial epithelial cells (MAUS et al. 1998; ZIA et al. 1997). The methods used in these studies were reverse transcriptase polymerase chain reaction (RT-PCR), ISH, IF, and electrophysiology. Keratinocytes, vascular endothelial cells, and bronchial epithelial cells, i.e. cells that line external and internal surfaces ("tegumental cells"), all express the same set of nAChR subunits, i.e. α3, α5, β2, and β4 subunits, as well as the α7 subunit (NAVANEETHAM et al. 1997), which is similar to sympathetic ganglionic cells (PAPKE 1993; STORCH et al. 1995). Moreover, the ion-gating properties of the nAChRs expressed in tegumental cells are consistent with those of the subtypes expressed in sympathetic ganglia (MACKLIN et al. 1998; MAUS et al. 1998), and the genes encoding the α3, α5, and β4 subunits belong to the same gene cluster (BOULTER et al. 1990; COUTURIER et al. 1990). The tegumental nAChRs are probably activated in an autocrine or paracrine fashion by ACh which is synthesised and secreted by the same cells that express the nAChRs (GRANDO et al. 1995; MAUS et al. 1998). The synthesis and release of ACh by tegumental cells has also been reported by other laboratories (IKEDA et al. 1994; KAWASHIMA et al. 1990; KLAPPROTH et al. 1997; WESSLER et al. 1995). In skin keratinocytes and bronchial epithelial cells, the nicotinic receptors appear to be involved in the maintenance of the flat shape of the cells, which is a prerequisite for the formation of an epithelium. Ganglionic nAChR-specific antagonists cause shrinkage, cell paralysis, and cell–cell detachment (GRANDO et al. 1995) indicating that these receptors control cell adhesion and motility. The expression of nicotinic receptors in human bronchial epithelial cells is accompanied by expression of the ACh-synthesising enzyme choline acetyltransferase (WESSLER et al. 1998), and the presence of ACh in these cells has also been established (KLAPPROTH et al. 1997; WESSLER et al. 1998). ACh has been shown to promote, via the activation of nicotinic receptors, the release of proinflamatory cytokines, which is consistent with a modulatory action on the immune system (KLAPPROTH et al. 1998). Moreover, ACh (and low concentrations of physostigmine) inhibit the stimulated release of histamines (REINHEIMER et al. 1997).

Also several carcinomas have been reported to express neuronal nicotinic receptors. These include small cell lung carcinomas (SCHULLER 1995; VINCENT et al. 1989) which are assumed to stimulate antibody-mediated autoimmune response in Lambert-Eaton myasthenic syndrome.

As these data demonstrate, the expression of neuronal nAChR in nonneuronal cells is certainly not a rare curiosity. Moreover, ACh and choline, in addition to being neurotransmitters, are likely to act in a hormone-like fashion not only via muscarinic but also via nicotinic receptors. A broader mode of action of nAChRs is consistent with previous suggestions of additional functional roles, rather than only their depolarising action, of ionotropic receptors (BETTLER et al. 1990; KILLISCH et al. 1991; MATTER et al. 1990).

C. Ectopically Expressed N-terminal Extracellular Domain of nAChR α Subunit

The nAChR from electric fish was the first neuroreceptor to be detergent-solubilised, purified to apparent homogeneity, and subjected to structural studies, including crystallisation. Unfortunately, however, all attempts to crystallise the detergent-solubilised receptor protein have so far been unsuccessful which has mostly been attributed to the existence of multiple conformational states and structural plasticity of the receptor protein. Indeed, a large body of biochemical and biophysical studies has established that the nAChR can undergo a variety of conformational transitions, e.g. in response to ligands (COVARRUBIAS et al. 1984; HEIDMANN and CHANGEUX 1980; PRINZ and MAELICKE 1983a,b, 1992). Because a high resolution three-dimensional structure would be decisive in unravelling the recognition function of the nAChR and could form the basis for rational drug design, we have developed a procedure for the renaturation of nonmembranous nAChR domains that were overexpressed in bacterial expression systems. As a particular example, the N-terminal extracellular region (amino acids 1–209) of the α subunit of *Torpedo* nAChR was expressed as inclusion bodies in *Escherichia coli*, and after purification and unfolding, the region was refolded to a conformation that was capable of binding representative ligands with a satisfactory affinity (SCHRATTENHOLZ et al. 1998).

Washed inclusion bodies were incubated under moderate alkaline conditions with a large excess of chaotropic and disulfide-reducing agents ($6M$ guanidinium chloride, $0.1M$ dithioerythritol, pH 8.5) in order to completely unfold the overexpressed receptor protein. In order to remove the disulfide-reducing agent and, at the same time, to prevent metal ion-catalysed reoxidation, the protein solution was then extensively dialysed against $6M$

guanidinium chloride, 10mM ethylenediaminetetraacetate, 100mM tris-(hydroxymethyl)-aminomethane, pH 8.5. The solution was diluted 200-fold, so as to provide optimal conditions for intramolecular organisation (self-organisation) as compared to intermolecular interactions (aggregation). The renaturation buffer also contained an oxido shuffling system (5mM reduced glutathione) and L-arginine (1M) as a protein-stabilising agent. After 24h incubation at low temperature (10°C), the protein was fully refolded and could be placed into storage buffer and concentrated. In this way, large amounts of homogenous, water soluble, detergent-free, natively folded extracellular domain of the nAChR α subunit can be obtained which opens the path to structural studies such as multi-dimensional NMR and X-ray analysis of protein crystals.

The Tα1-209 protein has a calculated mass of 24 800 Da which agreed with mass spectrometry of the water soluble fragment (SCHRATTENHOLZ et al. 1998). Gel permeation chromatography and other methods do not indicate the presence of oligomers, even when the protein concentration was raised to 10 mg/ml or above. In SDS-PAGE, a single band of apparent molecular weight of 26 kDa was obtained. Isoelectric focusing yielded an isoelectric point of 5.5. A 15% α-helical and 45% β-strand structure was calculated from the CD spectrum at pH 7.4, which is in agreement with previous predictions. Binding and kinetic studies using a diethylaminoethanol filter disk assay (MAELICKE et al. 1977) were performed with tritiated α-bungarotoxin (α-Bgt), yielding an equilibrium dissociation constant K_D of 0.5nM and a B_{max} that is consistent with 1:1 stochiometry of the toxin-Tα1-209 fragment complex. Although this K_D value is significantly higher than was measured for toxin binding to the integral solubilised receptor protein (K_D = 0.01 nM; MAELICKE et al. 1977), it is two orders of magnitude lower than was measured for the whole detergent-solubilised α subunit (HAGGERTY and FROEHNER 1981). Because the association rate constant k_{on} for α-Bgt binding to the Tα1-209 fragment was rather similar to that of the toxin to the integral nAChR; both K_D and k_{on} are consistent with the assumption of a native, or close to native, conformation of the ligand binding domain. The data support the notion that glycosylation on Asn-141 does not play an important role for ligand binding to the nAChR (FELS et al. 1986; GEHLE and SUMIKAWA 1991). The inhibition constant (K_I) values obtained for the displacement of α-Bgt from renatured Tα1-209 fragment by small nicotinic ligands were ACh (69μM), nicotine (0.42μM), anatoxin a (3μM) and MLA (0.12μM).

These results clearly demonstrate that the unfolding/refolding procedure used (RUDOLPH 1990; RUDOLPH and LILIE 1996) adopts well to large-scale preparations of nAChR fragments that stem from extracellular regions of the receptor. The method produces a water soluble, detergent-free, renatured protein that functionally expresses major features of the ligand binding domain of the nAChR. When applied to X-ray crystallographic analysis or multi-dimensional NMR, the Tα1-209 fragment should therefore be useful for elucidating the ligand recognition properties of this archetypic neuroreceptor.

Our preparation of the Tα1-209 fragment should be distinguished from alternative ways of ectopically expressing nAChR fragments. Preliminary reports of expression in bacterial systems, followed by renaturation attempts, describe proteins that require detergent for solubility and do not display the favourable structural and ligand binding properties reported here. The expression of nAChR fragments in the membranes of *Xenopus* oocytes or mammalian ovary cells (WELLS et al. 1998) do not overcome the problem of solubility and, in addition, do not provide high enough protein yields, as are required for in-depth structural studies.

D. Modulatory Control of Nicotinic Receptors by Allosterically Acting Ligands

It is only during this decade that neuronal nAChRs have received attention comparable to other neuroreceptors of the vertebrate central nervous system (CNS). This has largely been the consequence of technical problems in electrophysiological recording of responses arising from the activation of different nAChR subtypes present in their natural tissue environment. Now that such recordings can be routinely obtained (ALKONDON and ALBUQUERQUE 1993; ALKONDON et al. 1996; for a review, see PEREIRA et al. 1998), it has become evident that the CNS neuroreceptors belonging to the superfamily of ligand-gated ion channels not only share basic structural features but also many functional properties. The sharing of functional properties is particularly well illustrated in chimeric receptors made up from specific domains from two different receptors, such as the α7 nAChR and the 5-hydroxytryptamine(5-HT)-3 receptor (EISELE et al. 1993). Moreover, various point mutations that affect the functional properties of one of these receptors produce a similar phenotype in other members of the superfamily (LABARCA et al. 1995; YAKEL et al. 1993).

Another common feature of ligand-gated ion channels is that their activity is subject to modulatory control by allosterically acting ligands. For instance, activity of the NMDA subtype of glutamate receptor is positively modulated by glycine (JOHNSON and ASCHER 1987), and the activity of GABA$_A$ receptors is enhanced by benzodiazepines and steroids (McDONALD and TWYMAN 1992). Biochemical and electrophysiological studies from our laboratories have identified the plant alkaloids physostigmine (Phy), galanthamine (Gal), codeine (Cod), the neurotransmitter 5-HT, and several structurally related compounds acting as positive modulators of nicotinic responses at submicromolar concentrations, and as open-channel blockers at higher concentrations (MAELICKE et al. 1995; PEREIRA et al. 1994; STORCH et al. 1995; SCHRATTENHOLZ et al. 1996). Typically, Gal and related compounds can induce single-channel activity in excised patches from various cells, including cultured rat hippocampal neurons (PEREIRA et al. 1993), M10 cells (PEREIRA et al. 1994), and PC12 cells (STORCH et al. 1995), with ion-channel conductances that are indistinguishable from those induced by ACh. The single-channel activity could not be blocked by established nicotinic antagonists, demonstrating that it was induced via a site separate from that of ACh and competitive ligands. Photoaffinity labelling studies using *Torpedo* membrane fragments as nAChR preparation and physostigmine as photoactivatable ligand showed that the binding site for "noncompetitive agonists (NCA)" is located in the N-terminal extracellular region of the α subunit (SCHRATTENHOLZ et al. 1993), in which the ACh binding site is also located. Major elements of the NCA site are located around and including Lys-125, and we were able to raise antibodies against this region that blocked the binding of NCA to the receptor without interfering with ACh binding (mAB FK1), and vice versa (mAb WF6) (SCHRÖDER et al. 1994).

Further electrophysiological studies established that NCAs generally have too low an efficacy in order to produce significant whole-cell currents. To add to the low probability of channel opening, NCAs are powerful direct blockers of the nAChR channel (PEREIRA et al. 1993; SCHRATTENHOLZ et al. 1996). However, because they apparently induce conformational changes in the nAChR that are *in the direction of the open channel conformation*, they are capable of increasing the open-channel frequency and the amplitude of submaximal whole-cell currents activated by ACh and competitive agonists (Fig. 2; SCHRATTENHOLZ et al. 1996). Because of this synergistic action, Gal and related compounds act on the macroscopic level as "allosterically potentiating ligands (APLs)" rather than as NCA. The molecular basis and size of the sensitising effect of Gal and related compounds on nicotinic receptors is comparable to the action of benzodiazepines on $GABA_A$ receptors. In both cases, APLs increase the binding affinity for the natural transmitter thereby increasing the stability of the open-channel conformation (MAELICKE et al. 1995).

Our discovery of a direct action (as NCA and APL) of some established anticholinesterases (Phy, Gal) on nicotinic receptors was initially met with reservation, even though the agonist action of Phy was first described by KATZ and MILEDI (1977) and SHAW et al. (1985). Meanwhile, the APL action of these compounds has also been reported by other laboratories (e.g. SABEY et al. 1999), as has been the general existence of positive and negative modulators of nAChR activity (BUISSON and BERTRAND 1998). Recently, the muscarinic antagonist atropine has been reported to act as a nicotinic APL at micromolar concentrations, and as an antagonist at higher concentrations (ZWART and VIJVERBERG 1997).

Part of the earlier critique focused on the methods that we initially used in establishing the NCA action of Phy. Prior to the application of electrophysiological and direct binding methods, we made use of a method originally introduced by MOORE and RAFTERY (1980) for the purpose of the direct and

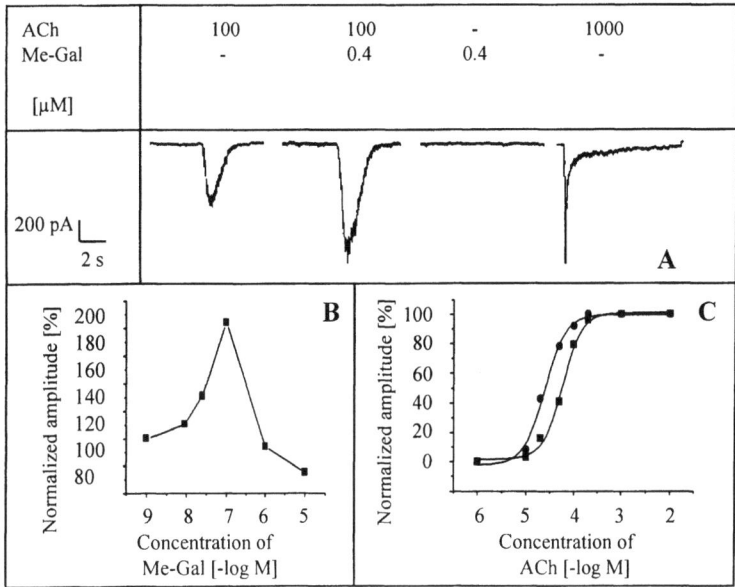

Fig. 2A–C. Potentiation by 1-methyl-galanthamine (me-Gal) of ACh-elicited whole-cell responses of cultured PC12 cells **A** Response recorded from a single PC12 cell of bipolar morphology from a 3-day-old culture. The response to $100\,\mu M$ ACh, in the absence of me-Gal (*first trace*), was nearly doubled in peak amplitude (*second trace*) when ACh was applied together with $0.4\,\mu M$ me-Gal. At the same concentration, me-Gal alone did not induce a significant whole-cell current (*third trace*). The level of response induced by ACh and me-Gal (*second trace*) was matched in amplitude, but not in the kinetics of inactivation, by the response to $1000\,\mu M$ ACh (*fourth trace*). **B** Change of the peak amplitude of response to ACh $(100\,\mu M)$ versus the concentration of me-Gal applied. The potentiation of ACh responses was limited to me-Gal concentrations below $1\,\mu M$. Above this concentration me-Gal increases direct channel blockade which counterbalances and eventually reverses the potentiating effect. **C** Effect of me-Gal on the dose–response relationship for ACh. Note that potentiation is observed only at submaximal responses

time-resolved measurement of ligand-induced ion fluxes through nAChRs into *Torpedo* membrane vesicles (TMV). As we have reported earlier (Maelicke et al. 1997), and has now been confirmed by Raftery and colleagues (Kawai et al. 1999), the method produces two types of artefacts: (1) Tertiary amines, such as physostigmine, when applied at high concentrations, significantly diffuse through the vesicle membrane, and (2) the fluorophore 1,3,6,8-pyrene tetrasulfate (PTS) which is usually used as indicator for heavy metal ion flux through the nAChR into TMV (Moore and Raftery 1980), directly interacts with some tertiary amines such as Phy. As a matter of fact, the Stern-Vollmer constant for the quenching of PTS fluorescence by Phy is much larger than that by Cs^+ which, if not properly corrected for, may cause an overestimation of Phy-induced Cs^+ influx into TMV (Maelicke et al. 1997; Kawai et al. 1999).

In agreement with our finding that NCAs do not produce significant whole-cell currents in hippocampal neurons and PC12 cells (ALBUQUERQUE et al. 1997; PEREIRA et al. 1993b; SCHRATTENHOLZ et al. 1996; STORCH et al. 1995), a recent study with the *Torpedo* system showed that Phy also does not induce measurable macroscopic ion flux through electrocyte nAChRs (MAELICKE et al. 1997). Because the membranes of *Torpedo* electrocytes are quite soft and do not easily form gigaseals, we prepared giant *Torpedo* vesicles that were formed from TMV and additional lipids (lecithin and cholesterol). In these giant vesicles (TGV), Phy and Gal produced single channel activity which was not blocked by α-Bgt and other competitive nicotinic agonists. These and other experiments established that *Torpedo* nAChR is indeed subject to modulatory control by Phy and Gal, as had been indicated by our earlier photoaffinity labelling, direct binding, and ion flux studies (MAELICKE et al. 1997).

We also repeated the ligand-induced ion flux studies into sealed TMV using a modification of the method introduced by FORMAN and MILLER (GARTY et al. 1983), with $^{45}Ca^{2+}$ as the radioisotope. We could demonstrate Phy-induced Ca^{2+} influx which was blocked by antibody FK1 but not by α-Bgt. In contrast to the earlier studies with PTS as reporter signal, however, the amount of ion translocation induced by Phy now was much smaller, as was expected from the very low efficacy of NCA action determined by electrophysiological methods. Further details on the ion flux studies are reported in MAELICKE et al. (1997).

Unfortunately, the recent report by KAWAI and colleagues (1999) does not refer to our earlier studies (MAELICKE et al. 1997). Moreover, KAWAI et al. have again only performed ion flux studies which we have shown earlier (MAELICKE et al. 1997): (1) to be prone to artefacts and (2) to be too insensitive in order to expose the full range of properties of NCA/APL, e.g. the concentration dependence of sensitisation and channel blockade. With this reservation in mind, there is agreement in the experimental findings of the study by the RAFTERY laboratory and our laboratory, with some differences in interpretation. We reported two binding sites for physostigmine on nicotinic receptors, an extracellular site situated within the N-terminal region of the α subunit, and a site within the ion channel. The extracellular site is of higher affinity and hence is preferentially saturated at low concentrations of NCA. This site mediates the APL effect. At higher concentrations, binding to the channel site becomes increasingly prominent, with accompanying antagonist action due to direct channel blockade. In the case of 1-methyl-galanthamine, the concentration-dependent occupation of these two classes of sites has been determined quantitatively in PC12 cells (SCHRATTENHOLZ et al. 1996), but not in the *Torpedo* system. The antagonist action of Phy reported by KAWAI et al. is likely to be related to the ion channel blocking activity of this NCA. In contrast, the typical NCA action may have escaped detection by KAWAI et al. because the recording method used for their ion flux studies (fluorescence quenching of 8-aminonaphthaline-1,3,6-trisulfate, ANTS) is much less sensitive than the radioisotope method employed by us (MAELICKE et al. 1977).

Independent of possible discrepancies in the data obtained by ion flux studies, the NCA and APL action of these compounds in a large variety of cell systems has been soundly established by methods that are better suited for functional studies of ion channel proteins than ion flux studies (e.g. PEREIRA et al. 1994; SABEY et al. 1999; SCHRATTENHOLZ et al. 1996; STORCH et al. 1995).

Other positive modulators of nAChR activity are Ca^{2+} and 17β-estradiol (BUISSON and BERTRAND 1998), although these compounds exert this action only on some subtypes of nAChR. In more general terms, the following classes of allosteric modulatory sites are indicated: (1) NCA/APL bind to the extracellular region of the nAChR and can modulate the sensitivity to ACh, (2) direct channel blockers, such as local anaesthetics, enter the ACh-activated channel and interact with specific residues within the M2 transmembrane domain (GIRAUDAT et al. 1987), (3) other noncompetitive ligands, exemplified by steroids and arachidonic acid, bind to specific sites at the nAChR surface and nAChR-lipid interface (VALERA et al. 1992), (4) Ca^{2+} positively affects channel activation (VERNINO et al. 1992), and (5) a binding site for ATP has been identified (SCHRATTENHOLZ et al. 1997) which substantiates earlier reports on direct agonistic and modulatory action of this purine nucleotide on nAChRs. As a general conclusion, nicotinic receptors are subject to modulatory control by ligands, with the diversity of control mechanisms matching that established for other ionotropic neuroreceptors, such as the $GABA_A$ and NMDA receptor (Fig. 3).

E. Allosteric Modulators as Drug Candidates

Impaired nicotinic cholinergic neurotransmission has been associated with Alzheimer's and Parkinson's disease (NORDBERG and WINBLAD 1986; PERRY et al. 1995; WEVERS et al. 1998; SCHRÖDER et al. 1991; WHITEHOUSE et al. 1988), and the high prevalence of tobacco smoking in schizophrenic patients has lead to the suggestion that nicotine intake may be an unconscious means of self-medication (FREEDMAN et al. 1997). In all of these cases, the substantial loss of nicotinic receptors appears to be the direct cause of impaired nicotinic neurotransmission, and this impairment seems to produce, at least in part, the behavioural changes that are associated with these diseases. Since these changes point to the involvement of additional neurotransmission systems, the question has been raised whether and how nicotinic receptors could affect other neurotransmission systems. Recent findings point to a modulatory control of transmitter release by presynaptic nicotinic receptors, in particular by the Ca^{2+}-permeable $\alpha 7$ nAChR subtype (ALBUQUERQUE et al. 1997; ALKONDON et al. 1997a; CASTRO and ALBUQUERQUE 1995). Continuing this line of arguments, the reduced expression of the $\alpha 7$ nAChR could reduce glutamatergic neurotransmission, leading to reduced capability in learning and memory, and could also reduce serotonergic neurotransmission, leading to the mood changes known to be associated with these diseases. Because the $\alpha 7$

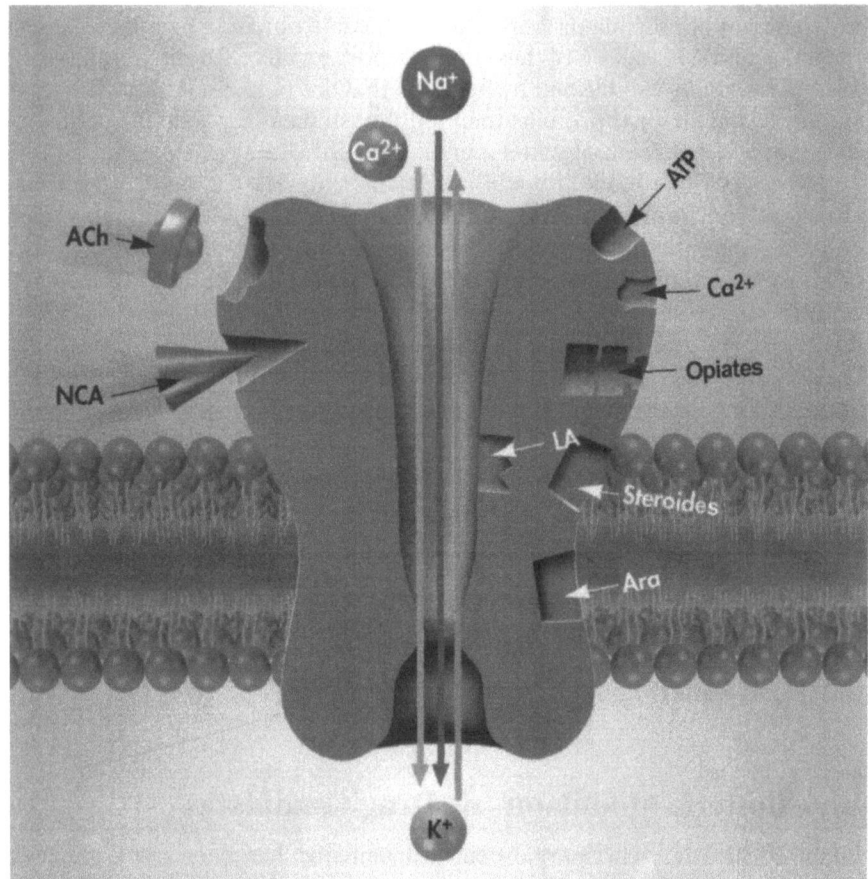

Fig. 3. Regulatory control by ligands of the nicotinic acetylcholine receptor. The nAChR is a ligand-gated ion channel. NCAs modulate the ACh sensitivity of the receptor. Ca^{2+} positively affects nAChR activation. Local anesthetics (LA) induce a voltage-dependent blockade of the channel. Steroids, arachidonic acid (Ara), and some opiates decrease the sensitivity to ACh. A similar multiplicity of ligand binding sites has been reported for the $GABA_A$ receptor and the NMDA subtype of glutamate receptor

nAChR can be activated by choline (ALKONDON et al. 1977b), and not only by ACh as most other nicotinic receptors, choline may act as a "retrograde messenger" in the learning paradigm long-term potentiation (ALBUQUERQUE et al. 1977). This suggestion is independent of the recent hypothesis regarding an ambient level of ACh in the CNS (DESCARRIES 1998). The $\alpha 7$ nAChR has been associated with several psychiatric diseases including schizophrenia (LEONARD et al. 1996; FREEDMAN et al. 1997) and Tourette's syndrome (HSU et al. 1996).

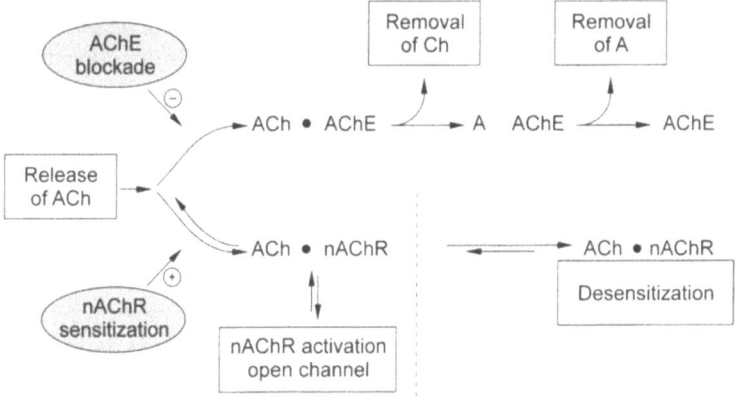

Fig. 4. Drug action on nicotinic cholinergic neurotransmission. After its presynaptic release, ACh interacts with the hydrolysing enzyme acetylcholinesterase (AChE) in the synaptic cleft, and with postsynaptic (and presynaptic) nicotinic receptors. Because association of ACh to both macromolecules proceeds with very high, almost identical rate (JÜRS et al. 1981), relative distribution is determined by the expression levels and accessibility of AChE and nAChR. Eventually all ACh molecules will be degraded to choline and acetate, and the breakdown products will be removed by diffusion and reuptake. In this sense, interaction of ACh with nAChR is a delay loop (MAELICKE 1984). Drugs can affect nicotinic neurotransmission in two ways: (1) by inhibition of AChE, thereby temporarily raising the synaptic level of ACh and hence the probability of nAChR activation, and (2) by sensitisation of nAChR. Most drugs presently employed in AD act as anticholinesterases, whereas galanthamine (and physostigmine) also act as nAChR-sensitising ligands (APL)

To focus on the most common neurodegenerative disease, Alzheimer's dementia (AD), a considerable number of possible primary causes and risk factors has been proposed (for a review, see MAELICKE and ALBUQUERQUE 1996). So far, however, only the "cholinergic hypothesis" (GIACOBINI 1991) has lent itself to drug development. In order to overcome reduced nicotinic cholinergic neurotransmission by drug treatment, the same approach is used as has been previously successfully applied to the muscle-degenerative disease myasthenia gravis. By blockage of the ACh-inactivating enzyme acetylcholinesterase (AChE), the level of synaptic ACh is raised so as to enable the transmitter to reach nicotinic receptors that are normally too remote from the release sites to be activated. In this way, additional nAChRs are recruited for response, thereby reducing the disease-induced impairment. In the case of AD, slowly reversible anticholinesterases that pass the blood-brain barrier are used most of the time.

Alternative approaches are the application of nicotinic agonists (ARNERIC et al. 1994; BJUGSTAD et al. 1996; MENZAGHI et al. 1997a,b) and nicotinic APL (MAELICKE et al. 1995; MAELICKE and ALBUQUERQUE 1996; SCHRATTENHOLZ et al. 1996). Because some anticholinesterases also act as NCA/APL

(MAELICKE and ALBUQUERQUE 1996), they may have a *dual action* on nicotinic cholinergic neurotransmission (Fig. 4). One of these anticholinesterases, the plant alkaloid galanthamine, has already undergone phase III clinical studies, with very promising results, and is about to be marketed as an anti-AD drug in the USA.

The treatment of AD by nicotinic drugs may also affect other cellular markers of the disease, such as amyloid depositions. LAHIRI et al. (1992, 1994) and KIHARA et al. (1997, 1998) have reported that nicotinic receptor stimulation protects neurons against β-amyloid toxicity by the increased release of terminally truncated secreted form of β-amyloid precursor protein. Chronic exposure to agonist of nicotinic receptors can induce upregulation of expression of several nAChR subtypes (PENG et al. 1997). The same treatment has been reported to protect neurons from glutamate-induced neurotoxicity (AKAIDE et al. 1994).

F. Concluding Remarks

It is not long ago that nicotinic receptors were thought to only play an inferior role in the CNS. In contrast, it is now recognised that various nAChR subtypes are expressed throughout the CNS, often in the same cell and in both presynaptic and postsynaptic locations, and that they participate in important CNS functions. Nicotinic receptors in the CNS may largely act modulatory which makes them interesting targets for the drug treatment of neurodegenerative diseases such as Alzheimer's and Parkinson's disease. This renewed medical interest in nicotinic receptors has also fostered studies of their subunit composition, domain structure, and recognition function. Considering the progress in obtaining large quantities of water soluble, detergent-free protein fragments (ligand binding domain), the nAChR may well become, by means of X-ray analysis and/or nuclear magnetic resonance, the first neuroreceptor whose ligand recognition function will be understood.

Acknowledgments. This work was supported by grants from the Deutsche Forschungsgemeinschaft (Ma 599/18, Schra 361/4-1), the Janssen Research Foundation (to A.M.), the Stiftung Rheinland-Pfalz für Innovation (to A.M.), and the Fonds der Chemischen Industrie (to A.M.).

References

Akaike A, Tamura Y, Yokota T, Shimohama S, Kimura J (1994) Nicotine-induced protection of cultured cortical neurons against N-methyl-D-aspartate receptor-mediated glutamate cytotoxicity. Brain Res 644:181–187

Albuquerque EX, Alkondon M, Pereira EFR, Castro NG, Schrattenholz A, Barbosa CTF, Bonfante-Cabarcas R, Aracava Y, Eisenberg HM, Maelicke A (1997) Properties of neuronal nicotinic acetylcholine receptors: pharmacological characterization and modulation of synaptic function. J Pharmacol Exp Ther 280:1117–1136

Alkondon M, Pereira EFR, Albuquerque EX (1996) Mapping the location of functional nicotinic and γ-aminobutyric acid A receptors on hippocampal neurons. J Pharmacol Exp Ther 279:1491–1506

Alkondon M, Pereira EFR, Barbos CTF, Albuquerque EX (1997a) Neuronal nicotinic acetylcholine receptor activation modulates γ-aminobutyric acid release from CA1 neurons of rat hippocampal slices. J Pharmacol Exp Ther 283:1396–1411

Alkondon M, Pereira EFR, Cortes WS, Maelicke A, Albuquerque EX (1997b) Choline is a selective agonist of $\alpha 7$ nicotinic acetylcholine receptors. Eur J Neurosci 9:2734–2742

Alkondon M, Albuquerque EX (1993) Diversity of nicotinic acetylcholine in rat hippocampal neurons. I. Pharmacological and Functional evidence for distinct structural subtypes. J Pharmacol Exp Ther 265:1455–1473

Arneric SP, Sullivan JP, Decker MW, Brioni JD, Bannon AW, Briggs CA, Donelly RD, Radek RJ, Marsh KC, Kyncl J (1995) Potential treatment of Alzheimer's disease using cholinergic channel activators with cognitive enhancement, anxiolytic-like and cytoprotective properties. Alzheimer Dis Assoc Disord 9:50–61

Battaglioli E, Gotti C, Terzyno S, Flora A, Clementi F, Formasari D (1998) Expression and transcriptional regulation of the human alpha 3 neuronal nicotinic receptor subunit in T lymphocyte cell lines. J Neurochem 71:1261–1270

Bettler B, Boulter J, Hermans-Borgmeyer I, O'Shea-Greenfield A, Deneris ES, Moll C, Borgmeyer U, Hollmann M, Heinemann S (1990) Cloning of a novel glutamate receptor subunit, GluR5: expression in the nervous system during development. Neuron 5:583–595

Bjugstad K, Mahnir V, Klein W, Socci D, Arendash G (1996) Long term treatment with GTS-21 or nicotine enhances water maze performance in aged rates without affecting the density of nicotinic receptor subtypes in neocortex. Drug Develop Res 39:19–28

Boulter J, O'Shea-Greenfield A, Duvoisin R, Connoly J, Wada E, Jensen A, Gardner P, Ballivet M, Deneris E, McKinnon D, Heinemann S, Patrick J (1990) $\alpha 3$, $\alpha 5$ and $\beta 4$: Three members of the rat neuronal nicotinic acetylcholine receptor-related gene family form a gene cluster. J Biol Chem 254:4472–4482

Buisson B, Bertrand D (1998) Allosteric modulation of neuronal nicotinic acetylcholine receptors. J Physiol 92:89–100

Castro NG, Albuquerque EX (1995) α-Bungarotoxin-sensitive hippocampal nicotinic receptor channel has a high calcium permeability. Biophys J 68:516–524

Corriveau RA, Romano SJ, Conroy WG, Oliva L, Berg DK (1995) Expression of neuronal acetylcholine receptor genes in vertebrate skeletal muscle during development. J Neurosci 15:1372–1383

Couturier S, Erkmann L, Valera S, Rungger D, Bertrand S, Boulter J, Ballivet M, Bertrand D (1990) $\alpha 5$, $\alpha 3$, and non-$\alpha 3$. Three clustered avian genes encoding neuronal nicotinic acetylcholine receptor-related subunits. J Biol Chem 265:17560–17567

Covarrubias M, Prinz H, Maelicke A (1984) Ligand-specific state transitions of the membrane-bound acetylcholine receptor. FEBS Lett 169:229–233

DelCastillo J, Katz B (1957) A study of curare action with an electrical micro-method. Proc R Soc Lond (Biol) 146:339–356

Descarries L (1998) The hypothesis of an ambient level of acetylcholine in the central nervous system. J Physiology 92:215–220

Eisele JL, Bertrand S, Galzi JL, Devillers-Thiery A, Changeux JP, Bertrand D (1993) Chimaeric nicotinic-serotoninergic receptor combines distinct ligand binding and channel specificities. Nature 366:479–483

Fels G, Plümer-Wilk R, Schreiber M, Maelicke A (1986) A monoclonal antibody interfering with binding and response of the acetylcholine receptor. J Biol Chem 261:15746–15754

Fischer U, Reinhard S, Albuquerque EX, Maelicke A (1999) Expression of functional α7 nicotinic acetylcholine receptor during mammalian muscle development and denervation. Eur J Neurosci 11:2856–2864

Freedman R, Coon H, Mylesworsley M, Orr-Utreger A, Olincy A, Davis A (1997) Linkage of neurophysiological deficit in schizophrenia to a chromosome 15 locus. Proc Natl Acad Sci USA 94:587–592

Garty F, Rudy B, Karlish SJ (1983) A simple and sensitive procedure for measuring isotope fluxes through ion-specific channels in heterogeneous populations of membrane vesicles. J Biol Chem 258:13094–13099

Gehle VM, Sumikawa K (1991) Site-directed mutagenesis of the conserved N-glycosylation site on the nicotinic acetylcholine receptor subunits. Brain Res Mol Brain Res 11:17–25

Giacobini E (1991) Cholinergic receptors in human brain. Effects of aging and Alzheimer's disease. J Neurosci Res 27:548–560

Giraudat J, Dennis M, Heidmann T, Haumont PY, Lederer F, Changeux JP (1987) Structure of the high-affinity binding site for noncompetitive blockers of the acetylcholine receptor: [^{3}H]chlorpromazine labels homologous residues in the beta and delta chains. Biochemistry 26:2410–2418

Grando SA, Kist DA, Qu M, Dahl MV (1993) Human keratinocytes synthesize, secrete, and degrade acetylcholine. J Invest Dermatol 101:32–36

Grando SA, Horton RM, Pereira EFR, George PM, Diethelm-Okita BM, Albuquerque EX, Conti-Fine BM (1995) A nicotinic acetylcholine receptor regulating cell adhesion and motility is expressed in human keratinocytes. J Invest Dermatol 105:774–781

Haggerty JG, Frohner SC (1981) Restoration of ^{125}I-alpha-bungarotoxin binding activity to the alpha subunit of Torpedo acetylcholine receptor isolated by gel electrophoresis in sodium dodecyl sulfate. J Biol Chem 256:8294–8297

Hall ZW, Sanes JR (1993) Synaptic structure and development: the neuromuscular junction. Cell/Neuron 72/10:99–121

Hamann M, Chamoin MC, Portalier P, Bernheim L, Baroffio A, Widmer H, Bader CR, Ternaux JP (1995) Synthesis and release of an acetylcholine-like compound by human myoblasts and myotubes. J Physiol 489:791–803

Heidmann T, Changeux JP (1980) Interaction of a fluorescent agonist with the membrane-bound acetylcholine receptor from Torpedo marmorata in the millisecond time range: resolution of an "intermediate" conformational transition and evidence for positive cooperative effects. Biochem Biophys Res Commun 97:889–896

Helekar SA, Char D, Neff S, Patrick J (1994) Prolyl isomerase requirement for the expression of functional homo-oligomeric ligand-gated ion channels. Neuron 12:179–189

Hiemke C, Stolp M, Reuss S, Wevers A, Reinhardt S, Maelicke A, Schlegel S, Schröder H (1996) Expression of alpha subunit genes of nicotinic acetylcholine receptors in human lymphocytes. Neurosci Lett 214:171–174

Hsu Y, Amin J, Weiss D, Wecker L (1996) Sustained nicotine exposure differentially affects α3, β2 and α4β2 neuronal nicotinic receptors expressed in Xenopus oocytes. J Neurochem 66:667–675

Ikeda C, Morita I, Mori A, Fujimoto K, Suzuki T, Kawashima K, Murota S (1994) Phorbol ester stimulates acetylcholine synthesis in cultured endothelial cells isolated from porcine cerebral microvessels. Brain Res 655:147–152

Johnson JW, Ascher P (1987) Glycine potentiates the NMDA response in cultured mouse brain neurons. Nature 325:529–531

Jürs R, Prinz H, Maelicke A (1979) NBD-5-Acylcholine: Fluorescent analog of acetylcholine and agonist at the neuromuscular junction. Proc Natl Acad Sci USA 76:1064–1068

Katz B, Miledi R (1977) A reexamination of curare action at the motor endplate. Proc R Soc Lond B 196:59–72

Kawai H, Carlson BJ, Okita DK, Raftery MA (1999) Eserine and other tertiary amine interactions with Torpedo acetylcholine receptor postsynaptic membrane vesicles. Biochemistry 38:134–141

Kawashima K, Watanabe N, Oohata H, Fujimoto K, Suzuki T, Ishizaki Y, Morita I, Murota S (1990) Synthesis and release of acetylcholine by cultured bovine arterial endothelial cells. Neurosci Lett 119:156–158

Kihara T, Shimohama S, Sawada H, Kimura J, Kume T, Kochiyama H, Maeda T, Akaike A (1997) Nicotinic receptor stimulation protects neurons against beta-amyloid toxicity Ann Neurol 42:159–163

Kihara T, Shimohama S, Urushitani M, Sawanda H, Kimura J, Kume T, Maeda T, Akaike A (1998) Stimulation of alpha4beta2 nicotinic acetylcholine receptors inhibits beta-amyloid toxicity. Brain Res 792:331–334

Killisch I, Dotti CG, Laurie DJ, Luddens H, Seeburg PH (1991) Expression patterns of $GABA_A$ receptor subtypes in developing hippocampal neurons. Neuron 7:927–936

Klapproth H, Reinheimer T, Metzen J, Muench M, Bitting F, Kirkpatrick CJ, Hoehle K, Schemann M, Racke K, Wessler I (1997) Non-neuronal acetylcholine, a signaling molecule synthesized by surface cells of rat and man. Naunyn-Schmiedebergs Arch Pharmacol 355:515–523

Klapproth H, Racke K, Wessler I (1998) Acetylcholine and nicotine stimulate the release of granulocyte-macrophage colony stimulating factor from cultured human bronchial epithelial cells. Naunyn-Schmiedebergs-Arch-Pharmacol 357:472–475

Krause R, Hamann M, Bader CR, Liu JH, Baroffio A, Bernheim L (1995) Activation of nicotinic acetylcholine receptors increases the rate of fusion of cultured human myoblasts. J Physiol 489:779–790

Labarca C, Nowak MW, Zhang H, Tang L, Deshpande P, Lester HA (1995) Channel gating governed symmetrically by conserved leucine residues in the M2 domain of nicotinic receptors. Nature 376:514–516

Leonard JP, Salpeter MM (1979) Agonist-induced myopathy at the neuromuscular junction is mediated by calcium. J Cell Biol 82:811–819

Lahiri DK, Nall C, Farlow MR (1992) The cholinergic agonist carbachol reduces intracellular amyloid precursor protein in PC12 and C6 cells. Biochem Int 28:853–860

Lahiri DK (1994) Effect of ionophores on the processing of the beta-amyloid precursor protein in different cell lines. Cell Mol Neurobiol 14:297–313

Macklin KD, Maus ADJ, Pereira EFR, Albuquerque EX, Conti-Fine BM (1998) Human vascular endothelial cells express functional nicotinic acelylcholine receptors. J. Pharmacol. Exp Ther 287:435–439

Maelicke A (1984) Biochemical aspects of cholinergic excitation. Angew. Chem. Int Ed 23:195–221

Maelicke A, Fulpius BW, Klett RP, Reich E (1977) Acetylcholine receptor: Responses to drug binding. J Biol Chem 252:4811–4830

Maelicke A, Schrattenholz A, Schröder H (1995) Modulatory control by noncompetitive agonists of nicotinic cholinergic neurotransmission in the central nervous system. In: Seminars in The Neurosciences, Guest-Editor A. Maelicke, Mechanisms of Neurotransmission 7:103–114

Maelicke A, Albuquerque EX (1996) New approach to drug therapy of Alzheimer's dementia. Drug Disc Today 1, 53–59

Maelicke A, Coban T, Storch A, Schrattenholz A, Pereira EFR, Albuquerque EX (1997) Allosteric modulation of Torpedo nicotinic acetylcholine receptor ion channel activity by noncompetitive agonists. J Receptor & Signal Transd Res 17:11–28

Mandelzys A, De Koninck P, Cooper E (1995) Agonist and toxin sensitivities of ACh-evoked currents on neurons expressing multiple nicotinic ACh receptor subunits. J Neurophysiol 74:1212–1221

Matter JM, Matter-Sadzinski L, Ballivet M (1990) Expression of neuronal nicotinic acetylcholine receptor genes in the developing chick visual system. EMBO J 9:1021–1026

Maus A, Pereira E, Macklin K, Karachunski P, Horton R, Navaneetham D, Cortes W, Albuquerque EX, Conti-Fine BM (1998) Human and rodent bronchial epithelial cells express functional nicotinic acetylcholine receptors. Mol Pharmacol, in press

McDonald RL, Twyman RE (1992) Kinetic properties and regulation of GABA receptor channels. Ion Channels 3:315–343

Menzaghi F, Whelan K, Risbrough V, Rao T, Lloyd G (1997a) Effects of a novel cholinergic ion channel agonist SIB-1765F on locomotor activity in rats. J Pharmacol Exp. Ther 280:384–392

Menzaghi F, Whelan K, Risbrough V, Rao T, Lloyd G (1997b) Interactions between a novel cholinergic ion channel agonist, SIB-1765F and L-DOPA in the reserpine model of Parkinson's disease in rats. J Pharmacol Exp Ther 280:393–401

Moore H, Raftery MA (1980) Direct spectroscopic studies of cation translocation by Torpedo acetylcholine receptor on a time scale of physiological relevance. Proc Natl Acad Sci USA 77:4509–4513

Mulle C, Choquet D, Korn H, Changeux JP (1992) Calcium influx through nicotinic receptor in rat central neurons: its relevance to cellar regulation. Neuron 8:135–143

Navaneetham D, Penn A, Howard J Jr, Conti-Fine BM (1997) Expression of the alpha 7 subunit of the nicotinic acetylcholine receptor in normal and myasthenic human thymuses. Cell Mol Biol 43:433–442

Nordberg A, Winblad B (1986) Reduced number of [^{3}H]nicotine and [^{3}H]acetylcholine binding sites in the frontal cortex of Alzheimer brains. Neurosci Lett 72:115–119

Papke RL (1993) The kinetic properties of neuronal nicotinic receptors: Genetic basis of functional diversity. Prog Neurobiol 41:509–531

Papke RL, Bencherif M, Lippiello P (1996) An evaluation of neuronal nicotinic acetylcholine receptor activation by quaternary nitrogen compounds indicates that choline is selective for the $\alpha 7$ subtype. Neurosci Lett 213:201–204

Peng X, Gerzanich V, Anand R, Wang F, Lindstrom J (1997) Chronic nicotine treatment upregulates $\alpha 3$ AChRs and $\alpha 7$ AChRs expressed by the human neuroblastoma cell line SH-SY5Y. Mol Pharmacol 51:776–784

Pereira EFR, Alkondon M, Tano T, Castro NG, Froes-Ferrao MM, Rosental R, Aronstam RS, Albuquerque EX (1993a) A novel agonist binding site on nicotinic acetylcholine receptors. J Recep Res 13:413–436

Pereira EFR, Reinhardt-Maelicke S, Schrattenholz A, Maelicke A, Albuquerque EX (1993b) Identification and functional characterization of a new agonist site on nicotinic acetylcholine receptors of cultured hippocampal neurons. J Pharmacol Exp Ther 265:1474–1491

Pereira EFR, Alkondon M, Reinhardt S, Maelicke A, Peng X, Lindstrom J, Whiting P, Albuquerque EX (1994) Physostigmine and galanthamine: probes for a novel binding site on the $\alpha 4$ $\alpha 2$ subtype of neuronal nicotinic acetylcholine receptors stably expressed in fibroblast cells. J Pharmacol Exp Ther 270:768–778

Pereira EFR, Alkondon M, Albuquerque EX, Maelicke A (1998) Functional diversity of nicotinic acetylcholine receptors in the mammalian central nervous system: physiological relevance. Neuronal Nicotinic Receptors: Pharmacology and Therapeutic Opportunities, eds. SP Arneric and JD Brioni 161–186

Perry E, Morris C, Court J, Cheng A, Fairbairn A, McKeith I, Irving D, Brown A, Perry R (1995) Alteration in nicotine binding sites in Parkinson's disease, Lewy Body Dementia and Alzheimer's disease, possible index of early neuropathology. Neuroscience 64:385–395

Prinz H, Maelicke A (1983a) Interaction of cholinergic ligands with the purified acetylcholine protein. J Biol Chem 258:10263–10271

Prinz H, Maelicke A (1983b) Interaction of cholinergic ligands with the purified acetylcholine protein. II. Kinetic Studies. J Biol Chem 258:10273–10282

Prinz H, Maelicke A (1992) Ligand-binding to the membrane-bound acetylcholine receptor from Torpedo marmorata: A complete mathematical analysis. Biochemistry 31:6728–6738

Pugh P, Berg D (1994) Neuronal acetylcholine receptors that bind α-bungarotoxin mediate neurite retraction in a calcium-dependent manner. J Neurosci 14:889–896

Reinheimer T, Bernedo P, Klapproth H, Oelert H, Zeiske B, Racke K, Wessler I (1996) Acetylcholine in isolated airways of rat, guinea pig, and human: species differences in role of airway mucosa. Am J Physiol 270:L722–L728

Rudolph R (1990) In Modern Methods in Protein and Nucleic Acid Research, Tscheche H (ed), pp. 149–171, Walter de Gruyter, Berlin

Rudolph R, Lilie H (1996) In vitro folding of inclusion body proteins. FASEB J 10:49–56

Romano SJ, Pugh PC, McIntosh JM, Berg DK (1997) Neuronal-type acetlycholine receptors and regulation of alpha 7 gene expression in vertebrate skeletal muscle. J Neurobiol 32:69–80

Sabey K, Paradiso K, Zhang J, Steinbach JH (1999) Ligand binding and activation of rat nicotinic $\alpha 4\beta 2$ receptors stably expressed in HEK293 cells. J. Pharmacol. Exp Ther 55:58–66

Schoepfer R, Conroy WG, Whiting P, Gore M, Lindstrom L (1990) Brain α-bungarotoxin binding protein cDNA and mAbs reveal subtypes of this branch of ligand-gated ion channel gene superfamily. Neuron 5:35–48

Schrattenholz A, Godovac-Zimmermann J, Schäfer HJ, Albuquerque EX, Maelicke A (1993) Photoaffinity labeling of Torpedo acetylcholine receptor by physostigmine. Eur J Biochem 216:671–677

Schrattenholz A, Pereira EFR, Roth U, Weber KH, Albuquerque EX, Maelicke A (1996) Agonist responses of neuronal nicotinic receptors are potentiated by a novel class of allosterically acting ligands. Mol Pharmacol 49:1–6

Schrattenholz A, Roth U, Godovac-Zimmermann J, Maelicke A (1997) Mapping of a binding site for ATP within the extracellular region of the Torpedo nicotinic acetylcholine receptor ?-subunit. Biochemistry 36:13333–13340

Schrattenholz A, Pfeiffer S, Pejovic V, Rudolph R, Godovac-Zimmermann J, Maelicke A (1998) Expression and renaturation of the N-terminal extracellular domain of Torpedo nicotinic acetylcholine receptor α-subunit. J Biol Chem 273:32393–32399

Schröder H, Giacobini E, Strubble RG, Zilles K, Maelicke A (1991) Nicotinic cholinoreceptive neurons of the frontal cortex are reduced in Alzheimer's disease. Neurobiol. Aging 12:259–262

Schröder B, Reinhardt S, Schrattenholz A, McLane KE, Kretschmer A, Conti-Tronconi BM, Maelicke A (1994) Monoclonal antibodies FK1 and WF6 define two neighboring ligand binding sites on Torpedo acetylcholine receptor α-polypeptide. J Biol Chem 269:10407–10416

Schuller HW, McGavin MD, Orloff M, Riechert A, Porter B (1995) Simultaneous exposure to nicotine and hyperoxia cuases tumors in hamsters. Lab Invest 3:448–456

Seguela P, Wadiche J, Dineley-Miller K, Dani JA, Patrick JW (1993) Molecular cloning, functional properties, and distribution of rat brain $\alpha 7$: a nicotinic cation channel highly permeable to calcium. J Neurosci 13:596–604

Shaw KP, Aracava Y, Akaike A, Daly JW, Rickett DL, Albuquerque EX (1985) The reversible cholinesterase inhibitor physostigmine has channel-blocking and agonist effects on the acetylcholine receptor-ion channel complex. Mol Pharmacol 28:527–538

Storch A, Schrattenholz A, Cooper JC, Abdel Ghani M, Gutbrod O, Weber K-H, Reinhardt S, Lobron C, Hermsen B, Soskic V, Pereira EFR, Albuquerque EX, Methfessel C, Maelicke A (1995) Physostigmine, galanthamine and codeine act as non-competitive nicotinic agonists on clonal rat pheochromocytoma cells. Eur J Pharmacol 290:207–219

Valera S, Ballivet M, Bertrand D (1992) Progesterone modulates a neuronal nicotinic acetylcholine receptor. Proc Nat Acad Sci USA 89:9949–9953

Vernino S, Amador M, Luetje CW, Patrick J, Dani JA (1992) Calcium modulation and high calcium permeability of neuronal nicotinic acetylcholine receptors. Neuron 8:127–134

Vincent A, Lang B, Newsom-Davis J (1989) Autoimmunity to the voltage-gated calcium channel underlies the Lambert-Eaton myasthenic syndrome, a paraneoplastic disorder. TINS 12:496–502

Wevers A, Moser N, Schütz U, Steinlein O, Lindstrom K, DeVos R, Giacobini E, Maelicke A, Schröder H (1998) Nicotinic receptors in Alzheimer's disease – from autopsy studies to organotypic culture models. Int J Geriatric Psychopharmacol 1:158–163

Wessler I, Bender H, Härle P, Höhle KD, Kirdorf G, Klapproth H, Reinheimer T, Ricny J, Schniepp-Mendelsohn KE, Racke K (1995) Release of [^{3}H]acetylcholine in human isolated bronchi, effect of indometacin on muscarinic autoinhibition. Am J Respir Crit Care Med 151:1040–1046

Wessler I, Kirkpatrick CJ, Racke K (1998) Non-neuronal acetylcholine, a locally acting molecule, widely distributed in biological systems: expression and function in man. Pharmacol Ther 77:59–79

Whitehouse P, Matino A, Marcus K, Zweig R, Singer H, Price D, Kellar K (1988) Reduction in acetylcholine and nicotine binding in several degenerative diseases. Arch Neurol 45:722–724

Witzemann V, Barg B, Nishikawa Y, Sakmann B, Numa S (1987) Differential regulation of muscle acetylcholine receptor γ and ε subunit mRNAs. FEBS Lett 223:104–112

Wells G, Anand R, Wang F, Lindstrom J (1998) Water-soluble nicotinic acetylcholine receptor formed by $\alpha 7$ subunit extracellular domains. J Biol Chem 273:964–973

Yakel JL, Lagrutta A, Adelman JP, North RA (1993) Single amino acid substitution affects desensitization of the 5-hydroxytryptamine type 3 receptor expressed in Xenopus oocytes. Proc. Natl Acad Sci USA 90:5030–5033

Zia S, Ndoye A, Nguyen VT, Grando S (1997) Nicotine enhances expression of the $\alpha 3$, $\alpha 4$, $\alpha 5$ and $\alpha 7$ nicotinic receptors modulating calcium metabolism and regulating adhesion and motility of respiratory epithelial cells. Res. Comm. Mol Pathol Pharmacol 97:243–262

Zwart R, Vijverberg HPM (1997) Potentiation and inhibition of neuronal nicotinic receptors by atropine: competitive and noncompetitive effects. Mol Pharmacol 52:886–895

CHAPTER 19
Insect Nicotinic Acetylcholine Receptors: Genes, Structure, Physiological and Pharmacological Properties

E. D. GUNDELFINGER and R. SCHULZ

A. Introduction

Acetylcholine (ACh) is an important excitatory neurotransmitter in the central nervous system (CNS) of insects while neurotransmission at the neuromuscular junction is glutamatergic in this group of animals. Components of the cholinergic system, including choline acetyltransferase (ChAT) and acetylcholinesterase (AChE), are abundant and widely distributed in the insect CNS. The vital significance of this transmitter system in the fruit fly *Drosophila melanogaster* is underscored by the fact that null mutants in the genes encoding ChAT or AChE are embryonic lethals (for review, see RESTIFO and WHITE 1990). Binding studies with nicotinic and muscarinic ligands have suggested that the majority of cholinergic receptors is of nicotinic pharmacology (BREER and SATTELLE 1987). Nicotinic ACh receptors (nAChRs) are widely distributed in synaptic neuropil regions of the nervous system and are thought to act primarily as postsynaptic receptors. They constitute major targets for distinct insecticides such as the neonicotinoid imidacloprid and related compounds. Despite this vital importance of nAChRs in the insect nervous system, we still lack knowledge of the quaternary structure of any invertebrate receptor complex and appropriate expression systems that could be used for an efficient evaluation of its physiology and pharmacology.

This chapter is focused mainly on our present knowledge about distinct receptor subunits that were identified by the molecular cloning of their genes and cDNAs, on what is known about their expression and distribution in the CNS, and on their physiological and pharmacological properties. We will then briefly survey literature on the physiology and pharmacology of nAChRs characterized from various physiological preparations of nervous tissue, single neurons, or isolated membranes. Finally, we will have a brief look at the nAChR systems of other invertebrates, in particular that of *Caenorhabditis elegans*, which is highly complex and, in contrast to insects, includes muscle and neuronal receptors.

B. Identified Subunits of Insect nAChRs

I. Molecular Cloning of Insect nAChR Genes and cDNAs

The cloning of genes and cDNAs of insect nAChRs has been accomplished by homology screening with vertebrate cDNA probes. From *Drosophila* the complete sequence of five different nAChR subunits has been established to date (Table 1; GUNDELFINGER 1992; GUNDELFINGER and HESS 1992; SCHULZ et al. 1998). Two of these subunits, ARD and SBD, are structural β subunits, as indicated by the absence of the two consecutive cysteines shortly in front of the first membrane domain. The three proteins ALS, Dα2/SAD, and Dα3 are functional ligand-binding α subunits as assessed by their expression in *Xenopus* oocytes (BERTRAND et al. 1994; SAWRUK et al. 1990a; SCHULZ et al. 1998; see Sect. B.III.3 for details). The existence of a fourth α subunit is indicated by the analysis of expressed sequence tag (EST) sequences in the *Drosophila* genome project (Table 1).

Recent efforts to identify and characterize nicotinic receptors from migratory locust (*Locusta migratoria*) suggest the existence of at least six different nAChR genes (HERMSEN et al. 1998). Four of the encoded subunits have structural features of α-like subunits (Locα1–4), one appears to be a structural subunit (Locβ1), while the identity of the sixth one remains unclear; its existence was predicted on the basis of hybridization data (HERMSEN et al. 1998). Locβ1 resembles the structural subunit ARD of the fruit fly; Locα1 shares highest similarity with Dα3, though these two subunits may not be orthologous; Locα2 is most closely related to SBD; and Locα3 is highly homologous to ALS (Table 1; Fig. 1). The sequence of Locα4 has not yet been reported to public databases.

Orthologs of *Drosophila* and locust α subunits have been identified from various insect species (Table 1). The nAChR subunit Mpα2 from the peach–potato aphid *Myzus persicae* is orthologous to ALS and Locα3 (SGARD et al. 1998). The αL1 nAChR subunit from the desert locust *Schistocerca gregaria* and the *M. persicae* α subunit Mpα1 are the orthologs of Dα2/SAD (MARSHALL et al. 1990; SGARD et al. 1998). The existence of ALS and Dα2/SAD-like subunits in a number of additional insect species has been shown by polymerase chain reaction (SGARD et al. 1993). MARA1, an α subunit of the tobacco hornworm *Manduca sexta*, is orthologous to Dα3 (EASTHAM et al. 1998). Interestingly, while being 96% identical in their aminoterminal half, Dα3 and MARA1 differ significantly in the length of the cytoplasmic loop between transmembrane segments M3 and M4. Dα3 has an insertion of more than 300 amino acids in this region as compared to MARA1 (SCHULZ et al. 1998).

The origin of insect nAChR proteins has been analyzed by constructing phylogenetic trees (LE NOVERE and CHANGEUX 1995; ORTELLS and LUNT 1995; TSUNOYAMA and GOJOBORI 1998). With the exception of ARD/Locβ1, all known insect nAChR proteins cocluster into the same group (Fig. 1) suggesting that

Table 1. Identified subunits of insect nAChRs

Insect species	nAChR subunit	Nucleic acids Database Acc. Nos.	Orthologous subunits	Gene locus	α-Bgt binding	Functional expression*
Drosophila melanogaster	ALS	cDNA: X07194 gene structure (BOSSY et al. 1988)	Locα3 Mpα2	96A	Binds α-Bgt (OHANA and GERSHONI 1990; SCHLOSS et al. 1991) Irreversible block of ALS-β2 receptors (BERTRAND et al. 1994)	Functional ligand-binding subunit in oocytes when coexpressed with chick β2; ALS-β2 receptors are highly agonist-sensitive, inward rectifying and desensitize rapidly (BERTRAND et al. 1994; LANSDELL et al. 1997). No homomers. Coexpression with β2 or β4 (rat) in HEK or S2 cells: formation of high-affinity epibatidine binding sites (LANSDELL et al. 1997)
	Dα2/ SAD	cDNA: X52274/ X53583 (BAUMANN et al. 1990; SAWRUK et al. 1990a) gene structure (JONAS et al. 1990)	αL1 Mpα1	96A	No α-Bgt binding (BERTRAND et al. 1994; SAWRUK et al. 1990a)	Homomeric receptors in *X.* oocytes with no typical nicotinic pharmacology (SAWRUK et al. 1990) Functional ligand-binding subunit in *X.* oocytes when coexpressed with chick β2. Dα2-β2 are inward rectifying and desensitize rapidly; high sensitivity to MLA (BERTRAND et al. 1994) and imidacloprid (MATSUDA et al. 1998) Coexpression of Dα2/SAD with β2 or β4 (rat) in HEK or S2 cells: high-affinity epibatidine binding sites (LANSDELL et al. 1997)

Table 1. Continued.

Insect species	nAChR subunit	Nucleic acids Database Acc. Nos.	Orthologous subunits	Gene locus	α-Bgt binding	Functional expression*
	Dα3	cDNA: Y15593 gene; exon 2–10: Y15594–Y15602 (SCHULZ et al. 1998)	MARA1	7E	α-Bgt-sensitive, α-Bgt block is reversible (SCHULZ et al. 1998)	No functional homomeric receptors. Functional ligand-binding subunit in X. oocytes with chick β2. Dα3-β2 receptors are highly agonist-sensitive, slowly desensitizing and inward rectifying
	SBD-like (Dα4)	partial cDNA: AA540687 (BDGP/HHMI Drosophila EST project)	—	—	?	n.d.
	ARD	cDNA/genomic sequence: X04016/X07956–X07958 (HERMANS-BORGMEYER et al. 1986; SAWRUK et al. 1988; WADSWORTH et al. 1988)	Locβ1	64B	Assembles with α-Bgt binding site (SCHLOSS et al. 1988)	No reconstitution into functional nAChRs when coexpressed with ALS, Dα2, or Dα3 in oocytes, HEK, or S2 cells (BERTRAND et al. 1994; LANSDELL et al. 1997; SAWRUK et al. 1990a; SCHULZ et al. 1998)

	SBD	cDNA: X55676 (Sawruk et al. 1990b; Lansdell et al. 1998)	–	96A	–	No reconstitution into functional nAChRs when coexpressed with ALS, Dα2, or Dα3 in oocytes, HEK, or S2 cells (Lansdell et al. 1997; Schulz et al. 1998)
Locusta migratoria	Locα1	cDNA: AJ000390 (Hermsen et al. 1998)	–	n.d.	?	No reconstitution of functional receptors alone or in combination with invertebrate or vertebrate β subunits (Hermsen et al. 1998)
	Locα2	cDNA: AJ000391 (Hermsen et al. 1998)	–	n.d.	?	No reconstitution of functional receptors alone or in combination with invertebrate or vertebrate β subunits (Hermsen et al. 1998)
	Locα3	cDNA: AJ000392 (Hermsen et al. 1998)	ALS	n.d.	Recombinant fragments bind α-Bgt (Hermsen et al. 1998)	No reconstitution of functional receptors alone or in combination with invertebrate or vertebrate β subunits (Hermsen et al. 1998)
	Locα4	cDNA: not available (HerImsen et al. 1998)	–	n.d.	?	
	Locβ1	cDNA: AJ000393 (HerImsen et al. 1998)	ARD	n.d.	–	No reconstitution of functional receptors in combination with locust α subunits (Hermsen et al. 1998)

Table 1. Continued.

Insect species	nAChR subunit	Nucleic acids Database Acc. Nos.	Orthologous subunits	Gene locus	α-Bgt binding	Functional expression*
Schistocerca gregaria	αL1	cDNA: X55439	Dα2 Mpα1	n.d.	α-Bgt-sensitive (MARSHALL et al. 1990; LEECH et al. 1991; AMAR et al. 1995)	Reconstitution of nondesensitizing homomeric receptors in X. oocytes; sensitive to nitromethylene insecticide and MLA (AMAR et al. 1995; LEECH et al. 1991; MARSHALL et al. 1990)
Myzus persicae	Mpα1	cDNA: X81887	Dα2 αL1	n.d.	α-Bgt-sensitive (SGARD et al. 1998)	Reconstitution of functional homomeric slowly desensitizing receptors without inward rectification in X. oocytes (SGARD et al. 1998)
	Mpα2	cDNA: X81888	ALS	n.d.	Insensitive to α-Bgt (SGARD et al. 1998)	Reconstitution of functional homomeric slowly desensitizing receptors in X. oocytes; coexpression of vertebrate β2 slightly enhances agonist-induced currents (SGARD et al. 1998)
Manduca sexta	MARA1	YO9795 EASTHAM et al. 1998	Dα3	n.d.	?	n.d.

n.d., not determined.
*It should be noted that none of the expressed receptors resembles physiological insect nAChRs (for details, see text).

Insect Nicotinic Acetylcholine Receptors

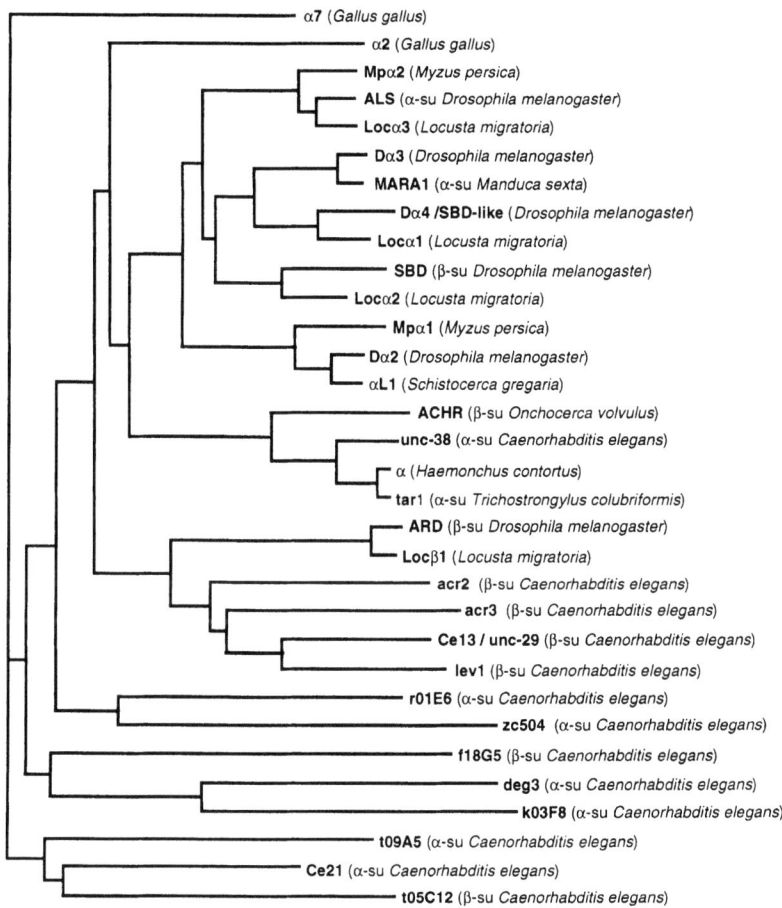

Fig. 1. Phylogenetic tree of invertebrate nAChR subunits. The tree was constructed based on the complete or partial amino acid sequence information of N-terminal domain and transmembrane segments M1–M3 of nAChR subunits (LE NOVÈRE and CHANGEUX 1995–1997; http//:www.pasteur.fr/units/neubiomol/LGIC.html). The programs ClustalW (THOMPSON et al. 1994) and Treeview (PAGE 1996) were applied for multiple sequence alignments and plotting of the dendrogram, respectively

they have evolved independently after the separation of insects from other groups of the animal kingdom, i.e., vertebrates and nematodes.

The gene loci of the five fully sequenced nAChR subunits have been mapped to *Drosophila* chromosomes (Table 1). Notably, the genes for ALS, Dα2, and SBD form a cluster at region 96A of the third chromosome. Clustering of genes was also observed for vertebrate α3, α5, and β4 nAChR subunits (BOULTER et al. 1990; COUTURIER et al. 1990). Preliminary analysis the *Drosophila* 96 A gene cluster has revealed that the three genes have an orientation relative to each other which is different from that of the vertebrate genes (A. Nedlina-Chittka and E.D. Gundelfinger, unpublished data) indicating that the gene clusters have evolved independently.

II. Distribution Pattern of Identified nAChR Subunits in the CNS

Early studies on the distribution of binding sites for the nicotinic antagonist α-bungarotoxin (α-Bgt) in the *Drosophila* nervous system have indicated that nAChRs occur widely distributed in synaptic neuropil regions (IKEDA and SALVATERRA 1989; RUDLOFF et al. 1978; SCHMIDT-NIELSEN et al. 1977). This observation has been confirmed using subunit-specific probes and antibodies in in situ hybridization and immunohistochemical studies, respectively. Transcripts for ARD, SBD, ALS, and Dα2/SAD are abundant in the CNS of late *Drosophila* embryos (GUNDELFINGER 1992; SAWRUK et al. 1990a,b) whereas considerably lower transcript levels were observed for Dα3 (SCHULZ et al. 1998). The most detailed analysis has been performed for transcripts of the ARD protein, which is supposed to be a structural subunit of an α-Bgt-binding nAChR complex (SCHLOSS et al. 1988). They are found in nearly all perikaryal cell layers of the *Drosophila* CNS at all developmental stages starting from the period of synaptogenesis in the late embryo (HERMANS-BORGMEYER et al. 1989; WADSWORTH et al. 1988). The expression of β-galactosidase reporter gene under the control of the *ard* gene promoter confirmed this widespread expression pattern (HESS et al. 1994). Consistent with these studies the ARD protein is found primarily in synaptic regions of the nervous system throughout development (SCHUSTER et al. 1993; see also Fig. 2). The ALS protein which can directly bind α-Bgt (OHANA and GERSHONI 1990; SCHLOSS et al. 1991) displays a very similar, though not completely identical, distribution pattern to ARD (SCHUSTER et al. 1993; see also Fig. 2). The second α subunit Dα2/SAD which does not bind α-Bgt (BERTRAND et al. 1994; SAWRUK et al. 1990a), is essentially codistributed with ALS in the CNS, as assessed by in situ hybridization, promoter studies, and immunohistochemistry (JONAS et al. 1994; see also Fig. 2). No data are available on the distribution patterns of SBD and Dα3 in the adult brain. A set of monoclonal antibodies against *Torpedo californica* nAChRs has been used to examine the distribution of related epitopes in the fly brain (CHASE et al. 1987). While one of these antibodies produced a synaptic neuropil staining which resembles that of ARD, ALS, and Dα2, separate antibody classes yielded very distinct staining patterns of axonal tracts, mechano–sensory bristle elements or photoreceptors. It is, however, not clear whether in each case the antigens represent nAChRs.

By affinity purification an α-Bgt-binding nAChR was purified from ganglia of the migratory locust (BREER et al. 1985). An antiserum produced against this receptor preparation was employed for immunohistochemistry in various insect species. Strong staining of synaptic neuropil regions was observed in the CNS of adult insects including the locusts *Locusta migratoria* (BREER et al. 1985) and *Schistocerca gregaria* (LEITCH et al. 1993), the cockroach *Periplaneta americana* (SATTELLE et al. 1989a), and the honeybee *Apis*

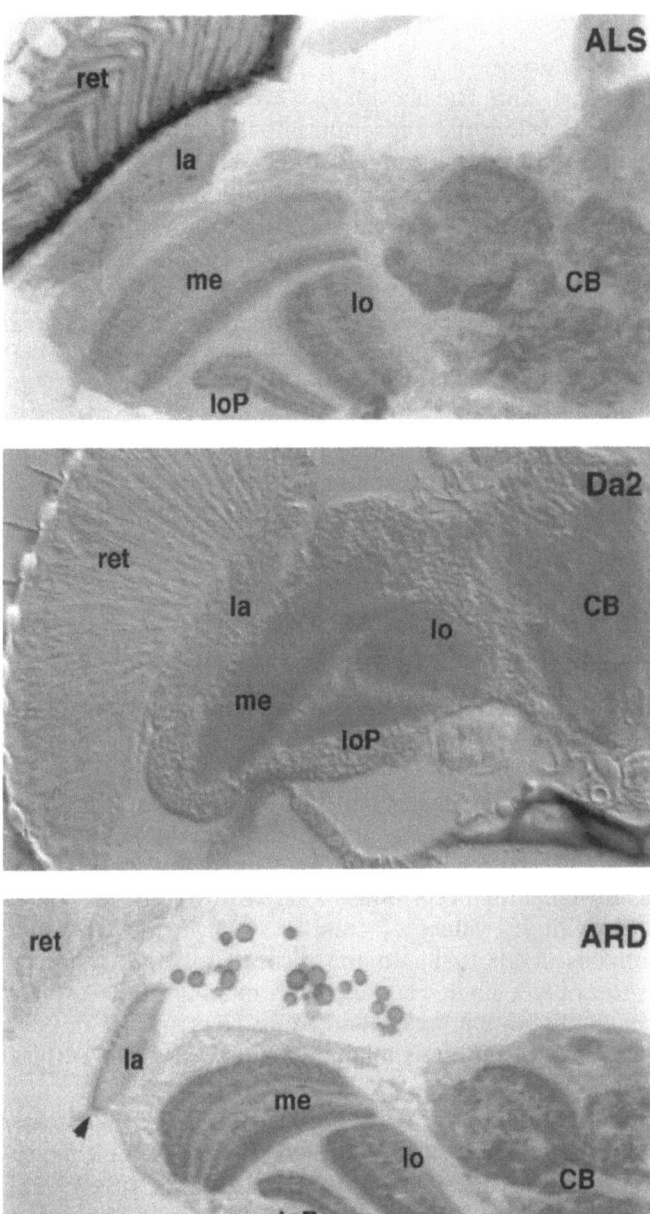

Fig. 2. Distribution of nAChR subunits ALS, Dα2, and ARD in *Drosophila* heads as assessed with subunit-specific antibodies. Immunoreactivity for all three subunits is highly enriched in distinct layers of the synaptic neuropil of the viusal system including medulla (me), lobula (lo) and lobula plate (loP), and the central body (CB). No specific staining is found in the retina (ret). In the lamina neuropil (la) of the optic lobe essentially no staining was found for ALS and Dα2, whereas distinct structures in the outer lamina are immunopositive for ARD (*arrowhead*). For details, see SCHUSTER et al. (1993) and JONAS et al. (1994)

mellifera (KREISSL and BICKER 1989). During development of the locust thoracic nervous system the antiserum initially immunostains cell bodies of terminally differentiated neurons (WATKINS et al. 1995). Later, during the periods of synaptogenesis and synaptic maturation, the distinct neuropil staining pattern develops. This developmental distribution pattern in locusts is reminiscent of the developmental distribution of ALS and ARD nAChR subunits in the CNS of *Drosophila* (SCHUSTER et al. 1993). More recently, the distribution and developmental appearance of defined nAChR subunits in the CNS of *Locusta migratoria* has been examined at the transcript level (HERMSEN et al. 1998). These studies suggest that Locα1, Locα3, and Locβ1 are the most abundant subunits and are expressed in similar areas of the adult nervous system, while Locα2 and Locα4 have a more restricted distribution pattern. Transcripts of all locust nAChR subunits are observed from about three days before hatching throughout adult life (HERMSEN et al. 1998).

III. Efforts to Study Subunit Assembly

1. Purification of α-Bgt-Binding Receptor Complexes

The existence of high-affinity α-Bgt binding sites with typical nicotinic pharmacology in the insect nervous system has been known for a long time (DUDAI 1979; HILDEBRAND et al. 1979). Dissociation constants (K_D) for ^{125}I-labeled α-Bgt binding sites are in the range of 10^{-8} to $10^{-10} M$ and their abundance reaches values of greater than 1 pmol/mg membrane protein (for review, see BREER and SATTELLE 1987; DUDAI 1979; GUNDELFINGER and HESS 1992). Scatchard analysis has revealed the occurrence of at least two different classes of α-Bgt binding sites (with K_D values of 4 and 0.1 nM) in the *Drosophila* nervous system (SCHLOSS et al. 1988). In the nicotine-resistant tobacco hornworm *Manduca sexta* only a single class of α-Bgt binding sites (K_D value of about 7 nM) has been observed in larvae and adults (EASTHAM et al. 1998). It should be noted that, as in vertebrates, not all insect nAChRs bind α-Bgt (for details, see B.III.3 and C.I).

Several efforts to purify nAChRs from *Schistocerca* and *Drosophila* using α-Bgt as an affinity ligand suggested the existence of multiple subunits (for review, see GUNDELFINGER 1992; GUNDELFINGER and HESS 1992; LUNT 1986; RESTIFO and WHITE, 1990). The purification of α-Bgt-binding ganglionic receptor complexes of 250–300 kDa has been reported from *Locusta migratoria* (BREER et al. 1985) and *Periplaneta* (SATTELLE and BREER 1985). Functional receptors could be reconstituted from these preparations in planar lipid bilayers (HANKE and BREER 1986). As the receptor preparation contained only a single detectable polypeptide of 65 kDa (BREER et al. 1985) the existence of homomeric nAChRs was postulated. Using a neonicotinoid, putative nAChR complexes were isolated from *Drosophila* and the house fly *Musca domestica*. The receptor preparations contained three polypeptides of 61, 66, and 69 kDa. The same triplet of proteins was obtained from *Musca* brain membrane extracts when α-Bgt agarose was used as an affinity matrix (TOMIZAWA et al. 1996). Unfortunately, in none of the studies described above, has the molecular identity of biochemically purified nAChR proteins with any one of the cloned nAChR subunits been confirmed.

2. Correlation of Cloned Subunits with α-Bgt Binding Sites

Several of the cloned insect nAChR α subunits have been examined for their ability to bind α-Bgt (Table 1). As mentioned above, a synthetic peptide or a recombinant fragment of the toxin binding region of *Drosophila* ALS is able to bind ^{125}I-labeled α-Bgt (OHANA and GERSHONI 1990; SCHLOSS et al. 1991) and hybrid receptors assembled from ALS and chicken β2 nAChR subunit expressed in *Xenopus* oocytes are clearly sensitive to the toxin (BERTRAND et al. 1994). Similarly the ALS ortholog Locα3 is able to bind α-Bgt as shown by binding to recombinant fragments (HERMSEN et al. 1998). In contrast, the *Myzus* ortholog of ALS, Mpα2, appears to be insensitive to the toxin when expressed in frog oocytes (SGARD et al. 1998). A different picture emerges for the orthologous subunits Dα2/SAD, αL1, and Mpα1. Whereas Dα2 is largely insensitive to the toxin (BERTRAND et al. 1994; SAWRUK et al. 1990a), the *Schistocerca* subunit αL1 and *Myzus* Mpα1 are α-Bgt-sensitive (AMAR et al. 1995; LEECH et al. 1991; MARSHALL et al. 1990; SGARD et al. 1998). As revealed by expression in *Xenopus* oocytes the third *Drosophila* α subunit Dα3 appears to be also toxin-sensitive (SCHULZ et al. 1998).

Antibodies generated against recombinant fragments of cloned nAChR subunits were used to study naturally occurring receptor complexes. Taking advantage of the high-affinity interaction of α-Bgt with insect nAChRs, immunoprecipitation experiments were performed from *Drosophila* head membrane extracts in the presence of radioactively labeled toxin. Antibodies against the structural subunit ARD were shown to precipitate one of two the classes of high-affinity ^{125}I-labeled α-Bgt binding sites (SCHLOSS et al. 1988) suggesting that ARD is associated with a toxin-binding α subunit. Later it was shown that antibodies against ALS precipitate the same class of ^{125}I-labeled α-Bgt binding sites suggesting that ALS and ARD coassemble in the same receptor complex (SCHLOSS et al. 1991). Cross-linking of ^{125}I-labeled α-Bgt to *Drosophila* head membranes has identified adducts of 50 and 90 kDa suggesting binding protein components of 42 and 82 kDa, respectively (SCHLOSS et al. 1992). [It should be noted that TOMIZAWA et al. (1996) find in their receptor preparations from *Drosophila* and *Musca* an α-Bgt-containing adduct of 66–69 kDa. For details, see Sect. C.II.] Adduct formation is inhibited by nicotinic ligands. Antibodies against both ALS and ARD subunits precipitated the adducts from detergent-solubilized membranes supporting the assumption that ARD and ALS are part of the same receptor complex. These data were in good agreement with the nearly complete codistribution of the two subunits in synaptic neuropil regions of the *Drosophila* CNS (SCHUSTER et al. 1993). However, coexpression experiments in *Xenopus* oocytes, human HEK cells, and *Drosophila* S2 cells did not give any clue about a functional coassembly of the two subunits (BERTRAND et al. 1994; LANSDELL et al. 1997) and recent experiments using a collection of ALS-specific antibodies failed to coimmunoprecipitate the ARD protein (K. Chamaon, K.-H. Smalla and E.D. Gundelfinger, unpublished data). Therefore it remains questionable whether or not these two subunits are integral components of the same receptor complex.

Immunohistochemical studies revealed the codistribution of ALS and Dα2 subunits in the *Drosophila* CNS (JONAS et al. 1994; SCHUSTER et al. 1993). Recent studies suggest that these two subunits can be coimmunoprecipitated with antibodies against ALS and Dα2 cytoplasmic domain and can coassemble when expressed together with the chicken β2 subunit in *Xenopus* oocytes (SCHULZ et al. 2000). Thus, as in vertebrate neuronal receptors (see Chap. 10, this volume), two different α subunits may coassemble into insect nAChRs.

3. Characterization of Cloned Subunits by Functional Expression in Heterologous Systems

The functional reconstitution of locust receptor preparations consisting of a single detectable polypeptide in planar lipid bilayers (HANKE and BREER 1986; HANKE et al. 1990) suggested that homo-oligomeric nAChRs may exist in insects. Therefore cloned α subunits were tested for their ability to form functional receptors when expressed in heterologous systems, e.g., frog oocytes. Though in some instances ion channels gated by nicotinic agonists were observed, it is not clear to date whether distinct physiological insect nAChRs are homo-oligomers. What appears clear is that at least some of the naturally occurring insect receptors are hetero-oligomers (GUNDELFINGER 1992). However, from the available data, quite a complex picture emerges even for orthologous subunits from different species.

The most comprehensive set of data is available for the three orthologous subunits Dα2/SAD, αL1, and Mpα1 from *Drosophila*, *Schistocerca*, and *Myzus*, respectively. The formation of α-Bgt-sensitive and nondesensitizing homomeric receptors in *Xenopus* oocytes has been reported for αL1 (AMAR et al. 1995; MARSHALL et al. 1990). However, expression is either quite inefficient (MARSHALL et al. 1990) or expressed receptors are relatively insensitive to agonists like nicotine ($EC_{50} = 830\,\mu M$) and thus, these receptors may not resemble physiological receptors (AMAR et al. 1995). Mpα1 forms homomeric α-Bgt-sensitive receptors which are gated by agonist concentrations in a more physiological range (EC_{50} values for nicotine and ACh are $0.5\,\mu M$ and $40\,\mu M$, respectively). However, again expression is not very efficient as compared to vertebrate receptors, desensitization is very slow, and, in contrast to other neuronal nAChRs, these receptors do not show inward rectification (SGARD et al. 1998). Coexpression with vertebrate β2 subunit, which significantly influences functional expression of Dα2/SAD (see below), does not essentially affect characteristics of Mpα1 receptors. Expression of *Drosophila* Dα2/SAD in *Xenopus* oocytes resulted in ion channels that are gated by very high concentrations of nicotine (half maximal activation at approximately 10mM) and did not show a typical nicotinic pharmacology (SAWRUK et al. 1990a). No homomeric Dα2/SAD receptors responding to physiological agonist concentrations were observed in another study (BERTRAND et al. 1994). Expression of Dα2/SAD alone in *Drosophila* S2 cells did not produce detectable amounts of [³H]epibatidine binding sites (LANSDELL et al. 1997). Functional and rapidly desensitizing receptors were observed, however, when Dα2/SAD is coexpressed in oocytes with the β2 subunit of chicken neuronal nAChRs (BERTRAND et al. 1994). These receptors were gated by physiologically reasonable concentrations of ACh and nicotine and were insensitive to α-Bgt (Fig. 3). Consistent with this observation, high-affinity binding sites for the tree frog toxin epibaditine are formed upon coexpression of Dα2/SAD with rat β2 or β4 subunits in HEK or S2 cells (LANSDELL et al. 1997) suggesting that this subunit may be part of hetero-oligomeric receptors in vivo.

Species-specific differences have been also observed for the orthologs ALS from *Drosophila* and Mpα2 from *Myzus*. Though not very efficiently, Mpα2 forms homomeric receptors in frog oocytes. Mpα2 receptors are insensitive to α-Bgt and desensitize very slowly. The coexpression of vertebrate β2 subunit results in a modest increase of agonist-induced currents (SGARD et al. 1998). This is in clear contrast to ALS which does not form detectable homomeric receptors, but when coexpressed with chicken or rat β2 assembles into a rapidly desensitizing, highly agonist-sensitive inward rectifying nAChR (BERTRAND et al. 1994; LANSDELL et al. 1997; see also Fig. 3). Like Dα2/SAD, ALS in combination with rat β2 and β4 nAChR subunits can form [³H]epibatidine binding complexes when coexpressed in HEK or S2 cells (LANSDELL et al. 1997). The third *Drosophila* α subunit Dα3 does not form ACh-inducible homomeric channels (SCHULZ et al. 1998); it can, however, like ALS and Dα2/SAD, coassemble with the chicken β2 subunit into α-Bgt-sensitive ACh-gated channels. Dα3-β2 receptors are slowly desensitizing, inward rectifying, and, in contrast to ALS-β2 receptors, the α-Bgt block is reversible (Fig. 3). Attempts to express cloned α subunits from *Locusta migratoria* either alone or in combination with invertebrate or vertebrate β subunits failed to produce functional receptors (HERMSEN et al. 1998). Moreover, all efforts to include *Drosophila* non-α subunits ARD and SBD into functional expression studies were unsuccessful. One reason for this failure may be that physiological vertebrate expression systems may have shortcomings in expressing insect nAChRs (e.g., LANSDELL et al. 1997); another one is that we may not have cloned from a single insect species the cDNAs of all nAChR subunits that make up a native receptor complex.

C. Physiology and Pharmacology of Native Insect nAChRs

The functional and pharmacological diversity of insect neuronal nAChRs has been reviewed on several occasions (e.g., BREER and SATTELLE 1987;

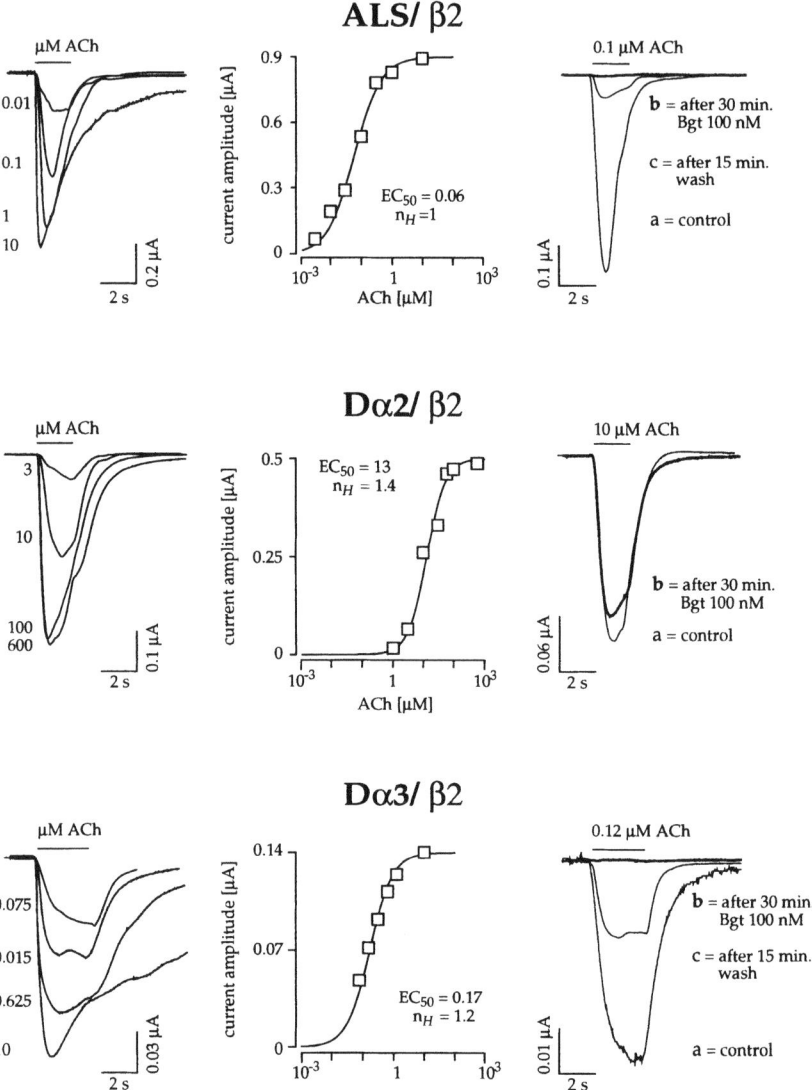

Fig. 3. Physiological properties of nAChRs reconstituted from *Drosophila* α subunits and chicken β2 subunit. Recordings from single representative oocytes injected with ALS/β2, Dα2/β2, or Dα3/β2 cDNAs are shown. *Left panels*: currents evoked by different ACh concentrations as indicated on the left. *Middle panels*: Dose–response relationships of peak currents evoked by ACh. The curve through the data points corresponds to the best fit obtained with the empirical Hill equation. *Right panels*: α-Bgt sensitivity of the expressed chimeric receptors. For details, see BERTRAND et al. (1994) and SCHULZ et al. (1998). (Data courtesy of S. Bertrand and D. Bertrand)

GUNDELFINGER 1992; LEECH and SATTELLE 1993). Though the majority of nicotinic receptors are thought to be postsynaptic receptors located in the dense synaptic neuropil, many of the physiological recordings are made on perikaryal receptors in situ or on isolated neurons. (It should be noted that the functional relevance of these latter receptors is not clear because insect neuronal perikarya were thought to be "silent".) The two receptor populations are clearly different. For example, the purified and functionally reconstituted receptor from the migratory locust (like all receptor preparations analyzed at a biochemical/pharmacological level) most likely represents a synaptic receptor (HANKE and BREER 1986), whereas receptors recorded from neuronal somata are extrasynaptic. The two types of receptors differ significantly in their pharmacological and physiological characteristics (TAREILUS et al. 1990). In the following sections, the available data are briefly summarized.

I. Electrophysiological Characterization of Insect Neuronal Receptors

Functional nAChRs have been described in a number of preparations of the insect nervous system. These include dorsal unpaired median neurons from grasshoppers (GOODMAN and SPITZER 1979), several examples of locust and cockroach preparations (BLAGBURN and SATTELLE 1987; CASAGRAND and RITZMANN 1992; DAVID and SATTELLE 1990; PARKER and NEWLAND 1995; for several further examples, see BREER and SATTELLE 1987), *Manduca sexta* motoneurons and interneurons (TRIMMER and WEEKS 1989; WALDROP and HILDEBRAND 1989), semi-intact pharyngeal nerve–muscle preparations from *Drosophila* larvae (GORCZYKA et al. 1991), or optic lobe tangential cells of the blowfly *Calliphora erythrocephala* (BROTZ and BORST 1996). Some of the insect nAChRs are α-Bgt-sensitive while others are insensitive to this toxin (e.g., LANE et al. 1982; SALVATERRA et al. 1987; for further examples, see BREER and SATTELLE 1987; GUNDELFINGER 1992), documenting the pharmacological variability of insect nAChRs. Receptors may be pre- or postsynaptic or occur on cell somata (BREER and SATTELLE 1987; LANE et al. 1983).

Recording from acutely dissociated cells, primary cultured neurons, or from defined neurons in situ have revealed single channel characteristics of individual nAChRs from various insect species including *Drosophila* larvae and pupae (ALBERT and LINGLE 1993; WU et al. 1983), housefly embryos (ALBERT and LINGLE 1993; LEECH and SATTELLE 1992; LEECH et al. 1991), honey bee Kenyon cells (GOLDBERG et al. 1999), cockroach embryos and adults (BEADLE et al. 1989; SATTELLE et al. 1986), juvenile desert locusts (ALBERT and LINGLE 1993), and adult migratory locusts (TAREILUS et al. 1990). Observed single channel conductances elicited by ACh or carbamylcholine range from 9 to 80 pS. They appear to fall into three major classes of 9–25 pS, 30–48 pS and 59–80 pS (ALBERT and LINGLE 1993; LEECH and SATTELLE 1993). Further evidence for intraspecies nAChR heterogeneity comes from physiological and pharmacological studies on whole cells (e.g., BENSON 1992; HERMSEN et al.

1998; LAPIED et al. 1990; VAN DEN BEUKEL et al. 1998). A subclass of somatic receptors is operated by both muscarinic and nicotinic ligands (e.g., LAPIED et al. 1990). One physiological consequence of activation of somatic nAChRs can be an increase of intracellular calcium concentrations as seen in preparations of honeybee Kenyon cells (BICKER and KREISSL 1994; GOLDBERG et al. 1999) and identified cockroach neurons (DAVID and PITMAN 1996; GROLLEAU et al. 1996). As shown for cockroach dorsal unpaired median neurons, the responsible receptors display a "mixed" muscarinic-nicotinic pharmacology.

II. Nicotinic Receptors as Targets for Insecticides

Insect nAChRs are important targets for insecticides and naturally occurring neurotoxins (for review, see NARAHASHI 1996; SATTELLE 1985; TORNØE et al. 1995). As we have seen above, the differential sensitivity to α-Bgt has been widely used for an initial characterization and discrimination of insect nAChRs. Further animal toxins acting on insect receptors include κ-Bgt, another krait toxin which effectively blocks vertebrate α-Bgt-insensitive neuronal nAChRs, the mollusc toxin neosurugatoxin, and the soft-coral-derived lophotoxins (see TORNØE et al. 1995 for a detailed bibliography). Methyllycaconitine (MLA) is a plant seed toxin that potently acts on insect nAChRs – and α7 subunit-containing vertebrate neuronal receptors (PALMA et al. 1996) – but is only moderately active on mammalian muscle receptors (EASTHAM et al. 1998; MACALLEN et al. 1988). However, also the sensitivity of insect receptors to MLA may be variable. Heterologously expressed homomeric αL1 receptors and Dα2-β2 receptors are highly sensitive whereas ALS-β2 receptors are less sensitive to the toxin (AMAR et al. 1995; BERTRAND et al. 1994).

Several heterocyclic nitromethylenes and nitroimins (nitroguanines), including the commercially used imidacloprid (Fig. 4), are potent insecticides with a relatively low toxicity for vertebrates (MOFFAT 1993; NARAHASHI 1996; ZWART et al. 1992, 1994). These neonicotinoids have been reported to act as agonists on nAChRs from various insect species including cockroach (BAI et al. 1991; BUCKINGHAM et al. 1995; SATTELLE et al. 1989b), house fly (LEECH et al. 1991), and locust (ZWART et al. 1992, 1994). Neonicotinoids can displace ^{125}I-labeled α-Bgt from its binding sites (BAI et al. 1991), and radiolabeled compounds interact with nicotinic binding sites from various insects. A single class of high-affinity sites for [^{3}H]imidacloprid (K_D of 1–3 nM) has been observed in *Musca, Drosophila,* and Whitefly membrane preparations (CHAO et al. 1997;

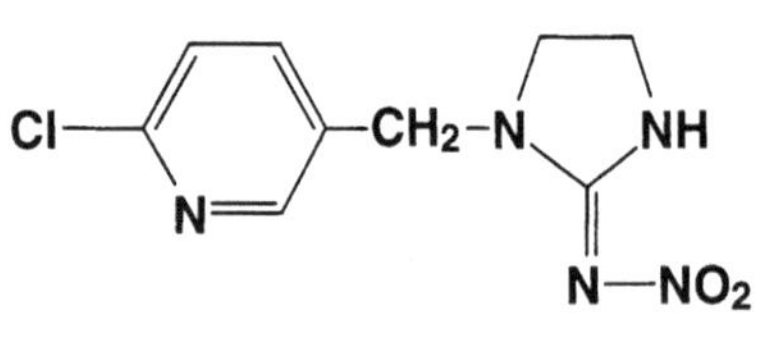

Fig. 4. Structure of the neonicotinoid imidacloprid

Liu and Casida 1993; Liu et al. 1993; Tomizawa et al. 1996). In cockroaches, imidacloprid acts on at least three pharmacologically distinct nAChR subtypes (Buckingham et al. 1997). The neonicotinoid 2(nitromethylene) tetrahydro-1,3-thiazine gates homomeric αL1 receptors expressed in *Xenopus* oocytes (Leech et al. 1991) and imidacloprid is a partial agonist on Dα2/SAD-β2 receptors expressed in oocytes (Matsuda et al. 1998). Dα2/SAD-β2 receptors are more sensitive to imidacloprid than comparable neuronal receptors assembled from α4 and β2 vertebrate subunits suggesting that Dα2/SAD contributes to the higher sensitivity to the insecticide of insects as compared to vertebrates (Matsuda et al. 1998).

Tomizawa and colleagues (1996) have immobilized the neonicotinoid 1-[N-(6-chloro-3-pyridylmethyl)-N-ethyl]-amino-1-amino-2-nitroethene, which specifically blocks binding of [^{3}H]imidacloprid to fly head membranes, and used it to purify high-affinity binding sites from *Drosophila* and *Musca*. Identical polypeptides of 61, 66, and 69 kDa were purified with α-Bgt-columns. Photoaffinity labeling of the purified preparation with ^{125}I-labeled-α-Bgt-4-azidosalycilate yielded a labeled adduct of 66–69 kDa suggesting that the 61 kDa or 66 kDa protein incorporates the toxin (Tomizawa et al. 1996). Iodinated neonicotinoid photoaffinity probes specifically labeled 66 kDa and to a minor extent the 61 kDa polypeptides (Latli et al. 1997; Tomizawa and Casida 1997). Cloned subunits are expected to migrate at this size range in denaturing gels; however, a clear assignment of neonicotinoid binding sites to identified subunits has not been reported yet.

D. Nicotinic Receptors of Other Invertebrates

In some of the first genetic experiments on the nematode *Caenorhabditis elegans* mutants were selected that are resistant to elevated concentrations of the nicotine-like anthelmintic drug levamisole (Brenner 1974; Lewis et al. 1980). Many "uncoordinated" (*unc*) mutant strains were isolated and found to fall into at least a dozen of complementation groups (Lewis et al. 1987). There is compelling biochemical and pharmacological evidence that several of these mutants lack a functional muscle nAChR (Lewis and Berberich 1992). Since the *unc* phenotype of some mutant strains ameliorates as the nematodes age, it has been suggested that *C. elegans* may have distinct juvenile and adult forms of muscle nAChRs that differ in their sensitivities to cholinergic agents (Lewis et al. 1987).

More than 20 nAChR sequences have been uncovered by the *C. elegans* genome project. In addition, examples of nAChR genes from parasitic nematodes including α1 from *Haemonchus contortus* (Hoekstra et al. 1997), a β subunit from *Onchocerca volvulus* (Ajuh and Egwang 1994), and an α subunit encoded by the *tar1* gene from *Trichostrongylus colubriformis* (Wiley et al. 1996) were cloned. Sequence comparisons show that the basic structural features of nAChR subunits have been strikingly conserved during evolution from nematodes to vertebrates. The phylogeny of nematode nAChR genes as compared to insect and vertebrate $\alpha 2$ and $\alpha 7$ genes is shown in Fig. 1.

Three α subunits and four β subunits have been characterized in more detail. The α subunit unc-38 is most closely related to insect subunits. Unc-38-containing receptors are insensitive to α-Bgt (FLEMING et al. 1997). Deg-3 displays significant similarity to α subunits of vertebrate neuronal nAChRs, i.e., the transmembrane region M2 (TM2) is most similar to the neuronal $\alpha 7$ subunits from rat and chicken (TREININ and CHALFIE 1995). It is expressed on cell bodies of a few sensory neurons and interneurons and a small set of as yet unidentified neurons in the head and tail of the worm. According to the deduced amino acid sequence, the Ce21 subunit was classified as an α subunit and shares 46% identity to the vertebrate $\alpha 7$ subunit (BALLIVET et al. 1996). Moreover, analysis of the structure of the *Ce21* gene revealed that the $\alpha 7$ and *Ce21* genes may be homologues. In addition, both subunits display similar profiles when heterologously expressed in *Xenopus* oocytes (see below). The sequences *acr-2*, *acr-3*, *Ce13/unc-29*, and *lev-1* led to the classification of the encoded proteins as β subunits; they are most similar to the *Drosophila* ARD subunit (BALLIVET et al. 1996; BAYLIS et al. 1997; FLEMING et al. 1997; SQUIRE et al. 1995).

In contrast to the situation in *Drosophila*, mutant analysis is possible for several *C. elegans* nAChR subunit genes. Analysis of the mutant phenotypes revealed that unc-38 and unc-29 subunits are necessary for nAChR function, whereas lev-1 is not (FLEMING et al. 1997). The *unc-38* null phenotype displays an extreme resistance to levamisole. For *lev-1* two semidominant alleles were isolated which contain mutations within or proximal to the TM2 domain. *deg-3(u662)* mutants display a variety of phenotypes: they are uncoordinated, touch insensitive to both gentle and harsh stimuli, and contain distinct degenerating neurons. Since it was shown that *deg-3* is a nonessential or redundant gene it was assumed that *u662* is a gain of function mutation which leads to the degeneration of a small set of neurons (TREININ and CHALFIE 1995). Indeed, the mutation changes a residue in TM2 which is thought to form the channel pore – a similar change in the equivalent amino acid position of the chick $\alpha 7$ subunit results in a channel that desensitizes slowly (GALZI et al. 1992). Channel hyperactivity may underlie the degeneration seen in the *C. elegans deg-3(u662)* mutants since antagonists of nAChRs suppress the mutant phenotype (TREININ and CHALFIE 1995).

Heterologous Expression: Injection of cRNAs encoding unc-29, lev1 and unc-38 into frog oocytes resulted in inward currents in response to levamisole whereas oocytes injected separately with messages of single subunits or pairwise combinations produced either no or inconsistent responses (FLEMING et al. 1997). Similarly acr-2 or acr-3 and unc-38 form levamisole-gated receptors when combined but not when injected alone (BAYLIS et al. 1997; SQUIRE et al. 1995). All recombinant hetero-oligomeric nAChRs from *C. elegans* exhibit currents of low amplitude that can be blocked reversibly by mecamylamine or d-tubocurarine. Consistent with its homology to vertebrate $\alpha 7$ subunits, Ce21 forms a fully functional homomeric channel. Oocytes expressing Ce21 displayed fast inward currents when challenged with ACh or nicotine (EC_{50} values of $55\,\mu M$ and $12\,\mu M$ for ACh nicotine, respectively; BALLIVET et al. 1996). However, nicotine behaved as a partial agonist on Ce21 homomers, evoking about half of the maximal currents activated by ACh. Levamisole concentrations up to $1\,mM$ induced no detectable inward current but rather produced a significant reduction in the amplitude of ACh-induced currents. Levamisole also inhibits vertebrate $\alpha 7$ and $\alpha 4/\beta 2$ receptors. In marked contrast to the chicken, rat, and human $\alpha 7$ receptors, Ce21 is poorly sensitive to the MLA and is almost insensitive to α-Bgt. Because most muscle nAChRs in nematodes appear to be activated by levamisole, Ce21 may be subunit of a neuronal receptor.

E. Conclusions and Perspectives

DNA cloning of nAChR subunits from various insect species and from *C. elegans* revealed a previously unexpected complexity of nicotinic receptor systems of invertebrates. The existence of multiple subtypes of nicotinic receptors is also recognized at the pharmacological and physiological level. Immunohistochemical and ligand binding studies in situ have suggested that most of the neuronal nAChRs of insects are localized in the synaptic neuropil and may represent classical postsynaptic neurotransmitter receptors at excitatory synapses. In addition, several physiological preparations identified nAChRs on somata of insect neurons, and evidence has accumulated that synaptic and somatic nAChRs differ in their physiological and pharmacological profiles. This is interesting since for long time somata of insect neurons were considered as electrophysiologically "silent." One possible function of somatic receptors may be related to their calcium permeability and the modulation of calcium-dependent intracellular signaling pathways. This is reminiscent of the function of various vertebrate neuronal nAChRs.

The major obstacle in our understanding of invertebrate nicotinic receptor systems is that we do not know the subunit composition of any native receptor. Accordingly, we lack appropriate expression systems to study these receptors physiologically and to evaluate their pharmacological profiles with respect to insecticide action. Ongoing genome projects will help to appreciate the complexity of nAChR systems of distinct model organisms, including *C. elegans* and *Drosophila melanogaster*. For *C. elegans* genome sequencing has been completed and it is only a matter of time until the sequence information for all potential nAChR subunits is extracted from the genomic sequence. However, we still demand coexpression analysis at the cellular level and colocalization studies at the subcellular (e.g., synaptic) level to deduce possible subunit assemblies. On the other hand, specific high-affinity ligands or antibodies should allow for the biochemical isolation of receptor complexes form insect nervous systems and for their molecular and functional analysis.

Acknowledgments. We are grateful to Udo Kämpf for help with the figures and to Sonia and Daniel Bertrand for providing Fig 3. Work on nicotinic receptors in the authors' lab was supported by the Land Sachsen-Anhalt, the Bayer AG, Leverkusen, and the Fonds der Chemischen Industrie.

References

Ajuh PM, Egwang TG (1994) Cloning of a cDNA encoding a putative nicotinic acetylcholine receptor subunit of the human filarial parasite *Onchocerca volvulus.* Gene 144:127–129

Albert JL, Lingle CJ (1993) Activation of nicotinic acetylcholine receptors on cultured *Drosophila* and other insect neurons. J Physiol 463:605–630

Amar M, Thomas P, Wonnacott S, Lunt GG (1995) A nicotinic acetylcholine receptor subunit from insect brain forms a non-desensitizing homo-oligomeric nicotinic acetylcholine receptor when expressed in *Xenopus* oocytes. Neurosci Lett 199: 107–110

Bai D, Lummis SCR, Leicht W, Breer H, Sattelle DB (1991) Actions of imidacloprid and a related nitromethylene on cholinergic receptors of an identified insect motor neuron. Pest Sci 33:197–204

Ballivet M, Alliod C, Bertrand S, Bertrand D (1996) Nicotinic acetylcholine receptors in the nematode *Caenorhabditis elegans.* J Mol Biol 258:261–269

Baumann A, Jonas P, Gundelfinger ED (1990) Sequence of Dα2, a novel α-like subunit of *Drosophila* nicotinic acetylcholine receptors. Nucl Acids Res 18:3640

Baylis HA, Matsuda K, Squire MD, Fleming JT, Harvey RJ, Darlison MG, Barnard EA, Sattelle DB (1997) ACR-3, a Caenorhabditis elegans nicotinic acetylcholine receptor subunit. Molecular cloning and functional expression. Receptors Channels 5:149–158

Beadle DJ, Horseman G, Pichon Y, Amar M, Shimahara T (1989) Acetylcholine-activated ion channels in embryonic cockroach neurons growing in culture. J Exp Biol 142:337–355

Benson JA (1992) Electrophysiological pharmacology of the nicotinic and muscarinic cholinergic responses of isolated neuronal somata from locust thoracic ganglia. J Exp Biol 170:203–233

Bertrand D, Ballivet M, Gomez M, Bertrand S, Phannavong B, Gundelfinger ED (1994) Physiological properties of neuronal nicotinic receptors reconstituted from the vertebrate β2 subunit and *Drosophila* α subunits. Eur J Neurosci 6:869–875

Bicker G, Kreissl S (1994) Calcium imaging reveals nicotinic acetylcholine receptors on cultured mushroom body neurons. J Neurophysiol 71:808–810

Blagburn JM, Sattelle DB (1987) Nicotinic acetylcholine receptors on a cholinergic nerve terminal in the cockroach, *Periplaneta americana.* J Comp Physiol [A] 161:215–225

Bossy B, Ballivet M, Spierer P (1988) Conservation of neural nicotinic acetylcholine receptors from *Drosophila* to vertebrate central nervous systems. EMBO J 7:611–618

Boulter J, O'Shea-Greenfield A, Duvoisin RM, Connolly JG, Wada E, Jensen A, Gardner PD, Ballivet M, Deneris ES, McKinnon D, Heinemann S, Patrick J (1990) Alpha 3, alpha 5, and beta 4: three members of the rat neuronal nicotinic acetylcholine receptor-related gene family form a gene cluster. J Biol Chem 265: 4472–4482

Breer H, Kleene R, Hinz G (1985) Molecular forms and subunit structure of the acetylcholine receptor in the central nervous system of insects. J Neurosci 5:3386–3392

Breer H, Sattelle DB (1987) Molecular properties and functions of insect acetylcholine receptors. J Insect Physiol 3:771–790

Brenner S (1974) The genetics of *Caenorhabditis elegans.* Genetics 77:71–94

Brotz TM, Borst A (1996) Cholinergic and GABAergic receptors on fly tangential cells and their role in visual motion detection. J Neurophysiol 76:1786–1799

Buckingham SD, Balk ML, Lummis SC, Jewess P, Sattelle DB (1995) Actions of nitromethylenes on an α-bungarotoxin-sensitive neuronal nicotinic acetylcholine receptor. Neuropharmacol 34:591–597

Buckingham S, Lapied B, Corronc H, Sattelle F (1997) Imidacloprid actions on insect neuronal acetylcholine receptors. J Exp Biol 200:2685–2692

Casagrand JL, Ritzmann RE (1992) Evidence that synaptic transmission between giant interneurons and identified thoracic interneurons in the cockroach is cholinergic. J Neurobiol 23:627–643

Chao SL, Dennehy TJ, Casida JE (1997) Whitefly (Hemiptera: *Aleyrodidae*) binding site for imidacloprid and related insecticides: a putative nicotinic acetylcholine receptor. J Econ Entomol 90:879–882

Chase BA, Holliday J, Reese JH, Chun LLY, Hawrot E (1987) Monoclonal antibodies with defined specificities for *Torpedo* nicotinic acetylcholine receptor cross-react with *Drosophila* neural tissue. Neurosci 21:959–976

Couturier S, Erkman L, Valera S, Rungger D, Bertrand S, Boulter J, Ballivet M, Bertrand D (1990) Alpha 5, alpha 3, and non-alpha 3. Three clustered avian genes encoding neuronal nicotinic acetylcholine receptor-related subunits. J Biol Chem 265:17560–17567

David JA, Sattelle DB (1990) Ionic basis of membrane potential and of acetylcholine-induced currents in the cell body of the cockroach fast coxal depressor motor neuron. J Exp Biol 151:21–39

David JA, Pitman RM (1996) Modulation of Ca2+ and K+ conductances in an identified insect neuron by the activation of an α-bungarotoxin-resistant cholinergic receptor. J Exp Biol 199:1921–1930

Dudai Y (1979) Cholinergic receptors in insects. Trends Biochem Sci 4:40–44

Eastham HM, Lind RJ, Eastlake JL, Clarke BS, Towner P, Reynolds SE, Wolstenholme AJ, Wonnacott S (1998) Characterization of a nicotinic acetylcholine receptor from the insect *Manduca sexta*. Eur J Neurosci 10:879–889

Fleming JT, Squire MD, Barnes TM, Tornoe C, Matsuda K, Ahnn J, Fire A, Sulston JE, Barnard EA, Sattelle DB, Lewis JA (1997) *Caenorhabditis elegans* levamisole resistance genes *lev-1*, *unc-29*, and *unc-38* encode functional nicotinic acetylcholine receptor subunits. J Neurosci 17:5843–5857

Galzi JL, Devillers-Thiery A, Hussy N, Bertrand S, Changeux JP, Bertrand D (1992) Mutations in the channel domain of a neuronal nicotinic receptor convert ion selectivity from cationic to anionic. Nature 359:500–505

Goldberg F, Grunewald B, Rosenboom H, Menzel R (1999) Nicotinic acetylcholine currents of cultured Kenyon cells from the mushroom bodies of the honey bee *Apis mellifera*. J Physiol (Lond) 514:759–768

Goodman CS, Spitzer NC (1979) Embryonic development of identified neurons: differentiation from neuroblast to neuron. Nature 280:208–214

Gorczyca MG, Budnik V, White K, Wu CF (1991) Dual muscarinic and nicotinic action on a motoric program in *Drosophila*. J Neurobiol 22:391–404

Grolleau F, Lapied B, Buckingham SD, Mason WT, Sattelle DB (1996) Nicotine increases [Ca^{2+}]i and regulates electrical activity in insect neurosecretory cells (DUM neurons) via an acetylcholine receptor with 'mixed' nicotinic-muscarinic pharmacology. Neurosci Lett 220:142–146

Gundelfinger ED (1992) How complex is the nicotinic receptor system of insects? Trends Neurosci 15:206–211

Gundelfinger ED, Hess N (1992) Nicotinic acetylcholine receptors of the central nervous system of *Drosophila*. Biochim Biophys Acta 1137:299–308

Hanke W, Breer H (1986) Channel properties of an insect neuronal acetylcholine receptor protein reconstituted in planar lipid bilayers. Nature 321:171–174

Hanke W, Andree J, Strotmann J, Kahle C (1990) Functional renaturation of receptor polypeptides eluted from SDS polyacrylamide gels. Eur Biophys J 18:129–134

Hermans-Borgmeyer I, Zopf D, Ryseck R-P, Hovemann B, Betz H, Gundelfinger ED (1986) Primary structure of a developmentally regulated nicotinic acetylcholine receptor protein from *Drosophila*. EMBO J 5:1503–1508

Hermans-Borgmeyer I, Hoffmeister S, Sawruk E, Betz H, Schmitt B, Gundelfinger ED (1989) Neuronal acetylcholine receptor in *Drosophila*: Mature and immature transcripts of the *ard* gene in the developing central nervous system. Neuron 2:1147–1156

Hermsen B, Stetzer E, Thees R, Heiermann R, Schrattenholz A, Ebbinghaus U, Kretschmer A, Methfessel C, Reinhardt S, Maelicke A (1998) Neuronal nicotinic receptors in the locust *Locusta migratoria*. Cloning and expression. J Biol Chem 273:18394–18404

Hess N, Merz B, Gundelfinger E (1994) Acetylcholine receptors of the *Drosophila* brain: A 900 bp promoter fragment contains the essential information for specific expression of the *ard* gene in vivo. FEBS Lett 346:135–140

Hildebrand JG, Hall LM, Osmond BC (1979) Distribution of binding sites for ^{125}I-labeled α-bungarotoxin in normal and deafferented antennal lobes of *Manduca sexta*. Proc Natl Acad Sci USA 76:499–503

Hoekstra R, Visser A, Wiley LJ, Weiss AS, Sangster NC, Roos MH (1997) Characterization of an acetylcholine receptor gene of *Haemonchus contortus* in relation to levamisole resistance. Mol Biochem Parasitol 84:179–187

Ikeda K, Salvaterra PM (1989) Immunocytochemical study of a temperature-sensitive choline acetyltransferase mutant of *Drosophila melanogaster*. J Comp Neurol 280:283–290

Jonas P, Baumann A, Merz B, Gundelfinger ED (1990) Structure and developmental expression of the Dα2 gene encoding a novel nicotinic acetylcholine receptor protein of *Drosophila melanogaster*. FEBS Lett 269:264–268

Jonas PE, Phannavong B, Schuster R, Schroder C, Gundelfinger ED (1994) Expression of the ligand-binding nicotinic acetylcholine receptor subunit Dα2 in the *Drosophila* central nervous system. J Neurobiol 25:1494–1508

Kreissl S, Bicker G (1989) Histochemistry of acetylcholinesterase and immunocytochemistry of an acetylcholine receptor-like antigen in the brain of the honeybee. J Comp Neurol 286:71–84

Lane NJ, Swales LS, David JA, Sattelle DB (1982) Differential accessibility to two insect neurons does not account for differences in sensitivity to α-bungarotoxin. Tissue Cell 14:489–500

Lane NJ, Sattelle DB, Hufnagel LA (1983) Pre- and post-synaptic structures in insect CNS: intramembraneous features and sites of α-bungarotoxin binding. Tissue Cell 15:921–937

Lansdell SJ, Schmitt B, Betz H, Sattelle DB, Millar NS (1997) Temperature-sensitive expression of *Drosophila* neuronal nicotinic acetylcholine receptors. J Neurochem 68:1812–1819

Lapied B, Le Corronc H, Hue B (1990) Sensitive nicotinic and mixed nicotinic-muscarinic receptors in insect neurosecretory cells. Brain Res 533:132–136

Latli B, Tomizawa M, Casida JE (1997) Synthesis of a novel [^{125}I]neonicotinoid photoaffinity probe for the *Drosophila* nicotinic acetylcholine receptor. Bioconjug Chem 8:7–14

Le Novere N, Changeux JP (1995) Molecular evolution of the nicotinic acetylcholine receptor: an example of multigene family in excitable cells. J Mol Evol 40:155–172

Leech CA, Jewess P, Marshall J, Sattelle DB (1991) Nitromethylene actions on in situ and expressed insect nicotinic acetylcholine receptors. FEBS Lett 290:90–94

Leech CA, Sattelle DB (1992) Multiple conductances of neuronal nicotinic acetylcholine receptors. Neuropharmacol 31:501–507

Leech CA, Sattelle DB (1993) Acetylcholine receptor/channel molecules of insects. In: Pichon Y (ed) Comparative Molecular Neurobiology. Vol. 63. Birkhäuser Basel, pp 81–97

Leitch B, Watkins BL, Burrows M (1993) Distribution of acetylcholine receptors in the central nervous system of adult locusts. J Comp Neurol 334:47–58

Lewis JA, Wu CH, Berg H, Levine JH (1980) The genetics of levamisole resistance in the nematode Caenorhabditis elegans. Genetics 95:905–928

Lewis JA, Elmer JS, Skimming J, McLafferty S, Fleming J, McGee T (1987) Cholinergic receptor mutants of the nematode *Caenorhabditis elegans*. J Neurosci 7:3059–3071

Lewis JA, Berberich S (1992) A detergent-solubilized nicotinic acetylcholine receptor of *Caenorhabditis elegans*. Brain Res Bull 29:667–674

Liu M-Y, Casida JE (1993) High affinity binding of [^{3}H]imidacloprid in the insect acetylcholine receptor. Pest Biochem and Physiol 46:40–46

Liu M-Y, Lanford J, Casida JE (1993) Relevance of [^{3}H]imidacloprid binding site in house fly head acetylcholine receptor to insecticidal activity of 2-nitromethylene- and 2-nitroimino-imidazolidines. Pest Biochem and Physiol 46:200–206

Lunt GG (1986) Is the insect neuronal nAChR the ancestral ACh receptor protein? Trends Neurosci 9:341–342

Macallan DRE, Lunt GG, Wonnacott S, Swanson KL, Rapoport H, Albuquerque EX (1988) Methyllycaconitine and (+)-anatoxin-a differentiate between nicotinic receptors in vertebrate and invertebrate nervous systems. FEBS Lett 226:357–363

Marshall J, Buckingham SD, Shingai R, Lunt GG, Goosey MW, Darlison MG, Sattelle DB, Barnard EA (1990) Sequence and functional expression of a single α subunit of an insect nicotinic acetylcholine receptor. EMBO J 9:4391–4398

Matsuda K, Buckingham SD, Freeman JC, Squire MD, Baylis HA, Sattelle DB (1998) Effects of the α subunit on imidacloprid sensitivity of recombinant nicotinic acetylcholine receptors. Br J Pharmacol 123:518–524

Moffat AS (1993) New chemicals to outwit insect pests. Science 261:550–551

Narahashi T (1996) Neuronal ion channels as the target sites of insecticides. Pharmacol Toxicol 79:1–14

Ohana B, Gershoni JM (1990) Comparison of the toxin binding site of the nicotinic acetylcholine receptor from *Drosophila* to human. Biochem 29:6409–6415

Ortells MO, Lunt GG (1995) Evolutionary history of the ligand-gated ion-channel superfamily of receptors. Trends Neurosci 18:121–127

Page RDM (1996) TREEVIEW: An application to display phylogenetic trees on personal computers. Comput Applic Biosci 12:357–358

Palma E, Bertrand S, Binzoni T, Bertrand D (1996) Neuronal nicotinic α7 receptor expressed in *Xenopus* oocytes presents five putative binding sites for methyllycaconitine. J Physiol 491:151–161

Parker D, Newland PL (1995) Cholinergic synaptic transmission between proprioceptive afferents and a hind leg motor neuron in the locust. J Neurophysiol 73:586–594

Restifo LL, White K (1990) Molecular and genetic approaches to neurotransmitter and neuromodulator systems in *Drosophila*. Adv Insect Physiol 22:115–219

Rudloff E (1978) Acetylcholine receptors in the central nervous system of *Drosophila melanogaster*. Exp Cell Res 111:185–190

Salvaterra PM, Bournias-Vardiabasis N, Nair T, Hou G, Lieu C (1987) *In vitro* neuronal differentiation of *Drosophila* embryo cells. J Neurosci 7:10–22

Sattelle DB (1985) Acetylcholine Receptors. In: Kerkut GA, Gelbert LI (eds) Comprehensive insect physiology, biochemistry and pharmacology. Pergamon Press, Oxford New York Toronto Sydney Paris Frankfurt, pp 395–434

Sattelle DB, Breer H (1985) Purification by affinity chromatography of nicotinic acetylcholine receptor from the CNS of the cockroach *Periplaneta americana*. Comp Biochem Physiol 82 C:349–352

Sattelle DB, Sun YA, Wu CF (1986) Neuronal acetylcholine receptors: patch-clamp recording of single channel properties from dissociated insect neurons. IRCS Med Sci 14:65–66

Sattelle DB, Madler U, Heilgenberg H, Breer H (1989a) Immunocytochemical localization of nicotinic acetylcholine receptors in the terminal abdominal ganglion of the cockroach (*Periplaneta americana*). Proc R Soc Lond B Biol Sci 238:189–192

Sattelle DB, Buckingham SD, Wafford KA, Sherby SM, Bakry NM, Eldefrawi AT, Eldefrawi ME, May TE (1989b) Actions of the insecticide 2(nitromethylene) tetrahydro-1,3-thiazine on insect and vertebrate nicotinic acetylcholine receptors. Proc R Soc Lond B Biol Sci 237:501–514

Sawruk E, Hermans-Borgmeyer I, Betz H, Gundelfinger ED (1988) Characterization of an invertebrate nicotinic acetylcholine receptor gene: The *ard* gene of *Drosophila melanogaster*. FEBS Letters 235:40–46

Sawruk E, Schloss P, Betz H, Schmitt B (1990a) Heterogeneity of *Drosophila* nicotinic acetylcholine receptors: SAD, a novel developmentally regulated α-subunit. EMBO J 9:2671–2677

Sawruk E, Udri C, Betz H, Schmitt B (1990b) SBD, a novel structural subunit of the *Drosophila* nicotinic acetylcholine receptor, shares its genomic localization with two α-subunits. FEBS Letters 273:177–181

Schloss P, Hermans-Borgmeyer I, Betz H, Gundelfinger ED (1988) Neuronal acetylcholine receptors in *Drosophila*: The ARD protein is a component of a high-affinity α-bungarotoxin binding complex. EMBO J 7:2889–2894

Schloss P, Betz H, Schröder C, Gundelfinger ED (1991) Neuronal nicotinic acetylcholine receptors in *Drosophila*: Antibodies against an α-like and a non-α-subunit recognize the same high-affinity α-bungarotoxin binding complex. J Neurochem 75:1556–1562

Schloss P, Mayser W, Gundelfinger ED, Betz H (1992) Cross-linking of ^{125}I-α-bungarotoxin to *Drosophila* head membranes identifies a 42 kDa toxin-binding polypeptide. Neurosci Lett 145:63–66

Schmidt-Nielsen BK, Gepner JI, Teng NNH, Hall LM (1977) Characterization of an α-bungarotoxin binding component from *Drosophila melanogaster*. J Neurochem 29:1013–10129

Schulz R, Sawruk E, Mülhardt C, Bertrand S, Baumann A, Phannavong B, Betz H et al (1998) Dα3, a new functional α subunit of nicotinic acetylcholine receptors from *Drosophila*. J Neurochem 71:853–862

Schulz R, Bertrand S, Chamaon K, Smalla K-H, Gundelfinger ED, Bertrand D (2000) Neuronal nicotinic acetylcholine receptors from Drosophila: Two different types of α subunits can co-assemble within the same receptor complex. J Neurochem in press

Schuster R, Phannavong B, Schroder C, Gundelfinger ED (1993) Immunohistochemical localization of a ligand-binding and a structural subunit of nicotinic acetylcholine receptors in the central nervous system of *Drosophila melanogaster*. J Comp Neurol 335:149–162

Sgard F, Obosi LA, King LA, Windass JD (1993) ALS and SAD-like nicotinic acetylcholine receptor subunit genes are widely distributed in insects. Insect Mol Biol 2:215–223

Sgard F, Fraser SP, Katkowska MJ, Djamgoz MB, Dunbar SJ, Windass JD (1998) Cloning and functional characterization of two novel nicotinic acetylcholine receptor α subunits from the insect pest *Myzus persicae*. J Neurochem 71:903–912

Squire MD, Tornoe C, Baylis HA, Fleming JT, Barnard EA, Sattelle DB (1995) Molecular cloning and functional co-expression of a *Caenorhabditis elegans* nicotinic acetylcholine receptor subunit (acr-2). Receptors Channels 3:107–115

Tareilus E, Hanke W, Breer H (1990) Neuronal acetylcholine receptor channels from insects: a comparative electrophysiological study. J Comp Physiol [A] 167:521–526

Thompson JD, Higgins DG, Gibson TJ (1994) CLUSTAL W: improving the sensitivity of progressive multiple sequence alignment through sequence weighting, position-specific gap penalties and weight matrix choice. Nucl Acids Res 22:4673–4680

Tomizawa M, Latli B, Casida JE (1996) Novel neonicotinoid-agarose affinity column for *Drosophila* and *Musca* nicotinic acetylcholine receptors. J Neurochem 67: 1669–1676

Tomizawa M, Casida JE (1997) [^{125}I] Azidonicotinoid photoaffinity labeling of insecticide- binding subunit of *Drosophila* nicotinic acetylcholine receptor. Neurosci Lett 237:61–64

Tornoe C, Bai D, Holden-Dye L, Abramson SN, Sattelle DB (1995) Actions of neurotoxins (bungarotoxins, neosurugatoxin and lophotoxins) on insect and nematode nicotinic acetylcholine receptors. Toxicon 33:411–424

Treinin M, Chalfie M (1995) A mutated acetylcholine receptor subunit causes neuronal degeneration in *C. elegans*. Neuron 14:871–877

Trimmer BA, Weeks JC (1989) Effects of nicotinic and muscarinic agents on an identified motoneuron and its direct afferent inputs in larval *Manduca sexta*. J Exp Biol 144:303–337

Tsunoyama K, Gojobori T (1998) Evolution of nicotinic acetylcholine receptor subunits. Mol Biol Evol 15:518–527

van den Beukel I, van Kleef RG, Zwart R, Oortgiesen M (1998) Physostigmine and acetylcholine differentially activate nicotinic receptor subpopulations in *Locusta migratoria* neurons. Brain Res 789:263–273

Wadsworth SC, Rosenthal LS, Kammermeyer KL, Potter MB, Nelson DJ (1988) Expression of a *Drosophila melanogaster* acetylcholine receptor-related gene in the central nervous system. Mol Cell Biol 8:778–785

Waldrop B, Hildebrand JG (1989) Physiology and pharmacology of acetylcholinergic responses of interneurons in the antennal lobes of the moth *Manduca sexta*. J Comp Physiol [A] 164:433–441

Watkins BL, Leitch B, Burrows M, Knowles BH (1995) Localization of a nicotinic acetylcholine receptor-like antigen in the thoracic nervous system of embryonic locusts, *Schistocerca gregaria*. J Comp Neurol 351:134–144

Wiley LJ, Weiss AS, Sangster NC, Li Q (1996) Cloning and sequence analysis of the candidate nicotinic acetylcholine receptor α subunit gene *tar-1* from *Trichostrongylus colubriformis*. Gene 182:97–100

Wu CF, Suzuki N, Poo MM (1983) Dissociated neurons from normal and mutant *Drosophila* larval central nervous system in cell culture. J Neurosci 3:1888–1899

Zwart R, Oortgiesen M, Vijverberg HP (1992) The nitromethylene heterocycle 1-(pyridin-3-yl-methyl)-2-nitromethylene- imidazolidine distinguishes mammalian from insect nicotinic receptor subtypes. Eur J Pharmacol 228:165–169

Zwart R, Oortgiesen M, Vijverberg HPM (1994) Nitromethylene heterocycles: selective agonists of nicotinic receptors in locust neurons compared to mouse N1E-115 and BC3H1 cells. Pest Biochem Physiol 48:202–213

Section V
The Role of Nicotinic Acetylcholine Receptors in Neuronal Functions

CHAPTER 20
Knockout Mice as Animal Models for Studying Nicotinic Acetylcholine Receptor Function

L. M. Marubio and J.-P. Changeux

A. Introduction

Nicotinic acetylcholine receptors (nAChRs) are expressed in muscle, the central nervous system (CNS), and the peripheral nervous system (PNS). Nicotine, a specific agonist of these receptors, exerts diverse cellular and behavioural effects. Aside from its addictive properties, nicotine acts as a cognitive enhancer, an anxiolytic, an antinociceptive substance, and a seizure inducer. Pharmacological experiments with nicotinic agonists and antagonists have pharmacologically helped to elucidate the function of acetylcholine (ACh) and nAChRs in the CNS and in the periphery. However, selective ligands for the multiple isoforms of neuronal nAChRs are still scarce. A recent approach involves genetic manipulations in mice which result in "knockouts" with genomic null mutations. Specific genes encoding for receptors are deleted, thus, in essence, providing a highly selective, albeit irreversible, "antagonist". Although there are some inherent problems in using this approach (developmental requirements or compensatory effects, for example), this genetic approach gives new insights into the pharmacology and functional role of neuronal receptors in complex neurobiological systems. In this chapter we will focus on knockout mice lacking a nAChR subunit that have allowed a molecular dissection of nAChR subtypes in the CNS and that have led to the identification of particular nAChR subunits involved in nicotine-elicited behaviours in addition to being used as models of several human pathologies.

B. Using Knockout Mice as Models

Since the pioneering work of Thomas and Capecchi (1987) on homologous recombination in mouse embryonic stem (ES) cells, the generation of knockout mice has become a powerful tool in the neuroscience field. This technology involves ES cells grown in vitro and genetically modified by the substitution of a nonfunctional copy of a given gene using transfection. These engineered ES cells are then injected into mouse blastocysts and reimplanted in a host mother's uterus. Some of the resulting chimeric mice will contain the mutated ES cells in the germ cell layer thus allowing the mutation to be passed onto the next generation. Resulting heterozygote mice can be interbred to produce homozygous mutant knockout mice (Capecchi 1989). The ability to generate knockout mice lacking a neuronal gene provides a means of investigating the role of a gene implicated in brain function.

In the past five years, the deletion of ligand-gated ion channels in mice has provided a model system for human pathologies such as epilepsy (gamma-aminobutyric acid A – $GABA_A$ – $\beta3$ receptor knockouts; HOMANICS et al. 1997) or neuropsychiatric disorders such as memory impairments (N-methyl-D-aspartate – NMDA – 1A receptor knockouts; TSIEN et al. 1996), learning defects (NMDA 2A receptor knockouts), or substance abuse ($\beta2$ nAChR knockouts; PICCIOTTO et al. 1998). In addition, the role a neurotransmitter receptor plays in cellular and pharmacological functions such as the modification of long-term potentiation (LTP) or depression (LTD) in the hippocampus (NMDA 2B receptor knockouts; KUTSUWADA et al. 1996; and NMDA 2A receptor knockouts; SAKIMURA et al. 1995) can be revealed. In some cases, the specificity of pharmacological compounds has been revealed ($\beta2$ nAChR receptor knockouts; ZOLI et al. 1998; and $GABA_A$ $\alpha6$ receptor knockouts; MAKELA et al. 1997; see Table 1). Knockouts of nicotinic receptor subunits provide model systems for investigating the endogenous role of nAChRs and the diverse effects of nicotine in the CNS.

C. Knockout of Muscle nAChR Subunits

In humans, congenital myasthenic syndromes (CMS) are heterogeneous disorders associated with point mutations in muscle $\alpha1$, $\beta1$, or ε nAChR subunits. Many of these mutations, which were found in the ε subunit, are either null or cause a change in the allosteric properties of the receptor. The symptomatic severe muscular weakness occurs only when mutations are expressed on both alleles (OHNO et al. 1996). Knockout mice lacking the ε nAChR subunit provide an animal model for CMS (WITZEMANN et al. 1996; MISSIAS et al. 1997).

During development, subunit composition changes occur at the neuromuscular junction which are important for the structural and functional maturation of the synapse. A substitution of the adult ε subunit for the fetal γ subunit in the nAChR ($\alpha2\beta\delta\gamma$ becomes $\alpha2\beta\delta\varepsilon$) (MISHINA et al. 1986; GU and HALL 1988) coincides with changes in the biophysical properties of the ACh-gated channels at motor endplates. The mean channel conductance increases by approximately 50%, the Ca^{2+} permeability increases, and the mean open times of the channels decrease (FISCHBACH and SCHNETZE 1980; SIEGELBAUM et al. 1984; VILLARROEL and SAKMANN 1996). At the transcriptional level, the ε subunit gene is activated postnatally while the γ subunit gene is downregulated (MARTINOU and MERLIE 1991; WITZEMANN et al. 1996).

The functional significance of this developmental subunit switch was investigated using an ε nAChR subunit gene knockout. Homozygous mutant mice appeared normal up to one month of age after which the atrophy of skeletal muscle began concomitant with a general weakness and cessation of body weight gain unlike their wild-type littermates.

Table 1. Functional abnormalites following ionotropic receptor gene deletion

Receptor	Cellular/morphological phenotype	Behavioural phenotype	Survival	References
Nicotinic acetylcholine				
α4	Altered agonist sensitivity		Adult	Marubio et al. 1999
α7	Lack of rapidly desensitizing nicotinic currents in hippocampal neurons		Adult	Orr-Urtreger et al. 1997
β2	Altered agonist sensitivity Loss of presynaptic receptor activity in GABAergic terminals	Enhanced passive avoidance responses Loss of nicotine self-administration activity	Adult	Lu et al. 1998; Picciotto et al. 1995, 1998; Zoli et al. 1998
ε	Abnormal development of motor end-plates		8–14 weeks postnatal	Missias et al. 1997; Witzemann et al. 1996
Glutamate				
AMPA 2 (α2) (GluR2)	Enhanced LTP	Reduced exploration and impaired motor coordination	Increased mortality	Jia et al. 1996
Kainate (GluR6)	Decreased sensitivity to kainate in hippocampal CA3 neurons Altered antagonist sensitivity	Less sensitive to kainate-elicited seizures	Adult	Bureau et al. 1999; Mulle et al. 1998
NMDA 1A (zeta 1)	Impaired peripheral neuronal pattern formation (no formation of whisker-specific patches) NMDA-mediated currents and calcium entry abolished	Respiratory failure	1 day postnatal	Forrest et al. 1994; Li et al. 1994

Table 1. *Continued.*

Receptor	Cellular/morphological phenotype	Behavioural phenotype	Survival	References
NMDA 1A (zeta1) hippocampal-specific knockout	Lack of NMDA receptor-mediated synaptic currents and LTP in the CA1 synapses Spatial specificity of place cell fields reduced	Impaired spatial memory	Adult	McHugh et al. 1996; Tsien et al. 1996
NMDA 2A (ε1)	Reduced hippocampal LTP Reduced NMDA EPSCs and LTP in the CA1 CA3 synapse and in Fim-CA3 synapses (CA1 stratum oriens and CA1 stratum radiatum)	Moderate spatial learning defects Altered prostaglandin-induced hyperalgesia Impaired motor coordination with challenging tasks	Adult	Ito et al. 1996, 1997, 1998; Kadotani et al. 1996; Minami et al. 1997; Sakimura et al. 1995; Sprengel et al. 1998
NMDA 2B (ε2)	Abnormal development in the brainstem trigeminal nucleus Abolished synaptic NMDA responses and LTD in the hippocampus Reduced NMDA EPSCs and LTP in Fim-CA3 synapses	Lack of suckling response in neonates	Die postnatally but can survive by hand-feeding	Ito et al. 1997; Kutsuwada et al. 1996; Sprengel et al. 1998
NMDA 2C (ε3)	Loss of low-conductance NMDA receptor channels	Impaired motor coordination with challenging tasks	Adult	Ebralidze et al. 1996; Kadotani et al. 1996; Sprengel et al. 1998

Receptor	Phenotype	Age	References
NMDA 2D (ε4)	Reduced spontaneous activity Altered prostaglandin-induced hyperalgesia	Adult	Ikeda et al. 1995; Minami et al. 1997
NR3A (regulatory subunit of NMDA receptors)	Enhanced NMDA responses and increased dendritic spines in early postnatal cerebrocortical neurons	Adult	Das et al. 1998
GABA GABA$_A$ (α6)	Decrease in δ subunit levels Normal development, viability, and fertility Altered responses to agonists Normal behavioural responses to general anesthetics or in various ethanol-sensitive responses	Adult	Homanics et al. 1997; Jones et al. 1997; Makela et al. 1997
GABA$_A$ (β3)	Cleft palate Decreased GABA responses in hippocampal and DRG neurons Epileptic Learning and memory deficits Hyperactivity Poor motor skills on a repetive task Attenuated effect of some anesthetics	Increased neonatal mortality Shortened adult life-spans	Condie et al. 1997; Delorey et al. 1998; Homanics et al 1997; Krasowski et al. 1998; Quinlan et al. 1998
GABA$_A$ (γ2)	Altered agonist sensitivity Growth retardation Motor hyperactivity and abnormal gait in neonates	Early postnatal death	Gunther et al. 1995

DRG, dorsal root ganglia; EPSC, excitatory postsynaptic current.

At the molecular level, this developmental γ to ε subunit switch is partially responsible for the down-regulation of the γ subunit. In wild-type animals the γ subunit is virtually undetectable two weeks after birth. Mutant muscles, however, retain the same levels of the γ subunit from P5 (postnatal day 5) to P12 and thereafter, there is a decrease in γ subunit labelling, yet it is still immunodetectable until P74, the oldest age examined (MISSIAS et al. 1997). The distribution of the decreased, albeit persistent, receptors at the motor endplate was different in the knockout and wild-type mice. Motor endplates appear morphologically similar; at low magnification, however, nAChRs decrease in density as mutant endplates continue to grow without a net increase of receptor number (WITZEMANN et al. 1996; MISSIAS et al. 1997). Electrophysiological recordings in muscle demonstrated early postnatal-like miniature end plate currents (mEPC) with longer time constants in 2-week-old mutant animals, whereas wild-type animals displayed adult-like mEPCs with shorter time constants. Accordingly, ε knockout mice maintain functional γ-subunit-containing nAChRs at the neuromuscular junction. The lack of adult ε subunit nAChRs was partially, but not sufficiently, compensated by the prolonged maintenance of the fetal nAChR subunit demonstrating the requirement of the ε subunit of achieving a functional adult motor endplate.

D. The Pharmacology of Neuronal nAChRs Revealed Using Knockout Mice: The Incomplete Story

Neuronal nicotinic acetylcholine receptors are pentameric proteins encoded by a large multigene family consisting of at least seven α subunits ($\alpha 2$–$\alpha 8$) and three β subunits ($\beta 2$–$\beta 4$) genes. The subunit composition of endogenous neuronal nAChRs is discussed in more detail in other chapters of this volume. In heterologous expression systems, such as *Xenopus* oocytes, neuronal receptors are capable of forming either functional homopentamers ($\alpha 7$ or $\alpha 8$) which are α-bungarotoxin (α-Bgt)-sensitive or heteropentamers most likely comprised of two α subunits ($\alpha 2$, $\alpha 3$, $\alpha 4$, or $\alpha 6$) and three β subunits ($\beta 2$ or $\beta 4$) forming α-Bgt-insensitive receptors (COUTURIER et al. 1990; MCGEHEE and ROLE 1995; SARGENT 1993). The $\alpha 5$ subunit can associate with $\alpha 4/\beta 2$ or $\alpha 3/\beta 4$ subunits and can modify the functional properties of these receptor complexes (CONROY et al. 1992; RAMIREZ-LATORRE et al. 1996; WANG et al. 1996). The $\beta 3$ subunit is likely to function in a similar manner based on its sequence homology to the $\alpha 5$ subunit, but this has not yet been demonstrated (LE NOVERE et al. 1996). However, the endogenous subunit composition of nAChRs is still not known. Patch-clamp recordings in brain slices reveal a complex receptor pharmacology with often more than one type of receptor expressed in a single neuronal cell type (ALKONDON and ALBUQUERQUE 1993). In addition, both the rank order of potencies of nicotinic agonists and the single channel conductance of nAChR in vivo do not always coincide with the values found in *Xenopus* oocytes (MCGEHEE and ROLE 1995).

Table 2. Classes of nAChRs revealed using knockout and wild-type mice

Receptor class	Putative composition	Predominant localization in central nervous system	High affinity binding at equilibrium	Pharmacology in slices
Type 1	$\alpha7$	Cortex and limbic areas	α-Bgt	α-Bgt- and MLA-sensitive Rapid desensitisation
Type 2	$\beta2$-$\alpha4$-($\alpha5$?) $\beta2$-($\alpha2$?) $\beta2$-($\alpha3$?) $\beta2$-($\alpha6$-$\beta3$?)	All CNS IPn Hippocampus Catecholaminergic nuclei	EPI > NIC = CYT = MCC = ACh	MLA-insensitive
Type 3	$\beta4$-$\alpha3$-($\alpha5$?)	MHb, IPn, dorsal medulla	EPI	MLA-insensitive CYT = NIC, DHβE < MCA Slow decay at $100\,\mu M$ NIC
Type 4	($\beta4$-$\alpha4$?) ($\beta4$-$\alpha2$?)	lateral MHb dorsal IPn	EPI > CYT > MCC = ACh	MLA-insensitive CYT = NIC, DHβE < MCA Fast decay at $100\,\mu M$ NIC

MCC, methylcarbamylcholine; CYT, cytisine; DHβE, dihydro-β-erythroidine; EPI, epibatidine; MCA, mecamylamine; MLA, methyllycaconitine; NIC, nicotine.
Reproduced with permission from ZOLI et al. (1998).

An alternative approach to identify the diverse species of nAChRs is provided by the examination of nAChRs that remain in knockout mice using either electrophysiological or autoradiographic techniques. Four groups of receptors have been identified in this way (ZOLI et al. 1998) and have expanded on the existing classification described using other methods (ALKONDON and ALBUQUERQUE 1993; Table 2).

Type 1 receptors are α-Bgt-sensitive and are composed of $\alpha7$ nAChR subunits in the mammalian CNS. Knockout mice deficient in the $\alpha7$ nAChR subunit no longer contain ^{125}I-labelled α-Bgt binding sites and in addition, have no differences in the high-affinity [^{3}H]nicotine binding sites from their wild-type littermates (ORR-URTREGER et al. 1997). Other subunits such as the $\alpha4$ and $\beta2$ nAChR subunits do not appear to contribute to Type 1 receptors as both $\beta2$ knockout mice and $\alpha4$ knockout mice show no differences in ^{125}I-labelled α-Bgt binding when compared to their wild-type littermates (MARUBIO et al. 1999; ZOLI et al. 1998). Furthermore, mutant mice completely lack a detectable inward, rapid, nicotine-elicited current in hippocampal cells (which in wild-type mice is blocked by methyllycaconitine) further implicating the $\alpha7$ subunit's participation in the formation of Type 1 receptors in the CNS (ORR-URTREGER et al. 1997).

Type 2 receptors represent the majority of α-Bgt insensitive nAChRs in the CNS and are $\alpha2/\beta2$-, $\alpha3/\beta2$- or $\alpha4/\beta2$-containing. A high potency of epibatidine, a less potent response to nicotine and dimethylphenylpiperazinium (DMPP), and a weak effect of cytisine are the hallmark characteristics of these receptors intially described in cultured rat hippocampal neurons (ALKONDON and ALBUQUERQUE 1993). Autoradiography of brain slices from wild-type mice incubated with [^{3}H]epibatidine and [^{3}H]nicotine reveal high-affinity sites in most brain regions with a high level of binding in the thalamus, a moderate level of binding in the cortex, and a low level of binding in the hippocampus. In contrast, [^{3}H]epibatidine and [^{3}H]nicotine binding is no longer detectable in these regions in either $\beta2$ or $\alpha4$ knockout mice (MARUBIO et al. 1999; ZOLI et al. 1998). The comparison of binding data obtained in $\beta2$ and $\alpha4$ knockout mice demonstrates that the vast majority of [^{3}H]epibatidine and [^{3}H]nicotine binding in the brain contains both $\alpha4$ and $\beta2$. Some binding, persisting in $\alpha4$ but not $\beta2$ knockout mice, indeed demonstrates that minor populations of non-$\alpha4/\beta2$-containing receptors are present in the interpeduncular nucleus (IPn), the superior colliculus, and the substantia nigra. Based on in situ hybridzation studies (LE NOVERE et al. 1996; WADA et al. 1989), these binding sites are most likely formed by $\alpha2/\beta2$-containing receptors in the IPn and $\alpha6$- or $\alpha6/\beta2$-containing nAChRs in the substantia nigra (MARUBIO et al. 1999; ZOLI et al. 1998).

Autoradiography experiments also reveal Type 3 nAChRs. This group does not contain either the $\alpha4$ or $\beta2$ subunits, and binds [^{3}H]epibatidine but not cytisine or nicotine with a high affinity in equilibrium binding experiments. The IPn, medial habenula (MHb), fasciculus retroflexus, area postrema, nucleus tractus solitarii, and dorsal motor nucleus of the vagus nerve all have remaining [^{3}H]epibatidine binding sites in both the $\alpha4$ and $\beta2$ homozygous mutant mice. Patch-clamp recordings in the MHb and dorsal motor nucleus of the vagus nerve of $\beta2$ knockout mice showed an agonist rank order of potency of epibatidine >> nicotine = cytisine = DMPP (PICCIOTTO et al. 1998) which is consistent with $\alpha3\beta4$ receptors expressed in *Xenopus* oocytes (LUETJE and PATRICK 1991). Moreover, the distribution of Type 3 binding correlates well with the mRNA distribution of $\alpha3$ and $\beta4$ subunits further suggesting an $\alpha3/\beta4$ subunit composition for Type 3 receptors.

Type 4 receptors can be found in the dorsal cortex of the inferior colliculus, the dorsal tegmentum of the rostral medulla oblongata, the MHb, and the IPn. Like Type 3 receptors, Type 4 receptors do not contain the $\beta2$ nAChR subunit, bind [^{3}H]epibatidine with a high affinity, and bind [^{3}H]nicotine with a low affinity. In contrast, they bind [^{3}H]cytisine with a high affinity and desensitize faster than Type 3 receptors recorded in the MHb. The putative subunit composition of Type 4 receptors may be $\alpha4/\beta4$ or $\alpha2/\beta4$ (DINELEY-MILLER and PATRICK 1992; WADA et al. 1989; ZOLI et al. 1998).

Therefore, the available data on nAChR subunit knockout mice confirms that at least four classses of neuronal nAChRs in the mouse brain can be distinguished by their binding properties, distribution, and cellular response to nicotinic agonists. The precise contribution of other nAChR subunits, such as α2, α3, α5, α6, β3, and β4 remains to be elucidated with the appropriate knockout mice.

E. Behavioural Analysis of Knockout Mice

Simple or complex behaviour in animals can be analysed at several different levels: (1) the system level (sensory or motor, for example), (2) the interactions between individual neurons or network level, and (3) the molecules which contribute to intracellular signalling. At any point along the way, the absence or modification of a critical component (in the absence of a compensatory element) results in an alteration of behaviour. Knockout mice provide useful models for investigating the contribution of a given molecule in a specific behaviour.

The cognitive effect of nicotine in the β2 -/- mice was examined using the passive avoidance test. This test measures an animal's latency to perform a highly probable response (in this case, entry from a well-lit chamber into an adjacent dark chamber) for which it had been previously punished during the training session (a mild electric foot shock was applied upon entry). The β2 knockout mice tested for the retention of an avoidance response 24 hours later showed marked differences from their wild-type littermates. Low doses of nicotine (0.01 mg/kg) increased the latency of entry into the dark chamber significantly in wild-type mice, but did not change the performance of β2 -/- mice. Thus β2-subunit-containing receptors are an important component in mediating this effect of nicotine. Interestingly, the latency of entry into the dark chamber was significantly longer in vehicle-injected mutant mice than in their wild-type littermates, suggesting that β2-containing nAChRs mediate the endogenous actions of ACh in this behaviour.

The reinforcing properties of many drugs of abuse such as cocaine, ethanol, amphetamine, and nicotine are thought to be principally mediated by their interactions with the mesotelencephalic dopaminergic system. Nicotine administered systemically acts by binding to nAChRs on either the cell soma in the substantia nigra (SN) and ventral tegmental area (VTA), and/or nerve terminals in the dorsal and ventral (nucleus accumbens) striatum (GRADY et al. 1992), therefore activating these cells and causing an increase in extracellular dopamine levels in the dorsal and ventral striatum (PONTIERI et al. 1996). Many lines of evidence support this view. Systemic nicotine increases burst activity in vivo in midbrain dopaminergic neurons (GRENHOFF et al. 1986) suggesting a burst-sequence-related release of dopamine (GONON 1988). Nicotine administered systemically preferentially increases dopamine release in the nucleus accumbens when compared to the dorsal striatum (IMPERATO et al. 1986). This release is blocked by locally administered nicotinic antagonists in the somato-dendritic region of the VTA dopaminergic neurons but not in the nucleus accumbens (NISELL et al. 1994). Nicotine self-administration is attenuated by lesions of the mesolimbic dopamine neurons (CLARKE et al. 1988; CORRIGALL et al. 1992) and by nicotinic antagonists microinfused specifically into the VTA (but not the nucleus accumbens) (CORRIGALL et al. 1994). At least seven of the identified nAChR subunits are expressed in mesencephalic dopaminergic neurons (α3, α4, α5, α6, α7, β2, and β3) (LE NOVERE et al. 1996; PIDOPLICKO et al. 1997). In view of the lack of selective antagonists, knockout mice offer a unique opportunity to evaluate the contribution of nAChR isoforms to the reinforcing action of nicotine. The regulation of nicotine-elicited dopamine release and self-administration behaviour was investigated with the β2 -/- mutant mice.

In vivo microdialysis experiments which detected dopamine levels in the striatum showed a dose-dependent nicotine-elicited increase in dopamine levels in wild-type animals but not in knockout animals, implicating β2-subunit-containing nAChRs in the pharmacological release of striatal dopamine. Moreover, the nicotine-elicited increase in the discharge frequency of dopaminergic neurons of the SN and VTA found in wild-type animals (at concentrations of nicotine similar to those found in the arterial blood of smokers during cigarette consumption) was absent in knockout mice.

Nicotine self-administration was also tested in mutant and wild-type mice. A catheter in the jugular vein was implanted that delivered either cocaine (during the training session) or low doses of nicotine (during the test period) in response to specific nose-poking activity. Both wild-type and knockout mice demonstrated self-administration activity during the training session indicating that mutant mice are capable of learning this behaviour. After the switch to nicotine, however, knockout mice progressively ceased self-administration activity while the wild-type mice continued for five days following the nicotine substitution suggesting that the β2 nAChR subunit is an essential component to mediating the addictive effects of nicotine (PICCIOTTO et al. 1998).

F. Conclusions and Future Directions

The differential contribution of single nAChR subunits in the various pharmacological actions of nicotine has been difficult to assess. To date, knockout mice technology has helped to elucidate the function of the ε subunit at the neuromuscular junction, the contribution of the α7, β2, and α4 subunits in the pharmacological profiles of subunit subtypes, and the β2 subunit in behavior. Further studies investigating other effects of nicotine of these knockout mice and new knockout mice are anticipated. New genetic technology provides the means of introducing defined mutations within a given gene and thus of testing for the behavioural consequences of such mutations which, for instance, can alter the allosteric properties of the receptor. Inducible knockout and knockin systems can be used if the deletion of a gene has lethal consequences or creates a developmental abnormality. In addition, region-specific knockouts and knockins might be used to investigate the specific role of a subunit in a defined brain structure. All in all, these advances will help shed light on the role of nAChRs in brain function.

Acknowledgments. The authors are indebted to Dr. Michele Zoli, Dr. Clément Léna, and Maria del Mar Arroyo-Jimenez for critical readings of the manuscript. This work was supported by grants from the Collège de France, the Centre National de la Recherche Scientifique, the EEC Biotech and Biomed Programs, National Alliance for Research on Schizophrenia and Depression, and the Council for Tobacco Research.

References

Abeliovich A, Paylor R, Chen C, Kim JJ, Wehner JM, Tonegawa S (1993) PKC gamma mutant mice exhibit mild deficits in spatial and contextual learning. Cell 75: 1263–1271

Alkondon M, Albuquerque EX (1993) Diversity of nicotinic acetylcholine receptors in rat hippocampal neurons. I. Pharmacological and functional evidence for distinct structural subtypes. J Pharmacol & Exp Ther 265(3):1455–1473

Bureau I, Bischoff S, Heinemann S, Mulle C (1999) Kainate receptor-mediated responses in the CA1 field of wild-type and GluR6-deficient mice. J Neurosci 19:653–663

Capecchi MR (1989) Altering the genome by homologous recombination. Science 244:1288–1292

Clarke PB, Fu DS, Jakubovic A, Fibiger HC (1988) Evidence that mesolimbic dopaminergic activation underlies the locomotor stimulant action of nicotine in rats. J Pharmacol & Exp Ther 246(2):701–708

Condie B, Bain G, Gottlieb D, Capecchi M (1997) Cleft palate in mice with a targeted mutation in the gamma-aminobutyric acid-producing enzyme glutamic acid decarboxylase 67. Proc Natl Acad Sci U S A 94:11451–11455

Conroy WG, Vernallis AB, Berg DK (1992) The alpha 5 gene product assembles with multiple acetylcholine receptor subunits to form distinctive receptor subtypes in brain. Neuron 9(4):679–691

Corrigall WA, Cohen KM, Adamson KL (1994) Self-administered nicotine activates the mesolimbic dopamine system through the ventral tegmental area. Brain Res 653:278–284

Corrigall WA, Franklin KBJ, Cohen KM, Clarke PBS (1992) The mesolimbic dopaminergic system is implicated in the reinforcing effects of nicotine. Psychopharmacol 107:285–289

Couturier S, Bertrand D, Matter JM, Hernandez MC, Bertrand S, Millar N, Valera S, Barkas T, Ballivet M (1990) A neuronal nicotinic acetylcholine receptor subunit (alpha 7) is blocked by alpha-BTX. Neuron 5(6):847–856

Das S, Sasaki Y, Rothe T, Premkumar L, Takasu M, Crandall J, Dikkes P, Conner D, Rayudu P, Cheung W, Chen H, Lipton S, Nakanishi N (1998) Increased NMDA current and spine density in mice lacking the NMDA receptor subunit NR3A. Nature 393:377–381

DeLorey T, Handforth A, Anagnostaras S, Homanics G, Minassian B, Asatourian A, Fanselow M, Delgado-Escueta A, Ellison G, Olsen R (1998) Mice lacking the beta3 subunit of the GABAA receptor have the epilepsy phenotype and many of the behavioral characteristics of Angelman Syndrome. J Neurosci 18:8505–8514

Dineley-Miller K, Patrick J (1992) Gene transcripts for the nicotinic acetylcholine receptor subunit, beta4, are distributed in multiple areas of the rat central nervous system. Brain Res Mol Brain Res 16(3–4):339–344

Ebralidze A, Rossi D, Tonegawa S, Slater N (1996) Modification of NMDA receptor channels and synaptic transmission by targeted disruption of the NR2C gene. J Neurosci 16:5010–5025

Forrest D, Yuzaki M, Soares H, Ng L, Luk D, Sheng M, Stewart C, Morgan J, Connor J, Curran T (1994) Targeted disruption of NMDA receptor 1 gene abolishes NMDA response and results in neonatal death. Neuron 13:325–338

Fischbach GD, Schuetze SM (1980) A post-natal decrease in acetylcholine channel open time at rat end-plates. J Physiol 303:125–137

Gonon FG (1988) Nonlinear relationship between impulse flow and dopamine released by rat midbrain dopaminergic neurons as studied by in vivo electrochemistry. Neurosci 24(1):19–28

Grady S, Marks MJ, Wonnacott S, Collins AC (1992) Characterization of nicotinic receptor-mediated [3H]dopamine release from synaptosomes prepared from mouse striatum. J Neurochem 59(3):848–856

Grenhoff J, Aston-Jones G, Svensson TH (1986) Nicotinic effects on the firing pattern of midbrain dopamine neurons. Acta Physiologica Scandinavica 128(3):351–358

Gu Y, Hall ZW (1988) Immunological evidence for a change in subunits of the acetylcholine receptor in developing and denervated rat muscle. Neuron 1(2):117–125

Gunther U, Benson J, Benke D, Fritschy J, Reyes G, Knoflach F, Crestani F, Aguzzi A, Arigoni M, Lang Y (1995) Benzodiazepine-insensitive mice generated by targeted disruption of the gamma 2 subunit gene of gamma-aminobutyric acid type A receptors. Proc Natl Acad Sci U S A 92:7749–7753

Homanics G, DeLorey T, Firestone L, Quinlan J, Handforth A, Harrison N, Krasowski M, Rick C, Korpi E, Mäkelä R, Brilliant M, Hagiwara N, Ferguson C, Snyder K, Olsen R (1997a) Mice devoid of gamma-aminobutyrate type A receptor beta3 subunit have epilepsy, cleft palate, and hypersensitive behavior. Proc Natl Acad Sci U S A 94:4143–4148

Homanics G, Ferguson C, Quinlan J, Daggett J, Snyder K, Lagenaur C, Mi Z, Wang X, Grayson D, Firestone L (1997b) Gene knockout of the alpha6 subunit of the gamma-aminobutyric acid type A receptor: lack of effect on responses to ethanol, pentobarbital, and general anesthetics. Mol Pharmacol 51:588–596

Ikeda K, Araki K, Takayama C, Inoue Y, Yagi T, Aizawa S, Mishina M (1995) Reduced spontaneous activity of mice defective in the epsilon 4 subunit of the NMDA receptor channel. Brain Res Mol Brain Res 33:61–71

Imperato A, Mulas A, Di Chiara G (1986) Nicotine preferentially stimulates dopamine release in the limbic system of freely moving rats. Eur J Pharmacol 132(2):337–338

Ito I, Akashi K, Sakimura K, Mishina M, Sugiyama H (1998) Distribution and development of NMDA receptor activities at hippocampal synapses examined using mice lacking the epsilon1 subunit gene. Neurosci Res 30:119–123

Ito I, Futai K, Katagiri H, Watanabe M, K S, Mishina M, Sugiyama H (1997) Synapse-selective impairment of NMDA receptor functions in mice lacking NMDA receptor epsilon1 or epsilon2 subunit. J Physiol 500:401–408

Ito I, Sakimura K, Mishina M, Sugiyama H (1996) Age-dependent reduction of hippocampal LTP in mice lacking N-methyl-D-aspartate receptor epsilon 1 subunit. Neurosci Lett 203:69–71

Jia Z, Agopyan N, Miu P, Xiong Z, Henderson J, Gerlai R, Taverna F, Velumian A, MacDonald J, Carlen P, Abramow-Newerly W, Roder J (1996) Enhanced LTP in mice deficient in the AMPA receptor GluR2. Neuron 17:945–956

Jones A, Korpi E, McKernan R, Pelz R, Nusser Z, Makela R, Mellor J, Pollard S, Bahn S, Stephenson F, Randall AD, Sieghart W, Somogyi P, Smith A, Wisden W (1997) Ligandgated ion channel subunit partnerships: GABAA receptor alpha6 subunit gene inactivation inhibits delta subunit expression. J Neuroscience 17:1350–1362

Kadotani H, Hirano T, Masugi M, Nakamura K, Nakao K, Katsuki M, Nakanishi S (1996) Motor discoordination results from combined gene disruption of the NMDA receptor NR2A and NR2C subunits, but not from single disruption of the NR2A or NR2C subunit. J Neurosci 16:7859–7867

Krasowski M, Rick C, Harrison N, Firestone L, Homanics G (1998) A deficit of functional GABA(A) receptors in neurons of beta 3 subunit knockout mice. Neurosci Lett 240:81–84

Kutsuwada T, Sakimura K, Manabe T, Takayama C, Katakura N, Kushiya E, Natsume R, Watanabe M, Inoue Y, Yagi T, Aizawa S, Arakawa M, Takahashi T, Nakamura Y, Mori H, Mishina M (1996) Impairment of suckling response, trigeminal neuronal pattern formation, and hippocampal LTD in NMDA receptor $\varepsilon 2$ subunit mutant mice. Neuron 16:333–344

Le Novère N, Zoli M, Changeux JP (1996) Neuronal nicotinic receptor alpha 6 subunit mRNA is selectively concentrated in catecholaminergic nuclei of the rat brain. Eur J Neurosci 8(11):2428–2439

Léna C, Changeux JP (1997) Pathological mutations of nicotinic receptors and nicotine-based therapies for brain disorders. Current Opin Neurobiol 7(5): 674–682

Li Y, Erzurumlu R, Chen C, Jhaveri S, Tonegawa S (1994) Whisker-related neuronal patterns fail to develop in the trigeminal brainstem nuclei of NMDAR1 knockout mice. Cell 76:427–437

Luetje CW, Patrick J (1991) Both alpha- and beta-subunits contribute to the agonist sensitivity of neuronal nicotinic acetylcholine receptors. J Neurosci 11(3):837–845

Makela R, Uusi-Oukari M, Homanics G, Quinlan J, Firestone L, Wisden W, Korpi E (1997) Cerebellar gamma-aminobutyric acid type A receptors: pharmacological subtypes revealed by mutant mouse lines. Mol Pharmacol 52:380–388

Marubio LM, Arroyo MM, Cordero-Erausquin M, Léna C, Le Novère N, Kerchove d'Exaerde A, Huchet M, Damaj MI, Changeux JP (1999) Reduced nicotine-elicited antinociception in mice lacking the neuronal alpha-4 nicotinic receptor subunit. Nature 398:805–810

Martinou JC, Merlie JP (1991) Nerve-dependent modulation of acetylcholine receptor epsilon-subunit gene expression. J Neurosci 11(5):1291–1299

McGehee DS, Role LW (1995) Physiological diversity of nicotinic acetylcholine receptors expressed by vertebrate neurons. Annu Rev Physiol 57:521–546

Minami T, Sugatani J, Sakimura K, Abe M, Mishina M, Ito S (1997) Absence of prostaglandin E2-induced hyperalgesia in NMDA receptor epsilon subunit knockout mice. Brit J Pharmacol 120:1522–1526

Mishina M, Takai T, Imoto K, Noda M, Takahashi T, Numa S, Methfessel C, Sakmann B (1986) Molecular distinction between fetal and adult forms of muscle acetylcholine receptor. Nature 321(6068):406–411

Missias AC, Mudd J, Cunningham JM, Steinbach JH, Merlie JP, Sanes JR (1997) Deficient development and maintenance of postsynaptic specializations in mutant mice lacking an "adult" acetylcholine receptor subunit. Development 124(24): 5075–5086

Mulle C, Sailer A, Perez-Otano I, Dickinson-Anson H, Castillo P, Bureau I, Maron C, Gage F, Mann J, Bettler B, Heinemann S (1998) Altered synaptic physiology and reduced susceptibility to kainate-induced seizures in GluR6-deficient mice. Nature. 392:601–605

Nisell M, Nomikos GG, Svesson TH (1994) Infusion of nicotine in the ventral tegmental area of the nucleus accumbens of the rat differentially affects accumbal dopamine release. Pharmacol Toxicol 75:348–352

Ohno K, Wang H, Milone M, Bren N, Brengman J, Nakano S, Quiram P, Pruitt J, Sine S, Engel A (1996) Congenital myasthenic syndrome caused by decreased agonist binding affinity due to a mutation in the acetylcholine receptor epsilon subunit. Neuron 17(1):157–170

Orr-Urtreger A, Goldner FM, Saeki M, Lorenzo I, Goldberg L, De Biasi M, Dani JA, Patrick JW, Beaudet AL (1997) Mice deficient in the alpha7 neuronal nicotinic acetylcholine receptor lack alpha-bungarotoxin binding sites and hippocampal fast nicotinic currents. J Neurosci 17(23):9165–9171

Palmiter RD, Brinster RL (1986) Germ-line transformation of mice. Annu Rev of Genet 20:465–499

Picciotto M, Zoli M, Léna C, Bessis A, Lallemand Y, Le Novere N, Vincent P, Merlo-Pich E, Brulet P, Changeux J-P (1995) Abnormal avoidance learning in mice lacking functional high-affinity nicotine receptor in the brain. Nature 374:65–67

Picciotto MR, Zoli M, Rimondini R, Lena C, Marubio LM, Pich EM, Fuxe K, Changeux JP (1998) Acetylcholine receptors containing the beta2 subunit are involved in the reinforcing properties of nicotine. Nature 391(6663):173–177

Pidoplichko VI, DeBiasi M, Williams JT, Dani JA (1997) Nicotine activates and desensitizes midbrain dopamine neurons. Nature 390(6658):401–404

Pontieri FE, Tanda G, Orzi F, Di Chiara G (1996) Effects of nicotine on the nucleus accumbens and similarity to those of addictive drugs. Nature 382(6588):255–257

Quinlan J, Homanics G, Firestone L (1998) Anesthesia sensitivity in mice that lack the beta3 subunit of the gamma-aminobutyric acid type A receptor. Anesthesiol 88:775–780

Ramirez-Latorre J, Yu CR, Qu X, Perin F, Karlin A, Role L (1996) Functional contributions of alpha5 subunit to neuronal acetylcholine receptor channels. Nature 380(6572):347–351

Sakimura K, Kutsuwada T, Ito I, Manabe T, Takayama C, Kushiya E, Yagi T, Aizawa S, Inoue Y, Sugiyama H (1995) Reduced hippocampal LTP and spatial learning in mice lacking NMDA receptor epsilon 1 subunit. Nature 373:151–155

Sargent PB (1993) The diversity of neuronal nicotinic acetylcholine receptors. Annu Rev Neurosci 16:403–443

Siegelbaum SA, Trautmann A, Koenig J (1984) Single acetylcholine-activated channel currents in developing muscle cells. Dev Biol 104:366–379

Smithies O, Maeda N (1995) Gene targeting approaches to complex genetic diseases: atherosclerosis and essential hypertension. Proc Natl Acad Sci USA 92:5266–5272

Sprengel R, Suchanek B, Amico C, Brusa R, Burnasher N, Rozov A, Hvalby O, Jensen V, Paulsen O, Andersen P, Kim J, Thompson R, Sun W, Webster L, Grant S, Eilers J, Konnerth A, Li J, McNamara J, Seeburg P (1998) Importance of the intracellular domain of NR2 submits for NMDA receptor function. Cell 92:279–289

Thomas KR, Capecchi MR (1987) Site-directed mutagenesis by gene targeting in mouse embryo-derived stem cells. Cell 51(3):503–512

Threadgill DW, Dlugosz AA, Hansen LA, Tennenbaum T, Lichti U, Yee D, LaMantia C, Mourton T, Herrup K, Harris RC, Barnard JA, Yuspa SH, Coffey RJ, Magnuson T (1995) Targeted disruption of mouse EGF receptor: effect of genetic background on mutant phenotype. Science 269:230–234

Tsien J, Huerta P, Tonegawa S (1996) The essential role of hippocampal CA1 NMDA receptor-dependent synaptic plasticity in spatial memory. Cell 87:1327–1338

Upchurch M, Wehner JM (1988) Differences between inbred strains of mice in Morris water maze performance. Behav Genet 18:55–68

Villarroel A, Sakmann B (1996) Calcium permeability increase of endplate channels in rat muscle during postnatal development. J Physiol 496:331–338

Wada E, Wada K, Boulter J, Deneris E, Heinemann S, Patrick J, Swanson LW (1989) Distribution of alpha 2, alpha 3, alpha 4, and beta 2 neuronal nicotinic receptor subunit mRNAs in the central nervous system: a hybridization histochemical study in the rat. J Comp Neurol 284(2):314–335

Wang F, Gerzanich V, Wells GB, Anand R, Peng X, Keyser K, Lindstrom J (1996) Assembly of human neuronal nicotinic receptor alpha5 subunits with alpha3, beta2, and beta4 subunits. J Biol Chem 271(30):17656–17665

Witzemann V, Schwarz H, Koenen M, Berberich C, Villarroel A, Wernig A, Brenner HR, Sakmann B (1996) Acetylcholine receptor epsilon-subunit deletion causes muscle weakness and atrophy in juvenile and adult mice. Proc Natl Acad Sci USA 93(23):13286–13291

Zoli M, Léna C, Picciotto MR, Changeux JP (1998) Identification of four classes of brain nicotinic receptors using beta-2 mutant mice. J Neurosci 18(12):4461–4472

CHAPTER 21
Noninvasive Exploration of Nicotinic Acetylcholine Receptors In Vivo

A. NORDBERG

A. Introduction
I. In Vitro Receptor Binding Studies

The discovery of the existence of nicotinic acetylcholine receptors (nAChRs) in the brain and their involvement in CNS higher functions such as learning and memory are relatively new phenomena. The nAChRs in the brain are obvious candidates for transducing cell surface interactions not only for ACh but also for several other neurotransmitters. Several studies suggest that the nAChRs may act as modulators in communicative processes in the brain. It is important to define by which mechanisms the nAChRs exert their action and find out the physiological role of the nAChRs in the CNS. It is especially important since the nAChRs seem to be involved in pathological CNS disorders where drug intervention can be implicated via interaction with the nAChRs.

For the characterization of multiple nAChRs in experimental animals different radioligands labeled with long-lived radionuclides have been developed and applied in vitro by radioligands such as [^{3}H]nicotine, [^{3}H]acetylcholine, ^{131}I-α-bungarotoxin, ^{125}I-κ-bungarotoxin, [^{3}H]cystine and [^{3}H]methylcarbacholine, [^{3}H]dihydro-β-erythroidine, [^{3}H]ABT, [^{3}H]epibatidine, and ^{125}I-IPH in rodent brain tissue (ANDERSON et al. 1995; BOKSA and QUIRION 1987; DAVILA-GARCIA et al. 1997; HOUGHTLING et al. 1995; LARSSON and NORDBERG 1985; LIPIELLO et al. 1986; MARKS et al. 1986; NORDBERG and LARSSON 1980; NORDBERG et al. 1988b; ROMANO and GOLDSTEIN 1980; SUGAYA et al. 1990; WILLIAMS and ROBINSON 1984; WONNACOTT 1987, 1990). In vitro receptor studies in human autopsy brain tissue suggest a heterogeneity regarding nAChRs which can be rationalized to at least three different types of binding sites: a super-high, high, and low affinity site (HOUGHTLING et al. 1995; MARUTLE et al. 1998; NORDBERG et al. 1988a,b,c, 1989c, 1994a; WARPMAN and NORDBERG 1995). The nAChR belonging to a family of ligand-gated cation channels and genes coding for various nicotinic receptor subtypes has been described (SARGENT 1993). For the human brain, so far the nAChR subunits $\alpha 3$, $\alpha 4$, $\alpha 5$, $\alpha 7$, and $\beta 2$, $\beta 3$, $\beta 4$ have been cloned (ANAND and LINDSTRÖM 1990; CHINI et al.1994; ELLIOTT et al. 1993; FORNASARI et al. 1990; GOTTI et al. 1997; RAIMONDI et al. 1991; WILLOUGHBY et al. 1993). By combining techniques such as in vitro autoradiograpy (ADEM et al. 1988, 1989; COURT and PERRY 1994; SIHVER et al. 1998b) and in situ hybridization (RAIMONDI et al. 1994; RUBBOLI et al. 1994; WEAVER et al. 1994) or reverse transcriptase polymerase chain reaction (RT-PCR) (HELLSTRÖM-LINDAHL et al.1998), the regional distribution of nAChRs and their transcripts can be mapped in vitro in human brain and pathological processes studied.

II. In Vivo and Ex Vivo Studies

nAChR ligands used in vitro such as [^{3}H]nicotine, [^{3}H]cytisine, [^{3}H]epibatidine, and [^{3}H]norchloroepibatidine have also been studied in vivo in rodents (BROUSOLLE et al. 1989; FLESHER et al. 1994; LONDON et al. 1995; SCHEFFEL et al. 1995). Intravenous injection of [^{3}H](−)-nicotine to mice showed a rapid uptake and distribution of the labeled compound to the brain with the highest uptake in the cortex, midbrain, thalamus, and intermediate in the cerebellum and caudate nucleus (BROUSOLLE et al. 1989). When the norchloroanalog of the potent nicotinic agonist epibatidine, [^{3}H]norchloroepibatidine, was administered to mice, the highest binding was observed in the thalamus and the superior colliculus and the lowest in the cerebellum (SCHEFFEL et al. 1995). A significant amount of radioactivity was still observed in many brain regions (except the cerebellum) when the mice was killed 2 hours after the injection of the labeled nicotinic agonist (SCHEFFEL et al. 1995). Pretreatment with nicotinic agonists such as epibatidine, lobeline, and nicotine reduced the [^{3}H]norchloroepibatidine binding (SCHEFFEL et al. 1995) suggesting that the labeled compound might be a promising nAChR ligand in imaging studies (see Sect. III.B).

III. Functional Brain Imaging

Positron emission tomography (PET) and single proton computed tomography (SPECT) are noninvasive in vivo techniques. The techniques allow the quantification of physiological processes in brain and give a three-dimensional imaging of physiological variables including neurotransmitter and receptor activity (NORDBERG 1993b; RAPOPORT 1992). Functional imaging studies of nAChRs will allow the dynamic characterization and quantification of the receptors in the living animal (preferable monkey but possibly also rats) and man. In a clinical setting the imaging techniques will enable the early detection of neurotransmitter/receptor changes in the brain which are related to disease processes and new treatment strategies.

In the PET procedure, a positron-emitting compound that is administered systemically is taken up by the brain where it releases positrons which collide with electrons which are annihilated releasing two gamma rays at 180°C to each other. A ring of radiation detectors surrounding the head are used to measure the localization of radioactivity within the brain. The different radioactive compounds have varying half lives (Table 1). The short lived

Table 1. Properties of radioisotopes used in experimental in vitro and in vivo studies

Radioisotope	Radiation	Half-life	Energy (MeV)
^{11}C	β^+	20 min	1.0
^{15}O	β^+	2 min	1.7
^{18}F	β^+	110 min	0.6
^{3}H	β^-	12.3 years	0.018
^{14}C	β^-	5730 years	0.156

radionuclides such as ^{11}C and ^{18}F decay via the emission of β^+ particles, which have a higher radiation energy than β^- emitters such as ^{14}C and ^{3}H (Table 1). The advantage with short-lived radionuclides is that they can be achieved with very high specific radioactivity from 0.2 to more than 10 Ci/μmol compared with β^- emitters which usual show a specific radioactivity in the the range of 0.03 to 0.1 Ci/μmol. This property is, of course, of importance when the tissue to be labeled shows a low density of the target of investigation, e.g., receptor binding sites.

The spatial resolution and quantitative accuracy of SPECT is generally inferior to that of PET but is always influenced by the quality of the instruments as well as the skillfulness of the evaluator. Radioligands labeled by ^{99m}Tc, but also ^{125}I, have been developed for the detection of nAChRs in the CNS with much longer half lives than used for the PET ligands. Although the SPECT studies often do not provide the researcher with quantitative data, the activity can be defined in relation to a reference region. This chapter will summarize the attempts that have so far been made to visualize nAChRs by PET and SPECT in the human and rodent brain. The application of imaging techniques for tracing the involvement of nAChRs in pathophysiological mechanisms in the CNS will also be exemplified.

B. nAChR Ligands for PET and SPECT Studies

The distribution of [^{11}C]nicotine was initially described in rabbits following intravenous administration by MAZIÈRE et al. (1976). Both enaniomers of stereoisomers of [^{11}C]nicotine was later applied in PET studies in monkey and man in attempts to visualize nAChRs (MAZIÈRE et al. 1979; NORDBERG et al. 1989b, 1990; NYBÄCK et al. 1989, 1994). Several aspects regarding the use of [^{11}C]nicotine as a nAChR ligand in PET studies have recently been discussed (MAZIÈRE et al. 1995; LUNDQVIST et al. 1998). Iodinated nicotine, ^{123}I-iodo-DL-nicotine have been shown to have a similar distribution in vivo in rat brain as [^{3}H]nicotine when using autoradiography (KÄMPFER et al. 1996). High lipophilicity and the presence of unspecific binding suggested that cerebral blood flow is an important factor to take into account when estimating the in vivo distribution and specific binding nAChR sites (KÄMPEER et al. 1996).

In order to develop promising PET ligands for studies of nAChRs, [^{11}C]ABT-418 and [^{11}C]N-methyl-cytisine have been synthesized (DOLLE et al. 1996; VALETTE et al. 1997). ABT-418 was developed as a selective nAChR ligand binding with a high affinity to the $\alpha 4\beta 2$ nAChR subtype (ARNERIC et al. 1994) (Fig. 1). N-methyl-cytisine with a ten-fold higher potency than cytisine in displacing labeled nicotine from binding to nAChRs (SCHMELLER et al. 1994) was expected to specifically bind to the $\alpha 4\beta 2$ receptor nAChR subtype in imaging studies. In vitro binding studies of [^{11}C]ABT-418 in thin tissue slices of the rat forebrain have revealed two nAChR binding sites with dissociation constants (K_d) of 1 and 33 nM respectively (SIHVER et al. 1998a). Intravenous injection of [^{11}C]ABT-418 to baboons was followed by a rapid uptake to the brain and elimination while no specific binding could be demonstrated (DOLLE et al. 1996; VALETTE et al. 1997). [^{11}C]ABT-418 shows less regional differences in the distribution in monkey brain compared to (S)(–)-[^{11}C]nicotine (Fig. 2). [^{11}C]ABT-418 was thus concluded as not having suitable properties as a PET tracer (VALETTE et al. 1997). The activity of [^{11}C]methyl-cytisine was found to be similar in blood and the brain following an intravenous injection in baboon, and, similar to ABT-418, the compound was not found suitable as a PET tracer (VALETTE et al. 1997).

Epibatidine is a chlorine-containing alkaloid, isolated from the skin of an Ecuadoran frog, which has shown a very high affinity to several nAChR subtypes including $\alpha 3$ and $\alpha 4$, but also $\alpha 7$ (GERZANICH et al. 1995; MARUTLE et al. 1998; WARPMAN and NORDBERG 1995). An iodine-labeled analog of epibatidine ^{125}I-IPH showed, in vitro, similar binding properties as epibatidine (DAVILA-GARCIA et al. 1997). When ^{125}I-IPH was injected intravenously in mice at different time periods prior to decapitation, a dose-dependent uptake of ^{125}I-IPH was observed in the brain, with the highest uptake in the thalamus, superior colliculus, intermediate in the hippocampus, striatum, and cortex, and the lowest uptake in the cerebellum (MUSACHIO et al. 1997). Preteatment with nicotine, cytisine, and lobeline, but not mecamylamine, prevented the brain uptake of ^{125}I-IPH (MUSACHIO et al. 1997). A SPECT study using ^{125}I-IPH was also performed in a baboon showing a similar regional uptake to the brain of ^{125}I-IPH as seen in ex vivo studies in mice (MUSACHIO et al. 1997).

Recently the in vitro binding of [^{18}F]fluoronorchloroepibatidine ([^{18}F]NFEP) was studied in thalamic tissue homogenates from rat and human brain tissue (GATLEY et al. 1998). The ^{18}F-labeled epibatidine analog, [^{18}F]FPH, showed binding kinetics in the mouse brain tissue similar to what was seen earlier for epibatidine, indicating a high ratio specific to nonspecific binding (HORTI et al. 1997). Similar in vivo data has also been presented for [^{18}F]NFEP (DING et al. 1996). Due to the question raised whether NFEP could be safely administered to humans due to the high toxicity of epibatidine compounds (MOLINA et al. 1997), [^{18}F]N-methyl-NFEP was recently synthesized (DING et al. 1999). Methyl-NFEP showed, when administered in vivo to baboons, ideal binding properties but alterations in cardiorespiratory para-

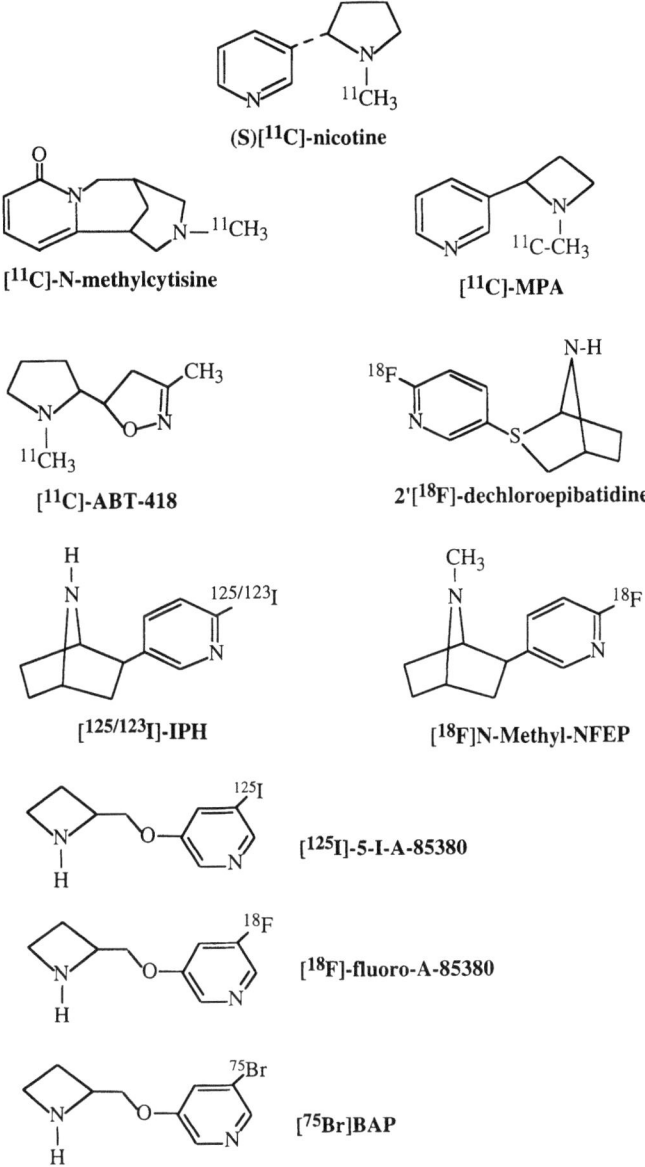

Fig. 1. Chemical structure of different [11]C-, [18]F-, and [125/123]I-labeled nAChR ligands

meters which may limit the safety margin when used in humans (DING et al. 1999).

Due to potent activities of epibatidine at the ganglionic-like and neuromuscular junctions nAChRs which may be responsible for side effects such as cardiovascular effects and seizures, the nicotinic agonist A-85380 [3-(2S-

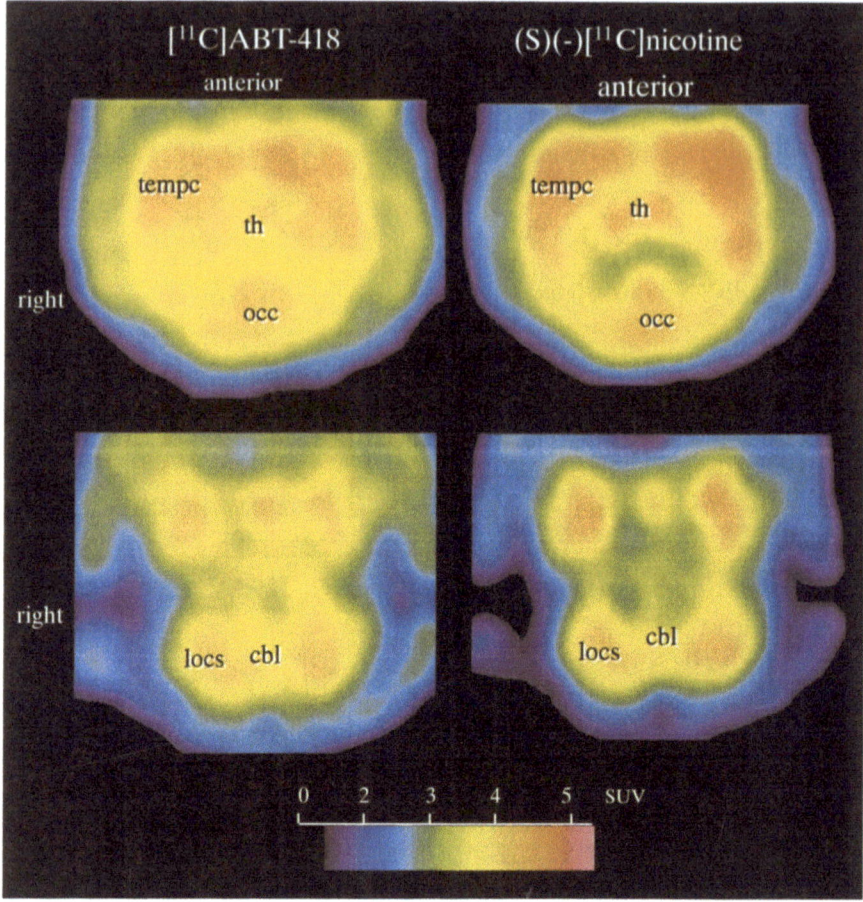

Fig. 2. Representative PET images of the distribution of [^{11}C]ABT-418 and (S)(−)-[^{11}C]nicotine accumulated radioactivity in horizontal planes at the level of the thalamus (*upper*) and the cerebellum in the rhesus monkey following IV injections of the labeled compound. cbl, cerebellum; locs, lateral occipital sulcus; thal, thalamus; tempc, temporal cortex; occ, occipital cortex; *Red*, high uptake of radioactivity; *yellow*, medium uptake of radioactivity; *blue*, low uptake of radioactivity. Data from SIHVER et al. 1999b

azetidinylmethoxy) pyridine] has been developed with a higher selectivity for α4β2 nAChRs than epibatidine shown in vitro in pharmacology studies (SULLIVAN et al. 1996). When [^{125}I]5-I-A-85380 was administered in vivo to mice, a pronounced accumulation of radioactivity into the brain was observed throughout the first hour after injection which persisted for up to four hours (VAUPEL et al. 1998). The distribution of [^{125}I]5-I-A-85380 (VAUPEL et al. 1998) and also 2-[^{18}F]Fluoro-A-85380 (DOLLE et al. 1998; HORTI et al. 1998a,b) in the mouse brain was similar to what was earlier reported for [^{125}I]IPH (MUSACHIO et al. 1997). Autoradiographical studies in thin slices of mouse brain with [^{125}I]5-I-A-85380 suggest that the radioligand might be selective for $\alpha 4\beta$ nAChRs and therefore promising for future SPECT studies and PET studies. Another nAChR ligand with similar promising properties is (R,S)-1-methyl-2-(pyridyl)azetidine (MPA). MPA is an azetidine analogue of nicotine which has been revealed in binding studies as having a higher affinity for nAChRs than nicotine in rat brain (ABOOD et al. 1987) and an especially high affinity to $\alpha 4$-containing nAChRs (ZHANG et al. 1998). In vitro autoradiographical studies with [^{11}C]MPA in rat brain tissue revealed a distinct binding pattern with low nonspecific binding (SIHVER et al. 1998a), and in vivo studies in monkey are also in favour of the ligand (SIHVER et al. 1999). Recently, a 5-[^{76}Br]-3-((2(S)-azetidinyl),methoxy)pyridine ([^{76}Br]BAP) has been synthesized, and both in vitro and in vivo animal data suggest that it might be a promising ligand for studies of nAChR subtypes in the brain (SIHVER et al. 1999a).

C. In Vivo [^{11}C]Nicotine Binding in Human Brain

So far solely [^{11}C]nicotine has been applied as nAChR ligands in imaging studies in humans. The first attempts to study nAChRs in monkey brain was performed using [^{11}C]nicotine and PET (MAZIÈRE et al. 1979; NORDBERG et al. 1989b). These PET studies with [^{11}C]nicotine had been preceeded with PET studies using [^{11}C]choline in order to visualize the [^{11}C]acetylcholine synthesis in the human brain (GAUTHIER et al. 1985). The [^{11}C]choline strategy however failed due to the low penetration of [^{11}C]choline to the brain. Nicotine can exist as two enantiomers, the natural $(S)(-)$ form isolated from the tobacco plant and the synthetic $(R)(+)$ form, and both have nicotinic agonist properties (NORDBERG 1993a). For PET studies ^{11}C-labeled $(S)(-)$- and $(R)(+)$-nicotine have been synthesized from $(S)(-)$ and $(R)(+)$-nornicotine (LÅNGSTRÖM et al. 1982). When the two enantiomers of [^{11}C]nicotine were given as intravenous tracer doses to monkeys, the radioactivity was rapidly taken up and distributed in the brain with a higher uptake of the (+) form compared to the (–) form (NORDBERG et al. 1989b). Pretreatment with unlabeled nicotine ($10\,\mu g/kg$) reduced the uptake of radioactivity to the brain by 30% (NORDBERG et al. 1988b).

$(S)(-)$-[^{11}C]nicotine is rapidly distributed form the arterial blood when given as an intravenous bolus dose in man (Fig. 3). The ^{11}C radioactivity peaks in the human brain within 2–5min (Fig. 3) and the radioactivity is found to be high in brain regions such as the thalamus, caudate nucleus, putamen frontal, and temporal cortex; intermediate in the occipital cortex and cerebellum; and low in the white matter (NORDBERG et al. 1990, 1995). Cotinine, which is the main metabolite of nicotine in plasma, does not pass the blood–brain barrier in any significant amount as reported in a PET study using [^{11}C]cotinine (HALLDIN et al. 1992). It is therefore probably correct to assume that the radioactivity in the brain at least 10–15min after injection

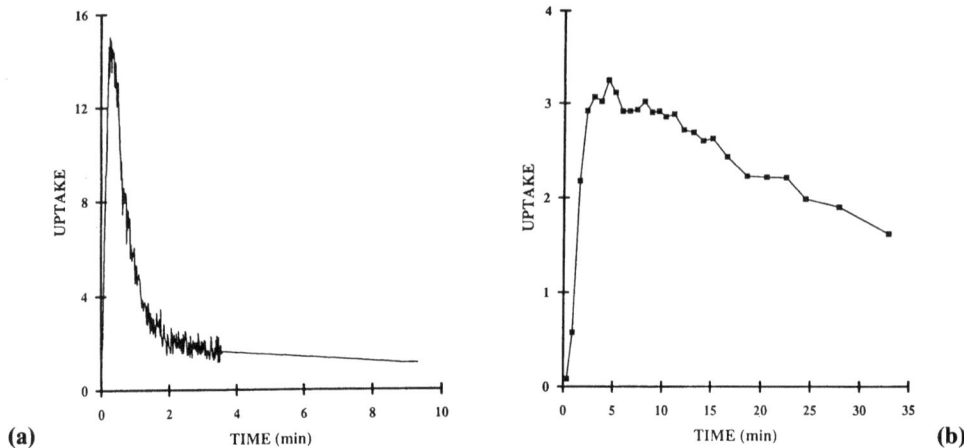

Fig. 3a,b. Uptake and distribution of [^{11}C]radioactivity in arterial blood (**a**) and temporal cortex (**b**) after intravenous injection of (S)(–)-[^{11}C]nicotine to human. The uptake data is expressed in nCi/cm^3/dose/body weight

reflects [^{11}C]nicotine. Due to the difficulties in separating cerebral blood flow from contributions of specific and unspecific binding in the nicotine uptake, a kinetic model has been developed which allows in vivo quantification of nicotinic receptor binding (LUNDQVIST et al. 1998; NORDBERG et al. 1995). A two-compartment model has been applied for the kinetic analysis of (S)(–)-[^{11}C]nicotine in the brain. Quantification of [^{11}C]nicotine binding in the brain must be considered to be complex since it is influenced by both specific and unspecific ligand binding in blood and brain as well as the effect of cerebral blood flow (MAZIÈRE et al. 1995). (R)(+)-[^{11}C]nicotine has even been tested as a marker for cerebral blood flow (YOKOI et al. 1993).

I. Quantification of Nicotine Binding Using k_2^* Rate Constant

An (S)(–)-[^{11}C]nicotine kinetic model has been developed which includes a compensation for the influence of cerebral blood flow (LUNDQVIST et al. 1998; NORDBERG et al. 1995). A two-compartment model was used to analyze both the [^{15}O]water (blood flow) and [^{11}C]nicotine data. Five parameters were included into the model: k_1 is the rate constant of radioactivity transport from blood to tissue, k_2 is the rate constant of radioactivity transport from tissue to blood, dt is the time delay in the input function due to the transport time in the arterial catheter. k is the rate constant of arterial blood smearing. The blood concentration measured by the blood detector is probably not identical with that supplying the brain, due to mixing during transport in vessels and in arterial catheter. ε is the blood volume.

Ideally, the two-compartment model can be expressed as:

$$C_{roi} = k_1 \int_0^t e^{-k_2(t-s)} C_p(s) ds + \varepsilon C_{blood}$$

where C_{roi} represents the tissue radioactivity measured by PET, C_p is the true blood radioactivity (model input function), and C_{blood} is the measured blood concentration including eventual labeled metabolites. However, the measured blood data are both smeared and time delayed compared with the radioactivity measured by PET. The following relation between the true input function, C_p, and the measured, C_p^*, was assumed to account for these effects:

$$C_p^* = k \int_0^t e^{-k(t-s)} C_p(s) ds$$

Both sides of Eq. 1 are multiplied by $e^{-k(t-s)}$ and integrated. Equation 2 is used to replace the true model input function C_p with the measured C_p^*, after which the following working equation is obtained:

$$k \int_0^t e^{-k(t-s)} C_{roi} ds = k_1 \int_o^t e^{-k_2(t-s)} C_p^*(s+dt) ds + \varepsilon C_p^*(t+dt)$$

For the water runs, the distribution volume (k_1/k_2) is set to 0.95 for all the regions of interest (ROIs), while for nicotine, k_1 and k_2 are fitted independently. Radioactivity in the cerebellum is fitted with the smearing parameter free. The value of this parameter is then used as a fixed constant when fitting the other ROIs. A relative weighting for the data points can be calculated as the square root of the product of exposure time, radioactivity concentration, and volume of the ROI.

While the total duration of measurements, 70 s, is used when analyzing the ^{15}O-water runs, only the first 4–5 min of the investigation is used in the analysis for the $(S)(-)$-[^{11}C]nicotine. In order to determine the optimal conditions for the least squares fit, the number of data points included is varied in order to study the stability of the fitting procedure.

In the analysis of [^{11}C]nicotine, the parameter k_2 is of chief interest as it contains information on both specifically and nonspecifically bound nicotine in the tissue. Usually, nonspecific binding is a fast process, and, on the assumption that nicotine rapidly associates with and dissociates from the neuronal nicotinic receptors, one can describe:

$$k_2 = \frac{k_2^{free}}{1 + B_t}$$

where k_2^{free} is the rate constant for free nicotine and the bound total, B_t, is proportional to a sum of the specifically and nonspecifically bound fraction of nicotine in the tissue. The specifically, but not the nonspecifically bound part, is supposed to change with specific radioactivity. As the rate k_2^{free} is dependent on flow, a flow-independent parameter can be obtained by dividing k_2 by the regional cerebral blood flow (rCBF).

$$k_2^* = \frac{k_2^{free}}{rCBF} \times \frac{1}{1+B_t} = \text{constant} \times \frac{1}{1+B_t}$$

The rate constant k_2^* for [^{11}C]nicotine is assumed to provide a quantitative measure of [^{11}C]nicotine binding in the human brain (NORDBERG et al. 1995). When the dual tracer model was evaluated in a monkey model (LUNDQVIST et al. 1998) the flow-compensated rate constant k_2^* appeared to be independent of the blood flow when it was changed in the monkeys (LUNDQVIST et al. 1998). Nicotine of a low specific radioactivity produced an increase of k_2^* which was interpreted as a decrease in the specific binding of [^{11}C]nicotine to the brain. The measured binding of [^{11}C]nicotine in the human brain in vivo by PET (k_2^* values) (NORDBERG et al. 1995) agrees with the distribution of nAChRs observed by in vitro radioligand binding in autopsy human brain tissue (MARUTLE et al. 1998; NORDBERG et al. 1992b) (Fig. 4). When compared with the regional distribution of muscarinic receptors, as measured by [^{11}C]benztropine in PET studies, the nAChRs appears to be more widely distributed in the human brain when compared to the muscarinic receptors as studied by PET (NORDBERG 1995). Recently, MUSIC et al. (1998) studied the uptake of (R)- and (S)-[^{11}C]nicotine in the brain of normal volunteers and used the distribution volume as the index of specific binding.

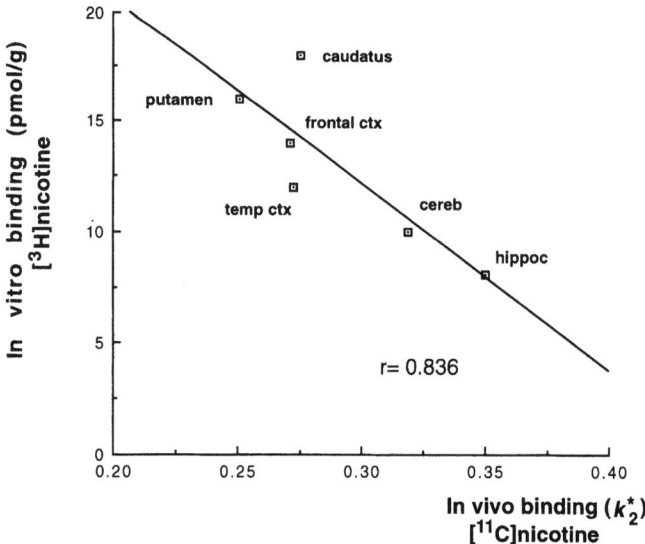

Fig. 4. In vivo binding of [^{11}C]nicotine as expressed as k_2^* in different regions of healthy elderly subjects as measured by PET. In vitro binding of [^{3}H]nicotine in different brain regions obtained at autopsy from control subjects. A negative correlation is observed between in vivo and in vitro binding data from different brain regions

D. [¹¹C]Nicotine Binding in the Brain of Smokers

It is a well known phenomenon that the administration of nicotine induces an increase in the number of nicotinic receptors in rodent and human brain and cell lines (MARKS et al. 1992; SCHWARTZ et al. 1983; ZHANG et al. 1995). Chronic nicotine treatment causes a shift in the proportion of low affinity to high affinity nAChR binding sites (ROMANELLI et al. 1988). Interestingly, the various nAChR subtypes appears to differ in the magnitude of up-regulation (WARPMAN et al. 1998). Studies in autopsy brain tissue from smokers have revealed an increased number of [³H]nicotine binding sites in comparison to nonsmokers (BENWELL et al. 1988). The underlying mechanisms for the upregulation of nicotinic receptors is considered to be due to posttranscriptional events (WONNACOTT 1990) since no change in mRNA content for the nicotinic subunits has been measured in rodent brains or cell lines chronically exposed to nicotine (MARKS et al. 1992; PENG et al. 1994; WARPMAN et al. 1998; ZHANG et al. 1995).

A higer brain uptake of [¹¹C]nicotine has been observed by PET in smokers compared to nonsmokers (NYBÄCK et al. 1989). Interestingly, a higher uptake of (S)(−)-[¹¹C]nicotine compared to (R)(+)-[¹¹C]nicotine was observed in brain of smokers (NYBÄCK et al. 1994). Since (S)(−)-nicotine, opposite to (R)(+)-nicotine, preferentially binds to high affinity rather than low affinity nAChR binding sites (COPELAND et al. 1991), the PET findings might indicate the presence of a higher proportion of high affinity nAChRs (desensitized receptors) in smokers than nonsmokers. A providing factor or a consequence of this difference in [¹¹C]radioactivity in the brain between smokers and nonsmokers is the significant higher plasma levels of (R)(+)-[¹¹C]nicotine observed in smokers compared to nonsmokers while no such difference was found for (S)(−)-[¹¹C]nicotine (NYBÄCK et al. 1994). Quantification of [¹¹C]nicotine binding expressed as k_2^* has to be applied in smokers as well as the use of new nAChR subtype selective radioligands.

E. PET Studies of nAChRs in Alzheimer's Disease

I. Visualization of nAChRs in Alzheimer Patients

Alzheimer's disease (AD) is the most common form of dementia and it has a heterogenous etiology. Recent studies regarding genetical and pathophysiological mechanisms have provided important information for the further understanding of the disease. The cholinergic hypothesis in AD is well established (NORDBERG 1992a) and includes significant losses of the nAChRs in the brain. The finding was initially described in autopsy brain tissue from AD patients in 1986 (NORDBERG and WINBLAD 1986; WHITEHOUSE et al. 1986) and has later been replicated by many research laboratories (see review NORDBERG 1992b). AD patients carrying the Swedish amyloid precursor protein (APP) 670/671 mutation have showed a similar reduction in nAChRs as nonfamiliar cases

(MARUTLE et al. 1999). No strict correlation was found between [^{3}H]nicotine binding sites and the number of neuritic plaques and neurofibrillary tangles suggesting that these different processes may be closely related but not strictly dependent on each other (MARUTLE et al. 1999). A shift in the proportion of high to low affinity nAChRs has been found in AD brains compared to age-matched controls (NORDBERG et al. 1988a) suggesting selective losses of the high affinity nAChRs in AD cortical tissue which may include the α4 nAChR subtype (WARPMAN and NORDBERG 1995). Since no change in α4 mRNA has been found in AD brains, the alterations have to be searched for at translation/posttranslational levels (HELLSTÖM-LINDAHL et al. 1999).

The drawback of neurochemical studies in autopsy brain material is the fact that the outcome of the neurochemical analysis represents the final stage of a disease. PET studies performed in patients early in the course of the diesease may therefore be valuable and provide an early diagnostic marker for the disease. Early PET studies of AD patients showed disturbances in cerebral blood flow and glucose metabolism in the brain (NORDBERG 1993b; RAPOPORT 1991). A lower uptake of [^{11}C]nicotine has been observed in the brains of AD patients compared to healthy volunteers (NORDBERG et al. 1990). A lower uptake of $(R)(+)$-[^{11}C]nicotine compared to $(S)(-)$-[^{11}C]nicotine has been observed in AD patients (NORDBERG et al. 1990). The difference in uptake between the two nicotine enantiomers can be normalized following cholinergic drug treatment to AD patients (see Sect. D.II). When applying the [^{11}C]nicotine kinetic model a significant decrease in [^{11}C]nicotine binding (k_2^*) in the temporal and frontal cortices and hippocampus of AD patients can be observed in comparison to age-matched controls (Fig. 5) (NORDBERG et al. 1995). The regional cortical deficits in [^{11}C]nicotine observed by PET differ between AD patients (Fig. 6) and can be correlated to the clinical picture including cognitive deficits. A significant negative correlation has been observed in AD patients between cognitive function (measured with the Mini-Mental-State-Examination – MMSE –test) (FOLSTEIN et al. 1975) and nicotinic receptor binding (k_2^*) in the temporal and frontal cortices and hippocampus of AD patients and controls (NORDBERG et al. 1997b). Figure 7 illustrates the significant negative correlation that is observed between cognitive status (MMSE) of AD patients and the corresponding [^{11}C]nicotine binding in the temporal cortex of the patients.

II. Effect of Drug Treatment on nAChRs in Alzheimer Patients as Studied by PET

Neuroimaging techniques such as PET and SPECT offer unique possibilities for studying drug-induced functional effects of nAChRs in the brain of AD patients. Various therapeutic approaches have been tested in AD and so far transmitter replacement therapy has reached clinical significant use, although other strategies including growth factors, anti-inflammatory drugs, antioxidantia, neuroprotective, and antiamyloid drugs will be of interest in the

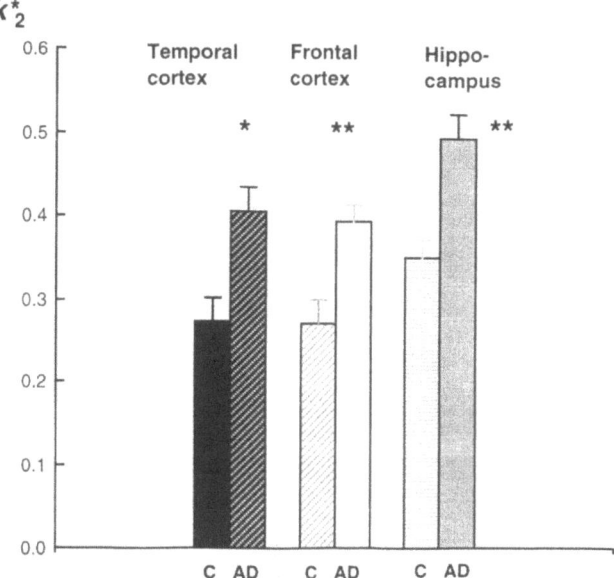

Fig. 5. Binding of [^{11}C]nicotine in temporal cortex, frontal cortex, and hippocampus in Alzheimer patients compared with age-matched controls. The binding data is expressed as the rate constant k_2^*. A high value of k_2^* in the Alzheimer patients indicates less [^{11}C]nicotine binding compared to healthy controls. *$p < 0.05$; **$p < 0.01$

future. Few treatment strategies in AD have been evaluated by PET but some studies, regarding the effect on nAChRs, have been performed and will be described below.

1. Growth Factors

Nerve growth factor (NGF) has been shown to prevent natural and experimental cell death in animal models, and this is also the theoretical background for giving NGF to AD patients. Although there is no direct evidence that changes in levels of NGF play a primary role in the degeneration of cholinergic neurons in AD it is possible that NGF might restore some functions of these neurons in AD patients. When NGF was administered intraventricularly to AD patients over 3 months, PET studies have shown an improvement of cerebral blood flow in the frontal and temporal cortices of the NGF-treated AD patient (OLSON et al. 1992). Application of the PET data to the kinetic [^{11}C]nicotine model revealed a dose-related increase in the binding of [3H]nicotine following NGF treatment which was observed in different cortical brain regions and hippocampus (ERIKSDOTTER-JÖNHAGEN et al. 1998; OLSON et al. 1992). The studies suggest that NGF treatment may counteract cholinergic deficits in the AD brain which can be traced by PET. The side effects of NGF treatment to AD patients have, however, been serious and limit the use of NGF in its present form of administration (ERIKSDOTTER-

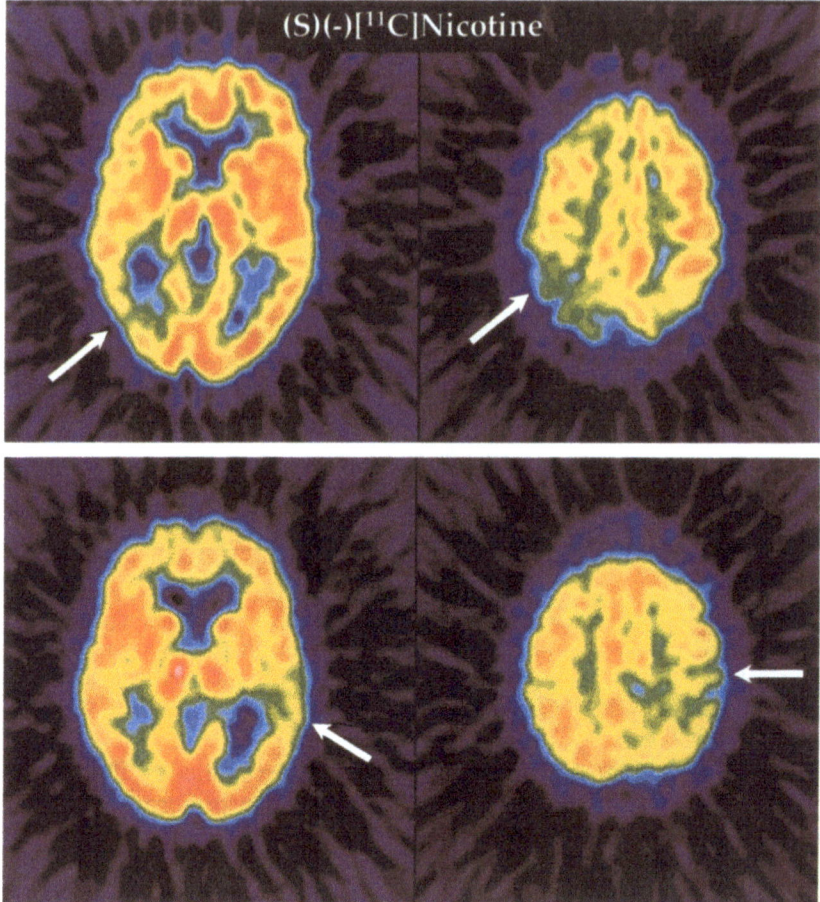

Fig. 6. Positron emission tomography (PET) sections through the thalamus (*left*) and cerebral cortex (*right*) of patients with Alzheimer's disease. Both Alzheimer patients show mild form of dementia with a MMSE score above 20/30. The PET scans show binding of (S)(–)-[^{11}C]nicotine in different brain regions in the two patients with different regional pattern of impairments in nicotinic receptors. [^{11}C]nicotine binding was measured following a tracer dose of (S)(–)-[^{11}C]nicotine IV. The color scale indicates radioactivity expressed in nCi/cm^3/dose/body weight; *red*, high; *yellow*, medium; *blue*, low glucose metabolism. Photo: Uppsala University PET Centre, Uppsala, Sweden

JÖNHAGEN et al. 1998). It is quite possible that other ways of administrating the growth factor, as well as other factors than NGF, should be tested.

2. Ondansetron

The serotonin 5-HT$_3$ receptors belong to the same ion-channel receptor family as the nAChRs. The 5-HT$_3$ receptors inhibit the release of ACh in the brain

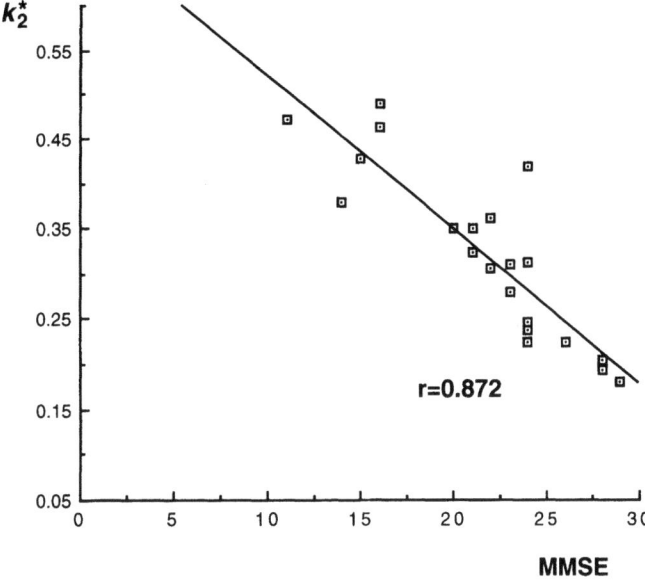

Fig. 7. Correlation between cognitive function (Mini-Mental-State-Exmination score) and nicotinic receptors binding (k_2^* rate constant) in the temporal cortex of Alzheimer patients. $r = 0.872$; $p < 0.001$

and the 5-HT_3 blocker ondansetron has been shown to increase the in vitro release of ACh in autopsy cerebral brain tissue (MAURA et al. 1992). The 5-HT_3 receptor antagonist ondansetron has been found to augment ACh release (BARNES et al. 1989). When AD patients were treated with low doses of ondansetron for 3 months in order to improve the cholinergic function in the brain (increase the ACh release), the rate constant k_2^* for [^{11}C]nicotine was shown by PET to increase in cortical regions, especially the frontal cortex of AD patients (NORDBERG et al. 1997a). The findings suggest a decrease in the number of nAChRs in AD brain areas such as the frontal cortex following ondansetron treatment and do not support the assumption that ondansetron should improve cholinergic function in the brain (NORDBERG et al. 1997a).

3. Cholinesterase Inhibitors

Tacrine was the first cholinesterase inhibitor to show clinical efficacy in AD, and other cholinesterase inhibitors such as donepezil and rivastigmine are presently also in clinical use (for a review, see NORDBERG and SVENSSON 1998). Treatment of AD patients with cholinesterase inhibitors like tacrine causes an increased uptake of [^{11}C]nicotine in the brain after 3 weeks to 3 months of treatment (NORDBERG et al. 1992b). A reduced difference in

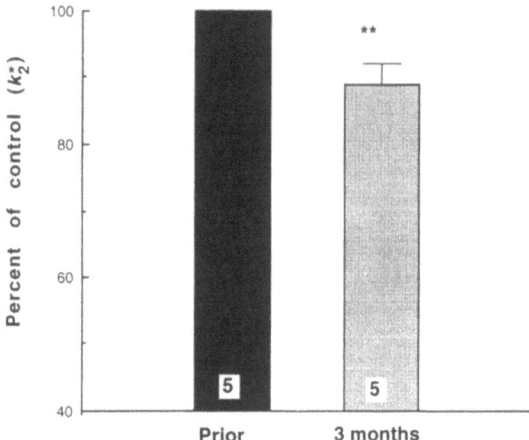

Fig. 8. Effect of 3 months tacrine treatment (80 mg daily) on [^{11}C]nicotine binding in the temporal cortex of Alzheimer patients compared to age-matched controls. The data are expressed as percent of k_2^* values prior to treatment. **$p < 0.01$; n = number of subjects

uptake between $(R)(+)$- and $(S)(-)$-[^{11}C]nicotine was seen in AD patients treated with tacrine (NORDBERG et al. 1992b) and a significant decrease in k_2^* values in the temporal cortex (Fig. 8). Similarly, an improvment in nAChRs measured as a decrease in k_2^* long-term tacrine treatment as well as an improved glucose metabolism have been measured in the AD patients following long-term treatment (NORDBERG et al. 1998). The improvement in [^{11}C]nicotine binding appears to be an earlier phenomenon in the time course of improvement compared to glucose metabolism (NORDBERG et al. 1992, 1994b, 1997b, 1998). Except for the indirect mechanism of tacrine via an increased content of acetylcholine caused by cholinesterase inhibition the restoration of nAChRs following tacrine treatment might be due to a direct interaction with the nAChRs via an allosteric site on the nAChR (PERERIA et al. 1993; SVENSSON and NORDBERG 1996).

Conclusions

Significant progress has been made in recent years to develop and apply functional brain imaging techniques allowing studies of neurocommunicative processes in the brain including neuroreceptors such as the nAChRs. PET and SPECT can be suitable instruments for functional studies of nAChRs in normal brains as well as revealing dysfunctional changes early in the course of the diseases, and provide deep insight into functional mechanisms of action for new potential drug treatment strategies. The advantage with PET is the capacity of the instrument, besides measuring changes in glucose metabolism and cerebral blood flow, to also obtain further knowledge about cell communicative processes (transmitter/receptor interactions) and pharmacokinetic events. A rapid development of selective radioligands for subtypes of nAChRs is presently in process and will very soon be applied in vivo for imaging studies using SPECT and PET in animal and man. Several nAChR ligands labelled with ^{11}C or ^{131}I have been tested in vitro, ex vivo, and to some extent in vivo in monkeys. The azetidine and epibatidine analogues have so far demonstrated the most promising properties of showing specific binding to nAChRs and distinguishing subtypes of nAChRs. The toxicity, especially of the epibatidine analogues, is still an unsolved problem. [^{11}C]nicotine is so far the only labeled nAChR ligand that has been used in PET studies in man. A kinetic model has been developed to express the binding as the rate constant k_2^*. By using this kinetic mode a significantly lower [^{11}C]nicotine binding is measured in the frontal cortex, temporal cortex, and hippocampus of AD patients compared to age-matched controls. A significant correlation can be observed between [^{11}C]nicotine binding in the temporal cortex and the cognitive impairment of the AD patients. Cholinergic drugs including cholinesterase inhibitors have been reported to increase the cerebral blood flow in AD patients following acute or fairly short periods of treatment. Similarly, nAChRs also respond to the treatment with cholinesterase inhibitors and the improvement occurs in cortical regions afflicted by the AD disease. An improvement in nicotinic receptors has also been measured following intraventricular treatment with NGFs to AD patients. Functional studies during activation of the brain by memory tasks will in the near future provide us with further insight into the mechanisms of the nAChRs and how they interact and can improve the efficacy of memory processes in AD brains. The research regarding a further understanding of the functional role of nAChRs and its relation to mechanistic studies of the effect of various drugs has just been initiated.

References

Abood LG, Lu X, Banerjee S (1987) Receptor binding characteristics of a [3H]labeled azetidine analogue of nicotine. Biochem Pharmacol 36:2337–2341

Adem A, Nordberg A, Singh-Jossan S, Sara V, Gillberg PG (1989) Quantitative autoradiography of nicotinic receptors in large cryosections of human brain hemispheres. Neurosci Lett 101:247–252

Adem A, Singh-Jossan S, d'Argy R, Brandt I, Winblad B, Nordberg A (1988) Distribution of nicotinic receptors in human thalamus as visualized by [^{3}H]nicotine and [^{3}H]acetylcholine receptor autoradiography. J Neural Transm 73:77–83

Anand R, Lindstrom J (1990) Nucleotide sequence of the human nicotinic acetylcholine receptor β2-subunit gene. Nucl Acid Res 18:4272

Anderson DJ, Williams M, Pauly J, Raszieweicz JL, Campbell JE, Rotert G, Surber B, Thomas SB, Wasicak J, Arneric SP, Sullivan JP (1995) Characterization of [^{3}H]ABT-418: a novel cholinergic channel ligand. J Pharmacol Exp Ther 273:1434-1441

Arneric SP, Sullivan JP, Briggs CA, Donelly-Roberts D, Anderson DJ, Raszkiewicz JL, Hughes ML, Cadman ED, Adams P, Garvey DS, Wasicak JT, Williams M (1994) (S)-3-Methyl-5-(1-methyl-2-pyrrolidinyl)isoxazole (ABT-418): a novel cholinergic ligand with cognition-enhancing and anxiolytic activities: I. In vitro characterization. J Pharmacol Exp Ther 270:310–318

Barnes JM, Barnes NM, Costall B, Naylor RJ, Tyers MB (1989) 5-HT_3 receptors mediate inhibition of acetylcholine release cortical tissue. Nature (Lond) 2338: 762–763

Benwell MEM, Balfour DJK, Anderson JM (1988) Evidence that tobacco smoking increases the density of (–)-[^{3}H]nicotine binding sites in human brain. J Neurochem 50:1243–1247

Boksa P, Quirion R (1987) [^{3}H]N-Methyl-carbamylcholine, a new radioligand specific for nicotinic acetylcholine receptors in brain. Eur J Pharmacol 139:323–333

Broussolle EP, Wong DF, Fanelli RJ, London ED (1989) In vivo specific binding of [^{3}H]nicotine in the mouse brain. Life Sci 44:1123–1132

Chini B, Raimondi E, Elgoyhen AB, Moralli D, Balzaretti M, Heineman S (1994) Molecular cloning and chromosomal localization of the human $α7$ nicotinic receptor subunit gene. Genomics 19:379–381

Copeland JR, Adem A, Jacob P, Nordberg A (1991) A comparison of the binding of nicotine and nornicotine stereoisomers to nicotinic binding sites in rat brain cortex. Naunyn-Schmiedeberg's Archives of Pharmacology 324:123–127

Court JA, Perry E (1994) CNS Nicotinic Receptors – possible therapeutic targets in neurogenerative disorders. CNS Drugs 2:216–233

Davila-Garcia MI, Musachio JL, Perry D, Xiao Y, Horti A, London ED, Dannals RF, Kellar KJ (1997) [^{125}I]IHP, an epibatidine analog, binds with high affinity to neuronal nicotinic cholinergic receptors. J Pharmacol Exp Ther 282:445–451

Ding YS, Gatley SJ, Fowler JS, Volkow ND, Aggaaarwal N, Logan J et al (1996) Mapping of nicotinic acetylcholine receptors with PET. Synapse 24:403–407

Ding YS, Molina PE, Fowler JS, Logan J, Volkow ND, Kuhar MJ, Carroll FI (1999) Comparative studies of epibatidine derivatives [^{18}F]NFEP and [^{18}F]N-methyl-NFEP: kinetics, nicotine effect, and toxicity. Nuclear Medicine 26:139–148

Dolle F, Dolci L, Valette H, Bottlaender M, Fournier D, Fuseau C, Vaufrey F, Crouzel C (1996) Synthesis and ^{11}C labelling of two selective high affinity nicotinic cholinergic agonists for evaluation as radioligands for PET studies. J Labelled Cpd Radiopharm XXXV111:1099–1112

Dolle F, Valette H, Bottlaender M, Hinnen F, Vaufrey F, Guenther I, Crouzel C (1998) Synthesis of 2-[^{18}F]Fluoro-3-[2(S)-2-azetidinylmethoxy]pyridine, a highly potent radioligand for in vivo imaging central nicotinic acetylcholine receptors. J Labelled Cpd Radiopharm XLI:451–463

Eliott K, Urrutia A, Johnson E, Williams ME, Ellis SB, Velicelebi G, Harpold MM (1993) Cloning and functional expression of human neuronal nicotinic acetylcholine receptor subunits $α4$, $α3$, $α4$, $α7$, $β2$ and $β4$. Soc Neurosci Abstr 19:69

Eriksdotter-Jönhagen M, Nordberg A, Amberla K, Bäckman L, Ebendal T, Meyersson B, Olson L, Seiger Å, Shigeta M, Theodorsson E, Viitanen M, Winblad B, Wahlund LO (1998) Intracerebroventricular infusion of nerve growth factor in three patients with Alzheimer's disease. Dement Geriatr Cogn Disord 9:246–257

Flesher JE, Scheffel U, London ED, Frost JJ (1994) In vivo labeling of nicotinic cholinergic receptors in brain with [^{3}H] cytisine. Life Sci 54:1883–1890

Folstein M, Folstein S, McHugh P (1975) Mini-mental-state: a practical method for grading the cognition state of patients for the clinician. J Psychiatr Res 12:189–198

Fornasari D, Chini B, Tarroni P, Clementi F (1990) Molecular cloning of human nicotinic $α3$ subunit. Neurosci Lett 111:351–356

Gatley SJ, Ding YS, Brady D, Gifford AN, Dewey SL, Carroll I, Fowler JS, Volkow ND (1998) In vitro and ex vivo autoradiographic studies of nicotinic acetylcholine receptors using [^{18}F]fluoronorchloro-epibatidine in rodent and human brain. Nuclear Medicine & Biology 25:449–454

Gauthier S, Diksic M, Yamamoto L, Tyler J, Feindel W (1985) Positron emission tomography with [^{11}C]choline in human subjects. Can J Neurol Sci 12:214

Gerzanich V, Peng X, Wang F, Wells G, Anand R, Fletcher S, Lindstrom J (1995) Comparative pharmacology of epibatidine: a potent agonist for neuronal nicotinic acetylcholine receptors. Mol Pharmacol 48:774–782

Gotti C, Fornasari D, Clementi F (1997) Human neuronal nicotinic receptors. Progr Neurobiol 53:199–237

Halldin C, Någren K, Swahn CG, Långström B, Nybäck H (1992) (S) and (R)-[^{11}C]nicotine and the metabolite (R/S)-[^{11}C]cotinine. Preparation, metabolite studies and in vivo distribution in the human brain using PET. Nucl Med Biol 19:871–880

Hellström-Lindahl E, Gourbanova O, Seiger Å, Mousavi M, Nordberg A (1998) Regional distribution of nicotinic receptors during prenatal development of human brain and spinal cord. Dev Brain Res 108:147–160

Hellström-Lindahl E, Mousavi M, Zhang X, Ravid R, Nordberg A (1999) Regional distribution of nicotinic receptor subunit mRNAs in human brain: comparision between Alzheimer and normal brain. Mol Brain Res 66:94–103

Horti AG, Koren AO, Ravert HT, Musachio JL, Mathews WB, London ED, Dannals RF (1998a) Synthesis of a radiotracer for studying nicotinic acetycholine receptors: 2-[^{18}F]fluoro-3-(2(S)-azetidinylmethoxy)pyridine(2-[^{18}F]A-85380. J Labelled Cpd Radiopharm XLI:309–318

Horti AG, Scheffel U, Koren AO, Ravert HT, Mathews WB, Musachio JL, Finley PA, London ED, Dannals RF (1998) 2-[^{18}F]Fluoro-A-85380, an in vivo tracer for the nicotinic acetylcholine receptors. Nucl Medicine & Biology 25:599–603

Horti A, Scheffel U, Stathis M, Finley P, Ravert HT, London ED, Dannals RF (1997) Fluorine-^{18}-FPH for PET imaging of nicotinic acetylcholine receptors. J Nucl Med 38:1260–1265

Houghtling RA, Davila-Garcia MI, Kellar KJ (1995) Characterization of (+/−)-[^{3}H]epibatidine binding to nicotinic cholinergic receptors in rat and human brain. Mol Pharmacol 48:280–287

Kämpfer I, Sorger D, Schliebs R, Kärger W, Günther K, Schulze K, Knapp WH (1996) Radioiodination of nicotine with specific activity high enough for mapping nicotinic acetylcholine receptors. Eur J Nucl Med 23:157–162

Larsson C, Nordberg A (1985) Comparative analysis of nicotine-like receptor ligand interactions in rodent brain homogenate. J Neurochem 45:24–31

Lipiello PM, Fernandes KG (1986) The binding of L-^{3}H-nicotine to a single class of high affinity sites in rat brain membranes, Mol Pharmacol 29:448–454

London ED, Scheffel U, Kimes AS, Kellar KJ (1995) In vivo labeling of nicotinic acetylcholine receptors in brain with [^{3}H]epibatidine. Eur J Pharmacol 278:R1–R2

Lundqvist H, Nordberg A, Hartvig P, Långström B (1998) (S)-(−)-[^{11}C]Nioctine binding assessed by PET: a dual tracer model evaluated in the rhesus monkey brain. Alzheimer Disease Associated Disorders 12:238–246

Långström B, Antoni G, Halldin C, Svärd H, Bergson G (1982) The synthesis of some [11C]labelled alkaloids. Chemica Scripta 20:46–48

Marks M, Pauly J, Gross D, Deneris E, Herman-Borgmeyer I, Heinemann S, Collins A (1992) Nicotine binding and nicotinic receptors subunits RNA after chronic nicotine treatment. J Neurosci 12:2765–2784

Marks MJ, Stitzel JA, Kimes AS, Kellar KJ (1986) Nicotinic binding sites in rat and mouse brain: comparison of acetylcholine, nicotine, and α-bungarotoxin. Mol Pharmacol 30:427–436

Marutle A, Warpman A, Bogdanovic N, Nordberg A (1998) Regional distribution of subtypes of nicotinic receptors in human brain and effect of aging studied by (+/−)-[^{3}H]epibatidine. Brain Res 801:143–149

Marutle A, Warpman U, Bogdanovic N, Lannfelt L, Nordberg A (1999) Neuronal nicotinic receptor deficits in Alzheimer patients with the swedish amyloid precursor protein 670/671 mutation. J Neurochem 72:1161–1169

Maura G, Andrioli GC, Cavazzani P, Raiteri M (1992) 5-Hydroamine-3 receptors sited on cholinergic axon terminals of human cerebral cortex mediate inhibition of acetylcholine release. J Neurochem 58:2334–2337

Mazière M, Berger G, Masse R, Phimmer D, Comar D (1979) The "in vivo" distribution of carbon-11 labelled (–) nicotine in animals – a method suitable for use in man. In: Remond A, Izard C (Eds.) Electrophysiological effects of nicotine. Elsevier, Amsterdam, pp. 31–47.

Mazière M, Comar D, Marazano C, Berger G (1976) Nicotine-11C: Synthesis and distribution kinetics in animals. Eur Nucl Med 1:255–258

Mazière M, Delforge J (1995) PET imaging of [^{11}C]nicotine: historical aspects. In: Domino EF (ed) Brain imaging of nicotine and tobacco smoking. NPP Books, Ann Arbor, pp. 13–28

Musachio JL, Villemagne VL, Scheffel U, Stathis M, Finley P, Horti A, London ED, Dannals RE (1997) [125/123I] IPH: A radioiodinated analog of epibatidine for in vivo studies of nicotinic acetylcholine receptors. Synapse 26:392–399

Music RF, Berridge MS, Friedland RP, Zhu N, Nelson AD (1998) PET quantification of specific-11-nicotine in human brain, J Nucl Med 39:2048–2054

Nordberg A (1993a) A comparison of the (S)(–) and (R)(+) enantiomers of nicotine with respect to pharmacological and behavioral effects and receptor binding properties in experimental animal and man. Med Chem Res 2:522–529

Nordberg A (1992a) Biological markers and the cholinergic hypothesis in Alzheimer's disease. Acta Neurol Scand Suppl 139:54–58

Nordberg, A (1993b) Clinical studies in Alzheimer patients with positron emission tomography. Behav Brain Res 57:215–224

Nordberg A (1994a) Human nicotinic receptors – their role in aging and dementia. Neurochem Int 25:93–97

Nordberg A (1995) Imaging of nicotinic receptors in human brain. In: Brain imaging of nicotine and tobacco smoking. Domino EF (eds) NPP Books, Ann Arbor, pp 45–57

Nordberg A (1993) Neuronal nicotinic receptors and their implications in aging and neurodegenerative disorders in mammals. J Reprod Fert 46:145–154

Nordberg A (1992b) Neuroreceptor changes in Alzheimer disease. Cerebrovasc Brain Metab Rev 4:303–328

Nordberg A (1994b) Use of PET technique to monitor effect of drugs in Alzheimer disease treatment. In: Giacobini E, Becker R (eds) Alzheimer's Disease: Therapeutic Strategies. Birkhäuser, Boston, pp. 405–411

Nordberg A, Adem A, Hardy J, Winblad B (1988a) Changes in nicotinic receptor subtypes in temporal cortex of Alzheimer brains. Neurosci Lett 86:317–321

Nordberg A, Adem A, Nilsson L, Romanelli L, Zhang X (1988b) Heterogenous cholinergic nicotinic receptors in the CNS. In: F. Clementi, C. Gotti and E. Sher (Eds.) Nicotinic Acetylcholine Receptors in the Nervous System (NATO ASI Series, Series H: Cell Biology, vol H25). Springer Verlag, New York, pp. 331–350

Nordberg A, Adem A, Nilsson L, Winblad B (1988c) Nicotinic and muscarinic cholinergic receptor heterogeneity in the human brain at normal aging and dementia of Alzheimer type. In: B. Tomlinson, G. Pepeu and C.M. Wischik (Eds.) New Trends in Aging Research (Fidia Research Series vol 15). Liviana Press, Padua, pp. 27–36

Nordberg A, Alafuzoff I, Winblad B (1992a) Nicotinic and muscarinic receptor subtypes in the human brain: changes with aging and dementia. J Neurosci Res 31:103-111

Nordberg A, Almkvist O, Amberla K, Basun H, Corder B, Ebendal T, Gottfries CG, Hartvig P, Hellström-Lindahl E, Jelic V, Jönhagen M, Lannfelt L, Lehman V, Långström B, Lundqvist H, Meurling L, Meyersson B, Olson L, Seiger Å, Valind S, Viitanen M, Wahlund LO, Winblad B (1997a) Responders and non-responders to tacrine, ondansetron and NGF treatment in Alzheimer patients as evaluated by positron emission tomography and APOE genotype. In: Iqbal K, Winblad B, Nishimura T, Takeda M, Wisniewski HM (eds) Alzheimer's disease: biology, diagnosis and therapeutics. John Whiley & Sons, Chichester, pp 647–653

Nordberg A, Amberla K, Shigeta M, Lundqvist H, Viitanen M, Hellström-Lindahl E, Johansson M, Andersson J, Hartvig P, Lilja A, Långström B, Winblad B (1998)

Long-term tacrine treatment in three mild Alzheimer patients: effects on nicotinic receptors, cerebral blood flow, glucose metabolism, EEG and cognitive abilities. Alzheimer Disease and Associated Disorders 12:228–237

Nordberg A, Fuxe K, Holmstedt B, Sundwall A (1989a) Nicotinic Receptors in the CNS – their role in synaptic transmission. Progr Brain Res 79:1–366

Nordberg A, Hartvig P, Lilja A et al (1990) Decreased uptake and binding of [^{11}C]nicotine in brain of Alzheimer patients as visualized by positron emission tomography. J Neural Transm. (P-D sect.) 2:215–224

Nordberg A, Hartvig P, Lundqvist H, Antoni G, Ulin J, Långström B (1989b) Uptake and regional distribution of (+)(R) and (–)(S)-N-[methyl-^{11}C]-nicotine in the brain of Rhesus monkey. An attempt to study nicotinic receptors in vivo. J Neural Transm (P-D sect) 1:195–205

Nordberg A, Larsson C (1980) Studies of muscarinic and nicotinic binding sites in brain. Acta Physiol Scand (supp) 497:19–23

Nordberg A, Lilja A, Lundqvist H et al (1992b) Tacrine restores cholinergic nicotinic receptors and glucose metabolism in Alzheimer patients as visualized by positron emission tomography. Neurbiol Aging 13:747–758

Nordberg A, Lundqvist H, Hartvig P, Andersson J, Johansson M, Hellström-Lindahl E, Långström B (1997b) Imaging of nicotinic and muscarinic receptors in Alzheimer's disease: effect of tacrine treatment. Dement Geriatr Cogn Disord 8:78–84

Nordberg A, Lundqvist H, Hartvig P, Lilja A, Långström B (1995) Kinetic analysis of regional (S)(–)^{11}C-nicotine binding in normal and Alzheimer brains – in vivo assessment using positron emission tomography. Alzheimer Disease Associated Disorders 1:21–27

Nordberg A, Nilsson-Håkansson L, Adem A, Hardy J, Alafuzoff I, Lai L, Herrera-Marschitz M, Winblad B (1989c) The role of the nicotinic receptors in the pathophysiology of Alzheimer's disease. Progr Brain Res 79:313–319

Nordberg A, Svensson AL (1998) Cholinesterase inhibitors in the treatment of Alzheimer's disease. A comparison of tolerability and pharmacology. Drug Safety 19:465–480

Nordberg A, Winblad B (1986) Reduced number of [^{3}H]nicotine and [^{3}H]acetylcholine binding sites in the frontal cortex of Alzheimer brains. Neurosci Lett 72:115–119

Nybäck H, Halldin C, Åhlin A, Curvall M, Eriksson L (1994) PET studies of the uptake of (S)- and (R)-[^{11}C]nicotine in the human brain: difficulties in visualizing specific receptor binding in vivo. Psychopharmacology 115:31–36

Nybäck H, Nordberg A, Långström B, Halldin C, Åhlin A, Swahn CG, Sedvall G (1989) Attempts to visualize nicotinic receptors in the brain of monkey and man by positron emission tomography. Progr Brain Res 79:313–319

Olson L, Nordberg A, von Holst H et al (1992) Nerve growth factor affects [^{11}C]nicotine, blood flow, EEG, and verbal episodic memory in an Alzheimer patient. J Neural Transm (P-D sect.) 4:79–95

Peng X, Gerzanich V, Anand R, Whiting P, Lindstrom J (1994) Nicotine-induced increase in neuronal nicotinic receptors results from a decrease in the rate of receptor turnover. Mol Pharmacol 46:523–530

Pereira EFR, Reinhardt-Maelicke S, Schrattenholz A, Maelicke A, Albuquerque EX (1993) Identification and functional characterization of a new agonist site on nicotinic acetylcholine receptors of cultured hippocampal neurons. J Pharmacol Exp Ther 265:1474–1491

Raimondi E, Rubboli F, Moralli D, Chini B, Fornasari D, Tarroni P, De Carlki L, Clementi F (1991) Chromosomal localization and physical linkage of the gene encoding the human α3,5 and β4 neuronal nicotinic receptor subunits. Genomics 12:849–850

Rapoport SI (1991) Positron emission tomography in Alzheimer's disease in relation to disease pathogenesis: a critical review. Cerebrovasc. Brain Metab 3:297–335

Romanelli L, Öhman B, Adem A, Nordberg A (1988) Subchronic treatment of rats with nicotine: interconversion of nicotinic receptor subtypes. Eur J Pharmacol 148: 289–291
Romano C, Goldstein A (1980) Stereospecific nicotine receptors on rat brain membranes. Sciences 210:647–650
Rubboli F, Court J, Morris C, Chini B, Perry E, Clementi F (1994) Distribution of nicotinic receptors in the human hippocampus and thalamus. Eur J Neurosci 6:1596–1604
Sargent PB (1993) The diversity of neuronal nicotinic acetylcholine receptors. Ann Rev Neursci 16:403–443
Scheffel U, Taylor GF, Kepler JA, Carroll FI, Kuhar MJ (1995) In vivo labeling of neuronal nicotinic acetylcholine receptors with radiolabeled isomers of norchloroepibatidine. NeuroReport 6:2483–2488
Schmeller T, Sauerwein M, Sporer F, Wink M, Müller W (1994) Binding of quinolizidine alkaloids to nicotinic and muscarinic acetylcholine receptors. J Nat Prod 57: 1316–1319
Schwarz RD, Kellar KJ (1983) Nicotinic cholinergic receptor binding sites in the brain: regulation in vivo. Science 220:214–220
Sihver W, Fasth KJ, Ögren M, Bivehed H, Bergström M, Nordberg A, Watanabe Y, Långström B (1998a) In vitro evaluation of [^{11}C]labeled (S)-nicotine, (S)-3-methyl-5(1-methyl-2-pyrrolidinyl) isoxaxole, and (R,S)-1-methyl-2-(3-pyridyl) azetidine as nicotinic receptor ligands for positron emission tomography studies. J Neurochem 71:1750–1760
Sihver W, Gillberg PG, Nordberg A (1998b) Laminar distriubtion of nicotinic receptor subtypes in human cerebral cortex as determined by [^{3}H](–)nicotine, [^{3}H]cytisine and [^{3}H]epibatidine in vitro autoradiography. Neuroscience 85:1121–1133
Sihver W, Fasth KJ, Horti AG, Koren AO, Bergström M, Lu L, Hagberg G, Lundqvist H, Dannals RF, London E, Nordberg A, Långström B (1999a) Synthesis and characterization of binding of 5-[^{76}Br]Bromo-3-[[2(S)-Azetidinyl]methoxy]pyridine, a novel nicotinic acetylcholine receptor ligand, in rat brain. J Neurochem 73:1264–1272
Sihver W, Fasth KJ, Ögren M, Lundgvist H, Bergström M, Watanabe Y, Långström B, Nordberg A (1999b) In vivo positron emission tomograhy studies on the novel nicotinic receptor agonist [^{11}C]MPA compared with [^{11}C]ABT-418 and (S)(–)[^{11}C]hicotine in rhesus monkeys. Nuclear Medicine & Biology 26:633–640
Sugaya K, Giacobini E, Chiappinelli VA (1990) Nicotinic receptor subtypes in human frontal cortex: changes in Alzheimer's disease. J Neurosci Res 27:349–359
Svensson AL, Nordberg A (1996) Tacrine interacts with an allosteric activator site on $\alpha 4\beta 2$ nAChRs in M10 cells. NeuroReport 7:2201–2205
Sullivan JP, Donnelly-Robert D, Briggs CA, Anderson DJ, Gopalakrishnan M, Piattoni-Kaplan M, Campbell JE, McKenna DG, Molinari E, Hettinger AM, Garvey DS, Wasicak JT, Holladay MW, Williams M, Arneric SP (1996) A-85380[3-(2(S)-Azetidinyl-methoxy) pyridine]: in vitro pharmacological properties of a novel, high affinity $\alpha 4\beta 2$ nicotinic acetylcholine receptor ligand. Neuropharmacology 35:725–734
Yokoi F, Komiyama T, Ito T, Hayashi T, Lio M, Hara T (1993) Application of carbon-11 labelled nicotine in the measurement of human cerebral blood flow and other physiological parameters. Eur J Nucl Med 20:46–52
Valette H, Bottlaender M, Dollé F, Dolci L, Syrota A, Crouzel C (1997) An attempt to visualize baboon brain nicotinic receptors with N-[^{11}C]ABT-418 and N-[^{11}C]methyl-cytisine. Nuclear Medicine Communications 18:164–168
Vaupel DB, Mukhin AG, Kimes AS, Horti AG, Koren AO, London ED (1998) in vivo studies with [^{125}I]5-I-A-85380, a nicotinic acetylcholine receptor radioligand. NeuroReport 9:2311–2317
Warpman U, Friberg L, Gillispie A, Hellström-Lindahl E, Zhang X, Nordberg A (1998) Regulation of nicotinic receptor subtypes following chronic nicotinic agonist expo-

sure in M10 cells and SH-SY5Y neuroblastoma cells. J Neurochem 70:2028–2037

Warpman U, Nordberg A (1995) Epibatidine and ABT 418 reveal selective losses of $\alpha 4\beta 2$ nicotinic receptors in Alzheimer brains. NeuroReport 6:2419–2423

Wever A, Jeske A, Lobron Ch, Birtsch Ch, Heinemann S, Maelicke A, Schröder R, Schröder H (1994) Cellular distribution of nicotinic acetylcholine receptor subunits mRNAs in the human cerebral cortex as revealed by non-isotopic in situ hybridization. Mol Brain Res 25:122–128

Whitehouse PJ, Martino AM, Antuono PG, Lowenstein PR, Coyle JT, Price PL, Kellar KJ (1986) Nicotinic acetylcholine sites in Alzheimer's disease. Brain Res 371:146–151

Williams M, Robinson JL (1984) Binding of the nicotinic cholinergic antagonist, dihydro-β-erythroidine, to rat brain tissue. J Neurosci 4:2906–2911

Willoughby JJ, Ninkina NN, Beech MM, Latchman DS, Wood JN (1993) Molecular cloning of a human neuronal nicotinic acetylcholine receptor $\beta 3$-like subunit. Neurosci Lett 155:136–139

Wonnacott S (1990) Brain nicotinic binding sites. Human Toxicology 6:343–353

Wonnacott S (1990) The paradox of nicotinic acetylcholine receptor upregulation by nicotine. TIBS 11:216–219

Wonnacott S, Russell MAH, Stolerman IP (1990) Nicotine Psychopharmacology – Molecular, Cellular, and Behavioural Aspects. Oxford University Press, Oxford, pp. 1–427

Zhang X, Gong ZH, Fasth KJ, Långström B, Nordberg A (1998) Interaction of the nicotinic agonist (R,S)-3-pyridyl-1-methyl-2-(3-pyridyl)-azetidine (MPA) with nicotinic acetylcholine receptor subtype expressed in cell lines and rat cortex. Neurochem Int 32:435–441

Zhang X, Gong ZH, Hellström-Lindahl E, Nordberg A (1995) Regulation of $\alpha 4\beta 2$ nicotinic acetylcholine receptors in M10 cells following treatment with nicotinic agents. NeuroReport 6:313–317

CHAPTER 22
Genetic Regulation of Nicotine-Related Behaviors and Brain Nicotinic Receptors

J.A. STITZEL, S.S. LEONARD, and A.C. COLLINS

A. Introduction

Nicotinic cholinergic receptor (nAChR) subunit mRNAs are found throughout the brain which suggests that nAChRs may have a widespread influence on brain function and explains why the administration of nicotine to humans or laboratory animals results in a multiplicity of behavioral effects. A minimum of seven different nAChR α subunits and three different nAChR β subunits are expressed in the mammalian brain which could lead to extensive diversity in the types of receptors that are actually produced. Enormous progress has been made in the last few years in identifying the receptor types that are expressed in the mammalian brain, but minimal progress has been made in identifying which behaviors (normal, abnormal, and drug-induced) are modulated by specified receptor subtypes. Our goals are to summarize and critically comment on data showing that genetic strategies have been useful in providing answers to questions related to the function and regulation of brain nAChRs.

B. Human Tobacco Use
I. Genetics of Smoking

Smokers use tobacco as a means of self-administering nicotine. They modify their smoking habits to maintain plasma and, presumably, brain nicotine concentrations so as to avoid withdrawal responses that occur when nicotine concentrations get too low and toxicities that occur when the levels get too high (KOZLOWSKI and HERMAN 1984). The 1988 U.S. Surgeon General's Report concluded that nicotine may be more addicting than heroin and cocaine, but it is readily evident that not everyone who experiments with tobacco becomes addicted. In the United States, for example, approximately 85% of young people have tried tobacco, generally cigarettes, by the age of 21, but only about a third of these become habitual smokers (KANDEL et al. 1997). The finding that not everyone who experiments with tobacco becomes a devoted user has stimulated research designed to ascertain whether these individual differences are due to environmental or genetic factors. As is often the case with nature–nurture controversies, most current researchers believe that both environment and genes regulate smoking behaviors. The observation that the parents and siblings (GURLING et al. 1985; BOOMSMA et al. 1994; KAPRIO et al. 1982) of smokers are more likely to be smokers than are the family members of nonsmokers led early researchers (e.g., BANDURA 1969) to assert that the smoking habit is acquired by imitation; that is, people smoke because others in their environment also smoke. However, these observations have led other researchers to argue that genetic factors influence smoking. This argument is based on the fact that family members share common genes as well as a common environment. One of the best ways to resolve this issue is to study the behaviors of twins who have been reared apart. FISHER (1958ab) used this approach in a study of the smoking habits of monozygotic (identical) and dizygotic (fraternal) twins. Some of the twins had been reared together, others separately. Fisher reported that concordance for smoking status was much higher in MZ twins than in DZ twins and that rearing status had little, if any, effect on the concordance which suggests that genetic factors are of prime importance in influencing smoking-related behaviors. In the 40 years since FISHER's early studies, more than 20 additional studies have used the twin method to estimate the heritability of smoking (see HEATH and MADDEN 1995, for a recent review). The heritability estimates (fraction of the variance attributable to genetic factors) reported in these studies range from 0.2 to 0.84. The finding that heritability is never 0 or 1.0 indicates that both genes and environment influence smoking. The broad range in heritabilities seen in the many studies that have been done may reflect variability in the influence of genes and environment in the populations studied.

The vast majority of the behavioral genetic studies of smoking have done little more than ask questions such as: Do you smoke? Have you ever smoked? How much did you smoke? However, more recent studies of genetic influences on smoking have asked more sophisticated questions and have obtained evidence that suggests that genes influence both the initiation (HEATH et al. 1993) and persistence (HEATH and MARTIN 1993; HEATH 1990) of tobacco use, the number of cigarettes smoked (CARMELLI et al. 1990), and the ability to stop smoking (CARMELLI et al. 1992; HAJEK 1991). Thus, the data currently available clearly argue that genes influence several aspects of smoking, but none of the studies published, to date, have used much more than a questionnaire approach to the study of tobacco use. Consequently, we are only a little better off than we were 40 years ago when FISHER's studies yielded data that suggested that an individual's genetic constitution might influence whether he, or she, will become a tobacco user.

II. Potential Mechanisms for Genetic Influences on Smoking

One explanation for smoking that has been repeatedly advanced is that personality factors contribute to the use of tobacco (GILBERT and GILBERT 1995). While this suggestion has some appeal, the data available do not support the postulate that genes that regulate specific personality traits also influence whether a given individual will also use tobacco. For example, HEATH et al. (1995) assessed the potential relationship between several components of personality (e.g., novelty seeking, harm avoidance, reward dependence) and found that very little (20%–30% at most) of the genetic influence on smoking initiation or persistence could be explained by these personality factors.

Among the more intriguing explanations for genetic influences on smoking is one that is based on what has been learned about genetic influences on alcoholism. Many studies (see MADDEN et al. 1997, for a recent review) have shown that sensitivity to the intoxicating effects of alcohol seems to influence whether an individual becomes an alcoholic; those who are less sensitive to the intoxicating effects of alcohol, when measured as a young adult, are more likely to become an alcoholic by middle age than are those who are more sensitive.

Almost all smokers report that the initial exposure to tobacco was not particularly pleasant (BEWLEY et al. 1974; FRIEDMAN et al. 1985; POMERLEAU 1995). This observation led SILVERSTEIN et al. (1982) to suggest that those people who experience strongly aversive effects on an initial experience with tobacco refrain from use. Less sensitive people, according to FRIEDMAN et al. (1985), are likely to continue smoking. While these arguments sound reasonable, they are not entirely consistent with the existing data. As POMERLEAU (1995) pointed out in a recent review of the literature, several studies (see MURPHREE 1979; WEST and RUSSELL 1988; POMERLEAU et al. 1992, for examples) have shown that smokers are more sensitive to several of nicotine's actions than nonsmokers. POMERLEAU et al. (1992) compared heavy smokers, light smokers, and nonsmokers for their responses to intranasally-administered nicotine and found that, after overnight abstinence, the heavy smokers were the most responsive to nicotine and the nonsmokers the least responsive; the light smokers fell between the other two groups. These differences disappear with continued smoking as tolerance to nicotine develops. POMERLEAU (1995) has argued that the ability to develop a tolerance to nicotine, rather than the initial sensitivity, may be the critical factor that influences who will, and who will not, become addicted to nicotine. Moreover, WEST and RUSSELL (1988) have argued that the same mechanisms that are responsible for the loss of tolerance that occurs with abstinence are responsible for withdrawal responses.

A major problem with the sensitivity models is that they have been described generally and do not take into account the likelihood that not all responses to nicotine will be modulated by the same nAChR. In addition, no one has attempted to identify those responses that might be critically involved in regulating continued tobacco use. However, the recent findings (PIANEZZA et al. 1998) that smokers metabolize nicotine more rapidly than do nonsmoker lends credence to the notion that reduced sensitivity to one or more of the actions of nicotine might facilitate increased tobacco use. Smokers have a lower incidence of the two inactive alleles of the cytochrome P450 (CYP2A6), the enzyme that is largely responsible for the conversion of nicotine to cotinine, than do nonsmokers. In addition, smokers who have one copy of one of the defective alleles smoke fewer cigarettes than do smokers who are homozygous for the active allele.

C. Animal Studies of Acute Nicotine Sensitivity
I. Genetics of Acute Sensitivity
1. Inbred Strain Analyses of Acute Sensitivity to Nicotine

Many tests have been utilized to assess acute nicotine sensitivity (sensitivity to a first dose of nicotine) in animal models (see BRIONI et al. 1997, for a recent review), but genetic influences have been evaluated for only a few of these measures. However, the data currently available suggest the genetic factors may regulate acute sensitivity to virtually every effect produced by nicotine, at least in the mouse. The most common approach that has been used to assess the influence of genetic factors on behavioral and physiological responses to nicotine has been to study inbred mouse strains to establish the range of individual differences in sensitivity. More sophisticated genetic methods, such as classical cross studies and diallel analyses have been employed to assess the heritability of acute nicotine sensitivity in a limited number of studies. The influence of genetic factors on neuronal nAChR levels have also been evaluated by these methodologies. More recently, molecular genetic methods have evaluated the variability of the nAChR subunit genes between mouse strains that differ in nicotine sensitivity.

Without question, the most ambitious analysis of the effects of nicotine using inbred mouse strains was that done by MARKS et al. (1989a) who used 19 inbred mouse strains to study the effects of an acute injection of nicotine on heart rate, respiration rate, acoustic startle response, locomotor activity, and body temperature. The 19 strains that were used in this study were chosen because they represented a mix of animals with distinct genetic origins as well as some strains that are closely related. Dose–response curves were constructed in each strain to establish the sensitivity of the strains for each of the responses to nicotine. Marked differences in nicotine sensitivity were observed for all of the measures among the 19 inbred strains, and, in general, a strain that was sensitive to nicotine's effects on locomotor activity in a Y maze was also sensitive to nicotine's effects on body temperature. These observations suggest that these measures of nicotine sensitivity are regulated by overlapping genetic factors. These same 19 inbred strains were also found to differ in their sensitivity to the convulsant effects of nicotine (MINER and COLLINS 1989), but the rank order of strain sensitivity for this response was different than the strain rank order for nicotine's effects on Y maze activity and body temperature. This finding implies that the genes that regulate nicotine-induced seizure sensitivity are not identical to those that are involved in modulating nicotine's effects on activity and body temperature. Factor analysis of the effects of nicotine on locomotor activity, body temperature, and nicotine-induced seizure sensitivity among the 19 inbred mouse strains supports this interpretation. MARKS et al. (1989a) found that Y maze activity and body temperature loaded heavily and almost exclusively on factor 1 while the two seizure measures (ED_{50}, i.p.; and latency to seizure, i.v.) loaded heavily and nearly exclusively on factor 2. Consistent with these observations, the nicotinic antagonist mecamylamine has been shown to separate acute nicotine sensitivity into two subgroups (COLLINS et al. 1986). Seizure sensitivity was found to be blocked by low doses of mecamylamine (ED_{50} = 0.08 mg/kg) while Y maze activity, body temperature, heart rate, and respiration rate were blocked only at high doses of mecamylamine (average ED_{50} = 1 mg/kg).

Interestingly, the rank order of the strains for the seizure measure differed modestly depending upon the route of administration. One potential explanation for this finding is that a pharmacokinetic factor, such as rate of distribution of nicotine to the brain, may affect the genetic regulation of nicotine-induced seizure sensitivity.

As noted above, differences in nicotine metabolism may explain, at least partially, why some people smoke and others do not and, among smokers, how many cigarettes are smoked each day (PIANEZZA et al. 1998). However, it does not seem likely that metabolism or distribution differences play a large role in determining differences among the inbred mouse strains in sensitivity to nicotine. If the strains differed in the rate of nicotine metabolism, the strains should have a similar, if not identical, rank order of the strains for the various behavioral responses to nicotine. As noted previously, the rank order of the strains differed for the various tests. Direct demonstration that metabolism differences are not widespread was obtained by PETERSEN et al. (1984) who found that nicotine metabolism did not differ markedly among the DBA/2, C3H/2, and C57BL/6 strains even though these strains differ by a factor of three- to six-fold in sensitivity to nicotine's various behavioral and physiological effects (MARKS et al. 1989a; MINER and COLLINS 1989). Furthermore, blood and brain levels of nicotine did not differ between the seizure-sensitive C3H/2Ibg strain and the seizure-resistant DBA/2Ibg strain following an i.p. nicotine injection (4 mg/kg) (MINER et al. 1984).

2. Analysis of Acute Sensitivity to Nicotine Using Genetic Crosses

Other approaches have also been utilized to estimate the genetic contribution to individual differences in nicotine sensitivity. The diallel approach has been employed, using five inbred strains and all possible F1 combinations derived from these strains, to evaluate the genetic regulation of nicotine-induced hypothermia (MARKS et al. 1984) and open field activity (MARKS et al. 1986a). Dominance towards a more intense response to nicotine (reduced body temperature and activity) was found for both measures. Perhaps the most valuable contribution made by a diallel analysis is that it can be used to provide an estimate of the minimal number of loci involved in regulating a trait. MARKS et al. (1984, 1986a) found that at least seven effective factors (loci) are involved in regulating the body temperature and open field activity responses to nicotine.

Classic genetic crosses (F1, F2, and F1 back cross to parental strains) were used by MINER et al. (1984, 1986) to evaluate genetic contributions to nicotine-induced seizure sensitivity. Sensitivity was found to be inherited in a dominant fashion with dominance in the direction of resistance to nicotine-induced seizures when nicotine was administered i.p. This is the opposite of what was found for nicotine-induced hypothermia and the effects of nicotine on locomotor activity (MARKS et al. 1984, 1986a). Moreover, nicotine-induced seizure sensitivity was shown to fit a single gene model of inheritance. Interestingly, classic genetic analysis of seizures produced by i.v.-administered nicotine indicated that this measure of nicotine sensitivity is inherited in an entirely additive fashion; no dominance component was detected. This finding is consistent with the results obtained from the study of seizures in the 19 inbred mouse strains: the genetics of nicotine-induced seizure sensitivity is affected by the route of drug administration.

3. Potential Role for nAChRs in Regulating Acute Sensitivity to Nicotine

Genetic studies have also been useful in identifying which of the neuronal nAChR subtypes might be involved in modulating specific responses to nicotine. As described earlier, the nAChR family in mammals is composed of ten subunits (seven α subunits and three β subunits) that combine to form an unknown number of pentameric receptors in the brain. The two most abundant nAChR subtypes found in the brain are those that are composed of $\alpha 4$ and $\beta 2$ subunits and bind [^{3}H]-L-nicotine with high affinity (FLORES et al. 1992; NAKAYAMA et al. 1991; WADA et al. 1988) and those that contain the $\alpha 7$ subunit and bind ^{125}I-α-bungarotoxin with high affinity (SCHOEPFER et al. 1990; SÉGUÉLA et al. 1993). These two nAChR subtypes exhibit distinct yet overlapping patterns of expression (CLARKE et al. 1985; MARKS et al. 1986b; MARKS and COLLINS 1982; ROMANO and GOLDSTEIN 1980; SCHWARTZ et al. 1982). A comparison of the levels of these two subtypes of nAChRs across the same 19 inbred strains that were examined for behavioral sensitivity to nicotine demonstrated that there is significant variability in nAChR levels across this population of animals. These differences were not due to altered affinity for the respective ligands but rather due to variation in the maximal number of receptors. In order to assess the relationship between nAChR levels and sensitivity to nicotine, MARKS et al. (1989b) compared receptor levels with the behavioral responses to nicotine recorded for the 19 inbred strains and found that the low dose effects of nicotine, which include nicotine's effects on body temperature and locomotor activity, significantly correlated ($r = -0.63$, $p = 0.005$) with levels of [^{3}H]-L-nicotine binding and nicotine-induced seizure sensitivity significantly associated ($r = -0.63$, $p = 0.004$) with levels of ^{125}I-α-bungarotoxin binding. In both instances, the greater the number of nAChRs, the more sensitive an animal was to the respective effects of nicotine. The relationship between nicotine-induced seizure sensitivity and levels of ^{125}I-α-bungarotoxin binding had been previously described by MINER et al. (1984, 1985). These investigations demonstrated that nicotine-induced seizure sensitivity co-segregated with hippocampal α-bungarotoxin binding levels in classic genetic cross analyses of seizures induced by either i.p or i.v. administration of nicotine. In addition, a genetic correlation of –0.63 was observed for the relationship between seizure sensitivity and α-bungarotoxin binding levels in the hippocampus. This correlation is identical to that found between the two measures in the 19 inbred strain analysis.

The correlation between acute nicotine sensitivity and nAChR levels is compelling in that it suggests that approximately 38% (the square of the correlation coefficient) of the variation in sensitivity to the low dose effects of nicotine can be attributed to differences in the density of [^{3}H]-L-nicotine binding sites and 38% of the variation in seizure sensitivity can be ascribed to differences in the number of ^{125}I-α-bungarotoxin binding sites. However, it remains to be determined whether the variation in nAChR subtype levels between animals is due to a variation in the number of receptors per neuron or a difference in the number of neurons that express the respective nAChR subtype. Either of these possibilities would lead to differences in nAChR levels and both could account for the variation in nicotine sensitivity attributed to differences in nAChR subtype levels.

The fact that receptor levels can explain only about 40% of the variation in nicotine sensitivity suggests that other mechanisms are also involved in determining individual differences in nicotine sensitivity. Differences in functional properties of specific nAChR subtypes may also account for the variation in nicotine sensitivity across mouse strains. DOBELIS et al. (1998) have recently used an ion flux assay to compare the functional status of mouse brain $\alpha 4\beta 2$ nAChRs. This preliminary analysis suggests that the amount of ion fluxed per receptor varies across mouse strains. The reasons for this difference remain to be determined, but structural deviations in nAChR subunits could lead to changes in channel open time or desensitization. Differences in nAChR function could also lead to differences in a secondary response to nicotine such as nicotine-stimulated release of neurotransmitter or hormone which might affect sensitivity to nicotine.

II. Genetic Influences on the Development of Tolerance to Nicotine

1. Comparisons of Tolerance Development Using Inbred Mouse Strains

An assessment of the genetic contribution to the development of tolerance to nicotine following chronic nicotine exposure was done by MARKS et al. (1991) in a study that examined the development of tolerance to nicotine that used five inbred mouse strains. The strains chosen for this study represented the full range of acute sensitivity as determined by MARKS et al. (1989a). The mouse strains were treated with nicotine via indwelling jugular cannulas. Each strain was treated with several doses of nicotine and tolerance to nicotine was evaluated by constructing dose–response curves for the effects of i.p. injected nicotine on acoustic startle, heart rate, respiration rate, Y maze activity and body temperature. Tolerance was seen as a shift to the right of the dose–response curves. Tolerance to nicotine developed for some measures and not others. All of the strains developed tolerance to the effects of nicotine on heart rate, Y maze activity, and body temperature, but tolerance did not develop for either the startle response or respiration rate for any of the strains. The chronic nicotine treatment dose required to elicit tolerance for these measures varied among the strains. Mouse strains that were more sensitive to an acute dose of nicotine developed tolerance following exposure to relatively low doses of nicotine while animals more resistant to an acute challenge of nicotine developed tolerance only at higher doses of nicotine. Interestingly, a significant correlation ($r = 0.94$) was detected between acute sensitivity to the effects of nicotine on Y maze activity and body temperature and the minimal dose that elicits tolerance for these five strains. This observation indicates that a physiological or behavioral response to nicotine may be required before measurable changes in nicotine tolerance occur. Therefore, these studies suggest that some measures of initial nicotine sensitivity may be predictive of tolerance development.

2. Role of Changes in nAChR Numbers in Tolerance Development

A series of studies done with the DBA/2 inbred mouse strain led to the suggestion that tolerance to nicotine's effects on locomotor activity and body temperature may be associated with the increase in [^{3}H]nicotine binding that occurs with chronic treatment. Dose–response (MARKS et al. 1986c) and time course (MARKS et al. 1985) studies showed that, at least in the DBA/2 mouse strain, changes in response to nicotine that develop with chronic treatment (tolerance) are closely associated with changes in [^{3}H]-L-nicotine binding. However, when MARKS et al. (1991) measured [^{3}H]-L-nicotine and ^{125}I-α-bungarotoxin binding in the five inbred mouse strains an apparent dissociation between changes in binding and tolerance was obtained. All five strains exhibited dose dependent increases in [^{3}H]-L-nicotine and ^{125}I-α-bungarotoxin binding but no detectable strain differences in the overall effect of treatment on [^{3}H]-L-nicotine binding was observed (all strains exhibited the same relative increase in nAChR binding). Therefore, strain-specific differences in nAChR upregulation cannot, by itself, explain the differences in tolerance development. In fact, strains such as C3H/2Ibg and BUB/BnJ developed tolerance only after maximal increases in binding had been achieved. In contrast, MARKS et al. (1991) observed a correlation between changes in the number of ^{125}I-α-bungarotoxin sites and tolerance development among the strains that developed tolerance only at high doses. This suggests that the α-bungarotoxin-binding nAChR may be important for tolerance development. The results of these studies also clearly indicate that genetic factors other than, or in addition to, changes in receptor levels are involved in mediating tolerance development to nicotine.

III. Animal Studies of Reinforcing Effects of Nicotine

1. Genetics of Oral Self-administration

Potential genetic influences on the reinforcing effects of nicotine have been evaluated using the two bottle choice paradigm (ROBINSON et al. 1996). In this method, mice are given a free choice between two water bottles, one that contains only water (or 0.2% saccharin) and another that contains water (or 0.2% saccharin) plus nicotine. The position of the bottles is changed daily, so that the animal must pursue or avoid the nicotine-containing solution. The concentration of nicotine is increased every four days and animals are evaluated for the percentage of overall fluid they obtain from the nicotine-containing bottle and the dose of nicotine consumed. As was observed for all other measures of nicotine sensitivity, strain differences were detected for nicotine oral self-selection. C57BL/6 J mice, which are notorious for having high levels of oral drug self-administration (for examples, see McCLEARN and ROGERS 1959; FORGIE et al. 1988; MELISKA et al. 1995), consumed the most nicotine in this paradigm while the strains A/J, C3H/2Ibg, and ST/bJ drank the least. DBA/2/Ibg and BUB/BnJ mice were intermediate in their nicotine consumption. When nicotine self-selection was compared to measures of acute sensitivity to nicotine, no correlation was observed between self-selection and acute sensitivity to the effects of nicotine on any of the measures that correlated with tolerance development (Y maze activity and body temperature). However, a robust ($r = 0.89$) and significant correlation was found between nicotine self-selection and sensitivity to nicotine-induced seizures such that animals that are more sensitive to the convulsant effects of nicotine consume less nicotine in the two bottle choice paradigm. Therefore, particular measures of acute nicotine sensitivity appear to be predictive of distinct behaviors associated with chronic nicotine exposure.

Although nicotine-induced seizure sensitivity may be the major predictor of oral self-selection, a closer examination of the data suggest that tolerance development may also play a role in this behavior. The three mouse strains that are highly sensitive to nicotine-induced seizures all consume roughly the same low level of nicotine regardless of whether they readily develop tolerance to nicotine. Therefore, seizure sensitivity overrides the ability to develop tolerance probably because the animals never consume enough nicotine to achieve tolerance. On the other hand, the three mouse strains that are relatively resistant to nicotine-induced seizures consume varying levels of nicotine in the two bottle choice test. The rank order of the degree of nicotine consumption is identical to the rank order of their ability to develop tolerance. C57BL/6 J mice, which develop tolerance most readily, consume the most nicotine while the strain that is the least proficient at developing tolerance (BUB/BnJ) drinks the least nicotine of the seizure-resistant strains. Perhaps these data are telling us that seizure sensitivity is measuring some sort of threshold of the toxic effects of nicotine that, if overcome, leads to nicotine consumption. The degree of nicotine consumption would then be determined by the level of tolerance development acquired by the animal. The examination of additional mouse strains that are resistant to nicotine-induced seizures yet exhibit different degrees of tolerance development would be necessary to evaluate this hypothesis fully.

2. Genetic Influences on Conditioned Place Preference

Genetic factors also seem to regulate whether nicotine will produce a conditioned place preference. In this test, animals are injected with the drug and placed in a test box that is divided, minimally, into two chambers. On the next day the animal is injected with saline and placed in the other chamber of the test box. This procedure is usually repeated several times. On the test day, the animals are placed in the test box, without injection, and the time spent in each chamber is recorded. SCHECHTER et al. (1995) assessed whether lines of mice that were being selectively bred for differences in nicotine's effects on locomotor activity also differ in nicotine-induced conditioned place preference. The two mouse lines, designated nicotine-activated and nicotine-depressed, differed in conditioned place preference with the nicotine-activated line showing significantly greater place preference than the nicotine-depressed line. In actuality, the term nicotine-activated is a misnomer. These mice are resistant to the locomotor depressant effects of nicotine. Many investigators assume that conditioned place preference is a measure of the reinforcing effects of a drug. If this is true, the results obtained by SCHECHTER et al. (1995) are consistent with the argument that reduced sensitivity to what might be thought of as a toxic action of nicotine uncovers reinforcing effects of this agent.

D. Tobacco Use and Psychopathology

I. Prevalence of Tobacco Use Among the Mentally Ill

A variety of data suggest that nicotinic systems may be involved in one or more psychopathologies. One piece of evidence that suggests this relationship comes from data concerning the incidence of tobacco use by the mentally ill. During the last 30 years the incidence of smoking in the United States has decreased from approximately 60% to less than 30% of the general population, but the incidence of smoking in individuals who suffer from mental illness remains very high. More than 80% of schizophrenics are smokers whereas slightly more than 50% of those suffering from bipolar and unipolar depression are smokers (MASTERSON and O'SHEA 1984; HUGHES et al. 1986; GOFF et al. 1992). Consistent with this observation, an analysis of the smoking histories of subjects from whom postmortem brain tissue or lymphocytes were collected in the Denver Schizophrenia Center revealed that among schizophrenics the incidence of smoking approached 80% (BREESE et al. 1997). The mentally ill often smoke high tar cigarettes, sometimes use multiple forms of tobacco (HUGHES et al. 1986), and extract more nicotine from cigarettes than normal smokers (OLINCY et al. 1997). These findings have led to the speculation that the mentally ill use tobacco, or nicotine, as a form of self-medication and that nicotinic systems may play a critical role in the etiology of one or more of the mental illnesses. This assertion is best supported by studies of the potential role of nicotinic systems in schizophrenia.

Some of the best evidence supporting the postulate that nicotinic systems play a role in schizophrenia has been obtained from studies of sensory processing. Abnormal auditory gating and eye tracking are found in approximately 10% of the normal population whereas a very high fraction of schizophrenics show both abnormal eye tracking and auditory gating (HOLZMAN et al. 1973, 1988; WALDO et al. 1991). In normal individuals, auditory gating is characterized by a reduction in the P50 wave of the EEG produced by the second of two auditory stimuli spaced 0.5 s or less apart (BAKER et al. 1987; FREEDMAN et al. 1987, 1991). Schizophrenics do not show a reduced P50 wave following the second auditory stimulus. Nicotine treatment decreases the deficits in smooth pursuit eye movement (OLINCY et al. 1998) and auditory gating (ADLER et al. 1992, 1993) in schizophrenics.

Genetic studies complement these data and suggest the involvement of the $\alpha 7$ receptor in schizophrenic phenotypes. FREEDMAN et al. (1996) studied auditory gating in nine pedigrees with apparent familial schizophrenia. A full genome scan was performed using more than 500 polymorphic markers including D15S1360, a marker that lies within 120 kb of the $\alpha 7$ gene which has been mapped to chromosome 15q14 (CHINI et al. 1994; ORR-URTREGER et al. 1995). FREEDMAN et al. (1996) found linkage of the deficit in auditory gating to the D15S1360 marker with a logarithm of differences of 5.3 at zero recombination, $p < 0.001$.

A separate linkage analysis (LEONARD et al.1997a) detected a significant relationship between the D15S1360 marker and schizophrenia. This finding suggests a candidate gene status for the $\alpha 7$ nAChR gene in schizophrenia. Genetic linkage to schizophrenia has also been found at multiple other chromosomal loci, including chromosomes 6p (STRAUB et al. 1995), 8p (KENDLER et al. 1996; PULVER et al. 1995), and 22q (GILL et al. 1996). The $\alpha 2$ nicotinic receptor subunit maps to the linkage region on chromosome 8p21–25 (WOOD et al. 1995; ANAND and LINDSTROM 1990; KENDLER et al. 1996; PULVER et al. 1995). Consequently, studies of the potential role of the $\alpha 2$ nAChR gene in regulating schizophrenia should be considered.

II. Brain nAChR Binding in Schizophrenics

Further support for the assertion that nicotinic receptors may play a role in schizophrenia comes from studies that measured brain nicotinic receptor numbers in autopsied brain tissue obtained from individuals with no known psychopathology and schizophrenics. FREEDMAN et al. (1995) studied the expression of [^{3}H]nicotine and ^{125}I-α-bungarotoxin in postmortem brain from both schizophrenics and control subjects that were carefully matched for age, sex, cause of death, postmortem interval, and smoking history. α-Bungarotoxin binding was decreased by about 40% in the brains of subjects who were schizophrenic in life compared to subjects who were not mentally ill. The regulation, by chronic nicotine use, of high affinity nicotine binding appears to be affected in schizophrenia. Nonsmoking schizophrenic and control subjects have equal receptor numbers. In normal subjects, the number of high affinity nicotinic receptors in both the hippocampus and thalamus is correlated with the number of cigarettes smoked per day (BREESE et al. 1997). This effect seems to be reversible since receptor levels were in the same range as the levels seen in nonsmokers in smokers who had quit for varying periods before death. However, when the effect of smoking history on high affinity binding was measured in the postmortem brain of schizophrenics, it was found that the schizophrenics had fewer receptors than comparable normal smokers; that is, chronic nicotine exposure did not seem to produce an increase in nicotinic receptor binding sites in schizophrenics. It is not clear, at this time, whether this difference in receptor upregulation is due to a part of the disease process associated with schizophrenia or to an effect produced by neuroleptic drug treatment.

III. Animal Models of Auditory Gating

Evidence that supports a role for the $\alpha 7$ nicotinic receptor in auditory gating also comes from studies using rats and mice. Rodents also filter out extraneous auditory information, as measured by gating of the so-called N40 wave that originates in the hippocampus (ADLER et al. 1986). Antagonists of the $\alpha 7$ nicotinic receptor (α-bungarotoxin, methyllycaconitine, and antisense oligonucleotides complementary to the $\alpha 7$ translation start site) efficiently block gating of the N40 wave in rats (LUNTZ-LEYBMAN et al. 1992; ROLLINS et al. 1993, 1996) whereas other nicotinic receptor antagonists such as mecamylamine and dihydro-β-erythroidine have no effect (LUNTZ-LEYBMAN et al. 1992; ROLLINS et al. 1996). These pharmacological results are complemented by genetic evidence that suggests a role for the $\alpha 7$-type nicotinic receptor in regulating auditory gating. STEVENS et al (1996) measured auditory gating in nine inbred mouse strains that were known to differ in the number of brain nicotinic receptors (MARKS et al. 1989b). The nine inbred mouse strains varied in the ratio of the second (test) to the first (conditioning) N40 waves. One of the strains, the DBA/2, had a test/conditioning ratio of nearly 1 (no gating), which resembles the auditory gating response seen in schizophrenics, whereas another strain, the C3H, had a test/conditioning ratio less than 0.1. The other strains had test/conditioning ratios that varied between these two extremes. Interestingly, a robust correlation ($r = 0.72$) was found across the nine strains between the test/conditioning ratio and the number of hippocampal α-bungarotoxin binding sites, thereby suggesting that variance in this neurochemical measure may underlie the variance in behavioral phenotype. The gating deficit in DBA mice is normalized by nicotine (ADLER et al. 1992, 1993) and also by a partial agonist of the $\alpha 7$ nicotinic receptor, GTS-21 (STEVENS et al. 1997). These results support the hypothesis that the $\alpha 7$ neuronal nicotinic receptor lies in the inhibitory pathway regulating the gating of auditory stimuli.

E. Genetics of Nicotinic Receptors and Seizure Disorders

I. Human Studies

1. The $\alpha 4$ nAChR and Seizure Disorders

Seizure disorders are relatively common; up to 2% of the population will experience a seizure disorder by the age of 40 (ELMSLIE et al. 1997). However, with rare exceptions, virtually nothing is known about the cause of most seizures other than genetic factors are often important. In the last few years clear evidence has emerged implicating a role for the $\alpha 4$ nicotinic receptor subunit in a relatively rare form of epilepsy, autosomal dominant nocturnal frontal lobe epilepsy (ADNFLE). The gene for ADNFLE was mapped to chromosome 20q13.2–q13.3 in a large Australian pedigree (PHILLIPS et al. 1995). Since the $\alpha 4$ nicotinic receptor subunit gene had been mapped to this same region of chromosome 20 (ANAND and LINDSTROM 1992; STEINLEIN et al. 1994), STEINLEIN et al. (1995) screened for mutations in this gene. A mutation was detected in the $\alpha 4$ subunit gene in the Australian ADNFLE pedigree (STEINLEIN et al. 1995) that consists of a single substitution (phenylalanine for serine) at amino acid 247. This would place the mutation as the sixth amino acid in the second transmembrane domain. WEILAND et al. (1996) found that *Xenopus* oocytes injected with mutant $\alpha 4$ subunit along with wild-type $\beta 2$ subunit cRNAs formed receptors that exhibited faster desensitization and slower recovery from desensitization than was seen with oocytes that had been injected with wild-type $\alpha 4$ and $\beta 2$ cRNAs. KURYETOV et al. (1997) also found that *Xenopus* oocytes injected with S247F $\alpha 4$ cRNA produce mutant receptors that desensitize faster and recover function more slowly than wild-type receptors. This difference was also seen when $\alpha 5$ cRNA was added to the mix. In addition, KURYETOV et al. reported that receptors containing the S247F $\alpha 4$ mutant had reduced Na^+ conductance and Ca^{2+} permeability when compared to the wild-type receptor. Thus, this mutation seems to result in a receptor that is less active. Electrophysiological (ALKONDON et al. 1996; LÉNA and CHANGEUX

1997) and neurochemical (LU et al. 1998) data clearly demonstrate that a major function of $\alpha 4\beta 2$-type nicotinic receptors is to modulate the release of γ-aminobutyric acid (GABA) from presynaptic GABAergic nerve terminals. Since the net effect of the S247F mutation is to decrease $\alpha 4$ nicotinic receptor function, it may be that the hyperexcitability characteristic of ADNFLE arises because of disinhibition.

Another mutation has recently been discovered in the $\alpha 4$ receptor gene that seems to be associated with ADNFLE (STEINLEIN et al. 1997). This mutation was identified in a Norwegian family that suffers from ADNFLE and consists of the insertion of three nucleotides (GCT) at nucleotide position 776. This should result in the insertion of a leucine near the extracellular end of the second transmembrane domain. The consequences of this insertion on receptor function have not been reported.

2. The $\alpha 7$ Gene and Seizure Disorders

Gene mapping strategies have provided evidence suggesting that the $\alpha 7$-containing receptors may play a role in another genetically determined variant of epilepsy, juvenile monoclonic epilepsy. This disease is familial and is characterized by myoclonic jerks that occur on awakening. Recently, ELMSLIE et al. (1997) used a mapping strategy to identify susceptibility loci for juvenile myoclonic epilepsy. Significant evidence was obtained for linkage to polymorphic loci encompassing the region on chromosome 15 where the $\alpha 7$ gene has been mapped. It should be noted that linkage analyses of the sort used by ELMSLIE et al. do not identify genes. Rather, the linkage analysis method identifies regions of a chromosome that may contain a gene that has polymorphisms that contribute to the expression of the phenotype. Further studies, of the sort done with the $\alpha 4$ gene, will be required to evaluate the candidate status of the $\alpha 7$ gene. However, mutation screening of the $\alpha 7$ gene has been complicated by the recent discovery that the $\alpha 7$ gene is partially duplicated and this duplication is expressed (GAULT et al. 1998).

II. Animal Studies

1. Naturally Occurring Seizures

A recent study of seizures in mice done by FRANKEL et al. (1994) provides evidence to support the postulate that the $\alpha 7$ gene may be involved in one or more types of epilepsy. FRANKEL et al. performed a quantitative trait locus (QTL) analysis (a variant of genetic mapping) of seizures induced by rhythmic gentle tossing of F2 mice derived from SWXL-4 and ABP mice. FRANKEL et al. found a QTL on chromosome 7 that accounts for 22% of the total variance in seizure frequency. Since the $\alpha 7$ gene maps to within 2 cM (ORR-URTREGER et al. 1995) of the QTL mapped by FRANKEL et al. (1994) it seems reasonable to speculate that the $\alpha 7$ nAChR gene is the gene responsible for the increased seizure frequency.

2. Nicotine-Induced Seizures

As noted in Sect. D of this chapter, some of the genetic variation in sensitivity to nicotine-induced seizures detected across inbred mouse strains can be attributed to differences in the densities of ^{125}I-α-bungarotoxin binding sites. Recent molecular genetic studies have confirmed the association between the nAChR subunit $\alpha 7$, which binds α-bungarotoxin with high affinity, with levels of ^{125}I-α-bungarotoxin binding in brain and with nicotine-induced seizure sensitivity. In an analysis using F2 mice derived from a cross between C3H/2Ibg and DBA/2Ibg mice, STITZEL et al. (1996) demonstrated that a restriction fragment length polymorphism (RFLP) in the $\alpha 7$ subunit gene co-segregated with levels of α-bungarotoxin binding in a brain region-specific fashion. In those brain regions where the parental strains differ in α-bungarotoxin binding (colliculi, hippocampus, hypothalamus, and striatum), the levels of α-bungarotoxin binding in the F2 animals were dependent upon their $\alpha 7$ genotype (based on RFLPs). In contrast, for those regions where α-bungarotoxin binding levels do not differ between the parental strains (cortex, hindbrain, midbrain), α-bungarotoxin binding levels in the F2 animals were independent of $\alpha 7$ genotype. These data indicate that strain-specific differences in the $\alpha 7$ subunit gene between C3H/2Ibg and DBA/2Ibg mice, or some gene linked to the $\alpha 7$ subunit gene, play a significant role in determining levels of α-bungarotoxin-binding nAChRs between these two strains.

A separate study by STITZEL et al. (1998) showed that the strain-specific variants of the $\alpha 7$ subunit gene also associate with nicotine-induced seizure sensitivity. F2 animals that were homozygous for the variant of the $\alpha 7$ subunit gene inherited from the seizure-sensitive C3H strain were the most sensitive (32% of these animals seized) to nicotine-induced seizures while those animals homozygous for the DBA (seizure resistant) variant of the $\alpha 7$ subunit gene were least sensitive (4% of the animals of this genotype seized) to the convulsant effects of nicotine. Heterozygous animals were intermediate in sensitivity (18% seized). The observation that 32% (and not 100%) of the animals homozygous for the C3H/2Ibg allele of the $\alpha 7$ subunit gene seize is consistent with the findings that $\alpha 7$ subunit genotype is highly predictive of α-bungarotoxin binding levels in the hippocampus, and hippocampal α-bungarotoxin binding is estimated to account for approximately 38% of the variance in seizure sensitivity between C3H/2Ibg and DBA/2Ibg mice (MINER et al. 1986). However, the fact that $\alpha 7$ genotype has an additive effect on seizure sensitivity while nicotine-induced seizures are inherited in a dominant manner when C3H/2Ibg and DBA/2Ibg animals are used as parentals clearly indicates that additional genes are involved in determining the sensitivity to nicotine-induced seizures.

Interestingly, STITZEL et al. (1998) also identified RFLPs in the nAChR $\alpha 5$ subunit gene and demonstrated that strain-specific variants of this nAChR subunit gene, like the $\alpha 7$ subunit gene, co-segregated with nicotine-induced seizures. However, unlike the $\alpha 7$ subunit gene, the $\alpha 5$ subunit gene exhibited a dominant effect on seizure sensitivity; 40% of the animals homozygous for the C3H/2Ibg variant of the $\alpha 5$ subunit gene seized following an i.p. injection of nicotine (4 mg/kg) while only 10% and 8% of those animals heterozygous or homozygous for the DBA/2Ibg $\alpha 5$ allele, respectively, exhibited seizures. The direction of dominance relative to $\alpha 5$ genotype is in the direction of seizure resistance, the same direction observed in the classic genetic cross study of i.p.-induced seizures by MINER et al. (1984).

The finding that the nAChR $\alpha 5$ subunit gene may be involved in mediating nicotine-induced seizures is consistent with the observation that RNA for the $\alpha 5$ subunit is found in the area (the CA1 region) of the hippocampus (MARKS et al. 1992) where nicotine-induced seizures are believed to initiate (BROWN 1967; DUNLOP et al. 1960; FLORIS et al. 1964; STUMPF and GOGOLAK 1967). This suggests that there is either a nAChR that is composed of both $\alpha 5$ and $\alpha 7$ subunits or two distinct nAChR subtypes, one containing the $\alpha 5$ subunit and the other containing the $\alpha 7$ subunit, that mediate nicotine-induced seizures. However, since the $\alpha 5$ subunit gene is part of a gene cluster that contains both the nAChR $\alpha 3$ and $\beta 4$ subunit genes (COUTURIER et al. 1990; BOULTER et al. 1990; RAIMONDI et al. 1992), it cannot be ruled out that the association between $\alpha 5$ genotype and seizure sensitivity is due to molecular variation in either or both of these closely linked nAChR subunit genes. In an attempt to understand the mechanism behind the relationship between $\alpha 7$ genotype and α-bungarotoxin binding levels in the brain, STITZEL et al. (1997) conducted a quantitative autoradiographic analysis of $\alpha 7$ genotype versus levels of α-bungarotoxin binding and $\alpha 7$ RNA. Consistent with previous studies that compared $\alpha 7$ genotype with α-bungarotoxin binding in crudely dissected brain regions, $\alpha 7$ genotype was found to co-segregate with levels of α-bungarotoxin binding in discrete brain nuclei. However, no relationship between $\alpha 7$ genotype and $\alpha 7$ RNA levels was observed. This led to the conclusion that the differences in α-bungarotoxin binding levels between C3H/2Ibg and DBA/2Ibg mice are not due to alterations in the rate of transcription of the $\alpha 7$ subunit gene or differences in the stability of the $\alpha 7$ mRNA. Instead, it may be that the strain-specific differences in α-bungarotoxin binding are due to differences in the efficiency of either translation or pre-mRNA splicing of the $\alpha 7$ message.

Recently, intron 9 of the $\alpha 7$ subunit gene has been identified as the region where the majority of $\alpha 7$ RFLPs are localized (J. Stitzel, manuscript in preparation). This suggests that the strain-specific differences in α-bungarotoxin binding may be due to differences in the pre-mRNA splicing of this intron. The mouse neurological mutant *spastic* (KINGSMORE et al. 1994; MÜLHARDT et al. 1994), the 2,3,7,8-tetrachlorobenzo-p-dioxin-resistant Han/Wistar (*Kuopio*) rat (POHJANVIRTA et al. 1998), and the paralyzed goldfish mutant *nic1* (SEPICH et al. 1998) are all examples where intronic mutations lead to altered gene expression and behavior. Therefore, it is certainly possible that mutations in intron 9 of the $\alpha 7$ subunit gene affect expression of $\alpha 7$-containing nAChRs and subsequently nicotine-induced seizure sensitivity.

The molecular studies have validated the relationship between $\alpha 7$-containing, α-bungarotoxin-binding receptors and nicotine-induced seizure sensitivity. In addition, these studies have implicated the involvement of other nAChR subunits ($\alpha 3$, $\alpha 5$, $\beta 4$) in mediating the convulsant effects of nicotine. It should be pointed out, however, that these studies were conducted in F2 animals derived from C3H/2Ibg and DBA/2Ibg mice. Therefore, genetic variability is limited to those loci that differ between these two strains. Consequently, the use of mouse strains that vary at other loci may lead to the identification of additional nAChR loci that contribute to differences in sensitivity to nicotine.

F. Summary and Conclusions

Studies done with humans argue that genetically-based variability in tobacco use as well as selected pathologies may arise because of polymorphisms in human neuronal nAChRs. Animal studies have reinforced the notion that genetic factors regulate many of nicotine's behavioral and physiological effects. In almost all cases, the animal studies suggest that several genes are involved in regulating strain differences in nicotine's effects, but the data also suggest that variability in nAChR genes contributes to the variability in nicotinic actions. Thus, it seems that researchers who study nicotinic receptors should be aware of the possibility that polymorphisms may exist that result in altered receptor numbers, function, or regulation. Unfortunately, not many laboratories are actively searching for polymorphisms in the human nAChR subunit genes, but the recent discovery that humans with ADNFLE have mutations in the second transmembrane region of the $\alpha 4$ subunit gene (STEIN-LEIN et al. 1997) should encourage added efforts in this critical area. Assuming that added polymorphisms are found, the relationship, if any, between these polymorphisms and pathologies ranging from tobacco addiction to psychopathologies to epilepsy and more should be examined.

Acknowledgments. Studies emanating from the authors' laboratories were supported by grants from the National Institute on Drug Abuse (DA-03194 and DA-10156 to A.C.C. and DA-09457, DA-12281, MH-42212, and the Veteran's Affairs Medical Research Service to S.S.L.). A.C.C. is supported, in part, by a Research Scientist Award from NIDA (DA-00197).

References

Adler LE, Hoffer LD, Wiser A, Freedman R (1993) Normalization of auditory physiology by cigarette smoking in schizophrenic patients. Am J Psych 150:1856–1861

Adler LE, Hoffer LJ, Griffith J, Waldo MC, Freedman R (1992) Normalization by nicotine of deficient auditory sensory gating in the relatives of schizophrenics. Biol Psych 32:607–616

Adler LE, Rose G, Freedman R (1986) Neurophysiological studies of sensory gating in rats: Effects of amphetamine, phencyclidine, and haloperidol. Biol Psych 21:787–798

Alkondon M, Pereira EFR, Albuquerque EX (1996) Mapping the location of functional nicotinic and γ-aminobutyric acid$_A$ receptors on hippocampal neurons. J Pharmacol Exp Ther 279:1491–1506

Anand R, Lindstrom J (1990) Nucleotide sequence of the human nicotinic acetylcholine receptor $\alpha 2$ subunit gene. Nuc Acids Res 18:4272–4272

Anand R, Lindstrom J (1992) Chromosomal localization of seven neuronal nicotinic acetylcholine receptor subunit genes in humans. Genomics 13:962–967

Baker N, Adler LE, Franks RD, Waldo MC, Berry S, Nagamoto H, Muckle A, Freedman R (1987) Neurophysiological assessment of sensory gating in psychiatric inpatients: Comparison between schizophrenia and other diagnoses. Biol Psych 22: 603–617

Bandura A (1969) Principles of behavior modification. Holt, Rinehart & Winston, New York

Bewley BR, Brand JM, Harris R (1974) Factors associated with the starting of cigarette smoking by primary school children. Br J Prev Soc Med 28:37–44

Boomsma DI, Koopmans JR, Van Doornen LJP, Orlebeke JF (1994) Genetic and social influences on starting to smoke: a study of Dutch adolescent twins and their parents. Addiction 89:219–226

Boulter J, O'Shea-Greenfield A, Duvoisin RM, Connolly JG, Wada E, Jensen A, Gardner PD, Ballivet M, Deneris ES, Mckinnon D, Heinemann S, Patrick J (1990) $\alpha 3$, $\alpha 5$, $\beta 4$: Three members of the rat neuronal nicotinic receptor-related gene family form a cluster. J Biol Chem 265:4472–4482

Breese CR, Marks MJ, Logel J, Adams CE, Sullivan B, Collins AC, Leonard S (1997) Effect of smoking history on [^{3}H]nicotine binding in human postmortem brain. J Pharmac Exp Ther 282:7–13

Brioni JD, Decker MW, Sullivan JP, Arneric SP (1997) The pharmacology of (−)-nicotine and novel cholinergic channel modulators. Advances Pharmac 37:153–214

Brown BB (1967) Relationship between evoked response changes and behavior following small doses of nicotine. Ann N Y Acad Sci 142:190–200

Carmelli D, Swan GE, Robinette D, Fabsitz RR (1990) Heritability of substance use in the NAS-NRC Twin Registry. Acta Genet Med Gemellol 39:91–98

Carmelli D, Swan GE, Robinette D, Fabsitz R (1992) Genetic influence on smoking – a study of male twins. N Engl J Med 327:829–833

Chini B, Raimond E, Elgoyhen AB, Moralli D, Balzaretti M, Heinemann S (1994) Molecular cloning and chromosomal localization of the human $\alpha 7$ nicotinic receptor subunit gene (CHRNA7). Genomics 19:379–381

Clarke PBS, Schwartz RD, Paul SM, Pert CB, Pert A (1985) Nicotinic binding in rat brain: autoradiographic comparison of [^{3}H]acetylcholine, [^{3}H]nicotine and [^{125}I]α-bungarotoxin. J Neurosci 5:1307–1315

Collins AC, Evans CB, Miner LL, Marks MJ (1986) Mecamylamine blockade of nicotine responses: evidence for two brain nicotinic receptors. Pharmacol, Biochem, Behav 24:1767–1773

Couturier S, Erkman L, Valera S, Rungger D, Bertrand S, Boulder J, Ballivet M, Bertrand D (1990) $\alpha 5$, $\alpha 3$, and non-$\alpha 3$: Three clustered avian genes encoding neuronal nicotinic acetylcholine receptor-related subunits. J Biol chem 265:17560–17567

Dobelis P, Calcaterra J, Tritto T, Marks MJ, Collins AC (1998) Comparison of regional brain ^{3}H-nicotine binding and nicotine-stimulated ^{86}Rb$^+$ efflux in 11 strains of mice. Soc. Neurosci Abstracts 24:336

Dunlop CW, Stumpf C, Maxwell DS, Schindler W (1960) Modification of cortical, reticular, and hippocampal unit activity by nicotine in the rabbit. Am J Physio 198:515–518

Elmsie FV, Rees M, Williamson MP, Kerr M, Kjeldsen MJ, Pang KA, Sundqvist A, Friis ML, Chadwick D, Richens A, Covanis A, Santos M, Arzimanoglou A, Panayiotopoulos CP, Curtis D, Whitehouse WP, Gardiner RM (1997) Genetic mapping of a major susceptibility locus for juvenile myoclonic epilepsy on chromosome 15q. Hum Mol Genet 6:1329–1334

Fisher RA (1958a) Cancer and smoking. Nature 182:596
Fisher RA (1958b) Lung cancer and cigarettes. Nature 182:108
Flores CM, Rogers SW, Pabreza LA, Wolfe BB, Kellar KJ (1992) A subtype of nicotinic cholinergic receptor in rat brain is composed of $\alpha 4$ and $\beta 2$ subunits and is up-regulated by chronic nicotine treatment. Mol Pharmacol 41:31–37
Floris V, Morocutti C, Ayala GF, Morocutti (1964) Effects of nicotine on cortical, thalamic, and hippocampal electrical activity in rabbits. J Neuropsychiatry 5:247–251
Forgie ML, Beyerstein BL, Alexander BK (1988) Contributions of taste factors and gender to opioid preference in C57BL and DBA mice. Psychopharmacology 95: 237–244
Frankel WN, Taylor BA, Noebels JL, Lutz CM (1994) Genetic epilepsy model derived from common inbred mouse strains. Genetics 138:481–489
Freedman R, Adler LE, Baker N, Waldo M, Mizner G (1987) Candidate for inherited neurobiological dysfunction in schizophrenia. Som Cell Mol Gen 13:479–484
Freedman R, Coon H, Myles-Worsley M, Orr-Urtreger A, Olincy A, Davis A, Polymeropoulos M, Holik J, Hopkins J, Hoff M, Rosenthal J, Waldo MC, Reimherr R, Wender P, Yaw J, Young DA, Breese CR, Adams C, Patterson D, Adler LE, Kruglyak L, Leonard S, Byerley W (1996) Linkage of a neurophysiological deficit in schizophrenia to a chromosome 15 locus. Proc Natl Acad Sci 94:587–592
Freedman R, Hall M, Adler LE, Leonard S (1995) Evidence in postmortem brain tissue for decreased numbers of hippocampal nicotinic receptors in schizophrenia. Biol Psych 38:22–33
Freedman R, Waldo M, Bickford-Wimer P, Nagamoto H (1991) Elementary neuronal dysfunctions in schizophrenia. Schiz Res 4:233–243
Friedman LS, Lichtenstein E, Biglan A (1985) Smoking onset among teens: An empirical analysis of initial situations. Addict Behav 10:1–13
Gault J, Robinson M, Berger R, Drebing C, Logel J, Hopkins J, Moore T, Jacobs S, Meriwether J, Choi MJ, Kim EJ, Walton K, Buiting K, Davis A, Breese C, Freedman R, Leonard S (1998) Genomic organization and partial duplication of the human $\alpha 7$ neuronal nicotinic acetylcholine receptor gene (CHRNA7). Genomics 52:173–185.
Gilbert DG, Gilbert BO (1995) Personality, psychopathology, and nicotine response as mediators of the genetics of smoking. Behav Genet 2:133–147
Gill M, Vallada H, Collier D, Sham P, Holmans P, Murray R, McGuffin P, Nanko S, Owen M, Antonarakis S, Housman D, Kazazian H, Nestadt G, Pulver AE, Straub RE, MacLean CJ, Walsh D, Kendler KS, DeLisi L, Polymeropoulos M, Coon H, Byerley W, Lofthouse R, Gershon E, Read CM (1996) A combined analysis of D22S278 marker alleles in affected sib-pairs: support for a susceptibility locus for schizophrenia at chromosome 22q12. Schizophrenia Collaborative Linkage Group (Chromosome 22). Am J Med Gen 67:40–45
Glassman AH (1993) Cigarette smoking: implications for psychiatric illness. Am J Psych 150:546–553
Goff DC, Henderson DC, Amico E (1992) Cigarette smoking in schizophrenia: relationship to psychopathology and medication side effects. Am J Psych 149: 1189–1194
Gurling HMD, Grant S, Dangl J (1985) The genetic and cultural transmission of alcohol use, alcoholism, cigarette smoking and coffee drinking: a review and an example using a log linear cultural transmission model. Br J Addict 80:269–279
Hajek P (1991) Individual differences in difficulty quitting smoking. Br J Addict 86:555–558.
Heath AC (1990) Persist or quit? Testing for a genetic contribution to smoking persistence. Acta Genet Med Gemellol 39:447–458
Heath AC, Martin NG (1993) Genetic models for the natural history of smoking: Evidence for a genetic influence on smoking persistence. Addict Behav 18:19–34
Heath AC, Cates R, Martin NG, Meyer J, Hewitt JK, Neale MC, Eaves LJ (1993) Genetic contribution to risk of smoking initiation: comparisons across birth cohorts and across cultures. J Subst Abuse 5:221–246

Heath AC, Madden PAF (1995) Genetic influences on smoking behavior. In: Turner JR, Cardon LR, Hewitt JK (eds) Behavior genetic approaches in behavioral medicine. Plenum Press, New York, p 45

Heath AC, Madden PAF, Slutske WS, Martin NG (1995) Personality and the inheritance of smoking behavior: a genetic perspective. Behav Genet 25:103–117

Holzman PS, Kringlen E, Matthysse S, Flanagan SD, Lipton, RB, Cramer G, Levin S, Lange K, Levy DL (1988) A single dominant gene can account for eye tracking dysfunctions and schizophrenia in offspring of discordant twins. Arch Gen Psych 45:641–647

Holzman PS, Proctor LR, Hughes DW (1973) Eye-tracking patterns in schizophrenia. Science 181:179–181

Hughes JR, Hatsukami DK, Mitchell JE, Dahlgren IA (1986) Prevalence of smoking among psychiatric outpatients. Am J Psych 143:993–997

Kandel D, Chen K, Warner LA, Kessler RC, Grant B (1997) Prevalence and demographic correlates of symptoms of last year dependence on alcohol, nicotine, marijuana and cocaine in the U.S. population. Drug Alcohol Depend 44:11–29

Kaprio J, Hammar N, Koskenvuo M, Floderus-Myrhed B, Langinvainio H, Sarna S (1982) Cigarette smoking and alcohol use in Finland and Sweden: a cross-national twin study. Int J Epid 11:378–386

Kendler KS, MacLean CJ, O'Neill FA, Burke J, Murphy B, Duke F, Shinkwin, Easter SM, Webb BT, Zhang J, Walsh D, Straub RE (1996) Evidence for a schizophrenia vulnerability locus on chromosome 8p in the Irish Study of High-Density Schizophrenia Families. Am J Psych 153:1534–1540

Kingsmore SF, Giros B, Suh D, Bieniarz M, Caron MG, Seldin MF (1994) Glycine receptor β-subunit gene mutation in spastic mouse associated with LINE-1 element insertion. Nature Genet 7:136–142

Kozlowski LT, Herman CP (1984) The interaction of psychosocial and biological determinants of tobacco use: more on the boundary model. J Appl Soc Psych 14:244–256

Kuryatov A, Gerzanich V, Nelson, M, Olale F, Lindstrom J (1997) Mutation causing autosomal dominant nocturnal frontal lobe epilepsy alters Ca^{2+} permeability, conductance, and gating of human $\alpha 4\beta 2$ nicotinic acetylcholine receptors. J Neurosci 17:9035–9047

Léna C, Changeux J-P (1997) Role of Ca^{2+} ions in nicotinic facilitation of GABA release in mouse thalamus. J Neurosci 17:576–585

Leonard S, Moore T, Gault J, Hopkins J, Robinson M, Olincy A, Adler LE, Cloninger CR, Kaufmann CA, Tsuang MT, Faraone SV, Malaspina D, Svrakic DM, and Freedman R (1997) Further investigation of a chromosome 15 locus in schizophrenia: analysis of affected sibpairs from the NIMH genetics initiative. Am J Med Gen (Neuropsych Gen), In submission

Lu Y, Grady S, Marks MJ, Picciotto M, Changeux J-P, Collins AC (1998) Pharmacological characterization of nicotinic receptor-stimulated GABA release from mouse brain synaptosomes. J Pharmacol Exp Ther 287:648–657

Luntz-Leybman V, Bickford PC, Freedman R (1992) Cholinergic gating of response to auditory stimuli in rat hippocampus. Brain Res 587:130–136

Madden PAF, Heath AC, Martin NG (1997) Smoking and intoxication after alcohol challenge in women and men: genetic influences. Alcohol Clin Exp Res 21:1732–1741

Marks MJ, Collins AC (1982) Characterization of nicotine binding in mouse brain and comparison with the binding of α-bungarotoxin and quinuclidinyl benzilate. Mol Pharmacol 22:554–564

Marks MJ, Miner L, Burch JB, Fulker DW, Collins AC (1984) A diallel analysis of nicotine-induced hypothermia. Pharmacol, Biochem, Behav 21:953–959

Marks MJ, Stitzel JA, Collins AC (1985) Time course study of the effects of chronic nicotine infusion on drug response and brain receptors. J Pharmacol Exp Ther 235:619–628

Marks MJ, Miner LL, Cole-Harding S, Burch JB, Collins AC (1986a) A genetic analysis of nicotine effects on open field activity. Pharmacol Biochem Behav 24:743–749

Marks MJ, Stitzel JA, Romm E, Wehner JM, Collins AC (1986b) Nicotinic binding sites in rat and mouse brain: comparison of acetylcholine, nicotine and α-bungarotoxin. Mol Pharmacol 30:427–236

Marks MJ, Stitzel JA, Collins AC (1986c) A dose–response analysis of nicotine tolerance and receptor changes in two inbred mouse strains. J Pharmacol Exp Ther 239:358–364

Marks MJ, Stitzel JA, Collins AC (1989a) Genetic influences on nicotine responses. Pharmacol Biochem Behav 33:667–678

Marks MJ, Romm E, Campbell SM, Collins AC (1989b) Variation of nicotinic binding sites among inbred strains. Pharmacol Biochem Behav 33:679–689

Marks MJ, Campbell SM, Romm E, Collins AC (1991) Genotype influences the development of tolerance to nicotine in the mouse. J Pharmacol Exp Ther 259:392–402

Marks MJ, Pauly JR, Gross SD, Deneris ES, Hermans-Borgmeyer I, Heinemann SF, Collins AC (1992) Nicotine binding and nicotinic receptor subunit RNA after chronic nicotine treatment. J Neurosci 12:2765–2784

Masterson E, O'Shea B (1984) Smoking and malignancy in schizophrenia. Br J Psych 145:429–432

McClearn GE, Rodgers DA (1959) Differences in alcohol preference among inbred strains of mice. Q J Stud Alcohol 20:691–695

Meliska CJ, Bartke A, Vandergriff JL, Jensen RA (1995) Ethanol and nicotine consumption and preference in transgenic mice overexpressing the bovine growth hormone gene. Pharmacol Biochem Behav 50:563–570

Miner LL, Marks MJ, Collins AC (1984) Classical genetic analysis of nicotine-induced seizures and nicotinic receptors. J Pharmacol Exp Ther 231:545–554

Miner LL, Marks MJ, Collins AC (1985) Relationship between nicotine-induced seizures and hippocampal nicotinic receptors. Life Sci 37:75–83

Miner LL, Marks MJ, Collins AC (1986) Genetic analysis of nicotine-induced seizures and hippocampal nicotinic receptors in the mouse. J Pharmacol Exp Ther 239:853–860

Miner LL, Collins AC (1989) Strain comparison of nicotine-induced seizure sensitivity and nicotinic receptors. Pharmacol Biochem Behav 33:469–475

Mülhardt C, Fischer M, Gass P, Simon-Chazottes D, Guénet J-L, Kuhse J, Betz H, Becker C-M (1994) The spastic mouse: Aberrant splicing of glycine receptor β subunit mRNA caused by intronic insertion of L1 element. Neuron 13:1003–1015

Murphree HB (1979) EEG effects in humans of nicotine. Tobacco smoking, withdrawal from smoking and possible surrogates. In: Redmond A, Izard C (eds) Electrophysiological Effects of Nicotine Elsevier/North-Holland Biomedical Press. Amsterdam pp. 227–243

Nakayama H, Nakashima T, Kurogochi Y (1991) $\alpha 4$ is a major acetylcholine binding subunit of cholinergic ligand affinity-purified nicotinic acetylcholine receptor from rat brains. Neurosci Lett 121:122–124

Olincy A, Ross RG, Roath M, Freedman R (1998) Smooth pursuit eye movements and cigarette smoking in schizophrenia. Neuropsychopharmacology 18:175–185

Olincy A, Young DA, and Freedman R (1997) Increased levels of the nicotine metabolite cotinine in schizophrenic smokers compared to other smokers. Biol Psych 42:1–5

Orr-Urtreger A, Seldin MF, Baldini A, Beaudet AL (1995) Cloning and mapping of the mouse $\alpha 7$-neuronal nicotinic acetylcholine receptor. Genomics 26:399–402

Petersen DR, Norris KJ, Thompson JA (1984) A comparative study of the disposition of nicotine and its metabolites in three inbred strains of mice. Drug Metabolism and Disposition 12:725–731

Phillips HA, Scheffer IE, Berkovic SF, Hollway GE, Sutherland GR, Mulley JC (1995) Localization of a gene for autosomal dominant nocturnal frontal lobe epilepsy to chromosome 20q13.2. Nat Genetics 10:117–118

Pianezza ML, Sellers EM, Tyndale RF (1998) Nicotine metabolism defect reduces smoking. Nature 393:750

Pohjanvirta R, Wong JMY, Li W, Harper PA, Tuomisto J, Okey AB (1998) Point mutation in intron sequence causes altered carboxyl-terminal structure in the aryl hydrocarbon receptor of the most 2,3,7,8-tetrachlorodibenzo-p-dioxin-resistant rat strain. Mol Pharmacol 54:86–93

Pomerleau OF (1995) Individual differences in sensitivity to nicotine: implications for genetic research on nicotine dependence. Behav Genet 25:161–177

Pomerleau OF, Flessland KA, Pomerleau CS, Hariharan M (1992) Controlled dosing of nicotine via an intra-nasal nicotine aerosol delivery device (INADD). Psychopharmacology 108:519–526

Pulver AE, Lasseter VK, Kasch L, Wolyniec P, Nestadt G, Blouin JL, Kimberland M, Babb R, Vourlis S, Chen H (1995) Schizophrenia: a genome scan targets chromosomes 3p and 8p as potential sites of susceptibility genes. Am J Med Gen 60:252–260

Raimondi E, Rubboli F, Moralli D, Chini B, Fornasari D, Tarroni P, De Carli L, Clementi F (1992) Chromosomal localization and physical linkage of the genes encoding the human alpha 3, alpha 5, and beta 4 neuronal nicotinic receptor subunits. Genomics 12:849–850

Robinson SF, Marks MJ, Collins AC (1996) Inbred mouse strains vary in oral self-selection of nicotine. Psychopharmacology 124:332–339

Rollins YD, Stevens KE, Harris KR, Hall ME, Rose GM, Leonard S (1993) Reduction in auditory gating following intracerebroventricular application of α-bungarotoxin binding site ligands and α7 antisense oligonucleotides. Soc Neurosci Abst 19:837–837

Rollins YD, Breese CR, Adams C, Drebing C, Rose GM, Leonard S (1996) Cellular localization of α-bungarotoxin binding and α7 mRNA in the hippocampus related to auditory gating in the awake-behaving rat. Soc Neurosci Abst 22:1272

Romano C, Goldstein A (1980) Stereospecific nicotine receptors on rat brain membranes. Science 210:647–650

Schechter MD, Meehan SM, Schechter (1995) Genetic selection for nicotine activity in mice correlates with conditioned place preference. Eur J Pharmacol 279:59–64

Schoepfer R, Conroy WG, Whiting P, Gore M, Lindstrom J (1990) Brain α-bungarotoxin binding protein cDNAs and MAbs reveal subtypes of this branch of the ligand-gated ion channel gene super-family. Neuron 5:35–48

Schwartz RD, McGee JR, Kellar KJ (1982) Nicotinic cholinergic receptors labeled by [^{3}H]acetylcholine in rat brain. Mol Pharmacol 22:56–62

Séguéla P, Wadiche J, Dineley-Miller K, Dani JA, Patrick JW (1993) Molecular cloning, functional properties and distribution of rat brain α7: a nicotinic cation channel highly permeable to calcium. J Neurosci 13:596–604

Sepich DS, Wegner J, O'Shea S, Westerfield M (1998) An altered intron inhibits synthesis of the acetylcholine receptor α-subunit in the paralyzed zebrafish mutant nic1. Genetics 148:361–372

Silverstein B, Kelly E, Swan J, Kozlowski ET (1982) Physiological predisposition toward becoming a cigarette smoker: evidence from a sex difference. Addict Behav 7:83–86

Steinlein O, Smigrodzki R, Lindstrom J, Anand R, Kohler M, Tocharoentanaphol C, Vogel F (1994) Refinement of the localization of the gene for neuronal acetylcholine receptor α4 subunit (CHRNA4) to human chromosome 20q13.3. Genomics 22:493–495

Steinlein O, Mulley J, Propping P, Wallace R, PhillipsH, Sutherland G, Scheffer I, Berkovic S (1995) A missense mutation in the neuronal nicotinic acetylcholine receptor subunit associated with autosomal dominant nocturnal frontal lobe epilepsy. Nature Genet 11:201–203

Steinlein OK, Magnusson A, Stoodt J, Bertrand S, Weiland S, Berkovic SF, Nakken KO, Propping P, Bertrand D (1997) An insertion mutation of the CHRNA4 gene in a family with autosomal dominant nocturnal frontal lobe epilepsy. Hum Mol Genet 6:943–947

Stevens KE, Freedman R, Collins AC, Hall M, Leonard S, Marks MJ, Rose GM (1996) Genetic correlation of inhibitory gating of hippocampal auditory evoked response and alpha-bungarotoxin-binding nicotinic cholinergic receptors in inbred mouse strains. Brain Res 15:152–162

Stevens KE, Kem WR, Mahnir VM, Freedman R (1997) Selective $\alpha 7$-nicotinic agonists normalize inhibition of auditory response in DBA mice. Psychopharmacology 136:320–327

Stitzel JA, Farnham DA, Collins AC (1996) Linkage of strain-specific nicotinic receptor $\alpha 7$ subunit restriction fragment length polymorphisms with levels of α-bungarotoxin binding in brain. Mol Brain Res 43:30–40

Stitzel JA, Brooks NP, Collins AC (1997) Influence of nAChR $\alpha 7$ subunit genotype on levels of $\alpha 7$ RNA and α-bungarotoxin binding in brain: An autoradiographic analysis. Soc Neurosci Abstr 23(1):381 (154.7)

Stitzel JA, Blanchette JM, Collins AC (1998) Sensitivity to the seizure-inducing effects of nicotine is associated with strain-specific variants of the $\alpha 5$ and $\alpha 7$ nicotinic receptor subunit genes. J Pharmacol Exp Ther 284:1104–1111

Straub RE, MacLean CJ, O'Neill FA, Burke J, Murphy B, Duke F, Shinkwin R, Webb BT, Zhang J, Walsh D (1995) A potential vulnerability locus for schizophrenia on chromosome 6p24–22: evidence for genetic heterogeneity. Nature Gen 11:287–293

Stumpf C, Gogolak G (1967) Actions of nicotine upon the limbic system. Ann N Y Acad Sci 142:143–158

Wada K, Ballivet M, Boulter J, Connolly J, Wada E, Deneris ES, Swanson LW, Heinemann S, Patrick J (1988) Functional expression of a new pharmacological subtype of brain nicotinic acetylcholine receptor. Science 240:330–334

Waldo MC, Carey G, Myles-Worsley M, Cawthra E, Adler LE, Nagamoto HT, Wender P, Byerley W, Plaetke R, Freedman R (1991) Codistribution of a sensory gating deficit and schizophrenia in multi-affected families. Psych Res 39:257–268

Weiland S, Witzemann V, Villarroel A, Propping P, Steinlein (1996) An amino acid exchange in the second transmembrane segment of a neuronal nicotinic receptor causes partial epilepsy by altering its desensitization kinetics. FEBS Lett 398:91–96

West RJ, Rusell MAH (1988) Loss of acute nicotine tolerance and severity of cigarette withdrawal. Psychopharmacology 94:563–565

Wood S, Schertzer M, Yaremko ML (1995) Identification of the human neuronal nicotinic cholinergic alpha 2 receptor locus, (CHRNA2), within an 8p21 mapped locus, by sequence homology with rat DNA. Som Cell Mol Gen 21:147–150

CHAPTER 23
The Role of Nicotinic Acetylcholine Receptors in Cognitive Function

E.D. LEVIN

A. Introduction

Nicotine delivery via either cigarette smoking, nicotine injections, or transdermal nicotine patches has been shown in a variety of studies to improve cognitive function including attention, learning, and memory. Nicotine and other nicotinic drugs have been found to improve cognitive function in humans as well as experimental animal subjects (BRIONI et al. 1997; DECKER et al. 1995; LEVIN 1992, 1996; LEVIN and SIMON 1998). Like any drug effect, nicotinic actions on cognitive function are limited and some studies have not found nicotine-induced improvement (for a review, see HEISHMAN et al. 1994). The specific nature of the expression of nicotine-induced cognitive improvement gives insight into the critical neural systems involved. This research is vital for the further development of nicotinic-based therapeutics for cognitive dysfunction.

I. Effects in Humans

The clearest effect of nicotine improving cognitive function in humans is with attentional processes. In early studies, WARBURTON and others demonstrated attentional improvements with nicotine delivered via cigarette smoking (PEEKE and PEEKE 1984; WESNES and WARBURTON 1983; WESNES et al. 1983). There was some uncertainty about the nature of these effects given that the smokers were in a withdrawal state during the control condition. Smoking withdrawal has been associated with a syndrome of cognitive impairment (HATSUKAMI et al. 1984). However, WARBURTON and colleagues have demonstrated smoking-induced attentional improvement in smokers who are not in a state of withdrawal (KERR et al. 1991; PRITCHARD et al. 1992; PROVOST and WOODWARD 1991; SHERWOOD et al. 1992; WARBURTON and ARNALL 1994). Attentional improvements were demonstrated in nonsmokers administered nicotine via injection (LE HOUEZEC et al. 1994) or a skin patch (LEVIN et al. 1998a). Attentional improvements after nicotine administration have been described in adults with attention deficit/hyperactivity disorder (ADHD), people with schizophrenia, and Alzheimer's disease patients (see below).

There is also support for nicotine-induced improvement in learning and memory. WILSON and co-workers have shown that nicotine skin patches significantly improve repeated acquisition in Alzheimer's disease patients (WILSON et al. 1995). NEWHOUSE and colleagues have demonstrated that nicotine injections improve memory performance in Alzheimer's disease patients (NEWHOUSE et al. 1988). Nicotine-induced memory improvements are also seen in unaffected adults (RUSTED and EATON-WILLIAMS 1991; RUSTED et al. 1995; WEST and HACK 1991; WILLIAMS 1980). This effect has recently been shown to be specific to tasks with explicit effortful memory demands (RUSTED et al. 1998). Memory consolidation in particular is improved by nicotine (COLRAIN et al. 1992).

II. Laboratory Animals

In contrast to the human studies, it has been difficult to demonstrate nicotine-induced attentional improvement in experimental animal studies. This may be due more to the difficulties in the assessment of attention in experimental animals than in the lack of an effect. Both the SARTER (TURCHI et al. 1995) and BUSHNELL (BUSHNELL et al. 1997) groups which have conducted extensive studies concerning the assessment of attention in rats had difficulty discerning nicotine-induced attentional improvements in a signal detection task. Recently, it has been demonstrated that nicotine treatment does improve attentional performance in the five choice operant task (MIRZA and STOLERMAN 1998; MUIR et al. 1995). This is clearly seen when the stimuli are only rarely present (MIRZA and STOLERMAN 1998).

Nicotinic involvement in learning processes in rodents has been known for several decades. Early studies demonstrated in rats and mice nicotine-induced improvements in learning (BOVET-NITTI 1966) and deficits produced by nicotinic receptor blockade (CHIAPPETA and JARVIK 1969; DILTZ and BERRY 1967; GOLDBERG et al. 1971). Nicotine improves visual tracking in a repeated acquisition (EVENDEN et al. 1993). Interestingly, the learning improvements after treatment with nicotine or the nicotinic agonist RJR-2403 have been seen to persist after withdrawal from treatment (ABDULLA et al. 1996; LEVIN et al. 1992).

The best evidence for nicotine-induced cognitive improvement in experimental animals comes from nicotine-induced memory improvement. DECKER and coworkers have shown nicotine-induced memory improvements (DECKER et al. 1992). We have repeatedly found acute nicotine induced memory improvements on the radial-arm maze (for a review, see LEVIN and SIMON 1998). A variety of nicotinic agonists, for example, ABT-418 (TERRY 1997), lobeline (DECKER et al. 1993), DMAE (LEVIN et al. 1995), RJR-2403 (LIPPIELLO et al. 1996), anabasine-related compounds (MEYER et al. 1994), isonicotine and norisonicotine (LEVIN et al. 1998e), epibatadine (LEVIN et al. 1996e), and GTS-21 (ARENDASH et al. 1995a,b; WOODRUFF-PAK et al. 1994) have been shown to improve learning and memory in rodents. We have demonstrated that both acute nicotine-induced memory improvement in the radial-arm maze is clearly

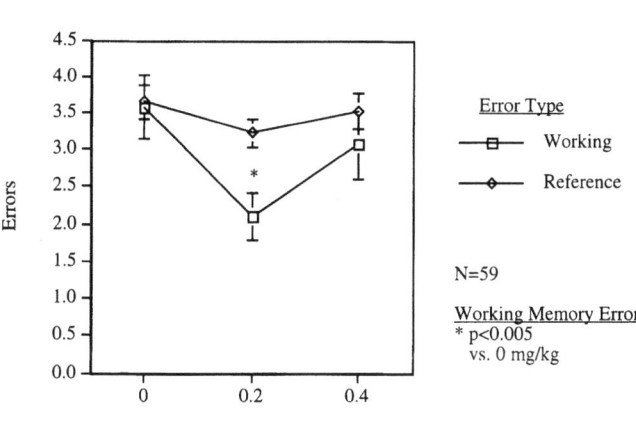

Fig. 1. Acute nicotine effects on working and reference memory in the 16-arm radial maze (mean ± SEM)

seen in terms of working memory but not with reference memory (LEVIN et al. 1996a, 1997; Fig. 1).

BUCCAFUSCO and others have demonstrated nicotinic-induced memory improvements in monkeys (BUCCAFUSCO and JACKSON 1991; ELROD et al. 1988; JACKSON et al. 1989; RUPNIAK and IVERSEN 1989). Similar improvements have been seen with the nicotinic agonist ABT-418 (BUCCAFUSCO et al. 1995). Acute nicotine administration has been shown to improve memory in senescence accelerated mice (MEGURO et al. 1994) and aged rats (LEVIN and TORRY 1996; SOCCI et al. 1995; WIDZOWSKI et al. 1994), and aged monkeys (BUCCAFUSCO and JACKSON 1991; JACKSON et al. 1989).

Important for the therapeutic use of nicotine for cognitive disorders is the demonstration of continued efficacy with chronic administration. We have found in several studies that chronic nicotine infusion like acute injection improves memory performance in the radial-arm maze. Both 5 and 12 mg/kg/day of nicotine are effective in improving memory accuracy (LEVIN et al. 1990a, 1993a, 1996c; LEVIN and ROSE 1990; LEVIN and TORRY 1996). The 12 mg/kg/day dose but not the lower 5 mg/kg/day dose caused a persisting improvement in memory. Like acute nicotine injection, chronic nicotine-infusion-induced memory improvement is clearly seen in terms of working memory but not reference memory (LEVIN et al. 1996a; Fig. 2).

III. The Neural Basis of Nicotinic Effects on Cognition

Mechanistic studies of nicotinic involvement in cognitive function have focused on nicotinic receptor subtypes involved, the participation of specific

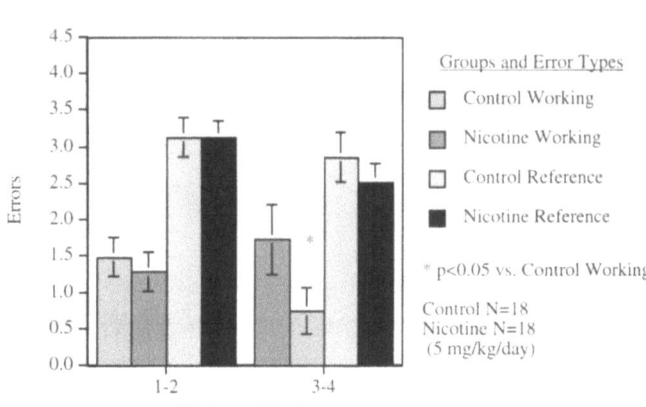

Fig. 2. Chronic nicotine effects on working and reference memory in the 16-arm radial maze (mean ± SEM). Local infusion of nicotinic antagonists in the ventral hippocampus effects on radial-arm maze choice accuracy (mean ± SEM)

neural regions, and the interactions of different neurotransmitter systems. There are a variety of nicotinic receptor subtypes. The field has just begun to study their relative involvement in cognitive functioning. There is support for both $\alpha 4\beta 2$ and $\alpha 7$ nicotinic receptors in memory function. The specific $\alpha 4\beta 2$ nicotinic antagonist dihydro-β-ethroidine (DHβE) caused a significant deficit in memory performance after ICV infusion (CURZON et al. 1996). The specific $\alpha 7$ agonist ARR-17779 caused a significant improvement in working memory (LEVIN et al. 1998b). That the $\beta 2$ subunit is essential for normal learning is supported by the finding of CHANGEAUX and coworkers who found that mice with a $\beta 2$ knockout were deficient in avoidance learning (PICCIOTTO et al. 1995).

Nicotinic receptors are found widely in diverse brain areas (CLARKE et al. 1984; PAULY et al. 1989; SCHWARTZ 1986). Local infusion and lesion studies have been useful in determining the involvement of nicotinic receptors in particular areas of memory function.

The hippocampal cholinergic system has long been known to be important for memory function (BARTUS et al. 1987). Muscarinic receptor systems were commonly assumed to be the important ones involved. In fact, infusion of the muscarinic antagonist scopolamine significantly impairs memory performance (KIM and LEVIN 1996). However, hippocampal nicotinic receptors also seem to be involved. Nicotinic receptors have important roles in controlling hippocampal neural activity (ALBUQUERQUE et al. 1997; ALKONDON and ALBUQUERQUE 1993). Nicotine facilitates synaptic transmission in the hippocampus (GRAY et al. 1996). Nicotine increases long-term potentiation (HAMID et al. 1997). Local infusion studies with nicotinic antagonists have been

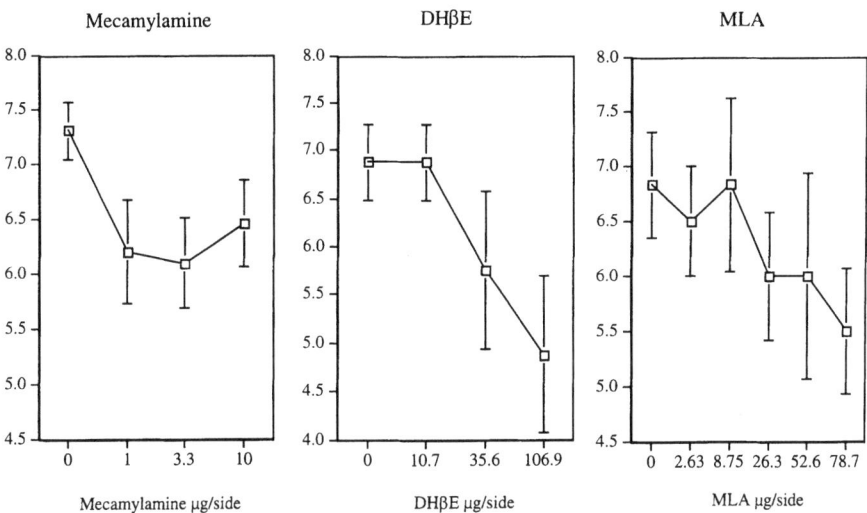

Fig. 3. Local infusion of nicotinic antagonists in the ventral hippocampus: effects on 8-arm radial maze choice accuracy (mean ± SEM)

valuable in determining the localization of nicotinic receptors important for memory (Fig. 3). Intrahippocampal infusions of mecamylamine cause significant deficits in memory performance (KIM and LEVIN 1996; OHNO et al. 1993). Similarly, infusions of mecamylamine into the entorhinal cortex impair passive avoidance learning (BLOZOVSKI 1983). Both $\alpha 4\beta 2$ and $\alpha 7$ receptors seem to be involved in the hippocampal effect inasmuch as infusions of both DHβE- and methyllycaconitine (MLA)-specific antagonists of these receptors impair memory performance (FELIX and LEVIN 1997).

Lesion studies have provided complementary information concerning which anatomically defined areas are important for nicotine effects on memory function. The septum is the source of cholinergic input to the hippocampus. Septal lesions impair memory performance. Nicotine and the nicotinic agonist ABT-418 attenuate the spatial learning and memory deficits caused by septal lesions (DECKER et al. 1992, 1994). Lesions of the fimbria-fornix which connects the septum with the hippocampus, depriving the hippocampus of its cholinergic input, impair working memory performance in the radial-arm maze. Similarly, this type of lesion impairs auditory habituation; both of these deficits are reversed by nicotine (BICKFORD and WEAR 1995; LEVIN et al. 1993b). These studies show that nicotinic agonist effects on memory do not depend on an intact cholinergic projection to the hippocampus. However, it does appear that the integrity of target neurons within the hippocampus is important for nicotinic involvement in memory. Neurotoxic lesions of neurons within the hippocampus impair response to the amnestic effects of mecamylamine (CHAMBERS et al. 1996) and the memory improving effects of chronic nicotine infusion (LEVIN et al. 1998d). This, together with the local infusion data reviewed above, suggests that postsynaptic nicotinic receptors within the hippocampus are vital components of nicotinic involvement with memory function.

Cholinergic innervation of the frontal cortex from cell bodies in the basal forebrain have important roles in the basis of learning and memory function (BROERSEN et al. 1995). Nicotinic receptors play an important role in this system (GRANON et al. 1995; VIDAL and CHANGEUX 1989, 1993, 1996). The effects of nicotine over frontal neuronal activity is increased with chronic administration (ABDULLA et al. 1995). In marmosets learning deficits seen after lesions of the basal forebrain afferents to the frontal cortex caused learning deficits which were reversed by nicotine (RIDLEY et al. 1986). RJR-2403 significantly attenuated memory deficits seen after lesions of the basal forebrain (LIPPIELLO et al. 1996).

The midbrain dopaminergic nuclei also appear to be important components of nicotinic involvement in memory function. We found that local infusion of the nicotinic antagonist mecamylamine into the midbrain dopaminergic nuclei, the substantia nigra, and ventral tegmental area, caused significant deficits in memory performance in the radial-arm maze (LEVIN et al. 1994). The nicotinic receptors in this area which are targets of the cholinergic input from the pedunculopontine nucleus and the dorsolateral tegmental nucleus may be the source for the interactions of nicotinic interactions with dopamine systems with regard to memory function.

IV. Neurotransmitter Interactions

Nicotine stimulates the release of many different transmitters including acetylcholine, dopamine, norepinepherine, serotonin, and glutamate (WONNACOTT 1997). It is not currently clear which transmitter systems might be involved in nicotine effects on memory and in which way.

Nicotinic receptors can interact with muscarinic ACh receptors via nicotine-induced ACh release (LEVIN and RUSSELL 1992). This may explain the mutually potentiating effects of nicotinic and muscarinic blockade in impairing memory (LEVIN et al. 1989b, 1990b; RIEKKINEN et al. 1990). More convincing evidence is the finding that the muscarinic antagonist scopolamine can block the memory improvement caused by nicotine (LEVIN and ROSE 1991; TERRY et al. 1993). Conversely the nicotinic agonist RJR-2403 can counteract scopolamine-induced learning deficits (LIPPIELLO et al. 1996). Interestingly, after withdrawal from chronic nicotine infusion there is a supersensitivity to the amnestic effects of both nicotinic and muscarinic ACh antagonists (LEVIN and ROSE 1990).

The amnestic effects of mecamylamine infused into the midbrain dopamine (DA) nuclei described above points to important interactions of nicotinic and DA systems in the neural basis of memory functions. Nicotinic receptors are concentrated on DA neurons in the midbrain (CLARKE and PERT 1985). Nicotine stimulates DA neurons in the substantia nigra and ventral tegmental area and increases the release of DA in the target areas (ANDERSSON et al. 1981; CLARKE et al. 1985; LICHTENSTEIGER et al. 1982). There are interactions of nicotinic and DA systems with regard to memory (for a review, see LEVIN and ROSE 1992). In patients with schizophrenia, nicotine can counteract the memory deficit caused by the DA antagonist haloperidol (LEVIN et al. 1996b). In rats, the memory deficit caused by the nicotinic antagonist mecamylamine is potentiated by haloperidol and by the selective D2 antagonist raclopride (McGURK et al. 1989a,b) and is reversed by the D2 agonist quinpirole (LEVIN et al. 1989a). However, there are indications that DA activation is not necessary for nicotine-induced memory improvement (LEVIN et al. 1996c; LEVIN and ROSE 1995). Chronic haloperidol does not block acute nicotine-induced memory improvements (LEVIN 1997). Nicotine-induced improvements in water maze search accuracy was not dependent on accumbens DA (GRIGORYAN et al. 1996).

The N-methyl-D-aspartate (NMDA) glutamate receptor is important for memory function. The blockade of NMDA receptors causes severe memory impairments. Nicotine stimulates glutamate release (McGEHEE et al. 1995). In a recent study, we found that nicotine significantly attenuates the memory deficit due to the NMDA antagonist dizocilpine (LEVIN et al. 1998c). Interestingly, nicotine attenuates both the working and reference memory impairments caused by dizocilpine, whereas nicotine when given alone has a selective effect in improving working memory errors.

Nicotine effects on memory also interact in a complex fashion with other transmitter systems. GREY and his coworkers have found that nicotine interacts with noradrenergic antagonists such as propranolol with regard to memory performance (GRAY et al. 1994; GRIGORYAN et al. 1994b). Although they found that the dorsal norepinephrine bundle is not required for the nicotine-induced reversal of basal-forebrain-induced working memory deficits (GRIGORYAN et al. 1994a), they also found long lasting increases in norepinepherine after a single dose of nicotine (MITCHELL et al. 1993). This may be related to the persisting effects that are often seen after nicotine withdrawal. Nicotine has been found to interact with serotonin with regard to memory (RIEKKINEN et al. 1991, 1993, 1994a,b). Though serotonergic depletion does not in itself impair memory performance, this group found that it attenuated the memory improvement seen with nicotine and potentiated the amnestic effect of the nicotinic antagonist mecamylamine.

B. Therapeutic Possibilities

Nicotine and nicotinic agonists have promise for the treatment of cognitive dysfunction including Alzheimer's disease, ADHD, and schizophrenia. Nicotine administration has been found to improve attentional performance in all three conditions.

I. Alzheimer's Disease

Nicotinic drug treatment holds promise for treatment of the cognitive deficits in Alzheimer's disease (for a review, see NEWHOUSE et al. 1997). Nicotinic receptors are dramatically decreased in Alzheimer's disease (KELLAR et al. 1987; NORDBERG and WINBLAD 1986; PERRY 1987). There is a negative epidemiological association between smoking and Alzheimer's disease (LEE 1994). Most directly to the point are the findings that nicotine can improve learning, memory, and attentional performance in patients with Alzheimer's disease (JONES et al. 1992; LAWRENCE and SAHAKIAN 1995; NEWHOUSE et al. 1986, 1996b, 1996b, 1988; SAHAKIAN and JONES 1991; SAHAKIAN et al. 1989; WHITE and LEVIN 1998; WILSON et al. 1995). Interesting are the findings that the therapeutic efficacy of nicotine is not diminished with chronic administration (WHITE and LEVIN 1998; WILSON et al. 1995). The nicotinic agonist ABT-418 has also been shown to improve learning in Alzheimer's patients (NEWHOUSE et al. 1996a).

II. Attention Deficit/Hyperactivity Disorder

Adults with ADHD smoke at higher rates than normal (POMERLEAU et al. 1996), possibly as a form of self-medication. We have found that nicotine patch administration causes significant reductions in clinical signs of the severity of attentional deficit (CONNERS et al. 1996; LEVIN et al. 1996d,f, 1998g). Nicotine-induced improvements in objective computerized measures of attentional performance are also seen with nicotine administration.

III. Schizophrenia

In schizophrenia, there is a decrease in hippocampal nicotinic receptors (FREEDMAN et al. 1995). The great majority of schizophrenics smoke (HUGHES et al. 1986). Smoking reinvokes the sensory gating response in schizophrenics and relatives of schizophrenics (ALDER et al. 1992, 1993). Nicotine skin patches significantly improve attentional consistency in schizophrenics in a dose-related fashion (LEVIN et al. 1996b). Nicotine also attenuates the memory impairment and cognitive slowing caused by haloperidol (LEVIN et al. 1996b).

C. Summary and Conclusions

Nicotine has been widely found to improve attentional performance in humans and memory performance in experimental animals. Nicotine administration improves attentional function in normal nonsmoking adult subjects as well as people with Alzheimer's disease, schizophrenics, and adults with ADHD. In rats and monkeys, nicotine and a variety of other nicotinic agonists significantly improve memory function. The effect seems to be specific to working memory. Importantly, the nicotine-induced memory improvement does not diminish with chronic administration and has been seen to persist after withdrawal. Mechanistic studies in rats show that nicotinic receptors in the hippocampus, frontal cortex, and midbrain DA nuclei are important for its effect on memory. In the hippocampus, both $\alpha 4\beta 2$ and $\alpha 7$ nicotinic receptors have been shown to be involved with memory function. Nicotinic systems have important interactions with a variety of transmitter systems with regard to memory function including dopamine, norepinepherine, serotonin, and glutamate.

Acknowledgments. This research was supported by the National Science Foundation, National Institute on Drug Abuse, Council for Tobacco Research (USA), Astra Pharmaceuticals, Abbott Pharmaceuticals, RJ Reynolds Inc., Japan Tobacco, Alzheimer's Association, and the National Alliance for Research on Schizophrenia and Depression.

References

Abdulla FA, Bradbury E, Calaminici MR, Lippiello PM, Wonnacott S, Gray JA, Sinden JD (1996) Relationship between up-regulation of nicotine binding sites in rat brain and delayed cognitive enhancement observed after chronic or acute nicotinic receptor stimulation. Psychopharmacology 124:323–331

Abdulla FA, Calaminici M, Wonnacott S, Gray JA, Sinden JD, Stephenson JD (1995) Sensitivity of rat frontal cortical neurones to nicotine is increased by chronic administration of nicotine and by lesions of the nucleus basalis magnocellularis: comparison with numbers of [3H]nicotine binding sites. Synapse 21:281–288

Albuquerque EX, Alkondon M, Pereira EFR, Castro NG, Schrattenholz A, Barbosa CTF, Bonfante-Cabarcas R, Aracava Y, Eisenberg HM, Maelicke A (1997) Properties of neuronal nicotinic acetylcholine receptors: Pharmacological characterization and modulation of synaptic function. J Pharmacol Exp Ther 280:1117–1136

Alder LE, Hoffer LJ, Griffith J, Waldo MC, Freedman R (1992) Normalization by nicotine of deficient auditory sensory gating in the relatives of schizophrenics. Biol Psychiat 32:607–616

Alder LE, Hoffer LJ, Wiser A, Freedman R (1993) Cigarette smoking normalizes auditory physiology in schizophrenics. Am J Psychiatry 150:1856–1861

Alkondon M, Albuquerque EX (1993) Diversity of nicotinic acetylcholine receptors in rat hippocampal neurons: 1. Pharmacological and functional evidence for distinct structural subtypes. J Pharmacol Exp Ther 265:1455–1473

Andersson K, Fuxe K, Agnati LF (1981) Effects of a single injection of nicotine on the ascending dopaminergic pathways in rats. Evidence for increased dopamine turnover in the mesostriatal and mesolimbic dopamine neurons. Acta Physiol Scand 112:345–347

Arendash GW, Sanberg PR, Sengstock GJ (1995a) Nicotine enhances the learning and memory of aged rats. Pharmacol Biochem Behav 52:517–523

Arendash GW, Sengstock GJ, Sanberg PR, Kem WR (1995b) Improved learning and memory in aged rats with chronic administration of the nicotinic receptor agonist GTS-21. Brain Res 674:252–259

Bartus RT, Dean RL, Flicker C (1987) Cholinergic psychopharmacology: An integration of human and animal research on memory. In: Meltzer HY (ed) Psychopharmacology: The Third Generation of Progress. Raven Press, New York, pp 219–232

Bickford PC, Wear KD (1995) Restoration of sensory gating of auditory evoked response by nicotine in fimbria-fornix lesioned rats. Brain Res 705:235–240

Blozovski D (1983) Deficits in passive avoidance learning in young rats following mecamylamine injections in the hippocampo-entorhinal area. Exp Brain Res 50:442–448

Bovet-Nitti F (1966) Facilitation of simultaneous visual discrimination by nicotine in the rat. Psychopharmolog 10:59–66

Brioni JD, Decker MW, Sullivan JP, Arneric SP (1997) The pharmacology of (-)-nicotine and novel cholinergic channel modulators. Advances in Pharmacology 37:153–214

Broersen LM, Heinsbroek RPW, de Bruin JPC, Uylings HBM, Olivier B (1995) The role of the medial prefrontal cortex of rats in short-term memory functioning: Further support for involvement of cholinergic, rather than dopaminergic mechanisms. Brain Res 674:221–229

Buccafusco JJ, Jackson WJ (1991) Beneficial effects of nicotine administered prior to a delayed matching-to-sample task in young and aged monkeys. Neurobiol Aging 12:233–238

Buccafusco JJ, Jackson WJ, Terry AV, Marsh KC, Decker MW, Arneric SP (1995) Improvement in performance of a delayed matching-to-sample task by monkeys following ABT-418: a novel cholinergic channel activator for memory enhancement. Psychopharmacology 120:256–266

Bushnell PJ, Oshiro WM, Padnos BK (1997) Detection of visual signals by rats: Effects of chlordiazepoxide and cholinergic and adrenergic drugs on sustained attention. Psychopharmacology 134:230–241

Chambers RA, Moore J, McEvoy JP, Levin ED (1996) Cognitive effects of neonatal hippocampal lesions in a rat model of schizophrenia. Neuropsychopharmacology 15:587–594

Chiappeta L, Jarvik ME (1969) Comparison of learning impairment and activity depression produced by two classes of cholinergic blocking agents. Arch Int Pharmacodyn 179:161–166

Clarke PBS, Hommer DW, Pert A, Skirboll LR (1985) Electrophysiological actions of nicotine on substantia nigra single units. Br J Pharmacol 85:827–835

Clarke PBS, Pert A (1985) Autoradiographic evidence for nicotine receptors on nigrostriatal and mesolimbic dopaminergic neurons. Brain Res 348:355–358

Clarke PBS, Pert CB, Pert A (1984) Autoradiographic distribution of nicotine receptors in rat brain. Brain Res 323:390–395

Colrain IM, Mangan GL, Pellett OL, Bates TC (1992) Effects of post-learning smoking on memory consolidation. Psychopharmacology 108:448–451

Conners CK, Levin ED, Sparrow E, Hinton S, Ernhardt D, Meck WH, Rose JE, March J (1996) Nicotine and attention in adult ADHD. Psychopharmacol Bull 32:67–73

Curzon P, Brioni JD, Decker MW (1996) Effect of intraventricular injections of dihydro-beta-erythroidine (DHβE) on spatial memory in the rat. Brain Res 714:185–191

Decker MW, Brioni JD, Bannon AW, Arneric SP (1995) Diversity of neuronal nicotinic acetylcholine receptors: Lessons from behavior and implications for CNS therapeutics – minireview. Life Sci 56:545–570

Decker MW, Curzon P, Brioni JD, Arneric SP (1994) Effects of ABT-418, a novel cholinergic channel ligand, on place learning in septal-lesioned rats. Eur J Pharmacol 261:217–222

Decker MW, Majchrzak MJ, Anderson DJ (1992) Effects of nicotine on spatial memory deficits in rats with septal lesions. Brain Res 572:281–285

Decker MW, Majchrzak MJ, Arneric SP (1993) Effects of lobeline, a nicotinic receptor agonist, on learning and memory. Pharmacol Biochem Behav 45:571–576

Diltz SL, Berry CA (1967) Effect of cholinergic drugs on passive avoidance in the mouse. J. Pharmacol. Exp Ther 158:279–285

Elrod K, Buccafusco JJ, Jackson WJ (1988) Nicotine enhances delayed matching-to-sample performance by primates. Life Sci 43:277–287

Evenden JL, Turpin M, Oliver L, Jennings C (1993) Caffeine and nicotine improve visual tracking by rats – A comparison with amphetamine, cocaine and apomorphine. Psychopharmacology 110:169–176

Felix R, Levin ED (1997) Nicotinic antagonist administration into the ventral hippocampus and spatial working memory in rats. Neuroscience 81:1009–10017

Freedman R, Hall M, Adler LE, Leonard S (1995) Evidence in postmortem brain tissue for decreased numbers of hippocampal nicotinic receptors in schizophrenia. Biol Psychiatry 38:22–33

Goldberg ME, Sledge K, Hefner M, Robichaud RC (1971) Learning impairment after three classes of agents which modify cholinergic function. Arch Int Pharmacodyn 193:226–235

Granon S, Poucet B, Thinusblanc C, Changeux JP, Vidal C (1995) Nicotinic and muscarinic receptors in the rat prefrontal cortex: differential roles in working memory, response selection and effortful processing. Psychopharmacology 119:139–144

Gray JA, Mitchell SN, Joseph MH, Grigoryan GA, Bawe S, Hodges H (1994) Neurochemical mechanisms mediating the behavioral and cognitive effects of nicotine. Drug Dev Res 31:3–17

Gray R, Rajan AS, Radcliffe KA, Yakehiro M, Dani JA (1996) Hippocampal synaptic transmission enhanced by low concentrations of nicotine. Nature 383:713–716

Grigoryan G, Hodges H, Mitchell S, Sinden JD, Gray JA (1996) 6-OHDA lesions of the nucleus accumbens accentuate memory deficits in animals with lesions to the forebrain cholinergic projection system: effects of nicotine administration on learning and memory in the water maze. Neurobiol Learn Mem 65:135–153

Grigoryan GA, Mitchell SN, Hodges H, Sinden JD, Gray JA (1994a) Are the cognitive-enhancing effects of nicotine in the rat with lesions to the forebrain cholinergic projection system mediated by an interaction with the noradrenergic system? Pharmacol Biochem Behav 49:511–521

Grigoryan GA, Peters S, Gray JA, Hodges H (1994b) Interactions between the effects of propranolol and nicotine on radial maze performance of rats with lesions of the forebrain cholinergic projection system. Beh Pharm 5:265–280

Hamid S, Dawe GS, Gray JA, Stephenson JD (1997) Nicotine induces long-lasting potentiation in the dentate gyrus of nicotine-primed rats. Neurosci Res 29:81–85

Hatsukami DK, Hughes JR, Pickens RW, Svikis D (1984) Tobacco withdrawal symptoms: An experimental analysis. Psychopharmacol 84:231–236

Heishman SJ, Taylor RC, Henningfield JE (1994) Nicotine and smoking: A review of effects on human performance. Exper Clin Psychopharm 2:1–51

Hughes JR, Hatsukami DK, Mitchell JE, Dahlgren LA (1986) Prevalence of smoking among psychiatric outpatients. Am J Psychiatry 143:993–997

Jackson WJ, Elrod K, Buccafusco JJ (1989) Delayed matching-to-sample in monkeys as a model for learning and memory deficits: role of brain nicotinic receptors. In: Meyer EM, Simpkins JW, Yamamoto J (ed) Novel Approaches to the Treatment of Alzheimer's Disease. Plenum Publishing Corporation, pp 39–52

Jones GMM, Sahakian BJ, Levy R, Warburton DM, Gray JA (1992) Effects of acute subcutaneous nicotine on attention, information processing and short-term memory in Alzheimer's disease. Psychopharmacology 108:485–494

Kellar KJ, Whitehouse PJ, Martino-Barrows AM, Marcus K, Price DL (1987) Muscarinic and nicotinic cholinergic binding sites in Alzheimer's disease. Brain Res 436:62–68

Kerr JS, Sherwood N, Hindmarch I (1991) Separate and combined effects of the social drugs on psychomotor performance. Psychopharmacology 104:113–119

Kim J, Levin E (1996) Nicotinic, muscarinic and dopaminergic actions in the ventral hippocampus and the nucleus accumbens: Effects on spatial working memory in rats. Brain Res 725:231–240

Lawrence AD, Sahakian BJ (1995) Alzheimer disease, attention, and the cholinergic system. Alz Dis Assoc Disorder 9:43–49

Le Houezec J, Halliday R, Benowitz NL, Callaway E, Naylor H, Herzig K (1994) A low dose of subcutaneous nicotine improves information processing in non-smokers. Psychopharmacology 114:628–634

Lee PN (1994) Smoking and Alzheimer's disease: a review of the epidemiological evidence. Neuroepidemiology 13:131–144

Levin E, Conners C, Silva D, Hinton S, Meck W, March J, Rose J (1998a) Transdermal nicotine effects on attention. Psychopharmacology. in press

Levin E, Kaplan S, Boardman A (1997) Acute nicotine interactions with nicotinic and muscarinic antagonists: Working and reference memory effects in the 16-arm radial maze. Behav Pharmacol 8:236–242

Levin E, Kim P, Meray R (1996a) Chronic nicotine effects on working and reference memory in the 16-arm radial maze: Interactions with D1 agonist and antagonist drugs. Psychopharmacology 127:25–30

Levin E, Wilson W, Rose J, McEvoy J (1996b) Nicotine-haloperidol interactions and cognitive performance in schizophrenics. Neuropsychopharmacology 15:429–436

Levin ED (1992) Nicotinic systems and cognitive function. Psychopharmacology 108:417–431

Levin ED (1996) Nicotinic agonist and antagonist effects on memory. Drug Develop Res 38:188–195

Levin ED (1997) Chronic haloperidol administration does not block acute nicotine-induced improvements in radial-arm maze performance in the rat. Pharmacol Biochem Behav 58:899–0.2

Levin ED, Bettegowda C, Gordon J, Blosser J (1998b) AR-R 17779, an a7 nicotinic agonist improves learning and memory in rats. Soc Neurosci Abs 24:183

Levin ED, Bettegowda C, Weaver T, Christopher NC (1998c) Nicotine-dizocilpine interactions and working and reference memory performance of rats in the radial-arm maze. Pharmacol Biochem Behav 61:335–340

Levin ED, Briggs SJ, Christopher NC, Auman JT (1994) Working memory performance and cholinergic effects in the ventral tegmental area and substantia nigra. Brain Res 657:165–170

Levin ED, Briggs SJ, Christopher NC, Rose JE (1992) Persistence of chronic nicotine-induced cognitive facilitation. Behav Neural Biol 58:152–158

Levin ED, Briggs SJ, Christopher NC, Rose JE (1993a) Chronic nicotinic stimulation and blockade effects on working memory. Behav Pharmacol 4:179–182

Levin ED, Christopher NC, Briggs SJ, Auman JT (1996c) Chronic nicotine-induced improvement of spatial working memory and D2 dopamine effects in rats. Drug Dev Res 39:29–35

Levin ED, Christopher NC, Briggs SJ, Rose JE (1993b) Chronic nicotine reverses working memory deficits caused by lesions of the fimbria or medial basalocortical projection. Cog Brain Res 1:137–143

Levin ED, Christopher NC, Weaver T, Moore J, Brucato F (1998d) Ventral hippocampal ibotenic acid lesions block chronic nicotine-induced spatial working memory improvement in rats. Cog Brain Res in press:

Levin ED, Conners CK, Sparrow E, Hinton S, Meck W, Rose JE, Ernhardt D, March J (1996d) Nicotine effects on adults with attention-deficit/hyperactivity disorder. Psychopharmacology 123:55–63

Levin ED, Damaj MI, Glassco W, May EL, Martin BR (1998e) Bridged nicotine, isonicotine and norisonicotine effects on working memory performance of rats in the radial-arm maze. Drug Dev Res in press

Levin ED, Lee C, Rose JE, Reyes A, Ellison G, Jarvik M, Gritz E (1990a) Chronic nicotine and withdrawal effects on radial-arm maze performance in rats. Behav Neural Biol 53:269–276

Levin ED, McGurk SR, Rose JE, Butcher LL (1989a) Reversal of a mecamylamine-induced cognitive deficit with the D2 agonist, LY 171555. Pharmacol Biochem Behav 33:919–922

Levin ED, McGurk SR, South D, Butcher LL (1989b) Effects of combined muscarinic and nicotinic blockade on choice accuracy in the radial-arm maze. Behav Neural Biol 51:270–277

Levin ED, Rose JE (1990) Anticholinergic sensitivity following chronic nicotine administration as measured by radial-arm maze performance in rats. Behav Pharmacol 1:511–520

Levin ED, Rose JE (1991) Nicotinic and muscarinic interactions and choice accuracy in the radial-arm maze. Brain Res Bull 27:125–128

Levin ED, Rose JE (1992) Cognitive effects of D1 and D2 interactions with nicotinic and muscarinic systems. In: Levin ED, Decker MW, Butcher LL (eds) Neurotransmitter Interactions and Cognitive Function. Berkhäuser, Boston, pp 144–158

Levin ED, Rose JE (1995) Acute and chronic nicotinic interactions with dopamine systems and working memory performance. In: Lajtha A, Abood L (eds) Functional Diversity of Interacting Receptors. The New York Academy of Sciences, New York, pp 218–221

Levin ED, Rose JE, Abood L (1995) Effects of nicotinic dimethylaminoethyl esters on working memory performance of rats in the radial-arm maze. Pharmacol Biochem Behav 51:369–373

Levin ED, Rose JE, McGurk SR, Butcher LL (1990b) Characterization of the cognitive effects of combined muscarinic and nicotinic blockade. Behav Neural Biol 53:103–112

Levin ED, Russell RW (1992) Nicotinic-muscarinic interactions in cognitive function. In: Levin ED, Decker MW, Butcher LL (eds) Neurotransmitter Interactions and Cognitive Function. Berkhäuser, Boston, pp 183–195

Levin ED, Simon BB (1998) Nicotinic acetylcholine involvement in cognitive function in animals. Psychopharmacology 138:217–230

Levin ED, Simon BB, Conners CK (1998f) Nicotine effects and attention deficit disorder. In: Newhouse P, Piasecki M (eds) Nicotine: Psychotropic and Psychotoxic Effects. John Wiley, New York, pp in press

Levin ED, Simon BB, Conners CK (1998g) Transdermal nicotine treatment of attention deficit/hyperactivity disorder. In: Arneric SP, Brioni JD (eds) Neuronal Nicotinic Receptors: Pharmacology and Therapeutic Opportunities. John Wiley, New York, pp in press

Levin ED, Toll K, Chang G, Christopher NC, Briggs SJ (1996e) Epibatidine, a potent nicotinic agonist: effects on learning and memory in the radial-arm maze. Medicinal Chem Res 6:543–554

Levin ED, Torry D (1996) Acute and chronic nicotine effects on working memory in aged rats. Psychopharmacology 123:88–97

Lichtensteiger W, Hefti F, Felix D, Huwyler T, Melamed E, Schlumpf M (1982) Stimulation of nigrostriatal dopamine neurons by nicotine. Neuropharmacology 21:963

Lippiello PM, Bencherif M, Gray JA, Peters S, Grigoryan G, Hodges H, Collins AC (1996) RJR-2403: a nicotinic agonist with CNS selectivity II. In vivo characterization. J Pharmacol Exp Ther 279:1422–9

McGehee DS, Heath MJS, Gelber S, Devay P, Role LW (1995) Nicotine enhancement of fast excitatory synaptic transmission in CNS by presynaptic receptors. Science 269:1692–1696

McGurk SR, Levin ED, Butcher LL (1989a) Nicotinic-dopaminergic relationships and radial-arm maze performance in rats. Behav Neural Biol 52:78–86

McGurk SR, Levin ED, Butcher LL (1989b) Radial-arm maze performance in rats is impaired by a combination of nicotinic-cholinergic and D2 dopaminergic drugs. Psychopharmacology 99:371–373

Meguro K, Yamaguchi S, Arai H, Nakagawa T, Doi C, Yamada M, Ikarashi Y, Maruyama Y, Sasaki H (1994) Nicotine improves cognitive disturbance in senescence-accelerated mice. Pharmacol Biochem Behav 49:769–772

Meyer EM, de Fiebre CM, Hunter BE, Simpkins CE, Frauworth N, de Fiebre NE (1994) Effects of anabaseine-related analogs on rat brain nicotinic receptor binding and on avoidance behaviors. Drug Dev Res 31:127–134

Mirza NR, Stolerman IP (1998) Nicotine enhances sustained attention in the rat under specific task conditions. Psychopharmacology 138:266–274

Mitchell SN, Smith KM, Joseph MH, Gray JA (1993) Increases in tyrosine hydroxylase messenger RNA in the locus coeruleus after a single dose of nicotine are followed by time-dependent increases in enzyme activity and noradrenaline release. Neuroscience 56:989–997

Muir JL, Everitt BJ, Robbins TW (1995) Reversal of visual attentional dysfunction following lesions of the cholinergic basal forebrain by physostigmine and nicotine but not by the 5-HT3 receptor antagonist, ondansetron. Psychopharmacology 118:82–92

Newhouse P, Potter A, Corwin J (1996a) Acute administration of the cholinergic channel activator ABT-418 improves learning in Alzheimer's disease. Society for Research on Nicotine and Tobacco. Washington, DC, Poster A39

Newhouse P, Potter A, Corwin J (1996b) Effects of nicotinic cholinergic agents on cognitive functioning in Alzheimer's and Parkinson's disease. Drug Develop Res 38:278–289

Newhouse PA, Potter A, Levin ED (1997) Nicotinic systems and Alzheimer's disease: Implications for therapeutics. Drugs and Aging 11:206–228

Newhouse PA, Sunderland T, Tariot PN, Blumhardt CL, Weingartner H, Mellow A, Murphy DL (1988) Intravenous nicotine in Alzheimer's disease: A pilot study. Psychopharmacology 95:171–175

Newhouse PA, Sunderland T, Thompson K, Tariot PN, Weingartner H, Mueller ER, Cohen RM, Murphy DL (1986) Intravenous nicotine in a patient with Alzheimer's disease. Am J Psychiat 143:1494–1495

Nordberg A, Winblad B (1986) Reduced number of 3H-nicotine and 3H-acetylcholine binding sites in the frontal cortex of Alzheimer brains. Neurosci Lett 72:115–119

Ohno M, Yamamoto T, Watanabe S (1993) Blockade of hippocampal nicotinic receptors impairs working memory but not reference memory in rats. Pharmacol Biochem Behav 45:89–93

Pauly JR, Stitzel JA, Marks MJ, Collins AC (1989) An autoradiographic analysis of cholinergic receptors in mouse brain. Brain Res Bull 22:453–459

Peeke SC, Peeke HVS (1984) Attention, memory, and cigarette smoking. Psychopharmacology 84:205–216

Perry EK, Perry RH, Smith CJ (1987) Nicotinic receptor abnormalities in Alzheimer's and Parkinson's disease. J Neurol Neurosurg Psychiatry 50:806–809

Picciotto MR, Zoll M, Lena C, Bessis A, Lallemand Y, Lenovere N, Vincent P, Pich EM, Brulet P, Changeux JP (1995) Abnormal avoidance learning in mice lacking functional high-affinity nicotinic receptor in the brain. Nature 374:65–67

Pomerleau OF, Downey KK, Stelson FW, Pomerleau CS (1996) Cigarette smoking in adult patients diagnosed with attention deficit hyperactivity disorder. J Subst Abuse 7:373–378

Pritchard WS, Robinson JH, Guy TD (1992) Enhancement of continuous performance task reaction time by smoking in non-deprived smokers. Psychopharmacology 108:437–442

Provost SC, Woodward R (1991) Effects of nicotine gum on repeated administration of the Stroop test. Psychopharmacology 104:536–540

Ridley RM, Murray TK, Johnson JA, Baker HF (1986) Learning impairment following lesion of basal nucleus of Meynert in the marmoset: Modification by cholinergic drugs. Brain Res 376:108–116

Riekkinen M, Sirvio J, Riekkinen P (1993) Pharmacological consequences of nicotinergic plus serotonergic manipulations. Brain Res 622:139–146

Riekkinen M, Tolonen R, Riekkinen P (1994a) Interaction between 5-HT(1A) and nicotinic cholinergic receptors in the regulation of water maze navigation behavior. Brain Res 649:174–180

Riekkinen P, Sirvio J, Riekkinen M (1994b) Serotonin depletion decreases the therapeutic effect of nicotine, but not THA, in medial septal-lesioned rats. Brain Res 662:95–102

Riekkinen PJ, Sirviö J, Aaltonen M, Riekkinen P (1990) Effects of concurrent manipulations of nicotinic and muscarinic receptors on spatial and passive avoidance learning. Pharmacol. Biochem. Behav 37:405–410

Riekkinen PJ, Sirvio J, Valjakka A, Miettinen R, Riekkinen P (1991) Pharmacological consequences of cholinergic plus serotonergic manipulations. Brain Res 552:23–26

Rupniak NMJ, Iversen SD (1989) Comparison of cognitive facilitation by cholinomimetic drugs in two primate memory tests. J Psychopharmacol 3:52P

Rusted J, Eaton-Williams P (1991) Distinguishing between attentional and amnestic effects in information processing: the separate and combined effects of scopolamine and nicotine on verbal free recall. Psychopharmacology 104:363–366

Rusted J, Graupner L, Warburton D (1995) Effects of post-trial administration of nicotine on human memory: evaluating the conditions for improving memory. Psychopharmacology 119:405–413

Rusted JM, Graupner L, Tennant A, Warburton DM (1998) Effortful processing is a requirement for nicotine-induced improvements in memory. Psychopharmacology 138:362–368

Sahakian B, Jones G, Levy R, Gray J, Warburton D (1989) The effects of nicotine on attention, information processing, and short-term memory in patients with dementia of Alzheimer type. Br J Psychiat 154:797–800

Sahakian BJ, Jones GMM (1991) The effects of nicotine on attention, information processing, and working memory in patients with dementia of the Alzheimer type. In: Adlkofer F, Thruau K (eds) Effects of Nicotine on Biological Systems. Birkhauser Verlag, Basel, pp 623–230

Schwartz RD (1986) Autoradiographic distribution of high affinity muscarinic and nicotinic cholinergic receptors labeled with [3H]acetylcholine in rat brain. Life Sci 38:2111–2119

Sherwood N, Kerr JS, Hindmarch I (1992) Psychomotor performance in smokers following single and repeated doses of nicotine gum. Psychopharmacology 108:432–436

Socci DJ, Sanberg PR, Arendash GW (1995) Nicotine enhances Morris water maze performance of young and aged rats. Neurobiol Aging 16:857–860

Terry AV, Buccafusco JJ, Jackson WJ (1993) Scopolamine reversal of nicotine enhanced delayed matching-to-sample performance in monkeys. Pharmacol Biochem Behav 45:925–929

Terry AVB, JJ, Decker, MW (1997) Cholinergic channel activator, ABT-418, enhances delayed-response accuracy in rats. Drug Dev Res 40:304–312

Turchi J, Holley LA, Sarter M (1995) Effects of nicotinic acetylcholine receptor ligands on behavioral vigilance in rats. Psychopharmacology 118:195–205

Vidal C, Changeux JP (1989) Pharmacological profile of nicotinic acetylcholine receptors in the rat prefrontal cortex: an electrophysiological study in a slice preparation. J Neurosci 29:261–270

Vidal C, Changeux JP (1993) Nicotinic and muscarinic modulations of excitatory synaptic transmission in the rat prefrontal cortex invitro. Neuroscience 56:23–32

Vidal C, Changeux JP (1996) Neuronal nicotinic acetylcholine receptors in the brain. News Physiol Sci 11:202–208

Warburton DM, Arnall C (1994) Improvements in performance without nicotine withdrawal. Psychopharmacology 115:539–542

Wesnes K, Warburton DM (1983) Smoking, nicotine and human performance. Pharmacol Ther 21:189–208

Wesnes K, Warburton DM, Matz B (1983) Effects of nicotine on stimulus sensitivity and response bias in a visual vigilance task. Neuropsychobiology 9:41–44

West R, Hack S (1991) Effect of cigarettes on memory search and subjective ratings. Pharmacol Biochem. Behav 38:281–286

White H, Levin ED (1998) Chronic four week nicotine skin patch treatment effects on cognitive performance in Alzheimer's disease. Psychopharmacology in press

Widzowski DV, Cregan E, Bialobok P (1994) Effects of nicotinic agonists and antagonists on spatial working memory in normal adult and aged rats. Drug Dev Res 31:24–31

Williams DG (1980) Effects of cigarette smoking on immediate memory and performance in different kinds of smoker. Br J Psychol 71:83–90

Wilson AL, Langley LK, Monley J, Bauer T, Rottunda S, Mcfalls E, Kovera C, Mccarten JR (1995) Nicotine patches in Alzheimer's disease: pilot study on learning, memory, and safety. Pharmacol Biochem Behav 51:509–514

Wonnacott S (1997) Presynaptic nicotinic ACh receptors. Trends Neurosci 20:92–98

Woodruff-Pak DS, Li YT, Kem WR (1994) A nicotinic agonist (GTS-21). eyeblink classical conditioning, and nicotinic receptor binding in rabbit brain. Brain Res 645:309–317

CHAPTER 24
Behavioural Pharmacology and Neurobiology of Nicotine Reward and Dependence

G. Di Chiara

A. Introduction

This chapter is devoted to the pharmacological actions of nicotine relevant for its dependence liability. As most, if not all, of the central actions of nicotine might, in principle, concur to its dependence liability, a chapter on this topic would have required a review of the whole psychopharmacology of nicotine, a task far beyond the limits of this chapter. However, some aspects of nicotine psychopharmacology, such as its effects on cognition, learning and performance, as well as the genetics of its central actions are covered in specific chapters of this volume. Therefore, these topics will be discussed when necessary but will not be specifically reviewed in this chapter.

In humans, nicotine dependence assumes the form of dependence to smoking of tobacco (JOHNSTON 1942; ARMITAGE 1968; JARVIK 1968; RUSSELL and FEYRABEND 1978; GRIFFITHS and HENNINGFIELD 1982; HENNINGFIELD 1984; US DEPARTMENT of HEALTH and HUMAN SERVICES 1988). The literature available on tobacco dependence is overwhelming in size and outstanding in quality but cannot be directly referred to nicotine due to the fact that nicotine is only one of the 3800 or more components of tobacco smoke.

Given these premises, the present chapter will cover only studies on the actions of nicotine directly relevant for dependence, both in animals and humans. These actions are essentially those that nicotine exerts as a behavioural stimulus. This general topic has been the subject of various excellent reviews that have preferentially covered either the behavioural pharmacology (DOMINO 1973; DOUGHERTY et al. 1981; POMERLAU and POMERLAU 1984; STOLERMAN 1987; SWEDBERG et al. 1990; DOMINO 1997; ROSE and CORRIGALL 1997; PERKINS and STITZER 1998) or the neurobiology of nicotine (ABOOD et al. 1981; BALFOUR 1984; OCHOA et al. 1990; DANI and HEINEMANN 1996; CHANGEUX et al. 1998). The present review intends to cover these aspects to an equivalent extent in an attempt to provide an integrative view. Another attempt of the present review is to give equal consideration to animal and human studies on nicotine.

I. Defining Dependence and Addiction

The use for scientific purposes of terms taken from common parlance, like addiction and dependence, requires their preliminary definition. Scientific terms are defined by specific criteria that allow one to recognize, differentiate and estimate the phenomenon to which the term is applied (BORING 1945); therefore, a definition of addiction and dependence is, necessarily, operational. Operational definitions are at the core of the scientific process, being essential for the development of working hypotheses (FEIGL 1945). In the specific case of addiction and dependence their operational definition is also essential for the development of valid animal models.

An operational definition of dependence for diagnostic purposes has been provided by the diagnostic statistical manual (DSM)-IIIR (American Psychiatric Association 1987) and DSM-IV (American Psychiatric Association 1994). This definition consists of a list of seven criteria or conditions that do not have to be satisfied or be present at the same time, the presence of three being sufficient for a diagnosis of dependence. Two of these criteria correspond to physiological adaptive changes (1, tolerance; 2, physical dependence); three of them correspond to loss of control over drug taking (3, persistent desire and unsuccessful attempts to quit; 4, use of drugs in larger amounts and for longer periods than intended; 5, continued use in the face of medical, familiar or social problems); finally, two criteria correspond to focussing of instrumental behaviour over drug taking (6, important social, familiar and recreational activities given up or reduced because of drug seeking; 7, expenditure of a great deal of time and activity in relation to drugs).

This definition involves conditions (items 3 to 7) that can be indexed as an expression of abnormal drug motivation, i.e. of the strong control that the drug acquires over the subject's behaviour and of the restriction of the subject's range of activities to drug seeking and drug taking. It is notable that, although tolerance and physical dependence are among the seven items that the DSM-IIIR and DSM-IV indicate as useful for a diagnosis of dependence, their presence is not necessary; thus, one can diagnose dependence by the presence of three of the five items that are related to abnormal drug motivation. On the other hand, according to the DSM-IIIR and DSM-IV, tolerance and physical dependence are not sufficient to diagnose dependence since they account for only two among the three items necessary for diagnosis, the third being, again, an item of abnormal drug motivation.

This analysis shows that the DSM-IIIR and DSM-IV attribute the highest rank to the loss of control over drug taking compared to tolerance and physical dependence, both being necessary and sufficient for dependence. This concept corresponds to the 1978 WHO classification (World Health Organization 1978) further emphasized by a WHO memorandum in 1981 (EDWARDS et al. 1981). Since 1969, however, a WHO report had indicated compulsion and loss of control over drug taking as the cardinal feature of drug dependence (World Health Organization 1969).

The importance attributed to excessive or abnormal motivation to take drugs in the definition of dependence and addiction is directly relevant to the issue of the biological bases of these conditions. This is consistent with the fact that the dependence liability of drugs is associated with the property of serving as positive reinforcers, that is, of promoting the emission of behaviours that are followed by the occurrence of the drug. Indeed, from a formal point of view, drug dependence and addiction can be reduced to a case of drug reinforcement; this, however, does not eliminate but actually increases the need of devising operational criteria for distinguishing addiction from normal reinforcement in animals (see Sect. B.V.15).

The term dependence, as defined by the DSM-IIIR and DSM-IV, tends to be replaced by that of addiction. Thus, in the specific case of nicotine, the US Surgeon General has consistently utilized the term addiction rather than dependence in the 1988 report on tobacco smoking (US Department of Health and Human Services 1988). Various authors (e.g. JARVIK 1995; STOLERMAN and JARVIS 1995; O'BRIEN 1996) equate dependence to addiction and therefore consider these terms as synonyms. O'BRIEN (1996) proposes to drop the term dependence in order to avoid confusion with physical dependence and to apply to the term addiction the DSM-IIIR and DSM-IV criteria for dependence.

Some authors still consider physical dependence as a necessary prerequisite of addiction; this is, for example, the case of JARVIK (1995) who, in a commentary specifically addressed to the issue of nicotine addiction, states: "Physiological withdrawal signs are necessary to diagnose addiction or dependence on a drug". This view corresponds to an earlier definition of addiction which considered the presence of physical dependence as a necessary condition for its diagnosis. This is also the definition of addiction provided by the first version of the DSM-III (American Psychiatric Association 1980) and is well reflected in the 1964 US Surgeon General report on smoking (US Department of Health, Education and Welfare 1964) where the presence of physical dependence was regarded as the critical difference between addiction and "habituation". In that report, chronic nicotine exposure was not attributed the property of inducing physical dependence and therefore nicotine was regarded as habituating (habit forming) but not addicting. In this distinction "habit" was viewed as a form of psychological dependence. This judgement about nicotine was reversed in the 1988 Report of the US Surgeon General stating that nicotine is indeed addictive (US Department of Health and Human Services 1988). Notably, this change followed the exclusion from the revised DSM (DSM-IIIR, American Psychiatric Association 1987) of tolerance and physical dependence as necessary criteria for the diagnosis of addiction/dependence but also with the unambiguous demonstration of the physical dependence liability of nicotine (WEST and RUSSELL 1985; HUGHES et al. 1986).

The habit/addiction dichotomy has been resurrected more recently by ROBINSON and PRITCHARD (1992) and by the ensuing debate over the addictive liability of nicotine and smoking (HENNINGFIELD and HEISHMAN 1995; JAFFE 1995; JARVIK 1995; SHIFFMAN 1995; STOLERMAN and JARVIS 1995). A habit can be defined as a behaviour performed automatically in response to specific stimuli independently from its outcome (DICKINSON 1994; DICKINSON and BALLEINE 1995). Curiously, the term "habit-forming" has been used often in the past as synonymous with dependence-producing when referring to drugs of abuse; moreover, addictive behaviour has been conceptualized as a form of habit responding (TIFFANY 1990; WHITE 1996; DI CHIARA 1998). Therefore, as habit formation might be an aspect, and not a secondary one, of addiction, it might not be sensible to debate over the issue of the addictive as opposed to habit-forming liability of nicotine (ROBINSON and PRITCHARD 1992; STOLERMAN and JARVIS 1995).

Some authors regard addiction as a specific, higher ranking condition of dependence (e.g. JAFFE 1990; ALTMAN et al. 1996). This implies attributing to the term dependence a broader significance than addiction, encompassing mild forms of drug-seeking behaviour such as intermittent, occasional use ("chipping", SHIFFMANN 1989) to frank "drug abuse" (continuous or discontinuous use of drugs associated to drug-related problems) and severe addiction. This use of the term dependence and addiction fulfils the need of viewing addiction as the terminal condition of a unitary developmental process made up of stages that have in common the control exerted by the drug upon the subject's behaviour (i.e. dependence).

This view has much merit (see Sect. G); however, use of the term dependence in such a generic sense contrasts with the specific use made of it by the DSM-IIIR and DSM-IV.

A way out of this difficulty is that of defining the term addiction according to the criteria for dependence adopted by the DSM-IIIR and DSM-IV (as done by O'BRIEN 1996) and of utilizing the term dependence in a broader sense that includes drug abuse and addiction. The term dependence will be further specified (e.g. physical, physiological, motivational etc.) when referring to those neuroadaptive, non-associative conditions that are disclosed by withdrawal from chronic drug exposure.

B. Behavioural Stimulus Effects of Nicotine

Nicotine is the active ingredient of tobacco regarded as directly responsible for the acquisition and maintenance of smoking behaviour and for the dependence and addictive liability of tobacco (JOHNSTON 1942; ARMITAGE et al. 1968; JARVIK 1968; RUSSELL and FEYRABEND 1978; GRIFFITHS and HENNINGFIELD 1982; HENNINGFIELD 1984; US Department of Health and Human Services 1988). These nicotine effects belong to the broad category of behavioural stimulus effects of drugs and can be distinguished into discriminative and motivational stimulus effects depending on whether nicotine acts as a stimulus to guide instrumental behaviour towards its final outcome or is itself the outcome of behaviour.

The sign or valence of the motivational actions of nicotine, like those of many drugs of abuse, are not univocal, being positive and/or negative, depending on the experimental conditions and specific task. By definition, positive effects of nicotine motivate responding for nicotine self-administration while negative effects motivate responding for nicotine avoidance. In principle, the aversive properties of nicotine could be utilized by the subject as discriminative stimuli to obtain the positive motivational effects of the drug but not as the final outcome of instrumental behaviour. In this case, it might seem that the subject works to obtain the negative effects of nicotine; in fact he/she is utilizing the negative effects of nicotine as discriminative stimuli to obtain its positive effects.

I. Discriminative Stimulus Effects of Nicotine

Nicotine administration generates interoceptive stimuli that can serve as conditional cues for instrumental (operant) responding. The discriminative stimulus (DS) properties of drugs are demonstrated by training subjects to explicitly associate the drug effect to a specific response (e.g. pressing of one specific lever among two) that leads to reinforcement (e.g. food presentation). Under these conditions, nicotine allows discrimination between a response reinforced by food and a non-reinforced one. In this way, drugs that elicit the discriminative stimulus effects of nicotine are expected to mimic the nicotine stimulus by substituting completely or partially for it (stimulus generalization).

Discriminative properties of nicotine are attributed an important role in drug abuse and addiction as they can serve as conditioned cues to guide responding for the drug (drug taking) (STOLERMAN 1992). Thus, in drug self-administration, the drug might acquire conditional cue properties as a result of the repeated pairing of its DS effects with the rewarding ones.

The literature on this topic until 1984 has been thoroughly reviewed by STOLERMAN (1987) and will be only summarized here. The present review will deal with three major issues, namely, the role of dopamine (DA) in the DS properties of nicotine, the role of the DS of nicotine in its subjective effects and the role of DS in responding for nicotine.

1. Animal Studies

As pointed out by STOLERMAN (1987), animal studies on nicotine as a DS date back to the foundation of the studies on the DS properties of drugs (MORRISON and STEPHENSON 1969; OVERTON 1969). A series of seminal studies by ROSECRANS, SCHECHTER and their collaborators established the cueing properties of nicotine as one of the most reliable and robust central effects of this drug (ROSECRANS 1989).

The main properties of nicotine as a DS can be summarized as follows. In rats, the DS properties of nicotine are acquired at training doses of 0.1 and 0.4 mg/kg s.c. (CHANCE et al. 1977; STOLERMAN et al. 1984; GASIOR et al. 1999). The training dose of nicotine might influence the characteristics of the DS. Thus, STOLERMAN et al. (1984) reported a greater nicotine-appropriate responding after low doses of nicotine (0.03 mg/kg) in rats trained with doses of

0.1 mg/kg than with higher doses. Generalization to non-nicotinic agonists is more extensive after low training doses of nicotine, in keeping with a reduced selectivity of discrimination at lower training doses of the drug (STOLERMAN et al. 1984). The number of training sessions required for the DS control by nicotine is a function of the training dose (e.g. 37 sessions with 0.4 mg/kg, 60 sessions with 0.1 mg/kg) (GASIOR et al. 1999). The ED_{50} of nicotine as a DS is around 0.036–0.14 mg/kg (PRATT et al. 1983; GOLDBERG et al. 1989; STOLERMAN 1989; ROSECRANS 1989; SCHECHTER and MEEHAN 1992; GASIOR et al. 1999). The rate of responding is not reduced up to 0.4 mg/kg doses of nicotine. Plasma levels of nicotine peak at 146 ng/ml (~1 μM) in generalization testing with 0.4 mg/kg s.c. and the time-course of nicotine-appropriate responding is superimposable to that of nicotine concentrations in plasma (PRATT et al. 1983).

Squirrel monkeys can be effectively trained to discriminate nicotine at doses of 0.1–0.18 mg/kg i.v. which, if one considers the difference in route of administration (i.v. versus s.c.), compares favourably with that of the rat (TAKADA et al. 1988, 1989). An observation that might be useful for understanding the motivational properties of the nicotine discriminative stimulus is that the inverse benzodiazepine agonist ethyl-β-carboline-3-carboxylate generalizes to the nicotine cue. In this case, further increase of the dose was made impractical by the reduction of responding (TAKADA et al. 1988). Apart from the possible confounding influence of the reduction in rate, these observations suggest that the nicotine DS has negative motivational properties, a suggestion consistent with specific studies on the negative reinforcing and punishing effects of i.v. nicotine in the same species (see Sect. III.1).

Nicotine has recently been reported to act as a DS in mice of the C57BL/6 and DBA/2 strains (STOLERMAN et al. 1999; VARVEL et al. 1999). Training doses of nicotine necessary to obtain a full stimulus control of responding (80% or more) and a sharp dose–response function were higher than in the rat, being around 1.6 mg/kg in the C57BL/6 strain, a dose of 0.4 mg/kg was weakly effective (STOLERMAN et al. 1999). Doses of nicotine in the range needed for discriminating it from saline with reliable accuracy (i.e. 80% or more) reduced response rates, particularly in the C57BL/6 strain. The pharmacological properties of the DS of nicotine in mice did not differ from that of the rat (STOLERMAN et al. 1999; VARVEL et al. 1999).

Studies with agonists of nicotinic receptors confirm the nicotinic nature and in addition shed some light on the nicotinic receptor subtype specificity of the nicotine DS. The (+) enantiomer of nicotine has an ED_{50}, nine to ten times higher than the (–) enantiomer (MELTZER et al. 1980; GOLDBERG et al. 1989). Cotinine, the major metabolite of nicotine, was reported by ROSECRANS et al. (1978) not to generalize to the nicotine cue, while GOLDBERG et al. (1989) later reported that (–)-cotinine fully generalizes, although at high doses (~30 mg/kg), to the nicotine cue. However, the presence of (–)-nicotine as an impurity in the (–)-cotinine used in these studies casts some doubt on the attribution of the observed nicotine-appropriate responding to *l*-Cotinine itself (GOLDBERG et al. 1989). The nicotine metabolites, (–)- and (+)-nornicotine and the nicotine agonist 3-pyridyl-methylpyrrolidine (PMP) all fully and consistently generalize to the nicotine cue at doses that do not reduce responding (CHANCE et al. 1978; GOLDBERG et al. 1989). Other nicotine receptor agonists [anabasine, cytisine, isoarecolone and 1-acetyl-4-methyl-piperazine (AMP)] fully generalize to the nicotine cue but less consistently and at doses that also reduce responding. Other compounds that have been attributed nicotine receptor agonist properties, such as lobeline and anatoxin, do not show nicotine-specific DS properties (GOLDBERG et al. 1989; REAVILL et al. 1990; GARCHA et al. 1993). Among non-nicotine agonists, drugs like caffeine, benzodiazepines, barbiturates, muscarinic antagonists, neuroleptics and cholinergic agonists fail to generalize to the nicotine cue (see Table 3 in STOLERMAN 1987).

Comparative studies on the relative potency of nicotine receptor agonists on drug discrimination and on locomotor activity show that generalization to the nicotine cue is correlated to mecamylamine-sensitive depression of locomotor activity rather than to locomotor stimulation (STOLERMAN et al. 1995a,b). Thus, the nicotine analogue PMP, while linearly reducing locomotion and generalizing to the nicotine cue, stimulates locomotion in a biphasic manner so that at doses that fully generalize to the nicotine cue it does not stimulate locomotion. On the other hand, most compounds that partially or less consistently generalize to the nicotine cue (anabasine, cytisine, isoarecolone, AMP), while producing mecamylamine-sensitive depression of locomotion, do not stimulate locomotor activity (STOLERMAN et al. 1995a,b). In the case of isoarecolone, the failure to stimulate locomotion has been associated to lack of the property of stimulating in vivo DA release from the nucleus accumbens (NAc) (MIRZA et al. 1996). It is notable, however, that isoarecolone stimulates [^{3}H]DA release from striatal synaptosomes with a potency 20 times lower than that of nicotine (WHITEAKER et al. 1995).

These observations can be explained by postulating that the nicotinic receptors mediating the discriminative and locomotor depressant effects are different from those that mediate the locomotor stimulant properties of nicotine. Recent studies with cytisine seem to support this contention (CHANDLER and STOLERMAN 1997). Thus, while nicotine, at doses ten times lower than cytisine, fully generalizes to the cytisine cue in rats trained to discriminate cytisine from saline, cytisine only partially (50%) generalizes to the nicotine cue in rats trained with nicotine. This asymmetric cross-generalization between nicotine and cytisine can be interpreted to indicate the complex, multicomponential nature of the nicotine DS, and that the cytisine cue is the result of an action on one component among those that contribute to the whole nicotine stimulus. Interestingly, (+)-amphetamine showed as much as 75% drug-appropriate responding in rats trained either on nicotine or on cytisine, suggesting that the DS of nicotine mimicked by amphetamine is fully shared by cytisine (CHANDLER and STOLERMAN 1997).

Cytisine is regarded as a high-affinity ligand of neuronal nicotinic receptors to which is currently assigned an $\alpha 4\beta 2$ subunit composition. However, cytisine shows low intrinsic activity for these receptors (PAPKE and HEINEMANN 1994). In contrast, cytisine is a full agonist of nicotine receptors that contain a $\beta 4$ subunit (LUETJE and PATRICK 1991). In view of these observations, it is unclear if the peculiar DS properties of cytisine are due to its partial agonist properties on $\alpha 4\beta 2$ receptors, in which case these receptors would account for all DS properties of nicotine, or to an action on $\beta 4$-containing receptors, in which case the whole DS of nicotine would be the result of a combined action on $\beta 2$- and $\beta 4$-containing receptors. Studies with the competitive nicotine antagonist dihydro-β-erithroidine (DHβE) would support the possibility that the DS properties of nicotine are entirely due to an action on $\beta 2$-containing neuronal acetylcholine receptors (nAChRs). In fact, DHβE has recently been shown by STOLERMAN et al. (1997) to fully antagonize in a competitive manner the DS properties as well as the locomotor stimulant properties of nicotine, but not its locomotor and operant response suppressant effects, that are instead fully antagonized by the channel antagonist mecamylamine. Receptor binding and functional studies in cells expressing nicotine receptors with a specific subunit composition indicate that DHβE is a poor antagonist of $\beta 4$-containing as compared to $\beta 2$-containing nAChRs (ALKONDON et al. 1994; HARVEY and LUETJE 1996). A participation of the $\alpha 7$ subunit to the nicotine DS is excluded by the lack of effect of the high-affinity $\alpha 7$-antagonist methyllycaconitine (MLA) (BRIONI et al. 1996).

Therefore stimulation of nicotine receptors with a $\beta 2$ subunit (e.g. $\alpha 4\beta 2$) would account for nicotine DS properties. Full generalization to the nicotine cue might depend pour full agonist activity at these nicotine receptors. Therefore, the failure of cytisine and AMP to fully generalize to the nicotine cue is interpreted as the result of their partial intrinsic activity as agonists at $\beta 2$-containing nicotine receptors. This hypothesis is consistent with the recent observation that in $\beta 2$ knock-out mice the DS of nicotine is markedly attenuated (OGLESBY et al. 1998).

2. Intracerebral Site of the Discriminative Stimulus Effects of Nicotine

The DS properties of nicotine are of central origin being blocked specifically by systemic as well intraventricular mecamylamine, intraventricular chlorisondamine and systemic DHβE but not by systemic hexamethonium (SCHECHTER and ROSECRANS 1972b), except at high doses (ROMANO et al. 1981), or by systemic chlorisondamine. It is notable that intraventricular hexamethonium reportedly failed to block the DS of nicotine (SCHECHTER and ROSECRANS 1971; STOLERMAN et al. 1983). In turn, systemic mecamylamine and intraventricular chlorisondamine do not affect the DS effects of other drugs at doses that block nicotine DS (see STOLERMAN 1987).

As to the site of the DS effects of nicotine, ROSECRANS and MELTZER (1981) obtained dose-related generalization to the nicotine cue by infusion of nicotine in the dorsal hippocampus and medial reticular formation of rats trained to discriminate systemic nicotine from saline. ANDO et al. (1993) reported generalization to the nicotine cue after infusion of nicotine in the NAc, VTA and hippocampus at doses of nicotine ranging between 10 and 140μg. More recently, the same group has reported a generalization to the nicotine cue after infusion of 20 and 40μg in the medial prefrontal cortex but not in the medial habenula (MIYATA et al. 1999).

SHOAIB and STOLERMAN (1996) observed that nicotine at much lower doses (2–8μg) induced significant dose-related generalization when infused in the dorsal hippocampus but not in the medial NAc. It is possible that much higher doses of nicotine are required to obtain DS effects after local infusion in the NAc than in the hippocampus.

An aspect that awaits further studies is that of the pharmacological properties of the DS elicited from different brain areas. For example, one would predict that DA receptor antagonists would differentially affect the nicotine cue depending on the specific area where it is infused.

3. Role of Dopamine in the Discriminative Stimulus Effects of Nicotine

The ability of psychostimulants (amphetamine, cocaine and their congeners) to generalize to the nicotine cue is debatable. MORRISON and STEPHENSON (1969), SCHECHTER and ROSENCRANS (1972a) and PRATT et al. (1983) did not obtain a significant generalization with amphetamine, while CHANCE et al. (1977), STOLERMAN et al. (1984) and MANSBACH et al. (1998) observed a partial (75%) generalization. Quite recently, GASIOR et al. (1999) obtained an 80% generalization of amphetamine to the nicotine cue. In all these studies, generalization to the nicotine cue was associated, at higher doses of amphetamine, to reduction of response rate. However, in the study by GASIOR et al. (1999), significant generalization (more than 60%) was obtained at doses of 0.56–1.0 mg/kg of amphetamine which do not affect response rate, thus excluding the view that amphetamine generalization to nicotine is related to this effect (Fig. 1).

In the case of cocaine, no generalization to the nicotine cue was observed by PRATT et al. (1983) and by STOLERMAN et al. (1984) in the rat, nor by TAKADA et al. (1988) in the squirrel monkey; MANSBACH et al. (1998) obtained a maximal 36% generalization while GASIOR et al. (1999) obtained a 50% generalization in rats trained with 0.4 mg/kg of nicotine and an 80% generalization in rats trained with 0.1% nicotine (Fig. 1). Apart from the apparent increase of pharmacological specificity at higher training doses of nicotine, this study suggests a specific effect of cocaine, as significant generalization was obtained at doses of cocaine that do not reduce response rate.

With the specific DA reuptake inhibitor GBR-12909, CORRIGALL and COEN (1994) failed to obtain generalization to the nicotine cue at doses of about 8.5 and 30 mg/kg of GBR-12909 given i.p. These negative results contrast with those of GASIOR et al. (1999) who reported 80% generalization at 10 and

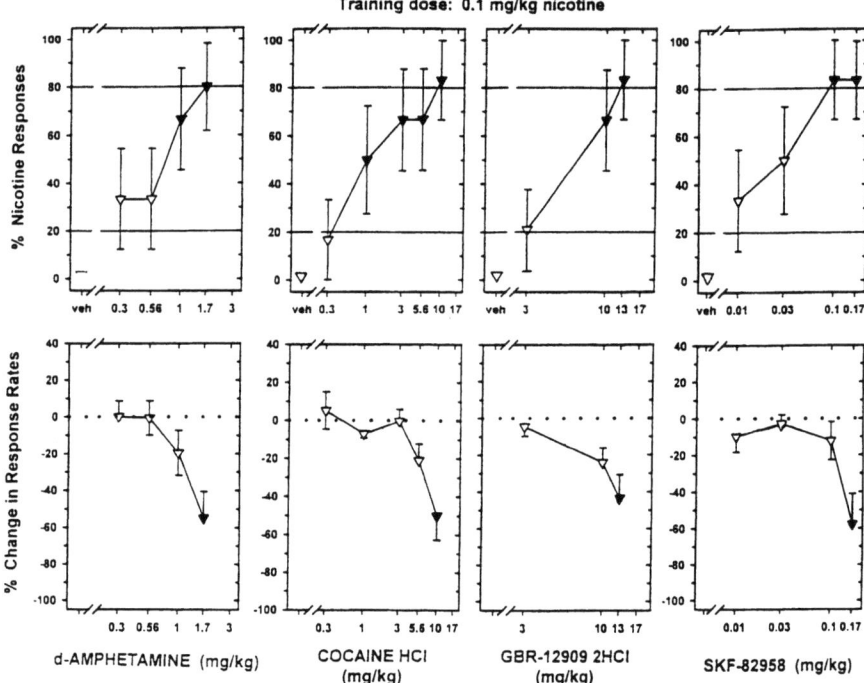

Fig. 1. Dose–response functions for the discriminative stimulus generalization of amphetamine to the nicotine cue in rats trained to discriminate 0.1 mg/kg of nicotine from saline. *Top*, mean percentage of nicotine-appropriate responses (±SEM.; $n = 5$–6 rats) after injections with increasing doses of amphetamine, cocaine, GBR-12909, a DA re-uptake and inhibitor, SKF-82958, a D1 receptor agonist. *Bottom*, mean percentage of change (±SEM) from the individual baseline rates of responding after different doses of the various drugs. The individual baseline level of responding was recorded during a test session with an appropriate vehicle administered instead of the drugs. The *dashed line* at 0% denotes no change from the individual baseline rate of responding. Doses shown on the abscissa are in mg/kg, log scale. *Filled triangles* indicate performance significantly ($p < 0.05$) different from vehicle (Dunnett's test after one-way repeated measures ANOVA). Notice that amphetamine at 1 mg/kg, cocaine at 1.0, 3.0 and 5.6 mg/kg, GBR-12909 at 10 mg/kg and SKF-82955 at 0.1 mg/kg significantly generalized to the nicotine cue without significantly modifying response rate. (Modified from GAVIOR et al. 1999)

13 mg/kg i.p. of GBR-12909 in rats trained with 0.4 and 0.1 mg/kg of nicotine (Fig. 1). It is notable that in rats trained with 0.4 mg/kg of nicotine, the dose of 10 mg/kg of GBR-12909, which elicited almost full generalization to the nicotine cue, did not modify response rate. The negative results with GBR-12909 obtained by CORRIGALL and COEN (1994) have been explained by GASIOR et al. (1999) as due to the use of doses at the bottom of the bell-shaped dose–response curve of GBR-12909 (CORRIGALL and COEN 1994). Apomorphine, a generic DA agonist, showed partial generalization (35%, MANSBACH

et al. 1998; >60%, GASIOR et al. 1999) associated to a reduction in response rate. The D_1 agonist SKF-81297 partially generalized (maximum by 45%) but also reduced response rate (MANSBACH et al. 1998). However, another D_1 agonist, SKF-82958, generalized by 80% to the nicotine cue at doses of 0.1 mg/kg i.p. without any reduction of response rate (GASIOR et al. 1999) while D_2 agonists were without effect (GASIOR et al. 1999; MANSBACH et al. 1998).

DA receptor antagonists (haloperidol, spiperone, SCH-23390) have been shown to reduce generalization to the nicotine cue by nicotine itself, but this effect is associated to a reduction in response rate (REAVILL and STOLERMAN 1987; CORRIGALL and COEN 1994).

One would argue that a reduction of response rate should not per se modify the pharmacological specificity of the drug cue if response is expressed as a percentage of nicotine-appropriate responding. At any rate, as shown by the above analysis, there are various reports of generalization to the nicotine cue with DA agonists (amphetamine, cocaine and SKF-82958) in the absence of a depression of response rate.

Cathinone, an amphetamine-like psychostimulant, also generalized to the nicotine cue in rats trained on nicotine while only partial generalization to catinone was obtained with nicotine in rats trained to discriminate catinone from saline (SCHECHTER and MEEHAN 1993). Cathinone generalization as well as nicotine generalization to the nicotine cue was attenuated by CGS-10746B, a drug that has been labelled as dopamine release inhibitor, and by the L-type Ca^{++} channel blocker isradipine; this compound also prevents the stimulant actions of nicotine on the firing activity of tegmental DA units and nicotine's acute reinforcing effects in mice (MARTELLOTTA et al. 1995). Finally, CGS-10746B reduces the DS properties of nicotine (SCHECHTER and MEEHAN 1992, 1993).

The mechanism by which CGS-10746B blocks the DS properties of nicotine is commonly assumed to be an inhibition of nicotine-induced release of DA (GASIOR et al. 1999; SCHECHTER and MEEHAN 1992); this belief stems from the notion that CGS-10746B is a presynaptic inhibitor of impulse-mediated DA release (ALTAR et al. 1988). However, CGS-10746B fails to increase DA turnover in the striatum and the firing activity of DA neurons, but reduces striatal 3-methoxytyramine, the DA metabolite through through cathecol-O-methyltransferase (COMT), whose levels have been taken as an index of extraneuronal DA metabolism and therefore of in vivo DA release (ALTAR et al. 1988). However, no direct brain microdialysis studies on the effect of CGS-10746B on extracellular DA have been performed; moreover, changes in DA function have been restricted to the dorsal striatum and no information is available on ventral striatal areas and on the prefrontal cortex (ALTAR et al. 1988). DA release in these areas is specifically affected by clozapine, the first atypical antipsychotic, that is structurally related to CGS-10746B. Indeed, the relationship with clozapine might be relevant to the mechanism of action of CGS-10746B. Thus, CGS-10746B has distinct DS properties and, among a series of compounds including typical and atypical neuroleptics and Ca^{++}

channel antagonists, only clozapine and the D_1 receptor antagonist SCH-23390 generalize to the CGS-10746B cue (MEEHAN and SCHECHTER 1996). CGS-10746B induces place-aversion (CALCAGNETTI and SCHECHTER 1991), an effect shared with SCH-23390 (ACQUAS and DI CHIARA 1994). As clozapine is also a D_1 antagonist, blockade of D_1 receptors rather than inhibition of impulse-dependent DA release might account for the mechanism of action of CGS-10746B. Indeed, an inhibitory action of CGS-10746B on the impulse-dependent release of DA fails to account for the drug's blockade of the DS and locomotor effects of amphetamine, whose release of DA is impulse-independent (CALCAGNETTI and SCHECHTER 1993; FRENCH and WITKINS 1993). Given the above considerations, the reduction of the nicotine cue by CGS-10746B might be related, as in the case of clozapine (BRIONI et al. 1994) and SCH-23390 (GASIOR et al. 1999), to the blockade of DA D_1 receptors. The possibility that the action of clozapine is related to the blockade of D_4 receptors is made unlikely by the ineffectiveness of the more selective D_4 antagonist U-101, 387 (MANSBACH et al. 1998).

The existence of a partial commonality in the DS properties of nicotine and (+)-amphetamine is further supported by the observation that rats trained on (+)-amphetamine show partial generalization of (−)-nicotine and (−)-nornicotine to the amphetamine cue (REAVILL and STOLERMAN 1987; BARDO et al. 1997). These observations are at variance with the negative conclusions of early studies by SCHECHTER and ROSENCRANS (1973) and Ho and HUANG (1975). Similar observations have been made for cocaine. Thus in three studies performed in the monkey and in the pigeon (ANDO and YANAGITA 1978; DE LA GARZA and JOHANSON 1983, 1985), nicotine generalized to the cocaine cue in some subjects. The evidence discussed above supports the conclusion that DA plays a distinct role in the DS effects of nicotine.

4. Nicotine as a Discriminative Stimulus in Humans

Information about the DS properties of nicotine in humans is of major importance for understanding the role of nicotine in smoking behaviour (ROSE 1984) and the relationship between the subjective effects of nicotine and tobacco smoking in humans and the discriminative effects of nicotine in animals. Such studies, however, are fraught with difficulties (PRESTON and BIGELOW 1991; PERKINS and STITZER 1998).

A basic difficulty is provided by the poor reliability of self-reported measures of subjective effects as an expression of nicotine discrimination in humans. In fact, questionnaires and visual analogue scales of subjective drug effects suffer the limitation of restricting the description of drug effects to a few items arbitrarily selected by the experimenter. Moreover, the efficacy of self-reported measures of subjective effects as an expression of drug discrimination is heavily dependent upon the cultural and intellectual capabilities of the subject.

For these reasons, instead of relying on explicit, declarative forms of expression of drug effects as self-reported measures, it might be more useful to utilize implicit, procedural measures which depend upon motor responses, in humans much as it is done in animals. In the case of nicotine, such an approach has the advantage of permitting a direct comparison of results obtained in humans with the large body of evidence accumulated in animals. Finally, this approach does not preclude the possibility of collecting self-reported measures of subjective effects, thus enabling the comparison between DS properties and subjective drug effects. Most of these goals have now been achieved in the case of nicotine (PERKINS and STITZER 1998).

The first study on nicotine as a discriminative stimulus in humans, performed by behavioural methods homologous to those utilized in animals, was that by KALLMANN et al. (1982) who, on a two-lever operant task, successfully trained smokers (94% of subjects) to discriminate among cigarettes with a yield of 1.3mg of nicotine and cigarettes with a yield of 0.14mg of nicotine. The same subjects could not learn to discriminate cigarettes with a 0.69mg yield from those with a 0.25mg yield. Subjective sensations of harshness in the throat, dizziness, taste, fullness in lungs were referred to as discriminative stimuli of cigarettes with a different nicotine yield. This study, although performed by operant drug-discrimination techniques, leaves open the problem of the exact role (direct, indirect) of nicotine in discrimination. Thus, the use of smoke as a vehicle of nicotine makes it difficult to exclude that discrimination was directly due to one or more of the 3800 compounds present in smoke, and that nicotine played only an indirect role (PERKINS et al. 1994a).

The administration of nicotine by nasal spray in part circumvents the above difficulties. In this procedure, subjects are first trained to discriminate a nicotine-containing from a non-nicotine-containing nasal spray and are rewarded by money for successful discrimination upon testing. Once the criterion is reached (80% successful discrimination), generalization is performed at different doses of nicotine in order to obtain dose–response curves. Self-reported measures of subjective effects are taken in parallel. Using these procedures, it has been shown that in smokers nicotine can be discriminated from vehicle after training with doses of 10–20μg/kg of nicotine (usually 12μg/kg). The ED_{50} for generalization was 3μg/kg (PERKINS et al. 1994a); the lower the dose of nicotine used for training (10 versus 20μg/kg), the lower the dose of nicotine that could be discriminated in generalization experiments (PERKINS et al. 1996b).

The DS stimulus of nicotine was reduced by a centrally acting nicotine blocker, such as mecamylamine, but not by a peripheral one, trimethaphan (PERKINS et al. 1999). Nicotine discrimination was attenuated in smokers as compared to non-smokers, suggesting the development of chronic tolerance (PERKINS et al. 1997b). Therefore, the characteristics of the nicotine DS in humans are quite superimposable to those observed in animals.

These studies now allow us to address an issue of outmost practical and theoretical importance – that of the relationship between the DS properties of nicotine and its subjective effects. It is traditionally thought that the DS stimulus properties of a drug are a behavioural expression of its subjective effects (see, for example, STOLERMAN 1987). This issue, however, is far from being settled (PRESTON and BIGELOW 1991). It is known, for example, that operant behavioural measures might be more sensitive than subjective measures of centrally acting drug effects (FISCHMAN 1989; LAMB et al. 1991). In the case of nicotine, a dissociation between discriminative and subjective effects is observed. Thus, while trained smokers could discriminate as little as $2\,\mu g/kg$ of nicotine, subjective measures did not increase until $12\,\mu g/kg$, at least in females; in males no significant correlation between subjective measures and discrimination was obtained between 0 and $12\,\mu g/kg$ of nicotine (PERKINS et al. 1994a). In females, some items were correlated with nicotine discrimination, namely, dizzy, jittery, stimulated, head rush, and nasal irritation (PERKINS et al. 1994a).

In another study with different training doses of nicotine (10 and $30\,\mu g/kg$), head rush was found to be associated to nicotine discrimination in males, with head rush and decline in urge to smoke in females (PERKINS et al. 1996b).

These observations suggest that nicotine discrimination is an implicit (procedural) process distinct from interoceptive explicit perception of nicotine effects, and that the subjective effects of a drug do not necessarily act as primary determinants of operant drug taking. Since craving is also a self-reported measure, this conclusion might be important for the role of craving in smoking (TIFFANY 1990).

5. Tolerance to the Discriminative Stimulus Effects of Nicotine

JAMES et al. (1994) provided evidence for acute tolerance to the nicotine cue in rats, following exposure to subcutaneous doses of 0.8 mg/kg of nicotine 15–180 min before generalization testing with the same dose utilized for training (0.4 mg/kg s.c.). Maximal tolerance was observed between 90 and 120 min post-nicotine. However, significant attenuation in some subjects was already observable after 60 min and still present 180 min after nicotine exposure. Acute tolerance to the nicotine DS was an individual characteristic. Thus, subjects could be distinguished into desensitizers and non-desensitizers. Significant differences were found in the ED_{50} of the DS effects of nicotine in the two populations (desensitizers, $120\,\mu g/kg$ s.c.; non-desensitizers, $71\,\mu g/kg$). SHOAIB et al. (1997), on the other hand, failed to obtain chronic tolerance to the nicotine cue after repeated nicotine exposure. Rats acquired the nicotine cue after 80 sessions of training with 0.4 mg/kg of nicotine. After acquisition, training was suspended for 7 days and the effect of daily or continuous nicotine exposure during this period on the ED_{50} of nicotine for nicotine-appropriate responding was compared in the same rats to that of saline using a cumulative procedure that allows the generation of dose–response curves within the same session. Under these conditions, no differences in the ED_{50} of nicotine for generalization to the nicotine cue was observed after three daily injections of nicotine (0.4, 0.8 and 1.2 mg/kg) or after continuous exposure to the drug through osmotic minipumps during a period of 7 days.

It is possible that the failure of SHOAIB et al. (1997) to observe tolerance after repeated nicotine exposure is due to the cumulative procedure utilized to generate dose–response curves, which could have allowed the development of tolerance already under saline exposure. This explains the elevated ED_{50} under saline exposure, which varies from 0.11 to 0.42 mg/kg with a median of 0.3 mg/kg. Moreover, it is notable that during the first 15 training sessions, tolerance took place to the rate of the suppressant effect of nicotine and this change was maintained throughout the 7 days of suspension of nicotine exposure.

No studies on acute tolerance to the DS properties of nicotine are available in humans although acute tolerance to subjective and performance effects has been reported (PERKINS et al. 1995b). Induction of chronic tolerance to the nicotine cue can be inferred from a study reporting an attenuation of the nicotine cue in smokers compared to non-smokers (PERKINS et al. 1997b).

6. Summary

Nicotine has distinct DS properties fully consistent with its nicotinic receptor agonist nature. The properties of the nicotine DS, including its central origin, are similar in animals and humans. DA plays a partial but distinct role in the DS properties of nicotine and nicotinic agonists. An important observation of the studies on the DS properties of nicotine in humans is that the sensitivity of operant procedures in detecting nicotine effects is about six times higher than that of subjective self-reported measures and that the ability to discriminate nicotine from saline is not related, at least in males, to any subjective self-reported measure. These observations indicate that the nicotine cue detected by operant discrimination in humans does not necessarily correspond to any specific subjective measure, thus reinforcing the idea that explicit verbal translation of interoceptive cues is a process distinct from motor expression. This might mean that motor expression of drug discrimination is an unconscious, implicit/procedural process, but also that drug cues, although conscious, are translated with difficulty into current self-reported questionnaires or scales of subjective measures.

Another aspect that is addressed by nicotine discrimination studies is the role of nicotine as a DS in smoking behaviour (ROSE 1984). Undoubtedly, the demonstration that nicotine has specific DS properties in a dose-range corresponding to the amounts assumed by smoking is an indirect evidence that nicotine can provide the DS for smoking behaviour. However, while the DS properties of nicotine are of central origin, evidence has been provided that smoked nicotine has peripheral sensory effects and this has been taken to suggest that smoking behaviour is also regulated by the peripheral effects of smoked nicotine (ROSE and BEHM 1995) (see also Sect. G).

II. Motivational Stimulus Effects of Nicotine

Motivation is the process by which organisms respond to stimuli in relation to their biological value, that is, to their significance in terms of survival of the self and of the species. Stimuli, in addition to their specific sensory properties which allow their discrimination from other stimuli, are provided with motivational properties to the extent that they predict the occurrence of biologically significant events contingent or non-contingent upon the subject's action (STELLAR and STELLAR 1985; TOATES 1986).

Drugs, although devoid of intrinsic biological value, are provided with motivational stimulus properties which result from their ability to directly activate, in part or in toto, the neural substrate that is indirectly activated by natural stimuli (e.g. food). Therefore, drugs can mimic certain features of either positive or negative motivation. Positive motivation involves approach to and interaction with the object stimulus in order to utilize its biological resources (consumption); negative motivation involves avoidance of the stimulus in order to prevent its negative biological effects (SCHNEIRLA 1959).

Motivational stimuli have the property of conferring to otherwise neutral stimuli, or responses on which they are contingent, properties that are congruous to their value in terms of survival. Thus, stimuli that are reliably followed by a positive outcome acquire positive motivational properties; similarly, a response that is reliably followed by a positive stimulus tends to be repeated to the extent it leads to the presentation of the stimulus (THORNDIKE 1898). Similar mechanisms apply to negative stimuli, except that in this case, the response that is maintained leads to termination of the negative stimulus or to its postponement. Traditionally, these processes are collectively indicated as conditioning or reinforcement, distinguished into positive and negative in relation to the value of the primary stimulus, and into respondent and operant, depending on whether an otherwise neutral stimulus or a response has been conditioned (SKINNER 1935).

III. Aversive Properties of Nicotine

It is amply recognized that drugs of abuse have both rewarding and aversive properties and nicotine is no exception. This double nature is particularly important in the case of nicotine as it provides an explanation of the peculiar characteristics of nicotine reinforcement, including the restricted conditions under which nicotine can be self-administered by animals as well as the special features of human nicotine reinforcement in the form of smoking.

1. Animal Studies

Nicotine is well known to suppress responding maintained by a conventional reinforcer (e.g. food and water) as well as by intracranial self-stimulation (see Sect. B.IV), but it is unclear from these studies to which extent the suppression is due to a performance impairment or to punishment.

Evidence for nicotine acting as a punisher was provided by studies showing that squirrel monkeys learn to reduce their responding for food if responding leads to an i.v. injection of nicotine (GOLDBERG and SPEALMAN 1983). Suppression of responding by i.v. nicotine was dose-related, with significant effects at $10\,\mu g/kg$ and almost complete suppression at $30\,\mu g/kg$. Thus, in appropriate doses, nicotine behaved in this paradigm in a manner similar to a known punisher, like electric shock. Each punished component lasted 10 min and was followed by a non-punished component in which response was followed by saline instead of nicotine. During the non-punished component, responding fully recovered in spite of the previous administration of nicotine, indicating that the suppression of responding in the previous component was the result of an action of nicotine contingent upon a response rather than to a generic depressant action on responding. Mecamylamine prevented the suppression of behaviour by nicotine but not by electric shock, while chlordiazepoxide reversed the suppressant effect of both punishers (GOLDBERG and SPEALMAN 1983). These observations clearly show that i.v. nicotine can behave as a punisher at i.v. doses superimposable to those that show positive reinforcing properties in a self-administration paradigm.

A further demonstration of the negative motivational properties of nicotine is provided by studies showing that squirrel monkeys learn to press a lever in order to postpone a scheduled i.v. injection of nicotine in a manner that, again, closely resembles electric shock (SPEALMAN 1983). Doses of nicotine that increased responding were between 30 and $50\,\mu g/kg$ i.v. Mecamylamine blocked nicotine's rate-increasing effects in an apparently competitive manner as it could be reversed by increasing the dose of nicotine. Mecamylamine however did not affect responding maintained by electric shock (SPEALMAN 1983).

Often considered as a correlate of the negative motivational properties of nicotine is its ability to act as an unconditional stimulus in a conditioned taste aversion (CTA) paradigm. In this paradigm, drinking of a fluid with a novel palatable taste (saccharin, sucrose, salt, chocolate etc.) predictively associated to (i.e. followed by) a malaise producing agent (e.g. lithium, X-rays etc.) results in aversion for the same taste on a subsequent test.

Various studies have shown that nicotine induces CTA. ETSCORN (1980) showed CTA in mice at the doses of $2.0\,mg/kg$ i.p. and, interestingly, also after passive tobacco smoke inhalation. In rats, KUMAR et al. (1983) and IWAMOTO and WILLIAMSON (1984) reported CTA by nicotine in rats. The higher potency of nicotine in the study by KUMAR et al. (1983) (threshold dose, $0.08\,mg/kg$ s.c.) as compared to that of IWAMOTO and WILLIAMS (1984) (threshold dose,

0.5mg/kg s.c.) could be due to the fact that while KUMAR et al. (1983) performed repeated nicotine/taste pairing trials, IWAMOTO and WILLIAMSON (1984) utilized a classic single-pairing trial paradigm. Both studies showed that mecamylamine but not hexamethonium prevented acquisition of nicotine CTA. Specificity of mecamylamine was indicated by the failure to prevent CTA induced by apomorphine (KUMAR et al. 1983). Further evidence for a specific nicotinic receptor mechanism was provided by the fact that intraventricular chlorisondamine elicited a long-term blockade of the acquisition of nicotine CTA (REAVILL et al. 1986). Pre-exposure to nicotine for 2 or 4 days induced tolerance to nicotine-induced CTA (IWAMOTO and WILLIAMSON 1984).

CTA induced by nicotine has also been shown in hamsters after administration of single doses of 1–9mg/kg i.p. of nicotine (ETSCORN et al. 1986) given 30min after saccharin. ETSCORN et al. (1987) have reported that nicotine induces CTA in Sprague-Dawley rats after i.p. administration if given in divided but not single doses of 0.5 up to 3.0mg/kg of nicotine, 30min after saccharin. Thus, a dose of 2.0mg/kg, ineffective if given as a single i.p. injection, became effective when divided into three or four injections, 30min apart. In contrast, OSSENKOPP and GIUGNO (1990) have reported successful CTA after giving 1mg/kg of nicotine i.p. immediately after saccharin in two conditioning trials, and JENSEN et al. (1990) also reported successful CTA after as little as 0.046mg/kg of nicotine given 10min after saccharin.

Nicotine CTA has peculiar properties compared to CTA induced by other aversive drugs; thus, lesions of the area postrema, while preventing lithium and scopolamine-induced CTA (BERGER et al. 1973) actually increase nicotine CTA (OSSENKOP and GIUGNO 1990). However, like lithium, nicotine at rather high doses (1.0–2.2mg/kg) induced a conditional avoidance of tastes previously paired with it in a CTA paradigm and also induced conditional aversive reactions to the same taste in a taste reactivity paradigm (PARKER 1995). Thus, tastes associated with nicotine's effects not only were avoided but were disgusting, like those associated with a classical malaise-producing agent such as lithium (PARKER 1995). This property apparently distinguishes nicotine from other drugs of abuse (e.g. amphetamine and morphine) that have in common the property of inducing avoidance in a CTA paradigm, but not aversive reactions in a taste reactivity paradigm (PARKER 1995). At low doses, however, nicotine (0.2–0.4mg/kg s.c.) shows hedonia-enhancing and anti-aversive properties in a taste reactivity paradigm (PARKER and DOUCET 1995).

Place-conditioning can be utilized to demonstrate the aversive properties of nicotine under peculiar experimental conditions in which the drug, rather than paired to a specific compartment, is made contingent upon previous exposure of the rat to a specific compartment (see also Sect. B.VI). Thus, FUDALA and IWAMOTO (1987) obtained aversion to a specific compartment by administering nicotine *after* (rather than concurrently to, as in standard place-conditioning) exposure of rats to that compartment in a three-compartment apparatus. Rats avoided the compartment that was predictively associated with the drug (delay-conditioning). Significant place aversion was obtained with 0.2–0.8 mg/kg of nicotine. Intraventricular chlorisondamine given 2 weeks before nicotine prevented place aversion. Place aversion in a standard place-conditioning paradigm, where the effect of the drug is directly paired to exposure to a given compartment, has been obtained by JORENBY et al. (1990) after 0.8 mg/kg of nicotine.

A recent report by HORAN et al. (1997) shows how the outcome of the double motivational nature of nicotine can depend on the interaction between experimental conditions as well as on the genetic background of the subject. Thus, after pairing with a specific compartment, nicotine induced place-preference in Lewis rats but not in Fisher 344 rats. After ten pairings, place aversion was obtained in Fisher rats along with place-preference in Lewis rats. The rat strain might also be a factor in the discrepancies over the place-conditioning effect of nicotine. Thus, in nicotine-naive rats, both CLARKE and FIBIGER (1987) and SHOAIB et al. (1994a), who failed to obtain place-preference with nicotine, utilized hooded rats, while FUDALA and IWAMOTO (1986), FUDALA et al. (1985), CARBONI et al. (1989a) and DEWEY et al. (1999) who obtained place-preference, used Sprague-Dawley rats.

2. Human Studies

Nicotine administered by nasal spray to humans can elicit subjective effects that correspond to a frankly aversive item like "jittery" in a Visual Analog Scale (VAS) or to scores of "tension" and "confusion" in the Profile of Mood States (POMS). Mildly aversive items on a VAS include "dizzy" and "tired", while the nature of "head rush" and "light-headed" is less clear. In a VAS, positive effects of nicotine have been scored as "pleasant", "relaxed" and "satisfied" which correspond to scores of "vigour" and "arousal" in the POMS and to scores of "euphoria" in the Addiction Research Center Inventory (ARCI). Non-smokers typically report higher scores than smokers for head rush and jittery on a VAS and for tension on the POMS, and these effects undergo acute tolerance upon the day of repeated administration of nicotine both in smokers and in non-smokers (PERKINS et al. 1993, 1994b, 1995b, 1996a,b, 1997a,b,c). Therefore, in humans, aversive effects of nicotine undergo both acute and chronic tolerance, a conclusion consistent with anecdotal knowledge. Acute tolerance to the subjective effects of nicotine (including aversive ones) lasts for at least 2h and probably exceeds 6h (PERKINS et al. 1995b; FANT et al. 1995).

Although the above information is useful to understand the nature of the aversive effects of nicotine in humans, its value is limited by the fact that it cannot be extended to animals unless it is linked to common behavioural correlates. An attempt to transfer behavioural paradigms previously utilized in animals (GOLDBERG and HENNINGFIELD 1988) to humans was made by HENNINGFIELD and GOLDBERG (1983a) on three cigarette smokers who had consistently failed to self-administer nicotine in a previous study (HENNINGFIELD et al. 1983). The subjects could either self-administer a dose of nicotine i.v. with a FR10 (fixed-ratio 10) by operating one lever or, by the same ratio, prevent the scheduled i.v. injection of the same dose of nicotine. None of the subjects did self-administer nicotine, while all pressed the other lever in order to avoid the scheduled injection of nicotine. Avoidance responding was related to the scheduled dose of nicotine, being consistent after doses of 3.0 mg/subject and higher. The VAS of negative or bad feelings increased in relation to nicotine dose.

In spite of the limited number of subjects in which these experiments could be completed, the results provide an elegant demonstration that nicotine in humans can maintain behaviour that leads to its avoidance, thus serving as a negative reinforcer. It is notable that self-administration of nicotine at rates higher than saline often elicited aversive effects referred to as nausea and feelings of fear that coexisted with liking of the drug and, in cocaine addicts, with cocaine-like positive feelings (HENNINGFIELD et al. 1993; HENNINGFIELD and GOLDBERG 1993a).

3. Summary

Nicotine has distinct aversive properties that can be demonstrated in various operant responding: paradigms in which nicotine acts as a punisher, suppressing responding that leads to its presentation, or as a negative reinforcer, postponing its presentation or conditioning to avoid places or tastes paired with it. These properties apply to animals as well as to humans and are traditionally attributed an important role in setting an upper limit for nicotine intake through smoking (RUSSELL 1979). Thus, paradoxically, it has been suggested that smoking is regulated in relation to the aversive rather than rewarding properties of nicotine (RUSSELL 1979). Related to this issue is that of the relationship between the aversive properties of nicotine and its discriminative stimulus properties (see Sect. B.I.4.).

IV. Effects of Nicotine on Operant Behaviour

Historically, studies on the effects of nicotine on operant behaviour maintained by reinforcers other than nicotine have preceded studies on the effects of nicotine on operant behaviour maintained by nicotine itself (self-administration). Some of these studies, and in particular those on the effect of nicotine on intracranial self-stimulation (ICSS), provide evidence for a facilitatory influence of nicotine on reinforcement and therefore are specifically relevant to the role of nicotine in tobacco addiction.

1. Intracranial Self-Stimulation

Laboratory animals implanted with electrodes in specific brain areas learn to self-stimulate by turning on, according to a given schedule, the delivery of current pulses of appropriate intensity and frequency (YEOMANS 1990).

In the rat, nicotine at doses of 0.2–0.8 mg/kg enhances the rate of responding for ICSS in the medial forebrain bundle or in the ventral tegmental area (VTA) (OLDS and DOMINO 1969a,b; PRADHAN and BOWLING 1971; NEWMAN 1972; CLARKE and KUMAR 1983c, 1984; SCHAEFER and MICHAEL 1986 and 1992; DRUHAN et al. 1989; SCHAEFER and MICHAEL 1992; HERBEG et al. 1993). An effect of nicotine on the rate of responding for ICSS, however, is not indicative per se of an increase of the reinforcing efficacy of ICSS. In fact, no change in the current threshold for ICSS was observed by SCHAEFER and MICHAEL (1986), DRUHAN et al. (1989) and CLARKE and KUMAR (1983c) after acute nicotine administration, suggesting that, indeed, nicotine does not increase the reinforcing effects of ICSS.

However, HUSTON-LYONS et al. (1992), using a discrete trial auto-titration procedure, showed that nicotine lowers the current threshold for ICSS dose-dependently. The same group later showed that this effect is blocked by the DA D_2-antagonist pimozide; at these doses, however, pimozide by itself significantly raised the threshold for ICSS (HUSTON-LYONS et al. 1993). Furthermore, low doses of morphine (0.125–0.25 mg/kg s.c.) and of amphetamine (0.06 mg/kg i.p.), which do not affect ICSS per se, shift the dose–response curve for the nicotine-induced reduction of the threshold for ICSS to the left, and further reduce the threshold under maximally effective doses of nicotine, indicating that these drugs increase the potency and efficacy of the threshold-lowering effect of nicotine (HUSTON-LYONS et al. 1993).

An increase of the reinforcing efficacy of ICSS under nicotine is also indicated by the finding of BAUCO and WISE (1994) that nicotine induces a parallel shift to the left of the curve relating the rate of responding for ICSS to the frequency of electrical current (rate/frequency function). Estimates of the current frequency threshold for ICSS by regression of the responses obtained at different current frequencies showed that nicotine lowers the frequency threshold for ICSS at doses between 0.1 and 0.8 mg/kg s.c. (BAUCO and WISE 1994), in full agreement with HUSTON-LYONS et al. (1992, 1993). More recently, this effect of nicotine has been reported by other authors (CABEZA DE VACA and CARR 1998; BOZARTH et al. 1998a,b; IVANOVA and GREENSHAW 1997).

Nicotine has also been reported to reduce responding for ICSS at higher doses or at early time intervals after administration (PRADHAN and BOWLING 1971; CLARKE and KUMAR 1984; HERBERG et al. 1993; BOZARTH et al. 1998a,b). However, rapid tolerance takes place, already from the first exposure, to the depressant but not facilitatory effect of nicotine on ICSS (HERBERG et al. 1993; BAUCO and WISE 1994; BOZARTH et al. 1998a,b). In relation to this, it is notable that the threshold-lowering effect of nicotine has been shown to be completely prevented by mecamylamine and haloperidol at doses that do not affect ICSS per se; no effect was observed after scopolamine and a $5HT_3$ antagonist (IVANOVA and GREENSHAW 1997).

These observations indicate that nicotine facilitates reinforcement by ICSS and that this effect is dependent upon DA D_2 receptor stimulation. These observations are consistent with a role of DA in the reinforcing effects of nicotine as well as of ICSS. Therefore, facilitation of ICSS adds, with DS effects, locomotion, place-preference and nicotine self-administration to the effects of nicotine that are dependent upon an intact DA transmission.

2. Effect of Nicotine on Operant Behaviour Maintained by Conventional Reinforcers

Nicotine exerts ordered dose- and time-related effects on behaviour maintained by conventional reinforcers (food or water). Typically, the effects of nicotine on operant responding are related to the type of operant schedule by which behaviour is reinforced (e.g. fixed-ratio or fixed-interval) and to baseline rates of responding (rate-dependent effects) (WHITE and GANGUZZA 1985).

At intermediate doses (0.2–0.8 mg/kg s.c.), nicotine tends to increase responding on fixed-interval (FI) schedules and reduce responding on fixed-ratio (FR) schedules. Within this range, the doses at which nicotine increases responding on FI schedules are lower than those at which it reduces responding on FR schedules. At higher doses (12 mg/kg s.c.), responding can also be reduced on FI schedules. However, even on FI schedules, doses of 0.4–0.8 mg/kg of nicotine reduce responding in the first part of the session. These observations apply to rats (LAU et al. 1994; MORRISON 1967; MORRISON and ARMITAGE 1967; HENDRY and ROSECRANS 1982a,b; VILLANUEVA et al. 1992; JASZYNA et al. 1998) as well as to dogs and monkeys (STITZER et al. 1970; DAVIS et al. 1973; SPEALMAN et al. 1981; RISNER et al. 1985).

Tolerance takes place to the depressant effect of nicotine on responding but only after prolonged exposure to the drug. Thus, a 9-day exposure fails to induce tolerance to the rate-suppressant effects of 0.8 mg/kg of nicotine. On the other hand, tolerance developed to the depressant effect of nicotine on a FR15 responding after 15 days (DOMINO and LUTZ 1973). In rats, tolerance to the depressant effects of nicotine (0.7 mg/kg) on responding in a VI schedule developed after 15 days of exposure (VILLANUEVA et al. 1992).

As in the case of the effect of nicotine on locomotion, the effect on operant responding is dependent on baseline rates (DEWS and WENGER 1997; ROBBINS 1981). Thus, nicotine reduces high baseline rates of responding while it increases low baseline rates of responding. This principle can explain the dependence of the effect of nicotine on the behavioural schedule. Thus on FI schedules, characterized by low rates of responding, nicotine increases responding; on these schedules, however, at doses of 0.4–0.8 mg/kg, nicotine can initially reduce responding. This effect corresponds to the occurrence of high baseline rates of responding early in the FI session (LAU et al. 1994). Therefore, a rate-dependent effect is observed also within the time-course of the effect of nicotine on operant responding.

V. Nicotine Self-Administration

A basic property of drugs with abuse liability is that of serving as positive reinforcers, increasing the emission of responses upon which they are contingent (i.e. to which they reliably follow) (BRADY and LUKAS 1984; JOHANSON 1978; SCHUSTER and THOMPSON 1969; STOLERMAN 1992; YOUNG and HERLING 1986). Positive reinforcing properties of drugs can be studied in paradigms involving the performance of a task through operations (lever pressing, nose poking, magazine entry, smoke puffing etc.) that determine the presentation of the drug for intravenous injection into the bloodstream through chronically implanted catheters (i.e. self-administration), for oral consumption or, in the case of nicotine, by inhalation through smoke, hot air, nasal spray etc.

1. Pharmacokinetic Factors

Absorption through smoke inhalation is the most efficient way to deliver nicotine to the brain, given the fact that by this route the drug rapidly enters the arterial blood compartment without previous dilution into the venous compartment, as is instead the case after systemic intravenous administration. As a result of this, nicotine concentrations during smoking are six- to tenfold higher in arterial than in venous blood (HENNINGFIELD et al. 1993). Given the efficient absorption of nicotine from the lung and the rapid equilibration with the highly perfused brain tissue, it has been estimated that nicotine reaches the extracellular brain compartment after about 7s or less and passes through the brain in 10–15s (BENOWITZ 1986; BENOWITZ et al. 1990).

Because of this feature, the time-course of nicotine in the brain is made up of peaks related to each cigarette smoking on a baseline that increases during the day in a stepwise fashion at each smoking bout, and falls down to low levels during the night. At peaks, nicotine is estimated to reach concentrations of $1\mu M$ on a baseline of $0.1\mu M$ in the afternoon (BENOWITZ 1986; BENOWITZ et al. 1990).

The fast kinetics of nicotine in smoking has been attributed an important role in nicotine reinforcement (HENNINGFIELD and KEENAN 1993). Studies with i.v. nicotine self-administration in Rhesus monkeys show that reduction of the infusion rate of the same $0.030\mu g/kg$ unit dose of nicotine from 5.2 to 1.3 and to $0.3\mu g/kg$ s.c. progressively reduces responding to values not different from those obtained after saline substitution (WAKASA et al. 1995). These observations are similar to those made by BALSTER and SCHUSTER (1973) in Rhesus monkeys responding for cocaine.

It has been calculated that, after i.v. infusion, nicotine is delivered to the brain after 30s, which makes i.v. infusion a consistently slower route than inhalation for nicotine administration. These observations, while suggesting that inhalation by smoking is the most effective form of nicotine delivery for obtaining reinforcement, also explain in part the difficulties of obtaining nicotine self-administration in animals by the i.v. route. On the other hand, these observations also explain the poor reinforcing effectiveness of nicotine in humans after buccal (gum) or transdermal (patch) application which result in a delayed increase of nicotine in the blood (30min and 4h, respectively, from administration or application) (HENNINGFIELD and KEENAN 1993).

The dependence of a high rate of responding for nicotine on its rapid delivery does not necessarily mean that nicotine's central effects directly control smoking behaviour and responding for i.v. self-administration. It is possible that the pulse-like kinetics of smoked nicotine in the blood is necessary in order to avoid the tolerance to the rewarding properties of nicotine that would have resulted from a slow kinetics of drug exposure at the high concentrations that are probably required to obtain reward by nicotine.

2. Intravenous Self-Administration

Intravenous self-administration is the most convenient form of drug self-administration since it avoids the constraints related to drug bioavailability and absorption and allows the reliable and precise study of pharmacodynamic aspects such as dose–effect relationships and agonist-antagonist interactions, as well as the action of lesions and pharmacological manipulations on drug-motivated behaviour. Due to rapid pharmacokinetics, i.v. drug self-administration is most likely to satisfy what is regarded as a basic requirement of operant reinforcement, that is, the maintenance of a precise stimulus–response contingency.

Drug self-administration, as operant reinforcement in general, is critically dependent upon the schedule relating reinforcement to responding (FERSTER and SKINNER 1957). Schedules are distinguished into "ratio" and "interval" in relation to the fact that reinforcement is dependent upon the number of responses emitted (ratio schedules) or the time interval between the response and the last reinforcement (interval schedules). Schedules can be fixed, variable or progressive and reinforcement continuous or intermittent. In progressive ratio schedules, for example, the number of responses required to obtain the reinforcer is progressively increased until responding is disrupted (breaking point). It is currently assumed that progressive ratio schedules provide an estimate of the strength of reinforcement (RICHARDSON and ROBERTS 1996; ARNOLD and ROBERTS 1997; STAFFORD et al. 1998).

Evidence obtained with a variety of drugs of abuse has established i.v. drug self-administration as a model of human drug self-administration. Therefore, results obtained with this paradigm have been regarded as critical for the assessment of the abuse potential of nicotine and of the dependence liability of tobacco smoking.

Attempts to demonstrate nicotine i.v. self-administration in animals date back to 1967 when DENEAU and INOKI (1967) trained Rhesus monkeys to self-administer nicotine on a continuous reinforcement schedule in which each bar press resulted in one drug infusion (fixed-ratio 1, FR1). In these experiments, two out of seven monkeys started self-administering 25μg/kg of nicotine spontaneously, while the others did it only after priming with scheduled hourly injections of the same dose of nicotine. Although nicotine was continuously available, responding was infrequent (28–68 responses per day) and variable from one day to the other.

In the same species, YANAGITA et al. (1974) tested the ability of nicotine to support i.v. self-administration. In a first experiment, nicotine failed to maintain self-administration on a continuous reinforcement schedule while an amphetamine-like psychostimulant (SPA, 1-1,2diphenyl-1-dimethylaminoethanol) did. In a second experiment, with nicotine continuously available for 4 weeks, self-administration was acquired at rates higher than saline. In a third experiment involving a progressive-ratio schedule, nicotine, at the dose of 0.2 mg/kg, maintained response rates higher than saline but lower than cocaine (0.03 mg/kg). Although the above studies did suggest that nicotine could serve as a reinforcer, the low levels of responding compared to cocaine and the limited information about the specificity of the response to nicotine precludes any firm conclusion about the efficacy of nicotine as a reinforcer.

Further studies in baboons were not more successful. Thus, in monkeys previously self-administering cocaine, nicotine failed to maintain rates of responding higher than saline at doses of 0.001–3.2 mg/kg under a fixed-ratio schedule of 160 responses/drug injection and a time-out period of 3 h (GRIFFITHS et al. 1979). Also in baboons, ATOR and GRIFFITHS (1983) studied the ability of nicotine (0.01–0.32 mg/kg) to serve as a reinforcer in a fixed-ratio schedule of two responses/drug injection (FR2) and in a fixed-interval 5-min schedule (FI5) (a schedule in which the first response occurring 5 min after the previously reinforced one elicits a nicotine injection). No clear dose–effect relationship was obtained and very low rates of responding were maintained. These observations led the authors to conclude that nicotine is a marginal reinforcer.

Nicotine self-administration was also studied in Rhesus monkeys trained on a concurrent schedule of food and nicotine reinforcement (SLIFER 1983; SLIFER and BALSTER 1985). Across a range of nicotine doses (0.1–300 μg/kg), at least one dose (0.1 μg/kg) did maintain responding without concurrent food reinforcement; responding for this dose was not increased by the concurrent schedule, which instead induced responding for doses lower or higher than the one above and unable to maintain responding by themselves. In general, however, rates of self-administration (whether schedule-induced or not) were low compared to other reinforcers and progressively decreased within the session. Dose–response relationships were shallow. On this basis, also these authors concluded that nicotine is a marginal reinforcer.

Early studies in rats were probably more successful than these early studies in monkeys in establishing nicotine as a reinforcer. Thus, LANG et al. (1977), while failing to obtain nicotine self-administration in rats fed ad libitum, did obtain self-administration rates significantly higher than saline in food-deprived rats at doses of 0.1 mg/kg of nicotine. Furthermore, even greater rates of self-administration were reached under the combined influence of food deprivation and a concurrent schedule of food delivery with an interval of 60 s (FT_{60}) between food presentations. It is well known that under these conditions, hungry animals show an increased response to readily available reinforcers (adjunctive behaviour); thus, if water is available, scheduled food presentation leads to excessive drinking (schedule-induced polydipsia) (FALK 1971). In the case of nicotine, although acquisition of self-administration was likely to be schedule-induced, maintenance was independent of both schedule and food deprivation since, once acquired, was maintained in the absence of a schedule and of food deprivation and under a recovered body weight (SINGER et al. 1978; LATIFF et al. 1980; SMITH and LANG 1980).

Two early studies have reported self-administration of nicotine independently of scheduled food presentation and in rats not deprived of food. In the study of HANSON et al. (1979), rats were repeatedly exposed to nicotine every 30 min for 2 days before nicotine was continuously available for self-administration on a fixed-ratio of 1. Under these conditions, doses of 0.030–0.060 mg/kg of nicotine were self-administered at rates higher than saline. Responding increased with the dose of nicotine being maximal at 0.030 mg/kg.

Mecamylamine, a central nicotine-antagonist, elicited an apparent extinction burst on the first administration (4 mg/kg p.o.) but failed to reduce responding with continued administration during a 30-h period (HANSON et al. 1979). This observation is taken by most reviewers as an indication of the failure of mecamylamine to affect responding for nicotine in this study. It is possible, however, that the duration of mecamylamine exposure was insufficient for extinction to take place under those specific conditions. In fact, the same study shows that switching from nicotine to saline did not affect for as long as 2 days (48 h) responding, which actually continued an ascending course (see Fig. 5 of HANSON et al. 1979). After this period, responding inverted its course and slowly decreased, reaching rates similar to saline only after 18 days.

In the study of Cox et al. (1984), a second lever was introduced whose operation was devoid of programmed consequences and could be taken as a measure of non-specific behavioural activation. Nicotine was available for 23 h a day at doses of 3.0, 10.0 and 30.0 μg/kg per infusion. Significant responding on the active lever was obtained after the 30 μg/kg dose from the first week of nicotine availability and also from the second week after the 10 μg/kg dose. Replacement of nicotine with saline resulted in reduction of responding and extinction of self-administration in about 1 week. In contrast, substitution of the 30 µg/kg nicotine dose with a dose of 3.0 µg/kg increased responding on the active lever. Although in this study nicotine self-administration was obtained under non-deprived conditions and without pre-exposure to nicotine, self-administration behaviour was acquired slowly, responding on the inactive lever was high and no antagonist data were reported.

In contrast with the bland evidence for reinforcement provided by studies performed on continuous reinforcement schedules, convincing evidence that nicotine can serve as a reinforcer was obtained by GOLDBERG, SPEALMAN and their associates under intermittent schedules of reinforcement in the squirrel monkey and in the dog. In these studies, the following criteria for reinforcement were systematically applied (GOLDBERG and HENNINGFIELD 1988; SWEDBERG et al. 1990):

1. The drug should be able to maintain rates of responding similar to those of reference drugs of abuse (e.g. cocaine).
2. Rates of responding should vary in an orderly fashion as a function of dose.
3. Responding for the drug should be higher than for saline.
4. Specific antagonists should reduce responding to saline levels.

These studies have utilized most schedules available for drug self-administration, including second-order (GOLDBERG et al. 1981), fixed-ratio (RISNER and GOLDBERG 1983), fixed-interval (SPEALMAN and GOLDBERG 1982) and progressive ratio (RISNER and GOLDBERG 1983).

The first study to obtain high rates of responding for nicotine was by GOLDBERG et al. (1981) where squirrel monkeys bar pressed to obtain, after 10 responses and a 1- or 2-min interval, a secondary stimulus (1 s amber light) and a nicotine infusion (0.030 mg/kg) (technically a combined fixed-ratio 10/fixed-interval 1 or 2 min, second-order schedule). Responding rates around 1.0/s were consistently obtained. Omission of the secondary stimulus reduced responding to less than half, and mecamylamine had an even more pronounced negative effect. In this study, a 3-min time-out period was introduced during which light stimuli were not presented and bar pressing had no programmed consequences. Another peculiarity of this study was that sessions consisted of 12 units of ten responses each and did not exceed 90 min in any case. These properties are probably critical for the positive results obtained. Thus, allowance of a time-out period might have prevented the accumulation of nicotine, thereby reducing the occurrence of aversive side-effects; on the other hand, use of an intermittent instead of a continuous reinforcement schedule might have avoided the development of tolerance and the loss of responding resulting from reduction of the reinforcing properties of the drug.

These two features were carried on in subsequent studies of GOLDBERG, SPEALMAN and associates. Thus, in beagle dogs, RISNER and GOLDBERG (1983) reported that under a fixed-ratio 15 schedule and a time-out period of 4 min, nicotine (0.0003–0.3 mg/kg) was self-administered at high rates (peak,

0.3 responses/s after 30 μg/kg nicotine and 0.7 responses/s after 10 μg/kg of cocaine). Mecamylamine pretreatment or substitution with saline reduced responding to low levels. Dose–response curves were bell-shaped. However, although response rates for nicotine were comparable to those for cocaine on a FR15, under a progressive-ratio schedule, cocaine maintained self-administration at much higher rates than nicotine (four to seven times higher depending on the subjects) (RISNER and GOLDBERG 1983).

Similarly, in squirrel monkeys, SPEALMAN and GOLDBERG (1982) showed that nicotine was self-administered at rates higher than saline on a fixed-interval 5-min schedule (i.e. the first response to be reinforced was that emitted 5 min after the last nicotine infusion). In this study, nicotine and cocaine were directly compared within a similar dose range (0.003–0.56 mg/kg nicotine; 0.003–0.30 mg/kg cocaine) and similar results were obtained with the two drugs regarding dose–response relationships (bell-shaped), maximally effective doses and maximal rates of responding. Mecamylamine, as expected, abolished nicotine but not cocaine responding.

These studies clearly showed that nicotine has distinctive reinforcing properties under a limited range of experimental conditions, probably as a result of a limited "reinforcing window" and of the ability of inducing tolerance.

The use of conditions similar to those adopted by GOLDBERG, SPEALMAN and associates (intermittent reinforcement, time-out period etc.) has been instrumental for the successful demonstration of nicotine reinforcement in rats by CORRIGALL and COEN (1989). In this study, Long-Evans rats acquired nicotine self-administration on a limited access schedule of 1 h/day and an initial fixed-ratio of 1, later increased to 5, with 1 min time-out. Rats were trained on a dose of 0.03 mg/kg nicotine in Skinner boxes equipped with two levers (active and inactive) (as previously described in Cox et al. 1984). Rats were not fed ad libitum but were given a single 20-g meal once a day after the self-administration session; under these conditions rats gain less weight and are hungry at the time of drug self-administration. Once stable rates of responding were acquired, testing of different doses gave a flat dose–response curve between 0.003 and 0.06 mg/kg. Reduction of the dose (e.g. from 0.03 to 0.001 or to 0.003 mg/kg) did not lead to a compensatory increase of responding, as is the case of other drugs of abuse, but to a reduction. Responses on the inactive lever (with no programmed consequences) were quite low or absent, while those on the active lever approached 100/session at 0.01 and 0.03 mg/kg of nicotine. Interestingly, once self-administration was acquired, reduction of the time-out period from 60 to 30s and to 10s failed to alter the rate of self-administration. Mecamylamine (1.0–3.0 mg/kg) and nicotine (0.1–1.0 mg/kg) pretreatment reduced self-administration dose-dependently, while hexamethonium, a peripheral antagonist of nicotine receptors, was without effect (CORRIGALL and COEN 1989).

These observations have been largely confirmed and extended by subsequent studies. Thus, results consistent with those of CORRIGALL and COEN

(1989) have been obtained by DONNY et al. (1995) in Sprague-Dawley rats, by TESSARI et al. (1995) and by WATKINS et al. (1999) in Wistar rats and by SHOAIB et al. (1997) in Sprague-Dawley and Long-Evans but not in Lewis and Fisher rats (DWORKIN et al. 1993). Notably, in the study by SHOAIB et al. (1997), nicotine self-administration was obtained in rats fed ad libitum and not previously shaped by responding for food in a food-deprived condition, as in the case of CORRIGALL and COEN (1989) and DONNY et al. (1995). More recently, DONNY et al. (1998) have shown that rates of acquisition of nicotine self-administration increase as a function of hunger, being higher in rats given a single 20-g meal after rather than before each nicotine self-administration session or under ad libitum feeding. Pre-exposure to nicotine (0.4 mg/kg) for 1 week before acquisition apparently impaired the ability of Long-Evans rats to acquire nicotine self-administration but not that of Sprague-Dawley rats (SHOAIB et al. 1997a).

A recent study by VALENTINE et al. (1997) reports that nicotine i.v. self-administration is acquired spontaneously by rats under a continuous reinforcement schedule. In this study, Holtzmann rats were housed in boxes with active and inactive levers dispensing different doses of nicotine (0.000375–0.03 mg/kg) to different group of rats. Bar pressing for nicotine on a continuous reinforcement FR1 and a 7-s time-out schedule was obtained from the first day of nicotine availability and steadily increased for each dose until a stable level was reached after about 6 days and was maintained up to the 14th day. The rate of bar pressing was inversely related to the dose while nicotine intake was directly related to it. Self-administration behaviour was mainly confined to the light-off period. Thus, self-administration was a function of the arousal state of the animal. This suggestion is confirmed when bar pressing on the inactive lever is taken into consideration: only at the extremes of the dose–response curve (3.75 and 30 μg/kg) was a significant difference between the active and inactive lever obtained; at 7.5 and 15.0 μg/kg, bar pressing on the inactive lever equalled that on the active lever. These observations are remarkably in agreement with those of HANSON et al. (1979) who showed that on a continuous reinforcement schedule of nicotine self-administration, responding had a regular circadian rhythm, taking place during the dark period. This rhythm might therefore be typical of nicotine self-administration on continuous reinforcement schedules and might be related to two factors: the arousal state and tolerance to nicotine. Thus, turning lights off initiates responding but tolerance to the reinforcing properties of nicotine progressively reduces it. These observations, and the lack of information on the effect of saline substitution and of nicotine antagonist pretreatment, leave open the question of the actual significance in terms of nicotine reinforcement of the self-administration behaviour observed in the study of VALENTINE et al. (1997).

Intravenous nicotine self-administration has been reported recently in mice by MARTELLOTTA et al. (1995) and RASMUSSEN and SVEDBERG (1998). In these studies, the acquisition of nicotine self-administration was obtained in a single session after acute insertion of a needle in the tail vein. Responding (nose poke) was significantly higher if drug administration was contingent upon the response than if it was not (yoked controls). PICCIOTTO et al. (1998) have reported nicotine self-administration (30 μg/kg, 20 s time-out, FR2) in mice previously self-administering cocaine. Nicotine was self-administered at rates and with a discrimination between active and inactive nose pokes similar to those attained under cocaine self-administration. Recently, nicotine self-administration has been reported by STOLERMAN et al. (1999) in C57BL/6J mice on 12-h sessions at doses of 0.1 mg/kg on a fixed-ratio 4 schedule with a 30-s time-out; the mice were previously trained to lever press for water reinforcement.

These studies show that nicotine self-administration can be reliably obtained under specific conditions in rodents. This behaviour fulfils most of the criteria for drug reinforcement previously applied to primates with the notable addition that in rodents, responding for nicotine is specifically directed on the active lever or hole.

3. Nicotine Antagonists on Nicotine Self-Administration in Animals

Studies in animals generally show that the centrally acting nicotinic channel blocker mecamylamine (0.57–3.0 mg/kg s.c.) reduces i.v. nicotine self-administration. This reduction can take place within the first session (WATKINS et al. 1999) or only on the second or third session (SHOAIB et al. 1997a). Although under an intermittent schedule of reinforcement an initial increase in responding has been reported in the rat after lower (1.0 mg/kg) but not higher (3.0 mg/kg) doses of mecamylamine, total responding in a session is consistently decreased by the antagonist (CORRIGALL and COEN 1989). Similar observations have been reported with the competitive nicotine receptor antagonist DHβE (WATKINS et al. 1999).

In another study, when saline was substituted for nicotine, a compensatory increase in responding was observed in rats self-administering nicotine at doses of 0.030 mg/kg; no compensatory increase of responding was obtained after mecamylamine in rats self-administering 0.015 mg/kg of nicotine (SHOAIB et al. 1997a). It has been suggested that the reduction of responding by nicotine antagonists is due to the fact that the doses of nicotine utilized are on the ascending limb of the bell-shaped dose–response function for nicotine (WATKINS et al. 1999). This does not appear to be the case in the study of WATKINS et al. (1999) however, where a reduction of responding was obtained even after doses of 0.6 mg/kg of nicotine that are well on the descending limb of the dose–response curve.

4. Extinction of Nicotine Self-Administration

Nicotine i.v. self-administration, once established is particularly resistant to extinction, at least in rats. Thus, it takes at least three sessions and often more than seven daily sessions in limited access studies, and more than a week in continuous reinforcement studies, to extinguish responding.

Under intermittent reinforcement, CORRIGALL and COEN (1989) obtained extinction only after five–ten sessions; SHOAIB et al. (1997) obtained a significant reduction of responding only on the third session of extinction (Fig. 2); DONNY et al. (1995) observed a significant decrease of responding on the second day of extinction but further decrease was observed on the third day.

Under continuous reinforcement schedules, HANSON et al. (1979) observed significant reduction of responding only from day 18 onwards and COX et al. (1984) observed that rates of responding decreased after saline substitution but it took 1 or 2 weeks to reach saline values. In squirrel monkeys trained on a second-order schedule of intermittent i.v. self-administration, however, saline substitution resulted in a decrease of responding from the first daily session (GOLDBERG et al. 1981). In this case, combined removal of the conditioned stimulus and saline substitution was more effective than

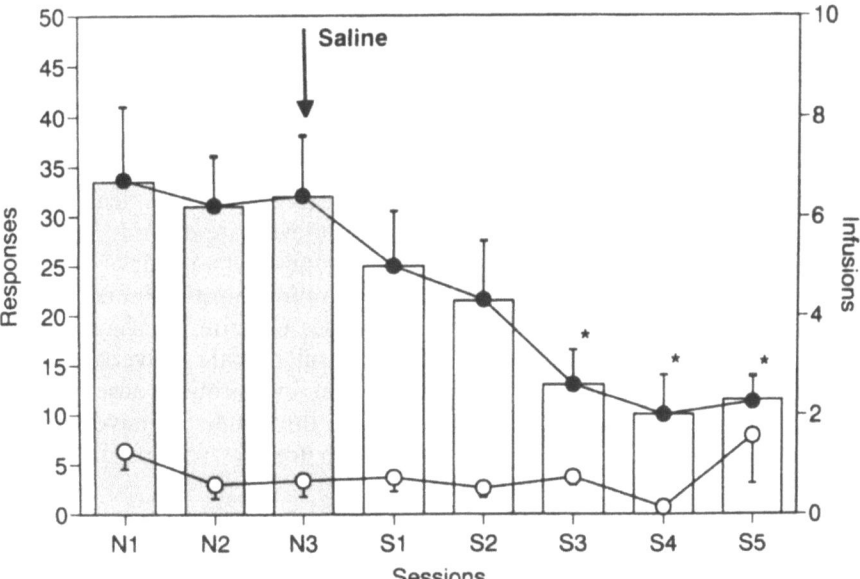

Fig. 2. Extinction of behaviour maintained by nicotine (0.03 mg/kg per infusion) during saline substitution ($n = 7$) under an FR-5 schedule of reinforcement. The mean number ±SEM of active and inactive nose pokes is shown during stable responding over three session. The *bars* represent the total number of infusions delivered during the 2-h session. The *arrow* indicates the point when substitution of saline for the next 5 days was started. *Asterisks* denote significant differences ($p < 0.05$) in active nose pokes from baseline (N3). (From SHOAIB et al. 1997)

saline substitution alone, indicating that on the second-order schedule, responding was maintained both by nicotine and by the conditioned light stimulus (GOLDBERG et al. 1981).

Resistance to extinction of nicotine self-administration can explain the apparent inefficacy of mecamylamine in producing extinction of responding for nicotine under certain experimental conditions (e.g. HANSON et al. 1979). On the other hand, nicotine self-administration in the rat has a very flat dose–response function, a characteristic that does not seem to apply to squirrel monkeys and beagle dogs. Thus, in beagle dogs, responding increased tenfold going from 3 to 30μg/kg and decreased tenfold between 30 and 300μg/kg on a FR15 schedule (RISNER and GOLDBERG 1983), while in rats, responding increased by less than 50% (75–90 responses) between 3 and 30μg/kg of nicotine (CORRIGALL and COEN 1989). It is unclear, however, if these differences are species-specific or procedural.

Studies of the relationship between plasma levels of nicotine and responding for nicotine self-administration provide further evidence for the resistance to extinction of nicotine self-administration in the rat. SHOAIB and STOLERMAN (1999) measured the levels of nicotine and cotinine, its major metabolite, in the plasma of rats after 2-h sessions of self-administration of different doses of nicotine. Plasma levels of nicotine were linearly correlated ($r = 0.958$) to the dose of nicotine self-administered across a four times range of unit doses (0.015–0.06 mg/kg) (Fig. 3). Within this dose range, therefore, very little regulation of nicotine concentration around an optimal value takes place, as if the rat lever-presses according to a predetermined rate independently of the dose of nicotine available. This impression is confirmed by the fact that substitution of nicotine with saline does not affect responding, at least for one session, in spite of the fact that nicotine plasma levels are down to levels ten times lower than during nicotine self-administration. As a result of poor regulation of responding for nicotine self-administration, nicotine intake linearly increases as the unit dose is increased to doses of 0.6mg/kg; higher doses result in abrupt disruption of responding as a result of marked aversive effects (SHOAIB and STOLERMAN 1999). Therefore, an i.v. nicotine dose controls responding by setting an upper limit for intake through its aversive effects, a proposal made by RUSSELL (1979) years ago for the role of nicotine in smoking.

One can speculate that the two characteristics of nicotine self-administration in the rat, i.e. resistance to extinction and relative independence from changes in doses, are an expression of the strength of the nicotine habit. Under chronic exposure and extensive training on nicotine, the role of the drug as a determinant of response by an action–outcome mechanism might be reduced as a result of a shift from incentive to habit responding (DICKINSON 1994). Responding, rather than being controlled by its consequences, i.e. by the motivational effects of nicotine, would be controlled by its premises, i.e. by stimuli that precede responding [stimulus–response (S-R) association]. As a result of the progressive importance acquired by habit

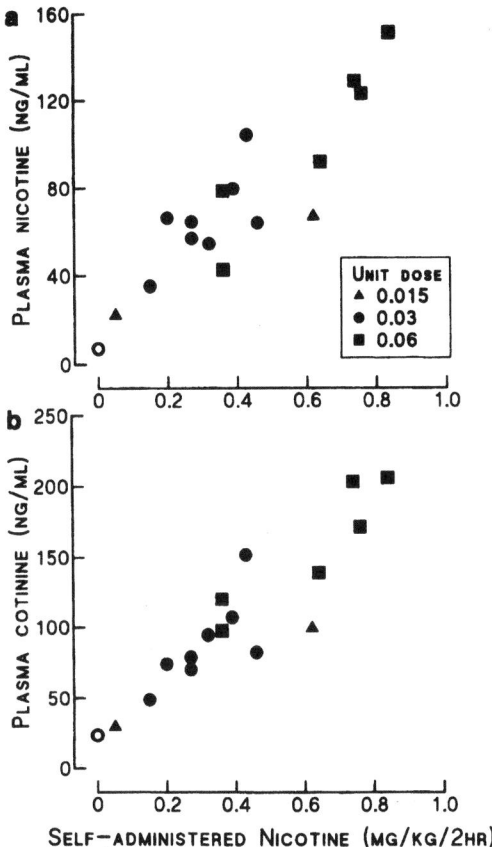

Fig. 3. a The scatter diagram illustrates the robust correlation between plasma levels of nicotine and the total amounts of nicotine self-administered by rats. **b** The scatter diagram illustrates the correlation between plasma levels of cotinine and the total amounts of nicotine self-administered by rats. Each point refers to an individual rat self-administering one of three unit doses of nicotine (▲ 0.015, ● 0.03 and ■ 0.06 mg/kg per infusion). *Open circles* (○) indicate mean results from the extinction tests. (From SHOAIB and STOLERMAN 1999)

responding, the drug is self-administered by an automatic mechanism whereby stimuli conditioned to the drug trigger motor plans or action schemata that are run automatically, i.e. in a fashion that is not directly controlled by its motivational outcome (nicotine) (TIFFANY 1990). In this process, nicotine maintains its critical importance in motivating behaviour but its role becomes indirect, having been transferred to stimuli preceding the response rather than following it (see also Sect. G).

5. Role of Dopamine in Nicotine Self-Administration

The availability of reliable procedures for obtaining nicotine reinforcement by i.v. self-administration in the most common laboratory animal, the rat, has made testing of the role of DA in nicotine reinforcement possible. This has been achieved by 6-OHDA lesions of DA projections (SINGER et al. 1982a; CORRIGALL et al. 1992) or by pharmacological manipulation of DA transmission with DA receptor antagonists (CORRIGALL and COEN 1991b).

The first study of this kind showed that lesions of NAc DA innervation by local intra-NAc infusion of 6-OHDA prevented the acquisition of nicotine self-administration induced by scheduled food presentation (one pellet every 60s) in rats kept at 80% of their body weight (SINGER et al. 1982a). This schedule is known to induce adjunctive behaviours, such as excessive drinking (schedule-induced polydipsia), that are selectively abolished by 6-OHDA lesions of the NAc (ROBBINS and KOOB 1980). In agreement with the adjunctive nature of nicotine-induced self-administration, 6-OHDA lesions of the NAc prevented the acquisition of nicotine self-administration under these conditions (SINGER et al. 1982a).

Given the adjunctive nature of the self-administration behaviour induced in these experiments and the similarity with the effect of 6-OHDA lesions on other adjunctive behaviours, these results, while confirming the general role of DA in adjunctive behaviour, leave open the problem of the role of DA in nicotine reward. This role has been studied by CORRIGALL and co-workers in a series of studies on rats in which stable responding for i.v. nicotine on a limited access schedule had been acquired. In these studies, a systematic comparison has been made with food reinforcement using the same schedule applied to nicotine (FR5, time-out of 1 min, one session of 1 h per day). Rats were initially trained on a schedule of continuous reinforcement for food under a food deprivation condition and once they acquired stable responding were given a single meal of 20g after each operant session. DA receptor antagonists specific for D_1-like receptors (SCH-23390) or for D_2-like receptors (spiperone) reduced both nicotine and food-maintained responding (CORRIGALL and COEN 1991c). The effects of the antagonists towards nicotine and food were remarkably similar, with a progressive reduction of responding during the session at lower doses. Reduction of responding took place only at the highest dose of SCH-23390 (30 μg/kg s.c.) early in the session and it progressively decreased during the session. A within-session reduction of responding tends to exclude a simple performance effect which seems instead to be operative after the highest dose of SCH-23390 (CORRIGALL and COEN 1991c).

The effect of DA receptor antagonists on nicotine responding is remarkably similar to the classic observations of WISE and co-workers on the effects of neuroleptics on behaviour reinforced by a variety of reinforcers including water, food, ICSS and drugs (WISE 1982). The observation that similar changes are observed by CORRIGALL and COEN (1991c) on food-reinforced responding confirms this similarity. Therefore, consistent with the interpretation of WISE (1982) and others (BENINGER 1983; ETTENBERG 1989), the observations of CORRIGALL and COEN (1991c) can be explained as the result of an impairment of reinforcement and can be taken as evidence that DA plays a critical role in nicotine as well as in food reinforcement. Although the above explanation might provide the most straightforward account of the within-session impairment observed by CORRIGALL and COEN (1991c), these authors interpret their findings as the result of an impairment of sensorimotor feedback. This mechanism, however, does not seem much different from an impairment of performance, an effect that seems excluded by the delayed character of the impairment induced by lower doses of the DA receptor antagonists.

DA receptor antagonists do not elicit a compensatory increase of responding for nicotine, unlike cocaine (CORRIGALL and COEN 1991c). Simple reduction of responding for nicotine is also seen after its substitution with saline or after pretreatment with mecamylamine (see above). Apart from advocating differences in the basic action of the two drugs, the differences between nicotine and cocaine self-administration in the effect of DA receptor antagonists can be also accounted for by differences in the shape of their dose–response relationship and in the range of doses utilized in these experiments. Thus, under low doses of cocaine self-administration, DA receptor blockers do not produce the compensatory increase of responding elicited by higher doses (KOOB et al. 1987; WOOLVERTON and VIRUS 1989). Therefore, the differences in the effect of neuroleptics on nicotine and cocaine responding might simply be related to the fact that nicotine doses are not in the descending portion of the dose–response curve, as is the case of cocaine.

The observations made with DA receptor antagonists have been confirmed by CORRIGALL and co-workers (1992) with 6-OHDA lesions of NAc DA made by local infusion of the neurotoxin into the rat NAc. Thus, 6-OHDA-lesioned rats showed a reduction of responding for nicotine self-administration as well as for food under similar schedule conditions (Fig. 4). A non-specific impairment of performance was excluded on the basis of the lack of reduction of spontaneous locomotion and by the extinction-like pattern of reduction of responding for nicotine over each day within the week. However, such a trend is observed also in sham-lesioned rats and its between-sessions character does not correspond to the within-session pattern of extinction that is obtained with neuroleptics (CORRIGALL and COEN 1991c; WISE 1982). Therefore, although a performance effect of 6-OHDA lesions of nicotine self-administration cannot be completely excluded, one might conclude from these results that DA, particularly in the ventral striatum (NAc, olfactory tubercle), is essential for the reinforcing actions of nicotine. This property in turn might be an aspect of a more general role of DA in reinforcement (WISE 1982; BENINGER 1983; ETTENBERG 1989; DI CHIARA 1999).

Also consistent with a role of DA in nicotine reinforcement is the observation that intra-VTA infusion of the nicotine receptor antagonist DHβE reduces responding for nicotine self-administration (CORRIGALL et al. 1994). It

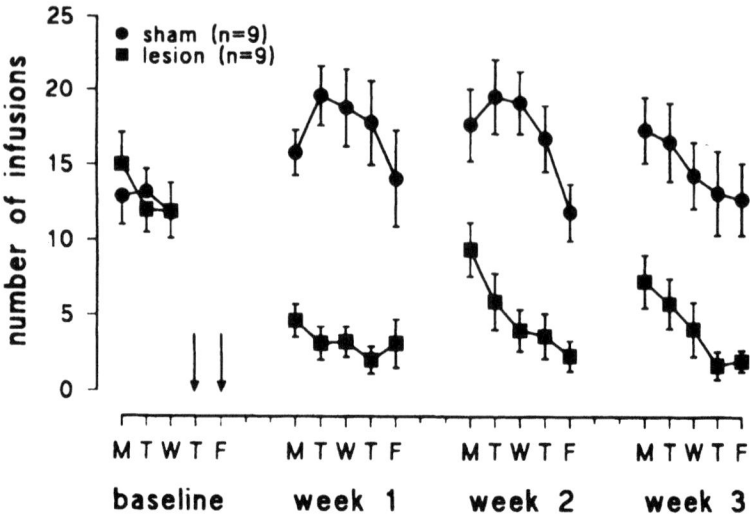

Fig. 4. Effects on nicotine self-administration and food responding of bilateral infusions of 6-hydroxydopamine or ascorbate vehicle into the dopamine terminal field in the nucleus accumbens. Each rat was lesioned on 1 of 2 days, as indicated by the *arrows*. Notice that although the number of nicotine infusions increases at the beginning of the second and third weeks of testing, this increase is not sustained. Over the 3-week test period there is a marked difference between control and lesion groups. (From CORRIGALL et al. 1992)

is notable that this manipulation, in contrast to 6-OHDA lesions or to neuroleptics, does not affect responding for food under similar schedule conditions or cocaine self-administration or spontaneous locomotion (CORRIGALL et al. 1994). The most likely explanation of these observations is that DHβE blocks nicotine-induced stimulation of the firing activity of DA neurons by blocking non-α7 nicotinic receptors located on DA neurons.

Recently, PICCIOTTO et al. (1998) have reported that mutant mice lacking the β2 subunit of the nAChR do not self-administer nicotine and do not show a stimulatory DA response to nicotine estimated by in vitro patch-clamp recording of DA units in the VTA or by in vivo monitoring of extracellular DA by microdialysis. Although these results are consistent with a role of DA in the reinforcing properties of nicotine, the fact that the $\beta2$ subunit is the most diffuse among neuronal nAChRs subunits (WADA et al. 1989) equates this evidence to that obtained by an antagonist of nAChRs, such as DHβE that is said to preferentially block $\alpha4\beta2$ receptors (ALKONDON et al. 1994).

While there is experimental evidence for a role of DA in nicotine self-administration, correlative evidence obtained by studies monitoring in vivo DA function by extracellular single unit recording or DA transmission by microdialysis in animals self-administering nicotine is remarkably lacking.

6. Human Studies

The effect of haloperidol on human smokers has been studied both in healthy volunteers (DAWE et al. 1995) as well as in schizophrenic patients (McEVOY et al. 1995). These studies are concordant in reporting an increase in nicotine self-administration expressed by presence of nicotine in the blood (DAWE et al. 1995) and by smoking behaviour (McEVOY et al. 1995) after haloperidol as compared to placebo. In normal smokers, the increase in nicotine intake took place without any reported change in subjective measures of smoking satisfaction or craving. Therefore, there seems to be a difference between humans and rats in the behavioural response to DA receptor blockade: compensatory increase in humans, reduction in rats. Differences in the route of administration might be relevant, as neuroleptics might reduce the stimulus properties of nicotine given i.v. but not those of smoked nicotine. As pointed out by ROSE and CORRIGALL (1997), parallel studies in humans with i.v. nicotine would be useful to clarify this point.

7. Reinstatement of Drug Self-Administration as a Model of Craving

Craving is a psychological construct that refers to the strong desire and expectancy for a drug or non-drug reward (food, sex, etc.). This term, when utilized for scientific purposes, suffers from its colloquial origin, which detracts from its rigorous operational use. An incentive-motivational view of craving equates it to an incentive state, i.e. the state induced by stimuli that elicit arousal and approach (incentive stimuli) (STEWART and DE WIT 1987; WISE 1988; MARKOU et al. 1993; ROBINSON and BERRIDGE 1993). An alternative view of craving, however, is that of a cognitive state corresponding to the expectancy elicited by conditional stimuli predictive of drug reward or drug withdrawal (TIFFANY 1990). In the incentive-motivational view, craving can be either conscious or unconscious while in the cognitive view is strictly conscious expressed as it is by individual reports of subjective feelings and states (TIFFANY 1990). According to the second view, craving is a state that arises from conditions that do not permit responding for drugs by automatic, stimulus-related action schemata or motor plans and that alternatively induce the expression of non-automatic forms of responding (craving). In this view, craving is not the main determinant of drug seeking and taking but a by-product of it (TIFFANY 1990; TIFFANY and CARTER 1998).

Animal models of craving are based on the assumption that craving is a motivational factor of relapse and accordingly involve reinstatement of drug self-administration after its extinction (STEWART and DE WIT 1987; MARKOU et al. 1993). However, if craving is indeed defined operationally according to the way it is estimated in humans, that is, as a conscious, explicit, declarative state, than it is difficult to directly equate it to reinstatement of responding for drug self-administration as this equation is based on the unproven assumption that craving is a motivational factor of drug seeking and taking. These shortcomings greatly limit the usefulness of the construct of craving in the development of animal models of drug self-administration relapse and, more generally, as a foundation for building a theory of drug addiction (e.g. ROBINSON and BERRIDGE 1993). Given the above considerations, in the present chapter reinstatement of drug self-administration will not be considered as a model of craving but simply of relapse of drug taking.

8. Reinstatement of Intravenous Nicotine Self-Administration

Human drug abuse tends to relapse after a period of abstinence and after recovery from physical dependence. This property makes drug abuse and addiction a recurring condition made up of alternating periods of abstinence and relapse. The factors that determine relapse in humans are various but an important role is attributed to re-exposure to the drug and/or to stimuli that have been conditioned to it. In animals, relapse of drug self-administration can be modelled by non-contingent administration of the drug or by exposure to drug-conditioned stimuli after extinction of self-administration behaviour in well-trained subjects.

Early studies by GERBER, STRETCH and co-workers in squirrel monkeys (STRETCH et al. 1971; STRETCH and GERBER 1973; GERBER and STRETCH 1975), later extended to the rat by DE WIT and STEWART (1981, 1983), have shown that reinstatement of drug self-administration is specific for drugs of the same pharmacological class (e.g. stimulants, opioids etc.) but is induced also by drug-paired stimuli (DE WIT and STEWART 1981). From these observations it would appear that reinstatement is specific for certain discriminative cues predictive of a given drug. Exceptions to this rule, however, have been reported; thus, bromocriptine, a D_2 receptor agonist, reinstates not only its own self-administration but also that of heroin which does not share any of its discriminative stimulus properties (WISE et al. 1990). This weakens the notion that reinstatement is related exclusively to specific discriminative drug cues and favours the possibility that reinstatement is also related to the induction of an incentive state favouring operant responding for stimuli provided with reinforcing properties (MARKOU et al. 1993; ROBINSON and BERRIDGE 1993).

In the case of nicotine, two studies (CHIAMULERA et al. 1996; SHAHAM et al. 1997) have reported reinstatement of nicotine self-administration by non-contingent administration of nicotine. Apart from discrepancies in some details [e.g. failure to obtain reinstatement with the same dose used for training (0.030 mg/kg) and the rather low rates of responding of reinstated self-administration in the study by CHIAMULERA et al. (1996)], both studies report the induction of rates of responding in rats primed with nicotine significantly above those obtained in saline-primed subjects. In addition, after 21 days of housing in the home cage in a drug-free state, re-exposure to the self-administration boxes resulted in recovery of bar pressing on the active lever (SHAHAM et al. 1997). Therefore, not only non-contingent nicotine administration but a context predictive of intravenous nicotine self-administration was able to reinstate nicotine-seeking behaviour. Bromocriptine, a drug that stimulates DA transmission and shares some of the discriminative stimulus properties of nicotine, reinstated bar pressing for nicotine as well as for food in rats previously trained to respond on an identical schedule for food and for nicotine (SHAHAM et al. 1997). In turn, nicotine itself reinstated responding for food in rats previously trained and then extinguished from nicotine self-administration. In nicotine-naive rats, food but not nicotine was able to reinstate extinguished bar pressing for food (SHAHAM et al. 1997).

Recently, robust reinstatement of nicotine self-administration has been obtained by pre-exposing rats for 5 or 10 min to a stressful stimulus, such as mild intermittent electric shock (BUCZEK et al. 1999) (Fig. 5). Previous studies had shown that stress in the form of electric shock can reinstate heroin (SHAHAM and STEWART 1995), cocaine (ERB et al. 1996; AHMED and KOOB 1997) and alcohol (LE et al. 1998) self-administration. The efficacy of footshock in reinstating drug self-administration contrasts with its failure to reinstate food or sucrose self-administration (AHMED and KOOB 1997; LE et al. 1998).

These observations are important in many respects. Firstly, to the extent that stress is known to be a powerful factor for smoking relapse in humans (SHIFFMAN 1986; HALL et al. 1990), these observations strengthen the validity of reinstatement of drug self-administration as a model of relapse of drug taking in humans. Secondly, the efficacy of stress, that is even higher than that of the drug itself in reinstating self-administration, as well its peculiar pharmacological specificity (specific D_1 and D_2 DA receptor antagonists do not affect reinstatement by stress but block reinstatement by drug), indicates that stress acts by a mechanism distinct from that of the drug in reinstating drug self-administration (SHAHAM and STEWART 1996); this mechanism might still involve DA but at a different level than in the case of drug reinstatement, as indicated by the effectiveness of combined D_1/D_2 DA receptor blockade in preventing the priming effect of stress (SHAHAM and STEWART 1996). Thirdly, these observations make a clear-cut distinction between nicotine and food reinforcement, which could not be demonstrated in previous studies (CORRIGALL and COEN 1991c; CORRIGALL et al. 1992). Thus, the observation that stress primes for drug self-administration but not for food responding might

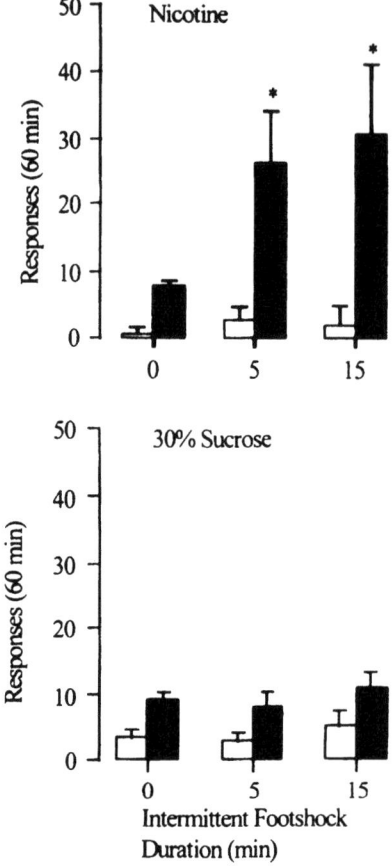

Fig. 5. Effect of footshock on reinstatement of nicotine i.v. self-administration. Mean (±SEM) number of responses on the previously active and inactive levers in the 60 min after exposure to 0.5 and 15 min of intermittent footshock stress in rats previously trained to self-administer (A) nicotine ($n = 10$), (B) 30% sucrose ($n = 17$). *Significantly different from the no stress condition, $p < 0.05$. (From BUCKZEK et al. 1999)

suggest that drug self-administration shares certain properties with stress that are not shared with food responding.

Although stress elicits arousal and is known to stimulate a variety of appetitive behaviours, the above observations exclude that priming is simply a function of the generically arousing or incentive-motivational properties of the stimulus, as initially suggested by some authors (SHAHAM and STEWART 1995; MARKOU et al. 1993). Thus, the discriminative properties of the priming stimulus seem necessary to provide specificity to the reinstatement mechanism.

A theoretical framework that accommodates the double discriminative/ incentive nature of the stimuli that induce reinstatement can be provided on the basis of the SCHACHTER-SINGER (1962) two-factor theory of emotions. Accordingly, reinstatement of drug self-administration would depend on the interaction between two factors: (1) an arousal state, related to the incentive-motivational properties of the priming stimulus and (2) a response selection mechanism dependent upon the discriminative properties of the priming stimulus. If this hypothesis is correct, stress should reinstate nicotine self-administration in part as a result of some discriminative stimulus properties that it shares with the effects of nicotine self-administration.

SHAHAM and STEWART (1995) have specifically excluded that stress reinstates heroin self-administration by mimicking heroin withdrawal on the basis of the observation that naltrexone fails to prime heroin self-administration. It is possible, however, that in this experiment the withdrawal syndrome itself impaired the emission of the operant response. In the case of nicotine, a withdrawal syndrome after nicotine cessation or after nicotine receptor antagonist administration in rats under an intermittent schedule of nicotine self-administration has not been observed (WATKINS et al. 1999). This, in turn, would exclude that stress mimics withdrawal as a discriminative stimulus for reinstating responding. However, it is possible that while insufficient for precipitating a somatic withdrawal syndrome, intermittent nicotine self-administration is sufficient for inducing motivational dependence that, upon nicotine withdrawal is expressed in the aversive state of abstinence. Clearly, further studies are necessary to test this possibility.

9. Oral Nicotine Self-Administration

Studies of nicotine self-administration by the oral route have utilized the alkaloid as a salt solution in water. Three different paradigms have been utilized: two-bottle tests, with free choice between a nicotine-containing fluid and a fluid without nicotine (FLYNN et al. 1989); operant paradigms, involving performance of a task in order to obtain the nicotine-containing fluid to drink (CLARK 1969; GLICK et al. 1996; SMITH and ROBERTS 1995); schedule-induced polydipsia, in which animals drink nicotine-containing solutions in the intervals of scheduled feeding (LANG et al. 1977; SANGER 1978).

The bitter taste of nicotine solutions prevents rats from drinking nicotine solutions in excess of $5\mu g/ml$ in a two-bottle test (FLYNN et al. 1989). In squirrel monkeys, oral intake of nicotine solutions was lower than water under basal conditions but could be augmented to exceed water intake in the presence of a punisher (electric shock) (HUTCHINSON and EMLEY 1985). In a paradigm of schedule-induced polydipsia, nicotine was taken at higher concentrations but no choice was given of nicotine-free fluid (SANGER 1978). For this reason, $10\mu g/ml$ nicotine solutions were supplemented with sucrose in two-bottle tests. However, even in the presence of sucrose, no evidence for preference over a nicotine-free solution in a two-bottle test was obtained in rats kept with food and water ad libitum (SMITH and ROBERTS 1995).

Failure to obtain preference for nicotine by the oral route has been attributed to failure to induce dependence due to the low bioavailability of nicotine by this route (LE HOUEZEC et al. 1989). In marked contrast with the failure to obtain a preference for nicotine in free-choice drinking from two bottles, a preference for nicotine is obtained in operant conditions where animals bar press to choose between sweetened or unsweetened nicotine-containing and nicotine-free solutions.

In a study by SMITH and ROBERTS (1995) utilizing sweetened nicotine solutions, significantly higher rates of responding for nicotine solutions were obtained at a ratio between 7 and 15 (responses:reinforcement); progressive reduction of sucrose to 0% in a 10 μg/ml nicotine solution resulted in a progressive decrease in responding to levels not different from nicotine-free solutions. This indicates that taste devaluation of nicotine solutions impairs operant responding for oral nicotine.

In a study by GLICK et al. (1996), operant responding was higher than for water for unsweetened nicotine solutions between 2 and 37 μg/ml, concentrations of nicotine that would be avoided in a two-bottle test. Relative responding for nicotine solutions over water (preference) was maximal at the lower nicotine concentrations (2 μg/ml) and steadily decreased at higher concentrations, while total responses (sum of responses on the nicotine lever and on the water lever) reached a plateau between 10 and 37 μg/ml. The increase in total responding might be the result of a motor stimulant effect of nicotine that takes place at higher nicotine concentrations. Mecamylamine decreased nicotine preference as well as total responses at low nicotine concentrations while increasing it at higher nicotine concentrations; these effects can be explained by the reduction by mecamylamine of the aversive taste properties of more concentrated solutions of nicotine and of the rewarding properties of less concentrated nicotine solutions, respectively.

An interesting aspect of these studies is the preference for nicotine solutions shown in operant paradigms, at concentrations of nicotine that would not be preferred in a two-bottle test. Preference in a two-bottle test might reflect the taste properties of nicotine solutions, while operant responding might reflect the generic stimulant properties of nicotine on instrumental performance and its reinforcing properties that result from its central effects.

10. Smoking in Animals

Attempts to demonstrate in animals the reinforcing properties of nicotine by self-administration through smoking of tobacco have not met with much success. JARVIK (1967) and GLICK et al. (1970, 1971) successfully trained monkeys to inhale tobacco smoke from tubes and to prefer it over air. However, in both studies, smoking took place as part of sucking water from the same tube under water deprivation, and in the studies by GLICK et al. (1970, 1971) smoke puffing was contingent upon water availability conditions. ANDO and YANAGITA (1981) trained monkeys to puff smoke reinforced by sweetened liquid. Removal of the sweet reinforcer resulted in disruption of smoking in 12 out of 14 monkeys. In the study of JARVIK (1967), reduction of nicotine in smoke failed to modify puffing. In the study of ANDO and YANAGITA (1981), reduction of nicotine in smoke increased puffing while nicotine-free smoke abolished puffing. In the studies of GLICK et al. (1970, 1971), nicotine supplementation reduced puffing; moreover, the central nicotine antagonist mecamylamine and the peripheral antagonist hexamethonium both reversed preference of nicotine-containing smoke over air.

In conclusion, although the observations of these studies roughly coincide with those of similar studies in humans, the complex training procedure involving concurrent availability of nicotine and other reinforcers (water, sweet liquid), the lack of dose–response and the limited information on the effect of antagonists makes the evidence provided insufficient to prove that smoked nicotine can serve as a reinforcer in animals.

11. Nicotine Intravenous Self-Administration in Humans

Nicotine can be self-administered by humans through various routes: inhalatory through smoking, oral through nicotine gum, transdermal through a nicotine patch, intranasal by local spray and intravenously through catheters and a self-activated pump.

Studies by HENNINGFIELD and GOLDBERG (1983a) and by HENNINGFIELD et al. (1983, 1985) have attempted to directly prove the reinforcing properties of nicotine by applying to humans the schedules of i.v. nicotine self-administration successfully utilized in squirrel monkeys by GOLDBERG and SPEALMAN and their associates (HENNINGFIELD and GOLDBERG 1983b). These studies are important as a test of the direct reinforcing properties of nicotine, not confounded by other factors that are operative in smoking; moreover, they allow the validation, in terms of human self-administration, of the results obtained in animals. Subjects were male cigarette smokers and some had a history of drug abuse. Nicotine was available on a FR10 (one nicotine injection every 10 lever presses) with 1 min time-out. The subjects were also administered three different questionnaires aimed at rating the motivational valence (positive or negative) and intensity of the feelings associated to self-administration as well as the nature of the subjective effects in comparison with the effect of other drugs. Nicotine was injected at doses between 0.7mg and 3.0mg (i.e. 0.01–0.04mg/kg). Depending on the subject, nicotine maintained self-administration behaviour at rates above or below those of saline, suggesting that it was serving either as a positive or as a negative reinforcer (punisher), respectively. It is notable that self-reported feelings could be either positive (liking) or negative (disliking) but did not covary with the positive or negative nature of nicotine as a reinforcer of responding in each subject (HENNINGFIELD and GOLDBERG 1983a; HENNINGFIELD et al. 1983, 1985). Such dissociation between self-administration behaviour and subjective rating of the emotional effects of the drug has been also reported for other drugs of abuse (FISCHMAN 1989; LAMB et al. 1991) and in the case of nicotine is confirmed by the dissociation between operant nicotine discrimination and self-reported measures of interoceptive drug effects (PERKINS et al. 1994a).

Nicotine self-administration in humans shows some of the characteristics of i.v. nicotine self-administration in animals. Thus, rates of nicotine i.v. self-administration in humans increase with time over different sessions and can change from lower to higher than saline consistently with a shift from aversion to reward. In dose–effect studies, a flat dose–response curve was obtained. Finally, mecamylamine reduced responding in a manner consistent with studies in animals although in a less clear fashion. On the other hand, mecamylamine effectively and consistently antagonized the self-reported effects of nicotine (HENNINGFIELD and GOLDBERG 1983a). These results suggest that i.v. nicotine can serve as a reinforcer in humans at doses comparable to those effective in animals (i.e. 0.010–0.03 mg/kg).

12. Nicotine Self-Administration by Nasal Spray in Humans

Nicotine reinforcement obtained by i.v. self-administration in humans allows direct comparison of the results with those of studies in animals and provides a good approximation of the rapid pharmacokinetics of smoked nicotine. However, it is unlikely to be provided with face-validity as a model of human nicotine reinforcement by tobacco smoking due to differences in the route of administration of nicotine and in the behavioural performance.

However, even the use of smoking as an experimental method for delivering nicotine in reinforcement studies in humans is fraught with difficulties. One such difficulty is the control of the amount of nicotine actually delivered by smoke; this derives from the fact that differences in the nicotine content of tobacco can be compensated, at least in part, by changes in smoking behaviour (puff smoke volume, puff number, depth of inhalation etc.). Such compensatory changes can markedly affect nicotine intake by smoking, eventually nullifying the effect of differences in the nicotine content of tobacco (see GRITZ 1980; MCMORROW and FOXX 1983; HENNINGFIELD 1984; PERKINS and STITZER 1998). In order to circumvent the above difficulties, dose-measured nasal spray has been introduced as a means to administer nicotine in studies of nicotine reinforcement, drug discrimination and self-reported subjective measures of nicotine effect in humans (PERKINS and STITZER 1998). The results on nicotine discrimination obtained with this method have been already discussed in Sect. B.I.4. Only the studies on nicotine reinforcement and subjective measures will be discussed here.

In a first study (PERKINS et al. 1994d), a comparison was made, in male and female smokers, between the effects of nicotine intake by controlled tobacco smoking and by dose-measured nasal spray on Visual Analog Scales (VAS) of subjective measures and on heart rate. At similar plasma levels of nicotine, the two methods of nicotine self-administration resulted in similar effects on most subjective measures and heart rate. Thus nicotine, in both instances, increased heart rate and the VAS of head rush and dizzy, and decreased hunger and desire to smoke but did not affect the VAS of comfortable, relaxed, or jittery. This study does not provide evidence of nicotine reinforcement or of the positive subjective effects of nicotine, but shows the similarity of the effects of nicotine administered by nasal spray and by tobacco smoke.

The reinforcing effects of nicotine have been evaluated on the basis of the choice between nasal sprays containing nicotine over sprays not containing nicotine, and on the basis of the number of doses self-administered in ad-libitum spray availability (PERKINS et al. 1996a,b, 1997a,b,c).

A general observation of these studies is that the preference for nicotine-containing nasal sprays is rather low, not only in non-smokers, where it is consistently below 50%, i.e. chance level, but also in smokers where, even following abstinence, it fails to reach levels higher than chance (PERKINS 1996a, 1997b). This would mean that in a non-selected population of smokers, nicotine given by nasal spray is not reinforcing and in non-smokers is actually aversive as non-smokers prefer nicotine-free over nicotine-containing sprays. A comparison of these observations with those on the choice of nicotine versus non-nicotine smoke from cigarettes shows that non-abstinent smokers choose nicotine smoke over non-nicotine smoke in 64% of cases, and this preference increases to 82% following abstinence (PERKINS et al. 1996a). Apparently, peripheral smoke-related nicotine and non-nicotine cues greatly increase the reinforcing properties of nicotine (see Sect. B.V.13. for further discussion).

In spite of the poor reinforcing properties of pure nicotine, 9 out of 24 smokers in one study (PERKINS et al. 1996a) and 4 out of 10 in another study (PERKINS et al. 1997a) showed significant preference for nicotine-containing spray. These subjects had greater increases in positive self-reported measures (alert, pleasant, and relaxed), smoked more intensely when allowed to and were diagnosed as dependent on smoking (PERKINS et al. 1996a, 1997a).

Another aspect shown in these studies is that in smokers, nicotine choice was a function of abstinence state. Thus, the choice of nicotine spray was significantly increased by abstinence; moreover, during 1 week of smoking cessation, the choice of nicotine spray remained stable while that of non-nicotine sprays decreased (PERKINS et al. 1996a). Most notably, however, these changes were observed only in men.

Another issue addressed by these studies is that of the relationship between nicotine reinforcement and subjective effects on VAS and Profile of Mood States (POMS). Apparently, nicotine reinforcement, as expressed by the choice of nicotine spray and number of doses of nicotine self-administered, is associated to VAS items of pleasant, relaxed, and satisfied and to POMS scores of vigour and arousal but not to aversive VAS items such as jittery and POMS scores of tension. It is notable that no relationship was found between nicotine self-administration and the decrease in urge to smoke (PERKINS et al. 1996a, 1997a). Therefore, withdrawal relief does not appear to be correlated to nicotine spray self-administration, in contrast to the reported efficacy of smoke with or without nicotine in reducing smoking urges (craving) and in relieving subjective perception of withdrawal (PERKINS et al. 1992a, 1994a). These differences between pure nicotine and cigarette smoke call for a role of secondary, conditional smoke stimuli in craving urges (see Sect. B.V.13).

It has been also pointed out (PERKINS and STITZER 1998) that subjective effects of nicotine are highly dependent upon contextual and physiological variables. Thus, for example, light physical activity eliminates or even reverses the increase in the POMS scale of vigour and arousal seen at rest (PERKINS et al. 1994e). Moreover, behavioural stimulation by nicotine is an inverse function of the baseline state of arousal, consistent with the principle of rate-dependency of the behavioural effects of psychostimulants (DEWS and WENGER 1977).

Stress in another important variable, as is the degree of demand of the task under which nicotine is administered; thus, smoking reduced subjective distress during a challenging task but not during a non-challenging one (PERKINS et al. 1992b). Whether this differential effect is a function of the cognitive and performance-improving actions of nicotine (HEISHMAN et al. 1994) or a reduced emotional feedback due to reduced perception of muscle tension (EPSTEIN et al. 1984; RUSSELL et al. 1986) is unclear.

13. Nicotine as the Reinforcing Principle of Tobacco Smoke

The issue of the role of nicotine as a reinforcer of tobacco smoking has been addressed by studying the effect on smoking of three kinds of manipulation: changes in the nicotine content of tobacco, blockade of nicotinic receptors, and administration of exogenous nicotine.

Studies involving systematic changes in the nicotine content of smoked tobacco have shown that smokers broadly titrate nicotine intake by adaptive changes of smoking topography (puff rate and volume, depth of smoke inhalation). Such a titration appears to conform to a broad, flat bell-shaped dose–response function reminiscent of that of i.v. nicotine self-administration in rats; accordingly, nicotine in smoke is maintained between two limits, a lower one corresponding to the minimally effective dose of nicotine and an upper one corresponding to the maximally tolerated dose of nicotine that is the threshold for strong aversive effects. Between these two extremes, responding (i.e. smoking) is poorly regulated by nicotine so that an increase in the tobacco content of nicotine results in an increase in the amount of self-administered nicotine (ROSE and CORRIGALL 1997; SCHERER 1999 and references therein). A similar observation has been made in rats self-administering nicotine i.v. (see Sect. B.V.4).

Further evidence for a rough regulation of nicotine intake by smoking around a broad range comes from studies where additional nicotine is administered by other routes, intravenous (LUCCHESI et al. 1967; BENOWITZ and JACOB

1990), oral (JARVIK et al. 1970), intranasal (PERKINS et al. 1992b) or transdermal (FOULDS et al. 1992; ROSE et al. 1985). In these studies, nicotine supplementation results in reduction of smoke intake by only 25% or, at best by 50%. This agrees with the conclusion, derived from studies manipulating the nicotine yield of cigarettes, that smokers titrate nicotine intake to 50% of the change in nicotine yield of smoked cigarettes; accordingly, a 50% reduction in cigarette nicotine yield would result in only a 25% reduction in actual nicotine intake (GRITZ 1980; HENNINGFIELD 1984; RUSSELL 1990; ROSE and CORRIGALL 1997).

As far as the effect of nicotinic receptor antagonists, there are differences between humans and animals in the response to mecamylamine; thus mecamylamine initially increases smoking behaviour in humans (NEMETH-COSLETT et al. 1986) to steadily reduce it later on (STOLERMAN et al. 1973b; POMERLEAU et al. 1987; ROSE et al. 1989). These differences, however, might be a function of the schedule of reinforcement currently utilized in animals for nicotine self-administration. Thus, in the study of HANSON et al. (1979), where a continuous reinforcement schedule was utilized, the effect of mecamylamine was not dissimilar from that observed in humans, at least during the limited time period (30 h) of mecamylamine exposure. Differences between humans and animals are also observed for the reduction of nicotine yield of smoked tobacco, which in humans results in a lasting increase in rate and depth of smoking (FANT et al. 1995). An explanation of these observations has been provided by assuming that smokers, in contrast to animals self-administering i.v. nicotine, are in a dependence state, which acts to motivate a compensatory increase in responding after antagonist pretreatment or after reduction of nicotine yield of smoked tobacco (ROSE and CORRIGALL 1997). Apart from dependence, differences in the schedule of reinforcement between animals and humans might also play a role in these differences.

In the case of mecamylamine, subsequent reduction of responding has been explained by inability, given the insurmountable blockade of nicotine actions by mecamylamine to compensate for the loss of rewarding properties of nicotine by changes in smoking behaviour (ROSE and CORRIGALL 1997). This explanation is reasonable but is not fully compatible with the observation that mecamylamine pretreatment does not completely reduce smoking behaviour and that a combined treatment with nicotine plus mecamylamine is more effective in reducing smoking than each treatment alone (ROSE and CORRIGALL 1997). These results might suggest that smoked nicotine maintains smoking by acting on different receptor mechanisms, some particularly sensitive to mecamylamine blockade ($\alpha 3\beta 2$?) and others more susceptible to desensitization by nicotine supplementation ($\alpha 4\beta 2$?) (see Sect. E.I.3).

14. Role of Peripheral and Non-Nicotine Factors in Tobacco Smoking

The above observations also suggest that the rewarding properties of smoking, although primarily related to nicotine's central effects, recognize additional mechanisms including peripheral ones. In fact, although the peripheral nicotine antagonist hexamethonium fails to affect nicotine i.v. self-administration in rats (CORRIGAL and COEN 1989), an attenuation of the pleasurable effects of smoking, probably related to the blockade of sensory stimulation by nicotine in the respiratory tract (LEE et al. 1993), has been reported following administration of the peripheral nicotine channel antagonist trimethaphan (ROSE et al. 1999).

These observations corroborate self-reports by experienced smokers referring to pleasurable sensations immediately associated to smoke inhalation (ROSE and BEHM 1995). On this basis it has been suggested that pleasurable effects by smoke components, including nicotine, related to olfactory as well as visceral sensations originating from the upper respiratory tract may contribute to the overall reinforcing properties of smoking (BEHM et al. 1990; ROSE and BEHM 1995). These cues may not possess intrinsic (primary) reinforcing properties but they might have acquired secondary reinforcing properties as a result of conditioning to the central actions of nicotine (ROSE and LEVIN 1991). Thus, stimuli related to smoke components might regulate smoking behaviour independently of the nicotine content of tobacco. Such non-nicotine reinforcing actions of smoke have been implicated in the observation that compensatory increases in smoke puffing elicited by the reduction of nicotine yield and tar in cigarettes can be prevented by the inclusion of capsaicin, which mimics the sensory effects of smoke on the mucosa of the upper respiratory tract (BEHM and ROSE 1994).

These mechanisms bear important theoretical and practical consequences for therapeutic strategies of smoking cessation and for the understanding of the factors that determine the acquisition, maintenance and relapse of smoking behaviour. From a theoretical point of view, these observations are consistent with an important role of non-nicotine cues in smoking (SUTTON and RUSSELL 1982; WOODMAN et al. 1987; NIL and BATTIG 1989; PAYNE et al. 1991; BALDINGER et al. 1995; BUTSCHKY et al. 1995) and in craving (RUSTED et al. 1998) and with the notion of smoking as automatic responding (TIFFANY 1990; BALDINGER et al. 1995). From a practical point of view, these observations provide an explanation for the poor outcome (15–30% after 1 year) of smoking cessation procedures (FAGERSTRÖM 1988; FAGERSTRÖM et al. 1992).

15. Nicotine Self-Administration in Animals as a Model of Human Nicotine Addiction

The demonstration that animals self-administer the same drugs that are self-administered by humans outside a therapeutic indication has convincingly proved that drug seeking and taking is not related to a special characteristic of human subjects but to some special properties of certain drug classes. This argument can be extended to nicotine, whose property of being self-administered by animals has provided the long-sought experimental evidence of its reinforcing properties. While this is now generally accepted, it is, however, unclear to which extent drug self-administration, including nicotine self-administration, can provide a model of nicotine addiction (Koob et al. 1998).

Drug addiction can be regarded as a pathological form of reinforcement characterized by compulsive drug seeking and taking and by focussing of instrumental behaviour over drugs at the expense of other reinforcers, including socially accepted ones, and in the face of medical, familiar and social problems. These aspects of addiction, that are observed in humans, can be translated into animal models as an expression of the abnormal and excessive strength of the reinforcing properties of drugs.

In animals, drug reinforcement is best evaluated by i.v. self-administration paradigms. Nicotine is self-administered under conditions that resemble those of typical addictive drugs. The existence of a relationship between the ability of drugs to maintain i.v. self-administration in animals and their addictive liability in humans provides predictive validity to i.v. drug self-administration as a model of drug addiction (Yanagita 1976; Griffiths et al. 1979; Brady and Lukas 1984; Collins et al. 1984). However, the simple fact that the criteria currently applied to drug self-administration are the same as those applied to conventional reinforcement makes drug self-administration difficult to distinguish from conventional reinforcement.

If indeed drug addiction is an abnormal form of reinforcement, the similarity between responding for drugs and responding for conventional reinforcers would indicate that drug self-administration is not necessarily a model of abnormal reinforcement. Therefore, to the extent that drug addiction is a form of abnormal reinforcement, it would appear that drug self-administration is not necessarily a model of drug addiction.

However, drug reinforcement might possess some properties that differentiate it from conventional reinforcement. Thus, a differential property of drug reinforcement, as compared to conventional reinforcement, is the fact that drug reinforcement is not subjected to the physiological mechanisms that homeostatically regulate the intake of conventional reinforcers. Thus, consumption of a conventional reinforcer results in reinstatement of the levels of endogenous compounds which reduce or even reverse the appetitive value of the reinforcer (satiety). In principle, this should not be the case of drug reinforcement given the fact that the drug is not a homeostatically regulated endogenous compound. Under selected experimental conditions, however, such as response non-contingent scheduled food presentation in a hungry animal, excessive non-homeostatic consumption of a conventional reinforcer (e.g. water) takes place to such an extent that it leads to an abnormal physiological condition (schedule-induced polydipsia) (Falk 1971). It is notable that under the same conditions not only conventional reinforcement but also drug reinforcement is strongly promoted (Gilbert 1978; Singer et al. 1982b; Sanger 1986). This has led to the view of drug addiction as homologous to schedule-induced responding for conventional reinforcers (Singer et al. 1982b).

Currently, adopted conditions for operant reinforcement by conventional reinforcers involve the induction of a need-state specific to that reinforcer (e.g. hunger in the case of food reinforcement, thirst in the case of water reinforcement etc.) which artifactually excludes the possibility of homeostatic regulation of responding and equates it to drug reinforcement.

CORRIGALL and colleagues have systematically compared nicotine and food reinforcement without finding differences under pharmacological manipulations and lesions of DA transmission (see preceding sections). All these studies involved the use of hungry animals fed on a single meal after each operant session, consistent with the suggestion that the similarities between food and drug self-administration are, at least in part, an artifact of the state of relative food deprivation which make the physiological homeostatic mechanisms that control food reinforcement inoperative and make it different from drug reinforcement. In view of this, it might be more relevant for studies of the neurobiological mechanism of nicotine addiction to compare drug and food responding under conditions in which food responding can be homeostatically regulated. It is notable in this respect that, in contrast to CORRIGALL et al. (1992) (Fig. 4), CAINE and KOOB (1994) have clearly dissociated the effect of 6-OHDA lesions of DA terminals in the NAc on cocaine versus food responding under conditions of mild food deprivation (Fig. 6).

These observations can be taken to suggest that similarity between drug and conventional reinforcement is due to the use of experimental conditions that do not allow homeostatic regulation of conventional reinforcement. If the above argument is correct, the real difference between conventional and drug reinforcement could be appreciated only under unrestricted availability of the reinforcer. Under these conditions, while conventional reinforcers would be regularly taken in order to maintain physiological homeostasis, drug reinforcers would be self-administered in a non-homeostatic fashion.

Although a direct comparison between conventional and drug reinforcement under continuous reinforcer availability and in the absence of an artificially induced need-state has not been made, studies performed in rats under unlimited access to i.v. heroin (BOZARTH and WISE 1985) and cocaine (AHMED and KOOB 1998) have disclosed changes in the pattern of responding that have been interpreted as a homologue of compulsive drug taking and of addictive behaviour (AHMED and KOOB 1998).

Turning our attention to nicotine, one might ask if nicotine self-administration, as currently performed under intermittent or limited access schedules, is a model of human nicotine addiction (CORRIGALL 1999). Animal models can be evaluated by criteria of face-, construct- and predictive-validity (WILLNER 1984). The fact that nicotine i.v. self-administration shows features superimposable to those of other drugs with addictive liability indicates that i.v. nicotine self-administration has predictive validity as a model of nicotine addiction. However, i.v. nicotine self-administration is unlikely to meet the criteria of face-validity. The reason for this is due to the large differences in the modality of nicotine exposure in chronic tobacco smoking and in

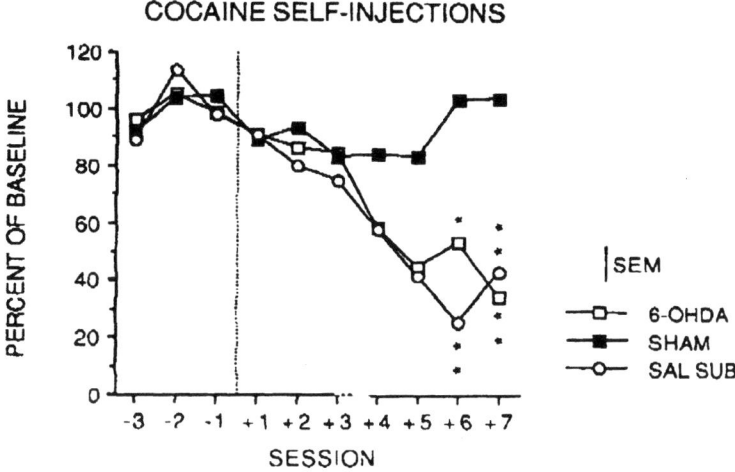

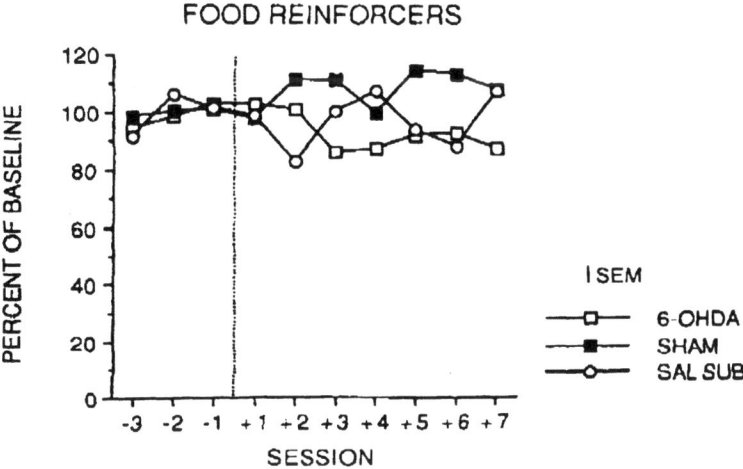

Fig. 6. The effect of 6-OHDA of vehicle infusion into the nucleus accumbens and olfactory tubercle, or substitution of saline for cocaine, on the number of self-injections *(top panel)* or food pellets *(bottom panel)* carried in daily multiple-schedule sessions. Values are the mean of the individual subjects percentage of baseline (6-OHDA) and sham, $n = 6$ per group; saline substitution, $n = 4$. *Inset* shows the average standard error of the mean (SEM) for the data points. (From CAINE and KOOB 1994)

animals self-administering nicotine i.v. Thus, in humans, nicotine addiction is associated to a complex pattern of exposure to nicotine during the whole day, interrupted only by night sleep. This circadian rhythm of nicotine exposure in chronic tobacco smoking is not without adaptive consequences as it induces chronic tolerance and physiological dependence. Although tolerance and physiological dependence are not necessary nor sufficient for defining and diagnosing nicotine addiction according to the DSM-IIIR and DSM-IV (see Sect. A.I), they play a role in tobacco addiction (see Sect. E.II.3).

Apart from this, the high density and precise contingency of nicotine reinforcement associated with smoking and the regular but intermittent nature of this reinforcement might be important factors for the acquisition of a compulsive smoking habit. In spite of these differences, however, i.v. self-administration schedules in animals and smoking in humans appear to share a compulsive habitual character that is demonstrated by their relative resistance to extinction upon reinforcer devaluation (e.g. switching from nicotine to saline or to nicotine-free cigarettes) (see Sect. B.V.4).

From these consideration it appears that nicotine i.v. self-administration is an abnormal form of reinforcement being homologous to conventional reinforcement under non-homeostatic conditions; moreover, i.v. nicotine self-administration, although different from chronic smoking, shares with it some properties typical of an abnormal habit. On this basis we conclude that i.v. nicotine self-administration in animals (rodents), although devoid of face-validity, is provided with predictive- as well as construct-validity as a model of human nicotine addiction.

VI. Conditioned Place-Preference

In place-preference studies, drugs can serve as unconditional stimuli for the acquisition of conditional incentive properties by contextual stimuli. Incentive properties are expressed as simple approach towards a specific compartment to which the drug has been paired (CARR et al. 1989; HOFFMANN 1989).

Place-preference is often regarded as an expression of Pavlovian conditioning or, by another terminology, respondent reinforcement (SKINNER 1935), with the drug acting as the UCS (unconditioned stimulus), the drug-paired compartment acting as the CS (conditioned stimulus) and the approach response to the preferred compartment acting as the CR (conditioned response). In this paradigm, however, there is no UR (unconditioned response) corresponding to the CR. Therefore in place-preference, the approach response, rather than being viewed as a classical CR, should be viewed as an instrumental response (HOLLAND and STRAUB 1979); this makes place-preference an expression of operant rather than respondent (Pavlovian) reinforcement (SKINNER 1935). The fact that in place-preference there is no reinforcement contingent upon the response (i.e. the response is not followed by the reinforcer) is because in the expression phase of place-preference the instrumental response is emitted under extinction conditions. Other paradigms formally superimposable to place-conditioning (e.g. straight runway) eventually involve the presentation of a drug or food reinforcer contingent upon the animal approach to the goal compartment (ETTENBERG 1989). Place-preference has face-, construct- and predictive-validity as a model of "drug-seeking" behaviour in response to stimuli predictive of drug availability. In fact, most drugs of abuse elicit place-preference (CARR et al. 1989; HOFFMANN 1989).

In place-conditioning, depending on the experimental setup (illumination, characteristics of the compartment), rodents can show a consistent bias towards a specific compartment. Under appropriate conditions, this bias can be virtually abolished so that in a given population the mean time spent by the subjects in each compartment is not significantly different among the two compartments. Under these conditions, individual rats still show a preference for a specific compartment but this preference is mild and cannot be ascribed to intrinsic differences in the motivational properties of the two compartments (ACQUAS and DI CHIARA 1994).

Place-conditioning has been performed under biased as well as unbiased conditions, with or without systematic pairing of the drug to a specific compartment in relation to the individual rat's preference. Systematic assignment to a compartment on the basis of the subject's individual preference (i.e. pairing to the unpreferred or to the preferred compartment depending on the fact that place-preference or place-aversion is investigated) is commonly performed under biased conditions but has been applied also to unbiased conditions. Most drugs of abuse have both aversive and rewarding properties and therefore it is not unlikely that, depending on the specific experimental condition, the same drug induces place-aversion and place-preference.

The use of biased conditions is often criticized on the basis of the argument that, under these conditions, an anti-aversive rather than a rewarding property of the drug is estimated (CARR et al. 1989). This argument, however, can be disputed from an operational point of view, as preference is necessarily the result of the relative motivational value of both compartments rather than of the absolute motivational value of the compartment to which the drug is paired. On the other hand, as preference is more likely to be detected by pairing the drug to the unpreferred compartment, it is expected that these conditions are also more appropriate for the demonstration of weak reinforcing drug properties or of reinforcing properties coexisting with aversive properties, as is the case of nicotine.

Depending on the experimental condition, nicotine (doses of 0.1–1.2 mg/kg) has been reported to induce either place-preference or place-aversion or no effect. FUDALA et al. (1985) initially reported that, under biased conditions (rats had a marked preference for the white compartment) pairing of nicotine to the unpreferred (black) compartment induced place-preference in some rats and in others place-aversion. The proportion of rats showing place-preference increased with increasing doses of nicotine, from 0.1 to 0.8 mg/kg s.c., while that of rats showing place-aversion decreased. In a subsequent study, FUDALA and IWAMOTO (1986), after an analysis of their previous results according to a more conservative statistical method, concluded that nicotine does not elicit place-aversion but only place-preference according to a bell-shaped dose–response function, peaking at 0.6–0.8 mg/kg and returning to basal values at 1.5 mg/kg; later on, the same group reported place-preference after infusion of nicotine in the pedunculo pontine nucleus (IWAMOTO 1990). In the meantime, CLARKE and FIBIGER (1987) and subsequently PARKER (1992), under unbiased conditions and random or counterbalanced pairing of the drug to each compartment, failed to obtain a place-preference, and JORENBY et al. (1990) actually observed place-aversion. On the other hand, place-preference has been reported by SHOAIB et al. (1994a) under unbiased conditions in rats pre-exposed to nicotine (0.4mg/kg i.c.) daily for 1 week. This pretreatment was meant to induce tolerance to the aversive effects of nicotine, thus allowing the expression of its reinforcing properties.

Place-preference to nicotine has been obtained by ACQUAS et al. (1989) and by CARBONI et al. (1989a) under biased conditions and by pairing the drug to the unpreferred side in rats with a strong bias towards one compartment. On this basis it has been concluded that, due to the double (rewarding/aversive) motivational nature of nicotine, its positive reinforcing properties are more likely to be detected by the use of a biased paradigm with fixed assignment to the unpreferred compartment (CARBONI et al. 1989a). This conclusion is confirmed by a recent study showing that nicotine (0.1mg/kg s.c.) induces a significant increase in the time spent in the drug-paired compartment when the drug is paired to the non-preferred compartment, while it is ineffective if paired to the preferred compartment (CALCAGNETTI and SCHECHTER 1994). HORAN et al. (1997) obtained place-preference under unbiased conditions in Lewis rats but not Fisher 344 strain. Recently, DEWEY et al. (1999) obtained robust place-preference under unbiased conditions with eight pairings of nicotine (0.4mg/kg) with a given compartment. Recently, we have obtained place-preference with nicotine (0.3–0.6mg/kg s.c.) after three pairings with the preferred compartment in an unbiased procedure (Spina et al., in preparation) (Fig. 7).

In conclusion, place-preference can be obtained after nicotine under specific experimental conditions. Failures in demonstrating place-preference under unbiased, random or counterbalanced conditions can be accounted for by the double (positive/negative) motivational nature of the nicotine stimulus rather than by its weakness.

As to the role of DA in place-preference induced by nicotine, we reported about ten years ago that a D_1 receptor antagonist such as SCH-23390 impairs the acquisition of place-preference by various drugs including nicotine (ACQUAS et al. 1989). This observation has been taken by us as evidence that DA acting on D_1 receptors is involved in associative stimulus–reward learning (Di CHIARA 1995, 1998, 1999).

C. Locomotion

Nicotine affects spontaneous motor activity in rodents in a manner that depends on baseline activity and on the fact that animals have been previously

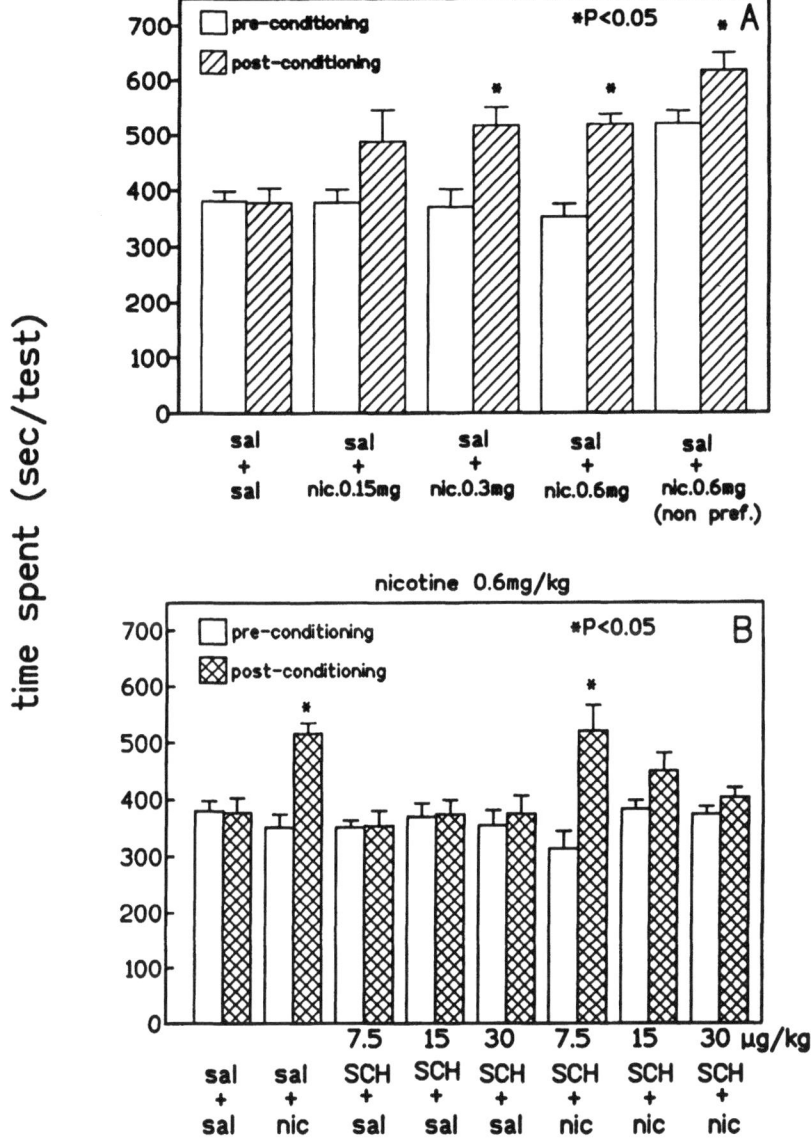

Fig. 7. Place-preference induced by nicotine (0.15, 0.30, 0.60 mg/kg s.c.) paired to the individually non-preferred or preferred compartment (*A*). Effect of SCH 39186 at the dose of 7.5, 15 and 30 mg/kg on place-preference induced by 0.6 mg/kg of nicotine (*B*)

accustomed, or not, to the environment, to the dose of nicotine and to previous exposure to the drug.

At relatively low doses (0.1–1 mg/kg s.c.), nicotine has been reported to increase locomotion in rats only after adaptation to the activity cage (O'NEILL et al. 1991). At higher doses, locomotor depression or a sequence of depression and stimulation is obtained in rats not adapted to the activity cage (STOLERMAN et al. 1973a; CLARKE and KUMAR 1983a).

In mice, i.p. nicotine induces locomotor depression. It is notable that stimulation of locomotor activity could not be shown after i.p. nicotine even in mice tolerant to the locomotor depressant effects of nicotine. However, inclusion of nicotine in the drinking water resulted in hyperlocomotion during the dark phase that was maintained in spite of the continued exposure to nicotine (SPARKS and PAULI 1999).

In mice, tolerance to challenge with i.p. nicotine after continuous i.v. infusion of nicotine (4.0–7.0 mg/kg per hour) has been studied on a battery of tests including motor activity, heart rate, body temperature, rotarod performance and eventually, respiratory rate and acoustic startle (HATCHELL and COLLINS 1977; MARKS et al. 1983, 1986a,b, 1987, 1991; ROBINSON et al. 1994). No tolerance to the effects on respiration and on acoustic startle was observed, while tolerance was obtained for the other effects (MARKS et al. 1985).

In mice continuously infused with nicotine, recovery of motor depressant effects of nicotine is virtually complete after 8 days, while hypothermic effects recovered after 12–16 days and heart rate effects were still reduced 20 days after discontinuation of infusions (MARKS et al. 1985). Tolerance to the locomotor depressant effect of nicotine in mice has been related to stimulation of corticosteroid secretion (BENWELL and BALFOUR 1979; GRÜN et al. 1992; PAULY et al. 1990, 1992; ROBINSON et al. 1996).

In the rat, hypermotility, in response to nicotine can be reliably obtained after a regimen of repeated intermittent nicotine exposure that induces tolerance to the hypomotility effect of nicotine (MORRISON and STEPHENSON 1972; STOLERMAN et al. 1973a, 1974; FALKEBORN et al. 1981; CLARKE and KUMAR 1983a,b; KSIR et al. 1985, 1987; COLLINS et al. 1988, 1990; BENWELL and BALFOUR 1992). On this basis, it has been suggested since MORRISON and STEPHENSON (1972) that tolerance to the locomotor depressant effects of nicotine unmasks its locomotor stimulant properties. Alternatively, this effect has been attributed to true sensitization to the locomotor stimulant action of nicotine (BENWELL and BALFOUR 1992). Chronic intermittent exposure to nicotine fails to induce tolerance to its locomotor stimulant effects (MORRISON and STEPHENSON 1972) while acute exposure does (HAKAN and KSIR 1988). Therefore, while acute nicotine exposure induces acute tolerance to both stimulant and depressant actions of nicotine, chronic exposure differentially affects each action, suggesting that different mechanisms are involved in the two forms of tolerance. Nonetheless, continuous infusion of nicotine by osmotic minipumps is capable of inducing tolerance to the sensitized locomotor stimulant effects of nicotine. This tolerance, however, does not seem to be of the same type as that which affects the locomotor depressant effects of nicotine, since it is reversed as soon as 1 h after removal of the nicotine pump and up to 7 days thereafter (BENWELL et al. 1995). Tolerance to locomotor depression instead, can be virtually irreversible as it may not recover, once acquired, for at least 90 days after interruption of nicotine exposure (STOLERMAN et al. 1973a).

Sensitization of nicotine-induced motor activation can be obtained independently from pairing of nicotine to a specific environment (context-independent sensitization) (MORRISON and STEPHENSON 1972; STOLERMAN et al. 1974; CLARKE and KUMAR 1983b; HAKAN and KSIR 1988; BENWELL and BALFOUR 1992; NISELL et al. 1996), but is enhanced if the drug is paired to a specific environment (context-dependent sensitization) (WALTER and KUSCHINSKI 1989; REID et al. 1996). Tolerance to the motor stimulant effect of nicotine does not take place after single daily administration of nicotine but is obtained after continuous exposure to the drug (BENWELL et al. 1995).

Pre-exposure to nicotine also sensitizes rats to the locomotor stimulant effects of apomorphine and metamphetamine (SUEMARU et al. 1993) but not cocaine (SCHENK et al. 1991). Rats sensitized to nicotine-induced locomotion by nicotine pre-exposure also show locomotor sensitization to amphetamine but not to cocaine (BIRRELL and BALFOUR 1998).

A role of N-methyl-D-aspartate (NMDA) receptors in the behavioural adaptation to nicotine has been proposed by SHOAIB and STOLERMAN (1992) on the basis of the effect of MK-801 on adaptive behavioural changes to chronic nicotine. This issue is addressed in Sect. F.I.12.

I. Neural Mechanism

The central origin of nicotine-induced locomotion is indicated by the fact that this effect is acutely prevented by mecamylamine, a central nicotine antagonist, and by intracerebral chlorisondamine (CLARKE 1984) but not by hexamethonium, a peripheral antagonist (CLARKE and KUMAR 1983b; O'NEILL et al. 1991).

Evidence obtained with different approaches indicates that the locomotor stimulant effects of nicotine are the result of its stimulant action on DA transmission in the NAc. Thus, DA D_1 as well as DA D_2 receptor antagonists reduce or abolish nicotine hypermotility at doses which do not affect locomotion in a novel environment (WALTER and KUSCHINSKI 1989; CORRIGALL and COEN 1991c; O'NEILL et al. 1991). On the other hand, lesions of DA neurons by local intra-accumbens or by intra-VTA infusion of 6-OHDA prevent the motor stimulant effects of nicotine (CLARKE et al. 1988; LOUIS and CLARKE 1998). VEZINA et al. (1994), however, failed to observe changes in the locomotor stimulant effects of nicotine in rats lesioned by 6-OHDA infusion in the ventral tegmental area. The reason for these negative findings is obscure, although a number of possibilities have been proposed (LOUIS and CLARKE 1998). Given the absence of a positive control for the effectiveness of the 6-OHDA lesion (e.g. reduction amphetamine hypermotility) it is unclear to which extent the negative results of VEZINA et al. (1994) are related to the mechanism of nicotine-induced hypermotility or to the efficacy of the 6-OHDA lesion procedure.

In further agreement with a role of DA in nicotine-induced hypermotility is the observation that this effect is blocked by intra-VTA but not by intra-accumbens DHβE, a competitive nicotine antagonist, and is mimicked by intra-VTA as well as intra-accumbens cytisine, a nicotine agonist (MUSEO and WISE 1990a,b, 1995) and by intra-VTA nicotine (REAVILL and STOLERMAN 1990; LEIKOLA-PELHO and JACKSON 1992; PANAGIS et al. 1996).

Further evidence for a role of mesolimbic DA in nicotine hypermotility derives from in vivo monitoring of DA transmission in freely moving animals (see Sect. F.I.12).

As to the neural mechanism of the behavioural depressant effect of nicotine, apart from its blockade by systemic mecamylamine (CLARKE et al. 1983a), indicating a mediation by specific, possibly central, nicotinic receptors, no firm conclusion can be drawn. It is interesting that isoarecolone binds to nicotine receptors and induces locomotor inhibition sensitive to mecamylamine blockade but fails to induce locomotor stimulation and to release DA in the NAc in vivo (MIRZA et al. 1996). It is also notable that locomotor inhibition rather than stimulation covaries with the discriminative stimulus properties of nicotine in a series of nicotine receptor ligands (see Sect. B.I).

D. Latent Inhibition and Pre-Pulse Inhibition

In animals, nicotine consistently affects latent inhibition (LI) and pre-pulse inhibition (PPI). The interest in these effects of nicotine derives from the fact that both LI and PPI are strongly modulated by DA and both are abnormal in schizophrenic patients. Although LI and PPI are likely to reflect different neural processes, they are considered together for comparative reasons, as nicotine affects one paradigm (LI) in a manner consistent with its DA-releasing properties while it affects the other (PPI) in an opposite manner.

In LI, pre-exposure without consequences to a stimulus impairs (i.e. reduces or retards) subsequent conditioning of the same stimulus to a primary reinforcer (either aversive or appetitive) (LUBOW and MOORE 1959; LUBOW 1989; WEINER 1990). LI is absent in acute schizophrenics (BARUCH et al. 1988; GRAY et al. 1992a, 1995), is potentiated by neuroleptics and is abolished by amphetamine in normal human subjects and in animals (see WEINER 1990 and GRAY et al. 1992a for reviews).

Nicotine blocks LI and this effect is reversed by haloperidol (JOSEPH et al. 1993). It has been pointed out that the doses of nicotine active on LI are in the range that specifically releases DA in the NAc (JOSEPH et al. 1993). The effect of nicotine takes place during conditioning rather than pre-exposure, and this has been interpreted as a reflection of a role of NAc DA in switching of associative processing of the motivational representation of the stimulus from the motivationally neutral condition of pre-exposure to the meaningful one of reinforcement (WEINER 1990).

Consistent with the observations in animals is the finding that smokers have a reduced LI compared to non-smokers (ALLAN et al. 1995). However, when nicotine was directly administered subcutaneously or by smoking, no change in LI was obtained in spite of a complete abolition of LI by a 5-mg dose of amphetamine orally (THORTON et al. 1996). Clearly, additional studies are required in consideration of the fact that LI in humans is affected by amphetamine under a very restricted range of doses (5mg but not 10mg orally, GRAY et al. 1992b).

PPI consists of a reduction of startle reaction to a strong, rapid-onset stimulus (pulse, auditory or tactile) when this stimulus is preceded 30–500ms earlier by a weak stimulus unable per se to elicit a startle response (SWERDLOW et al. 1992). PPI is impaired in schizophrenia but also in other unrelated conditions (SWERDLOW et al. 1994). Amphetamine reduces PPI while neuroleptics increase it, consistent with an inhibitory role of DA. Nicotine, in contrast with its DA-releasing properties, enhances PPI both in animals (ACRI et al. 1994; CURZON et al. 1994) and humans (KUMARI et al. 1996, 1997). Consistent with this effect is the recent observation that PPI is inversely proportional to the intensity of the withdrawal syndrome induced by overnight abstinence from smoking (KUMARI and GRAY 1999).

Under selected conditions, cigarette smoking increased PPI (KUMARI et al. 1996; DELLA CASA et al. 1998). However, in men, smoking following deprivation did not enhance PPI although it enhanced it in non-deprived smokers. In women, smoking deprivation reduced PPI but smoking did not increase it over the values of a control non-smoker group (DELLA CASA et al. 1998). Therefore, according to this study, smoking increases PPI over normal values only in males and under non-deprivation conditions. This conclusion is in contrast with KUMARI et al. (1996) who were able to detect an increase in PPI also in deprived smokers.

The effects of nicotine on PPI can be explained as due to an action of the drug on lower brainstem mechanisms modulating sensory processing, mediated by nAChRs. An action at these lower levels would overshadow any action at higher central levels on DA transmission.

E. Adaptation to Nicotine

Exposure to nicotine induces changes in the responsiveness of the organism to nicotine itself, which can result in a decrease (tolerance) or in a increase (sensitization) of its effects. Nicotine exposure can induce two types of tolerance distinguished on the basis of their rate of recovery: a rapidly reversible, acute tolerance and a slowly reversible, chronic tolerance.

Acute tolerance is thought to already take place during the time-course of nicotine in the brain and to fade away within 1–24h, depending on the effect of nicotine that is taken into consideration. Chronic tolerance requires a longer exposure to nicotine by continuous or repeated administration and takes more than 1 day, often many days, to fade away; in some cases (e.g. locomotor depression) recovery from tolerance does not take place at all.

The reason for the apparent non-reversibility of some effects of nicotine might be due to sensitization to an effect of nicotine opposite to that undergoing tolerance and competing with it for behavioural expression. By the same principle, however, one can explain sensitization as due to tolerance to an action of nicotine that competes with the sensitized one for expression (reverse tolerance). In general, the time-course of sensitization is similar to that of chronic tolerance and, in turn, quite different from that of acute tolerance. Accordingly, sensitization is characterized by a long induction period as a result of repeated, intermittent exposure to nicotine and, as chronic tolerance, it fades slowly or does not fade at all.

Acute tolerance, chronic tolerance and sensitization show modalities that are specific to the effect of nicotine that is taken into consideration and for this reason they are considered in detail in the sections devoted to each effect of nicotine. In the following sections we will discuss the commonalities and the molecular correlates of these processes and their significance for nicotine addiction.

I. Tolerance and Sensitization

1. Acute Tolerance

In humans, the development of tolerance to nicotine cardiovascular effects (increase in heart rate and blood pressure) during the time-course of the action of a single dose (within-dose acute tolerance) is suggested by the observation of reduced cardiovascular effects of nicotine at the same plasma concentrations during the descending limb of the nicotine plasma time-course as compared to the ascending limb (BENOWITZ et al. 1982; WEST and RUSSELL 1987; RUSSELL et al. 1990). These observations, however, do not provide compelling evidence for tolerance due to inadequacy of plasma concentrations of nicotine as a reflection of nicotine concentrations in tissue under the non-equilibrium condition of nicotine kinetics after a single dose (PORCHET et al. 1987).

More convincing evidence for acute tolerance to nicotine comes from comparison between the effect of two doses of nicotine given at different times (between-dose acute tolerance). The first example of between-dose tolerance to nicotine was provided by LANGLEY (1905) in studies of nicotine-induced muscle contraction in the fowl. In these studies, LANGLEY (1905) described some fundamental properties of acute tolerance to nicotine, namely: (1) the possibility of reinstating the initial response by increasing the dose of nicotine, (2) the progressive reduction of the response upon repeated administration of the same dose of nicotine, and (3) the full recovery of the response after a relatively short period (30 min–1 h).

All these properties of acute tolerance to nicotine have been confirmed by subsequent studies. For example, STOLERMAN et al. (1973a) showed that in rats, after a single dose of nicotine (0.33 mg/kg i.p.), tolerance to the locomotor depressant effects was maximal after 2 h while full recovery took place after 8 h. Tolerance to analgesia induced by subcutaneous nicotine in mice was maximal after 30 min–1 h but had disappeared after 6 h of pre-exposure to a single dose of 4 mg/kg (DAMAJ et al. 1996). After exposure to the same dose of nicotine, tolerance to motor impairment in a rotarod test was maximal between 3 h and 6 h and not more significant at 24 h (DAMAJ et al. 1996). Tolerance to hypothermia, on the other hand, was maximal between 2 h and 4 h after acute nicotine pre-exposure and recovery was observed after 6 h (DAMAJ et al. 1996). In rats, recovery from acute tolerance to the stimulant effects on locomotion by 1.8 mg/kg of nicotine took place after 5 h (HAKAN and KSIR 1991); acute tolerance to antinociception by nicotine was maximal after 4 h and lasted for 18 h (TRIPATHI et al. 1982). JAMES et al. (1994) report maximal acute tolerance to the DS effect of nicotine at 2 h with full recovery 24 h after exposure to 0.8 mg/kg s.c. of nicotine. Therefore, the time-course of acute tolerance appears to be different for different effects of nicotine.

2. Chronic Tolerance and Sensitization

Repeated exposure to nicotine, either continuously or intermittently, can result in a progressive reduction of its effects that can survive the interruption of its administration for a long time (chronic tolerance).

On the basis of the mechanism by which chronic tolerance can take place, pharmacokinetic, pharmacodynamic and behavioural tolerance are distinguished. No evidence is available for a positive role of pharmacokinetic changes in chronic tolerance to nicotine. On the contrary, in humans, nicotine clearance might be an inverse function of exposure to smoke (SHIFFMAN et al. 1992; BENOWITZ and JACOB 1993); moreover, nicotine administration by polyacrylic gum (HINDMARCH et al. 1990) and by nasal spray (PERKINS et al. 1994b) results in higher plasma levels of nicotine in smokers than in non-smokers. Therefore pharmacokinetic factors might lead to an underestimation of chronic tolerance, at least in humans.

Pharmacodynamic tolerance sensu strictu, refers to simple, cellular mechanisms taking place at the level of the nicotine responsive elements; it is likely, however, that changes taking place at the level of elements connected to those responsive to nicotine can contribute to pharmacodynamic sensitization.

Behavioural tolerance refers to the role of higher-order processes of a cognitive and/or associative nature in chronic tolerance. In this section, unless specified, chronic tolerance is synonymous with chronic pharmacodynamic tolerance.

In animals, chronic tolerance has been demonstrated towards many nicotine effects including: aversive actions in a CTA paradigm (IWAMOTO and WILLIAMSON 1984); depressant effects on operant responding for water in rats (DOMINO and LUTZ 1973), for sweet milk in mice (HENDRY and ROSECRANS 1982a), for ICSS in rats (HERBERG et al. 1993; BAUCO and WISE 1994); and locomotor depressant effects in the rat and in the mouse (KEENAN and JOHNSON 1972; MORRISON and STEPHENSON 1972; STOLERMAN et al. 1973a, 1974; HATCHELL and COLLINS 1977, 1980; FALKEBORN et al. 1981; CLARKE and KUMAR 1983a,b; LARSSON et al. 1986) (see specific sections).

3. Cellular Basis of Adaptation to Nicotine

Understanding the nature of tolerance and sensitization has involved the study of the associated biochemical and molecular changes as well as the development of in vitro models that mimic these changes. The in vitro approach, however, has followed an independent route from in vivo studies and only recently have the two come together.

It has been established, since KATZ and THESLEFF (1957), that the nicotinic receptor of the neuromuscular junction undergoes desensitization. KATZ and THESLEFF (1957) elaborated a cyclical two-state model which assumed that the same nicotinic receptor undergoes reversible conformational changes between an active low-affinity state (R) which, upon binding with the agonist (N), becomes permeable to cations and a desensitized high-affinity state (R') which remains closed to cations in spite of the formation of a R'N complex with the agonist.

This model has been confirmed in various preparations, including neuronal nAChRs, and predicts that desensitization of nAChRs takes place rapidly (within minutes or less) after application of nicotine and is reversible, fading off within 10–20 min or less from removal of the agonist. Accordingly, desensitization should fully recover by 30 min/1 h after removal of nicotine. These properties may fit with those of acute tolerance, provided that the delay arising from absorption, distribution and elimination of nicotine is taken into account. Nonetheless, the recovery from acute tolerance to certain effects of nicotine is too slow to be accounted for by a rapidly reversible process such as desensitization. Therefore, other longer-lasting mechanisms should be envisioned to account for these processes.

Studies in *Xenopus* oocytes and in transfected cell lines expressing specific nAChR subunits have shown that, depending on the length of exposure, concentration of nicotine and composition of the expressed nAChRs, desensitized nAChRs can enter a state of inactivation that persists in spite of incubation for hours in nicotine-free media (BOYD 1987; LUKAS 1991; LESTER and DANI 1994; PENG et al. 1994; HSU et al. 1996; OLALE et al. 1997; ROWELL and DUGGAN 1998; FENSTER et al. 1999a). In particular, this condition can be obtained by incubating *Xenopus* oocytes expressing nAChRs for up to 48 h in the presence of a concentration of $0.2\,\mu M$ of nicotine, in the range of that found in the serum of smokers (OLALE et al. 1997). On the basis of these studies it has been calculated that in smokers, virtually all $\alpha 4\beta 2$-containing nAChRs and 90% of $\alpha 7$-containing but only 40% of $\alpha 3$-containing nAChRs undergo persistent inactivation (OLALE et al. 1997).

In vivo evidence for persistent inactivation of nAChRs is provided by the observation that repeated nicotine administration (b.i.d. for 10 days) induces a tolerance to nicotine-induced release of prolactin that persists for 8–14 days (SHARP and BEYER 1986; HULIHAN-GIBLIN et al. 1990a,b).

4. Nicotine Receptor Upregulation

Chronic exposure to nicotine in vivo induces an upregulation of nicotine high-affinity binding sites in the brain (MARKS et al. 1983; SCHWARTZ and KELLAR 1983, 1985; ROWELL and LI 1997). Upregulation consists of an increase in receptor number (B_{max}) rather than in receptor affinity (K_d). The nAChRs involved in this change contain $\alpha 4\beta 2$ subunits (FLORES et al. 1992, 1997); however, after higher doses of nicotine, nAChRs containing $\alpha 7$ subunits are also upregulated (PAULY et al. 1991). Upon cessation of nicotine treatment, high-affinity [^{3}H]nicotine binding recovers to control levels in 7–10 days in the mouse (MARKS et al. 1985) and in 15–20 days in the rat (COLLINS et al. 1990); ^{125}I-labelled-α-bungarotoxin (α-Bgt) binding instead, fully recovers after only 2–4 days (MARKS et al. 1985; MINER and COLLINS 1989; COLLINS et al. 1990). Therefore, $\alpha 4\beta 2$-containing and $\alpha 7$-containing nAChRs are differentially sensitive to upregulation in response to nicotine exposure.

The mechanism as well as the functional significance of nAChRs upregulation is unclear (WONNACOTT 1990). According to a current view, nicotinic receptor upregulation is the direct result of receptor desensitization (MARKS et al. 1983; SCHWARTZ and KELLAR 1983, 1985). However, in contrast with a prediction of this hypothesis, the half-maximal concentration of nicotine for binding to desensitized nAChRs in homogenates is several orders of magnitude lower than that necessary for inducing upregulation in vitro in *Xenopus* oocytes or in transfected cell lines expressing nAChRs of specific subunit composition (PENG et al. 1994; BENCHERIF et al. 1995; WARPMAN et al. 1998; WHITEAKER et al. 1998; FENSTER et al. 1999a). These discrepancies have been recently explained by the fact that receptor affinities in homogenates of upregulated oocytes expressing nAChRs are about 20 times higher than those of surface receptors in intact oocytes (FENSTER et al. 1999a). Under these conditions, a remarkable consistency has been shown between half-maximal concentrations of nicotine necessary for desensitization (9.7 nM), receptor upregulation (9.9 nM) and binding to surface nAChRs (11.1 nM) (FENSTER et al. 1999a).

It might seem obvious, given these observations, that upregulated receptors are non-functional, being either desensitized or inactivated. However, WANG et al. (1998) have recently shown in stably transfected cell lines that upregulated $\alpha 3\beta 2$ receptors are still functional. These observations raise the possibility that certain types of upregulated nAChRs are functionally active also in the brain of animals exposed to nicotine and provide an explanation for the apparent correlation between receptor upregulation and sensitization of motor activity or of DA release from striatal synaptosomes after chronic exposure to nicotine (KSIR et al. 1985; FUNG 1989; ROWELL and WONNACOTT 1990). However, the possibility that sensitization of locomotion is related to upregulation of nAChRs stands in contrast with the observation that while receptor upregulation progressively and fully recovers within 2 or 3 weeks from interruption of nicotine exposure (MARKS et al. 1985; COLLINS et al. 1990), sensitization of locomotion is quite long lasting (up to 90 days) (STOLERMAN et al. 1973a). No information about the reversibility of sensitization of DA release is available.

Upregulation of nAChRs following desensitization has been explained as the result of the reduced turnover of desensitized nAChRs (PENG et al. 1994). On the other hand, receptor upregulation is not accompanied by increased mRNA expression (MARKS et al. 1992), suggesting that the increase in the nAChR pool is not the result of an increase of its transcription.

Persistent inactivation of nAChRs initiated by reversible desensitization would be related to dephosphorylation at specific sites of the nicotinic receptor. Thus, protein kinase C inhibition or deletion of a consensus site for phosphorylation by protein kinase C increases the rate of transition from desensitization to inactivation (FENSTER et al. 1999b). Replacement of native with mutant $\alpha 4$ subunits lacking the consensus site for protein kinase C phosphorylation results in persistent inactivation of $\alpha 4\beta 2$ nAChRs after 1 h of incubation with nicotine concentrations that, on native receptors, induce only reversible desensitization (FENSTER et al. 1999b).

A persistent inactivation of nAChRs could account for the slow time-course of recovery from chronic tolerance. In fact, once nAChRs have been inactivated, recovery of function will depend on de novo synthesis of receptors, a process that might take up from 1 to 2 weeks to be complete. This corresponds to the time necessary for the return to control levels of nicotine binding upon cessation of nicotine treatment (MARKS et al. 1985; COLLINS et al. 1990).

Tolerance or sensitization to certain effects of nicotine, however, is virtually irreversible. If one excludes the role of associative factors (conditioning) (EPSTEIN et al. 1989; CAGGIULA et al. 1989, 1991, 1995), the most likely explanation for such long-lasting form of tolerance is one that calls into play changes in gene expression related to activation of neuromodulatory receptors controlling the expression of transcription factors (immediate-early genes, growth factors). An obvious candidate for such a mechanism is DA. In fact: (1) nicotine stimulates DA transmission even under chronic, continuous exposure (CARBONI et al. 2000a); (2) nicotine stimulates the expression of c-fos and this effect is blocked by D_1 receptor antagonists (KIBA and JAYARAMAN 1994); and (3) repeated nicotine exposure increases AP-1 binding and expression of

FOS-related antigens indicative of the induction of changes in gene expression (see Sect. F.VI).

5. Biochemical Correlates of Nicotine Tolerance in Humans

In the preceding section, the relationship between desensitization of nAChRs and their upregulation has been discussed. This relationship is important as it forms the basis for the utilization of nicotine receptor binding in postmortem brain tissue as a marker of chronic exposure to nicotine.

The three available studies, two on homogenates (BENWELL et al. 1988; BREESE et al. 1997) and one on slices subjected to autoradiography (COURT et al. 1998), agree that in smokers, the binding of [^{3}H]nicotine to selected brain areas is increased as compared to non-smokers. This change was due to an increase in B_{max} (BENWELL et al. 1988; BREESE et al. 1997). Moreover, the increase in smokers was also significant compared to ex-smokers (BREESE et al. 1997; COURT et al 1998), while no differences were obtained between non-smokers and ex-smokers. In contrast to [^{3}H]nicotine binding, ^{125}I-labelled α-Bgt binding was not modified (COURT et al. 1998), consistent with the reduced tendency of upregulation of these receptors shown in rodents (MINER and COLLINS 1989; SANDERSON et al. 1993). A notable observation of these studies has been that upregulation of nicotine binding affected the striatum to a lesser extent than the hippocampus, thalamus and midbrain (COURT et al. 1998), in good agreement with animal studies (PAULY et al. 1991; SANDERSON et al. 1993). The existence of a relationship between smoking and nAChR upregulation is shown by a strong correlation between upregulation of binding both in the hippocampus and in the thalamus with number of packs of cigarettes smoked daily (BREESE et al. 1997).

Differences in upregulation of nicotine binding among brain areas can be explained by topographic differences in the relative proportion of nAChRs which differ in susceptibility to desensitization (see Sect. E.I.3).

6. Behavioural Tolerance

It has been hypothesized that contextual stimuli associated to nicotine effects play a role in tolerance to nicotine. Evidence for this hypothesis derives from the observation that tolerance to the analgesic (EPSTEIN et al. 1989), anorectic and corticosterone-stimulant (CAGGIULA et al. 1989, 1991), and cardiostimulant effects (EPSTEIN et al. 1991) of nicotine is disrupted by changing contextual cues associated to nicotine during the induction of tolerance. Similar observations have been made for morphine (SIEGEL 1983).

These observations have been explained in terms of habituation (the context of nicotine exposure is part of the nicotine stimulus to which habituation takes place; changing context makes the nicotine effect novel and therefore disrupts tolerance) (BAKER and TIFFANY 1985) and of classical conditioning (contextual cues become predictive of drug exposure and elicit compensatory changes that tend to oppose the effects of the drug; change of context results in loss of the ability to predict nicotine effects) (SIEGEL 1983). These observations are an aspect of a more general role of learning mechanisms in nicotine addiction (see Sect. G).

7. Acute and Chronic Tolerance to Nicotine in Humans

In humans, between-dose acute tolerance has been shown to the cardiovascular stimulant effects of nicotine (JONES et al. 1978; ROSENBERG et al. 1980; PORCHET et al. 1988; PERKINS et al. 1989, 1994b, 1995b). PORCHET et al. (1988) have calculated a half-life of acute tolerance to the cardiovascular effects of nicotine of 35 min.

Anedoctal reports that the pleasurable properties of the first cigarette of the day are progressively reduced by further cigarette smoking are an indication of acute tolerance to the positive subjective effects of nicotine in humans (FAGERSTRÖM 1978; WEST and RUSSELL 1987; POMERLEAU and POMERLEAU 1992). Evidence for acute tolerance to the rewarding effects of nicotine in smokers has been provided by comparing subjective measures of "liking" and "satisfying" at different rates of cigarette smoking (FANT et al. 1995). These measures increased progressively with increasing intervals between cigarettes from 30 min to 6 h, reaching asymptotic values between 2 h and 6 h.

Further evidence for acute tolerance to the subjective effects of nicotine has been provided by three studies with measured-dose nasal spray of pure nicotine solutions (PERKINS et al. 1993, 1994b, 1995b).

In the first study (PERKINS et al. 1993), acute tolerance developed in non-smokers (but not in smokers) to nicotine effects on VAS measures of dizziness, head rush, and decreased relaxation; in contrast, POMS measures of increased arousal showed acute tolerance in smokers (but not in non-smokers).

In the second study (PERKINS et al. 1994b), VAS measures of head rush, jittery, and "reduced relaxation" and POMS scores of tension and confusion showed acute tolerance to a greater extent in non-smokers than in smokers. A tendency for tolerance of POMS scores of arousal was found in smokers but not in non-smokers. No acute changes were found in POMS scores of vigour and "fatigue".

In the third study (PERKINS et al. 1995b), acute tolerance to VAS measures of "dose strength", head rush and reduced relaxation and POMS scores of tension and the SACI score of arousal was observed in smokers. While there was a significant tendency for recovery from tolerance to dose strength, no significant recovery was observed in the other measures within 2 h.

These observations indicate that acute tolerance develops to subjective measures of aversive effects of nicotine in non-smokers but not, or to a lesser extent, in smokers, who instead develop acute tolerance to subjective measures of arousal.

As far as chronic tolerance to nicotine, comparison between smokers and non-smokers has been utilized to investigate the existence of chronic tolerance to nicotine central effects. After i.v. administration of nicotine, smokers scored high compared to non-smokers for positive VAS measures (liking, feelings of energy, good effects, desire to use the drug again); moreover, on the ARCI questionnaire, smokers scored high for positive feelings while non-smokers scored high for negative feelings (disorientation, weird feelings etc.) (SORIA et al. 1996).

In the first study of PERKINS et al. (1993), nicotine-induced VAS measures of dizzy and light-headed, POMS positive scores of tension, confusion and fatigue and negative scores of arousal and vigour were reduced in smokers as compared to non-smokers. Therefore, subjective measures of aversive or negative effects were reduced in smokers compared to non-smokers.

In the second study of PERKINS et al. (1994b), baseline POMS scores of tension and VAS measures of jittery were higher in smokers than in non-smokers, while VAS measures of relaxation were lower in smokers. Nicotine was more effective in non-smokers than in smokers on VAS measures of head rush and jittery and POMS scores of tension, confusion, and fatigue. In marked contrast to this, smokers showed greatest responses to nicotine on POMS scores of vigour and arousal. It is notable that on some measures, such as POMS scores of vigour, arousal, and fatigue, the effect of nicotine was opposite in smokers as compared to non-smokers. Thus, nicotine increased vigour and arousal and decreased fatigue in smokers, while it did the opposite in non-smokers, confirming the observations of the first study (PERKINS et al. 1993).

Collectively, these observations can be interpreted to suggest that chronic tolerance develops to the aversive effects of nicotine while reverse tolerance (sensitization) develops to its positive effects.

A reduced aversiveness of nicotine in smokers as compared to non-smokers is also indicated by the finding of a more pronounced light-headedness and nausea following transdermal nicotine patches in non-smokers than in smokers (SRIVASTAVA et al. 1991) and by negative mood, unpleasant and toxic effects in non-smokers, but not in smokers, after subcutaneous nicotine (FOULDS et al. 1997).

While measures of the motivational effects of nicotine undergo ordered changes that can be interpreted as the result of acute and chronic tolerance, comparison of smokers to non-smokers on performance and cognitive tasks in response to nicotine showed reduced effects on hand tremor, finger tapping and memory recognition, suggestive of chronic tolerance (PERKINS et al. 1994b).

Some effects of nicotine in humans undergo acute sensitization instead of acute tolerance. This is the case with finger temperature decrease, a measure of peripheral vasoconstriction, thermal pain detection latency, impaired hand steadiness and improved memory recognition. Thus, all these measures are increased by pre-exposure to nicotine nasal spray in smokers (PERKINS et al. 1994b, 1995b; PERKINS and SEXTON 1995).

The attribution of differences in nicotine effects between smokers and non-smokers to adaptive mechanisms, including chronic tolerance, reverse tolerance or sensitization, requires the exclusion of systematic differences between smokers and non-smokers due to genetic factors (GILBERT and GILBERT 1995; LERMAN et al. 1999) related to individual vulnerability to tobacco addiction and/or to a condition of abstinence from nicotine. The existence of baseline differences between smokers and non-smokers raises the possibility that abstinence modifies the effects of nicotine by an action on baseline values (HUGHES 1991; PERKINS et al. 1994b). However, at least in the case of subjective measures, there appears to be no consistent relationship between chronic tolerance and baseline changes of individual measures; moreover, similar changes in nicotine effects were obtained in two studies with differences in baseline values between smokers and non-smokers (PERKINS et al. 1993, 1994b).

In the case of performance and cognitive effects, an influence of abstinence can explain the differences between smokers and non-smokers and in particular the reduced effect or the actual improvement shown by smokers in some performance effects that show impairment in non-smokers (PERKINS et al. 1994b, 1995b).

8. Role of Tolerance to Nicotine in Tobacco Smoking

Although it is widely agreed that tolerance to nicotine plays a role in smoking behaviour and in nicotine reinforcement by smoking, the exact nature of this role is debated. A commonly held view attributes to tolerance the role of reducing the aversive properties of nicotine and of allowing the smoker to fully appreciate its rewarding, pleasurable effects (RUSSELL 1990). This view, originally based on anecdotal evidence, has now been tested by controlled studies on the effects of pure nicotine administration by nasal spray or by i.v. infusion. From these studies, a fairly clear picture emerges: nicotine elicits a different pattern of effects in non-smokers and in smokers, mostly aversive in non-smokers, mainly pleasurable in smokers (see Sect. E.I.7). This difference can be explained as the result of a chronic tolerance to nicotine aversive effects with resultant unmasking of its pleasurable actions. Such a simple mechanistic explanation, however, might overlook the fact that smokers and non-smokers do not arise by random selection from a homogeneous population, and therefore, that smokers could have a different individual sensitivity to nicotine from non-smokers that is independent from the exposure to nicotine (PERKINS and STITZER 1998). Examples of genetic differences in the ratio of aversive to rewarding properties of nicotine are provided by the animal literature (e.g. Lewis versus Fisher rats; HORAN et al. 1997) and are consistent with a major role of genetic background in human smoking (see Chap. 22, this volume; GILBERT and GILBERT 1995; POMERLEAU 1995; ROSSING 1998). A further possibility is that differences between smokers and non-smokers in the effects of nicotine are related to abstinence as a result of a lower, negative baseline (dysphoria).

Available evidence is not sufficient to select among these possibilities. It is possible, however, that reality is more complex that the principle of parsimony would require, so that the above factors interact to a different extent depending on the individual (PERKINS 1995; GILBERT and GILBERT 1995; POMERLEAU 1995).

Whatever the mechanism, smokers seem to have a reduced susceptibility to the aversive effects of nicotine that is maintained throughout the night until the next day. This condition, in turn, provides a baseline on which reversible changes that conform to the notion of acute tolerance can take place. In contrast to chronic tolerance, acute tolerance similarly affects the negative and positive effects of nicotine. Thus, not only are measures of nicotine aversion reduced in non-smokers but measures of nicotine reward are also similarly affected. The reversibility of acute tolerance ensures that after one night (12h) the first cigarette of the day regains its pleasurable properties. However, recovery from acute tolerance effects is not sufficiently fast to ensure a full rewarding effect by smoking of the next cigarette. Because of this, as smoking proceeds into the day, its pleasurable quality is progressively reduced as a result of the accumulation of residual acute tolerance from each smoking episode. An additional factor for the relative reduction of the pleasurable effects of smoking might be the progressive increase in steady-state levels of nicotine and the related receptor desensitization (see below). Therefore, two kinetically distinct processes are likely to take place in adaptation to chronic nicotine exposure by smoking: a phasic one, related to distribution kinetics of nicotine at each smoking session and a tonic one, related to elimination kinetics of nicotine accumulated following each smoking session.

The nature of the cellular mechanisms that underlie acute tolerance in smokers is unclear. In animals naive to nicotine, the time factor for recovery from acute tolerance to various effects of nicotine is consistent with a reversible desensitization; in smokers, however, recovery might take at least 6h, a time factor that calls into play a persistent inactivation of nAChRs. Persistent inactivation of nAChRs might also be involved in acute tolerance to certain effects of nicotine that recover slowly. In this case, recovery from acute tolerance might result from the replacement of inactivated nAChRs by newly synthetized or by reserve nAChRs. Although desensitization and inactivation are likely to take place also in vivo, recent studies on simple cellular systems expressing nAChRs of specified subunit composition suggest that desensitization and inactivation, far from cancelling the effect of nicotine, provide a means for its subtle modulation (FENSTER et al. 1999a). Thus, the presence of a multiplicity of nAChRs with a different subunit composition and different sensitivity to reversible or irreversible inactivation provides a high safety factor ensuring that sufficient reinforcement from smoked nicotine is obtained by the subject throughout the day (OLALE et al. 1997). An additional process that might efficiently compensate for desensitization is receptor upregulation related to the assembly and reduced turnover of nAChRs containing specific subunits ($\alpha 3$?) (WANG et al. 1998). Therefore, although it is likely that consistent desensitization and even persistent inactivation of nAChRs is induced by smoking, it is also likely that enough nicotine activity is left for smokers to maintain their habit through continuous nicotine exposure. These possibilities, as it will be further argued in the relative section, also apply to the stimulant effects of nicotine on DA transmission. Thus, even after continuous administration of nicotine for many days through osmotic minipumps, extracellular DA in the nucleus accumbens shell reaches steady-state levels higher than that of saline-infused controls (CARBONI et al. 2000a). These observations indicate that even for nicotine effects on DA transmission, tolerance is not an all-or-none phenomenon but a graded change that allows stimulation of DA transmission even in chronic smokers.

9. Role of Sensitization

A role of sensitization in the mechanism of nicotine addiction has been advocated by some investigators mainly, if not exclusively, on the basis of studies in animals (BALFOUR et al. 1998). However, before asking if sensitization plays a role in human smoking behaviour one should ask if there is any effect of nicotine that undergoes sensitization in humans.

The increase of the pleasurable effects of nicotine in smokers as compared to non-smokers could be taken as an index of sensitization to nicotine's rewarding actions. However, the idea that a sensitization mechanism underlies the rewarding properties of nicotine in smokers is hard to accept in view of the fact that in non-smokers nicotine seems to have aversive rather than pleasurable effects. Therefore, rather than sensitization, a form of reverse tolerance, i.e. an unmasking of nicotine's pleasure by tolerance to nicotine aversion, might provide a better explanation for the change in the motivational properties of nicotine in smokers (MORRISON and STEPHENSON 1972). As we have alluded in the discussion on the role of tolerance, this explanation is most likely an oversimplification. Thus, various factors, including some that are pre-existent to nicotine exposure, might be involved in the qualitative differences in the motivational properties of nicotine between smokers and non-smokers (see Sect. E.I.8).

II. Physiological Dependence on and Withdrawal from Nicotine

Chronic exposure to nicotine induces a condition of physiological dependence in animals and humans. The presence of this condition is expressed by a series of physiological and behavioural changes that take place upon withdrawal of nicotine or following administration of a centrally acting nicotine receptor antagonist such as mecamylamine or DHβE. We include in the term "physiological dependence" both somatic and motivational changes induced by withdrawal from nicotine.

1. Animal Studies

Withdrawal from chronic exposure to nicotine by subcutaneous osmotic minipumps results in a physical abstinence syndrome that shows many similarities with that elicited by opiate withdrawal in opiate-dependent subjects (MALIN et al. 1992). Thus, subcutaneous infusion of 3 or 9 mg/kg per day of nicotine tartrate for 7 days resulted, upon removal of the minipumps, in a time-related syndrome characterized by teeth chattering and chews, writhes and gasps, ptosis, tremors and wet-dog shakes and yawning. This syndrome was observed 16h after withdrawal of nicotine and subsided by 40h thereafter. In the group exposed to the highest dose of nicotine, a significant decrease of locomotion and an increase in body weight was observed on the first day of withdrawal which recovered on the second day. The intensity of the abstinence changes were related to the dose of nicotine to which the rats were chronically exposed (MALIN et al. 1992); these changes were reversed by a single dose of nicotine (0.4 mg/kg s.c.).

Various antagonists of nicotine receptors are able to precipitate a nicotine-abstinence syndrome in rats implanted with osmotic minipumps delivering nicotine subcutaneously: systemic mecamylamine (MALIN et al. 1994) and DHβE (MALIN et al. 1998a) and central but not peripheral hexamethonium (MALIN et al. 1997).

An opiate-like nature of the nicotine abstinence syndrome is indicated by the observation that:

1. Morphine, like nicotine, reverses the abstinence syndrome (MALIN et al. 1993).
2. In rats chronically exposed to nicotine, naloxone precipitates a physical syndrome similar to that spontaneously induced by nicotine withdrawal or precipitated by mecamylamine (MALIN et al. 1993);
3. Naloxone prevents the ability of nicotine to reverse the abstinence syndrome elicited by spontaneous withdrawal from nicotine (MALIN et al. 1996a).
4. Analogues of neuropeptide FF, an endogenous anti-opiate peptide, precipitate a nicotine-abstinence syndrome (MALIN et al. 1996b).

The homologies between opiate and nicotine-abstinence syndromes, however, do not end here. Thus, inhibition of NO-synthase impairs the development of tolerance to and dependence on morphine (KOLESNIKOV et al. 1993; BHARGAVA 1995) and alleviates spontaneous and mecamylamine-precipitated nicotine abstinence (MALIN et al. 1998b).

These observations have been interpreted to indicate that chronic nicotine use induces a chronic stimulation of endogenous opioid peptide release, thus producing a condition correspondent to that induced by exogenous opiate administration (MALIN et al. 1994). Chronic nicotine exposure induces biphasic changes of hypothalamic β-endorphin-like immunoreactivity in the mouse (ROSENCRANS et al. 1985), increases plasma enkephalin-like immunoreactivity in the guinea pig (HEXUM and RUSSETT 1987) and acutely increases plasma β-endorphin in rats (JENSEN et al. 1990). Nicotine also modifies the regional brain concentrations of Met- and Leu-enkephalin (PIERZCHALA et al.1987; HOUDI et al. 1991). Moreover, in humans, plasma β-endorphin levels correlate with nicotine concentrations after smoking (POMERLEAU et al. 1983).

The observations of MALIN and associates have been largely confirmed by other investigators (HILDEBRAND et al. 1997a, 1998; CARBONI et al. 2000a; EPPING-JORDAN et al. 1998; FUNG et al. 1996). HILDEBRAND et al. (1997), on the basis of the effect of systemic administration of the peripheral nicotine antagonist chlorisondamine and of the peripheral agonist tetramethylammonium, have concluded that the abstinence syndrome to nicotine is in part of peripheral origin. However, chlorisondamine, at the doses given, itself elicits signs of abstinence in sham-implanted rats. Moreover, the effect of tetramethylammonium in alleviating the overall abstinence syndrome is significant only if symptoms of abstinence are expressed as a percentage of basal values but not as absolute values; therefore this issue requires further investigation.

Abstinence from chronic nicotine is associated with an aversive state as indicated by its generalization to an anxiogenic cue (penylentetrazol) (HARRIS et al. 1986), by an increase in anxiety scores in the white/dark test (COSTALL et al. 1989) and by conditioned place-aversion induced by mecamylamine-precipitated nicotine withdrawal (SUZUKI et al. 1996).

Recently, an increase in the threshold for ICSS has been observed in rats as soon as 4h after nicotine-filled osmotic minipump removal, plateauing between 6 and 24h and persisting for up to 4 days. By the fifth day, the post-withdrawal ICSS threshold had returned to baseline (EPPING-JORDAN et al. 1998). This time-course was roughly superimposable to somatic signs of abstinence except for the fact that those signs appeared earlier (2.5h) and disappeared earlier (80h) after pump removal than changes in ICSS threshold. In some rats, minipumps were not removed and abstinence was precipitated by DHβE. A significant increase in ICSS threshold was observed starting from doses of 20 and 30mg/kg of DHβE that were subthreshold for eliciting somatic signs of abstinence (EPPING-JORDAN et al. 1998), indicating partial dissociation between elevation of ICSS threshold and somatic signs of withdrawal after DHβE. Elevation of ICSS is not exclusive to nicotine abstinence as it also applies to amphetamine, cocaine, opiate and ethanol abstinence (see review by MARKOU et al. 1998). These changes have been interpreted as an index of a decreased function or responsiveness of the brain reward systems to stimuli as a result of chronic drug exposure (MARKOU et al. 1998).

Changes in responsiveness to reward might be related to the reports of a reduction in extracellular DA taking place in the NAc of rats upon withdrawal from nicotine-filled minipumps (HILDEBRAND et al. 1998) or upon challenge with mecamylamine (CARBONI et al. 1999). These results indicate that DA transmission undergoes complex changes as a result of adaptive mechanisms triggered by the initial nicotine-induced release of DA in the NAc, which might be the basis of changes in motivational state upon nicotine withdrawal (see also Sect. F.I.10).

RASMUSSEN and CZACHURA (1995) have studied the activity of extracellularly recorded units in the A_9 and A_{10} area of rats implanted subcutaneously with nicotine-filled osmotic minipumps delivering 6 mg/kg per day of nicotine base. According to this study, the firing activity of A_{10} but not of A_9 units is reduced during chronic nicotine exposure both at day 1 and 12, while firing increases on days 3 and 4 of withdrawal in A_9 neurons and on days 2 and 3 in A_{10} neurons.

These observations do not agree with microdialysis studies in the NAc (HILDEBRAND et al. 1998; CARBONI et al. 2000a). However, it should be noted that in the prefrontal cortex, DA undergoes changes during nicotine withdrawal opposite to those of the NAc shell (CARBONI et al. 2000d); as the area of termination of the DA units recorded by RASMUSSEN and CZACHURA (1995) is unknown, a precise comparison between these electrophysiological studies and the microdialysis studies is unfeasible.

The studies reviewed above have involved the continuous administration of nicotine by subcutaneously implanted nicotine pellets or nicotine filled osmotic minipumps. Early studies, however, utilized intermittent schedules of nicotine exposure: in this case, a secure attribution of the observed changes to a condition of physiological dependence is problematic in the absence of somatic signs of withdrawal.

This is the case of the studies by HALL and MORRISON (1973), MORRISON (1974) and by BALFOUR (1990) in rats receiving 0.4 mg/kg daily prior to each session of training on an unsignalled Sidman avoidance task. Cessation of nicotine administration resulted in disruption of avoidance behaviour previously acquired under nicotine treatment. However, as learning of the avoidance task took place under the nicotine state, a role of state-dependent learning (OVERTON 1984) cannot be excluded. This interpretation, however, does not explain why cessation of chronic nicotine exposure fails to disrupt the Sidman avoidance task if the shock is signalled by a visual stimulus (MORRISON 1974).

In an appetitive task, CORRIGALL et al. (1989) similarly reported that in rats trained to respond for food on a fixed-interval schedule, daily nicotine (2.0 mg/kg) depressed responding and this effect underwent progressive tolerance. Withdrawal from nicotine reduced responding below pretreatment values with a return to baseline by the third day. Similar results have been reported by CARROLL et al. (1989) in a comparable task after higher daily doses of nicotine (12 mg/kg i.v.). These observations made by daily exposure to single doses of nicotine contrast with those of studies in rats implanted with osmotic minipumps that failed to show disruption of operant responding in an appetitive task involving a light/dark discrimination for water reward (HELTON et al.

1994) or in an active avoidance task (FUNG et al. 1996). In contrast to HELTON et al. (1994), however, FUNG et al. (1996) observed a reduction in spontaneous motor activity upon nicotine withdrawal. HELTON et al. (1994), on the other hand, observed a significant increase in amplitude of the startle reflex for about 4 days following withdrawal from nicotine.

Weight gain following nicotine withdrawal was observed by MALIN et al. (1992) in male rats implanted with osmotic minipumps and by LEVIN et al. (1987) in female rats implanted with subcutaneous pellets, but not by HELTON et al. (1994) and by FUNG et al. (1996). GRUNBERG et al. (1986) reported an increased weight gain upon withdrawal from nicotine in female but not in male rats fed on bland food. On the other hand, in male rats, nicotine withdrawal resulted in an increased body weight when sweet food but not bland food was available (GRUNBERG et al. 1984, 1985).

Nicotine (0.2–0.4 mg/kg s.c.), in naive rats, suppresses the aversive taste properties of quinine while enhancing the hedonic taste properties of sucrose. Chronic nicotine exposure results in tolerance to the above effects and 24-h withdrawal from nicotine enhances the hedonic properties of sucrose (PARKER and DOUCET 1995).

From these observations emerges a rather clear picture of the withdrawal syndrome after chronic nicotine exposure in animals: somatic signs that mimic those of the opiate-abstinence syndrome and behavioural signs characterized by disruption of appetitive and aversive responding for a variety of reinforcers including intracranial self-stimulation. In contrast with these changes, food intake is increased, particularly in females, as well as preference for sweet food.

Changes compatible with an abstinence process related to an opponent mechanism (SOLOMON and CORBIT 1973; KOOB et al. 1989) have been obtained after continuous exposure to nicotine (EPPING-JORDAN et al. 1998). It is possible that depending on the sign that is taken into consideration, different degrees of exposure to nicotine might be required for its expression upon withdrawal. Thus, for somatic signs, high degrees of dependence attainable only by continuous exposure to nicotine by osmotic minipumps might be necessary; in contrast, a milder degree of dependence might be sufficient to induce an aversive state that mimics a pentylentetrazol cue (HARRIS et al. 1986) or a reduction in responsiveness to rewarding brain stimulation (EPPING-JORDAN et al. 1998).

2. Withdrawal from Nicotine in Humans

Most of the information available on nicotine withdrawal in humans is inferential having been obtained in chronic tobacco smokers. Only few studies performed with pure nicotine are available, and those have been performed in subjects withdrawn from exposure to nicotine gum (WEST and RUSSELL 1985; HUGHES et al. 1986). Given the different pharmacokinetics of nicotine delivered by cigarette smoke as compared to nicotine gum, it is likely that this condition is not exactly representative of the withdrawal syndrome induced by nicotine delivered through tobacco smoke. However, comparison of abstinence from tobacco smoke (SNYDER et al. 1989; HUGHES et al. 1990; HUGHES 1992) with abstinence from nicotine gum (WEST and RUSSELL 1985; HUGHES et al. 1986) and from smokeless tobacco (HATSUKAMI et al. 1987) shows quantitative rather than qualitative differences with milder signs after withdrawal from nicotine gum and smokeless tobacco than from smoked tobacco. Evidence for a role of nicotine in tobacco smoking withdrawal is provided by the observation that the reduction of nicotine content in smoked tobacco can induce a withdrawal syndrome (WEST et al. 1984).

In humans, nicotine withdrawal symptoms begin 6–12 h after nicotine cessation (SHIFFMANN and JARVIK 1976; American Psychiatric Association 1987; HUGHES et al. 1990; HUGHES1992), peak in 1–3 days and last for 3–4 weeks. Physiological changes include a decrease in heart rate and an increase in body weight. Behavioural changes include restlessness and nocturnal awakening; mood changes include anxiety, depressed mood, irritability; motivational changes include craving and hunger (United States Department of Health and Human Services 1990). Craving and hunger are the longer-lasting symptoms of withdrawal from nicotine (HUGHES et al. 1990). Craving is said to last almost indefinitely and is commonly regarded as a factor for relapse (see discussion in Sect. E.II.3). Craving, however, may not be a physiological sign of withdrawal, but rather a cognitive state related to the unavailability of nicotine (TIFFANY 1990).

Withdrawal from nicotine is associated with a number of EEG changes in a direction opposite to that of acute nicotine. These changes can, in part, be secondary to changes in arousal state as well as the substrate of impaired cortical information processing (HERNING et al. 1983; PICKWORTH et al. 1989; CHURCH 1989).

During withdrawal from tobacco smoking, a number of hormonal changes have been reported [e.g. reduction in adrenocorticotropic hormone (ACTH), β-endorphin; growth hormone, thyroid function etc.] (POMERLEAU and POMERLEAU 1984). However, the relationship between these changes and nicotine withdrawal is unclear.

It is commonly assumed that physiological dependence and tolerance are two aspects of the same process (KOOB et al. 1989). If this is the case, the severity of withdrawal from nicotine should be correlated to the degree of tolerance to nicotine. While this was found to be the case in one study (HUGHES and HATSUKAMI 1986), another study found the opposite (WEST and RUSSELL 1987). This, however, is not the only aspect of human nicotine withdrawal that contrasts with observations made in animals. Thus, while mecamylamine precipitates a somatic nicotine withdrawal syndrome in rats (MALIN et al. 1994), it fails to induce withdrawal symptoms in chronic tobacco smokers (EISSENBERG et al. 1996; STOLERMAN 1986).

Another puzzling aspect of chronic nicotine exposure in humans is that some individuals do not show any sign of withdrawal in spite of their heavy smoking status (HUGHES et al. 1990; HUGHES 1992; USA Department Health and Human Services 1990). This, however, might be just an aspect of the high interindividual variability of the intensity of withdrawal syndromes that is common to nicotine and to other drugs of abuse (HUGHES et al. 1994), and in turn is an indirect indication of the complexity of the mechanism of the nicotine withdrawal syndrome. Consistent with this is also the fact that a variety of indexes of nicotine intake, such as number of cigarettes/day or plasma levels of cotinine, the major metabolite of nicotine, are not reliable predictors of the degree of withdrawal upon cessation of smoking (HUGHES et al. 1990). This, in turn, is not a peculiarity of nicotine withdrawal as it also applies to other drugs of abuse (see HUGHES et al. 1994).

Another factor that is commonly regarded to determine the intensity of the withdrawal syndrome is the speed by which drug intake is terminated. In tobacco smokers given the choice of selecting the most appropriate withdrawal schedule for smoking cessation, an inverse relationship was found between the degree of abstinence and the speed of withdrawal (SHIFFMANN 1979). Thus, the faster the withdrawal, the higher the intensity degree of the abstinence syndrome; this inverse relationship, however, could be due to the fact that in this study speed of nicotine withdrawal was the dependent rather than the independent variable. In fact, a later study showed that when withdrawal speed was independently manipulated, the intensity of the abstinence syndrome was directly related to the speed of nicotine cessation, as is the case of other drugs of abuse (HATSUKAMI et al. 1988). Other factors that contribute to the intensity of the withdrawal syndrome might be conditioned and/or cognitive factors (e.g. expectancy) (see below).

3. Role of Physiological Dependence in Tobacco Smoking

Classic theories of drug addiction have attributed to the physiological adaptive changes induced by chronic drug exposure a fundamental role in the acquisition and maintenance of drug addiction and in the relapse of drug taking after long periods of abstinence (HIMMELSBACH 1943). Accordingly, drug taking would be motivated by dependence on the presence of the drug for normal function.

Early theories regarded somatic signs of abstinence as the expression of an impairment of function that the subject would attempt to correct or prevent by drug taking. More recently, physical dependence has been substituted with motivational dependence as a factor for drug addiction. Thus, it has been assumed that chronic drug exposure makes the central neural substrate of motivation dependent on the presence of the drug for its normal responding. At the system level, this change has been explained as the result of the activity of an opponent tone slowly developing to counteract the primary effect of the drug and slowly recovering as the drug is eliminated from the body (SOLOMON and CORBIT 1973, 1974; KOOB et al. 1989). At the cellular level, other, simpler adaptive mechanisms can be invoked, such as receptor desensitization and inactivation, receptor supersensitivity, changes in gene expression etc. According to the above hypothesis, a normal, hedonic state would depend on the tonic activity of one such neural system that is turned off as a result of chronic exposure to drugs; therefore drug withdrawal would result in an aversive state that acts as a factor motivating drug taking. Accordingly, in a condition of motivational dependence, drugs are taken as a means to prevent the aversive effects of abstinence (MARKOU et al. 1998).

In tobacco smokers, the aversive state of nicotine abstinence is represented by craving for nicotine, irritability, frustration, anger, anxiety and restlessness. In animals this state corresponds to disruption of schedule-controlled behaviour, increase in threshold for intracranial self-stimulation and generalization to an anxiogenic drug stimulus (PTZ) (see Sect. E.II.1). A biochemical expression of the aversive state of nicotine abstinence might be the increase of DA transmission in the prefrontal cortex associated to a reduction in the nucleus accumbens (NAc) (see Sect. F.I.10).

If indeed an aversive state acts as a motivational factor of nicotine self-administration in smokers, a relationship should be found between withdrawal relief and nicotine self-administration. However, in two different studies performed with ad libitum self-administration of pure nicotine by nasal spray no correlation was observed between withdrawal relief and nicotine self-administration (PERKINS et al. 1996a, 1997a).

On the other hand, there seems to be a rather weak and inconsistent relationship between the severity of withdrawal symptoms and relapse of smoking (BRESLAU et al. 1993a; US Department of Health and Human Services 1990). The relationship between craving as a sign of withdrawal and relapse of smoking is also weak (TIFFANY 1990; TIFFANY and CARTER 1998).

If indeed withdrawal from nicotine acts as an aversive state to motivate smoking, nicotine replacement, by reducing the intensity of the withdrawal syndrome, should reduce motivation to smoke and ultimately facilitate smoking cessation. This, however, is the case only in a relatively small proportion (15–30%) of individuals undergoing nicotine replacement therapy for smoking cessation (FAGERSTRÖM 1988; SACHS 1991; FAGERSTRÖM et al. 1992, 1993).

This analysis indicates that if one takes withdrawal symptoms as an expression of the aversive state of abstinence, only a weak relationship can be found between such states and nicotine self-administration. Therefore, there seems to be inconsistent evidence for the hypothesis that smoking of tobacco is maintained in order to avoid the negative state of abstinence from nicotine.

On the other hand, evidence obtained from quantitative measures of smoking behaviour, as well as from self-reported measures, consistently indicates that the reinforcing and pleasurable properties of nicotine are increased as a result of abstinence (GRIFFITHS et al. 1982; ROSE et al. 1983; ZANCY and STITZER 1985; HERSKOVIC et al. 1986; WEST and RUSSELL 1987; PERKINS et al. 1994e; FANT et al. 1995). Recent studies with pure nicotine support this contention. Thus, in a study of the preference of pure nicotine self-administered by nasal spray over placebo and of the preference of nicotine-containing tobacco smoke versus nicotine-free smoke, overnight abstinence significantly increased the preference for nicotine-containing over nicotine-free spray or smoke. However, preference for pure nicotine administered by nasal spray did not reach 50% of choices and therefore was not preferred over placebo. Instead, nicotine from smoke was preferred on 82% of choices by abstinent and on 64% of choices by non-abstinent smokers (PERKINS et al. 1996a). These results indicate that abstinence improves preference for nicotine per se, although for smokers, nicotine delivery by tobacco smoke remains by far preferred to pure nicotine administered by nasal spray (PERKINS et al. 1996a).

In conclusion, available evidence suggests that abstinence promotes tobacco smoking by increasing the positive reinforcing properties of nicotine and of tobacco smoke. This suggests that even during abstinence, positive rather than negative reinforcement is the major determinant of nicotine self-administration in humans.

F. Neurochemical and Neurophysiological Actions of Nicotine Related to Addiction

I. Dopamine

Among brain neurotransmitters, DA is the one that has been more thoroughly implicated in the reinforcing actions and addictive liability of nicotine. Nicotine stimulates the function of DA neurons by acting on nAChRs expressed by these neurons. In view of this, it might be useful to summarize the current classification of nAChRs.

On the basis of various criteria (ligand-binding affinity estimated by autoradiography, desensitization kinetics estimated in electrophysiological experiments, presence of a $\beta 2$ subunit and sensitivity to blockade by α-Bgt and MLA), four different nicotinic receptor subtypes have been distinguished (ZOLI et al. 1998):

1. Type 1, containing $\alpha 7$ subunits, binding α-Bgt, rapidly desensitizing and expressed by cortical and limbic areas.
2. Type 2, containing $\beta 2$ subunits either with $\alpha 4$ (most abundant), $\alpha 2$, $\alpha 5$ or with $\alpha 6$ and $\beta 3$ subunits (particularly in catecholaminergic neurons), binding nicotine with high affinity and absent in $\beta 2$ knock-out mice ($\beta 2$-/-).
3. Type 3, containing $\beta 4$ subunits with $\alpha 3$ or $\alpha 5$ ($\alpha 3 \beta 4$ or $\alpha 5 \beta 4$), binding epibatidine with high affinity; persistent in $\beta 2$ knock-out mice, slowly desensitizing and specifically expressed in the medial habenula, dorsal medulla oblongata, interpeduncular nucleus and pineal gland.

4. Type 4, containing β4 subunits with α2 or α4 (α2β4, α4β4), similar to type 3 but rapidly desensitizing and distributed to a subregion of the medial habenula and interpeduncular nucleus.

A different classification of nAChRs has been provided by ALKONDON and ALBUQUERQUE (1993) and ALKONDON et al. (1994) who distinguish three classes of neuronal nicotinic receptors (type I$_a$, II and III) in the hippocampus on the basis of their electrophysiological properties and differential sensitivity to antagonists (α-Bgt, DHβE and mecamylamine, respectively). These types correspond to α7-, α4β2- and α3β4-containing nAChRs, respectively.

1. Expression of nAChRs by Dopamine Neurons

Evidence obtained from diverse approaches indicates that DA neurons express neuronal nicotinic receptors. Early evidence for an association between nicotinic receptors and DA neurons was provided by combined binding/lesion studies showing that 6-OHDA lesions of DA neurons reduce or abolish the specific binding of [^{3}H]nicotine in areas containing DA terminals (striatum) and DA cell bodies (VTA, substantia nigra) (SCHWARTZ et al. 1984; CLARKE and PERT 1985). No specific α-Bgt binding was found to be associated to DA neurons, thus excluding the presence of α7 subunits in nAChRs expressed by DA neurons (CLARKE et al. 1985).

A more detailed anatomical study of the relationship between nicotine receptors and DA neurons could be performed taking advantage of the higher morphological resolution provided by antibodies raised against Torpedo electroplax nAChRs (DEUTCH et al. 1987). These antibodies labelled DA neurons of the substantia nigra pars compacta, VTA and retrorubral field corresponding to A$_9$, A$_{10}$ and A$_8$ DA cell groups (DEUTCH et al. 1987).

By a similar approach, an association of β2 (HILL et al. 1993; SWANSON et al. 1987), α6 (GOLDNER et al. 1997) and α4 subunits (SORENSON et al. 1998; ARROYO-JMENEZ et al. 1999) with TH-positive neurons of the SN and VTA has been shown by light and electron microscopic immunohistochemistry.

The third and most recent approach to the study of the relationship between nicotinic receptors and DA neurons has been that of mRNA expression. By this means, the DA neurons of the SN, VTA and retrorubral field have been shown to express mRNA for α2, α3, α4, α5, α6, β2 and β3 subunits (DENERIS et al. 1989; WADA et al. 1989, 1990; DINELEY-MILLER and PATRICK 1992; LE NOVERE et al. 1996). In agreement with previous autoradiographic binding studies (CLARKE et al. 1985), DA neurons have not been found to express mRNA for α7 subunits (SEGUELA et al. 1993). Quite recently, although α7-like immunoreactivity has been demonstrated in the mesencephalic tegmentun (DOMINGUEZ DEL TORO et al. 1994; SCHILSTRÖM et al. 1998b), some preliminary reports have appeared on the expression of RNA for α7 subunits by a subpopulation of DA neurons (AZAM et al. 1999). A minority of DA neurons would also express β4 subunits (AZAM et al. 1999).

2. In Vitro Dopamine Release Studies

Nicotine stimulates the synthesis, metabolism and release of DA and the functional activity of DA neurons both in vitro and in vivo. Early in vitro studies showed that nicotine stimulates the release of [^{3}H]DA from striatal slices, minced tissue and synaptosomes (WESTFALL 1974; GOODMAN 1974; ARQUEROS et al. 1978; GIORGUIEFF-CHESSELET et al. 1979; SAKURAI et al. 1982; CONNELLY and LITTLETON 1983; MARIEN et al. 1983; TAKANO et al. 1983; WESTFALL et al. 1983). Further studies extended these findings (RAPIER et al. 1988, 1990; GRADY et al. 1992; EL-BIZRI and CLARKE 1994; ROWELL and HILDEBRAND 1994; ROWELL 1995; SACAAN et al. 1995; WHITEAKER et al. 1995; CLARKE and REUBEN 1996; MARSHALL et al. 1996). Nicotine was also reported to stimulate [^{3}H]DA release from minced NAc tissue (ROWELL et al. 1987). The concentrations at which nicotine was effective in these studies were in the submicromolar range; thus, the EC_{50} for nicotine-stimulated DA release was $4 \times 10^{-7}M$ in NAc tissue (ROWELL et al. 1987) and $3 \times 10^{-7}M$ in mouse striatal synaptosomes (GRADY et al. 1994), in good agreement with the concentration of nicotine found in the blood of smokers (ARMITAGE et al. 1975; RUSSELL et al. 1980; KOGAN et al. 1981). Depending on the studies, hexamethonium and d-tubocurarine block DA release stimulated by nicotine in a complete (WESTFALL 1974; GIORQUIEFF-CHESSELET et al. 1979) or in an incomplete fashion (SAKURAI et al. 1982; CONNELLY and LITTLETON 1983; MARIEN et al. 1983; ROWELL et al. 1987); pempidine was fully effective as an antagonist of nicotine-induced release of DA in vitro (CONNELLY and LITTLETON 1983).

Neurotransmitter release by nicotine from slices has been accounted by an action on either presynaptic or preterminal receptors. This distinction is commonly referred to a differential sensitivity of receptor-operated transmitter release to the blockade of fast Na^+ channels by tetrodotoxin (TTX). Thus, presynaptic receptors would modulate transmitter release by directly promoting the influx of Na^+ or even Ca^{++} (e.g. through α7-containing nAChRs) into the presynaptic terminal while preterminal receptors release transmitters indirectly, by depolarizing the preterminal region and secondarily opening TTX-sensitive fast Na^+ channels, which would finally promote transmitter exocytosis. According to this distinction, presynaptic effects should be TTX-insensitive and preterminal effects TTX-sensitive (WONNACOTT 1997).

However, at variance with initial studies (RAPIER et al. 1988), the blockade of fast Na^+ channels by TTX completely or partially reduces DA release stimulated by nAChRs agonists in synaptosomes (SOLIAKOV et al. 1995; MARSHALL et al. 1996). Nicotine-stimulated DA release in synaptosomes is dependent upon the presence of Na^+ and of Ca^{++} in the medium and is blocked by Cd^{++} as well as by the N-type Ca^{++} channel blocker ω-Conotoxin IVA (SOLIAKOV and WONNACOTT 1996).

These overall characteristics indicate that DA release from synaptosomes takes place via influx of Na^+ through nicotine-operated channels which depolarizes DA terminals and promotes the opening of fast voltage-sensitive Na^+

channels and Ca^{++} channels of the N-type (WONNACOTT 1997). If one considers that in synaptosomes only presynaptic mechanisms of neurotransmitter release should take place, these results indicate that an unequivocal distinction of presynaptic from preterminal nAChRs cannot be made on the basis of the TTX-sensitivity of in vitro neurotransmitter release.

Evidence for a role of different subtypes of nAChRs in the action of nicotine on neurotransmitter release, related to the assembly of different subunits of the nicotine receptor has been provided. Thus, α-Bgt and MLA at low (submicromolar) concentrations which block $\alpha 7$-containing nAChRs, do not affect nicotine-induced DA and noradrenaline (NE) release in synaptosomes (CLARKE and REUBEN 1996), while they block nicotine-induced glutamate and ACh release (MCGEHEE and ROLE 1995). These observations indicate a differential role of $\alpha 7$ subunits in glutamate and ACh release as compared to DA and NE release stimulated by nicotine in synaptosomes.

The pharmacological properties of DA release stimulation by nicotine and nicotine receptor agonists in synaptosomes suggest an $\alpha 4\beta 2$ combination (CLARKE and REUBEN 1996). However, sensitivity to neuronal Bgt would suggest the presence of an $\alpha 3$ subunit (SCHULZ and ZIGMOND 1989; GRADY et al. 1992). Indeed, a role of $\alpha 3\beta 2$ nAChRs in the nicotine-induced release of DA from striatal synaptosomes is indicated by the observation that 30–50% of nicotine-stimulated release of DA is blocked by α-Conotoxin MII which, on the other hand, fails to affect norepinephrine release by nicotine, an action related to $\alpha 3\beta 4$ nAChRs and reduced by α-Conotoxin AuIB (KULAK et al. 1997). Given the partial action of α-Conotoxin MII on nicotine-induced DA release, it is possible that more than one nicotinic receptor subtype contributes to this effect (KULAK et al. 1997). Similar results have been reported by KAISER et al. (1998) using racemic anatoxin-a as an nAChR agonist.

Recently, α-Bgt and MLA were reported to reduce anatoxin-a-stimulated DA release in slices but not in synaptosomal preparations (MOGG et al. 1999). Moreover, release of DA by nicotine was reduced by glutamate receptor antagonists in slices but not in synaptosomes (MOGG et al. 1999). These results provide a mechanism whereby nicotine could activate DA transmission and DA function indirectly, by stimulating presynaptic $\alpha 7$ nAChRs releasing glutamate onto glutamate receptors located on DA terminals.

The rather high concentrations of nicotine required for activating this mechanism (EC_{50}, $\sim 4\,\mu M$) make it an unlikely candidate as a substrate of DA release by systemic nicotine. The EC_{50} for nicotine stimulation of DA release from synaptosomes is instead in the low micromolar range ($\sim 0.2\,\mu M$), which corresponds to the plasma concentrations of nicotine in smokers. Nonetheless, the contribution of these receptors to the phasic release of DA in the NAc after systemic nicotine administration remains unclear: firstly, presynaptic nicotine receptors on DA terminals rapidly desensitize in vivo so that, in spite of continued application of nicotine in vivo, DA release stimulated by local intra accumbens application of nicotine, after an initial rise (MIFSUD et al. 1989), rapidly returns to basal values (NISELL et al. 1994a); secondly, stimulation of DA release in the NAc by systemic nicotine is reduced by infusion of mecamylamine in the somato-dendritic region (the VTA) but not in the terminal DA areas (NISELL et al. 1994b). Recently, however, a slow stimulant effect of nicotine on DA release has been demonstrated at nanomolar concentrations of nicotine on synaptosomes fully desensitized by nicotine application (ROWELL 1995). This effect is mecamylamine-sensitive and might play a role in tonic stimulation of DA release by chronic exposure to low concentrations of nicotine, a condition typical of chronic smokers.

3. In Vivo and Ex Vivo Studies

Systemic administration of nicotine increases in vivo DA function. Thus, nicotine stimulates the synthesis, metabolism, turnover and release of DA in specific brain areas as well as the firing activity of DA neurons.

Early studies showed that nicotine, either injected or inhaled from tobacco smoke, increases the rate of disappearance of DA fluorescence after the blockade of DA synthesis in terminal DA areas, in particular in areas innervated by the mesolimbic DA system such as the ventral striatum (NAc/olfactory tubercle). On this basis, it was concluded that nicotine increases the impulse flow and the release of DA from mesolimbic DA neurons (ANDERSSON et al.1981; FUXE et al. 1986).

Nicotine also stimulated the accumulation of DOPA after the blockade of DOPA-decarboxylase in the NAc but not in the striatum (MITCHELL et al. 1989) and increased the levels of DOPAC, the first metabolite of DA through monoamine oxidase (MAO), in the same area (PIETILÄ et al. 1963; HAIKALA et al. 1986; GRENOFF and SVENSSON 1988; LAPIN et al. 1989; LEIKOLA-PELHO et al. 1990; GEORGE et al. 1998). A study of the effect of acute nicotine on the DOPAC:DA ratio in different terminal DA areas showed that nicotine (0.4–0.9 mg/kg s.c.) increases DA metabolism to a larger extent in the NAc, followed by the antero-medial caudate-putamen but fails to do so in the prefrontal cortex and in the latero-dorsal caudate-putamen (VEZINA et al. 1992). According to GEORGE et al. (1998), however, nicotine stimulates DA metabolism in the prefrontal cortex at low doses (0.15 mg/kg s.c.) but this effect is lost at higher doses of the drug (0.4 mg/kg s.c.).

In vivo monitoring of extracellular DA by microdialysis showed that nicotine acutely increases extracellular DA in terminal dopaminergic areas. In agreement with previous studies this effect was topographically specific. Thus, a preferential effect in the NAc, the major area of the ventral striatum, as compared to the dorso-lateral caudate-putamen, part of the dorsal striatum, has been reported (IMPERATO et al. 1986; BRAZELL et al. 1990). Prefrontal cortex DA is released by acute nicotine in naive rats only at doses higher than those that are fully active in releasing DA in the NAc shell (BASSAREO et al. 1996).

Within the NAc, a preferential stimulatory effect of nicotine (25–50 μg/kg i.v.) on DA release in the shell compartment compared to the core has been observed by two different groups (PONTIERI et al. 1996; NISELL et al. 1997a). These two subdivisions of the NAc have been attributed different functions consistent with their different connections (the extended amygdala for the NAc shell and the striato-pallidal system for the NAc core) (HEIMER et al. 1991) (Fig. 8). Nicotine stimulates DA release also in the bed nucleus of stria terminalis (CARBONI et al. 2000b) (Fig. 9) which is at least as sensitive to nicotine as the NAc shell, in agreement with its assignment to the extended amygdala and with the suggestion that the NAc shell is an area of transition from the ventral striatum to the extended amygdala (HEIMER et al. 1991) (Fig. 8).

Funtional magnetic resonance imaging studies on the effect of acute i.v. nicotine (~10.0; 20.0; 30.0 µg/kg) on cerebral metabolic activity in smokers have shown a dose-related increase in a distributed system of brain regions including the NAc, amygdala, cingular and frontal cortex (STEIN et al. 1998). Moreover, a selective increase in metabolic activity has been demonstrated by 2-deoxyglucose autoradiography in the NAc shell at the same doses of nicotine that increase DA release in this area (PONTIERI et al. 1996).

The shell versus core specificity of the action of nicotine on DA transmission in the NAc might account for the failure of some investigators to obtain a stimulant effect of acute nicotine on DA release in the NAc of nicotine-naive rats (BENWELL and BALFOUR 1992; SHOAIB et al. 1994b; BALFOUR et al. 1996). BENWELL and BALFOUR (1992) have attributed these discrepancies to differences in the concentrations of Ca^{++} in the dialyzing Ringer solution;

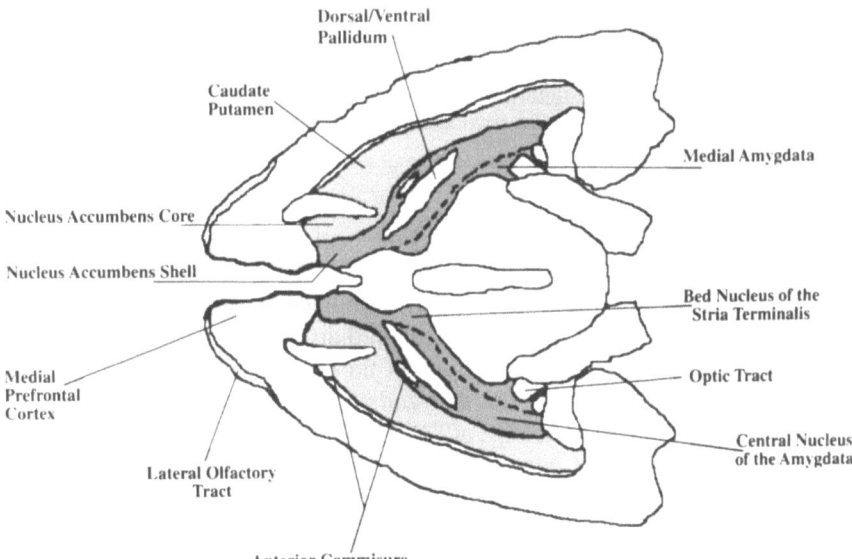

Fig. 8. The striatal complex, nucleus accumbens subdivisions (shell and core) and the extended amygdala. (From HEIMER et al. 1993, with modifications)

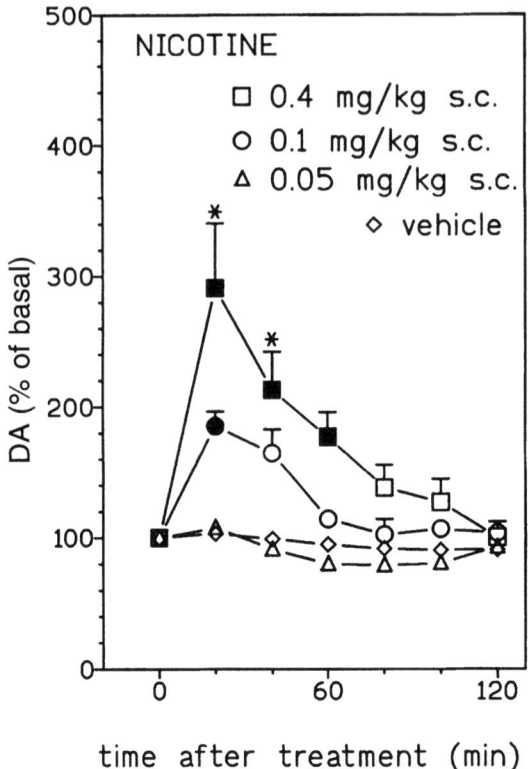

Fig. 9. Effect of nicotine at three doses (0.05, 0.1 and 0.4 mg/kg as free base s.c.) on the concentration of dopamine (*DA*) expressed as % of basal in dialysates obtained by in vivo microdialysis from the bed nucleus of stria terminalis (*BNST*). Each point is the mean ± SEM of at least four determinations. *Filled symbols, p < 0.05 from basal values concentration; *p < 0.05 from the correspondent time point of vehicle group. (Modified from CARBONI et al. 2000b)

in fact IMPERATO et al. (1986) utilized a Ringer solution containing 3.4 mM Ca^{++} while BENWELL and BALFOUR (1992) utilized a Ringer solution with 1.2 mM Ca^{++}. This explanation, however, is unconvincing given the fact that other laboratories have reported a robust increase in dialysate DA after systemic nicotine under 1.2 mM Ca^{++} concentrations in the dialysis Ringer solution. Thus, DEWEY et al. (1999), in naive rats dialyzed with artificial CSF (Ca^{++} 1.2 mM), report a 100% increase (doubling) of DA in NAc dialysates 1h after s.c. administration of 0.4 mg/kg of nicotine (male, Sprague-Dawley rats, 200–225g, 2.0µl/min flow rate). MIRZA et al. (1996) report a 76% increase of dialysate DA in the NAc of male Sprague-Dawley rats 60 min after 0.4 mg/kg s.c. of nicotine. MAISONNEUVE et al. (1997) report a maximum increase of ~100% of DA in the NAc after 0.32 mg/kg of nicotine infused i.v.. SCHILSTRÖM et al. (1998) report that nicotine (0.5 mg/kg s.c.) increases dialysate DA (max. +80%) in the

NAc of male Wistar rats dialyzed with 1.2 mM Ca^{++} in the Ringer solution. NISELL et al. (1997a) report that nicotine increases DA in the NAc shell and, to a lesser degree, in the NAc core, as estimated by in vivo voltammetry, a technique that does not depend on Ringer perfusion as brain microdialysis does. These observations confirm those of PONTIERI et al. (1996), obtained by microdialysis with a Ringer solution containing 2.2 mM Ca^{++}. Therefore, a localization of microdialysis probes to the core of the NAc provides an explanation for the negative results of BALFOUR and colleagues in the NAc of nicotine-naive rats (see Sect. F.I.11).

An alternative explanation has also been provided; thus, REID et al. (1996), while observing an increase of dialysate DA (+40%) in the NAc of naive rats in response to 0.6 mg/kg s.c. of nicotine, failed to obtain this effect in rats pretreated with five daily injections of saline. The stimulation of DA release by nicotine in naive rats could not be accounted for by a non-specific effect as saline did not affect dialysate DA (REID et al. 1996). Therefore, REID et al. (1996) conclude that repeated saline pre-exposure abolishes the effect of nicotine on DA release in vivo. No specific experiments have been performed to address the suggestion of REID et al. (1996). It is notable, however, that BENWELL and BALFOUR (1992) did observe an increase in dialysate DA in the NAc in saline-pretreated rats provided that nomifensine, a DA reuptake inhibitor, is present in the Ringer solution. On the other hand, using a different procedure for estimating DA neurotransmission (DOPAC:DA ratio), an increase in DA utilization has been observed after nicotine (0.15 and 0.6 mg/kg s.c.) in rats injected with saline for 4 days (GEORGE et al. 1998). These observations therefore, tend to exclude that repeated saline injection per se might be the explanation of the observations of REID et al. (1996).

DA release by nicotine, as estimated by microdialysis, is not mimicked by isoarecolone, which also fails to elicit hypermotility (WHITEAKER et al. 1995). DA release in the NAc by nicotine is blocked by intra-VTA but not by intra-accumbens mecamylamine (NISELL et al. 1994b) and is mimicked by intra-VTA but not by intra-NAc nicotine; thus, while intra-VTA nicotine elicits a sustained release of DA in the NAc, intra-NAc nicotine elicits a transient effect (NISELL et al. 1994a). These observations are consistent with a proximal action of nicotine on the mechanism of spike-generation in the cell body region of DA neurons.

Antagonists of $5HT_3$ receptors (CARBONI et al. 1989b) and of μ-opioid receptors (TANDA and DI CHIARA 1998) reduce nicotine-induced increase of DA in the NAc, suggesting a role of $5HT_3$ and μ-opioid receptors.

A non-competitive inhibitory effect of nicotine on DA reuptake in striatal synaptosomes has been reported (IZENWASSER et al. 1991). It is unlikely, however, that this mechanism contributes to the effects of nicotine on dialysate DA in the NAc as nicotine failed to affect DA uptake in synaptosomes from this area (IZENWASSER and COX 1992) and actually increased in vivo clearance of DA (KSIR et al. 1995).

Stimulation of DA release in the NAc by nicotine is prevented by ibogaine (BENWELL et al. 1988; MAISONNEUVE et al. 1997), a natural alkaloid that has been proposed as a treatment for alcohol, psychostimulant, narcotic and nicotine dependence by GLICK and colleagues. The mechanism of this interaction is unclear. Ibogaine can act as a non-competitive nicotine antagonist (BADIO et al. 1997) but this action is cleared off by 24h (BADIO et al. 1997) when ibogaine still prevents nicotine-induced release of DA in the NAc (MAISONNEUVE et al. 1997). Ibogaine is also a non-competitive antagonist of NMDA receptors (BADIO et al. 1997) and this action might play a role in the mechanism of its interaction with nicotine. Alternatively, nor-ibogaine, the main metabolite of ibogaine, might be responsible for its delayed effects on the drug-induced release of DA.

The neural mechanism of ibogaine interaction on DA release might be an impairment of impulse-dependent stimulation of DA firing by nicotine. Ibogaine prevents also the stimulant effects of morphine on DA release in the NAc by an action similar to that suggested for nicotine (MAISONNEUVE et al. 1991). In contrast, however, ibogaine potentiates cocaine- and amphetamine-induced increase of DA in the NAc and locomotor activity (MAISONNEUVE and GLICK 1992; MAISONNEUVE et al. 1992). In spite of these diverse interactions with different drug classes, ibogaine reduces responding for morphine (GLICK et al. 1991), cocaine (CAPPENDIJK and DZOLJIE 1993; GLICK et al. 1994), and alcohol self-administration (REZVANI et al. 1995). Ibogaine also reduces oral self-administration of nicotine in an operant task (GLICK et al. 1998). This effect extends to responding for food (GLICK et al. 1998).

The usefulness of ibogaine as a treatment for drug-addiction is limited by its neurotoxicity. Thus, ibogaine induces cerebellar Purkinje cell loss, tremor and general impairment of responding (MOLINARI et al. 1996). A congener of ibogaine, 18-methoxycoronardine, has been introduced as an ibogaine analogue devoid of that toxicity; this compound also prevents nicotine-induced release of DA in the NAc and reduces responding for nicotine oral self-administration but not for food (GLICK et al. 1998). The mechanism of these effects has not been investigated yet.

Recently, γ-vinyl γ-aminobutyric acid (GABA), an inhibitor of GABA transaminase, has been reported to prevent nicotine-induced release of DA in the NAc (DEWEY et al. 1999). This effect, however, is temporally dissociated from increase in GABA levels suggesting that it is independent from blockade of GABA transaminase.

4. Electrophysiological Effects of Nicotine on Dopamine Neurons

Nicotine modifies the pattern and frequency of spike-generation in DA neurons. Doses of 50–500 μg/kg of nicotine i.v. increase the frequency of firing of extracellularly recorded DA neurons in paralysed, unanaesthetized rats in the A_9 and in the A_{10} region of the VTA (MEREU et al. 1987). Comparative dose–response studies showed A_{10} neurons to be more sensitive than A_9

neurons to the stimulant action of nicotine (MEREU et al. 1987). These observations confirmed and extended earlier observations by CLARKE et al. (1985) after systemic nicotine in chloral-hydrate-anaesthetized rats, and by LICHTENSTEIGER et al. (1982) after iontophoretic application of nicotine. The stimulant action of nicotine on DA neurons of the VTA was described by GRENHOFF et al. (1986) as an increase in burst firing rather than in total firing activity.

The preferential stimulant effects of nicotine on A_{10} DA neurons (MEREU et al. 1987) and its ability to elicit burst firing in these neurons is consistent with the preferential stimulant effects of nicotine on the NAc shown in microdialysis studies (IMPERATO et al. 1986; PONTIERI et al. 1996).

Intracellular recording studies from ventral tegmental DA neurons in vitro have shed light on the cellular mechanism of nicotine actions on DA neurons. CALABRESI et al. (1989) showed that nicotine (10–100 μM) depolarizes DA neurons in a TTX- and cobalt-resistant manner, thus excluding a role of voltage-dependent Na^+ and Ca^{++} channels. The reversal potential for these actions of nicotine was –4 mV, consistent with that estimated on the basis of the current flow through nicotinic receptor channels in various tissues. Notably, nicotinic current was voltage-dependent, a feature also observed in autonomic ganglia (RANG 1982). K-Bgt but not α-Bgt blocked the current activated nicotine, consistent with a role of nAChRs containing $\alpha 3/\alpha 4$ subunits but not $\alpha 7$ subunits (CALABRESI et al. 1989). The nicotine-activated current desensitized following bath application of nicotine within 1–2 min. Recovery was slow, requiring nearly 30 min (CALABRESI et al. 1989).

Recent studies have disclosed a complex mechanism of nicotine-induced depolarization of DA neurons (PIDOPLICHKO et al. 1997). Thus, pressure injection of ACh on VTA neurons in vitro showed two components, a fast one, peaking in about 30 ms, and a slower one, peaking in about 50 ms. These two components had different pharmacological properties and resistance to desensitization. Thus, the fast component was sensitive to α-Bgt and MLA blockade but not to mecamylamine blockade and more prone to desensitization than the slower, mecamylamine-sensitive component. These properties have led to the assignment of the fast component to $\alpha 7$-containing nAChRs and of the slow component to $\alpha 3/\alpha 4$ $\beta 2$ nAChRs (PIDOPLICHKO et al. 1997). These observations suggest the existence of postsynaptic $\alpha 7$-containing nAChRs on DA neurons of the VTA. Indeed, mRNA for $\alpha 7$ subunits has been recently reported to be expressed by ~50% of DA neurons in the rat's substantia nigra and VTA (AZAM et al. 1999).

5. Role of $\alpha 7$-Containing nAChRs and of Glutamate

The above observations raise the possibility that $\alpha 7$-containing nAChRs participate in the mechanism by which nicotine activates DA transmission in vivo. Consistent with this possibility, intra-VTA infusion of MLA has been reported to partially reduce the release of DA activated by systemic nicotine

(SCHILSTRÖM et al. 1998b). These observations, however, should be considered with caution, due to the difficulty of controlling drug concentrations at the receptor after intra-cerebral drug infusion and to the ability of MLA to block, at micromolar concentrations, non-α7-containing nAChRs. Additional sites where an α7-mediated releasing action of nicotine could take place are terminal DA areas (MOGG et al. 1999). Consistent with this possibility, nicotine-stimulated release in the NAc has been partially abolished by local intra-NAc perfusion with α-Bgt (FU et al. 1999a).

It is notable however that, although α7-containing nAChRs are relatively insensitive to mecamylamine blockade (ALKONDON et al. 1994), DA release stimulated by nicotine is blocked by mecamylamine (IMPERATO et al. 1986); moreover, in mice lacking β2 subunits, which, as a rule, do not to associate with α7 subunits, nicotine fails to stimulate the firing of DA units and DA release both in vivo and in vitro (PICCIOTTO et al. 1998; GRADY et al. 1998). These observations tend to exclude a role of α7-containing nAChRs as mediators of nicotine-induced release of DA; however, they are not incompatible with a modulatory role.

Related to the above issue is that of the role of glutamate in nicotine-induced release of DA. Thus, blockade of NMDA transmission in the VTA prevents nicotine-induced release of DA in the NAc (SCHILSTRÖM et al. 1998a). On the other hand, intrastriatal NMDA receptor antagonists impair nicotine-induced facilitation of terminal excitability of nigro-striatal DA neurons (GARCIA-MUNOZ et al. 1996); moreover, systemic nicotine releases striatal glutamate in vivo (an effect not blocked by mecamylamine) (TOTH et al. 1993) and nicotine indirectly releases DA in vitro by an action dependent upon glutamate receptors and α7-containing nAChRs (MOGG et al. 1999). Threfore, both a proximal and a distal mechanism located in the ventral tegmentum and, respectively, in the terminal areas can be envisioned for nicotine-induced release of DA modulated by presynaptic nAChRs on glutamate terminals.

6. Adaptive Changes of Dopamine Transmission After Nicotine Exposure

Exposure to nicotine profoundly affects the response of DA function to nicotine itself. This issue, however, is among the most controversial in the field of nicotine neurobiology. Indeed, discrepancies over this issue are expected, given the fact that in this case the possibility for experimental differences is amplified, compared to that of the simple acute effects of nicotine in nicotine-naive animals, by differences in pretreatment schedules including the interval allowed between repeated nicotine exposure and challenge with it.

As discussed in the relative section, adaptive changes to nicotine exposure can be distinguished into well-defined, specific cellular mechanisms such as desensitization and inactivation and overall changes termed tolerance (acute or chronic) and sensitization, depending on the fact that the response to nicotine is decreased or increased.

7. Desensitization

Although results consistent with desensitization and/or inactivation were reported by RAPIER et al. (1988) and by SCHULTZ and ZIGMOND (1989), it was not until 1994 that a full analysis and characterization of desensitization of [^{3}H]DA release in striatal synaptosomes was reported (GRADY et al. 1994; ROWELL and HILLEBAND 1994).

In mouse striatal synaptosomes, desensitization takes place at two different concentration ranges of nicotine: higher concentrations that also release [^{3}H]DA induce desensitization with an EC$_{50}$ of 0.33 μM and a $t_{1/2}$ of 35s, while nanomolar concentrations act with an EC$_{50}$ of 6.9 nM and a $t_{1/2}$ of 1.6–2.0 min (GRADY et al. 1994). Recovery from desensitization occurs with a $t_{1/2}$ of 6.1 and 12.4 min for each process, respectively. Comparison of the EC$_{50}$ for the nanomolar process with the K_d for [^{3}H]nicotine binding and of the $t_{1/2}$ for the onset of desensitization with the slow association rates of [^{3}H]nicotine binding suggests that the receptor for [^{3}H]DA release corresponds to the high-affinity nicotine receptor labelled by [^{3}H]nicotine (GRADY et al. 1994). This receptor might be the a heteromeric receptor containing the $\beta 2$ subunit that is commonly associated to either $\alpha 4$ or $\alpha 3$ subunits.

In rat striatal synaptosomes, nanomolar concentrations of nicotine that elicit little (100 nM) or no DA release (10 nM), desensitized [^{3}H]DA release induced by 5 μM nicotine but not by K$^+$ (ROWELL and HILLEBRAND 1994). The EC$_{50}$ was 12 nM with 90% inhibition at 300 nM. Recovery was slower than induction ($t_{1/2}$ 4.3 min). The desensitization could be maintained by continuous or pulsatile application of nicotine to synaptosomes. Also in this case, the EC$_{50}$ of nicotine for [^{3}H]DA release desensitization corresponds to the range of [^{3}H]nicotine binding (K_d ~10 nM) as measured by equilibrium kinetics. The observation that in the striatum desensitization of the nicotine receptor for DA release can take place at concentrations of nicotine 50–100 times lower than those that stimulate DA release in vitro is potentially important, although it is unclear to which extent presynaptic nicotine receptors are involved in the stimulant properties of nicotine on striatal DA transmission.

The two desensitization routes observed by GRADY et al. (1994) are predicted by the two-state model of KATZ and THESLEFF (1957). Thus, the low-affinity faster desensitization process taking place at functionally active (micromolar) concentrations of nicotine corresponds to the association of nicotine with the low-affinity active state of the receptor (N + R → RN → R'N, where R is the active receptor and R' the desensitized state) while the high-affinity, slower desensitization process that takes place at nanomolar, non-stimulating concentrations of nicotine, corresponds to association with the desensitized receptor (N + R' → R'N). Both routes lead to the same result, a 75% reduction of receptor sensitivity, again in agreement with the interconverting two-state model of KATZ and THESLEFF (1957). In the study of ROWELL and HILLEBRAND (1994), the concentrations of nicotine utilized were too low to appreciate the low-affinity component of desensitization. Another difference between the two studies is the maximal level of desensitization attainable that corresponded to 90% in the case of ROWELL and HILLEBRAND (1994), and to 75% in the case of GRADY et al. (1994). Species differences (rat versus mouse) may account for these differences. Thus, the desensitization-resistant release of DA has been accounted for by the existence of a population of nicotine receptors having different desensitization properties (GRADY et al. 1994), a suggestion confirmed by subsequent studies (see below).

The observation that the kinetic properties of desensitization of DA release are superimposable to [^{3}H]nicotine binding (GRADY et al. 1994) suggests that desensitization of DA release involves the $\alpha 4\beta 2$ form of nicotinic receptors. However, on the basis of the sensitivity to α-Conotoxin MII, an $\alpha 3\beta 2$ form would account for about 50% of DA release in striatal synaptosomes (KULAK et al. 1997). On the other hand, AChRs containing the $\alpha 3$ subunit expressed in *Xenopus* oocytes have been reported to be less sensitive to desensitization by nicotine (IC$_{50}$, μM, for desensitization: $\alpha 7$, 2.8; $\alpha 4$, 17; $\alpha 3$, 870) (HSU et al. 1996; OLALE et al. 1997). In view of this, it has been hypothesized that $\alpha 3$-containing nAChRs maintain presynaptic DA release by nicotine after $\alpha 4\beta 2$ and $\alpha 7$ receptors have been desensitized (OLALE et al. 1997). A further contribution to the maintenance of DA release stimulated by nicotine under chronic nicotine exposure can be provided by upregulation of functional $\alpha 3\beta 2$-containing nAChRs (WANG et al. 1998).

8. Desensitization of Somato-Dendritic nAChRs on Dopamine Neurons

Desensitization of ACh-induced nicotinic depolarizations of DA neurons of the VTA has been demonstrated in slices perfused with $0.5\,\mu M$ nicotine (PIDOPLICKO et al. 1997). Recovery took place slowly, requiring nearly 30 min. In spite of marked desensitization to ACh pulses, however, nicotine stochastically opened a small fraction of nAChRs in response to bath application of nicotine, thus producing a slow inward current which resulted in a downward shift in the baseline current. With continued application of the same concentration of nicotine, recovery of the baseline current to pre-nicotine levels took place, indicating that even the small fraction of nicotine-activated nAChRs sustaining tonic depolarization had undergone desensitization (PIDOPLICKO et al. 1997). It is difficult to categorize these effects as desensitization or inactivation since the time necessary for full recovery of nicotinic responses was not established. Fast nicotinic responses of DA neurons to pressure-applied ACh were heterogeneous and differentially sensitive to desensitization, being composed of a fast putative $\alpha 7$ and a slow non-$\alpha 7$ component (PIDOPLICKO et al. 1997).

9. Inactivation of Somato-Dendritic nAChRs on Dopamine Neurons

Desensitization of nicotine receptors is a rapidly and fully reversible process. Therefore, under controlled in vitro conditions, a reduction of nicotine response exceeding 30 min–1 h should be indicated as "inactivation" rather than desensitization. Inactivation of nicotine-induced DA release has been shown in striatal preparations exposed to micromolar concentrations of nicotine (EC_{50}, $0.7\,\mu M$) which correspond to those that stimulate DA release in vitro. Maximal inactivation did not exceed 50%. Recovery was not observed even after 5h from the removal of nicotine, while recovery from desensitization was complete after 20 min (ROWELL and DUGGAN 1998). Therefore, at nanomolar concentrations, nicotine can induce reversible desensitization while at micromolar concentrations it can induce inactivation of [^{3}H]DA release in synaptosomes.

Observations consistent with the above conclusion were reported some years ago by RAPIER et al. (1988), who observed that $1\,\mu M$ of nicotine released DA non-decrementally at each 40-s pulse applied every 30 min, a time interval that allows full recovery from desensitization. In contrast, repeated pulses of high nicotine concentrations (e.g. $100\,\mu M$) applied at the same 30-min interval produced a progressive reduction of DA release, probably as a result of progressive inactivation.

Desensitization of nicotinic depolarization in DA neurons was observed by CALABRESI et al. (1989) after pressure application of ACh in isolated slices at intervals of less than 1 min. However, application of $100\,\mu M$ nicotine for about 8 min produced what appeared as "inactivation" rather than desensitization since the response of DA neurons to ACh was still depressed 80 min following the washout of nicotine. This observation is important since it is similar to other observations made with [^{3}H]DA release in striatal synaptosomes in vitro (ROWELL and DUGGAN 1998).

10. Tolerance and Dependence of Dopamine Transmission

In this section, we specifically apply the term "tolerance" to the reduction of responses to nicotine resulting from in vivo exposure to nicotine.

Single doses of nicotine have been reported to induce acute reversible tolerance to nicotine-induced release of DA in the NAc (MAISONNEUVE et al. 1997). Thus, the effect of a second i.v. infusion of nicotine (0.32 mg/kg) given 1h after the first infusion on dialysate DA in the NAc was much reduced; instead, in agreement with DAMSMA et al. (1979), no tolerance was observed when the infusions of nicotine were separated by an interval of 3h (MAISONNEUVE et al. 1997). These observations nicely show that the acute tolerance to nicotine-induced release of DA is a robust phenomenon that can reversibly affect the response of mesolimbic DA transmission to nicotine.

Acute tolerance to nicotine can be explained by a fully reversible desensitization mechanism of the responsiveness of DA neurons to nicotine. The rapidly reversible nature of this mechanism might explain why discontinuous exposure to nicotine may not result in tolerance to the DA stimulant effects of nicotine, as in the case of DAMSMA et al. (1989) who failed to obtain tolerance of DA release stimulation after 12–15 injections of 0.35 mg/kg s.c. of nicotine given 24h apart.

Various studies have reported tolerance to the stimulant effect of nicotine on DA transmission and function after chronic nicotine administration. Tolerance to the DA stimulant effects of nicotine has been achieved by constant i.v. infusion, subcutaneous administration through osmotic minipumps or by inclusion of nicotine in drinking water.

Some studies have evaluated the responsiveness to nicotine in vitro after in vivo exposure. One such study evaluated the effect of continuous i.v. infusion of nicotine to mice at doses of 0.25–4.0 mg/kg per minute for 10 days on [^{3}H]DA release from striatal synaptosomes, ^{86}Rubidium efflux (an index of functional activity of the nicotine channel) from the cortical and midbrain synaptosomes and [^{3}H]nicotine binding in brain homogenates (an index of nicotine receptor upregulation). A dose-dependent decrease of [^{3}H]dopamine release and in midbrain but not cortical ^{86}Rubidium efflux was observed, associated to an increase in B_{max} of [^{3}H]nicotine binding (MARKS et al. 1993).

These observations contrast with those of ROWELL and WONNACOTT (1990) who administered the nicotine agonist anatoxin subcutaneously for 1 week through osmotic minipumps and measured [^{3}H]nicotine binding and [^{3}H]DA uptake and release in striatal synaptosomes. Not only was nicotinic receptor binding found to be increased, consistent with previous studies (MARKS et al. 1983; SCHWARTZ and KELLAR 1983), but also the nicotine-induced release of DA was increased (by 43%). Moreover, a significant correlation ($r = 0.64$) was observed between the increase in [^{3}H]nicotine binding and the stimulant effects of nicotine in individual animals. These observations lead to a conclusion different from that of MARKS et al. (1983): upregulation of nicotine receptor binding by repeated administration of nicotine results in upregulation of nicotine-induced stimulation of striatal DA release.

Evidence obtained with nicotine receptors expressed by *Xenopus* oocytes or by transfected cell lines shows that long-term exposure to nicotine (48 h) results in differential inactivation of functional nicotine responses in relation to specific subunit composition of nAChRs, α3-containing nAChRs being more resistant to inactivation (PENG et al. 1994; OLALE et al. 1997; PENG et al. 1997; FENSTER et al. 1997, 1999a,b). In particular, cell lines transfected with α3β2 nAChRs undergo upregulation of surface receptors which maintain functional activity in spite of prolonged exposure to nicotine (WANG et al. 1998). Therefore the suggestion that receptor upregulation after chronic nicotine administration results in the upregulation of DA stimulant effects of nicotine may not be incorrect.

Turning to in vivo and ex vivo studies, an apparent tolerance to the DA stimulant effects of nicotine under discontinuous exposure to nicotine has been reported. This is the case of NISELL et al. (1997a). who observed a partial tolerance in the NAc shell, and a complete tolerance in the NAc core to the nicotine-induced increase in the voltammetric DA signal in rats pretreated with pargyline to occlude the interfering DOPAC signal. Tolerance to nicotine-induced stimulation of DA utilization (DA:DOPAC ratio) in the NAc was also reported by VEZINA et al. (1992) after daily s.c. injection of nicotine (0.4–0.1 mg/kg) for 12 days and by GEORGE et al. (1998) after daily nicotine (0.15 mg/kg s.c.) for 4 days; in the prefrontal cortex instead, VEZINA et al. (1992) obtained sensitization of DA response to nicotine while GEORGE et al. (1998) reported tolerance. Different challenge doses of nicotine (high in the case of VEZINA et al. 1992, low in that of GEORGE et al. 1998) as well as different lengths of exposure to nicotine can account for the differences among these studies. It is notable, for example, that in the study of GEORGE et al. (1998) the low dose of nicotine (0.15 mg/kg s.c.) that induced tolerance acutely stimulated DA release in the prefrontal cortex, while higher doses (0.5 mg/kg) in the range of those used by VEZINA et al. (1992) (0.4–0.8 mg/kg) failed, in agreement with VEZINA et al. (1992), to acutely stimulate DA release in this area.

Continuous exposure of mice to nicotine in the drinking water (60–65 mg/kg per day) for 7 weeks produced tolerance to nicotine-induced changes in striatal DA metabolites [increase of DOPAC and homovanillic acid (HVA), decrease of 3MT] after a 34-h withdrawal (PIETILÄ et al. 1996). At this time, the level of DA metabolites in the striatum was not different from that of normal controls.

The effect of continuous nicotine exposure for 14 days by osmotic minipumps on nicotine-induced in vivo release of DA was studied by BENWELL et al. (1995) and by BENWELL and BALFOUR (1997) in rats implanted with microdialysis probes in the NAc. Since, under the conditions utilized by these authors, nicotine is able to significantly increase DA release in the NAc only after sensitization by a 5-day regimen of daily injections of nicotine (0.4 mg/kg s.c.), rats were additionally exposed to that regimen on days 9–13 from the pump implant. Nicotine challenge (0.4 mg/kg s.c.) increased dialysate DA in the NAc of saline-infused rats sensitized by nicotine, but not in saline controls. These results confirm previous observations of the same group that nicotine increases DA in the NAc only in rats sensitized by nicotine pre-exposure (BENWELL and BALFOUR 1992; BENWELL et al. 1993), a finding now accounted for by a location of microdialysis probes in the NAc core (CADONI and DI CHIARA 2000).

In rats infused with nicotine for 14 days, no changes were observed in basal dialysate DA before or after removal of minipumps (BENWELL et al. 1995). Therefore, the presence or the withdrawal of nicotine during and following chronic infusion did not have any effect on dialysate DA. Challenges with nicotine (0.4 mg/kg) of nicotine-infused rats increased DA in the group infused with the lowest dose (0.25 mg/kg per day) but not with the two higher ones (1.0 and 4.0 mg/kg per day). The effect of nicotine challenge in rats infused with 0.25 mg/kg per day of nicotine was respectively higher and lower than that obtained in saline controls, depending on whether they were exposed from day 9 to 13 to a sensitizing regimen of nicotine (0.4 mg/kg s.c. every day) or not (BENWELL et al. 1995). Thus, in the absence of such a regimen, continuous infusion of low doses of nicotine apparently sensitized the DA response to nicotine while in nicotine-exposed animals it prevented sensitization, as did the higher doses of nicotine (1.0 and 4.0mg/kg per day) (BENWELL et al. 1995). Therefore, chronic exposure to low doses of nicotine induces sensitization, but when performed on a regimen that induces sensitization it actually reduces DA responsiveness to nicotine. Changes in DOPAC and HVA are less significant and will not be discussed here.

Removal of nicotine-containing pumps resulted in a recovery of the stimulatory nicotine response of NAc DA that was maximal 2 days from removal and tended to return towards the values of saline-infused rats on the seventh day of removal (BENWELL et al. 1995). Locomotor stimulation in response to nicotine challenge was reduced in nicotine-infused rats in a manner dependent on the dose of nicotine infused, while after pump removal it was increased in all nicotine-infused groups. Therefore, locomotor stimulation and DA release stimulation were dissociated in nicotine-withdrawn rats (BENWELL et al. 1995).

The effect of chronic (7 days) exposure to nicotine by osmotic minipumps (~5mg/kg per day) on extracellular DA in the NAc and prefrontal cortex was also studied by HILDEBRAND et al. (1997b). These authors failed to observe significant changes in dialysate DA in the NAc and in the prefrontal cortex, although in the NAc there was a non-significant tendency to an increase (60%). Challenge with mecamylamine (1mg/kg) induced physical withdrawal and reduced (by 20–30%) dialysate DA in the NAc but not in the prefrontal cortex.

Microdialysis studies performed by CARBONI et al. (2000a) have provided results not entirely consistent with the ones above. Thus, continuous subcutaneous nicotine infusion (~3mg/kg per day) by osmotic minipumps for 9 days increased dialysate DA in the medial NAc by 25%, but not in the medial prefrontal cortex. Mecamylamine and naloxone elicited physical abstinence but differentially affected dialysate DA in the NAc and in the prefrontal cortex; thus, mecamylamine decreased dialysate DA in the NAc and increased it in the prefrontal cortex (Fig. 10). The decrease of DA elicited by mecamylamine in the NAc, however, consisted of a return to normal levels from the elevated ones reached in nicotine-infused rats. Therefore, mecamylamine brought the levels of DA, elevated by continuous exposure to nicotine, back to those of rats infused with saline. In the prefrontal cortex instead, the increase of DA induced by mecamylamine was significant both in respect to nicotine as well as to saline-infused rats. A correlate of this change might be the D_1-dependent increase in the FOS-like immunoreactivity observed by NISELL et al. (1997b) in the prefrontal cortex in rats withdrawn from chronic nicotine exposure.

The observation of significantly elevated concentrations of DA in the NAc of nicotine-infused rats (CARBONI et al. 2000a) indicates that tolerance and desensitization of DA release in response to nicotine exposure does not lead necessarily to complete loss of DA stimulant responses to nicotine. This, in turn, agrees with the reports of a residual stimulant effect of nicotine both on

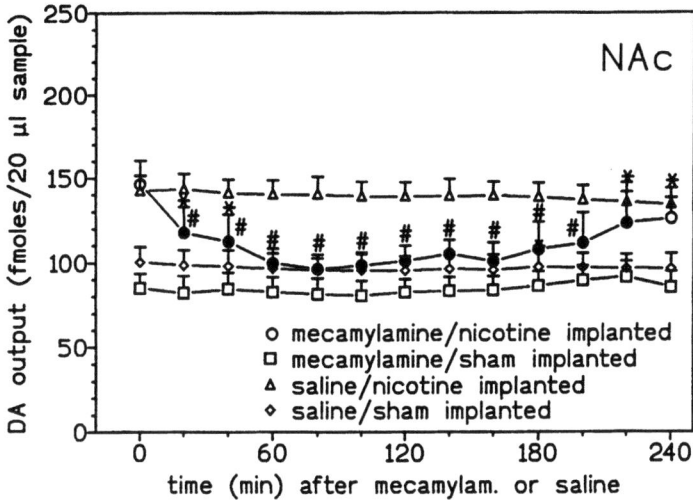

Fig. 10. Effect of chronic infusion of nicotine by osmotic minipumps and of mecamylamine challenge (1 mg/kg s.c.) on dialysate DA in the nucleus accumbens shell. Values are mean ± SEM of the data obtained in at least six animals expressed in moles/20 μl sample. *Closed symbols, p* < 0.05 from basal; *$*p$* < 0.05 from the correspondent value of sham implanted rats; $\#p$ < 0.05 from the correspondent value of saline in nicotine-implanted rats. (Modified from CARBONI et al. 2000a)

DA release in vitro (ROWELL 1995) and on DA neuron activity (PIDOPLICKO et al. 1997) under desensitized conditions. The failure of HILDEBRAND et al. (1997b) to obtain a significant increase in DA in the NAc might be explained by the small number of animals utilized ($n = 9$) as compared to CARBONI et al. (2000a) ($n = 20$), while the negative observation of BENWELL et al. (1995) can be accounted for by the longer infusion period (24 days versus 7–9 days) and to the NAc core location of microdialysis probes (see below).

Differences among the studies of HILDEBRAND et al. (1997b) and CARBONI et al. (2000a) in the degree of change of DA transmission relative to normal basal values might be explained by differences in the location of microdialysis probes within the NAc. These difference should not be overlooked. Thus, while the results of HILDEBRAND et al. (1997b) point to the induction of a dependence condition of mesolimbic DA as a result of the chronic exposure to nicotine, those of CARBONI et al. (2000a) are better explained by the existence of a tonic stimulant effect of nicotine on DA release which escapes tolerance. The increase of DA in the prefrontal cortex induced by mecamylamine after chronic exposure to nicotine cannot be convincingly explained by a dependence condition of DA transmission, as acute nicotine does not reduce DA release in the prefrontal cortex (CARBONI et al. 2000a). Instead, the increase of DA in the prefrontal cortex associated to mecamylamine-precipitated withdrawal, might be a correlate of the negative motivational state of nicotine abstinence (CARBONI et al. 2000a). Consistent with this interpretation is the fact that an increase of DA release in the prefrontal cortex has also been observed following spontaneous as well as naloxone-precipitated withdrawal (BASSAREO et al. 1995) and that anxiogenic drugs and aversive stimuli increase DA in the prefrontal cortex (BASSAREO et al. 1996). If this interpretation is correct, naloxone, which fails to increase DA in the prefrontal cortex of rats dependent on nicotine, should not induce an aversive motivational state.

11. Sensitization of Dopamine Transmission to Nicotine

As already discussed, an early example of sensitization of nicotine-induced release of DA was provided by ROWELL and WONNACOTT (1990) who showed an increase of nicotine-induced release of DA in striatal synaptosomes from rats chronically treated with the nicotine receptor agonist (+)-anatoxin-a. This observation has been confirmed and extended by YU and WECKER (1994) in slices of rats exposed for 10 days to nicotine bitartrate (1.76mg/kg s.c.) twice daily. These results have been further extended by MARSHALL et al. (1997), who showed that daily subcutaneous administration of nicotine sensitized rats to the stimulation of in vivo DA release by locally applied nicotine ($10^{-3}M$, $3 \times 10^{-3}M$ and $10^{-2}M$) in the striatum, while only a trend was observed in the NAc.

CONNELLY and LITTLETON (1983), however, failed to observe changes in nicotine-induced release of [^{3}H]DA in striatal synaptosomes from rats chronically exposed to nicotine, and WESTFALL and PERRY (1986) actually reported a reduction of DA release from striatal slices in response to a nicotine receptor agonist (DMPP) in rats previously exposed to systemic administration of the same agonist for 14 days.

No effect on [^{3}H]DA release stimulated by nicotine from striatal tissue of mice given nicotine subcutaneously twice daily for 14 days was observed by HARSING et al. (1992). Therefore, repeated exposure to nicotine can induce sensitization, no effect or tolerance of nicotine-induced DA release in the striatum. The reason for these differences among studies is not readily apparent although they could conceivably be related to the length and dose of nicotine administration. For example, studies reporting sensitization of striatal DA release by nicotine have utilized a 7–10 day pretreatment (ROWELL and WONNACOTT 1990; YU and WEKER 1994; MARSHALL et al. 1997) while studies reporting no effect or tolerance (CONNELLY and LITTLETON 1983; WESTFALL and PERRY 1986; HARSING et al. 1992) have utilized longer-lasting schedules (14 days). MARKS et al. (1993), however, reported a reduction of DA release elicited by nicotine in striatal synaptosomal fractions from mice chronically infused with nicotine for 10 days.

As to the NAc, sensitization of in vivo DA release stimulated by nicotine (0.1 or 0.4 mg/kg s.c.) was reported by BENWELL and BALFOUR (1992). However, acute administration of nicotine failed to affect DA release in the NAc of saline-pretreated rats. Reports from the same laboratory, also in collaboration with that of STOLERMAN (SHOAIB et al. 1994b; BALFOUR et al. 1996; BIRRELL and BALFOUR 1998), have confirmed both the sensitization of the DA response to nicotine in the NAc as well as the failure of nicotine to stimulate DA release in the NAc of nicotine-naive rats pretreated with saline. Studies from other laboratories, however, have failed to observe sensitization of the DA response to nicotine in the NAc of freely moving rats pre-exposed to single daily doses of nicotine for 12 days and monitored by microdialysis (DAMSMA et al. 1989; NISELL et al. 1996), or have obtained tolerance after a similar schedule in both shell and core subdivisions of the nucleus accumbens in rats anaesthetized and monitored by voltammetry (NISELL et al. 1997a).

Comparison of the studies of BENWELL and BALFOUR (1992) and of NISELL et al. (1996) shows that, in spite of similarities in the procedure of exposure to the drug (daily injections of nicotine, 0.4–0.5 mg/kg s.c. in the home cage), quite different results were observed. NISELL et al. (1996) obtained a significant stimulation of DA release in response to nicotine (0.5 mg/kg s.c.) in the NAc in the saline-pretreated subjects but failed to observe a sensitization in the nicotine-pretreated group, while BENWELL and BALFOUR (1992) failed to obtain changes in the saline-injected group but observed sensitization in the nicotine-pretreated group. Differences in the length of the pretreatment period (5 days, BENWELL and BALFOUR 1992; 12 days, NISELL et al. 1996) might account for the differences observed in nicotine-pretreated rats but fails to account for the differences in the saline-pretreated group. NISELL et al. (1996), however, did report a sensitized DA response to nicotine in the prefrontal cortex.

These discrepancies can be related to at least three factors: the first is the specific subdivision of the NAc (shell versus core) where DA transmission has been estimated; in relation to this it is clear that the two subdivisions of the nucleus accumbens respond differentially to acute nicotine administration (the shell being more sensitive than the core) (PONTIERI et al. 1996) and it is possible that they undergo different adaptive changes after repeated exposure to nicotine. In agreement with this we have recently shown that using the same schedule of BENWELL and BALFOUR (1992) the responsiveness of DA transmission to nicotine shows sensitization in the NAc core but tolerance in the NAc shell (CADONI and DI CHIARA 2000) (Fig. 11). These observations extend to nicotine what has been recently observed by us in rats sensitized to morphine (CADONI and DI CHIARA 2000). Thus, failure of BENWELL and BALFOUR (1992) to observe a release of DA in nicotine-naive rats can be explained by a location of probes in the NAc core; this, in turn, agrees with their observation of a sensitization of DA release in the NAc after nicotine pre-exposure. Conversely, the failure of NISELL et al. (1996) to obtain sensitization of DA release in the NAc would be due to the location of these probes in the NAc shell. Consistent with this possibility is the fact that nicotine was effective in raising DA in rats not pre-exposed to the drug.

A second factor that might affect the direction of changes to repeated nicotine administration is the length of treatment and the delay between the

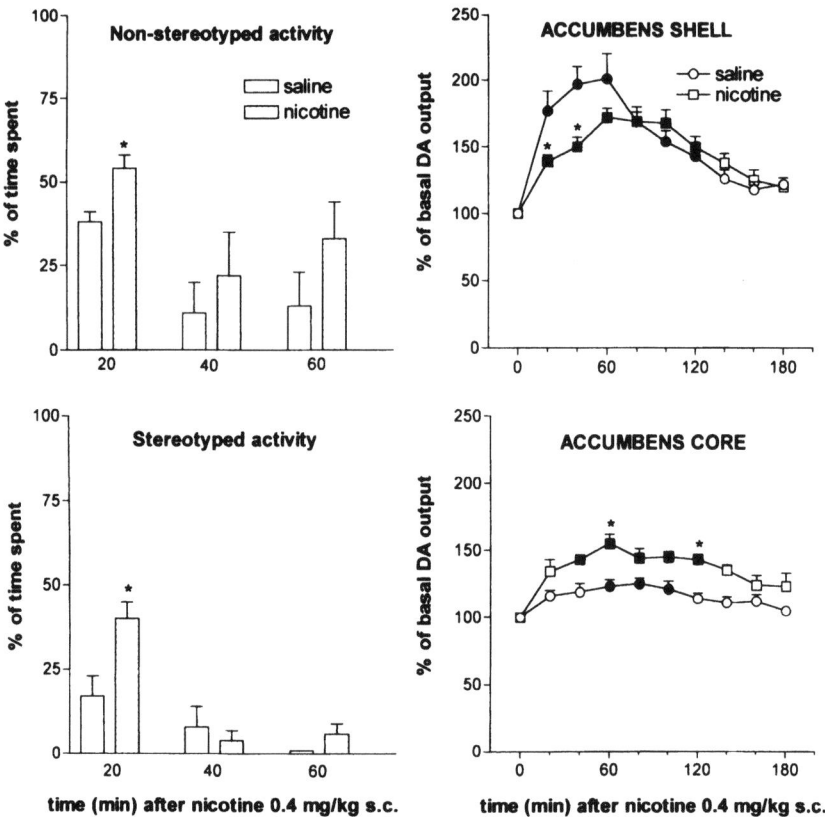

Fig. 11. Behavioural and biochemical effects of nicotine challenge (0.4 mg/kg s.c.) in rats pre-treated with saline or nicotine. *Left panels* show the effect of nicotine on behaviour of saline (*unfilled bars*) and nicotine (hatched bars) pre-treated rats. Results are expressed as mean ± SEM of the percentage of time spent in each behavioural item. *$p < 0.05$ versus the correspondent value of the control (Student t-test). *Right panels* show the effect of nicotine on basal dopamine output in dialysates from nucleus accumbens shell and core of saline (*circles*) and nicotine (*squares*) pre-treated rats. The results (mean ± SEM) are expressed as a percentage of basal values. *Filled symbols* represent points significantly different ($p < 0.05$) from respective basal values by two-way ANOVA followed by Tukey's test. *$p < 0.05$ versus the corresponding time point of the control group by two-way ANOVA followed by Tukey's test

end of treatment and the challenge with nicotine. Thus, while continuous exposure to high doses of a drug is likely to induce tolerance, intermittent exposure is more prone to induce sensitization. The observation of BENWELL et al. (1995) that continuous infusion for 14 days prevents the expression of sensitization induced by repeated daily administration of nicotine is consistent with the above interpretation. Even after continuous infusion, however, the extent of tolerance to the nicotine-induced release of DA might depend on the length and degree of exposure to nicotine. Thus, in rats continuously infused with nicotine for 9 days, dialysate DA levels in the medial NAc (the shell) were significantly elevated compared to saline-infused animals and could be reversibly reduced to control levels by systemic administration of mecamylamine (CARBONI et al. 2000a).

A third factor to be considered in the mechanism of the adaptive changes in the responsiveness of NAc DA transmission to repeated nicotine is the possibility that cues conditioned to nicotine amplify the stimulant effect of the drug on DA transmission in the NAc (REID et al. 1996, 1998). Indeed, this aspect is never considered in studies on the effect of repeated nicotine exposure on DA transmission and often it is not explicitly indicated if drug exposure during pretreatment has taken place in the same environment or in one different from that in which the nicotine challenge is given. The dependency of the expression of sensitization of DA transmission in response to nicotine from a context conditioned to the drug during acquisition might be strictly related to the specific subdivision of the NAc (shell versus core) where DA transmission in response to nicotine is estimated. This, in turn, might depend on a differential reactivity of DA transmission in the shell and to conditional stimuli in the core. In fact, appetitive conditional stimuli, while capable of releasing DA in the NAc core and in the prefrontal cortex, seem ineffective in the NAc shell (BASSAREO and DI CHIARA 1998, 1999). In view of this, context-dependent sensitization would more likely be expressed by an augmented release of DA in response to nicotine in the NAc core than in the NAc shell.

Finally, if one considers that repeated exposure to nicotine results in repeated association between the rewarding effects of the drug and its discriminative cue properties, one might speculate that the apparent sensitization of DA release in the NAc core after repeated nicotine exposure is not the result of true sensitization (operationally speaking, a non-associative process) but instead of a conditioned response to the drug. Consistent with this interpretation is the observation of NISELL et al. (1996) that behavioural sensitization is associated to an increased sensitivity to nicotine-induced release in the prefrontal cortex.

12. Relationship Between Stimulation of In Vivo Dopamine Transmission by Nicotine and Behaviour

To date, locomotion is the only behavioural effect of nicotine to which changes in DA transmission have been correlated. Most of these studies have monitored the extracellular concentrations of DA by means of microdialysis in freely moving animals.

Early studies showed that nicotine stimulates DA release in the NAc at doses (0.2–0.6 mg/kg s.c.) that activate locomotion in rats adapted to the environment where microdialysis is performed (IMPERATO et al. 1986). BENWELL and BALFOUR (1992), however, failed to observe an increase in DA release in the NAc at doses of nicotine that activate locomotion. Repeated exposure to nicotine sensitizes rats to the locomotor as well as to the DA stimulant effects of nicotine in the NAc (BENWELL and BALFOUR 1992). At variance with these observations, however, NISELL et al. (1996) found that nicotine, while stimulating motor activity and DA release in the NAc and inducing sensitization to its locomotor stimulant action after repeated exposure, failed to induce sensitization to its stimulatory effect on DA release in the NAc. Thus, while in the study of NISELL et al. (1996) changes in nicotine-induced release of DA in the NAc account for nicotine-induced stimulation of locomotion in saline-pretreated rats but not for nicotine-induced sensitization, exactly the reverse applies to the study of BENWELL and BALFOUR (1992). Thus, the results of BENWELL and BALFOUR (1992), while consistent with a role of NAc DA release stimulation in the sensitization of locomotor activity by nicotine, do not support a role in its behavioural stimulant effects in nicotine-naive rats.

An explanatory framework of these discrepancies has been recently provided by CADONI and DI CHIARA (2000) in terms of differences among the compartments of the NAc (core and shell) in the response to nicotine in naive and nicotine-sensitized subjects (see discussion in previous section).

A role of a DA-releasing action of nicotine in locomotor sensitization, however, has been further questioned by BALFOUR, STOLERMAN, and their colleagues on the basis of the observation that pretreatment with antagonists of NMDA transmission (MK801 as well as D-CPPene), while preventing nicotine-sensitized stimulation of DA release in the NAc, affects sensitization of locomotor activity by nicotine in a manner that is, at least in part, independent from DA (SHOAIB et al. 1994; BALFOUR et al. 1996). It should be pointed out, however, that in the above studies it is difficult to interpret the effect of NMDA antagonist pretreatment on locomotor sensitization to nicotine, as these drugs are able to sensitize by themselves saline-pretreated rats to the locomotor stimulant effect of nicotine. Notably, pretreatment with nicotine in addition to MK801 or D-CPPene does not modify the sensitization of nicotine-induced locomotion that takes place after exposure to the NMDA antagonists alone (SHOAIB et al. 1994b). This suggests that pretreatment with these antagonists overshadows, by eventually acting downstream to nicotine, the effect of nicotine pretreatment. Further studies have shown that administration of D-CPPene after the induction of sensitization does not affect the expression of behavioural sensitization but prevents the sensitized DA response to nicotine in nicotine-pretreated rats (BALFOUR et al. 1996). However, D-CPPene also strongly potentiates the DA-releasing action of nicotine in saline-pretreated rats. Therefore, D-CPPene seems to affect nicotine-induced release of DA in the NAc in an opposite manner depending on whether the rats are pretreated with nicotine or not. Although BALFOUR et al. (1996) have interpreted these results as indicative of a dissociation between the changes in DA release in the NAc and behavioural sensitization by repeated nicotine exposure, the complexity of the action of D-CPPene on DA release by nicotine does not allow such a clear-cut conclusion. Thus, the complexity of the action of NMDA antagonists might preclude the use of these drugs, at least after systemic administration, as tools for clarifying the relationship between DA release in the NAc and locomotor stimulation by nicotine and the adaptive changes induced by repeated nicotine exposure.

Consistent with the possibility that sensitization of locomotor activity by nicotine is related to stimulation of DA release by nicotine in the NAc, are the studies by REID et al. (1996); however, in this case the sensitization of locomotion by nicotine and the associated release of DA in the NAc in response to nicotine challenge were context-dependent.

JOHNSON et al. (1995) have reported that sensitization of locomotor activation to repeated nicotine is accompanied by an increase in the postmortem DOPAC:DA ratio and HVA levels in limbic forebrain (which includes the NAc) but not in the striatum. Adrenalectomy prevented the induction but not the expression of behavioural sensitization and the increase in HVA in the limbic forebrain but not the increase in the DOPAC:DA ratio. Therefore, this study provides only partial evidence for a relationship between nicotine-induced locomotor sensitization and stimulation of limbic DA transmission.

A relationship of behavioural sensitization to DA transmission of the prefrontal cortex rather than of the NAc has been hypothesized by VEZINA et al. (1992) and by NISELL et al. (1996) on the basis of DA utilization and brain microdialysis studies. Thus, repeated nicotine increased its stimulant effects on DA utilization (VEZINA et al. 1992) and on the release of DA in response to a nicotine challenge in the prefrontal cortex although it failed to affect the increase in dialysate DOPAC and HVA produced by nicotine in saline-pretreated rats (NISELL et al. 1996).

Associated to these changes in the prefrontal cortex, were changes in the responsiveness of extracellularly recorded units in the VTA to systemic nicotine (NISELL et al. 1996). Thus, in nicotine pretreated rats, nicotine increased burst firing in VTA neurons at doses lower than those active in saline-pretreated animals. Although recording sites were localized in the nucleus paranigralis and in the nucleus parabrachialis pigmentosus, it is unknown whether the recorded units did in fact project to the prefrontal cortex. Nonetheless, on the basis of these observations, NISELL et al. (1996) concluded that repeated nicotine induces a sensitization of locomotor activity by sensitizing drug-induced release (but not synthesis) of DA in the prefrontal cortex. An alternative possibility, however, is that changes in DA release in the prefrontal cortex are the consequence, rather than the cause, of locomotor sensitization. In fact, although there is evidence that the prefrontal cortex is involved in the acquisition of behavioural sensitization, the evidence that an increase in DA transmission in the prefrontal cortex elicits locomotion and that the expression of behavioural sensitization is related to an increase in DA transmission in the prefrontal cortex is lacking. On the contrary, an increase of DA transmission in the prefrontal cortex either does not elicit locomotion or actually inhibits locomotion elicited from the NAc (VEZINA et al. 1991). If anything, therefore, an increase in DA release in the prefrontal cortex would reduce DA transmission in the NAc and prevent the expression of behavioural sensitization by nicotine rather than mediating it.

From this analysis it appears that the activity of presynaptic indexes of DA function after repeated nicotine does not consistently covary with locomotor activity in response to nicotine (behavioural sensitization). Various possibilities can account for this dissociation: first, locomotor activity in response to nicotine is related to activation of DA transmission in a specific terminal DA area or in a subdivision of it that does not correspond to that which has been specifically monitored in the studies made to date (CADONI and DI CHIARA 2000). A second explanation for the discrepancies between presynaptic DA and locomotor activity after nicotine is the possibility that nicotine induces changes in postsynaptic DA responses.

II. Noradrenaline

After DA, noradrenaline (NE) is one of the brain neurotransmitters to have received more attention in relation to its role in the behavioural actions of nicotine. Nicotine stimulates NE release from slices of the hypothalamus, cerebellum, cerebral cortex and hippocampus (HALL and TURNER 1972; WESTFALL 1974; ARQUEROS et al. 1978; SNELL and JOHNSON 1989; SACAAN et al. 1995; SERSHEN et al. 1997) and from hypothalamic and hippocampal synaptosomes (CLARKE and REUBEN 1996; YOSHIDA et al. 1980) with IC_{50} values of around $30–100\,\mu M$ in synaptosomes. These concentrations of nicotine are high or much too high compared to its concentrations in the blood of smokers ($0.1–1.0\,\mu M$) (BENOWITZ et al. 1990; RUSSELL 1990; HENNINGFIELD 1993).

NE release from hippocampal slices is blocked by TTX (SACAAN et al. 1995), in contrast to NE release from synaptosomes that is not (CLARKE and REUBEN 1996). This difference might reflect the indirect as opposed to the direct nature of the effect of nicotine in slices as compared to synaptosomes or to a prejunctional versus presynaptic location of nAChRs mediating NE release in the two preparations.

About 30% of NE release in synaptosomes can be accounted for by nAChRs with an $\alpha 3\beta 2$ composition on the basis of their sensitivity to blockade by the α-Conotoxin AuIB (LUO et al. 1998). An $\alpha 3\beta 2$ composition is excluded by the lack of blockade by α-Conotoxin MII. NE release from synaptosomes is not affected by the $\alpha 7$-specific α-Conotoxin ImI (LUO et al. 1998) and by low, $\alpha 7$-specific concentrations of MLA (CLARKE and REUBEN 1996).

Acute systemic administration of single doses of nicotine to rats stimulates NE synthesis as estimated by DOPA accumulation after blockade of decarboxylase in various terminal noradrenergic areas, such as the hypothalamus and hippocampus (MITCHELL et al. 1989), and this effect is prevented by lesions of the dorsal but not of the ventral noradrenergic bundle, in agreement with an origin of NE from the locus coeruleus (MITCHELL et al. 1990). Chronic administration of nicotine to rats, increased tyrosine hydroxylase measured ex vivo in the locus coeruleus only transiently, between 3–7 days, while in terminal areas (hippocampus, hypothalamus, cortex, cerebellum) the increase was delayed but was maintained up to 3 weeks (SMITH et al. 1991).

A single dose of nicotine (0.8 mg/kg) increased the expression of mRNA for tyrosine hydroxylase in the locus coeruleus 4–6 days later; tyrosine hydroxylase increased 7 days later in the locus coeruleus and 21 days later in the hippocampus and hypothalamus. Moreover, in vivo release of NE in the hippocampus in response to systemic nicotine (0.4 mg/kg) was potentiated in the group pre-exposed to a single dose of nicotine (MITCHELL et al. 1993). These effects of nicotine might be related to its effects on the firing activity of locus coeruleus neurons.

Nicotine depolarizes locus coeruleus neurons in slices (EGAN and NORTH 1986). In anaesthetized rats, i.v. nicotine increased the firing of locus coeruleus neurons in a dose-related manner (ENGBERG and SVENSSON 1980; SVENSSON and ENGBERG 1980). This effect has been attributed to an increase in afferent sensory input (HAJOS and ENGBERG 1988) relayed by the nucleus paragigantocellularis (CHEN and ENGBERG 1989; ENGBERG. 1989), rather than to a direct effect of nicotine on locus coeruleus neurons. Glutamate receptors mediate the indirect activation of locus coeruleus neurons by systemic nicotine (ENGBERG 1989). Systemic administration of nicotine (0.4–0.8 mg/kg s.c.) releases NE in the rat hippocampus in a mecamylamine-sensitive manner (BRAZELL et al. 1991). Nicotine increased hippocampal NE also after local infusion at concentrations of $250\,\mu M$ (MITCHELL 1993) and of 2.5–10 mM (FU et al. 1999b). In these studies, nomifensine was systematically added to the perfusing Ringer solution in order to increase the recovery of NE above the detection limits of the analytical procedure.

Although intrahippocampal nicotine releases NE, intrahippocampal mecamylamine fails to affect NE release by systemic nicotine (MITCHELL 1993; FU et al. 1999b). On the other hand, intrahippocampal α-Bgt or MLA reduced NE release elicited in the hippocampus by systemic nicotine (FU et al. 1999b). Moreover, while infusion of mecamylamine in the brainstem at a site near the locus coeruleus prevents the effect of systemic nicotine (MITCHELL 1993; FU et al. 1998a), infusion of nicotine ($50\,\mu M$) near the locus coeruleus increases NE release in the ipsilateral hippocampus. This action is mecamylamine and DHβE sensitive and therefore appears to be due to non-α7 nAChRs (MITCHELL 1993).

Summing-up, nicotine-induced NE release appears to be mediated by proximal non-α7 nAChRs in the locus coeruleus and modulated by distal α7-containing nAChRs (FU et al. 1999b). However, the precise location of these nAChRs is obscure.

Acute tolerance to stimulation of NE release in the hippocampus after repeated nicotine exposure has been shown after time intervals shorter than 200 min, at which time no tolerance was observed (FU et al. 1998b).

Although no evidence is available for a role of NE release in the reinforcing properties of nicotine, one cannot exclude that the NE stimulant properties of nicotine play a role in the strong relationship between smoking and depression. Thus, it has been suggested that in depressives, smoking is a form of autotherapy and that an antidepressant effect of nicotine provides the motive for tobacco smoking (ANDA et al. 1990; GLASSMAN et al. 1990; BRESLAU et al. 1993b; GLASSMAN 1993; GILBERT 1996; BRESLAU et al. 1998). Stimulation of NE (and 5HT) transmission by nicotine might be the basis of the mood-improving effects of nicotine.

III. Serotonin

A role of 5HT transmission in the reinforcing properties of nicotine seems excluded by the failure of drugs acting on 5HT transmission to affect nicotine self-administration in animals. MONTGOMERY et al. (1993) did not observe any effect of the $5HT_3$ antagonist ondansetron on the facilitation of variable-interval intracranial self-stimulation induced by nicotine. CORRIGALL and COEN (1994b) did not observe an effect of two $5HT_3$ receptor antagonists, MDL-72222 and ICS-205-930, on i.v. nicotine self-administration in rats. Negative results on nicotine self-administration were also obtained by SANNERUD et al. (1994) in squirrel monkeys with sertraline, an antagonist of the 5HT reuptake carrier. Negative results were obtained by ARNOLD et al. (1995) for the effect of various $5HT_3$ antagonists on nicotine-induced hypermotility in rats. ZACNY et al. (1993) did not observe any change in the number of cigarettes smoked, plasma nicotine and carbon monoxide levels in smokers administered with different doses of ondansetron.

These observations do not substantiate previous reports that $5HT_3$ antagonists prevent the DA stimulant and the conditioned place-preference effects of nicotine (CARBONI et al. 1989a,b). $5HT_3$ antagonists, however, have been reported to reduce behavioural measures of withdrawal from nicotine (COSTALL et al. 1990a,b; SUZUKI et al. 1997). Reduction of the increased startle induced by nicotine withdrawal was also observed after antagonists of 5HT1A receptors (RASMUSSEN et al. 1997). These observations suggest that 5HT might play some role in physiological dependence on nicotine but do not substantiate a role of 5HT in the reinforcing properties of nicotine.

IV. Opioid Peptides

A role of opioid peptides and receptors in tobacco smoking has been suggested by various authors (CHERNICK 1983; POMERLEAU et al. 1983; TOBIN et al. 1982; ISMAIL and EL-GUEBALY 1998) on the basis of reports that naloxone reduces tobacco smoking and craving for smoke (KARRAS and KANE 1980) and that in smokers, plasma β-endorphin concentrations are correlated with plasma nicotine concentrations (POMERLEAU et al. 1983). More recently, it has been reported that naloxone slightly reduces cigarette consumption (GORELIK et al. 1989). In rats, naloxone precipitates a physical withdrawal syndrome after chronic infusion with nicotine (MALIN et al. 1993); moreover, stimulation of DA release in the NAc by nicotine is prevented by administration of the pseudo-irreversible μ-receptor antagonist naloxonazine (TANDA and DI CHIARA 1998).

Further studies in humans, however, have failed to observe changes in cigarette smoking after naloxone and naltrexone (SUTHERLAND et al. 1995; NEMETH-COSLETT and GRIFFITH 1986); moreover, naloxone failed to affect nicotine i.v. self-administration in rats (CORRIGALL and COEN 1991a). On the other hand, in rats chronically infused with nicotine by osmotic minipumps, naloxone fails to induce changes in DA release in the NAc or in the prefrontal cortex in spite of the fact that it precipitates a physical abstinence syndrome (CARBONI et al. 2000a). In view of this, previous reports of an interaction between naloxone and nicotine on schedule-controlled responding for food can be explained by summation of effects than by a true interaction (CORRIGALL et al. 1989).

In spite of these negative results, changes in the expression of opioid peptide precursors, particularly in the striatal subfields, might be an indication of adaptive changes induced by nicotine at the level of the neurons expressing these transmitters. Because of this, a brief review of studies on the effect of nicotine on central opioid peptides will be provided.

Early studies reported an increase of β-endorphin-like immunoreactivity in the hypothalamus (ROSENCRANS et al. 1985) and of met-enkephalin immunoreactivity in brain areas (PIERZCHALA et al. 1987; HOUDI et al. 1991). In rats, single doses of nicotine have been found to increase met-enkephalin and its metabolites in the NAc (HOUDI et al. 1998).

Single, acute doses of nicotine (1 mg/kg s.c.) elicited an increase in met-enkephalin immunoreactivity in the main striatum that peaked at 1 h and had returned to control values by 6 h. This effect was blocked by mecamylamine but not by atropine or haloperidol (DHATT et al. 1995). Nicotine also induced an increase of mRNA for pre-proenkephalin which preceded that of met-enkephalin immunoreactivity, peaking at 30 min after nicotine and returning to basal by 3 h but again increasing at 6 h. Administration of nicotine for 14 days increased both met-enkephalin immunoreactivity and pre-proenkephalin mRNA in the striatum (DHATT et al. 1995). Chronic exposure to nicotine in rats has been shown to increase pre-proenkephalin mRNA in the NAc anterior core and rostral pole in a first study (MATHIEU et al. 1996) and to increase pre-prodynorphin mRNA in the NAc shell in a second study (MATHIEU-KIA and BESSON 1998a); this last study differed from the previous one in various respects (nicotine dose, treatment schedule, withdrawal interval).

Some studies failed to observe changes in mRNA for pre-proenkephalin in the striatum after nicotine exposure (HOLLT and HORN 1992; MATHIEU-KIA and BESSON 1998a). A recent study, however, reported time-dependent changes in pre-proenkephalin mRNA after acute as well as chronic exposure to nicotine (HOUDI et al. 1998). Acute nicotine increases pre-proenkephalin mRNA in the striatum and hippocampus (HOUDI et al. 1998), in agreement with studies in the mouse (DHATT et al. 1995). Chronic exposure to nicotine, however, decreased mRNA for pre-proenkephalin both in the striatum and in the hippocampus with an increase by 24h from nicotine cessation and a return to basal 7 days later. These changes were abolished by mecamylamine pretreatment (HOUDI et al. 1998).

These observations indicate that nicotine induces significant changes in the expression of opioid peptides in striatal regions. Although the role of these changes in the reinforcing and addictive properties of nicotine is obscure they could be utilized as markers of the relation between the action of nicotine in specific brain areas and behaviour.

V. Amino Acid Transmitters

Glutamate transmission might play a major role in nicotine reward and addiction either through a role in the effects of nicotine on DA transmission or independently of it. The first possibility has been addressed in the sections on DA. As to the second possibility, no direct evidence is available for it; therefore this issue will not be reviewed here. Similar arguments can be applied to the role of GABA transmission in nicotine reward and addiction. These topics have been extensively covered by other authors in this volume.

VI. Immediate/Early Genes

Administration of nicotine activates the expression of genes for a number of proteins that act as modulators of the transcription of other genes. The genes of these transcriptional modulators belong to the class of immediate–early genes (c-fos, c-june) and medium–late genes (e.g. fos B, june B etc.). The proteins coded by these genes can affect the expression of many other genes by forming heterodimers with other members of the leucine-zipper family (e.g. c-fos/c-june) that act as transcriptional activators (activating protein-1, AP-1) and inhibitors (truncated AP-1) (HUGHES and DRAGUNOW 1995; HERRERA and ROBERTSON 1996; MORATALLA et al. 1996a; HARLAN and GARCIA 1998).

FRAs are a heterogeneous group of proteins related to FOS and FOS-B that are expressed in temporal sequence after longer delays than FOS from application of the stimulus, and have half-lives of days and weeks compared to the short half-life (1–2 h) of FOS (HOPE et al. 1994; MORATALLA et al. 1996b; CHEN et al. 1997). FRAs might influence transcription in quite a different and even opposite manner from FOS, acting as transcriptional inhibitors rather than activators. Chronic FRAs have been shown to be isoforms of Δ-FOS-B, a truncated product of FOS-B that, as a result of post-translational modifications (splicing), forms long-lasting AP-1 complexes with its congeners. FOS and FRAs are induced in the CNS by a variety of stimuli that have in common the activation of modulatory neurotransmission, i.e. the activation of receptors whose signal is transduced into the formation of soluble intracellular second messengers, such as c-AMP and IP_3, or into an increase of Ca^{++} that, by stimulating the phosphorylation of constitutive protein substrates, induces the expression of IEGs (NYE et al. 1995; MORATALLA et al. 1996a).

Nicotine acutely increases FOS-like immunoreactivity in a large number of areas including terminal DA areas (REN and SAGAR 1992; MATTA et al. 1993; PANG et al. 1993; SHARP et al. 1993; KIBA and JAYARAMAN 1994; PANAGIS et al. 1996; SALMINEN et al. 1996; VALENTINE et al. 1997; MATHIEU-KIA et al. 1998b).

Stimulation of c-fos expression in the striatum by acute nicotine is prevented by D_1 receptor blockade, consistent with stimulation of DA transmission by nicotine in these areas (KIBA and JAYARAMAN 1994). Acute nicotine does not activate FOS in the NAc shell (NISELL et al. 1997; SALMINEN et al. 1999). This, however, is not necessarily in contrast with the notion of a preferential stimulation of DA transmission in these areas by nicotine, given the fact that D_1 and D_2 receptors influence FOS expression in a reciprocal manner.

Nicotine activates FOS in various brain areas including the striatum, NAc, cingulate cortex, central amygdala and prefrontal cortex, also after chronic exposure (NISELL et al. 1997b; SALMINEN et al. 1999), an observation that contrasts with the tendency of FOS to undergo desensitization after repeated activation (HOPE et al. 1994).

PAGLIUSI et al. (1996) have studied the pattern of FOS-like immunoreactivity in the brain of: (1) rats naive to nicotine, not trained and fed ad libitum; (2) rats naive to nicotine, not trained and food-restricted; (3) rats naive to nicotine but previously trained to bar press for food while food-restricted and switched to i.v. saline; and (4) rats trained on food while food-restricted and switched to nicotine self-administration. FOS, assayed 90min after the last operant session, was induced over 33 brain areas already as a result of previous training on operant responding for food, while it was induced only in three areas as a result of previous food restriction. Among these areas were the prefrontal cortex, lateral septum, NAc core and shell, claustrum, amygdala, paraventricular thalamus, suprachiasmatic and supraoptic nuclei, lateral geniculate nucleus and lateral habenula (PAGLIUSI et al. 1996). Nicotine self-administration further increased FOS in all these nuclei except in the supraoptic and suprachiasmatic nuclei, and in addition induced it ex novo in the superior colliculus (superficial layers) and in the medial terminal nucleus of the optic tract.

It appears, therefore, that in none of the areas that are classically considered to be involved in reinforcement is FOS selectively activated by nicotine self-administration. Nicotine self-administration further increased FOS expression in most of the areas that are activated in rats responding for saline after previous operant training for food responding. As these animals, in contrast to animals self-administering nicotine, bar press at a very low rate, it is not unlikely that the differences between the saline and the nicotine self-administering groups are related to differences in the degree of involvement in instrumental behaviour rather than in nicotine self-administration specifically. The absence in this study of a group actively bar pressing for food does not allow one to decide about the above possibility.

Similar considerations apply to a further study by the same group investigating the relationship between nicotine and cocaine self-administration and the expression of immunoreactivity to FRAs (MERLO-PICH et al. 1997). Since the antibody utilized in this study does not distinguish between FOS (55 kDa) and FRAs (35–45 kDa), the results obtained are expected to be in part superimposable to those of the previous study performed with antibodies specific for FOS. In this study, some rats of the group trained on responding for food and switched to saline were acutely administered with nicotine (MERLO-PICH et al. 1997). Significant increases in FRAs-like immunoreactivity was observed in the prefrontal cortex (infralimbic), cingulate cortex, NAc core and shell, central and basolateral amygdala and medial caudate-putamen in all the groups previously trained to bar press for food as compared to untrained rats. Nicotine and cocaine self-administration further increased the expression of FRAs in the prefrontal cortex, NAc shell and core and medial caudate-putamen; nicotine but not cocaine further increased FRAs in the cingulate cortex and in the basolateral amygdala (MERLO-PICH et al. 1997). On this basis, the authors suggested the existence of a relationship between nicotine or cocaine self-administration and changes in the prefrontal cortex, NAc and medial caudate-putamen. However, the fact that changes in the same direction were obtained in rats previously trained to bar press for food and switched to saline, leaves open the possibility that the changes observed in rats self-administering nicotine and cocaine were related to the circumstance that these rats were actively bar pressing independently of the fact that this resulted in exposure to nicotine or cocaine (MERLO-PICH et al. 1997). Again, the presence of a group of rats bar pressing for food under the same schedule utilized for nicotine appears necessary to control for the role of bar pressing per se in the changes observed.

In conclusion, studies on c-fos and FRAs expression after nicotine show a number of significant changes that may not be qualitatively specific for nicotine and not even for drug as distinguished from food reinforcement. Therefore, further studies are necessary to clarify to which extent quantitative changes in FOS and FRAs expression in areas involved in instrumental responding are specifically related to nicotine self-administration or are simply the result of previous engagement of the animal in active instrumental responding.

G. A Model of Nicotine Dependence by Tobacco Smoking

On the basis of the above analysis of the behavioural and neurobiological effects of nicotine, we propose a stepwise model of the role of nicotine in addiction to tobacco smoking (Fig. 12).

A stepwise model of nicotine addiction

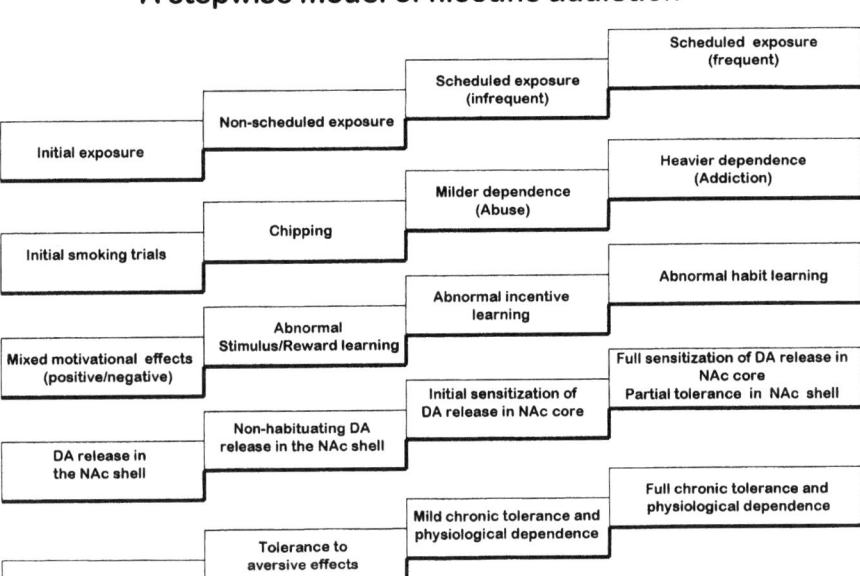

Fig. 12. A stepwise model of nicotine addiction (see text for explanation)

The model assumes that addiction to tobacco is the final step of a dependence process. The initial step in this process is learning of the association between the rewarding properties of nicotine and otherwise neutral stimuli that acquire secondary positive motivational properties. These stimuli can be either intrinsic or extrinsic to nicotine itself, and include those arising from substances associated to nicotine in smoke as well as from the context where nicotine's action takes place. These stimuli become predictive of nicotine's availability and promote nicotine-seeking behaviour and tobacco smoking.

Primary rewards release DA in the NAc shell and in areas of the extended amygdala (DI CHIARA 1998, 1999). This property of rewards has characteristics that are consistent with a role of DA of the NAc shell in associative learning such as, for example, one-trial habituation and inhibition by pre-exposure to appetitive conditional stimuli (BASSAREO and DI CHIARA 1997, 1999). Nicotine, like most addictive drugs (DI CHIARA and IMPERATO 1988; PONTIERI et al. 1995, 1996; TANDA et al. 1997) stimulates DA release in the NAc shell but, in contrast to natural rewards, fails to habituate upon repeated exposure. Thus nicotine, like other addictive drugs and in contrast to palatable food, releases DA in the NAc shell also after repeated exposure.

Nicotine-induced release of DA in the NAc undergoes acute tolerance but this change is fully reversible in 3h (MAISONNEUVE et al. 1997). In contrast,

NAc DA release by palatable food is strongly depressed as soon as 2 h and up to 24 h after the first exposure (BASSAREO and DI CHIARA 1997). This differential liability to habituation of the DA stimulant effect of rewards as compared to drugs of abuse might be critical for the addictive properties of drugs. In fact, by releasing DA non-decrementally in the NAc shell upon repeated exposure, addictive drugs, including nicotine, might abnormally facilitate stimulus–reward learning thus promoting the acquisition of excessive motivational properties by stimuli associated to drug exposure. As a result of this mechanism, nicotine would acquire upon repeated administration that excessive control over behaviour that is a characteristic of addiction (DI CHIARA 1998, 1999).

Stimuli that have acquired conditional incentive properties by stimulus–reward learning become, by a process of transfer from Pavlovian to instrumental learning, conditioned reinforcers for instrumental responding (DICKINSON 1994). Stimulation of DA transmission facilitates the transfer of Pavlovian to instrumental responding and the overall expression of instrumental responding. Thus, DA, in addition to facilitating stimulus–reward learning, might play a gain-amplifying role in the expression of instrumental responding (CADOR et al. 1989). Although such an action has not been specifically demonstrated for nicotine, we postulate that nicotine, by releasing DA in the NAc, also facilitates transfer from Pavlovian to instrumental responding and its expression.

In conditioned reinforcement, as in primary reinforcement, responding is reinforced by its outcome (incentive responding) except that the outcome is a conditioned rather than an unconditioned stimulus, as in primary reinforcement. After extensive training, however, responding becomes relatively independent of outcome being controlled by stimuli preceding responding rather than following it (DICKINSON 1994). This form of instrumental responding, called habit responding, is utilized in the most diverse activities of everyday life such as driving a car, writing, typing, playing the piano etc., and might be the form of instrumental behaviour that takes place in drug self-administration including nicotine self-administration in animals and humans. In animals, a typical sign of habit responding consists of resistance to extinction (DICKINSON and BALLEINE 1995); this is indeed what is observed in rats when nicotine is replaced with saline under intermittent schedules of i.v. self-administration.

In humans, tobacco smoking has been viewed as an abnormal form of habit responding given the fact that smoking is poorly controlled by consequences, such as the amount of nicotine inhaled, and is instead triggered by conditional smoking-related cues that automatically trigger the motor sequence of smoking (TIFFANY 1990). The fact that tobacco smoking is a form of habit responding and that, as such, is independent from its outcome does not mean that nicotine has a minor role in tobacco addiction; removal of nicotine from tobacco, while not affecting smoking behaviour in the short run, leads to extinction of smoking in the long run. It appears, therefore, that in chronic smoking the outcome of instrumental behaviour, i.e. the rewarding actions of nicotine, are simply moved away from responding but still retain their role as the final goal of behaviour.

During repeated exposure to nicotine, a number of adaptive changes take place that could affect the nature of nicotine's action and the individual responsiveness to smoking-related cues. Among these changes, tolerance and physiological dependence have been assigned an important role. Chronic tolerance might act to reduce aversive nicotine effects while acute tolerance might reduce nicotine's rewarding properties.

Tolerance to nicotine is traditionally attributed to a desensitization of nAChRs. The rapid and full reversibility of desensitization, however, contrasts with the long time-course of recovery from tolerance to certain actions of nicotine. In this case, an irreversible inactivation of nAChRs associated to recruitment of newly synthetized nAChRs might be more consistent with the long time-course of recovery from acute tolerance to certain nicotine effects (OLALE et al. 1997).

Whatever the mechanism, it has been suggested (BALFOUR 1994) that acute tolerance related to desensitization of nAChRs plays a role in smoking behaviour of chronic smokers that maintain relatively high levels of nicotine in plasma (more than $0.1 \mu M$) by smoking frequently during the day (RUSSELL 1990) Therefore, in chronic smokers, nicotine reinforcement would be related to desensitization-induced blockade of nAChRs rather than to their stimulation (BALFOUR 1994). There is no evidence, however, that inactivation of nAChRs is reinforcing. On the other hand, tolerance to nicotine is not absolute nor complete even after continuous exposure by subcutaneous osmotic minipumps (CARBONI et al. 2000a). In view of this, the existence of two individual modalities of smoking behaviour, "peak seeking" and "through maintaining" (RUSSELL 1990) could be explained as due to an individual preference for phasic as compared to tonic actions of nicotine, rather than to a relationship with stimulation and, respectively, blockade of nicotinic transmission as suggested by BALFOUR (1994). Thus, while "peak smokers" (chippers) would seek the intense sensations associated to the rapid and transitory rise of nicotine concentrations in the brain, "through maintainers" would seek, in addition, the tonic effects of a steady state of activation of nAChRs; we further speculate that while peak smoking is typical of sensation seekers, through smoking is typical of dysthymic or depressed individuals (GLASSMANN 1993; GILBERT and GILBERT 1995).

Another adaptive change that has been attributed a role in nicotine addiction is physiological dependence which, in our view, includes motivational dependence elicited by nicotine withdrawal. This condition is classically attributed a role in nicotine addiction as a result of a negative reinforcing mechanism (MARKOU et al. 1998); however it has been also suggested that abstinence in a condition of dependence amplifies the reinforcing properties of nicotine, thus increasing its addictive liability (DI CHIARA 1995; KOOB and LE MOAL 1997).

The responsiveness of DA transmission to nicotine as well as its steady-state level is strongly affected by nicotine exposure. Initial acute exposure to nicotine stimulates DA preferentially in the NAc shell (PONTIERI et al. 1996). Intermittent discontinuous exposure to nicotine, as in the case of peak smokers (RUSSELL 1990), results in rapidly reversible desensitization resulting in acute reversible tolerance (MAISONNEUVE et al. 1994) to nicotine-induced stimulation of DA release in the NAc shell. Instead, repeated continuous exposure to nicotine during the day, as in through smokers, results in a complex exposure to nicotine characterized by peaks, which correspond to cigarette smoking, superimposed to a baseline level of nicotine which builds up in a stepwise fashion at each cigarette smoking during the day to decrease during the night, when smoking ceases. The presence of a steady-state level of nicotine, while eventually insufficient to phasically stimulate DA release in the NAc is sufficient to induce desensitization. However, as a result of a relative resistance to inactivation of nAChRs containing certain subunits ($\alpha 3/\alpha 6$?) desensitization of DA transmission is not complete even in a chronic smoker; this allows DA release in response to nicotine to take place even in chronic smokers. Under these conditions, the extent of phasic DA release directly associated to cigarette smoking should be an inverse function of the steady-state level of nicotine. Since the steady-state level of nicotine in a chronic smoker progressively increases during the day, the phasic response of DA transmission in the NAc to smoking should be minimal at night and maximal in response to the first morning cigarette (DANI and HEINEMANN 1996).

In subjects chronically exposed to nicotine, withdrawal from nicotine enhances the responsiveness to nicotine of DA transmission in the NAc shell (withdrawal supersensitivity) (ACQUAS and DI CHIARA 1992; DI CHIARA 1995). We distinguish this mechanism from that of sensitization mainly on the basis of their different reversibility and relation with dependence. Thus, sensitization is a potentially irreversible phenomenon unrelated to abstinence from chronic nicotine, and therefore to dependence, while withdrawal supersensitivity is reversible and related to tolerance and dependence. It is likely that in the morning withdrawal supersensitivity facilitates DA release in response to nicotine.

Sensitization of DA transmission has also been attributed a role in addiction. According to ROBINSON and BERRIDGE (1993) repeated exposure to drugs of abuse results in sensitization of the responsiveness of DA transmission in the NAc to incentive stimuli in general, as well as to drugs of abuse. According to this hypothesis, the whole DA transmission of the NAc undergoes sensitization; instead, we have observed a differential effect of repeated nicotine exposure on DA responsiveness in the shell and in the core of the NAc (CADONI and DI CHIARA 2000). Thus, behavioural sensitization to nicotine is associated to an increased responsiveness in the NAc core and in a reduction in the shell.

An interpretation of the reciprocal changes in DA responsiveness to nicotine in the NAc can be provided on the basis of the different role assigned to

DA transmission in the two subdivisions of the NAc. Thus, if one considers that DA in the NAc shell is responsive to the motivational valence (positive or negative) of the stimulus, while DA in the NAc core is generically related to stimulus salience and to expression of motor behaviour (DI CHIARA 1998, 1999), one might suggest that sensitization results in reduction of the rewarding properties of nicotine (as a result of reduced responsiveness of DA transmission in the NAc shell) and increase of the ability to maintain high rates of drug self-administration (as a result of increased responsiveness in the NAc core).

We speculate that the reversal of the shell:core ratio of DA release stimulation in the NAc by nicotine might mark a switch from abnormal incentive to abnormal habit responding. At this stage, the ability of drugs of abuse to stimulate repeatedly and in an excessive manner DA transmission in the NAc core might result in abnormal habit learning, which provides the compulsive quality to smoking behaviour in the chronic smoker.

In the present model, craving has not been assigned a role as a motivational factor of nicotine addiction. This is clearly in contrast with the traditional role assigned to craving. However, this role largely derives from the fact that craving is equated to responding to drug cues (see as examples of this view, ROBINSON and BERRIDGE 1993 and MARKOU et al. 1998). This view of craving, however, overlooks the fact that craving is an operational construct that corresponds to a self-reported measure of strong desire to consume a given drug. Such desire is, in some cases, triggered by drug-conditional cues. However, as argued by TIFFANY (1998), drug-related cues including nicotine-related ones, elicit drug taking independently from craving. Accordingly, the strong conscious desire for the drug, which defines craving, would not be the usual way of responding for smoke by tobacco addicts (TIFFANY 1990).

Acknowledgments. This work owes its very existence to my collaborators whose fresh enthusiasm, genuine curiosity and painstaking dedication has been a vital source of invention and motivation for research. To them goes my deepest appreciation. This work has been performed during a very busy period of my life and I thank my family for their patience and understanding. Special thanks to Ms Adelaide Marchioni who typed the manuscript from my unreadable handwriting. This work was supported by funds from the Ministero per l'Università e la Ricerca Scientifica e Tecnologica, Consiglio Nazionale delle Ricerche (Centro per la Neurofarmacologia), the European Commission, Regione Autonoma della Sardegna and Università degli Studi di Cagliari.

References

Abood LG, Reynolds DT, Booth H, Bidlack JM (1981) Sites and mechanisms of nicotine's action in the brain. Neurosci Biobehav Rev 5:479–486

Acquas E, Di Chiara G (1992) Depression of mesolimbic dopamine transmission and sensitization to morphine during opiate abstinence. J Neurochem 58:1620–1625

Acquas E, Di Chiara G (1994) D_1 receptors blockade stereospecifically impairs the acquisition of drug-conditioned place-preference and place-aversion. Behav Pharmacol 5:555–569

Acquas E, Carboni E, Leone P, Di Chiara G (1989) SCH23390 blocks drug-conditioned place-preference and place-aversion: anhedonia (lack of reward) or apathy (lack of motivation) after dopamine receptor blockade? Psychopharmacology 99: 151–155

Acri JB, Morse DE, Popke EJ, Grunberg NE (1994) Nicotine-increases sensory gating measured as inhibition of the acoustic startle reflex in rats. Psychopharmacology 114:369–374

Ahmed SH, Koob GF (1997) Cocaine- but not food-seeking behavior is reinstated by stress after extinction. Psychopharmacology 32:289–295

Ahmed SH, Koob GF (1998) Transition from moderate to excessive drug intake: change in hedonic set point. Science 282:298–300

Alkondon M, Albuquerque EX (1993) Diversity of nicotinic acetylcholine receptors in rat hippocampal neurons. 1. Pharmacological and functional evidence for distinct structural subtypes. J Pharmacol Exp Ther 265:1455–1473

Alkondon M, Reinhardt S, Lobron C, Hermsen B, Maelicke A, Albuquerque EX (1994) Diversity of nicotinic acetylcholine receptors in rat hippocampal neurons. II. The rundown and inward rectification of agonist-elicited whole-cell currents and identification of receptor subunits by in situ hybridization. J Pharmacol Exp Ther 271:494–506

Allan LM, Williams JH, Wellman NA, Tonin J, Taylor E, Rawlins JNP (1995) Effects of tobacco smoking, schizotypy and number of pre-exposure on latent inhibition in healthy subjects. Person Individ Diff 19:893–902

Altar CA, Boyar WC, Wasley A, Gerhardt SC, Liebman JM, Wood PL (1988) Dopamine neurochemical profile of atypical antipsychotics resembles that of D-1 antagonists. Naunyn Schmiedeberg Arch Pharmacol 338:162–168

Altman J, Everitt BJ, Glautier S, Markou A, Nutt D, Oretti R, Phillips GD, Robbins TW (1996) The biological, social, and clinical bases of drug addiction: commentary and debate. Psychopharmacology 125:285–345

Amador M, Dani JA (1995) Mechanism for modulation of nicotinic acetylcholine receptors that can influence synaptic transmission. J Neurosci 15:4525–4532

American Psychiatric Association (1980) Diagnostic and statistical manual of mental disorders, 3rd edn American Psychiatric Association, Washington DC

American Psychiatric Association (1987) Diagnostic and statistical manual of mental disorders, 3rd edn, revised. American Psychiatric Association, Washington DC

American Psychiatric Association (1994) Diagnostic and statistical manual of mental disorders, 4th edn. American Psychiatric Association, Washington DC

Anda RF, Williamson DF, Escobedo LG, Mast EE, Giovino GA, Remington PL (1990) Depression and the dynamics of smoking: A national perspective. J Am Med Assoc 26:1541–1545

Anderson K, Fuxe K, Agnati LF (1981) Effects of single injections of nicotine on the ascending dopamine pathways in the rat. Evidence for increases of dopamine turnover in the mesostriatal and mesolimbic dopamine neurons. Acta Physiol Scand 112(3):345–347

Ando K, Yanagita T (1978) The discriminative stimulus properties of intravenously administered cocaine in rhesus monkeys. In: Colpaert FC, Rosecrans JA (eds) Stimulus properties of drugs: ten years of progress. Elsevier, Amsterdam, pp 125–136

Ando K, Yanagita T (1981) Cigarette smoking in Rhesus monkeys. Psychopharmacology 72:117–127

Ando K, Miyata H, Hironaka N, Tsuda T, Yanagita T (1993) The discriminative effects of nicotine and their central sites in rats. Jpn J Psychopharm 13:129–136

Armitage AK, Hall GH, Morrison CF (1968) Pharmacological basis for the tobacco smoking habit. Nature 217:331–334

Armitage AK, Dollery CT, Houseman TH, Lewis PJ, Turner DM (1975) Absorption and metabolism of nicotine from cigarettes. Br Med J 4:313–316

Arnold JM, Roberts DCS (1997) A critique of fixed and progressive ratio schedules used to examine the neural substrates of drug reinforcement. Pharmacol Biochem Behav 57:441–447
Arnold B, Allison K, Ivanova S, Paetsch PR, Paslawski T, Greenshaw AJ (1995) 5HT3 receptor antagonists do not block nicotine induced hyperactivity in rats. Psychopharmacology 119:213–221
Arqueros L, Naquira D, Zunino E (1978) Nicotine-induced release of catecholamines from rat hippocampus and striatum. Biochem Pharmacol 27:2667–2674
Arroyo-Jimenez MM, Bourgeois J-P, Marubio LM, Le Sourd AM, Ottersenn OP, Rinvik P, Faire A, Changeux J-P (1999) Ultrastructural localization of the a4-subunit of the neuronal acetylcholine nicotinic receptor in the rat substantia nigra. J Neurosci 19:6475–6487
Ator NA, Griffiths RR (1983) Nicotine self-administration in baboons. Pharmacol Biochem Behav 19:993–1003
Azam L, Castaneda D, Chen Y, Leslie FM (1999) Expression of neuronal nicotinic acetylcholine receptor subunit mRNAS within rat midbrain. Soc Neurosci 25:187
Badio B, Padgett WL, Daly JW (1997) Ibogaine: a potent noncompetitive blocker of ganglionic/neuronal nicotinic receptors. Mol Pharmacol 51:1–5
Baker TB, Tiffany ST (1985) Morphine tolerance as habituation. Psychol Rev 92:78–108
Baldinger B, Hasenfratz M, Bättig K (1995) Switching to ultralow nicotine cigarettes: effects of different tar yields and blocking of olfactory cues. Pharmacol Biochem Behav 50:233–239
Balfour DJK (1984) The effects of nicotine on brain neurotransmitter systems. In: Balfour DJK (ed) Nicotine and the Tobacco Smoking Habit. Pergamon Press, Oxford, England, pp 61–74
Balfour DJK (1990) A comparison of the effects of nicotine and ± amphetamine on rat behavior in an unsignalled Sidman avoidance schedule. J Pharm Pharmacol 42:257–260
Balfour DJK (1994) Neural mechanisms underlying nicotine dependence. Addiction 89:1419–1423
Balfour DJK, Birrell CE, Moran RJ, Benwell MEM (1996) Effects of acute D-CPPene on mesoaccumbens dopamine responses to nicotine in the rat. Eur J Pharmacol 316:153–156
Balfour DJK, Benwell MEM, Birrel CE, Kelly RJ, Al-Aloul M (1998) Sensitization of mesoaccumbens dopamine response to nicotine. Pharmacol Biochem Behav 4:1021–1030
Balster RL, Schuster CR (1973) Fixed-interval schedule of cocaine reinforcement: Effects of dose and infusion duration. J Exp Anal Behav 20:119–129
Bardo MT, Bevins RA, Klebaur JE, Crooks PA, Dwoskin LP (1997) (–)-Nornicotine partially substitutes for (+)-amphetamine in a drug discrimination paradigm in rats. Pharmacol Biochem Behav 58:1083–1087
Baruch I, Hemsley DR, Gray JA (1988) Differential performance of acute and chronic schizophrenics in a latent inhibition task. J Nerv Ment Dis 176:598–606
Bassareo V, Di Chiara G (1997) Differential influence of associative and nonassociative learning mechanisms on the responsiveness of prefrontal and accumbal dopamine transmission to food stimuli in rats fed ad libitum. J Neurosci 17:851–861
Bassareo V, Di Chiara G (1999) Differential responsiveness of dopamine transmission to food-stimuli in nucleus accumbens shell/core compartments. Neuroscience 89:637–641
Bassareo V, Tanda G, Di Chiara G (1995) Increase of extracellular dopamine in the medial prefrontal cortex during spontaneous and naloxone-precipitated opiate abstinence. Psychopharmacol 122:202–205
Bassareo V, Tanda G, Petromilli P, Giua C, Di Chiara G (1996) Non-psychostimulant drugs of abuse and anxiogenic drugs activate with differential selectivity dopamine transmission in the nucleus accumbens and in the medial prefrontal cortex. Psychopharmacology 124:293–299

Bauco P, Wise RA (1994) Potentiation of lateral hypothalamic and midline mesencephalic brain stimulation reinforcement by nicotine: Examination of repeated treatment. J Pharmacol Exp Ther 271:294–301
Behm FM, Rose JE (1994) Reducing craving for cigarettes while decreasing smoke intake using capsaicin-enhanced low-tar cigarettes. Exp Clin Psychopharmacol 2:143–153
Behm F, Levin ED, Lee YK, Rose JE (1990) Low-nicotine smoke aerosol reduces desire for cigarettes. J Subst Abuse 2:237–247
Bencherif M, Fowler K, Lukas RJ, Lippiello PM (1995) Mechanisms of up-regulation of neuronal nicotinic acetylcholine receptors in clonal cell lines and primary cultures of fetal rat brain. J Pharmacol Exp Ther 275:987–994
Beninger RJ (1983) The role of dopamine in locomotor activity and learning. Brain Res 6:173–196
Benowitz NL (1986) The human pharmacology of nicotine. In: Kappell H (ed) Research Advances in Alcohol and Drug Problems. Vol 9. Plenum Press, New York, pp 1–52
Benowitz NL, Jacob PIII (1990) Intravenous nicotine replacement suppresses nicotine intake from cigarette smoking. J Pharmacol Exp Ther 254:1000–1005
Benowitz NL, Jacob P (1993) Nicotine and cotinine elimination kinetics in smokers and non smokers. Clin Pharmacol Ther 53:316–323
Benowitz NL, Jacob P, Jones RT, Rosenberg J (1982) Interindividual variability in the metabolism and cardiovascular effects of nicotine in man. J Pharmacol Exp Ther 221:368–372
Benowitz NL, Porchet H, Jacob PIII (1990) Pharmacokinetics, metabolism, and pharmacodynamics of nicotine. In: Wonnacott S, Russell MAH, Stolerman IP (eds) Nicotine psychopharmacology. Oxford University Press, Oxford, pp 112–157
Benwell MEM, Balfour DJK (1979) Effects of nicotine administration and its withdrawal on plasma corticosterone and brain 5-hydroxyindoles. Psychopharmacology 63:7–11
Benwell MEM, Balfour DJK (1992) The effects of acute and repeated nicotine treatment on nucleus accumbens dopamine and locomotor activity. Br J Pharmacol 105:849–856
Benwell MEM, Balfour DJ (1997) Regional variation in the effects of nicotine on catecholamine overflow in rat brain. Eur J Pharmacol 325:13–20
Benwell MEM, Balfour DJK, Anderson JM (1988) Evidence that tobacco smoking increases the density of $(-)^3$H-nicotine binding site in human brain. J Neurochem 50:1243–1247
Benwell MEM, Balfour DJK, Lucchi HM (1993) The influence of tetrodotoxin and calcium on the stimulation of mesolimbic dopamine activity evoked by systemic nicotine. Psychopharmacology 112:467–471
Benwell ME, Balfour DJ, Birrell CE (1995) Desensitization of the nicotine-induced mesolimbic dopamine responses during constant infusion with nicotine. Br J Pharmacol 144:454–460
Berger BD, Wise CD, Stein L (1973) Area posterma damage and bait shyness. J Comp Physiol Psychol 82:475–479
Bhargava HN (1995) Attenuation of tolerance to, and physical dependence on, morphine in the rat by inhibition of nitric oxide synthase. Gen Pharmacol 26:1049–1053
Bindra D (1974) A motivational view of learning, performance, and behavior modification. Psychol Rev 81:199–213
Birrell CE, Balfour DJK (1998) The influence of nicotine pretreatment on mesoaccumbens dopamine overflow and locomotor responses to D-amphetamine. Psychopharmacology 140:142–149
Boring EG (1945) The use of operational definitions in science. Psychol Rev 52:243–245
Boyd ND (1987) Two distinct kinetic phases of desensitization of acetylcholine receptors of clonal rat PC12 cells. J Physiol 389:45–67

Bozarth MA, Wise RA (1985) Toxicity associated with long-term intravenous heroin and cocaine self-administration in the rat. JAMA 254:81–83

Bozarth MA, Pudiak CM, KuoLee R (1998a) Effect of chronic nicotine on brain stimulation reward. I. Effect of daily injections. Behav Brain Res 96:185–188

Bozarth MA, Pudiak CM, KuoKee R (1998b) Effect of chronic nicotine on brain stimulation reward. II. An escalating dose regimen. Behav Brain Res 96:189–194

Brady JV, Lukas SE (1984) (eds) Testing drugs for physical dependence potential and abuse liability. National Institute on Drug Abuse Research Monograph 52, US Gov't Printing Office, Washington, DC

Brazell MP, Mitchell SN, Joseph MH, Gray JA (1990) Acute administration of nicotine increases the in vivo extracellular levels of dopamine, 3,4-dihydroxyphenylacetic acid and ascorbic acid preferentially in the nucleus accumbens of the rat: comparison with caudate-putamen. Neuropharmacology 29:1177–1185

Brazell MP, Mitchell SN, Gray JA (1991) Effect of acute administration of nicotine on in vivo release of noradrenaline in the hippocampus of freely moving rats: a dose-response and antagonist study. Neuropharmacology 30: 823–833

Breese CR, Marks MJ, Logel J, Adams CE, Sullivan B, Collins AC, Leonard S (1997) Effects of smoking history on [^{3}H]-nicotine binding in human post-mortem brain. J Pharmacol Exp Ther 282:7–13

Breslau N, Kilbey M, Andreski P (1993a) Vulnerability to psychopathology in nicotine-dependent smokers: An epidemiologic study of young adults. Am J Psychiatry 150:941–946

Breslau N, Kilbey M, Andreski P (1993b) Nicotine dependence and major depression. New evidence from a prospective investigation. Arch Gen Psychiatry 50:31–35

Breslau N, Peterson EL, Schultz LR, Chilcoat HD, Andreski P (1998) Major depression and stages of smoking. A longitudinal investigation. Arch Gen Psychiatry 55:161–166

Brioni JD, Kim DJ, O'Neill AB, Williams JE, Decker MW (1994) Clozapine attenuates the discriminative stimulus properties of (–)-nicotine. Brain Res 643:1–9

Brioni JD, Kim DJ, O'Neill AB (1996) Nicotine cue: lack of effect of the a7 nicotinic receptor antagonist methyllycaconitine. Eur J Pharmacol 301:1–5

Buczek Y, Lê AD, Wang A, Stewart J (1999) Stress reinstates nicotine seeking but not sucrose solution seeking in rats. Psychopharmacology 144:183–188

Butschky MF, Bailey D, Henningfield JE, Pickworth WB (1995) Smoking without nicotine delivery decreases withdrawal in 12-hour abstinent smokers. Pharmacol Biochem Behav 50:91–96

Cabeza de Vaca S, Carr KD (1998) Food restriction enhances the central rewarding effect of abused drugs. J Neurosci 18:7502–7510

Cadoni C, Di Chiara G (1999) Reciprocal changes in dopamine responsiveness in the nucleus accumbens shell and core and in the dorsal caudate-putamen in rats sensitized to morphine. Neuroscience 90:447–455

Cadoni C, Di Chiara G (2000) Differential changes in accumbens shell and core dopamine in behavioural sensitization to nicotine. Eur J Pharmacol 387:R23–R25

Cador M, Robbins TW, Everitt BJ (1989) Involvement of amygdala in stimulus-reward association: interaction with the ventral striatum. Neuroscience 30:77–86

Caggiula AR, Epstein LH, Stiller R (1989) Changing environmental cues reduces tolerance to nicotine-induced anorexia. Psychopharmacology 99:389–392

Caggiula AR, Epstein LH, Antelman SM, Saylor SS, Perkins KA, Knopf S, Stiller R (1991) Conditioned tolerance to the anorectic and corticosterone-elevating effects of nicotine. Pharmacol Biochem Behav 40:53–59

Caggiula AR, Epstein LH, Antelman SM, Knopf S, Perkins KA, Saylor S, Donny E, Stiller R (1995) Conditioned tolerance to nicotine in rats. In: Clarke P, Quik K, Thurau K, Adhofer F (eds) The effects of nicotine on biological systems II. Birkhäuser, Basel Boston Berlin, pp 101–107

Caine SB, Koob GF (1994) Effects of mesolimbic dopamine depletion on responding maintained by cocaine and food. J Exp Anal Behav 61:213–221

Calabresi P, Lacey MG, North RA (1989) Nicotine excitation of rat ventral tegmental neurons in vitro studied by intracellular recording. Br J Pharmacol 98:135–140

Calcagnetti DJ, Schechter MD (1991) Conditioned place aversion following the central administration of a novel dopamine release inhibitor CGS 10746B. Pharmacol Biochem Behav 40:255–259

Calcagnetti DJ, Schechter MD (1992) Psychostimulant-induced activity is attenuated by two putative dopamine release inhibitors. Pharmacol Biochem Behav 43: 1023–1031

Calcagnetti DJ, Schechter MD (1993) Place preference for the psychostimulant cathinone is blocked by pretreatment with a dopamine release inhibitor. Prog Neuropsychopharmacol Biol Psychiatry 17:637–649

Calcagnetti DJ, Schechter MD (1994) Nicotine place preference using the biased method of conditioning. Prog Neuro-Psychopharmacol & Biol Psychiat 18:925–933

Cappendijk SLT, Dzoljic MR (1993) Inhibitory effects of ibogaine on cocaine self-administration in rats. Eur J Pharmacol 241:261–265

Carboni E, Acquas E, Leone P, Di Chiara G (1989a) 5HT$_3$ receptor antagonists block morphine- and nicotine- but not amphetamine-induced reward. Psychopharmacology 97:175–178

Carboni E, Acquas E, Frau R, Di Chiara G (1989b) Differential inhibitory effects of a 5HT$_3$ antagonist on drug-induced stimulation of dopamine release. Eur J Pharmacol 164:515–519

Carboni E, Bortone L, Giua C, Di Chiara G (2000a) Dissociation of physical abstinence signs from changes in extracellular dopamine in the nucleus accumbens and in the prefrontal cortex of nicotine dependent rats. Drug Alcohol Dep 58:93–102

Carboni E, Silvagni A, Rolando MTP, Di Chiara G (2000b) Stimulation of in vivo dopamine transmission in the bed nucleus of stria terminalis by addictive drugs. J Neuroscience (in press)

Carmelli D, Swan GE, Robinette D, Fabsitz R (1992) Genetic influence on smoking a study of male twins. N Engl J Med 327:829–833

Carr GD, Fibiger HC, Phillips AG (1989) Conditioned place preference as a measure of drug reward. In: Liebman JM, Cooper SJ (eds) The Neuropharmacological basis of reward. Oxford University Press, New York, pp 264–319

Carroll ME, Lac ST, Asencio M, Keenan RM (1989) Nicotine dependence in rats. Life Sci 45:1381–1388

Chance WT, Murfin D, Krynock GM, Rosecrans JA (1977) A description of the nicotine stimulus and tests of its generalization to amphetamine. Psychopharmacology 55:19–26

Chance WT, Kallman MD, Rosecrans JA, Spencer RM (1978) A comparison of nicotine and structurally related compounds as discriminative stimuli. Br J Pharmacol 63:609–616

Chandler CJ, Stolerman IP (1997) Discriminative stimulus properties of the nicotinic agonist cytisine. Psychopharmacology 129:257–264

Changeux JP, Bertrand D, Corringer PJ, Dehaene S, Edelstein S, Lena C, Le Novere N, Marubio L, Picciotto M, Zoli M (1998) Brain nicotinic receptors: structure and regulation, role in learning and reinforcement. Brain Res Rev 26:198–216

Chen Z, Engberg G (1989) The rat nucleus paragigantocellularis as a relay station to mediate peripherally induced effects of nicotine. Neurosci Lett 101:67–71

Chen J, Kelz MB, Hope BT, Nakabeppu Y, Nestler EJ (1997) Chronic fos-related antigens: stable variants of deltaFosB induced in brain by chronic treatments. J Neurosci 17:4933–4941

Chernick V (1983) The brain's own morphine and cigarette smoking: the junkie in disguise? Chest 83:2–4

Chiamulera C, Borgo C, Falchetto S, Valerio E, Tessari M (1996) Nicotine reinstatement of nicotine self-administration after long-term extinction. Psychopharmacology 127:102–107

Church RE (1989) Smoking and the human EEG. In: Ney T, Gale A (eds) Smoking and human behavior. Wiley, Chichester, pp 115–140
Clark MSG (1969) Self-administered nicotine solutions preferred to placebo by the rat. Br J Pharmacol 35:367
Clarke PBS (1984) Chronic nicotinic blockade after a single administration of the bisquaternary ganglion-blocking drug chlorisondamine. Br J Pharmacol 83: 527–535
Clarke PBS, Fibiger HC (1987) Apparent absence of nicotine-induced conditioned place preference in rats. Psychopharmacology 92:84–88
Clarke PBS, Kumar R (1983a) The effects of nicotine on locomotor activity in non-tolerant and tolerant rats. Br J Pharmacol 78:329–337
Clarke PBS, Kumar R (1983b) Characterization of the locomotor stimulant action of nicotine in tolerant rats. Br. J Pharmacol 80:587–594
Clarke PBS, Kumar R (1984) Effects of nicotine and d-amphetamine on intracranial self-stimulation in a shuttle box test in rats. Psychopharmacology 84(1):109–114
Clarke PBS, Pert A (1985) Autoradiographic evidence for nicotine receptors on nigrostriatal and mesolimbic dopaminergic neurons. Brain Res 348:355–358
Clarke PBS, Reuben M (1996) Release of [^{3}H]-noradrenaline from rat hippocampal synaptosomes by nicotine: mediation by different nicotinic receptor subtypes from striatal [^{3}H]-dopamine release. Br J Pharmacol 117:595–606
Clarke PBS, Pert CB, Pert A (1984) Autoradiographic distribution of nicotine receptors in rat brain. Brain Res 323(2):390–395
Clarke PBS, Schwartz RD, Paul SM, Pert CB, Pert A (1985) Nicotinic binding in rat brain: autoradiographic comparison of [3H]acetylcholine, [3H]nicotine, and [^{125}I]alpha-bungarotoxin. J Neurosci 5(5):1307–1315
Clarke PBS, Hamill GS, Nadi NS, Jacobwitz DM, Pert A (1986) ^{3}H-Nicotine and ^{125}I-alpha-bungarotoxin labeled nicotinic receptors in the interpeduncular nucleus of rats. II. Effects of habenular deafferentation. J comp Neurol 251:407–413
Clarke PBS, Fu DS, Jakubovic A, Fibiger HC (1988a) Evidence that mesolimbic dopaminergic activation underlies the locomotor stimulant action of nicotine in rats. J Pharmacol Exp Ther 246:701–708
Clarke PBS, Jakubovic A, Fibiger HC (1988b) Anatomical analysis of the involvement of mesolimbic dopamine in the locomotor stimulant actions of d-amphetamine and apomorphine. Psychopharmacology 96:511–520
Collins RJ, Weeks JR, Cooper MM, Good PI, Russell RR (1984) Prediction of abuse liability of drugs using i.v. self-administration by rats. Psychopharmacology 82: 6–13
Collins AC, Roman E, Wehner JM (1988) Nicotine tolerance: an analysis of the time course of its development and loss in the rat. Psychopharmacology 96:7–14
Collins AC, Romm E, Wehner JM (1990) Dissociation of the apparent relationship between nicotine tolerance and upregulation on nicotinic receptors. Brain Res Bull 25:373–379
Connelly MS, Littleton JM (1983) Lack of stereoselectivity in ability of nicotine to release dopamine from rat synaptosomal preparations. J Neurochem 41:1297–1302
Corrigall WA (1999) Nicotine self-administration in animal as a dependence model. Nicotine & Tobacco Res 1:11–20
Corrigall WA, Coen KM (1989) Nicotine maintains self-administration in rats on a limited-access schedule. Psychopharmacology 99:473–478
Corrigall WA, Coen KM (1991a) Opiate antagonists reduce cocaine but not nicotine self-administration. Psychopharmacology 104:167–170
Corrigall WA, Coen KM (1991b) Selective dopamine antagonists reduce nicotine self-administration. Psychopharmacology 104: 171–176
Corrigall WA, Coen KM (1994a) Dopamine mechanisms play at best a small role in the nicotine discriminative stimulus. Pharmacol Biochem Behav 48:817–820

Corrigall WA, Coen KM (1994b) Nicotine self-administration and locomotor activity are not modified by the 5-HT_3 antagonists ICS 205-930 and MDL 72222. Pharmacol Biochem Behav 49:67-71
Corrigall WA, Herling S, Coen KM (1989) Evidence for a behavioral deficit during withdrawal from chronic nicotine treatment. Pharmacol Biochem Behav 33:559-562
Corrigall WA, Franklin KB, Coen KM, Clarke PB (1992) The mesolimbic dopaminergic system is implicated in the reinforcing effects of nicotine. Psychopharmacology 107:285-289
Corrigall WA, Coen KM, Adamson KL (1994) Self-administered nicotine activates the mesolimbic dopamine system through the ventral tegmental area. Brain Res 653:278-284
Costall B, Kelly ME, Naylor RJ, Onaivi RJ (1989) The actions of nicotine and cocaine in a mouse model of anxiety. Pharmacol Biochem Behav 33:197-203
Costall B, Jones BJ, Kelly ME, Naylor RJ, Onaivi ES, Tyers MB (1990a) Sites of action of ondansetron to inhibit withdrawal from drugs of abuse. Pharmacol Biochem Behav 36:97-104
Costall B, Jones BJ, Kelly ME, Naylor RJ, Onaivi ES, Tyers MB (1990b) Ondansetron inhibits a behavioural consequence of withdrawing from drugs of abuse. Pharmacol Biochem Behav 36:339-344
Court JA, Lloyd S, Thomas N, Piggot MA, Marshall EF, Morris CM, Lamb H, Perry RH, Johnson M, Perry EK (1998) Dopamine and nicotinic receptor binding and the level of dopamine and homovanillic acid in human brain related to tobacco use. Neuroscience 87:63-78
Cox BM, Goldstein A, Nelson WT (1984) Nicotine self-administration in rats. Br J Pharmacol 83:49-55
Curzon P, Kim DJ, Decker MW (1994) Effect of nicotine, lobeline, and mecamylamine on sensory gating in the rat. Pharmacol Biochem Behav 49:877-882
Damaj MI, Creasy KR, Grove AD, Rosecrans JA, Martin BR (1994) Pharmacological effects of epibatidine optical enantiomers. Brain Res 664:34-40
Damaj MI, Welch SP, Martin BR (1996) Characterization and modulation of acute tolerance to nicotine in mice. J Pharmacol Exp Ther 277:454-461
Damaj MI, Slemmer JE, Carroll FI, Martin BR (1999) Pharmacological characterization of nicotine's interaction with cocaine and cocaine analogs. J Pharmacol Exp Ther 289:1229-1236
Damsma G, Day J, Fibiger HC (1989) Lack of tolerance to nicotine-induced dopamine release in the nucleus accumbens. Eur J Pharmacol 168:363-368
Dani JA, Heinemann S (1996) Molecular and cellular aspects of nicotine abuse. Neuron 16:905-908
Davis TRA, Kensler CJ, Dews PB (1973) Comparison of behavioral effects of nicotine, d-amphetamine, caffeine and dimethylheptyltetrahydrocannabinol in squirrel monkeys. Psychopharmacologia 32:51-65
Dawe S, Gerada C, Russell MA, Gray JA (1995) Nicotine intake in smokers increases following a single dose of haloperidol. Psychopharmacology 117:110-115
De la Garza R, Johanson CE (1983) The discriminative stimulus properties of cocaine in the rhesus monkey. Pharmacol Biochem Behav 19:145-148
De la Garza R, Johanson CE (1985) Discriminative stimulus properties of cocaine in pigeons. Psychopharmacology 85:23-30
De la Garza R, Johanson CE (1989) The effects of food deprivation on the self-administration of psychoactive drugs. Drug Alcohol Dep 19:17-27
Della Casa V, Höffer I, Weiner I, Feldon J (1998) The effects of smoking on acoustic prepulse inhibition in healthy men and women. Psychopharmacology 137:362-368
Deneau GA, Inoki R (1967) Nicotine self-administration in monkeys. Ann NY Acad Sci 142:227-279
Deneris ES, Boulter J, Swanson LW, Patrick J, Heinemann S (1989) B_3: a new member of nicotinic acetylcholine receptor gene family is expressed in brain. J Biol Chem 264:6268-6272

Deutch AY, Holliday J, Roth RR, Chun LLY, Hawrot E (1987) Immunohistochemical localization of a neuronal nicotinic acetylcholine receptor in mammalian brain. Proc Natl Acad Sci USA 84:8697–8701

Dewey SL, Brodie JD, Gerasimov BM, Horan B, Gardner EL, Ashby CR (1999) A Pharmacologic strategy for the treatment of nicotine addiction. Synapse 31: 76–86

Dews P, Wenger G (1977) Rate dependency of the behavioral effects of amphetamine. In: Thompson T, Dews PB (eds) Advances in Behavioral Pharmacology. Academic Press, New York, vol 1, pp 167–227

De Wit H, Stewart J (1981) Reinstatement of cocaine-reinforced responding in the rat. Psychopharmacology 75:134–143

De Wit H, Stewart J (1983) Drug reinstatement of heroin-reinforced responding in the rat. Psychopharmacology 79:29–31

De Wit H, Zacny J (1995) Abuse potential of nicotine replacement therapies. CNS Drugs 4:456–468

Dhatt RK, Gudehithlu KP, Wemlinger TA, Tejwani GA, Neff NH, Hadjiconstantinou M (1995) Preproenkephalin mRNA and methionine-enkephalin content are increased in mouse striatum after treatment with nicotine. J Neurochem 64: 1878–1883

Di Chiara G (1995) The role of dopamine in drug abuse viewed from the perspective of its role in motivation. Drug Alcohol Dep 38:95–137

Di Chiara G (1998) A motivational learning hypothesis of the role of dopamine in compulsive drug use. J Psychopharmacol 12:54–67

Di Chiara G (1999) Drug addiction as dopamine-dependent associative learning disorder. Eur J Pharmacol 375:13–30

Di Chiara G, Imperato A (1988) Drugs abused by humans preferentially increase synaptic dopamine concentrations in the mesolimbic system of freely moving rats. Proc Natl Acad Sci USA 85:5274–5278

Dickinson A (1994) Instrumental conditioning. In: Mackintosh N (ed) Animal learning and cognition. Academic Press, San Diego, pp 45–79

Dickinson A, Balleine B (1995) Motivational control of instrumental action. Curr Dir Psychol Sci 4:162–167

Dineley-Miller K, Patrick J (1992) Gene transcripts for the nicotinic acetylcholine receptor subunit $\beta 4$ are distributed in multiple areas of the rat central nervous system. Mol Brain Res 16:339–344

Dominguez del Toro E, Juiz JM, Peng X, Lindstrom J, Criado M (1994) Immunocytochemical localization of the $a7$ subunit of the nicotinic acetylcholine receptor in the rat central nervous system. J comp Neurol 349:325–342

Domino EF (1973) Neuropsychopharmacology of nicotine and tobacco smoking. In: Dunn WL (ed) Smoking behavior: motives and incentives. Winston/Wiley, New York, pp 5–32

Domino EF (1997) Tobacco smoking and nicotine neuropsychopharmacology: some future research directions. Neuropsychopharmacology 18:456–468

Domino EF, Lutz MP (1973) Tolerance to the effects of daily nicotine on rat bar pressing behavior for water reinforcement. Pharmacol Biochem Behav 1:445–448

Domino EF, Hall GH, Morrison CF (1968) Pharmacological basis for the smoking habit. Nature 217:331–334

Donny EC, Caggiula AR, Knopf S, Brown C (1995) Nicotine self-administration in rats. Psychopharmacology 122:390–394

Donny EC, Caggiula AR, Mielke MM, Jacobs KS, Rose C, Sved AF (1998) Acquisition of nicotine self-administration in rats: the effects of dose, feeding schedule, and drug contingency. Psychopharmacology 136:83–90

Dougherty J, Miller D, Todd G, Kostengauder HB (1981) Reinforcing and other behavioral effects of nicotine. Neurosci Biobehav Rev 5:487–495

Druhan J, Fibiger HC, Phillips AG (1989) Differential effects of cholinergic drugs on discriminative cues and self-stimulation produced by electrical stimulation of the ventral tegmental area. Psychopharmacology 97:331–338

Duka T, Tasker R, Russell K, Stephens DN (1998) Discriminative stimulus properties of nicotine at low doses: the effects of caffeine preload. Behav Pharmacol 9: 219–229

Dworkin SI, Vrana SL, Broadbent J, Robinson JH (1993) Comparing the reinforcing effects of nicotine, caffeine, methylphenidate and cocaine. Med Chem Res 2:593–602

Dwoskin LP, Crooks PA, Teng L-H, Green TA, Bardo MT (1999) Acute and chronic effects of nornicotine on locomotor activity in rats: altered response to nicotine. Psychopharmacology 145:442–451

Edwards G, Arif A, Hodgson R (1981) Nomenclature and classification of drug- and alcohol-related disorders: a WHO Memorandum. Bull World Health Organization 59:225–242

Egan TM, North RA (1986) Actions of acetylcholine and nicotine on rat locus coeruleus neurons in vitro. Neuroscience 19:565–571

Eissenberg T, Griffiths RG, Stitzer ML (1996) Mecamylamine does not precipitate withdrawal in cigarette smokers. Psychopharmacology 127:328–336

El-Bizri H, Clarke PBS (1994) Blockade of nicotine receptor-mediated release of dopamine from striatal synaptosomes by chlorisondamine and other nicotinic antagonists administered in vitro. Br J Pharmacol 111:406–413

Engberg G (1989) Nicotine induced excitation of locus coeruleus neurons is mediated via release of excitatory amino acids. Life Sci 44:1535–1540

Engberg G, Svensson TH (1980) Pharmacological analysis of a cholinergic regulation of brain norepinephrine neurons. J Neural Transm 49:137–150

Epping-Jordan MP, Watkins SS, Koob GF, Markou A (1998) Dramatic decreases in brain reward function during nicotine withdrawal. Nature 393:76–79

Epstein LH, Dickson BE, McKenzie S, Russell PO (1984) The effect of smoking on perception of music tension. Psychopharmacology 83:107–113

Epstein LH, Caggiula AR, Stiller R (1989) Environment-specific tolerance to nicotine. Psychopharmacology 97:235–237

Epstein LH, Caggiula AR, Perkins KA, McKenzie SJ, Smith JA (1991) Conditioned tolerance to the heart rate effects of smoking. Pharmacol Biochem Behav 39(1): 15–19

Erb S, Shaham Y, Stewart J (1996) Stress reinstates cocaine-seeking behavior after prolonged extinction and drug-free periods. Psychopharmacology 128:408–412

Etscorn F (1980) Sucrose aversions in mice as a result of injected nicotine or passive tobacco smoke inhalation. Bull Psychon Soc 15:54–56

Etscorn F, Moore GA, Hagen LS, Caton TM, Sanders DL (1986) Saccharin aversions in hamsters as a result of nicotine injections. Pharmacol Biochem Behav 24: 567–570

Etscorn F, Moore GA, Scott EP, Hagen LS, Caton TM, Sanders DL, Divine KK (1987) Conditioned saccharin aversions in rats as a result of cutaneous nicotine or intraperitoneal nicotine administered in divided doses. Pharmacol Biochem Behav 28:495–502

Ettenberg A (1989) Dopamine, neuroleptics and reinforced behavior. Neurosci Biobehav Rev 13:105–111

Fagerström KO (1978) Measuring degree of physical dependence to tobacco smoking with reference to individualization of treatment. Addict Behav 3:235–241

Fagerström KO (1988) Efficacy of nicotine chewing gum: a review. In: Pomerleau O, Pmerleau C (eds) Nicotine replacement in the treatment of smoking. Liss, New York, pp 109–128

Fagerström KO, Säwe U, Tönnesen P (1992) Therapeutic use of nicotine patches: efficacy and safety. J Smok Rel Disord 3:247–261

Fagerström KO, Schneider NG, Lunell E (1993) Effectiveness of nicotine patch and nicotine gum as individual versus combined treatments for tobacco withdrawal symptoms. Psychopharmacology 111:271–277

Falk JL (1971) The nature and determinants of adjunctive behavior. Physiol Behav 6:577–588
Falkeborn Y, Larsson C, Nordberg A (1981) Chronic nicotine exposure in the rat: a behavioral and biochemical study of tolerance. Drug Alcohol Depend 8:51–60
Fant RV, Schuh KJ, Stitzer ML (1995) Response to smoking as a function of prior smoking amounts. Psychopharmacology 119:385–390
Feigl (1945) Operationism and scientific method. Psychol Rev 52:250–259
Fenster CP, Rains MF, Noerager B, Quick MW, Lester RA (1997) Influence of subunit composition on desensitization of neuronal acetylcholine receptors at low concentrations of nicotine. J Neurosci 17:5747–5759
Fenster CP, Whitworth TL, Sheffield EB, Quick MW, Lester RA (1999a) Upregulation of surface alpha4beta2 nicotinic receptors is initiated by receptor desensitization after chronic exposure to nicotine. J Neurosci 19:4804–4814
Fenster CP, Beckman ML, Parker JC, Sheffield EB, Whitworth TL, Quick MW, Lester RA (1999b) Regulation of alpha4beta2 nicotinic receptor desensitization by calcium and protein kinase C. Mol Pharmacol 55:432–443
Ferster CB, Skinner BF (1957) Schedules of reinforcement. Appleton-Century-Crofts, New York
Fischman MW (1989) Relationship between self-reported drug effects and their reinforcing effects: studies with stimulant drugs. NIDA Res Monogr 92:211–230
Flores CM, Rogers SW, Pabreza LA, Wolfe BB, Kellar KJ (1992) A subtype of nicotinic cholinergic receptor in rat brain is composed of $\alpha 4$ and $\beta 2$ subunits and is up-regulated by chronic nicotine treatment. Mol Pharmacol 41:31–37
Flores CM, Davila-Garcia MI, Ulrich YM, Kellar KJ (1997) Differential regulation of neuronal nicotinic receptor binding sites following chronic nicotine administration. J Neurochem 69:2216–2219
Flynn FW, Webster M, Ksir C (1989) Chronic voluntary nicotine drinking enhances nicotine palatability. Behav Neurosci 103:356–364
Foulds J, Stapleton J, Feyerabend C, Vesey C, Jarvis M, Russell MAH (1992) Effect of transdermal nicotine patches on cigarette smoking: a double blind crossover study. Psychopharmacology 106:421–427
Foulds J, Stapleton JA, Bell N, Swettenham J, Jarvis MJ, Russell MA (1997) Mood and physiological effects of subcutaneous nicotine in smokers and never-smokers. Drug Alcohol Depend 44:105–115
French D, Witkin JM (1993) Effects of the dopamine release inhibitor, CGS 10746B, on the locomotor stimulant and discriminative stimulus effects of cocaine and methamphetamine. Pharmacol Biochem Behav 46:989–993
Fu Y, Matta SG, James TJ, Sharp BM (1998a) Nicotine-induced norepinephrine release in the rat amygdala and hippocampus in mediated through brainstem nicotinic cholinergic receptors. J Pharmacol Exp Ther 284:1188–1196
Fu Y, Matta SG, Valentine JD, Sharp BM (1998b) Desensitization and resensitization of norepinephrine release in the rat hippocampus with repeated nicotine administration. Neurosci Lett 241:147–150
Fu Y, Matta SG, Sharp BM (1999a) Local alpha-bungarotoxin (α-BTX)-sensitive nicotinic receptors modulate nicotine-induced dopamine (DA) release in the nucleus accumbens (NACC). Soc Neurosci 25:187
Fu Y, Matta SG, Sharp BM (1999b) Local α-bungarotoxin-sensitive nicotinic receptors modulate hippocampal norepinephrine release by systemic nicotine. JPET 289: 133–139
Fudala PJ, Teoh KW, Iwamoto ET (1985) Pharmacologic characterization of nicotine-induced conditioned place preference. Pharmacol Biochem Behav 22:237–241
Fudala PJ, Iwamoto ET (1986) Further studies on nicotine-induced conditioned place preference in the rat. Pharmacol Biochem Behav 25:1041–1049
Fudala PJ, Iwamoto ET (1987) Conditioned aversion after delay place conditioning with nicotine. Psychopharmacology 92:376–381

Fung YK (1989) Effects of chronic nicotine pretreatment on (+)amphetamine and nicotine-induced synthesis and release of ^{3}H-dopamine from ^{3}H-tyrosine in rat nucleus accumbens. J Pharm Pharmacol 41:66–68

Fung YK, Schmid MJ, Anderson TM, Lau Y-S (1996) Effects of nicotine withdrawal on central dopaminergic systems. Pharmacol Biochem Behav 53:635–640

Fuxe K, Andersson K, Harfstrand A, Agnati LF (1986) Increases in dopamine utilization in certain limbic dopamine terminal populations after a short period of intermittent exposure of male rats to cigarette smoke. J Neural Transm 67:15–29

Garcha HS, Thomas P, Spivak CE, Wonnacott S, Stolerman IP (1993) Behavioural and ligand-binding studies in rats with 1-acetyl-4-methylpiperazine, a novel nicotinic agonist. Psychopharmacology 110:347–354

Garcia-Munoz M, Patino P, Young SJ, Groves PM (1996) Effects of nicotine on dopaminergic nigrostriatal axons requires stimulation of presynaptic glutamatergic receptors. J Pharmacol Exp Ther 277:1685–1693

Gasior M, Shoaib M, Yasar S, Jaszyna M, Goldberg SR (1999) Acquisition of nicotine discrimination and discriminative stimulus effects of nicotine in rats chronically exposed to caffeine. J Pharmacol Exp Ther 288:1053–1073

George TP, Verrico CD, Roth RH (1998) Effects of repeated nicotine pre-treatment on mesoprefrontal dopaminergic and behavioral responses to acute footshock stress. Brain Res 801:36–49

Gerber GJ, Stretch R (1975) Drug-induced reinstatement of extinguished self-administration behavior in monkeys. Pharmacol Biochem Behav 3:1055–1061

Gilbert RM (1978) Schedule-induced self-administration of drugs. In: Blackman DE, Sanger DJ (eds) Contemporary Research in Behavioral Pharmacology. Plenum Press, New York

Gilbert DG (1996) Depression, smoking and nicotine: toward a bioinformational situation by trait model. Drug Dev Res 38:267–277

Gilbert DG, Gilbert BO (1995) Personality, psychopathology, and nicotine response as mediators of the genetics of smoking. Behav Genet 25:133–147

Giorguieff-Chesselet MF, Kemel ML, Wandsheer D, Glowinski J (1979) Regulation of dopamine release by presynaptic nicotinic receptors in rat striatal slices: Effect of nicotine in a low concentrations. Life Sci 25:1257–1262

Glassman AH (1993) Cigarette smoking: implications for psychiatric illness. Am J Psychiatry 150:546–553

Glassman AH, Helzer JE, Covey LS, Cotrler LB, Stetner F, Tipp JE, Johnson J (1990) Smoking, smoking cessation, and major depression. J Am Med Assoc 264:1546–1549

Glick SD, Jarvik ME, Nakamura RK (1970) Inhibition by drugs of smoking behaviour in monkeys. Nature 227:969–971

Glick SD, Zimmerberg B, Jarvik ME (1971) Titration of oral nicotine intake with smoking behaviour in monkeys. Nature 233:207–208

Glick SD, Rossman K, Steindorf S, Maisonneuve IM, Carlson JN (1991) Effects and aftereffects of ibogaine on morphine self-administration in rats. Eur J Pharmacol 195:341–345

Glick SD, Kuehne ME, Raucci J, Wilson TE, Larson D, Keller RW Jr, Carlson JN (1994) Effects of iboga alkaloids on morphine and cocaine self-administration in rats: relationship to tremorigenic effects and to effects on dopamine release in nucleus accumbens and striatum. Brain Res 657:14–22

Glick SD, Visker KE, Maisonneuve IM (1996) An oral self-administration model of nicotine preference in rats: effects of mecamylamine. Psychopharmacology 128:426–431

Glick SD, Maisonneuve IM, Visker KE, Fritz KA, Bandarage UK, Kuehne ME (1998) 18-Methoxycoronardine attenuates nicotine-induced dopamine release and nicotine preferences in rats. Psychopharmacology 139:274–280

Goldberg SR, Spealman RD (1982) Maintenance and suppression of behavior by intravenous nicotine injections in squirrel monkeys. Fed Proceed 41:216–220

Goldberg SR, Spealman RD (1983) Suppression of behavior by intravenous injection of nicotine or by electric shock in squirrel monkeys: effects of chlordiazepoxide and mecamylamine. J Pharmacol Exp Therap 224:334–340

Goldberg SR, Henningfield JE (1988) Reinforcing effects of nicotine in humans and experimental animals responding under intermittent schedules of IV drug injection. Pharmacol Biochem Behav 30:227–234

Goldberg SR, Spealman RD, Goldberg DM (1981) Persistent behavior at high rates maintained by intravenous self-administration of nicotine. Science 214:573–575

Goldberg SR, Risner ME, Stolerman IP, Reavill C, Garcha HS (1989) Nicotine and some related compounds: effects on schedule-controlled behavior and discriminative properties in rats. Psychopharmacology 97:295–302

Goldner F, Dineley K, Patrick J (1997) Immunohistochemical localization of the nicotinic acetylcholine receptor subunit $\alpha 6$ dopaminergic neurons in the substantia nigra and ventral tegmental area. NeuroReport 8:2739–2742

Goodman FR (1974) Effects of nicotine on distribution and release of ^{14}C-norepinephrine and ^{14}C-dopamine in rat brain striatum and hypothalamus slices. Neuropharmacology 13:1025–1032

Gorelick DA, Rose JE, Jarvik ME (1989) Effect of naloxone on cigarette smoking. J Subst Abuse 1:153–159

Gourlay SG, Benowitz NL (1997) Arteriovenous differences in plasma concentration of nicotine and catecholamines and related cardiovascular effects after smoking, nicotine nasal spray, and intravenous nicotine. Clin Pharmacol Ther 62:453–463

Grady SR, Marks MJ, Wonnacott S, Collins AC (1992) Characterization of nicotinic receptor-mediated [3H]dopamine release from synaptosomes prepared from mouse striatum. J Neurochem 59:848–856

Grady SR, Marks MJ, Collins AC (1994) Desensitization of nicotine-stimulated ^{3}H-dopamine release from mouse striatal synaptosomes. J Neurochem 62:1390–1398

Grady SR, Lu Y, Picciotto MR, Changeux J-P, Collins AC (1998) Nicotine-stimulated synaptosomal neurotransmitter release from $\beta 2$ null mutant mice. Soc for Neurosci 94:1342

Gray JA, Joseph MH, Hemsley DR, Young AMJ, Warburton EC, Boulenguez P, et al (1995) The role of mesolimbic dopaminergic and retrohippocampal afferents to the nucleus accumbens in latent inhibition: implications for schizophrenia. Behav Brain Res 71:19–31

Gray NS, Hemsley DR, Gray JA (1992a) Abolition of latent inhibition in acute but not chronic schizophrenics. Neurol Psychiatry Brain Res 1:83–89

Gray NS, Pickering AD, Hemsley DR, Dawling S, Gray JA (1992b) Abolition of latent inhibition by a single 5 mg dose of d-amphetamine in man. Psychopharmacology 107:425–430

Grenhoff J, Aston-Jones G, Svensson TH (1986) Nicotinic effects on the firing pattern of midbrain dopamine neurons. Acta Physiol Scand 128:351–358

Grenhoff J, Svensson TH (1988) Selective stimulation of limbic dopamine activity by nicotine. Acta Physiol Scand 133:595–596

Griffiths RR, Brady JV, Bradford LD (1979) Predicting the abuse liability of drugs with animal drugs self-administration procedures: Psychomotor stimulants and hallucinogens. In: Thompson T, Dews PB (eds) Advances in Behavioral Pharmacology. Academic Press, New York, vol 2, pp 163–208

Griffiths RR, Henningfield JE (1982) Pharmacology of cigarette smoking behavior. Trends Pharmacol Sci 3:260–263

Griffiths RR, Henningfield JE, Bigelow GE (1982) Human cigarette smoking: manipulation of number of puffs, interbout interval and nicotine dose. J Pharmacol Exp Ther 220:256–265

Gritz ER (1980) Smoking behavior and tobacco use. In: Mello NK (ed) Advances in Substance Abuse. Volume 1. CT: JAI Press, Greenwich, pp 91–158

Gross J, Lee J, Stitzer ML (1997) Nicotine-containing versus denicotinised cigarettes: effects on craving and withdrawal. Pharmacol Biochem Behav 57:159–165

Grün EU, Pauly JR, Collins AC (1992) Adrenalectomy reverses chronic injection-induced tolerance to nicotine. Psychopharmacology 109:299–304

Grün EU, Pauly JR, Bullock AE, Collins AC (1995) Corticosterone reversibly alters brain α-bungarotoxin binding and nicotine sensitivity. Pharmacol Biochem Behav 52:629–636

Grunberg NE, Bowen DJ, Morse DE (1984) Effects of nicotine on body weight and food consumption in rats. Psychopharmacology 83:93–98

Grunberg NE, Bowen DJ, Maycock VA, Nespor SM (1985) The importance of sweet taste and caloric content in the effects of nicotine on specific food consumption. Psychopharmacology 87:198–203

Grunberg NE, Bowen DJ, Winders SE (1986) Effects of nicotine on body weight, food and water consumption in female rats. Psychopharmacology 90:101–105

Hakan RL, Ksir CJ (1988) Nicotine induced locomotor activity in rats: the role of Pavlovian conditioning. Pharmacol Biochem Behav 29:661–665

Hakan RL, Ksir C (1991) Acute tolerance to the locomotor stimulant effects of nicotine in the rat. Psychopharmacology 104:386–390

Haikala H, Karmalahti T, Ahtee L (1986) The nicotine-induced changes in striatal dopamine metabolism of rats depend on body temperature. Brain Res 375:313–319

Hajos M, Engberg G (1988) Role of primary sensory neurons in the central effects of nicotine. Psychopharmacology 94:468–470

Hakan RL, Hart C, Eyl C (1993) Specific neurophysiological effects of systemic nicotine on neurons in the nucleus accumbens. Synapse 15:191–197

Hall GH, Morrison CF (1973) New evidence for a relationship between tobacco smoking, nicotine dependence and stree. Nature 243:199–201

Hall GH, Turner DM (1972) Effects of nicotine on the release of ^{3}H-noradrenaline from the hypothalamus. Biochem Pharmac 21:1829–1838

Hall SM, Havassy BE, Wassermann DA (1990) Commitment to abstinence and acute stress in relapse to alcohol, opiates and nicotine. J Consult Clin Psychol 58:175–181

Hanson HM, Ivester CA, Morton BR (1979) Nicotine self-administration in rats. In: Krasnegor NA (ed) Cigarette smoking as a dependence process. National Institute on Drug Abuse Research Monograph, US Government Printing Office, Washington, DC, vol 23, pp 70–90

Harlan RE, Garcia MM (1998) Drug of abuse and immediate-early genes in the forebrain. Mol Neurobiol 16:221–267

Harris CM, Emmett-Oglesby MW, Robinson NG, Lal H (1986) Withdrawal from chronic nicotine substitutes partially for the interoceptive stimulus produced by pentylenetetrazol (PTZ). Psychopharmacology 90:85–89

Harsing LG, Jr, Sershen H, Lajtha A (1992) Dopamine efflux from striatum after chronic nicotine: evidence for autoreceptor desensitization. J Neurochem 59:48–54

Hart C, Ksir C (1996) Nicotine effects on dopamine clearance in rat nucleus accumbens. J Neurochem 66:216–221

Harvey SC, Luetje CW (1996) Determinants of competitive antagonist sensitivity on neuronal nicotinic receptor β subunits. J Neurosci 16:3798–3806

Hasenfratz M, Baldinger B, Battig K (1993) Nicotine or tar titration in cigarette smoking behavior? Psychopharmacology 112:253–258

Hatchell PC, Collins AC (1977) Influences of genotype and sex on behavioral tolerance to nicotine in mice. Pharmacol Biochem Behav 6:25–30

Hatchell PC, Collins AC (1980) The influence of genotype and sex on behavioral sensitivity to nicotine in mice. Psychopharmacology 71:46–49

Hatsukami DK, Gust SW, Keenan RM (1987) Physiologic and subjective changes from smokeless tobacco withdrawal. Clin Pharmacol Ther 41:103–107

Hatsukami DK, Dahlgren L, Zimmerman K, et al (1988) Symptoms of tobacco withdrawal from total cigarette cessation vs partial cigarette reduction. Psychopharmacology 94:242–247

Hatsukami DK, Anton DJ, Keenan R, et al (1992) Smokeless tobacco abstinence effects and nicotine gum dose. Psychopharmacology 106:60–66

Heimer L, Zahm DS, Churchill L, Kalivas PW, Wohltman C (1991) Specificity in the projection patterns of accumbal core and shell in the rat. Neuroscience 41:89–125

Heimer L, Alheid GF, Zahm DS (1993) Basal forebrain organization: an anatomical framework for motor aspects of drive and motivation. In: Kalivas PW, Barnes CD (eds) Limbic Motor Circuits and Neuropsychiatry. CRC Press, Boca Raton, Florida, pp 1–43

Heishman SJ, Taylor RC, Henningfield JE (1994) Nicotine and smoking: a review of effects on human performance. Exp Clin Psychopharmacol 2:345–395

Helton DR, Modlin DL, Tizzano JP, Rasmussen K (1994) Nicotine withdrawal: a behavioral assessment using schedule controlled responding, locomotor activity, and sensorimotor reactivity. Psychopharmacology 113:205–210

Hendry JS, Rosecrans JA (1982a) The development of pharmacological tolerance to the effect of nicotine on schedule-controlled responding in mice. Psychopharmacology 77:339–343

Hendry JS, Rosecrans JA (1982b) Effects of nicotine on conditioned and unconditioned behaviors in experimental animals. Pharmacol Ther 17:431–454

Henningfield JE (1984) Behavioral pharmacology of cigarette smoking. In: Thompson T, Dews PB, Barrett JE (eds) Advances in Behavioral Pharmacology, vol 4, pp 131–210

Henningfield JE, Goldberg SR (1983a) Control of behavior by intravenous nicotine injections in human subjects. Pharmacol Biochem Behav 19:1021–1026

Henningfield JE, Goldberg SR (1983b) Nicotine as a reinforcer in human subjects and laboratory animals. Pharmacol Biochem Behav 19(6):989–992

Henningfield JE, Keenan R (1993) Nicotine delivery kinetics and abuse liability. J Consulting Clin Psychol 61:743–750

Henningfield JE, Heishman SJ (1995) The addictive role of nicotine in tobacco use. Psychopharmacology 117:11–13

Henningfield JE, Miyasato K, Jasinski DR (1983) Cigarette smokers self-administer intravenous nicotine. Pharmacol Biochem Behav 19:887–890

Henningfield JE, Miyasato K, Jasinski DR (1985) Abuse liability and pharmacodynamic characteristics of intravenous and inhaled nicotine. J Pharmacol Exp Ther 234:1–11

Henningfield JE, Strickler G, King D, Higgins ST, Fenwick JW, Gulliver SB, Mireault G (1989) Smoking history, instructions and the effects of nicotine: two pilot studies. Pharmacol Biochem Behav 34:149–155

Henningfield JE, Stapleton JM, Benowitz NL, Grayson RF, London ED (1993) Higher levels of nicotine in arterial than in venous blood after cigarette smoking. Drug Alcohol Depend 33:23–29

Herberg LJ, Montgomery AMJ, Rose IC (1993) Tolerance and sensitization to stimulant and depressant effects of nicotine in intracranial self-stimulation in the rat. Behav Pharmacol 4:419–427

Herning RI, Jones RT, Bachman J (1983) EEG changes during tobacco withdrawal. Psychophysiology 20:507–512

Herrera DG, Robertson HA (1996) Activation of c-fos in the brain. Prog Neurobiol 50:83–107

Herskovic JE, Rose JE, Jarvik ME (1986) Cigarette desirability and nicotine preference in smokers. Pharmacol Biochem Behav 24:171–175

Hexum TD, Russett LR (1987) Plasma enkephalin-like peptide response to chronic nicotine infusion in guinea pig. Brain Res 406:370–372

Hildebrand BE, Nomikos GG, Bondjers C, Nisell M, Svensson TH (1997a) Behavioral manifestations of the nicotine abstinence syndrome in the rat: peripheral versus central mechanisms. Psychopharmacology 129:348–356

Hildebrand BE, Nomikos GG, Hertel P, Schilstrom B, Svensson TH (1997b) Reduced dopamine output in the nucleus accumbens but not in the medial prefrontal cortex in rats displaying a mecamylamine-precipitated nicotine withdrawal syndrome. Brain Res 779:214–225

Hill Jr JA, Zoli M, Bourgeois JP, Changeux JP (1993) Immunocytochemical localization of a neuronal nicotinic receptor: the $\beta 2$ subunit. J Neurosci 13:1551–1568

Himmelsbach CK (1943) Morphine, with reference to physical dependence. Fed Proc Fed Am Soc Exp Biol 2:201–203

Hindmarch I, Kerr JS, Sherwood N (1990) Effects of nicotine gum on psychomotor performance in smokers and non-smokers. Psychopharmacology 100:535–541

Ho BT, Huang J-T (1975) Role of dopamine in d-amphetamine induced discriminative responding. Pharmacol Biochem Behav 3:1085–1092

Hoffman DC (1989) The use of place conditioning in studying the neuropharmacology of drug reinforcement. Brain Res Bull 23:373–387

Holland PC, Straub JJ (1979) Differential effects of two ways of devaluing the unconditioned stimulus after Pavlovian appetitive conditioning. J Exp Psychol Anim Behav 5:65–78

Hollt V, Horn G (1992) Effect of nicotine on mRNA levels encoding opioid peptides, vasopressin and alpha 3 nicotinic receptor subunit in the rat. Clin Investig 70:224–231

Hope BT, Nye HE, Kelz MB, Self DW, Iadarola MJ, Nakabeppu Y, Duman RS, Nestler EJ (1994) Induction of a long-lasting AP-1 complex composed of altered Fos-like proteins in brain by chronic cocaine and other chronic treatment. Neuron 13:1235–1244

Horan B, Smith M, Gardner EL, Lepore M, Ashby CR Jr (1997) (–)-Nicotine produces conditioned place preference in Lewis, but not Fischer 344 rats. Synapse 26:93–94

Houdi AA, Pierzchala K, Marson L, Palkovits M, Van Loon GR (1991) Nicotine-induced alteration in tyr-gly-gly and met-en-kephalin in discrete brain nucleic reflects altered enkephalin neuron activity. Peptides 12:161–166

Houdi AA, Dasgupta R, Kindy MS (1998) Effect of nicotine use and withdrawal on brain preproenkephalin A mRNA. Brain Res 799:257–263

Hsu Y, Amin J, Weiss D, Wecker L (1996) Sustained nicotine exposure differentially affects $\alpha 3\beta 2$ and $\alpha 4\beta 2$ neuronal nicotinic receptors expressed in Xenopus oocytes. J Neurochem 66:667–675

Hughes JR (1991) Distinguishing withdrawal relief and direct effects of smoking. Psychopharmacology 104:409–410

Hughes JR (1992) The nicotine withdrawal syndrome: a brief review and update. Int J Smoking Cessation 1:21–26

Hughes JR, Hatsukami D (1986) Signs and symptoms of tobacco withdrawal. Arch Gen Psychiatry 43:289–294

Hughes P, Dragunow M (1995) Induction of immediate-early genes and the control of neurotransmitter-regulated gene expression within the nervous system. Pharmacol Rev 47:133–178

Hughes JR, Hatsukami DK, Pickens RW, Krahn D, Malin S, Luknic A (1984) Effect of nicotine on the tobacco withdrawal syndrome. Psychopharmacology 83:82–87

Hughes JR, Hatsukami DK, Skoog K (1986) Physical dependence on nicotine gum: a placebo-substitution trial. J Am Med Ass 255:3277–3279

Hughes JR, Higgins ST, Hatsukami DK (1990) Effects of abstinence from tobacco: a critical review. In: Kozlowski LT, Annis H, Cappell HD et al (eds) Research Advances in Alcohol and Drug Problems. Plenum Press, New York, vol 10, pp 317–398

Hughes JR, Higgins ST, Bickel WK (1994) Nicotine withdrawal versus other drug withdrawal syndromes: similarities and dissimilarities. Addiction 89:1461–1470

Hulihan-Giblin BA, Lumpkin MD, Kellar KJ (1990a) Acute effects of nicotine on prolactin release in the rat: agonist and antagonist effects of a single injection of nicotine. J Pharmacol Exp Ther 252:15–20

Hulihan-Giblin BA, Lumpkin MD, Kellar KJ (1990b) Effects of chronic administration of nicotine on prolactin release in the rat: inactivation of prolactin response by repeated injections of nicotine. J Pharmacol Exp Ther 252:21–25

Huston-Lyons D, Kornetsky C (1992) Effects of nicotine on the threshold for rewarding brain stimulation in rats. Pharmacol Biochem Behav 41:755–759

Huston-Lyons D, Sarkar M, Kornetsky C (1993) Nicotine and brain-stimulation reward: interactions with morphine, amphetamine and pimozide. Pharmacol Biochem Behav 46:453–457

Hutchisond RR, Emley GS (1985) Aversive stimulation produces nicotine ingestion in squirrel monkeys. Psychol Rec 35:491–502

Imperato A, Mulas A, Di Chiara G (1986) Nicotine preferentially stimulates dopamine release in the limbic system of freely moving rats. Eur J Pharmacol 132:337–338

Ismail Z, el-Guebaly N (1998) Nicotine and endogenous opioids: toward specific pharmacotherapy. Can J Psychiatry 43:37–42

Ivanova S, Greenshaw AJ (1997) Nicotine-induced decreases in VTA electrical self-stimulation thresholds: blockade by haloperidol and mecamylamine but not scopolamine or ondansetron. Psychopharmacology 134:187–192

Iwamoto ET (1990) Nicotine conditions place preference after intracerebral administration in rats. Psychopharmacology 100:251–257

Iwamoto ET, Williamson EC (1984) Nicotine-induced taste aversion: characterization and preexposure effects in rats. Pharmacol Biochem Behav 21:527–532

Izenwasser S, Jacocks HM, Rosenberger JG, Cox BM (1991) Nicotine indirectly inhibits [^{3}H]dopamine uptake at concentrations that do not directly promote [^{3}H]dopamine release in rat striatum. J Neurochem 56:603–610

Izenwasser S, Cox BM (1992) Inhibition of dopamine uptake by cocaine and nicotine: Tolerance to chronic treatments. Brain Res 573:119–125

Jaffe JH (1990) Drug addiction and drug abuse. In: Gilman AG, Rall TW, Nies AS, Taylor P (eds) Goodman and Gilman's the pharmacological basis of therapeutics. Pergamon, New York, pp 522–573

Jaffe JH (1995) Commentary on the nicotine IS/IS not addictive debate. Psychopharmacology 117:21–22

James JR, Villanueva HF, Johnson JH, Arezo S, Rosecrans JA (1994) Evidence that nicotine can acutely desensitise central nicotinic acetylcholinergic receptors. Psychopharmacology 114:456–462

Jarvik M (1968) The role of nicotine in the smoking habit. In: Hunt WA (ed) Learning Mechanisms in Smoking. Chicago, Aldine, pp 155–190

Jarvik ME (1967) Tobacco smoking in monkeys. Ann NY Acad Sci 142:280–294

Jarvik ME (1995) Commentary. Psychopharmacology 117:18–20

Jarvik ME, Glick SD, Nakamura RK (1970) Inhibition of cigarette smoking by orally administered nicotine. Clin Pharmacol Ther 11:574–576

Jaszyna M, Gasior M, Shoaib M, Yasar S, Goldberg SR (1998) Behavioral effects of nicotine, amphetamine and cocaine under a fixed-interval schedule of food reinforcement in rats chronically exposed to caffeine. Psychopharmacology 140:257–271

Jensen RA, Gilbert DG, Meliska CJ, Landrum TA, Szary AB (1990) Characterization of a dose-response curve for nicotine-induced conditioned taste aversion in rats: relationship to elevation of plasma beta-endorphin concentration. Behav Neural Biol 53:428–440

Johanson CE (1978) Drugs as reinforcers. In: Blackman DE, Sanger DJ (eds) Contemporary research in behavioral pharmacology. Plenum, New York, pp 325–390

Johnson DH, Svensson AI, Engel JA, Söderpalm B (1995) Induction but not expression of behavioural sensitization to nicotine in the rat is dependent on glucocorticoids. Eur J Pharmacol 276:155–164

Johnston LM (1942) Tobacco smoking and nicotine. Lancer 2:742

Jones RT, Farrell TR, Herning RI (1978) Tobacco smoking and nicotine tolerance. In: Krasnegor NA (ed) Self-administration of abuse substances: methods for study. US Govt Printing Office, Washington DC, pp 202–208

Jorenby DE, Steinpreis RE, Sherman JE, Baker TB (1990) Aversion instead of preference learning indicated by nicotine place conditioning in rats. Psychopharmacology 101:533–538

Joseph MH, Peters SL, Gray JA (1993) Nicotine blocks latent inhibition in rats: evidence for a critical role of increased functional activity of dopamine in the mesolimbic system at conditioning rather than pre-exposure. Psychopharmacology 110:187–192

Kaiser SA, Soliakov L, Harvey SC, Luetje CW, Wonnacott S (1998) Differential inhibition by alpha-conotoxin-MH of the nicotinic stimulation of [3H]dopamine release from rat striatal synaptosomes and slices. J Neurochem 70:1069–1076

Kallman WM, Kallman MJ, Harry GJ, Woodson PP, Rosecrans JA (1982) Nicotine as a discriminative stimulus in human subjects. In: Colpaert FC, Slangen JL (eds) Drug discrimination: Applications in CNS Pharmacology. Elsevier Biomedical Press, Amsterdam, pp 211–218

Karras A, Kane JM (1980) Naloxone reduces cigarette smoking. Life Sci 27:1541–1545

Katz B, Thesleff S (1957) A study of desensitization produced by acetylcholine at the motor end plate. J Physiol 138:63–80

Keenan A, Johnson FN (1972) Development of behavioural tolerance to nicotine in the rat. Experientia 28:428–429

Kiba H, Jayaraman A (1994) Nicotine induced c-fos expression in the striatum is mediated mostly by dopamine D1-receptor and is dependent on NMDA stimulation. Mol Brain Res 23:1–13

Kogan MJ, Verebey K, Jaffee JH, Mule SJ (1981) Simultaneous determination of nicotine and cotinine in human plasma by nitrogen detection gas-liquid chromatography. J Forensic Sci 26:6–11

Kolesnikov YA, Pick CG, Ciszewska G, Pasternak GW (1993) Blockade of tolerance to morphine but not to k opioids by a nitric oxide synthase inhibitor. Proc Natl Acad Sci USA 90:5162–5166

Koob GF, LeMoal M (1997) Drug abuse: hedonic homeostatic disregulation. Science 278:52–58

Koob GF, Le HT, Creese I (1987) The D-1 dopamine receptor antagonist SCH 23390 increase cocaine self-administration in the rat. Neurosci Lett 79:315–320

Koob GF, Stinus L, Le Moal M, Bloom FE (1989) Opponent process theory of motivation: neurobiological evidence from studies of opiate dependence. Neurosci Biobehav Rev 13:135–140

Koob GF, Heinrichs SC, Menzaghi F, Merlo-Pich E, Britton KT (1994) Corticotropin-releasing factor, stress and behavior. Semin Neurosci 6:221–229

Koob GF, Rocio M, Carrera A, Gold LH, Heyser CJ, Maldonado-Irizarry C, Markou A, Parsons LH, Roberts AJ, Schulteis G, Stinus L, Walker JR, Weissenborn R, Weiss F (1998) Substance dependence as a compulsive behavior. J Psychopharmacology 12:39–48

Kreek MJ, Koob GF (1998) Drug dependence: stress and disregulation of brain reward pathways. Drug & Alcohol Dep 51:23–47

Ksir C (1983) Taste and nicotine as determinants of voluntary tobacco use by hamsters. Pharmacol Biochem Behav 19:605–608

Ksir C, Hakan R, Hall Jr DP, Kellar KJ (1985) Exposure to nicotine enhances the behavioral stimulant effect of nicotine and increases binding of [^{3}H]acetylcholine to nicotinic receptors. Neuropharmacology 24:527–531

Ksir C, Hakan RL, Kellar KJ (1987) Chronic nicotine and locomotor activity: influences of exposure dose and test dose. Psychopharmacology 92:25–29

Ksir C, Mellor G, Hart C, Gerhardt GA (1995) Nicotine enhances dopamine clearance in rat nucleus accumbens. Prog Neuropsychopharmacol Biol Psychiatry 19:151–156

Kulak JM, Nguyen TA, Olivera BM, McIntosh JM (1997) α-Conotoxin MII blocks nicotine-stimulated dopamine release in rat striatal synaptosomes. J Neurosci 17:5263–5270

Kumar R, Cooke EC, Lader MH, Russell MAH (1977) Is nicotine important in tobacco-smoking? Clin Pharmac Ther 21:520–529
Kumar R, Pratt JA, Stolerman IP (1983) Characteristics of conditioned taste aversion produced by nicotine in rats. Br J Pharmacol 79:245–253
Kumar R, Reavill C, Stolerman IP (1987) Nicotine cue in rats: effects of central administration of ganglion-blocking drugs. Br J Pharmacol 90:239–246
Kumari V, Checkley SA, Gray JA (1996) Effect of cigarette smoking on prepulse inhibition of the acoustic startle reflex in healthy male smokers. Psychopharmacology 128:54–60
Kumari V, Cotter PA, Checkley SA, Gray JA (1997) Effect of acute subcutaneous nicotine on prepulse inhibition of the acoustic startle reflex in healthy male nonsmokers. Psychopharmacology 132:389–395
Kumari V, Gray JA (1999) Smoking withdrawal, nicotine dependence and prepulse inhibition of the acoustic startle reflex. Psychopharmacology 141:11–15
Lamb RJ, Preston KL, Schindler CW, Meisch RA, Davis F, Katz JL, Henningfield JE, Goldberg SR (1991) The reinforcing and subjective effects of morphine in post-addicts: a dose-response study. J Pharmacol Exp Ther 259:1165–1173
Lang WJ, Latiff AA, McQueen A, Singer G (1977) Self-administration of nicotine with and without a food delivery schedule. Pharmacol Biochem Behav 7:65–70
Langley JN (1905) On the reaction of cells and of nerve-endings to certain poisons, chiefly as regards the reaction of striated muscle to nicotine and to curari. J Physiol £!:374–413
Lapchak PA, Araujo DM, Quirion R, Collier B (1989) Effect of chronic nicotine treatment on nicotinic autoreceptorfunction and N-[^{3}H]methylcarbamylcholine binding sites in the rat brain. J Neurochem 52:483–491
Lapin EP, Maker HS, Sershen H, Lajtha A (1989) Action of nicotine on accumbens dopamine and attenuation with repeated administration. Eur J Pharmacol 160:53–59
Lapin EP, Maker HS, Bhardwaj A (1995) Ethanol enhancement of the motor-stimulating effect of nicotine in the rat. Alcohol 12:217–220
Larsson C, Nilsson L, Halen A, Nordberg A (1986) Subchronic treatment of rats with nicotine: effects on tolerance and on [^{3}H]acetylcholine and [^{3}H]nicotine binding in the brain. Drug Alcohol Depend 17:37–45
Latiff AA, Smith LA, Lang WJ (1980) Effects of changing dosage and urinary pH in rats self-administering nicotine on a food delivery schedule. Pharmacol Biochem Behav 13:209–213
Lau CE, Spear DJ, Falk JL (1994) Acute and chronic nicotine effects on multiple-schedule behavior: oral and SC routes. Pharmacol Biochem Behav 48:209–215
Lê AD, Quan B, Juzystcg W, Fletcher PJ, Joharchi N, Shaham Y (1998) Reinstatement of alcohol-seeking by priming injections of alcohol and exposure to stress in rats. Psychopharmacology 135:169–174
Lee L-Y, Gerhardstein DC, Wang AL, Burki NK (1993) Nicotine is responsible for the airway irritation evoked by cigarette smoke inhalation in men. J Appl Physiol 75:1955–1961
Le Houezec J, Martin C, Cohen C, Molimard R (1989) Failure of behavioral dependence induction and oral nicotine bioavailability in rats. Physiol Behav 45:103–108
Leikola-Pelho T, Heinämäki J, Laakso I, Ahtee L (1990) Chronic nicotine treatment changes differentially the effects of acute nicotine on the three main dopamine metabolites in mouse striatum. Naunys Schmiedeberg's Arch Pharmacol 342:400–406
Leikola-Pelho T, Jackson DM (1992) Preferential stimulation of locomotor activity by ventral tegmental microinjections of (–)-Nicotine. Pharmacol Toxicol 70:50–52
LeNovere N, Zoli M, Changeux JP (1996) Neuronal nicotinic receptors alpha 6 subunit mRNA is selectively concentrated in cathecolaminergic nuclei of the rat brain. Eur J Neurosci 8:2428–2439

Lerman C, Caproso N, Audrain J, Main D, Bowman ED, Lockshin B, Boyd NR, Shields P (1999) Evidence suggesting the role of specific genetic factors in cigarette smoking. Health Psychol 18:14–20

Lester R, Dani J (1994) Time-dependent changes in central nicotinic acetylcholine channel kinetics in excised patches. Neuropharmacology 33:27–34

Levin ED, Morgan MM, Galvez C, Ellison GD (1987) Chronic nicotine and withdrawal effects on body weight and food and water consumption in female rats. Physiol Behav 39:441–444

Levin ED, Briggs SJ, Christopher NC, Rose JE (1992) Persistence of chronic nicotine-induced cognitive facilitation. Behav Neural Biol 58:152–158

Li X, Rainnie DG, McCarley RW, Greene RW (1998) Presynaptic nicotinic receptors facilitate monoaminergic transmission. J Neurosci 18:1904–1912

Lichtensteiger W, Hefti F, Felix D, Huwyler T, Melamed E, Schlumpf M (1982) Stimulation of nigrostriatal dopamine neurones by nicotine. Neuropharmacology 21:963–968

Louis M, Clarke PB (1998) Effect of ventral tegmental 6-hydroxydopamine lesions on the locomotor stimulant action of nicotine in rats. Neuropharmacology 37:1503–1513

Lubow RE (1989) Latent inhibition and conditioned attention theory. Cambridge University Press, Cambridge

Lubow RE, Moore AU (1959) Latent inhibition: the effects of non-reinforced pre-exposure to the conditioned stimulus. J Comp Physiol Psychol 52:415–419

Lucchesi BR, Schuster CR, Emley GS (1967) The role of nicotine as a determinant of cigarette smoking in man with observations of certain cardiovascular effects associated with the tobacco alkaloid. Clin Pharmac Ther 8:789–796

Luetje CW, Patrick J (1991) Both α- and β-subunits contribute to the agonist sensitivity of neuronal nicotinic acetylcholine receptors. J Neurosci 11:837–845

Lukas RJ (1991) Effects of chronic nicotinic ligand exposure on functional activity of nicotinic acetylcholine receptors expressed by cells of the PC12 rat pheochromocytoma or the TE6/1/RD human clonal line. J Neurochem 56:1134–1145

Luo S, Kulak JM, Cartier GE, Jacobsen RB, Yoshikami D, Olivera BM, McIntosh JM (1998) α-Conotoxin AuIB selectively blocks $\alpha 3\beta 4$ nicotinic acetylcholine receptors and nicotine-evoked norepinephrine release. J Neurosci 18:8571–8579

Marlatt GA, Baer JS, Donovan DM, Klivahan DR (1988) Addictive behaviors: Etiology and treatment. Ann Rev Psychology 39:223–252

Maisonneuve IM, Glick SD (1992) Interactions between ibogaine and cocaine in rats: in vivo microdialysis and motor behavior. Eur J Pharmacol 212:263–266

Maisonneuve IM, Keller RW Jr, Glick SD (1991) Interactions between ibogaine, a potential anti-addictive agent, and morphine: an in vivo microdialysis study. Eur J Pharmacol 199:35–42

Maisonneuve IM, Keller RW Jr, Glick SD (1992) Interactions of ibogaine and D-amphetamine: in vivo microdialysis and motor behavior in rats. Brain Res 579: 87–92

Maisonneuve IM, Mann GL, Deibel CR (1997) Ibogaine and the dopaminergic response to nicotine. Psychopharmacology 129:249–256

Malin DH, Lake JR, Newlin-Maultsby P, Roberts LK, Lanier JG, Carter VA, Cunningham JS, Wilson OB (1992) Rodent model of nicotine abstinence syndrome. Pharmacol Biochem Behav 43:779–784

Malin DH, Lake JR, Carter VA, Cunningham JS, Wilson OB (1993) Naloxone precipitates nicotine abstinence syndrome in the rat. Psychopharmacology 112:339–342

Malin DH, Lake JR, Carter VA, Cunningham JS, Hebert KM, Conrad DL, Wilson OB (1994) The nicotinic antagonist mecamylamine precipitates nicotine abstinence syndrome in the rat. Psychopharmacology 115:180–184

Malin DH, Lake JR, Payne MC, Short PE, Carter VA, Cunningham JS, Wilson OB (1996a) Nicotine alleviation of nicotine abstinence syndrome is naloxone-reversible. Pharmacol Biochem Behav 53:81–85

Malin DH, Lake JR, Short PE, Blossman JB, Lawless BA, Schopen CK, Sailer EE, Burgess K, Wilson OB (1996b) Nicotine abstinence syndrome precipitated by an analog of neuropeptide FF. Pharmacol Biochem Behav 54:581–585

Malin DH, Lake JR, Schopen CK, Kirk JW, Sailer EE, Lawless BA, Upchurch TP, Shenoi M, Rajan N (1997) Nicotine abstinence syndrome precipitated by central but not peripheral hexamethonium. Pharmacol Biochem Behav 58:695–699

Malin DH, Lake JR, Upchurch TP, Shenoi M, Rajan N, Schweinle WE (1998a) Nicotine abstinence syndrome precipitated by the competitive nicotinic antagonist dihydro-β-erythroidine. Pharmacol Biochem Behav 60:609–613

Malin DH, Lake JR, Shenoi M, Upchurch TP, Johnson SC, Schweinle WE, Cadle CD (1998b) The nitric oxide synthesis inhibitor nitro-L-arginine (L-NNA) attenuates nicotine abstinence syndrome in the rat. Psychopharmacology 140:371–377

Mansbach RS, Rovetti CC, Freedland CS (1998) The role of monoamine neurotransmitter systems in the nicotine discriminative stimulus. Drug Alcohol Dep 52:125–134

Marien M, Brien J, Jhamandas K (1983) Regional release of [^{3}H]dopamine from rat brain in vitro: effects of opioids on release induced by potassium, nicotine, and L-glutamic acid. Can J Pharmacol 61:43–60

Markou A, Weiss F, Gold LH, Caine SB, Schulteis G, Koob GF (1993) Animal models of drug craving. Psychopharmacology 112:163–182

Markou A, Kosten TR, Koob GF (1998) Neurobiological similarities in depression and drug dependence: a self-medication hypothesis. Neuropsychopharmacology 18:135–174

Marks MJ, Burch JB, Collins AC (1983) Effects of chronic nicotine infusion on tolerance development and nicotinic receptors. J Pharmacol Exp Ther 226:817–825

Marks MJ, Stitzel JA, Collins AC (1985) Time course study of the effects of chronic nicotine infusion on drug responses and brain receptors. J Pharmacol Exp Ther 235:619–628

Marks MJ, Romm E, Gaffney DK, Collins AC (1986a) Nicotine-induced tolerance and receptor changes in four mouse strains. J Pharmacol Exp Ther 237:809–819

Marks MJ, Stitzel JA, Collins AC (1986b) A dose-response analysis of nicotine tolerance and receptor changes in two inbred mouse strains. J Pharmacol Exp Ther 239:358–364

Marks MJ, Stitzel JA, Collins AC (1987) Influence of kinetics of nicotine administration on tolerance development and receptor levels. Pharmacol Biochem Behav 27:505–512

Marks MJ, Campbell SM, Romm E, Collins AC (1991) Genotype influences the development of tolerance to nicotine in the mouse. J Pharmacol Exp Ther 259:392–402

Marks MJ, Pauly JR, Gross SD, Deneris ES, Hermans-Borgmeyer I, Collins AC (1992) Nicotine binding and nicotinic receptor subunit RNA after chronic nicotine treatment. J Neurosci 12:2765–2784

Marks MJ, Grady SR, Collins AC (1993) Downregulation of nicotinic receptor function after chronic infusion. J Pharmacol Exp Ther 266:1268–1276

Marks MJ, Grady SR, Yang JM, Lippiello PM, Collins AC (1994) Desensitization of nicotine-stimulated 86RB efflux from mouse brain synaptosome. J Neurochem 63:2125–2135

Marshall D, Soliakov L, Redfern P, Wonnacott S (1996) Tetrodotoxin-sensitivity of nicotine-evoked dopamine release from rat striatum. Neuropharmacology 35:1531–1536

Marshall DL, Redfern PH, Wonnacott S (1997) Presynaptic nicotinic modulation of dopamine release in the three ascending pathways studied by in vivo microdialysis: comparison of naive and chronic nicotine-treated rats. J Neurochem 68:1511–1519

Martellotta MC, Kuzmin A, Zvartau E, Cossu G, Gessa GL, Fratta W (1995) Isradipine inhibits nicotine intravenous self-administration in drug-naive mice. Pharmacol Biochem Behav 52:271–274

Mathieu AM, Caboche J, Besson MJ (1996) Distribution of preproenkephalin, preprotachykinin A, and preprodynorphin mRNAs in the rat nucleus accumbens: effect of repeated administration of nicotine. Synapse 23:94–106

Mathieu-Kia AM, Besson MJ (1998a) Repeated administration of cocaine, nicotine and ethanol: effects on preprodynorphin, preprotachykinin A and preproenkephalin mRNA expression in the dorsal and the ventral striatum of the rat. Brain Res Mol Brain Res 54:141–151

Mathieu-Kia AM, Pages C, Besson MJ (1998b) Inducibility of c-Fos protein in visuomotor system and limbic structures after acute and repeated administration of nicotine in the rat. Synapse 29:343–354

Matta SG, Foster CA, Sharp BM (1993) Nicotine stimulates the expression of cFos protein in the parvocellular paraventricular nucleus and brainstem catecholaminergic regions. Endocrinology 132:2149–2156

McEvoy JP, Freudenreich O, Levin ED, Rose JE (1995) Haloperidol increases smoking in patients with schizophrenia. Psychopharmacology 119:124–126

McGehee DS, Role LW (1995) Physiological diversity of nicotinic acetylcholine receptors expressed by vertebrate neurons. Annu Rev Physiol 57:521–546

McMorrow MJ, Foxx RM (1983) Nicotine's role in smoking: an analysis of nicotine regulation. Psych Bull 93:302–327

Meehan SM, Schechter MD (1996) Discriminative stimulus properties of CGS 10746B: Similarity to dopamine D1 receptor antagonists. Behav Brain Res 74:199–205

Meltzer LT, Rosecrans JA, Aceto MD, Harris LS (1980) Discriminative stimulus properties of the optical isomers of nicotine. Psychopharmacology 68:283–286

Mereu G, Yoon K-WP, Boi V, Gessa GL, Naes L, Westfall TC (1987) Preferential stimulation of ventral tegmental area dopaminergic neurons by nicotine. Eur J Pharmacol 141:395–399

Merlo Pich M, Pagliusi SR, Tessari M, Talabot-Ayer D, Hooft van Huijsduijnen R, Chiamulera C (1997) Common neural substrates for the addictive properties of nicotine and cocaine. Science 275:83–86

Mifsud JC, Hernandez L, Hoebel BG (1989) Nicotine infused into the nucleus accumbens increases synaptic dopamine as measured by in vivo microdialysis. Brain Res 478:365–368

Miner LL, Collins AC (1989) Strain comparison of nicotine-induced seizure sensitivity and nicotinic receptors. Pharmac Biochem Behav 33:469–475

Mirza NR, Pei Q, Stolerman JP, Zetterström TSC (1996) The nicotinic receptor agonists (–)-nicotine and isoarecolone differ in their effects on dopamine release in the nucleus accumbens. Eur J Pharmacol 295:207–210

Mitchell SN, Brazell MP, Joseph MH, Alavijeh MS, Gray JA (1989) Regionally specific effects of acute and chronic nicotine on rates of catecholamine and 5-hydroxytryptamine synthesis in rat brain. Eur J Pharmacol 167:311–322

Mitchell SN, Brazell MP, Schugens MM, Gray JA (1990) Nicotine-induced catecholamine synthesis after lesions to the dorsal or ventral noradrenergic bundle. Eur J Pharmacol 179:383–391

Mitchell SN, Smith KM, Joseph MH, Gray JA (1993) Increases in tyrosine hydroxylase messenger RNA in the locus coeruleus after a single dose of nicotine are followed by time-dependent increases in enzyme activity and noradrenaline release. Neuroscience 56:989–997

Miyata H, Ando K, Yanagita T (1999) Medial prefrontal cortex is involved in the discriminative stimulus effects of nicotine in rats. Psychopharmacology 145:234–236

Mogg AJ, Kaiser SA, Wonnacott S (1999) Indirect modulation of dopamine release in the rat striatum by anatoxin-A and nicotine evoked glutamate release. In: "Neuronal Nicotinic Receptors: From Structure to Therapeutics." Venice, 1–4 October

Molinari HH, Maisonneuve IM, Glick SD (1996) Ibogaine neurotoxicity: a reevaluation. Brain Res 737: 255–262

Montgomery AM, Rose IC, Herberg LJ (1993) The effect of a 5-HT3 receptor antagonist, ondansetron, on brain stimulation reward, and its interaction with direct and

indirect stimulants of central dopaminergic transmission. J Neural Transm Gen Sect 91:1–11
Moratalla R, Elibol B, Vallejo M, Graybiel AM (1996a) Network-level changes in expression of inducible Fos-Jun proteins in the striatum during chronic cocaine treatment and withdrawal. Neuron 17:147–156
Moratalla R, Vallejo M, Elibol B, Graybiel AM (1996b) D1-class dopamine receptors influence cocaine-induced persistent expression of Fos-related proteins in striatum. Neuroreport 8:1–5
Morrison CF (1967) Effects of nicotine on operant behaviour of rats. Int J Neuropharmacol 6:229–240
Morrison CF (1969) Effects of nicotine on operant behaviour of rats. Int J Neuropharmacol 6:229–240
Morrison CF (1974) Effects of nicotine and its withdrawal on the performance of rats on signalled avoidance schedules. Psychopharmacology 38:25–35
Morrison CF, Armitage AK (1967) Effects of nicotine upon the free operant behavior of rats and spontaneous motor activity of mice. Ann NY Acad Sci 142:268–276
Morrison CF, Stephenson JA (1969) Nicotine injections as the conditioned stimulus in discrimination learning. Psychopharmacologia 15:351–360
Morrison CF, Stephenson JA (1972) The occurrence of tolerance to a central depressant effect of nicotine. Br J Pharmacol 46:151–156
Museo E, Wise RA (1990a) Microinjection of a nicotinic agonist into dopamine terminal fields: effects on locomotion. Pharmacol Biochem Behav 37:113–116
Museo E, Wise RA (1990b) Locomotion induced by ventral tegmental microinjections of a nicotinic agonist. Pharmacol Biochem Behav 37:735–737
Museo E, Wise RA (1995) Cytisine-induced behavioral activation: delineation of neuroanatomical locus of action. Brain Res 670: 257–263
Nemeth-Coslett R, Griffiths RR (1986) Naloxone does not affect cigarette smoking. Psychopharmacology 89:261–264
Nemeth-Coslett R, Henningfield JE, O'Keeffe MK, Griffiths RR (1986) Effects of mecamylamine on human cigarette smoking and subjective ratings. Psychopharmacology 88:420–425
Newman LM (1972) Effects of cholinergic agonists on self-stimulation behavior in the rat. J Comp Physiol Psychol 79:394–413
Nil R, Bättig K (1989) Separate effects of cigarette smoke yield and smoke taste on smoking behavior. Psychopharmacology 99:54–59
Nisell M, Nomikos GG, Svensson TH (1994a) Infusion of nicotine in the ventral tegmental area or the nucleus accumbens of the rat differentially affects accumbal dopamine release. Pharmac Toxicol 75:348–352
Nisell M, Nomikos GG, Svensson TH (1994b) Systemic nicotine-induced dopamine release in the rat nucleus accumbens is regulated by nicotinic receptors in the ventral tegmental area. Synapse 16:36–44
Nisell M, Nomikos GG, Hertel P, Panagis G, Svensson TH (1996) Condition-independent sensitization of locomotor stimulation and mesocortical dopamine release following chronic nicotine treatment in the rat. Synapse 22:369–381
Nisell M, Marcus M, Nomikos GG, Svensson TH (1997a) Differential effects of acute and chronic nicotine on dopamine output in the core and shell of the rat nucleus accumbens. J Neural Transm 104:1–10
Nisell M, Nomikos GG, Chergui K, Grillner P, Svensson TH (1997b) Chronic nicotine enhances basal and nicotine-induced Fos immunoreactivity preferentially in the medial prefrontal cortex of the rat. Neuropsychopharmacology 17:151–161
Noble EP, St Jeor ST, Ritchie T, Syndulko K, St Jeor SC, Fitch RJ, Brunner RL, Sparkes RS (1994) D2 dopamine receptor gene and cigarette smoking: a reward gene? Med Hypotheses 42:257–260
Nye HE, Hope BT, Kelz MB, Iadarola M, Nestler EJ (1995) Pharmacological studies of the regulation of chronic Fos-related antigen induction by cocaine in the striatum and nucleus accumbens. J Pharmacol Exp Ther 275:1671–1680

O'Brien CP (1996) Drug addiction and drug abuse. In: Goodman LS, Gilman A (eds) The Pharmacological Basis of Therapeutics. Mc Graw Hill, New York

Ochoa EL, Li L, McNamee MG (1990) Desensitization of central cholinergic mechanisms and neuroadaptation to nicotine. Mol Neurobiol 4:251–287

Oglesby MW, Epping-Jordan MP, Pich EM, Picciotto MR, Changeux J-P (1998) Attenuated nicotine discrimination in mice lacking high affinity nicotine receptors. Soc Neurosci Abstr 24:1196

Olale F, Gerzanich V, Kuryatov A, Wang F, Lindstrom J (1997) Chronic nicotine exposure differentially affects the function of human $\alpha 3$, $\alpha 4$, and $\alpha 7$ neuronal nicotinic receptor subtypes. J Pharmacol Exp Ther 283:675–683

Olds ME, Domino EF (1969a) Comparison of muscarinic and nicotinic cholinergic agonists on self-stimulation behavior. J Pharmacol Exp Ther 166:189–204

Olds ME, Domino EF (1969b) Differential effects of cholinergic agonists on self-stimulation and escape behavior. J Pharmacol Exp Ther 170:157–167

O'Neill MF, Dourish CT, Iversen SD (1991) Evidence for an involvement of D_1 and D_2 dopamine receptors in mediating nicotine-induced hyperactivity in rats. Psychopharmacology 104:343–350

Ossenkopp KP, Giugno L (1990) Nicotine-induced conditioned taste aversions are enhanced in rats with lesions of the area postrema. Pharmacol Biochem Behav 36:625–630

Overton DA (1969) Control of T-maze choice by nicotinic, antinicotinic, and antimuscarinic drugs. Proceedings, 77th Ann Convention, Am Psychol Ass, pp 869–870

Overton DA (1984) State dependent learning and drug discrimination. In: Iversen LL, Iversen SD, Snyder SH (eds) Handbook of Psychopharmacology. Plenum Press, New York, vol 18, pp 60–127

Pagliusi SR, Tessari M, DeVevey S, Chiamulera C, Merlo Pich E (1996) The reinforcing properties of nicotine are associated with a specific patterning of c-fos expression in the rat brain. Eur J Neurosci 8:2247–2256

Panagis G, Nisell M, Nomikos GG, Chergui K, Svensson TH (1996) Nicotine injections into the ventral tegmental area increase locomotion and Fos-like immunostaining in the nucleus accumbens of the rat. Brain Res 730:133–142

Pang Y, Kiba H, Jayaraman A (1993) Acute nicotine injections induce c-fos mostly in non-dopaminergic neurons of the midbrain of the rat. Mol Brain Res 20:162–170

Papke RL, Heinemann SF (1994) Partial agonist properties of cytisine on neuronal nicotinic receptors containing the $\beta 2$ subunit. Mol Pharmacol 45:142–149

Parker LA (1992) Place conditioning in a three- or four-choice apparatus: role of stimulus novelty in drug-induced place conditioning. Behav Neurosci 106:294–306

Parker LA (1995) Rewarding drugs produce taste avoidance, but not taste aversion. Neurosci Biobehav Rev 19:143–157

Parker LA, Doucet K (1995) The effects of nicotine and nicotine withdrawal on taste reactivity. Pharmacol Biochem Behav 52:125–129

Patton GC, Ilibbert M, Rosier MJ, Carlin JB, Caust J, Bowes G (1996) Is smoking associated with depression and anxiety in teenagers? Am J Public Health 86:225–230

Pauly JR, Grun EU, Collins AC (1990) Chronic corticosterone administration modulates nicotine sensitivity and brain nicotinic receptor binding in C3H mice. Psychopharmacology 101:310–316

Pauly JR, Marks MJ, Gross SD, Collins AC (1991) An autoradiographic analysis of cholinergic receptors in mouse brain after chronic nicotine treatment. J Pharmac Exp Ther 258:1127–1136

Pauly JR, Grun EU, Collins A (1992) Tolerance to nicotine following chronic treatment by injections: a potential role for corticosterone. Psychopharmacology 108:33–39

Payne TJ, Share ML, Levis DJ, Coletri G (1991) Exposure to smoking-relevant cues: effects on desire to smoke and topographical components of smoking behavior. Addictive Behav 16:467–479

Peng X, Gerzanich V, Anand R, Whiting PJ, Lindstrom J (1994) Nicotine-induced increase in neuronal receptors results from a decrease in the rate of receptor turnover. Mol Pharmacol 46:523–530

Perkins KA (1995) Individual variability in responses to nicotine. Behav Gen 25: 119–132
Perkins KA (1999) Baseline dependency of nicotine effects: a review. Behav Pharmacol (in press)
Perkins KA, Sexton JE (1995) Influence of aerobic fitness, activity level, and smoking history on the acute thermic effect of nicotine. Physiol Behav 57(6):1097–1102
Perkins KA, Stitzer M (1998) Behavioral pharmacology of nicotine. In: Tarter R, Ammerman RT, Ott P (eds) Handbook of substance abuse: neurobehavioral pharmacology. New York, Plenum Press, pp 299–317
Perkins KA, Epstein LH, Stiller RL, Marks BL, Jacob RG (1989) Chronic and acute tolerance to the heart rate effects of nicotine. Psychopharmacology 97:529–534
Perkins KA, Grobe JE, Stiller RL, Fonte C, Goettler JE (1992a) Nasal spray nicotine replacement suppresses cigarette smoking desire and behavior. Clin Pharmacol Ther 52:627–634
Perkins KA, Grobe JE, Fonte C, Breus M (1992b) "Paradoxical" effects of smoking on subjective stress versus cardiovascular arousal in males and females. Pharmacol Biochem Behav 42:301–311
Perkins KA, Grobe JE, Epstein LH, Caggiula A, Stiller RL, Jacob RG (1993) Chronic and acute tolerance to subjective effects of nicotine. Pharmacol Biochem Behav 45(2):375–381
Perkins KA, DiMarco A, Grobe JE, Scierka A, Stiller RL (1994a) Nicotine discrimination in male and female smokers. Psychopharmacology 116(4):407–413
Perkins KA, Grobe JE, Fonte C, Goettler J, Caggiula AR, Reynolds WA, Stiller RL, Scierka A, Jacob RG (1994b) Chronic and acute tolerance to subjective, behavioral and cardiovascular effects of nicotine in humans. J Pharmacol Exp Ther 270(2):628–638
Perkins KA, Epstein LH, Grobe J, Fonte C (1994c) Tobacco abstinence, smoking cues, and the reinforcing value of smoking. Pharmacol Biochem Behav 47:107–112
Perkins KA, Sexton JE, Reynolds WA, Grobe JE, Fonte C, Stiller RL (1994d) Comparison of acute subjective and heart rate effects of nicotine intake via tobacco smoking vs. nasal spray. Pharmacol Biochem Behav 47:295–299
Perkins KA, Sexton JE, Stiller RL, Fonte C, Di Marco A, Goettler J, Scierka A (1994e) Subjective and cardiovascular responses to nicotine combined with caffeine during rest and casual activity. Psychopharmacology 113:438–444
Perkins KA, Epstein LH, Fonte C, Mitchell SL, Grobe JE (1995a) Gender, dietary restraint, and smoking's influence on hunger and the reinforcing value of food. Physiol Behav 57:675–680
Perkins KA, Grobe JE, Mitchell SL, Goettler J, Caggiula A, Stiller RL, Scierka A (1995b) Acute tolerance to nicotine in smokers: lack of dissipation within 2 hours. Psychopharmacology 118:164–170
Perkins KA, Grobe JE, Weiss D, Fonte C, Caggiula A (1996a) Nicotine preference in smokers as a function of smoking abstinence. Pharmacol Biochem Behav 55:257–263
Perkins KA, D'Amico D, Sanders M, Grobe JE, Wilson A, Stiller RL (1996b) Influence of training dose on nicotine discrimination in humans. Psychopharmacology 126:132–139
Perkins KA, Grobe JE, Caggiula A, Wilson AS, Stiller RL (1997a) Acute reinforcing effects of low-dose nicotine nasal spray in humans. Pharmacol Biochem Behav 56(2):235–241
Perkins KA, Sanders M, D'Amico D, Wilson A (1997b) Nicotine discrimination and self-administration in humans as a function of smoking status. Psychopharmacology 131(4):361–370
Perkins KA, Grobe JE, Fonte C (1997c) Influence of acute smoking exposure on the subsequent reinforcing value of smoking. Exp Clin Psychopharm 5:277–285
Perkins KA, Sanders M, Fonte C, Wilson AS, White W, Stiller R, McNamara D (1999) Effects of central and peripheral nicotinic blockade on human nicotine discrimination. Psychopharmacology 142:158–164

Picciotto MR, Zoli M, Rimondini R, Lena C, Marubio LM, Pich EM, Fuxe K, Changeux JP (1998) Acetylcholine receptors containing the beta2 subunit are involved in the reinforcing properties of nicotine. Nature 391:173–177

Pickworth WB, Herning RI, Henningfield JE (1989) Spontaneous EEG changes during tobacco abstinence and nicotine substitution. J Pharmacol Exp Ther 251:976–982

Pickworth WB, Heishman SJ, Henningfield JE (1995) Relationships between EEG and performance during nicotine withdrawal and administration. In: Domino EF (ed) Brain imaging of nicotine and tobacco smoking. NPP Books, Ann Arbor, Mich, pp 275–287

Pidoplichko VI, DeBiasi M, Williams JT, Dani JA (1997) Nicotine activates and desensitizes midbrain dopamine neurons. Nature 390:401–404

Pierzchala K, Houdi AA, Van Loon GR (1987) Nicotine-induced alterations in brain regional concentrations of native and crytic met- and leu-enkephalin. Peptides 8:1035–1043

Pietilä K, Salminen O, Leikola-Pelho T, Ahtee L (1996) Tolerance to nicotine's effects on striatal dopamine metabolism in nicotine-withdrawn mice. Eur J Pharmacol 318:17–22

Pomerleau OF (1995) Individual differences in sensitivity to nicotine: implications for genetic research on nicotine dependence. Behav Genet 25:161–177

Pomerleau OF, Pomerleau CS (1984) Neuroregulators and the reinforcement of smoking: towards a biobehavioral explanation. Neurosci Biobehav Rev 8:503–513

Pomerleau CS, Pomerleau OF (1992) Euphoriant effects of nicotine in smokers. Psychopharmacology 108:460–465

Pomerleau OF, Fertig JF, Seyler LE, Jaffe J (1983) Neuroendocrine reactivity to nicotine in smokers. Psychopharmacology 81:61–67

Pomerleau CS, Pomerleau OF, Majchrzak MJ (1987) Mecamylamine pretreatment increases subsequent nicotine self-administration as indicated by changes in plasma nicotine level. Psychopharmacology 91:391–393

Pontieri FE, Tanda G, Di Chiara G (1995) Intravenous cocaine, morphine and amphetamine preferentially increase extracellular dopamine in the "shell" as compared with the "core" of the rat nucleus accumbens. Proc Natl Acad Sci USA 92: 12304–12308

Pontieri FE, Tanda G, Orzi F, Di Chiara G (1996) Effects of nicotine on the nucleus accumbens and similarities to those of addictive drugs. Nature 382:255–257

Porchet HC, Benowitz NL, Sheiner LB, Copeland JR (1987) Apparent tolerance to the acute effect of nicotine results in part from distribution kinetics. J Clin Invest 80:1466–1471

Porchet HC, Benowitz NL, Sheiner LB (1988) Pharmacodynamic model of tolerance: application to nicotine. J Pharmacol Exp Ther 244:231–236

Pradhan SN (1970) Effects of nicotine on several schedules of behaviour in rats. Arch Int Pharmacodyn 183:127–138

Pradhan SN, Bowling C (1971) Effects of nicotine on self-stimulation in rats. J Pharmacol Exp Ther 176:229–243

Pratt JA, Stolerman IP, Garcha HS, Giardini V, Feyerabend C (1983) Discriminative stimulus properties of nicotine: further evidence for mediation at a cholinergic receptor. Psychopharmacology 81:54–60

Preston KL, Bigelow GE (1991) Subjective and discriminative effects of drugs. Behav Pharmacol 2:293–313

Rang HP (1982) The action of ganglionic blocking drugs on the synaptic responses of rat submandibular ganglion cells. Br J Pharmacol 75:151–168

Rapier C, Lunt GG, Wonnacott S (1988) Stero-selective nicotine-induced release of dopamine from striatal synaptosomes: concentration dependence and repetitive stimulation. J Neurochem 50:1123–1130

Rasmussen T, Czachura JF (1995) Nicotine withdrawal leads to increased firing rates of midbrain dopamine neurons. NeuroReport 7:329–332

Rasmussen T, Swedberg MD (1998) Reinforcing effects of nicotinic compounds: intravenous self-administration in drug-naive mice. Pharmacol Biochem Behav 60(2):567–573

Rasmussen K, Kallman MJ, Helton DR (1997) Serotonin-1A antagonists attenuate the effects of nicotine withdrawal on the auditory startle response. Synapse 27:145–152

Reavill C, Stolerman IP (1987) Interaction of nicotine with dopaminergic mechanisms assessed through drug discrimination and rotational behaviour in rats. J Psychopharmacol 1:264–273

Reavill C, Stolerman IP (1990) Locomotor activity in rats after administration of nicotinic agonists intracerebrally. Brit J Pharmacol 99:273–278

Reavill C, Stolerman IP, Kumar R, Garcha HS (1986) Chlorisondamine blocks acquisition of the conditioned taste aversion produced by (−)-nicotine. Neuropharmacology 25:1067–1069

Reavill C, Walther B, Stolerman IP, Testa B (1990) Behavioural and pharmacokinetic studies on nicotine, cytisine and lobeline. Neuropharmacology 29:619–624

Reid MS, Ho LB, Berger SP (1996) Effects of environmental conditioning on the development of nicotine sensitization: behavioral and neurochemical analysis. Psychopharmacology 126(4):301–310

Reid MS, Ho LB, Berger SP (1998) Behavioral and neurochemical components of nicotine sensitization following 15-day pretreatment: studies on contextual conditioning. Behav Pharmacol 9(2):137–148

Ren T, Sagar SM (1992) Induction of c-fos immunostaining in the rat brain after the systemic administration of nicotine. Brain Res Bull 29:589–597

Rezvani AH, Overstreet DH, Lee YW (1995) Attenuation of alcohol intake by ibogaine in three strains of alcohol-preferring rats. Pharmacol Biochem Behav 52:615–620

Richardson NR, Roberts DCS (1996) Progressive ratio schedules in drug administration studies in rats: a method to evaluate reinforcing efficacy. J Neurosci Meth 66:1–11

Risner ME, Goldberg SR (1983) A comparison of nicotine and cocaine self-administration in the dog: fixed-ratio and progressive-ratio schedules of intravenous drug infusion. J Pharmacol Exp Therap 224:319–326

Risner ME, Goldberg SR, Prada JA, Cone EJ (1985) Effects of nicotine, cocaine and some of their metabolites on schedule-controlled responding by beagle dogs and squirrel monkeys. J Pharmacol Exp Therap 234:113–119

Robbins TW (1981) Behavioural determinants of drug action: rate-dependency revisited. In: Cooper SJ (ed) Theory in Psychopharmacology. Academic Press, New York, pp 2–63

Robbins TW, Koob GF (1980) Selective disruption of displacement behaviour by lesions of the mesolimbic dopamine system. Nature 285:409–412

Robinson JH, Pritchard WS (1992) The role of nicotine in tobacco use. Psychopharmacology 108:397–407

Robinson TE, Berridge KC (1993) The neural basis of drug craving: an incentive-sensitization theory of addiction. Brain Res Rev 18:247–291

Robinson SF, Pauly JR, Marks MJ, Collins AC (1994) An analysis of response to nicotine infusion using an automated radiotelemetry system. Psychopharmacology 115:115–120

Robinson SF, Grün EU, Pauly JR, Collins AC (1996) Regulation of sensitivity to nicotine and brain nicotinic receptors by chronic nicotine and corticosterone treatment. Pharmacol Biochem Behav 54:1–7

Romano C, Goldstein A, Jewell NP (1981) Characterization of the receptor mediating the nicotine discriminative stimulus. Psychopharmacology 74(4):310–315

Rose JE (1984) Discriminability of nicotine in tobacco smoke: Implications for titration. Addictive Behav 9:189–193

Rose JE, Levin ED (1991) Inter-relationships between conditioned and primary reinforcement in the maintenance of cigarette smoking. In: West R, Grunberg NE (eds) British Journal of Addiction. Carfax, London, pp 605–610
Rose JE, Behm FM (1995) There is more to smoking than the CNS effects of nicotine. In: Clarke PBS, Quik M, Adlkofer F, Thurau K (eds) Effects of nicotine on biological systems II. Birkhäuser Verlag, Basel, pp 9–16
Rose JE, Corrigall WA (1997) Nicotine self-administration in animals and humans: similarities and differences. Psychopharmacology 130(1):28–40
Rose J, Jarvik M, Ananda S (1983) Nicotine preference increases after cigarette deprivation. Pharmacol Biochem Behav 20:55–58
Rose JE, Herskovic JE, Trilling Y, Jarvik ME (1985) Transdermal nicotine reduces cigarette craving and nicotine preference. Clin Pharmacol Ther 38:450–456
Rose JE, Sampson A, Levin ED, Henningfield JE (1989) Mecamylamine increases nicotine preference and attenuates nicotine discrimination. Pharmacol Biochem Behav 32(4):933–938
Rose JE, Behm FM, Levin ED (1993) The role of nicotine dose and sensory cues in the regulation of smoke intake. Pharmacol Biochem Behav 44:891–900
Rose JE, Westman EC, Behm FM, Johnson MP, Goldberg JS (1999) Blockade of smoking satisfaction using the peripheral nicotinic antagonist trimethaphan. Pharmacol Biochem Behav 62(1):165–172
Rosecrans JA (1989) Nicotine as a discriminative stimulus: A neurobiobehavioral approach to studying central cholinergic mechanisms. J Subs Abuse Treat 1: 287–300
Rosecrans JA, Meltzer LT (1981) Central sites and mechanisms of action of nicotine. Neurosci Biobehav Rev 5:497–501
Rosecrans JA, Kallman MJ, Glenon R (1978) The nicotine cue: An overview. In: Colpaert FC, Rosecrans JA (eds) Stimulus Properties of Drugs: Ten Years of Progress. Elsevier, Amsterdam, pp 69–81
Rosecrans JA, Hendry JS, Hong JS (1985) Biphasic effects of chronic nicotine treatment on hypothalamic immunoreactive beta-endorphin in the mouse. Pharmacol Biochem Behav 23:141–143
Rosenberg J, Benowitz NL, Jacob P, Wilson KM (1980) Disposition kinetics and effects of intravenous nicotine. Clin Pharmacol Ther 28:517–522
Rossing MA (1998) Genetic influences on smoking: candidate genes. Environment Health Perspect 106:231–238
Rowell PP (1995) Nanomolar concentrations of nicotine increase the release of [^{3}H]dopamine from rat striatal synaptosomes. Neurosci Lett 189:171–175
Rowell PP, Duggan DS (1998) Long-lasting inactivation of nicotine receptor function in vitro by treatment with high concentrations of nicotine. Neuropharmacology 37:103–111
Rowell PP, Hillebrand JA (1994) Desensitization of nicotine stimulated dopamine release from rat striatal synaptosomes. J Neurochem 63:561–569
Rowell PP, Li M (1997) Dose response relationship for nicotine-induced up-regulation of rat brain nicotinic receptors. J Neurochem 68:1982–1989
Rowell PP, Wonnacott S (1990) Evidence for functional activity of up-regulated nicotine binding sites in rat striatal synaptosomes. J Neurochem 55:2105–2110
Rowell PP, Carr LA, Garner AC (1987) Stimulation of ^{3}H-dopamine release by nicotine in rat nucleus accumbens. J Neurochem 49:1449–1454
Russell MAH (1971) Cigarette smoking: natural history of dependence disorder. Br J Psychol 44:1–16
Russell MAH (1976) Tobacco smoking and nicotine dependence. In: Gibbons RJ, Israel Y, Kalant H, Popham RE, Schmidt W, Smart RG (eds) Research Advances i8n Alcohol and Drug Problems. Wiley, New York, pp 1–46
Russell MAH (1979) Tobacco dependence: Is nicotine rewarding or aversive? In: Krasnegor N (ed) Cigarette Smoking as a Dependence Process. US Government Printing Office, Washington, DC, pp 100–122

Russell MAH (1990) Nicotine intake and its control over smoking. In: Wonnacott S, Russell MAH, Stolerman IP (eds) Nicotine psychopharmacology: molecular, cellular, and behavioural aspects. Oxford University Press, New York, pp 374–427

Russell MAH, Feyerabend C (1978) Cigarette smoking: a dependence on high-nicotine boli. Drug Metab Rev 8:29–57

Russell MAH, Jarvis M, Iyer R, Feyrabend C (1980) Relation of nicotine yield of cigarettes to blood nicotine concentrations in smokers. Br Med J 280:972–976

Russell MAH, Jarvis MJ, Jones G, Feyerabend C (1990) Non-smokers show acute tolerance to subcutaneous nicotine. Psychopharmacology 102(1):56–58

Russell PO, Epstein LH, Sittenfield SL, Block DR (1986) The effects of nicotine chewing gum on the sensitivity to muscle tension. Psychopharmacology 89:230–233

Rusted JM, Mackee A, Williams R, Willner P (1998) Deprivation state but not nicotine content of the cigarette affects responding by smokers on a progressive ratio task. Psychopharmacology 140:411–417

Sacaan AL, Dunlop JL, Lloyd GK (1995) Pharmacological characterisation of neuronal acetylcholine gated ion channel-receptor mediated hippocampal norepinephrine and striatal dopamine release from rat brain slices. J Pharmacol Exp Ther 274: 224–230

Sachs DPL (1991) Advances in smoking cessation treatment. Curr Pulmonol 12:139–198

Sakurai Y, Takano Y, Kohjimoto Y, Honda K, Kamiya HO (1982) Enhancement of [^{3}H]dopamine release and its [^{3}H]metabolites in rat striatum by nicotinic drugs. Brain Res 242:99–106

Salminen O, Lahtinen S, Ahtee L (1996) Expression of Fos protein in various rat brain areas following acute nicotine and diazepam. Pharmacol Biochem Behav 54:241–248

Salminen O, Seppä T, Gäddnäs H, Ahtee L (1999) The effects of acute nicotine on the metabolism of dopamine and the expression of Fos protein in striatal and limbic brain areas of rats during chronic nicotine infusion and its withdrawal. J Neurosci 19:8145–8151

Sanderson EM, Drasdo AL, McCrea K, Wonnacott S (1993) Upregulation of nicotinic receptors following continuous infusion of nicotine is brain-region-specific. Brain Res 617:349–352

Sanger DJ (1978) Nicotine and schedule-induced drinking in rats. Pharmacol Biochem Behav 8:343–346

Sanger DJ (1986) Drug taking as adjunctive behavior. In Behavioural Analysis of Drug Dependence, ed. Goldberg SA and Stolerman J, Academic Press, New York, pp 123–160

Sannerud CA, Prada J, Goldberg DM, Goldberg SR (1994) The effects of sertraline on nicotine self-administration and food-maintained responding in squirrel monkeys. Eur J Pharmacol 271:461–469

Schachter S, Singer JE (1962) Cognitive, social, and psychological determinants of emotional states. Psychol Rev 69:379–399

Schaefer GJ, Michael RP (1986) Task-specific effects of nicotine in rats: Intracranial self-stimulation and locomotor activity. Neuropharmacology 25:125–131

Schaefer GJ, Michael RP (1992) Interactions between alcohol and nicotine on intracranial self-stimulation and locomotor activity in rats. Drug Alcohol Dep 30:37–47

Schechter MD (1993) Cocaine discrimination is attenuated by isradipine and CGS 10746B. Pharmacol Biochem Behav 44:661–664

Schechter MD, Meehan SM (1992) Further evidence for the mechanisms that may mediate nicotine discrimination. Pharmacol Biochem Behav 41:807–812

Schechter MD, Meehan SM (1993) Dopaminergic mediation of the stimulant generalization of nicotine. Prog Neuropsychopharmacol Biol Psychiatry 17:835–845

Schechter MD, Meehan SM (1994) Conditioned place aversion produced by dopamine release inhibition. Eur J Pharmacol 260:133–137

Schechter MD, Rosecrans JA (1971) C.N.S. effect of nicotine as the discriminative stimulus for the rat in a T-maze. Life Sci [I] 10(14):821–832

Schechter MD, Rosecrans JA (1972a) Nicotine as a discriminative cue in rats: inability of related drugs to produce a nicotine-like cueing effect. Psychopharmacologia 27:379–387

Schechter MD, Rosecrans JA (1972b) Effect of mecamylamine on discrimination between nicotine- and arecoline-produced cues. Eur J Pharmacol 17:179–182

Schechter MD, Rosecrans JA (1973) d-Amphetamine as a discriminative cue: drugs with similar stimulus properties. Eur J Pharmacol 21:212–216

Schenk S, Snow S, Horger BA (1991) Pre-exposure to amphetamine but not nicotine sensitizes rats to the motor activating effect of cocaine. Psychopharmacology 103:62–66

Scherer G (1999) Smoking behaviour and compensation: a review of the literature. Psychopharmacology 145:1–20

Schiffman SM, Jarvik ME (1976) Smoking withdrawal symptoms in two weeks of abstinence. Psychopharmacology 50:35–39

Schilström B, Nomikos GG, Nisell M, Hertel P, Svensson TH (1998a) N-methyl-D-aspartate receptor antagonism in the ventral tegmental area diminishes the systemic nicotine-induced dopamine release in the nucleus accumbens. Neuroscience 82:781–789

Schilström B, Svensson HM, Svensson TH, Nomikos GG (1998b) Nicotine and food induced dopamine release in the nucleus accumbens of the rat: putative role of $\alpha 7$ nicotinic receptors in the ventral tegmental area. Neuroscience 85:1005–1009

Schneirla TC (1959) An evolutionary and developmental theory of biphasic processes underlying approach and withdrawal. In: Jones MR (ed) Nebraska Symposium on Motivation. Univ of Nebraska Press, Lincoln, pp 1–42

Schulz DW, Zigmond RE (1989) Neuronal bungarotoxin blocks the nicotinic stimulation of endogenous dopamine release from rat striatum. Neurosci Lett 98:310–316

Schuster CR, Thompson T (1969) Self-administration of and behavioral dependence on drugs. Annu Rev Pharmacol 9:483–502

Schwartz RD, Kellar KJ (1983) Nicotinic cholinergic receptor binding sites in the brain: regulation in vivo. Science 220:214–216

Schwartz RD, Kellar KJ (1985) In vivo regulation of [^{3}H]acetylcholine recognition sites in brain by nicotinic cholinergic drugs. J Neurochem 45:427–433

Schwartz RD, Lehmann J, Kellar KJ (1984) Presynaptic nicotinic cholinergic receptors labeled by [^{3}H]acetylcholine on catecholamine and serotonin axons in brain. J Neurochem 42:1495–1498

Seguela P, Wadiche J, Dineley-Miller K, Dani JA, Patrick JW (1993) Molecular cloning, functional properties and distribution of rat brain $a7$: a nicotinic cation channel highly permeable to calcium. J Neurosci 13:596–604

Sershen H, Balla A, Lajtha A, Vizi ES (1997) Characterization of nicotinic receptors involved in the release of noradrenaline from the hippocampus. Neuroscience 77:121–130

Shaham Y, Stewart J (1995) Stress reinstates heroin self-administration behavior in drug-free animals: an effect mimicking heroin, not withdrawal. Psychopharmacology 119:334–341

Shaham Y, Stewart J (1996) Effects of opioid and dopamine receptor antagonists on relapse induced by stress and reexposure to heroin in rats. Psychopharmacology 125:385–391

Shaham Y, Adamson LK, Grocki S, Corrigall WA (1997) Reinstatement and spontaneous recovery of nicotine seeking in rats. Psychopharmacology 130:396–403

Sharp BM, Beyer SH (1986) Rapid desensitization of the acute stimulatory effects of nicotine on rat plasma adrenocorticotropin and prolactin. J Pharmacol Exp Ther 238:486–491

Sharp BM, Beyer HS, McAllen M, Hart D, Matta SG (1993) Induction and desensitization of the c-fos mRNA response to nicotine in the rat brain. Mol Cell Neurosci 4:199–208

Shiffman SM (1979) The tobacco withdrawal syndrome. In: Krasnegor NA (ed) Cigarette smoking as a dependence process, NIDA Research Monograph 23. US Department of Health and Human Services, HEW Pub No (ADM) Washington DC, pp 79–800
Shiffman SM, Jarvik ME (1976) Smoking withdrawal symptoms in two weeks of abstinence. Psychopharmacology 50:35–39
Shiffman S (1986) A cluster-analytic classification of smoking relapse episodes. Addictive Behav 11:295–307
Shiffman S (1989) Tobacco "chippers"-individual differences in tobacco dependence. Psychopharmacology 97:539–547
Shiffman S (1995) Comments on nicotine addiction. Psychopharmacology 117:14–15
Shiffman S, Zettler-Segal M, Kassel J, Paty J, Benowitz NL, O'Brien G (1992) Nicotine elimination and tolerance in non-dependent cigarette smokers. Psychopharmacology 109:449–456
Shoaib M, Stolerman IP (1992) MK801 attenuates behavioural adaptation to chronic nicotine administration in rats. Br J Pharmacol 105:514–515
Shoaib M, Stolerman IP (1996) Brain sites mediating the discriminative stimulus effects of nicotine in rats. Behav Brain Res 78(2):183–188
Shoaib M, Stolerman IP (1999) Plasma nicotine and cotinine levels following intravenous nicotine self-administration in rats. Psychopharmacology 143(3):318–321
Shoaib M, Stolerman IP, Kumar RC (1994a) Nicotine-induced place preferences following prior nicotine exposure in rats. Psychopharmacology 113:445–452
Shoaib M, Benwell ME, Akbar MT, Stolerman IP, Balfour DJ (1994b) Behavioural and neurochemical adaptations to nicotine in rats: influence of NMDA antagonists. Br J Pharmacol 111(4):1073–1080
Shoaib M, Schindler CW, Goldberg SR (1997a) Nicotine self-administration in rats: strain and nicotine pre-exposure effects on acquisition. Psychopharmacology 129(1):35–43
Shoaib M, Thorndike E, Schindler CW, Goldberg SR (1997b) Discriminative stimulus effects of nicotine and chronic tolerance. Pharmacol Biochem Behav 56:167–173
Siegel S (1983) Classical conditioning, drug tolerance, and drug dependence. In: Israel Y, Glaser FB, Kalant H, Popham RE, Schmidt W, Smart RG (eds) Research advances in alcohol and drug problems. Plenum Press, New York, vol 7, pp 207–246
Singer G, Simpson F, Lang WJ (1978) Schedule induced self injections of nicotine with recovered body weight. Pharmacol Biochem Behav 9:387–389
Singer G, Oei TP, Wallace M (1982a) Schedule-induced self-injection of drugs. Neurosci Biobehav Rev 6:77–83
Singer G, Wallace M, Hall R (1982b) Effects of dopaminergic nucleus accumbens lesions on the acquisition of schedule induced self injection of nicotine in the rat. Pharmacol Biochem Behav 17:579–581
Skinner BF (1935) Two types of conditioned reflex and a pseudotype. J Gen Psychol 12:66–77
Slifer BL (1983) Schedule-induction of nicotine self-administration. Pharmacol Biochem Behav 19:1005–1009
Slifer BL, Balster RL (1985) Intravenous self-administration of nicotine: with and without schedule-induction. Pharmacol Biochem Behav 22:61–69
Smith A, Roberts DCS (1995) Oral self-administration of sweetened nicotine solutions by rats. Psychopharmacology 120:341–346
Smith KM, Mitchell SN, Joseph MH (1991) Effects of chronic and subchronic nicotine on tyrosine hydroxylase activity in noradrenergic and dopaminergic neurones in the rat brain. J Neurochem 57:1750–1756
Smith LA, Lang WJ (1980) Changes occurring in self administration of nicotine by rats over a 28-day period. Pharmacol Biochem Behav 13:215–220
Snell LD, Johnson KM (1989) Effects of nicotinic agonists and antagonists on N-methyl-D-aspartate-induced ^{3}H-norepinephrine release and ^{3}H-1-[1-(2-thienyl)cyclohexyl]-piperidine binding in rat hippocampus. Synapse 3:129–135

Snyder FR, Davis FC, Henningfield JE(1989) The tobacco withdrawal syndrome: performance decrements assessed on a computerized test battery. Drug Alcohol Depend 23(3):259–266

Soliakov L, Gallagher T, Wonnacott S (1995) Anatoxin-a-evoked [^{3}H]dopamine release from rat striatal synaptosomes. Neuropharmacology 34:1535–1541

Soliakov L, Wonnacott S (1996) Voltage-sensitive Ca^{2+} channels involved in nicotinic receptor-mediated ^{3}H-dopamine release from rat striatal synaptosomes. J Neurochem 67:163–170

Solomon RL, Corbit JD (1973) An opponent-process theory of motivation. II. Cigarette addiction. J Abnorm Psychol 81:158–171

Solomon RL, Corbit JD (1974) An opponent-process theory of motivation. I: Temporal dynamics of affect. Psychol Rev 81:119–145

Sorenson EM, Shiroyama T, Kitai ST (1998) Postsynaptic nicotinic receptors on dopaminergic neurons in the substantia nigra pars compacta of the rat. Neuroscience 87:659–673

Soria R, Stapleton JM, Gilson SF, Sampson-Cone A, Henningfield JE, London ED (1996) Subjective and cardiovascular effects of intravenous nicotine in smokers and non-smokers. Psychopharmacology 128(3):221–226

Sparks JA, Pauly JR (1999) Effects of continuous oral nicotine administration on brain nicotinic receptors and responsiveness to nicotine in C57BI/6 mice. Psychopharmacology 141:145–153

Spealman RD (1983) Maintenance of behavior by postponement of scheduled injections of nicotine in squirrel monkeys. J Pharmacol Exp Ther 227(1):154–159

Spealman RD, Goldberg SR (1982) Maintenance of schedule-controlled behavior by intravenous injections of nicotine in squirrel monkeys. J Pharmacol Exp Ther 223:402–408

Spealman RD, Goldberg SR, Gardner ML (1981) Behavioral effects of nicotine: schedule-controlled responding by squirrel monkeys. J Pharmacol Exp Ther 216:484–491

Srivastava ED, Russell MAH, Feyerabend C, Masterson JG, Rhodes J (1991) Sensitivity and tolerance to nicotine in smokers and non-smokers. Psychopharmacology 105:63–68

Stafford D, LeSage MG, Glowa JR (1998) Progressive-ratio schedules of drug delivery in the analysis of drug self-administration: a review. Psychopharmacology 139:169–184

Stein EA, Pankiewicz J, Harsch HH, Cho JK, Fuller SA, Hoffmann RG, Hawkins M, Rao SM, Bandettini PA, Bloom AS (1998) Nicotine-induced limbic cortical activation in the human brain: a functional MRI study. Am J Psychiatry 155:1009–1015

Stellar JR, Stellar E (1985) The neurobiology of motivation and reward. Springer-Verlag, New York

Stewart J, de Wit H (1987) Reinstatement of drug-taking behavior as a method of assessing incentive motivational properties of drugs. In: Bozarth MA (ed) Methods of assessing the reinforcing properties of abused drugs. Springer, New York, pp 211–227

Stitzer M, Morrison J, Domino EF (1970) Effects of nicotine on fixed-interval behavior and their modification by cholinergic antagonists. J Pharmacol Exp Ther 171:166–177

Stolerman IP (1986) Could nicotine antagonists be used in smoking cessation. Br J Addiction 81:47–53

Stolerman IP (1987) Psychopharmacology of nicotine: stimulus effects and receptor mechanisms. In: Iversen LL, Iversen SD, Snyder SH (eds) Handbook of psychopharmacology, vol 19. Plenum, New York, pp 421–465

Stolerman IP (1989) Discriminative stimulus effects of nicotine in rats trained under different schedules of reinforcement. Psychopharmacology 97:131–138

Stolerman IP (1992) Drugs of abuse: behavioural principles, methods and terms. Trends Pharmacol Sci 13:170–176

Stolerman IP, Jarvis MJ (1995) The scientific case that nicotine is addictive. Psychopharmacology 117:2–10
Stolerman IP, Fink R, Jarvik ME (1973a) Acute and chronic tolerance to nicotine measured by activity in rats. Psychopharmacology 30:329–342
Stolerman IP, Goldfarb T, Fink R, Jarvik ME (1973b) Influencing cigarette smoking with nicotine antagonists. Psychopharmacologia 28(3):247–259
Stolerman IP, Bunker P, Jarvik ME (1974) Nicotine tolerance in rats; role of dose and dose interval. Psychopharmacologia 34(4):317–324
Stolerman IP, Pratt JA, Garcha HS, Giardini V, Kumar R (1983) Nicotine cue in rats analysed with drugs acting on cholinergic and 5-hydroxytryptamine mechanisms. Neuropharmacology 22(9):1029–1037
Stolerman IP, Garcha HS, Pratt JA, Kumar R (1984) Role of training dose in discrimination of nicotine and related compounds by rats. Psychopharmacology 84(3):413–419
Stolerman IP, Albuquerque EX, Garcha HS (1992) Behavioural effects of anatoxin, a potent nicotinic agonist, in rats. Neuropharmacology 31:311–314
Stolerman IP, Garcha HS, Mirza NR (1995a) Dissociations between the locomotor stimulant and depressant effects of nicotinic agonists in rats. Psychopharmacology 117:430–437
Stolerman IP, Mirza NR, Shoaib M (1995b) Nicotine psychopharmacology: addiction, cognition and neuroadaptation. Med Res Rev 15:47–52
Stolerman IP, Chandler CJ, Garcha HS, Newton JM (1997) Selective antagonism of behavioural effects of nicotine by dihydro-beta-erythroidine in rats. Psychopharmacology 129(4):390–397
Stolerman IP, Naylor C, Elmer GI, Goldberg SR (1999) Discrimination and self-administration of nicotine by inbred strains of mice. Psychopharmacology 141(3):297–306
Stretch R, Gerber GJ (1973) Drug-induced reinstatement of amphetamine self-administration in monkeys. Can J Psychol 27:168–177
Stretch R, Gerber GJ, Wood SM (1971) Factors affecting behavior maintained by response-contingent intravenous infusions of amphetamine in squirrel monkeys. Can J Physiol Pharmacol 49:581–589
Suemaru K, Gomita Y, Furuno K, Araki Y (1993) Chronic nicotine treatment potentiates behavioral responses to dopaminergic drugs in rats. Pharmacol Biochem Behav 46:135–139
Sutherland G, Stapleton JA, Russell MAH (1995) Naltrexone, smoking behaviour and cigarette withdrawal. Psychopharmacology 120:418–425
Sutton SR, Russell MAH (1982) Relationship between cigarette yields, puffing patterns, and smoke intake: evidence for tar compensation? BMJ 285:600–603
Suzuki T, Ise Y, Tsuda M, Maeda J, Misawa M (1996) Mecamylamine-precipitated nicotine-withdrawal aversion in rats. Eur J Pharmacol 314(3):281–284
Suzuki T, Ise Y, Mori T, Misawa M (1997) Attenuation of mecamylamine-precipitated nicotine-withdrawal aversion by the 5-HT3 receptor antagonist ondansetron. Life Sci 61:PL249–254
Svensson TH, Engberg G (1980) Peripheral, autonomic regulation of locus coeruleus noradrenergic neurons in brain: putative implications for psychiatry and psychopharmacology. Psychopharmacology 92:1–7
Svensson TH, Mathe JM, Nomikos GG, Schilstrom B (1998) Role of excitatory amino acids in the ventral tegmental area for central actions of non-competitive NMDA-receptor antagonists and nicotine. Amino Acids 14:51–56
Swanson LW, Simmons DM, Whiting PJ, Lindstrom J (1987) Immunohistochemical localization of neuronal nicotinic receptors in the rodent central nervous system. J Neurosci 7:3334–3342
Swedberg MDB, Henningfield JE, Goldberg SR (1990) Nicotine dependency: animal studies. In: Wonnacott S, Russell MAH, Stolerman IP (eds) Nicotine psychophar-

macology: molecular, cellular and behavioural aspects. Oxford Science Publications, Oxford, pp 38–76
Swerdlow MR, Caine SB, Braff DL, Geyer MA (1992) The neural substrates of sensorimotor gating of the startle reflex: a review of recent findings and their implications. J Psychopharmacol 6:176–190
Swerdlow MR, Braff DL, Taaid N, Geyer MA (1994) Assessing the validity of an animal model of deficient sensorimotor gating in schizophrenic patients. Arch Gen Psychiatry 51:139–154
Takada K, Hagen TJ, Cook JM, Goldberg SR, Katz JL (1988) Discriminative stimulus effects of intravenous nicotine in squirrel monkeys. Pharmacol Biochem Behav 30(1):243–247
Takada K, Swedberg MD, Goldberg SR, Katz JL (1989) Discriminative stimulus effects of intravenous l-nicotine and nicotine analogs or metabolites in squirrel monkeys. Psychopharmacology 99(2):208–212
Takano Y, Sakurai Y, Kohjimoto Y, Honda K, Kamiya H-O (1983) Presynaptic modulation of the release of dopamine from striatal synaptosomes: differences in the effects of high K^+ stimulation, methamphetamine and nicotinic drugs. Brain Res 279:330–334
Tanda G, Pontieri FE, Di Chiara G (1997) Cannabinoid and heroin activation of mesolimbic dopamine transmission by a common μm_1 opioid receptor mechanism. Science 276:2048–2050
Tanda G, Di Chiara G (1998) A dopamine-μ_1 opioif link in the rat ventral tegmentum shared by palatable food (Fonzies) and non psychostimulant drugs of abuse. Eur J Neurosci 10:1179–1187
Tessari M, Valerio E, Chiamulera C, Beardsley PM (1995) Nicotine reinforcement in rats with histories of cocaine self-administration. Psychopharmacology 121:282–283
Thorndike EL (1898) Animal intelligence: An experimental study of the associative processes in animals. Macmillan, New York
Thornton JC, Dawe S, Lee C, Capstick C, Corr PJ, Cotter P, Frangou S, Gray NS, Russell MAH, Gray JA (1996) Effects of nicotine and amphetamine on latent inhibition in human subjects. Psychopharmacology 127:164–173
Tiffany ST (1990) A cognitive model of drug urges and drug use behavior: Role of automatic and nonautomatic processes. Psychol Rev 97:147–168
Tiffany ST, Carter BL (1998) Is craving the source of compulsive drug use? J Psychopharmacology 12:23–30
Toates F (1986) Motivational systems.Cambridge:Cambridge University Press
Tobin MJ, Jenouri G, Sachner MA (1982) Effect of naloxone on change in breathing pattern with smoking: a hypothesis on the addictive nature of cigarette smoking. Chest 82:530–537
Toth E, Vizi ES, Lajtha A (1993) Effect of nicotine on levels of extracellular amino acids in regions of the rat brain in vivo. Neuropharmacology 32:827–832
Tripathi HL, Martin BR, Aceto MD (1982) Nicotine-induced antinociception in rats and mice: Correlation with nicotine brain levels. J Pharmacol Exp Ther 221:91–96
US Department of Health, Education and Welfare (1964) Smoking and Health. Report of the Advisory Committee to the Surgeon General of the Public Health Service. US Department of Health, Education and Welfare, Washington, DC
US Department of Health and Human Services (1988) The health consequences of smoking: nicotine addiction. A Report of the Surgeon General. Office on Smoking and Health, Maryland
US Department of Health and Human Services (1990) Psychological and behavioral consequences and correlates of smoking cessation. In: Samiet JM, Davis RM, Grunberg NE, et al (eds) Health benefits of smoking cessation: A report of the US Surgeon General. Printing Office, US Govt, Washington, pp 521–531
Valentine JD, Hokanson JS, Matta SG, Sharp BM (1997) Self-administration in rats allowed unlimited access to nicotine. Psychopharmacology 133(3):300–304

Varvel SA, James JR, Bowen S, Rosecrans JA, Karan LD (1999) Discriminative stimulus (DS) properties of nicotine in the C57BL/6 mouse. Pharmacol Biochem Behav 63(1):27–32

Vezina P, Blanc G, Glowinski J, Tassin JP (1991) Opposed behavioural outputs of increased dopamine transmission in prefrontocortical and subcortical areas: A role for cortical D1 receptor. Eur J Neurosci 3:1001–1007

Vezina P, Blanc G, Glowinski J, Tassin JP (1992) Nicotine and morphine differentially activate brain dopamine in prefrontocortical and subcortical terminal fields: effects of acute and repeated injections. J Pharmacol Exp Therap 261:484–490

Vezina P, Hervé D, Glowinski J, Tassin JP (1994) Injections of 6-hydroxydopamine into the ventral tegmental area destroy mesolimbic dopamine neurons but spare the locomotor activating effects of nicotine in the rat. Neurosci Lett 168:111–114

Villanueva HF, Arezo S, James JR, Rosecrans JA (1992) A characterization of nicotine-induced tolerance: Evidence of pharmacological tolerance in the rat. Behav Pharmacol 3:255–260

Wada E, Wada K, Boulter J, Deneris E, Heinemann S, Patrick J, Swanson LW (1989) Distribution of alpha2, alpha3, alpha4, and beta2 neuronal nicotinic receptor subunit mRNAs in the central nervous system: A hybridization histochemical study in the rat. J Comp Neurol 284:314–335

Wada E, McKinnon D, Heinemann S, Patrick J, Swanson LW (1990) The distribution of mRNA encoded by a new member of the neuronal nicotinic acetylcholine receptor gene family ($\alpha 5$) in the rat central nervous system. Brain Res 526:45–53

Wakasa Y, Takada K, Yhnngita T (1995) Reinforcing effect as a function of infusion speed in intravenous self-administration of nicotine in rhesus monkeys. Jap J Psychopharmacology 15:53–59

Walter S, Kuschinsky K (1989) Conditioning of nicotine effects on motility and behaviour in rats. Naunyn Schmiedebergs Arch Pharmacol 339(1–2):208–213

Wang F, Nelson ME, Kuryatov A, Olale F, Cooper J, Keyser K, Lindstrom J (1998) Chronic nicotine treatment up-regulates human $\alpha 3\beta 2$ but not $\alpha 3\beta 4$ acetylcholine receptors stably transfected in human embryonic kidney cells. J Biol Chem 273:28721–28732

Warpman U, Friberg L, Gillespie A, Hellström-Lindahl E, Zhang X, Nordberg A (1998) Regulation of nicotinic receptor subtypes following chronic nicotinic agonist exposure in M10 and SH-SY5Y neuroblastoma cells. J Neurochem 70:2028–2037

Watkins SS, Epping-Jordan MP, Koob GF, Markou A (1999) Blockade of nicotine self-administration with nicotinic antagonists in rats. Pharmacol Biochem Behav 62(4): 743–751

Weiner I (1990) Neural substrates of latent inhibition: the switching model. Psychol Bull 10:442–461

West RJ, Russell MAH (1985) Effects of withdrawal from long-term nicotine gum use. Psychol Med 15:891–893

West RJ, Russell MAH (1987) Cardiovascular and subjective effects of smoking before and after 24h of abstinence from cigarettes. Psychopharmacology 92(1):118–121

West RJ, Jarvis MJ, Russell MAH, Carruthers ME, Feyerbend C (1984) Effect of nicotine replacement on the cigarette withdrawal syndrome. Br J Addict 79:215–219

West RJ, Russell MAH, Jarvis MS, et al (1984) Does switching to an ultra-low nicotine withdrawal effects? Psychopharmacology 84:120–123

Westfall TC (1974) Effect of nicotine and other drugs on the release of ^{3}H-norepinephrine and ^{3}H-dopamine from rat brain slices. Neuropharmacology 13: 693–700

Westfall TC, Perry H (1986) The nicotinic-induced release of endogenous dopamine from rat striatal slices from animals chronically exposed to dimethylphenylpiperazinium (DMPP). Neurosci Lett 71:340–344

Westfall TC, Grant H, Perry H (1983) Release of dopamine and 5-hydroxytryptamine from rat striatal slices following activation of nicotinic cholinergic receptors. Gen Pharmacol 14:321–325

Westfall TC, Mereu G, Vickery L, Perry H, Naes L, Yoon KP (1989) Regulation of midbrain dopamine neurons. Prog Brain Res 79:173–185
White JM (1988) Behavioral interactions between nicotine and caffeine. Pharmacol Biochem Behav 29:63–66
White NM (1996) Addictive drugs as reinforcers: multiple partial actions on memory system. Addiction 91:921–946
White JM, Ganguzza CC (1985) Effects of nicotine on schedule-controlled behavior. Neuropharmacology 24:75–82
Whiteaker P, Garcha HS, Wonnacott S, Stolerman IP (1995) Locomotor activation and dopamine release produced by nicotine and isoarecolone in rats. Br J Pharmacol 116:2097–2105
Whiteaker P, Sharples C, Wonnacott S (1998) Agonist-induced upregulation of $\alpha 4\beta 2$ nicotine acetylcholine receptors in M10 cells: pharmacological and spatial definition. Mol Pharmacol 53:950–962
Willner P (1984) The validity of animal models of depression. Psychopharmacology 83:1–16
Wise RA (1982) Neuroleptics and operant behavior: the anhedonia hypothesis. Behav Brain Sci 5:39–87
Wise RA (1988) The neurobiology of craving: implications for understanding and treatment of addiction. J Abnormal Psychol 97:147–168
Wise RA, Murray A, Bozarth MA (1990) Bromocriptine self-administration and bromocriptine-reinstatement of cocaine-trained and heroin-trained lever-pressing in rats. Psychopharmacology 100:355–360
Wonnacott S (1990) The paradox of nicotinic acetylcholine receptor upregulation by nicotine. Trends Pharmacol Sci 11:216–219
Wonnacott S (1997) Presynaptic nicotinic ACh receptors. Trends Neurosci 20:92–98
Wonnacott S, Soliakov L, Wilkle G, Redfern P, Marshall D (1996) Presynaptic nicotinic acetylcholine receptors in the brain. Drug Develop Res 38:149–159
Woodman G, Newman SP, Pavia D, Clarke SW (1987) The separate effects of tar and nicotine on the cigarette smoking manoeuvre. Eur J Respir Dis 70:316–321
Woolverton WL, Virus RM (1989) The effects of a D1 and D2 dopamine antagonist on behavior maintained by cocaine or food. Pharmacol Biochem Behav 32:691–697
World Health Organization (1969) World Health Organization Technical Report Series No 407. WHO, Geneva
World Health Organization (1978) International classification of diseases, 9th edn. WHO, Geneva
Yanagita T (1976) Some methodological problems in assessing dependence-producing properties of drugs in animals. Pharmacol Rev 27:503–509
Yanagita T, Ando K, Oinuma N, Ishida K (1974) Intravenous self-administration of nicotine and an attempt to produce smoking behavior in monkeys. Proceedings of the 36th Annual Scientific Meeting. Committee on Problems of Drug Dependence, National Academy of Sciences, pp 567–578
Yeomans JS (1990) Principles of brain stimulation. University Press, Oxford, New York
Yoshida K, Kato Y, Imura H (1980) Nicotine-induced release of noradrenaline from hypothalamic synaptosomes. Brain Res 182:361–368
Young AM, Herling S (1986) Drugs as reinforcers: studies in laboratory animals. In: Goldberg SR, Stolerman IP (eds) Behavioral analysis of drug dependence. Academic Press, Orlando, Florida, pp 9–67
Yu YJ, Wecker L (1994) Chronic nicotine administration differentially affects neurotransmitter release from rat striatal slices. J Neurochem 63:186–194
Zacny JP, Stitzer ML (1985) Effects of smoke deprivation interval on puff topography. Clin Pharmacol Ther 38:109–115
Zacny JP, Apfelbaum JL, Lichtor JL, Zaragoza JG (1993) Effects of 5-hydroxytryptamine$_3$ antagonist, ondansetron, on cigarette smoking, smoke, exposure, and mood in humans. Pharmacol Biochem Behav 44:387–391
Zoli M, Lena C, Picciotto M, Changeux J-P (1998) Identification of four classes of brain nicotinic receptors using $\beta 2$ mutant mice. J Neurosci 18:4461–4472

CHAPTER 25
Involvement of Neuronal Nicotinic Receptors in Disease

F. CLEMENTI, J. COURT, and E. PERRY

A. Introduction

Neuronal nicotinic receptors are involved in a wide variety of diseases affecting both the nervous system and non-neuronal tissues. Diseases with neuronal acetylcholine receptor (nAChR) abnormalities affecting the nervous system can be divided into those occurring during development (Tourette's syndrome and schizophrenia), those occurring at any stage of life (epilepsy or depression), and those associated with aging (Alzheimer's disease, AD, Parkinson's disease, PD, and Dementia with Lewy bodies, DLB]. Diseases affecting non-neuronal tissues include those involving lung, vascular, dermatological, gastrointestinal, and lymphocyte tissues. Those diseases in which the association is well established are discussed in detail in this chapter and others, in which nAChR involvement is inferred on the basis of indirect evidence, are mentioned in brief.

Key questions addressed in this chapter are:

1. Is the nAChR involvement aetiopathological, related to the initiation and progress of the disease?
2. Does the nAChR involvement arise primarily as a result of disease, accounting for mechanisms associated with clinical symptoms?
3. Will treatment targeting nAChRs be primarily symptomatic and/or protective/preventative?

B. Diseases Affecting the Nervous System

I. Developmental Disorders

1. Tourette's Syndrome

Tourette's syndrome is a chronic, familial, neuropsychiatric disorder involving persistent extrapyramidal movement disturbances and inappropriate vocalisations. It is commonly treated with neuroleptics, but these are not always effective and can have toxic effects. Administration of nicotine in the form of chewing gum or transdermal patches significantly improves the motor disorder (tics) and other symptoms, and also improves the response to neuroleptics (SANBERG et al. 1988; MCCONVILLE et al. 1991, 1992; DURSUN et al. 1994; SILVER et al. 1995; DURSUN and REVELEY 1997). Although there is as yet no evidence of a direct involvement of nicotinic receptors in this syndrome, the positive effect of nicotine administration suggests that they may play a role in symptom manifestation, perhaps by modulating dopamine release from striatal and limbic cortical areas. There is clearly scope for autopsy brain tissue analysis and, when suitable ligands emerge, for in vivo imaging of nAChRs in tourettism.

2. Schizophrenia

The possible involvement of nicotinic receptors in schizophrenia has been suggested by the high prevalence of smoking in schizophrenic patients (90% compared to 33% in the general population) (LOHR and FLYNN 1992; HUGHES and MCHUGH 1995). Recent autopsy brain analyses tend to support a nicotinic receptor hypothesis in schizophrenia. Preliminary data have indicated that schizophrenic patients have fewer [^{3}H]cytisine and ^{125}I-labelled α-bungarotoxin (α-Bgt) binding sites in the hippocampus (FREEDMAN et al. 1995; LEONARD et al. 1996). Other human brain studies have, however, not found decreased [^{3}H]nicotine binding sites in the thalamus or striatum (PERRY et al. 1998; COURT et al. 1999). However, a complicating factor is the influence of tobacco use which results in elevated nicotine or cytisine binding sites (BENWELL et al. 1988; BREESE et al. 1997; COURT et al. 1997), and therefore may mask receptor changes due to the basic pathology.

There is also evidence for an involvement of the α-Bgt binding site ($\alpha 7$ subtype) based on the genetic linkage analysis. The P50 auditory evoked potential gating deficit, which is evident in some schizophrenic patient families, maps to a region of chromosome 15 q13–14 (LEONARD et al. 1996) that includes the $\alpha 7$ nicotinic receptor gene (CHINI et al. 1994; FREEDMAN et al. 1997). The finding that nicotine transiently reverses this deficit (ADLER et al. 1992, 1998) is consistent with the fact that neuronal nicotinic receptors, most probably $\alpha 7$ receptors, control auditory sensory gating in animals (see LEONARD et al. 1996). From animal experiments it has been suggested that this control could be mediated via presynaptic regulation in the hippocampus of neurotransmitter release and through modulation of GABAergic neurons of the reticular thalamic nucleus. This thalamic nucleus has a high density of $\alpha 7$ receptors (CIMINO et al. 1992; RUBBOLI et al. 1994; SPURDEN et al. 1997) and functions as a relay station between the cortex and other thalamic nuclei. To date, no mutations in the $\alpha 7$ receptor have been found in schizophrenic patients, although the auditory gating defect is inherited in families carrying the schizophrenic phenotype (WALDO et al. 1991). Therefore it is possible that the genetic defect lies on the $\alpha 7$ promoter gene or relates to other specific transcription factors. It is also interesting to observe that schizophrenic patients have high nicotinic receptor antibody level in serum (MUKHERJEE et al. 1994).

These data together indicate that schizophrenics may have a nicotinic receptor deficit, which they attempt to overcome through smoking tobacco.

However, whether this deficit is related to the pathogenesis of the disease is not clear. In an accurate analysis of schizophrenic families it has been found that 50% of the first-degree relatives of schizophrenics who do not have the disease, have the sensory deficit (WALDO et al. 1991). However, in a recent analysis of 96 members of 5 schizophrenic families, no evidence of linkage of the α7 neuronal nicotinic receptor gene was reported (NEVES-PEREIRA et al. 1998) although P50 measures were not assessed. More clinical, genetic, and experimental investigations are clearly needed before nicotinic drug treatment in schizophrenia will be worth exploring. An improvement in smooth pursuit eye movements after cigarette smoking has been recently reported in schizophrenic patients (OLINCY et al. 1998).

II. Age-Independent Disorders

1. Epilepsy

A heterogeneous group of epileptic disorders affects 2% of the population, but the molecular pathology of common idiopathic epilepsies is unknown. It has recently been determined that autosomal dominant nocturnal frontal lobe epilepsy (a partial epilepsy that causes brief, frequent, and violent seizures) is a genetic disease with abnormalities located in chromosome 20 q13.2–13.3 (PHILLIPS et al. 1995). This region also contains the gene encoding the α4 nicotinic subunit, the most commonly expressed subunit in the human brain. On the basis of this finding, STEINLEIN et al. (1995) studied the sequence of the α4 gene and found two mutations: one, a missense mutation that replaces serine with phenylalanine at codon 248, a highly conserved amino acid in the second transmembrane domain that produces a receptor with a lower Ca^{2+} permeability; and two, a mutation with an insertion of a leucine near the M2, resulting also in a decreased permeability to Ca^{2+} (STEINLEIN et al. 1997). The former mutation is present in all affected siblings but not in normal subjects (STEINLEIN et al. 1995). It is premature to speculate on the possible mechanisms linking this form of epilepsy and the mutated α4 nicotinic receptor, but it is probable that the pathology is due to a decrease in α4 receptor function that lowers the seizure threshold. The mutated α4 gene expressed in *Xenopus* oocytes together with a normal β2, formed a mutant receptor that showed faster desensitisation and a slower recovery from the desensitised state (WEILAND et al. 1996, KURYATOV et al. 1997).

It is also of interest that a strain of mice with a large number of brain ^{125}I-labelled α-Bgt binding sites was reported to be more prone to developing seizures in response to nicotine (MARKS et al. 1989), and that nicotine suppresses discharges in a genetic model of absence seizures in rat (DANOBER et al. 1993). However, more recently, no relation between seizure sensitivity and α-Bgt binding was found in two mouse strains (STITZEL et al. 1998). These data indicate that different nicotinic receptor subtypes may be important in the control of brain excitability, and that at least in some forms of epilepsy, appropriate nicotinic agents may ultimately be of value in seizure control or prevention.

2. Head Injury

There has only been one investigation of nAChRs in brain tissue from patients with a head injury (MURDOCH et al. 1998). Despite a loss of the presynaptic cholinergic markers, choline acetyltransferase (ChAT), in the majority of patients, no significant changes in either [^{3}H]nicotine or ^{125}I-labelled α-Bgt binding were found in the cerebral cortex. This interesting finding contrasts with progressively degenerative diseases such as AD (Sect. B.III.2) in which ChAT loss is accompanied by reductions in nicotine binding sites. Whether there are alterations in nAChRs in stroke or vascular dementia is not yet known, but since cholinergic therapy (cholinesterase inhibitors used in the treatment of AD) is currently being tested in patients with a head injury or vascular dementia, the question of whether or not nicotinic receptors are intact is clearly relevant.

3. Depression

As with schizophrenic patients, although to a lesser extent, there is evidence that the prevalence of tobacco smoking is higher in depressed individuals than in the normal population, and also that smoking cessation is associated with depression in individuals with a history of depression (GILBERT 1996). There is limited experimental evidence that nicotine exerts antidepressant effects, for example reducing learned helplessness in rats (SEMBA et al. 1998). In addition, central nicotinic receptor blockade (hexamethonium) inhibits emotionally conditioned pressor responses in rats (KUBO et al. 1996). Whether nAChRs are affected in depression has not yet been examined, either through in vivo imaging or in autopsy brain tissue.

4. Alcoholism

nAChRs have been implicated in mechanisms of ethanol action (COVERNTON and CONNOLLY 1997). Chronic ethanol use decreases nicotine and epibatidine binding in neuroblastoma cells (GORBOUNOVA et al. 1998) and induces various nAChR changes in the mouse brain (BOOKER and COLLINS 1997). However, no changes in nicotine binding were observed in one study of the cerebral cortex from alcoholic patients despite, as in head injury, a loss of ChAT (PERRY et al. 1986). Whether nAChRs are involved in alcohol dependence is discussed in Chap. 24 of this volume.

III. Age-Related Degenerative Diseases of the Brain

1. Aging

The topic of aging is well developed in Chap. 9 of this volume and we have limited our reports only to those more relevant for this chapter.

Table 1. Nicotinic receptor decline with aging in human brain

Report*	Area	Parameter
FLYNN and MASH 1986	Frontal cortex	Nicotine binding
PERRY et al. 1986	Hippocampus	Nicotine binding
SCHRÖDER et al. 1991	Frontal cortex	Neurons labelled with the antibody WF6
NORDBERG et al. 1992	Thalamus and cortex	Nicotine binding
COURT et al. 1992	Frontal cortex	Nicotine binding
PERRY et al. 1996	Enthorinal cortex	Nicotine binding**
COURT et al. 1997	Entorhinal cortex and subiculum	α-Bgt binding
TOHGI, et al. 1998b	Frontal cortex	$\alpha 4$ and $\beta 2$ mRNA
TOHGI et al. 1998a	Hippocampus	$\beta 2$ mRNA
	Putamen	$\beta 2$ mRNA
TERZANO et al. 1998	Entorhinal cortex	$\alpha 3$ mRNA

* All of these reports refer to a significant loss of activity from maturity/middle age to old age.
** Correlated with β-amyloidosis.

nAChRs are expressed during development in patterns characteristic of all transmitter-related pre- and postsynaptic proteins, with characteristic overexpression at specific pre-, peri-, or postnatal stages (depending on receptor type and brain area), followed by reductions to adult levels (CAIRNS and WONNACOTT 1988; COURT et al. 1992, 1997). This developmental pattern is considered to reflect synaptic exuberance followed by selective synaptic pruning. In contrast to many other transmitter receptors, nAChRs continue to decline following maturity and into old age, in a remarkably consistent fashion. Loss of receptor binding, immunoreactivity, or mRNA has been demonstrated in rat, monkey, and human (Table 1) brain. This decline appears to affect a variety of receptor subtypes (e.g. $\alpha 3$, $\alpha 4$, and $\alpha 7$) and different regions of the human brain (e.g. cortex, hippocampus, and thalamus). Whether this trend accounts for the susceptibility of the aging brain to degenerative diseases such as AD or PD is as yet only an interesting hypothesis which, if proven, would have important implications for potential preventive therapeutic strategies. Support for the hypothesis is provided by an analysis of the brains of aging rhesus monkeys (WAGSTER et al. 1990) in which the loss of nicotinic receptor [^{3}H]acetylcholine (ACh) binding together with M1 and M2 receptor binding was observed to precede age-associated memory deficits and neuropathological changes. Moreover in the human cortex, similar evidence indicates that the loss of [^{3}H]nicotine binding precedes β-amyloidosis (PERRY et al. 1996).

2. Alzheimer's and Parkinson's Diseases – Cortical Involvement

AD, PD, and DLB are psychiatric or neurological degenerative disorders that share certain common pathological and neurochemical hallmarks. In particular rostral (basal forebrain) projection cholinergic pathways are consistently affected. The nucleus basalis of Meynert, one of the main sources of cholinergic innervation to the cortex (MESULAM and GEULA 1988; SAPER 1990; MESULAM 1995), undergoes varying degrees of degeneration (PERRY et al. 1982; CANDY et al. 1983), and cortical choline acetyltransferase activity is also consistently decreased (DAVIES and MALONEY 1976; PERRY et al. 1982, 1983, 1985; CANDY et al. 1986). Furthermore, there is a close correlation between the decrease in choline acetyltransferase activity in the neocortex of AD patients and their clinical dementia ratings (PERRY et al. 1978; BIERER et al. 1995) As well, the only neurochemical changes that correlate closely with the severity of dementia are those involving the cholinergic indices (BIERER et al. 1995). Recently the cortical cholinergic deficit of AD and PD has been demonstrated in vivo, based on positron emission tomography (PET) and iodobenzovesamicol binding (KUHL et al. 1996).

There is a general consensus that the number of cortical neuronal nicotinic receptors is decreased in these diseases (reviewed in COURT and PERRY 1992, 1995). The literature contains reports relating to more than 115 AD and 40 PD patients in whom a 70% decrease (range 25–75%) in [^{3}H]nicotine binding sites has been found in different areas of the cortex (FLYNN and MASH 1986; WHITEHOUSE et al. 1986, 1988; ARAUJO et al. 1988; PERRY et al. 1988, 1995; RINNE et al. 1991; AUBERT et al. 1992; NORDBERG et al. 1992, 1993). A recent immunoblotting study indicates that this loss of binding sites with high affinity for nicotinic agonists in the neocortex in AD is associated with a reduction of α4, but not α3 or α7, receptor subunits (MARTIN-RUIZ et al. 1999). In vivo PET investigations of AD patients using [^{11}C]nicotine have confirmed a deficit in the nicotinic binding sites of the temporal and frontal cortex (NORDBERG et al. 1990a, 1995). The extent to which nicotinic receptor loss affects different brain areas is unclear. In addition to neocortical areas, decreased [^{3}H]nicotine binding has been reported in the granular layer of the hippocampus and in the presubiculum (PERRY et al. 1995). No loss of nicotine binding in AD has been reported in the thalamus, striatum, or globus pallidus (ARAUJO 1988; AUBERT et al. 1992; XUAREB et al. 1990). However, in a recent detailed autoradiographic analysis small but significant reductions in [^{3}H]nicotine binding were noted in various thalamic nuclei in AD (PERRY et al. 1998) with more substantial and highly significant reductions in ^{125}I-labelled α-Bgt in the thalamic reticular nucleus. Whether α-Bgt binding is changed in the cortex is unclear; there are conflicting reports of normal and reduced binding. In some but not all studies, loss of nicotinic binding in AD has been correlated with the Apo E allele type.

A key question regarding these widely reported cortical nicotinic receptor reductions in AD and PD (and also DLB, see below) is their clinical significance. (SAHAKIAN et al. 1989). Amongst clinical symptoms that might relate to the receptor pathology, the most obvious are memory and cognitive impairments. A relation between declining nicotine binding and Mini-Mental State

Examination has been reported in PET studies (NORDBERG et al. 1995). However, cognitive deficits are far less extensive in most PD patients compared to AD patients, and yet the receptor loss is comparably extensive. The question of clinical significance thus remains unanswered. No relation between psychosis (visual hallucinations) and cortical nicotine binding in DLB has been observed (PERRY et al. 1990). An involvement of nAChRs (particularly, $\alpha 4\beta 2$) in nociception (DAMAJ et al. 1998) and consciousness (the latter based on increasing evidence that general, inhalational anaesthetics are potent nicotinic channel modulators; FLOOD et al. 1997; VIOLET et al. 1997) suggests that alterations in pain perception and awareness that occur in AD may be related to nicotinic receptor pathology.

3. Dementia with Lewy Bodies and Parkinson's Disease – Subcortical Involvement

While cortical cholinergic abnormalities are characteristic of PD and DLB, these are likely to reflect pathology which is primarily subcortical, arising as a result of the degeneration of basal forebrain cholinergic neurons. Also characteristic of both disorders is basal ganglia pathology with a loss of dopaminergic projections from degenerating substantia nigra pars compacta neurons being responsible for extra pyramidal disorder.

DLB has recently been recognised as the second commonest form of dementia, after AD. Consensus diagnosis criteria have been created (MCKEITH et al. 1996) and, although the precise relation between DLB and PD remains to be established, this group of patients has specific characteristics regarding treatment. Thus DLB patients respond adversely to typical neuroleptic drugs used to control psychotic features such as hallucinations and delusions. There is also evidence that they may respond more positively to cholinergic therapy since Alzheimer type pathology is less severe, especially with respect to neurofibrillary tangles which are few or absent in the cortex in most cases. Nicotinic therapy may be of value in the treatment of both mental and motor symptoms of DLB, and has been reported to ameliorate both types of symptoms in PD (FAGERSTROM et al. 1994).

In both PD and DLB, nAChRs are reduced not only in the cortex but also in the striatum, thalamus, substantia nigra pars compacta, and dorsolateral tegmentum (AUBERT et al. 1992; PERRY et al. 1995, 1998). Striatal nicotine binding sites are reduced in DLB in conjunction with a loss of the dopamine transporter. Since nicotinic receptors modulate dopamine release in the striatum (WONNACOTT 1997), the question arises as to whether the nicotinic receptor loss reflects degenerating dopaminergic projections. Neuroleptic medication is associated with lower levels of striatal nicotine binding in DLB (PERRY et al. 1998) which may, together with D2 receptor antagonism, be related to the tendency of neuroleptics to induce extrapyramidal side effects (DECIMA et al. 1990). If an effect of neuroleptics to down-regulate striatal nicotine receptors is confirmed in other series, this may also provide an explanation for the beneficial effects of nicotine (which up-regulates the receptors) on neuroleptic induced akathisia (ANFANG and POPE 1997).

The loss of [^{3}H]nicotine binding in the substantia nigra is equally extensive (more than 70%) in DLB and PD; altogether neuronal loss is less extensive in DLB compared to PD (PERRY et al. 1995). It has been proposed that loss or down-regulation of the nicotinic receptor subtype that binds nicotine with a high affinity is a precursor of irreversible neurodegeneration/neuronal loss (see also below). Many other subcortical regions pathologically involved in PD and DLB, such as the locus coeruleus, dorsal raphe nuclei, or dorsal vagus nucleus have not yet been investigated for nicotinic receptor abnormalities.

4. Evidence for an Aetiopathological Role for nAChR in Alzheimer's and Parkinson's Diseases Based on Human Pathology and Tobacco Use

The marked regional variations in nicotinic receptor densities, as well as their specific reductions in the absence of a general decrease in the number of neurons (SCHRÖDER et al. 1991; see also above), suggest that receptor abnormalities may occur at an early stage of the pathological process before irreversible neuronal degeneration takes place. This is supported by the fact that the mRNA for the α4 nicotinic subunit in the frontal cortex of AD patients is not reduced, whereas α4 protein levels are reduced (SCHRÖDER et al. 1995), thus indicating that the decrease in the number of receptors may be due to alterations in translational or post-translational processes, and not to diffuse cell death. This suggestion is further supported by the absence of nAChR changes in head injuries (see Sect. B.II.2). If the hypothesis of an early involvement of nicotinic receptors in AD and Lewy body diseases is correct, then the administration of nicotinic agonists may be protective. Whilst there is not as yet any evidence that nicotinic receptor stimulation in patients is protective, preventing disease progress, there are supportive data based on nicotine effects in animal models and on effects of tobacco use in human.

Evidence that nicotinic receptor stimulation is neuroprotective is available from a variety of experimental and epidemiological data. The question of whether there is an inverse association between tobacco smoking and AD, indicated in earlier studies (LEE 1994), has not been resolved by the most recently published epidemiological analysis (OTT et al. 1998), and thus remains controversial. By contrast, such an association is more consistent in PD disease (Table 2). Almost all the epidemiological evidence in relation to PD suggests that tobacco smoking reduces the risk of developing PD and that this relationship is not due to any obvious confounding factors (Table 2). The reason for the difference between PD and AD with respect to protective effects of tobacco smoking may be that in AD, but not PD, there is a vascular component, and that smoking adversely affects cardiovascular and cerebrovascular function (see below).

Table 2. Relation between smoking and Parkinson's disease

Smoking frequency is halved in patients with PD
Review of 46 reports over 35 years. (MORENS et al. 1995)
Not spurious because: consistent; appears in prospective studies; dose dependent relation; and not explained by confounding factors
Most robust finding is that nonsmokers have a greater risk of disease
Review on epidemiology of PD (BEN-SHLOMO 1997)
Follow up study: men who smoked at any time prior to study enrolment, relative risk, 0.39 of developing PD
Dose response effect (pack years) on risk, but not age of onset in 8006 males (GRANDINETTI et al. 1994)
More recent studies continue to support inverse association between smoking and PD

TZOURIO et al. 1997	RR 0.4 in younger (but not older) PD	(193 PD, 579 C)
HELLENBRAND et al. 1996	RR 0.5 if ever smoked	(380 PD 755 C)
DE MICHELE et al. 1997	Negative association	(116 PD, 116 C)
LIOU et al. 1997	Negative association	(120 PD, 240 C)
CHECKOWAY et al. 1998	Reduced risk related to pack years in individuals with the MAO B G allele	
SMARGLASSI et al. 1998	RR 0.41	(86 PD, 86 C)
GORELL et al. 1999	RR 0.59 in light smokers and 0.08 in heavy smokers	(144 PD, 464 C)

PD, Parkinson's disease; RR, relative risk; C, controls.

Direct evidence of protective effects of tobacco smoking based on autopsy human brain analyses is available from the results of two published studies. ULRICH et al. (1997) reported a highly significant difference in the density of cortical senile plaques in the brains of female smokers compared to age-matched nonsmokers; the density being lower in the smokers. These cases were not selected for clinical history (including both normal and AD individuals, for example). In an analysis restricted to normal elderly individuals (COURT et al. 1998), a similar difference in β-amyloid plaque densities was apparent. However, in neither of these studies was the density of neurofibrillary tangles lower in smokers. There is thus limited evidence that nicotine may be protective against β-amyloidosis in the human brain, and this is consistent with the finding that nicotine protects against experimentally induced β-amyloid induced cell death (Table 3).

Other experimental data supporting a protective effect of nicotinic agonists such as nicotine in vivo or in vitro are summarised in Table 3, and include reduction in toxic, ischemic, age-related, or neurotrophic deprived cell death. Whether this protective effect is mediated via a particular nAChR subtype and what the mechanism might be – related to channel opening or desensitisation with alterations in Ca^{2+}-gating and intracellular calcium-dependent mechanisms, for example – is not established. In the rat brain, acute intermittent nicotine treatment leads to increased levels of the neurotrophin, fibrob-

Table 3. Experimental evidence of nicotinic neuroprotection relevant to Alzheimer's and Parkinson's disease pathology*

In vivo:	
Reduced dopamine loss, and substantia nigra neuron loss after midbrain (surgical) lesions	(FUXE et al. 1990) (JANSON et al. 1991, 1993)
Counters D2 receptor up-regulation after partial meso-diencephalic hemitransection	(JANSON et al. 1991, 1994)
Reduced nbM cell loss and behavioural deficits after partial nbM lesions	(HODGES et al. 1991a) (SJAK-SHIE et al. 1993)
Reduced cortical cell loss after nbM lesions	(SOCCI and ARENDASH 1996) (NANRI et al. 1997)
Reduced perinatal dopamine neuron loss after ischemia	(KIHARA et al. 1997) (CHEN et al. 1995)
Decelerates aging of nigrostriatal neurons	(PRASAD et al. 1994)
Reduced neuronal death (and memory impairment) in ischaemic gerbil brain	(NANRI et al. 1998)
In vitro (neuronal cell culture):	
Reduced β-amyloid toxicity	(ZAMANI et al. 1997) (KIHARA et al. 1998)
Protection against glutamate induced toxicity	(SHIMOHAMA et al. 1996) (MARTIN et al. 1994) (AKAIKE et al. 1994) (DONNELLY et al. 1996) (KANEKO et al. 1997) (SHIMOHAMA et al. 1998)
Rescues PC12 cells after nerve growth factor deprivation	(YAMASHITA and NAKAMURA 1996)

*Effects of nicotine, except reports by NANRI et al. (1997) and SHIMOHAMA et al. (1998), which used the α7 agonist, dimethylbenzyllidiene anabasine (GTS-21), and DONNELLY-ROBERTS et al. (1996), which used ABT-418.

last growth factor 2 in the cortex, striatum, and midbrain (BELLUARDO et al. 1998).

5. Symptomatic Benefit of Nicotinic Agonists

While evidence thus far suggests that nicotinic agonists should be considered in future analyses for their potentially neuroprotective capacity, symptomatic benefits have been reported. In AD patients, nicotine improves perceptual and visual attention deficits (SAHAKIAN et al. 1989; JONES et al. 1992) and also semantic memory performance (PARKS et al. 1996). Amongst cholinesterase inhibitors, tacrine (KOPMAN et al. 1996) and galanthamine have additional nicotinic receptor modulating effects (MAELICKE et al. 1995). Whether beneficial effects of these drugs in AD can be attributed to nicotinic interactions over and above cholinesterase inhibition is not yet determined. Therapeutic effects of cholinergic agents in AD are not dramatic, possibly because the treatment is applied at a late stage when the neuronal degeneration has already taken place, or because nonspecific nicotinic drugs are used. It is not known whether the loss of ligand binding sites is due to a general decrease in a variety of nicotinic receptor subtypes, or to the selective loss of a particular subtype. If the latter, a subtype-selective nicotinic drug may be more therapeutically effective and devoid of side effects. Clearly answers are needed to such questions as: Are nAChR deficits a central or epiphenomenon? Is a particular subtype of nAChR involved? Will a subtype-specific pharmacological treatment be effective? To what extent are vascular effects of nicotinic drugs important? A nicotine induced increase in cerebral blood flow is attenuated in aged rats (UCHIDA et al. 1997) and it has been suggested that activation of nAChRs may be of therapeutic value in facilitating the cholinergic neural vasodilative system.

IV. Pathologies in Non-neuronal Tissues and Cells

1. Lung Cells

nAChRs have been implicated in a number of diseases characterised by cell proliferation, based in particular on epidemiological studies linking tobacco smoking to lung carcinoma.

a) Small Cell Lung Carcinoma

Lung cancer is one of the major causes of death and, in 90% of men and 70% of women, this is associated with exposure to tobacco smoke (American Cancer Society 1994). Small-cell lung carcinomas (SCLC) are particularly linked to smoking (WEISS 1983). Which smoke constituent is the causative agent is unclear and non-nicotinic agents have certainly been implicated. However, nicotine may be contributing and in tobacco smoke not only nicotine but also several related alkaloids exist which can bind and stimulate nAChRs (CROOKS and DWOSKIN 1997).

SCLC cell lines have binding sites for α-Bgt (MANECKJEE and MINNA 1990; CATTANEO et al. 1993; QUIK et al. 1994; SCHULLER and ORLOFF 1998), for α-Conotoxin, for neuronal Bgt (CODIGNOLA et al. 1996) and also express mRNA for the $\alpha 3$, $\alpha 4$, $\alpha 5$, and $\alpha 7$ subunits (TARRONI et al. 1992; CHINI et al. 1992). Acute and long term treatment of SCLC cell lines in vitro with nicotinic agents stimulate proliferation (CATTANEO et al. 1993; FUCILE et al. 1997), an effect which is suppressed by α-Bgt (CODIGNOLA et al. 1994; MANECKJEE and MINNA 1994) or the removal of external Ca^{2+}. These data suggest that the $\alpha 7$ subtype controls the rate of proliferation of these cell lines, probably via the control of an autocrine loop (QUIK et al. 1994; SCHULLER 1994; CODIGNOLA et al. 1994). Recently CATTANEO et al. (1997) found that in these cell lines nicotine also stimulates mitogen-activated protein (MAP) kinase in a concentration and time dependent manner, and that this stimulatory effect was due to a release by SCLC cells of a factor that stimulates MAP kinase via a pertussis-toxin- and tyrosine-kinase-sensitive pathway. Tobacco smoke contains a nitrosamine 4-(methylnitrosamino)-1-(3-pyridyl)-1-butanone, NNK, that stimulates a proliferation of SCLC cell lines. This stimulation is blocked by α-Bgt, and NNK binds, also with a high affinity, to α-Bgt receptors. Furthermore, the mitogenic effect of nicotine is enhanced by CO_2 (SCHULLER 1989, 1994), and epidemiological studies indicate an increased risk for the development of lung cancer in smoking patients affected by chronic respiratory diseases (WEISS 1991). These data suggest that the mitogenic effect of nicotine in these lung tumours is due to activation of the α7 receptor subtype, and that this effect is due to an influx of Ca^{2+} that could trigger proliferation via an effect on neurotransmitter and hormone paracrine secretion and/or activation of MAP kinases. Although nicotine is not the only carcinogenic substance present in tobacco smoke, the evidence that nicotine or nicotine metalolites may play a direct role in the control of SCLC proliferation is persuasive.

b) Other Lung Cells

Nicotinic receptors have been found in human and murine bronchial epithelial cells. These cells express α3, α5, β2, β4, and α7 receptor subunits that form functional ion channels highly permeable to Ca^{2+} (ZIA et al. 1997; MAUS et al. 1998). Stimulation by nicotine induces the release by these cells of granulocyte-macrophage colony stimulating factor (KLAPPROTH et al. 1998). Smoking induces an increase of the expression of nAChRs in these cells, both in vivo and in vitro, and a long lasting increase of intracellular Ca^{2+} concentration. nAChRs are thus likely to have an important role in the control of hormone and mucus secretion in the bronchi, in the cell-to-cell communication, adhesion and tactility, ciliary motion (RAMA SASTRY and SADAVONGVIVAD 1979), and, perhaps, in bronchial toxicity produced by smoking. nAChRs with a high affinity for epibatidine are also present in cells derived from peripheral adenocarcinoma, another type of lung tumour present in smokers and nonsmokers. In these cells receptor activation does not, however, induce cell proliferation (SCHULLER and ORLOFF 1998).

2. Vascular Smooth Muscle and Endothelial Cells

The influence of nicotine or tobacco on vascular function is complex. Tobacco smoke (from one cigarette) in rats exerts a biphasic effect on cerebral arteriolar tone. Vasodilation (probably via nicotine induced sympathetic activation, NO production and K channel activation) is attenuated by repeated exposure. Vasoconstriction is partially due to thromboxane A2 induced by cigarette smoke (MEYER et al. 1995; IIDA et al. 1998). Cerebral microvessels have nAChRs with nicotine binding characteristics similar to those in the cerebral cortex (KALARIA et al. 1994). After the infusion of nicotine for one week, the density of the glucose transporters Glut 1 (vascular) and Glut 3 (neuronal) increased in rat brain areas which also show increased glucose utilisation, although there was no increase in capillary density (DUELLI et al. 1998). 14 days of nicotine in rats resulted in an increase in the regional cerebral metabolic rate for glucose (LONDON 1995). In old rats (22–24 months) a similar exposure to nicotine had no effect on proportions of APP 695/751/770 nor on mRNA for total APP, NGF, BDNF Glut1, nor Glut3 in the cortex, hippocampus, or striatum (MONTEGGIA et al. 1994). It is likely that nicotinic control of cerebral blood flow involves cholinergic innervation arising from the nucleus basalis of Meynert since nicotine-induced increases in cortical cerebral blood flow is attenuated by lesions of this nucleus in rats (UCHIDA et al. 1997).

Tobacco smoking increases the risk of vascular occlusion after bypass grafting and angioplasty, and the failure of vascular grafts due to intima hyperplasia caused by a proliferation of smooth muscle cells (AZUMA 1997). Furthermore, smoking, together with high cholesterol, is a risk factor in atherosclerosis. Nicotine has been investigated as the possible cause of smooth muscle hyperplasia, and it has been found that, at concentrations similar to those found in the blood of smokers, it can enhance DNA synthesis ($[^3H]$thymidine incorporation) and stimulate endothelial cell proliferation in vitro (SCHUKLA et al. 1995; CARTY et al. 1997). In a report by VILLABLANCA (1998) this effect was evident at very low nicotine concentrations ($10^{-8}M$) and cytotoxicity was observed at concentrations above $10^{-6}M$. Long-term exposure via oral nicotine accelerates the intimal hyperplasia after endothelial lesion (HAMASAKI et al. 1997) and chronic nicotine, associated with a cholesterol diet, produces increased vascular plaque formation in rabbits (STOHSCHNEIDER et al. 1994). One of the mechanisms by which nicotine can induce smooth muscle cell proliferation is through the release of mitogenic factors such as the basic fibroblast growth factor, and stimulation of metalloproteases that are important in cell migration (CARTY et al. 1996). These studies are preliminary, but clearly demonstrate that nicotine effects are obtained through activation of nAChRs.

Very recently it has been shown that in endothelial cells lining the human aorta nicotinic receptors of the neuronal type are present. They contain $\alpha 3$, $\alpha 5$, $\beta 2$, and $\beta 4$ subunits, bind epibaditine with a high affinity, and have biophysical properties similar to those of neuronal ganglionic receptors (MACKLIN et al. 1998). Since in other non-neuronal cells nicotinic receptors are involved in maintaining the appropriate shape of the cells, it is possible to postulate that this action also takes place in endothelial cells, suggesting that endothelium is a further possible target of the harmful effect of nicotine in blood vessels.

3. Hypertension

Central cholinergic control of circulation is well recognised, although not completely understood. Evidence suggests that nAchRs are involved in the regulation of blood pressure and in hypertension (see BUCCAFUSCO 1996). Nicotinic receptors are present in key areas that regulate blood pressure, such as the nucleus of the solitary tract (WADA 1989; CLARKE 1993), where they mediate transmission from afferent nerves to neurons (SHIRAKI et al. 1997). In addition, nicotine injected in the vicinity of area postrema modifies blood pressure (KUBO and MISU 1981).

The most impressive evidence in favour of a nicotinic component of blood pressure control relates to spontaneously hypertensive rats (SHR). These animals, which spontaneously develop hypertension in adulthood, have a lower number of nAChRs compared to age-matched controls in the cerebral cortex, thalamus, midbrain, medulla oblongata, and spinal cord (YAMADA et al. 1987, KHAN et al. 1996). Injection of nicotine or cytisine intrathecally, or in the area postrema, in adult SHR rats increased blood pressure, tachycardia, and nociception behaviour. The nAChRs involved are mainly of the type containing $\alpha 3$ and $\alpha 4$ subunits, since they have a high affinity for epibatidine and cytisine, although some of the pharmacological responses in the control of blood pressure suggest a more complex nicotinic receptor subunit arrangement (KHAN et al. 1996). Antihypertensive pharmacological treatment does not modify the number of nAChRs, indicating that the altered number of receptors is not due to a homeostatic response (KHAN et al. 1994, 1996). Interestingly, these animals have a cognitive impairment typical of nicotinic receptor loss, and have been proposed as a genetic model for the study of the role of nAChRs in cognitive and learning abnormalities (GATTU et al. 1997a,b).

Another point at which nAChRs can contribute to the control of blood pressure is at the level of sympathetic ganglia, where they control the cholinergic excitatory response. Ganglion blocking agents were used in the past as antihypertensive agents, but their toxicity, modest long-term effect, poor clinical outcome, and the emergence of new effective treatments rendered these drugs obsolete. Furthermore, nicotine can produce platelet aggregation (MEYER et al. 1995)

The possible involvement of nAChRs in human hypertension is thus mainly based on physiological data from experimental animal pathology, which may not be directly comparable with human hypertension. However, the evidence available so far is strongly suggestive of central role of nicotinic receptor mechanisms in this type of cardiovascular pathology.

4. Keratinocytes

Acetylcholine is an important hormone that regulates the differentiation, adherence, and motility of keratinocytes. Keratinocytes are able to synthesise, secrete, and degrade ACh. Part of these actions are due to the activation of nAChRs, that are expressed at the cell membranes. The subunits so far detected, as protein or/and as mRNA, are $\alpha 3$, $\alpha 4$, $\alpha 5$, $\alpha 7$, $\beta 2$, and $\beta 4$ (GRANDO et al. 1995, 1996). These subunits form functional channels, whose activation increases intracellular Ca^{2+} concentration. Nicotine increases cell-substrate adherence and lateral mobility in culture (GRANDO et al. 1995) and the production of differentiation-associated proteins (GRANDO et al. 1996). These effects are blocked by nAChR antagonists. One of the questions that remains open is whether these receptors have functional relevance in skin physiology and the nature of the native nicotinic ligand (Does ACh come from a cholinergic skin innervation or a not-yet-known nicotinic factor?). No pathological correlations have so far been reported, but it is likely that in some autoimmune skin pathologies, especially those involving the alteration of cell adhesion, nAChRs could be involved.

5. Intestinal Epithelium

Overwhelming epidemiological and clinical evidence suggests that nAChRs are involved in inflammatory bowel disease (BARON 1996). There is a strong negative association of smoking with ulcerative colitis, but an increased risk of Crohn's disease in smokers (reviewed in THOMAS et al. 1998). Smoking or nicotine treatment have an adverse effect on the clinical course of Crohn's disease (BONAPACE and MAYS 1997). In contrast, treatment with transdermal nicotine patches significantly improves ulcerative colitis in the active phase, a benefit similar to that obtained with corticosteroids (PULLAN et al. 1994; GUSLANDI and TITTOBELLO 1996; SANDBORN et al. 1997). However, long term treatment is not effective (THOMAS et al. 1995).

The mechanisms by which nicotine can exert an opposite influence in these bowel pathologies are not known. There are no data on the distribution or density of nAChRs in intestinal epithelium. Postulated mechanisms include effects on autoimmunity (although other autoimmune diseases are not affected by smoking), the modification of mucus secretion, changes in microvasculature, or the increased secretion of adrenocorticoids. The data are however contradictory and no explanation is yet convincing. This is clearly an under-researched area at present.

6. Lymphocytes

Acetylcholine is considered to be a likely neuroimmunomodulator, since both muscarinic and nicotinic receptors have been identified on the surface of immunocompetent cells (RICHMAN and AARNASON 1979; RABEY et al. 1986). Furthermore, it has been shown that lymphocytes synthesise ACh and that ACh is released on stimulation with phytohemoagglutinine (FUJII et al. 1996). Nicotine binding sites are present in B lymphocytes (NORDBERG et al. 1990b) and in both circulating and thymic T lymphocytes (PALDI-HARIS et al. 1990), and their number increases during aging (NORDBERG et al. 1990b). The main receptor subtype seems to be one containing the $\alpha 3$ subunit, as neuronal toxin binding and $\alpha 3$ mRNA have been found in several human T lymphocyte cell lines, such as Jurkat, Molt4, and H9 (BATTAGLIOLI et al. 1998), as well as in normal and hypertrophic human thymus tissue (MIHOVILOVIC et al. 1993). It is not known whether the $\alpha 3$ receptor subtype is located in T cells or thymus epithelial cells, although there is evidence that nicotinic receptors are present in mouse thymic epithelium and that they modulate thymocyte apoptosis (RINNER et al. 1994). α-Bgt binding, and thus $\alpha 7$ receptors, have been found in both mature and immature murine T cells and B cells (TOYABE et al. 1997).

From a functional point of view, nicotine decreases the proliferation of circulating T lymphocytes (RICHMAN and AARNASON 1979), induces lymphocytosis in the spleen (TOYABE et al. 1997), controls the lymphocyte release from the thymus (ANTONICA et al. 1994), suppresses antigen-receptor mediated signal transduction in peripheral lymphocytes (GENG et al. 1995), and induces T cell anergy (GENG et al. 1996). Nicotine, acting via a ganglionic type of nicotinic receptor, has recently been shown to induce leukocyte rolling in the cerebral microcirculation of the mouse (YONG et al. 1997).

The function of neuronal nicotinic receptors in human lymphoid tissue is not known, but the above mentioned findings suggest that the receptors have a modulatory effect on T cell proliferation, thymic differentiation, homing, and selection processes.

C. Conclusion

Since their identification over a decade ago, nAChRs have come to be associated with a strikingly diverse range of central and peripheral nervous system disorders and non-neuronal tissue pathologies. Whether this simply reflects the intense focus and enthusiasm that accompanies the discovery of any new molecular entity, or a more fundamental characteristic of nicotinic receptors in pathogenesis remains to be determined. An answer to this question may emerge with the development of new nicotinic drugs for the treatment of such diseases as AD and PD. Clinical testing of such agents will determine beneficial or other effects, not only on the central nervous system, but also on other physiological functions.

The original concept that drug targeting to specific molecular subtypes of the receptor (e.g. $\alpha 4$ or $\alpha 7$) might also target specific organs (e.g. CNS) needs to be revised in view of the prevalence of such molecular forms in non-CNS tissues. Targeting therapeutic effects of receptor subtype-specific drugs to relevant disease mechanisms will be challenging. It may be that strategies designed to influence the expression of specific receptor subtypes in individual tissues may be more productive. In this respect, future investigations of the role of nAChRs in different diseases may need to focus more on how the expression of particular receptor subtypes is affected and how expression is controlled through interactions with the relevant gene and promotor gene regions. Drug tissue targeting is not, however, solely dependent on differential receptor distribution, but on other factors such as pharmacokinetics. Apart from lung tissue, brain nicotine concentrations are the highest of all organs (three times that of plasma) following nicotine administration (BENOWITZ et al. 1990), and cotinine (the major metabolite of nicotine) generated in the brain is unable to cross the blood–brain barrier, resulting in relatively high, stable levels in the brain.

Amongst a range of important epidemiological issues that need to be addressed is that of how prenatal exposure to nicotine which alters postnatal expression of nAChRs (MIAO et al. 1998; SHACKS and ROBINSON 1998) influences future development and disease susceptibility. Hyperactivity has been reported to be a consequence of prenatal nicotine exposure in rats (TIZABI et al. 1997). There is also a variety of pathological conditions, which have not been investigated to any significant degree, that may have a nicotinic receptor involvement. These include chronic fatigue syndrome, attention deficit disorder (nicotinic receptor agonists reduce distractibility in monkey; PRENDERGAST et al. 1998), a variety of autonomic dysfunctions in addition to cardiovascular (JORDAN et al. 1998) and motoneuron disease ($\alpha 7$ activation promotes the survival of cultured chick and rat spinal motoneurons; HORY-LEE and FRANK 1995, MESSI et al. 1997).

Whilst the evidence reviewed in this chapter has not clearly identified an aetiopathological role for nAChRs in any specific diseases, two interesting trends have emerged which may be related. Nicotinic agonists apparently exert protective effects on neurons, preventing cell death resulting from the exposure to agents which induce degeneration and in neuronal culture, for example, promote neurite outgrowth (OWEN and BIRD 1995). In contrast, in a range of non-neural tissues, nicotinic agonists may induce cell proliferation with neoplastic potential. Nicotinic receptor mediated mechanisms promoting cell growth may then lead to mitosis or, in nonmitotic cells such as neurons, to increase survival. Therapeutically, nicotinic drugs may thus need to be assessed in terms of a balance between the potential value for aging neurons and potential neoplastic effects in other tissues. In a disease such as AD, with the age of onset generally over 70 years, it is likely that the latter effects will be less problematic.

Acknowledgments. We are grateful to the European Community for support of our TMR 'Nicotinic Receptor' network, facilitating interaction between the Milan and Newcastle Laboratories.

References

Adler LE, Hoffer LJ, Griffith J, Waldo MC, Freedman R (1992) Normalization by nicotine of deficient auditory sensory gating in the relatives of schizophrenics. Biol Psychiatry 32:607–616

Adler LE, Olincy A, Waldo M, Harris JG, Griffith J, Stevens K, Flach K, Nagamoto H, Bickford P, Leonard S, Freedman R (1998) Schizophrenia, sensory gating, and nicotinic receptors. Schizophrenia Bull 24:189–202

Akaike A, Tamura Y, Yokota T, Shimohama S, Kimura J (1994) Nicotine-induced protection of cultured cortical neurons against N-methyl-D-aspartate receptor-mediated glutamate cytotoxicity. Brain Res 644:181–187

American Cancer Society (1994) Cancer facts and figures. Am Cancer Soc Inc Atlanta, p 5

Anfang MK, Pope HG (1997) Treatment of neuroleptic-induced akathisia with nicotine patches. Psychopharmacology 134:153–156

Antonica A, Magni F, Mearini L, Paolucci N (1994) Vagal control of lymphocyte release from rat thymus. J Auton Nerv Syst 48:187–197

Araujo DM, Lapchak PA, Robitaille Y, Gauthier S, Quirion R (1988) Differential alteration of various cholinergic markers in cortical and subcortical regions of human brain in Alzheimer's disease. J Neurochem 50:1914–1923

Aubert I, Araujo DM, Cècyre D, Robitaille Y, Gauthier S, Quirion R (1992) Comparative alterations of nicotinic and muscarinic binding sites in Alzheimer's and Parkinson's diseases. J Neurochem 58:529–541

Azuma H (1997) Effect of nicotine on the intimal hyperplasia after endothelial removal of the rabbit carotid artery. Gen Pharmacol 28:653–658

Baron JA (1996) Beneficial effects of nicotine and cigarette smoking: the real, the possible and the spurious. Brit Med Bull 52:58–73

Battaglioli E, Gotti G, Terzano S, Flora A, Clementi F, Fornasari D (1998) Expression and transcriptional regulation of the human alpha 3 neuronal nicotinic receptor subunit in T lymphocyte cell lines. J Neurochem 71:1261–1270

Belluardo N, Blum M, Mudo G, Andbjer B, Fuxe K (1998) Acute intermittent nicotine treatment produces regional increases of basic fibroblast growth factor messenger RNA and protein in the tel- and diencephalon of the rat. Neuroscience 83:723–740

Benowitz NL, Porchet H, Jacob PIII (1990) Pharmacokinetics, metabolism, and pharmacodynamics of nicotine. In: Wonnacott S, Russell MAH, Stolerman IP (eds) Nicotine Psychopharmocology: Molecular, Cellular and Behavioural aspects. Oxford University Press, Oxford, pp 114–157

Ben-Shlomo Y (1997) The epidemiology of Parkinson's disease. Baillieres Clin Neurol 6:55–68

Benwell MEM, Balfour DJK, Anderson JM (1988) Evidence that tobacco smoking increases the density of [^{3}H] nicotine binding sites in human brain. J Neurochem 50:1243–1247

Bierer LM, Haroutunian V, Gabriel S, Knott PJ, Carlin LS, Purohit DP, Perl DP, Schmeidler J, Kanof P, Davis ML (1995) Neurochemical correlates of dementia severity in Alzheimer's Disease: relative importance of the cholinergic deficits. J Neurochem 64:749–760

Bonapace R, Mays DA (1997) The effect of mesalamine and nicotine in the treatment of inflammatory bowel disease. Ann Pharmacother 31:907–913

Booker TK, Collins AC (1997) Long-term ethanol treatment elicits changes in nicotinic receptor binding in only a few brain regions. Alcohol 14:131–140

Breese C, Marks M, Logel J, Adams C, Sullivan B, Collins A, Leonard S (1997) Effect of smoking history on ^{3}H-nicotine binding in human post mortem brain. J Pharmacol Exp Ther 282:7–13

Buccafusco JJ (1996) The role of central cholinergic neurons in the regulation of blood pressure and in experimental hypertension. Pharmacol Rev 48:179–211

Cairns NJ, Wonnacott S (1988) [^{3}H](–)nicotine binding sites in fetal human brain. Brain Res 475:1–7

Candy JM, Perry RH, Perry EK, Irving D, Blessed G, Fairbairn AF, Tomlinson BE (1983) Pathological changes in the nucleus of Meynert in Alzheimer's and Parkinson's diseases. J Neurol Sci 59:277–289

Candy JM, Perry EK, Perry RH, Court JA, Oakley AE, Edwardson JA (1986) The current status of the cortical cholinergic system in Alzheimer's disease and Parkinson's disease. Progress in Brain Res, vol 70, pp 105–132

Carty CS, Soloway PD, Kayastha S, Bauer J, Marsan B, Ricotta JJ, Dryjski M, Cohen JR, Pappas PJ (1996) Nicotine and cotinine stimulate secretion of basic fibroblastic growth factor and affect expression of matrix metalloproteinases in cultured human smooth muscle cells. J Vasc Surg 24:927–934

Carty CS, Huribal M, Marsan BU, Ricotta JJ, Dryjski M (1997) Nicotine and its metabolie cotinine are mitogenic for human vascular smooth muscle cells. J Vasc Surg 25:682–688

Cattaneo MG, Codignola A, Vicentini LM, Clementi F, Sher E (1993) Nicotine stimulates a serotonergic autocrine loop in human small-cell lung carcinoma. Cancer Res 53:5566–5568

Cattaneo MG, D'Atri F, Vicentini L (1997) Mechanisms of mitogen-activated protein kinase activation by nicotine in small-cell lung carcinoma cells. Biochemical J 328:499–503

Checkoway H, Franklin GM, Costa-Mallen P, Smith-Weller T, Dilley J, Swanson PD, Costa LG (1998) A genetic polymorphism of MAO-B modifies the association of cigarette smoking and Parkinson's disease. Neurology 50:1458–1461

Chen Y, Ogren S, Bjelke B, Bolme P, Eneroth P, Gross J, Loidl F, Herrera-Marschitz M, Andersson K (1995) Nicotine treatment counteracts perinatal asphyxia-induced changes in mesostriatal/limbic dopamine systems and in motor behaviour in the four-week-old male rat. Neuroscience 68:531–538

Chini B, Clementi F, Hukovic N, Sher E (1992) Neuronal-type alpha-Bungarotoxin receptors and the alpha 5-nicotinic receptor subunit gene are expressed in neuronal and nonneuronal human cells lines. Proc Natl Acad Sci 89:1572–1576

Chini B, Raimondi E, Elgoyhen A, Moralli D, Balzaretti M, Heinemann S (1994) Molecular cloning and chromosomal localization of the human alpha 7-nicotinic receptor subunit gene (CHRNA7). Genomics 19:379–381

Cimino M, Marini P, Fornasari D, Cattabeni F, Clementi F (1992) Distribution of nicotinic receptors in cynomolgus monkey brain and ganglia: localization of alpha 3 subunit mRNA, alpha-Bungarotoxin and nicotine binding sites. Neuroscience 51:77–86

Clarke PB (1993) Nicotinic receptors in mammalian brain: localization and relation onto cholinergic functions. Progr Brain Res 98:77–83

Codignola A, Tarroni P, Cattaneo MG, Vicentini LM, Clementi F, Sher E (1994) Serotonin release and cell proliferation are under the control of alpha-bungarotoxin-sensitive nicotinic receptors in small-cell lung carcinoma cell lines. FEBS Lett 342:286–290

Codignola A, McIntosh JM, Cattaneo MG, Vicentini LM, Clementi F, Sher E (1996) alpha-Conotoxin Imperialis I inhibits nicotine-evoked hormone release and cell proliferation in human neuroendocrine carcinoma cells. Neurosci Lett 206:53–56

Court JA, Perry EK (1992) Dementia: the neurochemical basis of putative transmitter orientated therapy. Pharmacol Ther 52:423–443

Court JA, Piggott MA, Perry EK, Barlow RB, Perry RH (1992) Age associated decline in high affinity nicotine binding in human brain frontal cortex does not correlate with the changes in choline acetyltransferase activity. Neurosci Res Comm 10:125–133

Court JA, Perry EK (1995) Distribution of nicotinic receptors in the CNS. In: Stone TW (ed) CNS neurotransmitters and neuromodulators. Acetylcholine. CRC Press, Ann Arbor, pp 85–104

Court JA, Lloyd S, Johnson M, Griffiths M, Birdsall NJM, Piggott MA, Oakley AE, Ince PG, Perry EK, Perry RH (1997) Nicotinic and muscarinic cholinergic receptor binding in the human hippocampal formation during development and aging. Develop Brain Res 101:93–105

Court JA, Lloyd S, Thomas N, Piggott MA, Marshall EF, Morris CM, Lamb H, Perry RH, Johnson M, Perry EK (1998) Dopamine and nicotinic receptor binding and the levels of dopamine and homovanillic acid in human brain related to tobacco use. Neuroscience 87:63–78

Court J, Spurden D, Lloyd S, McKeith I, Ballard C, Cairns N, Kerwin R, Perry R, Perry E (1999) Neuronal nicotinic receptors in Dementia with Lewy bodies and Schizophrenia: α-bungarotoxin and nicotine binding in the thalamus. J Neurochem, in press

Covernton PJ, Connolly JG (1997) Differential modulation of rat neuronal nicotinic receptor subtypes by acute application of ethanol. Br J Pharmacol 122:1661–1668

Crooks PA, Dwoskin LP (1997) Contribution of CNS nicotine metabolites to the neuropharmacological effects of nicotine and tobacco smoking. Biochem Pharmac 54:743–753

Damaj MI, Fei-Yin M, Dukat M, Glassco W, Glennon RA, Martin BR (1998) Antinociceptive responses to nicotinic acetylcholine receptor ligands after systemic and intrathecal administration in mice. J Pharmacol Exp Ther 284:1058–1065

Danober L, Depaulis A, Marescaux C, Vergnes M (1993) Effects of cholinergic drugs on genetic absence seizures in rats. Eur J Pharmacol 234:263–268

Davies P, Maloney AJF (1976) Selective loss of central cholinergic neurons in Alzheimer's disease. Lancet 2:1403

De Michele G, Filla A, Volpe G, De Marco V, Gogliettino A, Ambrosio G, Marconi R, Castellano AE, Campanella G (1996) Environmental and genetic risk factors in Parkinson's disease: a case-control study in southern Italy. Movement Dis 11: 17–23

Decima P, Garacci G, Sandik R, Berman W, Mukherjee S, Scapicchio P (1990) Cigarette smoking and neuroleptic-induced parkinsonism. Biol Psych 28:502–508

Donnelly-Roberts DL, Xue IC, Arneric SP, Sullivan JP (1996) In vitro neuroprotective properties of the novel cholinergic channel activator (ChCA), ABT-418. Brain Res 719:36–44

Duelli R, Staudt R, Grunwald F, Kuschinsky W (1998) Increase of glucose transporter densities (Glut 1 and Glut3) during chronic administration of nicotine in rat brain. Brain Res 782:36–42

Dursun SM, Reveley MA (1997) Differential effects of transdermal nicotine on microstructured analyses of tics in Tourette's syndrome: an open study. Psychol Med 27:483–487

Dursun SM, Reveley MA, Bird R, Stirton F (1994) Long-lasting improvement of Tourette's syndrome with transdermal nicotine. Lancet 344:1577

Fagerstrom KO, Pomerleau O, Giordani B, Stelson F (1994) Nicotine may relieve the symptoms of Parkinson's disease. Psychopharmacology 116:117–119

Flood P, Ramirrez-Latorre J, Role L (1997) Alpha 4 beta 2 neuronal nicotinic acetylcholine receptors in the central nervous system are inhibited by isoflurane and propofol, but alpha 7-type nicotinic acetylcholine receptors are unaffected. Anesthesiology 86:859–865

Flynn DD, Mash DC (1986) Characterization of L-[^{3}H]nicotine binding in human cerebral cortex: comparison between Alzheimer's disease and the normal. J Neurochem 47:1948–1954

Freedman R, Hall M, Adler LE, Leonard S (1995) Evidence in post-mortem brain tissue for decreased numbers of hippocampal nicotinic receptors in schizophrenia. Biol Psych 38:22–33

Freedman R, Coon H, Mylesworsley M, Orrutreger A, Olincy A, Davis A, Polymeropoulos M, Holik J, Hopkins J, Hoff M, Rosenthal J, Waldo MC, Reimherr F, Wender P, Yaw J, Young D A, Breese CR, Adams C, Patterson D, Adler LE, Kruglyak L, Leonard S, Byerley W (1997) Linkage of a neurophysiological deficit in schizophrenia to a chromosome 15 locus. Proc Natl Acad Sci USA 94:587–592

Fucile S, Napolitano M, Mattei E (1997) Cholinergic stimulation of human microcytoma cell line H69. Biochem Biophys Res Comm 230:501–504

Fujii T, Tsuchiya T, Yamada S, Fujimoto K, Suzuki T, Kashara T, Kawashima K (1996) Localization and synthesis of acetylcholine in human leukemic T cell lines. J Neurosci Res 44:66–72

Fuxe K, Janson AM, Jansson A, Andersson K, Eneroth P, Agnati LF (1990) Chronic nicotine treatment increases dopamine levels and reduces dopamine utilization in substantia nigra and in surviving forebrain dopamine nerve terminal systems after a partial di-mesencephalic hemitransection. Naunyn-Schmiedebergs Arch Pharmacol 341:171–181

Gattu M, Pauly JR, Boss KL, Summers JB, Buccafusco JJ (1997a) Cognitive impairment in spontaneously hypertensive rats: role of central nicotinic receptors. I. Brain Res 771:89–103

Gattu M, Terry AV, Pauly J R, Buccafusco JJ (1997b) Cognitive impairment in spontaneously hypertensive rats: role of central nicotinic receptors. ll. Brain Res 771:104–114

Geng Y, Savage SM, Johnson LJ, Seagrave J Sopori ML (1995) Effects of nicotine on the immune response. I. Chronic exposure to nicotine impairs antigen receptor-mediated signal transduction in lymphocytes. Tox Appl Pharmacol 135:268–278

Geng Y, Savage SM, Razani-Boroujerdi S, Sopoei ML (1996) Effects of nicotine on the immune response. II Chronic nicotine treatment induces T cell anergy. J Immunol 156:2384–2390

Gilbert DG (1996) Depression, smoking and nicotine toward a bioinformational situation by trait model. Drug Develop Res 38:267–277

Gorbounova O, Svensson al, Jonsson P, Mousavi M, Miao H, Hellstrom-Lindahl E, Nordberg A (1998) Chronic ethanol treatment decreases [^{3}H] epibatidine and [^{3}H] nicotine binding and differentially regulates mRNA levels of nicotinic acetylcholine receptor subunits expressed in M10 and SH-SY5Y neuroblastoma cells. J Neurochem 70:1134–1142

Gorell JM, Rybicki BA, Johnson CC, Peterson EL (1999) Smoking and Parkinson's disease: a dose–response relationship. Neurology 52:115–119

Grandinetti A, Morens DM, Reed D, MacEachern D (1994) Prospective study of cigarette smoking and the risk of developing idiopathic Parkinson's disease. Am J Epidemiol 139:1129–1138

Grando SA, Horton RM, Pereira EFR, Diethelm-Okita BM, George PM, Albuquerque EX, Conti-Fine BM (1995) A nicotinic acetylcholine receptor regulating cell adhesion and motility is expressed in human keratinocytes. J Invest Dermatol 105:774–781

Grando SA, Horton RM, Mauro TM, LeeTX, Dahl MV (1996) Activation of keratinocyte nicotinic cholinergic receptors stimulates calcium influx and enhances cell differentiation. J Invest Dermatol 107:412–418

Guslandi M, Tittobello A (1996) Pilot trial of nicotine patches as an alternative to corticosteroids in ulcerative colitis. J Gastroenterol 31:627–629

Hamasaki H, Sato J, Masuda H, Tamaoki S, Isotani E, Obayashi S, Udagawa T (1997) Effect of nicotine on the intimal hyperplasia after endothelial removal of the rabbit carotid artery. Gen Pharmacol 28:653–659

Hellenbrand W, Seidler A, Robra BP, Vieregge P, Oertel WH, Joerg J, Wischan P, Schneider E, Ulm G (1997) Smoking and Parkinson's disease: a case-control study in Germany. Int J Epidemiol 26:328–339

Hodges H, Allen Y, Sinden J, Lanton PL, Gray JA (1991a) Effects of cholinergic-rich neural grafts on radial maze performance of rats after excitoxic lesions of the forebrain cholinergic projection system-II. Cholinergic drugs as probes to investigate lesion-induced deficits and transplant-induced functional recovery. Neuroscience 45:609–623

Hodges H, Allen Y, Sinden J, Mitchell SN, Arendt T, Lantos PL, Gray JA (1991b) The effects of cholinergic drugs and cholinergic-rich foetal neural transplants on alcohol-induced deficits in radial maze performance in rats. Behav Brain Res 43:7–28

Hory-Lee F, Frank E (1995) The nicotinic blocking agents d-tubocurare and alpha-bungarotoxin save motoneurons from naturally occurring death in the absence of neuromuscular blocks. J Neurosci 15:6453–6460

Hughes JR, McHugh P (1995) Nicotine and neuropsychiatric disorders: schizophrenia. In: Clarke PBS, Quik M, Adlkofer F, Thurau K (eds) Advances in Pharmacological Sciences. Effects of Nicotine on Biological Systems. II. Birkhauser Verlag, Basel, pp 301–305

Iida M, Iida H, Dohoi S, Takenaka M, Fujiwara H (1998) Mechanisms underlying cerebrovascular effects of cigarette smoking in rats in vivo. Stroke 29:1656–1665

Janson AM, Meana JJ, Goiny M, Herrera-Marschitz M (1991) Chronic nicotine treatment counteracts the decrease in extracellular neostriatal dopamine induced by unilateral transection at the mesodiencephalic junction in rats: a microdialysis study. Neurosci Lett 134:88–92

Janson AM, Moller A (1993) Chronic nitotine treatment counteracts nigral cell loss induced by a partial mesodiencephalic hemitransection: an analysis of the total number and mean volume of neurons and glia in substantia nigra of the male rat. Neuroscience 57:931–941

Janson AM, Hedlund PB, Fuxe K, von Euler G (1994) Chronic nicotine treatment counteracts dopamine D2 receptor upregulation induced by a partial mesodiencephalic hemitransection in the rat. Brain Res 655:25–32

Jones GMM, Sahakian BJ, Levy R, Warburton DM, Gray JA (1992) Effects of acute subcutaneous nicotine on attention, information processing and short-term memory in Alzheimer's disease. Psychopharmacology 108:485–494

Jordan J, Shannon JR, Black BK, Lance RH, Squillante MD, Costa F, Robertson D (1998) N(N)-nicotinic blockade as an acute human model of autonomic failure. Hypertension 31:1178–1184

Kalaria RN, Homayoun P, Whitehouse PJ (1994) Nicotinic cholinergic receptors associated with mammalian cerebral vessels. J Aut Nerv Syst 49 (Suppl):S3–S7

Kaneko S, Maeda T, Kume T, Kochiyama H, Akaike A, Shimohama S, Kimura J (1997) Nicotine protects cultured cortical neurons against glutamate-induced cytotoxicity via alpha 7-neuronal receptors and neuronal CNS receptors. Brain Res 765:135–140

Khan IM, Youngblood KL, Printz MP, Yaksh TL, Taylor P (1994) Augmented responses to nicotinic agonists in spontaneous hypertension. Hypertension 24:611–619

Khan IM, Youngblood KL, Printz MP, Yaksh TL, Taylor P (1996) Spinal nicotinic receptor expression in spontaneously hypertensive rats. Hypertension 28:1093–1099

Kihara T, Shimohama S, Sawada H, Kimura J, Kume T, Kochiyama H, Maeda T, Akaike A (1997) Nicotinic receptor stimulation protects neurons against beta-amyloid toxicity. Ann Neurol 42:159–163

Kihara T, Shimohama S, Urushitani M, Sawada H, Kimura J, Kume T, Maeda T, Akaike A (1998) Stimulation of alpha 4 beta 2 nicotinic acetylcholine receptors inhibits beta-amyloid toxicity. Brain Res 792:331–334

Klapproth H, Racke K, Wessler I (1998) Acetylcholine and nicotine stimulate the release of granulocyte-macrophage colony stimulating factor from cultured human bronchial epithelial cells. NS Arch Pharmacol 357:472–475

Kopman D, Schneider L, Davis K, Talwalker S, Smith F, Hoover T, Gracon S, the Tacrine Study Group (1996) Long-term tacrine (Cognex) treatment: effects on nursing home placement and mortality. Neurology 47:166–177

Kubo T, Misu Y (1981) Changes in arterial blood pressure after microinjection of nicotine into the dorsal area of the medulla oblongata of rats. Neuropharmacology 20:521–524

Kubo T, Katsumato Y, Fukumori R, Taguchi K, Hagiwara Y (1996) Central nicotinic receptor blockade inhibits emotionally conditioned pressor responses in rats. Experientia 52:348–352

Kuhl DE, Minoshima S, Fessler JA, Frey JA, Foster NL, Ficaro EP, Wieland DM, Koeppe RA (1996) In vivo mapping of cholinergic terminals in normal aging, Alzheimer's disease and Parkinson's disease. Ann Neurol 40:399–410

Kuryatov A, Gerzanich V, Nelson M, Olale F, Lindstrom J (1997) Mutation causing autosomal dominant nocturnal frontal lobe epilepsy alters Ca^{2+} permeability conductance and gating of human $\alpha 4\beta 2$ nicotinic acetylcholine receptors. J Neurosci 17:9035–9047

Lee PN (1994) Smoking and Alzheimer's disease: a review of the epidemiological evidence. Neuroepidemiology 13:131–144

Leonard S, Adams C, Breese C, Adler L, Bickford P, Byerley W, Coon H, Griffith J, Miller C, Nayamoto H, Rollins Y, Stevens KE, Waldo M, Friedman R (1996) Nicotinic receptors function in schizophrenia. Schizophrenia 22:341–445

Liou HH, Tsai MC, Chen CJ, Jeng JS, Chang YC, Chen RC (1997) Environmental risk factors and Parkinson's disease: a case-control study in Taiwan. Neurology 48:1583–1588

Lohr JB, Flynn K (1992) Smoking and schizophrenia. Schizophrenia Res 8:93–102
London ED (1995) Mapping the cerebral metabolic responses to nicotine. In: Domino EF (ed) Brain Imaging of nicotine and tobacco smoking. NPP Books, Ann Arbor, pp 153–166
Macklin KD, Maus AD, Pereira EF, Albuquerque EX, Conti-Fine B (1998) Human Vascular Endothelial cells Express Functional Nicotinic Acetylcholine Receptors? J Pharmac Exp Ther 287:435–439
Maelicke A, Schrattenholz A, Storch A, Schroder B, Gutbrod O, Methfessel C, Weber KH, Pereira EEF, Albuquerque EX (1995) Noncompetitive agonism at nicotinic acetylcholine receptors, functional significance for CNS signal transduction. J Rec Signal Transduction Res 15:333–353
Maneckjee R, Minna JD (1990) Opioid and nicotine receptors affect growth regulation of human lung cancer cell lines. Proc Natl Acad Sci 87:3294–3298
Maneckjee R, Minna JD (1994) Opioids induce while nicotine suppresses apoptosis in human lung cancer cells. Cell Growth Diff 5:1033–1040
Marks MJ, Stitzel JA, Collins AC (1989) Genetic influences on nicotine responses. Pharmacol Biochem Behav 33:667–678
Martin P, Maus M, Desagher S, Glowinski J, Premont J (1994) Nicotine protects cultured striatal neurones against N-methyl-D-aspartate receptor-mediated neurotoxicity. Neuroreport 5:1977–1980
Martin–Ruiz CM, Court JA, Molnar E, Lee M, Gotti C, Mamalaki T, Tsouloufis S, Tzartos S, Ballard C, Perry RH, Perry EK (1999) Alpha 4 but not alpha 3 and alpha 7 nicotinic acetylcholine receptor subunits are lost from the temporal cortex in Alzheimer's disease. J Neurochem 73:1635–1640
Maus AD, Pereira EF, Karachunski PI, Horton RM, Navaneetham D, Macklin K, Cortes WS, Albuquerque EX, Conti-Fine B (1998) Human and Rodent Bronchial Epithelial Cells Express Functional Nicotinic Acetylcholine Receptors. Mol Pharmac 54:779–788
McConville BJ, Fogelson MH, Norman AB, Klykylo WM, Manderscheid PZ, Parker K, Sanberg PR (1991) Nicotine potentiation of haloperidol in reducing tic frequency in Tourette's disorder. Am J Psych 148:793–794
McConville BJ, Sanberg PR, Fogelson MH, King J, Cirino P, Parker KW, Norman AB (1992) The effects of nicotine plus haloperidol compared to nicotine only in reducing tic severity and frequency in Tourette's disorder. Biol Psych 31:832–840
McKeith IG, Galasko D, Kosaka MD, Perry EK, Dickson DW, Hansen LA, et al (1996) Dementia with Lewy bodies: diagnostic criteria and pathological guidelines: report of the consortium on Dementia with Lewy bodies. Neurol 47:1113–1124
Messi ML, Renganathan M, Grigorenko E, Delbono O (1997) Activation of alpha 7 nicotinic acetylcholine receptor promotes survival of spinal cord motorneurons. FEBS Lett 411:32–38
Mesulam MM, Geula C (1988) Nucleus basalis and cortical cholinergic innervation in the human brain: observations based on the distribution of AChE and ChAT. J Comp Neurol 275:216–240
Mesulam MM (1995) Cholinergic pathways and the ascending reticular activating system of the human brain. Ann NY Acad Sci 757:169–179
Meyer YS, Shirai T, Muramatsu K, Mortel KF (1995) Effects of chronic cigarette smoking and abstention on cerebral perfusion among neurologically normal volunteers. In: Domino EF (ed) Brain Imaging of nicotine and tobacco smoking. NPP Books, Ann Arbor, pp 137–151
Miao H, Liu C, Bishop K, Gong ZH, Nordberg A, Zhang X (1998) Nicotine exposure during a critical period of development leads to persistent changes in nicotinic acetylcholine receptors of adult rat brain. J Neurochem 70:752–762
Mihovilovic M, Hulette C, Mittelstaedt J, Austin C, Roses AD (1993) Nicotinic neuronal acetylcholine receptor alpha 3 subunit transcription in normal and myasthenic thymus. Ann NY Acad Sci 681:83–96

Monteggia LM, Arneric SP, Giordano T (1994) Nictoine effects on the regulation of amyloid precursor protein splicing, neurotrophin and glucose transporter RNA levels in aged rats. Int J Develop Neurosci 12:133–41

Morens DM, Grandinetti A, Reed D, White LR, Ross GW (1995) Cigarette smoking and protection from Parkinson's disease: false association or etiologic clue? Neurology 45:1041–1051

Mukherjee S, Mahadik SP, Korenovscky A, Laev H, Schnur DB, Reddy R (1994) Serum antibodies to nicotinic acetylcholine receptors in schizophrenic patients. Schizophrenia Res 12:131–136

Murdoch I, Perry EK, Court JA, Graham DI, Dewar D (1998) Cortical cholinergic dysfunction after human head injury. J Neurotrauma 15:295–305

Nanri M, Kasahara N, Yamamoto J, Miyake H, Watanabe H (1997) GTS-21, a nicotinic agonist, protects against neocortical neuronal cell loss induced by the nucleus basalis magnocellularis lesion in rats. Jap J Pharmacol 74:285–289

Nanri M, Yamamoto J, Miyake H, Watanabe H (1998) Protective effect of GTS-21, a novel nicotinic receptor agonist, on delayed neuronal death induced by ischemia in gerbils. JJap J Pharmacol 76:23–29

Neves-Pereira M, Bassett AS, Honer WG, Lang D, King NA, Kennedy JL (1998) No evidence for linkage of the CHRNA7 gene region in Canadian schizophrenia families. Am J Med Genet 81:361–363

Nordberg A, Hartvig P, Lilja A, Viitanen M, Amberla K, Lundqvist H, Andersson Y, Ulin J, Winblad B, Langstrom B (1990a) Decreased uptake and binding of ^{11}C-nicotine in brain of Alzheimer patients as visualized by positron emission tomography. J Neural Transm 2:215–224

Nordberg A, Adem A, Bucht G, Viitanen M, Winblad B (1990b) Alterations in lymphocyte receptor densities in dementia of Alzheimer type: a possible diagnostic marker. In: Fowler CJ, et al (eds) Biological markers in dementia of Alzheimer type. Smith-Gordon, London, pp 149–159

Nordberg A, Alafuzoff I, Winblad B (1992) Nicotinic and muscarinic subtypes in the human brain: changes with aging and dementia. J Neurosci Res 31:103–111

Nordberg A (1993) Clinical studies in Alzheimer patients with positron emission tomography. Behav Brain Res 57:215–224

Nordberg A (1995) Imaging of nicotinic receptors in human brain. In: Domino EF (ed) Brain imaging of nicotine and tobacco smoking. NPP Books, Ann Arbor, pp 45–57

Nordberg A, Lundqvist H, Hartvig P, Lilja A, Langstrom B (1995) Kinetic analysis of regional (S)(-) 11C-nicotine binding in normal and Alzheimer brains – in vivo assessment using positron emission tomography. Alzheimer Disease & Associated Disorders 9:21–27

Olincy A, Ross RG, Young DA, Roath M, Freedman R (1998) Improvement in smooth pursuit eye movements after cigarette smoking in schizophrenic patients. Neuropsychopharmacology 18:175–185

Ott A, Slooter JC, Hofman A, van Harskamp F, Witteman JCM, van Broeckhoven C, van Duijn CM, Breteler MMB (1998) Smoking and risk of dementia and Alzheimer's disease in a population-based cohort study; the Rotterdam study. Lancet 351:1840–1844

Owen A, Bird M (1995) Acetylcholine as a regulator of neurite outgrowth and motility in cultured embryonic mouse spinal cord. Neuroreport 6:2269–2272

Paldi-Haris P, Szelenyi JG, Nguyen TH, Hollan SR (1990) Changes in the expression of the cholinergic structures of human T lymphocytes due to maturation and stimulation. Thymus 16:119–122

Parks RW, Becker RE, Rippey RF, Gilbert DG, Matthews JR, Kabatay E, Young CS, Cohs C, Danz V, Keim P, Collins GT, Zigler SS, Urycki PG (1996) Increased regional cerebral glucose metabolism and semantic memory performance in Alzheimer's disease: a pilot double blind transdermal nicotine positron emission tomography study. Neuropsychol Rev 6:61–79

Perry EK, Tomlinson BE, Blessed G, Bergmann K, Gibson PH, Perry RH (1978) Correlation of cholinergic abnormalities with senile plaques and mental test scores in senile dementia. Brit Med J 2:1457–1459

Perry EK, Curtis M, Dick DJ, Candy JM, Atack JR Bloxham CA, Blessed G, Fairbairn A Tomlinson BE, Perry RH (1985) Cholinergic correlates of cognitive impairment in Parkinson's disease: comparisons with Alzheimer's disease. J Neurol Neurosurg Psych 48:413–421

Perry EK, Perry RH, Smith CJ, Purhoit D, Bonham J, Dick DJ, Candy JM, Edwardson JA, Fairbairn A (1986) Cholinergic receptors in cognitive disorders. Can J Neurol Sci 13 [suppl 4]:521–527

Perry EK, Perry RH, Smith CJ, Purohit D, Bonham J, Dick DJ, Candy JM, Edwardson JA, Fairbairn A (1988) Cholinergic receptors in cognitive disorders. Canad J Neurol Sci 13:51–57

Perry EK, Marshall E, Kerwin J, Smith CJ, Jabeen S, Cheng AV, Perry RH (1990) Evidence of a monoaminergic cholinergic imbalance related to visual hallucinations in Lewy body dementia. J Neurochem 55:1454–1456

Perry EK, Morris CM, Court JA, Cheng A, Fairbairn AF, McKeith IG, Irving D, Brown A, Perry RH (1995) Alteration in nicotine binding sites in Parkinson's disease, Lewy body dementia and Alzheimer's disease: possible index of early neuropathology. Neuroscience 64:385–395

Perry EK, Court JA, Lloyd S, Johnson M, Griffiths MH, Spurden D, Piggott MA, Turner J, Perry RH (1996) Beta-amyloidosis in normal aging and transmitter signaling in human temporal lobe. Ann NY Acad Sci 777:388–392

Perry EK, Court J, Goodchild R, Griffiths M, Johnson M, Lloyd S, Piggott M, Spurden D, Ballard C, Jaros E, McKeith IG, Perry RH (1998) Clinical neurochemistry: new opportunities for research in brain aging and dementia based on brain bank material. J Neural Transm 105:915–933

Perry RH, Candy J, Perry EK, Irving D, Blessed G, Fairbairn AF, Tomlinson BE (1982) Extensive loss of choline acetyltransferase activity is not reflected by neuronal loss in the nucleus of Meynert in Alzheimer's disease. Neurosci Lett 33:311–315

Perry RH, Tomlinson BE, Candy JM, Blessed G Foster JF, Bloxham CA, Perry EK (1983) Cortical cholinergic deficit in mentally impaired parkinsonian patients. Lancet 2:789–790

Phillips HA, Scheffer IE, Berkovic SF, Hollway GE, Sutherland GR, Mulley JC (1995) Localization of a gene for autosomal dominant nocturnal frontal lobe epilepsy to chromosome 20q 13.2. Nature Genetics 10:117–118

Prasad C, Ikegami H, Shimizu I, Onaivi ES (1994) Chronic nicotine intake decelerates ageing of nigrostriatal dopaminergic neurons. Life Sci 54:1169–1184

Prendergast MA, Jackson WJ, Terry AV Jr, Decker MW, Arneric SP, Buccafusco JJ (1998) Central nicotinic receptor agonists ABT-418, ABT-089, and (–)-nicotine reduce distractibility in adult monkeys. Psychopharmacology 136:50–58

Pullan RD, Rhodes J, Ganesh S (1994) Transdermal nicotine for active ulcerative colitis. N Engl J Med 330:811–815

Quik M, Chan J, Patrick J (1994) alpha-Bungarotoxin blocks the nicotinic receptor mediated increase in cell number in a neuroendocrine cell line. Brain Res 655:161–167

Rabey JM, Shenkman L, Gilad MG (1986) Cholinergic muscarinic binding by human lymphocytes: changes with aging, antagonist treatment, and senile dementia of the Alzheimer type. Ann Neurol 20:628–631

Rama Sastry BV, Sadavongvivad C (1979) Cholinergic system in non-nervous tissues. PharmacolRev 30:65–32

Richman DP, Aarnason GW (1979) Nicotinic acetylcholine receptor: evidence for a functionally distinct receptor on human lymphocytes. Proc Natl Acad Sci USA 76:4632–4635

Rinne JO, Myllykyla T, Lonnberg P, Marjamaki P (1991) A postmortem study of brain nicotinic receptors in Parkinson's and Alzheimer's disease. Brain Res 547:167–170

Rinner I, Kukulansky T, Felsner P, Skreiner E, Globerson A, Kasai M, Hirokawa K, Korsatko W, Schauenstein K (1994) Cholinergic stimulation modulates apoptosis and differentiation of murine thymocytes via a nicotinic effect on thymic epithelium. Biochem Biophys Res Comm 203:1057–1062

Rubboli F, Court JA, Sala C, Morris C, Chini B, Perry E and Clementi F (1994) Distribution of nicotinic receptors in the human hippocampus and thalamus. Eur J Neurosci 6:1596–1604

Sahakian B, Jones G, Levy R, Gray J, Warburton D (1989) The effects of nicotine on attention, information processing and short-term memory in patients with dementia of Alzheimer type. Br J Psych 154:797–800

Sanberg PR, Fogelson MH, Manderscheid PZ, Parker KW, Norman AB, McConville BJ (1988) Nicotine gum and haloperidol in Tourette's syndrome. Lancet 1:592

Sandborn W, Tremaine W, Offord K (1997) A randomized, double-blind, placebo-controlled trial of transdermal nicotine for mildly to moderately active ulcerative colitis. Ann Inten Med 126:364–371

Saper CB (1990) Cholinergic system. In: Paxinos G (ed) The Human Nervous System, Academic Press Inc, New York, pp 1095–1113

Schröder H, Giacobini E, Struble RG, Zilles K, Maelicke A (1991) Nicotine cholinoceptive neurons of the frontal cortex are reduced in Alzheimer's Disease. Neurobiology of Aging 12:259–262

Schröder H, de Vos RAI, Jansen ENH, Birtsch C, Wevers A, Lobron C, Nowacki S Schröder R, Maelicke A (1995) Gene expression of the nicotinic acetylcholine receptor alpha 4 subunit in the frontal cortex in Parkinson's disease patients. Neurosci Lett 187:173–176

Schukla N, Jeremy JY, Nicholl P, Krijgsman B, Fuller BJ, Stansby G, Hamilton G (1995) Nicotine but not cotinine stimulates (^{3}H)-thymidine incorporation by human vascular smooth muscle cells in culture. J Smoking-Related Dis 6:49–53

Schuller HM (1989) Cell type specific, receptor-mediated modulation of growth kinetics in human lung cancer cells lines by nicotine and tobacco-related nitrosamines. Biochem Pharmacol 38:3439–3442

Schuller HM (1994) Carbon dioxide potentiates the mitogenic effects of nicotine and its carcinogenic derivative, NNK, in normal and neoplastic neuroendocrine lung cells via stimulation of autocrine and protein kinase C-dependent mitogenic pathways. Neurotoxicology 15:877–886

Schuller HM, Orloff M (1998) Tobacco-specific carcinogenic nitrosamines. Biochem Pharmacol 55:1377–1384

Semba J, Mataki C, Yamada S, Nankai M, Toru M (1998) Antidepressant like effects of chronic nicotine on learned helplessness paradigm in rats. Biol Psych 43:389–391

Shacks JJ, Robinson SE (1998) Exposure to prenatal nicotine transiently increase neuronal nicotinic receptor subunit alpha7, alpha 4 and beta 2 messenger RNAs in the postnatal rat brain. Neuroscience 84:1151–1161

Shimohama S, Akaike A, Kimura J (1996) Nicotine-induced protection against glutamate cytotoxicity. Nicotinic cholinergic receptor-mediated inhibition of nitric oxide formation. Ann NY Acad Sci 777:356–361

Shimohama S, Greenwald DL, Shafron DH, Akaika A, Maeda T, Kaneko S, Kimura J, Simpkins CE, Day al, Meyer EM (1998) Nicotinic alpha 7 receptors protect against glutamate neuronal ischemic damage. Brain Res 779:359–363

Shiraki T, Toyoda A, Sugino H, Hori A, Kobayashi S (1997) Possible nicotinic receptor-mediated modulation of synaptic transmission in nucleus of the solitary tract. Am J Physiol 272:R869–R873

Silver AA, Shytle RD, Philipp MK, Sanberg PR (1995) Transdermal nicotine in Tourette's syndrome. In: Clarke PBS, Quik M, Adlkofer F, Thurau F (eds) Advances in Pharmacological Sciences. Effects of Nicotine on Biological Systems II. Birkhauser Verlag, Basel, pp 293–299

Sjak-Shie JJ, Meyer EM (1993) Effects of chronic nicotine and pilocarpine administration on neocortical neuronal density and [^{3}H] GABA uptake in nucleus basalis lesioned rats. Brain Res 624:295–298

Smarglassi A, Mutti A, De Rosa A, De Palma G, Negrotti A, Calzetti S (1998) A care control study of occupational and environmental risk factors for Parkinson's disease in the Emilia-Romagna region of Italy. Neurotoxicology 19:709–712

Socci DJ, Arendash GW (1996) Chronic nicotine treatment prevents neuronal loss in neocortex resulting from nucleus basalis lesions in young adult and aged rats. Mol Chem Neuropathol 27:285–305

Spurden DP, Court JA, Lloyd S, Oakley A, Perry R, Pearson C, Pullen RG, Perry EK (1997) Nicotinic receptor distribution in the human thalamus: autoradiographical localization of [^{3}H]nicotine and ^{125}Iα-bungarotoxin binding. J Chem Neuroanat 13:105–113

Steinlein OK, Mulley JC, Propping P, Wallace RH, Phillips HA, Sutherland GR, Scheffer IE, Berkovic SF (1995) A missense mutation in the neuronal nicotinic acetylcholine receptor alpha4 subunit is associated with autosomal dominant nocturnal frontal lobe epilepsy. Nature Genetics 11:201–203

Steinlein O, Magnusson A, Stoodt J, Bertrand S, Weiland S, Berkovic S, Nakken K, Propping P, Bertrand B (1997) An isertion mutation of the CHRNAA4 gene in family with autosomal dominant nocturnal frontal lobe epilepsy Human Mol Gene 6:943–947

Stitzel JA, Blanchette JM, Collins AC (1998) Sensitivity to the seizure-inducing effects of nicotine is associated with strain-specific variants of the alpha 5 and alpha 7 nicotinic receptor subunit genes. J Pharmacol Exp Ther 284:1104–1111

Stohschneider T, Oberhoff M, Hanke H, Hannekum A, Karsch KR (1994) Effect of chronic nicotine delivery on the proliferation rate of endothelial and smooth muscle cells in experimentally induced vascular wall plaques. Clin Invest 72:908–912

Tarroni P, Rubboli F, Chini B, Zwart R, Oortgiesen M, Sher E, Clementi, F (1992) Neuronal-type nicotinic receptors in human neuroblastoma and small-cell lung carcinoma cell lines. FEBS Lett 312:66–70

Terzano S, Court JA, Fornasari D, Griffiths M, Spurden DP, Lloyd S, Perry EK, Clementi F (in press). Expression of the alpha 3 nicotinic receptor subunit mRNA in aging and Alzheimer's disease. Mol Brain Res

Thomas GAO, Rhodes J, Many V (1995) Transdermal nicotine as maintenance therapy for ulcerative colitis. N Engl J Med 332:988–992

Thomas GAO, Rhodes J, Green JT (1998) Inflammatory bowel disease and smoking. A review. Am J Gastroenterol 93:144–149

Tizabi Y, Popke EJ, Rahman MA, Nespor SM, Grunberg NE (1997) Hyperactivity induced by prenatal nicotine exposure is associated with an increase in cortical nicotinic receptors. Pharmacol Biochem Behav 58:141–146

Tohgi H, Utsugisawa K, Yoshimura M, Nagane Y, Mihara M (1998a) Alterations with aging and ischemia in nicotinic acetylcholine receptor subunits α4 and β2 messenger RNA expression in postmortem human putamen. Brain Res 791:186–190

Tohgi H, Utsugisawa K, Yoshimura M, Nagane Y, Mihara M (1998b) Age-related changes in nicotinic acetylcholine receptor subunits alpha 4 and beta 2 messenger RNA expression in postmortem human frontal cortex and hippocampus. Neurosci Lett 245:139–142

Toyabe S, Iiai T, Fukuda M, Kawamura T, Suzuki S, Uchiyama M, Abo T (1997) Identification of nicotinic acetylcholine receptors on lymphocytes in the periphery as well as thymus in mice. Immunology 92:201–205

Tzourio C, Rocca WA, Breteler MM, Baldereschi M, Dartigues JF, Lopez-Pousa S, Manubens-Bertran JM, Alperovitch A (1997) Smoking and Parkinson's disease, An age-dependent risk effect? The EUROPARKINSON Study Group, Neurology 49:1267–1272

Uchida S, Kagitani F, Nakayama H, Sato A (1997) Effect of stimulation of nicotinic cholinergic receptors on cortical cerebral blood flow and changes in the effect during aging in anesthetized rats. Neurosci Lett 228:203–206

Ulrich J, Johannson-Locher G, Seiler WO, Stahelin HB (1997) Does smoking protect from Alzheimer's disease? Alzheimer-type changes in 301 unselected brains from patients with known smoking history. Acta Neuropathol 94:450–454

Villablanca AC (1998) Nicotine stimulates DNA synthesis and proliferation in vascular endothelial cells in vitro. J Appl Physiol 84:2089–2098

Violet JM, Downie DL, Nakisa RC, Lieb WR, Franks NP (1997) Differential sensitivities of mammalian neuronal and muscle nicotinic acetylcholine receptors to general anesthetics. Anesthesiology 86:866–874

Wada E, Wada K, Boulter J, Deneris E, Heinemann S, Patrick J, Swanson LW (1989) Distribution of alpha 2, alpha 3, alpha 4 and beta 2 neuronal nicotinic receptor subunit mRNAs in the central nervous system: a hybridization histochemical study in the rat. J Comp Neurol 284:314–335

Wagster MV, Whitehouse PJ, Walker LC, Kellar KJ, Price DL (1990) Laminar organization and age-related loss of cholinergic receptors in temporal neocortex of rhesus monkey. J Neurosc 10:2879–2885

Waldo MC, Carey G, Myles-Worsley M, Cawthra E, Adler LE, Nagamoto HT, Wender P, Byerley W, Plaetke R, Freedman R (1991) Codistribution of a sensory gating deficit and schizophrenia in multi-affected families. Psych Res 39:257–268

Weiland S, Witzemann V, Villarroel A, Propping P, Steinlein O (1996) An aminoacid exchange in the second transmembrane segment of a neuronal nicotinic receptor causes partial epilepsy by altering its desensitization kinetics. FEBS Lett 398:91–96

Weiss W (1983) Epidemiology of lung cancer. In: Reznik-Schuller HM (ed) Comparative respiratory tract carcinogenesis. CRC Press, Boca Raton, p 1

Weiss, W (1991) COPD and lung cancer. In: Cherniak NS (ed) Chronic Obstructive Pulmonary Disease. Saunders Co., Philadelphia, pp 344–347

Whitehouse PJ, Martino AM, Antuono PG, Lowenstein PR, Coyle JT, Price DL, Kellar KJ (1986) Nicotinic acetylcholine binding sites in Alzheimer's disease. Brain Res 371:146–151

Whitehouse PJ, Martino AM, Wagster MV, Price DL Mayeux R, Atack JR, Kellar KJ (1988) Reductions in [^{3}H]nicotinic acetylcholine binding in Alzheimer's disease and Parkinson's disease: an autoradiographic study Neurology 38:720–723

Wonnacott S (1997) Presynaptic nicotinic acetylcholine receptors. Trends Neurosci 20:92–98

Xuareb JH, Perry EK, Candy JM, Bonham JR, Perry RH, Marshall E (1990) Parameters of cholinergic neurotransmission in the thalamus in Parkinson's disease and Alzheimer's disease. J Neurol Sci 99:185–197

Yamada S, Kagawa Y, Ushijima H, Takayanagi N, Tomita T, Hyaashi E (1987) Brain nicotine cholinoceptor binding in spontaneous hypertension. Brain Res 410:212–218

Yamashita H, Nakamura S (1996) Nicotine rescues PC12 cells from death induced by nerve growth factor deprivation. Neurosci Lett 213:145–147

Yong T, Zheng MQ, Linthicum DS (1997) Nicotine induces leukocyte rolling and adhesion in the cerebral microcirculation of the mouse. J Neuroimmunol 80:158–164

Zamani MR, Allen YS, Owen GP, Gray JA (1997) Nicotine modulates the neurotoxic effect of beta-amyloid protein (25–35) in hippocampal cultures. Neuroreport 8:513–517

Zia S, Ndoye A, Vu Thuong N, Grando SA (1997) Nicotine enhances expression of the alpha 3, alpha 4, alpha 5, and alpha 7 nicotinic receptors modulating calcium metabolism and regulating adhesion and motility of respiratory epithelial cells. Res Comm Mol Pathol Pharmacol 97:243–262

CHAPTER 26
Clinical Aspects of Nicotinic Agents: Therapeutic Applications in Central Nervous System Disorders

P.A. NEWHOUSE and M. KELTON

A. Introduction

Advances in the understanding of the structure, function, and distribution of central nervous system (CNS) nicotinic receptors has provided the impetus for new studies examining the role(s) that these receptors and associated processes may play in CNS functions. Further motivation has come from the realization that such receptors must be involved in the maintenance of cigarette smoking and from clues from studies of degenerative neurologic diseases such as Alzheimer's disease (AD) and Parkinson's disease (PD) where the loss of nicotinic receptors has been described (NORDBERG 1994). Ongoing investigations of the molecular substructure of CNS nicotinic receptors and their pharmacology have begun to open up new possibilities for novel CNS therapeutics with nicotinic agents (ARNERIC et al. 1995). Exploiting these possibilities will require an understanding of the role(s) that these receptor systems play in human cognitive, behavioral, motor, and sensory functioning. Clues from careful studies of human cognition and behavior are beginning to emerge and will provide direction for studies of potentially therapeutic novel nicotinic agents. There is considerable evidence for the involvement of CNS nicotinic cholinergic receptors in a variety of cognitive, motor, and behavioral systems. Modulation of these receptors with the ultimate goal of producing therapeutic benefits is the goal of these investigations and of drug development.

This chapter will review briefly the physiological, behavioral, and cognitive effects of nicotine in humans and examine potential clinical applications of nicotine and/or nicotinic agonists in a variety of CNS disorders with particular emphasis on structural brain disease (Table 1). Clinical areas covered include: movement disorders, cognitive disorders, analgesia, smoking cessation, cytoprotection, and other more speculative applications. Important results from early therapeutic studies of nicotine and/or nicotinic agonists in these disease states are presented. As clinical therapeutic research in this field is still in its infancy, few long-term controlled clinical trials have been conducted except for smoking cessation. For some clinical areas discussed, potential applications are based primarily on preclinical research.

Table 1. Human CNS disorders/conditions, nicotinic agonist effects, and potential therapeutic applications

Disorder/condition	Receptor density change	Receptor genetic abnormality	Nicotine/nicotinic agonist effects in humans	Therapeutic potential
Alzheimer's disease	⇓	?	⇑ attention, learning, memory	Improve cognition, behavior; neuroprotection
Parkinson's disease	⇓	?	⇑ learning, motor performance	Improve motor performance, cognition; neuroprotection
Schizophrenia	?	α7	⇑ sensory processing	Decrease distraction, improve psychotic symptoms
Tourette's syndrome	?	?	⇑ abnormal movements/tics	Augment dopamine antagonists, long term reduction in movements
Attention deficit hyperactivity disorder	?	?	⇓ attentional errors	Improve attention, behavior, decrease smoking rate
Familial frontal lobe epilepsy	?	α4β2	?	?
Depression	?	?	Prevent relapse?	Augment antidepressants, prevent relapse
Anxiety	?	?	⇓ anxiety ratings	Improve management of anxiety disorders
Analgesia	?	N/A	⇓ pain sensitivity	Clinical analgesia

⇑ indicates increased, ⇓ indicates decreased.

B. Pharmacokinetics and Pharmacodynamics

Nicotine is a tertiary amine with two stereoisomers; (S)-nicotine is the active isomer which binds to nicotinic cholinergic receptors. Once absorbed, nicotine distributes rapidly to different tissues and reaches the brain in approximately 10–20s (ZEVIN and BENOWITZ 2000). Arterial levels of nicotine following smoking exceed venous levels 2- to 6-fold (HENNINGFIELD et al. 1993; GOURLAY and BENOWITZ 1997). The plasma levels achieved by alternative forms of nicotine administration such as gum or transdermal patch are generally considerably lower than those achieved by regular heavy smokers (BENOWITZ 1995). Newer devices such as the nicotine nasal spray and nicotine inhaler produce a similar arterial/venous difference in nicotine levels as cigarette smoking although the absolute levels are not as high. The plasma half-life of nicotine is roughly 2–3 hours although great inter-individual variability exists. Regular cigarette smokers will maintain persistent levels of nicotine even overnight.

The metabolic breakdown of nicotine appears to involve oxidative transformation to cotinine by cytochrome oxidases including CYP 2A6 (CASHMAN et al. 1992). Cotinine has a half life of 14–20 hours and is thus more useful as a long-term marker of nicotine intake than nicotine itself (BENOWITZ et al. 1983).

The pharmacodynamic effects of nicotine are complex and involve the development of rapid tolerance after exposure (ZEVIN and BENOWITZ 2000). At the plasma levels that smokers obtain, nicotine activates sympathetic systems with a resultant increase in heart rate and blood pressure; at higher doses nicotine may produce direct ganglionic stimulation and catecholamine release. Ganglionic blockade may occur at very high doses producing hypotension and bradycardia. It appears that tolerance develops to many effects of nicotine including toxic effects such as nausea, vomiting, and dizziness. Partial tolerance appears to develop to the cardiovascular effects within approximately 35 min with a persistent effect of nicotine which is about 20% of a full response (PORCHET et al. 1988). In addition, nicotine appears to produce cutaneous and coronary artery vasoconstriction, the latter mediated by catecholamines (WINNIFORD et al. 1986). However, studies of nicotine replacement therapy have not generally found an increase in acute cardiac events over the rate seen in smoking subjects alone. Nicotine produces a series of acute endocrine effects including the release of ACTH (adrenocorticotropic hormone) and cortisol (NEWHOUSE et al. 1990) and beta endorphin (SEYLER et al. 1986). Smokers appeared to weigh an average of 4 kg less than nonsmokers due to nicotine-induced changes in metabolic rate with concomitant appetite suppression (PERKINS 1992). Although not carcinogenic, long-term nicotine use may be a risk factor for cardiovascular disease by potentially producing alterations in the lipid profile indirectly through the release of catecholamines with resulting lipolysis and the release of free fatty acids (HELLERSTEIN et al. 1994). Most other adverse effects of cigarette smoking are generally ascribed to other compounds in cigarette smoke other than nicotine.

C. Cognitive and Behavioral Effects of Nicotine in Humans

Studies in humans have spanned several decades and mostly consist of experiments utilizing cigarettes to administer nicotine, usually to smokers deprived of cigarettes for some period of time. Such studies have been extensively reviewed by LEVIN (1992), SPILLICH et al. (1992), and critically reviewed by HEISHMAN and colleagues (1994). In general, the use of the deprivation model presents problems of interpretation. While nicotine may "improve" performance in deprived smokers, it appears that this improvement is usually limited to restoring predeprivation performance, which clearly declines during cigarette withdrawal (SNYDER and HENNINGFIELD 1989). Whether deprivation-induced impairment of performance returns to predeprivation levels and what the time course of recovery to baseline without nicotine replacement is has not been established.

Enhancement of normal nondeprived smokers and nonsmokers with nicotine has been more difficult to demonstrate; however, several recent studies with careful experimental designs have found such effects. PROVOST and WOODWARD (1991) have shown that nicotine administration to nonsmokers enhances the Stroop effect (an attentional conflict phenomenon), suggesting effects on selective attention. LE HOUEZEC and colleagues (1994) have shown that nicotine administration appears to shorten information processing time for harder stimuli in a choice-reaction time task and improves reaction time. RUSTED and coworkers (1994) have shown that cigarette-administered nicotine to nondeprived smokers, especially in light smokers, enhances recognition memory. WESNES and REVELL (1984) have shown that nicotine may act to prevent fatigue-induced deficits in vigilance and long-term performance tasks. However, NEWHOUSE and colleagues (1992a) were only able to note small, short-lived improvements in an attentionally and cognitively demanding vigilance task with intravenous nicotine administration after prolonged total sleep deprivation. It appears that the improvement of "normal" performance with nicotine is more likely with tasks that are attentionally and/or cognitively demanding and with tasks that have a large ceiling or when baseline performance is relatively low. However, performance enhancement in cognitively impaired subjects may be more realistic under real-world conditions.

The behavioral effects of nicotine are complex and belie a simple classification of nicotine as either a stimulant or depressant (GROBE and PERKINS 2000). Determinants of nicotine's effect on human behavior include both pharmacologic variables (dose, route of administration) and subject differences (gender, personality variables, etc.). For example, while low doses of nicotine may produce subjective behavioral stimulation, high doses or long-term administration may produce sedation. Whether nicotine produces subjective arousal or relaxation appears to depend on the baseline state of the individual, i.e., an agitated individual may be calmed by smoking a cigarette though a relaxed individual may be aroused or stimulated by nicotine administration.

PERKINS and colleagues (1992a) showed that men in a lower arousal subgroup reported large significant increases in arousal following nicotine while those in a higher arousal subgroup did not. Stimulation and relaxation effects appear to interact with environmental stress and task difficulty in a predictable way, i.e., tobacco smoking was shown to decrease subjective stress during difficult or stressful tasks but did not produce these effects during easy tasks (PERKINS et al. 1992b). Whether and how subjects control the administration of nicotine appears to have a significant impact on its behavioral and reinforcing effects. Such effects need to be taken into consideration when considering the use of novel nicotinic agonists for possible beneficial behavioral effects (e.g., for anxiety or depression).

D. Potential Clinical Applications

I. Movement Disorders

1. Parkinson's Disease

Parkinson's disease (PD) is a hypokinetic movement disorder that occurs in approximately 1% of the population. The clinical picture of PD is characterized by lack of movement, bradykinesia (slow movement), rigidity, resting tremor, autonomic instability, inability to maintain posture, and, in many patients, dementia. The etiology of idiopathic PD is unknown, although several forms of secondary parkinsonism are known including drug-induced, viral, and vascular causes. The motor symptoms of idiopathic PD are known to be caused by a loss of dopamine-producing neurons in the pars compacta of the substantia nigra and in the ventral tegmentum area (VTA) of the brain. The death of these cells produces a loss of inhibitory dopaminergic input along the nigrostriatal and VTA-mesocortical pathways. This in turn produces excess inhibition of the cortical motor strip by other components of the extrapyramidal regulatory system.

Changes in CNS cholinergic systems have also been shown to occur in the brains of patients with PD. In particular, a similar loss of cholinergic cells in the basal forebrain nuclei as occurs in Alzheimer's disease (AD) has been described in PD (WHITEHOUSE et al. 1983). The loss of cholinergic markers in the cortex (PERRY et al. 1985) that may occur in PD may be related to lesions in these nuclei and other cholinergic projections to the cortex (WHITEHOUSE et al. 1988). In demented PD patients, the loss of cortical cholinergic markers has been shown to be of greater magnitude and more extensive than that of nondemented PD patients (PERRY et al. 1985). Studies have shown that, as with AD, a roughly linear relationship exists between the loss of cortical (particularly temporal) cholinergic markers (choline acetyltransferase and acetylcholinesterase) and the degree of cognitive impairment before death (RUBERG et al. 1982). PD patients have also been shown to have an exaggerated sensitivity to the cognitively impairing effects of scopolamine, similar to effects in

AD (DUBOIS et al. 1987). Studies have shown a marked reduction in cortical nicotinic receptor binding that parallels the degree of dementia in PD with increasing age (WHITEHOUSE et al. 1988, AUBERT et al. 1992). There is similarity between the cortical nicotinic binding site loss as well as changes in other cholinergic markers in PD and AD. The loss of presynaptic (SCHWARTZ et al. 1984) cortical nicotinic receptors may reflect degeneration of cortical projections from subcortical structures, notably the nucleus basalis, pedunculopontine, and lateral-dorsal tegmental nuclei.

A number of studies have shown that smokers have a lower than expected incidence of PD, suggesting that nicotine has a protective effect (BAUMANN et al. 1980; BARON 1986, 1994). These studies have been carefully reviewed by MORENS and colleagues (1995) who conclude that the association is not artifactual. This is based on several findings: (1) over 35 studies have found this association in various sites, with both prospective and case-control designs; (2) dose–response effects exist in a number of studies, i.e., relative protection increases with the amount smoked; (3) relative protection appears to be afforded even in patients who have stopped smoking, i.e., their risk of developing PD appears to be between those who have never smoked and smoking smokers; (4) the inability of confounding variables or study biases to explain the association; and (5) the presence of a similar association between smoking history and a reduced incidence of AD. While epidemiologic studies do not confirm that nicotine is the protective agent, the only other possible protective aspect of cigarette smoke identified thus far is a reduction in monoamine oxidase-B (MAO-B) activity after long-term smoking (FOWLER et al. 1996). As MAO-B activity is responsible for the metabolism of dopamine, such a decrease in MAO-B could lead to enhanced dopamine levels thus limiting the symptomatology or even partially reversing the degeneration of dopaminergic neurons seen in PD. Nicotine has also been shown to counteract the locomotor effects of 1-methyl-4-phenyl-1,2,3,6-tetrahydropyridine (MPTP)-induced lesions in mice, a putative model for PD (SERSHEN et al. 1987).

Nicotine was examined as a treatment for PD as early as the 1920s (MOLL 1926) although these patients suffered from a form of secondary parkinsonism due to encephalitis lethargica. Some patients in the study showed improvement in rigidity but there were also severe side effects including seizures after large doses of nicotine. MARSHALL and SCHEIDEN (1966) examined the effects of nicotine on tremor, including that secondary to PD. The study showed mildly positive effects in several patients. More recently, FAGERSTROM and colleagues (1994) reported a detailed study of two patients who had nicotine gum and a nicotine patch added to their PD therapy. Using a single-subject, placebo-control reversal design, improvement was associated with nicotine dosing and involved diminished tremor and diminished disorganized thinking in one patient and lessened bradykinesia and increased energy in the other. We have also previously proposed that nicotinic augmentation maybe a useful therapeutic strategy for both the motor and cognitive symptoms of PD (NEWHOUSE et al. 1993, 1997). In a recent study (KELTON et al., in press), we examined the acute and chronic effects of nicotine in PD patients over several weeks. Positive effects of nicotine appeared in all motor performance tasks including the pronation/supination task, the stand/walk/sit task, and the finger dexterity task. There was statistically significant improvement on the choice-reaction time task in the motor component. Particularly interesting was the persistence of some of the effects of nicotine even several weeks after the cessation of drug administration. These results suggest that nicotine administration has positive effects on certain cognitive and motor aspects of PD, particularly in the area of attention and motor speed. Possible negative effects were found on motor tracking, possibly due to an increase in tremor. In some measures, these effects appeared to persist for several weeks after nicotine administration ceased, consistent with the possibility of sustained increases in the release of dopamine.

In addition to nicotine, other novel nicotinic agonists are being developed which are specifically focused on PD. SIB-1508 and its racemate SIB-1765F are subtype selective nicotinic agonists, particularly to $\alpha 4\beta 2$-containing nicotinic receptors (SACAAN et al. 1997). These compounds appear to have greater efficacy than nicotine at releasing dopamine from striatal slices. SIB-1765F potentiated the positive locomotor effects of L-dopa in a reserpine model of PD in rats (MENZAGHI et al. 1997) with a rapid onset of action. The compound produced a small improvement in locomotion when administered alone; however, the effect was much greater when combined with L-dopa. SIB-1508Y, an isomer of SIB-1765F, is even more potent in this model and has also shown positive activity in the MPTP-treated monkey model of PD (SCHNEIDER et al. 1998). A dose which was inactive by itself causes significant improvement in cognition and motor aspects of task performance when administered simultaneously with L-dopa. These effects occurred at one-third to one-sixth of the dose of L-dopa that had been previously necessary to improve motor functioning. Previously inactive doses of L-dopa exerted near-maximal reduction in disability scores when administered simultaneously with SIB-1508Y. Thus, SIB-1508Y appears to have significant potential as an L-dopa-sparing agent and is currently undergoing clinical trials for this purpose in PD patients.

2. Tourette's Syndrome

Tourette's syndrome (TS) is a hyperkinetic movement disorder with symptoms of sudden, rapid, brief, recurrent, stereotyped motor movements or sounds (tics) and can range from mild to severe. TS is commonly treated with dopamine antagonists such as haloperidol which may be effective but has significant adverse side effects and is ineffective in up to 30% of cases. While the etiology is not known, it is proposed that, unlike PD, TS represents a disorder of excess dopamine transmission in the striatum (SHAPIRO et al. 1989; WOLF et al. 1996), either through dopamine excess or receptor hypersensitivity.

Following laboratory studies showing that acute nicotine administration could potentiate haloperidol-induced catalepsy and locomotor activity

(EMERICH et al. 1991), an intuitive leap was made, and clinical trials were begun in TS patients (SANBERG et al. 1989). Initial open trials with nicotine gum showed reductions in both tic severity and frequency, particularly when used to augment the effects of haloperidol (McCONVILLE et al. 1992). More recent studies have used nicotine transdermal patches due to the improved acceptability of this for patients and a decrease in side effects. Such trials (SILVER et al. 1995) have confirmed the positive effects of nicotine when added to haloperidol therapy in TS patients and have also shown that in some patients the positive effects persist for several weeks after patch removal. Long-term positive effects of transdermal nicotine were also found by DURSAN and colleagues (1994) who found that two consecutive nicotine patches reduced tic severity scores for up to 4 weeks after patch removal.

The potential efficacy of nicotine and nicotinic agonists in both hypodopaminergic (PD) and hyperdopaminergic disorders (TS) may reflect the mixed agonist/antagonist activities of nicotine. In the case of TS, available evidence from animal studies suggests that a prolonged desensitization and inactivation of nicotinic receptors following exposure to nicotine may be producing the therapeutic response (SHYTLE et al. 2000). This theory has been tested by the use of the nicotinic antagonist mecamylamine to augment the effect of antidopaminergic agents in TS with positive results (SANBERG et al. 1998). Whether novel agonists which do not produce as rapid or as long-term a desensitization of nicotinic receptors would be helpful in TS remains untested. Since TS is predominantly diagnosed in children, the long-term use of nicotine may be potentially undesirable. Thus, the search for more selective agonists and/or antagonists should be undertaken.

3. Other Movement Disorders

No systematic studies of nicotine's efficacy in other movement disorders have yet been undertaken. Nonetheless, there are other disorders where nicotine or other nicotinic agonists may have a useful role. Huntington's disease is a hereditary neuropsychiatric disorder caused by a single gene defect on chromosome 4 that produces a hyperkinetic movement disorder and dementia. These hyperkinetic movements are usually treated with antidopaminergic agents that are of variable efficacy. In a single case observed by the authors, a 63-year-old woman with genetically confirmed Huntington's disease showed a significant and sustained improvement in dyskinetic movements following the addition of nicotine transdermal therapy. This patient's abnormal movements were poorly controlled on up to 80 mg per day of haloperidol alone. With the addition of a transdermal nicotine patch, the dyskinetic movements scores declined approximately 60% on a much reduced dosage of haloperidol (15 mg of haloperidol per day). This improvement has been sustained for over 2 years despite presumed disease progression. As therapeutic advances for symptomatic relief from the hyperkinetic symptoms of this disorder have been slow, controlled trials of nicotine or nicotinic agonist augmentation or the use of nicotinic antagonists are worth considering.

II. Cognitive Disorders

1. Nicotinic Involvement in the Regulation of Cognitive Processes

Studies of animals with central cholinergic lesions produced either by pharmacologic inhibition of choline uptake or direct excitotoxic lesions of basal forebrain cholinergic neurons have shown highly specific attentional deficits (ROBBINS et al. 1989; MUIR et al. 1992). These animals show deficits that might be predicted from studies of humans with AD, i.e., increased response latency and increased responsiveness to irrelevant sensory stimuli. Studies by VIDAL (1994a) have shown that the administration of a nicotinic antagonist into rat prefrontal cortex impairs performance on spatial working memory tasks which requires the rat to suppress its preferred alternation strategy. This suggests interference with inhibitory mechanisms as the animal must inhibit its normal practice of alternating locations to successfully complete the task. Vidal (1994b) has correlated this behavioral result with nicotinic effects on prefrontal glutamatergic synapses. Nicotine appears to increase the release of glutamate in rat prefrontal cortex as measured by in vivo microdialysis, and to increase the amplitude of excitatory postsynaptic potentials from the same region. Presynaptic nicotinic receptors may then modulate glutamatergic activity via their presence on thalamocortical afferents (VIDAL 1994b). PICCIOTTO and colleagues (1995) demonstrated abnormal avoidance learning (although not necessarily inferior learning) in a mouse with a knockout for the gene encoding the $\alpha 2$ nicotinic receptor subunit.

Studies of the role of central cholinergic systems and attention in humans suggest that these systems appear to help constrain the focus of attention (CALLAWAY et al. 1992). WESNES and WARBURTON (1983) have shown that nicotine improves sustained attention and vigilance performance, particularly over long intervals. Most interestingly, they showed that nicotine appeared to reduce the Stroop effect. (The Stroop effect shows that color naming is impaired if conflicting word reading is required simultaneously and is believed to reflect competing attentional processes.) This result most strongly argues for an effect on inhibitory mechanisms, as reducing the Stroop effect requires improving the ability to selectively suppress attention to word reading over color naming. This result was confirmed in nonsmokers by PROVOST and WOODWARD (1991) who showed a robust effect of nicotine in this paradigm. PARROTT and CRAIG (1992) showed positive effects of nicotine on visual selective attention; rapid information processing showing improvement and increased speed and accuracy was seen in other tasks including letter cancellation.

WARBURTON and RUSTED (1993) have summarized the effects of cholinergic, particularly nicotinic, systems on cognition by suggesting that the data supports a role for such systems in regulating the functional state of the cortex and the central executive mechanism (or supervisory attentional system). They further conclude that nicotine's most robust memory effects are seen in tasks that have a high attentional requirement, i.e., that memory enhancement may be a consequence of improved attentional functioning.

2. Alzheimer's Disease

Although a myriad of neurochemical deficits have been described in AD, explanation of the nature of the cognitive disturbances has been most closely focused on the "cholinergic hypothesis" which implicates disturbances in central muscarinic cholinergic mechanisms in normal cognitive functioning and disorders of memory function (DRACHMAN and LEAVITT 1974; BARTUS et al. 1982). Evidence supporting this hypothesis includes significant reductions in choline acetyltransferase (CORKIN 1981) and cholinergic cell number in autopsy-confirmed AD (WHITEHOUSE et al. 1982). Antimuscarinic drugs, such as scopolamine, disrupt some cognitive functions in normal individuals (PETERSON 1977) and have been proposed as a model of the cognitive deficits in AD (SITARAM et al. 1978; CAINE et al. 1981).

Nicotinic mechanisms may be important in explaining pathophysiology and in designing treatments for AD (JAMES and NORDBERG 1995). Patients suffering from AD have a marked reduction in cortical nicotinic cholinergic receptor binding compared to age-matched controls (WHITEHOUSE et al. 1986; FLYNN and MASH 1986; AUBERT et al. 1992). Normal aged subjects show an age-related decline in cortical nicotinic binding (FLYNN and MASH 1986). WARPMAN and colleagues (1995) used epibatidine and ABT-418 to show selective losses of $\alpha 4\beta 2$ nicotinic receptors in the brains of patients with AD. PERRY et al. (1996) showed that the entorhinal cortex (important in memory formation), rich in nicotinic binding, appears particularly vulnerable to amyloid plaque-induced loss of receptors. More generally, PERRY and colleagues (1995) have shown that nicotine receptor loss seems tightly linked to the primary pathology in the dementias, e.g., linked to dopaminergic cell loss in PD and Lewy Body dementia, and linked to amyloid plaques and tangles in hippocampal and parahippocampal areas in AD. These investigators also theorize that down regulation of these nicotinic receptors in entorhinal cortex that gate Ca^{2+} may play a specific role in AD-type cognitive pathology.

In humans, nicotine is reported to increase arousal and attention as well as decrease reaction time and prevent decline in efficiency over time (WESNES and WARBURTON 1983, 1985). In both animals and humans, nicotine improves the subject's ability to withhold responses to inappropriate stimuli (WESNES and WARBURTON 1983; MYRSTEN et al. 1972; NEWHOUSE et al. 1988b). This may be relevant to AD because a cardinal feature of the cognitive disorder of AD and a possible marker of cholinergic dysfunction (FULD et al. 1982) is the difficulty demented patients have in inhibiting inappropriate responses or in responding to inappropriate stimuli. This difficulty in response selection and/or suppression is one explanation of the liberal response bias seen in AD. Nicotine reverses abnormal behavioral effects in the nucleus basalis lesion model of AD (KSIR and BENSON 1983). GRAY and colleagues (1996) have shown that nicotine enhances hippocampal synaptic transmission which may be critical for new learning.

Evidence from studies of cerebral blood flow (CBF) also suggests an important nicotinic component to AD. AD is associated with a marked perfusion deficit in parietotemporal cortex in addition to the global decrease in cerebral perfusion. This focal deficit is seen even in early stages of the disease and appears to be specific to AD (PROHOVNIK 1988). Although the pathophysiology of this deficit is not completely understood, attempts have been made to model these changes with pharmacologic agents. It is of interest that the nicotinic antagonist mecamylamine reliably reproduces this abnormal cerebral blood flow pattern (in normal volunteers), while the muscarinic antagonist scopolamine does not (GITELMAN and PROHOVNIK 1992). Studies in animals suggest that cerebral blood flow may be controlled in part by basal forebrain cholinergic neurons (LINVILLE and ARNERIC 1991) and nicotine reliably augments the enhancement in CBF produced by electrically stimulating this region (ARNERIC 1989), suggesting an underlying nicotinic mechanism. As the basal forebrain cholinergic neurons are heavily damaged in AD, changes in observed CBF may be secondary to damage to nicotinic systems. Presumably, the inability to autoregulate CBF impairs cognitive functioning.

Neuroimaging studies also support the involvement of nicotinic cholinergic systems in AD. NORDBERG (1993a) showed a significant correlation change between the change in temporal cortex labeling of [^{11}C]nicotine and cognitive function scores in AD patients using positron emission tomography (PET). This result was bolstered by further work from these investigators (NORDBERG et al. 1995) in which a kinetic model was developed to quantify the loss of nicotinic receptor binding in vivo in AD patients. Significant correlations were shown between cognitive dysfunction and the loss of nicotinic receptor binding in temporal and frontal cortices and hippocampus in these patients using PET. NORDBERG (1993) also examined the effects of treatment with the anticholinesterase tacrine on AD patients using PET and showed that brain nicotinic receptor binding of [^{11}C]nicotine increased along with cerebral blood flow after 3 weeks of treatment.

One other aspect of AD suggests a connection to nicotinic mechanisms. Epidemiologic studies of AD that assess risk factors show that, like PD, smokers are at a lower risk of developing AD than nonsmokers, even when other factors are controlled (TYAS 1996). LEE (1994) has done a metanalysis of these studies and has calculated a relative risk of 0.64 of developing AD for smokers. A recent study by VAN DUIJN and colleagues (1995) examined the risk of early-onset AD in subjects as a function of their APO-E gene status and family history. The protective effect of smoking was even larger, (Odds Ratio = 7) especially for subjects positive for APO-E4 and with a family history of early-onset disease. In a retrospective case-control autopsy study, ULRICH and colleagues (1997) analyzed 72 age-and sex-matched smoker-nonsmoker pairs and showed that an apparent protective action against senile plaque formation could be demonstrated in 28 age-matched pairs of smoking-nonsmoking women, although a positive correlation between the amount of smoking and neurofibrillary changes in smokers of both sexes was also seen. Whether potential protective effects of smoking are secondary to nicotine is unclear but in vitro data suggesting a neuroprotective effect of nicotine are consistent with this possibility (ARNERIC et al. 1995).

a) Studies of Nicotinic Antagonists in Alzheimer's Disease

Epidemiologic studies and studies of receptor changes postmortem are only indirect evidence that the loss of nicotinic receptors is relevant to the cognitive disorder of AD. Studies utilizing antagonists are useful for establishing the cognitive relevance of neuroreceptor changes in the brain as they produce a temporary chemical "lesion." NEWHOUSE and colleagues have studied the effects of the centrally-active noncompetitive nicotinic antagonist and peripheral ganglionic blocker mecamylamine on cognitive functioning (NEWHOUSE et al. 1992b, 1993, 1994) in young and elderly normal patients and AD and PD patients. These studies attempted to establish that nicotinic blockade produced cognitive impairment in humans, and examined whether there were age or disease-related changes in sensitivity to nicotinic blockade, which would be indicated by shifts in dose–response curves between groups.

Mecamylamine administration produced dose-related impairment of the acquisition of new information with group differences in sensitivity. Young non-AD subjects showed significant cognitive impairment errors after the highest dose. By contrast, the elderly non-AD subjects showed significant impairment after the middle and high doses, and the Alzheimer's disease subjects showed impairment after all three active doses. This pattern was seen in both verbal and nonverbal learning tasks.

In the AD patients, the learning rate actually became negative at 10 and 20mg of mecamylamine, i.e., subjects were actually getting worse with increasing trials. Interestingly, in the older non-AD subjects, mecamylamine produced a dose-related change in response bias with a significant liberal shift after the high dose which has been seen in AD patients. This did not occur with the young non-AD subjects. Regarding psychomotor speed, mecamylamine produced dose-related slowing in a number of tasks that measured reaction time. These included increases in reaction time for the choice-reaction time test and manikin tasks. Older subjects tended to show proportionately greater increases in reaction time than the younger subjects did. By contrast, there were minimal behavioral effects.

PICKWORTH and colleagues (1997) examined the effects of mecamylamine in smoking and nonsmoking volunteers on electrophysiological and performance measures. In both groups, mecamylamine causes dose-related decreases in alpha EEG frequency and increases in delta frequency. In addition, response time slowed in both vigilance and distractibility tasks and delayed recall was impaired. These results confirm prior studies concerning the cognitively impairing effects of blocking central nicotinic receptors and provide support for an important role for nicotinic receptor loss in the pathogenesis of the cognitive impairment in AD.

These results suggest that the deficits produced by mecamylamine resemble those seen in AD in several respects. Deficits in short- and long-term memory, impaired attention, liberal response bias, and decreases in reaction time are hallmarks of the dementing picture seen in these disorders. The age-related nature of some of the findings suggest that the decline in nicotinic receptors with age produces increased vulnerability to the effects of nicotinic blockade.

b) Studies of Nicotinic Agonists in Alzheimer's Disease

Initial studies by Newhouse and colleagues examined the effects of intravenous nicotine on cognitive, behavioral, and physiologic functioning in both non-AD nonsmokers and patients with AD (NEWHOUSE et al. 1988, 1993, 1996). Analysis of the cognitive effects of nicotine in the AD group showed that there was a significant dose-related decrease in verbal learning efforts, with a "U"-shaped dose–response curve. A similar improvement pattern was seen in long-term verbal recall. Neuroendocrine measures (NEWHOUSE et al. 1990) tended to confirm that the doses used were active at CNS nicotinic receptors.

NEWHOUSE and coworkers (1996) have examined the effects of intravenous nicotine in AD with particular attention on tasks that are affected by mecamylamine. Results show that nicotine produces improvements in attentionally driven tasks with improved reaction time, hits, and false alarms on a continuous performance task. Throughput (speed–accuracy product) was improved as well. Small improvements were seen also in verbal memory tasks but no improvement was seen in the repeated acquisition task, which was impaired by mecamylamine.

These findings of the beneficial results of acute nicotinic stimulation in AD have been supported by the studies of Sahakian and colleagues (JONES et al. 1992; SAHAKIAN et al. 1994) who have shown that subcutaneous nicotine administration in AD patients produced improvements in attentional functioning. This group found that nicotine produced a highly significant improvement in accuracy on a sustained visual attention task (which involved the detection of number sequences). Importantly, there was no speed–accuracy tradeoff, i.e., patients do not become slower even though they become more accurate. Further, they showed that the AD subjects improved in a dose-dependent matter on attentional aspects of a visual short-term memory and attention task. KATAYARNA and colleagues (1995) showed that nicotine improved performance in dementia patients using event-related potentials. Further support is provided by PARKS and colleagues (1994) who have shown that nicotine improves retrieval from long-term semantic memory and increases CBF in AD. More chronic administration of nicotine to AD has also shown promise. WILSON and colleagues (1995) administered nicotine by a patch to six AD patients for 8 days. Compared to the placebo patch condition, there were significantly fewer errors on a nonverbal learning task while subjects were on nicotine. This effect persisted for at least 1 week after withdrawal. SNAEDAL and colleagues (1996), however, were unable to find a significant effect of 4 weeks of transdermal nicotine administration on memory in 18 AD patients, possibly due to a significant placebo effect as patients on both nicotine and placebo showed improvements in short-term memory.

Newhouse and colleagues have recently examined the acute effects of the novel nicotinic agonist ABT-418 on cognitive functioning in Alzheimer's disease (POTTER et al. 1999). Patients with AD were administered a series of doses up to 23 mg by transdermal device. Subjects showed significant linear dose-related improvements in verbal learning and memory on the selective reminding task as reflected by improved total recall and a decline in recall failure. This improvement was quantitatively as robust as has been seen in previous acute trials with anticholinesterase inhibitors. Qualitatively similar improvements were seen in nonverbal learning tasks such as spatial learning and memory and repeated acquisition. Positive dose-related effects on reaction time were also seen. Interestingly, subjects also showed a dose-related decline in anxiety and fear, confirming prior animal studies suggesting that this agent may also have anxiolytic effects. No adverse behavioral, vital sign, or physical side effect was seen. These positive results echo studies of this agent in aged monkeys by BUCCAFUSCO and colleagues (1995) who showed dose-related improvements in a delayed matching-to-sample task performance following administration of ABT-418.

These studies represent significant evidence that stimulation of nicotinic receptors can improve the acquisition and retention of verbal (declarative) and nonverbal information in humans. Previously, it had been difficult to demonstrate that stimulation of nicotinic receptors produces true learning or memory improvement effects in normals (HEISHMAN and HENNINGFIELD 1994). The role of attentional effects of nicotinic stimulation has been stressed by SAHAKIAN and colleagues (1994) and is reviewed in detail in Sect. D.II.4. As has been suggested by WARBURTON and RUSTED (1993), however, nicotine's effects are most often seen in tasks that have a large attentional load. For example, the verbal learning tasks that showed improvement in the AD patients after acute administration of ABT required focused attention and significant cognitive effort. It also may be the case that any cognitive enhancing effects of nicotinic stimulation are more clearly manifest in cognitively impaired individuals. Preclinical studies of other novel nicotinic agonists also show promise. Aged rats show improved learning when treated with GTS-21 (ARENDASH et al. 1995). SIB-1553A is an $\alpha 4\beta 2$ subtype-selective nicotinic agonist and appears to be efficacious in acute and chronically stimulating hippocampal acetylcholine release (LLOYD et al. 1998). This compound appears to produced enhanced performance in a variety of models of cognitive dysfunction (e.g., aged rats, rhesus monkeys, rats with cholinergic lesions) in areas such as spatial and nonspatial working and reference memory (LLOYD et al. 1998). A profile such as this suggests that this compound may have activity in disorders of cortical and subcortical cholinergic dysfunction such as AD. RJR-2403 (LIPIELLO et al. 1996) appears to be a highly selective ligand for the $\alpha 4\beta 2$ subtype of nicotinic receptor and may be a useful agent for investigating the clinical and cognitive effects of stimulating this receptor subtype in degenerative neurologic disease.

3. Parkinson's Disease

In addition to AD, changes in CNS cholinergic systems have also been shown to occur in the brains of patients with PD. In particular, a similar loss of cholinergic cells in the basal forebrain nuclei as occurs in AD has been described in PD (WHITEHOUSE et al. 1983). The loss of cholinergic markers in the cortex (PERRY et al. 1995) that occur in PD may be related to lesions in these nuclei and other cholinergic projections to the cortex (WHITEHOUSE et al. 1988). In demented PD patients, the loss of cortical cholinergic markers has been shown to be of greater magnitude and more extensive than that of nondemented PD patients (PERRY et al. 1985). Studies have shown that, as with AD, a roughly linear relationship exists between the loss of cortical (particularly temporal) cholinergic markers (choline acetyltransferase and acetylcholinesterase) and the degree of cognitive impairment before death (RUBERG et al. 1982). PD patients have also been shown to have an exaggerated sensitivity to the cognitively impairing effects of scopolamine similar to AD (DUBOIS et al. 1987).

Studies have shown a marked reduction in cortical nicotinic receptor binding that parallels the degree of dementia in PD and increasing age (WHITEHOUSE et al. 1988; AUBERT et al. 1992). There is similarity between the cortical nicotinic binding site loss in PD and AD as well as similar changes in other cholinergic markers. The loss of presynaptic (SCHWARTZ et al. 1984) cortical nicotinic receptors may reflect degeneration of cortical projections from subcortical structures, notably the nucleus basalis, pedunculo-ponfine, and lateral-dorsal tegmental nuclei.

Studies of the cognitive deficits seen in PD suggest that cholinergic mechanisms may play a substantial role, particularly in producing so-called subcorticofrontal deficits (DUBOIS et al. 1990; REID et al. 1990). A recent study of the relationship between regional CBF and cognitive performance in mild treated PD patients revealed that while performance on a free-recall task was only slightly worse in patients than in controls, the CBF pattern in controls showing activation in fronto-temporal regions was absent in the PD patients. In addition, studies of the cognitive deficits in PD have suggested that there is difficulty with selective attentional functioning (BROWN and MARSDEN 1990; GOLDENBERG et al. 1990; STAM et al. 1993; DALRYMPLE-ALFORD et al. 1994). There appears to be considerable agreement that cognitive impairment in PD may reflect impairment of prefrontal cortex, i.e., PD patients appear "hypofrontal" (TAYLOR et al. 1986; READING 1991). More specifically, the loss of inhibitory attentional processes may be a general mechanism responsible in part for the impairment seen early in this disease (DOWNES et al. 1991, 1993). Attentional deficits in PD may be secondary to impaired inhibitional functioning of the central executive component of working memory, which may be secondary to damage to the prefrontal and/or parietal cortex and/or known basal ganglia/thalamic/frontal circuits. Although PD and AD have different underlying cellular and macropathology, a shared loss appears to be cholinergic cell and subsequent nicotinic receptor loss. Although the anatomy of the deficits is not completely understood, this shared damage to cholinergic systems may be responsible for qualitatively similar attentional deficits. This deficiency may present an attractive therapeutic target for nicotinic. Taken together, these results suggest that loss of nicotinic receptors and their associated source and/or target cells may play an important role in the cognitive deficits seen in this disorder.

KELTON and colleagues (in press) have recently begun to examine the quantitative effects of nicotine in PD patients. Subjects with mild to moderate PD received dose-ranging infusions of intravenous nicotine up to 1.25 g/kg per minute, followed by chronic administration of nicotine by transdermal patch with doses ranging up to 14 mg per day for 2 weeks. Testing for prolonged effects occurred both during drug administration and up to 2 weeks after drug cessation. Nicotine appeared to acutely improve attention/arousal in PD patients as measured by the critical flicker fusion (CFF) and the choice reaction time test. Mecamylamine preadministration antagonized the improvement suggesting a specific effect on nicotinic receptors. As PD patients have been noted to have defects in attention, this effect suggests that stimulation of nicotinic receptors may have salutary effects on attentional systems in these patients. Optimal nicotinic stimulation appears to improve performance, but beyond that, performance worsens.

During the chronic phase of administration by transdermal patch, nicotine appeared to improve performance speed in standard clinical motor performance tasks. In most cases, improvement appeared to persist after drug withdrawal, although there was some evidence for the beginning of a return towards baseline values at the session 2 weeks after drug withdrawal. For the computerized performance tasks, subjects showed improvement on the motor portions of certain tasks at day 14, but by 2 weeks post-drug, they had returned almost to baseline values. These effects are consistent with the possibility that a sustained evoked increase in the release of dopamine in nigrostriatal pathways may be occurring as a result of presynaptic nicotinic receptor stimulation. Studies such as these provide optimism that nicotinic stimulation may be a fruitful strategy for PD treatment, either by utilizing nicotinic agonists as monotherapy in early cases or as a dopa-augmenter or dopa-sparing drug in later stages of the disease.

4. Nicotinic System Involvement in the Cognitive Disorders of the Cortical Dementias: Synthesis and Therapeutic Model

The loss of or alterations to nicotinic receptors and/or their associated processes may be responsible for some of the cognitive changes and blood flow alterations that are seen in AD and other neuropsychiatric disorders. Nicotinic systems appear important to normal learning and memory, but effects may be in part mediated through effects on certain aspects of attentional functioning. Effects of nicotinic receptor activation may be mediated through presynaptic regulation of catecholaminergic, cholinergic, and/or glutamatergic transmitter mechanisms in widespread projections to prefrontal and/or parietal cortex and basal ganglia-thalarnic-prefrontal loops. What subtypes of nicotinic receptors might mediate these effects is unclear. Stimulation of nicotinic receptors with nicotine and/or novel nicotinic agonists may produce significant improvement in attentional functioning in AD and PD (LAWRENCE and SAHAKIAN 1995) with significant therapeutic benefit.

This model, like other models of cholinergic dysfunction, is not intended to explain all the cognitive deficits in AD. Data suggests that nicotinic systems and/or receptors are modulatory in the release of acetylcholine, dopamine, and other neurotransmitters onto their receptors. Therefore, there are probably limits to the actions of this system, and the loss of these receptors may result in the loss of a degree of control of cognitive processes rather than the underlying basic cognitive function itself. Certain cognitive processes affected in AD may not be under nicotinic modulation or influence. It appears more possible that nicotinic systems act to modulate or control the "front end" of memorial processing, e.g., control and partitioning of attentional resources that are critical to the appropriate encoding of memories. Further, these mechanisms may help to control the flow of information into and out of working memory, from the outside or from long-term store, inhibiting irrelevant and augmenting salient information. While the stimulation of this system is unlikely to restore full function, it may augment remaining cell connections, increasing information (signal) traffic, and therefore improving cognitive function.

Preliminary evidence suggests that while attentional effects can be manifested very rapidly with nicotinic agonists, significant learning and memory effects may take longer administration or exposure to nicotinic agonists than can be provided for by a single bolus injection. An intriguing preclinical study by RIEKKINEN and RICKKINEN (1995) suggests that the loss of serotonergic functioning may impact the ability of nicotine to improve cognitive functioning. The combination of nicotinic stimulation with serotonergic augmentation may produce supra-additive effects on cognitive performance. The effects of nicotinic augmentation on motor functioning and cognitive performance in PD and other dementing disorders with known cholinergic lesions such as Lewy Body dementia also deserve investigation.

For maximum advantage of the effects of nicotinic agents on cognitive functioning, it may be necessary to design cognitive treatment programs that integrate drug treatment with cognitive training and/or rehabilitative strategies for both patients and their families. In this way, rehabilitative strategies can take advantage of the known properties of nicotinic agents on various cognitive domains. It should be possible to design strategies to teach caregivers how to take advantage of gains produced by these cognitively enhancing drugs for optimal outcome. Such integrative drug rehabilitation strategies should represent the next phase of cognition-enhancing treatment development.

5. Schizophrenia

The prevalence of cigarette smoking has been reported to be as high as 93% in male schizophrenic patients (KIRCH 1999). These very high rates of cigarette smoking do not appear to be explained by gender, age, or socioeconomic status (DALACK et al. 1998) and appear to reflect either disease- or treatment-related processes that encourage cigarette use. A major hypothesis for this high rate of use is that nicotine may have salutary effects on cognitive and/or behavioral functioning in this disorder (reviewed in DALACK et al. 1998; briefly summarized here).

Cigarette smoking appears to improve abnormal smooth pursuit eye movements that are commonly found in schizophrenic subjects (OLINCY et al. 1998). A similar effect was not seen in non-schizophrenic subjects. A selective attention deficit found commonly in schizophrenic subjects appears to be sensitive to nicotinic modulation (FREEDMAN et al. 1994). The P50 auditory evoked response to repeated stimuli appears to be abnormal in many schizophrenic patients. Studies of this wave are designed to examine inhibitory control of sensory processing and involve examining the ratio of the two P50 waves evoked after auditory stimuli 500ms apart. Normally the second P50 wave is significantly smaller than the first, reflecting an inhibition of the sensory response; however, in schizophrenic subjects and their first-degree relatives, such sensory gating appears to be impaired (WALDO et al. 1991). ADLER and colleagues (1992, 1993) have shown that nicotine administration via smoking or nicotine gum appears to transiently normalize this impaired response and restore sensory gating. The neurobiological mechanism responsible for this response has been traced to pyramidal neurons of the hippocampus as a major source (BICKFORD-WIMER et al. 1990). In a series of lesion studies, this inhibitory decrement is lost after transection of the fimbriafornix, which supplies input from basal forebrain cholinergic neurons. The responses normalize with nicotine administration (BICKFORD and WEAR 1995) and is blocked by the $\alpha 7$ nicotinic receptor antagonist α-bungarotoxin (LUNTZ-LEYBMAN et al. 1992). Autoradiography has shown that these $\alpha 7$ receptors appeared to occur on non-pyramidal hippocampal γ-aminobutyric acid (GABA)-containing inhibitory neurons (FREEDMAN et al. 1993). An extension of this work (FREEDMAN et al. 1997) has linked this abnormality in schizophrenics and their first-degree relatives to a dinucleotide polymorphism at chromosome 15q13-14, the site of the α7 nicotinic receptor.

These elegant series of studies documenting this abnormality, tracing its pathophysiology, and identifying its genetic underpinning provide significant evidence for the importance of nicotinic receptor function in sensory and attentional processing in a major CNS disorder and complement studies of nicotinic stimulation and blockade in other disorders cited above. In addition, other studies performed in schizophrenic patients support salutary effects of nicotine on cognitive performance and attention in this disorder. LEVIN and colleagues (1996) found that nicotine administered via skin patch reversed some of the haloperidol-related impairments in a variety of cognitive tests assessing memory and reaction time. As with normal volunteers, nicotine also improved attentive performance during a continuous performance task in these subjects. Haloperidol administration has also been found to increase smoking behavior (McEvoy et al. 1995a), and the atypical neuroleptic clozapine appears to decrease smoking in schizophrenic subjects (McEvoy et al. 1995b). Clozapine, unlike most neuroleptics, appears to improve P50 gating in schizophrenic patients (NAGAMOTO et al. 1996) in a similar manner to nicotine.

DALACK and colleagues (1998) have suggested that as nicotine appears to modulate the functioning of both dopaminergic and glutamatergic neurotransmission, the high rate of nicotine use in schizophrenia may be associated with a partial correction of a putative cortical–subcortical dissociation of dopamine activity and that nicotine use is associated with increased glutamatergic activity in limbic regions implicated in schizophrenia, particular the frontal cortex and hippocampus. They hypothesize that the hypofrontality associated with schizophrenia as well as the auditory gating abnormalities may be partially normalized by nicotine treatment through a glutamatergic mechanism.

While the positive symptoms of schizophrenia (psychosis, delusions, and hallucinations) receive most of the attention for pharmaceutical development, the so-called negative or deficit symptoms may be more debilitating for many patients in the long run. These negative symptoms appear more closely tied to cognitive impairment, impaired sensory processing, and frontal lobe dysfunction then the positive symptoms. Cigarette smoking clearly does not improve positive symptoms in schizophrenia, but nicotine or nicotinic agonist administration may be helpful for these negative and/or cognitive symptoms. An optimal nicotinic agonist for use in this patient population may have to have mixed properties to improve both dopaminergic and glutamatergic functioning as this may require stimulation of several different subtypes including α7 homomeric receptors as well as α5- or α6-containing receptors. An important concern in any clinical trial of a potential nicotinic agonist for schizophrenia would be the identification of appropriate clinical endpoints. In addition to the highly specific attentional/sensory abnormalities heretofore demonstrated in schizophrenic patients, negative and deficit symptomatology may well be an appropriate target for such trials as there is little convincing evidence thus far that the florid psychotic symptoms are likely to be responsive to nicotinic stimulation. Nonetheless, improvements in cognitive symptoms may produce significant long-term clinical benefit. The development of effective nicotinic agonists could be an important contribution to progress in this challenging disorder.

6. Attention Deficit Hyperactivity Disorder

Given the attentional improvement that has been demonstrated with nicotinic receptor stimulation there are implications for nicotine or novel nicotinic agonists as a possible treatment strategy in attention deficit hyperactivity disorder (ADHD). This is a disorder primarily of children, but it affects adults as well. ADHD afflicts as many as 3%–5% of American children (American Psychological Association 1994) and is characterized by inattention, restlessness, impulsively, and hyperactivity. There is significant comorbidity of smoking in teens and adults with ADHD. It has been reported that 40% of adults with ADHD smoke cigarettes compared to 26% of the general population (POMERLEAU et al. 1995). As the symptomatology of ADHD often leads to difficulty in school and other behavioral problems, there is some debate as to whether cigarette smoking is an act of self-medication, or a manifestation of the behavioral problems related to the symptomatology.

As was discussed earlier, nicotine improves the ability to attend to and discriminate information. It is possible that this effect of nicotine may be of therapeutic use in the treatment of ADHD (LEVIN et al. 1996). There are several lines of evidence which point to the potential therapeutic use of nicotine. First, it has been documented that cigarette smoking improves attentional performance in nonsmokers (LEVIN et al. 1996) and in a smoking population (WARBURTON and ARNALL 1994). Secondly, nicotine acts to release dopamine (WONNACOTT et al. 1989), which is a similar mechanism of action as the stimulants used to treat ADHD.

Several studies have examined the effects of nicotine administered via a patch on the attentional processes in adults with ADHD. CONNERS and colleagues (1996) administered placebo or low and high dose nicotine patches to nonsmoking and smoking adults with ADHD, respectively. Nicotine significantly improved attentional performance on the continuous performance task and increased attentional self-ratings of smokers on the profile of mood states. All subjects were rated as having a decrease in ADHD symptoms on the clinical global impressions scale. These finding were replicated in a separate study by LEVIN and colleagues (1996). In this study, nicotine administration also reduced the standard error of reaction time over blocks of trials, suggesting improved consistency in attentional performance.

Novel nicotinic agonists such as ABT-418 have also been found to improve some aspects of attention in aged primates (PENDERGAST et al. 1998) and in AD patients (POTTER et al. 1999). In the primate study, PENDERGAST and colleagues found that ABT-418 and ABT-089 prevented distractibility and increased delayed recall accuracy in trials where a distracter was present. POTTER and colleagues administered ABT-418 to AD patients and observed significant improvements in total recall and a decline in recall failure on a verbal learning task. It appeared that improvement on this measure was reflective of an enhancement of attention with a concomitant improvement in working memory. Both studies point to the possibility that nicotinic stimulation via novel agonists will improve attentional processes. A study of the effects of ABT-418 in adults with ADHD concluded that treatment produced a significant improvement in the symptons of ADHD, particularly attentional symptoms (WILENS, et al. 1999).

It has been suggested that the central disorder of ADHD is an impairment of behavioral inhibition in responding to inappropriate external stimuli or distracters (BARKLEY 1998). Children with ADHD showed excessive errors of commission and a stronger tendency to respond correctly and incorrectly during a continuous performance task (IABONDI et al. 1995). If nicotinic stimulation improves attention and allows for more effective inhibition of attention to inappropriate stimuli, then perhaps ADHD may be treatable by stimulating the nicotinic system both in adults and children. This may also potentially prevent cigarette smoking in some subjects. As the abuse liability of nicotine separate from tobacco products is extremely low (HUGHES 1998), such treatment may be acceptable for adolescents.

III. Other Potential Clinical Applications

1. Analgesia

The possible analgesic effects of nicotine have been a subject of dispute. Decreased sensitivity to pain has been demonstrated in studies involving men, but the effect has been difficult to demonstrate in women (JAMNER et al. 1998). The discovery of the potent antinociceptive effects of the frog-derived nicotinic neurotoxin epibatidine has activated the search for analogs that might provide significant analgesia without unacceptable toxicity. The limitations of opiate analgesia are well known and include respiratory depression, tolerance, abuse liability, and limited effectiveness particularly in neuropathic pain. Epibatidine itself appears to have antinociceptive activity 200-fold more potent than that of morphine (BRIONI et al. 1997), but has significant toxicity due to potent activity at the ganglionic and neuromuscular junction. Epibatidine appears to interact with multiple types of nicotinic receptors in the spinal cord (KHAN et al. 1997) but may produce tolerance to its analgesic effects with repeated administration (DAMAJ and MARTIN 1996) as may nicotine (PERKINS et al. 1995). There is evidence for both central and peripheral sources of nicotine-induced analgesia (CAGGIULA et al. 1995) as well as activity at the level of the primary sensory neuron (PUTTFARCKEN et al. 1997) and dorsal root ganglia (ROBERTS et al. 1995). There appears to be interactions between opiate- and nicotinic-induced analgesia. For example, stimulation of supraspinal nicotinic receptors enhances analgesia induced by morphine (SUH et al. 1996) and opiate antagonists may decrease antinociceptive responses induced by nicotine (ZARRINDAST et al. 1997). The analgesic response to nicotinic stimulation appears to be a heritable characteristic and may be separable from other nicotinic responses (SEALE et al. 1998).

A major goal, therefore, is to develop novel nicotinic analogs with both a large therapeutic index and significant analgesic activity. The potent novel nicotinic agonist ABT-594 appears to exhibit antinociceptive properties equal in efficacy to those of morphine across a series of animal models of acute thermal, chemical, and neuropathic pain (DONNELLY-ROBERTS et al. 1998; BANNON et al. 1998). ABT-594 appears to be a potent $\alpha 4\beta 2$ agonist and has far greater selectivity than epibatidine. In animal models the analgesic effects can be blocked by mecamylamine and repeated treatment did not appear to elicit opiod-like withdrawal or physical dependence. Such a compound appears to be a promising agent for clinical development as a nonopiate analgesic agent if toxicity is low.

2. Cytoprotection

Intriguing evidence has been developed, which suggests that nicotine and nicotinic drugs may have cytoprotective effects (BRIONI et al. 1996). We have reviewed the above studies which suggest a protective effect of cigarette smoking on the development of AD and PD. At this point there are several other possible mechanisms whereby tobacco smoke might be neuroprotective, including MAO inhibition (FOWLER et al. 1996) and the smoking-associated inhibition of free-radical damage, potentially mediated through carbon monoxide (MORENS et al. 1995). However, in vitro work with nicotine and related compounds provides the most direct evidence supporting the belief that nicotine is an important factor in neuroprotection.

In vitro studies have shown that nicotine can protect against the excitotoxic effects of glutamate when it was administered before, but not during, exposure to glutamate or N-methyl-D-aspartate (NMDA) (SHIMOHAMA et al. 1996), perhaps mediated through the inhibition of nitric oxide formation. Nicotine also appears to offer protection against systemic kainic acid-induced excitotoxic effects (BORLONGAN et al. 1995). Protection against excitotoxic neuronal death by nicotine appears to involve $\alpha 7$ receptor mechanisms as the effect can be antagonized in vitro by $\alpha 7$ antagonists such as α-bungarotoxin (KANEKO et al. 1997; CARLSON et al. 1998). Nicotine also prevents the neuronal degeneration that occurs after the destruction of the basal forebrain by neurotoxins (OWMAN et al, 1989). Other nicotinic agonists such as ABT-418 and GTS-21 have also shown neuroprotective effects in cell culture studies (DONNELLY-ROBERTS et al. 1996. MARIN et al. 1994). These neuroprotective effects may also be mediated by the stimulation of the $\alpha 7$ nicotinic receptor since α-bungarotoxin attenuates the cytoprotective effects. The $\alpha 7$ receptor appears to be involved in calcium flux (SEGUELA et al. 1993), and its interaction with glutamate-induced neurotoxicity is perhaps not surprising. Nicotinic receptor activation may also be linked to neurotrophin production (FREEDMAN et al. 1993). YAMASHITA and NAKAMURA (1996) have shown that nicotine prevents cell death in PC-12 cells after the withdrawal of growth factors. This effect appears to be mediated through nicotinic receptors and is blocked by nicotinic receptor antagonists.

In the case of AD, disease-modifying therapy may involve therapeutic approaches designed to modify the basic pathogenetic mechanisms of AD. Principal attention has been paid to the deposition of amyloid. Amyloid occurs in the center of senile plaques and is thought to be toxic to nerve cells, particularly when in the fibrillar state. In particular, β-amyloid appears to cause dysfunction of the nicotine-stimulated release of acetylcholine and dopamine (ITOH et al. 1996) and other cholinergic dysfunction which can to some extent be ameliorated by nicotine administration (MAURICE et al. 1996). Thus, one group has been trying to develop agents which block the formation of the β-amyloid protein or prevent its accumulation into these amorphous and insoluble plaques (SELKOE 1996). It has been shown that nicotine may act to inhibit the deposition of β-amyloid in vitro (SALOMON et al. 1996) by impairing the aggregation of β_{1-42} peptide into β-pleated sheets. It appears that nicotine may bind to and stabilize the α-helical structure of the β-peptide. However, MONTEGGIA and colleagues (1994) have examined the effects of chronic nicotine administration in aged rats on amyloid precursor protein splicing, but they failed to find a significant effect on the relative proportion of gene transcripts.

Nicotine appears to inhibit β-amyloid toxicity in rat cortical neurons (KIHARA et al. 1997; ZAMANI et al. 1997). KIHARA and colleagues (1997) found this effect to be blocked by an $\alpha 7$ receptor antagonist, although ZAMANI and colleagues (1997) and a later study by KIHARA suggested that $\alpha 4 \beta 2$ nicotinic receptors were involved (KIHARA et al. 1998). In both cases nicotine appeared to reduce the toxicity of β-amyloid$_{25-35}$. In addition, KIHARA and colleagues (1997) showed that the novel $\alpha 7$ nicotinic agonist anabaseine derivative, DMXB, produced a similar effect. Thus the potential cytoprotective effects of nicotine appear to be receptor-mediated, suggesting the possibility that novel nicotinic agonists might provide more potent effects.

These studies, in conjunction with the epidemiologic data, suggest the possibility that chronic treatment with nicotine or other nicotinic agonists might delay or prevent the clinical onset of AD. It is not necessary to completely prevent the onset of a disease such as AD in order to have a significant impact on individual patients, families, and health care costs. The ability to delay the clinical manifestations of AD by a significant period with a protective agent would mark a significant step forward in the treatment of this disorder. Such strategies are under active investigation with agents such as estrogen and antioxidants. The evidence for the neuroprotective effect of nicotine is at least as strong as for some of the other classes of agents under investigation. The use of nicotine as a chronic protective agent may raise more complex questions than other compounds such as antioxidants; namely, the potential for other chronic adverse effects (e.g., cardiovascular) or dependence. However, even after patients become symptomatic, chronic nicotine (and/or muscarinic) stimulation may slow disease progression and prolong a period of less impaired functioning. Such a strategy is worth considering, particularly for high risk groups such as individuals with a strong family history of AD and/or who are positive for the APOE4 allele, or individuals who appear, based on cognitive or clinical assessment, to be either questionably impaired or in the very earliest stages of dementia. Along with the assessment of other potential protective agents, large scale prevention trials with nicotine or other nicotinic agonists should be considered. Whether nicotine or other novel agonists have a role in preventing damage in other degenerative neurologic disorders or in preventing excitotoxic cell death secondary to cerebral vascular disease will require further study before clinical trials are appropriate.

3. Smoking Cessation

Smoking cessation remains the only currently approved indication for nicotinic therapy. A number of different nicotine replacement therapies are available including gum, transdermal patch, intranasal spray, and inhaler. Several meta-analyses of randomized controlled trials using nicotine for smoking cessation have concluded that nicotine replacement therapy is an effective treatment for smoking cessation, although six-month quit rates do not appear to be much better than approximately 20% for any type of nicotine replacement device (FIORE 1996; WESTMAN and ROSE 1999), especially if given in the absence of a behavioral program. The lack of complete success of nicotine replacement therapy alone suggests that administering nicotine by itself is insufficient to block the desire or craving for cigarettes or that other factors are important in maintaining the smoking habit (WESTMAN and ROSE 2000). A more promising approach may be to utilize a combined agonist/antagonist approach. In a series of studies, ROSE and colleagues (1994, 1996) have shown that combining low-dose mecamylamine administration with nicotine in smokers produces dramatic improvements in six-month quit rates over nicotine alone (40% versus 20%). In addition to this novel approach, the development of orally available novel nicotinic agonists may provide additional therapeutic options with reduced side effects and improved patient acceptability. Lobeline, a mixed nicotinic agonist/antagonist is being examined for efficacy in smoking cessation clinical trials. For further information on the use of nicotine in smoking cessation, the reader is referred to several recent reviews for coverage of this topic (Chap. 24 of this volume; BALFOUR and FAGERSTROM 1996; WESTMAN and ROSE 2000).

4. Anxiety/Depression

Evidence of nicotine's anxiolytic activity has been briefly discussed in Sect. D.II.2b. Anecdotally, the anxiety relieving effects of smoking have been known at least as far back as the First World War. The anxiety relieving effect of nicotine appears to be independent of the subject's smoking status (GILBERT 1979) but may be quite dependent on the baseline anxiety state of the individual. Novel nicotinic agonists such as ABT-418 show a nonbenzodiazepine anxiolytic profile in animal tests (BRIONI et al. 1994) and studies in AD patients show fear and anxiety reducing characteristics without cognitive impairment (POTTER et al. 1999). The possibility, therefore, exists that nicotinic agonists could be developed specifically for their anti-anxiety properties which would offer the potential benefit of decreasing anxiety without cognitive impairment, a combination that is hard to achieve with today's agents.

Studies have shown that individuals who smoke heavily are at high risk of depressive illness, either first onset or recurrent, if they cease smoking, especially without nicotine replacement therapy (GLASSMAN 1990). Although direct antidepressive effects of nicotine remain to be demonstrated, there is no question that nicotine can have significant salutary effects on mood, at least in deprived smokers (FOULDS et al. 1997). As nicotine has significant effects on the release of monoamine neurotransmitters which are important in depression, such as serotonin, the possibility exists that novel nicotinic agonists without the adverse side effects seen with nicotine could be developed specifically for their antidepressive effects, either as monotherapy or as an augmentative therapy.

5. Epilepsy

Autosomal dominant nocturnal frontal lobe epilepsy (ADNFLE) is a form of partial epilepsy which is characterized by frontal lobe motor seizures occurring during sleep. The disorder usually has onset in childhood and is often misdiagnosed as nightmares, night terrors, other parasomnias, or psychiatric disorders (PHILIPS et al. 1998). This disorder has been linked to a mutation in the channel-lining domain (M2) of the $\alpha 4$ nicotinic receptor subunit. This mutation appears to produce a receptor with faster desensitization, slower recovery from desensitization, and virtually no calcium permeability as compared to normal $\alpha 4 \beta 2$ nicotinic receptors (KURYATOV et al. 1997). Other families with this disorder have shown linkage to the genes for the $\alpha 3$, $\alpha 5$, and $\beta 4$ receptor subunits (PHILIPS et al. 1998). It is also been observed that this mutant receptor exhibits "use-dependent potentiation" of the electrophysiological response to nicotinic agonists (IDNA and CHANGEUX 1998). If the symptoms of this disorder are secondary to the overactivity of this receptor or unusual potentiation, then nicotinic antagonists such as mecamylamine may be helpful.

E. Further Directions

The most likely near-term applications of novel nicotinic agonists in CNS disorders are likely to be in those disorders that are degenerative in nature, e.g., Parkinson's disease and Alzheimer's disease, or other movement disorders such as Tourette's syndrome (Table 1). Applications in other nondegenerative chronic CNS disorders such as schizophrenia and/or childhood attention deficit disorder are farther away from clinical trials. The most likely direct therapeutic role for nicotinic agonists is as augmentation therapy in combination with other agents rather than as monotherapy, except early in disease states or as a prophylactic or preventative treatment. Side effects are a major problem with nicotine. Can a compound be developed which is selective in producing improvement in cognition, motoric behavior, attention, or pain without significant side effects? The critical issue is whether a more receptor-specific compound with an improved risk/benefit ratio can be developed.

The development of novel centrally acting and/or competitive nicotinic antagonists would also further our understanding of the role of nicotinic receptors. Studies of functional brain imaging will continue to define the anatomical substrate(s) of the cognitive effects of nicotinic agents. Therapeutic trials of nicotine and novel nicotinic agonists will be important in assessing the realistic likelihood of long-term improvements in functioning as heretofore virtually all studies have been short-term or acute. As has been seen in many other studies, short-term cognitive or behavioral improvement does not always translate into long-term clinical benefit. Future clinical studies should carefully focus on cognitive and behavioral measures that are likely to be positively affected by nicotinic stimulation based on preliminary acute studies. This has not always been the case.

Acknowledgments. Some of the work described in this chapter was supported in part by NIMH R29 46625, GCRC MOI-00109, Abbott Laboratories, and Japan Tobacco.

References

Adler LE, Hoffer LJ, Grifrith J, et al (1992) Normalization by nicotine of deficient auditory sensory gating in the relatives of schizophrenics. Biol Psychiatry 32:607–616
Adler LE, Hoffer LD, Wiser A, Freedman R (1993) Normalization of auditory physiology by cigarette smoking in schizophrenic patients. Am J Psychiatry 150:1856–1861
Arendash GW, Sengstock GJ, Sanberg PR, Kem WR (1995) Improved learning and memory in aged rats with chronic administration of the nicotinic receptor agonist GTS-21. Brain Res 674:252–259
Arneric SP (1989) Basal forebrain neurons modulate cortical cerebral blood flow:increases by nicotinic cholinergic mechanisms. J Cereb Blood Flow Metab 9 (Suppl 1):S502
Arneric SP, Anderson D, Bannon A, et al (1995) Preclinical pharmacology of ABT-418:A prototypical cholinergic channel activator for the potential treatment of Alzheimer's disease. CNS Drugs Rev. 1:1–26
Aubert I, Araujo DM, Cécyre D, et al (1992) Comparative alterations of nicotinic and muscarinic binding sites in Alzheimer's and Parkinson's diseases. J Neurochem 58:529–541
Balfour DJ, Fagerstrom KO (1996) Pharmacology of nicotine and its therapeutic use in smoking cessation and neurodegenerative disorders. Pharmacol Ther 72:51–81
Bannon AW, Decker MW, Holladay MW (1998) Broad-spectrum, non-opioid analgesic activity by selective modulation of neuronal nicotinic acetylcholine receptors. Science 2:77–81
Baron JA (1986) Cigarette smoking and Parkinson's disease. Neurology 36:1490–1496

Baron JA (1994) Epidemiology of smoking and Parkinson's disease. In: Effects of nicotine on biological systems II, Clarke, Quik, Thurau, Adlkofer (eds) Birkhäuser, Boston, S42

Baumann RJ, Jameson HD, McKean HD, et al (1980): Cigarette smoking and Parkinson's disease: 1. Comparison of cases with matched neighbors. Neurology 30:839–843

Bartus R, Dean R, Beer B, et al (1982) The cholinergic hypothesis of geriatric memory dysfunction. Science 217:408–417

Bickford PC, Wear KD (1995) Restoration of sensory gating of auditory evoked response by nicotine in fimbria-fornix lesioned rats. Brain Res 705:235–240

Bickford-Wimer PC, Nagamoto H, Johnson R, et al (1990) Auditory sensory gating in hippocampal neurons: a model system in the rat. Biol Psychiatry 27:183–192

Borlongan CV, Shytle RD, Ross SD, et al (1995) Nicotine protects against systemic kainic acid-induced excitotoxic effects. Exp Neurol 136:261–5

Brioni JD, Decker MW, Sullivan JP, et al (1997) The pharmacology of (-)-nicotine and novel cholinergic modulators. Adv Pharmacol 37:153–214

Brioni JD, O'Neill AB, Kim DJB, et al (1994) Anxiolytic-like effects of the novel cholinergic channel activator ABT 418. J Pharmacol Exp Ther 271:353–361

Brown RG, Marsden CD (1990) Cognitive function in Parkinson's disease: from description to theory. Trends in Neurosciences 13:21–29

Buccafusco JJ, Jackson WJ, Terry Jr AV, et al (1995) Improvement in performance of a delayed matching-to-sample task by monkeys following ABT-418: a novel cholinergic channel activator for memory enhancement. Psychopharmacology 120:256–266

Caggiula AR, Epstein LH, Perkins KA, Saylor S (1995) Different methods of assessing nicotine-induced antinociception may engage different neural mechanisms. Psychopharmacology 122:301–306

Caine E, Weingartner H, Ludlow DL, et al (1981) Qualitative analysis of scopolamine-induced amnesia. Psychopharmacology 74:74–80

Callaway E, Halliday R, Naylor H (1992) Cholinergic activity and constraints on information processing. Biological Psychology 33:1–21

Carlson NG, et al (1998) Nicotine blocks TNF-alpha-mediated neuroprotection to NMDA by an alpha-bungarotoxin-sensitive pathway. Neurobiol 35:29–36

Corkin, S (1981) Acetylcholine, aging, and Alzheimer's disease: implications of treatment. Trends in Neuroscience 4:287–290

Dalack G, Healy D, Meador-Woodnit TJ (1998) Nicotine dependence in schizophrenia: clinical phenomena and laboratory findings. Am J Psychiatry 155:1490–1501

Dalrymple-Alford JC, Kalders AS, Jones RD, et al (1994) A central executive deficit in patients with Parkinson's disease. J Neurol, Neurosurg, Psych 57:360–367

Damaj MI, Martin BR (1996) Tolerance to the antinociceptive effect of epibatidine after acute and chronic administration in mice. Eur J Pharmacol 300:51–57

Donnelly-Roberts DL, Xue IC, Arneric SP, Sullivan JP (1996) In vitro neuroprotective properties of the novel cholinergic channel activator (ChCA), ABT-418, Brain Res 719:36–44

Donnelly-Roberts DL, Puttfarcken PS, Kuntzweiler TA, Briggs CA, et al (1998) ABT-594 [(R)-5-(2-azetidinylmethoxy)-2-chloropyridine]: a novel, orally effective analgesic acting via neuronal nicotinic acetylcholine receptors: I. In vitro characterization. J Pharmacol Exp Ther 285:777–786

Downes JJ, Sharp HM, Sagar HJ (1991) The time course of negative priming in Parkinson's disease. J Clin Exp Neuropsych 13:75

Downes JJ, Sharp HM, Costall BM (1993) Alternating fluency in Parkinson's disease. An evaluation of the attentional control theory of cognitive impairment. Brain 116:887–902

Drachman D, Leavitt J (1974) Human memory and the cholinergic system. Archives of Neurology 30:113–121

Dubois B, Danze F, Pillon B, et al (1987) Cholinergic-dependent cognitive deficits in Parkinson's disease. Ann Neurol 22:26–30

Dubois, B, Pillom R, Lhermitte, et al (1990) Cholinergic deficiency and frontal dysfunction in Parkinson's disease. Ann Neurol 28:117–121

Dursan SM, Revely MA, Bord R, et al (1994) Long lasting improvement of Tourette's syndrome with transdermal nicotine. Lancet 344:1577

Emerich DF, Zanol MD, Norman AB et al (1991) Nicotine potentiates haloperidol-induced catalepsy and hyperactivity. Pharmacol Biochem Behav 38:875–880

Fiore MC, Bailey WC, Cohen SJ, et al (1996) Smoking cessation. Clinical Practice Guideline No 18. Rockville, NM: U.S. Department of Health and Human Services, Public Health Service, Agency for Health Care Policy and Research. AHCPR Publication No. 96-0692

Flynn D, Mash D (1986) Characterization of l-[^{3}H]nicotine binding in human cerebral cortex. comparison between Alzheimer's disease and the normal. J Neurochem 47:1948–1954

Foulds J, Stapleton JA, Bell N, et al (1997) Mood and physiological effects of subcutaneous nicotine in smokers and never-smokers. Drug Alcohol Depend 44:105–115

Fowler JS, Volkow ND, Wang GJ, et al (1996) Inhibition of monoamine oxidase B in the brains of smokers. Nature 379:733–736

Freedman R, Adler LE, Bickford P, et al (1994) Schizophrenia and nicotinic receptors. Harvard Rev Psych 2:179

Freedman R, Wetmore C, Stromberg 1, Leonaard S, Olson L (1993) (α-Bungarotoxin binding to hippocampal interneurons: Immunocytochemical characterization and effects on growth-factor expression. J. Ncurosci 13:1965

Freedman R, Coon H, Myles-Worsley M, Orr-Urteger A, et al (1997) Linkage of a neurophysiological deficit in schizophrenia to a chromosome 15 locus. Proc Nall Acad Sci 94:587–592

Fuld P, Katzman R, Davies P, et al (1982) Intrusions as a sign of Alzheimer dementia: chemical and pathological verification. Ann Neurol 11:155–159

Gilbert DG (1979) Paradoxical tranquilizing and emotion-reducing effect of nicotine. Psychol Bull 86:643–661

Gitelman DR, Prohovnik 1 (1992) Muscarinic and nicotinic contributions to cognitive function and cortical blood flow. Neurobiol Aging 13:313–318

Glassman AH, Helzer JE, Covey LS, et al (1990) Smoking, smoking cessation, and major depression. JAMA 264:1546–1549

Goldenberg G, Lang W, Podreka I, et al (1990): Are cognitive deficits in Parkinson's disease caused by frontal lobe dysfunction? J Psychophysiology 4:137–144

Gray J, Rajan AS, Radcliffe KA, et al (1996) Hippocampal synaptic transmission enhanced by low concentrations of nicotine. Nature 383:713–716

Grobe JE, Perkins KA (2000) Behavioral factors influencing the effects of nicotine. In: Nicotine in Psychiatry: Emerging Trends in Psychopathology and Novel Therapeutics. Piasecki M and Newhouse P (eds) American Psychiatric Press, Washington (in press)

Heishman SJ, Taylor RC, Henningfield JE (1994) Nicotine and smoking: a review of effects on human performance. Exp Clin Psychopharmacol 2:345–395

Hellerstein MK, Benowitz NL, Neese RA, et al (1994) Effects of cigarette smoking and its cessation on lipid metabolism and energy expenditure in heavy smokers. J Clin Invest 93:265–272

Hughes JR (1998) Dependence on the abuse of nicotine replacement medications. an update. In: Benowitz N (ed) Nicotine Safety and Toxicity. Oxford, New York, pp 147–160

Itoh A, Nitta A, Nadai M, et al (1996) Dysfunction of cholinergic and dopaminergic neuronal systems in P-amyloid protein-infused rats. J Neurochem 66:1113–1117

James JR, Nordberg A (1995) Genetic and environmental aspects of the role of nicotinic receptors in neurodegenerative disorders: emphasis on Alzheimer's disease and Parkinson's disease. Behavior Genetics 25:149–159

Jamner LD, Girdler SS, Shapiro D, Jarvik ME (1998) Pain inhibition, nicotine, and gender. Exp Clin Psychopharmacol 6:96–106

Jones GMM, Sahakian BJ, Levy R, et al (1992) Effects of acute subcutaneous nicotine on attention, information processing and short term memory in Alzheimer's disease. Psychopharmacology 108:485–494

Kaneko S, Maeda T, Kume T, et al (1997) Nicotine protects cultured cortical neurons against glutamate-induced cytotoxicity via alpha 7 neuronal receptors and neuronal CNS receptors. Brain Res 765:135–140

Katayama S, Hirata K, Tanaka H, et al (1995) Efficacy of transdermal nicotine in dementia: a study using event related potentials and a middle latency response. Brain Imaging of Nicotine and Tobacco Smoking, NPP Books, Ann Arbor, 289–302

Kelton MC, Kahn HJ, Conrath CL, Newhouse PA (in press) The chronic and acute effects of nicotine in Parkinson's disease. Brain Cogn

Khan IM, Yaksh TL, Taylor P (1997) Epibatidine binding sites and activity in the spinal cord. Brain Res 753:269–282

Kihara T, Shimohama S, Urushitani, M et al (1998) Stimulation of alpha4beta2 nicotinic acetylcholine receptors inhibits beta-amyloid toxicity. Brain Res; 792:331–334

Kihara T, Shimohama S, Sawada H, et al (1997) Nicotinic receptor stimulation protects neurons against beta-amyloid toxicity. Ann Neuro 42:159–63

Kirch DG (2000) Nicotine and major mental disorders. In: Nicotine in Psychiatry: Emerging Trends in Psychopathology and Novel Therapeutics. Piasccki M and Newhouse P (eds) American Psychiatric Press, Washington (in press)

Ksir, C Benson, D (1983) Enhanced behavioral response to nicotine in an animal model of Alzheimer's disease. Psychopharmacol 81:272–273

Kuryatov A, Gerzanich V, Nelson M, et al (1997) Mutation causing autosomal dominant nocturnal frontal lobe epilepsy alters calcium permeability, conductance, and gating of human $\alpha 4\beta 2$ nicotinic acetylcholine receptors. J. Neurosci 17:9035–9047

Lawrence AD, Sahakian BJ (1995) Alzheimer's disease, attention, and the cholinergic system. Alzheimer Dis Assoc Disord 9 (Suppl 2):43–49

Le Houezec J, Halliday R, Benowitz NL, et al (1994) A low dose of nicotine improves information processing in non-smokers. Psychopharmacology 114:628–634

Lee PN (1994) Smoking and Alzheimer's disease: a review of the epidemiologic evidence. Neuroepidemiology 13:131–144

Levin E (1992) Nicotinic systems and cognitive function. Psychophannacol 108:417–431

Levin ED, Conners CK, Sparrow E et al (1996) Nicotine effects on adults with Attention Deficit/Hyperactivity Disorder. Psychopharmacology. 123:55–63

Levin ED, Wilson W, Rose JE, McEvoy J (1996) Nicotine-haloperidol interactions and cognitive performance in schizophrenics. Neuropsychopharmacology 15:429–436

Linville DG, Arneric SP (1991) Cortical cerebral blood flow governed by the basal forebrain: age related impairments. Neurobiol Aging 12:503–510

Lipicllo PM, Bencherif M, Gray JA, et al (1996) RJR-2403: a nicotinic agonist with CNS selectivity II: In vivo characterization. J Pharmacol Exp Ther 279:1422–1429

Lloyd GK, Menzaghi F, Bontempi B, et al (1998) The potential of subtype-selective neuronal nicotinic acetylcholine receptor agonists as therapeutic agents. Life Sci 62:1601–1606

Luntz-Leybman V, Bickford P, Freedman R (1992) Cholinergic gating of response to auditory stimuli in rat hippocampus. Brain Res 587:130–136

McConville BJ, Sanberg PR, Fogelson HM, et al (1992) The effects of nicotine plus haloperidol compared to nicotine only and placebo nicotine only in reducing tic severity and frequency in Tourette's disorder. Biol Psychiatry 31:832–840

McEvoy JP, Freudenreich ••, Levin ED, Rose JE (1995a) Haloperidol increases smoking in patients with schizophrenia. Psychopharmacology 119:124–126

McEvoy JP, Freudenreich ••, McGee M, et al (1995b) Clozapine decreases smoking in patients with chronic schizophrenia. Biol Psychiatry 37:550–552

Marin P, Maus M, Deagher S, et al (1994) Nicotine protects cultured striatal neurons against N-methyl-d-aspartate receptor-mediated neurotoxicity. NeuroReport 5:1977–1980
Marshall J, Schniden H (1966) Effect of adrenaline, noradrenaline, atropine, and nicotine on some types of human tremor. J Neurol Neurosurg Psychiatry 29:214–218
Maurice T, Lockhart BP, Privat A (1996) Amnesia induced in mice by centrally administered P-arnyloid peptides involves cholinergic dysfunction. Brain Res 706:181–193
Menzaghi F, Whelan KT, Risbrough VB et al (1997) Interactions between a novel cholinergic ion channel agonist, SIB-1765F and L-DOPA in the reserpine model of Parkinson's disease in rats. Journal of Pharmacology & Experimental Therapeutics 280:393–401
Moll H (1926) The treatment of postencephalitic Parkinsonism by nicotine. Brit Med Journal 1:1079–1081
Monteggia LM, Arneric SP, Giordano T (1994) Nicotine effects on the regulation of amyloid precursor protein splicing, neurotrophin and glucose transporter RNA levels in aged rats. Int J Dev Neurosci 12:133–141
Morens DM, Grandinetti A, Reed D, et al (1995) Cigarette smoking and protection from Parkinson's disease: false association or etiologic clue? Neurology 45:1041–1051
Muir JL, Dunnett SB, Robbins TW, et al (1992) Attentional functions of the forebrain cholinergic systems: effects of intraventricular hemicholinum, physostigmine, basal forebrain lesions and intracortical grafts on a multiple-choice serial reaction time task. Exp Brain Res 89:611–622
Myrsten A, Post B, Frankenhaeuser M, et al (1972) Changes in behavioral and physiological activation induced by cigarette smoking in habitual smokers. Psychopharmacol (Berl) 76:232–235
Nagamoto HT, Adler LE, Hea RA et al (1996) Gating of auditory P50 in schizophrenics: unique effects of clozapine. Biol Psychiatry 40:181–188
Newhouse PA, Penetar D, Fertig J, et al (1992a) Stimulant drug effects after prolonged total sleep deprivation: a comparison of amphetamine, nicotine, and deprenyl. Mil Psychol 4:207–234
Newhouse PA, Potter A, Corwin J, et al (1997) The potential for nicotinic modulation of cognitive and motor functioning in Parkinson's disease. Presented at the 4th Conference on Neurodegenerative Disorders: Common Molecular Mechanisms, Ocho Rios Jamaica, Feb 23–28
Newhouse PA, Potter A, Corwin J, et al (1992b) Acute nicotinic blockade produces cognitive impairment in normal humans. Psychopharmacology 108:480–484
Newhouse PA, Potter A, Lenox RH, et al (1993) Effects of nicotinic agents on human cognition: possible therapeutic applications in Alzheimer's and Parkinson's diseases. Med Chem Res 2:629–642
Newhouse PA, Potter A, Corwin J, et al (1994) Age-related effects of the nicotinic antagonist mecamylamine on cognition and behavior. Neuropsychopharm 10:93–107
Newhouse PA, Potter A, Corwin J, et al (1996) Effects of nicotinic cholinergic agents on cognitive functioning in Alzheimer's and Parkinson's disease. Drug Dev Res 38:278–289
Newhouse PA, Sunderland T, Tariot PN, et al (1988) Intravenous nicotine in Alzheimer's disease: a pilot study. Psychopharmacology 95:171–175
Newhouse PA, Sunderland T, Narang PK, et al (1990) Neuroendocrine, physiologic, and behavioral responses following intravenous nicotine in nonsmoking healthy volunteers and in patients with Alzheimer's disease. Psychoneuroendocrin. 15:471–484
Nordberg A (1993) Effect of long-term treatment with tacrine (THA) in Alzheimer's disease as visualized with PET. Acta Neurol Scand Suppl 149:62–65

Nordberg A (1994) Human nicotinic receptors – their role in aging and dementia. Neurochern Int. 25:93–97

Nordberg A, Lundqvist H, Hartvig P, et al (1995) Kinetic analysis of regional (S) (-) ^{11}C-nicotine binding in normal and Alzheimer brains – in vivo assessment using positron emission tomography. Alzheimer Dis Assoc Disord 9:21–27

Olincy A, Ross RG, Young DA et al (1998) Improvement in smooth pursuit eye movements after cigarette smoking in schizophrenic patients. Neuropsychopharmacology 18:175–185

Owman C, Fuxe K, Jason A, Kahrstrom J (1989) Studies of the protective actions of nicotine on neuronal and vascular functions in rats: Comparison between sympathetic noradrenergic and mesostriatal dopaminergic fiber system and the effect of a dopamine agonist. Prog Brain Res 79:267–276

Parks RW, Young CS, Rippey RF, et al (1994) Nicotinic stimulation of anterior regional glucose metabolism in Alzheimer's disease: Preliminary study with transdermal patches in Giacobini and Becker (eds) Alzheimer's Disease: Therapeutic Strategies, Birkhäuser, Boston 424–427

Parrott AC, Craig D (1992) Cigarette smoking and nicotine gum (0, 2 and 4 mg): effects upon four visual attention tasks. Neuropsychobiol 25:34–43

Perkins KA, Grobc JE, Mitchell SL et al (1995) Acute tolerance to nicotine in smokers: lack of dissipation within 2 hours. Psychopharmacology 118:164–170

Perkins KA (1992) Metabolic effects of cigarette smoking. J Appl Physiol 72: 401–409

Perkins KA, Grobe JE, Epstein LH, et al (1992a) Effects of nicotine on subjective arousal may be dependent on baseline subjective state. J Subst Abuse 4:131–141

Perkins KA, Grobe JE, Fonte C, Breus M (1992b) "Paradoxical" effects of smoking on subjective stress versus cardiovascular arousal in males and females. Phannacol Biochem Behav 41:301–311

Perry EK, Curtis M, Dick DJ, et al (1985) Cholinergic correlates of cognitive impairment in Parkinson's disease: comparisons with Alzheimer's disease. J Neurol Neurosurg Psychiat 48:413–421

Perry EK, Court JA, Lloyd S, et al (1996) P-amyloidosis in normal aging and transmitter signaling in the human temporal lobe. Ann NY Acad Sci 777:388–392

Perry EK, Morris CM, Court JA, et al (1995) Alteration in nicotinic binding sites in Parkinson's disease, Lewy body dementia, and Alzheimer's disease: possible index of early neuropathology. Neuroscience 64:385–395

Peterson R (1977) Scopolamine-induced learning failures in man. Psychopharmacol, 52:283–289

Philips HA, Shaffer IE, Crossland KM, et al (1998) Autosomal dominant nocturnal frontal-lobe epilepsy: genetic heterogeneity and evidence for a second locus at 15q24. Am J Hum Genet 63:1108–1116

Pickworth W13 (1997) Effects of mecamylamine on spontaneous EEG and performance in smokers and nonsmokers. Pharmacology, Biochemistry & Behavior 56:181–187

Porchet HC, Benowitz NL, Sheiner LB (1988) Pharmacodynamic model of tolerance: application to nicotine. J Pharmacol Exp Ther 244:231–236

Potter A, Corwin J, Lang J, Piasecki M, Lenox R, Newhouse PA (1999) Acute effects of the selective cholinergic channel activator (nicotinic agonist) ABT-418 in Alzheimer's disease. Psychopharmacol 142:334–342

Pendergast M, Jackson W, Terry Jr A, et al (1998) Central nicotinic receptor agonists ABT-418, ABT-089, and (–)-nicotine reduce distractibility in adult monkeys. Psychopharmacol (Berl) 136:50–58

Prohovnik I, Mayeux R, Sackheirn HA, et al (1988) Cerebral profusion as a diagnostic marker of early Alzheimer's disease. Neurology 38:931–937

Provost SC, Woodward R (1991) Effects of nicotine gum on repeated administration of the Stroop test. Psychopharmacol 104:536–540

Puttfarcken PS, Manelli AM, Arneric SP, Donnelly-Roberts DL (1997) Evidence for nicotinic receptors potentially modulating nociceptive transmission at the level of the primary sensory neuron: studies with F11 cells. J Neurochem 69:930–938

Reading PJ (1991) Frontal lobe dysfunction in schizophrenia and Parkinson's disease – a meeting point for neurology, psychology and psychiatry: discussion paper. J Royal Soc Med 84:349–353

Reid WGJ, Broc GA, Morris JGL, et al (1990) The role of cholinergic deficiency in neuropsychological deficits in idiopathic Parkinson's disease. Dementia 3:114–120

Riekkinen P, Riekkinen M (1995) Effects of tetrahydro aminoacridine and nicotine in nucleus basalis and serotonin-lesioned rats. Eur J Pharmacol 279:65–73

Robbins TW, Everitt BJ, Marston HM, et al (1989) Comparative effects of ibotenic acid- and quisqualic acid-induced lesions of the substantia innominata on attentional function in the rat: further implications for the role of the cholinergic neurons of the nucleus basalis in cognitive processes. Behav Brain Res 35:221–224

Roberts RG, Stevenson JE, Westerman RA, Permcfather J (1995) Nicotinic acetylcholine receptors on capsaicin-sensitive nerves. Neuroreport 6:1578–1582

Rose JE, Behm FM, Westman EC, et al (1994) Mecamylamine combined with nicotine skin patch facilitates smoking cessation beyond nicotine patch treatment alone. Clin Pharmacol Ther 56:86–99

Rose JE, Westman EC, Behm FM (1996) Nicotine/mecamylamine combination treatment for smoking cessation. Drug Devel Res 38:243–256

Ruberg M, Ploska F, Javoy-Agid F, et al (1982) Muscarinic binding and choline acetyltransferase activity in parkinsonian subjects with reference to dementia. Brain Res 232:129–139

Rusted J, Graupner L, O'Connell N, et al (1994) Does nicotine improve cognitive function? Psychopharmacology 115:547–549

Sacaan Al, Reid RT, Santori EM, et al (1997) Pharmacological characterization of SIB-1765F: a novel cholinergic ion channel agonist. Journal of Pharmacology & Experimental Therapeutics 280:373–383

Sahakian BJ, Coull JT (1994) Nicotme and THA: Evidence for improved attention in patients with dementia of the Alzheimer type. Drug Dev Res 31:80–88

Salomon AR, Marcinowski KJ, Zagorski M (1996) Nicotine inhibits amyloid formation by the β-peptide. Biochemistry 35:13568–13578

Sanberg PR, McConville BJ, Fogelson HM, et al (1989) Nicotine potentiates the effects of haloperidol in animals and patients with Tourette syndrome. Biomed Pharmacother 43:19–23

Sanberg PR, Shytle RD, Silver AA (1998) Treatment of Tourette's syndrome with mecamylamine. Lancet 352 (9129):705–706

Schneider JS, Van Velson M, Menzaghi F, Lloyd GK (1998) Effects of the nicotinic acetylcholine receptor agonist SIB-1508Y on object retrieval performance in MPTP-treated monkeys: comparison with levodopa treatment. Annals of Neurology 43:311–317

Schwartz RD, Lehmann J, Kellar KJ (1984) Presynaptic nicotinic cholinergic receptors labeled by [^{3}H]acetylcholine on catecholamine and serotonin receptors in brain. J Neurochem 42:1495–1498

Seale TW, Nael R, Singh S, Basmadjian G (1998) Inherited, selective hypoanalgesic response to cytisine in the tail-flick test in CF-1 mice. Neuroreport 9:201–205

Seguela P, Wadiche J, Dineleiller K, Dam JA, Patrick J (1993) Molecular cloning, functional properties, and distribution of rat brain α7: a nicotinic cation channel highly permeable to calcium. J Neuroscience 13:596-604

Selkoe DJ (1996) Amyloid β-protein and the genetics of Alzheimer's disease. J Biol Chem 271:18295–18298

Sershen H, Hashim, A, Lajtha A (1987) Behavioral and biochemical effects of nicotine in an MPTP-induced mouse model of Parkinson's disease. Pharmacol Biochem Behav 28:299–303

Seyler LE Jr, Pomerleau OF, Fertig JB, et al (1986) Pituitary hormone response to cigarette smoking. Pharmacol Biochem Behav 24:159–162

Shapiro ES, Shapiro AK, Fulop G, et al (1989) Controlled study of haloperidol, pimozide, and placebo for the treatment of Gilles de la Tourette's syndrome. Arch Gen Psychiatry 46:722–730

Shimohama S, Akaike A, Kimura J (1996) Nicotine-induced protection against glutamate cytotoxicity: Nicotinic cholinergic receptor-mediated inhibition of nitric oxide formation. Ann NY Acad Sci 777:356–361

Shytle RD, Baker M, Silver AA, et al Smoking, nicotine and movement disorders. In: Nicotine in Psychiatry: Emerging Trends in Psychopathology and Novel Therapeutics. Piasecki M and Newhouse P (eds) American Psychiatric Press, Washington, (in press)

Sitaram N, Weingartner H, Gillin J (1978) Human serial learning: enhancement with arecholine and choline and impairment with scopolamine. Science 201:274–276

Snaedal J, Johannesson T, Jonsson JE, et al (1996) The effects of nicotine in dermal plaster on cognitive functions in patients with Alzheimer's disease. Dementia 7:47–52

Snyder FR, Henningfield JE (1989) Effects of nicotine administration following 12 hours of tobacco deprivation: assessment on computerized performance tasks. Psychopharmacology 97:17–22

Spillich GJ, June L, Renner J (1992) Cigarette smoking and cognitive performance. Br J Addiction 87:1313–1326

Stam CJ, Visser SL, Op de Coul AAW, et al (1993) Disturbed frontal regulation of attention in Parkinson's disease. Brain 116:1139–1158

Suh HW, Song DK, Choi SR, et al (1996) Nicotine enhances morphine – and beta-endorphin-induced antinociception at the supraspinal level in the mouse. Neuropeptides 30:479–484

Taylor AE, Saint-Cyr JA, Lang AE (1986) Frontal lobe dysfunction in Parkinson's disease: the cortical focus of neostriatal outflow. Brain 109:845–883

Tyas SL (1996) Are tobacco and alcohol use related to Alzheimer's disease? A critical assessment of the evidence and its implications. Addict Biol 1:237–254

Ulrich J, Johanson-Locher G, Seiler WO, et al (1997) Does smoking protect from Alzheimer's disease? Alzheimer-type changes in 301 unselected brains from patients with known smoking history. Acta Neuropath 94:450–454

Una C, Changeux JP (1998) Allosteric nicotinic receptors, human pathologies. J Physiology (Paris) 92:63–74

Van Duijn CM, Havekes LM, Van Broeckhoven C, et al (1995) Apolipoprotein E genotype and association between smoking and early onset Alzheimer's disease. BMJ 310:627–631

Vidal C (1994a) Nicotinic potentiation of glutamatergic synapses in the prefrontal cortex: new insight into the analysis of the role of nicotinic receptors in cognitive functions. Drug Dev Res 31:120–126

Vidal C (1994b) The functional role of nicotinic receptors in the rat prefrontal cortex: electrophysiological, biochemical, and behavioral characterizations in Effects of Nicotine on Biological Systems II, Clarke, Quik, Thurau, AdIkofer (eds) Birkhäuser, Boston, P70

Waldo MC, Carey G, Myles-Worsley M, et al (1991) Codistribution of a sensory gating deficit and schizophrenia in multi-affected families. Psychiatry Res 39:257–268

Warburton DM, Rusted JM (1993) Cholinergic control of cognitive resources. Neuropsychobiology 28:43–46

Warpman U, Nordberg A, (1995) Epibatidinc and ABT 418 reveal selective losses of alpha 4 beta 2 nicotinic receptors in Alzheimer brains. Neuroreport 6:2419–2423

Wesnes K, Revell A (1984) The separate and combined effects of scopolamine and nicotine on human information processing. Psychopharmacology 84:5–11

Wesnes K, Warburton D (1983) Smoking, nicotine, and human performance. Pharmacol Ther 21:189–208

Wesnes K, Warburton D (1985) Effects of scopolamine and nicotine on human performance, Psychopharmacol 82:147–150

Westman EC, Rose JE (2000) Nicotine replacement therapies and beyond. In: Nicotine in Psychiatry: Emerging Trends in Psychopathologyand Novel Therapeutics. Piasecki M and Newhouse P (eds) American Psychiatric Press, Washington, (in press)

Whitehouse PJ, Price DL, Struble RG, et al (1982) Alzheimer's disease and senile dementia-loss of neurons in the basal forebrain. Science 215:1237–1239

Whitehouse PJ, Hedreen JC, White CL, et al (1983) Basal forebrain neurons in dementia of Parkinson's disease. Ann Neurol 13:243–248

Whitehouse: P, Martino A, Antuono P, et al (1986) Nicotinic acetylcholine binding sites in Alzheimer's disease. Brain Res 371:146–151

Whitehouse PJ, Martino AM, Wagster MV, et al (1988) Reductions in [^{3}H]nicotinic acetylcholine binding in Alzheimer's disease and Parkinson's Disease: an autoradiographic study. Neurology 38:720–723

Wilens TE, Biederman J, Spencer TJ, et al (1999) A pilot controlled clinical trial of ABT-418, a cholinergic agonist, in the treatment of adults with attention deficit hyperactivity disorder. Am J Psychiatry 156:1931–1937

Wilson AL, Langley LK, Monley J, et al (1995) Nicotine patches in Alzheimer's disease: pilot study on learning, memory, and safety. Pharmacol Biochem Behav 51:509–514

Winniford NO, Wheelan KR, Kremers MS, et al (1986) Smoking-induced coronary vasoconstriction in patients with atherosclerotic coronary artery disease: evidence for adrenergically mediated alterations in coronary artery tone. Circulation 73:662–667

Wolf SS, Jones DW, Knable MB, et al (1996) Tourette syndrome: prediction of phenotypic variation in monozygotic twins by caudate nucleus D2 receptor binding. Science 273:1225–1227

Yamashita H, Nakamura S (1996) Nicotine rescues PC 12 cells from death induced by nerve growth factor deprivation. Neurosci Lett 213:145–147

Zamani MR, Allen YS, Owen GP, Gray JA (1997) Nicotinic modulates the neurotoxic effect of beta-amyloid protein (25–35) in hippocampal cultures. Neuroreport 8:513–517

Zarrindast MR, Pazouki M, Nassiri-Rad S (1997) Involvement of cholinergic and opioid receptor mechanisms in nicotine-induced antinociception. Pharmacol Toxicol 81:209–213

Zevin, S, Benowitz NL (2000) Pharmacokinetics and pharmacodynamics of nicotine. In: Nicotine in Psychiatry: Emerging Trends in Psychopathology and Novel Therapeutics. Piasecki M and Newhouse P (eds) American Psychiatric Press, Washington (in press)

Subject Index

A-84543 420(fig.), 441
A-85380 420(fig.), 441
A-98593 441
ABT-089 326–327, 420(fig.), 441
ABT-418 231, 326–327, 420(fig.), 800, 802
ABT-594 420(fig.), 441, 800
1-acetyl-4-methyl-piperazine 609
acetylcholine 13, 420(fig.), 436, 764–765
– release, auto-facilitatory effect 7
– structure 81(fig.)
acetylcholine receptor-inducing activity (ARIA) protein 96
acetylcholine receptors (AChRs)
– central nervous system 165–176
– features of sequence 85(fig.)
– nicotinic receptors
– – brain 301–303
– – central nervous system, distribution 779
– – characterization 82
– – decline with ageing 755(table)
– – distribution with respect to cholinergic neurons 20–25
– – invertebrates 513–514
– – isolation 82
– – modulatory control by allostericaly acting ligands 483–487
– – monitoring, experimental requirements 338–339
– – neuronal, structures 101–146
– – presynaptic 7–8, 195–196
– – – ganglia 257–258
– – – pharmacology 195–200
– – skeletal muscle
– – – biophysical properties 88–89
– – – functional aspects 81–82
– – – structure 83–88
– – subtypes 680–681
– – upregulation 665–667
– neuronal surface 176–182
– regional distribution, peripheral nervous system 164–165

– regulation 182–184
acute nicotine sensitivity, animal studies 566–572
– acute sensitivity, genetics 566–569
– tolerance development, genetic influences 569–571
addiction 605, 650–654
Addiction Research Center Inventory (ARCI) 621
adenosine triphosphate nicotinic receptor, presynaptic 200
adrenalectomy 429
agonist binding site 278–282
– ACh binding, structural determinants 278–279
– nAChR pharmacological profile, allosteric modulation 279–282
alcoholism 754
allosteric effector 277
– voltage-dependent modulation 292(fig.)
allosteric model 275–276
allosteric modulators, drug candidates 487–490
allostericaly potentiating ligands 484
$\alpha 2$ gene
– avian K2 regulatory region 60
– silencer region 60–61
α-3 gene 46–47
α-7 gene 45–46
– bovine α-7 promoter 61–62
– chicken α-7 promoter 61
α-7 gene, seizure disorders 576
α-7 receptor, properties 323–325
α-bungarotoxin (K-bgt) 4, 7, 89, 383, 455
– neuromuscular transmission, inhibition 80
α-cobratoxin 89
α-conotoxin AuIB 469
α-conotoxin EpI 469–470
α-conotoxin ImI 455, 467–468

α-conotoxin MI   470
α-conotoxin MII   465–467
α-conotoxin PnIA/PnIB and analogues   469
α-conotoxins   89
α-neurotoxin family   89–91
Alzheimer's disease   487, 755–757, 758–760, 780(table)
– K-7 selective agonists   133
– brain nAChRs   325–326
– cognitive dysfunction, nicotine treatment   593–594
– nicotine binding sites, affinity   144
– nicotine, treatment   594, 788–793
– – amyloid deposition   490
– – skin patches   588
– PET studies of nAChRs   549–554
– *trans-meta*-nicotine   439
amacrine cells, retina   17
Amanita muscaria   79
amino acid transmitter   708
amobarbital   428
amphetamine   533, 609, 611
amyloid and neuronal nAChRs   233
anabaseine   307, 420(fig.), 439, 609, 801
analgesia   799–800
anatoxin-a   440
anotoxin   609
anxiety   802–803
anxiogenic drug stimulus   679
apolipoprotein E, neuronal nAChRs   234
APV   349
arachidonic acid site   430
atherosclerosis   763
atropine   349, 455, 484
attention deficit hyperactivity disorder   587, 798–799
– nicotine patch administration   594
autocrine growth factor   134
autoreceptors   23–24, 193
– subunit composition   24

barbiturates   609
basal telencephalic system   13–15, 18–19(tables)
basic fibroblast growth factor   228
benzodiazepines   609
benzoquinonium   427
benzylisoquinoline family   80
$\beta 4$, $\alpha 3$, $\alpha 5$ gene cluster   64–65
β-2 gene
– β-2 promoter
– – mouse   63

– – transgenic analysis   63–64
– neuron restrictive silencer element   64
– silencing elements, role of   44–45
β-4 gene   46–47
β-endorphine concentration   706–707, 781
bHLH transcription factors, $\beta 3$ regulation in retina   47–49
bilayer reconstructed nAChRs   359–375
– chick α-6 subtype   370–372
– chick α-7, α-8 and α-7–α-8 subtypes   368–370
– functional channel reconstruction   362–363
– insect α-bgt receptors   368
– lipid bilayers, formation   360
– muscle-type receptor   363–367
– – α-2/3 $\gamma \delta$ nAChRs channels   364–365
– – α-2/3 $\gamma \delta$ nAChRs in oocytes   366
– – α-2/3 $\gamma \delta$ nAChRs reconstructed in lipid bilayer   365–366
– nAChRs subtypes for reconstruction, purification   360–362
– neuronal type receptor   367–372
brain, age-related degenerative diseases   754–761
brain nAChRs   272, 301–303
– high affinity receptors   315
– low affinity receptors   315
brain slice recording   301
brainstem   16
bromoacetylcholine   84–85(figs), 86

caffeine   609
calbindin   134
calcitonin gene-related peptide   96, 328, 430
calcium influx entry   5
calcium, neuronal nAChRs   305–306
calnexin   93
Cam kinase II   204–205
carbachol   420(fig.), 436
carbamazepine monotherapy   290
carbamylcholine   316
carotid body, chemosensory cells   164
CAT   43
caudate putamen   15
central nervous system (CNS)
– AChRs, distribution on the neural surface   180–181
– AChRs, regional distribution   165–176
– – chicken brain, mapping   176

– – mammals, species differences 175–176
– – mapping studies 166, 173–175
– neuronal nAChRs, functions served 315–316
CGS-10746B 613–614
channel domain, schematic representation 283(fig.)
chick ciliary ganglion 255(fig.), 257
"chipping" 606
chlorisondamine 312, 422(fig.), 674
chlorpromazine 291, 422(fig.), 427
choline 436
cholinergic agonists 609
cholinergic channel
– modulators 441–442
– – orders or potency and efficacy 433(table)
cholinergic neurons
– neural tissue 13–20
– vertebrate species vs. CNS, comparison between 18–19(tables)
cholinergic systems
– main, mammalian brain 14(fig.)
– wiring vs. volume transmission 24–25
cholinesterase inhibitors 553–554
ciliary neuron, synaptic specialization associated with an E15 255(fig.)
ciliary neurotrophic factor 216
Cis-acting regulatory elements, identification 43–49
closed-channel trapping 4
CNQX 349
cocaine 533–534, 611–612
cochlear ganglia 17
cognitive function 782–783, 787–788
– behavioural effects 782–783
– role of nAChRs 587–595
– – animals, laboratory 588–589
– – humans, effects in 587–588
– – neural basis, cognition 589–592
– – neurotransmitter interactions 592–593
conditioned taste aversion (CTA) paradigm 619–620
conotoxins 383
conus venom peptides 464–470
cotinine 781
craving 677
critical flicker fusion 794
Crohn's disease 765
– smoking 145
curare 455
CYP-2A6 781

cytisine 422(fig.), 435, 609
cytoprotection 800–802

D-*erythro*-sphingosine 204
d-tubocurarine 41, 80–81, 316, 422(fig.), 456–458
– competitive neuromuscular blockade 82
DBO-083 420(fig.)
decamethonium 4, 422(fig.)
dementia with Lewy Bodies 232, 757–758
dependence, definition 604
depression 754, 780(table), 802–803
dexamethasone 429
dihydropyridine, binding site 429–430
discriminative stimulus effects, nicotine *see* nicotine dependence
dizocilpine 422(fig.), 593
DMXB 439, 801
donepezil 553
dopamine 317, 607, 681–704
– desensitization 691–692
– discriminative stimulus effects of nicotine, role of 611–614
– neurons
– – glutamate, role of 689–690
– – nAChRs (α-7-containing), role of 689–690
– – nAChRs, expression of 681
– – nAChRs (somato-dendritic), inactivation 692–693
– – nicotine, electrophysiological effects 688–689
– nicotine-self administration, role of 636–639
– nicotinic receptors, presynaptic 196–197
– release, nAChRs activation 21
– studies
– – ex vivo 684–688
– – in vitro 682
– – in vivo 684–688
– transmission
– – adaptive changes after nicotine exposure 690–691
– – sensitization to nicotine 698
– – tolerance and dependence 693–698
dorsal root ganglia (DRG) 17
Down syndrome, nicotinic binding 232
drug abuse 606
duhydro-β-erythroidine 422(fig.), 456(fig.), 458–459

epibaditine 231, 303, 328, 420(fig.), 440, 763, 799–800
Epiboxidine 420(fig.)
epilepsy 753–754, 780(table), 803
– autosomal dominant nocturnal frontal lobe epilepsy (ADNFLE) 144, 289–290, 575–576, 803
erabutoxin-a 89
ethanol 533
excitatory postsynaptic potential 81–82
exocytosis 203

facilitation 258
fasciculus retroflexus of Meynert 6–7
FK1 427
FR-10 645
FRAs 708–710
Fyn 205

GABAergic and glutaminergic synaptic transmission, hippocampus 345–348
galanthamine 427
γ-aminobutyric acid (GABA) 21–22
– nicotinic receptors, presynaptic 198–199
ganglia, autonomic
– AChRs distribution 164–165
– nAChRs subtypes 247
ganglia, nicotinic receptors
– composition 248–250
– electrophysiological features 249–250
– immunological identification 248–249
– presynaptic 257–258
ganglion blocking agents 312–314, 764
ganglionic nicotinic receptors
– regulation 258–262
– – cell-cell interactions, receptor regulation 258–259
– – developmental regulation 259–260
– – molecular controls 260–262
ganglionic transmission, nAChRs 247–262
GBR-12909 612–613
gene(s) expression 708–710
– changes with development 308–310
genistein 205
GFP 43
glutamate
– antagonists 7
– nicotinic receptors, presynaptic 199–200
– NMDA-type receptors 395–396

– release, nAChRs activation 21
growth factors 551–552
GTS-21 326–327, 420(fig.), 439, 800

habenulo-interpeduncular tract 14(fig.), 15, 18–19(table)
habituation 605
haloperidol 594, 707, 785–786, 797
head injury 754
heterologous expression 514–515
heteroreceptors 21–23, 193–194
– subunit composition 22–23
hexamethonium 4, 7, 312–314, 383, 422(fig.), 620, 650, 754
Hill coefficient 83
hippocampal neurons
– conventional slices, nicotinic receptors 343–345
– cultured, nicotinic receptors 339–343
hippocampus
– CA1 field, synaptic transmission by α-7 subunit 348–350
histrionicotoxin 427, 435
5-HT3 receptor antagonists 687
human α-3 promoter 66–68
Huntington's disease 786
hydrocortisone 429
hydroxycortisone 291
5-hydroxytryptamine nicotinic receptors, presynaptic 198
hypertension 763–764
hypothalamus, cholinergic neurons, distribution invertebrate species 18–19(tables)

ibogaine 688
imidacloprid, structure 512(fig.), 513
induce fit model 275
inflammatory bowel disease 765
inhibitory postsynaptic potential 6
inter alia 6
internodal cells *Chara corallina* alga 34
irreversible pharmacological blockade 6
islands of Calleja 15
isoarecoline 609–610
isoflurane 428
ivermectin 420(fig.)

k-bungarotoxin 4, 250
keratinocytes 764–765
knockout mice, as models 525–534
– behavioural analysis 533–534
– muscle nAChRs subunits 526–530

- neuronal nAChRs, pharmacology 530–533

LacZ 43
latent inhibition 660–661
leukaemia inhibiting factor 216
lithium 620
lobeline 609, 802
locomotion, nicotine effects on 656–660
Lophogorgia toxin 80
lophotoxin 435, 456(fig.), 460–461
- structure 81(fig.)
lymphocytes 765–766

M-maleimidobenzyl trimethylammonium 84–85(figs), 86
mecamylamine 6–7, 205, 312–314, 383, 422(fig.), 593, 610–611, 616, 619–620, 630, 673, 794
medial habenula 320
medullary reticular formation, cholinergic neurons, distribution in vertebrate species 18–19(tables)
medullary tegmentum 14(fig.), 16–17
memory function, NMDA glutamate receptor 593
mesopontine tegmental system 14(fig.), 16
- cholinergic neurons, distribution in vertebrate species 18–19(tables)
methyllycaconitidine 383, 422(fig.), 435, 456(fig.), 459, 512
methylpiperidine 436
miniature endplate potentials 81
MK-801 427
morphine 673
motor endplate potential 81
muscarine 79, 419–420
muscarinic antagonists 609
muscarinic cholinergic response, regulation 221–222
muscle AChRs 394–395
- longitudinal view 84–85(figs)
- subunits 102
- - cation-specific channels 123
- - central cation channel, organization 110
- - cytoplasmic domain 123–124
- - extracellular domain, ACh binding sites 110–112
- - extracellular domain and myasthenia gravis, immunogenic region 112–123
- - structures 103–109

myasthenic syndromes
- congenital
- - AChRs mutations 124
- - receptor mutations 91–93

Naja mossambica mossambica neurotoxin (Nmm I) 89–91
Naja toxin 4
naloxone 673, 706–707
native nicotinic receptors
- chick ciliary ganglion 385–388
- embryonic chick sympathetic ganglion neurons, antisense methods 392–394
- intracardiac ganglia 388–389
- rat superior cervical ganglion-macroscopic currents 389–390
- single channel studies 390–392
nerve growth factor 261
neuregulin variant protein 261
neuroleptic agents 609, 751
neurological diseases, channel mutations 289–290
neuromuscular junction, synaptic delay times (studies) 79
neuron restrictive silencer element 44, 59
neuronal bungarotoxin 250–251
neuronal nicotinic acetylcholine receptors (nAChRs)
- activators 420(fig.)
- biophysical properties to human diseases 271
- cell loss 294–295
- central nervous system development 217–224
- developing therapeutics 325–328
- distribution 163–185
- during ageing
- - normal 229–231
- - normal and pathological 232–235
- - pathological 231–232
- expression in, mammalian muscle and tegumental cells 478–481
- gene structure and transcriptional regulation 33–49, 101–146
- heteromeric 134–137
- - central channel, subunit organization 139
- - neuronal diseases-involvement 144–146
- - special properties 140–144
- - subunits, structures 137–139
- homomeric 124–125

– – central channel, subunit organization 128–131
– – neuronal diseases, involvement 133–134
– – special properties 131–133
– – structures 127
– – subunits 125–127
– human, single channel recordings 285–286
– inhibitors 422(fig.)
– native and recombinant, comparison 379–407
– nicotinoceptive cells, development 224–228
– peripheral nervous system, development 213–216
– pharmacology 306–308
– – perspectives on the future 442
– – properties 431–434
– potency ratios 397–398
– receptors with more than two types of subunits 401–403
– schematic organization 273(fig.)
– – allosteric model 275–277
– – functional domains 277–278
– – recording and reconstruction 274–275
– single channel properties 398–401
– subunit genes, transcription regulation 57–73
neuropeptide FF 673
neurotoxin-1 79
neurotransmission
– ionotropic receptors 271
– metabotropic receptors 271
neusurugatoxin 435, 456(fig.), 460
NF-1 47
Nicotina tabacum 79
nicotine 79, 419–420, 422(fig.), 525, 533
– adaptation 661–680
– – cellular basis 664–665
– cerebral metabolic activity 685–686
– conformationally restricted analogs 438–439
– effects on:
– – endothelial cells 762–763
– – intestinal epithelium 765
– – lung cells 762
– – vascular smooth muscle 762–763
– intracranial self-stimulation 623–624
– memory improvement 232–233
– neurotoxic effects 235
– – mediated by α-7 AChRs 133–134
– pharmacodynamics 781

– pharmacokinetics 781
– pyridine ring modified analogs 437
– pyrrolidine ring modified analogs 437
– related behaviour, genetic regulation 563–579
– replacement, smoking cessation 303
– self-administration 625–654
– – animals, model of human nicotine addiction 650–654
– – animals, nicotine antagonists 632–633
– – craving, reinstatement 639–640
– – dopamine, role of 636–639
– – extinction 633–635
– – human studies 639
– – intravenous 626–632, 640–643, 645
– – oral 643–644
– – pharmacokinetic factors 625–626
– skin patches
– – Alzheimer's disease 588
– – Tourette's syndrome 144–145
– spray 615, 621, 646–648
– stimulant action 3
– withdrawal 672–680
– – animal studies 673–676
– – humans 676–678
nicotine abstinence syndrome 673
nicotine dependence
– addiction 603–606
– behavioural stimulus effects 606–656
– – aversive properties 619–622
– – conditioned place-preference 654–656
– – discriminative stimulus effects 607–618
– – motivational stimulus effects 618–619
– – operant behaviours, effects of nicotine 622–625
– – self-administration 625–654
– definition 603–606
nicotinic acetylcholine receptors (nAChRs)
– activation and inhibition 434–441
– agonists and antagonists 419–442
– α subunit, ectopically expressed N-terminal extracellular domain 481–483
– central nervous system 5–7
– dopaminergic, glutaminergic, cholinergic inputs, striatum 194(fig.)
– expression
– – regulation 95–96

Subject Index

- – role in innervation and target tissues 41–42
- function, inhibition, ligand-binding sites 427–430
- ganglionic transmission 247–262
- genes, model for neuron-specific gene transcription 43
- historical perspective 421–423
- insects 497–515
- – α-bgt-binding receptor complexes, purification 506–507
- – cloned subunits with α-bgt, correlation 507–508
- – cloned subunits, expression in heterologous system 508
- – molecular cloning 498–504
- – neuronal receptors, electrophysiological characterization 511–512
- – nicotinic receptors, targets for insecticides 512–513
- – subunits in the CNS, distribution pattern 504–506
- – subunits, identified 499–502(tables)
- ion channel
- – ionic pore, structure at the amino acid level 282–284
- – ionic selectivity 284–285
- – rectification, mechanism governing 288–289
- – single channel properties 285–288
- ligand interaction, sites and modulation 425–430
- – ACh binding site 426
- – channel "activator" sites 425
- – nicotinic pharmacophore 425–426
- – transition states 425
- location in cholinergic and cholinoceptive cells 20–21
- mediated facilitation of neurotransmitter release, model 202(fig.)
- non-neuronal cells 164
- noninvasive exploration, in vivo 539–555
- – [C] nicotine binding 545–549
- – functional brain imaging 540–541
- – PET studies 541–545
- – receptor binding studies 539–540
- – SPECT studies 541–545
- – studies, in vivo and ex vivo 540
- regulatory control by ligands 488(fig.)
- subtype classification 421

- subtypes identification, radioligands used 424
- subunits, molecular biology 423–424
- type α4, seizure disorders 575–576
nicotinic agonists
- Alzheimer's disease, studies 791–793
- effect on potential applications in human CNS disorders 780(table)
- neuroprotective capacity 760
- symptomatic benefits 760–761
nicotinic antagonists
- Alzheimer's disease, studies 790–791
- nicotine self-administration in animals 632
nicotinic cholinergic neurotransmission, drug action 489(fig.)
nicotinic modulation of transmitter release, molecular/cellular mechanisms 200–205
nicotinic receptors
nimodipine 422(fig.)
noncompetitive (negative allosteric modulators) blockers 427–428, 484
noradrenaline 317, 704–706
- nicotinic receptors, presynaptic 197–198
- release, nAChR activation 21
NRSF 59–60
nucleus accumbeus 15

olfactory tubercle 15
ondansetron 552–553
open channel blockers 290–292
operant behaviour, nicotine effects 622–625
opioid peptides 706–708
4-oxystilbenes 435

pancuronium 422(fig.)
Parkinson's disease 487, 755–758, 759(table), 780(table)
- brain nAChRs 325–326
- movement difficulties, substantia nigra, dopamine release 144
- nicotine, treatment 144, 783–785, 793
- nicotinic binding 232
patch clamp methods 301
pClamp 384
pempidine 312
pentamethonium 4
pentobarbital sodium 422(fig.), 428
pentolinium 422(fig.)
peptide toxins 434–435
peripheral ganglia 17

peripheral nervous system
 – AChRs
 – – distribution on the neural surface 176–180
 – – neuronal, functions 310–312
PET studies 541–545, 550, 555, 757
phencyclidine 427
phenyltrimethylammonium (PTMA) 421
phorbol 203–204
physostigmine 7, 420(fig.), 427
picrotoxin 349
PMP 312
positive allosteric modulators 436
post-tetanic potentiation 258
post-translational modification 403–407
pre-pulse inhibition 660–661
prednisolone 429
prepositus hipoglossal nucleus (PrH) 16
presynaptic AChRs / extra synaptic AChRs 182
presynaptic receptors 317–323
– electrophysiological detection 318–319(tables)
procaine 428
Profile of Mood States (POMS) 621, 647
progressive supranuclear palsy, nicotinic binding 232
propranolol 593
protein kinase C 203–204, 430
Pseudopterogorgia toxin 80
putative cholinergic systems 17
pyridyl ethers 441
3-pyridyl-methylpyrrolidine (PMP) 609

quinacrine 291
QX-222 291

rapsin 216
rat $\alpha 3$ promoter 66–68
– activation by POU factor, SCIP 68
rat $\beta 3$ upstream region, transgenic analysis 69
rat $\beta 4$ enhancer 69–73
rat $\beta 4$ promoter 65–66
recombinant receptors, heterologous expression 394–396
Renschau cells 6
reporter genes 43
REST 59–60
REST/NRSF factor 44–45
retina 17

– $\beta 3$, neuronal bHLH transcription factors regulation 47–49
– nAChRs 39
– – adult 39–40
– – developing 40–41
rivastigmine 553
RJR-1734 326–327
RJR-2403 326, 326–327, 328, 420(fig.)
RJR-2557 420(fig.), 439
Ro31-8220 204

scaling factor 277
Schild method 383
schizophrenia 752–753, 780(table)
– α-7 AChRs, role in 134
– brain nAChRs 326
– – binding 574
– nicotine, treatment 487, 594, 796–798
– tobacco smoking 487
SCIP 68
scopolamine 783–784
secobarbital 428
seizures
– α-4 nAChR induced 575–576
– α-7 gene induced 576
– genetics of nicotinic receptors 575–579
– – animal studies 576–579
– – human studies 575–576
– naturally occurring 576
– nicotine-induced 577–579
sensitization 661–664
– role in nicotine addiction 672
sensory ganglia, AChRs distribution 165
serotonin 317, 706, 803
– release, nAChRs activation 21
serotonin type-3 receptor (5-HT3R) 47
SIB-1508 420(fig.), 785
SIB-1553A 326–327, 420(fig.)
SIB-1765F 785
small cell lung carcinoma 164, 468, 761–762
– α-7 AChRs role 134
smoking *see* nicotine dependence; tobacco
smoking
– animals 644–645
– genetics 563–564
– – influences, potential mechanisms 564–566
– passive 620
snake venom polypeptides
– snake-α-neurotoxins 461–462

- snake-*k*-neurotoxins 462–464
somatic spines vs. postsynaptic densities 252–254
Sp-1 47
Sp-3 47
SPECT studies 545, 555
spinal cord motor nuclei 16
striatal interneurons 14–15
Stroop effect 787
strychnine 383, 422(fig.), 435, 459–460
substance P 430
succinylcholine 422(fig.)
superior cervical ganglion, nicotine paralysis 3
synaptic currents 250–252

tacrine 553–554
Tα1-209 protein 482–483
tetramethylpiperidine 308
tetrodoxin 317, 321
thromboxane A2 762
TMP 312, 314
tobacco
– addiction 603
– human use 563–566
– psychopathology, use 582–585
– – auditory gating, animal models 574–575
– – mentally ill, prevalence of use 572–573
– – schizophrenics, brain nAChRs binding 574
– *see* nicotine dependence
– smoking
– – cessation 802
– – model of nicotine dependence 710–715
– – nicotine as the reinforcing principle 648–649
– – peripheral and non-nicotine factors, role of 649–650
– – physiological dependence, role of 678–680

– – tolerance to nicotine, role of 670–672
tolerance 661
– acute 661–663, 668–670
– behavioural 663, 667–668
– chronic 661–662, 668–670
– humans, biochemical correlates 667
– pharmacodynamic 663
Torpedo 82
– receptor 34, 80
Tourette's syndrome 751–752, 780(table)
– brain nAChRs 326
– mecamylamine 145, 329
– nicotine, treatment 144–145, 785–786
toxins
– block motor activity, natural 89–91
– low molecular weight 456–461
– – marine 460–461
– – plant 457–460
– – structure 456(fig.)
trans-meta nicotine 439
transcriptional regulation, investigation (technical tools) 43–44
trigeminal gangila 17
trimethophan 383, 422(fig.), 616
Tropidolaemus wagleri 89
tyrosine kinase signalling pathways 205
tyrphostin-23 205

ubiquitous transcription factor 46–47
ulcerative colitis 765
– tobacco use 145

venoms 89
vesicular ACh transporter 13
vestibular ganglia 17
voltage operated calcium channels, calcium dependence 201–203
voltage-gated sodium channels 201

waglerin-1 89–91

MIX
Papier aus verantwortungsvollen Quellen
Paper from responsible sources
FSC® C105338

If you have any concerns about our products,
you can contact us on
ProductSafety@springernature.com

In case Publisher is established outside the EU,
the EU authorized representative is:
**Springer Nature Customer Service Center GmbH
Europaplatz 3, 69115 Heidelberg, Germany**

Printed by Libri Plureos GmbH
in Hamburg, Germany